Göthel (Hrsg.)

Grenzüberschreitende M&A-Transaktionen
– Unternehmenskäufe, Umstrukturierungen, Joint Ventures, SE –

Grenzüberschreitende M&A-Transaktionen

– Unternehmenskäufe, Umstrukturierungen, Joint Ventures, SE –

4. vollständig überarbeitete und wesentlich erweiterte Auflage
2015

herausgegeben von
Dr. Stephan R. Göthel, LL.M. (Cornell)

bearbeitet von
Dr. Alexander Gebele, LL.M. (San Diego),
Dr. Stephan R. Göthel, LL.M. (Cornell), Prof. Dr. Florian Haase, M.I.Tax,
Dipl.-Volksw. Dr. Marco Hartmann-Rüppel, Dr. Michael Kuhnke,
Prof. Dr. Hanno Merkt, LL.M. (Univ. of Chicago), Dr. Oliver Rossbach,
Dr. Nils Schramm, Dr. Stephan Schulz, Dr. Christian Ulrich Wolf,
Prof. Dr. Wolfgang Wurmnest, LL.M. (Berkeley)

RWS Verlag Kommunikationsforum GmbH · Köln

Die Deutsche Nationalbibliothek verzeichnet diese Publikation in der Deutschen Nationalbibliografie; detaillierte bibliografische Daten sind im Internet über http://dnb.d-nb.de abrufbar.

© 2015 RWS Verlag Kommunikationsforum GmbH
Postfach 27 01 25, 50508 Köln
E-Mail: info@rws-verlag.de, Internet: http://www.rws-verlag.de

Alle Rechte vorbehalten. Ohne ausdrückliche Genehmigung des Verlages ist es auch nicht gestattet, das Werk oder Teile daraus in irgendeiner Form (durch Fotokopie, Mikrofilm oder ein anderes Verfahren) zu vervielfältigen.

Satz und Datenverarbeitung: SEUME Publishing Services GmbH, Erfurt
Druck und Verarbeitung: CPI books GmbH, Leck

Vorwort

M&A-Transaktionen mit grenzüberschreitendem Bezug nehmen in Deutschland eine bedeutende Stellung ein. In den vergangenen Jahren wurde über die Hälfte der veräußerten deutschen Unternehmen von ausländischen Käufern erworben. Eine wichtige Rolle spielen weiterhin US-amerikanische Investoren als größte Käufergruppe. Beispielhaft genannt sei der Erwerb des Handelskonzerns *Douglas* durch den Finanzinvestor *Advent International*. Ihnen folgen Erwerber aus dem westeuropäischen Ausland. Und für besondere mediale Aufmerksamkeit sorgen regelmäßig chinesische Investoren, wie der Erwerb des Gabelstaplerherstellers *Kion* durch *Shandong Heavy Industry* oder die Veräußerung des Betonpumpenproduzenten *Putzmeister* an *Sany Heavy Industry* zeigen. Beschränkt ist dieser internationale Einschlag keinesfalls auf den Erwerb größerer Unternehmen. Ausländische Investoren interessieren sich ebenso für kleinere und mittlere deutsche Unternehmen.

Diese starke und zukünftig weiter zunehmende Internationalisierung bestätigt die Zielrichtung dieses Buches, sich den grenzüberschreitenden Themen von M&A-Transaktionen zu widmen. Hierbei wird auch in der Neuauflage der Ansatz fortgesetzt, über international-privatrechtliche Fragen hinaus materiellrechtliche Bereiche solcher Transaktionen zu behandeln. Und wo es sinnvoll erscheint, insbesondere um ein besseres Verständnis für bestimmte grenzüberschreitende Themen zu schaffen, wird das nationale Recht in die Darstellung einbezogen.

Für die vorliegende Neuauflage wurde das Buch vollständig überarbeitet und erweitert. Damit hat sich auch der Autorenkreis vergrößert. Die bisherigen Ausführungen zu Legitimationsnachweisen wurden aufgrund der hohen Praxisrelevanz vertieft und in die Hände von *Dr. Alexander Gebele* gelegt. Vergleichbares gilt für den Abschnitt zum Erwerb börsennotierter Unternehmen, der nunmehr von *Dr. Stephan Schulz* bearbeitet wird. Neu aufgenommen wurde ein Kapitel über die Finanzierung grenzüberschreitender Unternehmenskäufe, für das *Dr. Oliver Rossbach* gewonnen werden konnte. Zudem wurden alle in diesem Buch behandelten Unternehmenstransaktionen um steuerrechtliche Ausführungen ergänzt. Hierfür verantwortlich zeichnet sich *Prof. Dr. Florian Haase*. Schließlich werden die Themen der grenzüberschreitenden Verschmelzung und der Gründung einer Europäischen Gesellschaft (SE) nun auch arbeitsrechtlich beleuchtet. Diesen Teil hat *Dr. Michael Kuhnke* übernommen.

Auch auf der Ebene der Herausgeber gibt es eine Änderung. *Prof. Dr. Hanno Merkt*, Begründer und zuletzt Mitherausgeber dieses Buches, hat die alleinige Verantwortung in die Hände von *Dr. Stephan R. Göthel* übergeben. Für das damit verbundene Vertrauen sei ihm an dieser Stelle herzlich gedankt.

Vorwort

Fortgesetzt wurde das Anliegen, nicht nur den klassischen internationalen Unternehmenskauf als solchen, sondern auch darüber hinausgehende Bereiche grenzüberschreitender M&A-Transaktionen zu behandeln, namentlich die Umstrukturierung, das Joint Venture und die europäischen Gesellschaftsformen. Dies hat Herausgeber und Verlag dazu veranlasst, mit der vorliegenden Auflage den Titel des Buches von „Internationaler Unternehmenskauf" in „Grenzüberschreitende M&A-Transaktionen" zu ändern.

Ein Werk wie das vorliegende ist ohne die häufig „im Verborgenen" geleistete Hilfe vieler Personen nicht denkbar. Herausgeber und Autoren danken daher ihren Mitarbeitern sehr herzlich für die tatkräftige und unermüdliche Unterstützung bei der Vorbereitung dieser Auflage.

Hamburg im September 2014 *Stephan R. Göthel*

Inhaltsübersicht

Seite

Vorwort V

Inhaltsverzeichnis XI

Autorenverzeichnis XXXIII

Literaturverzeichnis XXXV

Teil I
Grenzüberschreitender Unternehmenskauf

Kapitel 1 Verfahren und Vertragspraxis 3

§ 1 Einleitung *(Göthel)* 3

§ 2 Ablauf und Vertragsgestaltung *(Göthel)* 15

§ 3 Legitimationsnachweise *(Gebele)* 127

§ 4 Anglo-Amerikanisierung der Vertragspraxis *(Merkt)* 155

§ 5 Rechtsfragen der Einschaltung von Beratern *(Wolf)* 193

Kapitel 2 Internationales Privat- und Verfahrensrecht 203

§ 6 Bestimmung des Vertragsstatuts *(Göthel)* 203

§ 7 Umfang des Vertragsstatuts *(Göthel)* 245

§ 8 Gesellschaftsstatut und weitere Übertragungsstatute *(Göthel)* 265

§ 9 Form und Zustandekommen *(Göthel)* 323

§ 10 Einzelfragen *(Göthel)* 367

§ 11 Prozessuale Fragen *(Wolf)* 391

Inhaltsübersicht

Seite

Kapitel 3 Besonderheiten beim Erwerb börsennotierter Unternehmen **407**

§ 12 Grenzüberschreitende Kapitalmarkttransaktionen *(Schulz)* 407

§ 13 Internationales Kapitalmarktrecht *(Schulz)* 465

Kapitel 4 Arbeitsrecht **503**

§ 14 Grenzüberschreitender Betriebsübergang *(Schramm)* 503

§ 15 Auswirkungen auf inländische Arbeitnehmervertretungen *(Schramm)* 515

§ 16 Beteiligungsrechte der Arbeitnehmervertretungen und Auswirkungen auf Unternehmensmitbestimmung *(Schramm)* 519

Kapitel 5 Kartellrecht **527**

§ 17 Grundlegung *(Hartmann-Rüppel/Wurmnest)* 527

§ 18 Europäisches Kartellrecht *(Wurmnest)* 537

§ 19 Deutsches Kartellrecht *(Hartmann-Rüppel)* 619

Kapitel 6 Akquisitionsfinanzierung **655**

§ 20 Grundlagen *(Rossbach)* 655

§ 21 Ablauf *(Rossbach)* 665

§ 22 Vertragsgestaltung *(Rossbach)* 673

§ 23 Besicherung *(Rossbach)* 695

§ 24 Gerichtsstand und anwendbares Recht *(Rossbach)* 705

Kapitel 7 Steuerrecht **719**

§ 25 Besonderheiten bei der Tax Due Diligence *(Haase)* 719

§ 26 Besteuerung des Unternehmenskaufs *(Haase)* 739

§ 27 Steuerklauseln *(Haase)* 783

Inhaltsübersicht

Seite

Teil 2
Grenzüberschreitende Strukturmaßnahmen

Kapitel 1 Strukturmaßnahmen 809

§ 28 Grenzüberschreitende Sitzverlegungen *(Göthel)* 809

§ 29 Grenzüberschreitende Umwandlung *(Göthel)* 841

Kapitel 2 Arbeitsrecht und Kartellrecht 875

§ 30 Arbeitsrecht *(Kuhnke)* 875

§ 31 Kartellrecht *(Hartmann-Rüppel/Wurmnest)* 883

Kapitel 3 Steuerrecht 887

§ 32 Einleitung *(Haase)* 887

§ 33 Historie *(Haase)* 909

§ 34 Bezüge zum UmwG *(Haase)* 917

§ 35 Reichweite des UmwStG *(Haase)* 929

§ 36 International-steuerliche Bezüge *(Haase)* 939

§ 37 Jüngste Entwicklungen *(Haase)* 945

§ 38 Prüfungsschema zum UmwStG *(Haase)* 947

Teil 3
Grenzüberschreitendes Joint Venture

§ 39 Grundlagen und Vertragsgestaltung *(Göthel)* 951

§ 40 Internationales Privatrecht *(Göthel)* 967

§ 41 Kartellrecht *(Hartmann-Rüppel/Wurmnest)* 985

Inhaltsübersicht

Seite

Teil 4
Europäische Gesellschaftsformen

Kapitel 1 Europäische Gesellschaft (SE) 1009

§ 42 Entwicklung und Rechtsquellen *(Göthel)* 1009

§ 43 Motive *(Göthel)* 1015

§ 44 Gründung und Erwerb einer SE *(Göthel)* 1029

§ 45 Beteiligung der Arbeitnehmer in der SE *(Kuhnke)* 1053

§ 46 Kartellrecht *(Hartmann-Rüppel/Wurmnest)* 1071

§ 47 Steuerrecht *(Haase)* 1073

Kapitel 2 Sonstige Gesellschaftsformen 1121

§ 48 Europäische wirtschaftliche Interessenvereinigung (EWIV) *(Göthel)* 1121

§ 49 Europäische Privatgesellschaft (SPE) *(Göthel)* 1125

Stichwortverzeichnis 1129

Inhaltsverzeichnis[*)]

Seite

Vorwort V

Autorenverzeichnis XXXIII

Literaturverzeichnis XXXV

Teil I
Grenzüberschreitender Unternehmenskauf

Kapitel 1 Verfahren und Vertragspraxis 3

§ 1 Einleitung 3

A. Formen grenzüberschreitender Ausdehnung 3

B. Besonderheiten des grenzüberschreitenden Unternehmenskaufs 4
    I. Bestimmung des anwendbaren Rechts 4
    II. Materielles Recht 6
    III. Rechtskulturen 6
    IV. Zur vorliegenden Darstellung 6

C. Gestaltungsformen 8
    I. Share Deal und Asset Deal 8
    II. Auswahlkriterien 10

§ 2 Ablauf und Vertragsgestaltung 15

A. Vorbemerkung 21

B. Dominanz der anglo-amerikanischen Rechtskultur 23

C. Überblick und Verfahrensarten 23
    I. Exklusivverhandlungen 24
    II. Bieterverfahren 24

D. Vertraulichkeitsvereinbarung 26

[*)] Ausführliche Inhaltsverzeichnisse befinden sich zu Beginn eines jeden Paragrafen.

Inhaltsverzeichnis

Seite

- E. Absichtserklärung (Letter of Intent) 29
  - I. Funktion im Ablauf der Verhandlungen 29
  - II. Inhalt 30
  - III. Praktische Bedeutung 31
  - IV. Bindende Verpflichtungen im Letter of Intent 32

- F. Due Diligence 33
  - I. Begriff und Herkunft 33
  - II. Arten 35
  - III. Funktionen und Zeitpunkt 40
  - IV. Checklisten und Datenräume 43
  - V. Praktische Hinweise und Erfassungsbögen 47
  - VI. Due Diligence Bericht 51
  - VII. Schuldrechtliche Haftung 54
  - VIII. Gesellschaftsrechtliche Haftung 70

- G. Vertragsgestaltung 76
  - I. Vollzugsbedingungen 76
  - II. Kaufpreis 91
  - III. Verkäufergarantien 95
  - IV. Closing 108
  - V. Rechtswahlklauseln und Vertragssprache 112
  - VI. Streitentscheidung 115
  - VII. Formfragen 119

- H. Legal Opinions 124

§ 3 Legitimationsnachweise 127

- A. Einleitung 128

- B. Nachweiserfordernisse – Bestehen und Umfang 129
  - I. Handelsregister 129
  - II. Notar 132
  - III. Geldwäschegesetz/Anderkonto 133

- C. Art und Weise der Nachweiserbringung 134
  - I. Öffentliche Register 134
  - II. Notarbescheinigungen 135
  - III. Andere öffentliche oder quasi-öffentliche Urkunden 137
  - IV. Sonstige Nachweise 138

Inhaltsverzeichnis

Seite

D. Form und Sprache der Nachweiserbringung 140
    I. Nachweisführung durch öffentliche Urkunden 140
    II. Nachweis der Echtheit der öffentlichen Urkunde 141
    III. Fremdsprachige Dokumente 145

E. Zeitliche Beschränkungen 147

F. Praxisempfehlung: Dokumentenerstellung im Ausland durch Organmitglieder deutscher Gesellschaften 148

G. Ländergruppen 149
    I. Einstufiger Legitimationsnachweis 149
    II. Mehrstufiger Nachweis, insbesondere in Common-Law-Rechtsordnungen 152

§ 4 Anglo-Amerikanisierung der Vertragspraxis 155

A. Grundlagen und Perspektiven 158
    I. Ursachen 158
    II. Konsequenzen 165
    III. Weitere Entwicklung: Internationalisierung und Privatisierung der Vertragspraxis 169

B. Phänomenologie 171
    I. Vorbemerkung 171
    II. Einzelheiten 172
    III. Zum Verfahren der Vertragsverhandlungen 186

§ 5 Rechtsfragen der Einschaltung von Beratern 193

A. Rechtsanwälte 193
    I. Anknüpfung der Mandatsvereinbarung 193
    II. Umfang des Statuts der Mandatsvereinbarung 196
    III. Anknüpfung von Legal Opinions 196
    IV. Haftungsfragen 197

B. Steuerberater 197

C. Wirtschaftsprüfer 198
    I. Vertragliche Ansprüche 198
    II. Haftung für Pflichtprüfungen 198

Inhaltsverzeichnis

Seite

D. Deliktische Haftung 199

E. Vorvertragliche Haftung, Sachwalterhaftung 200

Kapitel 2 Internationales Privat- und Verfahrensrecht 203

§ 6 Bestimmung des Vertragsstatuts 203

A. Einführung 205

B. Einheitskaufrecht 208
   I. Share Deal 209
   II. Asset Deal 210
   III. Praktische Hinweise 214

C. Internationales Schuldvertragsrecht 215
   I. Share Deal 215
   II. Asset Deal 217

D. Rechtswahl 218
   I. Bedeutung 218
   II. Ausdrückliche Rechtswahl 220
   III. Stillschweigende Rechtswahl 234

E. Fehlende Rechtswahl 237
   I. Einleitung 237
   II. Share Deal 238
   III. Asset Deal 240
   IV. Ausweichklausel 242

F. Sachnormverweisung 243

§ 7 Umfang des Vertragsstatuts 245

A. Grundsatz 246
   I. Zustandekommen 246
   II. Materielle Wirksamkeit 247
   III. Auslegung und Vertragstyp 248
   IV. Vertragssprache 248
   V. Vertragsinhalt, Erfüllung 251

Inhaltsverzeichnis

Seite

B. Weitere Vertragsabwicklung ... 254
    I. Bewertungsgrundsätze ... 254
    II. Leistungsstörungen, Verletzung eines vorvertraglichen Schuldverhältnisses, Vertragsstrafe ... 254
    III. Erlöschen ... 256
    IV. Nichtigkeitsfolgen ... 257
    V. Abänderung ... 258
    VI. Währung ... 258
    VII. Zinsen ... 259
    VIII. Beweisfragen ... 259

C. Allgemeine Schranken ... 260
    I. Eingriffsnormen ... 260
    II. Ordre public ... 262

§ 8 Gesellschaftsstatut und weitere Übertragungsstatute ... 265

A. Share Deal ... 271
    I. Internationales Gesellschaftsrecht ... 271
    II. Reichweite des Gesellschaftsstatuts ... 302
    III. Grund für Abspaltung vom Vertragsstatut ... 306

B. Asset Deal ... 307
    I. Übertragung der Wirtschaftsgüter ... 307
    II. Universal- oder Singularsukzession ... 318
    III. Zustimmungserfordernisse ... 319
    IV. Praktische Hinweise ... 320

C. Beherrschungs- und Gewinnabführungsverträge, Gleichordnungsverträge ... 320

§ 9 Form und Zustandekommen ... 323

A. Form ... 327
    I. Share Deal ... 327
    II. Asset Deal ... 351
    III. Regelungsbereich des Formstatuts ... 354

B. Zustandekommen ... 355
    I. Rechtsfähigkeit ... 355
    II. Geschäftsfähigkeit ... 359
    III. Partei- und Prozessfähigkeit ... 359
    IV. Stellvertretung ... 360

    V. Vorvereinbarungen 363
    VI. Aufklärungspflichten 365

§ 10 Einzelfragen 367

A. Nebenvertragliche Aspekte 369
    I. Aufbewahrungspflichten für Geschäftsbücher 369
    II. Verschwiegenheits- und Geheimhaltungspflichten 369
    III. Personal- und Realsicherheiten 369
    IV. Finanzierung des Kaufpreises 373
    V. Versicherungsverträge 375

B. Haftungsfragen 375
    I. Gesetzliche Haftung des Unternehmenserwerbers 375
    II. Haftungsfragen bei mehreren Käufern oder Verkäufern 382

C. Verwaltungsrecht, ausländische Erwerber und Geschäftsleiter 383
    I. Verwaltungsrecht 383
    II. Ausländische Erwerber 384
    III. Ausländische Geschäftsleiter 386

§ 11 Prozessuale Fragen 391

A. Gerichtsstandsklauseln 391
    I. Allgemeines 391
    II. Prorogation nach der EuGVVO 393
    III. Prorogation nach autonomem Recht 394
    IV. Kriterien für die Auswahl des Gerichtsstands 395
    V. Wahl eines bestimmten Spruchkörpers 396

B. Schiedsklauseln 398
    I. Allgemeines 398
    II. Institutionelle Schiedsgerichtsbarkeit 401
    III. Ad-hoc-Schiedsgerichte 402

C. Empfangs- und Zustellungsbevollmächtigte 404

Kapitel 3 Besonderheiten beim Erwerb börsennotierter Unternehmen 407

§ 12 Grenzüberschreitende Kapitalmarkttransaktionen 407

A. Einleitung 411

Inhaltsverzeichnis

Seite

B. Erwerb bestehender Aktien 412
    I.   Börslicher Erwerb von Aktien („Marktkäufe") 412
    II. Außerbörslicher Erwerb von börsengehandelten Aktien
        („Paketerwerbe") 417

C. Erwerb neuer Aktien 423
    I.   Überblick über mögliche Transaktionsstrukturen 423
    II. Barkapitalerhöhungen mit vereinfachtem Bezugsrechtsausschluss .. 423
    III. Bezugsrechtskapitalerhöhungen mit Backstop durch
        den Investor 431
    IV. Kapitalerhöhungen gegen Sacheinlage 438
    V. Gemischte Bar- und Sachkapitalerhöhungen 447

D. Besonderheiten beim Kontrollerwerb gemäß § 29 Abs. 2 WpÜG 449
    I.   Strukturüberlegungen 449
    II. Verhältnis von Erwerbspreis und Angebotspreis des Übernahme-
        angebots 454
    III. Harmonisierung der Bedingungen von Aktienerwerb und
        Übernahmeangebot 454
    IV. Berücksichtigung von Offenlegungspflichten 456
    V. Bestimmung des Übernahmevertragsstatuts 456

E. Ausgestaltung der übrigen Bedingungen des Investments 460
    I.   Rechtscharakter und Zulässigkeit von
        Investorenvereinbarungen 460
    II. Wesentliche Regelungsbereiche von Investorenvereinbarungen ... 461
    III. Anwendbares Recht 464

§ 13 Internationales Kapitalmarktrecht 465

A. Einleitung 467

B. Übersicht zum Gang der Darstellung 469

C. Prospektpflicht 470
    I.   Allgemeines 470
    II. Internationaler Geltungsbereich 470
    III. Rechtsfolgen von Verstößen 480

D. Insiderrecht 483
    I.   Allgemeines 483
    II. Internationaler Geltungsbereich 483
    III. Rechtsfolgen von Verstößen 485

Seite

E. Ad-hoc-Publizität 486
    I. Allgemeines 486
    II. Internationaler Geltungsbereich 487
    III. Rechtsfolgen von Verstößen 489

F. Mitteilungen bei Veränderungen des Stimmrechtsanteils 490
    I. Allgemeines 490
    II. Internationaler Geltungsbereich 491
    III. Rechtsfolgen von Verstößen 492

G. Übernahmerecht 493
    I. Allgemeines 493
    II. Internationaler Geltungsbereich 494
    III. Rechtsfolge von Verstößen 499

Kapitel 4 Arbeitsrecht 503

§ 14 Grenzüberschreitender Betriebsübergang 503

A. Einleitung 503

B. Anwendbarkeit des § 613a BGB 504

C. Vorliegen eines grenzüberschreitenden Betriebsübergangs 505
    I. Abgrenzung zu einer Betriebsstilllegung 506
    II. Grenzüberschreitender Betriebs(teil)übergang trotz „identitätszerstörender Eingliederung" 507

D. Rechtsfolgen 508

E. Unterrichtungspflicht und Widerspruchsrecht 511

§ 15 Auswirkungen auf inländische Arbeitnehmervertretungen 515

A. Einleitung 515

B. Konzernbetriebsrat 515

C. Gesamtbetriebsrat 516

D. Sonstige Arbeitnehmervertretungen 517

§ 16 Beteiligungsrechte der Arbeitnehmervertretungen und Auswirkungen auf Unternehmensmitbestimmung ... 519

A. Mitbestimmungsrechte des Betriebsrats (§§ 111 ff. BetrVG) ... 519

B. Unterrichtung des Wirtschaftsausschusses (§§ 106, 109a BetrVG) ... 521

C. Auswirkungen auf die Unternehmensmitbestimmung ... 525

Kapitel 5 Kartellrecht ... 527

§ 17 Grundlegung ... 527

A. Einleitung ... 527

B. Das Problem der Mehrfachanmeldungen ... 529
  I. Transaktionsstruktur und Zusammenschlussbegriff ... 530
  II. Umsatz- und sonstige Aufgreifschwellen ... 531
  III. Anmeldeverfahren und strategische Überlegungen ... 533

§ 18 Europäisches Kartellrecht ... 537

A. Überblick ... 539

B. Zusammenschlusskontrolle ... 540
  I. Grundlagen ... 540
  II. Internationaler Anwendungsbereich ... 545
  III. Anmeldepflichtige Zusammenschlüsse ... 556
  IV. Materiell-rechtliche Untersagungsvoraussetzungen ... 567
  V. Sonderregeln für Vollfunktions-GU ... 595
  VI. Verfahren ... 596

C. Kartellverbot ... 612
  I. Grundlagen ... 612
  II. Internationaler Anwendungsbereich ... 613
  III. Nebenabreden ... 616

§ 19 Deutsches Kartellrecht ... 619

A. Überblick ... 620

B. Zusammenschlusskontrolle ... 620
  I. Grundlagen ... 620

		Seite
II.	Internationaler Anwendungsbereich	623
III.	Anmeldepflichtige Zusammenschlüsse	627

C. Materielle Untersagungsvoraussetzungen ... 637
    I. Allgemein ... 637
    II. Marktabgrenzung ... 638
    III. Erhebliche Behinderung wirksamen Wettbewerbs ... 639
    IV. Die Ausnahmen ... 642

D. Verfahren ... 644
    I. Allgemein ... 644
    II. Die Anmeldung ... 644
    III. Gang des Verfahrens ... 647
    IV. Bedingungen und Auflagen ... 647
    V. Ministererlaubnis ... 648
    VI. Rechtsschutz ... 648

E. Kartellverbot ... 650
    I. Grundlagen ... 650
    II. Internationaler Anwendungsbereich ... 650
    III. Wettbewerbsverbote und sonstige Nebenabreden ... 651

Kapitel 6 Akquisitionsfinanzierung ... 655

§ 20 Grundlagen ... 655

A. Begriff und Bedeutung ... 655

B. Grundstruktur ... 657

C. Grenzüberschreitende Bezüge ... 657

D. Eurokredite ... 658

E. Konsortialkredite ... 659
    I. Hintergrund ... 659
    II. Bezeichnung der beteiligten Banken ... 660
    III. Kreditkonsortium ... 661

Inhaltsverzeichnis

	Seite
§ 21 Ablauf	665

A. Ansprache möglicher Arrangeure ... 665

B. Bankinterne Prüfung ... 665

C. Strukturierung der Finanzierung ... 666
    I. Ermittlung des Gesamt- und Fremdkapitalbedarfs ... 666
    II. Kreditpyramide ... 667

D. Commitment Papers ... 669

E. Finanzierungsverträge ... 670

F. Syndizierung ... 670

G. Auszahlung des Kreditbetrags und Verwaltung des Kredits durch den Agenten ... 671

§ 22 Vertragsgestaltung ... 673

A. Einführung ... 674

B. Vertragsaufbau ... 675
    I. Grundstruktur ... 675
    II. Einzelne Regelungsgegenstände eines Senior-Kreditvertrags ... 675

§ 23 Besicherung ... 695

A. Einführung ... 695

B. Personalsicherheiten ... 696

C. Dingliche Besicherung ... 696
    I. Sicherheitenbestellung durch Erwerbsgesellschaft ... 696
    II. Sicherheitenbestellung durch Zielgesellschaft ... 697
    III. Verwaltung durch Sicherheiten-Treuhänder ... 698

D. Verwertungsbeschränkungen (limitation language) ... 699
    I. Gesellschaftsrechtliche Grenzen bei der Sicherheitenbestellung ... 699
    II. Limitation Language ... 701
    III. Alternative Gestaltungen ... 702

	Seite

§ 24 Gerichtsstand und anwendbares Recht 705

A. Einleitung 705

B. Gerichtsstand 706
    I.   Bedeutung von Gerichtsstandsvereinbarungen 706
    II. Gleichklang mit anwendbarem Recht 706
    III. Vertragspraxis 707

C. Anwendbares Recht 708
    I.   Vorvertragliches Schuldverhältnis 708
    II. Darlehensvertrag 709
    III. Sicherheitenverträge 713
    IV. Konsortialvertrag 717
    V.   Syndizierung 718

Kapitel 7 Steuerrecht 719

§ 25 Besonderheiten bei der Tax Due Diligence 719

A. Einführung 719
    I.   Begriff der Tax Due Diligence 719
    II. Anlässe und Ziele 721

B. Ablauf und Organisation einer Tax Due Diligence 722
    I.   Checkliste/anzufordernde Unterlagen 722
    II. Ablauf 724
    III. Erstellung eines Tax Due Diligence Berichts 725

C. Rechtsformspezifische Besonderheiten 725
    I.   Kapitalgesellschaften 725
    II. Personengesellschaften 730

D. Prüfungsschwerpunkte bei grenzüberschreitenden Unternehmenskäufen 731
    I.   Verbundene Unternehmen 731
    II.   Doppelbesteuerungsabkommen 731
    III.   Verrechnungspreise und ihre Dokumentation 731
    IV.   Personengesellschaft als Zielgesellschaft 735
    V.   Quellensteuern 735
    VI.   Hinzurechnungsbesteuerung 736
    VII. Insbesondere: Länderspezifische Besonderheiten 737

Inhaltsverzeichnis

§ 26 Besteuerung des Unternehmenskaufs ... 739

A. Vorbemerkungen ... 742

B. Besteuerung des Veräußerers ... 744
    I. Share Deal ... 744
    II. Asset Deal ... 748

C. Besteuerung des Erwerbers ... 749
    I. Abschreibungen ... 750
    II. Fremdfinanzierungsaufwand ... 751
    III. Gewinnzurechnung ... 752
    IV. Verlustvorträge ... 754

D. Sonstige steuerliche Aspekte ... 757
    I. Umsatzsteuer ... 757
    II. Grunderwerbsteuer ... 759

E. Besonderheiten beim grenzüberschreitenden Unternehmenskauf ... 761
    I. Veräußerungsgewinne im Abkommensrecht ... 761
    II. Fremdfinanzierung im Abkommensrecht ... 763
    III. Gewinnrepatriierung bei Kapitalgesellschaften ... 765

F. Typische internationale Akquisitionsstrukturen (Auswahl) ... 767
    I. Outbound-Finanzierung (USA/Luxemburg/Deutschland) ... 768
    II. Struktursimplifizierung mit Personengesellschaften ... 770
    III. Steueroptimierte Inbound-Akquisitionsfinanzierung (1) ... 772
    IV. Steueroptimierte Inbound-Akquisitionsfinanzierung (2) ... 773
    V. Inbound-Immobilieninvestitionen ... 776
    VI. Double-dip-Strategien in einem Akquisitionsprozess ... 780

§ 27 Steuerklauseln ... 783

A. Arten von Steuerklauseln ... 784

B. Zivilrechtliche Umsetzung ... 785

C. Steuerklauseln in der finanzgerichtlichen Rechtsprechung ... 786
    I. Steuerklauseln i. e. S. ... 786
    II. Steuervermeidungsklauseln ... 789
    III. Steuertragungsklauseln ... 793

D. Typische Steuerklauseln beim Unternehmenskauf (Praxisbeispiele) 793
    I. Ertragsteuern 793
    II. Umsatzsteuer 801
    III. Internationale Praxis 802

Teil 2
Grenzüberschreitende Strukturmaßnahmen

Kapitel 1 Strukturmaßnahmen 809

§ 28 Grenzüberschreitende Sitzverlegungen 809

A. Einleitung 812

B. Fallgruppen 814

C. Kapitalgesellschaften 815
    I. Verlegung des Verwaltungssitzes in das Ausland 815
    II. Verlegung des Satzungssitzes in das Ausland 820
    III. Verlegung des Verwaltungssitzes nach Deutschland 827
    IV. Verlegung des Satzungssitzes nach Deutschland 832
    V. Sitzverlegung zwischen Drittstaaten 836

D. Personengesellschaften 836
    I. Anknüpfung 836
    II. Niederlassungsfreiheit und EU-Auslandsgesellschaften 837
    III. Deutsche Personengesellschaften 837

E. Societas Europaea und Societas Privata Europaea 839

§ 29 Grenzüberschreitende Umwandlung 841

A. Einleitung 843

B. Internationales Umwandlungsrecht 845
    I. Umwandlungsgesetz 845
    II. Gesellschaftsrechtliche Qualifikation 846
    III. Einzelheiten 846

C. Deutsches Umwandlungsrecht 852
    I. Satzungssitz im Inland 853
    II. Grenzüberschreitende Umwandlungen und Sitzerfordernis 853

III. Grenzüberschreitende Umwandlungen mit EU-/EWR-
Gesellschaften 857

D. Alternativen 870
  I. Gesamtrechtsnachfolge 870
  II. Anteilstausch 872
  III. Unternehmenseinbringung 872
  IV. Grenzüberschreitende Verschmelzung nach Umstrukturierung ... 873

E. Eingliederung 874

Kapitel 2 Arbeitsrecht und Kartellrecht 875

§ 30 Arbeitsrecht 875

A. Einleitung 875

B. Voraussetzungen für die Anwendung der Regelungen des MgVG 877

C. Ablauf des Verfahrens zum Abschluss einer
   Beteiligungsvereinbarung 878

D. Mitbestimmung kraft Gesetzes 879

E. Besondere Konstellationen 881

§ 31 Kartellrecht 883

A. Überblick 883

B. Anwendungsbereich des Kartellrechts 883
  I. Grundlagen 883
  II. Konzerninterne Transaktionen 884
  III. Verstärkung bestehender Unternehmensverbindungen 884

Kapitel 3 Steuerrecht 887

§ 32 Einleitung 887

A. Neufassung durch das SEStEG 888
  I. Zwecksetzung des UmwStG 888
  II. Verstrickung und Entstrickung 889

		Seite
B.	Systematische Stellung	896
	I. Lex-specialis-Charakter	896
	II. Beschränkung auf das Ertragsteuerrecht	898
	III. Keine abschließende Regelung	899
C.	Gemeinschaftsrechtliche Vorgaben	899
	I. Allgemeines	899
	II. Grenzen der Neuregelung	901
D.	Anwendungsbereich und Grundprinzipien des UmwStG	904
	I. Allgemeines	904
	II. Anwendungsbereich	905
	III. Grundregel: Ansatz des gemeinen Werts	906
	IV. Ausnahme: Buch- oder Zwischenwertansatz	906

§ 33 Historie ... 909

A. Allgemeines ... 909

B. Frühere Fassungen ... 911
    I. Vorläufer (1934–1976) ... 911
    II. UmwStG 1977 ... 912
    III. UmwStG 1995 ... 913

C. SEStEG ... 914

§ 34 Bezüge zum UmwG ... 917

A. Allgemeines ... 918
    I. Numerus clausus der Umwandlungen ... 918
    II. Gesamtrechtsnachfolge als Hauptzweck ... 919
    III. Notwendige HR-Eintragung ... 920

B. Die einzelnen Umwandlungsarten ... 921
    I. Verschmelzung ... 921
    II. Spaltung ... 922
    III. Formwechsel ... 922
    IV. Exkurs: Anwachsung ... 923

C. Zivilrechtsakzessorietät des UmwStG ... 927

Inhaltsverzeichnis

Seite

§ 35 Reichweite des UmwStG ... 929

A. Die einzelnen Tatbestände ... 929
  I. Verschmelzung ... 929
  II. Spaltung ... 930
  III. Einbringung ... 931
  IV. Anteilstausch ... 932
  V. Formwechsel ... 932

B. Lücken ... 933
  I. Allgemeines ... 933
  II. Sitzverlegungen ... 934

§ 36 International-steuerliche Bezüge ... 939

A. Verhältnis zu Doppelbesteuerungsabkommen ... 939
  I. Geltungsrang von DBA ... 939
  II. Prüfungsreihenfolge ... 941

B. Umwandlungen in der Hinzurechnungsbesteuerung ... 942

§ 37 Jüngste Entwicklungen ... 945

A. Gesetzgebung ... 945

B. Verwaltungsanweisungen ... 945

§ 38 Prüfungsschema zum UmwStG ... 947

Teil 3
Grenzüberschreitendes Joint Venture

§ 39 Grundlagen und Vertragsgestaltung ... 951

A. Einleitung ... 952

B. Vertragswerk ... 954
  I. Equity Joint Venture ... 954
  II. Contractual Joint Venture ... 960

C. Typische Regelungen im Joint Venture Vertrag ... 961
  I. Corporate Governance ... 961
  II. Einlagen und Finanzierung ... 963
  III. Beendigung und Anteilsübertragungen ... 964

Inhaltsverzeichnis

Seite

§ 40 Internationales Privatrecht 967

A. Einleitung 967

B. Equity Joint Venture 967

C. Projektgesellschaft 968

D. Joint Venture Vertrag 968
    I.   Qualifikation 968
    II.   Rechtswahl 972
    III. Fehlende Rechtswahl 972
    IV. Reichweite 978
    V.   Form 979
    VI. Eingriffsrecht 980

E. Zusatzverträge 980
    I.   Wählbare Rechte 980
    II.   Stillschweigende Rechtswahl 980
    III. Fehlende Rechtswahl 981

F. Contractual Joint Venture 984

§ 41 Kartellrecht 985

A. Einführung 986

B. Europäisches Kartellrecht 987
    I.   Die Gründung eines Gemeinschaftsunternehmens als Zusammenschluss i. S. der FKVO 987
    II.   Die Anwendung der FKVO auf Gemeinschaftsunternehmen 990
    III. Die Anwendung von Art. 101 AEUV bzw. nationaler Kartellverbote auf Gemeinschaftsunternehmen 994

C. Deutsches Kartellrecht 1000
    I.   Die Gründung eines Gemeinschaftsunternehmens als Zusammenschluss i. S. des GWB 1000
    II.   Berechnung der Umsatzschwellenwerte 1002
    III. Exkurs: Die Anwendbarkeit des GWB auf ausländische Gemeinschaftsunternehmen 1002
    IV. Materiell-rechtliche Prüfung 1003

Inhaltsverzeichnis

Teil 4
Europäische Gesellschaftsformen

Kapitel 1 Europäische Gesellschaft (SE) 1009

§ 42 Entwicklung und Rechtsquellen 1009

A. Einleitung 1009

B. Rechtsquellen 1011
  I. Stufenverhältnis 1011
  II. Verweisungsinhalte 1013

§ 43 Motive 1015

A. Einleitung 1016

B. Europäisches Rechtskleid 1017

C. Gestaltung der Mitbestimmung 1019

D. Wahl des Leitungssystems 1022

E. Grenzüberschreitende Sitzverlegung 1025

F. Vereinfachung der Konzernstruktur 1026

§ 44 Gründung und Erwerb einer SE 1029

A. Einsatzmöglichkeiten bei Unternehmenszusammenschlüssen 1030
  I. Einleitung 1030
  II. Verschmelzung 1031
  III. Holding-SE 1041

B. Unternehmenskauf bei der SE 1050
  I. Share Deal 1050
  II. Asset Deal 1051

§ 45 Beteiligung der Arbeitnehmer in der SE 1053

A. Allgemeines 1054

			Seite
B.	Besonderes Verhandlungsgremium (BVG)		1055
	I.	Unterrichtung der Arbeitnehmer und Aufforderung zur Errichtung eines BVG	1055
	II.	Zusammensetzung des BVG	1056
	III.	Wahl oder Bestellung der Mitglieder des BVG	1056
C.	Die Beteiligungsvereinbarung		1057
	I.	Grundlagen	1057
	II.	Allgemeine Regelungen der Beteiligungsvereinbarung	1060
	III.	Verfahren zur Unterrichtung und Anhörung der Arbeitnehmer	1061
	IV.	Unternehmerische Mitbestimmung	1064
D.	Beteiligung der Arbeitnehmer kraft Gesetzes		1065
	I.	SE-Betriebsrat kraft Gesetzes	1065
	II.	Mitbestimmung kraft Gesetzes	1066
E.	Besondere Konstellationen		1068
	I.	Vorrats-SE	1068
	II.	SE mit Arbeitnehmern in nur einem Mitgliedstaat	1068
	III.	Strukturelle Änderungen einer bestehenden SE	1069

§ 46 Kartellrecht 1071

§ 47 Steuerrecht 1073

A.	Einleitung		1074
B.	Gründung einer SE		1076
	I.	Gesellschaftsrechtliche Grundlagen	1076
	II.	Besteuerung im Gründungsstadium einer SE	1077
C.	Laufende Besteuerung einer SE		1100
	I.	Inländische Einkünfte einer SE	1100
	II.	Ausländische Einkünfte einer SE	1101
	III.	Verluste aus ausländischen Betriebsstätten	1102
	IV.	Organschaft	1102
D.	Die gesellschaftsrechtlichen und steuerlichen Folgen der Sitzverlegung einer SE		1103
	I.	Wegzug einer SE	1103
	II.	Steuerrechtliche Folgen des Wegzugs einer SE	1107
	III.	Zuzug einer SE	1118

Inhaltsverzeichnis

	Seite
Kapitel 2 Sonstige Gesellschaftsformen	1121
§ 48 Europäische wirtschaftliche Interessenvereinigung (EWIV)	1121
A. Einleitung	1121
B. Share Deal	1122
C. Asset Deal	1123
§ 49 Europäische Privatgesellschaft (SPE)	1125
A. Einleitung	1125
B. Share Deal	1128
C. Asset Deal	1128
Stichwortverzeichnis	1129

Autorenverzeichnis

Dr. Alexander Gebele, LL.M. (San Diego)
Notar, Hamburg § 3

Dr. Stephan R. Göthel, LL.M. (Cornell)
Rechtsanwalt, Wirtschaftsmediator, Hamburg §§ 1–2, 6–10,
Lehrbeauftragter an der Bucerius Law School, §§ 28–29, 39–40,
Hamburg §§ 42–44, 48–49

Prof. Dr. Florian Haase, M.I.Tax
Rechtsanwalt, Fachanwalt für Steuerrecht, Hamburg §§ 25–27, 32–38, 47
Hamburg School of Business Administration

Dipl.-Volksw. Dr. Marco Hartmann-Rüppel
Rechtsanwalt, Hamburg und Brüssel §§ 17, 19, 31, 41, 46
Lehrbeauftragter an der Humboldt-Universität zu
Berlin

Dr. Michael Kuhnke
Rechtsanwalt, Hamburg §§ 30, 45

Prof. Dr. Hanno Merkt, LL.M. (Univ. of Chicago)
Albert-Ludwigs-Universität Freiburg i. Br. § 4
Richter am Oberlandesgericht Karlsruhe

Dr. Oliver Rossbach
Rechtsanwalt, Hamburg §§ 20–24

Dr. Nils Schramm
Rechtsanwalt, Fachanwalt für Arbeitsrecht, Hamburg §§ 14–16
Lehrbeauftragter an der Bucerius Law School,
Hamburg

Autorenverzeichnis

Dr. Stephan Schulz
  Rechtsanwalt, Frankfurt am Main   §§ 12–13

Dr. Christian Ulrich Wolf
  Rechtsanwalt, Hamburg   §§ 5, 11

Prof. Dr. Wolfgang Wurmnest, LL.M. (Berkeley)
  Universität Augsburg   §§ 17–18, 31, 41, 46

Literaturverzeichnis[*]

American Jurisprudence Second
  Bd. 17A, Rochester NY 1991, mit Cumulative Supplement 1995;
  Bd. 67, Rochester NY 1985, mit Cumulative Supplement 1995

Anwaltkommentar BGB
  Bd. 1 (Allg. Teil mit EGBGB), 1. Aufl., 2005
  (zit.: *Bearbeiter* in: AnwKomm-BGB)

Armbrüster/Preuß/Renner
  Beurkundungsgesetz und Dienstordnung für Notarinnen und Notare,
  Kommentar, 6. Aufl., 2013

Assmann/Pötzsch/Schneider
  Wertpapiererwerbs- und Übernahmegesetz (WpÜG), Kommentar,
  2. Aufl., 2013 (zit.: *Bearbeiter* in: Assmann/Pötzsch/Schneider, WpÜG)

Assmann/Schlitt/von Kopp-Colomb
  WpPG, VerkProspG, Kommentar, 2. Aufl., 2010
  (zit.: *Bearbeiter* in: Assmann/Schlitt/von Kopp-Colomb,
  WpPG/VerkProspG)

Assmann/Schneider
  WpHG, Kommentar, 6. Aufl., 2012
  (zit.: *Bearbeiter* in: Assmann/Schneider, WpHG)

Assmann/Schütze
  Handbuch des Kapitalanlagerechts, 3. Aufl., 2007
  (zit.: *Bearbeiter* in: Assmann/Schütze, Hdb. des Kapitalanlagerechts)

Bachner/Köstler/Matthießen/Trittin
  Arbeitsrecht bei Unternehmensumwandlung und Betriebsübergang,
  4. Aufl., 2012 (zit.: *Bearbeiter* in: Bachner/Köstler/Matthießen/Trittin, ArbR)

Bamberger/Roth
  BGB, Kommentar, Bd. 1 (§§ 1–610, CISG), Bd. 3 (§§ 1297–2385, EGBGB),
  3. Aufl., 2012 (zit.: *Bearbeiter* in: Bamberger/Roth, BGB)

von Bar
  Internationales Privatrecht, Bd. 2 Besonderer Teil, 1991 (zit.: IPR)

Baumbach/Hopt
  HGB, Kommentar, 35. Aufl., 2012 (zit.: *Bearbeiter* in: Baumbach/Hopt,
  HGB)

---

[*] Siehe ergänzend die Literaturübersichten zu Beginn der einzelnen Paragrafen.

Literaturverzeichnis

Baumbach/Hueck
  GmbHG, Kommentar, 20. Aufl., 2013
  (zit.: *Bearbeiter* in: Baumbach/Hueck, GmbHG)

Baums/Thoma
  WpÜG, Kommentar, Loseblatt, Stand: 7/2012

Baums/Thoma
  Takeover laws in Europe, 2002

Beck'sches Formularbuch Aktienrecht
  hrsg. v. Lorz/Pfisterer/Gerber, 2005
  (zit.: *Bearbeiter* in: Beck'sches Formularbuch Aktienrecht)

Beck'sches Formularbuch Bürgerliches-, Handels- und Wirtschaftsrecht
  hrsg. v. Hoffmann-Becking/Rawert, 11. Aufl., 2013
  (zit.: *Bearbeiter* in: Beck'sches Formularbuch BHW)

Beck'sches Formularbuch GmbH-Recht
  hrsg. v. Lorz/Pfisterer/Gerber, 2010
  (zit.: *Bearbeiter* in: Beck'sches Formularbuch GmbH-Recht)

Beck'sches Handbuch der AG
  hrsg. v. Müller/Rödder, 2. Aufl., 2009
  (zit.: *Bearbeiter* in: Beck'sches Handbuch AG)

Beck'sches Mandatshandbuch Due Diligence
  hrsg. v. Beisel/Andreas, 2. Aufl., 2010
  (zit.: *Bearbeiter* in: Beck'sches Mandatshandbuch Due Diligence)

Beck'scher Online-Kommentar GmbHG
  hrsg. v. Ziemons/Jaeger, 2012 (zit.: *Bearbeiter* in: Ziemons/Jaerger, GmbHG)

Behrens
  Die Gesellschaft mit beschränkter Haftung im internationalen und europäischen Recht, 2. Aufl., 1997

Beisel/Klumpp
  Der Unternehmenskauf, 6. Aufl., 2009
  (zit.: *Bearbeiter* in: Beisel/Klumpp, Unternehmenskauf)

Berens/Brauner/Strauch/Knauer
  Due Diligence bei Unternehmensakquisitionen, 7. Aufl., 2013
  (zit.: *Bearbeiter* in: Berens/Brauner/Strauch/Knauer, Due Diligence)

Blümich
  EStG, KStG, GewStG, Kommentar, 118. Erg.-Lfg., Stand: 4/2013
  (zit.: *Bearbeiter* in: Blümich, EStG/KStG/GewStG)

Boruttau
  Grunderwerbssteuergesetz, Kommentar, 17. Aufl., 2011
  (zit.: *Bearbeiter* in: Boruttau, GrEStG)

Bradgate
Commercial Law, 3. Aufl., London 2000

Brambring/Jerschke
Beck'sches Notarhandbuch, 5. Aufl., 2009
(zit.: *Bearbeiter* in: Beck'sches Noarhandbuch)

Brugger
Unternehmenserwerb – Acquisition of Business Enterprises, Wien 1990

Bucher
Schweizerisches Obligationenrecht: Allgemeiner Teil ohne Deliktsrecht, 2. Aufl., Zürich 1988

Bumiller/Harders
Freiwillige Gerichtsbarkeit: FamFG, 10. Aufl., 2011 (zit.: FamFG)

Cox/Hazen
Cox and Hazen on Corporations, 2. Aufl., New York NY 2003 (zit.: Corporations)

Däubler/Kittner/Klebe/Wedde
Betriebsverfassungsgesetz, 13. Aufl., 2012 (zit.: BetrVG)

Deloitte
Unternehmenskauf im Ausland, 3. Aufl., 2009

Droste
Mergers & Acquisitions in Germany, 1995 (zit.: *Bearbeiter* in: Droste, M&A)

Dürig
Der grenzüberschreitende Unternehmenskauf, 1998

Ebenroth/Boujong/Joost/Strohn
HGB, Kommentar, Bd. 1 (§§ 1–342e), 2. Aufl., 2008
(zit.: *Bearbeiter* in: Ebenroth/Boujong/Joost/Strohn, HGB)

Eidenmüller
Ausländische Kapitalgesellschaften im deutschen Recht, 2004

Eilers/Koffka/Mackensen
Private Equity, 2. Aufl., 2012 (zit.: *Bearbeiter* in: Eilers/Koffka/Mackensen, Private Equity)

Elsing/van Alstine
US-amerikanisches Handels- und Wirtschaftsrecht, 2. Aufl., 1999

Emmerich/Habersack
Aktien- und GmbH-Konzernrecht: Kommentar, 6. Aufl., 2010

Literaturverzeichnis

Erfurter Kommentar zum Arbeitsrecht
hrsg. v. Müller-Glöge/Preis/Schmidt, 14. Aufl., 2014
(zit.: *Bearbeiter* in: ErfKomm)

Erman
BGB, Kommentar, Bd. 1 (§§ 1–758, AGG, UKlaG); Bd. 2 (§§ 759–2385, ProdHaftG, ErbbauG, HausratsVO, VAHRG, LPartG, WEG, EGBGB) 13. Aufl., 2011 (zit.: *Bearbeiter* in: Erman, BGB)

Farnsworth/Young/Sanger
Contracts: cases and materials, 6. Aufl., New York NY 2001
(zit.: Contracts)

Ferid
Internationales Privatrecht, 3. Aufl., 1986 (zit.: IPR)

Ferrari/Kieninger/Mankowski/Otte/Saenger/Staudinger
Internationales Vertragsrecht, 2. Aufl., 2012
(zit.: *Bearbeiter* in: Ferrari/u. a., Int. Vertragsrecht)

Fischer, L.
Internationaler Unternehmenskauf und -zusammenschluss im Steuerrecht, 1992 (zit.: *L. Fischer*)

Fitting/Engels/Schmidt/Trebinger/Linsenmaier
Betriebsverfassungsgesetz, 26. Aufla., 2012
(zit.: *Bearbeiter* in: Fitting u. a., BetrVG)

Fleischer
Handbuch des Vorstandsrechts, 2006
(zit.: *Bearbeiter* in: Fleischer, Hdb. Vorstandsrecht)

Frankenstein
Internationales Privatrecht, Bd. 2 (Grenzrecht), 1929 (zit.: IPR)

Frotscher
Internationales Steuerrecht, 3. Aufl., 2009 (zit.: Int. SteuerR)

Fuchs
WpHG: Kommentar, 2009 (zit.: *Bearbeiter* in: Fuchs, WpHG)

Geimer
Internationales Zivilprozessrecht, 6. Aufl., 2009
(zit.: Int. Zivilprozessrecht)

Geimer/Schütze
Europäisches Zivilverfahrensrecht, Kommentar, 3. Aufl., 2010
(zit.: *Bearbeiter* in: Geimer/Schütze, Europ. Zivilverfahrensrecht)

Gemeinschaftskommentar zum Betriebsverfassungsgesetz
hrsg. v. Wiese/Kreutz/Oetker/Raab/Weber/Franzen 9. Aufl., 2010
(zit.: *Bearbeiter* in: GK)

Gernhuber
Handbuch des Schuldrechts in Einzeldarstellungen, Bd. 6 (Kaufrecht), 2006
(zit.: *Bearbeiter* in: Gernhuber, SchuldR)

Girsberger/Heini/Keller/Kren Kostkiewicz/Siehr/Vischer/Volken
Zürcher Kommentar zum IPRG, 2. Aufl., Zürich 2004
(zit.: *Bearbeiter* in: Girsberger/u. a.)

GmbH-Handbuch
hrsg. v. Centrale für GmbH, Loseblatt (Stand: 4/2013)
(zit.: *Bearbeiter* in: GmbH-Handbuch)

Goette/Habersack
Das MoMiG in Wissenschaft und Praxis, 2009

Grasmann
System des internationalen Gesellschaftsrechts, 1970

Grenfell
Handbuch für den internationalen Unternehmenskauf, 2. Aufl., 1989
(zit.: Hdb. Int. Unternehmenskauf)

Großfeld
Internationales und Europäisches Unternehmensrecht, 2. Aufl., 1995

Großkommentar zum Aktiengesetz
hrsg. v. Hopt/Wiedemann, Loseblatt, 4. Aufl., 2012
(zit.: *Bearbeiter* in: Großkomm-AktG)

Habersack/Drinhausen
SE-Recht, Kommentar, 2013

Habersack/Mülbert/Schlitt
Unternehmensfinanzierung am Kapitalmarkt, 3. Aufl., 2013
(zit.: *Bearbeiter* in: Habersack/Mülbert/Schlitt, Unternehmensfinanzierung)

Habersack/Verse
Europäisches Gesellschaftsrecht, 4. Aufl., 2011

Haft/Schlieffen
Handbuch der Mediation, 2. Aufl., 2009
(zit.: *Bearbeiter* in: Haft/Schlieffen, Hdb. Mediation)

Happ
Aktienrecht, 3. Aufl., 2007 (zit.: *Bearbeiter* in: Happ, AktR)

Haritz/Menner
  Umwandlungsteuergesetz, Kommentar, 3. Aufl., 2010
  (zit.: *Bearbeiter* in: Haritz/Menner, UmwStG)
Hartmann
  Kostengesetze, Kommentar, 43. Aufl., 2013
Hauschild/Kallrath/Wachter/Schmiegelt
  Notarhandbuch Gesellschafts- und Unternehmensrecht, 2011
  (zit.: *Bearbeiter* in: Hauschild/Kallrath/Wachter, Notarhandbuch)
Hazen
  The Law of Securities Regulation, überarbeitete 6. Aufl., St. Paul MN 2009
Heckschen/Heidinger
  Die GmbH in der Gestaltungs- und Beratungspraxis, 2. Aufl., 2009
  (zit.: *Bearbeiter* in: Heckschen/Heidinger, Die GmbH)
Heidel
  Aktienrecht und Kapitalmarktrecht, 3. Aufl., 2011
Heidelberger Kommentar zum Aktiengesetz
  hrsg. v. Bürgers/Körber, 2. Aufl., 2011 (zit.: *Bearbeiter* in: HK-AktG)
Henssler/Willemsen/Kalb
  Arbeitsrecht, Kommentar, 5. Aufl., 2012
  (zit.: *Bearbeiter* in: Henssler/Willemsen/Kalb, ArbR)
Herber/Czerwenka/Eckardt
  Internationales Kaufrecht: Kommentar, 2. Aufl., 2011 (zit.: Int. Kaufrecht)
Hess/Schlochauer/Worzalla/Glock/Nicolai/Rose
  Betriebsverfassungsgesetz, Kommentar, 8. Aufl., 2011
  (*Bearbeiter* in: Hess/Schlochauer/Worzalla/Glock/Nicolai/Rose, BetrVG)
Heymann
  HGB, Kommentar, Bd. 2 (§§ 105–237), 2. Aufl., 1996
  (zit.: *Bearbeiter* in: Heymann, HGB)
Hirte/Bücker
  Grenzüberschreitende Gesellschaften, 2. Aufl., 2006
von Hoffmann/Thorn
  Internationales Privatrecht einschließlich der Grundzüge des internationalen Zivilverfahrensrechts, 10. Aufl., 2013
Hölters
  Aktiengesetz, Kommentar, 2. Aufl., 2014
  (zit.: *Bearbeiter* in: Hölters, AktG)
Hölters
  Handbuch Unternehmenskauf, 7. Aufl., 2010
  (zit.: *Bearbeiter* in: Hölters, Hdb. Unternehmenskauf)

Holzapfel/Pöllath
Unternehmenskauf in Recht und Praxis, 14. Aufl., 2010
(zit.: Unternehmenskauf)

Honsell/Vogt/Schnyder
Kommentar zum Schweizerischen Privatrecht, Internationales Privatrecht, 2. Aufl., Basel 2007

Hopt
Vertrags- und Formularbuch zum Handels-, Gesellschafts- und Bankrecht, 4. Aufl., 2013 (zit.: *Bearbeiter* in: Hopt, Vertrags- und Formularbuch)

Hüffer
Aktiengesetz, Kommentar, 10. Aufl., 2012 (zit.: AktG)

Hulle/Maul/Drinhausen
Handbuch zur Europäischen Gesellschaft (SE), 2007
(zit.: *Bearbeiter* in: Hulle/Maul/Drinhausen Hdb. Europ. Gesellschaft)

International Bar Association
Due Diligence, Disclosures and Warranties in the Corporate Acquisitions Practice, 2. Aufl., London 1992
(zit.: *Bearbeiter* in: International Bar Association)

Jacobs
Internationale Unternehmensbesteuerung, 7. Aufl., 2011
(zit.: Int. Unternehmensbesteuerung)

Jannott/Frodermann
Handbuch der Europäischen Aktiengesellschaft, 2005
(zit.: *Bearbeiter* in: Janott/Frodermann, Hdb. Europ. AG)

Jayme/Hausmann
Internationales Privat- und Verfahrensrecht, 16. Aufl., 2012 (zit.: IPR)

Jung, W.
Praxis des Unternehmenskaufs, 2. Aufl., 1993

Juris Praxiskommentar BGB
hrsg. v. Herberger/Martinek/Rüßmann/Weth, Bd. 6
(Internationales Privatrecht), 6. Aufl., 2013 (zit.: *Bearbeiter* in: jurisPK-BGB)

Kallmeyer
Umwandlungsgesetz, Kommentar, 5. Aufl., 2013
(zit.: *Bearbeiter* in: Kallmeyer, UmwG)

Kämmerer/Veil
Übernahme- und Kapitalmarktrecht in der Reformdiskussion, 2013
(zit.: Reformdiskussion)

Kegel/Schurig
Internationales Privatrecht, 9. Aufl., 2004 (zit.: IPR)

Keidel/Krafka/Willer
Handbuch der Rechtspraxis, Bd. 7 (Registerrecht), 9. Aufl., 2013

Kessler/Kröner/Köhler
Konzernsteuerrecht: national – international, 2. Aufl., 2008
(zit.: *Bearbeiter* in: Kessler/Kröner/Köhler, Konzernsteuerrecht)

Kindler
Geschäftsanteilsabtretungen im Ausland – Die kollisionsrechtliche Anknüpfung des Beurkundungserfordernisses nach § 15 Abs. 3 GmbHG, 2010 (zit.: Geschäftsanteilsabtretungen im Ausland)

Kindler
Einführung in das neue IPR des Wirtschaftsverkehrs, 2009
(zit.: IPR des Wirtschaftsverkehrs)

Kittner/Däubler/Zwanziger
Kündigungsschutzrecht, 8. Aufl., 2010

Kneip/Jänisch
Tax Due Diligence, Steuerrisiken und Steuergestaltungen beim Unternehmenskauf, 2. Aufl., 2010 (zit.: Tax Due Diligence)

Knott/Mielke
Unternehmenskauf, 4. Aufl., 2012
(zit.: *Bearbeiter* in: Knott/Mielke, Unternehmenskauf)

Koller/Roth/Morck
Handelsgesetzbuch, Kommentar, 7. Aufl., 2011
(zit.: *Bearbeiter* in: Koller/Roth/Morck, HGB)

Kölner Kommentar zum AktG
hrsg. v. Zöllner/Noack, Bd. 1 (§§ 1–147), 1. Aufl., 1985; Bd. 1 (§§ 1–75), 3. Aufl., 2011; Bd. 1: Teillieferung 1 (§§ 67–75), 3. Aufl., 2008, Teillieferung 2 (§§ 1–53), 3. Aufl., 2009; Bd. 6 (§§ 15–21, §§ 291–328 und Meldepflichte nach §§ 21 ff. WpHG, SpruchG), 3. Aufl., 2010; Bd. 8.1: Teillieferung 2 (Art. 32–42 SE-VO), 3. Aufl., 2010; Bd. 8.2: Teillieferung 1 (Art. 43–70 SE-VO, §§ 1–33 SEBG), 3. Aufl., 2010
(zit.: *Bearbeiter* in: KölnKomm-AktG)

Kölner Kommentar zum Umwandlungsrecht
hrsg. v. Dauner-Lieb/Simon, 2009 (zit.: *Bearbeiter* in: KölnKomm-UmwG)

Kölner Kommentar zum WpHG
hrsg. v. Hirte/Möllers, 2. Aufl., 2014
(zit.: *Bearbeiter* in: KölnKomm-WpHG)

Kölner Kommentar zum WpÜG
hrsg. v. Hirte/von Bülow, 2. Aufl., 2010
(zit.: *Bearbeiter* in: KölnKomm-WpÜG)

Korintenberg
KostO, Kommentar, 18. Aufl., 2010 (zit.: *Bearbeiter* in: Korintenberg, KostO)

Korth
Kauf – Verkauf von Unternehmen und Beteiligungen, 1993

Krafka/Kühn
Registerrecht, 9. Aufl., 2013 (zit.: *Krafka/Kühn*, Registerrecht)

Kronke/Melis/Schnyder
Handbuch Internationales Wirtschaftsrecht, 2005
(zit.: *Bearbeiter* in: Kronke/Melis/Schnyder, Hdb. Int. Wirtschaftsrecht)

Kropff
Aktiengesetz: Textausgabe des Aktiengesetzes vom 6.9.1965 und des Einführungsgesetzes zum Aktiengesetz vom 6.9.1965 mit Begründung des Regierungsentwurfs, Bericht des Rechtsausschusses des Deutschen Bundestags, Verweisungen und Sachverzeichnis, 1965

Kropholler
Internationales Privatrecht, 6. Aufl., 2006 (zit.: IPR)

Kropholler/Hein
Europäisches Zivilprozessrecht, Kommentar, 9. Aufl., 2011
(zit.: Europ. Zivilprozessrecht)

Kümpel/Wittig
Bank- und Kapitalmarktrecht, 4. Aufl., 2011
(zit.: *Bearbeiter* in: Kümpel/Wittig, Bank- und Kapitalmarktrecht)

Leffson
Bilanzanalyse, 3. Aufl., 1984

Liekefett
Due Diligence bei M&A Transaktionen, 2005

Lionnet/Lionnet
Handbuch der internationalen und nationalen Schiedsgerichtsbarkeit, 3. Aufl., 2005

Louven
M&A: Unternehmenskauf, 2. Aufl., 2012 (zit.: M&A)

Lüderitz
Internationales Privatrecht, 2. Aufl., 1992 (zit.: IPR)

Lüdicke/Sistermann
  Unternehmenssteuerrecht, 2008 (zit.: *Bearbeiter* in: Lüdicke/Sistermann, Unternehmenssteuerrecht)
Lutter
  Holding-Handbuch: Recht, Management, Steuern, 4. Aufl., 2004 (zit.: *Bearbeiter* in: Lutter, Holding-Handbuch)
Lutter
  Umwandlungsgesetz, 4. Aufl., 2009 (zit.: *Bearbeiter* in: Lutter, UmwG)
Lutter/Bayer/Schmidt, J.
  Europäisches Unternehmens- und Kapitalmarktrecht, 5. Aufl., 2012 (zit.: EuropUntR)
Lutter/Hommelhoff
  GmbHG, Kommentar, 18. Aufl., 2012 (zit.: *Bearbeiter* in: Lutter/ Hommelhoff, GmbHG)
Lutter/Hommelhoff
  SE-Kommentar, 2008 (zit.: *Bearbeiter* in: Lutter/Hommelhoff, SE-Kommentar)

Malacrida/Watter
  Mergers, Acquisitions & Corporate Restructuring, Basel 2005
Manz/Mayer/Schröder
  Europäische Aktiengesellschaft: SE, 2. Aufl., 2010 (zit.: *Bearbeiter* in: Manz/Mayer/Schröder, Europ. AG)
Marsch-Barner/Schäfer
  Handbuch börsennotierte AG, 2. Aufl., 2009 (zit.: *Bearbeiter* in: Hdb. börsn. AG)
Martinek/Semler/Habermeier/Flohr
  Handbuch des Vertriebsrechts, 3. Aufl., 2010 (zit.: *Bearbeiter* in: Martinek/Semler/Habermeier, Hdb. Vertriebsrecht)
McKendrick
  Contract Law: text, cases and materials, 5. Aufl., Oxford 2012 (zit.: Contract Law)
Merkt
  Internationaler Unternehmenskauf, 2. Aufl., 2003 (zit.: Int. Unternehmenskauf)
Merkt
  US-amerikanisches Gesellschaftsrecht, 3. Aufl., 2013 (zit.: US-amerikanisches Gesellschaftsrecht)

Meyer-Landrut/Miller/Niehus
  GmbHG, Kommentar, 1987
  (zit.: *Bearbeiter* in: Meyer-Landrut/Miller/Niehus, GmbHG)
Michalski
  GmbHG, Kommentar, Bd. 1 (Systematische Darstellungen, §§ 1–34);
  Bd. 2 (§§ 35–85, §§ 1–4 EGGmbHG), 2. Aufl., 2010
  (zit.: *Bearbeiter* in: Michalski, GmbHG)
Münchener Anwaltshandbuch GmbH-Recht
  hrsg. v. Römermann, 2. Aufl., 2009 (zit.: *Bearbeiter* in: MAH-GmbH)
Münchener Handbuch des Gesellschaftsrechts
  hrsg. v. Priester/Mayer, Bd. 1 (GbR, oHG, PartG, EWIV), 4. Aufl., 2014;
  Bd. 2 (KG, GmbH & Co. KG, Stille Gesellschaft), 4. Aufl., 2014;
  Bd. 3 (GmbH), 4. Aufl., 2012;
  Bd. 4 (AG), 2007; hrsg. v. Leible/Reichert,
  Bd. 6 (Internationales Gesellschaftsrecht, Grenzüberschreitende Umwandlungen), 4. Aufl., 2013 (zit.: *Bearbeiter* in: MünchHdb-GesR)
Münchener Kommentar zum AktG
  hrsg. v. Goette/Habersack, Bd. 1 (§§ 1–75), 3. Aufl., 2008;
  Bd. 2 (§§ 76–117, MitbestG, DrittelbG), 3. Aufl., 2008;
  Bd. 5 (§§ 278–328, SpruchG), 3. Aufl., 2010;
  Bd. 6 (§§ 329–410, WpÜG, Österreichisches Übernahmerecht), 3. Aufl., 2011;
  Bd. 7 (Europäisches Aktienrecht, SE-VO, SEBG, Europäische Niederlassungsfreiheit), 3. Aufl., 2012;
  Bd. 9/2 (§§ 329–410 SE-VO, SEBG), 3. Aufl., 2012
  (zit.: *Bearbeiter* in: MünchKomm-AktG)
Münchener Kommentar zum BGB
  hrsg. v. Rixecker/Säcker, Bd. 2 (Schuldrecht: Allg. Teil), 6. Aufl., 2012;
  Bd. 3 (Schuldrecht: Besond. Teil I), 6. Aufl., 2012;
  Bd. 4 (Schuldrecht: Besond. Teil II), 6. Aufl., 2009;
  Bd. 5 (Schuldrecht: Besond. Teil III), 6. Aufl., 2010;
  Bd. 6 (Sachenrecht), 6. Aufl., 2013;
  Bd. 10 (Internationales Privatrecht), 5. Aufl., 2010;
  Bd. 11 (Internationales Handels- und Gesellschaftsrecht), 5. Aufl., 2010
  (zit.: *Bearbeiter* in: MünchKomm-BGB)
Münchener Kommentar zum GmbHG
  hrsg. v. Fleischer/Goette, Bd. 1 (§§ 1–34), 2010; Bd. 3 (§§ 53–85), 2011
  (zit.: *Bearbeiter* in: MünchKomm-GmbHG)

Münchener Kommentar zum HGB
>hrsg. v. K. Schmidt, Bd. 1 (§§ 1–104a), 3. Aufl., 2010;
>Bd. 2 (§§ 105–160), 3. Aufl., 2011;
>Bd. 4 (§§ 238–342e), 3. Aufl., 2013;
>Bd. 6 (§§ 373–406, CISG), 2. Aufl., 2007
>(zit.: *Bearbeiter* in: MünchKomm-HGB)

Münchener Kommentar zur ZPO
>hrsg. v. Rauscher/Wax/Wenzel, Bd. 3 (§§ 1025–1109 EGZPO, GVG, EGGVG, UKlaG, Internationales und Europäisches Zivilprozessrecht), 4. Aufl., 2013; hrsg. v. Rauscher, Bd. 4 (FamFG), 2. Aufl., 2013
>(zit.: *Bearbeiter* in: MünchKomm-ZPO)

Münchener Vertragshandbuch
>hrsg. v. Schütze/Weipert, Bd. 2 (Wirtschaftsrecht I), 6. Aufl., 2009;
>Bd. 4 (Wirtschaftsrecht III), 7. Aufl., 2012
>(zit.: *Bearbeiter* in: Münchener Vertragshandbuch)

Musielak
>ZPO, Kommentar, 10. Aufl., 2013 (zit.: *Bearbeiter* in: Musielak, ZPO)

NomosKommentar BGB
>Bd. 1 (Allg. Teil mit EGBGB), 2. Aufl., 2012
>(zit.: *Bearbeiter* in: NomosKomm-BGB)

Oetker/Preuß
>Kommentar zum Handelsgesetzbuch, 2. Aufl., 2011
>(zit.: *Bearbeiter* in: Oetker/Preuß, HGB)

Pahlke/Koenig
>Abgabenordnung, Kommentar, 2. Aufl., 2009
>(zit.: *Bearbeiter* in: Pahlke/Koenig, AO)

Palandt
>BGB, Kommentar, 72. Aufl., 2013 (zit.: *Bearbeiter* in: Palandt, BGB)

Picot
>Handbuch Mergers & Acquisitions, 5. Aufl., 2012
>(zit.: *Bearbeiter* in: Picot, M&A)

Picot
>Unternehmenskauf und Restrukturierung, 4. Aufl., 2013
>(zit.: *Bearbeiter* in: Picot, Unternehmenskauf)

Polster-Grüll/Zöchling/Kranebitter
>Handbuch Mergers & Acquisitions, Wien 2007
>(zit.: *Bearbeiter* in: Polster-Grüll/Zöchling/Kranebitter, Hdb. M&A)

Prütting/Wegen/Weinreich
BGB, Kommentar, 7. Aufl., 2012
(zit.: *Bearbeiter* in: Prütting/Wegen/Weinreich, BGB)

Rädler/Pöllath
Handbuch der Unternehmensakquisition, 1982
(zit.: Hdb. Unternehmensakquisition)

Rauscher
Europäisches Zivilprozess- und Kollisionsrecht, EuZPR/EuIPR, Kommentar, EG-ZustellVO, EG-BewVO, EG-VollstrTitelVO, EG-InsVO, EG-Mahn-VO, EG-Bagatell-VO, 2010 Bearbeitung 2010/2011 (zit.: *Bearbeiter* in: Rauscher, EuZPR/EuIPR)

Reed/Lajoux/Nesvold
The Art of M&A: A Merger, Acquisition, Buyout Guide, 4. Aufl., New York NY 2007 (zit.: The Art of M&A)

Reimann/Zimmermann
The Oxford Handbook of Comparative Law, 2006

Reithmann/Martiny
Internationales Vertragsrecht, 7. Aufl., 2010
(zit.: *Bearbeiter* in: Reithmann/Martiny, Int. Vertragsrecht)

Richardi
Betriebsverfassungsgesetz, Kommentar, 13. Aufl., 2012
(zit.: *Bearbeiter* in: Richardi, BetrVG)

Robinson
The Mergers & Acquisitions Review, 7. Aufl., London 2013

Rödder/Hötzel/Mueller-Thuns
Unternehmenskauf, Unternehmensverkauf: zivil- und steuerrechtliche Gestaltungspraxis, 2003 (zit.: *Bearbeiter* in: Rödder/Hötzel/Mueller-Thuns, Unternehmenskauf)

Röhricht/von Westphalen
HGB, Kommentar, 3. Aufl., 2008
(zit.: *Bearbeiter* in: Röhricht/von Westphalen, HGB)

Rohs/Wedewer
KostO, Kommentar, Loseblatt, Stand: 2012
(zit.: *Bearbeiter* in: Rohs/Wedewer, KostO)

Roth/Altmeppen
GmbHG, Kommentar, 7. Aufl., 2012
(zit.: *Bearbeiter* in: Roth/Altmeppen, GmbHG)

Rotthege/Wassermann
    Mandatspraxis Unternehmenskauf, 2002 (zit.: Unternehmenskauf)
Rubino-Sammartano
    Warranties in Cross-Border Acquisitions, London 1994

Sandrock
    Handbuch der internationalen Vertragsgestaltung, 1980
    (zit.: *Bearbeiter* in: Sandrock, Hdb. Int. Vertragsgestaltung)
Schimansky/Bunte/Lwowski
    Bankrecht-Handbuch, 4. Aufl., 2011
    (zit.: *Bearbeiter* in: Schimansky/Bunte/Lwowski, Bankrechts-Hdb.)
Schlosser
    EU-Zivilprozessrecht, Kommentar, 3. Aufl., 2009
Schmidt, K.
    Gesellschaftsrecht, 4. Aufl., 2002 (zit.: GesR)
Schmidt, K.
    Handelsrecht, 5. Aufl., 1999 (zit.: Handelsrecht)
Schmidt, K./Lutter
    AktG, Kommentar, Bd. 1 (§§ 1–149 AktG), 2. Aufl., 2010
    (zit.: *Bearbeiter* in: Schmidt/Lutter, AktG)
Scholz
    GmbHG, Kommentar, Bd. 1 (§§ 1–34), 11. Aufl., 2012;
    Bd. 2 (§§ 35–52), 10. Aufl., 2007;
    Bd. 3 (§§ 53–85; Nachtrag MoMiG), 10. Aufl., 2010
    (zit.: *Bearbeiter* in: Scholz, GmbHG)
Schricker/Loewenheim
    Urheberrecht, Kommentar, 4. Aufl., 2010
    (zit.: *Bearbeiter* in: Schricker/Loewenheim, Urheberrecht)
Schulze/Dörner/Ebert/Hoeren/Kemper/Saenger/Schreiber/Schulte-Nölke/Staudinger
    BGB, Kommentar, 7. Aufl., 2012 (zit.: *Bearbeiter* in: Schulze/u. a., BGB)
Schwark/Zimmer
    Kapitelmarktrechts-Kommentar, 4. Aufl., 2010
    (zit.: *Bearbeiter* in: Schwark/Zimmer, KMRK)
Schwarz
    SE-VO, Kommentar, 2006 (zit.: SE-VO)
Schwimann
    Grundriß des internationalen Privatrechts, Wien 1982

Seibt
   Beck'sches Formularbuch Mergers & Acquisitions, 2. Aufl., 2011
   (zit.: *Bearbeiter* in: Seibt, M&A)
Semler/Stengel
   UmwG, Kommentar, 3. Aufl., 2012 zit.:
   (zit.: *Bearbeiter* in: Semler/Stengel, UmwG)
Soergel
   BGB, Kommentar, Bd. 10 (§§ 652–704 Schuldrecht 8), 12. Aufl., 1996;
   Bd. 13 (Schuldrechtliche Nebengesetze 2: CISG), 13. Aufl., 2000
   (zit.: *Bearbeiter* in: Soergel, BGB)
Sonnenberger
   Vorschläge und Berichte zur Reform des europäischen und deutschen
   internationalen Gesellschaftsrechts, 2007
Spahlinger/Wegen
   Internationales Gesellschaftsrecht in der Praxis, 2005
   (zit.: *Bearbeiter* in: Spahlinger/Wegen, Int.GesR)
Spindler/Stilz
   AktG, Kommentar, Bd. 1 (§§ 1–149), 2. Aufl., 2010; Bd. 2
   (§§ 150–410, IntGesR, SpruchG, SE-VO), 2. Aufl., 2010
   (zit.: *Bearbeiter* in: Spindler/Stilz, AktG)
Staub
   HGB, Großkommentar, Bd. 1 (Einleitung, §§ 1–47b), 5. Aufl., 2009;
   Bd. 3 (§§ 105–160), 5. Aufl., 2009 (zit.: *Bearbeiter* in: Staub, HGB)
Staudinger
   BGB, Kommentar, Buch 1 (§§ 125–129, BeurkG) Neubearb. 2012; Buch 2
   (Einl. zum Schuldrecht, §§ 241–243: Treu und Glauben), Neubearb. 2005;
   Buch 2 (§§ 433–487, Leasing: Kaufrecht und Leasingrecht), Neubearb.
   2004; EGBGB/IPR (Einl. zu Art. 27 ff. EGBGB, Art. 27–37 EGBGB),
   Bearb. 2002; Internationales Gesellschaftsrecht, Neubearb. 1998;
   Internationales Wirtschaftsrecht, Neubearb. 2010; Buch 2 (Wiener UN-
   Kaufrecht: CISG), 16. Aufl., 2012 (zit.: *Bearbeiter* in: Staudinger, BGB)
Stone
   West's Legal Forms, Bd. 4A (Business Organizations), 3. Aufl., St. Paul
   MN, Erg.-Lfg. 2009; Bd. 27B (Specialized Forms), 4. Aufl., St. Paul MN
   Erg.-Lfg. 2009
Süß/Wachter
   Handbuch des internationalen GmbH-Rechts, 2. Aufl., 2011
   (zit.: *Bearbeiter* in: Süß/Wachter, Hdb. Int. GmbHR)

Thomas/Putzo
    ZPO, Kommentar, 34. Aufl., 2013
    (zit.: *Bearbeiter* in: Thomas/Putzo, ZPO)
Tipke/Kruse
    Abgabenordnung, Kommentar, Loseblatt (Stand: 3/2014)
    (zit.: *Bearbeiter* in: Tipke/Kruse, AO)
Tipke/Lang
    Steuerrecht, 20. Aufl., 2010 (zit.: *Bearbeiter* in: Tipke/Lang, SteuerR)
Triebel
    Mergers & Acquisitions: Strategie – Steuern – Recht, 2004
    (zit.: *Bearbeiter* in: Triebel, M&A)
Turcon/Zimmer
    Grundlagen des US-amerikanischen Gesellschafts-, Wirtschafts-, Steuer- und Fremdenrechts, 1994

Ulmer/Habersack/Henssler
    Mitbestimmungsrecht, Kommentar, 3. Aufl., 2013
Ulmer/Habersack/Winter
    GmbHG: Großkommentar, Bd. 1 (Einleitung, §§ 1–28), 2. Aufl., 2013;
    Bd. 2 (§§ 29–52), 2006;
    Bd. 3 (§§ 53–87), 2008; Ergänzungsband MoMiG, 2010
    (zit.: Erg.-Band), (zit.: *Bearbeiter* in: Ulmer/Habersack/Winter, GmbHG)

Vischer/Huber/Oser
    Internationales Vertragsrecht, 2. Aufl., Bern 2000 (zit.: Int. Vertragsrecht)
Vischer/von Planta
    Internationales Privatrecht, 2. Aufl., Basel 1982 (zit.: IPR)

Wegen/Spahlinger/Barth
    Gesellschaftsrecht des Auslands, Loseblatt, Stand: 2013
Wenner
    Internationales Vertragsrecht, 3. Aufl., 2013 (zit.: Int. Vertragsrecht)
Widmann/Mayer
    Umwandlungsrecht, Kommentar, Bd. 1 und 2, Loseblatt (Stand: 3/2013)
    (zit.: UmwG/UmwStG)
Wiedemann
    Gesellschaftsrecht, Bd. 1 (Grundlagen), 1980 (zit.: GesR)

Willemsen/Hohenstatt/Schweibert/Seibt
  Umstrukturierung und Übertragung von Unternehmen, 4. Aufl., 2011
  (zit.: *Bearbeiter* in: Willemsen/Hohenstatt/Schweibert/Seibt,
  Umstrukturierung)
Winkler
  Sozialgesetzbuch IV, Kommentar, 2007
  (zit.: *Bearbeiter* in: Winkler, SGB IV)
Wirtz
  Handbuch Mergers & Acquisitions Management, 2006
  (zit.: *Bearbeiter* in: Wirtz, M&A)
Wlotzke/Wissmann/Koberski/Kleinsorge
  Mitbestimmungsrecht, 3. Aufl., 2008
Wolff
  Das Internationale Privatrecht Deutschlands, 3. Aufl., 1954
Wollny
  Unternehmens- und Praxisübertragungen, 7. Aufl., 2012
Würzburger Notarhandbuch
  hrsg. v. Limmer/Hertel/Frenz/Mayer, 3. Aufl., 2012
  (zit.: *Bearbeiter* in: Würzburger Notarhandbuch)

Zöller
  ZPO, Kommentar, 29. Aufl., 2012 (zit.: *Bearbeiter* in: Zöller, ZPO)
Zweigert/Kötz
  Einführung in die Rechtsvergleichung auf dem Gebiete des Privatrechts,
  3. Aufl., 1996 (zit.: Rechtsvergleichung)

Teil I
Grenzüberschreitender Unternehmenskauf

Kapitel 1 Verfahren und Vertragspraxis

§ 1 Einleitung

Übersicht

A. Formen grenzüberschreitender Ausdehnung 1
B. Besonderheiten des grenzüberschreitenden Unternehmenskaufs 3
    I. Bestimmung des anwendbaren Rechts 3
    II. Materielles Recht 7
    III. Rechtskulturen 8
    IV. Zur vorliegenden Darstellung 10
C. Gestaltungsformen 13
    I. Share Deal und Asset Deal 13
    II. Auswahlkriterien 18

Literatur: *Casna*, International Joint Ventures – The Legal and Tax Issues, London 1991; *Detzer/Ullrich*, Gestaltung von Verträgen mit ausländischen Handelsvertretern und Vertragshändlern, 2000; *Eilers*, Die Umwandlung als neue Form des Unternehmenskaufes, WiB 1995, 449; *Ebenroth*, Das Verhältnis zwischen joint venture-Vertrag, Gesellschaftssatzung und Investitionsvertrag, JZ 1987, 265; *Fischer*, Die Gründung von Joint Ventures in Entwicklungsländern – Dargestellt am Beispiel Indien, ZVglRWiss 86 (1987), 314; *Göthel*, Internationales Privatrecht des Joint Ventures, RIW 1999, 566; *Göthel*, Joint Ventures im Internationalen Privatrecht – Ein Vergleich der Rechte Deutschlands und der USA, 1999 (zit.: Joint Ventures); *Huber, L.*, Das Joint Venture im internationalen Privatrecht, Basel 1992; *Langefeld-Wirth*, Rechtsfragen des internationalen Gemeinschaftsunternehmens – Joint Venture, RIW 1990, 1; *Langefeld-Wirth*, Joint Ventures im internationalen Wirtschaftsverkehr, 1990; *Lutter*, Die Gründung einer Tochtergesellschaft im Ausland, 3. Aufl., 1995 (zit.: Tochtergesellschaft im Ausland); *Merkt*, Internationaler Unternehmenskauf durch Beteiligungskauf, in: Festgabe Sandrock, 1995, S. 135; *Mörsdorf*, Share Deals in Norwegen, RIW 2010, 19; *Niemeier*, Steuerfragen bei Auslandsakquisitionen – ein Überblick, RIW 2005, 436; *Schön*, Freie Wahl zwischen Zweigniederlassung und Tochtergesellschaft – ein Grundsatz des Europäischen Unternehmensrechts, EWS 2000, 281; *Schnyder*, Kollisionsrechtliche Fragen zu (grenzüberschreitenden) Übernahmen, in: Centre d´études juridiques européennes de la Faculté de droit de Genève (CEJE), Erwerb von Beteiligungen am Beispiel der öffentlichen Übernahmeangebote: Kolloquium, Lausanne 1990, S. 624; *Schwetlik*, Handelsrechtlicher step-up bei Einbringungen in Organgesellschaften, GmbHR 2009, 1307; *Stengel/Sax*, M&A-Transaktionen in der Insolvenz: Übertragende Sanierung, in: Theiselmann, Praxishandbuch des Restrukturierungsrechts, 2010; *Stumpf/Ullrich*, Internationales Handelsvertreterrecht, Teil 1: Verträge mit ausländischen Handelsvertretern – Hinweise für den Abschluss von Vertreterverträgen, 6. Aufl., 1987; *Uhlenbruck*, Risiken vorinsolvenzlicher übertragender Sanierung und Anschlussinsolvenzverfahren, ZInsO 2013, 2033; *Wächtershäuser*, Das Gesellschaftsrecht des internationalen Joint Ventures, 1992.

A. Formen grenzüberschreitender Ausdehnung

Wenn ein Unternehmen seine Geschäftstätigkeit über die nationalen Grenzen hinaus ausdehnen möchte, bieten sich unterschiedliche Möglichkeiten. Zu unterscheiden ist zwischen jenen Gestaltungsformen, bei denen das Unternehmen **keine eigene unternehmerische Tätigkeit** im Ausland entfaltet (bspw. beim bloßen Export und Vertrieb oder bei der Produktion unter Einschaltung eines unabhängigen ausländischen Vertriebs- oder Produktionspartners), und allen

1

§ 1 Einleitung

Formen, mit **eigener unternehmerischer Aktivität** im Ausland. Zu diesem letztgenannten Bereich zählen einerseits die unternehmerische Tätigkeit durch unselbständige Produktions- und Vertriebsorganisationen,[1] etwa in Gestalt von **Niederlassungen**, Betrieben oder durch Einsatz von Handelsvertretern,[2] und andererseits die Einschaltung selbständiger **Tochterunternehmen** im betreffenden Ausland, namentlich in der Form von Personen- oder Kapitalgesellschaften. Solche Tochtergesellschaften können allein oder zusammen mit einem oder mehreren Partnern (etwa als Joint Venture, dazu unten §§ 39–41)[3] geführt werden. Wird eine Tochtergesellschaft eingeschaltet, wird man wiederum unterscheiden können zwischen dem **Erwerb** einer bestehenden Gesellschaft (Unternehmenskauf) und der **Neugründung** einer (Tochter-) Gesellschaft mit anschließender Einbringung des Betriebs (sog. *Einbringungsmodell*).[4]

2 Ob eine existierende Gesellschaft erworben oder eine neue Gesellschaft gegründet wird, hängt im internationalen Zusammenhang – wie im nationalen – regelmäßig von mehreren Faktoren ab. Zugunsten des **Einbringungsmodells** wird in der Praxis bisweilen geltend gemacht, es weise weniger grenzüberschreitende Elemente auf und könne damit einfacher und kostengünstiger als der **grenzüberschreitende Erwerb** gestaltet werden.[5] Andererseits wirft auch das Einbringungsmodell spezifische Fragen der internationalen Kautelarpraxis auf. Außerdem wird die Neugründung aus diesem oder jenem Grund nicht immer möglich oder auch nur praktikabel sein.

B. Besonderheiten des grenzüberschreitenden Unternehmenskaufs

I. Bestimmung des anwendbaren Rechts

3 Im Folgenden steht der **Erwerb** oder Kauf einer bestehenden Gesellschaft oder eines bestehenden Unternehmens im Vordergrund (regelmäßig auch im deutschen Sprachgebrauch mit der englischsprachigen Bezeichnung M&A *[mergers & acquisitions]* umschrieben). Dabei werden zwangsläufig zahlreiche Fragen mitbehandelt, die sich in der internationalen Beratungspraxis bei der Neugrün-

---

1) Zum internationalen Vertriebsrecht *Lakkis* in: Martinek/Semler/Habermeier/Flohr, Hdb. Vertriebsrecht, § 55 Rz. 1 ff.
2) Dazu *Stumpf/Ullrich*, passim; *Detzer/Ullrich*, passim.
3) Zum internationalen Joint Venture s. a. *Göthel*, Joint Ventures, passim; *Göthel*, RIW 1999, 566; *Göthel* in: Reithmann/Martiny, Int. Vertragsrecht, Rz. 4561 ff.; *Assmann* in: Großkomm-AktG, Einl. Rz. 646 ff.; *Casna*, passim; *Ebenroth*, JZ 1987, 265; *Fischer*, ZVglRWiss 86 (1987), 314; *L. Huber*, passim; *Langefeld-Wirth*, passim; *Langefeld-Wirth*, RIW 1990, 1; *Wächtershäuser*, passim.
4) Vgl. dazu *Lutter*, Tochtergesellschaft im Ausland, passim; *Schön*, EWS 2000, 281.
5) Zu den verschiedenen Modellen insbesondere aus steuerrechtlicher Sicht *Eilers/Ortmann* in: Picot, M&A, S. 110 ff.; *Eilers* in: Eilers/Koffka/Mackensen, Private Equity, IV. passim; *Ehlermann/Nakhai* in: Deloitte, S. 1 ff.; *Holzapfel/Pöllath*, Unternehmenskauf, Rz. 250 ff.; *Jacobs*, Int. Unternehmensbesteuerung, 6. Teil Kap. 6 B. I. 3. a), S. 1222 ff.; *Gröger* in: Hölters, Hdb. Unternehmenskauf, Teil IV Rz. 45 ff.

dung einer Gesellschaft im Ausland ergeben. Ebenso geht es auch immer wieder um Fragen, die sich außerhalb von Unternehmenskäufen stellen, etwa bei der internen Umstrukturierung internationaler Konzerne.

Der grenzüberschreitende oder internationale Unternehmenskauf[6] zeichnet sich gegenüber dem nationalen Unternehmenskauf unter rein rechtlichen Aspekten durch zwei Besonderheiten aus: Als erste Besonderheit stellt sich zunächst die Frage nach dem maßgeblichen nationalen Recht. Anders formuliert: Jede Frage, die beim nationalen Unternehmenskauf rechtlich zu regeln ist, führt im internationalen Kontext zwangsläufig zu der vorgelagerten Frage nach dem **anzuwendenden nationalen Recht**. So, wie im nationalen Zusammenhang die Einzelheiten der Vertragserfüllung, Gewährleistung oder Verjährung vertraglich geregelt werden, stellt sich beim internationalen Unternehmenskauf zunächst die Frage, welches nationale Recht über die Erfüllung, Gewährleistung und Verjährung entscheidet. 4

Nun ist immer wieder der Einwand zu hören, gerade beim Unternehmenskauf sei es kaum bedeutend, das materielle Vertragsrecht zu bestimmen. Denn die Vertragsparteien regelten praktisch alle Fragen vertraglich und lösten sich damit weitestgehend vom maßgeblichen Recht – welches auch immer dies sein mag. Die Frage nach dem anwendbaren Recht sei daher bestenfalls theoretisch interessant, weshalb sich der Unternehmenskauf mit Auslandsbezug nicht vom rein nationalen Unternehmenskauf unterscheide. 5

Dieser Einwand übersieht die vielfachen Fragen und Regelungsbereiche beim Unternehmenskauf, die sich vertraglich nicht gestalten lassen. Einerseits ist bekanntlich die vertragsautonome **Gestaltungsfreiheit** (Privatautonomie) dort, wo sie gewährt wird, begrenzt, wenngleich die **Grenzen** beim Unternehmenskauf vergleichsweise weit gezogen sind. Sie sind aber von Rechtsordnung zu Rechtsordnung unterschiedlich. Andererseits – und dies ist der entscheidende Punkt – gibt es ganze Felder, in denen Privatautonomie und darüber hinaus auch Parteiautonomie, d. h. **Rechtswahlfreiheit** (als international-privatrechtliches Seitenstück der Privatautonomie), nur in engsten Grenzen oder **überhaupt nicht** gewährt wird. Genannt seien exemplarisch das Internationale Gesellschaftsrecht (unten § 8 Rz. 1 ff.), das Internationale Sachenrecht (unten § 8 Rz. 85 ff.), das Internationale Arbeitsrecht (unten §§ 14 ff.) und das Internationale Kartellrecht (unten §§ 17 ff.), also Bereiche, die bei fast jedem grenzüberschreitenden Unternehmenskauf berührt werden. Es geht mithin bei der Bestimmung des maßgeblichen Rechts im Kern um die Frage, wie weit die Befugnis zu privat- oder parteiautonomer Gestaltung des Vertragsverhältnisses überhaupt reicht. Die Frage nach dem anwendbaren Recht ist deshalb nicht bloß theoretisch be- 6

---

6) In dieser Darstellung werden die Begriffe „grenzüberschreitender Unternehmenskauf" und „internationaler Unternehmenskauf" gleichbedeutend verwendet.

deutsam. Vielmehr setzt dieses Recht den Rahmen und formuliert die Vorgaben für die Vertragsgestaltung.

II. Materielles Recht

7   Die zweite Besonderheit des internationalen Unternehmenskaufs ist materiellrechtlicher Natur: Für zahlreiche Fragen des grenzüberschreitenden Unternehmenskaufs gelten **spezifische materiellrechtliche Bestimmungen**, man denke nur an das Kartellrecht (dazu unten §§ 17 ff.) oder an das Außenwirtschaftsrecht (dazu unten § 2 Rz. 124 ff.).

III. Rechtskulturen

8   Darüber hinaus ergeben sich materiellrechtliche Besonderheiten aus dem regelmäßigen aufeinander stoßen von zwei unterschiedlichen Rechts- und insbesondere **Vertragskulturen**. Das bringt zwangsläufig Reibungen mit sich, die teilweise im rechtlichen Bereich, nicht selten aber auch an der Schnittstelle zur (Verhandlungs-)Psychologie liegen. Um nur ein besonders bekanntes Phänomen zu nennen, sei auf die sehr unterschiedlichen Gepflogenheiten bei der Ausführlichkeit von Verträgen hingewiesen. Während kontinentaleuropäische Vertragsjuristen traditionell (und auch heute noch) eher die knappe und abstrakte Form bevorzugen, neigen ihre anglo-amerikanischen Kollegen zu wesentlich stärkerer Ausführlichkeit und Vollständigkeit. Dies führt aus Sicht des Kontinentaleuropäers bisweilen zu beinahe absurd langen Klauseln mit endlosen Begriffsdefinitionen (siehe unten § 4 Rz. 35 ff.).

9   Es lassen sich **weitere Beispiele** nennen. So waren die aus dem anglo-amerikanischen Recht des Unternehmenskaufs stammenden Institute der **Due Diligence** (unten § 2 Rz. 30 ff.), des **Closing** (unten § 2 Rz. 207 ff.), der **Legal Opinion** (unten § 2 Rz. 256 ff.) oder des **Disclosure Letter** (unten § 2 Rz. 173 ff.) bei uns zunächst unbekannt. Sie fanden Eingang in das kontinentale Recht des Unternehmenskaufs erst unter dem Einfluss der US-amerikanischen Kautelarpraxis. Es muss nicht betont werden, wie wichtig es ist, mit der fremden Rechts- und Vertragskultur und mit den fremden Rechtsinstituten vertraut zu sein, um in den Vertragsverhandlungen sowie bei der Ausarbeitung und dem Abschluss des Vertrags angemessen agieren zu können. Insoweit besteht erheblicher Informationsbedarf. Denn vielfach wird in der Praxis und in der Praktikerliteratur den Besonderheiten des internationalen Unternehmenskaufs nicht die erforderliche Aufmerksamkeit geschenkt.

IV. Zur vorliegenden Darstellung

10 Die **folgende Darstellung** legt den Schwerpunkt zunächst auf den **Ablauf** eines grenzüberschreitenden Unternehmenskaufs, die **Vertragsgestaltung** und Vertragskultur sowie die Verhandlungskultur. Dann werden die **international-privat-**

rechtlichen Aspekte des Unternehmenskaufs behandelt, aber auch zahlreiche materiell-rechtliche Fragen. Anschließend werden kollisions- und materiellrechtliche Gesichtspunkte grenzüberschreitender **Umstrukturierungen** (Sitzverlegungen und Umwandlungen) angesprochen, wie sie sich vor, aber auch nach einem Erwerb stellen können, bspw. um die Zielgesellschaft stärker in den Konzern des Käufers einzugliedern (sog. *post merger integration*). Durchgängig mit berücksichtigt werden die besonderen Bereiche des **Arbeits-, Finanz-, Kartell- und Steuerrechts**. Ein besonderes Kapitel bildet das Joint Venture, das bspw. entsteht, wenn der Käufer lediglich eine Anteilsmehrheit erwirbt oder wenn er den Erwerb nicht allein, sondern zusammen mit weiteren Käufern verwirklicht. Schließlich geht es um die **europäischen Gesellschaftsformen** i. R. einer M&A-Transaktion, insbesondere die Europäische Gesellschaft (Societas Europaea, SE).

Nicht selten bezeichnet man mit dem Begriff des internationalen Unternehmenskaufs über die soeben angeschnittenen Bereiche und Aspekte hinaus das materielle ausländische Unternehmenskaufrecht. So wird besonders in der US-amerikanischen Literatur unter dem Titel *International Mergers & Acquisitions* sehr häufig eine Sammlung von Länderberichten über Recht und Praxis des Unternehmenskaufs in einzelnen wirtschaftlich wichtigen Ländern geboten, ohne hierbei die international-privatrechtlichen Fragestellungen im Blick zu haben. Solche **Länderberichte** zum materiellen Unternehmenskaufrecht werden hier **nicht** gegeben werden. Insoweit wird auf die einschlägige Literatur verwiesen.[7]   11

---

7) S. etwa *Grenfell*, (Länderberichte über Australien, Belgien, Dänemark, Deutschland, Finnland, Frankreich, Großbritannien, Hongkong, Indonesien, Italien, Irland, Japan, Kanada, Korea, Malaysia, Neuseeland, Niederlande, Norwegen, Österreich, Portugal, Schweden, Schweiz, Singapur, Spanien, Taiwan, Thailand und USA); *Robinson*, The Mergers & Acquisitions Review (Länderberichte über Argentinien, Australien, Belgien, Bolivarische Republik Venezuela, Bolivien, Brasilien, Bulgarien, Costa Rica, Dänemark, Ecuador, England, Estland, Finnland, Frankreich, Griechenland, Großbritannien, Guernsey, Hongkong, Indien, Indonesien, Irland, Israel, Italien, Japan, Kaimaninseln, Kanada, Kolumbien, Korea, Kroatien, Lettland, Liechtenstein, Litauen, Luxemburg, Mexiko, Niederlande, Neuseeland, Nigeria, Norwegen, Österreich, Pakistan, Panama, Peru, Polen, Portugal, Rumänien, Russland, Schweden, Schweiz, Serbien, Singapur, Slowakei, Slowenien, Spanien, Südafrika, Taiwan, Tschechische Republik, Türkei, Ukraine, Ungarn, USA und Vereinigte Republik Tansania); *Semler/Volhard*, Unternehmensübernahmen (Länderberichte über Bulgarien, Indonesien, Korea, Kroatien, Malaysia, Philippinen, Polen, Rumänien, Russische Föderation, Singapur, Slowakei, Slowenien, Taiwan, Thailand, Tschechien, Ungarn, USA, Vietnam und Volksrepublik China); *Wollny*, Unternehmens- und Praxisübertragungen (Länderberichte über Belgien, Dänemark, Finnland, Frankreich, Griechenland, Großbritannien, Italien, Japan, Kanada, Luxemburg, Niederlande, Norwegen, Österreich, Portugal, Schweden, Schweiz, Spanien und USA); *Deloitte*, Unternehmenskauf im Ausland (Länderberichte über steuerliche Rahmenbedingungen in Belgien, Brasilien, Dänemark, Frankreich, Großbritannien, Hongkong, Indien, Italien, Japan, Niederlande, Österreich, Polen, Russische Föderation, Südafrika, USA und Volksrepublik China); *Mörsdorf*, RIW 2010, 19 (Norwegen); s. a. die weiteren länderspezifischen Literaturangaben bei *Merkt/Göthel* in: Reithmann/Martiny, Int. Vertragsrecht, vor Rz. 4391, sowie die zahlreichen Länderberichte ausländischer Gesellschaftsrechte bei *Wegen/Spahlinger/Barth*.

12 Für die weitere Darstellung bedarf es einer begrifflichen Klarstellung: Unter einem internationalen oder grenzüberschreitenden Unternehmenskauf soll nicht jeder Unternehmenskauf verstanden werden, der in irgendeinem Punkt Auslandsbezug aufweist. Vielmehr soll es grundsätzlich nur um solche Unternehmenskäufe gehen, bei denen der Sachverhalt **Auslandsbezug** in mindestens einem jener Punkte aufweist, auf die es für die kollisionsrechtliche Anknüpfung ankommt. Der hier allein relevante Auslandsbezug wird sich also im Wesentlichen daraus ergeben, dass die Beteiligten national unterschiedlich zuzuordnen sind, also etwa Satzungssitz, Verwaltungssitz oder Niederlassung des Zielunternehmens (also des Unternehmens, das den Kaufgegenstand bildet), seine Organe und Anteilseigner oder die Parteien des Kaufvertrags. Der Auslandsbezug kann sich ferner daraus ergeben, dass verschiedene Märkte (etwa Börsen) berührt werden oder Handlungsplätze planmäßig oder zufällig ins Ausland verlegt werden.[8]

C. Gestaltungsformen

I. Share Deal und Asset Deal

13 Der grenzüberschreitende Unternehmenskauf ist, wie auch der nationale,[9] grundsätzlich auf zwei Wegen möglich.[10]

- Zum einen kann der Rechtsträger des Unternehmens verkauft werden, und zwar je nach Rechtsform durch **Veräußerung der Anteile** (etwa bei AG und GmbH) oder der Beteiligungen (bei Personengesellschaften). Ist Rechtsträger z. B. eine GmbH, wird das Unternehmen durch Veräußerung der Geschäftsanteile an der GmbH verkauft (Anteilskauf). Die erforderliche Anteilshöhe, um eine Kapitalgesellschaft zu beherrschen, wird durch die gesetzlichen Mehrheitserfordernisse bei den wichtigsten Beschlussgegenständen der Gesellschafterversammlung bestimmt. Ob also beim internationalen Unternehmenskauf der Beteiligungserwerb bei der Kapitalgesellschaft zum Unternehmenserwerb führt, hängt vom maßgeblichen materiellen Recht ab.[11]

- Zum anderen kann das Unternehmen als solches verkauft werden, nämlich durch bloße **Veräußerung aller Wirtschaftsgüter** des Unternehmens, also ohne seinen Rechtsträger (Verkauf von Aktiva und Passiva oder bloßer Verkauf aller Aktiva).

---

8) Vgl. *Schnyder* in: CEJE, Erwerb von Beteiligungen am Beispiel der öffentlichen Übernahmeangebote, S. 624, 625.
9) Zu den Gestaltungsformen nach materiellem deutschem Recht etwa *Klumpp* in: Beisel/Klumpp, Unternehmenskauf, Kap. 4 Rz. 1 ff.; *Semler* in: Hölters, Hdb. Unternehmenskauf, Teil VII Rz. 1 ff., 76 ff.; *Holzapfel/Pöllath*, Unternehmenskauf, Rz. 230 ff.; *W. Jung*, S. 137 ff.; *Picot* in: Picot, Unternehmenskauf, § 4 Rz. 1 ff.; *Wollny*, Unternehmens- und Praxisübertragungen, S. 91 ff.
10) Vgl. *Merkt/Göthel* in: Reithmann/Martiny, Int. Vertragsrecht, Rz. 4391 ff.
11) *Merkt* in: FG Sandrock, S. 135, 136 f.

Inzwischen hat sich national wie international die anglo-amerikanische Termi- 14
nologie durchgesetzt, in der man den **Anteils- oder Beteiligungskauf** als **Share
Deal** und den **Kauf von Wirtschaftsgütern** des Unternehmens als **Asset Deal**
bezeichnet.[12] Diese Dichotomie des Unternehmenskaufs ist weltweit einer großen Zahl von Rechtsordnungen eigen.[13]

Der Unternehmenskauf im Wege des **Asset Deal** umfasst üblicherweise, sofern 15
nichts anderes vereinbart ist, den Verkauf aller in dem Unternehmen zusammengefassten, ihm dienenden und im Eigentum seines Trägers stehenden Sachen
(z. B. Grundstücke, Warenlager, Inventar etc.), die Rechte aus Miet-, Pacht-
und Leasing- sowie sonstigen Verträgen hinsichtlich derartiger Sachen, die in dem
Betrieb des Unternehmens entstandenen Forderungen, sonstige, dem Unternehmen dienende Rechte (etwa Marken), regelmäßig auch die Firma (das Namensrecht) und endlich, was das Wichtigste sein kann, die sonstigen, in dem
Unternehmen enthaltenen unkörperlichen Vermögenswerte, wie Organisation,
Kundenkreis, Geschäftsbeziehungen, Goodwill, technisches und kaufmännisches
Know-how, Marktanteile, Ressourcen und, falls mitverkauft, auch Geschäftsgeheimnisse, Herstellungsverfahren und dergleichen sowie Vertriebs- und Geschäftschancen als auch strategische Wachstumsmöglichkeiten. In welchem Wert-
oder Mengenverhältnis die einzelnen Positionen stehen, ist naturgemäß von Fall
zu Fall sehr unterschiedlich.

Die Veräußerung der Wirtschaftsgüter führt zur Trennung des bisherigen Rechts- 16
trägers von dem Unternehmen. Die Übertragung erfolgt im Wege der **Einzelrechtsnachfolge** nach den jeweils für die Bestandteile (Wirtschaftsgüter) des
Unternehmens maßgeblichen Vorschriften, wenn das maßgebliche Recht – wie
etwa das deutsche – insoweit keine Verfügung über das Unternehmen als Ganzes
zulässt (unten § 8 Rz. 117 f.). So werden Immobilien entsprechend den grundstücksrechtlichen Vorschriften veräußert, Rechte, bewegliche Sachen und sonstige wirtschaftliche Werte entsprechend den für sie geltenden Vorschriften.[14]

Asset Deal und Share Deal können auch **miteinander gekoppelt** werden. Wäh- 17
rend im nationalen Kontext eine bekannte Akquisitionstechnik in der sog. *Buchwertaufstockung* besteht (Share Deal mit nachfolgendem internen Asset Deal
oder interner Einbringung oder Verschmelzung, auch *step up* genannt),[15] mag
im internationalen Zusammenhang etwa der Verkauf eines Unternehmens(-teils)
durch eine deutsche GmbH an eine englische *private limited company* durchgeführt werden durch Ausgründung (im Wege der Sacheinlage, Veräußerung oder

---

12) *Merkt/Göthel* in: Reithmann/Martiny, Int. Vertragsrecht, Rz. 4391 f.; *K. Schmidt*, Handelsrecht, S. 170 f.; *Holzapfel/Pöllath*, Unternehmenskauf, Rz. 231 ff.; *Picot* in: Picot, M&A, S. 209 f.
13) S. dazu die Länderberichte in der in Fn. 7 genannten Literatur.
14) *Merkt* in: FG Sandrock, S. 135, 137.
15) Näher *Eilers*, WiB 1995, 449; s. a. *Schwetlik*, GmbHR 2009, 1307.

§ 1 Einleitung

Ausgliederung) des betreffenden Betriebs(-teils) in eine neue Gesellschaft und anschließender Übertragung der Beteiligung der GmbH an der neuen Gesellschaft auf die *private limited company*.[16]

II. Auswahlkriterien

18 Ob ein Share Deal oder ein Asset Deal in der Praxis bevorzugt wird und ob es insbesondere vorteilhaft ist, eine Zwischenholding zu verwenden, hängt von den Umständen des Einzelfalls unter Beachtung tatsächlicher, rechtlicher, steuerlicher und sonstiger wirtschaftlicher Gesichtspunkte ab. Häufig werden folgende Überlegungen in die Entscheidungsfindung einfließen:

19 • **Steuerliche Erwägungen:** Regelmäßig hängt die Wahl zwischen Share Deal und Asset Deal ganz wesentlich von steuerlichen Gesichtspunkten ab. Entscheidend wird oftmals sein, welches die zweckmäßigste Struktur ist, um langfristig ein Maximum an versteuertem Gewinn bei dem zu erwerbenden Unternehmen oder beim Käufer zu erzielen oder um eine Abschreibung des Investments zu erreichen.[17] Beim Kauf eines ausländischen Unternehmens können für die Wahl zwischen Share Deal und Asset Deal u. a. folgende steuerliche Fragen bedeutsam sein:

- Bei welcher Transaktionsstruktur sind die steuerlichen Transaktionskosten (etwa Grunderwerbsteuer oder ausländische Stempel- oder Eintragungsteuer) geringer?
- Welche laufenden Steuern fallen bei der gewählten Struktur im Fall der Belassung der Gewinne im Ausland und im Fall der Übertragung ins Inland an?
- Sind bei der gewählten Gestaltung Finanzierungskosten (Zinsaufwand) des Käufers für den Erwerb des ausländischen Unternehmens möglichst steuermindernd abzugsfähig, also vom Gewinn vor Steuern abziehbar?
- Lässt sich der Kaufpreis für den Käufer in steuermindernde Abschreibungen transformieren (so regelmäßig beim Asset Deal) oder nicht (so regelmäßig beim Share Deal)?
- Sind Verluste des ausländischen Unternehmens im Ausland und/oder im Inland steuerlich abzugsfähig?

---

16) Beispiel nach *Rädler/Pöllath*, Hdb. Unternehmensakquisition, S. 261.
17) *Eilers*, WiB 1995, 449; *Holzapfel/Pöllath*, Unternehmenskauf, Rz. 235 ff.; *Korth*, S. 53 ff.; *Rädler/Pöllath*, Hdb. Unternehmensakquisition, S. 303 ff.; zu den steuerlichen Aspekten s. a. die Beiträge bei *L. Fischer*, passim.

- Wie werden bei der gewählten Struktur die laufenden Geschäftsbeziehungen zwischen dem ausländischen Unternehmen und dem inländischen Unternehmenserwerber steuerlich behandelt?[18]
- **Vertragsverhältnisse:**
  - Beim Share Deal gehen die Vertragsverhältnisse des Zielunternehmens regelmäßig ohne weiteres (mittelbar) auf den Käufer über. Denn die Stellung des Zielunternehmens als Vertragspartner und damit das jeweilige Vertragsverhältnis bleiben unberührt, wenn die Beteiligung am Zielunternehmen veräußert wird. Etwas anderes gilt nur dann, wenn ein Vertragsverhältnis ein Sonderkündigungsrecht für den Vertragspartner im Fall eines Kontrollwechsels auf der Ebene der Gesellschafter der Zielgesellschaft enthält (Change of Control-Klausel). In diesem Fall kann der Käufer nur dann sicher sein, dass die Zielgesellschaft nach Abschluss der Transaktion weiterhin Inhaberin von Rechten und Pflichten aus diesem Vertragsverhältnis ist, wenn er die Zustimmung des Vertragspartners erhalten hat (näher dazu unten § 2 Rz. 152).
  - Beim Asset Deal muss dagegen jedes Vertragsverhältnis einzeln übertragen werden. Hierzu ist die Zustimmung des jeweiligen Vertragspartners erforderlich. Um zu verhindern, dass der Vertragspartner seine Zustimmung von wirtschaftlichen Nachbesserungen abhängig macht, versucht man in der Praxis bisweilen, einen stillschweigenden Vertragsübergang herbeizuführen, indem der Vertragspartner nach Abschluss der Transaktion schlicht vom Wechsel des Unternehmensinhabers unterrichtet wird. Der Käufer wird jedoch bei wichtigen Verträgen auf eine ausdrückliche Zustimmung des Vertragspartners bestehen wollen, sodass das Einholen einer solchen Zustimmung im Unternehmenskaufvertrag festgelegt wird. Erfolgt keine Zustimmung des Vertragspartners, finden sich häufig Klauseln, nach denen sich die Parteien des Unternehmenskaufs darauf einigen, dass der Verkäufer im Außenverhältnis weiterhin Vertragspartner bleibt, jedoch im Innenverhältnis den Vertrag für den Käufer fortführt. Dies verpflichtet den Verkäufer, die nicht übergegangenen Verträge über den Vollzug der Transaktion hinaus für den Käufer zu verwalten. Bei besonders wichtigen Verträgen mag der Käufer jedoch wünschen, selbst Vertragspartner zu werden, sodass die Zustimmung der Vertragspartner solcher Verträge zu einer aufschiebenden Bedingung des Kaufvertrags gemacht wird.

20

---

18) Näher *Ehlermann/Nakhai* in: Deloitte, S. 1 ff.; *L. Fischer*, passim; *Holzapfel/Pöllath*, Unternehmenskauf, Rz. 235 ff.; *Köhler* in: Kessler/Kröner/Köhler, Konzernsteuerrecht, § 7 Rz. 43 ff.; *Jacobs*, Int. Unternehmensbesteuerung, 6. Teil Kap. 6 B. I. 3. a); *Niemeier*, RIW 2005, 436.

§ 1 Einleitung

21 • **Arbeitsverhältnisse:** Der Share Deal lässt die Arbeitsverhältnisse der Zielgesellschaft grundsätzlich unberührt. Eine einzelne Übertragung der Arbeitsverhältnisse ist nicht erforderlich; die Zielgesellschaft bleibt Arbeitgeberin. Auch beim Asset Deal ist eine einzelne Übertragung der Arbeitsverhältnisse nicht erforderlich, wenn das maßgebliche Recht eine den § 613a BGB entsprechende Überleitungsvorschrift kennt. Im Fall eines Betriebsübergangs nach § 613a BGB ist jedoch zu bedenken, dass Arbeitnehmer einem Übergang ihres Arbeitsverhältnisses widersprechen können. Sind Widersprüche besonders wichtiger oder zwingend notwendiger Mitarbeiter zu erwarten, mag die Wahl eines Asset Deal nicht die richtige Gestaltungsmöglichkeit sein.

22 • **Genehmigungen:** Verfügt das zu veräußernde Unternehmen über öffentlich-rechtliche Genehmigungen, gehen diese nach deutschem Recht sowohl beim Share Deal als auch beim Asset Deal grundsätzlich mit über, wenn sie anlagebezogen sind.[19] Ist die Genehmigung jedoch personenbezogen, ist beim Asset Deal darauf zu achten, ob diese neu beantragt werden muss und ob es Hindernisse gibt, die einer neuen Erteilung entgegenstehen.[20]

23 • **Verbindlichkeiten:** Beim Erwerb über einen Share Deal verbleiben alle Verbindlichkeiten bei der Zielgesellschaft, sodass der Erwerber (mittelbar) für die Verbindlichkeiten haftet. Beim Asset Deal kann sich der Erwerber dagegen darauf beschränken, nur die Aktiva und ggf. zusätzlich bestimmte Verbindlichkeiten zu übernehmen (sog. *„cherry picking"*). Dies gilt jedoch nicht uneingeschränkt. Liegen die Voraussetzungen eines Sondertatbestands vor, wie etwa § 613a BGB (Betriebsübergang), § 75 AO (betriebliche Steuern) oder § 25 Abs. 1 HGB (Haftung wegen Firmenfortführung), geht die Haftung auf den Käufer über. Aufgrund der Möglichkeit, beim Asset Deal einzelne Vermögensgegenstände übernehmen und Verbindlichkeiten bei der Zielgesellschaft belassen zu können, ist dies die bevorzugte Transaktionsart für den Erwerb eines Unternehmens in der Insolvenz, aber auch als vorinsolvenzliche Sanierungsmaßnahme (sog. übertragende Sanierung).[21]

24 • **Transaktionskosten:** Share Deal und Asset Deal können unterschiedliche Transaktionskosten, namentlich Beratungs- und Abschlusskosten hervorrufen. So ist die rechtliche Beratung eines Asset Deal häufig aufwändiger als die eines Share Deal. Allerdings fallen nach deutschem Recht Beurkun-

---

19) *Beisel* in: Beisel/Klumpp, Unternehmenskauf, Kap. 8 Rz. 6 f.; *Mielke* in: Knott/Mielke, Unternehmenskauf, Rz. 295; *Picot* in: Picot, M&A, S. 259 f.

20) Bei einem Share Deal bleibt eine personenbezogene Genehmigung wirksam, soweit diese an die Gesellschaft als Unternehmensträger und nicht an die dahinterstehende natürliche Person anknüpft, *Mielke* in: Knott/Mielke, Unternehmenskauf, Rz. 294.

21) Näher dazu *Stengel/Sax* in Theiselmann, Restrukturierungsrecht, Kap. 17; *Uhlenbruck*, ZInsO 2013, 2033.

dungskosten beim Asset Deal regelmäßig nur an, wenn ein Grundstück weiterveräußert wird (§ 311b Abs. 1 BGB) oder es sich empfiehlt, den Asset Deal zu beurkunden, um keine Verletzung von § 311b Abs. 3 BGB zu riskieren (dazu näher unten § 2 Rz. 247 ff.). Dagegen löst beim Share Deal der praktisch häufig vorkommende Erwerb von Geschäftsanteilen an einer GmbH stets Beurkundungskosten aus (§ 15 Abs. 3 und 4 GmbHG).[22]

- **Vertragsgestaltung:** Die vertragliche Gestaltung ist beim Asset Deal häufig komplizierter und umfangreicher als beim Share Deal. Beim Share Deal sind Kaufgegenstand regelmäßig nur die Anteile an der Zielgesellschaft. Diese lassen sich ohne größeren Aufwand beschreiben und übertragen. Dagegen erfordert der Asset Deal die Übertragung jedes einzelnen Vermögensgegenstands im Wege der Einzelrechtsnachfolge. Der deutsche sachenrechtliche Bestimmtheitsgrundsatz macht es erforderlich, jeden Vermögensgegenstand einzeln aufzuführen oder die Vermögensgegenstände so zusammen zu fassen, dass sie zweifelsfrei individualisierbar sind.[23] Die Vertragsparteien müssen darauf achten, keine zu übertragenden Vermögensgegenstände auszulassen. Für *„vergessene"* Vermögensgegenstände ist eine Auffangklausel vorzusehen, wonach der Verkäufer verpflichtet wird, solche Gegenstände nachträglich zu übereignen.

25

---

[22] Näher zu den Beurkundungserfordernissen nach deutschem Recht *Beisel* in: Beisel/Klumpp, Unternehmenskauf, Kap. 1 Rz. 84 ff.

[23] Zur Zulässigkeit von Zusammenfassungen *Holzapfel/Pöllath*, Unternehmenskauf, Rz. 1212; *Oechsler* in: MünchKomm-BGB, Anh. §§ 929–936 Rz. 5 ff.; *Wiegand* in: Staudinger, BGB, Anh. zu §§ 929 ff. Rz. 95 ff.

§ 2 Ablauf und Vertragsgestaltung

Übersicht

A. Vorbemerkung 1
B. Dominanz der anglo-amerikanischen Rechtskultur 6
C. Überblick und Verfahrensarten 9
  I. Exklusivverhandlungen 10
  II. Bieterverfahren 11
D. Vertraulichkeitsvereinbarung 17
E. Absichtserklärung (Letter of Intent) 22
  I. Funktion im Ablauf der Verhandlungen 22
  II. Inhalt 25
  III. Praktische Bedeutung 26
  IV. Bindende Verpflichtungen im Letter of Intent 27
F. Due Diligence 30
  I. Begriff und Herkunft 30
  II. Arten 35
    1. Unterscheidung nach durchführender Partei 36
    2. Unterscheidung nach Bereichen 41
  III. Funktionen und Zeitpunkt 43
    1. Funktionen 43
    2. Zeitpunkt 48
  IV. Checklisten und Datenräume 50
    1. Checklisten 50
    2. Datenräume 55
  V. Praktische Hinweise und Erfassungsbögen 62
    1. Zeit und Personal 62
    2. Kopien 64
    3. Registrierung von Dokumenten 65
    4. Erfassungsbögen 66
    a) Gesellschaft am Beispiel der GmbH 68
    b) Darlehensvertrag/ Loan Agreement 68
    c) Anstellungsvertrag/ Employment Agreement 68
    d) Versicherungsvertrag/ Insurance Agreement 68
    e) Miet- und Leasingvertrag/ Lease Agreement 68
  VI. Due Diligence Bericht 68
  VII. Schuldrechtliche Haftung 76
    1. Vorvertragliche Haftung 78
      a) Offenlegungs- und Aufklärungspflichten 81
        aa) Pflichten des Verkäufers 82
        bb) Pflichten des Käufers 84
        cc) Fazit 85
      b) Geheimhaltungspflichten 87
      c) Abbruch der Vertragsverhandlungen 88
    2. Gewährleistung 89
      a) Kenntnis des Käufers 90
      b) Kenntniszurechnung 96
      c) Verkehrssitte 98
    3. Garantiehaftung 105
  VIII. Gesellschaftsrechtliche Haftung 109
    1. Pflichten der Geschäftsleitung der Zielgesellschaft ... 110
      a) GmbH 111
      b) Aktiengesellschaft 114
      c) Praxisfolgen 116
    2. Pflichten der Geschäftsleitung des Erwerbers 117
G. Vertragsgestaltung 119
  I. Vollzugsbedingungen 120
    1. Staatliche Genehmigungen ... 122
      a) Überblick 122
      b) Außenwirtschaftsrecht 124
        aa) Einleitung 125
        bb) Voraussetzungen 126
        cc) Prüfverfahren 131
        dd) Folgen einer Untersagung 136

ee) Auswirkungen auf die
Vertragsgestaltung 138
c) Fusionskontrolle 142
2. Gremienvorbehalte 143
3. Keine wesentlich nachteilige
Änderung (MAC-Klausel) ... 144
4. Zustimmungen von Ver-
tragspartnern 150
5. Fördermittel 153
6. Finanzierung und Steuern 154
7. Garantien 155
II. Kaufpreis 156
1. Kaufpreisberechnung 157
2. Earn-out 161
3. Währung 162
4. Akquisitionsvehikel 164
III. Verkäufergarantien 165
1. Allgemeines 165
a) Vertragstechnik 166
b) Disclosure Letter 173
c) Rechtsfolgen von
Verstößen 177
2. Ausgewählte Garantien 187
a) Werthaltigkeit von Forderungen gegen Dritte 189
b) Exterritoriale Wirkung ausländischer Gesetze 194
c) Grundsatz der Kapital-
erhaltung 197

d) Abdeckung des Zeitraums
seit dem relevanten Bilanz-
stichtag 198
e) Vollständigkeit der Offen-
legung und Kenntnis-
zurechnung 201
f) Steuerklauseln 203
IV. Closing 207
1. US-amerikanischer
Ursprung 208
2. Deutsches Recht 213
3. Internationale Praxis 216
4. Closing Protokoll 219
5. Rechtsfolgen bei Scheitern ... 220
V. Rechtswahlklauseln und
Vertragssprache 221
VI. Streitentscheidung 228
1. Staatliche Gerichte und
Schiedsgerichte 229
2. Mediation 235
VII. Formfragen 241
1. Grundsätze und Auslands-
beurkundung 241
2. Asset Deal 246
3. Praktische Erleichterung der
Beurkundung 252
4. Vertragssprache 255
H. Legal Opinions 256

Literatur: *American Bar Association* (Hrsg.), 2013 European Private Target M&A Deal Points Study (zit.: *ABA*, European M&A Study); *Bachmann*, Kapitalmarktrechtliche Probleme bei der Zusammenführung von Unternehmen, ZHR 172 (2008), 597; *BaFin*, Emittentenleitfaden, Mai 2009, abrufbar unter: http://www.bafin.de; *Baum*, Die Wissenszurechnung, 1999; *Baums*, Ergebnisabhängige Preisvereinbarungen in Unternehmenskaufverträgen („earn-outs"), DB 1993, 1273; *Behme*, Die Eignung der Mediation zur Konfliktlösung bei M&A-Streitigkeiten, DB 2014, 881; *Berens/Strauch*, Due Diligence bei Unternehmensakquisitionen, WPg 2002, 511; *Berger/Filgut*, Material-Adverse-Change-Klauseln in Wertpapiererwerbs- und Übernahmeangeboten, WM 2005, 253; *Bergjan*, Die Haftung aus culpa in contrahendo beim Letter of Intent nach neuem Schuldrecht, ZIP 2004, 395; *Bihr*, Due Diligence – Geschäftsführungsorgane im Spannungsfeld zwischen Gesellschafts- und Gesellschafterinteressen, BB 1998, 1198; *Bingel*, Die „Insiderinformation" in zeitlich gestreckten Sachverhalten und die Folgen der jüngsten EuGH-Rechtsprechung für M&A-Transaktionen, AG 2012, 685; *Bitter*, Vollstreckbarerklärung und Zwangsvollstreckung ausländischer Titel in der Europäischen Union, 2009; *Böttcher*, Organpflichten beim Unternehmenskauf, NZG 2007, 481; *Böttcher*, Due Diligence beim Unternehmenskauf als Verkehrssitte, ZGS 2007, 20; *Böttcher/Fischer*, Beurkundungspflicht nach § 311b III BGB, NZG, 2010, 1332; *Böttcher/Grewe*, Die Anwendbarkeit des § 311b Abs. 3 BGB beim Unternehmenskauf, NZG 2005, 950; *Brockmeier*, Punitive damages, multiple dama-

Teil I – Kapitel 1 Verfahren und Vertragspraxis

ges und deutscher ordre public: unter besonderer Berücksichtigung des RICO-Act, 1999; *Bruski*, Kaufpreisbemessung und Kaufpreisanpassung im Unternehmenskaufvertrag, BB-Special 7/2005, S. 19; *Cannivé*, Die Legal Vendor Due Diligence – Marktstandard oder Modeerscheinung?, ZIP 2009, 254; *Deister/Geier/Rew*, Business as usual? Die Leitlinien zum UK Bribery Act 2010 sind veröffentlicht, CCZ 2011, 81; *Duve/Eidenmüller/Hacke*, Mediation in der Wirtschaft, 2. Aufl., 2011; *Eggenberger*, Gesellschaftsrechtliche Voraussetzungen und Folgen einer due-diligence Prüfung, 2001; *Eickelberg/Mühlen*, Versteckte Vorgaben für Unternehmenskaufverträge mit einer GmbH als Veräußerin – Fragestellungen im Hinblick auf § 311b III BGB und § 179a AktG, NJW 2011, 2476; *Elfring*, Legal Due Diligence Reports, JuS-Beilage 5/2007, 3; *Engelhardt*, Gesellschafterbeschluss zur Durchführung einer Due Diligence –Zugleich Besprechung von LG Köln, Urteil vom 26.3.2008 – 90 O 11/08, GmbHR 2009, 237; *Evans*, Due Diligence: The English Way, ICCLR 1995, 195; *Feldhaus*, Der Verkauf von Unternehmensteilen einer Aktiengesellschaft und die Notwendigkeit einer außerordentlichen Hauptversammlung, BB 2009, 562; *Fleischer*, Zulässigkeit und Grenzen von Break-Fee-Vereinbarungen im Aktien- und Kapitalmarktrecht, AG 2009, 345; *Fleischer/Körber*, Due diligence und Gewährleistung beim Unternehmenskauf, BB 2001, 841; *Friedman*, Contracts and Conveyances of Real Property, Volume 2, 7. Aufl., New York, 2005; *Fromholzer*, Consideration: US-amerikanisches Recht im Vergleich zum deutschen, 1997; *Gaul*, Schuldrechtsmodernisierung und Unternehmenskauf, ZHR 166 (2002), 35; *Giesen/Mader*, Third Party Legal Opinions, RIW 2012, 21; *Goette*, Auslandsbeurkundungen im Kapitalgesellschaftsrecht, in: Festschrift Boujong, 1996, S. 131; *Goldschmidt*, Wissenszurechnung beim Unternehmenskauf, ZIP 2005, 1305; *Göthel*, Mediation und M&A-Transaktionen – Zeit zur Teambildung!, M&A Review (im Erscheinen); *Götze*, Auskunftserteilung durch GmbH-Geschäftsführer im Rahmen der Due Diligence beim Beteiligungserwerb, ZGR 1999, 202; *Grabowski/Harrer*, Wesentliche Elemente von Zusicherungen und/oder Garantien beim Unternehmenskauf, DStR 1993, 20; *Grau/Meshulam/Blechschmidt*, Der „lange Arm" des US-Foreign Corrupt Practices Act: unerkannte Strafbarkeitsrisiken auch jenseits der eigentlichen Korruptionsdelikte, BB 2010, 652; *Grossmann/Mönnich*, Warranty & Indemnity Insurance: Die Versicherbarkeit von Garantierisiken aus Unternehmenskaufverträgen, NZG 2003, 708; *Gruson/Hutter/Kutschera*, Legal Opinions in International Transactions, 4. Aufl., London, 2003; *Harbarth*, Dual Headed Companies: Unternehmenszusammenschlüsse unter Fortbestand rechtlich selbständiger Obergesellschaften, AG 2004, 573; *Harrer*, Die Bedeutung der Due Diligence bei der Vorbereitung eines Unternehmenskaufs, DStR 1993, 1673; *Hasselbach*, Die Weitergabe von Insiderinformationen bei M&A-Transaktionen mit börsennotierten Aktiengesellschaften – Unter Berücksichtigung des Gesetzes zur Verbesserung des Anlegerschutzes vom 28.10.2004, NZG 2004, 1087; *Hasselbach/Reichel*, Abfindungsansprüche bei vertragsüberlebenden Spruchverfahren, NZG 2005, 377; *Hasselbach/Ebbinghaus*, Vorvertragliche Pflichtverletzung als Haftungsfalle beim Unternehmenskauf, DB 2012, 216; *Hauschka*, Ermessensentscheidungen bei der Unternehmensführung, GmbHR 2007, 11; *Hemeling*, Gesellschaftsrechtliche Fragen der Due Diligence beim Unternehmenskauf, ZHR 169 (2005), 274; *Hermanns*, Beurkundungspflichten, Beurkundungsverfahren und Beurkundungsmängel unter besonderer Berücksichtigung des Unternehmenskaufvertrages, DNotZ 2013, 9; *Hilgard*, Kenntnis des Käufers von einer Garantieverletzung beim Unternehmenskauf, BB 2013, 963; *Hilgard*, Earn-out-Klauseln beim Unternehmenskauf, BB 2010, 2912; *Hilgard*, Break-up Fees beim Unternehmenskauf, BB 2008, 286; *Hilgard*, Cash-free/Debt-free-Klauseln beim Unternehmenskauf: Anpassung des Kaufpreises an Liquidität und Verschuldung des Unternehmens, DB 2007, 559; *Hill/King*, How Do German Contracts Do as Much with Fewer Words?, Chicago-Kent Law Review 79 (2004), 889; *Hitzer*, Zum Begriff der Insiderinformation, NZG 2012, 860; *Hocke/Berwald/Maurer/Friedrich*, Außenwirtschaftsrecht, Loseblatt, Stand: 2/2013; *Hopt*, MAC-Klauseln im Finanz- und Übernahmerecht, in: Festschrift K. Schmidt, 2009, S. 681; *Hopt*, Grundsatz- und Praxisprobleme nach dem Wertpapierhandelsgesetz, ZHR 159 (1995), 135; *Hörmann*, Die Due Diligence beim Unternehmenskauf, in: Festschrift P+P Pöllath + Partners, 2008, S. 135; *Houck/Schottenhamel*, Die unterschiedliche Auslegung einzelner

§ 2 Ablauf und Vertragsgestaltung

Schadensersatzpositionen im amerikanischen Vertrags- und Deliktsrecht im Rahmen von M&A-Transaktionen, M&A Review 2012, 17; *Huber*, Die Praxis des Unternehmenskaufs im System des Kaufrechts, AcP 202 (2002), 179; *Hüffer, J.*, Vorstandspflichten beim Zustimmungsvorbehalt für M&A-Transaktionen, in: Festschrift Hüffer, 2010, S. 365; *Hugger/Pasewaldt*, UK Bribery Act: erste verurteilung nach neuem britischen Korruptionsstrafrecht, CCZ 2012, 23; *Hugger/Röhrich*, Der neue UK Bribery Act und seine Geltung für deutsche Unternehmen, BB 2010, 2643; *Ihlau/Gödecke*, Earn-Out-Klauseln als Instrument für die erfolgreiche Umsetzung von Unternehmenstransaktionen, BB 2010, 687; *Kappel/Lagodny*, Der UK Bribery Act – Ein Strafgesetz erobert die Welt?, StV 2012, 695; *Käpplinger*, Die Rechte von GmbH-Minderheitsgesellschaftern in M&A Verkaufsprozessen, in: Festschrift Schwark, 2009, S. 209; *Kiem*, Das Beurkundungserfordernis beim Unternehmenskauf im Wege des Asset Deals. Zur Anwendung des § 311b III BGB auf Gesamtvermögensübertragungsvorgänge juristischer Personen, NJW 2006, 2363; *Kiesewetter/Spengler*, Hauptversammlungszuständigkeit bei Veräußerung und Erwerb von Gesellschaftsvermögen im Rahmen von M&A-Transaktionen, Der Konzern 2009, 451; *Kindl*, Unternehmenskauf und Schuldrechtsmodernisierung, WM 2003, 409; *Kindler*, Keine Geltung des Ortsstatuts für Geschäftsanteilsabtretungen im Ausland, BB 2010, 74; *King*, Die Bilanzgarantie beim Unternehmenskauf, 2010; *King/Segain*, Cross-Border Negotiated Deals: Why Culture Matters, ECFR 2007, 126; *Kirchhoff*, Das Verbot von Wertsicherungsklauseln im neuen Preisklauselgesetz, DNotZ 2007, 913; *Kirchhoff*, Der Umfang des Verbots von Wertsicherungsklauseln, DNotZ 2007, 11; *Klode*, Punitive Damages – Ein aktueller Beitrag zum US-amerikanischen Strafschadensersatz, NJOZ 2009, 1762; *Knöpfle*, Falsche Angaben zum Bierumsatz bei Gaststättenkauf, EWiR 1990, 873; *Koller*, Wissenszurechnung, Kosten und Risiken, JZ 1998, 75; *Körber*, Geschäftsleitung der Zielgesellschaft und due diligence bei Paketerwerb und Unternehmenskauf, NZG 2002, 263; *Kösters*, Letter of Intent – Erscheinungsformen und Gestaltungshinweise, NZG 1999, 623; *Kränzlin/Otte/Fassbach*, Die Gewährleistungsversicherung bei Unternehmenskäufen – neue Entwicklungen und Gestaltungshinweise, BB 2013, 2314; *Krause*, Die Novellierung des Außenwirtschaftsgesetzes und ihre Auswirkungen auf die M&A-Transaktionen mit ausländischen Investoren, BB 2009, 1082; *Krolop*, Stellungnahme zu dem Gesetzentwurf der Bundesregierung für ein Dreizehntes Gesetz zur Änderung des Außenwirtschaftsgesetzes und der Außenwirtschaftsverordnung, BT-Drucks. 16/10730 v. 22.1.2009; *Krolop*, Schutz vor Staatsfonds und anderen ausländischen Kapitalmarktakteuren unter Ausblendung des Kapitalmarktrechts?, ZRP 2008, 40; *Kuntz*, Die Auslegung von Material Adverse Change (MAC)-Klauseln in Unternehmenskaufverträgen, DStR 2009, 377; *Lange*, „Material Adverse Effect" und „Material Adverse Change"-Klauseln in amerikanischen Unternehmenskaufverträgen, NZG 2005, 454; *Lögering*, Der richtige Umgang mit unechten Fremdwährungsschulden, RIW 2009, 625; *Loges*, Der Einfluß der „Due Diligence" auf die Rechtsstellung des Käufers eines Unternehmens, DB 1997, 965; *Loser*, Vertrauenshaftung im schweizerischen Schuldrecht, Bern 2006 (zit.: Vertrauenshaftung); *Louven/Böckmann*, Ausgewählte Rechtsprobleme bei M&A-Auktionen, ZIP 2004, 445; *Lundmark*, Common law-Vereinbarungen – Wortreiche Verträge, RIW 2001, 187; *Lutter*, Der Erwerb der Dresdner Bank durch die Commerzbank, ZIP 2012, 351; *Lutter*, Die Business Judgment Rule und ihre praktische Anwendung, ZIP 2007, 841; *Lutter*, Der Letter of Intent, 3. Aufl., 1998 (zit.: Letter of Intent); *Lutter*, Due diligence des Erwerbers beim Kauf einer Beteiligung, ZIP 1997, 613; *Maier-Reimer*, Vertragssprache und Sprache des anwendbaren Rechts, NJW 2010, 2545; *Maier-Reimer*, Englische Vertragssprache bei Geltung deutschen Rechts: Probleme in der Kautelarpraxis und mögliche Therapien mit Risiken und Nebenwirkungen, AnwBl. 2010, 13; *Maier-Reimer*, Fremdwährungsverbindlichkeiten, NJW 1985, 2049; *Martini*, Zu Gast bei Freunden?: Staatsfonds als Herausforderung an das europäische und internationale Recht, DöV 2008, 314; *Mellert*, Selbstständige Garantien beim Unternehmenskauf – Auslegungs- und Abstimmungsprobleme, BB 2011, 1667; *Merbecks*, Tax Due Diligence als Instrument für das Controlling von M&A-Transaktionen, BB 2012, 2423; *Merkt*, Angloamerikanisierung und Privatisierung der Vertragspraxis versus Europäisches Vertragsrecht, ZHR 171

(2007), 490; *Merkt*, Grundsatz- und Praxisprobleme der Amerikanisierungstendenzen im Recht des Unternehmenskaufs, in: Festschrift Sandrock, 2000, S. 657; *Merkt*, Rechtliche Bedeutung der „due diligence" beim Unternehmenskauf, WiB 1996, 145; *Merkt*, Abwehr der Zustellung von „punitive damages"-Klagen, 1995 (zit.: Abwehr); *Merkt*, Due Diligence und Gewährleistung beim Unternehmenskauf, BB 1995, 1041; *Mertens*, Die Information des Erwerbers einer wesentlichen Unternehmensbeteiligung an einer Aktiengesellschaft durch deren Vorstand, AG 1997, 541; *Metz*, Grundzüge der W&I-Insurance beim Unternehmenskauf, NJW 2010, 813; *Meyding/Adolphs*, Veräußerung von Konzernteilen im Rahmen von M&A-Transaktionen, BB 2012, 2383; *Meyding/Grau*, Ear-out-Klauseln und Absicherung von Garantieansprüchen – „tickende Zeitbomben" bei Distressed M&A, NZG 2011, 41; *Meyer*, Vereinbarungen über die Grenzen der Wissenszurechnung, WM 2012, 2040; *Meyer/Kiesewetter*, Rechtliche Rahmenbedingungen des Beteiligungsaufbaus im Vorfeld von Unternehmensübernahmen, WM 2009, 340; *Mielke/ Molz*, Anspruch des veräußerungswilligen Gesellschafters auf Durchführung einer due diligence durch den Erwerbsinteressenten?, DB 2008, 1955; *Mielke/Welling*, Kartellrechtliche Zulässigkeit von Conduct of Business-Klauseln in Unternehmenskaufverträgen, BB 2007, 277; *Möller*, Offenlegung und Aufklärungspflichten beim Unternehmenskauf, NZG 2912, 841; *Mörsdorf-Schulte*, Funktion und Dogmatik US-amerikanischer punitive damages, 1999; *Morshäuser*, Die Formvorschrift des § 311b Abs. 3 BGB bei Unternehmenskäufen, WM 2007, 337; *Müller*, Unternehmenskauf und notarielle Beurkundung nach § 311b III BGB, NZG 2007, 201; *Müller*, Einfluss der due diligence auf die Gewährleistungsrechte des Käufers beim Unternehmenskauf, NJW 2004, 2196; *Müller*, Gestattung der Due Diligence durch den Vorstand der Aktiengesellschaft, NJW 2000, 3452; *Müller/Hempel*, Änderungen des Außenwirtschaftsrechts zur Kontrolle ausländischer Investoren, NJW 2009, 1638; *von Oppen/Kampmann*, Die M&A Aktivität chinesischer Unternehmen in Deutschland ist zuletzt spürbar gestiegen – Welche regulatorischen Hürden in China gilt es hierbei zu berücksichtigen?, M&A Review 2012, 120; *Oppenländer*, Grenzen der Auskunftserteilung durch Geschäftsführer und Gesellschafter beim Verkauf von GmbH-Geschäftsanteilen, GmbHR 2000, 535; *Peter/Graser*, Zu kurz gegriffen: Due Diligence-Kosten als Anschaffungsnebenkosten beim Beteiligungserwerb, DStR 2009, 2032; *Picot*, Unternehmenskauf und Sachmängelhaftung: Rechtsfortbildung durch den BGH?, DB 2009, 2587; *Picot/Duggal*, Unternehmenskauf: Schutz vor wesentlich nachteiligen Veränderungen der Grundlage der Transaktion durch sog. MAC-Klauseln, DB 2003, 2635; *Piehl*, Bestechungsgelder im internationalen Wirtschaftsverkehr: Korruption in Schuldverträgen mit Auslandsberührung, 1991; *Pörnbacher/Mark*, Auswirkungen des UK Birbery Act 2010 auf deutsche Unternehmen, NZG 2010, 1372; *Powell/Rohan*, Powell on Real Property, Band 6A, New York 1995 (zit.: Bearbeiter in: Powell/Rohan); *Reinhard*, Philip Morris v. Williams – eine neue Leitentscheidung des US-Supreme Court zu den punitive damages im US-amerikanischen Recht, IPRax 2008, 49; *Reinhardt/ Pelster*, Stärkere Kontrolle von ausländischen Investitionen – Zu den Änderungen von AWG und AWV, NZG 2009, 441; *Risse*, Wirtschaftsmediation, NJW 2000, 1614; *Roschmann/Frey*, Geheimhaltungsverpflichtungen der Vorstandsmitglieder von Aktiengesellschaften bei Unternehmenskäufen, AG 1996, 449; *von Rosenberg/Hilf/Kleppe*, Protektion statt offener Märkte?: Die Änderungen des Außenwirtschaftsrechts in der Transaktionspraxis, DB 2009, 831; *Rotthege/Wassermann*, Unternehmenskauf bei der GmbH, 2011 (zit.: Bearbeiter in: Rotthege/Wassermann, Unternehmenskauf); *Rubner*, Der Vorstand der Zielgesellschaft bei M&A-Transaktionen, KSzW 2011, 412; *Schäfer/Hamann*, Kapitalmarktgesetze: Kommentar, 2. Aufl., Loseblatt, Stand: 4/2012 (zit.: Bearbeiter in: Schäfer/Hamann, KMG); *Schäfer/Voland*, Staatsfonds: Die Kontrolle ausländischer Investitionen auf dem Prüfstand des Verfassungs-, Europa- und Welthandelsrechts, EWS 2008, 166; *Schalast*, Staatsfonds: Debatte und Regulierung in Deutschland, M&A Review 2009, 107; *Scheifele/Thaeter*, Unternehmenskauf, Joint Venture und Firmengründung in der tschechischen Republik, 2. Aufl., 1994; *Schervier*, Beurkundung GmbH-rechtlicher Vorgänge im Ausland, NJW 1992, 593; *Schiffer/Bruß*, Die Due Diligence beim Unternehmenskauf und vertragliche Vertraulichkeitsvereinbarungen, BB 2012, 847; *Schlößer*,

§ 2 Ablauf und Vertragsgestaltung

Material Adverse Change-Klauseln in US-amerikanischen Unternehmenskaufverträgen, RIW 2006, 889; *Schmidt-Diemitz*, Pakethandel und das Weitergabeverbot von Insiderwissen, DB 1996, 1809; *Schmitz*, Mängelhaftung beim Unternehmenskauf nach der Schuldrechtsreform, RNotz 2006, 561; *Schroeder*, Darf der Vorstand der Aktiengesellschaft dem Aktienkäufer eine Due Diligence gestatten?, DB 1997, 2161; *Schubert*, Punitive Damages – Das englische Recht als Vorbild für das deutsche Schadensrecht? JR 2008, 138; *Schweitzer*, Private Legal Transplants in Negotiated Deals, ECFR 2007, 79; *Seibt/Reiche*, Unternehmens- und Beteiligungskauf nach der Schuldrechtsreform (Teil I), DStR 2002, 1135; *Seibt/Wollenschläger*, Haftungsrisiken für Manager wegen fehlgeschlagener Post Merger Integration, DB 2009, 1579; *Seibt/Wollenschläger*, Unternehmenstransaktionen mit Auslandsbezug nach der Reform des Außenwirtschaftsrechts, ZIP 2009, 833; *Seibt/Wunsch*, Managementgarantien bei M&A-Transaktionen, ZIP 2008, 1093; *Sieger/Hasselbach*, Break Free-Vereinbarung bei Unternehmenskäufen, BB 2000, 625; *Sieja*, Due Diligence und ihre Auswirkung auf Gewährleistungsansprüche, NWB 2009, 2974; *Sornarajah*, The International Law on Foreign Investment, 3. Aufl., Cambridge, 2010; *Staudinger*, Schadensersatzrecht – Wettbewerb der Ideen und Rechtsordnungen, NJW 2006, 2433; *Stengel/Scholderer*, Aufklärungspflichten beim Beteiligungs- und Unternehmenskauf, NJW 1994, 158; *Stoljarski/Wedde*, Russland: Ausländische Investitionen in strategischen Branchen, RIW 2009, 587; *Stümper/Walter*, Erfordernis von Steuerklauseln in Anteilskauf- und anderen Übertragungsverträgen, GmbHR 2008, 31; *Timmerbeil/Spachmüller*, UK-Bribery Act – Das Damoklesschwert über deutschen Unternehmen?, DB 2013, 2133; *Traugott*, Informationsflüsse nach Transaktionsabschluss bei Aktiengesellschaften, BB 2001, 2277; *Traugott/Strümpell*, Die Novelle des Außenwirtschaftsgesetzes – Neue Regeln für den Erwerb deutscher Unternehmen durch ausländische Investoren, AG 2009, 186; *Triebel*, Anglo-amerikanischer Einfluß auf Unternehmenskaufverträge in Deutschland – eine Gefahr für die Rechtsklarheit?, RIW 1998, 1; *Triebel/Balthasar*, Auslegung englischer Vertragstexte unter deutschem Vertragsstatut – Fallstricke des Art. 32 I Nr. 1 EGBGB, NJW 2004, 2189; *Triebel/Hölzle*, Schuldrechtsreform und Unternehmenskaufverträge, BB 2002, 521; *Ulmer*, Haftungsfreistellung bis zur Grenze grober Fahrlässigkeit bei unternehmerischen Fehlentscheidungen von Vorstand und Aufsichtsrat?, DB 2004, 859; *Vaupel/Uhl*, Insiderrechtliche Aspekte bei der Übernahme börsennotierter Unternehmen, WM 2003, 2126; *Vischer*, Due Diligence bei Unternehmenskäufen, SJZ 2000, 229; *Vogt*, Die Due Diligence – ein zentrales Element bei der Durchführung von Mergers & Acquisitions, DStR 2001, 2027; *Wagner*, Prävention und Verhaltenssteuerung durch Privatrecht – Anmaßung oder legitime Aufgabe?, AcP 206 (2006), 352; *Wardenbach*, Ausschluss der Garantiehaftung durch Erkenntnisse aus der Due Diligence, KSzW 2011, 389; *Wegen*, Due Diligence-Checkliste für den Erwerb einer deutschen Gesellschaft, WiB 1994, 291; *Weiser*, Die Earnout-Methode zur Überwindung divergierender Werteinschätzungen im Rahmen von M&A-Transaktionen, M&A Review 2004, 512; *Weißhaupt*, Haftung und Wissen beim Unternehmenskauf, WM 2013, 782; *Weitnauer*, Der Unternehmenskauf nach neuem Kaufrecht, NJW 2002, 2511; *Weller*, Ausländische Staatsfonds zwischen Fusionskontrolle, Außenwirtschaftsrecht und Grundfreiheiten, ZIP 2008, 857; *Werner*, Der Asset Deal und die Notwendigkeit seiner notariellen Beurkundung. Zu Anwendung und Reichweite des § 311 Abs. 3 BGB, GmbHR 2008, 1135; *Werner*, Sorgfaltspflichten des Geschäftsführers bei Unternehmensakquisitionen: Due Diligence, Informationspflichten und Haftungsrisiken, GmbHR 2007, 678; *Werner*, Haftungsrisiken bei Unternehmensakquisitionen – die Pflicht des Vorstands zur Due Diligence, ZIP 2000, 989; *Willemsen/Annuß*, Neue Betriebsübergangsrichtlinie – Anpassungsbedarf im deutschen Recht?, NJW 1999, 2073; *Wolf/Kaiser*, Die Mängelhaftung beim Unternehmenskauf nach neuem Recht, DB 2002, 411; *Wunderlich*, Die kaufrechtliche Haftung beim asset deal nach dem SchuldRModG, WM 2002, 981; *Ziegler*, Due Diligence im Spannungsfeld zur Geheimhaltungspflicht von Geschäftsführern und Gesellschaftern, DStR 2000, 249; *Ziemons*, Die Weitergabe von Unternehmensinterna an Dritte durch den Vorstand einer Aktiengesellschaft, AG 1999, 492; *Zumbansen/Lachner*, Die Geheimhaltungspflicht des Vorstands bei der Due Diligence: Neubewertung im globalisierten Geschäftsverkehr, BB 2006, 613.

A. Vorbemerkung

Jedes Unternehmen, mag es auch noch so weltweit tätig sein, hat letzten Endes seinen Sitz, sein geographisches Zentrum in einem bestimmten Land und damit seine juristische Verankerung in einem bestimmten Rechtssystem; rechtlich gesehen ist es ein **nationales – in Ausnahmefällen ein supranationales – Unternehmen** und kein internationales. Unternehmen mit tatsächlichem oder nur scheinbarem Doppelsitz in verschiedenen Staaten sind weltweit die Ausnahme und müssen diesen Doppelsitz noch dazu durch allerlei Kunstgriffe etablieren, die darüber hinweghelfen, dass es sich letztlich eben doch um zwei rechtlich getrennte Unternehmen mit je einem nationalen Sitz handelt. Dazu dienen etwa wechselseitige Beteiligungen, Stimmbindungsverträge, das Aneinanderkoppeln von Aktien, die dann nur gemeinsam ge- und verkauft werden können, oder komplizierte Satzungsregelungen, durch die identische Mitwirkungsmöglichkeiten und identische finanzielle Rechte aller Aktionäre sichergestellt werden sollen, ganz gleich, an welcher nationalen (Teil-)Gesellschaft sie beteiligt sind. Unter dem Stichwort „synthetische Unternehmenszusammenschlüsse" – häufig auch bezeichnet als *dual headed companies* oder *dual listed companies* – haben sich dazu insbesondere angelsächsische Juristen in den 90er-Jahren des vorigen Jahrhunderts Einiges einfallen lassen.[1]

Ebenso wenig wie im rechtlichen Sinne internationale Unternehmen existieren, gibt es ein internationales Sach- oder Kollisionsrecht des Unternehmenskaufs, sei es aufgrund europäischer Richtlinien, rechtsvereinheitlichender Konventionen oder zwischenstaatlicher Verträge, sei es in Form eines internationalen kaufmännischen Gewohnheitsrechts. Der zwingend nationale Charakter eines jeden Unternehmens führt daher dazu, dass letztlich auch **jeder Unternehmenskauf** ein nationaler ist und den Regeln eines bestimmten **nationalen Rechts** folgt, etwa desjenigen, das am Sitz des zu erwerbenden Unternehmens gilt. Der internationale Charakter einer solchen Transaktion ergibt sich allein daraus, dass die Beteiligten – Käufer und Verkäufer – aus unterschiedlichen Staaten kommen oder die Transaktion sich gleichzeitig auf mehrere, in unterschiedlichen Staaten ansässige Unternehmen erstreckt, etwa mehrere Tochtergesellschaften eines Konzerns. Insofern mag man sich fragen, wo die Besonderheiten des internationalen Unternehmenskaufs liegen: Sollte es nicht genügen, sein eigenes, nationales Recht – in unserem Falle also das deutsche Recht des Unternehmenskaufs – zu kennen, um damit auch bei Transaktionen mit internationaler Beteiligung bestehen zu können?

Gerade in der Praxis zeigt sich jedoch, dass diese Frage nicht einfach bejaht werden kann. Sicherlich ist die Kenntnis des eigenen nationalen Rechts unabdingbare Voraussetzung, um auch Verträge mit internationaler Komponente

---

1) Näher dazu *Harbarth*, AG 2004, 573.

entwerfen und aushandeln zu können. Indes ergibt sich an der Schnittstelle zwischen dem nationalen Recht, das für den Vertrag selbst gelten mag, und dem Recht der ausländischen Parteien, die daran beteiligt sind, eine interessante und oft nicht leicht beherrschbare Mixtur, eine Art Brackwasser der Rechtsordnungen, in dem die rechtlichen Vorstellungen und Gewohnheiten, die Mentalität und die Terminologie ausländischer Parteien auf das nationale Recht einwirken, es beeinflussen und verändern. Dies ist bei internationalen Transaktionen nichts Ungewöhnliches, tritt aber beim Unternehmenskauf mit besonderer Schärfe hervor, bis zu einem Punkt, an dem man ohne allzu große Übertreibung sagen kann, dass das deutsche Recht des Unternehmenskaufs in wesentlichen Aspekten, auch rein national angewendet, geradezu geprägt und determiniert ist durch die rechtlichen Institute und Begriffe, mit denen es sich bei internationalen Unternehmenskäufen gleichsam infiziert hat.

4 Dabei mag die in Deutschland traditionell fehlende Kultur des Unternehmenskaufs eine Rolle spielen. Zwar sind Unternehmen zweifellos auch in Deutschland gekauft und verkauft worden, solange es Unternehmen gibt. Gleichwohl hat dies im deutschen Recht zunächst nur ganz geringfügige Spuren hinterlassen, die im Wesentlichen nicht auf den Unternehmenskauf selbst, sondern lediglich auf die Folgen einer Unternehmensübertragung zielen. Dies gilt etwa für § 25 HGB oder § 95 Abs. 1 Nr. 4 lit. d GVG, wobei hinter den etwas treuherzigen Formulierungen des Gesetzgebers die Vorstellung von einer Unternehmensübertragung als Mittel zur Nachfolgeregelung des in den Ruhestand tretenden Einzelkaufmanns deutlich wird. Zu nennen ist auch der im Jahre 1972 eingefügte § 613a BGB, der die Folgen für die Rechte und Pflichten aus Arbeitsverhältnissen im Fall des Betriebsübergangs regelt.[2]

5 Mit dem Kauf oder Verkauf eines Unternehmens als normaler Vermögenstransaktion haben diese Vorschriften zunächst wenig zu tun. Immerhin hatte das Reichsgericht zwar schon im Jahre 1928 entschieden, dass der Kauf sämtlicher Anteile an einer Kapitalgesellschaft zugleich den wirtschaftlichen Zweck habe, das Unternehmen selbst zu kaufen, mit der Folge, dass es für Gewährleistungsfragen nicht bei den Regeln des reinen Rechtskaufs bleibt,[3] die nach der bis zum 31.12.2001 geltenden Fassung des BGB deutlich von den Regeln des Sachkaufs abwichen (vgl. § 437 BGB a. F. einerseits, § 459 BGB a. F. andererseits; anders nunmehr §§ 453, 433 ff. BGB n. F.). Abgesehen von dem Hinweis auf diese Rechtsprechung enthält aber etwa ein *Palandt* aus der Mitte der 60er-Jahre des vorigen Jahrhunderts zu diesem Thema buchstäblich nichts, nicht einmal das Stichwort „Unternehmenskauf" im Register.[4]

---

2) Eingefügt durch § 122 BetrVG v. 15.1.1972 m. W. v. 19.1.1972, BGBl. I 1972, 13; dazu *Müller-Glöge* in: MünchKomm-BGB, § 613a Rz. 1.
3) RGZ 120, 283.
4) S. etwa *Palandt*, BGB, 24. Aufl., 1965, Vor § 459 Vorb. 3.

B. Dominanz der anglo-amerikanischen Rechtskultur

Aufgrund der eben gemachten Ausführungen kann es nicht überraschen, dass 6
die Art und Weise, wie Unternehmenskäufe in Deutschland ablaufen, ganz wesentlich den internationalen und hier vor allem den angelsächsischen Vorbildern folgt, und zwar inzwischen auch bei rein innerdeutschen Vorgängen. Die hierzu weiter beitragenden Gründe werden an anderer Stelle näher beleuchtet (siehe unten § 4 Rz. 1 ff.).

Hierbei beeinflussen die anglo-amerikanischen Vorbilder nicht nur den **Unter-** 7
nehmenskaufvertrag selbst, wie etwa dessen Struktur, Aufbau und Terminologie, sondern gleichfalls die verschiedenen Phasen der **Vertragsvorbereitung und -durchführung**. Die internationale und deutsche sowie darüber hinausgehend sogar weite Teile der ausländischen Vertragspraxis weichen mittlerweile nicht mehr wesentlich von derjenigen in Großbritannien und den USA ab.[5] Hierauf wird daher nachfolgend an verschiedenen Stellen einzugehen sein (siehe allgemein dazu unten § 4 Rz. 16 ff.; siehe darüber hinaus etwa speziell zum Letter of Intent unten Rz. 22 ff., zur Due Diligence unten Rz. 30 ff., zum Closing unten Rz. 207 ff. und zur Legal Opinion unten Rz. 256 ff.).

Diese Besonderheiten des anglo-amerikanischen Rechts und der internationa- 8
len Vertragspraxis verlangen von den mit internationalen Unternehmenskäufen befassten deutschen **Rechtsberatern**, eine besondere Rolle einzunehmen. Anders als bei rein nationalen Transaktionen haben sie die Verantwortung eines **sprachlichen, konzeptionellen** und **kulturellen Vermittlers**. Dies gilt nicht nur gegenüber den deutschen Beteiligten, sondern ebenso gegenüber den ausländischen Parteien einer Transaktion. Dem deutschen Juristen kommt also nicht nur die Aufgabe zu, den deutschen Beteiligten die internationale Praxis zu vermitteln, sondern auch bei den ausländischen Beteiligten Verständnis für deutsche Ansichten zu wecken. Die Art und Weise, wie ein deutscher Jurist diese Rolle wahrnimmt, kann entscheidend sein für den Erfolg oder Misserfolg einer Transaktion (näher dazu unten § 4 Rz. 55 ff.).

C. Überblick und Verfahrensarten

Für die Veräußerung eines Unternehmens haben sich im internationalen wie 9
nationalen Bereich vornehmlich zwei Verfahrensarten herausgebildet. Dies ist zum einen die häufig, aber nicht notwendig von Beginn an beschränkte Konzentration des Verkäufers auf einen einzigen Kaufinteressenten bis zum Abschluss des Kaufvertrags (Exklusivverhandlung). Daneben getreten ist das (kontrollierte) Auktions- oder Bieterverfahren, bei dem mehrere Kaufinteressenten im Wettbewerb zueinander stehen und die Unterzeichnung des Kaufvertrags

---

5) S. für die deutsche Praxis etwa die Musterformulare in *Beisel/Klumpp*, Unternehmenskauf, Kap. 20; *Galla/Nölle* in: Knott/Mielke, Unternehmenskauf, Rz. 605 ff.; *Schrader* in: Seibt, M&A, C. I., S. 156 ff.; *Louven*, M&A, passim.

anstreben. Schließlich lässt sich als weitere Verfahrensart für den Kauf börsennotierter Unternehmen der Erwerb über ein öffentliches Übernahmeangebot nennen, der im deutschen Recht den Vorschriften des WpÜG unterliegt (dazu unten § 13 Rz. 76 ff.).[6]

I. Exklusivverhandlungen

10 Wie die Bezeichnung schon erkennen lässt, ist das Verfahren der Exklusivverhandlung dadurch gekennzeichnet, dass der Verkäufer von Beginn an **grundsätzlich** nur mit **einem Kaufinteressenten** verhandelt.[7] Der Ablauf lässt sich stark vereinfacht wie folgt beschreiben: Die Exklusivverhandlungen beginnen üblicherweise mit ersten Vorgesprächen, in denen wirtschaftliche Aspekte und Finanzzahlen der Zielgesellschaft und der Transaktion im Vordergrund stehen. Der Kaufinteressent wird in diesem Stadium grobe Informationen über das Unternehmen erhalten, um sich ein erstes Bild machen zu können. In weiteren Gesprächen werden erste wesentliche Eckpunkte der Transaktion besprochen und unverbindlich festgelegt, wie etwa der Kaufpreis und die Transaktionsstruktur (u. a.: Share Deal oder Asset Deal). Verlaufen diese Gespräche positiv, können die Ergebnisse in eine Absichtsvereinbarung (Letter of Intent) fließen. Die hierin regelmäßig enthaltene Vertraulichkeitsvereinbarung bildet die Voraussetzung dafür, den Kaufinteressenten die Bücher des zu erwerbenden Unternehmens prüfen zu lassen (Due Diligence). Parallel hierzu, spätestens aber nach Abschluss der Due Diligence, legt eine der Parteien den ersten Entwurf des Kaufvertrags vor, der die Grundlage für die Verhandlungen bis zum Vertragsschluss bildet. Wer den ersten Entwurf liefern darf, ist ebenfalls erfahrungsgemäß Gegenstand des Letter of Intent.

II. Bieterverfahren

11 Beim (kontrollierten) Bieterverfahren (*limited* oder *controlled auction*) betreten von Beginn an **mehrere Kaufinteressenten** die Bühne, ohne jedoch voneinander zu wissen.[8] Ziel des Verkäufers ist es, zwischen diesen Kaufinteressenten einen Wettbewerb um das beste Angebot auszulösen, insbesondere den höchsten Kaufpreis. Der Ablauf lässt sich stark vereinfacht wie folgt beschreiben:[9]

---

6) Zum Verfahrensablauf *Mielke* in: Knott/Mielke, Unternehmenskauf, Rz. 475 ff.; *Holzapfel/Pöllath*, Unternehmenskauf, Rz. 372 ff.
7) Dazu *Berens/Mertes/Strauch* in: Berens/Brauner/Strauch/Knauer, Due Diligence, S. 21, 28.
8) Zu Haftungsfragen beim Bieterverfahren *Holzapfel/Pöllath*, Unternehmenskauf, Rz. 127 ff.
9) Zum Ablauf ebenfalls *Hölters* in: Hölters, Hdb. Unternehmenskauf, Teil I Rz. 149 ff.; *Holzapfel/Pöllath*, Unternehmenskauf, Rz. 126; *Picot* in: Picot, Unternehmenskauf, § 1 Rz. 61 ff.; *Picot* in: Picot, M&A, S. 30 ff.; *Raddatz/Nawroth* in: Eilers/Koffka/Mackensen, Private Equity, I. 2. Rz. 1 ff.

Der Startschuss fällt regelmäßig damit, dass der Verkäufer eine **Investment-** 12
bank (oder einen M&A-Berater) beauftragt. Diese Berater haben die Aufgabe, den gesamten Veräußerungsprozess zu steuern und den Verkäufer in wirtschaftlichen wie finanziellen Fragen zu beraten. Nach ersten Gesprächen mit dem Verkäufer erstellt die Investmentbank ein **Informationsmemorandum** (Verkaufsprospekt, *information memorandum, offering memorandum*). Hierin werden die wesentlichen Informationen über die Zielgesellschaft und die Transaktion mitgeteilt, also etwa über den Transaktionshintergrund und die Transaktionsstruktur (bspw. Share Deal oder Asset Deal), Finanzkennzahlen, *„Investment-Highlights"* (Verkaufsargumente), das Marktumfeld der Zielgesellschaft sowie Strategie, Ziele und Zukunftsaussichten des Unternehmens, aber auch mit dem Unternehmen und der Transaktion verknüpfte rechtliche und wirtschaftliche Risiken.[10] Gelegentlich stellt der Verkäufer eine eigene Prüfung des Unternehmens voran (**Vendor Due Diligence**), um sich ein genaues eigenes Bild über die Zielgesellschaft und mögliche Transaktionsrisiken machen zu können (siehe unten Rz. 37 f.). Eine solche Prüfung versetzt den Verkäufer zudem in die Lage, auf Einwände der Kaufinteressenten vorbereitet zu sein. Je nach gewünschter Tiefe kann eine solche Due Diligence die Ausmaße der Due Diligence der Kaufinteressenten ohne weiteres übersteigen.

Sodann lässt regelmäßig die Investmentbank das Informationsmemorandum 13
einem ausgewählten Kreis von möglichen Kaufinteressenten zukommen. Die **Auswahl der Kaufinteressenten** erfolgt aufgrund vorheriger Marktanalyse durch den Verkäufer zusammen mit der Investmentbank. Alternativ kann der Übergabe des Informationsmemorandums ein Informationsbrief vorgeschaltet werden, der kurze anonymisierte Informationen über das Zielunternehmen enthält (sog. *teaser*). Der Verkäufer wird die Übergabe des Informationsmemorandums regelmäßig nur zulassen, wenn der Kaufinteressent zuvor eine **Vertraulichkeitsvereinbarung** unterzeichnet hat (näher dazu unten Rz. 17 ff.). Wird keine solche Vereinbarung abgeschlossen, werden alle Informationen regelmäßig nur in anonymisierter Form gegeben werden. Zusammen mit dem Informationsmemorandum wird der Kaufinteressent in einem sog. *procedure letter* über den Verkaufsprozess aufgeklärt und außerdem aufgefordert, innerhalb einer bestimmten Frist ein unverbindliches Kaufangebot *(indicative offer)* abzugeben.

In der nächsten Phase analysiert der Verkäufer zusammen mit seinen Beratern 14
die eingegangenen unverbindlichen Angebote und entscheidet, mit welchen Kaufinteressenten das Bieterverfahren fortgesetzt werden soll (in der Regel fünf bis zehn Interessenten). Diesen Interessenten werden nun die Bücher der Zielgesellschaft für eine **Due Diligence** geöffnet. Während der Due Diligence-

---

10) Zu Haftungsfragen bei Informationsmemoranden *Seibt* in: Seibt, M&A, B. III., S. 41 f.; *Seibt/Reiche*, DStR 2002, 1135, 1139; *Holzapfel/Pöllath*, Unternehmenskauf, Rz. 128; *Louven/ Böckmann*, ZIP 2004, 445, 446 ff.; *Triebel/Hölzle*, BB 2002, 521, 533 f.

Phase erhalten die verbliebenen Kaufinteressenten vom Verkäufer regelmäßig den ersten **Kaufvertragsentwurf** verbunden mit der Bitte, diesen innerhalb einer bestimmten Frist zu kommentieren und den eigenen Vorstellungen anzupassen, also eine sog. *mark up-Version* des Verkäuferentwurfs zu erstellen. Gleichzeitig wird bis Fristablauf um die Abgabe der endgültigen Angebote *(binding offers)* gebeten.

15 Auf der Grundlage der **endgültigen Angebote** und der kommentierten Vertragsentwürfe wählt der Verkäufer mit Hilfe seiner Berater diejenigen Kaufinteressenten aus (regelmäßig höchstens zwei bis drei), mit denen konkrete **Verhandlungen** aufgenommen werden sollen. Entscheidet sich der Verkäufer dafür, zunächst nur mit einem Kaufinteressenten zu verhandeln, sichert er ihm häufig für einen bestimmten Zeitraum Exklusivität zu und verpflichtet sich damit, während dieser Phase nicht mit anderen Kaufinteressenten zu verhandeln. Während der Vertragsverhandlungen (sei es mit mehreren oder nur einem Kaufinteressenten) können die Verhandlungspartner eine Absichtserklärung (**Letter of Intent**) unterzeichnen (dazu unten Rz. 22 ff.). In diesem Fall wird die mögliche Einräumung von Exklusivität häufig darin geregelt.

16 Verhandelt der Verkäufer parallel mit mehreren Kaufinteressenten, werden sich die Vertragsverhandlungen früher oder später auf einen Interessenten beschränken. Wann dieser Zeitpunkt kommt, hängt vom Gang der Verhandlungen ab. Laufen die Verhandlungen mit mehreren Kaufinteressenten gut, kann das Bieterverfahren zwischen ihnen theoretisch bis zur letzten Sekunde vor Unterzeichnung des Kaufvertrags mit einem Bieter andauern. Wird allerdings schon zu einem früheren Zeitpunkt deutlich, dass weitere Verhandlungsrunden fruchtlos verlaufen werden, wird einer der Verhandlungspartner die Gespräche schon aus Zeit- und Kostengründen früher beenden.

D. Vertraulichkeitsvereinbarung

17 Bevor der Verkäufer und die Zielgesellschaft dem Kaufinteressenten vertrauliche Informationen über die Zielgesellschaft offenlegen, hat dieser regelmäßig eine Vertraulichkeitserklärung oder -vereinbarung *(confidentiality undertaking, confidentiality agreement, non disclosure agreement (NDA))* zu unterzeichnen.[11] Diese Vereinbarung ist je nach Ablauf des Verkaufsprozesses Teil eines Letter of Intent oder eine hiervon gesonderte Vereinbarung. Sie kann entweder in Briefform oder in Vertragsform ausgestaltet sein. Selbstverständlich muss aus Sicht des Verkäufers in jedem Fall der **bindende Charakter** der Vertraulichkeitserklärung klar hervortreten und diese wegen der notorisch schwierigen Schadensermittlung bei Verletzung von Vertraulichkeitsverpflichtungen möglichst mit einer **Vertragsstrafe** bewehrt werden. Rechtswahlklausel und Streit-

---

11) Dazu auch *Picot* in: Picot, Unternehmenskauf, § 2 Rz. 89 ff.

entscheidungsregelung sind damit ebenfalls erforderlich. Ist die Zielgesellschaft börsennotiert, ist die Weitergabe von vertraulichen Informationen nur im Einklang mit den jeweils anwendbaren insiderrechtlichen Vorschriften gestattet (siehe für das deutsche Recht § 14 WpHG und unten Rz. 115; siehe im Übrigen zu weiteren Offenlegungsverboten unten Rz. 81 f.).[12]

In Bezug auf die **Rechtswahl** ist ein besonderer Aspekt des englischen und des US-amerikanischen Rechts zu berücksichtigen. Danach ist ein Vertrag nur dann bindend, wenn der Verpflichtung der einen Seite eine *consideration*, also eine Gegenleistung oder das Versprechen einer Gegenleistung der anderen Seite gegenübersteht.[13] Ohne *consideration* tritt eine Bindung nur bei Beachtung besonderer Formvorschriften (Siegelung des Vertrags) ein.[14] Unterliegt eine Vertraulichkeitsvereinbarung also etwa dem englischen Recht, kann sie auch in denjenigen Teilen, die als bindend gedacht und gewünscht sind, gleichwohl unverbindlich sein, weil es nämlich an der *consideration* fehlt.[15] Die Frage nach der *consideration* stellt sich also in diesem Zusammenhang mit besonderer Schärfe. 18

Aus der angelsächsischen Vertragspraxis sind Beispiele von Vertraulichkeitsvereinbarungen bekannt, deren Umfang schon an den eines normalen deutschen GmbH-Kaufvertrags heranreicht. Gerade beim Umgang mit deutschen Mittelständlern ist, ungeachtet aller notwendigen Präzision und Ausführlichkeit, vor Übertreibungen in dieser Hinsicht zu warnen. Ansonsten läuft man Gefahr, den Vertragspartner zu überfordern und damit das Verhandlungsklima unnötig zu belasten. Wer sich als Rechtsberater zugleich in der Rolle des kulturellen Vermittlers sieht, wird ein Gleichgewicht zwischen verständlichen Bedürfnissen einer ausländischen Partei und verständlichen Besorgnissen der deutschen Seite anstreben. 19

Im Folgenden seien englischsprachige **Formulierungshilfen** für eine verkäuferfreundliche Vertraulichkeitserklärung vorgestellt, die entweder Teil eines Letter of Intent oder eine gesonderte Vertraulichkeitsvereinbarung bilden können.[16] 20

---

12) Zum deutschen Recht *Knott* in: Knott/Milke, Unternehmenskauf, Rz. 75 ff.; *Schwark/Kruse* in: Schwark/Zimmer, KMRK, § 14 WpHG Rz. 39 ff.; *Hasselbach*, NZG 2004, 1087; *Meyer/Kiesewetter*, WM 2009, 340, 342; *Vaupel/Uhl*, WM 2003, 2126, 2134 f.
13) *Currie v. Misa* (1875) LR 10 Ex 153, 162; *McKendrick*, Contract Law, S. 145 ff.; *Zweigert/Kötz*, Rechtsvergleichung, S. 384; *Triebel*, RIW 1998, 1, 2; zur Entwicklung der *consideration doctrine* im US-amerikanischen Recht ausführlich *Fromholzer*, S. 8 ff.
14) *McKendrick*, Contract Law, S. 259 ff.; *Zweigert/Kötz*, Rechtsvergleichung, S. 367, 384.
15) *Kösters*, NZG 1999, 623, 624.
16) Die Wirksamkeit der einzelnen Klauseln hängt vom anwendbaren Recht ab und ist daher für jeden Einzelfall zu prüfen. Für ein deutsches Muster einer Vertraulichkeitsvereinbarung s. *Fabritius* in: Hopt, Vertrags- und Formularbuch, S. 196 ff.; für eine solche Vereinbarung zwischen einer börsennotierten AG und einem Erwerbsinteressenten s. *Seibt* in: Seibt, M&A, B. I. 1., S. 19.

§ 2 Ablauf und Vertragsgestaltung

„Confidentiality Undertaking
by
[Name des Kaufinteressenten]

1. In this Confidentiality Undertaking, 'Confidential Information' means the fact that you are contemplating a sale of *[Name der Zielgesellschaft]* (the 'Target'), the existence of this Confidentiality Undertaking, any documents provided to us designated as confidential, and any other information concerning the Target which is disclosed to us by you or any of your advisors except insofar as it is or becomes public knowledge (other than as a result of a violation of this Confidentiality Undertaking or the law by us or any person to whom we have disclosed Confidential Information) or lawfully was or becomes known to us from another source and is not subject to a confidentiality obligation.

2. In consideration of your agreeing to provide us with Confidential Information we undertake to keep Confidential Information secret and to take all required and necessary measures therefor, to use Confidential Information only for the purpose of evaluating and negotiating the acquisition of the Target, not to make copies of any documents provided to us and to protect such documents against unauthorised access.

3. We may disclose Confidential Information only to such of our officers, employees and professional advisers who are directly involved in the evaluation and negotiations concerning the acquisition of the Target, subject to their signing of this Confidentiality Undertaking in their personal capacity. We shall promptly notify you of the full names and addresses of all such persons and shall furnish you with copies of the undertakings signed by them.

4. The aforesaid restrictions shall not apply to disclosures insofar as they are ordered by a court or administrative body or are otherwise legally required. We shall inform you of any such order or legal requirement for disclosure as soon as we have obtained knowledge thereof and prior to making such disclosure. Further, if requested, we shall furnish you prior to such disclosure with a legal opinion confirming that such disclosure is required.

5. We shall, at your request, (i) forthwith return all documents provided to us by you which contain Confidential Information, (ii) destroy all notes or copies made by us in respect of Confidential Information, (iii) expunge all Confidential Information from any computer, word processor or similar device into which it was programmed, (iv) ensure that any person to whom we have disclosed Confidential Information complies with the obligations of this paragraph, and (v) confirm to you in writing that we have complied with the obligations of this paragraph. The confidentiality undertakings under this Confidentiality Undertaking will continue even after the Confidential Information has been returned or destroyed.

6. We agree to pay a contractual penalty in the amount of *[Betrag]* for each violation of this Confidentiality Undertaking wilfully or negligently committed by us or any person to whom we have disclosed Confidential Information. In the event of a continuing violation of this Confidentiality Undertaking, we agree to pay for each such continuing violation an additional contractual penalty of *[Betrag]* for each month or part thereof in which the violation continues. The contractual penalty is immediately due for payment. The right to claim damages shall remain unaffected hereby; a contractual penalty shall not be charged against a right of damages.

7. Our obligations under this Confidentiality Undertaking will terminate on *[Datum]*."

Zu empfehlen sind ergänzend eine Rechtswahlklausel, eine Gerichtsstands- 21
oder Schiedsklausel, eine Schriftformklausel sowie eine salvatorische Klausel.[17)]

E. Absichtserklärung (Letter of Intent)

I. Funktion im Ablauf der Verhandlungen

Der Letter of Intent (Absichtserklärung) ist keine Besonderheit des internati- 22
onalen Unternehmenskaufs oder überhaupt des Unternehmenskaufs. Weil jedoch derartige Transaktionen komplex sind und die damit verbundenen Verhandlungen lang dauern, kommt er hier wohl häufiger vor als bei anderen Geschäften.[18)] Komplexität und Länge des Zeitablaufs lassen es besonders ratsam erscheinen, Zwischenetappen des Verhandlungsprozesses festzuhalten, bereits vereinbarte Eckwerte einem möglichen späteren Streit zu entziehen und einen Fahrplan für die nächsten Etappen festzulegen.

Für den Letter of Intent oder jedenfalls vergleichbare Erklärungen finden sich 23
auch andere Bezeichnungen, wie etwa „**memorandum of understanding**",[19)] „**term sheet**" oder „**heads of terms**".[20)] Häufig werden diese Bezeichnungen gleichbedeutend verwendet. Für die Bedeutung und Rechtswirkungen des Dokuments selbst ist die jeweilige Bezeichnung jedoch kaum oder nicht entscheidend. Relevant sind vielmehr dessen Inhalt und der Grad seiner Rechtsverbindlichkeit.[21)]

Je nach Lage der Dinge kann ein Letter of Intent ganz verschiedene **Funktio-** 24
nen haben.[22)] Teilweise scheint sein Hauptzweck darin zu liegen, den Verhandlungsführern eines Großunternehmens die interne Berichterstattung und Erfolgsmeldung zu erleichtern. In anderen Fällen dient er als Informations- oder

---

17) Zur Wirkung von salvatorischen Erhaltens- und Ersetzungsklauseln im deutschen Recht s. BGH, ZIP 2003, 126 = NJW 2003, 347 (Salvatorische Klauseln enthalten lediglich eine Bestimmung über die Verteilung der Darlegungs- und Beweislast i. R. d. § 139 BGB und verschieben diese von der Partei, die das teilnichtige Geschäft aufrechterhalten will, auf die Partei, die den ganzen Vertrag verwerfen will; eine solche Klausel bewirkt nicht, dass die von dem Nichtigkeitsgrund nicht unmittelbar erfassten Teile des Geschäfts unter allen Umständen als wirksam behandelt werden); s. a. BGH, WM 2010, 946 = ZIP 2010, 925 (Salvatorische Erhaltungsklausel schließt zwar Gesamtnichtigkeit nicht aus, führt aber zu einer Umkehrung der Vermutung des § 139 BGB in ihr Gegenteil). Will man eine über die bloße Beweislastumkehr des BGH hinausgehende Wirkung erzielen, also sichergehen, dass die von dem Nichtigkeitsgrund nicht unmittelbar erfassten Teile des Vertrags ohne weiteres als wirksam behandelt werden, empfiehlt es sich, dies im Vertrag ausdrücklich vorzusehen.
18) Grundlegend zum Letter of Intent: *Lutter*, Letter of Intent.
19) So auch *Holzapfel/Pöllath*, Unternehmenskauf, Rz. 14, allerdings soll danach eine solche Vereinbarung tendenziell einen größeren Verbindlichkeitscharakter haben.
20) In diesem Sinne auch *Mielke* in: Knott/Mielke, Unternehmenskauf, Rz. 25; *Picot* in: Picot, Unternehmenskauf, § 2 Rz. 18 ff.; *Kösters*, NZG 1999, 623.
21) *Picot* in: Picot, Unternehmenskauf, § 2 Rz. 32.
22) *Beisel* in: Beck'sches Mandatshandbuch Due Diligence, § 1 Rz. 12 f.

Entscheidungsgrundlage für zu informierende oder zustimmungspflichtige Organe der Beteiligten.[23] Mitunter legt er Details des künftigen Vertrags schon so umfassend und verbindlich fest, dass man bereits – über die reine Absichtserklärung hinaus – von einem Vorvertrag sprechen kann. In aller Regel wird der Letter of Intent jedoch gezeichnet, wenn wesentliche kaufmännische Entscheidungen getroffen, aber bislang weder juristisch im Einzelnen ausformuliert noch rechtsverbindlich niedergelegt werden können oder sollen (zu den psychologischen Wirkungen siehe unten Rz. 26). Er bezeichnet damit das Ende eines Transaktions- oder Verhandlungsabschnitts und den Beginn eines nächsten, wie bspw. den Übergang von Vorgesprächen in die Phase der Due Diligence.

II. Inhalt

25 Der Inhalt eines Letter of Intent hängt naturgemäß stark ab von der einzelnen Transaktion. Entscheidend ist auch, in welchem Verfahrensstadium sich die Transaktion befindet und inwieweit die Parteien verbindliche Regelungen wünschen. Einige **typische mögliche Regelungsinhalte** zeigt die folgende Aufzählung:

- Zusammenfassung der bisherigen **Ergebnisse** und Bekundung der **Erwerbsabsicht**;
- Informationen zur **Transaktionsstruktur**, bspw. Festlegung auf den Erwerb im Wege eines Share Deal oder eines Asset Deal;
- Festlegung der für die Transaktion erforderlichen **Verträge** (Kaufvertrag und sonstige Verträge) und möglicher erster Eckpunkte dieser Verträge, so im Fall des Kaufvertrags bspw. erste und häufig nur in Stichworten genannte Informationen zu Gewährleistungen und aufschiebenden Bedingungen, ferner Informationen zur Kostentragung, zur Rechtswahl sowie zum Schieds- oder Gerichtsstand;
- Grundlagen der Modalitäten der **Kaufpreiszahlung** sowie der **Kaufpreisberechnung**, wie etwa Vereinbarung eines festen oder variablen Kaufpreises und möglicherweise eine Abrede über ergebnisabhängige Kaufpreisanpassungen (Besserungsabrede, Earn-out); siehe unten Rz. 157 ff.;
- Regelungen zur Durchführung der **Due Diligence**, wie etwa Dauer, Bereiche, Festlegung, ob physischer oder virtueller Datenraum (siehe unten Rz. 35 ff.);
- Bestimmung des weiteren **Zeitplans** und des beabsichtigten Zeitpunkts des Kaufvertragsschlusses;
- eine **Vertraulichkeitsabrede** mit dem Inhalt der Verpflichtung des Verkäufers zur Herausgabe bestimmter geheimer Informationen und der Verpflichtung des Kaufinteressenten, derartige Informationen vertraulich zu behan-

---

23) *Holzapfel/Pöllath*, Unternehmenskauf, Rz. 13.

deln und erhaltene Unterlagen in vereinbarten Fällen zurückzugeben (sofern nicht in einer gesonderten Vereinbarung geregelt); siehe oben Rz. 17 ff.;
- Einräumung einer **Exklusivitätsphase**, also Verankerung der Verpflichtung des Verkäufers, während eines bestimmten Zeitraums keine Gespräche mit einem anderen Kaufinteressenten zu führen (sofern nicht in einer gesonderten Vereinbarung geregelt);
- Verpflichtung des Kaufinteressenten, während eines bestimmten Zeitraums während und nach Scheitern der Verhandlungen **keine Abwerbeversuche** bei Mitarbeitern des zum Verkauf stehenden Unternehmens zu starten;
- Regelung zur **Kostentragung** für die Verhandlungen und den Abschluss des Letter of Intent sowie darüber hinaus möglicherweise schon für die Verhandlungen und den Abschluss aller übrigen Dokumente i. R. der Transaktion, insbesondere des Kaufvertrags;
- ggf. Vereinbarung einer Schadenspauschale oder Vertragsstrafe für den Fall des Scheiterns der Verhandlungen (sog. **Break-up Fee-Vereinbarung**) oder umgekehrt ausdrücklicher Ausschluss von Schadensersatzansprüchen für diesen Fall (vgl. unten Rz. 88);[24]
- Ausmaß der **Bindungswirkung** des Letter of Intent;
- **Rechtswahl** sowie Schieds- oder Gerichtsstandsvereinbarung.

III. Praktische Bedeutung

Der **grundsätzlich nicht bindende Charakter** eines Letter of Intent sollte nicht zu dem Schluss verleiten, der Inhalt sei bedeutungslos. Zunächst enthält auch ein im Grundsatz unverbindlicher Letter of Intent regelmäßig bindende Verpflichtungen (siehe dazu Rz. 27 ff.). Außerdem können zumindest nach deutschem Recht auch vor Abschluss eines bindenden Vertrags Schadensersatzpflichten durch treuwidriges Verhalten begründet werden (Verletzung eines vorvertraglichen Schuldverhältnisses bei treuwidrigem Abbruch von Vertragsverhandlungen ohne triftigen Grund, § 311 Abs. 2, § 241 Abs. 2, § 280 Abs. 1 BGB), sofern die Parteien die Haftung nicht ausdrücklich ausschließen.[25] Entscheidend kommt hinzu, dass man unabhängig von den rechtlichen Gegebenheiten die **praktische und psychologische Schwierigkeit** nicht unterschätzen sollte, die sich ergibt, wenn man im Zuge der weiteren Vertragsverhandlungen versucht, Vereinbarungen durchzusetzen, die im Letter of Intent nicht oder in

26

---

24) Näher hierzu *Hilgard*, BB 2008, 286; *Fleischer*, AG 2009, 345; *Sieger/Hasselbach*, BB 2000, 625; *Mielke* in: Knott/Mielke, Unternehmenskauf, Rz. 22; *Holzapfel/Pöllath*, Unternehmenskauf, Rz. 14.
25) *Picot* in: Picot, Unternehmenskauf, § 2 Rz. 37 ff.; *Kramer* in: MünchKomm-BGB, Vor § 145 Rz. 56, 58; *Holzapfel/Pöllath*, Unternehmenskauf, Rz. 12 m. w. N.; *Bergjan*, ZIP 2004, 395; *Kösters*, NZG 1999, 623, 624.

anderer Weise angelegt waren.[26] Wer dies versucht, ist moralisch und psychologisch in der Hinterhand und wird regelmäßig für einen Verhandlungserfolg in derartigen Fragen einen sehr viel höheren Preis zu entrichten haben. Einem zu sehr an rein rechtlichen Gegebenheiten orientierten Juristen ist deshalb dringend zu empfehlen, auch den nicht einklagbaren Aspekten eines Letter of Intent größte Aufmerksamkeit und Sorgfalt zu widmen.

IV. Bindende Verpflichtungen im Letter of Intent

27 Haben sich die Parteien dazu entschlossen, einen lediglich unverbindlichen Letter of Intent abzuschließen, folgt daraus nicht, dass verbindliche Regelungen vollständig fehlen.[27] Vielmehr finden sich regelmäßig einige **rechtlich bindende** und durchsetzbare **Verpflichtungen**.[28] Häufig sind dies die Folgenden der oben aufgeführten typischen Regelungsinhalte eines Letter of Intent (siehe oben Rz. 25):

- Vertraulichkeitsabrede;[29]
- Einräumung einer Exklusivitätsphase;[30]
- Verbot von Abwerbeversuchen;
- Regelung der Kostentragung für den Letter of Intent und darüber hinaus möglicherweise schon für die Verhandlungen und den Abschluss aller übrigen Dokumente i. R. der Transaktion, insbesondere des Kaufvertrags;
- Ausmaß der Bindungswirkung des Letter of Intent;
- Rechtswahl sowie Schieds- oder Gerichtsstandsvereinbarung.

28 Enthält ein Letter of Intent bindende Verpflichtungen, empfiehlt es sich ganz besonders, bereits in dieses Dokument eine Streitentscheidungsklausel, häufig eine Schiedsgerichtsklausel, aufzunehmen, auch wenn dies angesichts des ansonsten weitgehend unverbindlichen Charakters des Letter of Intent zunächst übertrieben erscheinen mag. Zu bedenken ist jedoch, dass bindende Verpflichtungen nur dann wirkungsvoll sind, wenn sie sich leicht und ohne formelle Schwierigkeiten durchsetzen lassen. Und nicht zu vergessen: Durch eine diesbezügliche Regelung schafft man auch in diesem Punkt schon ein Präjudiz für den endgültigen Vertrag. Aus demselben Grund sollte auch die Frage der Rechtswahl nicht übersehen werden.[31] Zudem sollte bedacht werden, beide Klauseln wiederum selbst als verbindlich zu vereinbaren.

---

26) Ebenso *Reed/Lajoux/Nesvold*, S. 462 f.
27) *Kramer* in: MünchKomm-BGB, Vor § 145 Rz. 58.
28) *Holzapfel/Pöllath*, Unternehmenskauf, Rz. 14; *Kösters*, NZG 1999, 623.
29) *Kösters*, NZG 1999, 623, 624 f.; *Mielke* in: Knott/Mielke, Unternehmenskauf, Rz. 22.
30) *Mielke* in: Knott/Mielke, Unternehmenskauf, Rz. 20.
31) *Kösters*, NZG 1999, 623, 625.

Auch bei einem Letter of Intent ist der Aspekt der *consideration* von Bedeutung, 29
wenn die Vereinbarung dem englischen oder US-amerikanischem Recht unterliegt (siehe oben Rz. 18).

F. Due Diligence

I. Begriff und Herkunft

Dem Abschluss eines Unternehmenskaufvertrags geht regelmäßig eine gründ- 30
liche Untersuchung der wirtschaftlichen und rechtlichen Gegebenheiten der
Zielgesellschaft voraus.[32] Für diese Untersuchung hat sich der aus dem US-
amerikanischen Rechtskreis stammende Ausdruck Due Diligence eingebürgert.
Er bedeutet an sich nichts anderes als „**gebotene Sorgfalt**"[33] und ist eine Verkürzung
des Begriffs *due diligence investigation* (mit gebotener Sorgfalt durchgeführte
Untersuchung). In der deutschen Sprache wird Due Diligence gelegentlich
auch mit der Formulierung umschrieben, **Einsicht in die Bücher** der
Zielgesellschaft zu nehmen.[34]

Obgleich der Begriff Due Diligence dem **Common Law** entstammt,[35] hat sich 31
das für den Unternehmenskauf bedeutsame Konzept insbesondere aus dem
US-amerikanischen Wertpapierrecht entwickelt.[36] Dabei war die Due Diligence
ursprünglich lediglich als Exkulpationsmöglichkeit i. R. einer Emissionsprospekthaftung
von Bedeutung. Section 11(a) des Securities Act von 1933[37]
sieht eine Prospekthaftung für die Personen vor, die an der Ausgabe von Wertpapieren
beteiligt sind (Emittent, die Unterzeichner des *registration statement*,
das Übernahmekonsortium, testierende Abschlussprüfer und andere Experten).[38]
Aufgrund einer umfassenden Beweislastumkehr zugunsten des Klägers kann
sich der Beklagte nur sehr eingeschränkt entlasten. Nach Section 11(b)(3) des
Securities Act ist dies nur möglich, wenn er nachweist,

> „he had, after reasonable investigation, reasonable grounds to believe and did believe,
> at the time such part of the registration statement became effective, that
> the statements therein were true and that there was no omission to state a mate-

---

32) *Merkt*, BB 1995, 1041.
33) *Berens/Strauch* in: Berens/Brauner/Strauch/Knauer, Due Diligence, S. 5; *Mielke* in: Knott/Mielke, Unternehmenskauf, Rz. 27; *Picot* in: Picot, Unternehmenskauf, § 2 Rz. 120, 111; *Koffka* in: Eilers/Koffka/Mackensen, Private Equity, I. 3. Rz. 2 ff.
34) Zur Definition des Begriffs der Due Diligence *Beisel* in: Beck'sches Mandatshandbuch Due Diligence, § 1 Rz. 1 ff.; *Berens/Strauch* in: Berens/Brauner/Strauch/Knauer, Due Diligence, S. 3 f., 9 f.; *Fleischer/Körber*, BB 2001, 841; *Reed/Lajoux/Nesvold*, S. 381.
35) *Lajoux/Elson* in: Wirtz, M&A, S. 501, 503; *Mielke/Molz*, DB 2008, 1955.
36) Zur Entwicklung der Due Diligence ausführlich auch *Beisel* in: Beck'sches Mandatshandbuch Due Diligence, § 1 Rz. 17 ff.; *Berens/Strauch* in: Berens/Brauner/Strauch/Knauer, Due Diligence, S. 3 ff.; *Liekefett*, S. 26 ff.
37) Zum Securities Act von 1933 *Cox/Hazen*, Corporations, S. 720 ff.; *Hazen*, Bd. 1, S. 35 f.
38) Dazu ausführlich *Hazen*, Bd. 2, S. 218 ff.; auch *Cox/Hazen*, Corporations, S. 734 f.; *Merkt*, US-amerikanisches Gesellschaftsrecht, Rz. 324 ff.

rial fact required to be stated therein or necessary to make the statements therein not misleading".

32 Die **Exkulpationsmöglichkeit** wurde in der Folge als *„due diligence defense"* oder *„reasonable investigation defense"* bezeichnet.[39]

33 Beim sich anschließenden Handel mit Wertpapieren unter dem Securities Exchange Act von 1934[40] kommt der Due Diligence dagegen keine haftungsbefreiende Wirkung für den Verkäufer, sondern vielmehr eine präventive Funktion für den Käufer zu, um Risiken im Geschäftsverkehr zu entdecken und zu begrenzen. Problematisch für den Anteilserwerber ist nämlich das eingeschränkte gesetzliche Gewährleistungsrecht. Der Erwerb von Wertpapieren nach dem Securities Exchange Act unterliegt dem im **anglo-amerikanischen Kaufrecht** allgemein und damit auch bei sonstigen Anteilserwerben vorherrschenden Prinzip des **„caveat emptor"** *(„Der Käufer muss achtgeben")*.[41] Dieses zwingt den Käufer, den Kaufgegenstand vor Vertragsschluss sorgfältig zu prüfen, weil der Verkäufer grundsätzlich nicht verpflichtet ist, auf etwaige Mängel des Objekts hinzuweisen (*„Augen auf, Kauf ist Kauf"*). Vorvertragliche Treuepflichten, wie sie das deutsche Recht kennt, sind dem anglo-amerikanischen Recht weitgehend fremd.[42] Im Rahmen eines **jeden Unternehmenskaufs** haftet der Verkäufer lediglich für Angaben im Zusammenhang mit dem Verkauf sowie für den Vertragsinhalt. Eine weitergehende Gewährleistung für das der Veräußerung zugrundeliegende Unternehmen ist gesetzlich nicht vorgesehen.

34 Die Mängelrechte des Erwerbers sind damit auf das vertraglich vereinbarte Gewährleistungsregime begrenzt. Dies zwingt dazu, mögliche Risiken in Bezug auf das Zielobjekt selbst zu erkennen und ein tragfähiges **vertragliches Gewährleistungsrecht** mit dem Verkäufer zu vereinbaren. Um vorhandene Informationsasymmetrien abzubauen sowie Informationsbedürfnisse beim Erwerber zu befriedigen, wurde eine entsprechend ausgestaltete Prüfungsphase in den Ak-

---

39) Grundlegend *Escott v. BarChris Construction Corp.*, 283 F.Supp. 643 (S.D.N.Y. 1968); ausführlich zur *due diligence defense Hazen*, Bd. 2, S. 239 ff.; *Cox/Hazen*, Corporations, S. 735.

40) Zum Securities Exchange Act von 1934 *Hazen*, Bd. 2, S. 36 ff., 543 ff. Anspruchsgrundlage für die Informationshaftung ist die von der Securities and Exchange Commission (SEC) im Jahre 1942 erlassene Rule 10b-5; dazu ausführlich *Cox/Hazen*, Corporations, S. 292 ff.; *Hazen*, Bd. 3, S. 518 ff.; *Merkt*, US-amerikanisches Gesellschaftsrecht, Rz. 1066 ff.

41) Grundlegend für die Etablierung des *caveat emptor* Grundsatzes in England *Chandelor v. Lopus* (1603) Cro. Jac. 4, 79 E.R. 3; grundlegend für das US-amerikanische Recht *Laidlaw v. Organ*, 15 U.S. 178 (1817); dazu auch *McKendrick*, Contract Law, S. 341 ff.; *Bradgate*, Commercial Law, S. 272 ff.; *Fleischer/Körber*, BB 2001, 841, 842; *Merkt*, BB 1995, 1041; *Haarbeck/König* in: Berens/Brauner/Strauch, Due Diligence, 6. Aufl., S. 715, 720 ff.; *Mielke* in: Knott/Mielke, Unternehmenskauf, Rz. 27; *Körber*, NZG 2002, 263, 264; rechtsvergleichend *Huber* in: Reimann/Zimmermann, S. 937, 955 ff.

42) In diesem Sinne auch *Looschelders/Olzen* in: Staudinger, BGB, § 242 Rz. 1122. Zu vorvertraglichen Pflichten im US-amerikanischen Recht *Farnsworth/Young/Sanger*, Contracts, S. 223 ff.

quisitionsprozess eingezogen. Diese Phase ist heute weithin als Due Diligence bekannt. Die Due Diligence ist heute nicht mehr für den internationalen Unternehmenskauf spezifisch, sondern über die internationale Praxis auch in rein deutsche Transaktionen eingedrungen und hieraus nicht mehr wegzudenken.

II. Arten

Bei einer Due Diligence lassen sich verschiedene Arten unterscheiden. Die Unterscheidung lässt sich einmal nach der durchführenden Partei treffen, also danach, ob der Regelfall einer Due Diligence durch den Kaufinteressenten vorliegt oder eine Due Diligence durch den Verkäufer. Darüber hinaus lässt sich nach den verschiedenen Bereichen unterscheiden, die eine Due Diligence abdecken kann. 35

1. Unterscheidung nach durchführender Partei

Im Rahmen von Unternehmenskäufen lässt sich zunächst trennen zwischen der Due Diligence durch den Käufer sowie der durch den Verkäufer selbst (Vendor Due Diligence). Die **Unternehmensprüfung durch den Käufer** (Buyer Due Diligence) ist gängige Praxis und nahezu jedem Unternehmenskauf vorgeschaltet, wenn auch mit unterschiedlicher Intensität.[43] Sie erfolgt regelmäßig in einem möglichst **frühen Verhandlungsstadium** und vor Abgabe eines bindenden Kaufangebots. 36

Davon zu unterscheiden ist die **Vendor Due Diligence,** die insbesondere bei Bieterverfahren vorkommt.[44] Sie erfolgt durch den **Verkäufer** und seine Berater mit dem vornehmlichen Ziel, potentielle Risiken bei der Zielgesellschaft zu entfalten, um diese im besten Fall vor Beginn des Verkaufsprozesses beseitigen zu können. Des Weiteren kann die Vendor Due Diligence dazu anhalten, weitgehend früh alle Informationen und Dokumente über die Zielgesellschaft geordnet zusammenzustellen, um den Kaufinteressenten von Beginn an einen geordneten und möglichst vollständigen Datenraum präsentieren zu können.[45] Dies dient dem weiteren Ziel, den Käufer bei seiner Due Diligence zu entlasten. Dies kann den Erwerbsprozess beschleunigen und für den Käufer kostengünstiger werden lassen.[46] 37

---

43) *Cannivé*, ZIP 2009, 254, 255; zur steuerlichen Behandlung der Kosten einer Due Diligence des Käufers s. *Peter/Graser*, DStR 2009, 2032.
44) Dazu ausführlich *Nawe/Nagel* in: Berens/Brauner/Strauch/Knauer, Due Diligence, S. 837 ff.; *Cannivé*, ZIP 2009, 254; *Mielke* in: Knott/Mielke, Unternehmenskauf, Rz. 37 ff.
45) Zur Verbesserung der Datenraumqualität *Cannivé*, ZIP 2009, 254, 255.
46) Ausführlich zu diesen Motiven, aber auch zu Nachteilen einer Vendor Due Diligence *Nawe/Nagel* in: Berens/Brauner/Strauch/Knauer, Due Diligence, S. 837, 839 ff.; *Cannivé*, ZIP 2009, 254, 255 ff.; s. a. *Andreas* in: Beck'sches Mandatshandbuch Due Diligence, § 2 Rz. 25 ff.; *Mielke* in: Knott/Mielke, Unternehmenskauf, Rz. 37 f.

38 Die Vendor Due Diligence mündet regelmäßig wie jede Due Diligence in einem Bericht *(report)*, der dem Kaufinteressenten zunächst zu reinen Informationszwecken übergeben wird. In diesem Fall wird der Verkäufer seine Haftung in einem vom Käufer gegenzuzeichnenden Begleitschreiben ausschließen (**Non-Reliance Letter**).[47] Verlangt der Käufer dagegen vom Verkäufer oder dessen Beratern, die Haftung für die Richtigkeit des Due Diligence Berichts zu übernehmen, hilft ein Non-Reliance Letter nicht weiter. Der Verkäufer und seine Berater mögen sich dann mit einer – wenngleich eingeschränkten – Haftungsübernahme einverstanden erklären und die Einzelheiten der Haftungsübernahme und ihrer Beschränkungen (insbesondere des Verschuldensgrads und der Haftungshöhe) in einem sog. **Reliance Letter** niederlegen.[48] Dieser Fall kann etwa eintreten, wenn die den Erwerb finanzierenden Banken die Ergebnisse der Vendor Due Diligence für ihre Entscheidung über die Kreditvergabe verwenden wollen. Eine vergleichbare Situation kann eintreten, wenn die finanzierenden Banken auch oder alternativ die Ergebnisse des Due Diligence Berichts des Käufers verwenden wollen und daher von dessen Berater einen Reliance Letter verlangen.

39 Sowohl beim Non-Reliance Letter als auch beim Reliance Letter finden sich außerdem regelmäßig Regelungen, welche die vertrauliche Behandlung des Inhalts des Due Diligence Berichts gewährleisten sollen. Außerdem wird ausdrücklich festgehalten, dass mit der Übergabe des Due Diligence Berichts kein Beratungsverhältnis zur empfangenden Bank begründet wird.[49] Schließlich sollte man gerade bei internationalen Transaktionen das anwendbare Recht festlegen und eine Schieds- oder Gerichtsstandsklausel aufnehmen.

40 Ein **Non-Reliance Letter** der Rechtsberater des Käufers gegenüber einem finanzierenden Kreditinstitut könnte bspw. wie folgt formuliert werden:

„Project *[Projektname]*

Dear Sirs,

1. Introduction

We refer to our due diligence report dated *[Datum]* (the 'Report') addressed to *[Mandant]* in connection with the envisaged acquisition of all shares in *[Name der Zielgesellschaft]* (the 'Acquisition').

We understand that you wish to be provided with a copy of the Report for the purpose of financing the Acquisition (the 'Transaction'). This letter sets out the terms upon which we will agree to release the Report to you and explains certain matters in relation to the Report.

2. Terms

You accept that in providing you with a copy of the Report or otherwise communicating with you concerning the Report you may not rely on the Report or

---

47) Dazu *Cannivé*, ZIP 2009, 254, 259.
48) *Cannivé*, ZIP 2009, 254, 259.
49) *Cannivé*, ZIP 2009, 254, 259.

any such communication and you will be bound by and accept the provisions of this letter and accept that we have no other responsibility or liability to you, whether in contract, tort (including negligence) or otherwise, other than liability for intentional acts.

You agree not to pass the whole or any part of the Report to any other person, by any means of delivery, without our prior written consent. We may, at our discretion, withhold consent or give our consent subject to receiving a letter in a form acceptable to us signed by the party seeking access to the Report. Whether or not we have given our consent, we will not accept any liability or responsibility to any third party who may gain access to the Report.

You may make copies of the Report available to those of your employees involved in considering the Transaction provided that you take all reasonable steps to ensure that they understand that:

(a) the Report is confidential and may not be disclosed to any other parties without our prior written consent;

(b) they may use the Report only for the purposes of considering the Transaction; and

(c) we accept no duty of care to them in respect of any use they may make of the Report.

You understand that the Report is being prepared solely for the use of the original addressee specified in the Report for limited purposes which may not meet your requirements or objectives.

If you wish to receive a copy of the Report on the terms set out above, please record your agreement to the terms of this letter by signing the enclosed copy of this letter in the space provided and returning it to us, marked for the attention of *[Name des verantwortlichen Rechtsberaters]*.

You agree that delivery of the Report to you and/or any communication with *[Name der Anwaltssozietät]* in connection therewith does not constitute or create a lawyer-client relationship or a contract for advice between *[Name der Anwaltssozietät]* and you.

3. General

If any term or provision of this letter is or becomes invalid, illegal or unenforceable, the remainder shall survive unaffected.

This letter shall be governed by German law. Any dispute arising from it shall be subject to the exclusive jurisdiction of the courts in *[Ort]*, Germany.

4. Acknowledgement and Acceptance

Please record your agreement to the terms of this letter by signing the enclosed copy of this letter and returning it to us. Upon receipt of the countersigned copy of this letter, we will furnish you with a copy of the Report.

Yours faithfully,"

2. Unterscheidung nach Bereichen

Neben der Unterscheidung nach der durchführenden Partei, kann man die Due Diligence nach den verschiedenen Bereichen unterscheiden, in denen der Käufer

41

(oder bei einer Vendor Due Diligence der Verkäufer) ein Unternehmen durchleuchten kann:

- **Rechtliche Due Diligence:** Die rechtliche Due Diligence *(legal due diligence)*[50] fällt in den Aufgabenbereich der beratenden Anwälte sowie ggf. der Rechtsabteilung des Käufers oder – im Fall einer Vendor Due Diligence – des Verkäufers. Sie befasst sich mit der umfassenden rechtlichen Prüfung des zu erwerbenden Unternehmens. Untersucht werden nicht nur – jedenfalls im Fall eines Share Deal – die Gesellschaftsverfassung und Beteiligungsstruktur der Zielgesellschaft, sondern auch Verträge, welche die finanziellen Angelegenheiten der Gesellschaft betreffen, wie etwa Bürgschaften, Garantieverpflichtungen und Sicherheitsleistungen aller Art. Abgedeckt werden des Weiteren die geschäftsbezogenen Verträge (wie etwa Lieferanten- und Kundenverträge) sowie immobilienrechtliche Angelegenheiten. Weitere Bereiche sind etwa das Umweltrecht, der gewerbliche Rechtsschutz, Personalangelegenheiten, Rechtsstreitigkeiten, das Kartellrecht und öffentliche Subventionen.

- **Steuerliche Due Diligence:** Die steuerliche Due Diligence *(tax due diligence)*[51] liegt häufig in der Hand von Steuerberatern und ggf. von im Steuerrecht beratenden Rechtsanwälten. Sie durchleuchtet die steuerliche Lage der Gesellschaft mit dem Ziel, steuerliche Risiken aufzudecken. Gleichzeitig dient sie dazu, die Transaktionsstruktur unter steuerlichen Gesichtspunkten zu optimieren. Ihre Ergebnisse können daher ganz entscheidend in die vertragliche Gestaltung der Transaktion einfließen. International mögliche Steuergestaltungen können eine zunächst rein national beabsichtigte Transaktion in eine internationale verwandeln, so etwa, wenn sich steuerliche Vorteile durch Einschaltung einer ausländischen Gesellschaft als Akquisitionsvehikel *(acquisition vehicle)* ausnutzen lassen.

- **Finanzielle Due Diligence:** Für die finanzielle Due Diligence *(financial due diligence)*[52] sind Wirtschaftsprüfer verantwortlich. Sie hat zum Ziel, die finanzielle Situation der Zielgesellschaft außerhalb von rechtlichen Gesichts-

---

[50] Ausführlich *Fritzsche/Hitter* in: Berens/Brauner/Strauch/Knauer, Due Diligence, S. 503 ff.; *Fleischer/Körber*, BB 2001, 841; *Holzapfel/Pöllath*, Unternehmenskauf, Rz. 22; *Koffka* in: Eilers/Koffka/Mackensen, Private Equity, I. 3. Rz. 10; *Mielke* in: Knott/Mielke, Unternehmenskauf, Rz. 44; *Picot* in: Picot, Unternehmenskauf, § 2 Rz. 130 ff.

[51] Ausführlich *Kneip/Jänisch*, Tax Due Diligence, passim; *Trimborn* in: Berens/Brauner/Strauch/Knauer, Due Diligence, S. 475 ff.; *Fleischer/Körber*, BB 2001, 841; *Holzapfel/Pöllath*, Unternehmenskauf, Rz. 23; *Mielke* in: Knott/Mielke, Unternehmenskauf, Rz. 43; *Merbecks*, BB 2012, 2423 ff.

[52] Ausführlich *Bredy/Strack* in: Berens/Brauner/Strauch/Knauer, Due Diligence, S. 415 ff.; *Brauner/Neufang* in: Berens/Brauner/Strauch/Knauer, Due Diligence, S. 439 ff.; *Fleischer/Körber*, BB 2001, 841; *Holzapfel/Pöllath*, Unternehmenskauf, Rz. 24; *Koffka* in: Eilers/Koffka/Mackensen, Private Equity, I. 3. Rz. 11; *Mielke* in: Knott/Mielke, Unternehmenskauf, Rz. 42.

punkten zu durchleuchten. Gegenstand sind nicht nur die Bankbeziehungen der Gesellschaft, sondern auch das Geschäft des Unternehmens, das Rechnungswesen und die Unternehmensplanung. Die Untersuchung bezieht sich häufig auf die letzten drei bis fünf Geschäftsjahre. Das Ergebnis der *financial due diligence* ist eine umfassende Darstellung der Vermögens-, Finanz- und Ertragslage der Zielgesellschaft einschließlich einer Zukunftsprognose.[53]

- **Kaufmännische oder geschäftliche Due Diligence:** Die kaufmännische oder geschäftliche Due Diligence *(commercial due diligence)*[54] hat zum Ziel, die geschäftlichen Angelegenheiten des Unternehmens zu untersuchen, wie etwa dessen Marktposition, das Produkt- und Dienstleistungsangebot, die zukünftigen Entwicklungsmöglichkeiten sowie die Lieferanten- und Kundenbeziehungen.[55] Verantwortlich für die *commercial due diligence* sind entweder Mitarbeiter des Kaufinteressenten selbst oder von ihm beauftragte Berater.

- **Umweltbezogene Due Diligence:** Die *environmental due diligence*[56] konzentriert sich auf die umweltbezogene Situation der Zielgesellschaft, insbesondere die Entdeckung von Umweltschutzproblemen und Risiken. Es geht um Themen wie Umweltgenehmigungen, Altlasten, Emissionen und Immissionen. Die umweltbezogene Due Diligence des Käufers liegt regelmäßig in den Händen eines vom Kaufinteressenten beauftragten Ingenieurbüros. Diese Fachleute sind zwar regelmäßig auch mit den rechtlichen Aspekten einer *environmental due diligence* vertraut. Dennoch ist dem Kaufinteressenten zu empfehlen, eine enge Zusammenarbeit zwischen Umweltberatern und Rechtsberatern sicherzustellen, um auch auf die rechtlichen Fragen fachgerechte Antworten zu erhalten.

- Darüber hinaus können in eine Due Diligence die Bereiche Versicherungsschutz (**insurance due diligence**)[57], Unternehmenskultur (**cultural due**

---

53) *Holzapfel/Pöllath*, Unternehmenskauf, Rz. 24; ausführlich *Störck/Kunder* in: Beck'sches Mandatshandbuch Due Diligence, §§ 33–37.

54) Ausführlich, aber unter Verwendung der Bezeichnung „Market Due Diligence", *Lauszus/ Kolat* in: Berens/Brauner/Strauch/Knauer, Due Diligence, S. 551 ff.; *Fleischer/Körber*, BB 2001, 841; *Holzapfel/Pöllath*, Unternehmenskauf, Rz. 25; *Koffka* in: Eilers/Koffka/ Mackensen, Private Equity, I. 3. Rz. 12; *Mielke* in: Knott/Mielke, Unternehmenskauf, Rz. 41.

55) Ausführlich *Groh/Römer* in: Beck'sches Mandatshandbuch Due Diligence, §§ 38–40.

56) Ausführlich *Betko/Reiml/Schubert* in: Berens/Brauner/Strauch/Knauer, Due Diligence, S. 625 ff.; dazu auch *Andreas* in: Beck'sches Mandatshandbuch Due Diligence, § 42 Rz. 6 ff.; *Fleischer/Körber*, BB 2001, 841; *Holzapfel/Pöllath*, Unternehmenskauf, Rz. 26; *Koffka* in: Eilers/Koffka/Mackensen, Private Equity, I. 3. Rz. 13; *Mielke* in: Knott/Mielke, Unternehmenskauf, Rz. 46; *Picot* in: Picot, M&A, S. 280 f.

57) *Fleischer/Körber*, BB 2001, 841, 842; *Holzapfel/Pöllath*, Unternehmenskauf, Rz. 30; *Mielke* in: Knott/Mielke, Unternehmenskauf, Rz. 47.

§ 2 Ablauf und Vertragsgestaltung

diligence),[58] technische Aspekte (**technical due diligence**)[59], Informationstechnologie (**IT due diligence**)[60], geistiges Eigentum (**intellectual property due diligence**)[61] sowie Bewertung des Managements und der leitenden Angestellten, aber auch anderer Arbeitnehmer (**human resources due diligence**)[62] einfließen. Zunehmend bedeutsam wird die sog. „**compliance due diligence**", bei der geprüft wird, ob das Verhalten des Unternehmens mit dem geltenden Recht in Einklang steht.

42 Welche der vorgenannten Bereiche in die Unternehmensprüfung aufgenommen werden, hängt vom Einzelfall und der gewünschten Prüfungsintensität ab. Um keine Missverständnisse aufkommen zu lassen, ist jedem Berater zu empfehlen, den Umfang der Due Diligence vor deren Beginn mit dem Mandanten genau abzusprechen. Auf der Seite des Mandanten ist es wichtig, dass der Projektleiter der Transaktion, der häufig einer seiner leitenden Angestellten sein wird, die Fäden der einzelnen Due Diligence-Prüfungen zusammenzieht und durch laufende Überwachung aller Bereiche eine insgesamt effiziente Due Diligence erreicht.

III. Funktionen und Zeitpunkt
1. Funktionen

43 Die Due Diligence des Käufers hat mehrere **Funktionen**.[63] Die *erste Funktion* besteht darin herauszufinden, ob das Kaufobjekt tatsächlich seinen Vorstellungen entspricht. Insoweit ist sie eine Maßnahme der **Informationsbeschaffung** und -verifizierung.[64] Wenn allerdings die Due Diligence wegen der wettbewerbssensiblen Offenlegung vertraulicher Informationen erst dann durchgeführt

---

58) Ausführlich *Högemann* in: Berens/Brauner/Strauch/Knauer, Due Diligence, S. 599 ff.; *Andreas* in: Beck'sches Mandatshandbuch Due Diligence, § 42 Rz. 14 f.; *Holzapfel/Pöllath*, Unternehmenskauf, Rz. 27; *Mielke* in: Knott/Mielke, Unternehmenskauf, Rz. 47.
59) Dazu *Andreas* in: Beck'sches Mandatshandbuch Due Diligence, § 42 Rz. 10 f.; *Fleischer/Körber*, BB 2001, 841; *Holzapfel/Pöllath*, Unternehmenskauf, Rz. 28.
60) Ausführlich *Koch/Menke* in: Berens/Brauner/Strauch/Knauer, Due Diligence, S. 673 ff.; *Picot* in: Picot, M&A, S. 281 f.
61) Ausführlich *Brenner/Knauer/Wömpener* in: Berens/Brauner/Strauch/Knauer, Due Diligence, S. 733 ff.
62) Ausführlich *Aldering/Högemann* in: Berens/Brauner/Strauch/Knauer, Due Diligence, S. 573 ff.; *Andreas* in: Beck'sches Mandatshandbuch Due Diligence, § 42 Rz. 14 f.; *Fleischer/Körber*, BB 2001, 841 f.; *Holzapfel/Pöllath*, Unternehmenskauf, Rz. 29; *Mielke* in: Knott/Mielke, Unternehmenskauf, Rz. 45; *Picot* in: Picot, M&A, S. 275 ff.
63) Vgl. hierzu auch *Merkt*, WiB 1996, 145, 147; *Fleischer/Körber*, BB 2001, 841, 842; *Holzapfel/Pöllath*, Unternehmenskauf, Rz. 19; *Mielke* in: Knott/Mielke, Unternehmenskauf, Rz. 30; *Picot* in: Picot, Unternehmenskauf, § 2 Rz. 127 ff.; *Koffka* in: Eilers/Koffka/Mackensen, Private Equity, I. 3. Rz. 4 ff.
64) *Merkt*, WiB 1996, 145, 147; *Fleischer/Körber*, BB 2001, 841, 842; *Koffka* in: Eilers/Koffka/Mackensen, Private Equity, I. 3. Rz. 4 ff.; *Mielke* in: Knott/Mielke, Unternehmenskauf, Rz. 30; *Hörmann* in: FS P+P Pöllath + Partners, S. 135, 141.

wird, wenn beide Seiten mit einiger Gewissheit von einem Vertragsschluss ausgehen, ist es eher unwahrscheinlich, dass der Kauf als Ergebnis der Due Diligence scheitert.

Die *zweite Funktion* liegt darin, den **Wert** des Kaufobjekts und damit den Kaufpreis zu ermitteln.[65]   44

Die *dritte Funktion* besteht darin, jene Fragen und Fragenkomplexe zu ermitteln, in denen der Erwerber vertragliche Gewährleistungen, **Garantien** oder Freistellungen verlangen sollte.[66] Ein Grund kann namentlich sein, dass die Due Diligence zu keiner hinreichenden Klarheit und damit zu keiner zuverlässigen Einschätzung der Käuferrisiken geführt hat. Möglich ist aber auch, dass zwar bestimmte Risiken klar erkennbar sind, jedoch nicht beseitigt werden können. Es besteht damit ein unmittelbarer Zusammenhang oder auch eine **Wechselwirkung** zwischen der **Due Diligence** einerseits und den Verkäufergarantien oder -gewährleistungen sowie Freistellungsregelungen andererseits. Allerdings sind Gewährleistungen und Garantien regelmäßig zeitlich und betragsmäßig begrenzt. Dies gilt häufig – wenn auch großzügiger – ebenso für die Freistellungsregelungen. Die Due Diligence soll daher gleichfalls dazu dienen, die darüber hinausreichenden finanziellen Risiken – namentlich in besonders problematischen Bereichen wie der Haftung für Umweltschäden – für den Käufer erkennbar und kalkulierbar zu machen.[67]   45

Allerdings wird man hier **relativieren** müssen. Es trifft grundsätzlich zu, dass gerade dort, wo – trotz Due Diligence – vieles unklar geblieben ist, verstärkt Garantien gegeben werden. Umgekehrt erübrigen sich Garantien für Sachverhalte, über welche die Prüfung ein klares Bild ergibt, das sich sodann im Kaufpreis niederschlägt. Daraus folgt, dass Garantien naturgemäß eine besondere Rolle in Bezug auf zukünftige Entwicklungen oder auf solche Umstände spielen, die der Veräußerer nicht oder nur unvollständig aufdecken will. Andererseits zeigt die Praxis, dass nicht selten eine gründliche Due Diligence des Käufers mit einem umfassenden Garantieverlangen einhergeht, weil der Käufer besonders gewissenhaft ist und der Verkäufer aufgrund der Marktlage einfach nachgeben muss. Umgekehrt mag der Kaufinteressent für ein besonders attraktives Unternehmen hinnehmen müssen, dass der Verkäufer ihm nur eine sehr beschränkte Due Diligence erlaubt und obendrein keine oder nur relativ wenig Garantien zu geben bereit ist.   46

---

65) *Merkt*, WiB 1996, 145, 147; *Fleischer/Körber*, BB 2001, 841, 842; *Mielke* in: Knott/Mielke, Unternehmenskauf, Rz. 30; *Hörmann* in: FS P+P Pöllath + Partners, S. 135, 142.
66) *Merkt*, WiB 1996, 145, 147; *Fleischer/Körber*, BB 2001, 841, 842; *Koffka* in: Eilers/Koffka/Mackensen, Private Equity, I. 3. Rz. 6 f.; *Mielke* in: Knott/Mielke, Unternehmenskauf, Rz. 30.
67) Dazu *Evans*, ICCLR 1995, 195 ff.; *Hörmann* in: FS P+P Pöllath + Partners, S. 135, 141.

47 Schließlich liegt die *vierte Funktion* der Due Diligence darin, das Offenlegungsverfahren aus **Beweisgründen** und zur Vermeidung von späteren Auseinandersetzungen zu formalisieren und zu dokumentieren.[68]

2. Zeitpunkt

48 In zeitlicher Sicht ist zu beachten, dass die Due Diligence bei außerbörslichen Unternehmenskäufen nahezu immer **vor Abschluss** des Kaufvertrags erfolgt. Nur dann kann sie die soeben angesprochenen Funktionen erfüllen. Man bezeichnet sie daher auch als *pre-acquisition-audit*.[69] Da die Due Diligence wegen des Umfangs der Prüfung oft über einen gewissen Zeitraum und in einem gestuften Verfahren stattfindet, spricht man ebenso von der *due diligence procedure*.[70] Möglich ist bspw. eine Dreiteilung: In einer ersten Phase werden lediglich erste wenige Dokumente vorgelegt *(preliminary due diligence)*. Erzielen die Parteien in den Vertragsverhandlungen die gewünschten Fortschritte, folgt die eigentliche und umfangreiche Due Diligence. In einer sich anschließenden dritten Phase wird dem Kaufinteressenten Einblick in besonders sensible und vertrauliche Dokumente gewährt *(confirmatory due diligence)*. Der Übergang in diese dritte Stufe findet statt, wenn der Vertragsschluss kaum mehr in Frage steht.[71]

49 Natürlich kann der Erwerber anstelle oder ergänzend zu der Due Diligence vor Vertragsschluss eine Prüfung nach Vertragsschluss oder erst nach Übertragung des Unternehmens durchführen *(post-acquisition-audit)*.[72] Hierbei ist zu unterscheiden:

- Eine **Prüfung nach Vertragsschluss** (Signing), aber vor Übertragung des Unternehmens (Closing), kommt insbesondere dann **ergänzend** vor, wenn der Verkäufer Garantien auf den Zeitpunkt des Closing abgegeben hat, die Parteien sich jedoch darüber einig sind, dass zwischen Vertragsschluss und Closing auftretende Veränderungen, die sich auf die Gewährleistungsaussagen auswirken, einschränkend zu berücksichtigen sind (zum damit zusammenhängenden Disclosure Letter siehe unten Rz. 173 ff.). Solche Auswirkungen wird der Käufer regelmäßig i. R. einer weiteren, beschränkten Due Diligence überprüfen wollen.

  Denkbar ist zwar auch, dass eine Due Diligence zwischen Vertragsschluss und Closing **anstelle** einer Due Diligence vor Signing erfolgt. Hier wird häufig als aufschiebende Bedingung für das Closing vereinbart werden, dass die Due Di-

---

68) *Merkt*, WiB 1996, 145, 147; *Fleischer/Körber*, BB 2001, 841, 842; *Koffka* in: Eilers/Koffka/Mackensen, Private Equity, I. 3. Rz. 9; *Mielke* in: Knott/Mielke, Unternehmenskauf, Rz. 30; *Hörmann* in: FS P+P Pöllath + Partners, S. 135, 142 f.
69) *Picot* in: Picot, Unternehmenskauf, § 2 Rz. 117.
70) *Scheifele/Thaeter*, S. 131; *Vischer*, SJZ 2000, 229, 230.
71) S. zu dieser Dreiteilung auch *Koffka* in: Eilers/Koffka/Mackensen, Private Equity, I. 3. Rz. 23.
72) *Picot* in: Picot, Unternehmenskauf, § 2 Rz. 117.

ligence für den Käufer zufriedenstellend verlaufen sein muss; dann ist vor allem aus Verkäufersicht zu empfehlen, den Begriff „zufriedenstellend" genau zu definieren, damit dem Käufer nicht allzu leicht ermöglicht wird, vom Vertrag Abstand zu nehmen. Diese Form der Due Diligence kommt jedoch bei rein deutschen Transaktionen selten vor. Denn sie zwingt den Käufer, Vertragsverhandlungen ohne genaue Kenntnis vom Kaufobjekt zu führen. Außerdem wäre die Transaktionssicherheit lange Zeit belastet. Erst zu einem sehr späten Zeitpunkt würde nämlich feststehen, ob die Unternehmensprüfung für den Käufer so positiv verlaufen ist, dass ihr Ergebnis für ihn kein Transaktionshindernis darstellt. Bei **internationalen Transaktionen** mit anglo-amerikanischen Parteien ist diese Art der Due Diligence dagegen häufiger anzutreffen. Denn während nach deutschem Verständnis die Unterzeichnung des schuldrechtlichen Kaufvertrags der entscheidende Schritt ist, zu dem die Transaktion in ihren Einzelheiten festzustehen hat, ist dieser Akt nach anglo-amerikanischem Verständnis regelmäßig nur ein – wenngleich wichtiger – Zwischenschritt, dem bis zum Closing noch entscheidende Schritte folgen, wie eben ggf. der Abschluss einer für den Käufer zufriedenstellenden Due Diligence.

- In der Praxis verbreitet ist dagegen eine **ergänzende Prüfung nach Vollzug** der Transaktion, schon um etwaige Gewährleistungs- und Freistellungsansprüche zu sichern. Eine weitere und langfristig wichtige Funktion liegt darin, sich ein noch umfassenderes Bild über das nun eigene Unternehmen zu machen. Ist der Käufer ein Konzern und strategischer Investor, wird das Ziel sein, hierdurch die wirtschaftliche und rechtliche Integration in die Konzernstruktur des Käufers vorzubereiten.[73] Ein weiterer Zweck ist häufig, die erhofften Synergieeffekte der Transaktion zu prüfen.

IV. Checklisten und Datenräume

1. Checklisten

Am Anfang der Prüfung eines Unternehmens durch Einsicht in dessen Dokumente 50 steht die sog. **Due Diligence-Anforderungsliste** (Checkliste, *due diligence request list*). Sie führt häufig in standardisierter Form alle wesentlichen Prüfungspunkte sowie alle Dokumente und Unterlagen auf, welche der Kaufinteressent vom Verkäufer und der Geschäftsleitung der Zielgesellschaft erbittet. Diese Listen können angesichts der Komplexität eines Unternehmenskaufs sehr umfangreich sein.[74]

---

73) Zu Haftungsrisiken für Manager bei fehlgeschlagener Integration s. *Seibt/Wollenschläger*, DB 2009, 1579.
74) Beispiele für Checklisten finden sich bei *Harrer*, DStR 1993, 1673; *Fabritius* in: Hopt, Vertrags- und Formularbuch, I. Teil 2. Kap. K. 1., S. 159 ff.; *W. Jung*, S. 342; *Picot* in: Picot, Unternehmenskauf, Teil I Rz. 47; *Wegen*, WiB 1994, 291; *Andreas* in: Beck'sches Mandatshandbuch Due Diligence, S. 685 ff. (in deutscher und englischer Sprache); *Seibt* in: Seibt, M&A, B. VI. 3.–B. VI. 7., S. 70 ff.; für die englische Praxis *Evans*, ICCLR 1995, 195 ff.; für die US-amerikanische Praxis *Reed/Lajoux/Nesvold*, S. 429 ff.

§ 2 Ablauf und Vertragsgestaltung

51 Art und Weise ebenso wie der Gegenstand einer Due Diligence hängen naturgemäß weitgehend von den Umständen des Einzelfalls ab. Geht es um einen Anteilskauf (**Share Deal**), werden andere und zusätzliche Fragen im Vordergrund stehen als bei einem Kauf der einzelnen Wirtschaftsgüter des Unternehmens (**Asset Deal**). So mag es häufig nicht erforderlich sein, bei einem Asset Deal eingehend das Zustandekommen der jetzigen Gesellschafterstruktur der Zielgesellschaft zu untersuchen. Sollte es in der Vergangenheit mangelhafte Anteilsübertragungen gegeben haben, braucht dies den Käufer eines deutschen Unternehmens im Hinblick auf den öffentlichen Glauben des Handelsregisters an die Vertretungsbefugnis des Geschäftsführers (§ 15 HGB), der letztlich den Asset Deal unterschreiben wird, nicht zu kümmern.

52 Daher sollte man die vielfältig **abgedruckten Checklisten nicht blind übernehmen**, sondern zunächst kritisch daraufhin durcharbeiten, was für die konkrete Transaktion wirklich relevant ist und worauf man verzichten kann, etwa wegen der geringen Größe des Kaufobjekts oder des geringen Transaktionsvolumens und des hierdurch begrenzten Risikos. Eine lange und unspezifische Liste ist allein schon deswegen zu vermeiden, um nicht unnötig beim Verkäufer oder der Geschäftsleitung der Zielgesellschaft Verstimmung hervorzurufen. Denn eine solche Liste gewissenhaft abzuarbeiten, ist zeitintensiv und mühevoll, sodass Verkäufer und Zielgesellschaft berechtigterweise erwarten dürfen, dass sich der Käufer ebenso Mühe gegeben hat, als er die Liste erstellt hat. Der Verkäufer sollte die ihm überreichte Checkliste den Verantwortlichen des Zielobjekts unverzüglich zur Verfügung stellen, damit diese die gewünschten Unterlagen so weit wie möglich schon im Vorfeld der echten Prüfungsphase zusammenstellen können; so lässt sich viel wertvolle Zeit sparen.

53 Nicht immer wird es dem Käufer jedoch möglich sein, seine Checkliste gleich zu Beginn zur Grundlage des Due Diligence-Verfahrens zu machen. Besonders bei einem **Bieterverfahren**, bei dem das Unternehmen mehreren Interessenten angeboten wird, diktiert häufig der Verkäufer den Umfang der Offenlegungen, schon um Chancengleichheit unter den verschiedenen Bewerbern zu gewährleisten. Aus Käufersicht ist ein derartiges Vorgehen des Verkäufers naturgemäß unbefriedigend. Denn die Vorstellung davon, welche Unterlagen und Informationen wichtig sind und welche nicht, mag beim Verkäufer eine ganz andere sein als beim Kaufinteressenten. Auch sind nicht für alle Kaufinteressenten dieselben Informationen gleich wichtig.

54 Verkäufern, die den Weg der eingeschränkten Offenlegung wählen, ist deshalb dringend zu raten, sich in die Situation des potentiellen Käufers zu versetzen und dessen Interessen soweit wie irgend möglich entgegenzukommen. Ein Verkäufer sollte also nicht seine scheinbare Machtposition, die Unterlagen für die Due Diligence bestimmen zu können, missbrauchen, um legitime Informationsbedürfnisse zu beschneiden. Ein solches Verfahren rächt sich zumeist im Zuge der weiteren Vertragsverhandlungen. Entweder wird der Käufer angesichts un-

zureichender Untersuchungsmöglichkeiten auf besonders weitgehende Gewährleistungsrechte, also einen umfangreichen Garantiekatalog beharren, oder er wird – wenn ein solcher Katalog bspw. i. R. eines Bieterverfahrens nicht durchsetzbar ist – entsprechende Risikoabschläge in den Kaufpreis einkalkulieren. Es erweist sich daher häufig als wirtschaftlich kurzsichtig und kontraproduktiv, Wünsche eines Kaufinteressenten i. R. der Due Diligence übermäßig zu beschneiden.

2. Datenräume

Regelmäßig werden alle **Dokumente**, die der Kaufinteressent i. R. d. Due Diligence sehen und prüfen darf, an einer zentralen Stelle, in einem sog. Datenraum, **bereitgestellt**.[75)] Nur selten werden die Dokumente dem Käufer und seinen Beratern unter Verzicht auf einen Datenraum vollständig in Kopie zugesandt. 55

Früher gab es nur physische Datenräume. Heute haben sich sog. virtuelle oder digitale Datenräume (*virtual data room* oder *digital data room*) dazugesellt. **Physische Datenräume** werden entweder in den Räumen der Zielgesellschaft, des Verkäufers oder der Berater des Verkäufers eingerichtet. Gelegentlich finden sie sich auch in eigens für die Due Diligence angemieteten Räumlichkeiten. Der Verkäufer wird die Einrichtung eines Datenraums auf dem Gelände der Zielgesellschaft vermeiden wollen, wenn deren Mitarbeiter noch nicht von der bevorstehenden Veräußerung erfahren und Gerüchte vermieden werden sollen. Die räumlichen und zeitlichen Arbeitsbedingungen in physischen Datenräumen sind häufig wenig erfreulich. Die Vielzahl von Beratern des Kaufinteressenten muss sich regelmäßig einen Raum mit vielen Arbeitsplätzen teilen, dessen Öffnungszeiten selten über neun Stunden hinausgehen. Die Benutzung des Datenraums wird in schriftlichen Benutzungsregeln niedergelegt (Datenraumregeln, *data room rules*).[76)] 56

Virtuelle Datenräume sind eine neuere Erscheinung und insbesondere bei internationalen Transaktionen verbreitet. Sie sind nur über das Internet zugänglich. Mittlerweile haben sich verschiedene Anbieter etabliert, die solche Datenräume einrichten und während der Due Diligence betreuen. Sämtliche Dokumente, die der Verkäufer dem Kaufinteressenten bereitstellen möchte, werden eingescannt und in verschiedenen virtuellen Ordnern des Datenraums abgelegt. Jeder Benutzer erhält ein Passwort, sodass der Verkäufer den Zugang zum virtuellen Datenraum einschränken und überprüfen kann. 57

Der **Vorteil** eines virtuellen Datenraums wird insbesondere bei internationalen Transaktionen sichtbar. Er ermöglicht dem **Kaufinteressenten** und seinen Be- 58

---

75) Dazu auch *Holzapfel/Pöllath*, Unternehmenskauf, Rz. 33; *Mielke* in: Knott/Mielke, Unternehmenskauf, Rz. 35.
76) S. das Muster bei *Seibt* in: Seibt, M&A, B. VI. 1., S. 56 ff.

ratern, die Due Diligence, soweit Dokumente zu prüfen sind, ohne Reisetätigkeit durchzuführen. Des Weiteren können sie auf die Dokumente an sieben Tagen rund um die Uhr zugreifen und sich damit ihre Zeit frei einteilen. Für den Kaufinteressenten ist es außerdem angenehm, die Dokumente im eigenen Büro ansehen und prüfen zu können. Damit ist eine reibungslose und direkte Zusammenarbeit mit dem eigenen Sekretariat möglich. Auch die Fachliteratur ist für die Prüfung von Rechts- oder sonstigen Fachfragen leicht zugänglich.

59 Diesen Vorteilen steht allerdings regelmäßig dadurch ein **Nachteil** für den Kaufinteressenten gegenüber, dass sich die bereitgestellten Dokumente grundsätzlich nicht ausdrucken lassen. Ein virtueller Datenraum bleibt damit unübersichtlich, weil sich nicht mehrere Dokumente gleichzeitig betrachten lassen. Dies wird besonders lästig, wenn das Hochladen von Dokumenten lange dauert und nur durch zahlreiche Bestätigungsvorgänge möglich ist.

60 Die **Wahl** zwischen physischem und virtuellem Datenraum trifft regelmäßig nicht der Kaufinteressent. Vielmehr fällt sie dem **Verkäufer** zu, der seine Entscheidung nach freiem Ermessen trifft, wobei häufig Kostengesichtspunkte eine Rolle spielen. Der Käufer ist dann schlicht gezwungen, die Entscheidung des Verkäufers hinzunehmen. Dies ist häufig bei **Auktionsverfahren** der Fall, weil dort **virtuelle Datenräume** bei Verkäufern besonders beliebt sind. Ein virtueller Datenraum ermöglicht einem Verkäufer nämlich ohne größeren Aufwand, mehrere Bieter parallel zur Due Diligence zuzulassen. Der Verkäufer muss hierzu nicht mehrere physische Datenräume öffnen. Er kann zudem aufgrund der elektronischen Nutzung eines virtuellen Datenraums besser die Zugriffe auf die einzelnen Dokumente überwachen und verfolgen, als dies bei einem physischen Datenraum möglich ist. Schließlich können bei Bieterverfahren die Kosten für physische Datenräume (Anfertigen mehrerer Kopien der Dokumente, Miete und Überwachung jedes Datenraums) schnell höher liegen als für einen virtuellen Datenraum.

61 Hat das Zielunternehmen besonders vertraulich zu behandelnde und sensible Dokumente, wie dies etwa bei einer Bank als Zielunternehmen regelmäßig gegeben ist,[77] werden solche Dokumente häufig in einem separaten Datenraum (**roter Datenraum**) bereitgestellt. Dieser Datenraum wird im Gegensatz zum regulären Datenraum (**grüner Datenraum**) nicht für Mitarbeiter des Kaufinteressenten geöffnet, sondern nur für solche Berater des Kaufinteressenten, die berufsrechtlich zur Verschwiegenheit verpflichtet sind, also etwa Rechtsanwälte, Steuerberater und Wirtschaftsprüfer.[78] Sie werden regelmäßig verpflichtet, über die offengelegten Dokumente nur in zusammengefasster und anonymisierter Form zu berichten. Häufig wird die Berichtsmöglichkeit sogar darauf beschränkt, den Kaufinteressenten nur über wirtschaftliche und rechtliche Risiken infor-

---

77) Hierzu *Kremer* in: Seibt, M&A, J. I. 5., S. 1303 f.
78) *Mielke* in: Knott/Mielke, Unternehmenskauf, Rz. 36.

mieren zu dürfen, sodass also der Inhalt selbst nicht, auch nicht verkürzt, weitergegeben werden darf.

V. Praktische Hinweise und Erfassungsbögen
1. Zeit und Personal

Selbst unter günstigsten Umständen steht für die Durchführung einer Due Diligence regelmäßig nur **begrenzte Zeit** und **begrenztes Personal** zur Verfügung. Dies gilt vor allem dann, wenn auf Seiten der Zielgesellschaft keine Unruhe unter die Belegschaft gebracht werden soll, sodass die Due Diligence mehr oder weniger heimlich und unter Einbeziehung eines nur begrenzten Personenkreises durchgeführt werden kann. Es ist daher für den potentiellen Käufer besonders wichtig, sich gut vorzubereiten. Dabei handelt es sich um geradezu banale Dinge, die aber häufig übersehen werden. 62

Findet die Due Diligence in einem physischen Datenraum statt, sollten sich die Mitglieder des Untersuchungsteams, also die Berater und Mitarbeiter des Kaufinteressenten, technisch so ausrüsten, dass sie eine größtmögliche Menge von Daten in kürzestmöglicher Zeit erfassen können. In erster Linie ist an Handdiktiergeräte und Laptops zu denken. Scanner oder Kopierer mitzubringen ist nicht erforderlich, da ein Kopieren von Unterlagen häufig nicht gestattet ist. 63

2. Kopien

Erbittet der Kaufinteressent Kopien von Dokumenten, ist dem Verkäufer wie dem Zielunternehmen zu raten, solche Anfragen **möglichst großzügig** zu handhaben. Denn Kopien ersparen allen Beteiligten viel Zeit und Frustration sowie darüber hinaus lästige Rückfragen des Kaufinteressenten, mit denen sich letztlich die Zielgesellschaft befassen muss. Welchen Sinn soll es etwa haben, Kopien von Unterlagen nicht anfertigen zu dürfen, die beim Handelsregister, beim Patentamt oder beim Grundbuch ohnehin eingesehen werden können, allerdings nur nach erhöhtem Aufwand durch zusätzliche Anträge, Gebühren und womöglich Reisen, sofern sie nicht online abrufbar sind? Warum sollen Miet- oder Arbeitsverträge durch das Due Diligence-Team mühsam abgeschrieben oder abdiktiert werden, wenn eine Kopie, die letztlich denselben Zweck erfüllt, in Sekunden angefertigt wäre? Selbstverständlich muss die einem Dritten geschuldete Vertraulichkeit, möglicherweise sogar geschützt durch eine Vertragsstrafenregelung, gewahrt bleiben – ein besonderes Problem beim Verkauf einer Bank wegen des Bankgeheimnisses.[79] Darüber hinaus aber sollte eine von gesundem Selbstvertrauen getragene Offenheit herrschen, die nicht nur der Verhandlungsatmosphäre gut tut, sondern sich regelmäßig durch verminderte Anforderungen an die Gewährleistungsverpflichtungen des Verkäufers auszahlt. 64

---

79) *Kremer* in: Seibt, M&A, J. I. 5., S. 1303 f.

§ 2 Ablauf und Vertragsgestaltung

3. Registrierung von Dokumenten

65 Aus Sicht der Zielgesellschaft ist allerdings darauf zu achten, sämtliche zur Verfügung gestellten Unterlagen detailliert und vollständig zu registrieren. Zusätzlich ist gesondert zu vermerken, ob es gestattet wurde, Kopien anzufertigen. Nur so lässt sich bei einem Scheitern der Vertragsverhandlungen kontrollieren, ob alle Unterlagen zurückgegeben wurden (wobei naturgemäß nicht kontrollierbar ist, welche Kopien der Kaufinteressent sich noch einmal selbst angefertigt und zurückbehalten hat). Nur so lässt sich auch bei etwaigem Streit über Gewährleistungsansprüche feststellen, welche Kenntnisse der Käufer vor Vertragsabschluss hatte oder zumindest bei sorgfältiger Prüfung der Unterlagen hätte haben können (zur Relevanz der Kenntnis siehe unten Rz. 90 ff.).

4. Erfassungsbögen

66 Gerade wenn es um die Erfassung mehr oder weniger standardisierter Verträge geht – bspw. Gesellschaftsverträge, Anstellungsverträge, Kreditvereinbarungen mit Banken sowie Miet- und Leasingverträge –, erweist es sich für die Mitglieder des Untersuchungsteams als hilfreich, wenn ihnen **vorab** ein **Schema** an die Hand gegeben wird, mit dem die für die Due Diligence interessanten Charakteristika der jeweiligen Vertragstypen abgefragt und erfasst werden (Erfassungsbogen). Das entsprechende Raster lässt sich dann vervielfältigen und erleichtert es, jeden einzelnen Vertrag dieses Typs durchzugehen und seine relevanten Merkmale schnell zu erfassen. Die Verwendung eines Erfassungsbogens stellt zudem sicher, dass alle Mitglieder des Teams die Informationen aus den untersuchten Verträgen jedenfalls insoweit vollständig und in vergleichbarer Form aufnehmen.

67 Beispiele für solche Erfassungsbögen sind im Folgenden für die Aufnahme von Gesellschaften, Darlehensverträgen, Anstellungsverträgen, Versicherungsverträgen sowie Miet- und Leasingverträgen wiedergegeben.

a) Gesellschaft am Beispiel der GmbH

Informationen aus dem Handelsregister/ Information from the Commercial Register	
Auszug vom/Excerpt dated	
Firma/Name of company	
Handelsregister (Gericht, Eintragungsnummer)/ Commercial register (court, registration number)	
Gründungsdatum/Date of foundation	
Sitz/Seat	
Unternehmensgegenstand/Object of company's business	
Stammkapital/Stated capital	

Zweigniederlassungen/Branch offices	
Geschäftsführer und Vertretungsmacht/ Managing directors and powers of representation	
Prokuristen/Authorized representatives	
Letzte Satzungsänderung/Most recent amendment of the articles of association	
Unternehmensverträge/Inter-company agreements	
Umwandlungsmaßnahmen/Transformation measures	
Kapitalmaßnahmen/Capital measures	
Sonstiges/Other	

Stammdaten aus der Satzung/Information from the Articles of Association	
Satzung in der Fassung vom/Articles of association dated	
Geschäftsjahr/Business year	
Vinkulierungen/Transfer restrictions	
Aufsichtsrat/Supervisory board	
Beirat/Advisory board	
Mehrheitserfordernisse (wichtig bei Erwerb von weniger als 100 % der Anteile)/ Majority requirements	
Sonstiges/Other	

Informationen aus den Gesellschafterlisten/ Information from the Shareholder Lists			
Gesellschafterliste vom/ Shareholder List dated	Name/Firma/Name	Nennbeträge und Nummern der Geschäftsanteile/Nominal Amounts and Numbers of the Shares	
1.	1. 2.	1. 2.	
2.	1. 2.	1. 2.	

b) **Darlehensvertrag/Loan Agreement**

Vertragsparteien/Parties	
Datum des Vertragsschlusses/Signing date	
Datum von Verlängerungen/ Änderungen/Date of extensions/ amendments	

§ 2 Ablauf und Vertragsgestaltung

Zweck/Purpose	
Betrag/Höchstbetrag in EUR/Amount/ maximum amount in EUR	
Zinssatz fest/variabel sowie Angaben in Prozent/ Interest rate fixed/floating and information of percentage	
Laufzeit/Term	
Tilgungsmodalitäten/Redemption terms	
Sicherheiten/Collaterals	
Abtretbarkeit/Assignability	
Kündbarkeit/Terminability	
Anwendbares Recht/Applicable law	
Sonstiges (z. B. Change of Control-Klausel)/ Other (e. g. change of control clause)	

c) Anstellungsvertrag/Employment Agreement

Vertragsparteien/Parties	
Vertragsgegenstand, insbesondere Position des Angestellten/Subject matter, especially position of the employee	
Datum des Vertragsschlusses/Signing date	
Datum von Verlängerungen/Änderungen/ Date of extensions/amendments	
Laufzeit/Term	
Eingeräumte Vertretungsbefugnis/ Power of representation granted	
Vergütungsregelungen/Remuneration terms	
Urlaub/Vacation	
Gehaltsfortzahlung im Krankheitsfall/ Payment of salary in case of illness	
Pensionszusagen/Pension commitments	
Versicherungszusagen/Insurance commitments	
Abtretbarkeit/Assignability	
Kündbarkeit/Terminabilty	
Anwendbares Recht/Applicable law	
Sonstiges (z. B. Change of Control-Klausel)/ Other (e. g. change of control clause)	

d) Versicherungsvertrag/Insurance Agreement

Vertragsparteien/Parties	
Vertragsgegenstand, insbesondere versichertes Risiko/Subject matter, especially insured risk	
Datum des Vertragsschlusses/Signing date	
Datum von Verlängerungen/Änderungen/ Date of extensions/amendments	
Laufzeit/Term	
Versicherungssumme/Insurance amount	
Policen-Nr./Policy number	
Jahresprämie/Annual premium	
Abtretbarkeit/Assignability	
Kündbarkeit/Terminability	
Anwendbares Recht/Applicable law	
Sonstiges (z. B. Change of Control-Klausel)/ Other (e. g. change of control clause)	

e) Miet- und Leasingvertrag/Lease Agreement

Vertragsparteien/Parties	
Vertragsgegenstand, insbesondere Mietobjekt/ Subject matter, especially rent object	
Datum des Vertragsschlusses/Signing date	
Datum von Verlängerungen/Änderungen/ Date of extensions/amendments	
Laufzeit/Term	
Miethöhe/Amount of rent	
Abtretbarkeit/Assignability	
Kündbarkeit/Terminability	
Anwendbares Recht/Applicable law	
Sonstiges (z. B. Change of Control-Klausel)/ Other (e. g. change of control clause)	

VI. Due Diligence Bericht

Das Ergebnis der Due Diligence ist zumeist ein Due Diligence Bericht *(due di- 68 ligence report)* oder – wenn mehrere Untersuchungsteams verschiedene Aspekte des Unternehmens in Augenschein genommen haben, etwa Juristen, Wirtschaftsprüfer und technische Sachverständige – ggf. mehrere Due Diligence Berichte. Als Rechtsberater empfiehlt es sich, schon zu Beginn der Due Diligence mit dem Mandanten Inhalt, Umfang, Art und Sprache des Berichts festzulegen.

Häufig wird kein **umfassender Bericht** gewünscht, der üblicherweise weitgehend vollständig die rechtliche Situation der Zielgesellschaft beschreibt. Vielmehr ist es für die meisten Mandanten schon aus Kostengründen ausreichend, lediglich über die rechtlichen Risiken informiert zu werden und die beschreibenden Elemente der Prüfung lediglich in stark verkürzter Form zu erhalten. Ein solcher Bericht wird häufig in Form von Tabellen oder Bulletpoints erstellt (*red-flag-report*, *key-issues-list*).

69 Soweit man als Jurist einen solchen Bericht zu erstellen hat, sollte man sich seiner Funktion und auch der potentiellen Haftungsrisiken genau bewusst sein:

70 Die Durchführung einer Due Diligence und deren Umsetzung in schriftlicher Form ist keine lästige Routinetätigkeit, die man irgendwelchen Referendaren, wissenschaftlichen Mitarbeitern oder gar studentischen Hilfskräften anvertrauen kann, sondern eine außerordentlich **verantwortungsvolle Aufgabe**. Sie ist schließlich die Grundlage des künftigen Vertrags und der gesamten Transaktion, sowohl hinsichtlich der Kaufpreisfindung als auch der Gewährleistungsregelungen – mit entsprechenden Haftungsfolgen, wenn sie mangelhaft erledigt wird.[80] Demgemäß sollte die Sorgfalt nicht nur bei der Untersuchung selbst, sondern auch bei ihrer Umsetzung in Form des Due Diligence Berichts gelten. Alle bei der Untersuchung festgestellten Punkte, die für die Einschätzung des Unternehmens von Bedeutung sein könnten, alle Abweichungen von der Norm, alle zweifelhaften und potentiell mit Risiken behafteten Vorgänge sollten klar angesprochen werden. Sie sollten ergänzt werden mit Vorschlägen, wie sie im Kaufvertrag so weit wie möglich durch Gewährleistungen und/oder Freistellungsregeln abgedeckt werden können. Auch sollte das weitere Vorgehen vorgeschlagen werden, so etwa wenn sich das Risiko durch Handlungen des Verkäufers vor Abschluss der Transaktion beseitigen oder wenigstens reduzieren lässt. Ein guter Due Diligence Bericht erschöpft sich also nicht darin, bloß Dokumente und Risiken zu beschreiben, sondern gibt klare Handlungsempfehlungen. Nur so fühlt sich der Mandant gut beraten.

71 Sowohl der Information des Mandanten, als auch dem Schutz des den Bericht erstellenden Anwalts vor Haftpflichtansprüchen dient es, wenn einleitend genau definiert wird, auf welchen Informationsquellen und Erkenntnisgrundlagen der Bericht fußt, also etwa welche Dokumente untersucht wurden, welche Auskunftspersonen befragt werden konnten, wie lange der Datenraum zugänglich war und ob Unterlagen fotokopiert werden durften. Auch ein Hinweis darauf, in welchem Umfang die erteilten Auskünfte als wahrheitsgemäß unterstellt und nicht durch eigene Recherchen hinterfragt wurden, ist empfehlenswert.

---

80) Näher hierzu *Picot* in: Berens/Brauner/Strauch/Knauer, Due Diligence, S. 323 ff.; *Beisel* in: Beck'sches Mandatshandbuch Due Diligence, § 7 Rz. 24 ff.; *Berens/Schmitting/Strauch* in: Berens/Brauner/Strauch/Knauer, Due Diligence, S. 63 ff., 77 ff.

Aufgabe des den Bericht verfassenden Juristen ist es, sich in die **Lage des Käufers zu versetzen:** Was könnte für ihn von Interesse sein, seine Kaufentscheidung oder sein Kaufpreisangebot beeinflussen? Womit rechnet er wahrscheinlich nicht, etwa aus der Sicht seines andersartigen Rechtskreises? Selbstverständlich sollte man sich dabei vor Übertreibungen und Dramatisierungen hüten. Fragen, die der Verkäufer oder das betroffene Unternehmen nicht oder nicht befriedigend beantworten konnte, müssen aber im Due Diligence Bericht auftauchen. Dabei empfiehlt es sich, problematische oder offen gebliebene Punkte in Form einer dem eigentlichen Bericht vorangestellten Zusammenfassung *(executive summary)* hervorzuheben, damit der Leser sie nicht übersieht. 72

Gerade wegen des Zusammenhangs zwischen Due Diligence und Gewährleistungsregelung mag es sich aus **Sicht des Verkäufers** empfehlen, den **Due Diligence Bericht** zum **Bestandteil des Kaufvertrags** selbst zu machen, etwa mit der Maßgabe, dass alle darin offen gelegten Umstände nicht zu Gewährleistungsansprüchen führen können. Darüber hinaus mag sich ein Verkäufer nicht auf die im Due Diligence Bericht genannten Umstände beschränken wollen, sondern die **Gewährleistung** für sämtliche in der Due Diligence offengelegten Umstände **ausschließen** wollen. In einem Vertrag könnten diese Gesichtspunkte etwa wie folgt formuliert werden: 73

„The Purchaser shall not be entitled to make any claims for the breach of a Seller Guarantee to the extent the underlying facts or circumstances of such claim were actually known (positive Kenntnis) or could have been known (fahrlässige Unkenntnis) by the Purchaser. Prior to the completion of this Agreement, the Purchaser has been given the opportunity to examine the condition of the Company and its business from a commercial, financial and legal perspective, including especially the documents listed in Annex *[Nr.]* and disclosed in the data room (the ‚Disclosed Documents'). All facts and circumstances that could reasonably be concluded from the Disclosed Documents are deemed to be known by the Purchaser."

Alternativ zum vorangegangenen letzten Satz: 74

„The Purchaser and its advisors have prepared written reports of their findings in the data room (the ‚Due Diligence Reports'). All facts and circumstances set forth in the Due Diligence Reports are deemed to be known by the Purchaser. In case of a dispute between the Parties if the Purchaser had knowledge of facts or circumstances, the Purchaser shall hand out to the Seller the Due Diligence Reports."

Der **Käufer** wird kaum mit einem solchen Haftungsausschluss einverstanden sein. Er wird vor allem nicht seine Ergebnisse aus der Due Diligence dem Verkäufer gegenüber offenlegen wollen, sodass der Due Diligence Bericht kaum als Anlage zum Kaufvertrag genommen werden dürfte. Daher wird in der Musterklausel auch ein anderer Weg vorgeschlagen, bei dem der Käufer lediglich verpflichtet wird, den Bericht im Streitfall auszuhändigen. Sollte der Bericht allerdings ausnahmsweise zur Anlage des Kaufvertrags werden und der Vertrag beurkundet werden müssen, empfiehlt es sich, den Bericht als Bezugsurkunde auf- 75 zunehmen, damit die Vertreter der Vertragsparteien nicht durch umständliche Verlesungen zu sehr belastet werden (vgl. unten Rz. 254). Gleiches gilt, wenn der Datenraumindex zur Anlage des Kaufvertrags wird, sofern es nicht möglich ist, auf die Verlesung zu verzichten (vgl. unten Rz. 252). Gerade ausländische Mandanten haben wenig Verständnis für das deutsche Beurkundungsverfahren.

VII. Schuldrechtliche Haftung

76 Obwohl die Due Diligence heute **fester Bestandteil** der alltäglichen Arbeit von Unternehmensjuristen und Wirtschaftsanwälten ist, sind ihre rechtliche Bedeutung allgemein sowie besonders die Auswirkungen der mit ihr verbundenen Offenlegung auf die Kenntnis des Käufers sowie auf die Gewährleistung und Verkäuferhaftung noch weitgehend **ungeklärt**.[81] Dies könnte daran liegen, dass gerichtliche Auseinandersetzungen im Zusammenhang mit Unternehmenskäufen und speziell mit der Due Diligence praktisch selten vorkommen und spätere Streitigkeiten vornehmlich außergerichtlich beigelegt werden, etwa durch vertrauliche Schlichtungsmaßnahmen oder Schiedsverfahren.[82] Allerdings wäre es fahrlässig, deshalb die rechtliche Dimension der Due Diligence zu vernachlässigen. Vielmehr muss ihre kauf- und haftungsrechtliche Relevanz wegen ihrer überragenden **praktischen Bedeutung** bereits im kautelarischen Rahmen erfasst werden.

77 Im Rahmen des Schuldrechts können Verkäufer und Käufer der Zielgesellschaft grundsätzlich aus gesetzlichen und/oder vertraglichen Anspruchsgrundlagen haften. Bei Unternehmenskäufen werden die gesetzlichen Haftungs- und Gewährleistungsansprüche regelmäßig umfassend abgedungen und ein eigenes vertragliches Haftungs- und Gewährleistungsregime ausgearbeitet.[83] Dennoch stehen nicht alle gesetzlichen Regelungen zur Disposition der Parteien und können hierdurch –soweit nationales Recht anwendbar ist – mit in die haftungsrechtliche Beurteilung einfließen. Insbesondere die Haftung für **vorsätzliches Handeln** (§ 276 Abs. 3 BGB) kann vertraglich nicht ausgeschlossen werden. Dies gilt selbst dann, wenn die Parteien ein abschließendes individualvereinbartes Gewährleistungssystem im Kaufvertrag anstreben und eine gesetzliche Haftung ausdrücklich ausnehmen.[84] Einem vorsätzlichen Handeln gleichgestellt sind sog. „Angaben ins Blaue hinein". Diese liegen vor, wenn der Ver-

---

81) *Merkt*, BB 1995, 1041; *Merkt*, WiB 1996, 145; *Wegen*, WiB 1994, 291; vgl. hierzu *Berens/Strauch*, WPg 2002, 511.
82) *Wegen*, WiB 1994, 291.
83) Hierzu rät der BGH aus Kohärenzgründen ausdrücklich, vgl. BGHZ 65, 246, 252 = GmbHR 1976, 63 unter Bezug auf RGZ 146, 120; BGH, NJW 1977, 1538, 1539 = WM 1977, 712.
84) *Hasselbach/Ebbinghaus*, DB 2012, 216, 217; *Möller*, NZG 2012, 841, 845.

käufer ungeprüft Informationen gibt, obwohl er damit rechnen muss, dass diese Informationen unrichtig sind.[85]

1. Vorvertragliche Haftung

Die Due Diligence führt regelmäßig zu einem sehr engen und intensiven Kontakt zwischen Käufer und Verkäufer, namentlich natürlich zwischen Käufer und dem zu erwerbendem Unternehmen. Der Käufer erlangt in erheblichem Umfang sensible und vertrauliche Informationen. Um diesem zunächst rein faktischen Vertrauensverhältnis ein gewisses rechtliches Fundament zu geben, kommt es üblicherweise zu **vorvertraglichen Vereinbarungen**, Absichtserklärungen, einem Letter of Intent und Ähnlichem, die – abhängig vom Parteiwillen – ein **vorvertragliches Schuldverhältnis** i. S. der §§ 311 Abs. 2, 241 Abs. 2 BGB begründen können (siehe zur Vertraulichkeitsvereinbarung oben Rz. 17 ff.; zum Letter of Intent oben Rz. 22 ff.). Hierbei gilt: Je umfangreicher die gesamte Transaktion ist, desto wichtiger sind klare, individuelle Vereinbarungen über die vorvertragliche Phase und alle damit verbundenen haftungsrechtlichen Fragen. Dies umfasst bei internationalen Unternehmenskäufen insbesondere eine Rechtswahl für die vorvertragliche Phase, damit die Frage des anwendbaren Rechts nicht zusätzlich zu inhaltlichen Fragen Gegenstand eines etwa später entstehenden Streits wird. Die Frage kann wichtig werden, da bspw. die USA beim Abbruch von Vertragsverhandlungen eine weitergehende Haftung als das deutsche Recht kennen, während das schweizerische Recht für diesen Fall überhaupt keine Haftung vorsieht.[86]

78

Wichtig ist gerade für jene Situationen, in denen **individuelle Vereinbarungen fehlen**, festzustellen, ob und in welchem Umfang die bloße Tatsache einer Due Diligence vorvertragliche Rechtsbeziehungen mit entsprechenden Ansprüchen begründet. Gemäß § 311 Abs. 2 Nr. 1 BGB entsteht ein **Schuldverhältnis** durch die Aufnahme von Vertragsverhandlungen. Dies liegt noch nicht zwingend vor, wenn der Käufer eine Due Diligence durchführt. § 311 Abs. 2 Nr. 2 BGB sieht jedoch vor, dass ein Schuldverhältnis ebenso durch die Anbahnung eines Vertrags entsteht, bei dem eine Partei der anderen ermöglicht, auf ihre Rechtsgüter einzuwirken oder sie ihr anvertraut. Auch ohne formelle Vereinbarung kann eine Due Diligence daher allein wegen der engen und vertraulichen Beziehung der Parteien, die deutlich über das normale Maß vorvertraglicher Beziehungen von Kaufvertragsparteien hinausgeht, sehr schnell zu einem Schuldverhältnis i. S. des § 241 Abs. 2 BGB mit entsprechenden Verhaltenspflichten führen, die im Fall ihrer Verletzung Schadensersatzansprüche nach § 280 Abs. 1 BGB auslösen.

79

---

85) Näher dazu *Hasselbach/Ebbinghaus*, DB 2012, 219; *Mellert*, BB 2011, 1667, 1672.
86) Eine Haftung ist im schweizerischen Recht zwar gesetzlich nicht kodifiziert, allerdings kann das Führen von Vertragsverhandlungen ohne einen Abschlusswillen Schadensersatzansprüche begründen, s. dazu *Bucher*, S. 281 f.; *Loser*, Vertrauenshaftung, S. 380 ff. Zur Haftung nach US-amerikanischem Recht *Farnsworth/Young/Sanger*, Contracts, S. 233 ff.

§ 2 Ablauf und Vertragsgestaltung

80 Hieran schließt sich nahtlos die Frage an, welche **Bedeutung** die **Due Diligence** i. R. der Ansprüche wegen Verletzung eines **vorvertraglichen Schuldverhältnisses** (§§ 280 Abs. 1, 311 Abs. 2 BGB) hat. Vor der Schuldrechtsreform war ein wesentlicher Anwendungsbereich der Haftung aus culpa in contrahendo, Lücken des kaufrechtlichen Gewährleistungsrechts zu füllen. Danach haftete der Verkäufer insbesondere für **unrichtige Auskünfte** und **Angaben** über **wertbildende Faktoren**, wie etwa die bisherige Vermögens- und Ertragslage des Unternehmens, weil solche Angaben nicht zum Fehlerbegriff oder zu den zusicherungsfähigen Eigenschaften zählten und mithin nicht von der Gewährleistung gedeckt waren.[87] Definiert man mit der h. A. den Beschaffenheitsbegriff des § 434 BGB dagegen weit, um auch solche wie die eben genannten wertbildenden Faktoren eines Unternehmens zu erfassen, bleibt nach verbreiteter Meinung insoweit für eine vorvertragliche Haftung kein Raum.[88] Unberührt hiervon bleibt jedoch der Anwendungsbereich der culpa in contrahendo für die Verletzung der Gewährung von sonstigem in Anspruch genommenem Vertrauen. Beim Unternehmenskauf handelt es sich hierbei regelmäßig um die Haftung wegen der Verletzung **sonstiger Offenlegungs- und Aufklärungspflichten**, von Geheimhaltungspflichten sowie wegen eines ungerechtfertigten Abbruchs von Vertragsverhandlungen.[89]

a) Offenlegungs- und Aufklärungspflichten

81 Für den Verkäufer kann sich eine Haftung aus **culpa in contrahendo** entweder aus positivem Tun ergeben, z. B. für das Einstellen inhaltlich fehlerhafter Unterlagen in den Datenraum,[90] oder aus einem Unterlassen, wie der Verletzung von Offenlegungs- und Aufklärungspflichten.

aa) Pflichten des Verkäufers

82 Insbesondere die Informationspflichten des Verkäufers werfen praktische Schwierigkeiten auf und sind im Zusammenspiel mit einer etwaigen Prüfungspflicht, sowie dem Kenntnisstand und der Sachkunde des Käufers zu betrachten.

---

87) Vgl. BGH, NJW 1977, 1536; BGH, NJW-RR 1989, 306; BGH, DB 1990, 1911 = NJW 1990, 1658 (unrichtige Angaben über bisherige Umsätze und Ergebnisse), dazu *Knöpfle*, EWiR 1990, 873; BGH, NJW 1980, 2408 = ZIP 1980, 549; BGH, NJW-RR 1988, 744 = WM 1988, 124 (tatsächliche Herstellungskosten für bestimmte Produkte); vgl. *Fleischer/Körber*, BB 2001, 841, 843, zur Haftung aus culpa in contrahendo (noch vor altem Recht, bevor dieses Rechtsinstitut i. R. der Schuldrechtsreform in das BGB aufgenommen wurde).

88) OLG Köln, ZIP 2009, 2063, 2065 f. (Eine Anwendung für Aufklärungspflichtverletzungen hinsichtlich solcher Fehler des Unternehmens, die in der Beschaffenheit seiner sächlichen Subsatz liegen, sei neben der Mängelgewährleistung abzulehnen; die §§ 434 ff. BGB seien insoweit leges speciales), und dazu *Picot*, DB 2009, 2587; *Weller*, EWiR 2010, 15; zum Streitstand *Emmerich* in: MünchKomm-BGB, § 311 Rz. 93 ff.

89) *Seibt/Reiche*, DStR 2002, 1181, 1185; *Holzapfel/Pöllath*, Unternehmenskauf, Rz. 635 ff.; *Gaul*, ZHR 166 (2002), 35, 65; *Wunderlich*, WM 2002, 981, 985.

90) *Triebel/Hölzle*, BB 2002, 521, 533.

Der Unternehmensverkäufer haftet für unterlassene oder unvollständige Aus- 83
künfte aus der Verletzung eines vorvertraglichen Schuldverhältnisses (§§ 280,
311 Abs. 2 BGB) oder von Gewährleistungsregeln nur, soweit ihn besondere
Offenlegungs-, Aufklärungs- oder Informationspflichten treffen, namentlich,
wenn der Käufer von dem Bestehen solcher Pflichten nach der Verkehrsauffassung ausgehen darf. Es ist dabei zwischen den Begriffen der **Offenlegung und
der Aufklärung** zu unterscheiden. Während unter Offenlegung nur die Bereitstellung der Informationen zu verstehen ist, beinhaltet eine Aufklärung auch
aktive Hinweise auf bestimmte Sachverhalte, um eine Kenntnisnahme der anderen Partei sicherzustellen.[91] Der reine Zugang zu Informationen erfüllt eine
Aufklärungspflicht daher nur, wenn auch mit der Kenntnisnahme des Käufers
zu rechnen ist.[92] Eine Aufklärungspflicht kann aber nur ausnahmsweise nach
Treu und Glauben bestehen, wenn wegen besonderer Umstände des Einzelfalls
davon ausgegangen werden muss, dass die künftige Vertragspartei nicht hinreichend unterrichtet ist und die Verhältnisse nicht durchschaut.[93] Die Anforderungen an eine Aufklärungspflicht hängen somit auch von dem Kenntnisstand
und der Sachkunde des konkreten Käufers ab. Nach ständiger Rechtsprechung
des BGH hat der Verkäufer bei Verhandlungen über einen Unternehmenskauf
den Kaufinteressenten grundsätzlich auch ungefragt über solche Umstände aufzuklären, die den Vertragszweck des Kaufinteressenten vereiteln können und
daher für seinen Entschluss von wesentlicher Bedeutung sind, sofern der Kaufinteressent die Mitteilung nach der Verkehrsauffassung erwarten darf.[94]

bb) Pflichten des Käufers

Spiegelbildlich gilt es zu prüfen, inwiefern der Käufer zu einer Prüfung der Un- 84
terlagen verpflichtet ist. Bekanntlich trifft den Käufer nach deutschem Kaufrecht grundsätzlich **keine Prüfungspflicht**.[95] Dies ergibt sich aus den kaufrechtlichen Gewährleistungsregelungen. Die Gewährleistung hängt nicht davon

---

91) *Möller*, NZG 2012, 841, 846.
92) BGH, NJW 2012, 846, 847; BGH, NJW 2011, 1280, 1280 f.
93) BGH, NJW-RR 2007, 1503, 1504.
94) BGH, NZG 2002, 298, 300 = NJW 2002, 1042 = ZIP 2002, 440; BGH, NJW 2001, 2163, 2164 = ZIP 2001, 918.
95) Soweit der Kauf für beide Parteien jedoch ein Handelsgeschäft ist, trifft den Käufer nach § 377 Abs. 1 HGB zwar eine Untersuchungs- und Rügeobliegenheit. Allerdings ist § 377 HGB nach umstrittener Ansicht nicht auf Unternehmenskäufe anwendbar; so *Berens/Schmitting/Strauch* in: Berens/Brauner/Strauch/Knauer, Due Diligence, S. 63, 94 f.; *Hörmann* in: FS P+P Pöllath + Partners, S. 135, 146; a. A. *Beisel* in: Beisel/Klumpp, Unternehmenskauf, Kap. 2 Rz. 9; *Picot* in: Berens/Brauner/Strauch/Knauer, Due Diligence, S. 323, 350 f. Unhellig wird allerdings ein Recht von einer untergeordneten Bedeutung des § 377 HGB für einen Unternehmenskauf ausgegangen, da die Untersuchungsobliegenheit erst nach der Ablieferung der Kaufsache besteht und der Käufer zu diesem Zeitpunkt bereits regelmäßig durch seine vorvertragliche Due Diligence das Unternehmen soweit wie möglich durchleuchtet haben wird.

ab, dass der Käufer das Kaufobjekt vor Vertragsschluss geprüft hat. Im Rahmen der Haftung nach culpa in contrahendo könnte aber zumindest ein Mitverschulden des Käufers bei schuldhaft unterlassener oder nachlässiger Prüfung des Unternehmens in Betracht kommen.[96] Allerdings ist die Rechtsprechung hier äußerst zurückhaltend.[97] So steht der Verkäuferhaftung nicht entgegen, dass der Käufer es unterlässt, ihm übergebene Bilanzen durch seine Revisionsabteilung prüfen zu lassen, und er sogar im Einvernehmen mit dem Veräußerer das Erfordernis einer Ausgliederungsbilanz aus dem Entwurf des Kaufvertrags gestrichen hat.[98] Ebenso wenig führt es zur Minderung des Schadensersatzanspruchs, dass der Käufer die ihm übergebenen Bilanzen nicht durch seinen Steuerberater prüfen lässt.[99] Es vermindert auch nicht den Schadensersatzanspruch, dass der Käufer zwar zunächst nach den Umsatzzahlen des Unternehmens fragt, später aber nicht mehr auf einer Antwort beharrt.[100] Übergibt der Verkäufer dem Käufer eine Aufstellung der Abschlussangaben (Bilanz, Status), aus welcher der Käufer eine Unternehmensbewertung entwickeln kann, so darf der Käufer auf die Richtigkeit der Aufstellung vertrauen und braucht sie nicht zu prüfen.[101] Die grundsätzliche Möglichkeit eines Mitverschuldens des Käufers erkennt die Rechtsprechung jedoch an.[102] Im Rahmen einer Haftung nach culpa in contrahendo ist zudem zu bedenken, dass Ansprüche bei Kenntnis des Käufers jedenfalls wegen des fehlenden Kausalzusammenhangs zwischen der Pflichtverletzung des Verkäufers und des entstandenen Schadens ausscheiden,[103] aber auch mangels Bestehens von Aufklärungspflichten.[104]

cc) Fazit

85 Ob und in welchem Ausmaß Offenlegungs- und Aufklärungspflichten bestehen, dürfte letztendlich der Einzelfall entscheiden. Mit einer Due Diligence als solcher erfüllt der Verkäufer grundsätzlich seine Offenlegungspflichten, jedoch nicht

---

96) Zum Verhältnis zwischen der Haftung wegen vorvertraglicher Pflichtverletzung und Gewährleistungsrecht sowie Anwendungsfällen der culpa in contrahendo s. u. Rz. 109 ff.; *Holzapfel/Pöllath*, Unternehmenskauf, Rz. 635 ff.
97) Ebenso *Fleischer/Körber*, BB 2001, 841, 848 f.
98) BGH, NJW 1977, 1536; beachte aber OLG Hamburg, ZIP 1994, 944 = WM, 1994, 1378: Eine Haftung des Verkäufers einer Unternehmensbeteiligung aus culpa in contrahendo folgt nicht in jedem Fall schon allein aus der Übergabe eines fehlerhaften und unter Umständen sogar nichtigen Jahresabschlusses. Sie hängt vielmehr auch dann von den Umständen des Einzelfalls ab; insbesondere bleibt es dem Käufer überlassen, sich durch Nachfragen weitere gewünschte Angaben zu verschaffen.
99) BGH, DB 1974, 231.
100) BGH, NJW 1970, 653, 656 = BB, 1970 230.
101) BGH, NJW 1977, 1536, 1537.
102) OLG München, ZIP 2006, 1911.
103) *Emmerich* in: MünchKomm-BGB, § 311 Rz. 53.
104) *Schmitz*, RNotZ 2006, 561, 574.

pauschal seine Aufklärungspflichten.[105] Entscheidend ist, ob er dem Käufer die Informationen gegeben hat, die für den Kaufentschluss von wesentlicher Bedeutung sind und ob er mit einer Kenntnisnahme der relevanten Informationen rechnen durfte. Hierbei sind die Grenzen des BGH zu beachten.[106] So kann im besonderen Fall die allgemeine Information, das Zielunternehmen sei in der geführten Form ein Verlustgeschäft, genügen, wenn der Käufer alle sonst erfragten Informationen erhalten hat und selbst sachkundig ist. In einer Entscheidung des obersten deutschen Zivilgerichts heißt es hierzu:

„Unter diesen Umständen war die Kl. nicht gehalten, dem Bekl. ungefragt die Verluste der vergangenen Jahre im Einzelnen darzustellen. Der Bekl. war als Inhaber eines Getränkegroßhandels hinreichend sach- und branchenkundig. Von ihm war zu erwarten, dass er sich auf den Hinweis der Kl., es habe sich um ein Verlustgeschäft gehandelt, von ihren Verhandlungsgehilfen Bilanzen, Gewinn- und Verlustrechnungen, betriebswirtschaftliche Auswertungen oder ähnliche aussagekräftige Unterlagen hätte vorlegen lassen, wenn dies für ihn von Interesse gewesen wäre."[107]

Dem Kaufinteressenten ist zu empfehlen, in seiner Due Diligence-Anforderungsliste eine Klausel aufzunehmen, wonach die Liste nicht abschließend ist und weitere Informationen und Dokumente wichtig sein können.[108] Damit zeigt der Kaufinteressent entgegen der eben genannten einschränkenden Ansicht, durch die Liste nicht auf etwaige weitergehende Informationspflichten des Verkäufers verzichten zu wollen. 86

b) Geheimhaltungspflichten

Eine mögliche Haftung aus culpa in contrahendo wegen einer Verletzung von Geheimhaltungspflichten richtet sich primär an den potentiellen Käufer des Unternehmens. Denn i. R. einer Due Diligence legt der Verkäufer wichtige Unternehmensinterna offen, deren vertrauliche Behandlung für ihn wichtig ist. Da die Reichweite einer gesetzlichen Geheimhaltungsverpflichtung im Einzelfall schwierig zu bestimmen ist, sollte die gewünschte Vertraulichkeit über eine vertragliche Vereinbarung sichergestellt werden (vgl. oben Rz. 17 ff.).[109] 87

c) Abbruch der Vertragsverhandlungen

Die Haftung aus culpa in contrahendo umfasst auch den **treuwidrigen Abbruch von Vertragsverhandlungen**. Dabei ist das Spannungsverhältnis zwischen in Anspruch genommenem Vertrauen und der aus der Privatautonomie 88

---

105) Zur Unterscheidung von Offenlegung und Kenntnis bzw. Offenlegungs- und Aufklärungspflichten *Möller*, NZG 2012, 841, 843 f. und 846.
106) BGH, NZG 2002, 298, 300 = NJW 2002, 1042 = ZIP 2002, 440; BGH, NJW 2011, 1280, 1280 f. = ZIP 2011, 383; NJW 2012, 846, 847 = ZIP 2012, 332.
107) BGH, NZG 2002, 298, 300 = NJW 2002, 1042 = ZIP 2002, 440.
108) *Seibt* in: Seibt, M&A, B. VI. 3. Anm. 5, S. 87.
109) *Köster*, NZG 1999, 623, 624.

§ 2 Ablauf und Vertragsgestaltung

abzuleitenden Vertragsfreiheit zu beachten.[110] Die Anforderungen an einen triftigen Grund für den Abbruch von Vertragsverhandlungen sind in diesem Stadium der vertragsvorbereitenden Handlungen hoch anzusetzen. Einen Schadensersatzanspruch nimmt die Rechtsprechung ausnahmsweise dann an, wenn eine Partei die andere Partei durch das Vorspiegeln einer vorhandenen Vertragsabschlussbereitschaft zu Aufwendungen veranlasst hat, ohne dass eine solche Bereitschaft tatsächlich gegeben war.[111] Eine solche Haftung für den Abbruch von Vertragsverhandlungen kann von den Parteien allerdings vertraglich ausgeschlossen werden (vgl. oben Rz. 25).

2. Gewährleistung

89 Neben der Haftung aus culpa in contrahendo kann den Verkäufer bei Vorliegen von Sach- und Rechtsmängeln eine Haftung aus Gewährleistungsrecht treffen, sofern deutsches Recht auf den Kaufvertrag anwendbar ist und die Parteien sich nicht auf selbstständige Garantieversprechen geeinigt haben (dazu unten Rz. 107 f.). In diesem Fall stellen sich bei durchgeführter Due Diligence durch den Käufer aus seiner hierdurch erlangten Kenntnis regelmäßig drei Fragen hinsichtlich des Ausmaßes der Haftung, auf die im Folgenden näher eingegangen wird:

- Welche Folgen hat die Kenntnis eines Käufers auf seine Gewährleistungsansprüche?
- Inwiefern muss sich der Käufer die Kenntnis seiner Berater zurechnen lassen?
- Und inwieweit darf dem Käufer eine Kenntnis unterstellt werden (Verkehrssitte)?

a) Kenntnis des Käufers

90 Obgleich der Käufer keine kaufrechtliche Prüfungspflicht hat (oben Rz. 84), kann es sich auf die Gewährleistungsrechte auswirken, wenn er – wie beim Unternehmenskauf praktisch immer der Fall – dennoch eine Prüfung vornimmt. Denn Gewährleistungsansprüche sind gemäß § 442 Abs. 1 Satz 1 BGB **ausgeschlossen**, wenn der Käufer den **Mangel** bei **Vertragsschluss kannte** (siehe zur grob fahrlässigen Unkenntnis unten Rz. 103). Die Offenlegung von Mängeln vor Abschluss des Kaufvertrags schließt Gewährleistungs- und sonstige Schadensersatzansprüche wegen dieser Mängel aus, sofern § 442 BGB nicht abgedungen wurde (dazu sogleich unter Rz. 95).

91 Sofern § 442 BGB nicht abgedungen wurde, macht es keinen Unterschied, ob sich die Mängel erst aufgrund einer Prüfung durch den Käufer herausgestellt haben oder ob der Verkäufer seinerseits den Käufer auf die Mängel aufmerksam

---

110) *Bergjan*, ZIP 2004, 395, 398 f.
111) BGH, NJW 1976, 2199; BGH, NJW 1996, 1884, 1885.

gemacht hat. Entscheidend für den Gewährleistungsausschluss ist jedoch, dass der Käufer den Mangel an sich kennt, nicht nur die zugrundeliegenden Umstände. Der Käufer muss also von den ihm bekannten Umständen einen positiven Schluss auf den Mangel gezogen haben.[112] Ein bloßer Verdacht reicht nicht.[113] Dies gilt aber nur, wenn der Käufer die Kenntnis bis zum Vertragsschluss erlangt; erlangt der Käufer zwischen Vertragsschluss und Übertragung (Closing) Kenntnis, ist dies unschädlich (anders noch § 464 BGB a. F.).[114] Insgesamt ist also die überraschende Folge: Die unterlassene Prüfung schadet dem Käufer unter Umständen weniger als die vorgenommene Prüfung.[115]

Für die Due Diligence folgt daraus zunächst: Je gründlicher der Käufer prüft und je mehr Mängel er dabei herausfindet, umso eher muss er mit einer **Beschränkung** seiner Gewährleistungs- oder Schadensersatzansprüche rechnen. Dies wiederum bedeutet, dass die Due Diligence gewährleistungsrechtlich nur Sinn macht, wenn sie erstens hinreichend gründlich durchgeführt wird und wenn zweitens, und dies ist besonders wichtig, bei der Ausarbeitung des Kaufvertrags die Ergebnisse der Due Diligence berücksichtigt werden. In jenen Punkten, in denen die Gewährleistung oder der Schadensersatz infolge der Offenlegung des Mangels ausgeschlossen ist, sollte aus Sicht des Käufers eine **Garantiehaftung** in Form einer Beschaffenheitsgarantie (§ 443 Abs. 1 BGB) oder eines selbständigen Garantieversprechens gemäß § 311 Abs. 1 BGB (zur Unterscheidung unten Rz. 107), jeweils unter Ausschluss des § 442 Abs. 1 BGB, in Bezug auf mögliche Schäden oder Nachteile erwogen werden.[116] 92

Bisweilen versucht der Käufer, nach angelsächsischem Vorbild die Beeinträchtigung der **Gewährleistung** infolge der Kenntnis allein dadurch zu **beschränken**, dass die **bekannten Umstände** im Vertrag selbst oder in seinen Anlagen abschließend **enumeriert** werden *(disclosure schedule)*. Nur diese Umstände sollen dann von der Kenntnis umfasst sein. Kenntnis über weitere Mängel und Umstände soll danach insoweit nicht zum Wegfall der Gewährleistung nach § 442 Abs. 1 Satz 1 BGB führen. 93

---

112) *Westermann* in: MünchKomm-BGB, § 442 Rz. 5.
113) RG, Recht 1907, Nr. 275; s. a. BGH, NJW 1961, 1860; BGH, NJW 1991, 2700, dazu EWiR § 434 BGB 1/91, 879; *Faust* in: Bamberger/Roth, BGB, § 442 Rz. 17; *Grunewald* in: Erman, BGB, § 442 Rz. 4; *Westermann* in: MünchKomm-BGB, § 442 Rz. 5.
114) *Picot* in: Berens/Brauner/Strauch/Knauer, Due Diligence, S. 323, 346 f.; *Holzapfel/Pöllath*, Unternehmenskauf, Rz. 648; *Seibt/Reiche*, DStR 2002, 1135, 1141.
115) *Fleischer/Körber*, BB 2001, 841, 847; *Holzapfel/Pöllath*, Unternehmenskauf, Rz. 43; Darstellung der verschiedenen Meinungsansätze bei *Hilgard*, BB 2013, 963, 968.
116) Vgl. auch *Picot* in: Picot, Unternehmenskauf, § 4 Rz. 374 ff. Bei Abgabe eines selbständigen Garantieversprechens dürfte ein Ausschluss zwar rechtlich nicht erforderlich, aber praktisch empfehlenswert sein. Denn § 442 Abs. 1 BGB gilt direkt nur im kaufrechtlichen Gewährleistungsrecht und wäre auf selbständige Garantien daher allenfalls analog anwendbar. Rechtsprechung hierzu gibt es jedoch nicht, so dass ein ausdrücklicher Ausschluss von § 442 Abs. 1 BGB aus Käufersicht zur Klarstellung ratsam ist.

94 Für die allgemeine Gewährleistungshaftung oder Haftung wegen unterlassener Information wird eine solche **reine Aufzählung** von Umständen in der Literatur für **rechtlich unbeachtlich** gehalten.[117] Der Käufer könne nicht einen Anspruch aus unterlassener Information erheben, wenn er den Umstand tatsächlich gekannt habe. Dem stehe § 442 Abs. 1 BGB entgegen, sofern dieser nicht abbedungen wurde.

95 Aus diesem Grund werden sich Wirksamkeit und Reichweite solcher gewährleistungserweiternder Vereinbarungen richtigerweise danach richten, ob **§ 442 Abs. 1 BGB** vertraglich **abbedungen** wurde.[118] Die Abdingbarkeit wird allgemein bejaht, wohingegen ein einseitiger Vorbehalt des Käufers nicht genügt.[119] Eine reine Aufzählung der bekannten und offengelegten Mängel und Umstände im Vertrag oder seinen Anlagen wird deshalb daraufhin zu prüfen sein, ob die Parteien damit die Folgen des § 442 Abs. 1 BGB auf jene aufgeführten Mängel und Umstände beschränken wollten. Im Übrigen ist ggf. zu erwägen, ob die Auflistung der Mängel und Umstände, die der Käufer kennt und die er mithin dem Verkäufer i. R. der Gewährleistung nicht entgegenhalten kann, eine konkludent erklärte **selbständige Gewährleistungsgarantie** des Verkäufers für andere, d. h. nicht aufgeführte Mängel bedeutet.

b) Kenntniszurechnung

96 Die Due Diligence gewinnt auch für das Problem der **Kenntniszurechnung** Bedeutung. Je stärker die Parteien i. R. der Kaufvorbereitung die Hilfe **Dritter** (etwa Anwälte, Wirtschaftsprüfer, Steuer- und Unternehmensberater) in Anspruch nehmen, umso wichtiger wird die Frage, ob das Wissen dieser Dritten der jeweiligen Partei zugerechnet werden kann. Teilweise wird in der Literatur vertreten, dass nur das Wissen von sog. Abschluss- und Verhandlungsvertretern zugerechnet werden kann, nicht jedoch jeden beliebigen Beraters oder Mitarbeiters.[120] Überwiegend wird der Partei aber umfassend das Kennen oder Kennenmüssen ihrer Hilfspersonen und insbesondere ihrer Berater und leitenden Mitarbeiter zugerechnet.[121] Als Sonderproblem stellt sich die Frage, inwiefern das Wissen von Mitarbeitern der Zielgesellschaft dem Erwerber zuzurechnen ist, wenn er diese übernimmt, wobei hier regelmäßig auf den Übernahmezeitpunkt abzustellen ist.[122]

---

117) *Holzapfel/Pöllath*, Unternehmenskauf, Rz. 43.
118) Für Beispielsklauseln vgl. *Hilgard*, BB 2013, 963, 964 f.
119) Vgl. *Weidenkaff* in: Palandt, BGB, § 442 Rz. 4; *Matusche-Beckmann* in: Staudinger, BGB, § 442 Rz. 61; *Westermann* in: MünchKomm-BGB, § 442 Rz. 22; *Hilgard*, BB 2013, 963.
120) *Goldschmidt*, ZIP 2005, 1305, 1310; *Tietmeyer* in: Rotthege/Wassermann, Unternehmenskauf, Kap. 9 Rz. 107; differenzierend *Selmer* in: Hölters, Hdb. Unternehmenskauf, Teil VII Rz. 49 f.
121) *Picot* in: Picot, M&A, S. 344; Zur Wissenszurechnung nach § 278, § 166 und alternativ nach § 164 Abs. 3 BGB s. *Baum*, Die Wissenszurechnung, S. 39 ff.; *Koller*, JZ 1998, 75; anders für die Kenntnis lediglich intern tätiger Berater BGH, WM 1974, 312, 313; BGH, NJW-RR 1997, 270; *Wardenbach*, KSzW 2011, 389, 392 f.; wertende Betrachtungsweise *Meyer*, WM 2012, 2040, 2043 f.
122) Ausführungen bei *Hilgard*, BB 2013, 963, 968.

Für die Praxis der Due Diligence bedeutet dies, dass die **lückenlose Kommu-** 97
nikation zwischen der jeweiligen Vertragspartei, ihren Beratern und den leitenden Mitarbeitern der Zielgesellschaft sehr wichtig ist. Ferner stellt sich die Frage nach der Haftungsbegrenzung, und zwar nicht zuletzt für das Verhältnis der jeweiligen Partei zu ihren Beratern. Denn diese können sich bei persönlicher Inanspruchnahme eventuell auf eine vereinbarte Freizeichnung berufen.

c) **Verkehrssitte**

Wie bereits ausgeführt, trifft den Käufer nach deutschem Kaufrecht grundsätz- 98
lich **keine Prüfungspflicht.**[123] Die Gewährleistung hängt nicht davon ab, dass der Käufer das Kaufobjekt vor Vertragsschluss geprüft hat. Insoweit trifft den Käufer nach den kaufrechtlichen Gewährleistungsregelungen nicht einmal der Einwand des Mitverschuldens. Denn § 254 BGB ist wegen der Sonderregelung des § 442 BGB insoweit unanwendbar.[124] Umstritten ist jedoch, inwiefern sich bereits eine kaufrechtliche **Verkehrssitte**, eine Due Diligence durchzuführen, herausgebildet hat, sodass der Käufer schon bloß bei fehlender Due Diligence grob fahrlässig i. S. des § 442 Abs. 1 Satz 2 BGB handelt.[125]

Es besteht kein Zweifel, dass die kaufvorbereitende Due Diligence-Unter- 99
suchung in der deutschen Unternehmenskaufpraxis mittlerweile regelmäßig

---

123) Soweit der Kauf für beide Parteien jedoch ein Handelsgeschäft ist, trifft den Käufer nach § 377 Abs. 1 HGB zwar eine Untersuchungs- und Rügeobliegenheit. Allerdings ist § 377 HGB nach umstrittener Ansicht nicht auf Unternehmenskäufe anwendbar; so *Berens/Schmitting/Strauch* in: Berens/Brauner/Strauch/Knauer, Due Diligence, S. 63, 94 f.; *Hörmann* in: FS P+P Pöllath, S. 135, 146; a. A. *Beisel* in: Beisel/Klumpp, Unternehmenskauf, Kap. 2 Rz. 9; *Picot* in: Berens/Brauner/Strauch, Due Diligence, S. 295, 317 f. Einhellig wird allerdings zu Recht von einer untergeordneten Bedeutung des § 377 HGB für einen Unternehmenskauf ausgegangen, da die Untersuchungsobliegenheit erst nach der Ablieferung der Kaufsache besteht und der Käufer zu diesem Zeitpunkt bereits regelmäßig durch seine vorvertragliche Due Diligence das Unternehmen soweit wie möglich durchleuchtet haben wird.
124) So die h. M.: BGH, NJW 1978, 2240; *Heinrichs* in: Palandt, BGB, § 254 Rz. 2; *Matusche-Beckmann* in: Staudinger, BGB, § 442 Rz. 45; *Westermann* in: MünchKomm-BGB, § 442 Rz. 12; *Semler* in: Hölters, Hdb. Unternehmenskauf, Teil VII Rz. 57; *Fleischer/Körber*, BB 2001, 841, 848; *Hasselbach/Ebbinghaus*, DB 2012, 221; vgl. für das Schweizer Recht *Vischer*, SJZ 2000, 229; a. A. noch BGH, NJW 1960, 720, 721.
125) Gegen das Bestehen einer Verkehrssitte: *Fleischer/Körber*, BB 2001, 841, 846; *Westermann* in: MünchKomm-BGB, § 453 Rz. 60; *Andreas/Beisel* in: Beck'sches Mandatshandbuch Due Diligence, § 5 Rz. 25 ff.; *Müller*, NJW 2004, 2196, 2197 f.; *Beisel* in: Beisel/Klumpp, Unternehmenskauf, Kap. 2 Rz. 10; *Ellenberger* in: Palandt, BGB, § 133 Rz. 21; *Werner*, ZIP 2000, 989, 990; ebenso für die Rechtslage in der Schweiz *Vischer*, SJZ 2000, 229, 235; dafür *Böttcher*, ZGS 2007, 20, 25; *Berens/Schmitting/Strauch* in: Berens/Brauner/Strauch/Knauer, Due Diligence, S. 63, 95; *Elfring*, JuS Beilage 5/2007, S. 3, 11 f.; *Vogt*, DStR 2001, 2027, 2031 befürwortend bei professionellen Unternehmenskäufen *Semler* in: Hölters, Hdb. Unternehmenskauf, Teil VII Rz. 55; grundsätzlich befürwortend bei Großunternehmen *Sieja*, NWB 2009, 2974, 2978; *Wardenbach*, KSzW 2011, 389, 393; in der Tendenz bejahend *Holzapfel/Pöllath*, Unternehmenskauf, Rz. 649.

§ 2 Ablauf und Vertragsgestaltung

durchgeführt und als wichtig angesehen wird. Dies gilt auch bei rein innerdeutschen Unternehmenskäufen ohne jeden Auslandsbezug.[126] Man wird sagen können, dass ein Unternehmenskauf ohne Due Diligence in dieser oder jener Form praktisch nicht vorkommt.

100 Anerkanntermaßen können besondere Umstände im Einzelfall nach **Treu und Glauben** eine **Untersuchungspflicht** begründen, deren Vernachlässigung den Tatbestand der groben Fahrlässigkeit erfüllen kann.[127] Grob fahrlässig handelt danach etwa ein Käufer, wenn der Mangel offensichtlich ist und er ihn ohne weiteres erkennen kann, aber dennoch keine Prüfung vornimmt.[128] Gleiches gilt, wenn es beim Kauf von Sachen der betreffenden Art eine Verkehrssitte gibt, nach der eine Untersuchung durch den Käufer erfolgt.[129] Wird die Untersuchung unterlassen oder entspricht ihre Durchführung nicht der Verkehrssitte, dann **entfällt der Gewährleistungsanspruch.** Dabei ist dem Käufer der Einwand des Mitverschuldens des Verkäufers verwehrt.[130] Zur Verkehrssitte gehört die vorvertragliche Prüfung des Kaufobjekts etwa beim Immobilienkauf.[131]

101 Beim **Unternehmenskauf** gestaltet sich die Situation dagegen **schwieriger.** Das LG Frankfurt am Main hat zwar in einer Entscheidung aus dem Jahre 1997 ausgeführt, eine detaillierte Prüfung des Zielobjekts in betriebswirtschaftlicher und juristischer Hinsicht i. R. einer Due Diligence bereits im vorvertraglichen Stadium sei „*als allgemein üblich*" anzusehen.[132] Auch ein Urteil des OLG Oldenburg zeigt, dass jedenfalls i. R. der Sorgfaltspflicht von Geschäftsleitern in bestimmten Fällen eine Due Diligence erwartet wird.[133] Diese Urteile lassen jedoch nicht auf eine für alle Unternehmenskäufe geltende Verkehrssitte und damit auf eine ständige und hinreichend verfestigte Übung schließen.

102 Gegen eine **Verkehrssitte** spricht zunächst, dass anders als etwa für die Abschlussprüfung einer Gesellschaft (noch) keine für die Due Diligence verbindlichen oder zumindest allgemein akzeptierten Bestimmungen über den Umfang der Prüfung und insbesondere über die zu prüfenden rechtlichen und tatsäch-

---

126) *Merkt*, WiB 1996, 145, 148; *Picot* in: Berens/Brauner/Strauch/Knauer, Due Diligence, S. 323, 325; *Hörmann* in: FS P+P Pöllath + Partners, S. 135, 136; *Harrer*, DStR 1993, 1673; *Vorbrugg* in: International Bar Association, S. 205.
127) *Matusche-Beckmann* in: Staudinger, BGB, § 442 Rz. 26.
128) *Picot* in: Picot, M&A, S. 342.
129) *Matusche-Beckmann* in: Staudinger, BGB, § 442 Rz. 30.
130) In diesem Sinne auch *Matusche-Beckmann* in: Staudinger, BGB, § 442 Rz. 47.
131) *Grunewald* in: Erman, BGB, § 442 Rz. 12; *Matusche-Beckmann* in: Staudinger, BGB, § 442 Rz. 30.
132) LG Frankfurt/M., ZIP 1998, 641, 644.
133) OLG Oldenburg, NZG 2007, 434 = GmbHR 2006, 1263.

lichen Umstände bestehen. Entscheidend ist der jeweilige Einzelfall.[134] Dem wird teilweise entgegenhalten, dass sich bspw. die vorgeschlagenen Checklisten und Muster für die Prüfung von Unternehmen kaum voneinander unterschieden, sodass sich offensichtlich ein bestimmter Standard herausgebildet habe.[135] Jedoch ist zu berücksichtigen, dass solche Checklisten und Muster zum einen trotz ihres ähnlichen äußeren Erscheinungsbilds sehr unterschiedlich sind und zum anderen lediglich versuchen, sämtliche Risiken abzudecken, ohne hierbei auf den Einzelfall abzustellen.[136] Was hiervon tatsächlich in der Unternehmensprüfung selbst verwendet wird, hängt von vielen Faktoren ab, bspw. der Transaktionsstruktur, der zur Verfügung stehenden Zeit oder dem Verhältnis zwischen Kaufpreis und gerechtfertigtem Aufwand für die Due Diligence. Schließlich streitet auch die grundsätzlich bestehende gesellschaftsrechtliche Pflicht der Geschäftsleitung der erwerbenden Gesellschaft, eine Due Diligence durchzuführen (dazu unten Rz. 117 f.), nicht für eine Verkehrssitte im Kaufrecht. Der Geschäftsleiter des Käufers erfüllt mit dem Auftrag, eine Due Diligence durchführen zu lassen, seine Sorgfaltspflichten gegenüber der eigenen Gesellschaft. Ein rechtlich schützenswertes Vertrauen des Verkäufers lässt sich hieraus nicht ableiten, zumal die §§ 93 AktG und 43 GmbHG nach allgemeiner Auffassung nicht außenstehende Interessen schützen sollen.[137]

Unternimmt der Kaufinteressent trotz fehlender Pflicht eine Due Diligence, 103 stellt sich die Frage, wann sein Gewährleistungsanspruch gemäß **§ 442 Abs. 1 Satz 2 BGB** wegen **grob fahrlässiger Unkenntnis** ausgeschlossen sein kann (siehe zur Kenntnis oben Rz. 90 ff.). Hierzu werden unterschiedliche Ansichten vertreten.[138] Teilweise werden einige Stimmen in der Literatur[139] und der Recht-

---

134) *Fleischer/Körber*, BB 2001, 841, 846; *Andreas/Beisel* in: Beck'sches Mandatshandbuch Due Diligence, § 5 Rz. 26; *Picot* in: Picot, Unternehmenskauf, § 4 Rz. 290; *Westermann* in: MünchKomm-BGB, § 453 Rz. 58; *Eggenberger*, S. 249 f.
135) *Elfring*, JuS Beilage 5/2007, S. 3, 11.
136) In diesem Sinne auch *Beisel* in: Beisel/Klumpp, Unternehmenskauf, Kap. 2 Rz. 10; *Eggenberger*, S. 249 f.; *Picot* in: Berens/Brauner/Strauch/Knauer, Due Diligence, S. 323, 353.
137) *Fleischer/Körber*, BB 2001, 841, 846; *Müller*, NJW 2004, 2196, 2198; *Andreas/Beisel* in: Beck'sches Mandatshandbuch Due Diligence, § 5 Rz. 27; zum Schutzzweck der §§ 93 AktG und 43 GmbHG s. BGHZ 125, 366, 375; *Fleischer* in: Spindler/Stilz, AktG, § 93 Rz. 264 f.; *Spindler* in: MünchKomm-AktG, § 93 Rz. 1; *Kleindiek* in: Lutter/Hommelhoff, GmbHG, § 43 Rz. 1.
138) Für einen gedrängten Überblick über den Streitstand *Fleischer/Körber*, BB 2001, 841, 848; *Andreas/Beisel* in: Beck'sches Mandatshandbuch Due Diligence, § 5 Rz. 18 f.; *Picot* in: Berens/Brauner/Strauch/Knauer, Due Diligence, S. 323, 349 f.
139) *Loges*, BB 1997, 965, 968; *Seibt/Reiche*, DStR 2002, 1135, 1141; *Triebel/Hölzle*, BB 2002, 521, 526; *Gaul*, ZHR 166 (2002), 35, 64; *Wunderlich*, WM 2002, 981, 982; *Mueller-Thuns* in: Rödder/Hötzel/Mueller-Thuns, § 3 Rz. 53, der aber in Rz. 54 eine klare Einschränkung vornimmt.

§ 2 Ablauf und Vertragsgestaltung

sprechung[140] so interpretiert, dass ein Käufer, der ein Unternehmen unsorgfältig oder unvollständig prüft, möglicherweise grob fahrlässig handelt.[141] Diese Auffassung würde jedoch zu einem Wertungswiderspruch führen: Es wird der Käufer, der freiwillig eine Due Diligence durchführt, schlechter gestellt als derjenige, der auf die freiwillige Due Diligence verzichtet. Entscheidend kann daher nicht sein, ob der eine Due Diligence durchführende Käufer hierbei einen Mangel grob fahrlässig verkennt. Vielmehr ist darauf abzustellen, ob der Käufer (unabhängig davon, ob er eine Due Diligence durchgeführt hat oder nicht) den Mangel **auch ohne nähere Prüfung der Zielgesellschaft hätte erkennen müssen.**[142] Hiermit wird auch angemessen berücksichtigt, dass eine Due Diligence oftmals unter großem Zeitdruck stattfindet. Der Käufer und seine Berater müssen zahlreiche Dokumente in kurzer Zeit durchsehen und bewerten. Es würde zu einer unvertretbaren Ungleichbehandlung führen, wenn dem einen Käufer trotz zu unterstellender großer Anstrengung hierbei Mängel unbekannt bleiben und ihm seine Gewährleistungsrechte vollständig aus der Hand geschlagen würden, während der keine Due Diligence durchführende Käufer solche Mängel ohne Weiteres geltend machen dürfte.

104 **Sieht man** entgegen der hier vertretenen Auffassung eine umfassende Due Diligence als **Verkehrssitte** an, ergeben sich für den Käufer aus der Bestimmung des § 442 Abs. 1 BGB, abweichend vom Grundsatz des deutschen Kaufrechts, **Untersuchungspflichten.** Deren Umfang hängt davon ab, was i. R. einer Due Diligence zu verlangen wäre. Allgemein lässt sich dies nicht feststellen, weil jeder Einzelfall anders ist. Bei Unternehmen, deren Träger eine Kapitalgesellschaft ist, dürfte bspw. die finanzielle Due Diligence häufig eine interne Bilanzanalyse (Prüfung des Jahresabschlusses sowie Hinzuziehung von Kostenrechnung und Kalkulation, kurzfristige Erfolgsrechnung, Betriebsstatistik, ggf. Berichte der Außendienstmitarbeiter sowie Gutachten zur Markt- und Konkurrenzsituation usw.) beinhalten. Beschränkt sich nun der Käufer – was gerade bei kleineren Unternehmen vorkommen könnte – auf die bloße externe Bilanzanalyse (Prü-

---

140) OLG Celle, BB 1957, 910; OLG Köln, NJW 1973, 903.
141) In diesem Sinne *Picot* in: Berens/Brauner/Strauch/Knauer, Due Diligence, S. 323, 349; *Picot* in: Picot, Unternehmenskauf, § 4 Rz. 284; *Andreas/Beisel* in: Beck'sches Mandatshandbuch Due Diligence, § 5 Rz. 18; einschränkend *Fleischer/Körber*, BB 2001, 841, 848. Ob die angeführte Rspr. sowie Literaturfundstellen allerdings tatsächlich so zu verstehen sind, ist fragwürdig. Die zitierte Rspr. befasst sich nicht mit Unternehmensakquisitionen und kann daher nicht ohne nähere Begr. übertragen werden. Auch die angeführte Literatur deutet die Möglichkeit einer groben Fahrlässigkeit aufgrund einer unvollständigen oder fehlerhaften Due Diligence lediglich an.
142) *Fleischer/Körber*, BB 2001, 841, 848; *Andreas/Beisel* in: Beck'sches Mandatshandbuch Due Diligence, § 5 Rz. 19; *Müller*, NJW 2004, 2196, 2199; *Hilgard*, BB 2013, 963, 966 f.; *MuellerThuns* in: Rödder/Hötzel/Mueller-Thuns, § 3 Rz. 52 und 54; *Picot* in: Berens/Brauner/Strauch/Knauer, Due Diligence, S. 323, 350; noch weitergehend *Knott/Mellert* in: Knott/Mielke, Unternehmenskauf, Rz. 170 f.; enger *Westermann* in: MünchKomm-BGB, § 453 Rz. 59.

fung lediglich des Jahresabschlusses)[143] und weicht somit etwa der tatsächliche Umfang versteckter Verbindlichkeiten, das technische und organisatorische Know-how oder die technologische Reife der Produkte von dem im Vertrag insoweit Vorgesehenen oder Vorausgesetzten ab, könnte der Gewährleistungsanspruch möglicherweise wegen § 442 Abs. 1 Satz 2 BGB vollständig entfallen. Denn eine interne Bilanzanalyse hätte hier Klarheit geschaffen. Ob den Verkäufer dabei ein Mitverschulden trifft, würde keine Rolle spielen, soweit er nicht arglistig gehandelt oder eine Beschaffenheitsgarantie übernommen hat (§ 442 Abs. 1 Satz 2 BGB).[144] Dabei darf nicht übersehen werden, dass es oftmals äußerst schwierig sein wird, den Aufwand einer erschöpfenden Prüfung und namentlich die Kosten für Gutachten externer Unternehmensberater gegen die **wirtschaftlichen Risiken** einer beschränkten Prüfung abzuwiegen.[145]

3. Garantiehaftung

Die Due Diligence ist besonders wichtig, um ein adäquates **Gewährleistungs- und Haftungsregime** für den Unternehmenskaufvertrag ausarbeiten zu können und so eine Unabhängigkeit vom gesetzlichen Gewährleistungssystem zu erreichen. Zu einem solchen Haftungsregime hat nicht zuletzt der BGH wiederholt ausdrücklich geraten.[146] 105

Dabei sollte die deutsche Praxis ganz dem US-amerikanischen Vorbild folgend die **Due Diligence-Prüfung** des Unternehmens mit der Gestaltung der **Gewährleistungsregelungen** im Vertrag **verzahnen**. Ausgangspunkt muss eine umfassende Due Diligence-Prüfung (Informationssammlung und -dokumentation sowie rechtliche Auswertung) durch den Kaufinteressenten sein. Der auf dieser Grundlage erstellte Due Diligence Bericht, dessen Umfang vom Einzelfall abhängt (siehe oben Rz. 68 ff.), lässt regelmäßig sehr genau erkennen, wo die **gewährleistungsrechtlichen Probleme** liegen, insbesondere in welchen Punkten der Käufer noch weitere Informationen und – vor allem falls solche nicht erhältlich sind – Gewährleistung braucht und in welchen Punkten der Verkäufer keine Gewährleistung übernehmen kann. Die Due Diligence-Prüfung 106

---

143) Zur Bilanzanalyse unverändert grundlegend *Leffson,* passim.
144) § 254 BGB wird nach h. M. durch die Sonderregelung des § 442 BGB verdrängt; für Nachweise s. o. Rz. 98 Fn. 124.
145) Wohin die Entwicklung gehen kann, zeigt die US-amerikanische Entscheidung in *Whirlpool Financial Corporation v. GN Holdings, Inc.,* 67 F.3d 605 (7th Cir. 1995): Die Pflicht zur Due Diligence erstreckt sich auf alle öffentlich zugänglichen Informationen, die über das zu erwerbende Unternehmen im Internet verfügbar sind. Danach können Unternehmenskäufer, die entsprechende Informationen nicht zur Kenntnis nehmen, ihre Gewährleistungsansprüche verlieren. Das Unterlassen entsprechender Recherchen oder das Nichtermitteln dieser Informationen kann aber auch dazu führen, dass Unternehmensberater, Wirtschaftsprüfer oder Rechtsanwälte, die den Käufer beraten, haftbar werden.
146) BGHZ 65, 246, 252 = GmbHR 1976, 63 unter Bezug auf RGZ 146, 120; BGH, NJW 1977, 1538, 1539 = WM 1977, 712.

dient also nicht bloß dazu, alle rechtlichen und tatsächlichen Verhältnisse des Unternehmens offenzulegen sowie den Kaufgegenstand zu beschreiben und damit den Zustand der Zielgesellschaft zu bestimmen. Vielmehr kann aus der Due Diligence zugleich das **Gewährleistungsprogramm** gewonnen werden. Es kommt also zu einem Dreiklang aus jenen Punkten, die der Erwerber prüfen sollte, jenen Punkten, die der Veräußerer offenlegen sollte, um seine Haftung zu vermeiden, und jenen Punkten, in denen Garantien zu vereinbaren sind.

107 In rechtstechnischer Sicht bieten sich für die vertragliche Gestaltung der Gewährleistung verschiedene Möglichkeiten an. Die Parteien können eine **Beschaffenheit vereinbaren** (§ 434 Abs. 1 Satz 1 BGB), der Verkäufer kann eine **Beschaffenheit garantieren** (§ 443 Abs. 1 BGB) oder er kann **selbständige Garantieversprechen** gemäß § 311 Abs. 1 BGB abgeben.[147] **Vorzugswürdig** ist die Abgabe von **selbständigen Garantieversprechen**. Hiermit machen die Parteien schon terminologisch deutlich, nicht lediglich eine Modifikation der gesetzlichen Gewährleistungsregelungen des BGB, sondern ein autonomes und von der gesetzlichen Regelung unabhängiges Gewährleistungsregime zu vereinbaren, das die gesetzliche Regelung ersetzt und verdrängt.[148] Außerdem entgehen sie damit dem gesetzlich nicht definierten Begriff der Beschaffenheit, unter den sich nach einer Mindermeinung wirtschaftliche Kennzahlen eines Unternehmens, wie etwa Umsatz, Ertrag und Vermögenslage, nicht fassen lassen und damit nicht Gegenstand einer Beschaffenheitsvereinbarung oder Beschaffenheitsgarantie sein können.[149] Auch andere rechtliche Fragen können die Parteien so abschließend in der einen oder anderen Weise für sich regeln, wie etwa, ob die Mangelhaftigkeit eines zum Unternehmen gehörenden Einzelgegenstands ausreicht, um einen Mangel des Unternehmens insgesamt zu bejahen.[150] Zudem empfiehlt es sich, durch ein eigenständiges Haftungsregime die gesetzlich geregelten Rechtsfolgen beim Unternehmenskauf zu vermeiden; diese sind z. B. insoweit nicht interessengerecht, als sie als Folge eines Rücktritts die Rückabwicklung erlauben, die bei einem Unternehmenserwerb praktisch aber kaum

---

147) *Von Hoyenberg* in: Münchener Vertragshandbuch, Bd. 2, IV. 3., 4., Anm. 101 ff.
148) *Knott* in: Knott/Mielke, Unternehmenskauf, Rz. 154; *Holzapfel/Pöllath*, Unternehmenskauf, Rz. 641 ff., 676; *Vorbrugg* in: International Bar Association, S. 205, 215.
149) So etwa *Huber*, AcP 202 (2002), 179, 228; *Kindl*, WM 2003, 409, 411; *Weitnauer*, NJW 2002, 2511, 2513 f.; *Semler* in: Hölters, Hdb. Unternehmenskauf, Teil VII Rz. 243; anders dagegen die h. M., wie etwa *Holzapfel/Pöllath*, Unternehmenskauf, Rz. 619; *Westermann* in: MünchKomm-BGB, § 453 Rz. 31; *Beckmann* in: Staudinger, BGB, § 453 Rz. 28 ff.; *Seibt/Reiche*, DStR 2002, 1135, 1137 f.; *Triebel/Hölzle*, BB 2002, 521, 525; *Wolf/Kaiser*, DB 2002, 411, 414.
150) Bei fehlender Regelung abl. BGH, ZIP 2009, 2063, 2064 f. = DB 2009, 2259; dazu *Picot*, DB 2009, 2587 sowie *Weller*, EWiR 2010, 15; zum Streitstand *Emmerich* in: MünchKomm-BGB, § 311 Rz. 93 ff.; bejahend etwa *Matusche-Beckmann* in: Staudinger, BGB, § 434 Rz. 145; *Grunewald* in: Erman, BGB, § 434 Rz. 43.

durchführbar ist.[151] Auch lassen sich so spezifische Regelungen für die Rechtsfolgen treffen, wie etwa Haftungshöchstgrenzen und Schadensmindestbeträge. Schließlich lässt sich bei internationalen Unternehmenskäufen regelmäßig ohnehin das deutsche Gewährleistungsrecht nicht durchsetzen, weil dies dem ausländischen Vertragspartner fremd ist. Hier ist der einzig gangbare Weg, ein eigenes Gewährleistungsregime mit selbständigen Garantieversprechen zu vereinbaren, die einen Rückgriff auf das deutsche Gewährleistungsrecht entbehrlich machen.

Dabei sind hinsichtlich selbständiger Garantieversprechen insbesondere folgende Punkte unbedingt zu berücksichtigen und ausdrücklich zu regeln (siehe näher dazu unten Rz. 165 ff.):[152]

108

- Welche Gesichtspunkte sollen garantiert werden, welchen **Inhalt** soll also der Garantiekatalog im Einzelnen haben?
- Soll das **Vorhandensein** positiver oder das **Fehlen** negativer Faktoren vereinbart werden?
- Soll die Haftung des Verkäufers tatsächlich vollkommen **verschuldensunabhängig** sein?
  - Gegebenenfalls: Welcher Grad des Verschuldens soll haftungsauslösend sein?
  - Soll Kenntnis oder verschuldete Unkenntnis des Käufers haftungsmindernd oder -ausschließend wirken? (Wenn nein, sog. *pro-sandbagging*-Regelung; wenn ja, sog. *anti-sandbagging*-Regelung.)[153]
- Welche **Verjährungsfrist** soll gelten?
- Wann soll sie beginnen?
- In welchen Fällen soll sie gehemmt werden?
- Welche **Rechtsfolgen** soll die Abweichung von Garantieversprechen auslösen?
- Soll der Käufer den Kaufpreis mindern dürfen (nach welcher Berechnungsmethode?), oder
- soll er zurücktreten können (mit welchen Folgen in Bezug auf die in der Zwischenzeit eingetretenen Veränderungen, Verluste, Gewinne des Unternehmens?) oder
- soll Schadensersatz geleistet werden (ausschließlich oder neben anderen Folgen und nach welcher Berechnungsmethode?)?

---

151) Ebenso *Schrader* in: Seibt, M&A, C. II. 1. Anm. 91, S. 223.
152) Näher dazu *von Hoyenberg* in: Münchener Vertragshandbuch, Bd. 2, IV. 3., 4. Anm. 101 ff.; *Vorbrugg* in: International Bar Association, S. 205, 215 ff.
153) Näher dazu *Weißhaupt*, WM 2012, 782; nach einer Untersuchung der American Bar Association enthalten europäische Kaufverträge häufiger anti-sandbagging-Regelungen (47 % der untersuchten Verträge) und weniger pro-sandbagging-Regelungen (22 % der untersuchten Kaufverträge), *ABA*, European M&A Study, S. 58.

§ 2 Ablauf und Vertragsgestaltung

- Wenn **Schadensersatz** geleistet werden soll, wie sollen die weiteren Einzelheiten des Schadensersatzes aussehen?
  - Muss jeder einzelne Schadensersatzanspruch wegen einer Garantieverletzung eine bestimmte Mindesthöhe erreichen (sog. de minimis-Regelung)?
  - Muss die Summe aller Schadensersatzansprüche eine bestimmte Mindesthöhe erreichen (sog. Basket-Regelung)?
  - Wenn die Mindesthöhe erreicht ist, kann der Käufer für die gesamte Summe einschließlich des Betrags unterhalb der Mindesthöhe Schadensersatz verlangen (Mindesthöhe als sog. Freigrenze) oder nur für den überschießenden Teil (Mindesthöhe als sog. Freibetrag)?
  - Wird ein Betrag als Haftungshöchstgrenze (sog. *cap*) gewählt und wenn ja, in welcher Höhe?
- In welchem Verhältnis sollen die **vereinbarten** Garantiezusagen zur **gesetzlichen** Gewährleistung stehen?
  - Soll Letztere vollständig verdrängt werden oder
  - etwa nur für nicht (ausdrücklich) geregelte Mängel oder
  - in allen Fällen subsidiär gelten? Je ausführlicher das autonome Gewährleistungsregime ist, desto eher empfiehlt sich die Exklusivität dieses Regimes, um Störungen zu vermeiden.[154]

VIII. Gesellschaftsrechtliche Haftung

109 Von einer kaufrechtlichen Haftung zu unterscheiden ist die Haftung nach gesellschaftsrechtlichen Vorschriften. Von letzterer ist regelmäßig nur die Geschäftsführung der jeweiligen Gesellschaften betroffen. Hierbei lässt sich insbesondere unterscheiden zwischen einer möglichen Haftung der Geschäftsleitung der Zielgesellschaft und einer solchen der Geschäftsleitung des Erwerbers.

1. Pflichten der Geschäftsleitung der Zielgesellschaft

110 Die Durchführung einer Due Diligence wirft besondere Fragen für die Geschäftsleiter der Zielgesellschaft auf. Jedenfalls bei Kapitalgesellschaften unterliegen sie strengen gesellschaftsrechtlichen **Vertraulichkeitsverpflichtungen** und sind daher gehindert, Unternehmensinterna gegenüber Dritten offen zu

---

154) *Vorbrugg* in: International Bar Association, S. 218.

legen.[155] Dies vor allem dann, wenn diese Dritten – wie bei Unternehmenskäufen durch strategische Investoren nicht selten – im engeren oder weiteren Sinne zur Konkurrenz der Zielgesellschaft gehören. Die Vertraulichkeitsverpflichtung kollidiert schnell mit dem Wunsch eines Allein- oder Mehrheitsgesellschafters, das Unternehmen oder seine Anteile hieran zu veräußern und dem Kaufinteressenten deshalb einen möglichst umfassenden Einblick in die Bücher zu ermöglichen. Dies ist zwar kein Sonderproblem des internationalen Unternehmenskaufs, doch tritt der Konflikt hier wegen der häufig großen kulturellen Unterschiede besonders deutlich hervor.

a) GmbH

Die **Geschäftsführung** einer GmbH ist als Teil ihrer **Treuepflicht** gehalten, gegenüber Außenstehenden über vertrauliche Angaben und Geheimnisse der Gesellschaft Stillschweigen zu bewahren.[156] Diese nicht gesetzlich verankerte Pflicht ergibt sich jedenfalls aus der Strafvorschrift des § 85 GmbHG.[157] Allerdings können die Geschäftsführer bei einem Asset Deal i. R. ihrer Geschäftsführungsbefugnis (§ 43 Abs. 1 GmbHG) Informationen offenlegen, wenn nachvollziehbare unternehmerische Gründe vorliegen.[158] Im Fall eines Share Deals benötigen sie hierzu nach h. A. zusätzlich einen Gesellschafterbeschluss, der zudem einstimmig gefasst sein muss.[159] Jedoch haben die Gesellschafter einer GmbH gemäß § 51a GmbHG ein umfassendes Auskunfts- und Einsichtsrecht. Ihren Gesellschaftern gegenüber hat die GmbH keine Geheimnisse.[160] Damit kann die Informationsweitergabe der Geschäftsführung an Dritte zugunsten der Geschäftsführung so gedeutet werden, dass sie im Auftrag eines Gesellschafters erfolgt und damit letztlich nur dessen eigenen **Auskunftsanspruch** gemäß § 51a GmbHG erfüllt.

111

---

155) Hiervon zu unterscheiden sind Vertraulichkeitsverpflichtungen der Zielgesellschaft selbst aufgrund von Vertraulichkeitsvereinbarungen mit ihren Vertragspartnern. In solchen Fällen kann eine Freigabe von Informationen nur zwischen den Vertragspartnern vereinbart werden. Eine Abwägungsentscheidung der Geschäftsleitung der Zielgesellschaft zu Gunsten des Kaufinteressenten kann mit entsprechenden Vertragsstrafen und Schadensersatzpauschalen zu Lasten der Zielgesellschaft einhergehen; näher dazu *Schiffer/Bruß*, BB 2012, 847, 850 f.; *Müller*, NJW 2000, 3452, 3454.
156) So auch *Oppenländer*, GmbHR 2000, 535, 536 m. w. N.; *Kleindiek* in: Lutter/Hommelhoff, GmbHG, § 43 Rz. 20; *Zöllner/Noack* in: Baumbach/Hueck, GmbHG, § 35 Rz. 40; ebenso *Paefgen* in: Ulmer/Habersack/Winter, GmbHG § 43 Rz. 74 m. w. N., allerdings unter Verwendung einer differenzierenden dogmatischen Einordnung.
157) *Knott* in: Knott/Mielke, Unternehmenskauf, Rz. 63; *Schneider* in: Scholz, GmbHG, § 43 Rz. 144.
158) *Haas* in: Baumbach/Hueck, GmbHG, § 85 Rz. 10.
159) *Zöllner/Noack* in: Baumbach/Hueck, GmbHG, § 37 Rz. 11; *Haas* in: Baumbach/Hueck, GmbHG, § 85 Rz. 11.
160) *Fleischer/Körber* in: Berens/Brauner/Strauch/Knauer, Due Diligence, S. 295, 310; näher zum Auskunfts- und Einsichtsrecht *Zöllner* in: Baumbach/Hueck, GmbHG, § 51a Rz. 4 ff.

§ 2 Ablauf und Vertragsgestaltung

112 Allerdings unterliegt auch ein **Gesellschafter** aufgrund seiner **Treuepflicht** gegenüber seinen Mitgesellschaftern einer Verschwiegenheitspflicht gegenüber Dritten.[161] Daher muss die Geschäftsführung die Auskunft gegenüber einem Gesellschafter verweigern, wenn es konkrete Hinweise darauf gibt, dass dieser die vertraulichen Informationen treuwidrig weitergeben wird, und das Geheimhaltungsinteresse der Gesellschaft das Offenlegungsinteresse des Gesellschafters überwiegt.[162] Der Auskunftsanspruch ist namentlich nicht durchsetzbar, wenn die Auskunft zum Schaden des Unternehmens verwendet werden könnte, etwa um mit dem Unternehmen in den Wettbewerb zu treten, und die Gesellschafterversammlung den Anspruch verweigert (§ 51a Abs. 2 GmbHG). Dies wird bspw. dann akut, wenn der Kaufinteressent zugleich Wettbewerber des zu verkaufenden Unternehmens ist und der Gesellschafter Informationen über neue technische Entwicklungen oder strategische Planungen erfahren und weitergeben will.

113 Allerdings unterliegt die Geschäftsführung einer GmbH einem grundsätzlichen **Weisungsrecht** der Gesellschafter (§ 37 Abs. 1 GmbHG). Dieses Recht steht zwar nicht einzelnen Gesellschaftern zu, aber der **Gesellschafterversammlung**. Die einfache Mehrheit der abgegebenen Stimmen genügt für eine Weisung, eine Due Diligence und die damit verbundene Informationsweitergabe zuzulassen.[163] Forderungen nach einer qualifizierten Mehrheit[164] oder gar Einstimmigkeit[165] können nicht überzeugen, weil ohne entsprechende Satzungsregelung nicht ersichtlich ist, aus welchen Gründen von der Grundnorm des § 47 Abs. 1 GmbHG abgewichen werden soll.[166] Den Weisungen der Gesellschafterversammlung hat die Geschäftsführung zu folgen und daher dem Kaufinteressenten die Due Diligence zu ermöglichen (vgl. auch § 51a Abs. 2 Satz 2 GmbHG für den umgekehrten Fall der Informationsverweigerung). Allerdings wird man hierzu den Abschluss einer Vertraulichkeitsvereinbarung zum Schutz der Zielgesellschaft verlangen müssen (zur Vertraulichkeitsvereinbarung siehe oben Rz. 17 ff.).[167]

---

161) *Lutter*, ZIP 1997, 613, 615; *Oppenländer*, GmbHR 2000, 535, 537; *Seibt* in: MAH-GmbH, § 2 Rz. 195; *Hillmann* in: MünchKomm-GmbHG, § 51a Rz. 12.
162) *Koffka* in: Eilers/Koffka/Mackensen, Private Equity, I. 3. Rz. 17; *Fleischer/Körber* in: Berens/Brauner/Strauch/Knauer, Due Diligence, S. 295, 312; *Schiffer/Bruß*, BB 2012, 847, 850.
163) *Engelhardt*, GmbHR 2009, 237, 242; *Fleischer/Körber* in: Berens/Brauner/Strauch/Knauer, Due Diligence, S. 295, 313 f.; *Käpplinger* in: FS Schwark, S. 209, 211 f.; *Knott* in: Knott/Mielke, Unternehmenskauf, Rz. 65; *Paefgen* in: Ulmer/Habersack/Winter, GmbHG, § 43 Rz. 80; *Körber*, NZG 2002, 263, 268; *Götze*, ZGR 1999, 202, 229 f.
164) So *Oppenländer*, GmbHR 2000, 535, 540.
165) So LG Köln, GmbHR 2009, 261, 262; *Kleindiek* in: Lutter/Hommelhoff, GmbHG, § 43 Rz. 21; *Altmeppen* in: Roth/Altmeppen, GmbHG, § 43 Rz. 25; *Schneider* in: Scholz, GmbHG, § 43 Rz. 148; *Zöllner/Noack* in: Baumbach/Hueck, GmbHG, § 35 Rz. 40; *Schulze-Osterloh/Servatius* in: Baumbach/Hueck, GmbHG, § 85 Rz. 11; *Lutter*, ZIP 1997, 613, 616.
166) Im Einzelnen *Engelhardt*, GmbHR 2009, 237.
167) Ebenso *Käpplinger* in: FS Schwark, S. 209, 212.

b) Aktiengesellschaft

Der Vorstand einer AG als Zielgesellschaft ist gemäß § 93 Abs. 1 Satz 3 AktG 114 ausdrücklich verpflichtet, über vertrauliche Angaben und Geheimnisse **Stillschweigen** zu bewahren. Ein Verstoß hiergegen begründet einen Anspruch auf Schadensersatz (§ 93 Abs. 2 AktG) und ist strafbar (§ 404 AktG). Aktionäre haben im Gegensatz zu Gesellschaftern einer GmbH außerhalb des Konzernrechts nur in der Hauptversammlung Informationsrechte (§ 131 Abs. 1 AktG) und kein Weisungsrecht. Die Entscheidung, bei der Zielgesellschaft eine Due Diligence zuzulassen, trifft der Vorstand durch Beschluss nach § 77 Abs. 1 AktG. Die wohl überwiegende Ansicht verlangt Einstimmigkeit.[168] Bei seiner Entscheidung hat der Vorstand nach h. A. alle Vor- und Nachteile einer Offenlegung von Informationen abzuwägen.[169] Er hat nach pflichtgemäßem Ermessen i. R. d. Business Judgment Rule zu entscheiden (§§ 76, 93 Abs. 1 Satz 2 AktG).[170] Hierbei hat er das **objektive Gesellschaftsinteresse** zu wahren. Für die Entscheidung, eine Due Diligence zuzulassen, darf dieses nicht dem Offenlegungsinteresse des veräußerungswilligen Aktionärs entgegenstehen.[171] Der Vorstand hat zu prüfen, ob und inwieweit die Weitergabe von Geschäftsgeheimnissen erforderlich und ihre Vertraulichkeit durch entsprechende Vertraulichkeitsvereinbarungen mit dem Kaufinteressenten zu schützen ist.[172]

Ist die Zielgesellschaft **börsennotiert**, hat der Vorstand außerdem die **Insiderregeln** der §§ 13, 14 WpHG zu beachten. Nach § 14 Abs. 1 Nr. 2 WpHG ist es 115 verboten, einem anderen eine Insiderinformation unbefugt mitzuteilen oder zugänglich zu machen. Der Emittentenleitfaden der BaFin sieht das Merkmal „unbefugt" jedoch nicht als erfüllt an, wenn i. R. einer Due Diligence-Prüfung Insiderinformationen weitergegeben werden, soweit dies zur Absicherung einer konkreten Erwerbsabsicht bei einem Paket- oder Kontrollerwerb erforderlich

---

168) Vgl. *Fleischer/Körber* in: Berens/Brauner/Strauch/Knauer, Due Diligence, S. 295, 303.
169) *Koffka* in: Eilers/Koffka/Mackensen, Private Equity, I. 3. Rz. 16; *Fleischer/Körber* in: Berens/ Brauner/Strauch/Knauer, Due Diligence, S. 295, 303 ff.; *Fleischer* in: Spindler/Stilz, AktG, § 93 Rz. 170 f.; *Körber* in: Fleischer, Hdb. Vorstandsrecht, § 10 Rz. 23 f.; *Spindler* in: MünchKomm-AktG, § 93 Rz. 120; *Schwark/Kruse* in: Schwark/Zimmer, KMRK, § 14 WpHG Rz. 58; *Holzapfel/Pöllath*, Unternehmenskauf, Rz. 46; *Liekefett*, S. 113 ff.; *Zumbansen/Lachner*, BB 2006, 613, 614 ff.; *Körber*, NZG 2002, 263, 269 f.; *Müller*, NJW 2000, 3452, 3453 f.; *Ziegler*, DStR 2000, 249, 253; *Bihr*, BB 1998, 1198, 1199; *Schroeder*, DB 1997, 2161, 2162 f.; *Mertens*, AG 1997, 541, 546; *Roschmann/Frey*, AG 1996, 449, 452; strenger *Lutter*, ZIP 1997, 613, 617, und *Ziemons*, AG 1999, 492, 495; *Rubner*, KSzW 2011, 412, 413.
170) *Fleischer* in: Spindler/Stilz, AktG, § 93 Rz. 170; *Körber* in: Fleischer, Hdb. Vorstandsrecht, § 10 Rz. 23; *Körber*, NZG 2002, 263, 269.
171) *Fleischer/Körber* in: Berens/Brauner/Strauch/Knauer, Due Diligence, S. 295, 303; *Holzapfel/ Pöllath*, Unternehmenskauf, Rz. 44.
172) *Knott* in: Knott/Mielke, Unternehmenskauf, Rz. 62.

ist.[173)] Die ganz überwiegende Literatur ist gleicher Ansicht.[174)] Denn häufig liegt es im Interesse der Zielgesellschaft, mit dem möglichen Erwerber schon vor dem tatsächlichen Erwerb zusammenzuarbeiten, um ihre eigenständigen unternehmerischen Interessen ihm gegenüber früh vertreten und mit seinen Interessen in Einklang bringen zu können.[175)] Daran anschließend kann sich die Frage ergeben, ob ein auf der Grundlage solcher Informationen erfolgender Share Deal dennoch ein verbotenes **Insidergeschäft** sein kann. Hier ist nach richtiger Ansicht der BaFin zu differenzieren: Der Paketerwerb als solcher ist kein Insidergeschäft, wenn der Erwerber den Plan zum Erwerb unabhängig von den Informationen hatte und der Erwerb durch die Informationen nur bestärkt oder aufgegeben wird. Hingegen ist der Tatbestand des Insidergeschäfts erfüllt, wenn der Paketerwerber in Kenntnis der durch die Due Diligence erlangten Insidertatsachen später weitere Anteile erwirbt (sog. *alongside purchases*).[176)]

c) **Praxisfolgen**

116 In der Praxis spielen diese Probleme eine **untergeordnete Rolle**. Der Geschäftsleitung des betroffenen Unternehmens ist zumeist sehr bewusst, dass sie ihre Funktion, die Interessen der Gesellschaft zu wahren, nur so lange wahrnehmen kann, wie sie noch Geschäftsleitung ist. Ein Mehrheits- oder Alleingesellschafter wird diesen Gesichtspunkt unschwer zur Geltung bringen können. Dies gilt gerade für die GmbH, bei der es regelmäßig nicht wie bei der AG des mitunter mühsamen Umwegs über einen Aufsichtsratsbeschluss bedarf, um die Geschäftsführung auszuwechseln. In jedem Fall ist der Geschäftsleitung zu empfehlen, sich gegen Vorwürfe von der einen oder anderen Seite mit Hilfe eigener rechtlicher Beratung abzusichern.

2. **Pflichten der Geschäftsleitung des Erwerbers**

117 Von der Frage einer möglichen kaufrechtlichen Pflicht des Käufers zur Due Diligence (dazu oben Rz. 84 ff.) ist die Frage zu unterscheiden, ob die Ge-

---

173) *BaFin*, Emittentenleitfaden, S. 41.
174) *Hasselbach*, NZG 2004, 1087, 1088; *Fleischer/Körber* in: Berens/Brauner/Strauch/Knauer, Due Diligence, S. 295, 301; *Koffka* in: Eilers/Koffka/Mackensen, Private Equity, I. 3. Rz. 17; *Knott* in: Knott/Mielke, Unternehmenskauf, Rz. 75; *Spindler* in: MünchKomm-AktG, § 93 Rz. 122; *Assmann* in: Assmann/Schneider, WpHG, § 14 Rz. 113, 154; *Hemeling*, ZHR 169 (2005), 274, 283; *Mennicke* in: Fuchs, WpHG, § 14 Rz. 303 ff.; *Schwark/Kruse* in: Schwark/ Zimmer, KMRK, § 14 WpHG Rz. 57; *Liekefett*, S. 168 ff.; einschränkend *Bachmann*, ZHR 172 (2008), 597, 623 ff.; *Schäfer* in: Schäfer/Hamann, KMG, § 14 WpHG Rz. 74 ff.
175) *Hasselbach*, NZG 2004, 1087, 1089; *BaFin*, Emittentenleitfaden, S. 41.
176) *BaFin*, Emittentenleitfaden, S. 37 f.; *Assmann* in: Assmann/Schneider, WpHG, § 14 Rz. 45; *Hopt*, ZHR 159 (1995), 155 f. (Fn. 88); *Schäfer* in: Schäfer/Hamann, KMG, § 14 WpHG Rz. 69 und 71 ff.; *Schmidt-Diemitz*, DB 1996, 1809, 1812; zu den Auskunftspflichten und Auskunftsrechten des Vorstands einer AG nach Transaktionsabschluss vgl. *Traugott*, BB 2001, 2277; wann Insiderinformationen bei einem zeitlich gestreckten Sachverhalt vorliegen EuGH, NZG 2012, 784; dazu *Hitzer*, NZG 2012, 860; *Bingel*, AG 2012, 685.

schäftsleitung einer erwerbenden deutschen Gesellschaft aufgrund ihrer gesellschaftsrechtlichen Sorgfaltspflichten gegenüber dieser Gesellschaft eine Unternehmensprüfung durchzuführen hat. Eine verbreitete Auffassung bejaht eine solche Pflicht.[177] Die Geschäftsleitung hat die Sorgfalt eines ordentlichen und gewissenhaften Geschäftsleiters anzuwenden (§ 93 Abs. 1 Satz 1 AktG, § 43 Abs. 1 GmbHG). Hieraus wird abgeleitet, sie sei vor einem Unternehmenskauf **regelmäßig verpflichtet**, die Zielgesellschaft umfassend zu prüfen, um die Kaufentscheidung sorgfältig vorbereiten und die damit verbundenen Risiken begrenzen zu können.[178] Gestützt wird diese Ansicht auch durch die Business Judgment Rule, welche eine Entscheidung auf der *„Grundlage angemessener Information"* verlangt, damit keine Pflichtverletzung vorliegt (§ 93 Abs. 1 Satz 2 AktG). In **Ausnahmefällen** könne eine solche Pflicht jedoch entfallen, wenn sich bspw. eine kurzfristige und im Unternehmensinteresse liegende Geschäftschance ergibt und eine vorherige Prüfung des Zielobjekts nicht möglich ist.[179] Entscheidend ist damit der **konkrete Einzelfall**.[180] Je größer allerdings die Risiken des Kaufs erscheinen, desto zwingender wird es, eine Due Diligence durchzuführen. Deutlich wird dies in einer Entscheidung des OLG Oldenburg,[181] in der es um den besonderen Fall des Erwerbs eines Unternehmens aus der Insolvenz ging. In den Gründen heißt es:

> „Bei den vorhandenen Ungereimtheiten und Unsicherheiten in den vorhandenen betriebswirtschaftlichen Daten des vorherigen Klinikträgers, der Verlustlage beim vorausgegangenen Klinikbetreiber, einer eindeutig negativen Prognose nach den eigenen Ermittlungen der Geschäftsführer im November 1999 und dem hier vorhandenen Erwerb aus einer Insolvenz wäre jedenfalls vor der abschließenden Kaufentscheidung seitens der Bekl. eine umfassende Überprüfung der betriebswirtschaftlichen Daten, der genauen Ursachen der jahrelangen Verluste und eine eingehende, realistische Analyse des Umsatz- und Gewinnpotenzials (nach den Standards einer commercial und financial due diligence) unter Einsatz unbeteiligter, objektiver Fachleute (z. B. von Wirtschaftsprüfern) erforderlich gewesen, um eine hinreichend abgesicherte Grundlage für die zu treffende unternehmerische Entscheidung zu haben und die vorhandenen Risiken zumindest in einem gewissen, mit zumutbarem Aufwand erreichbaren Umfang zu begrenzen."[182]

---

177) *Fleischer* in: Spindler/Stilz, AktG, § 93 Rz. 87; *Spindler* in: MünchKomm-AktG, § 93 Rz. 59, 86; *Fleischer/Körber*, BB 2001, 841, 846; *Böttcher*, NZG 2007, 481, 482 f.; *Böttcher*, BB 2012, 847, 848; *Werner*, GmbHR 2007, 678, 679 m w. N.; *Hauschka*, GmbHR 2007, 11, 16; *Ulmer*, DB 2004, 859, 860.
178) *Lutter*, ZIP 2007, 841, 844; *Fleischer/Körber* in: Berens/Brauner/Strauch/Knauer, Due Diligence, S. 295, 314; *Fleischer* in: Spindler/Stilz, AktG, § 93 Rz. 79; *Elfring*, JuS-Beilage 5/2007, S. 3, 10; *Hemeling*, ZHR 169 (2005), 274, 276 f.; *Werner*, GmbHR 2007, 678, 679.
179) *Elfring*, JuS-Beilage 5/2007, S. 3, 10; *Böttcher*, NZG 2007, 481, 483 f.; *Hemeling*, ZHR 169 (2005), 274, 277.
180) So auch *Fleischer* in: Spindler/Stilz, AktG, § 93 Rz. 87.
181) OLG Oldenburg, NZG 2007, 434 = GmbHR 2006, 1263.
182) OLG Oldenburg, NZG 2007, 434, 436 f. = GmbHR 2006, 1263; s. aus der Rspr. auch schon BGHZ 69, 207, 213 ff.

118 Verletzt die Geschäftsleitung diese Pflicht, haftet sie gegenüber der Gesellschaft im Fall einer GmbH nach § 43 Abs. 2 GmbHG, im Fall einer AG nach § 93 Abs. 2 Satz 1 AktG für den entstandenen Schaden.[183]

G. Vertragsgestaltung

119 Wie der internationale Unternehmenskauf insgesamt wird auch dessen Vertragsgestaltung stark von der anglo-amerikanischen Rechtskultur geprägt.[184] Auf die Besonderheiten der Präambel, der Definitionen, der Überschriften sowie der Länge und Ausführlichkeit von Unternehmenskaufverträgen wird an anderer Stelle eingegangen (siehe unten § 4 Rz. 35 ff.), sodass sie hier nicht mehr darzustellen sind.[185] Im Folgenden soll vielmehr ein Überblick über verschiedene weitere wesentliche Merkmale von Unternehmenskaufverträgen gegeben werden, wie sie bei internationalen, aber auch nationalen Transaktionen immer wieder zu finden sind und vielfach im angelsächsischen Raum ihren Ursprung haben. Der Zielrichtung dieses Werks entsprechend, kann nicht auf sämtliche Gesichtspunkte der Vertragsgestaltung eingegangen werden. Im Zentrum stehen daher die Besonderheiten des internationalen Unternehmenskaufs, die allerdings bei nationalen Unternehmenskäufen ebenfalls vielfach auftauchen.

I. Vollzugsbedingungen

120 Hinter dem bei internationalen Unternehmenskäufen wie auch sonst in angelsächsisch geprägten Verträgen häufig auftauchenden „conditions precedent" verbirgt sich zunächst einmal nichts anderes als die uns wohl vertraute **aufschiebende Bedingung**. Dass der englischsprachige Begriff auch in deutschsprachigen Verträgen verwendet wird, dient, so scheint es, nicht dazu, die aus einem fremden System importierte Rechtsfigur besonders genau zu kennzeichnen, sondern ist modischer Zierrat. Dieser Eindruck täuscht jedoch dann, wenn die *condition precedent* im Ablauf der Vertragsdurchführung eine etwas andere Funktion hat als die klassische aufschiebende Bedingung. Ist in diesem Fall die *condition precedent* erfüllt, ist damit nicht automatisch das Geschäft dinglich vollzogen; vielmehr sind jetzt erst die Voraussetzungen geschaffen, diesen Vollzug durch einen gesonderten Akt, das sog. Closing (siehe unten Rz. 207 ff.) vorzunehmen. Bedingt ist also durch eine *condition precedent* regelmäßig die

---

[183] *Elfring*, JuS-Beilage 5/2007, S. 3, 10; *Hemeling*, ZHR 169 (2005), 274, 277; speziell zur Haftung des Vorstands in der AG: *Fleischer* in: Spindler/Stilz, AktG, § 93 Rz. 176 ff.; *Spindler* in: MünchKomm-AktG, § 93 Rz. 126 ff.

[184] Allgemein dazu *Merkt*, ZHR 171 (2007), 490; *Triebel*, RIW 1998, 1; *King/Segain*, ECFR 2007, 126; den Gegensatz herausarbeitend *Hill/King*, Chicago-Kent L. Rev. 79 (2004), 889.

[185] Für einen allgemeinen Vergleich zwischen deutschen und US-amerikanischen Verträgen s. *Hill/King*, Chicago-Kent L. Rev. 79 (2004), 889; s. a. zu den Besonderheiten von Verträgen aus dem Common Law *Lundmark*, RIW 2001, 187.

Verpflichtung der Parteien, das Geschäft dinglich zu vollenden, nicht die Vollendung selbst. In diesem Fall spricht man auch von **Vollzugsbedingungen** *(closing conditions)*. Welche Art von Bedingung im Einzelfall vorliegt, hängt vom konkreten Vertrag ab. Einige mögliche Bedingungsinhalte seien nachfolgend vorgestellt, wobei alle Begriffe **synonym verwendet** werden.

Generell sollte man darauf achten, die *conditions precedent* nicht ausufern zu lassen, um die Bindungswirkung des Vertrags nicht völlig zu unterlaufen. Dies gilt besonders für den Verkäufer. Ist die Tatsache des Vertragsschlusses erst einmal bekannt geworden, entsteht ein faktischer Zwang, den Verkauf durchzuführen. Sonst droht dem Unternehmen schwerer Schaden. Tritt eine solche Situation ein, gerät der Verkäufer unter Druck und kann schließlich gezwungen sein, auf die zu seinen Gunsten vereinbarten aufschiebenden Bedingungen – soweit sie der Parteiherrschaft unterliegen – zu verzichten, damit der Vertrag auch wirklich durchgeführt wird, mit allen wirtschaftlichen Nachteilen, die dies bedeuten kann. 121

1. Staatliche Genehmigungen

a) Überblick

Aufschiebende Bedingungen finden sich bei internationalen Unternehmenskäufen häufig. Dies vor allem, wenn Dritte – insbesondere staatliche Behörden – der Transaktion zustimmen müssen.[186] Hierbei ist bspw. an die in manchen Ländern immer noch existierende **Devisenkontrollgesetzgebung** zu denken, die es erforderlich machen kann, Investitionen in oder aus Drittländern von der Nationalbank oder einer anderen Kontrollbehörde genehmigen zu lassen.[187] Aus deutscher Sicht ist dabei zu beachten, dass ein Verstoß gegen Devisenkontrollbestimmungen eines Mitgliedslandes des Abkommens über den Internationalen Währungsfonds[188] den Vertrag auch nach deutschem Recht unwirksam machen kann.[189] Insofern ist es auch für einen deutschen Verkäufer und dessen Berater wichtig, die ausländische Devisengesetzgebung einzuhalten. 122

In denselben Zusammenhang gehören die nach wie vor bestehenden Bestimmungen über die Genehmigung von **Direktinvestitionen durch Ausländer**. Sie 123

---

186) Insbesondere bei chinesischen Investoren sind Verzögerungen aufgrund notwendiger behördlicher Genehmigungen zu beachten, vgl. dazu *von Oppen/Kampmann*, M&A Review 2012, 120.
187) Über die nationale Devisengesetzgebung sowie deren Änderung informieren die jährlichen Länderberichte des Internationalen Währungsfonds (IWF), s. *International Monetary Fund*, Annual Report on Exchange Arrangements and Exchange Restrictions; vgl. auch *Martiny* in: MünchKomm-BGB, Anh. II zu Art. 9 Rom I-VO Rz. 29.
188) Übereinkommen über den Internationalen Währungsfonds (IWFÜ) v. 22.7.1944 i. d. F. v. 30.4.1976, BGBl. II 1978, 13 ff., 34 f., 3. Änderung v. 28.6.1990, BGBl. II 1991, 814 (Bretton Woods-Abkommen); ausführlich dazu *Martiny* in: MünchKomm-BGB, Anh. II zu Art. 9 Rom I-VO Rz. 9 ff.
189) Art. VIII Abschnitt 2 (b) S. 1 IWFÜ; dazu *Ebke* in: Staudinger, BGB, Anh. Art. 34 EGBGB Rz. 10 ff.; *Grundmann* in: MünchKomm-BGB, § 245 Rz. 27; *Ehricke*, RIW 1991, 365.

§ 2 Ablauf und Vertragsgestaltung

finden sich z. B. in verschiedenen Staaten Mittel- und Osteuropas sowie in zahlreichen Ländern der Dritten Welt, aber auch in Kanada und Australien.[190] Hier wie auch bei den Devisenkontrollbestimmungen ist es häufig nötig, einen fertig abgeschlossenen Vertrag vorlegen zu können, um die Genehmigung zu erhalten. Dies macht es erforderlich, den Vertrag unter der aufschiebenden Bedingung abzuschließen, dass diese Genehmigung erteilt wird.

b) **Außenwirtschaftsrecht**

124 Darüber hinaus kann es aufgrund der Bestimmungen des deutschen Außenwirtschaftsrechts erforderlich sein, einen internationalen Unternehmenskaufvertrag unter eine Bedingung zu stellen.

aa) **Einleitung**

125 Der Kern des deutschen Außenwirtschaftsrechts ist im **Außenwirtschaftsgesetz (AWG)** und der **Außenwirtschaftsverordnung (AWV)** niedergelegt. Gegenstand des Gesetzes ist es, den Außenwirtschaftsverkehr in ausgewählten Fällen einzuschränken (vgl. § 1 Abs. 1 AWG). Das deutsche Außenwirtschaftsrecht hat im Jahre 2009 mit dem Dreizehnten Gesetz zur Änderung des Außenwirtschaftsgesetzes und der Außenwirtschaftsverordnung eine wichtige Änderung erfahren, die sich auf die internationale Transaktionspraxis ausgewirkt hat.[191] Ziel des Änderungsgesetzes ist es, den Erwerb von deutschen Unternehmen durch unionsfremde Erwerber im Einzelfall prüfen und untersagen zu können, wenn der **Erwerb** die **öffentliche Ordnung oder Sicherheit der Bundesrepublik Deutschland** gefährdet. Das Gesetz hat damit die bis dahin bestehenden und wesentlich engeren Prüfungsmöglichkeiten von Rechtsgeschäften und Handlungen im Außenwirtschaftsverkehr nach den §§ 5 ff. AWG erweitert. Der Gesetzesentwurf wurde ausführlich in der Literatur diskutiert und kritisiert, insbesondere seine Vereinbarkeit mit europäischem Recht stark bezweifelt.[192] Letztlich konnten die Kritiker den Gesetzgeber nicht daran hindern, im deutschen Recht hoheitliche Eingriffsbefugnisse zu verankern, wie sie in vergleichbarer Form schon seit längerem im Ausland bekannt sind.[193] Mit dem Gesetz zur Modernisierung des Außenwirtschaftsrechts vom 1.9.2013 wurden das

---

190) Vgl. *Sornarajah*, S. 97 ff.
191) Gesetz v. 18.4.2009, in Kraft getreten am 24.4.2009, BGBl. I 2009, 770.
192) Hierzu *Krolop*, ZRP 2008, 40, 42 ff.; *Martini*, DöV 2008, 314, 317 ff.; *Schäfer/Voland*, EWS 2008, 166, 168 ff.; *Schalast*, M&A Review 2009, 107, 112 ff.; *Weller*, ZIP 2008, 857, 861 ff. (ordnungspolitische, verfassungs-, europa- und/oder völkerrechtliche Bedenken).
193) Z. B. in den USA, Großbritannien, Frankreich oder Italien, in den USA namentlich der Foreign Investment and National Security Act of 2007, Pub.L. 110-49, 121 Stat. 246, sowie der Exon-Florio Amendment to the Omnibus Trade and Competitiveness Act of 1988, 50 U.S.C. Appendix 2170. Zu ausländischen Regelungen eingehend etwa *Krolop*, BT-Drucks. 16/10730, S. 41 ff. Die Russische Föderation hat im Jahr 2008 ein solches Instrumentarium geschaffen, hierzu *Stoljarski/Wedde*, RIW 2009, 587.

AWG[194] und die AWV[195] sprachlich überarbeitet und vereinfacht. Ziel des Gesetzes ist es, das Außenwirtschaftsrecht übersichtlicher und anwendungsorientierter zu gestalten, ohne dessen inhaltliche Grundstrukturen zu berühren.[196] Im Folgenden soll auf den für die Transaktionspraxis relevanten Teil des Außenwirtschaftsrechts näher eingegangen werden.

bb) Voraussetzungen

Das Bundesministerium für Wirtschaft und Energie (BMWi) kann den Erwerb eines inländischen Unternehmens oder einer unmittelbaren oder mittelbaren Beteiligung an einem solchen Unternehmen durch einen Unionsfremden darauf überprüfen, ob der Erwerb die öffentliche Ordnung oder Sicherheit der Bundesrepublik Deutschland gefährdet (§ 5 Abs. 2 Satz 1 AWG i. V. m. § 55 Abs. 1 AWV). 126

Das Merkmal des **Erwerbs** verlangt, dass der Erwerber ein inländisches und damit deutsches Unternehmen oder eine Beteiligung daran erwirbt (§ 55 Abs. 1 AWV).[197] Ferner muss der Erwerber nach dem Erwerb an dem Zielunternehmen unmittelbar oder mittelbar einen Stimmrechtsanteil von mindestens 25 % halten (§ 56 Abs. 1 AWV). Bei der Berechnung des Stimmrechtsanteils sind die Anteile anderer Unternehmen am Zielunternehmen dem Erwerber zuzurechnen, wenn der Erwerber mindestens 25 % der Stimmrechte an den anderen Unternehmen hält (§ 56 Abs. 2 Nr. 1 AWV). Die Stimmrechte eines Dritten werden zugerechnet, wenn der Erwerber mit diesem Dritten eine Stimmrechtsvereinbarung abgeschlossen hat (§ 56 Abs. 2 Nr. 2 AWV). Da § 56 Abs. 1 AWV ausdrücklich auch den mittelbaren Erwerb von Beteiligungen an deutschen Unternehmen erfasst, können internationale Transaktionen, an denen deutsche Gesellschaften lediglich als Tochter- oder Enkelgesellschaften der ausländischen Zielgesellschaft beteiligt sind, in den Anwendungsbereich des AWG fallen.[198] Dies ist i. R. des Transaktionsverfahrens und der Vertragsgestaltung zu berücksichtigen. 127

Die Art des Erwerbs ist unbeachtlich. Der Prüfungsmöglichkeit wird der Erwerb von Beteiligungen (**Share Deal**) ebenso unterworfen wie der Erwerb eines Unternehmens durch Veräußerung der einzelnen Vermögensgegenstände (**Asset** 128

---

194) Gesetz v. 6.6.2013, in Kraft getreten am 1.9.2013, BGBl. I 2013, 1482 ff.
195) Gesetz v. 2.8.2013, in Kraft getreten am 1.9.2013, BGBl. I 2013, 2865 ff.
196) Vgl. BT-Drucks. 17/11127, S. 19; *Niestedt/Trennt*, BB 2013, 2115 ff.; die folgenden Quellen gelten insoweit auch für die novellierten Vorschriften.
197) Zum Begriff des Inländers s. § 2 Abs. 15 AWG.
198) Vgl. *Krause*, BB 2009, 1082, 1086; *Traugott/Strümpell*, AG 2009, 186, 191.

§ 2 Ablauf und Vertragsgestaltung

Deal) oder durch Verschmelzung.[199] Unerheblich ist auch, welchem Recht der zugrundeliegende schuldrechtliche Vertrag unterliegt. Er muss also nicht deutschem Recht unterfallen, damit das BMWi eine Prüfung einleiten kann. Die Normen des Außenwirtschaftsrechts sind vielmehr Eingriffsnormen i. S. des Art. 9 Rom I-VO, die unabhängig vom Vertragsstatut gesondert angeknüpft werden. Durch die Wahl ausländischen Rechts lässt sich das deutsche Außenwirtschaftsrecht nicht abwählen (siehe unten § 7 Rz. 62, § 10 Rz. 45 ff.).[200]

129 Der **Erwerber** muss das persönliche Merkmal eines „**Unionsfremden**" erfüllen. Dieses Merkmal wird negativ definiert, indem es erfüllt ist, wenn der Erwerber nicht unionsansässig ist (§ 2 Abs. 19 AWG). Unionsansässig kann jede natürliche oder juristische Person, aber auch eine Personenvereinigung sein. Bei einer natürlichen Person ist dies gegeben, wenn sie ihren Wohnsitz oder ihren gewöhnlichen Aufenthalt in einem Mitgliedstaat der Europäischen Union hat (§ 2 Abs. 18 Satz 1 Nr. 1 AWG). Eine juristische Person oder Personenvereinigung ist unionsansässig, wenn sie ihren satzungsmäßigen Sitz, ihre Hauptverwaltung oder eine dauerhafte Niederlassung in einem Mitgliedstaat der Europäischen Union hat.[201] Zweigniederlassungen und Betriebsstätten eines unionsfremden Erwerbers gelten entgegen § 2 Abs. 18 Nr. 3 und 4 AWG nicht als unionsansässig (§ 55 Abs. 2 Satz 2 AWV). Damit soll sichergestellt werden, dass relevante Erwerbe von unionsfremden Erwerbern nicht aufgrund einer Zweigniederlassung oder Betriebsstätte aus dem Anwendungsbereich des § 55 Abs. 1 AWV herausfallen. Erwerber aus den Mitgliedstaaten der Europäischen Freihandelsassoziation (EFTA), also Island, Liechtenstein, Norwegen und die Schweiz, stehen gemeinschaftsansässigen Erwerbern gleich (§ 55 Abs. 2 Satz 3 AWV). Gleiches wird für Erwerber von den Kanalinseln (Alderney, Herm, Guernsey, Jersey und Sark) und der Isle of Man vertreten.[202] Unionsfremd bleiben aber Erwerber aus den überseeischen Ländern und Hoheitsgebieten nach Anhang II zum AEU-Vertrag, also etwa von den Kaimaninseln, den Britischen Jungferninseln und den Bermuda Inseln.[203] Gibt es Anzeichen für eine missbräuchliche Gestaltung

---

199) *Seibt/Wollenschläger*, ZIP 2009, 833, 836; *von Rosenberg/Hilf/Kleppe*, DB 2009, 831, 833; *Schalast*, M&A Review 2009, 107 112; *Friedrich* in: Hocke/Berwald/Maurer/Friedrich, § 52 AWV Rz. 22 ff. Die Erfassung nicht nur des Share Deal, sondern auch des Asset Deal, ergibt sich aus dem Wortlaut von § 5 Abs. 2 AWG, der ausdrücklich den Erwerb „gebietsansässiger Unternehmen oder von Anteilen an solchen Unternehmen" nennt. Der Asset Deal muss sich aber qualitativ als Erwerb eines Unternehmens oder einer Beteiligung an einem solchen darstellen und nicht als bloßer Kauf von Einzelgegenständen, vgl. *Seibt/Wollenschläger*, ZIP 2009, 833, 836.

200) *Friedrich* in: Hocke/Berwald/Maurer/Friedrich, § 52 AWV Rz. 45; *Seibt/Wollenschläger*, ZIP 2009, 833, 836.

201) § 2 Abs. 18 Satz 1 Nr. 2 und Abs. 19 AWG i. V. m. Art. 4 Nr. 2 der Verordnung (EWG) 2913/92 des Rates v. 12.10.1992 zur Festlegung des Zollkodex der Gemeinschaften.

202) So etwa *von Rosenberg/Hilf/Kleppe*, DB 2009, 831, 832; *Krause*, BB 2009, 1082, 1086.

203) Vgl. *von Rosenberg/Hilf/Kleppe*, DB 2009, 831, 832.

des Erwerbs oder ein Umgehungsgeschäft, um einer Prüfung der Transaktion auszuweichen, kann auch der Erwerb durch ein unionsansässiges Unternehmen geprüft werden (§ 55 Abs. 2 Satz 1 AWV).

Das BMWi kann den Erwerb untersagen, wenn er die **öffentliche Ordnung** **oder Sicherheit** der Bundesrepublik Deutschland gefährdet (§ 55 Abs. 1 AWV). Nach dem Willen des Gesetzgebers entspricht das Kriterium der öffentlichen Ordnung oder Sicherheit den Vorgaben der Art. 46 Abs. 1 und Art. 58 Abs. 1 EGV (heute Art. 52 Abs. 1 und Art. 65 Abs. 1 AEUV).[204] Daher findet sich in § 5 Abs. 2 Satz 2 AWG die Rechtsprechung des EuGH wieder, wonach eine Berufung auf die öffentliche Ordnung oder Sicherheit nur möglich ist, wenn eine tatsächliche und hinreichend schwere Gefährdung vorliegt, die ein Grundinteresse der Zivilgesellschaft berührt.[205] Anhand der vom EuGH entwickelten Kriterien ist für jeden Einzelfall zu prüfen, ob die öffentliche Ordnung oder Sicherheit gefährdet ist.[206] Hierbei gibt es **keine Beschränkung auf bestimmte Industriesektoren oder Wirtschaftsbereiche**, in denen die Zielgesellschaft tätig sein muss. Eine solche Einschränkung hat bislang weder der EuGH noch der deutsche Gesetzgeber vorgenommen.[207] Theoretisch sind also sämtliche Wirtschaftsbereiche erfasst. Der Gesetzgeber sieht in Anlehnung an die Rechtsprechung des EuGH jedenfalls die öffentliche Sicherheit bei Fragen der Sicherstellung der Versorgung im Krisenfall in den Bereichen Telekommunikation und Elektrizität sowie der Gewährleistung von Dienstleitungen von strategischer Bedeutung als betroffen an.[208] Als weitere Bereiche werden die Versorgung im Krisenfall in anderen Energie- und Kommunikationsbereichen genannt, wie etwa Erdöl und Erdgas sowie postalische Universaldienste.[209] Als Dienstleistungen von möglicher strategischer Bedeutung gelten bspw. Finanz-

---

204) Begr. RegE, BT-Drucks. 16/10730, S. 11; s. a. *Krause*, BB 2009, 1082, 1083.
205) S. EuGH, Rs. C-54/99, *Association Église de scientologie de Paris*, Slg. 2000, I-1335 = EWS 2000, 171; EuGH, Rs. C-367/98, *Goldene Aktien I*, Slg. 2002, I-4731 = DB 2002, 1259; EuGH, Rs. C-483/99, *Goldene Aktien II*, Slg. 2002, I-4781 = ZIP 2002, 1085; EuGH, Rs. C-503/99, *Goldene Aktien III*, Slg. 2002, I-4809 = ZIP 2002, 1090 = NJW 2002, 2303; EuGH, Rs. C-463/00, *Goldene Aktien IV*, Slg. 2003, I-4581 = ZIP 2003, 991 = NJW 2003, 2663; EuGH, Rs. C-98/01, *Goldene Aktien V*, Slg. 2003, I-4641 = ZIP 2003, 995 = NJW 2003, 2666; EuGH, Rs. C-174/04, *Goldene Aktien VI*, Slg. 2005, I-4933 = ZIP 2005, 1225, dazu *Klees*, EWiR 2005, 597; EuGH, Rs. C-282/04, *Goldene Aktien VII*, Slg. 2006, I-9141 = BB 2006, 2260; EuGH, Rs. C-112/05, *VW-Gesetz*, Slg. 2007, I-8995 = ZIP 2007, 2068 = NJW 2007, 3481; EuGH, Rs. C-463/04 u. 464/04, *Federconsumatori*, Slg. 2007, I-10419 = ZIP 2008, 21; EuGH, Rs. C-171/08, *Goldene Aktien VIII*, Slg. 2010, I-6817 = ZIP 2010, 2199; EuGH, Rs. C-212/09, *Goldene Aktien IX*, ZIP 2012, 221 = NJW-Spezial 2012, 16.
206) Begr. RegE, BT-Drucks. 16/10730, S. 11.
207) Kritisch *Martini*, DöV 2008, 314, 319; *Seibt/Wollenschläger*, ZIP 2009, 833, 835; *Schalast*, M&A Review 2009, 107, 112.
208) Begr. RegE, BT-Drucks. 16/10730, S. 11.
209) *Seibt/Wollenschläger*, ZIP 2009, 833, 839.

§ 2 Ablauf und Vertragsgestaltung

dienstleistungen, Medien, Transportwesen und Logistik, Wasserversorgung, Hochtechnologie und das Gesundheitswesen.[210]

cc) **Prüfverfahren**

131 Das Verfahren zur Prüfung von Erwerben ist gemäß § 55 AWV **zweistufig** aufgebaut. Einer sog. Aufgreiffrist folgt eine Untersagungsfrist.

132 Zunächst sieht § 55 Abs. 3 Satz 1 AWV eine **dreimonatige Aufgreiffrist** vor, in der sich das BMWi entscheiden kann, ob es den Erwerb unter dem Gesichtspunkt einer Gefährdung der öffentlichen Ordnung oder Sicherheit prüfen will. Die Frist beginnt gemäß § 55 Abs. 3 Satz 1 AWV mit dem Abschluss des schuldrechtlichen Vertrags über den Erwerb der Stimmrechte[211] oder im Fall eines öffentlichen Angebots gemäß § 55 Abs. 3 Satz 2 AWV mit der Veröffentlichung der Entscheidung zur Abgabe des Angebots (§ 10 Abs. 1 Satz 1 WpÜG) oder der Veröffentlichung der Kontrollerlangung (§ 35 Abs. 1 Satz 1 WpÜG). Die Aufgreiffrist beginnt unabhängig von einer Anzeige durch eine der Parteien des Erwerbs. Das Gesetz sieht **keine** solche **Melde- oder Anzeigepflicht** vor. Auch bedarf der Unternehmenserwerb keiner vorherigen Genehmigung. Es liegt vielmehr im Verantwortungsbereich des BMWi, von relevanten Erwerben Kenntnis zu erlangen. Hierbei wird das BMWi von der BaFin sowie dem Bundeskartellamt unterstützt (siehe § 7 Abs. 1 Satz 2 WpÜG und § 50c Abs. 3 GWB).

133 Hat das BMWi den Erwerber darüber unterrichtet, den Erwerb prüfen zu wollen, ist der Erwerber verpflichtet, dem BMWi die vollständigen Unterlagen über den Erwerb zu übermitteln (§ 57 Satz 1 AWV). Die zu übermittelnden Unterlagen bestimmt das BMWi durch Bekanntmachung im Bundesanzeiger (§ 57 Satz 2 AWV).[212] Nach Eingang der vollständigen Unterlagen beginnt mit der **Untersagungsfrist** die zweite Stufe des Prüfverfahrens. Innerhalb dieser **zweimonatigen Frist** kann das BMWi den Erwerb untersagen oder Anordnungen erlassen, soweit dies erforderlich ist, um die öffentliche Ordnung oder Sicherheit der Bundesrepublik Deutschland zu gewährleisten (§ 59 Abs. 1 Satz 1 AWV). Dies geschieht jeweils durch selbständigen Verwaltungsakt. Das BMWi hat der

---

210) Vgl. *von Rosenberg/Hilf/Kleppe*, DB 2009, 831, 835.
211) Die Formulierung „schuldrechtlicher Vertrag über den Erwerb der Stimmrechte" ist nicht abschließend zu verstehen. Denn § 55 Abs. 1 AWV bezieht sich ausdrücklich nicht nur auf den Erwerb einer Beteiligung an einem Unternehmen (Share Deal), sondern auch auf den Erwerb eines Unternehmens durch Erwerb seiner Vermögensgegenstände (Asset Deal). Für einen Asset Deal sieht die Vorschrift zwar keinen Fristbeginn vor, weil im Fall eines Asset Deal kein Vertrag über Stimmrechte abgeschlossen wird. Allerdings ist die Formulierung aus systematischen und teleologischen Gründen einschränkend auszulegen. Für den Fristbeginn ist bei Asset Deals auf den Abschluss des schuldrechtlichen Vertrags über den Erwerb der Vermögensgegenstände abzustellen.
212) Für den Umfang der Unterlagen verweist die Gesetzesbegr. auf die Meldpflichten von Rüstungsunternehmen nach § 52 Abs. 2 AWV a. F., S. 14; vgl. hierzu *BMWi*, Runderlass Außenwirtschaft Nr. 13/2004, BAnz. Nr. 164 v. 1.9.2004, S. 19565.

Bundesregierung über das Ergebnis seiner Prüfung zu berichten. Einer Untersagung oder dem Erlass von Anordnungen muss die Bundesregierung zustimmen (§ 59 Abs. 1 Satz 2 AWV).

Möchte der Erwerber das Prüfverfahren beschleunigen, wird richtigerweise vertreten, er dürfe **freiwillig** die vollständigen Unterlagen vorlegen und gleichzeitig eine Prüfung nach § 55 Abs. 1 AWV anregen.[213] In diesem Fall beginnt zwar die zweimonatige Untersagungsfrist ebenfalls erst, sobald die Unterlagen vollständig eingereicht sind. Der Erwerber kann auf diese Weise aber die dreimonatige Aufgreiffrist verkürzen.

134

Darüber hinaus ermöglicht § 58 Abs. 1 AWV dem Erwerber, einen schriftlichen Antrag auf Erteilung einer Bescheinigung über die Unbedenklichkeit des Erwerbs zu stellen. Eine solche **Unbedenklichkeitsbescheinigung** wird erlassen, wenn dem Erwerb keine Bedenken für die öffentliche Ordnung oder Sicherheit der Bundesrepublik Deutschland entgegenstehen (§ 58 Abs. 1 Satz 1 AWV). Zugunsten des Erwerbers gilt die Bescheinigung als erteilt, wenn das BMWi nicht innerhalb eines Monats nach Eingang des Antrags ein Prüfverfahren eröffnet hat (§ 58 Abs. 2 AWV). Der Erwerber kann den Antrag auf Erteilung einer Unbedenklichkeitsbescheinigung schon sehr früh stellen. Die Gesetzesbegründung nennt jedenfalls die Möglichkeit, dies vor Beginn der Prüffrist des § 55 Abs. 3 Satz 1 AWV zu tun.[214] Richtig ist, einen solchen Antrag zuzulassen, sobald der Erwerber den geplanten Erwerb, sich selbst und sein Geschäftsfeld in Grundzügen darstellen kann. Denn ab diesem Zeitpunkt kann der Erwerber die Anforderungen des § 58 Abs. 1 Satz 1 AWV erfüllen.[215] Der Erwerber kann damit den Antrag schon einige Zeit vor Vertragsschluss stellen und damit Transaktionssicherheit erreichen. Für die Gestaltung internationaler Unternehmenskäufe ist dies ein wichtiger Gesichtspunkt. An den **Inhalt des Antrags** stellt das BMWi keine hohen Anforderungen: Es sind der geplante Erwerb, der Erwerber und dessen Geschäftsfeld lediglich in den Gründungszügen darzustellen (§ 58 Abs. 1 Satz 2 AWV). Vollständige Unterlagen über den Erwerb sind nur einzureichen, wenn ein förmliches Prüfverfahren eröffnet wird.[216]

135

dd) Folgen einer Untersagung

Nach § 15 Abs. 2 AWG steht der Eintritt der Rechtswirkungen des schuldrechtlichen Erwerbsgeschäfts während des gesamten Prüfverfahrens unter der auflösenden Bedingung, dass das BMWi den Erwerb innerhalb der Frist unter-

136

---

213) *Von Rosenberg/Hilf/Kleppe*, DB 2009, 831, 833; *Traugott/Strümpell*, AG 2009, 186, 189; *Krause*, BB 2009, 1082, 1084 ff.; skeptisch dagegen *Müller/Hempel*, NJW 2009, 1638, 1641.
214) Begr. RegE, BT-Drucks. 16/10730, S. 15.
215) Ebenso *Traugott/Strümpell*, AG 2009, 186, 189.
216) Runderlass Außenwirtschaft Nr. 5/2009: Umfang der Meldepflicht gemäß § 53 Abs. 2 der Außenwirtschaftsverordnung Ziff. 7, BAnz Nr. 62 v. 24.4.2009, S. 1514.

sagt. Das schuldrechtliche Rechtsgeschäft ist also wirksam (**schwebende Wirksamkeit**), allerdings entfallen seine Rechtswirkungen bei Eintritt der auflösenden Bedingung, also der **Untersagung**. Im Fall der Untersagung endet die schwebende Wirksamkeit und das Rechtsgeschäft wird endgültig unwirksam. Da es kein Vollzugsverbot wie im Kartellrecht gibt, dürfen die Parteien das Rechtsgeschäft trotz schwebender Wirksamkeit dinglich vollziehen. Dies zwingt sie allerdings dann, wenn der Erwerb untersagt wird, die Transaktion gemäß § 812 Abs. 1 Satz 2 Fall 1 BGB rückabzuwickeln.[217]

137 § 59 Abs. 1 Satz 1 AWV ermächtigt das BMWi, erforderliche Maßnahmen anzuordnen, um eine Untersagung durchzusetzen. Es darf insbesondere die Ausübung der Stimmrechte an dem erworbenen Unternehmen, die dem gemeinschaftsfremden Erwerber gehören oder ihm zuzurechnen sind, untersagen oder einschränken. Es darf auch einen Treuhänder bestellen, um einen vollzogenen Erwerb rückabwickeln zu lassen.

ee) Auswirkungen auf die Vertragsgestaltung

138 Das Außenwirtschaftsrecht wirkt sich erheblich auf die internationale Transaktionspraxis aus. Die Bundesregierung ging zwar davon aus, dass lediglich eine *„geringe Anzahl an Investitionsvorhaben von Amts wegen geprüft werden"* würde und *„vorrangig fusionskontrollpflichtige Erwerbe von großen Unternehmen"* betroffen sein würden.[218] Dennoch prüfen auch die Beteiligten von internationalen Transaktionen mit geringerem Volumen stets, ob der Anwendungsbereich des § 53 AWV eröffnet ist und das BMWi den Erwerb daher möglicherweise prüfen wird. Nur so lässt sich Transaktionssicherheit erreichen.

139 Ob und inwieweit sich die Regelungen des Außenwirtschaftsrechts auf die Vertragsgestaltung auswirken, hängt vom **Einzelfall** ab und genauer vom Risiko einer Untersagung des Erwerbs.[219] Besteht nahezu kein oder nur ein **geringes Risiko**, können vertragliche Regelungen hierzu entbehrlich sein.[220] Dies wird man bspw. annehmen können, wenn die Zielgesellschaft in einer Branche und dort lediglich in einem Umfang tätig ist, wonach der Erwerb keinerlei Gefährdung für die öffentliche Ordnung oder Sicherheit bedeutet. Aber auch in diesem Fall kann es allein aus Vorsichtsgründen empfehlenswert sein, den Vollzug der Transaktion unter die aufschiebende Bedingung oder Vollzugsbedingung einer Unbedenklichkeitsbescheinigung zu stellen (sofern diese nicht bereits vor Vertragsschluss erlangt werden kann). Auch kann es sich empfehlen, vertragliche

---

217) Begr. RegE, BT-Drucks. 16/10730, S. 13; zu weiteren Ansprüchen s. *Seibt/Wollenschläger*, ZIP 2009, 833, 841.
218) Begr. RegE, BT-Drucks. 16/10730, S. 11 f.
219) Ebenso *von Rosenberg/Hilf/Kleppe*, DB 2009, 831, 834 ff.
220) Vgl. *Reinhardt/Pelster*, NZG 2009, 441, 444; *von Rosenberg/Hilf/Kleppe*, DB 2009, 831, 834 ff.

Regelungen für eine unerwartete Untersagung zu treffen, also etwa die Einzelheiten einer Rückabwicklung, Mitwirkungspflichten und Kostentragungen zu regeln.[221] In jedem Fall ist sicherzustellen, dass diese Regelungen auch im Fall einer Untersagungsverfügung wirksam bleiben und nicht von der Unwirksamkeitsfolge des § 15 Abs. 2 AWG erfasst werden. Diese Regelungen sind daher vorsichtshalber in einer separaten Vereinbarung aufzunehmen, weil sonst die Gefahr besteht, dass auch sie von der Unwirksamkeit des schuldrechtlichen Vertrags erfasst werden.[222]

Ist das **Risiko** einer Prüfung und Untersagung greifbar **höher** oder nicht abschätzbar, kann dies auf die Vertragsgestaltung nicht ohne Wirkung bleiben. Dies gilt insbesondere dann, wenn die Zielgesellschaft in einem der oben genannten Bereiche (siehe oben Rz. 130) tätig ist. In diesem Fall empfiehlt es sich, eine aufschiebende Bedingung oder **Vollzugsbedingung** für den dinglichen Vollzug der Transaktion zu vereinbaren.[223] Die Regelung einer solchen Vollzugsbedingung könnte bspw. wie folgt lauten: 140

„The obligation to carry out the Closing shall be subject to the fulfilment of the following condition:

(i) the Federal Ministry of Economics and Energy (Bundesministerium für Wirtschaft und Energie, BMWi) has cleared the transaction by issuance of a clearance certificate (Unbedenklichkeitsbescheinigung) in accordance with Section 58 (1) sentence 1 of the German Foreign Trade Regulation (Außenwirtschaftsverordnung, AWV); or

(ii) the BMWi fails to open a review proceeding (Prüfverfahren) and therefore, a clearance certificate is deemed to be issued pursuant to Section 58 (2) AWV; or

(iii) the BMWi fails to decide within the period of three months set forth in Section 55 (3) sentence 1 AWV to review the transaction; or

(iv) the BMWi has ordered the review of the transaction pursuant to Section 55 (3) sentence 1 AWV, but has not prohibited the transaction or issued an order in accordance with Section 59 (1) sentence 1 AWV within two months after receipt of the complete documentation."

Eine solche Regelung sollte flankiert werden von vertraglichen Regelungen für den Fall der Untersagung der Transaktion (siehe oben Rz. 139). Daneben werden die Parteien häufig darin übereinkommen, dass der Erwerber einen Antrag auf Erteilung einer Unbedenklichkeitsbescheinigung stellt oder freiwillig das Prüfverfahren einleitet.[224] In diesem Fall empfiehlt es sich, die Mitwirkungs- und Verhaltenspflichten der Parteien zu regeln, sofern nicht bereits vor Vertragsschluss durch Erhalt einer Unbedenklichkeitsbescheinigung oder einem erfolgreichem Abschluss des Prüfverfahrens Rechtssicherheit entstanden ist. 141

---

221) Ebenso *von Rosenberg/Hilf/Kleppe*, DB 2009, 831, 835; *Traugott/Strümpell*, AG 2009, 186, 192.
222) Vgl. *Krause*, BB 2009, 1082, 1087.
223) Ebenso *von Rosenberg/Hilf/Kleppe*, DB 2009, 831, 835.
224) Ebenso *Reinhardt/Pelster*, NZG 2009, 441, 444.

c) Fusionskontrolle

142 Bei größeren Transaktionen ist die Freigabe der Transaktion durch die zuständigen Kartellbehörden regelmäßig eine aufschiebende Bedingung oder Vollzugsbedingung des Unternehmenskaufvertrags. Gegenstand einer solchen Bedingung kann die Freigabe der Transaktion durch die Kartellbehörde im Land der Zielgesellschaft, die Europäische Kommission oder die Kartellbehörden in solchen Drittländern sein, in denen sich der Unternehmenskauf auswirkt. Eine Bedingung im Vertrag selbst ist regelmäßig deshalb erforderlich, weil es nicht schon vorher möglich sein wird, wirklich abschließende, verbindliche Klärungen zu erhalten (dazu ausführlich unten § 18 Rz. 121 ff.; § 19 Rz. 67 ff.).

2. Gremienvorbehalte

143 Wie bei rein nationalen Transaktionen sind auch bei internationalen Unternehmenskäufen häufig die Zustimmungen von Gremien der Vertragsparteien und/oder der Zielgesellschaft erforderlich. So können Transaktionen nach den Regelungswerken der beteiligten Gesellschaften unter die Zustimmung eines **Aufsichtsrats** oder einer **Gesellschafterversammlung** gestellt sein.[225] Häufig haben solche Zustimmungsvorbehalte nur interne Wirkung und berühren nicht die Wirksamkeit des Unternehmenskaufvertrags selbst.[226] Dennoch ist ihre Erteilung insbesondere dann Gegenstand einer Vertragsbedingung, wenn sie sich nicht mehr vor Vertragsunterzeichnung einholen lässt. Aus taktischen Gründen versuchen manche Käufer, die Zustimmung eines ihrer Gremien zu einer aufschiebenden Bedingung zu machen. So hält sich der Käufer die Möglichkeit offen, von der Transaktion Abstand zu nehmen, indem er schlicht mit einer fehlenden Gremienzustimmung argumentiert. Da eine solche Bedingung erkennbar die Transaktionssicherheit belastet, wird sich der Verkäufer hierauf regelmäßig nicht einlassen wollen. Im Übrigen gelten keine Besonderheiten im Vergleich zu rein nationalen Unternehmenskäufen.

---

[225] Zur Zuständigkeit der Hauptversammlung des Verkäufers bei Veräußerung von Gesellschaftsvermögen einer deutschen AG s. *Kiesewetter/Spengler*, Der Konzern 2009, 451; *Feldhaus*, BB 2009, 562; zu den Vorstandspflichten bei bestehendem Zustimmungsvorbehalt s. *J. Hüffer* in: FS Hüffer, S. 365. LG Frankfurt/M., GWR 2010, 89 = ZIP 2010, 429 und *Lutter*, ZIP 2012, 351 bejahen eine ungeschriebene Zuständigkeit der Hauptversammlung der erwerbenden AG, wenn der Erwerb zu einer wesentlichen Veränderung der Kapitalstruktur der erwerbenden AG führen kann, gegen welche sich jedoch die Folgeinstanzen gewendet haben, die eine Anwendbarkeit der „Holzmüller/Gelatine"-Fähigkeit eines Beteiligungserwerbes für den Erwerber verneinen, OLG Frankfurt/M., WM 2011, 116, 118, BGH, NZG 2012, 347.

[226] Anders aber etwa im deutschen Recht § 179a Abs. 1 AktG.

3. Keine wesentlich nachteilige Änderung (MAC-Klausel)

Bei internationalen Unternehmenskaufverträgen finden sich häufig sog. MAC-Klauseln (MAC steht für „material adverse change").[227] Solche Klauseln sollen Regelungen für den Fall treffen, dass zwischen Vertragsschluss (Signing) und Vollzug (Closing) eine wesentlich nachteilige Änderung der Zielgesellschaft eintritt. Eine MAC-Klausel wird häufig technisch umgesetzt als negative aufschiebende Bedingung oder negative Vollzugsbedingung.[228] Die Bedingung wird dann derart formuliert, dass **keine wesentlich nachteilige Änderung** bis zum Tag des Closing oder des Eintritts aller anderen aufschiebenden Bedingungen eingetreten sein darf. Möglich ist aber auch, dass die MAC-Klausel als Rechtsfolge lediglich Schadensersatz oder eine Minderung des Kaufpreises vorsieht und damit nicht als Bedingung für den Vollzug des Geschäfts ausgestaltet ist. 144

MAC-Klauseln sind im US-amerikanischen Raum verbreitet und von dort in die internationale Transaktionspraxis und damit auch nach Deutschland gekommen. Während allerdings deutsche Rechtsprechung hierzu noch nicht ersichtlich ist, haben sich US-amerikanische Gerichte gerade in der jüngeren Zeit häufig mit diesen Klauseln beschäftigen müssen.[229] 145

MAC-Klauseln weisen das Risiko für eine wesentlich nachteilige Änderung bei der Zielgesellschaft für den Zeitraum **zwischen Signing und Closing** dem Verkäufer zu und greifen damit in die Regelungsbereiche der Gefahr und Lastentragung nach § 446 BGB sowie der Störung der Geschäftsgrundlage gemäß § 313 BGB ein. Mit einer MAC-Klausel stellen die Parteien die Voraussetzungen und Folgen einer wesentlich nachteiligen Änderung auf eine eigene Vertragsgrundlage und schließen die Anwendbarkeit der genannten Vorschriften des BGB regelmäßig aus, um Kollisionen zu vermeiden.[230] Eine solche Vorgehensweise werden ausländische Vertragsparteien häufig verlangen, um sich nicht auf die ihnen unbekannten deutschen Rechtsvorschriften verlassen zu müssen. 146

---

227) Zu den Besonderheiten der Zulässigkeit von MAC-Klauseln bei öffentlichen Erwerbsangeboten nach dem WpÜG s. *Hopt* in: FS K. Schmidt, S. 681; *Berger/Filgut*, WM 2005, 253; für einen Vergleich zwischen der US-amerikanischen und der deutschen Praxis s. *Schweitzer*, ECFR 2007, 79, 113.
228) S. zu anderen Gestaltungsmöglichkeiten *Picot/Duggal*, DB 2003, 2635, 2640 f.
229) Grundlegend ist die Entscheidung des Delaware Chancery Court *IBP, Inc. v. Tyson Foods, Inc. and Lasso Acquisition Corporation*, 789 A.2d 14 (Del.Ch. 2001); s. im Übrigen *Frontier Oil Corp. v. Holly Corp.* 2005 WL 1039027 (Del.Ch. 2005); *Hexion Speciality Chemicals v. Huntsman Corporation*, C.A. No. 3841-VCL (Del.Ch. Sept. 29, 2008); *Pan Am Corp. v. Delta Air Lines, Inc.* 175 B.R. 438 (S.D.N.Y. 1994); *Great Lakes Chemical Corp. v. Pharmacia Corp.*, 788 A.2d 544 (Del.Ch. 2001); s. hierzu aus der deutschen Literatur *Kuntz*, DStR 2009, 377; *Lange*, NZG 2005, 454; *Schlößer*, RIW 2006, 889.
230) S. zu den Nachteilen des § 313 BGB gegenüber einer eigenständigen MAC-Klausel *Picot/Duggal*, DB 2003, 2635; *Kuntz*, DStR 2009, 377, 379.

147 Der Wunsch nach einer MAC-Klausel wird naturgemäß stets vom Kaufinteressenten in die Vertragsverhandlungen eingebracht.[231] Kommt der erste Vertragsentwurf vom Verkäufer, wird der Entwurf nur ausnahmsweise eine MAC-Klausel enthalten. Dies mag aus taktischen Gründen angezeigt sein, um schon kommunizierte Erwartungen des Kaufinteressenten zu erfüllen. Selbst wenn der Verkäufer von sich aus eine MAC-Klausel vorschlägt, wird ihr Inhalt selten auf das Einverständnis des Kaufinteressenten treffen. Dem **Verkäufer** wird nämlich daran gelegen sein, die *„wesentlich nachteilige Änderung"* **möglichst eng** und anhand objektiv feststellbarer Kriterien zu definieren und damit etwa abzustellen auf den Verfall der Margen, den Absprung wichtiger Kunden, das Auftreten erheblicher technischer Probleme oder die Verringerung der Umsätze oder des EBITDA der Zielgesellschaft um einen bestimmten Prozentsatz. Auch wird der Verkäufer die *„wesentlich nachteilige Änderung"* auf Bereiche beschränken wollen, die er beeinflussen oder kontrollieren kann und die damit nicht in der Sphäre eines Dritten liegen.

148 Der **Käufer** wird dagegen eine **möglichst weite** und unbestimmte Formulierung bevorzugen, um alle denkbaren Fälle einer wesentlich nachteiligen Änderung erfassen zu können. Er wird daher eine Formulierung bevorzugen, bei der alle Veränderungen, Umstände oder Ereignisse erfasst sind, die zu einer wesentlichen Verschlechterung der Vermögens-, Finanz- oder Ertragslage der Zielgesellschaft geführt haben oder führen können. Eine solche weite und damit käuferfreundliche Klausel könnte wie folgt lauten:

> „The obligation to carry out the closing shall be subject to the fulfilment of the condition that no change, circumstance, event or effect has occurred with respect to the business of the company which has, or may reasonably be expected to have, either alone or together with other changes, circumstances, events or effects, a material adverse effect on the assets and liabilities *(Vermögenslage)*, the financial condition *(Finanzlage)* or the results of operation *(Ertragslage)*, or the business operations or prospects of the company."

149 Beabsichtigt der Kaufinteressent den Unternehmenserwerb **fremd zu finanzieren**, wird er sich häufig seinerseits von dem finanzierenden Kreditinstitut dem Verlangen nach einer MAC-Klausel im **Darlehensvertrag** ausgesetzt sehen. In diesem Fall ist es für den Käufer wichtig, darauf zu achten, die MAC-Klausel im Kaufvertrag mit derjenigen im Finanzierungsvertrag inhaltlich **abzustimmen**. Sonst läuft er Gefahr, den Unternehmenskauf mit eigenen Mitteln finanzieren zu müssen, wenn sich das finanzierende Kreditinstitut zu Recht auf einen MAC-Fall berufen sollte, die wesentlich nachteilige Änderung dem Käufer jedoch nach der MAC-Klausel des Kaufvertrags nicht ermöglicht, vom Kaufvertrag Abstand zu nehmen.[232]

---

231) Näher *Reed/Lajoux/Nesvold*, S. 483 f.
232) *Schrader* in: Eilers/Koffka/Mackensen, Private Equity, I. 4. Rz. 17; *Schrader* in: Seibt, M&A, C. II. 2. Anm. 73, S. 370.

4. Zustimmungen von Vertragspartnern

Aufschiebende Bedingungen oder Vollzugsbedingungen können auch erforderlich sein, weil die Zustimmungen von Vertragspartnern der Zielgesellschaft zur Transaktion eingeholt werden müssen oder sollen. Bei einem **Asset Deal** liegt dies auf der Hand: Die Übertragung des Geschäftsbetriebs wird stets verbunden sein mit einer Übertragung laufender Verträge. Hierzu muss der jeweils andere Vertragsteil zustimmen. Anders ist dies nur im Arbeitsrecht, weil dort der Übergang der Arbeitsverhältnisse gemäß § 613a BGB jedenfalls in Deutschland und aufgrund der Betriebsübergangsrichtlinie[233] in den übrigen Ländern der Europäischen Union grundsätzlich sichergestellt ist.

150

Nun wird in einem laufenden Unternehmen nicht jeder Vertrag so bedeutend sein, dass sein Übergang **Bedingung** für das Wirksamwerden des gesamten Unternehmenskaufs ist. Hier wird man sich zumeist mit **Übergangsregelungen** behelfen können, aufgrund derer der bisherige Vertragspartner einen nicht sofort übergehenden Vertrag zunächst für Rechnung des künftigen neuen Vertragspartners fortführt und womöglich auch der künftige Vertragspartner bevollmächtigt wird, den bisherigen Vertragspartner gegenüber dem Dritten zu vertreten. In den meisten Fällen mag also das in dieser Vorgehensweise liegende Risiko hinnehmbar sein, dass eine Vertragsübertragung letztlich doch noch am Widerspruch des Dritten scheitern könnte. Anders ist dies aber bei Verträgen mit Schlüsselfunktionen. Zu denken ist etwa an Mietverträge für wesentliche Betriebsgebäude, Marken- und sonstige Lizenzverträge, wesentliche Vertriebsverträge und ähnliches. Bei Mietverträgen stellt sich ein besonderes Problem dann, wenn – wie häufig – die Untervermietung oder Gebrauchsüberlassung an Dritte von der ausdrücklichen vorherigen Zustimmung des Vermieters abhängig gemacht wird. Die vorstehend skizzierte Übergangsregelung würde die Vereinbarung klar verletzen und könnte schlimmstenfalls sogar zu einer fristlosen Kündigung des Mietvertrags durch den Vermieter Anlass geben.

151

Aber auch beim **Share Deal** können sich diesbezügliche Fragen stellen, nämlich dann, wenn in besonders wichtigen Verträgen sog. **Change of Control-Klauseln** enthalten sind. Dies sind Regelungen, die es dem einen Vertragsteil ermöglichen, einen Vertrag zu kündigen, wenn auf Seiten des anderen Vertragsteils ein Gesellschafterwechsel stattfindet, der diesen Vertragsteil damit in den Herrschaftsbereich eines bisher unbeteiligten Dritten bringt (Kontrollwechsel). Derartige Klauseln mögen sich gegen die Beteiligung von Konkurrenzunternehmen richten, denen ansonsten Zugang zu betrieblichen Geheimnissen (etwa Ver-

152

---

233) Richtlinie 77/187/EWG des Rates v. 14.2.1977 zur Angleichung der Rechtsvorschriften der Mitgliedstaaten über die Wahrung von Ansprüchen der Arbeitnehmer beim Übergang von Unternehmen, Betrieben oder Betriebsteilen (Betriebsübergangsrichtlinie), ABl. EU L 61/26 v. 5.3.1977; geändert durch die Richtlinie 98/50/EG des Rates v. 29.6.1998, ABl. EU L 201/88 v. 17.7.1998; vgl. dazu *Willemsen/Annuß*, NJW 1999, 2073.

§ 2 Ablauf und Vertragsgestaltung

triebsstrukturen) eröffnet würde, aber auch gegen ausländische Einflüsse in besonders sensiblen Wirtschaftsbereichen, etwa der Wehrtechnik. Als Berater sollte man derartige potentielle Probleme schon im Vorwege identifizieren und das Risiko bewerten, dass eine Change of Control-Klausel erfüllt werden könnte. Denn je nach der Wichtigkeit des betroffenen Vertrags könnte ein solcher Vorgang die gesamte Transaktion gefährden. Allerdings werden die Parteien die erforderlichen Klärungen mit Dritten kaum vornehmen wollen, bevor der Kaufvertrag selbst abgeschlossen ist. Denn sonst steht zu befürchten, dass trotz aller Vertraulichkeitsvorkehrungen am Markt die Absicht bekannt wird, das Unternehmen zu verkaufen. Dass hieraus nachhaltige Schäden für das Unternehmen entstehen können, muss nicht näher erläutert werden. Der Weg führt also auch hier über eine *condition precedent*.

5. Fördermittel

153 In den Zusammenhang der aufschiebenden Bedingungen gehören schließlich auch die Folgen eines Eigentümerwechsels – sei es auf der Gesellschafterebene, sei es unmittelbar – für dem Unternehmen eingeräumte Investitionsbeihilfen und sonstige **staatliche Fördermittel**. Zu den Förderkonditionen kann bspw. gehören, dass höchstens ein bestimmter Prozentsatz der Anteile innerhalb eines festgelegten Zeitraums veräußert werden darf und ansonsten die Fördermittel zurückgezahlt werden müssen, Zinsbeihilfen entfallen oder ähnliche negative Folgen eintreten. Nicht immer ist es schon im Vorfeld möglich, alle diese Punkte befriedigend abzuklären, sodass es sich empfiehlt, eine entsprechende aufschiebende Bedingung vorzusehen.

6. Finanzierung und Steuern

154 Ganz ausnahmsweise begegnet man schließlich auch dem Verlangen des Käufers, die volle Wirksamkeit des Vertrags davon abhängig zu machen, dass **Finanzierungsfragen** oder **steuerliche Klärungen** befriedigend gelöst werden. Für den Verkäufer ist dies in der Regel nicht akzeptabel. Denn es handelt sich um Angelegenheiten allein des Käufers, für deren Regelung er auch allein zu sorgen hat. Sie zur aufschiebenden Bedingung zu erklären, bedeutet nichts anderes, als dass sich der Verkäufer einseitig bindet, bis der Käufer seine Hausaufgaben gemacht hat. Dem Käufer verschafft sie zudem eine leichte Ausstiegsmöglichkeit aus der Transaktion. Eine solche Regelung erscheint daher wenig ausgewogen und ist bei wirtschaftlich starken Verkäufern nicht durchsetzbar.

7. Garantien

155 Da durch die Vereinbarung von aufschiebenden Bedingungen zwangsläufig Vertragsschluss und Vertragsdurchführung zeitlich auseinanderfallen, wird der Käufer bestrebt sein, seine Verpflichtung zur Vertragsdurchführung weiter da-

von abhängig zu machen, dass im maßgeblichen Zeitpunkt die vertraglichen Garantieversprechen oder **Gewährleistungsaussagen** *(representations and warranties)* noch uneingeschränkt zutreffen. Aus Sicht des Verkäufers erscheint ein solches Verlangen hingegen übertrieben – soll der gesamte Unternehmenskauf daran scheitern, dass sich irgendeine Detailaussage in der langen Liste der Garantien als unrichtig erwiesen hat? In der Regel wird man hier Kompromisse finden können, deren Inhalt freilich je nach Verhandlungsgeschick und wirtschaftlicher Stärke der Parteien sehr unterschiedlich ausfallen kann. So können sich die Parteien darauf einigen, dass nur ausgewählte Garantien auch zum Zeitpunkt des Closing zutreffen müssen. Des Weiteren können die Parteien vorsehen, dass Garantien zwar zum Zeitpunkt des Closing richtig sein müssen, der Verkäufer jedoch in der Zwischenzeit aufgetretene Veränderungen in einem zwischen den Parteien abgestimmten *disclosure letter* offenlegen darf, sodass solche Veränderungen die Vertragsdurchführung nicht hindern (siehe unten Rz. 173 ff.). Gegebenenfalls können sich die Parteien alternativ auf eine MAC-Klausel einigen (siehe oben Rz. 144 ff.).

II. Kaufpreis

Die Bestimmung und Gestaltung des Kaufpreises in internationalen Unternehmenskaufverträgen unterscheidet sich grundsätzlich nicht von rein nationalen Transaktionen. Entscheidend sind in beiden Fällen die Ziele der Parteien und deren Branchenzugehörigkeit. So verfolgen bspw. Private Equity-Investoren branchentypische Ziele, die sich in der Kaufpreisfindung und vertraglichen Gestaltung unabhängig von der nationalen Herkunft des Private Equity-Investors niederschlagen.[234] Im Folgenden seien einige Grundzüge der Kaufpreisgestaltung dargestellt.

156

1. Kaufpreisberechnung

Bei internationalen wie nationalen Unternehmenskäufen lassen sich üblicherweise **zwei Grundmuster** der Kaufpreisgestaltung unterscheiden. Bei dem ersten Modell wird bereits zum Signing ein **fester Kaufpreis** vereinbart. Dieser wird zwar regelmäßig erst zum Closing fällig, seine Höhe bleibt jedoch unverändert (Modell des *locked box*).[235] Ermittelt wird der Kaufpreis in diesem Fall üblicherweise auf der Grundlage des letzten Jahresabschlusses oder einer nachfolgenden Zwischenbilanz. Flankiert wird eine solche Kaufpreisregelung üblicherweise von Regelungen, die dem Verkäufer und der Zielgesellschaft aufer-

157

---

234) Näher dazu *Schrader* in: Eilers/Koffka/Mackensen, Private Equity, I. 4. Rz. 1 ff.; *Holzapfel/Pöllath*, Unternehmenskauf, Rz. 514 ff.
235) *Schrader* in: Seibt, M&A, C. II. 3. Anm. 25, S. 439 f.; *Schrader* in: Eilers/Koffka/Mackensen, Private Equity, I. 4. Rz. 8 f.

legen, Maßnahmen zu unterlassen, die zu Wertabflüssen bei der Zielgesellschaft führen (*no-leakage-Regelungen*).[236]

158 Beim zweiten Modell wird zum Signing nur ein vorläufiger Kaufpreis ermittelt, und zum Closing ist auch nur dieser vorläufige Kaufpreis zu zahlen. Zusätzlich erstellt allerdings regelmäßig nach dem Closing der Käufer zum Closing einen Stichtagsabschluss (Stichtagsbilanz, Closing-Bilanz, *closing accounts*), den die Parteien des Kaufvertrags in einem vertraglich festgelegten Verfahren ggf. mit einem Schiedsgutachter überprüfen können. Bei diesem Modell lassen sich damit Veränderungen der Zielgesellschaft, welche für deren Bewertung und damit die Kaufpreisfindung relevant sind, bis zum Closing und damit bis zu dem Zeitpunkt berücksichtigen, zu dem der Käufer tatsächlich das Unternehmen vom Verkäufer übernimmt. Auf der Grundlage des Stichtagsabschlusses wird der **vorläufige Kaufpreis angepasst** (*purchase price adjustment*) und mündet in den **endgültigen Kaufpreis**.[237]

159 Eine bekannte Spielart der Kaufpreisanpassung ist die Anpassung um die Netto-Finanzverbindlichkeiten. Hierbei ist es bei internationalen Transaktionen üblich, die Zielgesellschaft zunächst über das **Discounted Cash Flow-Verfahren** (DCF-Verfahren) oder Multiplikatorverfahren zu bewerten.[238] Der Unternehmenswert wird ermittelt, indem die Cash-flows, also die erwarteten zukünftigen Zahlungen an die Kapitalgeber, bewertet und abgezinst werden.[239] Beim DCF-Verfahren wird der Unternehmenswert grundsätzlich finanzierungsneutral ermittelt. Hierbei wird von der Annahme ausgegangen, dass die Zielgesellschaft weder Finanzverbindlichkeiten noch Barmittel hat (**cash free-debt free-Bewertung**).[240] Ermittelt wird der sog. **Enterprise Value** (Unternehmenswert) der Zielgesellschaft. Dieser Wert ist die Basis, um sich auf den vorläufigen Kaufpreis zu einigen. Der anschließend aufgestellte Stichtagsabschluss ist die Grundlage, um den vorläufigen Kaufpreis um die **Netto-Finanzverbindlichkeiten** anzupassen. Hierbei werden die Fremdverbindlichkeiten (Schulden) abgezogen und die ausschüttungsfähige Liquidität (Barmittel) hinzugerechnet. Ermittelt wird der sog. **Equity Value** (Eigenkapitalwert) der Zielgesellschaft.[241] Begleitet wird diese Kaufpreisanpassung häufig von der Berück-

---

236) *Meyding/Adolphs*, BB 2012, 2383, 2386.
237) *Klumpp* in: Beisel/Klumpp, Unternehemenskauf, Kap. 11 Rz. 1 f.; *Schrader* in: Eilers/Koffka/Mackensen, Private Equity, I. 4. Rz. 3 ff.
238) Dazu *Hommel/Grass* in: Picot, M&A, S. 152 ff.; *Theysohn-Wadle* in: Beisel/Klumpp, Unternehmenskauf, Kap. 3 Rz. 79 ff.; *Seidel/Matzen* in: Knott/Mielke, Unternehmenskauf, Rz. 99; *Raddatz/Nawroth* in: Eilers/Koffka/Mackensen, Private Equity, I. 1. Rz. 17; *Schrader* in: Seibt, M&A, C. II. 1. Anm. 26, S. 211 ff.
239) S. näher dazu IDW S 1, abgedr. in: WPg Supplement 3/2008, S. 68 ff.
240) Dazu *Hilgard*, DB 2007, 559.
241) Näheres zum Ganzen *Schrader* in: Eilers/Koffka/Mackensen, Private Equity, I. 4. Rz. 3; *Bruski*, BB-Special 7/2005, S. 19.

sichtigung von Veränderungen im Netto-Umlaufvermögen (**Working Capital**) der Zielgesellschaft. Das Working Capital ermittelt sich grundsätzlich aus dem Saldo aus Vorräten und kurzfristigen Forderungen gegenüber Kunden auf der einen Seite sowie kurzfristigen Verbindlichkeiten gegenüber Lieferanten auf der anderen Seite.[242]

Im Rahmen dieser Darstellung ist es nicht möglich, weitere Einzelheiten zur Kaufpreisbestimmung und seinen Anpassungsmöglichkeiten zu entfalten. Angemerkt sei jedoch noch, dass insgesamt entscheidend ist, im Kaufvertrag genau die einzelnen Positionen festzulegen und zu definieren, die bei einer Anpassung des Kaufpreises zu berücksichtigen sind. Nur so lassen sich weitestgehend Missverständnisse zwischen den Parteien von vornherein vermeiden. 160

2. Earn-out

Der vereinbarte (feste oder vorläufige/endgültige) Kaufpreis kann durch einen variablen Bestandteil ergänzt werden (sog. **Earn-out** oder Besserungsabrede). Dies ist eine Art Zusatzvergütung für den Verkäufer, zu der sich der Käufer nicht schon bei Vertragsschluss verpflichten will. Vielmehr soll die Höhe der Zusatzvergütung davon abhängen, wie sich der Geschäftsbetrieb der Zielgesellschaft weiter entwickelt. Der Earn-out dient häufig dazu, widersprüchliche Preisvorstellungen zu überbrücken. Allerdings ist es schwierig, hierzu einvernehmlich vertragliche Regelungen zu finden. So gibt bspw. ein Earn-out, der sich auf einen nach dem Closing beginnenden Zeitraum bezieht, dem Käufer Gestaltungsmöglichkeiten, den Earn-out so gering wie möglich zu halten. Der Verkäufer kann hierauf nicht ohne weiteres einwirken, da er nicht mehr Herr des Unternehmens ist. Er muss sich daher vertraglich schützen, indem die Parteien bspw. vereinbaren, die Zielgesellschaft dürfe wesentliches und notwendiges Anlagevermögen nicht veräußern.[243] Für den Käufer bietet eine Earn-out-Klausel gleichzeitig eine Finanzierungsfunktion, da ein Teil des Kaufpreises erst zu einem späteren Zeitpunkt geschuldet ist.[244] 161

3. Währung

Bei internationalen Transaktionen kann sich die Frage stellen, in welcher **Währung** der Kaufpreis zu leisten ist. Dabei ist zwischen der Schuldwährung und der Zahlungswährung zu differenzieren.[245] Die Schuldwährung bestimmt die Währung, in welcher der Schuldner nach dem Vertrag zu leisten hat. Demgegen- 162

---

242) Näheres dazu *Schrader* in: Eilers/Koffka/Mackensen, Private Equity, I. 4. Rz. 4 f.
243) S. näher zum Earn-Out *Baums*, DB 1993, 1273; *Weiser*, M&A Review 2004, 512; *Holzapfel/Pöllath*, Unternehmenskauf, Rz. 867 f.; *Ihlau/Gödecke*, BB 2010, 687; speziell zu Earn-out-Klauseln bei distressed M&A *Meyding/Grau*, NZG 2011, 41.
244) *Hilgard*, BB 2010, 2912, 2913.
245) *Martiny* in: MünchKomm-BGB, Anh. I zu Art. 9 Rom I-VO Rz. 3.

über legt die Zahlungswährung fest, ob der Schuldner in einer anderen als der Schuldwährung zu leisten berechtigt oder sogar verpflichtet ist.[246] Nach § 244 Abs. 1 BGB ist der Schuldner bei der Vereinbarung einer anderen Währung als Euro im Inland berechtigt, in Euro zu zahlen, es sei denn, die ausschließliche Zahlung in der Fremdwährung ist ausdrücklich vereinbart (sog. *unechte Fremdwährungsschuld*).[247] Umstritten ist dabei, ob die Ersetzungsbefugnis des § 244 Abs. 1 BGB lediglich anwendbar ist, wenn das Schuldverhältnis dem deutschen Recht unterliegt, oder ob die Vorschrift eine einseitige Kollisionsnorm ist.[248]

163 Haben sich die Parteien im Unternehmenskaufvertrag auf eine andere Währung als Euro verständigt, ist es für die deutsche Partei wichtig, sich gegen das Risiko von nachteiligen Wechselkursveränderungen zu schützen.[249] Die **Wechselkurssicherung** ist insbesondere dann sinnvoll, wenn der Kaufpreis über einen längeren Zeitraum gestundet oder in Raten zu zahlen ist.[250] Eine solche Sicherung kann durch eine Wertsicherungsklausel erreicht werden.[251] Wertsicherungsklauseln sind Vereinbarungen, die einen Mechanismus enthalten, aufgrund dessen sich der geschuldete Geldbetrag ändern kann, ohne dass die Geldschuld dabei ihre Eigenschaft als Geldschuld verliert.[252] Wertsicherungsklauseln sollten so genau wie möglich formuliert werden. Darüber hinaus ist das Indexierungsverbot des § 1 Preisklauselgesetz (PreisklG) zu beachten.[253] Dieses untersagt, den Betrag von Geldschulden unmittelbar und selbsttätig durch den Preis oder Wert von anderen Gütern oder Leistungen zu bestimmen, die mit den vereinbarten Gütern oder Leistungen nicht vergleichbar sind. Wertsicherungsklauseln, die eine Geldschuld vom Kurs einer anderen Währung abhängig

---

246) Zum Ganzen auch *Freitag* in: Reithmann/Martiny, Int. Vertragsrecht, Rz. 589.
247) Zur Differenzierung zwischen echter und unechter Fremdwährungsschuld *Martiny* in: MünchKomm-BGB, Anh. I zu Art. 9 Rom I-VO Rz. 18; *Heinrichs* in: Palandt, BGB, § 245 Rz. 17 ff.; zu den Auswirkungen der unechten Fremdwährungsschuld *Lögering*, RIW 2009, 625.
248) Dazu *Martiny* in: MünchKomm-BGB, Anh. I zu Art. 9 Rom I-VO Rz. 25 f.; *Magnus* in: Staudinger, BGB, Art. 32 EGBGB Rz. 137; *Maier-Reimer*, NJW 1985, 2049, 2050 f.
249) *Klumpp* in: Beisel/Klumpp, Unternehmenskauf, Kap. 11 Rz. 20 f.; *Semler* in: Hölters, Hdb. Unternehmenskauf, Teil VII Rz. 179.
250) *Picot* in: Picot, Unternehmenskauf, § 4 Rz. 200; *Klumpp* in: Beisel/Klumpp, Unternehmenskauf, Kap. 11 Rz. 22.
251) Ausführlich zu Kurs- und Wertsicherungsklauseln *Martiny* in: MünchKomm-BGB, Anh. I zu Art. 9 Rom I-VO Rz. 30 ff.
252) *Kirchhoff*, DNotZ 2007, 11, 12.
253) Preisklauselgesetz v. 7.9.2007, BGBl. I 2007, 2248, welches das Preisangaben- und Preisklauselgesetz (PaPkG) ersetzt hat. Das PaPkG hatte zuvor das in § 3 WährG normierte Verbot abgelöst. S. dazu auch *Freitag* in: Reithmann/Martiny, Int. Vertragsrecht, Rz. 590; *Heinrichs* in: Palandt, BGB, Anh. § 245 Rz. 1 ff.; *Kirchhoff*, DNotZ 2007, 913; *Klumpp* in: Beisel/Klumpp, Unternehmenskauf, Kap. 11 Rz. 22 f.; noch zum alten Recht *Semler* in: Hölters, Hdb. Unternehmenskauf, Teil VII Rz. 179; *Grundmann* in: MünchKomm-BGB, § 245 Rz. 68 ff.

machen (sog. *Valutawertklauseln*), fallen nicht unter das Indexierungsverbot.[254] Umstritten ist, ob § 1 PreisklG als Eingriffsnorm i. S. von Art. 9 Rom I-VO zu qualifizieren ist.[255] Allerdings hat die Vorschrift gerade im internationalen Verkehr lediglich einen eingeschränkten Anwendungsbereich. So ist das Indexierungsverbot zwischen inländischen Unternehmern und Gebietsfremden nicht anwendbar (§ 6 PreisklG).[256]

4. Akquisitionsvehikel

Wie bei rein nationalen Transaktionen ist es möglich, dass der Käufer das Unternehmen nicht selbst erwirbt, sondern über ein **Akquisitionsvehikel**. In diesem Fall ist dem Verkäufer dringend zu empfehlen, seine gesamten Zahlungsansprüche abzusichern. Denn das Akquisitionsvehikel selbst wird über kein nennenswertes Vermögen verfügen (bis auf das erworbene Unternehmen nach Closing). Der Verkäufer kann bspw. versuchen zu erreichen, dass eine finanzstarke Muttergesellschaft des Akquisitionsvehikels die Erfüllung der Zahlungsverpflichtungen, insbesondere des Kaufpreises, durch den Käufer garantiert. Attraktiver ist für den Verkäufer eine Bankgarantie. Hierauf wird sich der Käufer wegen der damit verbundenen Kosten ungern einlassen wollen. In der Praxis taucht sie daher seltener auf. 164

III. Verkäufergarantien

1. Allgemeines

Inzwischen ist es auch bei rein nationalen Unternehmenskäufen gängige Praxis, sich vertraglich von den gesetzlichen Gewährleistungsregeln zu lösen und diese durch ein eigenständiges Gewährleistungsregime zu ersetzen.[257] Dies geschieht bei Geltung des deutschen Rechts durch **selbständige Garantieversprechen** i. S. des § 311 Abs. 1 BGB (siehe auch oben Rz. 107 f.).[258] Die Vertragspraxis 165

---

254) *Kirchhoff*, DNotZ 2007, 913, 918.
255) Näher dazu *Freitag* in: Reithmann/Martiny, Int. Vertragsrecht, Rz. 590.
256) Der Begriff des „Gebietsfremden" ist in § 4 Abs. 1 Nr. 7 AWG definiert. Darunter fallen natürliche Personen mit Wohnsitz oder gewöhnlichem Aufenthalt in fremden Wirtschaftsgebieten, juristische Personen und Personenhandelsgesellschaften mit Sitz oder Ort der Leitung in fremden Wirtschaftsgebieten. Zweigniederlassungen Gebietsansässiger in fremden Wirtschaftsgebieten gelten als Gebietsfremde, wenn sie dort ihre Leitung haben und für sie eine gesonderte Buchführung besteht. Betriebsstätten Gebietsansässiger in fremden Wirtschaftsgebieten gelten als Gebietsfremde, wenn sie dort ihre Verwaltung haben.
257) Hiervon zu unterscheiden sind Garantien i. R. eines Unternehmenskaufs, zu deren Abgabe das Management der Zielgesellschaft vom Käufer oder Verkäufer aufgefordert wird; dazu näher *Seibt/Wunsch*, ZIP 2008, 1093.
258) Zu den Möglichkeiten einer Gewährleistungsversicherung für Verkäufer und Käufer s. *Grossmann/Mönnich*, NZG 2003, 708; *Hasselbach/Reichel*, NZG 2005, 377; *Hundertmark/Paul* in: Eilers/Koffka/Mackensen, Private Equity, VII. 2. Rz. 5 ff.; *Kränzlin/Otte/Fassbach*, BB 2013, 2314; *Metz*, NJW 2010, 813.

§ 2 Ablauf und Vertragsgestaltung

hat eine Fülle spezifischer Garantiezusagen entwickelt, mit denen versucht wird, die Risiken des Käufers möglichst lückenlos abzudecken. Wiederum handelt es sich um eine Vertragstechnik, die zunächst im angelsächsischen Rechtskreis entwickelt und dann in Deutschland übernommen wurde. Dies indiziert die nicht nur modisch bedingte Verwendung des englischsprachigen Begriffs *representations and warranties*.

a) Vertragstechnik

166 Es kann nicht Aufgabe dieser Darstellung sein, sämtliche in Betracht kommenden Gewährleistungsaussagen im Einzelnen zu untersuchen. Hingewiesen werden soll nur auf einige Besonderheiten im internationalen Verkehr. Dabei sei zuerst auf einige **Charakteristika** der Vertragstechnik eingegangen: Üblicherweise enthalten englische oder US-amerikanische Entwürfe für Unternehmenskaufverträge eine selbst für fortgeschrittene deutsche Begriffe unübersehbare Anzahl von *representations and warranties*. Diese sind durch zwei Elemente gekennzeichnet: die Absolutheit der Aussagen (*„Die Gesellschaft hat nie gegen ein auf sie anwendbares Gesetz verstoßen." – „Sämtliche Außenstände sind innerhalb vereinbarter Zahlungsziele einbringlich." – „Alle Maschinen und Anlagen sind in vollkommen einwandfreiem Zustand."*) und die zahllosen Überschneidungen und Wiederholungen. Beides sind bewusst eingesetzte Mittel, freilich mit unterschiedlichen Stoßrichtungen:

167 Die **Absolutheit der Aussagen** soll den Verkäufer zwingen, sich ernsthaft und gründlich mit dem durch die Gewährleistungsaussage betroffenen Bereich auseinanderzusetzen und wirklich alle in Betracht kommenden Probleme offen zu legen. Die absolut formulierte Aussage dient also zunächst einmal dazu, *„auf den Busch zu klopfen"* und Informationen hervorzulocken, die vielleicht i. R. einer Due Diligence nicht gegeben oder nicht entdeckt wurden, oder jedenfalls die Feststellungen der Due Diligence noch einmal zu bestätigen.

168 Die Technik der **Überschneidungen und Wiederholungen** hingegen dient der lückenlosen Absicherung des Käufers, sowohl gegenüber (im Ergebnis daher oft nur scheinbaren) Verhandlungserfolgen des Verkäufers, dem es gelingen mag, einzelne Garantiezusagen, kaum aber das gesamte Paket, gestrichen zu bekommen, als auch gegenüber der Unvollkommenheit der eigenen Risikophantasie. Besonders beliebt sind bei Käufern deshalb die Auffanggarantien (*catch all-warranties*), möglichst noch unsystematisch in einem Wust anderer Aussagen versteckt und nicht etwa auffällig am Schluss platziert, wo sie eigentlich hingehören würden. Durch sie soll der Verkäufer garantieren, sämtliche für die Kaufentscheidung, Kaufpreisfindung und Vertragsgestaltung maßgeblichen Umstände offen gelegt zu haben. Entsprechend groß wird (oder sollte) der Widerstand des Verkäufers gegen derartige Formulierungen sein.

169 Das Verhandeln über Gewährleistungsaussagen derart umfassenden Charakters gehört zu den schwierigsten Aspekten eines Unternehmenskaufvertrags. Der schiere **Umfang** der normalerweise in anglo-amerikanischen Verträgen enthal-

tenen Kataloge erfordert ungeheure Mühe und Zeit, jede einzelne problematisch erscheinende Aussage zu identifizieren, zu diskutieren und womöglich neu zu formulieren, wenn eine Streichung nicht durchsetzbar ist. Dies zerrt an den Nerven aller Beteiligten und lässt beim Käufer womöglich den Eindruck entstehen, der Verkäufer habe etwas zu verbergen oder kenne das eigene Unternehmen nicht gut genug, um dafür einstehen zu wollen. Umgekehrt mag sich beim Verkäufer der Eindruck einstellen, dem Käufer gehe es darum, durch die Hintertür der Gewährleistung den auf den ersten Blick günstig erscheinenden Kaufpreis nachträglich zu drücken. Dies insbesondere dann, wenn der Kaufpreis nicht sofort in voller Höhe gezahlt wird, sondern ein Teil als Sicherheitseinbehalt auf einem Sperrkonto (Treuhandkonto, *escrow account*) verbleibt oder sonst wie dem Zugriff des Verkäufers entzogen ist.

Hier ist wiederum der international erfahrene Jurist gefragt, bei aller selbstverständlichen Vertretung der Interessen seiner Partei doch auch die kulturelle Vermittlerfunktion nicht zu vergessen. Ansonsten können Vertragsverhandlungen sehr leicht an mehr oder weniger theoretischen Meinungsverschiedenheiten über mehr oder weniger theoretische Gewährleistungsaussagen scheitern. 170

Bei der technischen Umsetzung der *representations and warranties* kann es sich empfehlen, diese wegen ihres Umfangs und weil sie erfahrungsgemäß im Laufe von Verhandlungen recht häufig geändert werden nicht in den eigentlichen Vertragstext selbst aufzunehmen, sondern in einer separaten **Anlage** zum Vertrag. Die Änderungen dieser Anlage haben dann nicht jeweils einen vollständigen Neuumbruch des gesamten Vertragstextes zur Folge. Im Vertrag selbst ist dann lediglich auf diese Anlage zu verweisen. Bei einem dem deutschen Recht unterliegenden Vertrag könnte die Verweisung bspw. wie folgt lauten: 171

„The Seller hereby guarantees to the Purchaser by way of an independent promise of guaranty pursuant to Section 311 (1) BGB (*selbständiges Garantieversprechen i. S. des § 311 Abs. 1 BGB*) that the statements set out in Annex *[Nr.]* are true and accurate as of the date of this Agreement."

In der nationalen und internationalen Praxis finden sich beide Techniken. 172

b) Disclosure Letter

Hat man sich einmal auf die übliche angelsächsische Technik der absoluten Gewährleistungsaussagen eingelassen, stellt sich die Frage, wie die erforderlichen **Einschränkungen** dieser Aussagen – es ist doch hier und da gegen Gesetze verstoßen worden, es gibt doch schadhafte Maschinen – im Vertrag untergebracht werden können. Üblich ist, diese durch **Anhänge und Anlagen** einzubeziehen, in denen dann die Einschränkungen niedergelegt sind. Dieses Verfahren hat allerdings zwei Nachteile: Die Anlagen müssen bei Beurkundungszwang mit verlesen werden, was außerordentlich zeitraubend sein kann (siehe aber zu Ausnahmemöglichkeiten unten Rz. 252 ff.). Sie sind auch relativ unflexibel, da in den Vertrag integriert, und bereiten deshalb Schwierigkeiten, wenn sie in letzter Minute 173 aufgrund neuer Entwicklungen (ein Firmenwagen erleidet in der Nacht vor der Beurkundung einen Unfall) geändert werden müssen.

174 Einfacher ist demgegenüber, ein sog. **Offenlegungsschreiben** (Disclosure Letter) zu verwenden. Dazu bedarf es im Vertrag lediglich einer Klausel dahingehend, dass alle Umstände *nicht* als Verstoß gegen die Gewährleistungsaussagen gewertet werden, die in einem zwischen den Parteien abgestimmten, bei Vertragsschluss übergebenen Offenlegungsschreiben dargestellt sind. Dieses Verfahren macht Änderungen bis in die letzte Minute leichter. Allerdings muss strikt darauf geachtet werden, dass wirklich nur ein abgestimmter Disclosure Letter akzeptabel ist. Dem Verkäufer darf nicht ermöglicht werden, den Käufer mit Offenlegungen bis in die letzte Minute hinein zuzuschütten und damit Sinn und Zweck jeder Gewährleistungsaussage ad absurdum zu führen.

175 Der Disclosure Letter wird in der Regel so aufgebaut sein, dass jeweils konkret unter Bezugnahme auf einzelne Garantiezusagen die dagegen stehenden Umstände aufgezählt und durch dem Brief beigefügte Anlagen belegt werden. Selbstverständlich kann die Technik des Disclosure Letter mit der Technik der Offenlegung in Anlagen verbunden werden. In diesem Fall entfällt zwar nicht die Beurkundungspflicht für die Anlagen, allerdings lässt sich mit dem Disclosure Letter auf Änderungen kurz vor Vertragsschluss leichter reagieren als durch Änderung der Anlagen.

176 Besonders geeignet ist dieses Verfahren, wenn der Zeitpunkt der Vertragsunterzeichnung nicht identisch ist mit dem der Vertragsdurchführung, also der Anteils- oder Vermögensübertragung (Closing), etwa weil noch der Ablauf der Monatsfrist des § 40 Abs. 1 Satz 1 GWB für die Fusionskontrolle abgewartet werden muss. Bei dieser Struktur wird der Käufer regelmäßig verlangen, dass alle oder wenigstens bestimmte Garantieversprechen nicht nur am Tag der Vertragsunterzeichnung, sondern auch am Tag des Closing richtig sein müssen. Damit wird es erforderlich, in der Zwischenzeit aufgetretene Veränderungen, die sich auf die Gewährleistungsaussagen auswirken, einschränkend zu berücksichtigen. Ein zweiter, beim Closing zu übergebender, gleichfalls im Inhalt zwischen den Parteien abgestimmter Disclosure Letter ist hier die einfachste Lösung.

c) Rechtsfolgen von Verstößen

177 Bei jedem Unternehmenskauf ist für die Parteien besonders wichtig, wie die Rechtsfolgen eines Verstoßes gegen Gewährleistungsaussagen oder Garantieversprechen geregelt werden. Üblicherweise, insbesondere bei internationalen Transaktionen, werden sich die Parteien auch insoweit nicht auf die gesetzlichen Vorschriften beschränken können, sondern die Rechtsfolgen im Einzelnen in den Vertrag selbst aufnehmen.

178 Eine nachträgliche **Rückgängigmachung** des Unternehmenskaufs dürfte regelmäßig ausscheiden. Für den Verkäufer ist es auch bei schweren Gewährleistungsverstößen kaum akzeptabel, das womöglich monate- oder jahrelang an-

ders geführte Unternehmen wieder zurückzuerhalten und dafür den Kaufpreis erstatten zu müssen. Die zwischenzeitlich durchgeführten Veränderungen, insbesondere die möglicherweise erfolgte Integration des Unternehmens in den Konzern des Käufers, machen eine solche Rückabwicklung unpraktikabel und teilweise sogar fast unmöglich.

Die Gewährleistung wird also in erster Linie darin bestehen, den **Kaufpreis herabzusetzen** oder den Verkäufer auf eine **Ausgleichszahlung** an das verkaufte Unternehmen zu verpflichten. Als Maßstab für die Zahlungsverpflichtung des Verkäufers bietet sich der Betrag an, um den der Wert eines nicht vertragsgerechten Vermögensgegenstandes des verkauften Unternehmens hinter dem vertraglich zugesicherten Wert zurückbleibt. Zahlt der Verkäufer einen entsprechenden Geldbetrag in das Unternehmen ein, steht der Käufer praktisch so, wie er gestanden hätte, wenn die Gewährleistungsaussage richtig gewesen wäre. Allerdings wird der Käufer bestrebt sein, sich wahlweise das Recht vorzubehalten, Zahlung an sich selbst zu verlangen. Dies kann insbesondere dann relevant werden, wenn das verkaufte Unternehmen in der Zwischenzeit insolvent geworden ist, sodass eine Zahlung des Verkäufers ansonsten nur der Insolvenzmasse zugutekäme. 179

Die Gewährleistungshaftung bewegt sich damit in Richtung auf den **Schadensersatz** in Form der Naturalrestitution oder Geldzahlung. Dieser kann aber naturgemäß sehr viel weitergehende Folgen haben als der bloße Wertsatz für einen Qualitätsmangel. Zu denken ist etwa an den Ersatz für entgangenen Gewinn, die Folgen von Betriebsstilllegungen oder ein allgemeiner geminderter Unternehmenswert. Hier wird jeder Verkäufer bestrebt sein, sowohl die Höhe als auch die anwendbaren Rechtsgrundlagen für Schadensersatzansprüche einzuschränken. 180

Aus der Sicht des Verkäufers sollte der Vertrag die Rechtsfolgen einer Garantieverletzung abschließend regeln. **Gesetzliche Schadensersatzansprüche** sollten also im zulässigen Umfang **ausgeschlossen** werden, und zwar sowohl deliktische als auch vertragliche Ansprüche (etwa Verletzung eines vorvertraglichen Schuldverhältnisses gemäß §§ 280, 311 Abs. 2 BGB, Verletzung einer Pflicht aus dem Schuldverhältnis, insbesondere nach §§ 280, 282, 241 BGB). Gleiches gilt für die gesetzlichen **Gewährleistungsvorschriften** der §§ 437 ff. BGB. Nicht ausschließen lässt sich allerdings nach deutschem Recht die Haftung wegen Vorsatzes (§ 276 Abs. 3 BGB).[259] Darüber hinaus sollte der Verkäufer bestrebt sein, Mangelfolgeschäden auszuschließen, wie etwa solche aus Betriebsunterbrechungen. Denn hiergegen können sich der Käufer oder der betroffene Betrieb unschwer versichern, während der Verkäufer derartigen Folgen regelmäßig ungeschützt ausgesetzt wäre. 181

Die Vereinbarung einer Haftungshöchstgrenze (*cap*) – entweder ausgedrückt als Betrag oder als Prozentsatz des Kaufpreises – ist für den Verkäufer ebenfalls 182

---

259) Vgl. *Hasselbach/Ebbinghaus*, DB 2012, 216, 217.

wünschenswert. Gleiches gilt für die Vereinbarung einer sog. *de minimis-Regelung*, also eines Mindestbetrags, den ein einzelner Gewährleistungsanspruch erreichen muss, bevor die Haftung des Verkäufers einsetzt. Diese sollte aus Sicht des Verkäufers ergänzt werden um eine Regelung, dass die Summe aller Gewährleistungsansprüche ebenfalls eine bestimmte Mindesthöhe erreichen muss (sog. *basket*). Dabei gibt es sowohl die Gestaltung, dass alles, was in den *basket* fällt, folgenlos bleibt (sog. *Freibetrag*), als auch diejenige, dass sich der Inhalt des *basket* kumuliert und dann bei Erreichen der vereinbarten Schwelle insgesamt geltend gemacht werden kann (sog. *Freigrenze*). In einem Fall handelt es sich also um einen echten Selbstbehalt, im anderen nur um einen Auslöser *(trigger)*. All diese Regelungen sind in der internationalen Transaktionspraxis üblich. Verhandlungsgegenstand ist regelmäßig nur deren Höhe.

183 Wichtig aus der Sicht des Verkäufers ist auch die Möglichkeit, positive und negative Abweichungen des Ist-Zustands von den Gewährleistungsaussagen miteinander **verrechnen** zu können. Wenn sich etwa die Steuerrückstellungen als zu niedrig erweisen, andererseits aber solche Außenstände bezahlt werden, die in der Bilanz bereits abgeschrieben waren, sollten diese beiden Effekte miteinander kompensiert werden.

184 Eine beim internationalen Unternehmenskauf besonders wichtige Frage betrifft den Umfang des durch Gewährleistungsaussagen **begünstigten Personenkreises**. Besonders in US-amerikanischen Vertragsentwürfen liest man immer wieder, dass nicht nur der (amerikanische) Käufer selbst, sondern auch dessen Geschäftsleiter und Mitarbeiter einen Anspruch darauf haben sollen, von den Folgen unrichtiger Gewährleistungsaussagen einschließlich aller durch ein Gericht festgesetzten Verpflichtungen gegenüber Dritten freigehalten zu werden. Damit ist zweierlei verbunden: Zum einen wird der Kreis potentieller Anspruchsteller gegen den Verkäufer ins Unabsehbare ausgedehnt. Dies ist gerade bei amerikanischen Parteien keine besonders gemütliche Vorstellung. Zum anderen wird eine vertragliche Verpflichtung übernommen, sämtliche durch ein Gericht festgesetzte Schadensersatzleistungen zu erstatten. Dies kann gegenüber amerikanischen Parteien die Verpflichtung einschließen, ihnen auch *punitive damages* (*„Strafschadensersatz"*) zu erstatten, die sie an Dritte leisten mussten, während solche unserem Recht fremden Sanktionen ansonsten in Deutschland auf dem Vollstreckungswege nicht durchsetzbar wären.[260] Der deutsche Verkäufer sollte sich der aus einer solchen Klausel drohenden Gefahr sehr genau bewusst sein.[261]

---

260) BGHZ 118, 312 = ZIP 1992, 1256; in diesem Sinne wohl auch BGH, NJW 2003, 3620, 3621 = ZIP 2004, 37; allgemein zu *punitive damages* aus der deutschen Literatur *Wagner*, AcP 206 (2006), 352, 471 ff.; *Mörsdorf-Schulte*, passim; *Brockmeier*, passim; *Klode*, NJOZ 2009, 1762; *Schubert*, JR 2008, 138; *Merkt*, Abwehr, passim; *Reinhard*, IPRax 2008, 49; *Staudinger*, NJW 2006, 2433, 2436 ff.

261) Überblick über die einzelnen Schadensersatzpositionen im amerikanischen Vertrags- und Deliktsrecht bei *Houck/Schottenhamel*, M&A Review 2012, 17 ff.

Wiederum zum Thema „*Vermittlungsfunktion des juristischen Beraters*" gehört 185
die Frage der **Verjährung**. Hier sind die gesetzlichen Leitbilder von Land zu Land
extrem unterschiedlich. Während in Deutschland grundsätzlich auch beim Unternehmenskauf die regelmäßige zweijährige Verjährungsfrist des § 438 Abs. 1
Nr. 3 BGB zum Tragen kommt, belaufen sich bspw. die Fristen in bestimmten
Einzelstaaten der USA auf sechs Jahre.[262] Ein amerikanischer Käufer wird deshalb möglicherweise gar nicht die Notwendigkeit und das Bedürfnis sehen, die
Verjährungsfrist vertraglich zu regeln. Der deutsche Berater wird also hierauf
besonders hinweisen und einen für die Vorstellungen beider Seiten akzeptablen
Kompromiss suchen müssen, wobei die Länge der Gewährleistungsfristen sicherlich von der Komplexität des gekauften Unternehmens, der Möglichkeit zur
vorherigen Due Diligence und ähnlichen Faktoren beeinflusst wird.

In der Praxis liegen die vertraglich vereinbarten Verjährungsfristen häufig zwi- 186
schen einem und drei Jahren. Für die Garantien über die gesellschaftsrechtlichen Verhältnisse der Zielgesellschaft und die Veräußerungsberechtigung des
Verkäufers wird dagegen regelmäßig eine längere Verjährungsfrist vereinbart.
Gleiches gilt für die Umwelt- und Steuergarantien.

2. Ausgewählte Garantien

In Unternehmenskaufverträgen tauchen häufig – allerdings abhängig von der 187
Transaktionsart sowie in unterschiedlicher Schärfe und keinesfalls zwingend
immer – Garantien in folgenden Bereichen auf:

- Gesellschaftsrechtliche Verhältnisse;
- Veräußerungsberechtigung des Verkäufers;
- Jahresabschlüsse;
- Vermögensgegenstände; Forderungen;
- gewerbliche Schutzrechte; Informationstechnologie;
- Grundstücke und Gebäude;
- Arbeitnehmer;
- wichtigste Kunden und Zulieferer;
- Steuern;
- Versicherungen;
- Produkthaftung;
- Konten;
- Subventionen;

---

262) So namentlich in New York, s. Section 213 (2) Civil Practice Law and Rules; anders aber
etwa in Kalifornien, wo die Verjährungsfrist für vertragliche Ansprüche grundsätzlich vier
Jahre beträgt, s. Section 337 (1) Code of Civil Procedure.

- Genehmigungen;
- wesentliche Verträge;
- Rechtsstreitigkeiten;
- Einhaltung von Rechtsvorschriften;
- Ordnungsgemäße Geschäftsführung;
- Umwelt;
- offengelegte Informationen und deren Richtigkeit.

188 Im Rahmen dieser Darstellung kann nicht auf den gesamten Katalog von Gewährleistungs- oder Garantiezusagen eingegangen werden, der sich in internationalen Unternehmenskaufverträgen und häufig auch in rein innerdeutschen Verträgen findet. Insoweit bestehen ohnehin kaum rechtliche Besonderheiten gerade des internationalen Unternehmenskaufs. Einige wenige Einzelfragen seien aber herausgegriffen, die beim internationalen Unternehmenskauf besonders häufig relevant werden und in dem schon mehrfach angesprochenen rechtskulturellen Spannungsfeld zu Problemen werden können.

a) Werthaltigkeit von Forderungen gegen Dritte

189 Gewährleistungsaussagen über Forderungen finden sich häufig. Der Verkäufer mag bereit sein, i. R. einer **üblichen Bilanzgarantie** zu garantieren, dass die Zielgesellschaft ihre Forderungen gegen Dritte korrekt bilanziert und ausreichende Rückstellungen und Wertberichtigungen vorgenommen hat.[263] Näherer Überlegung bedarf jedoch die Frage, was geschehen soll, wenn sich diese Zuversicht des Verkäufers als falsch herausstellt.

190 Die **Interessengegensätze** der Parteien liegen hier klar zutage: Der Käufer als neuer Betreiber des Unternehmens mag oft wenig daran interessiert sein, es mit einem Kunden oder potentiellen Kunden zu verderben, indem er rechtliche Streitigkeiten über offene Forderungen führt. Stattdessen wird er lieber auf seinen Gewährleistungsanspruch gegen den Verkäufer zurückgreifen. Dagegen ist dieser nicht mehr im Geschäft mit diesem Kunden tätig und daher eher daran interessiert, gegen diesen säumigen Schuldner mit aller Härte vorzugehen und dadurch seine eigene Gewährleistungshaftung zu minimieren. Hier ist bei der Vertragsgestaltung eine sorgfältige Balance der beiderseitigen Interessen erforderlich. Dies ist etwa dahingehend möglich, dass im Grundsatz die eine oder die andere Partei – zumeist der Käufer – bestimmt, welche Maßnahmen gegen einen Dritten zu ergreifen sind; widerspricht die andere Partei dieser Bestimmung, so sollte eine neutrale Instanz – also etwa das vereinbarte Schiedsgericht – darüber befinden, ob die Entscheidung der zuständigen Partei objektiv sachgerecht war. Kommerzielle Überlegungen, wie etwa die Aufrechterhaltung

---

263) Grundlegend zur Bilanzgarantie *King*, Die Bilanzgarantie beim Unternehmenskauf, passim.

der Geschäftsbeziehungen zu dem Dritten, sollten dann außer Betracht bleiben. Allein anhand des Kriteriums der objektiven Sachgerechtheit ist zu bestimmen, welche Gewährleistungsfolgen eintreten.

Praktisch gesprochen heißt dies: Lehnt der Käufer gerichtliche Maßnahmen gegen einen Schuldner ab und begründet dies damit, dessen Einwendungen gegen diese Forderung seien überzeugend und das Prozessrisiko sei zu hoch, verlangt aber der Verkäufer gleichwohl gerichtliche Schritte, so wäre es Sache des Schiedsgerichts zu entscheiden, ob die Einschätzung des Käufers sachlich begründet war. Gewährleistungsfolgen würden nur eintreten, wenn das Schiedsgericht diese Frage bejaht. 191

Eine solche Regelung ist naturgemäß kompliziert und nicht immer befriedigend, weil es notwendig ist, ein hypothetisches Prozessergebnis zu ermitteln. Ein einfacherer Weg ist möglich, wenn man den Interessen des Verkäufers größeres Gewicht gibt. Er kann dann das Recht bekommen, solche Forderungen gegen Dritte abgetreten zu erhalten, die der Käufer für uneinbringlich hält, wenn er bereit ist, dem Käufer insoweit Schadensersatz zu leisten. Der Verkäufer kann diese Forderungen dann auf eigenes Risiko geltend machen. Das Problem der Gefahr, die Geschäftsverbindung zu beschädigen, wird dadurch aber natürlich nur gemildert, nicht beseitigt. 192

Eine viel **weitergehende Garantie** ist es, wenn der Verkäufer zusagt, Forderungen seien **durchsetzbar** und würden befriedigt werden, soweit keine Berichtigungen in den Jahresabschlüssen erfolgt sind. Eine solche Einstandsgarantie wird ein Verkäufer nur selten bereit sein abzugeben. Eine Verhandlungslösung kann darin liegen, die Garantie zu qualifizieren, indem der Verkäufer sie nur „*nach bestem Wissen*" abgibt (vgl. dazu auch Rz. 201). 193

b) Exterritoriale Wirkung ausländischer Gesetze

Insbesondere wenn Unternehmen an US-amerikanische Käufer veräußert werden, wird der Verkäufer immer wieder mit der Forderung konfrontiert, er solle zusagen, das Unternehmen verstoße nicht gegen bestimmte US-amerikanische Gesetze, insbesondere nicht gegen den *Foreign Corrupt Practices Act*,[264] der es verbietet, Bestechungsgelder im Ausland zu zahlen, oder nicht gegen das Verbot des Handels mit Staaten, die aus der Sicht der USA als Feindstaaten angesehen werden.[265] Der *Foreign Corrupt Practices Act* hat zwar inzwischen nicht mehr dieselbe Brisanz wie früher, weil aufgrund des Gesetzes zur Bekämpfung internationaler Bestechung[266] auch in Deutschland die Korruption in- und aus- 194

---

264) Foreign Corrupt Practices Act, Pub. L. 95-213, Title I, 19. Dec. 1977, 91 Stat. 1494–1498, 15 U.S.C. §§ 78a ff. und dazu *Piehl*, S. 96 ff.; *Grau/Meshulam/Blechschmidt*, BB 2010, 652.
265) Trading with the Enemy Act, Pub. L. 65-91, 6.10.1917, 40 Stat. 415, 12 U. S. C. § 95a.
266) Gesetz zur Bekämpfung internationaler Bestechung v. 10.9.1998, BGBl. I 1998, 2327.

ländischer Amtsträger faktisch gleichgestellt ist. Dennoch sollte sich ein deutscher Verkäufer unbedingt sehr genau darüber informieren, was die in Rede stehenden amerikanischen Gesetze jeweils besagen. Nur so kann er das in den gewünschten Aussagen liegende Risiko vernünftig abschätzen.

195 US-amerikanische Käufer sehen Verstöße gegen diese Gesetze keineswegs als Kavaliersdelikte an, sondern nehmen sie sehr ernst, nicht nur wegen der bei einem Verstoß drohenden Sanktionen, sondern auch wegen der negativen Publizität, die gerade in diesem halb-politischen Bereich verheerende Schäden auslösen kann. Das Argument, ein deutsches Unternehmen unterliege überhaupt nicht den amerikanischen Gesetzen, wird dabei wenig Wirkung zeigen, weil es – abgesehen von dem exterritorialen Geltungsanspruch mancher US-amerikanischer Gesetze – gar nicht ausschließlich um juristische Fragen geht. Ein amerikanisches Unternehmen kann es sich eben schlicht nicht leisten, eine ausländische Gesellschaft zu erwerben, die ein US-Handelsembargo ignoriert hat, auch wenn dieses Embargo für sie formell gar nicht galt und die fraglichen Aktivitäten auf Geheiß der neuen Muttergesellschaft sofort eingestellt werden.

196 Gleiches gilt für das strenge Antikorruptionsgesetz *UK Bribery Act 2010* (UKBA), das am 1.7.2011 in Kraft getreten ist.[267] Neben dem sehr weiten räumlich-persönlichen Anwendungsbereich des Gesetzes – bereits eine einzige Transaktion mit einem britischen Handelspartner genügt als Anknüpfungspunkt –, sieht die britische Regelung eine Strafbarkeit für Unternehmen vor, die es versäumt haben, adäquate Präventivmaßnahmen zu ergreifen.[268] Die Anwendungsleitlinien[269] scheinen den uferlos wirkenden Wortlaut des UKBA zwar zu relativieren, auf das tatsächliche Ergebnis im internationalen Wirtschaftsverkehr muss allerdings noch gewartet werden.[270]

c) **Grundsatz der Kapitalerhaltung**

197 Der Grundsatz der Kapitalerhaltung bei Kapitalgesellschaften (§§ 57, 62 AktG und §§ 30, 31 GmbHG) ist einmal mehr ein typisches Institut des deutschen (oder kontinental-europäischen) Rechts, für das angelsächsisch geprägte Unternehmenskäufer kein Verständnis mitbringen. Umso wichtiger ist es aus der Sicht des beratenden deutschen Juristen, die entsprechenden Vorschriften zu

---

267) Abrufbar unter: http://www.opsi.gov.uk/acts/acts2010/pdf/ukpga_20100023_en.pdf. Status: Royal Assent seit 8.4.2010.

268) Ausführungen zu den einzelnen Straftatbeständen und den Auswirkungen auf international tätige Unternehmen bei *Hugger/Röbrich*, BB 2010, 2643; *Pörnbacher/Mark*, NZG 2010, 1372; *Deister/Kleier/Rew*, CCZ 2011, 81; *Kappel/Lagodny*, StV 2012, 695; *Timmerbeil/Spachmüller*, DB 2013, 2133.

269) Abrufbar unter: https://www.gov.uk/government/publications/bribery-act-2010-guidance; dazu *Deister/Geier/Rew*, CCZ 2011, 81 ff.

270) Bis jetzt fand der UKBA nur bei dem Fehlverhalten eines nationalen Beamten Anwendung, vgl. *Hugger/Pasewaldt*, CCZ 2012, 23.

erläutern und auf entsprechenden Gewährleistungsaussagen des Verkäufers zu bestehen. Dies gilt aus unterschiedlichen Gründen natürlich nicht nur bei Kapitalgesellschaften, sondern auch beim Erwerb eines Kommanditanteils (§§ 173 Abs. 1, 172 Abs. 4 Satz 1 HGB).

d) Abdeckung des Zeitraums seit dem relevanten Bilanzstichtag

Die in Unternehmenskaufverträgen fast ausnahmslos anzutreffenden Garantien auf den oder die letzten Jahresabschlüsse der Zielgesellschaft (Bilanzgarantien) sind regelmäßig auf einen mehr oder weniger lange zurückliegenden (letzten) Bilanzstichtag bezogen. Die Garantie wird damit nicht auf die aktuelle Vermögens- und Finanzanlage abgegeben. Das darin liegende Risiko ist für den Käufer umso größer, je mehr Zeit seit dem letzten Bilanzstichtag vergangen ist. Angesichts der gerade für Ausländer teilweise unverständlichen Angewohnheit mittelständischer deutscher Unternehmen, die Erstellung ihrer Jahresabschlüsse möglichst hinauszuzögern, kann dies – gerade bei Unternehmenskäufen in der ersten Jahreshälfte – ein erklecklicher Zeitraum sein. 198

Hier müssen zunächst spezielle Gewährleistungsaussagen helfen. Diese gehen dahin, dass der Geschäftsbetrieb des Unternehmens seit dem **letzten Bilanzstichtag bis zum Signing** i. R. des **gewöhnlichen Geschäftsgangs** und (im Wesentlichen) wie in der Vergangenheit geführt worden ist. Ergänzt wird diese Garantie regelmäßig durch Regelbeispiele für nicht erfolgte Geschäftshandlungen (bspw. keine Veräußerung von Anlagevermögen außerhalb des gewöhnlichen Geschäftsgangs). In einem käuferfreundlichen Vertrag könnte zusätzlich zugesichert werden, dass keine Umstände eingetreten sind, die eine erhebliche negative Auswirkung auf den Geschäftsbetrieb des Unternehmens, seinen Wert und seine künftigen geschäftlichen Aussichten gehabt haben oder haben können (vergleichbar mit der oben genannten MAC-Klausel (oben Rz. 144 ff.), hier allerdings eben nur für den Zeitraum bis zum Signing). 199

Darüber hinaus ist der Käufer daran interessiert, dass der Verkäufer das Unternehmen im nachfolgenden Zeitraum **zwischen Signing und Closing** weiter im gewöhnlichen Geschäftsgang führt. Daher findet sich regelmäßig eine entsprechende Verpflichtung des Verkäufers in Unternehmenskaufverträgen, wenngleich in unterschiedlicher Schärfe (sog. **Going Concern-Klausel**). Sie ist allerdings richtigerweise vertragstechnisch nicht als Garantie aufzunehmen, sondern i. R. der Verhaltenspflichten (sog. *covenants*)[271] der Verkäuferin. Die inhaltliche Ausgestaltung dieser Verhaltenspflicht muss bei fusionskontrollrelevanten Transaktionen stets mit dem kartellrechtlichen Vollzugsverbot vereinbar sein.[272] 200

---

271) Dazu *Schrader* in: Eilers/Koffka/Mackensen, Private Equity, I. 4. Rz. 25 ff.
272) Näher dazu *Mielke/Welling*, BB 2007, 277; *Schrader* in: Seibt, M&A, C. II. 1. Anm. 127, S. 230 f.

e) Vollständigkeit der Offenlegung und Kenntniszurechnung

201 Besondere Schwierigkeiten ergeben sich oft bei den sehr weit und umfassend formulierten Klauseln, durch die der Verkäufer erklären soll, er habe dem Käufer **alle relevanten Umstände offen gelegt.** Jede Weigerung des Verkäufers, die Vollständigkeit der von ihm erteilten Informationen in dieser Weise zuzusagen, stößt beim Käufer leicht auf Unverständnis und Misstrauen. Andererseits wird sich der Verkäufer gerade dann, wenn er selbst nicht Geschäftsleiter des Unternehmens, sondern nur Gesellschafter ist, mit derartigen absoluten Aussagen schwer tun. Häufig wird die Lösung darin bestehen, dass alle oder bestimmte Aussagen qualifiziert werden, indem der Verkäufer diese *„nach bestem Wissen"* abgibt.[273]

202 Eine derartige Formel wirft allerdings ebenso viele **Fragen** auf, wie sie beantwortet: Bedeutet sie, dass der Verkäufer verpflichtet ist, sich zunächst einmal – etwa bei der Geschäftsleitung der Zielgesellschaft – zu informieren? Welchen Umfang hat eine solche Informationspflicht? Auf die Kenntnis welcher konkreten Personen des Verkäufers ist abzustellen? Wessen Kenntnis wird ihm ggf. zugerechnet?[274] Hier empfiehlt es sich vor allem aus Sicht des Verkäufers dringend, in den Vertrag klare Regelungen aufzunehmen, etwa dahingehend, dass er nicht verpflichtet ist, eigene Erkundigungen einzuziehen, oder dass sich diese Erkundigungen nur auf bestimmte, genau festgelegte Maßnahmen oder die Befragung genau identifizierter Personen beschränken. Auch sollte der Kreis der Personen, deren Kenntnis dem Verkäufer zugerechnet wird, durch Nennung dieser Personen genau bestimmt werden.[275] Ferner ist zu definieren, ob mit *„bestem Wissen"* nur die positive Kenntnis oder auch die grob fahrlässige oder gar schlicht fahrlässige Unkenntnis (Kennenmüssen, § 122 Abs. 2 BGB) erfasst ist. Eine eher verkäuferfreundliche Klausel könnte bei einer Beteiligungsveräußerung bspw. wie folgt lauten:

> „In this Agreement the knowledge of the Seller (the ‚Seller's Knowledge') shall solely encompass the actual knowledge *(positive Kenntnis)* as of the date of the signing of this Agreement of the individuals listed in Annex *[Nr.]* without any obligation by the Seller or the individuals listed in such Annex *[Nr.]* to make enquiry with the managing directors of the target company."

f) Steuerklauseln

203 Rechtliche Besonderheiten, die sich gerade aus dem internationalen Charakter eines Unternehmenskaufs ergeben, sind bei den auf steuerliche Fragen bezogenen Garantien nicht erkennbar (ausführlich zu Steuergarantien siehe § 27). Umso notwendiger ist aber die kulturelle Vermittlung. Denn auf kaum einem Rechts-

---

273) So auch das Muster bei *Knott/Mellert* in: Knott/Mielke, Unternehmenskauf, Rz. 693.
274) Zu Zurechnungsfragen allgemein *Hasselbach/Ebbinghaus*, DB 2012, 220.
275) Näher dazu *Knott/Mellert* in: Knott/Mielke, Unternehmenskauf, Rz. 983 ff.

gebiet ist der Erfindungsreichtum der Juristen und damit die Vielfalt der Erscheinungsformen größer als auf dem des Steuerrechts. Entsprechend groß ist die Gefahr, aus Unkenntnis dieser Unterschiede Fehler zu machen.

Eine Besonderheit nicht so sehr des deutschen Steuerrechts, sondern des Steuerverfahrensrechts ist, dass **steuerliche Außenprüfungen** oft erst nach vielen Jahren und Steuerfestsetzungen unter Vorbehalt erfolgen. Beides hat zur Folge, dass Steuernachforderungen noch viele Jahre später erhoben werden können. Wiederum ist es für den deutschen Berater eine Selbstverständlichkeit, für den möglicherweise ausländischen Erstautor eines Vertragsentwurfs aber nicht, diesen Umstand bei der Verjährungsklausel zu berücksichtigen: Während für andere Gewährleistungsaussagen eine Frist von zwei oder drei Jahren beginnend mit dem Closing ausreichend sein mag, gilt dies für steuerliche Zusicherungen nicht. Hier wird man regelmäßig auf einen Zeitraum abstellen, der frühestens mit der endgültigen Steuerfestsetzung aufgrund der steuerlichen Außenprüfung oder des daran anschließenden Finanzgerichtsverfahrens beginnt. Dieser Zeitraum wird dann allerdings recht kurz sein und liegt häufig bei sechs Monaten. 204

Dass in diesem Zusammenhang beiderseitige **Mitwirkungs- und Auskunftspflichten**, aber auch -rechte vereinbart werden sollten, ist keine Besonderheit des internationalen Unternehmenskaufs. Indes wird man gerade von US-amerikanischen Käufern immer wieder mit der Vorstellung konfrontiert, für Steuererklärungen, Steuerfestsetzungen und ggf. deren Anfechtung, soweit sie sich auf Zeiträume vor dem Unternehmenskauf beziehen, bleibe der Verkäufer verantwortlich. Dies gelte nicht nur in dem Sinne, dass er für etwaige daraus resultierende Schäden aufzukommen habe, sondern auch rein technisch in der Weise, dass er die entsprechenden Verfahrensschritte einzuleiten und zu führen habe. Je nach Struktur der Transaktion ist dies natürlich keineswegs der Fall, etwa wenn ein Share Deal stattfindet, bei dem selbstverständlich die Gesellschaft vor wie nach dem Übernahmestichtag dafür verantwortlich ist, ihre steuerlichen Angelegenheiten zu erledigen, nicht hingegen ihr (früherer oder jetziger) Gesellschafter. Durch entsprechende Formulierungen sollte daher zwar klargestellt werden, welche Auskunfts- und Mitwirkungsrechte sowie -pflichten den Verkäufer treffen, allerdings auch, dass die Gesellschaft (oder der neue Gesellschafter) für Maßnahmen gegenüber den Finanzbehörden verantwortlich ist. 205

Schließlich sollte auch bei Steuerklauseln darauf geachtet werden, dass in der „Endabrechnung" über die Haftung des Käufers positive wie negative Aspekte miteinander verrechnet werden können. Mehr Steuern in einem Bereich sollten ohne weiteres gegen Steuererstattungen in einem anderen verrechenbar sein. Auch ist darauf zu achten, dass Änderungen der Steuerfestsetzung häufig nur in einer Phasenverschiebung bestehen, so etwa, wenn Abschreibungen über einen längeren als den ursprünglich vorgesehenen Zeitraum erstreckt werden. Hier wäre es unangemessen, die in einem bestimmten Jahr dadurch anfallenden Mehrsteuern insgesamt als Schaden anzusehen, den der Verkäufer zu ersetzen hat. 206

Schaden ist vielmehr in erster Linie der Zinseffekt, der sich aus der langsameren Abschreibung ergibt. Zusätzliche Berechnungsprobleme entstehen allerdings dann, wenn sich die Steuersätze während des maßgeblichen Zeitraums ändern. Dieselbe Problematik ergibt sich, wenn das Bestehen steuerlich anerkannter Verlustvorträge zugesagt wird.[276]

IV. Closing

207 Das deutsche Recht kennt ein dem Closing vergleichbares Verfahren beim Unternehmenskauf nicht. Allerdings stellt sich auch in der deutschen Praxis nicht nur die Frage, wann das schuldrechtliche Geschäft wirksam abgeschlossen wurde, sondern wann alle Voraussetzungen für den Übergang des Unternehmens auf den Käufer erfüllt sind und dann der tatsächliche Übergang erfolgt. Hierfür hat sich auch in Deutschland in jüngerer Zeit der Begriff Closing eingebürgert.[277]

1. US-amerikanischer Ursprung

208 Der Begriff Closing kommt aus dem US-amerikanischen Recht.[278] Closing bedeutet zunächst ganz allgemein *„Schluss"* oder *„Abschluss"*. Als Rechtsterminus tauchte der Begriff im US-amerikanischen Recht zunächst beim **Immobilienkauf** auf. Allerdings bedeutet Closing hier nicht etwa Vertragsschluss. Der eigentliche schriftliche Vertragsschluss *(execution)*, also die Unterzeichnung (Signing) des Vertrags, liegt zeitlich vor dem Closing. Das Closing umfasst die in zeitlicher Sicht letzten oder *„abschließenden"* Schritte beim Immobilienkauf. Gemeint ist der Moment, zu dem die Gegenleistung erbracht wird, zu dem etwaige Immobiliarsicherheiten gestellt werden, um die Kaufpreisforderung zu sichern, und zu dem die Urkunde *(deed)* übergeben wird, die das Immobiliarrecht verbrieft. In seiner ursprünglichen Bedeutung bezeichnet Closing mithin die Abwicklung des Immobilienkaufs.

209 Der Zeitpunkt des Closing wird von den Parteien vereinbart. Die Figur des Closing erlaubt, **Vertragsschluss** und **Vertragsabwicklung zeitlich zu trennen**. In dem dadurch geschaffenen Zeitraum kann einerseits der Kaufpreis oder die

---

276) Näheres zu Steuerklauseln bei *Stümper/Walter*, GmbHR 2008, 31; *Knott/Seidel* in: Knott/Mielke, Unternehmenskauf, Rz. 1017 ff.; *Eilers* in: Eilers/Koffka/Mackensen, Private Equity, IV. 4. Rz. 71 f.
277) OLG Koblenz, WM 1991, 2075 = GmbHR 1992, 49 = WuB IV A § 433 BGB 1.92 *(Knoche)*; *Klumpp* in: Beisel/Klumpp, Unternehmenskauf, Kap. 9 Rz. 103 ff.; *Knott* in: Knott/Mielke, Unternehmenskauf, Rz. 140 ff.; *von Rosenberg* in: Eilers/Koffka/Mackensen, Private Equity, I. 8. Rz. 1 ff.; *Holzapfel/Pöllath*, Unternehmenskauf, Rz. 57; *Grabowski/Harrer*, DStR 1993, 20.
278) Vgl. auch *Merkt* in: FS Sandrock, S. 657, 680 ff.; *Knott* in: Knott/Mielke, Unternehmenskauf, Rz. 141; *Holzapfel/Pöllath*, Unternehmenskauf, Rz. 57; *Picot* in: Picot, M&A, S. 358; *Triebel*, RIW 1998, 1, 4; zum Closing aus US-amerikanischer Sicht *Reed/Lajoux/Nesvold*, S. 613 ff.

Sicherheit für den Kaufpreis (Bankgarantien für möglicherweise gestundeten Kaufpreis oder für Haftungsfreistellungen) beschafft werden, andererseits kann die Kaufsache (weitergehend) geprüft und etwaige Genehmigungen und Zustimmungen können eingeholt werden.[279]

Vom Immobilienkauf ausgehend wurde der Begriff im US-amerikanischen Recht auf den **Asset Deal** übertragen. Hier hat sich als überaus praktisch erwiesen, den Vertrag zeitlich zu strecken.[280] 210

Einerseits sind die Parteien durch den Vertragsabschluss vertraglich gebunden. So ist der Verkäufer regelmäßig durch eine Going Concern-Klausel verpflichtet, die Geschäfte des Unternehmens vom Signing bis zum Closing nur in dem vertraglich vereinbarten Rahmen zu führen. Andererseits wird die Übernahme selbst noch davon abhängig gemacht, dass bestimmte Bedingungen beim Closing erfüllt sind (**Vollzugsbedingungen**) (siehe oben Rz. 120 ff.). Das können inhaltlich bestimmte oder nur formale Bedingungen sein. Beispiele sind der Erhalt der Kartellfreigabe oder dass das Unternehmen durch bestimmte Maßnahmen aus dem Konzern des Verkäufers herausgelöst wurde, etwa durch Kündigung eines Beherrschungs- und Gewinnabführungsvertrags. Was zu geschehen hat, wenn sich vor dem oder beim Closing herausstellt, dass die Bedingungen **nicht erfüllt** sind, regeln die Parteien im Vertrag. Hier sind je nach Stärke der Verhandlungsposition unterschiedliche Stufen von der Kaufpreisreduzierung bis hin zum freien Rücktrittsrecht ohne jede Schadensersatz- oder Kompensationspflicht möglich. Selbst im letzteren Fall geht der Vertrag über eine bloße Paraphierung hinaus, weil in der Zeit zwischen Signing und Closing ein Vertragsverhältnis mit entsprechenden Nebenpflichten (Vertraulichkeit!) besteht und diese Pflichten auch über einen Rücktritt hinaus häufig vertraglich weitergelten.[281] 211

Eine weitere wichtige Funktion des Closing besteht darin, die gegenseitigen Leistungspflichten zu **verzahnen**. Durch die Vereinbarung eines bestimmten Datums für die Erbringung der beiderseitigen Leistungen wird erreicht, dass keine Seite in Vorleistung treten muss, ohne zu wissen, ob und was die andere Seite leisten wird. Das Closing minimiert insbesondere das Risiko des Eintritts unvorhergesehener **Beeinträchtigungen** des Kaufobjekts (Gerichtsverfahren, Umweltbelastungen etc.). Nach anglo-amerikanischer Vorstellung erfolgen die **Handlungen** beim Closing geradezu akkreditivartig durch **wechselseitige Übergabe von Dokumenten**, wobei Aktienurkunden, sonstige Übertragungsnachweise, aber auch unterzeichnete Nebenvereinbarungen wie Dienstverträge für Geschäftsführer und Schiedsgerichtsverfahren, über den Tisch gereicht werden. 212

---

279) *Backman* in: Powell/Rohan, § 883, S. 8; *Friedman*, Vol. 2, Kap. 11; vgl. auch *Elsing/van Alstine*, S. 165 ff.; *Knott* in: Knott/Mielke, Unternehmenskauf, Rz. 140 ff.
280) Vgl. auch *Sutter* in: Turcon/Zimmer, S. 58 ff.
281) Etwas anders *Holzapfel/Pöllath*, Unternehmenskauf, Rz. 54.

2. Deutsches Recht

213 Bei Kaufverträgen über deutsche Unternehmen passt die US-amerikanische Vorstellung nicht recht, etwa bei einer Beteiligungsveräußerung das Unternehmen durch das Überreichen von Aktienurkunden zu übergeben. Denn Aktienurkunden werden kaum je physisch übergeben, und beim Verkauf einer GmbH werden ohnehin keine Anteilsurkunden übergeben (auch dies ist übrigens häufig gegenüber ausländischen Käufern erklärungsbedürftig). Wir sind es zwar gewohnt, schuldrechtliches und dingliches Geschäft aufgrund des Abstraktionsprinzips rechtlich klar zu trennen. Allerdings ist es üblich, beide Geschäfte gleichzeitig abzuschließen und Letzteres, soweit erforderlich, unter aufschiebende Bedingungen zu stellen, deren Eintritt dann ohne ein besonderes Closing zur Vertragserfüllung führt.

214 Eine rechtliche Notwendigkeit für ein gesondertes Closing besteht also aus unserer Sicht nicht. Dennoch haben der Begriff und die Technik des Closing **Eingang in die deutsche Praxis** des Unternehmenskaufs gefunden. Allerdings wird der Begriff in der deutschen Rechtsprechung und Literatur teilweise auf die Bedeutung eines Übergangsstichtags reduziert.[282]

215 Diese Gleichsetzung von **Closing** und **Stichtag** ist wenig glücklich, weil beides zeitlich durchaus auseinander fallen kann.[283] Zurückführen lässt sich diese Bedeutungsverengung und das damit einhergehende eingeschränkte Verständnis für ein Closing möglicherweise auf die im deutschen Recht seit jeher erfolgende Trennung zwischen schuldrechtlichem Abschluss des Kaufvertrags und dinglicher Übertragung des Unternehmens. Sie ergibt sich nicht erst aus der vertraglichen Vereinbarung, sondern aus dem gesetzlich niedergelegten **Abstraktionsprinzip**, das klar und deutlich zwischen dem Kaufvertrag einerseits und seiner Erfüllung durch die Verfügungen andererseits unterscheidet.[284] Dieses Prinzip ist im anglo-amerikanischen Recht ebenso wie in den meisten anderen Rechtsordnungen unbekannt. Bei jedem deutschen Juristen ist es allerdings fest verankert, und dies mag dazu führen, dass deutsche Juristen allzu leicht die hiermit verbundene Trennung mit derjenigen zwischen Signing und Closing gleichsetzen und hierbei die weitergehende Bedeutung des Closing (siehe oben Rz. 207 ff.) übersehen.

---

282) So formuliert das OLG Koblenz, WM 1991, 2075 = GmbHR 1992, 49 = WuB IV A § 433 BGB 1.92 *(Knoche)*: „Wird ein künftiger erst nach Vertragsschluss liegender Übergangsstichtag (Closing) vereinbart, sind Regelungen für den Fall nachteiliger Veränderungen des Kaufgegenstands zwischen Vertragsschluss und closing erforderlich." Aus der Literatur etwa *Theysohn-Wadle* in: Beisel/Klumpp, Unternehmenskauf, Kap. 3 Rz. 23; *Klumpp* in: Beisel/Klumpp, Unternehmenskauf, Kap. 9 Rz. 103; *Grabowski/Harrer*, DStR 1993, 20; *Rotthege/Wassermann*, Unternehmenskauf, Rz. 669.

283) *Von Rosenberg* in: Eilers/Koffka/Mackensen, Private Equity, I. 8. Rz. 1 ff.; *Knott* in: Knott/Mielke, Unternehmenskauf, Rz. 140 ff.; *Holzapfel/Pöllath*, Unternehmenskauf, Rz. 65; *Picot* in: Picot, M&A, S. 358.

284) Vgl. *Holzapfel/Pöllath*, Unternehmenskauf, Rz. 68.

3. Internationale Praxis

Bei internationalen Unternehmenskäufen erweist sich ein Closing zunehmend als **unentbehrlich**.[285] Auch in rein nationalen Transaktionen findet es sich häufig. Rein praktisch ist es eine sinnvolle Institution, jedenfalls bei komplexen Vorgängen mit zahlreichen ineinander greifenden und womöglich jeweils unterschiedlich bedingten Verträgen. Mit der Rechtsfigur des Closing kann der eigentliche Vertragsschluss entlastet werden, indem bestimmte Teile der Vertragsabwicklung und -erfüllung nicht schon zu diesem Zeitpunkt, sondern erst später stattfinden. Außerdem zwingt das Closing dazu, alle zum Vollzug der Transaktion notwendigen Einzelpunkte sauber zu erfassen und darüber Rechenschaft abzulegen, dass jede der für sie geltenden Voraussetzungen erfüllt ist. Das erhöht die Sicherheit, dass auch tatsächlich alles bedacht und erledigt wurde. Zugleich wird durch das Closing ein eindeutiges Datum für den Stichtag der Vertragserfüllung festgelegt, während es bei Erfüllung im Wege des bloßen Bedingungseintritts mitunter schwierig ist, dieses Datum eindeutig zu bestimmen. Speziell in Unternehmenskaufverträgen mit US-amerikanischen Vertragspartnern sollten daher deutsche Vertragspartner der von den US-amerikanischen Partnern entsprechend den dortigen Gepflogenheiten üblicherweise verlangten Vereinbarung eines Closing nicht kritisch gegenüberstehen, sondern als eine Möglichkeit der Vertragsgestaltung begreifen und nutzen.

Allerdings ist vor Übertreibungen zu warnen. Ein allzu formalisiertes Closing-Verfahren kann zum Selbstzweck werden. Bei Nebenvereinbarungen ist außerdem darauf zu achten, dass sie mitunter schon im Stadium der bloß schuldrechtlichen Verpflichtung (also zwischen Signing und Closing) relevant sein können, so insbesondere Schiedsgerichtsvereinbarungen. Sie sollten deshalb nicht erst beim Closing abgeschlossen werden.

Bei internationalen Transaktionen kann häufig ein unterschiedliches Verständnis der Bedeutung von Signing und Closing zusammentreffen, bei dem wiederum der international erfahrene Jurist gefragt ist, seine **kulturelle Vermittlerfunktion** zu erfüllen. Nach deutschem Verständnis ist die Unterzeichnung des schuldrechtlichen Kaufvertrags (**Signing**) nämlich der **entscheidende Schritt** einer Transaktion, zu dem diese bereits in ihren Einzelheiten feststeht und insbesondere die Due Diligence bereits abgeschlossen ist. Dagegen ist das Signing nach anglo-amerikanischem Verständnis nur ein – wenngleich wichtiger – **Zwischenschritt**, dem noch entscheidende Schritte bis zum Closing folgen, wie eben häufig der Abschluss einer aus Sicht des Käufers zufriedenstellenden Due Diligence. Hier wird man als Rechtsberater gefragt sein, zwar bei einem deutschen Verkäufer Verständnis für die anglo-amerikanische Position zu wecken, aber insbesondere gleichzeitig dem anglo-amerikanischen Partner das deutsche Verständnis des Signing zu erläutern.

---

285) *Holzapfel/Pöllath*, Unternehmenskauf, Rz. 62.

4. Closing Protokoll

219 Die Handlungen der Vertragsparteien am Tag des Closing werden in der Praxis regelmäßig in einem Closing Protokoll (oder Closing Memorandum) niedergelegt. In dem Dokument wird also bspw. festgehalten, dass der Verkäufer einen Disclosure Letter übergeben hat, der Käufer den Kaufpreis gezahlt hat oder die Parteien den dinglichen Übertragungsvertrag unterzeichnet haben. Das Closing Protokoll unterzeichnen die Beteiligen erst **nach Abschluss aller Handlungen** und damit zum Abschluss des Closing. Sein Zweck besteht nicht nur darin zu dokumentieren, dass und wann die Closing Handlungen vorgenommen wurden. Es dient vielmehr durch die Unterzeichnung aller Beteiligten vor allem **Beweiszwecken**.[286)]

5. Rechtsfolgen bei Scheitern

220 Im Unternehmenskaufvertrag sollte vereinbart werden, welche Rechtsfolgen eintreten, wenn es nicht zu einem Closing der Transaktion kommt. Ein solcher Fall kann entweder eintreten, weil die Vollzugsbedingungen nicht vollständig erfüllt werden (so wird bspw. die erwartete Kartellfreigabe versagt) oder weil Closing Handlungen nicht vollzogen werden (bspw. erfolgt keine Kaufpreiszahlung, weil die Finanzierung überraschend gescheitert ist). Für diese Fälle sieht der Unternehmenskaufvertrag üblicherweise **vertragliche Rücktrittsrechte** vor. Die Einzelheiten der Rücktrittsvoraussetzungen und der Folgen eines Rücktritts sind während der Vertragsverhandlungen zu klären. So kann bspw. vereinbart werden, dass Rücktritte keine negativen Folgen für eine der Parteien, wie etwa Schadensersatzzahlungen, nach sich ziehen. Denkbar ist aber auch eine Vereinbarung, wonach die Partei, welche den Rücktritt verschuldet hat, gegenüber der anderen Partei **schadensersatzpflichtig** wird. Auch kann unabhängig von einem Verschuldenserfordernis vereinbart werden, dass der Eintritt bestimmter Vollzugsbedingungen in den Risikobereich einer Partei fällt und daher der Nichteintritt einen Schadensersatzanspruch für die andere Partei auslöst. Zu denken ist auch an die Vereinbarung einer pauschalen Schadensersatzpflicht oder einer Vertragsstrafe. In der internationalen Transaktionspraxis tauchen solche Zahlungsverpflichtungen häufig unter dem Begriff der **Break-up Fee** auf.[287)]

V. Rechtswahlklauseln und Vertragssprache

221 Bei Verträgen mit Auslandsbezug ist es **uneingeschränkt empfehlenswert**, im Vertrag das **anwendbare Recht zu wählen**. Für den juristischen Berater stellt sich bei Verhandlungen über einen internationalen Unternehmenskauf – wie im

---

286) Ebenso *von Rosenberg* in: Eilers/Koffka/Mackensen, Private Equity, I. 8. Rz. 14.
287) Näher dazu *Hilgard*, BB 2008, 286; *Fleischer*, AG 2009, 345.

Übrigen bei vielen halbwegs komplexen internationalen Verträgen – das Problem, dass über die Frage des anwendbaren Rechts häufig erst gegen Schluss der Verhandlungen entschieden wird. Entweder messen die kaufmännischen Verhandlungsführer diesem Punkt keine besonders große Bedeutung bei, oder sie wollen die Verhandlungen über wirtschaftlich wichtige Fragen nicht mit aus ihrer Sicht juristisch-technischen Fragen befrachten. Juristisch gesehen verhandelt man also eine ganze Weile gleichsam im luftleeren Raum. Dies ist ein weiterer Grund dafür, den Vertrag möglichst vollständig und *„selbsttragend"* zu formulieren, sodass es auf das anwendbare Recht so wenig wie möglich ankommt (siehe zur Rechtswahl auch unten § 6 Rz. 45 ff.). Dies bedeutet allerdings nicht, dieser Frage insgesamt ausweichen und auf eine Rechtswahlklausel verzichten zu können. Eine Rechtswahl ist vielmehr unerlässlich, um die vielfältigen Probleme und Streitfragen zu vermeiden, die sich bei einer objektiven Anknüpfung des Unternehmenskaufs nach den Regeln des Internationalen Privatrechts ergeben.

Für den **dinglichen Teil** des Unternehmenskaufs sind einer Rechtswahl bekanntlich **Grenzen** gesetzt. So gilt beim Asset Deal für die Übertragung des Eigentums an körperlichen Mobilien zwingend die *lex rei sitae* (oder, wie der angelsächsische Sprachgebrauch es will, die *lex situs*), also das Recht am Ort der Belegenheit der Sache (unten § 8 Rz. 88). Gleiches gilt für Immobilien (unten § 8 Rz. 100). Dagegen ist beim Share Deal bspw. darauf zu achten, dass das Gesellschaftsstatut der Zielgesellschaft über die Frage entscheidet, ob der Anteil fungibel ist und welche Voraussetzungen für die Übertragung erfüllt sein müssen (näher dazu unten § 8 Rz. 74 ff.). Insgesamt sollte man sich jedoch darüber im Klaren sein, dass die Systeme des Internationalen Privatrechts unterschiedlich sein können und daher verschiedene Anknüpfungspunkte vorsehen können. Es besteht also Nachfrage- und ggf. Aufklärungsbedarf gegenüber ausländischen Mandanten und Vertragspartnern. 222

Für den **schuldrechtlichen Teil** der Transaktion besteht dagegen **weitestgehend Wahlfreiheit** (dazu unten § 6 Rz. 33 ff.). Indes stellt sich aus Sicht der Praxis die Frage, ob es sinnvoll ist, ein anderes Rechtssystem zu vereinbaren, als für das oder die dinglichen Geschäfte gilt. Welche Folgen etwaige Disparitäten dieser beiden Rechtssysteme nach sich ziehen könnten, ist im Vorwege kaum zu beurteilen. Angenommen, das schuldrechtliche Geschäft unterliegt einem Recht, welches das Abstraktionsprinzip nicht kennt, während das dingliche Geschäft sich nach deutschem Recht richtet: Welche Folgen soll nun ein Mangel des schuldrechtlichen Geschäfts haben? Soll hier plötzlich deutsches Bereicherungsrecht auch auf der schuldrechtlichen Seite durchgreifen, weil die ausländische (Schuld-)Rechtsordnung im Zweifel für diese ihr unbekannte Situation keine Lösung bereithält? Dies widerspräche zwar dem europäischen und damit deutschen Recht, weil nach Art. 12 Abs. 1 lit. e Rom I-VO die Folgen der Nichtigkeit eines Vertrags und damit eine ungerechtfertigte Bereicherung dem Ver- 223 tragsstatut unterliegen.[288)] Allerdings wird deutlich, dass sich Ungereimtheiten und Unsicherheiten ergeben können, die sich möglicherweise vermeiden lassen, indem man das Recht des dinglichen Geschäfts für den Kaufvertrag wählt.

224 Ein rein praktischer Gesichtspunkt kommt hinzu. Der ausländische Käufer wird sich im Zweifel ohnehin in dem Recht beraten lassen müssen, das im Lande des Kaufobjekts gilt. Ihm sollte es deshalb nicht schwer fallen, diese Beratung auch in Bezug auf das schuldrechtliche Geschäft zu erhalten. Umgekehrt hat der inländische Verkäufer regelmäßig keinen Anlass, sich mit dem Recht im Lande des Käufers zu befassen. Wollte er einen diesem Recht unterliegenden schuldrechtlichen Kaufvertrag juristisch verantwortlich überprüfen lassen, wäre damit ein ganz erheblicher und im Grunde durch nichts zu rechtfertigender Mehraufwand verbunden. Dem sollte die ausländische Vertragspartei Rechnung tragen und sich auch für den schuldrechtlichen Vertrag auf das im Lande des Kaufgegenstands geltende Recht einlassen.

225 Zu warnen ist jedenfalls vor dem vielleicht probat erscheinenden Ausweg, ein „**neutrales**" Recht zu vereinbaren, das keinen besonderen Bezug zum Sitz der Parteien oder zur Belegenheit des Kaufgegenstands hat. Eine solche Lösung kann nur zu Problemen führen, zumal wenn beide Seiten mit dem gewählten *„neutralen"* Recht nicht vertraut sind. Böse Überraschungen sind vorprogrammiert (dazu unten § 6 Rz. 86 ff.).

226 Schließlich ist zu empfehlen, i. R. der vertraglichen Rechtswahl sicherheitshalber das **UN-Kaufrecht** ausdrücklich abzuwählen. Dies gilt jedenfalls beim Asset Deal, bei dem umstritten ist, ob das UN-Kaufrecht anwendbar ist (siehe unten § 6 Rz. 15 ff.). Beim Share Deal erscheint eine solche Abwahl weniger erforderlich (siehe unten § 6 Rz. 11 ff.).

227 In der internationalen Transaktionspraxis ist die **englische Sprache** ganz herrschend. Dies gilt auch dann, wenn der Vertrag einem nicht-englischsprachigen Rechtsraum unterworfen wird. In diesem Fall ist es wichtig sicherzustellen, dass die jeweiligen nationalen Rechtsinstitute oder Rechtsbegriffe bei ihrer englischen Umschreibung möglichst genau wiedergegeben werden. Nur so lassen sich später abweichende Interpretationen und Missverständnisse ausschließen.[289)] Teilweise wird empfohlen, eine Vertragsklausel vorzusehen, wonach für die Auslegung der englischsprachigen Begriffe des Vertrags das deutsche Recht maßgeblich sein soll.[290)] Eine solche Klausel wird aber wenig helfen, wenn bspw. der englischsprachige Begriff als Übersetzung für mehrere deutsche Rechtsinstitute

---

288) Hierzu *Martiny* in: Reithmann/Martiny, Int. Vertragsrecht, Rz. 305, 456.
289) Näher dazu *Maier-Reimer*, AnwBl 2010, 13; *Maier-Reimer*, NJW 2010, 2545.
290) So empfehlen *Triebel/Balthasar*, NJW 2004, 2189, 2196: „This agreement and its terms shall be construed according to German law. If the English legal meaning differs from the German legal meaning of this agreement and its terms, the German meaning shall prevail."

stehen kann.²⁹¹⁾ Die vorzugswürdige Lösung ist daher, die Bezeichnungen der jeweiligen nationalen Rechtsinstitute und Rechtsbegriffe in einem **Klammerzusatz** in der **Landessprache** hinter die englische Umschreibung zu setzen und/oder auf die einschlägige deutsche Vorschrift zu verweisen. In den Schlussbestimmungen des Vertrags ist zu empfehlen, zusätzlich zu erklären:

„Where a [German] term has been inserted in brackets, it alone (and not the English term to which it relates) shall be authoritative for the purpose of the interpretation of the relevant English term or English description of the [German] term in this Agreement."

VI. Streitentscheidung

Rechtswahlklauseln können im Allgemeinen nicht isoliert von der Frage beurteilt werden, wo und durch wen ein etwaiger Streit der Parteien zu entscheiden wäre. Häufig ergibt sich hier geradezu ein Tauschgeschäft: Die Bereitschaft, auf ein an sich unerwünschtes anwendbares Recht einzugehen, wird als Preis dafür entrichtet, dass man sich einer unerwünschten Gerichtsbarkeit entzieht und stattdessen ein neutrales Schiedsgericht oder gar die Gerichte des eigenen Landes vereinbart. Zwar wird man jeden Einzelfall gesondert betrachten und beurteilen müssen. Allerdings dürfte es regelmäßig wichtiger sein, ein gut qualifiziertes, objektives Entscheidungsgremium für Streitfälle zu haben, als eine bestimmte Rechtsordnung, zumal wenn man – wie schon mehrfach empfohlen – den Vertrag ausführlich und umfassend formuliert, sodass er grundsätzlich aus sich heraus lebensfähig ist, also ohne Zuhilfenahme des Gesetzesrechts. 228

1. Staatliche Gerichte und Schiedsgerichte

Bei komplexen internationalen Transaktionen erweisen sich die **staatlichen Gerichte** grundsätzlich als wenig geeignet, eine schnelle, sachgerechte und möglicherweise kostengünstige Streitentscheidung herbeizuführen.²⁹²⁾ Dies beginnt mit der Möglichkeit der Gerichte, sich fremdsprachige Unterlagen in Übersetzung vorlegen zu lassen (§ 142 Abs. 3 ZPO, § 173 VwGO). Bei **Schiedsgerichten** lässt sich die Verfahrenssprache dagegen eher wählen. Schwerer wiegt aber das meist nur gering ausgeprägte wirtschaftliche Verständnis vieler Richter, jedenfalls auf dem europäischen Kontinent, gerade auch für internationale Zusammenhänge. Noch viel weniger wird man von einem Berufsrichter, der sein Leben in einem geschlossenen deutschen System von Schulbank, Hörsaal und Richterbank verbracht hat, ein Gespür für die besondere Problematik des Zusammentreffens unterschiedlicher Rechtskulturen erwarten können. Dies hat sich allerdings mit dem Einzug jüngerer Richter, die teilweise zuvor als Rechtsan- 229

---

291) Ebenso *Maier-Reimer*, AnwBl 2010, 13, 20.
292) Zu den Vorteilen eines Schiedsverfahrens *Klumpp* in: Beisel/Klumpp, Unternehmenskauf, Kap. 18 Rz. 5 ff.; *Lionnet/Lionnet*, S. 76 ff.; auch *Salger* in: Triebel, M&A, Rz. 1132 ff.

wälte in internationalen Anwaltssozietäten tätig waren, etwas gemildert. Für ein Schiedsverfahren kann aber außerdem sprechen, dass eine größere Vertraulichkeit gewährleistet ist als bei einem öffentlichen staatlichen Gerichtsverfahren.[293] Schließlich kann für ein Schiedsgericht die leichtere internationale Vollstreckbarkeit im Vergleich zu Entscheidungen der staatlichen Gerichte streiten.[294]

230 Außer bei wirklich kleinen Transaktionen wird deshalb regelmäßig ein Schiedsgericht vereinbart werden. Welche Form man dabei wählt, ob man ein **institutionelles Schiedsgericht** wie das der International Chamber of Commerce (ICC), der Deutschen Institution für Schiedsgerichtsbarkeit (DIS), der Handelskammer Stockholm oder der Bundeskammer der gewerblichen Wirtschaft in Wien vorzieht oder ein **Ad-hoc-Schiedsgericht**, sei es nach Standardregeln wie denen der United Nations Commission on International Trade Law (UNCITRAL) zusammengesetzt, sei es aufgrund freier Vereinbarung, ist weitgehend Geschmackssache. Die praktische Erfahrung zeigt allerdings häufig, dass für Unternehmenskäufe durchschnittlicher Größe ein Verfahren wie das der ICC schwerfällig und kostspielig ist. Hier verdienen Ad-hoc-Schiedsgerichte den Vorzug, wobei das Regelwerk der UNCITRAL oder der DIS eine gute Verfahrensgrundlage bildet.

231 Den **Schiedsgerichtsort** sollte man nicht nach der touristischen Attraktivität aussuchen. Entscheidender Gesichtspunkt ist vielmehr, welche gerichtlichen Überprüfungsmöglichkeiten bestehen und wie die juristische „*Infrastruktur*" vor Ort aussieht, insbesondere hinsichtlich des Vorhandenseins geeigneter, möglichst mehrsprachiger und erfahrener Schiedsrichter. Diese Kriterien lassen vor allem Zürich, Stockholm und Wien nach wie vor als höchst geeignete Schiedsgerichtsorte erscheinen.

232 Einigen sich die Parteien auf ein institutionelles Schiedsgericht, sollte die von der jeweiligen Institution empfohlene **Schiedsklausel** verwendet werden. So lautet bspw. die von der **DIS** empfohlene Klausel auf Englisch und auf Deutsch folgendermaßen:[295]

> „All disputes arising in connection with this contract or its validity shall be finally settled in accordance with the Arbitration Rules of the German Institution of Arbitration e. V. (DIS) without recourse to the ordinary courts of law."
>
> „Alle Streitigkeiten, die sich im Zusammenhang mit dem Vertrag oder über seine Gültigkeit ergeben, werden nach der Schiedsgerichtsordnung der Deutschen Institution für Schiedsgerichtsbarkeit e. V. (DIS) unter Ausschluss des ordentlichen Rechtsweges endgültig entschieden."

---

293) *Lionnet/Lionnet*, S. 77.
294) *Salger* in: Triebel, M&A, Rz. 1138; *Lionnet/Lionnet*, S. 76; *Mielke* in: Knott/Mielke, Unternehmenskauf, Rz. 568.
295) S. DIS-Schiedsgerichtsordnung 1998, abrufbar unter http://www.dis-arb.de.

Die ICC empfiehlt zur Wahl ihrer Regeln folgende Standardschiedsklausel:[296]   233

> „All disputes arising out of or in connection with the present contract shall be finally settled under the Rules of Arbitration of the International Chamber of Commerce by one or more arbitrators appointed in accordance with the said Rules."
>
> „Alle aus oder in Zusammenhang mit dem gegenwärtigen Vertrag sich ergebenden Streitigkeiten werden nach der Schiedsgerichtsordnung der Internationalen Handelskammer von einem oder mehreren gemäß dieser Ordnung ernannten Schiedsrichtern endgültig entschieden."

Auch bei Vereinbarung der UNCITRAL-Schiedsordnung sollte die von der   234
UNCITRAL empfohlene Klausel verwendet werden, die wie folgt lautet:[297]

> „Any dispute, controversy or claim arising out of or relating to this contract, or the breach, termination or invalidity thereof, shall be settled by arbitration in accordance with the UNCITRAL Arbitration Rules."
>
> „Jede Streitigkeit, Meinungsverschiedenheit oder jeder Anspruch, die sich aus diesem Vertrag ergeben oder sich auf diesen Vertrag, seine Verletzung, seine Auflösung oder seine Nichtigkeit beziehen, sind durch ein Schiedsverfahren nach der UNCITRAL-Schiedsgerichtsordnung in ihrer derzeit geltenden Fassung zu regeln."

2. Mediation

Ergänzend zu einer Gerichts- oder Schiedsklausel ist es empfehlenswert, für   235
Streitigkeiten ein vorgelagertes Mediationsverfahren vorzusehen. Mediation ist im Kern **Verhandeln** mit zwei Besonderheiten: Zum einen führt ein besonders geschulter allparteilicher Dritter durch die Verhandlung, zum anderen unterliegt der Ablauf einer besonderen Struktur. Als grundsätzliche **Vorteile** einer Mediation sind Vertraulichkeit, Schnelligkeit und die geringen Kosten zu nennen. Auch die Möglichkeit, als Mediator eine Person mit besonderen, fallspezifischen Fähigkeiten auszuwählen (z. B. Sprachfähigkeiten), kann für eine Mediation sprechen. Schließlich sind auch die guten Erfolgsaussichten zu nennen.[298]

Ein wesentlicher Unterschied zu einem Schieds- oder Gerichtsverfahren be-   236
steht darin, dass der Mediator anders als ein Schiedsrichter oder staatlicher Richter den Streit nicht entscheidet. Er befindet auch nicht über Rechtsfragen. Vielmehr ist seine Aufgabe, die Parteien zu einer freiwilligen Vereinbarung zu führen. Hierbei hat der Mediator die Rolle, mit den Parteien ergebnisoffen ihre Interessen herauszuarbeiten und eine Lösung zu entwickeln. Der Mediator vermittelt lediglich, die Parteien sind die Verhandler.[299]

Es gibt verschiedene **institutionelle Anbieter**, die bei der Durchführung von   237
Mediationsverfahren helfen, wie bspw. die Deutsche Institution für Schiedsge-

---

296) S. Schiedsgerichtsordnung der ICC, abrufbar unter http://www.iccwbo.org.
297) Abrufbar unter http://www.uncitral.org.
298) Ausführlich dazu *Duve/Eidenmüller/Hacke*, S. 64 f.; *Risse*, NJW 2000, 1614, 1618 m. w. N.; zur Eignung der Mediation im M&A-Bereich *Behme*, DB 2014, 881; *Göthel*, M&A Review 2014 (im Erscheinen).
299) Näher dazu *Kracht* in: Haft/Schlieffen, Hdb. Mediation, § 12 Rz. 1 ff.

richtsbarkeit (DIS) sowie die Industrie- und Handelskammern. Verfahrensgrundlage ist in diesen Fällen die jeweilige Mediationsordnung. Einigen sich die Parteien auf einen institutionellen Anbieter, empfiehlt es sich grundsätzlich, die von diesem vorgeschlagene Mediationsklausel zu verwenden. So lautet bspw. die von der **DIS** empfohlene Standardklausel auf Englisch und Deutsch:[300]

„Hinsichtlich aller Streitigkeiten, die sich aus oder in Zusammenhang mit dem Vertrag [... *Bezeichnung des Vertrags* ...] ergeben, wird ein Mediationsverfahren gemäß der Mediationsordnung der Deutschen Institution für Schiedsgerichtsbarkeit e. V. (DIS) durchgeführt."

„With respect to all disputes arising out of or in connection with the contract [... *description of the contract* ...] mediation proceedings shall be conducted pursuant to the Mediation Rules of the German Institution of Arbitration (DIS)."

238 Die **IHK** Hamburg empfiehlt folgende Standardklausel:[301]

„Die Parteien verpflichten sich, im Falle einer sich aus diesem Vertrag ergebenden Streitigkeit vor Klageerhebung bei einem ordentlichen Gericht oder Schiedsgericht eine Mediation gemäß der Hamburger Mediationsordnung für Wirtschaftskonflikte durchzuführen."

239 Eine etwas ausführlichere, von der International Chamber of Commerce (**ICC**) empfohlene Mediationsklausel lautet wie folgt:[302]

„Die Parteien vereinbaren, im Falle aller Streitigkeiten, die sich aus oder in Zusammenhang mit dem vorliegenden Vertrag ergeben, zunächst ein Verfahren gemäß den ICC-Mediations-Regeln zu beantragen. Wird die Streitigkeit nicht innerhalb einer Frist von 45 Tagen ab Einbringung eines Antrags auf ein Mediationsverfahren oder einer anderen von den Parteien schriftlich vereinbarten Frist gemäß der ICC-Mediations-Regeln beigelegt, wird sie anschließend gemäß der Schiedsgerichtsordnung der Internationalen Handelskammer (ICC) von einem oder mehreren gemäß dieser Ordnung ernannten Schiedsrichtern endgültig entschieden."

„In the event of any dispute arising out of or in connection with the present contract, the parties shall first refer the dispute to proceedings under the ICC Mediation Rules. If the dispute has not been settled pursuant to the said Rules within [45] days following the filing of a Request of Mediation or within such other period as the parties may agree in writing, such dispute shall thereafter be finally settled under the Rules of Arbitration of the International Chamber of Commerce by one or more arbitrators appointed in accordance with the said Rules of Arbitration."

240 Unabhängig davon, für welchen Anbieter und welche Mediationsordnung sich die Parteien entscheiden, ist im Vorfeld stets zu prüfen, ob die vorgeschlagene Mediationsklausel auf den konkreten Fall passt und welche Änderungen erforderlich oder empfehlenswert sind.

---

300) S. DIS-Mediationsordnung 10, abrufbar unter http://www.dis-arb.de.
301) S. Hamburger Mediationsordnung für Wirtschaftskonflikte, abrufbar unter http://www.hk-24.de.
302) S. die Mediation Rules of the International Chamber of Commerce des ICC International Centre for ADR, abrufbar unter http://www.iccwbo.org.

VII. Formfragen

1. Grundsätze und Auslandsbeurkundung

Die Frage, welche Formvorschriften auf einen Unternehmenskaufvertrag anwendbar sind und ob ein dem deutschen Beurkundungserfordernis unterliegender Vertrag wirksam durch einen ausländischen Notar beurkundet werden kann, wird an anderer Stelle ausführlich erörtert (siehe unten § 9). Daher sollen an dieser Stelle einige Hinweise genügen. 241

Formfragen werden im Internationalen Privatrecht grundsätzlich **separat vom Vertrag angeknüpft**. Es ist zu unterscheiden zwischen Verpflichtungs- und Verfügungsgeschäft. Beim Verpflichtungsgeschäft unterliegen Formfragen regelmäßig dem Vertragsstatut oder alternativ dem Ortsstatut (Art. 11 Abs. 1 Rom I-VO).[303] Auch Formfragen des Verfügungsgeschäfts werden gesondert angeknüpft, und zwar über Art. 11 EGBGB.[304] Die Anknüpfung der Formanforderungen bei der Veräußerung von Geschäftsanteilen an einer deutschen GmbH ist allerdings umstritten (siehe unten § 9 Rz. 9 ff.). 242

In der Praxis taucht bei den Parteien häufig der Wunsch auf, bei einer dem deutschen Recht unterliegenden Veräußerung von Geschäftsanteilen an einer deutschen **GmbH** die Beurkundungspflicht nach § 15 Abs. 3 und 4 GmbHG durch eine **Beurkundung im Ausland** zu erfüllen. Dann ist es zunächst erforderlich zu prüfen, ob diese Frage überhaupt gestellt werden muss oder es nicht genügt, eine mildere Form einzuhalten (dazu unten § 9 Rz. 25 ff.). Ist eine notarielle Beurkundung nach § 15 Abs. 3 und 4 GmbHG erforderlich, genügt eine Auslandsbeurkundung dann, wenn sie einer deutschen Beurkundung gleichwertig ist. Hierbei geht es genauer gesagt darum, ob sich die von § 15 Abs. 3 und 4 GmbHG geforderte *„notarielle Form"* und damit die Beurkundung nach dem Verfahren des Beurkundungsgesetzes durch eine Beurkundung erfüllen lässt, die ein ausländischer Notar außerhalb des räumlichen Geltungsbereichs des deutschen Wirkungsstatuts vornimmt. 243

Nach der Rechtsprechung des BGH genügt eine Auslandsbeurkundung jedenfalls dann, wenn sich i. R. der Substitution die **Gleichwertigkeit** sowohl der ausländischen Urkundsperson als auch des Beurkundungsvorgangs ergibt.[305] Dies ist stets im Einzelfall zu prüfen. Gleichwertigkeit ist gegeben, wenn die 244

---

303) *Merkt/Göthel* in: Reithmann/Martiny, Int. Vertragsrecht, Rz. 4423 ff., 4482 f.
304) *Merkt/Göthel* in: Reithmann/Martiny, Int. Vertragsrecht, Rz. 4426, 4484; *Winter/Seibt* in: Scholz, GmbHG, § 15 Rz. 82; a. A. *Kindler*, Geschäftsanteilsabtretungen im Ausland, passim; *Kindler*, BB 2010, 74, 75 ff.
305) BGHZ 80, 76 = ZIP 1981, 402; dazu *Merkt/Göthel* in: Reithmann/Martiny, Int. Vertragsrecht, Rz. 4428; *Schrader* in: Seibt, M&A, C. II. 1. Anm. 2, S. 177; *Beisel* in: Beisel/Klumpp, Unternehmenskauf, Kap. 7 Rz. 52 f.; *Behrens* in: Ulmer/Habersack/Winter, GmbHG, Einl. Rz. B 141; *Holzapfel/Pöllath*, Unternehmenskauf, Rz. 1016; *Wetzler* in: Hölters, Hdb. Unternehmenskauf, Teil XIII Rz. 239; krit. zur Gleichwertigkeit *Goette* in: FS Boujong, S. 131; *Schervier*, NJW 1992, 593 m. w. N.

ausländische Urkundsperson nach Vorbildung und Stellung im Rechtsleben eine der Tätigkeit des deutschen Notars **entsprechende Funktion** ausübt und für die Errichtung der Urkunde ein **Verfahrensrecht** zu beachten hat, das den tragenden Grundsätzen des deutschen Beurkundungsrechts entspricht (siehe zum Ganzen unten § 9 Rz. 30 ff.).

245 Werden Anteile an einer **ausländischen Gesellschaft** erworben und ist die Formwirksamkeit des Verpflichtungs- oder Verfügungsgeschäfts nach deutschem Sachrecht zu beurteilen, stellt sich die Frage, ob für dessen Form der Grundsatz des deutschen Rechts (Formfreiheit) oder die für die deutsche GmbH geltende Ausnahme (Beurkundung gemäß § 15 Abs. 3 und 4 GmbHG) greift. Gesicherte Rechtsprechung fehlt (ausführlich dazu unten § 9 Rz. 40 ff.).

2. Asset Deal

246 Unterliegt der Kaufvertrag bei einem Asset Deal den deutschen Formvorschriften, ist **§ 311b Abs. 1 BGB** zu beachten, sofern ein Grundstück mitveräußert wird. Bei Veräußerung eines in Deutschland belegenen Grundstücks gilt Art. 11 Abs. 4 EGBGB für das Verfügungsgeschäft. Nach h. A. können nur deutsche Notare die Auflassung beurkunden (näher zum Ganzen unten § 9 Rz. 53 ff.).

247 Umstritten ist, ob für einen den Kaufvertrag eine Beurkundungspflicht nach **§ 311b Abs. 3 BGB** greifen kann, wenn der Verkäufer durch den Asset Deal seine **gesamten Vermögensgegenstände** veräußert.

248 Vereinzelt wird bereits die generelle **Anwendbarkeit** von § 311b Abs. 3 BGB **auf juristische Personen** in Frage gestellt. Gegen die Anwendbarkeit mag sprechen, dass die Geschäftserfahrenheit der handelnden Organe juristischer Personen im Einzelfall den mit der Beurkundungspflicht verfolgten Übereilungsschutz hinfällig macht.[306] Allerdings lässt sich die fehlende Schutzbedürftigkeit nicht pauschal für alle juristischen Personen ablehnen.[307] Zudem liefern weder das Gesetz noch die bisherige Rechtsprechung Anhaltspunkte für die Zulässigkeit einer solchen Differenzierung.[308] Nach richtiger Ansicht müssen sich daher auch juristische Personen an § 311b Abs. 3 BGB messen lassen.[309]

249 Verpflichtet sich die veräußernde Partei zur Übertragung ihres Vermögens i. S. von § 311b Abs. 3 BGB, ist daher eine **Beurkundung grundsätzlich notwen-**

---

306) *Böttcher/Fischer*, NZG, 2010, 1332, 1333 f.; *Kiem*, NJW 2006, 2363, 2367; *Werner*, GmbHR 2008, 1135, 1136.
307) OLG Hamm, NZG 2010, 1189 f. (mit eingehender Begr. unter Bezugnahme auf die Schutzbedürftigkeit der Ein-Mann-GmbH).
308) *Hermanns*, DNotZ 2013, 9, 11; *Morshäuser*, WM 2007, 337, 338.
309) Vgl. RGZ 69, 1,3; OLG Hamm, NZG 2010, 1189 f.; *Kanzleiter* in: MünchKomm-BGB, § 311b Rz. 104.

dig.³¹⁰⁾ Dies gilt unstrittig für pauschale Veräußerungen des Vermögens („*in Bausch und Bogen*").³¹¹⁾ Von der Beurkundungspflicht gilt es jedoch eine bedeutsame **Ausnahme** zu machen, wenn die einzelnen i. R. des Asset Deals zu übertragenden Vermögensgegenstände im Vertrag **konkret** bestimmt werden oder wenn sich ihre konkrete Bestimmung aus dem Inhalt des Vertrags einwandfrei ergibt (bspw. über Sammelbegriffe).³¹²⁾ Durch die Auflistung wird sich der Veräußerer über den Umfang und die Bedeutung seines Rechtsgeschäftes bewusst, womit der Schutzzweck des § 311b Abs. 3 BGB erfüllt wird. Eine Beurkundungspflicht entfällt dann, selbst wenn die Auflistung objektiv das ganze Vermögen des Veräußerers abbildet.³¹³⁾

Die beim Asset Deal ohnehin übliche Auflistung der zu übertragenden Vermögensgegenstände ermöglicht somit, der Beurkundungspflicht zu entgehen. Probleme ergeben sich aber bei der konkreten Ausgestaltung der Auflistung. Die Beurkundungspflicht lässt sich nur dadurch sicher vermeiden, dass sämtliche Vermögensgegenstände abschließend und konkret benannt werden.³¹⁴⁾ Das Erstellen einer derartigen Auflistung kann sich jedoch in der Praxis als sehr schwierig erweisen.³¹⁵⁾ Daher ist insbesondere für den Käufer empfehlenswert, die Auflistung durch bestimmte Auffangklauseln zu ergänzen.³¹⁶⁾ In der Praxis besonders gebräuchlich sind sog. **„catch-all"-Klauseln**, die einen Asset Deal auch auf solche Vermögensgegenstände erstrecken, die unbeabsichtigt nicht in der Einzelauflistung aufgeführt wurden, aber nach dem Willen der Parteien eigentlich übertragen werden sollen. Das insoweit bestehende Fehlen einer abschließenden Aufführung der einzelnen Vermögensgegenstände wirft wiederum die Frage der Beurkundungspflicht nach § 311b Abs. 3 BGB auf. Einzelne Stimmen in der Literatur lehnen die Beurkundungspflicht auch bei Asset Deals mit „catch-all"-Klauseln ab und verweisen auf die fehlende Schutzbedürftigkeit der Parteien.³¹⁷⁾ Für die Zulässigkeit einer derartigen Einschränkung fehlt es allerdings an An-

---

310) RGZ 69, 416, 420; BGH, NJW 1957, 1514; BGH, NJW 1991, 353, 355.
311) Zu diesem Begriff vgl. bereits RGZ 94, 315, 316.
312) RGZ 69, 416, 420; BGH, NJW 1957, 1514; BGH, NJW 1991, 353, 355; *Kanzleiter* in: MünchKomm-BGB, § 311b Rz. 103; *Eickelberg/Mühlen*, NJW 2011, 2476, 2477 (wo „Hausrat" als Beispiel für eine zulässige Sammelbezeichnung gegeben wird).
313) RGZ 69, 416, 420; BGH, NJW 1991, 353, 355.
314) RGZ 69, 416, 420; RGZ 139, 200, 203; BGH, NJW 1991, 353, 355; *Kanzleiter* in: MünchKomm-BGB, § 311b Rz. 103; *Morshäuser*, WM 2007, 337, 342.
315) Etwa wegen der Veränderung im Bestand der Vermögensbestände im Zeitraum zwischen Vertragsschluss und Gefahrübergang; vgl. *Eickelberg/Mühlen*, NJW 2011, 2476, 2478.
316) *Kiem*, NJW 2006, 2363, 2365; *Eickelberg/Mühlen*, NJW 2011, 2476, 2478.
317) *Müller*, NZG 2007, 201, 205; *Böttcher/Grewe*, NZG 2005, 950, 954, die darauf hinweisen, dass eine veräußernde Gesellschaft bzw. ihre handelnden Organe regelmäßig seit längerer Zeit am kaufmännischen Verkehr teilnehmen werden und daher sichere Vorstellungen über den Umfang der i. R. des Asset Deals mit „catch-all"-Klausel übernommenen Verpflichtungen haben dürfte.

haltspunkten in der höchstrichterlichen Rechtsprechung.[318] Das OLG Hamm hat in einer verwandten Fallgestaltung vor jüngerer Zeit klargestellt, dass zumindest ein solcher Vertrag beurkundungspflichtig ist, der mehr als nur „einzelne, eher untergeordnete Wirtschaftsgüter" nicht auflistet, die i. R. eines Asset Deals mitübertragen werden sollen.[319] Was dies im Umkehrschluss für „catch-all"-Klauseln bedeutet, die darauf abzielen, „eher untergeordnete Wirtschaftsgüter" zu erfassen, kann allerdings nicht mit letzter Klarheit beantwortet werden. Auch bleibt unklar, wann die Schwelle von „eher untergeordneten Wirtschaftsgütern" zu „nicht untergeordneten Wirtschaftsgütern" überschritten ist.[320]

251 Angesichts der unsicheren Rechtslage gilt es, in dieser Frage Vorsicht walten zu lassen und die weitere Rechtsentwicklung zu beobachten. **Im Zweifel** sollte – wie in der Praxis häufig vorkommend – eine **Beurkundung** erfolgen, insbesondere wegen des beachtlichen Risikos unheilbarer Nichtigkeit bei Verletzung von § 311b Abs. 3 BGB.[321] Soweit der mit einer Beurkundung verbundene Aufwand vermieden werden soll, ist von „catch-all" Klauseln bzw. sonstigen Auffangklauseln abzuraten und eine möglichst exakte Auflistung der Vermögensgegenstände vorzunehmen.

3. Praktische Erleichterung der Beurkundung

252 Besteht ein Beurkundungszwang, kann die Verlesung eines Vertrags von angelsächsischem Umfang praktische Probleme aufwerfen. Dies gilt vor allem deswegen, weil ein solcher Vertrag regelmäßig nicht nur aus dem schon sehr detaillierten Vertragstext selbst, sondern noch aus zahlreichen Anlagen und Nebenvereinbarungen, Listen von Vermögensgütern, Jahresabschlüssen sowie Patent- oder Markenanmeldungen besteht. Hier kann die Beurkundung für alle Beteiligten zur Tortur werden und ist kaum geeignet, das ohnehin geringe Verständnis einer ausländischen Vertragspartei für das deutsche Beurkundungs-

---

318) Eine Entscheidung des BGH zum Themenbereich der „catch-all"-Klauseln steht noch aus. Das OLG Hamm ließ kürzlich eine Revision nicht zu, die insofern Aufklärung hätte bewirken können, vgl. OLG Hamm, NJW 2011, 1189, 1190; *Böttcher/Fischer*, NZG, 2010, 1332, 1334.
319) Vgl. OLG Hamm, NJW 2011, 1189, 1190. (Die veräußernde Gesellschaft hatte sich verpflichtet, ihre gesamten Aktiva „und/inkl." spezifische im Vertrag aufgelistete Vermögensgegenstände zu übertragen. Bestimmte Markenrechte und Einrichtungsgegenstände einer noch zu eröffnenden Filiale waren zwar Teil der Aktiva, aber nicht Teil der Auflistung. Das OLG Hamm entschied, dass der Begriff „Aktiva" über die Auflistung hinausgeht und mehr ist als nur eine Auffangklausel für einzelne untergeordnete Wirtschaftsgüter.)
320) Es steht schon gar nicht fest was ein „eher untergeordnetes Wirtschaftsgut" darstellt; vgl. hierzu *Müller*, NZG 2007, 201, 205 dem zufolge die Beurkundungspflicht bei „verhältnismäßig nicht ins Gewicht fallende Auffangbestimmungen" entfallen soll; er nennt in diesem Zusammenhang eine Quote von 5 % des gesamten Transaktionsvolumens); *Kiem*, NJW 2007, 2363, 2365, der von einer „Fehlerquote im niedrigen einstelligen Prozentbereich" spricht, die zu akzeptieren ist, ohne dass dadurch eine Beurkundungspflicht eintreten soll.
321) Vgl. *Kanzleiter* in: MünchKomm-BGB, § 311b Rz. 105.

wesen zu fördern. Eine gewisse Erleichterung schafft § 14 BeurkG, der u. a. für „*Bilanzen, Inventare, Nachlassverzeichnisse oder sonstige Bestandsverzeichnisse über Sachen, Rechte und Rechtsverhältnisse*" einen **Verzicht auf die Verlesung** ermöglicht.

Alternativ könnte man zwar erwägen, schlicht auf die Beurkundung des **schuldrechtlichen Kaufvertrags** zu verzichten und dessen damit gegebene **schwebende Unwirksamkeit** durch Beurkundung des dinglichen Geschäfts zu heilen (§ 15 Abs. 4 Satz 2 GmbHG und § 311b Abs. 1 Satz 2 BGB). Dieser Weg ist allerdings risikoreich. Denn das schuldrechtliche Verpflichtungsgeschäft wird bspw. im Fall einer Veräußerung von Geschäftsanteilen an einer GmbH nur insoweit geheilt, als es die Übertragung der Geschäftsanteile betrifft. Andere, möglicherweise ebenfalls beurkundungsbedürftige Verpflichtungen bleiben hingegen schwebend unwirksam.[322] Dies gilt etwa für die Vereinbarung von Andienungsrechten und -pflichten (Put- und Call-Optionen) auf weitere Geschäftsanteile.[323] Bevor in diesem Fall der Weg über die Heilung gemäß § 15 Abs. 4 Satz 2 GmbHG beschritten wird, ist der Vertrag daher sorgfältig auf etwa doch darüber hinaus beurkundungsbedürftige Aspekte zu prüfen. Zudem hat in der Phase der schwebenden Unwirksamkeit keine der Parteien einen durchsetzbaren Anspruch auf Vertragserfüllung gegen die andere Partei. Die Transaktionssicherheit leidet also erheblich. 253

Der sicherere und übliche Weg ist, neben dem soeben erwähnten § 14 BeurkG mit einer **Bezugsurkunde** zu arbeiten. Dies ist eine von der Urkunde des schuldrechtlichen Kaufvertrags getrennte Urkunde, die der Notar in der üblichen Form beurkundet, allerdings regelmäßig nicht mit den Vertragspartnern selbst, sondern mit einer dritten Person (häufig einer Notariatsangestellten) als Stellvertreterin der Parteien. Der Notar behält dabei zwar die Mühe des Verlesens, erspart aber den Parteien die Mühe des Zuhörens. Denn auf die so erstellte Urkunde lässt sich bei der Beurkundung des Hauptvertrags unter Verzicht auf die erneute Verlesung schlicht Bezug nehmen (§ 13a Abs. 1 Satz 1 BeurkG). Daneben kann man erwägen, die ansonsten erforderliche stundenlange Verlesung in kleinere Einheiten aufzuteilen. Hierdurch gewinnt man zeitliche Flexibilität und erleichtert die praktische Abwicklung des Vertragsschlusses. Dies gilt gerade dann, wenn Beteiligte aus dem Ausland anreisen und nur begrenzt Zeit haben. 254

4. Vertragssprache

Einen formellen Aspekt hat auch die Frage der Vertragssprache: Soweit Verträge – ggf. auszugsweise – zum Handelsregister oder (bei einem Asset Deal 255

---

322) In diesem Sinne auch *Winter/Löbbe* in: Ulmer/Habersack/Winter, GmbHG, § 15 Rz. 97.
323) Dazu auch *Winter/Löbbe* in: Ulmer/Habersack/Winter, GmbHG, § 15 Rz. 59 f.

möglicherweise zum Grundbuch) **einzureichen** sind, kann eine rein fremdsprachliche Beurkundung zu Schwierigkeiten führen. Regelmäßig wird man eine **beglaubigte Übersetzung** beibringen müssen. Dies bedeutet zusätzliche Kosten und Zeitverlust. Außerdem stellt sich die interessante Frage, welche Fassung bei Abweichungen zwischen fremdsprachigem Original und beglaubigter Übersetzung gültig sein soll. Aus der Sicht des Handelsregisters oder Grundbuchs dürfte dies die deutsche Übersetzung sein. Eine klarstellende Formulierung im Vertrag ist ratsam, wobei diese jedoch an rechtliche Grenzen stoßen dürfte, wenn es um Konstitutivakte etwa innerhalb einer Gesellschaft geht. Denn die Gesellschaft kann nur in dem sie beherrschenden Rechtssystem existieren und daher erscheint es unerlässlich, die Begrifflichkeiten dieses Rechtssystems zu verwenden. Eine Lösung, diese Fragen zu bewältigen, ist, diejenigen Textpassagen, die möglicherweise zum Handelsregister oder Grundbuch einzureichen sind, von vornherein **zweisprachig** (am besten im zweispaltigen Seitenaufbau) zu beurkunden. An geeigneter Stelle ist allerdings festzuhalten, dass für derartige Passagen die deutsche Fassung maßgeblich ist.

H. Legal Opinions

256 Die **kurzen Rechtsgutachten** unter der englischen Bezeichnung „*legal opinions*" sind eine dem deutschen Rechtswesen ursprünglich fremde Institution.[324] Sie entstammen dem US-amerikanischen Recht und sind inzwischen beim internationalen Unternehmenskauf – wie bei vielen anderen internationalen Transaktionen – zum normalen Bestandteil der Dokumentation geworden ist. In einer *legal opinion* erklärt der Rechtsberater einer Partei gegenüber seinem Mandanten oder gegenüber der anderen Partei (sog. *third-party opinion*)[325], wie er bestimmte rechtliche Angelegenheiten beurteilt. Aus der Sicht eines deutschen Juristen ist zunächst überraschend, dass es ggf. die Gegenseite ist, gegenüber der man sich zu Rechtsfragen äußern soll, noch dazu mit der Folge einer Haftung, falls die Äußerung falsch ist. Verträgt sich dies mit dem Grundsatz, nur einer Partei verpflichtet sein zu dürfen? Dies tut es in der Tat. Denn durch Abgabe einer *legal opinion* entsteht kein Mandatsverhältnis zur Gegenpartei. Vielmehr erklärt man die Aussagen in der *legal opinion* im Auftrag des eigenen Mandanten. Dies ist zwar vielleicht ungewöhnlich, aber ohne weiteres möglich.

257 Bei der Abgabe von *legal opinions* ist indes höchste **Vorsicht geboten**. Nicht ohne Grund existieren in großen internationalen Kanzleien besondere Ausschüsse *(legal opinion committees)*, die sich mit der Formulierung sowie Überprüfung von *legal opinions*, insbesondere den erforderlichen Annahmen *(assumptions)*

---

324) Grundlegend *Gruson/Hutter/Kutschera*, Legal Opinions in International Transactions, passim.
325) Beispiel für Aufbau, Inhalt und Besonderheiten bei *Giesen/Mader*, RIW 2012, 21, 24 f.

und Einschränkungen *(qualifications)* befassen. Und nicht zufällig gilt für viele internationale Kanzleien in diesem Bereich – abweichend von aller sonstigen anwaltlichen Arbeit – ein strenges Vier-Augen-Prinzip. Denn aus der Sicht des Adressaten ist die *legal opinion* eine Art Versicherungspolice gegen rechtliche Überraschungen. Notfalls will man den Anwalt (oder dessen Haftpflichtversicherung) in Anspruch nehmen können. Da der wesentliche Zweck der *legal opinion* also ist, einen Haftungstatbestand zu schaffen, wird der Verfasser gut daran tun, die geprüften und der *legal opinion* zugrunde gelegten Dokumente genau aufzuführen und seine Aussagen so weit wie möglich einzuschränken. Daher lesen sich solche Dokumente oft eher wie ein Katalog von Annahmen und Einschränkungen als eine Stellungnahme mit positiven Aussagen.

Beim internationalen Unternehmenskauf wird sich die *legal opinion* regelmäßig vor allem auf Fragen der Vertretungs- und/oder Geschäftsführungsbefugnis beziehen, ferner auf die Durchsetzbarkeit der vertraglich übernommenen Verpflichtungen der eigenen Partei sowie die Wirksamkeit von Rechtswahl- und Gerichtsstandsklauseln. Hierfür haben sich standardisierte Formulierungen eingebürgert, ebenso wie standardisierte Annahmen und Einschränkungen. **258**

So wird ein deutscher Anwalt die Durchsetzbarkeit von Verpflichtungen im Allgemeinen nur unter dem Vorbehalt bejahen, dass eine an sich rechtlich gegebene Verpflichtung nach Treu und Glauben eingeschränkt oder zeitlich gestreckt werden kann und dass die Durchsetzbarkeit im Fall einer Insolvenz scheitert. In Bezug auf Gerichtsstandsklauseln und die Vollstreckbarkeit ausländischer Entscheidungen in Deutschland ist die Einhaltung der anwendbaren internationalen Abkommen und das Fehlen von Verstößen gegen den deutschen *ordre public* zu nennen.[326] Ein *ordre public*-Vorbehalt ist auch erforderlich, soweit es darum geht zu beurteilen, ob eine Rechtswahlklausel wirksam ist, die ausländisches Recht für anwendbar erklärt (vgl. unten § 7 Rz. 66 ff.). **259**

Hier sollte auch klarstellend zum Ausdruck gebracht werden, ob der die *legal opinion* abgebende Anwalt den Vertrag, sofern dieser ausländischem Recht unterliegt, darauf überprüft hat, ob er Bestimmungen enthält, die tatsächlich dem deutschen *ordre public* zuwiderlaufen könnten. In der Regel wird eine solche Aussage kaum möglich sein. Denn den genauen Inhalt des Vertrags kann, da seine Auslegung fremdem Recht unterliegt, ein deutscher Jurist nicht vollständig beurteilen. Es empfiehlt sich also, insoweit zurückhaltend zu sein und lieber durch eine entsprechende Einschränkung der *legal opinion* sozusagen die Aussage zu verweigern. **260**

Besonders wichtig ist die in *legal opinions* regelmäßig anzutreffende Beschränkung, wonach ihr Inhalt nur für den spezifisch benannten **Adressaten** be- **261**

---

326) S. grundsätzlich zur Anerkennung und Vollstreckung ausländischer Entscheidungen in Deutschland *Geimer*, Int. Zivilprozessrecht, Rz. 2751 ff.; s. a. *Bitter*, passim.

stimmt ist und dieser Adressat den Inhalt nicht ohne Zustimmung des Verfassers an Dritte weitergeben darf. Hierdurch soll eine uferlose, in ihrem Haftungsrisiko kaum überschaubare Verbreitung der *legal opinion* ausgeschlossen werden. Dies ist besonders wichtig gegenüber US-amerikanischen Adressaten, da amerikanische Gerichte dazu tendieren, Ansprüche gegen alle möglichen – aber auch unmöglichen – Beteiligten anzuerkennen. Aus demselben Grund empfiehlt es sich, bei der Abgabe von *legal opinions* gegenüber amerikanischen Parteien für etwaige Streitigkeiten einen ausschließlichen deutschen Gerichtsstand zu vereinbaren.

§ 3 Legitimationsnachweise

Übersicht

A. Einleitung 1
B. Nachweiserfordernisse –
   Bestehen und Umfang 5
I. Handelsregister 5
   1. Allgemeines 5
   2. Besondere Konstellationen:
      Gründungs- und Sitztheorie;
      § 181 BGB 12
II. Notar 14
III. Geldwäschegesetz/Anderkonto 19
C. Art und Weise der Nachweis-
   erbringung 21
I. Öffentliche Register 21
II. Notarbescheinigungen 24
   1. Durch deutsche Notare 24
   2. Durch ausländische Notare 27
III. Andere öffentliche oder quasi-
   öffentliche Urkunden 30
IV. Sonstige Nachweise 34
   1. Secretary's Certificate 34
   2. Legal Opinion 37
   3. Satzungskopien, Beschluss-
      kopien 38

D. Form und Sprache der Nachweiserbringung 39
I. Nachweisführung durch öffent-
   liche Urkunden 39
II. Nachweis der Echtheit der
   öffentlichen Urkunde 41
   1. Überblick 41
   2. Grundsatz: Legalisation 45
   3. Erleichterung: Apostille 49
   4. Keinerlei Nachweis-
      erfordernisse 50
III. Fremdsprachige Dokumente 52
E. Zeitliche Beschränkungen 57
F. Praxisempfehlung: Dokumen-
   tenerstellung im Ausland durch
   Organmitglieder deutscher
   Gesellschaften 58
G. Ländergruppen 64
I. Einstufiger Legitimations-
   nachweis 64
II. Mehrstufiger Nachweis, ins-
   besondere in Common-Law-
   Rechtsordnungen 66

Literatur: *Ammon*, Die Anmeldung zum Handelsregister, DStR 1993, 1025; *Armbrüster*, Fremdsprachen in Gerichtsverfahren, NJW 2011, 812; *Bindseil*, Internationaler Urkundenverkehr, DNotZ 1992, 275; *Bülow*, Die Legalisation öffentlicher Urkunden, DNotZ 1955, 9; *Eylmann/Vaasen/Limmer*, Bundesnotarordnung, Beurkundungsgesetz, 3. Aufl., 2011; *Fetsch*, IPR-Bezüge in notariellen Kauf- und Übertragungsverträgen: Verträge über Immobilien, RNotZ 2007, 456; *Fischer*, Existenz- und Vertretungsnachweise bei US Corporations, ZNotP 1999, 352; *Grziwotz/Heinemann*, BeurkG 2006; *Heinz*, Vertretung und Existenznachweis ausländischer Gesellschaften, ZNotP 2000, 410; *Huhn/von Schuckmann*, Beurkundungsgesetz und Dienstordnung für Notare, 4. Aufl., 2003; *Klose-Mokroß*, Die Eintragung der Zweigniederlassung einer englischen „private limited company" in das deutsche Handelsregister, DStR 2005, 971 (Teil I) und 1013 (Teil II); *Krahe*, Vertretungsregeln und deren Nachweis bei Handelsgesellschaften der niederländischen, belgischen und französischen Rechts, MittRhNotK 1987, 65; *Langhein*, Notarieller Rechtsverkehr mit englischen Gesellschaften, NZG 2001, 1123; *Langhein*, Vertretungs- und Existenznachweise ausländischer Kapitalgesellschaften, ZNotP 1999, 218; *Langhein*, Kollisionsrecht der Registerurkunden, 1995; *Meikel/Hertel*, GBO, 10. Aufl., 2009; *Michalsky*, Vergleichender Überblick über das Recht der Kapitalgesellschaften in Frankreich, DStR 1991, 1563; *Mödl*, Die ausländische Kapitalgesellschaft in der notariellen Praxis, RNotZ 2008, 1; *Pfeiffer*, Vollmacht und Vertretungsnachweis bei Auslandsbezug im deutschen Handelsregisterverfahren, RPfleger 2012, 240; *Schaub*, Ausländische Handelsgesellschaften und deutsche Registerverfahren, NZG 2000, 953; *Wachter*, Existenz- und Vertretungsnachweise bei der englischen Private Limited Company, DB 2004, 2795; *Westhoff*, Vertretung japanischer Gesellschaften in deutschen Gesellschafterversammlungen – formale Probleme und kulturelle Hintergründe, DNotZ 2013, 4; *Winkler*, BeurkG, 16. Aufl., 2008.

A. Einleitung

1 Ist eine Gesellschaft mit Sitz im Ausland an einer inländischen Unternehmenstransaktion oder deren Umsetzung, etwa durch das Fassen von Gesellschafterbeschlüssen, beteiligt, so stellt sich die Frage nach den zu erbringenden Legitimationsnachweisen. Nachweiserfordernisse können einerseits hinsichtlich der Existenz der ausländischen Gesellschaft als solche (**Existenznachweis**) bestehen, wie auch hinsichtlich der Vertretungsmacht der für die Gesellschaft handelnden Personen (**Vertretungsnachweis**); insgesamt auch als Legitimationsnachweis bezeichnet. Während sich die Gründung, das Fortbestehen, die Rechtsfähigkeit und die Vertretung der Gesellschaft nach dem jeweiligen Gesellschaftsstatut[1] beurteilen, richten sich die Anforderungen an die gegenüber inländischen Stellen zu erbringenden Nachweise nach der *lex fori*, also nach deutschem Recht.[2]

2 Nachweiserfordernisse bestehen primär gegenüber dem Handelsregister und dem Notar, dem im Registerverfahren die Funktion einer Vorinstanz zukommt. Daneben bestehen im Einzelfall Prüfungspflichten der beteiligten Rechtsanwälte, Banken, Versicherungen, etc. Das konkrete Nachweiserfordernis entspricht dabei der korrelierenden Prüfungspflicht der jeweils einbezogenen Stelle. Soweit das **Handelsregister** einbezogen ist, resultiert das Nachweiserfordernis aus der gesetzlich vorausgesetzten Ordnungsmäßigkeitskontrolle des Gerichts; die Art und Weise der Prüfung bestimmt sich nach §§ 26, 29 FamFG.[3] Ist ein **Notar** einbezogen ergibt sich das Nachweiserfordernis in erster Linie aus §§ 12 und 17 BeurkG,[4] wonach der Notar verpflichtet ist die Existenz von Urkundsbeteiligten wie auch die Vertretungsmacht auftretender Personen zu prüfen.[5]

3 Unerheblich für das Bestehen und den Umfang von Nachweiserfordernissen ist dagegen, ob ein gesetzlicher Vertreter (insbesondere ein **Organ**)[6] der Gesell-

---

1) Vgl. dazu bei § 8.
2) *Spahlinger/Wegen* in: Spahlinger/Wegen, Int. GesR, Rz. 291; *Schaub*, NZG 2000, 953, 955.
3) *Ammon/Ries* in: Röhricht/von Westphalen, HGB, § 8 Rz. 34; *Schaub* in: Ebenroth/Boujong/Joost/Strohn, HGB, § 8, Rz. 131; *Krafka/Kühn*, Registerrecht, Rz. 153; vgl. auch KG, NJW RR 1997, 1127, 1128; *Langhein*, ZNotP 1999, 218, 220 (beide noch zum FGG).
4) Aber auch aus den Vorschriften des GwG und der AO, soweit deren Anwendungsbereich eröffnet ist.
5) BGH, DNotZ 1989, 43 f.; BGH, NJW 1993, 2744 (beide zum Grundbuchverfahren).
6) Das Organverständnis des deutschen Rechts der Körperschaften ist vielen ausländischen Rechtsordnungen fremd; zur Vereinfachung wird der Begriff in diesem § 3 für alle vergleichbaren Gremien verwendet.

schaft unmittelbar handelt, oder ob eine **Vollmacht** ausgestellt wurde, auf Grund derer ein Dritter handelt.[7]

Dem Gesellschaftsrecht vieler Staaten ist der Grundsatz[8] des deutschen Gesellschaftsrechts, dass nur natürliche Personen Organmitglieder von Kapitalgesellschaften sein können, fremd. Juristische Personen finden sich gelegentlich als Direktoren,[9] sehr häufig aber als Company Secretary oder Registered Agent ausländischer Gesellschaften. In diesen Konstellationen sind – soweit Nachweiserfordernisse bestehen – diese für jede beteiligte Gesellschaft zu erbringen, bis am Ende der Nachweiskette die unterzeichnende natürliche Person steht (**Kaskadennachweis**). 4

B. Nachweiserfordernisse – Bestehen und Umfang

I. Handelsregister

1. Allgemeines

Den Umfang seiner Prüfung hat das Handelsregister gemäß § 26 FamFG nach **pflichtgemäßem Ermessen** unter Berücksichtigung der besonderen Umstände des Einzelfalls zu bestimmen. 5

Welche Grundsätze diese Ermessensausübung zu leiten haben – also das Bestehen der Prüfungspflicht und deren Umfang im Detail –, ist umstritten.[10] Die zahlreichen Einzelfallentscheidungen lassen mitunter eine systematische Einordnung vermissen. Jedoch sind folgende Leitlinien erkennbar: Eine Prüfungspflicht des Registergerichts besteht grundsätzlich sowohl für die formellen Voraussetzungen einer Eintragung wie auch hinsichtlich der materiellen Richtigkeit der angemeldeten Tatsachen.[11] Diese generelle Prüfungspflicht ist Konsequenz der Pflicht des Handelsregisters, die Aufnahme gesetzwidriger und unwirksamer Anmeldungen zu verhindern, damit sie nicht mit amtlicher Hilfe verbreitet werden (**Ordnungsmäßigkeitskontrolle**).[12] 6

---

7) *Langhein*, ZNotP 1999, 218, 219, der zu Recht darauf hinweist, dass die Verwendung von Vollmachten bei Auslandsbeteiligten, nicht zu Nachweiserleichterungen führt; wohl aber kann bei wiederholter Verwendung der Vollmacht von jeweils neuer Nachweiserbringung abgesehen werden.

8) Ausnahmen sehen §§ 265 Abs. 2 Satz 3 AktG und 66 Abs. 4 GmbHG für Abwickler bzw. Liquidatoren vor.

9) Verbreitet insbesondere bei niederländischen Gesellschaften.

10) Vgl. die zahlr. Nachweise bei *Krafka/Kühn*, Registerrecht, Rz. 155 und 162; *Ammon/Ries* in: Röhricht/von Westphalen, HGB, § 8 Rz. 32.

11) *Preuß* in: Oetker/Preuß, HGB, § 8 Rz. 84; *Hopt* in: Baumbach/Hopt, HGB, § 8 Rz. 7; *Roth* in: Koller/Roth/Morck, HGB, § 8 Rz. 22 f.; nach *Pfeiffer*, Rpfleger 2012, 240, 242 m. w. N. ist hier schon das Prüfungsrecht eingeschränkt.

12) Vgl. schon RGZ 127, 153, 156; ebenso *Ammon/Ries* in: Röhricht/von Westphalen, HGB, § 8 Rz. 34; *Ammon*, DStR 1993, 1025, 1029.

7 Bezüglich des Umfangs der Prüfungspflicht ist aber zu differenzieren: Während die formellen Voraussetzungen einer Eintragung (also insbesondere die Anmeldung als solche einschließlich der Legitimation der daran Beteiligten) stets umfänglich zu prüfen sind, hat das Registergericht nach zutreffender Auffassung nur bei Vorliegen eines Anlasses hierzu im Einzelfall die materielle Richtigkeit der angemeldeten Tatsachen (also z. B. das Zustandekommen des Gesellschafterbeschlusses durch wirksame Vertretung) zu untersuchen.[13] Hier ist die Prüfungspflicht zunächst beschränkt auf eine Schlüssigkeitsprüfung. Nur wenn diese Anlass zu Zweifeln an der Richtigkeit der angemeldeten Tatsachen gibt, sind weitere Nachforschungen geboten.[14] Der Prüfungsumfang hängt dagegen grundsätzlich[15] nicht davon ab, ob die Anmeldung eine Eintragung mit konstitutiver oder deklaratorischer Wirkung bezweckt.[16]

8 Aus dem Postulat der Ermessensausübung und der abgestuften Prüfungsintensität folgt, dass die Existenz und wirksame Vertretung einer ausländischen Gesellschaft nicht zu jedem Anlass vollumfänglich nachgewiesen werden muss. Vielmehr ist nach der Art und Weise ihrer Beteiligung zu unterscheiden. Diese Differenzierung ist im Aktienrecht seit je her gängige Praxis: Eine Prüfung von Existenz und Vertretungsbefugnis der an einer Hauptversammlung beteiligten ausländischen Gesellschaften vor der Eintragung von Beschlüssen findet in aller Regel nicht statt. Die Legitimation der handelnden Personen wird zu Recht grundsätzlich vorausgesetzt. Für die GmbH kann nicht ohne besonderen Anlass im Einzelfall ein strengerer Maßstab zu Grunde gelegt werden. Insbesondere i. R. von GmbH-Gesellschafterbeschlüssen besteht eine Nachweispflicht nur, wenn begründete Zweifel an der Befugnis der für die Gesellschaft handelnden Person oder der Existenz des Gesellschafters bestehen.[17] Die hier in der Praxis leider häufig rein routinemäßig verlangte Nachweisvorlegung ist unzulässig.[18]

---

13) *Krafka/Kühn*, Registerrecht, Rz. 154; vgl. dazu BGH, NZG 2011, 907 (Pflicht zur Amtsermittlung nur, wenn begründete Zweifel an der Wirksamkeit der zur Eintragung angemeldeten Erklärungen bestehen) und BayObLG, DNotZ 1974, 42, 43 (ausdr. für deklaratorische Eintragungen); vgl. auch OLG Schleswig, FGPrax 2012, 127, 128. Eine starke Auffassung in Lit. und Rspr. bejaht hingegen ein anlassunabhängiges Prüfungsrecht, vgl. etwa OLG Köln, MittBayNot 1989, 104, 105 (m. krit. Anm. *Lichtenberger*); *Ammon*, DStR 1993, 1025, 1029; *Langhein*, ZNotP 1999, 218, 220.
14) *Krafka/Kühn*, Registerrecht, Rz. 154.
15) Materiell-gesetzliche Ausnahmen sind etwa §§ 9c Abs. 2 GmbHG, 38 Abs. 4 AktG.
16) KG, NJW-RR 1997, 1127, 1128; OLG Hamm, DNotZ 2001, 959, 961; *Krafka* in: MünchKomm-HGB, § 8 Rz. 59; *Hopt* in: Baumbach/Hopt, HGB, § 8 Rz. 8.
17) *Pfeiffer*, Rpfleger 2012, 240, 242 führt eine Reihe von Faktoren auf, die eine Prüfung rechtfertigen können: Erstmaliges Auftreten einer Gesellschaft (dann ggf. Existenznachweis) oder einer Person für eine Auslandsgesellschaft (dann Vertretungsnachweis), behauptete Funktionsänderung, Widerspruch anderer Gesellschafter, widersprechende Anmeldungen.
18) OLG München, RNotZ 2010, 350; LG Hamburg, RNotZ 2010, 69; LG Berlin, MittBayNot 1998, 457 (m. Anm. *Singer*); für ein anlassunabhängiges Prüfungsrecht aber OLG Köln, MittBayNot 1989, 104, 105.

Ist nach den vorgenannten Grundsätzen eine Prüfung durch das Registergericht 9
vorzunehmen, gilt hierfür nach § 29 FamFG das **Freibeweisverfahren.** Hierin
liegt ein deutlicher Unterschied zum Grundbuchverfahren, für das § 29 GBO
den Strengbeweis durch öffentliche Urkunden vorschreibt. Das Registergericht
hat vielmehr eine Ermessensentscheidung über die Art der erforderlichen Nachweisunterlagen zu treffen. Die dabei vorzunehmende Abwägung des Gerichts
mag im konkreten Fall dazu führen, dass Urkunden – wegen der höheren Richtigkeitsgewähr – in öffentlicher Form vorzulegen sind. Dies routinemäßig zu
verlangen, ist wegen der weniger strengen formalen Beweisanforderungen des
FamFG-Verfahrens nicht gerechtfertigt. Vor der Anforderung ergänzender
Urkunden hat das Registergericht ferner eine Güterabwägung zwischen der
möglichen Verzögerung und den Folgen einer falschen Eintragung vorzunehmen.[19]

Im Rahmen des Freibeweisverfahrens muss Einblick in die Registerakte genom- 10
men werden, um festzustellen, ob die Gesellschaft dort bereits in der Vergangenheit aktenkundig geworden ist. Ist dies der Fall, kann eine neuerliche Nachweisanforderung ermessensfehlerhaft sein.[20] Auch offenkundige Tatsachen,
wie etwa die Existenz weltbekannter Unternehmen, müssen nicht erst durch
besondere Urkunden nachgewiesen werden. Die Offenkundigkeit kann sich im
Internetzeitalter dabei – bei aller gebotenen Umsicht im Einzelfall – auch aus
einer Internetrecherche ergeben.

Immer aber gilt: Bei Zweifeln ist das Registergericht zur Stellung erhöhter An- 11
forderungen berechtigt und verpflichtet. Verfehlt – und über das Ziel, das Registerverfahren nicht grundlos zu erschweren, hinausschießend – ist es aber, in
jedem Einzelfall die höchstmöglichen Nachweisanforderungen zu stellen.

2. Besondere Konstellationen: Gründungs- und Sitztheorie; § 181 BGB

Den weiter schwelenden **Streit zwischen Gründungs- und Sitztheorie**[21] ent- 12
schärft für das Nachweisverfahren, dass das Handelsregister von dem – widerleglichen[22] – Erfahrungssatz auszugehen hat, dass eine nach ausländischem
Recht gegründete Gesellschaft ihren effektiven Verwaltungssitz auch in dem
Gründungsstaat hat.[23]

---

19) *Pfeiffer*, Rpfleger 2012, 240, 242. Eine derartige Abwägung durch den Gesetzgeber liegt
    etwa § 9c Abs. 2 GmbHG, § 38 Abs. 4 AktG zugrunde, sie ist im Registerverfahren also
    etabliert.
20) *Pfeiffer*, Rpfleger 2012, 240, 242, der zu Recht darauf hinweist, dass einmal vorgelegte
    Nachweise danach über Jahre fortwirken können.
21) Vgl. dazu bei § 8.
22) Vgl. *Langhein*, ZNotP 1999, 218, 219.
23) OLG Hamm, MittBayNot 1995, 68 (für das Grundbuchverfahren).

13 Gelegentlich beanstanden Registergerichte, dass vorgelegte Nachweisunterlagen keine Ausführungen zur Vertretungsmacht in Situationen des **Selbstkontrahierens oder der Mehrfachvertretung** beinhalten. Dieses Fehlen ist meist schlicht dem Umstand geschuldet, dass die deutsche Rechtsordnung international eher eine Ausnahme darstellt, indem sie eine Gestattung in diesen Fällen zum Wirksamkeitserfordernis erhebt. Andere Rechtordnungen lösen derartige Interessenkonflikte in aller Regel auf der Regressebene über Schadensersatzansprüche oder die Anfechtbarkeit des Rechtsgeschäfts.[24] Ausführungen zu § 181 BGB-Konstellationen sind daher grundsätzlich nicht erforderlich, es sei denn, es würde ermittelt, dass auch in der konkret betroffenen Rechtsordnung eine entsprechende Vorschrift besteht.[25] Liegt eine Konstellation vor, die in Deutschland zum Eingreifen von § 181 BGB führen würde, und werden ohnehin maßgefertigte Dokumente als Vertretungsnachweis erstellt (Secretary's Certificate, Legal Opinion, Notarbescheinigung, etc.), ist es zur Vermeidung von Diskussionen empfehlenswert, darauf zu dringen, eine entsprechende Klarstellung aufzunehmen. Rechtlich erforderlich ist es grundsätzlich nicht.

II. Notar

14 Nimmt ein Notar eine Beurkundung unter Beteiligung ausländischer Gesellschaften vor, ist hinsichtlich des ihm obliegenden Prüfungsumfangs danach zu differenzieren, ob Willenserklärungen beurkundet werden (§§ 6–35 BeurkG) oder ob nach §§ 36, 37 BeurkG ein Protokoll über vom Notar wahrgenommene Tatsachen errichtet wird.

15 Beurkundet der Notar **Willenserklärungen** ausländischer Gesellschaften (z. B. i. R. eines Unternehmenskaufvertrages), so folgt aus den in §§ 12 und 17 BeurkG statuierten Prüfungs- und Belehrungspflichten, dass der Notar sich über die Existenz und Vertretung ausländischer Gesellschafter Gewissheit verschaffen muss.[26] Entsprechendes gilt für die Beglaubigung von Unterschriften unter vom Notar selbst gefertigten Entwürfen.[27] Wie sich der Notar diese Gewissheit im Einzelfall verschafft, bleibt ihm überlassen; ihm ist ein weites Ermessen

---

24) Übersicht bei *Schaub* in: Ebenroth/Boujong/Joost/Strohn, HGB, Anh. § 12, Rz. 77 f. Zu den Niederlanden vgl. OLG Düsseldorf, MittRhNotK 1995, 113 (keine Beschränkung der Vertretungsmacht des Vorstands einer N. V. oder B. V. in § 181 BGB-Konstellationen).

25) Zum englischen Recht vgl. *Langhein*, NZG 2001, 1123, 1126 (keine § 181 BGB entsprechende Bestimmung); zum Selbstkontrahieren bei einer belgischen AG (N. V./S. A.) OLG Köln, FGPrax 2013, 153 (grds. unzulässig) und allgemein *Pfeiffer*, der aber eine Klarstellung zum Insichgeschäft empfiehlt, Rpfleger 2012, 240, 242 f. Fn. 57.

26) BGH, DNotZ 1989, 43 f.; BGH, NJW 1993, 2744 (beide zum Grundbuchverfahren); *Mödl*, RNotZ 2008, 1, 18; *Schmiegelt* in: Hauschild/Kallrath/Wachter, Notarhandbuch, § 25 Rz. 140: keine Pflicht des Notars zur Prüfung von Existenz und Vertretungsregelungen bei ausländischen Gesellschaften.

27) *Heinemann* in: Grziwotz/Heinemann, BeurkG, § 12 Rz. 4.

zuzubilligen. Hinsichtlich der Art und Weise der in Frage kommenden Legitimationsnachweise gilt nichts anderes als für die Nachweiserbringung gegenüber dem Handelsregister.

Zweifelt der Notar an der Wirksamkeit des Geschäfts (etwa wegen der Lücken- 16
haftigkeit von Legitimationsnachweisen), so darf grundsätzlich dennoch beurkundet werden. Die Zweifel des Notars sind jedoch in der Urkunde zu vermerken (§ 17 Abs. 2 Satz 2 BeurkG).

Ein strengerer Maßstab gilt für die Beurkundung von **GmbH-Anteilsüber-** 17
tragungen. Weil an die vom Notar nach § 40 Abs. 2 GmbHG zu bescheinigende Gesellschafterliste guter Glaube anknüpft (§ 16 GmbHG), darf er diese nur zum Handelsregister einreichen, wenn er von der Wirksamkeit des Anteilsübergangs und damit auch der Legitimation der Beteiligten überzeugt ist.[28] Wäre schon absehbar, dass Nachweise nicht erbringbar sind, muss der Notar die Beurkundung nach §§ 4 BeurkG, 14 Abs. 2 BNotO ablehnen.[29]

Nimmt der Notar dagegen ein **Tatsachenprotokoll** auf (der Regelfall bei Haupt- 18
versammlungen von AG, ebenso zulässig bei der Beurkundung von GmbH-Gesellschafterversammlungen) besteht grundsätzlich keine Pflicht zur Prüfung der Legitimation der Beteiligten.[30] Die Prüfung obliegt dem Versammlungsleiter. Nur wenn der Notar von der fehlenden Legitimation überzeugt wäre, verpflichtet ihn § 4 BeurkG, die Beurkundung abzulehnen.[31]

III. Geldwäschegesetz/Anderkonto

Bei internationalen Unternehmenstransaktionen ist regelmäßig nach § 2 Abs. 1 19
Nr. 7 GwG der Anwendungsbereich des **Geldwäschegesetzes** eröffnet. Dieses stellt Nachweisanforderungen sowohl an den Notar wie auch die beteiligten Rechtsanwälte. Die von den Verpflichteten anzufordernden Legitimationsnachweise müssen den inhaltlichen Anforderungen des § 4 Abs. 3 Nr. 2 GwG[32] genügen. Die tauglichen Nachweisdokumente sind in § 4 Abs. 4 Nr. 2 GwG genannt. Da das GwG in der Aufzählung der zulässigen Nachweisunterlagen neben Registerauszügen und Gründungsdokumenten ausdrücklich auch andere gleichwertige beweiskräftige Dokumente zulässt, ergibt sich insoweit kein Unterschied zu den Anforderungen, die von Registergericht oder Notar zu stellen sind. Inhaltlich sind die Anforderungen des GwG aber teilweise weitergehender:

---

28) *Schmiegelt* in: Hauschild/Kallrath/Wachter, Notarhandbuch, § 25 Rz. 13, 14.
29) Vgl. *Schmiegelt* in: Hauschild/Kallrath/Wachter, Notarhandbuch, § 25 Rz. 8.
30) *Limmer* in: Eylmann/Vaasen, BNotO/BeurkG, § 12 BeurkG Rz. 2; *Winkler*, BeurkG, § 12 Rz. 2; *Heinemann* in: Griwotz/Heinemann, BeurkG, § 12 Rz. 4.
31) *Heinemann* in: Griwotz/Heinemann, BeurkG, § 12 Rz. 2.
32) Bei juristischen Personen sind dies: Firma bzw. Name, Rechtsform, Registernummer, Anschrift des Sitzes, Namen aller Mitglieder des Vertretungsorgans oder der gesetzlichen Vertreter.

Während beurkundungsrechtlich die Feststellung der Legitimation lediglich des konkret handelnden Vertreters erforderlich, aber auch ausreichend ist, sind im Anwendungsbereich des GwG alle Mitglieder des Vertretungsorgans zu identifizieren ebenso wie die Identität des wirtschaftlich Berechtigten. Ausreichend ist eine Dokumentation dieser Angaben in den Akten.

20 Findet ein **Anderkonto** Verwendung, muss darüber hinaus nach § 154 AO die Person und Anschrift des Verfügungsberechtigten aufgenommen werden. Dies löst in aller Regel keine besonderen über die allgemeinen Nachweispflichten hinausgehenden Erfordernisse aus.

C. Art und Weise der Nachweiserbringung
I. Öffentliche Register

21 Legitimationsnachweise können unkompliziert erbracht werden, wenn in dem Heimatstaat der ausländischen Gesellschaft ein Handelsregister eingerichtet ist, welches dem deutschen Handelsregister vergleichbar ist. Dies ist in beinahe allen Staaten des EWR[33], der Schweiz, der Türkei und Japan sowie einer Vielzahl weiterer Staaten der Fall.[34]

22 Eine Ausnahme bildet jedoch das **Companies House** des Vereinigten Königreichs. Da dieses keine materielle Prüfungskompetenz hat, werden dessen Registerauszüge für sich genommen als nicht ausreichend angesehen, um einen Vertretungsnachweis zu erbringen.[35] Ein Existenznachweis, soweit dieser gesondert erforderlich ist, kann aber durch einen solchen Auszug erbracht werden. Entsprechendes gilt für den Company Printout des irischen **Companies Registration Office** – schon auf dem Company Printout selbst wird darauf hingewiesen, dass für die Richtigkeit der Angaben zu Direktoren keine Gewähr übernommen wird.

23 Taugliche Mittel zur Nachweiserbringung sind Registerauszüge freilich stets nur insoweit, wie die Informationen des Registerauszugs reichen. Während immer die Existenz der Gesellschaft nachgewiesen wird, kommt es für die Frage der Vertretungsmacht auf den Inhalt des jeweiligen Auszugs an. Dieser ist vor dem Kontext der jeweiligen Heimatrechtsordnung zu lesen.[36] An das Register dürfen daher, was die Bezeichnung der konkreten Vertretungsmacht angeht, keine inländischen Maßstäbe angelegt werden; ist eine Person als „vertretungsberechtigt" ausgewiesen, ist grundsätzlich davon auszugehen, dass diese einzel-

---

33) Dies sind die Staaten der Europäischen Union sowie Island, Liechtenstein und Norwegen.
34) Vgl. dazu die Übersichten bei Rz 64 f.
35) KG, DNotZ 2012, 604, 605 unter Bezugnahme auf *Wachter*, DB 2004, 2795, 2799, und *Klose-Mokroß*, DStR 2005, 1013, 1014.
36) Besteht z. B. nach Heimatrecht immer Einzelvertretungsbefugnis bestimmter Organmitglieder, wird diese im Registerauszug häufig (z. B. in Frankreich) nicht noch einmal wiedergegeben.

vertretungsberechtigt ist.[37] Gute Aussagekraft bieten erfahrungsgemäß österreichische, schweizerische, luxemburgische, schwedische und dänische Registerauszüge. Vorsicht ist bei niederländischen Auszügen geboten. Diese weisen die konkrete Vertretungsbefugnis zwar meist, nicht aber immer aus. Gelegentlich wird schlicht Bezug auf die Satzung genommen, so dass neben dem Registerauszug weitere Dokumente – etwa eine Satzungskopie oder eine Notarbescheinigung – beizubringen sind.

II. Notarbescheinigungen

1. Durch deutsche Notare

§ 21 BNotO gibt dem **deutschen Notar** die Befugnis zur Ausstellung von Bescheinigungen über die Existenz juristischer Personen wie auch über die Vertretungsberechtigung, wenn sich diese aus dem (deutschen) Handelsregister oder einem vergleichbaren Register ergeben. Eine solche Bescheinigung hat die gleiche Beweiskraft wie ein Zeugnis des Registergerichts (§ 21 Abs. 1 Satz 2 BNotO). Nach heute h. M.[38] sind unter „vergleichbaren Registern" nicht nur verwandte deutsche Register (Vereinsregister, Genossenschaftsregister etc.) zu verstehen, sondern auch ausländische Register. Die Ausstellung einer Bescheinigung nach § 21 BNotO ist aber nur zulässig, wenn das ausländische Register funktionell mit dem deutschen Handelsregister vergleichbar ist, also insbesondere dann, wenn neben einer Eintragungspflicht auch eine Richtigkeitsgewähr besteht. Auf Grund der Harmonisierung des EU-Rechts kann davon in der Regel bei EU-Staaten ausgegangen werden, Entsprechendes gilt für die Schweiz. Eine Ausnahme besteht jedoch für das Companies House des Vereinigten Königreichs und das irische Companies Registration Office. Da diese keine Prüfungskompetenz im Hinblick auf eingereichte Unterlagen haben, besteht kein Vertrauensschutz in die Richtigkeit der vorgenommenen Eintragungen.[39] 24

Ein großer Vorteil der Notarbescheinigung ist neben der Beweiswirkung des § 21 Abs. 1 Satz 2 BNotO, dass eine zeitaufwendige Übersetzung des Registerauszugs entbehrlich wird. Voraussetzung ist natürlich immer, dass der Notar sich über den Inhalt des Registers sicher ist, er also entsprechende Sprachkenntnisse besitzt oder ihm eine vertrauenswürdige (nicht zwingend beglaubigte) Übersetzung vorliegt. 25

---

37) OLG München, RNotZ 2010, 350, 351 (zu einer japanische Gesellschaft).
38) OLG Schleswig, DNotZ 2008, 709, 710 (für das schwedische Handelsregister); *Süß/ Heggen* in: Würzburger Notarhandbuch S. 3026; *Limmer* in: Eylmann/Vaasen, BNotO/BeurkG, § 21 BNotO Rz. 9 m. w. N; enger *Fetsch*, RNotZ 2007, 456, 465.
39) Vgl. zum Companies House KG, DNotZ 2012, 604, 605 unter Bezugnahme auf *Wachter*, DB 2004, 2795, 2799; *Heinz*, ZNotP 2000, 410, 411; *Mödl*, RNotZ 2008, 1, 12.

26 Kann der deutsche Notar keine Bescheinigung nach § 21 BNotO ausstellen (etwa wegen fehlender Gleichwertigkeit des ausländischen Registers), bleibt ihm die Möglichkeit bei entsprechender Fachkenntnis ein **Rechtsgutachten** zu erstellen (vgl. hierzu bei Rz. 37).

2. Durch ausländische Notare

27 Bescheinigungen ausländischer Notare über die Existenz und Vertretungsregelungen von Gesellschaften finden in der Praxis[40] regelmäßig unproblematisch Anerkennung, wenn der ausstellende Notar zum sog. **lateinischen Notariat** gehört.[41] Diese Notare, deren Amt und Funktion von einem kontinentaleuropäischen Notariatsverständnis geprägt ist, üben eine dem deutschen Notar vergleichbare Amtstätigkeit aus und haben eine entsprechende berufliche Stellung inne. Insbesondere verfügen sie über eine juristische Ausbildung.

28 Derartige Bescheinigungen müssen nicht den Vorgaben des § 21 BNotO, sondern den Vorgaben des Rechts des Ausstellungsstaats entsprechen.[42] Von einer solchen Entsprechung hat wiederum das deutsche Handelsregister mangels besonderer Anhaltspunkte auszugehen.[43] Eine Pflicht zur Anerkennung in jedem Fall besteht freilich nicht; vielmehr gilt der Grundsatz der freien Beweiswürdigung.[44] Eine große praktische Bedeutung haben Bescheinigungen ausländischer Notare dann, wenn sich die konkrete (insbesondere Einzel- oder Gesamt-) Vertretungsbefugnis nicht unmittelbar aus dem Handelsregister ergibt. In diesen Fällen erleichtern sie den Nachweis konkreter Vertretungsbefugnisse.

29 Die **notaries public** des anglo-amerikanischen Rechtskreises stehen nicht in der Tradition des lateinischen Notariats. Eine juristische Ausbildung ist keine Zulassungsvoraussetzung zum Beruf. Ihre berufliche Stellung ist deutlich schwä-

---

40) So bereits KG, OLGE 12, 157, 158 (Beschl. v. 28.11.1905 betreffend die Vertretungsbescheinigung eines Baseler Notars im Grundbuchverfahren).
41) Die Staaten des lateinischen Notariats sind in der *Union Internationale du Notariat* organisiert. Mitgliedstaaten sind: Albanien, Algerien, Andorra, Argentinien, Armenien, Belgien, Benin, Bolivien, Bosnien-Herzegowina, Brasilien, Bulgarien, Burkina Faso, Chile, China (außer Hong Kong), Costa Rica, Deutschland, Dominikanische Republik, Ecuador, El Salvador, Elfenbeinküste, Estland, Frankreich, Gabun, Georgien, Griechenland, Guatemala, Guinea, Haiti, Honduras, Indonesien, Italien, Japan, Kamerun, Kolumbien, Kongo, Süd-Korea, Kosovo, Kroatien, Kuba, Lettland, Litauen, Luxemburg, Mazedonien, Madagaskar, Mali, Malta, Marokko, Mauretanien, Mauritius, Mexiko, Moldawien, Monaco, Mongolei, Montenegro, Niederlande, Nikaragua, Niger, Österreich, Panama, Paraguay, Peru, Polen, Portugal, Puerto Rico, Quebec (Kanada), Rumänien, Russland, San Marino, Senegal, Slowakei, Slowenien, Spanien, Schweiz, Togo, Tschad, Tschechische Republik, Tunesien, Türkei, Ukraine, Ungarn, Uruguay, Vatikanstadt, Venezuela, Vereinigtes Königreich (nur die City of London), Vietnam, Zentralafrikanische Republik.
42) OLG Köln, MittRhNotK 1988, 181, 182.
43) Vgl. OLG Zweibrücken, MittBayNot 1999, 480, 481; LG Darmstadt, RNotZ 2008, 502 (beide zum Grundbuchverfahren).
44) *Fetsch*, RNotZ 2007, 456, 465 (zum Grundbuchverfahren).

cher ausgestaltet als jene ihrer – vor allem kontinentaleuropäischen – Kollegen des lateinischen Notariats. Durch einen notary public ausgestellte Bescheinigungen sind daher nur in Sonderfällen ein tauglicher Legitimationsnachweis, wenn sie durch zusätzliche Faktoren substantiiert werden. Ein solcher Faktor kann etwa eine ausnahmsweise doch bestehende juristische Ausbildung sein (gelegentlich sind Rechtsanwälte zugleich zum notary public bestellt). Das Vorstehende gilt jedoch nicht für die kleine Gruppe der **Scrivener Notaries** in der City of London, die dem lateinischen Notariat zugehörig sind.[45] Die durch diese hoch spezialisierten Notare ausgestellten Existenz- und Vertretungsbescheinigungen (die in der Regel auch in deutscher Sprache erstellt werden), finden in der Registerpraxis zu Recht problemlos Akzeptanz.[46] Sie erstellen Existenz- und Vertretungsbescheinigungen nicht nur für Gesellschaften aus dem Vereinigten Königreich, sondern häufig auch für Gesellschaften aus anderen Commonwealth-Staaten, deren Rechtssysteme in der Tradition des englischen Rechts stehen.

III. Andere öffentliche oder quasi-öffentliche Urkunden

Legitimationsnachweise können auch durch andere öffentliche Urkunden geführt werden. Diesen Urkunden ist gemein, dass sie von einer mit gutem Glauben versehenen Person unterzeichnet und mit einem Siegel versehen werden. Für diese Urkunden kann – soweit erforderlich (vgl. Rz. 41) – ein formeller Echtheitsnachweis, etwa durch Legalisation oder Apostille, erbracht werden. 30

Hierzu zählen bei **US-amerikanischen Gesellschaften** insbesondere das *certificate of incorporation* (bei jungen Gesellschaften, die nicht älter als ca. 3–6 Monate sind) sowie bei älteren Gesellschaften das *certificate of good standing* (auch: *certificate of status*). Diese Bescheinigungen werden durch den *secretary of state* des jeweiligen US Einzelstaats ausgestellt. Sie erlauben einen Nachweis der Existenz der Gesellschaft. Da in ihnen weder individuelle Vertretungsbefugnisse noch Änderungen in der Zusammensetzung der vertretungsberechtigten Personen aufgenommen werden, ist als Vertretungsnachweis brauchbar nur ein *certificate of incorporation*, wenn es sich um eine junge Gesellschaft handelt und alle dort aufgeführten *directors* handeln. Im Übrigen sind ergänzende Nachweise erforderlich. 31

Im Vereinigten Königreich kann der **Registrar of Companies** mittels eines Certificate of Good Standing Bescheinigungen über die Existenz der Gesellschaft und die Identität der *directors* ausstellen und auch beglaubigte Auszüge aus dem Handelsregister (Companies House) erstellen. Jedoch wird die Ver- 32

---

45) www.scrivener-notaries.org.uk.
46) Die Vertretungsbescheinigung sollte nicht allein auf der Einsicht in das Companies House beruhen, sondern ausdrücklich auf andere Erkenntnisse gestützt werden; vgl. OLG Köln, FGPrax 2013, 18, 19 (zum Grundbuchverfahren).

tretungsmacht der einzelnen *directors* dadurch nicht bestätigt, so dass dieser Weg nur dann einen Nachweis ordnungsgemäßer Vertretung erbringt, wenn entweder alle *directors* handeln oder zusätzliche Nachweise über die Einzelvertretungsmacht erbracht werden (z. B. Bescheinigung eines *scrivener notary* oder des *company secretary*).

33 Ferner zählt hierzu die *enterprise corporation business licence* (kurz: *business licence*) aus **China** (mit Ausnahme von Hong Kong), welche durch die Behörde für Industrie und Handel (*administration of industry & commerce*) erstellt wird.

IV. Sonstige Nachweise
1. Secretary's Certificate

34 Im anglo-amerikanischen Rechtskreis wird bei Gesellschaften üblicherweise[47] – aber nicht zwingend[48] – ein sog. *company secretary* (Gesellschaftssekretär, Gesellschaftsschriftführer) bestellt. Zu seinem Aufgabenbereich gehört das sog. *corporate housekeeping*, also die ordnungsgemäße Führung und Verwaltung der Gesellschaftsakten einschließlich der Beschlusssammlung.[49] Daher wird er teils auch als Urkundsbeamter der Gesellschaft bezeichnet; seine Dokumente genießen quasi öffentlichen Glauben.[50] Auf Grund dieser Position ist der *company secretary* besonders geeignet, verlässliche Aussagen zu Vertretungsfragen zu treffen,[51] und zwar auch dann, wenn er personenidentisch mit dem handelnden *director* ist.[52] Diese Aussagen werden üblicherweise in einem sog. **Secretary's**

---

47) Vgl. etwa § 715 NY Business Corporation Law.
48) Vgl. Sec. 270 Abs. 1 des UK Companies Act 2006. In diesen Fällen werden die Aufgaben des *company secretary* von dem (bei mehreren: jedem) *director* der Gesellschaft oder einer sonstigen von den *directors* benannten Person wahrgenommen (Sec. 270 Abs. 3 b) Companies Act 2006). Hier wäre die Bescheinigung daher von der entsprechenden Person (*director* oder benannter Person) auszustellen. In der Bescheinigung sollte erläutert werden, warum und auf welcher Grundlage die Person die Aufgaben des (nicht existierenden) *company secretary* wahrnimmt. In der Praxis stoßen derartige Bescheinigungen aber häufig auf Widerstand, wenn ein *director* sich selbst seine Vertretungsmacht bescheinigt. Dies ist grds. unbedenklich, vgl. zur ähnlichen Situation der Personenidentität von *secretary* und handelnder Person *Pfeiffer*, Rpfleger 2012, 240, 245. Zur Steigerung der Seriosität können in dieser Konstellation weitere Unterlagen beigefügt werden und/oder die Bescheinigung in bekräftigter Form, etwa als *Affidavit* oder *Acknowledgement*, abgefasst werden. Vgl. auch § 8.40 des US Model Business Corporation Act.
49) Vgl. etwa § 18 Abs. 4 der UK Model Articles for Public Companies; Art. 6 § 5 der Model Bylaws des Secretary of State von Vermont; vgl. auch *Fischer*, ZNotP 1999, 352, 357 Fn. 26 (zu US Corporations): "Der [...] secretary führt das Siegel der corporation und hat die Funktion des Leiters der inneren Verwaltung der Gesellschaft".
50) *Heinz*, ZNotP 2000, 410, 413; *Langhein*, NZG 2001, 1123, 1126.
51) A. A. *Mödl*, RNotZ 2008, 1, 13.
52) *Pfeiffer*, Rpfleger 2012, 240, 245, der zu Recht darauf hinweist, dass das Nichtvorsehen einer Inkompatibilität der Ämter als bewusste Entscheidung der entsprechenden Rechtsordnungen zu akzeptieren ist.

Certificate[53] getroffen. Derartige Bescheinigungen genießen in der deutschen Notar- und Registerpraxis weitgehende Anerkennung.[54] In ihnen bestätigt der Gesellschaftssekretär entweder abstrakt oder (das ist in der Praxis der Regelfall) konkret bezogen auf ein bestimmtes Dokument die Vertretungsmacht der handelnden Personen. Üblicherweise erstreckt sich die Bestätigung weiter darauf, dass er tatsächlich Gesellschaftssekretär ist. Gelegentlich wird auch ein Auszug aus der Beschlusssammlung der Gesellschaft beigefügt, dies ist aber nicht zwingend erforderlich.[55] Soweit ein Gesellschaftssiegel existiert, sollte dieses dem Secretary's Certificate beigefügt werden,[56] ansonsten kann zur Erhöhung des Beweiswerts ein Stempel angebracht sowie die Bescheinigung auf Gesellschaftsbriefpapier ausgestellt werden.[57]

Zur weiteren Substantiierung – und damit Erhöhung der Glaubwürdigkeit des Secretary's Certificate – kann die Unterschrift des *company secretary* auf dem Dokument notariell beglaubigt werden (also die Identität des Unterzeichners notariell bestätigt werden). Weitergehend ist die Abgabe eines **Affidavits**, also einer besonderen Bekräftigung des Inhalts der abgegebenen Erklärung,[58] oder eines **Acknowledgements** über den Inhalt des Secretary's Certificate durch den *company secretary*. Ein mit einem Affidavit bzw. Acknowledgement versehenes Secretary's Certificate trägt – wegen der mit Falschaussagen verbundenen Strafandrohung – eine erhöhte Richtigkeitsgewähr in sich. In Ermangelung besonderer Zweifel lassen Registergerichte und Notare jedoch in der Regel zu Recht auch privatschriftliche Secretary's Certificates genügen. 35

Im Anwendungsbereich des GwG stellt das Secretary's Certificate ein taugliches Nachweismittel zu Erfüllung der Dokumentationspflicht gemäß § 4 Abs. 4 Nr. 2 GwG dar, wenn z. B. die Namen sämtlicher *directors* aufgeführt werden. 36

2. Legal Opinion

Auch durch ein Rechtsgutachten (*legal opinion*, vgl. dazu auch § 2 Rz. 256 ff.) kann ein Nachweis über die Existenz und Vertretungsbefugnis erbracht werden. Praxishäufig ist dies in der Form eines notariellen Rechtsgutachtens eines deutschen Notars zu englischen *private limited companies* (Ltd). geworden. Einem solchen Rechtsgutachten – es handelt sich um eine notarielle Tätigkeit i. S. des 37

---

53) Deutsch/englisches Muster bei *Rawert* in: Beck'sches Formularbuch BHW, I. 47.
54) Vgl. etwa LG Chemnitz, BeckRS 2011, 09656 (mit überhöhten Anforderungen an die Bescheinigung); *Pfeiffer*, Rpfleger 2012, 240, 245.
55) *Fischer*, ZNotP 1999, 352, 358: Nur bei berechtigten Zweifeln an der inhaltlichen Richtigkeit des Secretary Certificate dürfen weitere Dokumente wie Board Resolutions, die Articles of Association o. Ä. verlangt werden.
56) Das Gesellschaftssiegel dient als Echtheitsnachweis, vgl. Sec. 44 Abs. 1 UK Companies Act 2006.
57) *Pfeiffer*, Rpfleger 2012, 240, 246.
58) Vgl. DNotI-Report 1996, 4.

§ 24 Abs. 1 BNotO – kommt allerdings nicht die Beweiskraft des § 21 Abs. 1 Satz 2 BNotO (Registerbescheinigung) zu. Sinnvoll ist es, zur Substantiierung des Gutachtens die herangezogenen Dokumente zu benennen und ggf. in Kopie beizufügen.

3. Satzungskopien, Beschlusskopien

38 Schließlich kann ein Legitimationsnachweis auch durch die unmittelbare Vorlage gesellschaftsrechtlicher Dokumente wie Satzungen oder Beschlüsse geführt werden. Das Beschreiten dieses Weges ist regelmäßig aber nur als Notanker zu empfehlen, denn die mit der unmittelbaren Dokumentenverwendung verbundenen Hindernisse reichen von der Sprache über den Nachweis der Aktualität bis hin zum richtigen Verständnis, das sich erst aus der Rechtsordnung ergibt, in die die Dokumente eingebettet sind.[59] Insbesondere bei ausländischen **Personengesellschaften**, die in Registern nicht geführt werden, bleibt gelegentlich aber keine andere Wahl. Ferner hat die unmittelbare Verwendung derartiger Dokumente eine Berechtigung als Ergänzung anderer – für sich genommen ggf. nicht ausreichender – Nachweiswege.

D. Form und Sprache der Nachweiserbringung
I. Nachweisführung durch öffentliche Urkunden

39 Während § 29 GBO für das Grundbuchverfahren bestimmt, dass alle Eintragungsvoraussetzungen durch öffentliche Urkunden nachgewiesen werden müssen, legt § 12 HGB für das Registerverfahren einen weniger strengen Maßstab an. Zwingend vorgeschrieben ist das Erfordernis der öffentlichen Beglaubigung (welches durch eine Beurkundung mitumfasst ist, § 129 Abs. 2 BGB) nur für Anmeldungen zum Handelsregister, für Handelsregistervollmachten sowie für bestimmte[60] andere Vollmachten. Sonstige Dokumente wie Existenz- und Vertretungsnachweise können auch in anderer Form eingereicht werden, wie sich aus § 12 Abs. 2 HGB ergibt. Die Vorlage von Nachweisdokumenten in öffentlicher Form dient daher nicht der Einhaltung der Formvorgaben des § 12 HGB sondern bezweckt die Substantiierung der behaupteten Fakten für die durch das Gericht oder den Notar vorzunehmende Prüfung. Auch hier gilt, dass eine Ermessensentscheidung über die Anforderung von Nachweisunterlagen in öffentlicher Form getroffen werden muss. Als Folge der vom Grundbuchverfahren

---

59) Vgl. *Pfeiffer*, Rpfleger 2012, 240, 246.
60) Insbesondere wenn Gründungs- oder Kapitalmaßnahmen mitumfasst sein sollen, vgl. §§ 23 Abs. 1 Satz 2 AktG, 2 Abs. 2 GmbHG, 55 Abs. 1 GmbHG, 36 Abs. 2 UmwG, 197 UmwG. Keinesfalls kann sich – entgegen vereinzelter Registerpraxis – eine Notwendigkeit der Beglaubigung einer Vollmacht alleine daraus ergeben, dass Vollmachtgeber eine ausländische Gesellschaft ist; *Pfeiffer*, Rpfleger 2012, 240, 241 f.

abweichenden Anforderungen darf nicht pauschal auf die Vorlage öffentlicher Urkunden bestanden werden.

Ist eine Beglaubigung erforderlich, so kann diese auch durch einen ausländischen Notar vorgenommen werden, wenn das Beglaubigungsverfahren grundsätzlich gleichwertig mit dem deutschen Verfahren ist.[61] Da Kernzweck des Beglaubigungsverfahrens die Identitätsfeststellung ist, sind an die Gleichwertigkeit nur geringe Anforderungen[62] zu stellen, insbesondere muss der ausländische Beglaubigungsvermerk nicht den Vorgaben des deutschen Beurkundungsrechts (§ 40 Abs. 3 BeurkG) entsprechen. Beglaubigungsverfahren und Beglaubigungsvermerk richten sich nach dem Recht des Staats, in welchem die Beglaubigung vorgenommen wird.[63] Die Gerichte haben dabei den allgemeinen Erfahrungssatz zu Grunde zu legen, dass öffentliche Behörden und Notare die für sie maßgeblichen Zuständigkeits- und Formvorschriften beachten.[64] 40

II. Nachweis der Echtheit der öffentlichen Urkunde
1. Überblick

Soll eine ausländische öffentliche Urkunde in Deutschland Verwendung finden, so ist zunächst nach ihrer Anerkennungsfähigkeit in Deutschland zu fragen. Nach § 438 Abs. 1 ZPO, der auch in Verfahren der freiwilligen Gerichtsbarkeit anwendbar ist,[65] steht es im **Ermessen** des Gerichts im Einzelfall, ob und welche Echtheitsnachweise zu verlangen sind. Gleiches gilt für den Notar. Das deutsche Recht kennt keinen Zwang zur Führung eines bestimmten Nachweises (wie Legalisation oder Apostille) für ausländische öffentliche Urkunden; deren Echtheit kann vielmehr auf jede geeignete Weise festgestellt werden.[66] 41

---

61) *Schaub* in: Ebenroth/Boujong/Joost/Strohn, HGB, Anh. § 12, Rz. 51; pauschaler OLG Schleswig, SchlHA 1962, 173 f. (zum Grundbuchverfahren, m. Anm. *Deutsch*, S. 244): Die Formvorschrift des § 29 GBO wird durch die Beglaubigung durch einen ausländischen Notar erfüllt.
62) *Schaub* in: Ebenroth/Boujong/Joost/Strohn, HGB, Anh. § 12, Rz. 51 führt eine Beglaubigung durch einen brasilianischen Notar auf Grund einer bei ihm hinterlegten Unterschriftenprobe als Beispiel für eine fehlende Gleichwertigkeit an; ähnlich *Westhoff*, DNotZ 2013, 4, 8 zur Praxis der „Beglaubigung vom Hörensagen" durch japanische Notare.
63) OLG Zweibrücken, MittBayNot 1999, 480, 481; LG Darmstadt, RNotZ 2008, 502 (beide zum Grundbuchverfahren).
64) OLG Zweibrücken, 1999, 480, 481; LG Darmstadt, RNotZ 2008, 502.
65) LG Berlin, NZG 2004, 1014, 1016; *Bülow*, DNotZ 1955, 9, 40; *Schaub*, NZG 2000, 953, 956; *Pfeiffer*, Rpfleger 2012, 240, 241; allgemein zur Anwendbarkeit der ZPO-Vorschriften über öffentliche Urkunden BayObLG, FamRZ 1994, 530.
66) BayObLG, MittBayNot 1993, 80 (zum Grundbuchverfahren); LG Berlin, NZG 2004, 1014, 1016; *Armbrüster* in: Huhn/von Schuckmann, S. 46; *Bülow*, DNotZ 1955, 9, 41; *Bindseil*, DNotZ 1992, 275.

42 Da es sich sowohl für das Gericht (insbesondere das Handelsregister) als auch für den Notar um eine Ermessensentscheidung handelt, dürfen auch angesichts des hohen Gutes der Richtigkeitsgewähr des Handelsregisters bzw. notarieller Urkunden nicht pauschal und ohne Rücksicht auf die Umstände des Einzelfalls immer die denkbar höchsten Anforderungen gestellt werden.[67] Vielmehr ist auf Grund einer Gesamtschau zu werten, ob vernünftigerweise Zweifel daran bestehen, dass eine (echte) ausländische öffentliche Urkunde vorliegt. Im Kern geht es um eine **Seriositätskontrolle**.[68] Daher kann z. B. bei den in der Praxis sehr häufig vorkommenden – und daher bekannten – Urkunden des britischen Registrar of Companies wohl in aller Regel vom Beibringen einer Apostille abgesehen werden.[69] Ebenso gilt: Wurde in letzter Zeit von einem ausländischen Notar bereits ein apostilliertes oder legalisiertes Dokument beim Registergericht eingereicht, darf nur im Ausnahmefall auf die Einholung einer Apostille oder die Legalisation auch eines weiteren kurzfristig danach eingereichten Dokuments desselben Notars bestanden werden.[70] Entsprechendes gilt für andere ausländische öffentliche Stellen.

43 Dies ist umso mehr der Fall, als schon die Vorlage von Existenz- und Vertretungsnachweisen in Form öffentlicher Urkunden nicht pauschal und standardmäßig in jedem Fall verlangt werden darf. Dennoch ist nicht zu verkennen, dass die Echtheitsprüfung ausländischer öffentlicher Urkunden erheblich schwerer fällt, als die Prüfung inländischer Urkunden, so dass dem Registergericht ein weiter Ermessensspielraum zuzubilligen ist.[71]

44 Ist die Echtheit einer öffentlichen Urkunde formell nachzuweisen, geschieht dies grundsätzlich durch die **Legalisation** der Urkunde oder – wenn die Legalisation öffentlicher Urkunden durch die deutschen Auslandsvertretungen eingestellt wurde – durch ein **Amtshilfeverfahren** (dazu unter Rz. 48). Im Verhältnis zu einer Vielzahl von Staaten ist eine Legalisation öffentlicher Urkunden nicht erforderlich. Stattdessen ist der Urkunde eine **Apostille** beizufügen (dazu unter Rz. 49), die in aller Regel deutlich kurzfristiger beschafft werden kann, oft innerhalb weniger Tage. Mit einigen Staaten hat Deutschland überdies bilaterale **Staatsverträge** abgeschlossen, wonach sowohl vom Legalisationserfordernis als auch vom Erfordernis der Beifügung einer Apostille abgesehen wird (dazu unter Rz. 50 f.). Das Deutsche Notarinstitut in Würzburg pflegt seit mehreren Jahren eine im **Internet zugängliche Liste**,[72] aus der sich die für

---

67) Anschaulich OLG Dresden, DNotZ 2011, 51 (zum Grundbuchverfahren), vgl. auch *Pfeiffer*, Rpfleger 2012, 240, 241; *Bindseil*, DNotZ 1992, 275, 285.
68) *Langhein*, S. 22 f.
69) LG Berlin, NZG 2004, 1014, 1016.
70) OLG Schleswig, SchlHA 1962, 173, 174.
71) *Mödl*, RNotZ 2008, 1, 14.
72) www.dnoti.de, dort unter „Informationen", „Arbeitshilfen", „IPR und ausländisches Recht".

öffentliche Urkunden aus den verschiedensten Ländern geltenden Anforderungen ergeben. Da sich diese, insbesondere im Hinblick auf Krisenstaaten, gelegentlich ändern, ist ein Blick in diese Liste vor der Anforderung von Unterlagen immer zu empfehlen.

2. Grundsatz: Legalisation

Soll eine ausländische öffentliche Urkunde (die etwa von einem ausländischen Notar oder staatlichen Register ausgestellt wurde) in Deutschland verwendet werden, wird der Nachweis ihrer Echtheit grundsätzlich durch Legalisation erbracht. Unter Legalisation ist die Förmlichkeit zu verstehen, durch welche die diplomatischen oder konsularischen Vertreter des Landes, in dessen Hoheitsgebiet die Urkunde vorgelegt werden soll, die Echtheit der Unterschrift (z. B. des ausländischen Notars oder Registerbeamten), die Eigenschaft des Unterzeichners der Urkunde (also etwa des Notars) sowie die Echtheit des Siegels oder Stempels, mit dem die Urkunde versehen ist, bestätigen.[73] Die Echtheit einer ausländischen öffentlichen Urkunde, die in Deutschland Verwendung finden soll, wird also grundsätzlich durch einen **deutschen Konsularbeamten** im Ausstellungsstaat der Urkunde bestätigt. Legalisierte Urkunden gelten als echte öffentliche Urkunden (§ 438 Abs. 2 ZPO). 45

Das Verfahren der Legalisation richtet sich nach § 13 KonsularG. Vor Erteilung der Legalisation verlangen die Botschaften/Konsulate häufig die Vorschaltung einer Bestätigung bestimmter Stellen des Ausstellungsstaats (sog. Vor-, Zwischen oder Überbeglaubigung); teilweise wird zusätzlich eine Endbeglaubigung durch das jeweilige Außenministerium verlangt.[74] Da die Bundesrepublik Deutschland keine diplomatischen Beziehungen zu **Taiwan** unterhält, gilt hier die Besonderheit dass die Legalisation durch das Deutsche Institut Taipei vorgenommen wird.[75] 46

Zwar wurden mit den meisten wirtschaftlich bedeutenden Partnerländern Abkommen über die Befreiung vom Legalisationserfordernis abgeschlossen (dazu sogleich unter Rz. 49 und Rz. 50 f.), dennoch besteht es insbesondere fort für Urkunden aus **Ägypten, Bahrein, Brasilien, Chile, China** (ohne Hong Kong und Macau), **Costa Rica, Guatemala, Jamaika, Kanada, Peru, Saudi-Arabien, Singapur, Syrien, Tunesien** sowie den **Vereinigten Arabischen Emiraten**.[76] 47

---

73) So die Definition des Art. 2 Satz 2 des Haager Übereinkommens zur Befreiung ausländischer öffentlicher Urkunden von der Legalisation v. 5.10.1961; entsprechend auch § 13 Abs. 2 KonsularG.
74) Vgl. *Bindseil*, DNotZ 1992, 275, 279 und 285 f.
75) Nähre Informationen unter www.taipei.diplo.de
76) Informationen über die im Einzelfall für eine Legalisation beizubringenden Dokumente und die anfallenden Gebühren finden sich auf der Website des Auswärtigen Amts unter www.konsularinfo.diplo.de und auf den Websites der deutschen Konsulate bzw. Botschaften in dem jeweiligen Staat. Zu Kanada etwa unter www.canada.diplo.de. Eine Übersicht zu den Webseiten der Konsulate findet sich unter www.auswaertiges-amt.de.

48 Die deutschen Auslandsvertretungen in einer Reihe von (Problem-)Staaten haben die dort ebenfalls grundsätzlich erforderliche Legalisation bis auf weiteres eingestellt.[77] Soll eine öffentliche Urkunde aus einem solchen Staat in Deutschland verwendet werden, muss der Echtheitsnachweis anderweitig erbracht werden. Hierzu kommt insbesondere das (sehr zeitaufwendige) Amtshilfeverfahren in Betracht. Das Amtshilfeersuchen ist dabei an die betroffene deutsche Auslandsvertretung zu richten, die eine Überprüfung der Urkunde vornimmt. Einzelheiten sind hier im Vorwege mit der deutschen Auslandsvertretung abzustimmen.

3. Erleichterung: Apostille

49 Die Umständlichkeit und Langwierigkeit des Legalisationsverfahrens haben zur Ausarbeitung des Haager Übereinkommens über die Befreiung ausländischer öffentlicher Urkunden von der Legalisation vom 5.10.1961 geführt, welches für Deutschland am 13.2.1966 in Kraft getreten ist.[78] Im Verhältnis der Vertragsstaaten untereinander wird auf das Erfordernis der Legalisation öffentlicher Urkunden verzichtet.[79] Stattdessen ist eine einfache Überbeglaubigung (**Apostille**) ausreichend, die von einer staatlichen Stelle des Landes der Errichtung der öffentlichen Urkunde ausgestellt wird. Die Apostille wird entweder auf die Urkunde selbst gestempelt oder auf einem besonderen Blatt mit der Urkunde ver-

---

77) Derzeit Afghanistan, Äquatorialguinea, Aserbaidschan, Bangladesch, Benin, Côte d'Ivoire (Elfenbeinküste), Dominikanische Republik, Dschibuti, Eritrea, Gabun, Gambia, Ghana, Guinea, Guinea-Bissau, Haiti, Indien, Irak, Kambodscha, Kamerun, Kenia, Kongo (Demokratische Republik), Kongo (Republik), Kosovo, Laos, Liberia, Mali, Marokko (nur Einstellung der Legalisation von Bescheinigungen, die nicht aus den Personenstandsregistern stammen), Mongolei, Myanmar, Nepal, Niger, Nigeria, Pakistan, Philippinen, Ruanda, Sierra Leone, Somalia, Sri Lanka, Tadschikistan, Togo, Tschad, Turkmenistan, Uganda, Usbekistan, Vietnam, Zentralafrikanische Republik. Regelmäßig aktualisierte Übersichten und Merkblätter mit Hinweisen zu dem jeweiligen Amtshilfeverfahren finden sich unter www.konsularinfo.diplo.de unter „Urkunden und Beglaubigungen", Unterpunkt „Internationaler Urkundenverkehr".

78) BGBl. II 1965, 875.

79) Das Abkommen gilt im Verhältnis zu Deutschland für: Andorra, Antigua und Barbuda, Argentinien, Armenien, Australien, Bahamas, Barbados, Belize, Bermuda, Bosnien und Herzegowina, Botswana, Brunei Darussalam, Bulgarien, China (nur Hong Kong und Macau, ansonsten Legalisation), Cookinseln, Dominica, Ecuador, El Salvador, Estland, Fidschi, Finnland, Georgien, Grenada, Griechenland (siehe aber bei Rz. 51), Honduras, Irland, Island, Isle of Man, Israel, Japan, Kaimaninseln, Kap Verde, Kasachstan, Kolumbien, Süd-Korea, Kroatien, Lesotho, Lettland, Liechtenstein, Litauen, Luxemburg, Malawi, Malta, Marschallinseln, Mauritius, Mazedonien, Mexiko, Monaco, Montenegro, Namibia, Neuseeland, Niederlande, Niue, Norwegen, Panama, Polen, Portugal, Puerto Rico, Rumänien, Russland, Samoa, San Marino, Sao Tome und Príncipe, Schweden, Schweiz, Serbien, Seychellen, Slowakei, Slowenien, Spanien, Südafrika, St. Kitts und Nevis, St. Lucia, St. Vincent und die Grenadinen, Surinam, Swasiland, Tonga, Trinidad und Tobago, Tschechische Republik, Türkei, Ukraine, Ungarn, USA, Vanuatu, Venezuela, Vereinigtes Königreich von Großbritannien und Nordirland, Weißrussland, Zypern.

bunden. Eine Übersetzung der Apostille ins Deutsche darf nicht verlangt werden (vgl. Art. 4 Abs. 2 des Übereinkommens).

4. Keinerlei Nachweiserfordernisse

Aufgrund bilateraler Staatsverträge sind öffentliche Urkunden aus **Belgien**,[80] **Dänemark**,[81] **Frankreich**,[82] **Italien**,[83] und **Österreich**[84] von jedem Authentifizierungsverfahren befreit. Dies gilt grundsätzlich auch für öffentliche Urkunden aus der **Schweiz**[85] (z. B. vom Handelsregister beglaubigte Handelsregisterauszüge), jedoch hier nicht für notarielle Urkunden (für die eine Apostille erforderlich ist).

Für öffentliche Urkunden aus **Griechenland** die von einem Landgericht oder höherem Gericht ausgestellt wurden, sieht das deutsch-griechische Abkommen über die gegenseitige Rechtshilfe in Angelegenheiten des bürgerlichen und Handelsrechts vom 11.5.1938[86] den Verzicht auf jede weitere Förmlichkeit vor. Für Urkunden von Notaren, Amtsgerichten und dem Handelsregister ist anstelle der Legalisation die Überbeglaubigung durch den Präsidenten des jeweiligen Gerichtshofs erster Instanz vorgesehen. In der Praxis ist dieses Verfahren jedoch völlig bedeutungslos, da insoweit auf eine Apostillierung zurückgegriffen wird.

50

51

III. Fremdsprachige Dokumente

Da Gerichtssprache deutsch ist (§ 181 GVG), müssen Urkunden, die **Anträge und Erklärungen** der Beteiligten erhalten (zumindest auch)[87] in deutscher Spra-

52

---

80) Abkommen zwischen der Bundesrepublik Deutschland und dem Königreich Belgien über die Befreiung öffentlicher Urkunden von der Legalisation v. 13.5.1975, BGBl. II 1980, 813.
81) Deutsch-Dänisches Beglaubigungsabkommen v. 17.7.1936 (wieder anwendbar seit 1.9.1952), RGBl. II 1936, 213, BGBl. II 1953, 186.
82) Abkommen zwischen der Bundesrepublik Deutschland und der Französischen Republik über die Befreiung öffentlicher Urkunden von der Legalisation v. 13.9.1971, BGBl. II 1974, 1074 und 1100 (Berichtigung).
83) Vertrag zwischen der Bundesrepublik Deutschland und der Italienischen Republik über den Verzicht auf die Legalisation von Urkunden v. 7.6.1969, BGBl. II 1974, 1609.
84) Beglaubigungsvertrag zwischen dem Deutschen Reiche und der Republik Österreich v. 21.6.1923 (Deutsch-österreichischer Beglaubigungsvertrag), RGBl. II, 1924, 61.
85) Deutsch-schweizerischer Vertrag über die Beglaubigung öffentlicher Urkunden v. 14.2.1907, RGBl. 1907, 411.
86) RGBl. II, 1939, 848.
87) Die in der Praxis weit verbreiteten zweispaltigen Urkunden (z. B. deutsch/spanisch) erfüllen diese Voraussetzung jedenfalls dann, wenn – was ratsam ist – allein die deutsche Sprachfassung als rechtsverbindlich bestimmt wird.

che bei Gericht eingereicht werden.[88] Für andere Dokumente, insbesondere für **Legitimationsnachweise** gilt dies jedoch nicht; ihre Einreichung als fremdsprachige Dokumente beim Handelsregister ist zulässig und entspricht allgemeiner Praxis.[89] Jedoch geschieht dies auf eigenes Risiko des Verwenders. Bei mangelnder Sprachkenntnis darf das Handelsregister entsprechend § 142 Abs. 3 ZPO Übersetzungen verlangen.[90] Dies gilt jedoch nie für eine Apostille. Diese ist immer in der Ausstellungssprache zu akzeptieren, wenn sie den Anforderungen des Haager Übereinkommens entspricht.[91]

53 Liegen entsprechende Sprachkenntnisse des Richters oder Rechtspflegers vor, darf und soll auf die Vorlage einer Übersetzung ins deutsche verzichtet werden.[92] Die Praxis der Registergerichte ist hier höchst uneinheitlich. Während die Handelsregister in den bedeutenderen Wirtschaftszentren in der Regel zumindest englischsprachige Dokumente problemlos akzeptieren, werden von kleineren Registern häufig sogar Übersetzungen von englischsprachigen Kleinst-Beglaubigungsvermerken angefordert – eine Vorgehensweise die den Anforderungen einer vernetzten Wirtschaftswelt mit Englisch als der modernen lingua franca nicht gerecht wird. Das OLG Schleswig[93] dämmt diese Un-Praxis zu Recht ein. Es postuliert, dass davon auszugehen ist, dass „nach ihrem Ausbildungsstand Rechtspfleger und Richter [...] jedenfalls einen wiederkehrenden und formelhaften englischen Text wie [einen] Beglaubigungsvermerk ohne fremde Hilfe übersetzen und verstehen können." Es müsse nachvollziehbar dargelegt werden, wenn dies im Einzelfall nicht der Fall sei.

54 Während englischsprachige Dokumente insgesamt eine stetig steigende Akzeptanz erfahren, ist dies bei anderssprachigen Dokumenten nur im Ausnahmefall so und sollte ggf. vorab geklärt werden.

55 Ist eine Übersetzung vorzulegen, hat das Registergericht diese zunächst nach pflichtgemäßem Ermessen zu überprüfen.[94] Für eine pauschale Anforderung

---

88) OLG Schleswig, DNotZ 2008, 709, 710 (m. Anm. *Apfelbaum*); OLG Zweibrücken, MittRhNotK 1999, 241, 242 (zum Grundbuchverfahren).
89) Vgl. etwa *Schaub* in: Ebenroth/Boujong/Strohn, HGB, Anh. § 12, Rz. 74; dagegen aber *Mödl*, RNotZ 2008, 1, 14.
90) *Schaub* in: Ebenroth/Boujong/Strohn, HGB, Anh. § 12, Rz. 74; vgl. aber auch die Hinweise zu OLG Schleswig, DNotZ 2008, 709, 710 sogleich.
91) Art. 4 Abs. 2 des Haager Übereinkommens zur die Befreiung ausländischer öffentlicher Urkunden von der Legalisation v. 5.10.1961.
92) OLG Dresden, DNotZ 2011, 51 (zum Grundbuchverfahren).
93) DNotZ 2008, 709, 709 (m. Anm. *Apfelbaum*); vgl. auch *Pfeiffer*, Rpfleger 2012, 240, 246 f. wonach die Kenntnis der englischen Sprache vorausgesetzt werden dürfe.
94) *Schaub* in: Ebenroth/Boujong/Joost/Strohn, HGB, Anh. § 12 Rz. 74 m. w. N.; vgl. auch *Armbrüster*, NJW 2011, 812, 813 f.

beglaubigter **Übersetzungen** ist kein Raum. Nur wenn nach einer Prüfung Zweifel an der Richtigkeit der Übersetzung bestehen, darf die Bescheinigung eines vereidigten Dolmetschers über die Richtigkeit und Vollständigkeit der Übersetzung verlangt werden. Mit der Bescheinigung gilt die Übersetzung als richtig und vollständig, § 142 Abs. 3 ZPO. Erfolgt die Übersetzung durch einen vereidigten ausländischen Übersetzer, stellt sich wieder die Frage des Echtheitsnachweises (insbesondere durch Legalisation oder Apostille). Hier gelten die unter Rz. 41 f. genannten Grundsätze; ein formeller Echtheitsnachweis darf nicht pauschal verlangt werden.[95]

Die praxisüblichen Übersetzungen kurzer Vermerke durch den (sprachkundigen) **deutschen Notar** sind vom Registergericht in aller Regel ohne weitere Echtheitsnachweise zu akzeptieren. Dies ist darin begründet, dass dem Notar im Beurkundungsrecht an mehreren Stellen Übersetzungsbefugnisse zugewiesen werden (§§ 16 und 50 BeurkG), wobei dem Notar als Träger eines öffentliches Amtes die pflichtgemäße Eigenbeurteilung seiner Sprachkenntnisse vorbehalten ist. Auch wenn außerhalb des konkret geregelten Bereichs nicht die gesetzliche Folge der Richtigkeitsvermutung greift, gilt doch auch bei sonstigen Übersetzungen[96] die Amtspflicht des § 14 BNotO. Eine notarielle Übersetzung trägt daher auch außerhalb des Bereichs der §§ 16 und 50 BeurkG eine erhöhte Richtigkeitsgewähr in sich. Die Anforderung einer weiteren (beglaubigten) Übersetzung ist in diesen Fällen ermessensfehlerhaft, wenn nicht besondere Gründe an der Richtigkeit der Notarübersetzung zweifeln lassen. 56

E. Zeitliche Beschränkungen

Da der Prozess der Beschaffung erforderlicher Nachweisunterlagen mühsam, teuer und langwierig sein kann, stellt sich die Frage, wie lange solche Dokumente verwendbar bleiben. Feste Grenzen gibt es nicht. In der Praxis werden Unterlagen, die älter als drei Monate sind, in Sonderkonstellationen auch älter,[97] meist nicht mehr akzeptiert. Soweit heute teilweise sogar noch engere Zeitgrenzen vertreten werden,[98] ist dies zumindest dann verfehlt, wenn für die betroffene Gesellschaft ein Nachweis nicht ohne weiteres durch ein elektronisch einsehbares Register geführt werden kann. 57

---

95) OLG Dresden, DNotZ 2011, 51, 52.
96) Es handelt sich um eine sonstige notarielle Betreuung i. S. des § 24 BNotO.
97) Eine Ausnahme gilt für China, wo die Business Licence nur einmal im Jahr aktualisiert wird, vgl. *Scheil* in: Süß/Wachter, Hdb. Int. GmbHR, S. 569.
98) *Pfeiffer*, Rpfleger 2012, 240, 243: 6 Wochen.

F. Praxisempfehlung: Dokumentenerstellung im Ausland durch Organmitglieder deutscher Gesellschaften

58 Die unter A.–G. dargestellten Grundsätze betreffen die Konstellation, dass für ausländische Gesellschaften Erklärungen mit Bezug auf Deutschland abgegeben werden. Sehr häufig ist jedoch auch die verwandte Konstellation, dass sich Organmitglieder deutscher Gesellschaften bzw. die Gesellschafter deutscher Gesellschaften im Ausland aufhalten und dort Dokumente unterzeichnet werden sollen, die alsdann in Deutschland Verwendung finden sollen.

59 Typische Beispielsfälle sind: Der Geschäftsführer einer deutschen GmbH, für die Vollmacht erteilt werden soll, befindet sich im Ausland; ein Kommanditist einer deutschen KG, für die eine Handelsregisteranmeldung unterzeichnet werden muss, befindet sich im Ausland; eine Übernahmeerklärung für durch Kapitalerhöhung neu geschaffene GmbH-Geschäftsanteile soll für eine deutsche AG unterzeichnet werden, der Vorstand befindet sich jedoch im Ausland.

60 In all diesen Konstellationen ist in einem **ersten Schritt** zunächst zu eruieren, ob das Dokument für die Verwendung in Deutschland als öffentlich beglaubigte[99] Urkunde erstellt werden muss (vgl. hierzu bei Rz. 39) oder soll. Eine freiwillige Beglaubigung ist zu Recht in der Praxis insbesondere bei Vollmachten weit verbreitet, da sie für den Bevollmächtigten wie auch die Gegenseite eine stark gesteigerte Verlässlichkeit der Vollmacht mit sich bringt.

61 Im **zweiten Schritt** ist sodann prüfen, wie das Erfordernis der öffentlichen Beglaubigung in dem Staat erfüllt werden kann, in welchen sich die zeichnungsberechtigte Person aufhält. Da die Gleichwertigkeit des Beglaubigungsverfahrens bis auf wenige Ausnahmen (vgl. hierzu bei Rz. 40) unterstellt werden kann, reicht hierzu in aller Regel eine Beglaubigung durch eine lokalen Notar ebenso aus, wie eine Beglaubigung durch eine deutsche konsularische Vertretung.

62 Die Überlegung, wie sicherzustellen ist, dass die derart hergestellte öffentliche Urkunde auch vor dem deutschen Handelsregister oder mit der Sache befassten Notar Anerkennung findet, stellt schließlich den **dritten Schritt** dar. Während kein grundsätzliches Authentifizierungserfordernis besteht (vgl. hierzu bei Rz. 41), wird in der Praxis doch so häufig darauf bestanden, dass – alleine um längeren Diskussionen aus dem Weg zu gehen – die entsprechende Authentifizierung von Anfang an beigebracht werden sollte. Die Urkunde ist also zu legalisieren oder eine Apostille ist beizubringen, sofern es sich nicht um Urkunden aus Belgien, Dänemark, Frankreich, Italien oder Österreich handelt (vgl. hierzu bei Rz. 50). Wird die Urkunde in einer deutschen Auslandsvertretung erstellt, so sind keine weiteren Nachweise erforderlich.

63 Die Führung des Vertretungsnachweises ist in diesen Konstellationen dagegen unproblematisch. Da es sich um deutsche Gesellschaften handelt, kann dieser

---

99) Zu den mit einer **Auslandsbeurkundung** verbundenen Sonderfragen, vgl. bei § 2 Rz. 241.

Teil I – Kapitel 1 Verfahren und Vertragspraxis

durch einen (ggfls. beglaubigten) Handelsregisterauszug oder durch Notarbescheinigung nach § 21 BNotO erbracht werden. Bei natürlichen Personen entfällt der Vertretungsnachweis ohnehin.

G. Ländergruppen[100]

I. Einstufiger Legitimationsnachweis

Für Gesellschaften aus den in nachfolgender (nicht abschließender) Tabelle aufgeführten Staaten kann ein voller Legitimationsnachweis – also sowohl für die Existenz der Gesellschaft als auch für die Vertretungsbefugnis der handelnden Personen – in der Regel durch ein öffentliches Register oder eine vergleichbare öffentliche Urkunde erbracht werden.

64

*Algerien[101]	*Belgien[102]	*Bosnien-Herzegowina[103]	*Brasilien[104]
*Bulgarien[105]	*Chile[106]	*China (außer HK)[107]	Dänemark[108]

---

100) Umfassende Übersichten über die von Gesellschaften aus den verschiedensten Ländern zu erbringenden Nachweise nebst Länderberichten finden sich u. a. bei: *Wegen/Spahlinger/Barth*, Gesellschaftsrecht des Auslands; *Hertel* in: Meikel/Hertel, GBO, Einl. L. Rz. 92 ff. (zum Grundbuchverfahren); *Hausmann* in: Reithmann/Martiny, Int. Vertragsrecht; *Spahlinger/Wegen* in: Spahlinger/Wegen, Int. GesR, Rz. 1105 ff.; *Süß/Heggen* in: Würzburger Notarhandbuch, S. 3025 ff.; *Zimmermann* in: Beck'sches Notarhandbuch, S. 1520 ff., sowie für Gesellschaften mit beschränkter Haftung in den Länderberichten bei *Süß/Wachter*, Hdb. Int. GmbHR. Hinweise zu Nachweismöglichkeiten für Gesellschaften gibt zudem der Gutachtendienst des Deutschen Notarinstituts in Würzburg (www.dnoti.de), der von jedem deutschen Notar in Anspruch genommen werden kann.
101) Vgl. *Hertel* in: Meikel/Hertel, GBO, Einl. L Rz. 94. Die Website des Centre National du Registre ist unter www.cnrc.org.dz erreichbar.
102) Vgl. *Krahe*, MittRhNotK 1987, 65, 71; *Süß/Heggen* in: Würzburger Notarhandbuch, S. 3031.
103) Vgl. *Hertel* in: Meikel/Hertel, GBO, Einl. L Rz. 102.
104) Vgl. *Hertel* in: Meikel/Hertel, GBO, Einl. L Rz. 103.
105) Vgl. *Hertel* in: Meikel/Hertel, GBO, Einl. L Rz. 105.
106) Vgl. *Hertel* in: Meikel/Hertel, GBO, Einl. L Rz. 107. Verbreitet sind auch Nachweiserbringungen wie in Common Law Staaten, insbesondere auch durch Bestätigung des Schriftführers, ggf. mit zusätzlichem Existenznachweis.
107) Vgl. *Hertel* in: Meikel/Hertel, GBO, Einl. L Rz. 108: Nachweis durch die Geschäftslizenz (engl: *Enterprise Corporation Business Licence*). Zu Hong Kong siehe bei Rz.
108) Vgl. *Schaub*, NZG 2000, 953, 959; *Hertel* in: Meikel/Hertel, GBO, Einl. L Rz. 109. Das Register für Kapitalgesellschaften ist über www.cvr.dk einsehbar. Bei Personengesellschaften erfolgt der Nachweis über die Gesellschaftsdokumente.

§ 3 Legitimationsnachweise

*Estland[109]	Finnland[110]	*Frankreich[111]	*Guatemala[112]
*Indonesien[113]	*Italien[114]	*Japan[115]	*Kolumbien[116]
*Korea (Süd)[117]	*Kroatien[118]	*Lettland[119]	Liechtenstein[120]
*Luxemburg[121]	Marokko[122]	*Mazedonien[123]	*Niederlande[124]

---

109) Vgl. *Hertel* in: Meikel/Hertel, GBO, Einl. L Rz. 110.
110) Vgl. *Hertel* in: Meikel/Hertel, GBO, Einl. L Rz. 111. Die Website des National Board of Patents and Registration of Finland, über welche Registerauszüge erhältlich sind, ist über virre.prh.fi erreichbar.
111) Vgl. *Krahe*, MittRhNotK 1987, 65, 73; *Hausmann* in: Reithmann/Martiny, Int. Vertragsrecht, Rz. 5269; *Schaub*; NZG 2000, 953, 960; *Hertel* in: Meikel/Hertel, GBO, Einl. L Rz. 112. Die Geschäftsführer (gérant) einer SARL sind stets einzelvertretungsbefugt, auch wenn mehrere bestellt sind (*Michalsky*, DStR 1991, 1563, 1565); die SA wird entweder alleine durch den président-directeur-général (bei monistischer Ausgestaltung der Gesellschaft) bzw. (bei dualistischer Ausgestaltung) allein durch den Vorstandsvorsitzenden (directeur général) vertreten (*Michalsky*, DStR 1991, 1563, 1568); die SAS wird durch ihren président vertreten (Art. L226-6 Code de Commerce Kap. VII).
112) Vgl. *Hertel* in: Meikel/Hertel, GBO, Einl. L Rz. 116.
113) Vgl. *Hertel* in: Meikel/Hertel, GBO, Einl. L Rz. 119.
114) Vgl. KG, FGPrax 2013, 10 (zum Grundbuchverfahren); *Hausmann* in: Reithmann/Martiny, Int. Vertragsrecht, Rz. 5278; *Hertel* in: Meikel/Hertel, GBO, Einl. L Rz. 116. Zugriff auf das registro delle imprese (Unternehmensregister) besteht unter www.registroimprese.it.
115) Ausführlich *Westhoff*, DNotZ 2013, 4 f. (mit Hinweis darauf, dass die Praxis der „Beglaubigung vom Hörensagen" durch einen Notar den deutschen Anforderungen an die Anerkennung ausländischer Beglaubigungen nicht genügt); vgl. auch *Hausmann* in: Reithmann/Martiny, Int. Vertragsrecht, Rz. 5328 und OLG München, RNotZ 2010, 350, 351: Weist der japanische Handelsregisterauszug mehrere Personen als vertretungsberechtigt aus, ist von Einzelvertretungsmacht auszugehen.
116) Vgl. *Hertel* in: Meikel/Hertel, GBO, Einl. L Rz. 126.
117) Vgl. *Hertel* in: Meikel/Hertel, GBO, Einl. L Rz. 127.
118) Vgl. *Hertel* in: Meikel/Hertel, GBO, Einl. L Rz. 128.
119) Vgl. *Hertel* in: Meikel/Hertel, GBO, Einl. L Rz. 129.
120) Vgl. *Hertel* in: Meikel/Hertel, GBO, Einl. L Rz. 130. Auszüge aus dem Öffentlichkeitsregister sind bestellbar über www.oera.li.
121) Vgl. *Hertel* in: Meikel/Hertel, GBO, Einl L Rz. 132. Das Registre de Commerce et des Sociétés ist unter www.rcsl.lu erreichbar.
122) Vgl. *Hertel* in: Meikel/Hertel, GBO, Einl. L Rz. 135. Das Handelsregister des Office Marocain de la Propriété Industrielle et Commerciale ist über www.directinfo.ma erreichbar.
123) Vgl. *Hertel* in: Meikel/Hertel, GBO, Einl. L Rz. 139.
124) Vgl. *Krahe*, MittRhNotK 1987, 65, 68; *Hausmann* in: Reithmann/Martiny, Int. Vertragsrecht, Rz. 5284; Meikel/Hertel, GBO, Einl. L Rz. 129. Handelsregisterauszüge sind über www.kvk.nl abrufbar. Niederländische Handelsregisterauszüge verweisen hinsichtlich der Details der Vertretungsregelungen gelegentlich auf die Satzung der Gesellschaft. In diesem Fall kann der Nachweis der konkreten Vertretungsbefugnis, wenn nicht alle im Handelsregister aufgeführten Personen handeln, nur durch Vorlage der entsprechenden Gesellschaftsdokumente oder eine Notarbescheinigung geführt werden.

Norwegen[125]	*Österreich[126]	*Peru[127]	*Polen[128]
*Portugal[129]	*Rumänien[130]	Schweden[131]	*Schweiz[132]
Serbien[133]	*Slowakei[134]	*Slowenien[135]	*Spanien[136]
Taiwan[137]	Thailand[138]	*Tschech. Rep.[139]	*Türkei[140]
*Ungarn[141]	*Vietnam[142]	Weißrussland[143]	

* = Lateinisches Notariat

Soweit die in den vorstehend aufgeführten Ländern bestellten Notare dem lateinischen Notariat angehören (dazu oben Rz. 27 – die entsprechenden Staaten sind in der vorstehenden Aufstellung mit „*" gekennzeichnet), kann ein Existenz- und Vertretungsnachweis auch durch eine **Notarbescheinigung** erbracht

65

---

125) Vgl. *Hertel* in: Meikel/Hertel, GBO, Einl. L Rz. 142.
126) Vgl. *Hausmann* in: Reithmann/Martiny, Int. Vertragsrecht, Rz. 5290; *Hertel* in: Meikel/Hertel, GBO, Einl. L Rz. 144. Firmenbuchauszüge sind über verschiedene private Verrechnungsstellen erhältlich. Eine Auflistung mit Links zu den entsprechenden Seiten findet sich auf der Website der österreichischen Justiz unter www.justiz.gv.at; dort unter „E-Government" und „Firmenbuch".
127) Vgl. *Hertel* in: Meikel/Hertel, GBO, Einl. L Rz. 146.
128) Vgl. *Hausmann* in: Reithmann/Martiny, Int. Vertragsrecht, Rz. 5298; *Hertel* in: Meikel/Hertel, GBO, Einl. L Rz. 147.
129) Vgl. *Hausmann* in: Reithmann/Martiny, Int. Vertragsrecht, Rz. 5304; *Hertel* in: Meikel/Hertel, GBO, Einl. L Rz. 148. Das Zentralregister ist online über www.irn.mj.pt erreichbar.
130) *Hertel* in: Meikel/Hertel, GBO, Einl. L Rz. 149.
131) *Hertel* in: Meikel/Hertel, GBO, Einl. L Rz. 151.
132) Vgl. *Hausmann* in: Reithmann/Martiny, Int. Vertragsrecht, Rz. 5357; *Hertel* in: Meikel/Hertel, GBO, Einl. L Rz. 152. Die Zentralstelle der schweizerischen Handelsregister ist unter www.zefix.admin.ch erreichbar, mit Links zu den 26 kantonalen Registern, bei denen auch beglaubigte Handelsregisterauszüge bestellt werden können.
133) Vgl. *Hertel* in: Meikel/Hertel, GBO, Einl. L Rz. 153.
134) Vgl. *Hertel* in: Meikel/Hertel, GBO, Einl. L Rz. 156. Das slowakische Handelsregister ist unter www.orsr.sk erreichbar.
135) Vgl. *Hertel* in: Meikel/Hertel, GBO, Einl. L Rz. 157.
136) Vgl. *Hausmann* in: Reithmann/Martiny, Int. Vertragsrecht, Rz. 5311; *Hertel* in: Meikel/Hertel, GBO, Einl. L Rz. 158. Das zentrale Register ist unter www.rmc.es erreichbar.
137) Vgl. *Hertel* in: Meikel/Hertel, GBO, Einl. L Rz. 160.
138) Vgl. *Hertel* in: Meikel/Hertel, GBO, Einl. L Rz. 162.
139) Vgl. *Hausmann* in: Reithmann/Martiny, Int. Vertragsrecht, Rz. 5317; *Hertel* in: Meikel/Hertel, GBO, Einl. L Rz. 163. Das tschechische Handelsregister ist unter www.justice.cz erreichbar.
140) Vgl. *Hertel* in: Meikel/Hertel, GBO, Einl. L Rz. 164.
141) Vgl. *Hausmann* in: Reithmann/Martiny, Int. Vertragsrecht, Rz. 5325; *Hertel* in: Meikel/Hertel, GBO, Einl. L Rz. 166.
142) Vgl. *Hertel* in: Meikel/Hertel, GBO, Einl. L Rz. 170.
143) Vgl. *Hertel* in: Meikel/Hertel, GBO, Einl. L Rz. 171.

werden, soweit die lokalen Notare eine solche ausstellen. Das bietet sich immer dann an, wenn auf Grund einer Vollmacht gehandelt werden soll oder die Einzelvertretungsmacht konkret handelnder Personen sich nicht aus dem Register ergibt.

II. Mehrstufiger Nachweis, insbesondere in Common-Law-Rechtsordnungen

66 In einer Vielzahl von Staaten – vgl. die in nachstehender (nicht abschließender) Tabelle aufgeführten – erfolgt der volle Legitimationsnachweis mehrstufig. Dies gilt insbesondere in **Common Law Staaten.** In diesen wird die **Existenz** regelmäßig durch ein sog. *certificate of incorporation* bzw. (insbesondere bei älteren Gesellschaften) durch ein *certificate of good standing* (auch: *certificate of registration, certificate of status*) nachgewiesen. Diese Bescheinigungen werden in der Regel durch eine staatliche Stelle ausgestellt. Der Nachweis der **konkreten Vertretungsmacht** erfolgt dann entweder durch unmittelbare Vorlage von Gesellschaftsunterlagen, insbesondere Beschlüssen, oder – und dies ist in der Praxis der Regelfall – durch Vorlage einer Bescheinigung eines Gesellschaftsorgans (Secretary's Certificate, vgl. oben Rz. 34). In der neueren Praxis enthalten die Bescheinigungen des *company secretary* häufig auch Ausführungen zur Existenz der Gesellschaft[144], so dass es im Ermessen des Handelsregisters bzw. Notars steht, auf die Vorlage des gesonderten erststufigen Existenznachweises zu verzichten. Für Gesellschaften aus den mit „*" gekennzeichneten Staaten kann ein Legitimationsnachweis auch durch Notarbescheinigung erbracht werden. Für Gesellschaften aus Common-Law Staaten werden Legitimationsnachweise häufig auch durch Londoner Scrivener Notaries erteilt.

Argentinien[145]	*Australien[146]	*Bahamas[147]	*Barbados[148]
*Bermuda[149]	*Belize	*Brit. Jungferninseln[150]	*Gibraltar[151]

---

144) So auch das Muster bei *Rawert* in: Beck'sches Formularbuch, BHW, I. 47.
145) Vgl. *Hertel* in: Meikel/Hertel, GBO, Einl. L Rz. 95: Existenznachweis durch Handelsregisterauszug, (konkreter) Vertretungsnachweis durch Vorlage des Gesellschaftsvertrages bzw. Gesellschafterbeschlusses. Vertretungsnachweise können auch durch argentinische Notare (die dem lateinischen Notariat angehören) erstellt werden.
146) Vgl. *Hertel* in: Meikel/Hertel, GBO, Einl. L Rz. 96 (Nachw. entspr. UK).
147) Vgl. *Hertel* in: Meikel/Hertel, GBO, Einl. L Rz. 97 (Nachw. entspr. UK, wobei an die Stelle des Secretary der Registered Agent tritt).
148) Vgl. *Hertel* in: Meikel/Hertel, GBO, Einl. L Rz. 98 (Nachw. entspr. UK).
149) Vgl. *Hertel* in: Meikel/Hertel, GBO, Einl. L Rz. 100 (Nachw. entspr. UK).
150) Vgl. *Hertel* in: Meikel/Hertel, GBO, Einl. L Rz. 104 (Nachw. entspr. UK).
151) Vgl. *Hertel* in: Meikel/Hertel, GBO, Einl. L Rz. 113 (Nachw. entspr. UK).

**Griechenland[152]	*Hongkong[153]	*Indien[154]	*Irland[155]
*Israel[156]	*Kaimaninseln[157]	*Kanada[158]	*Kanalinseln (Guernsey, Jersey, Sark)[159]
*Malaysia[160]	*Malta[161]	*Russland[162]	*Seychellen[163]
*Singapur[164]	*Südafrika[165]	*Ukraine[166]	Uruguay[167]

---

152) Vgl. *Ziouvas* in: Süß/Wachter, Hdb. Int. GmbHR, S. 569; *Hertel* in: Meikel/Hertel, GBO, Einl. L Rz. 137: Nachweis durch gerichtlich beglaubigte Satzungsabschrift nebst Bestellungsbeschlüssen.
153) Vgl. *Hertel* in: Meikel/Hertel, GBO, Einl. L Rz. 117 (Nachw. entspr. UK.)
154) Vgl. *Hertel* in: Meikel/Hertel, GBO, Einl. L Rz. 118 (Nachw. entspr. UK).
155) Vgl. *Hertel* in: Meikel/Hertel, GBO, Einl. L Rz. 129 (Nachw. grds. entspr. UK, wobei die Existenz der Gesellschaft durch einen Handelsregisterauszug des Companies Registration Office – www.cro.ie – nachgewiesen werden kann. Dieser gibt jedoch keine verlässliche Auskunft zu den vertretungsberechtigten Personen).
156) Vgl. *Hertel* in: Meikel/Hertel, GBO, Einl. L Rz. 121 (Existenznachweis durch Handelsregisterauszug, konkreter Vertretungsnachweis durch notarielle Bescheinigung).
157) Vgl. *Hertel* in: Meikel/Hertel, GBO, Einl. L Rz. 124 (Nachw. entspr. UK).
158) Vgl. *Hausmann* in: Reithmann/Martiny, Int. Vertragsrecht, Rz. 5335 f. (Nachweis grds. wie im Vereinigten Königreich). Für Gesellschaften aus **Quebec** kann ein Nachweis ferner durch dortige Notare, die dem lateinischen Notariat angehören, erbracht werden.
159) Vgl. *Hertel* in: Meikel/Hertel, GBO, Einl. L Rz. 125 (Nachw. entspr. UK).
160) Vgl. *Hertel* in: Meikel/Hertel, GBO, Einl. L Rz. 133 (Nachw. entspr. UK).
161) Vgl. *Hertel* in: Meikel/Hertel, GBO, Einl. L Rz. 134 (Nachw. grds. entspr. UK. Das Certificate of Registration weist auch die aktuell bestellten Direktoren aus; wenn nur einzelne handeln, erbringt des Secretary's Certificate den Nachweis der konkreten Vertretungsbefugnis).
162) Vgl. *Hausmann* in: Reithmann/Martiny, Int. Vertragsrecht, Rz. 5351 und *Hertel* in: Meikel/Hertel, GBO, Einl. L Rz. 150: Existenznachweis durch Bescheinigung des Staatlichen Registers Juristischer Personen, Nachweis der konkreten Vertretungsbefugnis durch Einsicht in die Gesellschaftsdokumente (Gründungsdokument und nachfolgende Beschlüsse). Da russische Notare zum lateinischen Notariat gehören, kann der Legitimationsnachweis auch durch Bescheinigung eines russischen Notars erbracht werden.
163) Vgl. *Hertel* in: Meikel/Hertel, GBO, Einl. L Rz. 154 (Nachw. grds. entspr. UK, wobei an die Stelle des Secretary der Registered Agent treten kann).
164) Vgl. *Hertel* in: Meikel/Hertel, GBO, Einl. L Rz. 155 (Nachw. grds. entspr. UK; die Zusammensetzung der Direktoren ergibt sich aber auch aus dem Handelsregisterauszug (ausgestellt von der Accounting and Regulatory Authority, so dass dieses zum Nachweis ausreicht, wenn alle Direktoren handeln).
165) Vgl. *Hertel* in: Meikel/Hertel, GBO, Einl. L Rz. 159 (Existenznachweis durch das Founding Statement, ausgestellt vom Companies and Intellectual Property Registration Office; konkreter Vertretungsnachweis durch Secretary's Certificate).
166) Vgl. *Hertel* in: Meikel/Hertel, GBO, Einl. L Rz. 165 (Nachw. grds. wie in Russland).
167) Vgl. *Hertel* in: Meikel/Hertel, GBO, Einl. L Rz. 167 (Nachw. wie in Argentinien).

§ 3 Legitimationsnachweise

*USA[168)]	*Vereinigtes Königreich[169)]	*Zypern[170)]	

* = Common Law-Rechtsordnungen
** = Lateinisches Notariat

---

168) Vgl. ausführlich *Fischer*, ZNotP 1999, 352 f.; ferner *Schaub*, NZG 2000, 953, 963 f.; *Hertel* in: Meikel/Hertel, GBO, Einl. L Rz. 168; *Hausmann* in Reithmann/Martiny, Int. Vertragsrecht, Rz. 5351: Existenznachweis durch Certificate of Incorporation (bei jungen Gesellschaften) bzw. Certificate of Good Standing (teilweise auch als Certificate of Status vereinheitlicht), die in der Regel durch den Secretary of State des jeweiligen US-Bundesstaats ausgestellt werden. Der Nachweis der konkreten Vertretungsmacht erfolgt idR durch eine Bescheinigung des *company secretary* (Muster bei *Rawert* in: Beck'sches Formularbuch BHW, I. 47; *Fischer*, ZNotP 1999, 352, 356 und *Hausmann* in: Reithmann/Martiny, Int. Vertragsrecht, Rz. 5351).

169) Ausführlich *Heinz*, ZNotP 2000, 410; *Langhein*, NZG 2001, 1123, vgl. auch *Hausmann* in: Reithmann/Martiny, Int. Vertragsrecht, Rz. 526; *Hertel* in: Meikel/Hertel, GBO, Einl. L Rz. 115. Die Existenz wird nachgewiesen durch einen Auszug aus dem Companies House (www.companieshouse.gov.uk) oder eine Bescheinigung des Registrar of Companies. Handeln alle dort als Direktoren aufgeführten Personen genügt dies als Vertretungsnachweis, ansonsten wird die Vertretungsbefugnis durch ein Secretary's Certificate nachgewiesen. Anerkannt sind ferner Bescheinigungen der **Scrivener Notaries** der City of London, die dem lateinischen Notariat angehören.

170) Vgl. *Hertel* in: Meikel/Hertel, GBO, Einl. L Rz. 172 (Nachweis durch Handelsregisterauszug, aus dem sich die konkrete Vertretungsbefugnis jedoch nicht ergibt, so dass ggf. zusätzlich – wenn nicht alle aufgeführten Direktoren handeln – ein Secretary's Certificate erforderlich ist.).

§ 4 Anglo-Amerikanisierung der Vertragspraxis

Übersicht

A. Grundlagen und Perspektiven 1
I. Ursachen 1
 1. Hoher Anteil anglo-amerikanischer Vertragspartner 2
 2. Einfluss internationaler Finanzmärkte 3
 3. Schwache Rolle der Rechtsdogmatik 4
 4. Vernachlässigung des Unternehmenskaufs im kontinentalen Recht 5
 5. Bedeutung der englischen Sprache 7
 6. Internationale Dominanz der anglo-amerikanischen Juristenausbildung 8
 7. Reduktion von Beratungskosten 9
 8. Ausblick auf die Zukunft der Anglo-Amerikanisierung 10
II. Konsequenzen 11
 1. Branchenabhängiger Einfluss 11
 2. Einfluss auf den gesamten Vertrag 12
 3. Reaktionen auf die Anglo-Amerikanisierung 14
III. Weitere Entwicklung: Internationalisierung und Privatisierung der Vertragspraxis 16
 1. Befund 16
 2. Die neue Qualität 18

B. Phänomenologie 20
I. Vorbemerkung 20
II. Einzelheiten 24
 1. Einzelfallgeleitetes Case Law ... 25
 2. Vertragsaufbau 26
  a) Präambel 28
  b) Definitionen 30
  c) Überschriften 34
  d) Länge und Ausführlichkeit 35
 3. Auslegung und Sprache 42
  a) Kryptischer Charakter des Common Law of contracts 42
  b) Auslegungsgrundsätze 43
  c) Juristensprache 46
 4. Beschreibung des Vertragsgegenstands 47
 5. Representations and Warranties 49
 6. Closing 50
 7. Nebenpflichten 51
 8. Schadensersatz als grundsätzlich einziger Rechtsbehelf 52
 9. Vermeidung von Prozessen 53
 10. Fazit 54
III. Zum Verfahren der Vertragsverhandlungen 55
 1. Rolle der Rechtsberater 55
 2. Zusammenarbeit mit ausländischen Juristen 62

Literatur: *Ansay*, Vertragspraxis des Unternehmenskaufs im deutsch-türkischen Rechtsvergleich, Diss. Hamburg, 2011; *Bachmann*, Private Ordnung, 2006; *BaFin*, Tätigkeitsbericht 2008; *Basedow*, Das BGB im künftigen europäischen Privatrecht: Der hybride Kodex, AcP 200 (2000), 445; *Beinert/Burmeister/Tries*, Mergers and Acquisitions in Germany, 2009; *Berger*, The Creeping Codification of the lex Mercatoria, 1999; *Berger*, Formalisierte oder „schleichende" Kodifizierung des transnationalen Wirtschaftsrechts – Zu den methodischen und praktischen Grundlagen der lex mercatoria, 1996; *Berger*, Lex mercatoria in der internationalen Wirtschaftsgerichtsbarkeit: Der Fall „Compania Valenciana", IPRax 1993, 281; *Berger/Filgut*, Material-Adverse-Change-Klauseln in Wertpapiererwerbs- und Übernahmeangeboten, WM 2005, 253; *Bischoff*, Vorfeldvereinbarungen im deutsch-amerikanischen Rechtsverkehr, RIW 2002, 609; *Blaurock*, Übernationales Recht des Internationalen Handels, ZEuP 1993, 247; *Bullinger*, Von presseferner zu pressenaher Rundfunkfreiheit, JZ 2006, 1137; *Burgi*, Kommunales Privatisierungsfolgenrecht: Vergabe, Regulierung und Finanzierung, NVwZ 2001, 601; *Callies*, Grenzüberschreitende Verbraucherverträge, 2006; *Dauner-Lieb*, Auf dem Weg zu einem europäischen Schuldrecht?, NJW 2004, 1431; *Dauner-Lieb/Thiessen*, Garantiebeschränkungen in Unternehmenskaufverträgen nach der Schuldrechtsreform, ZIP 2002, 108; *David*, Why are Institutions the „Carriers of History"?: Path dependence and the evolution of conventions, organizations and institutions, Structural Change and Economic Dynamics 5 (1994), 205; *David*, Clio and the Economics of QWERTY, Am. Econ. Rev. 75 (1985), 332; *De Foucaud*, Civil Law and Common Law in Paris as in New York, Int. Bus. Law. 25 (1997), 15; *Döser*, Einführung in die Gestaltung internationaler Wirtschaftsverträge, JuS 2001, 40; *Döser*, Anglo-Amerikanische Vertragsstrukturen in deutschen Vertriebs-, Lizenz und sonstigen Vertikalverträgen, NJW 2000, 1451; *Döser*, Einführung in die Gestaltung internationaler Wirtschaftsverträge, JuS 2000, 246; *Drolshammer*, A Timely Turn to the Lawyer? – Globalisierung und die Anglo-Amerikanisierung von Recht und Rechtsberufen – Essays, Zürich/St. Gallen 2009; *Ebke/Elsing/Großfeld/Kühne*, Das deutsche Wirtschaftsrecht unter dem Einfluss des US-amerikanischen Rechts, 2011, 101 (zit.: *Bearbeiter* in: Ebke/Elsing/Großfeld/Kühne); *Ehring*, Die Due Diligence im Spannungsverhältnis zwischen kaufrechtlichem Haftungssystem und vertraglicher Gestaltung, 2010; *Eidenmüller*, Rechtskauf und Unternehmenskauf, ZGS 2002, 290; *Elfring*, Legal Due Diligence Reports, JuS-Beilage 5/2007, S. 3; *Elsing*, Konflikte der Rechtskulturen bei der Beilegung internationaler Streitfälle, ZVglRWiss 106 (2007), 123; *Elsing*, Internationale Schiedsgerichte als Mittler zwischen den prozessualen Rechtskulturen, BB-Beilage 7 zu Heft 46/2002, 19; *Evans*, Due Diligence: The English Way, ICCLR 1995, 195; *Faust*, Garantie und Haftungsbeschränkung in § 444 BGB, ZGS 2002, 271; *Farnsworth*, On Contracts, 4. Aufl., 2004; *Flessner*, Rechtsvergleichung durch Rechtswissenschaft und Juristenausbildung, RabelsZ 56 (1992), 243; *Garner*, On Language and Writing, 2009; *Garner/Newman/Jackson*, The Redbook – A Manual on Legal Style, 2002; *Gaul*, Schuldrechtsmodernisierung und Unternehmenskauf, ZHR 166 (2002), 35; *Gronsted/Jörgens*, Die Gewährleistungshaftung bei Unternehmensverkäufen nach dem neuen Schuldrecht, ZIP 2002, 52; *Guest*, Chitty on Contracts, 31. Aufl., 2012 (zit.: *Bearbeiter* in: Guest); *Hasenauer*, Internationalisierung der Vertragskultur an Hand von Unternehmenskauf- und Finanzierungsverträgen, Eu. Rev. Private L. 20 (2012) Nr. 3, 711; *Hassel*, Der Einfluss der Due Diligence auf die Verkäuferhaftung beim Unternehmens- und Beteiligungskauf, Diss., Hamburg 2009; *von Hein*, Die Rezeption US-amerikanischen Gesellschaftsrechts in Deutschland, 2008; *Hellwig*, Zum Einfluss der Globalisierung auf das Recht und auf das Verhalten von Beratern und Organen von Unternehmen, in: Festschrift Horn, 2006, S. 377; *von Heydebreck*, Bedeutung anglo-amerikanischer Vertragswerke für die Kreditwirtschaft, WM 1999, 1760; *Honsell*, Amerikanische Rechtskultur, in: Festschrift Zäch, 1999, S. 39; *Huber*, Anspruch und Ausgleich – Theorie einer Vorteils- und Nachteilsausgleichung im Schuldrecht, AcP 201 (2001), 102; *Jaeger*, Williston on Contracts, Vol. 4, St. Paul MN 4. Aufl., Stand: 7/2013; *Jahn*, Der Letter of Intent, 2000; *Kahn-Freud*, On uses and misuses of comparative law, Modern L. Rev. 37 (1974), 1; *Kessel*, Grundlagen vertraglicher Gewährleistungsgestaltungen beim Erwerb von „shares" in England, RIW 1997, 285; *Köhler*, Cross Border Leasing: Nutzen und Gefahren für die Kommune, in: Der bayerische Bürgermeister 2003, 377; *Köndgen*, Privatisierung des Rechts, AcP 206 (2006), 477; *Koenig/Müller*, Der strafrechtliche Subventionstatbestand des § 264 VII StGB am Beispiel langfristiger staatlicher Ausfuhrgewährleistungen (sog. Hermes-Deckungen), NStZ 2005, 607; *Kötz*, Der Einfluss des Common Law auf die internationale Vertragspraxis, in: Festschrift Heldrich, 2005, S. 771; *Kondring*, „Der Vertrag ist das Recht der Parteien" – Zur Verwirklichung des Parteiwillens durch nachträgliche Teilrechtswahl, IPRax 2006, 425; *Kramer*, Internationale, europäische und schweizerische Perspektiven des Vertragsrechts, JBl. 2012, 750; *Krümmel*, Internationaler Rechtsverkehr – Mitteilungsblatt der Arbeitsgemeinschaft für Internationalen Rechtsverkehr im Deutschen Anwaltverein, 2 (2007), 41; *Kübler*, Die einheitliche Leitung paritätischer fusionsähnlicher Unternehmensverbindungen („dual headed structures"), 2005; *Kunz*, Amerikanisierung, Europäisierung sowie Internationalisierung im schweizerischen (Wirtschafts-)Recht, recht 2012, 37; *Langbein*, Comparative Civil Procedure and the Style of Complex Contracts, Am. Jur. Comp. L. 35 (1987), 381; *Langbein*, Zivilprozessvergleich und der Stil komplexer Vertragswerke, ZVglRWiss 86 (1987), 141; *Lange*, „Material Adverse Effect" und „Material Adverse Change"-Klauseln in amerikanischen Unternehmenskaufverträgen, NZG 2005, 454; *Laudenklos/Pegatzky*, US-Leasingfinanzierungen – innovative Finanzierungsformen oder zweifelhafte Geschäfte?, NVwZ 2002, 1299; *Lehne*, Auf dem Weg zu einem Europäischen Vertragsrecht, ZEuP 2007, 1; *Liekefett*, Due Diligence bei M&A-Transaktionen, 2005; *Lorenz*, Das deutsche materielle Recht des Unternehmenskaufs nach der Schuldrechtsreform, 2003; *Lundmark*, Common law-Vereinbarungen – Wortreiche Verträge, RIW 2001, 187; *Lutter*, Der Letter of Intent, 3. Aufl., 1998; *Martinek*, Moderne Vertragstypen, Bd. I: Leasing und Factoring, 1991, Bd. II: Franchising, Know-how-Verträge, Management und Consulting-Verträge, 1992, Bd. III: Computerverträge, Kreditkartenverträge, Poolverträge, Joint-Venture-Verträge, Turnkey-Verträge, Timesharing-Verträge, Just-in-time-Verträge, 1994 (zit.: Moderne Vertragstypen); *Massumi*, Quo vadis – Unternehmenskaufverträge? Unternehmenskaufverträge nach der Deutschen Schuldrechtsreform – Annäherung an angloamerikanische Unternehmenskaufverträge?, 2008; *Mattli/Büthe*, Global Private Governance: Lessons from a National Model of Setting Standards in Accounting, Law & Contemp. Probs. 68 (2005), 225; *McCloskey*, Recognizing Verbal Clutter: Four Steps to Shorter Documents, NYSBA Journal, November 1998, 8; *McMeel*, The Construction of Contracts, 2. Aufl., 2011; *Meder*, Die Krise des Nationalstaates und ihre Folgen für das Kodifikationsprinzip, JZ 2006, 477; *Mellinkoff*, The Language of the Law, Boston 1963; *Merkt*, Angloamerikanisierung und Privatisierung der Vertragspraxis versus Europäisches Vertragsrecht, ZHR 171 (2007), 490; *Merkt*, Grundsatz- und Praxisprobleme der Amerikanisierungstendenzen im Recht des Unternehmenskaufs, in: Festschrift Sandrock, 2000, S. 657; *Merkt*, Rechtliche Bedeutung der „due diligence" beim Unternehmenskauf, WiB 1996, 145; *Merkt*, Due Diligence und Gewährleistung beim Unternehmenskauf, BB 1995, 1041; *Michaels/Jansen*, Private Law and the State, RabelsZ 71 (2007), 345; *Müller*, Unternehmenskauf, Garantie und Schuldrechtsreform – ein Sturm im Wasserglas?, NJW 2002, 1026; *Neate*, Mystification of the Law, Int. Bus. Law. 25 (1997), 5; *Nelken/Feest*, Adapting Legal Cultures, 2001 (zit.: Bearbeiter in: Nelken/Feest); *Nelson/ Winter*, An Evolutionary Theory of Economic Change, Cambridge MA, 5. Aufl., 1995; *Niepel/Niepel*, Aufbau und Risiken des kommunalen Lease-in/Lease-out in Deutschland – Beratungsbedarf durch rechts- und steuerberatende Berufe, DStR 2002, 601; *North*, Institutions, Institutional Change and Economic Performance, Cambridge 1990; *Peters*, Privatisierung, Globalisierung und die Resistenz des Verfassungsstaates, ARSP-B Nr. 105 (2006), 100; *Picot/Duggal*, Unternehmenskauf: Schutz vor wesentlich nachteiligen Veränderungen der Grundlagen der Transaktion durch sog. MAC-Klauseln, DB 2003, 2635; *Pierson*, Increasing Returns, Path Dependence, and Study of Politics, Am. Pol. Rev. 94 (2000), 251; *Priester*, Drag along- und Call-Option-Klauseln in der GmbH-Satzung, in: Festschrift für Klaus J. Hopt, Bd. 1, 2010, 1139; *Quaas*, Aktuelle Rechtsfragen des Benutzungsgebührenrechts unter besonderer Berücksichtigung der Privatisierung kommunaler Infrastruktureinrichtungen, NVwZ 2002, 144; *Rezori*, Die Ausführlichkeit U.S.-amerikanischer Vertragsgestaltung im Vergleich zu Deutschland, 2004; *Sandrock*, Über das Ansehen des deutschen Zivilrechts in der Welt, ZVglRWiss 100 (2001), 3; *Schlößer*, Material Adverse Change-Klauseln in US-amerikanischen Unternehmenskaufverträgen, RIW 2006, 889; *Schmidt*, Cross-Border Mergers and Corporate Governance – An Empirical Analysis from 1988 to 1999, Betriebswirtschaftliche Diskussionsbeiträge, Beitrag Nr. 36/99, Martin-Luther-Universität Halle-Wittenberg, 1999; *Seeger*, Contractual Trust Arrangements auf dem Prüfstand, DB 2007, 697; *Seibt/Raschke/Reiche*, Rechtsfragen der Haftungsbegrenzung bei Garantien (§ 444 BGB n. F.) und M&A-Transaktionen, NZG 2002, 256; *Selbherr*, Buchbesprechung Beck'sches Formularbuch Bürgerliches, Handels- und Wirtschaftsrecht, Mitt.Bay.Not 2013, 295; *Smeets/Schwarz/Sander*, Ausgewählte Risiken und Probleme bei US-Leasingfinanzierungen, NVwZ 2003, 1061; *Stein*, Lex Mercatoria – Realität und Theorie, 1995; *Stürner*, Die Rezeption US-amerikanischen Rechts in der Bundesrepublik Deutschland, in: Festschrift Rebmann, 1989, S. 839; *Thiessen*, Garantierte Rechtssicherheit beim Unternehmenskauf?, ZRP 2003, 272; *Triebel*, Angloamerikanischer Einfluss auf Unternehmenskaufverträge in Deutschland – eine Gefahr für die Rechtsklarheit?, RIW 1998, 1; *Triebel/Hölzle*, Schuldrechtsreform und Unternehmenskaufverträge, BB 2002, 521; *Triebel/Hodgson/Kellenter/Müller*, Englisches Handels- und Wirtschaftsrecht, 3. Aufl., 2012 (zit.: *Bearbeiter* in: Triebel/Hodgson/Kellenter/Müller); *Vogt*, Amerikanisierung des Rechts, Antrittsvorlesung an der Rechtswissenschaftlichen Fakultät der Universität Zürich, 28.6.2004, im Internet abrufbar unter www.rwi.uzh.ch/lehreforschung/alphabetisch/vogt/publikationen/Text_Antrittsvorlesung.pdf; *Vogt*, Die Due Diligence – ein zentrales Element bei der Durchführung von Mergers & Acquisitions, DStR 2001, 2027; *Watt*, Propos liminaires sur le prestige du modèle américain, Arch. phil. du droit 45 (2001); *von Westphalen*, Von den Vorzügen des deutschen Rechts gegenüber anglo-amerikanischen Vertragsmustern, ZVglRWiss 102 (2003), 53; *von Westphalen*, Der Leasingvertrag, 6. Aufl., 2008; *von Westphalen*, Ein Stein des Anstoßes: § 444 BGB n. F., ZIP 2001, 2107; *Wiegand*, Jahrbuch Junger Zivilrechtswissenschaftler 1998; *Wiegand*, The Reception of American Law in Europe, Am. Jur. Comp. L. 39 (1991), 229; *Wiegand*, Die Rezeption Amerikanischen Rechts, in: Festgabe zum Schweizerischen Juristentag, 1988, S. 229; *Wolf/Kaiser*, Die Mängelhaftung beim Unternehmenskauf nach neuem Recht, DB 2002, 411; *Zimmermann*, Globalisierung und Entstaatlichung von Recht, 2008.

A. Grundlagen und Perspektiven

I. Ursachen

1 Bekanntlich hat die anglo-amerikanische Vertragspraxis weit über die Grenzen Englands und der USA hinaus ganz erhebliche praktische Bedeutung für den Bereich der Verträge zwischen Unternehmen erlangt.[1] Dafür hat sich inzwischen der Begriff der Amerikanisierung bzw. der Anglo-Amerikanisierung eingebürgert.[2] Über die Wege und die Mechanismen dieser Beeinflussung ist gerade in jüngerer Zeit viel geschrieben worden. In der Wissenschaft beschäftigt man sich vor allem mit – leicht modehaft anmutenden – Fragen der Typisierung. Manche Differenzierung zwischen Rezeption (noch unterschieden zwischen formeller und informeller), Konvergenz, Assimilation, Adaption, Transposition, Transplantation (neudeutsch: *legal transplants*) erscheint recht artifiziell.[3] Interessanter ist gewiss die Frage nach dem Grund dieser Entwicklung. Hier lassen sich im Bereich des Unternehmensrechts und insbesondere beim Unternehmenskauf unterschiedliche Ursachen nennen:[4]

---

1) Hierzu und zum Folgenden *Sandrock*, ZVglRWiss 100 (2001), 3; *Merkt*, ZHR 171 (2007), 490; *Elsing*, ZVglRWiss 106 (2007), 123; *Hentzen* in: Ebke/Elsing/Großfeld/Kühne, S. 101; aus Schweizer Sicht: *Wiegand*, Jahrbuch Junger Zivilrechtswissenschaftler, 1998, S. 9, 14 ff.; *Kunz*, recht 2012, 37, 44 ff. *Vogt*, Amerikanisierung des Rechts, passim; sowie die Beiträge in *Drolshammer*, passim; aus österreichischer Sicht: *Hasenauer*, Eu.Rev. Private L. 20 (2012) Nr. 3, 711 ff.
2) S. etwa *Triebel*, RIW 1998, 1 ff.; *Hoffmann-Becking/Rawert* in: Beck'sches Formularbuch BHW, Vorwort; *Kramer*, JBl. 2012, 750, 751; *Selbherr*, Mitt.Bay.Not. 2013, 295; *Hassel*, S. 28.
3) Überblick bei *Kunz*, recht 2012, 37, 39.
4) Allgemein zu den Ursachen der Rezeption US-amerikanischen Unternehmensrechts *v. Hein*, S. 287 ff.; speziell zu den Ursachen im Bereich des Unternehmenskaufs *Massumi*, S. 75 ff.

1. Hoher Anteil anglo-amerikanischer Vertragspartner

Besonders für den Unternehmenskauf, aber natürlich auch sonst für Verträge zwischen Unternehmen, gilt, dass unter den ausländischen Vertragspartnern der Anteil US-amerikanischer und britischer Unternehmen besonders groß ist.[5] Bei der Durchsetzung eigener Vorstellungen kommt ihnen dabei der Gewohnheitsgrundsatz zugute, dass der Käufer berechtigt ist, den ersten Vertragsentwurf vorzulegen.[6] Englische oder US-amerikanische Kaufinteressenten senden zudem nicht selten Investmentbanker als Emissäre voraus, die den Verhandlungs- und Vertragsboden nach ihren anglo-amerikanischen Vorstellungen vorbereiten.[7]

2. Einfluss internationaler Finanzmärkte

An zweiter Stelle zu nennen ist der Einfluss der internationalen Finanzmärkte.[8] Dieser Einfluss ergibt sich schlicht daraus, dass Verträge zwischen Unternehmen in der Regel finanziert werden müssen, sei es durch Bankkredite, sei es durch Schuldverschreibungen. Ab einer bestimmten Größenordnung kann dieser **Finanzierungsbedarf nur auf den internationalen Märkten** gedeckt werden, und d. h. in erster Linie in London oder New York. Die Anforderungen der dortigen Märkte und Marktteilnehmer beeinflussen naturgemäß auch die Gestaltung der finanzierten Verträge. Nicht zuletzt erwarten diese Marktteilnehmer, dass das Vertragswerk bestimmten, ihnen vertrauten Regeln und Gepflogenheiten folgt. Nur bei Einhaltung dieser Standards lässt sich der Finanzierungsbedarf am Markt decken.[9]

3. Schwache Rolle der Rechtsdogmatik

Indessen wäre es gewiss zu einfach, wenn man das offensichtliche Vordringen der anglo-amerikanischen Vertragspraxis allein mit der Marktmacht erklären wollte, die seinen Protagonisten zur Verfügung steht. Auch ganz unabhängig von solchen exogenen Einflüssen weist das **anglo-amerikanische Recht** gegenüber den Zivilrechtsordnungen des Kontinents **Wettbewerbsvorteile** auf.

---

5) Statistisch lässt sich dies naturgemäß kaum erfassen. Immerhin ergibt sich aus dem Tätigkeitsbericht der BaFin für das Jahr 2007, dass im Zeitraum von 2003 bis Mai 2007 die mit Abstand größte Gruppe von Bietergesellschaften entweder ihren eigenen Sitz oder den Sitz ihrer Muttergesellschaft im anglo-amerikanischen Ausland hatte, Tätigkeitsbericht 2006/2007 Unternehmensübernahmen, S. 7.

6) U. a. diese recht triviale Tatsache verbirgt sich hinter der oftmals nahezu mystisch beschworenen These von der Bedeutung der Wirtschaftsmacht für die Entwicklung des Wirtschaftsrechts, s. etwa *Kahn-Freund*, Modern L. Rev. 37 (1974), 1, 8 ff., 17; *Cotterrell* in: Nelken/Feest, S. 70, 89.

7) *Triebel*, RIW 1998, 1.

8) Diesen Faktor betont *Hentzen* in: Ebke/Elsing/Großfeld/Kühne, S. 101, 106.

9) *Merkt*, ZHR 171 (2007), 490, 501.

Dies beginnt beim Fehlen – oder besser gesagt: bei der Irrelevanz – einer ausgefeilten Dogmatik. Zwar sind Rechtswissenschaftler des *Common Law* insoweit nicht weniger kreativ und scharfsinnig als ihre Kollegen, doch ist eine vertiefte Beschäftigung mit Dogmatik im Allgemeinen nicht erforderlich, um mit Verträgen und Rechtsfiguren des *Common Law* arbeiten zu können. Das dortige Recht ist eben nicht „am Reißbrett" aufgrund dogmatischer Erwägungen in wissenschaftlichem Diskurs entstanden, **sondern in der Praxis**. Die Dogmatik ist ihm gleichsam nachträglich unterfüttert worden, vergleichbar der Grammatik einer lebenden Sprache. Dies macht es für Beteiligte aus unterschiedlichen Ländern und Rechtskulturen einfacher, auf der Grundlage der anglo-amerikanischen Vertragspraxis zu arbeiten oder seine typischen Denk- und Gestaltungsweisen in einen zivilrechtlichen Kontext zu übertragen.[10]

4. Vernachlässigung des Unternehmenskaufs im kontinentalen Recht

5 Wiederum speziell für den Bereich des Unternehmenskaufs und der Finanzierungsverträge liegt eine weitere Ursache für die Dominanz der anglo-amerikanischen Vertragspraxis in Kontinentaleuropa im objektiven Recht. Aufgrund des gewaltigen Binnenmarkts haben sich in den USA frühzeitig zahlreiche Formen und Varianten für M&A-Transaktionen entwickelt. Und dieser Formenreichtum wächst stetig weiter.[11] Aus der Praxis wird berichtet, dass die Zahl der grenzüberschreitenden Transaktionen im Verhältnis zur Gesamtzahl der Transaktionen besonders hoch sei.[12] Im Vergleich hat zwar in Kontinentaleuropa und speziell in Deutschland die anwaltliche und unternehmensseitige Beschäftigung mit diesen Vertragstypen in den letzten Jahren deutlich zugenommen. Das objektive Recht wird jedoch von den beteiligten Kreisen vielfach als unzureichend und unterentwickelt empfunden. So hat die Unternehmensübertragung im deutschen Recht etwa nur ganz geringfügige Spuren hinterlassen, die im Wesentlichen nicht auf den Unternehmenskauf selbst, sondern lediglich auf die Folgen einer Unternehmensübertragung zielen, wobei diesen Regelungen erkennbar die Vorstellung des Gesetzgebers von einer Unternehmensübertragung als Nachfolgeregelung im Mittelstand zugrunde liegt.[13] Mit dem Kauf oder Verkauf eines Unternehmens als normaler Vermögenstransaktion hat das wenig zu tun. Und bezeichnenderweise enthält etwa der *Palandt* aus der Mitte der sechziger Jahre zu diesem Thema buchstäblich nichts, nicht einmal das Stichwort *„Unternehmenskauf"*.

6 Recht plastisch illustrieren lässt sich die mangelnde Sensibilität des Gesetzgebers, aber auch in Teilen der Wissenschaft, für die Bedürfnisse der Praxis der

---

10) *Merkt*, ZHR 171 (2007), 490, 501 f.
11) Überblick bei *Merkt*, US-amerikanisches Gesellschaftsrecht, Rz. 1254 ff.
12) *Hentzen* in: Ebke/Elsing/Großfeld/Kühne, S. 101.
13) Etwa § 25 HGB oder § 95 Abs. 1 Nr. 4 lit. d GVG.

Verträge zwischen Unternehmen anhand der unvergessenen Episode bei der Einführung des seinerzeit neuen § 444 BGB im Zuge der Schuldrechtsreform.[14] Diese Vorschrift verbietet die Beschränkung oder den Ausschluss der Haftung für solche Fälle, in denen der Verkäufer eine **Garantie** für die Beschaffenheit einer Sache übernommen hat. Mit dieser Bestimmung hatte der Gesetzgeber – ohne es zu bemerken! – das in der Praxis des Unternehmenskaufs entwickelte und sachgerechte Haftungssystem in Frage gestellt.[15] In Unternehmenskaufverträgen wird – US-amerikanischer Praxis folgend – in den meisten Fällen die gesetzliche Haftung für Sachmängel des verkauften Unternehmens vollständig ausgeschlossen. Stattdessen übernimmt der Verkäufer Garantien für bestimmte Umstände – z. B. Betriebsgenehmigungen oder die Vollständigkeit der offengelegten Schuldpositionen –, die bei der vor Unternehmenskäufen üblichen Bestandsaufnahme (**Due Diligence**) ermittelt wurden. Zugleich wird die Haftung dafür – in der Regel summenmäßig – beschränkt. In Fachkreisen war zunächst heftig umstritten, ob diese übliche Haftungsbeschränkung nach der neuen Fassung des § 444 BGB noch möglich ist.[16] Die Verunsicherung der Praxis kulminierte in der Überlegung, die Schwierigkeiten, die durch § 444 BGB hervorgerufen werden, durch eine Flucht in das ausländische Recht zu umgehen.[17] Von Seiten der Wissenschaft indessen wurde vereinzelt der Versuch unternommen, diese Verunsicherung mit Hinweis herunterzuspielen, es handele sich lediglich um ein Scheinproblem.[18] Bereinigt wurde diese Kalamität zwischenzeitlich anlässlich des Gesetzes „zur Änderung der Vorschriften über Fernabsatzverträge bei Finanzdienstleistungen".[19]

5. Bedeutung der englischen Sprache

Schließlich leistet die englische Sprache als *lingua franca* des Unternehmens- und Wirtschaftsrechts ihren wesentlichen Beitrag.[20] Entgegen vereinzelt geäußerter Zweifel an der Bedeutung der englischen Sprache für die Anglo-Amerikanisierung

---

14) Dazu *Dauner-Lieb*, NJW 2004, 1431, 1433.
15) Näher *Hentzen* in: Ebke/Elsing/Großfeld/Kühne, S. 101, 102.
16) Aus dem Schrifttum etwa *v. Westphalen*, ZIP 2001, 2107; *Dauner-Lieb/Thiessen*, ZIP 2002, 108, 114; *Gaul*, ZHR 166 (2002), 62; *Faust*, ZGS 2002, 271, 274; *Eidenmüller*, ZGS 2002, 290, 296; *Gronsted/Jörgens*, ZIP 2002, 52, 56; *U. Huber*, AcP 201 (2001), 179, 238 ff.; *Müller*, NJW 2002, 1026, 1027; *Seibt/Raschke/Reiche*, NZG 2002, 256; *Triebel/Hölzle*, BB 2002, 521, 530; *Wolf/Kaiser*, DB 2002, 411.
17) Stellungnahme des Deutschen Anwaltvereins durch den Ausschuss Zivilrecht zum Entwurf eines Gesetzes zur Änderung des Bürgerlichen Gesetzbuches (Gesetz zur Beseitigung der Rechtsunsicherheit beim Unternehmenskauf) der CDU/CSU-Bundestagsfraktion vom 3.6.2003 BT-Drucks. 15/1096, Berlin August 2003, Rz. 1, 3.
18) *Lorenz*, S. 16 f.
19) Mit Wirkung v. 8.12.2004 durch Gesetz v. 2.12.2004 (BGBl. I 2004, 3102), dazu *Thiessen*, ZRP 2003, 272; *Hentzen* in: Ebke/Elsing/Großfeld/Kühne, S. 101, 102.
20) *Döser*, JuS 2000, 246, 247.

der Vertragspraxis ist es keineswegs lediglich eine Formfrage, ob man einen Vertrag in Deutsch oder Englisch abfasst.[21] Es lässt sich nicht ernsthaft leugnen, dass die Rechtssprache untrennbar mit dem Recht verbunden ist.[22] Daraus resultiert die Gefahr, dass mit dem englischen Ausdruck auch der anglo-amerikanische **Begriffsinhalt** und das diesem zugrunde liegende Konzept übernommen wird. Dies kann zu erheblichen Problemen führen, wenn das importierende Recht für den importierten Begriffsinhalt keine normative Grundlage und kein systematisches Gefüge hat, in das sich der Begriff einpassen lässt.[23] Andererseits fördert es die Lösung des englischsprachigen Vertrags von der fremden rechtlichen Umgebung. Institute wie etwa die **Due Diligence**[24] (siehe dazu oben § 2 Rz. 30 ff.) oder das **Closing**[25] (siehe dazu oben § 2 Rz. 207 ff.) sind eben weit mehr als Synonyme für die Untersuchung des Kaufgegenstands oder den Zeitpunkt des Vertragsvollzuges, was sich schon daraus ergibt, dass beide Übersetzungsversuche sehr unzulänglich und vielleicht sogar für den Unkundigen irreführend sind. Weitere Beispiele lassen sich anschließen: So ist nach allgemeinem Rechtsverständnis bei uns die **Absichtserklärung**, wenn nicht weiteres hinzukommt, unverbindlich. Hingegen wird bei einem unter Kaufleuten erklärten **Letter of Intent** nach englischem Recht Bindungswille vermutet.[26] Ob die *heads of agreement*[27] oder das *memorandum of understanding*[28] einer deutschen Punktation gleichkommen, ist unklar.[29] Immerhin gilt für die Punktation § 154 Abs. 1 BGB: Solange die Parteien sich nicht auf alle Punkte geeinigt haben, ist eine solche Verständigung unverbindlich.[30] *Conditions precedent* sind nur auf den ersten Blick gleichbedeutend mit **aufschiebender Bedingung**. Bei näherem Hinsehen zeigt sich nämlich, dass mit dem Eintritt der *condition precedent* nicht automatisch der **dingliche Vollzug** in Kraft tritt, sondern dass lediglich die Voraussetzungen dafür geschaffen sind.[31] Man sieht: Mit der bloßen Ver-

---

21) So aber *Kötz* in: FS Heldrich, S. 771, 778.
22) Zur Notwendigkeit der Kongruenz von Recht, Rechtstechnik und Sprache *v. Westphalen*, ZVglRWiss 102 (2003), 53, 67 ff.
23) *Hellwig* in: FS Horn, S. 377, 379.
24) Dazu etwa *Merkt*, WiB 1996, 145; *Merkt*, BB 1995, 1041; *Merkt*, Internationaler Unternehmenskauf, S. 286 ff.; *Elfring*, JuS-Beilage 5/2007, S. 3; *Berens/Brauner/Strauch*, Due Diligence, passim; *Ehring*, S. 5–7; *Vogt*, DStR 2001, 2027.
25) Dazu etwa *Merkt* in: FS Sandrock, S. 657, 680 ff.
26) *Snelling v. John G. Snelling Ltd.* [1973] 1 Q.B. 87; *Turriff Construction Ltd. v. Regalia Knitting Mills* (1971) 222 E.G. 169; zum deutschen Recht *Lutter*, passim; *Triebel*, RIW 1998, 1, 2; *Beinert/Burmeister/Tries*, S. 121.
27) *Triebel/Hodgson/Kellenter/Müller*, Rz. 68.
28) *Jahn*, S. 24 ff.; *Triebel*, RIW 1998, 1, 2; *Beinert/Burmeister/Tries*, S. 121; s. a. *Priester* in: FS Hopt, S. 1139, mit dem Hinweis auf die Vergleichbarkeit zwischen *memorandum of understanding* und Punktation des deutschen Vertragsrechts.
29) *Busche* in: MünchKomm-BGB, § 154 Rz. 4.
30) OLG München, RIW 2001, 864; *Bischof*, RIW 2002, 609.
31) Dazu *Priester* in: FS Hopt, S. 1139.

wendung englischer Rechtsterminologie können wichtige Konsequenzen verbunden sein.[32)] Nicht ohne Grund wertet das Kollisionsrecht seit jeher die **Wahl der Sprache** als Indiz für die Wahl des Vertragsstatuts.[33)]

6. Internationale Dominanz der anglo-amerikanischen Juristenausbildung

Nicht vergessen werden darf schließlich, dass die anglo-amerikanische Rechts- 8 kultur und damit auch ihre Vertragspraxis über den Weg der Ausbildung ganzer Juristengenerationen an englischen und US-amerikanischen *law schools* Zutritt zum Kontinent erlangt.[34)] Deutsche Anwältinnen und Anwälte, die einen *Master of Laws* erworben haben, stehen der anglo-amerikanischen Praxis erfahrungsgemäß sehr offen und positiv gegenüber. Sie sind besonders empfänglich für die Art und Weise, in der man in der anglo-amerikanischen Praxis Verträge zwischen Unternehmen verhandelt und formuliert.[35)] Umgekehrt haben englische Anwälte, wie Statistiken belegen, von den mit der Öffnung der EU-Dienstleistungsmärkte verbundenen Möglichkeiten mehr Gebrauch gemacht als ihre Kolleginnen und Kollegen in anderen Mitgliedstaaten. Durch das General Agreement on Trade in Services (GATS) von 1995 ist darüber hinaus der europäische Anwaltsmarkt für **außereuropäische Kanzleien** geöffnet worden. Das haben in Deutschland wie in ganz Europa vor allem US-amerikanische *law firms* ausgenutzt. Hinzu kommt, dass die größten Kanzleien in Deutschland und auf dem übrigen Kontinent heute vielfach unter englischer oder US-amerikanischer Leitung stehen.[36)] All dies trägt dazu bei, dass das Erscheinungsbild und das Denken der Anwaltschaft als dem zentralen *player* beim Vertrag zwischen Unternehmen wenigstens in den Zentren und bei den größeren Kanzleien mehr und mehr angloamerikanisch geprägt ist.[37)]

7. Reduktion von Beratungskosten

Nicht zu verkennen ist schließlich, dass eine einheitliche Kautelarpraxis ganz 9 generell, aber besonders für große, international agierende Unternehmen zur Reduktion von Beratungskosten führt. Das gilt zunächst unabhängig von der Frage der inhaltlichen Qualität. Es liegt auf der Hand, dass die Kosten der Ver-

---

32) *Triebel*, RIW 1998, 1, 2.
33) Statt vieler *Martiny* in: Reithmann/Martiny, Int. Vertragsrecht, Rz. 126 m. w. N.
34) Dazu etwa *Dezalay/Garth* in: Nelken/Feest, S. 241, 251; *Drolshammer*, S. 299; *Sandrock*, ZVglRWiss 100 (2001), 3, 25 ff.; s. zur Bedeutung der Juristenausbildung für die Rechtsvereinheitlichung bereits *Flessner*, RabelsZ 56 (1992), 243.
35) *Merkt* in: FS Sandrock, S. 657, 684; *Stürner* in: FS Rebmann, S. 839, 843; *Wiegand*, Am. Jur. Comp. L. 39 (1991), 229, 232 f.; *Wiegand* in: FG Schweizerischer Juristentag, S. 229, 236; *Nelken* in: Nelken/Feest, S. 7, 24.
36) Näher *Drolshammer*, S. 455.
37) *Hellwig* in: FS Horn, S. 377, 379.

tragsverhandlung und der Vertragserstellung sinken, wenn das notwendige Knowhow international einheitlich verbreitet ist. Damit ist natürlich keineswegs gesagt, dass das anglo-amerikanische M&A-Recht im internationalen Vergleich das günstigste wäre. Aber der einheitliche Rekurs auf dieses Modell ist gewiss günstiger als eine Praxis mit national (vollständig) individuellen Lösungen. Für international agierende Unternehmen kommt hinzu, dass man auf unterschiedlichen Märkten eine einheitliche oder doch stark angeglichene Vertragspraxis vorfindet, was wiederum – ökonomisch formuliert – zur Senkung von Suchkosten führt. Die eigene Rechtsabteilung etwa kann weltweit mit weitgehend einheitlichen Mustern arbeiten. Ein positiver Nebeneffekt für die Beratungspraxis besteht darin, dass man grenzübergreifend auf Expertise zurückgreifen kann. Darüber hinaus trägt die Dominanz des anglo-amerikanischen M&A-Rechts dazu bei, dass es stärker und schneller wächst als potentielle „Konkurrenten" und damit an Berechenbarkeit gewinnt. Regelungsdichte ist ganz unabhängig von der Regelungsqualität ein wichtiger Faktor der Rechtssicherheit. Hinzu kommt, dass das anglo-amerikanische Recht auch inhaltlich gegenüber anderen gewinnt, weil es wiederum stärker und schneller an die Bedürfnisse der Praxis angepasst werden kann. Mit anderen Worten: Die Dominanz des anglo-amerikanischen M&A-Rechts ist zu einem gewissen Grad selbstbeschleunigend und verstärkend (siehe näher dazu Rz. 11 ff.).

8. Ausblick auf die Zukunft der Anglo-Amerikanisierung

10 Ebenso interessant wie schwierig ist die Antwort auf die Frage, ob diese Entwicklung zukünftig fortschreiten wird oder ob der Einfluss des anglo-amerikanischen Rechts nachlassen und an dessen Stelle etwas Anderes, Neues treten wird.[38] Hier wird man differenzieren müssen: Ganz generell ist im Laufe der vergangenen Jahrzehnte neben die Tendenz zur Anglo-Amerikanisierung eine Entwicklung hin zur Europäisierung des Wirtschafts- und Unternehmensrechts getreten.[39] Davon zeugt der inzwischen gewaltige Bestand an europäischem Unternehmensrecht (Gesellschafts- und Kapitalmarktrecht). Dabei folgt allerdings die Europäisierung nicht selten anglo-amerikanischen Vorbildern, man denke nur an die Unternehmenspublizität oder das Insiderhandelsverbot. Anders liegen die Dinge im Bereich des Unternehmenskaufs. Obgleich auch im Bereich des Schuldvertragsrechts und insbesondere auch im Kaufrecht in jüngerer Zeit erhebliche Bemühungen zur Schaffung europäischer Grundsätze unternommen wurden (Stichwort: gemeineuropäisches Privatrecht), strahlt diese Entwicklung praktisch kaum auf den Bereich der zwischen Unternehmen ge-

---

[38] *Kunz*, recht 2012, 37, 45.

[39] Interessant erscheint hier die Schweizer Perspektive, dazu *Kunz*, recht 2012, 37, 45 ff., der vom Paradigmenwechsel von der Amerikanisierung zur Europäisierung des Schweizer Rechts spricht.

schlossenen Verträge aus, ja man wird sogar konstatieren können, dass die europäische Harmonisierung des Vertragsrechts wegen ihrer – bewussten oder auch unbewussten – Verbraucherzentrierung für den Bereich des Unternehmenskaufs a priori wenig attraktiv ist.[40] Dies legt nahe, dass sich die Tendenz der Anglo-Amerikanisierung im Bereich des Unternehmenskaufs jedenfalls einstweilen – wenn auch angesichts des bereits erreichten Umfangs (dazu im Folgenden näher) verlangsamt – fortsetzen wird. Dafür spricht nicht zuletzt die Tatsache, dass längst eine gewisse Pfadabhängigkeit eingetreten ist, gegen die sich ein anderes Recht nur schwer durchzusetzen vermag. Eine ernsthafte Alternative oder gar Konkurrenz zum anglo-amerikanischen Unternehmenskaufrecht ist zurzeit nicht zu erkennen.[41]

II. Konsequenzen
1. Branchenabhängiger Einfluss

Fragt man sich, nachdem die Ursachen der Anglo-Amerikanisierung der deutschen Vertragspraxis des Unternehmenskaufs beleuchtet wurden, nach den konkreten Folgen dieser Entwicklung, so wird man allerdings zunächst zwischen unterschiedlichen Verträgen und Bereichen der Vertragspraxis differenzieren müssen. Diese Differenzierung ist nicht trennscharf und auch gewiss nicht statisch. Dennoch lässt sich nicht feststellen, dass die Anglo-Amerikanisierung unterschiedslos und in gleicher Intensität alle Bereiche der Vertragspraxis erfasst. Zunächst wird man – wie schon zuvor angeklungen – zwischen den Verträgen großer Unternehmen einerseits und den Verträgen des Mittelstands andererseits unterscheiden können. Bei Verträgen unter Beteiligung **großer Unternehmen** ist wegen der größeren Wahrscheinlichkeit der Involvierung anglo-amerikanischer Vertragspartner und großer internationaler Anwaltskanzleien auch der Einfluss der anglo-amerikanischen Praxis größer. Aber auch im **Mittelstand** wird dieser Einfluss stärker. So lässt sich selbst bei rein innerdeutschen Unternehmenskäufen und auch bei solchen mit Bezug zu Drittstaaten[42] beo-

---

40) Näher *Merkt*, ZHR 171 (2007), 490; *Ehring*, S. 6 f.
41) *Kunz*, recht 2012, 37, 5,2 prognostiziert, dass in spätestens 20 Jahren das chinesische Recht im Bereich des Wirtschaftsrechts dominieren wird. Aber bei einer solchen Prognose sind Vorsicht und Differenzierung geboten: Dass eine so starke Volkswirtschaft wie China rein formal ihr eigenes nationales Recht durchsetzen kann, ist das eine, wobei unter dem Gesichtspunkt der Wirtschaftsmacht auch Indien nicht vernachlässigt werden darf. Die andere, wichtigere Frage lautet, welchen Konzepten dieses nationale Recht folgt. Hier erscheint es unwahrscheinlich, dass das chinesische Recht (dies gilt noch stärker für Indien) in materieller Hinsicht Konzepte oder Grundsätze bietet oder entwickelt, die vom anglo-amerikanischen Recht abweichen. Das mag allenfalls im Bereich der Rechtsanwendung (etwa Auslegung, Durchsetzung) anders sein. Aber auch bei der Rechtsanwendung dürfte sich dieser Einfluss wegen der weiten Verbreitung der internationalen Schiedsgerichtsbarkeit in Grenzen halten.
42) Zur Praxis im Verhältnis zur Türkei etwa *Ansay*, passim.

bachten, dass die Art und Weise ihrer Vorbereitung und Abwicklung ganz wesentlich den anglo-amerikanischen Vorbildern folgt.[43)] Hinzu kommt, dass inzwischen auch rein nationale Rechtsanwaltskanzleien die nötige Expertise haben, M&A-Transaktionen nach anglo-amerikanischem Muster zu begleiten. Ein weiterer Parameter – auch dies wurde bereits erwähnt – ist die Einbeziehung von ausländischen **Finanzierungsgebern**. Und schließlich spielt auch eine Rolle, inwieweit zwingendes nationales Recht auf den Vertrag einwirkt. In **hoch regulierten Branchen** fällt die Lösung vom nationalen Recht und die Übernahme anglo-amerikanischer Vertragspraxis naturgemäß schwerer. Das gilt selbstverständlich noch in gesteigertem Maße für Verträge mit der öffentlichen Hand oder von ihr getragenen bzw. kontrollierten Unternehmen. Indessen hat die inzwischen wieder abgeebbte *cross border leasing*-Welle[44)] gezeigt, dass deutsche Kommunen dann, wenn der sog. *Barwertvorteil*, also der an die Kommune fließende Erlös aus dem Leasinggeschäft mit dem englischen oder amerikanischen Investor, verlockend genug erscheint, ohne Zögern zum Abschluss typischer anglo-amerikanischer Verträge bereit sind, die dann in aller Regel sogar englischem oder New Yorker Recht unterstellt werden.[45)] Und im Zuge der Finanzkrise ist deutlich geworden, dass deutsche Gebietskörperschaften wenig Hemmungen zeigen, Finanzinstrumente zu erwerben, die anglo-amerikanischen Strickmustern folgen bzw. anglo-amerikanischem Recht unterliegen, solange die Rendite attraktiv genug erscheint.

2. Einfluss auf den gesamten Vertrag

12 Dort, wo anglo-amerikanischer Einfluss festzustellen ist, erstreckt er sich regelmäßig auf den gesamten Vertrag. Das beginnt beim Vertragstyp einschließlich der Bestimmung des vertragstypischen Pflichten- und Rechteprogramms. Seit langem bekannt und vertraut ist die Palette von **Vertragstypen** US-amerikanischer Provenienz, die Eingang in die kontinentale Vertragspraxis und auch in das kontinentale Recht gefunden haben,[46)] so etwa Franchising, Leasing, Factoring,

---

43) *Merkt*, ZHR 171 (2007), 490.

44) *Cross border leasing* wurde in Deutschland Mitte des vergangenen Jahrzehnts als Steuersparmodell bekannt, das es dem ausländischen Leasinggeber erlaubt, einen Teil der Steuerersparnis mit dem Leasingnehmer, i. d. R. einer deutschen Kommune, zu teilen. Da die US-Finanzverwaltung darin eine unzulässige Steuerumgehung sah, ordnete sie im Jahre 2005 an, dass *cross border leasing* die US-amerikanische Seite nicht mehr zu Abschreibungen berechtigt, was der *Cross-Border-Leasing*-Praxis in Deutschland praktisch die Grundlage entzogen hat, s. Internal Revenue Service, Coordinated Issue – Losses Claimed and Income to be Reported from Sale In/Lease Out (SILO), June 29, 2005, UIL 9300.38-00, abrufbar auf der Homepage des Internal Revenue Service.

45) Zum *cross border leasing* mit Beteiligung deutscher Kommunen *Köhler*, Der bayerische Bürgermeister 2003, 377; *Niepel/Niepel*, DStR 2002, 601; *Burgi*, NVwZ 2001, 601; *Koenig/Müller*, NStZ 2005, 607; *Laudenklos/Pegatzky*, NVwZ 2002, 1299; *Quaas*, NVwZ 2002, 144; *Smeets/Schwarz/Sander*, NVwZ 2003, 1061.

46) *Stürner* in: FS Rebmann, S. 839, 854.

Poolverträge, Joint-Ventures, Turnkey-Verträge, Timesharing oder Just-in-time-Verträge.[47] Der Strom dieser Importe reißt nicht ab. Aus neuerer Zeit zu nennen wären etwa aus dem Bereich der betrieblichen Altersvorsorge die sog. *contractual trust arrangements*, mit denen Unternehmensvermögen auf externe Träger mit dem Ziel ausgelagert wird, dieses Vermögen im Fall der Insolvenz ungeschmälert den Versorgungsberechtigten und den anspruchsberechtigten Anwärtern zur Verfügung zu stellen.[48] Für den Bereich der Unternehmensverbindungen zu nennen wären mannigfaltige Formen von *synthetic mergers*, also synthetischer **Unternehmensverbindungen** bzw. -übernahmen, die bei Erhaltung der gesellschaftsrechtlichen Individualität der beteiligten Parteien das Ergebnis einer Unternehmensverbindung – wie man im deutschen Recht sagen würde: schuldrechtlich – zu simulieren versuchen.[49]

Der Einfluss der anglo-amerikanischen Praxis erstreckt sich weiter auf **Struktur, Aufbau** und **Terminologie** des Vertrags ebenso wie auf einzelne Elemente der Vertragsvorbereitung und -durchführung bis hin zu einzelnen Vertragsklauseln. Als Beispiel genannt seien *material adverse change*-Klauseln, die auch in der kontinentalen Vertragspraxis inzwischen häufige Verwendung finden und dem Käufer das Recht einräumen, im Fall der Verschlechterung des Kaufgegenstands im Zeitraum zwischen Abschluss und Erfüllung des Vertrags Schadensersatz zu verlangen oder zurückzutreten (siehe dazu oben § 2 Rz. 89 ff.).[50] Schließlich wirkt die Anglo-Amerikanisierung bis in den **Stil** der Verträge hinein. Sie werden länger und detaillierter, aber auch umständlicher und unhandlicher.[51] 13

3. Reaktionen auf die Anglo-Amerikanisierung

Und so überrascht es nicht, wenn inzwischen Rechtspraktiker von hüben wie drüben zu dem Schluss gelangen, dass in der anwaltlichen Berufspraxis der Unterschied zwischen *Common Law* und *civil law* kaum noch wahrgenommen wird.[52] Es erstaunt auch nicht, dass diese Anglo-Amerikanisierung in Europa verschiedentlich auf harsche Kritik gestoßen ist, wobei nicht zu übersehen ist, 14

---

47) S. etwa *v. Westphalen*, Der Leasingvertrag, passim; *Martinek*, Moderne Vertragstypen, Bd. I-III, passim.
48) Dazu *Seeger*, DB 2007, 697.
49) Dazu etwa *Schmidt*, Cross-Border Mergers, passim; *Malacrida/Watter*, S. 85; als eine Variante des synthetischen Zusammenschlusses wird der fusionsähnliche Gleichordnungskonzern behandelt bei *Kübler*, passim.
50) Dazu *Schlößer*, RIW 2006, 889; *Picot/Duggal*, DB 2003, 2635; *Berger/Filgut*, WM 2005, 253; *Lange*, NZG 2005, 454.
51) *Rezori*, S. 118 ff.
52) Aus der Sicht eines Londoner *solicitor*: „There is no difference between civil law and common law which matters", *Neate*, Int. Bus. Lawyer 25 (1997), 5, 7; aus der Sicht eines Pariser *avocat*: "The differences of common law and civil law no longer create communication problems which are detrimental to the effectiveness of our representation of clients", *de Foucaud*, Int. Bus. Lawyer 25 (1997), 15.

dass es sich vor allem um **akademische Kritik** handelt. So wurde die Anglo-Amerikanisierung unserer Vertragspraxis als erheblicher Nachteil und Verlust von Rechts- und Vertragskultur gesehen,[53] sie wurde als problematische bzw. missglückte Rezeption und als Zeichen mangelnder Vitalität der eigenen Rechtskultur gebrandmarkt[54] und es war sogar die Rede von der Adaption einer imperialismusverdächtigen Rechtskultur, die weit hinter der europäischen Tradition zurückbleibe.[55]

15 Indessen nützt das Lamento wenig, denn Entwicklungen wie die der Anglo-Amerikanisierung der Unternehmenspraxis verlaufen **pfadabhängig**. Als pfadabhängig bezeichnet die Evolutionsökonomie einen Prozess, bei dem Ereignisse, die zeitlich früher liegen, die Auftretenswahrscheinlichkeit von zeitlich späteren Ereignissen beeinflussen, insbesondere beschränken. Wenn der Pfad als Entscheidung in Situationen unter Zwängen oder Kosten, Ressourcen und Belohnungen betrachtet wird, kommt es zur **Selbstverstärkung** des gewählten Pfades. Entscheidend ist dabei die Höhe der Investitionen in die einmal gewählte Entscheidung (Startkosten), sodann mögliche Kostensenkung durch Lerneffekte und schließlich **Synergieeffekte** aus gleichlaufenden Änderungen in der Umwelt ebenso wie in der Binnenorganisation selbst.[56] Wie sieht es bei der Anglo-Amerikanisierung der Vertragspraxis aus? Die Startkosten in Gestalt der Rechtsberatungskosten vor allem durch US-amerikanische Anwälte waren gewiss hoch. Indessen hat sich durch den Lerneffekt in der Rechtsberatungspraxis in Europa inzwischen eine ganz erhebliche Kostensenkung eingestellt. **Muster** anglo-amerikanischer Verträge finden heutzutage allenthalben große Verbreitung. Und schließlich stellen sich ganz erhebliche Synergieeffekte ein, weil man es mit einer Praxis zu tun hat, die nicht nur in einzelnen Ländern und nicht nur in Europa, sondern weltweit Verbreitung gefunden hat. Die ernüchternde Schlussfolgerung lautet, dass es selbst eine **inhaltlich überlegene** Vertragspraxis äußerst schwer haben dürfte, sich gegen die eingefahrene anglo-amerikanische Praxis durchzusetzen. Dabei ist allerdings ungeklärt, ob und inwieweit die von kontinentaler Seite so vielbeschworenen Nachteile der anglo-amerikanischen Praxis durch Vorteile gegenüber der kontinentalen Praxis kompensiert werden.[57] Nicht selten scheint die Schärfe und Entschiedenheit der Kritik an bestimmten Eigenheiten der anglo-amerikanischen Praxis den Blick für manchen Vorteil zu

---

53) *v. Westphalen*, ZVglRWiss 102 (2003), 53.
54) *Stürner* in: FS Rebmann, S. 839, 858.
55) *Honsell* in: FS Zäch, S. 39, 52, 56.
56) Zur Pfadabhängigkeit s. etwa *David*, Am. Econ Rev. 75 (1985), 332; *David*, Why are Institutions the "Carriers of History"?, passim; *Nelson/Winter*, passim; *Pierson*, Am. Pol. Rev. 94 (2000), 251; *North*, passim.
57) Zu einzelnen dieser Vorteile etwa *Hentzen* in: Ebke/Elsing/Großfeld/Kühne, S. 101, 103.

verstellen oder doch zu trüben.[58] Ein abgewogenes Gesamturteil steht bis heute aus, ein ebenso nüchterner wie gründlicher Vergleich wäre ein Desiderat.

III. Weitere Entwicklung: Internationalisierung und Privatisierung der Vertragspraxis

1. Befund

Indessen ist die Entwicklung nicht bei der Anglo-Amerikanisierung der Vertragspraxis stehen geblieben. Vielmehr beobachten wir inzwischen ein Phänomen, das mit den Begriffen der Internationalisierung und Privatisierung der Verträge zwischen Unternehmen beschrieben werden kann.[59] Seinen Ausgang nahm dieses Phänomen im Bereich der **Finanzdienstleistungsverträge**. Hier entwickelt sich eine von den nationalen Rechtsordnungen weitgehend losgelöste *offshore*-Praxis. Man könnte von einer **Selbsthilfe der Unternehmen** sprechen, die sich mit international einheitlichen **Standardklauseln** und **Standardverträgen** eine detaillierte und passgenaue Ordnung schaffen, wie sie besser und authentischer kein staatlicher Gesetzgeber und kein staatliches Gericht schaffen könnte. Hand in Hand geht diese Entwicklung mit der seit langer Zeit herrschenden Dominanz der privaten Schiedsgerichtsbarkeit in diesem Bereich.

16

Die Entwicklung geht aber weiter, denn längst bilden sich in dieser keineswegs mehr auf den Bereich der Finanzdienstleistungen beschränkten Vertragspraxis Rechtssätze des internationalen Wirtschaftsrechts heraus, und es werden tagtäglich unendlich viele Lösungen für Rechtsfragen gefunden, formuliert und durchgesetzt. Da diese Ordnung weithin ohne Rekurs auf **staatliche Normgebung** oder staatliche Gerichtsbarkeit auskommt, verdient sie das Prädikat der Privatisierung.[60] Flankiert wird die **Privatisierung** durch internationale Organisationen, etwa der OECD, die der Praxis durch die Formulierung von Standards Hilfestellung leisten.[61] Dass diese internationalisierte Vertragspraxis stark anglo-amerikanisch fermentiert ist, dass hier das anglo-amerikanische Modell mit allen seinen Vor- und Nachteilen fortlebt, ist den weiter oben dargelegten Charakteristika dieser Praxis zuzuschreiben: eine autarke Vertragspraxis, die

17

---

58) *Watt*, Arch.phil. du droit 45 (2001), 36 spricht ganz pauschal – allerdings ohne nähere Belege – von Rationalitätseinbuße beim Wechsel vom kodifizierten kontinentaleuropäischen zum anglo-amerikanischen Vertragsrecht.

59) *v. Heydebreck*, WM 1999, 1760; *Hellwig* in: FS Horn, S. 377. Allgemein zum Phänomen des *private ordering* aus neuerer Zeit etwa *Köndgen*, AcP 206 (2006), 477; *Bachmann*, passim; *Michaels/Jansen*, RabelsZ 71 (2007), 345; aus öffentlich-rechtlicher Perspektive *Bullinger*, JZ 2006, 1137, 1141; *Meder*, JZ 2006, 477; *Peters*, ARSP-B Nr. 105 (2006), 100; *Kramer*, JBl. 134 (2012), 750.

60) Für den Bereich der Verbraucherverträge s. *Callies*, passim.

61) Als ein Beispiel aus einer unüberschaubaren Vielzahl solcher Standards genannt seien hier die Richtlinien der OECD für *Cooperation and Cost Sharing-Agreements* in der Unternehmensgruppe, dazu *Döser*, JuS 2001, 40.

durch detaillierte, ja enzyklopädische Verträge ohne kodifiziertes Ersatzrecht auskommt. Ganz wesentlich unterstützt wird diese Privatisierung natürlich, wie gesagt, durch die internationale **Wirtschaftsschiedsgerichtsbarkeit**, die sozusagen das verfahrensrechtliche Seitenstück dieser Entwicklung bildet und ihrerseits nicht unerheblich zur Autarkie der privatisierten Unternehmensrechtspraxis beiträgt.[62]

2. Die neue Qualität

18 Man mag in dieser Entwicklung eine Fortsetzung dessen sehen, was vielfach mit dem Begriff der *lex mercatoria* bezeichnet wird.[63] Indessen übertrifft das hier skizzierte Phänomen die bekannte Herausbildung internationaler Handelsbräuche in Breite und Tiefe in mehrfacher Hinsicht. Es geht nicht nur um den Bereich des Handelsverkehrs bzw. des Handelskaufs im klassischen Sinn, sondern um praktisch alle Verträge, die Unternehmen miteinander schließen, einschließlich der organisationsrechtlichen Vereinbarungen. Es geht nicht nur um einzelne, inhaltlich recht weite und unbestimmte Generalklauseln oder um einzelne Verhaltensstandards, denen die innere Systematik fehlt, sondern es geht branchenweit um vollständige und zudem sehr umfangreiche Verträge einschließlich ihrer Vorbereitung, Durchführung und Abwicklung. Es geht nicht nur um die Ergänzung des lückenhaften oder nicht sachgerechten staatlichen Rechts durch punktuelle Regeln, sondern es geht um die umfassende und komplette **Ersetzung staatlichen Rechts** i. R. der Herausbildung dessen, was verschiedentlich bereits als *global private governance*[64] bezeichnet wird. Und es geht schließlich nicht nur um grenzüberschreitende bzw. internationale Verträge, sondern zunehmend um rein **inländische** Sachverhalte, mit einem Wort: Es geht um eine neue **Qualität** der Privatisierung des Rechts der Verträge zwischen Unternehmen.

19 Natürlich wirft die Privatisierung der Vertragspraxis eine Reihe ebenso grundlegender wie praktischer Fragen auf, etwa nach der **Rechtsqualität** der zugrunde gelegten Grundsätze, nach ihrer Legitimation und nach der Kontrolle und Durchsetzbarkeit im Streitfall.[65] Unklar ist vielfach auch das komplexe **Verhältnis zum staatlichen Recht**, auf das vielfältig zurückgegriffen werden muss.[66] Die

---

62) Dazu *Elsing*, BB-Beilage 7 zu Heft 46/2002, 19, 22 f.
63) Zur *lex mercatoria* etwa *Berger*, IPRax 1993, 281; *Berger*, Formalisierte oder „schleichende" Kodifizierung des transnationalen Wirtschaftsrechts, passim; *Berger*, The Creeping Codification of the lex Mercatoria, passim; *Blaurock*, ZEuP 1993, 247; *Stein*, passim.
64) Dazu *Mattli/Büthe*, Law & Contemp. Probs. 68 (2005), 225 mit weiterführenden Nachweisen.
65) Dazu *Köndgen*, AcP 206 (2006), 478, 508 ff.; *Michaels/Jansen*, RabelsZ 71 (2007), 345 mit weiterführenden Nachweisen.
66) Davon zeugen die Anfragen internationaler Schiedsgerichte, in denen es um die Klärung der Bedeutung nationalrechtlicher Begriffe oder direkt um die Begutachtung nach nationalem Recht geht.

wissenschaftliche Erforschung des *private ordering* befindet sich in den Anfängen.[67)]

B. Phänomenologie
I. Vorbemerkung

Die Art und Weise, wie Unternehmenskäufe in Deutschland ablaufen, folgt ganz wesentlich den internationalen und hier vor allem den anglo-amerikanischen Vorbildern und zwar heutzutage auch bei rein inländischen Verträgen ohne Auslandsbezug. Die Gründe dafür wurden bereits dargelegt. 20

Ein deutscher Jurist würde es sich aber zu einfach machen, wenn er das offensichtliche Vordringen des Common Law allein mit der Marktmacht erklären wollte, die seinen Protagonisten zur Verfügung steht. Die Probleme sind zumindest zum Teil hausgemacht: Anglo-amerikanische Anwälte können häufig nicht nur auf einen durch eine Vielzahl kompliziertester Transaktionen bereicherten Erfahrungshintergrund zurückgreifen, sondern sind in ganz anderer Weise zu **praktischer Problemlösung** und präziser Vertragsgestaltung erzogen, als dies bei einem durchschnittlichen Absolventen einer durchschnittlichen rechtswissenschaftlichen Fakultät in Deutschland der Fall ist. Es ist und bleibt insoweit ein Manko der deutschen Juristenausbildung, dass sie nahezu ausschließlich oder doch zumindest primär an der Lösung pathologischer Fälle aus Richtersicht orientiert ist und die kautelarische Perspektive des Rechtsanwalts zu sehr vernachlässigt. Auch dies ist ein Wettbewerbsvorteil, den die international tätigen Anwaltskanzleien durch kostenintensive interne Ausbildungsmaßnahmen kompensieren müssen; zum Glück zeigen sich inzwischen Tendenzen, dem Defizit an Praxisbezogenheit durch eine Umgestaltung des juristischen Studiums und der Rechtsanwaltsausbildung in Deutschland zu begegnen. 21

Und es sei nochmals darauf hingewiesen: Gegenüber den sich hier auswirkenden Marktkräften nützt es gar nichts, über einen angeblichen Verlust an deutscher Rechtskultur zu lamentieren oder gar protektionistische Maßnahmen zu fordern; dergleichen sorgt nur dafür, dass Deutschland als Unternehmensstandort an Attraktivität verliert und damit international weiter ins Hintertreffen gerät. Auch das von mancher Seite unternommene Marketing des Vertragsrechts wird hier wenig bewirken. Stattdessen sollten die in diesem Bereich tätigen deutschen Juristen bereit sein, die positiven Einflüsse des Common Law auf unsere Rechtsordnung zu akzeptieren und sich den damit verbundenen Herausforderungen zu stellen. Aufhalten können sie diesen Prozess ohnehin nicht. 22

Der Einfluss der anglo-amerikanischen Vorbilder erstreckt sich auf die Strukturen, den Aufbau und die Terminologie von Unternehmenskaufverträgen ebenso wie auf einzelne Elemente der Vertragsvorbereitung und -durchführung, bei denen 23

---

67) Etwa *Köndgen*, AcP 206 (2006), 477, 501 ff.; *Zimmermann*, passim.

die deutsche Vertragspraxis sich nicht mehr wesentlich von derjenigen im Vereinigten Königreich oder den USA unterscheidet. Dabei ist der Umstand, dass diese Elemente aus fremden Rechtskreisen und -kulturen stammen, von mehr als akademischem Interesse: Es handelt sich, genau betrachtet, um **Fremdkörper**, die nicht ohne weiteres in das deutsche Recht integrierbar sind. Das Spannungsverhältnis, das hier entsteht, bedarf besonderer Beobachtung durch die mit einem internationalen Unternehmenskauf befassten Juristen.

II. Einzelheiten

24 Die anglo-amerikanische Vertragspraxis weicht bekanntlich in mehrfacher Sicht markant von der klassischen kontinentalrechtlichen und speziell deutschen Vertragspraxis ab.[68]

1. Einzelfallgeleitetes Case Law

25 An erster Stelle zu nennen ist der Unterschied zwischen den **Regelungstechniken**. Das kontinentale Recht benutzt den abstrahierend-generalisierenden Gesetzesstil. Es verzichtet auf kasuistische Normen.[69] Das *Common Law* in England und Amerika hingegen ist einzelfallgeleitetes Fallrecht. Das macht es den Parteien schwer, die maßgeblichen Rechtsnormen aufzuspüren oder gar zu kennen.[70] Zwar gibt es sowohl in den USA als auch in England vertragsrechtliche Gesetze, doch sind dies mehr Kompilationen des richterlichen Fallrechts.[71] Zudem beschränken sie sich auf spezielle Vertragstypen oder Branchen, wie etwa das Verbraucherschutzrecht der US-amerikanischen *Consumer Protection Laws*,[72] das – um es in der Diktion der Europäischen Kommission zu sagen – „sektoral"[73] auf den Bereich der Finanzdienstleistungen begrenzt ist. Es fehlt an einem umfassenden und geschlossenen Normsystem mit Rechtssätzen für das gesamte Regelungsprogramm des Vertrags. Insbesondere gibt es keinen **Allgemeinen Teil**, den der kontinentale Jurist ohne expliziten Verweis in sein Vertragswerk einbeziehen kann. Anglo-amerikanisches Gesetzes- und Richterrecht hat darüber hinaus keine dem kontinentalen Recht entsprechenden nach-

---

68) Dazu bereits *Döser*, NJW 2000, 1451; *Döser*, JuS 2000, 246; *Lundmark*, RIW 2001, 187; *Merkt* in: FS Sandrock, S. 657; *Triebel*, RIW 1998, 1; *v. Westphalen*, ZVglRWiss 102 (2003), 53, 54.
69) *v. Westphalen*, ZVglRWiss 102 (2003), 53, 54.
70) *Langbein*, ZVglRWiss 86 (1987), 141; *Lundmark*, RIW 2001, 187, 191; *Kondring*, IPRax 2006, 425.
71) *Triebel*, RIW 1998, 1, 4.
72) S. etwa den Fair Debt Collection Practices Act (FDCPA) von 1978 (15 U.S.C. § 1692), den Fair Credit Reporting Act (FCRA) (15 U.S.C. § 1681), den Truth in Lending Act (TILA) von 1968 (15 U.S.C. § 1601), den Fair Credit Billing Act (FCBA) (15 U.S.C. § 1601) und den Gramm-Leach-Bliley Financial Services Modernization Act (15 U.S.C. § 6801).
73) Vgl. *Lehne*, ZEuP 2007, 1, 3.

giebigen Vertragsvorschriften oder „*typisierte*" Vertragsformen entwickelt, die dort als Reserveordnung einspringen, wo die Parteien selbst säumig waren.[74] Die Entwicklung von Vertragsmustern ist dort ausschließlich Aufgabe der Kautelarpraxis.

2. Vertragsaufbau

Der angelsächsische Einfluss schlägt sich typischerweise schon im Aufbau internationaler Unternehmenskaufverträge nieder. Nicht selten wird man als deutscher Berater bestrebt sein, den Erwartungen eines ausländischen Mandanten oder Verhandlungspartners auch und gerade insoweit entgegenzukommen, als man die diesem vertrauten Formen und Formeln in einen deutschen Kontext übernimmt. Hinzu kommt, dass manche dieser Formen und Formeln inzwischen so weit von der internationalen Vertragspraxis verinnerlicht worden sind, dass es für ihre Verwendung gar keiner Rechtfertigung mehr bedarf. Das gilt insbesondere für die lange Liste sog. *boilerplate clauses*[75], die sich nicht mit den individuellen materiellen Themen des Vertrags beschäftigen, sondern vorformuliert sind und standardmäßig eingefügt werden, etwa zur Auslegung (*interpretation*), zur Aufrechnung (*set-off*), zur Abtretung (*assignment*), zur Vertraulichkeit (*confidentiality*), zur höheren Gewalt (*force majeur, hardship*), zur Konfliktlösung (*conflict resolution*), zum maßgeblichen Recht (*governing law*), zum Gerichtsstand (*jurisdiction*) und zur Vertragsänderung (*variation*).

26

Dabei handelt es sich nur zum Teil um eine Art juristische Mimikry ohne tiefere Bedeutung; in vielerlei Hinsicht lässt sich nämlich von der angelsächsischen Vertragstechnik durchaus auch für Zwecke rein deutscher Verträge etwas lernen. Einige zunächst gewöhnungsbedürftige Besonderheiten seien hier kurz dargestellt:

27

a) Präambel

Kein englischer oder amerikanischer Vertrag kommt ohne eine mehr oder weniger ausgefeilte Präambel aus, im englischen als *Recitals* bezeichnet und meist mit dem Wort *Whereas* eingeleitet.[76] Im deutschen Recht ist man gewohnt, sich erheblich kürzer zu fassen und auf eine Präambel entweder ganz zu verzichten oder sie auf eine knappe Charakterisierung des Vertragshintergrundes zu beschränken. Gerade bei der Arbeit mit Parteien unterschiedlicher geographischer und kultureller Herkunft kann es aber durchaus sinnvoll sein, die gegenseitigen **Absichten und Erwartungen** etwas ausführlicher darzustellen,

28

---

74) *Triebel*, RIW 1998, 1, 5.
75) Die Bezeichnung *boilerplate* (zu Deutsch: Herdplatte) rührt von einer alten Drucktechnik her, mit der früher solche Standardklauseln in das Vertragsdokument eingefügt wurden.
76) *Döser*, NJW 2000, 1451, 1453; *Merkt* in: FS Sandrock, S. 657, 660; *Hentzen* in: Ebke/Elsing/Großfeld/Kühne, S. 101, 108.

zumal bei einem komplexen Vertragswerk wie einem Unternehmenskauf unter Umständen die Gefahr besteht, unter der Vielzahl komplizierter Einzelbestimmungen das eigentliche Ziel des gesamten Unterfangens überhaupt nirgends zu formulieren und damit letztlich vielleicht sogar aus den Augen zu verlieren.

29 Auch kann die Präambel wertvolle **Auslegungshinweise** für die ihr folgenden, detaillierteren Vertragsbestimmungen liefern, etwa wenn es darum geht, den Umfang des berechtigten Interesses an einem Konkurrenzverbot zu bestimmen: Die künftigen Absichten der Parteien, wie sie i. R. der Vertragsverhandlungen offengelegt wurden, ergeben sich in aller Regel aus der Präambel und lassen unschwer den Schluss auf das zu, was beiderseits auch als künftig geschützter Geschäftsbetrieb der einen oder anderen Seite gewollt war.

b) Definitionen

30 Eine weitere, für die angelsächsische Vertragstechnik typische und im deutschen Rechtskreis nicht in gleicher Weise verbreitete Besonderheit ist die Verwendung von Definitionen. Die englische Rechtssprache gewinnt nicht zuletzt hieraus ihre Präzision. Auch beim Arbeiten mit rein deutschen Sachverhalten wird man, einmal auf den Geschmack gekommen, sehr schnell merken, wie viel genauer und zugleich einfacher man sich ausdrücken kann, wenn man häufig wiederholte Begriffe einmal definiert und dadurch in ihrer genau festgelegten Bedeutung jederzeit abrufbar macht. Allerdings hat man es im Deutschen mit einer kleinen Schwierigkeit zu tun, die die englische Sprache nicht kennt: Dort kann man einen definierten Begriff zumeist schlicht dadurch kennzeichnen, dass man ihn groß schreibt und damit von den im Übrigen kleingeschriebenen Substantiven abhebt. Das funktioniert im Deutschen nicht. Hier muss man auf die Verwendung von Blockbuchstaben, Fettdruck oder Kursivschrift ausweichen.

31 Definitionen können auf zwei verschiedene Arten in einen Vertrag eingeführt werden: Entweder durch einen in sich **geschlossenen Definitionsteil**, eine Art Glossar, oder durch Einfügung der Definition an derjenigen Textstelle des Vertrags, an der erstmals der zu definierende Begriff auftaucht. Ersteres ist, wenn der Eindruck nicht täuscht, die in England vorherrschende Methode, letzteres diejenige in den USA. Beides hat Vor- und Nachteile in der Praxis: Die in den Text **eingestreuten Definitionen** sind aus dem Zusammenhang heraus leichter zu verstehen; gerade bei umfangreicheren, mit einer Vielzahl von Definitionen aufwartenden Verträgen kann aber das Aufsuchen eines definierten Begriffs dadurch recht zeitraubend und umständlich werden. Nur bei elektronischen Dokumenten hilft die Suchfunktion. Ansonsten begegnet man in der anglo-amerikanischen Vertragspraxis dem Problem häufig mit dem Hilfsmittel, ein Verweisungsregister der definierten Begriffe anzufügen. Aber auch das ist umständlich und daher unbefriedigend, weil es ein zweifaches Nachschlagen erforderlich macht. Für die Praxis verdient daher im Allgemeinen die englische Methode den Vorzug, die im Übrigen natürlich auch Ausnahmen zulässt, etwa bei zu definierenden

Begriffen, die nur an einer einzigen Stelle des Vertrags im Zusammenhang weniger Sätze oder Paragraphen verwendet werden: Hier ist eine in den Text selbst eingeschobene Definition zweckmäßiger, weshalb man auch in der englischen Vertragstechnik so verfährt. Dasselbe gilt bei Begriffen, die sich wegen ihrer Komplexität nur schwer außerhalb des Textzusammenhangs definieren lassen, etwa bei Formeln zur Berechnung bestimmter Wertgrößen. Auch in solchen Fällen empfiehlt es sich aber, den definierten Begriff in die Liste der Definitionen aufzunehmen und dann dort auf die entsprechende Textstelle zu verweisen, an der sich die Definition befindet. In jedem Fall sollte man in der Handhabung nicht allzu dogmatisch vorgehen, sondern sich von dem Bestreben nach Klarheit und Einfachheit leiten lassen.

Traditionell stehen Definitionen nach der englischen Methode am Anfang des Vertrags. Auch dies kann jedoch bei umfangreichen Vertragswerken mühsam sein, wenn die entsprechende Stelle des Vertrags nicht ganz leicht zu finden ist, vor allen Dingen aber, wenn im Laufe von Vertragsverhandlungen – wie dies unvermeidlich ist – die Definitionen mehrfach überarbeitet, ergänzt oder auch durch Streichungen wieder verkürzt werden. Dies führt dann jeweils zu einem völligen Neuumbruch des gesamten Vertragstextes. Praktischer ist es deshalb, die Definitionen in einem eigenen Anhang unterzubringen, dessen Veränderungen auf den übrigen Vertragstext keine Auswirkungen haben. Bei umfangreichen Vertragswerken, insbesondere solchen, die sich aus mehreren Einzelverträgen zusammensetzen, kann es im Übrigen sogar ratsam sein, eine eigene, für alle diese Verträge geltende Definitionsvereinbarung zu schließen, auf welche die Einzelverträge dann nur jeweils Bezug nehmen bzw. die sie, soweit erforderlich, ergänzen. 32

Noch ein Wort zum Inhalt der Definitionen. Wie bei allen im Grundsatz guten Dingen kann man es auch hiermit übertreiben. Definitionen können so **kompliziert** und ineinander verschachtelt sein, dass sie das Verständnis nicht erleichtern, sondern erschweren. Bisweilen gewinnt man den Eindruck, dass dies sogar bewusst als Mittel eingesetzt wird, um den wirklichen Inhalt eines Vertrags vor einer eher unbedarften oder nicht kompetent beratenen Partei zu verbergen. Hier ist gerade für deutsche Juristen im Umgang mit ausländischen Partnern Vorsicht geboten, zumal wenn sie die Handhabung von Definitionen nicht gewohnt und daher geneigt sind, diese als mehr oder weniger überflüssige angelsächsische Marotte abzutun. Es besteht die Gefahr, dass sich im "*Kleingedruckten*" einer Definition eine versteckte Bedingung oder Ausnahme findet, die den Sinn einer Vertragsbestimmung geradezu in ihr Gegenteil verkehren kann. 33

c) Überschriften

Typisch für die US-amerikanische Vertragspraxis ist die im Vergleich zur deutschen Übung weniger strenge bzw. stringente Gliederung der Verträge. Überschriften und Staffelungen werden nicht mit derselben Konsequenz eingesetzt 34 wie in der deutschen Praxis. Überschriften sind seltener, manche Vereinbarungen passen inhaltlich nicht zur Überschrift. Dadurch verlieren die Verträge an Transparenz.[77] Auch werden die Überschriften von Vertragsbestimmungen bisweilen zur Verschleierung eingesetzt, indem dann im dritten oder vierten Unterabsatz einer Bestimmung absichtlich unerwartet ein Thema angesprochen wird, das mit dem von der Überschrift angekündigten nur noch vage zu tun hat. Die in anglo-amerikanischen Verträgen übliche Klausel, wonach Überschriften nicht zur Auslegung herangezogen werden dürfen, tut ein Übriges. Gegen solche Tricks hilft nur Sorgfalt noch bis in den letzten Halbsatz, mag dies auch bei der wuchernden Formulierungsfülle solcher Verträge mitunter schwer fallen.

d) Länge und Ausführlichkeit

35 Damit sind wir bei dem aus der Sicht eines deutschen Juristen wohl auffälligsten Merkmal angelsächsischer Verträge angelangt, nämlich – wie schon zuvor angeklungen – ihrer Länge und Ausführlichkeit und dem Grad der Detailliertheit.[78] In der deutschen Kautelarpraxis ist man es gewohnt, knapp und abstrakt zu formulieren. Noch vor nicht allzu langer Zeit gab es in Deutschland Kaufverträge auch über sehr große Unternehmen, die mit vergleichsweise wenigen Seiten auskamen.[79] Das hatte seinen Grund darin, dass Rechtsprechung und Gesetzgebung eine „Reserverechtsordnung" bereithalten, die dann einspringt, wenn die Parteien eine bestimmte Frage nicht oder nicht hinreichend klar geregelt haben. Zu nennen sind hier etwa das Gebot von Treu und Glauben, die Neben- und Aufklärungspflichten der Vertragsparteien, Grundsätze der Fairness, die Lehre von der Vertragsauslegung und von der ergänzenden Vertragsauslegung, die Lehre von der Geschäftsgrundlage oder das Institut des Verschuldens bei Vertragsschluss.[80] Das anglo-amerikanische Recht ist weit weniger fürsorglich und überlässt es den Parteien, für Klarheit und Vollständigkeit zu sorgen. Daher neigen angelsächsische Juristen dazu, einen Gegenstand auch sprachlich von allen Seiten zu beleuchten und abzuklopfen, damit jedes spätere Missverständnis darüber, was gemeint gewesen sein könnte, soweit nur irgend möglich ausgeschlossen ist. Ein und derselbe Komplex wird anhand von sechs, acht teilweise überlappenden Einzelbegriffen eingegrenzt und dann möglichst noch mit einer allgemeineren Auffangbestimmung erfasst, die zwangsläufig zu der Frage führt, wozu denn all die Einzelbegriffe überhaupt nötig waren.

36 Flankiert wird der Hang zur Ausführlichkeit von der Furcht, einzelne Fallgestaltungen oder Eventualitäten zu übersehen und nicht im Vertrag zu berück-

---

77) *Hentzen* in: Ebke/Elsing/Großfeld/Kühne, S. 101, 109.
78) Näher *Kondring*, IPRax 2006, 425; *Lundmark*, RIW 2001, 187; *Merkt* in: FS Sandrock, S. 657, 661 f.; *Triebel*, RIW 1998, 1, 4 f.
79) *Hentzen* in: Ebke/Elsing/Großfeld/Kühne, S. 101, 103.
80) *Hentzen* in: Ebke/Elsing/Großfeld/Kühne, S. 101, 103.

sichtigen. Aus dieser Furcht heraus haben über die US-amerikanische Vertragspraxis sog. *catch all-* oder *boilerplate-clauses* Eingang in die internationale Vertragspraxis gefunden. So heißt es oftmals „*including but not limited to*" oder „*notwithstanding the generality of the foregoing*".[81] Dass solche Klauseln auch in internationalen Verträgen ohne US-amerikanische Parteien zu finden sind, erklärt sich nicht in erster Linie mit dem Zwang zum Kompromiss oder mit Unsicherheit,[82] sondern primär damit, dass die US-Praxis längst von Vertragsjuristen weltweit verinnerlicht worden ist und solche Floskeln heutzutage gar nicht mehr auffallen oder gar als Fremdkörper wahrgenommen werden.

Charakteristisch für die anglo-amerikanische Kautelarpraxis ist außerdem die umfängliche Verwendung von Definitionen. Der Grund für diese Vorgehensweise liegt natürlich nicht in einer mangelnden Fähigkeit zum abstrakten Denken und Formulieren und auch nicht primär in dem bereits angesprochenen Mangel an kodifiziertem Recht, sondern in den ganz anders gearteten Auslegungsgrundsätzen dieses Rechtskreises, die der wörtlichen Auslegung immer noch eine vorrangige Bedeutung einräumen. Was nicht im Vertrag steht, ist eben auch nicht vereinbart und nicht gemeint; demzufolge muss alles hineingeschrieben werden, was auch in noch so fern liegendem Zusammenhang relevant werden könnte. Dies ist man im deutschen Recht nicht gewöhnt; vielmehr ist man geneigt, sich auf die am tatsächlichen oder mutmaßlichen Parteiwillen orientierte Auslegung auch missratener Vertragsbestimmungen durch die Gerichte zu verlassen. So angenehm dies einerseits ist, so gefährlich kann es andererseits sein, indem es nämlich zur Bequemlichkeit und Nachlässigkeit bei der Formulierung verführt. Gerade bei internationalen Verträgen ist man demgegenüber gut beraten, so ausführlich und genau wie möglich zu formulieren, so dass der Vertrag im Wesentlichen aus sich selbst heraus lebt und nicht einer ergänzenden oder korrigierenden Interpretation durch ein Gericht oder gar der Lückenfüllung durch Gesetzesrecht bedarf. Damit schützen sich die Vertragsparteien auch vor dem Risiko, dass aus unvorhersehbaren Gründen das Recht der Auslegung (Auslegungsstatut) ein anderes ist als dasjenige, mit dem man gerechnet hat. 37

Darüber hinaus trägt Ausführlichkeit zum einen dazu bei, dass die nicht juristisch gebildeten Beteiligten trotz ihrer unterschiedlichen Erfahrungshintergründe genau wissen, was jede Partei an Rechten und Pflichten übernimmt; zum anderen wird im Streitfall die Auslegung erleichtert, was besonders bei einer Streitentscheidung durch ein Schiedsgericht wichtig ist, welches nicht an eine bestimmte nationale Rechtsordnung oder an bestimmte Auslegungsgrundsätze gebunden ist. 38

Auch hier schadet es deshalb nicht, wenn man als deutscher Jurist – freilich unter Vermeidung von Exzessen – den Erwartungen und Gepflogenheiten der 39

---

81) Zu solchen Klauseln *Triebel*, RIW 1998, 1, 5.
82) So *Hentzen* in: Ebke/Elsing/Großfeld/Kühne, S. 101, 109.

ausländischen Vertragspartner entgegenkommt. Dabei sei ein kurzer Exkurs zu einem rein praktischen Problem gestattet, dass sich aus dem unter Umständen geltenden **Beurkundungszwang**, etwa beim Erwerb von GmbH-Anteilen im Wege des *Share Deal*, ergibt: Die Verlesung eines Vertrags von angelsächsischem Umfang, vor allem wenn er nicht nur aus dem schon sehr detaillierten Vertragstext selbst, sondern auch noch aus zahlreichen Anlagen und Nebenvereinbarungen, Listen von Vermögensgütern, Jahresabschlüssen, Patent- oder Markenanmeldungen besteht, kann für alle Beteiligten zur Tortur werden und ist kaum geeignet, das ohnehin geringe Verständnis einer ausländischen Vertragspartei für das deutsche Beurkundungswesen zu fördern. Eine gewisse Erleichterung will hier § 14 BeurkG schaffen, der u. a. für *„Bilanzen, Inventare, Nachlassverzeichnisse oder sonstige Bestandsverzeichnisse über Sachen, Rechte und Rechtsverhältnisse"* einen Verzicht auf die Verlesung ermöglicht; in der Praxis der deutschen Notare scheint sich diese Vorschrift aber – vielleicht aus Sorge vor möglichen Nichtigkeitsfolgen bei zu extensiver Auslegung – nicht recht durchgesetzt zu haben. Stattdessen bieten sich im Prinzip zwei Wege an:

40 **Zum einen** kann man erwägen, auf die Beurkundung des schuldrechtlichen Kaufvertrags ganz zu verzichten und dessen damit gegebene schwebende Unwirksamkeit durch Beurkundung des dinglichen Übertragungsaktes zu heilen (§ 15 Abs. 4 GmbHG). Dieser Weg ist allerdings nicht ohne Risiken: Geheilt wird nämlich nur das schuldrechtliche Verpflichtungsgeschäft, soweit es die Übertragung der GmbH-Anteile betrifft.[83] Andere, möglicherweise ebenfalls beurkundungsbedürftige Verpflichtungen bleiben hingegen schwebend unwirksam. Dies gilt etwa für die Vereinbarung von Call-Optionen auf weitere Geschäftsanteile. Bevor der Weg über die Heilung gemäß § 15 Abs. 4 GmbHG beschritten wird, bedarf der Vertrag daher sorgfältiger Analyse in Bezug auf etwa doch darüber hinaus beurkundungsbedürftige Aspekte.

41 **Zum anderen**, und dies ist der sicherere Weg, besteht die Möglichkeit der Herstellung einer sog. *Bezugsurkunde*. Dabei handelt es sich um ein separates Schriftstück, das ganz normal durch den Notar beurkundet wird, aber mit einer dritten Person (z. B. einem Büromitarbeiter) und nicht den Vertragsparteien selbst als dem Erschienenen, dessen Erklärung beurkundet wird. Dem Notar kann dabei zwar die Mühe des Verlesens nicht erspart werden, wohl aber den Parteien die Mühe des Zuhörens, denn auf die so erstellte Urkunde – etwa mit den erwähnten Listen von Vermögensgegenständen – kann bei der Beurkundung des Hauptvertrags schlicht Bezug genommen werden, und zwar unter Verzicht auf die erneute Verlesung (§ 13a Abs. 1 Satz 1 BeurkG). Dieses Verfahren empfiehlt sich auch für den Fall, dass eine gesonderte Definitionsvereinbarung abgeschlossen wird, die dadurch gleichsam vor die Klammer gezogen werden kann. Im Übrigen hat es sich in der Praxis bewährt, die ansonsten er-

---

[83] *Fastrich* in: Baumbach/Hueck, GmbHG, § 15 Rz. 36.

forderliche stundenlange Verlesung in zwei oder mehr kleinere Einheiten aufzuteilen. Dadurch gewinnt man zugleich zeitliche Flexibilität und erleichtert damit die praktische Abwicklung des Vertragsschlusses, gerade wenn Beteiligte aus dem Ausland anreisen und nur begrenzt Zeit zur Verfügung steht, um den Anforderungen deutscher Formzwänge zu genügen.

3. Auslegung und Sprache
a) Kryptischer Charakter des Common Law of contracts

Ebenfalls zur Umfänglichkeit amerikanischer Verträge zwischen Unternehmen 42 tragen Besonderheiten des anglo-amerikanischen Vertragsrechts bei. Hier sind zunächst das allgemeine Vertragsrecht des *Common Law* und insbesondere seine Auslegungsregeln zu nennen.[84] Anders als im kontinentalen und namentlich deutschen Recht hat sich die anglo-amerikanische Praxis der Verträge zwischen Unternehmen in einem Rechtssystem entwickelt, dem es – wie zuvor schon angesprochen – weitenteils an gesetzlich **kodifizierten Regelungen** des dispositiven Rechts fehlt. Die fehlende Möglichkeit der – ausdrücklichen oder stillschweigenden – Bezugnahme auf das positive Recht macht es stärker als im deutschen Recht erforderlich, Verträge möglichst umfassend und **aus sich selbst heraus** verständlich auszuhandeln und zu formulieren. Ferner fehlt es dem anglo-amerikanischen Recht an gesetzlich normierten Generalklauseln, die in ihrer interpretatorischen Entfaltung durch Rechtsprechung und Literatur dem Autor eines Vertrags die Arbeit erheblich vereinfachen können. Das Bedürfnis der US-amerikanischen Praxis nach autonomen, aus sich selbst heraus verständlichen Verträgen ist schon aus diesen Gründen deutlicher ausgeprägt als auf dem Kontinent. Als Beispiele genannt seien etwa umfangreiche Vereinbarungen über die Aufrechnung (*set-off*) und über Zurückbehaltungsrechte (*rights of retention*). Im anglo-amerikanischen Recht bedarf es insoweit komplizierter individualvertraglicher Vereinbarungen, die zumeist prozessualer und nicht materiell-rechtlicher Natur sind. In den kontinentalen Rechtsordnungen sind beide Institute hinreichend gesetzlich geregelt, was eine vertragliche Vereinbarung regelmäßig überflüssig macht. Gleiches gilt für die Abtretung (*assignment*), die auf dem Kontinent durchweg abstrakt und liberal geregelt ist, während mangels klarer positivrechtlicher Bestimmungen im US-amerikanischen Recht ausdrückliche Klauseln üblich sind.

b) Auslegungsgrundsätze

Ausgangspunkt der Vertragsauslegung (*construction of contracts*) ist im eng- 43 lischen wie im US-amerikanischen Recht die objektive Lehre. Danach ist zu

---

84) Näher *Döser*, NJW 2000, 1451, 1452; *Döser*, JuS 2000, 246, 249; *Merkt* in: FS Sandrock, S. 657, 662 f.; *v. Westphalen*, ZVglRWiss 102 (2003), 53, 57 ff.; aus kontinentaler Sicht bezeichnet *Basedow*, AcP 200 (2000), 445, 457 ff. diese Entwicklung weg vom kodifizierten und hin zum „privatisierten" Vertragsrecht als „postpositivistische Struktur" des Vertragsrechts.

ermitteln, wie ein unbeteiligter Dritter vernünftigerweise die Vereinbarungen der Parteien im Zeitpunkt des Vertragsschlusses verstanden hätte.[85] Dabei ist zu beachten, dass die Vertragsauslegung im anglo-amerikanischen Recht stärker dem Wortlaut verhaftet bleibt als auf dem Kontinent. Soweit der Wortlaut der vertraglichen Vereinbarungen eine klare Bedeutung hat, ist diese Bedeutung maßgebend, gleichviel, was sonstige Kriterien nahelegen (*plain meaning rule*).[86] Nach der *parol evidence rule* (auch: *four corners rule*), die sozusagen als prozessuale Absicherung der *plain meaning rule* fungiert,[87] gilt die Vermutung, dass ein schriftlicher Vertrag vollständig ist und dass die Parteien keine darüber hinausgehenden schriftlichen oder mündlichen Vereinbarungen getroffen haben. Ergänzender mündlicher Beweis (*parol evidence*) wird zum Nachweis des (zwischen den vier Ecken – *four corners* – des Vertragsdokuments niedergelegten) Vertragsinhalts prinzipiell nicht zugelassen. Ebensowenig darf die vorvertragliche Korrespondenz der Parteien oder – im Wege des Zeugenbeweises – das i. R. der Vertragsverhandlungen mündlich Erklärte zur Auslegung oder aber nachvertragliches Verhalten der Parteien herangezogen werden (*entire agreement clause, exclusionary rule*). Von diesem Grundsatz darf in England nur ausnahmsweise dann abgewichen werden, wenn eine objektiv feststellbare Willensübereinstimmung irrtümlich nicht richtig zum Ausdruck gelangt ist. Allerdings handelt es sich bei dieser sog. *rectification* um einen Rechtsbehelf der Irrtumslehre, nicht um ein Instrument der Auslegung.[88] Das US-amerikanische Recht hingegen lässt eine Ausnahme von der *exclusionary rule* nur im Fall der *falsa demonstratio* zu, wenn also fest steht, dass beide Parteien übereinstimmend eine andere Bedeutung gemeint haben als diejenige, die ein unbeteiligter Dritter vernünftigerweise der Vereinbarung der Parteien im Zeitpunkt des Vertragsschlusses beigemessen hätte,[89] oder wenn der Vertrag mehrdeutig ist.[90] Die Parteien sind daher im Interesse der Rechtsklarheit und -sicherheit gehalten, in den schriftlichen Vertrag sämtliche Regelungen ausführlich, vollständig und unzweideutig aufzunehmen.[91] Im kontinentaleuropäischen Recht ist die vergleichbare Regel viel schwächer ausgebildet.[92] Allerdings ist auch das US-amerikanische Vertragsrecht im Laufe seiner Entwicklung von der strengen Bindung an

---

85) Für England: Investor Compensation Scheme Ltd. v. West Bromwich Building Society, [1998] 1 WLR 896, 912H (HL); *McMeel*, Rz. 3.39; für die USA: Rhone-Poulenc Basic Chemicals Co. v. American Motorists Inc. Co., 616 A.2d 1192, 1196 /Del. 1992); *Farnsworth*, § 7.9.
86) *Rezori*, S. 94 ff.
87) *Hentzen* in: Ebke/Elsing/Großfeld/Kühne, S. 101, 103.
88) *Fowler v. Fowler*, (1859) 4 DeG & J 250, 264.
89) *Farnsworth*, § 7.9.
90) *Farnsworth*, § 7.13.
91) Für das englische Recht *Guest* in: Guest, § 12-081 bis § 12-090; für das US-amerikanische Recht *Jaeger*, Williston on Contracts, Sec. 631 ff.
92) *Vogenauer* in: Triebel/Hodgson/Kellenter/Müller, III § 1 Rz. 44.

den Vertragstext abgerückt. Inzwischen gibt es mit der Lehre von dem *implied promise* und der *good faith performance* Elemente, die bei der Vertragsauslegung sozusagen von außen hinzutreten.[93] Dennoch steht die autonome Auslegung nach wie vor ganz im Mittelpunkt.

Ein weiterer Grund ergibt sich aus der generellen Neigung von *Common Law*-Juristen, Vertragsklauseln eng auszulegen. Nach der sog. *ejusdem generis*-Regel werden vertragliche Klauseln, die bestimmte Tatbestände enumerativ auflisten, nur auf solche nicht aufgelisteten Tatbestände erstreckt, die zum Typ bzw. zur Art der genannten Tatbestände gehören. Um diese Regel auszuschalten, verwendet der anglo-amerikanische Kautelarpraktiker bei Aufzählungen stereotyp die Formel "*without affecting the generality of the foregoing*", was nach deutschem Recht mangels entsprechender Auslegungsregel keinen Sinn macht. Im Übrigen geht das *Common Law* grundsätzlich davon aus, dass die Nichtaufnahme sonstiger Tatbestände von den Parteien beabsichtigt war und diese Absicht zu respektieren ist.[94] Diese restriktive Haltung gegenüber der Anwendung vertraglicher Bestimmungen auf nicht im Vertrag genannte Tatbestände zwingt die Kautelarpraxis bei Enumerationen dazu, alle erdenklichen Tatbestände ausdrücklich aufzunehmen. Das gilt insbesondere für Haftungsfragen. Hier empfiehlt sich aus der Sicht der *Common Law*-Vertragspraxis, sämtliche Haftungs- bzw. Haftungsausschlusstatbestände minutiös im Vertrag aufzuführen.

Die strenge Bindung an den Vertragstext, die hohe Komplexität der Verträge und das Bestreben nach geradezu enzyklopädischer Vollständigkeit führen ihrerseits dazu, dass in der anglo-amerikanischen Kautelarpraxis Vertragsmuster schon sehr frühzeitig „gepflegt" wurden und – auch i. S. einer Checkliste – immer und immer wieder Verwendung fanden. Mit solchen Musterverträgen lässt sich auch ein großer Markt mit starker Nachfrage bedienen. Dabei können relativ wenige Partner viel Beratungstätigkeit auf Angestellte delegieren, die selbst nicht über breite Erfahrung verfügen müssen, weil sie den Vertrag im Einzelfall nicht von Grund auf neu konzipieren müssen. Andererseits fördert gerade diese Arbeitsweise das Längenwachstum der Verträge, denn es gab und gibt Klauseln im Muster, die unter keinen Umständen gestrichen werden dürfen, sondern denen allenfalls Ausnahmen hinzugefügt werden dürfen. Das Resultat sind lange und komplexe Ausnahmeketten.[95] Auch dies erklärt, warum die US-amerikanische Vertragspraxis in den Kontinent, nicht hingegen unsere einzelfallgeleitete und stärker auf unser positives Recht gestützte Praxis in den anglo-amerikanischen Raum vordringen konnte.

---

93) *Hentzen* in: Ebke/Elsing/Großfeld/Kühne, S. 101, 104, der zutreffend darauf hinweist, dass diese Grundsätze sogar Eingang in den Uniform Commercial Code gefunden haben, s. § 1-201 (19) sowie § 2-103(1)(b).

94) Für das englische Recht *Guest* in: Guest, § 12-074 – § 12-076; für das US-amerikanische Recht American Jurisprudence Second, Bd. 17A, Stand: 7/2013, „Contracts", § 368.

95) Näher *Hentzen* in: Ebke/Elsing/Großfeld/Kühne, S. 101, 104.

c) Juristensprache

46 Der Hang zu Länge und Breite lässt sich bis in die Wahl der Wörter und Begriffe hinein verfolgen.[96] Dabei geht es nicht lediglich um das allgemeine, offenbar in allen Rechtsordnungen bekannte Phänomen der unschönen, weitschweifigen und hölzernen Juristensprache,[97] sondern um ein Spezifikum des Rechtsenglischen. Jedem im internationalen Recht Tätigen sind Formulierungen wie *„goods and chattels", „fit and proper"* oder *„save and except"* geläufig. Man könnte vermuten, dass diese Redundanzen auf die soeben dargelegten Auslegungsgrundsätze zurückzuführen sind. Die **Dopplung** wäre dann erforderlich, um das Gemeinte sozusagen von allen Seiten zu bezeichnen und damit jeden noch so leisen Zweifel auszuschließen. Doch der wahre Grund für diese Dopplungen wurzelt nicht im Vertragsrecht, sondern in der **frühen Rechtsgeschichte**: Vor der Eroberung Englands durch die Normannen im Jahre 1066 war neben dem Latein die englische Sprache im Rechtsleben vorherrschend. Mit den normannischen Eindringlingen trat die französische Sprache hinzu. Da aber nur die Wenigsten mit beiden (Rechts-) Sprachen hinreichend vertraut waren, entwickelten die mittelalterlichen Juristen jene Dopplungen, deren erste (*goods, fit, save*) dem Englischen und deren zweite (*chattels, proper, except*) dem Französischen entstammt. Bei der Formulierung *„give, devise and bequeath"* stammen die erste und die dritte Bezeichnung aus dem Englischen, die zweite hingegen aus dem Französischen. Auch *„peace and quiet"* verbindet Französisch mit Latein, während *„will and testament"* Englisch mit Latein kombiniert.[98] Die über Jahrhunderte und Kontinente eingefahrene Kautelarpraxis ist allerdings äußerst widerstandsfähig und sieht keine Veranlassung, sich von diesen unnötigen und in der Masse für den Vertragsumfang durchaus erheblichen Verdopplungen zu trennen.

4. Beschreibung des Vertragsgegenstands

47 Anders als der abstraktionsvertraute deutsche Vertragsjurist kann sich der US-amerikanische Jurist nicht auf eine Beschreibung von Sachgesamtheiten beschränken. Erforderlich sind speziell beim *Asset Deal* detaillierte Darstellungen der einzelnen Unternehmensbestandteile mit ergänzenden sog. Allklauseln. Hinzu kommt die Tendenz, bestimmte Projektrisiken detailliert auszugrenzen.[99]

---

96) Allgemein zum Einfluss der anglo-amerikanischen Rechtssprache auf das kontinentale Vertragsrecht *Krümmel*, S. 41.
97) Hier ist aber gerade für die US-amerikanische Praxis ein wachsendes Problembewusstsein festzustellen. So gibt es sowohl i. R. der universitären Juristenausbildung als auch von kommerzieller Seite zahlreiche sog. „legal writing clinics", die sich darum bemühen, in der Anwaltschaft für einen knapperen und verständlicheren Stil zu werben, vgl. *Mc Claskey*, Journal, NYSBA November 1998; ferner *Garner*, passim; *Garner/Newman/Jackson*, passim.
98) Ausführlich zum Nebeneinander der drei Rechtssprachen *Mellinkoff*, passim.
99) *Hentzen* in: Ebke/Elsing/Großfeld/Kühne, S. 101, 106.

Auch bei der Bestimmung des Kaufpreises macht sich die US-amerikanische 48
Praxis bemerkbar.[100] Längst haben sich hier international die aus der US-Praxis bekannten komplexen ökonomisch optimierten Preisfindungsmodelle eingebürgert, die an der Unternehmensbewertung orientiert sind.[101] Dabei geht es auch darum, die Risiken zwischen Abschluss der *due diligence* und dem *Closing* angemessen zu verteilen. Wesentliche Faktoren sind hier etwa die Nettoverschuldung, das *Working Capital*, die Auftragslage, die Umsetzung von Zielen. Die risikoabhängige Anpassung des Kaufpreises kann an Einmal-Effekte, an abgezinste Langfristeffekte oder an näher definierte Multiplikatoren gekoppelt werden. Die maßgeblichen Stichtage für die Anpassung können je nach Lage des Unternehmens und des Marktes durch sog. *Locked-Box-*, *Effective Date-* oder *Closing Date*-Modelle bestimmt werden.[102] Bedeutsam ist die Abstimmung der Preisfindungsvereinbarungen mit den Vertragsbestimmungen zum *Closing*-Mechanismus, zu den Gewährleistungen (*representations and warranties*, dazu gleich näher) und zu etwaigen Freistellungen.[103] Natürlich ist es richtig, dass diese Techniken und Instrumente der Preisfindung ökonomisch motiviert sind und heutzutage in der Kautelarpraxis des Unternehmenskaufs international weite Verbreitung gefunden haben.[104] Und dennoch kann nicht ernsthaft bezweifelt werden, dass ihr Ursprung in der US-amerikanischen Praxis lag und insoweit, wenn nicht von der Rezeption US-amerikanischen Rechts, so doch von der Rezeption der US-amerikanischen Vertragspraxis gesprochen werden muss.

5. Representations and Warranties

Sodann erklärt sich die Ausführlichkeit speziell von Unternehmenskaufver- 49
trägen mit den Eigenheiten des Gewährleistungsrechts. Nach englischem und US-amerikanischem Recht haftet der Unternehmensveräußerer grundsätzlich nicht für Mängel des Unternehmens. Vielmehr ist es Sache des Käufers, beim Kauf auf etwaige Mängel zu achten (*caveat emptor*).[105] Vor nicht erkannten Mängeln kann sich der Käufer nur durch entsprechende Gewährleistungsvereinbarungen (*representations*, *warranties*) schützen.[106] Der Käufer ist infolge

---

100) Zum Folgenden *Hentzen* in: Ebke/Elsing/Großfeld/Kühne, 101, 106.
101) Umgekehrt findet heutzutage bei der Unternehmensbewertung auch außerhalb von M&A-Transaktionen eine vorgelagerte *due diligence*-Untersuchung statt.
102) *Meyer-Sparenberg* in: Beck'sches Formularbuch BHW, S. 227; *Holzapfel/Pöllath*, Unternehmenskauf, Rz. 1080 ff.; *Mueller-Thuns* in: Rödder/Hötzel/Mueller-Thuns, Unternehmenskauf, S. 163 ff.
103) *Klumpp* in: Beisel/Klumpp, Unternehmenskauf, S. 388 ff.
104) Darauf verweist zu Recht *Hentzen* in: Ebke/Elsing/Großfeld/Kühne, S. 101, 106.
105) *Liekefett*, S. 26; *Merkt* in: FS Sandrock, S. 657, 664, 667.
106) Näher *Merkt*, BB 1995, 1041; *Merkt*, WiB 1996, 145; speziell für das englische Recht des Unternehmenskaufs *Evans*, ICCLR 1995, 195 und *Kessel*, RIW 1997, 285.

der *caveat emptor*-Regel darauf angewiesen, dass alle *representations* und *warranties* möglichst eindeutig und vollständig in den Vertrag aufgenommen werden. Abstraktionen und Generalisierungen verbieten sich. Dies führt zu umfangreichen Gewährleistungs- und Haftungsklauseln und zu ebenso umfangreichen Vertragsanhängen (*schedules, annexes*). Vorgesehen werden bei *representations and warranties* üblicherweise Haftungsunter- und -obergrenzen. Kenntnis des Käufers führt regelmäßig zum Wegfall des Garantieanspruchs. Die Verjährungsfristen werden im Vertrag typischerweise kurz gefasst. Im Unterschied zu *representations and warranties* erlangt der Käufer durch Vereinbarung von *indemnities* umfassenderen Schutz.[107] Was die inhaltliche Ausgestaltung betrifft, genügen heutzutage schlichte bzw. pauschale Bilanzgarantien nicht mehr den Anforderungen. Verbreitet sind höchst detaillierte und lange Garantiekataloge mit einer Vielzahl spezifizierter Bilanzpositionen. Dabei ist darauf zu achten, dass sich diese Garantien nicht mit anderen Garantien im Vertrag überschneiden. Hingegen spielen i. R. der Gewährleistung die deutschen gesetzlichen Regelungen zur Mangelgewährleistung beim Kauf seit jeher für den Unternehmenskauf bei internationalen und inzwischen auch bei größeren nationalen Transaktionen keine Rolle.[108] Ganz generell ist die Verbreitung von Vertragsanhängen in der anglo-amerikanischen Praxis stärker als auf dem Kontinent. Das hat einerseits damit zu tun, dass das Regelungsprogramm dort umfassender ist und man durch die Auslagerung etwa von Auflistungen in die Anhänge versucht, den eigentlichen Vertragstext zu entlasten. Hinzu kommt, dass man in der US-amerikanischen Praxis sehr viel stärker mit Verweisungen innerhalb des Vertragstexts arbeitet, was es erschwert, nachträglich komplexere Regelungen bündig zu integrieren. Da die systematische Auslegung eine weit geringere Rolle spielt, ist das Risiko möglicher Widersprüche bei Schaffung unterschiedlicher Dokumente geringer.[109]

6. Closing

50 International verbreitet hat sich auch das aus der US-Praxis bekannte Institut des *Closing*, womit man den vom Zeitpunkt des Vertragsschlusses verschiedenen und zeitlich nachgelagerten Zeitpunkt der Vertragserfüllung (Leistungszeitpunkt, Vertragsvollzug) bezeichnet, zu dem die Kaufsache übertragen wird. Rein äußerlich ähnelt diese dem US-amerikanischen Vertragsrecht grundsätzlich fremde Trennung zwischen Vertragsschluss und Vertragserfüllung dem deutschen Trennungs- und Abstraktionsprinzip, wenngleich Herkunft, Grund und Wirkungen in beiden Rechtsordnung vollkommen unterschiedlich sind. Beim *Closing* geht es einfach darum, die Abwicklung einer komplexen Transaktion, wie sie der Unternehmenskauf darstellt, zu strukturieren, zu vereinfachen

---

107) *Hentzen* in: Ebke/Elsing/Großfeld/Kühne, S. 101, 107.
108) *Hentzen* in: Ebke/Elsing/Großfeld/Kühne, S. 101, 107.
109) *Hentzen* in: Ebke/Elsing/Großfeld/Kühne, S. 101, 109.

und die Allokation der während der Abwicklung auftretenden Risiken zu ermöglichen.[110] Mit dem *Closing* soll insbesondere sichergestellt werden, dass die beiderseitigen Hauptpflichten Zug um Zug erfüllt werden. Weil die Übertragung des Unternehmens, sei es durch *shares* oder durch *assets*, in aller Regel von gesellschaftsrechtlichen oder kartellrechtlichen Voraussetzungen abhängt, ist es rechtlich in der Regel nicht möglich, die Erfüllung uno actu und gleichzeitig mit dem Vertragsschluss vorzunehmen. Daher wird die Erfüllung aufschiebend bedingt an den Eintritt dieser Voraussetzungen geknüpft und zeitlich auf den Moment des *Closing* nachverlagert. Daneben werden die Parteien nicht selten weitere Bedingungen vereinbaren, etwa, dass die Geschäftsgrundlage keine wesentlichen Änderungen erfährt oder wegfällt (*material adverse change clause*, MAC-Klausel)[111] oder dass sich bestimmte Bilanzkennzahlen nicht ändern (*bring down of reps and warranties*).[112]

7. Nebenpflichten

Ebenfalls aus der US-amerikanischen Vertragspraxis stammt die Übung, vertragliche Nebenpflichten zum Gegenstand detaillierter Vereinbarungen im Unternehmenskaufvertrag zu machen. Zu nennen ist hier vor allem die Vereinbarung über die Geschäftsführung zwischen Vertragsschluss und *Closing*. Eine solche Vereinbarung bedarf der sorgfältigen Abstimmung mit der Risikoverteilung in der Kaufpreisklausel und den *representations and warranties*.[113]   51

8. Schadensersatz als grundsätzlich einziger Rechtsbehelf

Ein weiterer Grund für die Länge amerikanischer Verträge ergibt sich aus dem Grundsatz des *Common Law*, wonach eine Vertragspartei ihren vertraglichen Erfüllungsanspruch, die sog. *specific performance*, grundsätzlich nicht gerichtlich durchsetzen kann. Gerichtlich durchsetzbar ist nur ein **Schadensersatzanspruch wegen Nichterfüllung**. Lediglich in einzelnen gesetzlich vorgesehenen Fällen oder dann, wenn wegen besonderer Umstände des Einzelfalls Schadensersatz den Interessen der Parteien nicht gerecht würde, wird eine Ausnahme zugelassen. Daher versucht man, im Vertrag so exakt und detailliert wie möglich festzuschreiben und zu beziffern, welcher Schaden im Falle der Nichterfüllung zu ersetzen ist.[114]   52

---

110) Näher zum Closing *Merkt* in: FS Sandrock, S. 657, 683 ff.; *Holzapfel/Pöllath*, Unternehmenskauf, Rz. 65 ff.
111) *Meyer-Sparenberg* in: Beck'sches Formularbuch BHW, S. 232; *Holzapfel/Pöllath*, Unternehmenskauf, Rz. 71; *Massumi*, S. 133 ff.; *Picot/Duggal*, DB 2003, 2635; *Lange*, NZG 2005, 454; *Schlößer*, RIW 2006, 889.
112) Näher *Hentzen* in: Ebke/Elsing/Großfeld/Kühne, S. 101, 108.
113) *Hentzen* in: Ebke/Elsing/Großfeld/Kühne, S. 101, 108.
114) *Lundmark*, RIW 2001, 187, 188; *Döser*, JuS 2000, 246, 251.

9. Vermeidung von Prozessen

53 Eine letzte Ursache für den besonderen Umfang US-amerikanischer Verträge zwischen Unternehmen liegt schließlich im US-amerikanischen Prozessrecht. US-amerikanische, aber auch englische Unternehmen scheuen Auseinandersetzungen vor staatlichen Gerichten noch mehr als Unternehmen auf dem Kontinent. Prozesse gelten im anglo-amerikanischen Bereich als besonders kostspielig, zeitaufwendig und – nicht zuletzt wegen der Jury aus Laien und des Phänomens des *coaching* von Zeugen – als **unberechenbar**.[115] Durch möglichst präzise, detaillierte und umfassende Verträge, in denen für alle Eventualitäten vorgesorgt wird, sucht man sich vor dem Gang zum Gericht zu schützen oder doch dem Gericht die Hände so weit wie möglich zu binden.[116]

10. Fazit

54 Fasst man diese Beobachtungen zum Charakter der anglo-amerikanischen Vertragspraxis zusammen, so ist der Befund recht eindeutig: Wir haben es mit einer Vertragspraxis zu tun, die gegenüber dem positiven Recht eine relativ autarke Position erlangt hat. Die Vertragspraxis war von Beginn an gezwungen, sich aus sich selbst heraus zu entwickeln und aus sich selbst heraus zu leben. Dahinter steht eine Rechtskultur, in der **Individualismus** und **Formalismus** stärker ausgeprägt sind als bei uns. Dabei meint Individualismus, dass die Parteien primär auf ihre eigenen Kräfte vertrauen, dass sie ihr Schicksal selbst in die Hand nehmen und den Inhalt ihres Vertrags selbst durch umfassende Vereinbarungen vollständig festlegen. Gerade weil aber die Parteien dem Staat und der Obrigkeit, also auch dem Richter, nur eine eingeschränkte Rolle bei der Ermittlung des Vertragsinhalts zubilligen wollen, muss das Vertragsrecht formalistisch sein und **ex-post-Eingriffe** in den Vertrag bei einem späteren Rechtsstreit, etwa im Wege der richterlichen Interpretation oder der ergänzenden Vertragsauslegung, durch enge Auslegungsgrundsätze minimiert werden.[117] Diese Isolierung des Vertrags gegen externe Einflüsse macht die anglo-amerikanische Vertragspraxis äußerst robust und hilft ihr, auch in einer fremden Umgebung gut zu funktionieren.

III. Zum Verfahren der Vertragsverhandlungen

1. Rolle der Rechtsberater

55 Die Rolle der Rechtsberater bei der Verhandlung von Unternehmenskaufverträgen verdient besondere Beleuchtung. Mehr noch als bei anderen Verträgen kann die Art und Weise, wie sie diese Rolle wahrnehmen, über Erfolg oder Misserfolg einer Transaktion entscheiden. Mehr noch als bei anderen interna-

---

115) *Langbein*, Am. J. Comp. L. 35 (1987), 381.
116) *Merkt* in: FS Sandrock, S. 657, 661; *Triebel*, RIW 1998, 1, 5.
117) *Merkt* in: FS Sandrock, S. 657, 661; *Lundmark*, RIW 2001, 187, 191.

tionalen Transaktionen haben sie die Verantwortung eines sprachlichen, konzeptionellen und kulturellen Vermittlers.

Im sprachlichen Bereich liegt dies auf der Hand. Die international dominierende Verhandlungs- und Vertragssprache Englisch wird sehr häufig auch beim internationalen Unternehmenskauf mit deutscher Beteiligung verwandt. Selbst bei einem gut Englisch sprechenden deutschen Mandanten wird der beratende Anwalt dabei regelmäßig die Aufgabe haben, über das reine Vokabelverständnis hinaus auf die dahinter stehenden, oft von unseren Begriffen stark **abweichenden Vorstellungen** hinzuweisen, etwa wenn Allerweltsbegriffe wie *Guarantee* oder *Mortgage* verwendet werden, die jeder zu verstehen glaubt, ohne darauf zu achten, dass sie im technischen Gebrauch ganz andere Bedeutungen haben als ihre scheinbaren deutschsprachigen Äquivalente. 56

Hier berührt sich die sprachliche Vermittlerfunktion mit der konzeptionellen. Damit ist die Aufgabe gemeint, den Beteiligten aus unterschiedlichen Rechtssystemen klarzumachen, wo das ihnen jeweils fremde System Besonderheiten aufweist, die für die Transaktion von großer Bedeutung sein könnten, ohne dass die übrigen Beteiligten sich dessen immer bewusst sind. Beispiele aus dem deutschen Recht, die bei ausländischen Vertragsparteien oder ihren ausländischen Rechtsberatern immer wieder zu Erstaunen oder Verwunderung führen, sind das Trennungs- und Abstraktionsprinzip, die unabhängige Stellung des Vorstands der AG oder die nur sehr unvollkommen beschränkbare Vertretungsmacht des GmbH-Geschäftsführers, von den grundlegenden Unterschieden des Zivilprozesses (Stichwort: *pretrial discovery*) ganz zu schweigen. Wer es versäumt, seinen ausländischen Mandanten im Zuge von Vertragsverhandlungen auf derartige Besonderheiten hinzuweisen, mögen sie ihm selbst auch noch so normal und selbstverständlich vorkommen, muss mit Haftpflichtfolgen rechnen. Hier ist ein hohes Maß an Sensibilität für die Unterschiede der rechtlichen Systeme und Gepflogenheiten gefordert. 57

Am wichtigsten ist die Funktion des juristischen Beraters beim internationalen Unternehmenskauf aber vielleicht in einem Bereich, der zwar keine Haftpflichtfolgen, dafür aber umso schwerer wiegende Konsequenzen für den Unternehmenskauf selbst haben kann. Erfahrungsgemäß erweisen sich internationale Akquisitionen häufig nicht deshalb als Fehlschlag, weil die wirtschaftlichen Erwartungen der Beteiligten unrealistisch waren, sondern weil **kulturelle Missverständnisse** zu Fehlern bei der Führung des erworbenen Unternehmens durch den ausländischen Käufer oder beim Umgang der Unternehmensleitung mit der neuen ausländischen Muttergesellschaft und damit letztlich zum Scheitern aller Integrationsbemühungen führen. Noch mehr Unternehmenskäufe dürften freilich schon im Vorfeld scheitern, weil sich bereits während der Verhandlungen kulturelle Unterschiede ergeben, die unüberbrückbar zu sein scheinen. Ein deutsches mittelständisches Unternehmen, das sich etwa den Anforderungen eines ausländischen Käufers nach vollständiger wirtschaftlicher, rechtlicher und 58 finanzieller Offenlegung i. R. der *Due Diligence* ausgesetzt und mit Vertragsentwürfen von Handbuchstärke konfrontiert sieht, die es schon in ihrer Systematik gar nicht versteht, mag rasch zurückschrecken und auf eine vielleicht sogar lukrative Transaktion verzichten.

59 In einer solchen Situation sollte es der rechtliche Berater zu seinen Aufgaben zählen, auf beiden Seiten für Verständnis zu werben, die Gründe für die unterschiedlichen Vorstellungswelten plausibel zu machen und insgesamt die Verhandlungsphase auch als **Lern- und Gewöhnungsprozess** für die Parteien zu nutzen. Gewiss ist es besser, wenn ein Unternehmenskauf schon in diesem Zeitpunkt an wirklich unüberbrückbaren kulturellen Unterschieden scheitert, falls es sie wirklich geben sollte, als dass diese Unterschiede erst später auftreten, wenn die Folgen eines Scheiterns katastrophale Ausmaße annehmen. Noch besser aber ist es natürlich, ein Scheitern überhaupt zu vermeiden und einer Transaktion, jedenfalls wenn sie wirtschaftlich sinnvoll erscheint, durch kulturelle Vermittlerdienste zum Erfolg zu verhelfen.

60 Konkret bedeutet dies z. B., einen deutschen Mandanten intensiv auf die juristischen Anforderungen vorzubereiten, mit denen er konfrontiert werden wird, ihm die Gründe für das unterschiedliche Vorgehen, den unterschiedlichen Vertrags- und Verhandlungsduktus zu erläutern, ihm Wege zur Verminderung der damit verbundenen Risiken zu zeigen. Für den deutschen Berater eines ausländischen Käufers wird es umgekehrt darauf ankommen, den Mandanten mit den ganz anderen Gegebenheiten des deutschen Rechts vertraut zu machen, aus deutscher Sicht überflüssiges Beiwerk aus Vertragsentwürfen zu entfernen, sowie Anforderungslisten für die *Due Diligence* auf das wirklich erforderliche Maß zu beschränken.

61 Dies ist keine bequeme, aber eine verantwortungsvolle Aufgabe. Sie wahrzunehmen, erfordert Kenntnisse der jeweils anderen Rechtskultur und -praxis ebenso wie Einfühlungsvermögen in die psychologischen Gegebenheiten auf beiden Seiten.

2. Zusammenarbeit mit ausländischen Juristen

62 Dabei trifft der deutsche Jurist, sei es, dass er die deutsche, sei es, dass er die ausländische Vertragspartei berät, regelmäßig auf einen ausländischen Berufskollegen als Gegenüber oder als Mitstreiter auf der eigenen Seite. Ausländische Unternehmen, insbesondere amerikanische und britische, sind sehr viel stärker als deutsche geneigt, ihre heimatlichen Rechtsberater auch in internationale Transaktionen einzubeziehen, ungeachtet der Tatsache, dass sie von dem dabei letztlich zur Anwendung kommenden ausländischen Recht nichts verstehen. Aus der Sicht dieser Unternehmen sind rechtlich geschulter Common Sense und breite Erfahrung nicht weniger wichtig als technische Kenntnisse eines bestimmten Rechtssystems. Überdies versuchte man – wie zuvor dargelegt – den

Einfluss ausländischen Rechts durch entsprechende Vertragsgestaltung zu minimieren. Was aus der Not des amerikanischen Vertragsrechts (Mangel an dispositiven Regelungen) geboren wurde, nämlich der umfassende und vollständige allein aus sich selbst heraus geltende Vertrag, erweist sich nun als willkommene „Immunisierung" gegen fremde Einflüsse. In einer solchen Situation kommt es auf die eben angesprochene **Vermittlerfunktion** des deutschen Juristen genauso an wie gegenüber der ausländischen Vertragspartei selbst, nicht zuletzt, weil die Erfahrungen ausländischer Kollegen oftmals allein auf nationalen Transaktionen beruhen und ihre Vorstellungswelt ausschließlich von der eigenen Rechtskultur geprägt ist.

Die Zusammenarbeit mit ausländischen Anwälten beim Unternehmenskauf stellt 63 aber auch im Übrigen besondere Anforderungen, denen etwa ein traditionelles deutsches Anwaltsbüro nicht ohne weiteres gewachsen ist. Diese Tatsache hat ganz wesentlich zu den dramatischen Veränderungen beigetragen, die während der letzten Jahre innerhalb der deutschen Anwaltschaft zu beobachten waren. Das betrifft relativ vordergründige Dinge wie Personalstärke und Spezialisierung – es dürfte heute auch für deutsche Anwälte, die in diesem Marktsegment tätig sind, eine Selbstverständlichkeit sein, dass das traditionelle Leitbild des Anwalts, der alles kann und alles weiß, ausgedient hat, auch wenn es weiterhin in der BGH-Rechtsprechung zur Berufshaftpflicht zu finden ist. Es betrifft aber, sehr viel weitergehend, auch die Übernahme einer ganz anderen, in Deutschland immer noch nicht überall akzeptierten **Beratungskultur**. Während es in den USA und in Großbritannien selbstverständlich ist, dass Juristen von Anfang an zum Verhandlungsteam für einen Unternehmenskauf gehören, wird die Beteiligung von Juristen in Deutschland sogar häufig bewusst auf einen möglichst späten Zeitpunkt zurückgedrängt, aus vordergründigen Kostenüberlegungen oder aus Furcht vor der angeblich destruktiven Rolle, die Juristen bei kaufmännischen Vertragsverhandlungen spielen. So verfehlt dies in seiner Allgemeinheit ist, so unzweifelhaft ist es, dass die deutschen Juristen mitverantwortlich sind, wenn Unternehmer, immerhin ihre Auftraggeber, so über sie denken. Auch die sehr viel stärkere Rolle der **Rechtsabteilungen** in Deutschland spielt in diesem Zusammenhang eine Rolle: Während etwa in den USA die Funktion des *General Counsel* häufig darauf beschränkt ist, den außen stehenden Berater auszuwählen und sein primärer Ansprechpartner zu sein, haben deutsche Rechtsabteilungen nicht selten den Anspruch – oder werden von der Unternehmensleitung aus Kostengründen gedrängt –, eine Transaktion weitgehend selbst durchzuführen und außen stehende Berater allenfalls zu Spezialfragen oder zur abschließenden Durchsicht hinzu zu ziehen, letzteres aus Sicht der externen Anwälte eine besonders undankbare Aufgabe.

Inzwischen sind zahlreiche deutsche Anwälte selbst Mitglieder international 64 tätiger, meist englisch oder amerikanisch geprägter Anwaltskanzleien, deren in der Heimat gepflegte Arbeitsweise auch die Praxis in den deutschen Niederlassungen bestimmt. Anwälte in den verbliebenen rein deutschen Spitzenkanzleien müssen sich diesen Verhaltensweisen anpassen, um wettbewerbsfähig zu bleiben. Dies beginnt mit den Arbeitszeiten und der Verfügbarkeit auch außerhalb der normalen Bürozeit oder gar einer 35-Stunden-Woche. Für einen englischen oder amerikanischen Anwalt ist es eine Selbstverständlichkeit, von Anfang an private Telefonnummern auszutauschen und – den tatsächlichen oder auch nur scheinbaren Anforderungen einer Transaktion entsprechend – auch spät abends oder am Wochenende zur Verfügung zu stehen; die bei internationalen Verhandlungen häufig zu berücksichtigenden Unterschiede der Zeitzonen tun ein Übriges, die Arbeitszeiten auszudehnen. Dabei mag mancher Zeitdruck und manches nächtliche Konferenzgespräch unnötig und übertrieben sein, aber darauf kommt es für den Erfolg der Zusammenarbeit nicht an. Entscheidend ist, ob der deutsche Anwalt dem **Erwartungshorizont** gerecht wird, nicht, ob dieser Erwartungshorizont objektiv gerechtfertigt ist.

65 Dasselbe gilt für schlichte Personalstärke. Ein einziger erfahrener deutscher Anwalt mag erheblich produktiver sein als ein halbes Dutzend Berufsanfänger, die eine englische Großkanzlei oder deren deutscher Ableger auf eine Transaktion ansetzt; der Papierflut, die ein solches Team erzeugt, wird er gleichwohl nicht gewachsen sein. Geboten sind hier **personelle Verstärkung** und **Teamarbeit**. Dass die international tätigen deutschen Anwälte dies erkannt haben, zeigen die vielen nationalen und transnationalen Fusionen von Anwaltskanzleien in den beiden letzten Jahrzehnten.

66 Der damit verbundene Wandel betrifft insbesondere die Zahl und die Rolle der angestellten Rechtsanwälte. Die auf dem Gebiet internationaler Unternehmenstransaktionen tätigen Kanzleien haben verstanden, dass es unsinnig ist, hoch qualifizierte und teure Partner mit Aufgaben zu betrauen, die in anderen Ländern von Angestellten, womöglich gar juristischen Hilfskräften (*Paralegals*) erledigt werden. Zugleich wächst die Bereitschaft, auch angestellte Rechtsanwälte eigenverantwortlich eine Transaktion oder einzelne ihrer Aspekte bearbeiten zu lassen. Die Herausforderung besteht freilich darin, dafür zu sorgen, dass die Qualität der Arbeit unter einer solchen Verlagerung nicht leidet.

67 Deutlich dazu gelernt haben die deutschen Anwälte mittlerweile in punkto Spezialisierung. Herrschte noch vor wenigen Jahren der Typus des Allround-Kämpfers vor, der eigenhändig nicht nur den Unternehmenskaufvertrag aushandelte, Geschäftsführerdienstverträge entwarf und Markenanmeldungen vornahm, sondern auch noch die kartell- und steuerrechtlichen Folgen des Unternehmenskaufs bearbeitete, so ist heute – insbesondere unter jüngeren Anwälten – die Beschränkung auf einige mehr oder weniger begrenzte **Spezialgebiete** zur Selbstverständlichkeit geworden. Parallel dazu hat sich die Bereitschaft zur Teamarbeit verstärkt, wie sie von ausländischen Mandanten ganz selbstverständlich erwartet wird. Aber auch bei deutschen Mandanten hat hier längst ein Prozess des Umdenkens eingesetzt; an die Stelle der früher oft zu hörenden Besorgnis,

man werde als Mandant von einem Anwalt zum nächsten weitergereicht und habe keinen verlässlichen Ansprechpartner innerhalb der Kanzlei mehr, ist der Wunsch getreten, sich auf jedem einzelnen Rechtsgebiet des besten verfügbaren Sachverstandes zu bedienen.

Eine Voraussetzung für diese insgesamt positivere Grundeinstellung bleibt allerdings, dass die deutschen Anwälte es mit der Spezialisierung auch nicht übertreiben und die Auswüchse vermeiden, die in manchen anderen Ländern zu beobachten sind. Wenn die Abstimmung zwischen den einzelnen Spezialisten zu zeitaufwendig wird, geht der ursprünglich mit der Spezialisierung verbundene Effizienzgewinn wieder verloren; auch unter Kostengesichtspunkten ist eine kritische Selbstkontrolle erforderlich: Wenn etwa zu jeder Besprechung gleich ein ganzes Team von Anwälten anrücken muss, weil jeder nur einen kleinen Teilaspekt der Transaktion beurteilen kann, wiegen die sich hier summierenden Stundensätze den Vorteil der höheren Sachkenntnis schnell auf. Es gehört wiederum zu den anwaltlichen Vermittlungsaufgaben, dies dem ausländischen Kollegen oder Mandanten klarzumachen. 68

Weniger Erklärungsbedarf gibt es für deutsche Anwälte in den letzten Jahren bei der Höhe ihrer **Stundensätze**. Bedingt durch die rasche Verteuerung anwaltlicher Dienstleistungen in Großbritannien und den USA sind deutsche Anwälte im internationalen Vergleich relativ günstig. Allerdings ist hier unter dem Einfluss der inzwischen in Deutschland tätigen internationalen Kanzleien ein Anpassungsprozess zu beobachten. Dass übrigens für Dienstleistungen im Zusammenhang mit einem Unternehmenskauf die Abrechnung nach dem RVG-System der wertbezogenen Gebühren nicht in Betracht kommt, dürfte selbstverständlich sein. 69

In diesem Zusammenhang sei auch der **Abrechnungsrhythmus** angesprochen. Deutsche Anwälte sind es vielfach gewohnt, erst am Schluss einer Transaktion über alle von ihnen erbrachten Leistungen abzurechnen. Die Gepflogenheiten im Ausland gehen hingegen zu einer regelmäßigen, meist **monatlichen** oder vierteljährlichen Abrechnung anhand der jeweils aufgewandten Zeit. Dies erleichtert es dem Auftraggeber, die Kosten unter Kontrolle zu halten und die Effizienz der anwaltlichen Tätigkeit zu beurteilen. Umgekehrt wird es dem Anwalt so leichter fallen, die Höhe seiner Abrechnungen zu rechtfertigen und den Arbeitsaufwand zeitnah zu begründen. Ein verlässliches, leicht zu handhabendes Zeiterfassungssystem ist daher von wesentlicher Bedeutung für die reibungslose Zusammenarbeit mit ausländischen Anwälten. Auch hier ist allerdings eine Anpassung an die international übliche Abrechnungspraxis zu beobachten. 70

§ 5 Rechtsfragen der Einschaltung von Beratern

Übersicht

A.	Rechtsanwälte 1	B.	Steuerberater 18
I.	Anknüpfung der Mandatsverein-	C.	Wirtschaftsprüfer 19
	barung 1	I.	Vertragliche Ansprüche 19
II.	Umfang des Statuts der Man-	II.	Haftung für Pflichtprüfungen 21
	datsvereinbarung 10	D.	Deliktische Haftung 24
III.	Anknüpfung von Legal Opinions ... 14	E.	Vorvertragliche Haftung,
IV.	Haftungsfragen 16		Sachwalterhaftung 29

Literatur: *Brödermann*, Paradigmenwechsel im Internationalen Privatrecht. Zum Beginn einer neuen Ära seit dem 17.12.2009, NJW 2010, 807; *Döser*, Gutachten für den Gegner: Third Party Legal Opinions im deutschen Recht, in: Festschrift Nirk, 1992, S. 151; *Ebke*, Risikoeinschätzung und Haftung des Wirtschaftsprüfers und vereidigten Buchprüfers – international, WPK-Mitt. Sonderheft 1996, 17; *Gruson/Hutter/Kutschera*, Legal Opinions in International Transactions, 4. Aufl., 2003; *Knöfel*, Schwerpunkthausarbeit – Internationales Privat- und Verfahrensrecht: Der nachlässige Rechtsanwalt, JuS 2008, 708; *Mayer/Kroiß*, Rechtsanwaltsvergütungsgesetz, 6. Aufl., 2013; *Seibold/Groner*, Die Vollmacht in internationalen M&A- und Finanzierungstransaktionen, NZG 2009, 126.

A. Rechtsanwälte

I. Anknüpfung der Mandatsvereinbarung

Der Vertrag des Rechtsanwalts mit seinem Mandanten (Mandatsvereinbarung) **1** wird als schuldrechtlicher Vertrag nach den allgemeinen Grundsätzen des internationalen Schuldrechts angeknüpft. Das maßgebliche Recht kann damit zwischen Rechtsanwalt und Mandant vereinbart werden, Art. 3 Abs. 1 Rom I-VO. Hierfür gelten die allgemeinen Regeln.

Fehlt eine ausdrückliche Rechtswahl – und ergibt sich das gewählte Recht auch **2** nicht eindeutig aus den Bestimmungen des Vertrags oder aus den Umständen des Falls, Art. 3 Abs. 1 Satz 1 Rom I-VO –, ist die Mandatsvereinbarung objektiv anzuknüpfen.

Bei der Mandatsvereinbarung handelt es sich um einen **Dienstleistungsvertrag** **3** i. S. von Art. 4 Abs. 1 lit. b Rom I-VO.[1)] Gemäß der Grundanknüpfung in Art. 4 Abs. 1 lit. b Rom I-VO unterliegt der Dienstleistungsvertrag dem Recht des Staates, in welchem der Dienstleister seinen gewöhnlichen Aufenthalt hat. Übertragen auf die Mandatsvereinbarung bedeutet dies, dass auf die mit einem Einzelanwalt geschlossene Mandatsvereinbarung das Recht des Staates am Ort der Niederlassung des Rechtsanwalts Anwendung findet, Art. 19 Abs. 1 Satz 2

---

1) *Wegen/Brödermann* in: Prütting/Wegen/Weinreich, BGB, Anh. Art. 4 Rom I-VO Rz. 5; *Ferrari* in: Ferrari u. a., Int. Vertragsrecht, Art. 4 Rom I-VO Rz. 105; *Mankowski* in: Reithmann/Martiny, Int. Vertragsrecht, Rz. 1423; *Martiny* in: MünchKomm-BGB, Art. 4 Rom I-VO Rz. 51; *Thorn* in: Rauscher, EuZPR/EuIPR, Art. 4 Rom I-VO Rz. 34, 39.

Rom I-VO. Damit ist regelmäßig das **Recht am Kanzlei- oder Praxissitz** des Rechtsanwalts anwendbar.[2)]

4 Maßgeblich ist dabei der tatsächliche Tätigkeitsort des das Mandat bearbeitenden Rechtsanwalts. Irrelevant hingegen ist eine etwaige berufsrechtliche Zulassung des Rechtsanwalts an einem anderen Ort.[3)]

5 Wird die Mandatsvereinbarung nicht mit einem einzelnen Rechtsanwalt, sondern mit einer Rechtsanwaltssozietät geschlossen, so bestimmt sich das anwendbare Recht nach dem Recht am **Ort der Hauptniederlassung**, Art. 19 Abs. 2 Rom I-VO. Auch für die Bestimmung des Orts der Hauptniederlassung ist dabei auf den tatsächlichen (Haupt-)Tätigkeitsort für die konkrete Mandatsbearbeitung abzustellen.[4)] Der Begriff der Hauptniederlassung i. S. der Rom I-VO darf deshalb nicht verwechselt werden mit einem etwaigen (Haupt-)Sitz der Sozietät als dem Ort, an welchem ggf. zentrale Managemententscheidungen einer Gesamtsozietät getroffen werden.[5)] Entscheidend ist deshalb, in welcher Niederlassung der Gesamtsozietät die anwaltliche Leistung tatsächlich erbracht wird.[6)] Sind mehrere Standorte in verschiedenen Jurisdiktionen mit der Mandatsbearbeitung betraut, kommt es darauf an, welcher Standort schwerpunktmäßig tätig ist.[7)] Entscheidend ist damit, von wo das Mandat verantwortlich betreut wird, also der Hauptansprechpartner des Mandanten seinen Standort hat und von wo aus etwaige sonstige mit der Mandatsbearbeitung betraute Rechtsanwälte der Sozietät koordiniert werden. Indizien hierfür sind insbesondere, welcher Standort der Sozietät die Mandatsvereinbarung mit dem Mandanten unterzeichnet hat und welcher Standort die Honorarrechnung erstellt. Irrelevant, weil zufällig und den tatsächlichen Gegebenheiten nicht gerecht werdend, sind hingegen die mitunter im Schrifttum vorgeschlagenen Indizien des Orts der Mandatsakquise, der Besprechungs- und Verhandlungsorte mit dem Mandanten oder der Gegenseite, oder des Orts an welchem der Rechtsanwalt gegenüber Dritten (z. B. Behörden) tätig geworden ist.[8)]

---

2) *Mankowski* in: Reithmann/Martiny, Int. Vertragsrecht, Rz. 1423; *Mayer* in: Mayer/Kroiß, RVG, § 1 Rz. 218; *Martiny* in: MünchKomm-BGB, Art. 4 Rom I-VO Rz. 51; *Thorn* in: Palandt, BGB, Art. 4 Rom I-VO Rz. 9.
3) *Mankowski* in: Reithmann/Martiny, Int. Vertragsrecht, Rz. 1424.
4) *Mankowski* in: Reithmann/Martiny, Int. Vertragsrecht, Rz. 1426; *Ferrari* in: Ferrari u. a., Int. Vertragsrecht, Art. 4 Rom I-VO Rz. 105; *Mayer* in: Mayer/Kroiß, RVG, § 1 Rz. 221.
5) Ebenso *Mankowski* in: Reithmann/Martiny, Int. Vertragsrecht, Rz. 1428.
6) In diesem Sinne auch *Mankowski* in: Reithmann/Martiny, Int. Vertragsrecht, Rz. 1426 ff.; *Martiny* in: MünchKomm-BGB, Art. 4 Rom I-VO Rz. 53.
7) *Martiny* in: MünchKomm-BGB, Art. 4 Rom I-VO Rz. 53; tendenziell auch *Mankowski* in: Reithmann/Martiny, Int. Vertragsrecht, Rz. 1427.
8) So *Merkt*, Int. Unternehmenskauf, 2. Aufl., Rz. 776.

Da für gewöhnlich ein Mandat verantwortlich von einem Partner oder einem 6
Standort der Sozietät geführt wird, der die mandatsbearbeitenden Rechtsanwälte
anderer Standorte koordiniert und führt, wird eine eindeutige Anknüpfung regelmäßig keine Schwierigkeiten bereiten, selbst wenn z. B. eine separate Rechnung eines hiervon abweichenden Standorts für die von dort erbrachten Beratungsleistungen erstellt werden sollte. Der im Schrifttum mitunter unterbreitete Vorschlag, unterschiedliche Anknüpfungen für inhaltlich abgrenzbare Beratungsleistungen (wie bspw. für einen typischen Beispielsfall, dass der Unternehmenskaufvertrag in Hamburg betreut wird, die Akquisitions- und Steuerstruktur in München, die Akquisitionsfinanzierung in London und die kartellrechtliche Anmeldung in Brüssel) vorzusehen, wird deshalb regelmäßig den tatsächlichen Gegebenheiten nicht gerecht und ist auch unnötig kompliziert.[9] Denn aus Sicht des Mandanten gibt es in der Regel einen verantwortlichen Ansprechpartner, dessen Aufgabe insbesondere auch darin besteht, die Beratungsleistungen – auch anderer Praxisgruppen – an anderen Standorten und in anderen Jurisdiktionen zu koordinieren.

Ist allerdings eine rechtliche Teilung unterschiedlicher Beratungsleistungen bewusst gewollt, kann dies ohne weiteres durch den Abschluss einzelner Mandatsvereinbarungen mit ggf. unterschiedlichen Rechtswahlklauseln vereinbart werden. Entsprechend verfährt auch die Praxis. 7

Aus den oben genannten Gründen wird auch eine Anknüpfung nach der **Ausweichklausel** des Art. 4 Abs. 4 Rom I-VO zugunsten der engsten Verbindung der Mandatsvereinbarung praktisch kaum von Bedeutung sein.[10] Als Anknüpfungsmoment untauglich ist jedenfalls die Annahme, dass es auf den – zufälligen – Ort der konkreten Beratungsleistung ankomme, sodass für den Fall, dass die Beratungsleistung im Wesentlichen außerhalb der Kanzleiräume stattfinde, eine engere Verbindung mit dem Ort der Besprechungen oder Verhandlungen bestünde.[11] Abgesehen davon, dass die Vorstellung einer nahezu vollständig von den Kanzleiräumen losgelösten Erbringung von Beratungsleistungen weitgehend an den realen Gegebenheiten vorbei geht, würde eine solche Anknüpfung auch zu willkürlichen, von den Parteien kaum erwartbaren Ergebnissen 8

---

9) In diesem Sinne aber z. B. *Mankowski* in: Reithmann/Martiny, Int. Vertragsrecht, Rz. 1426, für angeblich abgrenzbare forensische Tätigkeiten und weitergehend insbesondere *Merkt*, Int. Unternehmenskauf, 2. Aufl., Rz. 776; sowie *Mayer* in: Mayer/Kroiß, RVG, § 1 Rz. 222.
10) Anders wohl *Mankowski* in: Reithmann/Martiny, Int. Vertragsrecht, Rz. 1429; sowie *Merkt*, Int. Unternehmenskauf, 2. Aufl., Rz. 777.
11) So aber *Merkt*, Int. Unternehmenskauf, 2. Aufl., Rz. 777. Dass diese Sichtweise nicht zutreffend sein kann, wird auch an dem von *Merkt* angeführten Bsp. einer Due Diligence-Prüfung außerhalb der Kanzleiräume deutlich: Findet eine Due Diligence-Prüfung z. B. in einem Datenraum bei dem Unternehmen selbst statt, so bedarf diese umfangreicher Tätigkeiten, die für gewöhnlich in den Kanzleiräumen erbracht werden müssen: Vorbereitung der Due Diligence-Prüfung, Nachbereitung und Auswertung der geprüften Unterlagen, Erstellung und Besprechung des Due Diligence Berichts etc.

führen. Findet bspw. ein DIS-Schiedsverfahren unter Beteiligung eines Rechtsanwalts aus Hamburg wegen einer behaupteten Garantieverletzung eines deutschen Unternehmenskaufvertrags in einem Hotel in Zürich statt, so wären die Parteien sicherlich höchst überrascht, wenn auf die Mandatsvereinbarung mit dem Hamburger Rechtsanwalt plötzlich schweizerisches Recht Anwendung fände.

9 Ebenso wird eine Widerlegung der Regelvermutung über Art. 4 Abs. 3 Rom-I-VO kaum von praktischer Bedeutung werden.[12]

II. Umfang des Statuts der Mandatsvereinbarung

10 Nach dem Statut der Mandatsvereinbarung richten sich sämtliche vertraglichen Ansprüche zwischen Mandant und Rechtsanwalt, insbesondere die vertragliche Haftung für Beratungsfehler und die Honorarforderung, ebenso die vertragliche Pflicht zur Vertraulichkeit.

11 Besondere Grundsätze gelten im Gebührenrecht der Rechtsanwälte. Einige ausländische Rechte gestatten die Vereinbarung von Erfolgshonoraren, während inländischen Rechtsanwälten dies – abgesehen von in diesem Zusammenhang irrelevanten Sonderfällen – verboten ist, § 49b BRAO, § 4a RVG.

12 Ein nach fremdem Recht zulässiges **Erfolgshonorar** kann am *ordre public* scheitern. Dies setzt allerdings hinreichenden Inlandsbezug voraus und dürfte überdies nur ganz ausnahmsweise anzunehmen sein, etwa wenn anwaltliche Leistung und Gegenleistung in einem besonders groben Missverhältnis zueinander stehen. Zu berücksichtigen ist insoweit der Schwierigkeitsgrad der anwaltlichen Arbeit.[13]

13 Das Statut der Mandatsvereinbarung erstreckt sich nicht auf eine dem Anwalt i. R. des Mandats erteilte Vollmacht. Die Vollmacht ist selbstständig anzuknüpfen.[14]

III. Anknüpfung von Legal Opinions

14 Unterschiedlich beurteilt wird die Frage, welchem Recht sog. *legal opinions* unterliegen. Bei einer *legal opinion* handelt es sich um eine Rechtsauskunft des Anwalts im Auftrag des eigenen Mandanten, wobei diese Auskunft zur Vorlage bei der Gegenseite oder Dritten bestimmt ist (näher dazu oben § 2 Rz. 256 ff.).[15]

---

12) Hierzu auch *Mankowski* in: Reithmann/Martiny, Int. Vertragsrecht, Rz. 1434 f.
13) Näher *Mankowski* in: Reithmann/Martiny, Int. Vertragsrecht, Rz. 1446 f.; *Martiny* in: MünchKomm-BGB, Art. 4 Rom I-VO Rz. 54 f.
14) *Mankowski* in: Reithmann/Martiny, Int. Vertragsrecht, Rz. 1413; *Mayer* in: Mayer/Kroiß, RVG, § 1 Rz. 216; *Seibold/Groner*, NZG 2009, 126, 127.
15) Hierzu *Gruson/Hutter/Kutschera*, Legal Opinions.

Nach einer Ansicht soll die *legal opinion* im Wege der akzessorischen Anknüpfung 15
dem Recht unterworfen werden, dem das zu begutachtende Rechtsverhältnis
unterliegt.[16] Aufgrund der Sachnähe vorzugswürdig ist demgegenüber eine Anknüpfung an das **Statut der Mandatsvereinbarung**.[17] Eine solche Anknüpfung
ist insbesondere für den typischen Fall der Erstellung einer *legal opinion* geboten,
in welchem diese i. R. eines umfassenderen Mandats gewissermaßen als zusätzliche Dienstleistung seitens des Rechtsanwalts gegenüber dem Mandanten erbracht wird. Hier wäre es willkürlich, eine abweichende Sonderanknüpfung
vorzusehen. Erschöpft sich das konkrete Mandat in der Erstellung einer *legal
opinion* und fehlt es ausnahmsweise an einer Rechtswahl, so kann wiederum
nach allgemeinen Grundsätzen angeknüpft werden, d. h. an das Recht des Staates
am Ort des Kanzleiortes des bearbeitenden Rechtsanwalts. Einer Sonderanknüpfung bedarf es nicht. Diesem Recht unterliegen dann auch etwaige Ansprüche
der Gegenpartei gegen den auskunftserteilenden Rechtsanwalt.[18]

IV. Haftungsfragen

Berät der deutsche Rechtsanwalt in Fällen mit Auslandsbezug, dann ist er verpflichtet, sich hinreichende Kenntnis des fremden Rechts anzueignen. Auch haftet 16
er für die Kenntnis der Bestimmungen des deutschen Internationalen Privatrechts,
denn diese sind – was gerne übersehen wird – Bestandteil des deutschen Rechts.
Dies gilt auch für die von der Bundesrepublik Deutschland ratifizierten Staatsverträge und namentlich für das einschlägige Recht der Europäischen Union, insbesondere die Rom I-VO, die Rom II-VO und das EuGVVO.[19]

Im Übrigen genügt der Rechtsanwalt den ihm insoweit obliegenden Pflichten, 17
indem er einen auswärtigen Korrespondenzanwalt einschaltet. Auf die Korrektheit der Arbeit des Korrespondenzanwalts darf der Rechtsanwalt grundsätzlich
vertrauen.[20] Verbleiben Kenntnislücken, so ist der Rechtsanwalt verpflichtet,
seinen Mandanten darüber und über die hieraus resultierenden Risiken aufzuklären. Ansonsten muss er das Mandat ablehnen.

B. Steuerberater

Für Verträge von Steuerberatern mit ihren Mandanten gelten die gleichen Grundsätze, die für die Anknüpfung von Mandatsvereinbarungen mit Rechtsanwälten 18
Anwendung finden (siehe dazu oben Rz. 1 ff.).

---

16) *Döser* in: FS Nirk, S. 151 ff.
17) *Knöfel*, JuS 2008, 708, 710; *Martiny* in: MünchKomm-BGB, Art. 4 Rom I-VO Rz. 52; *Mankowski* in: Reithmann/Martiny, Int. Vertragsrecht, Rz. 1436; *Thorn* in: Rauscher, EuZPR/EuIPR, Art. 4 Rom I-VO Rz. 39.
18) *Mankowski* in: Reithmann/Martiny, Int. Vertragsrecht, Rz. 1437.
19) *Mankowski* in: Reithmann/Martiny, Int. Vertragsrecht, Rz. 1452.
20) S. a. Nr. 3.13 der Standesregeln der Anwälte der EG (CCBE) in der Neufassung v. 19.5.2006. Näher hierzu *Mankowski* in: Reithmann/Martiny, Int. Vertragsrecht, Rz. 1454 ff.

C. Wirtschaftsprüfer
I. Vertragliche Ansprüche

19 Das für den Vertrag zwischen dem Wirtschaftsprüfer und seinem Auftraggeber maßgebliche Recht bestimmt sich im Wesentlichen nach denselben Grundsätzen, die für die Mandatsvereinbarung mit einem Rechtsanwalt gelten. Die Allgemeinen Auftragsbedingungen für Wirtschaftsprüfer und Wirtschaftsprüfungsgesellschaften in der vom Institut der Wirtschaftsprüfer herausgegebenen Fassung vom 1.1.2002 sehen in Abschnitt 16 eine ausdrückliche Wahl deutschen Rechts vor.

20 Bei Fehlen einer Rechtswahl führt ebenso wie bei der Mandatsvereinbarung mit einem Rechtsanwalt die Vermutungsregel in Art. 4 Abs. 2 lit. b Rom I-VO üblicherweise zum Recht des Staates, in dem sich die berufliche Niederlassung des Wirtschaftsprüfers befindet.[21] Insoweit gelten hier die gleichen Grundsätze, die auch bei der Anknüpfung von Mandatsvereinbarungen mit Rechtsanwälten Anwendung finden.

II. Haftung für Pflichtprüfungen

21 Die Haftung des Abschlussprüfers für die gesetzliche Pflichtprüfung gegenüber der Gesellschaft richtet sich primär nach dem Gesellschaftsstatut der geprüften Gesellschaft.[22]

22 Nach dem Gesellschaftsstatut beurteilen sich damit insbesondere die Haftung gegenüber der Gesellschaft für die Gewissenhaftigkeit, Unparteilichkeit und Vertraulichkeit der Prüfung und eine etwaige Haftungsbegrenzung. Die zentrale Haftungsnorm des § 323 Abs. 1 Satz 1 HGB und die Haftungssummenbegrenzung bei fahrlässigen Pflichtprüfungsfehlern von 1 000 000 € gemäß § 323 Abs. 2 Satz 1 HGB gelten also nur für Gesellschaften mit Sitz in der Bundesrepublik Deutschland. Gleiches gilt für Ersatzansprüche von Gesellschaften, die mit der geprüften Gesellschaft verbunden sind (§ 323 Abs. 1 Satz 3 HGB), ferner für die Frage, ob und in welchem Umfang § 323 HGB die zivilrechtliche Haftung des Abschlussprüfers gegenüber der geprüften Gesellschaft und den mit ihr verbundenen Gesellschaften abschließend regelt und ob die Haftungssummenbegrenzung auf andere Anspruchsgrundlagen einwirkt.[23]

---

21) Vgl. auch § 3 Abs. 1 WiPO (Wirtschaftsprüferordnung) i. d. F. der Bekanntmachung v. 5.11.1975.
22) *Ebke* in: MünchKomm-HGB, § 323 Rz. 174; *Kindler* in: MünchKomm-BGB, IntGesR Rz. 279; *Wegen/Brödermann* in: Prütting/Wegen/Weinreich, BGB, IntGesR Rz. 10.
23) Im Einzelnen dazu *Ebke*, WPK-Mitt. Sonderheft 1996, S. 17, 32; *Ebke* in: MünchKomm-HGB, § 323 Rz. 175.

Zusätzlich können sich Inhalt und Umfang der Haftung des Abschlussprüfers 23
gegenüber der geprüften Gesellschaft nach dem Vertragsstatut[24] des konkreten
Prüfungsvertrags sowie nach dem Deliktsstatut richten.[25] Insoweit gelten die
allgemeinen Anknüpfungsgrundsätze.

D. Deliktische Haftung

Die Anknüpfung für Ansprüche aus unerlaubter Handlung und für vorvertrag- 24
liche Handlungen bestimmt sich seit dem 11.1.2009 für sämtliche Ansprüche,
die ab diesem Zeitpunkt entstanden sind, nach der Verordnung (EG) Nr. 864/
2007 des Europäischen Parlaments und des Rates über das auf außervertragliche
Schuldverhältnisse anzuwendende Recht (Rom II-VO). Durch die Rom II-VO
ist eine grundsätzliche Abkehr bisheriger Anknüpfungsgrundsätze vollzogen
worden. Insbesondere gelten für Ansprüche aus unerlaubter Handlung nunmehr nicht mehr Ubiquitäts- und Günstigkeitsprinzip als Grundanknüpfungsregeln. Zudem wird jetzt die privatautonome Gestaltung von Rechtsverhältnissen
auch bei außervertraglichen Schuldverhältnissen Ernst genommen durch Zulassung einer – wenn auch eingeschränkten – vorherigen Rechtswahl.

Die bedeutsamste Neuerung im Zusammenhang mit Unternehmenskaufver- 25
trägen ist die nunmehr zulässige **eingeschränkte Rechtswahl**. Gemäß Art. 14
Abs. 1 lit. b Rom II-VO können die Parteien das anwendbare Recht für ein
außervertragliches Schuldverhältnis mittels einer vor Eintritt des schadensbegründenden Ereignisses frei ausgehandelten Vereinbarung wählen, sofern sämtliche Parteien einer kommerziellen Tätigkeit nachgehen. Da in der Praxis nahezu jeder grenzüberschreitende Unternehmenskaufvertrag eine Rechtswahlklausel beinhaltet, die sich typischerweise auf sämtliche Ansprüche aus oder im
Zusammenhang mit dem geschlossenen Unternehmenskaufvertrag bezieht, und
die Parteien für gewöhnlich diesen auch i. R. einer unternehmerischen Tätigkeit
schließen, werden die Parteien in der Regel das auf etwaige Ansprüche aus unerlaubter Handlung (und sonstige außervertragliche Schuldverhältnisse) anwendbare Recht wählen.

Die **objektive Anknüpfung** von Ansprüchen aus außervertraglichen Schuld- 26
verhältnissen hat deshalb im Zusammenhang mit grenzüberschreitenden Unternehmenskaufverträgen keine große praktische Bedeutung mehr. Ansprüche
aus unerlaubter Handlung werden nunmehr objektiv primär an den Erfolgsort
angeknüpft, Art. 4 Abs. 1 Rom II-VO. Erfolgsort ist der Ort, an welchem das
schadensbegründende Ereignis eingetreten, also der Primärschaden entstanden

---

24) *Ebke* in: MünchKomm-HGB, § 323 Rz. 176; *Kindler* in: MünchKomm-BGB, IntGesR
Rz. 279.
25) *Kindler* in: MünchKomm-BGB, IntGesR Rz. 279.

ist.[26)] Nach dem ausdrücklichen Wortlaut hingegen unbeachtlich sind sowohl der Handlungsort als auch der Ort, an welchem Folgeschäden eintreten.

27 Sofern jedoch der Schädiger und der Geschädigte ihren gewöhnlichen Aufenthalt oder ihre Niederlassung in einer gemeinsamen Jurisdiktion haben, so ist dieses Recht auf etwaige Ansprüche aus unerlaubter Handlung anwendbar, Art. 4 Abs. 2 Rom II-VO.

28 Schließlich sieht Art. 4 Abs. 3 Satz 1 Rom II-VO eine vorrangige Anknüpfung an das Recht des Staates vor, mit welchem eine **offensichtlich engere Verbindung** besteht, als mit den Staaten, die sich nach Art. 4 Abs. 1 und Abs. 2 Rom II-VO bestimmen. Eine solche offensichtlich engere Verbindung soll nach Art. 4 Abs. 3 Satz 2 Rom II-VO insbesondere dann vorliegen, wenn zwischen den Parteien bereits ein Rechtsverhältnis besteht, welches mit der betreffenden unerlaubten Handlung in enger Verbindung steht. Es erfolgt also eine vertragsakzessorische Anknüpfung. Für grenzüberschreitende Unternehmenskaufverträge bedeutet dies, dass selbst wenn diese ausnahmsweise keine Rechtswahlklausel enthalten sollten oder sich die zwar vorgesehene Klausel ungewöhnlicherweise nur auf vertragliche Ansprüche erstreckte, für etwaige Ansprüche aus unerlaubter Handlung dennoch das gleiche Recht wie das Vertragsstatut anwendbar wäre.

E. Vorvertragliche Haftung, Sachwalterhaftung

29 Von besonderer Bedeutung beim Unternehmenskauf sind weiterhin etwaige Ansprüche wegen Verschuldens bei Vertragsverhandlungen im Zusammenhang mit abgebrochenen Unternehmenskäufen sowie die Sachwalterhaftung eines beratenden Rechtsanwalts oder des Wirtschaftsprüfers für Auskünfte gegenüber seinem Mandanten, gegenüber der anderen Vertragspartei oder gegenüber Dritten. Vor Geltung der Rom II-VO waren die Anknüpfung sowohl von vorvertraglichen Ansprüchen als auch von vertrauenshaftungsrechtlichen Ansprüchen einschließlich der Sachwalterhaftung höchst umstritten und unklar.[27)]

30 Die Rom II-VO sieht in Art. 12 nunmehr eine eigenständige Norm für vorvertragliche Schuldverhältnisse vor. Damit steht zunächst fest, dass es sich bei diesen Ansprüchen um **außervertragliche Schuldverhältnisse** handelt und diese damit nicht dem Vertragsstatut unterliegen.

31 Der Begriff des **Verschuldens bei Vertragsverhandlungen** ist **autonom auszulegen**[28)] und umfasst insbesondere die Verletzung von vorvertraglichen Aufklärungs- und Informationspflichten, den illoyalen Abbruch von Vertragsverhandlungen, die missbräuchliche Verweigerung eines Vertragsschlusses, die Herbei-

---

26) *Junker* in: MünchKomm-BGB, Art. 4 Rom II-VO Rz. 20 f.; *Thorn* in: Palandt, BGB, Art. 4 Rom II-VO Rz. 7.
27) Zum Meinungsstand s. *Merkt*, Int. Unternehmenskauf, 2. Aufl., Rz. 793 ff.
28) Hierzu *Brödermann*, NJW 2010, 807, 810.

führung eines nichtigen Vertrags sowie sämtliche sonstigen Ansprüche, die im unmittelbaren Zusammenhang mit Vertragsverhandlungen stehen[29)] und damit insbesondere auch die Haftung vertragsfremder Dritter einschließlich der Sachwalterhaftung.[30)]

Ansprüche wegen vorvertraglicher Haftung sind wie folgt anzuknüpfen: Vorrangig ist eine vorherige **Rechtswahl der Parteien**, Art. 14 Abs. 1 lit. b Rom II-VO. Mangels Parteiidentität erstreckt sich die Rechtswahlklausel des Unternehmenskaufvertrags nicht auch auf vertragsfremde Dritte.[31)] Für die vorvertragliche Haftung im Zusammenhang mit grenzüberschreitenden Unternehmenskaufverträgen wird dies praktisch am bedeutsamsten sein, da Rechtswahlklauseln – sofern dieser bereits geschlossen wurde – entweder im Unternehmenskaufvertrag, anderenfalls in etwaigen Vorfeldvereinbarungen wie z. B. Letter of Intent, Memorandum of Understanding, Non Disclosure Agreement sowie in Mandatsvereinbarungen u. Ä. mit Rechtsanwälten, Wirtschaftsprüfern und sonstigen Beratern gemeinhin enthalten sind (und jedenfalls enthalten sein sollten). 32

Fehlt es an einer Rechtswahl, gilt vorrangig das sog. *hypothetische Vertragsstatut*, Art. 12 Abs. 1 Rom II-VO. Ist dieses nicht zu ermitteln, gelten schließlich die gleichen Anknüpfungsregeln wie für Ansprüche aus unerlaubter Handlung, d. h. anzuknüpfen ist an den Erfolgsort, es sei denn, es gibt einen gemeinsamen gewöhnlichen Aufenthalt oder eine gemeinsame Niederlassung der Parteien, wobei nach der Ausweichklausel von dem nach Art. 12 Abs. 2 lit. a und lit. b Rom II-VO an sich berufenem Recht abweichend das Recht anwendbar ist, mit welchem eine offensichtlich engere Verbindung besteht, Art. 12 Abs. 2 Rom II-VO. Abhängig von dem Grad der Beziehung des Dritten zum Unternehmenskaufvertrag kann die darin getroffene Rechtswahl über die Ausweichklausel auch für die etwaige Haftung des Dritten gegenüber einer der Parteien des Unternehmenskaufvertrags zur Anwendung des Vertragsstatuts des Unternehmenskaufvertrags führen.[32)] 33

---

29) Vgl. *Dörner* in: Schulze u. a., BGB, Art. 12 Rom II-VO Rz. 2; *Spellenberg* in: MünchKomm-BGB, Art. 12 Rom II-VO Rz. 7; *Thorn* in: Palandt, BGB, Art. 12 Rom II-VO Rz. 2; anders für vorvertragliche Aufklärungs- und Informationspflichten *Schaub* in: Prütting/Wegen/Weinreich, BGB, Art. 12 Rom II-VO Rz. 2.

30) *Dörner* in: Schulze u. a., BGB, Art. 12 Rom II-VO Rz. 2; *Schaub* in: Prütting/Wegen/Weinreich, BGB, Art. 12 Rom II-VO Rz. 2; *Spellenberg* in: MünchKomm-BGB, Art. 12 Rom II-VO Rz. 15; a. A. *Thorn* in: Palandt, BGB, Art. 12 Rom II-VO Rz. 5.

31) *Thorn* in: Palandt, BGB, Art. 12 Rom II-VO Rz. 5; tendenziell auch, aber zu unklar *Schaub* in: Prütting/Wegen/Weinreich, BGB, Art. 12 Rom II-VO Rz. 6 („nicht sinnvoll").

32) *Thorn* in: Palandt, BGB, Art. 12 Rom II-VO Rz. 5; ferner *Schaub* in: Prütting/Wegen/Weinreich, BGB, Art. 12 Rom II-VO Rz. 6.

# Kapitel 2 Internationales Privat- und Verfahrensrecht

§ 6 Bestimmung des Vertragsstatuts

Übersicht

A. Einführung 1
B. Einheitskaufrecht 10
I. Share Deal 11
II. Asset Deal 15
   1. Gesonderte Verträge 16
   2. Einheitlicher Vertrag 17
   3. Rechtswahl 24
III. Praktische Hinweise 27
C. Internationales Schuldvertragsrecht 33
I. Share Deal 33
   1. Grundsatz 33
   2. Einfluss des Art. 1 Abs. 2 Rom I-VO 37
   3. Trennung von Verpflichtungs- und Verfügungsgeschäft 40
II. Asset Deal 41
   1. Grundsatz 41
   2. Einfluss des Art. 1 Abs. 2 lit. d Rom I-VO 43
   3. Trennung von Verpflichtungs- und Verfügungsgeschäft 44
D. Rechtswahl 45
I. Bedeutung 46
II. Ausdrückliche Rechtswahl 50
   1. Grundsatz 50
   2. Kriterien für die Rechtswahl 54
   3. Rechtswahlklausel 57
     a) Allgemeines 57
     b) Ausschluss des Internationalen Privatrechts? 61
     c) Formulierungsvorschläge 69
   4. Rechtswahlklauseln in fremder Sprache 71
     a) Allgemeines 71
     b) Rechtswahlklauseln in englischer Sprache 73
     c) Auslegungsklauseln (Construction Clauses) 75
   5. Staaten mit gespaltenem Privatrecht 80
   6. Auslandsberührung 82
   7. Wahl eines neutralen Rechts 86
   8. Wahl außerstaatlichen Rechts, Versteinerungsklauseln 92
   9. Teilweise Rechtswahl 97
   10. Nachträgliche Rechtswahl, Rechtswahl im Prozess 101
III. Stillschweigende Rechtswahl 104
E. Fehlende Rechtswahl 111
I. Einleitung 111
II. Share Deal 114
   1. Grundsatz 114
   2. Anteilstausch 117
III. Asset Deal 122
   1. Grundsatz 122
   2. Forderungen 124
   3. Immobiliarsachenrechte 127
IV. Ausweichklausel 129
F. Sachnormverweisung 133

Literatur: *Campos Nave/Steckenborn*, Die Rom I-Verordnung, NWB 2009, 3430; *Clausnitzer/Woopen*, Internationale Vertragsgestaltung – Die neue EG-Verordnung für grenzüberschreitende Verträge (Rom I-VO), BB 2008, 1798; *Diedrich*, Rechtswahlfreiheit und Vertragsstatut – eine Zwischenbilanz angesichts der ROM I-Verordnung, RIW 2009, 378; *Ebenroth/Wilken*, Kollisionsrechtliche Einordnung transnationaler Unternehmensübernahmen, ZVglRWiss 90 (1991), 235; *Eschelbach*, Das Internationale Gesellschaftsrecht in der notariellen Praxis, MittRhNotK 1993, 173; *Ferrari*, Specific Topics of the CISG in the Light of Judicial Application and Scholarly Writing, 1995; *Fikentscher*, Probleme des

§ 6 Bestimmung des Vertragsstatuts

internationalen Gesellschaftsrechts, MDR 1957, 71; *Fischer/Fischer*, Spanisches Handels- und Wirtschaftsrecht, 2. Aufl., 1995; *Flessner*, Die internationale Forderungsabtretung nach der Rom I-Verordnung, IPRax 2009, 35; *Garro/Zuppi*, Compraventa internacional de mercaderías, 1990; *Göthel*, Grenzüberschreitende Unternehmenskaufverträge durch Anteilserwerb – kollisionsrechtliche Anknüpfung nach der Rom I-VO, ZIP 2011, 505; *Göthel*, Internationales Vertragsrecht der USA, ZVglRWiss 99 (2000), 338; *Göthel*, Joint Ventures im Internationalen Privatrecht – Ein Vergleich der Rechte Deutschlands und der USA, 1999 (zit.: Joint Ventures); *Hazen*, The Law of Securities Regulation, überarbeitete 5. Aufl., St. Paul 2006; *Honnold*, Uniform Law for International Sales under the 1980 United Nations Convention, 4. Aufl., 2009; *Hopt*, Emission, Prospekthaftung und Anleihetreuhand im internationalen Recht, in: Festschrift Lorenz, 1991, S. 413; *Huber/Mullis*, The CISG – A new textbook for students and practitioners, 2007 (zit.: *Bearbeiter* in: Huber/Mullis); *Jayme*, Forum non conveniens und anwendbares Recht, IPRax 1984, 303; *Kadner Graziano*, Das auf außervertragliche Schuldverhältnisse anzuwendende Recht nach Inkrafttreten der Rom II-Verordnung, RabelsZ 73 (2009), 1; *Karollus*, UN-Kaufrecht, 1991; *Kondring*, Nichtstaatliches Recht als Vertragsstatut vor staatlichen Gerichten, oder: Privatkodifikationen in der Abseitsfalle? Anm. zu BGer. v. 20.12.2005 – 4C.1/2005, IPRax 2007, 241; *Kreuzer*, Zur Anknüpfung der Sachwalterhaftung, IPRax 1988, 16; *Land*, Rechtsfragen des internationalen Unternehmenskaufs, BB 2013, 2697; *Leible*, Die Anknüpfung der Drittwirkung von Forderungsabtretungen in der Rom I- Verordnung, IPRax 2012, 491; *Leible/Lehmann*, Die Verordnung über das auf vertragliche Schuldverhältnisse anzuwendende Recht („Rom I"), RIW 2008, 528; *Lorenz, E.*, Die Auslegung schlüssiger und ausdrücklicher Rechtswahlerklärungen im internationalen Schuldvertragsrecht, RIW 1992, 697; *Lorenz, W.*, Internationaler Filmverleih – Forum Selection, Choice of Law, Unconscionability, IPRax 1989, 22; *Lorenz, W.*, Vom alten zum neuen internationalen Schuldvertragsrecht, IPRax 1987, 269; *Lüderitz*, Wechsel der Anknüpfung in bestehendem Schuldvertrag, in: Festschrift Keller, 1989, S. 459; *Magnus*, Die Rom I-Verordnung, IPRax 2010, 27; *Magold*, Die Parteiautonomie im internationalen und interlokalen Vertragsrecht der Vereinigten Staaten von Amerika, 1987; *Mallmann*, Rechtswahlklauseln unter Ausschluss des IPR, NJW 2008, 2953; *Mankowski*, Die Rom I-Verordnung – Änderungen im europäischen IPR für Schuldverträge, IHR 2008, 133; *Mankowski*, Überlegungen zur sach- und interessengerechten Rechtswahl für Verträge des internationalen Wirtschaftsverkehrs, RIW 2003, 2; *Mansel*, Kollisions- und zuständigkeitsrechtlicher Gleichlauf der vertraglichen und deliktischen Haftung, ZVglRWiss 86 (1987), 1; *Martiny*, Neues deutsches internationales Vertragsrecht, RIW 2009, 737; *Martiny*, Europäisches Internationales Vertragsrecht in Erwartung der Rom I-Verordnung, ZEuP 2008, 79; *Mengel*, Erhöhter völkerrechtlicher Schutz durch Stabilisierungsklauseln in Investitionsverträgen zwischen Drittstaaten und privaten Investoren, RIW 1983, 739; *Merkt*, Internationaler Unternehmenskauf durch Beteiligungskauf, in: Festgabe Sandrock, 1995, S. 135; *Merkt*, Internationaler Unternehmenskauf durch Erwerb der Wirtschaftsgüter, RIW 1995, 533; *Merkt*, Internationaler Unternehmenskauf und Einheitskaufrecht, ZVglRWiss 93 (1994), 353; *Merkt*, Investitionsschutz durch Stabilisierungsklauseln, 1990 (zit.: Investitionsschutz); *Mertens/Rehbinder*, Internationales Kaufrecht – Kommentar zu den Einheitlichen Kaufgesetzen, 1975; *Meyer-Sparenberg*, Internationalprivatrechtliche Probleme bei Unternehmenskäufen, WiB 1995, 849; *Niggemann*, Eingriffsnormen auf dem Vormarsch, IRPax 2009, 444; *Niggemann*, Gestaltungsformen und Rechtsfragen bei Gegengeschäften, RIW 1987, 169; *Oschmann*, Calvo-Doktrin und Calvo-Klauseln, 1993; *Pfeiffer*, Neues Internationales Vertragsrecht – Zur Rom I-Verordnung, EuZW 2008, 622; *Picot/Land*, Der internationale Unternehmenskauf, DB 1998, 1601; *Piltz*, Neue Entwicklungen im UN-Kaufrecht, NJW 2009, 2258; *Piltz*, Internationales Kaufrecht, 2. Aufl., 2008; *Piltz*, Der Anwendungsbereich des UN-Kaufrechtes, AnwBl. 1991, 57; *Prinzing*, Internationale Gerichtsstandsvereinbarung nach § 38 ZPO (Anm. zu OLG Bamberg, Urt. v. 22.9.1988 – 1 U 302/87), IPRax 1990, 83; *Rehbinder*, Urheberrecht, 16. Aufl., 2010; *Reinhart*, UN-Kaufrecht, Kommentar, 1991; *Reinhart*, Zur nachträglichen Änderung des Vertragsstatuts nach Art. 27 Abs. 2 EGBGB durch Parteivereinbarung im Prozeß (Anm. zu OLG Köln, Urt. v. 22.2.1994 – 22 U 202/93), IPRax 1995,

365; *Rugullis*, Die Rechtswahl nach Art. 27 Abs. 1 EGBGB – Sachnorm- oder Gesamtverweisung?, ZVglRWiss 106 (2007), 217; *Sandrock*, „Versteinerungsklauseln" in Rechtswahlvereinbarungen für internationale Handelsverträge, in: Festschrift Riesenfeld, 1983, S. 211; *Schack*, Rechtswahl im Prozeß?, NJW 1984, 2736; *Schlechtriem*, Einheitliches Kaufrecht und nationales Obligationenrecht, 1987 (zit.: *Bearbeiter* in: Schlechtriem); *Schlechtriem*, Einheitliches UN-Kaufrecht, 1981 (zit.: Einheitliches UN-Kaufrecht); *Schlechtriem/Schwenzer*, Kommentar zum Einheitlichen UN-Kaufrecht, 6. Aufl., 2013 (zit.: *Bearbeiter* in: Schlechtriem/Schwenzer, Einheitliches UN-Kaufrecht); *Schnyder*, Kollisionsrechtliche Fragen zu (grenzüberschreitenden) Übernahmen, in: Centre d'études juridiques européennes de la Faculté de droit de Genève (CEJE), Erwerb von Beteiligungen am Beispiel der öffentlichen Übernahmeangebote: Kolloquium, Lausanne 1990, S. 624; *Schröder*, Vom Sinn der Verweisung im internationalen Schuldvertragsrecht, IPRax 1987, 90; *Schröder*, Auslegung und Rechtswahl, IPRax 1985, 131; *Siehr*, Vertrauensschutz im IPR, in: Festschrift Canaris, Band II, 2007, S. 815; *Siehr*, Die Parteiautonomie im Internationalen Privatrecht, in: Festschrift Keller, 1989, S. 484; *Spellenberg*, Atypischer Grundstücksvertrag, Teilrechtswahl und nicht ausgeübte Vollmacht (zu OLG München, 10.3.1988 – 24 U 474/87), IPRax 1990, 295; *Stadler*, Grundzüge des Internationalen Vertragsrechts, Jura 1997, 505; *Steinle*, Konkludente Rechtswahl und objektive Anknüpfung nach altem und neuem deutschen Internationalen Vertragsrecht, ZVglRWiss 93 (1994), 300; *Stoll*, Vereinbarungen zwischen Staat und ausländischem Investor, 1982; *Stötter*, Internationales Einheitskaufrecht, 1975; *Thorn*, Entwicklungen des Internationalen Privatrechts 2000–2001, IPRax 2002, 349; *Triebel/Petzold*, Grenzen der lex mercatoria in der internationalen Schiedsgerichtsbarkeit, RIW 1988, 245; *Vida*, Keine Anwendung des UN-Kaufrechtsübereinkommens bei Übertragung des Geschäftsanteils einer GmbH (zu SchiedsG bei der Ungarischen Wirtschaftskammer, Schiedsspruch v. 20.12.1993 – Az Vb 92205), IPRax 1995, 52; *Wagner*, Der Grundsatz der Rechtswahl und das mangels Rechtswahl anwendbare Recht (Rom I-Verordnung), IPRax 2008, 377.

A. Einführung

Ausgangspunkt für die Vertragsgestaltung im Bereich des internationalen Unternehmenskaufs ist die **Bestimmung des Rechts**, dem der Vertrag unterliegt. Denn diesem Recht sind für sämtliche im Vertrag nicht geregelten Punkte die maßgeblichen Bestimmungen zu entnehmen. Und die Praxis zeigt, dass Parteien auch bei großer Sorgfalt in der Phase der Vertragsformulierung oftmals Detailfragen ungeregelt lassen, sei es, weil der Bedarf an einer entsprechenden Vereinbarung unterschätzt oder schlicht übersehen wurde, sei es, weil eine Einigung nicht oder nur unter unverhältnismäßigem Aufwand möglich gewesen wäre.

Aber auch dann, wenn die Parteien ihren Vertrag durch ausführliche und möglichst lückenlose Regelungen vom anwendbaren Recht unabhängig machen wollen, sollte die Frage nach dem maßgeblichen Recht entgegen einer in der Vertragspraxis bisweilen zu beobachtenden Neigung[1] nicht vernachlässigt werden. Denn nur anhand des maßgeblichen Rechts lässt sich hinreichend klar erkennen, inwieweit das Vertragsrecht **dispositiv** oder **zwingend** ist und welche Bestimmungen außerhalb des Vertragsrechts auf den Vertrag einwirken. Erst das maßgebliche Vertragsrecht zeigt also, welchen Gestaltungsspielraum die Parteien haben, welche Punkte vertraglich zu regeln sind oder überhaupt geregelt

1

2

---

1) Darauf verweist zutreffend *Meyer-Sparenberg*, WiB 1995, 849, 850.

werden können und welchen Umfang und Inhalt die Regelung haben kann oder sollte. Wer die Augen vor der Frage nach dem maßgeblichen Recht verschließt, läuft also Gefahr, dass die Gesamtkalkulation, die sich regelmäßig an einer Vielzahl von Vertragsklauseln orientiert, außer Kontrolle gerät.

3 Die Frage, welches nationale Privatrecht für einen bestimmten Unternehmenskauf maßgeblich ist, beantwortet sich nach den Bestimmungen des **Internationalen Privatrechts (IPR)**. Es wird wegen seiner Funktion, Kollisionen von Privatrechtsnormen zu lösen, auch **Kollisionsrecht** genannt. Allerdings sind die Normen des Internationalen Privatrechts (sog. *Kollisionsnormen* oder *Kollisionsregeln*) entgegen der leicht irreführenden Bezeichnung grundsätzlich kein internationales oder supranationales Recht.[2] Vielmehr kennt grundsätzlich jede nationale Privatrechtsordnung ihr eigenes Internationales Privatrecht. Kollisionsrecht ist also regelmäßig nationales oder staatliches, von Land zu Land verschiedenes Recht.

4 Im deutschen Recht war das Internationale Privatrecht bis zur Einführung der europäischen Rom-Verordnungen – soweit gesetzlich geregelt – im Wesentlichen in den Vorschriften des Einführungsgesetzes zum BGB (EGBGB) verankert.[3] Die besonderen Vorschriften des Internationalen Vertragsrechts (Art. 27–37 EGBGB a. F.) waren auf europäischer Ebene allerdings bereits stark vereinheitlicht, weil sie auf dem **EG-Übereinkommen** über das auf vertragliche Schuldverhältnisse anzuwendende Recht vom 19.6.1980 (EVÜ) beruhten.[4]

5 Seit dem 17.12.2009 ist das Internationale Vertragsrecht durch die **Rom I-Verordnung** weiter harmonisiert worden.[5] Im Rahmen ihres Anwendungsbereichs hat die Verordnung das nationale Kollisionsrecht ersetzt, sodass die vormals einschlägigen Regelungen (Art. 27–37 EGBGB) entfallen sind.[6] Einer Trans-

---

2) *Campos Nave/Steckenborn*, NWB 2009, 3430.
3) *Merkt* in: FG Sandrock, S. 135; für eine Synopse von Rom I-VO/Rom II-VO/EGBGB s. *Kindler*, IPR des Wirtschaftsverkehrs, S. 347 ff. sowie für eine Synopse Rom I-VO/EVÜ/EGBGB *Clausnitzer/Woopen*, BB 2008, 1798, 1807 f.
4) Römisches EWG-Übereinkommen über das auf vertragliche Schuldverhältnisse anzuwendende Recht v. 19.6.1980, ABl Nr. L 266/1; ausführlich zum EVÜ *Martiny* in: Reithmann/Martiny, Int. Vertragsrecht, Rz. 4 ff.; das Übereinkommen wurde umgesetzt durch das Gesetz zur Neuregelung des internationalen Privatrechts v. 25.7.1986 mit Wirkung zum 1.9.1986, BGBl II, 809.
5) Verordnung (EG) Nr. 593/2008 des Europäischen Parlamentes und des Rates v. 17.6.2008 über das auf vertragliche Schuldverhältnisse anzuwendende Recht (Rom I), ABl. EU Nr. L 177/6 v. 4.7.2008; zur Entstehung der Rom I-VO *Martiny* in: Reithmann/Martiny, Int. Vertragsrecht, Rz. 35; *Martiny* in: MünchKomm-BGB, Vor Art. 1 Rom I-VO Rz. 12 ff.; *Martiny*, ZEuP 2008, 79; *Magnus*, IPRax 2010, 27; *Leible/Lehmann*, RIW 2008, 528 f.; *Campos Nave/Steckenborn*, NWB 2009, 3430; *Clausnitzer/Woopen*, BB 2008, 1798; *Pfeiffer*, EuZW 2008, 622; *Mankowski*, IHR 2008, 133; *Wagner*, IPRax 2008, 377 f.
6) *Martiny*, RIW 2009, 737, 740; *Pfeiffer*, EuZW 2008, 622; *Campos Nave/Steckenborn*, NWB 2009, 3430, 3432.

formation in das nationale Recht bedurfte die Rom I-Verordnung hierzu nicht, weil sie als europäische Verordnung im Geltungsbereich der Mitgliedstaaten direkt anwendbar ist.[7] Die Rom I-Verordnung trat in den Mitgliedstaaten ohne weiteres grundsätzlich an die Stelle des EVÜ (Art. 24 Rom I-VO).[8] Folgerichtig hat der deutsche Gesetzgeber das nationale Kollisionsrecht, insbesondere durch die Aufhebung der Art. 27–37 EGBGB, an die neue Rechtslage angepasst.[9] Auch das Kollisionsrecht im Bereich der außervertraglichen Schuldverhältnisse ist seit dem Jahre 2009 weitgehend vereinheitlicht, und zwar durch die **Rom II-Verordnung**.[10] Diese Verordnung ist allerdings für den Unternehmenskauf von untergeordneter Bedeutung.

Da jedes nationale Recht also grundsätzlich über ein eigenes Internationales Privatrecht verfügt, stellt sich bei der Frage nach dem anzuwendenden Recht zwangsläufig die vorgeschaltete Frage, nach **welchem Internationalen Privatrecht** das maßgebliche materielle Recht bestimmt werden muss, mit anderen Worten: ob für den deutsch-US-amerikanischen Unternehmenskauf das maßgebliche materielle Recht nach deutschem oder US-amerikanischem Internationalem Privatrecht (oder einem dritten Internationalen Privatrecht) zu bestimmen ist. Wird ein staatliches **Gericht** mit der Frage nach dem anzuwendenden Kollisionsrecht i. R. eines konkreten Streitfalls befasst, fällt die Antwort vergleichsweise leicht: Jedes Gericht wendet das Internationale Privatrecht an seinem Sitz („**lex fori**") an. Deutsche Gerichte wenden mithin das deutsche Internationale Privatrecht, US-amerikanische Gerichte die US-amerikanischen Kollisionsrechte an.

Schwieriger ist die Antwort im außergerichtlichen und namentlich in dem beim Unternehmenskauf besonders interessierenden **kautelarischen Bereich**. Denn ohne *lex fori* fehlt sozusagen der Fixpunkt, der für die Bestimmung des anzuwendenden Kollisionsrechts benötigt wird. Die Antwort lässt sich daher nur relativ, d. h. aus der Sicht des deutschen oder des US-amerikanischen Juristen (eigentlich: Gerichts) geben. Der deutsche Kautelarjurist wird sich also primär am europäischen und deutschen IPR, d. h. im Wesentlichen an den Rom-Verordnungen sowie dem EGBGB orientieren. Genau genommen ist es erforderlich, um die vorgelagerte Frage nach dem anzuwendenden Internationalen Privat-

---

7) *Magnus*, IPRax 2010, 27, 28; *Martiny*, RIW 2009, 737, 740; *Pfeiffer*, EuZW 2008, 622; *Clausnitzer/Woopen*, BB 2008, 1798.
8) *Magnus*, IPRax 2010, 27, 30; *Martiny*, RIW 2009, 737, 738 f.; *Clausnitzer/Woopen*, BB 2008, 1798, 1807; *Diedrich*, RIW 2009, 378 f.
9) Gesetz zur Anpassung der Vorschriften des Internationalen Privatrechts an die Verordnung (EG) Nr. 593/2008 v. 25.6.2009, BGBl. I 2009, 1574; dazu auch *Martiny*, RIW 2009, 737; *Magnus*, IPRax 2010, 27, 43.
10) Verordnung (EG) Nr. 864/2007 des Europäischen Parlaments und des Rates v. 11.7.2007 über das auf außervertragliche Schuldverhältnisse anzuwendende Recht (Rom II), ABl. EU Nr. L 199/40 v. 31.7.2007; dazu ausführlich *Kadner Graziano*, RabelsZ 73 (2009), 1.

recht zu beantworten, zunächst die ihrerseits vor-vorgelagerte Frage zu klären, vor welchem Gericht mit einem Prozess zu rechnen ist, wenngleich natürlich der Gedanke an einen Prozess für den Kautelarjuristen beim Unternehmenskauf zu den – oftmals erfolgreich verdrängten – Alpträumen zählt. In der Praxis wird man allerdings vielfach relativ klar überschauen können, welche Gerichtsstände in Betracht kommen und welches Internationale Privatrecht mithin zugrunde zu legen ist.

8 In Bezug auf die **Auslegung** trifft die Rom I-Verordnung keine ausdrückliche Regelung. Jedoch wird die Verordnung autonom, also losgelöst von den Regeln eines nationalen Rechts, auszulegen sein. Dabei kann umfangreich an die Auslegung des EVÜ, aber auch der Art. 27–37 EGBGB a. F. angeknüpft werden.[11] Denn bei Letzterem war schon stets zu berücksichtigen, dass die ihnen zugrunde liegenden Regelungen des EVÜ in den Vertragsstaaten einheitlich ausgelegt und angewandt werden sollten.[12]

9 Ganz generell ist zu beachten, dass das für den internationalen Unternehmenskauf (Share Deal wie Asset Deal) maßgebende Internationale Privatrecht nicht vollständig, sondern nur **zum Teil** in der Rom I-Verordnung und im EGBGB kodifiziert ist.[13]

B. Einheitskaufrecht

10 Für die Frage, ob der Kauf eines Unternehmens unter das vereinheitlichte Kaufrecht, namentlich das **UN-Kaufrecht** (Wiener UN-Übereinkommen über Verträge über den internationalen Warenkauf, CISG) fällt,[14] ist zwischen Share Deal und Asset Deal zu differenzieren.[15]

---

11) Zum Ganzen *Martiny* in: Reithmann/Martiny, Int. Vertragsrecht, Rz. 37 f.; *Martiny* in: MünchKomm-BGB, Vor Art. 1 Rom I-VO Rz. 12 ff.; einschränkend *Magnus*, IPRax 2010, 27, 28.
12) Vgl. *Salger* in: Droste, M&A, S. 313, 314.
13) *Salger* in: Droste, M&A, S. 313, 314; überblicksartig zur Anknüpfung beim Share Deal *Göthel*, ZIP 2011, 505.
14) UN-Kaufrecht (United Nations Convention on Contracts for the International Sale of Goods, CISG) v. 11.4.1980, BGBl. II 1989, 586, 588 sowie in den Kommentierungen bei *Magnus* in: Staudinger, BGB, CISG, passim; *Schlechtriem/Schwenzer*, Einheitliches UN-Kaufrecht, passim; *Soergel*, BGB, CISG, passim; *Herber/Czerwenka/Eckardt*, Int. Kaufrecht, passim; *Reinhart*, UN-Kaufrecht, passim; *Saenger* in: Bamberger/Roth, BGB, CISG, passim; MünchKomm-BGB, CISG, passim; MünchKomm-HGB, CISG, passim; *Ferrari/u. a.*, Int. Vertragsrecht, CISG, passim.
15) *Merkt*, ZVglRWiss 93 (1994), 353; *Merkt/Göthel* in: Reithmann/Martiny, Int. Vertragsrecht, Rz. 4401 f., 4460 ff.; *Martiny* in: MünchKomm-BGB, Art. 4 Rom I-VO Rz. 164 f.; *Grunewald* in: Gernhuber, SchuldR, § 4 IV Rz. 24.

I. Share Deal

Auszugehen ist von dem Grundsatz, dass der Kauf von Rechten, namentlich von Forderungen, Urheberrechten oder gewerblichen Schutzrechten nicht in den **sachlichen Anwendungsbereich** des UN-Kaufrechts fällt.[16] Erfasst werden nur Waren und damit bewegliche körperliche Sachen. Dass Rechte keine Waren i. S. des UN-Kaufrechts sind, ergibt sich damit im Wege der Auslegung. Ein Gesellschaftsanteil (Geschäftsanteil, Aktie) ist keine Sache, sondern ein **Mitgliedschafts- oder Beteiligungsrecht**. Deshalb fällt der Kauf der Beteiligung an einer Gesellschaft **nicht** unter das UN-Kaufrecht.[17]

11

Es fragt sich, ob etwas anderes für den **Kauf aller oder nahezu aller Anteile** gilt. Während in manchen Rechtsordnungen – so etwa im US-amerikanischen Recht[18] – auch ein solcher Kauf als Share Deal und nicht etwa als Asset Deal qualifiziert wird, behandelt man ihn z. B. nach materiellem deutschen Recht zumindest in gewährleistungsrechtlicher Sicht als Sachkauf und nicht als Rechtskauf (siehe unten § 7 Rz. 38).[19] Voraussetzung ist, dass der Erwerber eine beherrschende Stellung erlangt.[20] Soweit diese Problematik im Einheitskaufrecht überhaupt erkannt wird, geht man allerdings gleichwohl davon aus, dass auch dieser Kauf nicht unter das Einheitskaufrecht fällt.[21]

12

---

16) *Merkt/Göthel* in: Reithmann/Martiny, Int. Vertragsrecht, Rz. 4401; *Martiny* in: MünchKomm-BGB, Art. 4 Rom I-VO Rz. 164; *Magnus* in: Staudinger, BGB, Art. 1 CISG Rz. 56; *Westermann* in: MünchKomm-BGB, Art. 1 CISG Rz. 6; *Benicke* in: MünchKomm-HGB, Art. 2 CISG Rz. 14 f.; *Huber* in: Huber/Mullis, S. 42; *Honnold*, Art. 2 CISG Rz. 56; *Grunewald* in: Gernhuber, SchuldR, § 4 IV Rz. 23; *Piltz*, AnwBl. 1991, 59.

17) Schiedsgericht der ungarischen Wirtschaftskammer, berichtet bei *Vida*, IPRax 1995, 52 f.: Bei einer Vereinbarung zwischen einer ungarischen und einer deutschen Partei über den Verkauf eines Gesellschaftsanteils ist UN-Kaufrecht nicht anwendbar, da der Anteil keine bewegliche Sache ist, obgleich im ungarischen Gesetz über Wirtschaftsgesellschaften insoweit von Eigentum gesprochen wird. Gegen die Anwendbarkeit des UN-Kaufrechts auch *Merkt/Göthel* in: Reithmann/Martiny, Int. Vertragsrecht, Rz. 4401; *Lüderitz/Fenge* in: Soergel, BGB, Art. 1 CISG Rz. 21; *Magnus* in: Staudinger, BGB, Art. 1 CISG Rz. 51; *Ferrari* in: Schlechtriem/Schwenzer, Einheitliches UN-Kaufrecht, Art. 1 CISG Rz. 36; *Grunewald* in: Gernhuber, SchuldR, § 4 IV Rz. 23 f.; anders – aber ohne Begr. – *Baker* in: International Bar Association, S. 118, 126 Fn. 3 sowie *Brugger*, Unternehmenserwerb, S. 74 Fn. 141, der – ebenfalls ohne Begr. – meint, es sei unklar, ob der Beteiligungskauf dem UN-Kaufrecht unterliege.

18) Vgl. die Entscheidung des US Supreme Court in *Landreth Timber Co. v. Landreth*, 471 U.S. 681 (1985), mit der das Gericht die sog. *sale of a business doctrine* ablehnte, die den Erwerb aller Anteile als Kauf der Kontrolle und damit des Unternehmens qualifiziert; dazu auch *Hazen*, Bd. 1, S. 145 ff.; *Merkt*, US-amerikanisches Gesellschaftsrecht, Rz. 1068.

19) *Beisel* in: Beisel/Klumpp, Unternehmenskauf, Kap. 7 Rz. 8; *Holzapfel/Pöllath*, Unternehmenskauf, Rz. 632 ff.

20) Dazu *Holzapfel/Pöllath*, Unternehmenskauf, Rz. 632 ff., m. w. N. aus der Rspr. Hingegen unterliegt der Anteilskauf nach h. A. selbst dann nicht der Formvorschrift des § 311b Abs. 1 BGB (§ 313 BGB a. F.), wenn das Vermögen der Gesellschaft praktisch nur aus einem Grundstück besteht, BGHZ 86, 367; allgemein *K. Schmidt*, Handelsrecht, S. 174.

21) *Merkt/Göthel* in: Reithmann/Martiny, Int. Vertragsrecht, Rz. 4401; *Honnold*, Art. 2 CISG Rz. 56.5; *Westermann* in: MünchKomm-BGB, Art. 1 CISG Rz. 6.

13 Auch soweit die Beteiligung – wie etwa bei der AG deutschen Rechts möglich – verbrieft ist, unterliegt der Kauf des verbriefenden Papiers als einer beweglichen körperlichen Sache nicht dem UN-Kaufrecht, das nach seinem Art. 2 lit. d generell nicht auf den Kauf von **Wertpapieren** anwendbar ist. Der Begriff Wertpapiere umfasst insbesondere die Aktie.[22]

14 Explizit ergeben sich die vorgenannten Ergebnisse aus dem englischen Text des UN-Kaufrechts. Dort sind in Art. 2 lit. d vom sachlichen Anwendungsbereich ausgeschlossen „*[...] stock, shares, investment securities, negotiable instruments or money*".[23]

II. Asset Deal

15 Der Unternehmenskauf im Wege des Asset Deal umfasst üblicherweise, sofern nichts anderes vereinbart ist, den Verkauf aller in dem Unternehmen zusammengefassten Sachen, Rechte und sonstigen Werte, wobei von Fall zu Fall sehr unterschiedlich ist, in welchem Wert- oder Mengenverhältnis die einzelnen Positionen stehen (siehe oben § 1 Rz. 16).

1. Gesonderte Verträge

16 Beim Asset Deal muss unterschieden werden: Sind der warenkaufrechtliche Teil und der andere Teil (Verkauf von Immobilien, Immaterialgütern, Rechten) in jeweils **gesonderten Verträgen** vereinbart, was die Ausnahme sein wird, gilt für den **warenkaufrechtlichen Teil** ohne weiteres das UN-Kaufrecht.[24] Denn das UN-Kaufrecht fragt nur nach dem Kaufobjekt (Ware), nicht aber nach dem Grund für den Kauf (Handel oder Unternehmensveräußerung). Weder genügt dabei allerdings, dass eine Teilung rechtlich wie tatsächlich lediglich möglich ist, noch kommt es darauf an, dass der andere (nicht warenkaufrechtliche) Teil gemessen am Ganzen von geringem Umfang ist.[25] Erforderlich ist vielmehr, dass die Parteien eine Teilung auch wirklich vorgenommen haben oder wenigstens, dass beide Teile nach der Vorstellung der Parteien getrennt sind. Das Wert- oder Mengenverhältnis ist für diese Frage grundsätzlich bedeutungslos.

---

22) *Merkt/Göthel* in: Reithmann/Martiny, Int. Vertragsrecht, Rz. 4402; *Martiny* in: MünchKomm-BGB, Art. 2 CISG Rz. 8; *Magnus* in: Staudinger, BGB, Art. 2 CISG Rz. 40; *Ferrari* in: Schlechtriem/Schwenzer, Einheitliches UN-Kaufrecht, Art. 1 CISG Rz. 35; *Piltz*, Int. Kaufrecht, § 2 Rz. 50; *Herber/Czerwenka/Eckardt*, Int. Kaufrecht, Art. 2 CISG Rz. 11; *Reinhart*, UN-Kaufrecht, Art. 2 CISG Rz. 6; *Saenger* in: Bamberger/Roth, BGB, Art. 2 CISG Rz. 9; *Saenger* in: Ferrari/u. a., Int. Vertragsrecht, Art. 2 CISG Rz. 10; *Honnold*, Art. 2 CISG Rz. 53.
23) Dazu *Honnold*, Art. 2 CISG Rz. 53.
24) *Merkt/Göthel* in: Reithmann/Martiny, Int. Vertragsrecht, Rz. 4460.
25) So aber wohl *Piltz*, Int. Kaufrecht, § 2 Rz. 56 f.; *Magnus* in: Staudinger, BGB, Art. 1 CISG Rz. 51.

2. Einheitlicher Vertrag

Liegt hingegen ein **einheitlicher Vertrag** vor, so ist zunächst festzustellen, dass eine ausdrückliche Regelung für eine solche Fallgestaltung fehlt. In der Literatur gehen die Ansichten auseinander. Verbreitet ist die Auffassung, das **UN-Kaufrecht** sei auf den Asset Deal **unanwendbar**. Dies wird unterschiedlich begründet.[26] 17

So wird geltend gemacht, das UN-Kaufrecht sei nur auf Sachgesamtheiten[27], nicht aber auf solche Gesamtheiten anwendbar, die – wie das Unternehmensvermögen – neben beweglichen Sachen (Waren i. S. des UN-Kaufrechts) aus Immobilien, Immaterialgütern und Rechten zusammengesetzt sind.[28] 18

Andere verweisen darauf, dass bei der Veräußerung beweglicher und unbeweglicher Sachen die beweglichen Sachen regelmäßig in ihrer Bedeutung zurückträten, weshalb der gesamte Vertrag nicht dem Einheitskaufrecht unterliege. Entsprechendes gelte für den Unternehmenskauf, denn hier würden **immaterielle Werte** (wie etwa die Beziehung zu den Kunden) im Vordergrund stehen oder sich im Firmenwert widerspiegeln, der beim Unternehmenskauf eine wesentliche Rolle spiele.[29] 19

Nicht anders sei der Fall zu beurteilen, wenn in nicht unerheblichem Umfang oder – bei der gebotenen Gesamtbetrachtung – wertmäßig überwiegend[30] **Mobilien** zu dem verkauften Unternehmen gehörten. Verschiedentlich wird die Unanwendbarkeit des Einheitskaufrechts zusätzlich damit begründet, ein Unternehmen sei eine unkörperliche Sache und falle daher nicht unter den Warenbegriff.[31] 20

Schließlich fehle dem Unternehmen die erforderliche **Marktgängigkeit**.[32] Wenngleich das Einheitskaufrecht nicht zwischen Handelskauf und bürgerlich-rechtlichem Kauf unterscheide, ziele es jedoch primär darauf ab, den internationalen Handel zu vereinheitlichen. Daher sei eine ohnehin wohl nur als Analogie mögliche Anwendung des Einheitskaufrechts nicht zu vertreten.[33] 21

---

26) Dazu näher *Merkt*, ZVglRWiss 93 (1994), 363 ff.
27) *Ferrari* in: Schlechtriem/Schwenzer, Einheitliches UN-Kaufrecht, Art. 1 CISG Rz. 34.
28) *Magnus* in: Staudinger, BGB, Art. 1 CISG Rz. 51; *Saenger* in: Bamberger/Roth, BGB, Art. 1 CISG Rz. 6; *Saenger* in: Ferrari/u. a., Int. Vertragsrecht, Art. 1 CISG Rz. 6; wohl auch *Westermann* in: MünchKomm-BGB, Art. 1 CISG Rz. 6.
29) *Magnus* in: Staudinger, BGB, Art. 1 CISG Rz. 51; *Beisel* in: Beisel/Klumpp, Unternehmenskauf, Kap. 7 Rz. 8; im Ergebnis folgend *Honnold*, Art. 2 CISG Rz. 56.5; *Meyer-Sparenberg*, WiB 1995, 849, 850.
30) In diesem Fall bejahend: *Magnus* in: Staudinger, BGB, Art. 1 CISG Rz. 51; *Grunewald* in: Gernhuber, SchuldR, § 4 IV Rz. 24; eine quantifizierende Betrachtung grundsätzlich verneinend *Beisel* in: Beisel/Klumpp, Unternehmenskauf, Kap. 7 Rz. 8; *Ferrari* in: Schlechtriem/Schwenzer, Einheitliches UN-Kaufrecht, Art. 1 CISG Rz. 36.
31) *Ferrari* in: Schlechtriem/Schwenzer, Einheitliches UN-Kaufrecht, Art. 1 CISG Rz. 36.
32) *Beisel* in: Beisel/Klumpp, Unternehmenskauf, Kap. 7 Rz. 8.
33) So für das Haager Kaufrecht *Mertens/Rehbinder*, Int. Kaufrecht, Art. 1/2 EKG Rz. 23.

22 Nach **a. A.** wird es immerhin für möglich gehalten, das UN-Kaufrecht auf den Asset Deal anzuwenden.[34] Diese Auffassung wird vor allem in der US-amerikanischen Praktikerliteratur geteilt.[35] Man begründet sie bisweilen damit, das UN-Kaufrecht schließe in Art. 2 bestimmte Gegenstände vom sachlichen Anwendungsbereich aus und Gesamtheiten, wie etwa die *assets* eines Unternehmens, seien dort nicht aufgeführt.[36]

23 Für deutsche Praktiker mag diese Sicht überraschend sein, doch ist sie speziell vor dem Hintergrund des autonomen US-amerikanischen Kaufrechts verständlich. Denn nach einer im US-amerikanischen Recht verbreiteten Auffassung ist das Warenkaufrecht des Uniform Commercial Code (Art. 2 UCC) jedenfalls dann auch auf den Asset Deal anwendbar, wenn bei einer **Gesamtbetrachtung** des Unternehmensvermögens der Anteil der Waren überwiegt. Umgekehrt ist Art. 2 UCC unanwendbar, wenn der sonstige Teil überwiegt.[37] Eine solche quantifizierende Betrachtungsweise lässt sich ohne weiteres auf das Einheitskaufrecht übertragen.[38]

3. Rechtswahl

24 Vor diesem Hintergrund sollten Parteien, die nicht an der Anwendung des UN-Kaufrechts interessiert sind, die Anwendbarkeit **zur Sicherheit** vertraglich **ausschließen**, jedenfalls dann, wenn jene Bestandteile des Unternehmens mengen- oder wertmäßig überwiegen, die Waren i. S. des Einheitskaufrechts darstellen (etwa Warenlager).[39] Dabei kann das UN-Kaufrecht in der Rechtswahlklausel bezeichnet werden (Formulierungsbeispiele unten bei Rz. 30 ff.).

25 Umgekehrt können die Parteien, denen an der Anwendung des UN-Kaufrechts liegt, dieses durch **Rechtswahl berufen**. Zwar ist lediglich die Abwahl des UN-Kaufrechts explizit geregelt (Art. 6 CISG), allerdings besteht Einigkeit, dass

---

34) *Martiny* in: MünchKomm-BGB, Art. 4 Rom I-VO Rz. 165; *Magnus* in: Staudinger, BGB, Art. 1 CISG Rz. 51; *Grunewald* in: Gernhuber, SchuldR, § 4 IV Rz. 24; *Salger* in: Droste, M&A, S. 313, 318; *Merkt*, ZVglRWiss 93 (1994), 353; *Ferrari*, S. 130 Fn. 448; zweifelnd hingegen *Brugger*, Unternehmenserwerb, S. 74 Fn. 141; insgesamt abl. *Ferrari* in: Schlechtriem/Schwenzer, Einheitliches UN-Kaufrecht, Art. 1 CISG Rz. 37.

35) *Jones/Lutton* in: Rubino-Sammartano, S. 357, 390; *Baker* in: International Bar Association, S. 118, 126 Fn. 3.

36) *Salger* in: Droste, M&A, S. 313, 318; *Jones/Lutton* in: Rubino-Sammartano, S. 357, 390.

37) American Jurisprudence Second, Bd. 67, „Sales" § 50 m. w. N. aus der Rspr.

38) So auch *Magnus* in: Staudinger, BGB, Art. 1 CISG Rz. 51; einschränkend – aber ohne stichhaltige Begr. – *Beisel* in: Beisel/Klumpp, Unternehmenskauf, Kap. 7 Rz. 8.

39) *Merkt*, ZVglRWiss 93 (1994), 353, 371; zum Ausschluss des UN-Kaufrechts auch *Piltz*, NJW 2009, 2258, 2260; *Benicke* in: MünchKomm-HGB, Art. 6 CISG Rz. 2 ff.

auch die Wahl des UN-Kaufrechts möglich ist.[40] Freilich ist damit – dies wird oftmals übersehen – noch nicht gesagt, dass das jeweilige Kollisionsrecht den Parteien die Wahl des Einheitskaufrechts gestattet.[41] Indessen dürfte diese Frage für praktisch alle diejenigen Rechtsordnungen zu bejahen sein, die den Grundsatz der Parteiautonomie (Rechtswahlfreiheit) kennen.

Allerdings ist zu beachten, dass die Parteien, wenn sie den Anwendungsbereich des UN-Kaufrechts durch eine solche Berufung ausdehnen, nach h. A. keine kollisionsrechtliche, sondern nur eine **materiellrechtliche Rechtswahl** treffen können.[42] Die Frage nach der Zulässigkeit einer kollisionsrechtlichen Rechtswahl zugunsten des UN-Kaufrechts lässt sich allerdings richtigerweise nicht für alle Kollisionsrechte pauschal beantworten, sondern nur nach Maßgabe des anzuwendenden Kollisionsrechts.[43] Ist lediglich eine materiellrechtliche Wahl zulässig, kann das UN-Kaufrecht nicht schlechthin als Vertragsstatut, sondern nur als Bestandteil jenes Rechts maßgebend werden, dem der Vertrag nach dem anwendbaren Internationalen Privatrecht unterliegt. Zwingende Normen dieses Rechts bleiben danach beachtlich.[44] **Subsidiär** zum UN-Kaufrecht sollte ein **autonomes Recht** gewählt werden für sämtliche Fragen, die im UN-Kaufrecht nicht geregelt sind.

26

---

40) *Merkt/Göthel* in: Reithmann/Martiny, Int. Vertragsrecht, Rz. 4462; *Martiny* in: MünchKomm-BGB, Art. 6 CISG Rz. 84; *Magnus* in: Staudinger, BGB, Art. 6 CISG Rz. 62; *Ferrari* in: Schlechtriem/Schwenzer, Einheitliches UN-Kaufrecht, Art. 6 CISG Rz. 39 ff.; *Piltz* in: Schlechtriem, S. 47; *Schlechtriem*, Einheitliches UN-Kaufrecht, S. 22; *Reinhart*, UN-Kaufrecht, Art. 6 CISG Rz. 9, der darauf verweist, dass diese Möglichkeit bereits von den Redaktoren gesehen worden ist; *Lüderitz/Fenge* in: Soergel, BGB, Art. 6 CISG Rz. 1. Übersehen wird dies von *Beisel* in: Beisel/Klumpp, Unternehmenskauf, Kap. 7 Rz. 8, die ein praktisches Bedürfnis für die Anwendung des Einheitskaufrechts auf den internationalen Unternehmenskauf bejahen, die Unanwendbarkeit aber – unzutreffend – verneinen.

41) Zutreffend weisen *Garro/Zuppi*, S. 95, darauf hin, dass die Zulässigkeit der Wahl des UN-Kaufrechts außerhalb seines Anwendungsbereichs unter der Bedingung steht, dass das maßgebliche IPR die Wahl eines anderen als des eigenen materiellen Rechts gestattet.

42) *Merkt/Göthel* in: Reithmann/Martiny, Int. Vertragsrecht, Rz. 4462; *Saenger* in: Bamberger/Roth, BGB, Art. 6 CISG Rz. 4c; *Saenger* in: Ferrari/u. a., Int. Vertragsrecht, Art. 6 CISG Rz. 7; *Mankowski*, RIW 2003, 2, 10 f.; *Reinhart*, UN-Kaufrecht, Art. 6 CISG Rz. 9; zum Streitstand *Magnus* in: Staudinger, BGB, Art. 6 CISG Rz. 64; *Ferrari* in: Schlechtriem/Schwenzer, Einheitliches UN-Kaufrecht, Art. 6 CISG Rz. 40; anders *Karollus*, S. 39, unter Berufung auf die österreichische Regierungsvorlage zur UN-Kaufrechtskonvention, S. 94 der Beilagen zu den Stenographischen Protokollen des Nationalrates, XVII. Gesetzgebungsperiode, Erläuternde Bemerkungen, S. 45 ff., 52. Zum Unterschied zwischen materiellrechtlicher und kollisionsrechtlicher Rechtswahl vgl. *von Bar*, IPR, Rz. 420.

43) Ebenso *Karollus*, S. 39; ähnlich schon für das EKG *Stötter*, Art. 4 EKG Anm. 3.

44) *Merkt/Göthel* in: Reithmann/Martiny, Int. Vertragsrecht, Rz. 4462; *Reinhart*, UN-Kaufrecht, Art. 6 CISG Rz. 9; *Magnus* in: Staudinger, BGB, Art. 6 CISG Rz. 62; *Ferrari* in: Schlechtriem/Schwenzer, Einheitliches UN-Kaufrecht, Art. 6 CISG Rz. 41; *Herber/Czerwenka/Eckardt*, Int. Kaufrecht, Art. 6 CISG Rz. 19; *Honnold*, Art. 6 CISG Rz. 84.

III. Praktische Hinweise

27 Da der **Share Deal** *ex lege* nicht in den sachlichen Anwendungsbereich des UN-Kaufrechts fällt, erübrigt sich eine vertragliche Abwahl, sofern den Parteien – wie im Normalfall – daran gelegen ist, dass das UN-Kaufrecht nicht anwendbar ist. In der Praxis wird das UN-Kaufrecht dennoch aus Sicherheitsgründen **ganz überwiegend abgewählt**.

28 Hingegen neigt vor allem die US-amerikanische Vertragspraxis der Ansicht zu, dass das UN-Kaufrecht auf den **Asset Deal** anwendbar sein kann. Daher ist in diesem Fall zu empfehlen, das UN-Kaufrecht ausdrücklich abzuwählen, falls die Parteien es nicht wollen.

29 Es kann in diesem Zusammenhang nicht oft genug betont werden, dass das **UN-Kaufrecht Bestandteil des deutschen Kaufrechts** ist. Das deutsche Kaufrecht unterteilt sich in ein solches für rein innerstaatliche Kaufverträge (§§ 433 ff. BGB) und in ein solches für internationale Kaufverträge. Wählen die Parteien für ihren internationalen Kaufvertrag „*das deutsche Recht*", dann haben sie in vielen Fällen – zu ihrer großen Überraschung! – das UN-Kaufrecht gewählt. Daher muss, wer das UN-Kaufrecht ausschließen will, mehr tun, als lediglich das deutsche Recht wählen. Er muss zugleich das UN-Kaufrecht ausdrücklich abwählen. Die Nachsicht der Rechtsprechung gegenüber insoweit unwissenden Parteien und Rechtsberatern nimmt inzwischen spürbar ab.[45]

30 Für die **Abwahl** des UN-Kaufrechts sind etwa folgende Formulierungen denkbar:

> „Dieser Vertrag unterliegt dem deutschen Recht unter Ausschluss der Bestimmungen des Wiener UN-Übereinkommens vom 11. April 1980 über Verträge über den internationalen Warenkauf."

31 Knapper, umfassender und eleganter ist hingegen der Ausschluss des vereinheitlichten Kaufrechts durch die positive Formulierung, der Vertrag solle dem „**deutschen unvereinheitlichten Recht**" unterliegen. Denn damit ist alles gesagt. Zweckdienlich ist auch folgende Formulierung:

> „Dieser Vertrag unterliegt den Bestimmungen des deutschen Rechts, die für Verträge zwischen Parteien mit Niederlassung in Deutschland gelten".[46]

> „Dieser Vertrag einschließlich aller Anlagen und Zusatz- sowie Nebenvereinbarungen unterliegt dem unvereinheitlichten deutschen Recht."

> „This Agreement shall be governed by and construed under the laws of the state of New York. The United Nations Convention on Contracts for the International Sale of Goods shall not apply."

32 Für die **Wahl** des UN-Kaufrechts bieten sich bspw. folgende Formulierungen an:

> „Dieser Vertrag einschließlich seiner Anlagen unterliegt den Bestimmungen deutschen Rechts, einschließlich des Wiener UN-Übereinkommens vom 11. April 1980 über Verträge über den internationalen Warenkauf."

---

45) Vgl. OLG Hamm, NJW-RR 2010, 708.
46) Näher *Merkt*, ZVglRWiss 93 (1994), 353, 371.

„This Agreement shall be governed by and construed under the laws of Germany, including the United Nations Convention on Contracts for the International Sale of Goods of 1980."

C. Internationales Schuldvertragsrecht
I. Share Deal
1. Grundsatz

Der Kauf von Beteiligungen oder Mitgliedschaftsrechten an Gesellschaften ist weder auf europäischer Ebene noch im deutschen Internationalen Privatrecht gesondert geregelt, sondern unterliegt grundsätzlich den allgemeinen Kollisionsnormen. Das **Vertragsstatut** ist also nach den Art. 3 ff. Rom I-VO (früher Art. 27 ff. EGBGB) zu bestimmen.[47] Die Rom I-Verordnung gilt für alle Kaufverträge, die nach dem 17.12.2009 geschlossen worden sind.[48] Für die Bestimmung des Vertragsstatuts von Verträgen, deren Abschluss an oder vor diesem Datum liegt, sind weiterhin die Art. 27 ff. EGBGB a. F. anwendbar.[49]   33

Da die Vorschriften der Art. 3 ff. Rom I-VO grundsätzlich nicht nach **Rechts- und Sachkauf** differenzieren (siehe aber Art. 4 Abs. 1 lit. a Rom I-VO für den Kauf beweglicher Sachen und Art. 4 Abs. 1 lit. b Rom I-VO für den Börsenkauf), kann in **kollisionsrechtlicher Sicht** regelmäßig dahinstehen, ob der Kauf sämtlicher Anteile an einer Gesellschaft reiner Rechtskauf ist.   34

Anders verhält es sich in **materiellrechtlicher Sicht**. Beim Unternehmenskauf erfolgt die Abgrenzung zwischen Anteils- oder Rechtskauf einerseits und Sachkauf andererseits in den unterschiedlichen Rechtsordnungen nicht einheitlich. So wird der Kauf sämtlicher Anteile am Unternehmensträger nach US-amerikanischem Bundeskapitalmarktrecht (*federal securities laws*) vielfach als Anteilskauf eingeordnet (siehe dazu bereits oben Rz. 12),[50] während er nach deutschem Recht in gewährleistungsrechtlicher Sicht wie ein Sachkauf behandelt wird und einer weiter reichenden Gewährleistung unterliegt als der bloße Beteiligungskauf (siehe oben Rz. 12 und unten § 7 Rz. 38).[51]   35

---

47) *Merkt/Göthel* in: Reithmann/Martiny, Int. Vertragsrecht, Rz. 4403; *Hohloch* in: Erman, BGB, Anh. II Art. 26 EGBGB, Art. 4 Rom I-VO Rz. 35; vgl. zum früheren Recht *Lutter/ Drygala* in: KölnKomm-AktG, Anh. § 68 Rz. 42; *Ebenroth/Wilken*, ZVglRWiss 90 (1991), 235, 241 f.

48) Zwar trat die Rom I-VO schon zum 17.12.2009 in Kraft (Art. 29 Abs. 2 Rom I-VO), aber sie wird lediglich auf Verträge angewandt, die nach dem 17.12.2009, also ab dem 18.12.2009, geschlossen werden (Art. 28 Rom I-VO). Dazu auch *Magnus*, IPRax 2010, 27, 31 f.; *Pfeiffer*, EuZW 2008, 622; *Martiny*, RIW 2009, 737, 752; *Leible/Lehmann*, RIW 2008, 528, 531; *Campos Nave/Steckenborn*, NWB 2009, 3430, 3432.

49) *Campos Nave/Steckenborn*, NWB 2009, 3430, 3432; *Martiny* in: MünchKomm-BGB, Art. 28 Rom I-VO Rz. 4.

50) *Landreth Timber Co. v. Landreth*, 471 U.S. 681 (1985).

51) Vgl. *Beisel* in: Beisel/Klumpp, Unternehmenskauf, Kap. 7 Rz. 8; *Holzapfel/Pöllath*, Unternehmenskauf, Rz. 632 ff.

36 Daher empfiehlt sich, bei der Wahl eines fremden Rechts regelmäßig zu prüfen, ob das gewählte Recht die Einordnung des Geschäfts als Rechts- oder Sachkauf nachvollzieht, welche die Parteien ihrem Vertrag zugrunde gelegt haben. Nur so lässt sich verhindern, dass die Rechtswahl unter Umständen zu einer partiellen oder vollständigen Umqualifizierung des Vertragstyps führt und eine umfangreiche vertragliche Gewährleistungsvereinbarung ins Leere läuft, weil sie auf der Grundlage des falschen Vertragstyps getroffen wurde.

2. Einfluss des Art. 1 Abs. 2 Rom I-VO

37 Die Anwendung der Art. 3 ff. Rom I-VO wird für die Verpflichtung zur Übertragung von Urkunden, welche die Beteiligung verbriefen, bspw. Aktienzertifikate, nicht etwa durch **Art. 1 Abs. 2 lit. d Rom I-VO** (früher Art. 37 Satz 1 Nr. 1 EGBGB) ausgeschlossen. Nicht anwendbar sind die Art. 3 ff. Rom I-VO danach nämlich nur auf Verpflichtungen aus Wechseln, Schecks, Eigenwechseln und anderen handelbaren Wertpapieren, sofern die Verpflichtungen aus diesen anderen Wertpapieren aus deren Handelbarkeit entstehen.[52] Dies ist bei Urkunden, die gesellschaftsrechtliche Mitgliedschaftsrechte verbriefen, regelmäßig nicht der Fall.[53]

38 Ebenso wenig steht der Anwendung der Art. 3 ff. Rom I-VO auf den Share Deal entgegen, dass sie gemäß **Art. 1 Abs. 2 lit. f Rom I-VO** (früher Art. 37 Satz 1 Nr. 2 EGBGB) nicht für Fragen betreffend das Gesellschaftsrecht und das Recht der juristischen Personen gelten.[54] Denn der Ausschluss gilt nur für jene Rechtsakte, die für die Errichtung einer Gesellschaft erforderlich sind oder ihre innere Verfassung oder Auflösung regeln, d. h. für die unter das Gesellschaftsrecht fallenden Rechtshandlungen. Hierunter sind alle Verträge, Verwaltungsakte und Registrierungen zu verstehen, welche für die Errichtung und Führung der Gesellschaft erforderlich sind, ferner jene Akte, die ihre innere Organisation und Struktur sowie schließlich ihre Auflösung regeln.[55]

39 Positiv formuliert sind vielmehr sämtliche **Rechtshandlungen schuldrechtlicher Natur**, deren Ziel – wie beim Unternehmenskauf im Wege des Share Deal – die Begründung von Verpflichtungen zwischen interessierten Parteien im Hinblick auf die Gesellschaft ist. Sie unterliegen daher den Art. 3 ff. Rom I-VO.[56]

---

[52] Dazu ausführlich *Martiny* in: MünchKomm-BGB, Art. 1 Rom I-VO Rz. 26 ff.
[53] *Merkt/Göthel* in: Reithmann/Martiny, Int. Vertragsrecht, Rz. 4404.
[54] *Brödermann/Wegen* in: Prütting/Wegen/Weinreich, BGB, Art. 1 Rom I Rz. 21.
[55] Im Einzelnen *Martiny* in: MünchKomm-BGB, Art. 1 Rom I-VO Rz. 61 ff.; *Hohloch* in: Erman, BGB, Anh. II Art. 26 EGBGB, Art. 1 Rom I-VO Rz. 10.
[56] *Martiny* in: Reithmann/Martiny, Int. Vertragsrecht, Rz. 60; *Hohloch* in: Erman, BGB, Anh. II Art. 26 EGBGB, Art. 1 Rom I-VO Rz. 10.

3. Trennung von Verpflichtungs- und Verfügungsgeschäft

Die gesonderte Unterwerfung des Anteilskaufvertrags unter das Vertragsstatut koppelt das Verpflichtungsgeschäft – wie auch sonst – vom Erfüllungsgeschäft ab, also von der Übertragung oder Abtretung der Anteile.[57] 40

II. Asset Deal

1. Grundsatz

Wird das Unternehmen als solches verkauft, nämlich durch **Veräußerung aller Wirtschaftsgüter**, dann folgt der schuldrechtliche Übernahmevertrag mangels besonderer Kollisionsregeln wiederum den allgemeinen Regeln der Art. 3 ff. Rom I-VO. Dabei ergeben sich hier – anders als beim UN-Kaufrecht (siehe oben Rz. 17 ff.) – keine Schwierigkeiten daraus, dass der Asset Deal der Kauf einer aus Sachen (Grundstücke, Warenlager, Inventar, Fuhrpark etc.), Rechten (Miet-, Pacht-, und Leasingverträge, Forderungen, Immaterialgüterrechte, Firma etc.) und sonstigen unkörperlichen Vermögenswerten (Organisation, Goodwill, Kundenstamm, Geschäftsbeziehungen, Geschäftschancen, Know-how, Marktanteile, Ressourcen, unter Umständen Geschäftsgeheimnisse, Herstellungsverfahren u. Ä.) bestehenden Gesamtheit ist. Denn die Art. 3 ff. Rom I-VO gelten generell für Schuldverträge (Art. 1 Abs. 1 Rom I-VO),[58] mithin für den Kauf aller Arten von Kaufgegenständen. Sie sind nicht auf den Warenkauf beschränkt.[59] 41

In **praktischer Sicht** empfiehlt es sich, den Kaufvertrag im Wege der Rechtswahl dem Recht am Ort der Belegenheit der Wirtschaftsgüter oder des wesentlichen Teils der Wirtschaftsgüter zu unterwerfen. Denn damit werden Schwierigkeiten aus der Abweichung von Verpflichtungs- und Verfügungsstatut vermieden.[60] 42

---

57) BGH, RIW 1987, 148 = IPRax 1988, 27 m. Anm. *Hohloch* (noch zum EGBGB vor Übernahme des EVÜ) betreffend den Verkauf von Aktien an belgischer AG; OLG Karlsruhe, IPRspr. 1983 Nr. 20 zur Übertragung von Anteilsrechten an französischer AG; schon RG, JW 1928, 2013 = IPRspr. 1928 Nr. 13 zum Kauf von Anteilen an einer estnischen GmbH. Aus der Literatur *Merkt/Göthel* in: Reithmann/Martiny, Int. Vertragsrecht, Rz. 4405; *Fikentscher*, MDR 1957, 71; *Grasmann*, Rz. 1015 ff., m. N. zu fremden Kollisionsrechtsordnungen; *Wiedemann*, GesR, S. 816; *Kegel/Schurig*, IPR, § 17 II. 2.; *Kreuzer*, IPRax 1988, 16, 18; *Kindler* in: MünchKomm BGB, IntGesR Rz. 613; *Lüderitz* in: Soergel, BGB, Art. 10 EGBGB Anh. Rz. 42; *Ebenroth/Wilken*, ZVglRWiss 90 (1991), 235, 241; *Salger* in: Droste, M&A, S. 313, 317; *Großfeld* in: Staudinger, BGB, IntGesR Rz. 342; *Eschelbach*, MittRhNotK 1993, 173, 180; für das Schweizer IPR: *Vischer* in: Girsberger/u. a., Art. 155 IPRG Rz. 25.
58) Dazu *Martiny* in: Reithmann/Martiny, Int. Vertragsrecht, Rz. 42; *Martiny*, RIW 2009, 737, 738.
59) Speziell etwa für Immaterialgüterrechte *Martiny* in: MünchKomm-BGB, Art. 4 Rom I-VO Rz. 200 ff. m. w. N.; für Urheberrechte *Rehbinder*, Urheberrecht, Rz. 981.
60) *Salger* in: Droste, M&A, S. 313, 317.

2. Einfluss des Art. 1 Abs. 2 lit. d Rom I-VO

43 Anders als beim Share Deal kann der Ausschlusstatbestand des **Art. 1 Abs. 2 lit. d Rom I-VO** (früher Art. 37 Satz 1 Nr. 1 EGBGB) beim Asset Deal bedeutsam werden. Denn die Art. 3 ff. Rom I-VO sind danach nicht anwendbar auf Verpflichtungen aus Wechseln, Schecks, Eigenwechseln und anderen handelbaren Wertpapieren, sofern die Verpflichtungen aus diesen anderen Wertpapieren aus deren Handelbarkeit entstehen. Allerdings gilt dies bei der Übertragung der betreffenden Wertpapiere **nicht** für das **Kausalgeschäft**, hier also den Unternehmenskauf in Gestalt des Asset Deal. Gehören solche Wertpapiere zum Unternehmensvermögen, gelten auch insoweit für die Bestimmung des maßgeblichen Rechts des Unternehmenskaufvertrags die Art. 3 ff. Rom I-VO.

3. Trennung von Verpflichtungs- und Verfügungsgeschäft

44 Wie beim Share Deal folgt für den Asset Deal aus der gesonderten Unterwerfung des Kaufvertrags unter das Vertragsstatut, dass das Verpflichtungsgeschäft – wie auch sonst – vom Erfüllungsgeschäft, also der eigentlichen Übertragung des Unternehmens oder seiner einzelnen Bestandteile, abgekoppelt wird.

D. Rechtswahl

45 Im Mittelpunkt der Bestimmung des anzuwendenden Rechts steht beim Unternehmenskauf wie auch sonst im Internationalen Vertragsrecht die Vereinbarung, mit der die Parteien das **anzuwendende Recht** bei Abschluss des Vertrags wählen.[61]

I. Bedeutung

46 Wie bereits angedeutet, ist die Wahl des maßgeblichen Vertragsrechts bei Unternehmenskäufen mit Auslandsbezug von erheblicher Bedeutung. Das belegt einerseits die Praxis, in der sorgfältig ausgearbeitete Unternehmenskaufverträge mit

---

61) Vgl. *Pfeiffer*, EuZW 2008, 622, 624; *Merkt/Göthel* in: Reithmann/Martiny, Int. Vertragsrecht, Rz. 4406, 4464; *Merkt* in: FG Sandrock, S. 135, 138; *Merkt*, RIW 1995, 533; *Brödermann/Wegen* in: Prütting/Wegen/Weinreich, BGB, Art. 3 Rom I Rz. 1.

Auslandsbezug nahezu immer **Rechtswahlklauseln** enthalten.[62] Andererseits ergibt es sich aus den Schwierigkeiten und **Risiken**, die mit der Bestimmung des maßgeblichen Rechts bei nicht hinreichend eindeutiger oder fehlender Wahl verbunden sind. Die Kollisionsnormen der verschiedenen in Betracht kommenden Rechtsordnungen verweisen nicht selten auf unterschiedliche Rechte mit allen hiermit verbundenen Problemen der Rück- oder Weiterverweisung auf ein anderes Recht. Der allgemeine Grundsatz des europäischen Rechts, wonach Verweisungen im Internationalen Vertragsrecht grundsätzlich Sachnormverweisungen sind (Art. 20 Rom I-VO),[63] gilt keineswegs in sämtlichen Rechtsordnungen.

Das zugrunde liegende Sachrecht ist besonders dann für den Unternehmenskauf von großer Bedeutung, wenn ein teilweise vorformulierter Vertragstext (**Vertragsmuster**) oder Textbausteine (etwa für Fragen der Unternehmens- oder Beteiligungsbewertung oder der Gewährleistung) verwendet werden. Denn es kann gravierende wirtschaftliche Folgen für beide Vertragsparteien haben, wenn wider Erwarten ein anderes als das ursprünglich zugrunde gelegte Recht anzuwenden ist. 47

Dies gilt auch für die auf beiden Vertragsseiten eingeschalteten Rechtsberater und Wirtschaftsprüfer. Sie können ihr **Haftungsrisiko** oftmals nur dann hinreichend zuverlässig genau abschätzen, wenn das maßgebliche Recht feststeht, auf dessen Grundlage der Unternehmenskauf stattfindet. Dabei ist allerdings darauf hinzuweisen, dass das Innenverhältnis der Berater und Prüfer zu den Vertragsparteien keineswegs automatisch dem Recht des Unternehmenskaufs unterliegt, sondern vielmehr gesondert zu bestimmen ist (siehe näher dazu unten § 5 Rz. 1 ff.). 48

Im Ergebnis ist somit für den Unternehmenskauf mit Auslandsberührung eine ausdrückliche und eindeutige Rechtswahl durch die Vertragsparteien sehr wichtig. 49

---

62) *Meyer-Sparenberg*, WiB 1995, 849. Zu bedenken ist aber, dass mit Inkrafttreten des Gerichts- und Notarkostengesetzes (GNotKG) durch das 2. Kostenrechtsmodernisierungsgesetz, BGBl. I, 2586, Rechtswahlklauseln nunmehr einen besonderen Beurkundungsgegenstand darstellen und den Geschäftswert um 30 % erhöhen (§ 104 Abs. 3 GNotKG), was jedoch irrelevant ist, wenn der Geschäftswert des Unternehmenskaufs den Höchstbetrag von 60 Mio. Euro unabhängig davon schon überschreitet. Dennoch sollte bei beurkundungspflichtigen Verträgen unter **Kostengesichtspunkten** stets sorgfältig geprüft werden, ob eine ausdrückliche Rechtswahl erforderlich ist oder sich das gewünschte Ergebnis bereits bei objektiver Anknüpfung des Vertrags ergibt. Wollen sich die Parteien nicht auf eine objektive Anknüpfung verlassen, aber auch keine kostenpflichtige Rechtswahl treffen, kann etwa folgende **deklaratorisch** gemeinte Klausel ein gangbarer Weg sein: „Die Parteien gehen übereinstimmend davon aus, dass dieser Vertrag bei objektiver Anknüpfung dem deutschen Sachrecht unterliegt." Es empfiehlt sich jedoch, Einzelheiten mit dem beurkundenden Notar abzustimmen, insbesondere, ob auch er diese Klausel als rein deklaratorisch und damit nicht kostenerhöhend einordnet. Verbunden ist eine solche Klausel aus Sicht der Parteien mit der Hoffnung, dass ein Richter im Streitfall diese als Indiz für die Geltung deutschen Rechts (etwa als stillschweigende Rechtswahl) qualifiziert.
63) Dazu *Martiny* in: Reithmann/Martiny, Int. Vertragsrecht, Rz. 218.

Daher sollte unter allen Umständen eine Rechtswahlvereinbarung getroffen werden, die sich möglichst lückenlos auf den gesamten Vertrag erstreckt.

II. Ausdrückliche Rechtswahl
1. Grundsatz

50 Nach europäischem Internationalen Privatrecht können die Parteien des Unternehmenskaufvertrags das für ihren Vertrag maßgebliche Recht (Vertragsstatut) durch **ausdrückliche** Bezeichnung im Vertrag selbst wählen (Art. 3 Abs. 1 Rom I-VO; früher Art. 27 Abs. 1 EGBGB).[64] Wählen die Parteien das maßgebliche Recht, so beurteilen sich die vertraglichen Beziehungen zwischen ihnen nach diesem Recht. Dabei handelt es sich grundsätzlich um eine kollisionsrechtliche Rechtswahl: Die Parteien berufen regelmäßig das **gesamte zwingende Recht** der gewählten Rechtsordnung unter gleichzeitiger Abwahl der zwingenden Bestimmungen aller anderen in Betracht kommenden Rechtsordnungen (im Unterschied zur bloß materiellrechtlichen Rechtswahl, die das zwingende Recht der eigentlich maßgeblichen Rechtsordnung unberührt lässt).[65]

51 Dieser Grundsatz der sog. **Parteiautonomie** gilt in einer großen Zahl westlicher Länder.[66] Bedeutsame Ausnahmen sind der arabische Raum und die Länder Lateinamerikas *(Calvo-Doktrin)*.[67] Hier ist die Parteiautonomie vielfach entweder auf das Recht des Forums beschränkt (das Recht des Staats X gestattet nur die Wahl seines eigenen Rechts, eine andere Wahl ist unwirksam) oder vollkommen unbekannt.[68] In diesen Fällen ist also bei einer Rechtswahl möglicherweise damit zu rechnen, dass sie partiell oder vollständig unwirksam ist.

52 Die Rechtswahl selbst ist ein sog. **kollisionsrechtlicher Verweisungsvertrag**, dessen Zustandekommen Art. 3 Abs. 5 Rom I-VO (früher Art. 27 Abs. 4 EGBGB) regelt.[69] Das Zustandekommen unterliegt dem in der Rechtswahlvereinbarung bezeichneten Recht (siehe Art. 10 Abs. 1 Rom I-VO), nicht etwa der *lex fori*.[70]

---

64) Ausführlich dazu *Martiny* in: Reithmann/Martiny, Int. Vertragsrecht, Rz. 85 ff.; auch *Brödermann/Wegen* in: Prütting/Wegen/Weinreich, BGB, Art. 3 Rom I Rz. 7; *Clausnitzer/Woopen*, BB 2008, 1798, 1799; *Mankowski*, IHR 2008, 133, 134 f.

65) *Martiny* in: Reithmann/Martiny, Int. Vertragsrecht, Rz. 87; *Martiny* in: MünchKomm-BGB, Art. 3 Rom I-VO Rz. 14 ff.; *von Bar*, IPR, Rz. 420.

66) *Göthel*, ZVglRWiss 99 (2000), 338, 346 f.; *Triebel/Petzold*, RIW 1988, 245, 246; *Wenner*, Int. Vertragsrecht, Rz. 29 ff.; *Picot/Land*, DB 1998, 1601; vgl. auch die Übersicht in: *Sandrock/Steinschulte* in: Sandrock, Hdb. Int. Vertragsgestaltung, S. 138 ff.

67) Dazu *Oschmann*, S. 217 ff.; *Wenner*, Int. Vertragsrecht, Rz. 36 ff.

68) Vgl. *Merkt*, Investitionsschutz, S. 191.

69) Dazu *Martiny* in: Reithmann/Martiny, Int. Vertragsrecht, Rz. 88 ff.; *Brödermann/Wegen* in: Prütting/Wegen/Weinreich, BGB, Art. 3 Rom I Rz. 28; *Wagner*, IPRax 2008, 377, 380.

70) *Martiny* in: MünchKomm-BGB, Art. 3 Rom I-VO Rz. 104 m. w. N.

Die **Form** der Rechtswahlvereinbarung beurteilt sich aufgrund des Verweises in Art. 3 Abs. 5 Rom I-VO nach Art. 11 Rom I-VO. Die Rechtswahlvereinbarung bedarf also nicht notwendig der Form des Hauptvertrags.[71] 53

2. Kriterien für die Rechtswahl

Nicht selten steht für die Parteien von Anfang an außer Zweifel, welche **Rechtsordnung** in Betracht kommt, sodass sich längere Überlegungen oder gar Verhandlungen über das zu wählende Recht erübrigen. Oftmals aber stehen sich Verkäufer- und Käuferrecht gegenüber, und eine Entscheidung ist unumgänglich. 54

Bei der Wahl des Vertragsstatuts sollten allein **sachliche Kriterien** den Ausschlag geben. In Betracht ziehen sollten die Parteien zunächst nur solche Rechtsordnungen, die ihnen in Bezug auf das Unternehmenskaufrecht und alle sonstigen einschlägigen Regelungen hinlänglich vertraut sind. Daraus folgt mittelbar, Rechtsordnungen zu meiden, die im Bereich des Unternehmenskaufs wenig entwickelt sind. 55

Sodann sollten jene Rechtsordnungen in die engere Wahl gezogen werden, zu denen der Vertrag eine gewisse **sachliche Nähe** aufweist. Diese Nähe kann sich aus dem Sitz des Zielunternehmens oder seiner wesentlichen Betriebsstätten oder aus der Niederlassung einer oder beider Vertragsparteien ergeben. Fällt die Wahl auf ein anderes als das Recht am Sitz des Zielunternehmens, so ist immer darauf zu achten, dass sich eine ganze Reihe wichtiger Fragen, etwa im Bereich der Vertragserfüllung, der Haftung, des Arbeitsrechts, des Kartellrechts oder des öffentlichen Rechts (Steuerrecht, Genehmigungen), nach dem Recht am Sitz des Unternehmens oder des Betriebs und mithin nach einem anderen Recht als dem Vertragsstatut beurteilt. Die damit möglicherweise verbundenen Reibungen sind in die Kalkulation einzubeziehen. 56

3. Rechtswahlklausel

a) Allgemeines

Eine Rechtswahlklausel sollte **klar und eindeutig** formuliert sein. Sie sollte Bestandteil des Vertrags sein, für den das Recht gewählt wird. Sie ist also in den Vertrag zu inkorporieren, vorzugsweise am Ende des Vertrags als eine der Klauseln unter dem Punkt „*Verschiedenes*" oder „*Schlussbestimmungen*". Grundsätzlich sollte der gesamte Vertrag (einschließlich der Anlagen und Nebenabreden, möglicherweise auch einschließlich zukünftiger Zusätze) dem gewählten Recht unterworfen werden.[72] 57

---

71) *Martiny* in: MünchKomm-BGB, Art. 3 Rom I-VO Rz. 109; zum früheren Recht BGHZ 53, 189, 191; BGHZ 57, 337, 338 f.; BGHZ 73, 391.

72) Zum kollisionsrechtlichen Verhältnis zwischen mehreren, in Verbindung zueinander stehenden Verträgen, *Martiny* in: Reithmann/Martiny, Int. Vertragsrecht, Rz. 174 ff.

58 Für die sprachliche Fassung der Klausel in deutscher Sprache kann man sich an der Formulierung in **Art. 3 Abs. 1 Satz 1 Rom I-VO** orientieren. Dort heißt es: *„Der Vertrag unterliegt dem von den Parteien gewählten Recht."* Eine Rechtswahlklausel könnte also lauten:

> „Der Vertrag einschließlich der Anlagen und Nebenabreden unterliegt ausschließlich dem deutschen Recht" oder „[...] dem Recht der Bundesrepublik Deutschland."

59 Weitere Formulierungsvorschläge siehe unten Rz. 69 f., in deutscher und englischer Sprache; zu Fragen der Vertragssprache siehe unten § 7 Rz. 9 ff.; zum Einheitskaufrecht siehe oben Rz. 10 ff., zu Gerichtsstandsklauseln siehe unten § 11 Rz. 32 f., zu Schiedsklauseln oben § 2 Rz. 232 ff.[73]

60 Grundsätzlich nicht erforderlich ist es, in der **Rechtswahlklausel** ihre sachliche **Reichweite** näher zu bestimmen. Welche Fragen und Aspekte die Klausel erfasst, ergibt sich im Wesentlichen nämlich bereits aus den gesetzlichen Regelungen in Art. 10 und 12 Abs. 1 Rom I-VO (unten § 7). Von diesem Grundsatz mögen die Parteien allerdings in bestimmten Fällen abweichen, etwa bei der sog. *Teilrechtswahl* (siehe unten Rz. 97 ff.).

b) Ausschluss des Internationalen Privatrechts?

61 In der Praxis des grenzüberschreitenden Unternehmenskaufs finden sich mittlerweile verstärkt Rechtswahlklauseln, in denen das Internationale Privatrecht ausgeschlossen wird.[74] Solche Klauseln lauten bspw.:

> „Der Vertrag unterliegt deutschem Recht unter Ausschluss des Internationalen Privatrechts." oder:

> „This Agreement shall be governed by and construed in accordance with English Law with exclusion of English choice of law principles."

62 Diese Entwicklung geht auf die anglo-amerikanische Vertragspraxis zurück.[75] Allerdings sind solche Klauseln **weder erforderlich noch empfehlenswert.**

63 So wird allein aus dem Wortlaut der eben aufgeführten deutschsprachigen Beispielklausel nicht klar, ob die Parteien das Kollisionsrecht des Forums oder des gewählten Rechts ausschließen wollen. Im Allgemeinen sind solche Klauseln zwar dahingehend auszulegen, dass die Parteien lediglich die **Sachnormen des berufenen Rechts wählen** und damit nur **dessen Kollisionsrecht ausschließen** wollen.[76] Für diese Auslegung spricht auch, dass der Ausschluss des Internationalen Privatrechts des Forums rechtlich nicht möglich ist. Von einem deut-

---

73) Vgl. auch die Formulierungsvorschläge in: *Wenner*, Int. Vertragsrecht, Rz. 39 ff.; zur Auslegung von Rechtswahlklauseln vgl. BGH, JZ 2000, 1115 (m. Anm. *Sandrock*).
74) Für den umgekehrten Fall der Wahl des anwendbaren Kollisionsrechts und deren Zulässigkeit *Siehr* in: FS Canaris, S. 815, 822 f.; abl. *Rugullis*, ZVglRWiss 106 (2007), 217.
75) So auch *Mankowski*, RIW 2003, 2, 7 f.
76) *Martiny* in: Reithmann/Martiny, Int. Vertragsrecht, Rz. 217.

schen Gericht ist das deutsche Internationale Privatrecht von Amts wegen zu beachten.[77] Es ist daher nicht anzunehmen, dass die Parteien es ausschließen wollten. Dennoch bleiben die Klauseln missverständlich. Dies gilt erst Recht, wenn die Rechtswahl mit dem Recht am Forum übereinstimmt, also die englischsprachige Beispielklausel etwa mit einer Gerichtsstandsvereinbarung zugunsten eines englischen Gerichts verbunden wird und damit den englischen Richter vor die Frage stellt, ob die Parteien ihm wirklich sein englisches Kollisionsrecht aus der Hand schlagen wollen.

Missverständlich kann eine solche Rechtswahlklausel auch aus einem anderen Grund sein. Sie könnte zu dem Schluss verleiten, die Parteien wollten das Kollisionsrecht des Forums (auch) abbedingen, um solche Rechtsbereiche einer Rechtswahl zugänglich zu machen, in denen das Internationale Privatrecht keine Rechtswahl zulässt (bspw. Fragen, die dem Gesellschaftsstatut oder Sachenrechtstatut zu zuordnen sind).[78] **64**

Kommt ein Gericht zu dem Schluss, die Klausel sei missverständlich, birgt dies die Gefahr, dass es die Klausel insgesamt für unwirksam erachtet. Die in Unternehmenskaufverträgen übliche salvatorische Klausel kann dem zwar entgegenwirken; dennoch sollte man dieses Risiko nicht unnötig schaffen. Unabhängig davon ist eine solche Klausel auch überflüssig, jedenfalls wenn das Gericht das anwendbare Recht ausgehend von der Rom I-Verordnung bestimmt. Denn nach Art. 20 Rom I-VO sind Verweisungen der Verordnung und damit auch aufgrund einer Rechtswahl gemäß Art. 3 Rom I-VO als Sachnormverweisungen zu verstehen. Gleiches gilt nach Art. 4 Abs. 2 EGBGB für sonstige Rechtswahlvereinbarungen. Die Einordnung als Sachnormverweisung gilt unabhängig davon, ob die Parteien das Recht des Forums oder ein fremdes Recht wählen. **65**

Der einzig denkbare Anwendungsfall einer solchen Klausel ist daher, wenn die Parteien einen Gerichtsstand außerhalb des Geltungsbereichs der Rom I-Verordnung wählen und das am Gerichtsort geltende Kollisionsrecht eine Rechtswahl nicht als Sachnorm-, sondern als Gesamtverweisung begreift, sofern die Parteien nicht etwas anderes bestimmen. Ein solcher Fall dürfte jedoch kaum vorkommen, da auch ausländische Kollisionsrechte Rechtswahlvereinbarungen der Parteien regelmäßig als Sachnormverweisungen begreifen werden.[79] **66**

---

77) BGH, NJW 1993, 2305; BGH, NJW 1995, 2097; *Martiny* in: MünchKomm-BGB, Art. 20 Rom I-VO Rz. 6; *Mankowski*, RIW 2003, 2, 8.
78) *Mallmann*, NJW 2008, 2953, 2955.
79) S. etwa zur US-amerikanischen Rechtslage *Göthel*, ZVglRWiss 99 (2000), 338, 368.

67 Sollte es trotz dieser Gründe gegenüber dem Verhandlungspartner nicht durchsetzbar sein, auf den Ausschluss des Kollisionsrechts des gewählten Rechts zu verzichten, sollte dieser **Ausschluss** jedenfalls **eindeutig** gefasst sein und deutlich machen, dass nicht das Kollisionsrecht des Forums gemeint ist. Eine solche Klausel könnte dann wie folgt lauten:

> „Der Vertrag unterliegt englischem Recht. Das Internationale Privatrecht des gewählten englischen Rechts soll nicht anwendbar sein."
>
> „This Agreement shall be governed by English law excluding the conflict of law rules of the chosen English law."[80]

68 Es ließe sich auch schlicht formulieren:

> „Der Vertrag unterliegt dem Sachrecht [oder materiellen Recht] des Staats New York, USA."
>
> „This Agreement shall be governed by the substantive laws of the State of New York."

c) Formulierungsvorschläge

69 Die der Rom I-Verordnung wie auch im Recht vieler anderer Staaten (bedeutsame Ausnahmen finden sich in Lateinamerika und im arabischen Raum) gewährte Freiheit, das anwendbare Recht zu wählen, sollten die Parteien des Unternehmenskaufs nutzen. **Deutschsprachige Rechtswahlklauseln** (zum Ausschluss des Einheitskaufrechts siehe oben Rz. 30 f.) können bspw. wie folgt lauten:

> „Dieser Vertrag unterliegt dem deutschen Sachrecht. Das Wiener UN-Übereinkommen vom 11.4.1980 über Verträge über den internationalen Warenkauf ist ausgeschlossen."
>
> „Dieser Vertrag einschließlich aller Anlagen und Zusatz- sowie Nebenvereinbarungen unterliegt dem unvereinheitlichten Recht der Bundesrepublik Deutschland."
>
> „Für sämtliche Rechtsbeziehungen, die sich für die Parteien und ihre Rechtsnachfolger aus diesem Vertrag und sämtlichen Nebengeschäften zu diesem Vertrag ergeben, gilt das unvereinheitlichte Recht der Bundesrepublik Deutschland."

70 **Englischsprachige Klauseln** (zu den Besonderheiten sogleich Rz. 71 ff.) können etwa wie folgt formuliert werden:

> „This Agreement is to be governed by and construed under the substantive laws of the State of New York. The United Nations Convention on Contracts for the International Sale of Goods of 1980 shall not apply."
>
> „The rights and duties of the parties under this Agreement shall be governed by and construed under the laws of the State of California."
>
> „Any claim, dispute or controversy arising out of the terms of this Contract or in connection with this Contract shall be resolved in accordance with the laws of the State of New York."

---

80) S. *Mankowski*, RIW 2003, 2, 8.

4. Rechtswahlklauseln in fremder Sprache
a) Allgemeines

Wird die Klausel in fremder Sprache abgefasst, ist besondere **Vorsicht** geboten. 71
Einerseits ist es bei Rechtswahlklauseln – wie auch bei anderen Klauseln – nicht unbedenklich, eine deutsche Klausel ohne weiteres in eine fremde Sprache zu übersetzen. Denn in fremden Sprachen werden identische rechtliche Sachverhalte oftmals unterschiedlich ausgedrückt. Die unbeholfene wörtliche Übersetzung einer deutschen Klausel hat möglicherweise ungeahnt sinnentstellende Bedeutung. Andererseits haben in fremden Sprachen übliche Klauseln aus deutscher Sicht oftmals eine andere Bedeutung als erwartet. Ein anschauliches Beispiel sind die sog. *construction clauses* des anglo-amerikanischen Vertragsrechts (unten Rz. 75 ff.).

Angesichts der Vielzahl denkbarer Fragen und Probleme lässt sich hier nur die 72 allgemeine Empfehlung für die Praxis aussprechen, bei der zwei- oder mehrsprachigen Vertragsgestaltung hinreichenden Sachverstand einzuschalten. Dabei sollte man sich keinesfalls auf juristische Fachübersetzer oder gar auf Fachwörterbücher verlassen. Unabdingbar ist es, erfahrene mehrsprachige Vertragsjuristen hinzuziehen.[81]

b) Rechtswahlklauseln in englischer Sprache

Verbreitete Fassungen für eine Rechtswahlklausel in englischer Sprache lauten 73 (siehe auch oben Rz. 70):

„This Agreement shall be subject to, and governed by, the laws of the State of New York."

„Any claim, dispute or controversy arising out of the terms of this Contract shall be resolved in accordance with the laws of the State of New York."

Diese Fassungen sind insbesondere für den Unternehmenskauf – Asset Deal 74 wie Share Deal – geeignet (zur Wahl oder Abwahl des UN-Kaufrechts siehe oben Rz. 30 ff. und zur – aus deutscher Sicht redundant erscheinenden – Formulierung *„claim, dispute or controversy"* siehe unten § 11 Rz. 56).[82]

c) Auslegungsklauseln (Construction Clauses)

In der anglo-amerikanischen Vertragspraxis werden Rechtswahlklauseln viel- 75 fach auch als Auslegungsklauseln abgefasst. Vereinbart wird danach, der Ver-

---

81) Auch *Martiny* in: Reithmann/Martiny, Int. Vertragsrecht, Rz. 253, der auf eine Überprüfung durch das europäische System IATE (Inter Active Terminology for Europe) des Übersetzungszentrums der Europäischen Union in Luxemburg verweist.
82) Vgl. *Lieberman* in: Stone, Business Organisations, Div. VII ("Corporations") § 54.11.

trag sei nach den Bestimmungen etwa des New Yorker Rechts auszulegen. In englischer Fassung lauten solche Klauseln bspw. wie folgt:

„This Contract shall be interpreted under the substantive laws of the State of New York."

„This Agreement shall be construed pursuant to (oder: in accordance with) the laws of the State of California."

76 Man bezeichnet solche Klauseln als *construction clauses* (Auslegungsklauseln). Aus Sicht des **US-amerikanischen Praktikers** handelt es sich in beiden Fällen um **vollwertige Rechtswahlklauseln**.[83]

77 Dementsprechend werden *construction clauses* in Musterverträgen als Rechtswahlklauseln empfohlen.[84] Ob allerdings solche reinen *construction clauses* auch aus Sicht des **deutschen Rechts** eine ausdrückliche Rechtswahl darstellen, wird in der Rechtsprechung uneinheitlich beantwortet. Bisweilen wurde die Auffassung vertreten, damit werde lediglich das für die **Auslegung** des Vertrags maßgebliche Recht bestimmt. Fehle es ansonsten an einer ausdrücklichen Rechtswahl, bleibe zu prüfen, ob die Wahl des Auslegungsstatuts i. V. m. weiteren Faktoren zumindest eine **stillschweigende Wahl** des Vertragsstatuts ergebe. Dabei könne die ausdrückliche Wahl eines bestimmten Rechts für die Auslegung des Vertrags in der *construction clause* einen Anhaltspunkt bieten.[85] Doch bleibt danach ein gewisses Risiko, dass gleichwohl ein anderes Recht als Vertragsstatut zum Zuge kommt.

78 Um dieses Risiko auszuschließen, empfiehlt es sich für die Praxis, eine *construction clause* immer um eine Wendung zu ergänzen, die eine **ausdrückliche**

---

83) Anders OLG München, IPRax 1989, 42, 44; vgl. auch *Spellenberg* in: MünchKomm-BGB, Art. 12 Rom I-VO Rz. 33; *W. Lorenz*, IPRax 1989, 22, 24: Während durch „interpretation" ermittelt wird, was die Parteien in tatsächlicher Hinsicht gewollt haben, steht „construction" für die Umsetzung des solchermaßen festgestellten Sachverhalts in eine Rechtsfolge; so auch die herrschende US-amerikanische Rspr., Nachweise bei *Magold*, S. 291.

84) Vgl. etwa *Gillman* in: Stone, Specialized Forms, § 14.292 („Franchise Agreement"): „This Agreement [...] shall be interpreted and construed under the laws of [...]".

85) Die Klausel „This agreement shall be construed under the laws of the state Iowa" ist eine *construction clause*, die keine ausdrückliche Rechtswahlvereinbarung darstellt; eine stillschweigende Rechtswahl kann ihr i. V. m. anderen Umständen (hier: englische Vertragssprache und US-Dollar als Zahlungsmittel) entnommen werden, OLG München, IPRax 1984, 319; zust. *Jayme*, IPRax 1984, 303, unter Bestätigung der Vorinstanz LG München, IPRax 1984, 318. Die Vereinbarung, ein Vertrag „shall be construed in accordance with a given law", ist nach der zugrunde zu legenden anglo-amerikanischen Terminologie gleichbedeutend mit „shall be governed by that law as a whole"; beide Formulierungen unterstellen den Vertrag insgesamt (nicht nur hinsichtlich seiner Auslegung) diesem Recht; so auch Schweizerisches Bundesgericht, IHR 2010, 258 zu einer Schiedsgerichtsentscheidung; anders OLG München, IPRax 1989, 42; zust. *Martiny* in: MünchKomm-BGB, Art. 3 Rom I-VO Rz. 57; noch weiter geht *Schröder*, IPRax 1985, 131, der die *construction clause* – wie die US-amerikanische Vertragspraxis dies tut – als ausdrückliche Wahl des Vertragsstatuts versteht. Für das Verhältnis zu England und den USA ebenfalls zust. *Martiny* in: Reithmann/Martiny, Int. Vertragsrecht, Rz. 125.

Rechtswahl darstellt.[86] Auf eine entsprechende **Ergänzung** sollte jedenfalls eine deutsche Vertragspartei gegenüber einer US-amerikanischen Vertragspartei immer bestehen. In dieser Weise ergänzt, kann eine solche Klausel etwa lauten:

„This Agreement is to be governed by and construed under the laws of the State of New York."

„The rights and duties of the parties under this Agreement shall be governed by and construed under the substantive laws of the State of California."

Dadurch wird aus der bloßen Auslegungsklausel eine **kombinierte Auslegungs- und Rechtswahlklausel.** Auch solche Klauseln sind in der US-amerikanischen Praxis sehr verbreitet, weshalb der Wunsch der deutschen Vertragspartei nach Ergänzung der *construction clause* regelmäßig auf keine Widerstände stoßen dürfte. Unschädlich ist hierbei, dass die Vereinbarung eines für die Vertragsauslegung maßgeblichen Rechts neben der Berufung eines Vertragsstatuts aus Sicht des europäischen Rechts überflüssig ist (siehe Art. 12 Abs. 1 lit. a Rom I-VO; früher Art. 32 Abs. 1 Nr. 1 EGBGB). 79

5. Staaten mit gespaltenem Privatrecht

Eine Reihe von Staaten hat kein einheitliches Recht oder Privatrecht. So ist etwa das Privatrecht in den USA von Einzelstaat zu Einzelstaat verschieden. Auch Mexiko, Kanada, Australien und das Vereinigte Königreich (England und Schottland) sind Staaten mit gespaltenem Privatrecht.[87] 80

Nach europäischem Internationalen Privatrecht gilt: Umfasst ein Staat mehrere Gebietseinheiten, von denen jede für vertragliche Schuldverhältnisse ihre eigenen Rechtsvorschriften hat, so gilt für die Bestimmung des Vertragsstatuts jede Gebietseinheit als Staat (Art. 22 Abs. 1 Rom I-VO; früher Art. 35 Abs. 2 EGBGB).[88] Dies ist bei der Rechtswahl zu berücksichtigen. Daher ist die betreffende **Einzelrechtsordnung** genau zu **bezeichnen**. Es ist also nicht das US-amerikanische Recht, sondern etwa das Recht von New York oder Kalifornien zu wählen. Haben die Parteien lediglich das Recht eines Gesamtstaats gewählt, ist im Wege der Auslegung zu ermitteln, ob und welche Einzelrechtsordnung gemeint war.[89] Ob es sich um einen Staat mit gespaltener Privatrechtsordnung für die beim Unternehmenskauf relevanten Rechtsgebiete handelt, ist in Zweifelsfällen vorab zu prüfen. 81

---

86) So auch *Meyer-Sparenberg*, WiB 1995, 849.
87) Vgl. die Übersicht bei *Sandrock/Steinschulte* in: Sandrock, Hdb. Int. Vertragsgestaltung, S. 204 ff., 234 ff., 244 ff. (USA, Kanada, Australien; in Spanien, wo in bestimmten Bereichen des Privatrechts regionale Rechtsspaltung gilt (sog. Foralrechte), sind die handels- und wirtschaftsrechtlichen Regelungen landesweit einheitlich, vgl. *Fischer/Fischer*, S. 27 ff.
88) Dazu *Martiny* in: Reithmann/Martiny, Int. Vertragsrecht, Rz. 220 f.; *Leible/Lehmann*, RIW 2008, 528, 543; *Clausnitzer/Woopen*, BB 2008, 1798, 1806.
89) *Clausnitzer/Woopen*, BB 2008, 1798, 1807; *Martiny* in: MünchKomm-BGB, Art. 22 Rom I-VO Rz. 6.

6. Auslandsberührung

82 Bisweilen ergibt sich die Frage, ob auch ein minimaler Auslandsbezug des Vertrags die Möglichkeit einer kollisionsrechtlichen Rechtswahl eröffnet oder ob die Auslandsberührung eine gewisse Intensität haben muss. Immerhin können sich die Parteien durch die Rechtswahl über die zwingenden Bestimmungen des an sich – d. h. mangels Wahl – maßgeblichen Rechts hinwegsetzen. Indessen ist zu bedenken, dass die Parteien mit der Rechtswahl ihren Vertrag den zwingenden Bestimmungen des gewählten Rechts unterwerfen. Der Vertrag wird also nur einem neuen zwingenden Recht unterworfen, er wird niemals von jedem zwingenden Recht befreit. Daher ist das geltende europäische Internationale Privatrecht in Form der Rom I-Verordnung nach ganz h. A. liberal: Als Auslandsberührung genügt die Wahl eines fremden Rechts als solche.[90] Mögen also alle Vertragsparteien und das gesamte Vertragsverhältnis keinerlei Auslandsbezug aufweisen, so folgt nach h. A. – wenngleich dies zirkulär erscheint – **hinreichender Auslandsbezug** schon aus der bloßen **Wahl des ausländischen Rechts**.[91]

83 Allerdings beschränkt das europäische Internationale Vertragsrecht die Parteiautonomie bei Fällen mit Bezug zu einem einzigen Land (der durch die Wahl fremden Rechts vermittelte Auslandsbezug bleibt dabei außer Betracht). Gemäß Art. 3 Abs. 3 Rom I-VO (früher Art. 27 Abs. 3 EGBGB) gelten bei solchen **Binnensachverhalten** nämlich die zwingenden Bestimmungen des Landes, zu dem der Fall seinen einzigen Bezug hat, und zwar zusätzlich zu den Bestimmungen des gewählten ausländischen Vertragsstatuts.[92] Außerdem können die Parteien bei reinen **Binnen*markt*sachverhalten** nicht durch die Wahl des Rechts eines Drittstaats von zwingendem Unionsrecht abweichen (Art. 3 Abs. 4 Rom I-VO; sog. *Binnenmarktklausel*).[93]

84 Dabei meinen Art. 3 Abs. 3 und 4 Rom I-VO im Unterschied zu Art. 9 Rom I-VO (früher Art. 34 EGBGB) nicht nur die international, sondern auch die lediglich intern oder **„einfach" zwingenden Bestimmungen**, also jene Vorschriften, die nicht im nationalen Recht, sondern nur international (durch kol-

---

90) *Martiny* in: Reithmann/Martiny, Int. Vertragsrecht, Rz. 135; *Martiny* in: MünchKomm-BGB, Art. 3 Rom I-VO Rz. 20.
91) *Martiny* in: MünchKomm-BGB, Art. 3 Rom I-VO Rz. 20.
92) *Göthel* in: Reithmann/Martiny, Int. Vertragsrecht, Rz. 4613; *Brödermann/Wegen* in: Prütting/Wegen/Weinreich, BGB, Art. 3 Rom I Rz. 25; *Leible/Lehmann*, RIW 2008, 528, 534; *Clausnitzer/Woopen*, BB 2008, 1798, 1799; LG München, RRa 2012, 53.
93) Dazu *Göthel* in: Reithmann/Martiny, Int. Vertragsrecht, Rz. 4613; *Magnus*, IPRax 2010, 27, 33 f.; *Pfeiffer*, EuZW 2008, 622, 624 f.; *Leible/Lehmann*, RIW 2008, 528, 534; *Wagner*, IPRax 2008, 377, 380; *Clausnitzer/Woopen*, BB 2008, 1798, 1799.

lisionsrechtliche Rechtswahl) abdingbar sind (zu Art. 9 Rom I-VO näher unten § 7 Rz. 60 ff.).[94]

Wegen der dargestellten **Kumulation** zwingender Vorschriften dürfte es praktisch nur in den seltensten Fällen sinnvoll sein, fremdes Recht bei reinen Inlandssachverhalten zu wählen. Im Übrigen sollte die Wahl eines fremden Rechts wirklich nur dann erwogen werden, wenn der Inhalt der relevanten vertragsrechtlichen und sonst einschlägigen Bestimmungen dieses Rechts hinlänglich bekannt ist. 85

7. Wahl eines neutralen Rechts

Mit der Problematik der eben dargestellten hinreichenden Auslandsbeziehung in gewisser Weise verwandt ist die Frage, ob die Parteien kollisionsrechtlich ein neutrales Recht wählen dürfen.[95] Das Bedürfnis für eine solche Wahl ergibt sich vielfach dann, wenn die Parteien aus unterschiedlichen Ländern kommen und jede Partei auf dem ihr vertrauten Recht beharrt. Grundsätzlich ist es natürlich ein gewisser formaler Vorteil, wenn das *„eigene"* Recht anwendbar ist. Andererseits ergibt sich aus dem *„eigenen"* Recht nicht ohne weiteres auch ein greifbarer materieller Vorteil.[96] 86

Daher wird es in der Praxis bisweilen als klassische Verhandlungsmasse angesehen, auf das *„eigene"* Recht zu verzichten, wenn sich im Gegenzug eine vorteilhafte vertragliche Vereinbarung *„erkaufen"* lässt. Allerdings ist hier zu warnen. Denn wie hoch der tatsächliche *„Preis"* für den Verzicht auf das eigene Recht ist, lässt sich oftmals nur schwer einschätzen, zumal in den seltensten Fällen der gesamte Vertrag auf der Grundlage des fremden Rechts im Vorhinein geprüft werden dürfte (und kann). Ein neutrales Recht zu wählen ist also nur eine **Verlegenheitslösung** und sollte lediglich dort ernsthaft erwogen werden, wo man hinlänglich weiß, worauf man sich einlässt. 87

Wenn diese Voraussetzungen erfüllt sind, stellt sich sodann die Frage nach der **Zulässigkeit** der Wahl eines neutralen Rechts. Die ganz h. A. gestattet eine solche Wahl. Die Parteien sind bei der Wahl ihres Vertragsstatuts also nicht auf jene Rechtsordnungen beschränkt, die zu ihnen oder ihrem Vertrag in irgendeiner objektiven Beziehung stehen.[97] 88

---

94) *Martiny* in: Reithmann/Martiny, Int. Vertragsrecht, Rz. 134; *Brödermann/Wegen* in: Prütting/Wegen/Weinreich, BGB, Art. 3 Rom I Rz. 25; *Niggemann*, IPRax 2009, 444, 450.
95) Dazu *Martiny* in: MünchKomm-BGB, Art. 3 Rom I-VO Rz. 22.
96) *Meyer-Sparenberg*, WiB 1995, 849, 850.
97) Zum früheren Recht OLG München, IPRspr. 1985 Nr. 35 = IPRax 1986, 178 (m. Anm. *Jayme*): Vereinbaren eine deutsche und eine türkische Vertragspartei die Anwendung schweizerischen Rechts, so ist die Wahl dieses neutralen Rechts zulässig; vgl. auch *Göthel* in: Reithmann/Martiny, Int. Vertragsrecht, Rz. 4612; *Göthel*, Joint Ventures, S. 74 f.; *Martiny* in: Reithmann/Martiny, Int. Vertragsrecht, Rz. 93 m. w. N.; *Mankowski*, RIW 2003, 2, 4; *Wenner*, Int. Vertragsrecht, Rz. 78 ff.

89 Schließlich ist kurz auf die Frage einzugehen, welche Rechtsordnungen überhaupt als geeignete neutrale Rechte in Betracht kommen. Diese Frage fällt für das Vertragsrecht allgemein, aber besonders für den Unternehmenskauf schwer. Es fehlt an vergleichenden Untersuchungen über die **Qualität der Rechtsordnungen** in Bezug auf den Unternehmenskauf, wobei ohnehin fraglich ist, ob nicht bspw. die Käuferfreundlichkeit eines Rechts durch entsprechenden Mangel an Verkäuferfreundlichkeit kompensiert wird, sodass sich generalisierende Aussagen verbieten. Ganz allgemein wird man einen Vorteil darin erkennen können, dass eine Rechtsordnung hoch entwickelt ist und auf zahlreiche Detailfragen eine Antwort bereithält.

90 Speziell für den Bereich des Unternehmenskaufs lassen sich durchaus erhebliche Unterschiede feststellen, was schon daraus resultiert, dass es national sehr unterschiedlich weit entwickelte Märkte für Unternehmenskäufe gibt. Eine hoch entwickelte Privatrechtsordnung nimmt erfahrungsgemäß gesteigerte Rücksicht auf die spezifischen Interessen der beteiligten Parteien. Sie wird regelmäßig von einer funktionstüchtigen Rechtsprechung flankiert. Dies trägt zusätzlich zur Berechenbarkeit bei. Die bloße Berechenbarkeit erlaubt ungeachtet des Inhalts der betreffenden Regelungen kautelarische Vorsorge. Umgekehrt ist eine Rechtsordnung, die in puncto Vertrags- oder Unternehmenskaufrecht wenig entwickelt ist, für die Parteien mit Risiken und Unabwägbarkeiten verbunden, weshalb von einer Wahl tendenziell abzuraten ist.[98]

91 Legt man diese Kriterien zugrunde, so wird man – mit allen gebotenen Vorbehalten – sagen können, dass sich im Laufe der Zeit international von den europäischen Rechtsordnungen das Recht der **Schweiz**[99], sowie in den USA das Recht von **New York** und von Kalifornien einen guten Ruf erworben haben. Im Verhältnis zu Vertragspartnern aus Ländern der Dritten Welt wird je nach Zugehörigkeit bisweilen das Recht des ehemaligen englischen oder französischen Mutterlands bevorzugt.[100]

8. Wahl außerstaatlichen Rechts, Versteinerungsklauseln

92 Aus der Praxis internationaler Handelsschiedsgerichte sind Rechtswahlvereinbarungen bekannt, mit denen Verträge nichtstaatlichem Recht unterworfen

---

98) *Picot/Land*, DB 1998, 1601.

99) Vgl. OLG München, IPRspr. 1985 Nr. 35 = IPRax 1986, 178 (m. Anm. *Jayme*): Wahl eines neutralen Rechts ist auch ohne sachlichen Anknüpfungspunkt immer dann anzuerkennen, wenn die gewählte neutrale Rechtsordnung wesentliche Grundsätze der nächstliegenden Rechtsordnungen gleichfalls beinhaltet, wenn vor allem wegen der starken internationalen Anerkennung der gewählten Rechtsordnung dem Gedanken der Neutralität in besonderer Weise Rechnung getragen werden soll, wie dies beim neutralen schweizerischen Recht der Fall ist.

100) Zu diesem Komplex auch *Sandrock/Steinschulte* in: Sandrock, Hdb. Int. Vertragsgestaltung, S. 13 ff.

werden. So berufen die Parteien bisweilen allgemeine Rechtsgrundsätze (**general principles of law**), **Grundsätze des Völkerrechts** oder die **lex mercatoria** als maßgebliches Vertragsstatut. Verschiedentlich wird auch vereinbart, Streitigkeiten sollen ausschließlich nach Billigkeitsgrundsätzen (**principles of equity**) entschieden werden. Das Ziel ist, den Vertrag zu „*entnationalisieren*", also den Fesseln eines nationalen Rechts zu entziehen. Solche Klauseln mögen berechtigt sein, wenn private Vertragsparteien in Verträgen mit staatlichen Stellen (Abbau von Rohstoffvorkommen, Energiegewinnung etc.) bei der Wahl eines nationalen Rechts in Verlegenheit geraten, weil sich die staatliche Seite aus Gründen der Souveränität nicht fremdem Privatrecht unterwerfen will. Auch besteht hier die latente Gefahr, dass das Recht des Staats, der Vertragspartei ist, nach Vertragsschluss zugunsten dieser Partei geändert wird. Die Zulässigkeit und Wirkung solcher Klauseln ist Gegenstand umfangreicher literarischer und schiedsgerichtlicher Kontroverse.[101] Nach der h. A. dürfen die Parteien auf außerstaatliches Recht nur materiellrechtlich verweisen, es also nur sachrechtlich inkorporieren.[102] Damit ist jedenfalls vor staatlichen Gerichten die kollisionsrechtliche Parteiautonomie auf staatliches Recht beschränkt.[103]

In Unternehmenskaufverträgen zwischen **Privaten** ist von der Wahl nichtstaatlichen Rechts dringend abzuraten.[104] Denn die damit verbundenen Unabwägbarkeiten sind nicht zuletzt wegen der Lückenhaftigkeit dieser „*Rechtsordnungen*" zu groß, zumal immer damit zu rechnen ist, dass ein staatliches Gericht oder ein Schiedsgericht eine solche Wahl und den damit regelmäßig intendierten Ausschluss jeglichen staatlichen Rechts für unwirksam erachtet und stattdessen – partiell oder in toto – ein staatliches Recht heranzieht.[105] Schon um dieser Gefahr vorzubeugen, sollte man sich von vornherein auf ein bestimmtes staatliches Recht einigen.

93

Ähnliches gilt für sog. **Versteinerungs- oder Stabilisierungsklauseln**, mit denen die Parteien die gewählte Rechtsordnung in dem Zustand berufen, in dem sie

94

---

101) *Hohloch* in: Erman, BGB, Anh. II Art. 26 EGBGB, Art. 3 Rom I-VO Rz. 9; *Merkt*, Investitionsschutz, passim; *Göthel*, Joint Ventures, S. 74 ff.; zu den einzelnen Rechtsgrundsätzen vgl. *Wenner*, Int. Vertragsrecht, Rz. 93 ff.

102) Nach Erwägungsgrund 13 der Rom I-VO sind die Parteien nicht gehindert, in ihrem Vertrag auf ein nichtstaatliches Regelwerk oder ein internationales Übereinkommen Bezug zu nehmen. Näher zu dieser Problematik *Martiny* in: Reithmann/Martiny, Int. Vertragsrecht, Rz. 100 ff.; *Magnus*, IPRax 2010, 27, 33; *Mankowski*, IHR 2008, 133, 136; *Leible/Lehmann*, RIW 2008, 528, 533 f.; *Pfeiffer*, EuZW 2008, 622, 624; *Brödermann/Wegen* in: Prütting/Wegen/Weinreich, BGB, Art. 3 Rom I Rz. 4; *Wagner*, IPRax 2008, 377, 379 f.; einen Überblick zulässiger Rechtswahlvereinbarungen nach der Rom I-VO bietet *Diedrich*, RIW 2009, 378, 384.

103) *Göthel* in: Reithmann/Martiny, Int. Vertragsrecht, Rz. 4612; *Leible/Lehmann*, RIW 2008, 528, 533.

104) So auch *Meyer-Sparenberg*, WiB 1995, 849; *Salger* in: Droste, M&A, S. 313, 316.

105) So wohl auch *Hohloch* in: Erman, BGB, Anh. II Art. 26 EGBGB, Art. 3 Rom I-VO Rz. 9.

sich in einem bestimmten Zeitpunkt befindet, d. h. unter Ausschluss aller späteren Rechtsänderungen.[106] Damit möchte man der Gefahr vorbeugen, dass die staatliche Vertragspartei das maßgebliche Recht einseitig ändert.[107]

95 Versteinerungsklauseln sind in Verträgen zwischen **Privaten** – anders als in Verträgen mit staatlichen Stellen – nicht zu empfehlen.[108] Die Parteien sind nämlich nach h. M. nicht befugt, zwingende Normen des Vertragsstatuts abzubedingen.[109]

96 Soweit Unternehmen aus der Trägerschaft **staatlicher Stellen** oder Organisationen erworben werden, etwa i. R. von Privatisierungsmaßnahmen, sei hier auf das Spezialschrifttum verwiesen.[110]

9. Teilweise Rechtswahl

97 Grundsätzlich sollte der **gesamte Vertrag** (einschließlich der Anlagen und Nebenabreden, möglicherweise auch einschließlich zukünftiger Zusätze) dem gewählten Recht unterworfen werden. Dies gebietet der sachliche Zusammenhang, in dem die einzelnen Teile eines so komplexen Gebildes stehen, wie es ein Unternehmenskaufvertrag ist.[111]

98 Andererseits gestattet das europäische Internationale Privatrecht den Parteien – auch des Unternehmenskaufvertrags –, eine Rechtswahl nur für einen **Teil des Vertrags** vorzunehmen (Art. 3 Abs. 1 Satz 3 Rom I-VO; früher Art. 27 Abs. 1 Satz 3 EGBGB).[112] Dadurch wird jener Teil des Vertrags vom sonstigen Vertragsstatut **abgespalten** (sog. *depeçage*). Dabei kann sich die Rechtswahl entweder auf einen Teil des Vertrags beschränken (der Rest unterliegt dann dem mangels

---

106) *Martiny* in: MünchKomm-BGB, Art. 3 Rom I-VO Rz. 25 f.
107) Diese Gefahr veranschaulicht der Fall *Settebello Ltd. v. Banco Totta and Acores*, (1985) 1 W.L.R. 1050, und dazu *Merkt*, Investitionsschutz, S. 23 ff.: Vertrag zwischen portugiesischem Staatsunternehmen und englischem Privatunternehmen, Vertragsstatut portugiesisches Recht; vertragliches Rücktrittsrecht des englischen Unternehmens nach Vertragsschluss wegen Verzugs des Staatsunternehmens durch staatliche Verordnung zugunsten des in Krise befindlichen Staatsunternehmens für zwei Jahre „ausgesetzt". Der englische *Court of Appeals* hielt die nachträgliche Änderung des Vertragsstatuts für beachtlich. Dazu auch *Martiny* in: Reithmann/Martiny, Int. Vertragsrecht, Rz. 106 ff.
108) *Salger* in: Droste, M&A, S. 313, 316.
109) *Sandrock* in: FS Riesenfeld, S. 211; zum Streit auch *Göthel*, Joint Ventures, S. 87 ff.
110) *Mengel*, RIW 1983, 739; *Merkt*, Investitionsschutz, passim; *Sandrock* in: FS Riesenfeld, S. 211; *Stoll*, passim.
111) Für eine Vermutung zugunsten des Willens der Parteien, den Vertrag einer einheitlichen Rechtsordnung zu unterwerfen etwa BGH, IPRspr. 1989 Nr. 3 = NJW-RR 1990, 248; *Hohloch* in: Erman, BGB, Anh. II Art. 26 EGBGB, Art. 3 Rom I-VO Rz. 19.
112) Dazu *Martiny* in: Reithmann/Martiny, Int. Vertragsrecht, Rz. 94 ff.; *Martiny* in: MünchKomm-BGB, Art. 3 Rom I-VO Rz. 67 ff.; *Göthel* in: Reithmann/Martiny, Int. Vertragsrecht, Rz. 4617; *Brödermann/Wegen* in: Prütting/Wegen/Weinreich, BGB, Art. 3 Rom I Rz. 19; *Wagner*, IPRax 2008, 377, 379; *Leible/Lehmann*, RIW 2008, 528, 532; vgl. auch LG München, RRa 2012, 53.

Rechtswahl anzuwendenden Recht), oder die Parteien berufen für verschiedene Vertragsteile unterschiedliche Rechtsordnungen.[113] Die Grenze dieser Befugnis verläuft dort, wo ein zusammenhängender Aspekt durch die Unterwerfung unter verschiedene Rechtsordnungen ohne Sinn oder in widersprüchlicher Weise auseinander gerissen würde, wenn etwa die Auflösung eines Unternehmenskaufs zwei verschiedenen Rechtsordnungen (eine für die Käufer- und eine für die Verkäuferpflichten) unterworfen würde.[114] Denn die Teilfragen müssen abspaltbar sein und damit eine gewisse Selbständigkeit aufweisen.[115]

Natürlich müssen sich die Parteien des Unternehmenskaufs immer die Frage stellen, ob eine Teilverweisung **Sinn** macht. Dies wird nur ausnahmsweise der Fall sein. In der Praxis ist die Teilrechtswahl denn auch die seltene Ausnahme.[116] Speziell für den Unternehmenskauf ist hiervon grundsätzlich abzuraten.[117] Insbesondere ist davor zu warnen, Pattsituationen durch Teilverweisung lösen zu wollen. So sollten unter keinen Umständen die Käuferpflichten einem anderen Recht als die Verkäuferpflichten unterworfen werden (**„kleine Vertragsspaltung"**). Da nämlich beide Pflichtenkomplexe miteinander verwoben sind und auch voneinander abhängen, können sich in der Praxis schon bei der vertragsgemäßen Abwicklung schnell erhebliche Komplikationen ergeben, von Leistungsstörungen oder Gewährleistungsfragen ganz zu schweigen.[118] 99

Die Parteien sollten eine Teilverweisung auch dann nicht erwägen, wenn ein Unternehmen mit mehreren Tochterunternehmen in **verschiedenen Staaten** veräußert wird. Wählt man etwa für jedes Tochterunternehmen ein eigenes Recht, lassen sich einzelne Teilfragen möglicherweise nicht mehr eindeutig abgrenzen. Dies kann die Verweisung unwirksam machen und die Vertragserfüllung unnötig erschweren.[119] 100

10. Nachträgliche Rechtswahl, Rechtswahl im Prozess

Die Parteien können, müssen aber nicht bei Vertragsschluss das maßgebliche Recht wählen. Es steht ihnen frei, das Vertragsstatut bereits **vor Vertragsschluss** oder aber erst zu einem **späteren Zeitpunkt** zu vereinbaren. Ferner können sie eine einmal getroffene Wahl zu jeder Zeit einvernehmlich ändern oder aufhe- 101

---

113) *Göthel* in: Reithmann/Martiny, Int. Vertragsrecht, Rz. 4617; *Kondring*, IPRax 2007, 241, 244.
114) Beispiel nach *Ferid*, IPR, Rz. 6–26; auch *Martiny* in: MünchKomm-BGB, Art. 3 Rom I-VO Rz. 70 f.
115) *Martiny* in: MünchKomm-BGB, Art. 3 Rom I-VO Rz. 70; LG München, RRa 2012, 53, 54.
116) Beispiele aus dem allgemeinen Vertragsrecht bei *Hohloch* in: Erman, BGB, Anh. II Art. 26 EGBGB, Art. 3 Rom I-VO Rz. 20.
117) *Salger* in: Droste, M&A, S. 313, 318; *Meyer-Sparenberg*, WiB 1995, 849, 850.
118) Näher *Sandrock/Steinschulte* in: Sandrock, Hdb. Int. Vertragsgestaltung, S. 43 f.; gegen die Zulässigkeit dieser Spaltung *Hohloch* in: Erman, BGB, Anh. II Art. 26 EGBGB, Art. 3 Rom I-VO Rz. 21.
119) *Meyer-Sparenberg*, WiB 1995, 849, 850.

ben.¹²⁰⁾ Art. 3 Abs. 2 Rom I-VO sieht dementsprechend vor, dass die Parteien **jederzeit** vereinbaren können, dass der Vertrag einem anderen Recht unterliegen soll als dem, das zuvor aufgrund einer früheren Rechtswahl oder aufgrund anderer Vorschriften der Verordnung für ihn maßgebend war. Die Formgültigkeit des Vertrags nach Art. 11 Rom I-VO und Rechte Dritter werden hierdurch nicht berührt.¹²¹⁾

102 Eine nachträgliche Rechtswahl wirkt – nach allerdings umstrittener Ansicht – im Zweifel **ex tunc**, hingegen nur bei Vorliegen konkreter Anhaltspunkte lediglich **ex nunc**.¹²²⁾ Denn es kann den Parteien nicht ohne weiteres unterstellt werden, ihren Vertrag sukzessiv zwei unterschiedlichen Rechtsordnungen unterwerfen zu wollen. Außerdem wird eine Abgrenzung bei solchen Sachverhalten kaum möglich sein, die vor der Rechtswahl begonnen, aber bei der Rechtswahl noch nicht beendet sind. In Art. 116 Abs. 3 schweizerisches IPR-Gesetz ist dieser Grundsatz ausdrücklich geregelt:

> „Die Rechtswahl kann jederzeit getroffen oder geändert werden. Wird sie nach Vertragsabschluss getroffen oder geändert, so wirkt sie auf den Zeitpunkt des Vertragsabschlusses zurück. Die Rechte Dritter sind vorbehalten."

103 Die Rechtswahl kann für den rechtshängigen **Prozess** auch noch bis zum Schluss der mündlichen Verhandlung der letzten Tatsacheninstanz getroffen oder geändert werden. Dieser Grundsatz hilft Parteien, die das Rechtswahlproblem zunächst verkannt haben.¹²³⁾

III. Stillschweigende Rechtswahl

104 Die vorangehenden Darlegungen haben deutlich werden lassen, dass beim internationalen Unternehmenskauf eine **ausdrückliche Rechtswahl** immer **anzuraten** ist. Für eine Behandlung der stillschweigenden Rechtswahl, die nur dann zu erwägen ist, wenn es an einer ausdrücklichen Wahl fehlt, sollte daher idealerweise gar kein Bedürfnis bestehen.¹²⁴⁾ Andererseits ist nicht zu übersehen, dass gerade bei mittleren und kleineren Unternehmenskäufen die Notwendigkeit der Rechtswahl immer wieder verkannt wird.

---

120) *Martiny* in: Reithmann/Martiny, Int. Vertragsrecht, Rz. 130; *Wagner*, IPRax 2008, 377, 380; *Hohloch* in: Erman, BGB, Anh. II Art. 26 EGBGB, Art. 3 Rom I-VO Rz. 22 ff.; *Wenner*, Int. Vertragsrecht, Rz. 186 ff.
121) Dazu ausführlich *Martiny* in: Reithmann/Martiny, Int. Vertragsrecht, Rz. 132 f.; *Brödermann/Wegen* in: Prütting/Wegen/Weinreich, BGB, Art. 3 Rom I Rz. 23.
122) Ebenso BGH, IPRax 1998, 479; *Martiny* in: Reithmann/Martiny, Int. Vertragsrecht, Rz. 130; *Thorn* in: Palandt, BGB, Art. 3 Rom I-VO Rz. 11; *Thorn*, IPRax 2002, 349, 361; *Wenner*, Int. Vertragsrecht, Rz. 190 f.; *Lüderitz* in: FS Keller, S. 459, 462; *Siehr* in: FS Keller, S. 484, 496; *Reinhart*, IPRax 1995, 365, 367; *Stadler*, Jura 1997, 505, 509; anders – im Zweifel ex nunc – OLG Frankfurt a. M., IPRax 1992, 371 f.; *W. Lorenz*, IPRax 1987, 273.
123) *Salger* in: Droste, M&A, S. 313, 315; *Martiny* in: MünchKomm-BGB, Art. 3 Rom I-VO Rz. 78.
124) So konsequenterweise auch *Meyer-Sparenberg*, WiB 1995, 849, der auf die stillschweigende Rechtswahl nicht näher eingeht.

Die **stillschweigende** – auch konkludente oder schlüssige – **Rechtswahl** wird den **105**
Parteien im europäischen Internationalen Privatrecht ausdrücklich **gestattet**
(Art. 3 Abs. 1 Satz 2 Fall 2 Rom I-VO).[125] Sie ist subsidiär zur ausdrücklichen
Wahl. Ob eine stillschweigende Wahl vorliegt, erfordert, sämtliche Umstände des
konkreten Falls zu würdigen. Zu berücksichtigen sind dabei namentlich der Vertragsinhalt, die Modalitäten des Vertragsschlusses und das Verhalten der Vertragsparteien. Entscheidend sind Verteilung und Schwere der einzelnen Indizien. Die
für ein bestimmtes Recht sprechenden Gesichtspunkte müssen so gewichtig sein,
dass sich aus ihnen auf ein **Erklärungsbewusstsein** der Parteien oder auf einen
realen Parteiwillen schließen lässt, diese Rechtsordnung berufen zu wollen.[126]
Die stillschweigende Rechtswahl muss sich eindeutig aus den Vertragsbestimmungen oder aus den Umständen des Falls ergeben.[127]

Indizien für eine stillschweigende Wahl, die besonders beim Unternehmenskauf **106**
bedeutsam sein können, sind z. B.:[128]

- Die Vereinbarung eines gemeinsamen Gerichtsstands (*qui eligit iudicem, eligit ius*) (zur Gerichtsstandsvereinbarung näher unten § 11 Rz. 1 ff.);[129]
- die Vereinbarung eines institutionellen Schiedsgerichts mit ständigem Sitz (*qui eligit arbitrum, eligit ius*) (zur Schiedsvereinbarung näher unten § 11 Rz. 34 ff.);[130]

---

125) Ausführlich *Martiny* in: MünchKomm-BGB, Art. 3 Rom I-VO Rz. 45 ff.; *Magnus*, IPRax 2010, 27, 33; *Göthel* in: Reithmann/Martiny, Int. Vertragsrecht, Rz. 4614.
126) BGH, NJW 1991, 1292, 1293; *Göthel* in: Reithmann/Martiny, Int. Vertragsrecht, Rz. 4614; *Martiny* in: Reithmann/Martiny, Int. Vertragsrecht, Rz. 113 f.; *Leible/Lehmann*, RIW 2008, 528, 532; *Wagner*, IPRax 2008, 377, 378 f.; *Spellenberg*, IPRax 1990, 296.
127) *Magnus*, IPRax 2010, 27, 33; *Brödermann/Wegen* in: Prütting/Wegen/Weinreich, BGB, Art. 3 Rom I Rz. 8; *Wagner*, IPRax 2008, 377, 378 f.
128) Nachweise bei *Martiny* in: Reithmann/Martiny, Int. Vertragsrecht, Rz. 115 ff.; *Martiny* in: MünchKomm-BGB, Art. 3 Rom I-VO Rz. 48 ff.; *Thorn* in: Palandt, BGB, Art. 3 Rom I-VO Rz. 7; *Hohloch* in: Erman, BGB, Anh. II Art. 26 EGBGB, Art. 3 Rom I-VO Rz. 13 ff.; vgl. auch *Salger* in: Droste, M&A, S. 313, 320 ff.
129) Nach Erwägungsgrund 12 der Rom I-VO soll die Vereinbarung eines Gerichtsstands ein zu berücksichtigender Faktor bei der Feststellung einer stillschweigenden Rechtswahl sein; dazu *Göthel* in: Reithmann/Martiny, Int. Vertragsrecht, Rz. 4615; *Brödermann/Wegen* in: Prütting/Wegen/Weinreich, BGB, Art. 3 Rom I Rz. 11; *Wagner*, IPRax 2008, 377, 379. Nach *Mankowski*, IHR 2008, 133, 135, *Leible/Lehmann*, RIW 2008, 528, 532, und wohl auch *Magnus*, IPRax 2010, 27, 33, soll allerdings nur einer ausschließlichen Gerichtsstandsvereinbarung Indizwirkung zukommen, nicht jedoch einer fakultativen oder optionalen. Zur Bedeutung einer Gerichtsstandsvereinbarung auch OLG Bamberg, RIW 1989, 221 = IPRax 1990, 105; dazu *Prinzing*, IPRax 1990, 83; *Martiny* in: Reithmann/Martiny, Int. Vertragsrecht, Rz. 116 f.
130) BGH, IPRspr. 1964/65 Nr. 38 = AWD 1964, 395; BGH, IPRspr. 1968/69 Nr. 254 = AWD 1970, 31; dazu auch *Martiny* in: Reithmann/Martiny, Int. Vertragsrecht, Rz. 118 ff.; *Steinle*, ZVglRWiss 93 (1994), 300, 310 f.; *Thorn* in: Palandt, BGB, Art. 3 Rom I-VO Rz. 7; *Hohloch* in: Erman, BGB, Anh. II Art. 26 EGBGB, Art. 3 Rom I-VO Rz. 15.

- die Bezugnahme auf Rechtsvorschriften einer bestimmten Rechtsordnung in der Vertragsurkunde oder die Verwendung juristisch-technischer Klauseln, die erkennbar auf eine bestimmte Rechtsordnung zugeschnitten sind;[131]
- die Vereinbarung der Auslegung des Vertrags nach einem bestimmten nationalen Recht (sog. *Auslegungsklausel* oder *construction clause*, näher oben Rz. 75 ff.);
- die bestehende Vertragspraxis zwischen den Parteien;[132]
- das Verhalten der Parteien im Prozess (Parteien beziehen sich übereinstimmend auf ein bestimmtes nationales Recht).[133]

107 Dem **Prozessverhalten** messen deutsche Gerichte naturgemäß dann großes Gewicht bei, wenn es auf den Willen der Parteien hindeutet, deutsches Recht zu berufen.[134] Allerdings hängt die Wirksamkeit der stillschweigenden Wahl durch übereinstimmendes Prozessverhalten bei anwaltlich vertretenen Parteien von der entsprechenden Vollmacht der Prozessvertreter ab.[135]

108 Ferner kann die **Verbindung** eines Vertrags mit einem anderen Vertrag, dessen Statut feststeht, auf die Maßgeblichkeit dieses Statuts für beide Verträge hindeuten.[136]

109 Keine oder nur sehr geringe Indizwirkung kommt demgegenüber der **Vertragssprache**[137], dem **Abschlussort**[138] des Vertrags oder der für die **Zahlungspflichten** vereinbarten Währung zu.[139] Auch der Erfüllungsort hat bereits infolge der

---

131) BGH, IPRspr. 2003 Nr. 30 = NJW 2003, 2605; OLG Köln, RIW 1993, 414; auch LG Hamburg, RIW 1993, 144; *Martiny* in: Reithmann/Martiny, Int. Vertragsrecht, Rz. 125.
132) BGH, IPRspr. 1996 Nr. 38 = NJW 1997, 1150; BGH, IPRspr. 2000 Nr. 133 = NJW 2001, 1936; *Hohloch* in: Erman, BGB, Anh. II Art. 26 EGBGB, Art. 3 Rom I-VO Rz. 18; *Martiny* in: Reithmann/Martiny, Int. Vertragsrecht, Rz. 129; einschränkend *Steinle*, ZVglRWiss 93 (1994), 300, 312.
133) BGH, NJW-RR 1990, 248; OLG Celle, RIW 1990, 320; *Martiny* in: Reithmann/Martiny, Int. Vertragsrecht, Rz. 121 ff.; *Hohloch* in: Erman, BGB, Anh. II Art. 26 EGBGB, Art. 3 Rom I-VO Rz. 17; *E. Lorenz*, RIW 1992, 697, 703; einschränkend *Magnus*, IPRax 2010, 27, 33.
134) Umfassende Nachweise bei *Martiny* in: Reithmann/Martiny, Int. Vertragsrecht, Rz. 121; *Thorn* in: Palandt, BGB, Art. 3 Rom I-VO Rz. 8.
135) *Martiny* in: MünchKomm-BGB, Art. 3 Rom I-VO Rz. 54; bereits zum früheren Recht *Magnus* in: Staudinger, BGB, Art. 27 EGBGB Rz. 74; *Schack*, NJW 1984, 2736, 2739; *Mansel*, ZVglRWiss 86 (1987), 1, 13.
136) *Thorn* in: Palandt, BGB, Art. 3 Rom I-VO Rz. 7.
137) Dazu LG Hamburg, IPRspr. 1999 Nr. 30 = RIW 1999, 391; *Magnus* in: Staudinger, BGB, Art. 27 EGBGB Rz. 85; *Martiny* in: Reithmann/Martiny, Int. Vertragsrecht, Rz. 126.
138) BGH, NJW 2001, 1936; *Thorn* in: Palandt, BGB, Art. 3 Rom I-VO Rz. 7.
139) Anders OLG München, RIW 1997, 507: Wird die einem deklaratorischen Schuldanerkenntnis zugrunde liegende Abrede bewusst in ein Land verlegt, dessen Rechtskreis auch alle handelnden Personen angehören, richtet sich das Anerkenntnis regelmäßig nach dem Recht dieses Landes.

Reform des deutschen Internationalen Privatrechts im Jahre 1986 als Indiz an Bedeutung verloren.[140)]

Fehlen hinreichende Anhaltspunkte für eine stillschweigende Rechtswahl, ist der Vertrag wie auch sonst objektiv anzuknüpfen (**Art. 4 Rom I-VO**).[141)] 110

E. Fehlende Rechtswahl

I. Einleitung

Fehlt es an einer Rechtswahlvereinbarung, ist das maßgebliche Recht anhand der „**objektiven Anknüpfung**" (im Gegensatz zur „*subjektiven Anknüpfung*" gemäß dem Parteienwillen) zu bestimmen.[142)] 111

Bis zur Rom I-Verordnung unterwarf das deutsche Internationale Privatrecht einen Schuldvertrag bei der objektiven Anknüpfung generell dem Recht des Staats, mit dem der Vertrag die engste Verbindung aufwies (Art. 28 Abs. 1 Satz 1 EGBGB a. F.).[143)] Die engste Verbindung wurde widerlegbar zu dem Staat vermutet, in dem diejenige Partei, welche die charakteristische Leistung zu erbringen hat, ihren gewöhnlichen Aufenthalt oder ihre Hauptverwaltung hat. 112

Die Rom I-Verordnung verwendet dagegen ein **differenziertes Anknüpfungsregime**.[144)] Kann ein Vertrag einer der in Art. 4 Abs. 1 Rom I-VO aufgeführten **Vertragsarten** zugeordnet werden, unterliegt er dem danach maßgeblichen Recht.[145)] Ist eine solche Zuordnung nicht möglich oder sind die Bestandteile eines Vertrags durch mehr als eine der genannten Vertragsarten abgedeckt, unterliegt der Vertrag regelmäßig dem Recht des Staats, in dem diejenige Partei, welche die **charakteristische Leistung** zu erbringen hat, ihren gewöhnlichen Aufenthaltsort hat (Art. 4 Abs. 2 i. V. m. Art. 19 Rom I-VO). Bei Gesellschaften, Vereinen und juristischen Personen ist der gewöhnliche Aufenthaltsort der Ort ihrer Hauptverwaltung.[146)] Bei natürlichen Personen, die i. R. der Ausübung ihrer beruflichen Tätigkeit handeln, ist der gewöhnliche Aufenthaltsort der Ort ihrer 113

---

140) Dazu *Martiny* in: MünchKomm-BGB, Art. 3 Rom I-VO Rz. 65; *Thorn* in: Palandt, BGB, Art. 3 Rom I-VO Rz. 7; *Schröder*, IPRax 1987, 90, 91; *Hohloch* in: Erman, BGB, Anh. II Art. 26 EGBGB, Art. 3 Rom I-VO Rz. 18.
141) KG, NJW 1957, 347 = RabelZ 23 (1958), 280, 281.
142) Dazu ausführlich *Martiny* in: Reithmann/Martiny, Int. Vertragsrecht, Rz. 143 ff.; *Mankowski*, IHR 2008, 133, 136 ff.; *Leible/Lehmann*, RIW 2008, 528, 534 ff.; *Pfeiffer*, EuZW 2008, 622, 625 f.; *Brödermann/Wegen* in: Prütting/Wegen/Weinreich, BGB, Art. 4 Rom I Rz. 3.
143) *Wagner*, IPRax 2008, 377, 380 f.
144) Ausführlich *Magnus*, IPRax 2010, 27, 34 ff.
145) So Erwägungsgrund 19 der Rom I-VO; dazu auch *Leible/Lehmann*, RIW 2008, 528, 534 f.; *Brödermann/Wegen* in: Prütting/Wegen/Weinreich, BGB, Art. 4 Rom I Rz. 8 ff.; *Clausnitzer/Woopen*, BB 2008, 1798, 1799 f.
146) Zum Begriff „Hauptverwaltung" vgl. *Martiny* in: MünchKomm-BGB, Art. 19 Rom I-VO Rz. 4 ff.

Hauptniederlassung (Art. 19 Abs. 1 Rom I-VO).[147] Entscheidend ist der Zeitpunkt des Vertragsschlusses (Art. 19 Abs. 3 Rom I-VO). Ergibt sich aus der Gesamtheit der Umstände, dass der Vertrag eine **offensichtlich engere Verbindung** zu einem anderen als dem nach Art. 4 Abs. 1 oder 2 Rom I-VO bestimmten Staat aufweist, ist das Recht dieses anderen Staats anzuwenden (Art. 4 Abs. 3 Rom I-VO).[148] Lässt sich nach Art. 4 Abs. 1 oder 2 Rom I-VO das anwendbare Recht überhaupt nicht bestimmen, gilt das Recht des Staats, zu dem der Vertrag die **engste Verbindung** aufweist (Art. 4 Abs. 4 Rom I-VO).[149] Diese Bestimmungen bedürfen sowohl für den Share Deal als auch für den Asset Deal der näheren Erläuterung.

II. Share Deal

1. Grundsatz

114 Der Share Deal ist kein Kauf beweglicher Sachen i. S. des Art. 4 Abs. 1 lit. a Rom I-VO und fällt auch sonst regelmäßig nicht unter Art. 4 Abs. 1 Rom I-VO (siehe aber für den Börsenkauf unten § 13 Rz. 16).[150] Daher ist der Anteilskaufvertrag nach Art. 4 Abs. 2 Rom I-VO anzuknüpfen. Er unterliegt danach dem Recht des Staats, in dem der **Verkäufer** als Erbringer der **charakteristischen Leistung** zum Zeitpunkt des Vertragsschlusses seinen **gewöhnlichen Aufenthaltsort** hat.[151] Der gewöhnliche Aufenthaltsort einer Gesellschaft oder juristischen Person ist der Ort ihrer Hauptverwaltung (Art. 19 Abs. 1 Satz 1 Rom I-VO).[152] Maßgeblich ist der effektive Verwaltungssitz.[153] Ist der Verkäufer eine natürliche Person, die i. R. der Ausübung ihrer beruflichen Tätigkeit handelt, ist der Ort ihrer Hauptniederlassung der gewöhnliche Aufenthaltsort

---

147) Zum Begriff „Hauptniederlassung" vgl. *Martiny* in: MünchKomm-BGB, Art. 19 Rom I-VO Rz. 7 ff.
148) Zur Ausweichklausel des Art. 4 Abs. 3 Rom I-VO *Martiny* in: MünchKomm-BGB, Art. 4 Rom I-VO Rz. 244 ff.; *Magnus*, IPRax 2010, 27, 37; *Mankowski*, IHR 2008, 133, 137 f.
149) *Martiny* in: MünchKomm-BGB, Art. 4 Rom I-VO Rz. 268 ff.; *Brödermann/Wegen* in: Prütting/Wegen/Weinreich, BGB, Art. 4 Rom I Rz. 22; *Wagner*, IPRax 2008, 377, 381.
150) *Merkt/Göthel* in: Reithmann/Martiny, Int. Vertragsrecht, Rz. 4407.
151) So auch *Martiny* in: MünchKomm-BGB, Art. 4 Rom I-VO Rz. 164; *Hopt* in: FS W. Lorenz, S. 413, 414; für das schweizerische Kollisionsrecht *Schnyder* in: CEJE, Erwerb von Beteiligungen am Beispiel der öffentlichen Übernahmeangebote, S. 624, 631.; dagegen auf Art. 4 Abs. 3 Rom I-VO stützend vorrangig für das Recht am Hauptsitz der Zielgesellschaft *Thorn* in: Palandt, BGB, Art. 4 Rom I-VO Rz. 23; *Land*, BB 2013, 2697, 2699.
152) *Magnus*, IPRax 2010, 27, 35; *Clausnitzer/Woopen*, BB 2008, 1798, 1806.
153) Dazu *Mankowski*, IHR 2008, 133, 139; *Martiny* in: Reithmann/Martiny, Int. Vertragsrecht, Rz. 209; *Brödermann/Wegen* in: Prütting/Wegen/Weinreich, BGB, Art. 19 Rom I Rz. 3.

(Art. 19 Abs. 1 Satz 2 Rom I-VO).[154)] Wird der Vertrag i. R. des Betriebs einer Zweigniederlassung, Agentur oder sonstigen Niederlassung geschlossen oder ist eine solche Niederlassung für die Erfüllung des Vertrags verantwortlich, steht der Ort des gewöhnlichen Aufenthalts dem Ort dieser Niederlassung gleich (Art. 19 Abs. 2 Rom I-VO).[155)]

Die Anknüpfung an den gewöhnlichen Aufenthaltsort des Verkäufers hat ihren Grund darin, dass der Verkäufer beim Share Deal die charakteristische (oder vertragstypische) Leistung erbringt, also diejenige Leistung, durch die sich der konkrete Anteilskauf von anderen Verträgen unterscheidet. Festzuhalten ist also, dass sich der Share Deal mangels Rechtswahl regelmäßig nach dem Recht am gewöhnlichen Aufenthaltsort des Verkäufers richtet.[156)] 115

Beim Erwerb von Aktien eines börsennotierten Unternehmens über die Börse sowie bei einem öffentlichen Erwerbs- oder Übernahmeangebot gelten besondere Regelungen (siehe unten §§ 12 und 13). 116

2. Anteilstausch

Schwierigkeiten ergeben sich nach den obigen Ausführungen (Rz. 114 f.) beim **Anteilstausch**. Denn hier erbringen beide Vertragsparteien unbare Leistungen. Eine charakteristische Leistung, der man Vorrang vor der anderen Leistung einräumen könnte, lässt sich auf den ersten Blick nicht bestimmen. 117

Es sind zwei Situationen zu unterscheiden: Bildet die Leistung einer Vertragspartei die eigentliche **Hauptleistung**, werden also die Anteile von der anderen Vertragspartei nur anstelle eines baren Kaufpreises geleistet, bildet die Hauptleistung die charakteristische Leistung i. S. von Art. 4 Abs. 2 Rom I-VO.[157)] Die Hauptleistung wird sich möglicherweise durch ihr Gewicht oder ihre Bedeutung für beide Vertragsparteien bestimmen lassen.[158)] Geht es also etwa bei dem Vertrag darum, ein Unternehmen zu übertragen, indem eine Kontroll- 118

---

154) Dazu *Martiny* in: Reithmann/Martiny, Int. Vertragsrecht, Rz. 210 ff.; *Wetzler* in: Hölters, Hdb. Unternehmenskauf, Teil XV Rz. 43; *Brödermann/Wegen* in: Prütting/Wegen/Weinreich, BGB, Art. 19 Rom I Rz. 4; *Clausnitzer/Woopen*, BB 2008, 1798, 1806. Zum früheren Recht BGH, RIW 1987, 148 = IPRax 1988, 27: Verkauf von Aktien an belgischer AG durch belgischen Staatsangehörigen mit Sitz in Belgien: Schwerpunkt des Vertrags in Belgien, daher belgisches Vertragsstatut; *Beisel* in: Beisel/Klumpp, Unternehmenskauf, Kap. 7 Rz. 32.
155) *Leible/Lehmann*, RIW 2008, 528, 535; *Clausnitzer/Woopen*, BB 2008, 1798, 1806.
156) *Martiny* in: MünchKomm-BGB, Art. 4 Rom I-VO Rz. 164; für das schweizerische Kollisionsrecht *Schnyder* in: CEJE, Erwerb von Beteiligungen am Beispiel der öffentlichen Übernahmeangebote, S. 624, 631.
157) Allgemein zur objektiven Anknüpfung beim Tausch *Martiny* in: MünchKomm-BGB, Art. 4 Rom I-VO Rz. 302.
158) Nach Erwägungsgrund 19 S. 3 der Rom I-VO soll die charakteristische Leistung des Vertrags nach ihrem Schwerpunkt bestimmt werden. Dazu auch *Clausnitzer/Woopen*, BB 2008, 1798, 1800.

mehrheit an seinem Rechtsträger veräußert wird, und „*zahlt*" der Erwerber dafür mit Anteilen an einer anderen Gesellschaft, kann die Kontrollmehrheit die charakteristische Leistung darstellen.

119 Stehen sich hingegen – zweite Situation – auf beiden Seiten des Vertrags Anteile als vertraglich zu erbringende Leistung **gleichrangig** gegenüber, hilft die Vermutungsregel des Art. 4 Abs. 2 Rom I-VO nicht weiter. In diesem Fall ist der Vertrag aber nicht in Einzelverpflichtungen aufzuspalten, sondern auf seine engste Verbindung abzustellen (Art. 4 Abs. 4 Rom I-VO).[159]

120 Hier werden **alle Umstände des Vertrags** in Betracht gezogen mit dem Ziel, jene Rechtsordnung zu ermitteln, auf welche die Mehrzahl der Indizien hinweist. Das Verfahren ähnelt der Bestimmung des stillschweigenden Parteiwillens.[160] Die Anforderungen sind aber natürlich niedriger, da ansonsten von einer stillschweigenden Rechtswahl auszugehen wäre. Mit dieser Maßgabe kann auf die Ausführungen zur stillschweigenden Rechtswahl verwiesen werden (oben Rz. 104 ff.).

121 Ein starkes Indiz ist die **gemeinsame Zuordnung** der Vertragsparteien zu einer Rechtsordnung (gewöhnlicher Aufenthaltsort im selben Staat).[161] Wird der Vertrag unter Mitwirkung eines Notars abgeschlossen, kann darin ein Indiz für das Recht liegen, nach dem der Notar tätig wird.[162]

III. Asset Deal
1. Grundsatz

122 Beim Asset Deal unterliegt der Unternehmenskaufvertrag bei fehlender ausdrücklicher oder stillschweigender Rechtswahl grundsätzlich dem Recht am Ort des veräußernden Rechtsträgers des Unternehmens (Zielgesellschaft) als Erbringer der charakteristischen Leistung (**Art. 4 Abs. 2 Rom I-VO**). Dies ist regelmäßig der Ort der **Hauptverwaltung** (Art. 19 Abs. 1 Satz 1 Rom I-VO). Die **Zielgesellschaft** ist der Verkäufer der Vermögenswerte, aus denen sich das Unternehmen zusammensetzt. Wie beim Share Deal unterliegt der gesamte Kauf in Bezug auf sämtliche Bestandteile des Unternehmens einem **einheitlichen Schuldstatut**.

123 Eine Anknüpfung nach Art. 4 Abs. 1 Rom I-VO wird ganz überwiegend nicht möglich sein.[163] Der Unternehmenskaufvertrag erfasst häufig alle oder nahezu

---

159) *Martiny* in: MünchKomm-BGB, Art. 4 Rom I-VO Rz. 158 f. Nach früherem Recht war die Vermutungsregel des Art. 28 Abs. 2 EGBGB a. F. nicht anzuwenden (Art. 28 Abs. 2 Satz 3 EGBGB a. F.) und das Vertragsstatut war nach der Generalklausel des Art. 28 Abs. 1 EGBGB a. F. zu ermitteln.
160) Vgl. *Niggemann*, RIW 1987, 169, zum vergleichbaren Problem bei Kompensationsgeschäften.
161) *Martiny* in: MünchKomm-BGB, Art. 4 Rom I-VO Rz. 283, 294.
162) OLG Köln, IPRspr. 1993 Nr. 29.
163) *Merkt/Göthel* in: Reithmann/Martiny, Int. Vertragsrecht, Rz. 4465.

alle Wirtschaftsgüter eines Unternehmens. Daher kann er zum einen nur ganz selten lediglich einem einzigen der in Art. 4 Abs. 1 Rom I-VO genannten Vertragstypen zugeordnet werden (so bspw. nicht beim gleichzeitigen Verkauf von Mobilien und Immobilien), und zum anderen werden sich zahlreiche Bestandteile des Vertrags gar keinem der genannten Vertragstypen zuordnen lassen (bspw. der Verkauf von Verträgen, Forderungen, Warenzeichen, Firmen, Organisationen, Kundenkreisen, Geschäftsbeziehungen, Goodwill und Know-how). Aus diesen Gründen greift die nächste Anknüpfungsstufe des Art. 4 Abs. 2 Rom I-VO, wenn nicht ausnahmsweise wegen einer engeren Verbindung nach Art. 4 Abs. 3 Rom I-VO anzuknüpfen ist.

2. Forderungen

Eine spezielle Regelung ist zu beachten, soweit zum verkauften Unternehmensvermögen Forderungen gehören (dazu auch unten § 8 Rz. 104 f.). Nach Art. 14 Abs. 1 Rom I-VO ist für die Verpflichtungen zwischen dem bisherigen und dem neuen Gläubiger, also für das Grundgeschäft (bspw. ein Forderungskauf), das Recht maßgeblich, dem der Vertrag zwischen ihnen unterliegt.[164] Mit dieser Regelung wird lediglich klargestellt, dass der **Forderungskauf** nicht dem Forderungsstatut (Recht der abgetretenen Forderung), sondern seinem **eigenen Recht** untersteht. Gemäß Art. 14 Abs. 2 Rom I-VO gilt jedoch für die **Übertragbarkeit** und die **Wirkungen der Übertragungen** das Recht der abgetretenen Forderung. Dahinter steht der Gedanke, dass sich der Inhalt des Schuldverhältnisses durch die Abtretung nicht ändern und daher auch das maßgebliche Recht unverändert bleiben soll.[165] 124

Das Recht, nach dem sich die Verpflichtung zur Forderungsabtretung bestimmt, ist wie auch sonst nach den **Art. 3 ff. Rom I-VO** zu ermitteln.[166] Soweit also beim Unternehmenskauf Forderungen mitverkauft werden, gilt dasselbe Recht, das für den Kauf in Bezug auf die sonstigen Unternehmensbestandteile maßgeblich ist. 125

Hingegen beurteilen sich wie ausgeführt die Voraussetzungen der **Abtretung** einer Forderung nach dem Recht, dem die jeweilige Forderung unterliegt (Art. 14 Abs. 1 Rom I-VO).[167] Verkauft also bspw. ein Deutscher i. R. eines Asset Deal auch Forderungen an einen französischen Käufer und wählen die 126

---

164) Dazu ausführlich *Flessner*, IPRax 2009, 35; *Martiny* in: Reithmann/Martiny, Int. Vertragsrecht, Rz. 383 ff.; auch *Müller* in: Prütting/Wegen/Weinreich, BGB, Art. 14 Rom I Rz. 2; *Leible/Lehmann*, RIW 2008, 528, 540.

165) Vgl. *Martiny* in: MünchKomm-BGB, Art. 14 Rom I-VO Rz. 4. – Inhaltlich identisch die Regelung im schweizerischen Recht, Art. 145 Abs. 1 schweizerisches IPR-Gesetz.

166) *Müller* in: Prütting/Wegen/Weinreich, BGB, Art. 14 Rom I Rz. 2; *Martiny* in: MünchKomm-BGB, Art. 14 Rom I-VO Rz. 19.

167) Ausführlich *Martiny* in: Reithmann/Martiny, Int. Vertragsrecht, Rz. 387 ff.; *Müller* in: Prütting/Wegen/Weinreich, BGB, Art. 14 Rom I Rz. 3; *Leible/Lehmann*, RIW 2008, 528, 540 f.; *Meyer-Sparenberg*, WiB 1995, 849, 851.

Parteien für den Kaufvertrag deutsches Recht, gilt für eine zu den Vermögensgegenständen gehörende, dem englischen Recht unterliegende Forderung gegen einen Engländer Folgendes: Die Haftung des Verkäufers für die Verität der Forderung und die Bonität des Schuldners richtet sich nach deutschem **Vertragsstatut**. Ob der Engländer durch Zahlung an den Verkäufer oder den Erwerber von seiner Verpflichtung frei wird, richtet sich hingegen nach englischem **Forderungsstatut**.[168]

3. Immobiliarsachenrechte

127 Eine besondere Regelung ist ebenso für die objektive Anknüpfung der Verpflichtung zur Übertragung von Immobilien und Immobiliarsachenrechten zu beachten. Nach Art. 4 Abs. 1 lit. c Rom I-VO (früher als Vermutung ausgestaltet: Art. 28 Abs. 3 EGBGB a. F.) unterliegt der Kaufvertrag über ein dingliches Recht an einem Grundstück oder ein Grundstücksnutzungsrecht dem Recht des Staats, in dem das Grundstück belegen ist („**lex rei sitae**").[169] Eine Rechtswahl nach Art. 3 Rom I-VO ist allerdings auch hier ohne weiteres zulässig.

128 Bildet das Grundstück nur einen Teil der *assets* des Unternehmens und folgt der Kaufvertrag über Art. 4 Abs. 2 Rom I-VO insgesamt einem anderen als dem Recht der Grundstücksbelegenheit, unterliegt der Kaufvertrag auch hinsichtlich des Grundstücks diesem anderen Recht. Die Möglichkeit einer – im früheren Recht vorhandenen – **Vertragsspaltung** besteht nach der Rom I-Verordnung **nicht** mehr. Fällt der Vertrag nicht vollständig unter einen der in Art. 4 Abs. 1 Rom I-VO aufgeführten Vertragsarten, unterliegt der gesamte Vertrag dem nach Art. 4 Abs. 2 bis 4 Rom I-VO berufenen Recht. Dennoch empfiehlt sich stets eine Rechtswahl.[170]

IV. Ausweichklausel

129 Gemäß der Ausweichklausel in Art. 4 Abs. 3 Rom I-VO (früher Art. 28 Abs. 5 EGBGB) gilt abweichend zum nach Art. 4 Abs. 1 oder Abs. 2 Rom I-VO berufenen Recht das Recht eines anderen Staats, wenn sich aus der Gesamtheit der Umstände ergibt, dass der Vertrag eine **offensichtlich engere Verbindung** zu diesem anderen Staat aufweist.[171]

---

168) Beispiel nach *Salger* in: Droste, M&A, S. 313, 326; zu der Drittwirkung bei Mehrfachabtretungen vgl. *Leible*, IPRax 2012, 49.

169) *Martiny* in: Reithmann/Martiny, Int. Vertragsrecht, Rz. 147, 1491 ff.; *Martiny*, ZEuP 2008, 79, 90; *Brödermann/Wegen* in: Prütting/Wegen/Weinreich, BGB, Art. 4 Rom I Rz. 12; *Wagner*, IPRax 2008, 377, 383; *Salger* in: Droste, M&A, S. 313, 322 f.

170) Vgl. *Salger* in: Droste, M&A, S. 313, 323.

171) *Martiny* in: Reithmann/Martiny, Int. Vertragsrecht, Rz. 171 ff., mit praktischen Anwendungsfällen; dazu auch *Brödermann/Wegen* in: Prütting/Wegen/Weinreich, BGB, Art. 4 Rom I Rz. 20 f.; *Leible/Lehmann*, RIW 2008, 528, 536; *Clausnitzer/Woopen*, BB 2008, 1798, 1800.

Praktische Anwendungsfälle, in denen die Grundanknüpfung mit Art. 4 Abs. 3 Rom I-VO durchbrochen werden kann, sind etwa die sog. **akzessorische Anknüpfung** eines Vertragsverhältnisses an das Statut eines anderen Vertrags, der inhaltlich eng mit dem ersten Vertrag verknüpft ist.[172] Es ist hier an zusammengesetzte Verträge zu denken, die von den Parteien inhaltlich zu einem einheitlichen Ganzen verknüpft werden, ferner an angelehnte Verträge, die in Bezug auf einen Hauptvertrag Hilfsfunktionen erfüllen, sodann an Sicherungsverträge, an Verträge zur Ausfüllung von Rahmenverträgen oder zur Vorbereitung von Hauptverträgen.[173] In allen diesen Fällen führt die objektive Anknüpfung vielfach zum Statut des betreffenden Hauptvertrags.

130

Zu denken ist auch an den Fall, dass beide Parteien in der Bundesrepublik Deutschland ihren gewöhnlichen Aufenthaltsort haben, aber das Unternehmen der Zielgesellschaft im Wesentlichen aus einer Immobilie im Ausland besteht. Hier könnte in Abweichung von Art. 4 Abs. 1 lit. c Rom I-VO das deutsche Recht als Vertragsstatut für den Unternehmenskauf in Betracht kommen. Umgekehrt könnte die **Belegenheit** des gesamten Unternehmensvermögens im Inland trotz auswärtigem gewöhnlichen Aufenthaltsort des Verkäufers in Abweichung von Art. 4 Abs. 2 Rom I-VO zum deutschen Recht führen (siehe Art. 4 Abs. 3 Rom I-VO).[174]

131

Ebenfalls nach Art. 4 Abs. 3 Rom I-VO mag der Fall zu behandeln sein, dass beide Vertragsparteien die Geltung eines bestimmten Rechts als selbstverständlich angenommen haben (Geltung dieses Rechts als Bestandteil der Geschäftsgrundlage). Hier gebietet bereits der **Vertrauensschutz**, von der Zuweisungsregel in Art. 4 Abs. 2 Rom I-VO abzuweichen.[175]

132

F. Sachnormverweisung

Die Verweisung auf das Vertragsstatut ist eine Verweisung auf das **materielle Recht** (Sachvorschriften, Sachrecht) der betreffenden Rechtsordnung (Art. 20 Rom I-VO).[176] Das Kollisionsrecht dieser Rechtsordnung bleibt außer Be-

133

---

172) Nach Erwägungsgrund 20 der Rom I-VO soll u. a. berücksichtigt werden, ob der betreffende Vertrag in einer sehr engen Verbindung zu einem oder mehreren anderen Verträgen steht. Zur akzessorischen Anknüpfung auch *Martiny* in: MünchKomm-BGB, Art. 4 Rom I-VO Rz. 252 ff.

173) BAG, DB 1968, 713: Angelehnte Verträge (hier: Ruhegeldvereinbarung i. R. eines Arbeitsvertrags) sind regelmäßig nach dem – gewählten – Recht des Hauptvertrags zu beurteilen, denn aus dem für den Hauptvertrag vereinbarten Recht lässt sich mangels gegenteiliger Anhaltspunkte der Schluss ziehen, dass im Interesse einer einheitlichen Rechtsordnung für alle Vertragsbeziehungen der mutmaßliche Parteiwille auch für den angelehnten Vertrag auf die Anwendung des gleichen Rechts gerichtet ist.

174) Dazu auch *Salger* in: Droste, M&A, S. 313, 323.

175) So zum früheren Recht *Kegel/Schurig*, IPR, § 18 I. 1. d).

176) Dazu *Martiny* in: Reithmann/Martiny, Int. Vertragsrecht, Rz. 217 ff.; *Brödermann/Wegen* in: Prütting/Wegen/Weinreich, BGB, Art. 20 Rom I Rz. 1.

tracht. Für die Verweisung kraft Rechtswahl der Parteien folgt dies daraus, dass es den Parteien um das materielle (Kauf-, Schuld- etc.) Recht geht. Sie wollen nicht den Unabwägbarkeiten ausgesetzt sein, die mit einer möglichen Weiter- oder Rückverweisung nach dem Internationalen Privatrecht der gewählten Rechtsordnung verbunden sind. Hinzu kommt, dass sie (und nicht selten auch ihre Rechtsberater) die mit der Alternative zwischen Gesamt- und Sachnormverweisung verbundenen Probleme regelmäßig gar nicht erkennen und die Rechtswahl automatisch als eine Wahl des materiellen Rechts begreifen (siehe aber zu Rechtswahlklauseln, mit denen das Kollisionsrecht ausdrücklich abgewählt wird, oben Rz. 61 ff.).[177]

---

177) Näher *Hohloch* in: Erman, BGB, Anh. II Art. 26 EGBGB, Art. 20 Rom I-VO Rz. 2, auch zu den Ausnahmen vom Grundsatz der Sachnormverweisung.

§ 7 Umfang des Vertragsstatuts

Übersicht

A.	Grundsatz 1	III.	Erlöschen 43
I.	Zustandekommen 2	IV.	Nichtigkeitsfolgen 45
II.	Materielle Wirksamkeit 5	V.	Abänderung 48
III.	Auslegung und Vertragstyp 7	VI.	Währung 50
IV.	Vertragssprache 9	VII.	Zinsen 52
V.	Vertragsinhalt, Erfüllung 21	VIII.	Beweisfragen 56
B.	**Weitere Vertragsabwicklung**..33	C.	**Allgemeine Schranken**............. 59
I.	Bewertungsgrundsätze 33	I.	Eingriffsnormen 60
II.	Leistungsstörungen, Verletzung eines vorvertraglichen Schuldverhältnisses, Vertragsstrafe 35	II.	Ordre public 66

Literatur: *Berger*, Der Zinsanspruch im Internationalen Wirtschaftsrecht, RabelsZ 61 (1997), 313; *Clausnitzer/Woopen*, Internationale Vertragsgestaltung – Die neue EG-Verordnung für grenzüberschreitende Verträge (Rom I-VO), BB 2008, 1798; *Dauner-Lieb/ Thiessen*, Garantiebeschränkungen in Unternehmenskaufverträgen nach der Schuldrechtsreform, ZIP 2002, 108; *Ebke*, Risikoeinschätzung und Haftung des Wirtschaftsprüfers und vereidigten Buchprüfer – international –, WPK-Mitt. Sonderheft 1996, 17; *Ebke*, Internationales Devisenrecht, 1991; *Einsele*, Kapitalmarktrechliche Eingriffsnormen – Bedarf die Rom I-Verordnung einer Sonderregel für harmonisiertes europäisches Recht?, IPRax 2012, 481; *Freitag*, Die kollisionsrechtliche Behandlung ausländischer Eingriffsnormen nach Art. 9 Abs. 3 Rom I-VO, IPRax 2009, 109; *Göthel*, Grenzüberschreitende Reichweite ausländischen Kapitalmarktrechts, IPRax 2001, 411; *Gronstedt/Jörgens*, Die Gewährleistungshaftung bei Unternehmensverkäufen nach dem neuen Schuldrecht, ZIP 2002, 52; *Großfeld*, Recht der Unternehmensbewertung, 7. Aufl., 2012 (zit.: Unternehmensbewertung); *Grunewald*, Rechts- und Sachmängelhaftung beim Kauf von Unternehmensanteilen, NZG 2003, 372; *Hahn/Häde*, Währungsrecht, 2. Aufl., 2010; *Kadner Graziano*, Das auf außervertragliche Schuldverhältnisse anzuwendende Recht nach Inkrafttreten der Rom II-Verordnung, RabelsZ 73 (2009), 1; *Leible/Lehmann*, Die Verordnung über das auf vertragliche Schuldverhältnisse anzuwendende Recht („Rom I"), RIW 2008, 528; *Lorenz, E.*, Die Auslegung schlüssiger und ausdrücklicher Rechtswahlerklärungen im internationalen Schuldvertragsrecht, RIW 1992, 697; *Lüttringhaus*, Das internationale Privatrecht der culpa in contrahendo nach den EG-Verordnungen „Rom I" und „Rom II", RIW 2008, 193; *Magnus*, Die Rom I-Verordnung, IPRax 2010, 27; *Maier-Reimer*, Fremdwährungsverbindlichkeiten, NJW 1985, 2049; *Mankowski*, Die Rom I-Verordnung – Änderungen im europäischen IPR für Schuldverträge, IHR 2008, 133; *Martiny*, Neues deutsches internationales Vertragsrecht, RIW 2009, 737; *Martiny*, Europäisches Internationales Vertragsrecht in Erwartung der Rom I-Verordnung, ZEuP 2008, 79; *Merkt*, Abwehr der Zustellung von „punitive damages"-Klagen, 1995 (zit.: Abwehr); *Merkt*, Internationaler Unternehmenskauf durch Beteiligungskauf, in: Festgabe Sandrock, 1995, S. 135; *Meyer-Sparenberg*, Internationalprivatrechtliche Probleme bei Unternehmenskäufen, WiB 1995, 849; *Pfeiffer*, Neues Internationales Vertragsrecht – Zur Rom I-Verordnung, EuZW 2008, 622; *Piltz*, Die Unternehmensbewertung in der Rechtsprechung, 3. Aufl., 1994 (zit.: Unternehmensbewertung); *Sandrock*, Verzugszinsen vor internationalen Schiedsgerichten: insbesondere Konflikte zwischen Schuld- und Währungsstatut, JbPraxSchG 3 (1989), 64; *Schmidt, K.*, Ehegatten-Miteigentum oder „Eigenheim-Gesellschaft"? – Rechtszuordnungsprobleme bei gemeinschaftlichem Grundeigentum, AcP 182 (1982), 481; *Schütze*, Allgemeine Geschäftsbedingungen bei Auslandsgeschäften, DB 1978, 2301; *Wagner*, Der Grundsatz der Rechtswahl und das mangels Rechtswahl anwendbare Recht (Rom I-Verordnung), IPRax 2008, 377.

§ 7 Umfang des Vertragsstatuts

A. Grundsatz

1 Der Umfang des Vertragsstatuts, d. h. der Kreis aller Fragen, die sich nach diesem Statut beurteilen, bestimmt sich sowohl beim Share Deal als auch beim Asset Deal – wie auch bei sonstigen Kaufverträgen – nach den allgemeinen Grundsätzen, namentlich nach den Vorschriften der **Art. 10 und 12 Rom I-VO** (früher Art. 31 und 32 EGBGB).[1]

I. Zustandekommen

2 Dem Vertragsstatut ist zunächst zu entnehmen, ob der Vertrag überhaupt zustande gekommen ist (Art. 10 Abs. 1 Rom I-VO).[2] Dies gilt sowohl für den eigentlichen Unternehmenskaufvertrag als auch für die – formell sinnvollerweise in diesen **Hauptvertrag** integrierte – Rechtswahlvereinbarung, die materiell ein eigener, vom Hauptvertrag gesonderter „**Verweisungsvertrag**" ist (Art. 3 Abs. 5 i. V. m. Art. 10 Abs. 1 Rom I-VO).[3]

3 Unter „*Zustandekommen des Vertrags*" i. S. von Art. 10 Abs. 1 Rom I-VO sind alle Fragen und Aspekte des äußeren Tatbestands des Vertragsschlusses zu verstehen, d. h. das zum **Vertragsschluss** führende oder den Vertragsschluss modifizierende Verhalten der Parteien.[4] Dazu zählen Angebot und Annahme einschließlich der Ablehnung des Angebots, ebenso das Gegenangebot, die Vorbereitung und die Vorstufen des Angebots, ferner die an die Rechtsverbindlichkeit des Angebots oder der Annahme zu stellenden Anforderungen, namentlich die Fragen der Abgabe der Erklärung und ihres wirksamen Zugangs sowie etwaige Gegenleistungserfordernisse (*consideration* des Common Law), sowie die Frage, zu welchem Zeitpunkt Angebot und Annahme wirksam werden. Auch die Bedeutung des Schweigens einer Partei im Zusammenhang mit dem Zustandekommen des Vertrags beurteilt sich gemäß Art. 10 Abs. 1 Rom I-VO nach dem Vertragsstatut.[5]

4 Das Vertragsstatut regelt insbesondere, ob die Erklärung einer am Unternehmensverkauf interessierten Partei als **Verkaufsangebot** oder als unverbindliche

---

1) *Merkt/Göthel* in: Reithmann/Martiny, Int. Vertragsrecht, Rz. 4411; *Salger* in: Droste, M&A, S. 313, 324 ff.; *Meyer-Sparenberg*, WiB 1995, 849; *Dürig*, S. 53.
2) *Clausnitzer/Woopen*, BB 2008, 1798, 1805; *Spellenberg* in: MünchKomm-BGB, Art. 10 Rom I-VO Rz. 6.
3) Zum Zustandekommen des Verweisungsvertrags *Martiny* in: Reithmann/Martiny, Int. Vertragsrecht, Rz. 263 ff.; *Brödermann/Wegen* in: Prütting/Wegen/Weinreich, BGB, Art. 3 Rom I Rz. 28.
4) *Spellenberg* in: MünchKomm-BGB, Art. 10 Rom I-VO Rz. 22; *Thorn* in: Palandt, BGB, Art. 10 Rom I-VO Rz. 3; *Hohloch* in: Erman, BGB, Anh. II Art. 26 EGBGB, Art. 10 Rom I-VO Rz. 6.
5) *Martiny* in: Reithmann/Martiny, Int. Vertragsrecht, Rz. 268 ff.; *Thorn* in: Palandt, BGB, Art. 10 Rom I-VO Rz. 5; *Hohloch* in: Erman, BGB, Anh. II Art. 26 EGBGB, Art. 10 Rom I-VO Rz. 6.

Aufforderung zur Abgabe von Kaufangeboten (**invitatio ad offerendum**) anzusehen ist. Gleiches gilt für die Frage, ob ein Kaufinteressent ein lediglich unverbindliches oder bereits bindendes Angebot abgegeben hat. Zu solchen Erklärungen kann es vor allem bei sog. *Bieterverfahren* (siehe dazu oben § 2 Rz. 11 ff.) kommen.

II. Materielle Wirksamkeit

Ebenfalls nach dem Vertragsstatut beurteilt sich die „*Wirksamkeit des Vertrags*" 5 (Art. 10 Abs. 1 Rom I-VO). Unter „*Wirksamkeit*" ist dabei – im Unterschied zu dem auf den äußeren Tatbestand bezogenen „*Zustandekommen*" – die **materielle Wirksamkeit** zu verstehen. Dazu gehört der gesamte innere Vertragsabschlusstatbestand, d. h. die innere Wirksamkeit der Einigung zwischen den Vertragsparteien einschließlich etwaiger Willensmängel und ihrer Wirkungen und Folgen, namentlich die Anfechtung,[6] ferner Dissens, Bedingungen, Wirkungen des Verstoßes gegen das Gesetz oder die guten Sitten sowie die Folgen mangelnder oder beschränkter Geschäftsfähigkeit. Gleiches gilt für die Möglichkeit, den Vertrag umzudeuten, um die Wirksamkeit eines ansonsten unwirksamen Vertrags herbeizuführen.[7] Das über Art. 10 Abs. 1 Rom I-VO berufene Recht gilt auch dann, wenn es um die Rechtsgültigkeit nur einzelner Vertragsklauseln geht.[8]

Ergänzend zu den Bestimmungen des Vertragsstatuts kann sich jede Vertrags- 6 partei für den Einwand, sie habe dem Vertrag nicht zugestimmt, auf das **Recht am Ort ihres gewöhnlichen Aufenthalts** berufen (Art. 10 Abs. 2 Rom I-VO).[9] Die Vorschrift gilt allerdings nur für die Frage, ob überhaupt eine rechtsgeschäftliche Erklärung abgegeben wurde, nicht für deren Gültigkeit. Letzteres beurteilt sich allein nach dem Vertragsstatut.[10] Die Berufung auf das

---

6) Rechtsvergleichend zur Anfechtung *Martiny* in: Reithmann/Martiny, Int. Vertragsrecht, Rz. 302 (Deutschland, England, USA).
7) Ausführlich dazu *Spellenberg* in: MünchKomm-BGB, Art. 10 Rom I-VO Rz. 21 ff.; *Thorn* in: Palandt, BGB, Art. 10 Rom I-VO Rz. 5; *Hohloch* in: Erman, BGB, Anh. II Art. 26 EGBGB, Art. 10 Rom I-VO Rz. 7.
8) *Martiny* in: Reithmann/Martiny, Int. Vertragsrecht, Rz. 301.
9) *Clausnitzer/Woopen*, BB 2008, 1798, 1805; *Spellenberg* in: MünchKomm-BGB, Art. 10 Rom I-VO Rz. 218.
10) *Spellenberg* in: MünchKomm-BGB, Art. 10 Rom I-VO Rz. 224; *Thorn* in: Palandt, BGB, Art. 10 Rom I-VO Rz. 4 f.; *Hohloch* in: Erman, BGB, Anh. II Art. 26 EGBGB, Art. 10 Rom I-VO Rz. 10 ff. Unzutreffend demgegenüber OLG Frankfurt a. M., NJW-RR 1989, 1018, dazu EWiR 1989, 995 (*Huff*), und LG Aachen, NJW 1991, 2221, die das Recht am Ort des gewöhnlichen Aufenthalts auch zur Überprüfung der Wirksamkeit heranziehen.

Recht am gewöhnlichen Aufenthalt ist nur dann gestattet, wenn die Anwendung des Vertragsstatuts unbillig wäre.[11]

III. Auslegung und Vertragstyp

7 Dem Vertragsstatut unterliegt gemäß **Art. 12 Abs. 1 lit. a Rom I-VO** die Auslegung des Vertrags. Denn Auslegungsregeln haben in den meisten Rechtsordnungen materiell-rechtlichen, nicht etwa prozessualen Gehalt.[12]

8 Soweit die Bestimmung des Vertragstyps eine Auslegung des Vertrags erfordert, ist das Vertragsstatut anzuwenden. Seine Auslegungsregeln sind also maßgeblich, wenn es im Einzelfall darum geht, ob die Vorschriften über den **Share Deal** oder den **Asset Deal** anwendbar sind. Diese Frage wird vor allem dann praktisch, wenn es um die Form oder die Gewährleistung geht. So unterfällt etwa im deutschen Recht der Asset Deal dem Formzwang des § 311b BGB, sofern zum Unternehmensvermögen das Eigentum an einem Grundstück gehört.[13] Werden dagegen **Anteile am Rechtsträger** desselben Unternehmens verkauft, ist § 311b BGB unanwendbar. Sehr umstritten ist, ob dies auch dann gilt, wenn alle oder die wesentlichen Anteile verkauft werden und insbesondere, wenn das Vermögen praktisch nur aus dem Grundstück besteht.[14]

IV. Vertragssprache

9 Schwierigkeiten können sich ergeben, wenn **Vertragsstatut** und **Vertragssprache** nicht übereinstimmen. Denn es steht den Parteien frei, ihren Vertrag französischem Recht zu unterwerfen und gleichwohl in deutscher oder englischer Sprache abzufassen. Auch wenn das Vertragsstatut objektiv bestimmt wird (also bei fehlender Rechtswahl), können Vertragsstatut und Vertragssprache voneinander abweichen.

10 Grundsätzlich empfiehlt sich, Vertragssprache und Vertragsstatut aufeinander **abzustimmen**. Hierzu könnte und sollte jedenfalls dann die Vertragssprache ausdrücklich vereinbart werden, wenn i. R. der Vertragsverhandlungen unter-

---

11) Ausführlich zu den Zumutbarkeitsmaßstäben *Spellenberg* in: MünchKomm-BGB, Art. 10 Rom I-VO Rz. 242 ff.; *Thorn* in: Palandt, BGB, Art. 10 Rom I-VO Rz. 4; *Hohloch* in: Erman, BGB, Anh. II Art. 26 EGBGB, Art. 10 Rom I-VO Rz. 10 ff.
12) Zur Auslegung des Verweisungsvertrags *E. Lorenz*, RIW 1992, 697.
13) BGH, BB 1979, 598: Auch ein Vertrag, der eine Unternehmensübertragung zum Gegenstand hat, unterliegt dem Formzwang des § 311b BGB wenn ein Grundstück übertragen wird und nach dem Willen der Parteien der Grundstücksveräußerungsvertrag und die übrigen auf die Übertragung des Unternehmens gerichteten Vereinbarungen voneinander abhängig sein und ein einheitliches Geschäft bilden sollen.
14) Die h. M. ist auch in diesen Fällen grundsätzlich gegen die Anwendung von § 311b BGB, BGHZ 86, 367; OLG Düsseldorf, NZG 2007, 510; anders nur, wenn die Gesellschaft allein zur Umgehung des Formzwangs gegründet wurde; näher *K. Schmidt*, AcP 182 (1982), 481, 510.

schiedliche Sprachen verwendet werden. Wird ein Unternehmenskaufvertrag, der englischem Recht unterliegt, in englischer Sprache abgefasst, dann entfallen Kosten und Risiken einer Übersetzung juristischer Termini aus der Vertrags- oder Verhandlungssprache in die Sprache des Vertragsstatuts.

Haben sich die Parteien auf eine Vertragssprache geeinigt und benutzt eine Partei eine abweichende Sprache, so kann sich die andere Partei darauf berufen, die Erklärung **nicht verstanden** zu haben, es sei denn, sie ist dieser Sprache mächtig.[15] 11

Aus der Wählbarkeit der Vertragssprache ergeben sich gewisse Gestaltungs- möglichkeiten: Können sich die Parteien nicht auf die Sprache einer der Parteien einigen, sollten sie **Englisch** oder eine andere, beiden Seiten vertraute Sprache als Verhandlungs- und Vertragssprache wählen. Wer Verträge mit Parteien schließt, die auf eine wenig geläufige Sprache bestehen (Beispiel: Golfregion), sollte wenigstens eine von der Gegenseite neben der maßgeblichen Fassung autorisierte englische Fassung verlangen.[16] 12

Lässt sich eine Vertragspartei auf eine ihr fremde Sprache ein, stellt sich die Frage, welche Partei die **finanziellen Lasten** und interpretativen Risiken des Verständnisses (sog. „**Sprachrisiko**") übernimmt. Diese Frage unterliegt nach h. A. der Rechtsordnung, die über Zustandekommen und Wirksamkeit des Vertrags befindet, also gem. Art. 10 Abs. 1 Rom I-VO dem Vertragsstatut.[17] 13

Nach deutschem Sachrecht trägt grundsätzlich jene Partei das **Sprachrisiko**, die sich auf die fremde Sprache eingelassen hat.[18] Für Vertragsanlagen, die in einer – von der Vertragssprache abweichenden – Sprache abgefasst sind, deren eine Partei nicht (hinlänglich) mächtig ist, gilt dies jedoch nur, sofern ein Hin- weis auf die Anlage in der Vertragssprache erteilt wurde.[19] 14

---

15) *Schütze*, DB 1978, 2305; allgemein zur Sprachunkenntnis des Erklärungsempfängers *Spellenberg* in: MünchKomm-BGB, Art. 10 Rom I-VO Rz. 57 ff.
16) *Wenner*, Int. Vertragsrecht, Rz. 271.
17) *Thorn* in: Palandt, BGB, Art. 10 Rom I-VO Rz. 3; zum Sprachrisiko auch *Spellenberg* in: MünchKomm-BGB, Art. 10 Rom I-VO Rz. 39 ff.
18) BGHZ 87, 112, 114 f. = NJW 1983, 1489 = RIW 1983, 454 = WM 1983, 527: „Wählen die Parteien – wie hier – die deutsche Sprache als Verhandlungs- und Vertragssprache, so ak- zeptiert der ausländische Partner damit den gesamten deutschsprachigen Vertragsinhalt [...]. Alsdann ist es ihm zuzumuten, sich vor Abschluss des Vertrags selbst die erforderliche Übersetzung zu beschaffen. Anderenfalls muss er den nicht zur Kenntnis genommenen Text der Geschäftsbedingungen gegen sich gelten lassen."; so auch OLG Saarbrücken, OLGR Saarbrücken 2004, 295.
19) OLG Frankfurt a. M., IPRspr 2002, Nr. 161, 423; a. A. OLG München, NJW 1974, 2181 (italienische Anlage zum deutschen Vertrag).

15 Die **Sprachkundigkeit** (oder den Anschein der Sprachkundigkeit!) muss die Partei gegen sich gelten lassen, die sich bei den Vertragsverhandlungen oder bei Vertragsschluss eines (anscheinend) sprachkundigen Bevollmächtigten bedient.[20]

16 Wegen der erheblichen Risiken, die damit verbunden sind, eine fremde Sprache bei Unternehmenskaufverträgen zu verwenden, kann die **rechtsberatende Praxis** an dieser Stelle nicht eindringlich genug davor **gewarnt** werden, Verträge in fremder Sprache abzuschließen, ohne zuvor kompetente ausländische Fachjuristen hinzugezogen zu haben. Grob fahrlässig ist es, mit mangelhaften Kenntnissen etwa des Englischen oder Französischen den von dem englischen oder französischen Vertragspartner vorgelegten Vertragsentwurf zu akzeptieren. Hier helfen auch Übersetzungen von Fachübersetzern erfahrungsgemäß nicht weiter. Es ist vielmehr ein sowohl sprach- als auch rechtskundiger Fachjurist hinzuziehen oder aber darauf zu bestehen, den Vertrag ausschließlich in deutscher Sprache abzuschließen.

17 Weichen Vertragsstatut und Vertragssprache voneinander ab, ist der jeweilige **Wortgebrauch** der fremden Sprache zu berücksichtigen, wenn die zutreffende Bedeutung der fremdsprachlichen Klauseln ausgelegt wird.[21] Denn nur hierdurch wird sich regelmäßig jene **Wortbedeutung** ermitteln lassen, von welcher die Vertragsparteien bei Vertragsabschluss ausgegangen sind. Dies gilt besonders, wenn fremdsprachliche Klauseln oder Fachbegriffe bestimmte Rechtsvorstellungen einer vom Vertragsstatut abweichenden Rechtsordnung inkorporieren. Etwas anderes gilt aber dann, wenn sich die Parteien übereinstimmend auf Rechtsvorstellungen des Vertragsstatuts beziehen, also bspw. zusätzlich einen Fachbegriff in die Sprache des Vertragsstatuts übersetzen (siehe auch oben § 2 Rz. 227). Dann ist der Begriff allein im Lichte des Vertragsstatuts auszulegen.[22]

18 Ist eine Vertragsklausel auszulegen, die nicht deutschem Recht unterliegt, darf ein Gericht nicht von seinem deutschen Verständnis ausgehen und hat zudem den gesamten Vertragstext zu beachten. Dies zeigt eine Entscheidung des BGH, in der die Klausel *„each of them acting in their own capacity as well"* darauf zu beurteilen war, ob damit eine persönliche Haftungsübernahme verbunden war. Das Gericht führte aus:

> „Nach internationaler oder anglo-amerikanischer Praxis, auf die hier ungeachtet der niederländischen bzw. deutschen Staatsangehörigkeit der Parteien die englische Sprache des Vertrages und [...] hinweisen könnten [...], könnte Präam-

---

[20] OLG Bremen, IPRspr. 1973, Nr. 8 = AWD 1974, 104 = WM 1973, 1228; OLG Saarbrücken, OLGR Saarbrücken 2004, 295; dazu auch *Spellenberg* in: MünchKomm-BGB, Art. 10 Rom I-VO Rz. 72.

[21] LG Hamburg, IPRspr. 1954–55 Nr. 34 = MDR 1954, 422: Maklervertrag deutschem Recht unterstellt. Der in englischer Sprache verfasste Vertrag wurde aber nach englischem Recht ausgelegt.

[22] Ebenso *Martiny* in: Reithmann/Martiny, Int. Vertragsrecht, Rz. 310.

beln eines Vertrages im Zusammenhang des Vertragstextes eine andere Bedeutung zukommen, als dies nach deutscher Auffassung der Fall ist."[23]

Zudem hat der BGH ausgeführt, dass nationale Gerichte, soweit eigene Sachkenntnis nicht vorhanden ist, zur Heranziehung von ergänzenden gutachterlichen Stellungnahmen bei fremdsprachigen Klauseln verpflichtet sind oder zumindest auf die Notwendigkeit eines entsprechenden Antrags hinweisen müssen.[24] **19**

Ist auf einen Patentlizenzvertrag, den US-amerikanische Juristen in englischer Sprache verfasst haben, deutsches Recht anzuwenden, so ist nach Ansicht des OLG Hamburg bei der Auslegung nichtsdestoweniger der Sprachgebrauch des Rechts der USA zu berücksichtigen. Stellt die Kündigungsregelung in einem solchen Vertrag auf die Voraussetzung *„files a voluntary petition in bankruptcy"* und/oder *„suffers the appointment of a receiver"* ab, so kommt es für die Frage, ob die Durchführung des Vergleichsverfahrens eine dieser Voraussetzungen erfüllt, auch auf den Sprachgebrauch im Bankruptcy Act an.[25] **20**

V. Vertragsinhalt, Erfüllung

Nach dem Vertragsstatut beurteilen sich auch der **Inhalt** des Unternehmenskaufvertrags und insbesondere der Inhalt der einzelnen Leistungspflichten der Parteien (Art. 12 Abs. 1 Rom I-VO). Dazu zählen die Bestimmung des Gegenstands der Leistung, des Schuldners und des Gläubigers einer bestimmten vertraglichen Leistungspflicht und schließlich der Leistungszeit und des Leistungsorts.[26] Erfasst werden **Haupt-** und **Nebenleistungspflichten**[27], insbesondere auch **Mitwirkungspflichten**, etwa i. R. kartellrechtlicher Anmeldeverfahren[28]. **21**

Zur Bestimmung des Vertragsinhalts zählt ferner, soweit es sich nicht um eine Frage der Vertragsauslegung handelt (siehe dazu oben Rz. 7 ff.), die Bestimmung des **Vertragstyps** (Share Deal oder Asset Deal)[29] sowie die Einordnung des Vertrags als **kausales** oder **abstraktes Rechtsgeschäft**.[30] **22**

---

23) BGH, NJW 1987, 591.
24) BGH, NJW 1987, 591; fortführend BGH, WM 2001, 502 = ZIP 2001, 675; BGH, BeckRS 2012, 17621.
25) OLG Hamburg, GRUR Int. 1990, 388.
26) *Martiny* in: Reithmann/Martiny, Int. Vertragsrecht, Rz. 311.
27) Zu Haupt- und Nebenleistungspflichten *Spellenberg* in: MünchKomm-BGB, Art. 12 Rom I-VO Rz. 50 ff.
28) Dazu *von Hoyenberg* in: Münchener Vertragshandbuch, Bd. 2, IV 3, 4, Anm. 129 ff. – Davon zu trennen ist die Anknüpfung von Mitwirkungspflichten Dritter. Ihre Mitwirkung unterfällt dem Vertragsstatut regelmäßig nur, soweit sie Vertragspartei sind.
29) *Merkt/Göthel* in: Reithmann/Martiny, Int. Vertragsrecht, Rz. 4412.
30) *Martiny* in: Reithmann/Martiny, Int. Vertragsrecht, Rz. 311; *Hohloch* in: Erman, BGB, Anh. II Art. 26 EGBGB, Art. 12 Rom I-VO Rz. 7.

23 In diesen Gesamtkomplex fallen namentlich:
- Die rechtsgegenständliche und wirtschaftliche Bestimmung und Abgrenzung des Kaufgegenstands und die Bestimmung des Übergangsstichtags (neudeutsch vielfach missverständlich als Closing bezeichnet; zum Closing siehe oben § 2 Rz. 207 ff.);
- die Ermittlung und Vereinbarung des **Kaufpreises** sowie die Abwicklung und Absicherung seiner Zahlung, die Verteilung steuerlicher Belastungen, eventuelle Garantiezusagen und Gewährleistungen, etwa in Bezug auf das Eigenkapital oder den Wert bestimmter Vermögensbestandteile;
- beim Share Deal die Abgrenzung von Gewinn und Verlust, die Erfassung der **Vermögensgegenstände** und der **immateriellen Werte** außerhalb des Gesellschaftsvermögens und die Erfassung des wirtschaftlichen Kaufgegenstands;
- beim Asset Deal die den Anforderungen eines etwa geltenden Bestimmtheitsgebots entsprechende Bestimmung der **Unternehmensbestandteile** – wenngleich nicht nach dem Vertragsstatut, sondern nach dem Recht am Belegenheitsort des betreffenden Vermögensgegenstands zu beurteilen ist, ob ein Bestimmtheitsgrundsatz gilt und welchen Inhalt er hat (siehe unten § 8 Rz. 88 ff.) –, die Vereinbarung über die Übernahme immaterieller Werte und Verbindlichkeiten sowie den Eintritt in Verträge und sonstige Rechtsverhältnisse, die Abgrenzung nicht übergehender Rechte und Pflichten, ein etwaiger Höchstrahmen bei der Übernahme von Verbindlichkeiten sowie die periodische Abgrenzung übergehender Verbindlichkeiten.[31]

24 Wählen die Parteien bei einem Asset Deal das Schuldstatut, unterliegt im Zweifel die Verpflichtung, alle Einzelbestandteile zu übereignen und zu übertragen, aus denen sich das Unternehmen zusammensetzt, **einheitlich** dem gewählten Recht.

25 Speziell beim Asset Deal bestimmt sich nach dem Vertragsstatut nicht nur die Verpflichtung, die mit dem Unternehmen zu übertragenden Sachen und Rechte zu übereignen und zu übertragen, sondern vor allem die Verpflichtung, den Käufer oder seine Leute in den Tätigkeitsbereich einzusetzen, also die Pflicht, den Käufer in die Lage zu versetzen, das Unternehmen so fortzuführen, wie er es beim Verkäufer vorfand (Übertragung des Unternehmens als **Wirkungseinheit**).[32]

26 Beim Share Deal beurteilt sich nach dem Vertragsstatut insbesondere auch die Verpflichtung zur Übereignung einer **Urkunde**, welche die Beteiligung verbrieft, etwa eines Aktienzertifikats.[33]

---

[31] Zu allen diesen Fragen des materiellen Unternehmenskaufrechts vgl. etwa *von Hoyenberg* in: Münchener Vertragshandbuch, Bd. 2, IV 3, 4, Anm. 40 ff.
[32] Dazu *K. Schmidt*, Handelsrecht, S. 168.
[33] *Martiny* in: Reithmann/Martiny, Int. Vertragsrecht, Rz. 168; *Wagner*, IPRax 2008, 377, 386; *Merkt* in: FG Sandrock, S. 135.

Freilich dürfte das Vertragsstatut beim Unternehmenskauf in dem Bereich der 27
Bestimmung des Vertragsinhalts und der Leistungspflichten praktisch die geringste Bedeutung haben. Denn es handelt sich um den Kernbereich der Fragen, die in jedem Unternehmenskaufvertrag typischerweise relativ ausführlich geregelt sind.

Nach dem Vertragsstatut bestimmt sich aber auch, ob und in welchem Umfang 28
der Grundsatz von **Treu und Glauben** gilt.[34]

Ferner richten sich nach dem Vertragsstatut auch Zulässigkeit und Wirkung von 29
aufschiebenden und auflösenden **Bedingungen**, unter welche die Haupt- und Nebenleistungspflichten gestellt sind, so etwa die Zustimmung oder Ablehnung des Beirats oder Aufsichtsrats einer Partei. Wird etwa der Unternehmenskaufvertrag unter die aufschiebende Bedingung einer Freigabe durch die Kartellbehörde gestellt,[35] unterliegen die Zulässigkeit und die Wirkung dieser Bedingung ganz unabhängig von dem anwendbaren Kartellrecht dem Vertragsstatut.

Auch etwaige **Rücktrittsvorbehalte** – bspw. weil sich die Parteien ihre Entscheidung darüber offen halten wollen, ob sie gegen eine kartellbehördliche Untersagungsverfügung Rechtsmittel einlegen werden – unterliegen dem Vertragsstatut.[36] 30

Für die Art und Weise der Vertragserfüllung sieht Art. 12 Abs. 2 Rom I-VO 31
die „**Berücksichtigung**" der am **Erfüllungsort** geltenden Vorschriften vor.[37] Das Vertragsstatut ist mithin um diese Vorschriften zu ergänzen, soweit sich aus ihnen die Rechte und Pflichten einschränken oder erweitern, welche die Parteien im Zusammenhang mit der Erfüllung haben.[38] Dabei bedeutet „*Berücksichtigung*" nach umstrittener Auffassung nicht etwa einen grundsätzlichen Anwendungsvorrang, sondern Anwendung in Fällen, in denen es infolge der örtlichen Verknüpfung geboten erscheint, das Ortsrecht anzuwenden.[39]

---

34) *Spellenberg* in: MünchKomm-BGB, Art. 12 Rom I-VO Rz. 54; *Thorn* in: Palandt, BGB, Art. 12 Rom I-VO Rz. 5; *Hohloch* in: Erman, BGB, Anh. II Art. 26 EGBGB, Art. 12 Rom I-VO Rz. 7.
35) Dazu *Schrader* in: Seibt, M&A, C. II. 1, S. 193 ff.; *von Hoyenberg* in: Münchener Vertragshandbuch, Band 2, IV 3, 4, Anm. 129 ff.
36) Zum Rücktrittsvorbehalt *Seibt* in: Seibt, M&A, K. II. 3, S. 1573, II. 10., S. 1602.
37) Dazu *Brödermann/Wegen* in: Prütting/Wegen/Weinreich, BGB, Art. 12 Rom I Rz. 26 ff.; *Spellenberg* in: MünchKomm-BGB, Art. 12 Rom I-VO Rz. 175 ff.
38) BGH, NJW-RR 2006, 1694; *Martiny* in: Reithmann/Martiny, Int. Vertragsrecht, Rz. 362; *Thorn* in: Palandt, BGB, Art. 12 Rom I-VO Rz. 5.
39) *Spellenberg* in: MünchKomm-BGB, Art. 12 Rom I-VO Rz. 184 ff.; strenger *Martiny* in: Reithmann/Martiny, Int. Vertragsrecht, Rz. 362; *Hohloch* in: Erman, BGB, Anh. II Art. 26 EGBGB, Art. 12 Rom I-VO Rz. 8; zum früheren Recht *Kegel/Schurig*, IPR, § 17 V.

32 Ob Art. 12 Abs. 2 Rom I-VO auch für Erfüllungshindernisse aus **Devisen- und Bewirtschaftungsvorschriften** gilt, ist umstritten.[40]

B. Weitere Vertragsabwicklung

I. Bewertungsgrundsätze

33 Die **Bewertungsgrundsätze** für die Bewertung der Anteile oder der Wirtschaftsgüter des Unternehmens sind dem Vertragsstatut zu entnehmen.[41] Anders als etwa bei der gesellschaftsrechtlichen Abfindung des ausscheidenden Gesellschafters[42] treten beim Unternehmenskauf Verkehrsschutzinteressen in den Hintergrund, zumal das Gesellschaftsstatut als Alternative zum Vertragsstatut ohnehin nur beim Share Deal in Frage käme. Die Anwendung des Vertragsstatuts und die damit eröffnete Möglichkeit der Teilrechtswahl entspricht im Übrigen der bisweilen geübten Praxis, fremde Bewertungsgrundsätze zu vereinbaren (z. B. deutsches Vertragsstatut mit Bewertung nach US-amerikanischen Grundsätzen).[43]

34 Von der Bewertung zu trennen sind die **Rechnungslegung** und die **Abschlussprüfung**. Sie unterliegen dem **Gesellschaftsstatut** der geprüften Gesellschaft. Das Gesellschaftsstatut entscheidet also darüber, ob, wann und wie Rechnung zu legen und die Rechnungslegung zu prüfen ist. Es befindet ferner darüber, wer als Abschlussprüfer zu bestellen ist und wie die Bestellung zu erfolgen hat.[44]

II. Leistungsstörungen, Verletzung eines vorvertraglichen Schuldverhältnisses, Vertragsstrafe

35 Dem Vertragsstatut unterliegen die Folgen der vollständigen oder teilweisen **Nichterfüllung der Leistungspflichten** einschließlich der Schadensbemessung (Art. 12 Abs. 1 lit. c Rom I-VO).[45] Hierzu zählen:

- die Unmöglichkeit *(force majeur, frustration of contract)*,
- der Verzug,

---

40) Bejahend: *Kegel/Schurig*, IPR, § 17 V.; *Lüderitz*, Rz. 296; verneinend: RegE eines Gesetzes zur Neuregelung des Internationalen Privatrechts, BT-Drucks. 10/504, S. 82; *Hohloch* in: Erman, BGB, Anh. II Art. 26 EGBGB, Art. 12 Rom I-VO Rz. 8.
41) Grundlegend zum materiellen Bewertungsrecht *Piltz*, Unternehmensbewertung, passim.
42) In diesem Fall für die Maßgeblichkeit der Bewertungsgrundsätze des Gesellschaftsstatuts *Großfeld* in: Staudinger, BGB, IntGesR Rz. 369 m. w. N.; *Großfeld*, Unternehmensbewertung, Rz. 1374.
43) *Merkt/Göthel* in: Reithmann/Martiny, Int. Vertragsrecht, Rz. 4415.
44) *Großfeld* in: Staudinger, BGB, IntGesR Rz. 367; *Ebke*, WPK-Mitt. Sonderheft 1996, S. 17, 32.
45) *Martiny* in: Reithmann/Martiny, Int. Vertragsrecht, Rz. 320; *Spellenberg* in: MünchKomm-BGB, Art. 12 Rom I-VO Rz. 74 ff.; *Hohloch* in: Erman, BGB, Anh. II Art. 26 EGBGB, Art. 12 Rom I-VO Rz. 9 ff.

- die positive Forderungsverletzung,
- die Schlechterfüllung,
- der Wegfall der Geschäftsgrundlage.

Für den gesamten Bereich der Maßnahmen, die der Gläubiger bei mangelhafter 36
Erfüllung zu treffen hat (etwa Prüfungspflicht, Anzeige- oder Rügepflicht und
Zurückweisung) ist allerdings neben dem Vertragsstatut das **Recht am Erfüllungsort** zu berücksichtigen (Art. 12 Abs. 2 Rom I-VO).

Speziell beim Share Deal beurteilt sich nach dem Vertragsstatut, welche **Folgen** 37
eintreten, wenn der Verkäufer seine Verpflichtung, die Beteiligung zu übertragen,
nicht erfüllen kann, etwa weil deren Übertragbarkeit nach dem Gesellschaftsvertrag oder nach dem Gesellschaftsstatut (siehe dazu unten § 8 Rz. 75 ff.)
ausgeschlossen ist.[46]

Zum Bereich der Leistungsstörungen ist ebenso die **Gewährleistung** zu rech- 38
nen. Daher entscheidet das Vertragsstatut auch über die mögliche Ausgangsfrage, ob die Gewährleistungsregeln des Sachkaufs oder des Rechtskaufs maßgeblich sind. Seit Inkrafttreten der Schuldrechtsreform am 1.1.2002 sind die
Vorschriften über den Kauf von Sachen auf den Kauf von Rechten und „**sonstigen Gegenständen**" entsprechend anzuwenden (§ 453 Abs. 1 BGB). Gemäß
der Begründung des Regierungsentwurfs sind **Unternehmen** als „sonstige Gegenstände" anzusehen. Damit soll das Gewährleistungsrecht beim Sachkauf
entsprechend auf den Unternehmenskauf anwendbar sein.[47] Gleichwohl unterliegt der Share Deal nach überwiegender Ansicht nur dann den Grundsätzen
der Gewährleistung beim Unternehmenskauf und nicht der weniger weitreichenden Gewährleistung beim bloßen Beteiligungskauf, wenn der Käufer eine
beherrschende Stellung einnimmt.[48] Nur in diesem Fall kann beim Share Deal
ein Mangel des Unternehmens auch einen Mangel der Geschäftsanteile begründen.[49]

Hingegen ist nach **US-amerikanischem Recht** das Bundeskapitalmarktrecht 39
(federal securities laws) mit seinen Bestimmungen über die Haftung des Ver-

---

46) *Grasmann*, Rz. 1015, 1018.
47) Begr. RegE SchuRMoG, BT-Drucks. 14/6040, S. 242. Ebenfalls zur Rechtslage beim Unternehmenskauf nach der Schuldrechtsreform vgl. *Merkt/Göthel* in: Reithmann/Martiny, Int. Vertragsrecht, Rz. 4412; *Knott* in: Knott/Mielke, Unternehmenskauf, Rz. 155 ff.; *Gronstedt/Jörgens*, ZIP 2002, 52; *Dauner-Lieb/Thiessen*, ZIP 2002, 108.
48) *Merkt/Göthel* in: Reithmann/Martiny, Int. Vertragsrecht, Rz. 4412. Zum Unterschied zwischen den Gewährleistungen *Weidenkaff* in: Palandt, BGB, § 453 Rz. 7 und 23; *Holzapfel/Pöllath*, Unternehmenskauf, Rz. 627 ff. Allerdings wird unterschiedlich beurteilt, wann eine beherrschende Stellung erreicht und damit die Schwelle zum Unternehmenskauf überschritten ist. Genannt werden als erforderliche Beteiligungsquoten Werte zwischen der einfachen Mehrheit und 100 %, s. *Grunewald*, NZG 2003, 372, 373 m. w. N. sowie *Holzapfel/Pöllath*, Unternehmenskauf, Rz. 633.
49) *Holzapfel/Pöllath*, Unternehmenskauf, Rz. 632.

äußerers auf den Share Deal auch dann anzuwenden, wenn alle oder nahezu alle Anteile erworben werden und es sich unter wirtschaftlichen Gesichtspunkten um den **„Sach"-Kauf** des Unternehmens *(sale of a business)* handelt.[50]

40 Dem Vertragsstatut unterliegen im gesamten Bereich der Leistungsstörungen sowohl die **Voraussetzungen** als auch die **Rechtsfolgen** der einzelnen Leistungsstörungstatbestände. Dazu zählen neben der Schuldbefreiung und der Vertragsanpassung auch der Schadensersatz[51] und die Vertragsauflösung sowie der Rücktritt und die Rückabwicklung des Vertrags.[52] Dies gilt insbesondere auch für ein vertraglich vereinbartes Rücktrittsrecht oder eine vertraglich vereinbarte Rückabwicklung (etwa bei Eintritt der auflösenden Bedingung oder bei Rücktrittserklärung),[53] und zwar auch dann, wenn die Rückabwicklung behördlich angeordnet wird (etwa durch das Kartellamt aufgrund kartellrechtlicher Bestimmungen, die einer anderen Rechtsordnung als dem Vertragsstatut entstammen können, siehe dazu § 18 Rz. 61 ff und Rz. 154 ff.; § 19 Rz. 45 ff. und Rz. 89 ff.).

41 Schließlich werden Ansprüche der Vertragsparteien untereinander wegen Verletzung eines **vorvertraglichen Schuldverhältnisses** (§§ 280, 311 Abs. 2 BGB, *culpa in contrahendo*) zwar gesondert, aber **akzessorisch** an das Vertragsstatut angeknüpft (Art. 12 Abs. 1 Rom II-VO) (näher dazu unten § 9 Rz. 84 ff. und Rz. 88 ff.).[54]

42 Dem Vertragsstatut unterfallen – beim Share Deal wie beim Asset Deal – auch **Vertragsstrafenvereinbarungen**.[55]

III. Erlöschen

43 Sodann unterliegen dem Vertragsstatut die verschiedenen Arten des **Erlöschens** der Verpflichtungen sowie die **Verjährung** und die **Rechtsverluste**, die sich aus

---

50) Vgl. die Entscheidungen des US Supreme Court in *Landreth Timber Co. v. Landreth*, 471 U.S. 681 (1985) und *Gould v. Ruefenacht*, 471 U.S. 701 (1985); s. dazu bereits oben § 6 Rz. 12.
51) Bei exorbitant hohen Schadensersatzbeträgen, insbesondere in Gestalt sog. *punitive* oder *multiple damages* nach US-amerikanischem Recht, dazu *Merkt*, Abwehr, S. 64 ff., ist allerdings immer die Vereinbarkeit mit dem *ordre public* des Forums zu prüfen (Art. 21 Rom I-VO).
52) Zum Ganzen *Martiny* in: Reithmann/Martiny, Int. Vertragsrecht, Rz. 320 ff.
53) Zur Rückabwicklung beim Unternehmenskauf *von Hoyenberg* in: Münchener Vertragshandbuch, Bd. 2, IV 3, 4, Anm. 108.
54) Ausführlich dazu *Lüttringhaus*, RIW 2008, 193; *Magnus*, IPRax 2010, 27, 28 f.; *Martiny* in: Reithmann/Martiny, Int. Vertragsrecht, Rz. 476; *Mankowski*, IHR 2008, 133 f.; *Kadner Graziano*, RabelsZ 73 (2009), 1, 63 ff.; *Leible/Lehmann*, RIW 2008, 528, 530; *Martiny*, ZeuP 2008, 79, 85. S. a. Art. 1 Abs. 2 lit. i Rom. I-VO, wonach Schuldverhältnisse aus Verhandlungen vor Abschluss des Vertrags ausdrücklich vom Anwendungsbereich der Rom I-VO ausgenommen sind. Nach früherem Recht wurde das gleiche Ergebnis durch eine Analogie zu Art. 31 Abs. 1 und Art. 32 Abs. 1 Nr. 3 und 5 EGBGB erzielt.
55) *Martiny* in: Reithmann/Martiny, Int. Vertragsrecht, Rz. 339; *Spellenberg* in: MünchKomm-BGB, Art. 12 Rom I-VO Rz. 88 f.; *Hohloch* in: Erman, BGB, Anh. II Art. 26 EGBGB, Art. 12 Rom I-VO Rz. 12.

einem Fristablauf ergeben (Art. 12 Abs. 1 lit. d Rom I-VO).[56] Hierzu zählt zunächst das Erlöschen der Verpflichtungen durch Erfüllung i. S. des Art. 12 Abs. 1 lit. b Rom I-VO, aber auch durch Erfüllungssurrogate, namentlich durch Aufrechnung, Erlass oder Kündigung.[57] Die Verjährung unterliegt in allen ihren Einzelaspekten dem Vertragsstatut, also hinsichtlich Beginn, Dauer, Unterbrechung und Hemmung.[58]

Soweit sich der Rechtsverlust aus dem Ablauf einer **Frist** nach dem Vertragsstatut beurteilt, gehört dazu auch die vertraglich vereinbarte Frist. Sodann ist ebenso die **Verwirkung** eines vertraglichen Rechts dem Vertragsstatut unterworfen.[59] 44

IV. Nichtigkeitsfolgen

Dem Vertragsstatut unterliegen schließlich auch die Folgen der **Nichtigkeit** des Vertrags (Art. 12 Abs. 1 lit. e Rom I-VO).[60] Dies ist die logische Folge daraus, dass das Vertragsstatut bereits über die Wirksamkeit des Vertrags entscheidet (Art. 10 Abs. 1 Rom I-VO). Das Vertragsstatut regelt insbesondere die Folgen der Unwirksamkeit wegen Gesetzesverstoßes, ferner die Folgen der Unzulässigkeit oder Unwirksamkeit einzelner Vertragsklauseln. 45

Für die Rechtsfolgen der **Formnichtigkeit** ist zu differenzieren: Die Formgültigkeit selbst beurteilt sich nach dem durch Art. 11 Rom I-VO berufenen Recht (siehe dazu unten § 9).[61] Danach beurteilen sich insbesondere auch die Rechtsfolgen der Formnichtigkeit. Ist infolge des Formverstoßes lediglich ein Teil des Vertrags unwirksam, richtet sich indessen die Folge der Teilnichtigkeit des Verpflichtungsgeschäfts für den Rest des Vertrags nicht nach dem Formstatut, sondern nach dem Vertragsstatut. Ebenfalls nach dem Vertragsstatut beurteilt sich die Umdeutung eines formnichtigen Vertrags.[62] 46

Die **Rückabwicklung**, namentlich die Frage, ob sie auf vertraglicher oder außervertraglicher Grundlage erfolgt, richtet sich ebenso nach dem Vertragsstatut.[63] 47

---

56) Dazu *Spellenberg* in: MünchKomm-BGB, Art. 12 Rom I-VO Rz. 99 ff.
57) Zu den verschiedenen Erlöschensgründen *Martiny* in: Reithmann/Martiny, Int. Vertragsrecht, Rz. 346 ff.
58) BGH, IPRspr. 1960-61 Nr. 23 = NJW 1960, 1720; *Martiny* in: Reithmann/Martiny, Int. Vertragsrecht, Rz. 372.
59) OLG Frankfurt a. M., IPRspr. 1981 Nr. 20 = RIW 1982, 914; *Martiny* in: Reithmann/Martiny, Int. Vertragsrecht, Rz. 375; *Thorn* in: Palandt, BGB, Art. 12 Rom I-VO Rz. 8; zum früheren Recht *Kegel/Schurig*, IPR, § 17 VI.
60) Dazu *Spellenberg* in: MünchKomm-BGB, Art. 12 Rom I-VO Rz. 167 ff.
61) *Merkt/Göthel* in: Reithmann/Martiny, Int. Vertragsrecht, Rz. 4434.
62) BGH, RIW 1985, 154; dazu auch *Spellenberg* in: MünchKomm-BGB, Art. 10 Rom I-VO Rz. 98 sowie Art. 12 Rom I-VO Rz. 170; *Thorn* in: Palandt, BGB, Art. 10 Rom I-VO Rz. 3; *Hohloch* in: Erman, BGB, Anh. II Art. 26 EGBGB, Art. 12 Rom I-VO Rz. 15.
63) *Hohloch* in: Erman, BGB, Anh. II Art. 26 EGBGB, Art. 12 Rom I-VO Rz. 15.

Die Rom I-Verordnung ist insoweit gegenüber der Rom II-Verordnung die *lex specialis*.[64]

V. Abänderung

48 Sodann beurteilen sich **Abänderung** und **Umgestaltung** des Vertrags grundsätzlich nach dem Vertragsstatut.[65] Die Parteien können zwar hierfür ein eigenes Recht wählen. Hiervon ist allerdings aus praktischen Gründen regelmäßig abzuraten.

49 Davon zu unterscheiden ist die **Ersetzung** des alten Vertrags durch einen selbständigen neuen Vertrag. Hier unterliegt jeder Vertrag seinem eigenen, nach Art. 3 ff. Rom I-VO zu bestimmenden Recht.[66] Ob der alte Vertrag durch die neue Vereinbarung untergegangen ist, unterliegt dem bisherigen Vertragsstatut.[67] Freilich wird bei objektiver Anknüpfung das alte mit dem neuen Vertragsstatut oftmals identisch sein.

VI. Währung

50 Nach dem Vertragsstatut (einschließlich seiner Devisenvorschriften)[68] richtet sich auch, in welcher Währung eine vertraglich vereinbarte Zahlung geschuldet ist.[69] Dieses sog. **Währungsstatut (lex pecuniae, lex monetae)** können die Parteien aber auch nachträglich durch Teilrechtswahl einem gesonderten Recht unterwerfen.[70] Das Vertragsstatut entscheidet insbesondere darüber, ob die Parteien Zahlung in einer anderen Währung als der des Vertragsstatuts vereinbaren dürfen.[71] Nach deutschem Sachrecht kann die Schuldwährung im internationalen Handel grundsätzlich frei vereinbart werden.[72]

---

64) *Martiny* in: Reithmann/Martiny, Int. Vertragsrecht, Rz. 305, 456.
65) *Spellenberg* in: MünchKomm-BGB, Art. 12 Rom I-VO Rz. 172.
66) OLG Hamburg, IPRspr. 1998 Nr. 175 = IPRax 1999, 168, 170; *Martiny* in: Reithmann/Martiny, Int. Vertragsrecht, Rz. 377; *Thorn* in: Palandt, BGB, Art. 10 Rom I-VO Rz. 3.
67) *Spellenberg* in: MünchKomm-BGB, Art. 12 Rom I-VO Rz. 173.
68) *Ebke*, S. 312 ff.
69) OLG Bamberg, IPRspr. 1988 Nr. 163 = IPRax 1990, 105; *Martiny* in: Reithmann/Martiny, Int. Vertragsrecht, Rz. 316; *Schmidt* in: Staudinger, BGB, § 244 Rz. 15.
70) *Martiny* in: MünchKomm-BGB, Anh. I Art. 9 Rom I-VO Rz. 6; *Hahn/Häde*, § 2 Rz. 13 ff.; *Maier-Reimer*, NJW 1985, 2049, 2055; *Thorn* in: Palandt, BGB, Art. 12 Rom I-VO Rz. 6.
71) *Martiny* in: MünchKomm-BGB, Anh. I Art. 9 Rom I-VO Rz. 16; *Thorn* in: Palandt, BGB, Art. 12 Rom I-VO Rz. 6.
72) *Martiny* in: Reithmann/Martiny, Int. Vertragsrecht, Rz. 316; *Magnus* in: Staudinger, BGB, Art. 12 Rom I-VO Rz. 103; nach früherem Recht war die Vereinbarung einer fremden Währung nach deutschem Recht nur zwischen Gebietsansässigen und Gebietsfremden erlaubt (§ 49 Abs. 1 AWG a. F.). Zwischen Gebietsansässigen war eine solche Vereinbarung grundsätzlich unzulässig (§ 3 Satz 1 WährG a. F.), konnte allerdings durch die Deutsche Bundesbank genehmigt werden (§ 3 i. V. m. § 49 Abs. 2 AWG a. F.); dazu *Schmidt* in: Staudinger, BGB, § 244 Rz. 41.

Ebenso unterliegen nach h. A. die Zulässigkeit und die Wirkung von **Wert-** 51
sicherungsklauseln (Indexklauseln, Preisgleitklauseln) dem Vertragsstatut (zu
Wertsicherungsklauseln siehe bereits oben § 2 Rz. 163).[73]

VII. Zinsen

Bei Zinsen ist zwischen **vertraglich** vereinbarten Zinsen einerseits sowie außer- 52
vertraglichen **Fälligkeits- und Verzugszinsen** andererseits zu unterscheiden.
Vertragliche Vereinbarungen über Zinsen unterliegen als Bestandteile des Vertrags dem Vertragsstatut. Sonstige Verzugs- und Fälligkeitszinsen beurteilt die
h. A. allerdings ebenfalls nach dem Vertragsstatut.[74]

Dabei ist zu beachten, dass sich aus dem Auseinanderfallen von Vertragsstatut 53
und dem Recht, dem der Gläubiger wirtschaftlich tatsächlich ausgesetzt ist,
Ungerechtigkeiten ergeben können: Ist Vertragsstatut das Recht eines Landes
mit hoher **Inflationsrate** und sieht dieses Recht einen der Inflationsrate entsprechend hohen Zinssatz vor, dann profitiert jener Gläubiger, der den wirtschaftlichen Bedingungen eines Landes mit niedrigerer Inflationsrate ausgesetzt ist. Dies sollte bei der Vertragsgestaltung beachtet werden.[75]

Auch **Prozesszinsen** unterliegen nach h. A. dem Vertragsstatut.[76] 54

Nach dem Statut, dem der Zinsanspruch unterliegt, beurteilt sich schließlich, 55
ob **Zinseszinsen** gewährt werden.[77] Eine ausländische Regelung, die Zinseszinsen vorsieht, verstößt nicht gegen den deutschen *ordre public*.[78]

VIII. Beweisfragen

Beweisfragen unterliegen nach den allgemeinen Regeln des internationalen Zi- 56
vilverfahrensrechts grundsätzlich dem Recht am Sitz des Gerichts (**lex fori**).[79]

---

73) *Martiny* in: MünchKomm-BGB, Anh. I Art. 9 Rom I-VO Rz. 30 ff.; *Merkt/Göthel* in: Reithmann/Martiny, Int. Vertragsrecht, Rz. 4413; näher zu Wertsicherungsklauseln *Hahn/ Häde*, § 6.
74) *Martiny* in: Reithmann/Martiny, Int. Vertragsrecht, Rz. 335 m. w. N. zu a. A. Übersicht zu den unterschiedlichen gesetzlichen Zinssätzen in England, Frankreich und New York bei *Sandrock*, JbPraxSchG 3 (1989), 64. In Italien beträgt der Zinssatz 10 % (Art. 1284 Codice Civile).
75) Anders etwa das türkische Recht, das einen wesentlich niedrigeren Zinssatz für Fremdwährungsverbindlichkeiten vorsieht, *Martiny* in: Reithmann/Martiny, Int. Vertragsrecht, Rz. 335.
76) *Martiny* in: Reithmann/Martiny, Int. Vertragsrecht, Rz. 336, mit Nachweisen zur Gegenansicht (lex fori).
77) *Martiny* in: Reithmann/Martiny, Int. Vertragsrecht, Rz. 336.
78) OLG Hamburg, RIW 1991, 52 = IPRspr. 1990 Nr. 236. Zum Zinsanspruch im internationalen Wirtschaftsverkehr auch *Berger*, RabelsZ 61 (1997), 313.
79) *Brödermann/Wegen* in: Prütting/Wegen/Weinreich, BGB, Art. 18 Rom I Rz. 9; *Thorn* in: Palandt, BGB, Art. 18 Rom I-VO Rz. 1; *Hohloch* in: Erman, BGB, Anh. II Art. 26 EGBGB, Art. 18 Rom I-VO Rz. 3.

57 Von diesem Prinzip gibt es wichtige Ausnahmen. **Vermutungs- und Beweislastverteilungsregeln** unterliegen dem Vertragsstatut, soweit solche Regeln für das Vertragsverhältnis entweder speziell aufgestellt sind oder als allgemeine Grundsätze auch für Vertragsverhältnisse und Rückabwicklungsverhältnisse gelten (Art. 18 Abs. 1 Rom I-VO). Erfasst werden allerdings nur gesetzliche Vermutungen und Fiktionen, nicht hingegen tatsächliche Vermutungen.[80]

58 Neben den durch die *lex fori* zugelassenen Beweismitteln sind die **Beweismittel** zulässig, die das Formstatut (Art. 11 Rom I-VO; siehe näher unten § 9) vorsieht, sofern der Vertrag danach formwirksam ist und die *lex fori* nicht entgegensteht (Art. 18 Abs. 2 Rom I-VO).[81] So kann bspw. nach deutschem Verfahrensrecht eine Partei nicht als Zeuge vernommen werden. Nach der *lex fori* beurteilen sich schließlich auch die Anforderungen, die an den Urkunds- oder Anscheinsbeweis zu stellen sind.[82]

C. Allgemeine Schranken

59 Die Anwendbarkeit des für den Unternehmenskauf maßgeblichen Vertragsstatuts findet zwei grundsätzliche Einschränkungen: Erstens setzen sich bestimmte international **zwingende Rechtsvorschriften (Eingriffsnormen)** auch gegen das Vertragsstatut durch (siehe unten Rz. 60 ff.). Zweitens begrenzt der „**ordre public**" die Anwendung der Rechtsvorschriften eines Vertragsstatuts (siehe unten Rz. 66 ff.).

I. Eingriffsnormen

60 Mit Art. 9 Rom I-VO (früher Art. 34 EGBGB) gibt es – erstmalig – eine unionsweit einheitliche Regelung für die Behandlung von in- und ausländischen Eingriffsnormen.[83] Eine Eingriffsnorm ist eine zwingende Vorschrift, deren Einhaltung von einem Staat als so entscheidend für die Wahrung seines öffentlichen Interesses, insbesondere seiner politischen, sozialen oder wirtschaftlichen Organisation, angesehen wird, dass sie ungeachtet des anwendbaren Ver-

---

80) Zum Ganzen *Martiny* in: Reithmann/Martiny, Int. Vertragsrecht, Rz. 340 ff.; *Brödermann/Wegen* in: Prütting/Wegen/Weinreich, BGB, Art. 18 Rom I Rz. 1 ff.; *Thorn* in: Palandt, BGB, Art. 18 Rom I-VO Rz. 2 ff.; *Clausnitzer/Woopen*, BB 2008, 1798, 1806; *Hohloch* in: Erman, BGB, Anh. II Art. 26 EGBGB, Art. 18 Rom I-VO Rz. 4.
81) Dazu auch *Pfeiffer*, EuZW 2008, 622, 624; *Martiny* in: Reithmann/Martiny, Int. Vertragsrecht, Rz. 344 f.; *Brödermann/Wegen* in: Prütting/Wegen/Weinreich, BGB, Art. 18 Rom I Rz. 9 f.; *Thorn* in: Palandt, BGB, Art. 18 Rom I-VO Rz. 5; *Hohloch* in: Erman, BGB, Anh. II Art. 26 EGBGB, Art. 18 Rom I-VO Rz. 5.
82) *Thorn* in: Palandt, BGB, Art. 18 Rom I-VO Rz. 4.
83) Art. 34 EGBGB regelte demgegenüber lediglich die Anwendung deutscher Eingriffsnormen, wenngleich das EVÜ auch eine Regelung für ausländische Eingriffsnormen vorsah, die Deutschland jedoch nicht übernommen hatte. Dazu auch *Freitag* in: Reithmann/Martiny, Int. Vertragsrecht, Rz. 496; *Martiny*, RIW 2009, 737, 746.

tragsstatuts auf alle Sachverhalte anzuwenden ist (Art. 9 Abs. 1 Rom I-VO).[84] Weil solche Normen mithin in jeden Sachverhalt ungeachtet des Vertragsstatuts *„eingreifen"*, nennt man sie **Eingriffsnormen**. Da sie nach Art. 9 Rom I-VO vom Vertragsstatut gesondert angeknüpft werden, spricht man insoweit von einer **„Sonderanknüpfung"**.

Eingriffsnorm ist allerdings keineswegs schon jede Norm, die nach nationalem Recht nicht abbedungen werden kann.[85] Vielmehr muss die Geltung für grenzüberschreitende Fälle unabhängig vom anwendbaren Recht **ausdrücklich angeordnet** oder dem Zweck der Vorschrift eindeutig zu entnehmen sein, oder es muss eine Bestimmung sein, die in erster Linie aus staats-, wirtschafts- oder sozialpolitischem Interesse einen Sachverhalt unabhängig vom Vertragsstatut in jedem Fall **zwingend regelt**.[86] Dies ist keine Besonderheit des europäischen Rechts, sondern findet sich entsprechend in zahlreichen anderen Rechtsordnungen. Wichtig ist aus der Sicht der Kautelarpraxis, dass die Vertragsparteien diesen Vorschriften nicht dadurch entfliehen können, indem sie ein fremdes Recht wählen. 61

Klassische **Beispiele** für solche Normen sind Ein- und Ausfuhrbestimmungen wie etwa die Normen des deutschen Außenwirtschaftsrechts[87] (siehe dazu § 2 Rz. 123 ff.), Devisen- und Währungsvorschriften[88] (zu Devisenkontrollgesetzen siehe auch oben § 2 Rz. 121 f.), Bestimmungen über Marktordnung und Wettbewerb[89] (zum Kartellrecht siehe unten §§ 17–19), Vorschriften des Kapitalmarktrechts und insbesondere des Anlegerschutzes[90], Bestimmungen des Boden- und Grundstücksverkehrsrechts[91], gewerbe- und berufsrechtliche Bestimmungen sowie Vorschriften des Arbeitsrechts.[92] 62

---

84) Zur Definition von Eingriffsnormen nach Art. 9 Abs. 1 Rom I-VO *Magnus*, IPRax 2010, 27, 41; *Freitag* in: Reithmann/Martiny, Int. Vertragsrecht, Rz. 510 ff.; *Freitag*, IPRax 2009, 109, 112; *Remien* in: Prütting/Wegen/Weinreich, BGB, Art. 9 Rom I Rz. 2; *Mankowski*, IHR 2008, 133, 146 f.; *Pfeiffer*, EuZW 2008, 622, 628; *Clausnitzer/Woopen*, BB 2008, 1798, 1805.
85) Darin unterscheidet sich Art. 9 Rom I-VO von Art. 3 Abs. 3 Rom I-VO, der die nicht dispositiven (zwingenden) Vorschriften eines Staats durchsetzt, wenn der Sachverhalt zu keinem anderen Staat Verbindungen aufweist, dazu näher oben unter § 6 Rz. 83 f. Vgl. dazu auch *Martiny* in: MünchKomm-BGB, Art. 9 Rom I-VO Rz. 7 ff.; *Freitag* in: Reithmann/Martiny, Int. Vertragsrecht, Rz. 521 f.; eine restriktive Anwendung auch bei BAG, NZG 2012, 1152.
86) *Martiny* in: MünchKomm-BGB, Art. 9 Rom I-VO Rz. 8 ff.
87) *Martiny* in: MünchKomm-BGB, Art. 9 Rom I-VO Rz. 61 ff.
88) Ausführlich zum Währungsrecht *Martiny* in: MünchKomm-BGB, Anh. I Art. 9 Rom I-VO, sowie zum Devisenrecht *Martiny* in: MünchKomm-BGB, Anh. II Art. 9 Rom I-VO.
89) *Martiny* in: MünchKomm-BGB, Art. 9 Rom I-VO Rz. 72 f.
90) Vgl. hierzu *Göthel*, IPRax 2001, 411; auch *Martiny* in: MünchKomm-BGB, Art. 9 Rom I-VO Rz. 74 ff.
91) *Martiny* in: MünchKomm-BGB, Art. 9 Rom I-VO Rz. 94.
92) Eine umfangreiche Auflistung von Eingriffsnormen des deutschen Rechts findet sich auch bei *Freitag* in: Reithmann/Martiny, Int. Vertragsrecht, Rz. 521 ff.; *Hohloch* in: Erman, BGB, Anh. II Art. 26 EGBGB, Art. 9 Rom I-VO Rz. 14 ff.; vgl. zum früheren Recht *Salger* in: Droste, M&A, S. 313, 330.

63 Nach der Rom I-Verordnung können sowohl die Eingriffsnormen der *lex fori* als auch forumfremde Eingriffsnormen zu beachten sein. Für **Eingriffsrecht der lex fori** bestimmt Art. 9 Abs. 2 Rom I-VO, dass die Verordnung dessen Anwendung und damit bei Anrufung eines deutschen Gerichts die Anwendung deutscher Eingriffsnormen unberührt lässt. Um eine deutsche Eingriffsnorm anzuwenden, ist es in diesem Fall daher gleichgültig, ob der Unternehmenskaufvertrag deutschem oder ausländischem Recht unterliegt. Nach Art. 9 Abs. 1 Rom I-VO ist vielmehr entscheidend, ob die Eingriffsnorm den Sachverhalt ohne Rücksicht auf das Vertragsstatut regeln will.

64 Für Eingriffsnormen außerhalb der *lex fori* und damit **ausländisches Eingriffsrecht** kannte das deutsche Internationale Privatrecht bislang keine Regelung, um solche Normen anzuwenden. Dennoch wurde ausländisches Eingriffsrecht unter umstrittenen Voraussetzungen für anwendbar gehalten.[93)] Nach Art. 9 Abs. 3 Rom I-VO ist ausländisches Eingriffsrecht zwar ebenfalls anwendbar, aber beschränkt auf Eingriffsnormen des Staats, in dem der Vertrag zu erfüllen ist oder erfüllt worden ist (**Erfüllungsstaat**), und dann auch nur, soweit diese Normen die Vertragserfüllung unrechtmäßig werden lassen.[94)] Im Rahmen einer wertenden Betrachtung sind Art und Zweck dieser Normen sowie die Folgen zu berücksichtigen, die sich ergeben, wenn die Norm angewendet wird oder nicht.[95)]

65 Eingriffsnormen, die der Sonderanknüpfung unterliegen, ändern nichts an der Maßgeblichkeit des Vertragsstatuts, sondern **überlagern** lediglich das Vertragsstatut oder treten **kumulativ** dazu. Im Einzelfall gilt also die jeweils strengere Regelung.

II. Ordre public

66 Nach Art. 21 Rom I-VO (Art. 6 EGBGB) ist eine Bestimmung des ausländischen Vertragsstatuts nicht anzuwenden, wenn dies mit der öffentlichen Ordnung (*„ordre public"*) des Rechts des angerufenen Gerichts offensichtlich **unvereinbar** wäre. Auch diese Regelung ist im Grundsatz in nahezu allen anderen Rechtsordnungen bekannt.

67 Im Gegensatz zu Art. 9 Rom I-VO, der die Anwendung von Eingriffsrecht ungeachtet des sonst maßgeblichen Rechts zwingend vorschreibt, erfüllt der *ordre*

---

93) S. für einen Überblick über den Streitstand *Göthel*, IPRax 2001, 411, 416 f.

94) Zur Bestimmung des Erfüllungsorts und der Unrechtmäßigkeit der Vertragserfüllung bei kapitalmarktrechtlichen Eingriffsnormen: *Einsele*, IPRax 2012, 481, 482 ff.

95) Ausführlich zur Anwendung forumfremder Eingriffsnormen *Freitag* in: Reithmann/Martiny, Int. Vertragsrecht, Rz. 631 ff.; *Freitag*, IPRax 2009, 109; auch *Magnus*, IPRax 2010, 27, 41 f.; *Mankowski*, IHR 2008, 133, 148 f.; *Pfeiffer*, EuZW 2008, 622, 628; *Leible/Lehmann*, RIW 2008, 528, 542 f.; *Clausnitzer/Woopen*, BB 2008, 1798, 1805; *Remien* in: Prütting/Wegen/Weinreich, BGB, Art. 9 Rom I Rz. 7 ff.

public-Vorbehalt in Art. 21 Rom I-VO vor allem eine **Abwehrfunktion**. Der Vorbehalt schließt Bestimmungen, die im Ergebnis mit wesentlichen Rechtsgrundsätzen der *lex fori* unvereinbar sind, von der Anwendung auf den Unternehmenskauf aus, ohne dass damit für diesen Regelungskomplex zwingend das Recht der *lex fori* berufen ist. Das Recht des angerufenen Gerichts lässt sich lediglich als nicht zwingende Ersatzregelung heranziehen.[96]

Im Übrigen ist bei der Anwendung des Prüfungsmaßstabs, ob das berufene Recht mit wesentlichen Grundsätzen der *lex fori* unvereinbar ist, äußerste **Zurückhaltung** geboten.[97] Wenig Anwendungsraum bleibt erfahrungsgemäß in jenen Bereichen des Wirtschaftsverkehrs, in denen sich in aller Regel gleich starke und geschäftlich erfahrene Partner gegenüberstehen. Im Bereich des Unternehmenskaufs dürfte Art. 21 Rom I-VO daher wohl nur in ganz krassen Ausnahmefällen anzuwenden sein, etwa bei ausländischen Bestimmungen, die in grundrechtlich geschützte Vermögenspositionen einer Vertragspartei in einer Weise und einem Umfang eingreifen, dass es aus Sicht der *lex fori* schlechterdings nicht hinnehmbar ist. Dabei sollte grundsätzlich beachtet werden, dass die Anwendung des Vorbehalts desto weniger in Betracht kommt, je geringer die Bezüge sind, die der konkrete Sachverhalt zum Inland aufweist.[98]

68

Der Verstoß gegen den *ordre public* der *lex fori* führt zur **Nichtanwendung** der fraglichen Bestimmung des fremden Vertragsstatuts, lässt aber im Übrigen die Anwendung des Vertragsstatuts unberührt.

69

---

96) Vgl. *Sonnenberger* in: MünchKomm-BGB, Art. 21 Rom I-VO, Rz. 1 ff.
97) Nach Erwägungsgrund 37 der Rom I-VO soll die Vorbehaltsklausel („ordre public") lediglich unter „außergewöhnlichen Umständen" zur Anwendung kommen; dazu auch *Mörsdorf-Schulte* in: Prütting/Wegen/Weinreich, BGB, Art. 21 Rom I Rz. 3; *Leible/Lehmann*, RIW 2008, 528, 543.
98) Näher *Merkt*, Abwehr, S. 138 ff.

§ 8 Gesellschaftsstatut und weitere Übertragungsstatute

Übersicht

- A. Share Deal 1
- I. Internationales Gesellschaftsrecht 1
  - 1. Sitztheorie versus Gründungstheorie 1
  - 2. Deutsches Internationales Gesellschaftsrecht im Überblick 7
  - 3. Sitztheorie 9
  - 4. Niederlassungsfreiheit und Gründungstheorie 18
    - a) Daily Mail 20
    - b) Centros 23
    - c) Überseering 27
    - d) Inspire Art 29
    - e) Cartesio 33
    - f) VALE 38
    - g) Folgen 46
    - aa) Gründungstheorie 46
    - bb) Beschränkungen der Niederlassungsfreiheit 52
    - cc) Cadbury-Schweppes 53
    - dd) EWR-Vertragsstaaten 58
  - 5. Staatsverträge 59
  - 6. Gesamt- und Sachnormverweisungen 63
  - 7. Umgehungsversuche 67
- II. Reichweite des Gesellschaftsstatuts 72
  - 1. Allgemeines 72
  - 2. Anteilsübertragung 74
- 3. Mitteilungs- und Bekanntmachungspflichten 82
- III. Grund für Abspaltung vom Vertragsstatut 83
- B. Asset Deal 85
- I. Übertragung der Wirtschaftsgüter 85
  - 1. Grundsatz 85
  - 2. Mobilien 88
  - 3. Wertpapiere 92
  - 4. Fuhrpark 99
  - 5. Grundstücke 100
    - a) Belegenheitsrecht 100
    - b) Steuerliche Unbedenklichkeitsbescheinigungen 101
  - 6. Rechte 104
    - a) Forderungen 104
    - b) Schuld- und Vertragsübernahme 106
    - c) Arbeitsverhältnisse 109
    - d) Firma 110
    - e) Immaterialgüterrechte 111
  - 7. Sonstige unkörperliche Vermögenswerte 115
- II. Universal- oder Singularsukzession 117
- III. Zustimmungserfordernisse 119
- IV. Praktische Hinweise 122
- C. Beherrschungs- und Gewinnabführungsverträge, Gleichordnungsverträge 125

Literatur: *Altmeppen*, Schutz vor „europäischen" Kapitalgesellschaften, NJW 2004, 97; *Altmeppen*, Änderungen der Kapitalersatz- und Insolvenzverschleppungshaftung aus „deutsch-europäischer" Sicht, NJW 2005, 1911; *Altmeppen/Wilhelm*, Gegen die Hysterie um die Niederlassungsfreiheit der Scheinauslandsgesellschaften, DB 2004, 1083; *Baum*, Marktzugang und Unternehmenserwerb in Japan, 1995; *Baumbach/Hefermehl/Casper*, Wechselgesetz/Scheckgesetz, Recht der kartengestützten Zahlungen, Kommentar, 23. Aufl., 2008; *Barthel*, Das Recht zum rechtsformwechselnden Umzug – zum Vorlagebeschluss des Obersten Gerichts Ungarn vom 17.6.2010, EWS 2011, 131; *Bayer*, Auswirkungen der Niederlassungsfreiheit nach den EuGH-Entscheidungen Inspire Art und Überseering auf die deutsche Unternehmensmitbestimmung, AG 2004, 534; *Bayer*, Die EuGH-Entscheidung „Inspire Art" und die deutsche GmbH im Wettbewerb der europäischen Rechtsordnungen, BB 2003, 2357; *Bayer*, Der grenzüberschreitende Beherrschungsvertrag, 1988; *Bayer/Schmidt, J.*, Das Vale-Urteil des EuGH: Die endgültige Bestätigung der Niederlassungsfreiheit als „Formwechselfreiheit, ZIP 2012, 1481; *Bayer/Schmidt, J.*, Grenzüberschreitende Sitzverlegung und grenzüberschreitende Restrukturierungen nach MoMiG,

§ 8 Gesellschaftsstatut und weitere Übertragungsstatute

Cartesio und Trabrennbahn, ZHR 173 (2009), 735; *Behme*, Der grenzüberschreitende Formwechsel von Gesellschaften nach Cartesio und Vale, NZG 2012, 936; *Behme*, Der Weg deutscher Aktiengesellschaften ins Ausland – Goldene Brücke statt Stolperpfad, BB 2008, 70; *Behme/Nohlen*, Anm. zu EuGH, Urt. v. 16.12.2008 – Rs. C-210/06 (Cartesio: EuGH lehnt freie Verwaltungssitzverlegung ab), BB 2009, 13; *Behr*, Ausländische Inhaberaktien und § 1006 BGB: Ein Beitrag zum Anwendungsbereich gesetzlicher Eigentumsvermutungen, in: Festgabe Sandrock, 1995, S. 159; *Behrens*, Gemeinschaftsrechtliche Grenzen der Anwendung inländischen Gesellschaftsrechts auf Auslandsgesellschaften nach Inspire Art, IPRax 2004, 20; *Behrens*, Das Internationale Gesellschaftsrecht nach dem Überseering-Urteil des EuGH und den Schlussanträgen zu Inspire Art, IPRax 2003, 193; *Behrens*, Das Internationale Gesellschaftsrecht nach dem Centros-Urteil des EuGH (Anm. zu EuGH, Urt. v. 9.3.1999 – Rs C-212/97 und BayObLG, Besch. v. 26.8.1998 – 3Z BR 78/98), IPRax 1999, 323; *Behrens*, Die grenzüberschreitende Sitzverlegung von Gesellschaften in der EWG (Anm. zu EuGH, 27.9.1988 – Rs. 81/87), IPRax 1989, 354; *Beitzke*, Anerkennung und Sitzverlegung von Gesellschaften und juristischen Personen im EWG-Bereich, ZHR 127 (1965), 1; *Benkert/Haritz/Schmidt-Ott*, Die Verlegung der Geschäftsleitung einer ausländischen Kapitalgesellschaft in das Inland – zivilrechtliche und steuerrechtliche Konsequenzen, IStR 1995, 242; *Benrath/König*, Nicht überraschend doch erforderlich: Die Rechtsprechung des EuGH zur grenzüberschreitenden Umwandlung durch Formwechsel, Der Konzern 2012, 377; *Berndt*, Die Rechtsfähigkeit US-amerikanischer Kapitalgesellschaften im Inland, JZ 1996, 187; *Bernstein*, Erwerb und Rückerwerb von GmbH-Anteilen im deutsch-amerikanischen Rechtsverkehr, ZHR 140 (1976), 414; *Binz/Mayer*, Die Rechtsstellung von Kapitalgesellschaften aus Nicht-EU/EWR/USA-Staaten mit Verwaltungssitz in Deutschland, BB 2005, 2361; *Birk*, Das Arbeitskollisionsrecht der Bundesrepublik Deutschland, RdA 1984, 129; *Bödefeld*, Zur Unbedenklichkeitsbescheinigung bei Grundstücksgeschäften mit ausländischen Kapitalgesellschaften, IStR 1995, 365; *Böhringer*, Die Grundbuchsperre des § 22 GrEStG und ihre Ausnahmen, Rpfleger 2000, 99; *Böttcher/Kraft*, Grenzüberschreitender Formwechsel und tatsächliche Sitzverlegung – Die Entscheidung VALE des EuGH, NJW 2012, 2701; *Brakalova/Barth*, Nationale Beschränkungen des Wegzugs von Gesellschaften innerhalb der EU bleiben zulässig (Anm. zu EuGH, Urt. v. 16.12.2008 – Rs. C-210/06, DB 2009), 213; *Braun*, Internationales Gesellschaftsrecht und grunderwerbssteuerliche Unbedenklichkeit, RIW 1995, 499; *Bruski*, Der einheitliche Ländererlaß über Grundstücksgeschäfte mit Briefkastengesellschaften, IStR 1994, 473; *Bungert*, Konsequenzen der Centros-Entscheidung des EuGH für die Sitzanknüpfung des deutschen internationalen Gesellschaftsrechts (Anm. zu EuGH, Urt. v. 9.3.1999 – Rs C-212/97), DB 1999, 1841; *Bungert*, Zum Nachweis des effektiven Verwaltungssitzes der ausländischen Kapitalgesellschaft: Die Briefkastengesellschaft als Vorurteil (Anm. zu: OLG Hamm, Urt. v. 4.10.1996 – 29 U 108/95 – und KG, Beschl. v. 11.2.1997 – 1 W 3412/96), IPRax 1998, 339; *Bungert*, Rechtsfähigkeit ausländischer Kapitalgesellschaften und Beweislast (Anm. zu OLG Hamm, Beschl. v. 18.8.1994, DB 1995, 137), DB 1995, 963; *Bungert*, Zur Rechtsfähigkeit US-amerikanischer Kapitalgesellschaften ohne geschäftlichen Schwerpunkt in den USA (Anm. zu OLG Düsseldorf, Urt. v. 15.12.1994, WM 1995, 508), WM 1995, 2125; *Campos Nave*, Das Ende der gegenwärtigen Wegzugsbesteuerung – Der zweite Blick auf Cartesio, BB 2009, 870; *Campos Nave*, Die Liberalisierung der Wegzugsfreiheit in Europa, BB 2008, 1410; *Clausnitzer*, Die Novelle des Internationales Gesellschaftsrechts – Auswirkungen auf das deutsche Firmenrecht, NZG 2008, 321; *Clausnitzer*, Deutsches Firmenrecht versus Europäisches Gemeinschaftsrecht – Der Entwurf eines Gesetzes zum Internationalen Gesellschaftsrecht und aktuelle Rechtsprechung zur europarechtkonformen Auslegung des Firmenrechts, DNotZ 2008, 484; *Dammann*, Amerikanische Gesellschaften mit Sitz in Deutschland (Anm. zu BGH, 29.1.2003 – VIII ZR 155/02), RabelsZ 68 (2004), 607; *Däubler/Heuschmid*, Cartesio und MoMiG – Sitzverlegung ins Ausland und Unternehmensmitbestimmung, NZG 2009, 493; *Drouven/Mödl*, US-Gesellschaften mit Hauptverwaltungssitz in Deutschland im deutschen Recht, NZG 2007, 7; *Drygala*, Europäische Niederlassungsfreiheit vor der Rolle Rückwärts?, EuZW 2013, 569; *Ebenroth*, Neuere Entwicklungen im deutschen internationalen Gesellschaftsrecht, JZ 1988, 18; *Ebenroth/Bippus*, Die Sitztheorie als Theorie effektiver Verknüpfungen der Gesellschaft, JZ 1988, 677; *Ebenroth/Bippus*, Die Anerkennungsproblematik im Internationalen Gesellschaftsrecht. Am Beispiel des Freundschafts-, Handels- und Schiffahrtsvertrages zwischen der Bundesrepublik Deutschland und den Vereinigten Staaten von Amerika vom 29.10.1954, NJW 1988, 2137; *Ebenroth/Kemner/Willburger*, Die Auswirkungen des genuine-link-Grundsatzes auf die Anerkennung US-amerikanischer Gesellschaften in Deutschland, ZIP 1995, 972; *Ebenroth/Offenloch*, Kollisionsrechtliche Untersuchung grenzüberschreitender Ausgliederungen, RIW 1997, 1; *Ebke*, The European Conflict-of-Corporate-Laws Revolution: Überseering, Inspire Art and Beyond, The International Lawyer 2004, 813; *Ebke*, Das Internationale Gesellschaftsrecht und der Bundesgerichtshof, in: 50 Jahre Bundesgerichtshof, Festgabe aus der Wissenschaft, Bd. 2, 2000, S. 799; *Ebke*, Das Schicksal der Sitztheorie nach dem Centros-Urteil des EuGH, JZ 1999, 656; *Edwards*, Case-Law of the European Court of Justice on Freedom of Establishment after Centros, EBOR 2000, 147; *Eidenmüller*, Mobilität und Restrukturierung von Unternehmen im Binnenmarkt, JZ 2004, 24; *Eidenmüller*, Wettbewerb der Gesellschaftsrechte in Europa (Anm. zu EuGH, Urt. v. 5.11.2002 – Rs. C-208/00 – Überseering BV gegen Nordic Construction Company Baumanagement GmbH), ZIP 2002, 2233; *Eidenmüller/Rehm*, Niederlassungsfreiheit versus Schutz des inländischen Rechtsverkehrs: Konturen des Europäischen Internationalen Gesellschaftsrechts, ZGR 2004, 159; *Eidenmüller/Rehm*, Gesellschafts- und zivilrechtliche Folgeprobleme der Sitztheorie, ZGR 1997, 89; *Fikentscher*, Probleme des internationalen Gesellschaftsrechts, MDR 1957, 71; *Fingerhuth/Rumpf*, MoMiG und die grenzüberschreitende Sitzverlegung – Die Sitztheorie ein (lebendes) Fossil?, IPRax 2008, 90; *Fischer, G.*, Die Neuregelung des Kollisionsrechts der ungerechtfertigten Bereicherung der Geschäftsführung ohne Auftrag im IPR-Reformgesetz von 1999, IPRax 2002, 1; *Fleischer/Schmolke*, Die Rechtsprechung zum deutschen internationalen Gesellschaftsrecht seit 1991, JZ 2008, 233; *Flessner*, Die internationale Forderungsabtretung nach der Rom I-Verordnung, IPRax 2009, 35; *Forsthoff*, EuGH fördert Vielfalt im Gesellschaftsrecht. Traditionelle deutsche Sitztheorie verstößt gegen Niederlassungsfreiheit, DB 2002, 2471; *Forsthoff*, Rechts- und Parteifähigkeit ausländischer Gesellschaften mit Verwaltungssitz in Deutschland? Die Sitztheorie vor dem EuGH (Anm. zu BGH, Besch. v. 30.3.2000 – VII ZR 370/98), DB 2000, 1109; *Franz*, Internationales Gesellschaftsrecht und deutsche Kapitalgesellschaften im In- bzw. Ausland, BB 2009, 1250; *Franz/ Laeger*, Die Mobilität deutscher Kapitalgesellschaften nach Umsetzung des MoMiG unter Einbeziehung des Referentenentwurfes zum internationalen Gesellschaftsrecht, BB 2008, 678; *Freitag*, Der Wettbewerb der Rechtsordnungen im Internationalen Gesellschaftsrecht, EuZW 1999, 267; *Frenzel*, Immer noch keine Wegzugsfreiheit für Gesellschaften im Europäischen Binnenmarkt – die Cartesio-Entscheidung des EuGH, EWS 2009, 158; *Frobenius*, „Cartesio": Partielle Wegzugsfreiheit für Gesellschaften in Europa, DStR 2009, 487; *Frühbeck*, Vergleichender Überblick über das Recht der Kapitalgesellschaften in Spanien, DStR 1992, 1206; *Geyrhalter/Gänßler*, Perspektiven nach „Überseering" – wie geht es weiter?, NZG 2003, 409; *Girsberger*, Übernahme und Übergang von Schulden im schweizerischen und deutschen IPR, ZVglRWiss 88 (1989), 31; *Goette*, Anm. zu EuGH, Urt. v. 16.12.2008 – Rs. C-210/06 (Niederlassungsfreiheit zwingt Nationalstaaten nicht zur Erlaubnis des uneingeschränkten Wegzugs von Unternehmen in einen anderen EU-Staat, Cartesio), DStR 2009, 128; *Goette*, Zu den Folgen der Anerkennung ausländischer Gesellschaften mit tatsächlichem Sitz im Inland für die Haftung ihrer Gesellschafter und Organe, ZIP 2006, 541; *Goette*, Wo steht der BGH nach „Centros" und „Inspire Art"?, DStR 2005, 197; *Görk*, Das EuGH-Urteil in Sachen „Centros" vom 9.3.1999: Kein Freibrief für Briefkastengesellschaften! (Anm. zu EuGH, Urt. v. 9.3.1999 – Rs. C-212/97), GmbHR 1999, 793; *Göthel*, Internationales Gesellschaftsrecht in den USA: Die Internal Affairs Rule wankt nicht, RIW 2000, 904; *Göthel*, Internationales Privatrecht des Joint Ventures, RIW 1999, 566; *Göthel*, Joint Ventures im Internationalen Privatrecht – Ein Vergleich der Rechte Deutschlands und der USA, 1999 (zit.: Joint Ventures); *Gottschalk*, Beschränkungen für schweizerische Aktiengesellschaften mit Sitz in Deutschland, ZIP 2009, 948; *Grohmann/Gruschinske*, Beschränkungen des Wegzugs von Gesellschaften innerhalb der EU – die Rechtssache Cartesio, EuZW 2008, 463; *Großfeld/Erlinghagen*, Internationales Unternehmensrecht und deutsche unternehmerische Mitbestimmung, JZ 1993, 217; *Großfeld/Jasper*, Identitätswahrende Sitzverlegung und Fusion von Kapitalgesellschaften in die Bundesrepublik, RabelsZ 53 (1989), 52; *Handelsrechtsausschuss des DAV*, Stellungnahme zum Referentenentwurf eines Gesetzes zur Modernisierung des GmbH-Rechts und zur Bekämpfung von Missbräuchen (MoMiG), NZG 2007, 211; *Hansen*, From C 212 to L 212 – Centros Revisited, EBOR 2001, 141; *Heidenhain*, Ausländische Kapitalgesellschaften mit Verwaltungssitz in Deutschland (Anm. zu BGH, NZG 2002, 1009 und Anm. zu EuGH, Urt. v. 5.11.2002 – Rs. C-208/00), NZG 2002, 1141; *Hellgardt/Illmer*, Wiederauferstehung der Sitztheorie?, NZG 2009, 94; *Hennrichs/Pöschke/von der Laage/Klavina*, Die Niederlassungsfreiheit der Gesellschaften in Europa – Eine Analyse der Rechtsprechung des EuGH und ein Plädoyer für eine Neuorientierung, WM 2009, 2009; *Hirte*, Die „Große GmbH-Reform" – Ein Überblick über das Gesetz zur Modernisierung des GmbH-Rechts und zur Bekämpfung von Missbräuchen (MoMiG), NZG 2008, 761; *Hoffmann*, Die stille Bestattung der Sitztheorie durch den Gesetzgeber, ZIP 2007, 1581; *Hofmeister*, Grundlagen und Entwicklungen des Internationalen Gesellschaftsrechts, WM 2007, 868; *Hohloch*, Keine Anerkennung einer „Delaware-Corporation" ohne Aktivitäten im Gründungsstaat, JuS 1995, 1037; *Horn*, Deutsches und europäisches Gesellschaftsrecht und die EuGH-Rechtsprechung zur Niederlassungsfreiheit – Inspire Art, NJW 2004, 893; *Ishizumi*, Acquiring Japanese Companies, 1988; *Jaensch*, Der grenzüberschreitende Formwechsel: Das EuGH-Urteil VALE, EWS 2012, 353; *Jaensch*, Niederlassungsfreiheit: Ist eine in einem Mitgliedstaat gegründete Gesellschaft berechtigt, unter Änderung ihrer Rechtsform ihren Satzungssitz in einen anderen Mitgliedstaat zu verlegen? – Schlussanträge VALE, EWS 2012, 184; *Junker*, Internationales Arbeitsrecht im Konzern, 1992 (zit.: Internationales Arbeitsrecht); *Jung, P.*, Anwendung der Gründungstheorie auf Gesellschaften schweizerischen Rechts?, NZG 2008, 681; *Kaligin*, Das internationale Gesellschaftsrecht der Bundesrepublik Deutschland, DB 1985, 1449; *Kallmeyer*, Tragweite des Überseering-Urteils des EuGH vom 5.11.2002 zur grenzüberschreitenden Sitzverlegung, DB 2002, 2521; *Kaulen*, Zur Bestimmung des Anknüpfungsmoments unter der Gründungstheorie, IPRax 2008, 389; *Kersting*, Rechtswahlfreiheit im Europäischen Gesellschaftsrecht nach Überseering – Ein Richtlinienvorschlag, NZG 2003, 9; *Kieninger*, Niederlassungsfreiheit als Rechtswahlfreiheit (Anm. zu EuGH, Urt. v. 9.3.1999 – Rs C-232/97), ZGR 1999, 724; *Kindler*, Der reale Niederlassungsbegriff nach dem VALE-Urteil des EuGH, EuZW 2012, 888; *Kindler*, „Cadbury-Schweppes": Eine Nachlese zum internationalen Gesellschaftsrecht, IPRax 2010, 272; *Kindler*, Internationales Gesellschaftsrecht 2009: MoMiG, Trabrennbahn, Cartesio und die Folgen, IPRax 2009, 189; *Kindler*, Ende der Diskussion über die sog. Wegzugsfreiheit, NZG 2009, 130; *Kindler*, Grundzüge des neuen Kapitalgesellschaftsrechts. Das Gesetz zur Modernisierung des GmbH-Rechts und zur Bekämpfung von Missbräuchen (MoMiG), NJW 2008, 3249; *Kindler*, GmbH-Reform und internationales Gesellschaftsrecht, AG 2007, 721; *Kindler*, Anm. zu BGH, Urt. v. 29.1.2003 – VIII ZR 155/02 (Nach Überseering: Partei- und Prozessfähigkeit einer in den USA gegründeten Gesellschaft mit Verwaltungssitz in der Bundesrepublik Deutschland), BB 2003, 812; *Kindler*, „Inspire Art" – Aus Luxemburg nichts Neues zum internationalen Gesellschaftsrecht, NZG 2003, 1086; *Kindler*, Niederlassungsfreiheit für Scheinauslandsgesellschaften? Die „Centros"-Entscheidung des EuGH und das internationale Privatrecht (Anm. zu EuGH, Urt. v. 9.3.1999 – Rs C-212/97), NJW 1999, 1993; *Kindler*, Internationale Zuständigkeit und anwendbares Recht im italienischen IPR-Gesetz von 1995, RabelsZ 61 (1997), 227; *Kleinert*, Konzernbesteuerung: Einbeziehung der Gewinne beherrschter ausländischer Gesellschaften in die Steuerbemessungsgrundlage der Muttergesellschaft (Anm. zu EuGH, Urt. v. 12.9.2006 – Rs. C-196/04 – Cadbury Schweppes), GmbHR 2006, 1049; *Knof/Mock*, Anm. zu EuGH, Urt. v. 16.12.2008 – Rs. C-210/06 (Vereinbarkeit von Wegzugsbeschränkungen mit der Niederlassungsfreiheit; „Cartesio"), ZIP 2009, 30; *Knof/Mock*, Das MoMiG und die Auslandsinsolvenz haftungsbeschränkter Gesellschaften. Herausforderung oder Sisyphismus des modernen Gesetzgebers?, GmbHR 2007, 852; *Kobelt*, Internationale Option deutscher Kapitalgesellschaften nach MoMiG, „Cartesio" und Trabrennbahn – zur Einschränkung der Sitztheorie, GmbHR 2009, 808; *Koch*, Auswirkung des Betriebsinhaberwechsels auf Arbeitnehmer im englischen und deutschen Recht, RIW 1984, 592; *Koch/Eickmann*, Gründungs- oder Sitztheorie? Eine „never ending story"?, AG 2009, 73; *König/Bormann*, Die Reform des Rechts der Gesellschaften mit beschränkter Haftung, DNotZ 2008, 652; *Körber/Kliebisch*, Das neue GmbH-Recht, JuS 2008, 1041; *Köster*, Die Kodifizierung des Internationalen Gesellschaftsrechts – Bedeutung für die Unternehmensmitbestimmung, ZRP 2008, 214; *Kübler*, Regelungsprobleme des grenzüberschreitenden Wertpapierhandels, WM 1986, 1305; *Lange*, Anm. zu EuGH, Urt. v. 9.3.1999 – Rs. C-212/97, DNotZ 1999, 599; *Lehner*, Die steuerliche Ansässigkeit von Kapitalgesellschaften – Insbesondere zur doppelten Ansässigkeit, RIW 1988, 201; *Leible*, Niederlassungsfreiheit und Sitzverlegungsrichtlinie, ZGR 2004, 531; *Leible*, Anm. zu EuGH, Urt. v. 9.3.1999 – Rs C-212/97 – (Eintragung der Zweigniederlassung einer in einem anderen Mitgliedstaat ansässigen und rechtmäßig gegründeten Gesellschaft, die dort keine Geschäftstätigkeit entfaltet), NZG 1999, 300; *Leible/Hoffmann*, Cartesio – fortgeltende Sitztheorie, grenzüberschreitender Formwechsel und Verbot materiellrechtlicher Wegzugsbeschränkungen, BB 2009, 58; *Leible/Hoffmann*, „Überseering" und das deutsche Gesellschaftskollisionsrecht, ZIP 2003, 925; *Leible/Hoffmann*, Vom „Nullum" zur Personengesellschaft. Die Metamorphose der Scheinauslandsgesellschaft im deutschen Recht (Anm. zu BGH, Urt. v. 1.7.2002 – II ZR 380/00), DB 2002, 2203; *Leible/Hoffmann*, Überseering und das (vermeintliche) Ende der Sitztheorie (Anm. zu EuGH, Urt. v. 5.11.2002 – Rs. C-208/00 – Überseering), RIW 2002, 925; *Lieder/Kliebisch*, Nichts Neues im Internationalen Gesellschaftsrecht: Anwendbarkeit der Sitztheorie auf Gesellschaften aus Drittstaaten?, BB 2009, 338; *Lips/Randel/Werwigk*, Das neue GmbH-Recht – ein Überblick, DStR 2008, 2220; *St. Lorenz*, Zur Abgrenzung von Wertpapierrechtsstatut und Wertpapiersachstatut im internationalen Wertpapierrecht, NJW 1995, 176; *Loewenheim*, Handbuch des Urheberrechts, 2. Aufl., 2010; *Lutter*, „Überseering" und die Folgen, BB 2003, 7; *Maul/Schmidt, C.*, Inspire Art – Quo vadis Sitztheorie?, BB 2003, 2297; *Meilicke*, Sitztheorie versus Niederlassungsfreiheit? (Anm. zu BGH, Vorlagebeschl. v. 30.3.2000 – VII ZR 370/98), GmbHR 2000, 693; *Meilicke*, Anm. zu EuGH, Urt. v. 9.3.1999 – Rs. C-212/97, DB 1999, 627; *Merkt*, Das Centros-Urteil des Europäischen Gerichtshofs – Konsequenzen für den nationalen Gesetzgeber, VGR 2000, 111; *Merkt*, Das Europäische Gesellschaftsrecht und die Idee des „Wettbewerbs der Gesetzgeber" (Hein Kötz zum 60. Geburtstag), RabelsZ 59 (1995), 545; *Messenzehl/Schwarzfischer*, Der EuGH macht den Weg frei für den grenzüberschreitenden Formwechsel (Anm. zu EuGH, Az.: C – 378/10), BB 2012, 2072; *Meyer-Sparenberg*, Internationalprivatrechtliche Probleme bei Unternehmenskäufen, WiB 1995, 849; *Michalski*, Grundzüge des internationalen Gesellschaftsrechts, NZG 1998, 762; *Morawitz*, Das internationale Wechselrecht. Eine systematische Untersuchung der auf dem Gebiet des Wechselrechts auftretenden Fragen, 1991; *Mülsch/Nohlen*, Die ausländische Kapitalgesellschaft und Co. KG mit Verwaltungssitz im EG-Ausland, ZIP 2008, 1358; *Nagy*, Grenzüberschreitende Umwandlung in einem rechtlichen Vakuum: die Folgerentscheidung des ungarischen Obersten Gerichtshofs im Fall VALE, IPRax 2013, 582; *Olbertz/Fahrig*, Offshoring als Betriebs(teil)übergang gemäß § 613a BGB, ZIP 2012, 2045; *Paal*, Deutsch-amerikanischer Freundschaftsvertrag und genuine link: Ein ungeschriebenes Tatbestandsmerkmal auf dem Prüfstand, RIW 2005, 735; *Paefgen*, „Cartesio": Niederlassungsfreiheit minderer Güte, WM 2009, 529; *Paefgen*, Deutsche Corporations im System des Gesellschaftskollisionsrechts (Anm. zu BGH, Urt. v. 29.1.2003 – VIII ZR 155/02), DZWIR 2003, 441; *Paefgen*, Gezeitenwechsel im Gesellschaftskollisionsrecht (Anm. zu EuGH, Urt. v. 5.11.2002 – Rs. C-208/00 – Überseering), WM 2003, 561; *Peters*, Verlegung des tatsächlichen Verwaltungssitzes der GmbH ins Ausland, GmbHR 2008, 245; *Picot/Land*, Der internationale Unternehmenskauf, DB 1998, 1601; *Preuß*, Die Wahl des Satzungssitzes im geltenden Gesellschaftsrecht und nach dem MoMiG-Entwurf, GmbHR 2007, 57; *Rehbinder*, Urheberrecht, 16. Aufl., 2010 (zit.: Urheberrecht); *Richter, L.*, Der identitätswahrende Wegzug deutscher Gesellschaften ins EU-/EWR-Ausland auf dem Vormarsch, IStR 2008, 719; *Riegger*, Centros – Überseering – Inspire Art: Folgen für die Praxis, ZGR 2004, 510; *Roth, G. H.*, Das Ende der Briefkastengründung? – Vale contra Centros, ZIP 2012, 1744; *Roth, G. H.*, Vorgaben der Niederlassungsfreiheit für das Kapitalgesellschaftsrecht, 2010; *Roth, G. H.*, Die deutsche Initiative zur Kodifizierung der Gründungstheorie, in: Festschrift Westermann, 2008, S. 1345; *Roth, W. H.*, Internationales Gesellschaftsrecht nach Überseering, IPRax 2003, 117; *Rotheimer*, Referentenentwurf zum Internationalen Gesellschaftsrecht, NZG 2008, 181; *Salger*, Governing Law, Jurisdiction and Arbitration, in: Droste, Mergers & Acquisitions in Germany, 1995, S. 313; *Sandrock*, Sitzrecht contra Savigny?, BB 2004, 897; *Sandrock*, Centros: ein Etappensieg für die Überlagerungstheorie, BB 1999, 1337; *Sandrock*, Die Konkretisierung der Überlagerungstheorie in einigen zentralen Einzelfragen, in: Festschrift Beitzke, 1979, S. 669; *Sandrock/Austmann*, Das Internationale Gesellschaftsrecht nach der Daily Mail-Entscheidung des Europäischen Gerichtshofs: Quo vadis?, RIW 1989, 249; *Schanze/Jüttner*, Die Entscheidung für Pluralität: Kollisionsrecht und Gesellschaftsrecht nach der EuGH-Entscheidung „Inspire Art", AG 2003, 661; *Schlechtriem*, Zur Abdingbarkeit von Art. 93 Abs. 1 WG (Anm. zu BGH, Urt. v. 11.4.1988 – II ZR 272/87), IPRax 1989, 155; *Schmidt, J.*, Grenzüberschreitender Formwechsel im „Bermuda-Dreieck" von Sevic, Cartesio und VALE – steuert Generalanwalt Jääskinen mit den Schlussanträgen in der Rs. VALE den richtigen Kurs?, GPR 2012, 144; *Schmidt, K.*, Verlust der Mitte durch „Inspire Art"? – Verwerfungen im Unternehmensrecht durch Schreckensreaktionen in der Literatur, ZHR 168 (2004), 493; *Schneider, C.*, Internationales Gesellschaftsrecht vor der Kodifizierung, BB 2008, 566; *Schnorr von Carolsfeld*, Bemerkungen zum Aktienrecht, DNotZ 1963, 404; *Schön*, Das System der Niederlassungsfreiheit nach VALE, ZGR 2013, 333; *Schuck*, Grundstücksgeschäfte ausländischer Domizilgesellschaften (Anm. zum Erlaß der Senatsverwaltung für Finanzen Berlin vom 15.4.1997), BB 1998, 616; *Schuck*, Anm. zu OLG Hamm, Beschl. v. 18.8.1994 – 15 W 209/94, BB 1995, 446; *Schuck*, Wirksamkeit und Vollzug von Immobilienerwerben ausländischer Gesellschaften in der Praxis (Stellungnahme zum Erlaß des Finanzministeriums Brandenburg vom 19.4.1994), BB 1994, 1538; *Sedemund*, Cadbury/Schweppes: Britische Regelungen zur Hinzurechnungsbesteuerung nur im Falle rein künstlicher Gestaltungen europarechtskonform, BB 2006, 2118; *Selzner/Sustmann*, Der grenzüberschreitende Beherrschungsvertrag, Der Konzern 2003, 85; *Sethe/Winzer*, Der Umzug von Gesellschaften in Europa nach dem Cartesio-Urteil, WM 2009, 536; *Sonnenberger/Bauer*, Vorschlag des Deutschen Rates für Internationales Privatrecht für eine Regelung des Internationalen Gesellschaftsrechts auf europäischer/nationaler Ebene, RIW 2006, Beilage 1 zu Heft 4, S. 1; *Sonnenberger/Großerichter*, Konfliktlinien zwischen internationalem Gesellschaftsrecht und Niederlassungsfreiheit. Im Blickpunkt: Die Centros-Entscheidung des EuGH als gesetzgeberische Herausforderung, RIW 1999, 721; *Spindler/Berner*, Der Gläubigerschutz im Gesellschaftsrecht nach Inspire Art, RIW 2004, 7; *Stöber*, Grenzüberschreitende Umwandlungen und ihre Besteuerung im Lichte der Niederlassungsfreiheit, ZIP 2012, 1273; *Stork*, Die geplante Kodifizierung des Internationalen Gesellschaftsrechts, GewArch 2008, 240; *Straub*, Zwei Wechselfälle der Parteiautonomie (Anm. zu BGH, Urt. v. 5.10.1993 – XI ZR 200/92 und BGH, Urt. v. 21.9.1993 – XI ZR 206/92), IPRax 1994, 432; *Tebben*, Die Reform der GmbH – das MoMiG in der notariellen Praxis, RNotZ 2008, 441; *Teichmann*, Der grenzüberschreitende Formwechsel ist spruchreif: das Urteil des EuGH in der Rs. Vale, DB 2012, 2085; *Teichmann*, Gesellschaftsrecht im System der Europäischen Niederlassungsfreiheit, ZGR 2011, 639; *Teichmann*, Grenzüberschreitender Wegzug von Gesellschaften (Anm. zu EuGH, Urt. v. 16.12.2008 – Cartesio), LMK 2009, 275584; *Teichmann*, Cartesio: Die Freiheit zum formwechselnden Wegzug, ZIP 2009, 393; *Teichmann*, Binnenmarktkonformes Gesellschaftsrecht, 2006; *Terlau*, Das internationale Privatrecht der Gesellschaft bürgerlichen Rechts, 1999; *Thorn*, Das Centros-Urteil des EuGH im Spiegel der deutschen Rechtsprechung, IPRax 2001, 102; *Thüsing*, Deutsche Unternehmensmitbestimmung und europäische Niederlassungsfreiheit, ZIP 2004, 381; *Timmerman*, ECLR – Sitzverlegung von Kapitalgesellschaften nach niederländischem Recht und die 14. EU-Richtlinie, ZGR 1999, 147; *Trautrims*, Geschichte und Bedeutung von

Sitz- und Gründungstheorie im deutschen Recht, ZHR 176 (2001), 435; *Ullrich/Lejeune*, Der internationale Softwarevertrag nach deutschem und ausländischem Recht, 2. Aufl., 2006 (zit.: *Bearbeiter* in: Ullrich/Lejeune); *Ulmer*, Gläubigerschutz bei Scheinauslandsgesellschaften – Zum Verhältnis zwischen gläubigerschützendem nationalen Gesellschafts-, Delikts-, und Insolvenzrecht und der EG-Niederlassungsfreiheit, NJW 2004, 1201; *Ulmer*, Schutzinstrumente gegen die Gefahren aus der Geschäftstätigkeit inländischer Zweigniederlassungen von Kapitalgesellschaften mit fiktivem Auslandssitz, JZ 1999, 662; *Unteregge*, Grenzen der Parteiautonomie im internationalen Urheberrecht, in: Festgabe Sandrock, 1995, S. 167; *Wachter*, Die GmbH nach MoMiG im internationalen Rechtsverkehr, GmbHR 2008, Sonderheft Oktober 2008, S. 80; *Wachter*, Anm. zu OLG Hamm, Urt. v. 26.5.2006 – 30 U 166/05 (Rechts- und Parteifähigkeit einer schweizerischen Aktiengesellschaft), BB 2006, 2489; *Wagner/Timm*, Der Referentenentwurf eines Gesetzes zum Internationalen Privatrecht der Gesellschaften, Vereine und juristischen Personen, IPRax 2008, 81; *Walden*, Das Kollisionsrecht der Personengesellschaften im deutschen, europäischen und US-amerikanischen Recht, 2001; *Walden*, Niederlassungsfreiheit, Sitztheorie und der Vorlagebeschluss des VII. Zivilsenats des BGH vom 30.3.2000, EWS 2001, 256; *Weller*, Zur Frage der grenzüberschreitenden Umwandlung einer Gesellschaft (Anm. zu EuGH, Urt. vom 12.7.2012 – VALE), LMK 2012, 336113; *Weller*, Die Rechtsquellendogmatik des Gesellschaftskollisionsrechts, IPRax 2009, 202; *Weller*, Internationales Unternehmensrecht 2010, ZGR 2010, 679; *Weller*, Scheinauslandsgesellschaften nach Centros, Überseering und Inspire Art: Ein neues Anwendungsfeld für die Existenzvernichtungshaftung, IPRax 2003, 207; *Weller/Rentsch*, Die Kombinationslehre beim grenzüberschreitenden Rechtsformwechsel – Neue Impulse durch das Europarecht, IPRax 2013, 530; *Weng*, Die Rechtssache Cartesio. Das Ende Daily Mails? (Anm. zu EuGH Urt. v. 22.5.2008 – Rs. C-210/06), EWS 2008, 264; *Wicke*, Zulässigkeit des grenzüberschreitenden Formwechsels – Rechtssache „Vale" des Europäischen Gerichtshofs zur Niederlassungsfreiheit, DStR 2012, 1756; *Wilke*, Die Gründungstheorie in der Rechtsprechung der obersten Gerichte in Deutschland, der Schweiz und Österreich, IWB 16/2005, 787; *Witt*, Modernisierung der Gesellschaftsrechte in Europa – Einige Sonderwege und manche gemeinsame Pfade, ZGR 2009, 872; *Wohlrab*, Der grenzüberschreitende Formwechsel als Mittel der Mobilität im Binnenmarkt, GPR 2012, 316; *Wöhlert*, Anm. zu BGH, Beschl. v. 8.10.2009 – IX ZR 227/06 (Haftungsbeschränkung der Gesellschafter bei im Ausland gegründeter Gesellschaft mit deutschem Sitz), GWR 2009, 417; *Wymeersch*, ECLR – Die Sitzverlegung nach belgischem Recht, ZGR 1999, 126; *Zimmer*, „Inspire Art": Grenzenlose Gestaltungsfreiheit für deutsche Unternehmen, NJW 2003, 3585; *Zimmer*, Internationales Gesellschaftsrecht, 1996; *Zimmer/ Naendrup*, Das Cartesio-Urteil des EuGH: Rück- oder Fortschritt für das Internationale Gesellschaftsrecht, NJW 2009, 545.

A. Share Deal

I. Internationales Gesellschaftsrecht

1. Sitztheorie versus Gründungstheorie

Eine ganze Reihe von gesellschaftsrechtlichen Fragen, die für den Share Deal von großer Bedeutung sind, beurteilt sich nicht nach dem Vertragsstatut, sondern nach dem Personalstatut, also dem Gesellschaftsstatut der Zielgesellschaft (**lex societatis**).[1] Damit ist das Recht gemeint, das die **Verhältnisse der Gesellschaft**

1

---

1) *Meyer-Sparenberg*, WiB 1995, 849, 853; nicht verwechselt werden sollte – wie *Beisel* in: Beisel/Klumpp, Unternehmenskauf, Kap. 7 Rz. 10 – der kollisionsrechtliche Begriff „Gesellschaftsstatut" mit dem materiell-rechtlichen Begriff „Gesellschaftsstatuten" (Gesellschaftsvertrag oder Satzung der Gesellschaft): Der erste Begriff bezeichnet die Rechtsordnung, nach welcher der Gesellschaftsvertrag bzw. die Statuten rechtlich zu beurteilen sind. Zum Regelungsumfang des Personalstatuts vgl. *Michalski*, NZG 1998, 762.

(insbesondere der Gesellschafter untereinander sowie zwischen der Gesellschaft, ihren Organen und ihren Gesellschaftern) von der Gründung bis zur Beendigung regelt (zum Regelungsumfang des Personalstatuts siehe unten Rz. 72 ff.).[2]

2 Das Personalstatut ermittelt sich über die Anknüpfungsregeln des Internationalen Gesellschaftsrechts. Dies gilt nach deutschem Recht ohne weiteres, wenn die Zielgesellschaft als **Kapitalgesellschaft** zu qualifizieren ist. Für **Personengesellschaften** gelten diese Regeln ebenfalls, wenn sie eine **nach außen hervortretende Organisation** haben und am Rechtsverkehr teilnehmen.[3] In diesem Fall wird die Gesellschaft kollisionsrechtlich wie eine juristische Person behandelt. Nur wenn ausnahmsweise keine solche Organisation vorhanden ist, bestimmt sich das Statut nach den Regeln des Internationalen Schuldvertragsrechts[4] und damit nach der Rom I-Verordnung.[5]

3 Seit jeher ist allerdings umstritten, wie man die *lex societatis* ermittelt. Vorbehaltlich **staatsvertraglicher Regelungen** stehen sich mit der Sitztheorie und der Gründungstheorie im Wesentlichen zwei Ansichten gegenüber.[6] Dies gilt im Inland wie im Ausland. Nach der **Sitztheorie** unterliegt eine Gesellschaft dem Recht ihres tatsächlichen Verwaltungssitzes (Sitztheorie). Der Anknüpfung an diesen effektiven Sitz folgen viele kontinentaleuropäische Länder, insbesondere Frankreich, Belgien[7], Luxemburg, Spanien, Portugal, Österreich[8], Bulgarien sowie Liechtenstein.[9] Die österreichische Rechtsprechung hat die Sitz-

---

2) Vgl. *Großfeld* in: Staudinger, BGB, IntGesR Rz. 17; *Kindler* in: MünchKomm-BGB, IntGesR Rz. 543 ff.; *Michalski*, NZG 1998, 762; *Thölke* in: MünchHdb-GesR, Bd. 6, § 1 Rz. 6.
3) BGH, IPRspr. 1952/53 Nr. 20, S. 56; BGH, LM § 105 HGB, Nr. 7, 536; OLG Düsseldorf, IPRspr. 1987 Nr. 9; OLG Karlsruhe, NZG 2001, 748, 749; *Terlau*, S. 118 ff.; vgl. auch *Ebke* in: FS 50 Jahre BGH, S. 799, 813 ff.; näher zum Merkmal der Organisation *Göthel*, Joint Ventures, S. 68 ff.; a. A. *Walden*, S. 110 ff., der Kapital- und Personengesellschaften unterschiedlich anknüpfen will; für Rechtswahlfreiheit auch *Hoffmann* in: NomosKomm-BGB, Anh. Art. 12 EGBGB Rz. 162.
4) BGH, IPRspr. 1952/53 Nr. 20, S. 56; BGH, LM § 105 HGB, Nr. 7, 536; OLG Düsseldorf, IPRspr. 1987 Nr. 9; OLG Karlsruhe, NZG 1998, 500; *Großfeld* in: Staudinger, BGB, IntGesR Rz. 746 und 772; *Kindler* in: MünchKomm-BGB, IntGesR Rz. 282 ff.; *Magnus* in: Staudinger, BGB, Art. 28 EGBGB Rz. 626; ebenso das schweizerische Recht in Art. 150 IPRG; s. dazu *Vischer/Huber/Oser*, Int. Vertragsrecht, Rz. 628 ff.
5) Näher hierzu *Göthel* in: Reithmann/Martiny, Int. Vertragsrecht, Rz. 4601 ff.
6) Zur historischen Entwicklung des Gesellschaftsstatuts in Deutschland vgl. *Trautrims*, ZHR 176 (2001), 435. Einen Überblick über weitere Lehren, insbesondere die Überlagerungstheorie von *Sandrock*, die Differenzierungstheorie von *Grasmann* sowie die Kombinationslehre von *Zimmer* gibt *Kindler* in: MünchKomm-BGB, IntGesR Rz. 387 ff.; auch *Leible* in: Michalski, GmbHG, Syst. Darst. 2 Rz. 11 ff.
7) *Wymeersch*, ZGR 1999, 126.
8) *Wilke*, IWB 16/2005, 787, 791 f.
9) Nachweise bei *Großfeld* in: Staudinger, BGB, IntGesR Rz. 153 ff.; *Kindler* in: MünchKomm-BGB, IntGesR Rz. 511.

theorie allerdings zumindest in Fällen der Gründung von Zweigniederlassungen ausländischer EU-Gesellschaften eingeschränkt.[10]

Die **Gründungstheorie** will dagegen an dasjenige Recht anknüpfen, in dem die Gesellschaft gegründet wurde oder – so andere Vertreter – ihren Satzungssitz hat.[11] Sie gilt vor allem im anglo-amerikanischen Raum, insbesondere in den USA,[12] in England und in Irland. Sie gilt aber bspw. auch in Kanada, der Volksrepublik China, der Russischen Föderation und einigen kontinentaleuropäischen Ländern, etwa in den Niederlanden,[13] Dänemark, Rumänien, der Schweiz,[14] Ungarn und wohl auch in Finnland.[15] 4

In manchen Ländern gilt eine **Mischung** aus Sitz- und Gründungstheorie: So unterliegen nach italienischem Recht Gesellschaften, die im Ausland gegründet sind, italienischem Recht, wenn sie ihren Verwaltungssitz oder ihren Geschäftsschwerpunkt in Italien haben (Sitzrecht). Hingegen sind Gesellschaften, die nach italienischem Recht gegründet sind, auch dann italienischem Recht unterworfen, wenn ihr Geschäftsschwerpunkt im Ausland liegt (Gründungsrecht).[16] 5

Manche Einzelstaaten der **USA**, darunter Kalifornien und New York, unterwerfen Gesellschaften, die dort nennenswerte Geschäftsaktivitäten entfalten, ihrem eigenen Recht, auch wenn sie nach auswärtigem Recht gegründet wurden, bspw. dem liberalen Recht von Delaware (sog. „**outreach statutes**"). Auch dies führt im Ergebnis für das Gesellschaftsstatut zu einem Normenmix aus Gründungs- und Sitzrecht.[17] 6

---

10) OGH, RIW 2000, 378: Die die Niederlassungsfreiheit auslegende Entscheidung des EuGH sichert Gesellschaften, die nach dem Recht eines Mitgliedstaats rechtswirksam gegründet wurden, die Freiheit, Zweigniederlassungen auch dann zu gründen, wenn sie im Staat ihrer Gründung selbst nur ihren statutarischen Sitz haben, jedoch keine Geschäftstätigkeit ausüben. Der EuGH wendet damit im Zusammenhang mit der sekundären Niederlassungsfreiheit die Gründungstheorie an. Die in § 10 IPRG vertretene Sitztheorie steht mit der durch Art. 54 Abs. 1 i. V. m. 49 AEUV (vormals Art. 48 Abs. 1 i. V. m. Art. 43 EGV) eingeräumten sekundären Niederlassungsfreiheit im Widerspruch.

11) Vgl. *Behrens* in: Behrens, Rz. IPR 20 ff.; *Kaulen*, IPRax 2008, 389, 391 f. m. w. N.; *Kindler* in: MünchKomm-BGB, IntGesR Rz. 427; *Thölke* in: MünchHdb-GesR, Bd. 6, § 1 Rz. 88; *Zimmer* in: K. Schmidt/Lutter, AktG, IntGesR Rz. 8.

12) Näher *Merkt*, US-amerikanisches Gesellschaftsrecht, Rz. 218 ff.; *Göthel*, RIW 2000, 904.

13) *Timmerman*, ZGR 1999, 147, 148.

14) Vgl. Art. 154 ff. IPRG; dazu *Süß* in: MünchHdb-GesR, Bd. 6, § 47 Rz. 485; *Wilke*, IWB 16/2005, 787, 791, m. N. aus der Rspr. des Schweizerischen Bundesgerichts.

15) *Merkt*, RabelsZ 59 (1995), 545, 560; nach Angaben in der Literatur auch in Japan, vgl. *Großfeld*, in: Staudinger, BGB, IntGesR Rz. 159; für einen Überblick über Staaten, die der Gründungstheorie folgen, s. *Kindler* in: MünchKomm-BGB, IntGesR Rz. 509 f.; *Spahlinger/Wegen* in: Spahlinger/Wegen, IntGesR, Rz. 1462 f.

16) Art. 2505, 2509 Codice Civile v. 16.3.1942; dazu *Großfeld* in: Staudinger, BGB, IntGesR Rz. 154, sowie *Kindler*, RabelsZ 61 (1997), 227, 281 ff.

17) Näher dazu *Göthel*, RIW 2000, 904, 907 f.; *Kersting*, NZG 2003, 9, 10; *Merkt*, US-amerikanisches Gesellschaftsrecht, Rz. 227 ff.

2. Deutsches Internationales Gesellschaftsrecht im Überblick

7 Das deutsche Internationale Gesellschaftsrecht ist bislang **nicht kodifiziert**. Das Bundesministerium der Justiz hat zwar Anfang 2008 einen Entwurf für ein „Gesetz zum Internationalen Privatrecht der Gesellschaften, Vereine und juristischen Personen" vorgelegt, wonach Gesellschaften dem Recht des Staats unterliegen sollen, in dem sie registriert und damit grundsätzlich gegründet sind; bei fehlender Registrierung soll das Recht gelten, nach dem die Gesellschaft organisiert ist.[18] Dieser Entwurf ist allerdings nicht Gesetz geworden. Im Übrigen ist das Internationale Gesellschaftsrecht zwar in Art. 1 Abs. 2 lit. d Rom I-VO erwähnt, aber ausschließlich negativ. Dort steht gerade geschrieben, dass die Vorschriften der Verordnung auf „Fragen betreffend das Gesellschaftsrecht, das Vereinsrecht und das Recht der juristischen Personen" nicht anwendbar sind. Eine vergleichbare Regelung findet sich in Art. 1 Abs. 2 lit. d Rom II-VO.

8 Bis vor einiger Zeit stand die Bundesrepublik Deutschland mit der Rechtsprechung und h. Lit. uneingeschränkt auf dem Boden der Sitztheorie.[19] Lediglich eine Mindermeinung vertrat für das deutsche Recht die Gründungstheorie.[20] Die Entwicklung der Rechtsprechung des EuGH zur Niederlassungsfreiheit nach Art. 49, 54 AEUV (vormals Art. 43, 48 EGV) hat den Geltungsanspruch der Sitztheorie jedoch stark erschüttert und der Gründungstheorie für Sachverhalte innerhalb der Europäischen Union nach vorn verholfen. Gleiches gilt bei Beteiligung von Gesellschaften aus einem EWR-Vertragsstaat. Damit ergibt sich derzeit für das deutsche Internationale Gesellschaftsrecht eine **Dreiteilung** der Anknüpfung:

- Im Grundsatz ist von der im **autonomen Kollisionsrecht** geltenden **Sitztheorie** auszugehen. Es ist damit an den tatsächlichen Verwaltungssitz anzuknüpfen (hierzu Rz. 12 ff.).

- Abweichend von der autonomen Sitztheorie wird im Geltungsbereich der **Niederlassungsfreiheit** mit der **Gründungstheorie** das Recht des Gründungsstaats berufen (hierzu Rz. 18 ff.). Die Niederlassungsfreiheit über-

---

18) RefE v. 7.1.2008; hierzu etwa *Clausnitzer*, NZG 2008, 321; *Clausnitzer*, DNotZ 2008, 484; *Hausmann* in: Reithmann/Martiny, Int. Vertragsrecht, Rz. 5077 ff.; *Franz*, BB 2009, 1250, 1255 ff.; *Franz/Laeger*, BB 2008, 678; *Kaulen*, IPRax 2008, 389, 390 f.; *Leible* in: Michalski, GmbHG, Syst. Darst. 2 Rz. 16 ff.; *Rotheimer*, NZG 2008, 181; *Wagner/Timm*, IPRax 2008, 81. Der Entwurf gründet auf einem Vorschlag des Deutschen Rates für Internationales Privatrecht, s. dazu *Sonnenberger/Bauer*, RIW 2006, Beilage 1 zu Heft 4, 1; *Sonnenberger*, passim; zu den Auswirkungen auf die Unternehmensmitbestimmung *Köster*, ZRP 2008, 214; kritische Würdigung des RefE *Schneider*, BB 2008, 566; *Stork*, GewArch 2008, 240; krit. gegenüber einer Vereinfachung der Anknüpfung von Gesellschaften durch Kodifikation der Gründungstheorie *Weller*, ZGR 2010, 679, 700 f.
19) S. für Nachweise zur Sitztheorie unten Rz. 9.
20) *Behrens* in: Ulmer/Habersack/Winter, GmbHG, Einl. B Rz. 37 f. m. w. N.; *Beitzke*, ZHR 127 (1965), 1; vgl. auch *Thorn* in: Palandt, BGB, Anh. Art. 12 EGBGB Rz. 2.

lagert auch etwaige abweichende staatsvertragliche Regelungen über die Anerkennung von Gesellschaften.

- Unterfällt eine Gesellschaft zwar nicht der Niederlassungsfreiheit, kann die autonome Sitztheorie dennoch verdrängt werden, und zwar durch **staatsvertragliche Regelungen** über die Anerkennung von Gesellschaften (hierzu unter Rz. 59 ff.).

3. Sitztheorie

Außerhalb des Anwendungsbereichs der Niederlassungsfreiheit und staatsvertraglicher Regelungen ist nach der im autonomen Internationalen Privatrecht geltenden Sitztheorie anzuknüpfen.[21] Diese Grundanknüpfung hat der BGH jüngst in seiner *Trabrennbahn*-Entscheidung bestätigt.[22] Dort befand er hinsichtlich einer schweizerischen AG mit Verwaltungssitz in Deutschland, diese unterliege nach den „allgemeinen Regeln des deutschen internationalen Privatrechts" dem Recht an ihrem Verwaltungssitz. Der Senat sah sich nicht veranlasst, seine bisherige Rechtsprechung aufzugeben und damit vor allem dem Willensbildungsprozess des Gesetzgebers bei seinen Reformüberlegungen (siehe oben Rz. 7) vorzugreifen.[23] Hierbei sah der BGH durchaus die anderen Stimmen, die insbesondere nach den Leitentscheidungen des EuGH auch außerhalb der Niederlassungsfreiheit die Gründungstheorie zugrunde legen wollen, um eine einheitliche Anknüpfung zu erreichen.[24]

9

Zwar wird diskutiert, ob der deutsche Gesetzgeber mit der Neufassung der **§ 4a GmbHG** und **§ 5 AktG** durch das Gesetz zur Modernisierung des GmbH-

10

---

21) Ständige Rspr., BGHZ 53, 181, 183; BGHZ 78, 318, 334 = ZIP 1981, 31 *(Hanisch)* = IPRspr. 1980 Nr. 41; BGHZ 97, 269 = ZIP 1986, 643 = NJW 1986, 2194 = WM 1986, 641 = JZ 1986, 651 = MDR 1986, 743 = DB 1986, 2019 = RIW/AWD 1986, 822 = LM Nr. 40 zu § 50 ZPO = GmbHR 1986, 351 = BB 1986, 2153 = JuS 1986, 1001 (m. Anm. *Hohloch)* = IPRspr. 1986 Nr. 19; dazu *Großfeld*, EWiR 1986, 627; OLG Hamburg, ZIP 2007, 1108; *Großfeld* in: Staudinger, BGB, IntGesR Rz. 72; *Hohloch* in: Erman, BGB, Anh. II Art. 12 EGBGB Rz. 11 f.; *Göthel*, Joint Ventures, S. 110 ff.; *Göthel*, RIW 1999, 566 f.; *Kindler* in: MünchKomm-BGB, IntGesR Rz. 358.

22) BGHZ 178, 192 = AG 2009, 84 = BB 2009, 14 = DB 2008, 2825 = DNotZ 2009, 385 (m. Anm. *Thölke)* = DStR 2009, 59 (m. Anm. *Goette)* = EuZW 2009, 59 = GmbHR 2009, 138 = IPRax 2009, 259 = NJW 2009, 289 (m. Anm. *Kieninger)* = RIW 2009, 79 = WM 2009, 20; dazu *Gottschalk*, ZIP 2009, 948; *Hellgardt/Illmer*, NZG 2009, 94; *Kindler*, IPRax 2009, 189, 190; *Koch/Eickmann*, AG 2009, 73; *Lieder/Kliebisch*, BB 2009, 338; anders noch die Vorinstanz OLG Hamm, ZIP 2006, 1822 (Gründungstheorie); dazu *Jung*, NZG 2008, 681; *Wachter*, BB 2006, 2489; ebenso deutlich BGH, ZIP 2009, 2385 = ZInsO 2009, 2154 (in der Republik Singapur gegründete Gesellschaft unterliegt der Sitztheorie und damit im konkreten Fall dem deutschen Sitzrecht); dazu *Lieder/Kliebisch*, EWiR 2010, 117 (Urteilsanm.); *Wöhlert*, GWR 2009, 417.

23) BGHZ 178, 192, 198; dazu auch *Koch/Eickmann*, AG 2009, 73; zur Bedeutung der Niederlassungsfreiheit für schweizerische Gesellschaften siehe *Jung*, EuZW 2012, 863.

24) BGHZ 178, 192, 197 f., mit Verweis auf *Behrens* in: Ulmer/Habersack/Winter, GmbHG, Einl. B Rz. 36; *Eidenmüller*, ZIP 2002, 2233, 2244; *Leible/Hoffmann*, ZIP 2003, 925, 930; *Paefgen*, WM 2003, 561, 570; *Rehm* in: Eidenmüller, § 2 Rz. 87.

Rechts und zur Bekämpfung von Missbräuchen (MoMiG) die Gründungstheorie zumindest für solche Kapitalgesellschaften normiert hat, die einen inländischen Satzungssitz, aber einen ausländischen Verwaltungssitz haben (einseitige Kollisionsnormen).[25] Diese Ansicht ist jedoch mit der wohl h. M. abzulehnen.[26] Der Gesetzgeber hat mit den genannten Änderungen die sachrechtlichen Voraussetzungen für deutsche Kapitalgesellschaften geschaffen, einen ausländischen Verwaltungssitz zu nehmen. Die geltenden Regeln des Internationalen Gesellschaftsrechts hat er damit nicht geändert. Das Reformvorhaben, die Gründungstheorie gesetzlich zu verankern, ist bislang vielmehr im Entwurfsstadium steckengeblieben; seine Umsetzung würde diesen Meinungsstreit lösen. Die Mindermeinung verwischt die bekannte Unterscheidung zwischen Sach- und Kollisionsnormen, ohne sich auf einen Hinweis des Gesetzgebers stützen zu können, den bislang allgemein als reine Sachnormen anerkannten Vorschriften § 4a GmbHG und § 5 AktG einen kollisionsrechtlichen Einschlag geben zu wollen. Weder dem Wortlaut noch der Gesetzesbegründung zu diesen Normen sind kollisionsrechtliche Hinweise zu entnehmen. Solche Hinweise wären aber zu erwarten gewesen, wenn der Gesetzgeber den einschneidenden Wechsel von Sach- zu Kollisionsnormen gewollt hätte.[27]

11 Anstatt der Sitztheorie gilt ausnahmsweise die Gründungstheorie, wenn eine Gesellschaft überhaupt keinen tatsächlichen Verwaltungssitz hat; durch das Internationale Privatrecht soll sie nicht rechtlos gestellt werden.[28]

---

25) In diesem Sinne wohl OLG Düsseldorf, NZG 2009, 678, 679 = EWiR 2009, 573 (m. Anm. *Lamsa*); auch *Bayer/J. Schmidt*, ZHR 173 (2009), 735, 749 ff.; *Behrens* in: Ulmer/Habersack/Winter, GmbHG, Erg.-Band, § 4a, GmbHG Rz. 8; *Behme*, BB 2008, 70, 72; *Behme/Nohlen*, BB 2009, 13 f.; *Handelsrechtsausschuss des DAV*, NZG 2007, 211, 212; *Fingerhuth/Rumpf*, IPRax 2008, 90, 92; *Goette*, DStR 2009, 128, 129; *Hoffmann*, ZIP 2007, 1581, 1585 ff.; *Kieninger* in: MünchHdb-GesR, Bd. 6, § 52 Rz. 19 f.; *Knof/Mock*, GmbHR 2007, 852, 856; *Kobelt*, GmbHR 2009, 808, 811; *Körber/Kliebisch*, JuS 2008, 1041, 1044; *Leible* in: Michalski, GmbHG, Syst. Darst. 2 Rz. 8; *Leible/Hoffmann*, BB 2009, 58, 62; *Lutter/Bayer/J. Schmidt*, EuropUntR, § 6 Rz. 56, S. 97 f.; *Mayer* in: MünchKomm-GmbHG, § 4a GmbHG Rz. 74; *Mülsch/Nohlen*, ZIP 2008, 1358, 1360 f.; *Paefgen*, WM 2009, 529, 530 f.; *Roth* in: FS Westermann, S. 1345, 1351; *Tebben*, RNotZ 2008, 441, 447; *Thölke* in: MünchHdb-GesR, Bd. 6, § 1 Rz. 63; *Thorn* in: Palandt, BGB, Anh. Art. 12 EGBGB Rz. 1, der allerdings nur von einer Übernahme der Gründungstheorie auf sachrechtlicher Ebene spricht.

26) Ebenso BGHZ 178, 192, 198, *Trabrennbahn*; *Brakalova/Barth*, DB 2009, 213, 216; *Franz*, BB 2009, 1250, 1251; *Franz/Laeger*, BB 2008, 678, 681 ff.; *Hellgardt/Illmer*, NZG 2009, 94; *Hirte*, NZG 2008, 761, 766; *Kindler*, IPRax 2009, 189, 197 ff.; *Kindler*, NJW 2008, 3249, 3251; *Kindler*, AG 2007, 721, 725 f.; *Koch/Eickmann*, AG 2009, 73, 75; *König/Bormann*, DNotZ 2008, 652, 658 f.; *Lieder/Kliebisch*, BB 2009, 338, 343; *Lips/Randel/Werwigk*, DStR 2008, 2220, 2223; *Peters*, GmbHR 2008, 245, 249; *Preuß*, GmbHR 2007, 57, 62; *Wachter*, GmbHR 2008, Sonderheft Oktober 2008, 80, 81; *Weller* in: MünchKomm-GmbHG, Einl. Rz. 384; *Weng*, EWS 2008, 264, 267.

27) Ebenso BGHZ 178, 192, 198; *Kindler*, IPRax 2009, 189, 198.

28) OLG Frankfurt a. M., IPRax 2001, 132.

Nach der Sitztheorie kommt es darauf an, wo der **tatsächliche Verwaltungs-** 12
sitz der Gesellschaft liegt (effektiver Sitz, *siège social, siège réelle, centre d'administration, place of central administration*). Dieser effektive Verwaltungssitz ist vom Satzungssitz zu trennen, also dem in der Satzung bezeichneten Sitzort.[29)] Das Recht des Forumstaats entscheidet, wie der Verwaltungssitz zu definieren ist. Bei Verfahren vor deutschen Gerichten gilt daher deutsches Recht.[30)] Nach dem BGH ist der Verwaltungssitz

> „der Tätigkeitsort der Geschäftsführung und der dazu berufenen Vertretungsorgane, also der Ort, wo die grundlegenden Entscheidungen der Unternehmensleitung effektiv in laufende Geschäftsführungsakte umgesetzt werden."[31)]

Der Sitz der tatsächlichen Verwaltung bestimmt sich „durch einen Umstand 13
rein tatsächlicher Art", sodass der Wille der Gründer oder Gesellschafter unerheblich ist. Daher können sie nicht vertraglich einen anderen Sitz vereinbaren.[32)]

Ausschlaggebend ist der Ort der geschäftlichen Tätigkeit, der Ort, an dem die 14
Hauptverwaltung tatsächlich weilt *(principal place of business)*. Das ist dort, wo die Geschäftsführung und die Vertretungsorgane erkennbar nach außen tätig sind. Der Ort der inneren Willensbildung ist nicht ausschlaggebend. Maßgeblich ist nur der Ort, an dem die Beschlüsse umgesetzt werden.[33)] Wo die Umsetzungen letztlich wirken, ist unwichtig.[34)] Sollte der Verwaltungssitz in mehreren Staaten liegen, entscheidet der Sitz des wichtigsten Teils der Hauptverwaltung. Ein doppelter Verwaltungssitz ist ausgeschlossen, weil er das Gesellschaftsstatut spalten und zu Normenhäufungen führen würde.[35)]

Für die Bestimmung des effektiven Verwaltungssitzes sind alle **Umstände des** 15
Einzelfalls zu berücksichtigen, insbesondere die Tagungs- und Entscheidungsorte der Unternehmensleitung (Vorstand, Geschäftsführung, Aufsichtsrat) und der Gesellschafterversammlungen (Hauptversammlungen).[36)] Verwaltungstätigkeiten von nachgeordneter Bedeutung, wie etwa die Buchhaltung oder die Erledigung von Personal- oder Steuerangelegenheiten, sind regelmäßig jedenfalls dann unzureichend, wenn sie nicht kumulativ an demselben Ort erledigt

---

29) BayObLGZ 35 (1985), 272; *Hüffer*, AktG, § 1 Rz. 33; *Meyer-Sparenberg*, WiB 1995, 849, 853.
30) *Kindler* in: MünchKomm-BGB, IntGesR Rz. 458.
31) BGHZ 97, 269, 272, im Anschluss an *Sandrock* in: FS Beitzke, S. 669, 683; so auch BFH, IPRspr. 1995 Nr. 2, S. 36; *Hofmeister*, WM 2007, 868, 869.
32) BGH, IPRspr. 1956/57 Nr. 17, S. 60; s. a. OLG Hamm, RIW 1995, 152, 153.
33) OLG Hamburg, IPRspr. 1974 Nr. 11A, S. 47; *Bungert*, IPRax 1998, 339, 340; *Großfeld* in: Staudinger, BGB, IntGesR Rz. 227.
34) Zum Vorstehenden ausführlich *von Bar*, IPR, Rz. 621; *Großfeld* in: Staudinger, BGB, IntGesR Rz. 226 ff.; *Kindler* in: MünchKomm-BGB, IntGesR Rz. 456 ff.
35) *Großfeld* in: Staudinger, BGB, IntGesR Rz. 235.
36) *Ebenroth/Bippus*, JZ 1988, 677; *Göthel*, Joint Ventures, S. 114 f.; *Göthel*, RIW 1999, 566, 567.

werden.³⁷⁾ Bei einer nach ausländischem Recht gegründeten Gesellschaft besteht eine Vermutung dafür, dass sie ihren tatsächlichen Verwaltungssitz im betreffenden Ausland hat.³⁸⁾

16 Hat eine im Ausland gegründete Gesellschaft ihren tatsächlichen Verwaltungssitz in Deutschland und damit außerhalb ihres Gründungsstaats, ist sie nach der neueren Rechtsprechung des BGH als rechtsfähige Personengesellschaft deutschen Rechts zu behandeln, nämlich als oHG oder GbR (sog. **modifizierte Sitztheorie**).³⁹⁾ Dies setzt aber eine Mehrpersonengesellschaft voraus. Hat die ausländische Gesellschaft nur einen Gesellschafter, wird dieser „Gesellschafter" als Kaufmann – sofern ein Handelsgewerbe betrieben wird – oder als natürliche Person eingeordnet.⁴⁰⁾

17 Auch bei verbundenen oder **konzernierten Unternehmen** ist für jede Einzelgesellschaft ein gesondertes Gesellschaftsstatut am effektiven Sitz ihrer jeweiligen Verwaltung zu bestimmen. Mutter- und Tochtergesellschaft können mithin unterschiedliche Verwaltungssitze und damit zugleich unterschiedliche Gesellschaftsstatute haben.⁴¹⁾

4. Niederlassungsfreiheit und Gründungstheorie

18 Nach ständiger Rechtsprechung umfasst die Niederlassungsfreiheit, die **Art. 49 AEUV** (vormals Art. 43 EGV) den Staatsangehörigen eines Mitgliedstaats zuerkennt, das Recht, nach denjenigen Bestimmungen selbständige Erwerbstätigkeiten aufzunehmen und auszuüben sowie Unternehmen zu errichten und Unternehmertätigkeit auszuüben, die im Niederlassungsstaat für dessen eigene Angehörige gelten. Außerdem stellt **Art. 54 AEUV** (vormals Art. 48 EGV) die nach dem Recht eines Mitgliedstaats gegründeten Gesellschaften, die ihren satzungsmäßigen Sitz, ihre Hauptverwaltung oder ihre Hauptniederlassung innerhalb der Union haben, den natürlichen Personen gleich, die Angehörige der Mitgliedstaaten sind.

---

37) LG Essen, NJW 1995, 1500: Nach dem Recht der Isle of Man gegründete *private company ltd. by shares* ist nach deutschem Recht nur dann parteifähig, wenn ihr tatsächlicher Verwaltungssitz auf der Isle of Man liegt, wofür die Gesellschaft die Beweislast trägt.
38) BGHZ 97, 269 = ZIP 1986, 643 = DB 1986, 2019; dazu *Bungert*, DB 1995, 963.
39) BGHZ 178, 192, 199, *Trabrennbahn*; BGHZ 151, 204; BGH, DStR 2002, 1678; OLG Hamburg, NZG 2007, 597, 599; *Hellgardt/Illmer*, NZG 2009, 94; *Leible/Hoffmann*, DB 2002, 2203 ff.; *Lutter/Bayer/J. Schmidt*, EuropUntR, § 6 Rz. 52, S. 95 m. w. N.; *Weller*, IPRax 2009, 202, 207 f.
40) OLG Hamburg, NZG 2007, 597, 599.
41) *Ebenroth*, JZ 1988, 18, 23; *Thorn* in: Palandt, BGB, Anh. Art. 12 EGBGB Rz. 11; davon zu trennen ist die Frage, welchem Recht das Rechtsverhältnis der verbundenen Unternehmen untereinander unterliegt; für das Recht der herrschenden Gesellschaft *Wiedemann*, GesR, S. 799 ff.; ausführlich hierzu *Kindler* in: MünchKomm-BGB, IntGesR Rz. 459 f., 756 ff.

Das europäische Recht, namentlich der AEUV, geben dagegen nicht vor, nach 19
welchen Regeln Gesellschaften im Internationalen Gesellschaftsrecht anzuknüpfen sind. Auch der EuGH hat keine unmittelbaren Vorgaben gemacht. Er hat allerdings mit seinen Leitentscheidungen in den Rechtssachen *Daily Mail, Centros, Überseering, Inspire Art, Cartesio* und *VALE* i. R. der Niederlassungsfreiheit die Anknüpfung an das Sitzrecht ausgeleuchtet und stark zurückgedrängt (zur hier nicht aufgeführten Entscheidung des EuGH in der Rechtssache *Sevic* siehe unten § 29 Rz. 57 ff.). Der Gründungstheorie hat er zu einem enormen Auftrieb verholfen. Die wesentlichen Elemente dieser Entscheidungen seien daher im Folgenden nachgezeichnet, bevor anschließend auf die Folgen für die Anknüpfung eingegangen wird.

a) Daily Mail

Die erste wichtige Entscheidung des EuGH zur Niederlassungsfreiheit von 20
Gesellschaften erging im Jahre 1988.[42] Ihr lag ein Sachverhalt zugrunde, bei welchem eine englische Gesellschaft ihren dortigen Geschäftssitz in die Niederlande verlegen wollte. Das englische Finanzministerium verweigerte die erforderliche Zustimmung. Diese Verweigerung war Gegenstand des vorliegenden Verfahrens.

Im Ergebnis befand der EuGH, die Verweigerung der Genehmigung habe die 21
Niederlassungsfreiheit nicht beschränkt. Er führte aus, Gesellschaften hätten jenseits der nationalen Rechtsordnung ihrer Gründung und Existenz keine Realität (sog. **Geschöpftheorie**)[43]. Und weiter heißt es:

> „Hinsichtlich dessen, was für die Gründung einer Gesellschaft an Verknüpfung mit dem nationalen Gebiet erforderlich ist, wie hinsichtlich der Möglichkeit einer nach einem nationalen Recht gegründeten Gesellschaft, diese Verknüpfung nachträglich zu ändern, bestehen erhebliche Unterschiede im Recht der Mitgliedstaaten. ... In einigen Staaten muss nicht nur der satzungsmäßige, sondern auch der wahre Sitz, also die Hauptverwaltung der Gesellschaft, im Hoheitsgebiet liegen; die Verlegung der Geschäftsleitung aus diesem Gebiet hinaus setzt somit die Liquidierung der Gesellschaft mit allen Folgen voraus, die eine solche Liquidierung auf gesellschafts- und steuerrechtlichem Gebiet mit sich bringt. Andere Staaten gestehen den Gesellschaften das Recht zu, ihre Geschäftsleitung ins Ausland zu

---

42) EuGH, Rs. 81/87, *The Queen/H. M. Treasury and Commissioners of Inland Revenues, ex parte Daily Mail and General Trust PLC*, Slg. 1988, 5483 = IPRax 1989, 381 = JZ 1989, 384 (m. Anm. *Großfeld/Luttermann*) = NJW 1989, 2186 = RIW 1989, 304; dazu *Bayer*, BB 2003, 2357, 2359 f.; *Behrens*, IPRax 1989, 354; *Behrens*, IPRax 2003, 193, 201; *Leible* in: Michalski, GmbHG, Syst. Darst. 2 Rz. 23; *Sandrock/Austmann*, RIW 1989, 249.

43) EuGH, Rs. 81/87, *The Queen/H.M. Treasury and Commissioners of Inland Revenues, ex parte Daily Mail and General Trust PLC*, Slg. 1988, 5483, Rz. 19. Dieses Verständnis hat der EuGH in den nachfolgenden Entscheidungen wiederholt; s. EuGH, Rs. C-208/00, *Überseering BV/Nordic Construction Company Baumanagement GmbH (NCC)*, Slg. 2002, I-9919, Rz. 67, 75 und 81; EuGH, Rs. C-210/06, *Cartesio Oktató és Szolgáltató bt*, Slg. 2008, I-9641, Rz. 104; EuGH, Rs. C-378/10, *VALE Építési kft*, ZIP 2012, 1394, Rz. 27 = NJW 2012, 2715.

verlegen, aber einige, unter ihnen das Vereinigte Königreich, beschränken dieses Recht; die rechtlichen Folgen der Verlegung insbesondere auf steuerlichem Gebiet sind in jedem Mitgliedstaat anders. [...]

Nach alledem betrachtet der EWG-Vertrag die Unterschiede, die die Rechtsordnungen der Mitgliedstaaten hinsichtlich der für ihre Gesellschaften erforderlichen Anknüpfung sowie der Möglichkeit und ggf. der Modalitäten einer Verlegung des satzungsmäßigen oder wahren Sitzes einer Gesellschaft nationalen Rechts von einem Mitgliedstaat in einen anderen aufweisen, als Probleme, die durch die Bestimmungen über die Niederlassungsfreiheit nicht gelöst sind, sondern einer Lösung im Wege der Rechtsetzung oder des Vertragsschlusses bedürfen; eine solche wurde jedoch noch nicht gefunden.

Somit gewähren die Art. 52 und 58 EWGV [heute Art. 49, 54 AEU-Vertrag] den Gesellschaften nationalen Rechts kein Recht, den Sitz ihrer Geschäftsleitung unter Bewahrung ihrer Eigenschaft als Gesellschaften des Mitgliedstaats ihrer Gründung in einen anderen Mitgliedstaat zu verlegen."[44]

22 Nach nicht unbestrittener, aber h. A. wurde die Entscheidung des EuGH so interpretiert, dass die Sitztheorie mit dem EGV (heute AEUV) und der dort gewährten Niederlassungsfreiheit vereinbar ist.[45]

b) Centros

23 Gut zehn Jahre später erging das Urteil des EuGH in der Rechtssache *Centros*.[46] Zugrunde lag ein Sachverhalt, bei dem ein dänisches Ehepaar in Großbritannien eine private limited company, die *Centros Ltd.*, in Großbritannien gegründet und eintragen lassen hatte. Die Gesellschaft war ausschließlich in Dänemark tätig und hatte dort ihren Verwaltungssitz. Die Wahl dieser Gesellschaftsform erfolgte, um die dänischen Mindestkapitalvorschriften zu umgehen. Kurze Zeit später meldete das Ehepaar eine Zweigniederlassung in Dänemark an. Die dänische Registerbehörde lehnte es ab, die Niederlassung in das Handelsregister einzutragen. Sie sah in dem Vorgehen eine Umgehung der dänischen Vorschriften über die Einzahlung des Mindestkapitals und argumentierte, tatsächlich werde

---

44) EuGH, Rs. 81/87, *The Queen/H.M. Treasury and Commissioners of Inland Revenues, ex parte Daily Mail and General Trust PLC*, Slg. 1988, 5483 = IPRax 1989, 381, 382.

45) Nachweise zum Diskussionsstand in Deutschland bei *Bayer*, BB 2003, 2357, 2359 f.; *Großfeld* in: Staudinger, BGB, IntGesR Rz. 26 ff.; *Hausmann* in: Reithmann/Martiny, Int. Vertragsrecht, Rz. 5044; *Lutter/Bayer/J. Schmidt*, EuropUntR, § 6 Rz. 18, S. 75; *Thorn* in: Palandt, BGB, Anh. Art. 12 EGBGB Rz. 5 ff.

46) EuGH, Rs. C-212/97, *Centros Ltd/Erhvervsog Selskabsstyrelsen*, Slg. 1999, I-1459 = AG 1999, 226 = NJW 1999, 2027; vgl. dazu *Bayer*, BB 2003, 2357, 2360 f.; *Behrens*, IPRax 2003, 193, 201 f.; *Fleischer/Schmolke*, JZ 2008, 233; *Freitag*, EuZW 1999, 267; *Hausmann* in: Reithmann/Martiny, Int. Vertragsrecht, Rz. 5045 ff.; *Hofmeister*, WM 2007, 868, 870; *Leible* in: Michalski, GmbHG, Syst. Darst. 2 Rz. 24 f.; *Merkt*, VGR 2000, 111 m. w. N; zur Umsetzung der *Centros*-Entscheidung in der deutschen Rspr. *Thorn*, IPRax 2001, 102; zu den möglichen Auswirkungen der Entscheidung vgl. *Ulmer*, JZ 1999, 662; für einen Überblick über die EuGH-Rspr. unmittelbar nach *Centros* vgl. *Edwards*, EBOR 2000, 147; zu *Centros* aus dänischer Sicht *Hansen*, EBOR 2001, 141.

nicht beabsichtigt, in Dänemark eine Zweig-, sondern eine Hauptniederlassung zu errichten.

Der EuGH widersprach und sah die ablehnende Haltung der dänischen Behörde als mit der Niederlassungsfreiheit aus Art. 52, 58 EGV a. F. (heute Art. 49, 54 AEUV) unvereinbar an. Nach Ansicht des EuGH folgt aus der Niederlassungsfreiheit unmittelbar das Recht, eine Gesellschaft nach dem Recht eines Mitgliedstaats zu errichten und in anderen Mitgliedstaaten **Zweigniederlassungen** zu gründen (sog. **sekundäre Niederlassungsfreiheit**). Dies gelte auch dann, wenn eine Gesellschaft in dem Mitgliedstaat ihrer Gründung nicht geschäftlich tätig sei und ausschließlich in dem Mitgliedstaat ihrer Zweigniederlassung ihre geschäftliche Tätigkeit ausübe. Zum behaupteten Missbrauch dieser Vorgehensweise heißt es in dem Urteil: 24

> „Im Ausgangsfall sind die nationalen Vorschriften, denen sich die Betr. entziehen wollten, Vorschriften über die Errichtung von Gesellschaften, aber nicht Vorschriften über die Ausübung bestimmter beruflicher Tätigkeiten. Ziel der Vertragsvorschriften über die Niederlassungsfreiheit ist es jedoch gerade, es nach dem Recht eines Mitgliedstaats errichteten Gesellschaften, die ihren satzungsmäßigen Sitz, ihre Hauptverwaltung oder ihre Hauptniederlassung innerhalb der Gemeinschaft haben, zu erlauben, mittels einer Agentur, Zweigniederlassung oder Tochtergesellschaft in anderen Mitgliedstaaten tätig zu werden.
>
> Damit kann es für sich allein keine missbräuchliche Ausnutzung des Niederlassungsrechts darstellen, wenn ein Staatsangehöriger eines Mitgliedstaats, der eine Gesellschaft gründen möchte, diese in dem Mitgliedstaat errichtet, dessen gesellschaftsrechtliche Vorschriften ihm die größte Freiheit lassen, und in anderen Mitgliedstaaten Zweigniederlassungen gründet. [...]
>
> Dass eine Gesellschaft in dem Mitgliedstaat, in dem sie ihren Sitz hat, keine Geschäftstätigkeiten entfaltet und ihre Tätigkeit ausschließlich im Mitgliedstaat der Zweigniederlassung ausübt, belegt ... noch kein missbräuchliches und betrügerisches Verhalten, dass es dem letzteren Mitgliedstaat erlauben würde, auf diese Gesellschaft die Gemeinschaftsvorschriften über die Niederlassungsfreiheit nicht anzuwenden."[47]

Die **Grenze** sieht der EuGH erst bei einem darüber hinausgehenden **missbräuchlichen oder betrügerischen Verhalten** als überschritten an.[48] 25

Durch das *Centros*-Urteil entbrannte die Diskussion um die Vereinbarkeit der Sitztheorie mit dem EGV (heute AEUV) neu, ohne dass Einigkeit über dessen Tragweite erzielt werden konnte. Teilweise wurde vom Ende der Sitztheorie gesprochen,[49] andere sahen die Sitztheorie zwar verstärktem Druck ausgesetzt, es aber nicht als erforderlich an, sie durch *Centros* zwangsläufig völlig zu ver- 26

---

47) EuGH, Rs. C-212/97, *Centros Ltd/Erhvervsog Selskabsstyrelsen*, Slg. 1999, I-1459 Rz. 26 f., 29 = NJW 1999, 2027, 2028 f.
48) Näher dazu *Eidenmüller* in: Eidenmüller, § 3 Rz. 73 ff.
49) So bspw. *Kieninger*, ZGR 1999, 724, 745; *Leible*, NZG 1999, 300 (Urteilsanm.); *Meilicke*, DB 1999, 627 (Urteilsanm.); *Sandrock*, BB 1999, 1337, 1341.

werfen.⁵⁰⁾ Wieder andere nahmen an, *Centros* habe nur Bedeutung für die Mitgliedstaaten, die der Gründungstheorie anhängen, während sich nichts ändere für die Mitgliedstaaten, die der Sitztheorie folgen.⁵¹⁾

c) **Überseering**

27 Die Entscheidung des EuGH in der Rechtssache *Überseering* aus dem Jahre 2002 folgte auf eine Vorlage des BGH.⁵²⁾ In dem zugrunde liegenden Sachverhalt hatte die nach niederländischem Recht gegründete *Überseering B.V.* ihren tatsächlichen Verwaltungssitz nach Deutschland verlegt, und zwar indem deutsche Staatsangehörige sämtliche Anteile an der Gesellschaft erwarben. In einem von der Gesellschaft in Deutschland eingeleiteten Rechtsstreit hatten die deutschen Gerichte der Gesellschaft auf der Grundlage der Sitztheorie die Rechts- und Parteifähigkeit abgesprochen.⁵³⁾ Der BGH legte dem EuGH die Frage vor, ob dieses Ergebnis mit der Niederlassungsfreiheit aus Art. 43, 48 EGV a. F. (heute Art. 49, 54 AEUV) vereinbar ist. Das Gericht verneinte dies. Die zweite Vorlagefrage, ob die Niederlassungsfreiheit verlange, die Rechts- und Parteifähigkeit der Gesellschaft nach dem Gründungsrecht zu beurteilen, bejahten die Richter. Im Einzelnen führten sie aus:

> „*Überseering*, die in den Niederlanden wirksam gegründet worden ist und dort ihren satzungsmäßigen Sitz hat, genießt aufgrund der Art. 43 und 48 EG das Recht, als Gesellschaft niederländischen Rechts in Deutschland von ihrer Niederlassungsfreiheit Gebrauch zu machen. Insoweit ist es unbeachtlich, dass nach der Gründung dieser Gesellschaft deren gesamtes Kapital von in Deutschland ansässigen deutschen Staatsangehörigen erworben wurde, denn dieser Umstand hat offenbar nicht zum Verlust der Rechtspersönlichkeit geführt, die ihr die niederländische Rechtsordnung zuerkennt.
>
> Ihre Existenz hängt sogar untrennbar mit ihrer Eigenschaft als Gesellschaft niederländischen Rechts zusammen, da eine Gesellschaft [...] jenseits der nationalen Rechtsordnung, die ihre Gründung und ihre Existenz regelt, keine Realität hat (in diesem Sinne EuGH [...] Daily Mail and General Trust). Das Erfordernis,

---

50) *Behrens*, IPRax 1999, 323, 331; *Bungert*, DB 1999, 1841, 1844; *Sonnenberger/Großerichter*, RIW 1999, 721.

51) *Ebke*, JZ 1999, 656; *Görk*, GmbHR 1999, 793, 395; *Kindler*, NJW 1999, 1993, 1996; *Lange*, DNotZ 1999, 599, 607 (Urteilsanm.).

52) EuGH, Rs. C-208/00, *Überseering BV/Nordic Construction Company Baumanagement GmbH (NCC)*, Slg. 2002, I-9919 = EuZW 2002, 754 (m. Anm. *Wernicke*) = NJW 2002, 3614; dazu ausführlich *Ebke*, The International Lawyer 2004, 813, 815 ff.; auch *Bayer*, BB 2003, 2357, 2361; *Behrens*, IPRax 2003, 193; *Binz/Mayer*, BB 2005, 2361 f.; *Fleischer/Schmolke*, JZ 2008, 233 f.; *Geyrhalter/Gänßler*, NZG 2003, 409; *Hausmann* in: Reithmann/Martiny, Int. Vertragsrecht, Rz. 5049 ff.; *Hofmeister*, WM 2007, 868, 870; *Kallmeyer*, DB 2002, 2521; *Kersting*, NZG 2003, 9; *Leible* in: Michalski, GmbHG, Syst. Darst. 2 Rz. 27 ff.; *Leible/Hoffmann*, ZIP 2003, 925; *Lutter*, BB 2003, 7; *Roth*, IPRax 2003, 117; zur Vorlage an den EuGH s. BGH, GmbHR 2000, 715 = EuZW 2000, 412 = LM H.9/2000 § 50 ZPO Nr. 51; vgl. auch die Besprechungen dieser Vorlage *Forsthoff*, DB 2000, 1109; *Meilicke*, GmbHR 2000, 693; *Walden*, EWS 2001, 256; zu den Schlussanträgen des Generalanwalts s. EuGH, ZIP 2002, 75 (m. Anm. *Eidenmüller*) = DB 2001, 2642 = NZG 2002, 16.

53) OLG Düsseldorf, JZ 2000, 203 (m. Anm. *Ebke*).

dieselbe Gesellschaft in Deutschland neu zu gründen, kommt daher der Negierung der Niederlassungsfreiheit gleich.

Unter diesen Umständen stellt es eine mit den Art. 43 und 48 EG grundsätzlich nicht vereinbare Beschränkung der Niederlassungsfreiheit dar, wenn ein Mitgliedstaat sich unter anderem deshalb weigert, die Rechtsfähigkeit einer Gesellschaft, die nach dem Recht eines anderen Mitgliedstaats gegründet worden ist und dort ihren satzungsmäßigen Sitz hat, anzuerkennen, weil die Gesellschaft im Anschluss an den Erwerb sämtlicher Geschäftsanteile durch in seinem Hoheitsgebiet wohnende eigene Staatsangehörige, ihren tatsächlichen Verwaltungssitz in sein Hoheitsgebiet verlegt haben soll, mit der Folge, dass die Gesellschaft im Aufnahmemitgliedstaat nicht zu dem Zweck parteifähig ist, ihre Ansprüche aus einem Vertrag geltend zu machen, es sei denn, dass sie sich nach dem Recht dieses Aufnahmestaats neu gründet."[54]

Hieraus folge, „dass in dem Fall, dass eine Gesellschaft, die nach dem Recht des Mitgliedstaats gegründet worden ist, in dessen Hoheitsgebiet sie ihren satzungsmäßigen Sitz hat, in einem anderen Mitgliedstaat von ihrer Niederlassungsfreiheit Gebrauch macht, dieser andere Mitgliedstaat nach den Art. 43 und 48 EG verpflichtet ist, die Rechtsfähigkeit und damit die Parteifähigkeit zu achten, die diese Gesellschaft nach dem Recht ihres Gründungsstaats besitzt."[55]

Seit dieser Entscheidung hat sich die Ansicht durchgesetzt, dass der **Zuzugsstaat** bei wirksam gegründeten und fortbestehenden **EU-Auslandsgesellschaften** verpflichtet ist, die durch das Gründungsrecht verliehene **Rechts- und Parteifähigkeit anzuerkennen.**[56] Inwieweit das Gründungsrecht darüber hinaus im Lichte der Niederlassungsfreiheit anzuwenden ist, entschied der EuGH noch nicht.

28

d) Inspire Art

Der Entscheidung *Inspire Art* lag ein der Rechtssache *Centros* vergleichbarer Sachverhalt zugrunde.[57] Die *Inspire Art Ltd.* war eine nach englischem Recht gegründete Gesellschaft. Sie beantragte in den Niederlanden die Eintragung einer Zweigniederlassung, die letztlich Hauptniederlassung der Gesellschaft sein sollte. Aufgrund dieses Sachverhalts war die Gesellschaft verpflichtet, nach

29

---

54) EuGH, Rs. C-208/00, *Überseering BV/Nordic Construction Company Baumanagement GmbH (NCC)*, Slg. 2002, I-9919 Rz. 80 – 82 = NZG 2002, 1164, 1169.
55) EuGH, Rs. C-208/00, *Überseering BV/Nordic Construction Company Baumanagement GmbH (NCC)*, Slg. 2002, I-9919 Rz. 95 = NZG 2002, 1164, 1170.
56) *Bayer*, BB 2003, 2357, 2361; *Behme*, BB 2008, 70, 71; *Heidenhain*, NZG 2002, 1141; *Goette*, ZIP 2006, 541 f.; *Geyrhalter/Gänßler*, NZG 2003, 409, 411; *Koch/Eickmann*, AG 2009, 73, 74; *Leible*, ZGR 2004, 531, 532 f.; *Roth*, IPRax 2003, 117.
57) EuGH, Rs. C-167/01, *Kamer van Koophandel en Fabrieken voor Amsterdam/Inspire Art Ltd*, Slg. 2003, I-10155 = EuZW 2003, 687 = NJW 2003, 3331= NZG 2003, 676; dazu ausführlich *Ebke*, The International Lawyer 2004, 813, 830 ff.; auch *Altmeppen/Wilhelm*, DB 2004, 1083; *Bayer*, BB 2003, 2357; *Behrens*, IPRax 2004, 20; *Fleischer/Schmolke*, JZ 2008, 233, 234; *Hausmann* in: Reithmann/Martiny, Int. Vertragsrecht, Rz. 5052 ff.; *Hofmeister*, WM 2007, 868, 870; *Horn*, NJW 2004, 893; *Kindler*, NZG 2003, 1086; *Leible* in: Michalski, GmbHG, Syst. Darst. 2 Rz. 31 f.; *Maul/C. Schmidt*, BB 2003, 2297; *Schanze/Jüttner*, AG 2003, 661; *K. Schmidt*, ZHR 168 (2004), 493; *Spindler/Berner*, RIW 2004, 7; *Zimmer*, NJW 2003, 3585.

§ 8 Gesellschaftsstatut und weitere Übertragungsstatute

niederländischem Recht im Rechtsverkehr den Zusatz „formal ausländische Gesellschaft" zu führen. Außerdem musste sie bestimmte Anforderungen an das Mindestkapital erfüllen, um eine persönliche Haftung für die Geschäftsführer zu vermeiden.

30 Der EuGH befand, diese niederländischen Sonderregeln für ausländische Gesellschaften verstießen gegen die (sekundäre) Niederlassungsfreiheit der Art. 43, 48 EGV (heute Art. 49, 54 AEUV). Er stellte fest:

> „Die Art. 43 und 48 EG stehen einer Regelung eines Mitgliedstaats wie der WFBV [Wet op de formeel buitenlandse vennootschappen vom 17.12.1997, Gesetz über formal ausländische Gesellschaften] entgegen, die die Ausübung der Freiheit zur Errichtung einer Zweigniederlassung in diesem Staat durch eine nach dem Recht eines anderen Mitgliedstaats gegründete Gesellschaft von bestimmten Voraussetzungen abhängig macht, die im innerstaatlichen Recht für die Gründung von Gesellschaften bezüglich des Mindestkapitals und der Haftung der Geschäftsführer vorgesehen sind. Die Gründe, aus denen die Gesellschaft in dem anderen Mitgliedstaat errichtet wurde, sowie der Umstand, dass sie ihre Tätigkeit ausschließlich oder nahezu ausschließlich im Mitgliedstaat der Niederlassung ausübt, nehmen ihr nicht das Recht, sich auf die durch den EG-Vertrag garantierte Niederlassungsfreiheit zu berufen, es sei denn, im konkreten Fall wird ein Missbrauch nachgewiesen."[58]

31 Der EuGH folgte auch nicht dem vorgebrachten Rechtfertigungsgrund der niederländischen Regierung, die niederländischen Mindestkapitalvorschriften müssten zum Schutz der Gläubiger angewandt werden. Potentielle Gläubiger der Gesellschaft, so das Gericht, seien dadurch gewarnt, dass die Gesellschaft als solche ausländischen Rechts auftrete und damit folgerichtig anderen Vorschriften als den niederländischen Vorschriften über das Mindestkapital und die Haftung der Geschäftsführer unterliege.[59]

32 Über die Entscheidung in der Rechtssache *Überseering* hinaus hat der EuGH somit deutlich gemacht, dass die Niederlassungsfreiheit nicht nur die **Anerkennung** der Rechts- und Parteifähigkeit einer **EU-Auslandsgesellschaft** verlangt, sondern auch weiterer gesellschaftsrechtlicher Regelungen des Gründungsrechts der betreffenden Gesellschaft, im konkreten Fall die Vorschriften über das **Mindestkapital** und die **Geschäftsleiterhaftung**. Der Anwendung des Sitzrechts und damit der Sitztheorie wurde für diese Fragen insoweit eine Absage erteilt.

---

58) EuGH, Rs. C-167/01, *Kamer van Koophandel en Fabrieken voor Amsterdam/Inspire Art Ltd*, Slg. 2003, I-10155 = EuZW 2003, 687 (2. Leitsatz).
59) EuGH, Rs. C-167/01, *Kamer van Koophandel en Fabrieken voor Amsterdam/Inspire Art Ltd*, Slg. 2003, I-10155 Rz. 135 = EuZW 2003, 687, 695.

e) Cartesio

Der Entscheidung des EuGH in der Sache *Cartesio* aus dem Jahre 2008 lag ein 33
dem *Daily Mail*-Urteil vergleichbarer Sachverhalt zugrunde.[60] Das Gericht hatte
darüber zu befinden, ob die gesellschaftsrechtliche Niederlassungsfreiheit einer
Gesellschaft gegenüber ihrem Gründungsstaat das Recht gebe, identitätswahrend mit ihrem Verwaltungssitz in einen anderen Staat zu ziehen. Eine im ungarischen Handelsregister eingetragene KG beabsichtigte, ihren Geschäftssitz
nach Italien zu verlegen und diese Adresse im ungarischen Handelsregister eintragen zu lassen. Der Antrag wurde abgelehnt, weil nach ungarischem Recht
eine in Ungarn gegründete Gesellschaft ihren Status als ungarische Gesellschaft
verliert, wenn sie ihren tatsächlichen Verwaltungssitz in das Ausland verlegt.
Erforderlich sei es, die Gesellschaft in Ungarn aufzulösen und in Italien neu zu
gründen.

Der EuGH entschied anders als es der Generalanwalt in seinen Schlussanträgen 34
vortrug. Dieser hatte erklärt, die Niederlassungsfreiheit werde verletzt, weil
grenzüberschreitende Sitzverlegungen ungünstiger behandelt würden als inländische Sitzverlegungen.[61] Der EuGH befand dagegen, die **Niederlassungsfreiheit greife erst**, wenn der **Gründungsstaat** den **identitätswahrenden Wegzug gestattet**. Das Gericht führte aus:

„In Ermangelung einer einheitlichen gemeinschaftsrechtlichen Definition der Gesellschaften, denen die Niederlassungsfreiheit zugute kommt, anhand einer einheitlichen Anknüpfung, nach der sich das auf eine Gesellschaft anwendbare Recht
bestimmt, ist die Frage, ob Art. 43 EG auf eine Gesellschaft anwendbar ist, die
sich auf die dort verankerte Niederlassungsfreiheit beruft, ebenso wie im Übrigen
die Frage, ob eine natürliche Person ein Staatsangehöriger eines Mitgliedstaats
ist und sich aus diesem Grund auf diese Freiheit berufen kann, daher gemäß
Art. 48 EG eine Vorfrage, die beim gegenwärtigen Stand des Gemeinschaftsrechts nur nach dem geltenden nationalen Recht beantwortet werden kann. Nur
wenn die Prüfung ergibt, dass dieser Gesellschaft in Anbetracht der in Art. 48

---

60) EuGH, Rs. C-210/06, *Cartesio Oktató és Szolgáltató bt*, Slg. 2008, I-9641 = DStR 2009, 121 (m. Anm. *Goette*) = EuZW 2009, 75 (m. Anm. *Pießkalla*) = JZ 2009, 409 (m. Anm. *Wilhelmi*) = NJW 2009, 569 = NZG 2009, 61; dazu *Däubler/Heuschmid*, NZG 2009, 493; *Hausmann* in: Reithmann/Martiny, Int. Vertragsrecht, Rz. 5056 ff.; *Kindler*, NZG 2009, 130; *Kindler*, IPRax 2009, 189, 190 ff.; *Leible* in: Michalski, GmbHG, Syst. Darst. 2 Rz. 35; *Koch/Eickmann*, AG 2009, 73, 74; *Thorn* in: Palandt, BGB, Anh. Art. 12 EGBGB Rz. 7; *Teichmann*, ZIP 2009, 393; *Teichmann*, LMK 2009, 275584; krit. *Campos Nave*, BB 2008, 1410, 1413; *Frenzel*, EWS 2009, 158; *Frobenius*, DStR 2009, 487; *Grohmann/Gruschinske*, EuZW 2008, 463, 464; *Hennrichs/Pöschke/von der Laage/Klavina*, WM 2009, 2009, 2012 f.; *Knof/Mock*, ZIP 2009, 30; *Leible/Hoffmann*, BB 2009, 58; *Müller* in: Spindler/Stilz, AktG, IntGesR Rz. 14; *Paefgen*, WM 2009, 529, 533 f.; *Sethe/Winzer*, WM 2009, 536, 537 ff.; *Zimmer/Naendrup*, NJW 2009, 545, 546 f.; zu den steuerrechtlichen Auswirkungen *Campos Nave*, BB 2009, 870.
61) EuGH GA (Generalanwalt Poiares Maduro), Schlussanträge v. 22.5.2008 – Rs. C-210/06, ZIP 2008, 1067 (m. Anm. *Ringe*); dazu auch *Campos Nave*, BB 2009, 1410, 1411 ff.; *Grohmann/Gruschinske*, EuZW 2008, 463; *Hausmann* in: Reithmann/Martiny, Int. Vertragsrecht, Rz. 5056; *Richter*, IStR 2008, 719.

EG genannten Voraussetzungen tatsächlich die Niederlassungsfreiheit zugutekommt, stellt sich die Frage, ob sich die Gesellschaft einer Beschränkung dieser Freiheit im Sinne des Art. 43 EG gegenübersieht.

Ein Mitgliedstaat kann somit sowohl die Anknüpfung bestimmen, die eine Gesellschaft aufweisen muss, um als nach seinem innerstaatlichen Recht gegründet angesehen werden und damit in den Genuss der Niederlassungsfreiheit gelangen zu können, als auch die Anknüpfung, die für den Erhalt dieser Eigenschaft verlangt wird. Diese Befugnis umfasst die Möglichkeit für diesen Mitgliedstaat, es einer Gesellschaft seines nationalen Rechts nicht zu gestatten, diese Eigenschaft zu behalten, wenn sie sich durch die Verlegung ihres Sitzes in einen anderen Mitgliedstaat dort neu organisieren möchte und damit die Anknüpfung löst, die das nationale Recht des Gründungsmitgliedstaats vorsieht."[62]

35 Nach teilweiser Ansicht hat der EuGH mit seiner Entscheidung lediglich **kollisionsrechtliche Beschränkungen** und damit die Anwendung der Sitztheorie auf die eigenen Gesellschaften für zulässig erachtet, nicht jedoch **materiell-rechtliche Hindernisse**.[63] Das materielle Recht dürfe keine Beschränkungen aufbauen, wenn der Zuzugsstaat die Berufung seines Sitzrechts ablehne und auf das Gründungsrecht zurückverweise. In diesem Fall liege kein Statutenwechsel vor und jegliche materiell-rechtliche Beschränkung sei dann mit der Niederlassungsfreiheit unvereinbar.

36 Dem Urteil des EuGH lässt sich allerdings nicht entnehmen, dass nur kollisionsrechtliche Beschränkungen zulässig sein sollen.[64] Hiergegen spricht zunächst der zugrunde liegende Sachverhalt, der materiell-rechtliche Beschränkungen des ungarischen Rechts zum Gegenstand hatte. Zwar wurde die Sitzverweisung durch das italienische Recht angenommen, sodass möglicherweise aus der Sicht von *Leible/Hoffmann* nur deswegen die materiell-rechtlichen Hindernisse des ungarischen Rechts zulässig gewesen sind. Allerdings findet sich in den Entscheidungsgründen kein Hinweis dafür, dass bei Rückverweisung auf das Gründungsrecht das materielle Recht anders zu beurteilen ist als bei Annahme der Verweisung durch den Zuzugsstaat. Gegen diese Ansicht spricht auch der vierte Leitsatz des EuGH, wonach Rechtsvorschriften eines Mitgliedstaats der Niederlassungsfreiheit nicht entgegenstehen, die es einer nationalen Gesellschaft verwehren, ihren Sitz in einen anderen Mitgliedstaat zu verlegen und dabei ihr nationales Rechtsumfeld zu behalten. Der EuGH verwendet den umfassenden Begriff „Rechtsvorschriften", der Kollisions- und Sachnormen umfasst. Schließlich heißt es in den Entscheidungsgründen, es sei eine „Vorfrage" des „national geltenden Recht[s]", welche Voraussetzungen eine Gesellschaft

---

62) EuGH, Rs. C-210/06, *Cartesio Oktató és Szolgáltató bt*, Slg. 2008, I-9641 = NZG 2009, 61, 67, Rz. 109 f.

63) So *Leible/Hoffmann*, BB 2009, 58, 61, allerdings selbstkritisch zur Frage, ob das Urteil so interpretiert werden könne; *Leible* in: Michalski, GmbHG, Syst. Darst. 2 Rz. 40.

64) Dagegen auch *Hausmann* in: Reithmann/Martiny, Int. Vertragsrecht, Rz. 5147; *Kindler* in: MünchKomm-BGB, IntGesR Rz. 130; *Weller* in: MünchKomm-GmbHG, Einl. Rz. 361.

erfüllen muss, um als Gesellschaft des Gründungsstaats existieren zu können.[65] Der EuGH gestattet dem Gründungsstaat ausdrücklich, der Gesellschaft die Eigenschaft als eine solche des Gründungsstaats zu entziehen, wenn sie ihren tatsächlichen Sitz in einen anderen Mitgliedstaat verlegen will und damit die erforderliche Verbindung löst, die das „nationale Recht des Gründungsmitgliedstaats vorsieht".[66] Der EuGH bezieht sich hier schon aufgrund des zu entscheidenden Sachverhalts auf materiell-rechtliche ebenso wie auf kollisionsrechtliche Beschränkungen. Hinweise darauf, dass diese materiell-rechtlichen Beschränkungen bei einer Rückverweisung auf das Gründungsrecht nicht anwendbar sein sollen, sind nicht erkennbar.

Hingewiesen sei darauf, dass diese Auslegungsfrage, ob materiell-rechtliche Wegzugsbeschränkungen zulässig sind, aus deutscher Sicht nur bei **deutschen Personengesellschaften** relevant wird. Für **deutsche Kapitalgesellschaften** gelten die durch das MoMiG geänderten § 4a GmbHG und § 5 AktG, die einen ausländischen Verwaltungssitz gestatten (siehe dazu unten § 28 Rz. 9). Dagegen kann eine Personengesellschaft nach geltendem materiellen Recht keinen ausländischen Verwaltungssitz haben (siehe dazu § 28 Rz. 63 ff.). 37

f) VALE

Die jüngste Entscheidung des EuGH zur Niederlassungsfreiheit ist im Jahre 2012 in der Rechtssache *VALE* ergangen. Gegenstand war nicht wie im Fall *Cartesio* eine grenzüberschreitende Verlegung des Verwaltungssitzes, sondern eine **grenzüberschreitende Verlegung des Satzungssitzes (grenzüberschreitender Formwechsel)**.[67] Auch ging es nicht darum, wie in *Daily Mail* und *Cartesio* zu prüfen, ob das Recht des Wegzugsstaats mit der Niederlassungsfreiheit vereinbar ist, sondern wie in *Centros*, *Überseering* und *Inspire Art* um einen **Zuzugsfall** und damit die Frage, inwieweit das Recht des Zuzugsstaats 38

---

65) EuGH, Rs. C-210/06, *Cartesio Oktató és Szolgáltató bt*, Slg. 2008, I-9641 = NZG 2009, 61, 67 Rz. 109; dazu auch *Kindler*, NZG 2009, 130, 131.
66) EuGH, Rs. C-210/06, *Cartesio Oktató és Szolgáltató b*t, Slg. 2008, I-9641 = NZG 2009, 61, 67 Rz. 110.
67) EuGH, Rs. C-378/10, *VALE Építési kft*, ZIP 2012, 1394 (m. Anm. *Mörsdorf/Jopen*) = EuZW 2012, 621 (m. Anm. *Behrens*) = NJW 2012, 2715 = BB 2012, 2069 (m. Anm. *Messenzehl/Schwarzfischer*); dazu *Bayer/J. Schmidt*, ZIP 2012, 1481; *Behme*, NZG 2012, 936; *Benrath/König*, Der Konzern 2012, 377; *Böttcher/Kraft*, NJW 2012, 2701; *Drygala*, EuZW 2013, 569; *Jaensch*, EWS 2012, 353; *Kindler*, EuZW 2012, 888; *Mutter/Kruchen*, EWiR 2012, 541; *G. H. Roth*, ZIP 2012, 1744; *Schön*, ZGR 2013, 333; *Teichmann*, DB 2012, 2085; *Weller*, LMK 2012, 336113; *Weller/Rentsch*, IPRax 2013, 530; *Wicke*, DStR 2012, 1756; *Wohlrab*, GPR 2012, 316; zu den steuerrechtlichen Auswirkungen *Stöber*, ZIP 2012, 1273; zur Vorlage an den EuGH s. Magyar Köztársaság Legfelsöbb Bírósága, ZIP 2010, 1956; vgl. die Besprechungen dieser Vorlage bei *Barthel*, EWS 2011, 131; *Neye*, EWiR 2010, 625; zu den Schlussanträgen des Generalanwalts EuGH, ZIP 2012, 465 vgl. *Jaensch*, EWS 2012, 184; *J. Schmidt*, GPR 2012, 144; zur Folgeentscheidung des ungarischen Obersten Gerichtshofs *Nagy*, IPRax 2013, 582.

(Aufnahmestaats) eine grenzüberschreitende Verlegung des Satzungssitzes ermöglichen muss.

39 Die Gesellschaft VALE Construzioni Srl (eine GmbH italienischen Rechts) beabsichtigte, ihren Satzungssitz und ihre Tätigkeit von Italien nach Ungarn zu verlegen. Daher beantragte sie erfolgreich ihre Löschung im italienischen Handelsregister, in dem zusätzlich vermerkt wurde: „Die Gesellschaft hat ihren Sitz nach Ungarn verlegt." Das ungarische Registergericht lehnte es dagegen ab, die nach ungarischem Recht gegründete Gesellschaft VALE Építési Kft (eine GmbH ungarischen Rechts) im dortigen Handelsregister zu registrieren und hierbei die VALE Construzioni Srl als Rechtsvorgängerin einzutragen. Das Registergericht begründete dies damit, dass eine italienische Gesellschaft nicht ihren Satzungssitz nach Ungarn verlegen und zudem nicht als Rechtsvorgängerin einer ungarischen Gesellschaft eingetragen werden könne. Im Ergebnis wurde damit der grenzüberschreitende Formwechsel nach Ungarn abgelehnt, obgleich das ungarische Recht für inländische Gesellschaften einen Formwechsel kennt.

40 Der EuGH ist dem nicht gefolgt. Er stellte zunächst heraus, dass eine Gesellschaft, die wie im vorliegenden Fall einen grenzüberschreitenden Formwechsel anstrebt, für die Aufnahme im Aufnahmestaat allein dessen innerstaatlichem Recht unterliegt und dieses Recht die Anknüpfung wie auch die Gründung und Funktionsweise der Gesellschaft regelt. Allerdings sei dieses Recht damit nicht den Regeln über die Niederlassungsfreiheit entzogen, sondern vielmehr gelte, „dass eine nationale Regelung, die zwar für inländische Gesellschaften die Möglichkeit einer Umwandlung vorsieht, aber die Umwandlung einer dem Recht eines anderen Mitgliedstaats unterliegenden Gesellschaft nicht erlaubt, in den Anwendungsbereich der Art. 49 und 54 AEUV fällt."[68] Weiter heißt es:

> „Da die im Ausgangsverfahren in Rede stehende nationale Regelung nur die Umwandlung einer Gesellschaft vorsieht, die ihren Sitz schon im betreffenden Mitgliedstaat hat, begründet diese Regelung eine unterschiedliche Behandlung von Gesellschaften in Abhängigkeit davon, ob es sich um eine innerstaatliche oder um eine grenzüberschreitende Umwandlung handelt; diese unterschiedliche Behandlung ist geeignet, Gesellschaften mit Sitz in anderen Mitgliedstaaten davon abzuhalten, von der im AEUV verankerten Niederlassungsfreiheit Gebrauch zu machen, und stellt somit eine Beschränkung i. S. d. Art. 49 und 54 AEUV dar."[69]

---

68) EuGH, Rs. C-378/10, VALE Építési kft, ZIP 2012, 1394, Rz. 33 = NJW 2012, 2715, 2716 f. Die deutsche Fassung des Urteils verwendet für den vorliegenden Sachverhalt die Bezeichnung „Umwandlung", die bekanntlich im deutschen Recht ein Oberbegriff ist, der nicht nur den Formwechsel erfasst, sondern auch Verschmelzungen, Spaltungen und Vermögensübertragungen (vgl. § 1 Abs. 1 UmwG). Gemeint ist dem Sachverhalt entsprechend jedoch eher eine dem Formwechsel deutscher Prägung vergleichbare Strukturmaßnahme; näher dazu Bayer/J. Schmidt, ZIP 2012, 1481, 1485; Kindler, EuZW 2012, 888, 889 f.

69) EuGH, Rs. C-378/10, VALE Építési kft, ZIP 2012, 1394, Rz. 36 = NJW 2012, 2715, 2717.

Im vorliegenden Fall konnte der EuGH keine Rechtfertigung für diese Be- 41
schränkung der **Niederlassungsfreiheit** erkennen, insbesondere nicht darin,
dass es keine unionsrechtlichen Vorschriften zum grenzüberschreitenden Formwechsel gibt.

Sodann erläuterte das Gericht, nach welchen Regeln sich ein grenzüberschrei- 42
tender Formwechsel im Lichte der Niederlassungsfreiheit zu vollziehen habe.
Anzuwenden seien sukzessive die beiden beteiligten nationalen Rechtsordnungen.
Hierbei sei jedoch Folgendes zu beachten:

> „Insoweit ist darauf hinzuweisen, dass nach ständiger Rechtsprechung in vielen
> Bereichen mangels einer einschlägigen Unionsregelung die Modalitäten, die den
> Schutz der den Rechtsuchenden aus dem Unionsrecht erwachsenden Rechte ge-
> währleisten sollen, Sache der innerstaatlichen Rechtsordnung eines jeden Mit-
> gliedstaats sind; sie dürfen jedoch nicht ungünstiger sein als diejenigen, die gleich-
> artige innerstaatliche Sachverhalte regeln (Äquivalenzgrundsatz), und die Aus-
> übung der durch die Unionsrechtsordnung verliehenen Rechte nicht praktisch
> unmöglich machen oder übermäßig erschweren (Effektivitätsgrundsatz)."[70]

Ungarn dürfe daher zwar seine nationalen Bestimmungen über innerstaatliche 43
Formwechsel auf den vorliegenden Fall anwenden, müsse aber den **Äquivalenz-
grundsatz** beachten. Daher dürften es die ungarischen Behörden im vorliegenden
Fall nicht ablehnen, im Handelsregister als Rechtsvorgängerin der neuen Gesellschaft eine Gesellschaft aus einem Mitgliedstaat einzutragen, wenn bei innerstaatlichen Formwechseln eine solche Eintragung erfolge.[71]

Schließlich müssten die Behörden des Aufnahmestaats – auch diese Frage war 44
dem EuGH vorgelegt worden – aufgrund des **Effektivitätsgrundsatzes** bei der
Prüfung eines Eintragungsantrags einer Gesellschaft den von den Behörden des
Herkunftsmitgliedstaats ausgestellten Dokumenten, die bestätigen, dass die Gesellschaft dessen Bedingungen tatsächlich entsprochen hat, gebührend Rechnung
tragen.[72]

Mit der vorliegenden Entscheidung hat der EuGH seinen Ansichten zur Nie- 45
derlassungsfreiheit bei Umwandlungen einen weiteren Baustein hinzugefügt. In
der Rechtssache *Sevic* hatte das Gericht den Weg für grenzüberschreitende Verschmelzungen frei gemacht und entschieden, es widerspreche der Niederlassungsfreiheit, einer EU-Gesellschaft generell die Eintragung einer Verschmelzung auf eine andere EU-Gesellschaft zu verweigern, wenn eine nationale Verschmelzung nach innerstaatlichem Recht zulässig sei (siehe dazu unten § 29
Rz. 57 ff.). In der anschließenden *Cartesio*-Entscheidung rückte dann erstmals
der grenzüberschreitende Formwechsel in den Blickpunkt, wenngleich nur in
einem *obiter dictum* und mit Bezugnahme zum Wegzugsstaat. Die Richter führten

---

70) EuGH, Rs. C-378/10, *VALE Építési kft*, ZIP 2012, 1394, Rz. 48 = NJW 2012, 2715, 2718.
71) EuGH, Rs. C-378/10, *VALE Építési kft*, ZIP 2012, 1394, Rz. 56 = NJW 2012, 2715, 2718.
72) EuGH, Rs. C-378/10, *VALE Építési kft*, ZIP 2012, 1394, Rz. 61 = NJW 2012, 2715, 2718.

aus, dass es dem Wegzugsstaat im Lichte der Niederlassungsfreiheit verwehrt sei, den grenzüberschreitenden Formwechsel in einen anderen Mitgliedstaat zu versagen, soweit ein Formwechsel nach dem Recht des aufnehmenden Mitgliedstaats möglich sei (siehe dazu unten § 29 Rz. 62). Nun hat der EuGH in der Rechtssache *VALE* den grenzüberschreitenden Formwechsel aus der Sicht des Zuzugsstaats beleuchtet und den Weg hierzu freigemacht. Die näheren Auswirkungen dieses Urteils werden in den nachfolgenden Kapiteln zur grenzüberschreitenden Sitzverlegung (siehe § 28 Rz. 25 ff.) und zur grenzüberschreitenden Umwandlung (siehe § 29 Rz. 66) dargestellt.

g) Folgen
aa) Gründungstheorie

46 Mit der dargestellten Rechtsprechung des EuGH zur Niederlassungsfreiheit von Gesellschaften hat dieser den Mitgliedstaaten zwar nicht vorgegeben, innerhalb der Europäischen Union das auf Gesellschaften anwendbare Recht mit der Gründungstheorie zu bestimmen (siehe oben unter Rz. 34). Der **deutschen Rechtsprechung** ist allerdings zu entnehmen, dass sie sich dafür ausspricht, für **EU-Auslandsgesellschaften**, die unter dem Schutz der Niederlassungsfreiheit stehen, grundsätzlich einheitlich das **Gründungsrecht** zu berufen, wenn **Deutschland Zuzugsstaat** ist. Der EuGH hatte in seiner *Überseering*-Entscheidung ausgeführt, die nach dem Gründungsrecht verliehene Rechts- und Parteifähigkeit sei in anderen Mitgliedstaaten zu achten. Dieser Vorgabe ist der BGH in seinem *Überseering*-Urteil uneingeschränkt gefolgt:

„Die Kl. muss in die Lage versetzt werden, nach einer Verlegung ihres Verwaltungssitzes in die Bundesrepublik Deutschland ihre vertraglichen Rechte als niederländische BV geltend machen zu können. Das erfordert es, die Kl. nach deutschem internationalen Gesellschaftsrecht hinsichtlich ihrer Rechtsfähigkeit dem Recht des Staates zu unterstellen, in dem sie gegründet worden ist. Eine Gesellschaft, die unter dem Schutz der im EG-Vertrag garantierten Niederlassungsfreiheit steht, ist berechtigt, ihre vertraglichen Rechte in jedem Mitgliedstaat geltend zu machen, wenn sie nach der Rechtsordnung des Staates, in dem sie gegründet worden ist und in dem sie nach einer Verlegung ihres Verwaltungssitzes in einen anderen Mitgliedstaat weiterhin ihren satzungsmäßigen Sitz hat, hinsichtlich des geltend gemachten Rechts rechtsfähig ist."[73]

47 Auch die nachfolgende Entscheidung des EuGH in der Rechtssache *Inspire Art*, wonach Vorschriften des Sitzrechts über das Mindestkapital und die Haftung der Geschäftsleiter nicht auf EU-Auslandsgesellschaften angewendet werden dürfen, hat der BGH umgesetzt. So hat er in einer Entscheidung aus dem Jahre 2005 ausgeführt:

„Nach der Rechtsprechung des EuGH ist die in einem Vertragsstaat nach dessen Vorschriften wirksam gegründete Gesellschaft in einem anderen Vertragsstaat –

---

73) BGHZ 154, 185, 189 f.; dazu *Leible/Hoffmann*, ZIP 2003, 925; bestätigt durch BGHZ 164, 148, 151 sowie BGHZ 178, 192, 196.

unabhängig von dem Ort ihres tatsächlichen Verwaltungssitzes – in der Rechtsform anzuerkennen, in der sie gegründet wurde. Aus der Anerkennung der Rechtsfähigkeit einer solchen Gesellschaft folgt zugleich, dass deren Personalstatut auch in Bezug auf die Haftung für in ihrem Namen begründete rechtsgeschäftliche Verbindlichkeiten einschließlich der Frage nach einer etwaigen diesbezüglichen persönlichen Haftung ihrer Gesellschafter oder Geschäftsführer gegenüber den Gesellschaftsgläubigern maßgeblich ist."[74)]

Der BGH hat damit das Haftungsregime als einen Bereich eingeordnet, der dem Gründungsrecht zu entnehmen ist. Die sich damit abzeichnende Anknüpfung des gesamten Personalstatuts an das Gründungsrecht zeigt sich deutlich in einer Entscheidung des OLG Nürnberg, in der es heißt: 48

„Das Gesellschaftsstatut juristischer Personen, die wie die Klägerin nach dem Recht eines anderen EG-Mitgliedstaats gegründet wurden, aber im Inland ihren tatsächlichen Verwaltungssitz haben, bestimmt sich im Rahmen der durch Art. 43 und 48 EGV garantieren Niederlassungsfreiheit nach dem Recht des Gründungsstaates. Dies ist aufgrund der Entscheidungen des EuGH in Sachen „Überseering" und „Inspire Art" auch in der nationalen Rechtsprechung zwischenzeitlich anerkannt."[75)]

Der BGH hat diese Anknüpfung in seiner *Trabrennbahn*-Entscheidung nochmals bestätigt: 49

„Auf Grund der Rechtsprechung des EuGH in den Entscheidungen „Centros", „Überseering" und „Inspire Art" hat sich der BGH für diejenigen Auslandsgesellschaften, die in einem Mitgliedstaat der Europäischen Union oder des EWR oder in einem mit diesen auf Grund eines Staatsvertrags in Bezug auf die Niederlassungsfreiheit gleichgestellten Staat gegründet worden sind, der so genannten Gründungstheorie angeschlossen."[76)]

In seinen Entscheidungen **Daily Mail** und **Cartesio** hat der EuGH allerdings gezeigt, dass ein Gründungsstaat seine Gesellschaften trotz bestehender Niederlassungsfreiheit nicht ohne weiteres in das EU-Ausland ziehen lassen muss. Denn die Niederlassungsfreiheit greift wie ausgeführt erst dann ein, wenn die wegziehende Gesellschaft die Voraussetzungen nach dem Gründungsrecht erfüllt, die erforderlich sind, um nach dortigem Recht den Gründungsstatus beibehalten zu können. Die **Niederlassungsfreiheit ermöglicht** damit zwar den uneingeschränkten **Zuzug, garantiert** aber **nicht** die tatsächliche **Wegzugsmöglichkeit.** Der **Wegzugsstaat** kann daher nach umstrittener Ansicht **materiellrechtliche** ebenso wie **kollisionsrechtliche Schranken** aufbauen (siehe oben Rz. 36). Damit darf er (wie bspw. das deutsche Recht auf nach ihr gegründete 50

---

74) BGH, DStR 2005, 839, 840.
75) OLG Nürnberg, NZG 2008, 76 f., unter Verweis auf BGH, NZG 2002, 431; BGH, NZG 2004, 431; BGH, NZG 2005, 508; vgl. für weitere Rspr. der OLG OLG Hamm, NJW-RR 2006, 1631; OLG München, DB 2007, 2032; OLG Thüringen, RIW 2007, 864; KG Berlin, ZIP 2010, 204; OLG Düsseldorf, ZIP 2010, 1852; ebenso *Thorn* in: Palandt, BGB, Anh. Art. 12 EGBGB Rz. 7; *Eidenmüller*, JZ 2004, 24.
76) BGHZ 178, 192, Rz. 19 = NZG 2009, 68, 69.

Gesellschaften) die Sitztheorie anwenden und so eine kollisionsrechtliche Wegzugssperre aufstellen. Verlegt eine Gesellschaft aus einem solchen Mitgliedstaat mit Wegzugsbeschränkungen (Wegzugsstaat) ihren tatsächlichen Verwaltungssitz in einen anderen Mitgliedstaat (Zuzugsstaat), versagt schon der Wegzugsstaat selbst der Gesellschaft die Anerkennung und lässt sie nicht in den Genuss der Niederlassungsfreiheit kommen. Damit soll auch der **Zuzugsstaat** nicht verpflichtet sein, die aus seiner Sicht EU-Auslandsgesellschaft ihrem Gründungsrecht zu unterwerfen. Der Zuzugsstaat kann eine solche Gesellschaft nach seiner **traditionellen Anknüpfungsmethode** beurteilen. Ist dies wie in Deutschland die Sitztheorie, kann er die Gesellschaft also nach ihrem Sitzrecht und damit seinem eigenen Recht beurteilen.[77] Zum Ergebnis, die Gesellschaft ihrem Sitzrecht zu unterwerfen, kommt man bei einem Wegzugsstaat, der die Sitztheorie anwendet, freilich auch dann, wenn der Zuzugsstaat der Gründungstheorie folgt, man also mit der Gründungstheorie im Wege der Gesamtverweisung auf den Wegzugsstaat verweist und dieser durch seine Anknüpfung an das Sitzrecht auf das Recht des Zuzugsstaats zurückverweist (Art. 4 Abs. 1 Satz 2 EGBGB).

51 Für den Schutz der Niederlassungsfreiheit und damit die Anknüpfung an das Gründungsrecht dürfte **nicht erforderlich** sein, dass die EU-Auslandsgesellschaft nicht nur in der Europäischen Union gegründet worden ist, sondern **zusätzlich** in einem EU-Mitgliedstaat ihren **tatsächlichen Verwaltungssitz** hat. Art. 54 Abs. 1AEUV (vormals Art. 48 Abs. 1 EGV) begründet die Niederlassungsfreiheit für in einem Mitgliedstaat gegründete Gesellschaften schon dann, wenn diese entweder ihren Satzungssitz, ihre Hauptverwaltung oder ihre Hauptniederlassung innerhalb der Union haben. Ausreichend dürfte daher sein, wenn

---

77) *Behrens* in: Ulmer/Habersack/Winter, GmbHG, Erg.-Band § 4a Rz. 12, *Hausmann* in: Reithmann/Martiny, Int. Vertragsrecht, Rz. 5095; *Leible* in: Michalski, GmbHG, Syst. Darst. 2 Rz. 45 (Sitztheorie freilich nur bei kollisionsrechtlichen Wegzugsbeschränkungen, also wenn der Gründungsstaat die Sitztheorie anwendet, weil *Leible* materiell-rechtliche Wegzugsbeschränkungen nicht als mit der Niederlassungsfreiheit vereinbar ansieht, s. dazu oben Rz. 3); *Mayer* in: MünchKomm-GmbHG, § 4a Rz. 26 (*Leible* und *Mayer* wollen die Gründungstheorie erst dann nicht anwenden und damit bei der traditionellen Sitztheorie bleiben, wenn der Gründungsstaat [Wegzugsstaat] die Verweisung auf sein Gründungsrecht nicht annimmt und auf den deutschen Sitzstaat [Zuzugsstaat] zurückverweist. Diese Ansicht setzt jedoch denklogisch voraus, dass zunächst mit der Gründungstheorie tatsächlich angeknüpft wird, was wiederum aber nur dann bei EU-Auslandsgesellschaften erfolgen soll, wenn dies aufgrund der Niederlassungsfreiheit geboten ist. Und letzteres soll ja gerade dann zu verneinen sein, wenn der Wegzugsstaat der Sitztheorie folgt. Hier entsteht ein Teufelskreis, der es besser erscheinen lässt, die Anwendung der Gründungstheorie im Wegzugsstaat als Vorfrage für die Anwendung der Gründungstheorie auch im Zuzugsstaat zu begreifen.); *Paefgen*, WM 2003, 561, 568; *Weller* in: MünchKomm-GmbHG, Einl. Rz. 365 (anders als nach *Leible* gilt richtigerweise für *Weller* die Sitztheorie bei kollisionsrechtlichen wie bei materiell-rechtlichen Wegzugsbeschränkungen, da der Wegzugsstaat solche Beschränkungen aufstellen dürfe, s. o. Rz. 35); *Weller*, IPRax 2003, 207, 205 ff.; *Kindler* in: MünchKomm-BGB, IntGesR Rz. 428 a. E.

zusätzlich zur Gründung in der Europäischen Union der Satzungssitz der Gesellschaft in der Union liegt. In diesem Fall kann der tatsächliche Verwaltungssitz außerhalb der Union liegen.[78] Der EuGH hat diese Frage allerdings bislang nicht beantwortet.[79]

bb) **Beschränkungen der Niederlassungsfreiheit**

Beschränkungen der Niederlassungsfreiheit sind zwar im Einzelfall möglich, allerdings nur **gerechtfertigt**, wenn vier **Voraussetzungen** erfüllt sind: Sie müssen in nicht diskriminierender Weise angewandt werden, sie müssen zwingenden Gründen des Allgemeininteresses entsprechen, sie müssen zur Erreichung des verfolgten Ziels geeignet sein, und sie dürfen nicht über das hinausgehen, was zur Erreichung dieses Ziels erforderlich ist.[80] In welchen Bereichen das Sitzrecht hierauf gestützt durch Sonderanknüpfung das Gründungsrecht überlagern kann, wird unterschiedlich beurteilt.[81] 52

cc) **Cadburry-Schweppes**

Vorsicht ist geboten bei der Gründung von **reinen Briefkastengesellschaften**, bei denen möglicherweise Beschränkungen der Niederlassungsfreiheit als gerechtfertigt eingestuft werden. Dies zeigt die Entscheidung des EuGH in der Rechtssache *Cadbury-Schweppes*, bei der das Gericht allerdings eine steuerliche Gestaltung zu beurteilen hatte.[82] In dem zugrunde liegenden Sachverhalt hatte die britische Muttergesellschaft eine ausländische Tochtergesellschaft in Irland gegründet, um in den Genuss des dort besonders niedrigen Steuersatzes zu kommen. Der EuGH bestätigte zwar seine Auffassung aus den Entscheidungen 53

---

78) In diesem Sinne *Leible/Hoffmann*, RIW 2002, 925, 932; *Hausmann* in: Reithmann/Martiny, Int. Vertragsrecht, Rz. 5062.

79) In diese Richtung deutet allerdings die *Centros*-Entscheidung, EuGH, Rs. C-212/97, *Centros Ltd/Erhvervsog Selskabsstyrelsen*, Slg. 1999, I-1459 Rz. 20 = NJW 1999, 2027, 2028, auf die sich *Leible/Hoffmann*, RIW 2002, 925, 932, berufen (zu dieser Entscheidung s. o. Rz. 23 ff.).

80) EuGH, Rs. C-167/01, *Kamer van Koophandel en Fabrieken voor Amsterdam/Inspire Art Ltd*, Slg. 2003, I-10155 Rz. 133 = EuZW 2003, 687, 695; EuGH, Rs. C-212/97, *Centros Ltd/Erhvervsog Selskabsstyrelsen*, Slg. 1999, I-1459 Rz. 34 = NJW 1999, 2027, 2029 Rz. 34; näher dazu *Hausmann* in: Reithmann/Martiny, Int. Vertragsrecht, Rz. 5067 ff.; *Hofmeister*, WM 2007, 868, 871; *Lutter/Bayer/J. Schmidt*, EuropUntR, § 4 Rz. 6 ff., S. 56 ff.

81) *Behrens* in: Ulmer/Habersack/Winter, GmbHG, Einl. B Rz. 44 ff.; *Thorn* in: Palandt, BGB, Anh. Art. 12 EGBGB Rz. 6; zur Unternehmensmitbestimmung *Bayer*, AG 2004, 534; *Eidenmüller*, JZ 2004, 24, 24 f.; *Horn*, NJW 2004, 893, 899 f.; *Köster*, ZRP 2008, 214; *Paefgen*, WM 2009, 529, 536; *Thüsing*, ZIP 2004, 381, 382 ff.; zur Existenzvernichtungshaftung *Goette*, DStR 2005, 197, 200 f.; *Weller*, IPRax 2003, 207, 209 f.; zur Anwendung deliktsrechtlicher und insolvenzrechtlicher Vorschriften *Goette*, ZIP 2006, 541.

82) EuGH, Rs. C-196/04, *Cadbury-Schweppes*, Slg. 2006, I-7995 = NZG 2006, 835; dazu *Kindler*, IPRax 2010, 272; *Kindler* in: MünchKomm-BGB, IntGesR Rz. 128 f.; *Kleinert*, GmbHR 2006, 1049, 1055; *G. H. Roth*, S. 12 ff.; *Sedemund*, BB 2006, 2118, 2119.

Cartesio und *Inspire Art*, wonach ein Unionsangehöriger die Niederlassungsfreiheit nicht schon dann missbräuchlich ausnutzt, wenn er eine Gesellschaft in einem Mitgliedstaat mit dem Ziel gründet, in den Genuss vorteilhafter Rechtsvorschriften zu kommen.[83] Allerdings könne eine nationale Maßnahme, welche die Niederlassungsfreiheit beschränkt, dann gerechtfertigt sein, wenn sie sich

> „speziell auf rein künstliche Gestaltungen bezieht, die darauf ausgerichtet sind, der Anwendung der Rechtsvorschriften des betreffenden Mitgliedstaats zu entgehen".[84]

54 Das Ziel der Niederlassungsfreiheit bestehe darin,

> „es den Staatsangehörigen eines Mitgliedstaats zu erlauben, in einem anderen Mitgliedstaat eine Zweitniederlassung zu gründen, um dort ihren Tätigkeiten nachzugehen, und so die gegenseitige wirtschaftliche und soziale Durchdringung auf dem Gebiet der selbständigen Erwerbstätigkeit innerhalb der Gemeinschaft zu fördern. Zu diesem Zweck will die Niederlassungsfreiheit es den Staatsangehörigen der Gemeinschaft ermöglichen, in stabiler und kontinuierlicher Weise am Wirtschaftsleben eines anderen Mitgliedstaats als desjenigen ihrer Herkunft teilzunehmen und daraus Nutzen zu ziehen.
>
> In Anbetracht dieses Zieles der Eingliederung in den Aufnahmemitgliedstaat impliziert der Niederlassungsbegriff im Sinne der Bestimmungen des Vertrages über die Niederlassungsfreiheit die tatsächliche Ausübung einer wirtschaftlichen Tätigkeit mittels einer festen Einrichtung in diesem Staat auf unbestimmte Zeit. Daher setzt sie eine tatsächliche Ansiedlung der betreffenden Gesellschaft im Aufnahmemitgliedstaat und die Ausübung einer wirklichen wirtschaftlichen Tätigkeit in diesem voraus."[85]

55 Ob nun eine **„rein künstliche Gestaltung"** vorliegt, muss nicht nur durch ein subjektives Element (hier das Streben nach einem Steuervorteil), sondern auch durch objektive Anhaltspunkte belegt werden, wie etwa

> „das Ausmaß des greifbaren Vorhandenseins der beherrschten ausländischen Gesellschaft in Form von Geschäftsräumen, Personal und Ausrüstungsgegenständen [...].
>
> Führt die Prüfung solcher Anhaltspunkte zu der Feststellung, dass die beherrschte ausländische Gesellschaft nur mit einer fiktiven Ansiedlung zusammenhängt, die keine wirkliche wirtschaftliche Tätigkeit im Hoheitsgebiet des Aufnahmemitgliedstaats entfaltet, so ist die Gründung dieser beherrschten ausländischen Gesellschaft als eine rein künstliche Gestaltung anzusehen. Dergleichen könnte insbesondere bei einer Tochtergesellschaft der Fall sein, die eine „Briefkastenfirma" oder eine „Strohfirma ist."[86]

---

83) EuGH, Rs. C-196/04, *Cadbury-Schweppes*, Slg. 2006, I-7995 = NZG 2006, 835, 837, Rz. 37.
84) EuGH, Rs. C-196/04, *Cadbury-Schweppes*, Slg. 2006, I-7995 = NZG 2006, 835, 838, Rz. 51.
85) EuGH, Rs. C-196/04, *Cadbury-Schweppes*, Slg. 2006, I-7995 = NZG 2006, 835, 838, Rz. 53 f.; bestätigt in EuGH, Rs. C-378/10, *VALE Építési kft*, ZIP 2012, 1394, 1396, Rz. 34 = NJW 2012, 2715; vgl. hierzu *G. H. Roth*, ZIP 2012, 1744.
86) EuGH, Rs. C-196/04, *Cadbury-Schweppes*, Slg. 2006, I-7995 = NZG 2006, 835, 839, Rz. 67 f.

Angemerkt sei allerdings, dass sich der zugrunde liegende Sachverhalt von denjenigen der Entscheidungen des EuGH in den Rechtssachen *Centros*, *Überseering*, *Inspire Art* und *VALE* unterscheidet.[87] Handlungen und Verpflichteter der Niederlassungsfreiheit sind **verschieden**. Der Unterschied bei den **Handlungen** liegt darin, dass es bei den letztgenannten Entscheidungen *Centros*, *Überseering*, *Inspire Art* und *VALE* um die Frage ging, ob eine Gesellschaft ihre Niederlassungsfreiheit dadurch ausüben kann, dass sie in einem anderen Mitgliedstaat wirtschaftlich tätig wird (Freiheit zu wirtschaftlicher Tätigkeit). In der Rechtssache *Cadbury-Schweppes* war dagegen zu beurteilen, ob sich die Gesellschaft auf ihre Niederlassungsfreiheit dann berufen kann, wenn sie in einem anderen Mitgliedstaat eine Tochtergesellschaft gründen will (Freiheit zur Gesellschaftsgründung). Der Unterschied bei den **Verpflichteten** der Niederlassungsfreiheit liegt darin, dass sich die jeweiligen Gesellschaften bei den Entscheidungen *Centros*, *Überseering*, *Inspire Art* und *VALE* gegenüber demjenigen Staat auf ihre Niederlassungsfreiheit beriefen, in dem sie die zu schützenden Handlungen, namentlich die wirtschaftlichen Tätigkeiten, vornahmen (Verpflichteter ist der betroffene Staat). Im Unterschied dazu berief sich die Gesellschaft in der Rechtssache *Cadburry-Schweppes* gegenüber demjenigen Staat auf ihre Niederlassungsfreiheit, in dem die zu schützende Handlung (Gesellschaftsgründung) nicht erfolgte (Verpflichteter ist der nicht betroffene Staat). Freilich ging es in beiden Fallgestaltungen um die Anerkennung der Niederlassungsfreiheit in demjenigen Staat, in dem der Ort der wirtschaftlichen Tätigkeit lag.[88]

Aus diesen Unterschieden mag man folgern, dass sich der EuGH mit der Entscheidung *Cadbury-Schweppes* nicht notwendig gegen reine Briefkastengesellschaften bei Sachverhalten ausgesprochen hat, die den Urteilen *Centros*, *Überseering* und *Inspire Art* zugrunde lagen. Dies mag insbesondere deshalb gelten, weil der EuGH in den Entscheidungen *Centros* und *Inspire Art* die jeweiligen Briefkastengesellschaften ausdrücklich unter den Schutz der Niederlassungsfreiheit stellte (siehe oben Rz. 24 und 30).[89] Das Urteil *Cadburry-Schweppes* lässt sich aber auch als „erhebliche Einschränkung" der bisherigen Rechtsprechung verstehen.[90] Aufgrund dieser unsicheren Rechtslage ist daher der **Praxis** zu empfehlen, bei der Gründung von Briefkastengesellschaften in jedem Einzelfall stets die Anhaltspunkte, die der EuGH in der Rechtssache *Cadbury-*

56

57

---

87) Hierauf weisen zutreffend hin *G. H. Roth*, S. 12 f. und 22 f.; *Teichmann*, ZGR 2011, 639, 671 f.
88) *G. H. Roth*, S. 13.
89) EuGH, Rs. C-212/97, *Centros Ltd/Erhvervsog Selskabsstyrelsen*, Slg. 1999, I-1459, Rz. 29 = AG 1999, 226 = NJW 1999, 2027; EuGH, Rs. C-167/01, *Kamer van Koophandel en Fabrieken voor Amsterdam/Inspire Art Ltd*, Slg. 2003, I-10155, Rz. 139 = NJW 2003, 3331= NZG 2003, 676 = EuZW 2003, 687.
90) So etwa Generalstaatsanwalt *Maduro* in seinen Schlussanträgen v. 22.5.2008 in der Rechtssache *Cartesio*, NZG 2008, 498, 503, Rz. 29; ebenso *Kindler* in: MünchKomm-BGB, IntGesR Rz. 129; *G. H. Roth*, S. 13 f.

Schweppes für die Beurteilung von solchen Gesellschaften genannt hat, in die Prüfung und Beratung mit einzubeziehen.

dd) EWR-Vertragsstaaten

58 Das Gründungsrecht ist nicht nur auf EU-Auslandsgesellschaften anwendbar, sondern auch auf Gesellschaften aus dem **Europäischen Wirtschaftsraum** (EWR) also Island, Liechtenstein und Norwegen. Dies hat der BGH unter Berufung auf die in Art. 31, 34 des EWR-Übereinkommens verankerte Niederlassungsfreiheit entschieden (im konkreten Fall für eine Gesellschaft aus Liechtenstein).[91]

5. Staatsverträge

59 Schließlich sind bei der Bestimmung des Gesellschaftsstatuts vielfach bi- oder multilaterale **internationale Übereinkommen** zu beachten, **sofern nicht** der Geltungsbereich der **Niederlassungsfreiheit** berührt ist (siehe dazu oben Rz. 18 ff.).[92] Die Bundesrepublik Deutschland hat weltweit mit zahlreichen Staaten solche Verträge geschlossen.[93] Während die Mehrzahl dieser Verträge (Freundschafts-, Handels- und Schifffahrtsverträge, Niederlassungs- und Schifffahrtsverträge, Abkommen über die Förderung und den gegenseitigen Schutz von Kapitalanlagen) die nach autonomem deutschen Recht ohnehin geltende Sitztheorie bestätigt,[94] weichen einige Übereinkommen vom autonomen Recht ab. So gilt nach h. A. und insbesondere nach Ansicht des BGH im Verhältnis der Bundesrepublik Deutschland zu den **USA** auf der Grundlage des deutsch-ameri-

---

[91] BGHZ 164, 148 = EuZW 2005, 733 = NJW 2005, 3351 = DNotZ 2006, 143 (m. Anm. *Thölke*); anders noch BGHZ 97, 269 = ZIP 1986, 643 = NJW 1986, 2194 = WM 1986, 641 = JZ 1986, 651 = MDR 1986, 743 = DB 1986, 2019 = RIW/AWD 1986, 822 = LM Nr. 40 zu § 50 ZPO = GmbHR 1986, 351 = BB 1986, 2153 = JuS 1986, 1001 (m. Anm. *Hohloch*) = IPRspr. 1986 Nr. 19 (Verlegung des Verwaltungssitzes [hier: einer Einzelpersonenanstalt liechtensteinischen Rechts] vom Ausland [hier: Liechtenstein] in das Inland mit Beibehaltung der Rechtsfähigkeit nur unter Neugründung möglich, die den Vorschriften des GmbHG entspricht); anders auch noch OLG Frankfurt a. M., NJW 1964, 2355 = AWD 1965, 175 = GmbHR 1965, 69 (m. Anm. *Kötz*) = IPRspr. 1964/65 Nr. 22 (eine nach liechtensteinischem Recht gegründete juristische Person kann in Deutschland nur dann als rechtsfähig angesehen werden, wenn die Verwaltung tatsächlich von Liechtenstein aus geführt wird. Dass ein liechtensteinischer Anwalt zum Repräsentanten bestellt worden ist, genügt nicht).

[92] *Kindler* in: MünchKomm-BGB, IntGesR Rz. 327; *Leible* in: Michalski, GmbHG, Syst. Darst. 2 Rz. 59; *Rehm* in: Eidenmüller, § 2 Rz. 12 (EGV geht zweiseitigen Staatsverträgen vor); *Weller*, ZGR 2010, 679, 696.

[93] Für eine Auflistung dieser Verträge s. *Kindler* in: MünchKomm-BGB, IntGesR Rz. 328 f.; *Rehm* in: Eidenmüller, § 2 Rz. 13 ff.; *Servatius* in: MünchHdb-GesR, Bd. 6, § 15 Rz. 22 f.

[94] Übersicht bei *Kindler* in: MünchKomm-BGB, IntGesR Rz. 330; *Servatius* in: MünchHdb-GesR, Bd. 6, § 15 Rz. 23.

kanischen **Freundschafts-, Handels- und Schifffahrtsvertrags** vom 29.10.1954[95)] die Gründungstheorie.[96)] In Art. XXV Abs. 5 des Vertrags heißt es:

„Der Ausdruck ‚Gesellschaften' in diesem Vertrag bedeutet Handelsgesellschaften, Teilhabergesellschaften sowie sonstige Gesellschaften, Vereinigungen und juristische Personen; dabei ist es unerheblich, ob ihre Haftung beschränkt oder nicht beschränkt und ob ihre Tätigkeit auf Gewinn oder nicht auf Gewinn gerichtet ist. Gesellschaften, die gemäß den Gesetzen und sonstigen Vorschriften des einen Vertragsteils in dessen Gebiet errichtet sind, gelten als Gesellschaften dieses Vertragsteils; ihr rechtlicher Status wird in dem Gebiet des anderen Vertragsteils anerkannt."

Auch im Verhältnis der Bundesrepublik Deutschland zu Spanien gilt auf der Grundlage des deutsch-spanischen Niederlassungsvertrags vom 23.4.1970 (Art. XV Abs. 2)[97)] nach ebenfalls wohl h. A. die Gründungstheorie.[98)] 60

Allerdings kommt es dabei nach einer im Vordringen begriffenen Ansicht nicht allein darauf an, dass die Gesellschaft nach den Vorschriften des Gründungsrechts gegründet worden ist. Darüber hinaus soll jedenfalls bei Gesellschaften, die nach einem „liberalen bis laxen" Gründungsrecht gegründet sind, eine **tatsächliche Beziehung („genuine link")** der Gesellschaft zu ihrem Gründungsstaat bestehen müssen,[99)] im Fall der USA aber nicht notwendig zum Grün- 61

---

95) Deutsch-amerikanischer Freundschafts-, Handels- und Schifffahrtsvertrags v. 29.10.1954, BGBl. II 1956, 487, in Kraft seit dem 14.7.1956, BGBl. II 1956, 1557; dazu *Kindler* in: MünchKomm-BGB, IntGesR Rz. 333 ff.; *Leible* in: Michalski, GmbHG, Syst. Darst. 2 Rz. 63 ff.; *Thölke* in: MünchHdb-GesR, Bd. 6, § 1 Rz. 104.

96) BGH, NZG 2005, 44; BGHZ 153, 353, 355 f.; BGH, NJW-RR 2002, 1359, 1360; BGH, ZIP 2004, 1549; OLG Zweibrücken, NJW 1987, 2168 = IPRspr. 1986 Nr. 22; OLG Düsseldorf, ZIP 1995, 1009 = NJW-RR 1995, 1124 = WM 1995, 808 = JuS 1995, 1037 (m. Anm. *Hohloch*); dazu *Ebenroth/Willburger*, EWiR 1995, 583 f.; vgl. auch BFH, GmbHR 1992, 315; implizit LG Hagen, IPRspr. 1982 Nr. 9 = IPRax 1983, 35; IPG 1980-81 Nr. 12 (Köln); ausführlich dazu *Dammann*, RabelsZ 68 (2004), 607; auch *Kaulen*, IPRax 2008, 389, 390 ff.; *Drouven/Mödl*, NZG 2007, 7; *Binz/Mayer*, BB 2005, 2361, 2362; *Ebenroth/Bippus*, NJW 1988, 2137; *Großfeld/Erlinghagen*, JZ 1993, 217, 224 ff.; *Thorn* in: Palandt, BGB, Anh. Art. 12 EGBGB Rz. 3 m. w. N. aus der Literatur. Anders *Lehner*, RIW 1988, 208. Ihm folgen *Kegel/Schurig*, IPR, § 17 II. 5. c) und *Berndt*, JZ 1996, 187, die der Bestimmung des Abkommens keine Kollisionsregel zugunsten des Gründungsrechts entnehmen wollen, sondern lediglich eine Vorschrift des Fremdenrechts, die festlegt, wann ausländerrechtliche Regelungen des Staatsvertrags eingreifen und wann insbesondere Ausländer wie Inländer behandelt werden müssen.

97) Deutsch-spanischer Niederlassungsvertrag v. 23.4.1970, BGBl. II 1972, 1041, in Kraft seit dem 26.11.1972, BGBl. II 1972, 1556.

98) *Lüderitz* in: Soergel, BGB, Anh. Art. 10 EGBGB Rz. 13; *Großfeld/Jasper*, RabelsZ 53 (1989), 52, 55; *Kindler* in: MünchKomm-BGB, IntGesR Rz. 328; zweifelnd in Bezug auf die Maßgeblichkeit der Gründungs- statt der Sitztheorie nach diesem Vertrag *von Bar*, IPR, Rz. 629.

99) OLG Düsseldorf, ZIP 1995, 1009, 1012; *Ebenroth/Willburger*, EWiR 1995, 583 (Urteilsanm.); *Ebenroth/Kemner/Willburger*, ZIP 1995, 972, 973 (Urteilsanm.); *Ebenroth/Offenloch*, RIW 1997, 1, 2; einschränkend für die USA *Binz/Mayer*, BB 2005, 2361, 2367.

dungseinzelstaat.[100] Der BGH hat diese Frage offengelassen.[101] Mit dem Erfordernis eines *genuine link* soll Rechtsmissbrauch verhindert werden.[102] Fehlt die Verknüpfung, bleibt es nach dieser Auffassung bei der Geltung der Sitztheorie, sodass die Gesellschaft im Sitzstaat regelmäßig keine Rechtsfähigkeit hat. So wird eine US-amerikanische Kapitalgesellschaft ohne *genuine link* in die USA nach deutschem Recht in haftungsrechtlicher Sicht wie eine oHG oder GbR Rechts behandelt.[103] Allerdings stellt man an den *genuine link* nur geringe Anforderungen. Es ist nach Ansicht des BGH kein tatsächlicher Verwaltungssitz der Gesellschaft im Gründungsstaat erforderlich.[104] Es genügt vielmehr regelmäßig bereits, eine auch nur geringe wirtschaftliche Tätigkeit im Gründungsstaat auszuüben.[105] Dafür kann nach Ansicht des BGH bereits eine geringe werbende Tätigkeit im Gründungsstaat ausreichen.[106]

62 Die Einschränkung der staatsvertraglichen Anerkennung durch ein ungeschriebenes *genuine link*-Erfordernis ist **bedenklich**. Sie stützt sich auf das Völkerrecht, dessen Anwendung im Verhältnis zu Privatpersonen allerdings problematisch ist.[107] Zudem dürfte sich ein möglicher Rechtsmissbrauch sehr viel sachgerechter anders bekämpfen lassen: Das Sitzrecht überlagert punktuell die einzelne Vorschrift des Gründungsrechts oder das Außenverhältnis der Gesell-

---

100) BGH, NJW-RR 2004, 1618; *Thorn* in: Palandt, BGB, Anh. Art. 12 EGBGB Rz. 3 m. w. N. aus der Literatur.
101) BGH, NZG 2005, 44 = DStR 2004, 2113 (m. Anm. *Goette*) = DNotZ 2005, 141 (m. Anm. *Thölke*). Unterschiedlich wird die Frage beurteilt, wie das Schweigen des BGH zu beurteilen ist. Die einen schließen aufgrund des zugrunde liegenden Sachverhalts, dass der BGH die Einschränkung nicht für angemessen hält, so etwa *Rehm* in: Eidenmüller, § 2 Rz. 29; *Paal*, RIW 2005, 735, 739 f.; die anderen gehen von einer Akzeptanz durch den BGH aus, so etwa *Kindler*, BB 2003, 812.
102) *Mankowski*, EWiR 2003, 661, 662.
103) Einen *genuine link* verlangt namentlich das OLG Düsseldorf, ZIP 1995, 1009 = NJW-RR 1995, 1124 = JuS 1995, 1037 (m. Anm. *Hohloch*) = WM 1995, 808; dazu *Nasall*, WuB IV B Art. 37 EGBGB: Gesellschaft nach dem Recht von Delaware gegründet, Adresse der Gesellschaft in Delaware ließ sich nicht verifizieren, Geschäftstätigkeit nur von Deutschland aus: „Einer im Bundesstaat Delaware gegründeten ‚Corporation' ist entgegen Art. XXV Abs. 5 Satz 2 des deutsch-amerikanischen Freundschafts-, Handels- und Schiffahrtsvertrags v. 29.10.1954 in der Bundesrepublik die Anerkennung zu versagen, wenn die Gesellschaft keine tatsächlichen, effektiven Beziehungen zum amerikanischen Gründungsstaat hat (sog. ‚genuine link') und sämtliche Aktivitäten in der Bundesrepublik entfaltet. Es handelt sich dann um eine rechtsmissbräuchliche Umgehungsgründung zu dem Zweck, unter Ausnutzung der ‚liberalen bis laxen' Rechtsordnung des US-Bundesstaates Delaware im deutschen Inland sämtliche gesellschaftlichen und geschäftlichen Aktivitäten zu entfalten (sog. ‚pseudo-foreign corporation')." Das OLG Koblenz hingegen lehnt das Erfordernis eines *genuine link* in diesem Zusammenhang ausdrücklich ab, vgl. OLG Koblenz, IPRspr. 2003, Nr. 19, S. 62.
104) BGH, NZG 2005, 44; vgl. *Mankowski*, EWiR 2003, 661, 662.
105) Vgl. *Ebenroth/Kemner/Willburger*, ZIP 1995, 972, 975; *Paefgen*, DZWIR 2003, 441, 443.
106) BGH, NZG 2005, 44, 45.
107) Vgl. IGH, *Nottebohm* (Liechtenstein v. Guatemala), ICJ Rep 1955, 4.

schaft zu Dritten[108]) anstatt das Gründungsrecht pauschal zu ersetzen und damit allgemein die nach ausländischem Recht verliehene Rechtsfähigkeit zu versagen.[109]) Gegenüber dem *genuine link*-Erfordernis ist daher allergrößte **Zurückhaltung** geboten. Gleichwohl wird die Kautelarpraxis mit der Rechtsprechung und der fehlenden Stellungnahme durch den BGH einstweilen leben und vorsichtshalber auf das Bestehen eines *genuine link* achten müssen.

6. Gesamt- und Sachnormverweisungen

Verweisungen im deutschen Internationalen Privatrecht sind grundsätzlich **Gesamtverweisungen**. Es gilt Art. 4 Abs. 1 Satz 1 EGBGB. Danach wird auf die gesamte Rechtsordnung und damit auch das Internationale Privatrecht des berufenen Rechts verwiesen, sofern dies nicht dem Sinn der Verweisung widerspricht. Eine etwaige Rück- oder Weiterverweisung ist also zu beachten. 63

Dies gilt schon seit jeher, wenn für eine Gesellschaft, die nicht aus der Europäischen Union stammt, mit der **Sitztheorie** auf deren effektiven Verwaltungssitz verwiesen wird.[110]) Nach bestrittener Auffassung gilt dies auch, wenn das deutsche Recht bei EU-Auslandsgesellschaften zur Wahrung der **Niederlassungsfreiheit** das Gründungsrecht beruft.[111]) Eine andere Meinungsgruppe will hingegen durch eine Sachnormverweisung direkt das materielle Gründungsrecht anwenden.[112]) 64

Eine **Rückverweisung** tritt bspw. ein bei einer nach deutschem Recht gegründeten GmbH, deren effektiver Verwaltungssitz sich in der Schweiz befindet. In diesem Fall verweist das deutsche Recht (Sitztheorie) auf das schweizerische Recht, und zwar unter Einschluss des dortigen Kollisionsrechts (Gesamtverweisung). Das schweizerische Internationale Gesellschaftsrecht folgt der Gründungstheorie und verweist daher auf das Gründungsrecht, also auf das deutsche Recht zurück. Das deutsche Recht nimmt die Verweisung an (Art. 4 Abs. 1 Satz 2 EGBGB). Die nach deutschem Recht gegründete GmbH wird als wirk- 65

---

108) Allein dies besagt die Lehre von der *pseudo-foreign corporation*, vgl. *Merkt*, US-amerikanisches Gesellschaftsrecht, Rz. 227 ff., 305; *Kindler* in: MünchKomm-BGB, IntGesR Rz. 370; *Bungert*, DB 1995, 963, 966.
109) *Bungert*, WM 1995, 2125.
110) BGH, RIW/AWD 1985, 154, 155 f.; OLG Frankfurt a. M., RIW 1990, 583, 584; OLG Hamburg, RIW 1988, 816, 817; OLG Hamm, RIW 1995, 152, 153; *Kindler* in: MünchKomm-BGB, IntGesR Rz. 506.
111) *Kindler* in: MünchKomm-BGB, IntGesR Rz. 507; *Eidenmüller*, ZIP 2002, 2233, 2241; *Roth*, IPRax 2003, 117, 120; *Paefgen*, WM 2003, 561, 568 (differenzierend); die Differenzierung zwischen Gesamt- und Sachnormverweisung i. R. der „europarechtlichen Gründungstheorie" als unpassend ansehend *Leible/Hoffmann*, RIW 2002, 925, 930 f.; wohl auch *Hausmann* in: Reithmann/Martiny, Int. Vertragsrecht, Rz. 5095.
112) *Thorn* in: Palandt, BGB, Anh. Art. 12 EGBGB Rz. 12 (im Bereich der Niederlassungsfreiheit sei die Frage einer Rück- oder Weiterverweisung aufgrund der Maßgeblichkeit des Gründungsrechts obsolet); *Forsthoff*, DB 2002, 2471, 2473.

same GmbH behandelt, der im Ausland liegende Verwaltungssitz ist aufgrund der sachrechtlichen Zulässigkeit eines ausländischen Verwaltungssitzes seit dem MoMiG zulässig (§ 4a GmbHG, für die AG § 5 AktG).[113]

66 Verweisungen aufgrund von **Staatsverträgen** (siehe oben Rz. 59 ff.) führen nach ihrem Sinn und Zweck dagegen nach einhelliger Ansicht direkt zum materiellen Recht (**Sachnormverweisung**). Rück- oder Weiterverweisungen sind unbeachtlich, weil die vertragsschließenden Staaten ihr Kollisionsrecht gerade vereinheitlichen wollten.[114] Im Anwendungsbereich des deutsch-amerikanischen Freundschafts-, Handels- und Schifffahrtsvertrags wird daher bei US-amerikanischen Gesellschaften direkt das **einzelstaatliche Gründungsrecht** berufen.[115]

7. Umgehungsversuche

67 Bisweilen wird pauschal empfohlen, sich für die inländischen Aktivitäten im Zusammenhang mit einem grenzüberschreitenden Unternehmenskauf einer im **Ausland** gegründeten Gesellschaft als **Akquisitionsvehikel** zu bedienen. Hiermit sollen die im Vergleich zu manchen anderen Ländern strengen deutschen Vorschriften namentlich über die Kapitalaufbringung und -erhaltung umgangen werden. Gewisser Beliebtheit erfreuen sich dabei nach englischem Recht gegründete *private limited companies*.[116] Bei einer solchen Fallgestaltung ist zu unterscheiden:

68 Folgt das deutsche Internationale Gesellschaftsrecht im konkreten Fall der **Sitztheorie**, weil weder staatsvertragliche Bestimmungen eingreifen noch eine durch die Niederlassungsfreiheit geschützte EU- oder EWR-Auslandsgesellschaft vorliegt, kann einer solchen Empfehlung nicht ohne weiteres gefolgt werden. Verkannt wird, dass eine solche nach ausländischem Recht gegründete Gesellschaft, sollte sie ihren effektiven Verwaltungssitz in Deutschland haben, aufgrund der Sitztheorie in Deutschland möglicherweise nicht in der Rechtsform ihrer Gründung als rechtsfähig behandelt wird. Dies kann in der Praxis zu unangenehmen Überraschungen führen. Es ergeben sich nämlich einerseits erheb-

---

113) *Kindler*, IPR des Wirtschaftsverkehrs, S. 182. Bis zum Inkrafttreten des Gesetzes zur Modernisierung des GmbH-Rechts und zur Bekämpfung von Missbräuchen (MoMiG) bestimmten § 4a Abs. 2 GmbHG a. F. und die Parallelnorm des § 5 Abs. 2 AktG a. F., dass als Satzungsort regelmäßig der Ort zu bestimmen sei, an dem die Gesellschaft einen Betrieb hat, sich die Geschäftsleitung befindet oder die Verwaltung geführt wird. Mit der Streichung dieser Vorschriften will der Gesetzgeber Gesellschaften ermöglichen, einen Verwaltungssitz zu wählen, der nicht notwendigerweise mit dem Satzungssitz übereinstimmt. Gefordert ist jetzt nur noch ein inländischer (Satzungs-) Sitz, s. näher dazu BT-Drucks. 16/6140, S. 68 f.

114) *Thorn* in: Palandt, BGB, Art. 4 EGBGB Rz. 11.

115) BGHZ 153, 353, 355 ff.; *Thorn* in: Palandt, BGB, Anh. Art. 12 EGBGB Rz. 3.

116) Näher zu *private limited companies* s. ausführlich *Ebert/Levedag* in: Süß/Wachter, Hdb. Int. GmbHR, S. 693 ff.; zur Behandlung einer private limited company mit tatsächlichem Verwaltungssitz in Deutschland *Riegger*, ZGR 2004, 510; zur Reform des Kapitalgesellschaftsrechts in Großbritannien (Companies Act 2006) *Witt*, ZGR 2009, 872, 886 ff.

liche gesellschafts- und zivilrechtliche Anpassungsprobleme und andererseits, und dies ist für die Praxis weitaus gravierender, erhebliche **Haftungsrisiken**, etwa wenn die Gesellschafter unvermittelt persönlich und unbeschränkt haftbar werden. So wird eine Gesellschaft mit effektivem Verwaltungssitz im Inland, die nach ausländischem Recht als Kapitalgesellschaft mit eigener Rechtspersönlichkeit gegründet ist, mangels Eintragung in das Handelsregister (§ 41 Abs. 1 Satz 1 AktG, § 11 Abs. 1 GmbHG) weder als AG noch als GmbH behandelt werden, sondern als oHG oder als GbR, je nachdem, ob sie ein Grundhandelsgewerbe in vollkaufmännischer Weise betreibt.[117] Hat die Gesellschaft nur einen Gesellschafter, wird er bei Betreiben eines Handelsgewerbes als Kaufmann oder sonst als natürliche Person eingeordnet. Die Gesellschafter haften als Folge dessen persönlich und gesamtschuldnerisch für die Gesellschaftsverbindlichkeiten, und ihnen wird der Schutz der zwischengeschalteten juristischen Person entzogen (siehe dazu auch oben Rz. 9 ff.).[118]

Folgt das deutsche Internationale Gesellschaftsrecht dagegen aufgrund einer **staatsvertraglichen Regelung** der **Gründungtheorie**, kann eine ausländische Gesellschaft als Akquisitionsvehikel verwendet werden. Aufgrund der staatsvertraglichen Regelung in Deutschland wird sie grundsätzlich anerkannt (siehe dazu und zum umstrittenen Erfordernis eines *genuine link* oben Rz. 61 f.). 69

Soll als Akquisitionsvehikel eine **EU- oder EWR-Auslandsgesellschaft** verwendet werden, ist für die Anknüpfung nach deutschem Recht zu unterscheiden. Folgt der **Gründungsstaat** der Gründungstheorie und hat er auch in seinem materiellen Recht **keine Wegzugsbeschränkungen** vorgesehen, lässt sich eine solche Gesellschaft grundsätzlich als Akquisitionsvehikel einsetzen (siehe oben Rz. 46 ff.).[119] In diesem Fall verweist das deutsche Recht über die Gründungstheorie auf das Recht des Gründungsstaats, welches die Verweisung annimmt. Dies gilt bspw. für die schon genannte *private limited company* des englischen Rechts, das der Gründungstheorie folgt.[120] In diesem Fall wäre es unerheblich, wenn die Gesellschaft sämtliche geschäftlichen Aktivitäten in Deutschland betreibt, weil ihre nach englischem Recht gegebene und fortbestehende Rechtsfähigkeit sowie die dortigen Kapital- und Haftungsvorschriften aufgrund der Rechtsprechung des EuGH zur Niederlassungsfreiheit auch in Deutschland anzuerkennen sind (siehe oben Rz. 51). Allerdings ist ggf. die Rechtsprechung 70

---

117) BGHZ 178, 192, 199, *Trabrennbahn*.
118) Einzelheiten bei *Eidenmüller/Rehm*, ZGR 1997, 89 ff., 91.
119) S. o. Rz. 35 auch zur abweichenden Ansicht, die sich gegen die Zulässigkeit materiellrechtlicher Wegzugsbeschränkungen ausspricht und daher die Sitztheorie im deutschen Recht nur anwendet, wenn der Wegzugsstaat seinerseits die Sitztheorie anwendet und damit eine kollisionsrechtliche Wegzugssperre aufgebaut hat.
120) Grundlegend *Gasque v. Commissioner of Inland Revenue* [1940] K.B. 80; dazu auch *Behrens* in: Ulmer/Habersack/Winter, GmbHG, Einl. B Rz. 38; *Großfeld* in: Staudinger, BGB, IntGesR Rz. 31.

des EuGH in der Rechtssache *Cadburry-Schweppes* zu Briefkastengesellschaften zu berücksichtigen (siehe oben Rz. 53 ff.). Außerdem ist zu beachten, dass die Niederlassungsfreiheit nach umstrittener Auffassung eine „Mobilitätskomponente" verlangt (siehe unten § 28 Rz. 44).

71 Anders liegt der Fall, wenn der **ausländische EU-/EWR-Gründungsstaat Wegzugssperren** aufgebaut hat. In diesem Fall wird nach der deutschen Sitztheorie das Recht am Ort des effektiven Verwaltungssitzes und damit das deutsche Recht berufen, nicht das Gründungsrecht (siehe oben Rz. 50). Denn die Niederlassungsfreiheit zwingt den Sitzstaat nur dann dazu, eine EU-/EWR-Auslandsgesellschaft anzuerkennen, wenn diese in ihrem Gründungsstaat wirksam gegründet ist und fortbesteht.[121] Welche Voraussetzungen für eine wirksame Gründung und einen wirksamen Fortbestand seiner Gesellschaften erforderlich sind, kann der Gründungsstaat selbst und unbeeinflusst von der Niederlassungsfreiheit bestimmen (siehe oben Rz. 50).[122] Sollte er daher etwa einen inländischen Verwaltungssitz verlangen und bei Fehlen eines solchen die Gesellschaft als nicht wirksam entstanden ansehen, würden wie bei sonstiger Geltung der Sitztheorie gegenüber Drittstaaten die oben genannten Haftungsrisiken eintreten (siehe oben Rz. 68).

II. Reichweite des Gesellschaftsstatuts
1. Allgemeines

72 In Deutschland herrscht nach wie vor traditionell die **Einheitslehre**. Danach unterfallen alle gesellschaftsrechtlichen Fragen regelmäßig dem durch die Gründungstheorie oder Sitztheorie bestimmten Personalstatut der Gesellschaft, weil eine Gesellschaft nur gut arbeiten kann, wenn die Einheit ihrer Rechtsstellung gesichert ist.[123] Einschränkungen des Gründungsrechts von Gesellschaften aus der Europäischen Union durch abweichendes Sitzrecht können sich ausnahmsweise ergeben, sofern die Niederlassungsfreiheit nicht verletzt wird (siehe

---

121) EuGH, Rs. C-210/06, *Cartesio Oktató és Szolgáltató bt*, Slg. 2008, I-9641 = NZG 2009, 61, 67 Rz. 109 f.; *Teichmann*, ZIP 2009, 393, 401; *Hennrichs/Pöschke/von der Laage/Klavina*, WM 2009, 2009, 2011 f.

122) EuGH, Rs. C-210/06, *Cartesio Oktató és Szolgáltató bt*, Slg. 2008, I-9641 = NZG 2009, 61, 67 Rz. 107 ff.; *Franz/Laeger*, BB 2008, 678, 683; *Kindler*, IPRax 2009, 189, 191; *Kindler*, NZG 2009, 130, 131; *Paefgen*, WM 2009, 529, 530; *Sethe/Winzer*, WM 2009, 536, 537 f.; *Teichmann*, ZIP 2009, 393 f.

123) BGHZ 78, 318, 334 = NJW 1981, 522, 525; *Behrens* in: Ulmer/Habersack/Winter, GmbHG, Einl. B Rz. 58; *von Bar*, IPR, Rz. 622; *Großfeld* in: Staudinger, BGB, IntGesR Rz. 16 und 249 f.; *Hofmeister*, WM 2007, 868; *Thölke* in: MünchHdb-GesR, Bd. 6, § 1 Rz. 6; hiervon geht auch der RefE des BMJ für ein „Gesetz zum Internationalen Privatrecht der Gesellschaften, Vereine und juristischen Personen" v. 7.1.2008 aus (s. dessen Art. 10 Abs. 2 EGBGB-E) (vgl. zum RefE s. o. Rz. 7).

oben Rz. 46 ff.).[124] Allerdings ist auch bei EWR-/EU-Auslandsgesellschaften grundsätzlich davon auszugehen, dass die Anknüpfung an das Gründungsrecht das gesamte Gesellschaftsstatut betrifft (siehe oben Rz. 47).[125]

Die *lex societatis* bestimmt, „unter welchen Voraussetzungen die juristische Person entsteht, lebt und vergeht".[126] Sie entscheidet daher regelmäßig über alle Fragen, welche die inneren und äußeren Verhältnisse der Gesellschaft betreffen. Im Einzelnen gehören dazu ihre Entstehung, ihre Rechtsfähigkeit und innere Verfassung, die internen Beziehungen zwischen der Gesellschaft und ihren Mitgliedern sowie deren Beziehungen untereinander, die Vertretung nach außen und die Haftung, die Rechnungslegung und die Abschlussprüfung, die Auflösung, Abwicklung und Beendigung der Gesellschaft sowie die gesellschaftsrechtlichen Auswirkungen der Eröffnung eines Insolvenzverfahrens.[127] Umstritten ist, inwieweit für die inneren Verhältnisse eine materiell-rechtliche Verweisung durch die Parteien möglich ist.[128]

73

2. Anteilsübertragung

Dem Gesellschaftsstatut unterliegt auch die eigentliche **Übertragung** oder **Abtretung der Beteiligung** und damit die vom Verkäufer geschuldete Verfügungshandlung.[129] So entschied der BGH für eine schweizerische AG, für deren Rechtsverhältnisse und damit auch für den Erwerb und den Verlust der Mit-

74

---

124) Näher dazu *Kindler* in: MünchKomm-BGB, IntGesR Rz. 430 ff.
125) So etwa *Ulmer*, NJW 2004, 1201, 1205 ff.; *Behrens* in: Ulmer/Habersack/Winter, GmbHG, Einl. B Rz. 60; *Behrens*, IPRax 2004, 20, 25 f.; *Müller* in: Spindler/Stilz, AktG, IntGesR Rz. 16; *Spahlinger* in: Spahlinger/Wegen, IntGesR, Rz. 21 ff.; *Sandrock*, BB 2004, 897 ff.; *Thorn* in: Palandt, BGB, Anh. Art. 12 EGBGB Rz. 7; *Zimmer*, NJW 2003, 3585, 3591; andeutend *Eidenmüller/Rehm*, ZGR 2004, 159, 165; einschränkend *Hohloch* in: Erman, BGB, Anh. II Art. 12 EGBGB Rz. 23; a. A. *Altmeppen*, NJW 2004, 97, 99 ff.; *Altmeppen*, NJW 2005, 1911, 1913; *Altmeppen/Wilhelm*, DB 2004, 1083, 1085 ff.; *Teichmann*, S. 526.
126) BGHZ 25, 134, 144; *Hofmeister*, WM 2007, 868.
127) RGZ 73, 366, 367; *Kaligin*, DB 1985, 1449, 1451; *Wetzler* in: Hölters, Hdb. Unternehmenskauf, Teil XV Rz. 81; *Thölke* in: MünchHdb-GesR, Bd. 6, § 1 Rz. 60 m. w. N.; zu den Einzelheiten *Kindler* in: MünchKomm-BGB, IntGesR Rz. 543 ff.; *Hirte* in: Hirte/Bücker, § 1 Rz. 44 ff.
128) Näher dazu *Göthel*, RIW 1999, 566, 567 f.; *Großfeld* in: Staudinger, BGB, IntGesR Rz. 758 und 389 ff.
129) *Schnorr v. Carolsfeld*, DNotZ 1963, 404, 421; *Wiedemann*, S. 816; *Wetzler* in: Hölters, Hdb. Unternehmenskauf, Teil XV Rz. 82; *Kindler* in: MünchKomm-BGB, IntGesR Rz. 611 f.; *Lüderitz* in: Soergel, BGB, Anh. Art. 10 EGBGB Rz. 42; *Großfeld* in: Staudinger, BGB, IntGesR Rz. 341; *Kegel/Schurig*, IPR, § 17 II. 2.; *Thorn* in: Palandt, BGB, Anh. Art. 12 EGBGB Rz. 19 f.; *von Bar*, IPR, Rz. 573, 644; *Behr* in: FG Sandrock, S. 159, 160; anders *Fikentscher*, MDR 1957, 71, 73, dagegen zutreffend *Wiedemann*, GesR, S. 816.

§ 8 Gesellschaftsstatut und weitere Übertragungsstatute

gliedschaft in ihr sei nach deutschem Recht an den Sitz der Hauptverwaltung anzuknüpfen.[130] In diesem Sinne befand auch schon das Reichsgericht.[131]

75 Das Gesellschaftsstatut bestimmt namentlich, ob der Anteil oder das Mitgliedschaftsrecht überhaupt **fungibel** ist, und wenn ja, welche Erfordernisse für die Übertragung zu beachten sind.[132] Es beurteilt darüber hinaus, ob und welche Wertpapiere (z. B. Inhaber- oder Namenspapiere) die in Ansehung der Anteile ausgestellten Dokumente darstellen und auf welche Weise diese Papiere übertragen werden.[133] Es entscheidet auch darüber, ob über das verbriefte Recht durch Verfügung über das verbriefende Wertpapier verfügt wird (**Wertpapierrechtsstatut**).[134]

76 Ist insoweit erforderlich, über das **Wertpapier** selbst gesondert zu **verfügen**, entscheidet über die Wirksamkeit der Übereignung allerdings nicht das Gesellschaftsstatut, sondern das Recht an jenem Ort, an dem sich das Papier befindet (*lex cartae sitae*, **Wertpapiersachstatut**).[135] Zu diesem Recht gelangt man nicht erst im Wege einer (Teil-) Weiter- oder Rückverweisung des Gesellschaftssta-

---

130) BGH, NJW 1994, 939, 940 = FamRZ 1994, 510 = DStR 1994, 514 = ZEV 1994, 113 (m. Anm. *Ebenroth/Lorz*); ebenso OLG Karlsruhe, IPRspr. 1983 Nr. 20 (Unabhängig vom Vertragsstatut des zugrunde liegenden schuldrechtlichen Geschäfts richtet sich die Übertragung von Anteilsrechten an einer ausländischen juristischen Person [hier: französische AG) nach deren Personalstatut]; OLG Celle, ZIP 1984, 594, 600 = WM 1984, 494, 500 (Für die Übertragung von Anteilsrechten an juristischen Personen [hier: nach schweizerischem Recht gegründete AG mit Sitz in der Schweiz] ist deren Personalstatut maßgebend).
131) RG, JW 1928, 2013 = IPRspr. 1928 Nr. 13 (Kauf von Anteilen an einer estnischen GmbH. Für den Verkauf der Anteile gilt das Recht am Erfüllungsort [hier: Deutschland], während die Abtretung nach dem estnischen Gesellschaftsstatut erfolgt); RG, IPRspr. 1934 Nr. 11 (Ist nach dem anzuwendenden ausländischen [hier: niederländischen] Sitzrecht der AG eine Inhaberaktie beim Eigentumsübergang wie eine bewegliche Sache zu behandeln, ist nach den allgemeinen Grundsätzen des IPR für die Eigentumsübertragung das Belegenheitsrecht maßgeblich).
132) *Lutter/Drygala* in: KölnKomm-AktG, Anh. § 68 AktG Rz. 41.
133) *Schnorr v. Carolsfeld*, DNotZ 1963, 404, 421; *Wiedemann*, GesR, S. 816; *Kegel/Schurig*, IPR, § 17 II. 2., § 19 II.; *Lüderitz* in: Soergel, BGB, Anh. II Art. 38 EGBGB Rz. 15; *Lutter/Drygala* in: KölnKomm-AktG, Anh. § 68 Rz. 37 ff.; *St. Lorenz*, NJW 1995, 176, 177; *Behr* in: FG Sandrock, S. 159, 160.
134) *Wendehorst* in: MünchKomm-BGB, Art. 43 EGBGB Rz. 195.
135) BGH, ZIP 1994, 371 = NJW 1994, 939, 940 = FamRZ 1994, 510 = DStR 1994, 514 = ZEV 1994, 113 (m. Anm. *Ebenroth/Lorz*); dazu *H. Koch*, EWiR 1994, 1185; OLG Köln, ZIP 1994, 1459 = IPRax 1996, 340; dazu *Hanisch*, EWiR 1994, 1213: „Auf die Übertragung der 400 Inhaberaktien findet luxemburgisches Recht Anwendung, da sich die Aktien unstreitig in Luxemburg befinden. Im internationalen Sachenrecht gilt kraft Gewohnheitsrecht grundsätzlich das Recht am Lageort (lex rei sitae), und zwar sowohl für bewegliche Sachen wie Wertpapiere." Vgl. auch RG, IPRspr. 1934 Nr. 11. Aus der Literatur *Bernstein*, ZHR 140 (1976), 414; *Wiedemann*, GesR. S. 816; *Kübler*, WM 1986, 1305; *Kegel/Schurig*, IPR, § 17 II. 2.; *Großfeld* in: Staudinger, BGB, IntGesR Rz. 341; *St. Lorenz*, NJW 1995, 176, 177; *Behr* in: FG Sandrock, S. 159, 161; a. A. *Schnorr v. Carolsfeld*, DNotZ 1963, 404, 421 (Gesellschaftsstatut).

tuts.[136)] Nach richtiger Ansicht führt die Verweisung der *lex fori* (Art. 43 Abs. 1 EGBGB) vielmehr direkt auf das **Recht am Lageort** der Urkunde.[137)]

Für den **gutgläubigen Erwerb** ist zu unterscheiden: Der gutgläubige Erwerb der Beteiligung beurteilt sich nach dem Gesellschaftsstatut,[138)] der gutgläubige Erwerb des verbriefenden Papiers nach dem Recht am Ort seiner Belegenheit.[139)] Nach einer Literaturansicht soll bei der Namensaktie wegen der stärkeren Bindung an die Gesellschaft für die ggf. erforderliche gesonderte Übereignung des Aktienzertifikats nicht das Belegenheitsrecht, sondern das Gesellschaftsstatut maßgeblich sein.[140)] 77

Ebenfalls nach dem Gesellschaftsstatut richten sich etwaige allgemeine **Übertragungsbeschränkungen** oder -verbote. Sieht bspw. der Gesellschaftsvertrag der Zielgesellschaft vor, der Anteil könne nur mit Zustimmung der Gesellschafter übertragen werden, beurteilen sich Zulässigkeit und Wirksamkeit dieser Übertragungsbeschränkung nach dem Gesellschaftsstatut. Schreibt das Gesellschaftsstatut – wie etwa das spanische Recht[141)] – für die Übertragung einer Inhaberaktie die Einschaltung eines Handelsmaklers oder Notars zwingend vor und schließt es die Übertragung durch bloße Einigung und Übergabe aus, dann soll die Übertragung des Inhaberanteils an einer spanischen *sociedad anónima* in Deutschland gemäß den §§ 929 ff. BGB nach in der deutschen Literatur vertretener Auffassung unwirksam sein. Die Beschränkung des spanischen Rechts ist demnach zu beachten, weil sie bereits die Übertragbarkeit betrifft.[142)] 78

Verlangt der Gesellschaftsvertrag der Zielgesellschaft von jedem Gesellschafter, Inländer zu sein, richten sich die **Folgen des Beteiligungsverkaufs** an einen Ausländer nach dem Gesellschaftsstatut.[143)] Gesellschaftsvertragliche Übertra- 79

---

136) Anders wohl BGH, ZIP 1994, 371 = ZEV 1994, 113 (m. Anm. *Ebenroth/Lorz*): „Für die Frage, ob das Eigentum an Inhaberaktien einer Schweizer und einer liechtensteinischen AG übergegangen ist, verweist das deutsche IPR zunächst auf das Schweizer und das liechtensteinische Recht (Recht am jeweiligen Hauptverwaltungssitz)." Ähnlich RG, IPRspr. 1934 Nr. 11: Erst das niederländische Sitzrecht der AG führt im Wege der Weiterverweisung für die Frage des Eigentumsübergangs bei einer Inhaberaktie auf das Recht am Ort der Belegenheit der Aktienurkunde. Ebenso wie der BGH und das RG *Schnorr v. Carolsfeld*, DNotZ 1963, 404, 421, der das Belegenheitsrecht nur anwenden will, wenn das Gesellschaftsstatut auf das Belegenheitsrecht (weiter- oder zurück-)verweist; so wohl auch *Behr* in: FG Sandrock, S. 159, 161.
137) So auch *St. Lorenz*, NJW 1995, 176, 177.
138) *Großfeld* in: Staudinger, BGB, IntGesR Rz. 343.
139) *Lutter/Drygala* in: KölnKomm-AktG, Anh. § 68 Rz. 39; *St. Lorenz*, NJW 1995, 176, 177.
140) *Schnorr v. Carolsfeld*, DNotZ 1963, 404, 421; so auch noch *Lutter* in: KölnKomm-AktG, 2. Aufl., Anh. § 68 Rz. 31, mittlerweile allerdings auch abl. *Lutter/Drygala* in: KölnKomm-AktG, Anh. § 68 Rz. 40.
141) Zur Übertragung von Aktien *Frühbeck*, DStR 1992, 1206, 1210.
142) *Schütze* in: Assmann/Schütze, Hdb. des Kapitalanlagerechts, § 8 Rz. 66 f.
143) *Beisel* in: Beisel/Klumpp, Unternehmenskauf, Kap. 7 Rz. 10.

gungsbeschränkungen und -verbote können folglich nicht durch Wahl eines fremden Vertragsstatuts umgangen werden. Gleiches gilt für gesetzliche Beschränkungen und -verbote des Gesellschaftsstatuts.[144]

80 Ist der Erwerb nach dem Gesellschaftsstatut der Zielgesellschaft zulässig, stellt sich die hiervon zu unterscheidende Frage, ob der Erwerb auch nach dem Recht zulässig ist, dem der **Käufer** unterliegt. Verbietet sein Personal- oder Gesellschaftsstatut bspw., sich als Gesellschafter an einer ausländischen Gesellschaft zu beteiligen, scheitert ein wirksamer Beteiligungserwerb, auch wenn er nach dem Gesellschaftsstatut der Zielgesellschaft zulässig ist.[145]

81 Die obigen Ausführungen zeigen, wie wichtig es für die **Praxis** ist, bei einem Share Deal bereits im Stadium der Vorbereitung und des Abschlusses des Kaufvertrags zu berücksichtigen, dass sich die eigentliche Übertragung der Anteile zwingend nach dem Gesellschaftsstatut der Gesellschaft richtet, deren Anteile übertragen werden. Daher empfiehlt es sich, alle unmittelbar mit der Anteilsübertragung verbundenen Fragen im vorvertraglichen Stadium anhand des maßgeblichen Gesellschaftsstatuts zu klären. Dies gilt auch und insbesondere für eventuelle Kosten der Anteilsübertragung (Formstatut).

3. Mitteilungs- und Bekanntmachungspflichten

82 Nach dem Gesellschaftsstatut richten sich des Weiteren etwaige gesellschaftsrechtliche **Mitteilungs- und Bekanntmachungspflichten** (sowie die Folgen ihrer Verletzung),[146] z. B. die Pflicht, den Erwerb eines bestimmten Prozentsatzes der Anteile oder der Stimmrechte sowie eine Mehrheitsbeteiligung der Gesellschaft mitzuteilen und bekannt zu machen.[147]

III. Grund für Abspaltung vom Vertragsstatut

83 Der Grund dafür, dass alle diese Fragen, aber auch Fragen zur grenzüberschreitenden Umwandlung (siehe dazu unten § 29) und bestimmte übernahmerechtliche Fragen (siehe dazu unten § 13 Rz. 76 ff.), nicht dem Vertrags-, sondern dem **Gesellschaftsstatut** unterstellt werden, liegt im Wesentlichen darin,

---

144) Siehe auch *Kindler* in: MünchKomm-BGB, IntGesR Rz. 572.
145) *Großfeld* in: Staudinger, BGB, IntGesR Rz. 306; *Kindler* in: MünchKomm-BGB, IntGesR Rz. 573 f.; dazu auch *Zimmer*, S. 267 ff.
146) Allerdings vorbehaltlich deliktischer Ansprüche, die dem Deliktsstatut unterliegen; dazu *Thorn* in: Palandt, BGB, Art. 40 EGBGB Rz. 1 ff.; *Hohloch* in: Erman, BGB, Art. 40 EGBGB Rz. 12 ff.
147) Das deutsche Aktienrecht sieht eine solche Mitteilungspflicht in §§ 20, 21 AktG vor. Erheblich weitergehende Mitteilungspflichten statuieren die kapitalmarktrechtlichen Vorschriften §§ 21, 22 WpHG für Veränderungen des Stimmrechtsanteils an einem Emittenten, für den die Bundesrepublik Deutschland der Herkunftsstaat ist (vgl. zum Begriff § 2 Abs. 6 WpHG; dazu *Assmann* in: Assmann/Schneider, WpHG, § 2 Rz. 162 ff.). Zur kollisionsrechtlichen Anknüpfung dieser Vorschriften s. § 13 Rz. 66 ff.

dass es nicht hinzunehmen wäre, wenn ein fremdes – im Wege der Rechtswahl durch die Parteien berufenes – Vertragsstatut in diesen Fragen zu anderen Ergebnissen gelangte als das Gesellschaftsstatut. Immerhin geht es um Fragen von einiger **organisationsrechtlicher Bedeutung**, zu deren Beantwortung gewiss kein Recht eher berufen ist als das Gesellschaftsstatut. Nach ihm ist die Gesellschaft ja auch strukturiert. Mögen die am Share Deal beteiligten Parteien also ihr Kaufrecht wählen. Die Auswirkungen des Kaufvertrags auf das Verhältnis der Gesellschafter untereinander sind schon zur Wahrung der Interessen der Gesellschafter sowie aus Gründen der Rechtssicherheit und -klarheit nach dem Gesellschaftsstatut zu beurteilen.

Wichtig für die Praxis ist in Bezug auf die in diesem Abschnitt aufgezählten Fragen, dass das Gesellschaftsstatut der direkten Wahl entzogen ist, sofern die Sitztheorie anwendbar ist (siehe oben Rz. 9 ff.). Im Internationalen Gesellschaftsrecht gibt es in diesem Fall keine **Parteiautonomie**.[148] Anders ist die Situation nur im Geltungsbereich der Gründungstheorie (siehe oben Rz. 18 ff.). Denn sie ermöglicht den Gründern, das auf die Gesellschaft anwendbare Recht durch Wahl des Gründungsorts zu bestimmen. Keine Rechtswahlmöglichkeit gibt es wiederum, soweit für die Übertragung von verbriefenden Papieren das Belegenheitsrecht maßgeblich ist.[149]   84

B. Asset Deal
I. Übertragung der Wirtschaftsgüter
1. Grundsatz

Wie beim Share Deal beurteilt sich auch beim Asset Deal die Übertragung nicht nach dem Schuldstatut des Unternehmenskaufvertrags.[150] Allerdings ist für die Übertragung auch nicht etwa – wie das Gesellschaftsstatut beim Share Deal – ein einheitliches Übertragungsstatut maßgeblich. Vielmehr richtet sich die Übertragung der einzelnen Wirtschaftsgüter des Unternehmens (Übereignung von Sachen, Abtretung von Rechten) nach dem für das **jeweilige Verfügungsgeschäft** maßgeblichen Recht.[151]   85

Zu beachten ist, dass die Parteien das für die eigentliche Übertragung der Wirtschaftsgüter maßgebliche Recht nicht frei vereinbaren können. Anders als im Bereich des Internationalen Schuldrechts ist im Bereich der Verfügungsgeschäfte der Grundsatz der **Parteiautonomie** jedenfalls nach ganz h. A. grund-   86

---

148) OLG Düsseldorf, ZIP 1995, 1009 = NJW-RR 1995, 1124 = WM 1995, 808; dazu *Ebenroth/Willburger*, EWiR 1995, 583; *Hohloch*, JuS 1995, 1037.
149) OLG Köln, ZIP 1994, 1459 = IPRax 1996, 340; dazu *Hanisch*, EWiR 1994, 1213.
150) *Meyer-Sparenberg*, WiB 1995, 849, 851.
151) *Wetzler* in: Hölters, Hdb. Unternehmenskauf, Teil XV Rz. 97; *Meyer-Sparenberg*, WiB 1995, 849, 851.

sätzlich unbekannt. Vordringlich sei das Interesse an Verkehrssicherheit.[152] Eine Rechtswahl im Kaufvertrag ist für die eigentliche Übertragung mithin wirkungslos.

87 Daher ist in der **Praxis** beim Asset Deal bereits im Stadium der Vorbereitung und des Abschlusses des Kaufvertrags zu berücksichtigen, dass sich die eigentliche Übertragung der einzelnen Wirtschaftsgüter grundsätzlich zwingend nach dem Recht am **Ort der Belegenheit** dieser Wirtschaftsgüter beurteilt. Deshalb ist rechtzeitig zu prüfen, ob und unter welchen Voraussetzungen (Kosten) nach dem Belegenheitsrecht die Übertragung der Wirtschaftsgüter möglich ist.

2. Mobilien

88 Die Übertragung des Eigentums an körperlichen Mobilien wie Warenlager und Inventar einschließlich des Zubehörs unterliegt gemäß Art. 43 Abs. 1 EGBGB dem Recht an ihrem jeweiligen Lageort (**Belegenheitsgrundsatz**, *lex rei sitae*). Die Vorschrift wurde durch das IPR-Gesetz[153] in das EGBGB eingefügt und normiert damit den gewohnheitsrechtlichen Grundsatz des deutschen Internationalen Sachenrechts. Befinden sich alle zum Unternehmen gehörenden Mobilien an einem Ort, gilt insoweit das dortige Recht. Befinden sie sich in verschiedenen Ländern, spaltet sich das Erfüllungsstatut. Nach dem Recht am Lageort beurteilt sich insbesondere, welche Anforderungen an die Bestimmtheit der Mobilien gestellt werden, ob es also etwa ausreicht, Sammel- oder Gattungsbezeichnungen zu verwenden oder sich auf eine bloß räumliche Umschreibung zu beschränken.[154]

89 Das Belegenheitsrecht gilt zudem – jedenfalls im Grundsatz – für **Sicherungsrechte** an beweglichen Sachen (siehe dazu unten § 10 Rz. 12 ff.).[155]

90 Werden Mobilien im Zuge des Unternehmenskaufs von einem Staat in einen anderen verbracht, stellt sich die Frage, welches Belegenheitsrecht maßgebend ist. Mit dem **Grenzübertritt** wechselt das Belegenheitsrecht. Man spricht vom **Statutenwechsel**. Die Übertragung richtet sich nach dem Altstatut, sofern die nach ihm für die Übertragung erforderlichen Tatbestandselemente vollständig erfüllt sind. Ist der Tatbestand nicht vollständig erfüllt, bevor die Sache in den Geltungsbereich des Neustatuts gelangt, richtet sich die Übertragung aus-

---

152) *Wetzler* in: Hölters, Hdb. Unternehmenskauf, Teil XV Rz. 99; *Kegel/Schurig*, IPR, § 19 I.; *Wendehorst* in: MünchKomm-BGB, Art. 43 EGBGB Rz. 4; *Hohloch* in: Erman, BGB, Art. 43 EGBGB Rz. 6 jeweils m. w. N.; *Salger* in: Droste, M&A, S. 313, 325; teilweise anders etwa *Kropholler*, IPR, § 54 II; vgl. auch Art. 104 Abs. 1 schweizerisches IPR-Gesetz, der den Parteien eine beschränkte Parteiautonomie für das Sachenrecht gewährt.

153) Gesetz zum Internationalen Privatrecht für außervertragliche Schuldverhältnisse und für Sachen (IPR-Gesetz) v. 21.5.1999, BGBl. I, 1026; dazu *Fischer*, IPRax 2002, 1.

154) *Meyer-Sparenberg*, WiB 1995, 849, 851.

155) *Wendehorst* in: MünchKomm-BGB, Art. 43 EGBGB Rz. 84 ff.

schließlich und vollständig nach dem Neustatut.[156] Unter Umständen werden nach dem Altstatut bereits erfüllte Tatbestandselemente berücksichtigt.[157] Wird die Sache in das Inland verbracht, ist Art. 43 Abs. 3 EGBGB zu beachten.

Ist ein bestimmtes **dingliches Recht** im Altstaat wirksam begründet worden, bleibt zu prüfen, ob dieses Recht im Neustaat mit identischem Inhalt fortbestehen bleibt. Das Neustatut übernimmt zwar die Sache in der sachenrechtlichen Ausgestaltung, die es nach den Bestimmungen des Altstatuts erlangt hat. Allerdings sind die Grenzen des Neustatuts zu beachten. Denn nach Art. 43 Abs. 2 EGBGB können bestehende dingliche Rechte nicht im Widerspruch zum Neustatut ausgeübt werden. Kennt das Neustatut das betreffende sachenrechtliche Institut nicht (etwa registerlose Sicherungsrechte), entscheidet es, ob die sachenrechtliche Ausgestaltung in modifizierter Form fort gilt oder ob das betreffende Sachenrecht untergeht.[158]   91

3. Wertpapiere

Umfasst das Unternehmensvermögen Wertpapiere (Schecks, Wechsel, Obligationen, Warenpapiere, Aktienzertifikate etc.), unterliegt die Verfügung über die Urkunden gemäß Art. 43 Abs. 1 EGBGB dem Recht am Lageort (**Wertpapiersach**statut, *lex cartae sitae*).[159]   92

Hingegen unterliegt die Übertragung des in der Urkunde verbrieften Rechts einem eigenen Statut (**Wertpapier*rechts*statut**). Bei verbrieften Forderungen (z. B. Schecks, Wechsel, Obligationen) ist Wertpapierrechtsstatut das betreffende Schuldstatut, bei Sachenrechten (etwa Warenpapieren) das Sachstatut (Belegenheitsrecht) und bei Mitgliedschaftsrechten (z. B. Aktien) das Gesellschaftsstatut. Das Wertpapierrechtsstatut entscheidet insbesondere, ob die Verfügung über das verbriefte Recht durch Verfügung über das verbriefende Wertpapier erfolgt.[160]   93

Besondere Regelungen gelten allerdings für **handelbare Wertpapiere**. Sie fallen nicht in den Anwendungsbereich der Rom I-Verordnung (Art. 1 Abs. 2 lit. d Rom I-VO). Ausgenommen von der Rom I-Verordnung sind zunächst ausdrücklich sämtliche **Wechsel, Schecks und Eigenwechsel**. Für solche Papiere gelten andere internationale Abkommen, denen die Bundesrepublik Deutschland beigetreten ist. Zu nennen sind die Genfer Abkommen vom 7.6.1930 über   94

---

156) *Ebenroth/Offenloch*, RIW 1997, 1, 3; *Thorn* in: Palandt, BGB, Art. 43 EGBGB Rz. 6; ausführlich hierzu *Wendehorst* in: MünchKomm-BGB, Art. 43 EGBGB Rz. 119 ff.
157) *Thorn* in: Palandt, BGB, Art. 43 EGBGB Rz. 6.
158) *Ebenroth/Offenloch*, RIW 1997, 1, 3; *Thorn* in: Palandt, BGB, Art. 43 EGBGB Rz. 5 f.; ausführlich hierzu *Wendehorst* in: MünchKomm-BGB, Art. 43 EGBGB Rz. 132 ff.
159) *Kegel/Schurig*, IPR, § 19 II.
160) *Wendehorst* in: MünchKomm-BGB, Art. 43 EGBGB Rz. 195; *Meyer-Sparenberg*, WiB 1995, 849, 851.

das einheitliche Wechsel- und Scheckrecht[161] und das Genfer Abkommen vom 19.3.1931 über Bestimmungen auf dem Gebiet des internationalen Wechsel- und Scheckprivatrechts.[162]

95 Das insoweit maßgebliche Recht bestimmt sich nach den Kollisionsregeln der Art. 91–98 WG und der Art. 60–66 ScheckG. So bestimmen Art. 93 WG und Art. 63 ScheckG das für die Wirkungen der Wechsel- und Scheckerklärung maßgebende Recht.[163] Beim Wechsel ist dies für die Verpflichtungserklärungen das Recht am Zahlungsort, für die übrigen Wechselerklärungen das Recht am Zeichnungsort. Beim Scheck ist maßgeblich das Recht am Zeichnungsort. Allerdings dürfen die Parteien nach h. A. ein abweichendes Recht vertraglich **vereinbaren**.[164]

96 Darüber hinaus sind vom Anwendungsbereich der Rom I-Verordnung **schuldrechtliche Verpflichtungen aus anderen handelbaren Wertpapieren (Inhaber- und Orderpapiere)** ausgenommen, allerdings nur soweit diese Verpflichtungen aus der Handelbarkeit (Umlauffunktion) rühren (Art. 1 Abs. 2 lit. d Rom I-VO). Damit sind die genuin wertpapierrechtlichen Funktionen solcher Papiere gemeint, d. h. alle schuldrechtlichen Verpflichtungen aus dem Wertpapier, die im Interesse seiner Verkehrsfähigkeit besonders ausgestaltet sind.[165] Dabei geht es etwa um schuldrechtliche Verpflichtungen, die bei Übertragung des Papiers zustande kommen, oder den weitgehenden Ausschluss von Einwendungen. So bspw. beim Orderkonnossement die Verpflichtung, die Güter an den Indossatar herauszugeben, ferner um die Legitimation, den gutgläubigen Erwerb und die Haftung.[166] Gleiches gilt für den Lagerschein und den Ladeschein.[167]

97 Für diese Verpflichtungen bleibt es bei der Geltung der vor der IPR-Reform im Jahre 1986 geltenden **ungeschriebenen Grundsätze** des Internationalen Schuld-

---

161) Genfer Abkommen v. 7.6.1930 über das einheitliche Wechsel- und Scheckrecht, RGBl. II 1933, 377, 444.
162) Genfer Abkommen v. 19.3.1931 über Bestimmungen auf dem Gebiet des internationalen Wechsel- und Scheckprivatrechts, RGBl. II 1933, 537, 594.
163) Einzelheiten bei *Baumbach/Hefermehl/Casper*, WG/ScheckG, Vor Art. 91 WG, und die Kommentierung zu Art. 91 ff. WG; allgemein zum internationalen Wechselrecht auch *Morawitz*, Das internationale Wechselrecht, passim.
164) BGHZ 104, 145 = ZIP 1988, 833 = NJW 1988, 1979 = IPRax 1989, 170; dazu *Schlechtriem*, IPRax 1989, 155.
165) So für Art. 37 Nr. 1 EGBGB a. F. die Begr. RegE eines Gesetzes zur Neuregelung des Internationalen Privatrechts, BT-Drucks. 10/504, S. 84; BGH, ZIP 1993, 1706 = NJW 1994, 187 (Orderkonnossement); dazu *Martinek*, EWiR 1993, 1181; BGHZ 99, 207 = NJW 1987, 1145 (m. Anm. *Wechsel*); dazu *Geimer*, EWiR 1987, 405.
166) Vgl. etwa BGHZ 99, 207, 209 = NJW 1987, 1145 = IPRax 1988, 26 (m. krit. Anm. *Basedow*) zur Gültigkeit der Rechtswahlklausel in einem Konnossement.
167) *Hohloch* in: Erman, BGB, Anh. II Art. 26 EGBGB, Art. 1 Rom I-VO Rz. 8.

rechts.[168] Freilich stimmt dieses Recht in vielen Grundzügen mit dem Recht der Rom I-Verordnung überein.[169] Es ist auch zulässig, die allgemeinen Grundsätze der Rom I-Verordnung heranzuziehen.[170]

Streng von diesen Verpflichtungen zu trennen sind die zugrunde liegenden **Kausalgeschäfte**, also etwa der Unternehmenskaufvertrag. Auch soweit er zur Übertragung von Wertpapieren verpflichtet, unterliegt er der Rom I-Verordnung.[171]   98

4. Fuhrpark

Für den Fuhrpark gelten – wie für Verkehrs- und Transportmittel generell – zum Teil **Sonderregeln**, weil der Grundsatz des Lagerechts insoweit vielfach als ungeeignet angesehen wird.[172]   99

5. Grundstücke

a) Belegenheitsrecht

Nach dem Recht am Ort der Belegenheit beurteilt sich außerdem die Übertragung des Eigentums an zum Unternehmen gehörenden Grundstücken, einschließlich des Grundstückszubehörs. Gleiches gilt für beschränkte Rechte an Grundstücken, wie etwa Sicherungs- und Nutzungsrechte oder Erbbaurechte (**Art. 43 Abs. 1 EGBGB**).[173]   100

b) Steuerliche Unbedenklichkeitsbescheinigungen

Will eine ausländische Gesellschaft i. R. eines Asset Deal ein in der Bundesrepublik Deutschland befindliches Grundstück erwerben, benötigt sie für die Eintragung in das Grundbuch – wie jeder andere in- oder ausländische Erwerber – die grunderwerbsteuerrechtliche **Unbedenklichkeitsbescheinigung** des zuständigen Finanzamts (§ 22 Abs. 1 i. V. m. § 17 GrEStG). Das Finanzamt hat die Bescheinigung zu erteilen, wenn die Grunderwerbsteuer entrichtet, sichergestellt oder gestundet worden ist oder wenn Steuerfreiheit gegeben ist (§ 22   101

---

168) S. etwa BGHZ 99, 207 = NJW 1987, 1145; *Martiny* in: Reithmann/Martiny, Int. Vertragsrecht, Rz. 55.
169) Vgl. etwa BGH, ZIP 1993, 1706 = NJW 1994, 187 = IPRax 1994, 452; dazu *Straub*, IPRax 1994, 432: wirksame Abbedingung von Art. 93 Abs. 1 WG.
170) *Martiny* in: Reithmann/Martiny, Int. Vertragsrecht, Rz. 55; zum früheren Recht *Leible* in: AnwKomm-BGB, 1. Aufl., Art. 37 EGBGB Rz. 4.
171) Vgl. *Hohloch* in: Erman, BGB, Anh. II Art. 26 EGBGB, Art. 1 Rom I-VO Rz. 8; *Martiny* in: Reithmann/Martiny, Int. Vertragsrecht, Rz. 55.
172) Einzelheiten bei *Wendehorst* in: MünchKomm-BGB, Art. 45 EGBGB. Vgl. auch Art. 45 Abs. 1 Satz 1 EGBGB: „Rechte an Luft-, Wasser- und Schienenfahrzeugen unterliegen dem Recht des Herkunftsstaats."
173) *Wendehorst* in: MünchKomm-BGB, Art. 43 EGBGB Rz. 57 ff.

§ 8 Gesellschaftsstatut und weitere Übertragungsstatute

Abs. 2 Satz 1 GrEStG). Es darf die Bescheinigung in anderen Fällen erteilen, wenn nach seinem Ermessen die Steuerforderung nicht gefährdet ist (§ 22 Abs. 2 Satz 2 GrEStG). Im Ergebnis bewirkt eine fehlende Unbedenklichkeitsbescheinigung eine Grundbuchsperre,[174] auch wenn sie keine Wirksamkeitsvoraussetzung der dinglichen Rechtsänderung ist.[175] Sichergestellt werden soll lediglich der Eingang der Grunderwerbsteuer.

102 Eine Zeitlang verweigerte die Finanzverwaltung die **Erteilung** der Bescheinigung verschiedentlich aus anderen als den gesetzlich genannten steuerlichen Gründen. Auf der Grundlage eines gleichlautenden Ländererlasses, der bundesweit Geltung erlangte,[176] lehnten es die Finanzämter ab, die Bescheinigung zu erteilen, wenn die Erwerberin eine ausländische Kapitalgesellschaft war.[177] Der Erlass richtete sich gegen solche nach ausländischem Recht gegründete Gesellschaften, die zu dem Zweck eingesetzt werden, die Vermögens- und Einkommensverhältnisse von Steuerinländern zu verschleiern (vgl. § 42 AO).[178] Allerdings griff er nach seiner Formulierung weit darüber hinaus: Trete eine ausländische Gesellschaft bei einem Grundstücksgeschäft im Inland in Erscheinung, könne regelmäßig auch von einem inländischen tatsächlichen Verwaltungssitz ausgegangen werden, d. h., sie müsste – gemäß der damals nach deutschem Recht uneingeschränkt geltenden Sitztheorie – in einem inländischen Handelsregister eingetragen sein (sog. **Domizilgesellschaften**). Werde dieser Nachweis nicht erbracht, sei der Kaufvertrag mangels Rechtsfähigkeit der Gesellschaft unwirksam. Es liege dann kein grunderwerbsteuerlich relevanter Vorgang vor. Für einige Länder schrieb der Erlass eine Anfrage der Grunderwerbsteuerstelle bei der Informationszentrale Ausland (IZA) des Bundesamtes für Finanzen in Bonn vor.[179] Die negative Stellungnahme der IZA verhinderte die Erteilung der Unbedenklichkeitsbescheinigung und damit die Grundbucheintragung, wenn nicht der Nachweis eines Verwaltungssitzes der Gesellschaft im Gründungsstaat gelang.[180]

---

174) Vgl. *Böhringer*, Rpfleger 2000, 99.
175) BGH, DNotZ 1952, 216.
176) Veröffentlicht in BB 1994, 927; vgl. dazu die Anmerkungen von *Schuck*, BB 1994, 1538.
177) Gleichlautender Erlass der FM der Länder zur „Erteilung der Unbedenklichkeitsbescheinigung bei Grundstücksgeschäften mit Domizilgesellschaften", Baden-Württemberg: Erl. v. 25.5.1994 – S 4600/4, DB 1994, 1163; Bayern: Erl. v. 9.5.1994, 37-S 4600-5/8-26764; Brandenburg: Erl. v. 19.4.1994 – 32-S 46090-2/94, BB 1994, 927; Rheinland-Pfalz: Erl. v. 26.4.1994 – S 4600 A-446, DStR 1994, 905 = DNotI-Report 1994, 6 (m. Anm. *Schuck*).
178) Dazu *Bödefeld*, IStR 1995, 365.
179) Vgl. die dem Erlass beigefügte Länderliste, darin u. a. die Bahamas, die Cayman Inseln, England, die Kanalinseln, Liechtenstein, Luxemburg, Monaco, die Niederländischen Antillen, Panama, die Schweiz und einige US-Einzelstaaten, darunter Delaware und Wyoming.
180) *Bruski*, IStR 1994, 473, 474.

In der Literatur und beim BFH stieß dieser Erlass zu Recht auf entschiedene 103
Kritik.[181] Der BFH erklärte die Praxis der Finanzämter i. R. eines Verfahrens
auf Erlass einer einstweiligen Anordnung für unzulässig. Die Entscheidung, ob
der Erwerber aufgrund wirksamer Auflassung als Eigentümer in das Grundbuch
einzutragen ist, stehe allein dem **Grundbuchamt** zu. In diese Entscheidungskompetenz dürfe die Finanzbehörde nicht eingreifen. Sie dürfe insbesondere
nicht „die Unwirksamkeit der bürgerrechtlichen Erklärungen" annehmen. Gleichwohl hielten die Finanzbehörden zunächst an ihrer Praxis fest, bis die hierauf
bezogenen Erlasse unter ausdrücklicher Bezugnahme auf die Entscheidung des
BFH aufgehoben wurden.[182] Im Ergebnis dürfen damit die Finanzbehörden
nicht mehr prüfen, ob Gesellschaften ausländischen Rechts wirksam gegründet
wurden und ob sie als im Inland rechtsfähig behandelt werden können.[183]

6. Rechte

a) Forderungen

Bei der Übertragung von Rechten ist einerseits zwischen der **Verpflichtung** 104
und andererseits der **Erfüllung** dieser Verpflichtung, also der Abtretung zu unterscheiden. Die Verpflichtung und damit der Verkauf folgt ihrem eigenen
Recht, das sich nach den allgemeinen Bestimmungen des Internationalen Schuldrechts aus der Rom I-Verordnung bestimmt. Für den **Verkauf** von Forderungen,
die zum Unternehmensvermögen gehören, bestimmt Art. 14 Abs. 1 Rom I-VO,
dass sich das Verhältnis zwischen bisherigem und neuem Gläubiger nach dem
Vertragsstatut und damit dem Recht des Unternehmenskaufvertrags richtet.
Das Forderungsstatut ist daher insoweit nicht anwendbar. Es greift nur in den
in Art. 14 Abs. 2 Rom I-VO genannten Fällen. Dem Vertragsstatut ist insbesondere der Umfang der Einstandspflicht für die Verität der Forderung und die
Bonität des Schuldners zu entnehmen. Der Rechtsgrund der Forderung ist davon völlig unabhängig.

Bei der **Übertragung** ist zu unterscheiden. Forderungen werden gemäß Art. 14 105
Abs. 1 Rom I-VO nach dem **Recht** übertragen, dem das zugrunde liegende
Verpflichtungsgeschäft unterliegt (siehe Erwägungsgrund 38 der Rom I-VO).
Maßgeblich ist also das Statut des Unternehmenskaufvertrags. Dagegen beur-
teilen sich bspw. die **Übertragbarkeit** der Forderung sowie das Verhältnis zwi-
schen **Zessionar und Schuldner** nach dem Recht, dem die übertragene Forde-

---

181) BFH, IStR 1995, 393 = RIW 1996, 85 (m. Anm. *Braun*); *Schuck*, BB 1998, 616; *Benkert/
Haritz/Schmidt-Ott*, IStR 1995, 242; *Bödefeld*, IStR 1995, 365; *Braun*, RIW 1995, 499;
Bruski, IStR 1994, 473; *Bungert*, DB 1995, 963, 965; *Schuck*, BB 1994, 1538; *Schuck*, BB
1995, 446 (Urteilsanm.).
182) S. etwa SenVerw. v. 21.3.2000 – S 46000 – 103 – 392, DStR 2000, 778; FM Bayern v.
6.10.1999 36 – S 4600 – 5/80 – 30 971, BeckVerw. 126084.
183) *Viskorf* in: Boruttau, GrEStG, § 22 Rz. 36.

rung unterliegt (**Forderungsstatut**, Art. 14 Abs. 2 Rom I-VO).[184] Hierzu zählen etwa die Voraussetzungen, unter denen die Übertragung dem Schuldner entgegengehalten werden kann, also die Art und Weise der Übertragung, z. B., ob und in welcher Weise der Schuldner zu benachrichtigen ist, sowie die Möglichkeit der befreienden Leistung durch den Schuldner.[185] Die Anknüpfung, um Mehrfachabtretungen rechtlich zu beurteilen, ist umstritten.[186]

b) Schuld- und Vertragsübernahme

106 In gleicher Weise wie bei der Übertragung von Rechten ist bei der Übernahme von Pflichten (**Schuldübernahme**) zu unterscheiden. Umfasst also die Unternehmensübernahme auch eine Schuldübernahme, so folgt die kaufvertragliche Verpflichtung des Übernehmers gegenüber dem Altschuldner dem Vertragsstatut des Kaufvertrags (Art. 3 ff. Rom I-VO). Die eigentliche Übernahme folgt ihrem eigenen Statut.[187] Es gilt Folgendes:

107 Die **privative Schuldübernahme** unterliegt grundsätzlich dem Recht der übernommenen Schuld, und zwar gleichviel, ob sie zwischen Gläubiger und Übernehmer (extern, § 414 BGB) oder Altschuldner und Übernehmer (intern, § 415 BGB) vereinbart wird.[188] Hingegen wird das Rechtsverhältnis zwischen Altschuldner und Übernehmer selbständig an das Statut des Vertrags angeknüpft, aufgrund dessen die Schuldübernahme erfolgt. Ebenso unterliegt bei der externen Schuldübernahme das Rechtsverhältnis zwischen Gläubiger und Übernehmer seinem eigenen Schuldstatut.[189] Die **kumulative Schuldübernahme** (Schuldbeitritt) kann vertraglich einem Recht unterstellt werden.[190] Bei fehlender Wahl beurteilt sie sich regelmäßig nach dem Recht am gewöhnlichen Aufenthalt oder der Niederlassung des Beitretenden (Art. 4 Abs. 2 Rom I-VO entsprechend). Ergibt sich jedoch, dass der Schuldbeitritt mit der übernommenen Schuld eng verbunden ist, kann im Einzelfall das Statut der Schuld gelten (Art. 4 Abs. 3 Rom I-VO entsprechend).[191] Nur geringe Bedeutung für die Feststellung einer engen Verbindung haben dabei der Ort der Vertragsverhandlungen, des Ver-

---

184) Hierzu auch *Flessner*, IPRax 2009, 35.
185) Ausführlich *Martiny* in: Reithmann/Martiny, Int. Vertragsrecht, Rz. 387 ff.
186) Zum Streitstand *Martiny* in: Reithmann/Martiny, Int. Vertragsrecht, Rz. 393, m. N. aus Rspr. und Literatur.
187) *Hohloch* in: Erman, BGB, Anh. II Art. 26 EGBGB, Art. 14 Rom I-VO Rz. 11 ff.
188) RG JW 1932, 3810 = IPRspr. 1932 Nr. 122; *Hohloch* in: Erman, BGB, Anh. II Art. 26 EGBGB, Art. 14 Rom I-VO.Rz. 12.
189) *Girsberger*, ZVglRWiss 88 (1989), 31, 38; *Martiny* in: Reithmann/Martiny, Int. Vertragsrecht, Rz. 419.
190) OLG Köln, RIW 1998, 148.
191) BGH, NJW-RR 2011, 130 = EWiR 2011, 47 (m. Anm. *Mankowski*); OLG Rostock, IPRspr. 1996 Nr. 161; *Martiny* in: Reithmann/Martiny, Int. Vertragsrecht, Rz. 420; *Hohloch* in: Erman, BGB, Anh. II Art. 26 EGBGB, Art. 14 Rom I-VO.Rz. 12.

tragsabschlusses und weiterer Aufeinandertreffen der Parteien sowie auch der Erfüllungsort, insbesondere wenn die Leistung in mehreren Staaten erbracht wird.[192]

Die – rechtsgeschäftliche wie die gesetzliche – **Vertragsübernahme** richtet sich, sofern eine Rechtswahl fehlt, nach dem Recht, dem der übernommene Vertrag unterliegt (Übernahmestatut). Es entscheidet darüber, ob eine Vertragsübernahme möglich und wirksam ist.[193] Es befindet auch darüber, ob die Zustimmung des Vertragspartners für die Übernahme erforderlich ist (siehe dazu oben § 2 Rz. 150 ff.). Davon zu trennen ist wiederum das zugrunde liegende Kausalgeschäft, das die Verpflichtung zur Übernahme enthält. Dies ist bei der Vertragsübernahme i. R. eines Unternehmenskaufs also der Unternehmenskaufvertrag. Für ihn ist das Schuldstatut gemäß den oben dargestellten Regeln gesondert zu bestimmen (siehe oben § 6), sodass damit auch das Kausalgeschäft der Vertragsübernahme dieser gesonderten Anknüpfung folgt.[194]

108

c) Arbeitsverhältnisse

Ob der mit dem Asset Deal oftmals verbundene Betriebsinhaberwechsel dazu führt, dass die Arbeitsverhältnisse mit dem neuen Betriebsinhaber fortgesetzt werden (§ 613a BGB), beurteilt die ganz h. A. nach dem Recht, dem der jeweilige Arbeitsvertrag unterliegt (**Arbeitsvertragsstatut**, Art. 8 Rom I-VO).[195] Allerdings ist § 613a BGB als zwingende Bestimmung „rechtswahlfest".[196] Dies bedeutet, die Vorschrift ist als Bestandteil der deutschen Rechtsordnung – ungeachtet eines etwa gewählten Arbeitsvertragsstatuts – immer dann anzuwenden, wenn der gewöhnliche **Arbeitsort** in der Bundesrepublik Deutschland liegt (Art. 8 Abs. 1 Satz 2, Abs. 2 Rom I-VO). Indessen ist § 613a BGB keine Eingriffsnorm i. S. des Art. 9 Abs. 1 Rom I-VO.[197]

109

---

192) BGH, NJW-RR 2011, 130, 132. Die Entscheidung erging zu Art. 28 EGBGB, lässt sich aber auf das Regime des Art. 4 Abs. 2 und 3 Rom I-VO übertragen, *Mankowski*, EWiR 2011, 47; *Schulze*, LMK 2012, 329677.
193) *Martiny* in: Reithmann/Martiny, Int. Vertragsrecht, Rz. 421.
194) Vgl. *Hohloch* in: Erman, BGB, Anh. II Art. 26 EGBGB, Art. 14 Rom I-VO Rz. 13.
195) *Martiny* in: MünchKomm-BGB, Art. 8 Rom I-VO Rz. 88; *Olbertz/Fahrig*, ZIP 2012, 2045 f.; *Spickhoff* in: Bamberger/Roth, BGB, Art. 8 Rom I-VO Rz. 11; vgl. zu Art. 30 EGBGB (anwendbar auf vor dem 17.12.2009 geschlossene Verträge) BAG, ZIP 1993, 850, 853; BAG, ZIP 2011, 2023; LAG Köln, RIW 1992, 933; *Magnus* in: Staudinger, BGB, Art. 30 EGBGB Rz. 218; anders (Recht am Ort des Betriebssitzes): *Birk* in: MünchHdb-ArbR, § 20 Rz. 185; *Birk*, RdA 1984, 133; *Koch*, RIW 1984, 592, 594; *Junker*, Int. Arbeitsrecht, S. 235; zur Haftung nach § 613a BGB s. a. unten § 14.
196) *Thorn* in: Palandt, BGB, Art. 8 Rom I-VO Rz. 9.
197) *Martiny* in: MünchKomm-BGB, Art. 8 Rom I-VO Rz. 88; vgl. zum früheren Recht BAG, ZIP 1993, 850, 853; dazu *Martiny*, EWiR 1993, 673; *Magnus* in: Staudinger, BGB, Art. 30 EGBGB Rz. 218.

d) Firma

110 Die Übertragung der Firma richtet sich nach dem **Personalstatut** jener Person, die **Träger der Firma** ist, also beim Asset Deal nach dem Gesellschaftsstatut des veräußernden Unternehmensträgers (zur Haftung aus Firmenübernahme siehe unten § 10 Rz. 32 ff.).[198]

e) Immaterialgüterrechte

111 Urheberrechte sowie gewerbliche Schutzrechte unterliegen grundsätzlich dem Recht des **jeweiligen Schutzlandes** (Schutzlandprinzip). Berufen ist damit das Recht des Staats, für dessen Gebiet Immaterialgüterschutz beansprucht wird (Immaterialgüterstatut, *lex loci protectionis*).[199] Dieses Recht entscheidet über die Entstehung, die Schranken, den Inhalt, und die Übertragbarkeit der jeweiligen Immaterialgüterrechte.[200] Es gilt auch in Bezug auf die Verteidigung und Durchsetzung von Ausschließlichkeitsrechten gegenüber Dritten.[201] Die Berufung des Rechts des Schutzlandes leitet sich nach wohl umstrittener Ansicht aus dem Grundsatz der Territorialität ab.[202] Das **Territorialitätsprinzip** besagt, dass Immaterialgüterrechte in ihrer Geltung räumlich auf das Gebiet des Staats begrenzt sind, der sie individuell verleiht oder unter bestimmten Voraussetzungen anerkennt.[203] Dieses Recht können die Parteien nicht abwählen.[204] Für Verletzungen und Verletzungsfolgen hat inzwischen auch der Gesetzgeber die grundsätzliche Anknüpfung an das Schutzland anerkannt. Nach Art. 8 Abs. 1 Rom II-VO ist auf außervertragliche Schuldverhältnisse aus einer Verletzung von Rechten des geistigen Eigentums das Recht des Staats anzuwenden, für den der Schutz beansprucht wird. Eine Abwahl dieses Rechts ist ausdrücklich nicht möglich (Art. 8 Abs. 3 Rom II-VO).[205]

---

198) *Kegel/Schurig*, IPR, § 17 IV. 1. a), 3.; *Großfeld* in: Staudinger, BGB, IntGesR Rz. 319.
199) *Hiestand* in: Reithmann/Martiny, Int. Vertragsrecht, Rz. 1875 ff.; *Katzenberger* in: Schricker/Loewenheim, Urheberrecht, Vor §§ 120 ff. Rz. 120 ff.; *Lejeune* in: Ullrich/Lejeune, Teil I Rz. 560; *Obergfell* in: Reithmann/Martiny, Int. Vertragsrecht, Rz. 1811, mit Verweis auf Rz. 1793 f. und Rz. 1798 (für gewerbliche Schutzrechte) und Rz. 1812 ff. (für Urheberrechte), dort auch zum Einfluss von Art. 8 Rom II-VO auf die Anknüpfung; *Rehbinder*, Urheberrecht, Rz. 977; *Unteregge* in: FG Sandrock, S. 167.
200) BGHZ 126, 380, 388; OLG München, GRUR Int. 1960, 75.
201) BGH, GRUR Int. 1970, 138 (Warenzeichenrecht); OLG Düsseldorf, GRUR Int. 1968, 100 (Patent); OLG Hamburg, GRUR 1979, 235 = GRUR Int. 1979, 235 (gekürzte Fassung) (Urheberrecht); *Lejeune* in: Ullrich/Lejeune, Teil I Rz. 560.
202) *Hiestand* in: Reithmann/Martiny, Int. Vertragsrecht, Rz. 1872; krit. *Obergfell* in: Reithmann/Martiny, Int. Vertragsrecht, Rz. 1798; *Drexl* in: MünchKomm-BGB, IntImmGR Rz. 14.
203) *Hiestand* in: Reithmann/Martiny, Int. Vertragsrecht, Rz. 1872; *Drexl* in: MünchKomm-BGB, IntImmGR Rz. 7.
204) *Lejeune* in: Ullrich/Lejeune, Teil I Rz. 565 f.
205) Ausführlich hierzu *Obergfell* in: Reithmann/Martiny, Int. Vertragsrecht, Rz. 1791 ff.

Hingegen ist bei der Übertragung von Immaterialgüterrechten zu differenzie- 112
ren. Handelt es sich bei den zu übertragenen Rechten um gewerbliche Schutzrechte (Markenrechte, Geschmacksmuster, Patente, Lizenzen etc.), so unterliegt die Übertragung i. R. eines Asset Deal dem Immaterialgüterstatut.[206] Indessen beurteilen sich Verfügungsgeschäfte über Urheberrechte der h. A. zufolge nach dem Vertragsstatut des zugrunde liegenden Verpflichtungsgeschäfts (sog. **Einheitstheorie**).[207] Das Schuldstatut erstreckt sich demnach akzessorisch auf das Zustandekommen und die Wirksamkeit der Verfügung sowie die damit zusammenhängenden dinglichen Aspekte, wie etwa den Typenzwang, das Repertoire der Verfügungsformen, die Erforderlichkeit eines Übergabeaktes sowie die Konzeption eines Verfügungsgeschäfts als abstrakt oder kausal.[208] Nach a. A. ist das Recht des Schutzlandes auch auf die jeweiligen urheberrechtlichen Verfügungen anzuwenden (sog. **Spaltungstheorie**).[209]

Die Parteien eines Unternehmenskaufvertrags können untereinander selbstver- 113
ständlich ein anderes Recht als dasjenige des Schutzlandes vereinbaren. Unstrittig erstreckt sich eine solche **Vereinbarung** auf die schuldrechtlichen Rechte und Pflichten – mit der herrschenden Einheitstheorie auch auf die Übertragung von Urheberrechten. Dies erlaubt u. a., die formellen Erfordernisse der Übertragung von Urheberrechten einem einzigen Sachrecht zu unterwerfen.[210] Diese Möglichkeit besteht indessen nicht für die Übertragung gewerblicher Schutzrechte, die zwingend dem jeweiligen Immaterialgüterstatut unterliegt.

Soweit demnach Fragen im Zusammenhang mit Immaterialgüterrechten nach 114
dem Immaterialgüterstatut zu beurteilen sind, so ist von einer **Gesamtverweisung** auszugehen, soweit nicht die Anknüpfung über eine der Rom-Verordnungen erfolgt (dann Sachnormverweisung, siehe Art. 20 Rom I-VO und Art. 24 Rom II-VO). Verweist die *lex loci protectionis* daher ihrerseits auf ein

---

206) BGH, GRUR 2002, 972, 973; BGH, AWD 1965, 455 = GRUR Int. 1965, 504, 506; OLG München, BeckRS 2006, 01398 = GRUR RR 2006, 130, 132; *Obergfell* in: Reithmann/Martiny, Int. Vertragsrecht, Rz. 1811.
207) BGH GRUR 1959, 331, 333; OLG Frankfurt a. M., GRUR 1998, 141, 142; OLG München (6. Zivilsenat), MMR 2002, 312, 313 = ZUM 2003, 141, 143 f.; LG München, ZUM-RD 2002, 21, 24 f.; vgl. ferner BGH, GRUR 1956, 135, 137; OLG München, GRUR 1953, 302; *Drexl* in: MünchKomm-BGB, IntImmGR Rz. 173; *Katzenberger* in: Schricker/Loewenheim, Urheberrecht, Vor §§ 120 ff. Rz. 149; *Walter* in: Loewenheim, Hdb. Urheberrecht, § 57 Rz. 200.
208) *Walter* in: Loewenheim, Hdb. Urhaberrecht, § 57 Rz. 201; vgl. BGH, GRUR 1956, 135, 137; LG München, ZUM-RD 2002, 21, 24.
209) OLG München (29. Zivilsenat), ZUM 1999, 653, 655 f.; LG Hamburg, NJW 2002, 623; *Martiny* in: MünchKomm-BGB, Art. 4 Rom I-VO Rz. 203; *Obergfell* in: Reithmann/Martiny, Int. Vertragsrecht, Rz. 1815.
210) *Katzenberger* in: Schricker/Loewenheim, Urheberrecht, Vor §§ 120 ff. Rz. 169; vgl. für Erstreckung des Schuldstatuts auf Formerfordernisse des Verfügungsgeschäfts BGH, GRUR 1956, 135, 137.

anderes Recht, ist dies aus deutscher Sicht beachtlich (Art. 4 Abs. 1 EGBGB).[211] Soweit an das Schuldstatut angeknüpft wird, ist aufgrund der akzessorischen Anknüpfung von einer Sachnormverweisung i. S. von Art. 20 Rom I- VO auszugehen.

7. Sonstige unkörperliche Vermögenswerte

115 Die Übertragung sonstiger unkörperlicher Vermögenswerte (Organisation, Goodwill, Kundenstamm, Geschäftsbeziehungen, Geschäftschancen, Know-how, Marktanteile, Ressourcen, Geschäftsgeheimnisse, Herstellungsverfahren etc.) erschöpft sich regelmäßig in **Realakten**. So wird die Organisation oder der Kundenstamm durch Einweisung oder Aushändigung von Dateien, Listen oder Karteien übertragen. Für die Übertragung von Goodwill, Geschäftsbeziehungen oder Geschäftschancen veranlasst der Verkäufer des Unternehmens üblicherweise das Notwendige, indem er mit den Geschäftspartnern in Kontakt tritt. Geschäftsgeheimnisse oder Herstellungsverfahren werden übertragen, indem der Verkäufer dem Käufer die entsprechenden Unterlagen aushändigt oder in anderer Weise die Informationen offenlegt. Für die Übertragung bedarf es also vielfach keines Rechtsakts und mithin keines „maßgeblichen Rechts".

116 Soweit für die Übertragung gleichwohl ein maßgebliches Recht bestimmt werden muss, kommen unterschiedliche Anknüpfungen in Betracht: Je stärker sich die genannten Vermögenswerte auf ein bestimmtes **Gebiet** beziehen (Marktanteile, Kundenstamm, Organisation), desto eher wird man die Übertragung entsprechend der Anknüpfung gewerblicher Schutzrechte dem Recht des betreffenden Landes unterwerfen. Sofern der jeweilige Vermögenswert besonders eng mit einer körperlichen **Sache** verbunden ist (Geschäftsgeheimnisse, Herstellungsverfahren, Dateien, Karteien), wird auch eine Anknüpfung an den Belegenheitsort der Sache in Frage kommen. Ansonsten bietet sich eine **akzessorische Anknüpfung** der Übertragung an das Schuldstatut an: Maßgeblich ist dann auch für die Übertragung das nach Art. 3 ff. Rom I-VO ermittelte Recht, bei fehlender Rechtswahl das Recht am Ort des gewöhnlichen Aufenthalts des Verkäufers (Art. 4 Abs. 2 i. V. m. Art. 19 Abs. 1 Rom I-VO).

II. Universal- oder Singularsukzession

117 Das für die Verfügungsgeschäfte maßgebliche Recht ist nicht nur für die eigentliche Übertragung maßgeblich, sondern entscheidet auch, ob das Unternehmen im einfachen und kostengünstigen Weg der **Universalsukzession** (Gesamtrechtsnachfolge) *uno actu* oder im Wege der sog. *partiellen Universalsukzession* übertragen werden kann oder ob – wie in der großen Mehrzahl der Rechtsordnungen und namentlich im deutschen Recht – jedes einzelne Wirtschaftsgut im

---

211) *Drexl* in: MünchKomm-BGB, IntImmGR Rz. 212 ff.

aufwendigen und kostspieligen Weg der **Singularsukzession** (Einzelrechtsnachfolge, Spezialitätsgrundsatz) übertragen werden muss.[212] Denn die Frage der Universal- oder Singularsukzession ist eine solche des Sachenrechts. Es entscheidet daher das Recht am **Belegenheitsort der Sache**. Befindet sich das Vermögen in unterschiedlichen Staaten, kommt eine Universalsukzession nur für jene Gegenstände in Betracht, deren Belegenheitsrecht dies vorsieht. Alle anderen Vermögensgegenstände müssen im Wege der Singularsukzession übertragen werden.

Zu unterscheiden ist die eben beschriebene sachenrechtliche Frage nach dem **Vollzug** der Gesamt- oder Einzelrechtsnachfolge von der Frage nach ihrer **Anordnung**. Ob eine Gesamtrechtsnachfolge angeordnet wird, entscheidet bspw. bei gesellschaftsrechtlichen Vorgängen wie einer Verschmelzung oder Spaltung nach umstrittener Ansicht allein das Personalstatut der übertragenden Gesellschaft. Nur wenn es eine Gesamtrechtsnachfolge anordnet, kann sie überhaupt eintreten (siehe unten § 29 Rz. 14 ff.).

118

III. Zustimmungserfordernisse

Ebenfalls nicht nach dem Schuldstatut beurteilt sich die Frage, ob und welche Zustimmungserfordernisse auf Seiten des Rechtsträgers des zu **verkaufenden Unternehmens** zu beachten sind. So ist etwa bei einer **deutschen AG** für die Übertragung des ganzen oder wesentlichen Gesellschaftsvermögens die Zustimmung der Hauptversammlung für das Außenverhältnis erforderlich (§ 179a Abs. 1 Satz 1 AktG).[213] Die Vorschrift wird bei einer GmbH analog angewendet.[214]

119

Ebenso sieht das **einzelstaatliche Gesellschaftsrecht der USA** ein Zustimmungserfordernis der Gesellschafter für die Veräußerung von *„all or substantially all of the assets"* vor (exemplarisch § 271 (a) Delaware General Corporation Law, § 909 (a) N.Y.Bus.Corp.L.).[215] Auch das **japanische Recht** soll nach Angaben in der Literatur für die Übertragung des gesamten oder des wesentlichen Vermögens einer Kapitalgesellschaft die Zustimmung der Gesellschafter verlangen.[216]

120

---

212) Zum deutschen Sachrecht s. *Holzapfel/Pöllath*, Unternehmenskauf, Rz. 939 ff.; *Knott* in: Knott/Mielke, Unternehmenskauf, Rz. 1522.

213) Auch außerhalb von § 179a AktG kann ein Hauptversammlungsbeschluss im Innenverhältnis erforderlich sein, BGHZ 83, 122, 133 f., *Holzmüller*; BGHZ 159, 30; BGH, ZIP 2004, 993, *Gelatine*-Entscheidungen.

214) S. dazu *Ulmer* in: Ulmer/Habersack/Winter, GmbHG, § 53 Rz. 165 ff.; *Hoffmann* in: Michalski, GmbHG, § 53 Rz. 159; *Zöllner* in: Baumbach/Hueck, GmbHG, § 53 Rz. 26 jeweils m. w. N.

215) Näher dazu *Merkt*, US-amerikanisches Gesellschaftsrecht, Rz. 1277 f.

216) *Baum*, S. 165 ff.; *Ishizumi*, S. 180 f.

121 Solche Zustimmungserfordernisse unterliegen wegen ihrer sachlichen Zugehörigkeit zum Kreis innergesellschaftlicher Fragen dem **Gesellschaftsstatut**.[217] Dieses Recht entscheidet auch, was unter der Veräußerung des wesentlichen Gesellschaftsvermögens zu verstehen ist und welche Folgen die Missachtung der erforderlichen Zustimmung hat.

IV. Praktische Hinweise

122 Wegen des Grundsatzes der Singularsukzession beim Asset Deal ist es oftmals unumgänglich, das Unternehmen im Wege einzelner Übertragungsgeschäfte nach unterschiedlichen Rechtsordnungen zu übertragen. Soweit dies möglich ist, sollten die einzelnen Übertragungsgeschäfte durch gesonderte Urkunden dokumentiert werden (zur Berechnung von Notargebühren siehe unten § 9 Rz. 58 f.).

123 Dabei empfiehlt es sich dringend, wegen der in vielen Rechtsordnungen gesteigerten Anforderungen an die Form solcher Urkunden, Juristen einzuschalten, die mit den betreffenden Bestimmungen und der Kautelarpraxis vertraut sind. Zudem sind die Übertragungsgeschäfte mit dem Kaufvertrag abzustimmen.[218]

124 Bisweilen lassen sich gewisse Unsicherheiten in Bezug auf die Wirksamkeit des Übertragungsakts nicht restlos ausräumen. Hier kann es sich zunächst empfehlen, zur Sicherheit die strengere Form zu wählen. Ferner kann es für die Parteien ratsam sein, sich im Kaufvertrag zu verpflichten, im Falle der Unwirksamkeit der Übertragung alle fehlenden erforderlichen Schritte zur wirksamen Übertragung zu unternehmen oder – falls erforderlich – bereits erfolgte Schritte zu wiederholen. Schließlich lassen sich für diesen Fall bereits im Voraus bestimmte Personen – etwa der hinzugezogene Rechtsberater oder Notar – zur Vornahme entsprechender Handlungen und zur Abgabe von Erklärungen bevollmächtigen. Für das Innenverhältnis können die Parteien unter Umständen vereinbaren, sich auch bei Scheitern der Übertragung untereinander so zu behandeln, als sei die Übertragung wirksam erfolgt. Dies findet sich häufig bei der Regelung von Vertragsübernahmen (siehe dazu oben § 1 Rz. 20). Für Belastungen im Außenverhältnis (Steuern, Haftung etc.) können die Parteien Freistellungsverpflichtungen vereinbaren.[219]

C. Beherrschungs- und Gewinnabführungsverträge, Gleichordnungsverträge

125 Nicht selten werden im Zusammenhang mit internationalen Unternehmenskäufen (grenzüberschreitende) Unternehmensverträge in Form von **Beherrschungs- und**

---

217) *Ebenroth/Offenloch*, RIW 1997, 1, 2; *Kindler* in: MünchKomm-BGB, IntGesR Rz. 860; *Picot/Land*, DB 1998, 1601, 1605.
218) So auch *Meyer-Sparenberg*, WiB 1995, 849, 851.
219) Vgl. *Meyer-Sparenberg*, WiB 1995, 849, 851.

Gewinnabführungsverträgen geschlossen, bei denen sich die vorgelagerte Frage nach dem insoweit maßgeblichen Recht stellt. Man könnte diese Frage offenlassen, wenn das anwendbare Recht wählbar wäre. Indessen wird es wegen der organisationsrechtlichen Natur dieser Verträge mehrheitlich **abgelehnt**, sie an den **Parteiwillen** anzuknüpfen.[220] Zum Teil wird sogar vertreten, dass es bei einer deutschen beherrschten Gesellschaft Wirksamkeitsvoraussetzung sei, dass ausdrücklich deutsches Recht vereinbart wird (sog. **Loyalitätsklausel**). Hierdurch soll verhindert werden, dass über ausländische Kollisionsrechte möglicherweise ein anderes Vertragsstatut berufen wird.[221] Dieses strenge Erfordernis wird von der nunmehr wohl h. A. als widersprüchlich und einer sachrechtlichen Grundlage entbehrend abgelehnt.[222]

Für die objektive Anknüpfung solcher Verträge ist zu differenzieren: Grundsätzlich ist an das **Statut der abhängigen Gesellschaft** anzuknüpfen. Denn regelmäßig geht es um Normen zum Schutz von Gesellschaftern und Gläubigern der unterworfenen Gesellschaft. Diesen Normen soll zur Geltung verholfen werden.[223] Dies gilt aus deutscher Sicht etwa für Zustimmungserfordernisse (§ 293 Abs. 1 AktG), die Eintragung im Handelsregister (§ 294 AktG), den Ausgleichsanspruch (§ 304 AktG) sowie die Barabfindung (§ 305 AktG).

126

Soweit es indessen um Normen zum spezifischen Schutz der Gesellschafter und Gläubiger der Obergesellschaft geht, kommt das Gesellschaftsstatut der **Obergesellschaft** zum Zuge. So richtet sich etwa die Frage einer Zustimmung ihrer Gesellschafter nach dem Gesellschaftsstatut der Obergesellschaft und nicht deshalb nach § 293 Abs. 2 AktG, weil die abhängige Gesellschaft ein deutsches Gesellschaftsstatut hat. Im Ergebnis kann es damit zu einem Normenmix aus Vorschriften der beiden Gesellschaftsstatute kommen.[224]

127

Anders verhält es sich bei **Gleichordnungsverträgen**, also Verträgen von zwei rechtlich selbständigen Unternehmen über den Zusammenschluss unter eine einheitliche Leitung. Sofern es sich um schuldrechtliche Verträge handelt, gelten die allgemeinen Grundsätze des Internationalen Schuldvertragsrechts (im

128

---

220) *Ebenroth/Offenloch*, RIW 1997, 1, 5 m. w. N.; *Kindler* in: MünchKomm-BGB, IntGesR Rz. 774.
221) *Großfeld* in: Staudinger, BGB, IntGesR Rz. 575; *Leible* in: Michalski, GmbHG, Syst. Darst. 2 Rz. 222.
222) *Drinhausen* in: MünchHdb-GesR, Bd. 6, § 44 Rz. 20; *Hüffer*, AktG, § 291 Rz. 13; *Koppensteiner* in: KölnKomm-AktG, Vorb. § 291 Rz. 195; *Selzner/Sustmann*, Der Konzern 2003, 85, 96; s. a. *Altmeppen* in: MünchKomm-AktG, Einl. §§ 291 ff. Rz. 49.
223) *Kindler* in: MünchKomm-BGB, IntGesR Rz. 756 ff., dort auch zu abweichenden Ansätzen sowie der methodischen Begr. der Kollisionsregel; *Drinhausen* in: MünchHdb-GesR, Bd. 6, § 44 Rz. 17 f.; *Ebenroth/Offenloch*, RIW 1997, 1, 4.
224) Näher *Ebenroth/Offenloch*, RIW 1997, 1, 5 f., dort auch Näheres zu der Zulässigkeit grenzüberschreitender Unternehmensverträge aus der Sicht des materiellen deutschen Konzernrechts; dazu ebenfalls *Bayer*, passim; *Großfeld* in: Staudinger, BGB, IntGesR Rz. 567 ff.; *Hüffer*, AktG, § 293 Rz. 18; *Kindler* in: MünchKomm-BGB, IntGesR Rz. 774 ff.

deutschen und europäischen Recht Art. 3 ff. Rom I-VO). Eine **Rechtswahl** ist damit zulässig. Gesondert angeknüpft werden allerdings Vorschriften der Gesellschaftsstatute der beiden beteiligten Gesellschaften, soweit diese Vorschriften den Schutz der Gesellschafter und der Gläubiger bezwecken.[225] Entsteht nach dem Gleichordnungsvertrag eine eigenständige Leitungsgesellschaft, ist das für diese Gesellschaft berufene Recht anwendbar.[226]

---

225) *Großfeld* in: Staudinger, BGB, IntGesR Rz. 560; *Kindler* in: MünchKomm-BGB, IntGesR Rz. 797; näher *Ebenroth/Offenloch*, RIW 1997, 1, 7.
226) *Kindler* in: MünchKomm-BGB, IntGesR Rz. 796.

§ 9 Form und Zustandekommen

Übersicht

A. Form 1	b) Anwendbarkeit von
I. Share Deal 2	§ 15 Abs. 3 und 4 GmbHG 41
1. Grundsatz 3	c) Praxisempfehlung 48
a) Verpflichtungsgeschäft 3	II. Asset Deal 51
b) Verfügungsgeschäft 8	1. Verpflichtungsgeschäft 52
2. Geschäftsanteile an einer deutschen GmbH 9	2. Verfügungsgeschäft 56
a) Verpflichtungsgeschäft 10	a) Allgemeines und Auflassungen 56
b) Verfügungsgeschäft 13	b) Gewerbliche Schutzrechte 60
aa) Überblick 13	III. Regelungsbereich des Formstatuts 61
bb) Geschäfts- oder Ortsform 17	1. Grundsatz 61
(1) Qualifikation als Formvorschrift 17	2. Nebenabreden (Side Letters) ... 62
(2) Alternative Ortsform 20	B. Zustandekommen 64
(3) Gesellschafterliste 21	I. Rechtsfähigkeit 64
(4) Reform des schweizerischen Obligationenrechts 23	1. Allgemeine Rechtsfähigkeit 64
	2. Beteiligungs- und Grundbuchfähigkeit 67
cc) Praxisempfehlung 24	3. Wechsel- und Scheckfähigkeit 73
3. Gleichwertigkeit von Auslandsbeurkundungen 25	II. Geschäftsfähigkeit 74
a) Einleitung 25	III. Partei- und Prozessfähigkeit 75
b) Gleichwertigkeit 30	IV. Stellvertretung 78
c) Einzelfälle 33	1. Gesetzliche Vertretung 78
d) Schweizerisches Obligationenrecht 35	2. Rechtsgeschäftliche Vertretung 81
e) Gesellschafterliste 36	V. Vorvereinbarungen 84
f) Praxisempfehlung 37	VI. Aufklärungspflichten 88
4. Ausländische Geschäftsanteile 40	1. Asset Deal 89
a) Grundsatz 40	2. Share Deal 91

Literatur: *Abrell*, Die Schweiz ermöglicht privatschriftliche Verfügungen über Geschäftsanteile, NZG 2007, 60; *Albers*, Kauf und Übertragung von Anteilen an ausländischen „Quasi-GmbH", GmbHR 2011, 1266; *von Bar*, Rezension: Markus Kieser, Die Typenvermischung über die Grenze. Ein Beitrag zum internationalen Gesellschafts- und Insolvenzrecht, JZ 1989, 186; *Bauer/Anders*, Beurkundung von GmbH-Anteilsübertragungen in der Schweiz – Rechtsfolgen einer möglichen Unwirksamkeit, BB 2012, 593; *Bausback*, Der dingliche Erwerb inländischer Grundstücke durch ausländische Gesellschaften. Zusammenwirken von deutschem Kollisionsrecht, ausländischem materiellen Recht und dem formalisierten Beweisverfahren der GBO, dargestellt unter besonderer Berücksichtigung des US-amerikanischen Rechts, DNotZ 1996, 254; *Bayer*, Übertragung von GmbH-Geschäftsanteilen im Ausland nach der MoMiG-Reform, GmbHR 2013, 897; *Bayer*, Privatschriftliche Abtretungen deutscher GmbH-Anteile in der Schweiz? – Anmerkungen zum Urt. des LG Frankfurt v. 7.10.2009 – Aktenzeichen 3-13 O 46/09, DNotZ 2009, 887; *Benecke*, Auslandsbeurkundung im GmbH-Recht: Anknüpfung und Substitution, RIW

2002, 280; *Bokelmann*, Beurkundung von Gesellschaftsakten durch einen ausländischen Notar, NJW 1975, 1625; *Bokelmann*, GmbH-Gesellschafterversammlungen im Ausland und Beurkundung durch ausländische Notare, NJW 1972, 1729; *Bokelmann*, Kann eine ausländische Kapitalgesellschaft Komplementärin einer deutschen Kommanditgesellschaft sein?, BB 1972, 1426; *Böttcher/Blasche*, Die Übertragung von Geschäftsanteilen deutscher GmbHs in der Schweiz vor dem Hintergrund der Revision des Schweizer Obligationenrechts, NZG 2006, 766; *Böttcher/Grewe*, Die Anwendbarkeit des § 311b Abs. 3 BGB beim Unternehmenskauf, NZG 2005, 950; *Braun*, Die Abtretung von Geschäftsanteilen einer GmbH im Ausland: Wirksam oder nicht?, DNotZ 2009, 585; *Bredthauer*, Zur Wirksamkeit gesellschaftsrechtlicher Beurkundungen im Kanton Zürich, BB 1986, 1864; *Bungert*, Der internationale Anwendungsbereich von § 15 Abs. 3 und 4 GmbHG (Anm. zu OLG München, Urt. v. 5.3.1993 – 23 U 5958/92), DZWiR 1993, 494; *Depping*, Zur Beurkundungspflicht bei der Übertragung von Anteilen an einer ausländischen Kapitalgesellschaften, GmbHR 1994, 386; *Döbereiner*, Rechtsgeschäfte über inländische Grundstücke mit Auslandsberührung. Keine Auflassung vor einem ausländischen Notar, ZNotP 2001, 465; *Dutta*, Form follows function? Formfragen bei Schuldverträgen über ausländische Gesellschaftsanteile (Zugleich Anm. zu BGH, Urt. v. 4.11.2004 – III ZR 172/03), RIW 2005, 98; *Ebenroth/Offenloch*, Kollisionsrechtliche Untersuchung grenzüberschreitender Ausgliederungen, RIW 1997, 1; *Ebenroth/Wilken*, Entwicklungstendenzen im deutschen Internationalen Gesellschaftsrecht (Teil I), JZ 1991, 1014; *Ebenroth/Wilken*, Kollisionsrechtliche Einordnung transnationaler Unternehmensübernahmen, ZVglRWiss 90 (1991), 235; *Ebke*, Die ausländische Kapitalgesellschaft & Co. KG und das europäische Gemeinschaftsrecht (Anm. zu BayObLGZ 1986, 61), ZGR 16 (1987), 245; *Engel*, Die Auslandsbeurkundung nach MoMiG und Schweizer GmbH-Reform, DStR 2008, 1593; *Falkner*, Formerfordernisse bei der Veräußerung von Gesellschaftsanteilen einer ausländischen GmbH, NZG 2008, 86; *Fetsch*, IPR-Bezüge bei GmbH-Geschäftsanteils- und Unternehmenskaufverträgen, internationale Gerichtsstandsvereinbarungen (Teil 1), RNotZ 2007, 456 und (Teil 2), RNotZ 2007, 532; *Furgler*, Die Anknüpfung der Vertragsform im IPR, 1985; *Geimer*, Auslandsbeurkundungen im Gesellschaftsrecht (Anm. zu BGH, Urt. v. 16.2.1981 – II ZB 8/80), DNotZ 1981, 406; *Gerber*, Anm. zu LG Frankfurt a. M., Urt. v. 7.10.2009 – 3-13 O 46/09 (Gesellschaftsrecht: Geschäftsanteil: Formwirksamkeit der Beurkundung einer Übertragung und Verpfändung in der Schweiz), GmbHR 2010, 97; *Geyrhalter*, Internationale Cross Border-Transaktionen, RIW 2002, 386; *Giuliano/Lagarde*, Bericht über das Übereinkommen über das auf vertragliche Schuldverhältnisse anzuwendende Recht, BT-Drucks. 10/503, S. 33; *Goette*, Auslandsbeurkundungen im Kapitalgesellschaftsrecht, in: Festschrift Boujong, 1996, S. 131; *Goette*, Auslandsbeurkundungen im Kapitalgesellschaftsrecht, DStR 1996, 709; *Götze/Mörtel*, Zulässigkeit der Einreichung der GmbH-Gesellschafterliste durch einen ausländischen Notar, NZG 2014, 369; *Götze/Mörtel*, Zur Beurkundung von GmbH-Anteilsübertragungen in der Schweiz, NZG 2011, 727; *Großfeld*, Die „ausländische juristische Person & Co. KG", IPRax 1986, 351; *Großfeld/Berndt*, Die Übertragung von deutschen GmbH-Anteilen im Ausland, RIW 1996, 625; *Großfeld/Strotmann*, Ausländische juristische Person aus Nicht-EG-Staat als Komplementär einer KG, IPRax 1990, 298; *Günther*, Ausländische Gesellschaft, Anteilsabtretung, Formbedürftigkeit, Gesellschaftsstatut, Rechtswahl, EWiR 1993, 691; *Hasselmann*, Keine Einreichung einer Gesellschafterliste durch ausländischen Notar, NZG 2013, 325; *Heckschen*, Die Formbedürftigkeit der Veräußerung des gesamten Vermögens im Wege des „asset deal", NZG 2006, 772; *Heckschen*, Auslandsbeurkundung und Richtigkeitsgewähr, DB 1990, 161; *Heinz*, Beurkundung von Erklärungen zur Auflassung deutscher Grundstücke durch bestellte Notare im Ausland (Anm. zu LG Ellwangen, Beschl. v. 26.11.1999 – 1 T 205/99), RIW 2001, 928; *Heidenhain*, Zum Umfang der notariellen Beurkundung bei der Veräußerung von Geschäftsanteilen, NJW 1999, 3073; *Heinze*, GmbH: Zurückweisung einer durch ausländischen Notar unterzeichneten Gesellschafterliste, DStR 2013, 822; *Herrler*, Zuständigkeit des ausländischen Notars zur Einreichung der Gesellschafterliste – (k)ein Vehikel zur Klärung der Zulässigkeit der Auslandsbeurkundung, GmbHR 2014, 225; *Janßen/Robertz*, Die Formwirksamkeit des internationalen GmbH-Unternehmenskaufs,

GmbHR 2003, 433; *Jenckel*, Das Insiderproblem im Schnittpunkt von Gesellschafts- und Kapitalmarktrecht in materiell- und kollisionsrechtlicher Sicht, 1980 (zit. Das Insiderproblem); *Junker*, Internationales Arbeitsrecht: Vertragsstatut, Haftung, Arbeitnehmervertretung. Dargestellt am Beispiel deutsch-niederländischer Fälle, RdA 1990, 212; *Kaligin*, Das internationale Gesellschaftsrecht der Bundesrepublik Deutschland, DB 1985, 1449; *Kau/Wiehe*, Registrierung einer California Corporation als Gesellschafterin einer deutschen GmbH, RIW 1991, 32; *Kegel*, The Conflict-of-Laws Machine – Zusammenhang im Allgemeinen Teil des IPR, Contribution à la technique du droit international privé, IPRax 1996, 309; *Kiem*, Das Beurkundungserfordernis beim Unternehmenskauf im Wege des Asset Deals. Zur Anwendung des § 311b III BGB auf Gesamtvermögensübertragungsvorgänge juristischer Personen, NJW 2006, 2363; *Kindler*, Keine Geltung des Ortsstatuts für Geschäftsanteilsabtretungen im Ausland (Anm. zu LG Frankfurt, Entsch. v. 7.10.2009 – 3-13 O 46/09), BB 2010, 74; *Klöckner*, Erfordernis der notariellen Beurkundung gem. § 311b Abs. 3 BGB beim Asset-Deal?, DB 2008, 1083; *König/Götte/Bormann*, Das Formstatut für die dingliche Abtretung von GmbH-Geschäftsanteilen nach geltendem und künftigem Recht, NZG 2009, 881; *Kowalski/Bormann*, Beteiligung einer ausländischen juristischen Person als Komplementärin in einer deutschen KG (Anm. zu AG Bad Oeynhausen, Beschl. v. 15.3.2005 – 16 AR 15/05), GmbHR 2005, 1045; *Kronke*, Schweizerische AG & Co. KG – Jüngste Variante der „ausländischen Kapitalgesellschaft & Co." (Anm. zu OLG Saarbrücken, Beschl. v. 21.4.1989 – 5 W 60/88, RIW 1990, 831), RIW 1990, 799; *Kropholler*, Auslandsbeurkundungen im Gesellschaftsrecht, ZHR 140 (1976), 394; *Kuntze*, Zum internationalen Beurkundungsrecht, DB 1975, 193; *Land*, Rechtsfragen des internationalen Unternehmenskaufs, BB 2013, 2697; *Landbrecht/Becker*, Effektiv und kostengünstig – Übertragung deutscher GmbH-Anteile „Swiss Made", BB 2013, 1290; *Lappe*, Anmerkung zu OLG Stuttgart: Nr. 6 Auflassungsgebühr nach ausländischer Beurkundung des Grundgeschäfts, DNotZ 1991, 411; *Leible/Hoffmann*, Die Grundbuchfähigkeit der Scheinauslandsgesellschaft: (teilweise) Aufgabe der Sitztheorie?, NZG 2003, 259; *Löber*, Beurkundung von Gesellschafterbeschlüssen einer deutschen GmbH vor spanischen Notaren, RIW 1989, 94; *Loritz*, Rechtsfragen der notariellen Beurkundung bei Verkauf und Abtretung von GmbH-Geschäftsanteilen, DNotZ 2000, 90; *Lutter*, Der Letter of Intent, 3. Aufl., 1998; *Lüttringhaus*, Das internationale Privatrecht der culpa in contrahendo nach den EG-Verordnungen „Rom I" und „Rom II", RIW 2008, 193; *Maier-Reimer*, Veräußerung von GmbH-Anteilen vor Schweizer Notaren, BB 1974, 1230; *Mankowski*, Änderungen bei der Auslandsbeurkundung von Anteilsübertragungen durch das MoMiG oder durch die Rom I-VO?, NZG 2010, 201; *Mankowski*, Anm. zu OLG München, Urt. v. 19.11.1997 – 7 U 2511/97 (Formwirksame Beurkundung einer Übertragung von GmbH-Anteilen eines deutschen Mobilfunkanbieters durch einen Notar in Basel), EWiR 1998, 309; *Mann*, Zur Auslegung des Art. 11 EGBGB. Zugleich eine erneute Bemerkung zur Urkunde ausländischer Notare im deutschen Rechtsverkehr, ZHR 138 (1974), 448; *Merkt*, Internationaler Unternehmenskauf durch Erwerb der Wirtschaftsgüter, RIW 1995, 533; *Merkt*, Vertragsform beim Kauf von Anteilen an einer ausländischen Gesellschaft (Anm. zu OLG Celle, Urt. v. 20.10.1991 – 20 U 26/91 und OLG München, Urt. v. 5.3.1993 – 23 U 5958/92), ZIP 1994, 1417; *Müller*, Abtretung eines GmbH-Anteils in der Schweiz und einzuhaltende Form, RIW 2010, 591; *Müller-Chen*, Übertragung und Verpfändung deutscher GmbH-Geschäftsanteile in der Schweiz nach Inkrafttreten der schweizerischen GmbH-Revision, IPRax 2008, 45; *Olk*, Beurkundungserfordernisse nach deutschem GmbH-Recht bei Verkauf und Abtretung von Anteilen an ausländischen Gesellschaften, NJW 2011, 1639; *Olk/Nikoleyczik*, Zulässigkeit der Auslandsbeurkundung in der Schweiz bei Verkauf und Abtretung von Geschäftsanteilen an einer deutschen GmbH, DStR 2010, 1576; *Peters*, Ist die Beurkundung von GmbH-Geschäftsanteilsübertragungen in der Schweiz Rechtsgeschichte? (Anm. zu LG Frankfurt, Urt. v. 7.10.2009 – 3-13 O 46/09), DB 2010, 97; *van Randenborgh/Kallmeyer*, Pro und Contra: Beurkundung gesellschaftsrechtlicher Rechtsgeschäfte durch ausländische Notare?, GmbHR 1996, 908; *Reichert/Weller*, Der GmbH-Geschäftsanteil – Übertragung und Vinkulierung, 2006 (zit.: GmbH-Geschäftsanteil); *Reichert/Weller*, Geschäftsanteilsübertragung mit Auslandsberührung (Teil 1), DStR 2005, 250 und

§ 9 Form und Zustandekommen

(Teil 2), DStR 2005, 292; *Reithmann*, Mitwirkung des ausländischen Notars bei der Geschäftsanteilsabtretung nach dem MoMiG. Form des Verpflichtungs- und des Verfügungsgeschäfts, GmbHR 2009, 699; *Reithmann*, Formerfordernisse bei Verträgen über Beteiligungen an ausländischen Gesellschaften und über Grundstücke im Ausland, NZG 2005, 873; *Reithmann*, Vertretungsmacht bei niederländischer Gesellschaft, Prüfung durch das Registergericht, EWiR 1995, 225; *Reithmann*, Die Form ausländischer Vollmachten, DNotZ 1956, 469; *Reuter, A.*, Keine Auslandsbeurkundung im Gesellschaftsrecht?, BB 1998, 116; *Riedel*, Erklärung der Auflassung vor einem ausländischen Notar?, DNotZ 1955, 521; *Ries*, OLG München: Zurückweisung einer durch einen ausländischen Notar unterzeichneten Gesellschafterliste, GWR 2013, 137; *Rothoeft*, Von der Ortsform zur Geschäftsform? Zur Tragweite des Satzes locus regit actum, in: Festschrift Esser, 1975, S. 113; *Saenger/Scheuch*, Auslandsbeurkundung bei der GmbH – Konsequenzen aus MoMiG und Reform des Schweizer Obligationenrechts, BB 2008, 65; *Schäfer*, Das Vollmachtsstatut im deutschen IPR – einige neuere Ansätze in kritischer Würdigung, RIW 1996, 189; *Schervier*, Beurkundung GmbH-rechtlicher Vorgänge im Ausland, NJW 1992, 593; *Schlechtriem*, IPR Gesellschaftsstatut und organschaftliche Vertretungsmacht, Beschränkungen, EWiR 1991, 1167; *Schlößer*, GmbH-International: Die Auswirkungen der Schweizer GmbH-Reform 2007 auf die Übertragung von Geschäftsanteilen einer deutschen GmbH in der Schweiz, GmbHR 2007, 301; *Schmidt, H.*, Internationale Zuständigkeit deutscher Notare für die Beurkundung von Rechtsgeschäften, DB 1976, 2202; *Schöner/Stöber*, Grundbuchrecht, 15. Aufl., 2012; *Schütze*, Die Beurkundung der Übertragung von Geschäftsanteilen einer österreichischen GmbH durch einen deutschen Notar, DB 1992, 1970; *Schwimann*, Grundzüge des internationalen Gesellschaftsrechts (Teil I), GesRZ 1981, 142; *Schwimann*, Die Beurteilung der Form in Zivilrechtsfällen mit Auslandsberührung, NZ 1981, 65; *Seibold/Groner*, Die Vollmacht in internationalen M&A- und Finanzierungstransaktionen, NZG 2009, 126; *Spellenberg*, Zur Ersetzbarkeit deutscher notarieller Formen im Ausland, in: Festschrift Schütze, 1999, S. 887; *Stölzle*, Bedarf die Abtretung von Anteilen einer österreichischen Gesellschaft m. b. H im Auslande der Notariatsform?, NZ 1960, 161; *Süß*, Abtretung von GmbH-Geschäftsanteilen vor dem Basler Notar – Zugleich Anmerkungen zum Beschl. des OLG Düsseldorf v. 2.3.2011 – I-3 Wx 236/10, DNotZ 2011, 414; *Trendelenburg*, Die Beurkundung von Anteilskaufverträgen und gesellschaftsrechtlichen Maßnahmen nach der Reform des Schweizer Obligationenrechts, GmbHR 2008, 644; *Ulrich/Böhle*, Die Auslandsbeurkundung im M&A-Geschäft, GmbHR 2007, 566; *Wagner*, Abtretung von Geschäftsanteilen einer österreichischen GmbH, DNotZ 1985, 80; *Weller*, Die Übertragung von GmbH-Geschäftsanteilen im Ausland: Auswirkungen von MoMiG und Schweizer GmbH-Reform, Der Konzern 2008, 253; *Weller*, Nochmals: Zur formwirksamen GmbH-Anteilsabtretung in der Schweiz (Erwiderung auf Pilger, BB 2005, 1285), BB 2005, 1807; *Werner*, Der Asset Deal und die Notwendigkeit seiner notariellen Beurkundung. Zu Anwendung und Reichweite des § 311 Abs. 3 BGB, GmbHR 2008, 1135; *Werner*, GmbH-International: Die Ltd. & Co. KG – eine Alternative zur GmbH & Co. KG?, GmbHR 2005, 288; *Werner*, Anm. zu BGH, Urt. v. 29.9.1999 – VIII ZR 232/98 (Zulässigkeit der Auslandsbeurkundung zur Übertragung von GmbH-Anteilen durch Schweizer Notar), EWiR 2000, 487; *Wicke*, Einreichung der GmbH-Gesellschafterliste durch ausländischen Notar? – Zugleich Besprechung des Beschlusses des OLG München vom 6.2.2013 – 31 Wx 8/13, DB 2013, 1099; *Wiesbrock*, Formerfordernisse beim Unternehmenskauf, DB 2002, 2311; *Winkler*, Beurkundung gesellschaftlicher Akte im Ausland, NJW 1974, 1032; *Winkler*, GmbH-Gesellschafterversammlungen im Ausland und Beurkundung durch ausländische Notare, NJW 1973, 222; *Winkler*, Beurkundungen im Ausland bei Geltung deutschen Rechts, NJW 1972, 981; *Wolfsteiner*, Auslandsbeurkundung der Abtretung von Geschäftsanteilen an einer deutschen GmbH, DNotZ 1978, 532; *Wrede*, Nochmals: Zur Beurkundungspflicht bei der Übertragung von Anteilen an einer ausländischen Kapitalgesellschaft, GmbHR 1995, 365; *Zabel*, Die kollisionsrechtliche Qualifikation von § 15 Abs. 3 GmbHG – Formvorschrift, Inhaltsvorschrift oder gar Eingriffsnorm?, DZWIR 2011, 136; *Zimmer*, Nach „Inspire Art": Grenzenlose Gestaltungsfreiheit für deutsche Unternehmen, NJW 2003, 3585.

A. Form

Im Zusammenhang mit Unternehmenskaufverträgen stellt sich regelmäßig so- 1
wohl für das Verpflichtungs- als auch für das Verfügungsgeschäft (Abtretung
der Anteile, Übereignung der Wirtschaftsgüter) die Frage nach der **Form des
Rechtsgeschäfts**. Die kollisionsrechtliche Behandlung dieses Bereichs in Rechtsprechung und Literatur leidet jedenfalls beim Share Deal vielfach daran, dass
schlechthin von der Form „*gesellschaftsrechtlicher Vorgänge*" gesprochen wird.
Dabei wird nicht hinreichend unterschieden zwischen einerseits den hier interessierenden Rechtsgeschäften Kauf und Übertragung von Gesellschaftsanteilen
sowie andererseits sonstigen gesellschaftsrechtlichen Rechtsgeschäften, welche
auf die Verfassung der Gesellschaft einwirken (bspw. Gesellschaftsgründung,
Gesellschafterbeschlüsse (insbesondere Satzungsänderungen), Unternehmensverträge und Umwandlungen).[1] Die sachliche Berechtigung einer solchen Differenzierung lässt sich heute aber nicht mehr ernsthaft in Frage stellen.[2]

I. Share Deal

Bei der Anknüpfung der Form eines Share Deal können sich verschiedene Fragen 2
stellen. Zunächst ist grundsätzlich zwischen Verpflichtungs- und Verfügungsgeschäft zu unterscheiden (dazu sogleich Rz. 3 ff.). Die Besonderheiten bei der
Veräußerung von Anteilen an einer deutschen GmbH sind ergänzend zu berücksichtigen (dazu unten Rz. 9 ff.). Hinzu kommt die Frage, ob eine Beurkundung im Ausland einer Beurkundung in Deutschland gleichwertig ist, wenn
deutsches Recht Formstatut ist (dazu unten Rz. 25 ff.). Schließlich ist auf die
Anwendbarkeit des deutschen Formrechts beim Erwerb von Geschäftsanteilen
an einer ausländischen Gesellschaft einzugehen (dazu unten Rz. 40 ff.).

1. Grundsatz

a) Verpflichtungsgeschäft

Beim Verpflichtungsgeschäft eines Share Deal richtet sich die Form – wie auch 3
die Form sonstiger Rechtsgeschäfte – nach dem **Formstatut**. Dieses bestimmt
sich für schuldrechtliche Verträge nach Art. 11 Rom I-VO. Maßgeblich ist das
auf den Vertrag anwendbare Recht (Vertragsform, **Vertragsstatut**, Wirkungsstatut, Geschäftsstatut) oder alternativ das Ortsrecht, also das Recht am Ort

---

1) Zum Streitstand der Anknüpfung der Form solcher gesellschaftsverfassungsrechtlichen Rechtsgeschäfte s. *Kindler* in: MünchKomm-BGB, IntGesR Rz. 557; *Reithmann* in: Reithmann/Martiny, Int. Vertragsrecht, Rz. 786 ff.
2) Zutreffend *Behrens* in: Ulmer/Habersack/Winter, GmbHG, Einl. B Rz. 135; *Wetzler* in: Hölters, Hdb. Unternehmenskauf, Teil XV Rz. 228; vgl. auch *Kindler* in: MünchKomm-BGB, IntGesR Rz. 556 ff.

des Vertragsschlusses (Ortsform, **Ortsstatut**); Art. 11 Abs. 1 Rom I-VO).[3] Dabei ist unter Vertragsstatut jenes Recht zu verstehen, dem der Vertrag nach der Rom I-VO unterliegt. Es gilt damit das nach den Art. 3 ff. Rom I-VO ermittelte Vertragsstatut des Share Deal.[4]

4 Bei einem **Distanzvertrag**, also einem Vertrag, bei dessen Abschluss die Parteien in verschiedenen Staaten sind, gelten zudem neben dem Vertragsstatut alternativ die Rechte eines jeden Staats, in dem sich eine der Vertragsparteien oder ihr Vertreter zum Zeitpunkt des Vertragsschlusses aufhält (Ortsstatut) oder eine der Vertragsparteien ihren gewöhnlichen Aufenthalt hat (**Art. 11 Abs. 2 Rom I-VO**).

5 Art. 11 Abs. 1 und 2 Rom I-VO eröffnen also **Alternativen:** Ist etwa im Fall des Art. 11 Abs. 1 Rom I-VO der Share Deal nach dem Vertragsstatut formell unwirksam, bleibt zu klären, ob er wenigstens nach dem Ortsstatut formgültig ist. Umgekehrt ist Formunwirksamkeit nach dem Ortsrecht unschädlich, wenn die Parteien der Formvorschrift des Vertragsstatuts entsprochen haben. Vertragsstatut und Ortsrecht gelten gleichberechtigt nebeneinander.[5] Das Ortsrecht kann aber nur dann gelten, wenn dieses Recht ein vergleichbares Rechtsgeschäft kennt. Denn sonst kann dieses Recht keine Formregel bereithalten, auf welche sich die Parteien berufen können (Normen- oder Formleere).[6] In diesem Fall gilt allein das Vertragsstatut.

6 Da der Verordnungsgeber selbst die Ortsform genügen lässt, liegt eine Umgehung der gesetzlichen Formerfordernisse des Vertragsstatuts selbst dann nicht vor, wenn der Abschlussort gerade wegen der Formerleichterung[7] oder wegen

---

3) S. auch *Merkt/Göthel* in: Reithmann/Martiny, Int. Vertragsrecht, Rz. 4423; *Weller* in: MünchHdb-GesR, Bd. 6, § 6 Rz. 36. S. näher zur abweichenden Ansicht bei der deutschen GmbH unten Rz. 11.
4) *Spellenberg* in: MünchKomm-BGB, Art. 11 Rom I-VO Rz. 4, 39; *Thorn* in: Palandt, BGB, Art. 11 Rom I-VO Rz. 5 f.
5) *Furgler*, S. 87 ff.; *Hohloch* in: Erman, BGB, Art. 11 EGBGB Rz. 8; *Spellenberg* in: MünchKomm-BGB, Art. 11 Rom I-VO Rz. 17 sowie Art. 11 EGBGB Rz. 69.
6) BGH, NZG 2005, 41, 42 = ZIP 2004, 2324; RGZ 120, 225, 229 (Die Übertragung der Geschäftsanteile an einer deutschen GmbH in privatschriftlicher Form hätte genügt, wenn nach schweizerischem Ortsrecht ein GmbH-Anteil durch einfachen schriftlichen Vertrag wirksam hätte übertragen werden können; dies war aber deshalb nicht möglich, weil das schweizerische Recht die Rechtsform der GmbH noch nicht kannte.); *Spellenberg* in: MünchKomm-BGB, Art. 11 EGBGB Rz. 137 (für Art. 11 Abs. 1 EGBGB).
7) OLG Frankfurt a. M., OLGZ 67, 374, 377.

Kostenersparnis ins Ausland verlegt wird.[8] Der Sinn der Alternativanknüpfung liegt auf der Hand: Der Verordnungsgeber will wie der deutsche Gesetzgeber mit Art. 11 EGBGB die Formwirksamkeit von Verträgen und sonstigen Rechtsgeschäften begünstigen (**Günstigkeitsprinzip**, *favor validitatis*).

Aus der Maßgeblichkeit des Vertragsstatuts folgt zugleich, dass die Parteien dann, wenn sie – wie beim Share Deal – das Vertragsstatut wählen können, das Formstatut ebenfalls **wählen** können. Sie können nach umstrittener Ansicht ein drittes Recht als ausschließliches Formstatut berufen oder die alternative Geltung des Orts- oder des Vertragsstatuts ausschließen, sodass nur das eine allein gilt. Dies folgt aus Art. 3 Abs. 1 Satz 3 Rom I-VO.[9] Zulässig ist nach richtiger – allerdings umstrittener – Ansicht insbesondere, dass die Parteien die Form für das Verpflichtungsgeschäft durch **Teilrechtswahl** einem Recht unterstellen, welches für das Rechtsgeschäft im Unterschied zum Vertragsstatut keine oder eine einfachere Form verlangt.[10]

7

b) **Verfügungsgeschäft**

Das Verfügungsgeschäft selbst unterliegt zwar dem Gesellschaftsstatut, allerdings wird die Form nach h. A. über **Art. 11 Abs. 1 EGBGB** gesondert angeknüpft.[11] Art. 11 Rom I-VO ist nicht anwendbar, da die Verordnung grundsätzlich keine Verfügungsgeschäfte erfasst (vgl. Art. 1 Abs. 1 Rom I-VO).[12] Wirkungs- oder Geschäftsstatut i. S. des Art. 11 Abs. 1 Fall 1 EGBGB ist das **Gesellschaftsstatut**. Nach überwiegender Ansicht reicht es auch, wenn die Parteien die Ortsform

8

---

8) So schon RGZ 152, 379, 381; OLG Stuttgart, Rpfleger 1982, 137 (Die Anwendung einer liechtensteinischen Sachnorm ist weder eine Gesetzesumgehung noch ein ordre public-Verstoß. Das Gesetz lässt mit Art. 11 Abs. 1 Satz 1 Fall 2 EGBGB ausdrücklich auch weniger strenge Formvorschriften zu, die den Zweck deutscher Vorschriften nicht erreichen.); OLG Düsseldorf, RIW 1989, 225; ebenso *Semler* in: Hölters, Hdb. Unternehmenskauf, Teil VII Rz. 127; *Thorn* in: Palandt, BGB, Art. 11 EGBGB Rz. 16 m. w. N.; *Spellenberg* in: MünchKomm-BGB, Art. 11 Rom I-VO Rz. 19; *Hohloch* in: Erman, BGB, Art. 11 EGBGB Rz. 25; *Mörsdorf-Schulte* in: Prütting/Wegen/Weinreich, BGB, Art. 11 EGBGB Rz. 12, jeweils m. w. N.

9) So zu Art. 11 Abs. 1 EGBGB: BGHZ 57, 337, 340 = NJW 1972, 385 (für Grundstückskauf); *Spellenberg* in: MünchKomm-BGB, Art. 11 EGBGB Rz. 68; a. A. *Mäsch* in: Bamberger/Roth, BGB, Art. 11 EGBGB Rz. 10; *Reithmann*, GmbHR 2009, 699 f.

10) *Thorn* in: Palandt, BGB, Art. 11 Rom I-VO Rz. 4; *Spellenberg* in: MünchKomm-BGB, Art. 11 EGBGB Rz. 68; *Janßen/Robertz*, GmbHR 2003, 433, 439 f.; BGH, NZG 2005, 41, 43 = ZIP 2004, 2324 (*obiter dictum* zur Veräußerung von Geschäftsanteilen an einer polnischen GmbH); BGHZ 57, 337 = NJW 1972, 385, 386 (zum Grundstückskauf); zurückhaltend *Weller* in: MünchHdb-GesR, Bd. 6, § 6 Rz. 39; krit. *Winter/Löbbe* in: Ulmer/Habersack/Winter, GmbHG, § 15 Rz. 89; a. A. *Winkler v. Mohrenfels* in: Staudinger, BGB, Art. 11 Rom I-VO Rz. 100.

11) Mit umfassender Begr. und Nachw. aus Rspr. und Literatur *Seibt* in: Scholz, GmbHG, § 15 Rz. 82; s. zum Streitstand speziell bei der GmbH unten Rz. 13 ff.

12) S. aber für die Übertragung von Forderungen Art. 14 Rom I-VO; auch *Mankowski*, NZG 2010, 201, 206 f.

einhalten (Art. 11 Abs. 1 Fall 2 EGBGB), sofern das Ortsrecht ein vergleichbares Rechtsgeschäft kennt.[13] Sonst liegt ein Fall der Normenleere vor (siehe oben Rz. 5).[14] Die Rechtsprechung hat die **Ortsform** in der Vergangenheit zugelassen;[15] auch der BGH tendiert in diese Richtung.[16] Der Wunsch, Kosten zu sparen oder sich der Geschäftsform zu entziehen, kann es grundsätzlich nicht rechtfertigen, die Ortsform zu versagen (siehe schon oben Rz. 6).[17]

2. Geschäftsanteile an einer deutschen GmbH

9 Probleme, das Formstatut zu bestimmen, ergeben sich regelmäßig dann, wenn das Wirkungs- oder das Ortsstatut besonders **formstreng** sind. Klassisch und seit langem umstritten ist der Fall des Kaufs und der Übertragung von Geschäftsanteilen an einer deutschen GmbH.[18] Denn bekanntlich verlangt das deutsche Recht gemäß § 15 Abs. 3 und 4 GmbHG sowohl für das Verpflichtungsgeschäft als auch für das eigentliche Verfügungsgeschäft die **notarielle Beurkundung**. Gleiches gilt übrigens nach österreichischem Recht (§ 76 Abs. 2 Satz 1 und 2 öst. GmbHG).[19] Auch das italienische Recht sieht für die Übertragung der Anteile an einer *società a responsabilità limitata* zwingend die Errichtung entweder einer notariellen Urkunde *(atto publico)* oder einer beglaubigten Urkunde *(scrittura*

---

13) *Hohloch* in: Erman, BGB, Art. 11 EGBGB Rz. 27; *Spellenberg* in: MünchKomm-BGB, Art. 11 EGBGB Rz. 114 f.; *Thorn* in: Palandt, BGB, Art. 11 EGBGB Rz. 12; *Winkler v. Mohrenfels* in: Staudinger, BGB, Art. 11 EGBGB Rz. 301; *Engel*, DStR 2008, 1593, 1594; *Goette* in: FS Boujong, S. 131, 138, 143; *Leible* in: Michalski, GmbHG, Syst. Darst. 2 Rz. 99; *Reichert/Weller* in: MünchKomm-GmbHG, § 15 Rz. 158; *Reichert/Weller*, DStR 2005, 250, 253 ff.; *Saenger/Scheuch*, BB 2008, 65, 67 ff.

14) Dazu *Winkler v. Mohrenfels* in: Staudinger, BGB, Art. 11 EGBGB Rz. 189 f.; *Weller* in: MünchHdb-GesR, Bd. 6, § 6 Rz. 28 f.

15) OLG Frankfurt a. M., RIW 1981, 552 = DNotZ 1982, 186 = IPRax 1983, 79 (LS) (m. krit. Anm. *Firsching*) (Ortsform genügt für eine in der Schweiz vorgenommene Übertragung eines Anteils an einer deutschen GmbH. „Die Abtretung berührt nämlich unmittelbar die Interessen Dritter nicht […]. Im Übrigen könnten, sofern die Übertragung eines Anteils für andere Gesellschafter nachteilig wäre, solche Nachteile auch nicht dadurch verhindert werden, dass die Abtretung vor einem deutschen Notar vorgenommen würde.").

16) Vgl. BGHZ 80, 76, 78 = ZIP 1981, 402 („Es spricht viel für die Richtigkeit der Ansicht des Oberlandesgerichts Stuttgart, Art. 11 Abs. 1 Satz 2 EGBGB [heute: Art. 11 Abs. 1 Fall 2 EGBGB] gelte generell, also auch für gesellschaftsrechtliche Vorgänge [hier: durch Notariat Zürcher Altstadt beurkundete Satzungsänderung einer deutschen GmbH]. Doch braucht der Senat die streitige Rechtsfrage nicht zu entscheiden."); krit. dazu *Geimer*, DNotZ 1981, 406; ebenfalls in diese Richtung BGH, NZG 2005, 41, 42 = ZIP 2004, 2324.

17) OLG Frankfurt a. M., RIW 1981, 552 = DNotZ 1982, 186 = IPRax 1983, 79 (LS) (m. krit. Anm. *Firsching*); im Fall der deutschen GmbH, s. a. unten Rz. 15 Fn. 36.

18) *Merkt*, ZIP 1994, 1417; *Depping*, GmbHR 1994, 386; *Reuter*, BB 1998, 116; *Behrens* in: Ulmer/Habersack/Winter, GmbHG, Einl. B Rz. 137 ff.; *Semler* in: Hölters, Hdb. Unternehmenskauf, Teil VII Rz. 127 ff.; *Großfeld/Berndt*, RIW 1996, 625 ff.; für einen Überblick über die Bedeutung des § 15 GmbHG vgl. *Benecke*, RIW 2002, 280; *Geyrhalter*, RIW 2002, 386.

19) *Beer* in: Süß/Wachter, Hdb. Int. GmbHR, Länderbericht Österreich Rz. 135.

privata autentica) vor.[20] Hingegen lässt sich der Anteil an einer *société à responsabilité limitée* nach französischem Recht privatschriftlich übertragen.[21] Gleiches gilt nach der Reform des schweizerischen Obligationenrechts seit 2008 auch für die schweizerische GmbH (Art. 785 Abs. 1 OR).[22] Durch den im Zuge dieser Reform abgeschafften Beurkundungszwang haben gleichzeitig die deutschen Diskussionen über Fragen des Formstatuts neuen Auftrieb erhalten. Die gleiche Wirkung ist durch das Gesetz zur Modernisierung des GmbH-Rechts und zur Bekämpfung von Missbräuchen (**MoMiG**)[23] und die damit einhergehende gestiegene Bedeutung der Gesellschafterliste zu verzeichnen (siehe unten Rz. 21, 36 ff.).

a) Verpflichtungsgeschäft

Nach in Deutschland h. A. gilt für das Verpflichtungsgeschäft **Art. 11 Abs. 1 Rom I-VO** uneingeschränkt. Damit genügt es, die **Geschäfts- oder Ortsform** einzuhalten.[24] Diese Ansicht hat sich zu Art. 11 Abs. 1 EGBGB a. F. entwickelt und sich für Art. 11 Abs. 1 und Abs. 2 Rom I-VO fortgesetzt.[25] Der Rückgriff auf das Ortsstatut scheidet wie allgemein nur bei sog. *Normen- oder Formleere* aus, also wenn dieses Statut ein Rechtsgeschäft der fraglichen Art nicht kennt und deshalb keine Form hierfür bereitstellt (siehe oben Rz. 5).

10

---

20) *Depping*, GmbHR 1994, 386, 387 Fn. 10, mit Verweis auf das italienische Geldwäschegesetz, Nr. 310 v. 12.8.1993; auch *Bauer/Pesaresi* in: Süß/Wachter, Hdb. Int. GmbHR, Länderbericht Italien Rz. 111 ff.

21) *Karst* in: Süß/Wachter, Hdb. Int. GmbHR, Länderbericht Frankreich Rz. 86. Einen Überblick über die unterschiedlichen Regelungen des ausländischen Rechts geben *Behrens u. a.* in: Behrens, S. 89 ff.; außerdem die Länderberichte bei *Süß/Wachter*, Hdb. Int. GmbHR, S. 417 ff.

22) *Olk/Nikoleyczik*, DStR 2010, 1576, 1578 f.; *Saenger/Scheuch*, BB 2008, 65 ff.

23) BGBl. I 2008, 2026 v. 28.10.2008.

24) BGH, NZG 2005, 41, 42 = ZIP 2004, 2324 (*obiter dictum*); OLG Stuttgart, NZG 2001, 41; OLG München, DB 1998, 125, 126; OLG Frankfurt a. M., WM 1981, 946; BayObLGZ 1977, 242, 244 ff.; bereits RGZ 88, 227, 231; 160, 225, 231; *Abrell*, NZG 2007, 60; *Behrens* in: Ulmer/Habersack/Winter, GmbHG, Einl. B Rz. 137; *Böttcher/Blasche*, NZG 2006, 766; *Dutta*, RIW 2005, 98, 100; *Fastrich* in: Baumbach/Hueck, GmbHG, § 15 Rz. 22a; *Leible* in: Michalski, GmbHG, Syst. Darst. 2 Rz. 99; *Müller-Chen*, IPRax 2008, 45; *Reichert/Weller*, DStR 2005, 250, 292; *Saenger/Scheuch*, BB 2008, 65, 66 ff.; *Spahlinger/Wegen* in: Spahlinger/Wegen, Int. GesR, Rz. 673; *Weller*, Der Konzern 2008, 253, 255; für das österreichische Recht s. aber öst. OGH, IPRax 1990, 252, 253 (Die in § 76 Abs. 2 Satz 1 öst. GmbHG vorgeschriebene Notariatsform ist eine Eingriffsnorm, die ohne Rücksicht auf das Vertragsstatut anzuwenden ist.). S. a. den Vorschlag bei *Merkt*, ZIP 1994, 1417, 1423 (allerdings unzutreffend wiedergegeben bei *Wrede*, GmbHR 1995, 365, 366 Fn. 13): Zu erwägen sei, im Interesse der Wirksamkeitsbegünstigung unter dem Geschäftsstatut i. S. des Art. 11 Abs. 1 EGBGB alternativ das Schuldvertragsstatut und das Personalstatut der Gesellschaft zu verstehen. Dann wäre der Vertrag formgültig, wenn er den Formerfordernissen des Rechts am Ort des Vertragsschlusses oder den Vorschriften des Vertragsstatuts oder des Personalstatuts der Gesellschaft entspräche; diesem Vorschlag zugeneigt BGH, NZG 2005, 41, 43 = ZIP 2004, 2324 (jedenfalls für den Fall einer ausländischen Gesellschaft).

25) S. bereits *Leible* in: Michalski, GmbHG, Syst. Darst. 2 Rz. 99; *Merkt/Göthel* in: Reithmann/Martiny, Int. Vertragsrecht, Rz. 4425; *Mankowski*, NZG 2010, 201, 205.

Dies dürfte aber beim Share Deal über Anteile an einer GmbH praktisch kaum vorkommen.[26] Nach dieser h. A. könnten daher Parteien eines Kaufvertrags über Anteile an einer deutschen GmbH diesen wirksam im Ausland schließen, wenn sie die dort verlangte Form einhalten (bspw. die mildere schriftliche Form in der Schweiz gemäß Art. 785 Abs. 1 OR).

11 Nach der **Gegenansicht** ist der **Beurkundungszwang** des § 15 Abs. 4 GmbHG dagegen eine **materiell-inhaltliche Vorschrift des Gesellschaftsstatuts** und kein bloßes Formerfordernis i. S. von Art. 11 Abs. 1 Rom I-VO. Die Vorschrift wird also kollisionsrechtlich nicht als Formschrift qualifiziert. Sie ist nach dieser Auffassung nicht über den *„Umweg"* der für Formfragen geltenden Kollisionsnorm des Art. 11 Abs. 1 Rom I-VO zu berufen (verbunden mit der Gefahr, durch ein milderes Ortsstatut verdrängt zu werden), sondern allein und direkt über die Regeln des Internationalen Gesellschaftsrechts.[27] Danach wäre bei einer deutschen GmbH unabhängig vom Vertrags- und Ortsstatut die Beurkundungspflicht einzuhalten, wenn sie Teil des berufenen Gesellschaftsstatuts ist.[28] Diese Auffassung greift damit in erheblicher Weise in das den Parteien gewährte Recht ein, das Formstatut i. R. des Art. 11 Abs. 1 Rom I-VO beeinflussen zu dürfen.

12 Trotz der h. A. ist der **Praxis** zu empfehlen, sich nicht auf die alternative Ortsform zu verlassen, sondern jedenfalls die Formvorschriften des **Vertragsstatuts** einzuhalten, weil und solange gesicherte Rechtsprechung des BGH zur Zulässigkeit der alternativen Ortsform fehlt.[29] Haben die Parteien das Verpflichtungsgeschäft einem anderen Recht als dem Gesellschaftsstatut unterstellt (sei es vollständig oder nur für die Form, dazu oben Rz. 7), kann es zudem angezeigt sein, **vorsichtshalber auch** die Formerfordernisse des **Gesellschaftsstatuts** einzuhalten. Hierdurch lässt sich das Risiko einer Unwirksamkeit des Verpflichtungsgeschäfts vermeiden. Wollen sich die Parteien dennoch zunächst auf die Alternativität der Ortsform oder allein die Formerfordernisse des Vertragsstatuts verlassen, sollten sie erwägen, sich vorsichtshalber im Unternehmenskaufvertrag wechselseitig (oder allein den Käufer) unwiderruflich zu bevollmächtigen, das Verpflichtungsgeschäft nach dem anwendbaren Gesellschaftsstatut zu wiederholen. Eine von diesen Em-

---

26) S. aber noch RGZ 160, 225, 229.
27) *Großfeld/Berndt*, RIW 1996, 625, 630; *Großfeld* in: Staudinger, BGB, IntGesR Rz. 492; *Kindler* in: MünchKomm-BGB, IntGesR Rz. 558 f.; s. a. *Westermann* in: Scholz, GmbHG, Anh. § 4a Rz. 54, wonach es bei einer deutschen GmbH „dem Parteiwillen gewöhnlich entsprechen wird", dass das Vertragsstatut dem Gesellschaftsstatut entspricht; *Mann*, ZHR 138 (1974), 448, 451, der statt des Vertragsstatuts jedenfalls für die Veräußerung von GmbH-Geschäftsanteilen das Gesellschaftsstatut zum Wirkungsstatut machen will; *Winkler*, NJW 1972, 981, 982.
28) *Großfeld/Berndt*, RIW 1996, 625, 630; *Großfeld* in: Staudinger, BGB, IntGesR Rz. 498; *Kindler* in: MünchKomm-BGB, IntGesR Rz. 558; zu dieser Ansicht auch sogleich ausführlicher unten beim Verfügungsgeschäft Rz. 16.
29) Ebenso *Falkner*, NZG 2008, 86, 87; *Janssen/Robertz*, GmbHR 2003, 433, 438; *Reichert/Weller*, DStR 2005, 292; *Weller* in: MünchHdb-GesR, Bd. 6, § 8 Rz. 7.

pfehlungen zu unterscheidende Frage ist es, ob die Parteien durch eine Beurkundung im Ausland die Formerfordernisse eines deutschen Vertrags- oder Gesellschaftsstatuts erfüllen können (dazu unten Rz. 25 ff.).

b) Verfügungsgeschäft
aa) Überblick

Während sich beim Verpflichtungsgeschäft zumindest eine deutliche h. M. ausmachen lässt, die gemäß Art. 11 Abs. 1 und Abs. 2 Rom I-VO für das Verpflichtungsgeschäft über Geschäftsanteile an einer GmbH das Vertragsstatut oder das Ortsstatut zulässt, besteht in Rechtsprechung wie Schrifttum heftiger Streit bei der Frage, wie der Beurkundungszwang nach § 15 Abs. 3 GmbHG kollisionsrechtlich zu qualifizieren ist.[30] **13**

Einigkeit besteht darüber, dass **Art. 11 Abs. 1 Rom I-VO nicht** maßgeblich sein kann, weil die Verordnung grundsätzlich nicht auf Verfügungsgeschäfte anwendbar ist (vgl. Art. 1 Abs. 1 Rom I-VO).[31] Einig ist man sich auch darüber, dass das Verfügungsgeschäft selbst dem Gesellschaftsstatut unterliegt. Diskutiert wird aber, ob dies auch alternativlos für § 15 Abs. 3 GmbHG gilt. Es geht wie beim Verpflichtungsgeschäft um die Frage, ob der darin angeordnete Beurkundungszwang als Formvorschrift oder als materiell-inhaltliche Vorschrift des Gesellschaftsrechts einzuordnen ist. **14**

Die wohl **h. A.** spricht sich für eine Formvorschrift aus und knüpft damit die Form für Verfügungen über Anteile an einer deutschen GmbH über **Art. 11 Abs. 1 EGBGB** gesondert an.[32] **Wirkungs- oder Geschäftsstatut** i. S. des Art. 11 Abs. 1 Fall 1 EGBGB ist danach das **Gesellschaftsstatut**. Nach überwiegender Ansicht innerhalb dieser Gruppe reicht es auch, wenn die Parteien die Ortsform **15**

---

30) Streitstand bei *Thorn* in: Palandt, BGB, Art. 11 EGBGB Rz. 10; *Hohloch* in: Erman, BGB, Art. 11 EGBGB Rz. 19 f.; *Spellenberg* in: MünchKomm-BGB, Art. 11 EGBGB Rz. 172 ff.; *Kindler* in: MünchKomm-BGB, IntGesR Rz. 558; *Großfeld* in: Staudinger, BGB, IntGesR Rz. 492 ff.; *Westermann* in: Scholz, GmbHG, Anh. § 4a Rz. 54; *Behrens* in: Ulmer/Habersack/Winter, GmbHG, Einl. B Rz. 137 f.; *Assmann* in: Großkomm-AktG, Einl. Rz. 607 ff.; *Schervier*, NJW 1992, 593; *Goette*, DStR 1996, 709.
31) S. aber für die Übertragung von Forderungen Art. 14 Rom I-VO.
32) BGH, NZG 2005, 41, 42 = ZIP 2004, 2324; RGZ 88, 227, 231; BayObLG, NJW 1978, 500 = GmbHR 1978, 39 = DB 1977, 2320; OLG Düsseldorf, NZG 2011, 388 = ZIP 2011, 564; OLG Frankfurt a. M., RIW 1981, 552 = DNotZ 1982, 186 = IPRax 1983, 79 (LS) (m. krit. Anm. *Firsching*); LG Koblenz, IPRspr. 1970, Nr. 144; OLG München, DB 1998, 125, 126, dazu EWiR 1998, 309 *(Mankowski)*; OLG Stuttgart, NZG 2001, 40; *Behrens* in: Ulmer/Habersack/Winter, GmbHG, Einl. B Rz. 137; *Landbrecht/Becker*, BB 2013, 1290, 1292 f.; *Mankowski*, NZG 2010, 201; *Reichert/Weller*, GmbH-Geschäftsanteil, § 15 GmbHG Rz. 158; *Reichert/Weller*, DStR 2005, 250, 254; *Seibt* in: Scholz, GmbHG, § 15 Rz. 82 m. w. N.; *Spellenberg* in: MünchKomm-BGB, Art. 11 EGBGB Rz. 174; *Weller*, Der Konzern 2008, 253, 255; *Weller* in: MünchHdb-GesR, Bd. 6, § 8 Rz. 7; *Zabel*, DZWIR 2011, 136 ff.

§ 9 Form und Zustandekommen

einhalten (Art. 11 Abs. 1 Fall 2 EGBGB).[33)] Die Rechtsprechung hat die **Ortsform** in der Vergangenheit zugelassen;[34)] auch der BGH geht in diese Richtung.[35)] Der Wunsch, Kosten zu sparen oder sich der strengeren Geschäftsform zu entziehen, kann die Versagung der Ortsform grundsätzlich nicht rechtfertigen.[36)]

---

33) RGZ 160, 225, 229 (Die Übertragung der Geschäftsanteile an einer deutschen GmbH in privatschriftlicher Form hätte genügt, wenn nach schweizerischem Ortsrecht ein GmbH-Anteil durch einfachen schriftlichen Vertrag wirksam hätte übertragen werden können; dies war aber deshalb nicht möglich, weil das schweizerische Recht die Rechtsform der GmbH noch nicht kannte); RGZ 88, 227, 231; BayObLG, NJW 1978, 500 = GmbHR 1978, 39 = DB 1977, 2320; OLG Frankfurt a. M., RIW 1981, 552 = DNotZ 1982, 186 = IPRax 1983, 79 (LS) (m. krit. Anm. *Firsching*) („Die Abtretung berührt nämlich unmittelbar die Interessen Dritter nicht [...]. Im Übrigen könnten, sofern die Übertragung eines Anteils für andere Gesellschafter nachteilig wäre, solche Nachteile auch nicht dadurch verhindert werden, dass die Abtretung vor einem deutschen Notar vorgenommen würde."); LG Koblenz, IPRspr. 1970 Nr. 144; *Maier-Reimer*, BB 1974, 1230, 1233; *Bokelmann*, NJW 1975, 1625, 1627; *Semler* in: Hölters, Hdb. Unternehmenskauf, Teil VII Rz. 130; *Fastrich* in: Baumbach/Hueck, GmbHG, § 15 Rz. 22a; *Seibt* in: Scholz, GmbHG, § 15 Rz. 82 f.; *Winter/Löbbe* in: Ulmer/Habersack/Winter, GmbHG, § 15 Rz. 138; *Spellenberg* in: MünchKomm-BGB, Art. 11 EGBGB Rz. 174; *Kegel* in: Soergel, BGB, Art. 11 EGBGB Rz. 17, 19 und 35; *Hohloch* in: Erman, BGB, Art. 11 EGBGB Rz. 19 f.; *Kropholler*, IPR, S. 316; *Thorn* in: Palandt, BGB, Art. 11 EGBGB Rz. 13 m. w. N.; *Reichert/Weller*, DStR 2005, 250, 253 ff.; *Reichert/Weller* in: MünchKomm-GmbHG, § 15 Rz. 142 und 158; *Weller*, BB 2005, 1807; nach a. A. ist der Beurkundungszwang zwar als Formvorschrift zu qualifizieren, allerdings ist die alternative Berufung der Ortsform ausgeschlossen, so etwa LG Stuttgart, IPRspr. 1976 Nr. 5 A.; AG Köln, GmbHR 1991, 24; *Bayer*, GmbHR 2013, 897, 904 ff. (hierbei die internationalprivatrechtliche Qualifikation des § 15 Abs. 3 GmbHG offenlassend); *Schervier*, NJW 1992, 593, 598; *Bredthauer*, BB 1986, 1864, 1865; *Mann*, ZHR 138 (1974), 453, 451 ff.; *H. Schmidt*, DB 1976, 2202, 2203; *Kuntze*, DB 1975, 193, 194 f.; Bedenken gegen die Anwendung der Ortsform äußert *Bayer* bereits in: Lutter/Hommelhoff, GmbHG, § 15 Rz. 28; diff. *Rothoeft* in: FS Esser, S. 113; *Westermann* in: Scholz, GmbHG, Anh. § 4a Rz. 54; *Wolfsteiner*, DNotZ 1978, 532.
34) S. Hinweis in voriger Fn. 33.
35) Vgl. BGHZ 80, 76, 78 = ZIP 1981, 402 (allgemein für gesellschaftsrechtliche Vorgänge: auch hier spreche „viel für die Richtigkeit" der Anknüpfung an die Ortsform, s. a. oben Rz. 8 Fn. 16).
36) BayObLG, NJW 1978, 500 = GmbHR 1978, 39 = DB 1977, 2320 („Eine Anwendung von Art. 11 Abs. 1 Satz 2 EGBGB wäre nur ausgeschlossen, wenn durch die Zulassung der ausländischen Ortsform gegen die guten Sitten oder den Zweck eines deutschen Gesetzes verstoßen würde [...]. Davon kann bei der Beurkundung der Übertragung eines Geschäftsanteiles an einer deutschen GmbH zwischen ausschließlich in Österreich ansässigen Beteiligten durch einen österreichischen Notar keine Rede sein."); OLG Frankfurt a. M., RIW 1981, 552 = DNotZ 1982, 186 = IPRax 1983, 79 (LS) (m. krit. Anm. *Firsching*) („Es läge aber auch kein Verstoß gegen die guten Sitten vor, wenn das Rechtsgeschäft [Abtretung eines Anteils an einer deutschen GmbH] allein deshalb in der Schweiz [Notariat Zürich] vorgenommen wäre, weil die nach Schweizer Recht anfallenden Gebühren wesentlich niedriger sind als diejenigen nach deutschem Recht. Der Senat erachtet es für legitim, unter mehreren zulässigen Möglichkeiten die kostengünstigere zu wählen."); OLG Stuttgart, Rpfleger 1982, 137; *Hohloch* in: Erman, BGB, Art. 11 EGBGB Rz. 25; *Mörsdorf-Schulte* in: Prütting/Wegen/Weinreich, BGB, Art. 11 EGBGB Rz. 12, jeweils m. w. N.; nach a. A. soll dagegen trotz grundsätzlicher Gestattung der Ortsform die bewusste Formerzielung oder „-erschleichung" bei strengerem Geschäftsstatut zur Formunwirksamkeit führen, so *Geimer*, DNotZ 1981, 406, 410; *Kropholler*, ZHR 140 (1976), 394, 397; *Reithmann*, DNotZ 1956, 469, 476; *Wolfsteiner*, DNotZ 1978, 532, 536.

Allerdings muss das Ortsrecht ein vergleichbares Rechtsgeschäft kennen. Sonst liegt ein Fall der Normenleere vor (siehe oben Rz. 5).[37]

Nach der **abweichenden Ansicht** gehört § 15 Abs. 3 GmbHG wie beim Verpflichtungsgeschäft § 15 Abs. 4 GmbHG dagegen dem Gesellschaftsstatut an (dazu oben Rz. 11). Die Vorschrift wird also wiederum allein und direkt über die Regeln des **Internationalen Gesellschaftsrechts** berufen.[38] Damit kann sie auch nicht durch ein milderes Ortsstatut verdrängt werden. Dem Beurkundungszwang wird sogar der Charakter als Eingriffsnorm zugeschrieben.[39] Diese Ansicht ist insbesondere aus den nachfolgenden Gründen abzulehnen. 16

bb) Geschäfts- oder Ortsform
(1) Qualifikation als Formvorschrift

Die Auffassung, die § 15 Abs. 3 GmbHG gesellschaftsrechtlich qualifiziert, begründet dies mit der vorrangigen Funktion des Beurkundungszwangs sicherzustellen, dass Anteile an einer GmbH nicht Gegenstand des freien Handelsverkehrs werden. Der Gesetzgeber habe der Norm eine rechtsformprägende, typenschützende Funktion gegeben, die einem Kernbereich unentziehbarer Strukturelemente vergleichbar sei.[40] 17

Diese Funktion, *„leichten und spekulativen Handel"* mit GmbH-Geschäftsanteilen zu verhindern,[41] mag man akzeptieren, auch wenn Gründe dafür vorgebracht werden, sie als überholt anzusehen.[42] Aber selbst dann indiziert die Beurkundungspflicht **keine besondere organisationsrechtliche Bedeutung** des 18

---

37) Beispiel bei *Weller* in: MünchHdb-GesR, Bd. 6, § 6 Rz. 29.
38) LG Stuttgart, IPRspr. 1976 Nr. 5 A.; LG Koblenz, IPRspr. 1970 Nr. 144; *Eidenmüller* in: Sonnenberger, S. 491; *Großfeld/Berndt*, RIW 1996, 625, 630; *Kindler* in: MünchKomm-BGB, IntGesR Rz. 558 f.; *Kindler*, Geschäftsanteilsabtretungen im Ausland, S. 23, 38; *Kindler*, BB 2010, 74, 75; *Süß*, DNotZ 2011, 414, 415 f.; wohl ebenfalls *Großfeld* in: Staudinger, BGB, IntGesR Rz. 492 (Ausschluss der Ortsrechts über Art. 11 Abs. 4 EGBGB [Art. 11 Abs. 5 EGBGB a. F.] analog); zu dieser Analogie *Süß* in: jurisPK-BGB, Art. 11 EGBGB Rz. 72 (zustimmend); *Müller*, RIW 2010, 591, 594 f. (ablehnend); s. a. *van Randenbough/Kallmeyer*, GmbHR 1996, 908, 911; *König/Götte/Bormann*, NZG 2009, 881, 883 f.; *Rehm* in: Eidenmüller, § 4 Rz. 49; *Reithmann*, NZG 2005, 873 f.; *Winkler*, NJW 1973, 222; *Winkler*, NJW 1974, 1032.
39) *Kindler* in: MünchKomm-BGB, IntGesR Rz. 560; *Kindler*, BB 2010, 74, 76 f.; näher *Kindler*, Geschäftsanteilsabtretungen im Ausland, S. 20 ff. und 36 ff.; dagegen ausdrücklich *Mankowski*, NZG 2010, 201, 205.
40) *Großfeld/Berndt*, RIW 1996, 625, 630; *Kindler* in: MünchKomm-BGB, IntGesR Rz. 558; *König/Götte/Bormann*, NZG 2009, 881, 883; *van Randenbough/Kallmeyer*, GmbHR 1996, 908, 911; *Süß*, DNotZ 2011, 414, 415 f.
41) So BGHZ 13, 49, 51; BGHZ 75, 353; auch *Kindler*, BB 2010, 74, 75; *König/Götte/Bormann*, NZG 2009, 881, 883.
42) Dazu *Seibt* in: Scholz, GmbHG, § 15 Rz. 5.

Übertragungsvorgangs.⁴³⁾ Bestand und Verfassung der Gesellschaft bleiben von der Übertragung unberührt.⁴⁴⁾ Das Geschäft greift nicht in einer Weise in die Struktur der Gesellschaft ein, die ein hervorgehobenes Interesse des Gesellschaftsstatuts an einer gesellschaftsrechtlichen Qualifikation des Beurkundungszwangs zu begründen vermag.⁴⁵⁾

19 Zudem kann man nicht unberücksichtigt lassen, dass auch dann zwischen sachrechtlicher Bedeutung und kollisionsrechtlicher Qualifikation einer Norm zu trennen ist, wenn die Norm wie im Fall des § 15 Abs. 3 GmbHG sachrechtlich eine über die üblichen Formzwecke der Beweissicherung, des Übereilungsschutzes und der Beratung hinausgehende Bedeutung hat. Als **„Formerfordernisse"** i. S. von Art. 11 Abs. 1 EGBGB sind allgemein alle Vorschriften anzusehen, die Art und Weise der Äußerung einer Willenserklärung regeln.⁴⁶⁾ Darunter fällt auch § 15 Abs. 3 GmbHG. Hätte der deutsche Gesetzgeber der Vorschrift kollisionsrechtlich eine andere Wertung geben oder aber wenigstens die Ortsform als Alternative ausschließen wollen, hätte er dies zum Ausdruck gebracht und eine dem Art. 11 Abs. 4 EGBGB vergleichbare Sonderregelung geschaffen. Stattdessen hat er aber in Art. 11 Abs. 1 EGBGB bewusst einen Grundsatz für Formerfordernisse verankert, der den Parteien Geschäfts- und Ortsstatut alternativ anbietet, und nur bei Verfügungen über Sachen das Ortsstatut ausgeschlossen.⁴⁷⁾ In diese Richtung dürfte auch der BGH tendieren, wenn er – allerdings zum Thema Gleichwertigkeit – ausführt: „Die Regelung des § 15 Abs. 3 GmbHG [...] enthält keinen Hinweis darauf, dass die notarielle Beurkundung nur im Inland vorgenommen werden dürfte."⁴⁸⁾

(2) Alternative Ortsform

20 Daher gibt es bei Qualifikation des § 15 Abs. 3 GmbHG als Formvorschrift keinen Grund, die alternative Ortsform zu unterbinden. Die Alternativität

---

43) *Behrens* in: Ulmer/Habersack/Winter, GmbHG, Einl. B Rz. 137; *Kropholler*, ZHR 140 (1976), 394, 404 f.; *Bredthauer*, BB 1986, 1864, 1865; *Hohloch* in: Erman, BGB, Art. 11 EGBGB Rz. 27.
44) *Reichert/Weller*, GmbH-Geschäftsanteil, § 15 GmbHG Rz. 145 f.; *Behrens* in: Ulmer/Habersack/Winter, GmbHG, Einl. B Rz. 137; *Kindler* in: MünchKomm-BGB, IntGesR Rz. 558.
45) *Behrens* in: Ulmer/Habersack/Winter, GmbHG, Einl. B Rz. 137; *Landbrecht/Becker*, BB 2013, 1290, 1291 f.; so aber *Großfeld/Berndt*, RIW 1996, 625, 630.
46) *Mäsch* in: Bamberger/Roth, BGB, Art. 11 EGBGB Rz. 20; *Hohloch* in: Erman, BGB, Art. 11 EGBGB Rz. 13; *Reichert/Weller* in: MünchKomm-GmbHG, § 15 Rz. 162; *Weller* in: MünchHdb-GesR, Bd. 6, § 8 Rz. 7; s. a. den Bericht von *Giuliano/Lagarde* zum EVÜ, BT-Drucks. 10/503, S. 61: „ Es ist [...] zulässig, jedes äußere Verhalten, das dem Autor einer rechtlich erheblichen Willenserklärung vorgeschrieben wird und ohne das diese Willenserklärung nicht voll wirksam ist, als eine Form i. S. des Art. 9 anzusehen."
47) *Mankowski*, NZG 2010, 201, 206; *Seibt* in: Scholz, GmbHG, § 15 Rz. 82; *Spellenberg* in: MünchKomm-BGB, Art. 11 EGBGB Rz. 172.
48) BGH, DB 2014, 292, 294 Rz. 16 = ZIP 2013, 458.

entspricht dem Willen des Gesetzgebers, der die Geschäftsform und die Ortsform als gleich eng mit einem internationalen Sachverhalt verbunden ansieht und damit beide Rechtsordnungen als gleichermaßen berufen einstuft.[49] Hiergegen spricht auch nicht die Belehrungspflicht des Notars. Auf die Belehrung können die Parteien verzichten.[50] Hiervon ist bei Beurkundung im Ausland nach dem BGH immer auszugehen, weil dort die erforderliche Belehrung nicht erfolgen könne.[51] Zudem macht eine fehlende Belehrung das Geschäft nach zutreffender Ansicht nicht unwirksam.[52] Der Ausschluss der Ortsform durch eine gesellschaftsrechtliche Qualifikation von § 15 Abs. 3 GmbHG greift damit erheblich in das den Parteien gewährte Recht ein, das Formstatut i. R. des Art. 11 Abs. 1 EGBGB beeinflussen zu dürfen.

(3) Gesellschafterliste

Die durch das Gesetz zur Modernisierung des GmbH-Rechts und zur Bekämpfung von Missbräuchen (**MoMiG**)[53] eingeführte Pflicht deutscher Notare, nach der Beurkundung eine aktualisierte Gesellschafterliste beim Handelsregister einzureichen (§ 40 Abs. 2 GmbHG), ändert nichts daran, § 15 Abs. 3 GmbHG als Formvorschrift zu qualifizieren.[54] Die **Einreichungspflicht** betrifft **nicht** die **Beurkundung** selbst.[55] Sie ist streng von der Beurkundungspflicht zu **trennen**.[56] Die Beurkundungspflicht schreibt eine Form für die Anteilsübertragung vor und ist erfüllt, sobald der Notar seine Urkunde geschlossen hat.[57] Zu diesem Zeitpunkt ist die Anteilsübertragung wirksam, auch wenn der Veräußerer gemäß § 16 Abs. 1 GmbHG solange gegenüber der Gesellschaft als Anteilsinhaber gilt (Fiktion), bis die neue Liste im Handelsregister aufgenommen ist. Die Aufnahme der Gesellschafterliste ist nicht materiell Teil des Verfügungsgeschäfts.[58]

21

---

49) *Spellenberg* in: MünchKomm-BGB, Art. 11 EGBGB Rz. 5.
50) *Mankowski*, NZG 2010, 201, 203.
51) BGHZ 80, 76, 78 = ZIP 1981, 402; krit. dazu *Geimer*, DNotZ 1981, 406; *Süß* in: jurisPK-BGB, Art. 11 EGBGB Rz. 66.
52) Nachweise zum Streitstand bei *Kegel* in: Soergel, BGB, Art. 11 EGBGB Rz. 35 Fn. 14; dazu auch *Leible* in: Michalski, GmbHG, Syst. Darst. 2 Rz. 104; *Spellenberg* in: MünchKomm-BGB, Art. 11 EGBGB Rz. 93.
53) BGBl. I 2008, 2026 v. 28.10.2008.
54) *Fastrich* in: Baumbach/Hueck, GmbHG, § 15 Rz. 22a; anders aber *Kindler* in: MünchKomm-BGB, IntGesR Rz. 559; *Kindler*, Geschäftsanteilsabtretungen im Ausland, S. 23 ff.; *König/Götte/Bormann*, NZG 2009, 881, 884 ff.
55) So etwa OLG München, ZIP 2013, 458, 459; dem folgend *Hasselmann*, NZG 2013, 325, 328; ebenso *Merkt/Göthel* in: Reithmann/Martiny, Int. Vertragsrecht, Rz. 4430; *Saenger/Scheuch*, BB 2008, 65, 67; *Schlößer*, GmbHR 2007, 301, 303; *Rodewald* in: GmbH-Handbuch, Rz. 978.1.
56) Dazu *Altmeppen* in: Roth/Altmeppen, GmbHG, § 16 Rz. 5; *Bayer* in: Lutter/Hommelhoff, GmbHG, § 15 Rz. 34 ff.
57) *Bayer* in: Lutter/Hommelhoff, GmbHG, § 15 Rz. 34; *Fastrich* in: Baumbach/Hueck, GmbHG, § 15 Rz. 28.
58) *Fastrich* in: Baumbach/Hueck, GmbHG, § 16 Rz. 2.

Richtig ist zwar, dass die Gesellschafterliste durch das MoMiG Grundlage eines gutgläubigen Erwerbs geworden ist (§ 16 Abs. 3 GmbHG) und ihre Bedeutung damit stark gestiegen ist.[59] Daraus lässt sich aber nicht folgern, dass „unabhängig vom Ort der Vornahme des Rechtsgeschäfts eine notarielle Beurkundung der Abtretungsvereinbarung erforderlich ist".[60]

22 Denn die gesetzlich angeordnete Pflicht des Notars, nach abgeschlossener Beurkundung eine Gesellschafterliste einzureichen, ist weder bei nationalen noch bei internationalen Sachverhalten gleichzeitig als eine Anordnung anzusehen, die Übertragung von Geschäftsanteilen zwingend von einem Notar beurkunden zu lassen. *Mankowski* erklärt dazu:

> „Wenn ein Notar mitgewirkt hat, treffen prinzipiell ihn die Pflichten. Dass unter allen Umständen ein Notar mitwirken muss, ist dagegen nirgends in § 40 Abs. 2 GmbHG festgeschrieben. Vielmehr muss sich die Pflicht, einen Notar heranzuziehen, aus anderen Tatbeständen ergeben. § 40 Abs. 2 GmbHG jedenfalls stellt sie nicht auf, sondern setzt sie genau umgekehrt voraus."[61]

(4) Reform des schweizerischen Obligationenrechts

23 Knüpft man mit der h. M. § 15 Abs. 3 GmbHG als Formfrage über Art. 11 Abs. 1 EGBGB an und bejaht die Alternativität zwischen Geschäfts- und Ortsform, ist die Ortsform auch dann erfüllt, wenn sie **bloß Schriftform** verlangt und die Parteien dem folgen. Wie bereits ausgeführt, kann der Wunsch der Parteien, sich einer strengeren Geschäftsform zu entziehen, grundsätzlich nicht rechtfertigen, die Ortsform zu versagen (siehe schon oben Rz. 6). Dies gilt auch für in der Schweiz geschlossene Übertragungsverträge. Bekanntlich hat die Reform des schweizerischen Obligationenrechts das Erfordernis einer öffentlichen Beurkundung bei der Abtretung von Anteilen an einer schweizerischen GmbH und der Verpflichtung hierzu abgeschafft. Nunmehr genügt für beide Rechts-

---

59) Näher dazu *Bayer* in: Lutter/Hommelhoff, GmbHG, § 16 Rz. 49 ff.; *Fastrich* in: Baumbach/Hueck, GmbHG, § 16 Rz. 26 ff.; *Seibt* in: Scholz, GmbHG, § 16 Rz. 57 ff.; *Rodewald* in: GmbH-Handbuch, Rz. 1019 ff.
60) So aber *Kindler* in: MünchKomm-BGB, IntGesR Rz. 559.
61) *Mankowski*, NZG 2010, 201, 204 mit zahlreichen weiteren Argumenten. Im Übrigen zeigt der Bericht von *Giuliano/Lagarde* zum EVÜ allgemein, dass außerhalb der Beurkundung liegende Handlungen für die kollisionsrechtliche Qualifikation einer Vorschrift als Formvorschrift irrelevant sind: „Es ist [...] zulässig, jedes äußere Verhalten, das dem Autor einer rechtlich erheblichen Willenserklärung vorgeschrieben wird und ohne das diese Willenserklärung nicht voll wirksam ist, als eine Form i. S. des Art. 9 anzusehen. *[Diese Definition]* umfasst ferner nicht die besonderen Erfordernisse, die einzuhalten sind, damit ein Rechtsgeschäft gegenüber Dritten wirksam ist, z. B. im englischen Recht die Verpflichtung zur Mitteilung jeder gesetzlichen Abtretung eines nicht dinglichen Rechts.", BT-Drucks. 10/503, S. 61. Für die Pflicht zur Einreichung der Gesellschafterliste, die in ihren Wirkungen längst nicht so weit geht wie das eben genannte Beispiel bei *Giuliano/Lagarde*, gilt dies auch; diese Pflicht lässt die Qualifikation von § 15 Abs. 3 GmbHG als Formvorschrift unberührt.

geschäfte die Schriftform (Art. 785 Abs. 1 OR).[62] Wenn die Parteien diese Form bei einem Verfügungsgeschäft über Anteile an einer deutschen GmbH in der Schweiz einhalten, ist die **Ortsform nach Art. 11 Abs. 1 Fall 2 EGBGB gewahrt.** Die Änderung des schweizerischen Obligationenrechts hat zu keiner Normen- oder Formleere geführt, welche die Ortsform ausschließt[63] (davon zu unterscheiden ist die Frage, ob eine in der Schweiz erfolgte Beurkundung einer deutschen gleichwertig ist, dazu unten Rz. 35). Die Schweiz kennt mit der Übertragung von Anteilen an einer schweizerischen GmbH ein vergleichbares Rechtsgeschäft und stellt hierfür eine Formregel bereit. Dass diese Formregel *„schwächer"* ist als ihr deutsches Gegenstück, nimmt das deutsche Recht wegen Art. 11 Abs. 1 EGBGB in Kauf.

cc) Praxisempfehlung

Auch wenn die besseren Gründe dafür sprechen, neben der Form des Gesell- 24 schaftsstatuts ebenso die des Vornahmeorts gelten zu lassen, ist der Praxis zu empfehlen, **vorsichtig** zu sein. Vor dem Hintergrund der aktuellen Diskussion und der fehlenden ausdrücklichen Rechtsprechung des BGH ist es ratsam, die Formvorschriften des **Gesellschaftsstatuts** als Geschäftsstatut einzuhalten.[64] Auf die ggf. mildere Ortsform sollte man sich nicht verlassen, um nicht die Unwirksamkeit der Anteilsübertragung zu riskieren. Wollen sich die Parteien dennoch zunächst auf die Alternativität der Ortsform verlassen, sollten sie erwägen, sich vorsichtshalber wechselseitig (oder allein den Käufer) unwiderruflich zu bevollmächtigen, die Anteilsübertragung nach dem anwendbaren Gesellschaftsstatut zu wiederholen. Eine hiervon zu unterscheidende Frage ist es, ob die Parteien durch eine Beurkundung im Ausland die Formerfordernisse des Gesellschaftsstatuts erfüllen können (zu dieser Frage der Gleichwertigkeit sogleich Rz. 25 ff.).

3. Gleichwertigkeit von Auslandsbeurkundungen

a) Einleitung

In der Praxis taucht bei den Parteien häufig der Wunsch auf, bei einer dem 25 deutschen Recht unterliegenden Veräußerung von Geschäftsanteilen an einer deutschen GmbH die Beurkundungspflicht nach § 15 Abs. 3 und 4 GmbHG durch eine Beurkundung im Ausland zu erfüllen. Hierdurch möchte man die

---

62) Obligationenrecht (GmbH-Recht sowie Anpassungen im Aktien-, Genossenschafts-, Handelsregister- und Firmenrecht) v. 16.12.2005, BBl. 2005, 7289. Dazu *Bayer* in: Lutter/Hommelhoff, GmbHG, § 15 Rz. 28a; *Schindler/Töndury* in: Süß/Wachter, Hdb. Int. GmbHR, Länderbericht Schweiz Rz. 114; *Seibt* in: Scholz, GmbHG, § 15 Rz. 87; *Engel*, DStR 2008, 1593; *Trendelenburg*, GmbHR 2008, 644; *Weller*, Der Konzern 2008, 253.
63) *Mankowski*, NZG 2010, 201, 207; *Reichert/Weller* in: MünchKomm-GmbHG, § 15 Rz. 155.
64) *Merkt/Göthel* in: Reithmann/Martiny, Int. Vertragsrecht, Rz. 4426; *Weller* in: MünchHdb-GesR, Bd. 6, § 8 Rz. 32.

Beurkundungskosten verringern.⁶⁵⁾ Schnell wird dann die Frage gestellt, ob die ausländische Beurkundung einer deutschen gleichwertig ist, ob also etwa der schweizerische Notar nach Vorbildung und Stellung im Rechtsleben eine der Tätigkeit des deutschen Notars entsprechende Funktion ausübt und für die Errichtung der Urkunde ein Verfahrensrecht zu beachten hat, das den tragenden Grundsätzen des deutschen Beurkundungsrechts entspricht. Bevor man aber zu dieser Frage kommt, ist es erforderlich zu prüfen, ob diese Frage überhaupt gestellt werden muss.

26   Teilt man die Auffassung, wonach für das Verpflichtungsgeschäft einer Anteilsveräußerung das Vertragsstatut und das Ortsstatut alternativ gelten (Art. 11 Abs. 1 Rom I-VO) und dies ebenso für das Verfügungsgeschäft der Fall ist (Art. 11 Abs. 1 EGBGB), so ist es möglich, die Beurkundungspflicht aus § 15 Abs. 3 und Abs. 4 GmbHG zu vermeiden. Es kommt dann gerade nicht darauf an, ob die ausländische Beurkundung einer deutschen gleichwertig ist. Entsprechendes gilt übrigens im umgekehrten Fall, wenn die Übertragung von Anteilen an einer ausländischen Gesellschaft mit ausländischem Gesellschaftsstatut im Inland (Ortsstatut) vorgenommen werden soll. Gerade diese Vergleiche will der Gesetzgeber den Parteien durch die in Art. 11 Abs. 1 Rom I-VO und Art. 11 Abs. 1 EGBGB angebotenen Alternativen ersparen. Erforderlich ist lediglich, dass am Vornahmeort keine Formleere herrscht und die Parteien die Ortsform einhalten.

27   Die **Frage der Gleichwertigkeit** der Form stellt sich vielmehr regelmäßig nur dann, wenn man den oben beschriebenen abweichenden Auffassungen folgt (siehe oben Rz. 11 und Rz. 16) und bspw. für die Form beim Verpflichtungs- und Verfügungsgeschäft über Anteile an einer deutschen GmbH allein das Gesellschaftsstatut gelten lässt. Gleiches gilt, wenn man aus sonstigen Gründen die Formanforderungen des Geschäftsstatuts erfüllen will. Nur dann ist die Frage zu beantworten, ob die Geschäftsvornahmen im Ausland, bspw. die Beurkundung nach den dortigen Formvorschriften, den Formanforderungen des deutschen Geschäfts- oder Gesellschaftsstatuts gleichwertig sind.⁶⁶⁾ Allgemein formuliert stellt sich die Frage **nur dann**, wenn für die **Form** das **Geschäftsstatut** maßgeblich ist oder sein soll, die dortigen Anforderungen an die Form aber **außerhalb des räumlichen Geltungsbereichs dieses Statuts** erfüllt werden sollen.

28   Dennoch scheut sich die Rechtsprechung, die ja – wie dargestellt – durchaus die alternative Ortsform zulässt, nicht selten zu prüfen, ob die Formvorschriften des

---

65) Zu den Vor- und Nachteilen *Holzapfel/Pöllath*, Unternehmenskauf, Rz. 1015. Für große Transaktionen sind Kostengesichtspunkte in den Hintergrund getreten, weil der Geschäftswert in Deutschland gemäß § 35 Abs. 2 GNotKG auf 60 Mio. € begrenzt ist; so auch *Schrader* in: Seibt, M&A, C. II. 1 Anm. 2, S. 201.

66) Konsequent daher *Bayer* in: Lutter/Hommelhoff, GmbHG, § 15 Rz. 26 ff.; s. a. *Weller* in: MünchHdb-GesR, Bd. 6, § 8 Rz. 10.

auswärtigen Ortsstatuts erfüllt sind. Die Gerichte lassen diese Frage dann ausdrücklich offen, und es kommt *de facto* zu einer Beschränkung auf das Geschäftsstatut und der damit erforderlichen – methodisch verfehlten – Prüfung, ob der ausländische Beurkundungsvorgang dem deutschen Geschäftsstatut gleichwertig ist. Dies ist freilich verständlich. Denn die Frage zu klären, ob die Form des Ortsstatuts beachtet worden ist, fordert nicht selten, einen Gutachter hinzuzuziehen, während die Feststellung, dass eine ausländische Beurkundung der deutschen gleichkommt, regelmäßig aus eigener Anschauung beantwortet wird.[67]

Ebenso wird teilweise in der Literatur die Frage, ob Orts- und Geschäftsform 29 gleichwertig sind, – vielfach in Verkennung der Rechtslage – von jenen Stimmen erörtert, die für Kauf und Abtretung sowohl Geschäfts- als auch Ortsform zulassen.[68]

b) Gleichwertigkeit

In der deutschen Praxis geht es bei der Frage der Gleichwertigkeit im Kern 30 darum, ob sich die von § 15 Abs. 3 und 4 GmbHG geforderte „*notarielle Form*" und damit die Beurkundung nach dem Verfahren des BeurkG durch eine Beurkundung erfüllen lässt, die ein **ausländischer Notar** außerhalb des räumlichen Geltungsbereichs des deutschen Wirkungsstatuts vornimmt. Die Frage wird unterschiedlich beantwortet.[69]

Nach der Rechtsprechung des BGH und anderen Gerichten genügt die Aus- 31 landsbeurkundung jedenfalls dann, wenn sich i. R. der **Substitution** die **Gleichwertigkeit** sowohl der ausländischen Urkundsperson als auch des Beurkundungsvorgangs ergibt.[70] Gleichwertigkeit ist gegeben, wenn die ausländische Urkundsperson nach Vorbildung und Stellung im Rechtsleben eine der Tätigkeit

---

67) Exemplarisch LG Köln, DB 1989, 2214 (Verschmelzungsvertrag).
68) Etwa *Semler* in: Hölters, Hdb. Unternehmenskauf, Teil VII Rz. 130 a. E.; wohl auch von *Hoyenberg* in: Münchener Vertragshandbuch, Bd. 2, IV. 3., 4. Anm. 30, S. 667 f.
69) Meinungsstand bei *Armbrüster* in: Armbrüster/Preuss/Renner, BeurkG/DONot, § 1 BeurkG Rz. 57; *Thorn* in: Palandt, BGB, Art. 11 EGBGB Rz. 9 f.
70) BGH, DStR 2000, 601, dazu EWiR 2000, 487 (*Werner*); BGH, ZIP 1989, 1052, 1055 = WM 1989, 1221 („Unabhängig davon, ob zur Wahrung der Form des § 15 Abs. 3 GmbHG gemäß Art. 11 Abs. 1 EGBGB die Ortsform genügt, ist jedenfalls bei der Beurkundung durch einen Schweizer Notar *[Notariat Zürich Altstadt]* auch das in deutschen Gesetzesvorschriften aufgestellte Formerfordernis der notariellen Beurkundung erfüllt." Die Gleichwertigkeit wird in diesem Fall ausdrücklich bejaht.); OLG München, BB 1998, 119, dazu EWiR 1998, 309 (*Mankowski*); LG Kiel, BB 1998, 120 (für Verschmelzungsvertrag); LG Köln, IPG 1971 Nr. 41 (Übernahmeerklärung für eine Stammeinlage); LG München, DNotZ 1976, 501 (m. Anm. *Brambring*) (differenzierend); LG Stuttgart, IPRspr. 1976 Nr. 5 A.; aus der Literatur *Beisel* in: Beisel/Klumpp, Unternehmenskauf, Kap. 7 Rz. 52 f.; *Behrens* in: Ulmer/Habersack/Winter, GmbHG, Einl. B Rz. 141; *Holzapfel/Pöllath*, Unternehmenskauf, Rz. 1016; *Weller* in: MünchHdb-GesR, Bd. 6, § 8 Rz. 13; *Wetzler* in: Hölters, Hdb. Unternehmenskauf, Teil XV Rz. 239; krit. zur Gleichwertigkeit *Bredthauer*, BB 1986, 1864; *Heckschen*, DB 1990, 161; *Goette* in: FS Boujong, S. 131; *Schervier*, NJW 1992, 593 m. w. N.

des deutschen Notars **entsprechende Funktion** ausübt und für die Errichtung der Urkunde ein **Verfahrensrecht** zu beachten hat, das den tragenden Grundsätzen des deutschen Beurkundungsrechts entspricht.[71]

32 Gleichwertigkeit zur deutschen Form setzt insbesondere voraus, dass die ausländische Beurkundungsperson nach Aufgabe, Pflichten und Ausbildung der eines deutschen Notars vergleichbar und dadurch gewährleistet ist, dass der mit den Formvorschriften verfolgte gesetzgeberische Zweck erreicht wird. Dieser Zweck ist bei den Beurkundungspflichten des § 15 Abs. 3 und 4 GmbHG neben der Beweisfunktion besonders in der vom Gesetzgeber gewollten Erschwerung der Übertragung von Gesellschaftsanteilen zu sehen.[72] Der Notar muss weder vertiefte Kenntnisse des deutschen Gesellschaftsrechts haben noch die Parteien belehren (§ 17 BeurkG). Denn die Parteien verzichten durch die Reise in das Ausland auf die Belehrung nach deutschem Recht, und zudem erfüllt § 15 Abs. 3 und 4 GmbHG keine Warnfunktion.[73]

c) Einzelfälle

33 In der Literatur wird Gleichwertigkeit – teilweise speziell für die Abtretung von Geschäftsanteilen an einer GmbH, teilweise für gesellschaftsrechtliche Geschäfte, teilweise aber auch pauschal – grundsätzlich **bejaht** für Notare in Österreich, in England und in den Niederlanden, ebenso für Notare im Bereich des sog. *lateinischen Notariats der romanischen Länder* (Belgien, Frankreich, Italien, Spanien).[74] Gleiches gilt für israelische Notare.[75] **Umstritten** ist die Gleichwertigkeit allerdings für die lateinamerikanischen Länder.[76] Hingegen ist der US-amerikanische *notary public* entgegen der ähnlichen Bezeichnung

---

71) BGHZ 80, 76, 78 = ZIP 1981, 402.
72) BGHZ 80, 76 = ZIP 1981, 402; OLG Stuttgart, NZG 2001, 40, 43 (m. Anm. *Bauer*); *Thorn* in: Palandt, BGB, Art. 11 EGBGB Rz. 10.
73) BGHZ 80, 76, 79 = ZIP 1981, 402; *Reichert/Weller*, DStR 2005, 250, 252; *Reichert/Weller* in: MünchKomm-GmbHG, § 15 Rz. 144; *Seibt* in: Scholz, GmbHG, § 15 Rz. 85; s. a. *Großfeld/Berndt*, RIW 1996, 625, 630.
74) *Löber*, RIW 1989, 94 (speziell für Spanien); *Schütze*, DB 1992, 1970, 1971 (Niederlande und Österreich); einschränkend *Armbrüster* in: Armbrüster/Preuss/Renner, BeurkG/DONot, § 1 BeurkG Rz. 61; *Bayer* in: Lutter/Hommelhoff, GmbHG, § 15 Rz. 27; *Reichert/Weller* in: MünchKomm-GmbHG, § 15 Rz. 151; s. im Übrigen die Nachweise bei *Hohloch* in: Erman, BGB, Art. 11 EGBGB Rz. 20 (speziell für gesellschaftsrechtliche Geschäfte); *Seibt* in: Scholz, GmbHG, § 15 Rz. 86; beachte aber LG München, DNotZ 1976, 501 (m. Anm. *Brambring*) (differenzierend für Österreich).
75) Nachweise bei *Hohloch* in: Erman, BGB, Art. 11 EGBGB Rz. 20.
76) Gleichwertigkeit bejahend *Jasper* in: MünchHdb-GesR, Bd. 3, § 24 Rz. 89 (speziell für GmbH-Anteilsübertragungen und Satzungsänderungen); zweifelnd *Armbrüster* in: Armbrüster/Preuss/Renner, BeurkG/DONot, § 1 BeurkG Rz. 61, 63.

ebenso wie das dänische *Notarial Kontoret* mit dem deutschen Notar unstreitig **nicht vergleichbar.**[77)]

Bei der in der Praxis besonders bedeutsamen Auslandsbeurkundung durch **34** **schweizerische Notare** muss die Gleichwertigkeit **je nach Kanton** geprüft werden. Anerkannt ist die Gleichwertigkeit namentlich für Zürich-Altstadt und Basel-Stadt.[78)] Teilweise bejaht der BGH auch pauschal die Gleichwertigkeit für schweizerische Beurkundungen.[79)] Allerdings ist noch unklar, ob der von schweizerischen Notaren bei Beurkundungen mit Bezug zum deutschen Recht üblicherweise verlangte vollständige Ausschluss der Notarhaftung die ansonsten bestehende Gleichwertigkeit beseitigen kann.[80)] Umstritten ist auch, wie sich die Reform des schweizerischen Obligationenrechts auf die Gleichwertigkeit auswirkt (dazu sogleich Rz. 35). Unabhängig von einem bestimmten Land stellt sich zudem die Frage, wie sich die Aufwertung der Gesellschafterliste durch das MoMiG auf die Gleichwertigkeit auswirkt (dazu Rz. 36 ff.).

---

77) *Leible* in: Michalski, GmbHG, Syst. Darst. 2 Rz. 106; *Spellenberg* in: MünchKomm-BGB, Art. 11 EGBGB Rz. 89; *Hohloch* in: Erman, BGB, Art. 11 EGBGB Rz. 20; *Großfeld* in: Staudinger, BGB, IntGesR Rz. 472; *Müller* in: Sandrock, Hdb. Int. Vertragsgestaltung, Rz. 718 ff.; zum *notary public* OLG Stuttgart, GmbHR 2000, 721; *Armbrüster* in: Armbrüster/Preuss/Renner, BeurkG/DONot, § 1 BeurkG Rz. 60.

78) BGH, ZIP 1989, 1052, 1055 („Unabhängig davon, ob zur Wahrung der Form des § 15 Abs. 3 GmbHG gemäß Art. 11 Abs. 1 EGBGB die Ortsform genügt, ist jedenfalls bei der Beurkundung durch einen Schweizer Notar *[Notariat Zürich-Altstadt]* auch das in deutschen Gesetzesvorschriften aufgestellte Formerfordernis der notariellen Beurkundung erfüllt."); OLG Düsseldorf, ZIP 2011, 564, 565 („Nach diesen Grundsätzen sind Beurkundungen von Notaren in der Schweiz jedenfalls im Kanton Basel den Beurkundungen, die von deutschen Notaren vorgenommen werden, gleichwertig."), so auch OLG Frankfurt a. M., GmbHR 2005, 764, 767 = ZIP 2005, 2069, dazu EWiR 2005, 727 *(Klein/Theusinger)*; OLG München, BB 1998, 119, dazu EWiR 1998, 309 *(Mankowski)*; vgl. zu den Voraussetzungen der Basler Notariatsprüfung, *Götze/Mörtel*, NZG 2011, 729 f. Weitere Nachweise bei *Hohloch* in: Erman, BGB, Art. 11 EGBGB Rz. 20 (speziell für gesellschaftsrechtliche Geschäfte); *Spellenberg* in: MünchKomm-BGB, Art. 11 EGBGB Rz. 89; ältere Entscheidungen, die jedoch vor der Entscheidung des BGH zur Gleichwertigkeit ergingen (s. o. unter Rz. 31) und damit wenig verlässlich sind, nennen auch Bern, Luzern und Zug; so etwa LG Stuttgart, IPRspr. 1976 Nr. 5 A (Die Beurkundung eines Vertrags über die Abtretung von Geschäftsanteilen an einer deutschen GmbH durch einen schweizerischen Notar [Kanton Zug] genügt dem Erfordernis der notariellen Beurkundung nach deutschem Recht, da Gleichwertigkeit bejaht werden kann.).

79) BGH, DStR 2000, 601, dazu EWiR 2000, 487 *(Werner)* (Das Formerfordernis des § 15 Abs. 3 GmbHG kann grundsätzlich auch durch eine von einem schweizerischen Notar vorgenommene Beurkundung erfüllt werden.); BGH, ZIP 1989, 1052, 1055 = WM 1989, 1221; ebenso LG Stuttgart, IPRspr. 1976 Nr. 5 A; zu beiden oben Rz. 31 Fn. 70. In der Literatur bejaht die Gleichwertigkeit schweizerischer Beurkundungen pauschal *Schütze*, DB 1992, 1970, 1971.

80) Bejahend *Kronke/Mazza* in: Kronke/Melis/Schnyder, Hdb. Int. Wirtschaftsrecht, Teil K Rz. 147; *Reithmann*, GmbHR 2009, 699, 701; dahin tendierend *Holzapfel/Pöllath*, Unternehmenskauf, Rz. 1020; *Schervier*, NJW 1992, 593; trotzdem zur Gleichwertigkeit tendierend *Armbrüster* in: Armbrüster/Preuss/Renner, BeurkG/DONot, § 1 BeurkG Rz. 62.

d) Schweizerisches Obligationenrecht

35 In der Literatur wird diskutiert, ob die **Reform des schweizerischen Obligationenrechts** und die hiermit eingeführte erleichternde Schriftform anstelle einer öffentlichen Beurkundung für die Abtretung von Anteilen an einer schweizerischen GmbH und die Verpflichtung hierzu (Art. 785 Abs. 1 OR) die Gleichwertigkeit gefährden kann.[81] Die h. A. sieht Beurkundungen in der Schweiz weiterhin als gleichwertig an, auch wenn die dortigen Notare zukünftig die notwendige Übung und Kenntnis für die Veräußerung von deutschen GmbH-Anteilen verlieren könnten.[82] Dem ist zuzustimmen, insbesondere weil der Notar keine Belehrungsfunktion erfüllen muss, wenn die Parteien durch ihre Reise in die Schweiz konkludent hierauf verzichten.[83] Außerdem sind Kenntnisse des deutschen Gesellschaftsrechts für die Gleichwertigkeit nicht entscheidend.[84] Maßgeblich ist, dass der Notar weiterhin ein Verfahren einhält, dass den tragenden Grundsätzen des deutschen Beurkundungsrechts entspricht.[85] Die Parteien können sich also privatautonom für die notarielle Beurkundung durch schweizerische Notare entscheiden, obwohl eine Beurkundung nach schweizerischem Recht für die Abtretung von schweizerischen GmbH-Anteilen nicht mehr erforderlich ist.[86]

e) Gesellschafterliste

36 Außerdem hat die durch das MoMiG eingeführte Pflicht deutscher Notare, nach der Beurkundung der Anteilsübertragung eine aktualisierte **Gesellschafterliste** beim Handelsregister einzureichen, die Diskussion für das **Verfügungsgeschäft** neu entfacht. Die Diskussion dreht sich dabei v. a. um die Frage, welcher Schluss daraus zu ziehen ist, dass ausländische Notare aufgrund des Territorialitätsprinzips keiner öffentlich-rechtlichen Pflicht zur Einreichung einer Gesellschafterliste nach § 40 Abs. 2 GmbHG unterliegen. Zum Teil wird hieraus gefolgert, dass ausländische Notare weder zur Einreichung noch zur Beurkundung berechtigt

---

[81] Obligationenrecht (GmbH-Recht sowie Anpassungen im Aktien-, Genossenschafts-, Handelsregister- und Firmenrecht) v. 16.12.2005, BBl. 2005, 7289.

[82] *Böttcher/Blasche*, NZG 2006, 766, 771; *Engel*, DStR 2008, 1593 ff.; *Landbrecht/Becker*, BB 2013, 1290, 1291; *Müller*, RIW 2010, 591, 597 f.; *Olk/Nikoleyczik*, DStR 2010, 1576, 1579; *Seibt* in: Scholz, GmbHG, § 15 Rz. 87; *Peters*, DB 2010, 97, 98; *Saenger/Scheuch*, BB 2008, 65, 68; *Schlößer*, GmbHR 2007, 301, 303; *Weller*, Der Konzern 2008, 253 ff.; einschränkend *Bayer* in: Lutter/Hommelhoff, GmbHG, § 15 Rz. 27b; *Bayer*, GmbHR 2013, 897, 911 ff.; *Braun*, DNotZ 2009, 585, 591 ff.

[83] BGH, DB 2014, 292, 294 Rz. 14 = ZIP 2013, 458; vgl. auch *Spellenberg* in: MünchKomm-BGB, Art. 11 EGBGB Rz. 93; krit. *Herrler*, GmbHR 2014, 225, 229 f.

[84] BGH, DB 2014, 292, 294 Rz. 14 = ZIP 2013, 458; *Spellenberg* in: MünchKomm-BGB, Art. 11 EGBGB Rz. 93; a. A. *Braun*, DNotZ 2009, 585, 591.

[85] Vgl. *Spellenberg* in: MünchKomm-BGB, Art. 11 EGBGB Rz. 91.

[86] *Müller*, RIW 2010, 591, 596 f., der in diesem Zusammenhang auf § 33 Abs. 4 Notariatsgesetz des Kantons Basel-Stadt hinweist.

sind.[87] Dem ist generell entgegenzuhalten, dass die fehlende Pflicht zu einem Verhalten nicht gleichbedeutend ist mit fehlender Berechtigung zu jenem Verhalten.[88] Auch verwischt diese Ansicht insofern die Unterscheidung von Einreichung und Beurkundung (siehe oben Rz. 21).[89] Was die Berechtigung zur Beurkundung betrifft, so ist im Ergebnis auf die oben genannten Kriterien der Gleichwertigkeit zu verweisen (siehe oben Rz. 30 ff.). In diesem Sinne gleichwertige ausländische Beurkundungen sind auch weiterhin als ausreichend anzusehen. Für das **Verpflichtungsgeschäft** gilt dieses Ergebnis ohnehin, da die aktualisierte Gesellschafterliste erst nach der weiteren Stufe der Anteilsübertragung einzureichen ist.[90]

f) Praxisempfehlung

In der Praxis sind zahlreiche Fälle bekannt, in denen schweizerische Notare 37
auch nach Erlass des MoMiG erfolgreich Gesellschafterlisten bei deutschen Registergerichten eingereicht haben.[91] Es gibt zwar auch gegenteilige Fälle.[92] Allerdings hat der **BGH** nunmehr mit erfreulicher Deutlichkeit die Frage in dem Sinne geklärt, dass ein **ausländischer Notar berechtigt** ist, eine **Gesellschafterliste einzureichen,** wenn er zulässigerweise die Auslandsbeurkundung vorgenommen hat. Das Gericht hat hierzu ausgeführt:

> „Ein im Ausland ansässiger Notar ist zur Einreichung der Gesellschafterliste über eine Veränderung, an der er mitgewirkt hat, jedenfalls dann berechtigt, wenn die von ihm im Ausland vorgenommene Beurkundung, wie hier einer Anteilsübertragung, einer Beurkundung durch einen deutschen Notar gleichwertig und deshalb im Inland wirksam ist. [...] Die Einreichungskompetenz ergibt sich als Annex aus seiner Beurkundungskompetenz. Alles andere wäre ein Umweg, der zudem dem

---

87) Vgl. LG Frankfurt a. M., ZIP 2010, 88 = BB 2009, 2500 (m. Anm. *Krause*) = GmbHR 2010, 96 (m. Anm. *Gerber*) = NJW 2010, 683 (m. Anm. *Pilger*), dazu EWiR 2010, 79 (*Mauch*). In einem *obiter dictum* des LG heißt es, den Verpflichtungen des § 40 Abs. 2 GmbHG werde „ein Baseler Notar wegen Fehlens von Amtsbefugnissen in Deutschland nicht nachkommen können." Daher sei nunmehr „eine andere Einschätzung nicht nur möglich, sondern sogar wahrscheinlich"); *Bauer/Anders,* BB 2012, 593, 595; *Bayer,* DNotZ 2009, 887, 892 ff.; *Braun,* DNotZ 2009, 585; *Gerber,* GmbHR 2010, 97, 98 f.; *Kindler* in: MünchKomm-BGB, IntGesR Rz. 563.

88) So nun ausdrücklich BGH, DB 2014, 292, 294 Rz. 11 ff. = ZIP 2013, 458; *Engel,* DStR 2008, 1593, 1598; *Mankowski,* NZG 2010, 201, 203.

89) OLG Düsseldorf, ZIP 2011, 564 f.; *Saenger/Scheuch,* BB 2008, 65, 67; *Schlößer,* GmbHR 2007, 301, 303; *Mankowski,* NZG 2010, 201, 202 f.

90) S. a. *Gerber,* GmbHR 2010, 97, 98 f.

91) Dem zustimmend OLG Düsseldorf, ZIP 2011, 564 (ausländischer Notar zur Einreichung befugt).

92) So etwa der Sachverhalt bei OLG München, ZIP 2013, 458, das eine Einreichungsmöglichkeit durch einen ausländischen Notar ablehnte; vgl. hierzu *Heinze,* DStR 2013, 822, 823; *Ries,* GWR 2013, 137; *Wicke,* DB 2013, 1099 ff.; dagegen ausdrücklich die den Beschluss des OLG München aufhebende Beschwerdeinstanz BGH, DB 2014, 292 = ZIP 2013, 458.

Ziel des MoMiG, eine zügige Aufnahme der Gesellschafterliste im Handelsregister zu erreichen, zuwiderlaufen würde."[93]

38 In demselben Beschluss hat der BGH ausgeführt, dass nicht ohne weiteres festgestellt werden kann, dass die **Beurkundung** durch einen Notar mit Sitz in **Basel** im Fall einer Anteilsübertragung der Beurkundung eines deutschen Notars nicht **gleichwertig** ist; die Gleichwertigkeit sei „jedenfalls bis zum Inkrafttreten des MoMiG und der Reform des schweizerischen Obligationenrechts von 2008 anerkannt" gewesen. Es ist daher zwar davon auszugehen, dass die deutschen Registergerichte diesem Beschluss folgen werden. Um unliebsame Überraschungen auszuschließen, ist es jedoch **empfehlenswert**, mit dem Registergericht bereits vor einer gewünschten ausländischen Beurkundung zu klären, ob es eine vom beurkundenen ausländischen Notar eingereichte Gesellschafterliste akzeptieren wird. Dies gilt insbesondere für Auslandsbeurkundungen, bei denen die Gleichwertigkeit nicht wie im Fall eines Notars mit Sitz in Basel höchstrichterlich durch den BGH entschieden ist.

39 Eine positive Klärung mit dem Registergericht hilft aber letztlich nicht über die Frage hinweg, ob die Beurkundung im Ausland die rechtlichen Anforderungen an die Gleichwertigkeit erfüllt und damit der Unternehmenskaufvertrag wirksam geschlossen worden ist. Daher kann es empfehlenswert sein, in solchen Fällen, die außerhalb des dem Beschluss des BGH zugrunde liegenden Sachverhalts liegen, Verpflichtungs- und Verfügungsgeschäfte über Geschäftsanteile an einer deutschen GmbH nicht im Ausland beurkunden zu lassen, wenn deutsches Recht Wirkungsstatut ist und man dessen Formerfordernisse erfüllen möchte (siehe zu der Ansicht, welche die Formerfordernisse bei Geschäften über Anteile an einer deutschen GmbH zwingend dem Gesellschaftsstatut entnimmt oben Rz. 11 und Rz. 16; nach h. A. gilt dagegen beim Verpflichtungsgeschäft als Wirkungsstatut das Vertragsstatut und beim Verfügungsgeschäft das Gesellschaftsstatut, siehe oben Rz. 10 und Rz. 15). Sonst riskiert man die Unwirksamkeit der Geschäfte. Soll die Beurkundung dennoch im Ausland erfolgen, sollten die Parteien erwägen, sich vorsichtshalber wechselseitig (oder allein den Käufer) unwiderruflich zu bevollmächtigen, die Rechtsgeschäfte nach inländischem Wirkungsstatut zu wiederholen.

4. Ausländische Geschäftsanteile

a) Grundsatz

40 Beim Erwerb der Anteile an einer **ausländischen Gesellschaft** ist das Formstatut wie bei deutschen Gesellschaften gesondert anzuknüpfen. Für das **Verpflich-**

---

[93] BGH, DB 2014, 292, 294 Rz. 13 = ZIP 2013, 458 (zur Einreichung einer Gesellschafterliste eines schweizerischen Notars mit Sitz in Basel); zustimmend *Götze/Mörtel*, NZG 2014, 369; abl. die Vorinstanz OLG München, ZIP 2013, 458, 459; kritisch *Herrler*, GmbHR 2014, 225, 228 f. (Berechtigung müsse mit korrespondierender Pflicht einhergehen).

tungsgeschäft gilt daher Art. 11 Abs. 1 und Abs. 2 Rom I-VO, sodass grundsätzlich das **Vertragsstatut** und alternativ das **Ortsstatut** berufen werden (siehe oben Rz. 3 ff.). Für das **Verfügungsgeschäft** gilt wie bei deutschen Gesellschaften nach umstrittener Ansicht über Art. 11 Abs. 1 und Abs. 2 EGBGB das Gesellschaftsstatut und alternativ das Ortsstatut (siehe oben Rz. 8).[94]

b) Anwendbarkeit von § 15 Abs. 3 und 4 GmbHG

Ist die **Formwirksamkeit** des Verpflichtungs- oder Verfügungsgeschäfts **nach deutschem Sachrecht** zu beurteilen (bspw. weil beim Kaufvertrag sowohl Vertrags- als auch Ortsstatut deutsches Recht sind oder sich die Parteien beim Verfügungsgeschäft für einen schriftlichen Abschluss in Deutschland entschieden haben, um der Beurkundungspflicht des ausländischen Gesellschaftsstatuts zu entgehen), stellt sich die Frage, ob für dessen Form der Grundsatz des deutschen Rechts (**Formfreiheit**) **oder** die für die deutsche GmbH geltende Ausnahme (**Beurkundung** gemäß § 15 Abs. 3 und 4 GmbHG) gilt. Die deutsche Rechtsprechung ist bislang zu unterschiedlichen Ergebnissen gelangt.[95] 41

Die Lösung des Problems ist zum Teil darin gesucht worden, das materielle Recht auszulegen. So hat man verschiedentlich die These aufgestellt, § 15 Abs. 3 und 4 GmbHG seien **einschränkend** dahin auszulegen, dass sie nur die deutsche GmbH erfassten.[96] 42

---

94) So und näher dazu *Reichert/Weller*, DStR 2005, 292, 293 f.; gegen das Ortsstatut *Großfeld* in: Staudinger, IntGesR Rz. 500 (Gesellschaftsstatut entscheidet, ob es die Ortsform genügen lässt); *Reithmann*, NZG 2005, 873; abwägend *Bayer* in: Lutter/Hommelhoff, GmbHG, § 15 Rz. 28.

95) OLG Celle, NJW-RR 1992, 1126 (Der Bestimmung des § 15 GmbHG lässt sich nicht entnehmen, dass sie nur in Bezug auf deutsche GmbH-Anteile schützen wolle. Daher ist § 15 GmbHG anwendbar auf GmbH polnischen Rechts); OLG München, ZIP 1993, 508 (§ 15 GmbHG ist auf die Übertragung von Anteilen an einer *limited company* nach kanadischem Recht wegen fehlender Vergleichbarkeit mit einer deutschen GmbH nicht anwendbar. Ferner ist der Normzweck § 15 GmbHG generell nicht auf eine ausländische GmbH anwendbar, denn Schutz vor der Gefahr spekulativen Handels mit GmbH-Anteilen ist nur bei deutschen Gesellschaften geboten); KG, IPRspr. 1932 Nr. 18 (Form der in Deutschland unter deutschen Parteien begründeten Verpflichtung zur Abtretung von Anteilen an polnischer GmbH richtet sich nach polnischem Recht. § 15 GmbHG gilt nur für die deutsche GmbH. Ein ausländisches Gesetz, das Verpflichtung zur Abtretung von GmbH-Anteilen formlos erlaubt, verstößt nicht gegen den Zweck von § 15 GmbHG, der nur verhindern will, dass Anteile an einer deutschen GmbH Gegenstand des Handelsverkehrs werden.); zur Rspr. *Merkt*, ZIP 1994, 1417; *Depping*, GmbHR 1994, 386; *Bungert*, DZWiR 1993, 494; *Wrede*, GmbHR 1995, 365. Der BGH tendiert in einem *obiter dictum* dazu, auf das Verpflichtungsgeschäft § 15 Abs. 4 GmbHG anzuwenden, BGH, NZG 2005, 41, 42 f. = ZIP 2004, 2324; zust. *Dutta*, RIW 2005, 98; allein für das Gesellschaftsstatut *Großfeld* in: Staudinger, BGB, IntGesR Rz. 500 ff.; *Kindler* in: MünchKomm-BGB, IntGesR Rz. 560 m. w. N.

96) Neben der soeben zitierten Entscheidung des OLG München s. etwa *Bungert*, DZWiR 1993, 494; *Bayer* in: Lutter/Hommelhoff, GmbHG, § 15 Rz. 33; *Wrede*, GmbHR 1995, 365; *Großfeld/Berndt*, RIW 1996, 625 ff., 628 ff.; *Großfeld* in: Staudinger, BGB, IntGesR Rz. 500 ff.; *Olk*, NJW 2011, 1639, 1642.

§ 9 Form und Zustandekommen

43 Dieser **Lösungsversuch** ist methodisch verfehlt und daher **abzulehnen**.[97] Er verkennt die Aufgabenverteilung zwischen Sach- und Kollisionsrecht. Den internationalen Anwendungsbereich von Sachnormen zu bestimmen ist genuine Aufgabe des Kollisionsrechts. Er lässt sich weder aus der *„Funktion"*[98] noch aus dem *„Normzweck"*[99] der Sachnorm ableiten. Diese Aufgabenzuweisung an die Kollisionsnormen durchbricht der Gesetzgeber **nur ausnahmsweise**, indem er unmittelbar in der materiellen Regelung den internationalen Anwendungsbereich bestimmt.[100] Man spricht dann auch von **autolimitierenden** oder **autolimitierten Sachnormen**. Ein Beispiel aus neuerer Zeit ist die Vorschrift des § 1 WpÜG, mit der bestimmt wird, wann deutsches Übernahmerecht berufen ist (siehe dazu unten § 13 Rz. 79 ff.).

44 Gefährlich ist es nun, diesen Kreis explizit autolimitierender Sachnormen durch Auslegung einzelner materiell-rechtlicher Vorschriften zu erweitern. Denn dies führt zu erheblicher **Rechtsunsicherheit**, wie sich geradezu exemplarisch bei einem Vergleich der Entscheidungen des OLG Celle[101] und des OLG München[102] zeigt. Weder dieser Rechtsprechung noch den ihr methodisch folgenden Stimmen in der Literatur ist es bislang gelungen, nachvollziehbare Kriterien für die internationale Reichweite des § 15 Abs. 4 GmbHG aufzuzeigen. Zu den negativen Folgen dieses Ansatzes gehört, dass sich die Zahl der Regeln, um den internationalen Anwendungsbereich sachrechtlicher Normen zu bestimmen, auf diese Weise explosionsartig vermehren würde. Denn ein erheblicher Teil dieser Vorschriften ließe sich durch Auslegung – mal so, mal so – für Sachverhalte mit Auslandsbezug anwendbar oder unanwendbar erklären. Neben das Kollisionsrecht einerseits und die ausdrücklich autolimitierenden Sachnormen andererseits träte eine dritte, kaum überschau- oder berechenbare Gruppe von Regeln über die internationale Reichweite privatrechtlicher Normen.[103] So könnte man etwa in derselben Weise, in der man § 15 Abs. 3 und 4 GmbHG auf die deutsche GmbH beschränken will, die Bestimmung des § 433 BGB auf *„inländische"* Verträge beschränken, d. h. auf Verträge, deren charakteristische Leistung von einer Partei

---

97) So schon *Merkt*, ZIP 1994, 1417, 1419 f.; zust. *Dutta*, RIW 2005, 98 f.; *Leible* in: Michalski, GmbHG, Syst. Darst. 2 Rz. 100; *Reichert/Weller* in: MünchKomm-GmbHG, § 15 Rz. 174; *Süß* in: jurisPK-BGB, Art. 11 EGBGB Rz. 82.
98) So aber das OLG Celle, NJW-RR 1992, 1126 = GmbHR 1992, 815.
99) So das OLG München, ZIP 1993, 508 = NJW-RR 1993, 998 = GmbHR 1993, 654, dazu EWiR 1993, 691 *(Günther)*.
100) Dazu *Kropholler*, IPR, S. 108; *Kegel*, IPRax 1996, 309, 313.
101) OLG Celle, NJW-RR 1992, 1126 = GmbHR 1992, 815.
102) OLG München, ZIP 1993, 508 = NJW-RR 1993, 998 = GmbHR 1993, 654, dazu EWiR 1993, 691 *(Günther)*.
103) Näher dazu und zu einer verwandten Strömung im US-amerikanischen Kollisionsrecht *Merkt*, ZIP 1994, 1417, 1420.

mit gewöhnlichem Aufenthalt im Inland zu erbringen ist. Das aber ist mit unserer geltenden Sach- und Kollisionsrechtsordnung **unvereinbar**.[104)

Für § 15 Abs. 3 und 4 GmbHG gilt daher: Ein räumlich beschränkter „*Anwen-* 45 *dungswille*" auf die deutsche GmbH kann diesen Regelungen nicht entnommen werden. Weder der Wortlaut noch die Entstehungsgeschichte geben dafür etwas her. Vielmehr deutet alles darauf hin, dass sich der Gesetzgeber des GmbHG über das Kollisionsrecht der Form bei der Anteilsübertragung keine Gedanken gemacht hat.[105)

Nach alledem kann die methodisch zutreffende **Lösung** *de lege lata* nur über das 46 **Kollisionsrecht** führen. Für den Einzelfall wird man klären müssen, **welchem Gesellschaftstyp** des deutschen Rechts die **ausländische Gesellschaft** aufgrund ihrer **Struktur gleicht.**[106) Diesen kollisionsrechtlichen Arbeitsschritt bezeichnet man als **Substitution.**[107) Dabei ist eine gewisse Großzügigkeit angebracht.[108) Nur wenn die **Vergleichbarkeit** bejaht werden kann, ist § 15 Abs. 3 und/oder Abs. 4 GmbHG anwendbar.[109) Ist danach bei einem Verpflichtungsgeschäft § 15 Abs. 4 GmbHG zwar nach dem Vertragsstatut anwendbar, der Vertrag

---

104) Es wäre überdies ein regelungstechnischer Rückschritt in das 19. Jahrhundert. Denn hinter die sog. allseitigen Kollisionsnormen würden zusätzlich sog. einseitige Normen geschaltet, die den Anwendungsbereich nur für das eigene (inländische) Recht festlegten, wie es der Prototyp der Kollisionsnorm im ursprünglichen EGBGB von 1900 tat, dazu *Kegel/ Schurig*, IPR, § 6 I. 2.

105) Zu einer ähnlich gelagerten Problematik im BetrVG vgl. *Junker*, RdA 1990, 212, 218. Verfehlt erscheint es schließlich, wie *Wrede*, GmbHR 1995, 365, 567, den internationalen Anwendungsbereich von § 15 Abs. 4 GmbHG zunächst durch Auslegung dieser Norm bestimmen zu wollen und dabei zu dem Schluss zu gelangen, § 15 Abs. 4 GmbHG solle nach der Intention des Gesetzgebers nicht auf ausländische Gesellschaften anwendbar sein, um sodann die Vorschrift für ausländische Gesellschaften durch Analogie (!) anwendbar zu machen.

106) Ebenso *Leible* in: Michalski, GmbHG, Syst. Darst. 2 Rz. 100; *Reichert/Weller*, DStR 2005, 292, 294; *Reichert/Weller* in: MünchKomm-GmbHG, § 15 Rz. 174 und 176; *Dutta*, RIW 2005, 98, 99; *Weller* in: MünchHdb-GesR, Bd. 6, § 9 Rz. 7; hingegen kommt es nicht darauf an, ob sich die ausländische Gesellschaft von anderen Gesellschaftsformen des fremden Rechts in gleicher Weise unterscheidet wie die GmbH von der AG; für Beispiele von vergleichbaren Gesellschaftstypen s. *Fetsch*, RNotZ 2007, 532, 536; *Bayer* in: Lutter/Hommelhoff, GmbHG, Anh. I § 4a Rz. 9.

107) Die Substitution führt auch in anderen Fällen zu richtigen Ergebnissen, etwa bei § 311b BGB, der deshalb nach zutreffender und ganz überwiegender Ansicht auf den Verkauf ausländischer Grundstücke anwendbar ist (s. etwa BGHZ 73, 391, 394), weil die Substitution ergibt, dass ausländische und inländische Grundstücke vergleichbar sind, so auch *Kegel* in: Soergel, BGB, Art. 11 EGBGB Rz. 16 m. N. zum Streitstand in Fn. 11; vgl. hierzu auch *Benecke*, RIW 2002, 280.

108) *Merkt*, ZIP 1994, 1417, 1420.

109) Da etwa die *limited company* kanadischen Rechts der deutschen GmbH in vielfacher Hinsicht (z. B. Funktion und Struktur, Gläubiger- und Minderheitenschutz, Rechnungslegung, Publizität) gleicht, ist § 15 GmbHG anwendbar, *Merkt*, ZIP 1994, 1417, 1421 f.; zust. *Kegel* in: Soergel, BGB, Art. 11 EGBGB Rz. 17; *Bayer* in: Lutter/Hommelhoff, GmbHG, Anh. I § 4a Rz. 9 und § 15 Rz. 33; a. A. OLG München, ZIP 1993, 508.

jedoch nach dem Gesellschaftsstatut formfrei abschließbar, tendiert der BGH allerdings richtigerweise dazu, alternativ das mildere Gesellschaftsstatut zu berufen.[110]

47 Besonders hinzuweisen ist auf das österreichische Recht. Nach einer Entscheidung des OGH gilt die in § 76 Abs. 2 Satz 1 öst. GmbHG vorgeschriebene Notariatsform in jedem Fall und insbesondere auch für das Verpflichtungsgeschäft, da diese Vorschrift als **Eingriffsnorm** eingestuft wird (zum Begriff siehe oben § 7 Rz. 60 ff.).[111]

c) Praxisempfehlung

48 Die **Vertragsgestaltung** des **Verpflichtungsgeschäfts** sollte der Rechtsunsicherheit begegnen, die aus der widersprüchlichen und durch den BGH nicht abgesicherten Rechtsprechung folgt. Die Parteien können bspw. entweder den ganzen Kaufvertrag durch Rechtswahl einem ausländischen Vertragsstatut unterstellen oder – wenngleich umstritten – im Vertrag ausdrücklich regeln, dass sich die Formerfordernisse für den Kaufvertrag ausschließlich nach dem Gesellschaftsstatut und nicht nach dem Vertragsstatut richten (**Teilrechtswahl**, dazu oben Rz. 7). Eine solche Teilrechtswahl könnte folgendermaßen lauten:

> „This Agreement shall be governed by and construed in accordance with German law, excluding the United Nations Convention on Contracts for the International Sale of Goods (CISG). However, German law shall not apply with regard to the form of the Agreement which shall be governed by the law of the target company."

49 Dann ist es auch nicht erforderlich, die möglicherweise alternativ einschlägige strengere deutsche Ortsform einzuhalten.[112] Unterliegt der Vertrag (einschließlich dessen Form) dagegen dem deutschen Recht (Geschäftsstatut), kann es sich empfehlen, den Vertrag im Ausland unter Einhaltung der dortigen, möglichst milderen Formvorschriften abzuschließen (Ortsstatut).

---

110) BGH, NZG 2005, 41, 43 = ZIP 2004, 2324 (*obiter dictum*); so schon *Merkt*, ZIP 1994, 1417, 1423 f.; dem folgend *Leible* in: Michalski, GmbHG, Syst. Darst. 2 Rz. 100; *Reichert/ Weller* in: MünchKomm-GmbHG, § 15 Rz. 179.

111) OGH, IPRax 1990, 252. Der OGH berief sich auf *Stölzle*, NZ 1960, 161 f., und *Schwimann*, NZ 1981, 65, 67, sowie *Schwimann*, GesRZ 1981, 142, 148; vgl. zur Abtretung von GmbH-Anteilen nach österreichischem Recht auch *Wagner*, DNotZ 1985, 80; dem OGH zust. und ebenso für § 15 Abs. 3 GmbHG vertretend *Kindler* in: MünchKomm-BGB, IntGesR Rz. 560; *Kindler*, BB 2010, 74, 76 f.; *Kindler*, Geschäftsanteilsabtretungen im Ausland, S. 20 ff. und 36 ff.; abl. dagegen die h. M., s. etwa *Leible* in: Michalski, GmbHG, Syst. Darst. 2 Rz. 100; *Reichert/Weller* in: MünchKomm-GmbHG, § 15 Rz. 173 f.; *Reichert/ Weller*, DStR 2005, 292, 293; *Wrede*, GmbHR 1995, 365, 366; wohl auch *Seibt* in: Scholz, GmbHG, § 15 Rz. 82.

112) *Janßen/Robertz*, GmbHR 2003, 433, 439 f.; *Merkt/Göthel* in: Reithmann/Martiny, Int. Vertragsrecht, Rz. 4424; *Süß* in: jurisPK-BGB, Art. 11 EGBGB Rz. 82; s. a. BGH, DB 2004, 2631, 2633 = NZG 2005, 41 = ZIP 2004, 2324, wo in einem *obiter dictum* eine Teilrechtswahl offensichtlich für möglich gehalten wurde; krit. *Albers*, GmbHR 2011, 1266, 1268.

Beim **Verfügungsgeschäft** ist die alternative deutsche Ortsform ebenfalls unbeachtlich, wenn die Parteien die Formerfordernisse des ausländischen Gesellschaftsstatuts (Geschäftsstatut) als anderes Formstatut einhalten. Kommen die hier ausgeführten Vorschläge für das Verpflichtungs- und/oder Verfügungsgeschäft nicht in Betracht, sodass es auf das deutsche Recht als Formstatut ankommt, ist zu prüfen, ob vorsichtshalber ein deutscher Notar die Geschäfte beurkunden soll. 50

II. Asset Deal

Wie beim Share Deal ist auch beim Asset Deal für die gesonderte Anknüpfung der Form der Veräußerung zwischen Verpflichtungs- und Verfügungsgeschäft zu unterscheiden. 51

1. Verpflichtungsgeschäft

Für das Verpflichtungsgeschäft und damit den eigentlichen Kaufvertrag bestimmt sich das Formstatut nach **Art. 11 Abs. 1 und 2 Rom I-VO**; bei Grundstücksgeschäften ist zusätzlich Art. 11 Abs. 5 Rom I-VO zu beachten. Damit gilt zunächst regelmäßig über Art. 11 Abs. 1 Rom I-VO das auf den Vertrag anwendbare Recht (Vertragsform, **Vertragsstatut**, Wirkungsstatut, Geschäftsstatut) oder alternativ das Ortsrecht, d. h. das Recht am Ort des Vertragsschlusses (Ortsform, **Ortsstatut**); bei Distanzverträgen ist zusätzlich Art. 11 Abs. 2 Rom I-VO als Alternative zu berücksichtigen. Zulässig ist nach umstrittener Ansicht wiederum, wenn die Parteien durch eine **Teilrechtswahl** ein im Verhältnis zum Vertragsstatut liberaleres Recht berufen (vgl. dazu oben Rz. 7).[113] Bei ausländischen Grundstücken ist aber zudem **Art. 11 Abs. 5 Rom I-VO** zu beachten, wonach abweichend vom Vertrags- und Ortsstatut zwingend die Form des Rechts am Belegenheitsort berufen sein kann.[114] 52

Zu bedenken ist, dass die Sachrechte mancher Rechtsordnungen bestimmte Arten des Verpflichtungsgeschäfts i. R. eines Asset Deal **besonderen Formanforderungen** unterwerfen. So verlangt das deutsche Recht, eine Verpflichtung zur Abtretung von Geschäftsanteilen an einer GmbH zu beurkunden (§ 15 Abs. 4 Satz 1 GmbHG). Ebenso ist bekanntlich nach deutschem Recht die Verpflichtung beurkundungspflichtig, ein Grundstück zu übertragen oder zu erwerben (**§ 311b Abs. 1 BGB**). Gleiches gilt für einen Miteigentumsanteil an einem 53

---

113) BGHZ 57, 337 (Parteien können die Regelung des Art. 11 Abs. 1 Satz 2 EGBGB [heute: Art. 11 Abs. 1 Fall 2 Rom I-VO] [Ortsform] für schuldrechtliche Verträge [hier: Grundstückskaufvorvertrag] ausschließen); *Thorn* in: Palandt, BGB, Art. 11 Rom I-VO Rz. 4; *Spellenberg* in: MünchKomm-BGB, Art. 11 EGBGB Rz. 68.

114) Näher dazu *Spellenberg* in: MünchKomm-BGB, Art. 11 Rom I-VO Rz. 31 ff.; § 311b BGB ist nach wohl h. M. keine solche zwingende Vorschrift, so *Spellenberg* in: MünchKomm-BGB, Art. 11 Rom I-VO Rz. 36; wohl a. A. *Limmer* in: Reithmann/Martiny, Int. Vertragsrecht, Rz. 1552 ff.

Grundstück sowie für die Bestellung oder den Erwerb eines Erbbaurechts (§ 11 Abs. 2 ErbbauRG).[115] Dies erfasst auch Verpflichtungen über im Ausland belegene Grundstücke, wenn § 311b Abs. 1 BGB über Art. 11 Abs. 1 oder 2 Rom I-VO anwendbar ist.[116]

54 Umstritten ist, ob für einen den deutschen Formvorschriften unterliegenden Kaufvertrag eine Beurkundungspflicht nach § 311b Abs. 3 BGB greifen kann, wenn der Verkäufer durch den Asset Deal seine **gesamten Vermögensgegenstände** veräußert (vgl. hierzu oben § 2 Rz. 247 ff.).

55 Ist deutsches Recht sowohl Vertrags- als auch Ortsstatut, sind dessen Formvorschriften zu beachten,[117] auch wenn sie sich – wie üblich – nur auf Teile des zu veräußernden Unternehmensvermögens beziehen. Die Beurkundungspflicht erfasst dann den **gesamten Kaufvertrag**.[118] Eine Beurkundung im Ausland kann die deutschen Formerfordernisse erfüllen, wenn sie mit einer deutschen Beurkundung **gleichwertig** ist (vgl. dazu oben Rz. 25 ff.).[119] Verlangt deutsches Recht eine Beurkundung und ist es aber lediglich Vertrags- oder Ortsstatut, kommt es darauf an, ob das betreffende auswärtige Statut einen formlosen Vertragsschluss gestattet. In diesem Fall kann die möglicherweise strengere deutsche Form für das Verpflichtungsgeschäft wirksam vermieden werden.[120]

2. Verfügungsgeschäft
a) Allgemeines und Auflassungen

56 Für die Verfügungsgeschäfte ist das Formstatut über **Art. 11 EGBGB** zu bestimmen. Art. 11 Rom I-VO ist nicht anwendbar, da die Verordnung grundsätzlich keine Verfügungsgeschäfte erfasst (vgl. Art. 1 Abs. 1 Rom I-VO).[121]

---

115) *Grüneberg* in: Palandt, BGB, § 311b Rz. 3.
116) BGHZ 53, 189; BGHZ 57, 337; BGH, NJW 1972, 715 (m. Anm. *Löwe*); OLGR Köln 2001, 69; OLG Düsseldorf, NJW 1981, 529; OLG München, NJW-RR 1989, 663; *Limmer* in: Reithmann/Martiny, Int. Vertragsrecht, Rz. 1559.
117) BGHZ 73, 391 (Haben die Parteien ihren Kaufvertrag über ein spanisches Grundstück durch Rechtswahl dem deutschen Recht unterstellt, so gilt für die Form § 313 BGB a. F. [heute: § 311b BGB]); OLG München, NJW-RR 1989, 665 (Ist das deutsche Recht Ortsstatut und stillschweigend gewähltes Vertragsstatut, ist die Formvorschrift für Grundstückkaufverträge nicht ausgeschlossen. Die Formvorschrift gilt auch beim Verkauf einer ausländischen Immobilie. Ob ein formnichtiger Kaufvertrag vollzogen und damit gemäß § 313 Satz 2 BGB [heute: § 311b Abs. 2 BGB] geheilt werden kann, entscheidet [hier: spanisches] Belegenheitsrecht.).
118) *Werner*, GmbHR 2008, 1135, 1136; *Kanzleiter* in: MünchKomm-BGB, § 311b Rz. 50.
119) *Holzapfel/Pöllath*, Unternehmenskauf, Rz. 1016.
120) S. etwa für Grundstücksgeschäfte *Thorn* in: Palandt, BGB, Art. 11 Rom I-VO Rz. 16; *Spellenberg* in: MünchKomm-BGB, Art. 11 Rom I-VO Rz. 31 ff.; *Ulrich/Böhle*, GmbHR 2007, 566, 571.
121) S. aber für die Übertragung von Forderungen Art. 14 Rom I-VO.

Wird i. R. des Asset Deal ein in Deutschland belegenes Grundstück veräußert, gilt 57
Art. 11 Abs. 4 EGBGB. Danach unterliegt die Auflassung ausschließlich dem
Geschäftsrecht (hier *lex rei sitae*) und damit der deutschen Vorschrift des § 925
BGB. Das Ortsstatut ist also **ausgeschlossen**. Hiervon zu unterscheiden ist die
Frage, ob eine Beurkundung im Ausland einer Beurkundung in Deutschland
gleichwertig ist. Die h. A. spricht sich dagegen aus.[122] Danach können **nur
deutsche Notare** die Auflassung eines inländischen Grundstücks beurkunden.
Jedoch können nach § 12 Nr. 1 KonsG deutsche **Konsularbeamte** im Ausland
wirksam Auflassungserklärungen entgegennehmen.[123]

In der Praxis ist zu beachten, dass wegen der zwingenden Beurkundung der Auf- 58
lassung im Inland durch eine (günstigere) Beurkundung des Verpflichtungs-
geschäfts im Ausland möglicherweise weniger als erwartet gewonnen wird. Zwar
wurde zu § 38 Abs. 2 Nr. 6a KostO vertreten, dass bei einer Beurkundung des
Verpflichtungsgeschäfts im Ausland nur die Hälfte der vollen Gebühr für die
Beurkundung des dinglichen Geschäfts im Inland erhoben werden kann.[124]
Am 1.8.2013 ist jedoch das Gerichts- und Notarkostengesetz (GNotKG) in
Kraft getreten, das die KostO vollständig ablöst.[125] Welche Gebühren für eine
Beurkundung des Verfügungsgeschäfts im Inland entstehen, wenn die Beur-
kundung des Verpflichtungsgeschäfts wegen geringerer Kosten im Ausland
erfolgt ist, beurteilt sich daher nicht mehr nach § 38 Abs. 2 Nr. 6a KostO, sondern
ausschließlich nach den Vorschriften des GNotKG. Danach ist zu differenzieren:
Erfolgt das Verfügungsgeschäft vor demselben Notar, der auch das zugrunde
liegende Verpflichtungsgeschäft beurkundet hat, fällt nach Nr. 21101 KV
GNotKG entsprechend der abgelösten Vorschrift des § 38 Abs. 2 Nr. 6a KostO
nur eine halbe Gebühr an. Erfolgt die Beurkundung der Auflassung demgegenüber
vor einem anderen Notar als demjenigen, der auch das Verpflichtungsgeschäft

---

122) So BGH, WM 1968, 1171; OLG Köln, DNotZ 1972, 489; KG, OLGZ 1986, LG Ellwangen, RIW 2001, 945; *Hertel* in: Staudinger, BGB, Vorbem. §§ 127a, 128 BGB Rz. 854 f.; *Holzapfel/ Pöllath*, Unternehmenskauf, Rz. 1019; *Kanzleiter* in: MünchKomm-BGB, § 925 Rz. 14; *Limmer* in: Reithmann/Martiny, Int. Vertragsrecht, Rz. 1555 f.; *Thorn* in: Palandt, BGB, Art. 11 EGBGB Rz. 10; *Döbereiner*, ZNotP 2001, 465 ff.; *Winkler*, NJW 1972, 981, 985; krit. *Spellenberg* in: FS Schütze, S. 887, 897; *Hohloch* in: Erman, BGB, Art. 11 EGBGB Rz. 34; *Bausback*, DNotZ 1996, 254; *Heinz*, RIW 2001, 928; *Kropholler*, ZHR 140 (1976), 394, 410; *Riedel*, DNotZ 1955, 521.
123) Konsulargesetz BGBl. I, 2317 v. 11.9.1974; Berufskonsularbeamte ohne Befähigung zum Richteramt und Honorarkonsularbeamte aber nur, wenn ihnen diese Befugnis übertragen wurde (§§ 19 Abs. 2, 24 KonsG).
124) OLG Köln, FGPrax 2002, 88; OLG Karlsruhe, JurBüro 1998, 155; OLG Jena, NJW-RR 1998, 645; OLG Celle, JurBüro 1997, 207; OLG Zweibrücken, DNotZ 1997, 245 f.; OLG Düsseldorf, DNotZ 1991, 410 = DB 1990, 730; OLG Stuttgart, DNotZ 1991, 411; KG, DNotZ 1938, 463; a. A. BayObLG, DNotZ 1978, 58; OLG Hamm, MittBayNot 1998, 201; *Lappe*, DNotZ 1991, 411, 413 f.; *Rohs* in: Rohs/Wedewer, KostO, § 38 Rz. 44; *Schwarz* in: Korintenberg, KostO, § 38 Rz. 50a.
125) BGBl. I 2013, 2586 v. 29.7.2013.

beurkundet hat, ist eine volle Gebühr nach Nr. 21101 KV GNotKG zu entrichten. Da die Auflassung zwingend vor einem inländischen Notar zu erfolgen hat, dürfte der Kostenvorteil nach Nr. 21101 KV GNotKG daher nicht greifen, wenn ein ausländischer (und damit ein anderer) Notar das Verpflichtungsgeschäft beurkundet hat.

59 Jedenfalls ist darauf zu achten, dass wenn bei einem Asset Deal nur die Auflassung vor einem deutschen Notar beurkundet wird, die Notargebühren nur auf der Grundlage des **Werts der Immobilien** und nicht des Gesamtwerts des Unternehmens berechnet werden. Möglicherweise empfiehlt es sich, wenn der zugrunde liegende Kaufvertrag im Ausland beurkundet werden soll, die Vertragsurkunden für den Immobilienteil und für den sonstigen Teil zu trennen.

b) Gewerbliche Schutzrechte

60 Die Übertragung gewerblicher Schutzrechte (Patente, Geschmacks-, Gebrauchsmuster, Marken) ist nach deutschem Recht zwar **nicht formbedürftig**.[126] Jedoch kann der Erwerber Rechte aus dem übertragenen Schutzrecht (anders nur beim Geschmacksmuster und bei der Marke) erst geltend machen, wenn die Übertragung dem Patentamt nachgewiesen und in der Patent-, Muster- oder Zeichenrolle vermerkt ist (vgl. § 30 Abs. 3 Satz 2 PatG; § 8 Abs. 4 GebrMG).[127] Für den **Nachweis des Rechtsübergangs** gegenüber dem Patentamt ist es erforderlich, aber auch regelmäßig ausreichend, unbeglaubigte Kopien der relevanten Urkunden vorzulegen, wie etwa der Umschreibungsbewilligung des bisherigen Rechtsinhabers.[128]

III. Regelungsbereich des Formstatuts
1. Grundsatz

61 Dem Formstatut ist nicht nur die maßgebliche Form des Rechtsgeschäfts, sondern auch die Folge der Nichtbeachtung dieser Form (etwa **Formnichtigkeit**) und die Möglichkeit der Heilung zu entnehmen. Sind die Folgen im Wirkungs- und Ortsrecht unterschiedlich geregelt, gelten nach zutreffender Ansicht die **Folgen des milderen Rechts**.[129] Ist infolge des Formverstoßes lediglich ein Teil des Vertrags unwirksam, richtet sich allerdings die Folge der Teilnichtigkeit

---

126) Vgl. § 15 Abs. 1 Satz 2 PatG; § 29 Abs. 1 GeschmMG; § 22 Abs. 1 GebrMG; § 27 Abs. 1 MarkenG.
127) Einzelne prozessuale Rechte können allerdings schon mit Stellung des ordnungsgemäßen Umschreibungsantrags ausgeübt werden, s. BPatG, GRUR 2002, 234.
128) Richtlinien des Deutschen Patent- und Markenamts für die Umschreibung von Schutzrechten und Schutzrechtsanmeldungen in der Patentrolle, der Gebrauchsmusterrolle, dem Markenregister, dem Musterregister und der Topographierolle v. 15.11.1996, geändert am 1.1.2002.
129) OLG Celle, NJW 1963, 2235; *Hohloch* in: Erman, BGB, Art. 11 EGBGB Rz. 10; *Spellenberg* in: MünchKomm-BGB, Art. 11 EGBGB Rz. 72 ff.; *Winkler von Mohrenfels* in: Staudinger, BGB, Art. 11 EGBGB Rz. 198.

des Verpflichtungsgeschäfts für den Rest des Vertrags nicht nach dem Formstatut, sondern nach dem Schuldstatut.[130]

2. Nebenabreden (Side Letters)

Im Rahmen eines Unternehmenskaufs kann es vorkommen, dass mehr oder minder geheime oder vertrauliche **Nebenabreden** zum eigentlichen Kaufvertrag getroffen werden (sog. *side letters*).[131] Bilden diese Nebenabreden – wie üblich – eine inhaltliche oder sachliche Einheit mit dem Kaufvertrag und ist der Kaufvertrag formgebunden, führt die Nichtbeachtung dieser Form für den *side letter* nach deutschem Recht zur **Formnichtigkeit** des **gesamten Kaufvertrags**. Dies gilt auch dann, wenn der eigentliche Kaufvertrag den Formanforderungen genügt.[132]

Wer dieser Gefahr entgehen will, sollte den *side letter* und den Kaufvertrag nach den Formvorschriften **desselben Rechts** errichten. Ob die Parteien dem Risiko der Formnichtigkeit dadurch entgehen können, dass sie für den *side letter* ein separates, liberaleres Formstatut wählen, erscheint angesichts fehlender Präjudizien höchst zweifelhaft.

B. Zustandekommen

I. Rechtsfähigkeit

1. Allgemeine Rechtsfähigkeit

Die Rechtsfähigkeit der am Unternehmenskauf beteiligten Personen oder Rechtsträger beurteilt sich nach ihrem jeweiligen **Personalstatut** (zur Bestimmung des Personal- oder Gesellschaftsstatuts bei Gesellschaften siehe oben § 8 Rz. 1 ff.).[133] Gesellschaften mit ausländischem Personalstatut besitzen aus deutscher Sicht mithin Rechtsfähigkeit, wenn sie nach ihrem Personalstatut rechtsfähig sind. Ob ein entsprechendes Gebilde nach deutschem Recht rechtsfähig wäre, ist unerheblich.[134]

---

130) *Merkt/Göthel* in: Reithmann/Martiny, Int. Vertragsrecht, Rz. 4434.
131) Dazu *Semler* in: Hölters, Hdb. Unternehmenskauf, Teil VII Rz. 113; *von Hoyenberg* in: Münchener Vertragshandbuch, Bd. 2, IV. 3., 4. Anm. 26, 28, S. 664 ff.; *Holzapfel/Pöllath*, Unternehmenskauf, Rz. 1014.
132) BGH, WM 1983, 565 (Beratervertrag im *side letter* zum Kaufvertrag über GmbH-Anteile); BGH, NJW-RR 1989, 291, 293 (Parteivereinbarter Wegfall der Bedingung bei Abtretung eines GmbH-Anteils); *Wiesbrock*, DB 2002, 2311, 2314 f. a. A. *Heidenhain*, NJW 1999, 3073 ff.; *Loritz*, DNotZ 2000, 90, 99.
133) Zur Rechtsfähigkeit von Gesellschaften *Kindler* in: MünchKomm-BGB, IntGesR Rz. 564 ff.; *Großfeld* in: Staudinger, BGB, IntGesR Rz. 265 ff. jeweils m. N.; zur Rechtsfähigkeit von natürlichen Personen *Birk* in: MünchKomm-BGB, Art. 7 EGBGB Rz. 2 ff.
134) *Großfeld* in: Staudinger, BGB, IntGesR Rz. 265; *Hausmann* in: Reithmann/Martiny, Int. Vertragsrecht, Rz. 5162.

65 Speziell im **deutsch-US-amerikanischen Rechtsverkehr** ist zu beachten, dass nach US-amerikanischem (einzelstaatlichem) Recht wirksam gegründete Gesellschaften mit eigener Rechtspersönlichkeit aus der Sicht des deutschen Rechts nach richtiger, allerdings in jüngerer Zeit bestrittener Auffassung auch dann grundsätzlich rechtsfähig sind, wenn sie keine tatsächliche Beziehung (**genuine link**) zum Gründungseinzelstaat oder auch zu den USA unterhalten. (näher oben § 8 Rz. 61 f.).[135]

66 Das Personalstatut bestimmt auch den **Umfang** der Rechtsfähigkeit.[136] Schwierigkeiten können sich aber ergeben, wenn der Umfang der Rechtsfähigkeit einer Gesellschaft nach ihrem Personalstatut geringer ist als für vergleichbare inländische Gesellschaften. Ist bspw. eine ausländische AG in ihrer Rechtsfähigkeit durch ihren statutarischen Gesellschaftszweck beschränkt, vertraut aber der inländische Rechtsverkehr gleichzeitig darauf, dass diese Gesellschaft in ihrer Rechtsfähigkeit ebenso unbeschränkt ist wie eine deutsche AG, kann es im Interesse des **Verkehrsschutzes** nicht allein auf das Personalstatut ankommen. In diesem Fall gelten vielmehr im Interesse des Verkehrsschutzes die auf natürliche Personen anwendbaren Vorschriften **Art. 13 Rom I-VO und Art. 12 Satz 1 EGBGB entsprechend**: Es ist neben dem Personalstatut auch das Recht im Staat der Vornahme des Rechtsgeschäfts zu berücksichtigen. Wenn nämlich die ausländische Gesellschaft im Inland am Rechts- und Geschäftsverkehr teilnimmt, wäre es unbillig, wenn sie sich auf eine nach ausländischem Personalstatut beschränkte Rechtsfähigkeit berufen könnte und der inländische Rechtsverkehr diese Beschränkung weder kannte noch infolge Fahrlässigkeit nicht kannte bzw. kennen musste. Daher kann sich die ausländische Rechtsperson bei Rechtsgeschäften im Inland, für die eine **vergleichbare inländische Rechtsperson** rechtsfähig wäre, nur auf solche Beschränkungen ihrer Rechtsfähigkeit berufen, welche der Vertragsgegner kennt oder infolge Fahrlässigkeit nicht kennt bzw. kennen muss.[137] Dadurch wird der inländische Rechtsverkehr insbesondere vor den Beschränkungen der Rechtsfähigkeit geschützt, die sich für US-amerikanische Gesellschaften nach der **„ultra vires"-Lehre** des Common Law ergeben.[138]

2. Beteiligungs- und Grundbuchfähigkeit

67 Neben dieser allgemeinen Rechtsfähigkeit kennen viele Rechtsordnungen eine **besondere Rechtsfähigkeit** zum Erwerb besonderer Rechte oder zur Übernahme

---

135) Zum Nachweis der Rechtsfähigkeit einer US-amerikanischen Gesellschaft vgl. *Kau/Wiehe*, RIW 1991, 32.
136) *Kindler* in: MünchKomm-BGB, IntGesR Rz. 564.
137) Näher *Kindler* in: MünchKomm-BGB, IntGesR Rz. 566; *Großfeld* in: Staudinger, BGB, IntGesR Rz. 268 ff., jeweils m. N.
138) *Kindler* in: MünchKomm-BGB, IntGesR Rz. 567 ff.; *Großfeld* in: Staudinger, BGB, IntGesR Rz. 273; allerdings hat die *ultra vires*-Lehre ihre praktische Bedeutung heutzutage weitgehend eingebüßt, s. dazu *Merkt*, US-amerikanisches Gesellschaftsrecht, Rz. 345 ff.

bestimmter Pflichten. Im Zusammenhang mit dem internationalen Unternehmenskauf geht es insbesondere um die Fähigkeiten, Gesellschaftsanteile und Immobilien zu erwerben.

Die Fähigkeit, Gesellschaftsanteile zu erwerben und damit zu halten (**Beteiligungsfähigkeit**), berührt sowohl das Recht der Anteilsinhaber als auch das Recht der Gesellschaft, an der die Beteiligung besteht. Daher entscheiden beide Rechtsordnungen gemeinsam, also kumulativ über die Beteiligungsfähigkeit.[139] Nach herrschender deutscher Sicht kann sich dementsprechend eine ausländische Gesellschaft nicht an einer oHG deutschen Rechts beteiligen, wenn sie nicht nach außen als geschlossene Einheit auftreten kann.[140] Sie kann sich allerdings an einer deutschen AG beteiligen. In einem zweiten Prüfungsschritt ist dann zu prüfen, ob das ausländische Personalstatut dies ebenfalls gestattet.[141] Lässt sich dies bejahen, ist die Beteiligungsfähigkeit gegeben. 68

Kontrovers beurteilt wird die spezielle Frage, ob eine **ausländische Gesellschaft Komplementärin einer KG** deutschen Rechts sein kann. Die bislang ergangene Rechtsprechung hält dies für zulässig.[142] Ein nicht unerheblicher Teil der Literatur ist a. A.[143] Im Bereich der Niederlassungsfreiheit und damit der 69

---

139) H. A., etwa *Ebenroth/Offenloch*, RIW 1997, 1, 5; *Großfeld* in: Staudinger, IntGesR Rz. 304 ff.; *Kienle* in: MünchHdb-GesR, Bd. 6, § 19 Rz. 28; *Kindler* in: MünchKomm-BGB, IntGesR Rz. 572 ff.; anders *Bokelmann*, BB 1972, 1426, 1427; *Grasmann*, Rz. 889 f. und *Lehmann* in: MünchHdb-GesR, Bd. 6, § 5 Rz. 61: Allein das Recht des Staats, in dem die sich beteiligende Gesellschaft ihre Wirkung, d. h. ihre Organbefugnis entfalten soll, entscheidet (Wirkungsstatut).

140) *Happ/Möhrle* in: MünchHdb-GesR, Bd. 1, § 47 Rz. 43; s. a. *Großfeld* in: Staudinger, BGB, IntGesR Rz. 268.

141) *Kindler* in: MünchKomm-BGB, IntGesR Rz. 573.

142) BayObLGZ 1986, 61, *Landshuter Druckhaus Ltd. II* = NJW 1986, 3029 = ZIP 1986, 840 = IPRax 1986, 368, dazu *Großfeld*, IPRax 1986, 351: Beteiligung einer *private limited company* englischen Rechts als Komplementärin einer deutschen KG zulässig und wirksam; auch OLG Frankfurt a. M., ZIP 2008, 1286, 1287; OLG Frankfurt a. M., NZG 2006, 830 = ZIP 2006, 1673; LG Bielefeld, NZG 2006, 504; OLG Saarbrücken, NJW 1990, 647 = RIW 1990, 818 = DNotZ 1990, 194 = IPRax 1990, 324, abl. dazu *Großfeld/Strotmann*, IPRax 1990, 298: Auch eine ausländische juristische Person aus einem Nicht-EG-Staat (hier: AG schweizerischen Rechts) kann sich als Komplementärin an einer deutschen KG beteiligen; LG Stuttgart, BB 1993, 1541 = ZIP 1993, 1406: „Es erscheint der Kammer im Anschluss an das Bayerische Oberste Landesgericht und die OLG Saarbrücken als verfehlt, die Zulassung der GmbH & Co. KG in einem Teilbereich in der Weise rückgängig machen zu wollen, dass ausländische Kapitalgesellschaften zwar grundsätzlich automatisch als Rechtsträger in Deutschland anerkannt werden [...], ihnen aber die ‚besondere Rechtsfähigkeit', Komplementär in einer deutschen Kommanditgesellschaft zu sein [...], abgesprochen wird."; s. aus der Literatur z. B. *Hopt* in: Baumbach/Hopt, HGB, Anh. § 177a HGB Rz. 11; *Kowalski/Bormann*, GmbHR 2005, 1045; *Lehmann* in: MünchHdb-GesR, Bd. 6, § 5 Rz. 61; *Werner*, GmbHR 2005, 288.

143) *Kindler* in: MünchKomm-BGB, IntGesR Rz. 576 f.; *Ebenroth/Wilken*, JZ 1991, 1014, 1020 f.; *von Bar*, JZ 1989, 186; *Kaligin*, DB 1985, 1449, 1452; *Ebke*, ZGR 16 (1987), 245; *Kronke*, RIW 1990, 799; *Großfeld* in: Staudinger, BGB, IntGesR Rz. 303 ff.

Gründungstheorie wird eine solche „*Typenvermischung über die Grenze*" dagegen auch von dieser abweichenden Literaturansicht für zulässig erachtet.[144]

70 Von der Beteiligungsfähigkeit zu unterscheiden ist die Frage, nach welcher Rechtsordnung sich der **Inhalt des Beteiligungsrechts** beurteilt. Insoweit entscheidet allein das Gesellschaftsstatut der Gesellschaft, an der die Beteiligung besteht.[145]

71 Damit eine ausländische Gesellschaft als Eigentümerin oder sonst dinglich Berechtigte in das deutsche Grundbuch eingetragen werden kann (**Grundbuchfähigkeit**), muss sie zunächst nach ihrem Personalstatut rechtsfähig sein.[146] Verleiht ein ausländisches Personalstatut Rechtsfähigkeit, so impliziert dies grundsätzlich auch die zusätzlich nach § 15 Abs. 1 GBV erforderliche Grundbuchfähigkeit.[147] Kommt es im verbliebenen Anwendungsbereich der Sitztheorie zu einer Umqualifizierung einer ausländischen in eine deutsche Gesellschaftsform (dazu oben § 8 Rz. 16), so war bisher bei einer Qualifikation als deutsche GbR fraglich, ob die ausländische Gesellschaft (nunmehr als deutsche GbR) als grundbuchfähig anzusehen ist.[148] Nunmehr sind jedoch sämtliche i. R. einer Umqualifizierung in Frage kommenden deutschen Gesellschaftsformen grundbuchfähig, womit auch dahingehend denkbare Probleme weitgehend entschärft wurden.[149]

72 Das positive deutsche Recht sieht zwar in Art. 86 Satz 2 EGBGB eine Rechtsgrundlage vor, um allgemein den Erwerb von Rechten durch ausländische Rechtspersonen zu **beschränken** und genehmigungspflichtig zu machen. Doch gilt dies nicht für Ausländer und ausländische juristische Personen aus Mitgliedstaaten der Europäischen Union (Art. 86 Satz 3 EGBGB). Zudem sind zurzeit solche

---

144) *Kindler* in: MünchKomm-BGB, IntGesR Rz. 577; *Zimmer*, NJW 2003, 3585, 3587 f.
145) *Ebenroth/Offenloch*, RIW 1997, 1, 5.
146) *Leible* in: Hirte/Bücker, § 11 Rz. 42 f.; *Kienle* in: MünchHdb-GesR, Bd. 6, § 19 Rz. 35 ff.; *Kindler* in: MünchKomm-BGB, IntGesR Rz. 581; *Rehm* in: Eidenmüller, § 5 Rz. 7. Wird ausländisches Recht über die Sitztheorie angeknüpft, so sollte gegenüber dem Grundbuchamt der Bestand eines ausländischen tatsächlichen Verwaltungssitzes möglichst zweifelsfrei bewiesen werden können, vgl. *Schöner/Stöber*, Rz. 3636a.
147) OLG München, NZG 2009, 290; *Holzer* in: BeckOK-GBO, § 1 Rz. 49; *Zeiser* in: BeckOK-GBO, Internationale Bezüge, Rz. 98 f.; zum Nachweis der Vertretungsbefugnis bei Eintragung für ausländische Gesellschaften vgl. *Fetsch*, RNotZ 2007, 456, 465; *Kienle* in: MünchHdb-GesR, Bd. 6, § 19 Rz. 36; *Kindler* in: MünchKomm-BGB, IntGesR Rz. 581.
148) Näher dazu *Leible* in: Hirte/Bücker, § 11 Rz. 42 f.; *Leible/Hoffmann*, NZG 2003, 259 f.
149) *Leible* in: Michalski, GmbHG, Syst. Darst. 2 Rz. 99. Seit einer Entscheidung des BGH aus dem Jahre 2008 sind GbR als grundbuchfähig anzusehen, vgl. BGHZ 179, 102 = NJW 2009, 594 = ZIP 2009, 66. Für die oHG gilt dies nach § 15 Abs. 1 GBV. Ausländische Kapitalgesellschaften sind als rechts- und grundbuchfähige Personengesellschaft deutschen Rechts zu behandeln, vgl. BGHZ 178, 192, 199 = ZIP 2008, 2411; BGHZ 151, 204 = DStR 2002, 1678 = ZIP 2002, 1763.

Beschränkungen – soweit ersichtlich – nicht in Kraft (vgl. zu den ausländerrechtlichen Beschränkungen auch unten § 10 Rz. 48 ff.).[150]

3. Wechsel- und Scheckfähigkeit

Die Wechselfähigkeit von Gesellschaften richtet sich gemäß Art. 91 WG nach ihrem **Personalstatut**. Gleiches gilt gemäß Art. 60 ScheckG für die Scheckfähigkeit.[151]

73

II. Geschäftsfähigkeit

Auch die Geschäftsfähigkeit der juristischen Person unterliegt ihrem **Personalstatut**. Dies gilt namentlich für die Frage, welches Organ die Gesellschaft in welchem Umfang berechtigen und verpflichten kann (zur Stellvertretung siehe unten Rz. 78 ff.).[152] Für die Geschäftsfähigkeit der Gesellschaft gelten allerdings wie bei der Rechtsfähigkeit Art. 13 Rom I-VO und Art. 12 Satz 1 EGBGB analog: Die ausländische Rechtsperson kann sich bei Rechtsgeschäften im Inland, für die eine vergleichbare inländische Rechtsperson geschäftsfähig wäre, nur auf solche Beschränkungen ihrer Geschäftsfähigkeit berufen, welche der Vertragspartner kennt oder infolge Fahrlässigkeit nicht kennt bzw. kennen muss.[153]

74

III. Partei- und Prozessfähigkeit

Die Partei- und Prozessfähigkeit beurteilt sich nach einer ungeschriebenen Kollisionsnorm des internationalen Zivilverfahrensrechts ebenfalls nach dem **Personalstatut**.[154] Dabei hängt die Parteifähigkeit nicht von der Rechtsfähigkeit ab. Ebenso ist die Prozessfähigkeit unabhängig von der Geschäftsfähigkeit. Damit kann bspw. die nach ihrem Personalstatut nicht rechtsfähige Gesellschaft, sofern das Personalstatut dies vorsieht, aus der Sicht des deutschen Rechts parteifähig sein.[155]

75

---

150) Vgl. *Säcker* in: MünchKomm-BGB, Art. 86 EGBGB Rz. 2 mit den dort in Art. 55 EGBGB Rz. 2 angegebenen landesrechtlichen Vorschriften, die keinerlei Erwerbsbeschränkungen des dargelegten Inhalts enthalten.
151) *Kienle* in: MünchHdb-GesR, Bd. 6, § 19 Rz. 33; *Kindler* in: MünchKomm-BGB, IntGesR Rz. 578; *Großfeld* in: Staudinger, BGB, IntGesR Rz. 312 f.
152) *Kienle* in: MünchHdb-GesR, Bd. 6, § 19 Rz. 58; *Kindler* in: MünchKomm-BGB, IntGesR Rz. 582 ff.; *Großfeld* in: Staudinger, BGB, IntGesR Rz. 278 ff., jeweils m. N.
153) Näher *Kienle* in: MünchHdb-GesR, Bd. 6, § 19 Rz. 58 und Rz. 17 ff.; *Kindler* in: MünchKomm-BGB, IntGesR Rz. 584; *Großfeld* in: Staudinger, BGB, IntGesR Rz. 281, jeweils m. N.
154) OLG Zweibrücken, NJW 1987, 2168: Parteifähigkeit einer Anwaltssozietät mit Sitz in New York nach dem Recht von New York bejaht; *Kindler* in: MünchKomm-BGB, IntGesR Rz. 587 f.; *Großfeld* in: Staudinger, BGB, IntGesR Rz. 289 ff., jeweils m. N.
155) OLG Koblenz, RIW 1986, 137.

76 Bei **Beschränkungen** der Partei- und Prozessfähigkeit von Gesellschaften können – im Wege der doppelten Analogie – Art. 13 Rom I-VO oder Art. 12 Satz 1 EGBGB gelten.[156]

77 Probleme, die sich bei der Frage der Partei- und Prozessfähigkeit ergeben, lassen sich für die Praxis des Unternehmenskaufs möglicherweise umgehen, indem eine Schiedsabrede unter unwiderruflichem Verzicht auf den Einwand des Mangels der Partei- oder Prozessfähigkeit getroffen wird (dazu näher unten § 11 Rz. 40). Allerdings kann die rechtliche Wirksamkeit eines solchen Verzichts nicht pauschal, sondern nur für die betreffende Schiedsordnung beurteilt werden.

IV. Stellvertretung

1. Gesetzliche Vertretung

78 Die gesetzliche oder organschaftliche Vertretung der Gesellschaft beurteilt sich nach dem **Gesellschaftsstatut**.[157] Das Gesellschaftsstatut entscheidet insbesondere über die **Bestellung** von Organen und über die **Vertretungsmacht** von Organen (siehe zur erforderlichen Form von Legitimations- und Vertretungsnachweisen in Deutschland).[158] Diese Ansicht wird in der Rechtsprechung

---

156) *Kindler* in: MünchKomm-BGB, IntGesR Rz. 587; *Großfeld* in: Staudinger, BGB, IntGesR Rz. 293, 296.

157) *Hausmann* in: Reithmann/Martiny, Int. Vertragsrecht, Rz. 5174; *Servatius* in: MünchHdb-GesR, Bd. 6, § 13 Rz. 16 f. Auf die Stellvertretung unanwendbar ist hingegen das Internationale Schuldrecht der Rom I-VO und damit die Art. 3 ff. Rom I-VO, vgl. den Ausschluss in Art. 1 Abs. 2 lit. g Rom I-VO. Denn die Stellvertretung gehört nach der Systematik des deutschen Rechts zur allgemeinen Rechtsgeschäftslehre und nicht zum Schuldrecht. Dieser Ausschluss gilt aber nur für das Verhältnis des Vertretenen zu Dritten. Hingegen bleibt es für die schuldrechtlichen (vertraglichen) Beziehungen zwischen Vertretenem und Stellvertreter bei der Maßgeblichkeit der Art. 3 ff. Rom I-VO; *Kindler* in: MünchKomm-BGB, IntGesR Rz. 582; *Hohloch* in: Erman, BGB, Anh. II Art. 26, Art. 1 Rom-I VO Rz. 11.

158) *Kindler* in: MünchKomm-BGB, IntGesR Rz. 582 f. Eine Länderübersicht über die Vertretung von Handelsgesellschaften und ihren Nachweis in wichtigen ausländischen Rechtsordnungen bietet *Hausmann* in: Reithmann/Martiny, Int. Vertragsrecht, Rz. 5238 ff.

konsequent vertreten.¹⁵⁹⁾ Sodann entscheidet das Gesellschaftsstatut über die **Beschränkung** der Vertretungsmacht der Organmitglieder – etwa infolge Insolvenz – und über die Möglichkeit, Mängel in der Vertretungsmacht zu beheben.¹⁶⁰⁾

Nach dem Gesellschaftsstatut beurteilt sich ferner der **Umfang der Vertretungsmacht**, namentlich die Frage, ob der gesetzliche Vertreter einer Gesellschaft zum Selbstkontrahieren berechtigt ist. Auf das Wirkungsstatut (Recht am Ort der tatsächlichen Vornahme des Geschäfts, sog. *Wirkungsland*) kommt es hingegen nicht an.¹⁶¹⁾ Das Gesellschaftsstatut entscheidet auch, wer bei der Vertretung ohne Vertretungsmacht das Geschäft genehmigen kann.¹⁶²⁾ Davon zu unterscheiden ist die **Genehmigungsfähigkeit** eines ohne Vertretungsmacht geschlossenen Geschäfts. Insoweit gilt das **Wirkungsstatut** des Geschäfts.¹⁶³⁾ Dies gilt ebenso für die **Rechtswirkungen** des Rechtsgeschäfts für die vertretene Gesellschaft, das der Vertreter ohne oder unter Überschreitung der Vertretungsmacht abgeschlossen hat.¹⁶⁴⁾

79

---

159) BGH, NJW 1992, 618 = JZ 1992, 579 (m. Anm. *von Bar*) = ZIP 1991, 1582, dazu EWiR 1991, 1167 *(Schlechtriem)* (Die Berechtigung des Geschäftsführers einer deutschen GmbH zum Selbstkontrahieren richtet sich nach deutschem Recht, die Genehmigungsfähigkeit des unter Verstoß gegen § 181 BGB abgeschlossenen Geschäfts wird hingegen nach französischem Geschäftsrecht beurteilt.); OLG Düsseldorf, DB 1995, 418 = RIW 1995, 325 = IPRax 1995, 396 (m. Anm. *Großfeld/Wilde*), dazu EWiR 1995, 225 *(Reithmann)* (Umfang und Beschränkungen der Vertretungsmacht des Vorstands [Geschäftsführers] einer *Besloten Vennootschap B. V.*, [GmbH niederländischen Rechts] mit Sitz in den Niederlanden richten sich auch dann nach niederländischem Recht, wenn dieser durch notarielle Urkunde eines deutschen Notars den von der B. V. gehaltenen Geschäftsanteil an einer GmbH mit Sitz im Inland auf eine andere niederländische B. V. überträgt und dabei auch diese Gesellschaft als Vorstand vertritt.); AG Duisburg, MittRhNotK 1995, 114 (Ob der organschaftliche Vertreter einer Gesellschaft mit ausländischem Gesellschaftsstatut [hier: Geschäftsführer einer niederländischen Kapitalgesellschaft] die erforderliche Vertretungsbefugnis zur Bestellung eines Geschäftsführers einer inländischen Tochtergesellschaft der ausländischen Gesellschaft hat, richtet sich nach dem Personalstatut der ausländischen Gesellschaft.).
160) *Kindler* in: MünchKomm-BGB, IntGesR Rz. 584; *Großfeld* in: Staudinger, BGB, IntGesR Rz. 280 f.
161) *Servatius* in: MünchHdb-GesR, Bd. 6, § 13 Rz. 56; a. A. wohl *Kindler* in: MünchKomm-BGB, IntGesR Rz. 585.
162) *Hausmann* in: Reithmann/Martiny, Int. Vertragsrecht, Rz. 5538 m. w. N.
163) Vgl. auch BGH, NJW 1992, 618 = JZ 1992, 579 (m. Anm. *von Bar*) = ZIP 1991, 1582, dazu EWiR 1991, 1167 *(Schlechtriem)*, vgl. oben Rz. 78 Fn. 159; OLG Düsseldorf, DB 1995, 418 = RIW 1995, 325 = IPRax 1995, 396 (m. Anm. *Großfeld/Wilde*), dazu EWiR 1995, 225 *(Reithmann)*; ebenfalls zur Genehmigungsfähigkeit *Hausmann* in: Reithmann/Martiny, Int. Vertragsrecht, Rz. 5538; *Spellenberg* in: MünchKomm-BGB, Vor Art. 11 EGBGB, Rz. 139 m. w. N.; a. A. (Vollmachtstatut) *Kropholler*, IPR, S. 307 f.; *Servatius* in: MünchHdb-GesR, Bd. 6, § 13 Rz. 59.
164) *Kindler* in: MünchKomm-BGB, IntGesR Rz. 585; *Spellenberg* in: MünchKomm-BGB, Vor Art. 11 EGBGB Rz. 139.

80 In anderen Ländern ist es bisweilen üblich, die Vertretungsmacht von Mitgliedern der Leitungsorgane von Kapitalgesellschaften einzuschränken, indem diese Mitglieder an die Schriftform oder an die Mitwirkung anderer Organe gebunden werden. Dies verstößt nicht gegen den deutschen *ordre public*.[165] Zum **Schutz des Rechtsverkehrs** gelten aber Art. 13 Rom I-VO und Art. 12 Satz 1 EGBGB analog: Bleibt der Umfang der Vertretungsmacht der Organe einer ausländischen Gesellschaft hinter den entsprechenden Grundsätzen des Rechts am Ort der Vornahme des Rechtsgeschäfts (Vornahmestatut, Wirkungsstatut) zurück, ist die Berufung auf diese Beschränkung nur zulässig, wenn der andere Vertragsteil diese Beschränkung bei Vertragsschluss kannte oder infolge von Fahrlässigkeit nicht kannte bzw. kennen musste.[166]

2. Rechtsgeschäftliche Vertretung

81 Von der gesetzlichen oder organschaftlichen Vertretung zu trennen ist die Vertretung durch **Hilfspersonen** aufgrund besonderer, vertraglich vereinbarter Vollmacht (Prokura, Handlungsvollmacht, andere Vollmachten). Sie unterliegt nicht dem Gesellschaftsstatut, sondern dem **Vollmachtsstatut**.[167] Dies ist grundsätzlich das Recht an dem Ort, an dem der Vollmachtnehmer nach dem Willen des Vollmachtgebers von der Vollmacht Gebrauch macht (realer Gebrauchsort; sog. **Wirkungsland**).[168] Dieser Grundsatz gilt insbesondere für die Anwaltsvollmacht und für die Prozessvollmacht.[169] Soll von der Vollmacht in **mehreren Ländern** Gebrauch gemacht werden, so wird sie in jedem Land nach dortigem Recht beurteilt.[170] Die Vollmacht zur Verfügung über **Grundstücke** oder **Immobiliarsachenrechte** beurteilt sich nach dem Recht des Landes, in dem das Grundstück liegt.[171]

82 Das Vollmachtsstatut kann aber abweichend vom Recht des Wirkungslandes im Wege der **Rechtswahl** bestimmt werden, sofern diese Wahl für den Dritten zwei-

---

165) KG, IPRspr. 1929, Nr. 14, 34, 36 f.; *Kindler* in: MünchKomm-BGB, IntGesR Rz. 584; *Großfeld* in: Staudinger, BGB, IntGesR Rz. 280.
166) *Großfeld* in: Staudinger, BGB, IntGesR Rz. 280 f.
167) Ausführlich zum Vollmachtsstatut *Seibold/Groner*, NZG 2009, 126; auch *Kindler* in: MünchKomm-BGB, IntGesR Rz. 582 ff.; *Servatius* in: MünchHdb-GesR, Bd. 6, § 13 Rz. 18 ff.
168) RGZ 78, 55, 60; BGH, NJW 1990, 3088; BGH, NJW 2004, 1315, 1316 = ZIP 2004, 659; für eine Anknüpfung an das Recht des Satzungssitzes des Vollmachtgebers *Seibold/Groner*, NZG 2009, 126, 128 f.
169) *Hohloch* in: Erman, BGB, Anh. I Art. 12 EGBGB Rz. 8.
170) BGH, WM 1958, 557, 559; *Hausmann* in: Reithmann/Martiny, Int. Vertragsrecht, Rz. 5444; *Mäsch* in: Bamberger/Roth, BGB, Anh. Art. 10 EGBGB Rz. 108.
171) RGZ 149, 93, 94; BGH, NJW 1963, 46, 47; *von Bar*, IPR, Rz. 591; *Hohloch* in: Erman, BGB, Art. 37 EGBGB Anh. I Rz. 17; *Spellenberg* in: MünchKomm-BGB, Vor Art. 11 EGBGB Rz. 76.

felsfrei erkennbar ist (etwa aus einer Vollmachtsurkunde oder durch Mitteilung, vgl. auch § 49 Abs. 1 öst. IPRG).[172]

Für die **Form** der Vollmacht gilt **Art. 11 Abs. 1 EGBGB**. Danach ist die Vollmacht zunächst formwirksam, wenn sie dem Vollmachtsstatut genügt. Dies ist bei objektiver Anknüpfung wie soeben beschrieben das Recht am tatsächlichen **Gebrauchsort**, nicht etwa das Statut des Rechtsgeschäfts, zu dessen Abschluss die Bevollmächtigung erteilt worden ist, oder das Statut, welchem das der Vollmacht zugrunde liegende Rechtsverhältnis (bspw. Auftragsverhältnis) unterworfen ist.[173] Wird eine Vollmacht daher in Deutschland verwendet und ist kein abweichendes Recht gewählt, muss sie den deutschen Formvorschriften genügen; es gilt damit gemäß § 167 Abs. 2 BGB grundsätzlich Formfreiheit.[174] Die Vollmacht ist aber auch wirksam, wenn sie **alternativ** dem Recht am **Ort der Vollmachtserteilung** genügt.[175] Nach h. A. gelten die Ausschlüsse der Ortsform aus Art. 11 Abs. 5 Rom I-VO und Art. 11 Abs. 4 EGBGB für Vollmachten zum Abschluss von Grundstückskaufverträgen und entsprechenden Verfügungsgeschäften nicht[176] (siehe zur erforderlichen Form von Legitimations- und Vertretungsnachweisen in Deutschland oben § 3).

83

V. Vorvereinbarungen

Dem eigentlichen Unternehmenskaufvertrag gehen regelmäßig vorbereitende Schritte voraus, die rechtlich von sehr unterschiedlicher Qualität sein können. So können Zwischenergebnisse von Verhandlungen niedergelegt werden, die keine rechtlichen Wirkungen auslösen sollen. Häufig werden aber auch Vorvereinbarungen abgeschlossen, deren rechtliche Bindungswirkungen vom Einzelfall abhängen. So verpflichtet etwa eine bloße Absichtserklärung (Letter of Intent) regelmäßig nicht dazu, später Verträge einzugehen; sie kann jedoch hiervon abweichend insgesamt verbindlich sein und hat jedenfalls regelmäßig auch verbindliche Elemente (bspw. über die Wahrung der Vertraulichkeit, die Rechtswahl und den Gerichtsstand)) (zum Letter of Intent siehe oben § 2 Rz. 22 ff.). Weitere Beispiele für Vorvereinbarungen sind Optionen, Vorkaufsrechte, Vor-

84

---

172) *Hausmann* in: Reithmann/Martiny, Int. Vertragsrecht, Rz. 5446 f.; *Seibold/Groner*, NZG 2009, 126, 129; *Servatius* in: MünchHdb-GesR, Bd. 6, § 13 Rz. 19. Zu den weiteren Einzelheiten der Bestimmung des Vollmachtstatuts *Schäfer*, RIW 1996, 189; *Hohloch* in: Erman, BGB, Anh. I Art. 12 EGBGB Rz. 4 ff.; *Spellenberg* in: MünchKomm-BGB, Vor Art. 11 EGBGB, Rz. 139.

173) So aber *Spellenberg* in: MünchKomm-BGB, Vor Art. 11 EGBGB Rz. 164.

174) Zu Ausnahmen *Schramm* in: MünchKomm-BGB, § 167 BGB Rz. 16 ff.; *Hausmann* in: Reithmann/Martiny, Int. Vertragsrecht, Rz. 5497.

175) *Hohloch* in: Erman, BGB, Anh. I Art. 12 EGBGB Rz. 11; *Hausmann* in: Reithmann/ Martiny, Int. Vertragsrecht, Rz. 5496 ff.

176) *Hausmann* in: Reithmann/Martiny, Int. Vertragsrecht, Rz. 5498 ff. m. w. N.; dagegen *Spellenberg* in: MünchKomm-BGB, Vor Art. 11 EGBGB Rz. 165.

verträge, Rahmenverträge *(mother agreements, framework agreements)*, Vertraulichkeitsvereinbarungen (siehe dazu oben § 2 Rz. 17 ff.) und Vereinbarungen über die Nichtverhandlung mit Dritten (Exklusivitätsvereinbarungen).[177]

85 Bei der Bestimmung des anwendbaren Rechts wird man **unterscheiden** können zwischen der **Vorvereinbarung** und dem hiermit ggf. entstehenden vorvertraglichen Schuldverhältnis und der Haftung hieraus, insbesondere im deutschen Recht der culpa in contrahendo (§ 311 Abs. 2 BGB): Das auf eine Vorvereinbarung selbst anwendbare Recht bestimmt sich nach den allgemeinen Grundsätzen der **Art. 3 ff. Rom I-VO** und regelt damit bspw., ob oder inwieweit die Vorvereinbarung verbindlich ist.[178] Danach können die Parteien das maßgebliche Recht unabhängig vom beabsichtigten Unternehmenskaufvertrag **wählen**.[179] Eine abweichende Wahl dürfte aber nur ausnahmsweise vorteilhaft sein und sollte vermieden werden, wenn widersprüchliche Ergebnisse der berufenen materiellen Rechte denkbar sind.

86 Wird das Statut der Vorvereinbarung aufgrund **fehlender Rechtswahl** nach Art. 4 Rom I-VO bestimmt, kann es schwierig werden, eine charakteristische Leistung festzustellen (Art. 4 Abs. 2 Rom I-VO), wenn beide Parteien andere als Geldleistungspflichten eingegangen sind. Hier bietet sich an, i. R. des Art. 4 Abs. 4 Rom I-VO das auf den beabsichtigten Unternehmenskaufvertrag anwendbare Recht zu berufen und damit bei fehlender Rechtswahl auf dessen charakteristische Leistung vorzugreifen. Lässt sich dagegen eine charakteristische Leistung in der Vorvereinbarung ausmachen, ist das Anknüpfungsergebnis an Art. 4 Abs. 3 Rom I-VO zu messen. Insgesamt dürfte aufgrund des häufig bestehenden **engen sachlichen Zusammenhangs** zwischen beiden Vereinbarungen die Vorvereinbarung regelmäßig wie der beabsichtigte Kaufvertrag anzuknüpfen sein.[180] Hieran kann es aber etwa fehlen, wenn die in den Vereinbarungen niedergelegten Verpflichtungen wesentlich vom Kaufvertrag abweichen oder weil ein engerer Zusammenhang zu anderen Verträgen derselben Parteien besteht.

87 Geht es dagegen um die Verletzung von Pflichten aus einem **vorvertraglichen Schuldverhältnis** (also z. B. eine Haftung aus culpa in contrahendo) und damit Pflichten, die nicht zwischen den Parteien in der Vorvereinbarung geregelt sind, erfolgt die Anknüpfung nach den **Art. 12 und 14 Rom II-VO** (dazu nachfolgend Rz. 88 ff.).

---

177) S. überblicksartig *Holzapfel/Pöllath*, Unternehmenskauf, Rz. 11 ff.; *Seibt* in: Seibt, M&A, B., S. 19 ff.; *Semler* in: Hölters, Hdb. Unternehmenskauf, Teil VII Rz. 31 ff.
178) Ebenso zur Anwendbarkeit der Rom I-VO *Brödermann/Wegen/Remien* in: Prütting/Wegen/Weinreich, BGB, Art. 4 Rom I-VO Rz. 43, 68; dagegen für eine Anwendbarkeit von Art. 12 und 14 Rom II-VO *Land*, BB 2013, 2697, 2698, was aber praktisch zum selben Ergebnis führt.
179) Vgl. *Lutter*, Letter of Intent, S. 147; OLG München, ZIP 2013, 23 = NJW-RR 2013, 284.
180) *Martiny* in: Reithmann/Martiny, Int. Vertragsrecht, Rz. 180.

VI. Aufklärungspflichten

Aufklärungs-, Offenlegungs- und Informationspflichten spielen eine wesentliche Rolle i. R. der **Due Diligence** des Käufers, d. h. der regelmäßig vor Abschluss des Kaufvertrags erfolgenden Prüfung des Unternehmens (ausführlich dazu oben § 2 Rz. 30 ff.). Dabei versucht der Kaufinteressent, im vorvertraglichen Stadium möglichst umfassende Informationen über die Gesellschaft und insbesondere über verborgene Risiken und Belastungen zu gewinnen, um insbesondere die Vermögens- und Ertragslage des Unternehmens zutreffend einschätzen zu können (zu den Zwecken der Due Diligence siehe oben § 2 Rz. 43 ff.). Insoweit geht es also regelmäßig um Aufklärungspflichten, die in der **Phase der Vertragsanbahnung** zu erfüllen sind (zur Verkäuferhaftung bei fehlerhaften Angaben i. R. der Due Diligence nach deutschem Recht siehe oben § 2 Rz. 78 ff.).

88

1. Asset Deal

Die in der Phase der Vertragsanbahnung zu erfüllenden Aufklärungs-, Offenlegungs- und Informationspflichten beim Asset Deal unterliegen nicht ohne weiteres dem Vertragsstatut des Unternehmenskaufvertrags. Sie können zum einen in einer **Vorvereinbarung** niedergelegt sein und folgen dann deren Anknüpfung (dazu oben Rz. 84 ff.). **Im Übrigen** sind solche vorvertraglichen Pflichten über Art. 12 und 14 Rom II-VO **gesondert anzuknüpfen**.[181] Die in Art. 12 Abs. 1 Rom II-VO angeordnete akzessorische Anknüpfung führt freilich zurück zur Rom I-VO und damit zurück zum Vertragsstatut des Unternehmenskaufvertrags.[182]

89

Davon zu trennen sind Ansprüche aus der Verletzung von Pflichten, die durch Schutzgesetze i. S. von § 823 Abs. 2 BGB statuiert sind. Insoweit gilt über Art. 4 Rom II-VO das **Deliktsstatut** (Grundsatz: Recht am Erfolgsort).[183]

90

2. Share Deal

Problematischer ist die Anknüpfung von Aufklärungs-, Offenlegungs- und Informationspflichten beim Share Deal. Denn hier geht es einerseits wie beim Asset Deal um **allgemeine Aufklärungspflichten** einander sonst fremder Kaufvertragsparteien, die dem Kauf- oder Schuldrecht entspringen (zur Haftung nach deutschem Recht siehe oben § 2 Rz. 81 ff.),[184] und andererseits um **besondere**

91

---

181) Näher *Lüttringhaus*, RIW 2008, 193; s. a. Art. 1 Abs. 2 lit. i Rom I-VO, wonach Schuldverhältnisse aus Verhandlungen vor Abschluss eines Vertrags ausdrücklich vom Anwendungsbereich der Rom I-VO ausgenommen sind.
182) Im Ergebnis zum früheren Recht ebenso schon *Merkt*, RIW 1995, 533, 537.
183) *Ebenroth/Wilken*, ZVglRWiss 90 (1991), 235, 243; *Kindler* in: MünchKomm-BGB, IntGesR Rz. 701 f.
184) Zu den Aufklärungspflichten des Verkäufers *Holzapfel/Pöllath*, Unternehmenskauf, Rz. 635 ff.

Aufklärungspflichten, denen in erster Linie Geschäftsführer und Gesellschafter gegenüber den veräußernden (Mit-)Gesellschaftern unterliegen. Es geht also sowohl um allgemein kaufrechtliche als auch um spezifisch gesellschaftsrechtliche Aufklärungspflichten.[185] Vertreten wird, die Aufklärungs-, Offenlegungs- und Informationspflichten vollständig entweder dem Vertrags-[186] oder dem Gesellschaftsstatut[187] zu unterwerfen. Sachgerechter dürfte es indessen sein, zwischen beiden Pflichtengruppen auch kollisionsrechtlich zu unterscheiden: Die **kaufrechtlichen Pflichten** beurteilen sich bei fehlender Rechtswahl (sonst Art. 14 Rom II-VO) nach dem **akzessorisch angeknüpften Vertragsstatut** (Art. 12 Abs. 1 Rom II-VO), die **gesellschaftsrechtlichen Pflichten** nach dem **Gesellschaftsstatut**. Wie beim Asset Deal gilt allerdings auch hier, dass Pflichten aus einer Vorvereinbarung deren Anknüpfung folgen (siehe oben Rz. 84 ff.).

92 Diese differenzierende Lösung führt auch beim **börslichen Beteiligungskauf** (dazu unten § 12 Rz. 5 ff.) zu angemessenen Ergebnissen. Denn es wäre wenig überzeugend, den Verkauf von Anteilen zwischen zwei im eigenen Namen handelnden Kreditinstituten (im Wege des Kommissions- oder Festpreisgeschäfts für die jeweils hinter ihnen stehenden Parteien) hinsichtlich der Beratungs- und Aufklärungspflichten[188] dem Gesellschaftsstatut zu unterwerfen, zu dem die Kreditinstitute im Zweifel keinen Bezug haben.

93 Für Ansprüche aus der Verletzung von Pflichten, die durch Schutzgesetze i. S. von § 823 Abs. 2 BGB statuiert sind, gilt wie beim Asset Deal über Art. 4 Rom II-VO das **Deliktsstatut** (siehe oben Rz. 90).

---

185) *Grasmann*, Rz. 1016.
186) So sollen nach *Spellenberg* in: MünchKomm-BGB, Art. 32 EGBGB Rz. 22, Nebenpflichten, Schutzpflichten und ähnliches gegenüber Dritten nach dem Geschäftsstatut zu beurteilen sein. Das Geschäftsstatut bestimme alles, was zu dem Rechtsgeschäft gehöre; *Jenckel*, Das Insiderproblem, S. 151 ff.
187) So *Großfeld* in: Staudinger, BGB, IntGesR Rz. 342 und *Kindler* in: MünchKomm-BGB, IntGesR Rz. 613 (s. aber auch dort Rz. 700 ff.), die pauschal die Treue- und Aufklärungspflichten der Geschäftsführer und der Gesellschafter gegenüber dem Erwerber dem Gesellschaftsstatut unterwerfen wollen.
188) Näher zu diesen Pflichten *Roth* in: Assmann/Schütze, Hdb. des Kapitalanlagerechts, § 11 Rz. 1 ff.

§ 10 Einzelfragen

Übersicht

A. Nebenvertragliche Aspekte............ 1
I. Aufbewahrungspflichten für Geschäftsbücher..................... 1
II. Verschwiegenheits- und Geheimhaltungspflichten.................. 2
III. Personal- und Realsicherheiten........ 3
   1. Allgemeines..................... 3
   2. Personalsicherheiten................ 5
   3. Realsicherheiten................. 11
     a) Mobiliarsicherheiten.............. 12
     b) Immobiliarsicherheiten............ 17
IV. Finanzierung des Kaufpreises......... 20
V. Versicherungsverträge................ 23
B. Haftungsfragen...................... 25
I. Gesetzliche Haftung des Unternehmenserwerbers................ 25

   1. Anteilsübernahme................ 25
   2. Vermögens- oder Unternehmensübernahme........ 26
   3. Firmenfortführung................. 32
   4. Steuerhaftung..................... 36
   5. Haftung für Sozialversicherungspflichten..... 39
II. Haftungsfragen bei mehreren Käufern oder Verkäufern................ 43
C. **Verwaltungsrecht, ausländische Erwerber und Geschäftsleiter**........ 45
I. Verwaltungsrecht 45
II. Ausländische Erwerber................ 48
III. Ausländische Geschäftsleiter........... 52

Literatur: *von Bar*, Kollisionsrechtliches zum Schuldbeitritt und zum Schuldnerwechsel (Anm. zu österr. OGH, 9.11.1989 – 7 Ob 635/89), IPRax 1991, 197; *Bartl*, Bestellung eines Ausländers zum Geschäftsführer einer GmbH unter registerrechtlichen Aspekten, BB 1977, 571; *Baumgartner/Hauser*, Erwerb von Beteiligungen an Gesellschaften mit Immobilienbesitz durch Ausländer, SZW/RSDA 1999, 86; *Beemelmans*, Das Statut der cessio legis, der action directe und der action oblique, RabelsZ 29 (1965), 511; *Berger*, Internationale Bankgarantien, DZWiR 1993, 1; *Bertram*, Sozialversicherungsrechtliche Folgen der Auslandstätigkeit von Arbeitnehmern – insbesondere bei Entsendung innerhalb Europas (EU), IStR 1996, 443; *Bieneck*, Handbuch des Außenwirtschaftsrechts mit Kriegswaffenkontrollrecht, 2. Aufl., 2005; *Bohlscheid*, Ausländer als Gesellschafter und Geschäftsführer einer deutschen GmbH, RNotZ 2005, 505; *Boujong*, Das GmbH-Recht in den Jahren 2000 bis 2002, NZG 2003, 497; *Bruch*, Erwerberhaftung kraft Gesetzes bei Unternehmens- und Vermögensveräußerung, 1964; *Brugger*, § 1409 AGBG und IPR-Probleme des internationalen Unternehmenskaufes, ZfRV 1993, 94; *Busch/Müller*, Das internationale Privatrecht des Gläubigerschutzes bei Vermögens- bzw. Unternehmensübertragung, ZVglRWiss 94 (1995), 157; *Cooke*, Private Equity: Law and Practice, 3. Aufl., London 2008; *Davies/Worthington/Micheler/Gower*, Gower and Davies' Principles of Modern Company Law, 9. Aufl., London 2012; *Drobnig/Becker/Remien*, Verschmelzung und Koordinierung von Verbänden, 1991; *Ebenroth/Offenloch*, Kollisionsrechtliche Untersuchung grenzüberschreitender Ausgliederungen, RIW 1997, 1; *Eichenhofer*, Internationales Sozialrecht, 1994; *Erdmann*, NZG 2002, 503; *Eschelbach*, Das Internationale Gesellschaftsrecht in der notariellen Praxis, MittRhNotK 1993, 173; *Ferran*, Principles of Corporate Finance Law, Oxford 2008; *Fricke*, Das Internationale Privatrecht der Versicherungsverträge nach Inkrafttreten der Rom I-Verordnung, VersR 2008, 443; *Geimer*, Kurzkommentar zu BGH, Urt. v. 25.9.1996, VIII ZR 76/95, EWiR 1997, 209; *Girsberger*, Übernahme und Übergang von Schulden im schweizerischen und deutschen IPR, ZVglRWiss 88 (1989), 31; *Hadding*, Sicherungsrechte beim Unternehmenskauf, ZGR 11 (1982), 476; *Hanisch*, Bürgschaft mit Auslandsbezug, IPRax 1987, 47; *Hasse*, Die Einheitlichen Richtlinien für auf Anfordern zahlbare Garantien der Internationalen Handelskammer – Uniform Rules for Demand Guarantees (URDG), WM 1993, 1985; *Hepting*, Kollisionsnormen im Internationalen Sozialrecht: „Entsendung" und „Ausstrahlung"

§ 10 Einzelfragen

beim Kinder- und Erziehungsgeld (Anm. zu BSG, Urt. v. 22.6.1989 – 4 REg 4/88), IPRax 1990, 222; *Heßeler*, Der „Ausländer als Geschäftsführer" – das Ende der Diskussion durch das MoMiG?!, GmbHR 2009, 759; *von Hoffmann*, Zur kollisionsrechtlichen Anknüpfung der Haftung bei Vermögensübernahme (§ 419 BGB) und Firmenfortführung (§ 25 HGB), IPRax 1989, 175; *von Hoffmann*, Deliktischer Schadensersatz im internationalen Währungsrecht – zugleich ein Beitrag zum Währungsrecht der Wertschulden, in: Festschrift Firsching, 1985, S. 125; *ICC Deutschland*, ICC Einheitliche Richtlinien für auf Anfordern zahlbare Garantien, 2010 (zit.: *ICC Deutschland*, URDG 758); *Jerman*, Unternehmenskauf in der Tschechischen Republik, WiRO 1994, 37; *Klein*, Abgabenordnung, Kommentar, 11. Aufl., 2012; *Koch/Scholtz*, Abgabenordnung, Kommentar, 5. Aufl., 1996; *Looschelder/Smarowos*, Das Internationale Privatrecht nach Inkrafttreten der Rom-I-Verordnung, VersR 2010, 1; *Löwisch*, Die neue Mindestlohngesetzgebung, RdA 2009, 215; *Melchior*, Ausländer als GmbH-Geschäftsführer, DB 1997, 413; *Merkt/Dunckel*, Anknüpfung der Haftung aus Vermögensübernahme bzw. Firmenfortführung bei Unternehmenskauf, RIW 1996, 533; *Meyer-Sparenberg*, Internationalprivatrechtliche Probleme bei Unternehmenskäufen, WiB 1995, 849; *Miller*, Unzulässige Prüfung der Aufenthaltsgenehmigung, DB 1983, 977; *Nußbaum*, Grundzüge des internationalen Privatrechts: unter besonderer Berücksichtigung des amerikanischen Rechts, 1952; *Picot/Land*, Der internationale Unternehmenskauf, DB 1998, 1601; *Proctor*, Financial assistance: new proposals and new perspectives?, Company Lawyer 2007, 3; *Reuter*, Schuldübernahme und Bürgschaft im internationalen Gesellschaftsrecht, 1939; *Ries*, Der ausländische Geschäftsführer, NZG 2010, 298; *Roth/Fitz*, Unternehmensrecht, 2. Aufl., 2006; *Sandrock*, German and European drafts on choice of law rule applicable to delictual liability: the direct claim against the insurer, TSAR 1999, 734; *Sandrock*, Handbuch der Internationalen Vertragsgestaltung, Bd. 1, 1980 (zit.: *Bearbeiter* in: Sandrock); *Schiedermayr*, Der ausländische Geschäftsführer einer GmbH, in: Festschrift Bezzenberger, 2000, S. 393; *Schmidt-Hermesdorf*, Internationale Personengesellschaft im internationalen Arbeitsrecht, Gestaltungsform zu Vermeidung deutschen Mitbestimmungsrechts?, RIW 1988, 938; *Schnelle*, Die kollisionsrechtliche Anknüpfung der Haftung auf Vermögensübernahme im deutschen IPR, RIW 1997, 281; *Schwab*, Das neue Arbeitnehmer-Entsendegesetz, NZA-RR 2010, 225; *Schwind*, Das IPR des Haftungsüberganges bei Vermögensübertragung, in: Festschrift von Caemmerer, 1978, S. 757; *Singhal*, Financing of leveraged buy-outs, Company Lawyer 2008, 355; *Stumpf*, Einheitliche Richtlinien für Vertragsgarantien (Bankgarantien) der Internationalen Handelskammer, RIW 1979, 1; *Tal*, Das Verbot der Financial Assistance im englischen Gesellschaftsrecht, GmbHR 2007, 254; *Thießen*, Covenants in Kreditverträgen: Alternative oder Ergänzung zum Insolvenzrecht?, ZBB 1996, 19; *Tiedemann*, Die Haftung aus Vermögensübernahme im internationalen Recht, 1995; *Tipke/Kruse*, Abgabenordnung, Kommentar, Loseblatt, Stand: 11/2012; *Trost*, Problemlösung beim Bankgarantiegeschäft durch Umstrukturierung des Geschäftstypus, RIW 1981, 659; *Thüsing*, Deutsche Unternehmensmitbestimmung und europäische Niederlassungsfreiheit, ZIP 2004, 381; *Wachter*, Kommentar zu OLG Dresden, Urt. v. 5.11.2002 – 2 U 1433/02, GmbHR 2003, 538; *Wachter*, Ausländer als GmbH-Gesellschafter und -Geschäftsführer, ZIP 1999, 1577; *Weiss/Seifert*, Der europarechtliche Rahmen für ein „Mitbestimmungsgesetz", ZGR 2009, 542; *von Westphalen*, Die neuen einheitliche Richtlinien für Demand Guarantees, DB 1992, 2017; *von Westphalen*, Ausgewählte Fragen zur Interpretation der Einheitlichen Richtlinien für auf Anfordern zahlbare Garantien, RIW 1992, 961; *Winkler*, Sozialgesetzbuch IV, Kommentar, 2007; *Witt*, Modernisierung der Gesellschaftsrechte in Europa – Einige Sonderwege und manche gemeinsame Pfade, ZGR 2009, 872; *Wittig*, Financial Covenants im inländischen Kreditgeschäft, WM 1996, 1381; *Wolf*, Die Patronatserklärung, 2005; *Wolf*, Das Statut der harten Patronatserklärung, IPRax 2000, 477.

A. Nebenvertragliche Aspekte

I. Aufbewahrungspflichten für Geschäftsbücher

Bei der Frage nach dem Recht, das für die Pflichten zur Aufbewahrung von Geschäftsbüchern maßgeblich ist, wird man nach der **Rechtsnatur** dieser Pflichten differenzieren müssen: Sofern es vertragliche Pflichten sind, deren Ursprung der Unternehmenskaufvertrag ist, unterliegen sie dem nach Art. 3 ff. Rom I-VO bestimmten Vertragsstatut. Sind es indessen gesellschaftsrechtliche Pflichten, unterliegen sie dem Gesellschaftsstatut. Schließlich können solche Aufbewahrungspflichten deliktischer Natur sein. Dann beurteilen sie sich nach dem Deliktsrecht, d. h. grundsätzlich nach dem Recht des Staats, in dem der Schaden eingetreten ist (Erfolgsort). Haben die Parteien ihren gewöhnlichen Aufenthalt in demselben Staat, gilt dessen Recht. Bei offensichtlich engerer Verbindung zu einem anderen Staat, gilt das Recht dieses Staats (Art. 4 Rom II-VO).[1]   1

II. Verschwiegenheits- und Geheimhaltungspflichten

Bei der Frage nach dem für Verschwiegenheits- und Geheimhaltungspflichten   2
maßgeblichen Recht wird man, wie auch bei den Aufbewahrungspflichten (dazu soeben Rz. 1), nach der **Rechtsnatur** dieser Pflichten zu differenzieren haben: Für vertragliche Pflichten, deren Ursprung der Unternehmenskaufvertrag ist, gilt das nach Art. 3 ff. Rom I-VO bestimmte Vertragsstatut. Bei Pflichten gesellschaftsrechtlicher Natur ist das Gesellschaftsstatut maßgeblich. Sind es deliktische Pflichten, ist das Deliktsstatut berufen und damit grundsätzlich das Recht des Erfolgsorts (Art. 4 Rom II-VO).

III. Personal- und Realsicherheiten

1. Allgemeines

Sicherheiten können beim Unternehmenskauf v. a. in zweierlei Hinsicht bedeut-   3
sam sein: Einerseits können sich aus bestehenden dinglichen Sicherheiten Veräußerungs- oder Übertragungsbeschränkungen ergeben. Andererseits kommen Sicherheiten in Betracht, um die beiderseitigen vertraglichen Pflichten abzusichern, insbesondere die Kaufpreiszahlung.[2]

In jedem Fall ist beim grenzüberschreitenden Unternehmenskauf zu klären,   4
welchem Recht solche Sicherheiten unterliegen, zumal die Möglichkeit der Parteien, das anwendbare Recht zu wählen, stark eingeschränkt ist. Eine Rechtswahlklausel kann sich für solche Sicherheiten als völlig wertlos erweisen. Zu unterscheiden sind wie im Sachenrecht auch in kollisionsrechtlicher Sicht Personal- und Realsicherheiten.

---

1) Vgl. *Junker* in: MünchKomm-BGB, Art. 4 Rom II-VO Rz. 18 ff.
2) *Meyer-Sparenberg*, WiB 1995, 849, 854; zum materiellen deutschen Recht vgl. *Hadding*, ZGR 11 (1982), 476 f.

§ 10 Einzelfragen

2. Personalsicherheiten

5 Eine **Bürgschaft** unterliegt nicht automatisch dem Recht der zu sichernden Forderung.[3] Sie wird vielmehr **selbständig** angeknüpft. Es gelten die Art. 3 ff. Rom I-VO. Die Parteien können das Bürgschaftsstatut also ausdrücklich oder stillschweigend wählen. Fehlt eine solche Wahl, beurteilt sich die Bürgschaft nach dem Recht am gewöhnlichen Aufenthaltsort des Bürgen (Art. 4 Abs. 2 Rom I-VO).[4] Wenn die Bürgschaft allerdings so sehr im Zusammenhang mit anderen Rechtsgeschäften steht, kann das Recht am gewöhnlichen Aufenthalt des Bürgen zurücktreten (Art. 4 Abs. 3 Rom I-VO).[5]

6 Nach dem **Bürgschaftsstatut** beurteilen sich Dauer und Umfang der Bürgenhaftung, ferner das Bestehen einer Einrede der Vorausklage und die Akzessorietät der Haftung, insbesondere wie sich die Tilgung der Hauptschuld auf die Bürgschaftsschuld auswirkt, ob also bspw. der Anspruch des Gläubigers gegen den Schuldner gesetzlich auf den Bürgen übergeht (über Art. 15 Rom I-VO).[6] Das Bürgschaftsstatut entscheidet schließlich darüber, ob der Bürge seine Leistung verweigern kann, sofern ihm der Gläubiger seine Ansprüche nicht abtritt (Art. 15 Rom I-VO analog).[7] Die Anforderungen an die **Form** der Bürgschaft unterliegen dem selbständig anzuknüpfenden Formstatut (Art. 11 Rom I-VO).

7 Entsprechende Grundsätze gelten für das **selbständige Garantieversprechen**: Die Parteien können das maßgebliche Garantiestatut ausdrücklich oder stillschweigend wählen (Art. 3 Rom I-VO). Bei fehlender Wahl gilt grundsätzlich das Recht am gewöhnlichen Aufenthalt des Garantiegebers (Art. 4 Abs. 2 Rom I-VO); die offensichtlich engere Verbindung zu einem anderen Staat ist gemäß Art. 4 Abs. 3 Rom I-VO beachtlich.[8]

8 Die **Internationale Handelskammer** (ICC) hat im Jahre 1978 „*Einheitliche Richtlinien für Vertragsgarantien*" herausgegeben, welche die Parteien vereinbaren können.[9] Ferner hat die ICC im Jahre 2010 ihre überarbeiteten „*Einheitlichen Richtlinien für auf Anfordern zahlbare Garantien*" veröffentlicht, wonach die

---

3) BGH, NJW-RR 2011, 130, 131 = ZIP 2011, 338.
4) *Martiny* in: Reithmann/Martiny, Int. Vertragsrecht, Rz. 1183; *Thorn* in: Palandt, BGB, Art. 4 Rom I-VO Rz. 27.
5) *Martiny* in: MünchKomm-BGB, Art. 4 Rom I-VO Rz. 181.
6) *Martiny* in: MünchKomm-BGB, Art. 4 Rom I-VO Rz. 182 ff.; *Thorn* in: Palandt, BGB, Art. 4 Rom I-VO Rz. 27.
7) *Martiny* in: Reithmann/Martiny, Int. Vertragsrecht, Rz. 1189; *Hohloch* in: Erman, BGB, Anh. II Art. 26 EGBGB, Art. 4 Rom I-VO Rz. 40; vgl. auch *Hanisch*, IPRax 1987, 47.
8) Zum Umfang des Garantiestatuts *Martiny* in: Reithmann/Martiny, Int. Vertragsrecht, Rz. 1197.
9) ICC-Publikation Nr. 325; dazu: Muster für Vertragsgarantien 1983, ICC-Publikation Nr. 406; *Stumpf*, RIW 1979, 1; *Trost*, RIW 1981, 659.

Garantie bei fehlender Wahl dem Recht am Ort der Filiale oder Niederlassung des Garanten unterliegt (Art. 34 lit. a der Richtlinien).[10]
Bei Bankgarantien deutscher **Banken** gilt über Nr. 6 Abs. 1 der AGB-Banken regelmäßig das vereinbarte deutsche Recht. Im Zweifel gilt bei objektiver Anknüpfung das Recht am Ort der Hauptverwaltung oder Zweigniederlassung der Bank und damit ebenfalls deutsches Recht (Art. 4 Abs. 2, Art. 19 Abs. 1 und 2 Rom I-VO).[11]

9

Patronatserklärungen *(comfort letters)* sind ebenfalls der Rechtswahl zugänglich (Art. 3 Rom I-VO). Bei fehlender Wahl unterliegen sie regelmäßig dem Recht am Ort der Hauptverwaltung des Patrons (Art. 4 Abs. 2, 19 Abs. 1 Rom I-VO).[12]

10

3. Realsicherheiten

Bei der Bestimmung des für Realsicherheiten maßgeblichen Rechts ist zwischen Mobiliar- und Immobiliarsicherheiten zu unterscheiden.

11

a) Mobiliarsicherheiten

Gesetzliche wie vertragliche **Mobiliarsicherheiten** unterliegen gemäß Art. 43 Abs. 1 EGBGB grundsätzlich dem Recht am Ort der Belegenheit der Sache *(lex rei sitae;* **Belegenheitsrecht**).[13] Nur ausnahmsweise kann über Art. 46 EGBGB das Recht eines Staats berufen sein, zu dem eine wesentlich engere Verbindung besteht. Eine abweichende Rechtswahl ist ausgeschlossen, weil nach ganz h. A. dem Internationalen Sachenrecht der Grundsatz der Parteiautonomie mit Rücksicht auf den **Verkehrsschutz** fremd ist.[14] Daher ist in der Praxis vor Abschluss von Sicherungsvereinbarungen zu prüfen, ob das maßgebliche Recht am Belegenheitsort des Sicherungsgegenstands die zu vereinbarende Sicherheit nach Inhalt und Umfang zulässt.

12

---

10) ICC-Publikation Nr. 758, abgedr. als Muster bei *ICC Deutschland*, URDG 758. Diese überarbeitete Fassung der Richtlinien ersetzt damit ICC-Publikation Nr. 458, abgedr. bei *Blesch* in: Hopt, Vertrags- und Formularbuch, IV. L. 4.; dazu *Berger*, DZWIR 1993, 1; *Hasse*, WM 1993, 1985; *von Westphalen*, DB 1992, 2017; *von Westphalen*, RIW 1992, 961.

11) So auch BGH, ZIP 1996, 1291, 1292; OLG Frankfurt a. M., RIW 1985, 407; OLG Stuttgart, RIW 1980, 729; OLG Hamburg, RIW 1978, 615; *Martiny* in: MünchKomm-BGB, Art. 4 Rom I-VO Rz. 188; *Martiny* in: Reithmann/Martiny, Int. Vertragsrecht, Rz. 1195; *Hohloch* in: Erman, BGB, Anh. II Art. 26 EGBGB, Art. 4 Rom I-VO Rz. 41; *Bunte* in: Schimansky/Bunte/Lwowski, Bankrechts-Hdb., § 11 Rz. 4; *Thorn* in: Palandt, BGB, Art. 4 Rom I-VO Rz. 27.

12) *Wolf*, IPRax 2000, 477, 482; *Magnus* in: Staudinger, BGB, Art. 28 EGBGB Rz. 510; *Martiny* in: MünchKomm-BGB, Art. 4 Rom I-VO Rz. 196; eingehend und rechtsvergleichend zur Patronatserklärung *Wolf*, Patronatserklärung, passim.

13) Besonderheiten gelten nach Art. 45 EGBGB für Luft-, Wasser- und Schienenfahrzeuge; Einzelheiten bei *Wendehorst* in: MünchKomm-BGB, Art. 45 EGBGB.

14) *Kropholler*, IPR, S. 558; zu den Gründen *Wendehorst* in: MünchKomm-BGB, Art. 43 EGBGB Rz. 4.

13 Das Recht, nach dem sich die **gesicherte Forderung** beurteilt (Schuldstatut), ist keineswegs automatisch identisch mit dem Recht, dem die Sicherheit selbst unterliegt.[15] Denn das schuldrechtliche Verhältnis zwischen Sicherungsgeber und Sicherungsnehmer ist streng von der sachenrechtlichen Seite zu unterscheiden. Die gesicherte Forderung unterliegt vielmehr dem selbständig zu bestimmenden **Schuldstatut** (Art. 3 ff. Rom I-VO).[16]

14 Gleiches gilt für etwaige **schuldrechtliche Sicherungsverträge**.[17] Für die Praxis empfiehlt es sich, solche Sicherungsabreden nur in begründeten Ausnahmefällen einem anderen als dem sachnahen Belegenheitsrecht zu unterstellen. Daher werden schuld- und sachenrechtliche Sicherungsgeschäfte tatsächlich regelmäßig in einem Vertragsformular und unter derselben Rechtswahlklausel zusammengefasst.[18]

15 Schwierigkeiten ergeben sich, wenn Mobilien, an denen Sicherungsrechte bestehen, über die Grenze verbracht werden. Denn mit dem Grenzübertritt wechselt gemäß Art. 43 Abs. 2 EGBGB das Belegenheitsrecht (sog. **Statutenwechsel**). War das Sicherungsrecht vor dem Grenzübertritt **bereits vollwirksam entstanden**, wird es von der neuen Rechtsordnung anerkannt. Es darf allerdings mit der neuen Rechtsordnung nicht völlig unvereinbar sein; daher ordnet Art. 43 Abs. 2 EGBGB an, dass die bestehenden Rechte nicht im Widerspruch zur neuen Rechtsordnung ausgeübt werden können.[19] Ein Widerspruch besteht etwa dann, wenn eine Sache, an der wirksam Sicherungseigentum entstanden ist, aus Deutschland nach Österreich verbracht wird. Denn nach österreichischem Recht verlangt das Publizitätsinteresse unter allen Umständen, dass sich mit der Einräumung der Sicherheit die Besitzverhältnisse ändern. Dementsprechend ist dem österreichischen Recht ein besitzloses Sicherungsrecht vollkommen fremd.[20]

16 War das Sicherungsrecht hingegen vor dem Grenzübertritt **noch nicht vollwirksam entstanden**, dann entscheidet grundsätzlich die neue Rechtsordnung, unter welchen Voraussetzungen das Sicherungsrecht entsteht (sog. **qualifizierter Statutenwechsel**). Unter Umständen werden im Ausland bereits erfüllte Tatbestandsteile berücksichtigt.[21] Für Verbringungen nach Deutschland enthält Art. 43 Abs. 3 EGBGB eine Regelung.

---

15) *Meyer-Sparenberg*, WiB 1995, 849, 854.
16) *Wendehorst* in: MünchKomm-BGB, Art. 43 EGBGB Rz. 84; anders BGH, ZIP 1997, 275, dazu EWiR 1997, 209 *(Geimer):* Eine Rechtswahl für einen Vertrag, der eine Sicherungsübereignung zum Gegenstand hat, ist unzulässig.
17) *Wendehorst* in: MünchKomm-BGB, Art. 43 EGBGB Rz. 84.
18) *Meyer-Sparenberg*, WiB 1995, 849, 854.
19) *Thorn* in: Palandt, BGB, Art. 43 EGBGB Rz. 5.
20) Näher *Kropholler*, IPR, S. 559 ff.
21) *Kropholler*, IPR, S. 562 ff.; *Thorn* in: Palandt, BGB, Art. 43 EGBGB Rz. 6.

b) Immobiliarsicherheiten

Sicherungsrechte an Grundstücken (Grundpfandrechte) unterliegen dem Recht, dem das Grundstück selbst unterliegt (**lex rei sitae**) (Art. 43 Abs. 1 EGBGB). Dies gilt für **akzessorische** (etwa Hypothek) wie für **selbständige** Sicherungsrechte (etwa Grundschuld).[22] Die Akzessorietät der Hypothek kann allerdings schwierige kollisionsrechtliche Abgrenzungs- und Anpassungsprobleme hervorrufen.[23] Deshalb empfehlen sich gerade für den grenzüberschreitenden Unternehmenskauf akzessorische Grundpfandrechte nicht.[24] Die Form der Bestellung solcher Rechte beurteilt sich ebenfalls ausschließlich nach dem Belegenheitsrecht (Art. 11 Abs. 4 EGBGB). Die Ortsform genügt also nicht.[25]   17

Etwaige **schuldrechtliche Sicherungsverträge** unterliegen ihrem eigenen Statut. Nach Art. 3 Rom I-VO ist eine Rechtswahl möglich. Es empfiehlt sich, nur in begründeten Ausnahmefällen ein anderes als das sachnahe Belegenheitsrecht zu wählen. Bei fehlender Wahl gilt Art. 4 Rom I-VO, insbesondere ggf. Art. 4 Abs. 1 lit. c Rom I-VO.   18

Der fehlende Grundsatz der Parteiautonomie fordert wie bei Mobiliarsicherheiten, dass in der Praxis vor Abschluss von Sicherungsvereinbarungen geprüft wird, ob das maßgebliche Recht am Belegenheitsort des Sicherungsgegenstands die zu vereinbarende Sicherheit nach Inhalt und Umfang zulässt.   19

IV. Finanzierung des Kaufpreises

Wird der Kaufpreis durch ein Darlehen finanziert, unterliegt der **Darlehens- oder Kreditvertrag** seinem **eigenen Schuldstatut** (ausführlich zur Akquisitionsfinanzierung siehe unten §§ 20–24). Dieses bestimmt sich nach den allgemeinen Grundsätzen der Art. 3 ff. Rom I-VO. Eine Rechtswahl ist empfehlenswert. Bei fehlender Wahl gilt grundsätzlich das Recht am gewöhnlichen Aufenthaltsort des Darlehensgebers (Art. 4 Abs. 2 Rom I-VO).[26] Bei Darlehen von deutschen Banken wird regelmäßig deutsches Recht gewählt (Nr. 6 Abs. 1 der AGB-Banken).   20

Dem Darlehensstatut unterliegen dann auch eventuelle Kreditklauseln, mit denen der Kreditnehmer für die Laufzeit des Darlehensvertrags ein bestimmtes Verhalten zusichert (sog. **Covenants**). Solche Klauseln sind aus dem anglo-amerikanischen Bereich zu uns gekommen und finden sich nunmehr zunehmend im kontinentaleuropäischen und auch im rein nationalen Kreditgeschäft. Financial   21

---

22) *Thorn* in: Palandt, BGB, Art. 43 EGBGB Rz. 3. Hingegen beurteilt sich die gesicherte Forderung nach den allgemeinen Grundsätzen des Internationalen Schuldrechts, Art. 3 ff. Rom I-VO, vgl. *Wendehorst* in: MünchKomm-BGB, Art. 43 EGBGB Rz. 84.
23) Dazu *Martiny* in: Reithmann/Martiny, Int. Vertragsrecht, Rz. 400 f.
24) *Meyer-Sparenberg*, WiB 1995, 849, 854.
25) *Spellenberg* in: MünchKomm-BGB, Art. 11 EGBGB Rz. 163.
26) *Martiny* in: MünchKomm-BGB, Art. 4 Rom I-VO Rz. 170; noch zur alten Rechtslage BGH, WM 2012, 747, 749 = MDR 2012, 666, 667 = ZIP 2012, 941.

§ 10 Einzelfragen

Covenants sind Klauseln, die dem Kreditnehmer vorschreiben, sein Unternehmen so zu führen, dass festgelegte finanzielle Rahmenbedingungen eingehalten werden (Bilanzrelationsklauseln). Der Wert dieser Klauseln besteht vornehmlich darin, für den Kreditgeber ein vertragliches Überwachungssystem (Frühwarnsystem) zu schaffen und ihm zu ermöglichen, im Vorfeld einer Insolvenz die Verstärkung von Sicherheiten zu verlangen, die weitere Kreditierung zu verweigern oder bereits gewährte Kredite vorzeitig fällig zu stellen, sofern die getroffene Vereinbarung verletzt wird.[27]

22 Ob und unter welchen Voraussetzungen der Kaufpreis – wie in den USA verbreitet – aus dem **Vermögen der Zielgesellschaft** gezahlt werden kann oder die **Zielgesellschaft Sicherheiten** bestellen kann (beides Hauptmerkmale eines sog. Leveraged Buy Out, LBO)[28], beurteilt sich nach dem **Gesellschaftsstatut** der Zielgesellschaft.[29] Hier sind bedeutsame Beschränkungen zu beachten. So war bis zum neuen Companies Act 2006 nach englischem Recht eine Garantie oder eine Sicherheit nichtig, die eine Gesellschaft zur Sicherung eines Darlehens zugunsten eines zukünftigen Gesellschafters gab (*financial assistance*). Diese Beschränkungen wurden mit der Reform zwar für *private limited companies* aufgehoben, gelten aber weiterhin für *public limited companies*.[30] Auch das deutsche Recht setzt bekanntlich enge Grenzen, Fremdfinanzierungen für den Erwerb einer Gesellschaft mit ihrem eigenen Vermögen (also dem der Gesellschaft) zu sichern. Hier sind die Kapitalerhaltungsvorschriften zu beachten (§§ 57 ff. AktG und insbesondere § 71a AktG bei einer AG und §§ 30, 31 GmbHG bei einer GmbH sowie entsprechend bei einer GmbH & Co. KG).[31]

---

27) Näher dazu *Jetter/Jörgens* in: Eilers/Koffka/Mackensen, Private Equity, V. Rz. 30 f. und Rz. 54 ff.; *Merkel/Tetzlaff* in: Schimansky/Bunte/Lwowski, Bankrechts-Hdb., § 98 Rz. 74 ff.; *Wittig*, WM 1996, 1381; *Thießen*, ZBB 1996, 19.

28) Näher zum Leveraged Buy Out *Hölters* in: Hölters, Hdb. Unternehmenskauf, Teil I Rz. 77 ff.; *Holzapfel/Pöllath*, Unternehmenskauf, Rz. 517 ff.; aus US-amerikanischer Sicht *Reed/Lajoux/Nesvold*, The Art of M&A, S. 149 ff.

29) *Meyer-Sparenberg*, WiB 1995, 849, 854.

30) Der Begriff der *financial assistance* ist in Sec. 677 (1) CA 2006 näher definiert. Das Verbot der *financial assistance* gilt nach Sec. 678 bis 680 CA 2006 nur noch für *public limited companies*. Auf *private limited companies* ist das Verbot nicht mehr anzuwenden, soweit diese nicht als Tochter einer *public limited company* den Erwerb der Anteile an der Muttergesellschaft finanziell unterstützen, vgl. Sec. 678 (1) CA 2006. Näher zum Ganzen *Proctor*, Company Lawyer 2007, 3; *Ferran*, Corporate Finance Law, S. 267 ff.; *Davies*, Modern Company Law, Rz. 13–44 ff.; *Tal*, GmbHR 2007, 254; auch *Witt*, ZGR 2009, 872, 892 f.; zur Rechtslage vor der Reform vgl. *Cooke*, Private Equity, Rz. 5–20 ff.; zur Finanzierung von LBOs nach dem CA 2006 *Singhal*, Company Lawyer 2008, 355.

31) Näher dazu *Holzapfel/Pöllath*, Unternehmenskauf, Rz. 534 ff. m. Hinweisen zu Transaktionsstrukturen in der Praxis.

V. Versicherungsverträge

Werden im Zusammenhang mit dem internationalen Unternehmenskauf Versicherungsverträge abgeschlossen, so bestimmt sich das für diese Verträge maßgebliche Recht grundsätzlich über **Art. 7 Rom I-VO**. Die Vorschrift führt die bisherigen Anknüpfungsregeln zusammen, welche auf die Art. 27 ff. EGBGB a. F. und die auf europäischen Richtlinien beruhenden Art. 7 ff. EGVVG verteilt waren.[32] Die Regelung erfasst grundsätzlich alle Versicherungsverträge, insbesondere Direktversicherungen. Nach Art. 7 Abs. 1 Rom I-VO sind Versicherungsverträge für Großrisiken unabhängig vom Belegenheitsort des Risikos erfasst[33] sowie alle anderen Versicherungsverträge, die Risiken im Gebiet der Mitgliedstaaten decken. Die Parteien können das anwendbare Recht wählen; es gelten aber Einschränkungen (Art. 7 Abs. 2 und 3 Rom I-VO). Bei fehlender Wahl gilt bei Verträgen über Großrisiken grundsätzlich das Recht des Staats, in dem der Versicherer seinen gewöhnlichen Aufenthalt hat. Bei anderen Versicherungsverträgen gilt das Recht am Ort des Risikos (Art. 7 Abs. 2 und 3 Rom I-VO). 23

Der Umfang des Versicherungsstatuts ergibt sich aus den allgemeinen Regelungen in Art. 10 und 12 Rom I-VO. Nach dem Versicherungsstatut beurteilt sich u. a., ob und in welchem Umfang mit der Veräußerung der einzelnen Vermögensbestandteile beim Asset Deal Rechte und Pflichten aus einem für diese Vermögensbestandteile bestehenden Versicherungsvertrag übergehen.[34] 24

B. Haftungsfragen

I. Gesetzliche Haftung des Unternehmenserwerbers

1. Anteilsübernahme

Nach dem materiellen Recht vieler Staaten löst die Übernahme eines Anteils an einer Gesellschaft unterschiedliche **Haftungsfolgen** aus. Aus dem deutschen Recht seien beispielhaft genannt die Haftung des eintretenden und des ausscheidenden Gesellschafters einer oHG (§§ 128 bis 130 HGB und § 160 HGB) sowie die Haftung des Veräußerers und des Erwerbers eines Geschäftsanteils an einer GmbH (§ 16 Abs. 2 GmbHG). Solche Haftungsfolgen unterliegen wegen ihres gesellschaftsrechtlichen Charakters dem **Gesellschaftsstatut** der Gesellschaft, deren Anteil veräußert wird. Eine Rechtswahl ist insoweit nicht möglich.[35] 25

---

32) Näher dazu *Schnyder* in: Reithmann/Martiny, Int. Vertragsrecht, Rz. 4721 ff.; *Fricke*, VersR 2008, 443; *Looschelder/Smarowos*, VersR 2010, 1.
33) *Thorn* in: Palandt, BGB, Art. 7 Rom I-VO Rz. 4.
34) Ein solcher Übergang ist im deutschen Recht bekanntlich in § 95 Abs. 1 VVG vorgesehen; für Österreich s. § 69 Abs. 1 öst. VersVG; vgl. zum anwendbaren Recht für Ansprüche gegen den Versicherer *Sandrock*, TSAR 1999, 734.
35) Vgl. auch zur Rechtsscheinhaftung BGH, WM 2012, 1631, 1634 = ZIP 2012, 1908 = MDR 2012, 1105.

2. Vermögens- oder Unternehmensübernahme

26 Die in verschiedenen Rechtsordnungen, darunter die österreichische und die schweizerische[36], bekannte Haftung aus Vermögens- oder Unternehmensübernahme unterliegt nicht dem Statut des zugrunde liegenden Unternehmenskaufs (Vertragsstatut), sondern dem **Statut der Übertragung** oder Verfügung.[37]

27 Beim Share Deal ist das Statut der eigentlichen Beteiligungsübertragung oder -abtretung und damit das **Gesellschaftsstatut** des Unternehmensträgers maßgeblich. Beim Asset Deal ist grundsätzlich das Statut für die Übertragung des Vermögens oder des Unternehmens zugrunde zu legen. Damit gilt regelmäßig das Recht am Ort der Belegenheit des Vermögens oder Unternehmens (**lex rei sitae**) zum Zeitpunkt der Übernahme.[38] Eine **Rechtswahl** zwischen dem jeweiligen Gläubiger und dem Vermögensübernehmer wird für zulässig erachtet; sie kann auch stillschweigend und nachträglich erfolgen.[39]

28 Das Verfügungs- oder Übertragungsstatut ist berufen, weil die Haftung im materiellen Recht an den Übergang des Vermögens oder Unternehmens geknüpft ist und nicht bereits an das diesem zugrunde liegende Rechtsgeschäft.[40] Daher besteht kollisionsrechtlich der engere **Sachzusammenhang** zwischen Haftung und Übertragungsstatut.[41] Unzutreffend ist es außerdem, die Haftung aus der Übernahme dem Schuldstatut der Rechtsbeziehung zwischen dem bisherigen

---

36) Für das österreichische Recht s. § 1409 ABGB und § 38 UGB; dazu *Brugger*, ZfRV 1993, 94; *Merkt/Dunckel*, RIW 1996, 533, 534 f.; *Wahl* in: Polster-Grüll/Zöchling/Kranebitter, Hdb. M&A, S. 487, 498 ff.; *Roth/Fitz*, Unternehmensrecht, Rz. 766 ff., 785; für das schweizerische Recht s. Art. 181 OR; dazu *Vischer/Huber/Oser*, Int. Vertragsrecht, Rz. 1084 ff.; *Merkt/Dunckel*, RIW 1996, 533, 535. Weitere rechtsvergleichende Hinweise auch bei *Bruch*, Erwerberhaftung, passim; *Busch/Müller*, ZVglRWiss 94 (1995), 157, 169 f.; *Drobnig/Becker/Remien*, Verschmelzung und Koordinierung von Verbänden, S. 72 ff.; *Tiedemann*, Haftung aus Vermögensübernahme, passim. Im deutschen Recht wurde die Haftung für Vermögensübernahmen aus § 419 BGB bekanntlich i. R. der Insolvenzrechtsreform für Vermögensübernahmen ab dem 1.1.1999 gestrichen, s. Art. 33 Nr. 16 EGInsO v. 5.10.1994, BGBl. I 1994, 2911, 2925.

37) *von Hoffmann* in: Soergel, BGB, Art. 33 EGBGB Rz. 50 f.; *Schwind* in: FS von Caemmerer, S. 757; *von Bar*, IPR, Rz. 616.

38) *Cour de justice Genf*, Sem. judicaire 1982, 54, 59; *Wolff*, Patronatserklärung, S. 154; *Bruch*, Erwerberhaftung, S. 190; *von Bar*, IPR, Rz. 616; im Grundsatz *Hausmann* in: Staudinger, BGB, Anh. Art. 16 Rom I-VO Rz. 22; *Schwind* in: FS von Caemmerer, S. 757, 760; *von Hoffmann* in: Soergel, BGB, Art. 33 EGBGB Rz. 50 f.; *Kegel/Schurig*, IPR, § 18 VII. 3.; *Martiny* in: MünchKomm-BGB, Art. 15 Rom I-VO Rz. 32.

39) OLG Koblenz, IPRax 1989, 175 (m. Anm. *von Hoffmann*); *Hausmann* in: Staudinger, BGB, Anh. Art. 16 Rom I-VO Rz. 18; *von Hoffmann* in: Soergel, BGB, Art. 33 EGBGB Rz. 50; *Martiny* in: MünchKomm-BGB, Art. 15 Rom I-VO Rz. 30; *Busch/Müller*, ZVglRWiss 94 (1995), 157, 161; *Picot/Land*, DB 1998, 1601, 1604.

40) Wenngleich in zeitlicher Sicht der Schuldbeitritt auf den Zeitpunkt des Abschlusses des Verpflichtungsgeschäfts rückbezogen wird, BGH, ZIP 1985, 356.

41) *Schwind* in: FS von Caemmerer, S. 757 ff.; *Schwimann*, S. 146; *Brugger*, ZfRV 1993, 94.

Vermögensinhaber und dem Gläubiger zu unterwerfen.⁴²⁾ Denn die neue Rechtsbeziehung zwischen Gläubiger und Vermögensübernehmer gründet nicht auf dem Vertrag zwischen dem bisherigen Vermögensinhaber und seinem Gläubiger, sondern entsteht *ex lege*.⁴³⁾

Probleme ergeben sich, wenn die einzelnen Bestandteile des **Unternehmensvermögens in verschiedenen Ländern** belegen sind. Nach dem soeben dargelegten Grundsatz würden verschiedene Rechtsordnungen über die Haftung aus Vermögensübernahme entscheiden. Möglich wäre, dass nach einem der betreffenden Belegenheitsrechte eine Haftung bejaht wird, nach einem anderen hingegen nur eingeschränkt gilt oder verneint wird, etwa bei der Veräußerung eines Unternehmens mit Vermögensteilen in Österreich (Haftung bereits für Veräußerung des Einzelunternehmens, § 1409 ABGB), Deutschland (keine Haftung für Vermögensübernahmen nach dem 1.1.1999 aufgrund der Streichung des § 419 BGB) und der Schweiz (Haftung für Übernahme des Vermögens oder eines Geschäfts, Art. 181 OR). Um zu verhindern, dass die Gläubiger des Unternehmensverkäufers die günstige (haftungsbejahende) Rechtsordnung wählen oder einander widersprechende Regelungen miteinander kollidieren, werden verschiedene Lösungen angeboten. 29

Verschiedene Stimmen befürworten eine **kollisionsrechtliche Lösung** und damit eine Änderung der Kollisionsnorm.⁴⁴⁾ Danach soll sich die Haftung nicht für jeden Vermögensbestandteil nach dem jeweiligen Übertragungsstatut, sondern für das gesamte Unternehmensvermögen nach einem möglichst einheitlichen Statut beurteilen, etwa dem Schuldstatut der Unternehmens- oder Vermögensübernahme⁴⁵⁾, dem Recht am Sitz der übertragenden oder der übernehmenden Partei⁴⁶⁾ oder dem Recht am Belegenheitsort des überwiegenden Vermögens⁴⁷⁾. 30

---

42) So aber OLG Koblenz, IPRax 1989, 175 (noch zum alten Recht) (m. krit. Anm. *von Hoffmann*): Beide Parteien berufen sich für die Frage der Haftung des Vermögensübernehmers aus § 419 BGB und § 25 HGB unabhängig von dem Ort ihres Firmensitzes (Niederlande bzw. Deutschland) zur Begr. ihres jeweiligen Rechtsstandpunkts ausdrücklich und ausschließlich auf die Anwendung deutscher Rechtsnormen. Darin sieht der Senat den übereinstimmenden stillschweigenden Willen der Parteien zur Anwendung deutschen Rechts, das auch dann anwendbar wäre, wenn hilfsweise objektiv angeknüpft würde; zust. *Drobnig/Becker/Remien*, Verschmelzung und Koordinierung von Verbänden, S. 73.
43) *von Hoffmann*, IPRax 1989, 175.
44) Überblick bei *Brugger*, ZfRV 1993, 94; *Merkt/Dunckel*, RIW 1996, 533; *Tiedemann*, Haftung aus Vermögensübernahme, S. 52 ff.; *Busch/Müller*, ZvglRW 94 (1995), 157.
45) *Vischer/von Planta*, IPR, § 53 IV. 2.; *Girsberger*, ZVglRWiss 88 (1989), 31, 42.
46) S. a. *Vischer/Huber/Oser*, Int. Vertragsrecht, Rz. 1086 f.; *von Hoffmann*, IPRax 1989, 175; *von Hoffmann* in: FS Firsching, S. 125, 132; ihm folgend *Ebenroth/Offenloch*, RIW 1997, 1 ff., 8.
47) *Brugger*, ZfRV 1993, 97 f.; ähnlich wohl *Schnelle*, RIW 1997, 281, 284; so wohl auch – obiter dictum – BGH, NJW 1981, 2642 = RIW/AWD 1981, 706 = WM 1981, 1000 („[...] müsste sich eine derartige Einstandspflicht [Haftung aus Vermögensübernahme], da es sich um ein im Ausland vorgenommenes Rechtsgeschäft [dingliche Übertragung] zwischen Ausländern handeln würde, aus den dieses Rechtsgeschäft bestimmenden ausländischen Normen ergeben.").

Nach a. A. soll das Schuldstatut der Gläubigerforderungen maßgeblich sein.[48] Wieder andere wollen an den Sitz der einzelnen Gläubiger oder an die Belegenheit des Vermögensteils anknüpfen, auf den der jeweilige Gläubiger sein Bonitätsvertrauen gestützt hat.[49]

31 Alle diese Vorschläge setzen auf kollisionsrechtlicher Ebene an.[50] Allerdings ist nicht einzusehen, warum eine Vermögensübernahme dann anders angeknüpft werden soll, wenn der Schuldner Vermögen nicht nur in einem, sondern in mehreren Ländern hat, obgleich eine praktisch wie auch dogmatisch befriedigende Lösung das Kollisionsrecht unberührt lassen kann. Die Maßgeblichkeit des Übertragungsstatuts kann beibehalten werden und die Korrektur auf die **materiell-rechtliche Ebene** beschränkt werden. Hierzu ist die Übernahmehaftung **pro rata** auf das in dem jeweiligen Land befindliche Vermögen zu beschränken.[51] Dies vermeidet einerseits Widersprüche zwischen unterschiedlichen Haftungsordnungen und hält andererseits die Übernahmehaftung in überschaubaren Grenzen. Überdies werden in angemessenem Umfang die Interessen sowohl des Unternehmenserwerbers als auch der Gläubiger geschützt, die realistischerweise auf eine Vermögensübernahmehaftung nur nach Maßgabe des Belegenheitsrechts vertrauen werden.[52]

3. Firmenfortführung

32 Die Haftung aus Firmenfortführung (etwa § 25 HGB), die beim Asset Deal eintreten kann, unterliegt nach ganz h. A. dem **Recht am Sitz des Unternehmens**

---

48) OLG Koblenz, IPRax 1989, 175 (noch zum alten Recht) (m. Anm. *von Hoffmann*: Das Recht, nach dem sich die Haftung aus Vermögensübernahme richtet, kann zwischen dem Gläubiger des ursprünglichen Vermögensinhabers und dem Vermögensübernehmer im Wege der nachträglichen Rechtswahl bestimmt werden.).
49) *Brugger*, ZfRV 1993, 97 f.; zu den verschiedenen Vorschlägen auch *Martiny* in: MünchKomm-BGB, Art. 15 Rom I-VO Rz. 31 ff.; *Hausmann* in: Staudinger, BGB, Anh. Art. 16 Rom I-VO Rz. 23.
50) Kritisch *Brugger*, ZfRV 1993, 94, 96 ff.; *Merkt/Dunckel*, RIW 1996, 533.
51) *Merkt/Dunckel*, RIW 1996, 533, 541 f.; *Merkt/Göthel* in: Reithmann/Martiny, Int. Vertragsrecht, Rz. 4490; *von Hoffmann* in: Soergel, BGB, Art. 33 EGBGB Rz. 51; *Bruch*, Erwerberhaftung, S. 195; *Kegel/Schurig*, IPR, § 18 VII. 3.; *Martiny* in: MünchKomm-BGB, Art. 15 Rom I-VO Rz. 33.
52) Ausführlich zu dieser Lösung *Merkt/Dunckel*, RIW 1996, 533.

(Sitz der Hauptverwaltung) oder dem Recht am Sitz des Betriebs.[53] Wird nur eine Zweigniederlassung in einem anderen Staat als jenem des Unternehmenssitzes übernommen, ist das Recht des Orts dieser Zweigniederlassung maßgebend.[54] Begründen kann man dies damit, dass die Haftung hier nicht an die Übertragung des Vermögens, sondern an die Fortführung der auf das Unternehmen als solches bezogenen Firma anknüpft. Das Vertrauen des Geschäftsverkehrs bezieht sich also nicht auf ein bestimmtes Haftungssubstrat, sondern auf das Unternehmen als Träger der Firma oder auf die konkrete Zweigniederlassung, mit welcher der Gläubiger das Geschäft geschlossen hat. Da die Firmenfortführung auch ohne endgültige Übertragung, etwa im Wege der Pacht möglich ist, liefe eine Anwendung des Verfügungsstatuts überdies ins Leere.[55] 33

Streng zu **trennen** ist das Recht am tatsächlichen Sitz des übernommenen Unternehmens vom **Gesellschaftsstatut des früheren Unternehmensträgers**. Dieses 34

---

53) RGZ 60, 296 (Die Übernahme einer englischen *limited company* mit Aktiven und Passiven und unter Fortführung der Firma durch die in Manchester domizilierte Klägerin vermag eine Haftung nach § 25 Abs. 1 HGB nicht zu begründen. Denn für die Frage, ob die Klägerin durch den Geschäftsübernahmevertrag mit der Verkäuferin der *limited company* deren deutschem Gläubiger gegenüber verpflichtet ist, ist „nach anerkannten Grundsätzen des internationalen Privatrechts" englisches Recht maßgebend); RG, ZIR 22 (1912), 558 („Für die Frage [...], ob der § 25 HGB [...] Platz greift, fällt entscheidend ins Gewicht, dass die Beklagte, die ihren Sitz im Gebiet des Deutschen Reiches hat, in das Handelsregister [Gesellschaftsregister] des Kaiserlichen AG zu Metz eingetragen ist. Wie nämlich § 25 Abs. 2 HGB deutlich erkennen lässt, setzt die Anwendung des § 25 HGB das Vorhandensein eines solchen Geschäfts voraus, dessen Firma im Handelsregister [eines deutschen Gerichts] eingetragen werden kann [...]. Ist [...] der Sitz des erworbenen Geschäfts in das Gebiet des Deutschen Reiches verlegt und gleichzeitig die frühere Firma [...] in das Handelsregister eines deutschen Gerichts eingetragen, so sind damit die Bedingungen für die Anwendung des § 25 HGB erfüllt."); *Wolff,* Patronatserklärung, S. 154; *Frankenstein,* IPR, S. 271; *Nußbaum,* § 33 II. b); *Bruch,* Erwerberhaftung, S. 139 ff.; *Beemelmans,* RabelsZ 29 (1965), 511, 531; *Dürig,* S. 103 ff.; *Martiny* in: MünchKomm-BGB, Art. 15 Rom I-VO Rz. 35; *Merkt/Göthel* in: Reithmann/Martiny, Int. Vertragsrecht, Rz. 4491; *von Hoffmann,* IPRax 1989, 175; *von Bar,* IPRax 1991, 197, 199; *Tiedemann,* Haftung aus Vermögensübernahme, S. 74 f.; *Busch/Müller,* ZVglRWiss 94 (1995), 157, 169 ff.; *Schnelle,* RIW 1997, 281, 285; *Spickhoff* in: Bamberger/Roth, BGB, Art. 14 Rom I-VO Rz. 17; unklar *Ebenroth/Offenloch,* RIW 1997, 1 ff., 8; a. A. *Reuter,* Schuldübernahme und Bürgschaft, S. 15 (Statut der dinglichen Übernahmeverträge); OLG Koblenz, RIW 1989, 61 = IPRax 1989, 175 (noch zum alten Recht) mit krit. Anm. *von Hoffmann:* Anknüpfung an das für die Forderung des Gläubigers geltende Recht.
54) OLG Düsseldorf, NJW-RR 1995, 1184, dazu EWiR 1996, 29, 30 *(Mankowski)* m. w. N.
55) *Merkt/Dunckel,* RIW 1996, 533, 542.

§ 10 Einzelfragen

Gesellschaftsstatut ist für die Anknüpfung der Haftung nach § 25 Abs. 1 HGB nicht entscheidend.[56)]

35 Wie bei der Vermögens- oder Unternehmensübernahme wird auch bei der Haftung aus Firmenfortführung eine **Rechtswahl** zwischen dem jeweiligen Gläubiger und dem Firmenübernehmer für zulässig erachtet, auch stillschweigend und nachträglich.[57)]

4. Steuerhaftung

36 Unter Umständen kann sich eine Haftung des Unternehmenserwerbers für **Verwaltungsgebühren** oder **Steuerschulden** des Veräußerers ergeben. So sieht etwa das deutsche Recht in § 75 Abs. 1 AO im Fall der Unternehmens- oder Betriebsübereignung im Ganzen eine Haftung des Betriebsübernehmers für Betriebssteuern und Steuerabzugsbeträge vor, die im letzten Kalenderjahr vor der Übereignung entstanden sind und bis zum Ablauf von einem Jahr nach Anmeldung des Betriebs durch den Erwerber festgesetzt oder angemeldet werden.[58)] Dabei beschränkt sich die Haftung auf den Bestand des übernommenen Vermögens. Eine solche Steuerhaftung kann nach dem Wortlaut der Vorschrift des § 75 Abs. 1 AO nur im Fall des Asset Deal eintreten. Beim Share Deal dürfte sie nur im Ausnahmefall des § 45 AO eintreten.

37 Für den internationalen Unternehmenskauf bedeutsam ist zunächst, dass das Steuerrecht zum **öffentlichen Recht** zählt und dass insoweit nicht die Grundsätze des Internationalen Privatrechts, sondern des Internationalen Steuerrechts als Teil des internationalen öffentlichen Rechts gelten. Im internationalen öffentlichen Recht herrscht der Territorialitätsgrundsatz. Hoheitliche Eingriffe in private Rechte sind nur in den Grenzen der Staatsgewalt, d. h. innerhalb des Staatsgebiets zulässig.[59)] Nationales Steuerrecht regelt also grundsätzlich nur

---

56) Vgl. auch *von Bar*, IPR, Rz. 616; unzutreffend daher OLG Düsseldorf, NJW-RR 1995, 1184; dazu EWiR 1996, 29 *(Mankowski)*: „Auf eine nach Art. XXV Abs. 5 Satz 2 des deutschamerikanischen Freundschafts-, Handels- und Schifffahrtsvertrages v. 29.10.1954 [...] in Deutschland anzuerkennende Incorporation (Aktiengesellschaft) findet § 6 Abs. 1 HGB mit der Folge Anwendung, dass auf eine solche US-amerikanische Handelsgesellschaft die für deutsche Kaufleute gegebenen Vorschriften des HGB ebenso Anwendung finden wie für Handelsgesellschaften deutschen Rechts. Somit findet auch § 25 Abs. 1 HGB Anwendung." (Leitsatz des Gerichts).
57) OLG Koblenz, IPRax 1989, 175 (m. Anm. *von Hoffmann*); *von Hoffmann* in: Soergel, BGB, Art. 33 EGBGB Rz. 50; *Picot/Land*, DB 1998, 1601, 1604; *Hausmann* in: Staudinger, BGB, Anh. Art. 16 Rom I-VO Rz. 18.
58) Eine vergleichbare Regelung gilt in Österreich, vgl. *Brugger*, Unternehmenserwerb, S. 38 f.; s. zum deutschen Recht ausführlich *Klumpp* in: Beisel/Klumpp, Unternehmenskauf, Kap. 15 Rz. 189 ff.
59) *Pahlke* in: Pahlke/Koenig, AO, § 1 Rz. 2; *Seer* in: Tipke/Kruse, AO, § 1 Rz. 5; *Kegel/Schurig*, IPR, § 23 I. 2.; *Picot/Land*, DB 1998, 1601, 1605.

inländische Sachverhalte. Demgemäß gilt die deutsche Abgabenordnung ausschließlich für Rechtsakte im Geltungsbereich des Grundgesetzes.[60)]
Eine Steuerhaftung gemäß § 75 Abs. 1 AO trifft den Erwerber mithin lediglich, wenn das Unternehmen oder der Betrieb im **Inland** übereignet wird. Wird ein Unternehmen oder ein Betrieb zum Teil im Inland, zum Teil im Ausland übereignet, dann trifft den Erwerber eine Steuerhaftung konsequenterweise nur *pro rata* in Bezug auf das im Inland übereignete Vermögen.[61)]

5. Haftung für Sozialversicherungspflichten

Auch im Bereich des Sozialversicherungsrechts gilt das **Territorialitätsprinzip**.[62)] Anwendbar ist das Sozialversicherungsrecht des Staats, in dessen Gebiet der Arbeitnehmer beschäftigt wird (vgl. § 3 SGB IV). Eine Rechtswahl ist insoweit nicht möglich.[63)]

Eine Ausnahme gilt für die vorübergehende Beschäftigung von Arbeitnehmern im Ausland, d. h. in einem anderen Land als demjenigen, in welchem der Arbeitnehmer normalerweise beschäftigt ist (**Entsendung**). Hier gilt nicht das betreffende ausländische Recht, sondern es bleibt bei der Geltung des jeweiligen inländischen Rechts. Man spricht von der *„Ausstrahlung"* des an sich maßgeblichen inländischen Sozialversicherungsrechts auf das ausländische Territorium, in dem der Arbeitnehmer vorübergehend beschäftigt wird (§ 4 SGB IV), oder umgekehrt bei der Entsendung in das Inland von der *„Einstrahlung"* des an sich maßgeblichen ausländischen Sozialversicherungsrechts auf das inländische Territorium (§ 5 SGB IV). Die **Ausstrahlung** begründet ein Fortgelten deutscher Rechtsvorschriften ungeachtet eventuell geltenden ausländischen Rechts, sodass eine Doppelsozialversicherungspflicht eintreten kann. Dagegen führt die **Einstrahlung** zu einer Freistellung von der deutschen Sozialversicherungspflicht und vermeidet damit eine ggf. bestehende Doppelsozialversicherungspflicht, oder sie stellt – bei fehlender Sozialversicherungspflicht im Ausland – vollständig von der Sozialversicherungspflicht frei.[64)]

Nach dem so zu bestimmenden Sozialversicherungsstatut bestimmt sich auch eine etwaige Haftung des Unternehmenserwerbers für **Sozialversicherungsbeiträge**. Gleiches gilt für die Frage nach der Haftung für Ansprüche aus der betrieblichen **Altersversorgung**.[65)] Das Sozialversicherungsstatut soll allerdings nach

---

60) *Gersch* in: Klein, AO, § 1 Rz. 17; *Seer* in: Tipke/Kruse, AO, § 1 Rz. 5; *Scholtz* in: Koch/Scholtz, AO, § 1 Rz. 2.
61) *Picot/Land*, DB 1998, 1601, 1605.
62) *Kegel/Schurig*, IPR, § 23 VIII.; *Hepting*, IPRax 1990, 222, 223.
63) *Eichenhofer*, Internationales Sozialrecht, Rz. 288; *Bertram*, IStR 1996, 443 ff.
64) *Wietek* in: Winkler, SGB, § 5 SGB IV Rz. 4; *Kegel/Schurig*, IPR, § 23 VIII.; *Bertram*, IStR 1996, 443 ff.; speziell zum neuen Arbeitnehmer-Entsendegesetz (AEntG) *Schwab*, NZA-RR 2010, 225; *Löwisch*, RdA 2009, 215.
65) BAGE 2, 18; *Hohloch* in: Erman, BGB, Anh. II Art. 26 EGBGB, Art. 8 Rom I-VO Rz. 27.

einer Entscheidung des Bundesarbeitsgerichts der Rechtswahl durch die Parteien des Arbeitsvertrags zugänglich sein: Haben die Parteien einen Arbeitsvertrag mit Auslandsberührung dem deutschen Recht unterstellt und für ein daran angelehntes Ruhegeldverhältnis keine Rechtswahl getroffen, so lässt sich – wenn keine gegenteiligen Anhaltspunkte gegeben sind – als mutmaßlicher Parteiwille annehmen, dass das Ruhegeldverhältnis ebenfalls nach dem Recht des Hauptvertrags zu beurteilen ist.[66]

42 Auch das Recht der Haftung für Ansprüche aus dem Bereich der betrieblichen **Arbeitnehmermitbestimmung** bestimmt sich nach dem Territorialitätsprinzip.[67] Zwar unterliegt die unternehmerische Mitbestimmung dem Gesellschaftsstatut, so dass die deutschen Mitbestimmungsregelungen für ausländische Gesellschaftsformen nicht gelten.[68] Jedoch können die deutschen Vorschriften als international zwingendes Recht im Wege der Sonderanknüpfung gemäß Art. 9 Rom I-VO durchgesetzt werden.[69] Dies gilt wegen des mitbestimmungsrechtlichen Charakters der Sozialpläne namentlich für die Haftung für Ansprüche aus Sozialplänen.[70]

II. Haftungsfragen bei mehreren Käufern oder Verkäufern

43 In aller Regel wird sich die vertragliche und außervertragliche Haftung bei mehreren Käufern oder Verkäufern nach demselben Recht richten. Das Innenverhältnis mehrerer Schuldner derselben Forderung unterliegt dem Recht, das im Außenverhältnis des befriedigenden Schuldners zum Gläubiger gilt (Art. 16 Rom I-VO).[71]

44 Haben von einer Käufer- oder Verkäufermehrheit manche ihren Sitz im Inland, andere hingegen im Ausland, oder ist geplant, dass inländische Parteien ihren Sitz in das Ausland verlegen, so sollte zur Sicherung der Rechtsverfolgung eine gesamtschuldnerische Haftung vereinbart und diese – soweit zulässig – deutschem Recht unterstellt werden. Als alternative Mittel, um etwaige Ansprüche gegen eine ausländische Partei abzusichern, ist daran zu denken, sich entweder selbstschuldnerische Bürgschaften einer deutschen Bank oder selbstschuldnerische Bürgschaften von etwaigen inländischen Vertragsparteien oder von etwaigen inländischen Gesellschaftern ausländischer Vertragsparteien geben zu lassen.[72]

---

66) BAG, DB 1968, 713.
67) *Schmidt-Hermesdorf*, RIW 1988, 938, 943; *Koch* in: ErfKomm, § 1 BetrVG Rz. 5.
68) *Thüsing*, ZIP 2004, 381, 382; *Kindler* in: MünchKomm-BGB, IntGesR Rz. 592; *Weller* in: MünchKomm-GmbHG, Einl. IntGesR Rz. 474 m. w. N.
69) *Weller* in: MünchKomm-GmbHG, Einl. IntGesR Rz. 474, 475; insbesondere zur Vereinbarkeit mit der Niederlassungsfreiheit *Thüsing*, ZIP 2004, 381, 382 f.; *Weiss/Seifert*, ZGR 2009, 542, 547.
70) Ausführlich zum Sozialplan *Annuß* in: Richardi, BetrVG, § 112 Rz. 49 ff.
71) Näher *Martiny* in: MünchKomm-BGB, Art. 16 Rom I-VO Rz. 3 ff.
72) *von Hoyenberg* in: Münchener Vertragshandbuch, Bd. 2, IV. 3., 4., Anm. 117 f.; *Schrader* in: Seibt, M&A, C. II. 1. Anm. 55.

C. Verwaltungsrecht, ausländische Erwerber und Geschäftsleiter
I. Verwaltungsrecht

Für öffentlich-rechtliche und namentlich verwaltungsrechtliche Erfordernisse 45
des Unternehmenserwerbs gilt regelmäßig das **Territorialitätsprinzip**. Danach werden im Interesse der öffentlichen Ordnung fremde Staatseingriffe in private Rechte anerkannt, soweit sich der fremde Staat in den Grenzen seiner Macht und damit innerhalb seines Staatsgebiets bewegt.[73] Zu beachten sind mithin die verwaltungsrechtlichen Vorschriften und Genehmigungserfordernisse des Rechts am Ort des jeweiligen Betriebs. Der Kreis der möglichen Regelungen ist groß.

Im Folgenden seien einige **wichtige Bereiche** aufgeführt:[74] 46

- Gewerberecht,
- Betriebsanlagenrecht, Gerätesicherheitsrecht,
- Umweltrecht,
- Immissionsschutzrecht,
- Recht der Altlasten,
- Abfallbeseitigungsrecht,
- Recht der Umweltverträglichkeit,
- Natur- und Landschaftsschutzrecht,
- Strahlenschutzrecht,
- Bergrecht,
- Wasserrecht,
- Energierecht,
- Bauplanungs- und -ordnungsrecht sowie Straßenrecht,
- Lebensmittelrecht,
- Medienrecht,
- Außenwirtschaftsrecht,
- öffentliches Transportrecht, Güterkraftverkehrsrecht,
- Steuer- und Abgabenrecht,
- Devisenrecht,
- Kapitalverkehrsrecht,
- Kartellrecht,
- Enteignungsrecht.

Die Vorschriften in allen diesen Bereichen können **nicht** durch die **Wahl eines** 47
anderen Rechts umgangen werden.

---
73) Näher zum Territorialitätsprinzip *Kegel/Schurig*, IPR, § 23 I. 2.
74) Vgl. auch *Steinschulte* in: Sandrock, Hdb. Int. Vertragsgestaltung, Rz. 184 ff.; *Scheffler/ Mielke* in: Knott/Mielke, Unternehmenskauf, Rz. 361 ff.

II. Ausländische Erwerber

48 Der Erwerb eines Unternehmens durch Ausländer – sei es im Wege des Share Deal oder des Asset Deal – kann im In- und Ausland besonderen Schranken unterliegen. Beispielhaft genannt seien die Beschränkungen des deutschen **Außenwirtschaftsrechts**, insbesondere das Recht des Bundesministeriums für Wirtschaft und Energie, den Erwerb eines deutschen Unternehmens oder einer Beteiligung daran durch einen Gemeinschaftsfremden darauf zu prüfen, ob der Erwerb die deutsche öffentliche Ordnung oder Sicherheit gefährdet (siehe oben § 2 Rz. 124 ff.). Vergleichbare Veräußerungsbeschränkungen gibt es auch in ausländischen Rechtsordnungen.[75]

49 Verschiedentlich bedarf die Veräußerung eines Unternehmens an Ausländer der behördlichen Genehmigung, soweit zum Unternehmensvermögen **Immobiliarvermögen** zählt. Beispielsweise schreiben die Grundverkehrsgesetze verschiedener österreichischer Bundesländer vor, dass eine behördliche Genehmigung für den Liegenschaftserwerb erforderlich ist, wenn die Mehrheitsbeteiligung an einer AG oder GmbH an einen Ausländer veräußert wird.[76] Auch andere Rechtsordnungen kennen vergleichbare Beschränkungen oder Erwerbsverbote.[77]

50 Nach dem Territorialitätsprinzip sind außerdem etwaige sonstige behördliche **Genehmigungs- oder Meldepflichten** für ausländische Beteiligungserwerber zu beachten. Das gilt namentlich für staatliche Genehmigungen des Beteiligungserwerbs durch Ausländer i. R. von Privatisierungen in Ländern mit ehemals planwirtschaftlicher Wirtschaftsverfassung.[78] Das deutsche Recht sieht demgegenüber jährliche Bestandsmeldungen an die Deutsche Bundesbank für Stand und Zusammensetzung des Vermögens inländischer Unternehmen vor, wenn einem Ausländer oder mehreren wirtschaftlich verbundenen Ausländern 10 % oder mehr der Anteile oder Stimmrechte zuzurechnen sind (§ 11 Abs. 3 AWG i. V. m. § 65 Abs. 1 Nr. 1 AWV).[79]

51 Dem Territorialitätsgrundsatz unterliegen schließlich auch **ausländerrechtliche Schranken**.[80] So kann einem Ausländer die Erlaubnis fehlen, eine **Erwerbs-**

---

75) So etwa in den USA der Defense Production Act 1950 und der Investment and National Security Act 2007; im Vereinigten Königreich Section 11 des Industry Act 1975.
76) *Brugger*, Unternehmenserwerb, S. 66.
77) Bis zur Revision der Lex Friedrich (nunmehr Lex Koller) am 30.4.1997 galten auch im schweizerischen Recht vergleichbare Beschränkungen. Nunmehr ist Ausländern der „Erwerb von Betriebsgrundstücken und von Beteiligungen an Gesellschaften, die solche Grundstücke halten", gestattet; vgl. *Baumgartner/Hauser*, SZW/RSDA 1999, 86.
78) Für das tschechische Recht *Jerman*, WiRO 1994, 37.
79) Nach § 65 Abs. 4 Nr. 1 und 2 AWV gilt allerdings eine Meldefreigrenze, wonach eine Pflicht zur Bestandsmeldung nicht besteht, wenn Bilanzsumme oder Betriebsvermögen des inländischen Unternehmens 3 Mio. € nicht überschreitet. Zum Ganzen auch *Haug/Häge* in: Bieneck, Hdb. des Außenwirtschaftsrechts, § 15 Rz. 38 ff.
80) *Eschelbach*, MittRheinNotK 1993, 173, 183; *Ulmer* in: Ulmer/Habersack/Winter, GmbHG, § 1 Rz. 42 f., § 2 Rz. 70.

tätigkeit im Inland auszuüben.[81] Uneinheitlich beantwortet wird nun die Frage, ob ein Ausländer ohne eine solche Erlaubnis mittelbar **über eine Gesellschaft**, etwa eine GmbH oder AG, ein Gewerbe betreiben darf, zu dem ihm gerade die Erlaubnis fehlt. Das Aufenthaltsgesetz selbst kennt keine Vorschriften, die Ausländern untersagen, eine solche Gesellschaft zu gründen oder sich an ihr zu beteiligen. Rechtsprechung und Literatur berücksichtigen allerdings mehrheitlich ausländerrechtliche Beschränkungen über **§ 134 BGB oder § 138 BGB** und lehnen die Eintragung der Gesellschaft im Handelsregister wegen Gesetzverstoßes oder Sittenwidrigkeit des **Gesellschaftszwecks** ab.[82] Die Mindermeinung widerspricht dem, weil die h. M. die rechtlich angeordnete Funktionsverteilung zwi-

---

[81] Näher dazu *Bohlscheid*, RNotZ 2005, 505; *Ulmer* in: Ulmer/Habersack/Winter, GmbHG, § 1 Rz. 42 f.; *Heidinger* in: Heckschen/Heidinger, Die GmbH, § 6 Rz. 87.

[82] KG, EWiR 1997, 245 *(Mankowski)* (Die Eintragung einer GmbH, deren ausländischer Alleingesellschafter eine selbständige Erwerbstätigkeit mit der Aufenthaltserlaubnis untersagt ist, ist unzulässig, da der Gesellschaftsvertrag wegen der Umgehung eines gesetzlichen Verbotes nichtig ist.); OLG Celle, DB 1977, 993 = MDR 1977, 758 (Die Errichtung einer GmbH durch Ausländer, denen eine selbständige Tätigkeit in der Aufenthaltserlaubnis untersagt ist, verstößt gegen § 1 GmbHG, wenn Gesellschaftszweck der GmbH der Betrieb eines Gewerbes ist und die Gesellschaft personalistisch strukturiert und ganz auf die persönliche Mitarbeit der Gesellschafter angelegt ist.); OLG Stuttgart, OLGZ 1984, 143 = GmbHR 1984, 156 = BB 1984, 690 (Soll ein ausländischer Gründungsgesellschafter einer GmbH, dem nach seiner Aufenthaltserlaubnis eine selbständige Erwerbstätigkeit oder vergleichbare unselbständige Erwerbstätigkeit nicht gestattet ist, allein oder mit anderen, die dem gleichen Verbot unterliegen, die zu gründende GmbH kapital- und weisungsmäßig beherrschen, ist der Gesellschaftsvertrag gemäß § 134 BGB nichtig.); LG Hannover, GmbHR 1976, 111 = Nds. RPflege 1976, 32 (Die Eintragung einer GmbH, deren Gesellschafter ausschließlich Ausländer sind, denen nur eine beschränkte Aufenthaltserlaubnis erteilt ist [selbständige Erwerbstätigkeit oder vergleichbare unselbständige Erwerbstätigkeit nicht gestattet], ist auch dann unzulässig, wenn ein Inländer Geschäftsführer ist. Eine solche Gesellschaft dient jedenfalls regelmäßig einem gesetzlich nicht zulässigen Zweck, nämlich der Umgehung ausländerrechtlich zulässiger Auflagen oder Bedingungen.); LG Köln, GmbHR 1983, 48 (Das Registergericht ist berechtigt, die Eintragung einer GmbH abzulehnen, wenn ein ausländischer mehrheitsbeteiligter Gesellschafter-Geschäftsführer durch seine Tätigkeit gegen die Einschränkungen seiner Aufenthaltsgenehmigung verstieße.); LG Krefeld, GmbHR 1983, 48 f. (Die Eintragung einer GmbH ist abzulehnen, wenn die Gesellschafter Ausländer sind, denen die Aufenthaltserlaubnis nur mit Gewerbesperrvermerk erteilt worden ist; der Gesellschaftsvertrag ist als Umgehungsgeschäft nichtig.); LG Ulm, BB 1975, Beilage Nr. 12, S. 23, Nr. 19 (m. abl. Anm. *Wessel*) (Das Gewerbeverbot für einen Ausländer kann nicht dadurch umgangen werden, dass der Ausländer eine deutsche GmbH gründet, die Mehrheit der Geschäftsanteile in seiner Hand vereinigt und den Gewerbebetrieb als alleiniger Gesellschafter betreibt.); BVerwG, GewArch 1975, 101 (Die Auflage zur Aufenthaltserlaubnis, nur unselbständig tätig sein zu dürfen, kann nicht dadurch umgangen werden, dass der Ausländer in den Mantel einer von ihm beherrschten GmbH schlüpft.); zust.: *Ulmer* in: Ulmer/Habersack/Winter, GmbHG, § 1 Rz. 43 (Verstoß gegen § 138 Abs. 1 BGB, wenn Hauptzweck die Umgehung ist); ähnlich *Fastrich* in: Baumbach/Hueck, GmbHG, § 1 Rz. 16 (Sittenwidrigkeit nur, falls Ermöglichung der verbotenen Erwerbstätigkeit alleiniger oder primärer Zweck); *Bayer* in: Lutter/Hommelhoff, GmbHG, § 1 Rz. 16; *Bartl*, BB 1977, 573.

schen Register und Verwaltungsbehörde missachte; ausländerrechtliche Beschränkungen berührten nicht die gesellschaftsrechtliche Beteiligungsfähigkeit.[83]

III. Ausländische Geschäftsleiter

52 In der grenzüberschreitenden Transaktionspraxis taucht regelmäßig der Wunsch auf, einen Ausländer zum Vorstandsmitglied oder Geschäftsführer zu bestellen. Die Gründe können vielfältig sein. So mag der Ausländer aufgrund seiner Qualifikationen für diese Position besonders geeignet sein. Es kann aber auch der Grund darin liegen, dass die deutsche Gesellschaft die Tochtergesellschaft einer ausländischen Konzernmutter ist und letztere die Geschäfte der deutschen Tochtergesellschaft durch einen ihrer Angestellten besonders eng führen möchte. Hierbei kommt es durchaus vor, dass sich das vorgesehene Organmitglied (weiterhin) dauerhaft im Ausland aufhalten soll.

53 Das **deutsche Gesellschaftsrecht** beschränkt die Bestellung von Ausländern zu Organmitgliedern **nicht**. Es gibt keine Anforderungen an Staatsangehörigkeit, Wohnsitz oder gewöhnlichem Aufenthalt.[84] Auch ist es keine Voraussetzung, die deutsche Sprache zu beherrschen.[85] Damit kann etwa ein französischer Staatsangehöriger mit schweizerischem Wohnsitz zum Vorstandsmitglied oder Geschäftsführer bestellt werden. Auch die erforderliche Belehrung eines zukünftigen Geschäftsführers nach § 8 Abs. 3 GmbHG i. V. m. § 53 Abs. 2 BZRG oder Vorstandsmitglieds nach § 37 Abs. 2 Satz 2 AktG i. V. m. § 53 Abs. 2 BZRG ist kein Hindernis. Sie kann zum einen schriftlich und zum anderen

---

83) LG Ulm, Rpfleger 1982, 228 (Die Eintragung einer GmbH, deren beiden ausländischen Gesellschaftern eine selbständige Erwerbstätigkeit ausländerrechtlich nicht gestattet ist, kann nicht deshalb versagt werden, weil das Unternehmen wegen Verstoßes gegen ausländerrechtliche Bestimmungen vorschriftswidrig betrieben wird. Über die gewerberechtliche Zulässigkeit des Betriebs sagt das Handelsregister nichts aus. Weder könnte der Registerrichter durch die Versagung der Eintragung einen vollkaufmännischen Betrieb verhindern, noch wird die zuständige Verwaltungsbehörde durch die Eintragung ihrerseits am Einschreiten und Stilllegen des Betriebs gehindert. Das Argument der Einheit der Rechtsordnung ist nicht geeignet, diese durch das positive Recht angeordnete Funktionsverteilung zwischen Register und Verwaltungsbehörde rückgängig zu machen.); zust. *Emmerich* in: Scholz, GmbHG, § 2 Rz. 41a; *Heider* in: MünchKomm-AktG, § 2 Rz. 12; *Fleischer* in: MünchKomm-GmbHG, § 1 Rz. 53; *Heidinger* in: Heckschen/Heidinger, Die GmbH, § 6 Rz. 95 f. (nur bei Umgehungsabsicht, die jedoch etwa dann nicht vorliegen soll, wenn noch weitere Personen neben dem Ausländer an der Gesellschaft beteiligt sind); *Roth* in: Roth/Altmeppen, GmbHG, § 1 Rz. 22; *Miller*, DB 1983, 977, 979. Ähnlich *Wachter*, ZIP 1999, 1577, der jedoch nicht auf die Eintragung der Gesellschaft in das Handelsregister, sondern auf die zivilrechtliche Wirksamkeit des Gesellschaftsvertrags abstellt. Dieser soll auch bei Verstoß gegen ausländerrechtliche Bestimmungen nicht wegen Verstoßes gegen §§ 134, 138 BGB nichtig sein. Da somit eine wirksame Errichtung der Gesellschaft vorliegt, stehe dem Registergericht kein Prüfungsrecht zu.
84) *Fleischer* in: Spindler/Stilz, AktG, § 76 Rz. 122; *Heidinger* in: Heckschen/Heidinger, Die GmbH, § 6 Rz. 79; *Ulmer* in: Ulmer/Habersack/Winter, GmbHG, § 6 Rz. 12; *Erdmann*, NZG 2002, 503 ff.; *Wachter* in: Goette/Habersack, Rz. 155.
85) Näher *Erdmann*, NZG 2002, 503, 504 f.

im Ausland erfolgen, sodass das vorgesehene Organmitglied hierzu nicht nach Deutschland einreisen muss.[86] Zudem muss sie nicht auf Deutsch erfolgen.[87] Allerdings stellt sich wie bei ausländischen Gesellschaftern die hiervon zu unterscheidende Frage, ob **ausländerrechtliche Schranken** der Bestellung eines ausländischen Geschäftsleiters entgegenstehen können. Hierbei war lange Zeit umstritten, ob es dem Ausländer jederzeit möglich sein muss, nach Deutschland einreisen zu können. Diese Auseinandersetzung hat sich allerdings mit Inkrafttreten des Gesetzes zur Modernisierung des GmbH-Rechts und zur Bekämpfung von Missbräuchen (MoMiG)[88] entschärft.

54

Vor Erlass des **MoMiG** bejahte eine beachtliche **Meinungsgruppe** das Erfordernis, jederzeit **nach Deutschland einreisen zu können.**[89] Für eine wirksame Bestellung müsse sichergestellt sein, dass das Organmitglied seine gesetzlichen Verpflichtungen erfüllen könne. Hierzu gehörten etwa die Pflichten zur Buchführung und Rechnungslegung, zur Sicherung des Gesellschaftskapitals sowie zur Auskunftserteilung und Einsichtsgewährung.[90] Auch wurde vorgebracht, ein Organmitglied müsse an Organsitzungen teilnehmen können und sich persönlich mit den Geschicken der Gesellschaft vor Ort befassen können.[91] In einer Entscheidung des OLG Celle aus dem Vorjahr des MoMiG heißt es:

55

„Ungeachtet der heutigen Möglichkeiten der Kommunikation über Staatsgrenzen hinweg ist die ordnungsgemäße Wahrnehmung der gesetzlichen Aufgaben eines Geschäftsführers vom Ausland aus nicht sichergestellt. Denn es ist zur Erfüllung der Pflichten eines Geschäftsführers unerlässlich, jederzeit selbst und unmittelbar Einsicht in Bücher und Schriften des Unternehmens nehmen zu können sowie direkten persönlichen Kontakt zu Mitarbeitern und Geschäftspartnern – namentlich Gläubigern – zu haben. Zwar kann der Geschäftsführer einzelne Aufgaben an Mitarbeiter delegieren. Die abschließende Verantwortlichkeit verbleibt jedoch bei ihm, was voraussetzt, dass er selbst persönlich tätig werden kann, ohne dies anderen überlassen zu müssen oder auch nur auf die Auskünfte Dritter angewiesen zu sein. Zudem obliegt dem Geschäftsführer die Pflicht, Dritte, an die er einen Teil seiner Pflichten delegiert, zu überwachen. Dieser Pflicht kann er vom Ausland nicht in erforderlichem Maße nachkommen."[92]

---

86) Näher dazu *Wachter* in: Goette/Habersack, Rz. 153 f.
87) Dies ergibt sich aus der Begr. der BT-Drucks. 16/6140, S. 35, nach der die Belehrung auch durch einen ausländischen Notar oder Anwalt erfolgen kann.
88) BGBl. I 2008, 2026 v. 28.10.2008.
89) OLG Celle, NZG 2007, 633, 634 = ZIP 2007, 1157; OLG Hamm, GmbHR 1999, 1089, 1091 = ZIP 1999, 1919; OLG Frankfurt a. M., DB 1977, 817; OLG Köln, BB 1999, 493; OLG Zweibrücken, NZG 2001, 857; LG Gießen, GmbHR 2000, 1099; LG Duisburg, Rpfleger 2002, 366; *Spindler* in: MünchKomm-AktG, § 76 Rz. 104; *Heyder* in: Michalski, GmbHG, § 6 Rz. 30; *Melchior*, DB 1977, 413; *Boujong*, NZG 2003, 497, 503; *Schneider/Schneider* in: Scholz, GmbHG, § 6 Rz. 19; teilweise wird auch eine Aufenthalts- oder Arbeitserlaubnis verlangt, s. *Goette* in: MünchKomm-GmbHG, § 6 Rz. 20 f. m. w. N.
90) *Heidinger* in: Heckschen/Heidinger, Die GmbH, § 6 Rz. 82.
91) *Spindler* in: MünchKomm-AktG, § 76 Rz. 104.
92) OLG Celle, NZG 2007, 633, 634 = ZIP 2007, 1157.

56 Die nun **herrschende Gegenauffassung** sieht in einer **fehlenden Einreisemöglichkeit kein Hindernis**.[93)] Anders als das OLG Celle meint sie, ein Geschäftsleiter könne aufgrund der modernen Kommunikationsmöglichkeiten und Vollmachten eine inländische Gesellschaft auch aus dem Ausland führen.[94)] Außerdem sei die Eintragung des Organmitglieds nur deklaratorisch; ihr Fehlen beeinflusse nicht die wirksame Bestellung durch die Gesellschafter (bei einer GmbH) oder den Aufsichtsrat (bei einer AG).[95)] Und bei dieser Bestellung sei das bestellende Organ frei. Über die gesetzlich festgeschriebenen Anforderungen hinaus habe es keine Schranken zu beachten. Entscheide es sich für ein Organmitglied ohne jederzeitige Einreisemöglichkeit, habe es eben die daraus möglicherweise entstehenden nachteiligen Folgen zu tragen.[96)] Schließlich falle die Prüfung ausländerrechtlicher Vorschriften nicht in die Kompetenz des Registergerichts.[97)] Das Gericht könne – so jedenfalls Teile dieser Meinungsgruppe – bei der Gründungskontrolle überhaupt nur dann Anlass zu Ermittlungen über den ausländerrechtlichen Status eines ausländischen Geschäftsführers haben, wenn die Umstände des Einzelfalls den Verdacht der Umgehung von ausländerrechtlichen Vorschriften durch die Bestellung zum Geschäftsführer begründen und die Bestellung daher möglicherweise nach § 138 Abs. 1 BGB nichtig ist. Fehlen solche Verdachtsmomente, sei die Eintragung vorzunehmen.[98)]

57 **Unstreitig** waren damit schon vor Erlass des MoMiG Fälle, in denen sich das vorgesehene ausländische Organmitglied zwar im Ausland aufhielt, aber ohne weiteres nach Deutschland einreisen konnte,[99)] wie etwa **Angehörige** von Mit-

---

93) OLG München, NZG 2010, 157, 158 = ZIP 2010, 126; dazu *Ries*, NZG 2010, 298; OLG Düsseldorf, NZG 2009, 678, 679 = ZIP 2009, 1074 = RNotZ 2009, 607 (m. Anm. *Lohr*); OLG Frankfurt, IPRespr 2010, 826; OLG Düsseldorf, GmbHR 1978, 110 = DB 1977, 1840; OLG Frankfurt a. M., NJW 1977, 1595 = DB 1977, 617 = MittRhNotK 1977, 86; OLG Dresden, GmbHR 2003, 537 f. (m. Anm. *Wachter*); OLG Zweibrücken, NJW 2010, 8, unter ausdrücklicher Aufgabe seiner Rspr. vor Erlass des MoMiG; LG Braunschweig, DB 1983, 706; LG Aachen, RIW 1981, 856; *Altmeppen* in: Roth/Altmeppen, GmbHG, § 6 Rz. 41; *Bohlscheid*, RNotZ 2005, 505, 525 f.; *Erdmann*, NZG 2002, 503, 506 f.; wohl auch *Fleischer* in: Spindler/Stilz, AktG, § 76 Rz. 122; *Goette* in: MünchKomm-GmbHG, § 6 Rz. 21; *Heßeler*, GmbHR 2009, 759; *Hueck/Fastrich* in: Baumbach/Hueck, GmbHG, § 6 Rz. 9; *Kleindiek* in: Lutter/Hommelhoff, GmbHG, § 6 Rz. 15; *Marsch-Barner/Diekmann* in: MünchHdb-GesR, Bd. 3, § 42 Rz. 2; *Schiedermayr* in: FS Bezzenberger, S. 393; *Ulmer* in: Ulmer/Habersack/Winter, GmbHG, § 6 Rz. 15 ff.
94) *Bohlscheid*, RNotZ 2005, 505, 526 ff.; *Fastrich* in: Baumbach/Hueck, GmbHG, § 6 Rz. 9; *Ulmer* in: Ulmer/Habersack/Winter, GmbHG, § 6 Rz. 16; *Wachter*, GmbHR 2003, 538, 541 f.; *Wachter*, BB 2010, 269 f.
95) *Altmeppen* in: Roth/Altmeppen, GmbHG, § 6 Rz. 41.
96) *Bohlscheid*, RNotZ 2005, 505, 525 f.
97) *Melchior*, DB 1997, 413, 415 f.; *Ulmer* in: Ulmer/Habersack/Winter, GmbHG, § 6 Rz. 15.
98) *Miller*, DB 1983, 977, 978; *Ulmer* in: Ulmer/Habersack/Winter, GmbHG, § 6 Rz. 17; *Wachter*, ZIP 1999, 1577, 1581 ff.
99) Ebenso *Altmeppen* in: Roth/Altmeppen, GmbHG, § 6 Rz. 40; *Goette* in: MünchKomm-GmbHG, § 6 Rz. 20.

gliedstaaten der **Europäischen Union**, die aufgrund der Freizügigkeit in der Europäischen Union und des Freizügigkeitsgesetzes jederzeit nach Deutschland einreisen dürfen.[100] Gleiches gilt für Angehörige von solchen Drittstaaten, welche in **Anhang II der EU-Visums-Verordnung**[101] aufgeführt sind, da diese für Aufenthalte bis zu drei Monaten grundsätzlich keinen Aufenthaltstitel benötigen.[102] Nur bei anderen Ausländern kam es darauf an, ob sie einen Aufenthaltstitel (regelmäßig als Visum) haben.[103]

Das MoMiG hat nun Befürwortern einer jederzeitigen Einreisemöglichkeit die Argumentationsgrundlage weggerissen. Zunächst ist mit dem OLG München auf die neue Fassung von § 4a GmbHG hinzuweisen: 58

> „*[N]ach* § 4a GmbHG kann nun eine deutsche GmbH ihren Verwaltungssitz auch in das Ausland verlegen. Damit ist dem Argument der Boden entzogen, der im Ausland ansässige Geschäftsführer könne nur unter erheblichen Schwierigkeiten Einsicht in Bücher und Unterlagen der Gesellschaft nehmen und Kontakt zu Mitarbeitern und Geschäftspartnern – namentlich Gläubigern – halten. Auch die vom Geschäftsführer höchstpersönlich wahrzunehmenden Aufgaben erfordern nicht zwingend die Einreise nach Deutschland.*"[104]

Für die AG und damit Vorstandsmitglieder gelten diese Ausführungen wegen der Neufassung von § 5 AktG ebenso. Da Kapitalgesellschaften nunmehr ihren tatsächlichen Verwaltungssitz im Ausland nehmen dürfen, kann gerade in solchen Fällen nicht entscheidend sein, dass der Geschäftsleiter nach Deutschland einreisen kann. Vielmehr müsste dann relevant sein, ob er jederzeit in das Land des Verwaltungssitzes einreisen kann. Dies allerdings verlangt das deutsche 59

---

100) Dazu *Bohlscheid*, RNotZ 2005, 505, 507 f.
101) Verordnung (EG) Nr. 539/2001 des Rates v. 15.3.2001 zur Aufstellung der Liste der Drittländer, deren Staatsangehörige beim Überschreiten der Außengrenzen im Besitz eines Visums sein müssen, sowie der Liste der Drittländer, deren Staatsangehörige von dieser Visumpflicht befreit sind, Abl. EG Nr. L 81/1 v. 21.3.2001.
102) Diese sind Andorra, Argentinien, Australien, Bolivien, Brasilien, Brunei, Chile, Costa Rica, Ecuador, El Salvador, Guatemala, Honduras, Israel, Japan, Kanada, Kroatien, Malaysia, Mexiko, Monaco, Neuseeland, Nicaragua, Panama, Paraguay, San Marino, Schweiz, Singapur, Slowakei, Uruguay, Vatikanstadt, Venezuela, USA, sowie die Sonderverwaltungsregionen der Volksrepublik China Hongkong und Macau. Eine komplette Staatenliste in Bezug auf die Visumpflicht ist abrufbar unter http://www.auswaertiges-amt.de/diplo/de/WillkommeninD/EinreiseUndAufenthalt/StaatenlisteVisumpflicht.html.
103) Näher *Heidinger* in: Heckschen/Heidinger, Die GmbH, § 6 Rz. 85 ff.; s. a. OLG Hamm, ZIP 1999, 1919 (Ein Aufenthaltstitel sei selbst dann erforderlich, wenn nur der zweite Geschäftsführer Ausländer sei).
104) OLG München, NZG 2010, 157, 158 = ZIP 2010, 126; dazu zust. *Ries*, NZG 2010, 298; so schon OLG Düsseldorf, NZG 2009, 678, 679 = ZIP 2009, 1074 = RNotZ 2009, 607 (m. zust. Anm. *Lohr*). Das OLG Düsseldorf hatte übrigens eine Vorlage an den BGH gemäß § 28 Abs. 2, 3 FGG trotz der klaren Abweichung von der oben genannten Entscheidung des OLG Celle für nicht erforderlich gehalten, da diese Entscheidung „noch unter Geltung des ‚alten' GmbH-Gesetzes ergangen *[ist]* und [...] damit auf einer gegenüber der vorliegenden Entscheidung wesentlich anderen Rechtslage *[beruht]*", NZG 2009, 678, 679 = ZIP 2009, 1074.

§ 10 Einzelfragen

Recht richtigerweise an keiner Stelle. Vielmehr finden sich in § 6 Abs. 2 GmbHG und § 76 Abs. 3 AktG grundsätzlich abschließend die gesetzlichen Eignungsvoraussetzungen für Geschäftsleiter.[105] Deutsche Nationalität und jederzeitige Einreisemöglichkeit sind dort nicht genannt. Dies entspricht auch dem Willen des Gesetzgebers, wie sich aus der Begründung des Regierungsentwurfs zur Änderung der Belehrungspflicht nach § 8 Abs. 3 GmbHG ergibt:

> „Die Klarstellung ist insbesondere auch angesichts der vorgeschlagenen Änderung des § 4a [...] geboten, nach der die Geschäftstätigkeit auch ganz oder überwiegend aus dem Ausland geführt werden kann. Diese Änderung wird zu einem Anstieg der Fälle führen, in denen der zu belehrende Geschäftsführer im Ausland weilt, so dass eine klare Regelung erforderlich ist."[106]

60 In der **Praxis** sollten sich daher zukünftig keine ausländerrechtlichen Hindernisse bei der Eintragung von ausländischen Geschäftsführern und Vorstandsmitgliedern ergeben, auch wenn diese nicht aus einem *„privilegierten"* Land stammen (siehe oben Rz. 57 f.). Allerdings sollte der ausländerrechtliche Status **vorab geprüft** werden, um Schwierigkeiten zu vermeiden und nicht zu riskieren, dass das Registergericht es ablehnt, das Organmitglied einzutragen.

---

105) *Altmeppen* in: Roth/Altmeppen, GmbHG, § 6 Rz. 41; *Lohr*, RNotZ 2009, 607, 609; *Ulmer* in: Ulmer/Habersack/Winter, GmbHG, § 6 Rz. 15; *Goette* in: MünchKomm-GmbHG, § 6 Rz. 21 (Gesetzgeber hätte § 6 Abs. 2 GmbHG ergänzen müssen); vgl. *Fleischer* in: Spindler/Stilz, AktG, § 76 Rz. 119 ff., für spezielle Bestellungshindernisse bei Vorstandsmitgliedern einer AG, und *Goette* in: MünchKomm-GmbHG, § 6 Rz. 23 für spezielle Bestellungshindernisse bei Geschäftsführern einer GmbH.
106) RegE, abgedr. in ZIP 2007, Beilage zu Heft 23, S. 3; BR-Drucks. 354/07, S. 3, 11.

§ 11 Prozessuale Fragen

Übersicht

A. Gerichtsstandsklauseln 1
I. Allgemeines 1
II. Prorogation nach der EuGVVO 11
III. Prorogation nach
autonomem Recht 18
IV. Kriterien für die Auswahl
des Gerichtsstands 20
1. Ausländisches Prozessrecht 21
2. Klagezustellung und
Vollstreckung 22
V. Wahl eines bestimmten
Spruchkörpers 24
B. Schiedsklauseln 34
I. Allgemeines 34
II. Institutionelle
Schiedsgerichtsbarkeit 49
III. Ad-hoc-Schiedsgerichte 52
C. Empfangs- und
Zustellungsbevollmächtigte 65

Literatur: *Breidenbach/Peres*, Die DIS-Mediationsordnung, SchiedsVZ 2010, 125; *Fetsch*, IPR-Bezüge bei GmbH-Geschäftsanteils- und Unternehmenskaufverträgen, internationale Gerichtsstandsvereinbarungen, RNotZ 2007, 532; *Gaus*, Gerichtsstands- und Schiedsvereinbarungen in internationalen kaufmännischen Verträgen – Teil 1, WiB 1995, 606, und Teil 2, WiB 1995, 645; *Hamann/Lennarz*, Sieben Regeln für eine schnelle, einfache und gute Schiedsklausel, BB 2007, 1009; *Kröll*, Die Entwicklung des Schiedsrechts 2009-2011, NJW 2011, 1265; *Pörnbacher/Loos/Baur*, Aktuelle Neuerungen im internationalen Schiedsrecht, BB 2011, 711; *Sachs*, Schiedsgerichtsverfahren über Unternehmenskaufverträge – unter besonderer Berücksichtigung kartellrechtlicher Aspekte, SchiedsVZ 2004, 123; *Sachs*, Use of documents and document discovery: „Fishing expeditions" versus transparency and burden of proof, SchiedsVZ 2003, 193; *Sandrock*, Zügigkeit und Leichtigkeit versus Gründlichkeit, Internationale Schiedsverfahren in der Bundesrepublik Deutschland, JZ 1986, 370; *Schack*, Einführung in das US-amerikanische Zivilprozessrecht, 4. Aufl., 2011; *Schütze*, Institutionelle Schiedsgerichtsbarkeit, Kommentar, 2. Aufl., 2011 (zit.: *Bearbeiter* in: Schütze, Schiedsgerichtsbarkeit); *Schütze/Tscherning/Wais*, Handbuch des Schiedsverfahrens, 2. Aufl., 1990 (zit.: Hdb. Schiedsverfahren); *Schwab/Walter*, Schiedsgerichtsbarkeit, Kommentar, 7. Aufl., 2005; *Stubbe*, Konfliktmanagement – bedarfsgerechte Streitbeilegungsinstrumente, SchiedsVZ 2009, 321; *Zekoll/Bolt*, Die Pflicht zur Vorlage von Urkunden im Zivilprozess – Amerikanische Verhältnisse in Deutschland?, NJW 2002, 3129.

A. Gerichtsstandsklauseln

I. Allgemeines

Unternehmenskaufverträge enthalten für gewöhnlich eine Gerichtsstandsklausel (*jurisdiction clause*). Gilt dies schon für die meisten Inlandstransaktionen ohne jeglichen Auslandsbezug, ist eine Zuständigkeitsvereinbarung bei einem Unternehmenskaufvertrag mit Auslandsbezug, bspw. weil eine der beteiligten Parteien im Ausland domiziliert ist oder die Zielgesellschaft eine ausländische ist, unabdingbar. 1

Durch die vorherige Bestimmung eines Gerichtsstandes können die – regelmäßig kaufmännischen – Parteien die Zahl möglicher Gerichtsstände begrenzen und eine möglichst klare, eindeutige und damit vorhersehbare **Bestimmbarkeit des Gerichtsstandes** etwaiger Klagen aus dem Unternehmenskaufvertrag erreichen. 2

3 Fehlt es an einer Zuständigkeitsvereinbarung, hängt die Entscheidung über das zuständige Gericht von der Beurteilung des angerufenen Gerichts ab, mit dem Risiko, dass dieses z. B. von der allgemeinen Sicht abweichende Rechtsgrundsätze anwendet, eine andere Auslegung relevanter Umstände verfolgt oder eine aus anderen Gründen unzutreffende Entscheidung trifft.[1] Die Entscheidung über das zuständige Gericht ist damit allenfalls eingeschränkt vorhersehbar und damit für die Parteien mit erheblichen Unwägbarkeiten und Risiken behaftet.

4 Darüber hinaus hat die Partei, die sich in den Vertragsverhandlungen mit *„ihrem"* Gerichtsstand durchgesetzt hat, ggf. den Vorteil der besseren Kenntnis der Funktion und Organisation des Gerichtsorts.[2]

5 Ergänzt und verstärkt wird dieses Interesse an einer Zuständigkeitsvereinbarung dadurch, dass die Wahl des Gerichtsorts auch das materiell anwendbare Recht vorbestimmt. Denn das angerufene Gericht bestimmt das anwendbare Recht anhand der am Gerichtsort geltenden Kollisionsregeln.[3]

6 Jeder grenzüberschreitende Unternehmenskaufvertrag sollte deshalb eine **ausdrückliche** und **eindeutige Gerichtsstandsvereinbarung** beinhalten. Die Praxis entspricht dem.

7 Fehlt eine solche Vereinbarung dennoch, richtet sich die internationale Zuständigkeit nach dem innerstaatlichen Recht des jeweils angerufenen Gerichts (*lex fori*). Eine Schlussfolgerung vom gewählten anwendbaren Recht auf das zuständige Forum, wie teils im Schrifttum jedenfalls für Ausnahmefälle propagiert, ist unzulässig.[4]

8 Für gewöhnlich einigen sich die Parteien auf ein anwendbares Recht, um dann einen Gerichtsstand festzulegen – regelmäßig korrespondierend zur gewählten Rechtsordnung, im Einzelfall aber auch hiervon abweichend, weil bspw. ein neutraler Gerichtsort gewünscht oder ein solcher als Kompromiss von den Parteien gewählt wird.

9 Auf die Beurteilung einer Gerichtsstandsvereinbarung findet maßgeblich das am Gerichtsort anzuwendende Verfahrensrecht Anwendung. So richten sich **Zulässigkeit** und **materielle Wirksamkeit**, einschließlich der **Form**, nach der *lex fori*, und damit in Deutschland nach Art. 23 EuGVVO, oder, außerhalb des Anwendungsbereichs der Europäischen Gerichtsstands- und Vollstreckungsverordnung (EuGVVO), nach den §§ 38, 40 ZPO.[5] Das **Zustandekommen**

---

1) *Geimer*, Int. Zivilprozessrecht, Rz. 1597.
2) *Hausmann* in: Reithmann/Martiny, Int. Vertragsrecht, Rz. 6352; *Kropholler*, IPR, S. 626.
3) *Fetsch*, RNotZ 2007, 532, 540; *Geimer*, Int. Zivilprozessrecht, Rz. 1599.
4) *Geimer*, Int. Zivilprozessrecht, Rz. 1674; a. A. *Hausmann* in: Reithmann/Martiny, Int. Vertragsrecht, Rz. 6354.
5) *Hausmann* in: Reithmann/Martiny, Int. Vertragsrecht, Rz. 6354; *Kropholler*, IPR, S. 627.

und die **Auslegung** einer Gerichtsstandsvereinbarung wiederum richtet sich nach dem von den Parteien insoweit berufenen Recht, der *lex causae*.[6)]

Ist sein Anwendungsbereich erfasst, geht das europäische Prozessrecht, d. h. die EuGVVO, dem autonomen deutschen Zivilprozessrecht als **speziellere Regelung** vor.[7)] Ergänzend gilt für den Rechtsverkehr mit der Schweiz, Norwegen und Island zudem das Luganer Übereinkommen über die gerichtliche Zuständigkeit und die Vollstreckung gerichtlicher Entscheidungen in Zivil- und Handelssachen vom 16.9.1988.[8)]

10

II. Prorogation nach der EuGVVO

Gerichtsstandsvereinbarungen unterliegen seit dem 1.3.2002 der EuGVVO, welche die bis dahin geltenden Regelungen des Europäischen Gerichtsstands- und Vollstreckungsübereinkommen (EuGVÜ, Brussels Convention)[9)] abgelöst hat.

11

Der EuGVVO unterliegen Gerichtsstandsvereinbarungen grundsätzlich dann, wenn folgende Voraussetzungen erfüllt sind:

12

- Erstens muss der **sachliche Anwendungsbereich der EuGVVO** eröffnet sein, d. h. Gegenstand müssen Streitigkeiten in Zivil- und Handelssachen sein, wobei es auf die Art der Gerichtsbarkeit nicht ankommt, Art. 1 Satz 1 EuGVVO.

- Zweitens muss jedenfalls *eine* der Vertragsparteien ihren **Sitz in einem der Mitgliedstaaten** haben, Art. 23 Abs. 1 EuGVVO.

- Drittens muss die **Zuständigkeit** der Gerichte eines Mitgliedstaats **vereinbart** worden sein, Art. 23 Abs. 1 EuGVVO.

Das von den Parteien gewählte **Gericht ist ausschließlich zuständig**, es sei denn, die Parteien haben etwas anderes vereinbart, Art. 23 Abs. 1 Satz 2 EuGVVO. Aus Klarstellungsgründen üblich und auch empfehlenswert ist es, dennoch die Ausschließlichkeit des von den Parteien gewünschten Gerichtsstands in der Klausel ausdrücklich bestätigend zu vereinbaren – sofern nicht ausnahmsweise konkurrierende Gerichtsstände gewollt sein sollten.

13

Eine Gerichtsstandsvereinbarung muss, allgemeinen Grundsätzen entsprechend, zunächst **hinreichend bestimmt** sein. Art. 23 Abs. 1 Satz 1 EuGVVO verlangt

14

---

6) BGHZ 49, 384; BGH, NJW 1990, 1431; *Hausmann* in: Reithmann/Martiny, Int. Vertragsrecht, Rz. 6356; *Kropholler*, IPR, S. 628; *Schlosser*, EU-Zivilprozessrecht, Art. 23 EuGVVO Rz. 43a.

7) *Fetsch*, RNotZ 2007, 532, 540; *Geimer* in: Geimer/Schütze, Europ. Zivilprozessrecht, Art. 23 EuGVVO Rz. 69; *Hausmann* in: Reithmann/Martiny, Int. Vertragsrecht, Rz. 6388; *Kropholler/Hein*, Europ. Zivilprozessrecht, Art. 23 EuGVVO Rz. 16.

8) Luganer Übereinkommen über die gerichtliche Zuständigkeit und die Vollstreckung gerichtlicher Entscheidungen in Zivil- und Handelssachen v. 16.9.1988, BGBl. II 1994, 2660.

9) Europäisches Übereinkommen v. 27.9.1968 über die gerichtliche Zuständigkeit und die Vollstreckung gerichtlicher Entscheidungen in Zivil- und Handelssachen, BGBl. II 1972, 773; konsolidierte Fassung: BGBl. III 1998, 209 und ABl. 1998, Nr. C 27/1.

insoweit, dass ein Gericht oder die Gerichte eines Mitgliedstaats über eine bereits entstandene Rechtsstreitigkeit oder über eine künftige aus einem bestimmten Rechtsverhältnis entspringende Rechtsstreitigkeit entscheiden sollen. Ausreichend ist, dass sich eine Gerichtsstandsklausel auf alle aus oder im Zusammenhang mit einem Vertrag ergebenden Streitigkeiten bezieht; für das als zuständig benannte Gericht bedarf es auch nur einer objektiven Bestimmbarkeit, nicht also einer konkreten Benennung.[10] Zu unbestimmt hingegen wäre ein einseitiges Bestimmungsrecht für eine Vertragspartei.[11] Anerkannt ist, dass eine wirksame Zuständigkeitsvereinbarung auch dann vorliegt, wenn diese vorsieht, dass von zwei Parteien mit Sitz in verschiedenen Staaten jede nur vor den Gerichten ihres Heimatstaates verklagt werden darf.[12]

15 Für die formwirksame Vereinbarung eines Gerichtsstandes stehen nach Art. 23 Abs. 1 Satz 3 lit. a–c EuGVVO grundsätzlich drei Möglichkeiten zur Verfügung. Da Unternehmenskaufverträge mit grenzüberschreitendem Charakter in der Praxis ausschließlich schriftlich abgeschlossen werden und typischerweise auch ausdrückliche Gerichtsstandsklausel aufweisen, kommt für diese Zwecke nur der ersten Variante in Form der schriftlichen Vereinbarung in Art. 23 Abs. 1 Satz 3 lit. a EuGVVO eine praktische Bedeutung zu.

16 Geachtet werden sollte darauf, dass bereits in **Vorfeldvereinbarungen** wie Vertraulichkeitsvereinbarungen, Letters of Intent, Heads of Terms, Memorandums of Understanding oder sonstigen Nebenabreden jeweils eine Gerichtsstandsklausel im Vertragsdokument aufgenommen wird.

17 Die Prorogation nach Art. 23 EuGVVO begründet nach dem ausdrücklichen Wortlaut der Vorschrift die ausschließliche Zuständigkeit des prorogierten Gerichts, es sei denn, die Parteien vereinbaren etwas anderes, Art. 23 Abs. 1 Satz 2 EuGVVO. Ein ausschließlicher Gerichtsstand gemäß Art. 22 EuGVVO geht der Prorogation allerdings vor, Art. 23 Abs. 5 EuGVVO.

III. Prorogation nach autonomem Recht

18 Außerhalb des Anwendungsbereichs von Art. 23 EuGVVO bleibt es bei der Maßgeblichkeit des autonomen Zivilprozessrechts. Im deutschen Recht ist § 38 ZPO maßgeblich. Da beim internationalen Unternehmenskauf Gerichtsstandsvereinbarungen in jedem Fall schriftlich abgeschlossen werden sollten – und dies typischerweise ohnehin auch der Fall ist –, kann hier die Kontroverse um

---

10) EuGH, Rs. C-387/98, *Coreck Maritime GmbH/Handelsveem BV u. a.*, Slg. 2000, I-9337 = ZIP 2001, 213; *Kropholler*, IPR, S. 629 f.; *Schlosser*, EU-Zivilprozessrecht, Art. 23 EuGVVO Rz. 12 m. Bsp.

11) *Schlosser*, EU-Zivilprozessrecht, Art. 23 EuGVVO Rz. 12 m. Bsp.; *Kropholler/Hein*, Europ. Zivilprozessrecht, Art. 23 EuGVVO Rz. 72.

12) S. EuGH, Rs. 23/78, *Nikolaus Meeth/Glacetal*, Slg. 1978, 02133 = RIW 1978, 814; *Kropholler/Hein*, Europ. Zivilprozessrecht, Art. 23 EuGVVO Rz. 73.

das Verhältnis von § 38 Abs. 1 und Abs. 2 ZPO dahinstehen.[13] Wird ein inländischer Gerichtsstand gewählt, kann die inländische Partei nur ihren allgemeinen inländischen Gerichtsstand oder einen im Inland bestehenden besonderen Gerichtsstand wählen.[14]

Zulässig ist die Benennung eines bestimmten Gerichts oder auch die Wahl eines bestimmten Spruchkörpers, etwa der Kammer für Handelssachen bei einem zu benennenden LG. Die insoweit erforderliche Kaufmannseigenschaft[15] bestimmt sich nach dem Personal- bzw. Gesellschaftsstatut der Parteien,[16] bei ausländischen Gesellschaften also nach dem Recht an deren effektiven ausländischen Verwaltungssitzen.[17]

19

IV. Kriterien für die Auswahl des Gerichtsstands

Die Faktoren, die für die Wahl eines bestimmten Gerichtsstandes maßgeblich sind, sind naturgemäß vielfältig. Zunächst wird regelmäßig auf einen Gleichlauf zwischen materiellem Recht und Gerichtsstand geachtet. Dies gewährleistet am ehesten, dass Rechtsanwendungsfehler infolge fehlerhaften Verständnisses des materiell anzuwendenden Rechts durch ein mit diesem nicht vertrautes Gericht vermieden werden können.[18] Gewählt werden sollte zudem nur ein Gerichtsstand, der als hinreichend zuverlässig bekannt ist. Ferner sollten Partei- und die Prozessfähigkeit vor dem betreffenden ausländischen Gericht berücksichtigt werden.[19]

20

1. Ausländisches Prozessrecht

Ein weiterer Aspekt ist das ausländische Prozessrecht und mit dessen Anwendbarkeit verbundene Nachteile. So kennt bspw. das US-amerikanische Prozessrecht ein aus kontinentaleuropäischer Sicht extensives Beweisaufnahmeverfahren *(pretrial discovery)*, welches zu einer umfassenden Offenlegung von Unterlagen *(production of documents)* führen kann;[20] außerdem die häufig genutzte Möglichkeit, dass ein Gericht der beklagten Partei aufgibt, in ihrem Besitz befindliche Unterlagen herauszugeben *(subpoena)*. Zu bedenken sind ferner die Kosten der Prozessführung im ausländischen Forum. In den USA gilt insoweit die *American-Rule*: Jede Partei trägt ihre Kosten, gleichviel, wer den Prozess

21

---

13) Hierzu *Vollkommer* in: Zöller, ZPO, § 38 Rz. 25.
14) Vgl. *Gaus*, WiB 1995, 606, 607.
15) S. § 95 Abs. 1 Nr. 1 GVG.
16) Anders OLG München, IPRax 1989, 42, 43 *(lex fori)*.
17) *Lückemann* in: Zöller, ZPO, § 95 GVG Rz. 4.
18) *Fetsch*, RNotZ 2007, 532, 544.
19) *Gaus*, WiB 1995, 606, 608.
20) Vgl. *Zekoll/Bolt*, NJW 2002, 3129, 3133 f.

gewinnt.[21)] Zudem können die Kosten für Rechtsanwälte deutlich höher sein; so übersteigen die üblichen Rechtsanwaltshonorare in den angelsächsischen Jurisdiktionen gemeinhin deutlich die deutscher Rechtsanwälte.

2. Klagezustellung und Vollstreckung

22 Bei der Prorogation sollte schließlich auch der pathologische Fall jedenfalls mitbedacht werden und deshalb die Möglichkeit einer Klagezustellung und Vollstreckung eines etwaigen Titels in die Überlegungen einbezogen werden. Für die internationale Zustellung kommt es darauf an, ob die Parteien in dem betreffenden Staat Niederlassungen unterhalten, an denen sie für Zwecke der Zustellung erreichbar sind.[22)] Ansonsten ist zu klären, ob das prorogierte Forum seine Klagen im Wege der **internationalen Rechtshilfe** in dem Staat zustellt, in dem die betreffende Partei niedergelassen und für Zustellungszwecke erreichbar ist. Hier sind in erster Linie multi- und bilaterale Übereinkommen zu berücksichtigen, die die Modalitäten der internationalen Rechtshilfe mit Vorrang vor dem autonomen nationalen Zivilverfahrensrecht regeln.[23)]

23 Vergleichbare Überlegungen gelten für die Vollstreckung: Wird die internationale Zuständigkeit der Gerichte eines Staates vereinbart, in dem kein oder nur geringes Vermögen belegen ist, stellt sich zwangsläufig die Frage nach der Anerkennung und Vollstreckung der dort erstrittenen Titel in Ländern, in denen nennenswertes Vermögen belegen ist.[24)]

V. Wahl eines bestimmten Spruchkörpers

24 Vielfach wird in der Praxis internationaler Gerichtsstandsklauseln nicht allgemein die Gerichtsbarkeit eines bestimmten Staates, sondern die Zuständigkeit eines bestimmten Spruchkörpers vereinbart, z. B. die Zuständigkeit des LG X oder der Kammer für Handelssachen bei dem LG Y. Dadurch wollen sich die Parteien besonderer Sachkompetenz für die Entscheidung ihres Streits versichern.[25)]

25 Die Zulässigkeit dieser Praxis beurteilt sich, wie bereits dargelegt, nach der *lex fori*. Für die Wahl deutscher Spruchkörper ist damit deutsches Recht maßgeblich.

26 Die Zulässigkeit der Wahl eines bestimmten Landgerichts ergibt sich nach deutschem Recht daraus, dass Gegenstand der Gerichtsstandsvereinbarung die **örtliche**, die **sachliche** und die **internationale Zuständigkeit** ist. Andere Zu-

---

21) Zum US-amerikanischen Zivilprozessrecht allgemein vgl. *Schack*, US-amerikanisches Zivilprozessrecht, passim.
22) Zum internationalen Zustellungsrecht *Geimer*, Int. Zivilprozessrecht, Rz. 2071 ff.
23) Vgl. insbesondere das Haager Zustellungsübereinkommen v. 15.11.1965, dazu *Geimer*, Int. Zivilprozessrecht, Rz. 2071 ff., und die EG-Zustellungsverordnung v. 13.11.2007, dazu *Heiderhoff* in: Rauscher, EuZPR/EuIPR, Abschn. A.II.1.
24) Dazu *Geimer*, Int. Zivilprozessrecht, Rz. 2688 ff.
25) *Gaus*, WiB 1995, 606, 607.

ständigkeiten, insbesondere die funktionelle Zuständigkeit (erste oder zweite Instanz), die Zuordnung der Gerichtsbarkeiten (Zivil, Arbeits-, Sozialgerichtsbarkeit etc.) und die Geschäftsverteilung (Zivilkammer 1, 2 etc.) einschließlich der Bestimmung eines bestimmten Spruchkörpers sind der Prorogationsbefugnis der Parteien entzogen.[26]

Die **sachliche Zuständigkeit** ist im GVG geregelt und betrifft u. a. die streitwertabhängige Aufgabenverteilung in Zivilsachen erster Instanz zwischen AG und LG. Daraus folgt, dass die Parteien das LG auch für solche Streitigkeiten bindend prorogieren können, die nach dem Streitwert (§ 23 Nr. 1 GVG) vor das AG gehören.[27] 27

Anders verhält es sich mit der Zuständigkeit der **Kammern für Handelssachen** bei den LG. Denn die Aufgabenverteilung zwischen den Zivilkammern und den Kammern für Handelssachen ist keine Frage der sachlichen Zuständigkeit, sondern eine Frage der gesetzlich geregelten Geschäftsverteilung.[28] 28

Die Geschäftsverteilung ist aber – wie gesagt – der Prorogationsbefugnis der Parteien entzogen. Daraus folgt, dass die Zuständigkeit der Kammern für Handelssachen nicht im Wege der Prorogation, sondern nur durch Erfüllen der gesetzlichen Voraussetzungen eröffnet werden kann (§§ 96 ff. GVG).[29] 29

Gleichwohl können die Parteien durch das Stellen oder Unterlassen von Anträgen nach den §§ 96 bis 99 GVG erreichen, dass eine bestimmte Streitigkeit vor die Kammer für Handelssachen kommt, sofern nur die sachliche Zuständigkeit der Zivilkammer des LG – ex lege oder kraft Prorogation (§ 38 ZPO) – eröffnet ist. Dies wird durch Stellen eines Verweisungsantrags an die Kammer für Handelssachen seitens des Klägers (§ 96 GVG) oder des Beklagten (§ 98 GVG) oder durch Unterlassen eines Verweisungsantrags an die Zivilkammer seitens des Beklagten (§ 98 GVG) erreicht. 30

Unklar ist, ob eine vorprozessuale vertragliche Vereinbarung über die Zuständigkeit der Kammer für Handelssachen die Parteien in ihren späteren prozessualen Handlungsmöglichkeiten einschränkt. Einerseits fragt sich, ob der Kläger, wenn eine Handelssache vorliegt, trotz Vereinbarung der Kammer für Handelssachen vor der Zivilkammer klagen darf, was ihm nach dem Gesetz erlaubt ist (§ 96 Abs. 1 GVG). Zum anderen ist zu fragen, ob der Beklagte, auch wenn keine Handelssache vorliegt, durch die Vereinbarung an einem Antrag auf Verweisung an die Zivilkammer gehindert ist, die er nach § 97 Abs. 1 GVG bean- 31

---

26) *Vollkommer* in: Zöller, ZPO, § 38 Rz. 3.
27) *Hüßtege* in: Thomas/Putzo, ZPO, Vor § 38 Rz. 3; *Vollkommer* in: Zöller, ZPO, § 38 Rz. 3.
28) *Hüßtege* in: Thomas/Putzo, ZPO, Vor § 93 GVG Rz. 1; *Lückemann* in: Zöller, ZPO, Vor § 93 GVG Rz. 1, 4; *Vollkommer* in: Zöller, ZPO, § 38 Rz. 3; *Zimmermann* in: MünchKomm-ZPO, § 94 GVG Rz. 1.
29) *Hüßtege* in: Thomas/Putzo, ZPO, Vor § 93 GVG Rz. 1; *Lückemann* in: Zöller, ZPO, Vor § 93 GVG Rz. 1, 4.

tragen könnte. Für eine Bindung der Parteien an ihre vorprozessuale vertragliche Vereinbarung könnten sowohl Vertrauensgesichtspunkte als auch das Verbot des widersprüchlichen Handelns geltend gemacht werden. Entscheidend gegen eine solche Bindungswirkung spricht aber, dass sie *de facto* die Geschäftsverteilung der Prorogationsbefugnis zugänglich machen würde. Daher wird man die vorprozessuale Vereinbarung der Zuständigkeit der Kammer für Handelssachen als nicht bindend einstufen müssen.

32 Für eine deutschsprachige Gerichtsstandsklausel lautet ein **Formulierungsvorschlag** wie folgt:[30]

„Als ausschließlicher Gerichtsstand für sämtliche Streitigkeiten aus oder im Zusammenhang mit diesem Vertrag oder seiner Gültigkeit wird das Landgericht Hamburg vereinbart."

33 Eine englischsprachige Klausel könnte wie folgt gefasst werden:

„Any dispute arising out of or in connection with this Agreement, or the validity thereof, shall be exclusively settled in the district court *(Landgericht)* of Hamburg."

B. Schiedsklauseln
I. Allgemeines

34 Häufig enthalten Unternehmenskaufverträge keine Gerichtsstandsklausel, sondern eine Schiedsvereinbarung *(arbitration clause)*.[31] Ob es sich empfiehlt, in einem Unternehmenskaufvertrag anstelle einer Gerichtsstandsklausel eine Schiedsvereinbarung zu vereinbaren, kann nicht pauschal beantwortet, sondern nur unter Abwägung der **Umstände des Einzelfalls** entschieden werden.[32]

35 Für eine Schiedsklausel mag zum einen die größere Flexibilität sprechen, denn die Parteien können den Ort des Schiedsverfahrens und die Zusammensetzung des Schiedsgerichts ebenso wie die Prozessordnung frei wählen.[33]

36 So ist ein häufig ausschlaggebender Gesichtspunkt für die Wahl eines Schiedsverfahrens, dass die Vertragsparteien ihr Schiedsgericht mit **speziellem Sachverstand**, bspw. in technischen oder wirtschaftlichen Fragen, ausstatten wollen, da ein Schiedsrichter – vorbehaltlich besonderer Anforderungen einzelner Schieds-

---

30) Weitere Klauselbeispiele bei *Gaus*, WiB 1995, 606.
31) S. a. *Hamann/Lennarz*, BB 2007, 1009; *Sachs*, SchiedsVZ 2004, 123.
32) Allgemein zu den Vor- und Nachteilen gegenüber der staatlichen Gerichtsbarkeit *Sandrock*, JZ 1986, 370; *Schütze/Tscherning/Wais*, Hdb. Schiedsverfahren, Rz. 1 ff.
33) In Bezug auf die Wahl des materiellen Rechts ist der Vorteil des Schiedsverfahrens wegen des international weit verbreiteten Grundsatzes der Parteiautonomie sicher nicht ganz so groß; von der Möglichkeit einer Wahl international einheitlicher Rechtsgrundsätze oder der *lex mercatoria*, die in der Literatur oftmals als Vorteil der Schiedsgerichtsbarkeit genannt wird, vgl. *Gaus*, WiB 1995, 645, sollte jedenfalls im Bereich des Unternehmenskaufs abgesehen werden (s. dazu auch oben § 6 Rz. 92 f.).

ordnungen – keine besondere Qualifikation erfüllen muss und damit bspw. auch nicht notwendigerweise Richter oder Rechtsanwalt sein muss.[34)]

Häufig wird eine Schiedsklausel auch deshalb bevorzugt, weil die Parteien einem Schiedsverfahren eine schnellere und kostengünstigere Streitentscheidung zutrauen. Dieses beliebte Argument ist allerdings zwiespältig und sicherlich in ebenso vielen Fällen unzutreffend wie zutreffend.[35)] Ein fehlender Instanzenzug und der Ausschluss von Rechtsmitteln kann ein Schiedsverfahren beschleunigen; auf der anderen Seite sind insbesondere Schiedsverfahren mit mehreren Schiedsrichtern nicht selten sogar schwerfälliger und langwieriger und können deshalb auch deutlich höhere Kosten verursachen, als Verfahren vor staatlichen Gerichten. Spielen Zeit- und Kostengesichtspunkte eine Rolle, sollte dies in jedem Einzelfall vorab untersucht werden. 37

Ein nicht zu unterschätzender weiterer Vorteil liegt in der **Vertraulichkeit der Streitschlichtung,** denn Schiedsverfahren finden unter Ausschluss der Öffentlichkeit statt und Schiedssprüche werden auch nur selten veröffentlicht.[36)] 38

Zudem mag sich gerade unter psychologischen Gesichtspunkten die Beschränkung des Verfahrens auf eine einzige Instanz unter Ausschluss jeder Überprüfung des Schiedsspruchs durch ein nachgeschaltetes Prüfungsorgan mit Aufhebungsbefugnis als erhebliche Hürde darstellen. Denn die Aussicht darauf, einer nachteiligen Entscheidung unwiderruflich und ohne weitere Kontroll- bzw. Abwehrmöglichkeit ausgeliefert zu sein, erscheint erfahrungsgemäß gerade für die im internationalen Vergleich instanzenverwöhnte deutsche Praxis oftmals abschreckend. 39

Eine Schiedsabrede kann – und sollte – unter unwiderruflichem Verzicht auf den Einwand des Mangels der Partei- und der Prozessfähigkeit geschlossen werden. Damit wird eine erfahrungsgemäß bedeutsame Möglichkeit zur Umgehung des Schiedsverfahrens ausgeschlossen. Allerdings kann die rechtliche Wirksamkeit eines solchen Verzichts nicht pauschal, sondern nur nach Maßgabe der betreffenden Schiedsordnung beurteilt werden. 40

Eine Schiedsvereinbarung sollte mit einer Wahl des auf den Unternehmenskaufvertrag anwendbaren Rechts gekoppelt werden.[37)] Das für die Wirksamkeit der Schiedsvereinbarung maßgebliche Recht, das **Schiedsvertragsstatut,** und das Statut des Unternehmenskaufvertrags sind voneinander zu trennen. Die Schieds- 41

---

34) *Schütze* in: Münchener Vertragshandbuch, Bd. 4, II. 1. Anm. 3.
35) Vgl. auch *Pörnbacher/Loos/Baur*, BB 2011, 711.
36) *Gaus*, WiB 1995, 606; *Pörnbacher/Loos/Baur*, BB 2011, 711.
37) Allgemein *Hamann/Lennarz*, BB 2007, 1009, 1010.

vereinbarung unterliegt in ihrem wirksamen Zustandekommen primär dem von den Parteien berufenen Recht.[38]

42 Die Parteien können die Schiedsvereinbarung also im Wege der ausdrücklichen Rechtswahl einem gesonderten Statut unterwerfen. Fehlt es an einer Rechtswahl, dann folgt die Schiedsvereinbarung im Zweifel dem Statut des Hauptvertrags, also dem auf den Unternehmenskaufvertrag anwendbarem Recht. Etwas anderes soll gelten, wenn die Schiedsabrede einen Schiedsort bezeichnet. Dann soll das Recht an diesem Ort über die Wirksamkeit der Schiedsabrede entscheiden.[39]

43 Die **Form** der Schiedsvereinbarung richtet sich grundsätzlich nach dem Recht, dem auch die materielle Wirksamkeit unterliegt. Daneben tritt – in entsprechender Anwendung von Art. 11 Abs. 1 EGBGB – die Form am Ort des Abschlusses der Schiedsabrede.[40]

44 Während nach Art. 2 des UN-Übereinkommens über die Anerkennung und Vollstreckung ausländischer Schiedssprüche für alle Arten von Schiedsvereinbarungen die Schriftform genügt, verlangt das autonome deutsche Recht gemäß § 1031 Abs. 5 ZPO für Schiedsvereinbarungen unter Beteiligung von Verbrauchern eine eigenhändig unterzeichnete Schiedsklausel, die *"andere Vereinbarungen als solche, die sich auf das schiedsrichterliche Verfahren beziehen, nicht enthalten"* darf. Die Urkunde über den Schiedsvertrag muss von den Parteien auch gesondert unterzeichnet werden. Dies gilt selbst dann, wenn der Schiedsvertrag als Anlage dem notariellen Protokoll des Unternehmenskaufvertrags beigefügt wird, nicht aber, wenn der Unternehmenskaufvertrag insgesamt notariell beurkundet wird.[41]

45 Ist an der Schiedsvereinbarung kein Verbraucher beteiligt, was für den typischen Fall des Unternehmenskaufvertrages zutrifft, gelten die Formvorschriften des § 1031 Abs. 1 ZPO.

46 Schiedsklauseln sind grundsätzlich weit auszulegen.[42]

47 Grundsätzlich können drei Arten von Schiedsgerichten unterschieden werden: Das Verbandsschiedsgericht, das institutionelle Schiedsgericht und das Ad-hoc-Schiedsgericht. Für den Unternehmenskauf in Betracht kommen nur die beiden zuletzt genannten Arten.

48 Keine praktische Relevanz bei internationalen Unternehmenskäufen kommt alternativen Streitbeilegungsmechanismen wie Mediationsverfahren oder ähnlichen

---

38) *Schwab/Walter*, Schiedsgerichtsbarkeit, Kap. 43 Rz. 6; vgl. § 1061 Abs. 1 Satz 1 ZPO und Art. 5 Abs. 1 des UN-Übereinkommens v. 10.6.1958 über die Anerkennung und Vollstreckung ausländischer Schiedssprüche sowie Art. 7 des Genfer Übereinkommens v. 21.4.1961 über die internationale Handelsschiedsgerichtsbarkeit.
39) *Geimer*, Int. Zivilprozessrecht, Rz. 3837; *Gaus*, WiB 1995, 645, 646.
40) *Schütze* in: Münchener Vertragshandbuch, Bd. 4, II. 1. Anm. 8.
41) *von Hoyenberg* in: Münchener Vertragshandbuch, Bd. 2, IV. 3., 4. Anm. 134.
42) *Kröll*, NJW 2011, 1265, 1266 m. N.

konsensualen Lösungsverfahren zu.[43] Neben einer bislang sich erst allmählich entwickelnden Akzeptanz alternativer Streitbeilegungsmechanismen ist ein weiterer Grund hierfür, dass diese für Verfahren um Streitigkeiten im Zusammenhang mit Unternehmenskäufen nicht so gut geeignet sind. Zunächst wird bei Unternehmenskäufen vor der Anrufung des staatlichen Gerichts oder des Schiedsgerichts ohnehin versucht, eine einvernehmliche Lösung zu finden; darüber hinaus geht es zumeist um rechtliche Interessen der Parteien des Unternehmenskaufvertrages während außergerichtliche Streitbeilegungsmechanismen besser zugeschnitten sind auf die Klärung außerrechtlicher Interessen.[44]

II. Institutionelle Schiedsgerichtsbarkeit

Das unter der Obhut einer nationalen oder internationalen Schiedsorganisation stehende institutionelle Schiedsgericht offeriert gewissermaßen ein Pauschalangebot: Die internationale Organisation bietet einen institutionellen Rahmen und einen gewissen Fundus an erfahrenen Schiedsrichtern. Ferner verfügt sie über eine eigene Verwaltung, die Verfügungen, Ladungen und Zustellungen erledigt, und hält technisches Know-how sowie organisatorische Einrichtungen für die Durchführung des Verfahrens vor. Außerdem überwacht sie den ordnungsgemäßen Ablauf des Verfahrens, was die Quote möglicher Verfahrensfehler senken und mithin die Chance der späteren Anerkennung des Schiedsspruchs bei staatlichen Vollstreckungsstellen erhöhen kann. Zudem wird in aller Regel nach einer vorgegebenen Schiedsverfahrensordnung verhandelt, was ebenfalls zur Senkung der Verfahrensfehlerquote beitragen kann. Hinzu kommt nicht selten bei Schiedssprüchen von Schiedsgerichten angesehener internationaler Schiedsorganisationen eine gewisse zusätzliche Bindungswirkung jenseits der Rechtsbindung im technischen Sinn. Allerdings hat dieser Service seinen Preis, und er nimmt den Parteien überdies ein gewisses Maß an Flexibilität und Freiheit.[45] 49

Die bekannteste Einrichtung der internationalen Schiedsgerichtsbarkeit ist die **Internationale Handelskammer** in Paris.[46] Zu nennen sind ferner das Schiedsgericht der Deutschen Institution für Schiedsgerichtsbarkeit e. V. (DIS),[47] das Schiedsgerichtsinstitut der Stockholmer Handelskammer,[48] das internationale Schiedsgericht bei der Wirtschaftskammer Österreich in Wien,[49] das Schieds- 50

---

43) So auch der Befund von *Sachs*, SchiedsVZ 2004, 123, 125.
44) S. hierzu näher *Breidenbach/Peres*, SchiedsVZ 2010, 125, 128.
45) Näher *Schütze/Tscherning/Wais*, Hdb. Schiedsverfahren, Rz. 29 ff.
46) Hierzu näher *Baier* in: Kronke/Melis/Schnyder, Hdb. Int. Wirtschaftsrecht, Teil O Rz. 350 ff.; *Reiner/Jahnel* in: Schütze, Schiedsgerichtsbarkeit, Kap. II.
47) S. hierzu *Bredow* in: Kronke/Melis/Schnyder, Hdb. Int. Wirtschaftsrecht, Teil O Rz. 478 ff.; ferner *Theune* in: Schütze, Schiedsgerichtsbarkeit, Kap. III.
48) S. *Franke* in: Kronke/Melis/Schnyder, Hdb. Int. Wirtschaftsrecht, Teil O Rz. 1370 ff.
49) Hierzu näher *Baier* in: Kronke/Melis/Schnyder, Hdb. Int. Wirtschaftsrecht, Teil O Rz. 634 ff.; *Liebscher* in: Schütze, Schiedsgerichtsbarkeit, Kap. IV.

gericht der Schweizerischen Handelskammern,[50] und das Schiedsgericht des London Court of International Arbitration.[51] Bei internationalen Unternehmenskäufen unter Beteiligung deutscher Parteien wird in der Praxis neben einer Ad-hoc-Klausel besonders häufig die **DIS-Schiedsordnung** vorgesehen.[52]

51 Bei der Vereinbarung eines institutionellen Schiedsgerichts sollte man sich zur Vermeidung von Auslegungsproblemen an der von der betreffenden Schiedsorganisation empfohlenen **Standard-Schiedsklausel** orientieren, ggf. ergänzt um die Gesichtspunkte, die im Einzelfall zusätzlicher Regelung bedürfen.[53]

III. Ad-hoc-Schiedsgerichte

52 Bei einem Ad-hoc-Schiedsgericht sind die Parteien im Unterschied zum institutionellen Schiedsgericht sowohl in der Wahl der Verfahrensordnung als auch in der Wahl der Schiedsrichter völlig frei, sofern nur die Grundprinzipien eines unparteiischen Schiedsverfahrens eingehalten werden. Andererseits ist das Ad-hoc-Schiedsgericht für die Vertragsparteien auch mit einem größeren Gestaltungsaufwand verbunden. Gesteigerte Umsicht ist geboten, wenn die Parteien in sehr unterschiedlichen Rechtstraditionen, etwa im deutschen und im US-amerikanischen Recht verwurzelt sind.[54]

53 Besonders in einem solchen Fall kann es sich empfehlen, für das Ad-hoc-Schiedsgericht die **Standardverfahrensordnung** einer institutionellen Schiedsorganisation oder eine Muster-Schiedsgerichtsordnung zu vereinbaren. Hier ist v. a. die UNCITRAL-Schiedsgerichtsordnung zu nennen.[55]

54 Vereinbaren die Parteien ein Ad-hoc-Schiedsgericht, dann sollte unbedingt eine klare Regelung über die **Benennung der Schiedsrichter** getroffen werden. Üblich ist, dass jede Partei einen Schiedsrichter ernennt und dass diese beiden Schiedsrichter ihrerseits einen dritten Schiedsrichter als Vorsitzenden bestimmen. Erforderlich sind vertragliche Regelungen für den Fall, dass eine Partei ihre Benennungspflicht nicht oder nicht fristgerecht erfüllt oder dass sich die beiden Schiedsrichter nicht auf einen dritten Schiedsrichter einigen können.[56]

55 Bei der Abfassung der Schiedsgerichtsklausel sollten ebenso wie bei Gerichtsstandsklauseln möglichst umfassende Formulierungen verwendet werden. So empfiehlt es sich neben den Streitigkeiten *aus* dem Vertrag (vertragliche Ansprüche)

---

50) S. hierzu *Karrer* in: Schütze, Schiedsgerichtsbarkeit, Kap. V.
51) Hierzu näher *Marriot* in: Kronke/Melis/Schnyder, Hdb. Int. Wirtschaftsrecht, Teil O Rz. 1103 ff.; *Triebel/Hunter* in: Schütze, Schiedsgerichtsbarkeit, Kap. VI.
52) Rechtstatsächliches bei *Sachs*, SchiedsVZ 2004, 123, 125.
53) Formulierungsbeispiele bei *Schütze* in: Münchener Vertragshandbuch, Bd. 4, II. 1. bis II. 7.
54) Dazu *Gaus*, WiB 1995, 645.
55) Hierzu näher *Melis* in: Kronke/Melis/Schnyder, Hdb. Int. Wirtschaftsrecht, Teil O Rz. 258 ff.; *Patocchi* in: Schütze, Schiedsgerichtsbarkeit, Kap. XII.
56) Einzelheiten bei *Schütze/Tscherning/Wais*, Hdb. Schiedsverfahren, Rz. 92 ff., 116.

auch solche *in Zusammenhang mit* dem Vertrag (also insbesondere deliktische Ansprüche) in die Kompetenz des Schiedsgerichts aufzunehmen.[57)]

Entsprechend sollte bei der Abfassung der Vereinbarung in englischsprachigen Verträgen mit Parteien aus *common law*-Ländern gemäß den Gepflogenheiten der dortigen Kautelarpraxis eine möglichst weite Formulierung für die Bestimmung des Umfangs der Kompetenzen des Schiedsgerichts gewählt werden. So sollte die Schiedsklausel nicht nur *claims out of the agreement*, sondern zusätzlich auch *claims arising in connection with the agreement* umfassen, ferner nicht nur *disputes*, sondern auch *controversies* und darüber hinaus auch die bloße Geltendmachung von Ansprüchen (*claims*). Anderenfalls bietet die Klausel Angriffsflächen für Umgehungsversuche. 56

Nach deutschem Schiedsverfahrensrecht war früher die Wirksamkeit einer sog. *Kompetenz-Kompetenz-Klausel* anerkannt, nach welcher das Schiedsgericht auch über sämtliche Streitigkeiten in Bezug auf die Schiedsvereinbarung und insbesondere für Streitigkeiten über Gültigkeit, Umfang und Auslegung der Schiedsvereinbarung entscheidungsbefugt sein sollte. Bei Vereinbarung einer solchen Klausel durften staatliche Gerichte lediglich über die Gültigkeit der Kompetenz-Kompetenz-Klausel entscheiden.[58)] Hintergrund war die Befürchtung, dass anderenfalls die Schiedsabrede dadurch unterlaufen werden könnte, dass wegen ihrer behaupteten Unwirksamkeit staatliche Gerichte angerufen werden.[59)] Das reformierte deutsche Schiedsverfahrensrecht ist bewusst von dieser Rechtsprechung abgewichen. Die Kompetenz-Kompetenz des Schiedsgerichts ist nunmehr zwar gesetzlich anerkannt, jedoch darf gegen die Entscheidung des Schiedsgerichts vor staatlichen Gerichten vorgegangen werden, §§ 1040 Abs. 3 Satz 2, 1059 Abs. 2 Nr. 1 lit. a ZPO. Das staatliche Gericht ist dabei nicht an die Entscheidung des Schiedsgerichts gebunden; es bedarf nicht einmal eines Zuwartens der Entscheidung des Schiedsgerichts durch das angerufene staatliche Gericht.[60)] Eine von den Parteien ggf. gewünschte Letzt-Kompetenz-Kompetenz des Schiedsgerichts kann somit nicht mehr wirksam vereinbart werden.[61)] 57

Empfehlenswert ist ferner eine Vereinbarung darüber, welche Partei die Schiedsverfahrens- und Anwaltskosten zu tragen hat. Hier bietet sich im Zweifel an, die Kostenentscheidung in das pflichtgemäße Ermessen des Schiedsgerichts zu stellen.[62)] 58

---

57) *Gaus*, WiB 1995, 645, 646; *Geimer* in: Zöller, ZPO, § 1029 Rz. 91.
58) So noch BGH, WM 1988, 1430.
59) Vgl. hierzu *Geimer* in: Zöller, ZPO, § 1040 Rz. 1.
60) BGH, NJW 2005, 1125; *Geimer*, Int. Zivilprozessrecht, Rz. 3826; *Reichold* in: Thomas/Putzo, ZPO, § 1040 Rz. 8.
61) *Geimer*, Int. Zivilprozessrecht, Rz. 3826.
62) *Gaus*, WiB 1995, 645, 646.

59 Schließlich kann es sich empfehlen, für die Anerkennung und Vollstreckung des Schiedsspruchs bereits in der Schiedsklausel kautelarische Vorsorge zu treffen. In der US-amerikanischen Praxis ist es üblich, die Schiedsklausel um eine entsprechende *enforcement clause* zu ergänzen, mit der sich beide Parteien der Zwangsvollstreckung aus einem etwaigen Schiedsspruch unterwerfen. Diese privatvertraglich vereinbarte *enforcement clause* ist der Unterwerfungsklausel des deutschen Schiedsverfahrensrechts (§ 1053 Abs. 4 ZPO) vergleichbar und darf nicht mit der vom Prozessgericht zu erteilenden Vollstreckungsklausel des deutschen Zwangsvollstreckungsrechts (§ 725 ZPO) verwechselt werden.

60 Des Weiteren kann sich eine Vereinbarung über den Ort und die Sprache des Schiedsverfahrens empfehlen.[63]

61 Von der Schiedsvereinbarung zu trennen ist die Vereinbarung einer Schiedsverfahrensordnung, mit der die Einzelheiten der Verfahrensdurchführung geregelt werden. Ob eine solche Schiedsverfahrensordnung bereits im Unternehmenskaufvertrag vereinbart wird, kann nicht pauschal beantwortet werden, sondern hängt von den Umständen des Einzelfalls ab. Falls eine Verfahrensordnung vereinbart wird, sollten sich die Vertragsparteien – schon aus Zeit- und Kostengründen – darauf beschränken, eine der soeben zitierten gängigen Modell-Verfahrensordnungen zu wählen.[64]

62 Ob ein Unternehmenskaufvertrag um eine Schiedsvereinbarung ergänzt werden sollte, und wenn ja, welcher Art das Schiedsverfahren sein soll, kann nicht pauschal, sondern nur unter Abwägung der Umstände des Einzelfalls entschieden werden. Für die institutionelle Schiedsgerichtsbarkeit spricht v. a. die Entlastung der Vertragsparteien von der Ausarbeitung individueller Vereinbarungen. Für die Ad-hoc-Schiedsgerichtsbarkeit spricht hingegen die größere Flexibilität der Verfahrensgestaltung.

63 Eine Schiedsvereinbarung sollte unbedingt mit einer Wahl des auf den Unternehmenskaufvertrag anwendbaren Rechts gekoppelt werden.

64 Schiedsvereinbarungen, die deutschem Recht unterliegen, sollten zur Vermeidung unnötiger Risiken vorsorglich unter Beachtung der Form des § 1031 Abs. 5 ZPO (gesonderte Urkunde) geschlossen werden.

C. Empfangs- und Zustellungsbevollmächtigte

65 Bei Unternehmenskäufen mit Auslandsbezug stellt sich häufig das Problem des grenzüberschreitenden Zugangs oder der grenzüberschreitenden Zustellung von Dokumenten, Urkunden oder Erklärungen. Insbesondere ist dies relevant, wenn Verkäuferin und Käuferin ihren Sitz nicht in derselben Jurisdiktion haben. In einem solchen Fall können Zustellungen deshalb problematisch werden, weil

---

63) *Gaus*, WiB 1995, 645, 646.
64) *Gaus*, WiB 1995, 645, 646.

Absende- und Empfangsstaat ggf. unterschiedliche Grundsätze über den Zugang von rechtsgeschäftlichen Erklärungen kennen. So weicht bspw. die im *common law* verbreitete *mailbox*-Theorie nicht unerheblich von den Regeln des deutschen Rechts ab, denn nach der *mailbox*-Theorie wird eine Erklärung bereits mit Aufgabe zur Post (Einwerfen in den Briefkasten) unwiderruflich. Ein Vertrag kommt also nicht erst zustande, wenn die Annahmeerklärung zugeht, sondern schon dann, wenn sie abgeschickt wird.[65)]

Nach welchem Recht sich der Zugang von Erklärungen oder die Zustellung richtet, lässt sich nicht immer hinreichend klar im Voraus beurteilen. Insoweit kommen insbesondere das Schuldstatut oder das Recht am Ort des Zugangs bzw. der Zustellung in Betracht. 66

Schwierigkeiten, aber auch bloße Verzögerungen beim grenzüberschreitenden Zugang von Erklärungen bzw. bei der grenzüberschreitenden Zustellung können durch die Bestellung von Empfangs- und Zustellungsbevollmächtigten mit Sitz bzw. Niederlassung diesseits der Grenze verringert werden. Die Vereinbarung von Empfangs- bzw. Zustellungsbevollmächtigten sollte bereits im oder jedenfalls in unmittelbarem Zusammenhang mit dem Unternehmenskaufvertrag erfolgen. Dies bietet sich insbesondere dort an, wo auf einer Seite des Vertrags mehrere Beteiligte mit unterschiedlichen Niederlassungen im In- und Ausland stehen. Hier ist dringend die Vereinbarung einer Bevollmächtigung der Inländer mit Wirkung für und gegen die ausländischen Vertragsparteien zu empfehlen. 67

Der **Formulierungsvorschlag** für eine deutschsprachige Klausel ist wie folgt: 68

„Für sämtliche Streitigkeiten aus oder im Zusammenhang mit diesem Vertrag benennt die Käuferin/Verkäuferin hiermit X als ihren Zustellungsbevollmächtigten. Die Käuferin/Verkäuferin erklärt sich damit einverstanden, dass sämtliche Dokumente im Zusammenhang mit solchen Streitigkeiten dem Zustellungsbevollmächtigten mit Wirkung für und gegen die Käuferin/Verkäuferin zugestellt werden können. Der Zustellungsbevollmächtigte darf nur durch einen solchen neuen Zustellungsbevollmächtigten ersetzt werden, der eine zustellungsfähige Adresse in Deutschland hat. Die Ernennung des neuen Zustellungsbevollmächtigten durch die Käuferin/Verkäuferin wird erst dann wirksam, wenn sie der Verkäuferin/Käuferin gemäß den Bestimmungen dieses Vertrages mitgeteilt worden ist."

Die Bestimmung eines Zustellungsbevollmächtigten in englischer Sprache könnte wie folgt lauten: 69

„Buyer/Seller hereby appoints X as his agent for service of process (*Zustellungsbevollmächtigter*) for all disputes involving Buyer/Seller arising out of or in connection with this Agreement. This appointment shall only terminate upon the appointment of another agent for service of process domiciled in Germany. The appointment of the new agent for service of process (*Zustellungsbevollmächtigter*) will become effective with the notification of the Seller/Buyer in accordance with this Agreement."

---

65) Rechtsvergleichend *Zweigert/Kötz*, Einf. in die Rechtsvergleichung, S. 352 f.

Kapitel 3 Besonderheiten beim Erwerb börsennotierter Unternehmen

§ 12 Grenzüberschreitende Kapitalmarkttransaktionen

Übersicht

A. Einleitung 1
B. Erwerb bestehender Aktien 4
I. Börslicher Erwerb von Aktien ("Marktkäufe") 5
  1. Bedeutung für Unternehmenstransaktionen 5
  2. Rechtliche Struktur börslicher Aktienerwerbe 8
  3. Anwendbares Recht 12
   a) Rechtsverhältnis zwischen Erwerber und Bank 13
   b) Rechtsverhältnis zwischen Bank und dem Vertragspartner des Ausführungsgeschäfts 15
   c) Übertragung der Aktien 18
II. Außerbörslicher Erwerb von börsengehandelten Aktien ("Paketerwerbe") 21
  1. Bestimmung des Kaufgegenstands 22
  2. Regelungen über den Kaufpreis 23
  3. Regelungen zur Übertragung des Aktieneigentums 26
  4. Verkäufergarantien 31
  5. Repräsentation des Käufers im Aufsichtsrat 34
  6. Anwendbares Recht 37
C. Erwerb neuer Aktien 38
I. Überblick über mögliche Transaktionsstrukturen 39
II. Barkapitalerhöhungen mit vereinfachtem Bezugsrechtsausschluss 40
  1. Ausgangslage und Interessen der Parteien 40
  2. Ablauf 42
  3. Relevante Rechtsfragen 47

 a) Gesetzliche Höchstgrenze der Anzahl zu erwerbender Aktien 47
 b) Konkret verfügbare Anzahl zu erwerbender Aktien 49
 c) Festlegung des Platzierungspreises 52
 d) Grenzen des vereinfachten Bezugsrechtsausschlusses 54
 e) Anwendbares Recht 56
III. Bezugsrechtskapitalerhöhungen mit Backstop durch den Investor 59
  1. Ausgangslage und Interessen der Parteien 59
  2. Ablauf 62
  3. Relevante Rechtsfragen 65
   a) Aktienrechtliche Zulässigkeit der Backstop-Vereinbarung 65
   b) Rechtscharakter der Backstop-Vereinbarung 69
   c) Verpflichtung des Backstop-Investors zum Erwerb neuer Aktien 71
   d) Vergütung und Break Fee zugunsten des Backstop-Investors 75
   e) Anwendbares Recht 77
IV. Kapitalerhöhungen gegen Sacheinlage 78
  1. Ausgangslage und Interessen der Parteien 78
  2. Ablauf 80
   a) Bewertungsgutachten und Fairness Opinion 81
   b) Flexibilität bei der Erstellung eines Wertpapierprospekts 82
   c) Umsetzung durch genehmigtes Kapital oder ordentliche Kapitalerhöhung 83

aa) Ausnutzung genehmigten
    Kapitals 84
bb) Ordentliche Kapitalerhöhung 86
3. Relevante Rechtsfragen 88
a) Zulässigkeit des
    Bezugsrechtsausschlusses 88
b) Anzahl der auszugebenden
    Aktien 90
aa) Wertansatz für den
    Einlagegegenstand 92
bb) Wertansatz für die
    Gesellschaft 95
c) Festlegung des Ausgabe-
    betrags 97
d) Anwendbares Recht 99
V. Gemischte Bar- und
    Sachkapitalerhöhungen 100
D. Besonderheiten beim
    Kontrollerwerb gemäß
    § 29 Abs. 2 WpÜG 106
I. Strukturüberlegungen 106
1. Pflichtangebot bei Erwerb
    der Aktien 107
2. Freiwilliges Übernahme-
    angebot am Unter-
    zeichnungstag 110
3. Maßnahmen zur Sicherung
    des Angebotserfolgs 112
a) Irrevocable Undertakings 113
b) Einsatz von Derivaten 117
II. Verhältnis von Erwerbspreis
    und Angebotspreis des
    Übernahmeangebots 121
III. Harmonisierung der
    Bedingungen von Aktienerwerb
    und Übernahmeangebot 123
IV. Berücksichtigung von
    Offenlegungspflichten 127
V. Bestimmung des Übernahme-
    vertragsstatuts 128
1. Praktische Bedeutung 129
2. Objektive Anknüpfung des
    anwendbaren Rechts 132
a) Ausgangslage 132
b) Recht am Börsen- bzw.
    Übernahmeort 134
c) Recht am Ort des Kauf-
    angebots („Marktrecht") 135
d) Hauptbörsenrecht und Sitz-
    recht der Zielgesellschaft 138
3. Stellungnahme 139
E. Ausgestaltung der übrigen
    Bedingungen des Investments 141
I. Rechtscharakter und Zulässigkeit
    von Investorenvereinbarungen 141
II. Wesentliche Regelungsbereiche
    von Investorenvereinbarungen 143
1. Ziele der Beteiligung des
    Investors 144
2. Operative Maßnahmen von
    Zielgesellschaft und Investor 145
3. Begrenzung der Höhe der
    Beteiligung des Investors 146
4. Repräsentation des Investors
    in den Organen der Gesell-
    schaft 147
5. Regelungen in Bezug auf
    ein Übernahmeverfahren 149
6. Break Fees 152
III. Anwendbares Recht 153

Literatur: *Ackermann,* Das internationale Privatrecht der Unternehmensübernahme: deutsches und europäisches Übernahmekollisionsrecht im Spannungsfeld zwischen internationalem Gesellschafts- und Kapitalmarktrecht, 2008; *BaFin,* Merkblatt – Auslegung des § 35 Abs. 3 WpÜG durch die Bundesanstalt für Finanzdienstleistungsaufsicht v. 12.7.2007; *BaFin,* Emittentenleitfaden, 4. Aufl., 2013; *Baums/Drinhausen/Keinath,* Anfechtungsklagen und Freigabeverfahren, Institute for Finance Working Paper Series No. 130, 2011; *Bayer/ Hoffmann/Sawada,* Auswirkung der Zuweisung der erstinstanzlichen Zuständigkeit im Freigabeverfahren an die Oberlandesgerichte, 2012; *Berger/Filgut,* Material-Adverse-Change-Klauseln in Wertpapiererwerbs- und Übernahmeangeboten, WM 2005, 253; *Berrar/ Wiegel,* Auswirkungen des vereinfachten Prospektregimes auf Bezugsrechtskapitalerhöhungen, CFL 2012, 97; *Bücker,* Unternehmenskauf mit Aktien. Liquiditätsschonende M&A-Strukturen sind durch Gesetzesänderung attraktiver geworden, CFL 2010, 177; *Bungert/*

Wansleben, Vertragliche Verpflichtung einer Aktiengesellschaft zur Nichtdurchführung von Kapitalerhöhungen, ZIP 2013, 1841; *Bunte*, AGB-Banken und Sonderbestimmungen: AGB-Banken, 3. Aufl., 2011; *Busch*, Bedingungen in Übernahmeangeboten, AG 2002, 145; *Cahn/Simon/Theiselmann*, Nennwertanrechnung beim Debt Equity Swap!, DB 2012, 501; *Cahn/Simon/Theiselmann*, Forderungen gegen die Gesellschaft als Sacheinlage? CFL 2010, 238; *Canaris*, Bankvertragsrecht, 2. Aufl., 1981; *Cascante/Bingel*, Verbesserte Beteiligungstransparenz (nicht nur) vor Übernahmen?, NZG 2011, 1086; *Claussen*, Bank- und Börsenrecht, 4. Aufl., 2008; *Decher*, Das Business Combination Agreement – ein verdeckter Beherrschungsvertrag oder sonstiger strukturändernder Vertrag?, in: Festschrift Hüffer, 2010, S. 145; *Deilmann*, Aktienrechtlicher versus übernahmerechtlicher Squeeze-out, NZG 2007, 721; *Drygala*, Deal Protection in Verschmelzungs- und Unternehmenskaufverträgen – eine amerikanische Vertragsgestaltung auf dem Weg ins deutsche Recht, WM 2004, 1457; *Dürig*, Kollisionsrechtliche Anknüpfung bei öffentlichen Übernahmeangeboten – Im Blickpunkt: Pflichtangebot und Verhaltenspflichten, RIW 1999, 746; *Ebenroth/Wilken*, Kollisionsrechtliche Einordnung transnationaler Unternehmensübernahmen, ZVglRWiss 90 (1991), 235; *Eder*, Die rechtsgeschäftliche Übertragung von Aktien, NZG 2004, 107; *Einsele*, Bank- und Kapitalmarktrecht, 2. Aufl., 2010 (zit.: Bank- und Kapitalmarktrecht); *Einsele*, Auswirkungen der Rom I-Verordnung auf Finanzdienstleistungen, WM 2009, 289; *Einsele*, Wertpapiere im elektronischen Bankgeschäft, WM 2001, 7; *Ekkenga*, Neuerliche Vorschläge zur Nennwertanrechnung beim Debt-Equity-Swap – Erkenntnisfortschritt oder Wiederbelebungsversuche am untauglichen Objekt?, DB 2012, 331; *Ernst&Young*, Wem gehört der DAX? Analyse der Aktionärsstuktur der DAX-Unternehmen, Stand: 9.5.2013; *Groß*, Kapitalmarktrecht, Kommentar, 5. Aufl., 2012 (zit.: KapitalmarktR); *Groß*, Bezugsrechtsausschluß bei Barkapitalerhöhungen: Offene Fragen bei der Anwendung des neuen § 186 Absatz 3 Satz 4 AktG, DB 1994, 2431; *Groß*, Der Inhalt des Bezugsrechts nach § 186 AktG – Ein Beitrag zum gekreuzten und faktischen Bezugsrechtsausschluß, AG 1993, 449; *Grundmann*, Die neuen Maßnahmen gegen Insider-Trading in Japan, RabelsZ 54 (1990), 282; *Habersack/Meyer*, Globalverbriefte Aktien als Gegenstand sachenrechtlicher Verfügungen?, WM 2000, 1678; *Hahn*, Übernahmerecht und Internationales Privatrecht, RIW 2002, 741; *Hannemann*, Zur Bewertung von Forderungen als Sacheinlagen bei Kapitalgesellschaften, DB 1995, 2055; *von Hein*, Grundfragen des europäischen Übernahmekollisionsrechts, AG 2001, 213; *Hellner/Steuer*, Bankrecht und Bankpraxis, Bd. 3, 2001; *Hoffmann-Becking*, Gesetz zur kleinen AG – unwesentliche Randkorrekturen oder grundlegende Reform?, ZIP 1995, 1; *Hopt*, Emission, Prospekthaftung und Anleihetreuhand im internationalen Recht, in: Festschrift W. Lorenz, S. 413; *Ihrig/Wagner*, Volumengrenzen für Kapitalmaßnahmen der AG zu den aktienrechtlichen Höchstgrenzen bei Kapitalmaßnahmen, NZG 2002, 657; *Johannsen-Roth/Goslar*, Rechtliche Rahmenbedingungen für Übernahmeprämien bei Misch- oder Tauschangeboten im Lichte von § 255 II S. 1 AktG und § 57 AktG, AG 2007, 573; *Johannsen-Roth/Illert*, Paketerwerbe und öffentliche Übernahmeangebote im Lichte des neuen übernahmerechtlichen Squeeze out nach § 39a WpÜG, ZIP 2006, 2157; *Karollus*, Die Umwandlung von Geldkrediten in Grundkapital – eine verdeckte Sacheinlage?, ZIP 1994, 589; *Keller*, Die EG-Richtlinie 98/26 vom 19.5.1998 über die Wirksamkeit von Abrechnungen in Zahlungs- sowie Wertpapierliefer- und -abrechnungssystemen und ihre Umsetzung in Deutschland, WM 2000, 1269; *Kiem*, Investorenvereinbarungen im Lichte des Aktien- und Übernahmerechts, AG 2009, 301; *Kley*, Sachkapitalerhöhung bei der Aktiengesellschaft: Einbringungsvertrag und Zeichnung der neuen Aktien – Notwendigkeit und Formerfordernisse, RNotZ 2003, 17; *König*, Business Combination Agreements in der Rechtsprechung im Fall W. E. T., NZG 2013, 452; *Kossmann*, Vorbereitung und Durchführung von Stock-for-Stock-Akquisitionen, AG 2005, 9; *Langenbucher/Bliesener/Spindler*, Bankrechts-Kommentar, 2013 (zit.: *Bearbeiter* in: Bankrechts-Kommentar); *Löbbe*, Gesellschaftsrechtliche Gestaltungsmöglichkeiten beim Debt Equity Swap, in: Festschrift Winter, 2011, S. 423; *Lutter*, Materielle und förmliche Erfordernisse eines Bezugsrechtsausschlusses, ZGR 1979, 401; *Maier-Reimer*, Mittelbare Sacheinlagen, in: Festschrift Nirk, 1992, S. 639; *Mankowski*, Finanzverträge und das neue Internationale Verbrauchervertragsrecht des Art. 6 Rom I-VO, RIW 2009, 98; *Mankowski*, Die

§ 12 Grenzüberschreitende Kapitalmarkttransaktionen

Rom I- Verordnung: Änderungen im europäischen IPR für Schuldverträge, IHR 2008, 133; *Marsch-Barner*, Die Erleichterung des Bezugsrechtsausschlusses nach § 186 Absatz 3 Satz 4 AktG, AG 1994, 532; *Mentz/Fröhling*, Die Formen der rechtsgeschäftlichen Übertragung von Aktien, NZG 2002, 201; *Merkner/Sustmann*, Vorbei mit dem unbemerkten Anschleichen an börsennotierte Unternehmen?, NZG 2010, 681; *Merkt*, Internationaler Unternehmenskauf durch Beteiligungserwerb, in: Festgabe Sandrock, 1995, S. 135; *Modlich*, Die außerbörsliche Übertragung von Aktien, DB 2002, 671; *Mülbert*, Die Anwendung der allgemeinen Formvorschriften bei Sachgründungen und Sachkapitalerhöhungen, AG 2003, 281; *Müller*, Wertpapierprospektgesetz, Kommentar, 2012; *Paschos*, Die Zulässigkeit von Vereinbarungen über künftige Leitungsmaßnahmen des Vorstands, NZG 2012, 1142; *Pfüller/Flatten*, Aktienübernahmeverträge und Platzierungsrisiko, FB 2001, 388; *Picot/Mentz/Seydel*, Die Aktiengesellschaft bei Unternehmenskauf und Restrukturierung, 2003 (zit.: *Bearbeiter* in: Picot/Mentz/Seydel); *PricewaterhouseCoopers/Baker&McKenzie*, Equity Sans Frontières, 11/2012 (zit. *PwC/B&M*, Equity Sans Frontières); *Priester*, Debt-Equity-Swap zum Nennwert?, DB 2010, 1445; *Reichert/Harbarth*, Veräußerung und Einziehung eigener Aktien., ZIP 2001, 1441; *Reichert/Ott*, Investorenvereinbarung mit der Zielgesellschaft – Möglichkeiten und Grenzen der Einflussnahme auf Gesellschaftsorgane, in: Festschrift Goette, 2011, S. 397; *von Riegen*, Rechtliche Rahmenbedingungen bei Pipe-Transaktionen, CFL 2010, 1; *von Riegen*, Rechtsverbindliche Zusagen zur Annahme von Übernahmeangeboten (sog. „irrevocable undertakings"), ZHR 167 (2003), 702; *Rodewald*, Die Angemessenheit des Ausgabebetrags für neue Aktien bei börsennotierten Gesellschaften, BB 2004, 613; *Rubner*, Der Vorstand der Zielgesellschaft bei M&A-Transaktionen, KSzW 04.2011, 412; *Schäfer/Grützediek*, Haftung der Gesellschaft für „mangelhafte" Gesellschaftsanteile bei Kapitalerhöhungen, NZG 2006, 204; *Schall*, Business Combination Agreements und Investorenvereinbarungen, in: Kämmerer/Veil, Reformdiskussion, 2013, S. 75; *Schiessl*, Auf der Suche nach dem „Ankeraktionär" – „PIPE"-Transaktionsmodelle und Organpflichten, AG 2009, 35; *Schlitt/Schäfer*, Aktuelle Entwicklungen bei Bezugsrechtskapitalerhöhungen, CFL 2011, 410; *Schlitt/Schäfer*, Alte und neue Fragen im Zusammenhang mit 10 %-Kapitalerhöhungen, AG 2005, 67; *Schulz, St.*, Unwirksame Sacheinlagevereinbarungen bei börsennotierten Aktiengesellschaften, NZG 2010, 41; *Schulz, St./Hartig*, Vereinfachte Prospekte für Bezugsrechtsemissionen nach den „verhältnismäßigen Schemata" des Art. 26a EU-ProspektVO, WM 2014, 1567; *Schwennicke*, § 10 AktG – Der Ausschluß der Verbriefung der Aktien bei der kleinen Aktiengesellschaft, AG 2001, 118; *Seibert*, Der Ausschluß des Verbriefungsanspruchs des Aktionärs in Gesetzgebung und Praxis, DB 1999, 267; *Seibt*, Investoren- und Zusammenschlussvereinbarungen im Zusammenhang mit öffentlichen Kaufangeboten, in: Kämmerer/Veil, Reformdiskussion, 2013, S. 106; *Seibt*, Barkapitalemissionen mit erleichtertem Bezugsrechtsausschluss deutscher Emittenten nach § 186 Abs. 3 Satz 4 AktG, CFL 2011, 74; *Seibt*, Sanierungskapitalerhöhungen: Dogmatische Überlegungen und Praxisgestaltungen, Der Konzern 2009, 261; *Seibt/Schulz, St.*, Sachkapitalerhöhungen bei Aktiengesellschaften im Transaktionskontext, CFL 2012, 313; *Seibt/Voigt*, Kapitalerhöhungen zu Sanierungszwecken, AG 2009, 133; *Seibt/Wollenschläger*, Unternehmenstransaktionen mit Auslandsbezug nach der Reform des Außenwirtschaftsrechts, ZIP 2009, 833; *Seibt/Wunsch*, Investorenvereinbarungen bei öffentlichen Übernahmen, Der Konzern 2009, 195; *Sieger/Hasselbach*, Break Fee-Vereinbarungen bei Unternehmenskäufen, BB 2000, 625; *Trapp*, Erleichterter Bezugsrechtsausschluss nach § 186 Absatz 3 S. 4 AktG und Greenshoe, AG 1997, 116; *Traugott/Strümpel*, Die Novelle des Außenwirtschaftsgesetzes: Neue Regeln für den Erwerb deutscher Unternehmen durch ausländische Investoren, AG 2009, 186; *Vaupel/Reers*, Kapitalerhöhungen bei börsennotierten Aktiengesellschaften in der Krise, AG 2010, 93; *Wagner*, Der Grundsatz der Rechtswahl und das mangels Rechtswahl anwendbare Recht (Rom I-Verordnung), IPRax 2008, 377; *Wansleben*, Werthaltigkeitsprüfung und Offenlegung beim Debt Equity Swap, WM 2012, 2083; *Weber-Rey/Reps*, Ankerbeteiligungen: Chancen für die Corporate Governance, Rechtsrahmen und Investorenvereinbarungen, ZGR 2013, 597; *Wieneke*, Der Einsatz von Aktien als Akquisitionswährung, NZG 2004, 61; *Zöllner*, Gerechtigkeit bei der Kapitalerhöhung, AG 2002, 585.

A. Einleitung

Unternehmenstransaktionen, die eine in Deutschland börsennotierte Zielgesellschaft[1]) betreffen, weisen häufig einen Auslandsbezug auf. Dieser Auslandsbezug kann zum einen auf der **Anteilseignerebene** entstehen, wenn ausländische Personen oder Gesellschaften Beteiligungen an börsennotierten Unternehmen erwerben oder veräußern. Zum anderen kann er von der **Emittentenebene** herrühren, wenn die in Deutschland börsennotierte Zielgesellschaft eine ausländische Rechtsform besitzt.

In rechtstatsächlicher Hinsicht fallen die Befunde zur Bedeutung von Kapitalmarkttransaktionen mit Auslandsbezug auseinander. Ein genereller **Trend zur zunehmenden Internationalisierung der Aktionärsstruktur** der in Deutschland börsennotierten Unternehmen wird durchaus festgestellt.[2]) International lässt sich darüber hinaus beobachten, dass grenzüberschreitende Börsengänge mittlerweile einen signifikanten Anteil an der Gesamtzahl und dem Gesamtemissionsvolumen der weltweiten Börsengänge ausmachen.[3]) Aufgrund dieses **Trends zum grenzüberschreitenden Börsengang** dürfte sich die Zahl ausländischer Gesellschaften an den deutschen Börsen tendenziell erhöhen. Bislang ist der deutsche Kapitalmarkt allerdings kein großer Nutznießer des globalen Trends gewesen,[4]) und auch für die Zukunft ist zu erwarten, dass wie bisher v. a. die US-amerikanischen und die asiatischen Börsen die Hauptprofiteure der Internationalisierung in diesem Bereich sein werden.

Im vorliegenden Kapitel werden Transaktionsstrukturen für den Erwerb von bestehenden oder neuen Aktien börsennotierter Unternehmen mit Auslandsbezug und die dabei typischerweise auftretenden Rechtsfragen sowie die Frage der internationalprivatrechtlichen Anknüpfung erörtert. Im folgenden § 13 stehen die kapitalmarktrechtlichen Fragen im Mittelpunkt.

---

1) Soweit in diesem Kapitel der Begriff „börsennotierte Gesellschaft" verwendet wird, erfolgt dies in Anlehnung an die Definitionen des § 3 Abs. 2 AktG und § 21 Abs. 2 WpHG, d. h. die Darstellung bezieht sich nur auf Gesellschaften, deren Anteile in einem regulierten Markt gehandelt werden.
2) Nach der Studie *Ernst&Young*, Wem gehört der DAX? Analyse der Aktionärsstruktur der DAX-Unternehmen, Stand: 9.5.2013, befinden sich 55 % der Anteile der DAX30-Unternehmen in ausländischer Hand. Im Jahr 2005 lag dieser Wert (bezogen auf den Teil der DAX30-Unternehmen, für die Daten für das Jahr 2005 vorliegen) auf 44 %. Dieser Befund dürfte in der Tendenz die Entwicklung im Gesamtmarkt widerspiegeln.
3) Laut *PwC/B&M*, Equity Sans Frontières, S. 6, machen grenzüberschreitende Börsengänge 9 % der Anzahl der in den Jahren von 2002 bis 2011 durchgeführten Börsengänge und 13 % des Gesamtemissionsvolumens aus. Als grenzüberschreitend wird ein Börsengang in dieser Studie angesehen, wenn mehr als 50 % seines Emissionserlöses durch die Platzierung an einer ausländischen Börse erzielt wird.
4) Von 550 am regulierten Markt der Frankfurter Wertpapierbörse notierten Gesellschaften hatten 58 (entspricht 10,54 %) ihren Sitz im Ausland (Stand: 4.10.2013; eingeschlossen Zweitnotierungen). In den Jahren von 2002 bis 2011 gab es lediglich 30 grenzüberschreitende Börsengänge, in deren Rahmen die Aktien in den Handel an einer deutschen Börse einbezogen werden, vgl. PwC/B&M, Equity Sans Frontières, S. 30.

B. Erwerb bestehender Aktien

4 Ist bei einer internationalen Unternehmenstransaktion geplant, bereits ausgegebene Aktien der Zielgesellschaft zu erwerben, können diese Aktien entweder über die Börse (siehe hierzu Rz. 5 ff.) oder außerhalb der Börse i. R. eines sog. Paketerwerbs (siehe hierzu Rz. 21 ff.) gekauft werden.

I. Börslicher Erwerb von Aktien („Marktkäufe")
1. Bedeutung für Unternehmenstransaktionen

5 Der börsliche Erwerb von Aktien hat als Bestandteil von Unternehmenstransaktionen, d. h. von Transaktionen, die auf den Erwerb einer Beteiligung abzielen, die unternehmerischen Einfluss auf die Zielgesellschaft vermittelt,[5] eine **untergeordnete praktische Bedeutung**. Der Grund dafür ist, dass an der Börse keine größeren Volumina an Aktien gekauft werden können, ohne dass der Börsenkurs signifikant steigt, und der Käufer dieses Risiko zumeist nicht zu tragen bereit ist.

6 Praktisch relevant sind Marktkäufe für Unternehmenstransaktionen aber durchaus als sog. **Vor-, Parallel- oder Nacherwerbe** i. R. von öffentlichen Übernahme- und Pflichtangeboten. Börsliche Aktienkäufe, die vor der Veröffentlichung der Entscheidung zur Abgabe eines Pflichtangebots bzw. vor der Veröffentlichung der Kontrollerlangung getätigt werden, können, wenn sie durch den Bieter, einer mit ihnen gemeinsam handelnden Person (§ 2 Abs. 5 WpÜG) oder deren Tochterunternehmen getätigt werden, gemäß § 31 Abs. 1 WpÜG i. V. m. § 4 WpÜG-AV bzw. § 31 Abs. 4 WpÜG Auswirkungen auf die Höhe der i. R. des Übernahme- oder Pflichtangebots anzubietenden angemessenen Gegenleistung haben. Dazu muss der börslich gezahlte Preis den geplanten (bei Vorerwerben) bzw. den tatsächlichen (bei Parallelerwerben) Angebotspreis übersteigen. Der Bieter wird also nur solange Aktien erwerben, wie der Börsenkurs noch unter oder gleich dem von ihm als angemessen angesehenen (und etwa i. R. eines Paketerwerbs vereinbarten) Angebotspreises ist.[6] Wenn nach Veröffentlichung der Entscheidung zur Abgabe eines Übernahmeangebotes an der Börse noch Aktien zu einem Preis unterhalb des Angebotspreises angeboten werden, ist es dem Bieter möglich, diese ohne Auswirkungen auf den Angebotspreis zu erwerben; regelmäßig geschieht dies auch. Da börsliche Aktienkäufe nach Ablauf der Annahmefrist und der Veröffentlichung der sog. Schlussmitteilung gemäß § 23 Abs. 1 Nr. 2 WpÜG im Umkehrschluss zu § 31 Abs. 5 WpÜG keine Nachzahlungspflichten auslösen,[7] werden sie i. R. von Unternehmenstransaktionen genutzt, um eine angestrebte Beteiligungshöhe zu

---
5) Eine anerkannte Definition, wann eine Beteiligung unternehmerischen Einfluss vermittelt, gibt es nicht. In Anlehnung an die Definitionen einer wesentlichen Beteiligung in § 27a WpHG und in Ziff. 5.4.1 Abs. 6 DCGK (i. d. F. v. 13.5.2013) werden hierunter Beteiligungen im Umfang von 10 % oder mehr der Stimmrechte verstanden.
6) In diesem Sinne: *Wackerbarth* in: MünchKomm-AktG, § 31 WpÜG Rz. 75.
7) BT-Drucks. 14/7477, S. 53; *Santelmann/Nestler* in: Steinmeyer, WpÜG, § 31 Rz. 95.

erreichen, die i. R. des Übernahmeverfahrens nicht erlangt werden konnte (z. B. die 95 %-Schwelle zur Einleitung eines Squeeze-out gemäß § 327a AktG).

Wenn i. R. von Unternehmenstransaktionen Aktien an der Börse erworben 7 werden, geschieht dies **ohne aufwendige Dokumentation des Erwerbsvorgangs**, insbesondere ohne ausdrückliche Rechtswahl. Dadurch bereitet die Frage, welches Recht auf einen börslichen Aktienkauf Anwendung findet, gewisse Schwierigkeiten. Bevor auf diese Frage eingegangen werden kann, sind die rechtlichen Strukturen des börslichen Aktienkaufs näher zu untersuchen.

2. Rechtliche Struktur börslicher Aktienerwerbe

Der unmittelbare Erwerb von Aktien an einer Börse, d. h. nach den für die je- 8 weilige Börse geltenden Regeln und unter Nutzung der Börseninfrastruktur,[8] setzt voraus, dass der Erwerber zur Teilnahme am Börsenhandel zugelassen ist (§ 19 BörsG). Da die meisten Anleger nicht über eine derartige Zulassung verfügen, sind sie auf die Beauftragung eines Dritten angewiesen, der über eine entsprechende Zulassung verfügt; in der Praxis geschieht dies durch **Einschaltung eines Kreditinstituts**.[9] Vertragliche Grundlage der Beauftragung des Kreditinstituts kann eine laufenden Geschäftsbeziehung oder eine zu diesem Zweck geschlossene Mandatsvereinbarung zwischen Bank und Erwerber sein; in beiden Fällen handelt es sich um entgeltliche Geschäftsbesorgung i. S. des § 675 BGB.[10]

Der Auftrag des Erwerbers zum Kauf von Aktien kann nach Maßgabe der Ver- 9 tragsbeziehung zwischen Erwerber und Bank, deren wesentlicher Inhalt durch die in Bezug genommenen Ausführungsgrundsätze der Bank geprägt ist,[11] auf zwei verschiedene Arten umgesetzt werden, nämlich als Kommissions- oder als Festpreisgeschäft.[12] Im Fall eines **Kommissionsgeschäfts** (§§ 383 ff. HGB) erwirbt die Bank die Aktien im eigenen Namen für fremde Rechnung und wird als Kommissionär Vertragspartner des Veräußerers.[13] Im Innenverhältnis ist der Erwerber als Kommittent gemäß § 392 Abs. 2 HGB berechtigt und verpflichtet.[14] Im Fall eines **Festpreisgeschäfts**, das jedoch für den Aktienerwerb keine große praktische Bedeutung hat,[15] erwirbt die Bank die Aktien für eigene Rechnung als auftragsgemäßes Eigenhändlergeschäft gemäß § 2 Abs. 3 Satz 1

---

8) *Beck* in: Schwark/Zimmer, KMRK, § 19 BörsG Rz. 7.
9) *Einsele*, Bank- und Kapitalmarktrecht, § 8 Rz. 1; *Starke* in: Kümpel/Wittig, Bank- und Kapitalmarktrecht, Rz. 17.7.
10) *Ekkenga* in: Claussen, Bank- und Börsenrecht, § 6 Rz. 222.
11) *Einsele*, Bank- und Kapitalmarktrecht, § 8 Rz. 6.
12) Ziff. 1 Abs. 1 der Sonderbedingungen für Wertpapiergeschäfte.
13) *Bergmann* in: Bankrechts-Kommentar, Kap. 36 Rz. 11.
14) Zu den weiteren rechtlichen Konsequenzen dieser Gestaltung s. *Einsele*, Bank- und Kapitalmarktrecht, § 8 Rz. 19 ff.
15) *Ekkenga* in: Claussen, Bank- und Börsenrecht, § 6 Rz. 226.

Nr. 2 WpHG mit Festpreisvereinbarung. Im Verhältnis zwischen Erwerber und Bank kommt ein Kaufvertrag zustande.[16)]

10 Die Rechtsbeziehungen auf der Veräußererseite sind hierzu spiegelbildlich, so dass der eigentliche Aktienkaufvertrag ohne Offenlegung der wirtschaftlich Berechtigten zwischen zwei Intermediären geschlossen wird.[17)]

11 Hinzuweisen ist noch auf die Möglichkeit der Banken gemäß Ziff. 1 Abs. 2 Satz 1 der Sonderbedingungen für Wertpapiergeschäfte, das Ausführungsgeschäft auch mit einer **Zentralen Gegenpartei** abzuschließen.[18)] Von dieser Möglichkeit wird beim Erwerb von deutschen Aktien über den Xetra-Handel oder den Parketthandel an der Frankfurter Wertpapierbörse, wo die Eurex Clearing AG als Zentrale Gegenpartei fungiert, Gebrauch gemacht. Die Zentrale Gegenpartei tritt in den Vertrag zwischen Veräußerer und Erwerber ein und wird damit selbst Vertragspartei.

3. Anwendbares Recht

12 Hinsichtlich des auf den börslichen Aktienkauf anwendbaren Rechts ist zwischen dem Rechtsverhältnis zwischen Erwerber und Bank (hierzu unter Rz. 13 f.), dem Rechtsverhältnis zwischen Bank und dem Vertragspartner des Ausführungsgeschäfts (hierzu unter Rz. 15 ff.) sowie der dinglichen Übertragung der Aktien (hierzu unter Rz. 18 ff.) zu differenzieren.

a) Rechtsverhältnis zwischen Erwerber und Bank

13 Für das auf das Rechtsverhältnis zwischen Erwerber und Bank anwendbare Recht ist in erster Linie eine **vertragliche Rechtswahl** maßgeblich (Art. 3 Abs. 1 Satz 1 Rom I-VO). Eine solche Rechtswahl stellt den praktischen Regelfall dar, weil die das Vertragsverhältnis gestaltenden AGB Rechtswahlklauseln enthalten.[19)] So sieht Ziff. 6 Abs. 1 AGB-Banken vor, dass auf die Geschäftsverbindung zwischen dem Kunden und der Bank deutsches Recht Anwendung findet.[20)]

14 Wurde dagegen keine Rechtswahl getroffen, gilt nach allgemeiner Ansicht das Recht des Staates, in dem die Bank ihren gewöhnlichen Aufenthalt hat. Die Begründungen divergieren allerdings. Zum Teil wird darauf abgestellt, dass hierfür maßgeblich sei, dass die Bank die „charakteristische Leistung" i. S. des Art. 4 Abs. 2 Rom I-VO erbringe.[21)] Dabei wird jedoch verkannt, dass der vorrangig anwendbare Art. 4 Abs. 1 lit. b Rom I-VO eingreift, weil es sich bei den von der

---

16) Ziff. 1 Abs. 3 der Sonderbedingungen für Wertpapiergeschäfte.
17) *Ekkenga* in: Claussen, Bank- und Börsenrecht, § 6 Rz. 225; *Franke* in: Assmann/Schütze, Hdb. des Kapitalanlagerechts, § 2 Rz. 47 ff.
18) *Starke* in: Kümpel/Wittig, Bank- und Kapitalmarktrecht, Rz. 17.45.
19) *Einsele*, WM 2009, 289, 291.
20) *Bunte*, AGB-Banken, Rz. 150.
21) Offenbar auf Grundlage der Annahme, dass Bankgeschäfte nicht den in Art. 4 Abs. 1 Rom I-VO aufgezählten Vertragsarten zuzuordnen seien: *Martiny* in: MünchKomm-BGB, VO (EG) 593/2008 Art. 4 Rz. 91.

Bank gegenüber dem Erwerber erbrachten Leistungen um „**Dienstleistungen**" handelt.[22] Nach zutreffender Ansicht gilt dies beim börslichen Aktienkauf unabhängig von der Frage, ob der Aktienkauf als Kommissionsgeschäft oder als Festpreisgeschäft ausgeführt wird.[23]

b) Rechtsverhältnis zwischen Bank und dem Vertragspartner des Ausführungsgeschäfts

Das Ausführungsgeschäft zwischen der Bank und ihrem Vertragspartner kommt durch die Ausführung einer Order an der Börse, an der die Aktien des betreffenden Emittenten zum Handel zugelassen sind, zustande.[24] Inhaltlich handelt es sich um einen Aktienkaufvertrag, welcher der Rom I-VO mangels Einschlägigkeit der Ausnahmetatbestände gemäß Art. 1 Abs. 2 lit. d Rom I-VO (keine Verpflichtung aus handelbaren Wertpapieren) bzw. Art. 2 Abs. 2 lit. f Rom I-VO (keine Frage des Gesellschaftsrechts) unterfällt.[25] Bestandteil dieses Kaufvertrags sind die an der betreffenden Börse geltenden Bedingungen,[26] diese enthalten aber regelmäßig keine Rechtswahlklausel. Um eine stillschweigende Rechtswahl annehmen zu können,[27] fehlt es insoweit an einem nach außen erkennbaren Parteiwillen, so dass es auf die objektive Anknüpfung gemäß Art. 4 Rom I-VO ankommt.

Für Aktienkaufverträge, die **innerhalb eines multilateralen Systems** geschlossen werden, das die Interessen einer Vielzahl Dritter am Kauf und Verkauf von Finanzinstrumenten i. S. von Art. 4 Abs. 1 Nr. 17 der Richtlinie 2004/39/EG nach nicht diskretionären Regeln und nach Maßgabe eines einzigen Rechts zusammenführt oder das Zusammenführen fördert, sieht Art. 4 Abs. 1 lit. h Rom I-VO vor, dass diese Verträge dem Recht dieses Systems unterliegen. Wie das „Recht des Systems" bei den verschiedenen Handelssystemen zu ermitteln ist, ist noch in vielerlei Hinsicht unklar. Besondere Schwierigkeiten bereitet hierbei die Weite des Begriffs „System", der einerseits den klassischen Parketthandel, andererseits aber auch elektronische Handelssysteme erfassen soll. Angesichts dieser Vielzahl von erfassten Systemen lässt sich ein einheitlicher objektiver Anknüpfungspunkt für die Rechtswahl kaum bestimmen.[28] Für den praktisch bedeutsamsten Fall, den Erwerb von Aktien am regulierten Markt einer deut-

---

22) *Ferrari*, Int. Vertragsrecht, VO (EG) 593/2008 Art. 4 Rz. 113.
23) Eingehend hierzu: *Einsele*, WM 2009, 289, 291.
24) S. nur: § 2 Abs. 1 Satz 1 der Bedingungen für Geschäfte an der Frankfurter Wertpapierbörse, Stand: 14.4.2014.
25) *Mankowski* in: Reithmann/Martiny, Int. Vertragsrecht, Rz. 2404.
26) *Seiler/Kniehase* in: Schimansky/Bunte/Lwowski, Bankrechts-Hdb., § 104 Rz. 113.
27) So aber *v. Hoffmann* in: Soergel, BGB, 12. Aufl., 1996, Art. 28 EGBGB Rz. 146.
28) Eingehend: *Mankowski* in: Reithmann/Martiny, Int. Vertragsrecht, Rz. 2442 ff.; *Mankowski*, IHR 2008, 133, 139; *Mankowski*, RIW 2009, 98, 109 f.; *Einsele*, WM 2009, 289, 291 f.; *Wagner*, IPRax 2008, 377, 384.

schen Börse, wird das Recht des regulierenden Staates für maßgeblich gehalten, d. h. das **Recht des Börsenplatzes**.[29]

17 Wird das Ausführungsgeschäft dagegen **außerhalb eines multilateralen Systems** i. S. des Art. 4 Abs. 1 lit. h Rom I-VO abgeschlossen (z. B. im OTC-Handel oder im Telefonhandel), greift keiner der in Art. 4 Abs. 1 Rom I-VO aufgezählten Fälle ein. Für das anwendbare Recht ist dann gemäß Art. 4 Abs. 2 Rom I-VO das Recht am gewöhnlichen Aufenthalt derjenigen Vertragspartei maßgeblich, welche die charakteristische Leistung erbringt. Das ist i. R. eines Aktienkaufvertrags die vom Verkäufer beauftragte Bank, weil diese die Sachleistung erbringt, die dem Vertrag sein Gepräge gibt.[30]

c) Übertragung der Aktien

18 Aktien, die an einer Börse gehandelt werden, sind in Aktienurkunden verbrieft und stellen damit Wertpapiere dar. Nach allgemeinen Grundsätzen richtet sich die Antwort auf die Frage, wie über ein bestimmtes Wertpapier verfügt werden kann, nach der Rechtsordnung, die auf das verbriefte Recht Anwendung findet (sog. *Wertpapierrechtsstatut*).[31] Sieht die nach dem Wertpapierrechtsstatut maßgebliche Rechtsordnung vor, dass die betreffenden Aktien durch Übereignung der Urkunde übertragen werden können, gilt generell der Grundsatz, dass auf derartige Wertpapierübertragungen das **Recht der Belegenheit der Sache** (*„lex rei sitae"*), d. h. das Recht Ortes, an dem sich die Urkunde physisch befindet, maßgeblich ist (Art. 43 Abs. 1 EGBGB; sog. *Wertpapiersachstatut*).[32]

19 Eine Durchbrechung erfährt der vorgenannte Grundsatz bei der **Übertragung börsennotierter Aktien** im Anwendungsbereich des § 17a DepotG. Die Regelung erfasst Verfügungen über Wertpapiere und Sammelbestandanteile, die mit rechtsbegründender Wirkung in ein Register eingetragen oder auf einem Konto verbucht werden. Solche Verfügungen sollen dem Recht des Staates unterfallen, (i) unter dessen Aufsicht das Register geführt wird, in dem unmittelbar zugunsten des Verfügungsempfängers die rechtsbegründende Eintragung vorgenommen wird, oder (ii) in dem sich die kontoführende Haupt- oder Zweigstelle des Verwahrers befindet, die dem Verfügungsempfänger die rechtsbegründende Gutschrift erteilt. Der Anwendungsbereich dieser Vorschrift ist allerdings eng begrenzt.[33] Entscheidendes Kriterium für ihre Anwendbarkeit ist die Frage, ob die **nach dem Wertpapierrechtsstatut maßgebliche Rechtsordnung** eine rechtsbegründende Registerein-

---

[29] *Mankowski* in: Reithmann/Martiny, Int. Vertragsrecht, Rz. 2443; *Einsele*, WM 2009, 289, 292.
[30] *Einsele*, Bank- und Kapitalmarktrecht, § 8 Rz. 82; auf Grundlage des EVÜ ebenso: *von Bar*, IPR, Bd. II, Besonderer Teil, Rz. 498.
[31] *Einsele*, Bank- und Kapitalmarktrecht, § 9 Rz. 84; *Wendehorst* in: MünchKomm-BGB, Art. 43 EGBGB Rz. 195.
[32] BGH, NJW 1990, 242; *Wendehorst* in: MünchKomm-BGB, Art. 43 EGBGB Rz. 205.
[33] *Einsele*, Bank- und Kapitalmarktrecht, § 9 Rz. 89 ff.; *Hopt* in: Baumbach/Hopt, § 17a DepotG Rz. 1.

tragung bzw. Verwahrungsgutschrift kennt und ob sich die Übertragung in einer Weise vollzieht, in der es auf eine solche Eintragung bzw. Gutschrift ankommt. Nach deutschem Recht gibt es keine Form der Aktienübertragung, bei der der Rechtsübergang durch eine konstitutive Eintragung ausgelöst wird. Eine rechtsbegründende Gutschrift ist lediglich in § 24 Abs. 2 DepotG für die Übertragung von Miteigentumsanteilen an Wertpapieren an einem Sammelbestand in Erfüllung eines Kommissions- oder Eigenhandelsgeschäfts durch Eintragung im Verwahrbuch des Kommissionärs vorgesehen. Im Regelfall vollzieht sich der Eigentumsübergang an Aktien an einer deutschen Gesellschaft nach den §§ 929 ff. BGB, so dass dem Übertragungsvermerk lediglich die Wirkung zukommt, den Rechtsübergang zu verlautbaren und keine – wie von § 17a DepotG vorausgesetzt – konstitutive Wirkung.[34] Es bleibt damit im Regelfall bei den eingangs referierten **allgemeinen Grundsätzen**, wonach eine in Deutschland verwahrte Urkunde nach deutschem Recht übertragen wird, wenn die nach dem Wertpapierrechtsstatut maßgebliche Rechtsordnung die Übereignung des verbrieften Rechts durch Übertragung der Urkunde vorsieht. 20

II. Außerbörslicher Erwerb von börsengehandelten Aktien („Paketerwerbe")

Der Erwerb von Paketen börsengehandelter Aktien **außerhalb des Börsenhandels** erfolgt auf Grundlage eines individuell zwischen Käufer und Verkäufer ausgehandelten **Aktienkaufvertrages**.[35] In vielfacher Hinsicht gelten hierzu die Ausführungen zur Vertragsgestaltung von Unternehmenskaufverträgen bei nichtbörsennotierten Unternehmen (siehe hierzu oben § 2 Rz. 119 ff.). Es gibt jedoch einige Besonderheiten, die im Folgenden dargestellt werden sollen. 21

1. Bestimmung des Kaufgegenstands

Bei der Gestaltung des Aktienkaufvertrags betreffend börsennotierte Aktien ist zunächst Sorgfalt auf die hinreichende Bestimmung des Kaufgegenstands zu verwenden. Börsengehandelte Aktien werden regelmäßig in Dauerglobalurkunden verbrieft und girosammelverwahrt (eingehend zu diesen Aspekten unter Rz. 26 ff.), so dass eine Bezugnahme auf die Urkunde keine hinreichende Bestimmbarkeit gewährleistet. Anders als die Geschäftsanteile einer GmbH (vgl. § 40 Abs. 1 Satz 1 GmbHG) sind die einzelnen Aktien auch nicht durch eine laufende Nummer gekennzeichnet. Nach allgemeiner Ansicht wird die **hinreichende Spezifizierung des Kaufgegenstands** durch Angabe der ISIN bzw. Wertpapierkennnummer, der Depotbank des Verkäufers, der Depotnummer und 22

---

34) *Einsele*, Bank- und Kapitalmarktrecht, § 9 Rz. 89; *Einsele*, WM 2001, 7, 15; *Klanten* in: Schimansky/Bunte/Lwowski, Bankrechts-Hdb., § 72 Rz. 110; a. A. *Keller*, WM 2000, 1269, 1281.
35) Muster für Aktienkaufverträge für Paketerwerbe finden sich bei *Groß* in: Happ, AktR, Muster 5.01; *Gerber* in: Beck'sches Formularbuch AktR, Muster E.I.1; *Schrader* in: Seibt, M&A, Muster C. III. 2.

der Anzahl der zu veräußernden Stückaktien (bzw. des Nennbetrags von Nennbetragsaktien) erreicht; nicht erforderlich ist dagegen eine vorherige Verbuchung der zu übertragenden Aktien auf einem separaten Depot.[36] Bei der Vertragsgestaltung ist daher darauf zu achten, dass diese Angaben Teil der Beschreibung des Kaufgegenstands im Kaufvertrag sind.

2. Regelungen über den Kaufpreis

23 Beim Paketerwerb börsennotierter Aktien dominieren in der Praxis **feste Kaufpreise**. Denn anders als bei einem privaten Unternehmenskauf steht den Parteien in Form des Börsenkurses laufend eine Marktbewertung des Unternehmens zur Verfügung, so dass ein über einen bestimmten Zeitraum gewichteter Durchschnittskurs vor dem Unterzeichnungstag eine sinnvolle Basis für eine **marktnahe Kaufpreisermittlung** bietet.

24 Beim Erwerb von Beteiligungen im Umfang von mehr als 25 % der Stimmrechte an der Zielgesellschaft wird bei der Kaufpreisermittlung häufig ein sog. **Paketzuschlag** berücksichtigt.[37] Dieser Zuschlag auf den Börsenkurs bildet den kapitalisierten Wert der Vorteile ab, die sich der Käufer davon verspricht, eine maßgebliche Einflussmöglichkeit oder sogar die Herrschaft in der Zielgesellschaft zu übernehmen.[38]

25 Aus Verkäufersicht ist zu berücksichtigen, dass der Paketverkäufer – anders als der ein Übernahme- oder Pflichtangebot annehmende Anleger gemäß § 31 Abs. 5 Satz 1 WpÜG im Fall eines nachfolgenden Paketerwerbs – nicht davor geschützt ist, dass der Käufer kurzfristig nach dem Aktienerwerb weitere Aktien erwirbt oder gar ein Übernahmeangebot in Bezug auf die Zielgesellschaft abgibt und dabei einen höheren Preis als beim Paketerwerb anbietet.[39] Schutz hiergegen können **Preisanpassungsklauseln** bieten, wonach sich der Kaufpreis pro Aktie auf die Höhe des Kaufpreises bzw. Angebotspreises erhöht, wenn innerhalb einer festgelegten Frist nach Vollzug des Paketerwerbs weitere Aktien erworben oder ein Übernahme- oder Pflichtangebot i. S. des WpÜG abgegeben werden und die angebotene Gegenleistung den Angebotspreis übersteigt. Denkbare Anknüpfungspunkte für die maßgebliche Frist wären die sechsmonatige Vorerwerbsfrist gemäß § 4 WpÜG-AV, die den Käufer bei der Festlegung des Angebotspreises bei einem nachfolgenden Übernahmeangebot nach unten bindet, oder die einjährige Nacherwerbsfrist gemäß § 31 Abs. 5 Satz 1 WpÜG.

---

36) *Gößmann* in: Schimansky/Bunte/Lwowski, Bankrechts-Hdb., § 72 Rz. 109; *Einsele*, MünchKomm-HGB, Depotgeschäft Rz. 95; *Eder*, NZG 2004, 107, 111; *Mentz/Fröhling*, NZG 2002, 201, 207.
37) *Gerber* in: Beck'sches Formularbuch AktR, Muster E.I.1 Anm. 2.
38) *Emmerich* in: Emmerich/Habersack, Aktien- und GmbH-KonzernR, § 305 AktG Rz. 49.
39) *von Riegen*, ZHR 167 (2003), 702, 721.

3. Regelungen zur Übertragung des Aktieneigentums

Beim Erwerb börsennotierter Aktien sind im Aktienkaufvertrag besondere Regelungen zu treffen, die der Verbriefungsform und der Verwahrungsform der zu übertragenden Aktien Rechnung tragen. 26

Die in jüngerer Zeit ausgegebenen Aktien börsennotierter Gesellschaften sind regelmäßig in **Globalurkunden** verbrieft. Typischerweise ist nicht das gesamte Grundkapital der AG in einer einzigen Globalurkunde verbrieft, sondern es bestehen mehrere solcher Urkunden, von denen die erste die ursprünglich vorhandenen Aktien, und die Folgenden weitere, i. R. von Kapitalerhöhungen ausgegebene Aktien verkörpern. Der Anspruch der Aktionäre auf Verbriefung ihrer Aktien in einer Einzelurkunde ist in den Satzungen börsennotierter Gesellschaften typischerweise gemäß § 10 Abs. 5 AktG ausgeschlossen,[40)] so dass es sich bei diesen Globalurkunden um sog. **Dauerglobalurkunden** handelt.[41)] 27

Die Dauerglobalaktienurkunden deutscher börsennotierter Gesellschaften befinden sich regelmäßig[42)] in **Girosammelverwahrung** gemäß § 6 Abs. 1 DepotG bei der Clearstream Banking AG (im Folgenden *Clearstream*), der einzigen deutschen Wertpapiersammelbank. Vor der Börseneinführung der betreffenden Aktien wird die Globalurkunde der Clearstream physisch übergeben, wodurch die bisherigen Eigentümer gemäß § 6 Abs. 1 Satz 1 DepotG Miteigentum nach Bruchteilen an der Urkunde erwerben. Am Girosammelverkehr teilnehmende Kreditinstitute unterhalten Depots bei der Clearstream, auf welche die Aktien ihrer Kunden verbucht werden, und die sie wiederum den bei ihnen geführten Depots ihrer Kunden gutschreiben. Sachenrechtlich betrachtet bedeutet diese Konstruktion nach h. M.,[43)] dass die Clearstream unmittelbare Fremdbesitzerin der Urkunde ist, das Kreditinstitut mittelbare Fremdbesitzerin erster Stufe und der Anleger mittelbarer Eigenbesitzer zweiter Stufe. Andere Autoren sind dagegen der Ansicht, der Anleger verfüge über keine Besitzposition.[44)] 28

Die Vertragsgestaltung muss diesen beiden Ansichten gerecht werden. Unstreitig ist zunächst erforderlich, dass sich Veräußerer und Erwerber über den Eigentumsübergang im Vollzugszeitpunkt einigen. Nach sachenrechtlichen Grundsätzen gemäß §§ 929 ff. BGB muss die Übergabe der Urkunde oder ein Übergabesurrogat hinzutreten. Insoweit besteht nach der h. M., auf der auch die Allgemeinen Geschäftsbedingungen der Clearstream basieren, im Effektengiroverkehr die Möglichkeit, ein Besitzmittlungsverhältnis zu begründen und die Übergabe 29

---

40) *Schwennicke*, AG 2001, 118; *Seibert*, DB 1999, 267, 268.
41) *Groß* in: Happ, AktR, Muster 5.01 Anm. 5; *Mentz* in: Picot/Mentz/Seydel, Teil IV. Rz. 40.
42) *Mentz* in: Picot/Mentz/Seydel, Teil IV. Rz. 30.
43) *Kümpel* in: Hellner/Steuer, Bankrecht und Bankpraxis, Bd. 3, Rz. 8/100b; *Will* in: Kümpel/Wittig, Bank- und Kapitalmarktrecht, Rz. 18.101.
44) *Einsele*, MünchKomm-HGB, Depotgeschäft Rz. 79 ff. u. Rz. 90 f.; *Canaris*, Bankvertragsrecht, Rz. 2125 u. Rz. 2133; *Habersack/Meyer*, WM 2000, 1678, 1680.

durch die **Umstellung des Besitzmittlungsverhältnisses** zu ersetzen. Hierbei weist der Verkäufer seine Depotbank an, die Clearstream anzuweisen, in Bezug auf die zu übertragenden Aktien ein neues Besitzmittlungsverhältnis mit der Depotbank des Käufers zu vereinbaren. Nach außen hervor tritt die Umstellung des Besitzmittlungswillens der Clearstream durch die Belastung des Depots der Verkäuferbank und der Gutschrift auf dem Depot der Käuferbank einher.[45] Durch Ziff. XXI Abs. 2 Satz 1 der Allgemeinen Geschäftsbedingungen der Clearstream wird sichergestellt, dass eine solche Umbuchung nur Zug-um-Zug gegen Zahlung des Kaufpreises erfolgt. Um den Anforderungen der Gegenansicht gerecht zu werden, nach der mangels Besitzposition keine Begründung eines Besitzmittlungsverhältnisses möglich ist, sollte im Aktienkaufvertrag höchst vorsorglich auch die **Abtretung der Mitgliedschaftsrechte**, aufschiebend bedingt durch die Kaufpreiszahlung, vorgesehen werden.[46]

30 Wenn sich die zu übertragenden Aktien nicht in Girosammelverwahrung befinden, sind im Aktienkaufvertrag abweichende Übertragungsmechanismen zu regeln.[47] Die **Ermittlung der Verwahrungsform i. R. der Due Diligence** hat daher eine große Bedeutung für die Vertragsgestaltung.

4. Verkäufergarantien

31 Beim privaten Unternehmenskauf bilden die Gewährleistungen des Verkäufers ein Kernelement des Vertrages und beziehen sich inhaltlich nicht nur auf die zu erwerbenden Anteile, sondern v. a. auch auf das darin verkörperte Unternehmen (siehe hierzu oben § 2 Rz. 165 ff.). In einem Kaufvertrag über börsennotierte Aktien wird der Verkäufer dagegen **nur in sehr eingeschränktem Umfang Garantien im Hinblick auf das operative Geschäft der Zielgesellschaft** abgeben.[48] Häufig beschränken sich die abgegebenen Garantien sogar nur auf die Aktien (Existenz, Volleinzahlung und Freiheit von Rechten Dritter) und auf den Verkäufer (Verfügungsbefugnis).[49] Diese Haltung des Verkäufers ist nachvollziehbar, weil Beteiligungen an börsennotierten Gesellschaften grundsätzlich kapitalistisch geprägt sind, was sich auch in den im Vergleich zu GmbH-Gesellschaftern (vgl. § 51a GmbHG) erheblich geringeren Informationsrechten von Aktionären (vgl. § 131 AktG) niederschlägt. Weitergehende Garantien können jedoch angemessen sein, wenn der Verkäufer als Mitglied des Vorstands das operative Geschäft mitverantwortet.

---

45) Vgl. XXI Abs. 1 S. 3 der Allgemeine Geschäftsbedingungen der Clearstream Banking AG (Stand: 1.1.2012).
46) *Gerber* in: Beck'sches Formularbuch AktR, Muster E.I.1, Anm. 8; *Modlich*, DB 2002, 671, 675.
47) Zu den in solchen Fällen üblichen Gestaltungen s. *Groß* in: Happ, AktR, Muster 5.01 Anm. 5 lit. a bis e.
48) *Schrader* in: Seibt, M&A, C. III. 1.
49) Diesem Prinzip folgend auch die Muster bei: *Groß* in: Happ, AktR, Muster 5.01; *Gerber* in: Beck'sches Formularbuch AktR, Muster E.I.1.

Eine Kompromisslösung bei der Frage, ob der Verkäufer Garantien im Hinblick auf operative Aspekte des Geschäfts der Zielgesellschaft abgibt, kann in der **Abgabe von Garantien nach Kenntnis des Verkäufers** liegen. Im Grundsatz sollte dem Verkäufer dann aber nicht das Wissen der Vorstandsmitglieder zugerechnet werden; auch dies widerspräche der kapitalistischen Prägung der Beteiligung an einer börsennotierten Gesellschaft.[50]

32

Wenn Aktienpakete nach der Veröffentlichung eines Wertpapierprospekts verkauft werden sollen, stellt sich die Frage nach **Verkäufergarantien in Bezug auf die Richtigkeit und Vollständigkeit des Wertpapierprospekts**. Eine solche prospektbezogene Garantie kommt in Betracht, wenn der Verkäufer die Prospekterstellung begleitet hat und er – auch unterhalb der Schwelle der Prospektveranlassung gemäß § 21 Abs. 1 Satz 1 Nr. 2 WpPG[51] – Einsichts- und Kommentierungsmöglichkeiten hatte. Dabei wäre die Garantie freilich auf die Kenntnis des Verkäufers und auf die Abschnitte des Prospekts, auf die der Verkäufer überhaupt Einfluss hatte, zu beschränken. Wenn der Paketerwerb in den Sechs-Monats-Zeitraum fällt, in dem gemäß § 21 Abs. 1 Satz 1 WpPG die Prospekthaftung eingreift, ist das legitime Interesse des Käufers an der Garantie dagegen geringer. In diesem Fall kann er sich direkt an die Prospektverantwortlichen wenden, denn auch außerbörsliche Erwerbe[52] von Aktien unterfallen der Prospekthaftung.

33

5. Repräsentation des Käufers im Aufsichtsrat

Wenn der Paketerwerb ein größeres Aktienpaket betrifft, wird der Käufer ein Interesse daran haben, dass er in angemessenem Umfang im Aufsichtsrat der Gesellschaft repräsentiert ist. Um dieses Ziel zu erreichen, kann die **Amtsniederlegung** von bestimmten, den Verkäufer repräsentierenden Aufsichtsratsmitgliedern zur **Bedingung für den Vollzug des Aktienerwerbs** gemacht werden. Wenn die vorgesehenen Amtsniederlegungen in einem solchen Fall nicht erfolgen, kann der Käufer den Vollzug verweigern oder auf die betreffende Bedingung verzichten und den Kaufvertrag ungeachtet der unterbliebenen Amtsniederlegungen vollziehen. In Abhängigkeit der verbleibenden Amtsdauer der betreffenden Aufsichtsratsmitglieder sollte der Käufer den Verzicht überdenken, zumal eine Abberufung von Aufsichtsratsmitgliedern gegen deren Willen nur durch einen Hauptversammlungsbeschluss (§ 103 Abs. 1 AktG) und der damit verbundenen negativen Öffentlichkeitswirkung (*„Machtkampf zwischen Großaktionär und Verwaltung"*) umgesetzt werden kann.

34

---

50) *Schrader* in: Seibt, M&A, C. III. 1, Anm. 98.
51) Zu den insoweit geltenden Voraussetzungen: *Groß*, KapitalmarktR, § 21 Rz. 35.
52) *Müller*, WpPG, § 21 Rz. 12.

35 Teilweise wird die Amtsniederlegung für den Fall, dass kein wichtiger Grund vorliegt, in den Satzungen von AG **von der Einhaltung einer Amtsniederlegungsfrist** abhängig gemacht.[53] Die Amtsniederlegung mit Wirkung zum Wirksamkeitszeitpunkt der Aktienübertragung ist allerdings ungeachtet dessen möglich. Zum einen stellt eine Anteilsübertragung, die einen Kontrollerwerb i. S. des § 29 Abs. 1 WpÜG herbeiführen würde, einen wichtigen Grund für die Amtsniederlegung von Aufsichtsratsmitgliedern dar. Zum anderen gilt auch bei Missachtung der satzungsmäßigen Frist der Grundsatz für die Amtsniederlegung zur Unzeit, die trotz ihrer Unzeitigkeit Wirkung entfaltet.[54] Schließlich besteht die Möglichkeit, dass die empfangsberechtigte Person einen rechtssicheren Zustand herstellt, indem sie auf die Einhaltung der Frist verzichtet. Dies ist auch ohne entsprechende Satzungsregel möglich.

36 Ohne Beteiligung der Gesellschaft ergibt eine **Regelung zur Neubesetzung des Aufsichtsrates** nach Wirksamwerden der Rücktritte hingegen wenig Sinn. Der Verkäufer wird nicht bereit sein, einen Antrag auf gerichtliche Bestellung zu stellen, solange er den Kaufpreis noch nicht erhalten hat. Sobald der Aktienerwerb abgeschlossen ist und die Stimmrechtsmitteilungen gemäß §§ 21, 22 WpHG vorgenommen wurden, steht dem Käufer als Aktionär gemäß § 104 Abs. 1 Satz 1 AktG zwar selbst ein Antragsrecht zu. Berücksichtigt man jedoch, dass in der Praxis Bestellungsanträge mit möglichst breiter Unterstützung (des Vorstands, der verbleibenden Aufsichtsratsmitglieder, ggf. weiterer Großaktionäre und bei mitbestimmten Gesellschaften der vertretenen Gewerkschaften) die größte Aussicht auf schnelle und antragsgemäße Bestellung der vorgeschlagenen Kandidaten haben, sollte eine diesbezügliche Regelung einer **Investorenvereinbarung zwischen Käufer und Gesellschaft** vorbehalten bleiben (siehe hierzu noch Rz. 141 ff.). Ist eine solche Vereinbarung nicht zu erzielen und bleibt damit die Frage der gerichtlichen Bestellung ungeregelt, ist der Käufer auf seine gesetzlichen Rechte beschränkt.

6. Anwendbares Recht

37 In der Praxis richtet sich das auf einen Kaufvertrag über börsennotierte Aktien anwendbare Recht regelmäßig nach der von den Parteien getroffenen Rechtswahl (Art. 3 Abs. 1 Satz 1 Rom I-VO). Fehlt es an einer subjektiven Anknüpfung, so ist wie beim börslichen Aktienerwerb außerhalb eines multilateralen Systems gemäß Art. 4 Abs. 2 Rom I-VO das Recht am gewöhnlichen Aufenthalt des Verkäufers maßgeblich, weil dieser die charakteristische Leistung des Vertrags erbringt (dazu oben Rz. 17).

---

53) *Pühler* in: Happ, AktR, Muster 1.01, § 9 Abs. 5; *Hölters* in: Münchener Vertragshandbuch, Bd. 1, Muster V. 35, § 6 Abs. 3.

54) *Happ* in: Happ, AktR, Muster 9.17 Rz. 3; *Hopt/Roth* in: Großkomm-AktG, § 103 Rz. 94; *Semler* in: MünchKomm-AktG, § 103 Rz. 108.

C. Erwerb neuer Aktien

Beim Erwerb von Beteiligungen an börsennotierten Unternehmen spielt der Erwerb von Aktien i. R. von Kapitalerhöhungen eine ungleich größere Rolle als bei Transaktionen mit nicht börsennotierten Zielgesellschaften. Die folgende Darstellung stellt die **Rechtsfragen der Transaktionsstrukturierung** in den Mittelpunkt, die sich regelmäßig beim Beteiligungserwerb eines ausländischen Investors an einer deutschen AG stellen. Zu den Anforderungen an die Dokumentation der beschriebenen Kapitalmaßnahmen (Umsetzungsbeschlüsse von Vorstand und Aufsichtsrat, Zeichnungsschein, sonstige Dokumente) sei auf die allgemeine aktienrechtliche Literatur verwiesen. 38

I. Überblick über mögliche Transaktionsstrukturen

Die möglichen Transaktionsstrukturen lassen sich danach differenzieren, ob der Investor eine Bar- oder eine Sacheinlage erbringen möchte und ob den bestehenden Aktionären ein Bezugsrecht auf die neuen Aktien eingeräumt werden soll. Die folgende Übersicht verdeutlicht diese Unterscheidungen: 39

	Kapitalerhöhungen unter Bezugsrechtsausschluss	Kapitalerhöhungen mit Bezugsrecht
Bareinlage	Kapitalerhöhung im Wege des vereinfachten Bezugsrechtsausschlusses mit Aktienerwerb durch den Investor	Bezugsrechtskapitalerhöhung mit Aktienerwerb durch den Investor i. R. einer Backstop-Vereinbarung
Sacheinlage	Share-for-Share-Transaktionen, Debt-to-Equity-Swap, Assets-to-Equity-Swap, jeweils mit einem Investor als Inferenten	Gemischte Bar- und Sachkapitalerhöhung mit Aktienerwerb durch den Investor i. R. einer Backstop-Vereinbarung bzw. mit dem Investor als Inferenten

II. Barkapitalerhöhungen mit vereinfachtem Bezugsrechtsausschluss

1. Ausgangslage und Interessen der Parteien

Eine Barkapitalerhöhung mit vereinfachtem Bezugsrechtsausschluss gemäß § 186 Abs. 3 Satz 4 AktG wird typischerweise durch **Ausnutzung eines genehmigten Kapitals** durchgeführt. Dies erlaubt eine besonders schnelle Umsetzung und einen geringen Dokumentationsaufwand. Die Transaktion unterliegt aber engen Grenzen, was die Anzahl der neuen Aktien und die Höhe ihres Bezugspreises anbelangt. Das primäre Ziel der Gesellschaft ist bei derartigen Transaktionen stets die Deckung eines (begrenzten) Finanzierungsbedarfs, während es dem Investor um den Erwerb einer Beteiligung an der Gesellschaft zu marktnahen Konditionen geht. 40

Wenn sämtliche i. R. der Transaktion auszugebenden neuen Aktien von einem einzelnen oder wenigen Investoren erworben werden (im Gegensatz zu einer 41

§ 12 Grenzüberschreitende Kapitalmarkttransaktionen

breiten Platzierung der neuen Aktien am Kapitalmarkt), treten häufig **Sekundärziele** hinzu.[55] Diese können aus Sicht der Gesellschaft z. B. die Abwehr von unerwünschten Übernahmen oder die Umsetzung eines umfassenden Sanierungskonzepts, aus Sicht des Investors z. B. die Vorbereitung des Erwerbs einer größeren Beteiligung bis hin zum Kontrollerwerb[56] oder aus Sicht beider Parteien z. B. die gesellschaftsrechtliche Untermauerung einer strategischen Kooperation umfassen.

2. Ablauf

42 Voraussetzung für die Umsetzung der Transaktion ist eine Einigung zwischen Gesellschaft und Investor über die Konditionen des Beteiligungserwerbs. Diese Einigung kann in Form einer Beteiligungsvereinbarung (engl. *subscription and investment agreement*) dokumentiert werden, oft bleibt die Dokumentation aber im Detailgrad eines Term Sheet. Da die Konditionen des Beteiligungserwerbs (insbesondere der Bezugspreis für die neuen Aktien) weitgehend gesetzlich vorgegeben sind, sind langwierige Verhandlungen hierüber ungewöhnlich. Etwas anderes kann gelten, wenn beide Parteien die Rechtsbeziehungen zwischen Gesellschaft und Investor während der Dauer der Beteiligung i. R. einer **Investorenvereinbarung** regeln wollen (siehe hierzu oben Rz. 141 ff.). In diesem Fall wird der Schwerpunkt aber bei der Verhandlung dieser Eckpunkte und nicht bei den Konditionen des Beteiligungserwerbs liegen.

43 Nach Einigung über die Konditionen der Beteiligung bzw. Abschluss der Investorenvereinbarung kann die Kapitalerhöhung innerhalb weniger Tage durchgeführt werden. Die notwendigen Beschlüsse von Vorstand und Aufsichtsrat können zeitnah gefasst werden. Die Zeichnung der neuen Aktien erfolgt üblicherweise am selben Tag wie die Organbeschlüsse.

44 Daran schließt sich die teilweise oder vollständige **Zahlung des Platzierungspreises** an. Die Parteien haben hierbei Verhandlungsspielraum: Zwingend erforderlich ist bei Anmeldung der Durchführung der Kapitalerhöhung gemäß §§ 188 Abs. 2, 36a Abs. 1 AktG nur, dass ein Betrag i. H. eines Viertels des geringsten Ausgabebetrags, wenn dieser – wie regelmäßig – als Ausgabebetrag festgesetzt wurde. Der verbleibende Teil des Platzierungspreises kann später gezahlt werden, was der Investor bevorzugen wird. Aus Sicht der Gesellschaft ist es dagegen vorzugswürdig, dass der gesamte Platzierungspreis (einschließlich etwaiger schuldrechtlicher Zuzahlungen) sofort geleistet wird. Bei **Beteiligung einer Bank als Abwicklungsstelle** ist eine Gestaltung üblich, bei welcher der Investor den gesamten Betrag auf ein auf ihn lautendes Konto bei der Bank einge-

---

55) *Seibt*, CFL 2011, 74, 76 f.

56) Insoweit gilt der Aktienerwerb im Rahmen einer Barkapitalerhöhung mit vereinfachtem Bezugsrechtsausschluss auch als typische Struktur eines *Private Investment in Public Entities* („*PIPE*"), vgl. *von Riegen*, CFL 2010, 1 ff.

zahlt, diese zur Handelsregisteranmeldung den bei Anmeldung zu zahlenden Betrag einem auf die Gesellschaft lautendem Sonderkonto gutschreibt und der Restbetrag bei Abrechnung gegen Lieferung der Aktien an die Gesellschaft ausgezahlt wird. Sofern zunächst nur 25 % des geringsten Ausgabebetrags pro neuer Aktie an die Gesellschaft gezahlt worden sind, ist ferner vor der Verbriefung der neuen Aktien mindestens ein Betrag i. H. des Ausgabebetrages einzuzahlen. Ansonsten ist die volle Leistung des Ausgabebetrages nicht erfolgt. In diesem Fall erlaubt § 10 Abs. 2 AktG nur die Ausgabe von Namensaktien, auf denen der Betrag der Teilleistungen anzugeben ist. Dies wird von den Parteien nicht gewünscht sein, so dass – sofern der volle Ausgabebetrag nicht schon vor der Handelsregisteranmeldung geleistet wird – ein zweiter Zahlungsschritt erforderlich ist. Besondere Bedeutung hat die Klärung dieser Frage, wenn keine Bank an der Transaktion beteiligt ist.

Die Zeitdauer zwischen der Anmeldung der Durchführung der Kapitalerhöhung 45 aus genehmigtem Kapital zur Eintragung in das Handelsregister und der Eintragung durch das Registergericht liegt nicht in der Hand der Beteiligten. Bei frühzeitiger Ansprache sowie nach einer Vorabprüfung der Dokumentation sind viele Registergerichte bereit, die Eintragung an einem vorabgestimmten Tag informell und ohne Verbindlichkeit zuzusagen. Bei entsprechender vorheriger Abstimmung zwischen Gesellschaft und Börse kann die Zulassung der neuen Aktien zum Börsenhandel, die gemäß § 4 Abs. 2 Nr. 1 WpPG regelmäßig keines Wertpapierprospekts bedarf, an dem auf die Eintragung im Handelsregister folgenden Tag erfolgen. Der Tag der Handelsaufnahme für die neuen Aktien und – wenn wie oben beschrieben eine Bank als Abwicklungsstelle fungiert – der Abrechnung (*Settlement*) ist regelmäßig der zweite auf die Zeichnung folgende Bankarbeitstag („T+2").

Schematisch stellt sich der Ablauf einer Kapitalerhöhung durch Ausnutzung eines 46 genehmigten Kapitals im Wege des vereinfachten Bezugsrechtsausschlusses wie folgt dar.

§ 12 Grenzüberschreitende Kapitalmarkttransaktionen

Abbildung 1

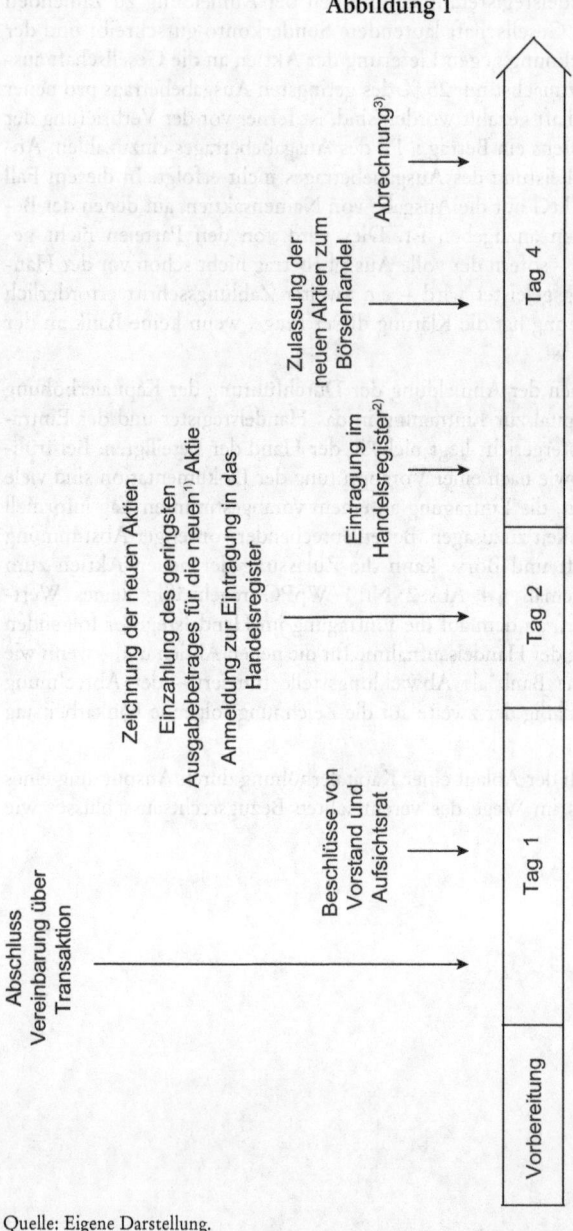

Quelle: Eigene Darstellung.

3. Relevante Rechtsfragen

a) Gesetzliche Höchstgrenze der Anzahl zu erwerbender Aktien

Investor und Gesellschaft werden zunächst den Umfang der möglichen Beteiligung des Investors erörtern, d. h. die Anzahl der auszugebenden neuen Aktien. Das Gesetz gibt dabei eine **Höchstgrenze** vor: § 186 Abs. 3 Satz 4 AktG erlaubt die Ausgabe von Aktien mit vereinfachtem Bezugsrechtsausschluss lediglich im Umfang von bis zu „zehn vom Hundert des Grundkapitals". Fraglich ist allerdings, auf welchen Zeitpunkt bei der Ausgabe von Aktien aus einem genehmigten Kapital für die Einhaltung dieser Höchstgrenze abzustellen sein soll. Grundsätzlich kommen in Betracht 47

- der Zeitpunkt der Eintragung des genehmigten Kapitals im Handelsregister oder
- der Zeitpunkt des Vorstandsbeschlusses über die Ausnutzung des genehmigten Kapitals.

Für den Zeitpunkt der Eintragung des genehmigten Kapitals im Handelsregister spricht, dass der maßgebliche Zeitpunkt für die Anwendung des § 186 Abs. 3 Satz 4 AktG bei der ordentlichen Kapitalerhöhung der Zeitpunkt der Beschlussfassung der Hauptversammlung ist.[57] § 203 Abs. 1 Satz 2 AktG regelt dagegen, dass beim genehmigten Kapital an die Stelle des Hauptversammlungsbeschlusses die Ermächtigung der Satzung zur Ausgabe neuer Aktien tritt. Zutreffend hält die h. M. daher diesen Zeitpunkt im Grundsatz für maßgeblich,[58] macht aber die Einschränkung, dass der Vorstand prüfen müsse, ob die Vorgaben des § 186 Abs. 3 Satz 4 AktG auch bei Ausnutzung des genehmigten Kapitals erfüllt sind. Daraus wird abgeleitet, dass er im Fall einer Kapitalherabsetzung zwischen Eintragung des genehmigten Kapitals und der Ausnutzung nur auf die herabgesetzte, d. h. die niedrigere Grundkapitalziffer, abstellen darf. Andere Autoren halten dagegen ausschließlich den Zeitpunkt der Ausnutzung des genehmigten Kapitals durch den Vorstand für maßgeblich, jedenfalls wenn der Ermächtigungsbeschluss der Hauptversammlung auf diesen Zeitpunkt abstellt.[59] 48

b) Konkret verfügbare Anzahl zu erwerbender Aktien

Zweitens ist zu untersuchen, ob die so ermittelte Höchstzahl von Aktien in voller Höhe zur Verfügung steht. Das ist insoweit nicht der Fall, als das betreffende genehmigte Kapital im Zeitraum seit der letzten Hauptversamm- 49

---

[57] *Groß*, DB 1994, 2431, 2432 f.; *Koch* in: Hüffer, AktG, § 186 Rz. 39c; *Krieger* in: MünchHdb-GesR, Bd. 4, § 56 Rz. 76; *Marsch-Barner*, AG 1994, 532, 534; *Wiedemann* in: Großkomm-AktG, § 186 Rz. 151.

[58] *Koch* in: Hüffer, AktG, § 186 Rz. 39c; *Ihrig/Wagner*, NZG 2002, 657, 660.

[59] *Seibt*, CFL 2011, 74, 78; *Groß*, DB 1994, 2431, 2439; *Marsch-Barner*, AG 1994, 532, 534; *Trapp*, AG 1997, 116, 117.

lung⁶⁰⁾ bereits teilweise im Wege des vereinfachten Bezugsrechtsausschlusses ausgenutzt wurde. In der Literatur anerkannt ist darüber hinaus auch die **Notwendigkeit einer Anrechnung weiterer durchgeführter Kapitalmaßnahmen im Wege des vereinfachten Bezugsrechtsausschlusses** in diesem Zeitraum.⁶¹⁾ Aktien können nicht mit vereinfachtem Bezugsrechtsausschluss ausgegeben werden, soweit auf diesem Wege bereits ordentliche Kapitalerhöhungen durchgeführt, von § 221 AktG umfasste Finanzinstrumente ausgegeben oder eigene Aktien gemäß § 71 Abs. 1 Nr. 8 Satz 5 Halbs. 2 AktG veräußert worden sind. Diese Auslegung ist v. a. aus Aktionärsschutzgründen geboten, weil der Verwaltung andernfalls Missbrauchsmöglichkeiten offenstünden. Evident ist dies bei von § 221 AktG erfassten Finanzinstrumenten, die sich leicht so strukturieren lassen, dass sie wirtschaftlich einer unmittelbaren Kapitalerhöhung nahekommen.

50 Die zuvor beschriebenen Anrechnungspflichten gelten unabhängig von einer entsprechenden (klarstellenden) Regelung in der Satzung zum genehmigten Kapital. Zwar sind derartige Regelungen in den marktüblichen Ermächtigungsbeschlüssen vorgesehen, doch ist die Vereinbarkeit der konkreten Formulierung mit dem zuvor Gesagten stets im Einzelfall zu prüfen.

51 Wenn die Transaktion prospektfrei durchgeführt werden soll, ist darüber hinaus zu bedenken, dass § 4 Abs. 2 Nr. 1 WpPG die prospektfreie Zulassung nur erlaubt, wenn die Zahl der zuzulassenden Aktien **weniger als 10 % der Aktien derselben Gattung ausmachen**, die bereits zum Handel an demselben regulierten Markt zugelassen sind. Es kann also nur eine Aktie weniger prospektfrei zum Handel zugelassen werden als gesellschaftsrechtlich unter Ausschluss des Bezugsrechts ausgegeben werden kann.⁶²⁾

c) Festlegung des Platzierungspreises

52 Nach der Anzahl der auszugebenden neuen Aktien ist die Höhe des Platzierungspreises die zweite zentrale Frage einer jeden Kapitalerhöhung. Wollen Gesellschaft und Investor die Transaktion mit vereinfachtem Bezugsrechtsausschluss durchführen, darf der Platzierungspreis gemäß § 186 Abs. 3 Satz 4 AktG den Börsenpreis nicht wesentlich unterschreiten (sog. **marktnahe Preisfestsetzung**). Allgemein anerkannt ist dabei, dass diese Vorgaben eingehalten werden, wenn der Platzierungspreis um 3 bis 5 % unterhalb des Börsenpreises liegt.⁶³⁾ Es erscheint denkbar, dass in Einzelfällen (z. B. Sanierungssituationen, hohe Volatilität des Börsenkurses)

---

60) *Seibt*, CFL 2011, 74, 78; *Krieger* in: MünchHdb-GesR, Bd. 4, § 58 Rz. 20 a. E.; unspezifischer („jährlich"): *Lutter* in: KölnKomm-AktG, Nachtrag § 186 Rz. 9, 34.
61) *Ihrig/Wagner*, NZG 2002, 657, 662; *Reichert/Harbarth*, ZIP 2001, 1441, 1443.
62) *Schlitt/Schäfer* in: Assmann/Schlitt/von Kopp-Colomb, WpPG, § 4 Rz. 39.
63) *Veil* in: K. Schmidt/Lutter, AktG, § 186 Rz. 42; *Pfeifer* in: MünchKomm-AktG, § 186 Rz. 87 m. w. N.

auch größere Abschläge ohne Verstoß gegen § 186 Abs. 3 Satz 4 AktG zu rechtfertigen sind, allerdings sind insoweit noch viele Einzelfragen offen.[64]
Wie der in § 186 Abs. 3 Satz 4 AktG angesprochene „Börsenpreis" im Einzelnen 53
zu bestimmen ist, ist nicht vollständig geklärt. Von der h. M. für zulässig erachtet wird ein Abstellen auf den gewichteten Durchschnittskurs der Aktie der Gesellschaft während einer **Referenzperiode vor dem Zeitpunkt der Beschlussfassung des Vorstands über die Ausnutzung des genehmigten Kapitals**, wobei eine Referenzperiode von drei bis fünf Handelstagen für ausreichend angesehen wird. Da der Wortlaut des § 186 Abs. 3 Satz 4 AktG die Verwendung eines über einen Zeitraum gemittelten Börsenkurses nicht vorschreibt, ist es auch zulässig, auf den **Börsenkurs am Platzierungstag** abzustellen.[65]

d) **Grenzen des vereinfachten Bezugsrechtsausschlusses**

Ob bei Vorliegen der tatbestandlichen Voraussetzungen des § 186 Abs. 3 Satz 4 54
AktG noch **weitere Voraussetzungen** erfüllt sein müssen, ist nicht abschließend geklärt. Teile des Schrifttums fordern, dass darüber hinaus zu prüfen sei, ob die vom Bezugsrecht ausgeschlossenen Aktionäre bei der in Rede stehenden Kapitalerhöhung die konkrete Möglichkeit haben, die Verringerung ihrer relativen Beteiligungsquote durch Zukäufe auszugleichen, und ob der Börsenkurs den „wahren Wert" der Beteiligung widerspiegelt.[66] Überwiegend wird die Regelung des § 186 Abs. 3 Satz 4 AktG dagegen als widerlegliche[67] bzw. unwiderlegliche[68] Vermutung für die Angemessenheit des Bezugsrechtsausschlusses angesehen, so dass seitens der Gesellschaft bei Vorliegen der genannten Voraussetzungen keine weiteren Prüfungen anzustellen sind. Dem Wortlaut und der gesetzgeberischen Intention des § 186 Abs. 3 Satz 4 AktG, die Unternehmensfinanzierung durch Eigenkapitalaufnahme zu erleichtern und mögliche Wettbewerbs- und Standortnachteile deutscher Gesellschaften infolge der hohen Anforderungen für die Rechtfertigung eines Bezugsrechtsausschlusses bei Barkapitalerhöhungen auszugleichen, wird die h. M. besser gerecht. Sind die Tatbestandsvoraussetzungen des § 186 Abs. 3 Satz 4 AktG erfüllt, ist der Bezugsrechtsausschluss daher nur unzulässig, wenn ein Fall des **Rechtsmissbrauchs** vorliegt.[69] Den wichtigsten Fall bil-

---

64) *Seibt*, CFL 2011, 74, 78.
65) *Seibt*, CFL 2011, 74, 80.
66) *Lutter* in: KölnKomm-AktG, Nachtrag zu § 186 Rz. 4; *Bayer* in: MünchKomm-AktG, § 203 Rz. 78; wohl auch: *Wiedemann*, Großkomm-AktG, § 186 Rz. 156. *Wamser* in: Spindler/Stilz, AktG, § 203 Rz. 93, sieht zumindest das Bestehen einer Zukaufsmöglichkeit als ungeschriebenes Tatbestandsmerkmal an.
67) *Koch* in: Hüffer, AktG, § 186 Rz. 39e; *Marsch-Barner* in: HK-AktG, § 186 Rz. 36; *Zöllner*, AG 2002, 585, 592.
68) *Busch* in: Hdb. börsn. AG, § 42 Rz. 93; *Veil* in: K. Schmidt/Lutter, AktG, § 186 Rz. 44; *Hoffmann-Becking*, ZIP 1995, 1, 10; *Schlitt/Schäfer*, AG 2005, 67.
69) *Seibt*, CFL 2011, 74, 80; *Schlitt/Schäfer*, AG 2005, 67, 68; *Marsch-Barner*, AG 1994, 532, 540, jeweils m. w. N.

den Kapitalerhöhungen, die unmittelbar und ohne Finanzierungszweck auf eine Änderung der strukturellen Zusammensetzung des Aktionärskreises abzielen.[70]

55 Keine Regelung trifft § 186 Abs. 3 Satz 4 AktG dagegen zur Form der Platzierung der neuen Aktien. Damit lässt sich ein **Verbot der Platzierung an einen Einzelinvestor** nicht aufstellen.[71] Der Vorstand ist i. R. der allgemeinen Grenzen seines unternehmerischen Ermessens (§ 93 Abs. 2 Satz 1 AktG) frei, die Aktien zu platzieren. Primäres Ziel ist zwar die Erzielung eines maximalen Emissionserlöses, dies zwingt ihn jedoch nicht zu einer möglichst breiten Platzierung über den Kapitalmarkt und erlaubt auch die Berücksichtigung weiterer Aspekte. Vor diesem Hintergrund ist die Platzierung der Aktien an einen einzigen Investor nicht von vornherein unzulässig, selbst wenn der Investor bereits an der Gesellschaft beteiligt ist.[72]

e) Anwendbares Recht

56 Die aktienrechtlich vorgegebenen Rechtsakte im Zusammenhang mit einer Kapitalerhöhung (Beschlüsse der Organe, Zeichnungsschein, der durch dessen Annahme zustande kommende Zeichnungsvertrag[73] und die übrigen Rechtsakte[74]) unterliegen dem **Gesellschaftsstatut**.[75]

57 Schließen Gesellschaft und Investor eine förmliche Vereinbarung über den Beteiligungserwerb (siehe hierzu oben Rz. 42), ist für die im Hinblick auf die Durchführung der Transaktion begründeten Verpflichtungen die Rom I-VO maßgeblich. Derartige Verpflichtungen sind **keine gesellschaftsrechtlichen Fragen** i. S. des Art. 1 Abs. 2 lit. f Rom I-VO. Vielmehr ist zunächst eine vertragliche Rechtswahl maßgeblich (Art. 3 Abs. 1 Satz 1 Rom I-VO). Fehlt eine solche, wird sich das maßgebliche Recht im Zweifel nach dem Gesellschaftsstatut richten, weil dies das Recht des Staats ist, zu dem die Vereinbarung über den Beteiligungserwerb (d. h. die Umsetzung der Kapitalerhöhung) die offensichtlich engste Verbindung aufweist (Art. 4 Abs. 3 Rom I-VO).

58 Zur Anknüpfung von typischen Verpflichtungen i. R. von Investorenvereinbarungen, die ebenfalls Teil von Vereinbarungen über den Beteiligungserwerb sein können, siehe unten Rz. 153 f.

---

70) *Seibt*, CFL 2011, 74, 80.
71) *Krieger/Kraft* in: MünchHdb-GesR, Bd. 4, § 56 Rz. 91; *Marsch-Barner*, AG 1994, 532, 538. Für ein solches Verbot allerdings: *Bayer* in: MünchKomm-AktG, § 203 Rz. 79.
72) *Krause* in: Habersack/Mülbert/Schlitt, Unternehmensfinanzierung, § 7 Rz. 35.
73) *Koch* in: Hüffer, AktG, § 185 Rz. 4.
74) Im Rahmen der Ausnutzung genehmigten Kapitals namentlich: Einzahlungsbestätigung gemäß §§ 203 Abs. 1 Satz 1, 188 Abs. 2 Satz 1, 37 Abs. 1 Satz 3 AktG und Handelsregisteranmeldung gemäß §§ 203 Abs. 1 Satz 1, 188 Abs. 1 AktG.
75) *Kronke/Mazza* in: Kronke/Melis/Schnyder, Hdb. Int. Wirtschaftsrecht, Teil K, Rz. 136; *Kindler* in: MünchKomm-BGB, IntGesR Rz. 620.

III. Bezugsrechtskapitalerhöhungen mit Backstop durch den Investor

1. Ausgangslage und Interessen der Parteien

Die zuvor beschriebenen Probleme des Bezugsrechtsausschlusses stellen sich nicht, wenn die Gesellschaft ihren Aktionären das Bezugsrecht gewährt. In der Praxis geschieht dies fast ausschließlich im Wege des sog. *mittelbaren Bezugsrechts* gemäß § 186 Abs. 5 AktG, d. h. das Bezugsrecht wird den Aktionären durch eine Bank gewährt, welche die neuen Aktien von der Gesellschaft mit der Verpflichtung übernimmt, sie den Aktionären zum Bezug anzubieten.[76]

Eine Bezugsrechtskapitalerhöhung ist für einen Emittenten, der mit dieser Transaktion einen bestimmten Finanzbedarf decken möchte, allerdings mit **Unsicherheiten** verbunden. Es ist bei dieser Transaktionsform nämlich nicht sicher, ob der angestrebte Emissionserlös erzielt wird, weil die Nachfrage nach den neuen Aktien geringer sein kann als von den Beteiligten angenommen. Diese Unsicherheit lässt sich nicht dadurch vollständig eliminieren, dass parallel zum Bezugsangebot eine Privatplatzierung der nicht bezogenen Aktien durchgeführt wird (sog. *„Rump Placement"*), denn auch in diesem Rahmen kann die Nachfrage bei einem vorab festgesetzten Bezugspreis (§ 186 Abs. 2 Satz 1 Alt. 1 AktG) zu gering sein. Entschließen sich die Beteiligten, den Bezugspreis erst während der Bezugsfrist gemäß § 186 Abs. 2 Satz 2 AktG festzusetzen, besteht zwar in preislicher Hinsicht mehr Flexibilität, so dass bei geringerer Nachfrage Preisabschläge durch die Ausgabe einer größeren Zahl von Aktien ausgeglichen werden können. Für die Gesellschaft bleibt aber dennoch das Risiko, dass der Emissionserlös hinter dem Finanzierungsbedarf zurückbleibt.

Die „klassische" Lösung dieses Problems lag im Abschluss eines Übernahmevertrags mit sog. *Hard Underwriting*, wonach eine die Emission begleitende Bank das Risiko der Platzierung der nicht bezogenen Aktien übernimmt.[77] In den letzten Jahren hat sich vor dem Hintergrund der volatilen Kapitalmärkte gezeigt, dass viele Banken zu einer solchen Risikoübernahme nicht mehr bereit sind bzw. die dafür zu zahlenden Risikoprämien die Transaktion unattraktiv machen. In dieser Situation traten vielfach (auch ausländische) Investoren auf den Plan, die aufgrund einer Vereinbarung das Platzierungsrisiko übernehmen und so die Möglichkeit erlangen, sich in dem Umfang, in dem die neuen Aktien nicht bezogen oder i. R. der Privatplatzierung erworben wurden, an dem Emittenten zu beteiligen (sog. *Backstop Investment*).[78]

---

76) *Herfs* in: Habersack/Mülbert/Schlitt, Unternehmensfinanzierung, § 6 Rz. 12, 30.
77) *Pfüller/Flatten*, FB 2001, 388, 391.
78) *Herfs* in: Habersack/Mülbert/Schlitt, Unternehmensfinanzierung, § 6 Rz. 112, 118. Zur Bedeutung von Backstop-Investoren bei Sanierungskapitalerhöhungen: *Seibt/Voigt*, AG 2009, 133, 140 f.; *Vaupel/Reers*, AG 2010, 93, 98.

2. Ablauf

62 Die Bedingungen, zu denen sich der Investor i. R. der Kapitalerhöhung an der Gesellschaft beteiligen wird, werden üblicherweise in einer Vereinbarung festgelegt, die als **Platzierungsgarantie, Backstop-Vereinbarung** oder **Erwerbsvereinbarung** bezeichnet wird (engl. häufig *Backstop Agreement*). Diese Vereinbarung tritt neben den Übernahmevertrag[79)] zwischen Emittentin und der Bank und ihr Inhalt muss bei Abschluss des Übernahmevertrags abgestimmt sein. Unterzeichnet wird die Vereinbarung meist kurz vor oder zeitgleich mit dem Übernahmevertrag: Die Bank wird zum Abschluss des Übernahmevertrags nicht ohne Abschluss der Backstop-Vereinbarung bereit sein. Auch die Organe der Gesellschaft müssen Sicherheit hinsichtlich der Absprachen zwischen Bank und dem potentiellen Investor haben, denn durch die Beschlussfassung über die Kapitalerhöhung beeinflussen sie die Zusammensetzung des Aktionärskreises und müssen insoweit ihren Sorgfaltspflichten entsprechen.

63 Zu berücksichtigen ist, dass das Angebot von Aktien i. R. von Bezugsrechtskapitalerhöhungen grundsätzlich einen **Wertpapierprospekt** erfordert (vgl. Art. 26a EU-ProspektVO).[80)] Die Vorbereitung des Prospekts und das Billigungsverfahren sind bei der Ablaufplanung zu berücksichtigen.

64 Schematisch stellt sich der Ablauf einer Bezugsrechtskapitalerhöhung unter Ausnutzung eines genehmigten Kapitals mit Backstop wie folgt dar.

---

79) Zum Übernahmevertrag bei Aktienemissionen im Allgemeinen s. *Haag* in: Habersack/Mülbert/Schlitt, Unternehmensfinanzierung, § 29.
80) Eingehend hierzu: *Berrar/Wiegel*, CFL 2012, 97 ff.; *St. Schulz/Hartig*, WM 2014, 1567 ff.

Abbildung 2

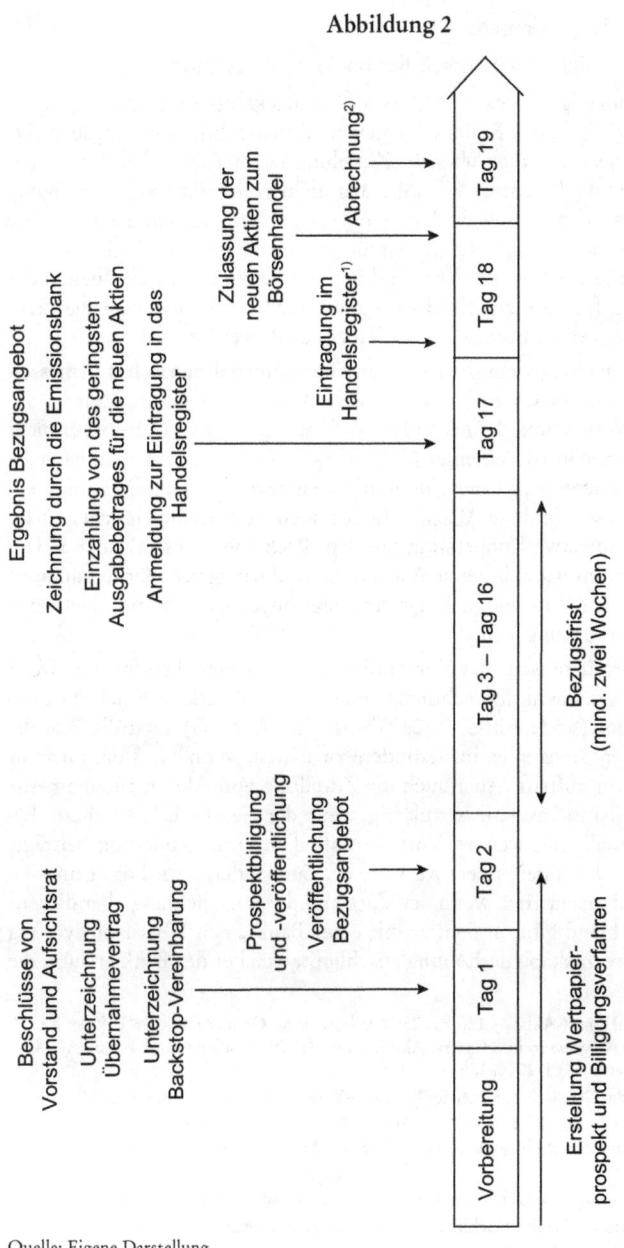

Quelle: Eigene Darstellung.

§ 12 Grenzüberschreitende Kapitalmarkttransaktionen

3. Relevante Rechtsfragen
a) Aktienrechtliche Zulässigkeit der Backstop-Vereinbarung

65 Die generelle Zulässigkeit des Abschlusses einer Backstop-Vereinbarung ist anerkannt,[81] allerdings nur i. R. der allgemeinen aktienrechtlichen Vorgaben. Da die Entscheidungskompetenz über die Zuteilung neuer Aktien bei der Gesellschaft liegt, kann die Backstop-Vereinbarung nicht völlig ohne ihre Beteiligung abgeschlossen werden.[82] Soweit der Hauptversammlungsbeschluss über eine ordentliche Kapitalerhöhung oder die Satzungsregelung zum genehmigten Kapital keine Regelung trifft, ist der Vorstand befugt, die weiteren Einzelheiten der Kapitalerhöhung festzusetzen.[83] Hierzu zählt auch die Frage, wem die nicht i. R. des Bezugsangebots bezogenen Aktien zugeteilt werden.

66 Bei dieser Entscheidung steht dem Vorstand ein **unternehmerisches Ermessen** (§ 93 Abs. 1 Satz 2 AktG) zu,[84] das er unter Beachtung des Grundsatzes der bestmöglichen Verwertung der neuen Aktien[85] ausüben muss. Dabei ist er nicht gezwungen, die neuen Aktien einer Mehrzahl von Interessenten anzubieten.[86] Wesentlicher Gesichtspunkt der Zuteilungsentscheidung ist die Maximierung des Emissionserlöses. In diese Abägung finden auch strategische Gesichtspunkte (z. B. mögliche operative Kooperation mit dem Backstop-Investor) oder andere in der Person des Investors liegende Aspekte (z. B. Finanzkraft oder Reputation) Eingang, so dass der Vorstand nicht generell gezwungen ist, dem meistbietenden Investor den Vorzug zu geben.

67 Die **Grenzen des Ermessens des Vorstands** sind zum einen überschritten, wenn der Vorstand gegen das aktienrechtliche und das kapitalmarktrechtliche Gleichbehandlungsgebot (§ 53a AktG; § 30a Abs. 1 Nr. 1 WpHG) verstößt. Auf die Einhaltung dieser Grenzen ist insbesondere zu achten, wenn ein Altaktionär als Backstop-Investor auftritt. Aber auch die Zuteilung von Aktien an einen Altaktionär als Backstop-Investor ist zulässig, wenn der Gesellschaft aus dieser Erhöhung der Beteiligung weitere Vorteile zufließen, z. B. Sanierungsbeiträge, Synergieeffekte oder andere operative Vorteile. Zum anderen wird das Ermessen des Vorstands überschritten, wenn der Vorstand die Entscheidung über die Zuteilung aus der Hand gibt, in dem er mit einer Bank einen Übernahmevertrag für eine Bezugsrechtskapitalerhöhung abschließt, welcher der Bank erlaubt, die

---

81) *Lutter* in: KölnKomm-AktG, § 186 Rz. 25; *Wiedemann* in: Großkomm-AktG, § 186 Rz. 97; *von Dryander/Niggemann* in: Hölters, AktG, § 186 Rz. 29; *Busch* in: Hdb. börsn. AG, § 42 Rz. 67; *von Riegen*, CFL 2010, 1, 6.
82) Zur Frage, ob die Gesellschaft Partei der Backstop-Vereinbarung sein muss, s. unten Rz. 68.
83) *Lutter* in: KölnKomm-AktG, § 182 Rz. 16; *Pfeifer* in: MünchKomm-AktG, § 182 Rz. 35; *Krieger/Kraft* in: MünchHdb-GesR, Bd. 4, § 56 Rz. 35; *Marsch-Barner* in: HK-AktG, § 182 Rz. 25.
84) *Krause* in: Habersack/Mülbert/Schlitt, Unternehmensfinanzierung, § 7 Rz. 35.
85) *Herfs* in: Habersack/Mülbert/Schlitt, Unternehmensfinanzierung, § 6 Rz. 113.
86) *Vaupel/Reers*, AG 2010, 93, 96.

nicht bezogenen neuen Aktien i. R. einer Backstop-Vereinbarung nach eigenem Ermessen einem einzelnen Investor anzudienen.

Hieraus folgt jedoch nicht, dass die Gesellschaft Partei der Backstop-Vereinbarung sein muss. Dies ist zwar regelmäßig der Fall; zwingend ist es aber nur, wenn die Emittentin eigenständige Verpflichtungen gegenüber dem Investor übernehmen soll (z. B. Zahlung einer Vergütung, siehe dazu unter Rz. 75). Allerdings muss der Vorstand bei Abschluss des Übernahmevertrags jedenfalls Kenntnis vom Inhalt einer Backstop-Vereinbarung haben, die nur zwischen Bank und Investor geschlossen wurde. Abschluss und Inhalt der Backstop-Vereinbarung sollten in solchen Fällen im Übernahmevertrag beschrieben werden. 68

b) Rechtscharakter der Backstop-Vereinbarung

Die **Ausgestaltung von Backstop-Vereinbarungen** divergiert in der Praxis. Teilweise wird der Backstop-Investor im Wege eines sog. *Sub-Underwriting* Partei des Übernahmevertrags zwischen Emissionsbank und Emittentin. Der Backstop-Investor verpflichtet sich bei dieser Ausgestaltung jedoch regelmäßig **nicht zur Zeichnung neuer Aktien**, sondern lediglich zur Abnahme von neuen Aktien, die von der Emissionsbank gezeichnet wurden.[87] In anderen Fällen bildet die Backstop-Vereinbarung einen selbständigen Vertrag. 69

Die Backstop-Vereinbarung ist in beiden Fällen ein **Kaufvertrag** i. S. des § 433 BGB zwischen der Emissionsbank und dem Investor über eine in einem vertraglich geregelten Verfahren zu bestimmende, variable Anzahl von Aktien, welche die Emittentin i. R. der Kapitalerhöhung ausgeben wird. Wie in Unternehmenskaufverträgen üblich werden die disponiblen Regelungen des BGB jedoch weitestgehend abbedungen und durch individualvertragliche Abreden ersetzt. Die Charakterisierung als Kaufvertrag ändert sich auch nicht dadurch, dass die Abnahme von Aktien mitunter durch den Investor „garantiert" wird. Rechtstechnisch handelt es sich bei solchen Konstruktionen, bei denen der Abnahmeanspruch hinsichtlich der Kaufsache als Garantie ausgestaltet ist, um einen Kaufvertrag, bei dem der Käufer auf bestimmte Einreden in Bezug auf seine Abnahmeverpflichtung verzichtet. 70

c) Verpflichtung des Backstop-Investors zum Erwerb neuer Aktien

Zentrale Regelung der Backstop-Vereinbarung ist die Verpflichtung des Investors, die nicht von Bezugsrechtsinhabern bezogenen neuen Aktien zu erwerben. Diese **Erwerbsverpflichtung** wird in der Backstop-Vereinbarung regelmäßig näher ausgestaltet. 71

Nicht ungewöhnlich ist die Festlegung einer **Höchstzahl an zu erwerbenden Aktien**.[88] Diese Begrenzung kann zum einen kommerzielle Gründe haben, d. h. der Investor möchte nicht mehr als einen bestimmten Betrag in seine Be- 72

---

87) *Seibt* in: Seibt, M&A, E.II. Anm. 4 (§ 1.3 (i) des Musters).
88) *Schlitt/Schäfer*, CFL 2011, 410, 415.

teiligung an der Gesellschaft investieren. Auch rechtliche Gründe können für die Festlegung eines Maximalbetrags sprechen, z. B. das Ziel, die Pflicht zur Abgabe eines Pflichtangebots gemäß § 35 WpÜG oder die Notwendigkeit einer Kartellfreigabe zu vermeiden.

73 Ferner steht die Erwerbsverpflichtung des Investors zumeist unter **aufschiebenden Bedingungen**, die sich aus dem Transaktionskontext ergeben und an die Bedingungen für die Zeichnung der neuen Aktien i. R. eines Übernahmevertrags angelehnt sind. Häufig ist die Erwerbsverpflichtung bedingt durch das Ausbleiben einer wesentlichen negativen Veränderung der finanziellen Situation der Gesellschaft oder ihres Konzerns (engl. *material adverse effect; MAC*). Weitere Bedingungen können betreffen:

- das Ausbleiben eines von einem Dritten abgegebenen Übernahme- oder Pflichtangebots i. S. des WpÜG,
- die Befreiung des Investors durch die BaFin von der Pflicht, ein Pflichtangebot abzugeben,
- die Erteilung der kartellrechtlichen Freigabe und
- die gerichtliche Bestellung bestimmter Personen zu Mitgliedern des Aufsichtsrats.

Im Restrukturierungskontext finden sich weitere Bedingungen, wie

- das Nichtbestehen von Insolvenzgründen,
- das Ausbleiben von Kündigungen wesentlicher Finanzierungsmittel oder
- die Durchführung bestimmter Refinanzierungsmaßnahmen.

74 Schließlich ist das **Verhältnis der Erwerbsverpflichtung des Backstop-Investors zu den Erwerbsrechten anderer Investoren** zu regeln. Daraus ergibt sich, wie viele Aktien der Investor letztlich zu erwerben berechtigt ist. Die typische Regelung sieht folgenden Verteilungsmechanismus vor: Zunächst stehen zwingend den Bezugsrechtsinhabern, die das Bezugsangebot angenommen haben, neue Aktien zu. Wird i. R. der Transaktion eine Privatplatzierung durchgeführt, werden anschließend die Investoren, denen Aktien zugeteilt werden, bedient. An zweiter bzw. dritter Stelle folgt der Backstop-Investor. Was mit etwaigen weiteren neuen Aktien geschieht, ist nicht Gegenstand der Backstop-Vereinbarung, hierzu trifft der Übernahmevertrag zwischen Emittentin und Emissionsbank Regelungen.

d) Vergütung und Break Fee zugunsten des Backstop-Investors

75 Regelmäßig wird dem Backstop-Investor eine Vergütung zugesagt, was unter den Gesichtspunkten der verbotenen Einlagerückgewähr gemäß § 57 AktG und verbotener Umgehungsgeschäfte gemäß § 71a AktG (*„Financial Assistance"*) problematisch ist. Wenn die Vergütung angemessen ist, d. h. sich ihre Höhe an einer marktüblichen Übernahmeprovision für emissionsbegleitende Banken orientiert,

greifen die vorgebrachten Bedenken nicht durch.[89] Der Backstop-Investor gewährt der Gesellschaft eine Leistung, weil er das Platzierungsrisiko reduziert und so die Durchführung der Transaktion oder jedenfalls die Festsetzung eines höheren Bezugspreises ermöglicht, und erhält dafür eine angemessene Gegenleistung. Backstop-Vereinbarungen sehen demgegenüber teilweise auch vor, dass die Gesellschaft an den Investor eine Geldzahlung leistet, wenn die Transaktion nicht zustande kommt (z. B. aufgrund Rücktritts der Emissionsbank) oder der Investor keine Aktien erwirbt (z. B. wegen zu hohen Bezugs von Aktionären und einer erfolgreichen Privatplatzierung). Mit einer solchen Zahlung sollen die Kosten des Investors in pauschalierter Form abgegolten werden (engl. *break fee* oder *break-up fee*). In diesen Fällen ist die Kostenerstattung (in pauschaler oder konkreter Form) nach h. M.[90] zulässig, weil gerade kein Aktienerwerb stattfand, im Hinblick auf den die Leistung erfolgte oder der mit der Zahlung finanziert werden sollte. Die h. M. hält Break Fees aber für unzulässig, wenn sie für den Fall gewährt werden, dass der Backstop-Investor tatsächlich Aktien erwirbt.[91]

76

e) Anwendbares Recht

Die Frage nach dem auf eine Backstop-Vereinbarung anwendbaren Recht richtet sich zunächst nach der **vertraglichen Rechtswahl** der Beteiligten (Art. 3 Abs. 1 Satz 1 Rom I-VO). Fehlt es hieran, ist i. R. des Art. 4 Rom I-VO von besonderer Bedeutung, dass sich der Zweck der Backstop-Vereinbarung nicht im bloßen Leistungsaustausch Aktie gegen Geldzahlung erschöpft (zur generellen kaufrechtlichen Einordnung siehe oben Rz. 70). Vielmehr steht der Aspekt der Sicherung des Transaktionserfolgs durch die Übernahme des Platzierungsrisikos im Mittelpunkt. Hierdurch ist – anders als bei anderen Anteilskaufverträgen (siehe hierzu im Allgemeinen oben § 6 Rz. 114 ff.) – die für den Vertrag charakteristische Leistung i. S. des Art. 4 Abs. 2 Rom I-VO nicht die Sachleistung der verkaufenden Bank, sondern die Abnahmeverpflichtung des Backstop-Investors.

77

---

89) *Herfs* in: Habersack/Mülbert/Schlitt, Unternehmensfinanzierung, § 6 Rz. 118; *Schlitt/Schäfer*, CFL 2011, 410, 416; *Seibt*, Der Konzern 2009, 261, 272; *Vaupel/Reers*, AG 2010, 93, 98; *Weber-Rey/Reps*, ZGR 2013, 597, 622. Krit.: *von Dryander/Niggemann* in: Hölters, AktG, § 186 Rz. 29. *Schall* in: Kämmerer/Veil, Reformdiskussion, S. 75, 100, nimmt einen Verstoß gegen § 71a AktG an, wenn die Erstattung die Höhe eines Schadensersatzanspruchs aus *culpa in contrahendo* übersteigt.

90) *Herfs* in: Habersack/Mülbert/Schlitt, Unternehmensfinanzierung, § 6 Rz. 118; *Cahn* in: Spindler/Stilz, AktG, § 71a Rz. 43; *Sieger/Hasselbach*, BB 2000, 625, 628 f.; *Drygala*, WM 2004, 1457, 1461; enger („*nur unter den engen Voraussetzungen einer culpa in contrahendo*"): Oechsler in: MünchKomm-AktG, § 71a Rz. 29; generell abl.: *Hölters* in: Hölters, AktG, § 93 Rz. 202. Differenzierend: *Krause* in: Assmann/Pötzsch/Schneider, WpÜG, § 22 Rz. 79.

91) *Herfs* in: Habersack/Mülbert/Schlitt, Unternehmensfinanzierung, § 6 Rz. 118; *Cahn* in: Spindler/Stilz, AktG, § 71a Rz. 43; zweifelnd: *Seibt*, Der Konzern 2009, 261, 272.

Maßgeblich ist demnach – parallel zur Beurteilung von Übernahmeverträgen[92] – das Recht am gewöhnlichen Aufenthalt des Backstop-Investors.

IV. Kapitalerhöhungen gegen Sacheinlage

1. Ausgangslage und Interessen der Parteien

78 Kapitalerhöhungen gegen Sacheinlage sind für börsennotierte Gesellschaften ein Weg, ihre Aktien als Akquisitionswährung zum Erwerb von Vermögensgegenständen einzusetzen. Gegenüber einer Barkapitalerhöhung hat die Sachkapitalerhöhung **verschiedene Vorteile**: Für die Gesellschaft ist mit dem Erwerb des Einlagegegenstands kein Abfluss von Liquidität verbunden. Für den Erwerber wird durch den Aktienerwerb die Möglichkeit geschaffen, von späteren Kurssteigerungen zu profitieren. Dem steht im Wesentlichen der **Nachteil der deutlich höheren Komplexität** der Umsetzung der Transaktion gegenüber.[93]

79 Gegenstand einer Sacheinlage ist die Zuwendung von Vermögensgegenständen an die Gesellschaft, die nicht ausschließlich in einer Geldzahlung besteht. An die Einlagefähigkeit eines Vermögensgegenstands stellt die h. M. nur geringe Anforderungen. Erforderlich ist nur seine Verwertbarkeit in dem Sinne, dass er zur Befriedigung der Gläubiger zur Verfügung steht.[94] In der Praxis bilden die Einlage von Unternehmensbeteiligungen (*„Share-for-share-Transaktionen"*), von Unternehmen als Sachgesamtheiten und von gegen die Gesellschaft gerichteten Forderungen (*„Debt-to-equity-Swap"*) die Hauptanwendungsfälle.

2. Ablauf

80 Die Umsetzung einer Kapitalerhöhung gegen Sacheinlage beginnt mit **Abschluss einer Vereinbarung zwischen Gesellschaft und Investor**, deren Inhalt und Umfang in der Praxis stark divergieren.[95] Dabei kann es sich um ein Term Sheet handeln, in dem nur schlagwortartig die wesentlichen Eckpunkte beschrieben werden. Anzutreffen sind aber auch, insbesondere bei der Einbringung von Unternehmensbeteiligungen, komplexe Zusammenschlussvereinbarungen (*„Business Combination Agreements"*), die vielfach Elemente von Investorenvereinbarungen (hierzu eingehend unter Rz. 141 ff.) enthalten.

a) Bewertungsgutachten und Fairness Opinion

81 Zur Durchführung einer Kapitalerhöhung gegen Sacheinlagen (außer wenn ausschließlich Vermögensgegenstände gemäß §§ 183a, 33a AktG eingelegt werden

---

92) *Einsele*, Bank- und Kapitalmarktrecht, § 7 Rz. 77; *Grundmann* in: Schimansky/Bunte/Lwowski, Bankrechts-Hdb., § 112 Rz. 82; *Martiny* in: MünchKomm-BGB, Art. 4 Rom I-VO Rz. 176 (bezogen auf Anleiheemissionen).
93) Zum Ganzen: *Seibt/St. Schulz*, CFL 2012, 313, 318 f.
94) *Arnold* in: KölnKomm-AktG, § 27 Rz. 44; *Weidemann* in: Großkomm-AktG, § 183 Rz. 30 ff.; *Bayer* in: K. Schmidt/Lutter, AktG, § 27 Rz. 11; *Pentz* in: MünchKomm-AktG, § 27 Rz. 19 f.; *Busch* in: Hdb. börsn. AG, § 42 Rz. 26.
95) *Seibt/St. Schulz*, CFL 2012, 313, 318.

sollen), ist gemäß § 183 Abs. 3 Satz 1 AktG eine **Sachkapitalerhöhungsprüfung** erforderlich. In diesem Rahmen hat der gerichtlich bestellte Kapitalerhöhungsprüfer gemäß §§ 183 Abs. 3 Satz 2, 34 Abs. 1 Nr. 2 AktG zu prüfen, ob der Wert des Einlagegegenstands den Ausgabebetrag der dafür auszugebenden neuen Aktien erreicht.[96] Häufig lassen die Gesellschaften darüber hinaus – ohne dass insoweit eine gesetzliche Verpflichtung besteht[97] – eine **Fairness Opinion** erstellen, die nicht nur bestätigt, dass der auf eine neue Aktie entfallende Teil des Werts des Einlagegegenstands den Ausgabebetrag übersteigt, sondern eine Aussage zur Angemessenheit des Ausgabebetrags trifft.[98] Beide Stellungnahmen beruhen auf einer **Unternehmensbewertung**, und ihre Erstellung erfordert einen gewissen Zeitaufwand, der bei der Transaktionsplanung berücksichtigt werden muss.

b) Flexibilität bei der Erstellung eines Wertpapierprospekts

Besonderheiten ergeben sich bei Kapitalerhöhungen gegen Sacheinlage im Hinblick auf die Notwendigkeit, einen Wertpapierprospekt zu erstellen. Unter dem Gesichtspunkt eines öffentlichen Angebots ist die Prospekterstellung gemäß § 3 Abs. 1 WpPG nicht erforderlich, wenn nur ein Investor oder eine kleine Zahl von Investoren beteiligt ist. Ein Prospekt ist aber für Zwecke der Zulassung der Aktien zum Handel am regulierten Markt zu erstellen, wenn die Anzahl der auszugebenden Aktien über einen Zeitraum von zwölf Monaten vor der Zulassung mindestens 10 % der Zahl der bereits zugelassenen Aktien derselben Gattung beträgt und damit die Ausnahme gemäß § 4 Abs. 2 Nr. 1 WpPG nicht eingreift. Allerdings besteht hier ein gewisser Verhandlungsspielraum, denn die Gesellschaft ist gemäß § 69 Abs. 2 BörsZulVO zur Prospekterstellung nur innerhalb eines Zeitraums von einem Jahr nach Ausgabe der Aktien verpflichtet. Gesellschaft und Investor können daher in diesem Rahmen vereinbaren, dass die Zulassung der jungen Aktien nicht bereits im unmittelbaren zeitlichen Zusammenhang mit ihrer Ausgabe erfolgen soll, sondern zu einem späteren Zeitpunkt. Für die Gesellschaft bietet dies den Vorteil, dass der Prospekt nicht erstellt werden muss, während die Transaktion vorbereitet wird.[99]

82

c) Umsetzung durch genehmigtes Kapital oder ordentliche Kapitalerhöhung

Der weitere Ablauf hängt davon ab, ob für die Kapitalerhöhung auf ein **genehmigtes Kapital** zurückgegriffen werden kann oder eine Beschlussfassung der

83

---

96) Die Erstreckung der Prüfung auf den gesamten Ausgabebetrag (und nicht nur den geringsten Ausgabebetrag) geht über den Wortlaut des § 34 Abs. 1 Nr. 2 AktG hinaus und folgt einer europarechtskonformen Auslegung im Hinblick auf Art. 10 der Kapitalrichtlinie v. 13.12.1976 (77/91/EWG), vgl. BGH, NZG 2012, 69, 72 m. w. N.
97) *Brandt* in: Kümpel/Wittig, Bank- und Kapitalmarktrecht, Rz. 16.207; *Bücker*, CFL 2010, 177, 185.
98) *Brandt* in: Kümpel/Wittig, Bank- und Kapitalmarktrecht, Rz. 16.230.
99) Zum Ganzen auch: *Schiessl*, AG 2009, 385, 389.

Hauptversammlung über eine **ordentliche Kapitalerhöhung** erforderlich ist. Regelmäßig werden die Beteiligten die Ausnutzung genehmigten Kapitals präferieren, weil dann keine Verzögerungen durch die einzuhaltende Einberufungsfrist für die Hauptversammlung und durch etwaige Anfechtungsklagen eintreten können. Transaktionsstrukturen, die eine ordentliche Kapitalerhöhung vorsehen, werden nur in Betracht gezogen, wenn der Unternehmenswert der Gesellschaft, z. B. aufgrund einer finanziellen Krisensituation, sehr niedrig ist oder der Wert des Einlagegegenstands sehr hoch ist. Denn ein genehmigtes Kapital muss betragsmäßig begrenzt sein, maximal auf 50 % des Grundkapitals im Zeitpunkt des Wirksamwerdens der Ermächtigung (§ 202 Abs. 1, 3 AktG).[100] Soll eine größere Zahl von Aktien ausgegeben werden, muss eine ordentliche Kapitalerhöhung durchgeführt werden (zum Zusammenhang zwischen der Wertrelation von Zielgesellschaft und Einlagegegenstand und der Anzahl auszugebender Aktien siehe noch eingehend Rz. 90).

aa) Ausnutzung genehmigten Kapitals

84 Im Fall der Ausnutzung eines genehmigten Kapitals können die erforderlichen Organbeschlüsse unmittelbar nach Einigung zwischen Gesellschaft und Emittent gefasst werden. Wenn der Bericht des Sachkapitalerhöhungsprüfers und eine ggf. gewünschte Fairness Opinion zu diesem Zeitpunkt vorliegen, kann die Kapitalerhöhung im Anschluss daran durchgeführt werden. Hierzu sind neben der Zeichnung der Aktien durch den Investor (§§ 203 Abs. 1 Satz 1, 185 AktG) die Einräumung eines Anspruchs auf den Erwerb des Einlagegegenstands an die Gesellschaft (§§ 203 Abs. 1 Satz 1, 188 Abs. 2, 36a Abs. 2 AktG)[101] und jedenfalls nach der zutreffenden h. M.[102] der Abschluss einer Sacheinlagevereinbarung erforderlich, in deren Rahmen auch die Übertragung des Einlagegegenstands erfolgen kann. Die neuen Aktien entstehen gemäß §§ 203 Abs. 1, 189 AktG durch Eintragung der Durchführung der Kapitalerhöhung im Handelsregister.

85 Unter der Annahme, dass die Zulassung der neuen Aktien zum Handel schnellstmöglich nach Wirksamwerden der Kapitalerhöhung erfolgen soll, stellt sich der Ablauf einer Sachkapitalerhöhung durch Ausnutzung des genehmigten Kapitals wie folgt dar.

---

100) Nach allg. Ansicht ist der „Zeitpunkt der Ermächtigung" i. S. des § 202 Abs. 3 Satz 1 AktG der Zeitpunkt, in dem die Ermächtigung wirksam wird, also der Zeitpunkt ihrer Eintragung in das Handelsregister, vgl. *Bayer* in: MünchKomm-AktG, § 202 Rz. 66; *Koch* in: Hüffer, AktG, § 202 Rz. 14.

101) Das Verhältnis der einzelnen Sätze des § 36a Abs. 2 AktG ist ungeklärt. Die h. M. räumt Satz 2 den Vorrang ein, vgl. *Koch* in: Hüffer, AktG, § 36a Rz. 4; *Pentz* in: MünchKomm-AktG, § 202 Rz. 12 ff.; *Hoffmann-Becking* in: MünchHdb-GesR, Bd. 4, § 4 Rz. 37. Für einen Vorrang des § 36a Abs. 2 Satz 1 AktG: *Döbereiner* in: Spindler/Stilz, AktG, § 36a Rz. 10 m. w. N.

102) *Wiedemann* in: Großkomm-AktG, § 183 Rz. 73; *Koch* in: Hüffer, AktG, § 183 Rz. 6. Dagegen *Kley*, RNotZ 2003, 17, 20 f.; *Mülbert*, AG 2003, 281, 284.

Abbildung 3

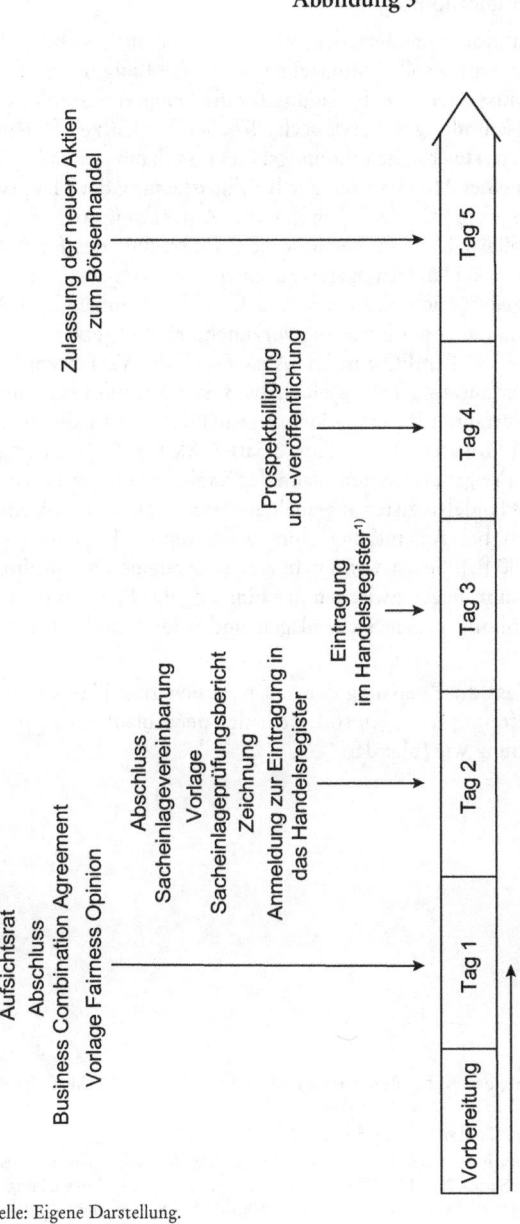

Quelle: Eigene Darstellung.

bb) Ordentliche Kapitalerhöhung

86 Der Ablauf der Transaktion verändert sich, wenn eine ordentliche Kapitalerhöhung durchgeführt werden soll. Unmittelbar nach der Einigung über die Transaktionsstruktur muss zuerst die Einladung für die Hauptversammlung erstellt und die Hauptversammlung mit etwa sechs Wochen Vorlaufzeit[103] einberufen werden. Der gefasste Kapitalerhöhungsbeschluss kann gemäß § 246 Abs. 1 AktG innerhalb eines Monats nach der Beschlussfassung der Hauptversammlung angefochten werden. Die Erhebung von Anfechtungsklagen führt im Hinblick auf die gemäß § 184 AktG erforderliche Eintragung des Kapitalerhöhungsbeschlusses in das Handelsregister zu einer sog. *faktischen Registersperre*,[104] d. h. die Registergerichte sehen sich aufgrund der anhängigen Anfechtungsklagen außer Stande die Eintragung vorzunehmen und setzen das Registerverfahren gemäß § 381 FamFG aus. Die Aussetzung des Verfahrens kann im Wege des Freigabeverfahrens gemäß § 246a Abs. 3 Satz 5 AktG überwunden werden. Das Freigabeverfahren dauert jedoch regelmäßig in etwa die gesetzliche Soll-Frist von drei Monaten (§ 246a Abs. 3 Satz 6 AktG).[105] Nach erfolgreichem Abschluss des Freigabeverfahrens kann der Kapitalerhöhungsbeschluss zur Eintragung in das Handelsregister angemeldet werden. Die nachfolgenden Schritte gleichen denen bei Ausnutzung eines genehmigten Kapitals (siehe hierzu oben unter Rz. 80 ff.). Selbst wenn man eine sehr zügige Durchführung aller Maßnahmen annimmt, liegen zwischen der Einigung der Parteien über die ordentliche Kapitalerhöhung gegen Sacheinlagen und ihrer Durchführung in etwa sechs Monate.

87 Unter der Annahme, dass die Zulassung der neuen Aktien zum Handel im regulierten Markt bei Lieferung vorliegen soll, stellt sich der Ablauf einer ordentlichen Sachkapitalerhöhung wie folgt dar.

---

103) Unter Berücksichtigung der Einberufungsfrist gemäß § 123 Abs. 1 Satz 1 AktG und der Anmeldefrist gemäß § 123 Satz 2 AktG (vgl. § 123 Abs. 2 Satz 5 AktG).
104) *Reichert* in: Beck'sches Handbuch AG, § 5 Rz. 140.
105) Eingehend zu den empirischen Befunden: *Baums/Drinhausen/Keinath*, Institute for Finance Working Paper Series No. 130, 2011; *Bayer/Hoffmann/Sawada*, Auswirkung der Zuweisung der erstinstanzlichen Zuständigkeit im Freigabeverfahren an die Oberlandergerichte, 2012.

Abbildung 4

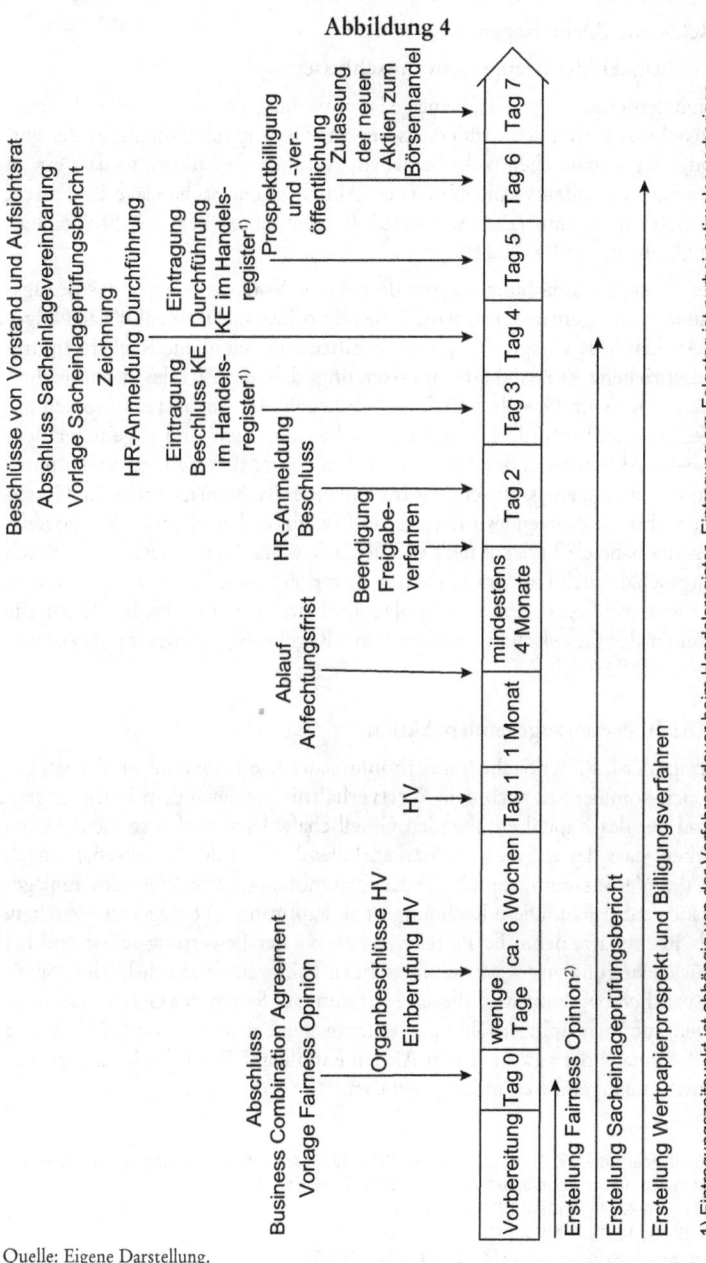

Quelle: Eigene Darstellung.

3. Relevante Rechtsfragen
a) Zulässigkeit des Bezugsrechtsausschlusses

88 Eine Kapitalerhöhung gegen Sacheinlage ist notwendigerweise mit einem Bezugsrechtsausschluss verbunden. Anders als bei einer Barkapitalerhöhung ist der einzulegende Gegenstand eben nicht bei jedem Aktionär vorhanden, so dass ein an die Aktionäre gerichtetes Angebot, neue Aktien gegen Sacheinlage zu leisten, nicht in Betracht kommt (zum Sonderfall der gemischten Bar- und Sachkapitalerhöhung siehe unten Rz. 100 ff).

89 Bei jeder Sachkapitalerhöhung müssen deshalb die Voraussetzungen des Bezugsrechtsausschlusses gemäß § 186 Abs. 3 AktG vorliegen. Dazu zählt nach allgemeiner Ansicht in Rechtsprechung und Schrifttum die **sachliche Rechtfertigung als ungeschriebene Zulässigkeitsvoraussetzung**, d. h. das Ziel des Bezugsrechtsausschlusses muss im Gesellschaftsinteresse liegen, der Bezugsrechtsausschluss muss geeignet und erforderlich zum Erreichen des Ziels und gegenüber dem Interesse der Aktionäre an der Aufrechterhaltung ihrer Beteiligungs- und Stimmrechtsquote und angemessen sein.[106] Im Fall einer Sacheinlage muss die Gesellschaft zunächst ein dringendes Interesse am Erwerb des betreffenden Vermögensgegenstandes haben.[107] Hieran fehlt es jedenfalls, wenn ihn die Gesellschaft durch ein Kaufgeschäft auch von einem Dritten erwerben kann. Das Erwerbsinteresse muss ferner darin liegen, dass sich infolge des Erwerbs mittel- bis langfristig die Profitabilität der Gesellschaft erhöhen wird. Regelmäßig werden diese Voraussetzungen erfüllbar sein.

b) Anzahl der auszugebenden Aktien

90 Die Anzahl der i. R. der Sachkapitalerhöhung auszugebenden neuen Aktien bestimmt sich kommerziell nach dem **Wertverhältnis** zwischen dem Einlagegegenstand und der das Kapital erhöhenden Gesellschaft. Es sind also so viele Aktien auszugeben, dass der auf diese Aktien entfallende Wert der Gesellschaft (nach Eintritt der Verwässerung durch die Kapitalerhöhung) dem Wert des Einlagegegenstands entspricht. Diese Rechnung ist als kaufmännische Regel zu verstehen, nicht als Rechtssatz, denn die Parteien haben bei der Bewertung selbst und bei der Berücksichtigung von wertbeeinflussenden Faktoren einen erheblichen Spielraum. Rechtlich begrenzt wird dieser Spielraum auf Seiten der Gesellschaft aber durch den auf Sachkapitalerhöhungen entsprechend anwendbaren § 255 Abs. 2 AktG,[108] wonach der auf die neuen Aktien entfallende Wert des Einlagegegenstands nicht unangemessen niedrig sein darf.[109]

---

106) Grundlegend: BGHZ 71, 40, 46 = NJW 1978, 1316, 1317, *Kali und Salz*; aus der Literatur statt vieler: *Servatius* in: Spindler/Stilz, AktG, § 186 Rz. 43.
107) BGHZ 71, 40, 46 = NJW 1978, 1316, 1317.
108) BGHZ 71, 40, 46 = NJW 1978, 1316, 1318.
109) Ausführlich: *Seibt/St. Schulz*, CFL 2012, 313, 322 ff.

Der Vorstand der Gesellschaft ist indes nicht gezwungen, ein **variables Wert-** 91
verhältnis zu vereinbaren, weil zwischen der vertraglichen Einigung und dem
Wirksamwerden der Kapitalerhöhung ein längerer Zeitraum liegen kann (z. B. bei
Durchführung einer ordentlichen Kapitalerhöhung, aber auch bei Ausnutzung
eines genehmigten Kapitals, wenn eine Unternehmensbeteiligung eingebracht
werden soll und hierzu eine Kartellfreigabe erforderlich ist).[110]

aa) **Wertansatz für den Einlagegegenstand**

Bei der Bestimmung des Wertverhältnisses ist für den Einlagegegenstand grund- 92
sätzlich der **Zeitwert** zugrunde zu legen.[111]

Bei der **Einlage von Unternehmensbeteiligungen** ist dieser Wert durch eine 93
Unternehmensbewertung nach dem Ertragswertverfahren oder einer Discounted
Cashflow-Methode zu ermitteln.[112] Bei der Einlage von Beteiligungen an börsennotierten Unternehmen kann unter den Voraussetzungen der § 183a Abs. 1
Satz 1 i. V. m. § 33a Abs. 1 Satz 1 AktG auf den Börsenwert abgestellt werden.
Allerdings sind die Parteien nicht gezwungen, diesen Wertansatz zu wählen; es
steht ihnen frei, einen darüber hinaus gehenden Wert anzusetzen,[113] allerdings
sollte diese Entscheidung auf belastbare Grundlagen (z. B. Bewertungsgutachten,
Fairness Opinion) gestützt und gut dokumentiert werden.

Besondere Schwierigkeiten bereitet die Frage, wie der Einlagegegenstand beim 94
Debt-to-Equity-Swap, d. h. **gegen die Gesellschaft selbst gerichtete Forderungen**, zu bewerten ist. Die h. M. geht davon aus, dass der Nominalwert der Forderungen nur insoweit anzusetzen ist, als sie werthaltig sind. Die Werthaltigkeit
hängt wiederum davon ab, ob die Gesellschaft in der Lage ist, die Forderungen
rechtzeitig zu erfüllen. Ist das nicht der Fall, ist ein Abschlag vom Nominalwert
anzusetzen. Ob bei der Betrachtung der Werthaltigkeit auf eine bilanzielle[114] oder
eine liquiditätsbezogene[115] Betrachtung abzustellen ist, ist unter den Vertretern
des Vollwertigkeitsansatzes umstritten. Eine jüngere Ansicht vertritt dagegen, dass
grundsätzlich der Nominalbetrag der einzubringenden Forderungen anzusetzen
sei.[116] Zutreffend dürfte der Vollwertigkeitsansatz auf Basis einer bilanziellen

---

110) Eingehend hierzu: *Seibt/St. Schulz*, CFL 2012, 313, 322 ff.
111) *Pentz* in: MünchKomm-AktG, § 27 Rz. 37; *Seibt/St. Schulz*, CFL 2012, 313, 325.
112) *Kossmann*, AG 2005, 9, 15; *Rodewald*, BB 2004, 613, 615; *Johannsen-Roth/Goslar*, AG 2007, 573, 578.
113) *Seibt/St. Schulz*, CFL 2012, 313, 325 m. N. zur Gegenansicht.
114) *Röhricht* in: Großkomm-AktG, § 27 Rz. 81; *Ekkenga*, DB 2012, 331, 332 f.; *Priester*, DB 2010, 1445, 1448.
115) *Koch* in: Hüffer, AktG, § 27 Rz. 17; *Heidinger* in: Spindler/Stilz, AktG, § 27 Rz. 36; ablehnend *Priester*, DB 2010, 1445, 1448.
116) *Cahn/Simon/Theiselmann*, CFL 2010, 238, 247; *Cahn/Simon/Theiselmann*, DB 2012, 501 ff.; jetzt auch *Wansleben*, WM 2012, 2083, 2086 ff.; vgl. auch *Karollus*, ZIP 1994, 589, 595; *Hannemann*, DB 1995, 2055, 2056, jeweils m. w. N.

Betrachtung sein.[117] Angesichts dieses Meinungsstands empfiehlt es sich in der Praxis, nach dem konservativeren Vollwertigkeitsansatz vorzugehen und die Werthaltigkeit der Forderungen bilanziell *und* liquiditätsbezogen zu belegen.

bb) Wertansatz für die Gesellschaft

95 Als Wert der Gesellschaft ist grundsätzlich der **wahre Wert unter Einschluss sämtlicher stiller Reserven und des inneren Geschäftswerts** anzusetzen, ermittelt aufgrund einer Unternehmensbewertung nach dem Ertragswertverfahren oder einer Discounted Cashflow-Methode.

96 Die **Börsenbewertung der Gesellschaft** hat insoweit nur mittelbare Relevanz. Sie fungiert nach der DAT/Altana-Rechtsprechung des BVerfG[118] und des BGH[119] für den Wertansatz als **Untergrenze**. Wenn der i. R. einer Unternehmensbewertung ermittelte Unternehmenswert niedriger ist als die Börsenbewertung, ist somit letzterer maßgeblich. Umgekehrt gilt dies jedoch nicht: Gesellschaft und Investor können bei der Festlegung des Wertverhältnisses ohne Weiteres auf einen höheren Wert abstellen.

c) Festlegung des Ausgabebetrags

97 Schließlich stellt sich die Frage, in welcher Höhe der **Ausgabebetrag** für die neuen Aktien festgelegt wird. Der Ausgabebetrag beziffert bei einer Sachkapitalerhöhung den Betrag, den der auf eine neue Aktie entfallende anteilige Wert des Einlagegegenstands mindestens erreichen muss.[120] Ihm kommt bei Sachkapitalerhöhungen eine besondere Bedeutung zu, denn er begrenzt gemäß § 54 Abs. 1 AktG die Haftung des Investors. Nach der zutreffenden h. M. bildet der Ausgabebetrag die **Obergrenze für den Differenzhaftungsanspruch** der Gesellschaft,[121] der entsteht, wenn die Sacheinlage nicht werthaltig war oder der Einbringungsvorgang unter einem anderen Rechtsfehler litt (z. B. Nichtigkeit der Sacheinlagevereinbarung).

98 Nach der zutreffenden h. M. haben die Gesellschaft und der Investor die **Freiheit zur Festsetzung eines den wahren Wert des Einlagegegenstands unterschreitenden Ausgabebetrags** und können damit das Haftungsrisiko für den Investor eingrenzen.[122] Regelmäßig wird der Ausgabebetrag bei Sachkapitalerhöhungen

---

117) *Seibt/St. Schulz*, CFL 2012, 313, 327.
118) BVerfG, NZG 1999, 931.
119) BGH, NZG 2001, 603.
120) *Koch* in: Hüffer, AktG, § 9 Rz. 8.
121) *Henze* in: Großkomm-AktG, § 54 Rz. 41; *Bungeroth* in: MünchKomm-AktG, § 54 Rz. 8; *Krieger* in: MünchHdb-GesR, Bd. 4, § 56 Rz. 41; *St. Schulz*, NZG 2010, 41, 42; *Wieneke*, NZG 2004, 61, 65, jeweils m. w. N.
122) *Wiedemann* in: Großkomm.AktG, § 182 Rz. 68 f.; *Krieger* in: MünchHdb-GesR, Bd. 4, § 56 Rz. 27; *von Dryander/Niggemann* in: Hölters, AktG, § 182 Rz. 61; *Marsch-Barner* in: HK-AktG, § 182 Rz. 37.

i. H. des geringsten Ausgabebetrags (meist 1 EUR pro neuer Aktie) festgesetzt.[123)] Hierin liegt kein Verstoß der Verwaltungsorgane der Gesellschaft gegen § 255 Abs. 2 AktG. Vorstand und Aufsichtsrat haben bei der Entscheidung über die Höhe des Ausgabebetrags ein von der *Business Judgement Rule* gemäß § 93 Abs. 1 Satz 2 AktG geschütztes unternehmerisches Ermessen. Dies wird jedenfalls dann nicht fehlerhaft ausgeübt, wenn die Gesellschaft in den Verhandlungen über die Beteiligung des Investors die Festsetzung eines höheren Ausgabebetrags verlangt hat, der Investor sich darauf aber nicht einließ.

d) Anwendbares Recht

Für die bei einer Sachkapitalerhöhung vorzunehmenden aktienrechtlichen Rechtsakte, einschließlich der abzuschließenden Sacheinlagevereinbarung,[124)] ist das **Gesellschaftsstatut** maßgeblich. Das gilt nicht für die dingliche Übertragung des Einlagegegenstands, für welche die i. R. des Asset Deals bei der Übertragung von Wirtschaftsgütern dargestellten Grundsätze zur Anwendung gelangen (siehe hierzu oben § 6 Rz. 122 f.). Zur Anknüpfung von Vereinbarungen über den Beteiligungserwerb siehe oben Rz. 153 f.

99

V. Gemischte Bar- und Sachkapitalerhöhungen

Die Struktur einer gemischten Bar- und Sachkapitalerhöhung wurde entwickelt, um den an sich in der Natur der Sachkapitalerhöhung liegenden Ausschluss des Bezugsrechts zu vermeiden. Konkret geht es darum, die Anfechtungsrisiken von Kapitalerhöhungsbeschlüssen und die Haftungsrisiken von Organmitgliedern bei der Ausnutzung eines genehmigten Kapitals zu minimieren.

100

Der Begriff der gemischten Bar- und Sachkapitalerhöhung wird in der Literatur schlagwortartig verwendet,[125)] obwohl darunter eine **Vielzahl von Transaktionsstrukturen** fällt. In der Literatur werden die folgenden Modelle diskutiert:[126)]

101

- *„Gekreuzter Bezugsrechtsausschluss"*: Kombination von Bar- und Sachkapitalerhöhung in Form von zwei rechtlich separaten Beschlüssen: Einer Sachkapitalerhöhung unter Ausschluss des Bezugsrechts aller Aktionäre außer dem Investor und einer Bezugsrechtskapitalerhöhung unter Ausschluss des Bezugsrechts des Investors.[127)]

---

123) *Seibt/St. Schulz*, CFL 2012, 313, 328 m. empirischen Belegen.
124) Zur Notwendigkeit s. *St. Schulz*, NZG 2010, 41.
125) Exemplarisch: *von Dryander/Niggemann* in: Hölters, AktG, § 183 Rz. 17.
126) Instruktiv: *Löbbe* in: FS Winter, S. 423, 437 ff.
127) *Lutter*, ZGR 1979, 401, 406 f.

§ 12 Grenzüberschreitende Kapitalmarkttransaktionen

- „*Einheitliche gemischte Bar- und Sachkapitalerhöhung*": Im Rahmen einer Bezugsrechtskapitalerhöhung wird dem Investor das Recht eingeräumt, statt der Bareinlage eine Sacheinlage zu erbringen.[128]
- „*Sachkapitalerhöhung mit vorgeschalteter Barkapitalerhöhung*": Die Kapitalerhöhung wird als Bezugsrechtsemission gegen Bareinlage durchgeführt. Der Investor erhält – vergleichbar einem Backstop-Investor – die Möglichkeit, die von den Aktionären nicht bezogenen Aktien gegen Sacheinlage zu erwerben.

102 Alle drei Modelle haben unterschiedliche Vor- und Nachteile. Den beiden erstgenannten ist gemein, dass sie nur umsetzbar sind, wenn der Investor vor Durchführung der Kapitalmaßnahme in signifikantem Maße an der Gesellschaft beteiligt ist.[129] Die beiden letztgenannten kommen nur in Betracht, wenn der Einlagegegenstand teilbar ist (im Idealfall in sehr kleiner Stückelung), z. B. bei der Einlage von Beteiligungen an Unternehmen oder von Forderungen (auch beim Debt-to-Equity-Swap).

103 Aus Sicht des Investors stellen sich in den genannten Varianten unterschiedliche Fragen. Bei einem gekreuzten Bezugsrechtsausschluss ist er ausschließlich Sacheinleger. Bei der einheitlichen gemischten Bar- und Sachkapitalerhöhung und der Sachkapitalerhöhung mit vorgeschalteter Barkapitalerhöhung treten Aspekte eines Backstop-Investments hinzu. Die einzelnen Fragen zu diskutieren würde den Rahmen dieser Darstellung sprengen.

104 Die Frage, ob die beschriebenen Transaktionsstrukturen ohne Bezugsrechtsausschluss vonstattengehen, ist nicht vollständig geklärt. Die Variante des gekreuzten Bezugsrechtsausschlusses zielt in erster Linie darauf ab, die Verhältnismäßigkeit des Bezugsrechtsausschlusses i. R. der materiellen Beschlusskontrolle sicherzustellen; im Übrigen müssen die Voraussetzungen eines Bezugsrechtsausschlusses (insbesondere Vorstandsbericht gemäß § 186 Abs. 4 Satz 2 AktG und Beschlussfassung mit qualifizierter Mehrheit gemäß § 186 Abs. 3 Satz 2 AktG) aber vorliegen.[130] Nach zutreffender Ansicht liegt dagegen bei einer einheitlichen gemischten Bar- und Sachkapitalerhöhung und einer Sachkapitalerhöhung mit vorgeschalteter Barkapitalerhöhung **kein Bezugsrechtsausschluss** vor.[131]

105 Darüber stellt sich in jedem der genannten Fälle (unabhängig vom Vorliegen eines Bezugsrechtsausschlusses) die Frage, ob aufgrund einer Überbewertung der Sacheinlage das Verbot eines unangemessen niedrigen Ausgabebetrags gemäß § 255 Abs. 2 AktG analog[132] verletzt wurde. Auch ein Verstoß gegen den akti-

---

128) OLG Jena, ZIP 2006, 1989 ff.
129) *Schäfer/Grützediek*, NZG 2006, 204, 207; eingehend: *Löbbe* in: FS Winter, S. 423, 443 f.
130) *Maier-Reimer* in: FS Nirk, S. 639, 641; *Löbbe* in: FS Winter, S. 423, 438.
131) *Wiedemann* in: Großkomm-AktG, § 183 Rz. 32; *Krause* in: Habersack/Mülbert/Schlitt, Unternehmensfinanzierung, § 7 Rz. 26; *von Dryander/Niggemann* in: Hölters, AktG, § 183 Rz. 17; *Krieger* in: MünchHdb-GesR, Bd. 4, § 56 Rz. 35; *Groß*, AG 1993, 449, 453 f.
132) *Koch* in: Hüffer, AktG, § 255 Rz. 16.

enrechtlichen Gleichbehandlungsgrundsatz gemäß § 53a AktG kommt in Betracht,[133)] der allerdings nicht schon darin liegt, dass dem oder den Sacheinlegern gestattet wurde, eine Sacheinlage zu leisten, während die übrigen Aktionäre Bareinlagen zu leisten hatten.

D. Besonderheiten beim Kontrollerwerb gemäß § 29 Abs. 2 WpÜG

I. Strukturüberlegungen

Die folgenden Aspekte beruhen auf der Annahme, dass auf die Transaktion deutsches Übernahmerecht Anwendung findet. Zur Frage, unter welchen Voraussetzungen das bei internationalen Unternehmenstransaktionen der Fall ist, sei auf § 13 Rz. 79 ff. verweisen. 106

1. Pflichtangebot bei Erwerb der Aktien

Bei Transaktionen, durch die der Erwerber Aktien erwirbt oder ihm Aktien gemäß § 30 WpÜG zugerechnet werden, so dass er gemeinsam mit den von ihm bereits gehaltenen bzw. ihm gemäß § 30 WpÜG zugerechneten Aktien mehr als 30 % der Stimmrechte eines börsennotierten Unternehmens hält, muss die **Pflicht zur Abgabe eines Pflichtangebots** gemäß § 35 WpÜG bedacht werden. 107

Lässt man bei der Transaktionsgestaltung die Angebotspflicht unberücksichtigt, ist der Erwerber **im Zeitpunkt der Übertragung des Eigentums an den Aktien**, welche die Stimmrechte vermitteln, durch die die Kontrollschwelle überschritten wird,[134)] verpflichtet, gemäß §§ 35 Abs. 1 Satz 1, 10 Abs. 1 Satz 1 WpÜG ein Pflichtangebot zu veröffentlichen. 108

Eine solche einfache Transaktionsstruktur weist allerdings erhebliche **Nachteile** auf. Zunächst übernimmt der Erwerber so das **Risiko eines steigenden Aktienkurses** im Zeitraum zwischen dem Abschluss des Aktienkaufvertrags und der Kontrollerlangung.[135)] Dieser Zeitraum kann durchaus eine beachtliche Dauer haben, etwa wenn eine fusionskontrollrechtliche Freigabe des Aktienerwerbs erforderlich ist. Steigt der Kurs in diesem Zeitraum (z. B. weil infolge von Pflichtveröffentlichungen[136)] oder Gerüchten Spekulationen über ein bevorstehendes 109

---

133) KG, AG 2010, 494, 497; *Marsch-Barner* in: HK-AktG, § 186 Rz. 31; *Löbbe* in: FS Winter, S. 423, 443.
134) *Baums/Hecker* in: Baums/Thoma, WpÜG, § 35 Rz. 57; *Krause/Pötzsch* in: Assmann/Pötzsch/Schneider, WpÜG, § 35 Rz. 78.
135) *Hasselbach* in: KölnKomm-WpÜG, § 35 Rz. 256; *Schlitt/Ries* in: MünchKomm-AktG, § 35 WpÜG Rz. 262; *von Riegen*, ZHR 167 (2003), 703, 718.
136) Insbesondere ist zu bedenken, dass die Inhalte einer Backstop-Vereinbarung im Wertpapierprospekt darzustellen sind, vgl. *Schlitt/Schäfer*, CFL 2011, 410, 416, und bereits der Abschluss von aufschiebend bedingten Aktienkaufverträgen gemäß §§ 25, 25a Abs. 1 WpHG veröffentlichungspflichtig ist, wenn darin Aktien übertragen werden sollen, die mehr als 5 % der Stimmrechte der Zielgesellschaft vermitteln und die Lieferung der Aktien mehr als drei Bankarbeitstage auf den Abschluss folgt, vgl. *BaFin*, Emittentenleitfaden, S. 135.

Pflichtangebot in Gang gesetzt werden), erhöht sich der Mindestpreis für das Pflichtangebot, weil dieser gemäß § 5 Abs. 1 WpÜG-AV dem gewichteten durchschnittlichen inländischen Börsenkurs dieser Aktien während der letzten drei Monate vor der Veröffentlichung nach § 10 Abs. 1 Satz 1 bzw. § 35 Abs. 1 Satz 1 WpÜG entsprechen muss. Ferner besteht in dieser Struktur ein erheblich **geringeres Maß an Gestaltungsspielräumen** für den Bieter. Ein Beispiel dafür bildet die generelle Bedingungsfeindlichkeit von Pflichtangeboten,[137] die diese Transaktionsstruktur für einen Bieter, der den Vollzug des Angebots z. B. vom Erreichen einer Mindestannahmeschwelle[138] oder vom Ausbleiben einer wesentlichen Verschlechterung der finanziellen Verhältnisse der Gesellschaft (engl. *material adverse change event*, oder kurz: *MAC event*)[139] abhängig machen möchte, unattraktiv macht. Ferner verliert der Bieter mit der Kontrollerlangung jeglichen **Einfluss auf den Zeitplan für den weiteren Ablauf des Angebots.**[140]

2. Freiwilliges Übernahmeangebot am Unterzeichnungstag

110 Die praktische Lösung dieses Problems besteht darin, dass der Erwerber gleichzeitig mit Unterzeichnung des Aktienkaufvertrages bzw. der Vereinbarung im Hinblick auf die Kapitalmaßnahme die Entscheidung trifft, ein freiwilliges Übernahmeangebot abzugeben und anschließend die entsprechende Mitteilung gemäß § 10 Abs. 1 Satz 1 WpÜG veröffentlicht. Das setzt allerdings voraus, dass der Willensbildungsprozess des Bieters sich erst in diesem Zeitpunkt soweit verdichtet hat, dass ein Abrücken vom Plan der Abgabe des Angebots nicht mehr ernsthaft in Betracht kommt;[141] eine entsprechende Gestaltung des Willensbildungsprozesses ist jedoch regelmäßig möglich. Damit ist **der für die Berechnung des Mindestpreises** gemäß § 31 Abs. 1 WpÜG i. V. m. §§ 4, 5 WpÜG-AV **maßgebliche Zeitpunkt der Unterzeichnungstag,** so dass ein nachfolgender Anstieg des Börsenkurses keine Auswirkungen auf den gesetzlichen Mindestpreis hat.

111 Der Vollzug des Aktienkaufvertrags bzw. der Aktienerwerb i. R. der Kapitalmaßnahme ist in diesem Fall **ohne Abgabe eines Pflichtangebots** möglich. Nach § 35 Abs. 3 WpÜG ist kein Pflichtangebot abzugeben, wenn die Kontrolle auf Grund eines Übernahmeangebots erworben wurde. Für einen solchen Kontrollerwerb auf Grund eines Übernahmeangebots reicht es nach Ansicht der

---

137) Begr. RegE zum WpÜG, BT-Drucks. 14/7034, S. 62; zu den Ausnahmen: *Baums/Hecker* in: Baums/Thoma, WpÜG, § 35 Rz. 231 ff.; *von Bülow* in: KölnKomm-WpÜG, § 39 Rz. 48 ff.

138) Begr. RegE zum WpÜG, BT-Drucks. 14/7034, S. 47; *Merkner/Sustmann* in: Baums/Thoma, WpÜG, § 18 Rz. 93 m. w. N.

139) Zu den Anforderungen an die Zulässigkeit derartiger Bedingungen bei Übernahmeangeboten: *Merkner/Sustmann* in: Baums/Thoma, WpÜG, § 18 Rz. 116 ff.; *Krause/Favoccia* in: Assmann/Pötzsch/Schneider, WpÜG, § 18 Rz. 88 ff.; *Berger/Filgut*, WM 2005, 253; *Busch*, AG 2002, 145.

140) *von Riegen*, ZHR 167 (2003), 703, 718.

141) So die Anforderungen der h. M. vgl. *Thoma* in: Baums/Thoma, WpÜG, § 10 Rz. 17.

BaFin[142] und der h. M. aus, wenn die Aktien in „*unmittelbarem zeitlichen und sachlichen Zusammenhang mit dem Übernahmeangebot*" erworben werden. Das ist nach allgemeiner Ansicht jedenfalls dann der Fall, wenn der Eigentumserwerb an den Aktien während der Annahmefrist des Übernahmeangebots erfolgt, teilweise werden auch Erwerbsvorgänge vorher oder nachher für zulässig erachtet.[143]

3. Maßnahmen zur Sicherung des Angebotserfolgs

Wenn der Bieter das Ziel hat, über das Aktienpaket hinaus weitere Aktien der Zielgesellschaft zu erwerben, kann es sinnvoll sein, dass er sich im Vorfeld des Angebots den **Zugriff auf eine möglichst große Zahl von Aktien** sichert. Der Abschluss des Kaufvertrags über das Aktienpaket bzw. die Beteiligung an der Kapitalmaßnahme bildet eine solche Sicherungsmaßnahme. Darüber hinaus sind noch andere Maßnahmen denkbar, die im Folgenden erörtert werden sollen. 112

a) Irrevocable Undertakings

Zum einen kann der Investor mit Aktionären sog. *Irrevocable Undertakings* abschießen.[144] Dabei handelt es sich um **einseitig bindende Vorverträge**, in denen sich der Verkäufer gegenüber dem Bieter unwiderruflich zur Annahme des Angebots verpflichtet.[145] Im Unterschied zum Paketkaufvertrag steht und fällt der Aktienerwerb mit dem Erfolg des Übernahmeangebots und vollzieht sich nach den in der Angebotsunterlage festgelegten Bedingungen, insbesondere der darin festgelegten Gegenleistung.[146] 113

Irrevocable Undertakings sind gut geeignet, die vertragliche Grundlage für die Andienung von Aktienpaketen zu bilden, die nicht kontrollvermittelnd sind.[147] Kontrollierende Aktionäre werden oft verlangen, dass die Bedingungen der Aktienübertragung individuell ausgehandelt werden. Sie werden auch häufig nicht damit einverstanden sein, dass der Aktienerwerb nur erfolgen soll, wenn das Übernahmeangebot Erfolg hat (z. B. durch Überschreiten einer Mindestannahmeschwelle). Auch dem Erwerber kann daran gelegen sein, dass ein Aktienkaufvertrag geschlossen wird (z. B. wenn der Erwerber von den Veräußerern die Abgabe weiterreichender Garantien erwartet).[148] Sinnvoll kann der Einsatz 114

---

142) *BaFin*, Merkblatt – Auslegung des § 35 Abs. 3 WpÜG durch die Bundesanstalt für Finanzdienstleistungsaufsicht v. 12.7.2007, S. 1.
143) *Steinmeyer* in: Steinmeyer, WpÜG, § 35 Rz. 124; enger: *Baums/Hecker* in: Baums/Thoma, WpÜG, § 35 Rz. 286.
144) Grundlegend: *von Riegen*, ZHR 167 (2003), 702 ff.
145) *von Riegen*, ZHR 167 (2003), 703, 711; *Johannsen-Roth/Illert*, ZIP 2006, 2157, 2158; *Oppenhoff* in: Beck'sches Handbuch AG, § 27 Rz. 106.
146) *Seibt* in: Seibt, M&A, E.I. Anm. 1.
147) Ähnlich: *Deilmann*, NZG 2007, 721, 722.
148) Optimistischer insoweit: *von Riegen*, ZHR 167 (2003), 702, 704.

von Irrevocable Undertakings ferner bei freundlichen Übernahmen sein, weil Organmitglieder der Zielgesellschaft ihre Unterstützung für das Angebot ausdrücken können, indem sie das Angebot für die von ihnen gehaltenen Aktien vorab annehmen.[149]

115 Typische Diskussionspunkte zwischen dem Aktionär und dem Bieter i. R. der **Ausgestaltung eines Irrevocable Undertaking** sind

- der Umfang der Konkretisierung des Übernahmeangebots (insbesondere durch Festlegung eines Mindestpreises und der Bedingungen für den Vollzug des Angebots),[150]
- der Erwerb der Aktien auch im Fall des Ausbleibens des Vollzugs des Übernahmeangebots und
- ein Rücktrittsrecht des Aktionärs im Fall eines konkurrierenden Angebots (engl. *soft irrevocable undertaking*).[151]

116 Das **auf ein Irrevocable Undertaking anwendbare Recht** richtet sich zunächst nach einer von den Parteien getroffenen Rechtswahl (Art. 3 Abs. 1 Satz 1 Rom I-VO).[152] Mangels einer subjektiven Anknüpfung kommt zunächst Art. 4 Abs. 2 Rom I-VO zur Anwendung, denn ein Irrevocable Undertaking ist von keiner der in Art. 4 Abs. 1 Rom I-VO genannten Fallgruppen erfasst. Insbesondere wird dieser Vertrag nicht innerhalb eines multilateralen Systems i. S. des Art. 4 Abs. 1 lit. h Rom I-VO geschlossen, sondern individuell ausverhandelt. Nach Art. 4 Abs. 2 Rom I-VO ist das Recht des Staats berufen, in welchem der Aktionär seinen Sitz hat, denn dieser erbringt mit der Annahme des Übernahmeangebots die für ein Irrevocable Undertaking charakteristische Leistung. Das bei objektiver Anknüpfung für ein Irrevocable Undertaking maßgebliche Recht entspricht daher dem **Übernahmevertragsstatut**, das sich nach zutreffender Ansicht ebenfalls nach Art. 4 Abs. 2 Rom I-VO richtet (siehe hierzu unten Rz. 128 ff.).

b) Einsatz von Derivaten

117 In der Vergangenheit kamen bei einigen spektakulären Übernahmen, namentlich der Übernahme der Continental AG durch die *Schaeffler Gruppe* im Jahr 2008, Derivate zum Einsatz, mit denen sich der Bieter im Vorfeld des Angebots den Zugriff auf eine größere Zahl von Aktien sicherte. Hierbei handelte es sich um **Call-Optionen mit Barausgleich** oder sog. **Cash-Settled Total Return Equity Swaps** (zusammengenommen „Derivate mit Barausgleich").

---

149) *von Riegen*, ZHR 167 (2003), 702, 705.
150) *Johannsen-Roth/Illert*, ZIP 2006, 2157, 2158.
151) *von Riegen*, ZHR 167 (2003), 702, 712 f.; *Seibt* in: Seibt, M&A, Muster E.I. Anm. 9.
152) Die üblichen Muster enthalten eine derartige Klausel, vgl. *Seibt* in: Seibt, M&A, Muster E.I., § 8.3.

Bei Abschluss einer Call-Option erwirbt der Optionsinhaber von dem Stillhalter 118
das Recht, eine Aktie an einem bestimmten Zeitpunkt zu einem festgelegten
Preis zu erwerben. Für dieses Recht zahlt der Optionsinhaber dem Stillhalter
eine Prämie. Ist der Börsenkurs der Aktie am maßgeblichen Zeitpunkt höher
als der Optionspreis, wird der Optionsinhaber die Option ausüben. Bei einer
Call-Option ohne Barausgleich wird ihm daraufhin die Aktie übertragen, und der
Optionsinhaber kann einen Gewinn i. H. der Differenz (abzüglich der Optionsprämie) erzielen, wenn er die Aktie sofort wieder veräußert. Ist der Börsenkurs
hingegen niedriger als der Optionspreis, wird der Optionsinhaber die Option
verfallen lassen; in diesem Fall hat er die Optionsprämie umsonst gezahlt. Bei
Call-Optionen mit Barausgleich erfolgt hingegen keine Übertragung von Aktien,
sondern der Stillhalter zahlt dem Optionsinhaber bei Ausübung den Differenz-
betrag. Bei Cash-Settled Total Return Equity Swaps begründen die Parteien Aus-
gleichspflichten in Bezug auf den Börsenkurs der Aktien der Zielgesellschaft zu
einem bestimmten Zeitpunkt. Übersteigt der Börsenkurs den Referenzkurs im
maßgeblichen Zeitpunkt, zahlt der Stillhalter die Differenz an den Optionsinhaber. Liegt der Börsenkurs dagegen unterhalb des Referenzkurses, ist der
Inhaber zur Zahlung der Differenz verpflichtet.[153]

Im Zusammenhang mit Unternehmensübernahmen sind Derivate mit Baraus- 119
gleich interessant, weil der Stillhalter sein Risiko regelmäßig durch den Erwerb
von Aktien der Zielgesellschaft zum Referenzkurs absichern wird. Liegt der
Aktienkurs im maßgeblichen Zeitpunkt über dem Referenzkurs, veräußert der
Stillhalter die Aktien, und die dann entstehende Zahlungspflicht wird durch den
Veräußerungsgewinn ausgeglichen. Der Stillhalter ist darauf angewiesen, dass er
die zur Absicherung erworbenen Aktien zum erhöhten Börsenkurs wieder veräußern kann, was bei einer hohen Aktienzahl schwierig sein kann. Wenn im
Zusammenhang mit dem Abschluss der Derivate mit Barausgleich jedoch ein
Übernahmeangebot abgegeben wurde, besteht eine sichere Veräußerungsmög-
lichkeit. Eine vertragliche Verpflichtung des Stillhalters, das Übernahmeangebot anzunehmen, ist dagegen nicht erforderlich.

Bis zum 1.2.2012 lösten zur Vorbereitung der Übernahme eines börsennotierten 120
Unternehmens eingegangene Derivate mit Barausgleich bei entsprechender
Strukturierung keine Mitteilungspflicht gemäß §§ 21 ff., 25 WpHG aus.[154] Der
Gesetzgeber reagierte auf die Kritik an dieser Rechtslage durch die Neufassung des
§ 25a WpHG i. R. des Anlegerschutz- und Funktionsverbesserungsgesetzes.[155]
Nach § 25a Abs. 1 WpHG unterliegen nunmehr auch *„Finanzinstrumente und
sonstige Instrumente ..., die es ihrem Inhaber oder einem Dritten ... ermöglichen, mit*

---

153) Zum Ganzen: *Cascante/Bingel*, NZG 2011, 1086, 1089; *Merkner/Sustmann*, NZG 2010, 681.
154) Zu den insoweit bestehenden Anforderungen: *Cascante/Bingel*, NZG 2011, 1086, 1090; *Merkner/Sustmann*, NZG 2010, 681, 682.
155) Hierzu Begr. RegE, BT-Drucks. 17/3628, S. 1.

Stimmrechten verbundene und bereits ausgegebene Aktien eines Emittenten ... zu erwerben", der Mitteilungspflicht, wenn sie eine Anzahl von Aktien betreffen, die den Schwellenwert von 5 % überschreitet. Ein „Ermöglichen" in diesem Sinne soll gemäß § 25a Abs. 1 Satz 2 Nr. 1 WpHG insbesondere dann gegeben sein, wenn die Gegenseite des Inhabers ihre Risiken aus diesen Instrumenten durch das Halten von Aktien ausschließen oder vermindern könnte. Damit fallen die hier behandelten Derivate mit Barausgleich in den Anwendungsbereich der Vorschrift,[156)] so dass ihr Einsatz zum verdeckten Aufbau größerer Beteiligungen nicht mehr geeignet ist.

II. Verhältnis von Erwerbspreis und Angebotspreis des Übernahmeangebots

121 Bei der Strukturierung von Transaktionen, in deren Rahmen der Investor die Kontrolle über die Zielgesellschaft übernehmen wird, ist zu berücksichtigen, dass der Kaufpreis für bestehende Aktien bzw. der Platzierungspreis für i. R. von Kapitalmaßnahmen auszugebende neue Aktien den **Mindestbetrag für die Gegenleistung** i. R. eines nachfolgenden Übernahme- oder Pflichtangebots beeinflusst. In zeitlicher Hinsicht ist dazu erforderlich, dass der betreffende Erwerbspreis innerhalb von sechs Monaten vor der Veröffentlichung der Angebotsunterlage nach § 14 Abs. 2 Satz 1 bzw. § 35 Abs. 2 Satz 1 WpÜG gewährt oder vereinbart wurde (§ 31 Abs. 1 Satz 2 WpÜG i. V. m. § 4 WpÜG-AV). Etwas anderes gilt nur, wenn der gewichtete durchschnittliche inländische Börsenkurs der Aktien des Zielunternehmens während der letzten drei Monate vor einer solchen Veröffentlichung höher war als der Erwerbspreis; dann bestimmt sich der Mindestbetrag der Gegenleistung anhand des gewichteten durchschnittlichen inländischen Börsenkurses (§ 31 Abs. 1 Satz 2 WpÜG i. V. m. § 5 WpÜG-AV). Zu den Auswirkungen von sog. Parallel- und Nacherwerben auf den Angebotspreis siehe oben Rz. 6 f.

122 Der Erwerbspreis bildet unter diesen Voraussetzungen allerdings **nur eine Unter- und keine Obergrenze für den Angebotspreis**: Dem Bieter steht es rechtlich frei, ein Übernahme- oder Pflichtangebot mit einem Angebotspreis über dem Aktienkaufpreis abzugeben.

III. Harmonisierung der Bedingungen von Aktienerwerb und Übernahmeangebot

123 Erwerber von kontrollvermittelnden Beteiligungen an börsennotierten AG werden den Paketerwerb und das anschließende Übernahmeangebot regelmäßig als einheitliches Geschäft ansehen, so dass Übernahmeangebot und Erwerb des Aktienpakets miteinander stehen und fallen sollen. Praktisch erfolgt dies dadurch,

---

156) Hierzu Begr. RegE, BT-Drucks. 17/3628, S. 19; *Cascante/Bingel*, NZG 2011, 1086, 1091; *Merkner/Sustmann*, NZG 2010, 681, 684.

dass die Verpflichtungen zum Vollzug des Paketerwerbs und zum Vollzug des Übernahmeangebots unter die gleichen aufschiebenden Bedingungen gestellt werden. Dies ist **nur bei einem Übernahmeangebot unter Beachtung der Grenzen des § 18 WpÜG** möglich; einer entsprechenden Gestaltung bei Pflichtangeboten steht die **generelle Bedingungsfeindlichkeit von Pflichtangeboten** entgegen.

Unproblematisch stellen sich in diesem Zusammenhang aus Rechtsgründen erforderliche **behördliche Genehmigungsvorbehalte** dar (z. B. Freigabe der Kartellbehörden oder des Bundesministerium des Inneren nach dem AWG).[157] 124

Der Vollzug des Paketerwerbs als solcher kann keine Bedingung des Übernahmeangebots sein, weil es dem Bieter dann möglich wäre, den Bedingungseintritt durch Nichtvornahme einer Vollzugshandlung für den Paketerwerb (z. B. Kaufpreiszahlung) zu verhindern. Zulässige Bedingungen sind allerdings Mindestannahmeschwellen. Daher kann die angestrebte **Verknüpfung von Vollzug des Paketerwerbs und Vollzug des Übernahmeangebots** erreicht werden, indem das Übernahmeangebot unter die Bedingung gestellt wird, dass der Bieter (i. R. und außerhalb des Übernahmeangebots) eine Zahl von Aktien erwirbt, die mindestens der i. R. des Paketerwerbs verkauften Zahl entspricht. Sollte in diesem Fall der Vollzug des Paketerwerbs scheitern, bevor die Annahmefrist abgelaufen ist, hat der Veräußerer des Aktienpakets die Möglichkeit, das Übernahmeangebot anzunehmen, so dass der Bieter letztlich den Bedingungseintritt nicht verhindern kann. 125

Eine Harmonisierung von Aktienkaufvertrag und Übernahmeangebot ist auch möglich, wenn der Aktienkaufvertrag ein Rücktrittsrecht des Käufers wegen eines **material adverse change** vorsehen soll (zur allgemeinen Bedeutung derartiger Klauseln siehe § 2 Rz. 144 ff.). In Übernahmeangeboten sind derartige Bedingungen (d. h. der Nichteintritt eines MAC-Ereignisses) nur zulässig, wenn der Bedingungseintritt objektiv nachvollziehbar ist und dem Bieter kein Einschätzungs- oder Beurteilungsspielraum zukommt.[158] Für die Gestaltung des Aktienkaufvertrags bedeutet das im Umkehrschluss, dass ein Käufer, der ein Kündigungsrecht wegen Eintritts eines MAC-Ereignisses anstrebt, bereits im Aktienkaufvertrag eine Gestaltung wählen sollte, die den übernahmerechtlichen Anforderungen entspricht. Der Aktienkaufvertrag könnte zwar leichtere Rücktrittvoraussetzungen regeln, nicht jedoch das Übernahmeangebot. Wenn die Rücktrittsvoraussetzungen nach dem Aktienkaufvertrag erfüllt sind, aber die Bedingung des Übernahmeangebots nicht ausgefallen ist, hat der Verkäufer im Fall des Rücktritts immer noch die Möglichkeit, das Übernahmeangebot anzunehmen und dem Bieter das Aktienpaket anzudienen. 126

---

157) *Merkner/Sustmann in:* Baums/Thoma, WpÜG, § 18 Rz. 77; *Seibt/Wollenschläger*, ZIP 2009, 833, 841; *Traugott/Strümpel*, AG 2009, 186, 192.
158) *Hasselbach* in: KölnKomm-WpÜG, § 18 Rz. 58.

IV. Berücksichtigung von Offenlegungspflichten

127 Bei der zeitlichen Planung der Transaktion ist zu berücksichtigen, dass § 25a WpHG zu einer **Vorverlagerung des Offenlegungszeitpunkts der dem Übernahme- oder Pflichtangebot vorausgehenden Transaktionen** geführt hat. Der Abschluss von Aktienkaufverträgen, Irrevocable Undertakings oder anderen Vereinbarungen, die dem Bieter den Erwerb von bereits ausgegebenen Aktien i. R. des Übernahme- oder Pflichtangebots ermöglichen, ist gemäß § 25a WpHG bei Abschluss der schuldrechtlichen Vereinbarungen zu veröffentlichen. Damit derartige Veröffentlichungen vor Veröffentlichung der Entscheidung zur Abgabe eines Übernahmeangebots gemäß § 10 Abs. 1 Satz 1 WpÜG nicht zu Spekulationen über ein bevorstehendes Übernahmeangebot führen und der daraus resultierende Kursanstieg den Mindestpreis gemäß § 31 Abs. 1 WpÜG i. V. m. § 5 Abs. 1 WpÜG-AV erhöht, empfiehlt es sich, die zugrunde liegenden Verträge **zeitgleich mit dem Kaufvertrag über das Aktienpaket** abzuschließen.

V. Bestimmung des Übernahmevertragsstatuts

128 Im Rahmen von öffentlichen Angeboten zum Erwerb von börsengehandelten Aktien ist noch nicht vollständig geklärt, welches Recht auf den zwischen Bieter und veräußerndem Aktionär zustande kommenden Kaufvertrag Anwendung findet (sog. *Übernahmevertragsstatut*).

1. Praktische Bedeutung

129 Das Problem hat nur eine äußerst **geringe praktische Bedeutung.** Durch die Annahme des Angebots und, jedenfalls bei marktüblich ausgestalteten Angeboten nach dem WpÜG, die Umbuchung der betreffenden Aktien in eine neue ISIN, kommt zwischen Bieter und veräußerndem Aktionär ein Aktienkaufvertrag zustande. Das hierauf anwendbare Recht bestimmt sich nach der Rom I-VO,[159)] so dass gemäß Art. 3 Abs. 1 Satz 1 Rom I-VO vorrangig eine Rechtswahl maßgeblich ist. Sofern das Angebot dem WpÜG unterfällt und die Vorschriften über den Inhalt der Angebotsunterlage anwendbar sind (zu den Ausnahmen gemäß § 1 Abs. 2 WpÜG siehe unten § 13 Rz. 85 ff.), besteht gemäß § 11 Abs. 4 und 5 WpÜG i. V. m. § 2 Nr. 12 WpÜG-AV **für den Bieter eine Notwendigkeit, das Recht anzugeben, dem die durch Annahme des Angebots zustande kommenden Verträge zwischen dem Bieter und den Aktionären unterliegen.** Ohne diese Angabe wird die BaFin die Angebotsunterlage als unvollständig ansehen und das Angebot in letzter Konsequenz gemäß § 15 Abs. 1 Satz 1 Nr. 1 WpÜG untersagen.

---

159) *Hoffmann* in: MünchHdb-GesR, IntGesR, § 64 Rz. 1; *Schnyder* in: MünchKomm-BGB, IntKapMarktR Rz. 238 ff.; *Versteegen* in: KölnKomm-WpÜG, § 1 Rz. 44.

Ob § 2 Nr. 12 WpÜG-AV eine Verpflichtung des Bieters begründet, in der **130**
Angebotsunterlage eine Rechtswahl i. S. des Art. 3 Abs. 1 Satz 1 Rom I-VO zu
treffen,[160] kann dahinstehen. Nach dem Wortlaut des § 2 Nr. 12 WpÜG-AV
würde eine rein deskriptive Beschreibung des anwendbaren Rechts ausreichen.[161]
Im Regelfall wird man aber davon ausgehen müssen, dass die Angabe des auf
die zustande kommenden Aktienkaufverträge anwendbaren Rechts in einer Angebotsunterlage **nicht rein deskriptiv, sondern als Rechtswahlvereinbarung** zu
verstehen ist.[162] Nur diese Auslegung wird dem evidenten Interesse des Bieters
gerecht, durch die Angabe in der Angebotsunterlage für Rechtssicherheit im
Hinblick auf das Übernahmevertragsstatut zu sorgen (insbesondere wegen der
unter Rz. 132 ff. beschriebenen offenen Fragen). Üblich ist es, die Angabe des
auf die Aktienkaufverträge anwendbaren Rechts in der Angebotsunterlage unzweideutig als Rechtswahl auszugestalten.[163]

Praktische Relevanz kann die Frage nach dem **Übernahmevertragsstatut** jedoch **131**
bei öffentlichen Angeboten erlangen, **auf die das WpÜG keine Anwendung**
findet, etwa weil die Aktien der betreffenden Gesellschaft im Freiverkehr oder
an einer Börse außerhalb von EU und EWR gehandelt werden oder weil die
betreffende Gesellschaft ihren Sitz in einem Drittstaat hat, der nicht der EU
oder dem EWR angehört.[164]

2. Objektive Anknüpfung des anwendbaren Rechts

a) Ausgangslage

Wurde i. R. eines öffentlichen Angebots zum Erwerb von Aktien keine **132**
Rechtswahl getroffen, ist das auf die Aktienkaufverträge anwendbare Recht
nach allgemeinen Regeln objektiv zu bestimmen. Da die Aktienkaufverträge
i. R. eines öffentlichen Angebots außerbörslich abgeschlossen werden, greift
keine Fallgruppe des Art. 4 Abs. 1 Rom I-VO ein (siehe hierzu oben Rz. 37).
Somit unterliegt der Vertrag gemäß Art. 4 Abs. 2 Rom I-VO im Grundsatz dem
Recht des Staates, **in dem die Partei ihren gewöhnlichen Aufenthaltsort hat,**
welche die für den Vertrag charakteristische Leistung zu erbringen hat. Diese
Partei ist **der annehmende Aktionär.** Diese Sichtweise hat zur Konsequenz,
dass eine Rechtszersplitterung eintritt, weil die Rechtsbeziehungen zwischen

---

160) In diesem Sinne offenbar *Renner* in: FK-WpÜG, § 11 Rz. 95; a. A. *Meyer* in: Assmann/
Pötzsch/Schneider, WpÜG, § 2 WpÜG-AngVO Rz. 37.
161) Unklar insoweit die Begr. des RegE, BT-Drucks. 14/7034, S. 79. Dezidiert gegen die übernahmerechtliche Zulässigkeit derartiger deskriptiver Angaben: *Meyer* in: Assmann/Pötzsch/
Schneider, WpÜG, § 2 WpÜG-AngVO Rz. 37.
162) *Seydel* in: KölnKomm-WpÜG, Anh. § 11 Anh., § 2 AngebVO Rz. 31; *Wackerbarth* in:
MünchKomm-AktG, § 11 WpÜG Rz. 98; unklar: *Steinhardt/Nestler* in: Steinmeyer, WpÜG,
§ 11 Rz. 88.
163) So auch *Göthel*, Vorauflage (3. Aufl.), § 9 Rz. 22.
164) *Hoffmann* in: MünchHdb-GesR, IntGesR, § 64 Rz. 4.

Bieter und annehmenden Aktionären durchaus unterschiedlichen Rechten unterliegen können, wenn die Aktionäre ihren Aufenthaltsort in verschiedenen Staaten haben.

133 Trotz dieser Schwierigkeiten wird durchaus vertreten, über Art. 4 Abs. 2 Rom I-VO an die jeweiligen Aufenthaltsrechte der veräußernden Aktionäre anzuknüpfen.[165] Andere (teilweise vor Inkrafttreten des WpÜG gebildete) Ansichten wollen diese Schwierigkeiten hingegen vermeiden und unterbreiten **unterschiedliche Lösungsvorschläge**, die (heute rechtstechnisch über Art. 4 Abs. 3 Rom I-VO) zu einem anderen Recht führen sollen.

b) Recht am Börsen- bzw. Übernahmeort

134 Vorgeschlagen wird etwa, **Übernahmeangebote** einheitlich dem **Recht am Ort der Börse** zu unterwerfen, an welcher die fraglichen Anteile notiert sind, bei mehreren Börsen dem Recht am **Hauptbörsenplatz** der Zielgesellschaft.[166] Dafür wird ins Feld geführt, dass zentraler Adressat des Übernahmeangebots nicht der einzelne Anteilsinhaber sei, dessen Identität dem Übernehmer regelmäßig unbekannt sei, sondern vielmehr der *„Markt in seiner Gesamtheit"*.[167] Falls der Hauptbörsenplatz nicht hinreichend klar ermittelt werden kann, sei hilfsweise an den **zentralen Übernahmeort** anzuknüpfen, der regelmäßig am *„Sitz der Übernahmeorganisation"* liege. Etwas anderes könne nur gelten, wenn zwischen Veräußerer und Übernehmer persönlichere Kontakte bestanden, etwa bei einem Paketerwerb.[168] Für die **Durchführung der Übernahme** soll im Zweifel das Recht am **Sitz des Bieters** als dem zentralen Organisationsort maßgeblich sein; bei Feststellungsschwierigkeiten sei dieser am Hauptbörsenplatz zu vermuten.[169]

c) Recht am Ort des Kaufangebots („Marktrecht")

135 Nach einer weiteren Ansicht[170] unterliegen Kaufverträge i. R. öffentlicher Übernahmeangebote aus Gründen der Funktionalität, der Marktrationalität sowie

---

165) So *von Hein*, AG 2001, 213, 224; ebenso grundsätzlich für die Anknüpfung nach der charakteristischen Leistung *Merkt* in: FS Sandrock, S. 135, 144 ff.; *Ackermann*, Das internationale Privatrecht der Unternehmensübernahme, S. 300 f. Nach *Ackermann* soll dies allerdings nicht gelten, wenn die Zielgesellschaft ihren Satzungssitz, den Hauptverwaltungssitz und ihre einzige Börsennotierung in demselben Staat hat. Dann soll das Recht dieses Staates Anwendung finden.
166) *Ebenroth/Wilken*, ZVglRWiss 90 (1991), 235, 242; s. a. *Renner* in: FK-WpÜG, § 11 Rz. 95, der allerdings bei Mehrfachnotierungen an die Rechte der jeweiligen Börsen anknüpfen will und eine Rechtszersplitterung in Kauf nimmt.
167) *Ebenroth/Wilken*, ZVglRWiss 90 (1991), 235, 242.
168) *Ebenroth/Wilken*, ZVglRWiss 90 (1991), 235, 242.
169) *Ebenroth/Wilken*, ZVglRWiss 90 (1991), 235, 243 f.
170) *Schnyder* in: MünchKomm-BGB, IntKapMarktR Rz. 244 (wohl ohne „Umweg" über das Vertragskollisionsrecht).

der Konnexität mit dem Gesellschafts- und Börsenstatut dem **Recht am Ort des Kaufangebots.** Dadurch lasse sich eine **sinnvolle Koordination** mit dem gesamten Übernahmerecht (wie etwa Informations- und Offenlegungspflichten, Behördenzuständigkeit, Kotierungsplatz) erreichen.

Ist die Gesellschaft nur an **einer Börse** notiert und beschränkt sich die Über- 136 nahme auf den betreffenden Börsenplatz, lasse sich der gewöhnliche Aufenthaltsort des Verkäufers als Anknüpfungspunkt vernachlässigen, zumal in diesem Fall kaum mehr von der *„charakteristischen Leistung"* des Verkäufers gesprochen werden könne. Erfolgt die Übernahme in **mehreren Staaten,** sei der Übernahmevertrag anlehnend an Art. 4 Abs. 2 lit. b Satz 2 der EU-Übernahmerichtlinie[171] primär dem Recht jenes Staats zu unterstellen, in dem die Wertpapiere zuerst zugelassen wurden. Bei gleichzeitiger oder nahezu gleichzeitiger Zulassung soll dem Bieter im Streitfall ein Wahlrecht eingeräumt werden können.[172]

Alternativ wird etwa eine Anknüpfung an den Kapitalmarkt derart vorgeschla- 137 gen, dass das Recht am **Sitz der Zielgesellschaft** entscheidend sei.[173] Die in allen diesen Fällen erzielte **Einheitlichkeit** der Anknüpfung des Kaufvertrags habe den großen Vorteil, jene Anknüpfungsaufspaltung zu vermeiden, die sich beim Kauf von Anteilen aus Streubesitz zwangsläufig ergibt, wenn man das Verkäuferrecht anwendet. Überdies werde durch die Anknüpfung an den Marktort (**„Marktrecht"**) der Schutz der veräußernden Beteiligungsinhaber durch ihr *„Umweltrecht"* oder besser das Recht des *„Umweltmarkts"* gewährleistet.[174]

d) Hauptbörsenrecht und Sitzrecht der Zielgesellschaft

Nach einer dritten Ansicht soll das Dilemma zwischen Marktinteressen (Anleger) 138 und Organisationsinteressen (Zielgesellschaft) angemessen nur dadurch zu lösen sein, dass das Recht der **Hauptbörse** angewendet wird, allerdings nur, wenn es **zugleich** das **Sitzrecht der Zielgesellschaft** ist. Auf diese Weise würde einerseits das Ziel eines einheitlichen Übernahmestatuts erreicht. Andererseits würden die mit grenzüberschreitenden Übernahmeangeboten internationalprivatrechtlich betroffenen Interessen zur Geltung gebracht. Findet im Sitzstaat kein Börsenhandel statt, soll hilfsweise das Recht am Hauptbörsenplatz anzuwenden sein.[175]

---

171) Richtlinie 2004/25/EG des Europäischen Parlaments und des Rates v. 21.4.2004 betreffend Übernahmeangebote, ABl. EG L 142 v. 30.4.2004, S. 12.
172) *Schnyder* in: MünchKomm-BGB, IntKapMarktR Rz. 244.
173) *Hahn,* RIW 2002, 741, 744; *Dürig,* RIW 1999, 746, 748; *Hoffmann* in: MünchHdb-GesR, IntGesR, § 64 Rz. 4 a. E.
174) *Schnyder* in: CEJE, S. 624, 631 ff.; eine Anknüpfung an das „Marktrecht" favorisieren ebenso *Hopt* in: FS Lorenz, S. 413 ff., und *Grundmann,* RabelsZ 54 (1990), 282 ff.; *Kronke/Haubold* in: Kronke/Melis/Schnyder, Hdb. Int. Wirtschaftsrecht, Teil L Rz. 424 (Recht am Ort der Börse); zurückhaltend *Ebenroth/Wilken,* ZVglRWiss 90 (1991), 235, 242 ff.
175) *Assmann* in: Großkomm-AktG, Einl. Rz. 723.

3. Stellungnahme

139 Die in der Literatur gegen die Maßgeblichkeit des Rechts am gewöhnlichen Aufenthaltsort des annehmenden Aktionärs geltend gemachten Einwände greifen nicht durch.[176] Erforderlich ist auf Grundlage des Art. 4 Abs. 3 Rom I-VO, dass der Kaufvertrag eine offensichtlich engere Verbindung zu einem anderen Staat aufweist. Diese Voraussetzungen liegen jedoch nicht vor. Gegen Ansätze, wonach der **Sitz der Zielgesellschaft**[177] oder ihr **Hauptbörsenplatz**[178] maßgeblich sein soll, spricht bereits, dass WpÜG und EU-Übernahmerichtlinie i. R. der Abgrenzung ihres Anwendungsbereiches sowohl auf den Sitz der Gesellschaft als auch auf den Ort der Börsennotierung abstellen, so dass jedenfalls keine „offensichtlich" nähere Verbindung des Kaufvertrags zum Recht eines dieser Staaten besteht. **Übernahmeakzessorische Ansätze**[179] lösen das Problem im Fall von Notierungen in Drittstaaten außerhalb von EU und EWR zum einen nicht sicher, weil es in diesen Fällen dazu kommen kann, dass mehrere Übernahmeregime Anwendung finden (siehe hierzu unten § 13 Rz. 95). Zum anderen greifen sie nicht ein, wenn auf ein öffentliches Angebot zum Erwerb von Aktien gerade kein Übernahmerecht Anwendung findet, und in diese Fallgruppe fallen nach dem eingangs Gesagten viele praktische Fälle der objektiven Anknüpfung.[180]

140 Die Rechtszersplitterung als der wesentliche Nachteil einer Bestimmung der Anknüpfung nach Art. 4 Abs. 2 Rom I-VO ist daher hinzunehmen. Die **Anknüpfung an das Recht am gewöhnlichen Aufenthaltsort des annehmenden Aktionärs** vereinfacht die Rechtsdurchsetzung für den Anleger. Der Bieter kann das Risiko der Rechtsunsicherheit durch eine Rechtswahl ausschließen. Angesichts des hohen Maßes an Standardisierung von Angebotsunterlagen, die eine technisch sehr ausgefeilte Regelungstechnik vieler Einzelheiten vorsehen, erscheint die zusätzliche Belastung des Bieters durch die Notwendigkeit der Rechtswahl minimal.

E. Ausgestaltung der übrigen Bedingungen des Investments
I. Rechtscharakter und Zulässigkeit von Investorenvereinbarungen

141 Erwirbt ein Investor eine Beteiligung an einer börsennotierten Gesellschaft, kann es sinnvoll sein, bestimmte Fragen des Verhältnisses zwischen Gesellschaft und Investor in einer **Investorenvereinbarung** zu regeln. Die Ziele und der Regelungsgehalt derartiger Vereinbarungen können sehr unterschiedlich sein.[181]

---

176) A. A. *Göthel*, Vorauflage (3. Aufl.), § 9 Rz. 25.
177) *Hahn*, RIW 2002, 741, 744; *Dürig*, RIW 1999, 746, 748; *Hoffmann* in: MünchHdb-GesR, IntGesR, § 64 Rz. 4 a. E.
178) *Ebenroth/Wilken*, ZVglRWiss 90 (1991), 235, 242.
179) *Schnyder* in: MünchKomm-BGB, IntKapMarktR Rz. 244; *Merkt* in: Kronke/Melis/Schnyder, Hdb. Int. Wirtschaftsrecht, Teil K, Rz. 787 ff.; *Göthel*, Vorauflage (3. Aufl.), § 9 Rz. 25.
180) *Hoffmann* in: MünchHdb-GesR, IntGesR, § 64 Rz. 4.
181) Ausführlich hierzu: *Seibt* in: Kämmerer/Veil, Reformdiskussion, S. 105, 110 ff.; *Decher* in: FS Hüffer, S. 145, 147 ff.

Auf der einen Seite stehen Investorenvereinbarungen, die einen **proaktiven Charakter** haben und meist im Vorfeld eines Beteiligungserwerbs i. R. einer Kapitalerhöhung geschlossen werden. Sie sollen den Beteiligungserwerb ermöglichen und fördern (z. B. durch Festlegung eines Ablaufplans für die Kapitalerhöhung). Auf der anderen Seite finden sich Vereinbarungen, die einen **reaktiven Charakter** haben, meist nach oder im Zusammenhang mit einem Beteiligungserwerb durch Aktienerwerb oder ein Übernahmeangebot geschlossen werden, und die Befugnisse des Investors begrenzen sollen (z. B. durch Vereinbarung von Beteiligungsgrenzen oder Unterlassungsverpflichtungen in Bezug auf Umstrukturierungen).

Der Abschluss von Investorenvereinbarungen ist grundsätzlich zulässig.[182] Insbesondere besteht für den Vorstand **kein generelles Neutralitätsgebot** in Bezug auf die Zusammensetzung des Aktionärskreises.[183] Allerdings sind beim Abschluss von Investorenvereinbarungen die allgemeinen Grenzen zu beachten, die durch das Aktien- und Kapitalmarktrecht gesetzt werden,[184] z. B. das aktienrechtliche (§ 53a AktG) und das kapitalmarktrechtliche Gleichbehandlungsgebot (§ 30a Abs. 1 Nr. 1 WpHG).[185] Sobald Investorenvereinbarungen verbindliche Regelungen im Hinblick auf die Unternehmensleitung treffen, kann es unter Umständen erforderlich werden, die Vorgaben für Unternehmensverträge gemäß §§ 291 ff. AktG zu beachten.[186] Bei Investorenvereinbarungen, die der Vorbereitung des Aktienerwerbs i. R. einer Kapitalerhöhung unter Bezugsrechtsausschluss dienen, ist zu beachten, dass sich der Vorstand nur unter dem Vorbehalt des Bezugsrechts zur Ausgabe von Aktien verpflichten kann (§ 187 Abs. 1 AktG).[187]

142

II. Wesentliche Regelungsbereiche von Investorenvereinbarungen

Wesentliche Regelungsbereiche von Investorenvereinbarungen betreffen: 143

1. Ziele der Beteiligung des Investors

Regelmäßig halten Zielgesellschaft und Investor die gemeinsamen Ziele fest, die mittels der Beteiligung des Investors verfolgt werden sollen. Die rechtliche Bedeutung dieser Aussagen darf nicht unterschätzt werden, da die Organe der Gesellschaft hieraus ableiten können, inwieweit die Beteiligung des Investors im Unternehmensinteresse liegt. Dies wiederum verschafft den Organen der

144

---

182) *Reichert/Ott* in: FS Goette, S. 397, 398; *Seibt/Wunsch*, Der Konzern 2009, 195 ff.; *Kiem*, AG 2009, 301 ff.; *Koch* in: Hüffer, AktG, § 76 Rz. 41.
183) *Koch* in: Hüffer, AktG, § 76 Rz. 40; *Schiessl*, AG 2009, 385, 389 f.
184) *Fleischer* in: Spindler/Stilz, AktG, § 76 Rz. 82.
185) *Seibt/Wunsch*, Der Konzern 2009, 195, 199.
186) *Schall* in: Kämmerer/Veil, Reformdiskussion, S. 75, 84 ff.; *Decher* in: FS Hüffer, S. 145 ff.
187) *Kiem*, AG 2009, 301, 310.

Zielgesellschaft Handlungsspielraum (z. B. im Hinblick auf die Rechtfertigung von Ungleichbehandlungen).

2. Operative Maßnahmen von Zielgesellschaft und Investor

145 Seltener kommt es vor, dass die Gesellschaft und der Investor bereits Regelungen über Fragen des operativen Geschäfts der Zielgesellschaft treffen, z. B. Absichtsbekundungen zu gemeinsamen F&E-Projekten oder zu Einkaufskooperationen abgeben. Je nach Detaillierungsgrad erhält die Investorenvereinbarung dadurch teilweise den Charakter einer Joint Venture Vereinbarung.[188]

3. Begrenzung der Höhe der Beteiligung des Investors

146 Vor allem in reaktiven Investorenvereinbarungen werden häufig Regelungen getroffen, wonach die Beteiligung des Investors auf eine bestimmte Höhe begrenzt wird. Solche Verpflichtungen sind meist ein Zugeständnis des Investors auf ein anderweitiges Entgegenkommen der Gesellschaft. Sie können auch der Vermeidung des Wegfalls von steuerlichen Verlustvorträgen dienen. Derartige Begrenzungen können selbstverständlich befristet werden.

4. Repräsentation des Investors in den Organen der Gesellschaft

147 Ein weiteres typisches Regelungsfeld von Investorenvereinbarungen sind Fragen der Organbesetzung. Der Investor wird nach dem Erwerb der Beteiligung anstreben, eine bestimmte Zahl von Sitzen im Aufsichtsrat zu besetzen. Ohne Mitwirkung der bisherigen Amtsinhaber sowie Vorstand oder Aufsichtsrat der Gesellschaft ist es jedoch nicht möglich, diese Positionen kurzfristig zu besetzen. Selbst wenn bisherige Aufsichtsratsmitglieder ihre Ämter niederlegen, kann eine Neuwahl erst auf der nächsten Hauptversammlung stattfinden. Der Investor hat somit ein Interesse daran, dass schnell ein Verfahren zur gerichtlichen Bestellung von Aufsichtsratsmitgliedern gemäß § 104 AktG eingeleitet wird. Zwar kann der Investor nach Erwerb seiner Beteiligung das Verfahren selbst einleiten, die Aussichten eines schnellen erfolgreichen Abschlusses sind jedoch höher, wenn sämtliche Organe mitwirken. Investorenvereinbarungen sehen daher häufig entsprechende Verpflichtungen vor.[189] Verpflichtungen, auf eine bestimmte Organbesetzung hinzuwirken, sind rechtlich nicht unproblematisch.[190] Sie sind aber rechtmäßig, wenn sie **unter dem Vorbehalt der gesetzlichen Zulässig-**

---

188) *Kiem*, AG 2009, 301, 303.
189) *Kiem*, AG 2009, 301, 303; *Seibt/Wunsch*, Der Konzern 2009, 195, 204.
190) Eingehend: *Schall* in: Kämmerer/Veil, Reformdiskussion, S. 75, 95 f.; *Reichert/Ott* in: FS Goette, S. 397 ff.; *Weber-Rey/Reps*, ZGR 2013, 597, 624 ff.; *Rubner*, KSzW 04.2011, 412, 416.

keit und organschaftlichen Zumutbarkeit eingegangen werden,[191)] so dass den Verpflichtungen kein Erfüllungsanspruch gegenübersteht.

Mitunter finden sich in Investorenvereinbarungen Regelungen zu Besetzung des Vorstands oder von Aufsichtsratsausschüssen (sog. **Gremienabreden**). Die Besetzung dieser Gremien liegt außerhalb der Zuständigkeit des Vorstands, so dass insoweit nur **Zielvorstellungen oder Hinwirkenspflichten** vereinbart werden können. Auch dürfen Gremienabreden nicht gegen den Grundsatz der unabhängigen und weisungsfreien Amtswahrnehmung der Aufsichtsratsmitglieder im Hinblick auf die Zusammensetzung der Gremien verstoßen.[192)]

5. Regelungen in Bezug auf ein Übernahmeverfahren

Schließlich können die Parteien Regelungen in Bezug auf ein öffentliches Übernahmeverfahren treffen. Dem Investor wird es darum gehen, sich die Unterstützung des Vorstands für das Angebot, insbesondere in Form einer positiven **Stellungnahme gemäß § 27 WpÜG**, zu sichern. Dass der Vorstand eine solche Verpflichtung übernimmt, ist rechtlich nicht zu beanstanden, jedenfalls wenn dies **vorbehaltlich seiner gesetzlichen und organschaftlichen Pflichten** geschieht.[193)]

Mittlerweile hat es sich als marktüblich etabliert, dass der Vorstand vor Abgabe der Stellungnahme gemäß § 27 WpÜG eine sog. **Fairness Opinion** einer Investmentbank oder einer Wirtschaftsprüfungsgesellschaft erstellen lässt, um die Angemessenheit der angebotenen Gegenleistung zu überprüfen. Wenn so verfahren werden soll, sollte die Verpflichtung zur Abgabe einer positiven Stellungnahme darüber hinaus unter dem Vorbehalt stehen, dass die Fairness Opinion nicht zu dem Ergebnis kommt, dass die angebotene Gegenleistung unangemessen ist.

In Bezug auf Übernahmeverfahren wird in Investorenvereinbarungen ferner häufig geregelt, dass der Vorstand davon absieht, näher beschriebene **Abwehrmaßnahmen** zu ergreifen (z. B. Kapitalerhöhungen durchzuführen), insbesondere keine aktiven Maßnahmen ergreifen wird, um einen konkurrierenden Bieter zu finden.[194)] Entgegen einer Ansicht der Rechtsprechung[195)] sind in diesem Rahmen auch Verpflichtungen der Gesellschaft zur Unterlassung der Ausnutzung eines genehmigten Kapitals oder der Veräußerung eigener Aktien zulässig, wenn derartige Verpflichtungen zeitlich und sachlich beschränkt sind.[196)]

---

191) *Kiem*, AG 2009, 301, 309; *Seibt/Wunsch*, Der Konzern 2009, 195, 205.
192) Hierzu eingehend: *Reichert/Ott* in: FS Goette, S. 397, 403 ff.
193) *Seibt* in: Kämmerer/Veil, Reformdiskussion, S. 105, 125 f.; *Rubner*, KSzW 04.2011, 412, 416; a. A. *Schall* in: Kämmerer/Veil, Reformdiskussion, S. 75, 103 f.
194) *Seibt/Wunsch*, Der Konzern 2009, 195, 203.
195) OLG München, NZG 2013, 460 ff.; LG München I, NZG 2012, 1152 ff.; dem folgend *König*, NZG 2013, 452.
196) *Paschos*, NZG 2012, 1142; *Bungert/Wansleben*, ZIP 2013, 1841, 1844.

§ 12 Grenzüberschreitende Kapitalmarkttransaktionen

6. Break Fees

152 In Investorenvereinbarungen finden sich häufig auch Regelungen zu Break Fees. Zur Frage nach deren aktienrechtlicher Zulässigkeit sei auf die Ausführungen unter Rz. 75 verwiesen.

III. Anwendbares Recht

153 Das auf eine Investorenvereinbarung anwendbare Recht bestimmt sich in erster Linie nach der von den Parteien getroffenen **Rechtswahl** (Art. 3 Abs. 1 Satz 1 Rom I-VO). Anders als teilweise in Bezug auf Gesellschaftervereinbarungen zwischen sämtlichen Gesellschaftern vertreten,[197] kommt eine direkte Maßgeblichkeit des Gesellschaftsstatuts der Gesellschaft gemäß Art. 1 Abs. 2 lit. f Rom I-VO nicht in Betracht. In einer Investorenvereinbarung wird nicht auf schuldrechtlicher Basis das Innenverhältnis zwischen den Gesellschaftern geregelt, sondern es geht um das Außenverhältnis zwischen Gesellschaft und Investor im Hinblick auf den anstehenden Beteiligungserwerb.[198] Zu beachten ist aber, dass die Wahl einer ausländischen Rechtsordnung die Geltung der zwingenden aktienrechtlichen Vorschriften gemäß Art. 3 Abs. 3 Rom I-VO nicht ausschließt, wenn die Beteiligung keinen anderen Auslandsbezug aufweist als den Sitz oder die Nationalität des Investors.[199]

154 Fehlt es an einer subjektiven Anknüpfung, richtet sich das anwendbare Recht nach der objektiv engsten Verbindung der Vereinbarung (Art. 4 Abs. 4 Rom I-VO). Angesichts der Unterschiede im Inhalt von Investorenvereinbarungen können hierzu keine allgemeingültigen Aussagen getroffen werden.[200] Zum einen kommt die Maßgeblichkeit des **Gesellschaftsstatuts der Gesellschaft** in Betracht, wenn die Investorenvereinbarung v. a. gesellschaftsrechtliche Regelungen enthält (z. B. Besetzung von Organen). Zum anderen kann das **Übernahmestatut** sachnäher sein, wenn die Investorenvereinbarung primär Regelungen in Bezug auf das Übernahmeangebot trifft. Angesichts der hiermit verbundenen Unsicherheiten ist in der Praxis eine vertragliche Rechtswahl zu empfehlen.

---

197) Generell hierzu: *Kindler* in: MünchKomm-BGB, Int. Handels- und Gesellschaftsrecht Rz. 614 m. w. N.
198) *Reichert/Ott* in: FS Goette, S. 397.
199) Zutreffend: *Schall* in: Kämmerer/Veil, Reformdiskussion, S. 75, 94.
200) Ähnlich in Bezug auf Übernahmeverträge bei Kapitalerhöhungen: *Kronke/Haubold* in: Kronke/Melis/Schnyder, Hdb. Int. Wirtschaftsrecht, Teil L, Rz. 75.

§ 13 Internationales Kapitalmarktrecht

Übersicht

A. Einleitung 1
B. Übersicht zum Gang der Darstellung 5
C. Prospektpflicht 9
  I. Allgemeines 9
  II. Internationaler Geltungsbereich 10
    1. Voraussetzungen der Prospektpflicht 10
      a) Zulassung zum Handel an einem organisierten Markt im Inland 12
      b) Öffentliches Angebot im Inland 15
    2. Einzelfälle 21
      a) Prospektfreie Transaktionen 21
      b) Im Inland prospektpflichtige Transaktionen 25
        aa) Verwendung in EWR-Staaten 26
        bb) Verwendung in Drittstaaten 28
      c) Im Ausland prospektpflichtige Transaktionen 29
        aa) Herkunftsstaatsprinzip 29
        bb) Prospekte aus anderen EWR-Staaten 30
        cc) Prospekte aus Drittstaaten 32
  III. Rechtsfolgen von Verstößen 34
    1. Ordnungsrechtliche Folgen 34
    2. Zivilrechtliche Folgen 35
      a) Prospekthaftung 35
        aa) Grundlagen 36
        bb) Anknüpfung an das Ortsrecht des Schadenseintritts 37
        cc) Alternative Anknüpfungen 38
        dd) Stellungnahme 42
      b) Weitere Anspruchsgrundlagen 43
D. Insiderrecht 44
  I. Allgemeines 44
  II. Internationaler Geltungsbereich 45
  III. Rechtsfolgen von Verstößen 50
    1. Ordnungsrechtliche Folgen 50
    2. Zivilrechtliche Folgen 51
E. Ad-hoc-Publizität 52
  I. Allgemeines 52
  II. Internationaler Geltungsbereich 55
    1. Herkunftsstaat des Emittenten 56
    2. Örtliche Zulassung der Aktien („Inlandsemittent") 58
    3. Weitere Voraussetzungen 60
  III. Rechtsfolgen von Verstößen 61
    1. Ordnungsrechtliche Folgen 61
    2. Zivilrechtliche Folgen 62
F. Mitteilungen bei Veränderungen des Stimmrechtsanteils 66
  I. Allgemeines 66
  II. Internationaler Geltungsbereich 69
    1. Persönlicher Geltungsbereich 69
    2. Sachlicher Geltungsbereich 72
  III. Rechtsfolgen von Verstößen 73
    1. Ordnungsrechtliche Folgen 73
    2. Zivilrechtliche Folgen 74
G. Übernahmerecht 76
  I. Allgemeines 76
  II. Internationaler Geltungsbereich 79
    1. Uneingeschränkter Anwendungsbereich gemäß § 1 Abs. 1 WpÜG 81
    2. Eingeschränkter Anwendungsbereich gemäß § 1 Abs. 2 WpÜG 85
    3. Eingeschränkter Anwendungsbereich gemäß § 1 Abs. 3 WpÜG 89
    4. Rechtslage in Fällen mit Drittstaatenbezug 93
      a) Börsennotierung in einem Drittstaat 94
      b) Inländische Börsennotierung eines Emittenten mit Sitz in einem Drittstaat 96
  III. Rechtsfolge von Verstößen 97
    1. Ordnungsrechtliche Folgen 97
    2. Zivilrechtliche Folgen 99

§ 13 Internationales Kapitalmarktrecht

a) Haftung für die Angebotsunterlage gemäß § 12 WpÜG 100
b) Haftung für die Finanzierungsbestätigung gemäß § 13 WpÜG 101
c) Zinsanspruch gemäß § 38 WpÜG 102
d) Rechtsverlust gemäß § 59 WpÜG 103

Literatur: *Ackermann*, Das internationale Privatrecht der Unternehmensübernahme, 2008; *Bachmann*, Ad-hoc-Publizität nach „Geltl", DB 2012, 2206; *BaFin*, Emittentenleitfaden, 4. Aufl., 2013; *Bank*, Das Insiderhandelsverbot in M&A-Transaktionen, NZG 2012, 1337; *Berrar/Meyer/Müller/Schnorbus/Singhof/Wolf*, Frankfurter Kommentar zum WpPG und zur EU-ProspektVO, 2011 (zit.: *Bearbeiter* in: FK-WpPG); *Berrar/Wiegel*, Auswirkungen des vereinfachten Prospektregimes auf Bezugsrechtskapitalerhöhungen, CFL 2012, 97; *Bingel*, Die „Insiderinformation" in zeitlich gestreckten Sachverhalten und die Folgen der jüngsten EuGH-Rechtsprechung für M&A-Transaktionen, AG 2012, 685; *von Bonin/ Böhmer*, Der Begriff der Insiderinformation bei gestreckten Sachverhalten, EuZW 2012, 694; *CESR*, Overview of language requirements for the vetting of Prospectus across the EU and a summary of CESR Members requirements regarding the translation of the "Summary Prospectus", 3 December 2007, Ref: CESR/07-520 (zit.: CESR, Language Requirements); *Crüwell*, Die europäische Prospektrichtlinie – Auf dem Weg zu einem europäischen Kapitalmarkt, AG 2003, 243; *Einsele*, Internationales Prospekthaftungsrecht – Kollisionsrechtlicher Anlegerschutz nach der Rom II-Verordnung, ZEuP 2012, 23; *Ekkenga*, Individuelle Entscheidungsprozesse im Recht der Ad-hoc-Publizität, NZG 2013, 1081; *Ekkenga/Kuntz*, Grundzüge eines Kollisionsrechts für grenzüberschreitende Übernahmeangebote, WM 2004, 2427; *Engert/Groh*, Internationaler Kapitalanlegerschutz vor dem Bundesgerichtshof, IPRax 2011, 458; *Fuchs*, WpHG, Kommentar, 2009; *Grundmann*, Die neuen Maßnahmen gegen Insider-Trading in Japan, RabelsZ 54 (1990), 282; *Habersack/ Mülbert/Schlitt*, Handbuch der Kapitalmarktinformation, 2. Aufl., 2013 (zit.: *Bearbeiter* in: Hdb. KapMarktInf); *von Hein*, Die internationale Prospekthaftung im Lichte der Rom II-Verordnung, in: Festschrift Hopt, 2008, S. 371; *von Hein*, Zur Kodifikation des europäischen Übernahmekollisionsrechts, ZGR 2005, 528; *Hellgert*, Kapitalmarktdeliktsrecht, 2008; *Hellgardt/Ringe*, Internationale Kapitalmarkthaftung als Corporate Governance, ZHR 173 (2009), 802; *Hess/Reuschle/Rimmelspacher*, Kölner Kommentar zum KapMuG, 2008 (zit.: *Bearbeiter* in: KölnKomm-KapMuG); *Holzborn*, WpPG, Kommentar, 2008; *Holzborn/Israel*, Das Anlegerschutzverbesserungsgesetz – Veränderungen im WpHG, VerkProspG und BörsG und ihre Auswirkungen in der Praxis, WM 2004, 1948; *Josenhans*, Das neue Übernahmekollisionsrecht, ZBB 2006, 269; *Junker*, Der Reformbedarf im Internationalen Deliktsrecht der Rom II-Verordnung drei Jahre nach ihrer Verabschiedung, RIW 2010, 257; *Just/Voß/Ritz/Zeising*, WpPG und EU-Prospektverordnung, Kommentar, 2009; *Kiel*, Internationales Kapitalanlegerschutzrecht, 1994; *Kiel*, Internationales Kapitalanlegerschutzrecht, 1994; *Kiesewetter/Parmentier*, Verschärfung des Marktmissbrauchsrechts – ein Überblick über die neue EU-Verordnung über Insidergeschäfte und Marktmanipulation, BB 2013, 2371; *Klöhn*, Das deutsche und europäische Insiderrecht nach dem Geltl-Urteil des EuGH, ZIP 2012, 1885; *Kocher/Widder*, Die Bedeutung von Zwischenschritten bei der Definition von Insiderinformationen, BB 2012, 2837; *Kocher/ Widder*, Ad-hoc-Publizität bei M&A-Transaktionen, CFL 2011, 88; *Krohnke*, Corporations, Capital Markets and Business in the Law, in: Festschrift Buxbaum, 2000, S. 363; *Kullmann/ Sester*, Das Wertpapierprospektgesetz (WpPG) – Zentrale Punkte des neuen Regimes für Wertpapieremissionen, WM 2005, 1068; *Lehmann*, Vorschlag für eine Reform der Rom II-Verordnung im Bereich der Finanzmarktdelikte, IPRax 2012, 399; *Mülbert*, Umsetzungsfragen der Übernahmerichtlinie – erheblicher Änderungsbedarf bei den heutigen Vorschriften des WpÜG, NZG 2004, 633; *Mutter*, Die Stimmrechtszurechnung nach § 22 WpHG bei Einschaltung eines Trusts, AG 2006, 637; *Parmentier*, Die Revision der EU-Transparenzrichtlinie für börsennotierte Unternehmen, AG 2014, 15; *Rehbinder*, Publizität und Auslandsbeziehungen – Eine rechtsvergleichende Skizze, in: Festgabe Kronstein, 1967, S. 203; *Ringe*, Die Neuregelung des Internationalen Kapitalmarktpublizitätsrechts durch die Neufassung der Transparenzrichtlinie, AG 2007, 809; *Santelmann*, Angebotsunterlagenhaftung, 2003; *Schäfer/Hamann*, Kapitalmarktgesetze, Loseblatt, Stand: 1/2013 (zit. *Bearbeiter* in: Schäfer/Hamann); *Schlitt/Singhof/Schäfer*, Aktuelle Rechtsfragen und neue Entwicklungen im Zusammenhang mit Börsengängen, BKR 2005, 251; *Schmitt*, Die kollisionsrechtliche Anknüpfung der Prospekthaftung im System der Rom II-Verordnung, BKR 2010, 366; *Schneider*, Internationales Kapitalmarktrecht – Regelungsprobleme, Methoden und Aufgaben, AG 2001, 261; *Schulz, St./Hartig*, Vereinfachte Prospekte für Bezugsrechtsemissionen nach den „verhältnismäßigen Schemata" des Art. 26a EU-ProspektVO, WM 2014, 1567; *Schuster*, Die internationale Anwendung des Börsenrechts, 1996; *Seibt/von Bonin/Isenberg*, Prospektfreie Zulassung von Aktien bei internationalen Aktientausch-Transaktionen mit gleichwertigen Dokumentenangaben (§ 4 II Nr. 3 WpPG), AG 2008, 565; *Seibt/Heiser*, Analyse der EU-Übernahmerichtlinie und Hinweise für eine Reform des deutschen Übernahmerechts, ZGR 2005, 200; *Seibt/Wollenschläger*, Revision des deutschen Transparenzregimes: Regelungsinhalte der TRL 2013 und Umsetzungsbedarf, ZIP 2014, 545; *Spindler*, Kapitalmarktreform in Permanenz – Das Anlegerschutzverbesserungsgesetz, NJW 2004, 3449; *Sudmeyer*, Mitteilungs- und Veröffentlichungspflichten nach §§ 21, 22 WpHG, BB 2002, 685; *Tschäpe/Kramer/Glück*, Die ROM II-Verordnung – Endlich ein einheitliches Kollisionsrecht für die gesetzliche Prospekthaftung, RIW 2008, 657; *Veil/Wundenberg*, Unternehmensübernahmen, WM 2008, 1285; *Vogel*, Finanzierung von Übernahmeangeboten – Testat und Haftung des Wertpapierdienstleistungsunternehmens nach § 13 WpÜG, ZIP 2002, 1421; *Weber*, Internationale Prospekthaftung nach der Rom II-Verordnung, WM 2008, 1581; *Zickler/von Falkenhausen*, Gilt der Rechtsverlust des § 28 WpHG auch für ausländische Gesellschaften?, BB 2009, 1994.

A. Einleitung

Das **Kapitalmarktrecht** umfasst die Gesamtheit der Normen, Geschäftsbedingungen und Standards, mit denen die Organisation der Kapitalmärkte und die auf sie bezogenen Tätigkeiten sowie das marktbezogene Verhalten der Marktteilnehmer geregelt werden.[1] Es ist somit **keine einheitliche Materie**, sondern umfasst sowohl privatrechtliche als auch öffentlich-rechtliche Regelungen.[2] Die Bestimmung des internationalen Anwendungsbereichs der öffentlich-rechtlich geprägten Aspekte des Kapitalmarktrechts (sog. **Kapitalmarktordnungsrecht**), soweit sie im Transaktionskontext relevant sind, steht im Zentrum dieses Kapitels. Zivilrechtliche Aspekte und die insoweit geltenden Anknüpfungen werden daneben nur unter dem Aspekt der bürgerlich-rechtlichen Konsequenzen von Verstößen gegen das Kapitalmarktordnungsrecht behandelt. 1

Noch immer nicht abschließend geklärt ist die Frage, ob es eine **einheitliche Anknüpfung** für alle kapitalmarktrechtlichen Vorschriften gibt. Dem Charakter des Kapitalmarktrechts als „gemischtes Recht"[3] widersprechen Ansätze, die eine 2

---

1) *Wittig* in: Kümpel/Wittig, Bank- und Kapitalmarktrecht, Rz. 1.10; *Schnyder* in: MünchKomm-BGB, IntKapMarktR Rz. 11.
2) *Kronke/Haubold* in: Kronke/Melis/Schnyder, Hdb. Int. Wirtschaftsrecht, Teil L, Rz. 32; *Schneider*, AG 2001, 269, 271 f.
3) *Kronke/Haubold* in: Kronke/Melis/Schnyder, Hdb. Int. Wirtschaftsrecht, Teil L, Rz. 32; *Schuster*, Die internationale Anwendung des Börsenrechts, S. 65.

solche Anknüpfung bejahen.[4] Sie haben sich nicht durchsetzen können, weil sie nicht mit dem geltenden Recht in Einklang stehen.[5] Im Kapitalmarktordnungsrecht kann diese Frage ohnehin offenbleiben, weil die zur Anwendung berufenen Rechtsnormen, ihrem Charakter als verwaltungsrechtliche Normen entsprechend, regelmäßig eine **einseitige Sonderanknüpfung** vorsehen.[6] In der praktischen Anwendung folgt daraus, dass die internationale Anwendbarkeit einer Rechtsnorm auf einen konkreten Sachverhalt aus ihrem eigenen Regelungsgehalt heraus bestimmt wird.[7]

3 Der Anwendungsbereich der kapitalmarktordnungsrechtlichen Vorschriften ist allerdings oft weit gefasst und erstreckt sich auch auf Sachverhalte, die ihrerseits von ausländischen Rechtsordnungen reguliert sind. Eine solche **extraterritoriale Anwendbarkeit** kennzeichnet das Kapitalmarktrecht geradezu.[8] Da die kapitalmarktrechtlichen Vorschriften der meisten Rechtsordnungen einen ähnlich weiten Anwendungsbereich haben, ist die **kumulative Anwendung von Vorschriften mehrerer Rechtsordnungen**[9] ein typisches Phänomen des internationalen Kapitalmarktrechts. Die Transaktionspraxis begegnet diesem Umstand teilweise durch die gezielte Vornahme von Maßnahmen, um die Anwendbarkeit bestimmter Rechtsordnungen auszuschließen (siehe hierzu unten Rz. 19 ff.), oder durch Gestaltungen, bei denen die Anforderungen der verschiedenen Rechtsordnungen gleichermaßen abgedeckt werden. Letzteres wird maßgeblich dadurch erleichtert, dass ein Großteil des deutschen Kapitalmarktrechts auf europäisches Recht zurückgeht, und die europäischen Vorgaben Regelungen für grenzüberschreitende Sachverhalte innerhalb der EU und des europäischen Wirtschaftsraums enthalten.

4 Die angesprochenen europäischen Rechtsgrundlagen des deutschen Kapitalmarktrechts befinden sich in einem andauernden Reformprozess. In diesem Zuge sind am 27.11.2013 Änderungen der Transparenz-Richtlinie[10] in Kraft getreten, die innerhalb von 24 Monaten in nationales Recht umzusetzen sind. Die Umsetzung dieser Vorgaben in deutsches Recht wird unter anderem zu Änderungen im Be-

---

4) *Schuster*, Die internationale Anwendung des Börsenrechts, S. 65 ff.; *Krohnke* in: FS Buxbaum, 2000, S. 363. Andere Ansätze mit einer ähnlichen Zielrichtung stellen auf den in Anspruch genommenen Markt ab, vgl. *Kiel*, Internationales Kapitalanlegerschutzrecht, S. 208 ff., oder auf das Auswirkungsprinzip ab, vgl. *Assmann* in: Großkomm-AktG, Einl. Rz. 690 ff.; *Rehbinder* in: FG Kronstein, S. 203, 228 ff.; *Grundmann*, RabelsZ 54 (1990), 282, 283, 308.
5) *Spahlinger/Wegen* in: Spahlinger/Wegen, Int. GesR, Rz. 584; *Schneider*, AG 2001, 269, 272. Ausführlicher Überblick über den Streitstand bei: *Kindler* in: MünchKomm-BGB, IntGesR Rz. 27 ff.
6) *Schnyder* in: MünchKomm-BGB, IntKapMarktR Rz. 33; *Kronke/Haubold* in: Kronke/Melis/Schnyder, Hdb. Int. Wirtschaftsrecht Teil L, Rz. 37.
7) *Schnyder* in: MünchKomm-BGB, IntKapMarktR Rz. 38.
8) *Schnyder* in: MünchKomm-BGB, IntKapMarktR Rz. 37.
9) *Schneider*, AG 2001, 269, 272.
10) Richtlinie 2013/50/EU des Europäischen Parlaments und des Rates v. 22.10.2013, ABl. EU Nr. L 294/13 v. 6.11.2013, S. 1 ff.

reich der Stimmrechtspublizität führen (§§ 20 ff. WpHG; zur geltenden Rechtslage siehe unter Rz. 66 ff.).[11] Ferner wurde die EU-Marktmissbrauchsrichtlinie,[12] auf welche die derzeit geltenden deutschen Regelungen über Insiderverstöße (§§ 12 ff. WpHG; siehe hierzu unter Rz. 44 ff.) und die Ad-hoc-Publizität (§§ 15 ff. WpHG; siehe hierzu unter Rz. 52 ff.) zurückgehen, durch eine neue EU-Marktmissbrauchsverordnung[13] aufgehoben. Dem Prinzip der Vollharmonisierung folgend, werden in Zukunft sowohl Insiderverstöße (Art. 7 ff. EU-Marktmissbrauchsverordnung) als auch Ad-hoc-Publizität (Art. 17 ff. EU-Marktmissbrauchsverordnung) unmittelbar durch europäisches Recht geregelt.[14] Die EU-Marktmissbrauchsverordnung gilt in ihren wesentlichen Teilen ab dem 3.7.2016.

B. Übersicht zum Gang der Darstellung

Die Darstellung gliedert sich, wie durch das Konzept der Einzelanknüpfung vorgegeben, nach den betroffenen kapitalmarktrechtlichen Regelungskomplexen. Die Reihenfolge der Behandlung entspricht derjenigen, in der sich die zu behandelnden kapitalmarktrechtlichen Fragen im Transaktionsverlauf üblicherweise stellen. Diese Reihenfolge veranschaulicht die folgende Übersicht:

Abbildung 1

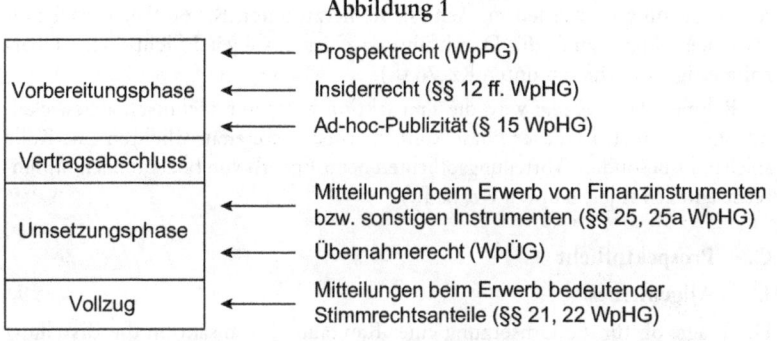

Quelle: Eigene Darstellung.

Die *Vorbereitungsphase* einer Kapitalmarkttransaktion umfasst die Strukturierung, die Due Diligence, die Verhandlungen sowie alle weiteren der Vertragsunter-

---

11) Eingehend zum Änderungsbedarf im deutschen Recht: *Seibt/Wollenschläger*, ZIP 2014, 545 ff.; *Parmentier*, AG 2014, 15 ff.
12) Richtlinie 2003/6/EG des Europäischen Parlaments und des Rates v. 28.1.2003 über Insider-Geschäfte und Marktmanipulation (Marktmissbrauch), ABl. EU Nr. L 96/16 v. 12.4.2003.
13) Verordnung (EU) Nr. 596/2014 des Europäischen Parlaments und des Rates v. 16.4.2014 über Marktmissbrauch (Marktmissbrauchsverordnung) und zur Aufhebung der Richtlinie 2003/6/EG des Europäischen Parlaments und des Rates und der Richtlinien 2003/124/EG, 2003/125/EG und 2004/72/EG der Kommission, ABl. EU Nr. L 173/1 v. 12.6.2014.
14) Zu den Änderungen siehe: *Kiesewetter/Parmentier*, BB 2013, 2371 ff.

zeichnung vorgelagerten Maßnahmen. Im Rahmen der Strukturierung stellt sich die Frage, ob für die Umsetzung der Transaktion ein Wertpapierprospekt erforderlich ist und nach welchem Recht er zu erstellen ist (siehe hierzu unten Rz. 9 ff.). Bei der Durchführung einer Due Diligence-Prüfung ist das Insiderrecht zu beachten, da den Verkäufern und der Zielgesellschaft die Weitergabe von Insiderinformationen nur unter Beachtung enger Grenzen erlaubt ist (siehe hierzu unten Rz. 44 ff.). Im Idealfall sollte bereits i. R. der Strukturierung, spätestens jedoch vor der Unterzeichnung der Vereinbarungen über die Transaktion untersucht werden, ob und wann der Vertragsschluss als Insiderinformation im Wege der Ad-hoc-Mitteilung bekannt zu machen ist (siehe hierzu unten Rz. 52 ff.).

7 Die *Umsetzungsphase* deckt den Zeitraum nach Vertragsabschluss ab, in dem die zur Herstellung des Transaktionserfolgs erforderlichen Maßnahmen getroffen und Rechtsgeschäfte vorgenommen werden. Hierunter fallen z. B. die Ausführung von Aktienerwerben und die Umsetzung von Kapitalerhöhungen (Durchführung eines Bezugsangebots, Zeichnung neuer Aktien, Einzahlung des Kapitalerhöhungsbetrags, Leistung einer Sacheinlage). In dieser Phase, unmittelbar nach Vertragsabschluss, stellt sich die Frage, ob und zu welchem Zeitpunkt Mitteilungen im Hinblick auf den Erwerb von Finanzinstrumenten oder sonstigen Instrumenten vorgenommen werden müssen (siehe hierzu unten Rz. 66 ff.). Ferner umfasst diese Phase auch die Durchführung eines etwaigen Pflicht- oder Übernahmeangebots (hierzu unten Rz. 76 ff.).

8 Im Rahmen des *Vollzugs* wird die Transaktion wertpapiertechnisch abgewickelt und abgerechnet. In dieser Phase können erneut Publizitätspflichten eine Rolle spielen, insbesondere Mitteilungspflichten beim Erwerb von bedeutenden Stimmrechtsanteilen (hierzu unten Rz. 66 ff.).

C. Prospektpflicht

I. Allgemeines

9 Die Frage, ob für die Umsetzung einer Kapitalmarkttransaktion die Erstellung eines Prospekts erforderlich ist, ist für die Transaktionsplanung zentral. Der Prozess der Prospekterstellung ist zeit- und arbeitsaufwändig und für die Gesellschaft mit hohen Kosten verbunden, so dass viele Emittenten Transaktionsgestaltungen, die ohne Prospekt umsetzbar sind, bevorzugen.

II. Internationaler Geltungsbereich
1. Voraussetzungen der Prospektpflicht

10 Nach deutschem Recht richtet sich die Erstellung von Wertpapierprospekten für die Emission von Aktien nach dem **Wertpapierprospektgesetz** (WpPG),[15]

---

15) Wertpapierprospektgesetz v. 22.6.2005, BGBl. I, 1698, zuletzt geändert durch Art. 1 des Gesetzes v. 26.6.2012 (BGBl. I, 1375).

mit dessen Inkrafttreten die EU-Prospektrichtlinie[16] in Deutschland umgesetzt wurde. Das WpPG sieht eine Prospektpflicht unter den Gesichtspunkten der **Zulassung von Wertpapieren zum Handel** gemäß § 3 Abs. 4 WpPG (*„Zulassungsprospekt"*) und des **öffentlichen Angebots von Wertpapieren** gemäß § 3 Abs. 1 WpPG (*„Angebotsprospekt"*) vor. Häufig sind bei Kapitalmarkttransaktionen beide Aspekte betroffen, so dass ein Prospekt erstellt wird, der sowohl für die Zulassung als auch für ein öffentliches Angebot von Wertpapieren verwendet wird. Dies ist rechtlich unproblematisch und in der Praxis üblich.

Die Prospektpflicht tritt freilich nur ein, wenn der Anwendungsbereich des WpPG eröffnet ist. Von besonderer Praxisrelevanz ist die **Ausnahme für Kleinemissionen** gemäß § 1 Abs. 2 Nr. 4 WpPG. Hiernach ist das WpPG nicht anzuwenden, wenn ein Emittent, dessen Aktien bereits zum Handel an einem organisierten Markt zugelassen sind, weitere Wertpapiere emittiert und der Verkaufspreis für sämtliche innerhalb eines Zeitraums von zwölf Monaten angebotenen Wertpapiere 5 Mio. EUR nicht überschreitet.[17]   11

a) Zulassung zum Handel an einem organisierten Markt im Inland

Nach § 3 Abs. 4 WpPG ist der Zulassungsantragsteller grundsätzlich verpflichtet, für Wertpapiere, die **im Inland zum Handel an einem organisierten Markt**[18] zugelassen werden sollen, einen Prospekt zu veröffentlichen. Korrespondierend verlangt § 32 Abs. 3 Nr. 2 BörsG, dass für die Zulassung von Wertpapieren zum Handel am regulierten Markt[19] die Veröffentlichung eines Wertpapierprospekts erforderlich ist, soweit nicht nach den Vorschriften des WpPG von der Prospekterstellung abgesehen werden kann.   12

§ 4 Abs. 2 WpPG sieht eine Reihe von **Ausnahmen** vor, bei deren Eingreifen eine **prospektfreie Zulassung** möglich ist. Im Transaktionskontext sind v. a. die Ausnahmen gemäß § 4 Abs. 2 Nr. 1 und Nr. 3 WpPG von Bedeutung. § 4 Abs. 2 Nr. 1 WpPG erlaubt die prospektfreie Zulassung von Aktien, wenn die zuzulassenden Aktien über einen Zeitraum von zwölf Monaten **weniger als 10 %** der Zahl der Aktien derselben Gattung ausmachen, die bereits zum Handel an   13

---

[16] Richtlinie 2003/71/EG des Europäischen Parlaments und des Rates v. 4.11.2003 betreffend den Prospekt, der beim öffentlichen Angebot von Wertpapieren oder bei deren Zulassung zum Handel zu veröffentlichen ist, und zur Änderung der Richtlinie 2001/34/EG (ABl. EU Nr. L 345, S. 64) („EU-Prospektrichtlinie").

[17] Diese Vorschrift hat in letzter Zeit durch die Änderung der Verordnung (EG) Nr. 809/2004 der Kommission v. 29.4.2004, ABl. EU Nr. L 186 v. 18.6.2005, S. 3 („EU-ProspektVO") aufgrund der delegierten Verordnung (EU) Nr. 486/2012 der Kommission v. 30.3.2012, ABl. EU Nr. L 150 v. 9.6.2012, S. 1 ff., und die dadurch eingetretene generelle Prospektpflichtigkeit von Bezugsrechtsemissionen größere Bedeutung erlangt, vgl. hierzu *St. Schulz/Hartig*, WM 2014, 1567 ff.; *Berrar/Wiegel*, CFL 2012, 97 ff.

[18] Zum Verhältnis der Vorschriften vgl. *Groß*, KapitalmarktR, § 3 WpPG Rz. 11.

[19] Der regulierte Markt i. S. von § 32 BörsG stellt einen organisierten Markt i. S. des § 2 Nr. 16 WpPG dar, nicht aber der Freiverkehr, vgl. Begr. RegE zum EU-Prospektrichtlinie-Umsetzungsgesetz, BT-Drucks. 15/4999, S. 28.

demselben organisierten Markt zugelassen sind. Damit stellt diese Ausnahmevorschrift das prospektrechtliche Pendant zur Möglichkeit des vereinfachten Bezugsrechtsausschlusses bei Kapitalerhöhungen gemäß § 186 Abs. 3 Satz 4 AktG dar (siehe hierzu auch § 12 Rz. 51).[20] § 4 Abs. 2 Nr. 3 WpPG betrifft dagegen die Zulassung von Aktien, die anlässlich einer **Übernahme im Wege eines Tauschangebots** angeboten werden, wenn ein Dokument verfügbar ist, dessen Angaben denen des Prospekts gleichwertig sind. Damit erfasst die Vorschrift u. a. Share-for-share-Transaktionen, in deren Rahmen Aktien aus einer Kapitalerhöhung gegen Sacheinlage als Gegenleistung für den Erwerb eines Unternehmens ausgegeben werden. Als gleichwertiges Dokument i. S. des § 4 Abs. 2 Nr. 3 WpPG anerkannt ist jedenfalls eine Angebotsunterlage nach dem WpÜG, weil eine Angebotsunterlage im Fall von Tauschangeboten gemäß § 2 Nr. 2 WpÜG-AngebotsVO einen Inhalt haben muss, der den Vorgaben des WpPG entspricht. Gleichwertig können aber auch **ausländische Kapitalmarktveröffentlichungen** sein, wenn der nach ausländischem Recht vorgeschriebene Inhalt des Dokuments bei abstrakter Betrachtung den deutschen Vorgaben entspricht (h. M.).[21]

14 Der **internationale Anwendungsbereich** dieses Tatbestands der Prospektpflicht knüpft an den Ort des organisierten Marktes, zu dem die Zulassung angestrebt wird, an (*„marktbezogene Anknüpfung"*). Deutsche wie ausländische Emittenten, die ihre Aktien im regulierten Markt einer deutschen Börse notiert haben wollen, müssen die hiesigen Zulassungspflichten erfüllen.[22]

b) Öffentliches Angebot im Inland

15 Vorbehaltlich verschiedener Ausnahmen schreibt § 3 Abs. 1 WpPG vor, dass ein Anbieter erst dann ein **öffentliches Angebot von Wertpapieren im Inland** durchführen darf, wenn er zuvor einen Prospekt für diese Wertpapiere veröffentlicht hat. Der Begriff des öffentlichen Angebots von Wertpapieren wird in § 2 Nr. 4 WpPG definiert als eine Mitteilung an das Publikum in jedweder Form und auf jedwede Art und Weise, die ausreichende Informationen über die Angebotsbedingungen und die anzubietenden Wertpapiere enthält, um einen Anleger in die Lage zu versetzen, über den Kauf oder die Zeichnung dieser Wertpapiere zu entscheiden (eingehend hierzu unter Rz. 17 f.).

16 Die **Ausnahmen von der Prospektpflicht im Hinblick auf die Art des Angebots** gemäß § 3 Abs. 2 WpPG sind praktisch von großer Bedeutung. Danach sind

---

20) *Schlitt/Schäfer* in: Assmann/Schlitt/Kopp-Colomb, WpPG/VerkProspG, § 4 WpPG Rz. 39; Zeising in: Just/Voß/Ritz/Zeising, WpPG/EU-ProspektVO, § 4 WpPG Rz. 32.
21) *Schlitt/Schäfer* in: Assmann/Schlitt/Kopp-Colomb, WpPG/VerkProspG, § 4 WpPG Rz. 12; *Holzborn/Israel* in: Holzborn, WpPG, § 4 Rz. 3; *Seibt/von Bonin/Isenberg*, AG 2008, 565, 573; *Veil/Wundenberg*, WM 2008, 1285, 1291, jeweils auch zu den Gegenansichten.
22) *Schnyder* in: MünchKomm-BGB, IntKapMarktR Rz. 50; *Einsele*, ZEuP 2012, 23.

prospektfreie öffentliche Angebote von Aktien[23] insbesondere möglich, wenn das Angebot sich ausschließlich an qualifizierte Anleger (§ 3 Abs. 2 Nr. 1 i. V. m. § 2 Nr. 6 WpPG) oder in jedem EWR-Staat[24] an weniger als 150 nicht qualifizierte Anleger (§ 3 Abs. 2 Nr. 2 WpPG) richtet.

Der **internationale Anwendungsbereich des § 3 Abs. 1 WpPG** wird durch das Merkmal „öffentliches Angebot im Inland" beschrieben. Nach Meinung des Gesetzgebers ist der Begriff ebenso auszulegen wie die entsprechende Formulierung in § 1 VerkProspG a. F.[25] Aufgrund dieses gesetzgeberischen Willens sind nach allgemeiner Ansicht[26] die Aussagen in der Bekanntmachung des Bundesaufsichtsamtes für den Wertpapierhandel vom 6.9.1999 („**BAWe-Bekanntmachung 1999**")[27] für die Bestimmung des Inlandsbezugs maßgeblich. Erforderlich ist nach diesen Grundsätzen, dass durch eine Maßnahme des Anbieters (welche die Anforderungen eines öffentlichen Angebots von Wertpapieren gemäß § 2 Nr. 4 WpPG erfüllt; siehe hierzu oben Rz. 15) **in Deutschland ansässige Anleger zielgerichtet angesprochen werden**.[28] Im Einzelfall entscheidet eine Gesamtschau aller Indizien aus der objektivierten Anlegerperspektive, ob diese Voraussetzungen erfüllt sind. Hierbei sprechen für eine zielgerichtete Ansprache deutscher Anleger:

17

- die Verwendung der deutschen Sprache,
- die Nennung deutscher Ansprechpartner,
- Hinweise auf das deutsche Steuerrecht (insbesondere auf deutsche „Steuersparmodelle"),
- die Angabe des Kaufpreises in Euro,
- die Wahl deutschen Rechts,
- die Zuständigkeit deutscher Gerichte sowie
- die Zahlungsabwicklung über ein deutsches Konto.

---

23) Die Ausnahmen gemäß §§ 3 Abs. 2 Nr. 3 u. 4 WpPG spielen praktisch nur bei Schuldtiteln eine Rolle. § 3 Abs. 2 Nr. 5 WpPG betrifft Kleinstemissionen mit einem Gesamtverkaufspreis von weniger als 100 000 EUR und ist bei Unternehmenstransaktionen am Kapitalmarkt ohne Bedeutung.
24) Entsprechend der Definition in § 2 Nr. 15 WpPG wird hierunter jeder Staat verstanden, der Mitgliedstaat der Europäischen Union oder Vertragsstaat des Abkommens über den Europäischen Wirtschaftsraum ist.
25) Begr. RegE zum EU-Prospektrichtlinie-Umsetzungsgesetz, BT-Drucks. 15/4999, S. 28.
26) *Ritz/Zeising* in: Just/Voß/Ritz/Zeising, WpPG/EU-ProspektVO, § 2 WpPG Rz. 170; *Holzborn/Israel* in: Holzborn, WpPG, § 3 Rz. 7; *Schnorbus* in: FK-WpPG, § 3 WpPG Rz. 4; *von Kopp-Colomb/Knobloch* in: Assmann/Schlitt/von Kopp-Colomb, WpPG/VerkProspG, § 3 WpPG Rz. 6; *Groß*, KapitalmarktR, § 3 WpPG Rz. 4.
27) Bekanntmachung des Bundesaufsichtsamtes für den Wertpapierhandel („BAWe") zum Wertpapier-Verkaufsprospektgesetz v. 6.9.1999, BAnz Nr. 177 v. 21.9.1999, S. 16180; online abrufbar unter: http://www.bafin.de/SharedDocs/Downloads/DE/Rundschreiben/dl_bek_990906_bawe.pdf?__blob=publicationFile&v=4 (Abrufdatum: 22.9.2014).
28) BAWe-Bekanntmachung 1999, Ziff. I. 2. a).

18 Die genannten Indikatoren sind allerdings nicht schematisch zu betrachten, sondern **unter Berücksichtigung ihres konkreten Aussagegehalts**. Die Verwendung der deutschen Sprache oder die Angabe des Kaufpreises in Euro sind für sich gesehen keine ausreichenden Hinweise für das Ziel, Investoren in Deutschland anzusprechen.

19 Zulässig und möglich ist nach diesen Grundsätzen auch der **Ausschluss des Inlandsbezugs** von Vermarktungsmaßnahmen. Erforderlich ist hierzu nach der BAWe-Bekanntmachung 1999 und der h. M.[29] zweierlei: Zum einen muss aus einem an hervorgehobener Stelle stehenden und in deutscher Sprache verfassten **Hinweis** (*„Disclaimer"*) unmissverständlich hervorgehen, dass eine Zeichnung für Anleger in Deutschland nicht möglich ist. Zum anderen müssen **angemessene Vorkehrungen** getroffen worden sein, damit Anleger die Wertpapiere von Deutschland aus nicht erwerben können.

20 Während das – in der Praxis leicht zu erfüllende – Erfordernis eines unmissverständlichen Hinweises weitgehend unstreitig ist,[30] wird unterschiedlich beurteilt, welche Anforderungen an die „angemessenen Vorkehrungen" zu stellen sind, die der Anbieter zu treffen hat, damit Anleger die Wertpapiere nicht von Deutschland aus erwerben können. Überwiegend werden derartige Vorkehrungen für nötig erachtet.[31] Diese können die Form eines „Filters" vor Internetbekanntmachungen haben, der Nutzern den Zutritt zu der aufgerufenen Internetseite nur nach Abfrage ihres Wohnorts oder Eingabe eines nicht öffentlich verfügbaren Passworts gestattet. Ausreichend seien aber auch interne Anweisungen, dass Anfragen aus Deutschland unbeantwortet bleiben und Zahlungen über deutsche Kreditinstitute nicht entgegen genommen werden. Andere Stimmen stellen geringere Anforderungen an die zu treffenden Vorkehrungen und betonen die durch Art. 29 Abs. 2 Satz 2 EU-ProspektVO europarechtlich anerkannte Wirkung von Hinweisen, wonach zur Abgrenzung des internationalen Geltungsbereiches einer Prospektveröffentlichung eine *„deutliche Erklärung..., wer die Adressaten des Angebots sind"* ausreichen soll.[32] Richtig dürfte es sein, Art. 29 Abs. 2 Satz 2 EU-ProspektVO über seinen Wortlaut hinaus als allgemeine Regelung auszulegen, dass entgegen der h. M. neben einem deutlichen Hinweis grundsätzlich **keine**

---

29) *Ritz/Zeising* in: Just/Voß/Ritz/Zeising, WpPG/EU-ProspektVO, § 2 WpPG Rz. 174; *Holzborn/Israel* in: Holzborn, WpPG, § 3 Rz. 7; *Schnorbus* in: FK-WpPG, § 3 Rz. 9; *von Kopp-Colomb/Knobloch* in: Assmann/Schlitt/von Kopp-Colomb, WpPG/VerkProspG, § 3 WpPG Rz. 9.
30) S. aber *Heidelbach* in: Schwark/Zimmer, KMRK, § 3 WpPG Rz. 10, der einen Hinweis in deutscher Sprache nicht für erforderlich hält, wenn das Angebot nicht in deutscher Sprache verfasst ist.
31) *Schnorbus* in: FK-WpPG, § 3 Rz. 9; *Ritz/Zeising* in: Just/Voß/Ritz/Zeising, WpPG/EU-ProspektVO, § 2 WpPG Rz. 174.
32) *Groß*, KapitalmarktR, § 3 WpPG Rz. 4; *Schlitt/Singhof/Schäfer*, BKR 2005, 251, 260; im Ansatz auch: *von Kopp-Colomb/Knobloch* in: Assmann/Schlitt/von Kopp-Colomb, WpPG/VerkProspG, § 3 WpPG Rz. 9.

weiteren **Vorkehrungen** getroffen werden müssen. Die Grenze bilden Missbrauchsfälle, in denen der Anbieter faktisch seiner eigenen Erklärung zuwiderhandelt. Für die Praxis dürfte sich jedoch empfehlen, vorsichtiger zu sein und die inhaltliche Beschränkung des Angebots durch weitere Vorkehrungen abzusichern.

2. Einzelfälle

a) Prospektfreie Transaktionen

Wenn eine Kapitalmarkttransaktion geplant ist, in deren Rahmen kein Prospekt 21 erstellt werden soll (z. B. bei Kapitalerhöhungen mit vereinfachtem Bezugsrechtsausschluss, wenn die neuen Aktien an einen oder wenige Investoren übertragen werden sollen und die prospektfreie Zulassung zum Börsenhandel gemäß § 4 Abs. 2 Nr. 1 WpPG möglich ist; siehe hierzu unten Rz. 13), müssen Investoren so angesprochen und Veröffentlichungen so vorgenommen werden, dass keine Prospektpflicht ausgelöst wird.

Planen die Beteiligten, eine Aktienplatzierung ohne öffentliches Angebot 22 i. S. des § 2 Nr. 4 WpPG durchzuführen (sog. Privatplatzierung, engl. *private placement*), ist zunächst sicherzustellen, dass **keine Investorenansprache an das Publikum**, d. h. an einen unbestimmten Personenkreis,[33] erfolgt. Im Rahmen der zielgerichteten Investorenansprache ist dies dann der Fall, wenn die angesprochenen Investoren nach qualitativen Kriterien ausgewählt wurden.[34] Wenn fraglich ist, ob ein öffentliches Angebot vorliegt oder nicht, können die Ausnahmen von der Prospektpflicht gemäß § 3 Abs. 2 Nr. 1 und Nr. 2 WpPG (ausschließliche Ansprache von qualifizierten Anlegern oder von weniger als 150 Anlegern in jedem EWR-Staat) eine Investorenansprache ohne Risiko einer Prospektpflicht ermöglichen.

Problematischer sind dagegen Informationen über die geplante Platzierung, die 23 potentielle Investoren nicht zielgerichtet, sondern **i. R. sonstiger Kommunikation** erreichen (z. B. Pressemitteilungen, Interviews von Mitgliedern des Managements, breit verteilte oder im Internet abrufbare Investorenpräsentationen, Aushänge im Betrieb). Derartige Kommunikation kann ein öffentliches Angebot darstellen und sollte deshalb grundsätzlich auf ein Minimum beschränkt werden. Wenn sie stattfindet, dürfen keine Inhalte verbreitet werden, die als Absatzförderung in Bezug auf die zu platzierenden Aktien ausgelegt werden könnten. Unproblematisch sind dagegen Veröffentlichungen, die nach Abschluss der Plat-

---

[33] *Groß*, KapitalmarktR, § 3 WpPG Rz. 16; *Ritz/Zeising* in: Just/Voß/Ritz/Zeising, WpPG/EU-ProspektVO, § 2 WpPG Rz. 99 ff.
[34] *Groß*, KapitalmarktR, § 3 WpPG Rz. 17 m. w. N.

zierung[35]) und damit zu einem Zeitpunkt, in dem keine Erwerbsmöglichkeit mehr besteht, erfolgen.

24 In diesen Konstellationen ist bei der **Kommunikation ins Ausland** darauf zu achten, dass die Prospektfreiheit nach deutschem Recht nicht durch Handlungen unterlaufen wird, die nach ausländischem Recht eine Prospektpflicht begründen (insbesondere wenn sie dort als öffentliches Angebot qualifiziert werden könnten).[36]) Die typischerweise in Prospekten enthaltenen Beschränkungen der Reichweite des Angebots einschließlich der klarstellenden Angaben, in welchen Ländern gerade kein Angebot durchgeführt wird (engl. *selling restrictions*), sind für sich genommen im Zweifel nicht ausreichend. Wenn signifikante Kommunikation ins Ausland unvermeidbar ist, sollte der Rat ausländischer Rechtsberater eingeholt werden.

b) Im Inland prospektpflichtige Transaktionen

25 Wird eine Kapitalmarkttransaktion so strukturiert, dass zwar in Deutschland, aber nicht nach ausländischem Recht eine Prospektpflicht entsteht und ein von der BaFin zu billigender Prospekt nach deutschem Recht erstellt wird, ist den Beteiligten an einer **Beschränkung der Prospektpflicht auf das Inland** gelegen. Hier gilt zunächst das zuvor unter Rz. 24 zur Vermeidung einer ausländischen Prospektpflicht Gesagte.

aa) Verwendung in EWR-Staaten

26 Wenn ohnehin ein Prospekt nach deutschem Recht erstellt wird, aber aufgrund der Besonderheiten der Transaktion **in einem anderen EWR-Staat eine Prospektpflicht besteht** (z. B. weil dort ein öffentliches Angebot durchgeführt werden soll), können die Beteiligten in Betracht ziehen, dem deutschen Prospekt in diesem Aufnahmestaat (vgl. § 2 Nr. 14 WpPG) oder in weiteren EWR-Staaten Geltung zu verschaffen. Die Voraussetzungen hierfür sind durch § 17 WpPG geschaffen, der auf Grundlage von Art. 17 der EU-Prospektrichtlinie ein von der BaFin durchgeführtes interbehördliches **Notifizierungsverfahren an die zuständige Wertpapieraufsichtsbehörde des Aufnahmestaats** vorsieht (sog.

---

35) Dies gilt regelmäßig für gemäß § 15 Abs. 1 WpHG zu veröffentlichende Ad-hoc-Mitteilungen über die Transaktion. Die *BaFin*, Emittentenleitfaden, S. 53, sieht Kapitalmaßnahmen als ein Regelbeispiel für eine Insiderinformation an. Der Emittent wird sich im Vorfeld der Transaktion allerdings von der Veröffentlichungspflicht gemäß § 15 Abs. 3 WpHG befreien. Die Selbstbefreiung kann unter normalen Umständen aufrechterhalten bleiben, bis die Platzierung erfolgt ist (d. h. die entsprechenden Vorstands- und Aufsichtsratsbeschlüsse gefasst wurden, vgl. § 6 Satz 2 Nr. 2 WpAIV).

36) Anschaulich *von Kopp-Colomb/Knobloch* in: Assmann/Schlitt/von Kopp-Colomb, WpPG/VerkProspG, § 2 WpPG Rz. 51 ff. m. N., wie unterschiedlich der Begriff „öffentliches Angebot von Wertpapieren", obwohl durch Art. 2 Abs. 1 lit. d der EU-Prospektrichtlinie vorgegeben, in verschiedenen Mitgliedstaaten der EU umgesetzt wurde.

europäischer Pass). Mit Abschluss der Notifizierung kann der Prospekt zur Durchführung eines öffentlichen Angebots oder für die Zulassung von Wertpapieren zum Handel in dem betreffenden Aufnahmestaat verwendet werden (Art. 17 Abs. 1 der EU-Prospektrichtlinie).

Dabei sind allerdings die **Sprachregelungen** gemäß Art. 19 Abs. 2 EU-Prospektrichtlinie zu beachten. Die Sprache, in welcher der zu notifizierende Prospekt verfasst ist, muss danach von den zuständigen Behörden des Aufnahmestaats anerkannt oder in internationalen Finanzkreisen gebräuchlich sein. Außer wenn der Prospekt nach Österreich oder Luxemburg notifiziert werden soll, wo Deutsch als Prospektsprache anerkannt ist,[37] kann dies zur Folge haben, dass ein deutschsprachiger Prospekt vollständig zu übersetzen ist, um der Behörde des Aufnahmestaats die Prüfung zu ermöglichen.[38] In der Praxis empfiehlt es sich in solchen Fällen, den Prospekt von vornherein **in englischer Sprache** zu verfassen, weil Englisch durchweg als in internationalen Finanzkreisen gebräuchliche Sprache anerkannt ist. Darüber hinaus kann die Behörde des Aufnahmestaats gemäß Art. 19 Abs. 2 Satz 2 EU-Prospektrichtlinie die Übersetzung der Zusammenfassung in ihre Amtssprache verlangen.[39]

27

bb) **Verwendung in Drittstaaten**

Ob die Möglichkeit besteht, einem deutschen Prospekt in Staaten, die keine EWR-Staaten sind (sog. **Drittstaaten**), Geltung zu verschaffen, kann **nur auf Grundlage der maßgeblichen ausländischen Rechtsordnung** beantwortet werden. Wenn nach dem Recht dieses Drittstaats die Verwendung eines ausländischen Prospekts nicht möglich ist (zur entsprechenden deutschen Vorschrift des § 20 WpPG siehe unten Rz. 32 ff.) und eine Umstrukturierung der Transaktion mit dem Ziel, die Prospektpflicht zu vermeiden, nicht in Betracht kommt, muss grundsätzlich ein separater, den Vorschriften des Drittstaats entsprechender Prospekt erstellt werden.

28

c) **Im Ausland prospektpflichtige Transaktionen**

aa) **Herkunftsstaatsprinzip**

Ist bei Kapitalmarkttransaktionen von Emittenten mit Sitz in Deutschland ausschließlich ein öffentliches Angebot im EWR-Ausland geplant, ist das **Herkunftsstaatsprinzip gemäß Art. 13 der EU-Prospektrichtlinie** zu beachten. Es besagt, dass Prospekte grundsätzlich **durch die zuständige Behörde des Herkunftsstaats des Emittenten** gebilligt werden. Obwohl dieses Prinzip im WpPG

29

---

37) Eine Übersicht über die in den einzelnen Mitgliedstaaten anerkannten Prospektsprachen findet sich bei *CESR*, Language Requirements.
38) *Zeising* in: Just/Voß/Ritz/Zeising, WpPG/EU-ProspektVO, § 18 WpPG Rz. 12.
39) Eine Übersicht über die insoweit bestehenden Anforderungen findet sich bei *CESR*, Language Requirements.

§ 13 Internationales Kapitalmarktrecht

keinen ausdrücklichen Niederschlag gefunden hat, wird seine Geltung aus einer systematischen Zusammenschau von § 2 Nr. 13 WpPG und § 13 WpPG abgeleitet.[40] Im hier allein relevanten Fall der Emission von Aktien ist der Herkunftsstaat eines Emittenten gemäß § 2 Nr. 13 lit. a WpPG der EWR-Staat, an dem der Emittent seinen **Satzungssitz**[41] hat. Die Frage, ob ausländische Prospekte für Aktienemissionen in Deutschland verwendet werden können, stellt sich mithin nur bei Emittenten, deren Herkunftsstaat nicht die Bundesrepublik Deutschland ist.

bb) Prospekte aus anderen EWR-Staaten

30 Wenn ein Emittent mit Sitz in einem anderen EWR-Staat einen Prospekt nach dem Recht seines Herkunftsstaats erstellt und dieser Prospekt auch für ein öffentliches Angebot oder eine Zulassung zum Börsenhandel in Deutschland verwendet werden soll, steht dem Emittenten die **Notifizierung des ausländischen Prospekts nach Deutschland** gemäß § 17 Abs. 3 WpPG offen. Danach ist ein von der zuständigen Behörde eines anderen EWR-Staates gebilligter Prospekt ohne zusätzliches Billigungsverfahren für ein öffentliches Angebot oder für die Zulassung von Wertpapieren zum Handel in Deutschland gültig, sofern die BaFin nach den Art. 17 Abs. 1 der EU-Prospektrichtlinie entsprechenden ausländischen Vorschriften unterrichtet wird und die Sprache des Prospekts die Anforderungen des § 19 Abs. 4 und 5 WpPG erfüllt.

31 Die **Einhaltung des Sprachregimes gemäß § 19 Abs. 4 WpPG** bereitet keine Schwierigkeiten, wenn der zu notifizierende Prospekt in deutscher Sprache verfasst wurde. Wurde der zu notifizierende Prospekt in englischer Sprache verfasst, so entspricht er § 19 Abs. 4 WpPG (*„in internationalen Finanzkreisen gebräuchliche Sprache"*), wenn er eine deutsche Übersetzung der Zusammenfassung enthält. Zulässig ist es auch, einen in ausländischer, nicht in internationalen Finanzkreisen gebräuchlicher Sprache verfassten Prospekt zu verwenden, wenn dieser gemäß § 19 Abs. 4 Satz 2 WpPG eine deutsche Übersetzung der Zusammenfassung enthält.[42] Zusätzlich ist der BaFin in diesem Fall aber eine (nicht notwendigerweise gebilligte) Übersetzung des Prospekts in die deutsche oder die englische Sprache vorzulegen.

---

40) *Ritz/Voß* in: Just/Voß/Ritz/Zeising, WpPG/EU-ProspektVO, § 13 WpPG Rz. 29; *von Kopp-Colomb* in: Assmann/Schlitt/von Kopp-Colomb, WpPG/VerkProspG, § 13 WpPG Rz. 7; *Kullmann/Sester*, WM 2005, 1068, 1070.
41) *Ritz/Voß* in: Just/Voß/Ritz/Zeising, WpPG/EU-ProspektVO, § 2 WpPG Rz. 249; *Groß*, Kapitalmarktrecht, § 2 WpPG Rz. 32; *Kullmann/Sester*, WM 2005, 1068, 1070.
42) *Groß*, KapitalmarktR, § 17 WpPG Rz. 3 Fn. 4; *Ritz/Voß* in: Just/Voß/Ritz/Zeising, WpPG/EU-ProspektVO, § 19 WpPG Rz. 58; *Crüwell*, AG 2003, 243, 246.

cc) **Prospekte aus Drittstaaten**

Für Emittenten mit Sitz in Deutschland bestehen **nur sehr begrenzte Mög-** 32
**lichkeiten, einen nach dem Recht eines Drittstaats erstellten Prospekt für ein
öffentliches Angebot oder eine Aktienzulassung im Inland zu verwenden.**
Denkbar ist ein Rückgriff auf die Ausnahmevorschrift gemäß § 4 Abs. 2 Nr. 3
WpPG, wenn Aktien anlässlich einer Übernahme im Wege eines Tauschangebots
angeboten werden.[43] Andernfalls bleiben dem Emittenten nur zwei Wege: Ein
ausländischer Prospekt wird von vornherein so gestaltet, dass er den Anforderungen des Drittstaats und des WpPG entspricht. Dieses Dokument wird anschließend von der ausländischen Wertpapieraufsichtsbehörde und von der BaFin
gebilligt. Alternativ wird mit zwei unterschiedlichen Prospekten gearbeitet, von
denen der eine nach deutschem und der andere nach ausländischem Recht erstellt
und gebilligt wird. Da der Inhalt des Prospekts in diesen Fällen zwei Rechtsordnungen entsprechen muss, ist die Erstellung derartiger „Doppelprospekte"[44]
immer mit hohem Erstellungsaufwand verbunden. Ihre Verwendung geht mit
erhöhten Haftungsrisiken einher, weil (scheinbare) Widersprüche zwischen
beiden Prospekten leicht als Anhaltspunkte für eine Unrichtigkeit oder Unvollständigkeit herangezogen werden können.

Emittenten, die ihren Sitz in einem Drittstaat haben,[45] haben die Möglichkeit, 33
einen ausländischen Prospekt gemäß § 20 Abs. 1 WpPG von der BaFin billigen
zu lassen und für ein öffentliches Angebot oder die Zulassung zum Börsenhandel
im Inland zu verwenden. Dazu muss der ausländische Prospekt nach den von
internationalen Organisationen von Wertpapieraufsichtsbehörden festgelegten
internationalen Standards, einschließlich der Offenlegungsstandards der International Organisation of Securities Commissions (IOSCO)[46], erstellt worden
sein. Ferner müssen die im Drittstaat geltenden Informationspflichten, insbesondere in Bezug auf Finanzinformationen, den Anforderungen des WpPG
gleichwertig sein. Problematisch im Hinblick auf den Erstellungsprozess ist in
diesen Fällen die Herstellung der **Gleichwertigkeit des Informationsgehalts.**
Weitere Unsicherheiten resultieren daraus, dass der BaFin bei der Entscheidung
über die Billigung von Drittstaatenprospekten ein Ermessen eingeräumt ist.[47]

---

43) Eingehend hierzu: *Seibt/von Bonin/Isenberg*, AG 2008, 565 ff.; *Veil/Wundenberg*, WM 2008, 1285 ff.
44) So die treffende Bezeichnung von *Seibt/von Bonin/Isenberg*, AG 2008, 565, 566.
45) Aus dem Wortlaut des § 20 WpPG geht nicht eindeutig hervor, dass die Vorschrift nur für Emittenten mit Sitz in einem Drittstaat gilt. Dies ergibt sich aber aus einer europarechtskonformen Auslegung anhand von Art. 20 EU-Prospektrichtlinie. Ähnlich: *Veil/Wundenberg*, WM 2008, 1285, Fn. 9; *Straßner* in: Heidel, § 20 WpPG Rz. 1; *Crüwell*, AG 2003, 243, 253.
46) „International Disclosure Standards for Cross-Border Offerings and Initial Listings by Foreign Issuers" (Stand: 9/1998), abrufbar unter: http://www.iosco.org/library/pubdocs/pdf/IOSCOPD81.pdf (Abrufdatum: 22.9.2014).
47) *von Ilberg* in: Assmann/Schlitt/von Kopp-Colomb, WpPG/VerkProspG, § 20 WpPG Rz. 20.

In jedem Fall sind gemäß §§ 20 Abs. 2, 19 WpPG auch die **Sprachanforderungen in Deutschland** zu erfüllen.[48]

III. Rechtsfolgen von Verstößen

1. Ordnungsrechtliche Folgen

34 Die Missachtung der Vorschriften über die Prospektpflicht ist in unterschiedlicher Weise ordnungsrechtlich sanktioniert. Ein **Antrag auf Zulassung von Aktien**, die nach § 32 Abs. 3 Nr. 2 BörsG nur nach Veröffentlichung eines Prospekts zum Handel am regulierten Markt zugelassen werden können, ist zurückzuweisen, wenn kein Prospekt veröffentlicht wurde. Zahlreiche Pflichten, für deren Erfüllung keine Präventivkontrolle durch die Geschäftsführung der Börse (§ 15 BörsG) vorgesehen ist, sind gemäß § 35 Abs. 1 und 2 WpPG als **Ordnungswidrigkeiten** sanktioniert. Dazu zählt v. a. das öffentliche Anbieten von Wertpapieren im Inland, ohne dass ein Prospekt nach dem WpPG veröffentlicht wurde (§ 35 Abs. 1 Nr. 1 WpPG).

2. Zivilrechtliche Folgen

a) Prospekthaftung

35 Die **unzureichende Erfüllung der Prospektpflicht**, in Form der Veröffentlichung eines Prospekts, in dem wesentliche Angaben fehlen oder unrichtig wiedergegeben werden (§§ 21, 22 WpPG), oder in Form der Unterlassung einer vorzunehmenden Prospektveröffentlichung (§ 24 WpPG), begründet nach den genannten Vorschriften nach deutschem Recht **Ansprüche aus Prospekthaftung**.[49] Wie das insoweit maßgebliche Recht zu bestimmen ist, ist Gegenstand einer Kontroverse.[50] In der Diskussion wird ein Eingreifen des europäischen Gesetzgebers gefordert,[51] so dass die weitere Rechtsentwicklung abzuwarten bleibt.

aa) Grundlagen

36 Ausgangspunkt ist nach h. M., dass die Prospekthaftung als deliktsrechtlich (und nicht etwa als spezialgesetzlich geregelter Fall des Verschuldens bei Vertragsverhandlungen) zu qualifizieren ist und ihre international-privatrechtliche An-

---

48) *Groß*, KapitalmarktR, § 20 WpPG Rz. 2; *Straßner* in: *Heidel*, § 20 WpPG Rz. 7.
49) Zu den Einzelheiten sei auf die Spezialliteratur verwiesen: *Groß*, KapitalmarktR, § 21 WpPG, Rz. 1 ff.; *Göthel* in: KölnKomm-KapMuG, §§ 44, 45 BörsG Rz. 14 ff.; *Habersack* in: Hdb. KapMarktInf, § 29.
50) *Lehmann*, IPRax 2012, 399: „eines der drängendsten und schwierigsten Probleme des Kollisionsrechts der außervertraglichen Schuldverhältnisse".
51) Beschluss des Deutschen Rates für Internationales Privatrecht v. 30./31.3.2012, IPRax 2012, 470 ff.

knüpfung daher **anhand der Rom II-VO** zu erfolgen hat.[52] Ausnahmen nach Art. 1 Abs. 2 lit. c oder lit. d Rom II-VO greifen nicht ein, da die Prospekthaftung weder als gesellschafts- noch als wertpapierrechtlich zu qualifizieren ist.[53]

bb) **Anknüpfung an das Ortsrecht des Schadenseintritts**

Grundsätzlich[54] erfolgt die Anknüpfung deliktischer Ansprüche nach Art. 4 Abs. 1 Rom II-VO, wonach das Recht des Staats anzuwenden ist, in dem der Schaden eingetreten ist. Da Verstöße gegen kapitalmarktrechtliche Pflichten regelmäßig reine Vermögensschäden nach sich ziehen, ist dieser Ort oft schwer zu ermitteln. Teilweise wird dabei auf den **gewöhnlichen Aufenthalt des Geschädigten**,[55] teilweise auf den **Ort des konkret geschädigten Vermögenswerts** abgestellt.[56] Jede dieser Lösungen weist jedoch den Nachteil auf, dass eine **Rechtszersplitterung** eintritt, weil sich die Anknüpfung des Rechtsverhältnisses zwischen Emittenten und dem geschädigten Anleger nur im Einzelfall bestimmen lässt. Für Emittenten (und prospektverantwortliche Banken) führt die Zersplitterung zu einer unkalkulierbaren Erhöhung des Haftungsrisikos.[57]

37

cc) **Alternative Anknüpfungen**

Um die beschriebenen Folgen der Rechtszersplitterung zu vermeiden, wurden in der Literatur verschiedene alternative Lösungsansätze entwickelt:

38

Ein Teil des Schrifttums hält eine **akzessorische Anknüpfung an die Prospektpflicht** für maßgeblich. Danach ist das Recht des Staats berufen, nach dessen Recht die Prospektpflicht bestand und dessen Aufsichtsbehörde den Prospekt gebilligt hat. Nach dem der EU-Prospektrichtlinie zugrunde liegenden Herkunftsstaatsprinzip (siehe hierzu oben Rz. 29) wird dies regelmäßig der **Satzungssitz der Emittentin** sein.[58] Zur Begründung wird Art. 4 Abs. 3 Rom II-VO herangezogen, weil der Verstoß gegen die Prospektpflicht eine „offensichtlich engere

39

---

52) *Mankowski* in: Reithmann/Martiny, Int. Vertragsrecht, Rz. 2530; *Einsele*, ZEuP 2012, 23, 27; *Lehmann*, IPRax 2012, 399, 400; *Junker*, RIW 2010, 257, 261 f.; *Hellgardt/Ringe*, ZHR 173 (2009), 802, 810; *von Hein* in: FS Hopt, S. 371, 378, m. umfass. N. zu Gegenansichten in Fn. 11.
53) *Junker* in: MünchKomm-BGB, Art. 1 Rom II-VO, Rz. 35, 40; *Lehmann*, IPRax 2012, 399, 400; *Schmitt*, BKR 2010, 366, 368.
54) Vorrangig zu prüfen ist ein Deliktsstatut am gemeinsamen Aufenthaltsort von Geschädigtem und Emittenten gemäß Art. 4 Abs. 2 Rom II-VO sowie eine etwaige Rechtswahl gemäß Art. 14 Abs. 1 Rom II-VO.
55) *Thorn* in: Palandt, BGB, Art. 4 Rom II-VO Rz. 9.
56) *Lehmann*, IPRax 2012, 399, 400; *Engert/Groh*, IPRax 2011, 458, 463.
57) Zu dieser Kritik: *Schnyder* in: MünchKomm-BGB, IntKapMarktR Rz. 101; *Junker*, RIW 2010, 257, 263.
58) *Hellgardt/Ringe*, ZHR 173 (2009), 802, 833; *von Hein* in: FS Hopt, S. 371, 392 ff.; *Kronke/Haubold* in: Kronke/Melis/Schnyder, Hdb. Int. Wirtschaftsrecht, Teil L, Rz. 360; *Schmitt*, BKR 2010, 366, 371; *Wurmnest* in: jurisPK-BGB, Art. 4 Rom II-VO Rz. 65.

Verbindung" zu dem Staat aufweise, nach dessen Recht der Prospekt erstellt wurde. Dem liegt ein Verständnis der Prospekthaftung als Element der Unternehmensleitung und -überwachung (*„Corporate Governance"*) zugrunde.[59] Gegen diese Ansicht spricht allerdings, dass sie nicht klar zwischen Kapitalmarkt- und Gesellschaftsrecht trennt[60] und der europäische Gesetzgeber i. R. der Rom II-VO gerade nicht an den Herkunftsstaat anknüpft.[61] Ferner erweist sich die Behandlung von Emittenten aus Drittstaaten als schwierig.[62]

40 Andere Autoren vertreten dagegen eine **selbständige Anknüpfung der Prospekthaftung** und entwickeln diese unter Hinweis auf die Parallelen zwischen Prospektrecht und Wettbewerbsrecht in Anlehnung an Art. 6 Abs. 2 Rom II-VO.[63] Im Ergebnis soll eine Anknüpfung an das **Recht des Platzierungsorts der Emission** erfolgen, d. h. an den Markt, an dem die Wertpapiere öffentlich angeboten oder zum Handel zugelassen werden sollen. Schwierigkeiten bereiten nach diesem Ansatz Platzierungen auf mehreren Märkten in verschiedenen Staaten, in deren Rahmen auf das Recht des Erwerbsorts zurückgegriffen werden soll.[64]

41 Darüber hinaus wird von weiteren Autoren mit verschiedenen Begründungen auf das **Marktrecht**, d. h. das Recht am Ort des öffentlichen Angebots und der Prospektveröffentlichung,[65] oder unmittelbar auf das **Recht des Sitzorts der Emittenten**[66] abgestellt.

dd) Stellungnahme

42 Die Regelungen der Rom II-VO sind nicht auf die Erfassung der Kapitalmarkthaftung zugeschnitten. Eine gesetzgeberische Klarstellung wäre zu begrüßen. Im Bereich der Prospekthaftung besteht ein schützenswertes Interesse der Transaktionsbeteiligten nach einem vorhersehbaren Haftungsumfang, wodurch eine **einheitliche Anknüpfung der Haftungsregeln** unverzichtbar wird. Trotz der gegen sie vorgebrachten Einwände ist der akzessorischen Anknüpfung der Vorzug zu gewähren, weil sie durch die Möglichkeit des Rückgriffs auf das Herkunftsstaatsprinzip in den meisten Fällen verlässliche Lösungen liefert.

---

59) *Hellgardt/Ringe*, ZHR 173 (2009), 802, 829.
60) *Lehmann*, IPRax 2012, 399, 402.
61) *Einsele*, ZEuP 2012, 23, 32.
62) *Wurmnest* in: jurisPK-BGB, Art. 4 Rom II-VO Rz. 65.
63) *Einsele*, ZEuP 2012, 23, 38; krit. hierzu: *Lehmann*, IPRax 2012, 399, 402.
64) *Einsele*, ZEuP 2012, 23, 40.
65) *Mankowski* in: Reithmann/Martiny, Int. Vertragsrecht, Rz. 2530; *Weber*, WM 2008, 1581, 1586; ebenso auf Basis des EGBGB: *Schnyder* in: MünchKomm-BGB, IntKapMarktR Rz. 102; *Göthel* in: KölnKomm-KapMuG, §§ 44, 45 BörsG Rz. 114.
66) *Tschäpe/Kramer/Glück*, RIW 2008, 657, 661.

b) Weitere Anspruchsgrundlagen

Im Zusammenhang mit Aktienemissionen können Ansprüche gegen Emittenten 43 und anderen Transaktionsbeteiligte auf weitere Anspruchsgrundlagen gestützt werden. Hierzu zählen Ansprüche aufgrund der sog. **bürgerlich-rechtlichen Prospekthaftung im engeren Sinne**, wonach Personen haften, die durch ihren besonderen Einfluss in der Anlagegesellschaft und/oder in ihrer Eigenschaft als berufsmäßige Sachkenner und/oder durch ihr in Erscheinung getretenes Mitwirken an der Erstellung des Prospekts einen Vertrauenstatbestand geschaffen haben.[67] Derartige Ansprüche werden überwiegend deliktsrechtlich gemäß Art. 4 Rom II-VO angeknüpft.[68] In Einzelfällen können im Kontext von Unternehmenstransaktionen auch Ansprüche aufgrund der **bürgerlich-rechtlichen Prospekthaftung im weiteren Sinn** im Raum stehen. Diese Ansprüche beruhen auf dem besonderen Vertrauen, das der Verhandlungspartner des Geschädigten in Anspruch nimmt,[69] und das auf sie anwendbare Recht richtet sich nach der Regel für ein Verschulden bei Vertragsverhandlungen in Art. 12 Rom II-VO. Weitere Ansprüche können sich aus **§ 823 Abs. 2 BGB** in Verbindung mit drittschützenden Normen oder aus **§ 826 BGB** ergeben; die Anknüpfung erfolgt in diesen Fällen gemäß Art. 3 Rom II-VO.

D. Insiderrecht

I. Allgemeines

Im Kontext internationaler Kapitalmarkttransaktionen kann sich sowohl für 44 die Organmitglieder der Zielgesellschaft als auch für den Investor die Frage nach einem Verstoß gegen das Insiderrecht stellen.[70] Aus der Perspektive des deutschen Rechts besteht für die Organmitglieder der Zielgesellschaft insbesondere i. R. der Due Diligence und der Verhandlungen mit dem Investor die Gefahr eines Verstoßes gegen das Weitergabeverbot gemäß § 14 Abs. 1 Nr. 2 WpHG. Der Investor muss einen Verstoß gegen das Insiderhandelsverbot gemäß § 14 Abs. 1 Nr. 1 WpHG vermeiden, wenn er Aktien der Zielgesellschaft erwirbt.

II. Internationaler Geltungsbereich

Der **internationale Anwendungsbereich** der Insiderverbote nach dem WpHG 45 bestimmt sich nach der allgemeinen Vorschrift des **§ 1 Abs. 2 WpHG**, welche

---

67) *Assmann* in: Assmann/Schütze, Hdb. des Kapitalanlagerechts, § 6 Rz. 137; *Göthel* in: KölnKomm-KapMuG, Anh. §§ 44, 45 BörsG Rz. 1.
68) *Weber*, WM 2008, 1581, 1584.
69) *Assmann* in: Assmann/Schütze, Hdb. des Kapitalanlagerechts, § 6 Rz. 138; *Göthel* in: KölnKomm-KapMuG, Anh. §§ 44, 45 BörsG Rz. 1.
70) Eingehend zu diesem Themenkreis *Bank*, NZG 2012, 1337 ff.

§ 13 Internationales Kapitalmarktrecht

auf Art. 10 der EU-Marktmissbrauchsrichtlinie[71] zurückgeht. Danach sind u. a. die Vorschriften über die Insiderüberwachung auch anzuwenden auf Handlungen und Unterlassungen, die im Ausland vorgenommen werden, sofern sie Finanzinstrumente betreffen, die an einer inländischen Börse gehandelt werden.

46 § 1 Abs. 2 WpHG ist eine für das Kapitalmarktordnungsrecht typische **einseitige Kollisionsnorm**.[72] Maßgeblich für die Anwendbarkeit der insiderrechtlichen Vorschriften ist der **Marktort der betroffenen Finanzinstrumente**. Betroffen ist ein Insiderpapier, wenn sein Börsen- oder Marktpreis durch das Bekanntwerden der Insiderinformation i. S. des § 13 WpHG erheblich beeinträchtigt würde. Der Handlungsort, d. h. der Ort, an dem die tatbestandsmäßige Handlung (die Weitergabe oder der Erwerbs- bzw. Veräußerungsvorgang) vorgenommen wird, ist i. R. des § 1 Abs. 2 WpHG dagegen irrelevant.[73]

47 Die Insiderverbote des WpHG entfalten damit eine **extraterritoriale Wirkung**,[74] wie die folgende Übersicht verdeutlicht.

Abbildung 2

		Handlungsort	
		Inland	Ausland
Marktort	Inland	Anwendbar	Anwendbar, § 1 Abs. 2 WpHG
	Ausland	Anwendbar bei Finanzinstrumenten, die in einem anderen EWR-Staat zum Handel an einem organisierten Markt zugelassen sind (§ 12 Satz 1 Nr. 2 WpHG)	Nicht anwendbar

Quelle: Eigene Darstellung.

48 Die Anwendbarkeit der Insiderverbote auf Handlungen im Inland, die Finanzinstrumente betreffen, die in einem anderen EWR-Staat zum Handel an einem organisierten Markt zugelassen sind, ist nur ein scheinbarer Widerspruch zur Unmaßgeblichkeit des Handlungsorts gemäß § 1 Abs. 2 WpHG. Dass diese

---

71) Richtlinie 2003/6/EG des Europäischen Parlaments und des Rates v. 28.1.2003 über Insider-Geschäfte und Marktmanipulation (Marktmissbrauch), ABl. EU Nr. L 96/16 v. 12.4.2003, welche die EG-Insiderrichtlinie (89/592/EWG) ersetzt. Die Richtlinie wurde umgesetzt durch das Gesetz zur Verbesserung des Anlegerschutzes (Anlegerschutzverbesserungsgesetz – AnSVG) v. 28.10.2004, BGBl. I 2004, 2630, in dessen Rahmen § 1 Abs. 2 WpHG eingefügt und § 14 WpHG neu gefasst wurde.
72) *Assmann* in: Assmann/Schneider, WpHG, § 1 Rz. 4; *Spahlinger/Wegen* in: Spahlinger/Wegen, Int. GesR, Rz. 591; *Holzborn/Israel*, WM 2004, 1948, 1949.
73) *Schnyder* in: MünchKomm-BGB, IntKapMarktR Rz. 270.
74) *Fuchs* in: Fuchs, WpHG, § 1 Rz. 11; *Schnyder* in: MünchKomm-BGB, IntKapMarktR Rz. 270; *Holzborn/Israel*, WM 2004, 1948, 1949.

Handlungen erfasst sind, ergibt sich aus § 14 Abs. 1 i. V. m. § 12 Satz 1 Nr. 2 WpHG, und nicht aus § 1 Abs. 2 WpHG. Die Insiderverbote gelten jedoch nicht für Handlungen in Bezug auf Finanzinstrumente, die

- in einem anderen EWR-Staat zum Handel an einem nicht-organisierten Markt zugelassen sind oder
- in einem Drittstaat an einer Börse gehandelt werden.

Die extraterritoriale Wirkung der Insiderverbote kann dazu führen, dass es zu **49** einer **Doppelsanktionierung desselben Sachverhalts nach den Regelungen zweier Rechtsordnungen** kommt. Nach der zutreffenden h. M. ist dies hinzunehmen, weil die Gefahr einer Pflichtenkollision aufgrund des generellen Gleichlaufs der entsprechenden Vorschriften in den anderen EWR-Staaten nicht besteht.[75] Die Gegenansicht, die durch eine entsprechende Anwendung von § 130 Abs. 2 GWB die beschriebenen Kollisionsfälle auflösen und Bagatellfälle ausnehmen möchte,[76] überzeugt nicht.

III. Rechtsfolgen von Verstößen

1. Ordnungsrechtliche Folgen

Verstöße gegen die Insiderverbote des § 14 Abs. 1 WpHG werden gemäß § 38 **50** Abs. 1 WpHG als **Straftaten** oder gemäß § 39 Abs. 2 Nr. 3 und 4 WpHG als **Ordnungswidrigkeiten** geahndet.

2. Zivilrechtliche Folgen

Im Hinblick auf das Recht, das auf die zivilrechtlichen Folgen von Insiderver- **51** stößen anwendbar ist, ist **nach der Art des betreffenden Anspruchs** zu differenzieren.[77] Für die Frage der **Wirksamkeit und Durchsetzbarkeit vertraglicher Ansprüche** ist das **Vertragsstatut** berufen (zu dessen Bestimmung siehe bei börslichen Aktienerwerben oben § 12 Rz. 12 ff. und bei außerbörslichen Aktienerwerben oben § 12 Rz. 37).[78] Liegt ein Verstoß gegen das Insiderhandelsverbot gemäß § 14 Abs. 1 Nr. 1 WpHG vor, stellt sich zunächst die Frage, ob dies nach deutschem Recht die Unwirksamkeit des Rechtsgeschäfts zur Folge hat. Dies ist regelmäßig nicht der Fall, weil das gesetzliche Verbot, gegen das verstoßen wurde, nur eine der Vertragsparteien trifft und nicht das vorgenommene Rechtsgeschäft als solches verbietet.[79] Nur wenn sich nach deutschem bürgerlichen

---

75) *Assmann* in: Assmann/Schneider, WpHG, § 1 Rz. 4; *Fuchs* in: Fuchs, WpHG, § 1 Rz. 12; *Versteegen/Baum* in: KölnKomm-WpHG, § 1 Rz. 15.
76) *Spindler*, NJW 2004, 3449; *Spahlinger/Wegen* in: Spahlinger/Wegen, Int. GesR, Rz. 597; *Holzborn/Israel*, WM 2004, 1948, 1949.
77) *Hausmanninger* in: Kronke/Melis/Schnyder, Hdb. Int. Wirtschaftsrecht, Teil L, Rz. 468.
78) *Martiny* in: MünchKomm-BGB, VO (EG) 593/2008 Art. 9 Eingriffsnormen, Rz. 77.
79) *Assmann* in: Assmann/Schneider, WpHG, § 14 Rz. 206 f. m. w. N.

Recht eine Nichtigkeit des Rechtsgeschäfts ergibt, gilt dies wegen des eingriffsrechtlichen Charakters der Insiderverbote gemäß Art. 9 Abs. 2 Rom I-VO auch bei ausländischem Vertragsstatut.[80] **Schadensersatzansprüche** richten sich nach dem **Deliktsstatut**.[81] Denkbar ist ferner, dass die beteiligten Rechtsträger wegen Verstößen gegen Insiderverbote **Ansprüche gegen Organmitglieder** geltend machen. Da diese Ansprüche aus organschaftlicher Innenhaftung gesellschaftsrechtlicher Natur sind, ist das **Gesellschaftsstatut** berufen.[82]

E. Ad-hoc-Publizität
I. Allgemeines

52 Die Pflicht zur Ad-hoc-Publizität kann die Zielgesellschaft dazu zwingen, den Umstand, dass eine Kapitalmarkttransaktion durchgeführt werden soll, zu einem Zeitpunkt bekannt zu machen, zu dem die Beteiligten noch keine Veröffentlichung wollen. Vor diesem Hintergrund ist bei der Transaktionsplanung darauf zu achten, dass Handlungen, die eine Pflicht zur Veröffentlichung von Ad-hoc-Mitteilungen auslösen und deren Eintrittszeitpunkt gesteuert werden kann, erst zu einem Zeitpunkt vorgenommen werden, zu dem eine Veröffentlichung gewünscht wird. Schwierigkeiten ergeben sich in der deutschen Praxis daraus, dass zur Ad-hoc-Publizität von sog. *gestreckten Sachverhalten* noch viele Fragen ungeklärt sind, die sich im Vorfeld von Kapitalmarkttransaktionen stellen, wie die Diskussion über die *Schrempp/Geltl*-Rechtsprechung des EuGH[83] und des BGH[84] zeigt.[85]

53 Im unmittelbaren Transaktionskontext spielt die Frage, nach welchem Recht sich die Ad-hoc-Publizitätspflicht der Zielgesellschaft richtet, in der Regel keine Rolle. Die Zielgesellschaft unterliegt der Ad-hoc-Publizitätspflicht laufend, d. h. die Frage des maßgeblichen Rechts hat sich normalerweise schon zuvor gestellt und ist beantwortet worden. Ein potentieller Investor kann das maßgebliche Recht den früheren Ad-hoc-Veröffentlichungen der Gesellschaft entnehmen.[86]

---

80) *Schnyder* in: MünchKomm-BGB, IntKapMarktR Rz. 284.
81) *Hausmanninger* in: Kronke/Melis/Schnyder, Hdb. Int. Wirtschaftsrecht, Teil L, Rz. 468; *Schnyder* in: MünchKomm-BGB, IntKapMarktR Rz. 291.
82) *Hausmanninger* in: Kronke/Melis/Schnyder, Hdb. Int. Wirtschaftsrecht, Teil L, Rz. 468.
83) EuGH, Rs. C-19/11, *Geltl*, ZIP 2012, 1282 = NZG 2012, 784 ff.
84) BGH, ZIP 2013, 1165 = BB 2013, 1483; BGH, ZIP 2011, 72 = NZG 2011, 109 ff. (Vorlagebeschluss an den EuGH); BGH, ZIP 2008, 639 = NZG 2008, 300.
85) S. hierzu aus dem jüngeren Schrifttum nur: *Bachmann*, DB 2012, 2206 ff.; *Bingel*, AG 2012, 685 ff.; *von Bonin/Böhmer*, EuZW 2012, 694 ff.; *Ekkenga*, NZG 2013, 1081 ff.; *Klöhn*, ZIP 2012, 1885; *Kocher/Widder*, CFL 2011, 88 ff.; *Kocher/Widder*, BB 2012, 2837 ff.
86) Erkennbar ist jedenfalls, ob der Emittent das deutsche Recht für maßgeblich hält. Nach § 4 Abs. 1 Satz 1 Nr. 1 lit. a WpAIV muss die Überschrift einer Ad-hoc-Veröffentlichung aus der Wortfolge „Ad-hoc-Meldung nach § 15 WpHG" bestehen.

Häufig finden sich auch in Wertpapierprospekten Angaben zu dem für Ad-hoc-Veröffentlichungen maßgeblichen Recht.[87]
Die folgenden Ausführungen gelten entsprechend für die weiteren in § 15 WpHG 54 geregelten Pflichten (z. B. zur Nachholung einer Veröffentlichung gemäß § 15 Abs. 3 Satz 2 WpHG).

II. Internationaler Geltungsbereich

Zunächst ist der internationale Geltungsbereich der Ad-hoc-Pflicht zu bestimmen. 55 Bei § 15 Abs. 1 Satz 1 WpHG handelt es sich um eine für das Kapitalmarktordnungsrecht typische **einseitige Kollisionsnorm**, deren Anwendungsbereich sich aus ihren Tatbestandsvoraussetzungen selbst ergibt. Dabei kommt es im Kern darauf an, dass die Zielgesellschaft ein **Inlandsemittent** i. S. des § 2 Abs. 7 WpHG ist. Die Vorschrift differenziert zunächst danach, ob für den betreffenden Emittenten die Bundesrepublik Deutschland oder ein anderer EWR-Staat Herkunftsstaat ist (hierzu unter Rz. 56 f.). Ferner müssen bestimmte Anforderungen an die örtliche Zulassung zu einem organisierten Markt erfüllt sein (siehe hierzu unter Rz. 58 f.).

1. Herkunftsstaat des Emittenten

Die Bundesrepublik Deutschland ist für einen **Emittenten von börsenzugelas-** 56 **senen Aktien**[88] gemäß § 2 Abs. 6 Nr. 1 WpHG der Herkunftsstaat, wenn er

- seinen **Sitz im Inland** hat und seine Aktien zum Handel an einem organisierten Markt im Inland oder in einem anderen EWR-Staat zugelassen sind (§ 2 Abs. 6 Nr. 1 lit. a WpHG) oder

- seinen **Sitz in einem Drittstaat** hat und seine Aktien zum Handel an einem organisierten Markt im Inland oder in einem anderen EU-/EWR-Staat zugelassen sind und er die Bundesrepublik Deutschland als Herkunftsstaat nach § 2b Abs. 1a WpHG gewählt hat bzw. solange ein solcher Emittent, dessen Aktien zum Handel an einem organisierten Markt im Inland zugelassen sind, noch keine entsprechende Wahl getroffen hat (§ 2 Abs. 6 Nr. 1 lit. b WpHG).

---

[87] Von besonderem Interesse sind diese Angaben in Prospekten zu grenzüberschreitenden Börsengängen, z. B. *Stabilus S. A.* (2014) (Luxemburg); *Braas Monier Building Group S. A.* (2014) (Luxemburg); *RTL Group S. A.* (2013) (Luxemburg); *Constantia Flexibles AG* (2013) (Österreich); *C.A.T. oil AG* (2006) (Österreich), *SMARTRAC N. V.* (2006) (Niederlande), *Gagfah S. A.* (2006) (Luxemburg), *SAF-Holland S. A.* (2007) (Luxemburg).

[88] Die Darstellung umfasst nur die Fragen, die sich Emittenten von Aktien stellen, die an einem organisierten Markt im In- oder Ausland gehandelt werden. Zu den Voraussetzungen, unter denen Emittenten anderer Wertpapiere als Inlandsemittenten anzusehen sind, s. *Assmann* in: Assmann/Schneider, WpHG, § 2 Rz. 163 und Rz. 175; *BaFin*, Emittentenleitfaden, S. 48 f., jeweils mit graphischen Darstellungen.

57 An dieser Regelung zeigt sich das **Herkunftsstaatsprinzip**, das der EU-Transparenzrichtlinie,[89] auf der die maßgeblichen Vorschriften beruhen, zugrunde liegt. Danach bestimmt sich der Adressatenkreis der kapitalmarktrechtlichen Informations- und Veröffentlichungspflichten primär nach deren **Sitz**. Diese Regelung schafft für Emittenten, die auf Kapitalmärkten in mehreren EWR-Staaten agieren, die Sicherheit, nicht mehreren unterschiedlichen Publizitätsregimen unterworfen zu sein.[90] Ob zur Bestimmung des Herkunftsstaats i. R. des § 2 Abs. 6 WpHG auf den Satzungssitz oder den effektiven Verwaltungssitz abzustellen ist, ist im deutschen Schrifttum umstritten.[91] Die zutreffende h. M. stellt aufgrund einer richtlinienkonformen Auslegung unter Berücksichtigung der Gesetzgebungsgeschichte auf den **Satzungssitz** ab.[92]

2. Örtliche Zulassung der Aktien („Inlandsemittent")

58 Nach § 2 Abs. 7 Nr. 1 WpHG sind **Inlandsemittenten grundsätzlich alle Emittenten, für die die Bundesrepublik Deutschland der Herkunftsstaat ist.** Etwas anderes gilt für diese Emittenten nur, wenn ihre Wertpapiere nicht im Inland, sondern lediglich in einem anderen EWR-Staat zugelassen sind, soweit sie in diesem anderen Staat Veröffentlichungs- und Mitteilungspflichten nach Maßgabe der EU-Transparenzrichtlinie unterliegen. Die an die Qualifikation als Inlandsemittent anknüpfenden Publizitätspflichten gelten somit nicht, wenn der EU-Transparenzrichtlinie entsprechende Vorschriften in einem anderen EWR-Staat Anwendung finden. Anders herum soll das deutsche Recht auch Sachverhalte erfassen, in denen andernfalls Regelungs- und Aufsichtslücken bestehen.[93] Die Formulierung „soweit" bedeutet, dass es bei § 2 Abs. 7 Nr. 1 WpHG darauf ankommt, ob der betreffende EWR-Staat die EU-Transparenzrichtlinie bei **abstrakter Betrachtung** in Bezug auf die in Rede stehende Transparenzpflicht umgesetzt hat. Wenn es um die Anwendbarkeit der Ad-hoc-Publizität geht, entfällt die Qualifikation als Inlandsemittent also nur, wenn die Wertpapiere in einem anderen EWR-Staat zugelassen sind und es dort ebenfalls Regelungen zur Ad-hoc-Publizität gibt. Es kommt dagegen nicht darauf an, dass der konkrete Sachverhalt nach ausländischem Recht mitteilungspflichtig ist. Dem deutschen Recht kommt

---

89) Richtlinie des Europäischen Parlaments und des Rates 2004/109/EG v. 15.12.2004 zur Harmonisierung der Transparenzanforderungen in Bezug auf Informationen über Emittenten, deren Wertpapiere zum Handel auf einem geregelten Markt zugelassen sind, und zur Änderung der Richtlinie 2001/34/EG, ABl. EG Nr. L 390 v. 31.12.2004, S. 38.
90) *Assmann* in: Assmann/Schneider, WpHG, § 2 Rz. 162; *Kumpan* in: Schwark/Zimmer, KMRK, § 2 WpHG Rz. 121.
91) Für den Satzungssitz *Ringe*, AG 2007, 809, 810 f.; *Fuchs* in: Fuchs, WpHG, § 2 Rz. 155; *Kumpan* in: Schwark/Zimmer, KMRK, § 2 WpHG Rz. 121; für den effektiven Verwaltungssitz *Assmann* in: Assmann/Schneider, WpHG, § 2 Rz. 169.
92) Eingehend *Ringe*, AG 2007, 809, 810 f.
93) Begr. RegE, BT-Drucks. 16/2498, S. 31.

im Hinblick auf andere EWR-Staaten nicht die Funktion zu, eine etwaige Lücke zwischen dem ausländischen und dem deutschen Publizitätsstandard im Wege der extraterritorialen Geltung zu schließen.

Emittenten, für die nicht die Bundesrepublik Deutschland, sondern **ein anderer EWR-Staat der Herkunftsstaat** ist, sind gemäß § 2 Abs. 7 Nr. 2 WpHG nur dann Inlandsemittenten, wenn ihre Wertpapiere ausschließlich zum Handel an einem organisierten Markt im Inland zugelassen sind. 59

3. Weitere Voraussetzungen

Darüber hinaus müssen die weiteren Voraussetzungen der Veröffentlichungspflichten einer Ad-hoc-Mitteilung gemäß § 15 WpHG erfüllt sein, d. h. es muss eine **den Inlandsemittenten betreffende Insiderinformation i. S. des § 13 WpHG** vorliegen. Keine Rolle spielt bei der Frage des internationalen Geltungsbereichs der Ad-hoc-Publizität die **Herkunft der Insiderinformation.** Kursrelevante Umstände können unabhängig davon, ob sie im Inland oder im Ausland eintreten, Insiderinformationen i. S. des § 13 WpHG sein. 60

III. Rechtsfolgen von Verstößen

1. Ordnungsrechtliche Folgen

Verschiedene Verstöße gegen die Pflichten zur Veröffentlichung von Insiderinformationen gemäß § 15 WpHG sind gemäß § 39 WpHG als **Ordnungswidrigkeiten** sanktioniert. Hierzu zählen in erster Linie die vorsätzliche oder leichtfertige Unterlassung der Veröffentlichung von Ad-hoc-Mitteilungen sowie die Veröffentlichung von unrichtigen oder unvollständigen Ad-hoc-Mitteilungen (§ 39 Abs. 2 Nr. 1 WpHG). 61

2. Zivilrechtliche Folgen

Wenn ein Emittent von **im Inland zum Börsenhandel zugelassenen Finanzinstrumenten** es unterlässt, eine Insiderinformation unverzüglich zu veröffentlichen (§ 37b WpHG), oder veröffentlicht er eine unwahre Insiderinformation (§ 37c WpHG), ist er einem Dritten unter den dort genannten weiteren Voraussetzungen zum Ersatz des durch die Unterlassung der Veröffentlichung bzw. das Vertrauen auf die Richtigkeit der Insiderinformation entstehenden Schadens verpflichtet. Diese Haftung ist als deliktisch zu qualifizieren.[94] 62

Ihren internationalen Anwendungsbereich bestimmen diese Haftungsnormen durch die Bezugnahme auf die **inländische Börsenzulassung der Wertpapiere** selbst.[95] Sie sind allerdings einschränkend auszulegen, weil die Formulierung 63

---

94) *Wurmnest* in: jurisPK-BGB, Art. 4 Rom II-VO Rz. 65; *Hellgardt/Ringe*, ZHR 173 (2009), 802, 809; *Sethe* in: Assmann/Schneider, WpHG, §§ 37b, 37c Rz. 22.
95) *Schnyder* in: MünchKomm-BGB, IntKapMarktR Rz. 153.

„Emittent von im Inland zum Börsenhandel zugelassenen Finanzinstrumenten" weiter ist als der Begriff des Inlandsemittenten in den §§ 15 Abs. 1 Satz 1, 2 Abs. 7 WpHG.[96] Bei wortlautgetreuer Anwendung könnten Emittenten in Anspruch genommen werden, die nicht der Ad-hoc-Publizität unterfallen. Die Regelung gilt daher nur für **Inlandsemittenten i. S. des § 2 Abs. 7 WpHG**.[97]

64 Die Anknüpfung an die Börsenzulassung im Inland führt dazu, dass die §§ 37b, 37c WpHG eine **extraterritoriale Wirkung** haben: Sie gelten auch für Transaktionen, die über eine ausländische Börse abgewickelt werden. Teilweise wird daher gefordert, dass entsprechend § 44 Abs. 3 BörsG a. F. nur im Inland abgeschlossene Geschäfte oder im Inland erbrachte Wertpapierleistungen in den Schutzbereich der Haftung fallen.[98]

65 §§ 37b Abs. 5, 37c Abs. 5 WpHG regeln, das weitergehende Ansprüche, aufgrund von Verträgen oder vorsätzlichen unerlaubten Handlungen unberührt bleiben.[99] Zu den in Betracht kommenden Anspruchsgrundlagen und ihrer Anknüpfung siehe oben unter Rz. 43.

F. Mitteilungen bei Veränderungen des Stimmrechtsanteils

I. Allgemeines

66 Die in der Bundesrepublik Deutschland geltenden Mitteilungspflichten, die bei bestimmten Veränderungen des Stimmrechtsanteils eines Investors an einem Emittenten entstehen, sind in den §§ 21 ff. WpHG geregelt. Danach sind dem Emittenten und der BaFin unverzüglich, spätestens aber innerhalb von vier Handelstagen, mitzuteilen

- das Erreichen, Überschreiten oder Unterschreiten der Schwellen von 3 %, 5 %, 10 %, 15 %, 20 %, 25 %, 30 %, 50 % und 75 % der **Stimmrechte** durch Erwerb, Veräußerung oder auf sonstige Weise (§ 21 Abs. 1 Satz 1 WpHG);

- das unmittelbare oder mittelbare Halten von **Finanzinstrumenten oder sonstigen Instrumenten, die ihrem Inhaber das Recht verleihen, einseitig i. R. einer rechtlich bindenden Vereinbarung mit Stimmrechten verbundene und bereits ausgegebene Aktien zu erwerben,** wenn durch diesen Erwerb die Schwellen von 5 %, 10 %, 15 %, 20 %, 25 %, 30 %, 50 % und 75 % der Stimmrechte erreicht, überschritten oder unterschritten würden (§ 25 Abs. 1 Satz 1 WpHG); und

---

96) Er umfasst z. B. auch Emittenten, deren Aktien im Inland in einem anderen EWR-Staat zum Handel an einem organisierten Markt zugelassen sind, aber deren Herkunftsstaat gemäß § 2 Abs. 6 Nr. 3 WpHG nicht die Bundesrepublik Deutschland ist.
97) *Schnyder* in: MünchKomm-BGB, IntKapMarktR Rz. 153; *Sethe* in: Assmann/Schneider, WpHG, §§ 37b, 37c Rz. 34 m. w. N.
98) *Schnyder* in: MünchKomm-BGB, IntKapMarktR Rz. 154.
99) Eingehend zu diesen Anspruchsgrundlagen und ihren Voraussetzungen: *Sethe* in: Assmann/Schneider, WpHG, §§ 37b, 37c Rz. 127 ff.

- das unmittelbare oder mittelbare Halten von **Finanzinstrumenten oder sonstigen Instrumenten, die nicht von § 25 WpHG erfasst sind** und es ihrem Inhaber oder einem Dritten auf Grund ihrer Ausgestaltung ermöglichen, mit Stimmrechten verbundene und bereits ausgegebene Aktien zu erwerben, wenn durch diesen Erwerb die Schwellen von 5 %, 10 %, 15 %, 20 %, 25 %, 30 %, 50 % und 75 % der Stimmrechte erreicht, überschritten oder unterschritten würden (§ 25a Abs. 1 Satz 1 WpHG).

Die Mitteilungspflichten haben im Transaktionskontext eine große Bedeutung, weil sie dazu führen, dass die den Veränderungen des Stimmrechtsanteils zugrunde liegenden Transaktionen offengelegt werden müssen. Im Hinblick auf den **Zeitpunkt des Eintritts der Mitteilungspflichten** und die daraus resultierenden praktischen Probleme siehe oben § 12 Rz. 127. 67

Mitteilungspflichten bestehen gemäß § 21 Abs. 2 WpHG nur im Hinblick auf Emittenten, deren Aktien zum Handel an einem **organisierten Markt** (d. h. in Deutschland im regulierten Markt gemäß §§ 32 ff. BörsG) zugelassen sind. 68

II. Internationaler Geltungsbereich

1. Persönlicher Geltungsbereich

Die **Vorschriften über Stimmrechtsmitteilungen gelten für jedermann**. Sie begründen damit Pflichten für inländische und ausländische Aktionäre gleichermaßen,[100] unabhängig von Nationalität, Wohnsitz, Aufenthaltsort oder Niederlassung. Ihre Voraussetzungen können daher im Ausland verwirklicht werden. Praktische Bedeutung kann dies auch durch die Zurechnung von Stimmrechten gemäß §§ 21, 22 Abs. 1 Satz 1 Nr. 1 WpHG bzw. die Mitteilungspflicht beim mittelbaren Halten von Finanzinstrumenten oder sonstigen Instrumenten gemäß §§ 25, 25a WpHG in Konzernsachverhalten erlangen. Die mittelbaren Inhaber der Stimmrechte, Finanzinstrumente oder sonstigen Instrumente, die ihren Sitz im Ausland haben, sind auch dann mitteilungspflichtig, wenn der unmittelbare Inhaber seinen Sitz im Inland hat. Die Mitteilungspflichten entfalten also grundsätzlich **extraterritoriale Wirkung**.[101] 69

Die §§ 21 ff. WpHG bestimmen ihren internationalen Anwendungsbereich als **einseitige Kollisionsnormen** selbst. Voraussetzung jeder der genannten Mitteilungspflichten ist, dass die **Bundesrepublik Deutschland der Herkunftsstaat des Emittenten** ist (§ 2 Abs. 6 WpHG). Hierzu gilt das oben unter Rz. 56 f. Gesagte. In der Praxis können **Angaben in Wertpapierprospekten** der Zielge- 70

---

100) *Hirte* in: KölnKomm-WpHG, § 21 Rz. 129; *Schwark* in: Schwark/Zimmer, KMRK, § 21 WpHG Rz. 10; *Zickler/von Falkenhausen*, BB 2009, 1994, 1995.
101) Näher *Schneider* in: Assmann/Schneider, WpHG, Vor § 21 Rz. 50 ff.; *Dehlinger/Zimmermann* in: Fuchs, WpHG, § 21 Rz. 13; *Opitz* in: Schäfer/Hamann, § 21 WpHG Rz. 10a; *Hirte* in: KölnKomm-WpHG, § 21 Rz. 51.

sellschaft für Aktienemissionen einen Anhaltspunkt bieten, welches Recht der Emittent insoweit für maßgeblich hält.[102]

71 **Inlandsemittenten** (§ 2 Abs. 7 WpHG), denen Mitteilungen gemäß §§ 21 ff., 25, 25a WpHG oder nach entsprechenden Vorschriften anderer EWR-Staaten zugegangen sind, sind gemäß § 26 WpHG verpflichtet, die Informationen unverzüglich zu veröffentlichen sowie an die BaFin und an das Unternehmensregister zu übermitteln (zur Qualifikation als Inlandsemittent siehe oben Rz. 58 f.).

2. Sachlicher Geltungsbereich

72 Wenn ausländische Rechtsträger Adressaten der Mitteilungspflichten gemäß §§ 21 ff., 25, 25a WpHG sind, kann ausländisches Recht zur Beantwortung der Frage maßgeblich sein, ob die Tatbestandsvoraussetzungen der jeweiligen Mitteilungspflicht erfüllt sind.[103] Der gegenständliche Anwendungsbereich der §§ 21 ff., 25, 25a WpHG ist nicht auf Sachverhalte beschränkt, die dem deutschen Recht unterliegen. So sind grundsätzlich Mitteilungen zu machen, wenn die zum Über- und Unterschreiten der Meldeschwellen führende **Aktienübertragung nach ausländischem Recht** erfolgt.[104] Ebenso setzen die §§ 21 ff., 25, 25a WpHG voraus, dass der Adressat über die **Rechtsfähigkeit** verfügt; diese Frage ist grundsätzlich nach dem Recht des Sitzstaats zu beurteilen, so dass insoweit ausländisches Recht maßgeblich sein kann.[105]

III. Rechtsfolgen von Verstößen
1. Ordnungsrechtliche Folgen

73 Verstöße von Stimmrechtsinhabern gegen die Meldepflichten gemäß §§ 21 ff., 25, 25a WpHG sind gemäß § 39 Abs. 2 Nr. 2 lit. e oder lit. f WpHG als **Ordnungswidrigkeiten** mit einer Geldbuße von bis zu 1 Mio. EUR (§ 39 Abs. 4 WpHG) sanktioniert.

---

102) Ziff. 21.2.7 des Anhang I der EU-ProspektVO erfordert lediglich die Angaben etwaiger Bestimmungen der Satzung und der Statuten der emittierenden Gesellschaft sowie der Gründungsurkunde oder sonstiger Satzungen, die für den Schwellenwert gelten, ab dem der Aktienbesitz offengelegt werden muss. Von diesem Wortlaut sind die aufgrund gesetzlicher Vorschriften geltenden Meldepflichten der §§ 21 ff. WpHG nicht erfasst. Dennoch ist die Darstellung üblich, vgl. *Schlitt/Schäfer* in: Assmann/Schlitt/von Kopp-Colomb, WpPG/ VerkProspG, EU-ProspektVO Rz. 298.
103) Zum Ganzen: *Dehlinger/Zimmermann* in: Fuchs, WpHG, § 21 Rz. 14.
104) *Hirte* in: KölnKomm-WpHG, § 21 Rz. 121; *Opitz* in: Schäfer/Hamann, § 21 WpHG Rz. 20.
105) Diese Frage wird in der Praxis häufig relevant, wenn nach anglo-amerikanischen Rechtsordnungen errichtete Trusts potentielle Adressaten der Mitteilungspflicht sind: *Mutter*, AG 2006, 637 ff.

2. Zivilrechtliche Folgen

In zivilrechtlicher Hinsicht sind bei Missachtung der Pflichten gemäß §§ 21, 22, 25, 25a WpHG zum einen Schadensersatzansprüche gemäß § 823 Abs. 2 BGB und § 826 BGB denkbar. Allerdings ist umstritten, ob die genannten Pflichten den für eine Anwendung des § 823 Abs. 2 BGB erforderlichen **Schutzgesetzcharakter** aufweisen.[106]

Zum anderen führen bestimmte Verstöße gegen die Mitteilungspflicht gemäß §§ 21, 22 WpHG zu einem **Verlust der Rechte aus den betroffenen Aktien** gemäß § 28 WpHG, insbesondere des Stimmrechts auf der Hauptversammlung und des Dividendenbezugsrechts. Diese Vorschrift betrifft die gesellschaftsrechtlichen Beziehungen zwischen der Zielgesellschaft und dem Anteilseigner. Ihr internationaler Anwendungsbereich richtet sich deshalb nach dem **Gesellschaftsstatut**,[107] so dass der Rechtsverlust Emittenten mit Sitz in anderen Staaten als der Bundesrepublik Deutschland (auch wenn die Bundesrepublik Deutschland ihr Herkunftsstaat ist) nicht betrifft.

G. Übernahmerecht

I. Allgemeines

Angebote zum Erwerb von Aktien[108] sowie Erwerbe von Aktien unterliegen in Deutschland und vielen anderen Ländern übernahmerechtlichen Regelungen, die insbesondere das Erfordernis einer vorherigen Gestattung eines öffentlichen Angebots durch die Wertpapieraufsichtsbehörde (§ 14 Abs. 2 Satz 1 WpÜG) und eine Pflicht zur Abgabe eines Pflichtangebots (§ 35 Abs. 2 Satz 1 WpÜG) vorsehen.[109] Innerhalb des Europäischen Wirtschaftsraums sind die übernahmerechtlichen Regelungen aufgrund der EU-Übernahmerichtlinie[110] harmonisiert worden.

In seinem Schwerpunkt, bei der Anordnung einer behördlichen Aufsicht über öffentliche Erwerbs- und Übernahmeangebote, einer Angebotspflicht bei Kontrollerwerb sowie von Sanktionsmöglichkeiten der Behörde im Fall von Zuwiderhandlungen, ist das Übernahmerecht Teil des Kapitalmarktordnungsrechts. Darüber hinaus trifft das Übernahmerecht auch privatrechtliche Regelungen, etwa

---

[106] So *Hirte* in: KölnKomm-WpHG, § 21 Rz. 197; *Schneider* in: Assmann/Schneider, WpHG, Vor § 21 Rz. 24, jeweils m. w. N.; dagegen: *Schwark* in: Schwark/Zimmer, KMRK, § 21 WpHG Rz. 21; *Sudmeyer*, BB 2002, 685, 691.

[107] *Dehlinger/Zimmermann* in: Fuchs, WpHG, § 28 Rz. 4; *Zickler/von Falkenhausen*, BB 2009, 1994, 1995.

[108] Der gegenständliche Anwendungsbereich des WpÜG geht über Aktien hinaus. Er umfasst auch mit Aktien vertretbare Wertpapiere, Aktien vertretende Zertifikate und andere Wertpapiere, die den Erwerb von Aktien, mit diesen vergleichbaren Wertpapieren oder Zertifikaten, die Aktien vertreten, zum Gegenstand haben (§ 2 Abs. 2 WpÜG).

[109] Vgl. den Überblick bei *Hirte/Heinrich* in: KölnKomm-WpÜG, Einl. Rz. 70 ff.

[110] Richtlinie 2004/25/EG des Europäischen Parlaments und des Rates v. 21.4.2004 betreffend Übernahmeangebote, ABl. EG Nr. L 142 v. 30.4.2004, S. 12.

bezüglich der Haftung des Bieters für die Angebotsunterlage, Ansprüche der Aktionäre bei unangemessener Gegenleistung und Verhaltenspflichten des Vorstands der Zielgesellschaft gegenüber dem Bieter. Beide Regelungskomplexe unterliegen grundsätzlich eigenen Anknüpfungsprinzipien.[111]

78 Bei der Transaktionsstrukturierung und –planung stehen zumeist die Fragen nach der Notwendigkeit zur Erstellung und Billigung einer Angebotsunterlage oder zur Abgabe eines Pflichtangebots, mithin kapitalmarktordnungsrechtliche Aspekte, im Mittelpunkt. Der folgende Abschnitt widmet sich der Frage, welches Recht auf diese Fragen Anwendung findet.

II. Internationaler Geltungsbereich

79 Der internationale Geltungsbereich des deutschen Übernahmerechts richtet sich nach seinem **sachlichen Anwendungsbereich**, der in § 1 WpÜG geregelt ist.[112] § 1 WpÜG sieht eine dreiteilige Differenzierung zwischen

- unbeschränkter Anwendbarkeit gemäß § 1 Abs. 1 WpÜG (siehe hierzu Rz. 81 ff.),
- eingeschränkter Anwendbarkeit bei inländischen Zielgesellschaften mit ausländischer Börsenzulassung gemäß § 1 Abs. 2 WpÜG (siehe hierzu Rz. 85 ff.) und
- eingeschränkter Anwendbarkeit bei Zielgesellschaften mit Sitz im EWR-Ausland gemäß § 1 Abs. 3 WpÜG (siehe hierzu Rz. 89 ff.) vor.

80 Wenn die Zielgesellschaft über eine Börsennotierung in einem Drittstaat verfügt oder ihren Sitz in einem Drittstaat hat und über eine Börsennotierung in Deutschland verfügt, stellen sich eine Reihe weiterer Fragen (siehe hierzu Rz. 93 ff.).

1. Uneingeschränkter Anwendungsbereich gemäß § 1 Abs. 1 WpÜG

81 Die Grundregel für den internationalen und sachlichen Anwendungsbereich des WpÜG bildet § 1 Abs. 1 WpÜG, wonach das Gesetz anzuwenden ist auf Angebote zum Erwerb von Wertpapieren, die von einer **Zielgesellschaft** ausgegeben wurden und **zum Handel an einem organisierten Markt zugelassen** sind. Als organisierter Markt gelten gemäß § 2 Abs. 7 WpÜG sowohl der regulierte Markt im Inland als auch der geregelte Markt[113] in einem anderen EWR-Staat.

---

111) *Hoffmann* in: MünchHdb-GesR, IntGesR, § 63 Rz. 1; eingehend zu dieser „Zwitterstellung": *Göthel*, Vorauflage (3. Aufl.), § 9 Rz. 3.
112) *Versteegen* in: KölnKomm-WpÜG, § 1 Rz. 5;
113) Entsprechend der Definition in Art. 4 Abs. 1 Nr. 14 der Richtlinie 2004/39/EG des Europäischen Parlaments und des Rates v. 21.4.2004 über Märkte für Finanzinstrumente, zur Änderung der Richtlinien 85/611/EWG und 93/6/EWG des Rates und der Richtlinie 2000/12/EG des Europäischen Parlaments und des Rates und zur Aufhebung der Richtlinie 93/22/EWG des Rates (ABl. EU Nr. L 145, S. 1).

Der Begriff der Zielgesellschaft ist in § 2 Abs. 3 WpÜG definiert. Ausdrücklich 82
genannt sind in § 2 Abs. 3 Nr. 1 WpÜG AG und KGaA mit Sitz im Inland; erfasst ist aber auch die Societas Europaea (SE), weil diese gemäß Art. 10 SE-VO wie eine AG behandelt wird.[114] Zielgesellschaften sind darüber hinaus Gesellschaften mit Sitz in einem anderen EWR-Staat (§ 2 Abs. 3 Nr. 2 WpÜG); für diese Gesellschaften sieht § 1 Abs. 3 WpÜG jedoch nur eine eingeschränkte Geltung des WpÜG vor (siehe hierzu eingehend unter Rz. 89 ff.).

Der Sitz der Zielgesellschaft ist damit ein wichtiges Kriterium für die Bestimmung 83
der Anwendbarkeit des WpÜG. Weder der europäische[115] noch der deutsche Gesetzgeber haben jedoch eine Festlegung getroffen, ob der tatsächliche Verwaltungssitz i. S. der Sitztheorie oder der Satzungssitz i. S. der Gründungstheorie maßgeblich ist.[116] Zutreffend ist, dass die Frage nicht durch bloße Übertragung der Sitz- und Gründungstheorie auf das Übernahmerecht beantwortet werden kann, sondern der Sitz i. S. des WpÜG spezifisch übernahmerechtlich zu bestimmen ist.[117] Freilich ist damit in der Sache noch nicht viel gewonnen. Entscheidend für die **Maßgeblichkeit des Satzungssitzes**[118] ist, dass das deutsche Gesellschaftsrecht, insbesondere § 5 AktG, den Sitz in diesem Sinne versteht.[119] Läge dem WpÜG ein anderes Verständnis zugrunde, ließe sich kaum erklären, weshalb nach § 1 Abs. 2 WpÜG gerade die gesellschaftsrechtlichen Regelungen des WpÜG, die vielfach an die Organe einer deutschen AG anknüpfen,[120] auf eine Gesellschaft Anwendung finden sollten, deren Gesellschaftsverfassung sich nach ausländischem Recht richtet.

Aus dem zuvor Gesagten folgen zwei wichtige Einschränkungen des allgemeinen 84
Anwendungsbereichs des WpÜG. Ausgenommen sind zum einen Angebote in Bezug auf Gesellschaften, deren Aktien nicht an einem organisierten Markt gemäß § 2 Abs. 7 WpÜG zugelassen sind. Das WpÜG gilt also nicht für Angebote zum Erwerb von Wertpapieren, die im **Freiverkehr** (einschließlich der

---

114) *Pötzsch/Favoccia* in: Assmann/Pötzsch/Schneider, WpÜG, § 2 Rz. 66; *Versteegen* in: KölnKomm-WpÜG, § 2 Rz. 111.
115) Die Erweiterung des Begriffs der Zielgesellschaft auf nicht-deutsche Rechtsformen in § 2 Abs. 3 Nr. 2 WpÜG geht auf Art. 1 Abs. 1 der EU-Übernahmerichtlinie zurück.
116) Eingehend dazu: *von Hein*, ZGR 2005, 528, 529, 545 ff.; *Josenhans*, ZBB 2006, 269, 273.
117) *Pötzsch/Favoccia* in: Assmann/Pötzsch/Schneider, WpÜG, § 2 Rz. 69; *Wackerbarth* in: MünchKomm-AktG, § 1 WpÜG Rz. 16.
118) Mittlerweile allg. A. *Versteegen* in: KölnKomm-WpÜG, § 2 Rz. 112; *Baums/Hecker* in: Baums/Thoma, WpÜG, § 2 Rz. 88; *Angerer* in: Geibel/Süßmann, WpÜG, § 1 Rz. 51; *Noack/Holzborn* in: KMRK, § 2 Rz. 20; *Mülbert*, NZG 2004, 633, 638; *Seibt/Heiser*, ZGR 2005, 200, 210; *von Hein*, ZGR 2005, 528, 553.
119) *Versteegen* in: KölnKomm-WpÜG, § 2 Rz. 112; *Baums/Hecker* in: Baums/Thoma, WpÜG, § 2 Rz. 88.
120) *Versteegen* in: KölnKomm-WpÜG, § 2 Rz. 112.

qualifizierten Freiverkehrssegmente wie Entry Standard oder M:Access[121] gehandelt werden. Der Begriff „Zulassung" ist in diesem Zusammenhang aber nicht eng i. S. des § 32 BörsG auszulegen. Aktien sind somit auch zum Handel im organisierten Markt in Deutschland zugelassen, wenn eine Einbeziehung i. S. des § 33 BörsG erfolgte.[122] Zum anderen erstreckt sich das WpÜG nicht auf Angebote zum Erwerb von Wertpapieren, die von **Gesellschaften mit Sitz außerhalb des Europäischen Wirtschaftsraums** ausgegeben wurden, selbst wenn diese Wertpapiere zum Handel im organisierten Markt in Deutschland oder einem anderen EWR-Staat zugelassen worden sind.

2. Eingeschränkter Anwendungsbereich gemäß § 1 Abs. 2 WpÜG

85 Nach § 1 Abs. 2 WpÜG ist das WpÜG auf Übernahme- und Pflichtangebote, die sich auf den Erwerb von stimmberechtigten Aktien einer deutschen AG, KGaA oder SE beziehen, die nicht in Deutschland, sondern **ausschließlich an einem organisierten Markt in einem anderen EWR-Staat** an der Börse gehandelt werden, nur eingeschränkt anzuwenden. Anwendbar sind nur die Vorschriften des WpÜG, welche die Kontrolle, die Verpflichtung zur Abgabe eines Angebots und hiervon abweichende Regelungen, die Unterrichtung der Arbeitnehmer der Zielgesellschaft oder des Bieters, Handlungen des Vorstands der Zielgesellschaft, durch die der Erfolg eines Angebots verhindert werden könnte, oder andere **gesellschaftsrechtliche Fragen** regeln. Die Regelungen in Bezug auf die Gegenleistung, die Angebotsunterlage und das Angebotsverfahren (sowie die Aufsicht darüber) finden in diesen Fällen also keine Anwendung. Insoweit ist das Recht des Staats zur Anwendung berufen, an dessen Markt die Aktien gehandelt werden.[123]

86 Die Beschränkung der Regelung auf **Übernahme- und Pflichtangebote** (und die damit einhergehende Ausnahme von einfachen Erwerbsangeboten aus ihrem Anwendungsbereich) und auf **stimmberechtige Aktien** ist dem Umstand zu verdanken, dass mit § 1 Abs. 2 WpÜG die Vorschrift des Art. 4 Abs. 2 lit. a und lit. b EU-Übernahmerichtlinie umgesetzt wurde, die gemäß Art. 2 Abs. 1 lit. a EU-Übernahmerichtlinie nicht für einfache Erwerbsangebote gilt und gemäß Art. 2 Abs. 1 lit. e EU-Übernahmerichtlinie nur solche Wertpapiere erfasst, die Stimmrechte verleihen. Der deutsche Gesetzgeber ist also nur insoweit von der Grundregel des § 1 Abs. 1 WpÜG abgewichen, wie es europarechtlich zwingend erforderlich war.[124]

---

121) *Pötzsch/Favoccia* in: Assmann/Pötzsch/Schneider, WpÜG, § 2 Rz. 134; *Noack/Holzborn* in: Schwark/Zimmer, KMRK, § 2 Rz. 47.
122) Eingehend: *Hoffmann* in: MünchHdb-GesR, IntGesR, § 63 Rz. 24 f.
123) *Hoffmann* in: MünchHdb-GesR, IntGesR, § 63 Rz. 30.
124) *Versteegen* in: KölnKomm-WpÜG, § 1 Rz. 50.

Dass die Regelung auf die alleinige Zulassung der **stimmberechtigten Aktien** 87
zum Handel an einem organisierten Markt im EWR-Ausland abstellt, kann von
Bedeutung sein, wenn die Zielgesellschaft Stamm- und stimmrechtslose Vorzugsaktien ausgegeben hat. Sind die stimmrechtslosen Vorzugsaktien im EWR-Ausland am organisierten Markt börsennotiert, die Stammaktien dagegen nicht in
Deutschland oder überhaupt nicht zum Handel an einem solchen Markt zugelassen, gelten sämtliche Regelungen des WpÜG.[125] Sind dagegen im Inland nur
die Vorzugsaktien am organisierten Markt zum Handel zugelassen, die Stammaktien jedoch ausschließlich in einem anderen EWR-Staat, finden die Einschränkungen des § 1 Abs. 2 WpÜG Anwendung.

Die i. R. des § 1 Abs. 2 WpÜG zur Anwendung kommenden Regelungen sind in 88
§ 1 der WpÜG-AnwendV,[126] die aufgrund der Verordnungsermächtigung des
§ 1 Abs. 4 WpÜG geschaffen wurde, einzeln aufgeführt (§§ 1 bis 9, 29, 30, 33
bis 33d, 34, Teile des § 35, §§ 36 bis 39c und 40 bis 68 WpÜG).[127]

3. Eingeschränkter Anwendungsbereich gemäß § 1 Abs. 3 WpÜG

Nach § 1 Abs. 3 WpÜG ist der Anwendungsbereich des WpÜG bei Zielgesell- 89
schaften mit **Sitz in einem anderen EWR-Staat** nur unter bestimmten Voraussetzungen eröffnet. Dies ist gemäß § 1 Abs. 3 Satz 1 WpÜG nur der Fall, wenn

- ein **europäisches Angebot** zum Erwerb stimmberechtigter Wertpapiere vorliegt (§ 1 Abs. 3 Satz 1 Nr. 1 WpÜG), d. h. das Angebot muss gemäß § 2 Abs. 1a WpÜG nach dem Recht des Sitzstaats der Zielgesellschaft als Angebot i. S. des Art. 2 Abs. 1 lit. a der EU-Übernahmerichtlinie gelten; und

- eine der folgenden Fallgruppen einschlägig ist:

  - die stimmberechtigten Wertpapiere sind **nur in Deutschland zum Handel an einem organisierten Markt zugelassen** (§ 1 Abs. 3 Satz 1 Nr. 2 lit. a WpÜG), oder

  - die stimmberechtigten Wertpapiere sind **sowohl in Deutschland als auch in einem anderen EWR-Staat, jedoch nicht im Sitzstaat der Zielgesellschaft zum Handel an einem organisierten Markt zugelassen**, und (i) die Zulassung erfolgte zuerst zum Handel an einem organisierten Markt in Deutschland, oder (ii) die Zulassungen erfolgten gleichzeitig, und die Zielgesellschaft hat sich für die BaFin als zuständige Aufsichtsbehörde entschieden (§ 1 Abs. 3 Satz 1 Nr. 2 lit. a WpÜG).

---

125) *Pötzsch/Favoccia* in: Assmann/Pötzsch/Schneider, WpÜG, § 1 Rz. 39; *Versteegen* in: KölnKomm-WpÜG, § 1 Rz. 50.
126) WpÜG-Anwendbarkeitsverordnung v. 17.7.2006, BGBl. I, 1698.
127) Ob jede der genannten Vorschriften gesellschaftsrechtliche Fragen betrifft, ist zweifelhaft. Eingehend hierzu und zu den Konsequenzen: *Versteegen* in: KölnKomm-WpÜG, § 1 Rz. 53 f.; *Pötzsch/Favoccia* in: Assmann/Pötzsch/Schneider, WpÜG, § 1 Rz. 41.

90 Da ein europäisches Angebot nur ein Übernahme- oder ein Pflichtangebot in Bezug auf stimmberechtigte Aktien sein kann (zum europarechtlichen Hintergrund dieser Regelung siehe Rz. 86), findet das WpÜG auf einfache Erwerbsangebote zum Erwerb von Aktien und auf Angebote zum Erwerb von stimmrechtslosen Vorzugsaktien von Zielgesellschaften mit Sitz in einem anderen EWR-Staat keine Anwendung.[128]

91 Im Fall der gleichzeitigen Zulassung der Aktien einer Zielgesellschaft mit Sitz in einem anderen EWR-Staat zum Handel an einem organisierten Markt im Inland und in einem anderen EWR-Staat, hängt die Anwendbarkeit des WpÜG gemäß § 1 Abs. 3 Satz 1 Nr. 2 lit. b, bb WpÜG von der **Entscheidung der Zielgesellschaft zugunsten der BaFin** als zuständige Aufsichtsbehörde ab. Pflichten der betroffenen Zielgesellschaft zur Entscheidung und zur Mitteilung der Entscheidung an die BaFin werden in § 1 Abs. 5 WpÜG begründet. Fraglich ist, wann eine „gleichzeitige Zulassung" i. S. des § 1 Abs. 3 Satz 1 Nr. 2 lit. b, bb WpÜG vorliegt. Stellt man auf das Wirksamwerden der betreffenden Rechtsakte ab, das im Regelfall bei Bekanntgabe erfolgen dürfte, hätte die Vorschrift praktisch keinen Anwendungsbereich, weil zwei Rechtsakte der Zielgesellschaft kaum jemals gleichzeitig zugehen. Daher ist die Formulierung „Zulassung" in § 1 Abs. 3 Satz 1 Nr. 2 lit. b WpÜG nicht technisch,[129] sondern als tatsächliche Einführung der Aktien in den Börsenhandel zu verstehen.[130] Damit erlangt die Zielgesellschaft das Entscheidungsrecht, wenn der Handel in den betreffenden Wertpapieren zeitgleich aufgenommen wurde.

92 Ist der Anwendungsbereich des WpÜG eröffnet, so finden gemäß § 1 Abs. 3 Satz 2 WpÜG ausschließlich die Regelungen zur Gegenleistung, zum Inhalt der Angebotsunterlage und zum Angebotsverfahren Anwendung. Welche Regelungen dies im Einzelnen sind, richtet sich nach § 2 WpÜG-AnwendV (§§ 1 bis 9, 31, 32, 33d, 34, Teile des § 35, §§ 38, 39 und 40 bis 68 WpÜG).

4. Rechtslage in Fällen mit Drittstaatenbezug

93 Ein Drittstaatenbezug kann sich aus der Börsennotierung einer Zielgesellschaft gemäß § 2 Abs. 3 WpÜG in einem Drittstaat oder aus einer inländischen Börsennotierung einer Gesellschaft mit Sitz in einem Drittstaat ergeben.

a) Börsennotierung in einem Drittstaat

94 Verfügt eine Zielgesellschaft i. S. des § 2 Abs. 3 WpÜG über eine **ausschließliche Börsennotierung in einem Drittstaat,** findet deutsches Übernahmerecht grund-

---

128) *Versteegen* in: KölnKomm-WpÜG, § 1 Rz. 57.
129) Hierfür spricht bereits, dass der Begriff der „Zulassung" i. S. des § 1 WpÜG nach richtiger Ansicht nicht nur die Zulassung i. S. des § 32 BörsG, sondern auch die Einbeziehung i. S. des § 33 BörsG erfasst, vgl. *Hoffmann* in: MünchHdb-GesR, IntGesR, § 63 Rz. 24 f.
130) *Hoffmann* in: MünchHdb-GesR, IntGesR, § 63 Rz. 34.

sätzlich keine Anwendung, weil sich ein Angebot nicht auf Wertpapiere beziehen würde, die zum Handel an einem organisierten Markt i. S. des § 2 Abs. 7 WpÜG zugelassen sind.

Sofern eine deutsche AG, KGaA oder SE dagegen **neben ihrer Börsennotierung im Inland über eine Zweitnotierung in einem Drittstaat verfügt**, ist das deutsche Übernahmerecht nach § 1 Abs. 1 WpÜG anwendbar. Wenn das ausländische Recht die Anwendbarkeit seines Übernahmerechts kapitalmarktbezogen definiert (und nicht auf den Sitz abstellt), ist das Übernahmerecht des Drittstaats neben dem deutschen Recht anzuwenden.[131] Hierbei ist zu bedenken, dass verschiedene Übernahmerechte bei Zielgesellschaften mit Sitz im Ausland Ausnahmen von ihrem Anwendungsbereich vorsehen, auf die im Fall von Normenkollisionen zurückgegriffen werden kann. Im deutschen Recht sieht § 24 WpÜG vor, dass die BaFin **bei grenzüberschreitenden Angeboten in Drittstaaten** dem Bieter gestatten kann, bestimmte Inhaber von Wertpapieren mit Wohnsitz, Sitz oder gewöhnlichem Aufenthalt in dem Drittstaat vom Angebot auszunehmen.

95

b) **Inländische Börsennotierung eines Emittenten mit Sitz in einem Drittstaat**

Auf einen Emittenten mit Sitz in einem Drittstaat, dessen Aktien im regulierten Markt einer deutschen Börse gehandelt werden, findet deutsches Übernahmerecht gemäß § 1 Abs. 1 WpÜG keine Anwendung, weil ein Angebot nicht auf Wertpapiere einer Zielgesellschaft i. S. des § 2 Abs. 3 WpÜG bezogen wäre. Da die Anwendbarkeit des Übernahmerechts in vielen Rechtsordnungen kapitalmarktbezogen bestimmt wird (d. h. eine inländische Börsennotierung voraussetzt), besteht in diesen Fällen die Möglichkeit, dass **kein Übernahmerecht** zur Anwendung gelangt.[132]

96

III. Rechtsfolge von Verstößen
1. Ordnungsrechtliche Folgen

Die BaFin kann bei bestimmten Pflichtverstößen im Zusammenhang mit der Erstellung, Übermittlung und Veröffentlichung einer Angebotsunterlage das Angebot gemäß § 15 WpÜG untersagen. Verschiedene Pflichtverstöße werden gemäß § 60 WpÜG als Ordnungswidrigkeiten geahndet.

97

Der BaFin steht gemäß § 4 Abs. 1 WpÜG i. R. der allgemeinen Missbrauchsaufsicht das Recht zu, Anordnungen zur Beseitigung von Missständen bei der ordnungsgemäßen Durchführung des Angebotsverfahrens oder von Nachteilen für den Wertpapiermarkt zu treffen. Nach h. M. fällt hierunter auch das **Recht**

98

---

131) *Hoffmann* in: MünchHdb-GesR, IntGesR, § 63 Rz. 51.
132) *Hoffmann* in: MünchHdb-GesR, IntGesR, § 63 Rz. 63.

zur Anordnung der Durchführung eines pflichtwidrig unterlassenen Pflichtangebots.[133)]

2. Zivilrechtliche Folgen

99 Für bestimmte Verstöße gegen übernahmerechtliche Pflichten regelt das WpÜG unmittelbar **zivilrechtliche Ansprüche und Rechtsfolgen**. Die internationalprivatrechtliche Anknüpfung dieser Regelungen erfolgt nicht einheitlich, sondern ist jeweils nach allgemeinen Grundsätzen anhand des konkreten Regelungsgehalts der jeweiligen Norm zu bestimmen.

a) Haftung für die Angebotsunterlage gemäß § 12 WpÜG

100 Eine Haftung des Bieters und etwaiger Angebotsveranlasser für eine Unrichtigkeit oder Unvollständigkeit der Angebotsunterlage ist in § 12 WpÜG geregelt. Kollisionsrechtlich wird die Regelung nach bestrittener, aber zutreffender Ansicht als **deliktisch** qualifiziert, so dass sich ihre Anknüpfung nach Art. 4 Rom II-VO richtet.[134)] Insoweit stellen sich bei der Haftung für eine unrichtige oder unvollständige Angebotsunterlage die gleichen Probleme wie i. R. der Anknüpfung der Prospekthaftung (siehe hierzu unter Rz. 35 ff.). Sie sind auf gleichem Wege zu lösen: Auch für die Angebotsunterlagenhaftung ist nach Art. 4 Abs. 3 Rom II-VO das für die **Gestaltung und den Inhalt der Angebotsunterlage maßgebliche Recht** maßgeblich, weil insoweit eine „offensichtlich engere Verbindung" besteht.

b) Haftung für die Finanzierungsbestätigung gemäß § 13 WpÜG

101 Nach § 13 Abs. 2 WpÜG hat ein annehmender Aktionär gegen das Wertpapierdienstleistungsunternehmen, das die Finanzierungsbestätigung gemäß § 13 Abs. 1 WpÜG erteilt hat, Anspruch auf Ersatz des Schadens, der ihm daraus entstanden ist, dass der Bieter die notwendigen Maßnahmen zur Finanzierung des Angebots nicht getroffen hat und ihm deshalb zum Zeitpunkt der Fälligkeit des Anspruchs auf die Geldleistung die notwendigen Mittel nicht zur Verfügung stehen. Die kollisionsrechtliche Einordnung der Haftung für die Finanzierungsbestätigung ist umstritten. Teilweise wird sie als vertragliche Haftung aufgrund einer Schutzwirkung zugunsten der annehmenden Aktionäre aus dem Vertrag über die Erteilung der Finanzierungsbestätigung zwischen dem Bieter und dem Wertpapierdienstleis-

---

133) Dafür *Hasselbach* in: KölnKomm-WpÜG, § 35 Rz. 257; *Schlitt/Ries* in: MünchKomm-AktG, § 35 WpÜG Rz. 242; *Krause/Pötzsch* in: Assmann/Pötzsch/Schneider, WpÜG, § 35 Rz. 248, jeweils m. w. N. zur Gegenansicht.

134) *Ackermann*, Das internationale Privatrecht der Unternehmensübernahme, S. 307 ff.; *Hellgart*, Kapitalmarktdeliktsrecht, S. 41 f.; *Santelmann*, Angebotsunterlagenhaftung, S. 218 ff.; a. A. *Hoffmann* in: MünchHdb-GesR, IntGesR, § 64 Rz. 25 (Anknüpfung nach Art. 12 Rom II-VO wegen Qualifikation als spezialgesetzlich geregelten Fall des Verschuldens bei Vertragsverhandlungen) sowie *Ekkenga/Kuntz*, WM 2004, 2427, 2431 (Sonderanknüpfung nach dem Marktstatut).

tungsunternehmen angesehen.[135] Andere Autoren ordnen die Haftung als Fall des Verschuldens bei Vertragsverhandlungen ein.[136] Grund der Haftung für die Finanzierungsbestätigung ist die **Fehlinformation des Kapitalmarkts** über den Erfolg des Bieters, die notwendigen Mittel zur vollständigen Erfüllung des Angebots bereitzustellen.[137] Darin liegt ein Handlungsunwert, der durch die Schadensersatzpflicht sanktioniert wird, so dass die Regelung deliktisch zu qualifizieren ist.[138] Auch für die Haftung für die Finanzierungsbestätigung erfolgt wegen „offensichtlich engerer Verbindung" nach Art. 4 Abs. 3 Rom II-VO eine **akzessorische Anknüpfung an das für die Gestaltung und den Inhalt der Angebotsunterlage maßgebliche Recht** (siehe hierzu schon oben zur Haftung für die Angebotsunterlage Rz. 100 und zur Prospekthaftung Rz. 35 ff.).

c)   **Zinsanspruch gemäß § 38 WpÜG**

Nach § 38 WpÜG hat der Bieter den Aktionären der Zielgesellschaft für die Dauer des Verstoßes gegen die Angebotspflicht gemäß § 35 WpÜG Zinsen auf die Gegenleistung zu zahlen. Der Zinsanspruch knüpft akzessorisch an die Abgabe eines Pflichtangebots an und besteht nicht, wenn der Bieter die Angebotspflicht nicht erfüllt.[139] In international-privatrechtlicher Hinsicht ist die Vorschrift als **Eingriffsnorm i. S. der Art. 9 Rom I-VO** anzusehen. Ihre vertragsgestaltende Wirkung tritt damit auch ein, wenn nach dem Übernahmevertragsstatut (siehe hierzu § 12 Rz 128 ff.) ein anderes Recht zur Anwendung berufen ist. Dies setzt jedoch jeweils voraus, dass das WpÜG in internationaler Hinsicht (§ 1 Abs. 1 bzw. Abs. 3 WpÜG) anwendbar ist.[140]

102

d)   **Rechtsverlust gemäß § 59 WpÜG**

Ein Verstoß gegen die Angebotspflicht gemäß § 35 Abs. 1 und 2 WpÜG führt gemäß § 59 Satz 1 WpÜG zu einem Verlust der Rechte aus den betroffenen Aktien (zur entsprechenden Rechtsfolge bei unterlassener Stimmrechtsmitteilung gemäß §§ 21, 22 WpHG siehe Rz. 75). Auch diese Regelung betrifft die **gesellschaftsrechtlichen Beziehungen zwischen der Zielgesellschaft und dem Bieter,** so dass sich ihr internationaler Anwendungsbereich nach dem **Gesellschaftsstatut** richtet.[141] Wenn die Zielgesellschaft, auf die § 35 WpÜG nach § 1 WpÜG Anwendung findet, ihren Sitz in einem anderen Staat als der Bundesrepublik Deutschland hat, spielt die Vorschrift keine Rolle.

103

---

135) *Vogel*, ZIP 2002, 1421, 1429.
136) *Hoffmann* in: MünchHdb-GesR, IntGesR, § 64 Rz. 29.
137) *Möllers* in: KölnKomm-WpÜG, § 13 Rz. 64; *Wackerbarth* in: MünchKomm-AktG, § 13 WpÜG Rz. 30 (Haftung für unrichtige Kapitalmarktinformation); *Steinhardt* in: Steinmeyer, WpÜG, § 13 Rz. 16 (spezialgesetzlicher Prospekthaftungsanspruch im engeren Sinne).
138) *Hellgart*, Kapitalmarktdeliktsrecht, S. 43.
139) BGH, ZIP 2013, 1565 = BB 2013, 2318, 2320.
140) Zum Ganzen: *Hoffmann* in: MünchHdb-GesR, IntGesR, § 64 Rz. 32.
141) *Götze* in: Hdb. KapMarktInf, § 28 Rz. 76.

Kapitel 4 Arbeitsrecht

§ 14 Grenzüberschreitender Betriebsübergang

Übersicht

A. Einleitung 1	II. Grenzüberschreitender Betriebs(teil)übergang trotz „identitätszerstörender Eingliederung" 9
B. Anwendbarkeit des § 613a BGB 2	
C. Vorliegen eines grenzüberschreitenden Betriebsübergangs...... 6	D. Rechtsfolgen 12
I. Abgrenzung zu einer Betriebsstilllegung 7	E. Unterrichtungspflicht und Widerspruchsrecht 18

Literatur: *Cohnen*, Betriebsverlagerungen ins Ausland und § 613a BGB, in: Festschrift ARGE Arbeitsrecht im Deutschen Anwaltverein, 2005, S. 595; *Däubler*, Offshoring und die Hilflosigkeit des Arbeitsrechts, NJW 2005, 30; *Dzida/Hohenstatt*, Errichtung und Zusammensetzung eines Konzernbetriebsrats bei ausländischer Konzernspitze, NZA 2007, 945; *Feudner*, Grenzüberschreitende Anwendung des § 613a BGB?, NZA 1999, 1184; *Gamillscheg*, Ein Gesetz über das internationale Arbeitsrecht, ZfA 1983, 307; *Grobys*, SE-Betriebsrat und Mitbestimmung in der Europäischen Gesellschaft, NZA 2005, 84; *Hausch*, Arbeitsrechtliche Pflichtangaben nach dem UmwG, RNotZ 2007, 308; *Hohenstatt/ Schramm*, Arbeitsrechtliche Angaben im Umwandlungsvertrag – eine Bestandsaufnahme, in: Festschrift ARGE Arbeitsrecht im Deutschen Anwaltverein, 2005, S. 629; *Hohenstatt/ Schramm*, Erstreikbarkeit von „tariflichen Sozialplänen"?, DB 2004, 2214; *Junker*, Internationales Arbeitsrecht im Konzern, 1992; *Kreitner*, Kündigungsrechtliche Probleme beim Betriebsinhaberwechsel, 1989; *Loritz*, Aktuelle Rechtsprobleme des Betriebsübergangs nach § 613a BGB, RdA 1987, 65; *Müller-Bonanni/Müntefering*, Grenzüberschreitende Verschmelzung ohne Arbeitnehmerbeteiligung – Praxisfragen zum Anwendungsbereich und Beteiligungsverfahren des MgVG, NJW 2009, 2347; *Müller-Glöge*, Bestandsschutz beim Betriebsübergang nach § 613a BGB, NZA 1999, 449; Münchener Handbuch zum Arbeitsrecht, Band 1, 3. Aufl., 2009 (zit.: *Bearbeiter* in: MünchHdb-ArbR); *Raif/ Ginal*, Betriebsübergang bei Verlagerung ins Ausland nach der BAG-Rechtsprechung, GWR 2013, 217; *Richter*, Probleme beim grenzüberschreitenden Betriebsübergang, AuR 1992, 65; *Vetter*, Die Regelung der grenzüberschreitenden Verschmelzung im UmwG, AG 2006, 613; *Willemsen*, Erneute Wende im Recht des Betriebsübergangs – ein „Christel Schmidt II"-Urteil des EuGH?, NZA 2009, 289; *Wisskirchen/Goebel*, Arbeitsrechtliche Aspekte der Verlagerung von Arbeitsplätzen ins Ausland (Off-Shoring), DB 2004, 1937.

A. Einleitung

Unternehmenskäufe, die einen grenzüberschreitenden Bezug aufweisen, werfen in der Praxis eine Reihe spezifischer arbeitsrechtlicher Fragen auf. So stellt sich bei der Veräußerung und grenzüberschreitenden Verlagerung von Betrieben bzw. Betriebsteilen die Frage nach Anwendbarkeit und Rechtsfolgen des § 613a Abs. 1 BGB (dazu unter Rz. 2 ff. und 12 ff.). Schwierige Rechtsfragen stellen sich in diesem Zusammenhang auch mit Blick auf das „*Schicksal*" der Arbeitnehmervertretungen sowie deren Beteiligungsrechte (siehe dazu § 15 und § 16). Schließlich ist zu beachten, dass ein internationaler Unternehmenskauf für die beteiligten Rechtsträger auch in unternehmensmitbestimmungsrechtlicher Hinsicht erhebliche Auswirkungen haben kann (siehe dazu § 16 Rz. 15 ff.). 1

B. Anwendbarkeit des § 613a BGB

2 Im Rahmen eines internationalen Unternehmenskaufs ist es kein seltenes Phänomen, dass ein in Deutschland befindlicher Betrieb aufgrund eines **Asset Deal** an einen ausländischen Erwerber veräußert, und im Zuge dessen ins Ausland verlagert wird. In einer solchen Konstellation stellt sich die Frage, ob es sich bei diesem Vorgang um einen – grenzüberschreitenden – Betriebsübergang handelt, der die Rechtsfolgen des § 613a BGB auslöst. Im Zusammenhang mit einem **Share Deal** stellt sich die Frage nach der Anwendbarkeit des § 613a BGB deshalb nicht, weil in diesem Fall keine sachlichen Betriebsmittel, sondern allein die Anteile an einem Rechtsträger veräußert werden. Weitgehend Einigkeit herrscht darüber, dass für die Anwendung des § 613a BGB das für das jeweilige Arbeitsverhältnis maßgebliche **Vertragsstatut** entscheidend ist. Aus diesem Grund wird die Anwendbarkeit von § 613a BGB ganz überwiegend bejaht, wenn ein in Deutschland gelegener Betrieb i. R. eines Asset Deal ins Ausland verlagert wird;[1] dies gilt auch dann, wenn die Verlagerung in ein Land außerhalb der EU – bspw. die Schweiz – erfolgt. Nur vereinzelt wird dagegen behauptet, dass § 613a BGB in diesen Konstellationen generell nicht anwendbar sei, weil das deutsche Arbeitsrecht an den Grenzen der Bundesrepublik Deutschland „halt mache"[2] bzw. ein Übergang der Arbeitsverhältnisse mit allen Rechten und Pflichten i. S. von § 613a BGB „ins Leere laufen würde".[3]

3 Der im Schrifttum überwiegend vertretenen Auffassung hat sich das BAG in einer Entscheidung vom 26.5.2011 ausdrücklich angeschlossen.[4] Darin bestätigt der 8. Senat, dass § 613a BGB auch in **grenzüberschreitenden Sachverhalten** Anwendung findet. Der im öffentlichen Recht zu beachtende Territorialitätsgrundsatz werde danach im grenzüberschreitenden Zivilrechtsverkehr von den Regelungen des IPR verdrängt. In dem zugrunde liegenden Sachverhalt hatte der Arbeitgeber die in seinem Betrieb in Südbaden genutzten Anlagen, Maschinen und Werkzeuge auf eine Konzerngesellschaft in der Schweiz übertragen. Nach der Verlagerung und dem Wiederaufbau wurden die bislang in Deutschland bearbeiteten Projekte an dem neuen Standort in der Schweiz weitergeführt; die Lieferanten- und Kundenverträge wurden nahtlos von der Schweizer Konzerngesellschaft übernommen. Ein gekündigter Arbeitnehmer hatte unter Hinweis auf das Kündigungsverbot des § 613a Abs. 4 BGB gegen die betriebsbedingte Beendigungskündigung Klage erhoben.

---

1) Vgl. *Wank* in: MünchHdb-ArbR, § 102 Rz. 15; *Feudner*, NZA 1999, 1184, 1186 f.; *Zwanziger* in: Kittner/Däubler/Zwanziger, Kündigungsschutzrecht, § 613a BGB Rz. 22; *Bachner* in: Bachner/Köstler/Matthießen/Trittin, ArbR, S. 337; *Wisskirchen/Goebel*, DB 2004, 1937 f.; *Cohnen* in: FS ARGE, S. 595, 599; *Däubler*, NJW 2005, 30, 31.
2) So *Loritz*, RdA 1987, 65.
3) So *Junker*, Int. Arbeitsrecht, S. 239.
4) BAG, NZA 2011, 1143, 1147.

Das BAG bestätigt, dass § 613a BGB auch für eine Betriebsverlagerung ins Aus- **4**
land anwendbar ist. Der Geltungsbereich des § 613a BGB ist nicht auf das Gebiet der Bundesrepublik beschränkt. Welches Gesetzesrecht auf einen Privatrechtssachverhalt anzuwenden ist, so der 8. Senat in seiner Begründung, bestimmt sich gemäß den Regeln des internationalen Privatrechts nach den Regelungen desjenigen Staates, dessen Gericht zur Entscheidung angerufen wird. Dies sind grundsätzlich die Bestimmungen der Rom I-VO. Nach Art. 28 Rom I-VO finden aber die Regelungen des EGBGB, insbesondere die das Arbeitsrecht betreffenden Bestimmungen der Art. 27 ff. EGBGB, auf solche Vertragsverhältnisse weiterhin Anwendung, die vor dem 17.12.2009 begründet worden sind. Da die Parteien in dem zugrunde liegenden Fall keine ausdrückliche oder stillschweigende Rechtswahl getroffen hatten, war das anzuwendende Recht nach den Anknüpfungskriterien des Art. 30 Abs. 2 EGBGB zu bestimmen mit der Folge, dass § 613a BGB Anwendung fand. Soweit darauf hingewiesen wird, dass ein ausländischer Betriebserwerber infolge einer grenzüberschreitenden Betriebsverlagerung nicht zur Anwendung deutschen Rechts gezwungen werden könne, dürfe – so der 8. Senat weiter – die Frage der Anwendbarkeit einer Norm nicht mit deren Frage nach deren Durchsetzbarkeit im Ausland vermengt werden.[5]

Auf das für den zugrunde liegenden Kaufvertrag maßgebliche Recht kommt es **5**
hingegen für die Anwendbarkeit des § 613a BGB nicht an.[6] Demgegenüber besteht Einigkeit dahingehend, dass in der *„umgekehrten"* Variante – also eine Betriebsverlagerung aus dem Ausland nach Deutschland – die Anwendbarkeit von § 613a BGB regelmäßig ausscheidet.[7]

C. Vorliegen eines grenzüberschreitenden Betriebsübergangs

Die Frage, ob bei einem grenzüberschreitenden Sachverhalt ein Betriebsüber- **6**
gang i. S. von § 613a BGB vorliegt, beantwortet sich nach denselben Kriterien wie bei einem rein *„innerstaatlichen"* Betriebsübergang.[8] Da ein grenzüberschreitender Betriebsübergang stets mit der Aufgabe des bisherigen Standorts verbunden ist, stellt sich regelmäßig die Frage nach der Abgrenzung zu einer Betriebsstilllegung, die einen Betriebsübergang begrifflich von vornherein ausschließen würde. Darüber hinaus kann das Vorliegen eines Betriebs(teil)übergangs dann zweifelhaft sein, wenn der ausländische Betriebserwerber – wie im Regelfall – die bisherigen Organisationsstrukturen nicht unverändert weiter-

---

[5] BAG, NZA 2011, 1143, 1146; *Wank*: in: MünchHdb-ArbR, § 103 Rz. 60; vgl. hierzu auch bereits BAG, NZA 2003, 93; BAG, Urt. v. 25.5.2000 – 8 AZR 335/99, n. v., BeckRS 2009, 67931.
[6] Vgl. *Wank* in: MünchHdb-ArbR, § 103 Rz. 60; *Gamillscheg*, ZfA 1983, 307, 359.
[7] Vgl. dazu insgesamt *Willemsen* in: Willemsen/Hohenstatt/Schweibert/Seibt, Umstrukturierung, G. Rz. 46a.
[8] Vgl. dazu im Einzelnen *Willemsen* in: Willemsen/Hohenstatt/Schweibert/Seibt, Umstrukturierung, G. Rz. 46a.

nutzt, sondern die übernommenen Betriebsmittel in eine bereits im Ausland bestehende Organisationseinheit integriert.

I. Abgrenzung zu einer Betriebsstilllegung

7 Abzugrenzen von einem grenzüberschreitenden Betriebsübergang (und einer damit einhergehenden Betriebsverlagerung) ist die Fallgestaltung einer Betriebsstilllegung. Betriebsübergang und Betriebsstilllegung schließen sich gegenseitig aus.[9] Beruft sich ein Arbeitnehmer i. R. eines Kündigungsschutzprozesses darauf, der Betrieb sei vom bisherigen Arbeitgeber nicht stillgelegt, sondern statt dessen gemäß § 613a BGB auf einen neuen Inhaber übertragen worden, so muss der Arbeitgeber, der eine Kündigung wegen beabsichtigter Stilllegung ausgesprochen hat, ausschließen, dass es sich bei der von ihm behaupteten Stilllegung nicht in Wirklichkeit um eine Betriebsveräußerung handelt. Die Abgrenzungsfrage ist unter Anwendung des vom EuGH[10] entwickelten **Sieben-Punkte-Katalogs** zu beantworten.[11]

8 In diesem Zusammenhang kommt es insbesondere darauf an, ob aufgrund der „Art des bisherigen Betriebs" die **Identität der wirtschaftlichen Einheit** nach einer Verlagerung ins Ausland gewahrt worden ist. Möglich erscheint dies insbesondere bei Produktionsbetrieben, die nicht zwingend an einen bestimmten Standort gebunden sind. So ist bspw. von einem Betriebsübergang auszugehen, wenn die materiellen Betriebsmittel von dem ausländischen Erwerber (bei dem es zuvor keine entsprechende Tätigkeit gab) übernommen und die laufenden Projekte übertragen werden, die Kundschaft komplett übergeht und alle wesentlichen Verträge und Lieferanten übernommen werden sowie die gesamte Fertigungslinie ohne nennenswerte Unterbrechung – gewissermaßen eins zu eins – fortgeführt wird. Der Annahme eines Betriebsübergang würde es in dem geschilderten Beispielsfall auch dann nicht entgegenstehen, wenn die Betriebsparteien zuvor einen Interessenausgleich und Sozialplan in Bezug auf eine – vermeintliche – Betriebsstilllegung abgeschlossen hätten und die Belegschaft aufgrund dessen entlassen worden wäre. Die Anwendbarkeit des § 613a BGB kann auf diese Weise nicht ausgeschlossen werden. Die gleichwohl ausgesprochenen Kündigungen könnten vielmehr i. R. eines Kündigungsschutzverfahrens unter Hinweis auf § 613a Abs. 4 BGB mit hinreichenden Erfolgsaussichten angegriffen werden. Demgegenüber wird man einen Betriebsübergang ablehnen und eine Betriebsstilllegung annehmen müssen, wenn im Ausland bspw. mit einem

---

9) BAG, NJW 1997, 3188; *Willemsen* in: Willemsen/Hohenstatt/Schweibert/Seibt, Umstrukturierung, G. Rz. 46a m. w. N.
10) EuGH, Rs. C-13/95, *Ayse Süzen*, Slg 1997, I-1259-1277 = NJW 1997, 2039 = AP Nr. 14 zu RL 77/187/EWG; ihm folgend BAG, NJW 1997, 3188.
11) Vgl. dazu ausführlich *Willemsen* in: Henssler/Willemsen/Kalb, ArbR, § 613a BGB Rz. 93 ff.; *Müller-Glöge*, NZA 1999, 449, 450.

neuen Maschinenpark die Produktion unter Anwendung des bisherigen Knowhows zwar fortgesetzt wird, aber keinerlei Maschinen oder Produktionsanlagen von dem Veräußerer übernommen werden.[12]

II. Grenzüberschreitender Betriebs(teil)übergang trotz „identitätszerstörender Eingliederung"

Im Rahmen von grenzüberschreitenden Betriebsverlagerungen ist es nicht selten der Fall, dass bestehende Abteilungen nicht unter vollständiger Wahrung ihrer bisherigen Identität im Ausland weiterbetrieben, sondern in eine bereits bestehende Organisationsstruktur beim ausländischen Erwerber integriert werden. Bislang entsprach es der ständigen Rechtsprechung des BAG, dass ein Betriebs(teil)übergang gemäß § 613a BGB nicht vorliegt, wenn der Betrieb(steil) vollständig in die Organisationsstruktur eines anderen Unternehmens **eingegliedert** wird oder die bisherigen Tätigkeiten in einer deutlich größeren Organisationsstruktur durchgeführt werden.[13] Mit Urteil vom 12.2.2009 („*Klarenberg*") hat der EuGH indes entschieden, dass eine Anwendbarkeit des § 613a BGB nicht allein deshalb ausgeschlossen ist, weil sich der Erwerber entschließt, den erworbenen Betriebsteil aufzulösen und in seine eigene Struktur einzugliedern.[14] Ausreichend für eine Identitätswahrung sei vielmehr die **Beibehaltung der funktionellen Verknüpfung** zwischen den übertragenen Produktionsfaktoren, die es dem Erwerber erlaubt, diese Faktoren zu nutzen, um derselben oder einer gleichartigen wirtschaftlichen Tätigkeit nachzugehen. Nach dieser Rechtsprechung liegt ein Betriebs(teil)übergang somit auch dann vor, wenn die Betriebsmittel irgendwie in den Erwerberbetrieb integriert werden, um mit ihrer Hilfe zumindest teilweise identische Betriebszwecke zu verfolgen.[15] Im Fall eines grenzüberschreitenden Betriebsübergangs in die Schweiz hat das BAG in einer solchen Konstellation die Annahme eines Betriebsübergangs wie folgt begründet: 9

> „Entscheidend ist, [...] das der Funktions- und Zweckzusammenhang zwischen den übertragenen materiellen und immateriellen Betriebsmitteln sowie den sonstigen Produktionsfaktoren wie etwa den Kunden- und Lieferantenbeziehungen oder den Fertigungsmethoden, beibehalten wird, und dies dem Erwerber gestattet, die verknüpften Produktionsfaktoren zur Verfolgung einer bestimmten wirtschaftlichen Tätigkeit zu nutzen. Auf die Beibehaltung der bisherigen Organisationsstrukturen kommt es hierbei nicht entscheidend an."[16]

Wie das BAG jedoch mit Urteil vom 19.12.2009[17] entschieden hat, ist ein Betriebs(teil)übergang trotz weitgehend übernommener sachlicher Betriebsmittel 10

---

12) Vgl. dazu auch *Feudner*, NZA 1999, 1184, 1187.
13) BAG, NZA 2004, 316; BAG, NZA 2006, 794; *Willemsen*, NZA 2009, 289, 290.
14) EuGH, Rs. C-466/07, *Klarenberg*, NZA 2009, 251.
15) Hierzu krit. *Willemsen*, NZA 2009, 289, 292.
16) BAG, NZA 2011, 1143, 1146.
17) BAG, DB 2010, 789.

dann nicht anzunehmen, wenn der Betriebserwerber aufgrund eines veränderten Betriebskonzepts diese nur noch teilweise nutzt und er erhebliche Änderungen in der Organisation und der Personalstruktur des Betriebes eingeführt hat, sodass in der Gesamtschau keine Fortführung des bisherigen Betriebs anzunehmen ist.

11 Bei grenzüberschreitenden Betriebsübergängen wird zudem die weitere Frage eingehend zu prüfen sein, ob die betriebliche Identität durch die räumliche Verlagerung zerstört worden ist. Wie das BAG in seiner Entscheidung vom 26.5.2011 ausgeführt hat, kann eine erhebliche räumliche Entfernung zwischen alter und neuer Betriebsstätte die Wahrung der Identität zweifelhaft erscheinen lassen. Bereits in früheren Entscheidungen hat das BAG durchblicken lassen, dass bei einer Entfernung von mehreren hundert Kilometern ein Betriebsübergang regelmäßig ausscheiden wird.[18] Diese Frage kann letztlich nur im Einzelfall entschieden werden. Dabei wird es u. a. auch darauf ankommen, ob infolge der Entfernung und der dadurch verzögerten Wiederinbetriebnahme der operativen Abläufe eine längere Unterbrechung eingetreten und ein vollständiger Austausch von Kunden und Lieferanten erfolgt ist.[19]

D. Rechtsfolgen

12 Von entscheidender Bedeutung ist schließlich die Frage, welchem Vertragsstatut das Arbeitsverhältnis nach dem grenzüberschreitenden Betriebsübergang unterliegt und mit welchem **Inhalt die Arbeitsverhältnisse** auf den neuen Betriebsinhaber übergehen.

13 Im Regelfall wird sich das Arbeitsvertragsstatut eines Arbeitnehmers, in dessen Vertragsverhältnis keine Rechtswahl vereinbart worden ist, bei einem Wechsel von Deutschland in das Ausland infolge eines Betriebsübergangs ändern. Die entgegengesetzte Ansicht, wonach sich das Vertragsstatut infolge eines grenzüberschreitenden Betriebsübergangs nicht verändere[20], ist nicht mit den Bestimmungen des Art. 8 Rom I-VO bzw. Art. 30 Abs. 2 EGBGB vereinbar. Nur in Ausnahmefällen wird danach eine engere Verbindung zum bisherigen Staat – also Deutschland – in Betracht kommen. Damit wird also grundsätzlich das Recht desjenigen Staats zur Anwendung kommen, auf dessen Gebiet der Betriebsübergang erfolgt.[21] Die Änderung des Vertragsstatuts erfolgt indes erst ab dem Zeitpunkt, zu dem das Arbeitsverhältnis nach § 613a Abs. 1 Satz 1 BGB auf den ausländischen Betriebserwerber übergeht. Voraussetzung hierfür ist somit, dass der betreffende Arbeitnehmer dem Übergang seines Arbeitsverhältnisses gemäß § 613a Abs. 6 BGB nicht widerspricht und den Änderungen seiner bisherigen Arbeitsbedingungen, die nicht zuletzt aufgrund des veränderten

---

18) BAG v. 25.5.2000 – 8 AZR 335/99, n. v., BeckRS 2009, 67931.
19) Vgl. dazu auch *Raif/Ginal*, GWR 2013, 217, 218.
20) *Feudner*, NZA 1999, 1184, 1185.
21) BAG, NZA 2011, 1143, 1147.

Arbeitsorts eintreten, ausdrücklich zustimmt. Insbesondere bei grenzüberschreitenden Betriebsübergängen in das Nicht-EU-Ausland besteht somit die Gefahr, dass – entgegen der Anordnung von § 613a BGB – die bisherigen arbeitsvertraglichen Rechte und Pflichten nicht mehr unverändert aufrechterhalten werden können. Sofern indes ein Arbeitnehmer von seinem Widerspruchsrecht gemäß § 613 Abs. 6 BGB Gebrauch macht und ihm im Anschluss daran aufgrund fehlender Weiterbeschäftigungsmöglichkeiten gekündigt wird, beurteilt sich die Wirksamkeit der ausgesprochenen Kündigung weiterhin nach deutschem Recht.[22]

In der Regel werden die Arbeitsverhältnisse in ihrem vom deutschen Arbeitsrecht festgelegten Inhalt auch bereits deshalb nicht unverändert auf einen ausländischen Arbeitgeber übergehen, da einige der bisherigen Regelungen im Ausland grundsätzlich nicht aufrecht erhalten werden können. Denn mit der Verlagerung der Arbeitsverhältnisse ins Ausland kommen automatisch die am neuen Betriebsort kraft Territorialitätsprinzip geltenden ausländischen öffentlich-rechtlichen Bestimmungen zur Anwendung. Zu diesem öffentlich-rechtlichen Bereich gehören insbesondere die lokalen Arbeitsschutznormen, wie z. B. Mutterschutz, Jugendarbeitsschutz, Gefahrenschutz und Arbeitszeitregelungen. Von diesen öffentlich-rechtlichen Bestimmungen sind auch der lokale Kündigungsschutz sowie der gesamte mit dem deutschen BetrVG vergleichbare ausländische Regelungsbereich umfasst.[23] Sofern nach deutschem Recht Sonderkündigungsschutz – z. B. als Betriebsratsmitglied – besteht, geht dieser Schutz infolge des Betriebsübergangs ersatzlos im Ausland unter.[24] Demgegenüber sollen die privatrechtlich begründeten Rechte und Pflichten unverändert fortbestehen. So müsste der ausländische Erwerber z. B. etwaige Pensionsansprüche der Arbeitnehmer erfüllen oder die bislang geltenden Tariflöhne weiterzahlen.[25] 14

Eine Bindung des ausländischen Betriebserwerbers an die bisher anwendbaren **Tarifverträge** gemäß § 3 Abs. 1 TVG würde nach der Betriebsverlegung mangels Tarifgebundenheit nicht mehr bestehen. Deshalb soll in diesem Fall eine Transformation gemäß § 613a Abs. 1 Satz 2 BGB erfolgen. Allerdings soll es grundsätzlich möglich sein, dass die gemäß § 613a Abs. 1 Satz 2 BGB fortgeltenden deutschen Tarifverträge durch die beim Betriebserwerber anwendbaren ausländischen Tarifverträge gemäß § 613a Abs. 1 Satz 3 BGB abgelöst werden, vorausgesetzt, dass sie mit den *„deutschen Tarifnormen gleichwertig sind"*.[26] Ob 15

---

22) BAG, NZA 2011, 1143, 1147; bestätigt durch BAG, DB 2013, 1421 (LS) = BeckRS 2013, 67590.
23) *Feudner*, NZA 1999, 1184; *Richter*, AuR 1992, 65; *Bachner/Köstler/Matthießen/Trittin*, Arbeitsrecht bei Unternehmensumwandlung, S. 337.
24) So auch *Raif/Ginal*, GWR 2013, 217, 218 f.
25) *Feudner*, NZA 1999, 1184.
26) So *Feudner*, NZA 1999, 1184; ähnlich auch *Wisskirchen/Goebel*, DB 2004, 1937, 1938, die eine „funktionelle Entsprechung" verlangen.

dem gefolgt werden kann, erscheint indes fraglich. Eine Ablösung gemäß § 613a Abs. 1 Satz 3 BGB ist nämlich nach der Rechtsprechung des BAG nur dann möglich, wenn hinsichtlich der beim Betriebserwerber geltenden Tarifverträge eine beiderseitige Tarifgebundenheit besteht.[27] Dies würde voraussetzen, dass die Arbeitnehmer des übertragenden Betriebs Mitglied der zuständigen ausländischen Gewerkschaft werden. Da dies allenfalls in Ausnahmekonstellationen der Fall sein wird, bliebe es somit bei einer Fortgeltung der bisherigen tariflichen Regelungen gemäß § 613a Abs. 1 Satz 2 BGB.

16 Im Hinblick auf die bestehenden **Betriebsvereinbarungen** würde eine kollektivrechtliche Bindung des Betriebserwerbers ausscheiden, da ein im Ausland ansässiger Betrieb nicht mehr dem deutschen BetrVG unterfallen würde (sog. *Territorialitätsprinzip*).[28] Dies hat zur Folge, dass das Betriebsratsamt erlischt und somit eine Partei der Betriebsvereinbarung ersatzlos wegfällt. Die Inhalts- und Beendigungsnormen der Betriebsvereinbarung würden folglich als Inhalt des Arbeitsverhältnisses gemäß § 613a Abs. 1 Satz 2 BGB fortgelten.[29] In diesem Zusammenhang stellt sich die Frage, ob der neue Arbeitgeber nach der Betriebsverlegung die Möglichkeit hätte, die Arbeitsverträge einseitig an das neue ausländische privatrechtliche Arbeitsrecht anzupassen. Hierzu wird die Auffassung vertreten, dass der Erwerber zwar an die Beschränkungen des § 613a Abs. 1 Satz 2 BGB gebunden ist. Der Kündigungsschutz hinsichtlich einer Änderungskündigung richtet sich aber nicht mehr nach dem deutschen KSchG, da dieses zu dem öffentlich-rechtlichen Arbeitsrecht gehört, das nach dem Territorialitätsprinzip im Ausland keine Anwendung findet. Auch im Übrigen würde die Belegschaft nach der Betriebsverlegung in **kündigungsschutzrechtlicher Hinsicht** dem Recht des Erwerberlandes unterliegen.[30] § 23 Abs. 1 KSchG erfasst nur Betriebe bzw. Betriebsteile, die in der Bundesrepublik Deutschland liegen.[31] Bilden bspw. zwei Unternehmen nach einem grenzüberschreitenden Betriebsteilübergang einen **Gemeinschaftsbetrieb**, so gilt das KSchG nur in Bezug auf den in Deutschland gelegenen Betriebsteil. Dies setzt indes voraus, dass die deutsche Betriebsstätte den **Schwellenwert** des § 23 Abs. 1 KSchG erreicht.

17 Noch nicht abschließend geklärt ist die Reichweite des **Kündigungsverbots des § 613a Abs. 4 BGB**. Nach den BAG-Entscheidungen vom 26.5.2011[32] und

---

27) BAG, NZA 2001, 1318.
28) *Wisskirchen/Goebel*, DB 2004, 1937, 1938; *Koch* in: ErfKomm, § 1 BetrVG Rz. 5; BAG, NZA 2000, 1119.
29) *Feudner*, NZA 1999, 1184; *Wisskirchen/Goebel*, DB 2004, 1937, 1938; *Raif/Ginal*, GWR 2013, 217, 219.
30) *Kreitner*, Kündigungsrechtliche Probleme beim Betriebsinhaberwechsel, S. 260.
31) BAGE 125, 274 = NZA 2008, 872 = AP Nr. 40 zu § 23 KSchG 1969.
32) BAG, NZA 2011, 1143.

13.12.2012[33] besteht an sich kein Zweifel daran, dass auch das Kündigungsverbot im Fall eines grenzüberschreitenden Betriebsübergangs zu beachten ist.[34] Allerdings hatte das BAG in einem Urteil vom 20.4.1989 gemeint, § 613a Abs. 4 BGB sei in dem Fall restriktiv auszulegen, dass der Betriebsübergang mit einer Betriebsverlagerung verbunden ist und die Fortsetzung des Arbeitsverhältnisses deshalb eine Änderung der bisherigen Arbeitsbedingungen erfordert. Ist mit einer Betriebsveräußerung eine Verlagerung verbunden, sodass die Arbeitsleistung nur mit einer Änderung des Arbeitsvertrags erfolgen kann, dann sei – so das BAG in der Entscheidung vom 20.4.1989 – der leistungsunwillige Arbeitnehmer demjenigen gleichzusetzen, der dem Übergang seines Arbeitsverhältnisses widerspricht. In einem solchen Fall liege keine Umgehung des § 613a Abs. 4 BGB vor. Ob dieser Rechtsprechung weiterhin gefolgt werden kann, erscheint zweifelhaft.[35] Zwar kann der Arbeitgeber im Wege seines Direktionsrechts nicht einseitig vom Arbeitnehmer die Leistungserbringung im Ausland verlangen. In einem solchen Fall wäre aber – ebenso wie bei einer Betriebsverlagerung ohne gleichzeitigem Betriebsübergang – vorrangig eine **Änderungskündigung** auszusprechen, der das Kündigungsverbot gemäß § 613a Abs. 4 BGB nicht entgegensteht. Wie das BAG in einer Entscheidung vom 21.4.2005 festgestellt hat, ist ein Arbeitgeber in diesen Fällen nur dann zum Ausspruch einer Beendigungskündigung berechtigt, wenn der Arbeitnehmer das Änderungsangebot zuvor vorbehaltlos und endgültig abgelehnt hat; ansonsten gilt der Vorrang der Änderungskündigung.[36] Für eine vorbehaltlose und endgültige Ablehnung in diesem Sinne ist erforderlich, dass der Arbeitnehmer bei der Ablehnung des Änderungsangebots unmissverständlich zu erkennen gibt, dass er unter keinen Umständen bereit ist, zu den geänderten Arbeitsbedingungen – auch nicht unter dem Vorbehalt ihrer sozialen Rechtfertigung – zu arbeiten.

E. Unterrichtungspflicht und Widerspruchsrecht

Die vollständige und zutreffende Unterrichtung der von dem Betriebs(teil)- 18
übergang betroffenen Arbeitnehmer gemäß § 613a Abs. 5 BGB stellt bei einem grenzüberschreitenden Sachverhalt eine **besondere Herausforderung** dar. Wie das BAG klargestellt hat, dürfen die Hinweise auf die Rechtsfolgen eines Betriebsübergangs keine juristischen Fehler enthalten. Ebenso wenig genügt es, wenn die Unterrichtung nur „*im Kern*" zutreffend ist. Immerhin soll aber bei rechtlich komplexen Fragestellungen eine juristisch vertretbare Darstellung genügen.[37] Gleichwohl wird es bei grenzüberschreitenden Betriebsübergängen

---

33) BAG, DB 2013, 1421 (LS) = BeckRS 2013, 67590.
34) So auch bereits *Richter*, AuR 1992, 65.
35) BAG, NZA 1990, 32; krit. dazu *Wisskirchen/Goebel*, DB 2004, 1937, 1939; *Cohnen* in: FS ARGE, S. 595, 610.
36) BAG, NZA 2005, 1289.
37) BAG, NZA 2008, 1354; *Preis* in: ErfKomm, § 613a BGB Rz. 85.

nahezu ein unmöglichen Unterfangen sein, ein inhaltlich vollständiges und zutreffendes Unterrichtungsschreiben zu erstellen.

19 Fehler bzw. Auslassungen im Unterrichtungsschreiben haben zur Folge, dass die einmonatige Frist zur Ausübung des Widerspruchsrechts gemäß § 613a Abs. 6 BGB nicht zu laufen beginnt. Dies kann im Einzelfall dazu führen, dass Arbeitnehmer ihr Widerspruchsrecht ggf. noch Jahre nach dem Betriebsübergang geltend machen und eine Beschäftigung beim Betriebsveräußerer verlangen. Hierzu sehen sich Arbeitnehmer insbesondere dann veranlasst, wenn der neue Arbeitgeber in wirtschaftliche Schwierigkeiten gerät und ihr Arbeitsplatz infolgedessen gefährdet ist. In dieser Konstellation kommt zwar eine **Verwirkung des Widerspruchsrechts** in Betracht. Neben dem Zeit- muss allerdings auch das für die Verwirkung erforderliche Umstandsmoment vorliegen, an dessen Voraussetzungen hohe Anforderungen gestellt werden. So lässt das BAG eine bloße Weiterarbeit beim Betriebserwerber nicht genügen; erforderlich ist hierfür vielmehr eine Disposition über den Bestand des Arbeitsverhältnisses, infolge derer entweder das Arbeitsverhältnis beendet wird (z. B. Abschluss eines Aufhebungsvertrags, widerspruchslose Hinnahme einer Kündigung) oder das Arbeitsverhältnis auf eine völlig neue Grundlage gestellt wird (z. B. Abschluss eines Altersteilzeitvertrags). Allein die widerspruchslose Fortsetzung des Arbeitsverhältnisses führt nicht zu einer Verwirkung des Widerspruchsrechts.[38] Um also einen nachträglichen Widerspruch möglichst zu vermeiden, wird es sich daher regelmäßig empfehlen, mit den übergehenden Arbeitnehmer zeitnah nach dem Betriebsübergang einen neuen Arbeitsvertrag mit dem Erwerber abzuschließen, in dem dann auch geregelt wird, welche Arbeitsbedingungen unter Zugrundelegung des neuen Arbeitsvertragsstatuts gelten.

20 Die Erklärung eines Widerspruchs wirkt auf den Zeitpunkt des Übergangs zurück, sodass das Arbeitsverhältnis ununterbrochen mit dem Veräußerer fortbestanden hat. Damit haftet allein der Betriebsveräußerer für sämtliche Verpflichtungen (z. B. Pensionsansprüche) aus dem Arbeitsverhältnis. Außerdem ist er in der Regel nach der Betriebsveräußerung nicht mehr in der Lage, die widersprechenden Arbeitnehmer weiterzubeschäftigen, sodass er zum Ausspruch betriebsbedingter Kündigungen gezwungen ist, was mit entsprechenden Sozialplanleistungen (insbesondere Abfindungen) verbunden ist. Vor diesem Hintergrund ist es von besonderer Bedeutung, in dem zugrunde liegenden **Unternehmenskaufvertrag** zu regeln, welche Partei für die Folgen eines unwirksamen Unterrichtungsschreibens haftet. In der Praxis empfiehlt es sich danach zu differenzieren, ob die unzutreffende bzw. fehlende Angabe im Unterrichtungsschreiben aus der Sphäre des Betriebsveräußerers oder -erwerbers stammt. Darüber hinaus sollte in dem Unternehmenskaufvertrag eine Regelung dahingehend getroffen werden, dass im Fall eines wirksamen nachträglichen Wider-

---

[38] BAG, NZA 2010, 89, 94 f.

spruchs die an den Erwerber gezahlten Ausgleichsleistungen für die Verbindlichkeiten aus der betrieblichen Altersversorgung an den Veräußerer zurückgezahlt werden, und zwar unabhängig davon, aus welchem Grund sich das Unterrichtungsschreiben als unwirksam erweist.

Widerspricht ein Arbeitnehmer wirksam dem Übergang seines Arbeitsverhältnisses gemäß § 613a Abs. 6 BGB, verbleibt sein Arbeitsverhältnis (zunächst) weiterhin bei dem Betriebsveräußerer. Dieser hat jedoch die Möglichkeit, das Arbeitsverhältnis aus betriebsbedingten Gründen zu kündigen, was im Fall eines Betriebsübergangs mangels vergleichbarer Arbeitnehmer auch ohne Durchführung einer Sozialauswahl gemäß § 1 Abs. 3 KSchG möglich ist; vor Ausspruch einer betriebsbedingten Kündigung wäre allein zu prüfen, ob in anderen Betrieben des Unternehmens anderweitige Beschäftigungsmöglichkeiten auf freien und geeigneten Arbeitsplätzen – ggf. zu geänderten Arbeitsbedingungen – bestehen.[39] 21

Widerspricht der Arbeitnehmer hingegen i. R. eines Betriebs*teil*übergangs dem Übergang seines Arbeitsverhältnisses, wäre vor Ausspruch einer betriebsbedingten Kündigung grundsätzlich eine Sozialauswahl mit den – verbliebenen – vergleichbaren Arbeitnehmern durchzuführen. Entgegen der früheren Rechtsprechung des BAG[40] spielt der **Grund für den Widerspruch** bei der Abwägung der sozialen Auswahlkriterien keine Rolle mehr; die in § 1 Abs. 3 KSchG genannten Sozialauswahlkriterien (Alter, Betriebszugehörigkeit, Unterhaltsverpflichtungen, Schwerbehinderung) sind abschließend.[41] Bedeutung kann der Grund des Widerspruchs indes nach wie vor für die Frage erlangen, ob dem Arbeitnehmer Ansprüche aus einem Sozialplan zustehen; darin ist nämlich oftmals geregelt, dass gekündigten Arbeitnehmern keine Sozialplanleistungen zustehen, wenn sie dem Übergang ihres Arbeitsverhältnisses ohne sachlichen Grund widersprochen haben. In der Praxis dürfte allerdings bereits die räumliche Entfernung sowie das Herausfallen aus dem Anwendungsbereich des KSchG infolge des grenzüberschreitenden Betriebsübergangs einen sachlichen Grund für einen Widerspruch darstellen. 22

---

39) Vgl. dazu *Oetker* in: ErfKomm, § 1 KSchG Rz. 379 ff.
40) BAG, NZA 1999, 870.
41) BAG, NZA 2008, 33.

§ 15 Auswirkungen auf inländische Arbeitnehmervertretungen

Übersicht

A. Einleitung 1
B. Konzernbetriebsrat 2
C. Gesamtbetriebsrat 4
D. Sonstige Arbeitnehmervertretungen 6

Literatur: Siehe auch die Übersicht zu § 14. *Dzida/Hohenstatt*, Errichtung und Zusammensetzung eines Konzernbetriebsrats bei ausländischer Konzernspitze, NZA 2007, 945; *Hohenstatt*, Der Europäische Betriebsrat und seine Alternativen, EuZW 1995, 169; *Röder/Powietzka*, Gesamt- und Konzernbetriebsräte in internationalen Konzernunternehmen, DB 2004, 542; *Schwab*, Der Gesamtbetriebsrat – Rechtsstatus und Kompetenz, NZA-RR 2007, 505; *Thüsing/Forst*, Europäische Betriebsräte-Richtlinie: Neuerungen und Umsetzungserfordernisse, NZA 2009, 408; *Wisskirchen/Goebel*, Arbeitsrechtliche Aspekte der Verlagerung von Arbeitsplätzen ins Ausland (Off-Shoring), DB 2004, 1937.

A. Einleitung

Ein internationaler Unternehmenskauf kann erhebliche Auswirkungen auf die bei den beteiligten Rechtsträgern gebildeten Arbeitnehmervertretungen haben. Dies gilt insbesondere in Bezug auf einen im Inland errichteten Konzern- oder Gesamtbetriebsrat. 1

B. Konzernbetriebsrat

Wird eine inländische Unternehmensgruppe, bei deren Obergesellschaft ein **Konzernbetriebsrat** gemäß § 54 BetrVG gebildet ist, durch einen ausländischen Erwerber übernommen, stellt sich die Frage nach dem weiteren „*Schicksal*" dieses Konzernbetriebsrats. Einigkeit besteht dahingehend, dass ein Konzernbetriebsrat erlischt, sobald die Voraussetzungen für das Bestehen eines Konzerns nicht mehr vorliegen.[1] Wie das BAG zuletzt in einem Beschluss vom 14.2.2007 entschieden hat, kann ein Konzernbetriebsrat gemäß § 54 BetrVG nur dann gebildet werden, wenn das herrschende Unternehmen seinen **Sitz im Inland** hat oder über eine im Inland ansässige **Teilkonzernspitze** (sog. *Konzern im Konzern*) verfügt. Im Fall der Übernahme durch einen Erwerber mit Sitz im Ausland kommt es somit darauf an, ob die deutsche Zwischenholding die Funktion einer Teilkonzernspitze ausübt. Dies ist dann der Fall, wenn ihr wesentliche Leitungsaufgaben in personellen, wirtschaftlichen und sozialen Angelegenheiten im Hinblick auf die ihr unterstehenden deutschen Tochtergesellschaften verbleiben. Entscheidend ist nämlich, dass bei fehlender inländischer Leitungsmacht der Konzernbetriebsrat im Inland keinen Ansprechpartner auf Arbeitgeberseite hat und er seine Beteiligungsrechte gegenüber einer im Ausland ansässigen, dem 2

---

1) *Annuß* in: Richardi, BetrVG, § 54 Rz. 49; *Fitting u. a.*, BetrVG, § 57 Rz. 5.

territorialen Geltungsbereich des BetrVG nicht unterfallenden Konzernobergesellschaft nicht durchsetzen kann; ein solcher Konzernbetriebsrat wäre funktionslos.[2]

3 Eine **Teilkonzernspitze** liegt dann nicht vor, wenn zwischen den deutschen Tochtergesellschaften und dem ausländischen Erwerber **Beherrschungsverträge** abgeschlossen werden. Auf diese Weise wird nämlich die durch §§ 16 Abs. 1, 17 Abs. 2, 18 Abs. 1 AktG vermittelte Konzernvermutung widerlegt. Damit verlieren zugleich auch die auf Ebene der deutschen Tochtergesellschaft gebildeten (Gesamt-)Betriebsräte ihr Entsendungsrecht in den bei der deutschen Zwischenholding gebildeten Konzernbetriebsrat.[3] Übernimmt dagegen eine deutsche Unternehmensgruppe mehrheitlich Unternehmen im Ausland, bleibt der Konzernbetriebsrat unverändert im Amt. Die Arbeitnehmervertreter bei den **ausländischen Tochtergesellschaften** nehmen nicht an der Bildung des Konzernbetriebsrats für das im Inland liegende herrschende Unternehmen teil; ihnen steht insoweit auch kein Entsendungsrecht zu.[4]

C. Gesamtbetriebsrat

4 Vergleichbare Fragestellungen ergeben sich, wenn ein ausländisches Unternehmen im Wege eines **Asset Deal** sämtliche Betriebe einer im Inland liegenden Gesellschaft erwirbt, bei der (bislang) ein **Gesamtbetriebsrat** i. S. von § 47 BetrVG errichtet ist. In dieser Fallkonstellation kommt die überwiegende Auffassung im Schrifttum zu dem Ergebnis, dass der Gesamtbetriebsrat fortbesteht, da die Bildung eines Gesamtbetriebsrats nicht voraussetzt, dass der Sitz des Unternehmens im Inland liegt.[5] Diese Sicht der Dinge wird indes zu Recht zunehmend in Frage gestellt. Hinzukommen muss nämlich eine im Inland bestehende **überbetriebliche Organisation**, die für den Gesamtbetriebsrat als betriebsübergreifender Ansprechpartner fungieren kann.[6] Dies wäre bspw. dann der Fall, wenn das ausländische Unternehmen eine zentrale Direktion in Deutschland hat, die die typischen Arbeitgeberfunktionen wahrnimmt und die von der ausländischen Zentrale getroffenen Unternehmerentscheidungen in Deutschland umsetzt. In einem solchen Fall liegen nach der Rechtsprechung des BAG auch weiterhin

---

2) BAG, NZA 2007, 999.
3) Vgl. dazu i. E. *Dzida/Hohenstatt*, NZA 2007, 945.
4) *Fitting u. a.*, BetrVG, § 54 Rz. 37; *Annuß* in: Richardi, BetrVG, § 54 Rz. 34; *Kreuz* in: GK, § 54 BetrVG Rz. 42; *Glock* in: Hess/Schlochauer/Worzalla/Glock/Nicolai/*Rose*, § 54 BetrVG Rz. 21; a. A. *Trittin* in: Däubler/Kittner/Klebe/Wedde, § 54 BetrVG Rz. 33.
5) *Fitting u. a.*, § 47 BetrVG Rz. 23; *Glock* in: Hess/Schlochauer/Worzalla/Glock/Nicolai/*Rose*, BetrVG, § 47 Rz. 15; *Kreuz* in: GK, § 47 BetrVG Rz. 9; *Koch* in: ErfKomm, § 47 BetrVG Rz. 5; *Schwab*, NZA-RR 2007, 505.
6) *Hohenstatt/Dzida* in: Henssler/Willemsen/Kalb, ArbR, § 47 BetrVG Rz. 4; *Annuß* in: Richardi, lai, BetrVG, § 47 Rz. 21; *Hohenstatt* in: Willemsen/Hohenstatt/Schweibert/Seibt, Umstrukturierung, D. Rz. 148; *Röder/Powietzka*, DB 2004, 542, 544.

die Voraussetzungen für die Bildung eines **Wirtschaftsausschusses** i. S. von
§ 106 BetrVG vor.[7)]

Ein Fortbestand des Gesamtbetriebsrats kommt schließlich nur dann in Betracht, wenn der ausländische Erwerber **sämtliche Betriebe** der deutschen Gesellschaft übernimmt und er bisher nicht über eigene Betriebe verfügt.[8)] So hat das BAG in einer Entscheidung vom 5.6.2002 den Fortbestand des Gesamtbetriebsrats abgelehnt, da der Erwerber nicht sämtliche, sondern *„nur"* die ganz überwiegende Anzahl der Betriebe und Arbeitnehmer übernommen hat.[9)]   5

D. Sonstige Arbeitnehmervertretungen

Auf die im Inland gebildeten **örtlichen Betriebsräte** hat der bloße Erwerb durch eine ausländische Gesellschaft keine Auswirkungen. Anknüpfungspunkt für den räumlichen Geltungsbereich des BetrVG ist nämlich der Betrieb, nicht das Unternehmen. Liegt somit der Betrieb in der Bundesrepublik, ist das BetrVG nach dem Territorialitätsprinzip auch dann anzuwenden, wenn es sich hierbei um einen ausländischen Rechtsträger handelt. Andererseits ist das BetrVG nicht anzuwenden auf die im Ausland gelegenen Betriebe bzw. Betriebsteile deutscher Unternehmen.[10)] Wird der gesamte Betrieb im Zuge des Unternehmenskaufs ins Ausland verlagert (z. B. aufgrund eines grenzüberschreitenden Betriebsübergangs), fällt der Betrieb zugleich aus dem Geltungsbereich des BetrVG heraus mit der Folge, dass dann auch das Amt des örtlichen Betriebsrats erlischt.[11)]   6

Hat ein internationaler Unternehmenskauf zur Folge, dass – z. B. infolge einer Verlagerung von Betriebsstätten ins Ausland – bei dem Unternehmen in der Bundesrepublik Deutschland weniger als 100 Arbeitnehmer beschäftigt werden und damit der maßgebliche Schwellenwert des § 106 Abs. 1 BetrVG unterschritten wird, stellt sich die Frage nach dem *„Schicksal"* des auf Unternehmensebene gebildeten **Wirtschaftsausschusses**. Unter Zugrundelegung der Rechtsprechung des BAG endet in diesem Fall die Amtszeit der Mitglieder des Wirtschaftsausschusses, weil die Belegschaftsstärke des Unternehmens nicht nur vorübergehend auf weniger als 101 ständig beschäftigte Arbeitnehmer absinkt. Dies gilt auch dann, wenn die Amtszeit des Betriebsrats, der den Wirtschaftsausschuss   7

---

7) Vgl. BAGE 26, 286 = AP Nr. 1 zu § 106 BetrVG 1972; *Willemsen/Lembke* in: Henssler/Willemsen/Kalb, ArbR, § 106 BetrVG Rz. 26.
8) *Hohenstatt/Dzida* in: Henssler/Willemsen/Kalb, ArbR, § 47 BetrVG Rz. 8.
9) BAGE 101, 273 = NZA 2003, 336 = AP Nr. 11 zu § 47 BetrVG 1972.
10) *Fitting u. a.*, lai, BetrVG, § 1 Rz. 12 ff.; BAG, DB 1986, 331 = AP Nr. 3 zu § 117 BetrVG 1972.
11) *Wisskirchen/Goebel*, DB 2004, 1937, 1939.

bestellt hat, noch nicht beendet ist.[12] Entsprechendes gilt, wenn der ins Ausland verlagerte Betriebsteil weiterhin zu demselben Unternehmen gehört. Die Arbeitnehmer in ausländischen Betrieben werden nämlich nicht bei der Ermittlung des Schwellenwerts mitgezählt.[13]

8 In Bezug auf einen **Europäischen Betriebsrat** kann ein internationaler Unternehmenskauf dazu führen, dass anstelle des Europäischen Betriebsräte-Gesetzes (EBRG) das entsprechende Gesetz eines anderen Mitgliedstaats Anwendung findet.[14] Bei einem einzelnen Unternehmen, das die Voraussetzungen gemäß § 3 Abs. 1 EBRG erfüllt, kommt es zu einem solchen Wechsel etwa dann, wenn es von einem anderen Unternehmen erworben wird, dessen zentrale Leitung in einem anderen Mitgliedstaat liegt. Hat der Unternehmenskauf eine *„wesentliche strukturelle Veränderung"* zur Folge, so werden nach Maßgabe der Neufassung der Richtlinie 94/45/EG über Europäische Betriebsräte Neuverhandlungen über eine Vereinbarung zur grenzüberschreitenden Unterrichtung oder Anhörung erforderlich, falls dies die Unternehmensleitung oder mindestens 100 Arbeitnehmer bzw. deren Vertreter in mindestens zwei Unternehmen oder Betrieben in mindestens zwei verschiedenen Mitgliedstaaten verlangen. Diese Pflicht zur Neuverhandlung soll sicherstellen, dass auch nach einer Veränderung der Unternehmensstruktur (z. B. Verschmelzung, Spaltung oder Erwerb von Unternehmen) eine angemessene Repräsentation aller Arbeitnehmer sichergestellt ist.[15] Sinkt aufgrund eines Unternehmensverkaufs die Anzahl der innerhalb der Mitgliedstaaten der Europäischen Union beschäftigten Arbeitnehmer unter den Schwellenwert von 1 000 (vgl. § 3 Abs. 1 EBRG), führt dies zum Wegfall des Europäischen Betriebsrats.

---

12) BAG, NZA 2005, 311; a. A. *Däubler* in: Däubler/Kittner/Klebe/Wedde, BetrVG, § 106 Rz. 13a, wonach der Wirtschaftsausschuss solange im Amt bleibt, wie der ihn bildende Betriebsrat bzw. Gesamtbetriebsrat weiter seine Funktion ausübt.
13) *Kania* in: ErfKomm, § 106 BetrVG Rz. 2; *Fitting u. a.*, BetrVG, § 106 Rz. 14; a. A. *Däubler* in: Däubler/Kittner/Klebe/Wedde, BetrVG, § 106 Rz. 23.
14) *Hohenstatt*, EuZW 1995, 169, 179.
15) Vgl. dazu *Thüsing/Forst*, NZA 2009, 408.

§ 16 Beteiligungsrechte der Arbeitnehmervertretungen und Auswirkungen auf Unternehmensmitbestimmung

Übersicht

A. Mitbestimmungsrechte des Betriebsrats (§§ 111 ff. BetrVG) 1
B. Unterrichtung des Wirtschaftsausschusses (§§ 106, 109a BetrVG) 6
C. Auswirkungen auf die Unternehmensmitbestimmung 15

Literatur: Siehe auch die Übersicht zu § 14. *Diller/Powietzka*, Informationsrechte des Betriebsrats im (internationalen) Konzern, DB 2001, 1034; *Hanau*, Sicherung unternehmerischer Mitbestimmung, insbesondere durch Vereinbarung, ZGR 2001, 75; *Hohenstatt/Schramm*, Arbeitsrechtliche Angaben im Umwandlungsvertrag – eine Bestandsaufnahme, in: Festschrift ARGE Arbeitsrecht im Deutschen Anwaltverein, 2005, S. 629; *Löw*, Arbeitsrechtliche Regeln im Risikobegrenzungsgesetz, DB 2008, 758; *Löwisch*, Beschäftigungssicherung als Gegenstand betrieblicher und tariflicher Regelungen und von Arbeitskämpfen, DB 2005, 554; *Röder/Göpfert*, Unterrichtung des Wirtschaftsausschusses bei Unternehmenskauf und Umwandlung, BB 1997, 2105; *Schupp*, Mitbestimmungsbeibehaltung bei Veränderung der Unternehmensstruktur, 2001; *Simon/Dobel*, Das Risikobegrenzungsgesetz – neue Unterrichtungspflichten bei Unternehmensübernahmen, BB 2008, 1955; *Ulmer/Habersack/Henssler*, Mitbestimmungsrecht, Kommentar, 2. Aufl., 2006.

A. Mitbestimmungsrechte des Betriebsrats (§§ 111 ff. BetrVG)

Mitbestimmungsrechte des Betriebsrats gemäß § 111 ff. BetrVG werden im Zuge 1
eines internationalen Unternehmenskaufs nur dann ausgelöst, wenn in diesem Zusammenhang Strukturveränderungen auf betrieblicher Ebene – mithin **Betriebsänderungen** i. S. von § 111 Satz 3 BetrVG – geplant bzw. umgesetzt werden. Derlei Restrukturierungsmaßnahmen sind sowohl im Zusammenhang mit einem Asset Deal (z. B. beim grenzüberschreitenden Betriebsübergang) als auch einem Share Deal möglich. Der Betriebsrat hat jedoch keine Möglichkeit, die Umsetzung der unternehmerischen Entscheidung i. R. des Interessenausgleichs- und Sozialplanverhandlungen zu verhindern. Ebenso ist es Gewerkschaften verwehrt, Betriebsschließungen oder -verlagerungen unter Einsatz von Arbeitskämpfen zu verhindern.[1] Die Verhandlungen mit dem Betriebsrat sind jedoch regelmäßig mit einem erheblichen Zeitaufwand verbunden. Vor Abschluss der Interessenausgleichsverhandlungen ist der Arbeitgeber nicht berechtigt, einseitig mit der Umsetzung der betrieblichen Maßnahmen zu beginnen.

Umstritten ist, ob der Betriebsrat zur Sicherung seiner Mitwirkungsrechte dem 2
Arbeitgeber durch einstweilige Verfügung untersagen kann, eine betriebliche Restrukturierung durchzuführen.[2] Sofern sich die Strukturveränderungen jedoch allein auf der gesellschaftsrechtlichen Ebene erschöpfen (z. B. Übertra-

---

1) *Hohenstatt/Schramm*, DB 2004, 2214; *Löwisch*, DB 2005, 554, 558.
2) Vgl. die Übersicht zum Meinungsstand bei *Kania* in: ErfKomm, § 111 BetrVG Rz. 27.

gung der Anteile an einer deutschen Gesellschaft auf einen ausländischen Erwerber), werden keine Beteiligungsrechte gemäß §§ 111 ff. BetrVG ausgelöst. Gleiches gilt, wenn der Betrieb gemäß § 613a BGB ohne jegliche betriebliche Strukturveränderungen – also ohne Verlagerung ins Ausland – an einen ausländischen Erwerber veräußert wird. Insofern bestehen im Vergleich zu rein innerstaatlichen Unternehmenskäufen keine Unterschiede.

3 Besondere Probleme können jedoch dann auftreten, wenn der **ausländische Erwerber** – z. B. aufgrund einer globalen strategischen Entscheidung – die lokale Geschäftsleitung anweist, Restrukturierungsmaßnahmen auf betrieblicher Ebene umzusetzen. In diesem Fall steht zwar außer Frage, dass mit dem zuständigen Betriebsrat – sofern der Schwellenwert von 20 Arbeitnehmern erreicht ist – Verhandlungen über Abschluss eines Interessenausgleichs und Sozialplans zu führen sind. Es stellt sich jedoch die Frage, wem in diesem Fall die Unterrichtungs- und Beratungsverpflichtungen gemäß § 111 BetrVG obliegen. In der Praxis kommt es nicht selten vor, dass Betriebsräte Informationsansprüche direkt gegen die **ausländische Konzernobergesellschaft** geltend machen. Zu Unrecht, denn die Unterrichtungs- und Beratungsrechte richten sich stets gegen den Arbeitgeber. Dies gilt auch dann, wenn die Betriebsänderung durch den Gesellschafter oder eine andere Konzernobergesellschaft geplant und beschlossen wird und diese den Arbeitgeber anweist, das unternehmerische Konzept umzusetzen.[3] Eine nach einem entsprechenden Beschluss der Gesellschafterversammlung erfolgte Beteiligung des Betriebsrats durch den Arbeitgeber ist auch rechtzeitig i. S. von § 111 Abs. 1 Satz 1 BetrVG.[4] Eine vorherige Unterrichtungspflicht seitens der Gesellschafterin oder einer anderen Konzernobergesellschaft besteht nicht.[5]

4 Auch wenn die Planung einer Betriebsänderung durch eine (ausländische) Konzernobergesellschaft erfolgt, kann sich der Arbeitgeber im Hinblick auf seine Unterrichtungspflichten nicht hinter der Konzernobergesellschaft „verstecken".[6] Ein **Beschaffungsanspruch des Betriebsrats** gegen den Arbeitgeber, diesen zu verpflichten seinerseits die Konzernobergesellschaft gerichtlich zur Herausgabe von Informationen zu zwingen, besteht jedoch nicht. Nach den allgemeinen Grundsätzen des Betriebsverfassungsrechts ist der Arbeitgeber prinzipiell nur verpflichtet, Informationen weiterzuleiten, die ihm selbst zur Verfügung stehen.[7]

---

3) BAG, NZA 1991, 681; *Annuß* in: Richardi, BetrVG, § 111 Rz. 146; *Schweibert* in: Willemsen/Hohenstatt/Schweibert/Seibt, Umstrukturierung, C. Rz. 142a; *Fitting u. a.*, BetrVG, § 111 Rz. 104; a. A. *Däubler* in: Däubler/Kittner/Klebe/Wedde, BetrVG, § 111 Rz. 130, sofern eine besonders enge Anbindung der Konzerngesellschaft besteht (z. B. Eingliederung, Vertragskonzern).
4) BAG, NZA 2004, 931.
5) BAG, NZA 1991, 681 = AP Nr. 21 zu § 113 BetrVG 1972.
6) Vgl. *Hohenstatt/Willemsen* in: Henssler/Willemsen/Kalb, ArbR, § 111 BetrVG Rz. 61; *Däubler* in: Däubler/Kittner/Klebe/Wedde, BetrVG, § 111 Rz. 130.
7) *Schweibert* in: Willemsen/Hohenstatt/Schweibert/Seibt, Umstrukturierung, C. Rz. 142b; *Diller/Powietzka*, DB 2001, 1034 f.

Auch aus § 17 Abs. 3a KSchG ergibt sich nichts anderes. Diese Vorschrift sieht vor, dass die Beteiligungsrechte des Betriebsrats gemäß § 17 KSchG im Zusammenhang mit Massenentlassungen auch dann gelten, wenn die zugrunde liegende Entscheidung von einem herrschenden Unternehmen getroffen wurde. Ein Auskunftsanspruch des Arbeitgebers gegen die Konzernobergesellschaft wird darin aber gerade nicht begründet.[8]

Ebenso wenig sind die in der Entscheidung des BAG[9] zum Europäischen Betriebsrat herangezogenen Erwägungen auf die Unterrichtungs- und Beratungsrechte bei Betriebsänderungen anwendbar. Diese Entscheidung betraf den Sonderfall eines konzernweiten Auskunftsanspruchs im Zusammenhang mit der Errichtung von Europäischen Betriebsräten. Daraus kann nicht allgemein gefolgert werden, dass ein deutsches Unternehmen Informationsansprüche gegen eine Konzernobergesellschaft hat, wenn es selbst nicht über die nötigen Informationen verfügt.[10] Im Übrigen gewährt auch die Richtlinie 2002/14/G zur Unterrichtung und Anhörung der Arbeitnehmer keine Informationsrechte des Betriebsrats gegenüber Konzernobergesellschaften oder einen Beschaffungsanspruch gegen den Arbeitgeber, der ihn dazu zwingen würde, falls erforderlich, auch im Rechtswege gegenüber Konzernobergesellschaften vorzugehen. 5

B. Unterrichtung des Wirtschaftsausschusses (§§ 106, 109a BetrVG)

Im Fall einer Unternehmensübernahme ist der Wirtschaftsausschuss gemäß §§ 106, 109a BetrVG zu beteiligen. Nach der **Neuregelung des § 106 Abs. 3 Nr. 9a BetrVG** muss eine Unterrichtung des beim übernommenen Unternehmen errichteten Wirtschaftsausschusses erfolgen, wenn die Übernahme mit einem Kontrollerwerb verbunden ist. Dies ist stets dann der Fall, wenn sämtliche Anteile des Unternehmens auf einen anderen Gesellschafter übertragen werden. Nach der Gesetzesbegründung soll eine Kontrolle des Unternehmens bereits dann vorliegen, wenn nur 30 % der Stimmrechte an dem Unternehmen übertragen werden. Insoweit wird auf § 29 Abs. 2 WpÜG verwiesen, der jedoch allein auf die Übernahme von börsennotierten AG zugeschnitten ist, bei denen eine solche Beteiligungshöhe eine faktische Hauptversammlungsmehrheit verschaffen kann. 6

Dagegen kann bei nicht börsennotierten Gesellschaften die Kontrolle allein durch Übernahme von mehr als 50 % der Anteile oder der Stimmrechte an dem Unternehmen oder anderweitig vermittelten beherrschenden Einfluss (z. B. aufgrund eines Beherrschungsvertrags) erlangt werden.[11] Eine Anteilsveräußerung, die nicht zugleich mit einem Kontrollerwerb verbunden ist, begründet somit 7

---

8) *Diller/Powietzka*, DB 2001, 1034 f.
9) BAG, NZA 2005, 118.
10) So bereits *Diller/Powietzka*, DB 2001, 1034, 1035.
11) *Simon/Dobel*, BB 2008, 1955; vgl. zu dem Begriff „Kontrolle" auch § 1 Abs. 8 KWB.

weder eine Unterrichtungspflicht gemäß § 106 Abs. 3 Nr. 9a BetrVG noch gemäß § 106 Abs. 3 Nr. 10 BetrVG.[12]

8   Fraglich ist, ob der bei einer Tochtergesellschaft errichtete Wirtschaftsausschuss beteiligt werden muss, wenn – wie in der Praxis recht häufig – allein die Anteile der (fast) **arbeitnehmerlosen Muttergesellschaft** übernommen werden. Angesichts des Wortlauts der Regelung ist eine Unterrichtung nach § 106 BetrVG in diesen Fällen abzulehnen. Entscheidend ist nämlich, dass es in Bezug auf das Tochterunternehmen nicht zu einem Gesellschafterwechsel kommt. Gesellschafter ist weiterhin die Muttergesellschaft. Damit liegt eine *„Übernahme des Unternehmens"* nicht vor, sodass auch keine Unterrichtungspflicht gegenüber dem Wirtschaftsausschuss besteht. Eine vergleichbare Situation liegt vor bei der Verschmelzung von zwei arbeitnehmerlosen Holdinggesellschaften: Auch in diesem Fall ist der Entwurf des Verschmelzungsvertrags nach ganz überwiegender Ansicht nicht den auf Ebene der Tochtergesellschaften errichteten Betriebsräten gemäß § 5 Abs. 3 UmwG zuzuleiten.[13] Dies entspricht im Übrigen auch der überwiegenden Auffassung zur Unterrichtung nach § 10 WpÜG.

9   Nach § 106 Abs. 2 Satz 2 BetrVG ist ausschließlich der Unternehmer zur Unterrichtung des Wirtschaftsausschusses verpflichtet. Die Gesellschafter, die die Anteile an dem Zielunternehmen an den ausländischen Erwerber veräußern, sind hingegen nicht *„Unternehmer"* und damit auch nicht gegenüber dem Wirtschaftsausschuss unterrichtungsverpflichtet.[14] Ein wesentliches Problem der Neuregelung besteht somit darin, dass der Unternehmer zwar einerseits unterrichtungsverpflichtet ist, andererseits aber selbst nicht Partei des Anteilskaufvertrags ist und damit nicht notwendigerweise über die erforderlichen Informationen verfügt, um der Unterrichtungspflicht gegenüber dem Wirtschaftsausschuss nachzukommen. Nach den allgemeinen Grundsätzen des Betriebsverfassungsrechts ist der Arbeitgeber nur verpflichtet, diejenigen Informationen weiterzuleiten, die ihm selbst zur Verfügung stehen.[15] Für einen **„Informationsdurchgriff" des Wirtschaftsausschusses** auf die Gesellschafter bieten auch die Neuregelungen keinen Ansatzpunkt. Von daher ist die Geschäftsführung der Zielgesellschaft darauf angewiesen, dass der potentielle ausländische

---

12) *Simon/Dobel*, BB 2008, 1955.
13) Vgl. dazu *Hohenstatt/Schramm* in: FS ARGE, S. 629, 639.
14) *Simon/Dobel*, BB 2008, 1954; *Löw*, DB 2008, 758; zur Konstellation, dass eine Betriebsänderung i. S. von § 111 BetrVG durch den Gesellschafter geplant und beschlossen wurde und dieser den Arbeitgeber anweist, das unternehmerische Konzept umzusetzen vgl. BAG, NZA 1991, 681; *Annuß* in: Richardi, BetrVG, § 111 Rz. 146; *Schweibert* in: Willemsen/Hohenstatt/Schweibert/Seibt, Umstrukturierung, C. Rz. 142a; *Fitting u. a.*, BetrVG, § 111 Rz. 104; a. A. *Däubler* in: Däubler/Kittner/Klebe/Wedde, BetrVG, § 111 Rz. 130, soweit eine besonders enge Anbindung der Konzerngesellschaft besteht, z. B. Eingliederung, Vertragskonzern.
15) *Schweibert* in: Willemsen/Hohenstatt/Schweibert/Seibt, Umstrukturierung, C. Rz. 142b; *Diller/Powietzka*, DB 2001, 1034 f.

Erwerber oder der Veräußerer ihr freiwillig die erforderlichen Informationen überlassen. Sofern sich der Gesellschafter nicht kooperativ zeigt, besteht für den Arbeitgeber keine Möglichkeit, die Herausgabe von Informationen gerichtlich durchzusetzen.

Der Arbeitgeber ist gemäß § 106 Abs. 2 BetrVG dazu verpflichtet, den Wirtschaftsausschuss **rechtzeitig und umfassend** über die wirtschaftlichen Angelegenheiten unter Vorlage der erforderlichen Unterlagen zu **unterrichten.** Im Fall einer Unternehmensübernahme gehören zu den erforderlichen Unterlagen gemäß § 106 Abs. 2 Satz 2 BetrVG insbesondere die Angaben über den potentiellen Erwerber und dessen Absichten im Hinblick auf die künftige Geschäftstätigkeit des Unternehmens sowie die sich daraus ergebenden Auswirkungen auf die Arbeitnehmer. Diese Regelung ist insbesondere deshalb missglückt, weil die Angaben über den potentiellen Erwerber sowie dessen Absichten in der Regel nicht in Form von Unterlagen vorliegen.[16]   10

In der Praxis wird von Seiten des Wirtschaftsausschusses bzw. Betriebsrats oftmals die Forderung erhoben, **Einblick in den Anteilskaufvertrag** zu nehmen. Nach der Rechtsprechung des BAG besteht auf Vorlage des Veräußerungsvertrags grundsätzlich kein Anspruch, da der Inhalt dieses Vertrags nur das Innenverhältnis der Gesellschafter betrifft. Nur wenn in dem Anteilskaufvertrag Absprachen über die künftige Geschäftsführung oder Geschäftspolitik getroffen sind, soll der Vertrag dem Wirtschaftsausschuss vorzulegen sein.[17] Dementsprechend sind auch weitere Vereinbarungen, die das Innenverhältnis der auf Gesellschafterebene beteiligten Parteien betreffen (z. B. Letter of Intent, Memorandum of Understanding, Vertraulichkeitsvereinbarung), nicht vorzulegen. Hat der Arbeitgeber den Wirtschaftsausschuss über die künftige Geschäftspolitik des Erwerbers umfassend informiert bzw. ihm mitgeteilt, dass insoweit keine Veränderungen beabsichtigt sind, kann dem nicht entgegengehalten werden, diese Angaben könnten unrichtig sein. Die Vorlage von Unterlagen nach § 106 Abs. 2 BetrVG dient nämlich nicht der Kontrolle darüber, ob die Informationen des Arbeitgebers wahrheitsgemäß sind.[18]   11

Soweit es um die „**Angaben über den potentiellen Erwerber**" geht, ist der Unternehmer verpflichtet, Name und Anschrift des neuen Gesellschafters mitzuteilen.[19] Ungeklärt ist hingegen, ob sich die Informationspflicht nur auf die Erwerbergesellschaft oder auch auf deren Gesellschafter erstreckt. Insbesondere in den Fällen, in denen die Entscheidung nicht von der Erwerbergesellschaft   12

---

16) Vgl. dazu *Simon/Dobel*, BB 2008, 1954.
17) BAG, NZA 1991, 649, 651; *Willemsen/Lembke* in: Henssler/Willemsen/Kalb, ArbR, § 106 BetrVG Rz. 83; *Röder/Göpfert*, BB 1997, 2105, 2106.
18) BAG, NZA 1991, 649, 650.
19) So auch bereits BAG, NZA 1991, 649, 650; vgl. *Willemsen/Lembke* in: Henssler/Willemsen/Kalb, ArbR, § 106 BetrVG Rz. 83.

selbst, sondern von deren Gesellschafter getroffen wird, liegt es nahe, die Unterrichtungspflicht auch auf diese Instanz zu erstrecken. Schwieriger gestaltet es sich, den Wirtschaftsausschuss über die Absichten des potentiellen Erwerbers im Hinblick auf die künftige Geschäftstätigkeit des Unternehmens zu unterrichten. Diese Angaben beziehen sich z. B. auf die zukünftige strategische Ausrichtung der Zielgesellschaft, eine möglicherweise veränderte regionale bzw. unternehmerische Schwerpunktsetzung (Konzentration auf bestimmte Kerngeschäftsfelder), Veränderungen des Geschäftsmodells oder der Produktpalette. Im Vorfeld einer Unternehmensübernahme wird der Arbeitgeber hierzu in der Regel – wenn überhaupt – nur sehr vage Angaben machen können.

13 Die Unterrichtung muss grundsätzlich gegenüber dem Wirtschaftsausschuss erfolgen. In Unternehmen, in denen kein Wirtschaftsausschuss besteht, hat der Arbeitgeber den **Betriebsrat** zu beteiligen (vgl. § 109a BetrVG). Besteht weder ein Wirtschaftsausschuss noch ein Betriebsrat, entfällt die Unterrichtungspflicht insgesamt. Besteht bei einem börsennotierten Unternehmen kein Wirtschaftsausschuss, sondern nur ein Betriebsrat, sollte zu Beginn des Unterrichtungsverfahrens gemäß dem WpÜG klargestellt werden, dass damit zugleich die Unterrichtungspflichten gemäß §§ 106 Abs. 3 Nr. 9a, 109 BetrVG erfüllt werden.[20] Wird eine (fast) arbeitnehmerlose Holdinggesellschaft übernommen und besteht auf Ebene der Holding ein **Konzernbetriebsrat**, stellt sich die Frage, ob dieser gemäß § 109a BetrVG zu unterrichten ist. Im Ergebnis ist dies zu verneinen, da der Konzernbetriebsrat nur für Angelegenheiten zuständig ist, die den Konzern betreffen und nicht für solche Angelegenheiten, die ausschließlich unternehmensbezogen sind.

14 Eine Unterrichtungspflicht besteht gemäß § 106 Abs. 2 Satz 1 BetrVG nur, soweit dadurch keine **Betriebs- oder Geschäftsgeheimnisse** gefährdet werden.[21] Eine Gefährdung der Betriebs- oder Geschäftsgeheimnisse kann bspw. dann vorliegen, wenn es sich um ein Geheimnis handelt, das aufgrund seiner herausragenden Bedeutung für die Entwicklung und den Bestand des Unternehmens grundsätzlich geheim zu halten ist, weil durch seine Preisgabe erhebliche Schäden drohen.[22] Ein solcher Fall dürfte insbesondere dann gegeben sein, wenn die konkrete Gefahr besteht, dass der potentielle Erwerber von der Unternehmensübernahme Abstand nimmt, wenn seine Absichten bezüglich der künftigen Geschäftstätigkeit vorzeitig bekannt werden. Kommt der Arbeitgeber der Unterrichtungspflicht nicht vollständig oder verspätet nach, kommt eine Ordnungswidrigkeit gemäß § 121 Abs. 1 BetrVG in Betracht. Eine solche Ordnungswid-

---

20) A. A. *Simon/Dobel*, BB 2008, 1954, wonach in diesem Fall die Unterrichtungspflicht gemäß §§ 106, 109 BetrVG entfällt.
21) Vgl. hierzu i. E. *Kania* in: ErfKomm, § 106 BetrVG Rz. 6 m. w. N.
22) *Fitting u. a.*, BetrVG, § 106 Rz. 30; *Willemsen/Lembke* in: Henssler/Willemsen/Kalb, ArbR, § 106 BetrVG Rz. 52 m. w. N.

rigkeit kann mit einer Geldbuße bis zu 10 000 € geahndet werden. Schließlich hat der Wirtschaftsausschuss bzw. der Betriebsrat keine Handhabe, den Übernahmeprozess zu verhindern bzw. zu verzögern, wenn aus seiner Sicht die Unterrichtungspflicht nicht vollständig bzw. rechtzeitig erfüllt worden ist.

C. Auswirkungen auf die Unternehmensmitbestimmung

Grenzüberschreitende Unternehmenstransaktionen können zudem erhebliche 15 Auswirkungen auf das bestehende **Unternehmensmitbestimmungsregime** haben, da Unternehmen ausländischer Rechtsform nicht von den deutschen Unternehmensmitbestimmungsgesetzen (insbesondere MitbestG, DrittelbG) erfasst sind, und zwar unabhängig davon, ob diese Gesellschaften ihren Sitz im In- oder Ausland haben.[23] Auch Arbeitnehmer, die in unselbständigen Niederlassungen deutscher Unternehmen im Ausland beschäftigt sind, werden bei der Ermittlung der maßgeblichen Schwellenwerte in der Regel nicht berücksichtigt.[24]

Im Fall einer **grenzüberschreitenden Einbringung**[25] kann ein drohender Mit- 16 bestimmungsverlust bei der inländischen Gesellschaft mit Hilfe des **Mitbestimmungsbeibehaltungsgesetzes** (MitbestBeiG) vermieden werden (zu den mitbestimmungsrechtlichen Folgen bei grenzüberschreitenden Verschmelzung siehe § 30 und bei Gründung einer SE siehe § 45). Das MitbestBeiG sieht im Fall einer grenzüberschreitenden Einbringung die Aufrechterhaltung des bisher einschlägigen Mitbestimmungsstatuts unter bestimmten Voraussetzungen vor. § 1 MitbestBeiG erfasst die Einbringung von Anteilen an einer innerhalb der EU ansässigen Kapitalgesellschaft sowie die grenzüberschreitende Einbringung von Betrieben oder Teilbetrieben, und zwar jeweils gegen Gewährung von Anteilen der aufnehmenden, in der EU ansässigen Kapitalgesellschaft.[26] Das MitbestBeiG greift grundsätzlich[27] dann ein, wenn die Einbringung dazu führt, dass bei einem an diesem Vorgang beteiligten oder nicht beteiligten Unternehmen die Voraussetzungen der bisherigen Mitbestimmungsform entfallen.

Beispiel 17
Die Betriebe einer Tochtergesellschaft werden in eine ausländische Kapitalgesellschaft eingebracht mit der Folge, dass im Wege der Zurechnung gem. § 5 MitbestG

---

23) Vgl. *Ulmer/Habersack* in: Ulmer/Habersack/Henssler, ArbR, § 1 MitbestG Rz. 8a; *Seibt* in: Henssler/Willemsen/Kalb, ArbR, § 1 MitbestG Rz. 9 m. w. N.
24) Vgl. *Henssler* in: Ulmer/Habersack/Henssler, ArbR, § 3 MitbestG Rz. 36 m. w. N. sowie zu dem Sonderfall der Ausstrahlung eines in Deutschland begründeten Arbeitsverhältnisses.
25) Zu den möglichen Fallkonstellationen ausführlich *Seibt* in: Willemsen/Hohenstatt/Schweibert/Seibt, Umstrukturierung, F. Rz. 128 ff.
26) Hierzu im Einzelnen *Schupp*, Mitbestimmungsbeibehaltung bei Veränderung der Unternehmensstruktur, S. 137 ff.
27) Die Fiktionswirkung tritt nicht ein, wenn die vom UmwStG vorgesehenen steuerlichen Erleichterungen nicht in Anspruch genommen werden, § 2 Abs. 1 MitbestBeiG; vgl. dazu *Koberski* in: Wlotzke/Wissmann/Koberski/Kleinsorge, Mitbestimmungsrecht, § 1 MitbestG Rz. 102.

der maßgebliche Schwellenwert von mehr als 2 000 Arbeitnehmern bei der fast arbeitnehmerlosen Konzernspitze nicht mehr erreicht wird.

18 Sofern das Mitbestimmungsstatut aufgrund von § 1 MitbestBeiG aufrechterhalten wird, läuft die reguläre Amtszeit der Aufsichtsratsmitglieder grundsätzlich weiter; ein Statusverfahren findet nicht statt. Gesichert wird indes allein das **Mitbestimmungsstatut**; die Fiktion bezieht sich dagegen nicht auf die Berechnung der Arbeitnehmerzahl, soweit die Größe des Aufsichtsrats hiervon abhängt. Ebenso wenig gilt sie für das Wahlverfahren, sodass die infolge der Einbringung *„ausgeschiedenen"* Arbeitnehmer in Bezug auf den bisher für sie zuständigen Aufsichtsrat weder aktiv noch passiv wahlberechtigt sind; die entsprechenden Arbeitnehmervertreter im Aufsichtsrat verlieren ihr Amt.[28]

19 Von ihrer Zweckrichtung her ist diese Regelung mit der Mitbestimmungsbeibehaltungsvorschrift des § 325 Abs. 1 UmwG vergleichbar.[29] Gesichert wird das **konkrete Mitbestimmungsstatut**, sodass es für die Anwendung des MitbestBeiG bspw. unerheblich wäre, wenn eine bislang nach dem MitbestG mitbestimmte Gesellschaft nach der Einbringung (noch) dem Geltungsbereich des DrittelbG unterläge.[30] Anders als § 325 Abs. 1 UmwG (Beibehaltung für fünf Jahre) sieht das MitbestBeiG **keine zeitliche Befristung** vor. Eine Ausnahme der Mitbestimmungsbeibehaltung ist in § 2 Abs. 2 Nr. 2 MitbestBeiG[31] für den Fall vorgesehen, dass infolge der Einbringung die Zahl der Arbeitnehmer unter ein Viertel der für das Eingreifen der Unternehmensmitbestimmung erforderlichen Mindestzahl sinkt (*Beispiel:* Im Fall eines nach dem MitbestG mitbestimmten Unternehmens sinkt die Arbeitnehmerzahl infolge der Einbringung auf unter 500); insoweit entspricht die Regelung der Vorschrift des § 325 Abs. 1 UmwG.[32] Werden hingegen Vermögensgegenstände eines ausländischen Rechtsträgers auf eine inländische Gesellschaft qua Einzelrechtsnachfolge übertragen, ist im Regelfall davon auszugehen, dass diese Umstrukturierung für den übernehmenden Rechtsträger wegen des räumlich begrenzten Geltungsbereichs der Mitbestimmungsgesetze mitbestimmungsneutral ist.[33]

---

28) *Koberski* in: Wlotzke/Wissmann/Koberski/Kleinsorge, Mitbestimmungsrecht, § 1 MitbestG Rz. 101.
29) Im Unterschied zu § 325 Abs. 1 UmwG erstreckt sich das MitbestBeiG jedoch auch auf die „an der Umwandlung nicht beteiligten Unternehmen".
30) *Ulmer/Habersack* in: Ulmer/Habersack/Henssler, ArbR, § 1 MitbestG Rz. 47; vgl. dazu auch dieselbe Problematik bei einer Mitbestimmungsbeibehaltung gemäß § 325 Abs. 1 UmwG; *Hohenstatt/Schramm* in: KölnKomm-UmwG, § 325 Rz. 7 ff.
31) Zu dem weiteren Ausnahmetatbestand des § 2 Abs. 1 Nr. 1 MitbestBeiG vgl. *Ulmer/Habersack* in: Ulmer/Habersack/Henssler, ArbR, § 1 MitbestG Rz. 47.
32) *Hanau*, ZGR 2001, 75, 100; vgl. zu § 325 Abs. 1 UmwG im Einzelnen *Hohenstatt/Schramm* in: KölnKomm-UmwG, § 325 Rz. 14 ff.
33) *Seibt* in: Willemsen/Hohenstatt/Schweibert/Seibt, Umstrukturierung, F. Rz. 136.

Kapitel 5 Kartellrecht

§ 17 Grundlegung

Übersicht

A. Einleitung 1	2. Sonstige Aufgreifkriterien 17
B. Das Problem der Mehrfachanmeldungen 4	III. Anmeldeverfahren und strategische Überlegungen 18
I. Transaktionsstruktur und Zusammenschlussbegriff 6	1. Einfluss auf den Unternehmenskaufvertrag 19
1. Kontrollerwerb und Verschmelzung 6	2. Reihenfolge und Konsistenz der Anmeldungen 20
2. Dauerhafte Veränderungen der Marktstruktur 9	3. Informelle Vorgespräche mit den Wettbewerbsbehörden 21
II. Umsatz- und sonstige Aufgreifschwellen 10	4. Anmeldung des Zusammenschlusses 22
1. Umsatzschwellen 10	

Literatur: *Baetge, D.*, Globalisierung des Wettbewerbsrechts, 2009; *Bätge, J.*, Wettbewerb der Wettbewerbsordnungen?, 2009; *Basedow*, Weltkartellrecht, 1998; *Gerber*, Global Competition: Law, Markets, and Globalization, 2010; *Global Competition Review*, Merger Control 2014: The International Regulation of Merger and Joint Ventures in 75 Jurisdictions Worldwide, London 2013; *Heinen*, Mehrfachanmeldungen in der Praxis, EWS 2010, 8; *Podszun*, Internationales Kartellverfahrensrecht, Bern 2003; *Schulte*, Handbuch Fusionskontrolle, 2. Aufl., 2010; *Schwartz/Basedow*, Restrictions on Competition, in: Lipstein, International Encyclopedia of Comparative Law, Volume 3, Chapter 35, Dordrecht/Boston 1995 (gebundene, unveränderte Ausgabe 2012); *Terhechte*, Internationales Kartell- und Fusionskontrollverfahrensrecht, 2008.

A. Einleitung

Unternehmen verfolgen ihr Geschäft immer weniger allein auf ihren Heimatmärkten, sondern sind oftmals über Staatsgrenzen hinweg aktiv. Zur Erschließung neuer Absatzmärkte werden häufig im Ausland ansässige Unternehmen übernommen. Gleichzeitig haben in den letzten Jahrzehnten immer mehr Staaten auf der Welt Gesetze gegen Wettbewerbsbeschränkungen verabschiedet. In zunehmendem Maße werden auch Behörden geschaffen, die die nationalen Kartellrechte durchsetzen. Aus Sicht der Unternehmen ist dabei problematisch, dass die nationalen Rechtsordnungen sehr unterschiedliche materielle und formelle Voraussetzungen festlegen, unter denen eine Wettbewerbsbehörde einen Unternehmenskauf prüfen kann. Bemühungen, das Kartellrecht weltweit in erheblichem Umfang zu vereinheitlichen, sind bislang gescheitert.[1]) Die stetige Zunahme von Gesetzen gegen Wettbewerbsbeschrän-

1

---

1) Zu den Bestrebungen der Vereinheitlichung des Kartellrechts auf internationaler Ebene und zu den Instrumenten der Koordinierung der nationalen Rechte vgl. *D. Baetge*, S. 171 ff.; *J. Bätge*, S. 54 ff.; *Basedow*, S. 41 ff.; *Gerber*, S. 101 ff.; *Podszun*, S. 65 ff.

§ 17 Grundlegung

kungen hat die kartellrechtliche Begleitung grenzüberschreitender Transaktionen verkompliziert, da ein internationaler Unternehmenskauf oftmals der Kontrolle mehrerer Staaten unterliegt. Zwar kommt es durch den Austausch innerhalb des International Competition Network (ICN) zumindest in der Anwendungspraxis zu einer gewissen „Rechtsangleichung von unten", doch werden dadurch die Unterschiede der verschiedenen Kontrollregime allenfalls leicht abgeschliffen, nicht aber entscheidend eingeebnet.[2]

2 Es ist daher von großer Bedeutung, kartellrechtlichen Sachverstand sehr früh in die Planungen über einen internationalen Beteiligungs- oder Unternehmenskauf einzubeziehen, entscheiden die kartellrechtlichen Schranken doch oftmals maßgeblich über die Realisierbarkeit des geplanten Geschäfts. Aus Anwaltssicht sind hierbei in erster Linie vier **Problemfelder** zu beachten:

- Erstens ist zu klären, ob die geplante Transaktion bei einer Wettbewerbsbehörde angemeldet werden muss. Unternehmenskäufe, die der Fusionskontrolle unterliegen, dürfen im Regelfall nämlich erst dann vollzogen werden, wenn sie von den zuständigen Kartellbehörden freigegeben worden sind.
- Zweitens ist zu eruieren, ob Absprachen in Zusammenhang mit der Durchführung des Unternehmenskaufs bzw. Kooperationen i. R. von Gemeinschaftsunternehmen im Einklang mit den Kartellverbotsvorschriften der jeweils anwendbaren Rechtsordnungen stehen. Bisweilen werden kooperative Wirkungen aus Vereinbarungen oder abgestimmten Verhaltensweisen von der jeweils zuständigen Kartellbehörde i. R. des Fusionskontrollverfahrens mitgeprüft, bisweilen müssen die Unternehmen zusätzlich im Wege der Selbsteinschätzung prüfen, ob ihr Verhalten kartellrechtskonform ist.
- Drittens ist (möglichst frühzeitig) zu ermitteln, ob der Unternehmenskauf in einer Art und Weise strukturiert werden kann, dass die Anmeldepflicht zumindest in einigen Staaten entfällt und der Zusammenschluss daher nur von wenigen Behörden oder gar nur einer einzigen Behörde geprüft werden muss.
- Viertens ist zu fragen, wie der Unternehmenskauf so gestaltet werden kann, dass eine Aussicht auf Freigabe (ggf. unter Auflagen) durch die jeweilige(n) Behörde(n) besteht. Kartellrechtliche Erwägungen können daher auch die Ausgestaltung des Kaufvertrags beeinflussen.

3 Der nachfolgende Überblick behandelt zunächst ganz allgemein das Problem der **Mehrfachanmeldungen** (B). Im nächsten Kapitel des Handbuchs wird dann ein Überblick über **Grundlagen** des **europäischen Fusionskontrollrechts** (§ 18) gegeben. Das europäische Recht hat nicht nur Bedeutung für größere Transaktionen mit einer Auswirkung auf den EU-Binnenmarkt, sondern findet auch im

---

[2] Zur Arbeit des ICN *J. Bätge*, passim; *Immenga* in: MünchKomm-BGB, IntWettbR/IntKartellR Rz. 103 ff.

Verhältnis zu den Ländern des Europäischen Wirtschaftsraums (**EWR**) Anwendung. Die europäischen Wettbewerbsregeln verdrängen die nationalen Kartellgesetze jedoch nicht vollständig. Letzteren verbleibt daher ein eigenständiger Anwendungsbereich, sodass anschließend auch das **deutsche Fusionskontrollrecht** in seinen Grundzügen dargestellt wird (§ 19).

B. Das Problem der Mehrfachanmeldungen

Zusammenschlüsse von Unternehmen müssen bei Überschreitung bestimmter 4
Schwellenwerte in der Regel bei den jeweiligen nationalen Wettbewerbsbehörden und/oder (in der Europäischen Union) der Europäischen Kommission angemeldet werden. Internationale Zusammenschlüsse bringen die Problematik der Mehrfachanmeldungen *(multi-jurisdictional filings)* mit sich, da Wettbewerbsbehörden unterschiedlicher Länder für die Kontrolle zuständig sein können.[3] Weltweit gibt es mittlerweile über 100 Rechtsordnungen, die eine Fusionskontrolle vorsehen.[4] Die Fülle der wettbewerbsrechtlichen Vorschriften erfordert nicht nur die reine Rechtsprüfung, sondern oft auch eine strategische Vorgehensweise bei den Anmeldungen. Dafür sind umfangreiche Kenntnisse des Rechts und der Entscheidungspraxis in den verschiedenen nationalen Jurisdiktionen erforderlich. Die strategische Gestaltung der Anmeldeverfahren kann gerade bei notwendigen Mehrfachanmeldungen zu einem deutlich schnelleren Ablauf der Fusionskontrollverfahren und damit zu einem früheren Vollzug der Transaktion beitragen. So kann es bspw. im Hinblick auf die Beurteilung der relevanten Märkte von entscheidender Bedeutung für die Freigabe eines Zusammenschlusses sein, ob ein Unternehmenskauf bei der Europäischen Kommission oder bei nationalen Wettbewerbsbehörden anzumelden ist bzw. angemeldet wird.

Die in diesem Kapitel nur überblicksartig dargestellten verfahrens- und materiell- 5
rechtlichen Problemstellungen werden in den folgenden beiden Kapiteln (§§ 18,

---

[3] Vgl. zur grundsätzlichen Problematik nur *Henschen* in: Schulte, Hdb. Fusionskontrolle, Rz. 2325 ff., und *Heinen*, EWS 2010, 8 ff.
[4] Einen Überblick über einzelne Rechtsregime in Form von Länderberichten vermitteln u. a. folgende Sammelbände: *Terhechte*, Internationales Kartell- und Fusionskontrollverfahrensrecht; *Global Competition Review*, Merger Control 2014: The International Regulation of Merger and Joint Ventures in 75 Jurisdictions Worldwide. Ausgewählte Gesetze gegen Wettbewerbsbeschränkungen sind online abrufbar unter http://www.fkvo.eu. Fundstellen einzelner Rechtsakte finden sich ferner bei *Schwartz/Basedow* in: Lipstein, Chapter 35, S. 134 ff. (z. T. veraltet). Allerdings ist für die Praxis zu beachten, dass auch die Fusionskontrollrechte der einzelnen Ländern regelmäßig geändert werden; soweit im Folgenden beispielhaft auf einzelne Länder hingewiesen oder Literaturstellen dazu zitiert werden, ist jeweils auf die aktuelle Rechtslage zum Zeitpunkt des geplanten Vollzugs einer Transaktion abzustellen.

19) ausführlich an den Beispielen der europäischen und der deutschen Fusionskontrolle behandelt.[5)]

I. Transaktionsstruktur und Zusammenschlussbegriff
1. Kontrollerwerb und Verschmelzung

6 Zunächst sind bei einem Unternehmenskauf aus fusionskontrollrechtlicher Sicht **Inhalt und Umfang der Anmeldepflichten** zu ermitteln. Diese richten sich in aller Regel danach, ob der Unternehmenskauf einen Zusammenschluss i. S. der jeweiligen nationalen Rechtsordnung darstellt und ob durch ihn (rein formal) bestimmte Schwellenwerte, in den meisten Fällen bestimmte Umsatzschwellen, überschritten werden. Ob die Transaktion materiell problematisch ist oder sein kann, spielt bei der Frage der Anmeldepflicht in aller Regel keine Rolle.

7 Trotz im Einzelnen unterschiedlicher Definitionen des Zusammenschlussbegriffs werden jedenfalls der **Erwerb von Kontrolle** sowie **Verschmelzungen** in allen Rechtsordnungen als Zusammenschluss angesehen. Kontrollerwerb bedeutet in der Regel, dass das kontrollierende Unternehmen oder die gemeinsam kontrollierenden Unternehmen in entscheidender Weise Einfluss auf die Aktivitäten eines anderen Unternehmens nehmen können. Gegenstand des Kontrollerwerbs ist die Gesamtheit oder sind Teile eines oder mehrerer fremder Unternehmen. Es lassen sich in der Praxis mehrere Arten der Kontrolle unterscheiden. Ein Unternehmen kann die alleinige Kontrolle über ein anderes Unternehmen ausüben (sog. *sole control*). Es können aber auch mehrere Unternehmen aufgrund ihrer Beteiligungen oder getroffener Abreden einen gemeinsamen Einfluss auf ein anderes Unternehmen erwerben (sog. *joint control*), so dass durch einen Zusammenschluss ein Gemeinschaftsunternehmen oder *Joint Venture* entsteht.

8 Zwar stellt der **Erwerb von Anteilen oder Stimmrechten** die offensichtlichste Art des Kontrollerwerbs dar, doch muss auch bei **anderen Formen der Einflussnahme** nach einer Gesamtbetrachtung beurteilt werden, ob der Tatbestand erfüllt ist (siehe § 18 Rz. 31 ff. ([EU-Recht] und § 19 Rz. 17 ff. [deutsches Recht]). Die kontrollierende Einflussnahme kann *de jure* und *de facto* erfolgen. Im ersten Fall bildet eine Vereinbarung die Grundlage der Einflussnahme, wohingegen im zweiten Fall tatsächliche Verhältnisse zur Möglichkeit der Kontrollausübung führen. So kann bspw. auch bei einer bloßen Minderheitsbeteiligung durch faktische Hauptversammlungspräsenz ein bestimmender Einfluss ausgeübt werden. Nicht nur die positive Einflussnahme auf strategische Entscheidungen wird erfasst, sondern auch das Verhindern von Entscheidungen durch

---

5) Informationen über die Rechtslage in anderen Jurisdiktionen vermitteln die in Fn. 4 genannten Sammelbände.

etwaige Vetorechte. Kennzeichen für eine solche negative Einflussnahme sind eine Minderheitsbeteiligung, die fehlende Möglichkeit der Entscheidungsbestimmung und das Bestehen von Blockaderechten. Weiter wird zwischen unmittelbarem und mittelbarem Kontrollerwerb, bspw. über eine Tochtergesellschaft, unterschieden.

2. Dauerhafte Veränderungen der Marktstruktur

Da die Fusionskontrollverfahren dazu dienen sollen, funktionierende Wettbewerbsbedingungen in den Märkten zu gewährleisten, werden sie in der Regel nur auf dauerhafte strukturelle Veränderungen der beteiligten Unternehmen angewendet (siehe § 18 Rz. 31 [EU-Recht]). Insbesondere Kreditinstitute und sonstige Finanzinstitute müssen dagegen die Möglichkeit haben, ihrem normalen Handelsgeschäft mit Wertpapieren nachzugehen; obwohl der Ankauf von Wertpapieren grundsätzlich einen Zusammenschluss darstellen kann, sollen die fusionskontrollrechtlichen Vorschriften oftmals nicht auf solche Anteilserwerbe angewendet werden, die nur zum Zwecke der baldigen Wiederveräußerung durchgeführt werden und bei denen kein Stimmrecht ausgeübt wird (siehe § 18 Rz. 45 [EU-Recht] und § 19 Rz. 37 [deutsches Recht]). 9

II. Umsatz- und sonstige Aufgreifschwellen

1. Umsatzschwellen

Liegt ein Zusammenschluss vor, richtet sich die Durchführung der Fusionskontrollverfahren nach bestimmten Schwellenwerten. Überwiegend beziehen sich die Schwellenwerte auf den weltweiten oder nationalen Umsatz der an dem Zusammenschluss beteiligten Unternehmen im jeweils letzten Geschäftsjahr (siehe § 18 Rz. 48 ff. [EU-Recht] und § 19 Rz. 38 ff. [deutsches Recht]). 10

Innerhalb der EU dienen die Schwellenwerte auch zur Abgrenzung der Anmeldepflichten auf nationaler oder EU-Ebene: Ein Unternehmenskauf ist nur dann bei den nationalen Wettbewerbsbehörden der EU-Mitgliedstaaten anzumelden, wenn er nicht von gemeinschaftsweiter Bedeutung ist (siehe § 18 Rz. 23). Ob dies der Fall ist, bestimmt sich nach den europäischen Umsatzschwellen (siehe § 18 Rz. 49 ff.), die deutlich über den nationalen Schwellenwerten liegen.[6] Sind sie überschritten, ist ausschließlich die Europäische Kommission zur Prüfung berechtigt und die nationalen Wettbewerbsbehörden sind nicht mehr zuständig. Ist der Unternehmenskauf in mindestens drei EU-Mitgliedstaaten anmeldepflichtig oder -fähig, steht es den Parteien jedoch offen, einen Antrag auf Verweisung an die Europäische Kommission zu stellen (siehe § 18 Rz. 137). Die Vorbereitung einer Anmeldung zur Prüfung durch die Europäische Kommis- 11

---

6) Für eine Übersicht der nationalen Schwellenwerte s. *Henschen* in: Schulte, Hdb. Fusionskontrolle, Rz. 2330.

§ 17 Grundlegung

sion ist oft wesentlich umfangreicher als die Vorbereitung einer Prüfung durch nationale Wettbewerbsbehörden. Es können sich aber dennoch wesentliche Zeit- und Kostenersparnisse daraus ergeben, den Zusammenschluss durch die Europäische Kommission prüfen zu lassen. Sind im Einzelfall europaweite Märkte betroffen, kann das Verfahren oftmals durch die Kommission effizienter geprüft werden, wenn sie sich bereits in anderem Zusammenhang mit der Beschaffenheit der Märkte auseinandergesetzt hat. Auch kann die Prüfung durch die Kommission dann vorteilhaft sein, wenn zu befürchten steht, dass der Zusammenschluss bei rein nationaler Betrachtung als wettbewerbsrechtlich kritisch angesehen werden kann (z. B. bei hohen Marktanteilen in einem Land).

12 Schließlich können Dokumente bei der Kommission in einer der Amtssprachen eingereicht werden, während bei nationalen Anmeldungen teilweise umfangreiche Übersetzungen der Vertragsdokumentation und weiterer Unterlagen in die jeweilige Sprache erforderlich sind.

13 Bei der **Bestimmung der relevanten Umsätze** wird auf Seiten des Erwerbers der vollständige Gruppenumsatz, auf Seiten des Veräußerers zumeist nur der Umsatz berücksichtigt, der auf das Zielunternehmen oder auf die zu erwerbenden Vermögensteile entfällt, teilweise aber auch der Umsatz der gesamten Veräußerergruppe. Bei Berechnung der nationalen Umsätze legen die nationalen Rechtsordnungen unterschiedliche Verfahren zugrunde. In der Regel erfolgt die geografische Zuordnung der weltweiten Umsätze zu den einzelnen Ländern nicht nach dem Land, aus dem heraus verkauft wird, sondern nach dem Land, in welchem der Kundensitz liegt bzw. in das die Waren geliefert werden. Es gibt aber auch Länder, die den Gruppenumsatz nach dem Ursprungsland der Verkäufe bemessen. Bei der Berechnung ist zumeist auf die Zahlen des jeweils letzten abgeschlossenen Geschäftsjahres abzustellen.

14 Unterschiedlich verfahren die verschiedenen nationalen Rechtsordnungen im Hinblick auf die **Umsatzberechnung von Gemeinschaftsunternehmen** (siehe § 41 Rz. 45): So können die Umsätze der kontrollierenden Mütter nur nach den jeweils gehaltenen Anteilen, nach „Köpfen" oder aber vollständig zu berücksichtigen sein. Unterschiede bestehen auch bei der Berücksichtigung von Erwerben und Veräußerungen zwischen Ende des letzten Geschäftsjahres und Zeitpunkt des Zusammenschlusses. Eine weitere Schwierigkeit ergibt sich aus etwaig erforderlichen Währungsumrechnungen, zu denen oftmals keine speziellen Regelungen existieren.

15 Neben den Umsatzwerten beziehen sich die relevanten Aufgreifschwellen in einigen Jurisdiktionen auch auf den **Wert der Transaktion** bzw. auf betroffene oder vorhandene **Vermögenswerte** *(assets)* der Parteien. Ersteres ist etwa in

den Vereinigten Staaten der Fall,[7] letzteres etwa in Kanada[8] und Südafrika[9], Russland und Indien.

In Bezug auf die Feststellung der Schwellenwerte existieren in zahlreichen 16
Rechtsordnungen unterschiedliche **Sonderregelungen für bestimmte Sektoren**, wie bspw. in den Bereichen Banken und Versicherungen, Medien und Telekommunikation oder Verkehr. In diesen Fällen können besondere Schwellenwerte oder Umsatzberechnungsmethoden gelten. Auch bestehen in einigen Ländern **Ausnahmeregelungen**, bei denen die Anmeldepflicht entfällt, insbesondere für sog. *foreign-to-foreign mergers* (Zusammenschlüsse unter ausschließlicher Beteiligung ausländischer Unternehmen).

2. Sonstige Aufgreifkriterien

Alternativ oder zusätzlich zu solchen Schwellenwerten werden in einigen Län- 17
dern auch die **Marktanteile** der beteiligten Unternehmen zur Bestimmung der Anmeldepflicht herangezogen, z. B. in Spanien[10] und Portugal[11]. Für die **Berechnung der Marktanteile** sind zunächst die relevanten Märkte abzugrenzen, eine trotz der grundsätzlichen Orientierung an Umsatz und Volumen der betroffenen Produkte mitunter sehr komplexe Aufgabe. Dies gilt umso mehr, als Marktanteile nicht nur für die Frage der Anmeldepflicht von Bedeutung sein können, sondern – und das in praktisch allen Rechtsordnungen – zugleich die Grundlage für die materielle Beurteilung eines Zusammenschlusses bilden. Für die Beurteilung einer Transaktion ist es daher unabdingbar, die jeweiligen Methoden der nationalen Wettbewerbsbehörden zur Marktabgrenzung zu kennen (siehe § 18 Rz. 64 ff. [EU-Recht] und § 19 Rz. 47 ff. [deutsches Recht]).

III. Anmeldeverfahren und strategische Überlegungen

Ergibt die Prüfung der auf den internationalen Unternehmenskauf anzuwen- 18
denden nationalen Vorschriften, dass eine Mehrfachanmeldung erforderlich ist, muss eine Strategie zur Bewältigung der verschiedenen Anmeldeverfahren entwickelt werden.

1. Einfluss auf den Unternehmenskaufvertrag

Bereits bei der Vertragsgestaltung ist zu berücksichtigen, welche Anmeldever- 19
fahren durchgeführt werden müssen. Wie ausgeführt entscheiden maßgeblich die Struktur der Transaktion und der Umfang des Zielobjekts, ob das Vorhaben

---

7) Näher dazu *Kovacic/Calkins/Ludwin/Bär-Bouyssière* in: Terhechte, Rz. 46.121.
8) Näher dazu *Wirtz* in: Terhechte, Rz. 47.58.
9) Näher dazu *Pautke* in: Terhechte, Rz. 67.45 mit Fn. 67.
10) Näher dazu *Krasselt-Priemer/Leible* in: Terhechte, Rz. 15.
11) Näher dazu *Mendes/Pires* in: Terhechte, Rz. 16.

§ 17 Grundlegung

anmeldepflichtig ist. Zudem darf in vielen Rechtsordnungen der Zusammenschluss vor der behördlichen Freigabe nicht vollzogen werden (siehe § 18 Rz. 126 [EU-Recht] und § 19 Rz. 73 [deutsches Recht]). Daher muss der Zeitpunkt des Wirksamwerdens des Kaufvertrages entsprechend angepasst werden. Hierbei ist zu beachten, dass auch der Zeitpunkt der Freigabeentscheidungen durch die jeweiligen Wettbewerbsbehörden stark variieren kann, so dass festgelegt werden muss, ob der Vertrag erst mit der letzten Freigabeentscheidung wirksam werden soll oder aber schon nach Freigabe in den Schwerpunktländern; letzteres setzt aber voraus, dass die Auswirkungen des dann vollzogenen Teils der Transaktion räumlich begrenzt werden können.

2. Reihenfolge und Konsistenz der Anmeldungen

20 Auch muss entschieden werden, in welcher **Abfolge die Anmeldungen** durchgeführt werden sollen. Mehrfachanmeldungen sind sowohl parallel als auch gestaffelt möglich. Da die Wettbewerbsbehörden vieler Länder auf Grundlage bindender Verträge miteinander kooperieren und sich gegenseitig über die Zusammenschlüsse, die in mehreren Ländern anmeldepflichtig sind, unterrichten, muss bei beiden Varianten auch auf die inhaltliche Konsistenz der einzelnen Anmeldungen geachtet werden. Hier bietet sich häufig die Erstellung eines Briefing-Papers für die eingesetzten *Local Counsels* an.

3. Informelle Vorgespräche mit den Wettbewerbsbehörden

21 Die nationalen Anmeldeverfahren unterscheiden sich sowohl im Verfahrensablauf als auch im Umfang. In der Regel besteht die Möglichkeit, oder sogar die Vorgabe, mit den Wettbewerbsbehörden bereits vor der Anmeldung **informelle Vorgespräche** zu führen (siehe § 18 Rz. 127 [EU-Recht]). Diese sind nicht mit den Vorprüfverfahren zu verwechseln und setzen keine Fristen in Gang. Informelle Vorgespräche dienen der ersten Kontaktaufnahme und Sondierung, welche Informationen die Wettbewerbsbehörde für eine schnelle und effektive Prüfung für notwendig erachtet und auf welche sie ggf. verzichtet (Waiver).

4. Anmeldung des Zusammenschlusses

22 Der Zeitpunkt, in dem die Anmeldung frühestens erfolgen kann, bestimmt sich nach der **Anmeldefähigkeit des Zusammenschlusses**. Nach deutschem Recht ist ein Zusammenschluss anmeldefähig, wenn das Vorhaben in seiner endgültigen Struktur feststeht (siehe § 19 Rz. 71). Nach europäischem Recht ist die Anmeldung möglich, wenn der Vertragsschluss erfolgt ist oder die diesbezügliche Absicht der Parteien nachgewiesen werden kann, das Übernahmeangebot veröffentlicht bzw. die Übernahmeabsicht öffentlich bekannt gemacht wurde oder eine die Kontrolle begründende Beteiligung erworben wurde (siehe § 18 Rz. 124). In anderen Rechtsordnungen kann Anmeldefähigkeit ebenfalls be-

reits gegeben sein, wenn konkrete Pläne für den Zusammenschlusses bestehen oder ein Memorandum of Understanding oder ein Letter of Intent unterzeichnet wurde oder aber erst, wenn ein bindender Vertrag abgeschlossen wurde.

In verschiedenen Rechtsordnungen bestehen **Anmeldefristen**, die ab einem bestimmten Ereignis (z. B. Vertragsschluss oder Abschluss eines Letter of Intent) zu laufen beginnen. Da sich die Anmeldefristen in ihrer Länge deutlich voneinander unterscheiden, ist auch an diesem Punkt die genaue Kenntnis der nationalen Rechtsordnungen von Bedeutung. Wird die Anmeldung nicht richtig oder unvollständig eingereicht, beginnen die Prüffristen in aller Regel nicht zu laufen; zudem ist das Versäumen der Frist oftmals bußgeldbewehrt. 23

Bei der Anmeldung sind den Wettbewerbsbehörden **Informationen über die Art des Zusammenschlussvorhabens**, die beteiligten Parteien, Umsatzerlöse und Marktanteile mitzuteilen (siehe § 18 Rz. 121 ff. [EU-Recht] und § 19 Rz. 71 [deutsches Recht]). Oft verlangen die Wettbewerbsbehörden zusätzlich Informationen über die Namen und Marktanteile der wichtigsten Wettbewerber sowie detaillierte Daten zu den betroffenen Märkten, der Angebots- und Nachfragestruktur und zu Markteintritten in der jüngeren Vergangenheit etc. Auch müssen teilweise Satzungen der beteiligten Unternehmen, Handelsregisterauszüge, Geschäftsberichte und die relevanten Verträge vorgelegt werden, die teilweise oder vollständig in die jeweilige Landessprache übersetzt werden müssen. Teilweise sind für die Anmeldung Formblätter zu verwenden. 24

In den meisten Rechtsordnungen ist die **Anmeldung** eines Zusammenschlusses ab Überschreitung bestimmter Schwellenwerte **in der Regel verpflichtend**. In anderen Ländern, z. B. in Australien,[12] Neuseeland[13] und im Vereinigten Königreich,[14] ist eine Anmeldung nicht zwingend vorgeschrieben. Ab Erreichen bestimmter Schwellenwerte kann die jeweilige Wettbewerbsbehörde aber den Zusammenschluss *ex officio* aufgreifen, prüfen und ggf. untersagen bzw. wieder entflechten. Daher bietet sich zumindest dann eine freiwillige Anmeldung an, wenn die Schwellenwerte für die Behörde überschritten sind und erhebliche wettbewerbliche Bedenken gegen den Zusammenschluss bestehen könnten. 25

Die Fusionskontrollrechtsordnungen der meisten Länder wirken wie das deutsche und europäische Recht präventiv. Das bedeutet, dass **(vorläufige) Vollzugsverbote** bestehen, die es untersagen, den Unternehmenszusammenschluss bereits vor der Freigabe umzusetzen (siehe § 18 Rz. 124 [EU-Recht] und § 19 Rz. 71 [deutsches Recht]). Vollzugsverbote können entweder grundsätzlich (vorbehaltlich völkerrechtlicher Restriktionen) weltweit gelten oder sind auf den nationalen Markt beschränkt. Besteht ein Vollzugsverbot, müssen die Par- 26

---

12) Näher dazu *Hellmann* in: Terhechte, Rz. 55.38.
13) Näher dazu *Taylor* in: Terhechte, Rz. 56.89.
14) Näher dazu *Ziegler/Willis* in: Terhechte, Rz. 13.39.

§ 17 Grundlegung

teien bis zur Freigabe weiter unabhängig voneinander auf dem Markt agieren und dürfen sich auch nicht über marktrelevante Informationen austauschen. Bei Nichtbeachtung des Vollzugsverbots drohen nach deutschem und europäischem Recht empfindliche Bußgelder und schlimmstenfalls die Entflechtung (siehe § 18 Rz. 126 ([EU-Recht] und § 19 Rz. 73 [deutsches Recht]). In anderen Ländern ist sogar mit strafrechtlichen Sanktionen zu rechnen. Doch auch die zivilrechtlichen Konsequenzen sind nicht zu unterschätzen. So führen Verstöße gegen das Vollzugsverbot in Deutschland und anderen Ländern der EU zur (teils schwebenden) Unwirksamkeit des dem Zusammenschluss zugrunde liegenden Rechtsgeschäfts.

§ 18 Europäisches Kartellrecht

Übersicht

A. Überblick 1
B. Zusammenschlusskontrolle 2
I. Grundlagen 2
   1. Entstehung und Reform der FKVO 2
   2. Begleitende Rechtsakte und Verwaltungsvorschriften 5
II. Internationaler Anwendungsbereich 9
   1. Grundlagen 9
   2. Auswirkungsprinzip, Anmeldeerfordernis und Reichweite der Untersagung ... 11
   3. Erweiterung des Anwendungsbereichs durch internationale Abkommen 19
   4. Verhältnis zur nationalen Fusionskontrolle (EU/EWR) 20
   5. Parallelverfahren in Drittstaaten 25
III. Anmeldepflichtige Zusammenschlüsse 30
   1. Zusammenschlusstatbestand 31
      a) Grundlagen 31
      b) Fusion 35
      c) Kontrollerwerb 37
      d) Gemeinschaftsunternehmen ... 44
      e) Einschränkungen des Zusammenschlussbegriffs 45
   2. Umsatzanforderungen 48
      a) Umsatzschwellenwerte 48
      b) Beteiligte Unternehmen 51
      c) Umsatzberechnung 58
IV. Materiell-rechtliche Untersagungsvoraussetzungen 61
   1. Einführung 61
   2. Marktdefinition 64
      a) Sachlich relevanter Markt 66
      b) Räumlich relevanter Markt 70
   3. Erhebliche Behinderung wirksamen Wettbewerbs 78
      a) Überblick über den SIEC-Test 78
      b) Horizontale Zusammenschlüsse 83
         aa) Einzelmarktbeherrschung 85
         bb) Kollektive Marktbeherrschung 94
         cc) Nicht koordinierte (unilaterale) Wirkungen 98
      c) Sonstige Zusammenschlüsse ... 100
         aa) Vertikale Zusammenschlüsse 101
            (1) Grundlagen 101
            (2) Marktabschottung 104
            (3) Erleichterung kollusiven Verhaltens 108
         bb) Konglomerate Zusammenschlüsse 109
            (1) Grundlagen 109
            (2) Marktabschottungseffekte 111
            (3) Erleichterung kollusiven Verhaltens 112
      d) Betroffenheit eines wesentlichen Teils des Gemeinsamen Marktes 113
      e) Kausalität (Sanierungsfusionen) 114
      f) Abwägungsklausel 115
      g) Nebenabreden 116
V. Sonderregeln für Vollfunktions-GU 120
VI. Verfahren 121
   1. Informelle Vorgespräche, Anmeldung und Vollzugsverbot 121
   2. Gang des Verfahrens 128
   3. Verweisungen zwischen der Kommission und nationalen Kartellbehörden 135
      a) Verweisungen von der Kommission an nationale Behörden 136
      b) Verweisungen von nationalen Behörden an die Kommission 139
      c) Verweisungen nach dem EWR-Abkommen 142

§ 18 Europäisches Kartellrecht

4. Verfahrensabschluss, Verpflichtungszusagen, Bedingungen und Auflagen.... 145	II. Internationaler Anwendungsbereich 156
5. Rechtsschutz........................ 150	1. Verhältnis zu Drittstaaten......156
C. Kartellverbot........................ 154	2. Verhältnis zum nationalen Recht der Mitgliedstaaten......161
I. Grundlagen........................... 154	III. Nebenabreden..............................162

Literatur: *van Bael/Bellis*, Competition Law of the European Community, 5. Aufl., Den Haag, 2010; *Baetge, D.*, Globalisierung des Wettbewerbsrechts, 2009; *Basedow*, Weltkartellrecht, 1998; *Bätge, J.*, Wettbewerb der Wettbewerbsordnungen?, 2009; *Bauer*, Reform der EU-Fusionskontrolle: (Noch) Kein großer Wurf, WuW 2013, 567; *Bavasso*, Boeing/McDonnell Douglas: Did the Commission Fly Too High?, ECLR 1998, 243; *Bechtold*, EG-Fusionskontrolle bei grenzüberschreitenden Fusionen, EuLF 2000/01, 19; *Bechtold/Bosch/Brinker*, EU-Kartellrecht, 3. Aufl., 2014; *Beck*, Extraterritoriale Anwendung des EG-Kartellrechts: Rechtsvergleichende Anm. zum „Zellstoff"-Urteil des Europäischen Gerichtshofs, RIW 1990, 91; *Bergau*, Die Sanierungsfusion im europäischen Kartellrecht, 2004; *Bishop/Walker*, The Economics of EC Competition Law, 3. Aufl., London, 2010; *Böge*, Muss die EU zum SLC-Test wechseln?, WuW 2002, 825; *v. Brevern*, Die „Gründung eines Gemeinschaftsunternehmens" nach Art. 3 Abs. 4 der Fusionskontrollverordnung, WuW 2012, 225; *Brinker*, Die Verweisung von Zusammenschlussvorhaben an die Europäische Kommission nach Art. 22 FKVO, in: Festschrift für Canenbley, 2012, S. 77; *Brinker*, What's next?, NZKart 2013, 301; *Broberg*, Reforming the Merger Control Regulation's Article 22 Referral Mechanism, ECLR 2012, 215; *Broberg*, The Concept of Control in the Merger Control Regulation, ECLR 2004, 741; *Christiansen*, Der „More Economic Approach" in der EU-Fusionskontrolle, 2010; *U. Denzel*, Materielle Fusionskontrolle in Europa und den USA, 2004; *Dlouhy*, Extraterritoriale Anwendung des Kartellrechts im europäischen und US-amerikanischen Recht, 2003; *Drexl*, WTO und Kartellrecht: Zum Warum und Wie dieser Verbindung in Zeiten der Globalisierung, ZWeR 2004, 191; *Ehlermann*, Die europäische Fusionskontrolle, WuW 1991, 535; *Emmerich*, Kartellrecht, 13. Aufl., 2014; *Ezrachi*, Limitations on the Extraterritorial Reach of the European Merger Regulation, ECLR 2001, 137; *Fox/Arena*, The International Institutions of Competition Law, in: Fox/Trebilcock, The Design of Competition Law Institutions, Oxford 2013, 444; *Gerber*, Global Competition: Law, Markets, and Globalization, Oxford 2010; *Gey*, Potentieller Wettbewerb und Marktbeherrschung, 2004; *Glöckner*, Kartellrecht – Recht gegen Wettbewerbsbeschränkungen, 2012; *Grabbe*, Nebenabreden in der europäischen Fusionskontrolle, 2000; *Heinen*, Mehrfachanmeldungen in der Praxis, EWS 2010, 8; *Hertfelder*, Die consumer welfare im europäischen Wettbewerbsrecht, 2010; *Hildebrand*, The Role of Economic Analysis in the EC Competition Rules, 3. Aufl., Den Haag, 2009; *Hirsbrunner*, Die Entwicklung der europäischen Fusionskontrolle im Jahr 2013, EnZW 2014, 658; *Immenga*, Das Auswirkungsprinzip des internationalen Wettbewerbsrechts als Gegenstand einer gemeinschaftsrechtlichen Verordnung, in: Festschrift für G. Kühne, 2009, S. 725; *Immenga*, Zur extraterritorialen Anwendung der europäischen Fusionskontrolle, in: Festschrift für Zäch, Zürich 1999, S. 347; *Immenga/Mestmäcker*, Wettbewerbsrecht, Bd. 1: Kommentar zum Europäischen Kartellrecht, 5. Aufl., 2012; *Jaeger/Pohlmann/Schroeder*, Frankfurter Kommentar zum Kartellrecht, Loseblatt, Stand: 1/2009 (zit.: *Bearbeiter* in: FK-KartellR); *Janicki*, EG-Fusionskontrolle auf dem Weg zur praktischen Umsetzung, WuW 1990, 195; *Kling/Thomas*, Kartellrecht, 2007; *Körber*, Die Kommission als Unionsgesetzgeber, WuW 2012, 119; *Kuhn*, Gedanken zur Inlandsauswirkung von Gemeinschaftsunternehmen, WuW 2011, 1053; *Langen/Bunte*, Kommentar zum deutschen und europäischen Kartellrecht, Bd 2: Europäisches Kartellrecht, 12. Aufl., 2014 (zit.: *Bearbeiter* in: Langen/Bunte); *Langeheine/v. Koppenfels*, Aktuelle Probleme in der EU-Fusionskontrolle, ZWeR 2013, 299; *Levy*, The EU's SIEC Test Five Years On: Has It Made a Difference?, European Competition Journal 6 (2010), 211; *Linder*, Kollektive Marktbeherrschung in der Fusionskontrolle, 2005; *Loewenheim/Meessen/Riesenkampff*,

Kartellrecht, 2. Aufl., 2009; *Lowe*, Extraterritorial Jurisdiction: The British Practice, RabelsZ 52 (1988), 157; *Lübking*, Konvergenz und ihre Grenzen bei Zusagen in der EU-Fusionskontrolle, WuW 2011, 1223; *Mankowski*, Das neue Internationale Kartellrecht des Art. 6 Abs. 3 der Rom II-Verordnung, RIW 2008, 177; *Martinek*, Das uneingestandene Auswirkungsprinzip des EuGH zur extraterritorialen Anwendbarkeit der EG-Wettbewerbsregeln, IPRax 1989, 347; *Meessen*, Völkerrechtliche Grundsätze des internationalen Kartellrechts, 1975; *Mestmäcker/Schweitzer*, Europäisches Wettbewerbsrecht, 2. Aufl., 2004; *Möller*, Verbraucherbegriff und Verbraucherwohlfahrt im europäischen und amerikanischen Kartellrecht, 2008; *Motta*, Competition Policy, Cambridge 2004; *Münchener Kommentar zum Europäischen und Deutschen Wettbewerbsrecht* (Kartellrecht) hrsg. v. Hirsch/Montag/Säcker, Bd. 1: Europäisches Wettbewerbsrecht, 2. Aufl., 2014, im Erscheinen (zit.: *Bearbeiter* in: MünchKomm-EuWettbR); *Neumann/Weigand*, The International Handbook of Competition, 2. Aufl., Cheltenham 2013 (zit.: *Bearbeiter* in: Neumann/Weigand); *Podszun*, Internationales Kartellverfahrensrecht, Bern 2003; *Rengeling/Middeke/Gellermann*, Handbuch des Rechtsschutzes in der Europäischen Union, 3. Aufl., 2014 (zit: *Bearbeiter* in: Rengeling/Middeke/Gellermann); *P. Rösler*, Der Begriff der marktbeherrschenden Stellung in der europäischen Fusionskontrolle, NZG 2000, 857; *Rosenthal/Thomas*, European Merger Control, 2010; *Roth*, Zum Unternehmensbegriff im europäischen Kartellrecht, in: Festschrift für R. Bechtold, 2006, S. 393; *Säcker*, Abschied vom Bedarfsmarktkonzept, ZWeR 2004, 1; *Schmidt/Simon*, Die fusionskontrollrechtliche Zuständigkeitsverweisung gemäß Art. 22 FKVO – auf der Suche nach der am besten geeigneten Behörde, WuW 2011, 1056; *Schnyder*, Wirtschaftskollisionsrecht, 1990; *Schödermeier*, Die vermiedene Auswirkung: Anm. zum Papierstoff-Urteil des EuGH, WuW 1989, 21; *Schröter/Jakob/Klotz/Mederer*, Europäisches Wettbewerbsrecht, 2. Aufl., 2014 (zit: *Bearbeiter* in: Schröter/Jakob/Klotz/Mederer); *Schulte*, Handbuch Fusionskontrolle, 2. Aufl., 2010 (zit.: *Bearbeiter* in: Schulte, Hdb. Fusionskontrolle); *Schwalbe/Zimmer*, Kartellrecht und Ökonomie, 2. Aufl., 2011; *Schwartz/Basedow*, Restrictions on Competition, in: Lipstein, International Encyclopedia of Comparative Law, Volume 3, Chapter 35, Dordrecht/Boston 1995; *Schwarze*, Recht und Ökonomie im Europäischen Wettbewerbsrecht, 2006 (zit.: *Bearbeiter* in: Schwarze); *Schwarze*, Die extraterritoriale Anwendbarkeit des EG-Wettbewerbsrechts: Vom Durchführungsprinzip zum Prinzip der qualifizierten Auswirkung, WuW 2001, 1190; *Soyez*, Die Verweisung an die Kommission nach Art. 4 Abs. 5 FKVO, ZWeR 2005, 416; *Stroux*, US and EC Oligopoly Control, Den Haag 2004; *Terhechte*, Internationales Kartell- und Fusionskontrollverfahrensrecht, 2008 (zit.: *Bearbeiter* in: Terhechte); *Tietje*, Internationales Wirtschaftsrecht, 2009 (zit.: *Bearbeiter* in: Tietje); *Weber*, Sanierungsfusionen in der Konzeption von SIEC- und Marktbeherrschungstest unter der Fusionskontrollverordnung, 2006; *Wiedemann*, Handbuch des Kartellrechts, 2. Aufl., 2008 (zit.: *Bearbeiter* in: Wiedemann, Hdb. Kartellrecht); *Witt*, From *Airtours* to *Ryanair*: Is the More Economic Approach to EU Merger Law Really About More Economics?, CMLRev. 49 (2012), 217; *Wrase*, Europäische Fusionskontrolle: Der Oligopoltatbestand unter besonderer Berücksichtigung der unilateralen Effekte, 2007; *Wurmnest*, Grundzüge eines europäischen Haftungsrechts, 2003 (zit.: Grundzüge); *Wurmnest*, Internationale Zuständigkeit und anwendbares Recht bei grenzüberschreitenden Kartelldelikten, EuZW 2012, 933; Wurmnest, Marktmacht und Verdrängungsmissbrauch, 2. Aufl., 2012 (zit.: Marktmacht).

A. Überblick

Das EU-Kartellrecht ist in den Unionsverträgen und darauf basierenden Sekundärrechtsakten niedergelegt. Kartellrechtliche Schranken für internationale Unternehmenskäufe ergeben sich in erster Linie aus der Fusionskontrollverordnung (FKVO) aus dem Jahre 2004.[1] Die FKVO wurde durch völkerrecht-

---

1) Verordnung Nr. 139/2004 des Rates v. 20.1.2004 über die Kontrolle von Unternehmenszusammenschlüssen, ABl. EU 2004 L 24/1.

liche Verträge auf die EFTA-Staaten, die dem EWR beigetreten sind (Island,[2]) Liechtenstein, Norwegen), erstreckt. Wettbewerbsbeschränkende Absprachen oder Verhaltensweisen in Zusammenhang mit einem internationalen Unternehmens- oder Beteiligungskauf können ferner am Kartellverbot gemessen werden. Einen grundsätzlichen Vorrang der Fusionskontrollvorschriften vor dem Kartellverbot gibt es im Unionsrecht nicht. Vielmehr erfasst das Kartellverbot insbesondere solche Vorhaben, bei denen die unzulässige Koordinierung von Wettbewerbsparametern mittels eines Gemeinschaftsunternehmens erfolgt.

B. Zusammenschlusskontrolle
I. Grundlagen
1. Entstehung und Reform der FKVO

2 Seit der Gründung der Europäischen Wirtschaftsgemeinschaft (EWG) zählt die Aufrechterhaltung eines unverfälschten Wettbewerbs auf dem „Gemeinsamen Markt" zu den zentralen Aufgaben der Gemeinschaft. Daran hat sich bis heute nichts geändert, auch wenn die Gemeinschaft mittlerweile in eine Union umgewandelt wurde und der Wettbewerbsschutz nunmehr den „Binnenmarkt" im Blick hat. Bereits im EWG-Vertrag wurde daher ein Kartellverbot und eine Missbrauchsaufsicht über marktbeherrschende Unternehmen verankert. Eine präventive Zusammenschlusskontrolle sah dieser Vertrag (anders als noch der EGKSV) jedoch nicht vor, da Sinn und Ausgestaltung eines solchen Kontrollinstruments zwischen den EWG-Gründerstaaten sehr umstritten waren. Lange Zeit blieben daher die allgemeinen Wettbewerbsregeln, sprich das Kartellverbot (Art. 101 AEUV, vormals Art. 81 EG) und das Missbrauchsverbot (Art. 102 AEUV, vormals Art. 82 EG), die einzigen kartellrechtlichen Schranken für Unternehmenszusammenschlüsse.[3] Da die punktuelle Anwendbarkeit der primärrechtlichen Wettbewerbsregeln jedoch keinen lückenlosen Schutz gegen eine Vermachtung der Märkte bieten konnte, wurde schließlich ein europäisches Zusammenschlusskontrollregime im Wege eines Sekundärrechtsakts eingeführt.

3 Die Kontrolle externen Unternehmenswachstums stützte sich zunächst auf die am 21.12.1989 vom Rat verabschiedete Verordnung 4064/89 über die Kontrolle

---

2) Island hat 2009 einen Antrag auf Aufnahme in die EU gestellt, der von der Kommission befürwortet wurde, vgl. Mitteilung der Kommission zum Antrag Islands auf Beitritt zur Europäischen Union, KOM (2010) 62 endg. v. 24.2.2010. Die Beitrittsverhandlungen wurden zügig geführt. Nach einem Regierungswechsel in Island im Jahre 2013 hat die isländische Seite die Beitrittsverhandlungen allerdings weitgehend „auf Eis" gelegt. Es ist daher derzeit unklar, ob Island in naher Zukunft aus dem EWR ausscheiden und ein Mitgliedstaat der EU wird.

3) Vgl. insbesondere EuGH, Rs. 6/72, *Europemballage Corporation und Continental Can/Kommission*, Slg. 1973, 215, Rz. 25; EuGH, verb. Rs. 142 und 156/84, *BAT und Reynolds/Kommission*, Slg. 1987, 4566, Rz. 37.

von Unternehmenszusammenschlüssen,[4] deren Vorschriften durch die Verordnung 1310/97 leicht modifiziert wurden.[5] Seit dem 1.5.2004 ist für Zusammenschlüsse mit gemeinschaftsweiter Bedeutung die Verordnung 139/2004 (**FKVO**) maßgeblich.[6] Mit dieser Verordnung wurden die Aufgreifschwellen aus Gründen der Verfahrensökonomie erheblich abgesenkt, um die Zahl von Verfahren, bei denen Unternehmen ihr Vorhaben bei verschiedenen nationalen Behörden der EU-Mitgliedsstaaten anmelden mussten (sog. „Mehrfachanmeldungen") zu verkleinern. Ferner wurde ein neues Untersagungskriterium eingeführt, welches stärker ökonomisch ausgelegt und angewendet werden soll.[7] Das Fusionskontrollinstrumentarium wird jedoch ständig überprüft und weiterentwickelt. Im Jahre 2013 hat die Europäische Kommission daher verschiedene Konsultationsverfahren eröffnet, um die Fusionskontrolle effektiver zu gestalten. Eine dieser Konsultationen konnte Ende 2013 mit der Verabschiedung des sog. „Erleichterungspakets" abgeschlossen werden, welches die Durchführungsvorschriften zur FKVO betrifft. Mit Wirkung zum 1.1.2014 wurde eine leichte Anhebung der Schwellenwerte beschlossen, um den Anwendungsbereich des vereinfachten Verfahrens auszuweiten. Ferner wurden die Formblätter überarbeitet und die Zahl der bei einer Anmeldung beizubringenden Daten für bestimmte Konstellationen leicht verringert.[8] Zudem wurden die Mustertexte für Verpflichtungszusagen für die Veräußerung von Geschäftsbereichen neu gefasst.[9] Eine weitere von der Kommission angestoßene Neuerung befindet sich noch im Gesetzgebungsverfahren. Die Kommission prüft derzeit, ob zumindest bestimmte (nicht-kontrollierende) Minderheitsbeteiligungen der FKVO unterfallen

---

4) Verordnung Nr. 4064/89 des Rates v. 21.12.1989 über die Kontrolle von Unternehmenszusammenschlüssen (berichtigte Fassung), ABl. EG 1990 L 257/13; dazu *Janicki*, WuW 1990, 195 ff.; *Ehlermann*, WuW 1991, 535 ff.

5) Verordnung Nr. 1310/97 des Rates v. 30.6.1997 zur Änderung der Verordnung (EWG) 4064/89 des Rates über die Kontrolle von Unternehmenszusammenschlüssen, ABl. EG 1997 L 180/1; berichtigt in ABl. EG 1998 L 3/16 und ABl. EG 1998 L 40/17.

6) Verordnung Nr. 139/2004 des Rates v. 20.1.2004 über die Kontrolle von Unternehmenszusammenschlüssen, ABl. EU 2004 L 24/1.

7) Eingehend zur Entwicklung der EU-Fusionskontrolle *Körber* in: Immenga/Mestmäcker, Einleitung FKVO Rz. 15 ff.; *Zeise* in: Schulte, Hdb. Fusionskontrolle, Rz. 880 ff.

8) Die Änderungen ergeben sich aus der Bekanntmachung der Kommission über ein vereinfachtes Verfahren für bestimmte Zusammenschlüsse gemäß der Verordnung (EG) Nr. 139/ 2004 des Rates, ABl. EU 2013 C 366/5, und der Durchführungsverordnung (EU) Nr. 1269/ 2013 der Kommission v. 5.12.2013 zur Änderung der Verordnung (EG) Nr. 802/2004 zur Durchführung der Verordnung (EG) Nr. 139/2004 des Rates über die Kontrolle von Unternehmenszusammenschlüssen, ABl. EU 2013 L 336/1.

9) Die Änderungen ergeben sich aus der Bekanntmachung der Kommission über ein vereinfachtes Verfahren für bestimmte Zusammenschlüsse gemäß der Verordnung (EG) Nr. 139/ 2004 des Rates, ABl. EU 2013 C 366/5, und der Durchführungsverordnung (EU) Nr. 1269/ 2013 der Kommission v. 5.12.2013 zur Änderung der Verordnung (EG) Nr. 802/2004 zur Durchführung der Verordnung (EG) Nr. 139/2004 des Rates über die Kontrolle von Unternehmenszusammenschlüssen, ABl. EU 2013 L 336/1.

§ 18 Europäisches Kartellrecht

sollen.[10] Bislang sind solche Beteiligungen – anders als im deutschen und im US-amerikanischen Recht – nicht anmeldepflichtig. Schließlich wird nach Wegen gesucht, das komplexe System der Verweisung von Zusammenschlüssen zwischen der Kommission und den nationalen Behörden zu verbessern.[11]

4 Als Sekundärrechtsakte vermögen diese Verordnungen freilich die Rechtsprechung des EuGH zur Anwendbarkeit des Primärrechts (Art. 101, 102 AEUV) auf Unternehmenszusammenschlüsse nicht außer Kraft zu setzen.[12] Da die FKVO in bestimmten Fällen jedoch die Durchführungsverordnungen, insbesondere die Verordnung 1/2003 zur Anwendung der primärrechtlichen EU-Wettbewerbsregeln (folgend: VO 1/2003)[13] für nicht anwendbar erklärt (Art. 21 Abs. 1 FKVO), hat die Kontrolle eines Unternehmenskaufs am Maßstab von Art. 101, 102 AEUV heute praktisch keine Bedeutung mehr.[14] Die Überprüfung des Zusammenschlusses am Maßstab von Art. 101 AEUV ist – außerhalb des Fusionskontrollverfahrens – auf bestimmte Gemeinschaftsunternehmen beschränkt (siehe dazu Rz. 154 ff. sowie § 41 Rz. 24 ff.). Allerdings bleiben solche Nebenabreden am Kartellverbot zu messen, die nicht als *„ancillary restraints"* gelten, also als Abreden, die zur erfolgreichen Durchführung des Zusammenschlussvorhabens unbedingt notwendig sind (siehe dazu Rz. 155).

---

10) Commission Staff Working Document v. 25.6.2013, Towards more effective EU merger control, SWD(2013) 239 final, 3 ff. White paper v. 9.7.2014, Towards more effective EU merger control, COM (2014) 449 final, 8 ff.

11) Commission Staff Working Document v. 25.6.2013, Towards more effective EU merger control, SWD(2013) 239 final, 13 ff. White paper v. 9.7.2014, Towards more effective EU merger control, COM (2014) 449 final, 15 ff. Zu den Reformvorhaben s. *Brinker*, NZKart 2013, 301; *Langeheine/v. Koppenfels*, ZWeR 2013, 299, 306 ff.; *Hirsbrunner*, EuZV 2014, 658 f.

12) Vgl. allg. *Mestmäcker/Schweitzer*, § 23 Rz. 13.

13) Verordnung Nr. 1/2003 des Rates v. 16.12.2002 zur Durchführung der in den Art. 81 und 82 des Vertrags niedergelegten Wettbewerbsregeln, ABl. EG 2003 L 1/1; zuletzt geändert durch Verordnung Nr. 411/2004 des Rates v. 26.2.2004 zur Aufhebung der Verordnung (EWG) Nr. 3975/87 und zur Änderung der Verordnung (EWG) Nr. 3976/87 sowie der Verordnung (EG) Nr. 1/2003 hinsichtlich des Luftverkehrs zwischen der Gemeinschaft und Drittländern, ABl. EU 2004 L 68/1 sowie durch Verordnung Nr. 1419/2006 des Rates v. 25.9.2006 zur Aufhebung der Verordnung (EWG) Nr. 4056/86 über die Einzelheiten der Anwendung der Art. 85 und 86 des Vertrags auf den Seeverkehr und zur Ausweitung des Anwendungsbereichs der Verordnung (EG) Nr. 1/2003 auf Kabotage und internationale Trampdienste, ABl. EU 2006 L 269/1.

14) Kommission und Rat haben 1989 eine Protokollerklärung zur Auslegung von Art. 22 VO 4064/89 (nunmehr Art. 21 FKVO) abgegeben, nach der Zusammenschlüsse, die vom Zusammenschlussbegriff der FKVO erfasst werden, allein auf Grundlage der spezielleren FKVO untersucht werden sollen. Die Kommission behält sich lediglich vor, in Fällen, die von Art. 22 VO 4064/89 (nunmehr Art. 21 FKVO) nicht erfasst werden, Art. 101, 102 AEUV anzuwenden, und zwar auf Grundlage von Art. 105 AEUV (vormals Art. 85 EG). Die Protokollerklärung ist abgedruckt bei *Mestmäcker/Schweitzer*, § 23 Rz. 18.

2. Begleitende Rechtsakte und Verwaltungsvorschriften

Die FKVO berechtigt die Europäische Kommission (nachfolgend: Kommission), Durchführungsbestimmungen und Leitlinien zu erlassen. Von dieser Kompetenz hat die Kommission umfassend Gebrauch gemacht und auf diese Weise das Fusionskontrollverfahren näher ausgestaltet: Die Verordnung Nr. 802/2004 zur Durchführung der FKVO, die im Jahre 2008[15] und erneut im Jahre 2013 (mit Wirkung zum 1.1.2014)[16] überarbeitet wurde (folgend: **Durchführungs-VO 802/ 2004**), bestimmt Details der Anmeldebefugnis, des Anmeldevorgangs, der Fristberechnung (inklusive der Konsequenzen bei der Angabe falscher oder ungenauer Informationen durch die anmeldenden Unternehmen), des Anhörungsverfahrens und der Akteneinsicht. Diese Verordnung enthält ferner das Formblatt CO (Anhang I),[17] das bei der Anmeldung von Unternehmenszusammenschlüssen bei der Kommission zwingend benutzt werden muss. Für Zusammenschlüsse, die im Regelfall keinen Anlass zu wettbewerbsrechtlichen Bedenken geben, kann allerdings ein vereinfachtes Formblatt (Anhang II) verwendet werden (sog. Short Form CO). Darüber hinaus enthält die Durchführungs-VO 802/2004 das Formblatt RS (Anhang III)[18] für Anträge auf Verweisung der Prüfungskompetenz für das anzumeldende Vorhaben an die Kommission bzw. nationalen Kartellbehörden. Die Formblätter wurden durch die Reform im Jahre 2013 erheblich umgearbeitet. 5

Bei der Auslegung der FKVO orientiert sich die Kommission an ihren bisherigen Entscheidungen.[19] In der Praxis wird die Anwendung der FKVO allerdings in großem Umfang durch eine Reihe von **Bekanntmachungen, Leitlinien** und **Best Practice Guidelines** mitbestimmt, welche die Kommission zu bestimmten Einzelfragen der Zusammenschlusskontrolle ausgearbeitet hat. Diese Instrumente, die (auch) auf der Website der Generaldirektion Wettbewerb (DG Comp) der Europäischen Kommission veröffentlicht werden,[20] sollen den betroffenen 6

---

15) Verordnung Nr. 802/2004 der Kommission v. 7.4.2004 zur Durchführung der Verordnung (EG) Nr. 139/2004 des Rates über die Kontrolle von Unternehmenszusammenschlüssen, ABl. EU 2004 L 133/1; zuletzt geändert durch Verordnung Nr. 1033/2008 der Kommission v. 20.10.2008 zur Änderung der Verordnung (EG) Nr. 802/2004 zur Durchführung der Verordnung (EG) Nr. 139/2004 des Rates über die Kontrolle von Unternehmenszusammenschlüssen, ABl. EU 2008 L 279/3.
16) Durchführungsverordnung (EU) Nr. 1269/2013 der Kommission v. 5.12.2013 zur Änderung der Verordnung (EG) Nr. 802/2004 zur Durchführung der Verordnung (EG) Nr. 139/2004 des Rates über die Kontrolle von Unternehmenszusammenschlüssen, ABl. EU 2013 L 336/1.
17) „CO" steht verkürzend für „concentration".
18) „RS" steht verkürzend für „reasoned submission", vgl. *European Competition Authorities*, Grundsätze für die Anwendung von Art. 4 Abs. 5 und Art. 22 der Europäischen Fusionskontrollverordnung durch die nationalen Wettbewerbsbehörden der ECA, Rz. 12, abrufbar unter http://www.bundeskartellamt.de.
19) Vgl. die Sammlung der bisherigen Entscheidungen der Kommission, abrufbar unter http://ec.europa.eu/competition/mergers/cases.
20) Abrufbar unter http://ec.europa.eu/competition/mergers/legislation/legislation.html (nur in englischer Sprache); für eine sehr übersichtliche Sammlung weiterer relevanter Dokumente der europäischen Zusammenschlusskontrolle s. ferner http://www.fkvo.eu.

§ 18 Europäisches Kartellrecht

Unternehmen Informationen darüber vermitteln, wie einzelne Bestimmungen der Zusammenschlusskontrolle ausgelegt und angewendet werden. Diese Dokumente haben zwar keine Rechtsnormqualität, binden aber die Kommission, soweit die entsprechenden Vorschriften im Einklang mit höherrangigem Recht stehen. Insofern kann man von einer **„quasi-normativen Funktion"** dieser Veröffentlichungen sprechen.[21]

7 Von besonderer Relevanz sind derzeit folgende Veröffentlichungen:
- Konsolidierte Mitteilung der Kommission zu Zuständigkeitsfragen gemäß der Verordnung (EG) Nr. 139/2004 des Rates über die Kontrolle von Unternehmenszusammenschlüssen (berichtigte Fassung) (folgend: Konsolidierte Mitteilung zu Zuständigkeitsfragen),[22]
- Bekanntmachung der Kommission über ein vereinfachtes Verfahren für bestimmte Zusammenschlüsse gemäß der Verordnung (EG) Nr. 139/2004 des Rates (Fassung v. 2013, folgend: Bekanntmachung über ein vereinfachtes Verfahren),[23]
- Mitteilung der Kommission über die Verweisung von Fusionssachen (folgend: Mitteilung über Verweisungen),[24]
- Bekanntmachung der Kommission über die Definition des relevanten Marktes i. S. des Wettbewerbsrechts der Gemeinschaft (folgend: Bekanntmachung über die Definition des relevanten Marktes),[25]
- Leitlinien zur Bewertung horizontaler Zusammenschlüsse gemäß der Ratsverordnung über die Kontrolle von Unternehmenszusammenschlüssen (folgend: Leitlinien zu horizontalen Zusammenschlüssen),[26]
- Leitlinien zur Bewertung nichthorizontaler Zusammenschlüsse gemäß der Ratsverordnung über die Kontrolle von Unternehmenszusammenschlüssen (folgend: Leitlinien zu nichthorizontalen Zusammenschlüssen),[27]

---

[21] *Bardong/Käseberg/Maass* in: Langen/Bunte, Einl. FKVO Rz. 20; sehr klar auch *Körber*, WuW 2012, 119: Es handelt sich bei diesen Rechtstexten um sog. soft law, „durch welches die Kommission sich selbst bindet und das sie in ihren Entscheidungen oftmals drehbuchartig Schritt für Schritt abarbeitet (z. B. die Horizontal- und Nichthorizontalleitlinien auf dem Gebiet der Fusionskontrolle)".

[22] ABl. EU 2009 C 43/10. Diese konsolidierte Mitteilung ersetzt die Mitteilung über den Begriff des Zusammenschlusses (ABl. EG 1998 C 66/5), die Mitteilung über den Begriff des Vollfunktionsgemeinschaftsunternehmens (ABl. EG 1998 C 66/1), die Mitteilung über den Begriff der beteiligten Unternehmen (ABl. EG 1998 C 66/14) und die Mitteilung über die Berechnung des Umsatzes (ABl. EG 1998 C 66/25).

[23] ABl. EU 2013 C 366/5.
[24] ABl. EU 2005 C 56/2.
[25] ABl. EG 1997 C 372/5.
[26] ABl. EU 2004 C 31/5.
[27] ABl. EU 2008 C 265/6.

- Mitteilung der Kommission über nach der Verordnung (EG) Nr. 139/2004 des Rates und der Verordnung (EG) Nr. 802/2004 der Kommission zulässige Abhilfemaßnahmen (folgend: Mitteilung über Abhilfemaßnahmen),[28]
- Bekanntmachung der Kommission über Einschränkungen des Wettbewerbs, die mit der Durchführung von Unternehmenszusammenschlüssen unmittelbar verbunden und für diese notwendig sind (folgend: Bekanntmachung über Nebenabreden),[29]
- Mitteilung der Kommission über die Regeln für die Einsicht in Kommissionsakten in Fällen einer Anwendung der Artikel 81 und 82 EG-Vertrag, Artikel 53, 54 und 57 des EWR-Abkommens und der Verordnung (EG) Nr. 139/2004 (folgend: Mitteilung über Akteneinsicht),[30]
- Best practices on the conduct of EC merger control proceedings (folgend: Best practices on EC merger control),[31]
- Best practices for the submission of economic evidence and data collection in cases concerning the application of Articles 101 and 102 TFEU and in merger cases,[32]
- Best Practice Guidelines: The Commission's Model Texts for Divestiture Commitments and the Trustee Mandate under the EC Merger Regulation (Fassung v. 2013, folgend: Best Practice Guidelines for Divestiture Commitments).[33]

Soweit diese Veröffentlichungen der Kommission vor Inkrafttreten der FKVO verabschiedet wurden, gelten sie fort.

8

II. Internationaler Anwendungsbereich

1. Grundlagen

Im Verhältnis zu den EU-Mitgliedstaaten (**Binnenbereich**) hat die EU die Anwendung der nationalen Fusionskontrollregime dahingehend beschränkt, dass Zusammenschlüsse mit gemeinschaftsweiter Bedeutung allein nach unionsrechtlichen Maßstäben beurteilt werden (siehe dazu Rz. 20), sofern die Kommission für die Beurteilung des Zusammenschlusses zuständig ist (zu Verweisungen siehe Rz. 135 ff.).

9

---

28) ABl. EU 2008 C 267/1.
29) ABl. EU 2005 C 56/24.
30) ABl. EU 2005 C 325/7.
31) Abrufbar unter http://ec.europa.eu/competition/mergers/legislation/proceedings.pdf (nur in englischer Sprache).
32) Abrufbar unter http://ec.europa.eu/competition/antitrust/legislation/best_practices_submission_en.pdf (nur in englischer Sprache).
33) Abrufbar unter http://ec.europa.eu/competition/mergers/legislation/best_practice_commitments_trustee_en.pdf (nur in englischer Sprache).

§ 18 Europäisches Kartellrecht

10 Anders als in vielen nationalen Rechtsordnungen[34] gibt es im EU-Recht keine ausdrückliche Kollisionsnorm klassischer Prägung, der zu entnehmen ist, unter welchen Voraussetzungen das EU-Recht im Verhältnis zu **Drittstaaten** angewendet werden kann.[35] Der Gesetzgeber hat es Rechtsprechung und Lehre überlassen, die Anknüpfungskriterien zur Bestimmung der internationalen Reichweite des EU-Kartellrechts zu entwickeln. Welche Anknüpfung zum Tragen kommt, bestimmt sich in erster Linie nach dem Schutzzweck der anzuwendenden Kartellverbotsnorm.[36] Aufgabe des EU-Kartellrechts ist es, die wettbewerbliche Ordnung auf dem Binnenmarkt gegen privatautonome Eingriffe zu schützen.[37] Entsprechend ist heute allgemein anerkannt, dass Wettbewerbsregeln unabhängig davon greifen müssen, wo die wettbewerbsbeschränkende Handlung vorgenommen wurde (strenges Territorialprinzip) oder die an der Beschränkung beteiligten Unternehmen ihren Sitz haben (Personalitätsprinzip).[38] Um den Wettbewerb im Gemeinsamen Markt zu schützen, ist daher für die Anwendung der europäischen Zusammenschlusskontrolle entscheidend, inwieweit der geplante Zusammenschluss Wirkungen auf dem Binnenmarkt entfaltet (Auswirkungsprinzip).[39] Die ökonomischen Zusammenhänge des internationalen Handels bewirken jedoch, dass jede den Wettbewerb beschränkende Handlung in sehr vielen Teilen der Welt wirtschaftliche Effekte entfalten kann. Um einer uferlosen Auswirkung des Kartellrechts Einhalt zu gebieten, hat das Gericht (EuG) in der Rechtssache *Gencor* entschieden, dass das EU-Recht nur dann Anwendung finden soll, wenn die Beeinträchtigung des Wettbewerbs auf dem Gemeinsamen Markt „unmittelbar, wesentlich und vorhersehbar" ist (sog. **„quali-**

---

34) Vgl. etwa § 130 Abs. 2 GWB; Art. 2 Abs. 2 Schweizerisches Bundesgesetz über Kartelle und andere Wettbewerbsbeschränkungen; weitere Nachweise bei *Schwartz/Basedow* in: Lipstein, Chapter 35 Rz. 34 ff.
35) Daran hat auch das Inkrafttreten der sog. Rom I- und Rom II-VO nichts geändert (Verordnung Nr. 593/2008 des Europäischen Parlaments und des Rates v. 17.6.2008 über das auf vertragliche Schuldverhältnisse anzuwendende Recht (Rom I), ABl. EU 2008 L 177/6; Verordnung Nr. 864/2007 des Europäischen Parlaments und des Rates v. 11.7.2007 über das auf außervertragliche Schuldverhältnisse anzuwendende Recht (Rom II), ABl. EU 2007 L 199/40). Diese Verordnungen erfassen lediglich privatrechtliche Ansprüche in Zivil- und Handelssachen (Art. 1 Abs. 1 Rom I-VO, Art. 1 Abs. 1 Rom II-VO) und regeln nicht die behördliche Durchsetzung der EU-Fusionskontrollvorschriften, vgl. *Immenga* in: FS G. Kühne, S. 725, 729 (bezogen auf die Rom II-VO).
36) *Mestmäcker/Schweitzer*, § 6 Rz. 9.
37) Allg. zu den Schutzzielen des EU-Kartellrechts *Wurmnest*, Marktmacht, S. 85 ff.
38) Vgl. nur *Meessen*, S. 108 ff.; *Schnyder*, Rz. 443 ff.; *Schwartz/Basedow* in: Lipstein, Chapter 35 Rz. 8 ff.; *Wagner-v. Papp* in: Tietje, § 11 Rz. 7 f.
39) EuG, Rs. T-102/96, *Gencor/Lonrho*, Slg. 1999, II-753, Rz. 98; *Körber* in: Immenga/Mestmäcker, Art. 1 FKVO Rz. 59 ff.; *Wagner-v. Papp/Wurmnest* in: MünchKomm EuWettbR, Einl. Rz. 1547 ff.

fiziertes Auswirkungsprinzip").[40] Auf diese Weise wird dem völkerrechtlichen Grundsatz Rechnung getragen, dass eine behördliche Kontrolle unternehmerischer Aktivitäten nur dann stattfinden darf, wenn zwischen dem tätig werdenden Staat und dem zu regelnden Sachverhalt eine hinreichend enge Verbindung hergestellt werden kann.[41] Die Bedeutung und das Zusammenspiel der vom EuG genannten Kriterien sowie möglicherweise weiterer begrenzender Kriterien sind allerdings noch nicht abschließend geklärt.[42]

2. Auswirkungsprinzip, Anmeldeerfordernis und Reichweite der Untersagung

Für Unternehmenskäufe mit Auslandsbezug „formalisiert" die FKVO den internationalen Anwendungsbereich der europäischen Zusammenschlusskontrolle in gewissem Umfang.[43] Die europäische Fusionskontrolle findet Anwendung, wenn ein Zusammenschluss mit gemeinschaftsweiter Bedeutung zu bejahen ist, d. h. das Vorhaben die **Umsatzschwellen** des Art. 1 FKVO überschreitet. Diese Schwellen knüpfen einerseits an den Weltumsatz der beteiligten Unternehmen an und andererseits an den in der Union erzielten Umsatz von mindestens zwei der am Zusammenschluss beteiligten Unternehmen an (siehe dazu Rz. 48 ff.). Wo die beteiligten Unternehmen ihren Sitz haben oder in welchem Staat der Unternehmenskaufvertrag verhandelt oder unterzeichnet wurde, ist für die Anwendbarkeit der Verordnung dagegen genauso irrelevant wie die Verortung der Produktionsstandorte der fusionierenden Unternehmen.[44]

11

Die Aufgreifschwellen konkretisieren das Auswirkungsprinzip aber nicht umfassend, sondern definieren lediglich, wann ein Zusammenschluss eine bestimmte Größe überschreitet. Das Erfordernis des Überschreitens gemeinschaftsweiter Mindestumsätze bietet zwar eine gewisse Vermutung dafür, dass ein Zusammenschluss auch eine tatsächliche Auswirkung auf den europäischen Markt

12

---

40) EuG, Rs. T-102/96, *Gencor/Lonrho*, Slg. 1999, II-753, Rz. 92 ff.; s. a. KomE, COMP/ M.1741, *MCI WorldCom/Sprint*, ABl. EU 2003 L 300/1, Rz. 304; vgl. ferner *Rehbinder* in: Immenga/Mestmäcker, IntWbR Rz. 34 ff.; *Wiedemann* in: Wiedemann, Hdb. Kartellrecht, § 5 Rz. 7.

41) Allg. dazu *Dlouhy*, S. 33 ff.; *Meessen*, S. 19 ff.; *D. Baetge*, S. 270 ff. Aus dem Völkerrecht können jedoch nur sehr allgemeine Anforderungen an das Bestehen einer hinreichenden Verbindung abgeleitet werden, eingehend dazu *Wagner-v. Papp/Wurmnest* in: MünchKomm-EuWettbR, Einl. Rz. 1549 ff.

42) Im Einzelnen sind die Qualifikationen des Auswirkungsprinzips (Vorhersehbarkeit, Spürbarkeit, Interessenabwägung etc.) umstritten; eingehend dazu *Wagner-v. Papp/Wurmnest* in: MünchKomm-EuWettbR, Einl. Rz. 1558 ff.

43) *Körber* in: Immenga/Mestmäcker, Art. 1 FKVO Rz. 59. Art. 1 FKVO wird daher auch als versteckte einseitige Kollisionsnorm angesehen; vgl. nur *Rehbinder* in: Immenga/Mestmäcker, IntWbR Rz. 52.

44) Erwägungsgrund 10 FKVO; *Körber* in: Immenga/Mestmäcker, Art. 1 FKVO Rz. 58; *Wagner-v. Papp/Wurmnest* in: MünchKomm-EuWettbR, Einl. Rz. 1543 ff.

haben wird, allerdings ist dies nicht immer der Fall. Gründen etwa zwei in der Union ansässige Unternehmen ein Gemeinschaftsunternehmen, das ausschließlich auf einem lokalen Auslandsmarkt tätig werden soll, so kann dieses Vorhaben etwa aufgrund der Verbundsklausel des Art. 5 Abs. 4 FKVO für die Umsatzberechnung die Umsatzschwellen erfüllen, ohne dass eine unmittelbare und wesentliche Beeinträchtigung des Wettbewerbs auf dem Gemeinsamen Markt anzunehmen ist.[45] Dieses Beispiel zeigt, dass das **Auswirkungsprinzip** somit eine **eigenständige Bedeutung neben der Prüfung der Aufgreifschwellen** haben muss.[46] Zusammenschlüsse, die sich nicht auf den Gemeinsamen Markt auswirken, können somit nicht nach der FKVO untersagt werden.

13 Wie sich dieser Befund auf die Anmeldepflicht und das Vollzugsverbot (Art. 4, 7 FKVO, siehe dazu Rz. 124 und 126) auswirkt, ist umstritten. Die Kommission geht im Prinzip davon aus, dass die Frage, ob sich ein Zusammenschluss im Einzelfall in hinreichender Form auf den Gemeinsamen Markt auswirkt, aus Gründen der Rechtsklarheit für die **Anmeldepflicht** und das **Vollzugsverbot ohne Belang ist**.[47] In Fällen, in denen nur ein marginaler Bezug zum Gemeinsamen Markt vorliegt, gestattet sie jedoch eine Anmeldung in vereinfachter Form, d. h. unter Beibringung einer geringeren Anzahl von Daten, die ansonsten erforderlich wären (siehe dazu Rz. 127); zudem werden solche Zusammenschlüsse aller Erfahrung nach in zeitlicher Hinsicht sehr schnell nach der Anmeldung von der Kommission freigegeben.[48] Dagegen wird von Teilen des Schrifttums gefordert, das **Auswirkungsprinzip** als eine Art **Mindestvoraussetzung** für die Pflicht zur Anmeldung sowie für die Geltung des FKVO-Vollzugsverbots hineinzulesen.[49]

---

45) *Kling/Thomas*, § 9 Rz. 18; *Körber* in: Immenga/Mestmäcker, Art. 1 FKVO Rz. 60; *Rehbinder* in: Immenga/Mestmäcker, IntWbR Rz. 53; *Wagner-v. Papp* in: Tietje, § 11 Rz. 37.

46) *Kling/Thomas*, § 9 Rz. 18; *Rosenthal/Thomas*, European Merger Control, A. Rz. 31; *Wagner-v. Papp/Wurmnest* in: MünchKomm-EuWettbR, Einl. Rz. 1611 f.; s. allg. auch *Zeise* in: Schulte, Hdb. Fusionskontrolle, Rz. 938.

47) So hat sich die Kommission etwa im Fall *Nestlé*, in dem es um den Erwerb der gemeinsamen Kontrolle über ein neu gegründetes Gemeinschaftsunternehmen ging, aufgrund der Überschreitung der Schwellenwerte für zuständig erklärt, obwohl keine Auswirkungen auf den Markt festgestellt werden konnten, so dass der Zusammenschluss im Ergebnis freigegeben werden musste; vgl. KomE, IV/M.1689, *Nestlé/Pillsbury/Häagen-Dasz*. Ähnlich wurde entschieden in KomE, IV/M.69, *Kyowa Saitama Bank*, Rz. 6; KomE, IV/M.826, *ESPN/Star*, Rz. 12.

48) *Körber* in: Immenga/Mestmäcker, Einleitung FKVO Rz. 93 und Art. 4 FKVO Rz. 36.

49) Vgl. insbesondere *Immenga* in: FS Zäch, S. 347, 355 ff.; *Körber* in: Immenga/Mestmäcker, Art. 1 FKVO Rz. 61; weitere Nachweise bei *Wagemann* in: Wiedemann, Hdb. Kartellrecht, § 15 Rz. 25, der allerdings selbst keine Position bezieht; ähnlich *Meessen* in: Loewenheim/Meessen/Riesenkampff, IntKartR Rz. 88 ff. Die Position der Kommission wird dagegen verteidigt von *Rehbinder* in: Immenga/Mestmäcker, IntWbR Rz. 55 f.

Letztere Ansicht überzeugt. Auch eine vereinfachte Anmeldung gibt es für die **14** anmeldenden Unternehmen nicht „zum Nulltarif".[50] Zudem sind die Unternehmen an das Durchführungsverbot gebunden, obwohl eine präventive Kontrolle des Zusammenschlusses zum Schutz des Wettbewerbs auf dem Gemeinsamen Markt bei fehlendem Marktbezug nicht erforderlich ist. Dagegen dürfte der Informationsgewinn der Behörden über bestimmte Märkte eher gering ausfallen.[51] Die Kommission sollte daher in einer Bekanntmachung festlegen, unter welchen Voraussetzungen Unternehmen von einer Anmeldung des Zusammenschlussvorhabens absehen dürfen.[52] Solange sich die Kommission dieser einschränkenden Auslegung der Anmeldepflicht nicht ausdrücklich geöffnet hat, empfiehlt es sich für die Praxis, im Wege **informeller Vorgespräche** (siehe dazu Rz. 127) abzuklären, ob und in welcher Form die geplante Transaktion angemeldet werden muss.[53]

Vom Anmeldeerfordernis zu unterscheiden ist die **Reichweite der Untersagungs-** **15** **befugnis** der Kommission. Das Auswirkungsprinzip berechtigt den Staat, in dessen Gebiet sich die wettbewerbsbeschränkenden Maßnahmen auswirken, alle geeigneten und erforderlichen Maßnahmen zur Beseitigung der Wettbewerbsbeschränkung zu treffen.[54] Das Auswirkungsprinzip soll aber nicht den Export des heimischen Rechts ermöglichen. Ist es daher möglich, die Untersagung so auszugestalten, dass sie allein die Effekte im Inland (und nicht die Wirkungen des Zusammenschlusses im Ausland) beseitigt, so sollte von dieser Möglichkeit Gebrauch gemacht werden, um dem völkerrechtlichen Nichteinmischungsprinzip Rechnung zu tragen.[55]

Zunächst ist daher zu untersuchen, ob die wettbewerbsbeschränkende Wirkung **16** des Zusammenschlusses durch **Verpflichtungszusagen** der Unternehmen oder durch **Auflagen**, die von der Kommission verhängt werden (siehe Rz. 146 ff.), ausgeräumt werden kann.[56] Zu denken ist an die Veräußerung von einzelnen Unternehmensteilen oder Geschäftsbereichen. Bei internationalen Zusammenschlüssen sollten derartige Auflagen ggf. mit ausländischen Wettbewerbsbehörden abgestimmt werden.[57]

---

50) Ähnlich *Meessen* in: Loewenheim/Meessen/Riesenkampff, IntKartR Rz. 87, 89 f.
51) *Kuhn*, WuW 2011, 1053 weist darauf hin, dass Erkenntnisse über bestimmte Wirtschaftszweige zielführender durch Sektorenuntersuchungen gewonnen werden können.
52) *Körber* in: Immenga/Mestmäcker, Art. 1 FKVO Rz. 61; ähnlich *Ezrachi*, ECLR 2001, 137, 144 ff.
53) Allg. dazu *Kling/Thomas*, § 9 Rz. 18; *Zeise* in: Schulte, Hdb. Fusionskontrolle, Rz. 938.
54) *Wagner-v. Papp* in: Tietje, § 11 Rz. 70.
55) *Bavasso*, ECLR 1998, 243, 247; *Fezer/Koos* in: Staudinger, IntWirtschR Rz. 333; *Wagner-v. Papp/Wurmnest* in: MünchKomm-EuWettbR, Einl. Rz. 1563 ff.
56) *Bechtold*, EuLF 2000/01, 19, 21.
57) *Wagner-v. Papp/Wurmnest* in: MünchKomm-EuWettbR, Einl. Rz. 1621.

17 Kann auf diese Weise die Behinderung des Wettbewerbs nicht vollumfänglich beseitigt werden, so muss die Kommission erwägen, ob die Untersagungsverfügung so ausgestaltet werden kann, dass sie allein die Wettbewerbsbeschränkung auf dem Gemeinsamen Markt erfasst. Dies kann durch eine **Teiluntersagung** erreicht werden, die sich auf Tochtergesellschaften beschränkt, die in der EU bzw. im EWR ansässig sind.[58)] Ist eine solche Teiluntersagung möglich, so sind die Unternehmen auch nur an ein **Teilvollzugsverbot** gebunden.[59)]

18 Für den Fall, dass eine Isolierung der Untersagungsverfügung auf den gemeinschaftsbezogenen Teil des Zusammenschlusses nicht möglich ist, hat die Kommission das Recht, den **gesamten Zusammenschluss zu untersagen**.[60)] Dies ist etwa der Fall, wenn sich Drittstaatsunternehmen, die den Binnenmarkt direkt oder über EU-Importeure beliefern, zusammenschließen und dieser Zusammenschluss den Wettbewerb in der Union erheblich behindert.[61)] Wurde in einem solchen Fall der Zusammenschluss entgegen dem Vollzugsverbot (Art. 7 FKVO) bereits vollzogen, so kann die Kommission auch eine **Entflechtung** anordnen (Art. 8 Abs. 4 FKVO).

3. Erweiterung des Anwendungsbereichs durch internationale Abkommen

19 Die Anwendung der FKVO ist durch völkerrechtliche Verträge auf weitere Staaten erstreckt worden. Von Bedeutung ist das EWR-Abkommen, das mit Island,[62)] Liechtenstein und Norwegen abgeschlossen wurde und das für diese Staaten eine dem EU-Recht vergleichbare Zusammenschlusskontrolle vorschreibt.[63)] Zudem besteht mit der Schweiz ein Abkommen für den Bereich des

---

58) *Bavasso*, ECLR 1998, 243, 247; *Wagner-v. Papp/Wurmnest* in: MünchKomm-EuWettbR, Einl. Rz. 1622.
59) *Rehbinder* in: Immenga/Mestmäcker, IntWbR Rz. 64; *Wagner-v. Papp/Wurmnest* in: MünchKomm-EuWettbR, Einl. Rz. 1621.
60) *Fezer/Koos* in: Staudinger, IntWirtschR Rz. 333; *Wagner-v. Papp/Wurmnest* in: MünchKomm-EuWettbR, Einl. Rz. 1623.
61) *Rehbinder* in: Immenga/Mestmäcker, IntWbR Rz. 64.
62) Zur EU-Beitrittsperspektive Islands s. Rz. 1 m. Fn. 2.
63) Art. 57 und Anhang XIV des Abkommens über den Europäischen Wirtschaftsraum, ABl. EG 1994 L 1/3. Die Schweiz hat das EWR-Abkommen nach einem ablehnenden Referendum als einziger EFTA-Staat nicht ratifiziert; vgl. Anpassungsprotokoll zum Abkommen über den Europäischen Wirtschaftsraum, ABl. EG 1994 L 1/572. Nach der Reform der europäischen Fusionskontrolle im Jahre 2004 wurde die neue FKVO auch für den EWR übernommen; vgl. die Beschlüsse Nr. 78 und 79/2004 des Gemeinsamen EWR-Ausschusses, ABl. EU 2004 L 219/13 und L 219/24.

Luftverkehrs, das diesen besonderen Wirtschaftsbereich einer besonderen Fusionskontrolle unterwirft.[64]

4. Verhältnis zur nationalen Fusionskontrolle (EU/EWR)

Unterfällt ein geplanter Zusammenschluss der FKVO, so prüft nach dem **Grundsatz des „one-stop shop"**[65] allein die Kommission, ob das Vorhaben nach europäischem Recht freigegeben werden kann oder verboten werden muss (Art. 21 Abs. 2 und 3 FKVO). 20

Für Zusammenschlüsse von gemeinschaftsweiter Bedeutung gilt das nationale Zusammenschlusskontrollrecht der **EU-Mitgliedstaaten** nicht. Dementsprechend müssen solche Vorhaben bei den nationalen Kartellämtern weder angemeldet noch angezeigt werden.[66] Allerdings steht es den Mitgliedstaaten frei, zum **Schutz von berechtigten Interessen** wie der öffentlichen Sicherheit oder der Medienvielfalt geeignete Maßnahmen zu ergreifen (Art. 21 Abs. 4 FKVO) und in diesem Zusammenhang etwa **parallele Prüfverfahren** (so etwa in Deutschland zur Sicherung der Meinungsvielfalt in Rundfunk und Fernsehen) durchzuführen.[67] Weitere Interessen müssen die Mitgliedstaaten bei der Kommission anmelden. Die Kommission muss dann prüfen, ob diese Interessen mit den allgemeinen Grundsätzen und den sonstigen Bestimmungen des Unionsrechts vereinbar ist (Art. 21 Abs. 4 FKVO). Einschränkungen in Bezug auf die Prüfungskompetenz der Kommission bestehen ferner gemäß Art. 346 Abs. 1 lit. b AEUV (vormals Art. 296 Abs. 1 lit. b EG) für Zusammenschlüsse, die die **militärisch-sicherheitspolitischen Interessen der EU-Mitgliedstaaten** berühren.[68] 21

---

64) Art. 11 und Anhang des Abkommens zwischen der Europäischen Gemeinschaft und der Schweizerischen Eidgenossenschaft über den Luftverkehr, ABl. EU 2002 L 114/73. Details der anwendbaren Wettbewerbsregeln legt der Gemischte Luftverkehrsausschuss Gemeinschaft/Schweiz durch Beschluss fest. Dieser hat den neuen Prüfungsmaßstab der FKVO übernommen, so dass der SIEC-Test für Luftverkehrsmärkte auch im Verhältnis zur Schweiz Anwendung findet; vgl. Punkt 2 des Beschlusses Nr. 1/2008 des Gemischten Luftverkehrsausschusses Gemeinschaft/Schweiz, der durch das Abkommen zwischen der Gemeinschaft und der Schweizerischen Eidgenossenschaft über den Luftverkehr eingesetzt wurde, zur Ersetzung des Anhangs des Abkommens zwischen der Europäischen Gemeinschaft und der Schweizerischen Eidgenossenschaft über den Luftverkehr, ABl. EU 2009 L 40/67.
65) Vgl. Erwägungsgrund 8 FKVO („Prinzip der einzigen Anlaufstelle", „application of a 'onestop shop' system").
66) Deklaratorisch: § 35 Abs. 3 GWB.
67) Mit Zustimmung der Kommission können gemäß Art. 21 Abs. 4 Unterabs. 3 FKVO auch Maßnahmen zum Schutz anderer öffentlicher Interessen ergriffen werden.
68) So können die EU-Mitgliedstaaten etwa Waffenherstellern auferlegen, bestimmte Zusammenschlussvorhaben nicht oder nur ohne die Offenlegung militärischer Geheimnisse anzumelden. Die Kommission ist in einem solchen Fall dann in ihrer Kontrollkompetenz eingeschränkt; vgl. KomE, COMP/M.3596, *ThyssenKrupp/HDW*, Rz. 2. Werden auf dem Binnenmarkt die Wettbewerbsbedingungen durch die Anwendung von Art. 346 AEUV verfälscht, so kann die Kommission jedoch ein Verfahren nach Art. 348 AEUV einleiten, um gemeinsam mit dem Mitgliedstaat Abhilfemaßnahmen zu implementieren.

§ 18 Europäisches Kartellrecht

22 Der Grundsatz des „one-stop shop" gilt auch für den **Europäischen Wirtschaftsraum (EWR)**, dem die EFTA-Staaten Island, Norwegen und Liechtenstein beigetreten sind. Wird ein Zusammenschluss von der FKVO erfasst, verdrängt die ausschließliche Zuständigkeit der Kommission gemäß Art. 57 Abs. 2 EWR-Abkommen die Zuständigkeiten der nationalen Kartellbehörden der dem EWR beigetretenen EFTA-Staaten. Dies gilt selbst dann, wenn der Zusammenschluss sich auch auf den Märkten der dem EWR beigetretenen EFTA-Staaten auswirkt.[69] Wirkt sich der Zusammenschluss aber im Schwerpunkt auf den Märkten der EWR-Staaten aus, so unterliegt die Kommission der Pflicht, mit der EFTA-Überwachungsbehörde zu kooperieren.[70] Dies ist etwa der Fall, wenn

- der kombinierte Umsatz der am Zusammenschluss beteiligten Unternehmen im EFTA-Gebiet 25 % des Gesamtumsatzes im EWR ausmacht,[71]
- der Umsatz in den EFTA-Staaten von mindestens zwei der am Vorhaben beteiligten Unternehmen jeweils über 250 Mio. € liegt[72] oder
- die Durchführung des Zusammenschlusses im Gebiet der EFTA-Staaten (bzw. eines wesentlichen Teils desselben) eine erhebliche Behinderung des Wettbewerbs hervorrufen kann, etwa durch die Begründung oder die Verstärkung einer marktbeherrschenden Stellung.[73]

23 Auf Zusammenschlüsse, die nicht von der FKVO erfasst werden, weil sie etwa die Aufgreifschwellen nicht erreichen oder weil der Zusammenschlusstatbestand der FKVO nicht erfüllt wird, bleibt **nationales Fusionskontrollrecht** anwendbar. Solche Zusammenschlussvorhaben müssen bei den nationalen Behörden angemeldet werden, sofern dies nach dem einschlägigen nationalen Fusionskontrollrecht notwendig ist.[74]

24 Diese Grundstruktur der Zuständigkeitsverteilung zwischen Kommission und nationalen Kartellbehörden kann durch **Verweisungen** geändert werden (siehe dazu Rz. 135 ff.).

5. Parallelverfahren in Drittstaaten

25 Bei internationalen Zusammenschlüssen wird die geplante Transaktion oftmals unabhängig voneinander sowohl durch die Kommission als auch durch Kartell-

---

69) *Baron* in: Langen/Bunte, 10. Aufl., 2010, Art. 1 FKVO Rz. 90.
70) Art. 1, 2 Protokoll 24 zum EWR-Abkommen i. d. F. des Beschlusses Nr. 78/2004 des Gemeinsamen EWR-Ausschusses (Annex IV), ABl. EU 2004 L 219/13.
71) Art. 2 Abs. 1 lit. a Protokoll 24 zum EWR-Abkommen i. d. F. des Beschlusses Nr. 78/ 2004 des Gemeinsamen EWR-Ausschusses (Annex IV).
72) Art. 2 Abs. 1 lit. b Protokoll 24 zum EWR-Abkommen i. d. F. des Beschlusses Nr. 78/ 2004 des Gemeinsamen EWR-Ausschusses (Annex IV).
73) Art. 2 Abs. 1 lit. c Protokoll 24 zum EWR-Abkommen i. d. F. des Beschlusses Nr. 78/ 2004 des Gemeinsamen EWR-Ausschusses (Annex IV).
74) *Bardong/Käseberg/Maass* in: Langen/Bunte, Einl. FKVO Rz. 68 ff.

behörden in Drittstaaten geprüft, nämlich dann, wenn sich das Vorhaben auf verschiedenen Märkten auswirkt. Eine Entscheidung einer drittstaatlichen Behörde bindet die Kommission jedoch nicht.[75] Auch können solche Entscheidungen in den EU-Staaten nicht anerkannt und vollstreckt werden. Da jede Behörde nach dem Auswirkungsprinzip nur die Wirkung des Zusammenschlusses auf „ihrem" Markt betrachtet und allein „ihr" nationales Kartellrecht anwendet, bergen parallele Prüfverfahren die Gefahr **divergierender Entscheidungen** (allg. dazu § 17 Rz. 4).

Versuche, durch multilaterale Abkommen, etwa i. R. der WTO, schrittweise 26 eine Konvergenz des formellen und materiellen Kartellrechts herzustellen, sind bislang nicht entscheidend vorangekommen.[76] Auch der rege Austausch der Kartellbehörden i. R. des International Competition Network (ICN) über Fragen in Zusammenhang mit der Auslegung und Anwendung des Kartellrechts kann in Zukunft allenfalls punktuell eine gewisse Harmonisierung herbeiführen („Rechtsangleichung von unten").[77] Zur Begrenzung des wirtschaftspolitischen Konfliktpotenzials, das sich aus parallelen Verfahren vor verschiedenen Behörden ergeben kann, kooperieren einige Behörden bei internationalen Verfahren mit ihren Pendants in Drittstaaten vor allem auf Grundlage **bilateraler Kooperationsabkommen.**

So hat die EU mit den **USA** verschiedene Abkommen geschlossen, welche der 27 Kommission und den US-amerikanischen Behörden (Department of Justice, Federal Trade Commission) bestimmte Kooperations- und Koordinierungspflichten (insb. Notifikationspflichten) auferlegen.[78] Details zur Durchführung dieser Kooperation haben die Behörden in einer Best-Practices-Vereinbarung niedergelegt, die im Jahre 2011 aktualisiert wurde.[79] Ähnliche Ab-

---

75) EuG, Rs. T-210/01, *General Electric/Kommission*, Slg. 2005, II-5575, Rz. 179.
76) Eingehend zu den verschiedenen Ansätzen *Drexl*, ZWeR 2004, 191 ff.; *Fox/Arena* in: Fox/Trebilcock, S. 444, 445 ff.; *Gerber*, S. 101 ff.; *D. Baetge*, S. 173 ff.; *Wagner-v. Papp* in: Tietje, § 11 Rz. 103 ff.
77) Zur Arbeit dieses Netzwerks vgl. *J. Bätge*, Wettbewerb der Wettbewerbsordnungen?, S. 63 f.
78) Vgl. Agreement Between the Government of the United States of America and the Commission of the European Communities Regarding the Application of Their Competition Laws, ABl. EG 1995 L 95/47 (nichtamtliche deutsche Übersetzung einer früheren Fassung des Abkommens abgedr. in: WuW 1992, 36 ff.); berichtigt durch ABl. EG 1995 L 131/38; Abkommen zwischen den Europäischen Gemeinschaften und der Regierung der Vereinigten Staaten von Amerika über die Anwendung der „Positive Comity"-Grundsätze bei der Durchsetzung ihrer Wettbewerbsregeln, ABl. EG 1998 L 173/28. Eingehend zum Inhalt dieser Abkommen *Parisi/Podszun* in: Terhechte, Rz. 87.1 ff.; *Völcker* in: Immenga/Mestmäcker, EU-US Rz. 7 ff.
79) Best practices on cooperation in merger investigations, abrufbar unter http://ec.europa.eu/competition/mergers/legislation/best_practices_2011_en.pdf.

kommen wurden mit **Japan**,[80)] **Kanada**[81)] und **Südkorea**[82)] vereinbart. Mit dem **chinesischen Handelsministerium**, der zuständigen Behörde für Zusammenschlussvorhaben, wurde 2004 ein sehr allgemein gehaltenes Kooperationsabkommen geschlossen.[83)] Zudem hat die EU mit einer Reihe von Staaten allgemeine Wirtschaftsverträge geschlossen.[84)]

28 Diese sog. „**Abkommen der ersten Generation**" dienen vornehmlich dem Austausch von Informationen und Ansichten über bestimmte Bewertungsverfahren. Mit anderen Worten sollen sie Verfahren, die bei verschiedenen Behörden anhängig sind, besser koordinieren, ohne freilich die Zuständigkeit für die Bewertung eines Zusammenschlussvorhabens auf eine Behörde zu konzentrieren. Ihre Bedeutung liegt daher weniger in der Vermeidung von zwischenstaatlichen Konflikten, die aufgrund oftmals bestehender unterschiedlicher Interessenlagen (ein Zusammenschluss kann sich in verschiedenen Teilen der Welt sehr unterschiedlich auf lokale Märkte auswirken) niemals vollständig zu verhindern sind. Vielmehr institutionalisieren diese Abkommen den Kontakt zwischen den Behörden untereinander und ermöglichen auf diese Weise vor allem den informellen Austausch über die rechtliche Behandlung des zu entscheidenden Sachverhalts. Die meisten Kooperationsabkommen sehen auch die Möglichkeit des Austauschs vertraulicher Daten vor, die mit Zustimmung der betroffenen Unternehmen übermittelt werden dürfen. Ein solcher Datenaustausch kann verfahrensbeschleunigende Wirkung haben. Darüber hinaus können sich die Behörden auch über allgemeinere Fragen der Anwendung der Wettbewerbsregeln bzw. der Wettbe-

---

80) Abkommen zwischen der Europäischen Gemeinschaft und der Regierung von Japan über die Zusammenarbeit bei wettbewerbswidrigen Verhaltensweisen, ABl. EG 2003 L 183/12.
81) Abkommen zwischen den Europäischen Gemeinschaften und der Regierung von Kanada über die Anwendung ihres Wettbewerbsrechts, ABl. EG 1999 L 175/50.
82) Abkommen zwischen der Europäischen Gemeinschaft und der Regierung der Republik Korea über die Zusammenarbeit bei wettbewerbswidrigen Verhaltensweisen, ABl. EU 2009 L 202/36.
83) Abrufbar unter: http://ec.europa.eu/competition/international/legislation/china.pdf. Im September 2012 wurde auch mit den anderen chinesischen Kartellbehörden ein Memorandum über eine verstärkte Zusammenarbeit geschlossen, das Fusionen jedoch ausklammert. Es ist abrufbar unter: http://ec.europa.eu/competition/international/bilateral/mou_china_en.pdf.
84) Vgl. Abkommen zur Gründung einer Assoziation zwischen der Europäischen Gemeinschaft und ihren Mitgliedstaaten einerseits und der Republik Chile andererseits, ABl. EG 2002 L 352/3; Abkommen über die wirtschaftliche Partnerschaft, politische Koordinierung und Zusammenarbeit zwischen der Europäischen Gemeinschaft und ihren Mitgliedstaaten einerseits und den Vereinigten mexikanischen Staaten andererseits, ABl. EG 2000 L 276/45. Weitere bilaterale Abkommen, die sich jedoch nicht auf die Fusionskontrolle erstrecken und die zudem mehr auf die Liberalisierung des Handels und die Verbreitung des Wettbewerbsgedankens zugeschnitten sind, hat die EU mit Staaten des südlichen Mittelmeerraums geschlossen. Ähnliche Abkommen bestehen mit einzelnen afrikanischen und südamerikanischen Staaten sowie mit Russland und der Ukraine. Eingehend zu diesen Kooperationsabkommen *Podszun* in: Terhechte, Rz. 85.30 ff.

werbspolitik austauschen. Auf diese Weise kann es in Einzelfragen, die von den Behörden entschieden werden dürfen, zu einer gewissen Rechtsangleichung von unten kommen. Eine weitgehende Angleichung der Prüfungsmaßstäbe können und wollen diese Abkommen aber nicht erreichen.[85]

Um die Zusammenarbeit zu vertiefen, hat die EU mit der **Schweiz** ein bilaterales Kooperationsabkommen ausgehandelt, das als ein sog. „**Abkommen der zweiten Generation**" ausgestaltet ist.[86] Das Abkommen wurde im Mai 2013 gezeichnet und muss nun noch ratifiziert werden, um in Kraft zu treten. Es übernimmt die tradierten Kooperations- und Koordinierungspflichten aus den „Abkommen der ersten Generation". Darüber hinaus sieht es einen erleichterten Austausch von vertraulichen Informationen vor. Sollte das Kooperationsabkommen ratifiziert werden, so würde die Übermittlung von Beweismitteln zwischen der Europäischen Kommission und der schweizerischen Wettbewerbskommission deutlich verbessert werden. Gleichzeitig hätten betroffene Unternehmen weniger Einfluss darauf, welche Informationen eine Behörde an die andere Behörde weiterreicht. Das Abkommen sieht den Austausch von Beweismitteln zwischen Behörden vor, ohne dass jeweils die betroffenen Unternehmen – wie es unter dem Regime der Abkommen der ersten Genration vorgeschrieben ist – der Weitergabe vertraulicher Informationen zustimmen müssen. Eine Weitergabe soll zulässig sein, „wenn beide Wettbewerbsbehörden dieselben oder miteinander verbundene Verhaltensweisen oder Rechtsgeschäfte untersuchen" (Art. 7 Abs. 4 lit. a Kooperationsabkommen EU-Schweiz). Stimmen die Unternehmen, die die jeweilige Information gestellt haben, schriftlich zu, dürfen die Behörden auch in anderen Fällen Informationen weiterreichen (Art. 7 Abs. 3 Kooperationsabkommen EU-Schweiz). Bei allen Arten des Austauschs haben die beteiligten Behörden jedoch stets ihre jeweiligen Verfahrensvorschriften zu beachten. Eine Übermittlung hat daher etwa zu unterbleiben, wenn hierdurch das Anwaltsgeheimnis verletzt werden würde (Art. 7 Abs. 7 Kooperationsabkommen EU-Schweiz).[87] Die ausgetauschten Beweismittel dürfen von der empfangenden Behörde nur für ganz bestimmte Zwecke eingesetzt werden (Art. 8 Kooperationsabkommen EU-Schweiz). Ferner sind die jeweils einschlägigen Bestimmungen

29

---

85) Die Kommission fasst die Vorteile der „Abkommen der ersten Generation" folgendermaßen zusammen: „Ihr Hauptnutzen besteht darin, dass sie einen strukturierten Rahmen für die fallbezogene Zusammenarbeit und den Dialog über Wettbewerbspolitik bieten und damit zu einer effizienteren Durchsetzung des Wettbewerbsrechts beitragen.", KOM(2012), 245 endg. v. 1.6.2012, 2.

86) Vorschlag der Kommission für einen Beschluss des Rates über den Abschluss des Abkommens zwischen der Europäischen Union und der Schweizerischen Eidgenossenschaft über die Zusammenarbeit bei der Anwendung ihres Wettbewerbsrechts, KOM(2012), 245 endg. v. 1.6.2012. Die hier verwendete Artikelzählung in arabischen Zahlen folgt der Textfassung, die in der Schweiz veröffentlicht wurde. Das Abkommen ist dort abrufbar unter: http://www.news.admin.ch/NSBSubscriber/message/attachments/30696.pdf.

87) Vgl. auch KOM(2012), 245 endg. v. 1.6.2012, 3.

über den Schutz vertraulicher Informationen zu beachten (Art. 9 Kooperationsabkommen EU-Schweiz). Die Europäische Kommission ist in Bezug auf die von der schweizerischen Wettbewerbskommission übermittelten Daten somit an das EU-Recht gebunden und die schweizerische Wettbewerbskommission muss in Bezug auf Informationen, die sie von der Kommission erhalten hat, das schweizerische Recht beachten.

III. Anmeldepflichtige Zusammenschlüsse

30 Die Anmeldepflicht des Art. 4 FKVO setzt das Vorliegen eines Zusammenschlusses (Art. 3 FKVO) voraus, der eine gemeinschaftsweite Bedeutung i. S. der FKVO besitzt (Art. 1 FKVO).

1. Zusammenschlusstatbestand
a) Grundlagen

31 Die FKVO will solche Transaktionen erfassen, die zu einer dauerhaften Veränderung der Kontrolle der beteiligten Einheiten führen.[88] Ein **Zusammenschluss** kann daher zum einen dadurch verwirklicht werden, dass zwei oder mehr Unternehmen miteinander verbunden werden, die zuvor voneinander unabhängig waren (**Fusion**, Art. 3 Abs. 1 lit. a FKVO), und zum anderen dadurch, dass eine oder mehrere Personen, die schon zumindest ein Unternehmen beherrschen, in unmittelbarer oder mittelbarer Weise Kontrolle über die Gesamtheit oder über Teile eines oder mehrerer anderer Unternehmen erwerben (**Kontrollerwerb**, Art. 3 Abs. 1 lit. b FKVO). Bei internationalen Transaktionen ist der Kontrollerwerb aufgrund steuerrechtlicher Vorteile der Regelfall, die Fusion hingegen die Ausnahme.[89]

32 Die FKVO umschreibt den **Begriff des Unternehmens** nicht weiter, so dass diesbezüglich auf die Rechtsprechung des EuGH zurückzugreifen ist. Der EuGH legt den Unternehmensbegriff im EU-Wettbewerbsrecht ganz allgemein eher weit aus und versteht darunter jede *„eine wirtschaftliche Tätigkeit ausübende Einheit, unabhängig von ihrer Rechtsform und der Art ihrer Finanzierung".*[90]

33 Nach diesem sog. „funktionalen Unternehmensbegriff" sind solche Einheiten als Unternehmen anzusehen, die am Markt auftreten, um dort in gewerblicher Weise Güter oder Dienstleistungen anzubieten.[91] Diese wirtschaftliche Betäti-

---

88) Erwägungsgrund 20 FKVO; *Emmerich*, § 15 Rz. 2; *Mestmäcker/Schweitzer*, § 24 Rz. 5.
89) *Mestmäcker/Schweitzer*, § 24 Rz. 7.
90) Vgl. nur EuGH, Rs. C-41/90, *Höfner und Elser/Macrotron*, Slg. 1991, I-1979, Rz. 21; EuGH, Rs. C-244/94, *Fédération française des sociétés d'assurances/Ministère de l'Agriculture et de la Pêche*, Slg. 1995, I-4013, Rz. 14.
91) Vgl. nur EuGH, Rs. 118/85, *Kommission/Italien*, Slg. 1987, 2599, Rz. 7; *Roth/Ackermann* in: FK-KartellR, Grundfragen Art. 81 Abs. 1 EG Rz. 37 ff.; *Wiedemann* in: Wiedemann, Hdb. Kartellrecht, § 4 Rz. 1.

gung ist in erster Linie von privaten Aktivitäten abzugrenzen, die von den EU-Wettbewerbsregeln nicht erfasst werden.[92] Ebenfalls keine Unternehmen sind Arbeitnehmer.[93]

Da sich der AEUV an die EU-Mitgliedstaaten richtet, gelten die europäischen Wettbewerbsregeln im Grundsatz auch für staatliche Unternehmen. Jede staatliche Tätigkeit, die von einem privaten Unternehmer ausgeübt werden könnte, ist daher an den EU-Wettbewerbsregeln zu messen.[94] Die FKVO erfasst auch den Erwerb von Unternehmen durch Mitgliedstaaten.[95] Vom Anwendungsbereich des Kartellrechts ausgenommen werden lediglich klassisch hoheitliche Maßnahmen sowie rein soziale oder nichtkommerzielle kulturelle Tätigkeiten.[96]

34

b) Fusion

Der Zusammenschlusstatbestand der Fusion (Art. 3 Abs. 1 lit. a FKVO) erfasst die Verschmelzung unabhängiger Unternehmen zu einer wirtschaftlichen Einheit, so dass diese ihre (alte) Rechtspersönlichkeit verlieren. Weiterhin kann eine Fusion bejaht werden, *"wenn ein Unternehmen in einem anderen aufgeht, wobei letzteres seine Rechtspersönlichkeit behält, während ersteres als juristische Person untergeht"*.[97] Der Fusionstatbestand der FKVO wird im Regelfall durch eine **rechtliche Fusion** erfüllt, d. h. durch Aufnahme eines anderen Unternehmens oder durch Neugründung.[98]

35

Aber auch eine **wirtschaftliche Fusion** kann den Zusammenschlusstatbestand des Art. 3 Abs. 1 lit. a FKVO verwirklichen. Dies ist dann der Fall, wenn bislang voneinander unabhängige Einheiten ihre wirtschaftlichen Tätigkeiten in einer neugeschaffenen Einheit zusammenführen, ohne dabei ihre Rechtspersönlichkeit zu verlieren, so dass keine rechtliche Fusion vorliegt.[99] Eine wirtschaftliche Fusion soll nach Ansicht der Kommission dann vorliegen, wenn die beteiligten Unternehmen sich auf Dauer einer einheitlichen wirtschaftlichen Führung unterwerfen.[100] Anhaltspunkte für eine solche Art der Fusion können ferner aus der Vereinbarung eines Gewinn- bzw. Verlustausgleichs zwischen

36

---

92) *Roth/Ackermann* in: FK-KartellR, Grundfragen Art. 81 Abs. 1 EG Rz. 43; *Wiedemann* in: Wiedemann, Hdb. Kartellrecht, § 4 Rz. 1.
93) *Bechtold/Bosch/Brinker*, Art. 101 AEUV Rz. 1; *Roth/Ackermann* in: FK-KartellR, Grundfragen Art. 81 Abs. 1 EG Rz. 50.
94) Grundlegend EuGH, Rs. 45/85, *Verband der Sachversicherer/Kommission*, Slg. 1987, 405, Rz. 7 ff.; EuGH, Rs. C-242/95, *GT-Link/DSB*, Slg. 1997, I-4449, Rz. 41 ff.
95) *Emmerich*, § 15 Rz. 1.
96) Näher dazu *Roth* in: FS Bechtold, S. 393, 394 f.; *Mestmäcker/Schweitzer*, § 8 Rz. 16 ff.
97) Konsolidierte Mitteilung zu Zuständigkeitsfragen, ABl. EU 2009 C 43/10, Rz. 9.
98) *Mestmäcker/Schweitzer*, § 24 Rz. 7; *Sedemund* in: Hölters, Hdb. Unternehmenskauf, Teil VI Rz. 232.
99) Konsolidierte Mitteilung zu Zuständigkeitsfragen, Rz. 10.
100) Konsolidierte Mitteilung zu Zuständigkeitsfragen, Rz. 10.

den Unternehmen bzw. eines Gewinnabführungsvertrags folgen oder aus einer im Außenverhältnis wirkenden gesamtschuldnerischen Haftung.[101] Eine wirtschaftliche Fusion kann auch im Fall der Gründung eines **Gleichordnungskonzerns** nach deutschem Recht (§ 18 Abs. 2 AktG) angenommen werden, sofern durch die Einsetzung eines Gemeinschaftsorgans bzw. durch die Bestellung derselben Personen zu Geschäftsführern eine einheitliche Leitung etabliert wird und die involvierten Unternehmen zu einer wirtschaftlichen Einheit verschmolzen werden.[102] Ähnlich können die Dinge bei der Gründung bestimmter *groupements d'intérêts économiques* nach französischem Recht liegen oder bei der Zusammenführung bestimmter *partnerships* nach englischem Recht.[103]

c) **Kontrollerwerb**

37 Der zweite Zusammenschlusstatbestand der FKVO ist der sog. Kontrollerwerb. **Kontrolle über ein oder mehrere Unternehmen** übt derjenige aus, der direkt oder indirekt einen **bestimmenden Einfluss** auf die Aktivitäten eines anderen Unternehmens ausüben kann (Art. 3 Abs. 1 lit. b FKVO). Dieser bestimmende Einfluss kann *„durch Rechte, Verträge oder andere Mittel begründet werden, die einzeln oder zusammen unter Berücksichtigung aller tatsächlichen und rechtlichen Umstände die Möglichkeit gewähren, einen bestimmenden Einfluss auf die Tätigkeit eines Unternehmens auszuüben"* (Art. 3 Abs. 2 FKVO). **Kontrollerwerber** können sowohl eine als auch mehrere Personen sein, die bereits ein Unternehmen beherrschen, als auch ein oder mehrere andere Unternehmen (Art. 3 Abs. 1 lit. b FKVO).

38 Die **Reichweite des Kontrollbegriffs** ist unter Rückgriff auf den Zweck der Fusionskontrolle zu konkretisieren.[104] Die FKVO will im Prinzip Verhaltensweisen erfassen, die die strukturellen Verbindungen der beteiligten Einheiten auf Dauer verändern.[105] Eine Kontrollbefugnis kann dementsprechend angenommen werden, wenn der Erwerber die Möglichkeit besitzt, in beständiger Weise „einen bestimmenden Einfluss auf die Tätigkeit eines Unternehmens auszuüben, insbesondere dann, wenn das Unternehmen, das diese Befugnis innehat, dem entsprechenden Unternehmen Vorgaben in Bezug auf seine strategischen Entscheidungen machen kann."[106] Dies ist der Fall, wenn der Einsatz der Ressourcen eines Unternehmens sowie dessen Marktauftritt kontrolliert werden können, etwa durch Entscheidungen über die Ausgestaltung von Geschäfts- und Finanzplänen, die Tätigung von Investitionen, die Bestellung der

---

101) Konsolidierte Mitteilung zu Zuständigkeitsfragen, Rz. 10.
102) *Körber* in: Immenga/Mestmäcker, Art. 3 FKVO Rz. 21.
103) Konsolidierte Mitteilung zu Zuständigkeitsfragen, Rz. 10 m. Fn. 10.
104) *Henschen* in: Schulte, Hdb. Fusionskontrolle, Rz. 963.
105) *Henschen* in: Schulte, Hdb. Fusionskontrolle, Rz. 963; *Mestmäcker/Schweitzer*, § 24 Rz. 5.
106) EuG, Rs. T-411/07, *Air Lingus/Kommission*, Slg. 2010, II-3691, Rz. 63.

Geschäftsführung oder die Produkt- und Technologieentwicklung (**Einfluss auf Kernbeschlussfassungen** bzw. **strategische Entscheidungen**).[107] Dieser Einfluss muss auch von gewisser **Beständigkeit** sein.[108] Ob die Kontrollmacht tatsächlich ausgeübt wird, ist dagegen unerheblich; es genügt die Möglichkeit, einen solchen bestimmenden Einfluss ausüben zu können.[109]

Der Tatbestand des Kontrollerwerbs umfasst sowohl die Erlangung der **alleinigen Kontrolle** als auch die Erlangung der **gemeinsamen Kontrolle**, bei der mehrere Unternehmen ein oder mehrere andere Unternehmen gemeinsam beherrschen.[110] Ob diese Kontrolle im Wege eines Anteilserwerbs („Share Deal") oder auf sonstige Weise erworben wurde, ist für die Anwendbarkeit der FKVO ohne Relevanz.[111] Der Wechsel von alleiniger zu einer gemeinsamen Kontrolle ist ebenso von Art. 3 Abs. 1 lit. b FKVO erfasst wie der umgekehrte Fall des Übergangs von einer gemeinsamen zu einer alleinigen Kontrolle.[112] Die Kontrolle kann entweder in unmittelbarer oder in mittelbarer Art und Weise ausgeübt werden. **Unmittelbare Kontrolle** bedeutet, dass ein Erwerber direkten Zugriff auf das Zielunternehmen erhält, etwa durch den Erwerb einer Mehrheitsbeteiligung. Ein Fall des **mittelbaren Kontrollerwerbs** kann angenommen werden, wenn ein neu gegründetes Gemeinschaftsunternehmen oder eine Mantelgesellschaft ohne bisherige Marktaktivitäten als Erwerbsvehikel eingesetzt wird, um die Kontrolle über ein anderes Unternehmen zu erlangen.[113] Ob eine bestimmte Transaktion zum Erwerb der Kontrolle über ein anderes Unternehmen führen wird, bestimmt die Kommission durch eine umfassende **Gesamtbetrachtung**, in die nicht nur faktische sondern auch rechtliche Einflussmöglichkeiten einbezogen werden.[114]

39

Von einer Erlangung der **alleinigen Kontrolle** (*sole control*) über ein Unternehmen ist auszugehen, wenn eine Mehrheitsbeteiligung an ihm erworben wird, also 50 % der Anteile zuzüglich einer Stimme (zum Erwerb von Minderheitsbeteiligungen Rz. 41).[115] Der Tatbestand des Kontrollerwerbs setzt aber nicht zwingend eine gesellschaftsrechtliche Verbindung zwischen den Unternehmen voraus. Auch die Kontrolle durch **vertragliche Vereinbarungen** über ein Unternehmen oder eines wesentlichen Teils desselben (Beherrschungs- oder Betriebspachtver-

40

---

107) *Henschen* in: Schulte, Hdb. Fusionskontrolle, Rz. 963, 971; *Körber* in: Immenga/Mestmäcker, Art. 3 FKVO Rz. 34 f.; *Wessely/Wegner* in: MünchKomm-EuWettbR, Art. 3 FKVO Rz. 25 ff.
108) *Bechtold/Bosch/Brinker*, Art. 3 FKVO Rz. 17.
109) Konsolidierte Mitteilung zu Zuständigkeitsfragen, Rz. 16.
110) Konsolidierte Mitteilung zu Zuständigkeitsfragen, Rz. 62.
111) Eingehend zu den unterschiedlichen Mitteln, mit denen Kontrolle über ein Unternehmen gewonnen werden kann, Konsolidierte Mitteilung zu Zuständigkeitsfragen, Rz. 16 ff.
112) *Sedemund* in: Hölters, Hdb. Unternehmenskauf, Teil VI Rz. 233.
113) Konsolidierte Mitteilung zu Zuständigkeitsfragen, Rz. 145, 147.
114) Art. 3 Abs. 2 FKVO; Konsolidierte Mitteilung zu Zuständigkeitsfragen, Rz. 16.
115) Konsolidierte Mitteilung zu Zuständigkeitsfragen, Rz. 54.

träge) werden von Art. 3 Abs. 1 lit. b FKVO erfasst.[116] Unter bestimmten Voraussetzungen kann auch der Abschluss einer bloßen Option über den Kauf oder Verkauf von Stimmrechten als Form des Kontrollerwerbs auf sonstige Weise den Zusammenschlusstatbestand des Art. 3 Abs. 1 lit. b FKVO erfüllen.[117]

41 **Minderheitsbeteiligungen** fallen im Regelfall nicht unter die FKVO. Etwas anderes kann jedoch gelten, wenn der Erwerber seine Minderheitsbeteiligung durch das Einräumen besonderer Rechte in einer Art und Weise verstärkt, dass er einen kontrollierenden Einfluss auf das Zielunternehmen ausüben kann. Wird etwa durch vertragliche Absprachen faktisch ein bestimmender Einfluss auf die Aktivitäten eines Unternehmens bewirkt, so kann ein Zusammenschluss nach Art. 3 Abs. 1 lit. b FKVO bejaht werden.[118] Auch in Fällen einer breiten Verteilung des Aktienbesitzes kann der Erwerb einer Minderheitsbeteiligung einen Kontrollerwerb darstellen, nämlich dann, wenn der erworbene Anteil so hoch ist, dass aufgrund der zu erwartenden Teilnahme der Anteilseigner in der Hauptversammlung regelmäßig eine gesicherte Abstimmungsmehrheit erreicht wird (sog. „faktische Mehrheit in der Hauptversammlung").[119] Ein Minderheitsaktionär kann auch die Kontrolle erwerben, wenn er ein Vetorecht besitzt, um Entscheidungen über den Geschäftsplan des Unternehmens zu verhindern.[120] Ohne solche besonderen Umstände fällt der Erwerb einer Minderheitsbeteiligung – anders als im deutschen Recht (§ 37 GWB) – nicht unter den Zusammenschlussbegriff der FKVO.[121] Vor dem Hintergrund des Verfahrens *Ryanair/Air Lingus*, bei dem die Kommission eine Minderheitsbeteiligung als wettbewerbspolitisch bedenklich ansah, ohne gegen diese vorgehen zu können, haben die europäischen Wettbewerbshüter im Jahre 2013 einen Konsultationsprozess über die Notwendigkeit der Überprüfung von „structural links" zwischen Wettbewerbern angestoßen, an dessen Ende die Erweiterung des europäischen Zusammenschlussbegriffs stehen könnte.[122]

---

116) Konsolidierte Mitteilung zu Zuständigkeitsfragen, Rz. 18. So wurde etwa in der Rechtssache *Yara/Kemira GrowHow* der Erwerb von rund 30 % der Stimmrechte als Kontrollerwerb eingestuft, da dieser Anteil in den letzten drei Hauptversammlungen ausreichte, um über 50 % der anwesenden Stimmberechtigten abzubilden, vgl. KomE, COMP/M.4730, *Yara/Kemira GrowHow*, Rz. 6. Weitere Beispiele bei *Rosenthal/Thomas*, European Merger Control, B. Rz. 37.
117) Näher dazu *Henschen* in: Schulte, Hdb. Fusionskontrolle, Rz. 1038 ff.
118) Konsolidierte Mitteilung zu Zuständigkeitsfragen, Rz. 54; s. aus der Praxis ferner KomE, IV/M.911, *Clariant/Hoechst*, Rz. 6 (satzungsmäßige Begrenzung der Stimmrechte von Einzelaktionären auf 10 %).
119) Konsolidierte Mitteilung zu Zuständigkeitsfragen, Rz. 59.
120) KomE, COMP/M.6459, *Sony/Mubadala/EIMI Music Publishing*, Rz. 13.
121) KomE, COMP/M.6459, *Sony/Mubadala/EIMI Music Publishing*, Rz. 13.
122) Commission Staff Working Document v. 25.6.2013, Towards more effective EU merger control, SWD (2013) 239 final, 4 ff.; dazu *Langeheine/v. Koppenfels*, ZWeR 2013, 299, 308 f.; s. nunmehr auch White paper v. 9.7.2014, Towards more effective EU merger control, COM (2014) 449 final, 8 ff.

Eine **gemeinsame Kontrolle** *(joint control)* über ein Unternehmen kann – un- 42
abhängig von der Größe der von einzelnen Unternehmen gehaltenen Stimm-
rechtsanteile – auch dann ausgeübt werden, wenn die Anteilsinhaber bei allen
bedeutenden Beschlüssen über das beherrschte Unternehmen Einigkeit erzielen müssen.[123] Auf diese Weise können strategische Entscheidungen des Unternehmens beeinflusst werden, etwa durch Vetorechte in Bezug auf die Finanzmittel, operative Geschäftspläne oder die Besetzung der Unternehmensführung.[124] Eine gemeinsame Kontrolle kann durch Vereinbarung (z. B. auf
Grundlage einer Absprache über eine gemeinsame Stimmrechtsausübung) oder
auf faktischer Grundlage (z. B. durch übereinstimmende Interessen) ausgeübt
werden.[125] Dagegen kann man nicht von einer gemeinsamen Kontrolle ausgehen,
wenn strategische Entscheidungen von Unternehmen lediglich über wechselnde
Mehrheiten von Minderheitsgesellschaftern ohne gemeinsame Interessen beeinflusst werden können.[126]

Keine Zusammenschlüsse i. S. von Art. 3 Abs. 1 lit. b FKVO sind **interne Re-** 43
strukturierungen einer bereits bestehenden Unternehmensgruppe, bei der die
Kontrolle nicht auf einen anderen Inhaber übergeht.[127] Dementsprechend sind
einfache Maßnahmen der Unternehmensreorganisation, wie der Zusammenschluss einer doppelt börsennotierten Gesellschaft zu einer einzigen Gesellschaft,
nicht von Art. 3 FKVO erfasst.[128] Gleiches gilt für die Fusion von Tochtergesellschaften ohne eine Veränderung der Kontrollrechte.[129]

d) Gemeinschaftsunternehmen

Die Gründung eines Gemeinschaftsunternehmens, verstanden als Neugrün- 44
dung oder Umwandlung einer bislang ausschließlich kontrollierten Einheit in
ein gemeinsam kontrolliertes Unternehmen,[130] gilt nur dann als Zusammenschluss, wenn das **Gemeinschaftsunternehmen auf Dauer** sämtliche **Funk-**
tionen einer selbständigen wirtschaftlichen Einheit besitzt (Art. 3 Abs. 4
FKVO). Mit anderen Worten muss das Gemeinschaftsunternehmen **voll funk-**

---

123) *Bechtold/Bosch/Brinker*, Art. 3 FKVO Rz. 18; *Sedemund* in: Hölters, Hdb. Unternehmenskauf, Teil VI Rz. 236.
124) KomE, COMP/M.6459, *Sony/Mubadala/EIMI Music Publishing*, Rz. 13; Konsolidierte
Mitteilung zu Zuständigkeitsfragen, Rz. 65 ff.; s. ferner die Nachweise bei *Rosenthal/
Thomas*, European Merger Control, B. Rz. 48; *Sedemund* in: Hölters, Hdb. Unternehmenskauf, Teil VI Rz. 236.
125) Konsolidierte Mitteilung zu Zuständigkeitsfragen, Rz. 75 ff.
126) Konsolidierte Mitteilung zu Zuständigkeitsfragen, Rz. 80.
127) Konsolidierte Mitteilung zu Zuständigkeitsfragen, Rz. 51.
128) Konsolidierte Mitteilung zu Zuständigkeitsfragen, Rz. 51.
129) Konsolidierte Mitteilung zu Zuständigkeitsfragen, Rz. 51.
130) Eingehend zu den verschiedenen Fallgruppen zur Beurteilung von Gemeinschaftsunternehmen *v. Brevern*, WuW 2012, 225, 226 ff., der 10 Fallgruppen unterscheidet.

tionsfähig sein (eingehend dazu § 41 Rz. 9 ff.).[131] Führt das Gemeinschaftsunternehmen dagegen nur Hilfsaufgaben innerhalb des Geschäftsfelds der Muttergesellschaften aus, ohne einen eigenständigen Zugang zum Markt zu besitzen, so handelt es sich kartellrechtlich um ein **Teilfunktions-Gemeinschaftsunternehmen** (Teilfunktions-GU).[132] Solche Gemeinschaftsunternehmen sind keine Zusammenschlüsse i. S. des Art. 3 FKVO.[133] Die kartellrechtlichen Grenzen einer solchen Verhaltenskoordination bestimmt daher allein Art. 101 AEUV (siehe Rz. 154 f.).

e) Einschränkungen des Zusammenschlussbegriffs

45 Art. 3 Abs. 5 FKVO normiert drei eng gefasste **Ausnahmebereiche**, bei denen – obwohl der Zusammenschlusstatbestand erfüllt ist – die Pflicht zur Anmeldung des Vorhabens entfällt. Nach der sog. „**Bankgeschäftsklausel**" liegt kein Zusammenschluss vor, wenn Kreditinstitute, sonstige Finanzinstitute oder Versicherungsunternehmen im Zuge ihrer gewöhnlichen Geschäftstätigkeit und unter bestimmten eng umschriebenen Voraussetzungen die Kontrolle über ein Unternehmen erwerben (Art. 3 Abs. 5 lit. a FKVO). Diese Ausnahme soll verhindern, dass Grundgeschäfte des Bankwesens in den Fokus der Fusionskontrolle rücken.[134] Außerhalb dieser Ausnahmeklausel stellt der Erwerb von Wertpapieren bzw. Anteilen durch Unternehmen der Finanzindustrie einen anmeldepflichtigen Zusammenschluss dar, sofern der Tatbestand des Art. 3 FKVO erfüllt wird.[135]

46 Ferner sind nach der sog. „**Insolvenztatbestandsklausel**" solche Transaktionen fusionskontrollfrei, bei denen ein Träger eines öffentlichen Mandats die Kontrolle über ein Unternehmen im Zuge insolvenzrechtlicher Regelungen der EU-Mitgliedstaaten erwirbt (Art. 3 Abs. 5 lit. b FKVO). Hintergrund ist die Einsicht, dass ein in zeitlicher Hinsicht überschaubarer Erwerb der Unternehmenskontrolle durch einen Amtsträger zur Abwicklung von Insolvenzfällen den Wettbewerb nicht wirklich nachteilig beeinträchtigen kann.[136] Etwas anderes

---

131) Konsolidierte Mitteilung zu Zuständigkeitsfragen, Rz. 92.
132) *Körber* in: Immenga/Mestmäcker, Art. 3 FKVO Rz. 130.
133) Konsolidierte Mitteilung zu Zuständigkeitsfragen, Rz. 92; *Mestmäcker/Schweitzer*, § 24 Rz. 61.
134) Eingehend zu den Voraussetzungen dieser Bereichsausnahme *Körber* in: Immenga/Mestmäcker, Art. 3 FKVO Rz. 175 ff.; *Rosenthal/Thomas*, European Merger Control, B. Rz. 113 ff.; *Wessely/Wegner* in: MünchKomm-EuWettbR, Art. 3 FKVO Rz. 138 ff.
135) Statt vieler *Emmerich*, § 15 Rz. 10.
136) Eingehend zu den Voraussetzungen dieser Bereichsausnahme *Körber* in: Immenga/Mestmäcker, Art. 3 FKVO Rz. 182 f.; *Rosenthal/Thomas*, European Merger Control, B. Rz. 118; *Wessely/Wegner* in: MünchKomm-EuWettbR, Art. 3 FKVO Rz. 152 ff.

gilt, wenn das Unternehmen oder ein Teil desselben später an eine dritte Person weiterveräußert wird. Dieser Vorgang unterfällt daher der FKVO.[137] Schließlich erfasst die FKVO nach der sog. „**Luxemburger Klausel**" solche Zusammenschlüsse nicht, bei denen Beteiligungsgesellschaften die Kontrolle über ein Unternehmen erwerben, sofern die Beteiligungsgesellschaften es unterlassen, das Verhalten des beherrschten Unternehmens im Wettbewerb direkt oder indirekt zu beeinflussen (Art. 3 Abs. 5 lit. b FKVO). Auf diese Weise können institutionelle Anleger ihre Rechte ausüben, um den Wert ihrer Investitionen zu bewahren, ohne jedoch bei Erwerb der Beteiligung ein komplexes Fusionskontrollverfahren durchlaufen zu müssen.[138]   47

2. Umsatzanforderungen

a) Umsatzschwellenwerte

Die FKVO begründet nur für Zusammenschlussvorhaben eine Prüfzuständigkeit der Kommission, die „*eine bestimmte wirtschaftliche Größe und geografische Ausdehnung erreich[en]*"[139], also eine **gemeinschaftsweite Bedeutung** besitzen. Ein Zusammenschlussvorhaben hat eine solche Bedeutung, wenn die an dem Zusammenschluss beteiligten Unternehmen bestimmte Umsatzschwellenwerte erfüllen (Art. 1 Abs. 2 FKVO). Diese Schwellenwerte definieren im Regelfall auch den **internationalen Anwendungsbereich** des EU-Fusionskontrollrechts (siehe dazu Rz. 11 ff.). Der Unionsgesetzgeber hat zwei Kriterienkataloge aufgestellt, die alternativ festlegen, unter welchen Voraussetzungen ein Vorhaben gemeinschaftsweite Bedeutung besitzt.   48

Zum einen besitzt ein Zusammenschluss gemeinschaftsweite Bedeutung, wenn der (weltweite) **Gesamtumsatz** aller an ihm beteiligten Unternehmen zusammen 5 Mrd. € übersteigt *und* der **gemeinschaftsweite Gesamtumsatz** von mindestens zwei der am Vorhaben beteiligten Unternehmen jeweils höher als 250 Mio. € ist (Art. 1 Abs. 2 FKVO). Eine Ausnahme hiervon gilt, wenn die sog. „**2/3-Klausel**" greift: Erwirtschaften unter Zugrundelegung der vorgenannten Schwellenwerte alle Zusammenschlussbeteiligten jeweils mehr als zwei Drittel ihres EU-Umsatzes in einem einzigen Mitgliedstaat, so ist eine gemeinschaftsweite Bedeutung des Zusammenschlussvorhabens gemäß Art. 1 Abs. 2 FKVO a. E. trotz des Erreichens der allgemeinen Umsatzschwellen zu verneinen, so dass die FKVO keine Anwendung findet. Stattdessen greift nationales Fusionskontrollrecht. Daher wird der Zusammenschluss zumindest in dem Mitglied-   49

---

137) *Bechtold/Bosch/Brinker*, Art. 3 FKVO Rz. 36.
138) Eingehend zu den Voraussetzungen dieser Bereichsausnahme *Körber* in: Immenga/Mestmäcker, Art. 3 FKVO Rz. 184 ff.; *Rosenthal/Thomas*, European Merger Control, B. Rz. 119 f.; *Wessely/Wegner* in: MünchKomm-EuWettbR, Art. 3 FKVO Rz. 155 ff.
139) EuG, Rs. T-282/02, *Cementbouw/Kommission*, Slg. 2006, II-319, Rz. 115.

staat anzumelden sein, in dem 2/3 des gemeinschaftsweiten Gesamtumsatzes erwirtschaftet wird.

50 Zum anderen kann auch ein Zusammenschluss, der die in Art. 1 Abs. 2 FKVO genannten Umsätze nicht erreicht, gemeinschaftsweite Bedeutung haben. Dies ist der Fall, wenn der weltweite Gesamtumsatz aller an der Fusion beteiligten Unternehmen zusammen über 2,5 Mrd. € liegt, der Gesamtumsatz dieser Unternehmen in zumindest drei Mitgliedstaaten jeweils 100 Mio. € übertrifft, der Gesamtumsatz von mindestens zwei beteiligten Unternehmen in jedem von diesen mindestens drei Mitgliedstaaten jeweils die Marke von 25 Mio. € übertrifft und der gemeinschaftsweite Umsatz von zumindest zwei der beteiligten Unternehmen über 100 Mio. € liegt (Art. 1 Abs. 3 FKVO). Dieser Kriterienkatalog soll verhindern, dass Unternehmen einen Zusammenschluss, der erhebliche grenzüberschreitende Wirkungen hat, ohne allerdings eine gemeinschaftsweite Bedeutung i. S. von Art. 1 Abs. 2 FKVO zu erreichen, bei vielen verschiedenen nationalen Wettbewerbsbehörden in der EU anmelden müssen. Daher wird Art. 1 Abs. 3 FKVO als „**Mehrfachanmeldungsklausel**" bezeichnet.[140] Allerdings greift auch bei diesen Umsatzschwellen die „**2/3-Klausel**", so dass Zusammenschlüsse, bei denen alle am Zusammenschluss beteiligten Unternehmen jeweils mehr als zwei Drittel ihres gemeinschaftsweiten Gesamtumsatzes in einem einzigen EU-Mitgliedstaat erzielen, von der europäischen Zusammenschlusskontrolle freigestellt sind (Art. 1 Abs. 3 FKVO a. E.). In diesem Fall wird das Vorhaben allerdings im Regelfall bei einer oder mehreren nationalen Wettbewerbsbehörde(n) anzumelden sein.

b) Beteiligte Unternehmen

51 Nach der FKVO sind die Gesamtumsätze der **beteiligten Unternehmen** des Zusammenschlusses für die Berechnung der Aufgreifschwellen maßgeblich (Art. 1 Abs. 2 und Abs. 3 FKVO). Somit muss die geplante Struktur des Zusammenschlusses betrachtet werden, um die an ihm beteiligten Unternehmen zu identifizieren. Einzelheiten hierzu erläutert die Kommission in ihrer Konsolidierten Mitteilung zu Zuständigkeitsfragen. Sind die beteiligten Unternehmen identifiziert, gilt es deren Umsätze nach den in Art. 5 FKVO gemachten Vorgaben zu berechnen (Art. 5 FKVO, dazu sogleich Rz. 58 f.).

52 Einfach liegen die Dinge bei **Fusionen** gemäß Art. 3 Abs. 1 lit. a FKVO. An einem solchen Zusammenschluss sind diejenigen Unternehmen beteiligt, die fusionieren wollen.[141] In anderen Konstellationen sind die Beteiligten unter Rückgriff auf den Rechtsbegriff des **Kontrollerwerbs** zu finden.[142]

---

140) Zum Ganzen *Kling/Thomas*, § 9 Rz. 74.
141) Konsolidierte Mitteilung zu Zuständigkeitsfragen, Rz. 132.
142) Konsolidierte Mitteilung zu Zuständigkeitsfragen, Rz. 133.

An einem **Anteilserwerb**, mit dem die **alleinige Kontrolle** über das Zielunter- 53
nehmen in seiner Gesamtheit erworben wird, sind sowohl der Erwerber (das
übernehmende Unternehmen) als auch das Zielunternehmen (nebst Tochter-
und Beteiligungsunternehmen) beteiligt, nicht aber ein Veräußerer, der seine
Kontrolle vollständig aufgibt.[143] Erwirbt ein Konzern das Zielunternehmen
durch eines seiner Tochterunternehmen, gelten das Zielunternehmen sowie die
übernehmende Tochtergesellschaft als an dem Zusammenschluss beteiligt, sofern Letztere nicht allein deshalb gegründet wurde, um die Übernahme durchzuführen.[144] Beim Erwerb eines Unternehmensteils (z. B. eines bestimmten
Geschäftsbereichs) zählen zu den beteiligten Unternehmen der Erwerber und
der oder die übernommene(n) Unternehmensteil(e), nicht aber die Geschäftsbereiche, die beim Veräußerer verbleiben sollen (Art. 5 Abs. 2 Unterabs. 1
FKVO). Eine Sonderregel greift bei einem gestaffelten Erwerb. Für den Fall,
dass ein Unternehmen innerhalb eines Zeitraums von zwei Jahren sukzessive
einzelne Einheiten bzw. Teile desselben Unternehmens von ein und demselben
Verkäufer erwirbt, gelten alle Transaktionen in diesem Zeitraum als *ein* Zusammenschluss i. S. der FKVO (Art. 5 Abs. 2 Unterabs. 2 FKVO). Diese Regel
soll verhindern, dass Unternehmen die präventive Zusammenschlusskontrolle
durch einen stückweisen Erwerb von Anteilen des Zielunternehmens umgehen
können.

Im Falle des Erwerbs der **gemeinsamen Kontrolle** über ein anderes Unter- 54
nehmen gelten alle Erwerber als an der Transaktion beteiligt.[145] Wiederum gilt,
dass der Veräußerer nicht beteiligt ist, sofern er seine Kontrolle über das Zielunternehmen durch die Transaktion verliert.[146]

Beispiel 55

*E1 und E2 erwerben von V die gemeinsame Kontrolle über Z. An dem Vorhaben
sind neben E1 und E2 als Erwerber auch Z als Zielunternehmen beteiligt. Der Veräußerer V ist dagegen nicht beteiligt.*

Behält der Veräußerer jedoch einen **Teil der Kontrolle** über das Zielunternehmen, 56
z. B. weil er nur einen bestimmten Bruchteil seiner Anteile am Zielunternehmen
veräußert, und kontrolliert er deshalb mit dem oder den Erwerbern nach Vollzug des Zusammenschlusses das Zielunternehmen gemeinsam („Mitkontrolle"),
so ist auch der Veräußerer an dem Vorhaben beteiligt.[147]

Bei einem Fall der gemeinsamen Kontrolle durch Gründung eines vollfunktions- 57
fähigen (siehe § 41 Rz. 9 ff.) **Gemeinschaftsunternehmens** sind hingegen allein

---

143) Konsolidierte Mitteilung zu Zuständigkeitsfragen, Rz. 134.
144) Konsolidierte Mitteilung zu Zuständigkeitsfragen, Rz. 135.
145) Konsolidierte Mitteilung zu Zuständigkeitsfragen, Rz. 143.
146) *Kling/Thomas*, § 9 Rz. 85 (auch mit dem folgenden Beispiel).
147) Konsolidierte Mitteilung zu Zuständigkeitsfragen, Rz. 143; *Kling/Thomas*, § 9 Rz. 86.

die kontrollierenden Muttergesellschaften als beteiligte Unternehmen einzustufen, da das Gemeinschaftsunternehmen vor Vollzug des Vorhabens noch nicht existiert und daher keine Umsätze erwirtschaften kann.[148] Bei einem Erwerb gemeinsamer Kontrolle über ein bereits existierendes Gemeinschaftsunternehmen oder eines Teils desselben durch mehrere Unternehmen sind nicht nur die Muttergesellschaften sondern auch das Zielunternehmen bzw. dessen zu übernehmender Geschäftsteil am Zusammenschluss beteiligt.[149] Die Bestimmung der beteiligten Unternehmen und des Kontrollmaßstabs kann je nach Fallkonstellation im Detail sehr komplex sein.[150]

c) Umsatzberechnung

58 In welcher Art und Weise die für die FKVO **relevanten Umsätze** berechnet werden müssen, ist Art. 5 FKVO zu entnehmen. Einzelheiten der Umsatzberechnung hat die Kommission in der Mitteilung zu Zuständigkeitsfragen niedergelegt. Der Berechnung sind diejenigen Umsätze zugrunde zu legen, die von den beteiligen Unternehmen i. R. ihrer geschäftlichen Tätigkeit mit dem Verkauf von Waren und Dienstleistungen erzielt werden, abzüglich Erlösschmälerungen (z. B. Skonti, Rabatte oder Provisionen) und direkt auf den Umsatz wirkender Steuern, etwa der Mehrwertsteuer.[151] Maßgeblich sind die Umsatzzahlen des Geschäftsjahres, das dem Transaktionsdatum (im Regelfall also dem Tag der Kaufvertragsunterzeichnung) am nächsten liegt.[152] Zum Nachweis der Umsätze verlangt die Kommission im Regelfall den **geprüften Jahresabschluss**; nur unter „ganz außergewöhnlichen Umständen" akzeptiert sie Berechnungen auf Grundlage vorläufiger Abschlüsse, die die Geschäftsführung erarbeitet hat.[153] Liegen bei einem Zusammenschluss, der zu Beginn eines Kalenderjahres angemeldet wird, für das zurückliegende Geschäftsjahr noch keine geprüften Jahresabschlüsse vor, so ist das Zahlenmaterial des Vorjahres maßgeblich.[154]

59 Generell gilt, dass die **Umsätze zwischen den Unternehmen, die sich zusammenschließen,** bei der Ermittlung der Schwellenwerte einzubeziehen sind. Dagegen bleiben **Innenumsätze** von **verbundenen Unternehmen** bei der Berechnung der Umsatzschwellen außer Betracht (Art. 5 Abs. 1 Satz 2 FKVO).[155]

---

148) Konsolidierte Mitteilung zu Zuständigkeitsfragen, Rz. 139.
149) Konsolidierte Mitteilung zu Zuständigkeitsfragen, Rz. 140.
150) Eingehend dazu v. *Brevern*, WuW 2012, 225 ff.
151) Konsolidierte Mitteilung zu Zuständigkeitsfragen, Rz. 165 f.
152) Konsolidierte Mitteilung zu Zuständigkeitsfragen, Rz. 169.
153) Konsolidierte Mitteilung zu Zuständigkeitsfragen, Rz. 170.
154) Konsolidierte Mitteilung zu Zuständigkeitsfragen, Rz. 170.
155) Zum Ganzen *Käseberg* in: Langen/Bunte, Art. 5 FKVO Rz. 20 ff.; *Bechtold/Bosch/Brinker*, Art. 5 FKVO Rz. 8; *Rosenthal/Thomas*, European Merger Control, B. Rz. 168 ff.; *Körber* in: Immenga/Mestmäcker, Art. 5 FKVO Rz. 21.

Welche Unternehmen i. S. der FKVO im Verbund agieren, ist anhand der in Art. 5 Abs. 4 FKVO genannten Kriterien zu ermitteln. Danach gelten Konzerne als eine wirtschaftliche Einheit, mit der Folge, dass ihre Umsätze zusammenzurechnen sind.[156] Eine solche Addition der Umsätze ist etwa für Unternehmen vorzunehmen, die an einem anderen Unternehmen eine Kapital- oder Stimmenmehrheit besitzen, das Recht haben, die Mehrheit der Aufsichtsratsmitglieder oder der gesetzlichen Vertreter des anderen Unternehmen zu bestellen oder über das Recht verfügen, die Geschäfte des anderen Unternehmens zu führen (Art. 5 Abs. 4 lit. b FKVO). Zu einem Konzern zählen aber nicht nur die Tochterunternehmen, sondern auch die Muttergesellschaften, die über die oben genannten Rechte verfügen (Art. 5 Abs. 4 lit. c FKVO).

Die **geografische Zuordnung der Umsätze** (gemeinschaftsweiter Umsatz, Umsatz in bestimmten EU- bzw. EWR-Staaten) wird nach dem jeweiligen Sitz des Abnehmers vorgenommen, weil der Vertrag oftmals an diesem Ort erfüllt wird und dort auch der Wettbewerb mit anderen Lieferanten stattfindet.[157] Alle genannten Umsatzzahlen müssen in **Euro** beziffert werden.[158] In anderen Währungen erzielte Umsätze müssen daher unter Zugrundelegung des jährlichen Durchschnittskurses umgerechnet werden.[159] **Spezielle Sondervorschriften** regeln die Umsatzberechnung bei Zusammenschlüssen von Kreditanstalten, Finanzinstituten und Versicherungsunternehmen (Art. 5 Abs. 3 FKVO).[160]

60

IV. Materiell-rechtliche Untersagungsvoraussetzungen

1. Einführung

Die FKVO verbietet Zusammenschlussvorhaben, durch deren Vollzug der wirksame Wettbewerb im Gemeinsamen Markt oder in einem wesentlichen Teil desselben erheblich behindert würde. Eine solche Behinderung ist insbesondere dann anzunehmen, wenn durch den Vollzug der geplanten Transaktion eine beherrschende Stellung begründet oder verstärkt würde (Art. 2 Abs. 2 und Abs. 3 FKVO). Solche Vorhaben muss die Kommission untersagen (Art. 8 Abs. 3 FKVO), sofern die Wettbewerbsbeschränkung nicht durch Auflagen bzw. Abhilfemaßnahmen beseitigt werden kann. Wurde der Zusammenschluss unter Missachtung des Vollzugsverbots (siehe Rz. 126) bereits vollzogen, kann die Kommission zudem dessen Entflechtung anordnen (Art. 8 Abs. 4 FKVO).

61

Der materielle Beurteilungsmaßstab, auf Grundlage dessen die Kommission ein Vorhaben freigeben oder verbieten muss, ist somit das Kriterium der „erheb-

62

---

156) *Emmerich*, § 15 Rz. 17.
157) Konsolidierte Mitteilung zu Zuständigkeitsfragen, Rz. 195 ff.
158) Konsolidierte Mitteilung zu Zuständigkeitsfragen, Rz. 204.
159) Konsolidierte Mitteilung zu Zuständigkeitsfragen, Rz. 205.
160) Eingehend zu diesen Berechnungsmethoden *Bechtold/Bosch/Brinker*, Art. 5 FKVO Rz. 14 ff.; *Wessely* in: MünchKomm-EuWettbR, Art. 5 FKVO Rz. 39 ff.

lichen Behinderung des wirksamen Wettbewerbs" (sog. „SIEC-Test").[161] Ob der Zusammenschluss nach Vollzug den Wettbewerb erheblich beeinträchtigen wird oder nicht, ist i. R. einer Gesamtabwägung zu ermitteln. Diesbezüglich richtet die Kommission seit einigen Jahren ihre Entscheidungspraxis stärker an Verbrauchererwägungen aus *(consumer welfare standard)*.[162] Zudem versucht sie, die Wirkungen der Fusion vermehrt durch den Einsatz industrieökonomischer Analysetechniken zu prognostizieren *(more economic approach)*.[163] In der Praxis scheitert die idealtypische Implementierung dieser Konzepte aber oftmals daran, dass die notwendigen Daten nicht verfügbar oder die Ergebnisse der Berechnungen wenig „robust" sind. Gleichwohl können solche ökonomischen Studien in Zweifelsfragen die Rechtsanwendung sinnvoll komplettieren und dazu beitragen, Entscheidungsfehler zu minimieren.

63 Die präventive Fusionskontrolle hat die Aufgabe, Marktstrukturen zu verhindern, die es der entstehenden wirtschaftlichen Einheit (etwa aufgrund ihrer Marktmacht) gestatten oder erleichtern, wettbewerbsbeschränkende Verhaltensweisen (ggf. im Zusammenwirken mit anderen Unternehmen auf dem Markt) zu praktizieren.[164] Aus juristischer Sicht wird Marktmacht oftmals als Verhaltensspielraum umschrieben, der es einem Unternehmen gestattet, sich auf einem bestimmten – aus dem gesamten Wirtschaftskreislauf herauszudestillierenden – Markt vom Wettbewerb unabhängig zu verhalten.[165] In der Praxis geht die Kommission zur Klärung der Frage, ob ein Zusammenschlussvorhaben freigegeben werden kann, deshalb in einem Doppelschritt vor:[166]

- Zuerst ist der relevante Markt zu definieren.

- Anschließend ist die auf diesem Markt vorherrschende Wettbewerbssituation in den Blick zu nehmen, um eine Prognose darüber abgeben zu können, ob der Zusammenschluss den Wettbewerb auf dem relevanten Markt erheblich behindern würde.

---

161) SIEC = Substantial impediment to effective competition.
162) Allg. zu diesem Schutzziel der EU-Wettbewerbsregeln *Hertfelder*, S. 41 ff.; *Möller*, S. 24 ff. Zu den praktischen Auswirkungen dieses Ansatzes in der Fusionskontrolle s. *Körber* in: Immenga/Mestmäcker, Art. 2 FKVO Rz. 191 ff.; *Witt*, CMLRev. 49 (2012), 217, 234 ff.
163) Näher zu den industrieökonomischen Modellen, die zur Prognose der Wirkungen von Zusammenschlüssen eingesetzt werden können *Christiansen*, S. 127 ff.; *Schwalbe/Zimmer*, S. 69 ff.
164) Näher dazu *Körber* in: Immenga/Mestmäcker, Art. 2 FKVO Rz. 200; *Mestmäcker/ Schweitzer*, § 23 Rz. 21 ff.
165) EuGH, Rs. 85/76, *Hoffmann-La Roche/Kommission*, Slg. 1979, 461, Rz. 38.
166) Vgl. nur KomE, COMP/M.5086, *BAT/Skandinavisk Tobakskompagni*, Rz. 23 ff. Aus ökonomischer Sicht ist die Marktabgrenzung nicht unbedingt notwendig, da es industrieökonomische Modelle zur Messung von Marktmacht in Form unkontrollierter Preissetzungsspielräume gibt. In der Praxis können diese Modelle im Regelfall jedoch nicht implementiert werden, da es an den erforderlichen Daten mangelt; vgl. nur *Schwalbe/ Zimmer*, S. 71 f.

2. Marktdefinition

Die Abgrenzung des relevanten Marktes soll den wettbewerblichen Druck ermitteln, dem die am Zusammenschluss beteiligten Unternehmen ausgesetzt sind.[167] Die Abgrenzung des relevanten Marktes ist ganz zentral für die Genehmigungsfähigkeit des Zusammenschlussvorhabens. Denn eine sehr enge Marktabgrenzung führt zu sehr hohen kumulierten Marktanteilen der am Zusammenschluss beteiligten Unternehmen mit der Folge, dass die Entstehung einer marktbeherrschenden Stellung nach dem Vollzug des Zusammenschlusses leichter angenommen werden kann. Bei einer sehr weiten Marktabgrenzung werden die Marktanteile der am Zusammenschluss beteiligten Unternehmen nicht so hoch sein, so dass das Vorhaben einfacher freigegeben werden kann. Wenngleich bei der Abgrenzung des relevanten Marktes sehr viele **ökonomische Variablen** (Marktstruktur, Marktanteile, Marktentwicklung, Finanzkraft der beteiligten Einheiten etc.) zu begutachten sind, ist die Marktabgrenzung gleichwohl ein juristisches Urteil. Bei der Entscheidung über die genaue Grenzziehung des relevanten Marktes besitzt die Kommission jedoch einen weiten (gerichtlich nur begrenzt überprüfbaren) Ermessensspielraum, da es sich bei der Marktabgrenzung um eine wirtschaftspolitische Entscheidung handelt.[168]

Der Markt wird im Prinzip auf Grundlage der vorgefundenen Wettbewerbsbedingungen abgesteckt. Künftige Veränderungen können dabei in die Analyse einbezogen werden, wenn diese in einem überschaubaren Zeitraum mit großer Wahrscheinlichkeit eintreten werden.[169] Da das Marktgeschehen stetigen Veränderungen unterworfen ist, muss der relevante Markt in jedem Einzelfall von Neuem abgegrenzt werden. Die Kommission darf nicht einfach auf das Ergebnis einer alten Entscheidung verweisen, bei der die (damaligen) Marktverhältnisse untersucht wurden.[170] Bezüglich der Kriterien, die bei der Marktabgrenzung zu verwenden sind, hat sich die Kommission allerdings an vorhandenen Judikaten der europäischen Gerichte und – soweit dies möglich ist – an ihren früheren Entscheidungen zu orientieren.[171] Die Grundlinien der Abgrenzung des relevanten Marktes hat die Kommission zudem in einer Bekanntmachung zusammengestellt.[172] Diese differenziert zwischen dem sachlich und dem räumlich relevanten Markt.

---

167) Statt vieler *Mestmäcker/Schweitzer*, § 25 Rz. 17; *Säcker*, ZWeR 2004, 1, 5.
168) Vgl. nur EuG, Rs. T-221/95, *Endemol/Kommission*, Slg. 1999, II-1299, Rz. 106.
169) *Bechtold/Bosch/Brinker*, Art. 2 FKVO Rz. 44; *Kling/Thomas*, § 9 Rz. 113. Allg. auch KomE, COMP/M.1882, *Pirelli/BICC*, Rz. 55.
170) EuG, verb. Rs. T-125/97 und T-127/97, *Coca-Cola/Kommission*, Slg. 2000, II-1733, Rz. 82.
171) *Kling/Thomas*, § 9 Rz. 155.
172) Bekanntmachung über die Definition des relevanten Marktes, ABl. EG 1997 C 372/5.

a) Sachlich relevanter Markt

66 Der sachlich relevante Markt erfasst alle Waren und Dienstleistungen (folgend: „Produkte"), welche die Marktgegenseite „hinsichtlich ihrer Eigenschaften, Preise und ihres vorgesehenen Verwendungszwecks als austauschbar oder substituierbar [ansieht]".[173] Der EuGH hat den sachlich relevanten Markt bislang regelmäßig unter Verwendung des (erweiterten) **Bedarfsmarktkonzepts** abgegrenzt. Dementsprechend ordnet er solche Produkte dem gleichen Markt zu, die aufgrund ihrer Merkmale zur Deckung der Bedürfnisse der **Marktgegenseite** besonders geeignet und gegenüber anderen Gütern nur in geringem Maße austauschbar sind.[174] Eine vollständige Substituierbarkeit wird vom EuGH nicht verlangt. Ihm genügt ein *„hinreichender Grad von Austauschbarkeit [...] im Hinblick auf die gleiche Verwendung".*[175]

67 Die Marktabgrenzung ist also aus der Perspektive der Marktgegenseite vorzunehmen: Dies bedeutet, dass die Sicht des Nachfragers für die Marktposition des Anbieters maßgeblich ist und die Marktposition des Nachfragers aus Sicht des Anbieters zu ermitteln ist.[176] Zur Bestimmung des relevanten Marktes sind eine Reihe von Faktoren heranzuziehen und zu gewichten („Gesamtbetrachtung").[177] Im Regelfall gehören zwei Produkte dem gleichen Markt an, wenn die Marktgegenseite sie hinsichtlich ihrer **Verwendung**, ihrer **Eigenschaften** oder ihrer **Preise** als substituierbar ansieht.[178] Bei dieser Betrachtung können ferner frühere Substitutionsbewegungen im Markt sowie die Preis- und Kreuzpreiselastizität der Nachfrage berücksichtigt werden.[179] Anhaltspunkte zur Klärung der Frage, welche Produkte aus Sicht der Marktgegenseite einem Markt zuzuordnen sind, entnimmt die Kommission häufig der Befragung von Kunden und Wettbewerbern.[180]

68 Aber nicht nur das Verhalten der Marktgegenseite, sondern auch die **Angebotsumstellungsflexibilität** konkurrierender Anbieter kann bei der Abgrenzung des relevanten Marktes von Bedeutung sein.[181] Die Folgen der Angebotsumstellungsflexibilität können immer dann in die Marktanalyse einbezogen

---

173) Bekanntmachung über die Definition des relevanten Marktes, Rz. 7.
174) Vgl. EuGH, Rs. 6/72, *Europemballage Corporation und Continental Can/Kommission*, Slg. 1973, 215, Rz. 32; EuGH, Rs. C-333/94 P, *Tetra Pak/Kommission*, Slg. 1996, I-5951, Rz. 10 und 13; für das Gericht vgl. EuG, Rs. T-83/91, *Tetra Pak/Kommission*, Slg. 1994, II-755, Rz. 63; EuG, Rs. T-342/99, *Airtours/Kommission*, Slg. 2002, II-2585, Rz. 20.
175) EuGH, Rs. 85/76, *Hoffmann-La Roche/Kommission*, Slg. 1979, 461, Rz. 28.
176) Statt vieler *Mestmäcker/Schweitzer*, § 16 Rz. 12.
177) *Kling/Thomas*, § 9 Rz. 123.
178) Bekanntmachung über die Definition des relevanten Marktes, Rz. 7.
179) Bekanntmachung über die Definition des relevanten Marktes, Rz. 38 f.
180) Bekanntmachung über die Definition des relevanten Marktes, Rz. 25 und 40.
181) EuGH, Rs. 6/72, *Europemballage Corporation und Continental Can/Kommission*, Slg. 1973, 215, Rz. 33.

werden, wenn konkurrierende Anbieter die Möglichkeit besitzen, durch eine Umstellung ihrer Produktpalette innerhalb kurzer Zeit und ohne sehr großen Kostenaufwand ein Produkt auf den Markt zu bringen, das mit denen der am Zusammenschluss beteiligten Unternehmen vergleichbar ist.[182] Solche Produkte sind aus Sicht der Marktgegenseite veritable Alternativen zum vorhandenen Angebot und erhöhen damit den Wettbewerbsdruck auf die zusammenschlusswilligen Unternehmen.[183]

In jüngerer Zeit ist die Kommission verstärkt dazu übergegangen, die sachliche Marktabgrenzung (zumindest in Teilen auch) auf den **hypothetischen Monopolistentest (SSNIP-Test)**[184] zu stützen, der aus ökonomischer Sicht in vielen Fällen eine genauere Marktabgrenzung ermöglichen soll.[185] Dieses Konzept basiert auf dem Gedanken, dass aus ökonomischer Sicht Marktmacht immer dann gegeben ist, wenn ein Unternehmen durch eine Angebotsverknappung in profitmaximierender Weise suprakompetitive Preise erzielen könnte. Marktanteile können daher nur dann als Indiz für das Bestehen von Marktmacht im wirtschaftlichen Sinne herangezogen werden, wenn die Marktabgrenzung so vorgenommen wird, dass zumindest ein Monopolist auf diesem Markt durch eine Erhöhung seiner Preise über das Wettbewerbsniveau seinen Gewinn maximieren könnte.[186] Sofern nämlich noch nicht einmal ein Monopolist in der Lage wäre, seine Macht über den Markt in gewinnbringender Weise durch suprakompetitive Preise auszuüben, geht von Unternehmen mit geringeren Marktanteilen schon gar keine Wettbewerbsgefährdung aus. Bei der Marktabgrenzung sind somit alle Faktoren zu berücksichtigen, die die Preissetzungsmacht eines Monopolisten einschränken.[187] Dementsprechend stellt der SSNIP-Test die Frage, ob ein Unternehmen, das ein Produkt auf einem Markt anbietet, den Preis für dieses Produkt in profitabler Weise für einen signifikanten Zeitraum anheben könnte.[188] Der sachlich relevante Markt umfasst deshalb diejenigen Produkte, für die ein hypothetischer Monopolist den Preis in einem nicht nur vorübergehenden Zeitraum (etwa ein Jahr) um einen signifikanten Betrag (etwa 5-10 %) erhöhen und dadurch seinen Profit maximieren könnte.[189] Entscheidend ist demnach,

---

182) Bekanntmachung über die Definition des relevanten Marktes, Rz. 20.
183) Bekanntmachung über die Definition des relevanten Marktes, Rz. 20.
184) SSNIP = Small but significant non-transitory increase in price.
185) Dieser Abschnitt beruht auf *Wurmnest*, Marktmacht, S. 279 ff.
186) Vgl. zu den Grundlagen dieses Marktabgrenzungskonzepts *Christiansen*, S. 165 ff.; *Griffith/Nesheim* in: Neumann/Weigand, S. 208 ff.; *Hildebrand*, S. 405 ff.; *Elliott/Morrison/Nitze* in: Terhechte, Rz. 11.39 ff.; *Schwalbe/Zimmer*, S. 77 ff.
187) Näher dazu *Friederiszick* in: Schwarze, S. 30 f.; *Motta*, S. 102; *Schwalbe/Zimmer*, S. 81 ff.
188) *Griffith/Nesheim* in: Neumann/Weigand, S. 208 f.
189) Diese Werte repräsentieren lediglich Erfahrungswerte, die ggf. den Umständen des untersuchten Falls angepasst werden müssen; vgl. *Christiansen*, S. 168; *Schwalbe/Zimmer*, S. 79 f.

wie die Marktgegenseite auf eine hypothetische Preiserhöhung für die betreffenden Produkte reagieren würde: Führt die Substitution zu einem Absatzrückgang, der nicht mehr durch die Preiserhöhung aufgefangen wird, kann ein Monopolist seine Marktmacht nicht gewinnbringend ausspielen. Der Markt ist also zu eng abgegrenzt. Es müssen daher weitere Produkte in die Betrachtung einbezogen werden, und zwar so lange, bis die Preiserhöhung sich für den Monopolist auszahlt.[190] Aufgrund der praktischen Probleme, die Profitabilität hypothetischer Preiserhöhungen zu berechnen, behilft sich die Kommission oftmals mit einer eher kursorischen Prüfung der Gewinnaussichten.[191]

b) Räumlich relevanter Markt

70 Der räumlich relevante Markt erstreckt sich auf dasjenige Gebiet, in dem die zusammenschlusswilligen Einheiten ihre Produkte offerieren oder beziehen, das über hinreichend homogene Wettbewerbsbedingungen verfügt und das sich von angrenzenden Gebieten durch andersartige Wettbewerbsbedingungen abtrennen lässt.[192]

71 Die Absteckung des räumlich relevanten Marktes erfolgt nach ähnlichen Kriterien wie die Eingrenzung des sachlichen Marktes. Entscheidend ist zunächst die **funktionelle Austauschbarkeit** des Angebots aus **Sicht der Marktgegenseite**. Ob ein Gebiet dem räumlich relevanten Markt zuzuordnen ist, wird im Ausgangspunkt durch eine Untersuchung des **Nachfrageverhaltens** auf den vorgefundenen **Absatzgebieten** der am Zusammenschluss beteiligten Unternehmen entschieden.[193] Die Kommission untersucht auf Grundlage der Nachfragemerkmale (Preisunterschiede, Transportkosten, regionale Präferenzen etc.), ob Unternehmen an unterschiedlichen Standorten für die Marktgegenseite tatsächlich eine Bezugsquelle alternativer Art darstellen.[194] In diese Betrachtung kann auch die Stärke von **Handelsströmen** einbezogen werden.[195] Lässt sich zwischen zwei angrenzenden Gebieten nur ein sehr geringer Handel beobachten, so spricht dies für die Annahme von getrennten räumlichen Märkten. Gleiches gilt, wenn erhebliche Preisdifferenzen zwischen unterschiedlichen Regionen bestehen oder die Marktanteile der Anbieter sehr unterschiedlich sind.[196]

---

190) *Christiansen*, S. 169; *Schwalbe/Zimmer*, S. 80 f.
191) Vgl. die Nachweise bei *Schwalbe/Zimmer*, S. 120 ff.; s. allg. auch *Bardong* in: Langen/Bunte, Art. 2 FKVO Rz. 36.
192) Bekanntmachung über die Definition des relevanten Marktes, Rz. 8.
193) Bekanntmachung über die Definition des relevanten Marktes, Rz. 29 ff.
194) Bekanntmachung über die Definition des relevanten Marktes, Rz. 29 ff.
195) Allg. dazu KomE, IV/M.197, *Solvay-Laporte/Interox*, Rz. 28; KomE, COMP/M.2097, *SCA/Metsä Tissue*, Rz. 64. S. a. Bekanntmachung über die Definition des relevanten Marktes, Rz. 49.
196) Zum Ganzen *Bechtold/Bosch/Brinker*, Art. 2 FKVO Rz. 19 f.

Wird der **SSNIP-Test** angewendet, ist zu fragen, ab welcher geografischen 72
Größe des Marktes die Marktgegenseite eine Preiserhöhung von 5 % bis 10 %
in profitabler Weise durchführen könnte, weil etwa die Nachfrager trotz Preiserhöhung ihren bisherigen Anbietern die Treue halten und davon absehen, ihren
Bedarf bei räumlich weiter entfernteren Anbietern zu decken.[197]

Staatsgrenzen sind bei der Ermittlung des räumlich relevanten Marktes irrelevant, es kommt allein auf **wirtschaftliche Zusammenhänge** an.[198] Je nach untersuchtem Wirtschaftszweig können daher räumlich **homogene Marktgebiete** von lokaler bis hin zu weltweiter Ausdehnung gebildet werden. 73

Lokale Märkte bestehen etwa für den Einkauf von Lebensmitteln durch Verbraucher, die nur eine bestimmte Entfernung vom Wohn- oder Arbeitsort zurücklegen wollen, um sich mit Lebensmitteln einzudecken.[199] Sobald die am Zusammenschluss beteiligten Unternehmen jedoch auf vielen verschiedenen lokalen Märkten tätig sind und ihr Geschäft zentral organisieren, betrifft das Vorhaben eine Vielzahl lokaler Märkte, so dass als räumlich relevanter Markt eine Region oder das Gebiet eines Mitgliedsstaats angesehen werden kann.[200] 74

In vielen Fällen ging die Kommission bislang von **nationalen Märkten** aus. Begründet wurde diese Abgrenzung etwa mit besonderen Verbrauchergewohnheiten (z. B. bei Lebensversicherungen[201] oder Speiseeis[202]), hohen Transportkosten in Relation zum Verkaufspreis (z. B. für Tissue-Fertigerzeugnisse wie Küchenrollen[203]) und erheblichen Preisdifferenzen in den verschiedenen Mitgliedstaaten.[204] Darüber hinaus wurden nationale Märkte angenommen, wenn ein Wettbewerb „über die Grenze" kaum stattfand, weil nationale Netze (z. B. für Gas- und Strom)[205] nicht mit dem Ausland verknüpft waren oder rechtliche Vorschriften nationale Märkte zementierten (z. B. für bestimmte Arzneimittel).[206] 75

---

197) Bekanntmachung über die Definition des relevanten Marktes, Rz. 17.
198) *Bechtold/Bosch/Brinker/Hirsbrunner*, 2. Aufl., 2009, Art. 2 FKVO Rz. 36.
199) KomE IV/M.803, *Rewe/Billa*, Rz. 11; KomE, IV/M. 1221, *Rewe/Meindl*, ABl. EG 1999 L 274/1 Rz. 18.
200) KomE IV/M.803, *Rewe/Billa*, Rz. 12 f.; KomE, IV/M. 1221, *Rewe/Meindl*, ABl. EG 1999 L 274/1 Rz. 18 f.
201) KomE, IV/M.141, *UAP/Transatlantic/Sun Life*, Rz. 21.
202) KomE, IV/M.362, *Nestlé/Italgel*, Rz. 12.
203) KomE, IV/M.623, *Kimberly-Clark/Scott*, ABl. EG 1996 L 183/1 Rz. 63 ff. (Markt für Vereinigtes Königreich und Irland).
204) Vgl. nur KomE, IV/M.623, *Kimberly-Clark/Scott*, ABl. EG 1996 L 183/1 Rz. 72 f. (Markt für Vereinigtes Königreich und Irland).
205) KomE, COMP/M.1853, *EDF/EnBW*, ABl. EG 2002 L 59/1 Rz. 20 ff. (Strommarkt); KomE, COMP/M.3868, *DONG/Elsam/Energi E2*, ABl. EG 2007 L 133/24 Rz. 28 ff. (Gas- und Strommarkt).
206) KomE, IV/M.950, *Hoffmann-La Roche/Boehringer Mannheim*, ABl. EG 1998 L 234/14 Rz. 52 f.

76 Die Bedeutung der nationalen Märkte nimmt allerdings mit der Vertiefung des europäischen Binnenmarktes sowie der Internationalisierung der Handelsströme kontinuierlich ab.[207] Gleichwohl liegt die Anzahl der angemeldeten Zusammenschlüsse, in denen die Kommission von einem europaweiten Markt ausging, noch deutlich unter den Fallzahlen, in denen die Kommission von nationalen Märkten ausgegangen ist.[208] **Europäische Märkte** wurden etwa angenommen für Filme und Offsetdruckplatten,[209] Kabel,[210] PVC,[211] Zeitungsdruckpapier[212] und Stahlrohre.[213]

77 Ein **weltweiter Markt** wurde nur in relativ wenigen Entscheidungen angenommen. Ein solcher Markt besteht etwa für Rohöl,[214] düsengetriebene Verkehrsflugzeuge,[215] Flugzeugmotoren und Avionikprodukte für Verkehrsflugzeuge größerer Art.[216]

3. Erhebliche Behinderung wirksamen Wettbewerbs

a) Überblick über den SIEC-Test

78 Anders als Art. 101 und 102 AEUV zielt die FKVO nicht auf die Bekämpfung einzelner Wettbewerbsbeschränkungen, sondern primär auf die Verhinderung solcher strukturellen Verhältnisse auf einem Markt, die eine einseitige oder koordinierte Ausübung wettbewerbsbeschränkender Verhaltensweisen ermöglichen oder erleichtern.[217] Daher erklärt die FKVO solche Zusammenschlüsse mit dem Gemeinsamen Markt für unvereinbar, die zu einer „erheblichen Behinderung wirksamen Wettbewerbs" führen (sog. „**SIEC-Test**"). Eine solche Behinderung kann im Regelfall angenommen werden, wenn durch den Zusammenschluss eine beherrschende Stellung auf dem relevanten Markt begründet oder verstärkt wird (Art. 2 Abs. 2 und Abs. 3 FKVO). Der **Marktbeherrschungstest,** der vor der Reform der FKVO im Jahre 2004 das alleinige Untersagungskriterium der europäischen Fusionskontrolle darstellte, dient somit als

---

207) *Körber* in: Immenga/Mestmäcker, Art. 2 FKVO Rz. 180.
208) So die Einschätzung von *Bechtold/Bosch/Brinker/Hirsbrunner*, 2. Aufl., 2009, Art. 2 FKVO Rz. 36 („Bei der Mehrzahl der [...] Zusammenschlüsse sind nationale Märkte gebildet worden."); ähnlich *Emmerich*, § 16 Rz. 15.
209) KomE, IV/M.986, *Agfa-Gevaert/DuPont*, ABl. EG 1998 L 211/22 Rz. 41.
210) KomE, COMP/M.1882, *Pirelli/BICC*, ABl. EU 2003 L 70/35 Rz. 33.
211) KomE, IV/M.284, *Hoechst/Wacker*, Rz. 14.
212) KomE, IV/M.1225, *ENSO/STORA*, ABl. EG 1999 L 254/09 Rz. 43 ff.
213) KomE, IV/M. 222, *Mannesmann/Hösch*, Abl. EG 1993 L 114/34 Rz. 28.
214) KomE, IV/M.85, *ELF/Occidental*, Rz. 8.
215) KomE, IV/M.877, *Boeing/McDonnell Douglas*, ABl. EG 1997 L 336/16 Rz. 20.
216) KomE, COMP/M.2220, *General Electric/Honeywell*, ABl. EU 2004 L 48/1 Rz. 36, 240.
217) *Mestmäcker/Schweitzer*, § 23 Rz. 21 ff.; *Körber* in: Immenga/Mestmäcker, Art. 2 FKVO Rz. 200.

Regelbeispiel einer erheblichen Wettbewerbsbehinderung.[218] Insoweit gilt die ältere Rechtsprechung zum Marktbeherrschungstest fort.[219]
Der Gemeinschaftsgesetzgeber hatte sich im Jahre 2004 u. a. deshalb für eine 79
Umstellung auf den SIEC-Test entschieden, um eine vermeintliche Lücke des Marktbeherrschungstests zu schließen.[220] Eine solche wurde dem tradierten Beurteilungskriterium bei Zusammenschlüssen attestiert, die einen Oligopolmarkt betreffen, jedoch nicht zu einer Marktbeherrschung i. S. einer (an Marktanteilen gemessenen) Marktführerschaft führen, aber gleichwohl Wettbewerbsbedenken aufgrund nicht koordinierter (unilateraler) Effekte auszulösen vermögen (sog. *„oligopoly blindspot"*).[221] Der SIEC-Test soll es der Kommission ermöglichen, auch in solchen Fällen ein Zusammenschlussvorhaben untersagen zu können. Auf eine einfache Kurzformel gebracht, lässt sich der neue Test daher folgendermaßen umschreiben:

„SIEC-Test = Marktbeherrschungstest + Erfassung nicht koordinierter (unilateraler) Effekte im Oligopol."[222]

Umstritten ist dabei, ob die Fallgruppe der unilateralen Effekte im Oligopol 80
nur dann greift, wenn keine beherrschende Stellung i. S. einer Marktführerschaft nachgewiesen werden kann,[223] oder ob es sich um einen „eigenen Phänotyp" der erheblichen Wettbewerbsbehinderung handelt.[224]

Ob ein Zusammenschluss nach Vollzug wahrscheinlich zu einer erheblichen 81
Behinderung wirksamen Wettbewerbs führen wird, muss im Wege einer **Gesamtschau** geprüft werden, bei der eine **Vielzahl von ökonomischen Variablen zu betrachten sind** und die von dem Bestreben geleitet sein muss, in effektiver Weise den Wettbewerb im Gemeinsamen Markt aufrechtzuerhalten (Art. 2 Abs. 1 lit. a FKVO). Die FKVO benennt (in nicht abschließender Weise) als

---

218) *Kling/Thomas*, § 9 Rz. 103 f.
219) Vgl. Erwägungsgrund 26 FKVO.
220) Vgl. Erwägungsgrund 25 FKVO. Eingehend zum rechtspolitischen Hintergrund des SIEC-Tests *Kling/Thomas*, § 9 Rz. 98 ff.; *Körber* in: Immenga/Mestmäcker, Art. 2 FKVO Rz. 183 ff.; *Levy*, European Competition Journal 6 (2010), 211, 227 ff.
221) *Körber* in: Immenga/Mestmäcker, Art. 2 FKVO Rz. 183. Ob eine Schutzlücke bestand, wurde jedoch vielfach angezweifelt; vgl. nur *Böge*, WuW 2002, 825; *U. Denzel*, S. 147 f. Der Streit um das Vorliegen einer Lücke drehte sich letztendlich um die Reichweite des alten Marktbeherrschungstests. Versteht man den Begriff „Marktbeherrschung" eng und verlangt für das Vorliegen einer solchen Stellung, dass die aus der Fusion hervorgehende Einheit – gemessen an Marktanteilen – Marktführer wird, so kann eine Lücke angenommen werden. Denn der Wettbewerb kann durch unilaterale Effekte auch dann Schaden erleiden, wenn aus der Fusion kein solcher Marktführer hervorgeht. Versteht man den Begriff der Marktbeherrschung hingegen weit, i. S. von Spielräumen, die nicht vom Wettbewerb kontrolliert werden, werden unilaterale Effekte vom Marktbeherrschungstest erfasst. Bei diesem Begriffsverständnis wäre eine Lücke zu verneinen.
222) *Körber* in: Immenga/Mestmäcker, Art. 2 FKVO Rz. 186.
223) In diese Richtung *Zeise* in: Schulte, Hdb. Fusionskontrolle, Rz. 1390.
224) Hierfür *Kling/Thomas*, § 9 Rz. 225.

Variablen, die bei der Gesamtschau zu betrachten sind, u. a. die Marktstellung der beteiligten Unternehmen, ihre Finanzkraft, ihren Zugang zu Absatz- und Beschaffungsmärkten, aber auch das Bestehen rechtlicher und tatsächlicher Marktzutrittsschranken (Art. 2 Abs. 1 lit. b FKVO).

82 Welche Kriterien für die Beurteilung der potenziellen Wirkungen eines Zusammenschlussvorhabens von Bedeutung sind, hängt von der **Form des Zusammenschlusses** ab. Wettbewerbspolitisch bedenklich sind vor allem Zusammenschlüsse von Unternehmen, die auf dem gleichen Markt miteinander um die Gunst der Marktgegenseite konkurrieren (horizontale Zusammenschlüsse, siehe Rz. 83 ff.). Dagegen entfalten Zusammenschlüsse, bei denen die beteiligten Unternehmen sich auf einer vor- und einer nachgelagerten Wirtschaftsstufe gegenüberstehen (vertikale Zusammenschlüsse, siehe Rz. 101 ff.) oder sogar auf getrennten Märkten agieren (konglomerate Zusammenschlüsse, siehe Rz. 109 ff.), nur unter besonderen Umständen wettbewerbsschädliche Wirkungen.

b) Horizontale Zusammenschlüsse

83 Eine Gefährdung des Wettbewerbs entsteht insbesondere daraus, dass sich zwei oder mehr Unternehmen zusammenschließen, die sich bislang Konkurrenz gemacht haben oder machen wollen, die also auf ein und demselben Markt tätig sind bzw. tätig werden wollen.[225] Durch eine solche „horizontale Fusion" kann der Wettbewerbsdruck im Markt nämlich erheblich verringert werden, da es nach Vollzug weniger aktuelle oder potenzielle Wettbewerber gibt, die um die Gunst der Marktgegenseite konkurrieren. Die Einzelheiten der Beurteilung solcher Zusammenschlüsse hat die Kommission in ihren Horizontalleitlinien spezifiziert. Diese unterscheiden zwischen koordinierten und nicht koordinierten Wirkungen von horizontalen Zusammenschlüssen.[226] Unter **koordinierten Wirkungen** eines Zusammenschlusses wird das Entstehen einer Marktstruktur bezeichnet, die eine Verhaltensabstimmung der im Markt agierenden Unternehmen, sei sie offen oder verdeckt, erleichtert.[227] Wettbewerbsschädliche **nicht koordinierte Wirkungen** (**unilaterale Effekte/Wirkungen**) entstehen dann, wenn durch den Zusammenschluss die Wettbewerbsverhältnisse so verändert werden, dass der Wettbewerbsdruck auch ohne eine Koordination des Verhaltens der zusammengeschlossenen Unternehmen mit anderen Marktakteuren erheblich abgesenkt wird.[228] Dies kann auf Oligopolmärkten der Fall sein. Ein zentraler Faktor bei der Prognose, ob ein Zusammenschluss wettbewerbsschädliche Wirkungen entfalten kann, ist der Umstand, ob die Fusion eine marktbeherrschende Stellung begründet oder verstärkt. Eine solche Stellung kann durch ein

---

225) Statt vieler *Glöckner*, Rz. 663.
226) Leitlinien zu horizontalen Zusammenschlüssen, ABl. EU 2004 C 31/5.
227) Leitlinien zu horizontalen Zusammenschlüssen, Rz. 22.
228) Leitlinien zu horizontalen Zusammenschlüssen, Rz. 22.

Unternehmen allein (**Einzelmarktbeherrschung**) oder im Zusammenspiel mit anderen Marktakteuren (**kollektive Marktbeherrschung**) gehalten werden.

Vor diesem Hintergrund lassen sich **drei Fallgruppen** bilden, die sich zum Teil überschneiden. Nach dem SIEC-Test sind Zusammenschlüsse mit dem Gemeinsamen Markt unvereinbar, die[229)] 84

- eine beherrschende Stellung eines einzelnen Unternehmens begründen oder verstärken (Einzelmarktbeherrschung, nicht koordinierte Wirkungen, siehe Rz. 85 ff.),
- eine gemeinsame marktbeherrschende Stellung mehrerer Unternehmen begründen oder verstärken (kollektive Marktbeherrschung, koordinierte Wirkungen, siehe Rz. 94 ff.) oder
- den starken Wettbewerbsdruck aufheben, den die sich zusammenschließenden Unternehmen gegeneinander aufgebaut haben, ohne dass die anderen Wettbewerber im Markt in der Lage sind, ausreichenden Wettbewerbsdruck auszuüben, selbst wenn eine Koordinierung im Oligopol unwahrscheinlich ist (unilaterale Effekte, siehe Rz. 98 ff.).

aa) Einzelmarktbeherrschung

Auch unter Geltung der reformierten FKVO ist die Begründung oder Verstärkung einer **marktbeherrschenden Stellung** nach Vollzug des Zusammenschlusses der Regelfall für die Untersagung des Zusammenschlusses durch die Kommission. Ein einzelnes Unternehmen verfügt über eine beherrschende Stellung auf einem Markt, wenn es Wettbewerb verhindern kann, weil es in der Lage ist, *„sich seinen Wettbewerbern, seinen Abnehmern und letztlich den Verbrauchern gegenüber in einem nennenswerten Umfang unabhängig zu verhalten".*[230)] Ob der Vollzug des Zusammenschlusses zu einer Vermachtung der Märkte führt, ist durch eine Prognose zu ermitteln, bei der die in Art. 2 Abs. 1 FKVO (nicht abschließend) aufgezählten Beurteilungskriterien (siehe Rz. 81) zu berücksichtigen sind. 85

Bei dieser Prognose kommt dem **Marktanteil** eine gewichtige Rolle zu, da die Gefahr, dass ein Unternehmen seine Macht über den Markt zu Lasten des Wettbewerbs ausübt, mit seinem Marktanteil zunimmt.[231)] Die Marktanteile der sich zusammenschließenden Konkurrenten sind zusammenzuzählen und in Bezug zu den Marktanteilen der anderen Konkurrenten zu setzen, die auf dem 86

---

229) Zusammenstellung nach *Körber* in: Immenga/Mestmäcker, Art. 2 FKVO Rz. 402.
230) EuGH, Rs. 85/76, *Hoffmann-La Roche/Kommission*, Slg. 1979, 461, Rz. 38; Leitlinien zu horizontalen Zusammenschlüssen, Rz. 2.
231) Leitlinien zu horizontalen Zusammenschlüssen, Rz. 27.

relevanten Markt tätig sind.[232)] Belegbare „Abschmelzungseffekte" nach Vollzug des Zusammenschlusses, d. h. eine sehr wahrscheinliche Verringerung der Marktanteile der zusammengeführten Einheit im Vergleich zu den zuvor selbständigen Einheiten, sind dabei in Abzug zu stellen.[233)] Solche Effekte können in Märkten auftreten, in denen die Marktgegenseite die Belieferung mehrerer Kunden bzw. den Warenbezug durch verschiedene Lieferanten bevorzugt, um wirtschaftlichen Abhängigkeiten aus dem Weg zu gehen. Eine pauschale Vermutung dafür, dass der Marktanteil der wirtschaftlichen Einheit nach dem Zusammenschluss geringer sein wird als die addierten Marktanteile der am Zusammenschluss beteiligten Unternehmen, gibt es allerdings nicht.[234)]

87 Für die **Berechnung** des Marktanteils haben sich in der Praxis verschiedene Methoden etabliert. Bei sehr homogenen Gütern kalkuliert die Kommission den kumulierten Marktanteil in der Regel auf Grundlage der abgesetzten Einheiten („Berechnung nach Stückzahlen"), während sie bei differenzierten Gütern zu einer Bestimmung des Marktanteils auf wertmäßiger Grundlage („Berechnung nach Wert") neigt.[235)] Bisweilen kommen auch andere Berechnungsmethoden zum Einsatz, um den Besonderheiten der untersuchten Märkte Rechnung zu tragen, z. B. durch eine Betrachtung freier Kapazitäten[236)] oder – etwa in der Flugzeug- oder Schienenfahrzeugbranche – des Wertes des Auftragsstands.[237)] In der Praxis kalkuliert die Kommission den Marktanteil zudem oftmals sowohl auf Grundlage der Stückzahlen als auch nach Wert.[238)]

88 Die **Höhe des zusammengerechneten Marktanteils** der am Zusammenschluss beteiligten Unternehmen stellt in der Praxis ein erstes Indiz dafür dar, inwieweit die geplante Transaktion unproblematisch freigegeben werden kann. Bei einem addierten Marktanteil der beteiligten Unternehmen von unter 25 % wird die Vereinbarkeit des Zusammenschlussvorhabens mit dem Gemeinsamen Markt nämlich vermutet (sog. *soft safe harbour*).[239)] Bei Marktanteilen von 25 bis 50 % nach Vollzug des Zusammenschlusses müssen weitere Kriterien vorliegen, um eine marktbeherrschende Stellung bejahen zu können, etwa eine stark zersplit-

---

232) Leitlinien zu horizontalen Zusammenschlüssen, Rz. 15; *Bechtold/Bosch/Brinker/Hirsbrunner*, Art. 2 FKVO Rz. 57.
233) KomE, IV M.737, *Ciba-Geigy/Sandoz*, ABl. EG 1997 L 201/1 Rz. 145 und 156; w. N. bei *Wagemann* in: Wiedemann, Hdb. Kartellrecht, § 16 Rz. 60 m. Fn. 200.
234) Zum Ganzen *Bechtold/Bosch/Brinker/Hirsbrunner*, 2. Aufl., 2009, Art. 2 FKVO Rz. 57.
235) *Schwalbe/Zimmer*, S. 168 ff. m. w. N.; vgl. auch Bekanntmachung über die Definition des relevanten Marktes, Rz. 53 ff.
236) S. *Schwalbe/Zimmer*, S. 170 ff.
237) *Bechtold/Bosch/Brinker/Hirsbrunner*, 2. Aufl., 2009, Art. 2 FKVO Rz. 12 m. w. N.
238) KomE, IV/M.430, *Procter & Gamble/VP Schickedanz*, Rz. 118 ff.; KomE, IV/M.523, *Akzo Nobel/Monsanto*, Rz. 24 f.; w. N. bei *Schwalbe/Zimmer*, S. 171 f.
239) Vgl. Formblatt CO, Anhang I Durchführungs-VO 802/2004; Erwägungsgrund 32 FKVO; Leitlinien zu horizontalen Zusammenschlüssen, Rz. 18.

terte Konkurrenz.[240] Liegen solche Kriterien vor, so hat in der Vergangenheit schon ein Marktanteil von 40 bis 50 % oftmals ausgereicht, um von einer marktbeherrschenden Stellung auszugehen.[241] Nach der Rechtsprechung begründen sehr hohe Marktanteile[242] etwa von 50 % oder mehr, die dauerhaft gehalten werden, im Regelfall sogar eine Vermutung für das Vorliegen einer beherrschenden Stellung am Markt, sofern nicht außergewöhnliche Umstände vorliegen.[243] Ein kumulierter Marktanteil von 50 % ist jedoch **keine feste Obergrenze**, bei der ein Zusammenschluss in jedem Fall zu untersagen wäre, auch wenn die Kommission oberhalb der 50 %-Grenze das Vorliegen von Marktbeherrschung sehr häufig angenommen hat.[244] Denn nicht nur die ermittelte Höhe des Marktanteils ist von Bedeutung, sondern auch die Verteilung der Marktanteile zwischen Konkurrenten auf einem Markt.[245] Ferner ist die Evolution von Marktanteilen in der Vergangenheit und der nahen Zukunft zu berücksichtigen. Wenngleich die Kommission bei ihrer Begutachtung grundsätzlich von den im Jahr vor der Transaktion gehaltenen Marktanteilen ausgeht, ist anerkannt, dass diese Anteile ggf. anzupassen sind.[246] Die Kommission verlangt daher bei der Anmeldung regelmäßig die Angabe der Marktanteile der letzten drei Jahre, um auf dieser Grundlage sowie weiterer Informationen über den Markt künftige Veränderungen beurteilen zu können.[247]

Geht es um die Beurteilung einer **Verstärkung** einer bereits bestehenden **marktbeherrschenden Stellung**, so ist die Steigerung des Marktanteils zu gewichten. Nicht jeder Zuwachs an Marktanteilen ist aber per se verboten. Die Kommission untersagt nur solche Zusammenschlüsse, die zu einer **signifikanten Verstärkung** der Marktposition führen.[248] 89

Ob ein Zusammenschlussvorhaben nach Vollzug zu einer beherrschenden Stellung führt oder eine solche verstärkt, kann nicht allein mit Blick auf die Marktanteile festgestellt werden. Vielmehr sind i. R. der notwendigen Gesamtschau auch andere Faktoren heranzuziehen und zu gewichten. So kann die **Finanzkraft** der beteiligten Unternehmen Aufschluss darüber geben, welche wirt- 90

---

240) Leitlinien zu horizontalen Zusammenschlüssen, Rz. 17.
241) KomE, IV/M.754, *Anglo American Corporation/Lonrho*, Rz. 121 = WuW/E EU-V 64; KomE, COMP/M.2337, *Nestlé/Ralston Purina*, Rz. 48 ff.
242) EuG, Rs. T-221/95, *Endemol/Kommission*, Slg. 1999, II-1299, Rz. 134; EuG, Rs. T-102/96, *Gencor/Kommission*, Slg. 1999, II-753, Rz. 205.
243) EuGH, Rs. C-62/86, *Akzo/Kommission*, Slg. 1991, I-3359, Rz. 60; EuG; Rs. T-210/01, *General Electric/Kommission*, Slg. 2005, II-5575, Rz. 571.
244) S. *Schwalbe/Zimmer*, S. 175 ff.
245) *Bechtold/Bosch/Brinker*, Art. 2 FKVO Rz. 33; *Schwalbe/Zimmer*, S. 177 ff.
246) *Rosenthal/Thomas*, European Merger Control, C. Rz. 124.
247) Vgl. Abschnitt 7 Formblatt CO.
248) Vgl. nur KomE, IV/M.2908, *Deutsche Post/DHL (II)*, Rz. 34 ff.; *Bechtold/Bosch/Brinker*, Art. 2 FKVO Rz. 57.

schaftliche Machtstellung zusammenschlusswillige Unternehmen nach Vollzug des Vorhabens besitzen werden.[249] Von Bedeutung kann auch sein, ob die zusammenschlusswilligen Unternehmen **nahe Konkurrenten** sind,[250] inwieweit die Abnehmer auf andere Anbieter ausweichen können (**Nachfrageelastizität**)[251] oder inwieweit Wettbewerber ihre Produktion ausweiten können, um mögliche Preiserhöhungen der zusammengeschlossenen Unternehmen abzufangen (**Kapazitätserhöhung**).[252]

91 Weiterhin ist der Wettbewerbsdruck zu berücksichtigen, der von **potenziellem Wettbewerb** ausgehen kann. Zentrale Voraussetzung für das Aufkeimen potenziellen Wettbewerbs ist, dass ein Markt lediglich mit geringen **Marktzutrittsschranken** ausgestattet ist.[253] Auch bei kumulierten Marktanteilen der am Zusammenschluss beteiligten Unternehmen von weit über 50 % kann ein Zusammenschluss daher freigegeben werden, wenn die Analyse potenzieller Markteintritts- bzw. Marktaustrittsbarrieren darauf hindeutet, dass die Marktmacht der am Zusammenschluss beteiligten Unternehmen durch aufkommenden Wettbewerb schnell erodieren wird.[254]

92 Aussagekräftig für die Vereinbarkeit des Zusammenschlusses mit dem Gemeinsamen Markt kann ferner der **Konzentrationsgrad** eines Marktes sein. Diesen berechnet die Kommission nach dem **Herfindahl-Hirschman-Index** (**HHI**).[255] Der HHI bestimmt sich durch Addierung der Quadrate der jeweiligen Marktanteile der Unternehmen, die in einem Markt agieren.[256] Wenngleich eigentlich alle Unternehmen eines Marktes in diese Betrachtung einbezogen werden sollten, geschieht dies in der Praxis aus Gründen der Praktikabilität nicht immer. Nach Ansicht der Kommission hat das Fehlen von Angaben über relativ kleine Marktteilnehmer nämlich nur marginale Auswirkungen auf das Ergebnis der Index-Berechnung, so dass solche Angaben nicht unbedingt erhoben werden müssen.[257] Während der absolute Wert des HHI einen ersten Fingerzeig über den wahrscheinlichen Wettbewerbsdruck in dem relevanten Markt nach Vollzug des Zusammenschlusses gibt, begreift die Kommission Verschiebungen des Index (des sog. „Deltas") als einen nützlichen Hinweis darauf, in welcher

---

249) *Bechtold/Bosch/Brinker/Hirsbrunner*, 2. Aufl., 2009, Art. 2 FKVO Rz. 44.
250) Leitlinien zu horizontalen Zusammenschlüssen, Rz. 28 ff.
251) Leitlinien zu horizontalen Zusammenschlüssen, Rz. 31.
252) Leitlinien zu horizontalen Zusammenschlüssen, Rz. 32 ff.
253) Monografisch dazu *Gey*, S. 43 ff.
254) Leitlinien zu horizontalen Zusammenschlüssen, Rz. 15.
255) Leitlinien zu horizontalen Zusammenschlüssen, Rz. 16. Eingehend dazu *Schwalbe/Zimmer*, S. 251 ff.
256) Leitlinien zu horizontalen Zusammenschlüssen, Rz. 16.
257) Leitlinien zu horizontalen Zusammenschlüssen, Rz. 16.

Form der geplante Zusammenschluss die Konzentration im Markt verändern wird.[258]

Die Kommission sieht in der Regel solche Vorhaben als mit dem Gemeinsamen Markt vereinbar an, deren HHI nach dem Zusammenschluss den Wert von 1 000 nicht überschreitet.[259] Auch ein HHI, der zwischen 1 000 und 2 000 liegt, sofern der Deltawert 250 nicht überschreitet, bzw. ein HHI oberhalb von 2 000 bei einem Delta, das den Wert von 150 unterschreitet, werden von der Kommission im Regelfall nicht beanstandet, soweit nicht spezifische Marktumstände vorliegen, aus denen sich die Wettbewerbsschädlichkeit eines solchen Zusammenschlusses ergibt.[260] Ein solcher Umstand, der den Zusammenschluss aus wettbewerblicher Sicht problematisch erscheinen lässt, kann etwa darin liegen, dass an ihm ein potenzieller Wettbewerber beteiligt ist.[261] Auch prüft die Kommission Zusammenschlüsse genauer, bei denen ein Unternehmen aufgekauft wird, das erst vor kurzem den Markt betreten hat oder dessen Marktanteil relativ gering ist.[262]

93

bb) Kollektive Marktbeherrschung

Anders als Art. 102 AEUV erwähnt die FKVO Fälle der Marktbeherrschung durch mehrere Unternehmen nicht. Gleichwohl erfasst die FKVO auch Fälle, in denen mehrere Unternehmen durch eine Koordination ihres Verhaltens den Markt gemeinsam beherrschen (kollektive Marktbeherrschung).[263] Von kollektiver (gemeinsamer) Marktbeherrschung spricht man, wenn der Zusammenschluss nach Vollzug zwar nicht zu einer beherrschenden Stellung eines einzelnen Unternehmens führt, aber eine Marktstruktur mit Wettbewerbsverhältnissen hervorbringt, die es den am Zusammenschluss beteiligten Unternehmen erlauben oder erleichtern, sich mit anderen Unternehmen auf dem Markt in wettbewerbsschädlicher Weise über Preise oder andere Wettbewerbsparameter abzustimmen.[264] In einem solchen Fall operieren die am Markt agierenden Unternehmen nämlich im Verbund wie eine wirtschaftliche Einheit. Der Regelfall ist die gemeinsame Marktbeherrschung durch mehrere in einem Wettbewerbsverhältnis zueinander stehende Oligopolisten, die auf einem sehr transparenten Markt sehr homogene Produkte offerieren und auf dem die Wettbewerbsstruk-

94

---

258) Leitlinien zu horizontalen Zusammenschlüssen, Rz. 16.
259) Leitlinien zu horizontalen Zusammenschlüssen, Rz. 19.
260) Leitlinien zu horizontalen Zusammenschlüssen, Rz. 20.
261) Leitlinien zu horizontalen Zusammenschlüssen, Rz. 20.
262) Leitlinien zu horizontalen Zusammenschlüssen, Rz. 20.
263) Vgl. nur EuGH, verb. Rs. C-68/94 und C-30/95, *Frankreich/Kommission*, Slg. 1998, I-1453, Rz. 178; EuG, Rs. T-102/96, *Gencor/Kommission*, Slg. 1999, II-753, Rz. 156; EuG, Rs. T-342/99, *Airtours/Kommission*, Slg. 2002, II-2585, Rz. 58, 61.
264) Vgl. EuG, Rs. T-102/96, *Gencor/Kommission*, Slg. 1999, II-753, Rz. 276 f.; EuG, Rs. T-342/99, *Airtours/Kommission*, Slg. 2002, II-2585, Rz. 61.

turen relativ festgefahren sind, auch weil es sehr hohe Markteintrittsbarrieren gibt.[265)] Eine solche Marktstruktur erhöht die Möglichkeiten der stillschweigenden Kollusion *(tacit collusion)* beträchtlich, wenn die im Markt operierenden Unternehmen davon ausgehen können, dass Abweichungen von der koordinierten Vorgehensweise sich nicht auszahlen werden, weil die Konkurrenz dann zu Strafaktionen greifen wird, um den Abweichler „auf Linie zu bringen".[266)]

95 Mit dem Gemeinsamen Markt unvereinbar sind sowohl Zusammenschlüsse, die eine Marktstruktur entstehen lassen, die wettbewerbsschädigende Verhaltensabstimmungen von Konkurrenten überhaupt erst ermöglicht (**Begründung einer gemeinsam beherrschenden Stellung**), als auch Zusammenschlüsse, die Wettbewerbsverhältnisse schaffen, unter denen derartige Effekte einfacher zu erzielen sind (**Verstärkung einer gemeinsam beherrschenden Stellung**).[267)] Letzteres ist etwa dann der Fall, wenn ein Oligopolist sich mit einem Außenseiter zusammenschließen will und dadurch den Restwettbewerb weiter schwächt.[268)]

96 Bis zum Jahre 2002 hat die Kommission das Vorliegen von kollektiver Marktmacht in mehreren Entscheidungen angenommen, ohne dabei die Wettbewerbsbedingungen auf dem Markt stets vertieft zu prüfen. Dieser generösen Praxis hat das EuG in seiner *Airtours*-Entscheidung einen Riegel vorgeschoben, indem das Gericht die **Nachweisanforderungen** deutlich verschärft hat. Nach dieser Rechtsprechung kann eine gemeinsam beherrschende Stellung am Markt nur dann angenommen werden, wenn die folgenden drei Tatbestandsvoraussetzungen gegeben sind:[269)]

- Erstens müssen alle Unternehmen aufgrund der Struktur des relevanten Marktes in der Lage sein, Einblicke in die Geschäftsstrategie der Konkurrenz zu erhalten, um auf dieser Grundlage eine Koordination des Wettbewerbsverhaltens anstreben zu können.
- Zweitens muss die Verhaltenskoordinierung dauerhaft funktionieren können. Dies wird nur der Fall sein, wenn es keine wirtschaftlichen Anreize für einzelne Unternehmen gibt, von der gemeinsamen Linie abzuweichen. Voraussetzung hierfür ist ein wirksamer Mechanismus zur Disziplinierung potenzieller „Abweichler" (sprich Unternehmen, die aus der stillschweigenden Verhaltenskoordination ausbrechen), der im Falle des Ausscherens einer oder mehrerer Konkurrenten zum Tragen kommt.

---

265) *Kling/Thomas*, § 9 Rz. 197 ff.
266) Monografisch dazu *Linder*, S. 74 ff.; *Stroux*, S. 17 ff.; *Wrase*, S. 39 ff.
267) *Körber* in: Immenga/Mestmäcker, Art. 2 FKVO Rz. 462 f.
268) *Körber* in: Immenga/Mestmäcker, Art. 2 FKVO Rz. 462, m. w. Beispielen.
269) Tatbestandsvoraussetzungen nach EuG, Rs. T-342/99, *Airtours/Kommission*, Slg. 2002, II-2585, Rz. 62.

- Drittens muss dargetan werden, dass Außenstehende – wie z. B. bestehende und zukünftige Wettbewerber, aber auch Kunden – die mit der Verhaltenskoordinierung angestrebten Effekte nicht frustrieren können.

Die Kommission muss nach der Rechtsprechung des EuG „eindeutige Beweise" 97 für das Vorliegen dieser Voraussetzungen erbringen,[270)] die allerdings nicht „mechanisch" durchgemustert werden dürften.[271)] Vielmehr muss bei der Prüfung, wie der EuGH klargestellt hat, stets der „wirtschaftliche Gesamtmechanismus einer unterstellten stillschweigenden Koordinierung" im Auge behalten werden.[272)]

cc) Nicht koordinierte (unilaterale) Wirkungen

Nach der FKVO können auch solche Zusammenschlüsse untersagt werden, die 98 eine Marktstruktur hervorrufen, welche wettbewerbsschädigende Auswirkungen aus nicht koordinierten Wirkungen befürchten lässt, und zwar unabhängig davon, ob die Kommission das Bestehen oder die Verstärkung einer Einzelmarktbeherrschung i. S. einer Marktführerschaft bzw. einer gemeinsam beherrschenden Stellung nachweisen kann (**unilaterale Effekte**).[273)] Unilaterale Effekte sind alle einseitigen, d. h. nicht auf einer ausdrücklichen oder stillschweigenden Zusammenarbeit basierenden Auswirkungen der Fusion, aus denen eine signifikante Wettbewerbsbehinderung resultieren kann.[274)] Solche Effekte sind auf Oligopolmärkten zu befürchten. Deshalb wird diese Fallgruppe auch als unilaterale/einseitige Effekte im Oligopol bezeichnet.[275)]

Wie bei der Einzelmarktbeherrschung soll eine Untersagung von Zusammen- 99 schlüssen, die solche Effekte erleichtern, eine Marktstruktur verhindern, die derartige Behinderungen des Wettbewerbs ermöglichen. Im Kern gelten daher die gleichen Beurteilungskriterien wie i. R. der Bestimmung einer solchen Marktstellung (siehe dazu Rz. 85 ff.), etwa **hohe Marktanteile** oder der Umstand, dass die sich zusammenschließenden Unternehmen **nahe Konkurrenten** sind.[276)] Ferner muss eine oligopolistische Marktstruktur vorliegen oder durch den Zusammenschluss entstehen.[277)] Der Markt muss also durch wenige Wettbewerber mit relativ hohen und stabilen Marktanteilen gekennzeichnet sein. Auf solchen Märkten kann ein Zusammenschluss dann unilaterale Effekte begünstigen,

---

270) EuG, Rs. T-342/99, *Airtours/Kommission*, Slg. 2002, II-2585, Rz. 63.
271) EuGH, Rs. C-413/06 P, *Bertelsmann und Sony Corporation of America/IMPALA*, Slg. 2008, I-4951, Rz. 125.
272) EuGH, Rs. C-413/06 P, *Bertelsmann und Sony Corporation of America/IMPALA*, Slg. 2008, I-4951, Rz. 125.
273) Vgl. Erwägungsgrund 25 FKVO.
274) *Körber* in: Immenga/Mestmäcker, Art. 2 FKVO Rz. 439.
275) *Kling/Thomas*, § 9 Rz. 216.
276) Leitlinien zu horizontalen Zusammenschlüssen, Rz. 27 ff.
277) Leitlinien zu horizontalen Zusammenschlüssen, Rz. 25.

wenn er den wettbewerblichen Gegendruck nachhaltig verringert.[278)] Dies kann etwa dann der Fall sein, wenn auf einem oligopolistischen Markt durch die Fusion ein Wettbewerber wegfällt, der für starke Impulse im Wettbewerbskampf sorgt (Beseitigung eines sog. *maverick*).[279)] In einem solchen Fall kann ein Vorhaben untersagt werden, selbst wenn der *maverick* von einem Unternehmen übernommen wird, das auch nach dem Zusammenschluss nicht Marktführer wird, so dass (bei einer engen Auslegung des Marktbeherrschungskonzeptes) keine marktbeherrschende Stellung angenommen werden könnte.[280)] Angesprochen sind hierbei insbesondere Konstellationen eines „3-to-2 mergers", also Sachverhalte, bei denen sich auf einem Markt mit drei großen Unternehmen die Anbieter „Nr. 2" und „Nr. 3" zusammenschließen, hierdurch allerdings den Marktanteil des Marktführers ein- bzw. überholen zu können.[281)]

c) Sonstige Zusammenschlüsse

100 Neben horizontalen Zusammenschlüssen gibt es auch „vertikale" und „konglomerate Zusammenschlüsse". Die Kommission hat Einzelheiten der Beurteilung vertikaler und konglomerater Fusionen in ihren Leitlinien zur Bewertung nichthorizontaler Zusammenschlüsse zusammengefasst.[282)] Im Vergleich zu horizontalen Zusammenschlüssen besitzen solche Zusammenschlüsse im Regelfall ein erheblich geringeres Potenzial, zu einer Behinderung des Wettbewerbs zu führen.[283)]

aa) Vertikale Zusammenschlüsse
(1) Grundlagen

101 Ein vertikaler Zusammenschluss bezeichnet einen Zusammenschluss zwischen Unternehmen, von denen das eine auf einem vorgelagerten Markt tätig ist und das andere auf einem nachgelagerten Markt agiert und beide Beteiligte Geschäftsbeziehungen als Anbieter und Nachfrager unterhalten. Ein solcher Zusammenschluss zwischen Unternehmen auf verschiedenen Stufen der Lieferkette führt – anders als ein horizontaler Zusammenschluss – nicht unmittelbar zu einer wettbewerbsschädlichen Konzentration auf einem Markt, da der Wettbewerbsdruck nicht durch den Wegfall eines Konkurrenten verändert wird.[284)]

---

278) Leitlinien zu horizontalen Zusammenschlüssen, Rz. 25. Eingehend dazu *Rosenthal/Thomas*, European Merger Control, C. Rz. 185 ff.
279) *Bardong* in: Langen/Bunte, Art. 2 FKVO Rz. 143.
280) KomE, COMP/M.3916, *T-Mobile Austria/tele.ring*, Rz. 40 ff. (Wegfall des Wettbewerbsdrucks durch Übernahme eines kleineren Wettbewerbers, der eine sehr aggressive Preisstrategie verfolgte; im Ergebnis wurde Zusammenschluss unter Auflagen genehmigt).
281) Vgl. allg. *U. Denzel*, S. 147.
282) Leitlinien zu nichthorizontalen Zusammenschlüssen, ABl. EU 2008 C 265/6.
283) Leitlinien zu nichthorizontalen Zusammenschlüssen, Rz. 11 ff. Eingehend zum ökonomischen Hintergrund vertikaler Zusammenschlüsse *U. Denzel*, S. 155 ff.; *Rosenthal/Thomas*, European Merger Control, C. Rz. 240 ff.
284) Zum Ganzen Leitlinien zu nichthorizontalen Zusammenschlüssen, Rz. 4, 12.

Vielmehr müssen die Effekte der Fusion auf zwei voneinander zu unterscheidenden, aber eben benachbarten Märkten begutachtet werden. Problematisch sind insbesondere Zusammenschlüsse, die es Konkurrenten auf benachbarten Märkten erschweren, Zugang zu Produktionsmitteln oder Kunden zu erhalten.[285] Die Wirkungen eines Zusammenschlusses sind allerdings nicht immer nur allein „horizontaler" oder „vertikaler" Natur. Stehen sich die am Zusammenschluss beteiligten Unternehmen nicht nur im Vertikalverhältnis gegenüber, sondern auch als aktuelle oder potenzielle Konkurrenten, so beurteilt die Kommission den Zusammenschluss daher sowohl nach den Leitlinien zu horizontalen als auch nach den Leitlinien zu nichthorizontalen Zusammenschlüssen.[286]

Ein vertikaler Zusammenschluss ist mit dem Gemeinsamen Markt vereinbar, wenn die Prognose auf Grundlage der in Art. 2 Abs. 1 FKVO genannten Kriterien zu dem Ergebnis führt, dass eine erhebliche Behinderung wirksamen Wettbewerbs nicht zu erwarten steht (Art. 2 Abs. 2 FKVO). Bei dieser Betrachtung ist insbesondere das in Art. 2 Abs. 1 FKVO genannte Beurteilungsmerkmal **„Zugang zu den Beschaffungs- und Absatzmärkten"** von Relevanz, da vertikale Fusionen dazu führen können, dass für Konkurrenten Versorgungsquellen oder Absatzkanäle versiegen oder sie durch eine Preis-Kosten-Schere aus dem Markt gedrängt werden können.[287] 102

Vertikale Fusionen sind jedoch lediglich dann eine Gefahr für den Wettbewerb, wenn die Unternehmen nach der Fusion über einen **signifikanten Grad an Marktmacht** in wenigstens einem der relevanten Märkte verfügen, d. h. entweder auf dem vorgelagerten oder auf dem nachgelagerten Markt.[288] Regelmäßig muss der Zusammenschluss somit eine marktbeherrschende Stellung begründen oder verstärken. Zwingend ist dies unter dem SIEC-Test aber nicht.[289] Diesbezüglich gelten die Ausführungen zu den horizontalen Zusammenschlüssen entsprechend (siehe Rz. 83 ff.). Da vertikale Fusionen wettbewerblich weniger bedenklich sind als horizontale Fusionen, prüft die Kommission die vertikalen Aspekte eines Zusammenschlusses im Regelfall nicht, wenn der **kumulierte Marktanteil** der am Zusammenschluss beteiligten Unternehmen in allen relevanten Märkten unter 30 % liegt und der ermittelte HHI den Wert von 2 000 nicht erreicht.[290] Etwas anderes gilt, wenn besondere Marktumstände vorliegen, z. B. wenn an der Fusion ein Unternehmen beteiligt ist, das in naher Zukunft 103

---

285) Eingehend dazu *Bishop/Walker*, Rz. 8-009 ff.; *Rosenthal/Thomas*, European Merger Control, C. Rz. 240 ff.
286) Leitlinien zu nichthorizontalen Zusammenschlüssen, Rz. 7.
287) Statt vieler *Emmerich*, § 16 Rz. 42.
288) Leitlinien zu nichthorizontalen Zusammenschlüssen, Rz. 23.
289) *Körber* in: Immenga/Mestmäcker, Art. 2 FKVO Rz. 540; ähnlich *Kling/Thomas*, § 9 Rz. 240; Leitlinien zu nichthorizontalen Zusammenschlüssen, Rz. 23.
290) Leitlinien zu nichthorizontalen Zusammenschlüssen, Rz. 25.

voraussichtlich erheblich wachsen wird.[291] Liegt ein signifikanter Grad an Marktmacht auf dem vor- oder nachgelagerten Markt vor, so ist weiterhin zu untersuchen, ob der Zusammenschluss eine **erhebliche Wettbewerbsbehinderung** auf einer der beiden Marktstufen bewirken kann. Eine solche kann aus einer Marktabschottung (2) resultieren oder aus koordinierten Effekten im Oligopol (3).

(2) Marktabschottung

104 Eine Wettbewerbsbehinderung durch eine vertikale Fusion kann zum einen bejaht werden, wenn der Vollzug des Zusammenschlussvorhabens zu Abschottungseffekten führt. Solche Effekte beschreiben eine Situation, in der aktuellen oder potenziellen Wettbewerbern der Zugang zum Markt unmöglich gemacht oder erheblich erschwert wird, so dass der Wettbewerbsdruck auf die fusionierenden Unternehmen erheblich abnimmt.[292]

105 Die Kommission unterscheidet zwei Formen der Abschottung: die „Abschottung von Einsatzmitteln" *(input foreclosure)* und „von Kunden" *(customer foreclosure)*. Eine **Abschottung von Einsatzmitteln** ist anzunehmen, wenn durch den Zusammenschluss *„die Kosten der nachgeordneten Wettbewerber erhöht werden, indem ihr Zugang zu wichtigen Einsatzmitteln beschränkt wird"*.[293] Bei dieser problematischen Konstellation schließt sich im Regelfall ein Unternehmen mit Marktmacht auf dem vorgelagerten Markt mit einer Einheit auf dem nachgelagerten Markt zusammen.[294] Dagegen liegen die Dinge bei der Konstellation einer **Abschottung von Kunden** im Regelfall genau umgekehrt, da sich eine Einheit mit Macht über den nachgelagerten Markt mit einem Unternehmen der vorgelagerten Marktstufe zusammenschließt.[295] In einem solchen Fall kann die fusionierte Einheit durch ihre Präsenz im nachgelagerten Markt den Zugang zu bedeutenden Kunden für ihre aktuellen oder potenziellen Mitbewerber im vorgelagerten Markt beschränken und auf diese Weise die Fähigkeit oder den Anreiz für diese Mitbewerber verringern, mit der fusionierten Einheit zu konkurrieren.[296] Ob eine wettbewerbsschädliche Abschottung vorliegt, prüft die Kommission in **drei Schritten**:[297]

- Zuerst klärt sie, ob die Zusammenschlussbeteiligten dazu fähig sind, den Marktzugang abzuschotten, etwa durch den Entschluss, keine Geschäfte mit ihren tatsächlichen oder potenziellen Konkurrenten auf dem vertikal

---

291) Leitlinien zu nichthorizontalen Zusammenschlüssen, Rz. 26.
292) Leitlinien zu nichthorizontalen Zusammenschlüssen, Rz. 18.
293) Leitlinien zu nichthorizontalen Zusammenschlüssen, Rz. 30.
294) Leitlinien zu nichthorizontalen Zusammenschlüssen, Rz. 35.
295) Leitlinien zu nichthorizontalen Zusammenschlüssen, Rz. 58.
296) Leitlinien zu nichthorizontalen Zusammenschlüssen, Rz. 58.
297) Von der Kommission angewendet wurde die in den Leitlinien zu nichthorizontalen Zusammenschlüssen zusammengefasste Prüfung etwa in KomE, COMP/M.4854, *TomTom/Tele Atlas*, Rz. 193 ff., 211 ff. und 231 ff.

angrenzenden Markt zu tätigen („Abschottung von Einsatzmitteln"),[298] oder durch den Entschluss, sämtliche benötigte Waren und Dienstleistungen bei der vorgelagerten Unternehmenseinheit (und nicht mehr bei konkurrierenden Anbietern) zu beziehen („Abschottung von Kunden")[299].

- Als Zweites ermittelt sie, inwieweit die am Zusammenschluss beteiligten Unternehmen über die notwendigen Anreize verfügen, die dargelegten Abschottungsszenarien zu verwirklichen.[300]

- Als Drittes prüft sie, ob der Zusammenschluss zu einer erheblichen Behinderung des Wettbewerbs führen würde, also etwa Preissteigerungen oder eine Verschlechterung anderer Wettbewerbsparameter bewirkt.[301]

Die **Fähigkeit** der Zusammenschlussbeteiligten, den Markt durch bestimmte **Einsatzmittel** abzuschotten, setzt insbesondere voraus, dass die aus der Fusion entstehende wirtschaftliche Einheit ein hohes Maß an Marktmacht im vorgelagerten Markt ausübt,[302] das gewählte Einsatzmittel für Konkurrenten im nachgelagerten Markt von großer Bedeutung ist[303] und Gründe dafür bestehen, warum die verbleibenden Anbieter im vorgelagerten Markt keinen Wettbewerbsdruck auf die fusionierte Einheit auszuüben vermögen.[304] **Anreize** zur Verfolgung einer marktabschottenden Geschäftspolitik haben die Zusammenschlussbeteiligten, wenn eine solche Praxis für sie profitabel wäre. Ob dies der Fall ist, muss durch einen Blick auf die Wettbewerbsbedingungen im Markt prognostiziert werden.[305] Anhaltspunkte können sich aber auch aus den Eigentümerverhältnissen des neu gebildeten Unternehmens,[306] den in der Vergangen-

---

298) Leitlinien zu nichthorizontalen Zusammenschlüssen, Rz. 33.
299) Leitlinien zu nichthorizontalen Zusammenschlüssen, Rz. 60.
300) Leitlinien zu nichthorizontalen Zusammenschlüssen, Rz. 40, 68.
301) Leitlinien zu nichthorizontalen Zusammenschlüssen, Rz. 47 ff., 72 ff.
302) Leitlinien zu nichthorizontalen Zusammenschlüssen, Rz. 35; KomE, COMP/M.4242, *Thermo Electron/Fisher Scientific*, Rz. 92 f.
303) Leitlinien zu nichthorizontalen Zusammenschlüssen, Rz. 34; KomE, COMP/M.4854, *TomTom/Tele Atlas*, Rz. 197; KomE, COMP/M.4942, *Nokia/NAVTEQ*, Rz. 277.
304) Leitlinien zu nichthorizontalen Zusammenschlüssen, Rz. 36; KomE, COMP/M.4494, *Evraz/Highveld*, Rz. 92; KomE, COMP/M.4854, *TomTom/Tele Atlas*, Rz. 194 f.
305) Leitlinien zu nichthorizontalen Zusammenschlüssen, Rz. 40 ff.
306) Üben zwei Unternehmen die Kontrolle über ein im vorgelagerten Markt tätiges Unternehmen aus, ist von den kontrollierenden Unternehmen jedoch lediglich eines im nachgelagerten Markt tätig, ist der Anreiz zur Abschottung geringer, als wenn das vorgelagerte Unternehmen ausschließlich von Unternehmen mit Aktivitäten im nachgeordneten Markt kontrolliert würde. Diese Einschätzung beruht auf der Erkenntnis, dass ein Unternehmen, welches nicht im nachgelagerten Markt tätig ist, kaum ein Interesse haben wird, bestimmte Käufer aus dem nachgelagerten Markt abzuweisen bzw. nur zu schlechteren Konditionen zu beliefern, um die Marktposition seiner Konkurrenten zu stärken. Beispiel nach Leitlinien zu nichthorizontalen Zusammenschlüssen, Rz. 45 m. Fn. 6 unter Verweis auf KomE, COMP/M.3440, *EDP/ENI/GDP*, Rz. 380 ff.; KomE, COMP/M.4403, *Thales/Finmeccanica Alcatel Alenia Space/Telespazio*, Rz. 121.

§ 18 Europäisches Kartellrecht

heit im Markt praktizierten Geschäftsgebaren bzw. dem Inhalt von Geschäftsplänen ergeben.[307] Im Rahmen der Prognose der **Gesamtauswirkung auf den wirksamen Wettbewerb** wird untersucht, ob der Zusammenschluss die Beteiligten in die Lage versetzt, die Kosten für die Wettbewerber zum Nachteil der Verbraucher im nachgelagerten Markt in die Höhe zu treiben[308] oder Marktzutrittsschranken zu errichten.[309]

107 Zur Ermittlung der **Fähigkeit** der vertikal integrierten Einheit, **Wettbewerber von Kunden abzuschotten**, prüft die Kommission insbesondere, ob im nachgeordneten Markt für die im vorgelagerten Markt tätigen Konkurrenten hinreichende Alternativen zum Absatz ihrer Waren oder Dienstleistungen vorhanden sind.[310] Eine Kundenabschottung wird vor allem dann problematisch, wenn an der vertikalen Fusion ein Unternehmen beteiligt ist, das im nachgeordneten Markt über einen hohen Marktanteil verfügt.[311] Anhaltspunkte für die Fähigkeit zur Abschottung können sich aber auch aus Skalen- oder Verbundsvorteilen ergeben.[312] **Anreize**, den Zugang zu den nachgelagerten Märkten abzuschotten, ergeben sich wiederum aus der Erwägung, in welchem Maße eine solche Strategie für die fusionierte Einheit profitabel wäre.[313] Hierzu bedarf es der genauen Analyse der vorgefundenen Wettbewerbsbedingungen. Bei der prognostizierten **Gesamtauswirkung auf den wirksamen Wettbewerb** untersucht die Kommission, ob der Zusammenschluss die Beteiligten in die Lage versetzt, nachteilige Auswirkungen auf dem nachgelagerten Markt zu Lasten der Verbraucher zu bewirken, etwa durch Preiserhöhungen[314] oder den Aufbau von Marktzutrittsschranken für potenzielle Wettbewerber.[315]

(3) Erleichterung kollusiven Verhaltens

108 Neben der Fallgruppe der Marktabschottung kann sich eine Wettbewerbsbehinderung auch daraus ergeben, dass die vertikale Fusion kollusives Verhalten (z. B. stillschweigende Absprachen über Preise oder andere Wettbewerbsparameter) auf oligopolistischen Märkten erleichtert.[316] Unter den Voraussetzungen, die das EuG in der *Airtours*-Entscheidung[317] aufgestellt hat, können solche

---

307) Leitlinien zu nichthorizontalen Zusammenschlüssen, Rz. 45.
308) Leitlinien zu nichthorizontalen Zusammenschlüssen, Rz. 48.
309) Leitlinien zu nichthorizontalen Zusammenschlüssen, Rz. 49.
310) Leitlinien zu nichthorizontalen Zusammenschlüssen, Rz. 61.
311) KomE, COMP/M.2822, *ENBW/ENI/GVS*, Rz. 54 ff.; Leitlinien zu nichthorizontalen Zusammenschlüssen, Rz. 61.
312) Leitlinien zu nichthorizontalen Zusammenschlüssen, Rz. 64.
313) Leitlinien zu nichthorizontalen Zusammenschlüssen, Rz. 68.
314) Leitlinien zu nichthorizontalen Zusammenschlüssen, Rz. 72 ff.
315) Leitlinien zu nichthorizontalen Zusammenschlüssen, Rz. 75.
316) *Körber* in: Immenga/Mestmäcker, Art. 2 FKVO Rz. 540, 570 f.; *v. Bael/Bellis*, S. 719 ff.
317) EuG, Rs. T-342/99, *Airtours/Kommission*, Slg. 2002, II-2585, Rz. 62 ff.

Effekte durch eine Gruppe von Unternehmen, die eine gemeinsame marktbeherrschende Stellung halten, etwa dann eintreten, wenn der Zusammenschluss den Grad der Symmetrie zwischen den Wettbewerbern auf den angrenzenden Märkten erhöht.[318] In der Zusammenschlusskontrolle ist die Annahme solcher koordinierter Wirkungen im Vertikalverhältnis heute aber eher von untergeordneter Bedeutung, da die sehr strengen Voraussetzungen, die das EuG in seiner *Airtours*-Entscheidung aufgestellt hat, in der Praxis selten vorliegen.[319]

bb) Konglomerate Zusammenschlüsse
(1) Grundlagen

Von einem konglomeraten Zusammenschluss[320] wird gesprochen, wenn das Verhältnis der am Zusammenschluss beteiligten Unternehmen weder ausschließlich horizontal noch allein vertikal ist, d. h. die Unternehmen sich weder als Wettbewerber auf ein und demselben Markt gegenüberstehen noch als Anbieter und Nachfrager auf einem vor- und einem nachgelagerten Markt.[321] In der Praxis betreffen konglomerate Fusionen im Regelfall Zusammenschlüsse zwischen Unternehmen, die auf eng verwandten Märkten agieren.[322] Als Beispiel sind Zusammenschlüsse von Herstellern zu nennen, deren (unterschiedliche) Produkte zu einem einheitlichen Geschäftsfeld gehören, wie etwa im Fall *GE/Honeywell*.[323] Bei diesem Vorhaben ging es im Kern um den Zusammenschluss eines Unternehmens, welches Triebwerke für große Verkehrsflugzeuge herstellte, mit einem Unternehmen, das u. a. Avionikprodukte (dazu zählen etwa Geräte zur Flugsteuerung oder zur Übermittlung von Flugdaten) produzierte, während beide Produkte (Triebwerke, Avionikprodukte) von Flugzeugherstellern bezogen wurden.

109

Konglomerate Zusammenschlüsse sind die am wenigsten wettbewerbsschädliche Zusammenschlussform.[324] Anders als bei horizontalen Zusammenschlüssen wird durch eine solche Fusion kein aktueller Konkurrent ausgeschaltet. Es

110

---

318) Leitlinien zu nichthorizontalen Zusammenschlüssen, Rz. 84.
319) So die Einschätzung von *Zeise* in: Schulte, Hdb. Fusionskontrolle, Rz. 1455; *Kling/Thomas*, § 9 Rz. 246.
320) Die Leitlinien der Kommission zu nichthorizontalen Zusammenschlüssen von 2008 bezeichnen solche Zusammenschlüsse nunmehr als „konglomerale" Fusionen.
321) Vgl. nur Leitlinien zu nichthorizontalen Zusammenschlüssen, Rz. 91 sowie aus der Praxis EuG, Rs. T-05/02, *Tetra Laval/Kommission*, Slg. 2002, I-4381, Rz. 142; bestätigt durch EuGH, Rs. C-12/03 P, *Kommission/Tetra Laval*, Slg. 2005, I-987, Rz. 22 und 39 ff.
322) Leitlinien zu nichthorizontalen Zusammenschlüssen, Rz. 91.
323) KomE, COMP/M.2220, *General Electric/Honeywell*, ABl. EU 2004 L 48/1 = WuW/E EU-V 631.
324) Eingehend zum ökonomischen Hintergrund solcher Zusammenschlüsse *Bishop/Walker*, Rz. 8-030 ff.; s. ferner *U. Denzel*, S. 196 ff.; *Rosenthal/Thomas*, European Merger Control, C. Rz. 346 ff.

kommt auch nicht zu einer Vermachtung vor- oder nachgelagerter Märkte, wie es bei vertikalen Fusionen der Fall sein kann. Nach der Rechtsprechung des EuG sind konglomerate Zusammenschlüsse daher im Regelfall mit dem Gemeinsamen Markt vereinbar, da sie nur in bestimmten Fällen wettbewerbsschädliche Auswirkungen entfalten.[325] Unter welchen Voraussetzungen eine Untersagung erfolgen muss, ist allerdings vor dem Hintergrund stark divergierender ökonomischer Lehrmeinungen zu den Effekten solcher Zusammenschlüsse sehr umstritten.[326] Allgemein lässt sich jedoch sagen, dass solche Zusammenschlüsse sowohl unter dem Aspekt der Marktabschottung (2) als auch durch koordinierte Effekte im Oligopol (3) problematisch sein können.

(2) Marktabschottungseffekte

111 Nach den Leitlinien von 2008 prüft die Kommission das Vorliegen wettbewerbsschädlicher Marktabschottungseffekte bei konglomeraten Zusammenschlüssen grundsätzlich nach dem gleichen Dreischritt, der auch für vertikale Zusammenschlüsse einschlägig ist (siehe dazu Rz. 105). Ob ein Zusammenschluss konglomerater Art mit dem Gemeinsamen Markt unvereinbar ist, bestimmt sich danach, ob (i.) die am Zusammenschluss beteiligten Unternehmen die Fähigkeit besitzen, die Abschottung eines Marktes zu bewirken[327], (ii.) die hierzu notwendigen Anreize für die zusammenschlusswilligen Unternehmen bestehen[328] und (iii.) ihr Zusammengehen sich wahrscheinlich nachteilig auf die Preise bzw. die Angebotsvielfalt in einem derjenigen Märkte auswirken wird, auf die der Zusammenschluss einen Effekt hat.[329] Wettbewerbsschädliche Marktabschottungseffekte durch konglomerate Zusammenschlüsse entstehen in erster Linie dadurch, dass ein Unternehmen, welches auf einem Markt bereits über einen hohen Grad an Marktmacht verfügt, diese Stellung entweder erstmals auf den Markt überträgt, auf dem das Zielunternehmen tätig ist, oder seine dort bereits beherrschende Stellung noch verstärkt.[330] Man spricht in diesem Zusammenhang auch von **Marktmachttransfer** oder **Hebelwirkungen** (*leveraging*).[331] Ein Marktmachttransfer wird z. B. möglich, wenn das aus dem Zusammenschluss entstehende Unternehmen durch eine Geschäftspolitik, die auf **Koppe-**

---

325) EuG, Rs. T-210/01, *General Electric/Kommission*, Slg. 2005, II-5575, Rz. 65 ff.
326) Vgl. nur BKartA, Konglomerate Zusammenschlüsse in der Fusionskontrolle – Diskussionspapier für die Sitzung des Arbeitskreises Kartellrecht v. 21.9.2006, abrufbar unter http://www.bundeskartellamt.de m. w. N.
327) Leitlinien zu nichthorizontalen Zusammenschlüssen, Rz. 95 ff.
328) Leitlinien zu nichthorizontalen Zusammenschlüssen, Rz. 105 ff.
329) Leitlinien zu nichthorizontalen Zusammenschlüssen, Rz. 111 ff.
330) Vgl. nur KomE, COMP/M.2220, *General Electric/Honeywell*, Rz. 412 ff., 443 f.; KomE, COMP/M.3304, *GE/Amersham*, Rz. 31; s. ferner *Körber* in: Immenga/Mestmäcker, Art. 2 FKVO Rz. 588 m. w. N.
331) Statt vieler *Kling/Thomas*, § 9 Rz. 258.

lungs- oder Bündelungspraktiken aufbaut, den Zugang von Wettbewerbern zum Zielmarkt verhindert.[332] Problematisch ist dabei, dass der Einsatz der Marktmacht als ökonomischer Hebel zur Vermachtung weiterer Märkte in zeitlicher Hinsicht stets erst nach Vollzug des Zusammenschlusses erfolgen kann. Denn nur wenn nach dem Vollzug des Zusammenschlusses tatsächlich in nennenswertem Umfang marktabschottende Geschäftspraktiken eingesetzt werden, behindert der Zusammenschluss den Wettbewerb. Der Nachweis einer solchen Wettbewersschädigung ist in der Praxis schwer zu führen, da die Prognose in starkem Maße Verhaltenselemente, nämlich die künftige Geschäftspolitik, berücksichtigen muss. Aufgrund der insgesamt eher geringen Wahrscheinlichkeit, dass konglomerate Zusammenschlüsse wettbewerbsschädigende Effekte entfalten, stellt die Rechtsprechung sehr strenge Anforderungen an die Untersagung eines solchen Zusammenschlusses auf. Es ist nicht ausreichend, dass die hypothetische Möglichkeit eines solchen Marktverhaltens besteht, vielmehr muss die Kommission „eindeutige Beweise" dafür vorlegen, dass die fusionierten Unternehmen in naher Zukunft missbräuchliche Geschäftspraktiken einsetzen werden und hierdurch ihre Macht über den Markt festigen können.[333]

(3) Erleichterung kollusiven Verhaltens

Neben der Fallgruppe der Marktabschottung kann sich eine Wettbewerbsbehinderung auch daraus ergeben, dass die konglomerate Fusion kollusives Verhalten auf oligopolistischen Märkten erleichtert.[334] Dies kann dann der Fall sein, wenn der konglomerate Zusammenschluss durch den Wegfall eines Wettbewerbers auf einem der betroffenen Märkte eine konzentrierte Marktstruktur schafft oder verstärkt, die eine stillschweigende Abstimmung der im Markt agierenden Unternehmen über Preise oder andere Wettbewerbsparameter ermöglicht oder erleichtert.[335]

112

---

332) Im Sprachgebrauch der Kommission erfassen Koppelungsgeschäfte solche Angebote, die sich auf den Preis und die Bedingungen beziehen, in der die fusionierte Einheit ein Produkt anbietet. Ein Koppelungsgeschäft liegt etwa vor, wenn einem Kunden für jeden Kauf von zwei gleichen Produkten versprochen wird, dass er ein weiteres Produkt gratis dazu erhält („Buy two, get three"). Dagegen bezeichnet die Bündelung (oder, wie es in den nichthorizontalen Leitlinien der Kommission nunmehr heißt, „Bindung") im Regelfall eine Geschäftspolitik, bei der der Verkäufer die Möglichkeit, ein bestimmtes Produkt (des „bindenden Produkts") bei ihm zu erwerben, davon abhängig macht, dass ein Käufer auch ein anderes (nicht gleiches) Produkt (das „gebundene Produkt") bei ihm bezieht; vgl. Leitlinien zu nichthorizontalen Zusammenschlüssen, Rz. 95 ff.
333) EuG, Rs. T-05/02, *Tetra Laval/Kommission*, Slg. 2002, I-4381, Rz. 148 ff., 155. Im Rechtsmittelverfahren hat der EuGH die Entscheidung des EuG bestätigt; vgl. EuGH, Rs. C-12/03 P, *Kommission/Tetra Laval*, Slg. 2005, I-987, Rz. 41 ff.
334) Leitlinien zu nichthorizontalen Zusammenschlüssen, Rz. 119 ff.
335) Näher dazu *v. Bael/Bellis*, S. 729.

d) Betroffenheit eines wesentlichen Teils des Gemeinsamen Marktes

113 Eine Untersagung ist nach Art. 2 Abs. 3 FKVO nur möglich, wenn das durch den Zusammenschluss betroffene Gebiet mindestens einen wesentlichen Teil des Gemeinsamen Marktes bzw. – aufgrund der Erstreckung der FKVO (siehe dazu Rz. 19) – des EWR umfasst. Ob dies der Fall ist, muss sowohl anhand quantitativer als auch anhand qualitativer Merkmale beurteilt werden.[336] Im Regelfall einen wesentlichen Teil des Gemeinsamen Marktes bilden dabei **nationale Märkte** in (auch kleineren) Mitgliedstaaten sowie überregionale Märkte.[337] Geografisch kleinere Märkte, die jedoch vergleichbare Märkte in Volumina weit übertreffen oder eine besonders relevante Bedeutung für grenzüberschreitenden Wettbewerb besitzen, können ebenfalls als wesentlicher Teil des Gemeinsamen Marktes anzusehen sein.[338] Nicht der FKVO unterfallen somit lediglich Zusammenschlüsse mit rein **lokalen Wirkungen**.[339]

e) Kausalität (Sanierungsfusionen)

114 Wie sich aus Art. 2 Abs. 3 FKVO ergibt, muss die Fusion ursächlich für die Behinderung des Wettbewerbs bzw. die Begründung oder Verstärkung einer beherrschenden Stellung sein. In der Praxis wird dieses Tatbestandsmerkmal selten ausgiebig geprüft,[340] da der Zusammenschluss im Regelfall die Verschlechterung der Marktstruktur in adäquater Weise bewirkt.[341] Allerdings folgt aus diesem Tatbestandsmerkmal, dass ein Zusammenschluss zwingend freizugeben ist, der die Verschlechterung der Wettbewerbssituation nicht verursacht. Die Voraussetzungen, unter denen die Kommission eine Kausalität zwischen Zusammenschluss und Behinderung des Wettbewerbs verneint, sind jedoch sehr restriktiv. Erfasst wird im Wesentlichen die Fallgruppe der **Sanierungsfusion**.[342] Bei einem Zusammenschluss unter Beteiligung eines insolvenzbedrohten Unternehmens ist ein Kausalzusammenhang zwischen Fusion und

---

336) *Montag/von Bonin* in: MünchKomm-EuWettbR, Art. 2 FKVO Rz. 47.
337) Vgl. nur KomE, COMP/M.2530, *Südzucker/Saint Louis Sucre*, Rz. 44 (Belgien und Süddeutschland) sowie *Montag/v. Bonin* in: MünchKomm-EuWettbR, Art. 2 FKVO Rz. 47 m. w. N.
338) Vgl. etwa EuGH, Rs. C-179/90, *Porto di Genova/Siderugica Gabrielli*, Slg. 1991, I-5889, Rz. 15 (Hafen von Genua); KomE, IV/34.801, *FAG-Flughafen Frankfurt/Main AG*, ABl. EG 1998 L 72/30, Rz. 57 (Flughafen Frankfurt); *Bechtold/Bosch/Brinker/Hirsbrunner*, 2. Aufl., 2009, Art. 2 FKVO Rz. 72; *Montag/v. Bonin* in: MünchKomm-EuWettbR, Art. 2 FKVO Rz. 48.
339) *Bechtold/Bosch/Brinker/Hirsbrunner*, 2. Aufl., 2009, Art. 2 FKVO Rz. 72; *Montag/v. Bonin* in: MünchKomm-EuWettbR, Art. 2 FKVO Rz. 47.
340) Für eine Ausnahme vgl. KomE, COMP/M.6447, *IAG/BMI*, Rz. 627 ff.
341) *Rosenthal/Thomas*, European Merger Control, C. Rz. 429: "[T]he causation requirement generally needs no further proof".
342) Monografisch dazu *Bergau*, S. 7 ff.; *Weber*, S. 19 ff.; s. ferner *Glöckner*, Rz. 673; *Montag/v. Bonin* in: MünchKomm-EuWettbR, Art. 2 FKVO Rz. 322 ff.; *Zeise* in: Schulte, Hdb. Fusionskontrolle, Rz. 1467 ff.

Marktstrukturverschlechterung zu verneinen, wenn als Konsequenz einer Unternehmensinsolvenz eine vergleichbar nachteilige Marktstruktur auch ohne den Zusammenschluss eingetreten wäre.[343] Nach den Leitlinien zu horizontalen Zusammenschlüssen kann eine Sanierungsfusion im Regelfall dann freigegeben werden, wenn die folgenden Voraussetzungen erfüllt sind:[344]

- Das erworbene Unternehmen hätte ohnehin in naher Zukunft aus dem Markt ausscheiden müssen,
- eine Übernahme durch einen anderen Erwerber, die weniger wettbewerbsschädlich gewesen wäre, kam nicht in Betracht und
- die Vermögenswerte des insolvenzbedrohten Unternehmens würden auch ohne einen Zusammenschluss aus dem Markt ausscheiden, so dass die Wettbewerbsbedingungen ohne den Zusammenschluss zumindest im gleichen Umfang beeinträchtigt wären wie mit ihm.

f) Abwägungsklausel

Bei der materiellen Beurteilung von Zusammenschlussvorhaben sind die durch einen Zusammenschluss entstehenden Vor- und Nachteile „im Hinblick auf die Struktur aller betroffenen Märkte" zu prüfen und abzuwägen (Art. 2 Abs. 1 lit. a FKVO). Betroffene Märkte sind in diesem Zusammenhang nicht nur diejenigen, auf denen der Wettbewerb behindert wird, sondern auch solche Märkte, die kausal durch den Zusammenschluss berührt werden.[345] Die Kommission kann somit von einer Untersagung absehen, wenn ein Zusammenschluss zwar auf einem Markt den Wettbewerb wesentlich behindert, auf einem anderen Markt jedoch in kausaler Weise wettbewerbsstimulierende Wirkungen entfaltet, die so groß sind, dass sie die Wettbewerbsbeschränkung auf dem beherrschten Markt überwiegen.[346]

115

g) Nebenabreden

Eine Freigabe des Zusammenschlusses durch die Kommission umfasst auch „die mit seiner Durchführung unmittelbar verbundenen und für sie notwendi-

116

---

343) EuGH, verb. Rs. C-68/94 und C-30/95, *Frankreich/Kommission*, Slg. 1998, I-1375, Rz. 111 ff.; *Bechtold/Bosch/Brinker*, Art. 2 FKVO Rz. 64.
344) Leitlinien zu horizontalen Zusammenschlüssen, Rz. 90. Bejaht wurden diese Voraussetzungen in KomE, COMP/M. 6796, *Aegean/Olympic II*.
345) *Bechtold/Bosch/Brinker/Hirsbrunner*, 2. Aufl., 2009, Art. 2 FKVO Rz. 80; *Körber* in: Immenga/Mestmäcker, Art. 2 FKVO Rz. 397.
346) In der Praxis ist bislang kein Fall ersichtlich, in dem die Kommission mit einer solchen Begründung von einer Untersagung abgesehen hätte. Rechtlich wäre dies nach ganz h. M. aber möglich; vgl. *P. Rösler*, NZG 2000, 857, 859; *Bechtold/Bosch/Brinker/Hirsbrunner*, 2. Aufl., 2009, Art. 2 FKVO Rz. 80; *Körber* in: Immenga/Mestmäcker, Art. 2 FKVO Rz. 396; skeptisch hingegen *Riesenkampff/Lehr* in: Loewenheim/Meessen/Riesenkampff, Art. 2 FKVO Rz. 185.

gen Einschränkungen" des Wettbewerbs durch Absprachen (Art. 6 Abs. 1 lit. b Unterabs. 2 bzw. Art. 8 Abs. 1 Unterabs. 2 und Abs. 2 Unterabs. 3 FKVO). Einzelheiten über die Zulässigkeit von Nebenabreden hat die Kommission in der Bekanntmachung über Nebenabreden niedergelegt.[347] Nach Ansicht der Kommission sind solche Vereinbarungen erlaubt, ohne die der Zusammenschluss überhaupt nicht oder nur zu erheblich höheren Kosten bzw. mit signifikant schlechteren Aussichten auf Erfolg durchgeführt werden könnte.[348] Solche **akzessorischen Nebenabreden** *(ancillary restraints)* sind untrennbar mit der Realisierung des Gemeinschaftsunternehmens verbunden und werden deshalb nicht gesondert anhand von Art. 101 Abs. 1 AEUV überprüft.[349]

117 Die am Zusammenschluss beteiligten Unternehmen müssen im Wege der **Selbsteinschätzung** prüfen, ob eine Nebenabrede von der Freigabe des Zusammenschlusses erfasst wird. Nur bei neuartigen oder ungelösten Rechtsfragen, die zu erheblicher Rechtsunsicherheit führen, kann die Kommission auf Antrag der Unternehmen tätig werden. Eine Prüfung durch die Kommission ist dann statthaft, wenn die betreffende Vereinbarung weder in einer Bekanntmachung noch in einem publizierten Beschluss der Kommission behandelt wurde (Erwägungsgrund 21 FKVO).

118 Beispiele für zulässige Nebenabreden sind **Vereinbarungen über die Nutzung von Lizenzen** seitens des Zielunternehmens[350] oder Abreden über **Bezugs- und Lieferpflichten**.[351] Von praktisch großer Bedeutung sind ferner **Wettbewerbsverbote**, die den Veräußerer binden sollen. Durch die Vereinbarung solcher Verbote kann sichergestellt werden, dass der Erwerber den gesamten Unternehmenswert tatsächlich erhält, weil er vor wettbewerblichen Aktivitäten des Veräußerers geschützt wird, der, anders als der Erwerber, sein ehemaliges Unternehmen im Zweifel nicht nur besser kennt sondern auch das Vertrauen seiner (ehemaligen) Kunden haben wird.[352] Wettbewerbsverbote sind jedoch nur dann kartellrechtskonform, wenn sie im Hinblick auf ihre zeitliche Geltung, ihren räumlichen und sachlichen Geltungsbereich sowie die betroffenen Personen nicht über das Maß hinausgehen, das zur Erreichung des Erwerberschutzziels geboten ist.[353] Ob dies der Fall ist, muss im Einzelfall stets mit Blick auf den Wettbewerb im Markt beurteilt werden. In Bezug auf die **Dauer einer solchen**

---

347) Bekanntmachung über Nebenabreden, ABl. EU 2005 C 56/24. Für einen Überblick über die ältere Kommissionspraxis zur Beurteilung von Nebenabreden *Grabbe*, S. 131 ff.
348) Bekanntmachung über Nebenabreden, Rz. 13.
349) *Sedemund* in: Hölters, Hdb. Unternehmenskauf, Teil VI Rz. 272; *Schroeder* in: Wiedemann, Hdb. Kartellrecht, § 8 Rz. 71.
350) Bekanntmachung über Nebenabreden, Rz. 27 ff.
351) Bekanntmachung über Nebenabreden, Rz. 32 ff.
352) EuGH, Rs. 42/84, *Remia/Kommission*, Slg. 1985, 2545, Rz. 19 (zum Kartellverbot).
353) Vgl. allg. EuGH, Rs. 42/84, *Remia/Kommission*, Slg. 1985, 2545, Rz. 20 (zum Kartellverbot).

Beschränkung hält die Kommission im Regelfall Wettbewerbsverbote von bis zu drei Jahren für zulässig, wenn mit dem Unternehmen nicht nur sein Geschäftswert, sondern ebenfalls das Know-how, das im Unternehmen steckt, übertragen wird.[354] Wird allein der Geschäftswert übertragen, so erstreckt sich die Freigabe lediglich auf Verbote von bis zu zwei Jahren.[355] Betrifft die Übertragung *de facto* allein Vermögensgegenstände (Grundstücke, Häuser, Arbeitsgeräte, Anlagen, Maschinen, gewerbliche Schutzrechte etc.), sind Wettbewerbsverbote nach Ansicht der Kommission kein notwendiger Bestandteil des Zusammenschlusses.[356] In **räumlicher Hinsicht** muss das Wettbewerbsverbot auf das Gebiet beschränkt werden, in dem der Verkäufer des Unternehmens die vom Wettbewerbsverbot betroffenen Waren oder Dienstleistungen bereits vor der Veräußerung des Unternehmens offeriert hat, da der Unternehmenskäufer keinen Schutz für Gebiete beanspruchen kann, in denen das veräußerte Unternehmen zuvor nicht operiert hat.[357] In Hinblick auf den **sachlichen Geltungsbereich** sind allein solche Abreden zulässig, die das Wettbewerbsverbot auf diejenigen Produkte beschränken, die das Geschäft des übertragenen Unternehmens betreffen, einschließlich verbesserter Modelle sowie Nachfolgeversionen.[358]

Auf Klauseln, mit denen sich der Veräußerer verpflichtet, keine **Anteile an einem Wettbewerber zu erwerben oder zu halten,** finden die Regeln über Wettbewerbsverbote entsprechende Anwendung.[359] Gleiches gilt für **Abwerbeverbote** für Mitarbeiter und für Klauseln zum Schutz der Vertraulichkeit von Geschäftsgeheimnissen.[360] Bei **Vertraulichkeitsklauseln** soll u. U. im Einzelfall auch eine längere Geltungsdauer als drei Jahre sachgerecht sein, nämlich dann, wenn besonders wichtige Geschäftsgeheimnisse durch die Absprache geschützt werden sollen.[361]

119

V. Sonderregeln für Vollfunktions-GU

Die FKVO enthält ein besonderes Prüfungsregime, um den wettbewerblichen Wirkungen, die mit der Gründung von Gemeinschaftsunternehmen (Joint Ventures) einhergehen, gerecht zu werden. Dieses fusionskontrollrechtliche Sonderregime wird gesondert in Zusammenhang mit der gesellschaftsrechtlichen Behandlung „Grenzüberschreitender Joint Ventures" dargestellt (§ 41 Rz. 14 ff.).

120

---

354) Bekanntmachung über Nebenabreden, Rz. 20.
355) Bekanntmachung über Nebenabreden, Rz. 20.
356) Bekanntmachung über Nebenabreden, Rz. 21.
357) Bekanntmachung über Nebenabreden, Rz. 22.
358) Bekanntmachung über Nebenabreden, Rz. 23.
359) *Henschen* in: Schulte, Hdb. Fusionskontrolle, Rz. 1814.
360) *Henschen* in: Schulte, Hdb. Fusionskontrolle, Rz. 1815.
361) *Henschen* in: Schulte, Hdb. Fusionskontrolle, Rz. 1815.

VI. Verfahren

1. Informelle Vorgespräche, Anmeldung und Vollzugsverbot

121 Der Unionsgesetzgeber hat die Fusionskontrolle als ein präventives Instrument zum Schutz des Wettbewerbs konzipiert. Ein vereinbarter Zusammenschluss mit gemeinschaftsweiter Bedeutung i. S. der FKVO ist daher durch die beteiligten Unternehmen bei der Kommission vor Vollzug anzumelden (Art. 4 Abs. 1 FKVO). Die Anmeldung muss unter Verwendung bestimmter Formblätter erfolgen. Oftmals ist das **Formblatt CO** zu verwenden (zu den sonstigen Formblättern siehe Rz. 5), das für Anmeldungen ab dem 1.4.2014 neu gefasst wurde.[362] Im Vergleich zu Anmeldungen beim Bundeskartellamt – BKartA – (siehe § 19 Rz. 71 ff.) ist das europäische Anmeldeverfahren deutlich aufwendiger ausgestaltet. Das Formblatt CO erfordert die Angabe einer Vielzahl detaillierter Informationen über die Ausgestaltung des Zusammenschlussvorhabens, wenngleich durch die Neufassung des Formblatts Ende 2013 die Infomationsanforderungen leicht verringert wurden. Einzelheiten über die anzugebenden Daten erläutert die Kommission auf dem Formblatt selbst sowie in ihren „Best practices on the conduct of EC merger control proceedings".[363] Die Anmeldung eines Zusammenschlusses muss in schriftlicher Form erfolgen. Neben dem (richtigen) Formblatt im Original mit allen Unterlagen ist die Anmeldung auch in 37-facher Kopie bei der Kommission einzureichen.[364]

> Postadresse: Europäische Kommission, Generaldirektion Wettbewerb, Kanzlei Fusionskontrolle/Merger Registry, 1049 Brüssel.
>
> Übergabe durch Boten: Europäische Kommission, Generaldirektion Wettbewerb, Kanzlei Fusionskontrolle/Merger Registry, Place Madou 1, 1210 Saint-Josse-ten-Noode, Belgien (Voranmeldung per Telefon/Fax notwendig).
>
> Tel.: + 32 2 296 55 77; Fax: + 32 2 296 43 01;
> E-Mail: comp-merger-registry@ec.europa.eu

122 Die hohe Zahl der einzureichenden Kopien erklärt sich damit, dass die Kommission nach erfolgter Anmeldung den Kartellbehörden der EU-Mitgliedstaaten jeweils eine Kopie der Anmeldung sowie Kopien der wichtigsten Schriftstücke zuleiten muss (Art. 19 Abs. 1 FKVO). Um der Kommission die Zusammenstellung von Case Teams zu ermöglichen und die Anmeldung zügig zu bearbeiten, sollten die Anmelder der Kommission bereits vor der eigentlichen Anmeldung die Grunddaten des Zusammenschlusses unter Verwendung des im Internet abrufbaren Formblatts „Case team allocation request" anzeigen

---

[362] Vgl. Art. 3 Abs. 1 Satz 1 sowie Anhang I Durchführungs-VO 802/2004 (Fassung v. 2013).
[363] Best practices on the conduct of EC merger control proceedings, abrufbar unter http://ec.europa.eu/competition/mergers/legislation/proceedings.pdf, Rz. 15 ff.
[364] Vgl. Art. 3 Abs. 2 und Art. 23 Abs. 1 Durchführungs-VO 802/2004 (Fassung v. 2013).

(allg. zu dieser informellen „Prenotifizierungsphase" ausführlich sogleich unter Rz. 127).[365]

Die Anmelder haben bei der Anmeldung **korrekte und vollständige** Angaben zu machen, sofern durch die Kommission keine Befreiung von dem Erfordernis der Vollständigkeit ausgesprochen wurde.[366] Das Einreichen fehlerhafter oder unvollständiger Informationen kann dazu führen, dass die Kommission die Anmeldung zurückweist. In einem solchen Fall müssen die anmeldepflichtigen Unternehmen den Zusammenschluss erneut (und zwar in der richtigen Art und Weise) anmelden, um die Fristen des Fusionskontrollverfahrens in Gang setzen zu können.[367] Bei der Anmeldung ist daher unbedingt darauf zu achten, dass **sämtliche Angaben**, die nach den Formblättern anzugeben sind, tatsächlich eruiert wurden. Auch müssen sämtliche Namen und Kontaktdaten (**Postanschrift, E-Mail, Faxnummern**) korrekt angegeben werden, auch diejenigen von identifizierten **Kunden, Zulieferern und Wettbewerbern**, da die Kommission sich andernfalls nicht in der Lage sieht, die Anmeldung innerhalb der ihr zur Verfügung stehenden Fristen (Rz. 128) abzuarbeiten.[368] Die Erfahrung lehrt, dass Anmeldungen, die ohne vorherige Kontaktaufnahme mit der Kommission eingereicht werden, mit großer Wahrscheinlichkeit unvollständig sind. Bei den informellen Vorgesprächen in der sog. Prenotifizierungsphase (Rz. 127) sollte daher sehr genau nachgefragt werden, welche Daten zu welchen Märkten die Kommission benötigt und welche weiteren Angaben eruiert werden müssen, damit die Kommission die Anmeldung als vollständig ansieht.

123

Eine starre zeitliche **Frist**, innerhalb derer die anmeldepflichtigen Unternehmen ihr Vorhaben bei der Kommission anzeigen müssen, gibt es im Unionsrecht nicht. Aus dem Wortlaut der FKVO ergibt sich allerdings, dass die Anmeldung spätestens vor **Vollzug des Vorhabens vorzunehmen ist**. Ausreichend ist daher etwa eine Anmeldung nach der Unterzeichnung des Unternehmenskaufvertrags bzw. nach der Veröffentlichung der Offerte zur Übernahme eines Unternehmens (Art. 4 Abs. 1 Unterabs. 1 FKVO). Wollen die Parteien Rechtssicherheit erlangen, so können sie auch ein geplantes Zusammenschlussvorhaben durch die Kommission prüfen lassen. Anmeldefähig sind solche Transaktionen, bei denen die beteiligten Unternehmen der Kommission in glaubhafter Weise ihren Willen versichern, in naher Zukunft einen Unternehmenskaufvertrag zu schließen bzw., sofern es um einen Erwerb im Wege eines Übernahme-

124

---

365) Abrufbar unter http://ec.europa.eu/competition/contacts/mergers_mail.html.
366) Vgl. Art. 4 Abs. 1 Durchführungs-VO 802/2004 sowie Rz. 1.4. des Formblatts CO, Anhang I Durchführungs-VO 802/2004; Rz. 1.6. des vereinfachten Formblatts, Anhang II Durchführungs-VO 802/2004 (jeweils Fassung v. 2013).
367) Vgl. Art. 5 Durchführungs-VO 802/2004.
368) *Schroeder* in: MünchKomm-EuWettbR, Art. 4 FKVO Rz. 65.

angebots geht, dass sie öffentlich kundgetan haben, ein solches Angebot zu platzieren (Art. 4 Abs. 1 Unterabs. 2 FKVO).

125 Welche Unternehmen bzw. Personen das geplante Vorhaben anmelden müssen (**anmeldepflichtige Unternehmen bzw. Personen**) hängt von der Ausgestaltung der Transaktion ab (siehe allgemein dazu Rz. 31 ff.). Bei einer Fusion (Art. 3 Abs. 1 lit. a FKVO) und dem Erwerb gemeinsamer Kontrolle über ein Unternehmen (Art. 3 Abs. 1 lit. b FKVO) haben diejenigen Unternehmen bzw. Personen, die an der Fusion oder der Begründung der gemeinsamen Kontrolle beteiligt sind, das Vorhaben bei der Kommission anzumelden (Art. 4 Abs. 2 Satz 1 FKVO). Andernfalls ist diejenige Person bzw. dasjenige Unternehmen anmeldepflichtig, die oder das die Kontrolle über das oder die zu erwerbende(n) Unternehmen bzw. Geschäftsbereiche erlangen soll (Art. 4 Abs. 2 Satz 2 FKVO).

126 Ein geplanter Zusammenschluss, der anmeldepflichtig ist, darf **bis zu einem Freigabebeschluss durch die Kommission nicht vollzogen** werden (Art. 7 Abs. 1 FKVO). Etwas anderes gilt für öffentliche Übernahmeangebote und eine sog. „schleichende Übernahme",[369] bei der die Kontrolle durch eine Vielzahl von Rechtsgeschäften mit Wertpapieren erlangt wird, sofern diese Arten des Zusammenschlusses „unverzüglich bei der Kommission angemeldet" werden (Art. 7 Abs. 2 FKVO).[370] Darüber hinaus kann die Kommission auf Antrag Befreiungen vom Vollzugsverbot gestatten (Art. 7 Abs. 3 FKVO).[371] Missachten die Parteien das Vollzugsverbot, kann die Kommission Bußgelder verhängen (Art. 14 Abs. 2 FKVO). Ferner kann sie von den beteiligten Unternehmen verlangen, den vollzogenen Zusammenschluss rückabzuwickeln (Art. 8 Abs. 4 FKVO).

127 Aufgrund der Komplexität vieler Unternehmenskäufe empfiehlt es sich, so früh wie möglich wichtige ökonomische Eckdaten des geplanten Zusammenschlusses zu klären. Auf Grundlage dieser Daten sollte bereits vor der Einreichung der Anmeldung **informell** mit der Kommission Kontakt aufgenommen werden, um allgemeine Fragen vertraulich zu besprechen (sog. „**Prenotifizierungsphase**").[372] In diesen Gesprächen kann etwa vorab geklärt werden, ob überhaupt ein anmeldefähiges und anmeldepflichtiges Zusammenschlussvorhaben vorliegt. Gerade bei Zweifelsfällen in Bezug auf die Umsatzberechnung kann ein informelles Gespräch für mehr Klarheit sorgen. Ferner kann abgestimmt werden, welche Unternehmen oder Personen das Vorhaben anzumelden haben, welche besonderen Daten zur Anmeldung erforderlich sind und ob ein Verweisungsantrag an eine nationale Behörde aus Sicht der Kommission Aussicht auf Erfolg

---

369) *Bechtold/Bosch/Brinker*, Art. 7 FKVO Rz. 9.
370) Eingehend dazu *Körber* in: Immenga/Mestmäcker, Art. 7 FKVO Rz. 18 ff.
371) Eingehend dazu *Körber* in: Immenga/Mestmäcker, Art. 7 FKVO Rz. 28 ff.
372) Vgl. Erwägungsgrund 11 Durchführungs-VO 802/2004; Best practices on the conduct of EC merger control proceedings, Rz. 5 ff.; *Körber* in: Immenga/Mestmäcker, Einleitung FKVO Rz. 85 f.

hätte (siehe Rz. 135 ff.). Schließlich sind solche informellen Vorgespräche nützlich, um abzuklären, ob ein Zusammenschluss unter Verwendung des **vereinfachten Formblatts CO** angemeldet werden kann, das deutlich weniger Daten abfragt als das reguläre Formblatt CO. Anmeldungen auf Grundlage des vereinfachten Formblatts CO sind etwa statthaft, wenn die Prüfung des Zusammenschlusses im Wege des vereinfachten Verfahrens erfolgen kann (siehe Rz. 133 f.).[373] In ihren Best Practices rät die Kommission den Unternehmen dazu, solche informellen Gespräche möglichst früh zu initiieren, mindestens aber **zwei Wochen** vor der geplanten Anmeldung.[374]

2. Gang des Verfahrens

Ist die Anmeldung bei der Kommission eingegangen, eröffnet sie das **Vorprüfungsverfahren**. In diesem wird insbesondere geklärt, ob das Vorhaben unter die FKVO fällt (Art. 6 Abs. 1 lit. a FKVO) sowie „Anlass zu ernsthaften Bedenken hinsichtlich seiner Vereinbarkeit mit dem Gemeinsamen Markt gibt" (Art. 6 Abs. 1 lit. b FKVO). Für diese Prüfung hat die Kommission grundsätzlich 25 Arbeitstage Zeit (Art. 10 Abs. 1 Unterabs. 1 FKVO).[375] Diese Frist beginnt an demjenigen Arbeitstag zu laufen, der auf den Eingangstag der *vollständigen* Anmeldung (Rz. 134) folgt.[376] Die Frist wird auf 35 Arbeitstage verlängert, wenn ein Mitgliedstaat einen Antrag auf Verweisung (Art. 9 Abs. 2 FKVO) stellt oder wenn die beteiligten Unternehmen Verpflichtungszusagen anbieten, von denen sie sich erhoffen, dass sie die wettbewerbsschädlichen Wirkungen des Zusammenschlusses ausräumen können (Art. 10 Abs. 1 Unterabs. 2 FKVO).

128

Ein Fusionskontrollverfahren betrifft nicht nur die Kommission und die anmeldenden Unternehmen. Vielmehr veröffentlicht die Kommission Angaben über den geplanten Zusammenschluss im Amtsblatt (Art. 4 Abs. 3 FKVO), um interessierten Dritten die Möglichkeit zu gewähren, zu dem Vorhaben **Stellung zu beziehen**. Zudem ist die Kommission bei ihren **Ermittlungen** nicht darauf beschränkt, notwendige Informationen von den am Zusammenschluss beteiligten Unternehmen zu erheben. Um einen guten Überblick über die Wettbewerbsbedingungen in den relevanten Märkten zu erhalten, kann sie auch andere Unternehmen (Konkurrenten, Abnehmer etc.) oder Unternehmensvereinigungen auffordern, entsprechende Auskünfte zu geben (Art. 11 FKVO). Ggf. kann die

129

---

373) Vgl. auch Rz. 1.1. Anhang II Durchführungs-VO 802/2004 (Fassung v. 2013).
374) Best practices on the conduct of EC merger control proceedings, Rz. 10.
375) Verlängerung und Hemmung von Fristen sind im Vor- und im Hauptprüfungsverfahren nach Art. 10 Abs. 3 und 4 FKVO möglich. Arbeitstage sind alle Tage ausgenommen Samstage, Sonntage und Feiertage der Kommission, vgl. Art. 24 Durchführungs-VO 802/2004.
376) Vgl. Art. 5, 7 Durchführungs-VO 802/2004. Zur Hemmung von Fristen s. Art. 9 Durchführungs-VO 802/2004.

Kommission die Angaben der Unternehmen nachprüfen, wobei sie sich hierzu der Behörden der Mitgliedstaaten bedienen darf (Art. 12, 13 FKVO). Bei der Erfassung und Beurteilung komplexer ökonomischer Zusammenhänge wird das *case team* der Generaldirektion Wettbewerb, das den Zusammenschluss prüft, vom Chefökonom und seinem Team unterstützt.

130 Fällt der Zusammenschluss nicht unter die FKVO, weil etwa die Umsatzschwellen nicht erfüllt sind oder kein Zusammenschluss i. S. von Art. 3 FKVO vorliegt, so muss eine Freigabeentscheidung der Kommission erfolgen (Art. 6 Abs. 1 lit. a FKVO). Das Gleiche gilt, wenn das Vorhaben aller Wahrscheinlichkeit nach mit dem Gemeinsamen Markt vereinbar ist (Art. 6 Abs. 1 lit. b FKVO). Hat die Kommission dagegen Zweifel, ob der Zusammenschluss mit dem Gemeinsamen Markt vereinbar ist, so hat sie ein Hauptprüfungsverfahren zu eröffnen (Art. 6 Abs. 1 lit. c FKVO).[377] Erlässt die Kommission innerhalb der ihr gesetzlich vorgeschriebenen Fristen weder eine Freigabeentscheidung noch eine Entscheidung über die Eröffnung des Hauptverfahrens, so greift die Genehmigungsfiktion des Art. 10 Abs. 6 FKVO. Das Vorhaben darf dann vollzogen werden.

131 Im **Hauptprüfungsverfahren** untersucht die Kommission auf der Basis einer genaueren und vertieften Betrachtung und Analyse der Marktlage, ob der Zusammenschluss mit dem Gemeinsamen Markt vereinbar ist oder untersagt werden muss. Die Kommission muss diesbezüglich innerhalb von 90 Arbeitstagen einen Beschluss treffen (Art. 10 Abs. 3 FKVO). Bleibt die Kommission innerhalb dieser (ggf. auf 105 Arbeitstage zu verlängernden)[378] Frist untätig, gilt der Zusammenschluss als mit dem Gemeinsamen Markt vereinbar (Art. 10 Abs. 6 FKVO).

132 Im Verfahren ist den am Zusammenschluss beteiligten Unternehmen in angemessenem Umfang **rechtliches Gehör** zu gewähren. Daher muss die Kommission ihnen etwaige Einwände gegen das Vorhaben mitteilen und die Zusammenschlussbeteiligten müssen die Gelegenheit erhalten, sich zu diesen Bedenken zu äußern (Art. 18 Abs. 1 und 3 FKVO).[379] Auf Antrag erhalten auf jeden Fall die unmittelbar betroffenen Unternehmen Akteneinsicht, die allerdings aufgrund des Grundsatzes der Vertraulichkeit von Geschäftsgeheimnissen be-

---

377) Dies war bei 5 140 zwischen September 1990 und Dezember 2012 angemeldeten Zusammenschlussvorhaben nur in 213 Fällen gegeben; vgl. Statistik der Kommission, abrufbar unter http://ec.europa.eu/competition/mergers/statistics.pdf.
378) Eine solche Verlängerung erfolgt, wenn die Unternehmen Verpflichtungszusagen anbieten, um eine Vereinbarkeit des Vorhabens mit dem Gemeinsamen Markt zu erreichen, sofern diese Zusagen nicht innerhalb der ersten 55 Arbeitstage nach Einleitung des Verfahrens unterbreitet wurden (Art. 10 Abs. 3 Unterabs. 1 FKVO). Darüber hinaus kann die Kommission die Frist auch mit Zustimmung der anmeldenden Unternehmen um bis zu 20 Arbeitstage verlängern (Art. 10 Abs. 3 Unterabs. 2 a. E. FKVO).
379) Vgl. ferner Art. 11, 14 und 15 Durchführungs-VO 802/2004.

schränkt werden kann (Art. 18 Abs. 3 Satz 2 FKVO).[380)] Rechte auf Anhörung und Stellungnahme stehen auch anderen Beteiligten zu (Art. 18 Abs. 4 FKVO), etwa Abnehmern, Lieferanten, Konkurrenten, Arbeitnehmer- oder Verbrauchervertretern.[381)]

Neben dem allgemeinen Verfahren kann die Kommission bestimmte Zusammenschlussvorhaben, die in der Regel keine wettbewerbsschädlichen Wirkungen auf den Gemeinsamen Markt entfalten können, in einem **vereinfachten Verfahren** prüfen und nach Art. 6 Abs. 1 lit. b FKVO freigeben. Einzelheiten ergeben sich aus einer Bekanntmachung.[382)] Ein solches Verfahren setzt keine vertieften Untersuchungen des Vorhabens in einem Vor- oder Hauptprüfungsverfahren voraus. Zudem kann die Anmeldung des Zusammenschlusses mittels eines besonderen Formblatts erfolgen (Short Form CO), das deutlich weniger Daten abfragt, als eine Anmeldung unter Zugrundelegung des Formblatts CO. Die Kommission muss den Zusammenschluss im vereinfachten Verfahren innerhalb einer Frist von 25 Arbeitstagen freigeben, was in einer Kurzformentscheidung geschehen kann.[383)] Stellt die Kommission bei der Prüfung jedoch fest, dass der Zusammenschluss wettbewerbsrechtlich bedenklich sein könnte (z. B. weil der Markt enger abzugrenzen ist und daher die entstehende wirtschaftliche Einheit einen höheren Marktanteil halten wird, als ursprünglich prognostiziert), kann sie zum herkömmlichen (regulären) Fusionskontrollverfahren zurückkehren und auf diese Weise die längeren Fristen in Gang setzen.[384)] In einem solchen Fall müssen die Unternehmen auch sämtliche Daten nachliefern, die bei einer regulären Anmeldung beizubringen wären.

133

Die Voraussetzungen, die ein Zusammenschluss erfüllen muss, um im vereinfachten Verfahren geprüft zu werden, ergeben sich aus der Bekanntmachung über das vereinfachte Verfahren. Diese wurde Ende 2013 mit dem Ziel neu gefasst, den Anwendungsbereich dieses Verfahrens auszuweiten.[385)] Seit dem 1.1.2014 können horizontale Zusammenschlüsse, bei denen der gemeinsam gehaltene Marktanteil der fusionierenden Unternehmen unter 20 % liegt (zuvor: 15 %), sowie vertikale Zusammenschlüsse, bei denen die kumulierten Marktanteile der Unternehmen auf keinem der betroffenen Märkte 39 % (zuvor: 25 %) überschreiten, im vereinfachten Verfahren geprüft werden.[386)] Ferner kommt das vereinfachte Verfahren seither auch dann zur Anwendung, wenn der kumu-

134

---

380) Die Grundsätze, nach denen die Kommission Akteneinsicht gewährt, sind niedergelegt in der Mitteilung über Akteneinsicht, ABl. EU 2005 C 325/7.
381) Vgl. Art. 11 Durchführungs-VO 802/2004.
382) Bekanntmachung über ein vereinfachtes Verfahren, ABl. EU 2013 C 366/5.
383) Bekanntmachung über ein vereinfachtes Verfahren, Rz. 2.
384) Bekanntmachung über ein vereinfachtes Verfahren, Rz. 3.
385) Zur Reform s. *Langeheine/v. Koppenfels*, ZWeR 2013, 299, 306 f.
386) Bekanntmachung über ein vereinfachtes Verfahren, Rz. 5c.

lierte Marktanteil bei einem horizontalen Zusammenschluss zwar über 20 %, aber unterhalb von 50 % liegt, sofern der Zuwachs von Marktmacht gering ist (HHI-Delta unter 150).[387] Darüber hinaus erfasst das vereinfachte Verfahren (wie schon zuvor) die Gründung oder den Erwerb von Gemeinschaftsunternehmen, die nur geringe Bezüge zum EWR aufweisen (EWR-Umsatz und in das Gemeinschaftsunternehmen eingebrachte Vermögenswerte im EWR unter 100 Mio. €).[388] Nach Schätzungen der Kommission führt die Anhebung der Schwellen dazu, dass rund 70 % aller Anmeldungen im vereinfachten Verfahren erfolgen können.[389] Unternehmen haben freilich keinen „Anspruch" darauf, dass Zusammenschlüsse, die die vorgenannten Schwellen nicht überschreiten, im vereinfachten Verfahren geprüft werden. Vielmehr behält sich die Kommission vor, in besonders gelagerten Konstellationen gleichwohl das reguläre Verfahren einzuleiten.[390] Auch wenn die Anhebung der Schwellenwerte zu begrüßen ist, darf nicht übersehen werden, dass für die beteiligten Unternehmen eine Anmeldung im vereinfachten Verfahren auch nach der Reform keinesfalls „schnell und einfach" zu bewerkstelligen ist. Die Kommission akzeptiert eine Anmeldung im vereinfachten Verfahren nämlich nur dann, wenn die Marktanteilsschwellen nach allen denkbaren Marktabgrenzungen nicht überschritten werden. Dementsprechend müssen die Anmelder häufig Daten für verschiedene Marktabgrenzungen vorlegen,[391] damit die Kommission die Anmeldung nicht als unvollständig zurückweist. Soweit dies aufgrund der Marktgegebenheiten möglich ist, sollten Anwälte in den informellen Vorgesprächen (siehe zu dieser Möglichkeit Rz. 127) versuchen, die Kommission zu überzeugen, dass bestimmte Marktabgrenzungen so fernliegend sind, dass diese bei der Anmeldung unberücksichtigt bleiben können. Die europäische Wettbewerbsbehörde kann nämlich den anmeldenden Unternehmen die Angabe bestimmter Daten erlassen (sog. „Waiver"). Die Erfahrung zeigt allerdings, dass die *case teams* sehr zurückhaltend sind, denkbare Marktabgrenzungen im informellen Verfahren auszuschließen.[392]

3. Verweisungen zwischen der Kommission und nationalen Kartellbehörden

135 Um sicherzustellen, dass die sachnächste Behörde den Zusammenschluss prüft und die Unternehmen nicht mit einer übergroßen Zahl von Mehrfachanmeldungen belastet werden, erlaubt die FKVO in bestimmtem Umfang Verwei-

---

387) Bekanntmachung über ein vereinfachtes Verfahren, Rz. 6.
388) Bekanntmachung über ein vereinfachtes Verfahren, Rz. 5 a).
389) Pressemitteilung IP/13/288 der Europäischen Kommission v. 27.3.2013.
390) Bekanntmachung über ein vereinfachtes Verfahren, Rz. 8 ff.
391) Bekanntmachung über ein vereinfachtes Verfahren, Rz. 8.
392) Kritisiert wird die starke Stellung der Kommission im informellen Vorverfahren sowie die Menge der abgefragten Daten für Zusammenschlüsse, die im vereinfachten Verfahren angemeldet werden können, von *Bauer*, WuW 2013, 567.

sungen von der Kommission an die Kartellbehörden der EU/EWR-Mitgliedstaaten bzw. von diesen an die Kommission. Die Einzelheiten erläutert die Kommission in der Mitteilung über Verweisungen.[393] Nützliche Hinweise finden sich ferner in den sog. „ECA-Prinzipien", die i. R. des ECN erarbeitet wurden.[394] Derzeit prüft die Kommission, ob das Verweisungsverfahren effektiver ausgestaltet werden kann. Vor diesem Hintergrund wurde im Jahre 2013 ein Konsultationsverfahren eröffnet, an dessen Ende eine stärker europäische Vereinheitlichung der Verfahrensmaßstäbe stehen könnte, um Verweisungsentscheidungen aus Sicht der anmeldenden Unternehmen vorhersehbarer und damit planbarer zu machen.[395]

a) Verweisungen von der Kommission an nationale Behörden

Bei Zusammenschlüssen von gemeinschaftsweiter Bedeutung, d. h. solchen Fusionen, die die Aufgreifschwellen der FKVO erfüllen (siehe dazu Rz. 48 ff.), ist eine Verweisung von der Kommission an eine oder mehrere nationale Kartellbehörden möglich. 136

Eine solche Verweisung kann von den am Zusammenschluss beteiligten **Unternehmen** unter Verwendung des **Formblatts RS**[396] bei der Kommission beantragt werden, und zwar bereits *vor* Anmeldung des Zusammenschlusses (Art. 4 Abs. 4 FKVO). Im Antrag ist zu spezifizieren, welche(r) Mitgliedstaat(en) den Zusammenschluss ganz oder teilweise anstelle der Kommission prüfen soll(en).[397] Die Kommission hat entsprechende Anträge unverzüglich an die Behörden der Mitgliedstaaten weiterzureichen, die nach Eingang des Antrags bei ihnen innerhalb von 15 Arbeitstagen entscheiden müssen, ob sie die Verweisung annehmen oder ablehnen. Bleibt eine nationale Behörde untätig, gilt dies als Zustimmung zur Verweisung (Art. 4 Abs. 4 Unterabs. 2 FKVO). Im Fall der Zustimmung kann die Kommission die Prüfung der geplanten Fusion ganz oder teilweise an eine oder mehrere nationale Wettbewerbsbehörde(n) delegieren, sofern zwei Grundvoraussetzungen gegeben sind: Zum einen müssen Anhaltspunkte dafür vorliegen, dass der Zusammenschluss zu einer erheblichen Beeinträchtigung des Wettbewerbs in einem oder mehreren Märkten führen kann. Zum anderen muss der fragliche Markt bzw. müssen die fraglichen Märkte sich in ein und demselben Staat befinden und sämtliche Merkmale eines gesonderten Marktes 137

---

393) Mitteilung über Verweisungen, ABl. EU 2005 C 56/2.
394) *European Competition Authorities*, Grundsätze für die Anwendung von Art. 4 Abs. 5 und Art. 22 der Europäischen Fusionskontrollverordnung durch die nationalen Wettbewerbsbehörden der ECA, abrufbar unter http://www.bundeskartellamt.de.
395) Commission Staff Working Document v. 25.6.2013, Towards more effective EU merger control, SWD(2013) 239 final, 13 ff. Dazu *Brinker*, NZKart 2013, 301, 302; *Langeheine/v. Koppenfels*, ZWeR 2013, 299, 309 f.
396) Anhang III Durchführungs-VO 802/2004 (Fassung v. 2013).
397) Rz. 5.2.1. des Formblatts RS.

aufweisen (Art. 4 Abs. 4 Unterabs. 3 FKVO).[398] Gibt die Kommission dem Antrag auf Verweisung statt, so wird das Vorhaben von der bzw. den nationalen Kartellbehörden, an die die Prüfung delegiert wurde, nach ihren jeweiligen nationalen Fusionskontrollrecht untersucht (Art. 4 Abs. 4 Unterabs. 5 FKVO). Hierbei haben die nationalen Behörden jedoch die Vorgaben aus Art. 9 Abs. 6 und 8 FKVO zu beachten (Art. 4 Abs. 4 a. E. FKVO).

138 Nach erfolgter Anmeldung des Vorhabens bei der Kommission durch die beteiligten Unternehmen kann ferner auch ein **EU-Mitgliedstaat** beantragen, dass die Prüfung des Zusammenschlussvorhabens ganz oder teilweise an seine Kartellbehörde delegiert wird (Art. 9 FKVO). Eine solche Verweisung kann ausgesprochen werden, wenn der Zusammenschluss entweder den Wettbewerbskampf auf einem gesonderten Markt in diesem EU-Mitgliedstaat signifikant zu beeinträchtigen droht (Art. 9 Abs. 2 lit. a FKVO) oder wenn er den Wettbewerb auf einem gesonderten Markt in diesem Mitgliedstaat beeinträchtigen würde, der nicht als wesentlicher Teil des Gemeinsamen Marktes angesehen werden kann (Art. 9 Abs. 2 lit. b FKVO). Diese Form von Verweisung erfasst also Konstellationen, in denen sich der Zusammenschluss in erster Linie auf einen einzigen nationalen Markt auswirkt.[399] In solchen Fällen kann es sachgerecht sein, die Beurteilung durch eine nationale Behörde vornehmen zu lassen. Gibt die Kommission dem Verweisungsantrag statt, so prüft die nationale Behörde nach ihrem eigenen Recht, ob der Zusammenschluss freigegeben werden kann. Hierbei muss sie allerdings die allgemeinen Vorgaben aus Art. 9 Abs. 6 und 8 FKVO einhalten.

b) Verweisungen von nationalen Behörden an die Kommission

139 Zusammenschlüsse, die nicht unter die Aufgreifschwellen der FKVO fallen, können – obwohl sie keine gemeinschaftsweite Bedeutung haben – unter bestimmten Voraussetzungen gleichwohl von der Kommission geprüft werden, nämlich dann, wenn das Vorhaben den europäischen Wettbewerbshütern zugewiesen wird.

140 Eine Verweisung von einer nationalen Kartellbehörde an die Kommission ist zum einen auf **Antrag der Unternehmen** möglich, den diese bei der Kommission bereits vor einer Anmeldung bei den nationalen Behörden stellen können (Art. 4 Abs. 5 FKVO). Der Antrag auf Verweisung muss zwingend auf dem **Formblatt RS** gestellt werden.[400] Voraussetzung für eine Verweisung an die Kommission ist, dass der Zusammenschluss andernfalls nach dem Kartellrecht von mindestens drei EU-Mitgliedstaaten zu untersuchen wäre (sog. „**3+-Regelung**"

---

398) Vgl. dazu Mitteilung über Verweisungen, Rz. 16 ff.
399) Eingehend dazu *Körber* in: Immenga/Mestmäcker, Art. 9 FKVO Rz. 21; *Zeise* in: Schulte, Hdb. Fusionskontrolle, Rz. 1974 ff.
400) Anhang III Durchführungs-VO 802/2004.

bzw. „3+-System").[401] Diese Regelung hat hohe praktische Relevanz.[402] Sie soll Unternehmen die Möglichkeit eröffnen, aufwendigen Mehrfachanmeldungen bei einer Vielzahl nationaler Kartellbehörden in Europa aus dem Weg zu gehen. Legen die betroffenen Mitgliedstaaten keinen Widerspruch gegen die Verweisung ein, wird die gemeinschaftsweite Bedeutung des Zusammenschlusses vermutet (Art. 4 Abs. 5 Unterabs. 5 FKVO). Folglich ist er bei der Kommission unter Verwendung des einschlägigen Formblatts (Form CO, Short Form CO) anzumelden und nach Unionsrecht zu beurteilen. Widerspricht ein betroffener Mitgliedstaat der Verweisung, so kann eine solche nicht erfolgen (Art. 4 Abs. 5 Unterabs. 4 FKVO). Es bleibt dann bei der Zuständigkeit der nationalen Behörden, die den Zusammenschluss nach ihren jeweiligen nationalen Fusionskontrollregelungen prüfen. Um den Verfahrensaufwand gering zu halten, sind daher Vorbesprechungen mit den betroffenen nationalen Kartellbehörden ratsam. In diesen Gesprächen ist zu klären, ob die nationalen Behörden einer Verweisung der Prüfung des Vorhabens an die Kommission zustimmen werden.[403]

Auch die **EU-Mitgliedstaaten** können – zumindest wenn der Zusammenschluss nach ihrem nationalen Recht anmeldepflichtig bzw. anmeldefähig ist[404] – bei der Kommission beantragen, dass diese die Prüfung eines Zusammenschlusses ohne gemeinschaftsweite Bedeutung (aber mit grenzüberschreitender Wirkung) unter Zugrundelegung der FKVO vornimmt (Art. 22 FKVO).[405] Der Antrag ist binnen 15 Arbeitstagen bei der Kommission zu stellen. Die Frist beginnt mit der Anmeldung bei der nationalen Behörde bzw. für den Fall, dass eine Anmeldung nicht zwingend ist, mit Kenntniserlangung durch die nationale Behörde (Art. 22 Abs. 1 Unterabs. 2 FKVO). Für die Fristberechnung sollten die Maßgaben des europäischen Rechts und nicht des nationalen Fusionskontrollrechts maßgeblich sein, um den beteiligten Unternehmen Planungssicherheit zu geben.[406] Die Verweisung nach Art. 22 FKVO betrifft solche Vorhaben, die angesichts ihres Gefährdungspotenzials für den grenzüberschreitenden Handel besser ausschließlich von einer supranationalen Behörde geprüft werden sollten.[407] Die Kommission kann die betroffenen Mitgliedstaaten auch zu einem solchen Antrag auffordern, wenn sie glaubt, dass die tatbestandlichen Voraus-

141

---

401) Eingehend dazu *Soyez*, ZWeR 2005, 416, 418; *Karl* in: Terhechte, Rz. 73.51.
402) Zwischen Januar 2004 und Dezember 2012 gingen bei der Kommission 249 Anträge nach Art. 4 Abs. 5 FKVO ein; vgl. die Statistik der Kommission, abrufbar unter http://ec.europa.eu/competition/mergers/statistics.pdf.
403) *Karl* in: Terhechte, Rz. 73.56.
404) Die genaue Reichweite der Antragsbefugnis ist streitig, vgl. *Brinker* in: FS Canenbley, S. 77, 82 ff.
405) Eingehend zu diesem Verfahren, seinen Problemen und möglichen Reformen *Brinker* in: FS Canenbley, S. 77 ff.; *Broberg*, ECLR 2012, 215 ff.
406) *Brinker* in: FS Canenbley, S. 77, 80 f.
407) *Bechtold/Bosch/Brinker/Hirsbrunner*, Art. 22 FKVO Rz. 3 ff.

setzungen für eine derartige Verweisung vorliegen (Art. 22 Abs. 5 FKVO). Sie kann einen solchen Antrag aber nicht erzwingen.[408] Allerdings muss die Kommission auch nicht jedem Antrag entsprechen, sondern hat eine Ermessensentscheidung unter Berücksichtigung von Subsidiaritätserwägungen zu treffen.[409] Kommt es zu einer Verweisung an die Kommission, geht damit eine – für die Unternehmen bei Anmeldung nicht vorhersehbare – Verzögerung des Verfahrens einher, da die strengen Fristen der FKVO für die Prüfung des Vorhabens durch die Kommission erst zu laufen beginnen, wenn der Verweisung stattgegeben wurde.[410] Daher empfiehlt es sich für die zusammenschlusswilligen Unternehmen, vor dem Zusammenschluss zumindest bei denjenigen Behörden, die in der Vergangenheit oftmals Verweisungen an die Kommission beantragt haben, in informellen Vorgesprächen (siehe zu dieser Möglichkeit Rz. 127) die Eintrittswahrscheinlichkeit eines Verweisungsantrags auszuloten, um die Transaktion entsprechend strukturieren zu können.[411] Als Behörden, die oftmals Anträge gemäß Art. 22 FKVO stellen, gelten das BKartA, das Office of Fair Trading sowie die spanische Wettbewerbsbehörde.[412]

c) **Verweisungen nach dem EWR-Abkommen**

142 Die vorgenannten Verweisungsmechanismen funktionieren mit gewissen Einschränkungen auch für Zusammenschlüsse mit Auswirkungen in denjenigen EFTA-Staaten, die dem EWR beigetreten sind (Norwegen, Island[413] und Liechtenstein).

143 Für Zusammenschlüsse **mit gemeinschaftsweiter Bedeutung** können die **Unternehmen** unter den Voraussetzungen des Art. 4 Abs. 4 FKVO (siehe Rz. 137) und unter Verwendung des Formblatts RS[414] bei der Kommission eine Verweisung an eine Behörde eines EFTA-Staates im EWR beantragen, sofern der durch den geplanten Zusammenschluss betroffene Markt in einem solchen EFTA-Staat liegt.[415] Liechtenstein verfügt bislang über kein nationales Fusionskon-

---

408) *Bechtold/Bosch/Brinker/Hirsbrunner*, Art. 22 FKVO Rz. 15.
409) *Brinker* in: FS Canenbley, S. 77, 79.
410) Vgl. *Brinker* in: FS Canenbley, S. 77, 88: Wird ein Verweisungsantrag gemäß Art. 22 FKVO gestellt, „lässt sich regelmäßig auch ein großzügig kalkulierter Zeitplan bis zum Closing nicht halten".
411) *Schmidt/Simon*, WuW 2011, 1056, 1066.
412) So die Einschätzung von *Schmidt/Simon*, WuW 2011, 1056, 1066. S. a. *Brinker* in: FS Canenbley, S. 77 m. umfass. N. aus der Praxis.
413) Zu Islands EU-Beitrittsperspektive s. Rz. 1 m. Fn. 2.
414) Anhang III Durchführungs-VO 802/2004.
415) Vgl. Art. 6 Abs. 4 des Protokolls 24 zum EWR-Abkommen i. d. F. des Beschlusses des Gemeinsamen EWR-Ausschusses Nr. 78/2004 v. 8.6.2004, konsolidierte Fassung abrufbar unter http://efta.int/legal-texts/EEA/protocols-to-the-agreement.aspx (nur in englischer Sprache).

trollrecht, so dass praktisch nur eine Verweisung an die isländische und norwegische Wettbewerbsbehörde in Betracht kommt. Aus diesem Grund können derzeit auch nur die **EFTA-Staaten** Norwegen und Island die Verweisung eines Zusammenschlusses an ihre Behörden beantragen, der eigentlich nach Art. 57 Abs. 2 lit. a EWR-Abkommen allein von der Kommission zu beurteilen wäre.[416] Die Voraussetzungen, unter denen eine solche Verweisung ausgesprochen werden darf, sind im Wesentlichen mit denen des Art. 9 FKVO identisch.[417] Wird der Zusammenschluss ganz oder teilweise an einen EFTA-Staat im EWR verwiesen, so prüft dessen Behörde den Zusammenschluss nach eigenem Recht.

Für Zusammenschlüsse **ohne gemeinschaftsweite Bedeutung** kann auf Antrag der **Unternehmen** eine Verweisung von einem EFTA-Staat im EWR an die Kommission erfolgen. Der Antrag ist unter Verwendung des Formblatts RS an die Kommission zu richten.[418] Voraussetzung einer Verweisung ist, dass der Zusammenschluss zum einen die Kriterien für eine Anmeldung in zumindest drei Mitgliedstaaten der EU erfüllt und zum anderen auch in zumindest einem EFTA-Staat des EWR angemeldet werden müsste.[419] Das Verweisungsverfahren entspricht dem Verfahren nach Art. 4 Abs. 5 FKVO (siehe dazu Rz. 140). Aus eigenem Recht können die **EFTA-Staaten** im EWR dagegen keinen Verweisungsantrag für einen solchen Zusammenschluss stellen. Stellt ein EU-Mitgliedstaat einen Antrag nach Art. 22 FKVO, so kann ein EFTA-Staat sich diesem Antrag jedoch anschließen, sofern sich die geplante Fusion auf den grenzüberschreitenden Handel zwischen der EU und einem oder mehreren EFTA-Staaten auswirken und den Wettbewerb in den betroffenen EFTA-Staaten erheblich beeinträchtigen wird.[420]

144

4. Verfahrensabschluss, Verpflichtungszusagen, Bedingungen und Auflagen

Die Kommission schließt das Hauptprüfverfahren durch Beschluss ab (Art. 288 Abs. 4 AEUV, vormals Art. 249 Abs. 4 EG). Gibt die Kommission den Zu-

145

---

416) *Bechtold/Bosch/Brinker/Hirsbrunner*, 2. Aufl., 2009, Art. 9 FKVO Rz. 15.
417) Sie ergeben sich aus Art. 6 des Protokolls 24 zum EWR-Abkommen i. d. F. des Beschlusses des Gemeinsamen EWR-Ausschusses Nr. 78/2004 v. 8.6.2004, konsolidierte Fassung abrufbar unter http://efta.int/legal-texts/EEA/protocols-to-the-agreement.aspx (nur in englischer Sprache).
418) Einzelheiten ergeben sich aus Anhang III der Durchführungs-VO 802/2004.
419) Vgl. Art. 6 Abs. 5 Unterabs. 1 des Protokolls 24 zum EWR-Abkommen i. d. F. des Beschlusses des Gemeinsamen EWR-Ausschusses Nr. 78/2004 v. 8.6.2004, konsolidierte Fassung abrufbar unter http://efta.int/legal-texts/EEA/protocols-to-the-agreement.aspx (nur in englischer Sprache).
420) Vgl. Art. 6 Abs. 3 Unterabs. 2 des Protokolls 24 zum EWR-Abkommen i. d. F. des Beschlusses des Gemeinsamen EWR-Ausschusses Nr. 78/2004 v. 8.6.2004, konsolidierte Fassung abrufbar unter http://efta.int/legal-texts/EEA/protocols-to-the-agreement.aspx (nur in englischer Sprache).

sammenschluss frei, so gelten auch alle **Nebenabreden** zwischen den Zusammenschlussbeteiligten, die mit dem Vorhaben direkt verbunden und für dessen Gelingen notwendig sind, als von der Genehmigung umfasst (Art. 6 Abs. 1 lit. b Unterabs. 2, Art. 8 Abs. 1 Unterabs. 2 FKVO, siehe Rz. 116 ff.).

146 Ist die Kommission der Ansicht, dass der Zusammenschluss nach Vollzug wettbewerbsschädliche Wirkungen entfalten kann, so können die beteiligten Unternehmen sich verpflichten, den ursprünglich angemeldeten Zusammenschluss zu modifizieren, um die Einwände gegen den Zusammenschluss zu zerstreuen. Je nachdem in welchem Verfahrensstadium eine solche Zusage abgegeben wird, kann durch sie entweder die Einleitung des Hauptprüfungsverfahrens (Art. 6 Abs. 2 Unterabs. 1 FKVO) oder die Untersagung des Zusammenschlusses (Art. 8 Abs. 2 Unterabs. 1 FKVO) abgewendet werden. Der Zusammenschluss ist in einem solchen Fall nämlich unter Einbeziehung der angebotenen Abhilfemaßnahmen durch die Kommission zu prüfen. Sind die zugesagten Maßnahmen nach Ansicht der Kommission ausreichend, um den Zusammenschluss genehmigen zu können, wird dieser unter der Bedingung freigegeben, dass die im Verfahren gemachten Zusagen von den beteiligten Unternehmen eingehalten werden (Art. 6 Abs. 2 Unterabs. 2 FKVO, Art. 8 Abs. 2 Unterabs. 2 FKVO). Der Freigabebeschluss wird dann mit entsprechenden Auflagen für die Unternehmen versehen. Hat die Kommission berechtigte Zweifel an der Durchführbarkeit bzw. der wettbewerbsfördernden Wirkung der angebotenen Zusage, müssen die Unternehmen ihr Angebot nachbessern, um eine Freigabe des Zusammenschlusses zu erreichen.[421] In komplexen Verfahren können Verhandlungen über mögliche Abhilfemaßnahmen bisweilen sehr breiten Raum einnehmen.[422] Da Fusionskontrollverfahren fristgebunden sind, sollten die Parteien komplexe Abhilfemaßnahmen zügig präsentieren, damit diese auch innerhalb des zur Verfügung stehenden Zeitfensters umgesetzt werden können. Das Risiko, dass der Zusammenschluss aufgrund nicht effektiver bzw. zu spät angebotener Abhilfemaßnahmen untersagt werden muss, tragen die anmeldenden Unternehmen.[423]

147 Die bedeutendste Zusage in der Praxis stellt die **Veräußerung** von **Geschäftsbereichen** an einen Wettbewerber dar.[424] Für diese Abhilfemaßnahme hat die

---

421) EuG, Rs. T-87/05, *EDP/Kommission*, Slg. 2005, II-3745, Rz. 72; *Knott/Mielke/Scheffler*, Rz. 322.
422) *Langeheine/v. Koppenfels*, ZWeR 2013, 299, 304.
423) *Langeheine/v. Koppenfels*, ZWeR 2013, 299, 304 unter Verweis auf die Untersagungsentscheidung der Kommission im Fall *UPS/TNT* (KomE, COMP/M.6570), bei der die Zusagen zwei Mal nachgebessert wurden, aber letztendlich nicht umgesetzt werden konnten.
424) Veräußerungszusagen machten nach *Lübking* in den Jahren 2009–2012 mehr als 80 % der von der Kommission akzeptierten Zusagen aus, s. *Lübking*, WuW 2011, 1223, 1230.

Kommission Best Practice Guidelines[425] sowie einen Mustertext[426] ausgearbeitet. Die Guidelines wurden 2013 neu gefasst. Um einen effektiven Wettbewerbsschutz sicherzustellen, sind die Unternehmen nicht völlig frei, an wen sie den Unternehmensteil veräußern. Vielmehr muss die Kommission die Wahl des Erwerbers bestätigen. Der Erwerber muss nämlich interessiert und fähig sein, das zu veräußernde Geschäft als „lebensfähigen, aktiven Wettbewerber in Konkurrenz zu den beteiligten Unternehmen und den anderen Mitbewerbern weiterzuführen und auszubauen".[427] Darüber hinaus muss der Erwerber von den beteiligten Unternehmen unabhängig sein und natürlich darf der Zukauf nicht seinerseits fusionskontrollrechtlich bedenklich sein.[428] In Einzelfällen kann die Kommission weitere Eigenschaften des Erwerbers festlegen.[429] In der Praxis kommt es häufig zu einer Veräußerung an kleinere Mitbewerber oder potenzielle Konkurrenten.

Mittlerweile haben sich **drei verschiedene Verfahren** etabliert, mit denen eine Veräußerungszusage umgesetzt werden kann. Welches Verfahren den Unternehmen auferlegt wird, bestimmt die Kommission. Sie hat sich dabei an ihrem Auftrag zu orientieren, wettbewerbsschädliche Zusammenschlüsse zu verhindern und berücksichtigt daher vor allem die Risiken, die eine wirksame Umsetzung der Abhilfemaßnahme erschweren können.[430] So kann die Kommission den Unternehmen erlauben, nach Genehmigung des Zusammenschlusses selbst nach einem geeigneten Käufer zu suchen. Im Regelfall räumt die Kommission Ihnen dazu sechs Monate Zeit ein („erste Veräußerungsfrist").[431] Gelingt es den Unternehmen nicht, im festgelegten Zeitraum einen Erwerber zu finden, der den Anforderungen der Kommission entspricht, wird ein unabhängiger Treuhänder für den Verkauf eingesetzt. Der Treuhänder hat den Verkauf im Regelfall innerhalb von drei Monaten abzuwickeln („Treuhänderveräußerungsfrist"), ohne an einen Mindestpreis gebunden zu sein.[432] Neben dem Fall, dass der Verkauf innerhalb einer festgesetzten Frist nach Genehmigung des Zusammenschlusses stattfinden muss, kann die Kommission auch entscheiden, dass der Zusammenschluss trotz Genehmigung erst vollzogen werden darf,

148

---

425) Best Practice Guidelines for Divestiture Commitments, abrufbar unter http://ec.europa.eu/competition/mergers/legislation/best_practice_commitments_trustee_en.pdf.
426) Model text for divestiture commitments, abrufbar unter http://ec.europa.eu/competition/mergers/legislation/template_commitments_en.pdf. Einen solchen Mustertext gibt es auch für Treuhändermandate, abrufbar unter http://ec.europa.eu/competition/mergers/legislation/trustee_mandate_en.pdf.
427) Mitteilung über Abhilfemaßnahmen, Rz. 48.
428) Mitteilung über Abhilfemaßnahmen, Rz. 48.
429) Mitteilung über Abhilfemaßnahmen, Rz. 49.
430) Mitteilung über Abhilfemaßnahmen, Rz. 51.
431) Mitteilung über Abhilfemaßnahmen, Rz. 97 f.
432) Mitteilung über Abhilfemaßnahmen, Rz. 97 f.

wenn die beteiligten Unternehmen mit einem von der Kommission genehmigten Erwerber (sog. „Up-front buyer") eine Veräußerungsvereinbarung getroffen haben.[433] Als dritte Möglichkeit kann die Kommission anordnen, dass eine bindende Vereinbarung über den Verkauf schon während des Verfahrens erfolgen muss (sog. „Fix-it-first-Abhilfemaßnahme"), wobei der Zeitpunkt der Übertragung des Geschäfts auch nach der Freigabeentscheidung liegen kann.[434]

149 Neben der Veräußerung eines Geschäftsteils können ggf. auch weniger einschneidende Maßnahmen die wettbewerblichen Bedenken der Kommission ausräumen. Zu denken ist an die Veräußerung wichtiger **Vermögenswerte bzw. Rechte**,[435] die **Beendigung marktverschließender Verträge** bzw. die Gewährung sonstiger marktöffnender Maßnahmen[436] oder die Gestattung, dass Dritte **Zugang zu bedeutenden Einrichtungen** oder **Schlüsseltechnologien** erhalten.[437]

5. Rechtsschutz

150 Untersagt die Kommission einen Zusammenschluss, so steht den beteiligten Unternehmen der Rechtsweg zu den europäischen Gerichten offen. Klagen natürlicher und juristischer Personen gegen Fusionskontrollbeschlüsse der Kommission hört das Gericht (EuG); Rechtsmittelinstanz ist der Gerichtshof der Europäischen Union (EuGH).[438] Die praktisch bedeutendsten Klagearten sind zum einen die Nichtigkeitsklage (Art. 263 Abs. 4 AEUV, vormals Art. 230 Abs. 4 EG) und zum anderen die Schadensersatzklage (Art. 340 Abs. 2 AEUV, vormals Art. 288 Abs. 2 EG).

151 Eine Nichtigkeitsklage gemäß Art. 263 Abs. 4 AEUV kann von denjenigen natürlichen oder juristischen Personen erhoben werden, die von dem Beschluss der Kommission „unmittelbar und individuell betroffen sind". Dies sind in erster Linie die an der Fusion beteiligten Unternehmen als Adressaten der Entscheidung.[439] Eine Nichtigkeitsklage muss nach Art. 263 Abs. 6 AEUV grundsätzlich zwei Monate nach Erlass des belastenden Beschlusses eingereicht werden. Auf die Klage der Anmelder hin kann das EuG den Beschluss der Kommission vollständig oder zu einem Teil aufheben, selbst wenn die Anmelder das geplante

---

433) Mitteilung über Abhilfemaßnahmen, Rz. 50.
434) Mitteilung über Abhilfemaßnahmen, Rz. 50.
435) KomE, COMP/M.6459, *Sony/Mubadala/EIMI Music Publishing*, Rz. 340 ff. (Veräußerung von Rechten an Musikwerken). S. a. das Beispiel bei *Lübking*, WuW 2011, 1223, 1230.
436) Vgl. etwa KomE, COMP/M.6447, *IAG/BMI*, Rz. 636 ff. (Freigabe von Slots am Flughafen London-Heathrow, damit diese von Konkurrenten erworben werden können).
437) Mitteilung über Abhilfemaßnahmen, Rz. 62 ff.
438) Vgl. Art. 256 AEUV (vormals Art. 225 EG).
439) *Karl* in: Terhechte, Rz. 73.226; *Sedemund* in: Hölters, Hdb. Unternehmenskauf, Teil VI Rz. 295.

Zusammenschlussvorhaben mittlerweile nicht mehr weiter verfolgen.[440] Bei der Beurteilung der wirtschaftlichen Wirkungen des Zusammenschlussvorhabens auf den Wettbewerb im Binnenmarkt verfügt die Kommission über einen recht weiten Beurteilungsspielraum,[441] so dass nur erhebliche Beurteilungsfehler zu einer Aufhebung des Beschlusses führen. Deshalb werden Rügen der Anmelder, die sich auf eine Verletzung materiell-rechtlicher Beurteilungsmaßstäbe stützen, nur sehr selten durchgreifen. Eine Aufhebung der Entscheidung wegen der Verletzung von Nachweisstandards bzw. von Verfahrensrechten der am Zusammenschluss beteiligten Unternehmen ist dagegen etwas leichter zu erreichen, wenngleich die europäischen Gerichte auch aufgrund solcher Rügen bislang nur ganz wenige Fusionskontrollentscheidungen in der Sache aufgehoben haben.

Neben der Nichtigkeitsklage kommt eine **Schadensersatzklage der Anmelder** 152 gegen die Union in Betracht. Ein Anspruch auf Schadensersatz gemäß Art. 340 Abs. 2 AEUV setzt voraus, dass die Kommission bei der Prüfung des Zusammenschlusses rechtswidrig gehandelt hat und den Klägern hierdurch kausal ein Schaden entstanden ist.[442] Der Beschluss ist rechtswidrig zustande gekommen, wenn die Kommission in hinreichend qualifizierter Weise gegen eine Rechtsnorm verstoßen hat, mit der dem Einzelnen Rechte verliehen werden sollen.[443] Hinreichend qualifiziert ist ein Verstoß gegen EU-Recht, wenn etwa die Kommission ihre Ermessensgrenzen „offenkundig und erheblich überschritten hat".[444] Die Rechtsprechung stellt sehr hohe Voraussetzungen an das Vorliegen eines hinreichend qualifizierten Verstoßes, um die Arbeit der Kommission nicht durch ein übergroßes Risiko von Schadensersatzklagen zu hemmen.[445]

---

440) EuG, Rs. T-102/96, *Gencor/Kommission*, Slg. 1999, II-753, Rz. 41 ff.; EuG, Rs. T-310/00, *MCI/Kommission*, Slg. 2004, II-3253, Rz. 44 ff.
441) Vgl. nur EuGH, verb. Rs. C-68/94 und C-30/95, *Frankreich/Kommission*, Slg. 1998, I-1375, Rz. 223 f.; EuG, Rs. T-342/00, *Petrolessence und SGR2R/Kommission*, Slg. 2003, II-1161, Rz. 101. In jüngerer Zeit ist jedoch eine leichte Tendenz zur Erhöhung der Kontrolldichte der Gerichte zu beobachten; vgl. EuG, Rs. T-342/99, *Airtours/Kommission*, Slg. 2002, II-2585, Rz. 84 ff.; dazu *Körber* in: Immenga/Mestmäcker, Art. 16 FKVO Rz. 84 ff.
442) Allg. zu den richterrechtlich entwickelten Voraussetzungen der außervertraglichen Haftung der Union für rechtswidriges Handeln ihrer Organe *Gellermann* in: Rengeling/Middeke/Gellermann, § 9 Rz. 27 ff.; *Wurmnest*, Grundzüge, S. 18 ff. Eingehend zu den problematischen Anspruchsvoraussetzungen bei Schadensersatzklagen wegen Verfahrensfehlern der Kommission in Fusionskontrollverfahren *Rosenthal/Thomas*, European Merger Control, F. Rz. 109 ff.
443) Vgl. allg. etwa EuGH, verb. Rs. C-120/06 P und C-121/06 P, *FIAMM und FIAMM Technologies/Rat und Kommission*, Slg. 2008, I-6513, Rz. 172 ff.
444) Vgl. nur EuGH, Rs. C-282/05 P, *Holcim/Kommission*, Slg. 2007, I-2941, Rz. 47; EuGH, Rs. C-440/07 P, *Kommission/Schneider*, Slg. 2009 I-6413, Rz. 160.
445) Deutlich EuG, Rs. T-212/03, *My Travel/Kommission*, Slg. 2008, II-1967, Rz. 42.

§ 18 Europäisches Kartellrecht

Bislang ist daher erst in einem Fall Schadensersatz in Zusammenhang mit einer Fusionskontrollentscheidung zuerkannt worden.[446)]

153 Von einem Untersagungs- oder Freigabebeschluss **betroffene Dritte** können unter Umständen ebenfalls eine **Nichtigkeitsklage** gemäß Art. 263 Abs. 4 AEUV erheben. Voraussetzung ist, dass die Dritten *„wegen bestimmter persönlicher Eigenschaften oder besonderer [...] Umstände, [...] aus dem Kreis aller übrigen Personen berührt [werden] und [sie] daher in ähnlicher Weise individualisiert"* werden können wie die Adressaten des Beschlusses.[447)] In Frage kommen insoweit Drittunternehmen, die sich „aktiv" am Verwaltungsverfahren der Kommission beteiligt haben (die einfache Teilnahme reicht hingegen nicht aus, um eine Klagebefugnis herzuleiten)[448)] bzw. Konkurrenten[449)], Abnehmer oder auf sonstige Weise mit den zusammenschlussbeteiligten Unternehmen verbundene Unternehmen,[450)] die durch die Freigabeentscheidung rechtlich oder faktisch in ihrer Marktposition betroffen werden.

C. Kartellverbot

I. Grundlagen

154 Art. 101 Abs. 1 AEUV (vormals Art. 81 EG) verbietet wettbewerbsbeschränkende Absprachen zwischen Unternehmen, die den zwischenstaatlichen Handel im Binnenmarkt beeinträchtigen. Dieses Verbot erfasst im Grundsatz auch wettbewerbsbeschränkende Vereinbarungen über einen Unternehmenskauf sowie Absprachen über die Durchführung desselben. Aus Art. 21 Abs. 1 FKVO ergibt sich allerdings, dass die Vereinbarung über den Zusammenschluss i. S. von Art. 3 FKVO sich allein nach den Vorschriften zur Fusionskontrolle beurteilt, um eine ineffiziente Doppelkontrolle sämtlicher Zusammenschlussvorhaben sowohl nach den Fusionskontrollregeln als auch nach Art. 101 AEUV zu verhindern.[451)] Da der EuGH in einigen Entscheidungen, die vor dem Erlass der FKVO ergangen waren, bestimmte Formen von Zusammenschlüssen als Verstoß gegen das europäische Kartellverbot eingeordnet hatte[452)] und das Sekun-

---

446) EuGH, Rs. C-440/07 P, *Kommission/Schneider*, Slg. 2009, I-6413 (unter teilweiser Aufhebung der Entscheidung des Gerichts). In diesem Fall wurden den Klägern letztendlich lediglich 50 000 € zuzüglich Zinsen zugesprochen, vgl. EuGH, Rs. C-440/07 P, *Kommission/Schneider*, Slg. 2010, I-73, Rz. 49 f.
447) Ständ. Rspr. seit EuGH, Rs. 25/62, *Plaumann/Kommission*, Slg. 1963, 211, 238.
448) EuG, Rs. T-114/02, *BaByliss/Kommission*, Slg. 2003, II-1279, Rz. 95.
449) EuG, Rs. T-374/00, *Verband der freien Rohrwerke/Kommission*, Slg. 2003, II-2275, Rz. 50 f.
450) EuGH, verb. Rs. C-68/94 und C-30/95, *Frankreich/Kommission*, Slg. 1998, I-1375, Rz. 56.
451) Statt vieler *Emmerich*, § 14 Rz. 19.
452) Vgl. EuGH, Rs. 142 und 156/84, *BAT und Reynolds/Kommission*, Slg. 1987, 4566, Rz. 37. Zusammenschlüsse können auch gegen Art. 102 AEUV verstoßen, vgl. EuGH, Rs. 6/72, *Europemballage Corporation und Continental Can/Kommission*, Slg. 1973, 215, Rz. 25.

därrecht das Primärrecht nicht abzuändern vermag[453]), musste der europäische Gesetzgeber zum Mittel der Außerkraftsetzung der Durchführungsregeln zu den primärrechtlichen Wettbewerbsregeln greifen. Dementsprechend setzt Art. 21 Abs. 1 FKVO die Durchführungsverordnungen außer Kraft, auf deren Grundlage die EU-Wettbewerbsregeln angewendet werden, darunter die VO 1/2003.[454]) Auf diese Weise ist die Anwendung von Art. 101 AEUV auf die Vereinbarung über den Zusammenschluss i. S. von Art. 3 FKVO praktisch ausgeschlossen.[455])

Eigenständige Bedeutung hat das Kartellverbot deshalb vor allem bei der Beurteilung von **Teilfunktions-GU** und **zusätzlichen Nebenabreden**, d. h. Absprachen im Zusammenhang mit einem Unternehmenskauf oder der Gründung eines Gemeinschaftsunternehmens, die keine *ancillary restraints* darstellen, da sie nicht Hand in Hand mit der Durchführung des gesellschaftsrechtlichen Zusammenschlusses gehen und für diesen unbedingt notwendig sind. Für die Beurteilung solcher Absprachen gibt es – anders als bei der Fusionskontrolle – kein behördliches Genehmigungsverfahren. Grundsätzlich obliegt es daher den beteiligten Unternehmen, im Wege der **Selbsteinschätzung** zu prüfen, ob solche Vereinbarungen im Einklang mit dem EU-Kartellverbot stehen. Die Anwendung von Art. 101 AEUV auf Teilfunktions-GU wird ausführlich in § 41 Rz. 29 ff. dargestellt. Nachfolgend wird daher nur der internationale Anwendungsbereich des EU-Kartellverbots beleuchtet und ein Blick auf die praktisch bedeutsamen Nebenabreden geworfen. 155

II. Internationaler Anwendungsbereich
1. Verhältnis zu Drittstaaten

Die Unionsverträge enthalten keine ausdrückliche Kollisionsnorm klassischer Prägung, die die Anwendbarkeit des Kartellverbots im Verhältnis zu Drittstaaten regelt. Auch die Kollisionsnormen des Internationalen Privatrechts europäischer Provenienz, die in den Verordnungen Rom I[456]) und Rom II[457]) niedergelegt 156

---

453) Dies ist allgemein anerkannt; vgl. nur *Emmerich*, § 14 Rz. 21; *Mestmäcker/Schweitzer*, § 23 Rz. 13.
454) Verordnung Nr. 1/2003 des Rates v. 16.12.2002 zur Durchführung der in den Art. 81 und 82 des Vertrages niedergelegten Wettbewerbsregeln, ABl. EG 2003 L 1/1; zuletzt geändert durch Verordnung Nr. 1419/2006, ABl. EU 2006 L 269/1.
455) Zu der möglichen Anwendung der EU-Wettbewerbsregeln über Art. 105 AEUV (vormals Art. 85 EG) vgl. *Körber* in: Immenga/Mestmäcker, Einleitung FKVO Rz. 50 ff.
456) Verordnung Nr. 593/2008 des Europäischen Parlaments und des Rates v. 17.6.2008 über das auf vertragliche Schuldverhältnisse anzuwendende Recht (Rom I), ABl. EU 2008 L 177/6.
457) Verordnung Nr. 864/2007 des Europäischen Parlaments und des Rates v. 11.7.2007 über das auf außervertragliche Schuldverhältnisse anzuwendende Recht (Rom II), ABl. EU 2007 L 199/40.

sind, können als Sekundärrecht nicht den internationalen Anwendungsbereich des primärrechtlichen Kartellverbots bestimmen.[458] Daher ist die Frage der extraterritorialen Geltung der in den Unionsverträgen niedergelegten Wettbewerbsregeln nach den allgemeinen Grundsätzen unter Rückgriff auf die Zielsetzungen des Wettbewerbsrechts zu lösen.

157 Art. 101 Abs. 1 AEUV richtet sich gegen Wettbewerbsbeschränkungen durch Verhaltenskoordinierung, die geeignet sind, den „Handel zwischen den Mitgliedstaaten" zu beeinträchtigen. Diese **Zwischenstaatlichkeitsklausel** ist auch von Bedeutung um die Reichweite des Kartellverbots im Verhältnis zu Drittstaaten zu bestimmen: Sofern eine Vereinbarung nicht geeignet ist, den Handel zwischen mindestens zwei Mitgliedstaaten zu beschränken, sondern allenfalls zu einer Einschränkung der Wettbewerbsverhältnisse innerhalb eines Mitgliedstaats oder sogar nur in Drittstaaten führen kann, findet das EU-Kartellverbot keine Anwendung.[459]

158 Weiterhin verbietet Art. 101 Abs. 1 AEUV lediglich Beschränkungen des „Wettbewerbs im Binnenmarkt". Hieraus kann gefolgert werden, dass es unerheblich sein muss, in welchem Land die Wettbewerbsbeschränkung hervorgerufen wurde oder in welchem Staat die an ihr beteiligten Parteien ansässig sind. Zudem soll das Kartellverbot seinem Sinn und Zweck nach den Wettbewerb auf dem Binnenmarkt umfassend vor Verfälschungen schützen. Deshalb sollte das EU-Kartellverbot im Verhältnis zu Drittstaaten Anwendung finden, wenn das wettbewerbsschädliche Verhalten geeignet ist, sich auf den Binnenmarkt auszuwirken. Die Kommission hat daher in Fällen, in denen der Tatbestand des Art. 101 AEUV durch Handlungen außerhalb der Union bzw. von Unternehmen mit Sitz in Drittstaaten verwirklicht wurde, unter Zugrundelegung des **qualifizierten Auswirkungsprinzips** (siehe dazu Rz. 10) die Anwendung des Unionsrechts bejaht, wenn die wettbewerbsbeschränkende Absprache geeignet war, ausreichende Effekte auf dem Binnenmarkt hervorzurufen.[460]

159 Anders als i. R. der Zusammenschlusskontrolle (siehe Rz. 10) steht eine richterliche Anerkennung des Auswirkungsprinzips in Bezug auf die Anwendung von Art. 101 AEUV allerdings noch aus. Vor dem Hintergrund der Kritik aus dem

---

458) Vgl. nur *Rehbinder* in: Immenga/Mestmäcker, IntWbR Rz. 67; s. ferner *Mankowski*, RIW 2008, 177, 179 f.; *Wurmnest* in: jurisPK-BGB, Art. 6 Rom II-VO Rz. 13 (beide in Bezug auf die Rom II-VO).

459) EuGH, Rs. 174/84, *Bulk Oil/Sun International*, Slg. 1986, 559, Rz. 44; *Wagner-v. Papp* in: Tietje, § 11 Rz. 23. Kann eine Auswirkung auf den zwischenstaatlichen Handel der EU-Mitgliedstaaten nicht nachgewiesen werden, so bleibt zu prüfen, ob das nationale Wettbewerbsrecht des Auswirkungsstaats nach seinen eigenen Regeln anwendbar ist.

460) KomE, IV/26.870, *Aluminiumeinfuhren aus Osteuropa*, ABl. EG 1985 L 92/1, Rz. 12 ff.; KomE, IV/34.250, *Europe Asia Trades Agreement*, ABl. EG 1999 L 193/23, Rz. 157 ff.; KomE, Comp/E-1/37.512, *Vitamine*, ABl. EG 2003 L 6/1, Rz. 596 ff.; vgl. auch *Wagner-v. Papp/Wurmnest* in: MünchKomm-EuWettbR, Einl. Rz. 1587.

Vereinigten Königreich in Bezug auf die Völkerrechtskonformität des Auswirkungsprinzips[461] hat es der EuGH bislang nicht für notwendig befunden, sich auf das Auswirkungsprinzip festzulegen.[462] Dessen ältere Rechtsprechung zur Anwendbarkeit des Kartellverbots auf Sachverhalte mit Auslandsbezug stützt sich vielmehr auf das sog. **Durchführungsprinzip**[463], welches mit einem weit verstandenen Prinzip der „wirtschaftlichen Einheit" zwischen der extraterritorialen Muttergesellschaft und den in der Union ansässigen Tochtergesellschaften verbunden wird.[464] Die Anknüpfung an den Ort der Durchführung der Wettbewerbsbeschränkung kann sich vom Auswirkungskriterium darin unterscheiden, dass die Durchführung stärker auf ein aktives Verhalten abzielt, welches sich in unmittelbarer Weise im Binnenmarkt auswirkt.[465] In der praktischen Rechtsanwendung kommen sich das Auswirkungsprinzip und das vom EuGH weit ausgelegte Durchführungsprinzip jedoch oftmals relativ nah, wenngleich die beiden Kriterien keinesfalls vollständig deckungsgleich sind.[466] Berücksichtigt man, dass sich das Auswirkungsprinzip seit langem weltweit auf dem Vormarsch befindet,[467] und auch das EuG in der Intel-Entscheidung diesen Grundsatz ausdrücklich anerkannt hat,[468] steht zu hoffen, dass der EuGH sich in künftigen Entscheidungen noch stärker an den Auswirkungsgrundsatz annähern wird.

In der Praxis wendet die Kommission Art. 101 AEUV auf **horizontale Absprachen** mit Auslandsbezug an, wenn diese die Wettbewerbsbedingungen auf dem Binnenmarkt ordnen sollen oder diesen Effekt bewirken.[469] Dies ist etwa

160

---

461) Allg. dazu *Lowe*, RabelsZ 52 (1988), 157, 179 ff. S. a. den Hinweis im Sitzungsbericht zu EuGH, verb. Rs. 89, 104, 114, 116, 117 und 125–129/85, *Ahlström Osakeyhtiö u. a./Kommission*, Slg. 1988, 5193, 5213.
462) *Zurkinden/Lauterburg* in: Schröter/Jakob/Klotz/Mederer, Vorb. zu den Art. 101-105 AEUV Rz. 106, 127; *Wagner-v. Papp/Wurmnest* in: MünchKomm-EuWettbR, Einl. Rz. 1588. Dagegen war in den Gründungsstaaten der EWG das Auswirkungsprinzip im Grundsatz weithin akzeptiert, vgl. die Schlussanträge GA Darmon zu EuGH, verb. Rs. 89, 104, 114, 116, 117 und 125-129/85, *Ahlström Osakeyhtiö u. a./Kommission*, Slg. 1988, 5214, Rz. 9 f. m. Fn. 4.
463) EuGH, verb. Rs. 89, 104, 114, 116, 117 und 125–129/85, *Ahlström u. a./Kommission*, Slg. 1988, I-5193, Rz. 13; EuGH, Rs. 52/69, *Geigy/Kommission*, Slg. 1972, 787, Rz. 42 und 51.
464) EuGH, Rs. 48/69, *ICI/Kommission*, Slg. 1972, 619, Rz. 125 ff.
465) Eingehend dazu *Basedow*, S. 8 f.; *Mestmäcker/Schweitzer*, § 6 Rz. 40 ff.; *Wagner-v. Papp* in: Tietje, § 11 Rz. 28 ff. Bisweilen wird die Rspr. des EuGH als verklausuliertes Auswirkungsprinzip verstanden; s. *Martinek*, IPRax 1989, 347, 350 ff.; ähnlich *Schwarze*, WuW 2001, 1190, 1194 f.; *Beck*, RIW 1990, 91, 92; *Schödermeier*, WuW 1989, 21, 22 ff.
466) Zu Unterschieden vgl. *Wagner-v. Papp* in: Tietje, § 11 Rz. 28 ff.; *Wagner-v. Papp/Wurmnest* in: MünchKomm-EuWettbR, Einl. Rz. 1592.
467) Vgl. nur den Überblick bei *Schwartz/Basedow* in: Lipstein, Chapter 35 Rz. 8 ff.; *Terhechte* in: Terhechte, Rz. 90.67; *Wagner-v. Papp/Wurmnest* in: MünchKomm-EuWettbR, Einl. Rz. 1593.
468) EuG, RS. T-286/09, *Intel/Kommission*, ECLI:EU:T:2014:547 Rz. 244 (bezogen auf Art. 102 AEUV) (n. rkr.).
469) Allg. dazu *Rehbinder* in: Immenga/Mestmäcker, IntWbR Rz. 40; *Wurmnest*, EuZW 2012, 933, 937.

der Fall, wenn eine Gesellschaft auf dem Binnenmarkt tätig werden soll. Bei Absprachen über Wettbewerbsverbote kann ein hinreichender Bezug zum Binnenmarkt angenommen werden, wenn der Zugang von Unternehmen zu diesem Markt beschränkt wird. Wettbewerbsbeschränkende **Absprachen im Vertikalverhältnis** (Absprachen über den Alleinvertrieb, Alleinbezug oder selektive Vertriebsmodelle), die keine notwendigen Nebenabreden darstellen, haben dann einen relevanten Bezug zum Binnenmarkt, wenn die Absprache das Tätigwerden eines Unternehmens auf dem Binnenmarkt beschränkt.[470] Bei Lizenzverträgen ist darauf abzustellen, ob dem Lizenznehmer Beschränkungen für sein Tätigwerden auf dem europäischen Markt auferlegt werden.[471]

2. Verhältnis zum nationalen Recht der Mitgliedstaaten

161 Für das Verhältnis von Art. 101 AEUV zur Anwendung seiner Äquivalenten im Recht der EU-Mitgliedstaaten (z. B. § 1 GWB) gilt folgender Grundsatz: Absprachen, die den zwischenstaatlichen Handel beschränken, dürfen nicht strengeren Regeln unterworfen werden, als sie in Art. 101 AEUV vorgesehen sind (Art. 3 Abs. 2 VO 1/2003). Was das unionsrechtliche Kartellverbot erlaubt, darf somit nicht nach nationalem Recht untersagt werden.

III. Nebenabreden

162 Nebenabreden, die für das Gelingen eines Zusammenschlusses notwendig sind, sind von der Freigabeentscheidung der Kommission mitumfasst, selbst wenn die Abrede als solche als wettbewerbsbeschränkende Vereinbarung angesehen werden kann. Diese Privilegierung greift auch für Gemeinschaftsunternehmen. Notwendige Abreden teilen in rechtlicher Hinsicht somit das Schicksal des Zusammenschlusses und werden deshalb nicht gesondert anhand von Art. 101 Abs. 1 AEUV geprüft, sofern solche wettbewerbsbeschränkenden Abreden mit der Gründung bzw. dem Betrieb der zu bildenden Einheit verknüpft und für dessen Durchführung existenziell sind.[472]

163 An Art. 101 AEUV zu überprüfen sind allerdings Absprachen, die nicht als notwendige Nebenabreden eingestuft werden können.[473] Um den Unternehmen eine Leitlinie an die Hand zu geben, welche Nebenabreden für einen Zusammenschluss notwendig sind, hat die Kommission die Bekanntmachung über

---

470) KomE, IV/30.739, *Siemens/Fanuc*, ABl. EG 1985 L 376/29 Rz. 24 ff.; *Rehbinder* in: Immenga/Mestmäcker, IntWbR Rz. 45; *Wagner-v. Papp/Wurmnest* in: MünchKomm-EuWettbR, Einl. Rz. 1602 ff., jeweils m. w. N.

471) KomE, IV/21.353, *Kabelmetal/Luchaire*, ABl. EG 1975 L 222/34, Rz. 6 f.; *Rehbinder* in: Immenga/Mestmäcker, IntWbR Rz. 48; *Wagner-v. Papp/Wurmnest* in: MünchKomm-EuWettbR, Einl. Rz. 1602, jeweils m. w. N.

472) *Sedemund* in: Hölters, Hdb. Unternehmenskauf, Teil VI Rz. 322; *Zimmer* in: Immenga/Mestmäcker, Art. 101 Abs. 1 AEUV Rz. 348.

473) *Zimmer* in: Immenga/Mestmäcker, Art. 101 Abs. 1 AEUV Rz. 329.

Nebenabreden veröffentlicht.[474] Diese Bekanntmachung verdeutlicht etwa die zeitlichen, räumlichen und sachlichen Grenzen für **Wettbewerbsverbote** oder vergleichbare Klauseln, die die Parteien anlässlich eines Zusammenschlusses treffen können (siehe dazu Rz. 118 f.). Absprachen anlässlich des Zusammenschlusses, die nicht als notwendige Nebenabrede angesehen werden können, etwa weitreichende Wettbewerbsverbote zwischen den Gründerunternehmen eines Gemeinschaftsunternehmens,[475] unterfallen dagegen Art. 101 AEUV.

---

474) Bekanntmachung über Nebenabreden, ABl. EU 2005 C 56/24.
475) Bekanntmachung über Nebenabreden, Rz. 40.

§ 19 Deutsches Kartellrecht

Übersicht

A. Überblick 1
B. Zusammenschlusskontrolle 2
I. Grundlagen 2
   1. Entwicklung des Kontrollregimes 2
   2. Systematik 4
II. Internationaler Anwendungsbereich 8
   1. Verhältnis zur EU-Zusammenschlusskontrolle 8
   2. Auswirkungsprinzip und Anmeldeerfordernis 9
     a) Grundlagen 9
     b) Vollzug im Inland 12
     c) Vollzug im Ausland 13
   3. Parallele Verfahren im Ausland 14
III. Anmeldepflichtige Zusammenschlüsse 16
   1. Der Zusammenschlussbegriff 17
     a) Grundlagen 17
     b) Die Grundtatbestände 21
     aa) Vermögenserwerb 21
     bb) Kontrollerwerb 24
     cc) Anteilserwerb 29
     dd) Erwerb eines wettbewerblich erheblichen Einflusses 32
     c) Sonderkonstellationen 34
     aa) Mehrfachzusammenschlüsse 34
     bb) Gemeinschaftsunternehmen 36
     cc) Bankenklausel 37
   2. Umsatzanforderungen 38
     a) Allgemein 38
     b) Die „beteiligten Unternehmen" 39
     c) Umsatzschwellen 41
     d) Umsatzberechnung 43
   3. Ausnahme der de minimis-Klausel 44

C. Materielle Untersagungsvoraussetzungen 45
I. Allgemein 45
II. Marktabgrenzung 47
   1. Sachlich relevanter Markt 48
   2. Räumlich relevanter Markt 49
III. Erhebliche Behinderung wirksamen Wettbewerbs 50
   1. Erwartung einer erheblichen Begründung wirksamen Wettbewerbs 50
   2. Begründung oder Verstärkung einer marktbeherrschenden Stellung 51
     a) Die Kriterien zur Ermittlung einer marktbeherrschenden Stellung 52
     b) Die Formen marktbeherrschender Stellungen 56
     c) Kausalität 60
IV. Die Ausnahmen 61
   1. Die Abwägungsklausel 61
   2. Die Bagatellmarktklausel 63
   3. Die Pressesanierungsklausel 66
D. Verfahren 67
I. Allgemein 67
II. Die Anmeldung 68
   1. Adressaten der Anmeldepflicht 68
   2. Inhaltliche Anforderungen an die Anmeldung 71
   3. Formelle Anforderungen an die Anmeldung 76
III. Gang des Verfahrens 77
IV. Bedingungen und Auflagen 80
V. Ministererlaubnis 81
VI. Rechtsschutz 84
   1. Voraussetzungen und Verfahren 84
   2. Eilrechtsschutz 87
E. Kartellverbot 89
I. Grundlagen 89

§ 19 Deutsches Kartellrecht

II. Internationaler Anwendungsbereich 91
  1. Verhältnis zum unionsrechtlichen Kartellverbot 91
  2. Verhältnis zu Drittstaaten 93

III. Wettbewerbsverbote und sonstige Nebenabreden 96
  1. Wettbewerbsverbote 98
  2. Sonstige Nebenabreden 104

Literatur: *D. Baetge*, Globalisierung des Wettbewerbsrechts, 2009; *Barthelmeß/Schulz*, Auslandszusammenschlüsse: Plädoyer für eine doppelte Inlandsumsatzschwelle in der deutschen Fusionskontrolle, WuW 2003, 129; *Bechtold*, GWB, Kommentar, 7. Aufl., 2013; *Bechtold*, Die Entwicklung des deutschen Kartellrechts, NJW 2009, 3699; *Immenga/Mestmäcker*, Wettbewerbsrecht, Bd. 2: Kommentar zum Deutschen Kartellrecht, 4. Aufl., 2007; *Kling/Thomas*, Kartellrecht, 2007; *Klocker/Ost*, Nach der Novelle ist vor der Novelle: Themen einer 8. GWB-Novelle, in: Festschrift Bechtold, 2006, S. 229; *Langen/Bunte*, Kommentar zum deutschen und europäischen Kartellrecht, Bd. 1: Deutsches Kartellrecht, 12. Aufl., 2014; *Lettl*, Fusionskontrolle im GWB nach der 8. GWB-Novelle, WuW 2013, 706; *Loewenheim/Meessen/Riesenkampff*, Kartellrecht, 2. Aufl., 2009; *Möschel*, Recht der Wettbewerbsbeschränkungen, 1983; *Podszun*, Die Bagatellmarktklausel in der internationalen Fusionskontrolle: Stolperstein für internationale Zusammenschlussvorhaben? Zugleich eine Anm. zum Beschluss des BGH in der Sache KVR 19/07 vom 25.9.2007 – Sulzer/Kelmix, GRUR Int. 2008, 204; *Podszun*, Internationales Kartellverfahrensrecht, Bern, 2003; *Rösler, H.*, Kartellrecht im Mediensektor – Strukturen und Perspektiven, WuW 2009, 1014; *Roth, H.*, Die Fusionskontrolle internationaler Unternehmenszusammenschlüsse, RabelsZ 45 (1981), 501; *Schulte*, Handbuch Fusionskontrolle, 2. Aufl., 2010 (zit.: Hdb. Fusionskontrolle); *Stancke*, Zum Fehlen eines eigenständigen Rechtsschutzes Drittbetroffener in Kartellverfahren: Anm. zu BGH, Beschl. v. 7.4.2009, KVR 34/08 – „Versicherergemeinschaft", WuW 2010, 642; *Terhechte*, Internationales Kartell- und Fusionskontrollverfahrensrecht, 2008; *Tietje*, Internationales Wirtschaftsrecht, 2009; *Wagner*, Die „anmeldenden Unternehmen" in der deutschen Fusionskontrolle, WuW 2010, 38; *Wiedemann*, Handbuch des Kartellrechts, 2. Aufl., 2008 (zit.: Hdb. Kartellrecht); *Wiring*, Pressefusionskontrolle im Rechtsvergleich, 2008.

A. Überblick

1 Das deutsche Kartellrecht ist im GWB niedergelegt. Dieses Gesetz wurde seit seinem Inkrafttreten im Jahre 1958 mehrfach reformiert. Heute ergeben sich kartellrechtliche Schranken für internationale Unternehmenskäufe in erster Linie aus der Zusammenschlusskontrolle, die in den §§ 35–43 GWB geregelt ist. Wettbewerbsbeschränkende Absprachen in Zusammenhang mit einer solchen Transaktion können ferner am Kartellverbot des § 1 GWB zu messen sein. Einen allgemeinen Vorrang der Fusionskontrollvorschriften vor dem Kartellverbot gibt es im deutschen Recht nicht. Vielmehr erfasst das Kartellverbot insbesondere auch solche Fusionen, in denen sich das Kartell der Form eines Gemeinschaftsunternehmens bedient (siehe § 41 Rz. 40 ff.).

B. Zusammenschlusskontrolle

I. Grundlagen

1. Entwicklung des Kontrollregimes

2 In seiner ursprünglichen Fassung enthielt das GWB keine echte Zusammenschlusskontrolle, sondern lediglich eine Anzeigepflicht für bestimmte Fusionen,

die dem Bundeskartellamt (BKartA) einen Überblick über Konzentrationsbewegungen auf dem deutschen Markt verschaffen sollte.[1] Erst mit der 2. GWB-Novelle von 1973 wurde eine präventive Zusammenschlusskontrolle eingeführt.[2] Nachfolgende Novellen haben diese stetig verfeinert.[3] Mit der 6. GWB-Novelle von 1998 wurden die Vorschriften über die Fusionskontrolle gestrafft und neu geordnet und der Tatbestand des Kontrollerwerbs aus dem EU-Recht in das deutsche Recht übernommen.[4] Die 7. GWB-Novelle von 2005 reformierte in erster Linie das Verfahrensrecht.[5] Mit dem sog. **Mittelstandsentlastungsgesetz** von 2009 wurde eine zweite Inlandsumsatzschwelle in § 35 GWB verankert, um die Zahl der anmeldepflichtigen und prüfbaren Zusammenschlüsse zu senken.[6] Damit leistet die Gesetzesänderung auch einen Beitrag zur Reduzierung von Mehrfachanmeldungen internationaler Zusammenschlüsse. Die zweite Inlandsumsatzschwelle soll v. a. gewährleisten, dass solche Zusammenschlüsse nicht länger der deutschen Fusionskontrolle unterliegen, bei denen Erwerber und/oder Zielunternehmen ausländische Unternehmen sind und nur eines der am Zusammenschluss beteiligten Unternehmen größere Umsätze auf dem deutschen Markt erzielt. Zuletzt trat mit Wirkung vom 30.6.2013 die 8. GWB-Novelle in Kraft. Mit der Novelle wird die Harmonisierung mit dem europäischen Wettbewerbsrecht weiter vorangetrieben,[7] insbesondere wurde der SIEC-Test („*Significant Impediment to Effective Competition*") als materieller Prüfungsmaßstab eingeführt und damit der reine Marktbeherrschungstest abgelöst. Daneben ist die Bagatellmarktklausel wieder auf die materielle Prüfungsebene verlagert und die Pressefusionskontrolle gelockert worden.

In der Praxis hat die Fusionskontrolle große Bedeutung. Zwischen 1993 und 2013 wurden ca. 30 000 Zusammenschlüsse beim BKartA angemeldet; seit der Finanzkrise 2008/09 sind es nur noch 900 bis 1 200 Anmeldungen pro Jahr.[8]

3

---

1) Art. 23 GWB i. d. F. von 1957, BGBl. I 1957, 1081.
2) Zweites Gesetz zur Änderung des Gesetzes gegen Wettbewerbsbeschränkungen, BGBl. I 1973, 917.
3) Eingehend zur Entwicklung der Fusionskontrolle *Sedemund* in: Hölters, Hdb. Unternehmenskauf, Teil VI Rz. 3 ff.; *Kling/Thomas*, § 20 Rz. 2.
4) Sechstes Gesetz zur Änderung des Gesetzes gegen Wettbewerbsbeschränkungen, BGBl. I 1998, 2521.
5) Neufassung des Gesetzes gegen Wettbewerbsbeschränkungen, BGBl. I 2005, 2115.
6) Art. 8 des Dritten Gesetzes zum Abbau bürokratischer Hemmnisse insbesondere in der mittelständischen Wirtschaft, BGBl. I 2009, 550 ff. Die Einführung einer doppelten Inlandsumsatzschwelle, wie sie auch das EU-Recht vorsieht, wurde schon seit einiger Zeit gefordert; vgl. nur *Barthelmeß/Schulz*, WuW 2003, 129 ff.; *Klocker/Ost* in: FS Bechtold, S. 229, 234 f.; *Podszun*, GRUR Int. 2008, 204, 208, jeweils m. w. N.
7) Vgl. Regierungsbegründung, BT-Drucks. 17/9852 S. 1.
8) Zahlen nach BKartA, TB 2011/2012, BT-Drucks. 17/13675, S. 20; in 2013 waren es nach Angaben des BKartA 1 091 Anmeldungen.

Seit Beginn der Fusionskontrolltätigkeit des BKartA im Jahr 1973 bis Ende 2013 sind insgesamt 186 Zusammenschlüsse untersagt worden.[9]

2. Systematik

4 Die Fusionskontrolle ist in den §§ 35–43 GWB geregelt:
- § 35 GWB bestimmt den Geltungsbereich der Fusionskontrolle,
- § 36 GWB legt den materiellen Prüfungsmaßstab für Zusammenschlüsse fest,
- § 37 GWB definiert die Zusammenschlusstatbestände,
- §§ 38, 39 GWB bestimmen Anmelde- bzw. Anzeigeerfordernisse und
- § 40 regelt das Verfahren der Zusammenschlusskontrolle.
- § 41 GWB postuliert ein Vollzugsverbot und normiert Maßnahmen zur Auflösung eines vor Freigabe vollzogenen Zusammenschlusses.
- § 42 GWB regelt das Verfahren der Ministererlaubnis, die es dem Bundeswirtschaftsminister gestattet, einen Zusammenschluss trotz seiner wettbewerbsbeschränkenden Wirkungen aus gesamtwirtschaftlichen Gründen freizugeben.
- § 43 GWB listet auf, in welchen Fällen und in welcher Form Bekanntmachungen zu erfolgen haben.

5 Besondere Fusionskontrollregeln (§§ 36 Abs. 1 Satz 2, 38 Abs. 3 GWB und §§ 26 ff. Rundfunkstaatsvertrag) gelten für den Medienbereich (Presse- und Rundfunk). Auf diese Sonderregime wird in diesem Handbuch nicht eingegangen.[10]

6 Im Zusammenspiel mit dem Unionsrecht ergibt sich daraus **folgende Checkliste** für die anwaltliche Praxis:[11]
- Zunächst ist zu untersuchen, ob das Zusammenschlussvorhaben sich spürbar in Deutschland auswirkt (§ 130 Abs. 2 GWB) und die in § 35 GWB normierten Umsatzschwellenwerte überschritten werden. Dabei ist der Anwendungsvorrang der europäischen Fusionskontrolle zu berücksichtigen. Wird ein Zusammenschluss von der FKVO erfasst, so findet die deutsche Zusammenschlusskontrolle keine Anwendung (Art. 21 Abs. 2 und 3 FKVO, § 35 Abs. 3 GWB).
- Weiterhin ist zu klären, ob die geplante Transaktion einen Zusammenschluss i. S. des § 37 GWB darstellt.

---

9) Zahlen nach BKartA, TB 2011/2012, BT-Drucks. 17/13675, S. 21; BKartA, Jahresbericht 2013, S. 20.
10) Eingehend dazu *Mestmäcker/Veelken* in: Immenga/Mestmäcker, Vor § 35 GWB Rz. 46 ff.; *Wiring*, S. 194 ff.; s. ferner *Rösler*, WuW 2009, 1014, 1017 ff.
11) In Anlehnung an *Möschel*, S. 499; *Sedemund* in: Hölters, Hdb. Unternehmenskauf, Teil VI Rz. 12.

- Beurteilt sich der Zusammenschluss nach deutschem Recht, ist er aber auch in mindestens zwei anderen EU-Staaten anmeldepflichtig oder -fähig, so ist zu erwägen, ob ein Antrag auf Verweisung an die Kommission gestellt werden sollte, die den Zusammenschluss dann nach EU-Recht beurteilen kann (Art. 4 Abs. 5 FKVO). Auf diese Weise können aufwändige Mehrfachanmeldungen vermieden werden.

- Kommt eine Verweisung nicht in Betracht, so ist zu klären, ob der Zusammenschluss mit § 36 GWB vereinbar ist.

- Steht eine Untersagung des Zusammenschlusses durch das BKartA zu erwarten, so ist zu erwägen, ob ein Antrag auf eine Ministererlaubnis gemäß § 42 GWB gestellt werden soll.

Zu einzelnen Kriterien der Zusammenschlusskontrolle hat das BKartA **Mitteilungen** bzw. **Merkblätter** veröffentlicht, die als Verwaltungsgrundsätze gelten und die auf der Internetseite des Amtes veröffentlicht sind.[12] Von Relevanz sind insbesondere

- das Merkblatt zur deutschen Fusionskontrolle,

- das Merkblatt zu den Inlandsauswirkungen in der deutschen Fusionskontrolle (folgend: Merkblatt zu Inlandsauswirkungen) und

- der Leitfaden zur Marktbeherrschung in der Fusionskontrolle (Stand: 2012).

II. Internationaler Anwendungsbereich

1. Verhältnis zur EU-Zusammenschlusskontrolle

Bei der Prüfung von Zusammenschlüssen, die der EU-Fusionskontrolle unterliegen, wird das deutsche Recht vollkommen verdrängt (Art. 21 Abs. 2 und 3 FKVO). Zusammenschlüsse von gemeinschaftsweiter Bedeutung i. S. des Art. 1 FKVO (siehe § 18 Rz. 48), die den Zusammenschlusstatbestand des Art. 3 FKVO erfüllen (siehe § 18 Rz. 31 ff.), sind deshalb ausschließlich bei der Kommission anzumelden. Eine Zuständigkeit des BKartA für solche Zusammenschlüsse ergibt sich nur, wenn die Kommission den Fall gemäß Art. 4 Abs. 4 FKVO oder Art. 9 Abs. 3 lit. b FKVO an das Amt verweist (siehe § 18 Rz. 136 ff.). In einem solchen Fall prüft das Amt den Zusammenschluss nach Maßgabe des deutschen Rechts. Umgekehrt kann das BKartA seine ausschließliche Zuständigkeit verlieren, obwohl eine Fusion keine gemeinschaftsweite Bedeutung hat. Dies ist dann der Fall, wenn ein Zusammenschlussvorhaben an die Kommission verwiesen wird, sei es auf Antrag des BKartA (Art. 22 FKVO) oder auf Antrag der am Zusammenschluss beteiligten Unternehmen (Art. 4

---

12) Diese Verwaltungsgrundsätze sind abrufbar unter http://www.bundeskartellamt.de. Die Merkblätter zur deutschen Fusionskontrolle (Stand: 2005) und zur Inlandsauswirkung (Entwurf: 2013) werden derzeit überarbeitet (Stand: 7/2014).

Abs. 5 FKVO), dem das BKartA zustimmt (siehe § 18 Rz. 140). In einem solchen Fall beurteilt die Kommission den Zusammenschluss nach den Regelungen der FKVO.

2. Auswirkungsprinzip und Anmeldeerfordernis
a) Grundlagen

9 Das europäische Kollisionsrecht, die Verordnungen Rom I[13] und Rom II[14], verdrängen das deutsche Kollisionsrecht nur nach Maßgabe des Anwendungsbereichs dieser Rechtsakte. Die Verordnungen Rom I und Rom II erfassen Streitigkeiten in Zivil- und Handelssachen, nicht aber Verfahren hoheitlicher Art.[15] Da das BKartA bei der Anwendung des Fusionskontrollrechts hoheitlich handelt, verdrängen diese Verordnungen insoweit das deutsche Kollisionsrecht nicht. Ob die Regeln der deutschen Fusionskontrolle im Verhältnis zu Drittstaaten Anwendung finden, bestimmt sich daher nach § 130 Abs. 2 GWB. Nach dieser Norm findet das GWB Anwendung, wenn sich die Wettbewerbsbeschränkungen innerhalb des Geltungsbereichs dieses Gesetzes auswirken, auch wenn sie außerhalb des Geltungsbereichs veranlasst wurden. Das deutsche Recht folgt somit dem **Auswirkungsprinzip**.[16]

10 Als Wettbewerbsbeschränkung kommt jeder der materiell-rechtlichen Tatbestände des GWB und mithin auch der internationale Zusammenschluss von Unternehmen in Betracht, unabhängig davon, ob die am Zusammenschluss beteiligten Unternehmen ihren Sitz oder ein Werk in Deutschland haben.[17] Um angesichts der Vielfalt denkbarer Rückwirkungen eine vom Gesetz nicht gewollte uferlose Ausdehnung des internationalen Anwendungsbereichs der deutschen Zusammenschlusskontrolle zu verhindern, bedarf es einer Eingrenzung und Konkretisierung der maßgebenden Inlandsauswirkungen nach dem **Schutzzweck des GWB** allgemein und der jeweils in Frage kommenden speziellen Sachnorm.[18] Nur auf diese Weise kann dem völkerrechtlichen Grundsatz Geltung verschafft werden, nach dem eine behördliche Kontrolle unternehmerischer

---

13) Verordnung Nr. 593/2008 des Europäischen Parlaments und des Rates v. 17.6.2008 über das auf vertragliche Schuldverhältnisse anzuwendende Recht (Rom I-VO), ABl. EU 2008 L 177/6.
14) Verordnung Nr. 864/2007 des Europäischen Parlaments und des Rates v. 11.7.2007 über das auf außervertragliche Schuldverhältnisse anzuwendende Recht (Rom II-VO), ABl. EU 2007 L 199/40.
15) Vgl. Art. 1 Abs. 1 Rom I-VO; Art. 1 Abs. 1 Rom II-VO.
16) Vgl. nur BGH, *Organische Pigmente*, BGHZ 74, 322, 326,; BGHZ 174, 12, 18, *Sulzer/Kelmix*.
17) BGH, *Organische Pigmente*, BGHZ 74, 322, 324 f.; s. ferner *Rehbinder* in: Immenga/Mestmäcker, § 130 GWB Rz. 252; *Hoffmann* in: Terhechte, Rz. 12.273.
18) BGH, *Ölfedrohre*, BGHSt 25, 208, 212; BGH, *Organische Pigmente*, BGHZ 74, 322, 324 f.; BGH, *Sulzer/Kelmi*, BGHZ 174, 12, 18.

Aktivitäten nur dann stattfinden darf, wenn zwischen dem tätig werdenden Staat und dem zu regelnden Sachverhalt eine hinreichend enge Verbindung besteht.[19] Das GWB beansprucht daher nur Anwendung auf Zusammenschlüsse, die potentiell geeignet sind, den Wettbewerb auf dem Inlandsmarkt spürbar und unmittelbar (sog. **Spürbarkeitsvorbehalt**) zu beeinträchtigen.[20] Wenngleich Einzelheiten der Konkretisierung des in § 130 Abs. 2 GWB verankerten Auswirkungsprinzips und seines Spürbarkeitsvorbehalts umstritten sind,[21] wird im Allgemeinen zwischen dem Vollzug von Inlands- und Auslandszusammenschlüssen differenziert, da bei letzteren die Wirkungen auf den Inlandsmarkt stets indirekter sind als bei ersteren.[22] Das Bestehen hinreichend spürbarer Inlandsauswirkungen ist stets eine Frage der Umstände des konkreten Einzelfalls. In Zweifelsfällen empfiehlt es sich für die Praxis, im Wege **informeller Vorgespräche** abzuklären, ob und in welcher Form der geplante Unternehmenskauf angemeldet werden soll. Sind Transaktionen materiell unproblematisch, ist es vielfach unter Zeit- und Aufwandsgesichtspunkten einfacher, die Transaktion rein vorsorglich anzumelden; zum einen ist das BKartA für die Prüfung der Inlandsauswirkungen nicht auf die Monatsfrist beschränkt, zum anderen bedarf die Prüfung gerade in Zweifelsfällen einen hinreichenden Umfang an Informationen und Daten. 11

b) Vollzug im Inland

Ein Inlandszusammenschluss liegt vor, wenn der Zusammenschluss in Deutschland realisiert wird, weil das Zielunternehmen dort verortet ist. In einem solchen Fall geht die Praxis ohne weiteres davon aus, dass der Zusammenschluss die erforderlichen Inlandsauswirkungen besitzt. Einer genaueren **Prüfung der Spürbarkeit bedarf es** in diesem Fall **nicht**.[23] Somit unterliegen Transaktionen, bei denen sich Unternehmen mit Sitz in Deutschland zusammenschließen, eine Beteiligung an 12

---

19) Allg. dazu *Rehbinder* in: Immenga/Mestmäcker, § 130 GWB Rz. 134 ff.; *Podszun*, S. 17 ff.; *D. Baetge*, S. 270 ff.

20) BGH, *Organische Pigmente*, BGHZ 74, 322, 327 f.; BGH, *Sulzer/Kelmix*, BGHZ 174, 12, 19. Dem Kriterium der Unmittelbarkeit kommt bei der Fusionskontrolle praktisch keine Bedeutung zu, da hinreichende Inlandsauswirkungen im Regelfall nur dann vorliegen, wenn zumindest eines der am Zusammenschluss beteiligten Unternehmen auf dem Inlandsmarkt tätig ist. In diesen Fällen liegt auch stets ein unmittelbarer Bezug zum Inlandsmarkt vor. In der neueren Entscheidungspraxis wird daher nur die Spürbarkeit der Auswirkungen auf den Inlandsmarkt thematisiert; vgl. nur BGH, *Sulzer/Kelmix*, BGHZ 174, 12, 19; OLG Düsseldorf, *Phonak/GN Resound*, WuW/E DE-V 1365, 1367 ff.

21) Einzelheiten bei *Fezer/Koos* in: Staudinger, BGB, IntWirtschR Rz. 171 ff.; *Rehbinder* in: Immenga/Mestmäcker, § 130 GWB Rz. 253 ff.; *Stadler* in: Langen/Bunte, § 130 GWB Rz. 191 ff.; *Wagner-von Papp* in: Tietje, § 11 Rz. 43 ff.

22) Allg. dazu *Roth*, RabelsZ 45 (1981), 501, 509 ff.; *Stadler* in: Langen/Bunte, § 130 GWB Rz. 195; *Rehbinder* in: Immenga/Mestmäcker, § 130 GWB Rz. 262 ff.; *Hoffmann* in: Terhechte, Rz. 12.274.

23) *Rehbinder* in: Immenga/Mestmäcker, § 130 GWB Rz. 262.

einem inländischen Unternehmen erworben wird oder ein Gemeinschaftsunternehmen in Deutschland gegründet wird, der deutschen Fusionskontrolle, sofern die Umsatzschwellen des § 35 GWB überschritten sind. Dies gilt auch für einen Zusammenschluss zwischen Exportgesellschaften oder die Gründung einer deutschen Holdinggesellschaft, die ausschließlich ausländische Beteiligungen hält.[24] Zusammenschlüsse, die im Inland vollzogen werden und zudem die Umsatzschwellen des § 35 GWB erreichen, unterliegen somit dem **Anmeldeerfordernis** (§ 39 Abs. 1 Satz 1 GWB) und dem **Vollzugsverbot** (§ 41 GWB).

c) Vollzug im Ausland

13 Bei einem Auslandszusammenschluss hat das zu erwerbende Unternehmen seinen Sitz im Ausland. In einem solchen Fall muss festgestellt werden, ob der Zusammenschluss zu spürbaren Inlandsauswirkungen in Deutschland führt. Dies wird bejaht, wenn der Zusammenschluss geeignet ist, mit einer gewissen Intensität die Voraussetzungen für den Wettbewerb auf Märkten zu beeinflussen, die das Gebiet der Bundesrepublik Deutschland ganz oder teilweise umfassen. Bei der Prüfung kann man zwischen Auslandszusammenschlüssen mit zwei Zusammenschlussbeteiligten und solchen mit mehr als zwei Zusammenschlussbeteiligten differenzieren. Bei lediglich **zwei Zusammenschlussbeteiligten** hängt nach der Einführung der zweiten Inlandsumsatzschwelle auch bei Auslandszusammenschlüssen die Frage der Anmeldepflicht allein davon ob, ob die Beteiligten die Umsatzschwellen nach § 35 GWB erfüllen. Ist dies der Fall, so liegt auch eine spürbare Inlandsauswirkung vor;[25] sind die Umsatzschwellen hingegen nicht erfüllt, so entfällt auch die fusionskontrollrechtliche Anmeldepflicht. Insofern stellt sich die Frage, ob das Zusammenschlussvorhaben zu spürbaren Inlandsauswirkungen führt, in materieller Hinsicht nur bei **mehr als zwei Zusammenschlussbeteiligten**, also unter Beteiligung von **Gemeinschaftsunternehmen** (siehe § 41 Rz. 46 ff.).

3. Parallele Verfahren im Ausland

14 Das Auswirkungsprinzip führt dazu, dass Fusionskontrollverfahren in einer sehr großen Zahl von Fällen nicht nur Unternehmen mit Sitz im Inland betreffen, sondern auch ausländische Unternehmen. Da immer mehr Staaten präventive Zusammenschlusskontrollrechte einführen, sind Unternehmen immer häufiger zu Mehrfachanmeldungen *("multi-jurisdictional filings")* gezwungen. Dabei gilt es, die Anmeldungen in den verschiedenen Staaten zu koordinieren. (siehe § 17 Rz. 4 ff.).

---

24) *Bechtold* in: Bechtold, GWB, § 130 Rz. 24.
25) Vgl. Entwurf des „Merkblatt des BKartA zu Inlandsauswirkungen" mit Stand 12/2013 (Abschnitt B. Rz. 12); abrufbar unter http://www.bundeskartellamt.de.

Auf Seiten der Wettbewerbsbehörden lassen sich solche Fälle oftmals nur durch   15
eine Kooperation adäquat lösen. Eine enge Kooperation kann zwar die Mühsal
der Mehrfachanmeldungen und die Gefahr divergierender Entscheidungen
nicht ausräumen, allerdings kann der Austausch unter den Behörden die
Durchführung der Verfahren für die Unternehmen deutlich erleichtern. Das
BKartA besitzt die Möglichkeit der Kooperation mit ausländischen Behörden
nach Maßgabe des § 50b GWB. Innerhalb Europas wird diese Kooperation in
der Praxis v. a. durch Kontakte sichergestellt, die sich im European Competition
Network (ECN) etabliert haben.[26] Daneben ermöglichen bilaterale Abkommen
eine gewisse Kooperation mit Behörden insbesondere in den USA und Frankreich.[27]

III. Anmeldepflichtige Zusammenschlüsse

Sofern spürbare Inlandsauswirkungen vorliegen (siehe Rz. 10 f.), müssen Zu-   16
sammenschlüsse, die den Tatbestand des § 37 GWB und die Größenkriterien
des § 35 GWB erfüllen, vor Vollzug beim BKartA angemeldet werden (§ 39 Abs. 1
Satz 1 GWB).

1. Der Zusammenschlussbegriff
a) Grundlagen

Die deutsche Zusammenschlusskontrolle erfasst nur Transaktionsvorhaben   17
zwischen Unternehmen, die einen der Zusammenschlusstatbestände des GWB
erfüllen.

Der **Unternehmensbegriff** des GWB ist **funktional** zu verstehen.[28] Unter-   18
nehmer ist, wer einer wirtschaftlichen Betätigung nachgeht, die von hoheitlichem
Handeln,[29] privatem Verbrauch und nicht-selbständigen Tätigkeiten (Arbeitnehmer) abzugrenzen ist.[30] Handelsgesellschaften sind daher praktisch stets
Unternehmen. BGB-Gesellschaften, Vereine oder Verbände können ebenfalls
Unternehmen sein, soweit sie am Wirtschaftsverkehr teilnehmen. Auch eine
Person oder Personenvereinigung, die nicht selbst Unternehmer ist, aber der
die Mehrheit an einem Unternehmen zusteht, gilt nach der sog. *Flick-Klausel*

---

26) Eingehend zum Austausch innerhalb des ECN *Hossenfelder* in: Terhechte, Rz. 84.1 ff.
27) Abkommen zwischen der Regierung der Bundesrepublik Deutschland und der Regierung
der Vereinigten Staaten von Amerika über die Zusammenarbeit in Bezug auf restriktive
Geschäftspraktiken, BGBl. II 1976, 1711; Abkommen zwischen der Regierung der Bundesrepublik Deutschland und der Regierung der Französischen Republik über die Zusammenarbeit in Bezug auf wettbewerbsbeschränkende Praktiken, BGBl. II 1984, 758.
28) BGH, *Ganser-Dahlke*, WuW/E BGH, 1841, 1842; *Möschel*, S. 100; *Wiedemann* in:
Wiedemann, Hdb. Kartellrecht, § 4 Rz. 9; *Peter* in: Schulte, Hdb. Fusionskontrolle, Rz. 114.
29) BGH, *Rettungsleitstelle*, WuW/E DE-R, 2144, 2146.
30) Vgl. nur BGH, *Ganser-Dahlke*, WuW/E BGH, 1841, 1842; *Bechtold* in: Bechtold, GWB,
§ 1 Rz. 7; *Wiedemann* in: Wiedemann, Hdb. Kartellrecht, § 4 Rz. 9.

als Unternehmen (§ 36 Abs. 3 GWB). Seit der Angleichung des deutschen Kartellrechts an das europäische Wettbewerbsrecht (nicht zuletzt durch die 8. GWB-Novelle für die Fusionskontrolle) dürfte für die Auslegung des Unternehmensbegriffs, wie auch sonstiger übernommener Begriffe, das Verständnis des EU-Rechts, insbesondere durch den EuGH, ausschlaggebend sein (siehe § 18 Rz. 32 ff.). Dies gilt grundsätzlich auch für die deutschen Fusionskontrollregeln.

19 Welche Transaktionen zwischen Unternehmen als **Zusammenschluss** anzusehen sind, definiert § 37 GWB abschließend. Das Gesetz unterscheidet zwischen den Fällen des Vermögens-, des Kontroll- und des Anteilserwerbs (§ 37 Abs. 1 Nr. 1 bis 3 GWB) und dem Auffangtatbestand der Begründung eines *„wettbewerblich erheblichen Einflusses"* (§ 37 Abs. 1 Nr. 4 GWB). Die Tatbestände schließen sich gegenseitig nicht aus, sie werden vielmehr oftmals nebeneinander verwirklicht. Allein der Auffangtatbestand der Nr. 4 ist im Verhältnis zu den anderen Tatbeständen subsidiär.

20 Für bestimmte Sonderkonstellationen normiert das GWB **Einschränkungen** und **Erweiterungen** des Zusammenschlussbegriffs. Sind Unternehmen bereits zusammengeschlossen, so unterliegt die erneute Verwirklichung eines der Zusammenschlusstatbestände des § 37 Abs. 1 GWB nur dann der Fusionskontrolle, wenn dies die Unternehmensverbindung wesentlich verstärkt (§ 37 Abs. 2 GWB). Eine weitere Ausnahme von der Fusionskontrolle besteht für Kreditinstitute, Finanzinstitute und Versicherungsunternehmen nach der sog. *Bankenklausel* (§ 37 Abs. 3 GWB). Für Gemeinschaftsunternehmen wird der Zusammenschlussbegriff dagegen erweitert (Art. 37 Abs. 1 Nr. 3 Satz 3 GWB; siehe § 41 Rz. 41).

b) Die Grundtatbestände
aa) Vermögenserwerb

21 Der Vermögenserwerb nach § 37 Abs. 1 Nr. 1 GWB ist die intensivste Form der Verbindung unternehmerischer Ressourcen. Ein solcher Zusammenschluss liegt dann vor, wenn das Vermögen eines anderen Unternehmens *„ganz oder zu einem wesentlichen Teil"* erworben wird. Mit **Vermögen** ist Aktivvermögen gemeint. Erfasst werden alle geldwerten Güter und Rechtspositionen[31] eines Unternehmens – ohne Rücksicht auf ihre Art, Verwendung und gesonderte Verwertbarkeit.[32] Ein Erwerb kann dann bejaht werden, wenn es im Hinblick

---

[31] BGH, *Total/OMV*, BGHZ 192, 18: Auch der Erwerb eines Bündels von Belieferungs-, Nutzungs- und Eigentumsrechten kann einen Vermögenserwerb darstellen.
[32] KG, *Folien und Beutel*, WuW/E OLG, 4771, 4775. Umstritten ist dabei, ob es sich um Vermögensgegenstände handeln muss, die schon vor dem Erwerb unternehmerisch genutzt worden sind; für eine solche Einschränkung *Bechtold* in: Bechtold, GWB, § 37 Rz. 5; dagegen *Mestmäcker/Veelken* in: Immenga/Mestmäcker, § 37 GWB Rz. 14 m. Fn. 39.

auf den betreffenden Vermögensgegenstand zu einem Inhaberwechsel kommt, unabhängig davon, auf welchem Rechtsgrund der Übergang des Vollrechts beruht (Einzel- oder Gesamtrechtsnachfolge).[33)]

Typische Fälle des Erwerbs des **Vermögens eines Unternehmens als Ganzes** 22 sind **Verschmelzungen** oder **Vermögensübertragungen** bei Umwandlungsvorgängen (§§ 2 ff., 174 ff. UmwG) und vergleichbare Vorgänge nach ausländischem Recht, bei denen das erworbene Unternehmen voll im Erwerber aufgeht.[34)] Auch der Erwerb eines Unternehmens oder eines Unternehmensteils als Sachgesamtheit im Wege eines Asset Deals kann diesen Zusammenschlusstatbestand erfüllen, sofern der Vermögenserwerb dinglich vollzogen wird.[35)] Der Erwerb obligatorischer oder beschränkt dinglicher Nutzungsrechte (Lizenz, Pfandrecht, Nießbrauch) genügt den Anforderungen an den Vermögenserwerb hingegen nicht, da bei solchen Vorgängen das Vollrecht nicht auf den Erwerber übertragen wird.[36)] Die Übertragung oder Einräumung solcher Rechte kann aber von anderen Zusammenschlusstatbeständen erfasst werden, z. B. von § 37 Abs. 1 Nr. 2 GWB (siehe Rz. 24).

Die Klärung der Frage, wann von dem Erwerb eines **wesentlichen Vermögens-** 23 **teils** eines Unternehmens auszugehen ist, kann in der Praxis schwierige Abgrenzungsprobleme mit sich bringen. Nach der Rechtsprechung kann der Erwerb eines wesentlichen Vermögensteils dann bejaht werden, wenn der Wert des übertragenen Vermögensteils im Verhältnis zum Gesamtvermögen des Veräußerers quantitativ ausreichend hoch ist.[37)] Aber selbst wenn dies nicht der Fall ist, kann der Zusammenschlusstatbestand des Vermögenserwerbs erfüllt sein, nämlich dann, wenn der Vermögensteil tragende Grundlage der Stellung des Veräußerers im Markt ist und diese Stellung durch die Übertragung auf den Erwerber übergehen kann.[38)] Entscheidend ist hierbei, ob der Erwerb abstrakt geeignet ist, die Wettbewerbsbedingungen auf dem relevanten Markt zu verändern.[39)] Ein Beispiel für eine solche „wesentliche" Vermögensübertragung ist der Erwerb von betrieblichen Teileinheiten oder eines bestimmten Geschäfts-

---

33) BGH, *National Geographic I*, BGHZ 170, 130, 132 (Erwerb des Vollrechts notwendig); allg. dazu *Mestmäcker/Veelken* in: Immenga/Mestmäcker, § 37 GWB Rz. 16; *Peter* in: Schulte, Hdb. Fusionskontrolle, Rz. 126 ff.
34) Eingehend dazu *Mestmäcker/Veelken* in: Immenga/Mestmäcker, § 37 GWB Rz. 7 ff.
35) *Hoffmann* in: Terhechte, Rz. 12.287.
36) BGH, *National Geographic I*, BGHZ 170, 130, 132; OLG Düsseldorf, *MSV*, WuW/E DE-R, 1805, 1808.
37) BGH, *Zementmahlanlage I*, BGHZ 65, 269, 272.
38) BGH, *Warenzeichenerwerb*, WuW/E BGH 2783, 2786; eingehend dazu *Mestmäcker/ Veelken* in: Immenga/Mestmäcker, § 37 GWB Rz. 17 f.; *Peter* in: Schulte, Hdb. Fusionskontrolle, Rz. 126 ff.
39) BGH, *Warenzeichenerwerb*, WuW/E BGH, 2783, 2786.

bereichs.⁴⁰⁾ Dabei ist § 37 Abs. 1 Nr. 1 GWB nicht allein auf Konstellationen beschränkt, in denen ein abgegrenzter Betriebsteil oder Geschäftsbereich erworben wird. Auch durch die Übertragung einzelner Vermögensgegenstände, die für die unternehmerische Tätigkeit besonders bedeutend sind (z. B. Marken- oder Urheberrechte), kann eine Marktstellung auf den Erwerber übertragen werden.⁴¹⁾ Als Faustformel gilt dabei: Dem zu erwerbenden Unternehmen muss ein bestimmter Umsatz am Markt zuordbar sein.

bb) **Kontrollerwerb**

24 Der Zusammenschlusstatbestand des Kontrollerwerbs wurde durch die 6. GWB-Novelle im Gesetz verankert, um das deutsche Recht an das EU-Fusionskontrollrecht anzugleichen. Seine Auslegung orientiert sich daher am EU-Recht (siehe § 18 Rz. 37 ff.).⁴²⁾ Der Tatbestand des Kontrollerwerbs ist dann erfüllt, wenn die unmittelbare oder mittelbare Kontrolle durch ein oder mehrere Unternehmen über die Gesamtheit oder Teile eines oder mehrerer anderer Unternehmen erworben wird (§ 37 Abs. 1 Nr. 2 GWB). Die Kontrolle bezieht sich im Regelfall auf ein Unternehmen in seiner Gesamtheit, kann sich aber auch auf einen wesentlichen Teil desselben beziehen, wobei diesbezüglich die zum Vermögenserwerb dargelegten Grundsätze zu beachten sind (siehe Rz. 23).⁴³⁾

25 **Kontrolle** über ein oder mehrere Unternehmen übt aus, wer bestimmenden Einfluss auf die Unternehmenstätigkeit hat (Art. 37 Abs. 1 Nr. 2 Satz 2 GWB). Ob ein bestimmender Einfluss vorliegt, muss in einer Gesamtschau geklärt werden, bei der die Umstände des Einzelfalls einzubeziehen sind. Die Kontrolle kann durch Rechte, Verträge oder andere Mittel begründet werden, die einzeln oder zusammen unter Berücksichtigung aller tatsächlichen und rechtlichen Umstände die Möglichkeit gewähren, einen bestimmenden Einfluss auf die Tätigkeit eines Unternehmens auszuüben (§ 37 Abs. 1 Nr. 2 Satz 2 GWB), soweit der Einfluss von einer gewissen Dauer, d. h. nicht nur vorübergehender Natur ist.⁴⁴⁾ Eine eigentumsrechtliche Verbindung ist hierfür nicht notwendig. Daher kann eine Kontrolle über einen wesentlichen Teil des Unternehmens etwa durch einen Lizenzerwerb erfolgen.⁴⁵⁾ Auch ist nicht erforderlich, dass der Einfluss tatsächlich ausgeübt wird. Ausreichend ist die Möglichkeit hierzu.⁴⁶⁾

---

40) BGH, *Zementmahlanlage I*, BGHZ 65, 269, 272 f.; BGH, *Kettenstichnähmaschinen*, BGHZ 74, 172, 178 f.
41) BGH, *Warenzeichenerwerb*, WuW/E BGH, 2783, 2787.
42) Begr. RegE zum Entwurf eines Sechsten Gesetzes zur Änderung des Gesetzes gegen Wettbewerbsbeschränkungen, BT-Drucks. 13/9720, S. 57.
43) BGH, *National Geographic I*, BGHZ 170, 130, 132 ff.
44) BGH, *National Geographic III*, NJW-RR 2009, 973, 974.
45) BGH, *National Geographic I*, BGHZ 170, 130, 132 f.
46) BGH, *Mischguthersteller*, WuW/E BGH, 2321, 2323.

Der Tatbestand des Kontrollerwerbs differenziert zwischen alleiniger und gemeinsamer Kontrolle durch mehrere Unternehmen. **Alleinige Kontrolle** liegt dann vor, wenn das beherrschende Unternehmen die Verwendung der Ressourcen des beherrschten Unternehmens sowie dessen Auftreten am Markt steuern kann. Dies ist typischerweise der Fall beim Erwerb einer **Mehrheitsbeteiligung**.[47] Allerdings kann auch der **Erwerb von Anteilen von weit unter 50 %** im Einzelfall ausreichen, um ein Unternehmen zu kontrollieren. Darüber hinaus erfüllen auch die **Kontrolle begründenden Verträge** über ein Unternehmen oder einen wesentlichen Teil desselben (Beherrschungs-, Geschäftsführungs-, Betriebsführungs- und Betriebspachtverträge) den Tatbestand des Kontrollerwerbs.[48] 26

Neben der alleinigen Kontrolle erfasst der Tatbestand des § 37 Abs. 1 Nr. 2 GWB auch die Kontrolle eines Unternehmens durch mehrere Unternehmen (**gemeinsame Kontrolle**). Eine solche Kontrolle liegt dann vor, wenn mehrere Unternehmen die strategischen Entscheidungen nur einvernehmlich herbeiführen können. Der dafür typische Fall ist ein paritätisches Gemeinschaftsunternehmen (siehe § 41 Rz. 42).[49] Bei ungleich verteilten Einflussmöglichkeiten kann sich eine gemeinsame Kontrolle aus Vetorechten bezüglich strategischer Entscheidungen ergeben (sog. **negative Kontrolle**).[50] Eine gemeinsame Kontrolle kann durch Vereinbarung begründet werden, z. B. durch eine (ausdrückliche oder stillschweigende) Absprache über gemeinsame Stimmrechtsausübung. Sie kann sich aber auch aus den Umständen ergeben, etwa aus einer auf Dauer angelegten Interessengleichheit, soweit hierdurch ein strukturell bedingter gemeinsamer Einfluss resultiert.[51] 27

Der Tatbestand des Kontrollerwerbs erfasst schließlich auch die **Umwandlung** von alleiniger Kontrolle in gemeinsame Kontrolle und die umgekehrte Situation.[52] Auch die **Erweiterung** des Kreises der Unternehmen, die ein anderes Unternehmen gemeinsam kontrollieren, ist ein Zusammenschluss i. S. des § 37 Abs. 1 Nr. 2 GWB.[53] Auch soll bei einem Übergang von der Kontrolle durch drei Unternehmen zu einer Kontrolle durch zwei Unternehmen der Zusammenschlusstatbestand gegeben sein.[54] 28

---

47) BGH, *National Geographic III*, NJW-RR 2009, 973, 974 (dauerhafter Einfluss notwendig).
48) *Mestmäcker/Veelken* in: Immenga/Mestmäcker, § 37 GWB Rz. 38.
49) *Mestmäcker/Veelken* in: Immenga/Mestmäcker, § 37 GWB Rz. 26.
50) *Mestmäcker/Veelken* in: Immenga/Mestmäcker, § 37 GWB Rz. 26; *Hoffmann* in: Terhechte, Rz. 12.290.
51) *Hoffmann* in: Terhechte, Rz. 12.290.
52) *Bechtold* in: Bechtold, GWB, § 37 Rz. 14; *Mestmäcker/Veelken* in: Immenga/Mestmäcker, § 37 GWB Rz. 26.
53) *Bechtold* in: Bechtold, GWB, § 37 Rz. 14; *Mestmäcker/Veelken* in: Immenga/Mestmäcker, § 37 GWB Rz. 26.
54) So BKartA, Merkblatt zur Fusionskontrolle (Abschnitt V. 4.), abrufbar unter http://www.bundeskartellamt.de.

cc) Anteilserwerb

29 Der Zusammenschlusstatbestand des § 37 Abs. 1 Nr. 3 GWB ist dann erfüllt, wenn ein Unternehmen Anteile an einem anderen Unternehmen erwirbt und dadurch sein Anteilsbesitz unter Berücksichtigung der ihm bereits gehörenden Anteile mindestens **25 % oder 50 % des Kapitals oder der Stimmrechte** des anderen Unternehmens erreicht bzw. überschreitet. Das heißt, anmeldepflichtig ist z. B. auch die Erhöhung der Beteiligung von 25 % auf 50 %, nicht dagegen von 25 % auf nur 45 %, so sich denn die Kontrollverhältnisse nicht ändern. Der Tatbestand des Anteilserwerbs findet nämlich neben dem des Kontrollerwerbs Anwendung. Deshalb ist auch der Erwerb einer Mehrheitsbeteiligung anzeigepflichtig, wenn das Unternehmen zuvor schon unter Kontrolle des Erwerbers stand.[55]

30 § 37 Abs. 1 Nr. 3 GWB gilt für **Anteile aller Art**, d. h. für den Erwerb von Stimm- oder Kapitalbeteiligungen an Personen- oder Kapitalgesellschaften einschließlich Gesellschaften in der europäischen Rechtsform Societas Europaea (SE) (siehe § 46 Rz. 1). Auch der Erwerb von Stimmrechten ohne jede Kapitalbeteiligung, wie es etwa bei Treuhandverhältnissen der Fall ist, genügt, um den Tatbestand des Anteilserwerbs zu erfüllen.

31 Die **Höhe der Anteile** berechnet sich aus der Addition der bereits gehaltenen und der neu erworbenen Anteile (§ 37 Abs. 1 Nr. 3 Satz 1 GWB). Nach der sog. **Verbundklausel** werden zudem die Anteile eines mit dem Erwerber i. S. von §§ 17, 18 AktG verbundenen (herrschenden oder abhängigen) Unternehmens mit berücksichtigt (§ 36 Abs. 2 GWB). Auch sind die Anteile einzubeziehen, die ein Dritter für Rechnung des beteiligten oder eines mit diesem verbundenen Unternehmens hält (§ 37 Abs. 1 Nr. 3 Satz 2 GWB). Hiernach sind insbesondere Anteile zuzurechnen, die ein Treuhänder für den Treugeber hält.

dd) Erwerb eines wettbewerblich erheblichen Einflusses

32 Der Auffangtatbestand des § 37 Abs. 1 Nr. 4 GWB erfasst Zusammenschlüsse unterhalb der Schwellenwerte von § 37 Abs. 1 Nr. 1–3 GWB. Dadurch werden insbesondere Minderheitsbeteiligungen unterhalb von 25 % an konkurrierenden Unternehmen erfasst, welche aufgrund der besonderen gesellschaftsrechtlichen Stellung die Möglichkeit der Einwirkung auf das Wettbewerbsgeschehen bieten.[56] Voraussetzung für eine solche Stellung ist, dass die Anteile mit besonderen Rechten verbunden sind, wie etwa Entsendungs-,[57] Informations-, Mitsprache-, Kontrollrechte oder etwa das Recht zur Übernahme der Leitung einzelner Unternehmensteile sowie der Erwerb einer faktischen Sperrposition, die eine Gleich-

---

[55] *Hoffmann* in: Terhechte, Rz. 12.294.
[56] BGH, *Deutsche Post/trans-o-flex*, WuW/E DE-R 1419, 1420.
[57] BGH, *Deutsche Post/trans-o-flex*, WuW/E DE-R 1419, 1421.

setzung der Minderheitsbeteiligung mit einer Beteiligung von 25 % und mehr erlauben, ohne allerdings zugleich Kontrolle i. S. des § 37 Abs. 1 Nr. 2 GWB zu erwerben.[58] Es ist also eine **Gesamtschau aller Umstände** vorzunehmen. Entscheidend ist dabei, dass der Wettbewerb zwischen den beteiligten Unternehmen derart eingeschränkt wird, dass die Unternehmen künftig nicht mehr unabhängig voneinander auf dem Markt auftreten bzw. die Mehrheitsgesellschafter auf die Interessen der Minderheitsgesellschafter Rücksicht nehmen werden.

Der Begriff des wettbewerblich erheblichen Einflusses ist ein auslegungsbedürftiger unbestimmter Rechtsbegriff. Nach der früheren Praxis des BKartA soll ein solcher Einfluss bei einer Beteiligung von über 20 % vermutet werden.[59] Dem ist aber zu widersprechen; es bedarf in jedem Fall hinreichender Plusfaktoren. Allerdings gilt, dass je höher die Beteiligung ist, desto weniger umfangreich müssen diese sein, um den Tatbestand zu erfüllen. Klar ist, dass auch bei Beteiligungen unterhalb der Schwelle von 20 % der Tatbestand des § 37 Abs. 1 Nr. 4 GWB erfüllt sein kann, wenn weitere Umstände hinzukommen.[60] Damit obliegt den beteiligten Unternehmen ein erhebliches **Prognoserisiko**. Nicht erfasst sind Unternehmensbeteiligungen zu reinen Renditezwecken.[61]

33

c) Sonderkonstellationen

aa) Mehrfachzusammenschlüsse

Nach § 37 Abs. 2 GWB ist auch dann ein anmeldepflichtiger Zusammenschluss gegeben, wenn die beteiligten Unternehmen bereits vorher zusammengeschlossen waren, es sei denn, der Zusammenschluss führt nicht zu einer wesentlichen Verstärkung der bestehenden Unternehmensverbindungen. Ziel der Vorschrift ist es sicherzustellen, dass das BKartA von jeder Verstärkung einer bereits bestehenden Unternehmensverbindung Kenntnis erlangt.[62] Zunächst wird damit der Anwendungsbereich der Zusammenschlusskontrolle auf Fälle ausgeweitet, in denen die Unternehmen bereits zusammengeschlossen sind. Gleichzeitig schränkt § 37 Abs. 2 GWB diese Ausweitung aber wieder ein, indem er erfordert, dass diese bereits bestehende Unternehmensverbindung wesentlich verstärkt wird. Eine solche **Verstärkung** liegt dann vor, wenn der Erwerber zusätzliche Rechte erlangt oder die Abhängigkeit des anderen Unternehmens

34

---

58) Sog. „Plus-Faktoren".
59) BKartA, *Radio L 12*, WuW/E DE-V 599, 601.
60) OLG Düsseldorf, *A-TEC/Norddeutsche Affinerie*, WuW/E DE-R 2462, 2465 f. (Anteilserwerb von 13,75 %), OLG Düsseldorf, *Mainova/AVG*, WuW/E DE-R 1639, 1639 f. (Anteilserwerb von 17,5 %).
61) BGH, *ASV/Stilke*, WuW/E DE-R 607, 608.
62) Begr. RegE zu dem Entwurf eines Vierten Gesetzes zur Änderung des GWB, BT-Drucks. 8/2136, S. 28.

bzw. die Einflussmöglichkeit auf dieses verstärkt wird.[63] Die Verstärkung ist **wesentlich**, wenn durch die Unternehmensverbindung der Wettbewerb zwischen den Beteiligten weiter eingeschränkt wird.[64]

35 Die **Beweislast** tragen die beteiligten Unternehmen.[65] Gleichwohl hat das BKartA nach dem Amtsermittlungsgrundsatz gemäß § 57 Abs. 1 GWB den Sachverhalt selbst aufzuklären. Erst bei anschließend verbleibenden Zweifeln müssen die Unternehmen darlegen, dass der Zusammenschluss zu keiner wesentlichen Verstärkung der Unternehmensverbindung führt.[66]

bb) Gemeinschaftsunternehmen

36 Als Gemeinschaftsunternehmen oder Joint Venture wird der Kontrollerwerb mehrerer Unternehmen über ein anderes Unternehmen bezeichnet. Der Kontrollerwerb kann durch Gründung oder Erwerb von Anteilen vollzogen werden, so dass Gemeinschaftsunternehmen sowohl nach § 37 Abs. 1 Nr. 2 Satz 1 GWB als auch nach § 37 Abs. 1 Nr. 3 Satz 3 GWB einen anmeldepflichtigen Zusammenschluss darstellen können. Anders als nach europäischem Recht bedarf es keines Vollfunktionsgemeinschaftsunternehmens für die Anwendbarkeit der Fusionskontrolle. Zu den Besonderheiten bei Gemeinschaftsunternehmen im Einzelnen siehe unter § 41 Rz. 40 ff.

cc) Bankenklausel

37 Unter bestimmten Voraussetzungen fällt der Anteilserwerb gemäß § 37 Abs. 1 Nr. 3 GWB durch Kreditinstitute[67], Finanzinstitute[68] oder Versicherungsunternehmen[69] nicht unter den Zusammenschlusstatbestand. Hintergrund dieser Ausnahme des § 37 Abs. 3 GWB ist, dass das Kerngeschäft der Banken nicht der Fusionskontrolle unterliegen soll und ein solcher Anteilserwerb in der Regel zu keinem externen Unternehmenswachstum führt. Dies setzt zunächst voraus, dass die Anteile zum Zwecke der Veräußerung erworben und binnen eines Jahres wieder veräußert werden.[70] Dabei dürfen während dieser Zeit die auf die erworbenen Anteile entfallenden Stimmrechte nicht ausgeübt werden. Ist

---

63) *Mestmäcker/Veelken* in: Immenga/Mestmäcker, § 37 GWB Rz. 115.
64) *Riesenkampff/Lehr* in: Loewenheim/Meessen/Riesenkampff, § 37 GWB Rz. 35.
65) BGH, *Süddeutscher Verlag/Donaukurier*, WuW/E BGH 2276, 2282; *Mestmäcker/Veelken* in: Immenga/Mestmäcker, § 37 GWB Rz. 124.
66) *Riesenkampff/Lehr* in: Loewenheim/Meessen/Riesenkampff, § 37 GWB Rz. 33.
67) Kreditinstitute sind solche gemäß § 1 KWG.
68) Finanzinstitute sind alle Unternehmen, deren Haupttätigkeit in der Finanzierung und dem übergangsweisen Halten von Beteiligungen besteht.
69) Versicherungsunternehmen sind solche gemäß § 1 VAG.
70) Die Absicht der Veräußerung muss dabei schon im Erwerbszeitpunkt vorliegen, vgl. *Mestmäcker/Veelken* in: Immenga/Mestmäcker, § 37 GWB Rz. 79.

die fristgerechte Veräußerung unzumutbar, kann die Frist auf Antrag vom BKartA verlängert werden. Sind die Voraussetzungen nicht erfüllt, muss der Anteilserwerb bei entsprechenden Umsätzen der beteiligten Unternehmen nachträglich angemeldet werden.

2. Umsatzanforderungen

a) Allgemein

Steht fest, dass ein Zusammenschlusstatbestand gemäß § 37 GWB vorliegt, muss weiter geprüft werden, ob die beteiligten Unternehmen die in § 35 Abs. 1 GWB vorgegebenen Umsatzschwellen überschreiten und keine Ausnahme nach § 35 Abs. 2 GWB eingreift. Das Ziel der Umsatzschwellen ist es, wirtschaftlich unerhebliche Fälle von der Zusammenschlusskontrolle auszunehmen und dadurch auch das BKartA zu entlasten. 38

b) Die „beteiligten Unternehmen"

Nach § 35 GWB kommt es auf die Umsätze der beteiligten Unternehmen an. Wer beteiligtes Unternehmen ist, entscheidet sich anhand der jeweiligen Art des Zusammenschlusses. Der Veräußerer ist dabei grundsätzlich kein beteiligtes Unternehmen (vgl. § 38 Abs. 5 Satz 1 und § 39 Abs. 2 GWB). 39

Beim **Vermögenserwerb** (§ 37 Abs. 1 Nr. 1 GWB) sind der Erwerber und der Veräußerer beteiligt, letzterer aber nur im Hinblick auf das zu erwerbende Unternehmensvermögen (§ 38 Abs. 5 Satz 1 GWB). Relevant sind also die auf den Erwerber und das Zielvermögen entfallenden Umsätze. Dies gilt jedoch nicht, sofern beim Veräußerer die Kontrolle i. S. des § 37 Abs. 1 Nr. 2 GWB oder mindestens 25 % der Anteile verbleiben, § 38 Abs. 5 Satz 2 GWB; dann greifen die Regeln zu den Gemeinschaftsunternehmen (siehe § 41 Rz. 45). Beim **Kontrollerwerb** (§ 37 Abs. 1 Nr. 2 GBW) sind das bzw. die die Kontrolle erwerbende(n) Unternehmen und das Unternehmen, über das die Kontrolle erworben wird, Beteiligte.[71] Beim **Anteilserwerb** (§ 37 Abs. 1 Nr. 3 GWB) sind ebenfalls der Erwerber und das Unternehmen, dessen Anteile erworben werden, beteiligt. Beim **Anteilserwerb an Gemeinschaftsunternehmen** (§ 37 Abs. 1 Nr. 3 Satz 3 GWB) sind neben dem Gemeinschaftsunternehmen alle Unternehmen beteiligt, die an diesem (Kapital- oder Stimmrechts-) Anteile von mindestens 25 % halten. Im Fall von **wettbewerblich erheblichem Einfluss** (§ 37 Abs. 1 Nr. 4 GWB) sind die den Einfluss ausübenden und die dem Einfluss unterworfenen Unternehmen Beteiligte. 40

---

71) *Kling/Thomas*, § 20 Rz. 53.

c) **Umsatzschwellen**

41 Die Umsatzschwellen sind in § 35 Abs. 1 Nr. 1 und Nr. 2 GWB geregelt. Hiernach sind nur solche Zusammenschlüsse anzumelden,

- bei denen die beteiligten Unternehmen im letzten abgeschlossenen Geschäftsjahr vor dem Zusammenschluss insgesamt weltweite Umsatzerlöse von mehr als **500 Mio. €** erzielt haben (Nr. 1) und
- gleichzeitig mindestens eines der beteiligten Unternehmen in Deutschland mehr als **25 Mio. €** und ein anderes beteiligtes Unternehmen hier mehr als **5 Mio. €** erzielt hat (Nr. 2).

42 Diese zweite Inlandsumsatzschwelle von 5 Mio. € wurde erst 2009 eingeführt, um zum einen eine zu extensive Anwendung der deutschen Fusionskontrolle auf Auslandszusammenschlüsse, die sich nur gering in Deutschland auswirken, zu vermeiden. Zum anderen werden Inlandszusammenschlüsse zwischen einem Großunternehmen und einem anderen Unternehmen mit einem Umsatz von 5 Mio. € oder weniger ebenfalls nicht mehr von der deutschen Fusionskontrolle erfasst (unabhängig davon, ob das andere Unternehmen bislang einer größeren Unternehmensgruppe angehört hat; das ist der Unterschied zur *de minimis*-Klausel, siehe Rz. 44).[72]

d) **Umsatzberechnung**

43 Die Berechnung der Umsätze richtet sich nach § 38 GWB, wonach § 277 HGB anzuwenden ist. Daraus folgt, dass alle Umsätze der beteiligten Unternehmen aus der gewöhnlichen Geschäftstätigkeit einzubeziehen sind. Innenumsätze und Verbrauchsteuern bleiben gemäß § 38 Abs. 1 Satz 2 GWB außer Betracht und Erlösschmälerungen[73] werden abgezogen. Zu beachten ist, dass gemäß § 38 Abs. 2–4 GWB die Umsätze bei bestimmten Unternehmen branchenspezifisch in Ansatz gebracht werden, um unterschiedlichen Marktgegebenheiten ausreichend Rechnung zu tragen. So sind etwa die Umsätze mit reinen Handelsgeschäften, d. h. mit dem Handel von Waren, die von (nicht verbundenen) Dritten zum Zweck des Weiterverkaufs hergestellt wurden, nur zu drei Vierteln in Ansatz zu bringen (§ 38 Abs. 2 GWB). Für Umsätze mit dem Verlag, der Herstellung oder dem Vertrieb von **Zeitungen und Zeitschriften** sowie deren Bestandteilen ist das Achtfache, für die mit der Herstellung, dem Vertrieb und der Veranstaltung von **Rundfunkprogrammen** und dem **Absatz von Rundfunkwerbezeiten** erzielten Umsätze das Zwanzigfache der Umsatzerlöse anzusetzen (§ 38 Abs. 3 GWB). Nach § 38 Abs. 4 GWB tritt bei **Kreditinstituten, Finanzinstituten und Bausparkassen** an die Stelle der Umsatzerlöse der Gesamtbetrag der in § 34 Abs. 2 Satz 1 Nr. 1 lit. a–e der Verordnung über die

---

72) *Bechtold*, NJW 2009, 3699, 3702.
73) Das sind Preisnachlässe und zurückgewährte Entgelte.

Rechnungslegung der Kreditinstitute vom 10.2.1992 (BGBl. I, 203) genannten Erträge abzüglich der Umsatzsteuer oder sonstiger auf diese Erträge erhobener Steuern.

3. Ausnahme der *de minimis*-Klausel

Nach § 35 Abs. 2 Satz 1 GWB findet die Zusammenschlusskontrolle keine Anwendung, soweit sich ein Unternehmen, das nicht abhängig i. S. von § 36 Abs. 2 GWB[74]) ist und im letzten Geschäftsjahr weltweit Umsatzerlöse von weniger als **10 Mio. €** erzielt hat, mit einem anderen Unternehmen zusammenschließt. Die de-minimis-Klausel verfolgt einen wirtschaftspolitischen Zweck und soll insbesondere die Sanierung von mittelständischen Unternehmen erleichtern. Damit betrifft sie in der Praxis häufig den Fall, dass die Zielgesellschaft ein Kleinunternehmen ist.[75]) Entgegen dem Wortlaut ist die Vorschrift aber erst recht auch auf ein abhängiges Unternehmen anwendbar, wenn sein Umsatz einschließlich des Umsatzes des beherrschenden Unternehmens weniger als 10 Mio. € beträgt.[76]) In diesem Fall wäre nämlich auch der Erwerb der gesamten Verkäufergruppe (einschließlich des Zielunternehmens) nicht anmeldepflichtig.

44

C. Materielle Untersagungsvoraussetzungen
I. Allgemein

Liegt ein Zusammenschluss gemäß § 37 GWB vor, der die Umsatzschwellen gemäß § 35 GWB überschreitet, muss das Vorhaben gemäß § 39 GWB bei dem BKartA **angemeldet** werden und darf bis zu einer Freigabeentscheidung des BKartA nicht vollzogen werden (**Vollzugsverbot** gemäß § 41 Abs. 1 GWB). Gelangt das BKartA zu dem Ergebnis, dass durch den Zusammenschluss wirksamer Wettbewerb erheblich behindert würde (vgl. § 36 GWB), so muss es diesen untersagen. Etwas anderes gilt nur dann, wenn die beteiligten Unternehmen nachweisen, dass der Zusammenschluss auch Verbesserungen der Wettbewerbsbedingungen auf Märkten mit sich bringt, auf denen die marktbeherrschende Stellung nicht entsteht oder verstärkt wird.[77]) Diese Verbesserungen müssen die Nachteile durch die Marktbeherrschung überwiegen, § 36 Abs. 1 GWB.

45

---

74) Diese Abhängigkeit ist immer dann gegeben, wenn die Voraussetzungen von § 17 AktG erfüllt sind, d. h. ein Unternehmen unmittelbar oder mittelbar einen beherrschenden Einfluss auf ein anderes Unternehmen ausüben kann.
75) *Kling/Thomas*, § 20 Rz. 67.
76) BKartA, Merkblatt zur deutschen Fusionskontrolle 7/2005 (wird überarbeitet) Nr. 1.2, S. 4; *Mestmäcker /Veelken* in: Immenga/Mestmäcker, § 35 GWB Rz. 26.
77) *Mestmäcker/Veelken* in: Immenga/Mestmäcker, § 36 GWB Rz. 325.

46 Der Prüfungsaufbau in § 36 Abs. 1 GWB hat sich durch die 8. GWB-Novelle verändert. § 36 Abs. 1 Satz 1 Halbs. 1 GWB wurde an den Wortlaut von Art. 2 Abs. 2 und Abs. 3 FKVO angepasst: Es wurde nun auch im nationalen Recht der sog. SIEC-Test (*„Significant Impediment to Effective Competition"*) eingeführt. Materieller Prüfungsmaßstab ist daher in erster Linie die Frage nach der „Erwartung einer erheblichen Behinderung wirksamen Wettbewerbs", für die die Begründung oder Verstärkung einer marktbeherrschenden Stellung lediglich ein Beispiel („insbesondere") darstellt.[78] Der deutsche Gesetzgeber wollte damit einen gleichlautenden Prüfungsmaßstab (*„level playing field"*) herbeiführen. Das Untersagungskriterium der erheblichen Behinderung soll eine zweifelsfreie, flexible und damit optimale Erfassung aller potentiell wettbewerblich kritischen Fälle ermöglichen.[79] Die Ergänzung des Untersagungstatbestands führt nicht zur Rechtsunsicherheit, denn die ergangene Entscheidungspraxis des BKartA und der Gerichte gilt weiter.[80] Dadurch ergibt sich nun folgender Prüfungsaufbau:

- Zunächst sind die relevanten Märkte abzugrenzen,
- dann ist zu prüfen, ob (ausschließlich) Bagatellmärkte betroffen sind,
- dann ist der SIEC-Test durchzuführen,
- und letztlich gilt es i. R. der Abwägungsklausel etwaige Wettbewerbsvorteile auf anderen Märkten mit den Wettbewerbsnachteilen zu vergleichen.

II. Marktabgrenzung

47 Die marktbeherrschende Stellung muss sich immer auf einen bestimmten **sachlichen und räumlichen Markt** beziehen. Die Fähigkeit zur Marktbeherrschung wird entscheidend durch das Fehlen von hinreichenden Wahl- und Ausweichmöglichkeiten der Marktgegenseite bestimmt.[81] Die Schlüsselfunktion der Zusammenschlusskontrolle kommt deswegen der Marktabgrenzung zu. Sie ist für jeden Einzelfall mit großer Sorgfalt vorzunehmen.

1. Sachlich relevanter Markt

48 Zur Bestimmung des sachlich relevanten Marktes ist zunächst festzustellen, ob ein Unternehmen als Anbieter oder als Nachfrager von Waren oder gewerblichen Leistungen auftritt. Die Märkte sind mithin in **Angebots- und Nachfragemärkte** aufzuteilen, wobei die Angebotsmärkte in der Zusammenschlusskontrolle in aller Regel eine größere Rolle spielen. Kriterien für die Marktabgrenzung sind die **Nachfragesubstituierbarkeit** (das sog. *Bedarfsmarktkonzept*, ggf.

---

78) *Lettl*, WuW 2013, 706, 708.
79) BT-Drucks. 17/9852, S. 28.
80) BT-Drucks. 17/9852, S. 28.
81) *Wiedemann* in: Wiedemann, Hdb. Kartellrecht, § 20 Rz. 6.

ergänzt um den SSNIP-Test bzw. die Frage der Kreuzpreiselastizität[82] und die **Angebotssubstituierbarkeit.** Es kann insoweit auf das Kapitel zum Europäischen Kartellrecht verwiesen werden (siehe § 18 Rz. 66 ff.).

2. Räumlich relevanter Markt

Die marktbeherrschende Stellung bezieht sich immer auf ein bestimmtes Gebiet. Die räumliche Marktabgrenzung richtet sich dabei grundsätzlich nach denselben Kriterien wie die sachliche Marktabgrenzung: Maßgeblich ist die funktionelle Austauschbarkeit aus Sicht der Nachfrager.[83] Seit seiner *Staubsaugerbeutelmarkt*-Entscheidung[84] begrenzt der BGH den Markt nicht mehr auf das Gebiet der Bundesrepublik, sondern stellt eine ökonomische Betrachtung an.[85] Der Markt kann damit größer sein als Deutschland; er kann sich aber auch auf regionale und lokale Märkte beschränken oder auch nur das Gebiet einer einzelnen Gemeinde umfassen. Im Übrigen richtet sich die Abgrenzung des räumlich relevanten Marktes nach den im EG-Recht geltenden Grundsätzen, auf die hier ebenfalls zu verweisen ist (siehe § 18 Rz. 70 ff.).

49

III. Erhebliche Behinderung wirksamen Wettbewerbs

1. Erwartung einer erheblichen Begründung wirksamen Wettbewerbs

Durch die 8. GWB-Novelle wurde auch im nationalen Recht der SIEC-Test (*„Significant Impediment to Effective Competition"*) eingeführt. Materieller Prüfungsmaßstab der Fusionskontrolle ist nunmehr in erster Linie die Frage nach der „Erwartung einer erheblichen Behinderung wirksamen Wettbewerbs". Entnommen wurde der Test dem Unionsrecht, vgl. Art. 2 Abs. 2 und Abs. 3 FKVO. Insoweit kann auf das Kapitel zum Europäischen Kartellrecht verwiesen werden (siehe § 18 Rz. 78 ff.), auch wenn (noch) offen ist, ob das BKartA und die Gerichte in Deutschland die europäische Entscheidungspraxis vollumfänglich übernehmen werden und Auslegungsfragen dazu dem EuGH vorgelegt werden können bzw. müssen.

50

2. Begründung oder Verstärkung einer marktbeherrschenden Stellung

Die Frage nach der Begründung oder Verstärkung einer marktbeherrschenden Stellung gemäß §§ 36 Abs. 1, 19 Abs. 2 GWB ist seit der 8. GWB-Novelle lediglich ein Regelbeispiel für die erhebliche Behinderung wirksamen Wettbewerbs („insbesondere"). Der Gesetzgeber geht jedoch davon aus, dass die zu diesem

51

---

82) Letztere Verfahren spielen in der Rechtspraxis zum GWB aber eine weniger bedeutende Rolle als im EG-Kartellrecht.
83) BGH, *Sonderungsverfahren*, NJW-RR 1988, 1069, 1070.
84) BGH, *Staubsaugerbeutelmarkt*, WuW/E DE-R 1355, 1357.
85) Anders noch in seiner *Backofenmarkt*-Entscheidung, BGH, NJW 1996, 595, 596 f. Jetzt gesetzlich verankert in § 18 Abs. 2 GWB.

Marktbeherrschungstest ergangene Rechtsprechung weiterhin anzuwenden ist, da der Ablauf eines Fusionskontrollverfahrens von dem neuen Prüfungsmaßstab weitgehend unberührt ist.[86] Ein Unternehmen hat eine marktbeherrschende Stellung, wenn es ohne Wettbewerber ist, keinem wesentlichen Wettbewerb ausgesetzt ist oder eine überragende Marktstellung hat. Neben dieser **Einzelmarktbeherrschung** können auch mehrere Unternehmen zusammen marktbeherrschend sein (**oligopolistische beherrschende Stellung**), wenn zwischen ihnen wesentlicher Binnenwettbewerb nicht mehr besteht und sie in ihrer Gesamtheit die Voraussetzungen von § 19 Abs. 5 GWB erfüllen.

a) Die Kriterien zur Ermittlung einer marktbeherrschenden Stellung

52 Ausgangspunkt einer jeden Marktbeherrschungsprüfung sind die **Marktanteile** der beteiligten Unternehmen. Dabei werden gemäß § 18 Abs. 4 und Abs. 6 GWB an Marktanteile anknüpfende **widerlegliche Vermutungen** aufgestellt. Eine Einzelmarktbeherrschungsvermutung greift ab einem Marktanteil von 40 %.[87] Ein marktbeherrschendes Oligopol wird vermutet, wenn drei oder weniger Unternehmen über einen gemeinsamen Marktanteil von 50 % oder wenn fünf oder weniger Unternehmen über einen gemeinsamen Marktanteil von 2/3 verfügen.

53 Bei Eingreifen der Einzelmarktbeherrschungsvermutung muss das BKartA i. R. des Amtsermittlungsgrundsatzes vollumfänglich die Widerlegungsgründe prüfen; nur im Fall des *non liquet* greift die Vermutung ein.

54 Bei Eingreifen der Oligopolvermutung gilt zwar grundsätzlich ebenfalls der Amtsermittlungsgrundsatz. Das BKartA muss nach der Rechtsprechung des BGH aber nur solche Widerlegungsgründe berücksichtigen, die von den beteiligten Unternehmen zumindest im Ansatz vorgetragen werden; es handelt sich bei der Vermutungsregelung hier um eine echte Beweislastumkehr. Folglich haben die beteiligten Unternehmen bei Eingreifen der Oligopolvermutung in der Anmeldung Gründe darzulegen, warum hinreichender Binnen- und Außenwettbewerb besteht.

55 Bei der Zusammenschlusskontrolle kommt es auf die zu erwartende Stellung des Unternehmens auf dem Markt an. Insofern ist eine **Prognoseentscheidung** vorzunehmen. Zu prüfen ist, wie sich die Strukturveränderungen auf die Markt- und Wettbewerbsbedingungen auswirken werden. Das BKartA stellt auf seiner Homepage einen „*Leitfaden zur Marktbeherrschung in der Fusionskontrolle*" zur Verfügung.[88]

---

86) BT-Drucks. 17/9852, S. 28.
87) Die Vermutungsschwelle wurde mit der 8. GWB-Novelle von 1/3 auf 40 % hochgesetzt.
88) http://www.bundeskartellamt.de (Leitfaden „Marktbeherrschung in der Fusionskontrolle" (Stand: 3/2012).

b) Die Formen marktbeherrschender Stellungen

Zu unterscheiden sind die verschiedenen Formen der Marktbeherrschung: 56
- Ein Vollmonopol (§ 18 Abs. 1 Nr. 1 GWB),
- ein Quasi-Monopol (§ 18 Abs. 1 Nr. 2 GWB) und
- eine überragende Marktstellung (§ 18 Abs. 1 Nr. 3 GWB).

Vollmonopole, d. h. Marktsituationen in denen Unternehmen ohne Wettbe- 57
werber sind, sind selten und treten meist als natürliche Monopole auf.[89]

Das Bestehen eines **Quasi-Monopols** setzt voraus, dass ein Unternehmen „*keinem* 58
wesentlichen Wettbewerb" ausgesetzt ist. Hierbei handelt es sich um einen unbestimmten Rechtsbegriff, bei dessen Auslegung die gesamten Marktverhältnisse zu berücksichtigen sind. Dabei kann bei einem Marktanteil von 80 % oder mehr grundsätzlich von einer quasi-monopolistischen Marktstellung ausgegangen werden.[90] Darüber hinaus lässt sich prinzipiell sagen, dass es dann an einem wesentlichen Wettbewerb fehlt, wenn das Unternehmen sein Verhalten im Wesentlichen selbst bestimmen kann, ohne auf Wettbewerber, Abnehmer oder Lieferanten Rücksicht nehmen zu müssen.[91]

Insbesondere die Beurteilung der Frage, ob eine marktbeherrschende Stellung 59
in Form **einer überragenden Marktstellung** vorliegt, richtet sich nach den Kriterien in § 18 Abs. 3 GWB (diese entsprechen denen, die für das Europäische Kartellrecht gelten. Es ist insoweit auf die Ausführungen in § 18 Rz. 84 ff.) zu verweisen). Entscheidend ist, dass eine Gesamtschau aller relevanten Umstände ergibt, dass das Unternehmen „*einen überragenden (einseitigen) Verhaltensspielraum bei der Entwicklung von Marktstrategien oder auch bei dem Einsatz einzelner Aktionsparameter*" besitzt.[92]

c) Kausalität

Die Entstehung oder Verstärkung einer marktbeherrschenden Stellung muss 60
kausal i. S. einer *conditio sine qua non* auf den Zusammenschluss zurückzuführen sein. Dabei kann bereits eine geringe Verstärkungswirkung genügen, je nachdem wie stark der Wettbewerb schon vor dem Zusammenschluss beschränkt ist. Im Einzelfall kann die Kausalität fehlen, wobei der relevanteste Fall hier die Sanierungsfusion ist (siehe § 18 Rz. 114).[93]

---

89) BGH, *Rinderbesamung*, WuW/E BGH 647, 649.
90) *Wiedemann* in: Wiedemann, Hdb. Kartellrecht, § 20 Rz. 45.
91) BGH, *Braun-Almo*, WuW/E BGH 1949, 1951 ff.
92) BGH, *Vitamin B-12*, WuW/E BGH 1435, 1439; BGH, *Valium*, WuW/E BGH 1445, 1449.
93) *Mestmäcker/Veelken* in: Immenga/Mestmäcker, § 42 GWB Rz. 44 ff.

IV. Die Ausnahmen
1. Die Abwägungsklausel

61 Gemäß § 36 Abs. 1 Satz 2 Nr. 1 GWB ist hinsichtlich der Wirkungen des Zusammenschlusses eine wettbewerbliche Gesamtwürdigung vorzunehmen. Trotz einer erheblichen Behinderung wirksamen Wettbewerbs, kann eine Untersagung ausscheiden, wenn eine wettbewerbliche Gesamtbetrachtung ergibt,

> „dass durch den Zusammenschluss auch Verbesserungen der Wettbewerbsbedingungen eintreten und diese Verbesserungen die Behinderung des Wettbewerbs überwiegen."

62 Die Voraussetzungen für die Ausnahmeregelung haben allerdings die beteiligten Unternehmen nachzuweisen. Berücksichtigt werden dabei nur Verbesserungen, die sich gerade auf die Marktstruktur beziehen. Eine relevante Verbesserung ist etwa dann gegeben, wenn zwar auf einem Markt eine Marktbeherrschung begründet oder verstärkt wird, zugleich aber eine beherrschende Stellung auf einem anderen Markt angegriffen wird. Auch wenn die 8. GWB-Novelle das deutsche Kartellrecht an das europäische Kartellrecht annähert, so stellt die Abwägungsklausel des § 36 Abs. 1 Satz 2 Nr. 1 GWB diesbezüglich eine nationale Besonderheit dar. Die FKVO sieht keine entsprechende Klausel vor. Dieser Abweichung wird jedoch in der Praxis keine allzu große Zukunft prophezeit.[94]

2. Die Bagatellmarktklausel

63 Nach § 36 Abs. 1 Satz 2 Nr. 2 GWB findet die materielle Zusammenschlusskontrolle insoweit keine Anwendung, als sich der Zusammenschluss auf einen Markt bezieht, auf dem innerhalb des letzten Kalenderjahres insgesamt weniger als **15 Mio. €** umgesetzt wurden. Sinn und Zweck dieser sog. *Bagatellmarktklausel* ist es, Vorhaben, die lediglich gesamtwirtschaftlich unbedeutende Märkte betreffen, von der Fusionskontrolle auszunehmen.[95] Damit aber neu entstehende Märkte, die sich erst noch entwickeln sollen, nicht pauschal von der Zusammenschlusskontrolle ausgenommen werden, muss der Markt seit mindestens **fünf Jahren** existieren.[96]

64 Nach der neueren Rechtsprechung des BGH kommt es für die Marktgröße allein auf den relevanten Markt in Deutschland an, auch wenn der räumlich relevante Markt eigentlich darüber hinausgeht.[97] Wird die Bagatellschwelle nur unter Berücksichtigung von Umsätzen überschritten, die im Ausland – wenn auch auf demselben relevanten Markt – erzielt wurden, so kann der Zusammenschluss insoweit nicht untersagt werden. Betrifft ein Zusammenschlussvorhaben allerdings mehrere (in Deutschland liegende) räumlich benachbarte und strukturell

---

94) *Lettl*, WuW 2013, 706, 711.
95) BGH, *Deutsche Bahn/KVS Saarlouis*, WuW/E DE-R 1797, 1798.
96) Begr. RegE zum 2. Entwurf der 4. GWB-Novelle (1978), BT-Drucks. 8/2136, S. 23.
97) BGH, *Sulzer/Kelmix*, BGHZ 174, 12, 16 ff.

gleichartige Märkte und sind diese durch flächendeckende Organisationsstrukturen seitens der Zusammenschlussbeteiligten abgedeckt, so addiert das BKartA in seiner Praxis die Umsätze auf diesen Märkten (sog. *Bündeltheorie*).[98] Dadurch liegt kein Bagatellmarkt mehr vor. Betrifft das Zusammenschlussvorhaben dagegen mehrere sachlich relevante Märkte, erfolgt die Bagatellmarktprüfung grundsätzlich für jeden einzelnen Markt separat; das BKartA kann eine Untersagungsverfügung nicht auf die erhebliche Behinderung des Wettbewerbs auf einem Bagatellmarkt stützen. Es wendet die Entscheidungspraxis des BGH zur Bündeltheorie aber auch auf verschiedene sachlich relevante Märkte entsprechend an, wenn die beteiligten Unternehmen auf den sachlichen Bagatellmärkten eine einheitliche Unternehmenspolitik verfolgen, die Gesamtumsätze auf diesen Märkten die 15 Mio. €-Schwelle überschreiten und die Wettbewerbsbedingungen auf diesen Märkten nicht unabhängig voneinander betrachtet werden können.[99]

Bis zur 8. GWB-Novelle war die Bagatellmarktklausel Teil der „formellen" Zusammenschlusskontrolle. Waren von einer Transaktion ausschließlich Bagatellmärkte betroffen, war die Transaktion früher gar nicht erst anzumelden. Das Risiko der Fehleinschätzung der Marktabgrenzung und der Ermittlung des Marktvolumens hatten die an der Transaktion beteiligten Unternehmen zu tragen. Dieses Risiko soll durch die Überführung der Bagatellmarktklausel in die materielle Zusammenschlusskontrolle vermieden werden.[100]   65

3. Die Pressesanierungsklausel

Für Pressefusionen hat die 8. GWB-Novelle in § 36 Abs. 1 Satz 2 Nr. 3 GWB eine sektorspezifische Sanierungsklausel aufgenommen. Danach wird die Verstärkung einer marktbeherrschenden Stellung eines Zeitungs- oder Zeitschriftenverlags nicht untersagt, der einen kleinen oder mittleren Zeitungs- oder Zeitschriftenverlag übernimmt, falls die beteiligten Unternehmen nachweisen, dass der übernommene Verlag in den letzten drei Jahren einen erheblichen Jahresfehlbetrag i. S. des § 275 Abs. 2 Nr. 20 HGB hatte und er ohne den Zusammenschluss in seiner Existenz gefährdet wäre. Ferner muss nachgewiesen werden, dass vor dem Zusammenschluss kein anderer Erwerber gefunden wurde, der eine wettbewerbskonformere Lösung sichergestellt hätte. Diese Regelung wurde letztlich aufgrund der Besonderheiten im Pressebereich aufgenommen, die aus den sich stark verändernden Verhältnissen im digitalen Medienumfeld herrühren.[101]   66

---

98) BGH, *Deutsche Bahn/KVS Saarlouis*, WuW/E DE-R 1797, 1798; BGH, *Raiffeisen*, WuW/E BGH 3037, 3042 f.
99) Vgl. z. B. BKartA v. 9.12.1999, *Krautkrämer/Nutronik*, WuW/E DE-V 203, 205, sowie BKartA, Beschl. v. 14.2.2003 – B2-93/02, Rz. 26 ff., v. 24.9.2003 – B4-136/01, Rz. 21 ff. und v. 29.9.2004 – B5-170/03.
100) BT-Drucks. 17/9852, S. 29.
101) BT-Drucks. 17/11053, S. 19 (Beschlussempfehlung des Ausschusses für Wirtschaft und Technologie).

D. Verfahren
I. Allgemein

67 Das Verfahren der Zusammenschlusskontrolle ist ein Verwaltungsverfahren gemäß §§ 54 ff. GWB. Zuständig ist – abgesehen von der Ministererlaubnis – ausschließlich das BKartA. Bei der Entscheidung über das Vorliegen der Tatbestandsvoraussetzungen hat es einen gerichtlich uneingeschränkt nachprüfbaren Beurteilungsspielraum. Auf der Rechtsfolgenseite handelt es sich um eine gebundene Entscheidung: Liegen die Voraussetzungen einer Untersagung vor, so hat das BKartA keinerlei Ermessensspielraum; es muss den Zusammenschluss untersagen.

II. Die Anmeldung
1. Adressaten der Anmeldepflicht

68 Adressaten der Anmeldepflicht sind die beteiligten Unternehmen. Bei einem Anteilserwerb trifft die Anmeldepflicht gemäß § 39 Abs. 2 Nr. 2 GWB auch den Veräußerer, obwohl er nicht am Zusammenschluss beteiligt ist. Ziel dieser Regelung ist es, dem BKartA einen umfassenden Überblick über den Zusammenschluss zu verschaffen. In der Praxis macht es für die Erfüllung der Anmeldepflicht keinen Unterschied, ob jeder Verfahrensbeteiligte für sich, alle gemeinschaftlich oder nur einer für sich anmeldet.[102] So kommt es so gut wie nicht vor, dass jedes Unternehmen eine eigene, alle Angaben des § 39 Abs. 3 GWB enthaltende Anmeldung vornimmt. Vielmehr wird die Anmeldung durch alle Verpflichteten gemeinsam vorgenommen, in der Regel durch den Erwerber bzw. dessen Verfahrensbevollmächtigten. Die Verpflichteten stimmen sich dabei (über die Verfahrensbevollmächtigten auf anwaltsvertraulicher Basis) miteinander ab, da nur sie gemeinsam in der Lage sind, alle vom BKartA geforderten Angaben beizubringen.[103] Dies ist auch i. S. des BKartA, denn so erhält es alle relevanten Informationen zusammengefasst in einem Dokument. Nach dem OLG Düsseldorf müsse gleichwohl, jedes anmeldepflichtige Unternehmen gesondert und ohne Rücksicht auf Anmeldungen und Angaben Dritter einen Zusammenschluss anmelden.[104] Diese eigene Anmeldung könne nur durch einen hierzu förmlich *„bevollmächtigten Dritten"* oder durch eine Anmeldung *„eines beteiligten Unternehmens im Namen aller Anmeldepflichtigen"* ersetzt werden. Rein faktisch ändert dies aber nichts daran, dass die Anmeldung durch ein beteiligtes Unternehmen (bzw. dessen Verfahrensbevollmächtigten) *„in Abstimmung mit allen beteiligten Unternehmen"* hinreicht, um eine vollständige Anmeldung einzureichen, die Fristen der Fusionskontrolle ins Laufen zu bringen

---

102) *Riesenkampff/Lehr* in: Loewenheim/Meessen/Riesenkampff, § 39 GWB Rz. 11.
103) *Wagner*, WuW 2010, 38.
104) OLG Düsseldorf, *Du Pont/Pedex*, WuW/E DE-R 1881, 1882.

und eine Freigabeentscheidung zu erhalten. Allerdings – so betont auch das
OLG Düsseldorf – gibt es hinsichtlich der Verfahrensstellung (Zustellung,
etc.) einen Unterschied zwischen einem anmeldenden und einem (nur) beteiligten Unternehmen.

Im Ergebnis haftet jeder Anmeldepflichtige für die Erfüllung der gesetzlichen 69
Pflichten.[105] Wird das Zusammenschlussvorhaben unrichtig oder unvollständig
angemeldet, so können sich die untätig gebliebenen Unternehmen nicht darauf
berufen, dass sie die Anmeldepflicht einem anderen Anmeldepflichtigen überlassen haben.[106]

Im Innenverhältnis zwischen den Anmeldepflichtigen übernimmt der Erwerber 70
meist vertraglich die Verpflichtung, den Veräußerer zu informieren, ihm die
Korrespondenz (ggf. in nicht-vertraulicher Fassung) zu übermitteln und etwaige
Maßnahmen, ggf. auch in Bezug auf Auflagen und Bedingungen mit ihm abzustimmen.

2. Inhaltliche Anforderungen an die Anmeldung

Ist das Zusammenschlussvorhaben in seiner endgültigen Struktur vollständig 71
erkennbar, ist es beim BKartA anmeldefähig. Dabei müssen die Verträge noch
nicht unterzeichnet sein. Auch sind weder ein MoU noch ein LOI erforderlich.
In jedem Fall sind die beteiligten Unternehmen gemäß § 39 GWB **vor dem
Vollzug** des Zusammenschlusses verpflichtet, diesen beim BKartA anzumelden.
Inhaltlich muss die Anmeldung alle Angaben gemäß § 39 Abs. 3 GWB enthalten:

- die Art des Zusammenschlusstatbestandes,
- die Firma oder sonstige Bezeichnung des beteiligten Unternehmens,
- den Ort der Niederlassung oder Sitz der Gesellschaft,
- die Art des Geschäftsbetriebs,
- die Umsatzerlöse im Inland, in der Europäischen Union und weltweit,
- bei Kreditinstituten, Finanzinstituten und Bausparkassen anstelle der Umsatzerlöse den Gesamtbetrag der Erträge und bei Versicherungsunternehmen die Prämien,
- die Marktanteile einschließlich der Grundlage für die Berechnung oder Schätzung, soweit ein Anteil von mindestens 20 % auf irgendeinem Markt innerhalb Deutschlands erreicht wird,
- beim Erwerb von Anteilen an einem anderen Unternehmen die Höhe der erworbenen und der insgesamt gehaltenen Beteiligung,
- eine zustellungsbevollmächtigte Person im Inland, sofern sich der Sitz eines Unternehmens nicht im Geltungsbereich dieses Gesetzes befindet.

---

105) *Mestmäcker/Veelken* in: Immenga/Mestmäcker, § 39 GWB Rz. 12.
106) OLG Düsseldorf, *Du Pont/Pedex*, WuW/E DE-R 1881, 1882 f.

72 Das BKartA hat hierzu auf seiner Homepage ein Formblatt veröffentlicht. Dieses geht zwar über den Katalog in § 39 Abs. 3 GWB hinaus; es soll jedoch sicherstellen, dass dem BKartA alle erforderlichen Informationen von Anfang an vorliegen. Erforderlich ist dies jedoch nicht und tatsächlich wird es in der Praxis auch nur selten verwendet. Zusätzlich zu den nach § 39 Abs. 3 GWB erforderlichen Angaben hat das BKartA gemäß § 39 Abs. 5 GWB gegenüber den beteiligten Unternehmen ein besonderes Auskunftsrecht hinsichtlich ihrer Marktanteile und Umsätze.

73 Wird ein Zusammenschluss nicht richtig oder nicht vollständig angemeldet, stellt dies gemäß § 81 Abs. 2 Nr. 3 GWB eine bußgeldbewehrte Ordnungswidrigkeit dar. Wird der Zusammenschluss überhaupt nicht angemeldet, aber vollzogen, so begründet dies erst Recht eine Ordnungswidrigkeit, einmal wegen unterlassener Anmeldung und zugleich wegen Verstoßes gegen das Vollzugsverbot.

74 Eine separate Anmeldung entfällt nur, wenn ein Zusammenschluss gemäß § 39 Abs. 4 GWB von der Kommission an das BKartA zur Prüfung verwiesen wird und dem BKartA die oben genannten Angaben in deutscher Sprache vorliegen.

75 Anmeldungen **nach Vollzug** des Zusammenschlusses werden als bloße **Vollzugsanzeigen** behandelt und führen zur Einleitung eines Entflechtungsverfahrens nach § 41 Abs. 3 GWB (ggf. auch eines Bußgeldverfahrens). Während diese Vorgehensweise bis zur 8. GWB-Novelle bereits der Behördenpraxis des BKartA entsprach,[107] ist dies nun auch gesetzlich vorgesehen (vgl. § 41 Abs. 1 Satz 3 Nr. 3 GWB). Eine solche Vollzugsanzeige ist dem BKartA gemäß § 39 Abs. 6 GWB immer zu machen und zwar unverzüglich[108] nach Vollzug des Zusammenschlusses, auch wenn zuvor gegen die Anmeldepflicht verstoßen wurde. Diese dient der umfassenden Konzentrationsbeobachtung.[109] Zu beachten ist, dass erst mit Einstellung des Entflechtungsverfahrens die bis dahin schwebend unwirksamen Rechtsgeschäfte, die Grundlage der Transaktion sind, wirksam werden. Im Falle des Vorliegens der Untersagungsvoraussetzungen kann die Entflechtung angeordnet werden.

3. Formelle Anforderungen an die Anmeldung

76 Durch die 8. GWB-Novelle hat der Gesetzgeber sichergestellt, dass elektronische Anmeldungen ausschließlich über die vom BKartA eingerichtete zentrale De-Mail-Adresse oder eine vom BKartA eingerichtete E-Mail-Adresse mit qualifizierter elektronischer Signatur, möglich sind, § 39 Abs. 1 Satz 2 und 3 GWB.

---

[107] Mitteilung über die Behandlung nachträglich angemeldeter Zusammenschlüsse v. 13.5.2008, abrufbar unter http://www.bundeskartellamt.de.
[108] Das bedeutet nach der Praxis des BKartA innerhalb von drei Monaten.
[109] *Wiedemann* in: Wiedemann, Hdb. Kartellrecht, § 21 Rz. 46.

Tatsächlich ist nur letztere Möglichkeit im Moment durchführbar, die Versendung von E-Mails über De-Mail „ist derzeit noch in Vorbereitung".[110] Eine Anmeldung durch einfache E-Mail genügt nicht den gesetzlichen Anforderungen und kann infolgedessen auch den Fristbeginn nicht begründen,[111] wohl aber ein Einreichen vorab per Telefax.

III. Gang des Verfahrens

Das Verfahren der Zusammenschlusskontrolle unterteilt sich in zwei Abschnitte: 77
Das **Vorprüfverfahren** und das **Hauptprüfverfahren**.

Das Vorprüfverfahren beginnt mit der vollständigen Anmeldung beim BKartA, 78
§ 40 Abs. 1 Satz 1 GWB. Das BKartA hat binnen einer Frist von **einem Monat** zu entscheiden, ob es in eine vertiefte Prüfung eintritt und damit das Hauptverfahren eröffnet oder ob es eine Freigabe erteilt. Im Vorprüfverfahren werden in der Regel nur „*unproblematische Fälle*" abgeschlossen. Kommt das BKartA zu der Entscheidung, dass durch den Zusammenschluss wirksamer Wettbewerb nicht erheblich behindert wird, gibt es das Zusammenschlussvorhaben durch eine formlose Verwaltungsmitteilung frei. In der Praxis erfolgt die Freigabemitteilung vorab per Telefax. Ergeht innerhalb der Monatsfrist überhaupt keine Entscheidung, greift die sog. *Freigabefiktion*; der Zusammenschluss gilt als freigegeben und darf vollzogen werden.

Hat das BKartA hingegen Bedenken gegen den Zusammenschluss, eröffnet es 79
das Hauptprüfverfahren und muss innerhalb einer Frist von **vier Monaten**, beginnend mit Eingang der vollständigen Anmeldung, entscheiden. Lässt das BKartA diese Frist verstreichen, so gilt der Zusammenschluss als freigegeben, § 40 Abs. 2 Satz 2 GWB. Die Frist von vier Monaten kann nach den Vorgaben der § 40 Abs. 2 Satz 5 bis 7 GWB **gehemmt oder verlängert** werden. Gibt das BKartA den Zusammenschluss im Hauptprüfverfahren ausdrücklich frei, so hat diese Verfügung für etwa drei bis fünf Jahre Rechtskraft. In Ausnahmefällen muss das Vorhaben erneut angemeldet werden, wenn der Zusammenschluss innerhalb dieser Zeit nicht vollzogen wurde.[112]

IV. Bedingungen und Auflagen

Das BKartA kann gemäß § 40 Abs. 3 Satz 1 GWB die nur im Hauptprüfverfahren 80
als Verwaltungsakt ergehende Freigabeverfügung mit Bedingungen und Auflagen verbinden, um sicherzustellen, dass die beteiligten Unternehmen den Verpflichtungen nachkommen, die sie gegenüber dem BKartA eingegangen sind, um eine Untersagung abzuwenden. Unzulässig sind Befristungen einer Frei-

---

110) www.bundeskartellamt.de (Stand: 12/2013).
111) BT-Drucks. 17/9852, S. 30.
112) *Kling/Thomas*, § 20 Rz. 134.

gabe.[113)] In Betracht kommt etwa die Pflicht zur Veräußerung von Beteiligungen oder zur Stilllegung sowie zur Kündigung wettbewerbsbeschränkender Verträge. Gemäß den allgemeinen verwaltungsrechtlichen Grundsätzen wirken sich die Bedingungen unmittelbar auf die Wirksamkeit der Verfügung aus. Auflagen sind hingegen selbstständige Verpflichtungen, die in ihrer Wirksamkeit und Vollstreckbarkeit von der Verfügung unabhängig sind. Die Auflagen dürfen dabei nicht derart ausgestaltet sein, dass sie die Unternehmen einer laufenden Verhaltenskontrolle unterstellen, § 40 Abs. 3 Satz 2 GWB. Damit sind als Auflagen keine Verhaltensverpflichtungen zulässig, sondern nur solche Auflagen, die sich im Ergebnis auf die Marktstruktur auswirken.[114)]

V. Ministererlaubnis

81 Gemäß § 42 GWB kann der Bundeswirtschaftsminister einen vom BKartA zuvor untersagten Zusammenschluss erlauben. Dies setzt zunächst voraus, dass entweder die gesamtwirtschaftlichen Vorteile des Zusammenschlusses die Wettbewerbsbeschränkung aufwiegen oder der Zusammenschluss durch ein überragendes Interesse der Allgemeinheit gerechtfertigt ist. Der Minister stützt seine Entscheidung damit anders als das BKartA auf **außerwettbewerbliche Gründe**. Darüber hinaus darf eine Untersagungsverfügung des BKartA noch nicht rechtskräftig geworden sein, d. h. der Antrag ist innerhalb **eines Monats** ab Zustellung der Untersagung oder einer Auflösungsanordnung nach § 41 Abs. 3 Satz 1 GWB beim Bundeswirtschaftsministerium einzureichen, § 42 Abs. 3 Satz 1 GWB.

82 Der Minister soll seine Entscheidung vier Monate nach Eingang des Antrags treffen. Davor hat er ein Gutachten der Monopolkommission und die Stellungnahmen der zuständigen obersten Landesbehörden[115)] einzuholen, § 42 Abs. 4 Satz 1 GWB.

83 Die Ministererlaubnis bleibt die **Ausnahme**. Seit ihrer Einführung 1973 hat es bis 2013 nur 14 Ministererlaubnis-Entscheidungen gegeben, davon acht Erlaubnisse.

VI. Rechtsschutz

1. Voraussetzungen und Verfahren

84 Die am Verwaltungsverfahren **beteiligten Unternehmen** können gegen eine Untersagungsverfügung des BKartA Beschwerde erheben. Der Rechtsweg führt im Fall von Beschwerden gegen Verfügungen des BKartA vor die ordentlichen

---

113) *Wiedemann* in: Wiedemann, Hdb. Kartellrecht, § 21 Rz. 104.
114) Vgl. OLG Düsseldorf, *Liberty Global/Kabel BW*, WuW/E DE-R 4051, 4060 f.
115) Das sind die Kartellbehörden der Ländern, in denen die beteiligten Unternehmen ihren Sitz haben.

Gerichte, d. h. zu den Kartellsenaten des OLG Düsseldorf. Für die Zulässigkeit einer Beschwerde muss der Beschwerdeführer formell und materiell beschwert sein. Die formelle Beschwer ergibt sich aus der Ablehnung des gestellten Antrags.[116] Die materielle Beschwer setzt voraus, dass der Beschwerdeführer in seinen Interessen nachteilig berührt ist.[117]

Dritte sind zwar nach dem Wortlaut von § 63 Abs. 2 i. V. m. § 54 Abs. 2 Nr. 3 GWB nur dann beschwerdebefugt, wenn sie Beigeladene des Verwaltungsverfahrens sind. Der Beiladung Dritter sind aus verfahrensökonomischen Gründen jedoch Grenzen gesetzt, da die Sachaufklärung meist durch die Beiladung anderer Dritter mit ähnlichen Interessen gesichert ist.[118] Im Ergebnis würde dies zu einer zufälligen Beschwerdebefugnis Dritter führen und einen Verstoß gegen Art. 3 Abs. 1 GG darstellen. Daher können nach Rechtsprechung des BGH abweichend vom Wortlaut ggf. auch nicht beigeladene Dritte beschwerdebefugt sein, wenn die Voraussetzungen für eine Beiladung vorgelegen hätten.[119] Dies setzt voraus, dass durch den Dritten ein Antrag auf Beiladung gestellt wurde, und zwar – nach der Rechtsprechung des BGH[120] – vor Erlass der Verfügungsentscheidung. Weiterhin muss er geltend machen, dass die Entscheidung ihn unmittelbar und individuell betrifft. Dies deckt sich in der Sache mit den Voraussetzungen, die das europäische Recht gemäß Art. 263 Abs. 4 AEUV an die Klagebefugnis Drittbetroffener stellt.[121]

85

Das GWB regelt **drei Beschwerdearten**: Die Anfechtungsbeschwerde (§ 63 Abs. 1 GWB), die Verpflichtungsbeschwerde (§ 63 Abs. 3 GWB) und die Fortsetzungsfeststellungsbeschwerde (§ 71 Abs. 2 und Abs. 3 GWB). Es handelt sich trotz der Zuständigkeit der ordentlichen Gerichte um ein verwaltungsgerichtliches Verfahren, so dass ergänzend zu den Regelungen in § 63 GWB die VwGO und ggf. auch die ZPO hinzuzuziehen sind. Gegen die Entscheidung des OLG kann Rechtsbeschwerde beim BGH eingelegt werden. Diese bedarf der Zulassung durch das OLG, es sei denn es handelt sich um gerügte Verfahrensfehler, § 74 Abs. 1, 4 GWB. Die Überprüfung durch den BGH ist auf Rechtsfragen beschränkt und es gilt gemäß § 76 Abs. 3 GWB eine Einlegungsfrist von einem Monat ab Zustellung der angefochtenen Entscheidung des OLG.

86

---

116) OLG Düsseldorf, *Deutsche Börse/London Stock Exchange*, WuW/E DE-R 1835, 1837 f.
117) BGH, *HABET/Lekkerland*, WuW/E DE-R 1163, 1165.
118) *Mestmäcker/Veelken in:* Immenga/Mestmäcker, § 40 GWB Rz. 120b.
119) BGH, *pepcom*, WuW/E DE-R 1857, 1859.
120) BGH, *Versicherergemeinschaft*, WuW/E DE-R 2728, 2729; die Entscheidung erging allerdings i. R. eines Kartellverfahrens nach § 1 GWB/Art. 101 AEUV, dürfte nach der Begründung des BGH allerdings übertragbar sein; kritisch dazu *Stancke*, WuW 2010, 642.
121) BGH, *pepcom*, WuW/E DE-R 1857, 1859.

2. Eilrechtsschutz

87 Die Beschwerde gegen eine Untersagungsverfügung entfaltet keine aufschiebende Wirkung, so dass die beteiligten Unternehmen weiterhin gehindert sind, den betreffenden Zusammenschluss zu vollziehen. Das BKartA kann nach entsprechendem **Antrag** im Wege einer **einstweiligen Anordnung** den Vollzug des Zusammenschlusses vorläufig gestatten (§§ 64 Abs. 3, 60 Nr. 1 GWB).

88 Dritten bietet sich die Möglichkeit, einen **Antrag auf Wiederherstellung der aufschiebenden Wirkung** zu stellen. Materiell müssen sie geltend machen, durch die Verfügung in ihren Rechten verletzt zu sein, § 65 Abs. 3 Satz 4 GWB.[122] Es wird also anders als im Hauptsacheverfahren eine subjektive Rechtsverletzung verlangt. An dieser wird es regelmäßig fehlen, da meist nur wirtschaftliche Interessen Dritter betroffen sind.[123]

E. Kartellverbot
I. Grundlagen

89 Neben der Fusionskontrolle kann das Kartellverbot nach § 1 GWB für internationale Unternehmenskäufe von Bedeutung sein.

90 § 1 GWB verbietet wettbewerbsbeschränkende Vereinbarungen zwischen Unternehmen, Beschlüsse von Unternehmensvereinigungen und aufeinander abgestimmte Verhaltensweisen, die eine Verhinderung, Einschränkung oder Verfälschung des Wettbewerbs bezwecken oder bewirken. Für bestimmte Arten von Zusammenschlüssen hat dieses Kartellverbot eine eigenständige Bedeutung neben der Fusionskontrolle. Dies gilt in erster Linie für **Gemeinschaftsunternehmen** (siehe § 41 Rz. 51) sowie für bestimmte **Vereinbarungen zur Durchführung von Unternehmenskäufen** (siehe Rz. 96 ff.).

II. Internationaler Anwendungsbereich
1. Verhältnis zum unionsrechtlichen Kartellverbot

91 Durch die 7. GWB-Novelle wurde § 1 GWB im Wortlaut fast vollständig an Art. 101 Abs. 1 AEUV angepasst. Ziel war es, eine unterschiedliche, oft zu ihren Lasten ausgehende Behandlung kleiner und mittlerer Unternehmen zu vermeiden.[124]

92 Anders als im EG-Recht gibt es jedoch keine Zwischenstaatlichkeitsklausel. Demnach ist es für einen Kartellverstoß nach § 1 GWB nicht erforderlich, dass die Wettbewerbsbeschränkung geeignet ist, den zwischenstaatlichen Handel zu beeinträchtigen. Im Gegensatz zu Art. 101 AEUV erfasst § 1 GWB damit auch

---

122) BGH, *pepcom*, WuW/E DE-R 1857, 1858.
123) BGH, *Ampere*, WuW/E DE-R 1571, 1572.
124) Begr. RegE 7. GWB-Novelle, BT-Drucks. 15/3640, S. 21.

rein lokale Sachverhalte, die keine Auswirkung auf den zwischenstaatlichen Handel haben.

2. Verhältnis zu Drittstaaten

Ob das Kartellverbot auf Sachverhalte mit Auslandsbezug Anwendung findet, bestimmt sich – wie bei der Zusammenschlusskontrolle – nach dem in § 130 Abs. 2 GWB verankerten **Auswirkungsprinzip**. Nach diesem kommt es allein darauf an, ob sich die Wettbewerbsbeschränkung, d. h. die wettbewerbsschädliche Verhaltenskoordinierung, im Geltungsbereich des Gesetzes auswirkt (allgemein dazu siehe Rz. 9). Unbeachtlich ist somit, in welchen Staaten die an der Wettbewerbsbeschränkung beteiligten Unternehmen ihren Sitz haben oder wo die wettbewerbsbeschränkende Maßnahme veranlasst wurde. Der Begriff der Inlandsauswirkungen ist unter Berücksichtigung des Schutzzwecks der jeweils zur Anwendung berufenen Sachnorm zu konkretisieren. Hierbei ist der völkerrechtliche Grundsatz zu berücksichtigen, dass eine behördliche Kontrolle unternehmerischer Aktivitäten nur dann statthaft ist, wenn zwischen dem tätig werdenden Staat und dem zu regelnden Sachverhalt eine hinreichend enge Verbindung besteht (allgemein dazu siehe Rz. 10). 93

Somit findet das Kartellverbot Anwendung, wenn eine Wettbewerbsbeschränkung in Bezug auf das Inland bezweckt oder bewirkt wird und der Vertrag auf Grund konkreter Umstände geeignet ist, die inländischen Marktverhältnisse **vorhersehbar und spürbar** zu beeinflussen.[125] Eine hinreichende Inlandsauswirkung kann dann bejaht werden, wenn die Verhaltenskoordinierung den inländischen Markt regelt. Dies ist etwa dann der Fall, wenn ein Gemeinschaftsunternehmen auf dem deutschen Markt aktiv werden soll[126] oder ein Unternehmen durch ein Wettbewerbsverbot verpflichtet wird, sich vom deutschen Markt zurückzuziehen.[127] 94

Ist ein Zusammenschlussvorhaben fusionskontrollrechtlich anmeldepflichtig, kann folglich auch das Kartellverbot parallel Anwendung finden. 95

III. Wettbewerbsverbote und sonstige Nebenabreden

Im Rahmen von Zusammenschlussvereinbarungen werden oft Wettbewerbsverbote als Nebenabreden vereinbart, so dass sich auch hier die Frage nach dem Verhältnis von Zusammenschlusskontrolle und Kartellverbot stellt. 96

---

125) *Rehbinder* in: Immenga/Mestmäcker, § 130 GWB Rz. 153, 172 ff. Im Detail sind die völkerrechtlich gebotenen Qualifikationen und Einschränkungen des Auswirkungsprinzips (Unmittelbarkeit, Spürbarkeit, objektive Vorhersehbarkeit, Interessenabwägung etc.) umstritten; eingehend dazu *Wagner-von Papp* in: Tietje, § 11 Rz. 43 ff.

126) *Bechtold* in: Bechtold, GWB, § 130 Rz. 24; *Rehbinder* in: Immenga/Mestmäcker, § 130 GWB Rz. 269.

127) *Rehbinder* in: Immenga/Mestmäcker, § 130 GWB Rz. 197 (bezogen auf Marktaufteilungsabsprachen).

97 Nach der europäischen Zusammenschlusskontrolle teilen Nebenabreden des Zusammenschlusses dessen rechtliche Beurteilung, wenn sie für sein Zustandekommen notwendig sind (Art. 6 Abs. 1 lit. b, Art. 8 Abs. 2 Unterabs. 2 Satz 2 FKVO). Sie können deshalb nicht separat nach Art. 101 AEUV aufgegriffen werden. Findet hingegen die deutsche Zusammenschlusskontrolle Anwendung (§§ 35 ff. GWB), so ist grundsätzlich auch die Vereinbarkeit mit § 1 GWB zu prüfen. Allerdings ist die Frage des Kartellverstoßes kein Bestandteil der Zusammenschlusskontrolle. Vielmehr obliegt es den Parteien, dies im Wege der **Selbsteinschätzung** eigenständig zu beurteilen.[128]

1. Wettbewerbsverbote

98 Im Grunde stellen **Wettbewerbsverbote** immer wettbewerbsbeschränkende Vereinbarungen dar. Wettbewerbsverbote können jedoch dazu dienen sicherzustellen, dass der Erwerber den vollständigen Wert der ihm übertragenen materiellen und immateriellen Vermögenswerte erhält und sich eine eigene Marktstellung aufbauen kann.[129] Daher sind nicht sämtliche Wettbewerbsverbote in Unternehmenskaufverträgen verboten. Der BGH hat Kriterien entwickelt, anhand derer eine sorgfältige Abwägung zwischen den legitimen Zwecken transaktionsbezogener Wettbewerbsverbote und dem Kartellverbot erfolgt: Wettbewerbsverbote durch Nebenabreden sind danach mit § 1 GWB nur vereinbar, wenn sie erforderlich sind, um den Hauptzweck des an sich kartellrechtsneutralen Hauptgeschäfts zu verwirklichen.[130] Entscheidend ist dabei, ob das Wettbewerbsverbot räumlich, zeitlich und sachlich darauf beschränkt ist, den mit dem Vertrag verfolgten Zweck zu erreichen.[131]

99 Sachlich muss sich das Wettbewerbsverbot auf diejenigen Waren oder Dienstleistungen beschränken, die zum tatsächlichen Geschäftsgegenstand des veräußerten Unternehmens gehören. So muss das Wettbewerbsverbot auf diejenigen Produktmärkte begrenzt sein, auf denen der Veräußerer mit dem Zielunternehmen vor der Übertragung tätig war, da es eines Wettbewerbsschutzes auf anderen Märkten nicht bedarf.

100 Räumlich hat sich das Wettbewerbsverbot grundsätzlich auf das Gebiet zu beschränken, in dem der Veräußerer vor dem Unternehmenszusammenschluss

---

128) *Kling/Thomas*, § 20 Rz. 121.
129) BGH, *Holzpaneele*, WuW/E BGH 1898, 1990; Kommission, WuW/E EU-V 97, Rz. 17 u. 19; *Wagemann* in: Wiedemann, Hdb. Kartellrecht, § 16 Rz. 210.
130) BGH, *Verbundnetz II*, WuW/E DE-R 1119, 1123.
131) BGH, *Subunternehmervertrag II*, GRUR 2009, 698, 699; BGH, *Frischbeton*, WuW/E BGH 1600, 1602.

die jeweiligen Waren oder Dienstleistungen abgesetzt hat.[132] Die Beschränkung auf den bisherigen Absatzmarkt erfolgt vor dem Hintergrund, dass davon ausgegangen werden kann, dass der Erwerber nur auf denjenigen Märkten vor Wettbewerb geschützt werden muss, auf denen der Veräußerer mit dem Zielunternehmen vor dem Zusammenschluss bereits tätig war. Unter besonderen Umständen kann das Wettbewerbsverbot jedoch auch auf Märke auszudehnen sein, auf denen der Veräußerer noch keine Präsenz gezeigt hat; dies setzt aber voraus, dass der Veräußerer auf dem betreffenden Markt vor der Übernahme Investitionsmaßnahmen getätigt hat, um dort Geschäfte aufzunehmen.

Hinsichtlich der zeitlichen Begrenzung des Wettbewerbsverbots besteht weitgehend Uneinigkeit. Dies ist Frage des Einzelfalls, wobei von entscheidender Bedeutung ist, wie viel Zeit der Erwerber benötigt, um die Kundenbeziehungen des Veräußerers zu konsolidieren.[133] Nach neuerer Tendenz beträgt der zulässige Zeitraum – entsprechend den europäischen „*Vorgaben*" der Kommission (siehe oben § 18 Rz. 118) – zwei Jahre bzw. drei Jahre, wenn Know-how mit erworben wird. Allenfalls in Einzelfällen kann auch ein zeitlich darüber hinausgehendes Wettbewerbsverbot gerechtfertigt sein. Bei einem lediglich zeitlich überzogenen Wettbewerbsverbot, das sich aber sachlich und räumlich in den erforderlichen Grenzen hält, kommt eine geltungserhaltende Reduktion in Betracht.

101

Als notwendig für den Zusammenschluss werden nach der Rechtsprechung des Weiteren nur solche Wettbewerbsverbote angesehen, die der Veräußerer sich selbst, seinen Tochtergesellschaften oder Handelsvertretern auferlegt. Klauseln, die bspw. die Einfuhr- oder Ausfuhrberechtigungen von Wiederverkäufern, Nutzungsberechtigten oder sonstigen Dritten einschränken, sind dagegen nicht gerechtfertigt.[134]

102

Wie Wettbewerbsverbote sind auch Klauseln zu beurteilen, die es dem Veräußerer untersagen, Anteile an Konkurrenzunternehmen zu erwerben oder zu

103

---

132) Kommission, Bekanntmachung über Einschränkungen des Wettbewerbs, die mit der Durchführung von Unternehmenszusammenschlüssen unmittelbar verbunden und für diese notwendig sind, ABl. EU 2005 C 56/3 (Nebenabredenbekanntmachung), Rz. 22; Kommission v. 6.6.1991, *VIAG/Continental Can*, ABl. EU C 156 v. 14.6.1991, Rz. 16 i. V. m. Rz. 5; Kommission v. 1.10.1993, *American Cynamid/Shell*, ABl. EU C 273 v. 9.10.1993, Rz. 38 u. 41; Kommission v. 17.3.1995, *British Steel/UES*, ABl. EU C 105/7 v. 26.4.1995, Rz. 24; Kommission v. 30.6.1995, *Employers Reinsurance Corporation/Aachener Rückversicherungs-Gesellschaft AG*, ABl. EU C 272/5 v. 18.10.1995, Rz. 16; Kommission v. 29.5.1995, *Seagram/MCA*, ABl. EU C 149/11 v. 16.6.1995, Rz. 16; Kommission v. 27.7.1995, *RWE-DEA/Enichem Augusta*, ABl. EU C 207/11 v. 12.8.1995; Kommission v. 20.3.1996, *Unilever/Diversey*, ABl. EU C 113/10 v. 18.4.1996, Rz. 31.
133) BGH, *Holzpaneele*, WuW/E BGH 1898.
134) *Henschen* in: Schulte, Hdb. Fusionskontrolle, Rz. 1811.

halten.[135)] Abwerbeverbote und Vertraulichkeitsklauseln werden grundsätzlich ebenfalls wie Wettbewerbsverbote behandelt.[136)]

2. Sonstige Nebenabreden

104 Als sonstige Nebenabreden kommen insbesondere Lizenzvereinbarungen sowie Bezugs- und Lieferpflichten in Betracht. Lizenzvereinbarungen können dann notwendig für die Durchführung des Zusammenschlusses sein, wenn der Erwerber nicht das für die Geschäftstätigkeit nötige geistige Eigentum erhalten soll, sondern nur Nutzungs- und Verwertungsrechte.[137)] Für den Fall, dass das geistige Eigentum an den Erwerber übergeht, der Veräußerer aber weiter auf die Nutzung angewiesen ist, kann die Abrede einer Lizenzvereinbarung ebenfalls notwendig sein. Ob eine räumliche oder zeitliche Beschränkung der Lizenz zu erfolgen hat, beurteilt sich danach, ob sie dem Veräußerer, der in der Regel über eine gefestigte Marktposition verfügt, oder dem Erwerber, der eine solche erst aufbauen muss, erteilt wird.[138)]

105 Auch eine Vereinbarung von Bezugs- und Lieferpflichten kann notwendig sein, um den mit dem Zusammenschluss verfolgten Zweck zu erreichen. Es dürfen jedoch keine Ausschließlichkeitsbindungen begründet werden, oder einer der Parteien der Status eines Vorzugslieferanten oder -abnehmers eingeräumt werden. In Bezug auf die zeitliche und räumliche Beschränkung der Bezugs- und Lieferpflichten muss eine Orientierung am Einzelfall erfolgen.[139)]

---

135) *Henschen* in: Schulte, Hdb. Fusionskontrolle, Rz. 1814.
136) *Henschen* in: Schulte, Hdb. Fusionskontrolle, Rz. 1815.
137) Vgl. Kommission, Nebenabredenbekanntmachung, Rz. 27.
138) Vgl. Kommission, Nebenabredenbekanntmachung, Rz. 29.
139) Vgl. Kommission, Nebenabredenbekanntmachung, Rz. 34.

Kapitel 6 Akquisitionsfinanzierung

§ 20 Grundlagen

Übersicht

A.	Begriff und Bedeutung 1	I.	Hintergrund 15
B.	Grundstruktur 9	II.	Bezeichnung der beteiligten
C.	Grenzüberschreitende Bezüge 10		Banken 18
D.	Eurokredite 11	III.	Kreditkonsortium 26
E.	Konsortialkredite 15		

Literatur: *Diem*, Akquisitionsfinanzierungen – Konsortialkredite für Unternehmenskäufe, 3. Aufl., 2013; *Eilers/Rödding/Schmalenberg*, Unternehmensfinanzierung, 2014; *Hellner/Steuer* (Hrsg.), Bankrecht und Bankpraxis, Loseblatt, Stand: 109. Lfg. 2014 (zit.: *Bearbeiter* in: Bankrecht und Bankpraxis); *Langenbucher/Bliesener/Spindler*, Bankrechts-Kommentar, 2013; *Mittendorfer*, Praxishandbuch Akquisitionsfinanzierung: Erfolgsfaktoren fremdfinanzierter Unternehmensübernahmen, 2007; *Rosenau*, Das Eurodollar-Darlehen und sein anwendbares Recht, RIW 1992, 879; *Rösler/Mackenthun/Pohl*, Handbuch Kreditgeschäft, 6. Aufl., 2002; *Wolf/Hill/Pfaue*, Strukturierte Finanzierungen, 2. Aufl., 2011.

A. Begriff und Bedeutung

Der Erwerb eines Unternehmens oder einzelner Unternehmensteile ist nur 1 möglich, wenn auch die **Finanzierung des** jeweiligen **Kaufpreises** sichergestellt ist. In den seltensten Fällen wird der Käufer seine Investition ausschließlich mit Eigenkapital finanzieren. Vielmehr wird er in erheblichem Maße auf die Zurverfügungstellung von Fremdkapital angewiesen sein oder dies bewusst einsetzen wollen, um die Rendite seines eingebrachten Eigenkapitals zu steigern (sog. *Leverage*-Effekt; siehe näher unten Rz. 4 ff.).

Die **Fremdfinanzierung des Erwerbs eines Unternehmens** oder einer Unter- 2 nehmensgruppe wird als Akquisitionsfinanzierung bezeichnet.[1] Das Fremdkapital kann entweder am Kapitalmarkt aufgenommen werden, etwa in Form von hochverzinslichen Anleihen (*High Yield Bonds*), oder es wird von Banken in Form von Krediten zur Verfügung gestellt. Ganz überwiegend dürfte neben auch möglichen Mischformen die Kreditvariante zum Einsatz kommen, so wie der Bankkredit überhaupt die wohl immer noch dominierende Form der Fremdfinanzierung eines Unternehmens darstellt.[2] Da der erforderliche Fremdkapitalbedarf bei Akquisitionsfinanzierungen erheblich ist, wird er üblicherweise

---

1) *Diem*, § 1 Rz. 1 ff.; *Mittendorfer*, S. 11 ff.
2) *Rossbach* in: Kümpel/Wittig, Bank- und Kapitalmarktrecht, Rz. 11.1. Verstärkte Tendenzen hin zum Kapitalmarkt könnten sich allerdings durch die Umsetzung von Basel III ergeben, sofern die Banken bei gleichbleibender Kreditnachfrage ihre Kreditvergabe wegen strengerer Eigenkapitalunterlegungsanforderungen einschränken.

§ 20 Grundlagen

durch ein Bankenkonsortium gedeckt. Akquisitionsfinanzierungen erfolgen also regelmäßig in Form von **Konsortialkrediten** (*syndicated loans*).

3   Die **Fremdkapitalquote** beträgt bei Akquisitionsfinanzierungen etwa zwischen 40 % und 75 %, wobei Akquisitionen durch mittelständische Unternehmen wegen der oftmals gewünschten Beschränkung des Einflusses der Fremdkapitalgeber eher weniger fremdkapitallastig sind als Unternehmenskäufe durch große Konzerne.[3]

4   Macht der Anteil des Fremdkapitals am Gesamtfinanzierungsvolumen mindestens ca. 60 % aus, spricht man von einem *Leveraged Buy-Out* (LBO).[4] Bei einem LBO setzt der Investor auf die Hebelwirkung des Fremdkapitals für die Rendite seines eingesetzten Eigenkapitals, den sog. *Leverage*-Effekt. Danach erhöht sich die Rendite seines investierten Eigenkapitals mit zunehmendem Fremdkapitaleinsatz; dies gilt allerdings nur so lange, wie die Rendite des insgesamt investierten Eigen- und Fremdkapitals größer ist als der Zinssatz für das aufgenommene Fremdkapital.

5   *Beispiel 1 (ohne Fremdkapital-Einsatz): Bei einem eingesetzten Eigenkapital (EK) von 100 und einem Veräußerungsgewinn von 10 ergibt sich eine EK-Rendite von 10 %.*

6   *Beispiel 2 (mit niedrigem Fremdkapital-Einsatz): Bei einem eingesetzten EK von 50, einem Fremdkapital (FK) von 50 (FK-Zinssatz 4 %) und demselben Veräußerungsgewinn vor Zinsen von 10 ergibt sich ein Gewinn nach Zinsen von 8 (= 10 − (50 x 4 %)), mithin eine EK-Rendite von 16 %. (Die Gesamtkapitalrendite ist mit 8 % größer als der FK-Zinssatz von 4 %.)*

7   *Beispiel 3 (mit hohem Fremdkapital-Einsatz): Bei einem eingesetzten EK von 25, einem Fremdkapital (FK) von 75 (FK-Zinssatz 4 %) und demselben Veräußerungsgewinn vor Zinsen von 10 ergibt sich ein Gewinn nach Zinsen von 7 (= 10 − (75 x 4 %)), mithin eine EK-Rendite von 28 %. (Die Gesamtkapitalrendite ist mit 7 % größer als der FK-Zinssatz von 4 %.)*

8   Die treibende Kraft bei LBOs sind vielfach Finanzinvestoren in Form von **Private-Equity-Fonds**, die ihre Beteiligungen – im Gegensatz zu strategischen Investoren – in der Regel in einem Zeitraum von drei bis fünf Jahren wieder gewinnbringend veräußern wollen („Exitstrategie").[5]

---

3) *Hasselbach/Rödding* in: Eilers/Rödding/Schmalenbach, S. 962 ff.
4) Mindestens 70 % Fremdkapital verlangt *Hill* in: Wolf/Hill/Pfaue, S. 160. Differenzierter *Mittendorfer*, S. 13: Erforderlich sei ein *Leverage* von mehr als 3,0–3,5 und ein Zinsdeckungsgrad (= Verhältnis EBITDA zu Zinsaufwand) von weniger als 3,5–4,0. – Von einem *Management Buy-out* (MBO) spricht man, wenn es sich bei dem Eigenkapitalinvestor um das Management des Zielunternehmens handelt. Bei einem *Management Buy-in* (MBI) investieren dagegen externe Führungskräfte in den Erwerb des Zielunternehmens. Eine Transaktion, bei der der Alteigentümer seine Anteile an eine Erwerbsgesellschaft veräußert, an der er ebenfalls beteiligt ist, bezeichnet man als *Owner Buy-out* (OBO); zu weiteren Varianten *Hill* in: Wolf/Hill/Pfaue, S. 159 ff.
5) *Mittendorfer*, S. 13 f.

B. Grundstruktur

Akquisitionsfinanzierungen stellen höchst anspruchsvolle Finanzierungstransaktionen dar. Sie bedürfen sowohl in steuerlicher als auch in gesellschafts- und finanzrechtlicher Hinsicht einer sorgfältig vorbereiteten und in allen relevanten Aspekten **passgenau aufeinander abgestimmten Strukturierung**. Die stark vereinfachte **Grund- oder Ausgangsstruktur** einer Akquisitionsfinanzierung sieht folgendermaßen aus:[6]

9

- Der Investor gründet eine neue Gesellschaft (**NewCo**), die die Zielgesellschaft erwerben soll. Die NewCo wird von dem Investor mit Eigenkapital bzw. eigenkapitalähnlichen Gesellschafterdarlehen und von den Banken und anderen Fremdkapitalgebern mit Krediten ausgestattet. Mit dem so zur Verfügung gestellten Kapital erwirbt die NewCo im Wege des Share Deal die Anteile an der Zielgesellschaft.[7]

- Ziel ist es, dass die von der NewCo benötigten Mittel zur Bedienung der Kredite von der Zielgesellschaft erwirtschaftet werden, die anders als die NewCo über ein operatives Geschäft verfügt. Wichtig ist daher, dass die Zielgesellschaft über einen hohen und stabilen Cash Flow verfügt, mit dem die Fremdfinanzierung bedient und getilgt werden kann.

- Alle Risiken der Transaktion sind in der NewCo als Käuferin der Zielgesellschaft und Kreditnehmerin der Kredite gebündelt. Um die Haftung des Investors zu begrenzen, wird die NewCo regelmäßig als Kapitalgesellschaft gegründet. Die Banken erhalten von dem Investor üblicherweise weder Garantien noch Sicherheiten (***Non-Recourse*-Finanzierung**). Die Besicherung der Kredite erfolgt vielmehr ausschließlich durch die NewCo (Verpfändung der Gesellschaftsanteile an der Zielgesellschaft) und die Zielgesellschaft bzw. deren Gruppe. Wegen des nur sehr eingeschränkten Sicherheitenwerts der verpfändeten Gesellschaftsanteile treffen die Banken ihre Kreditentscheidung in erster Linie aufgrund des projektierten Cashflows der Zielgesellschaft, aus dem der Schuldendienst erwirtschaftet werden muss und erst in zweiter Linie unter Berücksichtigung der in der Sphäre der Zielgesellschaft verfügbaren Sicherheiten (sog. *Cash Flow-based Lending*).

C. Grenzüberschreitende Bezüge

Wenn mit der fortschreitenden Globalisierung, der zunehmenden Deregulierung und Öffnung der Märkte sowie der rasanten Entwicklung der Informationstechnologien die Volkswirtschaften der Welt immer stärker zusammengewachsen sind und damit die grenzüberschreitende Tätigkeit von Unternehmen heute

10

---

6) *Diem*, § 1 Rz. 10 ff.; *Mittendorfer*, S. 85 ff.
7) Selbstverständlich ist ebenso ein Asset Deal oder eine Kombination von Share Deal und Asset Deal vorstellbar. Näher dazu oben § 1 Rz. 13 ff.

praktisch die Regel ist, gilt dies selbstverständlich auch für das Kreditgeschäft. Mit anderen Worten: Auch Akquisitionsfinanzierungen weisen immer häufiger **Auslandsbezüge** auf – sei es, dass der Kreditnehmer seinen Sitz im Ausland hat, die Zielgesellschaft im Ausland domiziliert ist, sei es, dass ausländische Banken Mitglieder des finanzierenden Bankenkonsortiums sind, sei es schließlich, dass Kreditsicherheiten im Ausland belegen sind oder Sicherheitengeber wie Bürgen oder Garanten ihren Sitz im Ausland haben. *Cross-border*-Finanzierungen sind nicht selten steuerrechtlich getrieben. So werden oftmals bewusst ausländische Kreditaufnahme- oder Finanzierungsgesellschaften eingeschaltet, um Steuervorteile zu erzielen. Die grenzüberschreitenden Bezüge sind jedenfalls vielfältig und haben tendenziell zugenommen. Vor diesem Hintergrund kann es nicht verwundern, dass die Beteiligten auch in diesem Umfeld vermehrt mit Fragestellungen aus dem **Internationalen Privat- und Zivilverfahrensrecht** sowie den jeweils berührten ausländischen Rechtsordnungen konfrontiert werden.

D. Eurokredite

11 Akquisitionskredite werden in aller Regel als sog. Eurokredite zur Verfügung gestellt. Als Eurokredit wird ein **Barkredit** bezeichnet, der **am** sog. **Euromarkt** aufgenommen wird.[8] Gegenstand des Euromarkts sind alle Finanztransaktionen in den wichtigsten konvertierbaren Währungen außerhalb des Währungsursprungslandes oder in einer Freihandelszone im Währungsursprungsland. In seinen Anfängen basierte der Eurokreditmarkt auf US-Dollarguthaben, die von in Europa ansässigen Gläubigern gehalten wurden, die aus diesen Geldern Darlehen gewährten.[9] Neben dem US-Dollar gewannen Kredite in Deutsche Mark, Yen und Schweizer Franken an Bedeutung.[10] Seither hat sich die Bezeichnung „Euromarkt" eingebürgert, an dem neben Euro-Dollar auch Euro-Euro und Euro-CHF gehandelt werden.

12 Trotz seiner bis heute erhalten gebliebenen Bezeichnung, die ihren Ursprung in seiner Entstehung hat, ist der Euromarkt geographisch nicht auf Europa oder gar auf europäische Marktteilnehmer beschränkt. Vielmehr handelt es sich um einen **internationalen Finanzmarkt**.[11] Er erstreckt sich auf die Euro-Finanzplätze in Europa (London, Luxemburg, Paris), auf Zentren in Asien (Hongkong, Singapur, Tokio) und in Nordamerika (International Banking Facilities genannte Freihandelszonen, wie z. B. in New York) sowie auf Bankplätze in arabischen Ländern und der Karibik.

13 **Marktteilnehmer** des Euromarktes sind hauptsächlich Zentralbanken, nationale und internationale Institutionen und Organisationen mit öffentlich-rechtlichem

---

8) *Rösler/Mackenthun/Pohl*, S. 328 ff.
9) *Welter* in: Schimansky/Bunte/Lwowski, Bankrechts-Hdb., Bd. II, § 118 Rz. 50 m. w. N.
10) *Rösler/Mackenthun/Pohl*, S. 332.
11) *Rosenau*, RIW 1992, 879 ff.

Charakter, spezielle Finanzierungsinstitute, Banken und erstklassige internationale, aber auch bonitätsmäßig einwandfreie große und mittelgroße nationale Unternehmen.

Der mittel- und langfristigen Finanzierung dienen die sog. **Roll-over-Kredite** 14 des Euromarktes. Ihre Laufzeit liegt zwischen fünf und zehn Jahren, und ihr Zinssatz wird nicht für die gesamte Laufzeit des Kreditvertrags festgelegt, sondern periodisch den aktuell geltenden Marktverhältnissen angepasst. Die Zinsanpassung erfolgt zu vertraglich vereinbarten Terminen, üblicherweise alle 1, 3, 6 oder 12 Monate. Als **Referenzzinssatz** werden bspw. der EURIBOR oder LIBOR[12] verwendet.

E. Konsortialkredite

I. Hintergrund

Banken sind bestrebt, das Risiko und die Eigenkapitalkosten großvolumiger 15 Akquisitionskredite **nicht allein tragen** zu müssen.[13] Unabhängig vom Bankaufsichtsrecht, das für Großkreditengagements bereits Obergrenzen vorgibt,[14] zielen Banken darauf ab, die Risiken in ihrem Kreditportfolio möglichst stark zu diversifizieren und die **Steuerung ihres Kreditportfolios** mit Blick auf Renditevorgaben und das erforderliche regulatorische Eigenkapital zu optimieren.[15]

Kredite für Akquisitionsfinanzierungen werden daher fast immer von mehreren 16 Kreditgebern als Konsortialkredite, auch syndizierte Kredite (*syndicated loans*) genannt, zur Verfügung gestellt.

Beim Konsortialkredit sind die **Rechtsverhältnisse** zwischen den Kreditgebern 17 und dem Kreditnehmer vom Rechtsverhältnis der Kreditgeber untereinander zu **unterscheiden**. Während die Rechtsbeziehungen zwischen den Kreditgebern und dem Kreditnehmer in den **Kreditverträgen** niedergelegt werden, findet die Regelung der Rechtsbeziehungen der Kreditgeber untereinander im **Konsortialvertrag** statt. Im internationalen Konsortialkreditgeschäft ist es allerdings üblich, diese Verträge **in einer Urkunde**, dem Konsortialkreditvertrag, zu verbinden.[16] Wegen der zunehmenden Standardisierung der Vertragsdokumentation ist dies zunehmend auch bei rein deutschen Transaktionen der Fall.

---

12) EURIBOR = Euro Interbank offered Rate; LIBOR = London Interbank offered Rate.
13) *Früh* in: Bankrecht und Bankpraxis, Rz. 3/333; *Ulmer/Schäfer* in: MünchKomm-BGB, Vor § 705 Rz. 58.
14) Vgl. §§ 13 ff. KWG. Nach der Legaldefinition des § 13 Abs. 1 KWG ist ein Großkredit ein Kredit, der insgesamt 10 % des haftenden Eigenkapitals eines Kreditinstituts beträgt oder übersteigt. Ein einzelner Großkredit darf gemäß § 13 Abs. 3 KWG 25 % des haftenden Eigenkapitals eines Kreditinstituts nicht übersteigen (Großkrediteinzelobergrenze).
15) *Jetter* in: Eilers/Rödding/Schmalenbach, S. 224.
16) *Diem*, § 30 Rz. 5.

II. Bezeichnung der beteiligten Banken

18 Die an einer Konsortialfinanzierung beteiligten Banken können i. R. der Transaktion verschiedene Aufgaben übernehmen bzw. Dienstleistungen erbringen. Dafür haben sich im internationalen Finanzierungsgeschäft bestimmte Bezeichnungen etabliert.[17] Die wichtigsten werden im Folgenden dargestellt.

19 Als *Mandated Lead Arranger* oder *Arangeur* wird die Bank (oder werden die Banken) bezeichnet, die der Kreditnehmer als Konsortialführer mandatiert hat. Dies geschieht üblicherweise durch ein Mandatsschreiben (*Mandate Letter* oder *Engagement Letter*), dem bereits die wichtigsten Eckpunkte und Konditionen des beabsichtigten Kreditvertrags in Form eines *Term Sheets* (siehe hierzu § 21 Rz. 15 und § 24 Rz. 13). beigefügt sind. Aufgabe des *Mandated Lead Arranger* ist es, die einzelnen Bedingungen des Kreditvertrags mit dem Kreditnehmer zu verhandeln, die potentiellen weiteren Konsortialbanken einzuladen und die Abstimmung mit diesen zu übernehmen. Während der Verhandlungs- und Syndizierungsphase ist er der zentrale Ansprechpartner des Kreditnehmers.

20 Diejenigen *Mandated Lead Arranger*, die das Syndizierungsbuch führen und die Verteilung der Beteiligungquoten auf die Konsortialbanken vornehmen, werden als *Bookrunner* bezeichnet. Als Bookrunner erhalten Banken die wichtige Anrechnung des Kreditbetrags für die Rankings der erfolgreichsten Führungsbanken (sog. *league table credit*).

21 Der sog. *Underwriter* ist die Bank, die sich dem Kreditnehmer gegenüber verpflichtet, die gesamten Kreditbeträge (*full Underwriting*) oder einen Teil der Kreditbeträge (*partial Underwriting*) auch dann zur Verfügung zu stellen, wenn der *Mandated Lead Arranger* die Kredite nicht anderweitig syndizieren kann. Der *Underwriter* trägt also das Risiko, dass die Syndizierung scheitert. Wenn Banken nur gemeinsam zum *Underwriting* bereit sind, spricht man von einem *Co-Underwriting*. In der Regel sind *Underwriter(s)* und *Mandated Lead Arranger(s)* identisch. – Übernimmt hingegen niemand das *Underwriting*, beschränkt sich die Pflicht des *Mandated Lead Arranger* darauf, sich nach besten Kräften um die Bildung eines Konsortiums, das die gewünschten Kredite zur Verfügung stellt, zu bemühen (*Best-Efforts-***Transaktion**). Das Risiko, dass die Syndizierung scheitert, trägt hier der Kreditnehmer.

22 Bei mehreren *Mandated Lead Arrangern* wird regelmäßig ein sog. *Documentation Agent* bestimmt, der federführend die Bankenanwälte mandatiert, die Erstellung der Vertragsdokumentation begleitet und die Verhandlungen mit dem Kreditnehmer führt.

23 Als *Facility Agent* oder *Agent* wird diejenige Bank bezeichnet, die während der Laufzeit des Konsortialkredits als Intermediär zwischen dem Kreditnehmer

---

[17] Vgl. dazu auch *Rossbach* in: Kümpel/Wittig, Bank- und Kapitalmarktrecht, Rz. 11.185; *Jetter* in: Eilers/Rödding/Schmalenbach, S. 226 ff.

und dem Bankenkonsortium fungiert. Ab Vertragsunterzeichnung ist der *Facility Agent* der einzige Ansprechpartner des Kreditnehmers; über ihn erfolgt jede Zahlung und jede Kommunikation mit den Banken.

Der *Security Agent*, der mit dem *Facility Agent* identisch sein kann, hält alle nicht akzessorischen Sicherheiten (z. B. Garantie, abstraktes Schuldanerkenntnis, Grundschuld) treuhänderisch für die Konsortialbanken und verwaltet alle akzessorischen, den Konsortialbanken selbst bestellten Sicherheiten (z. B. Pfandrecht, Bürgschaft) namens und im Auftrag der Konsortialbanken. In allen die Kreditsicherheiten betreffenden Angelegenheiten ist der *Security Agent* somit der einzige Ansprechpartner des Kreditnehmers. 24

An dem Konsortium beteiligte **Kreditgeber** (*Lenders*), die keine der zuvor beschriebenen besonderen Dienstleistungen erbringen, werden in Abhängigkeit von der Höhe ihrer Beteiligung auch als *Lead Manager, Manager* oder *Co-Manager* bezeichnet. 25

III. Kreditkonsortium

Die an einem Konsortialkredit beteiligten Kreditgeber bilden nach h. M. eine **Gesellschaft bürgerlichen Rechts**, wobei die dispositiven Regelungen der §§ 705 ff. BGB weitgehend abbedungen bzw. modifiziert werden.[18] Der **gemeinsame Zweck** des Konsortiums besteht in der Aufbringung des Kreditbetrags sowie der Verwaltung und Einziehung der Kreditforderung für gemeinsame Rechnung.[19] Da das Konsortium auf die Durchführung eines einzigen Geschäfts gerichtet ist, handelt es sich um eine **Gelegenheitsgesellschaft**. 26

Zudem handelt es sich in aller Regel um eine **Innengesellschaft**, denn in der Finanzierungspraxis hat sich der so genannte **unechte Konsortialkredit** durchgesetzt.[20] Im Gegensatz zum echten Konsortialkredit liegt nicht ein einziger Kredit vor, sondern ein Bündel rechtlich selbstständiger, wenn auch in einer Urkunde zusammengefasster Kredite. Hierbei stellt jede Konsortialbank dem Kreditnehmer einen Kredit bis zur Höhe ihrer jeweiligen Konsortialquote zur Verfügung. Der Kreditnehmer hat gegen jede Konsortialbank einen Anspruch auf Auszahlung der von ihr gewährten Kredite. Jeder Konsorte schließt also mit dem Kreditnehmer einen selbständigen Kreditvertrag ab, und das Konsortium selbst tritt im Rechtsverkehr nicht auf.[21] 27

---

18) *Früh* in: Bankrecht und Bankpraxis, Rz. 3/347; *Schaffelhuber/Sölch* in: MünchHdb-GesR, Bd. 1, § 31 Rz. 3; *Sprau* in: Palandt, BGB, § 705 Rz. 44; a. A. *Walgenbach* in: Langenbucher/Bliesener/Spindler, Kap. 16 Rz. 6.
19) *Schaffelhuber/Sölch* in: MünchHdb-GesR, Bd. 1, § 31 Rz. 9.
20) *Castor* in: Langenbucher/Bliesener/Spindler, Kap. 16 Rz. 180.
21) *Schaffelhuber/Sölch* in: MünchHdb-GesR, Bd. 1, § 31 Rz. 13; *Ulmer* in: MünchKomm-BGB, Vor § 705 Rz. 59.

28 Die einzelnen Kreditverhältnisse bestehen allerdings nicht völlig unabhängig voneinander. Sie sind vielmehr **durch die Konsortialbestimmungen verknüpft**. Diese regeln u. a.: die Festlegung der einzelnen Konsortialquoten; die Verpflichtung der Konsorten, bestimmte Maßnahmen (z. B. Kreditkündigung, Sicherheitenfreigabe) nur aufgrund eines einstimmigen Beschlusses zu ergreifen; die Mehrheitsanforderungen für Beschlüsse der Konsorten; die Verpflichtung der Konsorten, alle Einnahmen im Verhältnis ihrer Konsortialanteile zu teilen (Saldenausgleich); und die Beauftragung des Agenten sowie die Festlegung seiner Befugnisse und seiner Haftung.

29 Entsprechend dem gesetzlichen Leitbild des § 709 Abs. 1 BGB steht die Geschäftsführung als **Gesamtgeschäftsführung** allen Konsortialbanken zu.[22] Daran ändert auch der Umstand nichts, dass die Konsortialbanken grundsätzlich eine Bank, den **Agenten** (*Agent*), mit der Erledigung bestimmter Aufgaben und der Ausübung einzelner Rechte **beauftragen**. Denn bei dem Rechtsverhältnis zwischen Konsorten und Agent handelt es sich um eine entgeltliche Geschäftsbesorgung, auf die weitgehend Auftragsrecht Anwendung findet (vgl. § 675 BGB).[23] Der Agent hat in der Regel **kein eigenes Ermessen**, sondern ist auf die technische Abwicklung des Kreditvertrags beschränkt.[24] Eine Stellung als Treuhänder oder eine Vermögensfürsorgepflicht werden üblicherweise ausgeschlossen.[25] Der Agent ist gegenüber den Konsorten weisungsgebunden (vgl. § 665 BGB).[26]

30 Die Konsorten entscheiden über ihre Weisungen an den Agenten durch Beschluss. Abweichend von dem gesetzlichen Einstimmigkeitsprinzip des § 709 Abs. 1 Halbs. 2 BGB sieht der Konsortialvertrag üblicherweise vor, dass die Konsorten ihre **Beschlüsse** mit **qualifizierter Zweidrittelmehrheit** fassen, wobei die Mehrheit nicht nach der Anzahl der Konsortialbanken, sondern nach dem Verhältnis ihrer Konsortialanteile bestimmt wird.[27] Ausgenommen werden regelmäßig besonders wichtige Entscheidungen, die einstimmig zu treffen sind. Dazu zählen etwa die Entscheidung über eine Stundung oder eine Reduzierung

---

22) *Diem*, § 31 Rz. 17.
23) *Castor* in: Langenbucher/Bliesener/Spindler, Kap. 16 Rz. 189.
24) Vgl. Ziff. 26.2 (*Duties of the Agent*) LMA Multicurrency Term and Revolving Facilities Agreement (German law version): "(f) The Agent's duties under the Finance Documents are solely mechanical and administrative in nature."
25) Vgl. Ziff. 26.4 (*No fiduciary duties*) LMA Multicurrency Term and Revolving Facilities Agreement (German law version).
26) Vgl. Ziff. 26.7 (*Majority Lenders' instructions*) LMA Multicurrency Term and Revolving Facilities Agreement (German law version).
27) Vgl. Ziff. 26.7 (a) i. V. m. Definition von *Majority Lenders* in Ziff. 1.1 (*Definitions*) LMA Multicurrency Term and Revolving Facilities Agreement (German law version).

der Marge oder die Änderung der Kreditwährung oder die Freigabe von Sicherheiten.[28)]

31 Da nach der hier vertretenen Auffassung Kreditkonsortien als GbR-Innengesellschaften zu qualifizieren sind, die als solche nicht nach außen auftreten, ist schon allein deshalb der Agent nicht befugt, das Konsortium gegenüber Dritten zu **vertreten**. Nur die einzelnen Kreditgeber können sich vom Agenten vertreten lassen, was auch genauso vereinbart wird.[29)] Der Agent handelt im Außenverhältnis also nicht im Namen des Konsortiums, sondern im Namen jedes einzelnen Konsorten.

---

28) Vgl. Ziff. 35.2 (*Exceptions*) LMA Multicurrency Term and Revolving Facilities Agreement (German law version).

29) Vgl. Ziff. 26.1 (*Appointment of the Agent*) LMA Multicurrency Term and Revolving Facilities Agreement (German law version): "(a) Each other Finance Party appoints the Agent to act as its agent and attorney (Stellvertreter) under and in connection with the Finance Documents."

§ 21 Ablauf

Übersicht

A. Ansprache möglicher Arrangeure 1
B. Bankinterne Prüfung 2
C. Strukturierung der Finanzierung 4
 I. Ermittlung des Gesamt- und Fremdkapitalbedarfs 5
 II. Kreditpyramide 7
  1. Erstrangige Senior-Kredite 8
  2. Second Lien-Kredite 12
  3. Mezzanine-Kredite 13
  4. PIK-Kredite 14
D. Commitment Papers 15
E. Finanzierungsverträge 19
F. Syndizierung 23
G. Auszahlung des Kreditbetrags und Verwaltung des Kredits durch den Agenten 26

Literatur: *Berger*, Fremdkapitalnahe Mezzanine-Finanzierungen, ZBB 2008, 92; *Diem*, Akquisitionsfinanzierungen – Konsortialkredite für Unternehmenskäufe, 3. Aufl., 2013; *Eilers/Rödding/Schmalenberg*, Unternehmensfinanzierung, 2. Aufl., 2014; *Hellner/Steuer* (Hrsg.), Bankrecht und Bankpraxis, Loseblatt, Stand: 109. Lfg. 2. Aufl., 2014 (zit.: *Bearbeiter* in: Bankrecht und Bankpraxis); *Laudenklos/Sester*, Darlehenskomponenten in der Akquisitionsfinanzierung: Risiken bei Insolvenz des Darlehensgebers, ZIP 2005, 1757; *Laudenklos/Sester*, Mezzanine-Kapital als wirtschaftliches Eigenkapital im Ratingverfahren – Eine rechtliche Gestaltungsaufgabe, WM 2004, 2417; *Mittendorfer*, Praxishandbuch Akquisitionsfinanzierung: Erfolgsfaktoren fremdfinanzierter Unternehmensübernahmen, 2007.

A. Ansprache möglicher Arrangeure

Eine Akquisitionsfinanzierung beginnt typischerweise damit, dass der potentielle Erwerber verschiedene Banken, die als Arrangeur[1] für die Strukturierung und Syndizierung des Akquisitionskredits in Betracht kommen, anspricht, ihnen die erforderlichen Informationen zur Verfügung stellt und sie um Abgabe eines entsprechenden Angebots für die Arrangierung der Transaktion bittet. 1

B. Bankinterne Prüfung

Jede Bank prüft nun die Machbarkeit der Finanzierung u. a. mit Blick auf die Eignung der Zielgesellschaft, ihre derzeitige und voraussichtlich zukünftige Entwicklung (v. a. projektierter Netto-Cashflow), die verfügbaren Sicherheiten, das angebotene Eigenkapital des Investors und die weiteren zur Verfügung stehenden Fremdkapitalgeber sowie die angedachte Transaktionsstruktur. 2

Bezogen auf die Zielgesellschaft führt die Bank eine eigene *Due Diligence* durch, wobei sie die vom potentiellen Erwerber präsentierten Unterlagen zumindest einer Plausibilitätsprüfung unterzieht. Diese betrifft insbesondere die vorgelegte Unternehmensbewertung, denn die Bank will die Angemessenheit 3

---

[1] Zu dieser und anderer Rollen von Banken i. R. einer Konsortialfinanzierung s. § 20 Rz. 18 ff.

des Kaufpreises selbst beurteilen können. Ebenso wird sie den Kaufvertrag über den Erwerb der Gesellschaftsanteile oder der Vermögensgegenstände der Zielgesellschaft prüfen. Dabei wird die Bank v. a. darauf achten,

- ob sich der Erwerber hinreichende Gewährleistungen im Falle von Sach- oder Rechtsmängeln der Zielgesellschaft einräumen ließ und ob diese Gewährleistungsansprüche als Sicherheit an die Banken abtretbar sind,
- inwieweit Rücktrittsrechte vereinbart wurden und
- ob die Haftung des Verkäufers nicht zu stark begrenzt ist.[2]

C. Strukturierung der Finanzierung

4 Kommen die Banken zu einem positiven Ergebnis, erarbeiten sie Vorschläge für die Strukturierung der Finanzierung. Dabei ermitteln sie den Gesamtkapitalbedarf, legen das Verhältnis zwischen Eigen- und Fremdkapital sowie die Zusammensetzung der verschiedenen vor- und nachrangigen Fremdkapitalinstrumente und die Konditionen für diese fest.

I. Ermittlung des Gesamt- und Fremdkapitalbedarfs

5 Zunächst ist der für die Transaktion benötigte **Gesamtkapitalbedarf** zu ermitteln. An erster Stelle steht das Kapital, das der Erwerber für den Kauf der Zielgesellschaft aufwenden muss (Kaufpreis zzgl. weiterer Kosten). Hinzu kommt der Betrag, den die Zielgesellschaft benötigt, um ihre bestehenden Finanzierungen abzulösen. Hintergrund dafür ist, dass die Banken als neue Kreditgeber in der Regel auf den Grundsatz der Vollfinanzierung bestehen, um das Gesamtengagement besser kontrollieren zu können. Zusätzlicher Kapitalbedarf kann einzuplanen sein, wenn der Erwerber oder die Zielgesellschaft weitere Investitionen tätigen möchte. Schließlich muss noch der Betrag addiert werden, der zur Deckung des Betriebsmittelbedarfs der Gruppengesellschaften erforderlich ist.[3]

6 In einem zweiten Schritt wird der **Fremdkapitalbedarf** ermittelt. Ausgangspunkt hierfür ist das (wirtschaftliche) Eigenkapital, das der potentielle Erwerber in Form von Kapitaleinlagen oder nachrangigen Gesellschafterdarlehen in die Gesamtfinanzierung einzubringen bereit ist. Die Höhe dieses Betrags hängt wesentlich von den Renditeerwartungen des Erwerbers ab.[4] Die Differenz zwischen Gesamtfinanzierungsbedarf und Eigenkapital muss durch Fremdkapital und, wenn eine Finanzierungslücke verbleibt, zusätzlich durch die Bereitstellung von **Mezzanine-Krediten** gedeckt werden.

---

2) *Diem*, § 2 Rz. 11.
3) *Diem*, § 4 Rz. 1 ff.
4) Zu dem dahinter stehenden *Leverage*-Effekt s. bereits § 20 Rz. 4 ff.

II. Kreditpyramide

Aus diesen Überlegungen ergibt sich ein Kapitalmix aus **verschiedenen vor-** 7
rangigen und nachrangigen Fremdfinanzierungsinstrumenten, so dass auch
von einer Kreditpyramide gesprochen wird.[5] Diese besteht aus folgenden Bausteinen:[6]

1. Erstrangige Senior-Kredite

Senior-Kredite bilden die Basis einer jeden Akquisitionsfinanzierung und machen 8
grundsätzlich den größten Teil des Fremdkapitals aus. Sie dienen in erster Linie
der Finanzierung des Kaufpreises und der Transaktionskosten sowie der Ablösung
bestehender Bank- und Gesellschafterdarlehen. Der Sache nach handelt es sich
um **Laufzeitkredite**, auch Terminkreditlinien (*Term Loan Facilities*) genannt.
Senior-Kredite sind typischerweise in mehrere (meist mit den Buchstaben A, B,
und C bezeichnete) Tranchen eingeteilt, für die unterschiedliche Konditionen
gelten.[7]

Zur Deckung ihres Betriebsmittelbedarfs wird der Zielgesellschaft üblicherweise 9
eine revolvierende **Betriebsmittellinie** (*Revolving Credit Facility*) eingeräumt,
die durch Barziehungen und teilweise auch in Form von Avalen und Akkreditiven
genutzt werden kann. Auch diese ist Teil der Senior-Kredite.[8]

Schließlich können die Senior-Kredite noch sog. „Abzweiglinien" (*Ancillary* 10
Facilities) umfassen. Diese *Ancillary Facilities* sollen dem Darlehensnehmer eine möglichst flexible Finanzierung i. R. der konsortialiter gewährten Betriebsmittellinie ermöglichen. Hintergrund ist, dass der vom Konsortium zur Verfügung gestellte Betriebsmittelkredit oftmals Mindestziehungen vorsieht oder die
Inanspruchnahme in einer benötigten Fremdwährung nicht erlaubt und damit
für die operativen Anforderungen der Zielgesellschaft unzureichend sein kann.
Eine *Ancillary Facility* kann hier Abhilfe schaffen. Es handelt sich dabei um eine
bilaterale Kreditlinie zwischen dem Kreditnehmer und einer Konsortialbank,
wobei diese Kreditlinie auf den Anteil der Konsortialbank an der konsortialiter
gewährten Betriebsmittellinie angerechnet – oder anders ausgedrückt: von ihrem
Konsortialanteil „abgezweigt" – wird.[9]

---

5) *Jetter/Jörgens* in: Eilers/Koffka/Mackensen, Private Equity, S. 376; zur Insolvenzfestigkeit von Darlehenskomponenten, insb. sog. Verkäuferdarlehen (*Vendor Loans*), die typischerweise i. R. von Akquisitionsfinanzierungen verwendet werden: *Laudenklos/Sester*, ZIP 2005, 1757.
6) Die von den Finanzinvestoren bereitgestellten Gesellschafterdarlehen, die gegenüber allen anderen Fremdkapitalinstrumenten in jeder Hinsicht nachrangig sind, zählen nicht dazu. Denn sie bilden einen Teil der Eigenmittel der Investoren.
7) *Jetter/Jörgens* in: Eilers/Koffka/Mackensen, Private Equity, S. 379 ff.; *Diem*, § 5 Rz. 6 ff.
8) *Jetter/Jörgens* in: Eilers/Koffka/Mackensen, Private Equity, S. 386; *Diem*, § 5 Rz. 12 ff.
9) *Jetter/Jörgens* in: Eilers/Koffka/Mackensen, Private Equity, S. 387; *Diem*, § 5 Rz. 26 ff.

11 Die im Rang vor allen anderen Krediten rangierenden Senior-Kredite werden üblicherweise von Kreditinstituten gewährt. Sie bilden den konservativsten Teil der Finanzierung mit dem **höchsten Grad an Besicherung** und dem **geringsten Risiko**. Daher sind die zu erzielenden Margen niedriger als bei den nachrangigen Krediten.

2. Second Lien-Kredite

12 Auf der nächsten Rangstufe stehen sog. Second Lien-Kredite, die typischerweise im Vertrag über die Senior-Kredite (als „D-Tranche") mitgeregelt, aber meist nicht von Kreditinstituten, sondern **von institutionellen Investoren** zur Verfügung gestellt werden. Second Lien-Kredite zeichnet aus, dass die Zahlungsansprüche aus ihnen zwar im gleichen Rang zu denjenigen aus den Senior-Krediten stehen, diese Zahlungsansprüche aber nachrangig besichert sind.[10] Die Nachrangigkeit verwirklicht sich damit erst im Verwertungs- oder Insolvenzfall. Bei großen Akquisitionsfinanzierungen werden Second Lien-Kredite auch als verbriefte Anleihen am Kapitalmarkt platziert (*Second Lien Notes*).

3. Mezzanine-Kredite

13 Auch die unter Risikoaspekten hinter Senior- und Second Lien-Krediten rangierenden Mezzanine-Kredite, werden überwiegend von institutionellen Investoren übernommen. Der Begriff „Mezzanine" bezeichnet wie in der Architektur ein „Zwischengeschoss". Mezzanine-Kredite stellen eine **Kapitalform zwischen Eigen- und Fremdkapital** dar.[11] Ihr Risiko ist wegen des Nachrangs dem Eigenkapital angenähert. Fremdkapitalähnlich sind sie deshalb, weil sie nur für eine bestimmte Zeit zur Verfügung gestellt werden und in der Insolvenz des Kreditnehmers noch vor dem Eigenkapital zurückzuzahlen sind. Mezzanine-Kredite in Form von nachrangigen Darlehen sind nur eine Form von Mezzanine-Finanzierungen. Daneben kommen sie etwa als typische oder atypische stille Gesellschaft, als Options- und Wandelschuldverschreibungen sowie als Genussscheine zur Anwendung.[12] Mezzanine-Kredite werden ebenso wie Second Lien-Kredite wegen ihres erhöhten Ausfallrisikos erheblich höher verzinst als Senior-Kredite.

---

10) *Jetter/Jörgens* in: Eilers/Koffka/Mackensen, Private Equity, S. 388 f.
11) *Gleske/Laudenklos* in: Eilers/Rödding/Schmalenbach, S. 519 ff.; *Berger*, ZBB 2008, 92 ff.
12) Näher dazu sowie zur Bedeutung von Mezzanine-Kapital im Hinblick auf das Rating des kreditnehmenden Unternehmens *Laudenklos/Sester*, WM 2004, 2417.

4. PIK-Kredite

Die risikomäßig vor dem Eigenkapital an unterster Stelle der Kreditpyramide stehenden sog. PIK-Kredite (*Payment in kind Loans*)[13] unterliegen **keiner laufenden Zins- und Tilgungszahlung**. Alle während der Kreditlaufzeit anfallenden Zinsen werden vielmehr kapitalisiert und dem endfälligen Kapitalbetrag zugeschlagen. Daraus resultiert ein recht hohes Risiko für die Kreditgeber, da sie über die gesamte Laufzeit des Kredits keinerlei Zahlungen auf ihr Investment erhalten und damit auf den Erfolg der Geschäftstätigkeit des Kreditnehmers angewiesen sind. Zudem ist der PIK-Kredit gegenüber allen anderen Krediten schuldrechtlich und strukturell nachrangig.[14] Schließlich werden für PIK-Kredite grundsätzlich keine dinglichen Sicherheiten bestellt. Sofern Garantien auch zugunsten der PIK-Kreditgeber abgegeben werden, sind sie vertraglich subordiniert.

14

D. Commitment Papers

Nachdem sie die Prüfung und Strukturierung der Finanzierung abgeschlossen hat, übermittelt jede Bank in Form eines sog. *Commitment Letter* dem Investor ihr (noch unter bestimmten Bedingungen stehendes) Angebot, die Finanzierung für die geplante Akquisition zu arrangieren und entweder das Platzierungsrisiko einer Syndizierung zu übernehmen (*Underwriting*) oder sich lediglich nach besten Kräften um die Bildung eines Kreditkonsortiums, das den erforderlichen Kapitalbedarf aufbringt, zu bemühen (*Best Efforts*-Transaktion).[15] Dem *Commitment Letter* ist ein **Term Sheet** beigefügt, das zwischen Bank und Investor verhandelt wird und die wirtschaftlichen und rechtlichen Eckdaten der gewünschten Finanzierung enthält.

15

Ist der Investor mit einem Angebot einverstanden, so zeichnet er den *Commitment Letter* mit dem angehängten *Term Sheet* gegen. Inwieweit dadurch bereits rechtliche Bindungen entstehen, hängt von der Ausgestaltung des Einzelfalls ab. Grundsätzlich soll jedenfalls ein Anspruch des Kreditnehmers auf Auszahlung der Kredits erst mit Abschluss der endgültigen Finanzierungsverträge entstehen.[16] Dies wird in der Regel ausdrücklich zum Ausdruck gebracht, indem man von einem „indikativen" *Term Sheet* spricht oder in das *Term Sheet* Einschränkungen wie z. B. einen Gremienvorbehalt aufnimmt.

16

Neben dem *Commitment Letter* erhält der Kreditnehmer einen **Syndication Letter**, in dem die Rechte und Pflichten der Parteien im Zusammenhang mit

17

---

13) *Mittendorfer*, S. 159; *Jetter/Jörgens* in: Eilers/Koffka/Mackensen, Private Equity, S. 390 f.; *Diem*, § 39.
14) Zur strukturellen Nachrangigkeit vgl. § 23 Rz. 22.
15) Vgl. hierzu § 20 Rz. 21.
16) *Früh* in: Bankrecht und Bankpraxis, Rz. 3/13a.

§ 21 Ablauf

dem Syndizierungsprozess geregelt werden, sowie die Gebührenvereinbarung (*Fee Letter*) über die Arrangierungs- und Agentengebühren.

18 Wenn bereits absehbar ist, dass die Zeit bis zum Abschluss des Unternehmenskaufvertrags nicht ausreicht, um die Finanzierungsverträge zu entwerfen und zu verhandeln, so wird schließlich noch ein *Interim Facility Agreement* abgeschlossen.[17]

E. Finanzierungsverträge

19 Auf der Grundlage des *Term Sheets* entwerfen die Rechtsanwälte des Arrangeurs die erforderliche Vertragsdokumentation. Diese umfasst in der Regel einen **Senior-Kreditvertrag**, einen **Mezzanine-Kreditvertrag**, eine **Intercreditor-Vereinbarung** und die erforderlichen **Verträge zur Bestellung der vereinbarten Sicherheiten**.

20 In der Intercreditor-Vereinbarung regeln die verschiedenen Kreditgebergruppen den Vor- bzw. Nachrang ihrer Forderungen. Außerdem sind dort auch die Sicherheiten-Treuhandbestimmungen enthalten, wonach der **Sicherheiten-Treuhänder** (*Security-Agent*) beauftragt wird, die nicht-akzessorischen Sicherheiten treuhänderisch für die Kreditgeber und mögliche andere auf Finanzierungsseite Beteiligte (z. B. Hedging-Bank, Agent etc.) zu halten sowie ggf. für ihre Rechnung zu verwerten, und wonach er weiterhin beauftragt wird, die den einzelnen Kreditgebern bzw. weiteren Beteiligten bestellten akzessorischen Sicherheiten für diese zu verwalten und sie ggf. in deren Namen zu verwerten.

21 Die **Sicherheitenverträge** enthalten Regelungen zur Bestellung und Verwaltung der **dinglichen Sicherheiten**, die von dem Erwerber und der Zielgesellschaft zugunsten der Banken zu bestellen sind. Hingegen sind etwaige von der Zielgesellschaft und ihren wesentlichen Gruppengesellschaften zugunsten der Banken abzugebende **Garantien** in aller Regel bereits in den Kreditverträgen enthalten.

22 Sämtliche Vertragsentwürfe werden sodann zwischen allen Beteiligten abgestimmt und schließlich unterschrieben (*Signing*).

F. Syndizierung

23 Parallel zur Erstellung und Verhandlung der Finanzierungsverträge kümmert sich der Arrangeur um die Syndizierung des Kredits.[18] Dabei lädt der Arrangeur weitere Banken, die ein Interesse an der Übernahme eines Konsortialanteils bekundet haben, oder ansonsten als Konsortialmitglieder in Frage kommen, ein, sich in einer bestimmten Rolle (siehe dazu § 20 Rz. 18 ff.) und mit

---

17) Näher dazu *Jetter/Jörgens* in: Eilers/Koffka/Mackensen, Private Equity, S. 378; *Diem*, § 2 Rz. 42 ff.

18) Zum Ablauf *Jetter* in: Eilers/Rödding/Schmalenbach, S. 225 f.; *Diem*, § 2 Rz. 57 ff.

einem bestimmten Betrag als Kreditgeber an der Finanzierung zu beteiligen. Die Syndizierung kann entweder noch vor dem *Signing* der Finanzierungsverträge abgeschlossen sein, so dass die Konsorten noch als Vertragsparteien in diese Verträge aufgenommen werden können, oder die Syndizierung erfolgt nach dem *Signing* durch Abschluss entsprechender Übertragungs- und Beitrittsvereinbarungen (*Transfer Certificates*).

Mit Hilfe einer solchen Übertragungs- und Beitrittsvereinbarung werden Konsortialanteile auf den beitretenden Kreditgeber übertragen. Er tritt dem Kreditkonsortium als neuer Gesellschafter bei und wird Vertragspartei der Kredit- und Sicherheitenverträge. Rechtlich handelt es sich um eine vollständige oder teilweise Vertragsübernahme. Die **Vertragsübernahme** ist anerkanntermaßen ein einheitliches Rechtsgeschäft und nicht eine Kombination aus Abtretung und Schuldübernahme.[19] Denn neben der Abtretung von Forderungen und der Übernahme von Schulden sollen auch alle sonstigen Rechte und Pflichten, wie z. B. Gestaltungsrechte, auf den neuen Vertragspartner übergehen.

24

Als Verfügung über das Schuldverhältnis bedarf die Vertragsübernahme der **Zustimmung aller Beteiligten**. Die Vertragsübernahme kann daher durch Abschluss eines dreiseitigen Vertrags oder – wie in der Syndizierungspraxis üblich – durch zweiseitigen Vertrag mit Zustimmung der dritten Partei erfolgen. Bei der Übertragung eines Konsortialanteils ist die dritte Partei der Kreditnehmer. Dieser erklärt seine Zustimmung zur Vertragsübernahme bereits mit Abschluss des Konsortialkreditvertrags. Eine solche Zustimmung im Voraus ist rechtlich möglich[20] und verstößt nicht gegen § 309 Satz 1 Nr. 10 BGB (str.).[21]

25

G. Auszahlung des Kreditbetrags und Verwaltung des Kredits durch den Agenten

Sind nach Unterzeichnung der Finanzierungsverträge alle **Auszahlungsbedingungen** (*conditions precedent*) erfüllt,[22] können die Kreditmittel zur Finanzierung des Kaufpreises ausgezahlt werden (*Closing*). Diese Auszahlung geschieht regelmäßig unmittelbar vor bzw. Zug um Zug mit der Übertragung der erworbenen Gesellschaftsanteile oder Vermögenswerte auf den Käufer; denn die Unternehmenskaufverträge sehen grundsätzlich vor, dass die Bezahlung des Kaufpreises aufschiebende Bedingung für die Anteils- oder Vermögensübertragung ist. Die laufende Verwaltung der Kredite erfolgt sodann durch den Agenten.[23]

26

---

19) BGH, NJW 2013, 1083; *Grüneberg* in: Palandt, BGB, § 398 Rz. 42 m. w. N.
20) BGH, DtZ 1996, 56, 57.
21) *Rossbach* in: Kümpel/Wittig, Bank- und Kapitalmarktrecht, Rz. 11.219.
22) S. hierzu § 22 Rz. 13 ff.
23) *Diem*, § 2 Rz. 64.

§ 22 Vertragsgestaltung

Übersicht

A. Einführung 1	11. Zusicherungen 42
B. Vertragsaufbau 3	12. Auflagen 46
I. Grundstruktur 3	a) Allgemeines 46
II. Einzelne Regelungsgegenstände eines Senior-Kreditvertrags 6	b) Financial Covenants 48
	aa) Eigenkapitalklausel 51
1. Krediteröffnung 7	bb) Verschuldungsgrad 52
a) Krediteröffnungsvertrag 7	cc) Liquiditätsklausel 53
b) Konsortialanteile 11	dd) Gearing 54
2. Verwendungszweck 12	13. Kündigung durch den Kreditgeber 55
3. Auszahlungsvoraussetzungen und Inanspruchnahme 13	a) Ordentliches Kündigungsrecht 56
a) Auszahlungsvoraussetzungen 13	b) Außerordentliches Kündigungsrecht 57
b) Inanspruchnahme 16	aa) § 490 Abs. 1 BGB 57
4. Abnahmepflicht und Nichtabnahmeentschädigung 17	bb) AGB-mäßiges außerordentliches Kündigungsrecht bei befristeten Darlehen 59
5. Laufzeit und Verfügbarkeit 18	
6. Tilgung 20	
a) Regeltilgung 20	cc) Individualvertragliche Kündigungsgründe 62
b) Sondertilgung 21	
aa) Pflichtsondertilgung 22	14. Kündigung durch den Kreditnehmer 64
bb) Freiwillige Sondertilgung 24	
7. Zinsen 25	a) Ordentliches Kündigungsrecht 65
a) Grundlagen 25	
b) Zinsgleitklauseln 26	b) Außerordentliches Kündigungsrecht 67
8. Marktstörung 32	
9. Gebühren und Kosten 34	aa) § 490 Abs. 2 BGB 67
10. Steuerliche Regelungen und Kostenerhöhungsklauseln 39	bb) AGB-mäßiges Kündigungsrecht 69

Literatur: *Budzikiewicz*, Die Verjährung im neuen Darlehensrecht, WM 2003, 264; *Canaris*, Bankvertragsrecht, 2. Aufl., 1981, 3. Aufl., Erster Teil, 1988; *Claussen*, Bank- und Börsenrecht, 4. Aufl., 2008; *Diem*, Akquisitionsfinanzierungen – Konsortialkredite für Unternehmenskäufe, 3. Aufl., 2013; *Eilers/Rödding/Schmalenberg*, Unternehmensfinanzierung, 2014; *Fleischer*, Covenants und Kapitalersatz, ZIP 1998, 313; *Freitag*, Schuldrechtsmodernisierungsgesetz, WM 2001, 2370; *Habersack*, Zinsänderungsklauseln im Lichte des AGBG und des VerbrKrG, WM 2001, 753; *Hellner/Steuer* (Hrsg.), Bankrecht und Bankpraxis, Loseblatt, Stand: 109. Lfg. 2014 (zit.: *Bearbeiter* in: Bankrecht und Bankpraxis); *Köndgen*, Darlehen, Kredit und finanzierte Geschäfte nach neuem Schuldrecht – Fortschritt oder Rückschritt?, WM 2001, 1637; *Langenbucher*, Vereinbarungen über den Zinssatz, BKR 2005, 134; *Langenbucher/Bliesener/Spindler*, Bankrechts-Kommentar, 2013; *Mülbert*, Die Auswirkungen der Schuldrechtsmodernisierung im Recht des „bürgerlichen" Darlehensvertrags, WM 2002, 465; *Schimansky/Bunte/Lwowski*, Bankrecht-Handbuch, 3. Aufl., 2007; *Schmidt, K./Uhlenbruck*, Die GmbH in Krise, Sanierung und Insolvenz, 4. Aufl., 2009; *Sonnenhol*, Änderungen der AGB-Banken zum 1. April 2002, WM 2002, 1259; *Wittig*, Representations und Warranties, WM 1999, 985; *Wittig*, Financial Covenants im inländischen Kreditgeschäft, WM 1996, 1381; *Wittig/Wittig*, Das neue Darlehensrecht im Überblick, WM 2002, 145; Zülch/Holzamer/Böhm/Kretzmann, Financial Covenants aus Banken- und Unternehmenssicht, DB 2014, 2117.

A. Einführung

1 Die Vertragsdokumentation von Akquisitionsfinanzierungen – wie von Unternehmensfinanzierungen insgesamt – hat sich im Laufe der Zeit immer **stärker einheitlichen Standards** angenähert. Maßstab in Europa sind die von der britischen *Loan Market Association* (LMA)[1] entwickelten und gepflegten Vertragsmuster.[2] Hierunter gibt es eines für den sog. *investment grade*-Bereich[3] und eines für *leveraged* –Kredite.[4] Das erstgenannte Muster wurde ursprünglich auf der Grundlage des **englischen Rechts** entwickelt, ist aber seit geraumer Zeit auch als **deutsch-rechtliches** und **französisch-rechtliches Muster** verfügbar. Hingegen wird das Vertragsmuster für *leveraged*-Kredite nach wie vor ausschließlich als englisch-rechtliches Muster angeboten. Dies hängt damit zusammen, dass der *private equity*-Markt durch in London ansässige Sponsoren dominiert wird, die meist auf die Verwendung englisch-rechtliche Verträge drängen. Natürlich lässt sich auf Basis dieses englisch-rechtlichen Vertragsmusters im Einzelfall relativ schnell ein deutsch-rechtlicher Vertrag entwickeln. Alle diese Vertragsmuster sind für internationale Finanzierungen konzipiert und daher in **englischer Sprache** verfasst.

2 Doch auch die regelmäßig in **deutscher Sprache** abgefasste Vertragsdokumentation für deutsche inländische Akquisitions- und sonstige Unternehmensfinanzierungen folgt mittlerweile ganz überwiegend der LMA-Musterdokumentation. Auch wenn sich in Abhängigkeit von der jeweiligen Finanzierungstransaktion die Regelungsdichte der Verträge erheblich voneinander unterscheidet, ist ihr Aufbau in den wesentlichen Punkten identisch. Selbst etwas aufwändiger dokumentierte bilaterale Finanzierungen folgen inzwischen in ihrer Systematik (nicht natürlich in ihrem Umfang) den aus dem internationalen Konsortialkreditgeschäft bekannten Standards.[5]

---

1) www.loan-market-assoc.com. Das amerikanische Pendant zur LMA ist die *Loan Syndications and Trading Association* (LSTA), www.lsta.org.
2) Das amerikanische Pendant zur LMA ist die *Loan Syndications and Trading Association* (LSTA), www.lsta.org.
3) Zugeschnitten auf die Kreditvergabe an Unternehmen mit einem *investment grade*-Rating (= Baa3 oder besser bei Moody's bzw. BBB- oder besser bei Standard & Poor's); *Walgenbach* in: Langenbucher/Bliesener/Spindler, Kap. 16 Rz. 4.
4) Vorgesehen für die Dokumentation von Krediten an im Eigentum von *private equity funds* stehende Erwerbsgesellschaften bzw. darüber installierte Holdinggesellschaften; *Walgenbach* in: Langenbucher/Bliesener/Spindler, Kap. 16 Rz. 4.
5) *Rossbach* in: Kümpel/Wittig, Bank- und Kapitalmarktrecht, Rz. 11.46.

B. Vertragsaufbau

I. Grundstruktur

Die Orientierung an den englisch-rechtlichen Leitmustern führt dazu, dass auch 3
deutsch-rechtliche Verträge der **typischen angelsächsischen Dokumentationspraxis** folgen, deren wesentliche Charakteristika die folgenden sind: ein vorgeschalteter Definitionsteil, die konsequente Verwendung der Definitionstechnik
i. R. des Vertrags, ein modularer Vertragsaufbau und möglichst abschließende
Regelungen im Vertrag selbst ohne das Erfordernis eines Rückgriffs auf Gesetze
oder Fallrecht.

Dieses **Prinzip der abschließenden vertraglichen Regelung** mag den konti- 4
nentaleuropäischen Rechtsordnungen fremd sein. Es dient aber dem praktischen Bedürfnis, Vertragsparteien aus ganz unterschiedlichen Jurisdiktionen
auf der Grundlage einer alle wesentlichen Aspekte im Vertrag selbst regelnden
Dokumentation zusammenzuführen. Detailkenntnisse des zugrunde liegenden
Rechts sind somit nur sehr eingeschränkt erforderlich.[6]

Die vereinheitlichte Grundstruktur dient v. a. auch der **Steigerung der Han-** 5
delbarkeit der Kredite (*credit trading*). Den Marktteilnehmern des Syndizierungsmarktes soll die Erfassung des Vertragsinhalts erleichtert und bei gewissen
Klauseln ein möglichst einheitlicher Standard geboten werden.[7]

II. Einzelne Regelungsgegenstände eines Senior-Kreditvertrags

Die erstrangigen Senior-Kredite bilden die Basis einer jeden Akquisitionsfinan- 6
zierung. Daher werden im Folgenden die typischen Regelungsgegenstände des
entsprechenden Senior-Kreditvertrags dargestellt, die nach dem zuvor Gesagten
allerdings paradigmatisch für die Dokumentation eines jeden „modernen" Konsortialkreditvertrags sind. Die Reihenfolge der Darstellung orientiert sich an
dem deutschen LMA-Muster.

1. Krediteröffnung

a) Krediteröffnungsvertrag

Im Anschluss an einen Definitionsteil regelt der Senior-Kreditvertrag zunächst, 7
welche **Kreditarten** der Kreditgeber[8] dem Kreditnehmer bis zu welcher Höhe
auf Abruf zur Verfügung stellt (Kreditlinien, *Credit Facilites* oder *Loan Facilities*). Dabei handelt es sich regelmäßig um eine Kombination mehrerer Gelddarlehen in Form von Laufzeitkrediten (*Term Loan Facilities*) und Betriebs-

---

6) *Walgenbach* in: Langenbucher/Bliesener/Spindler, Kap. 16 Rz. 3.
7) *Walgenbach* in: Langenbucher/Bliesener/Spindler, Kap. 16 Rz. 17.
8) Der Einfachheit halber wird hier und im Folgenden grundsätzlich der Singular „Kreditgeber"
verwandt. Dieser schließt bei Konsortialkrediten den Plural mit ein.

mittellinien (*Revolving Credit Facilities*) sowie Haftungskrediten, insbesondere Avalen.

8 Rechtlich handelt es sich bei dem Senior-Kreditvertrag somit um einen sog. **Krediteröffnungsvertrag.** Dieser ist gesetzlich nicht geregelt, sondern ein **Vertrag sui generis**, der durch rechtsgestaltende Praxis und Rechtsprechung eine eigene Kontur erhalten hat und je nach Ausgestaltung Elemente eines oder mehrerer Vertragstypen enthalten kann: Ist er auf Gelddarlehen gerichtet, unterliegt er den §§ 488–490 BGB, im Falle von Haftungskrediten den Grundsätzen des Geschäftsbesorgungsrechts (§ 675 Abs. 1 BGB) bzw. des Garantievertrages.[9] Der Krediteröffnungsvertrag ist ein **Grund- und Rahmenvertrag**, der den unmittelbaren Verpflichtungsgrund für die Kreditgewährung darstellt.[10] Der Kreditnehmer ist nicht verpflichtet, den Kredit in Anspruch zu nehmen. Vielmehr steht der Abruf (*Drawdown, Utilisation*) allein in seinem Belieben, ist also ein einseitiges Gestaltungsrecht.[11] Macht der Kreditnehmer davon Gebrauch, entsteht ein selbständiger und vom Krediteröffnungsvertrag rechtlich zu trennender Einzelkreditvertrag.[12]

9 Die einzelnen Zahlungskredite entsprechen zivilrechtlich dem **Darlehen gemäß §§ 488 ff. BGB.** Allerdings sind diese Bestimmungen über den Darlehensvertrag, wie sie durch das Schuldrechtsmodernisierungsgesetz eingefügt wurden, mit Ausnahme der §§ 488, 489 und 490 BGB bezüglich der vertragstypischen Pflichten der Vertragspartner und der verschiedenen Kündigungsrechte nur auf Verbraucherdarlehensverträge (§ 491 BGB) anwendbar.[13] Somit ist das **Unternehmenskreditrecht im Wesentlichen dispositives Recht.**[14]

10 Wie bereits angedeutet, sind der Krediteröffnungsvertrag als Grund- und Rahmenvertrag und die erst durch Abruf zustande kommenden Einzelkreditverträge voneinander zu trennen (Trennungstheorie).[15] Die sich daraus ergebende **grundsätzliche Unabhängigkeit des einen von dem anderen Vertragsverhältnis** wirkt sich v. a. bei Leistungsstörungen oder Beendigungen aus. So muss die Erstre-

---

9) *Baumbach/Hopt*, HGB, (7) Bankgeschäfte Rz. G 2; *Canaris*, Rz. 1206; *Erne* in: Claussen, § 5 Rz. 9.
10) *Schürnbrand* in: MünchKomm-BGB, § 491 Rz. 38; *Früh* in: Bankrecht und Bankpraxis, Rz. 3/10a.
11) *Wunderlich* in: Schimansky/Bunte/Lwowski, Bankrecht-Hdb., Bd. 1, § 77 Rz. 15.
12) H. M.; vgl. nur BGH, NJW 1982, 1810; *Wunderlich* in: Schimansky/Bunte/Lwowski, Bankrecht-Hdb., Bd. I, § 77 Rz. 1; a. A. *Berger* in MünchKomm-BGB, Vor § 488 Rz. 57 ff., vermittelnd *Erne* in: Claussen, § 5 Rz. 15.
13) Einen guten Überblick über die Neuerungen des Darlehensrechts durch die Schuldrechtsreform geben *Wittig/Wittig*, WM 2002, 145 ff.; *Mülbert*, WM 2002, 465 ff.; *Köndgen*, WM 2001, 1637 ff.
14) *Diem*, § 8 Rz. 6.
15) H. M.; vgl. nur BGH, NJW 1982, 1810; *Lwowski/Wunderlich* in: Schimansky/Bunte/Lwowski, Bankrechts-Hdb., Bd. I, § 77 Rz. 1; a. A. *Berger* in: MünchKomm-BGB, Vor § 488 Rz. 57 ff., vermittelnd *Erne* in: Claussen, Bank- und Börsenrecht, § 5 Rz. 15.

ckung einer Leistungsstörung oder einer Kündigung des Krediteröffnungsvertrags auf einen Einzelvertrag oder umgekehrt eines Einzeltrages auf den Krediteröffnungsvertrag besonders begründet oder vereinbart werden.[16]

b) Konsortialanteile

Im Krediteröffnungsvertrag wird zudem festgelegt, in welcher Höhe sich die Kreditgeber an den eingeräumten Kreditlinie(n) beteiligen (**Konsortialquoten**). Jeder Konsorte will zudem verhindern, für den Ausfall eines anderen Konsorten einstehen zu müssen. Dies hätte im Zweifel die Überschreitung seiner internen Kreditgenehmigung zur Folge. Daher schließen die Konsorten stets eine gesamtschuldnerische Haftung aus; sie sind somit **Teilschuldner** (§ 420 Alt 1 BGB). Außerdem wird regelmäßig festgelegt, dass die Konsorten **Teilgläubiger** (§ 420 Alt. 2 BGB) sind. Damit soll verhindert werden, dass der Kreditnehmer nach seinem Belieben mit befreiender Wirkung an jeden Konsorten leisten kann, was im Falle einer Gesamtgläubigerschaft gemäß § 428 BGB möglich wäre. Der Kreditnehmer ist somit verpflichtet, an jeden Kreditgeber den auf diesen entfallenden Anteil des Schuldendienstes zu zahlen. Diese Zahlungen werden über den Agenten[17] geleistet.

11

2. Verwendungszweck

Ebenso wie bei anderen Formen von Investitionskrediten ist auch bei Akquisitionskrediten die Vereinbarung einer **strengen Zweckbindung der Kreditmittel** üblich. Im Fall von Akquisitionsfinanzierungen ist die Bank darauf angewiesen, dass die Zielgesellschaft die prognostizierten Cash-Flows zur Rückzahlung des Kredits erwirtschaftet. Es muss daher sichergestellt sein, dass die Kreditmittel ausschließlich zum Erwerb der Zielgesellschaft dienen. Die Nichteinhaltung des Verwendungszwecks ist grundsätzlich ein Kündigungsgrund.[18]

12

3. Auszahlungsvoraussetzungen und Inanspruchnahme

a) Auszahlungsvoraussetzungen

Bevor der Kreditnehmer den Kredit erstmalig in Anspruch nehmen („ziehen") kann, muss er regelmäßig eine Reihe von Bedingungen (*conditions precedent*) erfüllen. Zunächst muss er versichern, dass bei Abgabe des ersten Auszahlungsgesuchs und am Tag der ersten Auszahlung kein Kündigungsgrund vorliegt oder einzutreten droht und alle im Kreditvertrag abzugebenden **Zusiche-**

13

---

16) *Rossbach* in: Kümpel/Wittig, Bank- und Kapitalmarktrecht, Rz. 11.25; *Wunderlich* in: Schimansky/Bunte/Lwowski, Bankrechts-Hdb., Bd. I, § 77 Rz. 61.
17) Hierzu und zu den weiteren an einem Konsortialkredit typischerweise Beteiligten § 20 Rz. 18 ff.
18) Vgl. Ziff. 23.3. i. V. m. Ziff. 3.1 LMA Multicurrency Term and Revolving Facilities Agreement (German law version).

rungen (hierzu Rz. 42 ff.) zutreffend sind.[19] Zudem hat er vor der ersten Ziehung dem Agenten nach Form und Inhalt zu dessen Zufriedenheit eine Reihe von **Dokumenten** vorzulegen:[20]

- Typischerweise gehört dazu zunächst die Vorlage von Handelsregisterauszügen und gesellschaftsrechtlichen Dokumenten (Gesellschaftsvertrag/Satzung, Gesellschafterbeschlüsse, Vertretungsnachweise und Unterschriftenproben der für den Kreditnehmer handelnden Personen).
- Sodann hat der Kreditnehmer die wirksam abgeschlossenen Transaktionsdokumente (z. B. Unternehmenskaufvertrag) und Finanzierungsdokumente (insb. Krediteröffnungsvertrag, Sicherheitenverträge) vorzulegen.
- Die Banken verlangen darüber hinaus die Vorlage von *Legal Opinions*, in denen externe Anwaltskanzleien v. a. bestätigen, dass Kredit- und Sicherheitengeber existieren und befugt sind, die Finanzierungsdokumente abzuschließen (*Capacity Opinions*), sowie dass die Finanzierungsverträge wirksam abgeschlossen worden und die in ihnen vereinbarten Rechte und Sicherheiten wirksam bestellt und durchsetzbar sind (*Enforceability Opinions*).
- Zu den vor Auszahlung vorzulegenden **sonstigen Unterlagen** gehören in Abhängigkeit von der jeweiligen Transaktion bspw. Jahres-/Halbjahresabschlüsse bzw. Quartalsberichte, Grundbuch-/Registerauszüge, Nachweise über das zusätzlich zu den Kreditmitteln vom Kreditnehmer zu erbringende Eigenkapital, Bilanz, Cash-Flow-Rechnung und Investitionsplan für das laufende Geschäftsjahr sowie Due Diligence-Berichte und Versicherungsnachweise. Schließlich finden sich an dieser Stelle auch die nach den jeweils geltenden Geldwäschevorschriften erforderlichen Identifikationsanforderungen an den Kreditnehmer (*Know Your Customer oder KYC requirements*).

14 Häufig wird auch vereinbart, dass die Erfüllung der betreffenden Bedingungen innerhalb einer bestimmten Frist nach der ersten Auszahlung zu erfolgen hat. Es handelt sich dann um sog. *conditions subsequent*.

15 Vor jeder weiteren Auszahlung muss der Kreditnehmer in seinem Auszahlungsgesuch versichern, dass bei Abgabe des Auszahlungsgesuchs und am Tag der Auszahlung kein Kündigungsgrund vorliegt oder einzutreten droht und die zu wiederholenden Zusicherungen (hierzu Rz. 42 ff.) zutreffend sind.[21]

---

19) Vgl. Ziff. 4.2 (*Further conditions precedent*) LMA Multicurrency Term and Revolving Facilities Agreement (German law version).
20) Vgl. Ziff. 4.1 (*Initial conditions precedent*) i. V. m. Schedule 2 (*Conditions Precedent*) LMA Multicurrency Term and Revolving Facilities Agreement (German law version).
21) Vgl. Ziff. 4.2 (*Further conditions precedent*) LMA Multicurrency Term and Revolving Facilities Agreement (German law version).

b) Inanspruchnahme

Die Inanspruchnahme des Darlehens erfolgt durch Übersendung einer **Ziehungs-** 16
nachricht (*Drawdown Notice*), auch Auszahlungsgesuch (*Utilisation Request*) genannt, durch den Kreditnehmer an den Agenten. Diese üblicherweise dem Kreditvertrag als Muster beigefügte Ziehungsnachricht konkretisiert die Leistungspflicht des Kreditgebers hinsichtlich Höhe, Währung, Zinsperioden und Fälligkeit des auszuzahlenden Darlehens.[22] Mit der Übersendung der Ziehungsnachricht macht der Kreditnehmer von seinem ihm durch den Krediteröffnungsvertrag eingeräumten einseitigen Gestaltungsrecht Gebrauch, die Auszahlung des Darlehens zu verlangen.[23] Dadurch kommt mit dem Kreditgeber ein selbständiger und vom Krediteröffnungsvertrag rechtlich zu trennender Einzelkreditvertrag zustande.[24]

4. Abnahmepflicht und Nichtabnahmeentschädigung

Der Krediteröffnungsvertrag löst noch keine Pflicht des Kreditnehmers zur 17
Abnahme der Darlehensvaluta aus. Die Bank hat vielmehr einen Anspruch auf Zahlung einer **Bereitstellungsprovision**, die auf den nicht abgerufenen Kreditbetrag berechnet wird.[25] Sobald jedoch aufgrund einer unwiderruflichen Ziehungsnachricht ein Einzelkreditvertrag wirksam zustande kommt, ist der Kreditnehmer bei einem verzinslichen Darlehen zur Abnahme des Kreditbetrags verpflichtet. Bei schuldhaftem Abnahmeverzug hat die Bank einen Anspruch gegen den Kreditnehmer aus §§ 280 Abs. 1, 2, 286 BGB, bei endgültiger Nichtabnahme einen Schadensersatzanspruch statt der Leistung gemäß §§ 280 Abs. 1, 3, 281 BGB, die sog. **Nichtabnahmeentschädigung**.[26]

5. Laufzeit und Verfügbarkeit

Die durch den Krediteröffnungsvertrag eingeräumte(n) Kreditlinie(n) und die 18
durch Abruf entstehenden Einzelkredite haben jeweils **eigene Laufzeiten**. Das folgt bereits aus der Trennungstheorie, wird aber auch vertraglich so vereinbart. Die Laufzeit der Kreditlinie(n) geht von der Unterzeichnung des Krediteröffnungsvertrags bis zum vereinbarten Laufzeitende oder der Wirksamkeit einer Kündigung. Die Laufzeit eines Einzelkredits umfasst den Zeitraum von der Wirksamkeit seines Abrufs bis zum vereinbarten Rückzahlungstag (*Termination Date* oder *Final Maturity Date*) oder der Wirksamkeit einer Kündigung.

---

22) Vgl. Ziff. 5.1 (*Delivery of a Utilisation Request*) LMA Multicurrency Term and Revolving Facilities Agreement (German law version).
23) *Wunderlich* in: Schimansky/Bunte/Lwowski, Bankrechts-Hdb., Bd. I, § 77 Rz. 15. Vgl. dazu bereits Rz. 8.
24) H. M.; vgl. dazu ausführlich bereits Rz. 10.
25) *Freitag* in: Staudinger, BGB, § 488 Rz. 39.
26) BGH, NJW 2001, 509; *Budzikiewicz*, WM 2003, 264, 267.

Allerdings sind die beiden Laufzeiten insofern aneinander gekoppelt, als die Laufzeit eines Einzelkredits diejenige der zugrunde liegenden Kreditlinie nicht übersteigen darf.

19 Zu unterscheiden von der Laufzeit der Kreditlinie(n) ist der Zeitraum, währenddessen der Kreditnehmer berechtigt ist, einen Einzelkredit abzurufen. Diese **Verfügbarkeitsdauer** der Kreditlinie(n) (*Availability Period*) wird in Abhängigkeit vom jeweiligen Verwendungszweck der jeweiligen Kreditlinie vereinbart und kann sehr kurz sein. Bei Akquisitionsfinanzierungen wird festgelegt, dass der für die Bezahlung des Kaufpreises zu verwendende Kredit nur am sog. *Closing Date* – also an demjenigen Tag, an dem Zug um Zug gegen Übergang des Zielunternehmens der Kaufpreis zu zahlen ist – in Anspruch genommen werden darf.[27] Ist eine Kreditlinie am Ende ihrer Verfügbarkeitsdauer nicht in Anspruch genommen worden, endet die Pflicht der Bank, daraus einzelne Kredite zur Verfügung zu stellen.

6. Tilgung
a) Regeltilgung

20 Nach § 488 Abs. 1 Satz 2 BGB ist der Kreditnehmer verpflichtet, das zur Verfügung gestellte Darlehen bei Fälligkeit zurückzuerstatten, wobei Fälligkeit mit Ende der Laufzeit, durch Kündigung oder Aufhebungsvertrag eintreten kann. Die vertraglichen Vereinbarungen sind flexibler. Sie sehen entweder vor, dass das in Anspruch genommene Termindarlehen in vereinbarten **Raten** während der Laufzeit getilgt werden muss (*Scheduled Repayment*), oder es ist, dem gesetzlichen Leitbild folgend, die Rückzahlung **in einer Summe** bei Endfälligkeit (*Bullet Repayment*) vereinbart.[28] Verbreitet sind darüber hinaus auch Mischformen, wonach während der Laufzeit lediglich ein geringer Teil der Tilgung zu erbringen ist und der wesentliche Kreditteil (*Balloon*) zur Endfälligkeit ansteht. Im Falle einer Regeltilgung können die einzelnen Raten auch unterschiedlich hoch sein, etwa weil sie dem freien Cashflow des Kreditnehmers angepasst werden sollen.

b) Sondertilgung

21 Vereinbarungen von Sondertilgungen, d. h. Tilgungen vor dem im Vertrag festgelegten Rückzahlungstag, finden sich in den banküblichen Kreditverträgen einerseits in der Form von Pflichtsondertilgungen (*Mandatory Prepayments*), andererseits als freiwillige Sondertilgungen (*Voluntary Prepayments*).

---

27) *Diem*, § 12 Rz. 4.
28) *Walgenbach* in: Langenbucher/Bliesener/Spindler, Kap. 16 Rz. 82.

aa) Pflichtsondertilgung

Kreditgeber wollen häufig erreichen, dass der Kreditnehmer seine nicht betriebsnotwendigen und daher **freien Mittel für** eine **schnellere Kreditrückzahlung** einsetzt. Es wird daher eine Pflichtsondertilgung für den Fall vereinbart, dass dem Kreditnehmer höhere Mittel zufließen, als er für den Schuldendienst und die Aufrechterhaltung seines Geschäftsbetriebs benötigt, z. B. durch Erwirtschaften eines höheren freien Cashflows (*Excess Cashflow*) oder durch (erlaubte) Veräußerung einzelner Vermögensgegenstände.[29]

22

In all diesen Fällen ist die Pflichtsondertilgung als (teilweise) Kündigung der gezogenen Einzelkredite und der diesen zugrunde liegenden Zusagen durch den Krediteröffnungsvertrag zu qualifizieren, ohne dass ausdrückliche Kündigungserklärungen der Kreditgeber erforderlich wären.[30]

23

bb) Freiwillige Sondertilgung

Aus § 488 Abs. 3 Satz 3 BGB folgt, dass bei verzinslichen Darlehen eine vorzeitige Rückerstattung der Darlehensvaluta nur möglich ist, wenn der Darlehensnehmer den Darlehensvertrag vorher gekündigt hat. § 271 Abs. 2 BGB, wonach der Schuldner seine Leistung im Zweifel auch schon vor dem Fälligkeitstermin erbringen kann, wird insofern von der darlehensrechtlichen Spezialregelung verdrängt. Allerdings ist § 488 Abs. 3 Satz 3 BGB abdingbar,[31] und so wird in den gängigen Kreditverträgen dem Kreditnehmer meist das Recht eingeräumt, die Kredite auch ohne Kündigungserklärung jederzeit vor ihrer Fälligkeit zurückzuzahlen (*Voluntary Prepayment*). Verlangt wird lediglich die Anzeige der beabsichtigten Tilgungszahlung einige Bankarbeitstage im Voraus.[32] Zahlt der Kreditnehmer während einer Zinsperiode zurück, ist er vertraglich zur Zahlung einer **Vorfälligkeitsentschädigung** verpflichtet. Denn der Kreditgeber hat seinerseits aus seinen Refinanzierungskrediten bis zum Ende der Zinsperiode Zinszahlungen zu leisten.

24

7. Zinsen

a) Grundlagen

Zinsen im Rechtssinne sind die nach der Laufzeit bemessene, gewinn- und umsatzunabhängige **Vergütung für** die **Gebrauchsmöglichkeit eines** auf Zeit überlassenen **Kapitals**.[33] Aus Sicht der Bank sind sie der Preis für die entbehrte eigene

25

---

29) Vgl. Ziff. 12.2 (*Disposal, Insurance and Acquisition Proceeds and Excess Cash Flow*) LMA Leveraged Finance Facility Agreement.
30) *Diem*, § 13 Rz. 9.
31) *Berger* in: MünchKomm-BGB, § 488 Rz. 223.
32) Vgl. Ziff. 8.4 (*Voluntary Prepayment of Facility A Loans*) LMA Multicurrency Term and Revolving Facilities Agreement (German law version).
33) *Bruchner/Krepold* in: Schimansky/Bunte/Lwowski, Bankrechts-Hdb., Bd. I, § 78 Rz. 1 m. w. N.

Kapitalnutzung. Die Zinszahlungspflicht ist daher als synallagmatische Gegenleistungspflicht des Darlehensnehmers für die Überlassung und Belassung des Darlehens einer der Kernbestandteile eines Darlehensvertrags. Die wenigen gesetzlichen Regelungen zu Zinsen – zum Zinsanspruch (§ 488 Abs. 1 Satz 2 BGB, §§ 353, 354 Abs. 2 HGB), zur Zinshöhe (§ 246 BGB, § 352 Abs. 1 Satz 2 HGB) und zur Fälligkeit der Zinszahlung (§ 488 Abs. 2 BGB) – sind alle dispositiv[34] und spielen daher in der Bankpraxis praktisch keine Rolle. Die Zinsen werden vielmehr innerhalb der allgemeinen rechtlichen Grenzen der §§ 138, 242, 305 ff. BGB frei vereinbart und im Krediteröffnungsvertrag festgelegt.

b) Zinsgleitklauseln

26 Der Zinssatz kann fest oder variabel vereinbart werden, wobei ein variabler Zinssatz die Regel ist. Die vertragliche Umsetzung variabler Zinsen erfolgt durch sog. Zinsänderungsklauseln. Diese sind in Form von Zinsanpassungsklauseln und Zinsgleitklauseln anzutreffen. Bei der Zinsanpassungsklausel wird dem Kreditgeber ein einseitiges Leistungsbestimmungsrecht i. S. des § 315 BGB eingeräumt, das er ausüben muss, damit sich der bisherige Zinssatz verändert.[35] Bei einer Zinsgleitklausel dagegen wird der **Zinssatz an bestimmte veränderliche Bezugsgrößen** wie z. B. EURIBOR oder LIBOR **gekoppelt**, so dass er sich automatisch durch eine entsprechende Änderung der Bezugsgröße verändert, ohne dass es noch einer rechtsgeschäftlichen Erklärung der Bank bedarf.[36]

27 Bei Akquisitionskrediten, die wie eingangs erwähnt meist Eurokredite sind, setzt sich der Zins gewöhnlich aus einem Referenzzinssatz zuzüglich einer Marge und ggf. bestimmter Kosten zusammen.[37] Nach der zuvor erläuterten Terminologie handelt es sich also um eine Zinsgleitklausel.

28 Die wichtigsten **Referenzzinssätze** für Eurokredite am internationalen Finanzmarkt sind EURIBOR und LIBOR. Der **EURIBOR** (*Euro Interbank Offered Rate*) ist der maßgebende Referenzzinssatz für kurzfristige Geldanlagen unter Geschäftsbanken in Euro. Er wird täglich für Ein- bis Dreiwochen- sowie Ein- bis Zwölfmonatsgelder am Interbankenmarkt aus den Briefsätzen ausgesuchter Kreditinstitute für die jeweilige Laufzeit errechnet. Als Zinssatz für Eurokredite in anderen Währungen als Euro wird der **LIBOR** (*London Interbank Offered Rate*) für die jeweilige Währung zugrunde gelegt. Er wird für zehn

---

34) Zwingende verbraucherschützende Vorschriften der §§ 491 ff. BGB bleiben hier naturgemäß außer Betracht.
35) *Habersack*, WM 2001, 753, 754.
36) *Bruchner/Krepold* in: Schimansky/Bunte/Lwowski, Bankrechts-Hdb., Bd. I, § 78 Rz. 68; *Habersack*, WM 2001, 753, 754.
37) Vgl. Ziff. 9.1 (*Calculation of interest*) LMA Multicurrency Term and Revolving Facilities Agreement (German law version).

verschiedene Währungen berechnet. So gibt es bspw. den USD-LIBOR, GBP-LIBOR, CHF-LIBOR u. s. w.

Die Höhe des Referenzzinssatzes richtet sich nach der Laufzeit des Refinanzierungsdarlehens. Der Kreditnehmer kann diese Laufzeit durch die Wahl der Dauer der **Zinsperioden** bestimmen. Üblicherweise bietet die Bank dem Kreditnehmer Zinsperioden von einem, drei, sechs und zwölf Monaten an, die er frei wählen kann.[38] 29

Die **Marge**, die zusätzlich zum Referenzzinssatz zu bezahlen ist, wird als Prozentsatz des ausgereichten Kreditbetrags ausgedrückt und leistet einen Deckungsbeitrag zu den allgemeinen Kreditkosten der Bank, deckt das Kreditausfallrisiko und enthält einen Gewinnbeitrag. 30

Abhängig von der Bonität des Kreditnehmers ändern sich das Kreditausfallrisiko und damit auch die Eigenkapitalkosten der Bank. Um hierauf flexibel reagieren zu können, wird häufig ein sog. **Margengitter** (*Margin Grid*) vereinbart, wonach sich die Marge entsprechend der finanziellen und wirtschaftlichen Situation des Kreditnehmers in Schritten nach oben und unten verändert. Als Maßstab für die Entwicklung der wirtschaftlichen und finanziellen Situation des Kreditnehmers dienen entweder sein externes Rating oder Kennzahlen (*Financial Covenants*), wie zum Beispiel der Verschuldungsgrad (*Leverage Ratio*) oder der Zinsdeckungsgrad (*Interest Cover Ratio*). Da sich der Zinssatz aufgrund von Änderungen der tatsächlichen Verhältnisse des Kreditnehmers ändert, die durch unabhängige Dritte (Ratingagentur, Wirtschaftsprüfer) festgestellt worden sind, der Bank selbst also kein Ermessensspielraum hinsichtlich Voraussetzungen und Höhe einer Zinsänderung zusteht, handelt es sich bei der Vereinbarung solcher Margengitter um Preisabreden, die einer Inhaltskontrolle nach § 307 BGB entzogen sind.[39] 31

8. Marktstörung

Von einer „Marktstörung" (*Market Disruption*) wird gesprochen, wenn sich der Kreditgeber nicht mehr oder nicht kostendeckend refinanzieren kann. Dies kann der Fall sein, weil der maßgebliche Referenzzinssatz (z. B. EURIBOR oder USD-LIBOR) für die nächste Zinsperiode überhaupt nicht mehr quotiert wird oder der quotierte Referenzzinssatz die tatsächlichen Refinanzierungskosten des Kreditgebers nicht deckt, d. h. der Kreditgeber wegen seines eigenen verschlechterten Ratings einen Aufschlag auf EURIBOR oder LIBOR bezahlen muss.[40] 32

---

38) Vgl. Ziff. 10.1 (a) (*Selection of Interest Periods*) LMA Multicurrency Term and Revolving Facilities Agreement (German law version).
39) *Langenbucher*, BKR 2005, 134, 137.
40) Vgl. *Castor* in: Langenbucher/Bliesener/Spindler, Kap. 16 Rz. 44.

33 In Eurokreditverträgen finden sich üblicherweise Regelungen, um solche Fälle abzudecken. Diese Regelungen sehen meist vor, dass die Vertragsparteien sich verpflichten, (befristete, z. B. 30-tägige) **Verhandlungen über eine alternative Berechnung des Zinssatzes** aufzunehmen. Einigen sich die Parteien, wird der Zinssatz nach der alternativen Methode berechnet. Einigen sie sich nicht, teilen die Kreditgeber über den Agenten dem Kreditnehmer ihre tatsächlichen Refinanzierungskosten mit, die dieser zusammen mit der vereinbarten Marge nun verpflichtet ist zu zahlen. Hält der Kreditnehmer den neu errechneten Zinssatz allerdings für zu hoch, kann er den ausstehenden Kredit vorzeitig zurückzahlen.[41]

9. Gebühren und Kosten

34 Für die Arrangierung, Bearbeitung und Zurverfügungstellung eines Kredits verlangen Banken eine Reihe von Gebühren. Zu nennen ist zunächst die **Bereitstellungsprovision** (*Commitment Fee*).[42] Sie wird als Entgelt für die Bereitstellung der Kreditlinien auf den jeweils nicht in Anspruch genommenen Teil der Kreditlinien erhoben. Gerechtfertigt ist die Zahlung einer Bereitstellungsprovision, sobald auf Seiten der Bank Risikopositionen entstehen, die mit Eigenkapital zu unterlegen sind. Dies ist grundsätzlich der Fall, wenn ein Darlehen gewährt oder zugesagt wird, also mit der verbindlichen Eröffnung einer Kreditlinie.[43]

35 Üblich ist außerdem eine einmalige **Bearbeitungsgebühr** (*Arrangement Fee*).[44] Sie ist das Entgelt des Kreditgebers für die Strukturierung der Finanzierung, bzw. bei Konsortialkrediten darüber hinaus das Entgelt des Arrangeurs für das Underwritingrisiko und die Syndizierung des Kredits. Die Bearbeitungsgebühr wird als Prozentsatz des gesamten Kreditbetrags ausgedrückt und üblicherweise mit der ersten Kreditauszahlung fällig. Für ihre Arbeiten im Zusammenhang mit der Bestellung und Verwaltung der Sicherheiten kann die Bank ein einmalig oder periodisch zu zahlendes **Sicherheitenentgelt** vereinbaren.

36 Verstößt der Kreditnehmer gegen Bestimmungen des Kreditvertrags, so hat die Bank die Wahl, den Kredit zu kündigen oder für eine bestimmte Zeit auf die Erfüllung der Vertragspflicht zu verzichten. Entscheidet sie sich für den Verzicht, so hat sie ihn gegenüber dem Kreditnehmer zu erklären (*Waiver*). Für den hierdurch entstehenden Verwaltungsaufwand erhebt die Bank grundsätzlich eine pauschale Gebühr, die sog. *Waiver Fee.*

---

41) Vgl. Ziff. 11 (*Changes to the calculation of interest*) LMA Multicurrency Term and Revolving Facilities Agreement (German law version).
42) Vgl. Ziff. 12.1 (*Commitment Fee*) LMA Multicurrency Term and Revolving Facilities Agreement (German law version).
43) Vgl. *Bruchner/Krepold* in: Schimansky/Bunte/Lwowski, Bankrechts-Hdb., Bd. I, § 78 Rz. 125 f.
44) Vgl. Ziff. 12.2 (*Arrangement Fee*) LMA Multicurrency Term and Revolving Facilities Agreement (German law version).

Bei Konsortialkrediten sind verschiedene weitere Gebühren üblich, wie zum 37
Beispiel die **Abschluss- oder Teilnahmegebühr** (*Participation Fee*) für den Beitritt zu einem Kreditkonsortium oder die **Agentengebühr** für die allgemeine Tätigkeit des Agenten (*Agency Fee*)[45] bzw. den Verwaltungsaufwand des Sicherheitentreuhänders (*Security Trustee Fee*).

Sollen die getroffenen Gebührenvereinbarungen geheim gehalten werden, werden 38
sie nicht im Kreditvertrag selbst, sondern in einem separaten Schriftstück (*Side Letter*) dokumentiert.

10. Steuerliche Regelungen und Kostenerhöhungsklauseln

Aus Sicht der Bank sind alle unter dem Kreditvertrag geschuldeten Beträge Netto- 39
kreditbeträge. Es gilt das **Nettokreditprinzip** (*Cost Plus Principle* bzw. *Net Lending Concept*).[46] Daher wird vereinbart, dass der Kreditnehmer ggf. seine Zahlung soweit erhöhen muss, dass der Kreditgeber nach Abzug eventuell anfallender Quellen- oder sonstiger Abzugssteuern den vertraglich geschuldeten Betrag erhält (**Steuerausgleichsklausel**, *Tax Gross-up Clause*).[47] Sollte die entsprechende Steuer, Gebühr oder Abgabe nicht beim Kreditnehmer, sondern beim Kreditgeber anfallen, ist der Kreditnehmer verpflichtet, dem Kreditgeber seine Aufwendungen zu erstatten (**Steuererstattungsklausel**, *Tax Indemnity Clause*).[48]

Entsprechendes wird in einer **Kostenerhöhungsklausel** (*Increased Costs Clause*) 40
für nach Vertragsschluss anfallende höhere Kosten vereinbart, die dem Kreditgeber durch den Erlass neuer oder die Änderung bestehender Rechtsvorschriften, durch eine geänderte Auslegung oder Anwendung bestehender Rechtsvorschriften oder durch die Befolgung von Rechtsvorschriften, die nach dem Abschluss des Kreditvertrags erlassen wurden, entstehen.[49]

Um den Kreditnehmer von einer vermeidbaren Mehrbelastung zu schützen, 41
gewähren ihm die banküblichen Kreditverträge das **Recht zur vorzeitigen Tilgung**, wenn der Kreditgeber von ihm eine zusätzliche Zahlung aufgrund der Kostenerhöhungsklausel verlangt.[50] Außerdem sehen die Kreditverträge **Mit-**

---

45) Vgl. Ziff. 12.3 (*Agency Fee*) LMA Multicurrency Term and Revolving Facilities Agreement (German law version).
46) *Diem*, § 20 Rz. 1.
47) Vgl. Ziff. 13.2 (*Tax gross-up*) LMA Multicurrency Term and Revolving Facilities Agreement (German law version).
48) Vgl. Ziff. 13.3 (*Tax indemnity*) LMA Multicurrency Term and Revolving Facilities Agreement (German law version).
49) Vgl. Ziff. 14.1 (*Increased costs*) LMA Multicurrency Term and Revolving Facilities Agreement (German law version).
50) Vgl. Ziff. 8.6 LMA Multicurrency Term and Revolving Facilities Agreement (German law version).

§ 22 Vertragsgestaltung

wirkungspflichten der Kreditgeber zur Vermeidung derartiger Kostenerhöhungen für den Kreditnehmer vor.[51]

11. Zusicherungen

42 Die Bank trifft jede Kreditentscheidung aufgrund einer Kreditrisikoprüfung, die auf einem von der Bank angenommenen Sachverhalt (v. a. im Hinblick auf rechtliche und tatsächliche Umstände, die die Kreditwürdigkeit des Kreditnehmers betreffen) beruht. Trifft dieser Sachverhalt von Anfang an nicht zu oder ändert er sich später, ändert sich die Geschäftsgrundlage für die Kreditgewährung der Bank. Zusicherungen (*Representations*) dienen der vertraglichen **Fixierung** der für die Bank **wesentlichen Umstände** ihrer Kreditentscheidung.[52]

43 Üblicherweise enthält jeder Kreditvertrag eine Reihe von standardisierten Zusicherungen, insbesondere zu Folgendem:[53]

- **Vertragsparteien und Verträge**, z. B. Kreditnehmer ist wirksam gegründet; Kredit- und Sicherheitenverträge begründen wirksame und durchsetzbare Rechtspflichten; Kreditnehmer wurde beim Vertragsschluss wirksam vertreten;
- **Grundlagen der Kreditvergabe**, z. B. alle als Basis für die Kreditentscheidung zur Verfügung gestellten Informationen sind richtig und vollständig; keine wesentliche nachteilige Veränderung (*Material Adverse Change*) der wirtschaftlichen oder finanziellen Lage des Kreditnehmers seit dem letzten Jahresabschluss; Kündigungsgrund liegt nicht vor und droht auch nicht;
- **Grundlagen der Geschäftstätigkeit**, z. B. erforderliche Betriebs- und sonstige Genehmigungen liegen vor; alle Umweltvorschriften sind beachtet;
- **Negativerklärungen**, z. B. *Pari Passu*-Klausel; keine Finanzverbindlichkeiten (*Financial Indebtedness*) oder Sicherheiten mit Ausnahme solcher, die ausdrücklich erlaubt sind; keine rechtlichen Verfahren anhängig oder angedroht, kein Insolvenzantrag gestellt.

44 Weil bestimmte Tatsachen aus Sicht der Bank nicht nur im Zeitpunkt der Unterzeichnung des Kreditvertrags, sondern während der gesamten Laufzeit des Kredits unverändert vorliegen müssen, ist der Kreditnehmer typischerweise verpflichtet, bestimmte **Zusicherungen** auch bei späteren Terminen (z. B. bei jeder Inanspruchnahme oder jeder neuen Zinsperiode) **erneut abzugeben** oder es ist vereinbart, dass sie als erneut abgegeben gelten.[54]

---

51) Vgl. Ziff. 16 (*Mitigation by the Lenders*) LMA Multicurrency Term and Revolving Facilities Agreement (German law version).
52) *Jetter* in: Eilers/Rödding/Schmalenbach, S. 236; *Wittig*, WM 1999, 985.
53) Vgl. Ziff. 19 (*Representations*) LMA Multicurrency Term and Revolving Facilities Agreement (German law version).
54) Vgl. Ziff. 19.14 (*Repetition*) LMA Multicurrency Term and Revolving Facilities Agreement (German law version).

Anders als bei einem Unternehmenskaufvertrag führt die Unrichtigkeit einer 45
Zusicherung nicht zu einem Schadensersatzanspruch der Bank, sondern gibt
ihr das Recht, den Kreditvertrag **außerordentlich** zu **kündigen**.[55]

12. Auflagen

a) Allgemeines

Die Vereinbarung von Verpflichtungen des Kreditnehmers zu einem bestimm- 46
ten Tun oder Unterlassen ist fester Bestandteil in- und ausländischer Unternehmenskreditverträge. Mithilfe dieser Auflagen (*Undertakings oder Covenants*) will eine Bank ihre Kreditrisiken senken, indem sie das unternehmerische Ermessen des Kreditnehmers beschränkt und ihn bzw. die ganze Unternehmensgruppe in die finanzielle Disziplin nimmt.[56] Dies ist insbesondere dann wichtig, wenn der Kredit unbesichert gewährt wird oder nur teilweise besichert ist. Auflagen finden sich in den Kreditverträgen in Form von **Informationspflichten** (*Information Undertakings*)[57], **Verpflichtungen zur Einhaltung von Finanzkennzahlen** (*Financial Covenants*)[58] und **Allgemeinen Verpflichtungen** (*General Undertakings*).[59]

Verletzt der Kreditnehmer eine Verpflichtung, hat die Bank in der Regel das 47
Recht, den Kredit zu kündigen.[60] Oftmals wird vereinbart, dass dieses Kündigungsrecht nur dann besteht, wenn der Kreditnehmer die jeweilige Auflage nicht innerhalb einer Nachfrist erfüllt. Wegen ihrer herausgehobenen Bedeutung sollen von den genannten Auflagentypen die *Financial Covenants* im Folgenden näher erörtert werden.

b) Financial Covenants

Financial Covenants werden auf Grundlage der dem Kreditgeber vor Vertrags- 48
abschluss vorgelegten Finanzplanung des Kreditnehmers festgelegt und definieren für die gesamte Laufzeit des Kredits **Zielvorgaben für** die von dem Kreditnehmer bzw. seiner Gruppe einzuhaltenden **Bilanzrelationen und Finanz-**

---

55) Vgl. Ziff. 23.4 (*Misrepresentation*) LMA Multicurrency Term and Revolving Facilities Agreement (German law version).
56) *Diem*, § 22 Rz. 1.
57) Vgl. Ziff. 20 (*Information Undertakings*) LMA Multicurrency Term and Revolving Facilities Agreement (German law version).
58) Vgl. Ziff. 21 (*Financial Covenants*) LMA Multicurrency Term and Revolving Facilities Agreement (German law version).
59) Vgl. Ziff. 22 (*General Undertakings*) LMA Multicurrency Term and Revolving Facilities Agreement (German law version).
60) *Merkel/Tetzlaff* in: Schimansky/Bunte/Lwowski, Bankrechts-Hdb., Bd. II, § 98 Rz. 175; vgl. Ziff. 23.3 (*Other obligations*) LMA Multicurrency Term and Revolving Facilities Agreement (German law version).

kennzahlen.[61] Dabei räumt die Bank in der Regel einen „Sicherheitszuschlag" (sog. *Headroom*) ein, um zu verhindern, dass bereits eine leichte Abweichung vom Plan zu einer Verletzung der *Financial Covenants* führt. Die Art und Anzahl von Financial Covenants ist in erster Linie abhängig von der Bonität des Kreditnehmers und von dessen Geschäftsfeld oder von der zu finanzierenden Investition. Aber auch die Lage am Kreditmarkt insgesamt – und damit die Verhandlungsposition der Vertragspartner – kann Einfluss auf die Vereinbarung von *Financial Covenants* haben.

49 Die **Einhaltung** der *Financial Covenants* muss üblicherweise am Ende eines jeden Quartals zeitgleich mit der Vorlage der Quartalsberichte bzw. des Halbjahresberichts durch die Vorlage einer entsprechenden Bestätigung der Geschäftsleitung des Kreditnehmers (*Compliance Certificate*) nachgewiesen werden und wird von dem Kreditgeber anhand des eingereichten Abschlusses überprüft.

50 Die üblichen Financial Covenants zielen auf die Sicherstellung einer angemessenen Liquidität und eines angemessenen Eigenkapitals des Kreditnehmers bzw. seiner Gruppe.

aa) Eigenkapitalklausel

51 Die Eigenkapitalklausel (*Minimum Net Worth*) bestimmt, dass das Eigenkapital des Kreditnehmers einen bestimmten, in absoluten Zahlen festgelegten Betrag nicht unterschreiten darf. Oft ist vorgesehen, dass der vereinbarte Mindestbetrag während der Laufzeit des Kredits stufenweise ansteigt.[62] Dahinter steht der Gedanke, dass das in der Bilanz ausgewiesene Eigenkapital denjenigen Betrag repräsentiert, der dem Kreditnehmer verbleibt, nachdem er sämtliche Aktiva zu Buchwerten liquidiert und aus den Erlösen alle Verbindlichkeiten (einschließlich des Bankkredits) zurückgeführt hat.[63] Das Eigenkapital bildet einen „Puffer" für den Fall, dass die Liquidationserlöse hinter den Buchwerten zurückbleiben. Je größer dieser Puffer ist, desto sicherer ist die Rückzahlung des Kredits.[64]

bb) **Verschuldungsgrad**

52 Der Verschuldungsgrad (*Leverage Ratio*) wird berechnet als Quotient aus Netto-Finanzverbindlichkeiten und EBITDA.[65] Unter Netto-Finanzverbindlichkeiten werden alle zinstragenden Verbindlichkeiten zu einem bestimmten Stichtag ab-

---

61) *Zülch/Holzhamer/Böhm/Kretzmann*, DB 2014, 2117; *Wittig*, WM 1996, 1381, 1382; *Fleischer*, ZIP 1998, 313.
62) *Wittig*, WM 1996, 1381, 1382.
63) *Wittig* in: K. Schmidt/Uhlenbruck, Rz. 1.147.
64) *Diem*, § 22 Rz. 30.
65) *Walgenbach* in: Langenbucher/Bliesener/Spindler, Kap. 16 Rz. 137. EBITDA ist die Abkürzung für *earnings before interest, taxes, depreciation and amortization* (= Ertrag vor Zinsen, Steuern, Abschreibungen auf Sachanlagen und Abschreibungen auf immaterielle Vermögensgegenstände).

züglich Kassenbestand, Bankguthaben und des Buchwerts bestimmter liquider Wertpapiere verstanden. Diesen wird das operative Ergebnis vor Zinsen, Steuern und Abschreibungen in den letzten zwölf Monaten vor dem Stichtag gegenüber gestellt. Der Verschuldungsgrad, der als Obergrenze festgelegt wird, dient als Indikator für die Fähigkeit des Kreditnehmers zur künftigen Rückzahlung des Kredits.

cc) **Liquiditätsklausel**

Gebräuchlich ist weiterhin die sog. Liquiditätsklausel (*Current Ratio*), nach der 53 während der Laufzeit des Kredits die kurzfristig realisierbaren Mittel des Kreditnehmers seine kurzfristigen Verbindlichkeiten um ein festgelegtes Maß, als Verhältniszahl ausgedrückt, übersteigen müssen.[66] Diese Klausel geht von der Überlegung aus, dass dem Kreditnehmer zur Begleichung seiner kurzfristig fällig werdenden Verbindlichkeiten jeweils ausreichende Zahlungsmittel zur Verfügung stehen müssen, um eine Insolvenz wegen Zahlungsunfähigkeit zu vermeiden.

dd) **Gearing**

Das sog. *Gearing* schließlich legt die zulässige Höchstgrenze für die Verschul- 54 dung des Kreditnehmers im Verhältnis zu seinem Eigenkapital (*Debt/Equity Ratio*) fest. Dies bedeutet, dass dem Kreditnehmer mit einer Zunahme des Eigenkapitals (z. B. durch Gewinnthesaurierung oder Kapitalerhöhung) eine proportional entsprechende Ausweitung seiner Verschuldung erlaubt ist, wohingegen umgekehrt eine durch Verluste verringerte Eigenkapitalbasis eine Rückführung der Verschuldung verlangt.[67] Damit soll verhindert werden, dass der Kreditnehmer sinkende Erträge über eine höhere Kreditaufnahme ausgleicht.[68]

13. Kündigung durch den Kreditgeber

Kündigungsrechte der Bank können sich aus dem Gesetz, den AGB der Kredit- 55 institute und dem Kreditvertrag ergeben.

a) **Ordentliches Kündigungsrecht**

Ist für die Rückerstattung eines verzinslichen Darlehens keine Zeit bestimmt, 56 hängt die Fälligkeit der Rückzahlungspflicht von einer Kündigung ab, für die eine einheitliche Kündigungsfrist von drei Monaten unabhängig von der Höhe des Darlehensbetrags bestimmt ist (§ 488 Abs. 3 BGB). Diese generell geltende ordentliche Kündigungsfrist kann rechtsgeschäftlich modifiziert werden.[69]

---

66) *Wittig* in: K. Schmidt/Uhlenbruck, Rz. 1.152.
67) *Wittig* in: K. Schmidt/Uhlenbruck, Rz. 1.148.
68) *Diem*, § 22 Rz. 28.
69) *Wittig/Wittig*, WM 2002, 145, 147.

§ 22 Vertragsgestaltung

b) Außerordentliches Kündigungsrecht
aa) § 490 Abs. 1 BGB

57 Die Bank kann nach § 490 Abs. 1 BGB den Darlehensvertrag vor Auszahlung des Darlehens im Zweifel stets, nach Auszahlung nur in der Regel fristlos kündigen, wenn in den Vermögensverhältnissen des Kunden oder in der Werthaltigkeit einer für das Darlehen gestellten Sicherheit eine wesentliche Verschlechterung eintritt oder einzutreten droht, durch die die Rückerstattung des Darlehens, auch unter Verwertung der Sicherheit, gefährdet wird. Diese Verschlechterung muss nicht allein aus der Sicht der Bank, sondern objektiv vorliegen.[70]

58 Dieses Kündigungsrecht lässt die Vorschriften der §§ 313, 314 BGB über die Anpassung des Vertrags wegen Störung der Geschäftsgrundlage und der Kündigung von Dauerschuldverhältnissen aus wichtigem Grund unberührt (vgl. § 490 Abs. 3 BGB). Für die Bankpraxis dürfte der Anwendungsbereich des § 314 BGB jedoch gering sein. Die meisten jedenfalls im Inland relevanten außerordentlichen Kündigungsgründe sind bereits durch die AGB-Banken erfasst. Eine Anwendung des § 314 BGB kommt v. a. in Betracht, soweit es um Umstände geht, deren Eintritt nicht einseitig der Risikosphäre einer Partei zugewiesen ist und die insbesondere nicht mit der Bonität des Kreditnehmers zusammenhängen.

bb) AGB-mäßiges außerordentliches Kündigungsrecht bei befristeten Darlehen

59 Die AGB der Kreditinstitute erweitern das gesetzliche außerordentliche Kündigungsrecht in dreifacher Hinsicht. Dieses Recht der Bank wegen wesentlicher Verschlechterung der Vermögensverhältnisse oder der Werthaltigkeit der Sicherheit besteht nicht nur, wenn die Rückzahlung des Darlehensbetrags gefährdet ist. Es genügt grundsätzlich, wenn die Erfüllung einer sonstigen Verbindlichkeit gegenüber der Bank gefährdet ist.

60 Das AGB-mäßige außerordentliche Kündigungsrecht besteht auch in den Fällen, in denen der Kreditnehmer unrichtige Angaben über seine Vermögensverhältnisse gemacht hat, die für die Entscheidung der Bank über eine Kreditgewährung von wesentlicher Bedeutung waren (Nr. 19 Abs. 3 AGB-Banken).

61 Schließlich kann die Bank fristlos kündigen, wenn der Kreditnehmer seiner Verpflichtung zur Bestellung oder Verstärkung von Sicherheiten nach Nr. 13 Abs. 2 Satz 1 AGB-Banken oder aufgrund einer sonstigen Vereinbarung nicht innerhalb der von der Bank gesetzten angemessenen Frist nachkommt.

---

70) BGH, WM 1985, 604, 605; *Freitag*, WM 2001, 2370, 2373.

cc) Individualvertragliche Kündigungsgründe

Ein Senior-Kreditvertrag enthält üblicherweise eine ganze Reihe von Kündigungs- 62
gründen (*Events of Default*), die den Kreditgeber zur außerordentlichen Kündigung des Kredits berechtigen. Die Liste ist meist so umfangreich, dass für eine Vereinbarung der ergänzenden Geltung der AGB grundsätzlich kein Bedarf mehr besteht.[71] Zu den häufigsten Kündigungsgründen gehören die Folgenden:[72]

Der Kreditnehmer leistet eine nach dem Kreditvertrag geschuldete Zahlung am 63
Fälligkeitstag nicht (**Verletzung einer Zahlungspflicht**), erfüllt einen *Financial Covenant* nicht oder verletzt eine sonstige Vertragspflicht (**Nichterfüllung einer Auflage, Pflichtverletzung**); eine von einem Kreditnehmer abgegebene Zusicherung ist unrichtig oder unvollständig (**Unrichtigkeit einer Zusicherung**); eine gegenüber einem Dritten bestehende Zahlungspflicht einer Gruppengesellschaft wird bei Fälligkeit nicht bezahlt oder vor ihrer vereinbarten Fälligkeit fällig gestellt (*Cross Default*); eine Gruppengesellschaft wird zahlungsunfähig, stellt ihre Zahlungen ein, verhandelt mit ihren Gläubigern über ein Moratorium oder Vergleich, stellt einen Insolvenzantrag oder wäre dazu verpflichtet (**Insolvenz**); in einen Vermögensgegenstand einer Gruppengesellschaft wird die Zwangsvollstreckung betrieben (**Zwangsvollstreckung**), eine Gruppengesellschaft stellt ihre Geschäftstätigkeit ein oder verändert sie wesentlich (**Änderung der Geschäftstätigkeit**); die Erwerbsgesellschaft hält nach dem Closing nicht mehr direkt oder indirekt 100 % der Anteile an dem Kreditnehmer oder ein Kreditnehmer hält eine geringere Beteiligung an einer wesentlichen Gruppengesellschaft als am Closing (**Änderung der Beteiligungsverhältnisse**, *Change of Ownership, Change of Control*); ein Ereignis tritt ein, das wahrscheinlich eine wesentliche nachteilige Auswirkung haben wird (**wesentliche nachteilige Veränderung**, *Material Adverse Change*).

14. Kündigung durch den Kreditnehmer

Das Gesetz kennt Kündigungsrechte des Darlehensnehmers in Form eines or- 64
dentlichen Kündigungsrechts (§ 489 BGB) und eines außerordentlichen Kündigungsrechts (§ 490 BGB). Auch die AGB der Kreditinstitute enthalten solche Kündigungsrechte.[73] Hingegen sehen die Unternehmenskredite keine individualvertraglichen Kündigungsrechte für den Kreditnehmer vor. Dem Kredit-

---

71) Davon sogar abratend *Diem*, § 23 Rz. 38: Aufgrund voneinander abweichender Regelungen könnten sich Auslegungsfragen ergeben.
72) Vgl. Ziff. 23 (*Events of Default*) LMA Multicurrency Term and Revolving Facilities Agreement (German law version).
73) Die Regelung in Nr. 18 Abs. 3 AGB-Banken stellt klar, dass gesetzliche Kündigungsrechte unberührt bleiben. Insbesondere wird ein außerordentliches Kündigungsrecht des Kunden nach § 490 Abs. 2 BGB durch Nr. 18 Abs. 2 AGB-Banken nicht eingeschränkt, vgl. *Sonnenhol*, WM 2002, 1259, 1264.

nehmer wird jedoch grundsätzlich das Recht eingeräumt, den Kredit jederzeit vor seiner Fälligkeit zurückzuzahlen.[74]

a) Ordentliches Kündigungsrecht

65 § 489 BGB sieht im Einzelnen unterschiedlich ausgestaltete Kündigungsrechte vor. Dabei unterscheidet die gesetzliche Regelung zwischen Darlehen, bei denen für einen bestimmten Zeitraum ein fester Zinssatz vereinbart worden ist (Festsatzkredite, § 489 Abs. 1 BGB), und Darlehen mit veränderlichem Zinssatz (variabel verzinsliche Darlehen, § 489 Abs. 2 BGB).

66 Ein Kredit, bei dem eine Anpassung des Zinssatzes in bestimmten Zeiträumen bis zu einem Jahr vereinbart ist, kann vom Kreditnehmer gemäß § 489 Abs. 1 Nr. 1 Halbs. 2 BGB gekündigt werden. Als fester Zinssatz gilt auch die Zinsvariabilität nach vereinbarten begrenzten Zeiträumen.[75] Typisches Beispiel eines solchen Kredits ist der Eurokredit, der in Zinsperioden mit jeweils festem Zinssatz unterteilt ist (Roll-Over-Kredit). Nach Ablauf einer Zinsperiode wird der Zinssatz jeweils an den veränderten Referenzzinssatz (z. B. EURIBOR oder LIBOR) angepasst. Die Kündigung während der Zinsbindungsfrist ist ausgeschlossen. Der Kreditnehmer kann sie ausschließlich zum Ende einer Zinsperiode erklären.[76]

b) Außerordentliches Kündigungsrecht
aa) § 490 Abs. 2 BGB

67 Die gesetzliche Regelung über ein außerordentliches Kündigungsrecht des Darlehensnehmers enthält § 490 Abs. 2 Satz 1 BGB.[77] Danach können Darlehensverträge, bei denen für einen bestimmten Zeitraum ein fester Zinssatz vereinbart und das Darlehen durch ein Grund- oder Schiffspfandrecht gesichert ist, vorzeitig gekündigt werden, wenn die berechtigten Interessen des Darlehensnehmers dies gebieten. Die Kündigung ist erst nach Ablauf von sechs Monaten nach vollständiger Auszahlung des Darlehensbetrags unter Einhaltung einer Kündigungsfrist von drei Monaten zulässig (§ 490 Abs. 2 Satz 1 BGB i. V. m. § 489 Abs. 1 Nr. 2 BGB).

68 Die Regelung ist durch Individualvereinbarung abdingbar.[78] Für AGB-mäßige Vertragsbedingungen soll hingegen nach dem Schrifttum aufgrund der Leitbildfunktion des § 490 Abs. 2 BGB allenfalls ein punktueller, nicht jedoch ein

---

74) Zu diesem *Voluntary Prepayment* näher unter Rz. 24.
75) *Weidenkaff* in: Palandt, BGB, § 489 Rz. 3; *Mülbert* in: Staudinger, BGB, § 489 Rz. 24.
76) *Weidenkaff* in: Palandt, BGB, § 489 Rz. 6; *Mülbert* in: Staudinger, BGB, § 489 Rz. 28 ff.
77) Zur rechtlichen Einordnung des § 490 Abs. 2 BGB vgl. *Mülbert*, WM 2002, 465, 475.
78) *Mülbert*, WM 2002, 465, 475.

vollständiger Ausschluss des Kündigungsrechts zulässig sein (vgl. § 307 Abs. 1 BGB)[79].

bb) AGB-mäßiges Kündigungsrecht

Die AGB der Kreditinstitute enthalten im Übrigen für den Kunden ein außerordentliches Kündigungsrecht für befristete Kredite (vgl. Nr. 18 Abs. 2 AGB-Banken). Danach kann der Kunde, wenn für eine Geschäftsbeziehung eine Laufzeit oder eine Kündigungsregelung vereinbart worden ist, eine fristlose Kündigung aussprechen, wenn hierfür ein wichtiger Grund vorliegt, der es dem Kunden, auch unter Berücksichtigung der berechtigten Belange der Bank, unzumutbar werden lässt, die Geschäftsbeziehung fortzusetzen. Diese AGB-Klausel orientiert sich an der gesetzlichen Regelung der Kündigung von Dauerschuldverhältnissen (§ 314 BGB), die neben der gesetzlichen Regelung des außerordentlichen Kündigungsrechts (§ 490 Abs. 2 BGB) anwendbar ist (§ 490 Abs. 3 BGB).

69

---

79) *Mülbert*, WM 2002, 465, 475 ff.

§ 23 Besicherung

Übersicht

A. Einführung 1
B. Personalsicherheiten 4
C. Dingliche Besicherung 5
  I. Sicherheitenbestellung durch Erwerbsgesellschaft 5
  II. Sicherheitenbestellung durch Zielgesellschaft 8
  III. Verwaltung durch Sicherheiten-Treuhänder 9
D. Verwertungsbeschränkungen (limitation language) 13
  I. Gesellschaftsrechtliche Grenzen bei der Sicherheitenbestellung 13
  II. Limitation Language 16
  III. Alternative Gestaltungen 19
    1. Rechtliche Einheit von Kreditnehmer und Sicherungsgeber 20
    2. Zusammenführung von Kredit und Sicherungsgegenständen 21
    3. Überwindung des strukturellen Nachrangs der Banken 22

Literatur: *Diem*, Akquisitionsfinanzierungen – Konsortialkredite für Unternehmenskäufe, 3. Aufl., 2013; *Freitag*, §§ 30, 31 GmbHG, „Bremer Vulkan"-Urteil und Limitation Language – (Ab-)Wege in der GmbH-Konzernfinanzierung?, WM 2003, 805; *Gottwald*, Insolvenzrechts-Handbuch, 4. Aufl., 2010; *Habersack*, Gesellschafterdarlehen nach MoMiG: Anwendungsbereich, Tatbestand und Rechtsfolgen der Neuregelung, ZIP 2007, 2145; *Hagemeister/Bültmann*, Konflikte von Sicherungsinstrumenten und Eigenkapitalersatz bei Projektfinanzierungen durch Banken, WM 1997, 549; *Kollmorgen/Santelmann/Weiß*, Upstream-Besicherung und Limitation Language nach Inkrafttreten des MoMiG, BB 2009, 1818; *Langenbucher/Bliesener/Spindler*, Bankrechts-Kommentar, 2013; *Mittendorfer*, Praxishandbuch Akquisitionsfinanzierung: Erfolgsfaktoren fremdfinanzierter Unternehmensübernahmen, 2007; *Schuhmacher*, Debt Push Down und § 418 BGB im Rahmen von Akquisitionsfinanzierungen, BKR 2013, 270; *Sutter/Masseli*, Keine Änderungen der Vertragspraxis bei aufsteigenden Sicherheiten in Folge des MoMiG, WM 2010, 1064; *Winkler/Becker*, Die Limitation Language bei Akquisitions- und Konzernfinanzierungen unter Berücksichtigung des MoMiG, ZIP 2009, 2361.

A. Einführung

Akquisitionsfinanzierungen werden in erster Linie auf der Grundlage der *Cash-flow*-Planungen der Zielgesellschaft zur Verfügung gestellt.[1] Inwieweit darüber hinaus Sicherheiten an die finanzierenden Banken zu stellen sind, hängt von der üblicherweise durch ein Rating ausgedrückten **Bonität des Kreditnehmers** sowie mit Blick auf einen strukturellen Nachrang[2] der Banken von der **Stellung des Kreditnehmers innerhalb seiner Unternehmensgruppe** ab.[3] Wird etwa im oberen *investment grade*-Bereich in der Regel nur eine Garantie der Obergesellschaft der Gruppe für Inanspruchnahmen ihrer Tochtergesellschaften verlangt, so sind im *sub-investment grade* und *leverage*-Bereich üblicherweise darüber hinaus dingliche Sicherheiten zugunsten der Banken zu bestellen.

1

---

1) *Diem*, § 41 Rz. 1.
2) S. dazu unten Rz. 22.
3) *Castor* in: Langenbucher/Bliesener/Spindler, Kap. 16 Rz. 97.

2 **Personalsicherheiten,** wie v. a. Garantien, sind regelmäßig in den Kreditverträgen selbst enthalten.[4] Somit ist es unproblematisch möglich, Bestätigungen (*representations*) und Verpflichtungen (*undertakings*), die sich auf die gesamte Gruppe erstrecken sollen, unmittelbar von den Garanten für sich selbst und ihre Tochtergesellschaften abgeben bzw. übernehmen zu lassen.

3 Unter kollisionsrechtlichen Aspekten bietet sich die Aufnahme der Personalsicherheiten in den Kreditvertrag auch deshalb an, weil sie durch Rechtswahl dem Statut des Kreditvertrags unterstellt werden können. Dies ist bei **dinglichen Sicherheiten** nicht möglich, da sie gesetzlich dem Recht des Staats, in dem sich die Sache befindet (*lex rei sitae*), unterstellt werden. Schon allein deshalb – aber auch, um die bereits sehr umfangreichen Kreditverträge nicht zu überfrachten – werden dingliche Sicherheiten durch separate Sicherheitenverträge bestellt.[5]

B. Personalsicherheiten

4 Bei internationalen Finanzierungen werden Personalsicherheiten fast ausnahmslos in Form von **Garantien** bestellt. Dabei handelt es sich um im deutschen Recht gesetzlich nicht geregelte, formfreie Vereinbarungen *sui generis*.[6] Nach den üblichen Regelungen haftet jeder Garant selbstständig für die vollständige und fristgerechte Erfüllung aller gegenwärtigen und künftigen Verpflichtungen der Kreditnehmer unter den Finanzierungsdokumenten, wobei mehrere Garanten als Gesamtschuldner haften.[7] Hingegen sind die **Bürgschaft** (§ 765 BGB) und die **gesamtschuldnerische Haftung** (§ 421 BGB) in internationalen Finanzierungen kaum anzutreffen. Der wesentliche Grund für die Bevorzugung der Garantie liegt mit ihrer Abstraktheit als selbständiges Zahlungsversprechen auf der Hand.[8]

C. Dingliche Besicherung

I. Sicherheitenbestellung durch Erwerbsgesellschaft

5 Setzt der Erwerber ein Akquisitionsvehikel in Form einer reinen Zweckgesellschaft ein, so verfügt diese über kein nennenswertes Vermögen, das zur Sicherheitenbestellung in Frage käme. Eine Ausnahme stellen die (zukünftigen) Anteile an der Zielgesellschaft und Ansprüche im Zusammenhang mit dem

---

4) *Castor* in: Langenbucher/Bliesener/Spindler, Kap. 16 Rz. 98.
5) *Diem*, § 41 Rz. 3.
6) *Schmitz/Wassermann/Nobbe* in: Schimansky/Bunte/Lwowski, Bankrechts-Hdb., Bd. II, § 92 Rz. 1 ff.; *Sprau* in: Palandt, BGB, Vor § 765 Rz. 16.
7) *Castor* in: Langenbucher/Bliesener/Spindler, Kap. 16 Rz. 97.
8) *Castor* in: Langenbucher/Bliesener/Spindler, Kap. 16 Rz. 98.

Unternehmenskauf dar. Im Einzelnen handelt es sich dabei um **folgende Sicherheiten:**

- Verpfändung der (künftigen) Gesellschaftsanteile an der Zielgesellschaft,
- Sicherungsabtretung der Ansprüche der Erwerbsgesellschaft gegen den Verkäufer aus dem Unternehmenskaufvertrag und
- Sicherungsabtretung der Ansprüche der Erwerbsgesellschaft gegen die Ersteller der *Due Diligence*-Berichte.[9]

Was die Anteilsverpfändung angeht, so ist hierbei allerdings aus Bankensicht Vorsicht geboten. Denn seit dem Urteil des BGH zum „atypischen Pfandgläubiger"[10] kann ein Kreditgeber Gefahr laufen, einem Gesellschafter gleichgestellt zu werden, wenn ihm die Geschäftsanteile des Kreditnehmers verpfändet und ihm zusätzlich durch den Kreditvertrag gesellschafterähnliche Befugnisse, wie v. a. Mitentscheidungsrechte, eingeräumt werden. Die Qualifizierung als Gesellschafter hätte zur Folge, dass der Kreditgeber sein Darlehen in der Insolvenz des Kreditnehmers nur als nachrangiger Insolvenzgläubiger geltend machen könnte (§ 39 Abs. 1 Nr. 5 InsO) und die Rückzahlung des Darlehens innerhalb des letzten Jahres vor dem Insolvenzeröffnungsantrag anfechtbar wäre (§ 135 InsO).[11] 6

Abgesehen von diesem Rechtsrisiko ist die Anteilsverpfändung aber auch **wirtschaftlich** für die Banken **nur von eingeschränktem Wert.** Denn der selbst nicht operativ tätige Kreditnehmer ist zur Bedienung der Kredite auf den Cashflow der Erwerbsgesellschaft angewiesen. Zahlungsschwierigkeiten des Kreditnehmers werden also regelmäßig darauf zurückzuführen sein, dass schon die Erwerbsgesellschaft nicht mehr in der Lage ist, diese Cashflows zu erwirtschaften, sich also selbst in einer Krise befindet. Die Anteile an der Erwerbsgesellschaft – und damit das Pfandrecht an ihnen – sind dann nicht mehr viel wert. 7

II. Sicherheitenbestellung durch Zielgesellschaft

Die typischen Sicherheiten, die die Zielgesellschaft und ggf. ihre Tochtergesellschaften den Banken bestellen, sind die Folgenden: 8

- Verpfändung der Gesellschaftsanteile der wesentlichen Gruppengesellschaften,[12]
- Grundschulden,

---

9) *Diem*, § 41 Rz. 24.
10) BGH, ZIP 1992, 1300 = NJW 1992, 3035.
11) Dem BGH zustimmend etwa *Fastrich* in: Baumbach/Hueck, GmbHG, § 30 Anh. Rz. 36; *Hirte* in: Uhlenbruck, InsO, § 39 Rz. 41; a. A. (keine Gleichstellung des atypischen Pfandgläubigers mit einem Gesellschafter) *Habersack*, ZIP 2007, 2145, 2178 f.; *Hagemeister/Bültmann*, WM 1997, 549, 553.
12) S. soeben unter Rz. 6 zu den möglicherweise damit für die Banken verbundenen Risiken.

- Sicherungsübereignung des beweglichen Anlage- und Vorratsvermögens,
- Globalzession aller Forderungen aus Lieferungen und Leistungen, der Forderungen gegen Versicherungen und der Darlehensforderungen gegen andere Gruppengesellschaften (*Intra-group Loans*),
- Verpfändung von Forderungen auf Auszahlung von Bankguthaben und
- Sicherungsabtretung der Marken-, Patent- und sonstigen gewerblichen Schutzrechte.[13]

III. Verwaltung durch Sicherheiten-Treuhänder

9 Jedes Mitglied des finanzierenden Bankenkonsortiums erwartet einen Anteil an den verfügbaren Sicherheiten zur Besicherung seiner eigenen Kreditforderung. Wenn jedoch jeder Konsorte über seine Sicherheiten frei verfügen könnte, bestünde beim ersten Anzeichen einer Verschlechterung der Vermögenslage des Kreditnehmers die Gefahr eines „Windhundrennens".[14] Jeder Konsorte würde versuchen wollen, als erster die Kredite durch Kündigung fällig zu stellen und die Sicherheiten zu verwerten. Um ein solches Vorgehen zu vermeiden und eine gleichmäßige Befriedigung der Konsorten sicherzustellen, schließen sich die Konsorten üblicherweise zu einem **Sicherheitenpool** zusammen, einer Gesellschaft bürgerlichen Rechts in der Form einer Innengesellschaft.[15] In einer entsprechenden **Sicherheiten-Treuhandvereinbarung** (*Intercreditor Agreement*) verpflichten sich die Konsortialmitglieder untereinander, die Kredite nur zu kündigen und die Sicherheiten nur zu verwerten, wenn sie dies vorher mit Mehrheit beschlossen haben.[16]

10 In der Sicherheiten-Treuhandvereinbarung wird zudem die Verwaltung und Verwertung der dinglichen Sicherheiten einschließlich der Erlösverteilung an die Konsorten einem **Sicherheiten-Treuhänder** (*Security Trustee*) übertragen.[17] Soweit dies nach dem auf die jeweilige Sicherheit anwendbaren Recht möglich ist, wird der Sicherheiten-Treuhänder auch selbst Sicherungsnehmer und damit dinglich Berechtigter. Dies erfordert letztlich der internationale Syndizierungsmarkt, auf dem möglichst schnell, kostengünstig und unter Vermeidung von Risiken Kreditforderungen an Dritte abgetreten bzw. im Wege der Vertragsübernahme oder Novation Rechte und Pflichten an Dritte übertragen werden sollen (*credit trading*). Ist der Sicherheiten-Treuhänder nämlich selbst Inhaber

---

13) *Diem*, § 41 Rz. 6.
14) Zu dem Begriff: *Uhlenbruck/Vuia* in: Gottwald, Insolvenzrechts-Hdb., § 4 Rz. 3.
15) BGH, NJW 1989, 895, 896 = ZIP 1988, 1534; OLG Oldenburg, NZI 2000, 21, 22; *Martinek* in: Schimansky/Bunte/Lwowski, Bankrechts-Hdb., Bd. II, § 97 Rz. 17.
16) Meist wird eine Zweidrittelmehrheit bezogen auf die Konsortialanteile an allen Krediten vereinbart, vgl. *Diem*, § 53 Rz. 30.
17) *Castor* in: Langenbucher/Bliesener/Spindler, Kap. 16 Rz. 184.

der Sicherheiten, genügt einem neuen Konsorten der **Beitritt zur Sicherheiten-Treuhandvereinbarung**, um rangwahrend in den Genuss der bereits bestellten Sicherheiten zu kommen. Denn der Sicherheiten-Treuhänder wird verpflichtet, die Sicherheiten ab dann auch zugunsten des neuen Konsorten zu halten. Eine Neubestellung der Sicherheiten auch zugunsten des neuen Konsorten, die mit Kosten, Zwischenverfügungs- und Anfechtungsrisiken sowie ggf. einem Nachrang an dem Sicherungsrecht verbunden wäre, ist hingegen nicht erforderlich.

Eine Übertragung der Sicherheiten an den Sicherheiten-Treuhänder ist nach deutschem Recht jedoch ohne weiteres nur für die nicht-akzessorischen Sicherungsrechte möglich. Bei akzessorischen Sicherungsrechten hingegen müssen der Gläubiger der besicherten Forderung und der Sicherungsnehmer identisch sein.[18]

11

Um diese Identität herzustellen, hat die Praxis das sog. *parallel debt*-Konzept entwickelt. Danach gibt der Kreditnehmer gegenüber dem Sicherheiten-Treuhänder ein abstraktes Schuldanerkenntnis (§ 781 BGB) ab, dessen Höhe seinen gegenwärtigen und zukünftigen Zahlungsverpflichtungen gegenüber den Konsorten unter den Finanzierungsverträgen (Primärforderungen) entspricht. Es tritt also eine neue eigenständige Forderung neben die Primärforderungen. Allerdings verpflichtet sich der Sicherheiten-Treuhänder, seine Forderung aus dem abstrakten Schuldanerkenntnis nicht geltend zu machen, soweit die Primärforderungen erfüllt wurden.[19] In den Verträgen über die Bestellung der akzessorischen Sicherheiten wird sodann vereinbart, dass die Sicherheiten nicht nur die Primärforderungen, sondern auch die Forderung des Sicherheiten-Treuhänders aus dem abstrakten Schuldanerkenntnis besichern. Eine Alternative zum *parallel debt*-Konzept ist das **Gesamtgläubiger-Konzept**, wonach die Kreditgeber und der Sicherheiten-Treuhänder eine (atypische) Gesamtgläubigerschaft vereinbaren.[20]

12

D. Verwertungsbeschränkungen (*limitation language*)

I. Gesellschaftsrechtliche Grenzen bei der Sicherheitenbestellung

Da die Erwerbsgesellschaft (sofern sie ein reines Akquisitionsvehikel ist) als Kreditnehmerin über kein nennenswertes Vermögen verfügt (sieht man von den Anteilen an der Zielgesellschaft ab), verlangen die Banken, dass das Vermögen der Zielgesellschaft bzw. dasjenige von Schwestergesellschaften der Erwerbsgesellschaft für die Kreditbesicherung zur Verfügung steht. Dies ist jedoch nicht ganz unproblematisch. Denn die Zielgesellschaft kann durch die

13

---

18) Exemplarisch für die Bürgschaft: BGHZ 115, 177 = ZIP 1991, 1350; *Federlin* in: Kümpel/Wittig, Bank- und Kapitalmarktrecht, Rz. 12.229.
19) *Castor* in: Langenbucher/Bliesener/Spindler, Kap. 16 Rz. 102.
20) *Castor* in: Langenbucher/Bliesener/Spindler, Kap. 16 Rz. 103.

§ 23 Besicherung

Stellung von Sicherheiten für die Verbindlichkeiten ihres Gesellschafters (sog. *up-stream*-**Sicherheiten**) gegen gesellschaftsrechtliche Verbote verstoßen. Gleiches gilt für Schwestergesellschaften des Kreditnehmers, wenn sie für dessen Verbindlichkeiten Sicherheiten zugunsten der Banken bestellen (sog. *cross-stream*-**Sicherheiten**).[21]

14 So kann die Bestellung von *up-stream*- oder *cross-stream*-Sicherheiten gegen die **Kapitalerhaltungsvorschriften** (§§ 30, 31 GmbHG; §§ 57, 62 AktG), gegen das **Verbot der Finanzierungshilfe** beim Erwerb eigener Aktien (§§ 71a, 71d AktG) sowie, in Ausnahmefällen, gegen das **Liquiditätserhaltungsgebot** des § 64 Satz 3 GmbHG bzw. des § 92 Abs. 2 Satz 3 AktG verstoßen.[22] Ein Verstoß gegen die Kapitalerhaltungsvorschriften ist nur dann ausgeschlossen, wenn im Zeitpunkt der Bestellung[23] der betreffenden Sicherheit zwischen Gesellschaft und Gesellschafter ein **Beherrschungs- oder Gewinnabführungsvetrag** (§ 291 AktG) besteht **oder** die Gesellschaft gegen den Gesellschafter einen **vollwertigen Gegenleistungs- oder Rückgriffsanspruch** wegen der Gewährung der Sicherheit hat (§ 30 Abs. 1 Satz 2 GmbHG; § 57 Abs. 1 Satz 2 AktG). Ein Anspruch gegen den Gesellschafter ist vollwertig, wenn dessen Kreditwürdigkeit und damit die Erfüllung des Anspruchs nicht in Frage stehen, der Anspruch also bei „vernünftiger kaufmännischer Betrachtung" als einbringlich anzusehen ist.[24] Ein Verstoß gegen das Verbot der Finanzierungshilfe beim Erwerb eigener Aktien ist nur dann ausgeschlossen, wenn im Zeitpunkt der Bestellung[25] der Sicherheit zwischen Gesellschaft und Gesellschafter ein Beherrschungs- oder Gewinnabführungsvertrag besteht (§ 71a Abs. 1 Satz 3 AktG).

15 Die Bestellung von *up-stream*- **und** *cross-stream*-**Sicherheiten** ist auch dann **wirksam**, wenn ihre Gewährung gegen die Kapitalerhaltungsvorschriften verstößt.[26] Die Rechtsfolgen eines solchen Verstoßes treffen vielmehr die Ge-

---

21) Zum Ganzen ausführlich *Diem*, §§ 43–46.
22) Vgl. *Fastrich* in: Baumbach/Hueck, GmbHG, § 30 Rz. 58 ff.; *Hüffer*, AktG, § 57 Rz. 20; *Hüffer*, AktG, § 71a Rz. 2; *Haas* in: Baumbach/Hueck, GmbHG, § 64 Rz. 98; *Hüffer*, AktG, § 92 Rz. 14a.
23) Es ist höchst umstritten, ob der Zeitpunkt der Sicherheitenbestellung oder der Inanspruchnahme der Sicherheit maßgebend sein soll. Nach MoMiG stellt die überwiegende Auffassung in der Literatur überzeugenderweise auf den Zeitpunkt der Sicherheitenbestellung ab; *Verse* in Scholz, GmbHG, § 30 Rz. 103; *Altmeppen* in: Roth/Altmeppen, GmbHG, § 30 Rz. 137; *Fastrich* in: Baumbach/Hueck, GmbHG, § 30 Rz. 61; für die AG: *Bayer* in: MünchKommAktG, § 57 Rz. 104 m. w. N. Der BGH hat sich bislang nicht eindeutig geäußert, sondern diese Frage in seiner jüngeren Rechtsprechung ausdrücklich offengelassen; vgl. BGH, DB 2007, 1969, 1971 = ZIP 2007, 1705. Das OLG München stellte in einer Entscheidung aus dem Jahre 1998 auf den Zeitpunkt der Inanspruchnahme ab, vgl. OLG München, ZIP 1998, 1438 = GmbHR 1998, 986; zustimmend KG NZG 2000, 479, 481.
24) BGHZ 179, 71, 78 = ZIP 2009, 70; *Hüffer*, AktG, § 57 Rz. 20.
25) S. dazu oben Fn. 23.
26) BGH, ZIP 1998, 793 = NJW 1998, 2592; *Westermann* in: Scholz, GmbHG, § 30 Rz. 12; *Altmeppen* in: Roth/Altmeppen, GmbHG, § 30 Rz. 72.

schäftsführer bzw. Vorstandsmitglieder der sicherungsgebenden Tochter- oder Schwestergesellschaft, die sich schadensersatzpflichtig machen können (§ 43 Abs. 3 Satz 1 GmbHG bzw. § 93 Abs. 1 Satz 3 AktG). Eine **Schadensersatzpflicht der Geschäftsführer oder Vorstandsmitglieder** kann sich zudem aus einem Verstoß gegen die Liquiditätsschutzregeln der § 64 Satz 3 GmbHG, § 92 Abs. 2 Satz 3 AktG ergeben.

II. Limitation Language

Um ein solches **Haftungsrisiko auszuschließen**, wird häufig eine sog. *Limitation* 16 *Language* in die Finanzierungsverträge aufgenommen. Hierbei handelt es sich um Regelungen, die das Recht der Bank, *up-stream-* und *cross-stream*-Sicherheiten zu verwerten, beschränken sollen.[27] Solche **Verwertungsbeschränkungen** sind nicht nur aufgrund des deutschen Gesellschaftsrechts gebräuchlich. Vielmehr kennen die Gesellschaftsrechte der meisten Rechtsordnungen, wenn auch in unterschiedlichen Ausprägungen, die den *up-stream-* und *cross-stream*-Sicherheiten zugrunde liegenden Fallgestaltungen der *corporate benefit* oder der *financial assistance*.[28]

Die **gängigen Vertragsbestimmungen** schränken demnach das Recht des Si- 17 cherungsnehmers ein, Zahlungen unter Personalsicherheiten zu fordern oder Erlöse aus der Verwertung dinglicher Sicherheiten zu vereinnahmen, wenn hierdurch eine Unterbilanz ausgelöst oder vertieft wird.[29] Somit kann der Sicherungsnehmer bei *up-stream-* und *cross-stream*-Sicherheiten lediglich auf denjenigen Teil des Vermögens der sicherungsgebenden Gesellschaft zugreifen, um den das Nettovermögen bei bilanzieller Betrachtungsweise den Betrag der Stammkapitalziffer übersteigt (sog. ungebundenes Vermögen).[30] Alternativ sind Vereinbarungen anzutreffen, wonach der Sicherungsnehmer die Sicherheiten unbeschränkt verwerten darf, den Verwertungserlös jedoch insoweit an den Sicherungsnehmer auszukehren hat, dass die Stammkapitalziffer wieder durch Aktiva gedeckt ist.[31]

Unabhängig davon, wie die *limitation language* im Einzelnen ausgestaltet ist, 18 führt sie im Ergebnis zu einer **erheblichen Entwertung der Sicherheiten**. Der

---

27) *Winkler/Becker*, ZIP 2009, 2361; *Kollmorgen/Santelmann/Weiß*, BB 2009, 1818; *Freitag*, WM 2003, 805; *Sutter/Masseli*, WM 2010, 1064.
28) *Castor* in: Langenbucher/Bliesener/Spindler, Kap. 16 VII. Rz. 105 (Fn. 437).
29) *Diem*, § 43 Rz. 97.
30) Das Netto-Gesellschaftsvermögen umfasst das Reinvermögen, bestehend aus den Aktiva, vermindert um die Verbindlichkeiten einschließlich der Rückstellungen für ungewisse Verbindlichkeiten, jedoch ohne die Rücklagen; vgl. nur *Fastrich* in: Baumbach/Hueck, GmbHG, § 30 Rz. 15 f.
31) *Diem*, § 43 Rz. 97.

so „besicherte" Kredit kommt praktisch einem sehr viel teureren Blankokredit nahe.[32]

III. Alternative Gestaltungen

19 Aus Sicht des finanzierenden Bankenkonsortiums mag es sich daher empfehlen, die Verletzung der Kapitalerhaltungsvorschriften nicht durch Verwendung von *limitation language*, sondern im Wege **gesellschafsrechtlicher Umstrukturierungen** zu vermeiden. Diese Maßnahmen können allerdings erst nach dem Erwerb der Anteile an der Zielgesellschaft, also dann getroffen werden, wenn die Erwerbsgesellschaft die Kontrolle über die Zielgesellschaft erlangt hat. Man spricht daher auch von **post-akquisitorischen Umstrukturierungen**.[33]

1. Rechtliche Einheit von Kreditnehmer und Sicherungsgeber

20 In Betracht kommt zunächst die **Zusammenführung von Kreditnehmer (Erwerbsgesellschaft) und Sicherheitengeber (Zielgesellschaft) in einer rechtlichen Einheit**.[34] Dann besichert der Sicherheitengeber eigene Verbindlichkeiten, so dass für eine Anwendung der Kapitalerhaltungsvorschriften kein Raum mehr bleibt. Die Vereinigung von Kreditnehmer und Sicherheitengeber kann im Wege der **Verschmelzung** (*Upstream* oder *Downstream Merger*, vgl. §§ 2 ff. UmwG) oder – vorausgesetzt, bei der Zielgesellschaft handelt es sich um eine Personengesellschaft – im Wege der **Anwachsung** des Vermögens der Ziel- auf die Erwerbsgesellschaft (§ 738 Abs. 1 Satz 1 BGB) erfolgen.

2. Zusammenführung von Kredit und Sicherungsgegenständen

21 Neben der Verschmelzung oder Anwachsung kommt als weitere Gestaltungsmöglichkeit in Betracht, den Kredit und die Sicherungsgegenstände zusammenzuführen.[35] Dies kann zum einen dadurch erfolgen, dass die Zielgesellschaft die Kreditverbindlichkeiten der Erwerbsgesellschaft im Wege der befreienden Schuldübernahme (§§ 414, 415 BGB) übernimmt (sog. *Debt Push-down*)[36]. Zum anderen können die **mit Sicherungsrechten belasteten Gegenstände** von der Zielgesellschaft auf die Erwerbsgesellschaft als Kreditnehmerin **übertragen** werden. Beide Varianten führen zur Identität von Kreditnehmer und Sicherheitengeber mit der Folge, dass sich insoweit die Kapitalerhaltungsproblematik mit den aufgezeigten Haftungsrisiken für die Geschäftsführer bzw. Vorstandsmitglieder der Zielgesellschaft nicht stellt.

---

32) *Freitag*, WM 2003, 805, 810.
33) *Diem*, § 3; *Eilers* in: Eilers/Koffka/Mackensen, Private Equity, S. 357.
34) Ausführlich *Diem*, § 49 Rz. 2 ff.; *Eilers* in: Eilers/Koffka/Mackensen, Private Equity, S. 359.
35) *Diem*, § 49 Rz. 56 ff.
36) Dazu *Schuhmacher*, BKR 2013, 270.

3. Überwindung des strukturellen Nachrangs der Banken

Die Verschmelzung bzw. Anwachsung sowie der *Debt Push-down* haben aus Sicht der Banken einen weiteren Vorteil: Mit ihrer Hilfe lässt sich der sog. **strukturelle Nachrang** (*Structural Subordination*) der Banken überwinden.[37] Dieser folgt daraus, dass für die Bedienung ihrer Kredite ausschließlich Mittel der Zielgesellschaft zur Verfügung stehen. Diese Mittel dienen aber in erster Linie dazu, die Forderungen der eigenen Gläubiger der Zielgesellschaft zu befriedigen, und dürfen nur in gewissen Grenzen – insbesondere unter Einhaltung der Kapitalerhaltungsgrundsätze, Beachtung des Verbots der *Financial Assistance* und Vermeidung eines existenzvernichtenden Eingriffs – an die Gesellschafter ausgezahlt werden. Im Falle eines Insolvenzverfahrens über das Vermögen der Zielgesellschaft bekommen ihre Gesellschafter nur einen etwaigen Überschuss, der nach vollständiger Befriedigung aller Insolvenzgläubiger der Zielgesellschaft verbleibt (§ 199 InsO), wozu es in der Praxis freilich kaum jemals kommen dürfte. Die Banken als Gläubiger der Erwerbsgesellschaft haben also keinen direkten Zugriff auf das Vermögen der Zielgesellschaft und sind deshalb gegenüber den unmittelbaren Gläubigern der Zielgesellschaft im strukturellen Nachrang. Durch die Verschmelzung bzw. Anwachsung oder den *Debt Push-down* werden die Banken hingegen **unmittelbare und gleichrangige Gläubiger** einer Gesellschaft, bei der gleichzeitig die operativen Cash Flows zur Bedienung des Kredits generiert werden.

22

---

[37] *Diem*, § 3 Rz. 5; *Mittendorfer*, S. 93 f.

§ 24 Gerichtsstand und anwendbares Recht

Übersicht

A. Einleitung 1
B. Gerichtsstand 3
I. Bedeutung von Gerichtsstandsvereinbarungen 3
II. Gleichklang mit anwendbarem Recht 5
III. Vertragspraxis 6
  1. Gerichtsstandswahl 6
  2. Fehlende Gerichtsstandswahl 12
C. Anwendbares Recht 13
I. Vorvertragliches Schuldverhältnis 13
II. Darlehensvertrag 15
  1. Umfang des Vertragsstatuts 15
  2. Rechtswahl 16
  3. Fehlende Rechtswahl 21
  4. Eingriffsnormen 23
  5. Öffentliches Recht 24
III. Sicherheitenverträge 26
  1. Sicherungsabrede 26
  2. Bürgschaften und Garantien 30
  3. Schuldbeitritt (Kumulative Schuldübernahme) 32
  4. Sicherungsabtretung und Verpfändung von Forderungen 33
  5. Verpfändung von Gesellschaftsanteilen 38
  6. Hypotheken und Grundschulden 40
IV. Konsortialvertrag 41
V. Syndizierung 42

Literatur: *Diem*, Akuisitionsfinanzierungen – Konsortialkredite für Unternehmenskäufe, 3. Aufl., 2013; *Einsele*, Auswirkungen der Rom I-Verordnung auf Finanzdienstleistungen, WM 2009, 289; *Einsele*, Wertpapiere im elektronischen Bankgeschäft, WM 2001, 7; *Flessner*, Die internationale Forderungsabtretung nach der Rom I-Verordnung, IPrax 2009, 35; *Furche*, Internationale Entscheidungszuständigkeit und anwendbares Recht bei Bürgschaften mit Auslandsbezug – Unter besonderer Berücksichtigung des Beschlusses des BGH vom 20.2.2003 – IX ZR 9/00 und des Urteils des OLG Dresden vom 18.11.1999 – 8 U 1143/99, WM 2004, 205; *Gottwald*, Insolvenzrechts-Handbuch, 4. Aufl., 2010; *Langenbucher/Bliesener/Spindler*, Bankrechts-Kommentar, 2013; *Merkt/Rossbach*, Das „Übereinkommen über das auf bestimmte Rechte in Bezug auf bei einem Zwischenverwahrer sammelverwahrte Effekten anwendbare Recht" der Haager Konferenz für Internationales Privatrecht, ZVglRWiss 2003, 33; *Schefold*, Grenzüberschreitende Wertpapierübertragungen und Internationales Privatrecht, IPRax 2000, 468; *Stadler*, Der Streit um das Zessionsstatut – eine endlose Geschichte?, IPRax 2000, 104.

A. Einleitung

Wie eingangs bereits angedeutet (siehe § 20 Rz. 10), sind Konsortialkredite mit **Auslandsberührung** heutzutage immer häufiger anzutreffen. Dieser Befund gilt somit auch für Akquisitionskredite. Ein Auslandsbezug ist aus deutscher Sicht bereits dann gegeben, wenn der Kreditnehmer im Ausland domiziliert ist oder eine ausländische Bank dem finanzierenden Bankenkonsortium angehört, wenn Kreditsicherheiten im Ausland belegen sind oder Sicherheitengeber wie Bürgen oder Garanten ihren Sitz im Ausland haben. 1

Jede Auslandsberührung führt unweigerlich zu der Frage, **welches Recht** auf den Kreditvertrag und die übrigen Sicherheiten- und Finanzierungsverträge an- 2 zuwenden ist. Freilich kann die Frage des anwendbaren Rechts immer nur aus der Sicht des jeweils mit der streitigen Sache befassten Gerichts beantwortet werden; denn das Kollisionsrecht oder Internationale Privatrecht ist bekanntlich im Ausgangspunkt Teil der jeweiligen nationalen Rechtsordnung, weshalb jedes Gericht sein eigenes nationales Kollisionsrecht anwendet (siehe dazu oben § 6 Rz. 6).

B. Gerichtsstand

I. Bedeutung von Gerichtsstandsvereinbarungen

3 Damit kommt der gerichtlichen Zuständigkeit – und genauer: ihrer vorherigen Festlegung durch entsprechende **Gerichtsstandsvereinbarungen** – eine **eminent wichtige Funktion** zu. Daran hat auch die Harmonisierung des Kollisionsrechts auf europäischer Ebene durch die Rom I-VO nichts geändert.[1] Denn kulturelle Unterschiede, Differenzen in der Auslegung und Anwendung der harmonisierten Rechtsregeln, größere Kostenbelastungen und sonstige Unwägbarkeiten machen einen Prozess für die betroffenen Parteien selbst im europäischen Ausland stets zu einer besonderen Herausforderung. Die Risiken steigen naturgemäß, je weiter man sich von der eigenen Rechtsordnung entfernt.

4 Andererseits kann es sich bspw. aus der Sicht eines deutschen Darlehensgebers empfehlen, **mit Blick auf eine spätere Vollstreckung** in im Ausland belegene Vermögensgegenstände des Darlehensnehmers oder Drittsicherungsgebers einen dortigen Gerichtsstand zu wählen. Denn in der Regel wird ein vor dortigen Gerichten erstrittenes Urteil dort schneller zu vollstrecken sein, als ein deutsches Urteil, das am ausländischen Vollstreckungsort zunächst noch ein Anerkennungs- und Vollstreckungsverfahren (mit ungewissem Ausgang) durchlaufen müsste. Anderes würde wiederum gelten, wenn von vornherein feststünde, dass ein der Vollstreckung vorgeschaltetes Erkenntnisverfahren am ausländischen Forum weitaus langsamer und rechtsunsicherer ablaufen würde als ein inländisches deutsches. Dann kann eine Vollstreckung im Ausland auf der Grundlage eines „deutschen" Urteils doch der effizientere Weg der Anspruchsdurchsetzung sein, so dass trotz einer möglichen späteren Vollstreckung im Ausland eine Wahl deutscher Gerichte angezeigt wäre.

II. Gleichklang mit anwendbarem Recht

5 Auch wenn dies nicht zwingend ist, empfiehlt es sich in aller Regel, einen Gerichtsstand in demjenigen Staat zu vereinbaren, dessen Recht für anwendbar erklärt wird.[2] Denn durch diesen Gleichklang wird am ehesten der **erforderliche Sachverstand** des angerufenen Gerichts sichergestellt. Müsste das zuständige

---

1) Ebenso *Welter* in: Schimansky/Bunte/Lwowski, Bankrechts-Hdb., Bd. II, § 118 Rz. 43.
2) *Welter* in: Schimansky/Bunte/Lwowski, Bankrechts-Hdb., Bd. II, § 118 Rz. 44.

Gericht hingegen ein ihm fremdes ausländisches Recht anwenden, wären zeit- und kostenintensive Sachverständigengutachten notwendig, deren Interpretation durch das Gericht zudem mit großen Unsicherheiten behaftet wäre.[3]

III. Vertragspraxis

1. Gerichtsstandswahl

In Kredit- und Sicherheitenverträgen mit ausländischen Kreditnehmern und 6
Drittsicherungsgebern findet man in aller Regel eine **ausdrückliche Vereinbarung über den Gerichtsstand**. Im kaufmännischen Rechtsverkehr ist dies weitgehend unbeschränkt möglich (vgl. Art. 23 EuGVVO, Art. 23 LugÜ und § 38 Abs. 1 ZPO).[4] In Verträgen zwischen Kreditnehmer und Bank mag man zunächst an der Notwendigkeit einer gesonderten Gerichtsstandsvereinbarung zweifeln, da bereits die **Allgemeinen Geschäftsbedingungen** der Banken und Sparkassen eine aus Bankensicht sehr flexible Gerichtsstandsvereinbarung enthalten (vgl. Nr. 6 Abs. 3 AGB Banken und Nr. 6 Abs. 3 AGB Sparkassen) und somit ein Verweis im Kreditvertrag auf die AGB ausreichen könnte. Doch ist diese Annahme zu kurz gegriffen. Über die Hürde, dass die in den AGB enthaltene Gerichtsstandsvereinbarung nur im Verhältnis zu Kunden gilt, die eine dem inländischen Kaufmann vergleichbare Tätigkeit ausüben, wird man im Regelfall der Akquisitionsfinanzierung noch leicht hinwegkommen. Anderes gilt aber mit Blick auf die AGB-rechtliche **Einbeziehungsproblematik**. Denn es ist – insbesondere außerhalb des Anwendungsbereichs der EuGVVO – möglich, dass eine ausländische *lex fori* die Wahl der Gerichte über Allgemeine Geschäftsbedingungen nicht anerkennt.[5] Allein um dieses Risiko auszuschließen, ist daher eine ausdrückliche Gerichtsstandswahl auch in Verträgen zwischen Kreditnehmer und Bank stets anzuraten. Unabhängig davon kann – insbesondere von der Darlehensnehmerseite – eine von den AGB abweichende Gerichtsstandsvereinbarung gewünscht sein.

In Kredit- und Sicherheitenverträgen mit gewerblichen Kreditnehmern und 7
Drittsicherungsgebern werden **üblicherweise folgende Regelungen** verwendet:

Beispiel 1: [Nicht] Ausschließlicher Gerichtsstand ist Hamburg. 8

Beispiel 2: Gerichtsstand ist Hamburg. Jede Finanzierungspartei kann jedoch einen 9
Schuldner vor jedem anderen zuständigen Gericht verklagen.

---

3) *Welter* in: Schimansky/Bunte/Lwowski, Bankrechts-Hdb., Bd. II, § 118 Rz. 44.
4) *Nagel* in: Gottwald, Insolvenzrechts-Hdb., § 3 Rz. 460; *Heinrich* in: Musielak, ZPO, § 38 Rz. 9 ff.
5) *Welter* in: Schimansky/Bunte/Lwowski, Bankrechts-Hdb., Bd. I, § 26 Rz. 16; die Frage des Zustandekommens von Gerichtsstandsvereinbarungen ist nach den Regeln des IPR zu bestimmen, vgl. nur *Heinrich* in: Musielak, ZPO, § 38 Rz. 18 m. w. N.

10 **Beispiel 3:**[6]

(a) *The courts of Hamburg, Germany have exclusive jurisdiction to settle any dispute arising out of or in connection with this Agreement (including a dispute relating to the existence, validity or termination of this Agreement [or any non-contractual obligation arising out of or in connection with this Agreement]) (a "**Dispute**").*

(b) *The Parties agree that the courts of Hamburg, Germany are the most appropriate and convenient courts to settle Disputes and accordingly no Party will argue to the contrary.*

(c) *This Clause [•] is for the benefit of the Finance Parties only. As a result, no Finance party shall be prevented from taking proceedings relating to a Dispute in any other courts with jurisdiction. To the extent allowed by law, the Finance Parties may take concurrent proceedings in any number of jurisdictions.*

11 Banken sind verständlicherweise darauf bedacht, Rechtswahlregelungen nach dem Muster des Beispiels 3 zu vereinbaren. Dies eröffnet ihnen die Möglichkeit, im Einzelfall zu entscheiden, ob die Anrufung deutscher Gerichte oder derjenigen am Ort oder Vermögen des Kreditnehmers oder Sicherheitengebers vorzugswürdig ist.

2. Fehlende Gerichtsstandswahl

12 Sollte eine ausdrückliche Gerichtsstandsvereinbarung in Finanzierungsverträgen ausnahmsweise fehlen und auch eine wirksame Einbeziehung der in den AGB Banken bzw. Sparkassen enthaltenen Gerichtsstandsvereinbarung nicht in Betracht kommen, gelten die **Zuständigkeitsregelungen der EuGVVO**, des **LugÜ** oder außerhalb ihres jeweiligen Anwendungsbereichs **das autonome internationale Zivilprozessrecht** des jeweiligen Landes, in Deutschland also die Vorschriften der ZPO über die örtliche Zuständigkeit, die gleichzeitig die internationale Zuständigkeit indizieren (Grundsatz der Doppelfunktionalität der örtlichen Zuständigkeitsnormen).[7]

C. Anwendbares Recht
I. Vorvertragliches Schuldverhältnis

13 Fragen des anwendbaren Rechts können sich bereits im Zusammenhang mit dem *Term Sheet* ergeben. Dabei ist zu beachten, dass es hier nicht lediglich um vorvertragliche Pflichten geht, deren Nichtbefolgen zu einer Haftung – im deutschen Recht insbesondere aus culpa in contrahendo (§ 311 Abs. 2 BGB) – führen kann. Vielmehr gibt es auch im ansonsten nicht bindenden *Term Sheet* Regelungen, die

---

6) Entspricht Ziff. 38.1 (*Jurisdiction*) LMA Multicurrency Term and Revolving Facilities Agreement (German law version).

7) *Geimer*, Int. Zivilprozessrecht, Rz. 946, 1263; *Heinrich* in: Musielak, ZPO, § 12 Rz. 17 m. w. N.

bereits echte Vertragspflichten auslösen sollen.[8] Unter solche **bindenden Vorvereinbarungen** fallen etwa: die Pflicht des Kreditnehmers, dem Kreditgeber seine bis dahin angefallenen Kosten auch dann zu erstatten, wenn es nicht zum Abschluss eines Kreditvertrags kommt, die Vereinbarung von Geheimhaltungspflichten, des Gerichtsstands und des anwendbaren Rechts.[9] Das auf solche Vorvereinbarungen anwendbare Recht bestimmt sich nach den allgemeinen Grundsätzen der **Art. 3 ff. Rom I-VO** (siehe näher dazu § 9 Rz. 84 ff.).

Soweit es hingegen in der „*Term Sheet*-Phase" um Fälle der Verletzung von Pflichten aus einem vorvertraglichen Schuldverhältnis – d. h. nach deutschem Rechtsverständnis um typische Fälle der Haftung aus **culpa in contrahendo** – geht, sind **Art. 12 und 14 Rom II-VO** einschlägig. Bei fehlender Rechtswahl (ansonsten gilt Art. 14 Rom II-VO) verweist Art. 12 Rom II-VO auf das Recht des zukünftigen Vertrags, unabhängig davon, ob es tatsächlich zum Vertragsschluss kommt oder nicht. Somit erfolgt die Anknüpfung wiederum nach den Art. 3 ff. Rom I-VO (siehe näher dazu unten Rz. 16 ff.). Sofern das auf c. i. c.-Ansprüche anzuwendende Recht danach nicht bestimmt werden kann, sind die „spezifisch deliktischen" Anknüpfungen von Art. 12 Abs. 2 Rom II-VO maßgeblich. Da von Art. 12 Rom II-VO allerdings ohnehin **nur solche Ansprüche aus c. i. c.** erfasst werden, **die im unmittelbaren Zusammenhang mit den Verhandlungen stehen,**[10] dürfte der Fall, dass das (hypothetische) Vertragsstatut nicht bestimmbar ist, eher selten anzutreffen sein.[11] Bei den von Art. 12 Rom II-VO erfassten vertragsspezifischen Sorgfaltspflichtverletzungen handelt es sich typischerweise um die Verletzung von Offenlegungspflichten sowie die Haftung wegen unredlichen Abbruchs der Vertragsverhandlungen.[12] Die Verletzung von Sorgfaltspflichten, die allgemein das **Integritätsinteresse** des potentiellen Vertragspartners schützen (z. B. Personen- oder Sachschäden), fällt demgegenüber unter das **Deliktsstatut** gemäß Art. 4 Rom II-VO (Grundsatz: Recht am Erfolgsort).[13]

II. Darlehensvertrag
1. Umfang des Vertragsstatuts

Gemäß **Art. 12 Abs. 1 Rom I-VO** entscheidet das auf den Darlehensvertrag anwendbare Recht über dessen Auslegung, die Erfüllung der durch ihn begrün-

---

8) *Rossbach* in: Kümpel/Wittig, Bank- und Kapitalmarktrecht, Rz. 11.50.
9) *Diem*, § 27 Rz. 23.
10) Erwägungsgrund 30 der Rom I-VO; *Thorn* in: Palandt, BGB, IPR, Art. 12 Rom II Rz. 2 m. w. N.
11) *Einsele*, WM 2009, 289, 289.
12) *Thorn* in: Palandt, BGB, IPR, Art. 12 Rom II Rz. 2; *Martiny* in: Reithmann/Martiny, Int. Vertragsrecht, Rz. 472.
13) *Thorn* in: Palandt, BGB, IPR, Art. 12 Rom II Rz. 2.

deten Verbindlichkeiten, die Folgen der vollständigen oder teilweisen Nichterfüllung dieser Verpflichtungen, die verschiedenen Arten des Erlöschens der Verpflichtungen, die Verjährung und die Rechtsverluste, die sich aus dem Ablauf einer Frist ergeben. Vom Vertragsstatut **nicht erfasst** sind hingegen das **Zustandekommen und die materielle Wirksamkeit** eines Schuldverhältnisses; insofern gilt Art. 10 Rom I-VO bzw. für die **Geschäftsfähigkeit** Art. 13 Rom I-VO und für die **Form** Art. 11 Rom I-VO (siehe näher dazu oben § 7 Rz. 2 ff.).

2. Rechtswahl

16 Das auf den Darlehensvertrag anwendbare Recht kann von den Parteien grundsätzlich frei gewählt werden (Art. 3 Abs. 1 Rom I-VO), wobei die Rechtswahl ausschließlich zur Anwendung der Sachnormen des gewählten Rechts führt (Art. 20 Rom I-VO). Auf den in Vertragsklauseln oftmals anzutreffenden Zusatz „unter Ausschluss von dessen Kollisionsrecht" kann daher verzichtet werden (näher dazu oben § 6 Rz. 62 ff.).

17 Die Rechtswahl kann ausdrücklich oder konkludent und auch durch AGB erfolgen.[14] Die **AGB der Banken und Sparkassen**, die regelmäßig für die gesamte Geschäftsverbindung zwischen Bank und Kunde gelten, sehen insoweit die Wahl deutschen Rechts vor (vgl. Nr. 6 Abs. 1 AGB-Banken und Nr. 6 Abs. 1 AGB-Sparkassen). Allerdings eröffnet Art. 3 Abs. 5 i. V. m. Art. 10 Abs. 2 Rom I-VO dem Kunden die Möglichkeit, sich für die Behauptung, der Rechtswahlvereinbarung nicht zugestimmt zu haben, auf das Recht seines gewöhnlichen Aufenthaltsorts zu berufen. Wenn dieses Recht strengere Anforderungen an die Einbeziehung von AGB stellt als das deutsche Recht und diese nicht erfüllt sind, kann es an einer wirksamen Rechtswahl fehlen.[15] Insoweit gilt mutatis mutandis das zur Gerichtsstandsvereinbarung Gesagte (siehe oben unter Rz. 6): Um Zweifel über die Wirksamkeit der AGB bei grenzüberschreitenden Geschäften von vornherein auszuräumen, sollte das anwendbare Recht durch eine **individuelle Vereinbarung** ausdrücklich gewählt werden.[16]

18 Unabhängig davon mag deutsches Recht im Einzelfall ohnehin nicht gewollt sein – sei es, dass der ausländische Darlehensnehmer sich in den Vertragsverhandlungen mit der Vereinbarung seines **Heimatrechts** gegen das finanzierende Bankenkonsortium durchsetzt, sei es, dass die Parteien sich als Kompromisslösung auf die **Rechtsordnung eines dritten Staats** einigen, sei es schließlich, dass das Bankenkonsortium sich freiwillig einer in wesentlichen Fragen **liberaleren Rechtsordnung** unterwerfen möchte. Letztere Motivation führt häufig

---

14) *Welter* in: Schimansky/Bunte/Lwowski, Bankrechts-Hdb., Bd. II, § 118 Rz. 9.
15) *Einsele*, WM 2009, 289, 290.
16) *Welter* in: Schimansky/Bunte/Lwowski, Bankrechts-Hdb., Bd. II, § 118 Rz. 10.

zur Wahl **englischen Rechts**.¹⁷⁾ Dieses hat bspw. keine Probleme mit der Vereinbarung von Zustimmungsvorbehalten zugunsten der Bank für bestimmte Geschäftsführungsmaßnahmen des Darlehensnehmers, wohingegen nach deutschem Recht solche Zustimmungsvorbehalte unter Umständen zum Nachrang des Darlehens führen können.¹⁸⁾ Auch erlaubt das englische Recht die Kapitalisierung von Zinsen, wohingegen nach deutschem Recht eine solche im Voraus getroffene Vereinbarung unwirksam wäre.¹⁹⁾ Und schließlich ist bei Geltung englischen Rechts nicht zu befürchten, dass Vertragsbestimmungen, die gleichlautend in mehreren Verträgen verwendet werden, als AGB qualifiziert und mithin an strengen Vorgaben gemessen werden.²⁰⁾

Die Parteien können auch ein **reines Inlandsgeschäft** dem Recht eines ausländischen Staats unterstellen.²¹⁾ Dadurch können jedoch weder die zwingenden Vorschriften des deutschen Rechts abbedungen werden (Art. 3 Abs. 3 Rom I-VO), noch diejenigen der Europäischen Union, falls nicht das Recht eines Mitgliedstaats der Europäischen Union gewählt wird (Art. 3 Abs. 4 Rom I-VO).   19

In der Regel bezieht sich die Rechtswahl auf den gesamten Vertrag. Allerdings eröffnet Art. 3 Abs. 1 Satz 3 Rom I-VO die interessante Möglichkeit, Teile des Vertrags einem anderen Recht zu unterstellen. Mithilfe einer solchen **Teilrechtswahl** kann etwa ein deutscher Darlehensgeber für ihn ungünstigen Regelungen des deutschen Rechts aus dem Weg gehen, ohne den Vertrag insgesamt einer fremden Rechtsordnung unterstellen zu müssen. Die Teilrechtswahl setzt jedoch für ihre Wirksamkeit voraus, dass der von ihr betroffene Vertragsgegenstand abspaltbar ist. Diese Abspaltbarkeit erfordert eine gewisse Selbständigkeit.²²⁾ Die einzelnen Teile dürfen nur dann unterschiedlichen Rechtsordnungen unterstellt werden, wenn dadurch keine widersprüchlichen Ergebnisse erzielt werden (siehe näher dazu oben § 6 Rz. 98 ff.).   20

3. Fehlende Rechtswahl

Mangels Rechtswahl, was in der Praxis die absolute Ausnahme sein dürfte, gelangt man zur Anwendbarkeit des **Rechts des gewöhnlichen Aufenthaltsorts des Darlehensgebers.** Dies ergibt sich unabhängig davon, ob man sich auf eine weite Auslegung des Dienstleistungsbegriffs stützt (dann gilt Art. 4 Abs. 1   21

---

17) Vgl. bereits oben unter § 22 Rz. 1. Ausschlaggebend ist aber auch die große Bedeutung Londons als internationaler Finanzplatz und bei größeren Syndizierungen die Beteiligung von Banken aus verschiedenen Ländern, die mit dem englischen Recht offensichtlich vertraut(er) sind.
18) *Diem*, § 27 Rz. 11, § 52; BGHZ 119, 191 = ZIP 1992, 1300.
19) *Diem*, § 27 Rz. 11, § 38 Rz. 17; *Grundmann* in: MünchKomm-BGB, § 248 Rz. 2 ff.
20) *Diem*, § 27 Rz. 11, § 28; BGH, NJW 1997, 2043; BGHZ 97, 212 = ZIP 1986, 698.
21) *Thorn* in: Palandt, BGB, IPR, Art. 3 Rom I Rz. 4.
22) *Martiny* in: MünchKomm-BGB, Art. 3 Rom I Rz. 70.

lit. b Rom I-VO) oder, was näher liegen dürfte, auf die charakteristische Leistung abstellt, die in der entgeltlichen Hingabe des Darlehens besteht und vom Darlehensgeber erbracht wird (dann gilt Art. 4 Abs. 2 Rom I-VO).[23] Bei Bankdarlehen ist damit der Ort der Hauptverwaltung der Bank (Art. 19 Abs. 1 Rom I-VO) bzw. ihrer Zweigniederlassung (Art. 19 Abs. 2 Rom I-VO) maßgebend. Sind an einem **Konsortialkredit** Banken aus verschiedenen Staaten beteiligt, ist mangels Rechtswahl auf das Recht des Staats abzustellen, in dem sich die Niederlassung des die Verwaltungs- und Koordinationsfunktion wahrnehmenden Konsortialführers (*Agent*) befindet.[24]

22 Bei **grundpfandrechtlich gesicherten** Darlehen knüpft die h. M. den Darlehensvertrag über Art. 4 Abs. 3 Rom I-VO an den Lageort des belasteten Grundstücks an, wenn eine engere Verbindung zu diesem Recht besteht.[25] Gleiches soll auch für ein damit verbundenes abstraktes Schuldversprechen oder -anerkenntnis gelten.[26] Eine engere Verbindung zur *lex rei sitae* mag relativ leicht zu begründen sein, wenn das Grundpfandrecht die einzige wesentliche Kreditsicherheit ist, nicht hingegen, wenn – wie in Konsortialfinanzierungen üblich – neben Hypotheken oder Grundschulden weitere werthaltige Sicherheiten zugunsten der Banken bestellt werden. Dann spricht mehr dafür, es bei der Anknüpfung an den Sitz des Konsortialführers zu belassen.[27]

4. Eingriffsnormen

23 Ohne Rücksicht auf das anwendbare Recht gelten nach Art. 9 Abs. 2 Rom I-VO die **zwingenden Vorschriften wirtschafts- oder sozialpolitischen Gehalts** des deutschen Rechts („Eingriffsnormen").[28] Allerdings ist nicht jede zwingende Vorschrift des deutschen Rechts gleichzeitig eine Eingriffsnorm. Im überwiegend dispositiven Recht der Unternehmenskredite sind sie eher die Ausnahme.[29]

5. Öffentliches Recht

24 Das **deutsche öffentliche Recht** ist nicht Gegenstand des Vertragsstatuts und damit auch nicht abdingbar.[30] Daher finden etwa die Vorschriften des deut-

---

23) *Welter* in: Schimansky/Bunte/Lwowski, Bankrechts-Hdb., Bd. II, § 26 Rz. 200; *Martiny* in: Reithmann/Martiny, Int. Vertragsrecht, Rz. 1162.
24) *Martiny* in: Reithmann/Martiny, Int. Vertragsrecht, Rz. 1163; *Magnus* in: Staudinger, BGB, Art. 4 Rom I-VO Rz. 285.
25) *Martiny* in: Reithmann/Martiny, Int. Vertragsrecht, Rz. 1175; *Thorn* in: Palandt, BGB, IPR, Art. 4 Rom I Rz. 29.
26) *Thorn* in: Palandt, BGB, IPR, Art. 14 Rom I Rz. 7.
27) I. E. ebenso *Diem*, § 27 Rz. 13.
28) *Thorn* in: Palandt, BGB, IPR, Art. 9 Rom I Rz. 3.
29) *Diem*, § 27 Rz. 8.
30) *Diem*, § 27 Rz. 9.

schen Bankaufsichtsrechts – wie bspw. die Eigenkapital- und Liquiditätsvorschriften des KWG – entsprechend ihrem territorialen Anwendungsbereich[31] auch dann Anwendung, wenn die Vertragsparteien ein ausländisches Recht gewählt haben.

Vorschriften eines **ausländischen öffentlichen Rechts** sind in Deutschland nur insoweit zu beachten, als die Behörden des Erlassstaats in der Lage sind, sie durchzusetzen.[32] Auch Art. 9 Abs. 3 Rom I-VO folgt dieser „Machttheorie".[33] Dies trifft klassischerweise auf **Devisenbestimmungen** zu, die regeln können, dass die Aufnahme eines Kredits der staatlichen Genehmigung bedarf oder dass ein bestimmter Prozentsatz des aufgenommenen Betrags als Bardepot zu hinterlegen ist oder die schlimmstenfalls dazu führen können, dass der ausländische Kreditnehmer die Verpflichtungen aus dem Darlehensvertrag mit einer deutschen Bank nicht erfüllen darf.[34]

III. Sicherheitenverträge

1. Sicherungsabrede

Grundlage jeder Sicherheitenbestellung ist die sog. Sicherungsabrede, auch Sicherungsvertrag genannt. Sie begründet die Pflicht zur Bestellung und Belassung der jeweiligen Sicherheit und ist **für abstrakte Sicherheiten** der „**äußere Rechtsgrund**", die *causa*. Die Sicherungsabrede regelt v. a. den Zeitpunkt der Sicherheitenbestellung (in der Regel vor Auszahlung des Kredits, mindestens aber Zug um Zug) und enthält die Sicherungszweckvereinbarung, mittels derer die zu sichernde Forderung und die Rechte und Pflichten der Vertragsparteien bestimmt werden.[35]

Als eigenständiger Vertrag ist die Sicherungsabrede **von der Sicherheitenbestellung strikt zu trennen und daher auch separat nach den Art. 3 ff. Rom I-VO anzuknüpfen**.[36] Dies gilt unabhängig davon, ob die Sicherungsabrede, wie häufig, Teil des Darlehensvertrags oder Teil des Vertrags über die Bestellung der jeweiligen Sicherheit ist. Ist im Darlehensvertrag oder dem Vertrag über die Sicherheitenbestellung eine wirksame **Rechtswahl nach Art. 3 Rom I-VO** enthalten, so wird sich diese in aller Regel auch auf die Sicherungsabrede als Bestandteil des jeweiligen Vertrages beziehen. **Mangels Rechtswahl** ist grund-

---

31) §§ 10, 10a, 11 i. V. m. §§ 53 Abs. 1, 1 Abs. 1b KWG.
32) BGHZ 64, 183, 190.
33) *Freitag* in: Reithmann/Martiny, Int. Vertragsrecht, Rz. 632; *Thorn* in: Palandt, BGB, IPR, Art. 9 Rom I Rz. 12.
34) *Diem*, § 27 Rz. 10.
35) Vgl. ausführlich zum Ganzen *Ganter* in: Schimansky/Bunte/Lwowski, Bankrechts-Hdb., Bd. II, § 90 Rz. 173 ff.
36) *Lehmann* in: Langenbucher/Bliesener/Spindler, Kap. 24 VII. Rz. 106; *Wendehorst* in MünchKomm-BGB, Bd. 11, Art. 43 EGBGB Rz. 84.

sätzlich nach **Art. 4 Abs. 2** Rom I-VO das Recht am gewöhnlichen Aufenthaltsort desjenigen maßgeblich, der die für den Vertrag charakteristische Leistung erbringt. Da dies der Sicherungsgeber ist, erzielt man regelmäßig einen **Gleichlauf mit** dem auf die **Sicherheitenbestellung** anwendbaren Recht. Dies gilt auch für eine Sicherungsabrede, die zur Bestellung einer **Grundschuld oder Hypothek** an einem Grundstück verpflichtet. Eine solche Sicherungsabrede unterfällt – ebenso wie die Grundschuld- bzw. Hypothekenbestellung selbst (siehe dazu unten Rz. 40) – nach Art. 4 Abs. 1 lit. c Rom I-VO dem Recht des Staates, in dem das zu belastende Grundstück belegen ist (*lex rei sitae*).[37]

28 Ebenso unterliegen etwaige **sachenrechtliche Wirkungen** der Sicherungsabrede, wie z. B. ein automatischer Eigentumsrückfall, dem Belegenheitsstatut.[38]

29 Für die **Form** der Sicherungsabrede gilt die Sonderregel des Art. 11 Abs. 1, 2 Rom I-VO. Danach reicht für ihre Gültigkeit die Erfüllung der Voraussetzungen eines von mehreren Statuten aus (siehe dazu ausführlich oben § 9 Rz. 3 ff.). Geht es allerdings um die Verpflichtung zur Bestellung eines Grundpfandrechts, so sind nach Art. 11 Abs. 5 Rom I-VO die Vorschriften der *lex rei sitae* einzuhalten, sofern diese die Form zwingend und unabhängig vom Ort des Vertragsschlusses vorschreiben. Nach h. M. ist § 311b Abs. 1 BGB nicht als eine solche zwingende Vorschrift zu qualifizieren.[39] Dies führt bspw. dazu, dass man sich im Ausland auch ohne notarielle Beurkundung zur Bestellung einer Hypothek oder Grundschuld an einem in Deutschland belegenen Grundstück wirksam verpflichten kann, falls die ausländischen Vorschriften dies erlauben.[40]

2. Bürgschaften und Garantien

30 Das auf Bürgschaftsverträge anwendbare Recht ist wegen der Personenverschiedenheit zwischen Schuldner und Bürgen unabhängig vom Statut der Hauptschuld, d. h. hier des Darlehensvertrags, zu bestimmen.[41] Maßgeblich ist in erster Linie das von den Vertragsparteien gemäß Art. 3 Rom I-VO gewählte Recht.[42] **Mangels Rechtswahl** ist nach Art. 4 Abs. 2 Rom I-VO das **Recht am gewöhnlichen Aufenthaltsort des Bürgen** maßgeblich, da dieser die für den Vertrag charakteristische Leistung erbringt.[43] **Gleiches gilt für Garantien,**

---

37) *Wendehorst* in MünchKomm-BGB, Bd. 11, Art. 43 EGBGB Rz. 84; *Thorn* in: Palandt, BGB, IPR, Art. 43 EGBGB Rz. 3.
38) *Lehmann* in: Langenbucher/Bliesener/Spindler, Kap. 24 VII. Rz. 112.
39) *Thorn* in: Palandt, BGB, IPR, Art. 11 Rom I Rz. 16; *v. Mohrenfels* in: Staudinger, BGB, Art. 11 Rom I-VO Rz. 154.
40) *Lehmann* in: Langenbucher/Bliesener/Spindler, Kap. 24 VII. Rz. 115.
41) *Thorn* in: Palandt, BGB, IPR, Art. 4 Rom I Rz. 27; *Martiny* in: MünchKomm BGB, Bd. 10, Rom I-VO Art. 4 Rz. 183.
42) Vgl. BGH, ZIP 2003, 1388 = NJW 2003, 2605; *Furche*, WM 2004, 210.
43) BGH, ZIP 1993, 424 = NJW 1993, 1126; *Thorn* in Palandt, BGB, IPR, Art. 4 Rom I Rz. 27; *Magnus* in Staudinger, BGB, Art. 4 Rom I-VO Rz. 415.

auch solche auf erstes Anfordern, die jedenfalls im deutschen Recht Standard sind.[44)]

Für **Formfragen** gilt wiederum die Sonderanknüpfung nach Art. 11 Rom I-VO. Nach dem dortigen Prinzip des *favor validitatis* kann z. B. eine von Deutschland ins Ausland gefaxte Bürgschaftserklärung gemäß ausländischem Recht wirksam sein, obwohl es an einer „Erteilung" i. S. des § 765 BGB fehlt.[45)] 31

3. Schuldbeitritt (Kumulative Schuldübernahme)

Durch den Schuldbeitritt tritt dem bestehenden Darlehensvertrag ein neuer Schuldner bei, der eine selbständige Verpflichtung übernimmt. Eine Rechtswahl ist zulässig[46)] und in der Praxis die Regel. **Mangels Rechtswahl** ist wiederum nach Art. 4 Abs. 2 Rom I-VO das **Recht am gewöhnlichen Aufenthaltsort des beitretenden Schuldners** maßgeblich, da dieser die für den Vertrag charakteristische Leistung erbringt.[47)] Die Verpflichtung des Altschuldners richtet sich hingegen weiterhin nach dem bisherigen Schuldstatut.[48)] 32

4. Sicherungsabtretung und Verpfändung von Forderungen

Wie sich aus **Art. 14 Abs. 3 Rom I-VO** ausdrücklich ergibt, fallen sowohl die Sicherungsabtretung als auch die Verpfändung von Forderungen (vgl. § 1279 BGB) in den Anwendungsbereich des Art. 14 Rom I-VO (vgl. zur Übertragung von Forderungen bereits oben § 8 Rz. 104 ff.). 33

Für das **Verhältnis zwischen Zedent und Zessionar** bzw. Verpfänder und Pfandrechtsgläubiger – also Sicherungsgeber und Bank – ist das nach den Regelungen der Art. 3 ff. Rom I-VO zu ermittelnde **Vertragsstatut des Kausalgeschäfts** – hier also der Sicherungsabrede (vgl. oben Rz. 26 ff.) – maßgebend (Art. 14 Abs. 1 Rom I-VO).[49)] Dieses Vertragsstatut (Abtretungsstatut) gilt nach Erwägungsgrund 38 der Rom I-VO **auch für die dinglichen Aspekte des Abtretungs- bzw. Verpfändungsvertrages,** also die Frage, wer im Verhältnis zwischen Zedent und Zessionar Inhaber der Forderung ist und ob es für deren Übertragung überhaupt – wie im deutschen Recht – eines dinglichen Rechtsgeschäfts bedarf oder nicht.[50)] 34

---

44) *Martiny* in MünchKomm-BGB, Bd. 10, Art. 4 Rom I Rz. 188 ff.
45) *Lehmann* in: Langenbucher/Bliesener/Spindler, Kap. 24 VII. Rz. 122.
46) OLG Köln, RIW 1998, 148; *Hausmann* in: Staudinger, BGB, Anh. Art. 16 Rom I-VO Rz. 3.
47) *Thorn* in: Palandt, BGB, IPR, Art. 14 Rom I Rz. 7; *Hausmann* in: Staudinger, BGB, Anh. Art. 16 Rom I-VO Rz. 3a; BGH, ZIP 2004, 2007 = NJW-RR 2005, 206.
48) *Martiny* in: Reithmann/Martiny, Int. Vertragsrecht, Rz. 420.
49) Vgl. *Thorn* in: Palandt, BGB, IPR, Art. 14 Rom I Rz. 3.
50) *Flessner*, IPrax 2009, 35, 38.

35 Hingegen beurteilt sich nach dem Recht, dem die übertragene Forderung unterliegt (**Forderungsstatut**, Art. 14 Abs. 2 Rom I-VO),
- ob die betreffende Forderung **übertragbar** ist;
- welchen **Inhalt** die Forderung hat (einschließlich Fälligkeit und Vorhandensein von Einreden, Fragen der Beweislast und der Möglichkeit der Aufrechnung);
- die Voraussetzungen, unter denen die Übertragung dem Schuldner entgegengehalten werden kann, also insbesondere **Publizitätserfordernisse**; und
- die **befreiende Wirkung** einer Leistung durch den Schuldner (vgl. § 407 BGB).[51]

36 Was die **Wirkungen** der Sicherungsabtretung bzw. Verpfändung von Forderungen **gegenüber Dritten** betrifft (z. B. die Frage des Rangverhältnisses konkurrierender Forderungen), so enthält Art. 14 Rom I-VO keine ausdrückliche Regelung. Die richtige Anknüpfung ist sehr umstritten.[52] Die bislang h. M. unterstellte auch diese Wirkungen dem Forderungsstatut.[53]

37 Ebenso umstritten ist, nach welchem Recht sich die Zulässigkeit der **Globalzession** richtet. Unter der Geltung des Art. 12 EVÜ (Art. 33 EGBGB) war dies für die überwiegende Meinung in Deutschland eine Frage der „Übertragbarkeit" der Forderung, also des Forderungsstatuts. Hingegen wird heute teilweise die Geltung des Vertragsstatuts gemäß Art. 14 Abs. 1 Rom I-VO bevorzugt.[54]

5. Verpfändung von Gesellschaftsanteilen

38 Bei der Verpfändung von Gesellschaftsanteilen ist zunächst die Frage entscheidend, ob die in Rede stehenden Gesellschaftsanteile überhaupt übertragen oder belastet werden können. Diese Frage richtet sich nach dem **Gesellschaftsstatut** (zu dessen Bestimmung ausführlich oben § 8 Rz. 1 ff.).[55] Ist danach eine Belastung möglich, ist weiter zu fragen, welches Recht für den „dinglichen" Belastungsakt maßgeblich ist. Dies richtet sich nach den allgemeinen Grundsätzen. Danach erfolgt die Belastung von Rechten nach dem Recht des Staates, dem das Recht unterliegt, hier also nach dem Gesellschaftsstatut.[56]

---

51) Ausführlich zum Ganzen *Martiny* in: Reithmann/Martiny, Int. Vertragsrecht, Rz. 387 ff.; *Martiny* in: MünchKomm-BGB, Bd. 10, Art. 14 Rom I Rz. 22 ff.; *Thorn* in: Palandt, BGB, IPR, Art. 14 Rom I Rz. 4 f., jeweils m. w. N.
52) Zum Streitstand ausführlich *Martiny* in: Reithmann/Martiny, Int. Vertragsrecht, Rz. 392.
53) BGH, ZIP 1990, 1080 = NJW 1991, 637, BGH, ZIP 1999, 101 = NJW 1999, 940; krit. allerdings *Stadler*, IPRax 2000, 104 ff.
54) *Flessner*, IPRax 2009, 35, 37.
55) *Kindler* in: MünchKomm-BGB, IntGesR Rz. 611; BGH, NJW-RR 1995, 2111.
56) *Kindler* in: MünchKomm-BGB, IntGesR Rz. 611; *Spahlinger/Wegen*, IntGesR, Kap. C Rz. 321; OLG Celle, WM 1984, 494, 500.

Ist das zu belastende Recht in einem **Wertpapier** verbrieft und folgt die In- 39
haberschaft an dem Gesellschaftsanteil der Inhaberschaft an dem Wertpapier
(was eine nach dem Gesellschaftsstatut zu beantwortende Vorfrage ist), so
richtet sich die Übertragung und Belastung des Gesellschaftsanteils nach dem
Recht des Lageorts des Wertpapiers (*lex cartae sitae*).[57] Eine kollisionsrechtliche Sonderregelung gilt nach § 17a DepotG für Wertpapiere, die mit rechtsbegründender Wirkung in ein Register eingetragen oder auf einem Konto verbucht werden. Für diese gilt das Recht des Register- bzw. Kontoorts.[58]

6. Hypotheken und Grundschulden

Das Recht des Lageortes (*lex rei* sitae, vgl. Art. 43 Abs. 1 EGBGB) entscheidet 40
nicht nur über die Voraussetzungen von Entstehung, Übertragung und Untergang dinglicher Rechte wie insbesondere des Eigentums, sondern auch über die
(gesetzliche) Entstehung und (rechtsgeschäftliche) Bestellung beschränkt dinglicher Rechte.[59] Auf Verträge über die Bestellung dinglicher Sicherheiten an
einem Grundstück findet daher das **Recht des Staates** Anwendung, **in dem
sich das Grundstück befindet**. Das Statut der gesicherten Forderung ist auch
bei akzessorischer Ausgestaltung des dinglichen Rechts für dessen kollisionsrechtliche Anknüpfung unerheblich.[60] Eine Ausnahme gilt nach Art. 45 Abs. 2
EGBGB für die gesetzlichen Sicherungsrechte an bestimmten Transportmitteln.[61] Umgekehrt ist die *lex rei sitae* irrelevant für die einem Grundpfandrecht
unterliegende Forderung, die nach ihrem Forderungsstatut zu beurteilen ist.[62]

IV. Konsortialvertrag

Der das Innenverhältnis der Konsorten regelnde Konsortialvertrag führt nach 41
h. M. zur Gründung einer Innengesellschaft bürgerlichen Rechts, und zwar einer
Gelegenheitsgesellschaft (siehe bereits oben unter § 20 Rz. 26 ff.). Auf Gelegenheitsgesellschaften ist die Rom I-VO zumindest analog anwendbar.[63] Eine

---

[57] *Kindler* in: MünchKomm-BGB, IntGesR Rz. 612; *Spahlinger/Wegen*, IntGesR, Kap. C Rz. 321.
[58] Vgl. dazu *Schefold*, IPRax 2000, 468; *Einsele*, WM 2001, 7, 15; zu dem noch nicht in Kraft getretenen Haager Übereinkommen über das auf zwischenverwahrte Wertpapiere anwendbare Recht v. 5.7.2006 *Merkt/Rossbach*, ZVglRWiss 2003, 33.
[59] *Thorn* in: Palandt, BGB, IPR, Art. 43 EGBGB Rz. 3 m. w. N.
[60] FG Münster, IPRspr. 97 Nr. 59.
[61] Die praktische Bedeutung dieser Vorschrift beschränkt sich im Wesentlichen auf Schiffsgläubigerrechte; vgl. *Thorn* in: Palandt, BGB, IPR, Art. 45 EGBGB Rz. 3 m. w. N.
[62] BGH, NJW 1951, 400.
[63] *Martiny* in: MünchKomm-BGB, Bd. 10, Art. 1 Rom I Rz. 66; *Thorn* in: Palandt, BGB, IPR, Art. 1 Rom I Rz. 12.

Rechtswahl ist daher zulässig.[64] **Mangels ausdrücklicher Rechtswahl** ist nach Art. 4 Abs. 4 Rom I-VO das Recht des Staats anwendbar, mit dem der Konsortialvertrag die engsten Verbindungen aufweist. Dies ist – wegen der (meist schon durch die Regelung in derselben Vertragsurkunde manifestierten; siehe bereits oben § 20 Rz. 17) engen Verbindung des Konsortialvertrags mit dem Kreditvertrag – grundsätzlich **das auf den Kreditvertrag anwendbare Recht**.[65]

V. Syndizierung

42 Wenn i. R. einer Syndizierung ein Konsortialanteil auf eine andere Bank übertragen werden soll, geschieht das im Wege der (teilweisen) Vertragsübernahme (siehe bereits oben unter § 21 Rz. 23 ff.). Diese ist einheitlich anzuknüpfen und nicht in Abtretung und befreiende Schuldübernahme aufzuspalten.[66] Das auf die Vertragsübernahme anwendbare Recht ist unter den Voraussetzungen des Art. 3 Rom I-VO frei wählbar.[67] **Mangels ausdrücklicher Rechtswahl** gilt das **Recht des übernommenen Darlehensvertrages**.[68] Nach diesem Recht beurteilt sich, ob eine Vertragsübernahme überhaupt möglich und wirksam ist und ob ein wirksames Kausalgeschäft (das seinerseits wiederum selbständig nach den Regelungen der Art. 3 ff. Rom I-VO anzuknüpfen ist) vorliegen muss.[69]

43 Hingegen **ändert sich** durch die Vertragsübernahme das **Schuldstatut des übernommenen Darlehensvertrags nicht**. Inwieweit die Vertragsübernahme Wirkungen auf den übernommenen Darlehensvertrag hat, richtet sich nach dessen Statut.[70]

---

64) OLG Hamburg, NJW RR 2001, 1012, 1013; *Martiny* in: MünchKomm-BGB, Bd. 10, Art. 1 Rom I Rz. 66.
65) *Martiny* in: MünchKomm-BGB, Bd. 10, Art. 4 Rom I Rz. 173; *Martiny* in: Reithmann/Martiny, Int. Vertragsrecht, Rz. 1163.
66) *Martiny* in: Reithmann/Martiny, Int. Vertragsrecht, Rz. 421.
67) *Martiny* in: Reithmann/Martiny, Int. Vertragsrecht, Rz. 421.
68) *Kegel/Schurig*, IPR, S. 761 f.; *Martiny* in: MünchKomm-BGB, Bd. 10, Art. 15 Rom I Rz. 27.
69) *Martiny* in: Reithmann/Martiny, Int. Vertragsrecht, Rz. 421.
70) *Martiny* in: Reithmann/Martiny, Int. Vertragsrecht, Rz. 421.

Kapitel 7 Steuerrecht

§ 25 Besonderheiten bei der Tax Due Diligence

Übersicht

- A. Einführung 1
- I. Begriff der Tax Due Diligence 1
- II. Anlässe und Ziele 6
- B. Ablauf und Organisation einer Tax Due Diligence 9
- I. Checkliste/anzufordernde Unterlagen 9
- II. Ablauf 12
- III. Erstellung eines Tax Due Diligence Berichts 15
- C. Rechtsformspezifische Besonderheiten 17
- I. Kapitalgesellschaften 17
- II. Personengesellschaften 25
- D. Prüfungsschwerpunkte bei grenzüberschreitenden Unternehmenskäufen 29
- I. Verbundene Unternehmen 29
- II. Doppelbesteuerungsabkommen 30
- III. Verrechnungspreise und ihre Dokumentation 31
- IV. Personengesellschaft als Zielgesellschaft 40
- V. Quellensteuern 41
- VI. Hinzurechnungsbesteuerung 44
- VII. Insbesondere: Länderspezifische Besonderheiten 46

Literatur: *Baumhoff/Ditz/Greinert*, Grundsätze der Dokumentation internationaler Verrechnungspreise nach der Gewinnabgrenzungsaufzeichnungsverordnung (GAufzV), DStR 2004, 157; *Gosch*, KStG: Kommentar, 2. Aufl., 2009; *Haase*, Vertragsanpassung bei zweckverfehlten Steuerklauseln, StuW 2012, 148; *Hahn/Suhrbier-Hahn*, Mitwirkungspflichten bei Auslandssachverhalten europarechtswidrig? – Neukonzeption der §§ 90 Abs. 3 und 162 Abs. 3 und 4 AO im SteVAG, IStR 2003, 84; *Joecks/Kaminski*, Dokumentations- und Sanktionsvorschriften für Verrechnungspreise in Deutschland – Eine rechtliche Würdigung, IStR 2004, 65; *Klein*, AO, Kommentar, 11. Aufl., 2012; *Krüger/Kalbfleisch*, Due Diligence bei Kauf und Verkauf von Unternehmen, DStR 1999, 174; *Lenz/Fischer/Schmidt*, Verwaltungsgrundsätze – Verfahren – Konsequenzen für die Dokumentation von Verrechnungspreisen, BB 2005, 1255; *Lüdicke*, Internationale Aspekte des Steuervergünstigungsabbaugesetzes, IStR 2003, 433; *Sinewe*, Tax Due Diligence, 2010; *Schlaa/Hüning*, Gruppierung von Geschäftsvorfällen bei der Erstellung einer Verrechnungspreisdokumentation nach § 90 Abs. 3 AO, IWB Nr. 24 vom 27.12.2006, Fach 3, Gruppe 1, S. 2143; *Schnitger*, Internationale Aspekte des Entwurfs eines Gesetzes zum Abbau von Steuervergünstigungen und Ausnahmeregelungen (Steuervergünstigungsabbaugesetz – StVergAbG), IStR 2003, 73; *Strunk/Kaminski/Köhler*, AStG/DBA, Kommentar, 1. Aufl., 2004; *Vogt*, Die Due Diligence – ein zentrales Element bei der Durchführung von M&A, DStR 2001, 2027; *Vögele/Bader*, Systematik der Schätzung von Verrechnungspreisen, IStR 2002, 354; *Vögele/Borstell/Engler*, Handbuch der Verrechnungspreise, 2. Aufl., 2004.

A. Einführung

I. Begriff der Tax Due Diligence

Eine sog. Tax Due Diligence (grundlegend zur Due Diligence siehe oben § 2 Rz. 30 ff.) erfasst bei einem Unternehmenskauf alle Maßnahmen, die der Analyse und Berücksichtigung der **steuerlichen Risiken und Chancen des Kaufobjektes** dienen. Alleiniger Gegenstand dieses Teilbereichs der Unternehmens-

1

analyse ist die Überprüfung des potentiellen Zielunternehmens („Target") aus steuerlicher Sicht.[1] In die dafür notwendige Betrachtung sind alle Steuerwirkungen einzubeziehen, die aus bereits in der Vergangenheit, meist bis zu einem bestimmten (steuerlichen) Stichtag verwirklichten Sachverhalten sowie aus der Unternehmensakquisition selbst resultieren. Die **steuerliche Analyse** erfolgt aus der Perspektive eines Erwerbers im Wesentlichen nach dem Ansatz einer steuerlichen Betriebsprüfung, die eine Erhebung des Steuerstatus, eine Analyse der Steuerpolitik, eine Aufdeckung von Steuerrisiken sowie eine Beurteilung des Risikos möglicher Steuernachzahlungen anstrebt, sowie einer Gestaltungspotentialanalyse, bei der die effektive Steuerquote ermittelt wird und mögliche Gestaltungsmöglichkeiten untersucht werden.[2]

2 **Ziel der Tax Due Diligence** ist es, dem potentiellen Käufer ein tatsächliches Bild über die finanziellen Folgen zu geben, die für ihn aufgrund von steuerlich relevanten Sachverhalten z. B. infolge bereits laufender oder noch durchzuführender Betriebsprüfungen nach Erwerb des Unternehmens insbesondere im Wege eines Share Deals entstehen können. Dabei können die Ergebnisse der Tax Due Diligence, die im Regelfall nach Bekundung des Kaufinteresses, aber vor Abgabe eines konkreten Kaufangebots durchgeführt wird, entweder zur Überprüfung des Kaufinteresses bzw. der geplanten Kaufentscheidung oder als Grundlage für die Strukturierung des Unternehmenserwerbs (bspw. Durchführung eines **Asset Deals** statt eines **Share Deals**), für die Abgabe bzw. Überarbeitung eines konkreten Kaufpreisangebotes und für die Formulierung einer Kaufpreisanpassungsregelung oder einer Regelung über einen Kaufpreiserstattungsanspruch des Erwerbers genutzt werden. Jedenfalls sollten die Ergebnisse der steuerlichen Prüfung eine wesentliche Grundlage der Kaufpreisverhandlungen und der Formulierung der in den Unternehmenskaufvertrag aufzunehmenden Steuerklausel[3] sein. Es ist unmittelbar einsichtig, dass der Käufer eines Unternehmens die damit verbundenen latenten Steuern kaufpreismindernd in Ansatz bringen wird.

3 Anlass einer Tax Due Diligence ist im Regelfall das Kaufinteresse eines **potentiellen Erwerbers** an einer Unternehmung als möglichem Investitionsobjekt. Mit dem Kauf der Unternehmung gehen jedoch nicht nur **Chancen,** sondern auch **Risiken** einher, die auch durch die steuerlichen Folgen entstehen können, welche der Erwerber automatisch mit dem Unternehmen erwirbt. Da sich diese

---

1) *Beisel* in: Beisel/Klumpp, Unternehmenskauf, Kap. 2 Rz. 38.
2) *Hogh* in: Kneip/Jänisch, Tax Due Diligence, Kap. A I Rz. 32.
3) Steuerklauseln enthalten bspw. Regelungen darüber, welche Partei die bis zum Übergangsstichtag wirtschaftlich verursachten Steuern trägt, die bislang noch nicht (bilanziell) berücksichtigten Steuernachforderungen bezahlt, Steuererstattungen bekommt oder z. B. zu erwartende Mehrbelastungen aufgrund von verdeckten Gewinnausschüttungen trägt (dazu etwa *Vogt*, DStR 2001, 2027, 2031); allgemein zur Methodik von Steuerklauseln insbesondere in Verträgen vgl. *Haase*, StuW 2012, 148.

negativ auf die Vorteilhaftigkeit der geplanten Investition auswirken können, sollten sie vor dem Erwerb des Unternehmens identifiziert und möglichst auch quantifiziert werden. Dies setzt jedoch voraus, dass der potentielle Veräußerer dem präsumtiven Erwerber alle für diesen Prozess notwendigen Daten im Regelfall in einem sog. (physischen oder virtuellen) Datenraum (dazu näher § 2 Rz. 55 zur Verfügung stellt und diese, ggf. auf Anforderung des potentiellen Erwerbers, ergänzt.

Da es sich bei diesen Daten und Informationen meist um sensible Unternehmensdaten v. a. über Investitionen, Höhe der Gewinne und Betriebsausgaben etc. handeln wird, vereinbaren die Vertragsparteien in der Regel besondere Geheimhaltungsregeln. Nach Prüfung der Unternehmensdaten unter Berücksichtigung besonderer Problembereiche erstellen zumeist die steuerlichen Berater des potentiellen Erwerbers einen **Tax Due Diligence Bericht,** in dem sie nicht nur eine Einschätzung über die steuerlichen Risiken und eine Beurteilung der aufgedeckten Risiken, sondern auch eine mögliche Handlungsempfehlung darüber abgeben, welche Schlussfolgerungen aus den Ergebnissen für die Kaufpreisentscheidung oder aber die Kaufpreisverhandlungen gezogen werden sollten. Dies gilt umso mehr, wenn sich das Zielunternehmen in einer anderen Jurisdiktion als der potentielle Erwerber befindet, weil die Tax Due Diligence dann ggf. andere, länderspezifische Schwerpunkte hat bzw. die Folgen der Akquisition für den Erwerber in der Regel umso schwerer einzuschätzen sind. 4

Auch für die **Verkäuferseite** (zur sog Vendor Due Diligence siehe oben § 2 Rz. 12) kann die Durchführung einer steuerlichen Unternehmensprüfung sinnvoll sein. In einigen Fällen stellt sie sogar erst die Grundlage für die Verkaufsentscheidung dar, weil sie auch aufzeigen kann, dass ein Verkauf zum ursprünglich geplanten Zeitpunkt wirtschaftlich nicht sinnvoll ist. In jedem Fall stellen die Ergebnisse auch für den potentiellen Verkäufer eine wesentliche Grundlage für die Kaufpreisverhandlung dar. Zumindest sollte er die steuerliche Situation seines Unternehmens genau kennen, weil ihn der potentielle Käufer spätestens i. R. der Kaufpreisverhandlung damit konfrontieren wird. Ganz grundsätzlich aber ist zu konstatieren, dass es bei Unternehmen, die nach dem Recht eines anderen Staates als das erwerbende Unternehmen gegründet worden sind, als Zielunternehmen kaum Besonderheiten bei der Tax Due Diligence gibt. Prüfungsschwerpunkte sind dann v. a. all jene Vorschriften, die sich auf grenzüberschreitende oder besondere länderspezifische Sachverhalte beziehen, aber abgesehen davon lassen sich kaum Unterschiede zu einem gewöhnlichen Unternehmenskauf ausmachen. 5

II. Anlässe und Ziele

Anlässe für die Durchführung einer Tax Due Diligence sind insbesondere Unternehmenszusammenschlüsse durch Unternehmenskäufe oder Umstrukturierungen, die Beteiligung eines Investors oder die Aufnahme eines Joint Ven- 6 tures, ein Börsengang, eine geplante Kreditfinanzierung oder auch eine Sanierungsprüfung. Aber auch (zwingende) gesetzliche Vorschriften wie z. B. über das Ausscheiden eines Gesellschafters, die Bemessung von Abfindungen gemäß §§ 304, 305 AktG, bestimmte Umwandlungsmaßnahmen nach dem UmwG oder (gesellschaftsrechtliche) Auseinandersetzungen i. R. einer (vorweggenommenen) Erbfolge können Anstöße für die steuerliche Unternehmensprüfung sein.[4] Hauptanwendungsfall bleibt jedoch der (grenzüberschreitende) **Unternehmenskauf.**

7 Obwohl die Leitungsorgane etwa von Kapitalgesellschaften nach deutschem Recht nach wohl h. M. keiner gesetzlichen Verpflichtung zur Prüfung bzw. Untersuchung des Kaufgegenstandes in steuerlicher Hinsicht unterliegen, kann eine solche nicht nur aufgrund einer grundsätzlich möglichen vertraglichen Verpflichtung, sondern unter engen Voraussetzungen auch aufgrund der neueren Rechtsprechung bestehen. Nach einem Urteil des OLG Oldenburg[5] können sie für den durch die Kaufentscheidung entstehenden (steuerlichen) Schaden in Haftung genommen werden, wenn sie die Grundlagen, Chancen und Risiken eines Unternehmenskaufs als Investitionsentscheidung nicht in ausreichendem Maße geprüft und aufgeklärt haben.[6] Dies dürfte insbesondere bei Zielunternehmen einer anderen Jurisdiktion gelten, weil hierfür primär meist außersteuerliche Gründe (z. B. der Erwerb einer eingeführten Marke oder Synergieeffekte, die man sich auf bestimmten Märkten erhofft) maßgebend sein werden. Jedenfalls operative Unternehmen mit wirtschaftlicher Substanz können nur in begrenztem Rahmen zur Steuerplanung eingesetzt werden.

8 **Ziel** der Durchführung der steuerlichen Unternehmensprüfung ist insbesondere eine Quantifizierung des mit der Investitionsentscheidung verbundenen steuerlichen Risikos als Grundlage für die Kauf- bzw. Verkaufsentscheidung und ggf. die Kaufpreisverhandlung. Daneben stellt die steuerliche Optimierung bspw. durch Strukturierung des Unternehmenskaufs und die Offenlegung von Vertragsgrundlagen ein weiteres entscheidendes Ziel der Tax Due Diligence dar.

B. Ablauf und Organisation einer Tax Due Diligence

I. Checkliste/anzufordernde Unterlagen

9 Wesentliches Charakteristikum der steuerlichen Unternehmensprüfung sind die diametral entgegengesetzten Interessen der Beteiligten. So zeigt sich der potentielle Erwerber stets an der Einsichtnahme in alle unternehmensrelevanten Daten interessiert, wohingegen der potentielle Verkäufer v. a. um die Geheimhaltung aller sensiblen Daten bemüht ist. Dies gilt insbesondere, wenn der

---

4) *Kewitz* in: Sinewe, Kap. 2 Rz. 50.
5) OLG Oldenburg, ZIP 2006, 2087, 2087 ff.
6) *Kewitz* in: Sinewe, Kap. 2 Rz. 56.

Kauf bzw. Verkauf eines direkten **Konkurrenten** geplant ist. Handelt es sich dabei bspw. um **börsennotierte Unternehmen**, so sind nach deutschem Recht zusätzlich die Bestimmungen des Insiderrechts des Wertpapierhandelsgesetzes bezüglich der Weitergabe von Informationen zu berücksichtigen (dazu oben § 2 Rz. 17).[7] Im Regelfall werden aus Gründen der Geheimhaltung bestimmte Vereinbarungen abgeschlossen sowie bestimmte Daten zu Beginn der Prüfung „geschwärzt" und den verbleibenden, tatsächlichen Kaufinteressenten zu einem späteren Zeitpunkt zur Verfügung gestellt.

Als **Informationsquellen** einer steuerlichen Unternehmensprüfung kommen sowohl externe als auch interne Quellen in Betracht. Für die Durchführung der Tax Due Diligence selbst sind jedoch interne Informationen notwendig, die von der Verkäuferseite anzufordern sind. Zu diesen gehören, sofern die Zielgesellschaft ein inländisches Unternehmen ist, zwingend:

- die **Steuererklärungen, Steuerbescheide** sowie Feststellungsbescheide[8] mindestens der letzten drei bis fünf Veranlagungszeiträume, weil aus diesen der Veranlagungsstand und damit die Änderbarkeit der Steuerbescheide abgelesen sowie Rückschlüsse auf Rechtsbehelfe und laufende Betriebsprüfungen gezogen werden können;
- die **Jahresabschlüsse** bzw. Prüfungsberichte der letzten drei bis fünf Wirtschaftsjahre, weil sie insbesondere Informationen über Abweichungen zwischen der Handels- und Steuerbilanz sowie die rechtlichen und wirtschaftlichen Verhältnisse liefern, aber auch die Analyse der Handels- und Steuerbilanzen ermöglichen;
- die Berichte der letzten **Betriebsprüfungen** sowie die Ankündigungen über zukünftige Betriebsprüfungen, da diese einen konkreten Überblick über die steuerlichen Risiken der Unternehmung und damit Prüfungsschwerpunkte für die Unternehmensprüfung geben; sowie
- Informationen über steuerlich relevante Rechtsverhältnisse, so z. B.
  - Handelsregisterauszüge, die v. a. ein Bild über die rechtlichen Verhältnisse der Unternehmung wie Beteiligungen, Haftungskapital, Gründungsvorgang ermöglichen,
  - Konzernübersichten, da diese Aufschluss über die Konzernzugehörigkeit der Unternehmung und dadurch über weitere Prüfungsschwerpunkte wie Quellensteuern, Organschaften sowie Verrechnungspreise geben,
  - Grundbuchauszüge, weil sie einen Überblick über das Grundvermögen der Unternehmung und die daran bestehenden rechtlichen Verhältnissen

---

7) *Kewitz* in: Sinewe, Kap. 2 Rz. 61 ff.
8) Bspw. über die gesonderte Feststellung des verbleibenden Verlustvortrages zur Körperschaft- und zur Gewerbesteuer, des steuerlichen Einlagekontos, des Körperschaftsteuerguthabens sowie des verbleibenden Zins- und EBITDA-Vortrages.

- wie Erbbaurechte ermöglichen und mit dessen Übertragung stets die Gefahr der in den meisten Ländern bekannten Grunderwerbsteuer verbunden ist,
- Gesellschaftsverträge und andere Verträge geben in der Regel Aufschluss über offene und verdeckte Einlagen, die Gewinnverteilung, das Bestehen eines Ergebnisabführungsvertrages oder anderer Beziehungen zwischen der Gesellschaft und den Gesellschaftern oder verbundenen Unternehmen sowie
- Gesellschafterbeschlüsse der letzten drei bis fünf Veranlagungszeiträume, weil sie Informationen über offene Gewinnausschüttungen, Änderungen des Gesellschaftsvertrages, Umstrukturierungen und den Abschluss oder die Auflösung von Beherrschungs- bzw. Gewinnabführungsverträgen geben.

11 **Zeitdruck** ist ein weiteres Kennzeichen zahlreicher steuerlicher Unternehmensprüfungen. Aus diesem Grund beschränken sich die Prüfungen der steuerlichen Risiken auf wesentliche Aspekte, die vermehrt anhand standardisierter Checklisten überprüft werden, jedoch an die individuellen Besonderheiten des Einzelfalls angepasst werden sollten.[9]

II. Ablauf

12 Die Organisation der Due Diligence[10] beginnt in der Regel mit der Verständigung über den eigentlichen Kaufgegenstand, der entweder im Wege eines Asset Deals oder eines Share Deals erworben werden kann. Anschließend werden die Leitlinien des weiteren Vorgehens in einem „Letter of Intent" in Form einer rechtlich unverbindlichen Absichtserklärung niedergeschrieben (siehe dazu § 2 Rz. 22 ff.). Im Regelfall übernehmen aus Gründen der Objektivität und auch der Komplexität unternehmensfremde Sachverständige die Durchführung der Due Diligence, die sich durch Unterzeichnung eines sog. „Confidentiality Agreement" zur Verschwiegenheit verpflichten. Diese verläuft in einer Strategie- und Planungsphase, einer Kontakt- und Sondierungsphase, der eigentlichen Due-Diligence-Phase und der Abschlussphase.

13 **Wesentliche Erfolgsfaktoren** für die Durchführung der Due Diligence im Allgemeinen sind dabei die Fokussierung auf die wesentlichen Streitfragen, die optimale Führung der Due Diligence durch eine straffe Organisation der Unternehmensprüfung, einen funktionierenden Datenraum sowie die Vorgabe einer einfach zu handhabenden, EDV-basierten Berichtsstruktur.[11]

14 **Gegenstand der Tax Due Diligence** ist die steuerliche Situation der Zielunternehmung. Für die Beurteilung werden insbesondere die steuerlichen Einfluss-

---

9) Solche Checklisten sind bspw. im Anhang von *Kneip/Jänisch*, Tax Due Diligence, enthalten.
10) Zu Begriff und Funktion der Due Diligence vgl. auch *Krüger/Kalbfleisch*, DStR 1999, 174.
11) *Kewitz* in: Sinewe, Kap. 2 Rz. 69 ff.

faktoren, wie der Veranlagungsstand der Steuerbescheide, die Möglichkeit der Durchführung und Auswirkungen von Betriebsprüfungen, mögliche Konsequenzen der geplanten Umstrukturierung für bereits verwirklichte Sachverhalte wie bspw. durchgeführte Umstrukturierungen, aber auch für bestehende Organschaftsverhältnisse und Verlustvorträge, untersucht. Den **Ausgangspunkt dieser Analyse** stellt der konkrete Anlass und auch das Ziel der Analyse dar. In deren Anschluss ist eine Tax Due Diligence Check-Liste aufzubereiten, die sich vornehmlich mit der Benennung der notwendigen Unterlagen über das zu prüfende Unternehmen befasst. Dabei erfolgt die Zurverfügungstellung im Regelfall in einem Datenraum, der entweder physisch oder virtuell zu errichten ist.

III. Erstellung eines Tax Due Diligence Berichts

Der **Tax Due Diligence Bericht** umfasst die Ergebnisse der steuerlichen Prüfung des Investitionsobjektes, die im Regelfall von externen Beratern durchgeführt werden. Er dient der Auftraggeberseite (in der Regel der Erwerber) insbesondere als Grundlage für die Kaufentscheidung und Kaufpreisverhandlung. Der **Umfang** des Berichtes hängt maßgeblich den Wünschen der Auftraggeberseite ab. Typisch sind die Erstellung eines „Executive Summary" Berichtes, in welchem die wesentlichen Ergebnisse stichwortartig, ggf. auch in einer kurzen PowerPoint-Präsentation, erfasst sind, sowie die eines „Red flag" Berichtes, der darüber hinaus eine kurze Darstellung der wesentlichen Problembereiche umfasst und meist nur dem Zweck dient, „Deal breaker" zu identifizieren. In Ausnahmefällen wird auch die Erstellung eines umfassenderen Berichts gefordert, was aber mit entsprechenden Kosten einhergeht. 15

In jedem Fall umfasst der Bericht die wesentlichen Angaben über das Unternehmen, eine Abbildung der gemeinsam mit den Auftraggebern ausgewählten Problem- und Prüfungsfelder sowie die Arbeitsergebnisse der steuerlichen Unternehmensprüfung. Auch die Abgabe einer Einschätzung über die steuerlichen Risiken nach Grund und Höhe ist Gegenstand des Berichts. 16

C. Rechtsformspezifische Besonderheiten
I. Kapitalgesellschaften

Ist ein inländisches Unternehmen Gegenstand der Prüfung, so gilt: Der **Umfang der Tax Due Diligence** hängt maßgeblich davon ab, ob das Unternehmen im Wege eines Asset oder eines Share Deals erworben werden soll. Während bei einem Asset Deal nur die einzelnen Wirtschaftsgüter des Unternehmens gekauft werden, geht bei einem Share Deal die gesamte Unternehmung mit allen Rechten und Verbindlichkeiten auf den Erwerber über. Da dieser in die Rechtsstellung des bisherigen Eigentümers eintritt, sind mit dem Share Deal deutlich höhere steuerliche Risiken verbunden als mit einem **Asset Deal**. Die nachfolgende Betrachtung beschränkt sich auf den Fall des Erwerbs von Anteilen an 17

§ 25 Besonderheiten bei der Tax Due Diligence

der Kapitalgesellschaft im Wege eines **Share Deals**, da dieser in der internationalen Praxis, insbesondere bei Investitionen von Steuerausländern nach Deutschland aus dem anglo-amerikanischen Raum, eine erheblich größere Bedeutung hat.

18 Ausgangspunkt der Untersuchung sind die **Informationen** über die Anteilseigner, die Struktur der Gesellschaft (Einzel- oder Konzerngesellschaft, Teil einer Organschaft oder Gruppenbesteuerung), Geschäftsbetrieb, Steuerhistorie (Stand der Veranlagungen und Betriebsprüfungen, Umstrukturierungen) und den Verkaufsprozess insgesamt. Dabei bilden der Erwerb der Kapitalgesellschaft durch ihre Anteilseigner, die Umstrukturierungen der Gesellschaft, deren Finanzierungsstruktur sowie die Beziehungen zu verbundenen Unternehmen und dem Anteilseigner sowie deren laufende Besteuerung die wesentlichen Prüfungsschwerpunkte.[12]

19 Einen besonderen Prüfungsschwerpunkt bilden die **verdeckten Gewinnausschüttungen**,[13] weil sie bei späterer Aufdeckung zu einer außerbilanziellen Korrektur auf Ebene der zu erwerbenden Gesellschaft und damit zur Belastung mit Körperschaftsteuer, Solidaritätszuschlag und Gewerbesteuer sowie zu einer Besteuerung auf Ebene des Gesellschafters als Dividenden[14] führen. Im Regelfall empfiehlt sich eine Analyse der Schwerpunkte Gesellschafterdarlehen,[15] Gesellschafter-Geschäftsführervergütungen[16] und der weiteren Geschäftsbeziehungen, die auf Grundlage der vorhandenen Informationen wie Veräußerungen, Dienstleistungen, Pensionszusagen[17] identifiziert werden können. In diesem Zusammenhang sind auch die Verrechnungspreise[18] einem Fremdver-

---

12) *Adolf* in: Sinewe, Kap. 4 Rz. 1 ff.
13) Zur Definition dieses Begriffes vgl. A 36 ff. KStR. Danach liegt eine vGA i. S. des § 8 Abs. 3 Satz 2 KStG im Falle einer Vermögensminderung oder verhinderten Vermögensmehrung auf Ebene der Kapitalgesellschaft vor, die durch das Gesellschaftsverhältnis veranlasst ist, sich auf die Höhe des Unterschiedsbetrags i. S. des § 4 Abs. 1 Satz 1 EStG auswirkt und nicht auf einem den gesellschaftsrechtlichen Vorschriften entsprechenden Gewinnverteilungsbeschluss beruht.
14) Die Besteuerung der Dividenden hängt von der Steuersubjekteigenschaft des Anteilseigners ab. Für private Anleger kann eine Besteuerung unter Anwendung der sog. Abgeltungsteuer (25 % ESt-Satz zzgl. SolZ), ggf. auf Antrag des Teileinkünfteverfahrens sowie für betriebliche Anleger des Teileinkünfteverfahrens (ESt zzgl. SolZ, ggf. GewSt), bzw. im Rechtskleid einer Kapitalgesellschaft unter Anwendung der Dividendenfreistellung des § 8b Abs. 1 und 5 KStG (KSt zzgl. SolZ, ggf. GewSt), in Betracht kommen.
15) Gesellschafterdarlehen sind zunächst dahingehend zu überprüfen, ob die vereinbarte Verzinsung auch fremdvergleichskonform ist. Unterbleibt deren Verzinsung, so kann auch eine verdeckte Einlage vorliegen, die zu einer Abzinsung der Verbindlichkeit nach § 6 Abs. 1 Nr. 3 EStG führt.
16) Für die Beurteilung der Angemessenheit der Vergütung der Geschäftsführer vgl. u. a. BMF v. 14.10.2002, BStBl. I 2002, 972.
17) Vgl. dazu u. a. BMF v. 7.3.1997, BStBl. I 1997, 637 sowie BMF v. 13.5.2003, BStBl. I 2003, 300.
18) Zu den damit verbundenen steuerlichen Risiken vgl. sehr ausführlich *Loh/Merkel* in: Kneip/Jänisch, Tax Due Diligence, Kap. B VIII Rz. 1 ff.

gleich zu unterziehen. Hier besteht die Gefahr, dass bei grenzüberschreitenden Sachverhalten Auseinandersetzungen mit ausländischen Steuerbehörden sowie Doppelbesteuerungen im In- und Ausland drohen, so dass zusätzlich die Doppelbesteuerungsabkommen in die Betrachtung einzubeziehen sind.[19]

Aber auch **verdeckte Einlagen**[20] können einen Untersuchungsschwerpunkt bilden. Grund dafür kann bspw. das in § 32a KStG verankerte Korrespondenzprinzip sein, wonach eine verdeckte Einlage nur dann auf Ebene der diese empfangenden Gesellschaft einkommensteuermindernd berücksichtigt werden darf, wenn diese das Einkommen des Gesellschafters nicht gemindert hat.[21] Typisches Anwendungsbeispiel ist der Forderungsverzicht des Gesellschafters, der im Regelfall explizit zu erklären ist. Sollte ein solcher in der Vergangenheit durch den Gesellschafter erfolgt sein, so sollten die steuerlichen Folgen der verdeckten Einlage überprüft werden. Diese hängen maßgeblich von der Werthaltigkeit der Forderung zum Zeitpunkt des Verzichts ab.[22]

20

Darüber hinaus kann sich der Wechsel der Anteilseigner als Folge des Share Deals auf die **Verlustnutzung** der Gesellschaft auswirken. Nach der Regelung des § 8c KStG führt eine mittelbare oder unmittelbare Übertragung oder ein vergleichbarer Sachverhalt innerhalb von fünf Jahren an einen Erwerber oder an diesen nahestehenden Personen von mehr als 25 % zu einem anteiligen Untergang und eine Übertragung von mehr als 50 % zu einem vollständigen Untergang der Verluste. All jene Voraussetzungen sind einzeln zu überprüfen (Anteilsübertragungen, vergleichbarer Sachverhalt, „doppelter" 5-Jahreszeitraum[23], Erwerberkreis).[24] Dabei erfasst diese Rechtsfolge sowohl die anteiligen laufenden Verluste des Veranlagungszeitraumes, in welchem die Bedingung eintritt, als auch die gesondert festgestellten Verlustvorträge. Darüber hinaus gilt die Regelung für den gewerbesteuerlichen Verlustvortag i. S. des § 10a GewStG, negative

21

---

19) Vgl. sehr ausführlich zu diesem Thema *Behrendt/Lingscheidt* in: Kneip/Jänisch, Tax Due Diligence, Kap. B IV. Rz. 1 ff.
20) Zur Definition dieses Begriffes vgl. A 40 KStR. Danach liegt eine verdeckte Einlage vor, wenn ein Gesellschafter oder eine ihm nahestehende Person der Körperschaft außerhalb der gesellschafts-rechtlichen Einlagen einen einlagefähigen Vermögensvorteil zuwendet und diese Zuwendung durch das Gesellschaftsverhältnis veranlasst ist.
21) Vgl. *Behrendt/Lingscheidt* in: Kneip/Jänisch, Tax Due Diligence, Kap. B IV. Rz. 100.
22) Die Einlage ist gemäß § 6 Abs. 1 Nr. 5 EStG mit dem Teilwert der Forderung zu bewerten ist. Eine darüber hinaus gehende Einkommenserhöhung aufgrund des Verzichts auf diese Forderung bleibt daher darüber hinausgehend bestehen. Sie ist als Einkommen auf Ebene der Gesellschaft zu versteuern.
23) Es ist unbedingt darauf zu achten, dass diese Norm auf zwei Fristen aufbaut. Dabei können die Fünf-Jahres-Frist für eine Anteilsübertragung von mehr als 25 % bis max. 50 % und die für eine Anteilsübertragung von mehr als 50 % auch unabhängig voneinander laufen. Eine Auslösung des anteiligen Untergangs der Verluste bedeutet gerade nicht, dass auch für den ggf. folgenden vollständigen Untergang der Verluste eine neue Frist anfängt zu laufen.
24) Vgl. zu den Prüfungsschritten i. E. *Adolf* in: *Sinewe*, Kap. 4 Rz. 109 ff.

Einkünfte mit Bezug zu Drittstaaten i. S. des § 2a EStG sowie den Zins- und EBITDA-Vortrag i. S. des § 4h EStG entsprechend.

22 Die Prüfung von **Finanzierungsaufwendungen** ist für die Beurteilung der Frage notwendig, ob diese als Betriebsausgaben auch tatsächlich den Gewinn mindern dürfen, was z. B. bei international üblichen debt-push-down-Strukturen Relevanz erlangt. Neben der steuerlichen Behandlung dieser Zinsaufwendungen als verdeckte Gewinnausschüttungen kann der steuerliche Abzug auch durch die sog. Regelungen über die **Gesellschafterfremdfinanzierung gemäß § 8a KStG a. F.** als auch der Zinsschrankenregelung des § 4h EStG i. V. m. § 8a KStG n. F. untersagt werden. Die bis zum Veranlagungszeitraum 2007 geltende Regelung des § 8a KStG a. F. kann sich insbesondere durch Betriebsprüfungen noch auswirken. Diese Regelung beschränkt die Abzugsfähigkeit von Zinsaufwendung, die an wesentliche Anteilseigner, diesen nahestehenden Personen oder rückgriffsberechtigte Dritte gezahlt werden, wenn das gewährte Fremdkapital das Eineinhalbfache des anteiligen Eigenkapitals der Kapitalgesellschaft übersteigt, die nicht erfolgsabhängigen[25] Vergütungen für Fremdkapital p. a. 250 000 € übersteigen und die Gesellschaft dieses Fremdkapital bei sonst gleichen Umständen nicht auch von einem fremden Dritten erhalten könnte (sog. Drittvergleich). Unterfallen die Zinsen dieser Regelung, so liegt auf Ebene der Gesellschaft eine verdeckte Gewinnausschüttung vor, die zu den bereits dargestellten Rechtsfolgen führt. Prüfungsschwerpunkte bilden daher die Ermittlung des maßgeblichen Eigenkapitals und „safe havens" sowie des Fremdkapitals, das von den benannten Personen überlassen wird, und die Prüfung des Anwendungsbereichs der Regelung des § 8a Abs. 6 KStG über konzerninterne Anteilserwerbe, nach welcher die betroffenen Vergütungen bereits dem Grunde nach als verdeckte Gewinnausschüttungen gelten.[26]

23 Die Regelung der **sog. Zinsschranke** erfasst grundsätzlich alle Vergütungen für Fremdkapital unabhängig davon, ob diese an einen Anteilseigner oder eine diesem nahestehende Person gezahlt werden, soweit diese eine bestimmte Grenze übersteigen. Eine Sonderregelung der sog. Gesellschafterfremdfinanzierung enthält jedoch § 8a KStG n. F. Nach der Regelung des § 4h EStG darf der Nettozinsaufwand,[27] wenn dieser 3 Mio. € der Höhe nach übersteigt, den Gewinn nicht mindern, soweit dieser Aufwand 30 % des steuerlichen EBITDA übersteigt. Der nicht abzugsfähige Zinsaufwand kann jedoch als sog. Zinsvortrag in die folgenden Veranlagungszeiträume vorgetragen werden. Entsprechendes gilt für den Teil des steuerlichen EBITDA, der den Nettozinsaufwand übersteigt

---

[25] Erfolgsabhängig Vergütungen für Fremdkapital dürfen den Gewinn nicht mindern. Sie gelten stets als verdeckte Gewinnausschüttung.

[26] Für die Prüfung der einzelnen Tatbestandsmerkmal vgl. *Adolf* in: Sinewe, Kap. 4 Rz. 160 ff.; *Ufer/Hölzer* in: Kneip/Jänisch, Tax Due Diligence, Kap. B IV. Rz. 460 ff.

[27] Diese Größe ergibt sich aus dem Zinsaufwand abzüglich der Zinserträge.

(sog. EBITDA-Vortrag).[28] Ein Escape ist möglich, wenn die Kapitalgesellschaft nicht zu einem Konzern i. S. der Regelung gehört oder nachgewiesen werden kann, dass deren Eigenkapitalquote der des Konzerns entspricht. Diese „Escape-Klauseln" gelten für Kapitalgesellschaften jedoch nicht, wenn eine schädliche Gesellschafterfremdfinanzierung i. S. des § 8a KStG n. F. vorliegt. Danach greift die erste Ausnahme nur dann, wenn die Vergütungen für Fremdkapital an einen zu mehr als einem Viertel unmittelbar oder mittelbar an Grund- oder Stammkapital beteiligten Anteilseigner, diesem nahestehende Person oder einen zugriffsberechtigten Dritten nicht mehr als 10 % des Nettozinsaufwands übersteigen und die Körperschaft dies nachweist, und die zweite Ausnahme nur dann, wenn nicht bei mindestens einem Rechtsträger des Konzerns eine schädliche Gesellschafter-Fremdfinanzierung[29] von außerhalb des Konzerns vorliegt.[30]

Die **Organschaft**[31] bildet einen weiteren wesentlichen Prüfungsschwerpunkt 24 der Tax Due Diligence. Ist das Zielunternehmen eine inländische Organgesellschaft, so sind die steuerlichen Voraussetzungen der Organschaft (finanzielle Eingliederung, wirksamer Ergebnisabführungsvertrag, tatsächliche Durchführung der Ergebnisabführung, Besonderheiten bei Personengesellschaften als Organträger, Möglichkeit der Beendigung der Organschaft aus wichtigem Grund) zu prüfen, damit das Risiko einer sog. „verunglückten Organschaft" beurteilt werden kann. Liegt eine solche vor, so werden die tatsächlichen Ergebnisabführungen an den Organträger auf Ebene der Organgesellschaft als verdeckte Gewinnausschüttungen behandelt, wodurch auf Ebene der Organgesellschaft erhebliche Steuerbelastungen resultieren. Daher empfiehlt sich die Aufnahme einer sog. „Steuergarantie für den Fall der verunglückten Organschaft" in den Unternehmenskaufvertrag.[32] Ein weiteres Risiko stellt die Haftungsregelung des § 73 AO dar, nach welcher die Organgesellschaft für solche Steuern des Organträgers haftet, für welche die Organschaft zwischen ihnen steuerlich von Bedeutung ist (in der Regel KSt, GewSt und USt).[33] Eine Reduzierung dieses Risikos ist bspw. durch eine Bankbürgschaft oder die Verwaltung des Geldes auf

---

28) Da die Regelung des § 8c KStG entsprechend gilt, ist zu überprüfen, ob diese Größen aufgrund der Übertragung der Kapitalgesellschaft im Wege des Share Deals untergehen.
29) Eine solche liegt bei den Gesellschaften vor, bei denen die Voraussetzungen der erstgenannten Ausnahme nicht erfüllt sind.
30) *Förster* in: Gosch, § 8a KStG n. F. Rz. 74 ff., *Adolf* in: Sinewe, Kap. 4 Rz. 195 ff., *Ufer/Hölzer* in: Kneip/Jänisch, Tax Due Diligence, Kap. B IV. Rz. 606 ff.
31) Es kann sowohl ertragsteuerliche als auch umsatzsteuerliche Organschaft bestehen. Die Voraussetzungen der körperschaftsteuerlichen und gewerbesteuerlichen Organschaft sind dabei identisch. Daher sind auch die gewerbesteuerlichen Konsequenzen hinsichtlich der mit der verunglückten Organschaft verbundenen steuerlichen Risiken einzubeziehen.
32) *Adolf* in: Sinewe, Kap. 4 Rz. 228 ff., *Ufer* in: Kneip/Jänisch, Tax Due Diligence, Kap. B VII. Rz. 606 ff.
33) Für weitere Einzelheiten vgl. *Rüsken* in: Klein, AO, § 73 Rz. 1 ff.

einem Notaranderkonto möglich.[34] Ist das Zielunternehmen hingegen der Organträger, so gehen alle mit der Organschaft verbundenen steuerlichen Risiken auf den Erwerber über. Da dies bspw. alle Steuernachforderungen aufgrund von Betriebsprüfungen auf Ebene der Organgesellschaft betrifft, sind alle Organgesellschaften zwingend einer steuerlichen Tax Due Diligence zu unterziehen.[35]

II. Personengesellschaften

25 Aus steuerlicher Sicht stellt der Erwerb einer Beteiligung an einer Personengesellschaft keinen Share Deal, sondern stets einen Asset Deal dar. Daher ist eine Unterscheidung zwischen den beiden Übertragungsmöglichkeiten bei Personengesellschaften hinfällig.[36]

26 Aus Sicht des **Veräußerers** sind mit der Übertragung der Beteiligung an einer Personengesellschaft zahlreiche offene Fragen verbunden. Diese reichen von der Konkretisierung des Veräußerungsgegenstandes, über die steuerliche Behandlung des Veräußerungsgewinnes (§§ 16 und 34 EStG), der weiteren steuerlichen Behandlung des Sonderbetriebsvermögens, den steuerlichen Gefahren einer späteren Betriebsprüfung, der Nutzung der gesondert festgestellten Verluste i. S. des § 15a EStG sowie § 10a EStG ggf. bis hin zur Frage der Besteuerung aufgrund der Auslösung bestimmter Sperrfristen infolge der Übertragung des Vermögens (wie z. B. § 16 Abs. 3 Satz 3 EStG) oder der Beendigung einer Betriebsaufspaltung.[37]

27 Aus **Erwerbersicht** ergeben sich insoweit kaum Besonderheiten in Bezug auf die bereits bei den Kapitalgesellschaften besprochenen Prüfungsfelder (etwa die Zinsschranke). Dabei sind neben den Steuerbilanzen selbstverständlich auch die Sonder- und Ergänzungsbilanzen der Gesellschafter in die Betrachtung einzubeziehen.[38] Auf die folgenden Spezifika bei Personengesellschaften ist dennoch kurz hinzuweisen: Zu beachten ist zunächst, dass der Erwerber einer Personengesellschaft nur für betriebliche Steuern der Gesellschaft selbst haftet (insbesondere Gewerbe- und Umsatzsteuer), nicht hingegen für Steuern des Gesellschafters. Grund hierfür ist das steuerliche Transparenzprinzip, das bestimmt, dass die Personengesellschaft für Ertragsteuerzwecke kein Steuersubjekt ist. Daher sind Steuern, die beim Gesellschafter der Personengesellschaft

---

34) *Adolf* in: Sinewe, Kap. 4 Rz. 270 ff.
35) *Adolf* in: Sinewe, Kap. 4 Rz. 232 ff.
36) Es ist jedoch möglich, dass sich der Umfang der übertragenen (anteiligen) Wirtschaftsgüter unterscheidet, d. h. der Erwerber bspw. die anteiligen Verbindlichkeiten des Veräußerers beim Erwerb übernimmt, während er beim Asset Deal tatsächlich nur einzelne Wirtschaftsgüter erwirbt. Ein Übergang der Verluste oder des steuerlichen EBITDA- sowie Zinsvortrags ist daher nicht möglich, weil der Erwerber grundsätzlich nicht in die Rechtsstellung des Veräußerers tritt.
37) Vgl. zu den einzelnen Prüfungsschwerpunkten *Sinewe* in: Sinewe, Kap. 5 Rz. 5 ff.
38) Vgl. *Grube/Hummitzsch* in: Kneip/Jänisch, Tax Due Diligence, Kap. B V. Rz. 16 ff.

angefallen sind oder anfallen können, in der Regel nicht Gegenstand einer Tax Due Diligence.

Aus dem Vorstehenden ergibt sich zudem, dass insbesondere die Rechtsinstitute 28 der verdeckten Gewinnausschüttung und der verdeckten Einlage bei Personengesellschaften nicht anwendbar sind. Die Regelung des § 8c KStG ist auf Personengesellschaften zwar nicht unmittelbar anwendbar, greift über § 10a Satz 10 GewStG aber dennoch für die Gewerbesteuer ein, soweit ein Fehlbetrag einer Mitunternehmerschaft einer Körperschaft zuzurechnen ist. Das zur Organschaft Gesagte gilt im Grundsatz auch für Personengesellschaften, jedoch mit der Besonderheit, dass diese lediglich Organträger sein können, wenn und soweit sie eine originär gewerbliche Tätigkeit ausüben.

D. Prüfungsschwerpunkte bei grenzüberschreitenden Unternehmenskäufen

I. Verbundene Unternehmen

Sind der Veräußerer und der Erwerber beim Unternehmenskauf (direkt oder 29 indirekt) verbundene Unternehmen i. S. des § 1 Abs. 2 AStG bzw. des Art. 9 OECD-MA, ist zu beachten, dass die im Zuge der Transaktion vereinbarten Konditionen insbesondere im Hinblick auf die Kaufpreishöhe und die Zahlungsmodalitäten sowie bezüglich etwaiger Finanzierungskonditionen dem sog. Fremdvergleich entsprechen müssen. Anderenfalls besteht die Gefahr einer Gewinnkorrektur, und zwar entweder vor dem Hintergrund von Verrechnungspreisgrundsätzen (in Deutschland wäre § 1 AStG die entsprechende Rechtsgrundlage) oder vor dem Hintergrund spezieller nationaler Regelungen, die eine vergleichbare Intention verfolgen (etwa das Institut der verdeckten Gewinnausschüttung). Im Rahmen einer Tax Due Diligence gilt es daher, entsprechende Risiken zu identifizieren und im Zuge der Vereinbarung der Steuerklausel einer verursachungsgerechten Lösung zuzuführen.

II. Doppelbesteuerungsabkommen

Sind der Veräußerer und der Erwerber beim Unternehmenskauf in verschiedenen 30 Staaten ansässig, sind zusätzlich zu dem jeweils anwendbaren nationalen Recht der beteiligten Staaten die Regelungen des jeweiligen Doppelbesteuerungsabkommens zu beachten. So enthält die Art. 13 OECD-MA entsprechende Vorschrift des anwendbaren DBA in der Regel Sonderregeln über die steuerliche Behandlung des Veräußerungsgewinns und die hierfür bestehende Besteuerungsbefugnis der Staaten.

III. Verrechnungspreise und ihre Dokumentation

Die steuerliche Korrektur von nicht fremdüblichen Verrechnungspreisen setzt 31 in Deutschland entsprechende gesetzliche Grundlagen voraus. Für Kapitalgesellschaften existieren bereits im nationalen Recht mit „verdeckter Gewinnausschüttung" und „verdeckter Einlage" Rechtsinstitute, die eine Korrektur nicht fremdüblicher Leistungsbeziehungen zwischen Gesellschaft und Gesellschafter ermöglichen. Diese Regelungen sind auch zur Korrektur grenzüberschreitender Verrechnungspreise anzuwenden. Kann nicht auf verdeckte Gewinnausschüttungen oder Einlagen zurückgegriffen werden, bspw. weil keine Kapitalgesellschaften beteiligt sind, sieht § 1 AStG eine besondere Korrekturvorschrift für Leistungsbeziehungen zwischen „nahestehenden Personen" vor.

32 Sind der Veräußerer und der Erwerber beim Unternehmenskauf (direkt oder indirekt) verbundene Unternehmen i. S. des § 1 Abs. 2 AStG bzw. des Art. 9 OECD-MA, so wird der Fall oftmals so liegen, dass auch die Zielgesellschaft Geschäftsbeziehungen mit solchermaßen nahestehenden Personen unterhält. Im Rahmen der Tax Due Diligence wird zwar in der Regel nur bei sehr großen Transaktionen auch eine ökonomische Analyse der Verrechnungspreise, die die Zielgesellschaft mit verbundenen Unternehmen vereinbart hat, durchgeführt – die formalen Anforderungen im Hinblick auf die notwendige Verrechnungspreisdokumentation hingegen sollten stets geprüft werden. Diesbezügliche Dokumentationspflichten bestehen mittlerweile in nahezu sämtlichen Staaten.

33 Im Inland sind die Dokumentationspflichten wie folgt ausgestaltet: Durch § 90 Abs. 3 AO werden die Mitwirkungspflichten des Steuerpflichtigen erweitert, wenn es sich um Sachverhalte mit Auslandsbezug handelt.[39] Nach § 90 Abs. 3 Satz 1 AO hat der Steuerpflichtige[40] über die Art und den Inhalt seiner Geschäftsbeziehungen mit nahestehenden Personen i. S. von § 1 Abs. 2 AStG Aufzeichnungen zu erstellen. Darüber hinaus greifen die Aufzeichnungspflichten nach Satz 4 der Norm entsprechend für das Verhältnis zwischen Stammhaus und Betriebsstätte. Im Hinblick auf Verrechnungspreise ist § 90 Abs. 3 Satz 2 AO von besonderer Bedeutung: Die Aufzeichnungspflicht erfasst auch die wirtschaftlichen und rechtlichen Grundlagen für eine den Fremdvergleich beachtende Vereinbarung von Preisen und anderen Geschäftsbedingungen mit Nahestehenden.

34 Bezüglich der zeitlichen Anforderungen an die **Verrechnungspreisdokumentation** unterscheidet der Gesetzgeber zwischen außergewöhnlichen und gewöhnlichen Geschäftsvorfällen.[41] Nach § 90 Abs. 3 Satz 3 AO müssen **außergewöhnliche Geschäftsvorfälle**[42] zeitnah erstellt werden, so dass es hierfür keiner Aufforderung durch die Finanzbehörde bedarf. Für die Erstellung der

---

[39] Zur Europarechtswidrigkeit der Norm *Lüdicke*, IStR 2003, 433, 437; *Schnitger*, IStR 2003, 73, 76; *Joecks/Kaminski*, IStR 2004, 65, 66 ff; *Hahn/Suhrbier-Hahn*, IStR 2003, 84 ff.

[40] Gemeint ist jede Steuerpflicht, vgl. *Seer* in: Tipke/Kruse, AO, § 90 Rz. 33.

[41] Ausführlich *Kaminski* in: Strunk/Kaminski/Köhler, AStG/DBA, § 1 AStG Rz. 560 ff.; ausführlich auch im *Schlaa/Hüning*, IWB Nr. 24 v. 27.12.2006, Fach 3, Gruppe 1, S. 2143 ff.

[42] Beispiele: Funktionsverlagerungen, Umstrukturierungsmaßnahmen, Abschluss langfristiger Verträge von besonderem Gewicht; nunmehr auch: Abschluss von Umlageverträgen, vgl. § 3 Abs. 2 GAufzV.

Dokumentation **gewöhnlicher Geschäftsvorfälle** hingegen ist auf den Zeitpunkt abzustellen, der für die Vorlage der Aufzeichnungen vor der Finanzverwaltung vorgesehen ist. Gemäß § 90 Abs. 3 Satz 8 AO sind die Aufzeichnungen regelmäßig innerhalb von 60 Tagen nach Aufforderung vorzulegen, so dass dies zugleich der Erstellungszeitraum ist. Für außergewöhnliche Geschäftsvorfälle verkürzt sich die Zeit indes auf 30 Tage, § 90 Abs. 3 Satz 9 AO.

Die Dokumentationspflicht nach § 90 Abs. 3 AO erstreckt sich auf zwei Bereiche.[43] Einerseits muss der Steuerpflichtige die steuerlich relevanten Sachverhalte darlegen. Diese sog. **Sachverhaltsdokumentation** umfasst Angaben über Art, Umfang, Abwicklung der Geschäftsbeziehung zum Ausland sowie die Darstellung der rechtlichen und wirtschaftlichen Rahmenbedingungen. Der zweite Teil der Dokumentation umfasst die sog. **Angemessenheitsdokumentation**, in der der Steuerpflichtige darlegen muss, ob und inwieweit der Grundsatz des Fremdvergleichs beachtet wurde. Beides zusammen ergibt die sog. Verrechnungspreisdokumentation.[44] Den näheren Umfang der Aufzeichnungspflichten konkretisieren die **Gewinnabgrenzungsaufzeichnungsverordnung** (GAufzV),[45] die Art, Inhalt und Umfang der zu erstellenden Aufzeichnungen bestimmt,[46] sowie die Verwaltungsgrundsätze-Verfahren.

35

§ 162 Abs. 3 und 4 AO sehen Sanktionen für den Fall vor, dass der Steuerpflichtige seine Mitwirkungspflichten gemäß § 90 Abs. 3 AO nicht oder nur unzureichend erfüllt. Werden die Aufzeichnungen nicht oder im Wesentlichen unverwertbar vorgelegt bzw. nicht zeitnah erstellt, ist die Finanzverwaltung neben der ohnehin anwendbaren Schätzungsnorm des § 162 Abs. 2 AO grundsätzlich berechtigt, nach § 162 Abs. 3 AO (Schätzung) vorzugehen und ggü. einen Zuschlag nach § 162 Abs. 4 AO festzusetzen. Nach § 162 Abs. 3 AO wird widerlegbar vermutet, dass die vom Steuerpflichtigen erzielten Einkünfte

36

---

43) Instruktiv *Seer* in: Tipke/Kruse, AO, § 90 Rz. 34 ff; *Wünsch* in: Pahlke/Koenig, AO, § 90 Rz. 27; *Brockmeyer* in: Klein, AO, § 90 Rz. 13.

44) Ein eigens erstellter Bericht ist nicht gesetzlich gefordert, wird aber aus Gründen der Vollständigkeit in praxi meist erstellt. Erforderlich und ausreichend sind lediglich „Aufzeichnungen", die sich freilich in der Regel aus mehreren Dokumenten bzw. Unterlagen ergeben, vgl. *Kaminski* in: Strunk/Kaminski/Köhler, AStG/DBA, § 1 AStG Rz. 557.1.

45) BGBl. I 2003, 2296 ff. und dazu *Baumhoff/Ditz/Greinert*, DStR 2004, 157 ff. Rechtsgrundlage für die GAufzV ist § 90 Abs. 3 Satz 5 AO. Nach § 2 Abs. 3 Sätze 4 und 5 GAufzV können konzerninterne Verrechnungspreisrichtlinien unter bestimmten Voraussetzungen die geschäftsvorfallbezogenen Einzelfallaufzeichnungen substituieren; vgl. *Lenz/Fischer/Schmidt*, BB 2005, 1255 ff.

46) § 6 GAufzV sieht Erleichterungen von der Dokumentationspflicht vor, wenn die Geschäftsbeziehungen dem Wert von 5 Mio. € und die Vergütungen für andere Leistungen als die Lieferung von Gütern 500 000 € nicht überschreitet. Die Vorschrift entbindet zwar von den strengen Dokumentationsanforderungen, jedoch muss der Steuerpflichtige etwa i. R einer Außenprüfung dem Außenprüfer verrechnungspreisrelevante Informationen zur Verfügung stellen, was einen weitgehenden Leerlauf der Vorschrift in der Praxis bewirkt, vgl. *Kaminski* in: Strunk/Kaminski/Köhler, AStG/DBA, § 1 AStG Rz. 576.

höher sind als tatsächlich angegeben. Insofern ist die Finanzbehörde zu einer Schätzung nach § 162 Abs. 1 AO befugt, bei der etwaige **Bandbreiten möglicher Verrechnungspreise** zu Lasten des Steuerpflichtigen ausgeschöpft werden können.[47] Ein Gleiches gilt nach § 162 Abs. 3 Satz 3 AO, wenn trotz Vorlage verwertbarer Aufzeichnungen durch den Steuerpflichtigen Anhaltspunkte dafür bestehen, dass seine Einkünfte bei Beachtung des Fremdvergleichsgrundsatzes höher wären als die auf Grund der Aufzeichnungen erklärten Einkünfte, sofern entsprechende Zweifel nur deshalb nicht aufgeklärt werden können, weil eine ausländische, nahestehende Person ihre Mitwirkungspflichten oder ihre Auskunftspflichten nicht erfüllt.

37 Zu beachten ist in diesem Zusammenhang auch die flankierende Norm des § 1 Abs. 4 AStG. Ist danach bei den in § 1 Abs. 1 AStG genannten Einkünften in Fällen des § 162 Abs. 2 AO eine Schätzung vorzunehmen, so ist mangels anderer geeigneter Anhaltspunkte eine durchschnittliche Umsatzrendite oder Verzinsung für das im Unternehmen eingesetzte Kapital anzusetzen, die unter Berücksichtigung der ausgeübten Funktionen, eingesetzten Wirtschaftsgüter und übernommenen Risiken zu erwarten ist. Schätzungen nach § 162 Abs. 3 AO bleiben aber ausdrücklich unberührt. Insgesamt steht damit für die Finanzverwaltung ein breitgefächertes Instrumentarium zur Verfügung, den Steuerpflichtigen im Abschreckungswege und zum eigenen Besten zum Vorhalten einer aussagekräftigen Verrechnungspreisdokumentation zu zwingen.

38 Des Weiteren ist die Finanzbehörde zur Festsetzung von Zuschlägen berechtigt. § 162 Abs. 4 Sätze 1 und 2 AO sieht eine Sanktionierung für Nichtvorlage oder Vorlage einer im Wesentlichen unverwertbaren Dokumentation in Höhe von 5–10 % der vorzunehmenden Einkünftekorrektur vor (mindestens jedoch 5 000 €). Im Falle einer verspäteten Vorlage ist nach § 162 Abs. 4 Satz 3 AO ein Zuschlag von bis zu 1 Mio. € vorgesehen, mindestens jedoch 100 € für jeden vollen Tag der Fristüberschreitung. Der Zuschlag ist als steuerliche Nebenleistung i. S. des § 3 Abs. 4 AO zu qualifizieren. Er stellt nach § 10 Nr. 2 KStG bzw. § 12 Nr. 3 EStG eine nichtabzugsfähige Betriebsausgabe dar und kann nicht steuermindernd wirken.

39 Im Zusammenhang mit Verrechnungspreisen sei noch auf die im Internationalen Steuerrecht geltenden allgemeinen **Beweislastregeln** hingewiesen:[48] Aufgrund des **Untersuchungsgrundsatzes** gibt es im Besteuerungsverfahren (§ 88 AO) keine wirkliche Beweislast, es sei denn, das Gesetz ordnet eine solche ausdrück-

---

47) Systematisch zur Schätzung bei Verrechnungspreisen *Vögele/Bader*, IStR 2002, 354 ff.
48) Ausführlich *Engler* in: Vögele/Borstell/Engler, Rz. 36 ff.

lich an.[49)] Eine solche Anordnung findet sich in § 90 Abs. 2 Satz 2 AO,[50)] wonach der Steuerpflichtige bei Auslandsbeziehungen den steuerlich relevanten Sachverhalt aufzuklären und die ihm bekannten Beweismittel beizubringen hat. Nach Satz 3 der Norm kann sich der Steuerpflichtige auch nicht unter Hinweis auf sein Unvermögen zur Beibringung berufen, wenn er rechtzeitig hätte Vorsorge treffen können. § 90 Abs. 2 AO ist im Zusammenhang mit § 162 Abs. 2 AO zu sehen, wonach die Finanzbehörde Einkünfte schätzen darf, wenn der Steuerpflichtige insoweit keine Angaben über den steuerlich relevanten Sachverhalt machen oder Bücher und Aufzeichnungen nicht vorlegen kann. Darüber hinaus ist in Einzelfällen ein Beweis des ersten Anscheins möglich.

IV. Personengesellschaft als Zielgesellschaft

International betrachtet werden Personengesellschaften entweder als steuerlich transparent (so die Besteuerung in Deutschland) oder als steuerlich intransparent und damit als ein selbstständiges Steuersubjekt angesehen (so z. B. für bestimmte Personengesellschaften in Spanien, Ungarn, Italien, USA, Frankreich, Belgien etc.). So genannte **Qualifikationskonflikte** sind die Folge, die entweder zu Doppelbesteuerungen oder zu doppelten Nichtbesteuerungen führen können. Im Rahmen einer Tax Due Diligence ist daher insbesondere zu prüfen, ob die Integration des Targets in die Unternehmensgruppe des Erwerbers zu derlei Qualifikationskonflikten führen kann.

40

V. Quellensteuern

Quellensteuern sollten in jeder internationalen Tax Due Diligence einen Prüfungsschwerpunkt bilden, denn sie werden im Ausland oftmals in Situationen erhoben, die für Steuerinländer überraschend sind. Die Prüfung sollte zweierlei beinhalten: Einerseits die **materielle Berechtigung** zur Erhebung der Quellensteuer (oft wird es sich um Fälle der Überlassung immaterieller Wirtschaftsgüter handeln), und andererseits die **Möglichkeit der Steueranrechnung** im Inland. Insbesondere Letzteres ist nicht selbstverständlich, denn die Steueranrechnung setzt voraus, dass die ausländische Steuer der entsprechenden inländischen Steuer vergleichbar ist. Dies ist aber nur dann der Fall, wenn es sich bei der ausländischen Quellensteuer auch um eine Steuer vom Einkommen handelt, was insbesondere bei vielen asiatischen Quellensteuern nicht der Fall ist. Vielmehr handelt es sich dabei oftmals um Verkehrssteuern, die nicht vom anwendbaren

41

---

49) Dogmatisch handelt es sich auch dann nicht um eine Beweislast im strengen Sinne. Vielmehr sind die Ermittlungspflichten der Finanzbehörden reduziert und sie können sich mit einem geringeren Grad an Überzeugung begnügen, vgl. *Brockmeyer* in: Klein, AO, § 88 Rz. 13. Denn auch im Fall des § 90 Abs. 2 und 3 AO verbleibt es bei dem Grundsatz, dass die Finanzbehörden den steuerbegründenden Tatbestand darlegen uns substantiieren muss (Eingriffsverwaltung).

50) Zur Europarechtswidrigkeit der Norm *Frotscher*, Int. SteuerR, Rz. 726.

DBA erfasst sind. Derlei Probleme lassen sich meist nur über eine saubere vertragliche Grundlage und eine entsprechende Steuerklausel lösen.

42 Die Frage, ob und in welcher Höhe ausländische Quellensteuern im Inland angerechnet werden können, hat eine **erhebliche praktische Bedeutung**, denn Quellensteuern können, auch wenn sie auf den ersten Blick in der Höhe niedrig erscheinen mögen, für den Steuerschuldner und Empfänger der steuerpflichtigen Einkünfte eine immense wirtschaftliche Auswirkung haben. In Grenzfällen mag dies gar zur Zahlungsunfähigkeit bzw. Insolvenz des Steuerschuldners führen, wie das folgende Beispiel zeigen mag.

43 *Beispiel*

Angenommen, dass eine A-GmbH im Staat A mit einer B-GmbH im Staat B einen Lizenzvertrag geschlossen hat, aufgrund dessen die B-GmbH verpflichtet ist, der A-GmbH im Gegenzug für die Überlassung eines bestimmten Patents jährlich 100 000 € zu zahlen. Die B-GmbH verfügt im Übrigen nicht über einen sonstigen Geschäftsbetrieb, so dass sie nicht liquide ist und die Zahlung nicht unmittelbar leisten kann. Sie überlässt daher das Patent einer C-GmbH im Staat C zur Nutzung, was vertraglich zulässig sein und dem Geschäftsmodell der Errichtung einer **internationalen Patentverwertungsgesellschaft** *entsprechen soll. Die C-GmbH zahlt 110 000 € p. a. an die B-GmbH, so dass annahmegemäß eine dem Fremdvergleich entsprechende Marge in der B-GmbH zur Besteuerung verbleiben soll. Bei einer Vielzahl von Lizenzvergaben in unterschiedliche Länder gelangt man so für die B-GmbH ohne weiteres zu einem erheblichen Betrag.*

So weit, so gut. Erhebt jetzt der C-Staat jedoch eine 7 %ige Quellensteuer auf die Lizenzzahlungen, und ist im Lizenzvertrag zwischen der B-GmbH und der C-GmbH keine besondere Steuerklausel enthalten, so wird die C-GmbH lediglich 102 300 € an die B- GmbH auszahlen, von denen 100 000 € an die A-GmbH abzuführen sind. Enthält jetzt das Steuerrecht des Staats B eine dem § 10 Nr. 2 KStG entsprechende Vorschrift, wird der Staat B jedoch 10 000 € mit einer angenommenen Körperschaftsteuer von 25 % besteuern, was eine Steuerschuld von 2 500 € bedeuten würde. Dieser Steuerschuld stünde aber nur eine **Liquidität** *von 2 300 € gegenüber, so dass die B-GmbH ihrer steuerlichen Verpflichtung nicht nachkommen könnte.*

VI. Hinzurechnungsbesteuerung

44 Sofern eine inländische Gesellschaft Ziel eines Unternehmenskaufs ist, sind die für Steuerausländer oft überraschenden Bestimmungen der sog. Hinzurechnungsbesteuerung (§§ 7 ff. AStG) zu beachten. Mit der Hinzurechnungsbesteuerung unterwirft der deutsche Steuergesetzgeber die Gewinne ausländischer, **niedrig besteuerter Kapitalgesellschaften** (effektiver [!] Steuersatz < 25 %) beim inländischen Gesellschafter einer zwangsweisen Besteuerung, die nicht von den Begünstigungen einer gewöhnlichen Gewinnausschüttung profitiert – § 8b KStG sowie die §§ 3 Nr. 40, 32d EStG sind auf den **Hinzurechnungsbetrag** nicht anwendbar.

Zwar sind vergleichbare cfc-Regeln betreffend sog. controlled foreign compa- 45
nies (cfc) im Steuerrecht vieler Staaten beheimatet, jedoch sind die deutschen
Vorschriften auch im internationalen Vergleich sehr weitreichend und erfassen
über § 20 Abs. 2 AStG sogar **ausländische Personengesellschaften** und Betriebsstätten. Zudem werden über § 14 AStG auch sog. nachgeschaltete Kapitalgesellschaften erfasst, so dass eine Tax Due Diligence beim Erwerb eines inländischen Unternehmens mit vielen Auslandstöchtern und Enkelgesellschaften
stets auch die §§ 7 ff. AStG im Blick haben sollte.

VII. Insbesondere: Länderspezifische Besonderheiten

Im Rahmen der Tax Due Diligence ist für den heute schon alltäglichen Fall, 46
dass die Zielgesellschaft einer anderen Jurisdiktion entstammt als der Erwerber,
besonderes Augenmerk auf länderspezifische Besonderheiten bei der Besteuerung zu legen. Dies bedingt zugleich die Einschaltung kompetenter Berater des
jeweiligen Landes, auch wenn diese Regel in praxi nicht immer eingehalten
wird. Gemeint sind v. a. Vorschriften, die ungewöhnlich oder überraschend
sind und in der internationalen Praxis selten oder keine Verwendung finden.

In Deutschland wäre z. B. an das Institut der verdeckten Gewinnausschüttung 47
zu erinnern, dass in seiner weitreichenden Form im Ausland in der Regel keine
Entsprechung findet. Ein Gleiches gilt für die Vorschriften über die Grunderwerbsteuer. Dass z. B. im Inland ggf. auch dann Grunderwerbsteuer zu entrichten
ist, wenn im Ausland in einer mehrstöckigen Beteiligungskette Beteiligungen
verschoben werden, erschließt sich dem Steuerausländer jedenfalls kaum. Das
Steuerrecht der meisten Staaten enthält Bestimmungen, die umgekehrt aus unserer nationalen Sicht wenig überzeugend sind oder schlicht fremd anmuten.
Lediglich beispielhaft seien genannt: Die notional interest deduction in Belgien,
die Besteuerung der hybriden Rechtsform der LLC in den USA und deren
check-the-box-Regulations, die remittance-base- Besteuerung in Großbritannien, die branch profits tax in Südafrika, die Pränumerando-Besteuerung in der
Schweiz oder die Liefergewinnbesteuerung in Libyen.

§ 26 Besteuerung des Unternehmenskaufs

Übersicht

- A. Vorbemerkungen 1
- B. Besteuerung des Veräußerers 9
- I. Share Deal 9
  - 1. Veräußerung einer Kapitalgesellschaft 9
    - a) Kapitalgesellschaft als Veräußerer 9
    - b) Natürliche Person als Veräußerer 12
    - c) Personengesellschaft als Veräußerer 15
  - 2. Veräußerung einer Personengesellschaft 17
- II. Asset Deal 20
  - 1. Veräußerung einer Kapitalgesellschaft 20
  - 2. Veräußerung einer Personengesellschaft 22
- C. Besteuerung des Erwerbers 23
- I. Abschreibungen 24
  - 1. Share Deal 24
    - a) Veräußerung einer Kapitalgesellschaft 24
    - b) Veräußerung einer Personengesellschaft 25
  - 2. Asset Deal 26
    - a) Veräußerung einer Kapitalgesellschaft 26
    - b) Veräußerung einer Personengesellschaft 27
- II. Fremdfinanzierungsaufwand 28
  - 1. Share Deal 28
    - a) Veräußerung einer Kapitalgesellschaft 28
    - b) Veräußerung einer Personengesellschaft 30
  - 2. Asset Deal 31
- III. Gewinnzurechnung 32
  - 1. Share Deal 32
    - a) Veräußerung einer Kapitalgesellschaft 32
    - b) Veräußerung einer Personengesellschaft 34
  - 2. Asset Deal 35
    - a) Veräußerung einer Kapitalgesellschaft 35
    - b) Veräußerung einer Personengesellschaft 36
- IV. Verlustvorträge 37
  - 1. Share Deal 37
    - a) Veräußerung einer Kapitalgesellschaft 37
    - b) Veräußerung einer Personengesellschaft 40
  - 2. Asset Deal 43
    - a) Veräußerung einer Kapitalgesellschaft 43
    - b) Veräußerung einer Personengesellschaft 44
- D. Sonstige steuerliche Aspekte 45
- I. Umsatzsteuer 45
  - 1. Asset Deal 45
  - 2. Share Deal 47
- II. Grunderwerbsteuer 50
  - 1. Asset Deal 50
  - 2. Share Deal 51
    - a) Personengesellschaften 51
    - b) Kapitalgesellschaften 53
- E. Besonderheiten beim grenzüberschreitenden Unternehmenskauf 55
- I. Veräußerungsgewinne im Abkommensrecht 55
  - 1. Share Deal 55
    - a) Kapitalgesellschaften 55
    - b) Personengesellschaften 57
  - 2. Asset Deal 59
    - a) Kapitalgesellschaften 59
    - b) Personengesellschaften 60
- II. Fremdfinanzierung im Abkommensrecht 61
- III. Gewinnrepatriierung bei Kapitalgesellschaften 68

F. **Typische internationale Akquisitionsstrukturen (Auswahl)** 75
I. Outbound-Finanzierung (USA/ Luxemburg/Deutschland) 76
 1. Strukturchart 76
 2. Erläuterungen 77
II. Struktursimplifizierung mit Personengesellschaften 82
 1. Strukturchart 82
 2. Erläuterungen 83
III. Steueroptimierte Inbound-Akquisitionsfinanzierung (1) 86
 1. Strukturchart 86
 2. Erläuterungen 87
IV. Steueroptimierte Inbound-Akquisitionsfinanzierung (2) 91
 1. Strukturchart 91
 2. Erläuterungen 92
V. Inbound-Immobilieninvestitionen 98
 1. Strukturchart 98
 2. Erläuterungen 99
VI. Double-dip-Strategien in einem Akquisitionsprozess 107
 1. Strukturchart 107
 2. Erläuterungen 108

Literatur: *Breiteneicher,* Die Anwachsung als steuerliches Umwandlungsinstrument, DStR 2004, 1405; *Brück/Sinewe,* Steueroptimierter Unternehmenskauf, 2. Aufl., 2009; *Dötsch/Pung,* § 8c KStG: Verlustabzugsbeschränkung für Körperschaften. Unter besonderer Berücksichtigung des Einführungsschreibens des BMF vom 4.7.2008 – IV C 7 – S 2745 – a/08/10001 (DB 2008 S. 1598), DB 2008, 1703; *Dötsch/Pung,* Die Neuerungen bei der Körperschaftsteuer und bei der Gewerbesteuer durch das Steuergesetzgebungspaket vom Dezember 2003, DB 2004, 151; *Düll/Fuhrmann/Eberhard,* Aktuelles Beratungs-Know-how mittelständische Kapitalgesellschaften, DStR 2002, 1977; *Fischer,* Problemfelder bei der Abgeltungsteuer – ein Appell für Korrekturen noch vor 2009, DStR 2007, 1898; *Förster,* Kauf und Verkauf von Unternehmen nach dem UntStFG, DB 2002, 1394; *Fratz/Löhr,* Gewerblicher Grundstückshandel: Besonderheiten bei der Veräußerung von Anteilen an Personengesellschaften, DStR 2005, 1044; *Füger/Rieger,* Veräußerung von Mitunternehmeranteilen und Gewerbesteuer, DStR 2002, 933; *Gondert/Behrens,* Vereinbarungen über den Gewinn des laufenden Geschäftsjahres bei der Veräußerung von GmbH-Anteilen, GmbHR 1997, 682; *Gosch,* KStG: Kommentar, 2. Aufl., 2009; *Gröning/ Siegmund,* Aushöhlung des Objektprinzips der Gewerbesteuer: Dauerschuldzinsaufwendungen für Streubesitzbeteiligungen, DStR 2003, 617; *Haase,* Abschied vom Rechtstypenvergleich durch das FG Baden-Württemberg?, IWB 2008, Fach 3, Gruppe 2, 1385; *Haase,* Die steuerliche Behandlung von Einkünften einer Limited Liability Company nach dem BMF-Schreiben vom 19.3.2004, StuB 2004, 960; *Haase,* Subjektive Qualifikationskonflikte bei der Behandlung von Einkünften einer Limited Liability Company nach dem DBA Deutschland-USA, IStR 2002, 733; *Hagedorn/Matzke,* Steuerpflicht von Veräußerungsgewinnen bei Anteilsverkäufen durch eine Holding, GmbHR 2009, 970; *Herrmann,* Veräußerung einer Beteiligung –Mitverkauf von Gewinn oder Ausschüttung an den Veräußerer?, BB 1999, 2054; *Hey/Wendt/Prinz,* EStG/KStG: Kommentar, Loseblattsammlung; *Houben,* Das Zusammenwirken von Fünftelregelung nach § 34 Abs. 1 und ermäßigtem Steuersatz nach Abs. 3 EStG bei außerordentlichen Einkünften. Beratungsbedarf bei Grenzsteuersätzen zwischen –23 und +322 Prozent, DStR 2006, 200; *Kerssenbrock/Rodewald,* Steuerliches Verbot des phasengleichen Aktivierung von Dividenden – Aufgaben für die Vertragsgestaltungspraxis?, DStR 2002, 653; *Klein-Benkers,* Rechtsprechungsbericht – Unternehmenskauf (Steuern), NZG 2000, 1; *Köhler/Hahne,* BMF-Schreiben zur Anwendung der steuerlichen Zinsschranke und zur Gesellschafter-Fremdfinanzierung bei Kapitalgesellschaften. Wichtige Verwaltungsregelungen, strittige Punkte und offene Fragen nach dem BMF-Schreiben vom 4.7.2008, IV C 7-S 2742-a/ 07/10001, DStR 2008, 1505; *Korezkij,* Nochmals: Junge Entwicklung der Rechtsprechung zur Besteuerung außerordentlicher Einkünfte nach § 34 Abs. 1 EStG, DStR 2006, 452; *Korn,* EStG: Kommentar, Loseblattsammlung; *Kraft/Ulrich,* Zielgesellschaft GmbH & Co. KG: Zivil- und steuerrechtliche Gestaltungsmöglichkeiten bei Veräußerung und Erwerb, DB 2006, 711; *Kulosa,* Anmerkung zum FG Münster: Typisierende Annahme einer dauernden

Wertminderung bei börsennotierten Aktien, DStR 2010, 2340; *Kutt/Möllmann*, Rechtsformabhängige Verlustnutzungsmöglichkeiten beim (unterjährigen) Beteiligungserwerb, DB 2010, 1150; *Künkele/Zwirner*, BilMoG: Handelsrechtliche Reform mit steuerlichen Konsequenzen? – Übersicht über die Änderungen durch das BilMoG und die steuerlichen Folgen, DStR 2009, 1277; *van Lishaut/Schumacher/Heinemann*, Besonderheiten der Zinsschranke bei Personengesellschaften, DStR 2008, 2341; *Löffler/Hansen*, Zur Reichweite von § 8b Abs. 7 Satz 2 KStG nach dem BFH-Urteil vom 14.1.2009, I R 36/08, DStR 2009, 635, DStR 2009, 1135; *Löffler/Tietjen*, Veräußerung von Anteilen an Immobilienobjektgesellschaften – schädlicher „Eigenhandel" i. S. von § 8b Abs. 7 Satz 2 KStG, DStR 2010, 586; *Lüdicke*, Der missratene § 50d Abs. 3 Satz 1 EStG i. d. F. des BeitrRLUmsG, IStR 2012, 81; *Mairoser/Groß*, Gesetzliche Korrektur bei der Ermittlung des Veräußerungsgewinnes nach § 8b Abs. 2 Satz 2 KStG zwingend erforderlich, GmbHR 2006, 362; *Meisel/Bokeloh*, Anmerkungen zum Entwurf des BMF-Schreibens zu § 8c KStG, BB 2008, 808; *Melchior*, Haushaltsbegleitgesetz 2004, Gesetz zur Änderung des Gewerbesteuergesetzes und anderer Gesetze sowie „Korb II" im Überblick, DStR 2004, 65; *Meyering*, Ermittlung der Anschaffungskosten im Rahmen der Bewertung gemäß § 6 Abs. 1 Nr. 7 EStG, DStR 2008, 1008; *Mildner*, Die handelsrechtliche und steuerrechtliche Zuordnung von Gewinnbezugsrechten bei Unternehmenskaufverträgen, NZG 2004, 1025; *Nabialek/Winzer*, Ertragsteuerliche Erfassung von Veräußerungsgewinnen unterschiedlicher Rechtspersonen – mit besonderer Berücksichtigung der Kirchensteuerproblematik, BB 2004, 1305; *Orth*, Organschaft und Anwachsung, DStR 2005, 1629; *Neumayer/Obser*, Gewerbesteuer bei der Veräußerung von Mitunternehmeranteilen. Implikationen für Unternehmenstransaktionen der GmbH & Co. KG, EStB 2008, 445; *Neyer*, Verlustnutzung nach unterjährigem Anteilserwerb: Verwertungsverbot und Verschonungsregeln, DStR 2010, 1600; *Plambeck*, Anpassungsbedarf für Gewerbesteuerklauseln bei Personengesellschaften aufgrund Nichtabzugsfähigkeit der Gewerbesteuer seit UntStEefG 2008, DStR 2010, 1553; *Plewka/Beck*, Qualifikation als Immobiliengesellschaft nach dem Recht der Doppelbesteuerungsabkommen, IStR 2007, 125; *Pyszka*, DStR-Fachliteratur- Auswertung: Bilanzen und Gewinnermittlung, DStR 1996, 170; *Reith*, Internationales Steuerrecht, 1. Aufl., 2004; *Rodewald/Pohl*, Unternehmenssteuerreform 2008: Auswirkungen auf Gesellschafterbeziehungen und Gesellschaftsverträge, DStR 2008, 724; *Roser*, Verlustabzüge nach § 8c KStG – ein ernüchterndes Anwendungsschreiben, DStR 2008, 1561; *Rödder/Schönfeld*, Zweifelsfragen im Zusammenhang mit der Auslegung von § 2 Abs. 4 UmwStG i. d. F des JStG 2009, DStR 2009, 560; *Rödder/Schumacher*, Das kommende SEStEG – Teil II: Das geplante neue Umwandlungssteuergesetz. Der Regierungsentwurf eines Gesetzes über steuerliche Begleitmaßnahmen zur Einführung der Europäischen Gesellschaft und zur Änderung weiterer steuerrechtlicher Vorschriften, DStR 2006, 1525; *Rödder/Schumacher*, Ertragsteuerliche Änderungen für Unternehmen zum Jahreswechsel 2003/2004. Die wesentlichen Veränderungen der verabschiedeten Gesetze gegenüber den Regierungsentwürfen, DStR 2004, 207; *Rödder/Schumacher*, Unternehmenssteuerfortentwicklungsgesetz: Wesentliche Änderungen des verkündeten Gesetzes gegenüber dem Regierungsentwurf, DStR 2002, 105; *Rogall*, Steuerneutrale Bar- und Sachabfindung eines Ausscheiden aus Personengesellschaften – zum Verhältnis von § 6 Abs. 5 EStG zu § 16 EStG, DStR 2006, 731; *Schacht/Gänsler*, REITs in Deutschland und Großbritannien – ein Vergleich, IStR 2007, 99; *Scheifele*, Veräußerung von Mitunternehmeranteilen und Gewerbesteuer: Vertragliche Gestaltungsmöglichkeiten, DStR 2006, 253; *Schildknecht/Riehl*, Untergang von Verlust- und Zinsvorträgen beim Gesellschafterwechsel in der Kapitalgesellschaft – Ausgestaltung und Quantifizierung des Ausgleichsanspruchs, DStR 2009, 117; *Schmidt*, EStG: Kommentar, 32. Aufl., 2013; *Schulz/Vogt*, Unternehmensfinanzierung mittelständischer Unternehmen nach Inkrafttreten der Abgeltungsteuer im Jahr 2009, DStR 2008, 2189; *Schulze zur Wiesche*, Gestaltungsmöglichkeiten bei Betriebsveräußerung bzw. Betriebsaufgabe, FR 2002, 667; *Schwedhelm/Olbing/Binnewies*, Aktuelles zum Jahreswechsel 2006/2007 rund um die GmbH, GmbHR 2006, 1225; *Seibt*, Unternehmenskauf und –verkauf nach dem Steuersenkungsgesetz, DStR 2000, 2061; *Sistermann/Brinkmann*, Rückwirkende Verlustnutzung nach dem JStG 2009,

DStR 2008, 2455; *Tiedke/Wälzholz*, Rechtsfragen zur steuerlich begünstigten Tätigkeitsbeendigung bei Veräußerung eines (Teil-)Betriebes – Voraussetzungen und Sonderfälle bei Weiterführung oder Aufnahme einer nicht identischen Tätigkeit –, DStR 1999, 217; *Vogel/Lehner*, DBA: Kommentar, 5. Aufl., 2008

A. Vorbemerkungen

1 Die materielle Besteuerung des Unternehmenskaufs wird im Wesentlichen von fünf Parametern beeinflusst:
- Wird die Sphäre des Veräußerers oder des Erwerbers betrachtet?
- Handelt es sich um einen Share Deal oder einen Asset Deal?
- Welche Rechtsform hat der Veräußerer bzw. handelt es sich um eine natürliche Person?
- Welche Rechtsform hat das veräußerte Unternehmen?
- Handelt es sich um einen internationalen Unternehmenskauf, bei dem steuerliche Sonderregeln wie bspw. die Bestimmungen eines DBA zu beachten sind?

2 Hieran orientiert sich die folgende Darstellung der Besteuerung des (grenzüberschreitenden) Unternehmenskaufs. Sie beschränkt sich indes auf die Veräußerung von Kapital- und Personengesellschaften und lässt andere Rechtsformen wie z. B. Einzelunternehmen mangels Praxisrelevanz im internationalen Kontext außer Betracht.

3 Als Groborientierung mag dienen, dass jedenfalls bei veräußerten Kapitalgesellschaften der Share Deal aufgrund der Steuerbefreiung für den Veräußerer vorteilhaft ist, während der Erwerber aufgrund des zu generierenden Abschreibungspotenzials den Asset Deal vorziehen wird. Bei Personengesellschaften ist diese Unterscheidung aufgrund der steuerlichen Transparenz der Gesellschaft weitgehend obsolet.

4 Sodann ist zu konstatieren, dass es **ausländische Rechtsgebilde** stets in die Begriffswelt des deutschen Steuerrechts einzuordnen gilt. Dies gilt insbesondere für die Abgrenzung zwischen Personen- und Kapitalgesellschaften sowie unabhängig davon, ob diese in einer Transaktion als Verkäufer oder Käufer auftreten. Die Einordnung in die **Kategorien des deutschen Steuerrechts** ist wichtig, weil die Besteuerung von Personen- und Kapitalgesellschaften sehr unterschiedlich verläuft (Transparenzprinzip hier, Trennungsprinzip dort) und weil das anwendbare ausländische Steuerrecht diese Unterscheidung nicht immer nachvollzieht bzw. sie anderweitig beurteilt. Ausländische Personengesellschaften bspw. werden im Ausland häufig nach den Regeln über juristische Personen besteuert, während Deutschland das Transparenzprinzip anwendet und nur die Gesellschafter zur Besteuerung heranzieht. Die daraus folgenden **Qualifikationskonflikte** können ggf. sodann Doppelbesteuerungen oder weiße Einkünfte zur Konsequenz haben – beides ist volkswirtschaftlich unerwünscht und sollte daher vermieden werden.

Ob ein ausländisches Rechtsgebilde für deutsche steuerliche Zwecke als Personen- oder Kapitalgesellschaft zu beurteilen ist, richtet sich nach ganz h. M. nach dem sog. **Rechtstypenvergleich**.[1] Der Rechtstypenvergleich ist vom Reichsfinanzhof in der sog. Venezuela-Entscheidung[2] entwickelt worden, in der es um die Frage ging, ob eine venezolanische Kapitalgesellschaft einer inländischen Kapitalgesellschaft vergleichbar war. Er wird aber seit langem ganz allgemein bemüht, wenn es um die Einordnung ausländischer Rechtsgebilde in die Kategorien des deutschen Steuerrechts geht. Bei diesen stellt sich stets die der eigentlichen Besteuerung vorgelagerte Frage, ob sie **strukturell** eher einer deutschen Körperschaft vergleichbar sind und daher ggf. auf sie, nicht aber auf die dahinter stehenden Gesellschafter das KStG zur Anwendung kommt (**Trennungsprinzip**), oder ob sie eher die Strukturmerkmale einer Personengesellschaft deutscher Prägung aufweisen und daher nicht sie selbst, sondern nur die hinter ihnen stehenden Gesellschafter für eine Besteuerung in Betracht kommen (Transparenzprinzip).

5

Die Tabellen 1 und 2 im Anhang zum **Betriebsstättenerlass**[3] enthalten eine umfangreiche Auflistung ausländischer Rechts- und Organisationsformen und geben die Auffassung der deutschen Finanzverwaltung wieder, ob es sich bei diesen aus der Sicht des deutschen Steuerrechts um den deutschen Kapital- oder Personengesellschaften vergleichbare Rechtsgebilde handelt.[4] Ein ausländisches Gebilde ist nach dem Rechtstypenvergleich als Körperschaft einzuordnen, wenn sich aus einer **Gesamtbetrachtung** der einschlägigen ausländischen Bestimmungen und der konkret zwischen den Gesellschaftern getroffenen Vereinbarungen über Organisation und Struktur des Gebildes ergibt, dass dieses rechtlich und wirtschaftlich einer inländischen Körperschaft oder sonstigen juristischen Personen vergleichbar ist.

6

Für den Vergleich sind alle Elemente heranzuziehen, die nach deutschem Recht die anerkannten **wesentlichen Strukturmerkmale** einer Körperschaft ausmachen. In der Rechtsprechung und von der Finanzverwaltung anerkannt sind die folgenden Kriterien für die Durchführung des Vergleichs:

7

- Zentralisierte Geschäftsführung und Vertretung (Prinzip der Fremdorganschaft);
- beschränkte Haftung;
- freie Übertragbarkeit der Anteile;

---

1) Zum Rechtstypenvergleich instruktiv *Frotscher*, Int. SteuerR, Rz. 332 f.; *Lambrecht* in: Gosch, KStG, § 1 Rz. 107 ff. m. w. N.
2) RFH, RStBl. 1930, 444 ff.
3) BMF v. 24.12.1999, BStBl. I 1999, 1076 ff.
4) Vgl. auch die Übersicht der OECD, The Application of the OECD Model Tax Convention to Partnerships, Issues in International Taxation No. 6, Annex III, 1999.

- Mindesteinlagenverpflichtung bei der Kapitalaufbringung;
- vollständige Rechtsfähigkeit.

8 Liegen bei wertender Gesamtbetrachtung diese Kriterien vor, ist das ausländische Rechtsgebilde aus der Sicht des deutschen Steuerrechts nach dem KStG zu behandeln. Anderenfalls finden die Regeln über Personengesellschaften Anwendung. Beides gilt unabhängig davon, wie das Gebilde im ausländischen Zivilrecht oder Steuerrecht qualifiziert wird.[5] Das ausländische Recht entfaltet keinerlei Bindungswirkung, sondern allenfalls eine **Indizwirkung**. Auch ausländische Wahlrechte, nach denen das Gebilde für eine Besteuerung als Körperschaft oder Personengesellschaft optieren kann,[6] beeinflussen den Rechtstypenvergleich nicht. Es ist ein Vergleich allein für deutsche steuerliche Zwecke, so dass auch die Frage des Bestehens oder Nichtbestehens von DBA an dieser Stelle zunächst einmal irrelevant ist.

B. Besteuerung des Veräußerers
I. Share Deal
1. Veräußerung einer Kapitalgesellschaft
a) Kapitalgesellschaft als Veräußerer

9 Der Gewinn[7] aus der Veräußerung einer Kapitalgesellschaftsbeteiligung ist bei einer veräußernden Kapitalgesellschaft i. S. des § 1 Abs. 1 Nr. 1 KStG **unabhängig** von Beteiligungsdauer und Beteiligungshöhe sowie unabhängig von der Höhe der verkauften Beteiligung nach der Grundregel des § 8b Abs. 2 und 3 KStG zu 95 % von der Körperschaftsteuer befreit. Lediglich 5 % des nach § 8b Abs. 2 Satz 2 KStG ermittelten Veräußerungsgewinns[8] gelten qua Fiktion als **nichtabzugsfähige Betriebsausgaben**, was bei einem inländischen Körperschaftsteuersatz von 15 % (plus 5,5 % Solidaritätszuschlag) i. E. auf eine **effektive Körperschaftsteuerbelastung** i. H. von 0,79 % hinausläuft.

10 Ein Gleiches gilt wegen § 7 Satz 1 GewStG auch für die **Gewerbesteuer**. Anders als für Dividenden sind für Gewinne aus der Veräußerung von Kapitalgesellschaften in den §§ 8, 9 GewStG weder Hinzurechnungen noch Kürzungen vorgesehen. Die Höhe der Gewerbesteuer richtet sich nach der Gemeinde, in

---

5) Systematisch daher völlig verfehlt FG Baden-Württemberg, EFG 2008, 1098; das Urteil wurde in einer begrüßenswert klaren Entscheidung des BFH aufgehoben, vgl. BFH, BStBl. II 2009, 263 ff. Kritik daran bei *Haase*, IWB 2008, Fach 3, Gruppe 2, S. 1385 ff.
6) Ein Beispiel hierfür ist die US-amerikanische Limited Liability Company (LLC), deren Gesellschafter sich über das sog. check-the-box-Verfahren für eine Besteuerung als Kapital- oder Personengesellschaft entscheiden können; vgl. BMF v. 19.3.2004, BStBl. I 2004, 411 ff. und dazu *Haase*, IStR 2002, 733 ff.; *Haase*, StuB 2004, 960 ff.
7) Veräußerungsverluste hingegen sind im Anwendungsbereich des § 8b Abs. 2 und 3 KStG nicht mehr steuerwirksam (anders aber bei § 8b Abs. 7 KStG).
8) Veräußerungskosten sind steuermindernd in Abzug zu bringen, vgl. dazu FG Münster, DStRE 2010, 1185; ebenso *Rödder/Schumacher*, DStR 2004, 207, 208.

der die veräußernde Körperschaft ihren Sitz hat. Im Durchschnitt ergibt sich eine Gewerbesteuer von ca. 15 % (kein Solidaritätszuschlag), so dass für Modellzwecke von einer **effektiven Gesamtsteuerbelastung** auf den Veräußerungsgewinn von 1,58 % auszugehen ist.

Das Gesetz sieht von dem vorgenannten Grundsatz mehrere Ausnahmen vor, die i. E. dazu führen, dass ein etwaiger Veräußerungsgewinn zu 100 % der Körperschaft- und Gewerbesteuer unterliegt: 11

- Wenn die veräußerte Kapitalgesellschaftsbeteiligung bei einem (inländischen) Lebens- oder Krankenversicherungsunternehmen den **Kapitalanlagen** zuzurechnen ist, ist § 8b Abs. 2 und 3 KStG wegen § 8b Abs. 8 KStG nicht anwendbar.
- § 8b Abs. 2 und 3 KStG ist nicht anwendbar, wenn die Kapitalgesellschaftsbeteiligung nach § 8b Abs. 7 KStG dem Handelsbuch zuzurechnen ist und so dem kurzfristigen **Eigenhandel von Kredit- und Finanzdienstleistungsinstituten** bzw. **Finanzunternehmen** dient. Die deutsche Rechtsprechung erstreckt diese Regelung auch auf in- und ausländische **Holdinggesellschaften** und **vermögensverwaltende Gesellschaften**.[9]
- Wenn in der Zeit vor der Veräußerung auf die Kapitalgesellschaftsbeteiligung eine gewinnmindernde **Teilwertabschreibung** vorgenommen worden ist und zwischenzeitlich keine Wertaufholung stattgefunden hat, ist § 8b Abs. 2 Satz 1 KStG wegen § 8b Abs. 2 Satz 4 KStG gesperrt.[10] Ein Gleiches gilt, wenn steuerwirksame Abzüge nach § 6b EStG oder vergleichbaren Vorschriften in Ansatz gebracht worden sind.
- Besonderheiten gelten teilweise bei sog. **steuerverstrickten Anteilen**, wenn also die veräußerte Kapitalgesellschaftsbeteiligung in der Vergangenheit Gegenstand eines Umwandlungsvorgangs war, auf das das UmwStG Anwendung gefunden hat. Zwar wird bspw. im Anwendungsbereich von § 22 UmwStG der § 8b Abs. 2 KStG nicht gesperrt, es findet bei Veräußerung innerhalb der siebenjährigen Haltefrist jedoch eine rückwirkende Besteuerung des sog. **Einbringungsgewinns** beim Einbringenden statt.[11] Bei aus einer Spaltung hervorgegangenen Anteilen kommt § 15 Abs. 2 UmwStG zum Zuge, wenn innerhalb von fünf Jahren nach der **Spaltung** mehr als 20 % der Anteile veräußert werden.

---

9) BFH, BStBl. II 2009, 671. Die Einordnung als Holding in diesem Sinne setzt voraus, dass durchschnittlich 75 % der Bruttoerträge aus dem Halten von Anteilen an Kapitalgesellschaften erzielt werden; zum Ganzen *Löffler/Hansen*, DStR 2009, 1375; *Hagedorn/Matzke*, GmbHR 2009, 970; *Löffler/Tietjen*, DStR 2010, 586 (speziell zu Immobilien-Objektgesellschaften).

10) OFD Koblenz v. 18.9.2006, DStR 2006, 2033. Zu Steuerplanungsideen in diesem Zusammenhang Mairoser/Groß, GmbHR 2006, 362; Seibt, DStR 2000, 2061, 2068.

11) *Rödder/Schumacher*, DStR 2006, 1525, 1535 ff.; *Schwedhelm/Olbing/Binnewies*, GmbHR 2006, 1225, 1229.

b) Natürliche Person als Veräußerer

12 Bei Veräußerungen durch natürliche Personen ist zu differenzieren: War der Veräußerer zu irgendeinem Zeitpunkt innerhalb der letzten fünf Jahre vor der Veräußerung mittelbar oder unmittelbar zu **mindestens 1 %** an der Kapitalgesellschaft beteiligt (§ 17 Abs. 1 EStG) oder wird die Beteiligung durch die natürliche Person in einem Betriebsvermögen gehalten (z. B. eines Einzelkaufmanns), so findet das sog. **Teileinkünfteverfahren** nach § 3 Nr. 40 lit. a bzw. c EStG Anwendung, d. h. nur 60 % des nach § 17 Abs. 2 EStG bzw. nach den allgemeinen Grundsätzen ermittelten Veräußerungsgewinns werden mit dem individuellen Steuersatz des Veräußerers besteuert. Wird die Beteiligung in einem Betriebsvermögen gehalten, fällt zusätzlich Gewerbesteuer an.[12]

13 Wird die Kapitalgesellschaftsbeteiligung hingegen im Privatvermögen gehalten und erreicht nicht die von § 17 Abs. 1 EStG geforderte 1 %-Beteiligungsschwelle, ist § 20 Abs. 2 Nr. 1 EStG anwendbar, d. h. der Veräußerungsgewinn wird mit der sog. **Abgeltungsteuer** nach § 32d EStG i. H. von 25 % (plus 5,5 % Solidaritätszuschlag und ggf. Kirchensteuer[13]) besteuert.[14]

14 Soweit § 17 EStG einschlägig ist, können **Veräußerungsverluste** und **Veräußerungskosten** wegen § 3c Abs. 2 EStG nur zu 60 % in Ansatz gebracht werden.[15] Im Bereich der Abgeltungsteuer ist § 20 Abs. 4 Satz 1 EStG lex specialis zu § 20 Abs. 9 EStG, so dass in Zusammenhang mit dem Verkauf stehende Veräußerungskosten den Veräußerungsgewinn mindern. Veräußerungsverluste dürften nur mit positiven Einkünften aus Kapitalvermögen verrechnet werden, § 20 Abs. 6 Satz 3 EStG. Auf die Besonderheiten im Zusammenhang mit steuerverstrickten Anteilen ist oben schon hingewiesen worden. Diese Ausführungen gelten in gleicher Weise für natürliche Personen als Veräußerer.

c) Personengesellschaft als Veräußerer

15 Da Personengesellschaften nach deutscher Rechtssicht als transparent anzusehen sind, sind sie lediglich als Einkünfteermittlungssubjekte, nicht aber Steuersubjekte anzusehen. Für Zwecke der Einkommen- und der Körperschaftsteuer

---

12) Die Gewerbesteuer kann unter den Voraussetzungen von § 35 EStG bei natürlichen Personen auf die Einkommensteuer angerechnet werden.

13) Zu besonderen Problemen der Kirchensteuer bei Veräußerungen *Nabialek/Winzer*, BB 2004, 1305.

14) Voraussetzung ist allerdings, dass die Kapitalgesellschaftsbeteiligung nach dem 1.1.2009 angeschafft worden ist. Anderenfalls gilt § 23 Abs. 1 Nr. 2 EStG a. F.; dazu BMF v. 25.10.2004, BStBl. I 2004, 1034. Für Zeiträume vor dem 1.1.2009 gilt indes kein natürlicher Vorrang des § 23 EStG vor § 17 EStG, vgl. dazu *Schulz/Vogt*, DStR 2008, 2189, 2190. Dies entspricht auch der Wertung des Gesetzes, weil die sonstigen Einkünfte nach § 22 EStG subsidiär gegenüber den anderen Einkunftsarten sind.

15) Für die Veräußerungsverluste gilt dies nur unter den Voraussetzungen von § 17 Abs. 2 Satz 4 EStG.

wird daher für die Besteuerung auf die an der Personengesellschaft beteiligten Gesellschafter abgestellt. Die Besteuerung auf Ebene der Gesellschafter richtet sich daher danach, ob es sich dabei um natürliche Personen oder um Kapitalgesellschaften handelt. Insoweit gelten die oben genannten Grundsätze entsprechend. Bei Personengesellschaften als Gesellschaftern wird sodann auf die nächsthöhere Ebene der Beteiligungskette hindurchgeschaut. Dies gilt unabhängig davon, ob es sich um **vermögensverwaltende Personengesellschaften** oder **Mitunternehmerschaften** handelt.

Lediglich für Zwecke der **Gewerbesteuer** ist die Personengesellschaft ein eigenes Steuersubjekt, wenn die Personengesellschaft originär gewerblich tätig (§ 15 Abs. 1 Satz 1 Nr. 2 EStG) oder originär gewerblich geprägt (§ 15 Abs. 3 Nr. 2 EStG) ist, § 5 Abs. 1 Satz 3 GewStG. Der Umfang der Steuerbefreiung (§ 8b Abs. 2 und 3 KStG für Körperschaften bzw. § 3 Nr. 4 lit. a EStG) wirkt sich dabei bezogen auf den jeweiligen Gesellschafter unmittelbar auf der Ebene der Personengesellschaft aus, d. h. ein dem § 8b Abs. 2 KStG unterliegender Veräußerungsgewinn wird wegen § 7 Satz 1 GewStG auch nur zu 5 % der Gewerbesteuer unterworfen. Die Höhe der Steuer richtet sich wiederum nach der Gemeinde, in der der Gewerbebetrieb belegen ist. 16

2. Veräußerung einer Personengesellschaft

Veräußert ein Gesellschafter einer gewerblichen Personengesellschaft (Mitunternehmerschaft) seinen Anteil zur Gänze oder scheidet ein Mitunternehmer im Zuge einer **Anwachsung**[16] gegen Entgelt aus einer Personengesellschaft aus, so ist dies als Vorgang nach § 16 Abs. 1 Satz 1 Nr. 2 EStG und damit einkommensteuerlich als **Veräußerung des Gewerbebetriebs** angesehen[17] – anderenfalls handelt es sich um laufenden Gewinn. Letzteres gilt nach § 16 Abs. 2 Satz 3 EStG anteilig bei einer nur mittelbaren Beteiligung des Veräußerers. Der nach § 16 Abs. 2 EStG zu ermittelnde Veräußerungsgewinn – Veräußerungsverluste können uneingeschränkt geltend gemacht werden – wird dem Gesellschafter entsprechend seiner **Beteiligungsquote** zur Besteuerung zugewiesen, sofern der Gesellschaftsvertrag keine abweichende Gewinnverteilung vorsieht. 17

Der Veräußerungsgewinn wird im Grundsatz bei natürlichen Personen mit dem individuellen Einkommensteuersatz und bei Kapitalgesellschaften mit dem 15 %igen Körperschaftsteuersatz versteuert (jeweils zzgl. Solidaritätszuschlag). Es gelten jedoch die allgemeinen einkommensteuerlichen Begünstigungen für die Veräußerung eines Gewerbebetriebs, sofern es sich bei dem Gesellschafter 18

---

16) Dazu in diesem Zusammenhang OFD Berlin v. 19.7.2002, DStR 2002, 1811; *Breiteneicher*, DStR 2004, 1405; *Rogall*, DStR 2006, 731; *Orth*, DStR 2005, 1629.
17) Dies gilt nicht bei der Veräußerung von Bruchteilen eines Mitunternehmeranteils, wenn auf Seiten der Verkäufers und der Erwerbers dieselben Personen beteiligt sind (§ 16 Abs. 2 Satz 3 EStG) oder wenn Umlaufvermögen mitveräußert wird (§ 16 Abs. 3 Satz 6 EStG).

um eine natürliche Person handelt. Es kommen daher insbesondere § 16 Abs. 4 EStG (Freibetrag) sowie § 34 Abs. 2 Nr. 1 EStG[18] (**Fünftelverfahren**) nach Absatz 1 bzw. **ermäßigter Steuersatz** nach Absatz 3) zur Anwendung, sofern die dort genannten weiteren Voraussetzungen erfüllt werden.[19] Bei der Veräußerung eines Personengesellschaftsanteils stellen sich die in diesem Zusammenhang bekannten Probleme bei der Erreichung der Steuerbegünstigung, die es insbesondere bei der Veräußerung von Einzelunternehmen gibt, m. E. nicht in gleicher Weise. Dies gilt bspw. für die Überführung von Wirtschaftsgütern in das **Privatvermögen**[20] oder das Verbleiben betrieblicher Schulden beim Veräußerer.[21] Zu beachten ist, dass § 16 Abs. 3 Satz 6 EStG nach der Rechtsprechung auch für die Veräußerung von Personengesellschaften gilt.[22]

19 Ein Veräußerungsgewinn, der aufgrund der Anwendung des § 16 Abs. 1 Satz 1 Nr. 2 EStG entsteht, unterliegt nicht der **Gewerbesteuer**, weil diese nur den laufenden Gewinn eines Gewerbebetriebs erfasst. Dies gilt jedoch nur, soweit der Veräußerungsgewinn auf den Anteil einer natürlichen Person als unmittelbar beteiligten Mitunternehmer entfällt, § 7 Satz 2 Nr. 2 GewStG. Die o. g. steuerlichen Begünstigungen (§§ 16 Abs. 4, 34 Abs. 3 EStG) müssen sich i. R. der Ermittlung des Gewerbeertrags nach § 7 Satz 1 GewStG entsprechend nicht auswirken, weil insoweit schon keine Steuerpflicht besteht.[23] **Körperschaften** hingegen haben stets Gewerbesteuer zu entrichten,[24] insoweit ist die Personengesellschaft selbst nach § 5 Abs. 1 Satz 3 GewStG der Steuerschuldner.[25]

II. Asset Deal
1. Veräußerung einer Kapitalgesellschaft

20 Eine Kapitalgesellschaft wird im Wege eines Asset Deals verkauft, indem die Kapitalgesellschaft die Wirtschaftsgüter ihres Betriebsvermögens einzeln an

---

18) § 34 EStG ist nur anwendbar, wenn alle wesentlichen Betriebsgrundlagen in einem einheitlichen Vorgang auf einen einzigen Erwerber übergehen und der Veräußerer seine gewerbliche Tätigkeit vollständig eingestellt hat (vgl. *Tiedke/Wälzholz*, DStR 1999, 217). Bei der Veräußerung eines Personengesellschaftsanteils dürfte dies m. E. stets der Fall sein.
19) S. zu Gestaltungsmöglichkeiten und Vorteilhaftigkeitsvergleichen *Seibt*, DStR 2000, 2061, 2072; *Korezkij*, DStR 2006, 452; *Schulze zur Wiesche*, FR 2002, 667, 669; *Houben*, DStR 2006, 200.
20) Dazu OFD Koblenz v. 21.6.2002, DStR 2002, 1266.
21) Dazu BFH, BStBl. II 2010, 787, sowie *Klein-Benkers*, NZG 2000, 1, 3.
22) BFH, BStBl. II 2006, 160; krit. *Fratz/Löhr*, DStR 2005, 1044.
23) R 7.1 (3) GewStR.
24) Zu Gestaltungsmöglichkeiten bei unterjähriger Veräußerung siehe *Plambeck*, DStR 2010, 1553; *Scheifele*, DStR 2006, 253; *Füger/Rieger*, DStR 2002, 933, 936, sowie *Kraft/Ulrich*, DB 2006, 711, 716. Ist die Personengesellschaft ihrerseits an einer anderen Kapitalgesellschaft beteiligt, bleibt der bei einer Veräußerung auf die Kapitalgesellschaft entfallende Anteil nach § 8b Abs. 6 KStG steuerfrei, soweit an der Personengesellschaft eine Kapitalgesellschaft beteiligt ist.
25) Zu Besonderheiten bei der GmbH & Co. KG s. *Neumayer/Obser*, EStB 2008, 445, 448.

den Erwerber veräußert. Der zu besteuernde Veräußerungsgewinn ergibt sich daher als Differenz zwischen dem Buchwert des jeweiligen Wirtschaftsgutes in der Bilanz der veräußernden Kapitalgesellschaft und dem Marktwert des Wirtschaftsgutes im Zeitpunkt der Veräußerung, wobei der Veräußerungsgewinn als **laufender Gewinn** des Wirtschaftsjahres der Kapitalgesellschaft anzusehen ist. Der Gewinn wird entsprechend mit dem inländischen Körperschaftsteuersatz von 15 % (plus 5,5 % Solidaritätszuschlag) und durchschnittlich[26] 15 % Gewerbesteuer belastet, sofern nicht bspw. eine den Veräußerungsgewinn mindernde Reinvestitionsrücklage nach § 6b EStG gebildet wird.

Der steuerliche **Vorteilhaftigkeitsvergleich** mit einem **Share Deal** wäre unvollständig, wenn man allein die Besteuerung auf Gesellschaftsebene betrachtet. Richtigerweise ist auch die Besteuerung des Anteilseigners der veräußernden Kapitalgesellschaft bei Ausschüttung des Veräußerungsgewinns in die Betrachtung mit einzubeziehen. Diese folgt indes den allgemeinen Regeln und weist in Bezug auf den Veräußerungsgewinn aus einem Asset Deal keine Besonderheiten auf.[27] 21

2. Veräußerung einer Personengesellschaft

Die Ausführungen zur Besteuerung des Veräußerers beim Share Deal gelten mutatis mutandis entsprechend. Für ertragsteuerliche Zwecke gibt es aufgrund des **Transparenzprinzips** nahezu keine Unterschiede beim Verkauf eines Personengesellschaftsanteils im Wege eines Share Deals oder eines Asset Deals: Für die Veräußerung eines gesamten Gewerbebetriebs durch einen Asset Deal (Übertragung der Einzelwirtschaftsgüter), der zivilrechtlich durch die Personengesellschaft selbst, steuerlich betrachtet aber durch deren Anteilseigner vorgenommen wird, gilt einkommensteuerlich § 16 Abs. 1 Nr. 1 Satz 1 EStG und gewerbesteuerlich § 7 Satz 2 Nr. 1 GewSt. 22

C. Besteuerung des Erwerbers

Die nachstehenden Ausführungen befassen sich, ohne Anspruch auf Vollständigkeit, allein mit den in der **Praxis** wichtigsten steuerlichen Fragestellungen, mit denen Erwerber von Unternehmenskäufen regelmäßig konfrontiert sind. 23

---

26) Konkrete Gewerbesteuerbelastung in Abhängigkeit vom Sitz der Kapitalgesellschaft.
27) Hiernach gilt: Wird die Kapitalgesellschaftsbeteiligung durch natürliche Personen im Privatvermögen gehalten, greift die Abgeltungsteuer nach § 32d Abs. 1 EStG ein, es sei denn, § 32d Abs. 2 Nr. 3 EStG ist einschlägig. Wird die Beteiligung durch natürliche Personen in einem Betriebsvermögen gehalten, ist § 3 Nr. 40 lit. d EStG einschlägig. Wird die Beteiligung durch eine Körperschaft gehalten, sind 95 % der Ausschüttung i. E. steuerfrei, § 8b Abs. 1 und 5 KStG. Wird die Beteiligung durch eine Personengesellschaft gehalten, richtet sich die Besteuerung in Abhängigkeit vom Gesellschafter der Personengesellschaft nach den vorgenannten Regeln.

Die Darstellung erfolgt abweichend von der Veräußererseite nach Sachthemen und nicht nach dem Typus des Unternehmenskaufs.

I. Abschreibungen

1. Share Deal

a) Veräußerung einer Kapitalgesellschaft

24 Eine **fortlaufende Abschreibung** der angeschafften Kapitalgesellschaftsbeteiligung (ein nicht abnutzbares Wirtschaftsgut) ist unabhängig von der Rechtsform des Erwerbers nicht möglich. Allein die veräußerte Kapitalgesellschaft selbst führt die bisherigen Abschreibungen für die Wirtschaftsgüter ihres Betriebsvermögens fort. Ob der Erwerber die Beteiligung in seiner Bilanz zeigt, hängt hingegen davon ab, ob er nach den allgemeinen Regeln handels- bzw. steuerrechtlich bilanzierungspflichtig ist oder nicht. Auch wenn der Erwerber bilanziert, kommt eine Teilwertabschreibung aufgrund dauerhafter Wertminderung nur unter engen Voraussetzungen in Betracht.[28] Im Anwendungsbereich des § 17 EStG hingegen ist auch dies ausgeschlossen.[29]

b) Veräußerung einer Personengesellschaft

25 Die Veräußerung einer Personengesellschaft ist auf Erwerberseite aufgrund der **Transparenz** der Personengesellschaft wie ein Erwerb der einzelnen Wirtschaftsgüter des Betriebsvermögens der Personengesellschaft anzusehen, da die einzelnen Wirtschaftsgüter dem Erwerber steuerlich **anteilig** zugerechnet werden.[30] Diese Wirtschaftsgüter können daher beim Erwerber nach den allgemeinen Regeln der §§ 7 ff. EStG abgeschrieben werden.

2. Asset Deal

a) Veräußerung einer Kapitalgesellschaft

26 Die im Wege des Asset Deals erworbenen Wirtschaftsgüter können nur bei bilanzierungspflichtigen Steuerpflichtigen abgeschrieben werden. **Bis zur Höhe des Verkehrswerts** wird der Kaufpreis dabei anteilig auf die einzelnen Wirtschaftsgüter verteilt. Der überschießende Kaufpreis bildet den sog. **Geschäftswert**, der über die Laufzeit von 15 Jahren abgeschrieben wird,[31] so dass der Gesamtkaufpreis im Ergebnis **gewinnmindernd** berücksichtigt werden kann. Sofern im Einzelfall **Schulden** des veräußerten Betriebs übernommen werden,

---

28) BMF v. 26.3.2009, BStBl. I 2009, 514; BFH, BStBl. II 2009, 294; ebenso *Kulosa*, DStR 2010, 2340, 2344.
29) BFH, BStBl. II 2010, 162.
30) *Holzapfel/Pöllath*, Unternehmenskauf, Rz. 147; *Seibt*, DStR 2000, 2061, 2073.
31) Zur Abweichung von Handels- und Steuerrecht in diesem Punkt *Künkele/Zwirner*, DStR 2009, 1277, 1280; *Meyering*, DStR 2008, 1008.

erhöht dies ferner die Anschaffungskosten für die einzelnen Wirtschaftsgüter. Um die zwingenden Abschreibungsregeln zu umgehen, wird in der Praxis gelegentlich versucht, über bestimmte Sonderleistungen des Verkäufers und eine entsprechende Rechnungsstellung eine sofortige Abzugsfähigkeit von Kosten zu erreichen.

b) **Veräußerung einer Personengesellschaft**

Die einzeln aus dem Betriebsvermögen der Personengesellschaft erworbenen Wirtschaftsgüter können beim Erwerber nach den allgemeinen Bestimmungen der §§ 7 ff. EStG abgeschrieben werden. Es gilt insbesondere das zum Geschäftswert Gesagte entsprechend. 27

II. Fremdfinanzierungsaufwand

1. Share Deal

a) **Veräußerung einer Kapitalgesellschaft**

Die Möglichkeit der steuerlichen Berücksichtigung von Fremdfinanzierungsaufwand richtet sich nach der **Person des Erwerbers** sowie der **Trennung zwischen Privat- und Betriebsvermögen**. Natürliche Personen, die eine Kapitalgesellschaftsbeteiligung im Privatvermögen erwerben, können seit dem 1.1.2009 Finanzierungszinsen wegen § 20 Abs. 9 EStG nicht mehr geltend machen.[32] Für Kapitalgesellschaften als Erwerber hingegen gilt seit dem VZ 2004 der § 8b Abs. 5 Satz 2 EStG, so dass Finanzierungsaufwand vollständig in Ansatz gebracht werden kann.[33] Bei Anteilen, die in einem Betriebsvermögen (etwa Einzelunternehmer, gewerbliche Personengesellschaft) gehalten werden, sind wegen §§ 3 Nr. 40 lit. a, 3c Abs. 2 EStG nur 60 % der Zinsen abzugsfähig, weil hinsichtlich der künftigen Dividenden das **Teileinkünfteverfahren** gilt.[34] 28

Im Übrigen gelten hinsichtlich der Beschränkung des Zinsabzugs beim Unternehmenskauf keine Besonderheiten gegenüber den allgemeinen Regeln. So limitiert insbesondere die **Zinsschranke**[35] (§ 4h EStG, § 8a KStG) den Zinsausgabenabzug, und für die Gewerbesteuer ist die Hinzurechnung von **Dauerschuldzinsen** nach § 8 Nr. 1 lit. a GewStG vorzunehmen. 29

---

32) Ausnahme: Option nach § 32d Abs. 2 Nr. 3 EStG. In diesem Fall greift das Teileinkünfteverfahren für die künftigen Dividenden ein, was eine 60 %ige Abzugsmöglichkeit zur Folge hat; instruktiv OFD Rheinland v. 6.7.2010, DStR 2010, 1740 sowie *Fischer*, DStR 2007, 1898. Speziell zum Abzug von Finanzierungsaufwand bei Streubesitz *Gröning/Siegmund*, DStR 2003, 617.
33) Dazu *Melchior*, DStR 2004, 65, 72.
34) Zur Frage, ob durch eine Organschaft eine 100 %ige Abzugsfähigkeit im Gestaltungswege hergestellt werden kann, vgl. *Rödder/Schumacher*, DStR 2002, 105, 106.
35) Umfassend BMF v. 4.7.2008, BStBl. I 2008, 718, sowie *Köhler/Hahne*, DStR 2008, 1505.

b) Veräußerung einer Personengesellschaft

30 Werden durch einen Erwerber einzelne Wirtschaftsgüter des Betriebsvermögens einer veräußerten Kapitalgesellschaft erworben, ist die steuerliche Abzugsfähigkeit von Fremdfinanzierungsaufwand nach dem **Veranlassungsprinzip** gegeben, sofern die allgemeinen Voraussetzungen von § 4 Abs. 4 EStG erfüllt sind. Beim Erwerber eines mitunternehmerischen Personengesellschaftsanteils handelt es sich dann um Sonderbetriebsausgaben,[36] die steuerlich als gewöhnliche Betriebsausgaben zu erfassen sind. Eine Beschränkung des Zinsabzugs kann sich wiederum nur aus allgemeinen Vorschriften wie der Zinsschranke für Ertragsteuerzwecke und § 8 Nr. 1 lit. a GewStG für die Gewerbesteuer ergeben. Spezielle Regeln für den Unternehmenskauf bestehen nicht.

2. Asset Deal

31 Werden durch einen Erwerber einzelne Wirtschaftsgüter des Betriebsvermögens einer veräußerten Personen- oder Kapitalgesellschaft erworben, ist die steuerliche Abzugsfähigkeit von Fremdfinanzierungsaufwand nach dem **Veranlassungsprinzip** gegeben, sofern die allgemeinen Voraussetzungen von § 4 Abs. 4 EStG erfüllt sind. Eine Beschränkung des Zinsabzugs kann sich wiederum nur aus allgemeinen Vorschriften wie der Zinsschranke[37] für Ertragsteuerzwecke und § 8 Nr. 1 lit. a GewStG für die Gewerbesteuer ergeben. Spezielle Regeln für den Unternehmenskauf bestehen nicht.

III. Gewinnzurechnung

1. Share Deal

a) Veräußerung einer Kapitalgesellschaft

32 Die steuerliche Problematik beim Share Deal besteht im Wesentlichen darin, wie man mit thesaurierten Gewinnen auf der Ebene der veräußerten Kapitalgesellschaft umgeht, die zum Zeitpunkt des Übertragungsstichtags noch nicht an den früheren Anteilseigner (Veräußerer) ausgeschüttet worden sind. Nach der Grundregel des § 20 Abs. 2a EStG muss nämlich der Erwerber den bis zum Anteilsübergang noch nicht ausgekehrten Gewinn versteuern. Insoweit ist es sinnvoll, im **Unternehmenskaufvertrag** eine Einigung darüber zu erzielen, wie die Parteien wirtschaftlich damit umgehen möchten, was möglichst über den (höheren) Kaufpreis geregelt werden sollte. Ungünstig ist es hingegen, wenn der Erwerber den Veräußerer am später ausgeschütteten Gewinn beteiligt, weil dies unabhängig von der Besteuerung beim Erwerber zugleich zu einer Besteuerung

---

36) *Holzapfel/Pöllath*, Unternehmenskauf, Rz. 365 f.
37) Speziell zur Anwendung der Zinsschranke bei Personengesellschaften vgl. *van Lishaut/ Schumacher/Heinemann*, DStR 2008, 2341.

beim Veräußerer als Teil des Kaufpreises führt.[38] Wenngleich sich dadurch auch die **Anschaffungskosten** des Erwerbers erhöhen,[39] so führt dies dennoch zu einer **wirtschaftlichen Doppelbelastung**.

In der Praxis haben sich grundsätzliche **Gestaltungsmöglichkeiten** herausgebildet,[40] wie mit dem vorgenannten Spannungsfeld umzugehen ist, wobei die Entscheidung für eine konkrete Gestaltung erst nach Durchleuchtung der **individuellen Besteuerungssituation**[41] von Veräußerer und Erwerber getroffen werden sollte:

33

- **Ausschüttung/Vorabausschüttung:** Die angefallenen Gewinne werden vor dem Übertragungsstichtag an den Veräußerer ausgeschüttet; ggf. ist auch eine Ausschüttung der Gewinne des laufenden Wirtschaftsjahres möglich.[42]

- Sollen die thesaurierten Gewinne dem Veräußerer zustehen und der Unternehmenskauf noch vor dem Ausschüttungsbeschluss durchgeführt werden, bietet sich ein Erwerb unter der **aufschiebenden Bedingung** auf einen Zeitpunkt nach der Beschlussfassung an.

- Regelung im Unternehmenskaufvertrag, wonach dem Erwerber sämtliche noch nicht ausgeschütteten Gewinne zustehen und dieser einen entsprechend höheren **Kaufpreis** zahlt.[43]

- Wenn der Veräußerer ungeachtet der o. g. Probleme am nach dem Übertragungsstichtag ausgeschütteten Gewinn beteiligt werden soll, sollte der Erwerber vertraglich verpflichtet werden, später auch tatsächlich die Gewinnausschüttung herbeizuführen.[44] Zudem sollte eine Regelung über die Kapitalertragsteuer zwischen den Parteien getroffen werden.

---

38) *Weber-Grellet* in: Schmidt, EStG, § 17 Rz. 135; *Pyszka*, DStR 1996, 170, 171; BFH, BStBl. II 1986, 794 (zu unterjährigem Erwerb und dem Entgelt, dass der Erwerber dafür zahlt, dass er bereits als vom Beginn des Wirtschaftsjahres an beteiligt gilt).
39) Die höheren Anschaffungskosten wirken sich zwar zugunsten des Erwerbers im Falle einer späteren Liquidation oder Veräußerung aus (dazu *Herrmann*, BB 1999, 2054), jedoch ist deren Zeitpunkt meist unklar. Zudem greift die Berücksichtigung bei einem fallenden Marktwert des Unternehmens nicht.
40) Weitere Beispiele und Erläuterungen bei *Herrmann*, BB 1999, 2054; *Gondert/Behrens*, GmbHR 1997, 682; *Mildner*, NZG 2004, 1025.
41) So sollte auf Seiten des Veräußerers bspw. geklärt werden, ob eine Besteuerung als laufender Gewinn oder Veräußerungsgewinn vorteilhaft ist, insbesondere im Hinblick auf die Gewerbesteuer.
42) Freilich sind rechtsformspezifische Besonderheiten zu beachten, so etwa § 59 AktG.
43) Zum Verbot der „phasengleichen Aktivierung" von Dividenden und damit verbundenen ertragsteuerlichen Zurechnungsproblemen *Kerssenbrock/Rodewald*, DStR 2002, 653, 656.
44) Hierdurch wird verhindert, dass der Erwerber den Gewinn nicht ausschüttet, sondern etwa in die Gewinnrücklage einstellt, vgl. *Gondert/Behrens*, GmbHR 1997, 682, 686.

b) Veräußerung einer Personengesellschaft

34 Der Verkauf einer Personengesellschaft wird auch hinsichtlich der Gewinnzurechnung aufgrund des Transparenzprinzips wie ein Verkauf der anteiligen Wirtschaftsgüter der Personengesellschaft behandelt. Als Regelfall ist daher wie beim Asset Deal (dazu sogleich) eine **periodengerechte Abgrenzung** geboten und auch praktisch ohne weiteres möglich, d. h. bis zum **Übergangsstichtag** stehen die laufenden Gewinne der veräußerten Personengesellschaft mittelbar dem Veräußerer zu. Auch der Gewinn aus der Veräußerung der Wirtschaftsgüter selbst steht dem Veräußerer zu. Ob die sog. **Drei-Monats-Regel** aus R 16 (5) Satz 6 EStG, wonach in Fällen der steuerlichen **Betriebsaufgabe** ein **Rückwirkungszeitraum** von bis zu drei Monaten anerkannt wird, auf den Unternehmenskauf übertragbar ist, ist m. E. fraglich. Insofern ist bei rückwirkenden Verkäufen das zwischen den Parteien wirtschaftlich Gewollte richtigerweise über eine vertragliche Regelung abzubilden.

2. Asset Deal
a) Veräußerung einer Kapitalgesellschaft

35 Als Regelfall ist beim Asset Deal eine **periodengerechte Abgrenzung** geboten und auch praktisch ohne weiteres möglich, d. h. bis zum **Übergangsstichtag** stehen die laufenden Gewinne der veräußerten Kapitalgesellschaft mittelbar dem Veräußerer zu. Auch der Gewinn aus der Veräußerung der einzelnen Wirtschaftsgüter selbst steht nach den allgemeinen Regeln dem Veräußerer zu. Ob die sog. **Drei-Monats-Regel** aus R 16 (5) Satz 6 EStG, wonach in Fällen der steuerlichen **Betriebsaufgabe** ein **Rückwirkungszeitraum** von bis zu drei Monaten anerkannt wird, auf den Unternehmenskauf übertragbar ist, ist fraglich. Insofern ist bei rückwirkenden Verkäufen das zwischen den Parteien wirtschaftlich Gewollte richtigerweise über eine vertragliche Regelung abzubilden.

b) Veräußerung einer Personengesellschaft

36 Als Regelfall ist beim Asset Deal auch in Bezug auf einer veräußerte Personengesellschaft eine **periodengerechte Abgrenzung** geboten und auch praktisch ohne weiteres möglich, d. h. bis zum **Übergangsstichtag** stehen die laufenden Gewinne der veräußerten Personengesellschaft mittelbar dem Veräußerer zu. Auch der Gewinn aus der Veräußerung der einzelnen Wirtschaftsgüter selbst steht nach den allgemeinen Regeln dem Veräußerer zu. Die Ausführungen zur soeben beschriebenen **Drei-Monats-Regel** gelten für den Asset Deal entsprechend.

IV. Verlustvorträge
1. Share Deal
a) Veräußerung einer Kapitalgesellschaft

37 Hierzu gilt beim Unternehmenskauf im Wege eines Share Deals im Grundsatz: Der bestehende körperschaftsteuerliche Verlustvortrag sowie der laufende körperschaftsteuerliche Verlust[45] und wegen § 10a Satz 10 GewStG der bestehende gewerbesteuerliche Verlustvortrag sowie der laufende gewerbesteuerliche Verlust einer veräußerten Kapitalgesellschaft sind, neben der Anwendung der **Mindestbesteuerung**[46], nach den besonderen Regeln des § 8c KStG zu behandeln.[47] Nach dessen Absatz 1 Satz 1 sind die bis zum schädlichen Beteiligungserwerb nicht ausgeglichenen oder abgezogenen negativen Einkünfte **insoweit**[48] nicht mehr abziehbar, als innerhalb von fünf Jahren mittelbar oder unmittelbar mehr als 25 % des gezeichneten Kapitals, der Mitgliedschaftsrechte, Beteiligungsrechte oder der Stimmrechte an einer Körperschaft an einen Erwerber oder diesem nahestehende Personen[49] übertragen[50] werden oder liegt ein vergleichbarer Sachverhalt vor (sog. **schädlicher Beteiligungserwerb**). Satz 2 ordnet ferner die **vollständige** Nichtabziehbarkeit der bis zum schädlichen Beteiligungserwerb nicht genutzten Verluste an, wenn innerhalb von fünf Jahren mittelbar oder unmittelbar mehr als 50 % des gezeichneten Kapitals, der Mitgliedschaftsrechte, Beteiligungsrechte oder der Stimmrechte an einer Körperschaft an einen Erwerber oder diesem nahestehende Personen übertragen werden oder ein vergleichbarer Sachverhalt vorliegt.[51]

Die Regelung des § 8c Abs. 1 Satz 3 KStG enthält eine Sonderregelung. Danach wird (fiktiv) angenommen, dass eine Gruppe von Erwerbern mit (ggf. nachträglich eintretenden[52] **gleichgerichteten Interessen**[53] als ein Erwerber gilt. **38**

---

45) Vgl. hierzu BFH, BStBl. II 2012, 360, entgegen BMF v. 4.7.2008, BStBl. I 2008, 736: Erfolgt der das Verlustabzugsverbot auslösende schädliche Beteiligungserwerb während des laufenden Wirtschaftsjahres, kann ein bis zu diesem Zeitpunkt in diesem Wirtschaftsjahr erzielter Gewinn mit dem bisher noch nicht genutzten Verlust verrechnet werden; dazu *Neyer*, DStR 2010, 1600, sowie im Speziellen zu § 10a GewStG *Kutt/Möllmann*, DB 2010, 1150, 1152.
46) Dazu *Dötsch/Pung*, DB 2004, 151.
47) Nach § 4h Abs. 5 Satz 3 EStG gilt Entsprechendes für den Zinsvortrag i. S. der Zinsschranke.
48) Zu Gestaltungsmöglichkeiten bei nur teilweisem Verlustuntergang und der Vermeidung von Nachteilen für die Gesellschaft *Rodewald/Pohl*, DStR 2008, 724, 727; *Schildknecht/Riehl*, DStR 2009, 117.
49) Die Erstreckung auf nahestehende Personen dient der Missbrauchsvermeidung, vgl. BMF v. 4.7.2008, BStBl. I 2008, 736, Tz. 25.
50) Die Form des Übertragungsvorgangs ist, wie die anderen Grundvoraussetzungen auch, sehr weit gefasst. Unter Beachtung von Sinn und Zweck der Vorschrift wird jede rechtsgeschäftliche Übertragung von Anteilen unter Lebenden, also sowohl entgeltliche wie auch unentgeltliche Übertragungen im Wege der Einzel- oder Gesamtrechtsnachfolge, verstanden.
51) Seit der Abschaffung des § 12 Abs. 3 Satz 2 UmwStG im Zuge des SEStEG entfällt zudem die Möglichkeit, bei einer anschließenden Verschmelzung der Zielgesellschaft auf die Erwerbergesellschaft einen etwa noch verbleibenden Verlustvortrag zu nutzen; dazu *Förster*, DB 2002, 1394, 1399 sowie *Sistermann/Brinkmann*, DStR 2008, 2455, 2456. Zur umgekehrt rückwirkenden Umwandlung für Zweck der Verlustnutzung *Rödder/Schönfeld*, DStR 2009, 560.
52) Dazu *Dötsch/Pung*, DB 2008, 1703, 1707; *Meisel/Bokeloh*, BB 2008, 808, 813; *Roser*, DStR 2008, 1561, 1566.
53) BMF v. 4.7.2008, BStBl. I 2008, 736, Tz. 27.

Damit wird die Lücke geschlossen, die sich dann ergibt, wenn es sich nicht um einen Übertragungsvorgang auf einen Erwerber oder eine diesem nahestehende Person handelt. Diese ergänzende Missbrauchsregel wurde durch eine Initiative des Bundesrats in das Gesetz aufgenommen.[54] Eine weitere Sonderregel enthält § 8c Abs. 1 Satz 4 KStG. Danach steht eine **quotenverändernde Kapitalerhöhung** einer Übertragung gezeichneten Kapitals dann gleich, soweit durch diese Maßnahme die Beteiligungsquoten am gezeichneten Kapital verändert werden. Diese Auffassung hat sich innerhalb der Finanzverwaltung durchgesetzt und wurde insoweit bereits von der Auslegung zu § 8 Abs. 4 KStG a. F. übernommen.[55]

39 § 8c KStG enthält drei sog. **Escape-Klauseln**, die die Anwendung der Vorschrift sperren: Die **Konzernklausel** des § 8c Abs. 1 Satz 5 KStG bestimmt, dass kein schädlicher Beteiligungserwerb vorliegt, wenn an dem übertragenden und dem übernehmenden Rechtsträger dieselbe Person zu jeweils 100 % mittelbar oder unmittelbar beteiligt ist. Mit der **Stille-Reserven-Klausel** des § 8c Abs. 1 Sätze 6– 9 KStG wird angeordnet, dass ein Verlustuntergang nicht eintritt, soweit er die anteiligen zum Zeitpunkt des schädlichen Beteiligungserwerbs vorhandenen im Inland steuerpflichtigen stillen Reserven des Betriebsvermögens der Körperschaft nicht übersteigt. Und nach der sog. **Sanierungsklausel** des § 8c Abs. 1a KStG unterfällt ein Beteiligungserwerb zum Zwecke der Sanierung des Geschäftsbetriebs der Körperschaft nicht dem Anwendungsbereich des Absatzes 1.[56]

b) Veräußerung einer Personengesellschaft

40 Bei der Veräußerung einer Personengesellschaft im Wege des Share Deals ist im Hinblick auf Verlustvorträge zwischen der Einkommen- bzw. Körperschaftsteuer und der Gewerbesteuer zu differenzieren. Je nach **Rechtsform des Gesellschafters** sind die am Übertragungsstichtag bestehenden Verlustvorträge der Gesellschaft für Zwecke der Einkommen- bzw. Körperschaftsteuer **personen- bzw. gesellschaftsgebunden** und gehen daher nicht auf den Erwerber über.

41 Hinsichtlich der Gewerbesteuer hingegen gilt, dass die Personengesellschaft insoweit selbst das Steuersubjekt ist (§ 5 Abs. 1 Satz 3 GewStG). Nach Maßgabe des § 10a GewStG können daher bestehende gewerbesteuerliche Verlustvorträge vom Erwerber der Personengesellschaft nur genutzt werden, wenn und soweit auf der Ebene der Personengesellschaft eine sog. **Unternehmensidentität** und

---

54) BT-Drucks. 16/5377, S. 18.
55) BMF v. 4.7.2008, BStBl. I 2008, 736, Tz. 28; BMF v. 16.4.1999, BStBl. I 1999, 455, Tz. 26; BFH, BFH/NV 2009, 497; *Suchanek* in: Hey/Wendt/Prinz, EStG/KStG, § 8c KStG Rz. 41.
56) Die Sanierungsklausel ist bis auf weiteres aufgrund ihrer Unvereinbarkeit mit EU-Recht unanwendbar, vgl. BMF v. 30.4.2010, BStBl. I 2010, 488. Daneben kommt für Forderungsverzichte zur Sanierung des Zielunternehmens ein Erlass aus Billigkeitsgründen nur ausnahmsweise in Betracht, vgl. BMF v. 27.3.2003, BStBl. I 2003, 240, und dazu *Düll/Fuhrmann/ Eberhard*, DStR 2002, 1977; ebenso BFH, BStBl. II 2010, 916.

eine sog. **Unternehmeridentität** besteht. Die Unternehmensidentität, d. h. die Identität des im Anrechnungsjahr bestehenden Gewerbebetriebs mit dem Gewerbebetrieb, der den Verlust erlitten hat,[57] wird bei Betriebsfortführung zwar in der Regel gegeben sein – für die Unternehmeridentität gilt dies jedoch nicht in gleicher Weise. Unternehmeridentität bedeutet, dass der Gewerbetreibende, der den Verlust verrechnen möchte, diesen in eigener Person erlitten haben muss.[58]

Bei einer Veräußerung von 100 % der Anteile an einer Personengesellschaft z. B. an einen neuen Kommanditisten, der zuvor nicht an der Gesellschaft beteiligt war, ginge daher der gesamte gewerbesteuerliche Verlustvortrag unter.[59] Bei nur teilweisem Verkauf kommt es entsprechend auch nur zu einem **anteiligen Verlustuntergang**, so dass der auf die Anteile der Altgesellschafter rechnerisch entfallende Verlustvortrag i. R. des § 10a GewStG genutzt werden kann. Als Gestaltung wird häufig empfohlen, zunächst keine Anteile an einen Gesellschafter zu verkaufen, sondern diesen schlicht in die Personengesellschaft eintreten zu lassen.[60] Soweit steuerpflichtiger Gewerbeertrag dann auf die Altgesellschafter entfällt, kann dieser mit bestehenden Verlusten auch nach dem Eintritt des neuen Gesellschafters verrechnet werden. Insofern bietet es sich an, den Anteilsverkauf erst nach der Verlustverrechnung umzusetzen. 42

2. Asset Deal

a) Veräußerung einer Kapitalgesellschaft

Ein Verlustvortrag der veräußerten Kapitalgesellschaft verbleibt in dieser Gesellschaft als leere Hülle und geht nicht auf den Erwerber der einzelnen Wirtschaftsgüter über. Ein Gleiches gilt für den **Zinsvortrag** nach § 4h Abs. 5 Satz 1 EStG. Der Gewinn aus der Veräußerung der Wirtschaftsgüter wird jedoch mit einem laufenden Verlust vollständig und mit einem vorgetragenen Verlust i. R. der **Mindestbesteuerung** (§ 10d Abs. 2 EStG) verrechnet. 43

b) Veräußerung einer Personengesellschaft

Die o. g. Grundsätze zum Share Deal bei Personengesellschaften gelten insoweit für den Asset Deal entsprechend. Dies gilt insbesondere für § 10a GewStG. 44

D. Sonstige steuerliche Aspekte

I. Umsatzsteuer

1. Asset Deal

Die **Übertragung einzelner Wirtschaftsgüter** eines Unternehmens auf einen Erwerber im Wege des Asset Deals ist ein nach § 1 Abs. 1 Nr. 1 UStG **steuer-** 45

---

57) R 10a.2 GewStR.
58) R 10a.3 Abs. 1 GewStR.
59) *Brück/Sinewe*, Steueroptimierter Unternehmenskauf, S. 163.
60) *Brück/Sinewe*, Steueroptimierter Unternehmenskauf, S. 164 m. w. N.

barer Vorgang, für den im Grundsatz keine Steuerbefreiung geltend gemacht werden kann – von wenigen Ausnahmen abgesehen ist § 4 UStG nicht einschlägig. Die Übertragung eines Unternehmens kann aber als sog. **Geschäftsveräußerung im Ganzen**[61] als von vornherein nicht umsatzsteuerbar zu beurteilen sein, wenn die folgenden Voraussetzungen vorliegen:

46 Eine Geschäftsveräußerung i. S. des § 1 Abs. 1a UStG liegt vor, wenn die **wesentlichen Grundlagen** eines Unternehmens oder eines gesondert geführten Betriebs an einen Unternehmer für dessen Unternehmen übertragen werden, wobei die unternehmerische Tätigkeit des Erwerbers auch erst mit dem Erwerb des Unternehmens oder des gesondert geführten Betriebs beginnen kann. Entscheidend ist, dass die übertragenen Vermögensgegenstände ein **hinreichendes Ganzes** bilden, um dem Erwerber die Fortsetzung einer bisher durch den Veräußerer ausgeübten unternehmerischen Tätigkeit zu ermöglichen, und der Erwerber dies auch tatsächlich tut.[62] Dabei sind i. R. einer Gesamtwürdigung die Art der übertragenen Vermögensgegenstände und der Grad der Übereinstimmung oder Ähnlichkeit zwischen den vor und nach der Übertragung ausgeübten Tätigkeiten zu berücksichtigen.[63] Der Fortsetzung der bisher durch den Veräußerer ausgeübten Tätigkeit steht es nicht entgegen, wenn der Erwerber den von ihm erworbenen Geschäftsbetrieb in seinem Zuschnitt ändert oder modernisiert.[64] Die **sofortige Abwicklung** der übernommenen Geschäftstätigkeit schließt jedoch eine Geschäftsveräußerung aus.[65] Das Vorliegen der Voraussetzungen für eine nicht steuerbare Geschäftsveräußerung kann jedoch nicht mit der Begründung verneint werden, es werde noch kein „lebendes Unternehmen" übertragen, da der tatsächliche Betrieb des Unternehmens noch nicht aufgenommen worden sei.[66]

2. Share Deal

47 Die Übertragung von Anteilen an **Personen- und Kapitalgesellschaften** ist ein im Grundsatz steuerbarer Umsatz (Lieferung) gemäß § 1 Abs. 1 Nr. 1 UStG, jedoch sind Umsätze und die Vermittlung von Umsätzen von Anteilen an Gesellschaften und anderen Vereinigungen nach § 4 Nr. 8 lit. f UStG von der Umsatzsteuerpflicht befreit. Unter den Voraussetzungen des § 9 UStG kann der den Umsatz ausführende Unternehmer jedoch **zur Umsatzsteuerpflicht optieren**.

---

61) Einzelheiten regelt Abschn. 1.5 UStAE.
62) BFH, BStBl. II 2009, 254.
63) BFH, BStBl. II 2008, 165.
64) BFH, BStBl. II 2008, 165.
65) EuGH, Rs. C-497/01, *Zita Modes Sàrl/Administration de l'enregistrement et des domaines*, EuGHE I 2003, 14393 = DStR 2003, 2220 = EuZW 2004, 64.
66) BFH, BStBl. II 2003, 430.

Für Verwirrung hat in jüngerer Zeit ein Urteil des BFH[67)] gesorgt, das im An- 48
schluss an die EuGH-Entscheidung in der Rechtssache *SKF*[68)] ergangen war.
Auch die Veräußerung von Gesellschaftsanteilen führt nach Auffassung des
BFH zu einer **Geschäftsveräußerung im Ganzen**, wenn die Veräußerung der
Anteile auf die Übertragung des gesamten unternehmerischen Vermögens der
betreffenden Gesellschaft hinausläuft. Die Anteilsübertragung ist einer Übertragung
des unternehmerischen Vermögens der Gesellschaft dabei dann gleichgesetzt,
wenn sämtliche Anteile der Gesellschaft Gegenstand der Veräußerung
sind. Für die Praxis hätte dies bedeutet, dass die gängigen Umsatzsteuerklauseln
nunmehr auch auf den Share Deal hätten angepasst werden müssen.

Das BMF hat indes insoweit teilweise Rechtssicherheit geschaffen.[69)] Nach 49
Auffassung der Finanzverwaltung soll nunmehr bei der Veräußerung von Gesellschaftsanteilen
im Regelfall keine Geschäftsveräußerung im Ganzen mehr
vorliegen können. Dabei kommt es insbesondere auf die Höhe der übertragenen
Beteiligung nicht an,[70)] was allerdings explizit der Entscheidung des BFH widerspricht.
Erst wenn der Erwerber in Rechtsverhältnisse eintritt, durch die das
Halten der Beteiligung beim Veräußerer als unternehmerisch veranlasst anzusehen
war,[71)] wird ein hinreichendes Ganzes zur Fortführung eines Geschäftsbetriebs
übertragen. Diese Voraussetzung ist nach **Ansicht der Finanzverwaltung**
z. B. in den Fällen der Organschaft insbesondere dann erfüllt, wenn der
Erwerber in die die wirtschaftliche Eingliederung vermittelnden Beziehungen
zwischen bisherigem Organträger und der Organgesellschaft eintritt.

II. Grunderwerbsteuer

1. Asset Deal

Sofern **Grundstücke bzw. Immobilien** als einzelne Wirtschaftsgüter auf einen 50
Erwerber übertragen werden, greifen die allgemeinen Regeln insbesondere von
§ 1 Abs. 1 GrEStG ein, d. h. es handelt sich je nach rechtlicher Ausgestaltung
des Asset Deals um einen grunderwerbsteuerpflichtigen Vorgang. Gestaltungen
zur Vermeidung der Grunderwerbsteuer beim Asset Deal bzw. Steuerbefreiungen
sind für den Standardfall nicht ersichtlich.

2. Share Deal

a) Personengesellschaften

Sofern Grundstücke oder Immobilien zum Gesamthandsvermögen einer Per- 51
sonengesellschaft bzw. Mitunternehmerschaft gehören, deren Anteile veräußert

---

67) BFH, BStBl. II 2012, 68.
68) EuGH, Rs. C-29/08, *SKF*, Slg. 2009, I-10413 = DStR 2009, 2311 = BB 2010, 228.
69) BMF v. 3.1.2012, BStBl. I 2012, 76.
70) Vgl. dazu auch Abschnitt 1.5 Abs. 9 Satz 2 UStAE.
71) S. dazu Abschnitt 2.3 Abs. 3 Satz 5 UStAE.

werden, greift die Grundregel des § 1 Abs. 2a GrEStG ein: Bei einer Personengesellschaft, zu deren Vermögen ein inländisches Grundstück gehört, gilt nach § 1 Abs. 2a Satz 1 GrEStG die unmittelbare oder mittelbare innerhalb von fünf Jahren erfolgende Änderung des Gesellschafterbestands dergestalt, dass **mindestens 95 % der Anteile am Gesellschaftsvermögen** auf neue Gesellschafter übergehen, als ein auf die Übereignung eines Grundstücks auf eine neue Personengesellschaft gerichtetes Rechtsgeschäft.[72]

52 (Anteilige) **Steuerbefreiungen** sind darüber hinaus im Anwendungsbereich der §§ 5 bis 6a GrEStG denkbar. Dies gilt insbesondere beim Übergang auf eine Gesamthand bzw. von einer Gesamthand sowie bei Maßnahmen des **Umwandlungsgesetzes**, sofern eine Personengesellschaft beteiligt ist.

b) Kapitalgesellschaften

53 Sofern Grundstücke oder Immobilien zum Vermögen einer Kapitalgesellschaft gehören, deren Anteile veräußert werden, greift die Grundregel des § 1 Abs. 3 GrEStG ein: Der Grunderwerbsteuer unterliegt

- ein Rechtsgeschäft, das den Anspruch auf Übertragung eines oder mehrerer Anteile der Gesellschaft begründet, wenn durch die Übertragung unmittelbar oder mittelbar **mindestens 95 % der Anteile der Gesellschaft** in der Hand des Erwerbers oder in der Hand von herrschenden und abhängigen Unternehmen oder abhängigen Personen oder in der Hand von abhängigen Unternehmen oder abhängigen Personen allein vereinigt werden würden;
- die Vereinigung unmittelbar oder mittelbar von mindestens 95 % der Anteile der Gesellschaft, wenn kein schuldrechtliches Geschäft i. S. der vorhergehenden Regel vorausgegangen ist;
- ein Rechtsgeschäft, das den Anspruch auf Übertragung unmittelbar oder mittelbar von mindestens 95 % der Anteile der Gesellschaft begründet;
- der Übergang unmittelbar oder mittelbar von mindestens 95 % der Anteile der Gesellschaft auf einen anderen, wenn kein schuldrechtliches Geschäft i. S. der vorhergehenden Regel vorausgegangen ist.

54 Eine **Steuerbefreiung** ist darüber hinaus im Anwendungsbereich des § 6a GrEStG bei **konzerninternen Umstrukturierungen** denkbar.

---

[72] Einzelheiten dazu im Erlass (koordinierter Ländererlass) v. 25.2.2010, Finanzministerium Baden-Württemberg, Az. 3 – S-4501 / 6.

E. Besonderheiten beim grenzüberschreitenden Unternehmenskauf
I. Veräußerungsgewinne im Abkommensrecht
1. Share Deal
a) Kapitalgesellschaften

Wenn ein Steuerausländer Anteile an einer **inländischen Kapitalgesellschaft** 55
veräußert, greift die Art. 13 Abs. 5 OECD-MA entsprechende Vorschrift des
jeweils anwendbaren DBA ein: Art. 13 Abs. 5 OECD-MA schließlich enthält
eine **Auffangvorschrift** für Gewinne aus der Veräußerung des in den anderen
Absätzen der Norm nicht genannten Vermögens. Hier steht allein dem **Ansässigkeitsstaat** des Veräußerers das Besteuerungsrecht zu, d. h. im Beispiel dem Ansässigkeitsstaat des Steuerausländers. Deutschland darf daher nach den meisten
DBA einen solchen Veräußerungsgewinn nicht besteuern, während umgekehrt
ein deutsches Besteuerungsrecht besteht, wenn und soweit ein Steuerinländer
an einer ausländischen Kapitalgesellschaft beteiligt ist und diese Gesellschaft
nach dem **Rechtstypenvergleich** als Kapitalgesellschaft qualifiziert. § 13 Abs. 5
OECD-MA greift – in Abgrenzung zu Absatz 2 – v. a. bei der Veräußerung
beweglichen Privatvermögens sowie bei der Tätigung **privater Veräußerungsgeschäfte** ein. Dies gilt auch für in **Drittstaaten** belegenes Vermögen.[73]

Art. 13 Abs. 4 OECD-MA ist eine Sondervorschrift für die Veräußerung von 56
Anteilen und lex specialis zu Absatz 1 der Bestimmung. Gemeint sind Anteile
an Gesellschaften, die selbst Steuersubjekt und damit abkommensberechtigt
sind, so dass Personengesellschaften aus dem Anwendungsbereich ausscheiden.[74]
Die Regelung bezieht sich insbesondere auf Immobiliengesellschaften und erfährt vor dem Hintergrund der im deutschen Recht vor einigen Jahren neu eingeführten **REIT-AG** eine Erweiterung des Anwendungsbereiches.[75] Veräußert
eine in einem Vertragsstaat ansässige Person Anteile, deren Wert zu mehr als
50 % unmittelbar oder mittelbar auf unbeweglichem Vermögen beruht, das im
anderen Vertragsstaat belegen ist, können die entstehenden (auch) in diesem
Vertragsstaat besteuert. Es gilt also das **Belegenheitsprinzip**.

b) Personengesellschaften

Wenn ein Steuerausländer Anteile an einer **inländischen Personengesellschaft** 57
veräußert oder ein Steuerinländer Anteile an einer ausländischen Personengesellschaft veräußert und diese Gesellschaft auch gemäß dem **Rechtstypenver-**

---

73) *Prokisch* in: Vogel/Lehner, DBA, Art. 13 OECD-MA Rz. 57d.
74) *Prokisch* in: Vogel/Lehner, DBA, Art. 13 OECD-MA Rz. 57d.
75) Es ist zu beachten, dass die Vorschrift in den von der Bundesrepublik Deutschland abgeschlossenen DBA häufig nicht umgesetzt wurde; zur REIT-AG *Schacht/Gänsler*, IStR 2007, 99 ff., sowie zur Qualifikation als Immobiliengesellschaft nach den DBA *Plewka/Beck*, IStR 2007, 125 ff.

gleich als Personengesellschaft qualifiziert, so setzt sich das Transparenzprinzip für Personengesellschaften internationalsteuerlich fort: Die Personengesellschaft wird steuerlich als anteilige Betriebsstätte des Steuerinländers angesehen, so dass die Veräußerung der Betriebsstätte steuerliche wie eine Veräußerung der einzelnen Wirtschaftsgüter angesehen wird. Insoweit kommt für die Veräußerung Art. 13 Abs. 2 OECD-MA zur Anwendung, der die Besteuerung der **Veräußerung beweglichen Vermögens** regelt. Der Begriff erschließt sich aus dem Abkommen selbst heraus nur durch einen Umkehrschluss aus Art. 6 Abs. 2 OECD-MA[76]. Art. 13 Abs. 2 OECD-MA setzt das **Betriebsstättenprinzip** um, weist also das Besteuerungsrecht für Veräußerungsgewinne von Betriebsvermögen einer Betriebsstätte dem Betriebsstättenstaat zu, und zwar unabhängig davon, ob die Betriebsstätte als Ganzes oder nur einzelne Vermögensgegenstände veräußert werden. Eine Doppelbesteuerung wird damit nach den meisten deutschen DBA über die Anwendung der Freistellungsmethode (Art. 23A OECD-MA) vermieden.

58 Art. 13 Abs. 1 OECD-MA ist eine Spezialnorm, falls **Grundvermögen** zum Vermögen der Betriebsstätte gehört. Die Vorschrift weist das Besteuerungsrecht für Gewinne aus der Veräußerung unbeweglichen Vermögens i. S. des Art. 6 OECD-MA (auch) dem **Belegenheitsstaat** zu.[77] Über die ausdrückliche Verweisung gilt die Begriffsdefinition des Art. 6 OECD-MA auch i. R. des Art. 13 OECD-MA. Um welche Art von Vermögen (Anlagevermögen/Umlaufvermögen) es sich handelt oder ob es sich um **Privat- oder Betriebsvermögen** handelt, ist für Art. 13 Abs. 1 OECD-MA unerheblich. Dies gilt im **Inbound- und im Outbound-Fall** gleichermaßen.

2. Asset Deal

a) Kapitalgesellschaften

59 Wenn ein Steuerausländer eine **inländische Kapitalgesellschaft** im Wege eines Asset Deals veräußert, so ist der Veräußerer naturgemäß zivilrechtlich (und auch steuerlich) die inländische Kapitalgesellschaft. Für die abkommensrechtliche Behandlung kommt es sodann darauf an, ob der Erwerber ebenfalls im Inland oder aber im Ausland ansässig ist. Ist der Erwerber im Inland ansässig, handelt es sich nicht um einen **grenzüberschreitenden Sachverhalt**, so dass es der Anwendung eines DBA nicht bedarf. Handelt es sich um einen Steuerausländer als Erwerber, gilt **Art. 13 Abs. 5 OECD-MA**, d. h. das Besteuerungsrecht am Veräußerungsgewinn steht allein Deutschland zu. Im umgekehrten Fall, d. h. bei der Veräußerung einer ausländischen Kapitalgesellschaft durch

---

76) *Prokisch* in: Vogel/Lehner, DBA, Art. 13 OECD-MA Rz. 30; Art. 13 OECD-MA Tz. 24 OECD-MK. Erfasst werden auch immaterielle Wirtschaftsgüter wie Marken- oder Lizenzrechte oder der Firmenwert, vgl. *Reith*, Int. SteuerR, Rz. 4.789.

77) In den meisten deutschen DBA gilt für Veräußerungsgewinne aus unbeweglichem Vermögen die Freistellungsmethode, vgl. *Reith*, Int. SteuerR, Rz. 4.783.

einen Steuerinländer, kommt es entsprechend zu einem alleinigen Besteuerungsrecht des Auslands.

b) Personengesellschaften

Verkauft ein Steuerausländer die Wirtschaftsgüter einer inländischen Personengesellschaft im Wege eines Asset Deals oder verkauft umgekehrt ein Steuerinländer die Wirtschaftsgüter einer ausländischen Personengesellschaft, so gelten die oben genannten Prinzipien des Share Deals gleichermaßen: Anwendbar ist **Art. 13 Abs. 2 OECD-MA**, sofern es um bewegliche Wirtschaftsgüter geht, sowie **Art. 13 Abs. 1 OECD-MA**, sofern es sich um Grundvermögen handelt. Das Besteuerungsrecht steht in beiden Fällen dem Betriebsstättenstaat bzw. dem Belegenheitsstaat zu. 60

II. Fremdfinanzierung im Abkommensrecht

Wenn und soweit eine Unternehmensakquisition mit einem grenzüberschreitend ausgereichten **Darlehen** fremdfinanziert wird, so gelten die folgenden Grundsätze: Darlehenszinsen, die von einem Steuerinländer an einen Steuerausländer (maßgebend ist die steuerliche Ansässigkeit) gezahlt werden, unterliegen nur dann der beschränkten deutschen Steuerpflicht, wenn das zugrunde liegende Darlehen im Inland **grundpfandrechtlich besichert** ist, § 49 Abs. 1 Nr. 5 lit. c, aa EStG. Dies wird regelmäßig bei **Immobilientransaktionen** der Fall sein, kommt jedoch auch bei anderen Transaktionen vor. 61

Im DBA-Recht gilt: Die abkommensrechtliche Legaldefinition des Zinsbegriffes ist in Art. 11 Abs. 3 OECD-MA enthalten. Die Definition ist abschließend, verzichtet allerdings anders als der Dividendenartikel auf einen Rückgriff auf das nationale Recht. „Zinsen" meint Einkünfte aus **(Kapital-)Forderungen jeglicher Art**, d. h. irrelevant sind Fragen der Besicherung oder der Beteiligung am Gewinn des Schuldners der Forderung (partiarische Darlehen etwa sind regelmäßig erfasst). Es kommt allein darauf an, dass ein Entgelt für eine **Kapitalüberlassung auf Zeit** sowie die Rückzahlung des Kapitals vereinbart sind.[78] Das Abkommen nennt beispielhaft Einkünfte aus öffentlichen Anleihen und aus Obligationen (inklusive etwaiger Aufgelder und der Gewinne aus Losanleihen).[79] 62

---

78) *Pöllath* in: Vogel/Lehner, DBA, Art. 11 OECD-MA Rz. 4 und 56. Die Abgrenzung kann schwierig sein, wenn die das Kapital überlassende Person ein unternehmerisches Risiko trägt, vgl. *Pöllath* in: Vogel/Lehner, DBA, Art. 11 OECD-MA Rz. 62 sowie das BFH, BStBl. II 1998, 296 ff. (Abgrenzung zu Art. 7 OECD-MA).

79) Nicht als „Zinsen" erfasst werden Gewinnobligationen sowie Wandelanleihen nach der Wandlung in gesellschaftsrechtliche Anteile, vgl. Tz. 19 OECD-MK zu Art. 11 OECD-MA.

Verspätungszuschläge sind ausdrücklich von der Anwendung des Zinsartikels ausgenommen.[80]

63 Abgrenzungsprobleme können im Hinblick auf andere Einkunftsartikel in der Regel nicht entstehen. Lediglich bei sog. **hybriden Finanzierungsinstrumenten** kann fraglich sein, ob der Zins- oder der Dividendenartikel anwendbar ist.[81] Unter Umständen kann das Herbeiführen der Anwendbarkeit des Zins- statt des Dividendenartikels von Steuerpflichtigen auch zielgerichtet geschehen, denn in den DBA ist für Zinsen üblicherweise keine oder nur eine geringere Quellensteuer als bei Dividenden vorgesehen. Man spricht dann von einem sog. **rule shopping**, also von Gestaltungen, die in Abgrenzung zum treaty shopping nicht den Abkommensschutz insgesamt, sondern nur das Eingreifen günstigerer Einkunftsartikel bezwecken. Insoweit kann der Steuerpflichtige versucht sein, durch die Umformung von Einkünften (secondary sheltering) den für ihn günstigsten Einkunftsartikel zur Anwendung zu bringen.

64 Der Zinsartikel ist ebenso wie der Dividendenartikel ein Beispiel für die Zuweisung des Besteuerungsrechts zum Ansässigkeits- und zum Quellenstaat, so dass der Methodenartikel Anwendung findet. Nach Art. 11 Abs. 1 OECD-MA steht dem **Ansässigkeitsstaat des Gläubigers** der Kapitalforderung das Recht zu, die Zinsen uneingeschränkt zu besteuern. Dies gilt jedoch nur, wenn und soweit die Zinsen aus „einem Vertragsstaat stammen und an eine im anderen Vertragsstaat ansässige Person" gezahlt[82] werden. Sind diese Voraussetzungen nicht erfüllt, stammen also bspw. die Zinsen aus dem Ansässigkeitsstaat des Gläubigers oder aus einem Staat, der nicht Vertragspartei des Abkommens ist (sog. Drittstaat), gilt nicht Art. 11, sondern Art. 21 OECD-MA.

65 Wann Zinsen **aus einem Vertragsstaat stammen**, bestimmt Art. 11 Abs. 5 OECD-MA. Die Vorschrift fingiert gewissermaßen die Belegenheit der Zinsquelle. Ihr Satz 1 enthält den Grundsatz, wonach an die Ansässigkeit des Schuldners der Kapitalforderung angeknüpft wird: Die Zinsen „stammen" also aus dem Ansässigkeitsstaat des Schuldners. Die Ansässigkeit soll aber nach Art. 11 Abs. 5 Satz 2 OECD-MA nicht maßgeblich sein, wenn

- der Schuldner in einem Vertragsstaat eine Betriebsstätte hat,

---

80) Verspätungszuschläge gelten als Schadenersatzzahlungen. Für sie greifen die Einkunftsartikel der Hauptleistung, vgl. Tz. 21 f OECD-MK zu Art. 11 OECD-MA.
81) *Pöllath* in: Vogel/Lehner, DBA, Art. 11 OECD-MA Rz. 74 ff. Auch bei Umqualifizierungen nach dem nationalen Recht, etwa bei den Rechtsfolgen der Gesellschafterfremdfinanzierung, kann die Einordnung fraglich sein; dazu *Pöllath* in: Vogel/Lehner, DBA, Art. 11 OECD-MA Rz. 65 ff.
82) Wie beim Dividendenartikel ist der Begriff der „Zahlung" weit auszulegen. Erforderlich und ausreichend ist es, „dem Gläubiger auf die vertragsgemäße oder die übliche Weise Geldmittel zur Verfügung zu stellen", vgl. Tz. 9 OECD-MK zu Art. 11 OECD-MA. Auch erfasst sind Naturalzinsen, vgl. *Pöllath* in: Vogel/Lehner, DBA, Art. 11 OECD-MA Rz. 14 sowie zustimmend *Reith*, Int. SteuerR, Rz. 4.517.

- die Schuld, für die Zinsen gezahlt werden, für Zwecke der Betriebsstätte eingegangen wurde und
- die Betriebsstätte die Zinsen trägt.[83] In diesem Fall gelten die Zinsen als aus dem Staat stammend, in dem die Betriebsstätte liegt.

Neben dem Besteuerungsrecht des Ansässigkeitsstaat wird gemäß Art. 11 Abs. 2 OECD-MA auch dem **Quellenstaat** (der Staat, aus dem die Zinsen stammen) ein Besteuerungsrecht zugewiesen, welches indes in der Höhe beschränkt ist auf 10 % des Bruttobetrages[84] der Zinsen. Wie beim Dividendenartikel greift die Quellensteuerreduzierung nur Platz, wenn der Nutzungsberechtigte der Zinsen eine in dem anderen Vertragsstaat ansässige Person ist, weil anderenfalls auch bei Zinsen die Gefahr des treaty shopping besteht.

Art. 11 Abs. 4 OECD-MA enthält einen **Betriebsstättenvorbehalt**. Art. 7 OECD-MA gebührt daher der Vorrang, wenn die Zinsen für Forderungen gezahlt werden, die Teil des Betriebsvermögens einer Betriebsstätte des im anderen Staat ansässigen Gläubigers der Kapitalforderung sind. Dies muss steuerlich nicht unbedingt nachteilig sein, denn nach Art. 7 OECD-MA wird eine Besteuerung auf Nettobasis vorgenommen, so dass sich – anders als bspw. nach Art. 11 OECD-MA- Refinanzierungszinsen steuermindernd auswirken können.

Art. 11 Abs. 6 OECD-MS schließlich enthält eine Sonderregel für den Fall, dass die für die Überlassung des Kapitals vereinbarten Zinsen aufgrund besonderer Beziehungen zwischen dem Schuldner und dem Nutzungsberechtigten nicht dem Maßstab des Fremdvergleichs standhalten. Der Zinsartikel gilt dann nur für den angemessenen Zins, der übersteigende Betrag hingegen ist nach dem Recht eines jeden Vertragsstaates unter Berücksichtigung der anderen Bestimmungen des Abkommens zu behandeln.[85]

III. Gewinnrepatriierung bei Kapitalgesellschaften

Wenn ausländische Investoren inländische Kapitalgesellschaften erwerben, stellt sich stets die Frage der steuerlichen Behandlung der Gewinnrepatriierung. Da für diesen **Inbound-Fall** im deutschen Steuerrecht Besonderheiten beste-

---

[83] „Tragen" meint in diesem Zusammenhang nicht „zahlen", vgl. *Pöllath* in: Vogel/Lehner, DBA, Art. 11 OECD-MA Rz. 107. Entscheidend ist auch nicht der Betriebsausgabenabzug, sondern allein die wirtschaftliche Belastung (etwa bei Weiterbelastung durch das Stammhaus).

[84] Hat der Empfänger der Zinsen Refinanzierungsaufwendungen zu tragen, werden diese vom Quellenstaat wegen der Bruttobesteuerung nicht berücksichtigt. Im Ansässigkeitsstaat wiederum entsteht aufgrund der Refinanzierung ggf. kein oder nur ein geringer Gewinn, so dass es häufig in geringem Ausmaß zu Doppelbesteuerungen kommt.

[85] Bei Differenzen zwischen den Vertragsstaaten bleibt nur das Verständigungsverfahren vgl. *Pöllath* in: Vogel/Lehner, DBA, Art. 11 OECD-MA Rz. 130. Art. 11 Abs. 6 OECD-MA enthält keine Rechtsgrundlage zur Einkunftsberichtigung. Eine solche ist im nationalen Recht der Vertragsstaaten zu suchen, vgl. *Reith*, Int. SteuerR, Rz. 4.538.

hen, die von der internationalen Praxis der meisten Staaten abweichen, werden diese Besonderheiten im Folgenden kurz skizziert.

69 Gewinnausschüttungen einer inländischen Kapitalgesellschaft an einen ausländischen Anteilseigner unterliegen gemäß § 43 Abs. 1 Satz 1 Nr. 1 EStG der **Kapitalertragsteuer** i. H. von 25 % (plus Solidaritätszuschlag), die im Grundsatz **abgeltende Wirkung** hat. Zwar sieht bei im europäischen Ausland ansässigen Anteilseignern die **Mutter-Tochter-Richtlinie** (umgesetzt in § 43b EStG) u. U. eine **Quellensteuerreduzierung** auf 0 % bzw. das anwendbare **DBA** eine Quellensteuerreduzierung für **Portfoliodividenden** bzw. für **Schachteldividenden** vor, jedoch stellt § 50d EStG insoweit im Wege eines treaty overrides Sonderregeln für die Besteuerung auf.

70 Die Vorschrift des § 50d EStG ist sehr systematisch aufgebaut. Sie bestimmt in ihrem Absatz 1 Satz 1, dass der Quellensteuerabzug gemäß nach nationalem Recht auch für den Fall des Bestehens eines DBA bzw. für den Fall des Verbots eines Quellensteuerabzugs aufgrund europarechtlich vorgegebener Vorschriften (§§ 43b, 50g EStG) durchzuführen ist. Eine **Verletzung des DBA** und damit des Völkerrechts wird jedoch – jedenfalls nach Auffassung der Finanzverwaltung – durch § 50d Abs. 1 Satz 2 EStG verhindert, wonach der Anspruch des beschränkt Steuerpflichtigen auf völlige oder teilweise Erstattung der zu seinen Lasten abgeführten Steuer unberührt bleibt.[86]

71 Um seinem solchermaßen begründeten Anspruch zur Geltung zu verhelfen, muss der Steuerpflichtige (Vergütungsgläubiger) nach amtlich vorgeschriebenem Vordruck einen **Erstattungsantrag** beim **Bundeszentralamt für Steuern** stellen, § 50d Abs. 1 Satz 3 EStG.[87] Der Erstattungsantrag unterliegt den formalen Voraussetzungen des § 50d Abs. 4 EStG (Nachweis der Ansässigkeit des Steuerpflichtigen im Ausland). Die Erstattung erfolgt rechtstechnisch auf Grundlage eines sog. **Freistellungsbescheids** (§ 50d Abs. 1 Satz 3 und 4 EStG). Es ist zu beachten, dass das **Erstattungsverfahren** ein von dem Steuerabzugsverfahren verwaltungstechnisch getrenntes Verfahren ist: Das Erstattungsverfahren richtet sich allein an die Person des Vergütungsgläubigers.[88] Darüber hinaus kann der Vergütungsschuldner im Fall der §§ 43b, 50a Abs. 4, 50g EStG bzw. für den Fall des Bestehens eines DBA nach § 50d Abs. 2 Satz 1 EStG beim Bundeszentralamt für Steuern den Antrag stellen, den Quellensteuerabzug a priori nicht vornehmen zu müssen (sog. **Freistellungsverfahren**). Wird dem Antrag entsprochen, wird eine sog. **Freistellungsbescheinigung** erteilt. Sie

---

86) Der Vermeidung von Zinsverlusten dient § 50d Abs. 1a EStG (Verzinsung von Erstattungen).
87) Der Antrag ist nach § 50d Abs. 1 Satz 7 EStG fristgebunden.
88) Vgl. dazu *Frotscher*, Int. SteuerR, Rz. 133; *Reith*, Int. SteuerR, Rz. 13.39; *Strunk* in: Korn, EStG, § 50d Rz. 14.

kann dem Vergütungsschuldner einmalig (sog. Einmalfreistellung) oder dauerhaft (sog. Dauerfreistellung) und damit höchstens für drei Jahre erteilt werden.[89]
Besondere Voraussetzungen für die Quellensteuerreduzierung stellt vor diesem verfahrensrechtlichen Hintergrund § 50d Abs. 3 EStG auf. Danach hat eine ausländische Gesellschaft keinen Anspruch auf völlige oder teilweise Entlastung nach Absatz 1 oder Absatz 2 der Norm, soweit

- Personen an ihr beteiligt sind, denen die Erstattung oder Freistellung nicht zustände, wenn sie die Einkünfte unmittelbar erzielten, und die von der ausländischen Gesellschaft im betreffenden Wirtschaftsjahr erzielten Bruttoerträge nicht aus eigener Wirtschaftstätigkeit stammen, sowie
- in Bezug auf diese Erträge für die Einschaltung der ausländischen Gesellschaft wirtschaftliche oder sonst beachtliche Gründe fehlen oder
- die ausländische Gesellschaft nicht mit einem für ihren Geschäftszweck angemessen eingerichteten Geschäftsbetrieb am allgemeinen wirtschaftlichen Verkehr teilnimmt.

Die Vorschrift ist gesetzgeberisch als völlig misslungen zu bezeichnen[90] – die Praxis hat mir erheblichen Anwendungsproblemen zu kämpfen, die auch verwaltungsseitig nicht beseitigt worden sind.[91]

Ungeachtet des Abkommensrechts können ausländische Gläubiger von Kapitalerträgen i. S. des § 43 Abs. 1 EStG nach der unilateralen Regelung des § 44a Abs. 9 EStG **zwei Fünftel** der einbehaltenen und abgeführten Kapitalertragsteuer erstattet erhalten, jedoch gilt auch dies nur unter den Voraussetzungen des § 50d Abs. 3 EStG.

F. Typische internationale Akquisitionsstrukturen (Auswahl)

Nachstehend werden einige Beispiele für typische, steuergetriebene **Akquisitionsstrukturen** in Kurzform dargestellt. Einen Schwerpunkt bildet dabei insoweit, wie auch in der Praxis üblich, die steueroptimierte **Inbound-Akquisitionsfinanzierung**.

---

89) Bei geringer Vergütungshöhe ist ferner eine Abstandnahme vom Steuerabzug i. R. des sog. Kontrollmeldeverfahrens nach § 50d Abs. 5 und 6 EStG möglich.
90) Kritik bei *Lüdicke*, IStR 2012, 81 ff.
91) S. BMF-Schreiben v. 24.1.2012, BStBl. I 2012, 99.

I. Outbound-Finanzierung (USA/Luxemburg/Deutschland)
1. Strukturchart

76

Abbildung 1

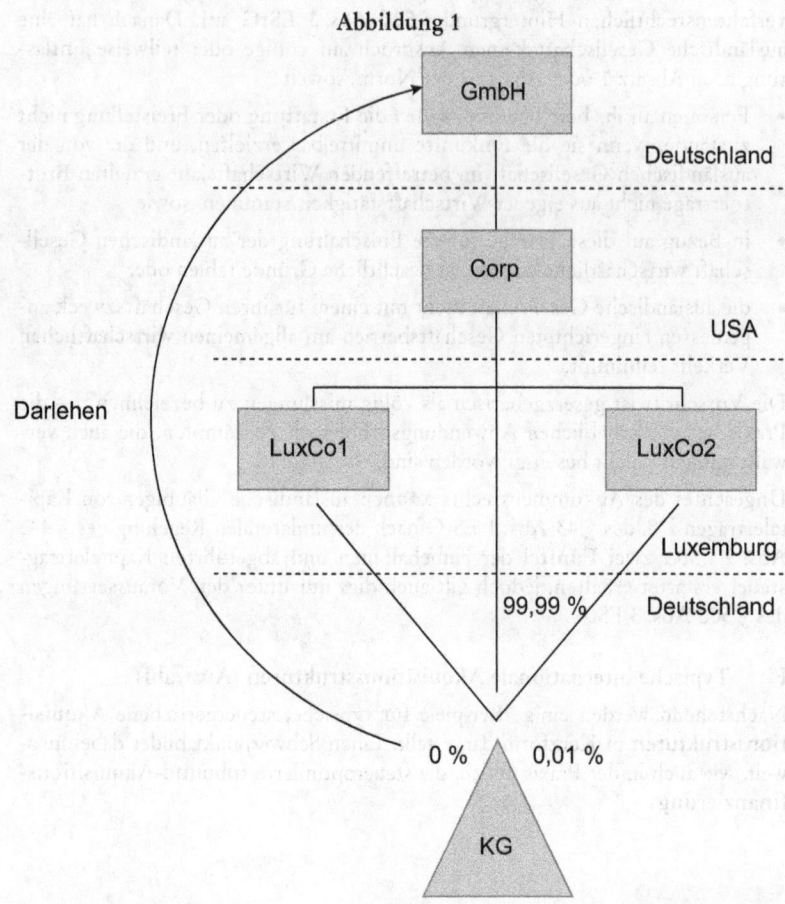

2. Erläuterungen

77 Die Struktur zielt auf die Erfordernisse einer internationalen Unternehmensgruppe mit einer inländischen Muttergesellschaft (Kapitalgesellschaft) und US-amerikanischen Tochtergesellschaften ab, wobei Letztere eine Kapitalspritze benötigen. Das Ziel der Struktur besteht daher darin, auf der Ebene der Tochtergesellschaften **abzugsfähige Betriebsausgaben** in Gestalt von Zinsen zu generieren, ohne gleichzeitig nachteilige Steuerfolgen in Deutschland zu kreieren.

Die Struktur wird aufgesetzt, indem durch eine amerikanische Tochtergesell- 78
schaft in der Rechtsform einer Kapitalgesellschaft (Corp) zwei Luxemburger
Kapitalgesellschaften (LuxCo 1 und 2) gegründet werden. Im Anschluss gründen
LuxCo 1 und 2 gemeinsam mit der Corp eine inländische KG, wobei LuxCo 1
die Komplementärin wird und LuxCo 2 gemeinsam mit der Corp in die Kommanditistenstellung eintreten. Zudem wird die Corp zur geschäftsführenden
Kommanditistin bestellt, was aus deutscher steuerlicher Sicht dazu führt, dass
es sich bei der KG um eine sog. **gewerblich entprägte Personengesellschaft**
handelt, die ihren Gesellschaftern keine gewerblichen Einkünfte i. S. des § 15
EStG vermittelt. Entsprechend ist auch das Gewerbesteuergesetz auf die KG
nicht anwendbar.

Aus US-amerikanischer Sicht wird auf die inländische KG das sog. **check-the-** 79
box-Verfahren angewendet und die KG damit, obwohl es sich aus der Sicht der
USA um eine ausländische Gesellschaft handelt, als eigenständiges Steuersubjekt angesehen. Die Corp wird sodann ein Bankdarlehen aufnehmen oder vorhandene liquide Mittel nutzen, um eine Kapitaleinlage bei der KG vorzunehmen.
Die KG wiederum verwendet die Einlage, um ein Darlehen an die inländische
Muttergesellschaft der Unternehmensgruppe auszureichen – der Darlehensnehmer kann jedoch auch eine andere inländische Gesellschaft der Gruppe sein.

Aus US-amerikanischer Sicht sind die Zinszahlungen, die die Corp an die Bank 80
entrichtet, im Grundsatz unbeschränkt als Betriebsausgaben abzugsfähig und
mindern damit den Gewinn. Solange die KG tatsächlich keine Auszahlungen
(Entnahmen aus deutscher Sicht, Gewinnausschüttungen aus amerikanischer
Sicht) an die Corp tätigt, erzielt die Corp auch keine steuerpflichtigen Einnahmen. Aus deutscher Sicht handelt es sich bei den Zinseinnahmen, die die
KG aus der Vergabe des Darlehens an die deutsche Muttergesellschaft erzielt,
um Kapitaleinkünfte nach § 20 Abs. 1 Nr. 7 EStG, weil die KG weder gewerblich tätig noch gewerblich geprägt ist. Zudem wird die KG nach der Strukturidee aus Luxemburg heraus gemanagt, so dass es nicht zur Entstehung einer inländischen **Geschäftsleitungsbetriebsstätte** kommt. Die von der KG erzielten
Zinseinnahmen stehen daher nicht mit inländischen Einkünften oder einer inländischen Betriebsstätte im Zusammenhang. Ungeachtet dessen unterliegen
die Zinsen aufgrund des US-amerikanischen-deutschen DBA nicht der deutschen Besteuerung, soweit die Zinsen auf die 99,99 %ige Beteiligung der Corp
an der KG entfallen.

Auf der Ebene der inländischen GmbH hingegen sind die Zinsen in den Gren- 81
zen der **Zinsschranke** (§ 4h EStG) vollständig abzugsfähig und mindern damit
die körperschaftsteuerliche Bemessungsgrundlage. Für Gewerbesteuerzwecke
hingegen erfolgt eine **Hinzurechnung** von 25 % der gezahlten **Dauerschuldzinsen** nach den allgemeinen Regeln. Weitere nachteilige Konsequenzen der
Struktur ergeben sich aus deutscher Sicht nicht. Zur Vermeidung des § 42 AO
sollte in Luxemburg Substanz nachgewiesen werden, was jedoch in der Regel

Haase

darstellbar sein sollte. Die §§ 7 ff. AStG sind auf die in den USA erzielten Zinsen nicht anwendbar, da keine Niedrigbesteuerung vorliegen dürfte. Selbst bei Anwendung der Hinzurechnungsbesteuerung aber dürfte der wirtschaftliche Effekt gering sein, weil die Corp nur eine geringe, gleichwohl dem Fremdvergleich standhaltende Marge erzielt. Zudem sind allgemein auf allen Ebenen die jeweiligen Kapitalerhaltungsregeln zu beachten.

II. Struktursimplifizierung mit Personengesellschaften
1. Strukturchart

82

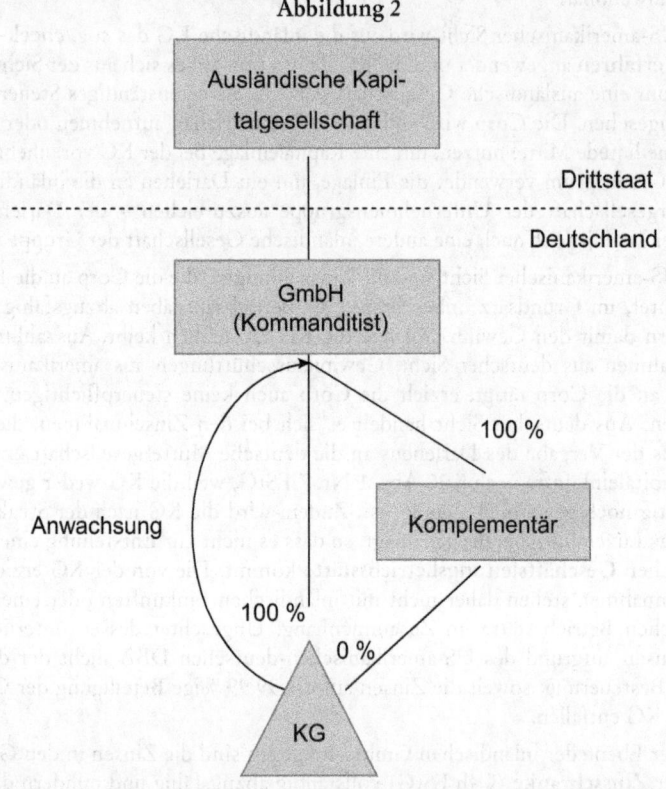

Abbildung 2

2. Erläuterungen

Nicht selten halten inländische Kapitalgesellschaften, die von ausländischen Investoren erworben werden, noch eine oder mehrere inländische KG als Tochtergesellschaften. Insbesondere bei US-amerikanischen Investoren aber sind Personengesellschaften kaum jemals die bevorzugte Rechtsform, so dass in der Praxis häufig der Wunsch entsteht, das Vermögen der KG auf die darüber liegende Ebene und damit eine Kapitalgesellschaft zu übertragen. Als vergleichsweise einfacher Mechanismus zur Erreichung dieses Ziels dient die **Anwachsung** nach § 738 BGB. 83

Da eine Personengesellschaft deutscher Prägung stets mindestens zwei Gesellschafter haben muss, wächst das Vermögen der Personengesellschaft mit allen Aktiva und Passiva automatisch dem verbleibenden Gesellschafter an, wenn der vorletzte Gesellschafter aus der Personengesellschaft austritt. Dies geschieht unabhängig von der Frage, ob der ausscheidende Gesellschafter dafür eine Gegenleistung erhält oder nicht. Die Personengesellschaft erlischt in jedem Fall ipso jure, so dass es keines weiteren Rechtsaktes mehr bedarf. In der Praxis wird die Anwachsung meist so vollzogen, dass die Komplementär-GmbH, die meist ohnehin nicht am Vermögen der KG beteiligt ist, austritt, so dass das Vermögen zur Gänze dem verbleibenden Kommanditisten anwächst. 84

Die Anwachsung hat gegenüber der **Übertragung von Einzelwirtschaftsgütern** oder Maßnahmen nach dem **Umwandlungsgesetz** bzw. Umwandlungssteuergesetz den Vorteil einer vergleichsweise unbürokratischen, effektiven und kostengünstigen Gesamtrechtsnachfolge, so dass im Beispiel eine verschlankte Struktur mit einer geringeren Anzahl inländischer Gesellschaften entsteht. Dies wirkt sich insbesondere auf die Unterhaltungskosten der Struktur aus. In steuerlicher Hinsicht wird auf der Ebene der übernehmenden GmbH zudem Abschreibungspotenzial bzgl. der KG-Beteiligung generiert, während die Übertragung der einzelnen Wirtschaftsgüter der früheren KG auf die GmbH steuerneutral erfolgt. Zu bedenken sind weiterhin: 85

- Vermeidung der Grunderwerbsteuer durch entsprechende Strukturierung;
- Untergang von Verlustvorträgen auf KG-Ebene.

III. Steueroptimierte Inbound-Akquisitionsfinanzierung (1)
1. Strukturchart

86

Abbildung 3

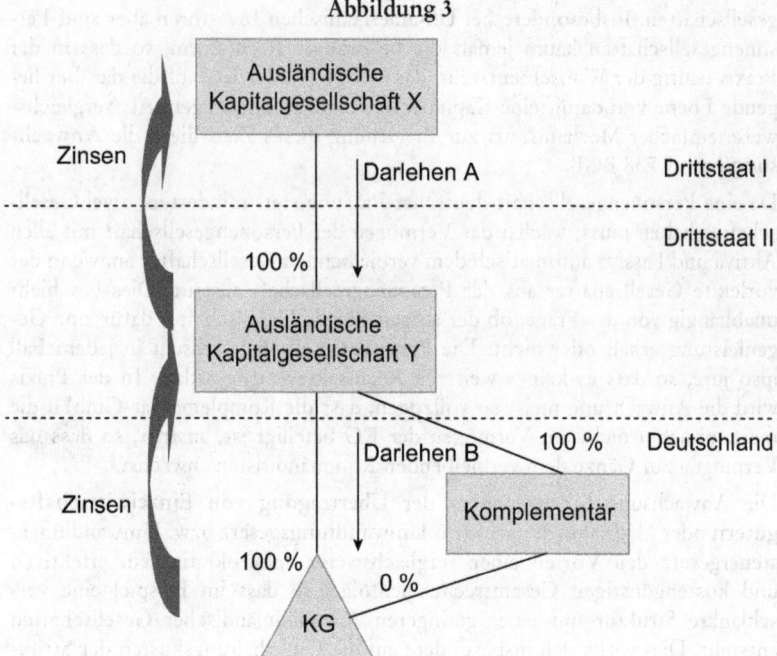

2. Erläuterungen

87 Die Zinszahlungen auf das Darlehen A qualifizieren als **Sonderbetriebsausgaben** bezogen auf die Anteile der ausländischen Kapitalgesellschaft Y an der inländischen KG. Sie unterliegen den allgemeinen Beschränkungen der **Zinsschranke** nach § 4h EStG, sind aber auch bereits generell nach § 3c EStG nicht zum Abzug zuzulassen, weil sie in **unmittelbarem wirtschaftlichen Zusammenhang** mit den Zinseinnahmen stehen, welche die ausländische Kapitalgesellschaft Y erzielt. Da das Recht zur Besteuerung dieser Zinseinnahmen nach den meisten deutschen Doppelbesteuerungsabkommen dem Drittstaat II zusteht, und auch eine abkommensrechtliche Steuerfreistellung nach h. M. eine Steuerfreiheit i. S. des § 3c EStG begründet, sind die Zinsen im Inland nicht steuerlich absetzbar.

88 Hinsichtlich der Zinszahlungen auf das Darlehen B ist festzuhalten, dass es sich um **Sondervergütungen** nach § 15 Abs. 1 Satz 1 Nr. 2 Halbs. 2 EStG handelt. Aufgrund der Umqualifizierung in gewerbliche Einkünfte jedoch reduzieren die Zinszahlungen nicht die inländische Bemessungsgrundlage, so dass auch eine Anwendung der Zinsschranke ausscheidet.

Auch das BMF-Schreiben zur Anwendung der Zinsschranke vom 4.7.2008[92] 89
kommt zu diesem Ergebnis. In Tz. 19 des Schreibens wird ausgeführt, dass
Zinszahlungen, die nach den allgemeinen Regeln in gewerbliche Einkünfte um-
qualifiziert werden, nicht als Zinsen für Zwecke der Zinsschranke und auch
nicht als Zinsen des Mitunternehmers angesehen werden können. Der frühere
Entwurf eines BMF-Schreibens sah diesbezüglich noch die Einschränkung vor,
dass dies nur gelten solle, wenn und soweit Deutschland das Besteuerungsrecht
an den Zinsen nicht aufgrund der Umqualifizierung verliert; diese Einschränkung war in der Endfassung jedoch nicht mehr enthalten.

Sofern das jeweils anwendbare DBA die Besteuerung im Inland ausschließt, 90
sich die Gesetzeslage nicht ändert oder aufgrund besonderer Umstände die allgemeine Missbrauchsvorschrift des § 42 AO eingreift, kann daher die Zinsschranke durch die genannte Struktur umgangen werden.

IV. Steueroptimierte Inbound-Akquisitionsfinanzierung (2)
1. Strukturchart

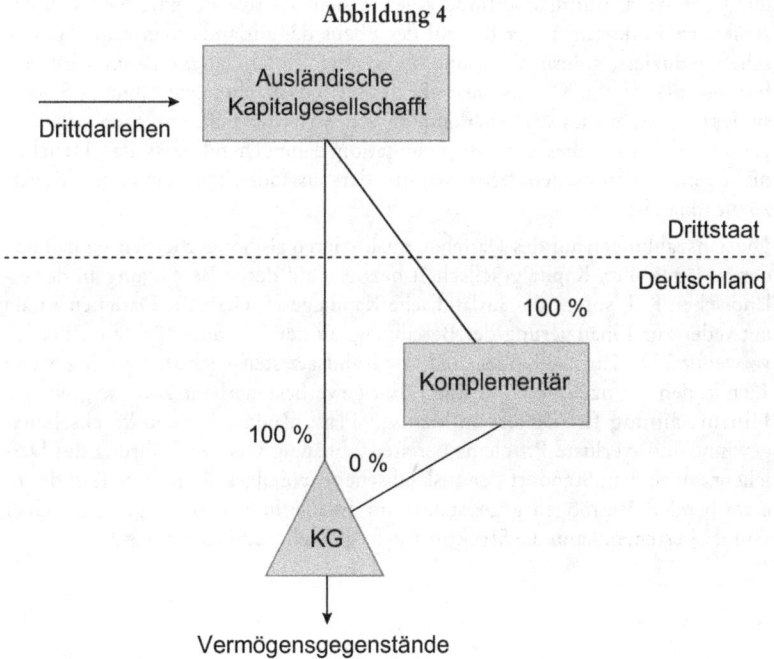

Abbildung 4 91

---

92) BMF v. 4.7.2008, BStBl. I 2008, 718.

2. Erläuterungen

92 Die Grundidee der Struktur besteht in einem sog. **double dip**, d. h. der zweifachen Geltendmachung von Zinszahlungen. Die Struktur ist geeignet für ausländische Investoren, die inländische Wirtschaftsgüter über eine inländische KG erwerben wollen, wobei der Erwerb fremdfinanziert werden soll. Das hierfür notwendige Darlehen kann von fremden Dritten ausgereicht werden, jedoch sind auch verbundene Unternehmen denkbar, solange der **Fremdvergleich** gewahrt wird.

93 Sofern die ausländische Kapitalgesellschaft das Darlehen aufnimmt, sind die Zinszahlungen für gewöhnlich grundsätzlich im Drittstaat abzugsfähig, jedoch kann es Beschränkungen der Abzugsfähigkeit nach ausländischem Recht geben. Eine saubere **Dokumentation** ist erforderlich, damit das Darlehen für steuerliche Zwecke nicht einer inländischen Betriebsstätte der ausländischen Kapitalgesellschaft zugeordnet wird. Zudem ist es für das Gelingen der Struktur erforderlich, dass das anwendbare DBA für ausländische Betriebsstätteneinkünfte im Drittstaat die Freistellungsmethode vorsieht. Doch selbst unter Anwendung der **Anrechnungsmethode** ergeben sich positive Effekte, weil sich das steuerbare Einkommen der KG auf der Ebene der ausländischen Kapitalgesellschaft reduziert, sofern nur grundsätzlich der Zinsabzug anerkannt wird. Sofern die inländische KG aus der Sicht des Drittstaats ein eigenständiges Steuersubjekt ist, steht dies der Anerkennung der Struktur nicht entgegen – im Gegenteil erleichtert dies eine Argumentation dahingehend, dass das Darlehen nicht einer inländischen Betriebsstätte der ausländischen Kapitalgesellschaft zuzuordnen ist.

94 Die Zinszahlungen auf das Darlehen qualifizieren als Sonderbetriebseinnahmen der ausländischen Kapitalgesellschaft bezogen auf deren Beteiligung an der inländischen KG, sofern die ausländische Kapitalgesellschaft die Darlehensvaluta entweder zur Finanzierung der Beteiligung an der KG oder für deren Betrieb verwendet. Die Zinszahlungen sind im Grundsatz steuerlich abzugsfähig, wenn auch in den Grenzen des § 4h EStG. Für gewerbesteuerliche Zwecke greift die **Hinzurechnung für Dauerschuldzinsen** Platz. Zudem können Wechselkursgewinne und -verluste Probleme bereiten, abhängig von der Währung des Darlehens sowie dem Standort der ausländischen Kapitalgesellschaft. Sofern die zu erwerbenden Vermögensgegenstände im Inland in der Beteiligung an einer GmbH bestehen, kann die Struktur wie folgt leicht modifiziert werden:

Abbildung 5

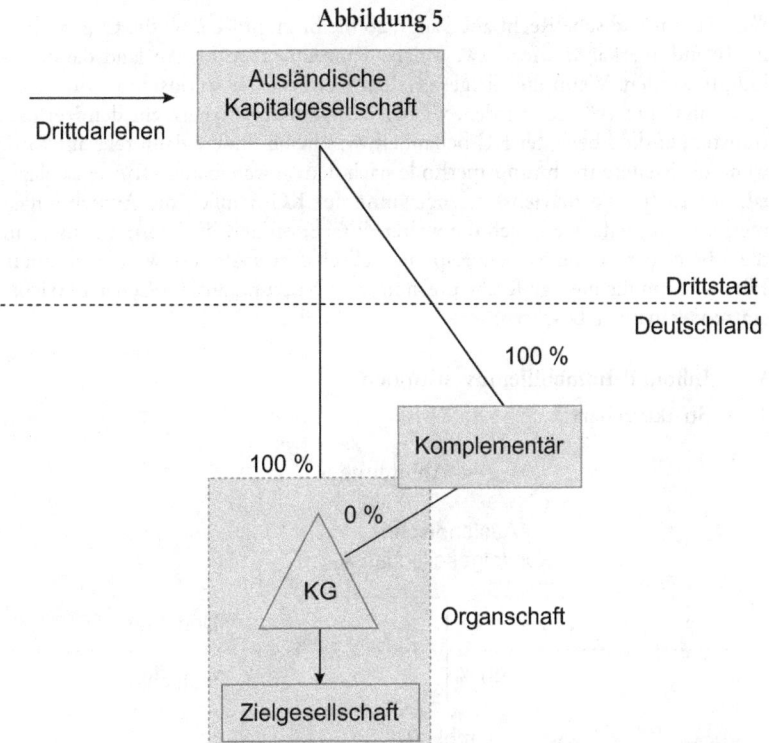

Die zwischen der Zielgesellschaft und der KG zu gründende **Organschaft** führt 96
im Grundsatz zu einer Ergebnissaldierung auf der Ebene inländischen KG, jedoch sind die folgenden Aspekte zu berücksichtigen: Erstens muss die KG tatsächlich einer originär gewerblichen Tätigkeit in nicht zu vernachlässigendem Umfang nachgehen, um Organträger der Organschaft zu sein. Details dieser Tätigkeit sollten zu Nachweiszwecken detailliert aufgezeichnet werden. Sofern die KG eine reine **Holdingtätigkeit** ausübt, muss sie die von der Rechtsprechung aufgestellten Kriterien einer sog. geschäftsleitenden Holding erfüllen, so dass sie wenigstens zwei Beteiligungen geschäftlich führen muss. Zweitens ist zu bedenken, dass die Beteiligung an der Zielgesellschaft **funktional** der inländischen Betriebsstätte der ausländischen Kapitalgesellschaft (in Gestalt der KG) zugeordnet sein muss. Die Tätigkeit der Zielgesellschaft muss sich daher wirtschaftlich betrachtet in die Tätigkeit der ausländischen Kapitalgesellschaft einfügen und diese ergänzen. Anderenfalls würde die Beteiligung nicht der Betriebsstätte der KG, sondern der ausländischen Kapitalgesellschaft direkt zugeordnet.

97 Was das ausländische Recht anbelangt, so bleibt zu prüfen, ob die Organschaft im Inland anerkannt wird bzw. welche Konsequenzen im Ausland daran geknüpft werden. Wenn die Zielgesellschaft sich in einer Verlustsituation befindet, muss etwa erörtert werden, wie das ausländische Steuerrecht den Verlusttransfer auf die Ebene der KG behandelt, was insbesondere dann relevant wird, wenn die **Steueranrechnungsmethode** nach dem anwendbaren DBA einschlägig ist. Sofern für die Betriebsstättengewinne der KG nämlich die Anrechnungsmethode eingreift, stellt sich die weitere Frage, ob und inwiefern Verluste auf die Ebene der ausländischen Kapitalgesellschaft transferiert werden können. Hier ist dann die jüngere Rechtsprechung zur **Nutzung ausländischer Betriebsstättenverluste** zu beachten.[93]

V. Inbound-Immobilieninvestitionen
1. Strukturchart

98 Abbildung 6

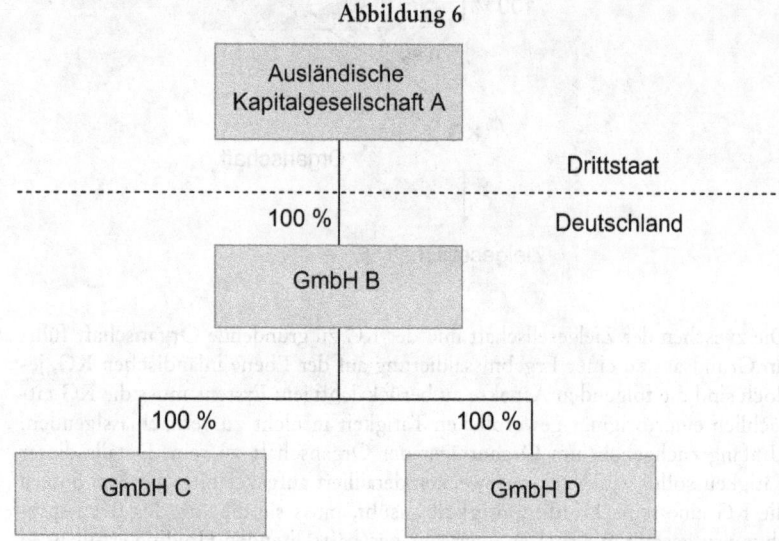

2. Erläuterungen
99 Die Struktur eignet sich für ausländische (institutionelle) Investoren, die inländischen Grundbesitz erwerben möchten bzw. **wirtschaftliche Kontrolle** über Grundvermögen ausüben wollen. Der Käufer kann ein in- oder ausländischer Investor sein, der eine inländische Unternehmensstruktur bereits aufgesetzt hat.

---

93) Vgl. BFH, BFH/NV 2010, 1742 ff. und BFH, BFHE 230, 35.

GmbH D ist die Gesellschaft, die auf Verkäuferseite den Grundbesitz halten soll. Die Grundidee der Struktur besteht darin, im gemeinschaftlichen Zusammenwirken zwischen Verkäufer und Käufer deutsche Grunderwerbsteuer zu vermeiden. Da nach dem Gesetz beide Parteien die Grunderwerbsteuer schulden, haben auch beide Parteien ein eigenes Interesse an der Vermeidung.

In einem ersten Schritt, der allein vom Verkäufer vorgenommen wird, soll GmbH D in eine KG umgewandelt werden. Der **Formwechsel** ist im Grundsatz steuerneutral für Zwecke der Einkommen- bzw. Körperschaftsteuer, und er löst auch keine Grunderwerbsteuer aus, weil sich das Rechtssubjekt nicht ändert. Zwei Gesellschafter sind notwendig, um im Zuge des Formwechsels die Personengesellschaft entstehen zu lassen. GmbH C wird neuer Komplementär der KG, während GmbH B die Kommanditistenstellung einnehmen wird. Wie in der Praxis üblich, wird der Komplementär vermögensmäßig nicht am Vermögen der KG partizipieren. Nach der Umwandlung sieht die Struktur entsprechend wie folgt aus: 100

Abbildung 7 101

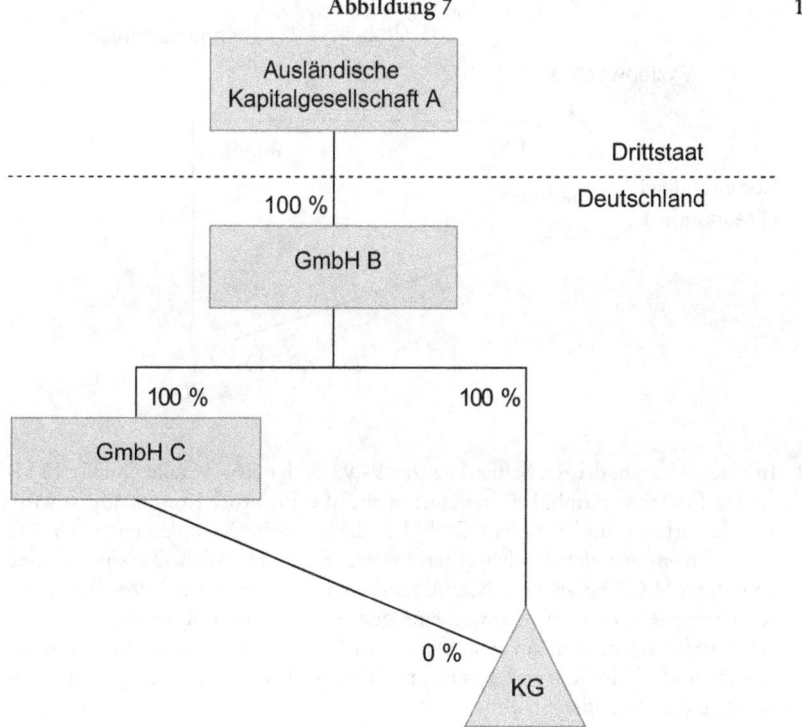

102 In einem zweiten Schritt, der ebenfalls vom Verkäufer durchgeführt wird, wird ein Zwerganteil an der KG (<0,01 %) von GmbH B auf GmbH C übertragen. Zugleich wird vereinbart, dass GmbH C diesen Anteil lediglich **treuhänderisch** für GmbH B hält. Nach dieser Übertragung tauschen die beiden GmbH ihre Rollen, so dass GmbH B zum Komplementär und GmbH C zur neuen Kommanditistin wird. Weder die Übertragung des Zwerganteils noch der Rollentausch löst inländische Steuern aus, so dass sich die Struktur nunmehr wie folgt darstellt:

103

Abbildung 8

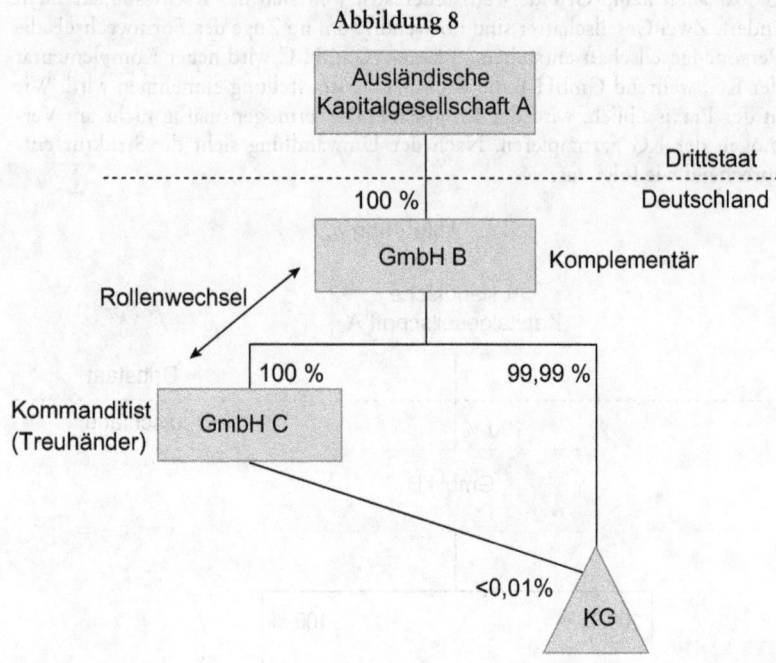

104 In einem letzten, dritten Schritt werden 94,99 % der KG-Anteile von GmbH B an den Erwerber (GmbH E) verkauft, wobei der Erwerber Kommanditist wird. Der Erwerber gründet zudem GmbH F, die der neue Komplementär der KG wird. Zudem gründet der Erwerber, sofern er eine natürliche Person ist, eine neue GmbH G, die als geschäftsführende Kommanditistin bei der KG eingesetzt wird. Auf diese Weise wird eine **gewerbliche Prägung** nach § 15 Abs. 3 Nr. 2 EStG vermieden. Im Anschluss wird GmbH B wiederum zum Komplementär und die in Schritt 2 vereinbarte Treuhand wird wieder aufgelöst. Dies führt zu der folgenden Struktur:

Abbildung 9

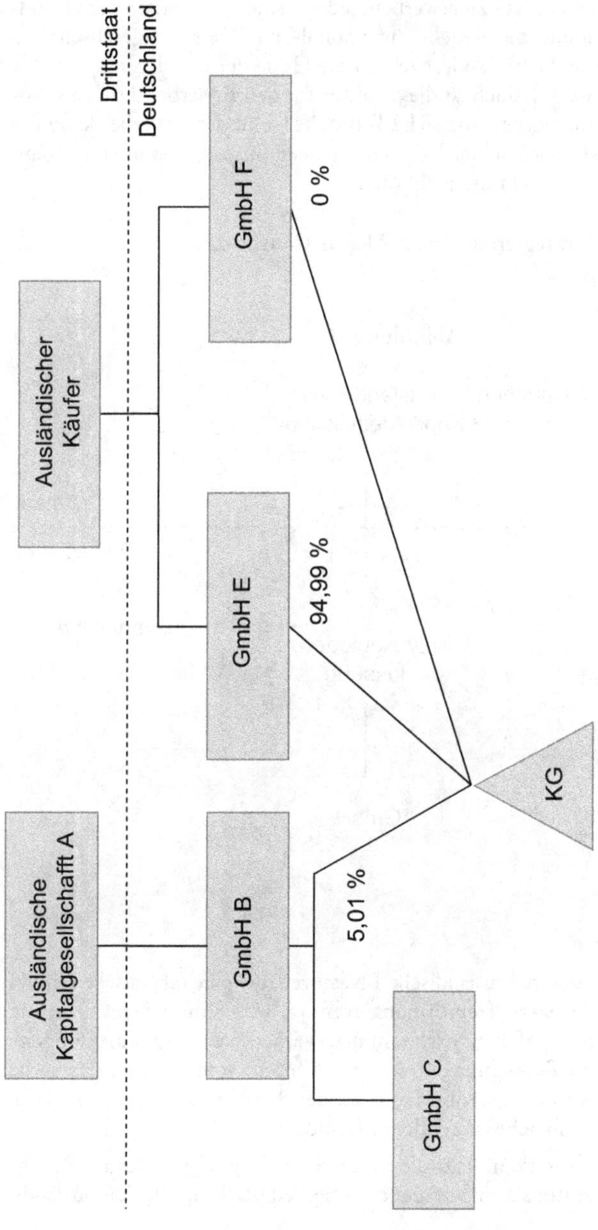

106 Es ist zu konstatieren, dass diese Struktur es einem Käufer nicht gestattet, 100 % der Anteile an der KG zu erwerben, jedoch sind hinsichtlich der Grunderwerbsteuervermeidung die Regeln für Kapital- und Personengesellschaften ähnlich, soweit es um die 95 %-Grenze und die Höhe der Beteiligung geht (§ 1 Abs. 2a und 3 GrEStG). Jedoch ist die Struktur für den Erwerber durchaus vorteilhaft: GmbH C fungiert als sog. **RETT-Blocker**, und der Erwerber kann das Management der KG nach seiner Vorstellung beeinflussen, was in einer Kapitalgesellschaftsstruktur nicht möglich wäre.

VI. Double-dip-Strategien in einem Akquisitionsprozess
1. Strukturchart

107

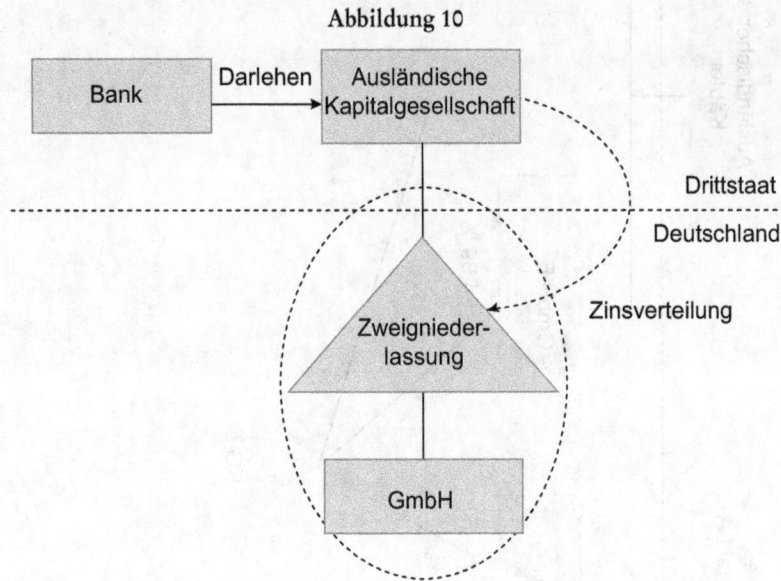

Abbildung 10

2. Erläuterungen

108 Die Struktur eignet sich für ausländische Investoren, die eine inländische GmbH erwerben und den Erwerb **fremdfinanzieren** wollen. Sofern Strukturierung und Dokumentation sorgfältig vorgenommen werden, kann ggf. eine doppelte Abzugsfähigkeit von Zinszahlungen erreicht werden, sofern die ausländische Kapitalgesellschaft bspw. in Großbritannien, den USA, in Belgien, in Kanada, in Italien, in Spanien, in Schweden oder in Irland ansässig ist.

109 Um die Struktur aufzusetzen, setzt die ausländische Kapitalgesellschaft eine **inländische Betriebsstätte** als eingetragene Zweigniederlassung auf. Die ausländische Kapitalgesellschaft leiht sich sodann Geldmittel von einer Bank oder einer verbundenen Unternehmung und legt das Geld in die inländische Betriebsstätte ein. Die Betriebsstätte wiederum verwendet das Geld zum Erwerb der Zielgesellschaft. Im letzten Schritt schließen die Zielgesellschaft und die ausländische Kapitalgesellschaft über die inländische Betriebsstätte eine Organschaft, die den Anforderungen des § 18 KStG insbesondere im Hinblick auf die funktionale Zuordnung genügen muss.

Nach dem einschlägigen ausländischen Recht sollte die Struktur dazu führen, dass die Zinszahlungen an die Bank von der Bemessungsgrundlage für die Besteuerung der ausländischen Kapitalgesellschaft abgezogen werden können. Sofern das anwendbare DBA für Betriebsstättengewinne die **Anrechnungsmethode** vorsieht, fließen in das Ergebnis der ausländischen Kapitalgesellschaft auch die inländischen Einkünfte der Betriebsstätte ein. Aus deutscher Sicht können die Zinszahlungen im Inland ebenfalls zum Abzug gebracht und mit den Einkünften der Organgesellschaft auf der Ebene der Betriebsstätte saldiert werden – als Grenze der Abzugsfähigkeit wirkt nur die allgemeine Regel des § 4h EStG, wobei der **Organkreis** für Zwecke der Zinsschranke als ein Betrieb angesehen wird. Neben der bereits genannten funktionalen Zuordnung muss zudem beachtet werden, dass die Betriebsstätte über hinreichend wirtschaftliche Substanz verfügt und dass das Darlehen nicht mit inländischem Grundbesitz grundpfandrechtlich besichert werden darf, weil anderenfalls eine inländische Steuerpflicht für die Zinsen entsteht.

110

§ 27 Steuerklauseln

Übersicht

A. Arten von Steuerklauseln 1
B. Zivilrechtliche Umsetzung 3
C. Steuerklauseln in der finanzgerichtlichen Rechtsprechung 4
  I. Steuerklauseln i. e. S. 4
    1. Grundsatzurteil des BFH vom 24.11.1992 4
    2. Offene Rechtsfragen 5
  II. Steuervermeidungsklauseln 8
    1. Grundsätzliche Zulässigkeit bei sachverhaltsgestaltenden Klauseln 8
    2. Ausnahmen 12
  III. Steuertragungsklauseln 17
D. Typische Steuerklauseln beim Unternehmenskauf (Praxisbeispiele) 18
  I. Ertragsteuern 18
    1. Share Deal 20
      a) (Einfache) Steuergarantie (verkäuferfreundlich) 21
      b) (Standard) Steuerfreistellung (ausgewogen) 22
      c) Klausel für Kooperationspflichten (ausgewogen) 23
      d) Steuerausgleichsmechanismen 24
      e) Steuerklausel in englischem Vertrag betreffend deutsches Recht 25
    2. Asset Deal 26
      a) Gewerbesteuerklausel 28
      b) Haftung nach § 75 AO 31
      c) Unterjähriger Anteilserwerb bei Personengesellschaften 33
  II. Umsatzsteuer 35
    1. Allgemeines 35
    2. Jüngste Entwicklungen 37
  III. Internationale Praxis 38

Literatur: *Balmes*, Steuerklauseln und Steuermißbrauch. Anmerkungen zum BFH-Urteil vom 24.11.1992 – IX R 30/88, DStZ 1993, 620; *Beisse*, Die wirtschaftliche Betrachtungsweise bei der Auslegung der Steuergesetze in der neueren deutschen Rechtsprechung, StuW 1981, 1; *Brück/Sinewe*, Steueroptimierter Unternehmenskauf, 2. Aufl., 2009; *Buyer*, Die Rückgewähr verdeckter Gewinnausschüttungen – eine unendliche Geschichte, DB 1994, 602; *Buyer*, Das Ende der Einlagefiktion in den Fällen der Rückgewähr verdeckter Gewinnausschüttungen, DB 1989, 1697; *Crezelius*, Steuerrechtliche Rechtsanwendung und allgemeine Rechtsordnung, 1983; *Dietrich*, Steuerklausel im Unternehmenskaufvertrag (Asset Deal und Share Deal), Ubg 2010, 711; *Döllerer*, Die verdeckte Gewinnausschüttung und ihre Rückabwicklung nach neuem Körperschaftsteuerrecht, DStR 1980, 395; *Eibelshäuser*, Wirtschaftliche Betrachtungsweise im Steuerrecht – Herkunft und Bedeutung, DStR 2002, 1426; *Fischer*, „Wirtschaftliche Betrachtungsweise" als gesetzliches Tatbestandsmerkmal der Grunderwerbsteuer – § 1 Abs. 2a Satz 2 GrEStG ist verfassungswidrig unbestimmt, DStR 1997, 1745; *Flick*, Steuer-Kongreß-Report, 1974; *Flume*, Die Steuerklausel und die steuerliche. Kautelarjurisprudenz, DB 1970, 77; *Furkel*, Zur Rückgängigmachung verdeckter Gewinnausschüttungen, BB 1973, 1541; *Gaffron*, Steuerklauseln als Gestaltungsmittel, DB 1971, 297; *Groh*, Die wirtschaftliche Betrachtungsweise im rechtlichen Sinne, StuW 1989, 227; *Gronstedt/Jürgens*, Die Gewährleistungshaftung bei Unternehmensverkäufen nach dem neuen Schuldrecht, ZIP 2002, 52; *Grotherr*, Vereinbarung von Steuerübernahme-/Steuerausgleichsklauseln bei drohenden verdeckten Gewinnausschüttungen nach § 8a KStG?, StB 2004, 175; *Hahn*, Das Scheingeschäft im steuerrechtlichen Sinne, DStZ 2000, 433; *Heuermann*, Simulation im Steuer- und Zivilrecht, DB 2007, 416; *Hey/Wendt/Prinz*, EStG/KStG, Kommentar, Jahresband 2013; *Hübschmann/ Hepp/Spitaler*: AO/FGO, Kommentar, Loseblatt, Stand: 227. EL, 5/2014; *Hülsmann*, Die Steuerklausel im Unternehmenskaufvertrag, DStR 2008, 2402; *Kirchhof*, Steuerumgehung und Auslegungsmethoden, StuW 1983, 173; *Kirchhof/Söhn/Mellinghoff*, EStG,

§ 27 Steuerklauseln

Kommentar, Loseblatt, Stand: 244. EL, 12/2013; *Knobbe-Keuk*, Bilanz- und Unternehmenssteuerrecht, 1991; *Kober*, Steuer- und Satzungsklauseln, Diss., 2006; *Kottke*, Steuerklauseln und Satzungsklauseln – eine Bestandsaufnahme nach neuem Recht, StW 1982, 224; *Lagemann*, Die Steuerklausel, Diss., 1971; *Lehner*, Wirtschaftliche Betrachtungsweise und Besteuerung nach der wirtschaftlichen Leistungsfähigkeit. Zur Möglichkeit einer teleologischen Auslegung der Fiskalzwecknorm, in: Festschrift Tipke, 1995, 237; *Lempenau*, Verdeckte Gewinnausschüttung – Sorgenkind der Körperschaftsteuerreform, BB 1977, 1209; *Maasen*, Zum Ringen um die Anerkennung von Steuerklauseln – Eine Analyse zum Stand der Meinungen, FR 1972, 78; *Niemann*, Steuerklauseln nach dem Inkrafttreten der Abgabenordnung 1977 und des Körperschaftsteuergesetzes 1977, 1. Aufl., 1981; *Paulick*, Die steuerrechtliche Zulässigkeit von Steuerklauseln in rechtsdogmatischer Sicht in: Steuerlast und Unternehmenspolitik, 1971; *Sauer*, Steuerklauseln – institutiones iuris tributarii, StuW 1975, 19; *Semler/Volhard*, Handbuch für Unternehmensübernahmen, Bd. 1, 2001; *Schütz*, Tatbestandsverhinderung und Rückabwicklung einer verdeckten Gewinnausschüttung, DStZ 2004, 14; *Theisen*, Steuerklauseln im Gesellschaftsvertrag der GmbH, GmbHR 1980, 132; *Triebel/Hölzle*, Schuldrechtsreform und Unternehmenskaufverträge, BB 2002, 521.

A. Arten von Steuerklauseln

1 Aufgrund der Vielzahl der wirtschaftlich denkbaren Sachverhalte ist auch der Einsatz von Steuerklauseln mannigfaltig.[1] Die folgenden Aussagen dürften dennoch allgemein und für alle rechtlichen Teildisziplinen Geltung beanspruchen und somit insbesondere die Besonderheiten des Unternehmenskaufs erfassen: Als „Steuerklausel" wird eine vertragliche Regelung bezeichnet, die Steuern[2] bzw. einen **steuerlichen Sachverhalt** zum Gegenstand hat oder die steuerliche Auswirkungen für eine der Vertragsparteien haben kann. Nach der Rechtsprechung des BFH dienen Steuerklauseln dazu, „**nachteilige Folgen bestehender**

---

1) Die Möglichkeit des Einsatzes, der Zulässigkeit und Wirkung von Steuerklauseln wird in all ihren Ausprägungen schon seit vielen Jahrzehnten diskutiert, vgl. statt vieler *Kober*, Steuer- und Satzungsklauseln; *Niemann*, Steuerklauseln nach dem Inkrafttreten der Abgabenordnung 1977 und des Körperschaftsteuergesetzes 1977; *Lagemann*, Die Steuerklausel.

2) Meist verstanden i. S. der Legaldefinition des § 3 Abs. 1 AO. Insbesondere im internationalen Kontext aber ist es notwendig und üblich, im Vertrag zu definieren, welche Steuern erfasst sein sollen (so auch *Dietrich*, Ubg 2010, 711, 712, 715). Gerade bei ausländischen Vertragspartnern besteht nicht zwangsläufig Einigkeit über diesen Begriff, und ausländische Steuerrechte bestimmen seinen Inhalt oftmals abweichend von § 3 Abs. 1 AO und auch meist umfassender. Man sollte daher bei der Vertragsgestaltung jedenfalls auf § 3 Abs. 1 AO Bezug nehmen, die einzelnen in Betracht kommenden Steuerarten (beider Vertragsstaaten) nennen oder sich jedenfalls in einem weiten Verständnis auf „Steuern und andere Abgaben" beziehen. Die Definition von Steuern sollte im Zweifelsfall eher weiter denn enger ausfallen, und keinesfalls sollte sie in der Weise zu eng bemessen sein, etwa indem nur auf Ertragsteuern abgestellt wird. Es gibt im Ausland zahlreiche Quellensteuern, die strukturell nicht als Ertrag-, sondern als Verkehrssteuern ausgestaltet sind (z. B. die chinesische Business Tax, die auf die Erbringung von Dienstleistungen und den Transfer von immateriellen Wirtschaftsgütern erhoben wird). In einem solchen Fall besteht die Gefahr, dass die Anrechenbarkeit der Steuer in Deutschland versagt wird (einmal, weil die strukturelle Vergleichbarkeit mit der deutschen Einkommensteuer nicht gegeben ist, vgl. § 34c Abs. 1 EStG, und zum anderen, weil die Business Tax systematisch eine Steuer des Vergütungsschuldners ist).

Steuerrechtsunsicherheit oder Rechtsungewissheit zu vermeiden".[3] Inhalt der Steuerklausel wird häufig eine Abrede darüber sein, welche Vertragspartei die aufgrund des Rechtsgeschäfts entstehenden in- oder ausländischen Steuern zivilrechtlich oder **wirtschaftlich** zu tragen hat (hierfür wird nachstehend der Begriff der **Steuertragungsklausel** verwendet werden). Dies betrifft insbesondere den Unternehmenskauf.

Einen etwas anderen Zuschnitt haben Steuerklauseln, die die zivilrechtliche Wirksamkeit des Vertrags oder von Vertragsbestandteilen von dem Eintritt einer vereinbarten steuerlichen Behandlung oder Folge abhängig machen (hierfür wird nachstehend der Begriff der **Steuerwirkungsklausel** verwendet, meist auch als **Steuerklauseln i. e. S.** bezeichnet). Treffend als Steuervermeidungsklauseln zu bezeichnende Klauseln schließlich zielen explizit oder implizit auf die Vermeidung der Entstehung von Steuern bzw. einer bestimmten steuerlichen Behandlung ab.[4] Flankierend[5] vereinbart bzw. geregelt werden oftmals (Kauf-)Preisanpassungen, Informationsrechte und –pflichten,[6] Mitwirkungsrechte und –pflichten,[7] die Pflicht zur Rechnungsstellung,[8] Haftungsmindest- oder Haftungshöchstbeträge, Verjährungsregelungen oder Zahlungszeitpunkte. 2

B. Zivilrechtliche Umsetzung

Die zivilrechtliche Abbildung der Steuerklausel nun hängt maßgeblich von dem damit verfolgten Zweck ab. Abreden über Informationsrechte oder Zahlungszeitpunkte z. B. werden schlicht durch eine individualvertragliche Festschreibung getroffen. Betrifft die Steuerklausel hingegen die Zahlung von Steuern durch eine der Vertragsparteien oder umgekehrt gerade deren Vermeidung, arbeitet die Praxis (v. a. in **Unternehmenskaufverträgen**) meist mit selbstständigen, die gesetzlichen Gewährleistungsvorschriften überschreibenden **Garantieverspre**- 3

---

3) Vgl. den Orientierungssatz Nr. 1 von BFHE 170, 71 ff.
4) Diese Terminologie sollte nicht dahingehend missverstanden werden, dass die Vertragsparteien über den Steueranspruch, der nach § 38 AO ipso jure entsteht, disponieren könnten. Unter Steuervermeidungsklauseln sind vielmehr Klauseln zu verstehen, die einen Sachverhalt zivilrechtlich so gestalten, dass der gesetzliche Besteuerungsanspruch nicht eintritt.
5) Beispiele bei *Hülsmann*, DStR 2008, 2402 ff.
6) Vgl. etwa für den Bereich der Abzugsteuern nach § 50a EStG die Verpflichtung des inländischen Vergütungsschuldners, dem ausländischen Gläubiger die in § 73d Abs. 1 EStDV genannten Informationen zukommen zu lassen, was ungeachtet der gesetzlichen Verpflichtung in praxi oftmals vertraglich festgeschrieben wird. Weiteres Beispiel: § 50a Abs. 3 EStG, wonach der Vergütungsschuldner Betriebsausgaben oder Werbungskosten des ausländischen Gläubigers bereits beim Steuerabzug berücksichtigen darf, sofern dieser ihm die notwendigen Informationen in einer für das Bundeszentralamt für Steuern nachprüfbaren Form übermittelt.
7) Z. B. i. R. einer Betriebsprüfung oder eines Einspruchs-/Klageverfahrens.
8) Wichtig wegen §§ 14 ff. UStG (insbesondere des Vorsteuerabzugs).

chen[9)] i. S. des § 311 Abs. 1 BGB[10)] (siehe ausführlich oben § 2 Rz. 203) Daneben sind schlichte Haftungsfreistellungserklärungen oder auch Mischformen gebräuchlich,[11)] auch können Steuerklauseln (i. e. S.) als Bedingungen i. S. des § 158 BGB formuliert sein.

C. Steuerklauseln in der finanzgerichtlichen Rechtsprechung
I. Steuerklauseln i. e. S.
1. Grundsatzurteil des BFH vom 24.11.1992

4 Die finanzgerichtliche Rechtsprechung (BFH und Untergerichte) hatte noch nicht oft Gelegenheit, zur Wirksamkeit bzw. zu den Folgen von Steuerklauseln Stellung zu nehmen,[12)] während dieses Thema im Schrifttum bereits vor etwa 40 Jahren erstmals umfassender erörtert worden war.[13)] Das Grundsatzurteil des BFH vom 24.11.1992,[14)] das eine **zweckverfehlte Steuerklausel** in Gestalt einer unwirksamen Steuerklausel i. e. S. zum Gegenstand hatte, war daher insofern erstaunlich, als es zwei naheliegende Grundfragen ausdrücklich offenließ: Die bis zum Ergehen des Urteils in der Literatur widerstreitenden Auffassun-

---

9) Die Garantieversprechen können „hart" oder „weich" ausgestaltet sein, was letztlich von der Verhandlungsmacht der Parteien abhängig ist. Die „harte Garantie" verspricht die objektive Richtigkeit von Informationen oder Fakten, die „weiche Garantie" stellt hingegen auf die bloße Kenntnis einer Vertragspartei ab, vgl. *Hülsmann*, DStR 2008, 2402, 2405; *Picot* in: Picot, Hdb. Unternehmenskauf, Rz. 171; *Brück/Sinewe*, S. 236.

10) *Dietzel* in: Semler/Volhard, § 9 Rz. 39 ff.; *Triebel/Hölzle*, BB 2002, 521, 523; *Gronstedt/Jürgens*, ZIP 2002, 52, 56 ff.

11) Dazu *Gröger/Wellens* in: Kneip/Jänisch, Tax Due Diligence, Rz. 909.

12) Etwa ausdrücklich offengelassen von BFHE 117, 44 ff.

13) *Sauer*, StuW 1975, 19 ff.; *Flick*, Steuer-Kongreß-Report 1974, 429 ff.; *Dopfer*, JbFSt 1973/1974, S. 142 ff.; *Furkel*, BB 1973, 1541 ff.; *Maassen*, FR 1972, 78 ff.; *Gaffron*, DB 1971, 297 ff.; *Paulick* in: Steuerlast und Unternehmungspolitik, S. 347 ff.

14) BFHE 170, 71 ff. Die Klägerin hatte als Eigentümerin eines landwirtschaftlichen Betriebs der anderen Partei ein Grundstück zum Zwecke der Ausbeutung von Bodenschätzen verkauft und übereignet, sich aber zugleich verpflichtet, das Grundstück nach beendeter Auskiesung und nach Abschluss der Rekultivierungsarbeiten zurückzuerwerben. Ungeachtet der zivilrechtlichen Übertragungen führt die wirtschaftliche Überlassung nach der ständigen Rechtsprechung des BFH in diesem Fall zu Einkünften aus Vermietung und Verpachtung gemäß § 21 EStG (s. nur BFHE 109, 513 ff.; BFHE 111, 43 ff.; sodann bestätigend nach Ergehen des hier berichteten Urteils BFH/NV 2003, 1175 ff.; BFHE 175, 19 ff.; BFHE 172, 498 ff.). Der Kaufvertrag enthielt jedoch in casu folgende Steuerklausel: „Sollte das Bestehen dieser Rückübertragungsverpflichtung aus steuerlichen Gründen zur Versteuerung des im Kaufvertrage festgelegten Kaufpreises führen -im Hinblick auf die Einkünfte aus Vermietung und Verpachtung-, so gilt diese Rückübertragungsverpflichtung als nicht geschlossen. Eine Pflicht zur Rückübertragung des Grundbesitzes besteht alsdann von Anfang an nicht."

gen zur zivilrechtlichen Natur von Steuerklauseln[15]) wurden ebenso wenig gewürdigt und einer Entscheidung zugeführt wie eine Antwort auf die Frage herausgearbeitet, ob eine rechtsgeschäftlich vereinbarte Steuerklausel grundsätzlich auch steuerrechtlich wirksam ist.[16]) Der BFH ließ es stattdessen mit der Feststellung bewenden, dass eine Steuerklausel i. e. S. „sobald wie möglich" dem Finanzamt gegenüber bekannt gegeben werden müsse, wenn sich die Parteien „darauf berufen" wollten.[17]) Ähnliches war zuvor, teilweise – m. E. verfehlt – unter Rückgriff auf § 162 BGB, auch schon im Schrifttum vertreten worden.[18])

2. Offene Rechtsfragen

Das genannte Judikat ist in mehrerlei Hinsicht auslegungsbedürftig. Zunächst ist die Aussage des BFH, der Steuerpflichtige könne sich auf die Steuerklausel „nicht berufen", nicht unmittelbar einsichtig. Angesichts der Tatsache, dass der BFH zuvor ausdrücklich darauf hinweist, es könne im Streitfall „offenbleiben, ob eine rechtsgeschäftlich vereinbarte Steuerklausel grundsätzlich auch steuerrechtlich wirksam ist", kann das „sich nicht berufen Können" offenbar nicht als steuerliche Unwirksamkeit im Allgemeinen verstanden werden. Vielmehr dürfte damit, ähnlich dem zivilrechtlichen Grundsatz des „venire contra factum proprium", eine Einzelfallentscheidung nach Maßgabe von Treu und Glauben[19])

---

15) Für eine auflösende Bedingung i. S. des § 158 Abs. 2 BGB eintretend *Flume*, DB 1970, 77,78 f.; *Ruppe* in: Hey/Wendt/Prinz, EStG/KStG, Einf. zum EStG Rz. 712 m. w. N; für eine „unechte Gegenwartsbedingung" (condicio in praesens vel praeteritum collata) *Tipke* in: Tipke/Kruse, AO, § 41 Rz. 22; beides erwogen und ausdrücklich offengelassen von BFHE 117, 44 ff. Auch denkbar ist eine Deutung von Steuerklauseln als auflösende Bedingung i. S. des § 4 StAnpG (bezogen auf das Entscheidungsjahr), als Rechtsbedingung und als eigenständiges Institut des Steuerrechts (institutio iuris tributarii); auch die Heranziehung des § 317 BGB wird erwogen, vgl. ausführlich zur Rechtsnatur *Kober*, Steuer- und Satzungsklauseln.

16) Dafür eintretend *Tipke* in: Tipke/Kruse, AO, § 41 Rz. 22; *Meyer-Arndt*, JbFSt 1979/1980, S. 297, 301; *Flume*, DB 1970, 77,79; a. A. L. Schmidt, JbFSt 1979/1980, S. 314 ff.; *Fischer* in: Hübschmann/Hepp/Spitaler, AO/FGO, § 41 AO Rz. 142 und 145; *Ruppe* in: Hey/Wendt/Prinz, EStG/KStG, Einf. Rz. 713, jeweils m. w. N; ausführlich *Kober*, Steuer- und Satzungsklauseln, S. 92 ff.

17) Das Gericht führte wörtlich in Tz. 15 seiner Entscheidung (BFHE 170, 71 ff.) aus: „Eine Steuerklausel dient dazu, nachteilige Folgen bestehender Steuerrechtsunsicherheit oder Rechtsungewißheit zu vermeiden. Dieser Zweck erfordert es, sie so bald wie möglich dem FA bekanntzugeben. Wenn dies nicht geschieht, die Vertragsparteien vielmehr den Zustand der steuerrechtlichen Ungewißheit fortdauern lassen und sich so verhalten, daß den Finanzbehörden die vertraglichen Vereinbarungen nicht vollständig bekannt werden, können sich die an dem Rechtsgeschäft Beteiligten nachträglich nicht mehr auf die Steuerklausel berufen. Dies folgt aus dem Gedanken, daß niemand aus einer von ihm treuwidrig herbeigeführten Lage Vorteile ziehen soll."

18) *Fischer* in: Hübschmann/Hepp/Spitaler, AO/FGO, § 41 AO Rz. 140; *Flume*, DB 1970, 77, 80; *Knobbe-Keuk*, S. 614, 616.

19) Ebenso *Heuermann*, NWB 1993, 8693, 8694; a. A. *Balmes*, DStZ 1993, 620 ff., der i. E. vom unbedingten Primat des Zivilrechts ausgeht und die vom BFH vorgenommene Einschränkung mangels einer Rechtsgrundlage in der AO missbilligt.

§ 27 Steuerklauseln

(abgeleitet aus § 242 BGB) gemeint sein, wie die folgende Urteilswendung belegt: „Dies [gemeint ist der Umstand des „sich nicht berufen Könnens"] folgt aus dem Gedanken, daß niemand aus einer von ihm treuwidrig herbeigeführten Lage Vorteile ziehen soll." Weiterhin bleibt in dem Urteil, jedenfalls prima facie, offen, ob der BFH dem Urteilsspruch für sämtliche Arten von Steuerklauseln zur Geltung verhelfen möchte.

6 Der letztgenannte, offene Punkt erhellt sich aber vor dem Hintergrund der folgenden Überlegung: Sowohl das zivilrechtliche Schuldverhältnis (§§ 241, 311 BGB) als auch das **Steuerschuldverhältnis** (§§ 33 ff. AO) gehen, jedenfalls im Ausgangspunkt, als Grundfall von einer **Zweiseitigkeit**[20] aus. Die Berufung auf die Steuerklausel, die der BFH in dem o. g. Urteil versagt hat, würde aber im Fall ihres Durchgreifens aufgrund der Besonderheiten des entschiedenen Falles nicht gegenüber der zivilrechtlichen Vertragspartei wirken, sondern gegenüber der zuständigen Finanzbehörde als Drittem. Dies ist jedenfalls insoweit konsequent, als der BFH gerade die Anzeige der Steuerklausel gegenüber der Finanzbehörde fordert.[21]

7 Dieses Argument greift aber nur bei Steuerklauseln i. e. S., d. h. bei Steuerwirkungsklauseln, die unmittelbar oder mittelbar Auswirkungen auf den Steueranspruch i. S. des § 38 AO in der Weise zeitigen, dass sie die zivilrechtliche Wirksamkeit des Vertrages oder von Vertragsbestandteilen von dem Eintritt einer vereinbarten steuerlichen Behandlung oder Folge abhängig machen. Aus einem **argumentum e contrario** folgt daher, dass die genannte BFH-Rechtsprechung allein auf Steuerklauseln i. e. S. anzuwenden ist. Nur bei ihnen, nicht aber z. B. bei **Steuertragungsklauseln**, kann die Finanzbehörde daher die Einwendung des Verbots des widersprüchlichen Verhaltens geltend machen, weil die Steuerklausel nur bei ihnen eine „**Drittwirkung**" entfalten kann. So wäre es z. B. bei einem Grundstückskaufvertrag[22] mit Steuertragungsklausel unsinnig, die Mög-

---

20) Freilich gibt es im Zivilrecht auch einseitige (vgl. § 174 BGB; Beispiel: Kündigung) und mehrseitige Rechtsgeschäfte (z. B. Beschluss), während das Steuerschuldrecht im Grundsatz streng zweiseitig angelegt ist. Dennoch gibt es auch im Steuerrecht Personen, die weder Steuerpflichtiger (§ 33 AO) noch Steuerberechtigter (z. B. der Bund oder die Gemeinden) sind, so etwa der Dritte i. S. der §§ 33 Abs. 2, 93 AO, der Haftungsschuldner oder der sog. Steuerträger. Ein echtes Dreiecksverhältnis besteht hingegen zwischen dem Steuerpflichtigen, dem Steuerberechtigten und dem sog. Steuerentrichtungsverpflichteten. Das ist derjenige, der eine Steuer für einen anderen einzubehalten und abzuführen hat (§ 43 Satz 2 AO). Der Steuerentrichtungsverpflichtete ist zugleich auch Steuerpflichtiger i. S. des § 33 AO.

21) Nicht ausdrücklich, aber implizit geht BFHE 170, 71 ff. – m. E. zu Recht – davon aus, dass die von der Steuerklausel profitierende Vertragspartei den Inhalt der Klausel der Finanzbehörde zur Kenntnis geben muss. Sind beide Parteien begünstigt, trifft die Anzeigepflicht auch beide Parteien, jedoch sollte die Anzeige der einen Partei ihre begünstigende Wirkung richtigerweise auch für die andere Partei entfalten.

22) Nach § 13 Nr. 1 GrEStG sind sämtliche an dem Erwerbsvorgang (im Beispielsfall § 1 Abs. 1 Nr. 1 GrEStG) als Vertragsteile beteiligten Personen Steuerschuldner, so dass sich empfiehlt, eine Regelung über die (wirtschaftliche) Steuertragung zu treffen.

lichkeit der Berufung auf die Steuerklausel an eine Anzeige gegenüber der Finanzbehörde zu knüpfen, denn § 13 Nr. 1 GrEStG stellt sicher, dass die Steuer vom Veräußerer und vom Erwerber eingefordert werden kann.[23] Steuerklauseln, die lediglich unstreitig bestehende Steueransprüche zivilrechtlich oder wirtschaftlich verteilen, sind daher von der bisherigen BFH-Rechtsprechung ebenso wenig erfasst wie Steuervermeidungsklauseln, es sei denn, diese wirken ausnahmsweise wie Steuerklauseln i. e. S.

II. Steuervermeidungsklauseln

1. Grundsätzliche Zulässigkeit bei sachverhaltsgestaltenden Klauseln

Steuervermeidungsklauseln zielen explizit oder implizit darauf ab, eine bestimmte steuerliche Folge nicht eintreten zu lassen. Bislang ohne ausdrücklichen Widerspruch in Schrifttum und Rechtsprechung geblieben ist im Ausgangspunkt das (rechtskräftig gewordene) Urteil des FG Baden-Württemberg vom 25.6.1970, wonach Steuerklauseln unwirksam sind, „wenn sie nur darauf abgestellt sind, die steuerlichen Folgen zu regulieren".[24] In dieser allgemeinen Form lässt sich ein solcher Befund aus der Rechtsprechung heute nicht mehr ableiten, zumal das FG offenließ, aus welcher rechtlichen Grundlage sich diese Konsequenz ergeben sollte. 8

Auch bedarf es einer solchen Feststellung m. E. angesichts der §§ 40, 41 AO gar nicht,[25] da die Parteien eines privatrechtlichen Rechtsgeschäfts selbstverständlich nicht über den gesetzlichen Besteuerungsanspruch disponieren können. Nur der zivilrechtliche Sachverhalt kann gestaltet werden, nicht aber der Besteuerungstatbestand. Insofern mag – in Abgrenzung zur strafbaren Steuerhinterziehung und zur über **Missbrauchsvorschriften** zwar sanktionierten, aber grundsätzlich legalen Steuerumgehung – die Feststellung des BFH genügen, dass der Steuerpflichtige vorbehaltlich wirtschaftlicher Gründe sowie vorbehaltlich der Nichtfeststellung einer gesetzlichen Missbilligung im Einzelfall nicht zur Zahlung von Steuern verpflichtet ist, sondern im Gegenteil den der Besteuerung zugrunde liegenden Sachverhalt (vgl. § 38 AO) so gestalten darf, dass eine geringere oder gar keine Steuerbelastung entsteht.[26] Die sog. **Steuervermeidung** bleibt danach folgenlos. 9

Steuerklauseln also, die den zugrunde liegenden zivilrechtlichen Sachverhalt so gestalten, dass keine oder eine reduzierte Steuerbelastung eintritt (etwa durch 10

---

23) Beide Vertragsparteien sind Gesamtschuldner nach § 44 Abs. 1 AO.
24) FG Baden-Württemberg, EFG 970, 520 ff. (m. Anm. *Theisen*, GmbHR 1980, 132).
25) Ebenso wie die Besteuerung nicht dadurch vermieden wird, dass ein Scheingeschäft abgeschlossen wird oder das Handeln gegen ein Gesetz verstößt, kann die Besteuerung nicht dadurch umgangen werden, dass die Parteien vereinbaren, dass es bei Erfüllung der Voraussetzungen des § 38 AO nicht zu einer Besteuerung kommt.
26) BFH, BStBl. II 1983, 272 ff.; BFH, BStBl. II 1988, 942 ff.; BFH, BFH/NV 1997, 462 ff.

die Möglichkeit eines Rücktritts vom Vertrag, wenn eine unerwünschte steuerliche Folge eintritt), müssen – zivilrechtlich aufgrund der Privatautonomie und steuerrechtlich mangels Erfüllung eines steuerrelevanten Tatbestands – mithin im Grundsatz zulässig sein. Solche Klauseln, die treffend als **sachverhaltsgestaltende Klauseln** bezeichnet werden können, hat der BFH[27] in m. E. zutreffender[28] Verneinung eines steuerlichen Missbrauchs nach § 42 AO[29] mit der Begründung als grundsätzlich zulässig angesehen, dass die Rechtsklarheit ja auch im Interesse des Steuerberechtigten (Bund, Länder oder Gemeinden) liege.[30]

11 Diese Begründung stellt i. E. wie bei den Steuerklauseln i. e. S. (dazu bereits oben) eine Art **tripolares Rechtsverhältnis sui generis** her, was überzeugt, weil die Finanzbehörde von den Steuervermeidungsklauseln aufgrund einer zivilrechtlichen Neuordnung der Verhältnisse insoweit mittelbar betroffen ist, als der Besteuerungstatbestand nicht erfüllt wird, an den das Gesetz die Leistungspflicht knüpft. Überraschend ist sie dennoch, denn bei den Steuerklauseln i. e. S. war die **Bekanntgabe der Steuerklausel** an die Finanzbehörde nach der BFH-Rechtsprechung Voraussetzung für eine Berufung des Steuerpflichtigen auf die nämliche Klausel, während hier, gleichsam umgekehrt, die Auswirkung auf die Finanzbehörde (in Form des fiskalischen Ausfalls) bzw. die genaue Kenntnis über die Auswirkung gerade als Begründung für die Zulässigkeit der Klausel herangezogen wird.[31]

---

27) BFHE 74, 297 ff. (m. Anm. *Kottke*, Information StW 1982, 224 ff.).

28) Dies ist schon deshalb zutreffend, weil in der Begründung des Entwurfs einer Abgabenordnung 1974 (BT-Drucks. VI/1982, S. 155) ausgeführt wird, dass steuerlich wirksame Steuerklauseln zur Anwendung des § 156 Satz 1 Nr. 2 EAO 1974 (entspricht heute § 175 Satz 1 Nr. 2 AO 1977) führen können und dass dies nicht missbräuchlich sei.

29) So auch bereits BFHE 137, 456 ff. („Die Vereinbarung des Rücktrittsrechts ist auch nicht deshalb ungewöhnlich, weil die endgültige Wirksamkeit des Vertrags von der steuerlichen Auswirkung abhängig gemacht wurde. In einer derartigen Vereinbarung ist keine mißbräuchliche Rechtsgestaltung zu sehen.")

30) BFHE 74, 297 ff.: „Der Senat sieht in dieser Vereinbarung der Parteien auch keine mißbräuchliche Rechtsgestaltung. Ebenso wie es den Steuerpflichtigen grundsätzlich gestattet sein muß, bei der Gestaltung ihrer rechtlichen und wirtschaftlichen Maßnahmen ganz allgemein deren steuerliche Auswirkungen in Rechnung zu stellen, muß ihnen auch die Möglichkeit gegeben sein, die endgültige Wirksamkeit von Verträgen von deren für sie zunächst unübersehbarer oder jedenfalls ungewisser steuerlicher Auswirkung bzw. Behandlung abhängig zu machen. Wenn die Parteien – wie hier – darauf bedacht sind, bis zu einem bestimmten Zeitpunkt hinsichtlich eines zu verwirklichenden Tatbestandes Klarheit nach der einen oder der anderen Richtung zu schaffen, so liegt dies im Übrigen auch im Interesse des Steuergläubigers."

31) Aus Tz. 12 der Entscheidung BFHE 74, 297 ff. lässt sich auch die oben aufgestellte Behauptung ableiten, dass die BFH-Rechtsprechung zu Steuerklauseln i. e. S. auch auf Steuervermeidungsklauseln anwendbar ist, sofern diese ausnahmsweise wie Steuerklauseln i. e. S. wirken, denn in casu war die Steuerklausel der Finanzbehörde bekannt gegeben worden.

2. Ausnahmen

Eine Ausnahme von dieser Erkenntnis, d. h. der grundsätzlichen Zulässigkeit 12
von Steuervermeidungsklauseln bzw. ihrer angestrebten Wirkung, macht die
Rechtsprechung in Fällen, in denen der Steuervermeidung nicht abdingbare
handels- und steuerbilanzielle Vorschriften entgegen stehen. Das Paradebeispiel
sind Steuerklauseln, die für den Fall der Feststellung einer verdeckten Gewinnausschüttung (vGA)[32] im Zuge einer steuerlichen Außenprüfung (§§ 193 ff.
AO) die Rückgewähr des Erlangten seitens des empfangenden Gesellschafters
vorsehen. Solche Klauseln sind nach der Rechtsprechung insoweit unzulässig,
als mit ihnen gleichsam die steuerliche Rückgängigmachung der vGA bzw. deren
Außerachtlassung angestrebt wird,[33] oder präziser gesagt: Die mit der Klausel
von den Vertragsparteien angestrebte steuerliche Folge tritt nicht ein.

Der **Rückgewähranspruch**, mag er auch zivilrechtlich wirksam vereinbart sein,[34] 13
schließt danach steuerlich die Annahme weder einer vorherigen vGA i. S. des
§ 8 Abs. 3 Satz 2 KStG noch einer anderen Ausschüttung i. S. des § 27 Abs. 3
Satz 2 KStG a. F. aus.[35] Diese Rechtsprechung fügt sich ein in das bereits oben
Gesagte: Nur der zivilrechtliche Sachverhalt kann vertraglich gestaltet werden,
nicht aber der Besteuerungstatbestand selbst, weil er der **Parteidisposition** entzogen ist. Ist der Tatbestand verwirklicht, an den das Gesetz die Leistungspflicht knüpft, dann entsteht der Besteuerungsanspruch. Er entfällt nicht da-

---

32) Dazu in diesem Zusammenhang *Grotherr*, StB 2004, 175 ff.; *Schütz*, DStZ 2004, 14 ff.
33) BFHE 180, 405 ff.; BFHE 175, 347 ff.; BFH/NV 1991, 190 ff.; BFHE 158, 346 ff.; BFHE 156, 452 ff.; BFHE 151, 560 ff.; BFHE 100, 364 ff.
34) Zu den in Betracht kommenden Anspruchsgrundlagen bei unangemessenen Gesellschafter-Geschäftsführerbezügen OLG Frankfurt, DB 2005, 492 ff.
35) A. A. *Döllerer*, DStR 1980, 395 ff. und *Lempenau*, BB 1977, 1209 ff., die die Verwirklichung einer vGA i. S. des § 8 Abs. 3 Satz 2 KStG verneinen, weil die rückwirkende Aktivierung eines Rückgewähranspruchs die Annahme einer Gewinnminderung ausschließe. Diese Auffassung wäre m. E. nur dann zutreffend, wenn der Rückgewähranspruch zeitgleich mit der den Gewinn mindernden vGA entstünde und er in der Steuerbilanz erfolgswirksam anzusetzen wäre. Ersteres kann, muss aber nicht sein (Beispiel: unangemessen hohe Pensionszusage gegenüber einem Gesellschafter-Geschäftsführer; der Rückgewähranspruch entsteht erst mit der Auszahlung der Pension). Letzteres wird durch § 8 Abs. 1 KStG i. V. m. § 4 Abs. 1 Satz 1 EStG ausgeschlossen. Auch ist m. E. *Buyer*, DB 1989, 1697 ff. (und *Buyer*, DB 1994, 602 ff.) nicht zu folgen, der die steuerliche Behandlung eines Rückgewähranspruchs als Einlage von den zivilrechtlichen Leistungsbeziehungen zwischen der Kapitalgesellschaft und dem betroffenen Gesellschafter abhängig machen will. Nur gesellschaftsrechtliche Rückgewähransprüche sollten als Einlage im steuerrechtlichen Sinne zu behandeln sein. Richtigerweise gehört es jedoch zum Wesen des steuerlichen Veranlassungsprinzips, dass es den Zusammenhang zwischen einer Leistung der Gesellschaft und dem Gesellschaftsverhältnis unabhängig von dem Charakter der getroffenen zivilrechtlichen Vereinbarung beurteilt (vgl. dazu instruktiv *Söhn* in: Kirchhof/Söhn/Mellinghoff, EStG, § 4 Rz. E 60 ff., 90).

durch ex nunc oder ex tunc, dass das zivilrechtliche Rechtsgeschäft rückabgewickelt wird. Ausnahmen hiervon bedürfen einer gesetzlichen Grundlage.[36]

14 Ein weiteres Beispiel für eine Ausnahme von der grundsätzlichen Zulässigkeit von Steuervermeidungsklauseln sind nach der Rechtsprechung Fälle, in denen das Steuerrecht von den **Vorgaben des Zivilrechts** abweicht, sei es aufgrund der in § 39 AO angelegten wirtschaftlichen Betrachtungsweise[37], sei es aufgrund einer eigenständigen steuerlichen Definition von Begrifflichkeiten (z. B. § 20 Abs. 5 Sätze 2 und 3 EStG für den Begriff des „Anteilseigners"). Als Beispiel mag das BFH-Urteil vom 22.8.1990 zur Auslegung des Gläubigerbegriffs i. S. des § 44c Abs. 1 Satz 1 Nr. 1 EStG a. F.[38] dienen.[39] Nach dem BFH diente die gesetzliche Definition des „Gläubigers" auch dazu, den Schuldner der Kapitalertragsteuer zu umschreiben. Er sei in einem steuerrechtlichen und nicht in einem zivilrechtlichen Sinne zu verstehen gewesen, weshalb es dahinstehen könne, wie die Nießbrauchsbestellung zivilrechtlich zu verstehen sei.

15 Das vorgenannte Urteil des BFH steht am Ende einer Entwicklung in Forschung und Rechtsprechung, die sich mit dem Verhältnis von Zivilrecht und Steuerrecht im Allgemeinen beschäftigte. Während in § 4 RAO 1919 bzw. § 9 RAO 1931 noch ausdrücklich auf die wirtschaftliche Betrachtungsweise abgestellt wird, begann der BFH Anfang der 1950ger Jahre seine Rechtsprechung in Richtung des **Primats des Zivilrechts** zu akzentuieren,[40] während das BVerfG in Einzelfällen wiederum die vom Zivilrecht abweichende wirtschaftliche Betrachtungsweise akzeptierte.[41]

16 Eine Mittelsposition nahm später insbesondere *Crezelius* ein, der sich grundlegend um die **„zivilrechtskonforme Auslegung"** des Steuerrechts verdient gemacht hat.[42] Seit etwa Anfang der 1990ger Jahre aber lässt sich nach wohl

---

36) Beispiele: § 16 GrEStG, § 17 Abs. 2 Nr. 3 UStG, § 29 ErbStG.
37) Grundlegend dazu *Groh*, StuW 1989, 227 ff.; *Lehner* in: FS Tipke, S. 237 ff.; *Eibelshäuser*, DStR 2002, 1426 ff.
38) Inzwischen aufgehoben durch Art. 1 Nr. 27 des Gesetzes v. 15.12.2003, BGBl. I 2003, 2645. Das Grundprinzip freilich kann auch für die §§ 43 ff. EStG n. F. herangezogen werden.
39) BFHE 162, 263 ff. In casu hatte die natürliche Person A zugunsten des Klägers den unentgeltlichen Nießbrauch an seiner Beteiligung als typisch stiller Gesellschafter an der A-GmbH bestellt. In dem Nießbrauchsbestellungsvertrag gingen A und der Kläger davon aus, dass die Einnahmen aus der Beteiligung i. S. des § 20 Abs. 1 Nr. 4 EStG von dem Kläger erzielt würden. Der Vertrag enthielt jedoch eine Steuerklausel, wonach er von Anfang an unwirksam sein sollte, wenn die Finanzverwaltung feststellen sollte, dass die Einnahmen aus der Beteiligung nicht vom Kläger, sondern von A erzielt würden.
40) BFH, BStBl. III 1957, 300 ff.; BFH, BStBl. III 1959, 417 ff.; BFH, BStBl. III 1960, 386 ff.; BFH, BStBl. III 1962, 52 ff.; BFH, BStBl. III 1965, 697 ff.; BFH, BStBl. III 1967, 781 ff.; instruktiv *Beisse*, StuW 1981, 1, 5 ff.
41) BVerfGE 18, 224 ff.; BVerfGE 22, 156 ff.; BVerfGE 25, 28 ff.; BVerfGE 26, 327 ff.; BVerfGE 29, 104 ff.
42) *Crezelius*, Steuerrechtliche Rechtsanwendung und allgemeine Rechtsordnung, passim.

h. M. keine teleologische Prävalenz des Zivilrechts mehr erkennen. Ist danach die Interpretation eines Sachverhalts zivilrechtlich und steuerrechtlich deckungsgleich, bleibt es bei der Maßgeblichkeit des Zivilrechts. Insofern wird auch von einer „Vorprägung" steuerrechtlicher Begriffe durch das Zivilrecht gesprochen.[43] Bei Abweichungen jedoch ist das Gesetz wirtschaftlich-teleologisch zu interpretieren,[44] wobei man einen gesetzlichen Anhaltspunkt dafür in den §§ 39 ff. AO sehen mag.[45] Im letztgenannten Fall jedenfalls können auch Steuervermeidungsklauseln richtigerweise nicht anerkannt werden.

III. Steuertragungsklauseln

Steuertragungsklauseln, d. h. jene Klauseln, die zwischen den Parteien eines 17 Rechtsgeschäfts die aus diesem Rechtsgeschäft resultierende und nach den Steuergesetzen unstreitig entstehende **Steuerbelastung verteilen**, sind bislang, soweit ersichtlich, nicht Gegenstand der finanzgerichtlichen Rechtsprechung in der Weise gewesen, dass über ihre Zulässigkeit oder Folgen geurteilt worden wäre. Nach dem zu Steuervermeidungsklauseln Gesagten unterliegen solche Klauseln m. E. den allgemeinen Regeln des Zivilrechts und können daher i. R. der Privatautonomie frei vereinbart werden. Sie berühren, verändern oder negieren nicht den Besteuerungstatbestand, weshalb für das Steuerrecht kein Bedürfnis nach Regulierung entsteht. Vereinzelt waren Steuertragungsklauseln jedoch Gegenstand der Rechtsprechung der Zivilgerichte, wenn auch mit völlig anderem Fokus. Beispielsweise war im Versicherungsrecht die sog. **Mehrwertsteuerklausel** in § 13 Abs. 5 AKB 1998, wonach Mehrwertsteuer nur dann vom Versicherer ersetzt wird, wenn sie auch tatsächlich gezahlt wurde, für unwirksam erklärt worden, weil die Klausel als überraschend i. S. des § 3 AGBG a. F.[46] anzusehen war.[47]

D. Typische Steuerklauseln beim Unternehmenskauf (Praxisbeispiele)

I. Ertragsteuern

Die im deutschen Recht für Share Deal und Asset Deal üblicherweise verwen- 18 deten Steuerklauseln unterscheiden sich erheblich, weil auch die Steuerfolgen von Share Deal und Asset Deal sowohl für den Erwerber als auch für den Veräußerer grundlegend unterschiedlich sind. Dies gilt einerseits für die **materielle**

---

43) *Kirchhof*, StuW 1983, 173, 181; ebenso BVerfG, BStBl. II 1992, 212, 213.
44) *Lang* in: Tipke/Lang, SteuerR, § 5 AO Rz. 80.
45) Hierzu mit unterschiedlichen Akzenten *Fischer*, DStR 1997, 1745 ff.; *Hahn*, DStZ 2000, 433 ff.; *Heuermann*, DB 2007, 416 ff.
46) Jetzt § 305c Abs. 1 BGB.
47) AG Gummersbach, Schaden-Praxis 2002, 142 f.; vgl. auch BGH, NJW-RR 2004, 262 f., für einen weiteren Fall, in dem eine Steuerklausel Teil der AGB eines Sonderkundenvertrags eines Stromversorgungsunternehmens war.

Besteuerung und andererseits für **Haftungsrisiken**. Beides möchten die Vertragsparteien in der Regel zu ihren Gunsten **austarieren**. In der Praxis mündet dies meist in ein zähes Ringen um einzelne Passagen oder gar einzelne Wörter der Steuerklausel, bei dem oft erst nach mehreren Verhandlungsrunden Einigkeit erzielt wird. Nicht selten werden bei der Steuerklausel von einer Partei erst dann Zugeständnisse gemacht, wenn im Gegenzug dafür **kommerzielle Vorteile** versprochen werden. Die Steuerklausel ist daher immer im Gesamtzusammenhang des Kaufvertrags zu sehen.

19 Die Bereitschaft des Verkäufers, in der Steuerklausel weitreichende Garantien abzugeben, wird meist auch davon abhängen, ob und in welchem Umfang er eine Tax Due Diligence zugelassen bzw. gar gefordert hat. Die **Tax Due Diligence** soll den Käufer gerade in die Lage versetzen, die steuerlichen Risiken der Zielgesellschaft mit eigenen Beratern einzuschätzen. Insofern wäre es nicht sachgerecht, für sämtliche Bereiche der Due Diligence eine Steuerfreistellung zu geben, weil anderenfalls die Due Diligence obsolet war. Der Erwerber wird dies naturgemäß anders sehen und behaupten, die Due Diligence nur oberflächlich durchgeführt zu haben, um Risiken grob einschätzen zu können und herauszufinden, für welche Bereiche er zwingend auf eine Steuerfreistellung drängen muss.

1. Share Deal

20 Beim Share Deal besteht die Aufgabe der Steuerklausel v. a. darin, eine **periodengerechte Abgrenzung** bezüglich der steuerlichen Risiken innerhalb der Zielgesellschaft vorzunehmen. Meist wird in der Praxis mit dem **Stichtagsprinzip** gearbeitet. Hierbei besteht im Grundsatz Einigkeit, dass in der Regel für den Zeitraum vor dem **Closing** Steuererstattungen und Steuerzahlungen dem Verkäufer zustehen bzw. von diesem zu tragen sind, während der Zeitraum nach dem Closing allein die Sphäre des Käufers berührt. Sehr sorgfältig müssen daher v. a. Klauseln formuliert werden für den Fall, dass sich Ereignisse vor dem Closing steuerlich erst nach dem Closing auswirken (und vice versa).

a) (Einfache) Steuergarantie (verkäuferfreundlich)

21 **Muster 1**

> 8.3 Steuergarantie
>
> 8.3.1 Sämtliche durch die Gesellschaft einzureichenden Steuererklärungen (einschließlich Steueranmeldungen) sind rechtzeitig bei allen entsprechenden Steuerbehörden eingereicht worden. Alle diese Steuererklärungen sind nach Kenntnis des Verkäufers
>
> (a) in der gesetzlich vorgeschriebenen Form angefertigt worden; und
>
> (b) wahr, richtig und vollständig und sind am Unterzeichnungstag nicht Gegenstand einer Streitigkeit mit den Steuerbehörden.

8.3.2 Alle Steuerverbindlichkeiten der Gesellschaft sind entweder vollständig beglichen oder durch Rückstellungen in den Jahresabschlüssen vollständig berücksichtigt.

8.3.3 Die Gesellschaft hat weder eine Betriebstätte noch abhängige Vertreter oder Mitarbeiter außerhalb Deutschlands.

8.3.4 In der Gesellschaft wurden keine Handlungen durchgeführt, die steuerlich als verdeckte Gewinnausschüttung einzuordnen sind.

8.3.5 Mit Ausnahme der umsatzsteuerlichen Organschaft mit dem Verkäufer war die Gesellschaft nicht Teil einer steuerlichen Organschaft zu körperschaftssteuerlichen, gewerbesteuerlichen oder umsatzsteuerlichen Zwecken.

b) (Standard) Steuerfreistellung (ausgewogen)

Muster 2   22

11. Steuern und öffentliche Abgaben

11.1 Die Verkäufer werden Nachteile aus Steuerfestsetzungen gegen die Gesellschaft („Steuernachteile") ausgleichen, soweit (kumulativ):

11.1.1 die Steuern durch Bescheid festgesetzt sind;

11.1.2 die Steuern Zeiträume oder Ereignisse bis zum Closing betreffen;

11.1.3 der Gesamtbetrag der bis zum Closing nicht gezahlten Steuern den Gesamtbetrag der in dem verbindlichen Übertragungsabschluss bilanzierten steuerlichen Verbindlichkeiten und Rückstellungen übersteigt;

11.1.4 die Steuerfestsetzung nicht aus einer Gesetzesänderung oder einer Änderung der Verwaltungspraxis nach dem Closing resultiert oder aus Änderungen in der steuerlichen Handhabung seitens der Gesellschaft nach dem Closing (einschließlich Änderungen von Bewertungsansätzen, Verrechnungspreisen oder deren Dokumentation oder in der Ausübung steuerlicher Wahlrechte), aus der Akquisitionsstruktur und/oder aus Rechtsgeschäften, Handlungen oder Unterlassungen nach dem Closing, die zu einer nachträglichen, rückwirkenden oder höheren Steuer führen;

11.1.5 die Steuern aus nicht vollständigen oder mangelhaften Erklärungen vor dem Closing resultieren;

11.1.6 der Steuernachteil nicht auf Maßnahmen oder Rechtsgeschäfte (einschließlich Umstrukturierungen) zurückzuführen ist, die ab dem Wirtschaftlichen Stichtag vom Käufer, der Gesellschaft oder mit ihr verbundenen Unternehmen durchgeführt oder veranlasst werden;

11.1.7 der Steuernachteil nicht zu geringeren Steuern der Gesellschaft in den folgenden Veranlagungszeiträumen führt, wobei bei der Ermittlung der entsprechenden geringeren Steuerlast diese mit 4 % pro Jahr abgezinst wird; und

11.1.8 die Steuern nicht tatsächlich durch einen Dritten (einschließlich einer Steuer- oder sonstigen Behörde) erstattet, angerechnet oder gutgeschrieben werden.

c) Klausel für Kooperationspflichten (ausgewogen)

Muster 3   23

11.8 Steuerliches Verfahren

11.8.1 Ab dem Closing verständigt der Käufer oder an seiner Stelle die Gesellschaft die Verkäufer unverzüglich, spätestens jedoch innerhalb von 5 Arbeitstagen,

§ 27 Steuerklauseln

wenn die Gesellschaft von der Einleitung einer steuerlichen Außenprüfung oder eines Verwaltungs- oder gerichtlichen Verfahrens oder eines sonstigen Anspruchs von Steuerbehörden oder einer steuerlichen Veranlagung Kenntnis erlangt, die einen Zeitraum vor dem Closing betrifft. Die Verständigung hat schriftlich zu erfolgen und diejenigen tatsächlichen Angaben zu enthalten, die eine allenfalls geltend gemachte steuerliche Haftung hinreichend detailliert beschreibt und hat im Übrigen Abschriften der von der Steuerbehörde übermittelten Bescheide und der sonstigen relevanten Unterlagen zu enthalten. Des Weiteren hat der Käufer die Verkäufer unverzüglich schriftlich von einschlägigen Tatsachen oder Umständen betreffend einen Anspruch gegenüber der Verkäuferin gemäß ... zu unterrichten.

11.8.2 Die Verkäufer haben einen Anspruch darauf, dass der Käufer bzw. die von ihm angewiesene Gesellschaft einen Rechtsanwalt oder Wirtschaftstreuhänder nach Wahl der Verkäufer und auf Kosten der Verkäufer beauftragt, alle notwendigen oder nützlichen Handlungen, insbesondere Rechtsbehelfe oder Rechtsmittel, im Zusammenhang mit steuerlichen Außenprüfungen, Erstattungsansprüchen oder Verwaltungs- oder gerichtlichen Verfahren betreffend eine behauptete Haftung der Verkäufer aus Ziffer ... mit Bezug auf den maßgeblichen Zeitraum durchzuführen, wobei jede einzelne Maßnahme der Zustimmung der Verkäufer bedarf. Der Käufer verpflichtet sich, mit den Verkäufern und dem von diesen gewählten Vertreter zu kooperieren, sich um Haftungsvermeidung bzw. Haftungsminimierung zu bemühen und auf die Gesellschaft entsprechend einzuwirken.

11.8.3 Die Verständigungs- und Kooperationspflicht nach den vorstehenden beiden Absätzen gilt nur in Bezug auf Steuernachteile, für die die Verkäufer oder auch nur einer von ihnen gemäß Ziffer ... in Anspruch genommen werden sollen und können.

d) Steuerausgleichsmechanismen

24 **Muster 4**

10.4 Steuervorteil

Wenn und soweit die Gesellschaft für Zeiträume nach dem Übertragungsstichtag einen Vorteil durch Rückzahlung, Aufrechnung oder Reduzierung von Steuern erlangt, welcher aufgrund von Umständen eintritt, die zu einer Forderung gegen die Verkäufer gemäß Ziffer ... führen (beispielsweise, wenn auch nicht darauf beschränkt, durch Verlängerung eines Abschreibungszeitraums, höhere Abschreibungsbeträge oder Nutzung erhöhter Verlustvorträge), reduziert sich die Haftung der Verkäufer um diesen Vorteil. Der anzurechnende Betrag aus einem solchen Vorteil wird durch Abzug der zu erwartenden künftigen Steuerreduzierungen über einen Zeitraum von fünf (5) Jahren ab dem Vollzugstag ermittelt, sofern die amtlichen Abschreibungstabellen nicht einen längeren Zeitraum vorschreiben. Zur Vereinfachung soll dabei pauschal eine Ertrag-steuerbelastung in Höhe von dreißig (30) Prozent p. a. angesetzt werden. Die Steuerersparnis soll mit einem Zinssatz in Höhe von acht (8) Prozent p. a. abgezinst werden.

10.5 Ausgleich durch Käufer

10.5.1 Der Käufer erstattet den Verkäufern:

a) einen Betrag in Höhe aller Steuerrückzahlungen, die sich auf den Zeitraum bis zum Übertragungsstichtag beziehen, zusammen mit den darauf entfallenden Zinsen, die von den Steuerbehörden an die Gesellschaft gezahlt wurden, soweit diese Rückzahlungen nicht (i) im Jahresabschluss der Gesellschaft als Forderung bzw.

(ii) in der Kaufpreisaufstellung, in der Revidierten Kaufpreisaufstellung oder in der Entscheidung des Sachverständigen als kaufpreiserhöhende Forderungen bereits berücksichtigt sind, und

b) einen Betrag in Höhe aller Steuerrückstellungen, die im Jahresabschluss der Gesellschaft ausgewiesen sind, soweit diese Rückstellungen den Betrag der Steuer aus den bestandskräftigen Steuerfestsetzungen überschreiten, sofern diese Beträge nicht bereits unter dieser Ziffer 10.5. zu berücksichtigen sind.

c) Wenn und soweit die Gesellschaft für Zeiträume nach dem Übertragungsstichtag einen Nachteil durch Nachzahlung, Aufrechnung oder Erhöhung von Steuern erlangt, welcher aufgrund von Umständen eintritt, die zu einer Forderung gegen die Käufer gemäß dieser Ziffer 10.5 führen (beispielsweise, wenn auch nicht darauf beschränkt, durch Verlängerung eines Abschreibungszeitraums, höhere Abschreibungsbeträge oder Nutzung erhöhter Verlustvorträge), reduziert sich die Erstattung nach dieser Klausel um diesen Vorteil. Der anzurechnende Betrag aus einem solchen Vorteil wird durch Abzug der zu erwartenden künftigen Steuerreduzierungen über einen Zeitraum von fünf (5) Jahren ab dem Vollzugstag ermittelt.

10.5.2 Die Ausgleichzahlung gemäß dieser Ziffer 10.5 wird fällig und zahlbar (i) im Falle von lit. a dreißig (30) Tage ab dem Erhalt einer solche Steuerrückzahlung und (ii) im Falle von lit. b dreißig (30) Tage ab dem Datum, an dem die Steuerpflicht gegenüber der entsprechenden Gesellschaft bestandskräftig wurde.

e) **Steuerklausel in englischem Vertrag betreffend deutsches Recht**
Muster 5 25

11. Tax And Other Public Levies (käuferfreundlich)

11.1 Definitions

„Losses" shall mean any obligations, liabilities, losses, costs and expenses and other damages.

„Pre-Closing Date Period" shall mean the period up to the Closing Date.

„Pre-Closing Date Taxes" shall mean any Taxes related to actions, events, periods or portions of periods in the Pre-Closing Date Period.

„Pre-Closing Date Straddle Period" means the period beginning at the start of the first day of the Straddle Period and ending on the end of the Closing Date.

„Straddle Period" means a time period between the end of the last tax assessment period (Veranlagungszeitraum) preceding the Closing Date and ending after the Closing Date.

„Tax(es)" within the meaning of this Agreement shall mean any taxes (Steuern) and tax related ancillary obligations (steuerliche Nebenleistungen) in the meaning of section 3 of the German Fiscal Code (Abgabenordnung) or corresponding taxes under the laws of foreign jurisdictions as well as charges (Gebühren), duties (Zölle) and levies (Beiträge) of any kind including social security contributions (Sozialversicherungsbeiträge) and other public-law levies (öffentlichrechtliche Abgaben) of any kind that are imposed by any governmental authority or other public body („Tax Authority") or due under any Legal Provisions. For the purposes of this Agreement, Tax(es) shall further include any payments

§ 27 Steuerklauseln

made, or to be made, as the party liable for taxes (Haftungsschuldner), payments deriving from trade income and sales tax allocation agreements (Gewerbesteuer- und Umsatzsteuerumlageverträge) or comparable agreements or taxes concerning exemption agreements (Steuerfreistellungsvereinbarungen), as well as any interest, additions to tax or additional amounts and any penalties (Straf- und Bußgelder) as well as so called absorptions of advantages (Anordnung des Verfalls) that are due under any applicable laws or imposed by any Tax Authority.

11.2 The Seller makes the following representations to the Purchaser:

11.2.1 All returns, statements, reports and forms with respect to Taxes relating to the Companies have been completely, correctly, duly and timely prepared and filed and will, until the Closing Date, completely, correctly, duly and timely be prepared and filed by the Companies in accordance with all applicable legal provisions;

11.2.2 all Taxes due and payable by the Seller with respect to the Companies on such returns or otherwise prior to or on the Closing Date have been and will be timely and fully paid;

11.2.3 there are no Tax-related investigations (suspending the expiration of the term for the tax assessment), audits, actions, proceedings, claims or assessments pending, proposed or threatened against the Seller and the Companies. Neither the Seller nor the Companies have received tax rulings or entered into any written and legally binding agreements or are currently under negotiations to enter into any such agreement with any Tax Authority which would affect the Tax situation of future holders of interest in the Companies or Shareholders in the Companies in any period ending after the Closing Date.

11.3 The Seller shall indemnify and hold harmless the Purchaser or any of the Companies from and against:

11.3.1 any Losses arising from or in connection with a breach of any representation contained in this clause 11;

11.3.2 any Pre-Closing Date Taxes imposed on, arising against or payable by the Companies and any Losses related to such Pre-Closing Date Taxes (including, in particular and without limitation, any costs reasonably incurred in connection with the defence of any Tax related claims relating to any Pre-Closing Date Taxes).

11.4 The Seller shall indemnify and hold harmless the Purchaser or at the Purchaser's request the Companies from all Taxes in relation to the Pre-Closing Date Straddle Period. For the determination of any indemnification claim relating to Taxes imposed upon the Seller or the Companies for the Straddle Period such Taxes shall be allocated between the Pre-Closing Date Straddle Period and the period beginning immediately after the Closing Date and ending at the end of the last day of the Straddle Period. The amount of Tax attributable to the Pre-Closing Date Straddle Period shall be the amount of Tax for which the Seller or the Companies would be liable if the Pre-Closing Date Straddle Period were a taxable period and if it were permitted to file a Tax return for the Pre-Closing Date Straddle Period. Alternatively, if the allocation method described in the foregoing sentences cannot be applied, the Taxes relating to the Straddle Period shall be allocated pro rata temporis between the Parties.

11.5 If the Seller is obliged to indemnify or hold harmless the Purchaser under this clause 11, the Purchaser shall give the Seller written notice thereof no later than twenty (20) Business Days following the discovery of such facts and circumstances („Indemnification Notice"). The Indemnification Notice shall state in reasonable detail all facts and circumstances that lead to the respective obligation of the Seller. The Indemnification Notice shall include all information needed for the payments under the Indemnification Notice.

11.6 The Purchaser shall have no claims under this clause 11 to the extent such claim is based on Taxes for which provisions have been made in the Effective Date Accounts in accordance with in section 266 (3) lit B no 2 HGB.

11.7 The claims of the Seller under this clause 11 shall become time-barred 24 months after the Closing Date, however, not before twelve months after the final and binding assessment (formelle und materielle Bestandskraft) of the relevant Tax assessments.

11.8 The Parties shall reasonably cooperate, and shall cause their representatives to reasonably cooperate, with each other in connection with all Tax matters, including but not limited to the preparation and filing of any Tax return or the conduction of any audit, investigation, dispute or appeal or any other communication with any Tax authority.

11.9 Each payment under clauses ... shall be deemed to be and treated as an adjustment of the Purchase Price. To the extent payments are made directly to the Companies, this shall be treated as a short cut payment for the payment of the Purchase Price and a contribution of the Seller to the capital reserve of the Companies in the meaning of section 272 (2) no 4 HGB. Any additional profit and loss allocations resulting from a tax audit or otherwise requested by a Tax Authority relating to periods ending prior to or on the Closing Date or during the Straddle Period shall not increase or reduce the Purchase Price and shall not entitle the Seller to any additional payments.

2. Asset Deal

Anders als beim Erwerb von Anteilen an einer Kapitalgesellschaft erwirbt der Erwerber von Anteilen an einer Personengesellschaft kein eigenständiges Steuersubjekt. Denn Personengesellschaften sind aus deutscher Sicht steuerlich **„transparent"**, d. h. die Einkünfte der Gesellschaft werden auf Ebene der Gesellschafter deren Einkommen- oder Körperschaftsteuer unterworfen. Steuerklauseln der oben beschriebenen Art haben daher beim Erwerb von Anteilen an Personengesellschaften und damit von – in der steuerlichen Terminologie – sog. Mitunternehmeranteilen nicht dieselbe Bedeutung wie beim Erwerb von z. B. GmbH-Anteilen. 26

Im internationalen Kontext potenzieren sich die Probleme, sofern bei Personengesellschaften als Zielgesellschaften ein **subjektiver Qualifikationskonflikt** vorliegt. Viele ausländische Staaten behandeln ausländische Personengesellschaften als eigenständige Steuersubjekte, während aus deutscher Sicht allein die Gesellschafter besteuert werden. In diesen Fällen ist es notwendig, die Steuerklausel so anzupassen, dass sie den Sichtweisen der beteiligten Staaten gerecht wird. Im Übrigen ist zu konstatieren, dass für die allgemeinen Teile der Steuerklauseln beim Share Deal (etwa in Bezug auf Kooperationspflichten) keine Besonderheiten bestehen, so dass diese mit Gewinn auch im Fall des Asset Deals eingesetzt werden können. 27

a) Gewerbesteuerklausel

28 Probleme können sich bei inländischen Zielgesellschaften im Einzelfall bei der Gewerbesteuer ergeben. Gemäß § 7 Satz 2 Nr. 2 GewStG unterliegt der Gewinn aus der Veräußerung eines Mitunternehmeranteils der Gewerbesteuer, soweit er nicht auf eine **natürliche Person** als unmittelbar beteiligter Mitunternehmer entfällt. Eine aufgrund dieser Bestimmung ausgelöste Gewerbesteuerbelastung wäre indes nicht von dem veräußernden Mitunternehmer, sondern von der Personengesellschaft selbst zu tragen, denn gemäß § 5 Abs. 1 Satz 3 GewStG ist diese bei der Gewerbesteuer selbst **Steuerschuldner**. Wenn daher ein Mitunternehmer in der Rechtsform einer Personen- oder Kapitalgesellschaft seinen Anteil an einen Dritten veräußert, so erhöht der hieraus resultierende Veräußerungsgewinn den Gewerbeertrag der Gesellschaft. In diesem Fall käme es mithin zu sog. **fremdbestimmten Steuerwirkungen**, weil letztlich der Erwerber und die verbleibenden Mitunternehmer die durch den veräußernden Mitunternehmer ausgelöste steuerliche Mehrbelastung wirtschaftlich zu tragen hätten.

29 Die Rechtspraxis hat für diese Fälle diverse vertragliche Gestaltungsmöglichkeiten entwickelt, um eine sach- und verursachungsgerechte Verteilung der durch die Veräußerung eines Mitunternehmeranteils entstandenen Gewerbesteuerbelastung auf die Beteiligten zu erreichen. Teilweise geschieht dies im Gesellschaftsvertrag der betroffenen Gesellschaft, teilweise im Kaufvertrag. Die zuletzt genannte Variante kommt in der Praxis häufiger vor. Hier verpflichtet sich der Veräußerer gegenüber dem Erwerber sowie gegenüber der Gesellschaft, die Gesellschaft von der unmittelbar aus dem Verkauf der Anteile resultierenden Gewerbesteuerbelastung (inkl. steuerlicher Nebenleistungen) freizustellen. Sollte die Gesellschaft bereits Beiträge auf die Gewerbesteuerschuld an das Finanzamt gezahlt haben, hat der Verkäufer diese zu erstatten. Vertraglich könnte dies wie folgt ausgestaltet werden:

30 Muster 6

> Zwischen den Parteien besteht Einvernehmen darüber, dass ein aus dem Verkauf des Gesellschaftsanteils resultierender Veräußerungsgewinn nach § 7 Satz 2 Nr. 2 GewStG der Gewerbesteuer unterliegt und diese von der Gesellschaft geschuldet wird. Der Verkäufer wird den Käufer bzw. die Gesellschaft von dieser Gewerbesteuerbelastung inkl. steuerlicher Nebenleistungen freistellen. Soweit die Gesellschaft auf die aus dem Verkauf des Gesellschaftsanteils resultierende Gewerbesteuer Zahlungen an das Finanzamt geleistet hat, wird der Verkäufer diese der Gesellschaft erstatten.

b) Haftung nach § 75 AO

31 Die Haftung nach § 75 AO ist für Käufer besonders gefährlich, weil sie verschuldens- und kenntnisunabhängig ausgestaltet ist und sämtliche betriebliche Steuern betrifft. Eine Klausel bzgl. des § 75 AO gehört daher zu den Standardklauseln und könnte wie folgt lauten:

Muster 7 32

Der Verkäufer stellt den Käufer von jeder Haftung für Steuern frei, für die der Erwerber aufgrund des Betriebsübergangs nach § 75 AO oder nach anderen Vorschriften für den Zeitraum bis zum Übertragungsstichtag in Anspruch genommen wird. Steuererstattungen und Steuerschulden im Zusammenhang mit dem Geschäftsbereich für die Zeit vor dem Übertragungsstichtag stehen allein dem Verkäufer zu bzw. sind von diesem zu tragen.

c) Unterjähriger Anteilserwerb bei Personengesellschaften

Werden Anteile an Personengesellschaften unterjährig veräußert, so ist in der Praxis häufig zu beobachten, dass im Unternehmenskaufvertrag eine Regelung darüber getroffen wird, dass der Erwerber **rückwirkend ab Beginn des jeweiligen Kalenderjahres** als an der Personengesellschaft beteiligt gilt. Insofern bestünde Kongruenz mit dem **Handelsrecht**, wonach der Gewinnanspruch des Gesellschafters einer Personengesellschaft erst mit der Feststellung des Jahresabschlusses entsteht. Eine solche Regelung ist indes steuerlich nicht wirksam. Aufgrund der wirtschaftlichen Betrachtungsweise werden dem Gesellschafter die Gewinne aus dem Anteil an der Gesellschaft bis zu dem Zeitpunkt zugerechnet, in dem er das **wirtschaftliche Eigentum** verliert. Meist wird es sich hierbei um den dinglichen Übertragungsstichtag handeln. Insofern bietet sich bei einer unterjährigen Veräußerung die folgende Formulierung an: 33

Muster 8 34

Der Käufer stellt den Verkäufer von allen Steuern frei, die auf die dem Verkäufer steuerlich zugerechneten Gewinne aus der Gesellschaft entfallen, soweit diese Gewinne den Zeitraum seit dem [Beginn des Kalenderjahres] betreffen. Die zurechenbaren Gewinne für diesen Zeitraum stehen dem Käufer zu.

II. Umsatzsteuer

1. Allgemeines

Da die Veräußerung von Gesellschaftsanteilen gemäß § 4 Nr. 8 lit. f UStG zwar ein **steuerbarer, aber steuerfreier** Umsatz ist und in der Praxis eine Option zur Steuerpflicht nach § 9 Abs. 1 UStG in der Regel unterbleibt, sind Steuerklauseln in Bezug auf die Umsatzsteuer beim Share Deal nur ausnahmsweise anzutreffen. Anders verhält es sich beim Asset Deal – die zentrale Frage hier lautet, ob es sich bei dem Verkauf der Vermögensgegenstände um eine nicht steuerbare sog. **Geschäftsveräußerung im Ganzen** nach § 1 Abs. 1a UStG handelt oder nicht. Vertraglich ließe sich dies für inländische wie grenzüberschreitende Unternehmenskäufe wie folgt fassen: 35

Muster 9 36

Verkäufer und Käufer gehen übereinstimmend davon aus, dass es sich bei dem in diesem Vertrag geregelten Verkauf von Vermögensgegenständen um eine nicht der Umsatzsteuer unterliegende Geschäftsveräußerung im Ganzen i. S. von § 1 Abs. 1a UStG handelt. Falls die Finanzverwaltung später, etwa im Rahmen einer

Umsatzsteuer-Sonderprüfung, eine andere Auffassung vertreten sollte, erhöht sich der Kaufpreis um die Umsatzsteuer in gesetzlicher Höhe. Der Verkäufer ist in diesem Fall zur Nachforderung der Umsatzsteuer gegen Stellung einer Rechnung mit gesondertem Ausweis der Umsatzsteuer berechtigt. Der Käufer ist verpflichtet, diese Umsatzsteuer inkl. steuerlicher Nebenleistungen innerhalb von zehn (10) Tagen nach Rechnungserteilung an den Verkäufer zu zahlen. Der Anspruch auf Erstattung der Umsatzsteuer verjährt nicht vor Eintritt der Festsetzungsverjährung für die Umsatzsteuer des maßgebenden Zeitraums.

2. Jüngste Entwicklungen

37 Für Verwirrung hat in jüngerer Zeit das in diesem Zusammenhang ein Urteil des BFH[48] gesorgt, das im Anschluss an die EuGH-Entscheidung in der Rechtssache *SKF*[49] ergangen war. Auch die Veräußerung von Gesellschaftsanteilen führt danach zu einer Geschäftsveräußerung im Ganzen, wenn die Veräußerung der Anteile auf die Übertragung des gesamten unternehmerischen Vermögens der betreffenden Gesellschaft hinausläuft. Die Anteilsübertragung ist einer Übertragung des unternehmerischen Vermögens der Gesellschaft dabei dann gleichgesetzt, wenn sämtliche Anteile der Gesellschaft Gegenstand der Veräußerung sind. Für die Praxis hätte dies bedeutet, dass die gängigen Umsatzsteuerklauseln nunmehr auch auf den Share Deal hätten angepasst werden müssen.

III. Internationale Praxis

38 Die vorstehenden Beispiele für Steuerklauseln orientieren sich allein am deutschen Steuerrecht sowie an der Unterscheidung zwischen Share Deal und Asset Deal. Insbesondere Unternehmenskaufverträge, die dem Recht eines Staates des anglo-amerikanischen Rechtskreises unterstehen, folgen meist einer gänzlich anderen Systematik und auch einer anderen Terminologie. So ist insbesondere die Definition der erfassten Steuern in anglo-amerikanischen Verträgen sehr unterschiedlich.

39 **Das folgende Beispiel** einer (einfachen) Steuerklausel für den Fall eines Share Deals ist dem Kaufvertrag für eine internationale, US-amerikanische Unternehmensgruppe mit Tochtergesellschaften in mehreren Ländern entnommen. Die mitverkaufte Holding war eine niederländische BV, eine der Tochtergesellschaften eine deutsche GmbH. Es zeigt sich, dass trotz der sehr allgemein gefassten Steuerklausel, die möglichst viele Länder gleichzeitig abdecken sollte, an manchen Stellen gleichwohl auf länderspezifische Besonderheiten eingegangen wurde (so etwa in lit. i auf die Niederlande und in lit. t auf Deutschland):

---

48) BFH, BStBl. II 2012, 68.
49) EuGH, Rs. C-29/08, *SKF*, Slg. 2009, I-10413 = DStR 2009, 2311 = BB 2010, 228.

Muster 10
Taxes

(a) Each of the Target Group Companies (i) has timely filed on or before the applicable due date with each appropriate Governmental Body all Tax Returns required to be filed by or with respect to it, and all such Tax Returns have been properly prepared and completed in compliance with applicable legal and Tax requirements, are accurate and complete in all material respects and accurately reflect, as the case may be, the amount of the relevant Target Group Company's taxable profits or tax losses for the relevant fiscal year or period, and (ii) has fully and timely paid, or has made adequate provision on the Financial Statements in accordance with GAAP for, all Taxes with respect to it (whether or not such Taxes have been reflected on any Tax Return). All Taxes that any Target Group Company has been required by law to withhold, deduct and/or to collect for payment have been duly withheld, deducted and/or collected, and have been paid over to the appropriate Governmental Body in compliance with all applicable legal and Tax requirements.

(b) (i) There are no pending or, to the Knowledge of the Company, threatened Claims by any Governmental Body with respect to Taxes relating to any Target Group Company; (ii) no extension or waiver of the statute of limitations period applicable to any Tax Return of any Target Group Company is in effect or has been requested; and (iii) all deficiencies claimed, proposed or asserted or assessments made as a result of any examinations by any Governmental Body of the Tax Returns of, or with respect to, any Target Group Company have been fully paid or fully settled.

(c) None of the Target Group Companies has been a member of any Affiliated Group for any Tax purpose.

(d) The Securityholders have delivered or made available to Buyer correct and complete copies of all Tax Returns for which the statute of limitations period has not expired, and all audit reports and statements of deficiencies assessed against or agreed to by it.

(e) None of the Target Group Companies is or has ever been a party to or bound by any Tax indemnity agreement, Tax sharing agreement, Tax allocation agreement or similar Contract.

(f) None of the Target Group Companies does have nexus, or has taken any action that could result in any Target Group Company having nexus, for any Tax purpose in any jurisdiction other than jurisdictions for which Tax Returns have been duly filed, and no Claim has been made by a Governmental Body in a jurisdiction where the Target Group Companies do not file Tax Returns that the relevant Target Group Company is or may be subject to taxation by that jurisdiction.

(g) The Company has been resident for Tax purposes in the Netherlands and nowhere else at all times since its incorporation and will be so resident at Closing. The Company is not and has never been liable to pay Tax on income, profits or gains to any Tax Authority or file any Tax Return outside the Netherlands. The Subsidiary has been resident for Tax purposes in Germany and nowhere else at all times since its incorporation and will be so resident at Closing. The Subsidiary is not and has never been liable to pay Tax on income, profits or gains to any Tax Authority or file any Tax Return outside Germany.

(h) No claim or election has been made with respect to Taxes of the Target Group that has not been disclosed to Buyer.

(i) None of the Target Group Companies operates, or has ever operated, any Share option or Share incentive scheme and there are no trusts or foundations (Stichting Administratiekantoor) or other arrangements in place under which any (deemed) employee or (deemed) former employee of any Target Group Company or any persons associated with such (deemed) employee or (deemed) former employee can obtain a benefit in any form or in respect of which any Target Group Company may have a liability to account for Tax on or following Closing.

(j) As at Closing there will no outstanding options, Shares or other Share based compensation arrangements in respect of which any Target Group Company may have a liability to account for Tax on or following Closing.

(k) No Tax ruling and/or advance pricing agreement or similar ruling, agreement and/or arrangement has been issued to, or entered into or agreed by, any Target Group Company with any Governmental Body, whether in writing or in verbal form, nor does the intention to such effect exist.

(l) There is no limitation on the utilization of any Tax attributes of any Target Group Company under any applicable law, other than any such limitations resulting from the transactions contemplated by this Agreement.

(m) Each Target Group Company is only registered for VAT purposes in the jurisdiction in which it is incorporated.

(n) Each of the Target Group Companies has complied fully with all statutory requirements, filings, orders, provisions, directions or conditions in relation to VAT, including (for the avoidance of doubt) the terms of any agreement reached with any Tax Authority.

(o) Subject to any statutory limitation, each Target Group Company obtains credit for all input VAT paid or suffered by it. None of the Target Group Companies can be subjected to a revision of its VAT position, leading to a recapture of VAT deducted on or before the Closing Date.

(p) None of the Target Group Companies has entered into any transactions or arrangements which were not on arm's length terms and there are no circumstances in which any rule or provision could apply causing any Tax Authority to make an adjustment to the terms on which such transaction or arrangement is treated as being made for Tax purposes. The Target Group Companies have kept full and accurate documentation, recording the methodology used to determine the arm's length terms and conditions (including consideration) for such transactions.

(q) The entry into, becoming unconditional or Closing of this Agreement will not result in any profit or gain being deemed to accrue to any Target Group Company for Tax purposes, and will not result in losing the right to carry forward any losses for Tax purposes.

(r) None of the Target Group Companies has engaged in, or been a party to, any transaction or series of transactions or scheme or arrangement of which the main purpose, or one of the main purposes, was or could be said to be the avoidance of, or deferral of or a reduction in the liability to, Tax. All transactions in which any Target Group Company has participated has been correctly qualified and reported by the relevant Target Group Company to the Tax Authorities.

(s) All documents to which any Target Group Company is a party or which form part of the relevant Target Group Company's title to any Asset owned or possessed by it or which such Target Group Company may need to enforce or produce in evidence in the courts of the Netherlands have been duly stamped and/or registered (where appropriate).

(t) None of the Target Group Companies has entered into any real estate related transaction for the purpose of real estate transfer tax (overdrachtsbelasting or Grunderwerbsteuer), stamp duty, registration tax and/or VAT.

(u) None of the Target Group Companies or any director, officer or Shareholder of a Target Group Company has made any election or taken any action that would result in any Target Group Company being treated other than as a corporation for Tax purposes.

(v) None of the Target Group Companies has acted as contractor or subcontractor as referred to in the Chain Liability Act (Wet Ketenaansprakelijkheid) of the Dutch Collection Act 1990 (Invorderingswet 1990) or other comparable provisions under any applicable laws.

(w) None of the Target Group Companies has claimed or been granted exemptions from Tax, roll-over relief or other Tax facilities (including investment Tax credits and other similar Tax benefits) which may be annulled or give rise to Tax in the Tax periods after the Closing Date, in connection with but not limited to any sale, reorganization, merger, demerger and/or disposal.

(x) No disputes exist or are expected with any Governmental Body regarding the Tax position of any Target Group Company or any of their properties, Assets or income or regarding the Tax Returns filed by the Target Group Companies. No audits, review, enquiries or investigations are presently being made or have been in the previous five years by any Governmental Body or are expected regarding the Tax position of the Target Group Companies or their properties, Assets or income or regarding the Tax Returns filed by the Target Group Companies. No requests for exchange of information are pending regarding Tax relating to any Target Group Company or their business relationships. No objection or appeal regarding Tax is presently pending or will be filed by any Governmental Body or any competent court(s).

Teil 2
Grenzüberschreitende Strukturmaßnahmen

Kapitel 1 Strukturmaßnahmen

§ 28 Grenzüberschreitende Sitzverlegungen

Übersicht

A. Einleitung ... 1	III. Verlegung des Verwaltungssitzes nach Deutschland ... 37
B. Fallgruppen ... 4	1. Keine staatsvertraglichen Verbindungen zum Wegzugsstaat ... 37
C. Kapitalgesellschaften ... 6	
I. Verlegung des Verwaltungssitzes in das Ausland ... 7	
1. Keine staatsvertraglichen Verbindungen zum Zuzugsstaat ... 7	2. EU-/EWR-Staat ist Wegzugsstaat ... 42
2. EU-/EWR-Staat ist Zuzugsstaat ... 13	3. Staatsvertraglich verbundener Staat ist Wegzugsstaat ... 47
3. Staatsvertraglich verbundener Staat ist Zuzugsstaat ... 17	IV. Verlegung des Satzungssitzes nach Deutschland ... 48
II. Verlegung des Satzungssitzes in das Ausland ... 20	1. Keine staatsvertraglichen Verbindungen zum Wegzugsstaat ... 48
1. Keine staatsvertraglichen Verbindungen zum Zuzugsstaat ... 20	
2. EU-/EWR-Staat ist Zuzugsstaat ... 22	2. EU-/EWR-Staat ist Wegzugsstaat ... 51
a) Einleitung ... 22	a) Cartesio und Sevic ... 52
b) VALE ... 25	b) VALE ... 54
aa) Ausübung wirtschaftlicher Tätigkeit ... 26	3. Staatsvertraglich verbundener Staat ist Wegzugsstaat ... 58
bb) Gründungsvoraussetzungen der beteiligten Staaten ... 28	V. Sitzverlegung zwischen Drittstaaten ... 59
cc) Anwendbare Rechtsordnungen ... 30	D. Personengesellschaften ... 60
dd) Umgang mit Dokumenten des Wegzugsstaats ... 34	I. Anknüpfung ... 61
c) Praxisempfehlung ... 35	II. Niederlassungsfreiheit und EU-Auslandsgesellschaften ... 62
3. Staatsvertraglich verbundener Staat ist Zuzugsstaat ... 36	III. Deutsche Personengesellschaften ... 63
	E. Societas Europaea und Societas Privata Europaea ... 68

Literatur: *Armbrüster*, Das BGH-Urteil zur GbR – Konsequenzen für die Praxis, Das Grundeigentum 2001, 821; *Arnold*, HV-Praxis – Fragen sind in der HV mündlich zu stellen, AG-Report 2007, R 488; *Bayer/Schmidt, J.*, BB-Gesetzgebungs- und Rechtsprechungsreport Europäisches Unternehmensrecht 2012, BB 2013, 3; *Bayer/Schmidt, J.*, Das Vale-Urteil des EuGH: Die endgültige Bestätigung der Niederlassungsfreiheit als „Formwechselfreiheit", ZIP 2012, 1481; *Bayer/Schmidt, J.*, Grenzüberschreitende Sitzverlegung und grenzüberschreitende Restrukturierungen nach MoMiG, Cartesio und Trabrennbahn: Europäischer Rahmen, deutsche lex lata und rechtspolitische Desiderata, ZHR 173 (2009), 735; *Behme/Nohlen*, Zur Wegzugsfreiheit von Gesellschaften – Der Schlussantrag von Generalanwalt

§ 28 Grenzüberschreitende Sitzverlegungen

Maduro in der Rechtssache Cartesio (C-210/06), NZG 2008, 496; *Behrens*, Die grenzüberschreitende Mobilität der Gesellschaften im neuen Aktionsplan der Kommission, EuZW 2013, 121; *Benrath/König*, Nicht überraschend doch erforderlich: Die Rechtsprechung des EuGH zur grenzüberschreitenden Umwandlung durch Formwechsel, Der Konzern, 2012, 377; *Bessenich*, Die grenzüberschreitende Fusion nach den Bestimmungen des IPRG und des OR, Basel 1991; *Binz/Mayer*, Die ausländische Kapitalgesellschaft & Co.KG im Aufwind? – Konsequenzen aus dem Überseering-Urteil des EuGH v. 5.11.2002 – Rs. C-208/00, GmbHR 2003, 249; *Bungert/de Raet*, Grenzüberschreitender Formwechsel in der EU, DB 2014, 761; *Däubler/Heuschmid*, Cartesio und MoMiG – Sitzverlagerung ins Ausland und Unternehmensmitbestimmung, NZG 2009, 493; *Derleder*, Die Aufgabe der monistischen Struktur der Gesellschaft bürgerlichen Rechts durch Verleihung der Rechtsfähigkeit, BB 2001, 2485; *Di Marco*, Der Vorschlag der Kommission für eine 14. Richtlinie: Stand und Perspektiven, ZGR 1999, 3; *Drygala*, Stand und Entwicklung des europäischen Gesellschaftsrechts, ZEuP 2004, 337; *Ebenroth*, Zur Sicherheitsleistung nach ZPO § 110 Abs. 2 Nr. 1, EWiR 1990, 827; *Ebke*, Gesellschaften aus Delaware auf dem Vormarsch: Der BGH macht's möglich, RIW 2004, 740; *Eidenmüller*, Wettbewerb der Gesellschaftsrechte in Europa – Zugleich Besprechung des Urteils des Europäischen Gerichtshofs vom 5.11.2002 in der Rechtssache C-208/00 (Überseering BV gegen Nordic Construction Company Baumanagement GmbH), ZIP 2002, 2233; *Fingerhuth/Rumpf*, MoMiG und die grenzüberschreitende Sitzverlegung – Die Sitztheorie ein (lebendes) Fossil?, IPRax 2008, 90; *Forsthoff*, EuGH fördert Vielfalt im Gesellschaftsrecht – Traditionelle deutsche Sitztheorie verstößt gegen Niederlassungsfreiheit, DB 2002, 2471; *Franz*, Internationales Gesellschaftsrecht und deutsche Kapitalgesellschaften im In- bzw. Ausland, BB 2009, 1250; *Franz/Laeger*, Die Mobilität deutscher Kapitalgesellschaften nach Umsetzung des MoMiG unter Einbeziehung des Referentenentwurfs zum internationalen Gesellschaftsrecht, BB 2008, 678; *Frobenius*, „Cartesio": Partielle Wegzugsfreiheit für Gesellschaften in Europa, DStR 2009, 487; *Gesmann-Nuissl*, Die Rechts- und Parteifähigkeit sowie Haftungsverfassung der Gesellschaft bürgerlichen Rechts nach dem Urteil des BGH, II ZR 331/00, WM 2001, 973; *von der Groeben/Schwarze*, Kommentar zum Vertrag über die Europäische Union und zur Gründung der Europäischen Gemeinschaft, Band 1: Art. 1–53 EUV, Art. 1–80 EGV, 6. Aufl., 2003; *Großfeld*, Die internationale Sitzverlegung, EWiR 1997, 1031; *Großfeld/König*, Weiterverweisung im schweizerischen Gesellschaftsrecht (zu OLG Frankfurt a. M., 24.4.1990 – 5 U 18/88), IPRax 1991, 379; *Großfeld/König*, Identitätswahrende Sitzverlegung und Fusion von Kapitalgesellschaften in die Bundesrepublik Deutschland, RabelsZ 53 (1989), 52; *Habersack*, Europäisches Gesellschaftsrecht im Wandel: Bemerkungen zum Aktionsplan der EG-Kommission betreffend die Modernisierung des Gesellschaftsrechts und die Verbesserung der Corporate Governance in der Europäischen Union, NZG 2004, 1; *Habersack*, Die Anerkennung des Rechts- und Parteifähigkeit der GbR und der akzessorischen Gesellschafterhaftung durch den BGH, BB 2001, 477; *Halbhuber*, Überseering – Zum „Ende der Sitztheorie als Kompetenztheorie", ZEuP 2003, 422; *Heinze*, Arbeitsrechtliche Probleme bei der grenzüberschreitenden Sitzverlegung in der Europäischen Gemeinschaft, ZGR 1999, 54; *Hennrichs/Pöschke/von der Laage/Klavina*, Die Niederlassungsfreiheit der Gesellschaften in Europa: Eine Analyse der Rechtsprechung des EuGH und ein Plädoyer für eine Neuorientierung, WM 2009, 2009; *Herrler*, Gewährleistung des Wegzugs von Gesellschaften durch Art. 43, 48 EG nur in Form der Herausumwandlung – Anmerkungen zum Urt. des EuGH v. 16.12.2008 – Rs. C-210/06 (Cartesio), DNotZ 2009, 484; *Hommelhoff/Teichmann*, Eine GmbH für Europa: Der Vorschlag der EU-Kommission zur Societas Privata Europaea (SPE), GmbHR 2008, 897; *Hopt*, Europäisches Gesellschaftsrecht im Lichte des Aktionsplans der Europäischen Kommission von Dezember 2012, ZGR 2013, 165; *Hügel*, Steuerrechtliche Hindernisse bei der internationalen Sitzverlegung, ZGR 1999, 71; *van Hulle*, Aktionsplan zur Modernisierung des Gesellschaftsrechts und Stärkung der Corporate Governance, ZGR 2004, 484; *Hupka*, Der Aktionsplan der EU-Kommission „Europäisches Gesellschaftsrecht und Corporate Governance", GWR 2013, 59; *Jung*, Die Niederlassungsfreiheit von Schweizer Gesellschaften bei Sitzwahl und Sitzverlegung im Europäischen Wirtschaftsraum, EuZW 2012, 863; *Kindler*, Internationales Gesellschaftsrecht 2009: MoMiG, Trabrennbahn, Cartesio und die Folgen, IPRax 2009, 189; *Kindler*, Ende der Diskussion über die so genannte Wegzugsfreiheit, NZG 2009, 130; *Kindler*, GmbH-Reform und internationales Gesellschaftsrecht: Auswirkungen auf grenzüberschreitend strukturierte Kapitalgesellschaften, AG 2007, 721; *Kindler*, Auf dem Weg zur Europäischen Briefkastengesellschaft? – Die „Überseering"-Entscheidung des EuGH und das internationale Privatrecht, NJW 2003, 1073; *Kindler*, Anerkennung der Scheinauslandsgesellschaft und Niederlassungsfreiheit, IPRax 2003, 41; *Kieninger*, ECLR: Niederlassungsfreiheit als Rechtswahlfreiheit – Besprechung der Entscheidung EuGH EuZW 1999, 216 – Centros Ltd/Erhvervs-og Selskabsstyrelsen, ZGR 1999, 724; *Kindler*, Der reale Niederlassungsbegriff nach dem VALE-Urteil des EuGH, EuZW 2012, 888; *Knof/Mock*, Niederlassungsfreiheit und Wegzugsbeschränkungen, ZIP 2009, 30; *Kobelt*, Internationale Optionen deutscher Kapitalgesellschaften nach MoMiG, „Cartesio" und „Trabrennbahn" – zur Einschränkung der Sitztheorie, GmbHR 2009, 808; *Koch*, Freie Sitzwahl für Personenhandelsgesellschaften, ZHR 173 (2009), 101; *König/Bormann*, „Genuine Link" und freie Rechtswahl im Binnenmarkt – Trendwende bei der Anerkennung von „Scheinauslandsgesellschaften" durch die VALE-Entscheidung des EuGH?, NZG 2012, 1241; *König/Bormann*, Die Reform des Rechts der Gesellschaften mit beschränkter Haftung, DNotZ 2008, 652; *Kösters*, Rechtsträgerschaft und Haftung bei Kapitalgesellschaften ohne Verwaltungssitz im Gründungsstaat, NZG 1998, 241; *Leible/Hoffmann*, Cartesio – fortgeltende Sitztheorie, grenzüberschreitender Formwechsel und Verbot materiell-rechtlicher Wegzugsbeschränkungen, BB 2009, 58; *Leible/Hoffmann*, Überseering und das (vermeintliche) Ende der Sitztheorie: Anmerkung zu EuGH, Urteil vom 5.11.2002 – Rs. C-208/00 – Überseering, RIW 2002, 925; *Leitzen*, Die GmbH mit Verwaltungssitz im Ausland, NZG 2009, 728; *Maul*, Vorschläge der Expertengruppe zur Reform des EU-Gesellschaftsrechts, DB 2003, 27; *Maul/Lanfermann/Eggenhofer*, Aktionsplan der Europäischen Kommission zur Reform des Europäischen Gesellschaftsrechts, BB 2003, 1289; *Maul/Röhricht*, Die Europäische Privatgesellschaft – Überblick über die neue supranationale Rechtsform, BB 2008, 1574; *Meilicke*, Zum Vorschlag der Europäischen Kommission für die 14. EU-Richtlinie zur Koordinierung des Gesellschaftsrechts – Sitzverlegungs-Richtlinie, GmbHR 1998, 1053; *Messenzehl/Schwarzfischer*, Der EuGH macht den Weg frei für den grenzüberschreitenden Formwechsel (Anm. zu EuGH, Az.: C-378/10), BB 2012, 2072; *Mörsdorf/Jopen*, Anmerkung zu: Grenzüberschreitender Formwechsel einer Gesellschaft („Vale"), ZIP 2012, 1398; *Mülbert/Schmolke*, Die Reichweite der Niederlassungsfreiheit von Gesellschaften – Anwendungsgrenzen der Artt. 43 ff. EGV bei kollisions- und sachrechtlichen Niederlassungshindernissen, ZVglRWiss 100 (2001), 233; *Mülsch/Nohlen*, Die ausländische Kapitalgesellschaft und Co. KG mit Verwaltungssitz im EG-Ausland, ZIP 2008, 1358; *Mutter/Kruchen*, Anmerkung zum Urteil des EuGH vom 12.7.2012, Az. C-378/10 – Zum Hereinformwechsel, EWiR 2012, 541; *Neye*, Die Regelung der grenzüberschreitenden Sitzverlegung – eine ungelöste Aufgabe des europäischen Gesetzgebers, in: Festschrift Schwark, 2009, S. 231; *Neye*, Grenzüberschreitende Sitzverlegung in der EU unter identitätswahrendem Formwechsel, EWiR 2014, 45; *Otte/Rietschel*, Freifahrschein für den grenzüberschreitenden Rechtsformwechsel nach „Cartesio"?, GmbHR 2009, 983; *Paal*, Deutsch-amerikanischer Freundschaftsvertrag und genuine link: Ein ungeschriebenes Tatbestandsmerkmal auf dem Prüfstand – Zugleich eine Anmerkung zu BGH, 13.10.2004 – I ZR 245/01, RIW 2005, 735; *Peifer*, Rechtsfähigkeit und Rechtssubjektivität der Gesamthand – die GbR als OHG?, NZG 2001, 296; *Pohlmann*, Rechts- und Parteifähigkeit der Gesellschaft bürgerlichen Rechts – Folgen für Erkenntnisverfahren, Zwangsvollstreckung und freiwillige Gerichtsbarkeit, WM 2002, 1421; *Pluskat*, Die Zulässigkeit des Mehrfachsitzes und die Lösung der damit verbundenen Probleme, WM 2004, 601; *Priester*, EU-Sitzverlegung – Verfahrensablauf, ZGR 1999, 36; *Roesener*, Das Warten auf Aktion: Der Aktionsplan zum Europäischen Gesellschaftsrecht und die Societas Privata Europaea, NZG 2013, 241; *Roth, G. H.*, Das Ende der Briefkastengründung? –Vale contra Centros, ZIP 2012, 1744; *Roth, W. H.*, Internationales Gesellschaftsrecht nach Überseering – zu EuGH, 5.11.2002 – Rs. 208/00 – Überseering BV/Nordic Construction Company Baumanagement GmbH (NCC), IPRax 2003, 117; *Schmidt, J.*, Aktionsplan Europäisches Gesellschaftsrecht und Corporate Governance 2012, GmbHR 2013, R33; *Schmidt, J.*, Der Vorschlag für eine Verordnung über die europäische Privatgesellschaft (SPE) – eine europäische Rechtsform speziell für KMU, EWS 2008, 455; *Schmidt, K.*, Die BGB-Außengesellschaft – rechts- und parteifähig: Besprechung des Grundlagenurteils II ZR 331/00 vom 29.1.2001, NJW 2001, 993; *Schönhaus/Müller*, Grenzüberschreitender Formwechsel aus gesellschafts- und steuerrechtlicher Sicht, IStR 2013, 174; *Teichmann*, Der grenzüberschreitende Formwechsel ist spruchreif: das Urteil des EuGH in der Rs. Vale, DB 2012, 2085; *Teichmann*, Gesellschaftsrecht im System der Europäischen Niederlassungsfreiheit, ZGR 2011, 639; *Teichmann*, Cartesio – Die Freiheit zum formwechselnden Wegzug – Zugleich Besprechung EuGH v. 16.12.2008 – Rs. C-210/06 – Cartesio, ZIP 2009, 393; *Teichmann*, Binnenmarktmobilität von Gesellschaften nach „Sevic" – Zugleich Besprechung von EuGH v. 13.12.2005 – Rs C-411/03, ZIP 2006, 355; *Teichmann/Limmer*, Die Societas Privata Europaea (SPE) aus notarieller Sicht – eine Zwischenbilanz nach dem Votum des Europäischen Parlaments, GmbHR 2009, 537; *Timmermann*, Sitzverlegung von Kapitalgesellschaften nach niederländischem Recht und die 14. EU-Richtlinie, ZGR 1999, 147; *Ulmer*, Die höchstrichterlich „enträtselte" Gesellschaft bürgerlichen Rechts – Zugleich Besprechung zu BGH ZIP 2001, 330, ZIP 2001, 585; *Walden*, Das Kollisionsrecht der Personengesellschaften im deutschen, europäischen und US-amerikanischen Recht, 2001; *Weller*, Das Internationale Gesellschaftsrecht in der neuesten BGH-Rechtsprechung – Zu BGH, 29.1.2003, VIII ZR 155/02 und BGH, 13.3.2003, VII ZR 370/98, IPRax 2003, 324; *Weller*, Unternehmensmobilität im Binnenmarkt, in: Festschrift Blaurock, 2013, S. 497; *Wertenbruch*, Der Abschluss des „Überseering"-Verfahrens durch den BGH – Folgerungen, NZG 2003, 618; *Westermann*, Erste Folgerungen aus der Anerkennung der Rechtsfähigkeit der BGB-Gesellschaft, NZG 2001, 289; *Wicke*, Zulässigkeit des grenzüberschreitenden Formwechsels – Rechtssache „Vale" des Europäischen Gerichtshofs zur Niederlassungsfreiheit, DStR 2012, 1756; *Wiedemann*, Zur Rechtsfähigkeit und Parteifähigkeit sowie zur Haftungsverfassung der GbR, JZ 2001, 661; *Wiesner*, Neue Brüsseler Impulse für Corporate Governance und Gesellschaftsrecht: Zum Endbericht der Hochrangigen Expertengruppe (Winter-Gruppe), BB 2003, 213; *Wymeersch*, Die Sitzverlegung nach belgischem Recht, ZGR 1999, 126; *Zimmer*, Mysterium „Centros": Von der schwierigen Suche nach der Bedeutung eines Urteils des Europäischen Gerichtshofes, ZHR 164 (2000), 23; *Zimmer/Naendrup*, Das Cartesio-Urteil des EuGH: Rück- oder Fortschritt für das internationale Gesellschaftsrecht?, NJW 2009, 545.

A. Einleitung

1 Im Zusammenhang mit einem Unternehmenskauf kann sich die Frage ergeben, ob der tatsächliche Verwaltungssitz des Unternehmens über die Grenze verlegt werden soll. Nur in Ausnahmefällen dürfte die hiervon zu trennende grenzüberschreitende Verlegung des Satzungssitzes angestrebt werden, die übrigens vergleichbar ist mit einem Formwechsel wie er aus dem nationalen Recht bekannt ist.[1] Im Kern geht es in allen Fällen um die Frage, ob ein angestrebter Sitzwechsel unter **Wahrung der Identität** und damit im Fall der Verlagerung des Verwaltungssitzes unter Beibehaltung des bisherigen Rechtskleids möglich ist.

---

1) Zu allgemeinen möglichen Motiven eines Sitzverlegung *Weller* in: FS Blaurock, S. 497, 505 ff.

Staatsvertragliche Regelungen hierzu gibt es nicht. Auch eine **europaweite Re-** 2
gelung fehlt.[2] Die Europäische Kommission legte zwar im Jahre 1997 den
Vorentwurf einer Richtlinie vor, welche die identitätswahrende Sitzverlegung ohne
Auflösung und Abwicklung ermöglichen sollte.[3] Auch die von der Kommission berufene hochrangige Expertengruppe für Gesellschaftsrecht empfahl in
ihrem Schlussbericht vom 4.11.2002, die Kommission solle dringend eine Verabschiedung des Richtlinienvorschlags über die Verlegung des Gesellschaftssitzes erwägen.[4] Die Kommission machte es sich daraufhin in ihrem Aktionsplan zur Modernisierung des Gesellschaftsrechts und Verbesserung der Corporate Governance vom 21.5.2003 zur Aufgabe, einen solchen Richtlinienvorschlag in naher Zukunft zu verabschieden.[5] Sie begann noch im Februar 2004
mit einer öffentlichen Konsultation über die grenzüberschreitende Verlegung
des Satzungssitzes von Kapitalgesellschaften. Im Dezember 2007 veröffentlichte
die Kommission dann allerdings eine Folgenabschätzung über eine entsprechende
Richtlinie. Das Dokument stellt die Für und Wider der vorhandenen Handlungsoptionen in diesem Bereich dar und bewertet die Folgen, die sich ergäben,
wenn der Gesetzgeber untätig bliebe.[6] Nach Abwägung der darin vorgebrachten
Argumente und der ausgesprochenen Empfehlung, abzuwarten bis die Wirkungen
der Verschmelzungsrichtlinie[7] sowie der Rechtsprechung des EuGH zur Niederlassungsfreiheit besser abgeschätzt werden könnten, beschloss Kommissar
McCreevy, dass in diesem Bereich ein Tätigwerden auf EU-Ebene nicht erfor-

---

2) Zu den europäischen Aktivitäten zur Schaffung einer Sitzverlegungsrichtlinie *Neye* in: FS Schwark, S. 231, 233 ff.; *Kindler* in: MünchKomm-BGB, IntGesR Rz. 60 ff.; *Lutter/Bayer/ J. Schmidt*, EuropUntR, § 32, S. 1107 ff.

3) Vorschlag für eine Vierzehnte Richtlinie des Europäischen Parlaments und des Rates über die Verlegung des Sitzes einer Gesellschaft in einen anderen Mitgliedstaat mit Wechsel des für die Gesellschaft maßgebenden Rechts v. 22.4.1997, abgedr. in ZIP 1997, 1721. Zu diesem Vorschlag etwa *Heinze*, ZGR 1999, 54; *Hügel*, ZGR 1999, 71; *Di Marco*, ZGR 1999, 3; *Meilicke*, GmbHR 1998, 1053; *Priester*, ZGR 1999, 36; den Entwurf für europarechtswidrig halten *Mülbert/Schmolke*, ZVglRWiss 100 (2001), 233; aus anderen Gründen abl. *Leible* in: Michalski, GmbHG, Syst. Darst. 2 Rz. 56.

4) Bericht der hochrangigen Gruppe von Experten auf dem Gebiet des Gesellschaftsrechts über moderne gesellschaftsrechtliche Rahmenbedingungen in Europa v. 4.11.2002, zusammengefasst in NZG 2003, 21 (vollständiger Bericht abrufbar unter: http://ec.europa.eu/internal_market/company/modern/index_de.htm); dazu auch *Wiesner*, BB 2003, 213; *Maul*, DB 2003, 27.

5) KOM (2003) 284, abgedr. in NZG 2003, Sonderbeilage zu Heft 13; dazu *Habersack*, NZG 2004, 1; *van Hulle*, ZGR 2004, 484; *Maul/Lanfermann/Eggenhofer*, BB 2003, 1289.

6) Abrufbar in englischer Sprache unter http://ec.europa.eu/internal_market/company/seat-transfer/index_de.htm#consult.

7) Richtlinie 2005/56/EG des Europäischen Parlaments und des Rates v. 26.10.2005 über die Verschmelzung von Kapitalgesellschaften aus verschiedenen Mitgliedstaaten, ABl. EU L 310/1 v. 25.11.2005.

derlich ist. Die Arbeiten wurden daraufhin eingestellt.[8] Zuletzt hat die Kommission jedoch in ihrem neuen Aktionsplan „Europäisches Gesellschaftsrecht und Corporate Governance – ein moderner Rechtsrahmen für engagierte Aktionäre und besser überlebensfähige Unternehmen" vom 12.12.2012 angekündigt, Konsultationen mit dem Ziel durchzuführen, die Zweckmäßigkeit einer Legislativinitiative zu prüfen.[9]

3 Derzeit sind Sitzverlegungen daher insoweit weiterhin stets an den **beteiligten nationalen Kollisions- und Sachrechten** zu messen. Eine gesetzliche Regelung über Sitzverlegungen kennt das deutsche Internationale Privatrecht, namentlich das Internationale Gesellschaftsrecht allerdings bislang nicht.[10]

B. Fallgruppen

4 Um die rechtliche Zulässigkeit grenzüberschreitender Sitzverlegungen beurteilen zu können, ist es erforderlich, verschiedene Fallgestaltungen zu unterscheiden und Fallgruppen zu bilden. Eine erste Auffächerung ist nach der **Rechtsform** der beteiligten Gesellschaft vorzunehmen und damit danach, ob eine Kapitalgesellschaft oder eine Personengesellschaft ihren Sitz verlegen will. Des Weiteren ergibt sich ein unterschiedliches Bild daraus, ob Deutschland **Wegzugsstaat** (Herkunftsstaat) oder **Zuzugsstaat** (Aufnahmestaat) ist, ob also die Gesellschaft ihren Sitz aus Deutschland heraus oder nach Deutschland hinein verlagert. Im Übrigen ist maßgeblich, ob und in welcher Form Deutschland mit dem an-

---

8) http://ec.europa.eu/internal_market/company/seat-transfer/index_de.htm#consult; *Neye* in: FS Schwark, S. 231, 235; *Arnold*, AG-Report 2007, R488; *Franz/Laeger*, BB 2008, 678, 679; *Leible* in: Michalski, GmbHG, Syst. Darst. 2 Rz. 56; *Leible/Hoffmann*, BB 2009, 58, 63. Das Europäische Parlament hat die EU-Kommission am 11.3.2009 allerdings aufgefordert, einen Entwurf für eine Richtlinie zur grenzüberschreitenden Verlegung von eingetragenen Gesellschaftssitzen vorzulegen, ABl. EU C 87 E/5 v. 1.4.2010.

9) *Kommission*, Mitteilung v. 12.12.2012, KOM (2012) 740/2 endg., S. 14, abrufbar unter: http://ec.europa.eu/internal_market/company/docs/modern/121212_company-law-corporate-governance-action-plan_de.pdf; dazu *Behrens*, EuZW 2013, 121; *Bayer/J. Schmidt*, BB 2013, 3, 12 ff.; *Hopt*, ZGR 2013, 165; *Hupka*, GWR 2013, 59; *Roesener*, NZG 2013, 241; *J. Schmidt*, GmbHR 2013, R 33; ausführlich zum Projekt einer Sitzverlegungsrichtlinie *Lutter/Bayer/J. Schmidt*, EuropUntR, § 6 Rz. 11, S. 73 und § 32, S. 1107 ff.

10) Art. 10b EGBGB des Entwurfs für ein „Gesetz zum Internationalen Privatrecht der Gesellschaften, Vereine und juristischen Personen" v. 7.1.2008 regelt zwar die kollisionsrechtliche Möglichkeit einer Verlegung des Satzungssitzes. Dieser Entwurf ist allerdings bislang nicht über das Referentenstadium hinausgekommen. Nach dem Entwurf soll sich eine Gesellschaft einem anderen Recht unterstellen können, indem sie sich dort in ein öffentliches Register eintragen lässt oder ihre Organisation nach außen erkennbar dortigem Recht unterstellt. Auch hier bleibt aber Voraussetzung für einen wirksamen Statutenwechsel, dass dieser von den beteiligten Kollisions- wie Sachrechten akzeptiert wird. Geregelt wird also nur die Verlagerung des Satzungssitzes, nicht des tatsächlichen Verwaltungssitzes, weil die Verlegung des Verwaltungssitzes aufgrund der vorgesehenen Gründungstheorie zu keinem Wechsel des Personalstatuts führen wird.

deren bei der Sitzverlegung beteiligten Staat **staatsvertraglich verbunden** ist. Hier ist zu trennen zwischen

- EU-Mitgliedstaaten und EWR-Vertragsstaaten,
- Staaten, mit denen die Bundesrepublik Deutschland kollisionsrechtlich relevante bilaterale Staatsverträge geschlossen hat, sowie
- sonstigen Staaten.

Nicht zuletzt ist eine Linie zu ziehen zwischen dem grenzüberschreitenden 5 Umzug des **tatsächlichen Verwaltungssitzes** und der grenzüberschreitenden Verlegung des **Satzungssitzes (grenzüberschreitender Formwechsel)**. Insgesamt ergibt sich danach folgendes Bild, wobei zunächst zwischen Kapital- und Personengesellschaften unterschieden wird:

C. Kapitalgesellschaften

Die folgende Darstellung über die Sitzverlegung von Kapitalgesellschaften trennt 6 danach, ob Deutschland als Wegzugs- oder Zuzugsstaat betroffen ist und ob der tatsächliche Verwaltungssitz oder der Satzungssitz verlegt wird. Innerhalb dieser Gruppen wird daraufhin zwischen einzelnen Staaten unterschieden.

I. Verlegung des Verwaltungssitzes in das Ausland
1. Keine staatsvertraglichen Verbindungen zum Zuzugsstaat

In der Bundesrepublik Deutschland herrscht traditionell die **Sitztheorie** (siehe 7 oben § 8 Rz. 9 ff.). Dies gilt ohne weiteres, wenn Deutschland (Wegzugsstaat) mit dem Zuzugsstaat keine einschlägigen Staatsverträge geschlossen hat. Dies hat der BGH in seinem *Trabrennbahn*-Urteil bestätigt (siehe oben § 8 Rz. 9). Die Sitztheorie gilt auch für inländische Kapitalgesellschaften mit ausländischem Verwaltungssitz; nach umstrittener Ansicht legen die durch das MoMiG geänderten § 4a GmbHG und § 5 AktG für solche Gesellschaften nicht die Gründungstheorie fest (siehe oben § 8 Rz. 10).

Geht man also mit der h. A. von der Sitztheorie aus, wird für die Beurteilung 8 der rechtlichen Verhältnisse der Gesellschaft das am tatsächlichen Verwaltungssitz geltende Recht und damit das Recht des ausländischen Zuzugsstaats berufen. Dies gilt nicht nur bei einer Sitzverlegung nach Gründung, sondern auch, wenn Satzungs- und Verwaltungssitz schon bei der Gründung auseinanderfallen.[11]
Die Verweisung auf das Sitzrecht ist eine Gesamtverweisung. Damit entscheidet das Internationale Gesellschaftsrecht des Zuzugsstaats über das weitere Schicksal der Verweisung. Folgt der **Zuzugsstaat** der **Gründungstheorie**, verweist er zurück auf das **deutsche Gründungsrecht**. Deutsches Recht nimmt die Verweisung gemäß Art. 4 Abs. 1 Satz 2 EGBGB an und unterwirft die Gesellschaft

---

11) *Kindler*, IPRax 2009, 189, 197 ff.; *Teichmann*, ZIP 2009, 393, 401.

damit ihren deutschen Gründungsvorschriften. Dies gilt jedoch nicht, wenn die Gesellschaft **gleichzeitig** ihren **Satzungssitz** verlegt. Knüpft die Gründungstheorie an den Satzungssitz an, wird dessen Recht berufen (**Statutenwechsel**).[12)]

9 Vor Inkrafttreten des **MoMiG** war es erforderlich, dass eine deutsche GmbH oder AG nicht nur ihren Satzungssitz, sondern auch ihren tatsächlichen Verwaltungssitz in Deutschland hatte. Dies ergab sich aus den Regelungen der § 4a GmbHG a. F. und § 5 AktG a. F.[13)] Dieses Erfordernis ist mit dem MoMiG entfallen. Dies ergibt sich zwar nicht aus dem geänderten Wortlaut der Vorschriften,[14)] aber aus der Gesetzesbegründung:

„Durch die Streichung des § 4a Abs. 2 und der älteren Parallelnorm des § 5 Abs. 2 AktG [...] soll es deutschen Gesellschaften ermöglicht werden, einen Verwaltungssitz zu wählen, der nicht notwendig mit dem Satzungssitz übereinstimmt. Damit soll der Spielraum deutscher Gesellschaften erhöht werden, ihre Geschäftstätigkeit auch ausschließlich im Rahmen einer (Zweig-)Niederlassung, die alle Geschäftsaktivitäten erfasst, außerhalb des deutschen Hoheitsgebiets zu entfalten. [...]

In Zukunft soll für die deutsche Rechtsform der Aktiengesellschaft und der GmbH durch die Möglichkeit, sich mit der Hauptverwaltung an einem Ort unabhängig von dem in der Satzung oder im Gesellschaftsvertrag gewählten Sitz niederzulassen, ein level playing field, also gleiche Ausgangsbedingungen gegenüber vergleichbaren Auslandsgesellschaften geschaffen werden. Freilich bleibt es nach dem Entwurf dabei, dass die Gesellschaften eine Geschäftsanschrift im Inland im Register eintragen und aufrechterhalten müssen."[15)]

10 Im Ergebnis führt daher eine Verlegung des Verwaltungssitzes in einen der Gründungstheorie folgenden Staat weder zu Änderungen des Rechtskleids der Gesellschaft noch zu einer nachteiligen Behandlung durch das deutsche Gesellschaftsrecht.[16)] Die Gesellschaft bleibt aus deutscher Sicht uneingeschränkt eine deutsche Kapitalgesellschaft in der von ihr gegründeten Rechtsform. Es liegt eine identitätswahrende Sitzverlegung vor. Allerdings ist gleichzeitig das Recht des Zuzugsstaats in den Blick zu nehmen. Auch wenn er der Gründungstheorie

---

12) Näher *Hausmann* in: Reithmann/Martiny, Int. Vertragsrecht, Rz. 5138.
13) Näher dazu *Bayer/J. Schmidt*, ZHR 173 (2009), 735, 745; *Kieninger* in: MünchHdb-GesR, Bd. 6, § 52 Rz. 23; *Kindler*, IPRax 2009, 189, 194, 196 f.; *Kindler*, AG 2007, 721; *Franz/Laeger*, BB 2008, 678, 679. In der Verlagerung des tatsächlichen Verwaltungssitzes sah die h. M. einen zwingenden Grund für die Auflösung und Liquidation der Gesellschaft; s. BGH, NJW 2008, 2914 (aufgrund des Auseinanderfallens von Satzungs- und effektivem Verwaltungssitz ist ein Amtsauflösungsverfahren durchzuführen); schon der entsprechende Gesellschafterbeschluss wurde mit den Wirkungen der Auflösung und dem Eintritt in das Abwicklungsstadium belegt; s. ausführlich dazu *Kindler* in: MünchKomm-BGB, IntGesR Rz. 524 ff. m. w. N.
14) In diesem Sinne auch *Bayer/J. Schmidt*, ZHR 173 (2009), 735, 746; *Kobelt*, GmbHR 2009, 808, 809; *Leitzen*, NZG 2009, 728.
15) BT-Drucks. 16/6140, S. 29.
16) *Kindler*, IPRax 2009, 189, 199.

folgt, kann er (eher ausnahmsweise) für ausländische Gesellschaften spezielle Anforderungen für deren Anerkennung aufstellen.

Folgt der **Zuzugsstaat** dagegen wie das deutsche Recht der **Sitztheorie**, nimmt er die Verweisung auf sein Recht an und wendet damit sein Sachrecht an. Für die Gesellschaft kommt es zum **Statutenwechsel**. Eine identitätswahrende Sitzverlegung liegt zwar nicht vor, das deutsche materielle Gesellschaftsrecht knüpft aber jedenfalls keine für die Gesellschaft negativen Folgen an die Sitzverlegung. Das rechtliche Schicksal der Gesellschaft hängt nun allein vom ausländischen Sachrecht ab. So kann der Zuzugsstaat bspw. vergleichbar mit der Rechtsprechung des BGH (siehe oben § 8 Rz. 16) die Gesellschaft als rechts- und parteifähig anerkennen und ihr zumindest den Status einer Personengesellschaft verleihen,[17] freilich verbunden mit möglichen negativen Haftungsfolgen. Er kann aber auch etwa der Auffassung folgen, dass die Gesellschaft ohne wirksame Gründung im Sitzstaat weder Trägerin von Rechten und Pflichten noch parteifähig, vielmehr rechtlich nicht existent ist. Dann geht die Gesellschaft unter, und zwar ganz unabhängig davon, ob sich altes und neues materielles Gesellschaftsrecht entsprechen.[18] Nur wenn also altes und neues Sitzrecht dem Fortbestand zustimmen, besteht die Gesellschaft nach der Sitzverlegung fort. Allerdings unterliegt sie nach dem Wechsel ausschließlich dem neuen Sitzrecht. 11

Steuerrechtlich ist wegen des Wegzugs der Geschäftsleitung in einen außerhalb der Europäischen Union liegenden Staat in jedem Fall § 12 Abs. 3 KStG zu beachten.[19] 12

2. EU-/EWR-Staat ist Zuzugsstaat

Verlegt eine in der Bundesrepublik Deutschland gegründete Kapitalgesellschaft ihren tatsächlichen Verwaltungssitz in einen EU-Mitgliedstaat oder einen Vertragsstaat des EWR-Übereinkommens, bestimmt sich das auf diese Kapitalgesellschaft anwendbare Recht aus deutscher Sicht nach der **Sitztheorie**. Die Ausgangssituation gleicht damit der Verlagerung des Sitzes in einen Staat, mit dem Deutschland keine einschlägigen staatsvertraglichen Verbindungen pflegt (siehe oben Rz. 7 ff.).[20] Die Änderungen der § 4a GmbHG und § 5 AktG durch das MoMiG führen zu keiner anderen Beurteilung (siehe oben Rz. 9 f.). Auch wird die Geltung der Sitztheorie nicht durch die Niederlassungsfreiheit der Art. 49, 54 AEUV (vormals Art. 43, 48 EGV) eingeschränkt. Die Niederlassungsfreiheit und die hierzu ergangene Rechtsprechung des EuGH zwingen zunächst 13

---

17) So auch *Franz*, BB 2009, 1250, 1252.
18) *Westermann* in: Scholz, GmbHG, Anh. § 4a Rz. 74; *Thorn* in: Palandt, BGB, Anh. Art. 12 EGBGB Rz. 13; *Großfeld* in: Staudinger, BGB, IntGesR Rz. 628.
19) *Hofmeister* in: Blümich, EStG/KStG/GewStG, § 12 KStG Rz. 90 ff.; *Schönhaus/Müller*, IStR 2013, 174, 178.
20) So auch *Kieninger* in: MünchHdb-GesR, Bd. 6, § 52 Rz. 12, 16.

lediglich dazu, in einem anderen EU-Mitgliedstaat nach dortigem Recht wirksam gegründete und fortbestehende Gesellschaften in der Rechtsform anzuerkennen, in der sie gegründet wurden (siehe oben § 8 Rz. 18 ff.). Die gesellschaftsrechtlichen Regelungen des Gründungsrechts sind grundsätzlich zu beachten, selbst wenn diese ihre Gesellschaften dadurch quasi „einmauern".[21] Umgekehrt besteht aber keine Verpflichtung der EU-Mitgliedstaaten, die nach ihrem eigenen Recht gegründeten Gesellschaften nach dem eigenen inländischen Gründungsrecht zu beurteilen und damit die Gründungstheorie anzuwenden. Entsprechendes gilt für die Niederlassungsfreiheit der Art. 31, 34 des EWR-Übereinkommens.

14 Die Verweisung auf das Sitzrecht ist eine Gesamtverweisung. Somit bestimmt das Internationale Gesellschaftsrecht des Zuzugsstaats über das weitere Schicksal der Verweisung. Folgt der **Zuzugsstaat** der **Gründungstheorie**, verweist er zurück auf das **deutsche Gründungsrecht**. Dieses nimmt die Verweisung gemäß Art. 4 Abs. 1 Satz 2 EGBGB an und unterwirft die Gesellschaft damit ihren deutschen Gründungsvorschriften (zu den Folgen siehe oben § 8 Rz. 46 ff.). Materiell-rechtliche Wegzugsbeschränkungen, wie sie der EuGH in der Rechtssache *Cartesio* für zulässig erachtet hat, sind im deutschen Recht mit den Änderungen durch das MoMiG in § 4a GmbHG und § 5 AktG beseitigt.

15 Folgt der **Zuzugsstaat** dagegen der **Sitztheorie**, nimmt er die Verweisung an und beurteilt die Gesellschaft nach seinem nationalen Gesellschaftsrecht. Als EU-Mitgliedstaat hat er hierbei allerdings die Rechtsprechung des EuGH zur Niederlassungsfreiheit zu beachten (siehe oben § 8 Rz. 18 ff.). Ist der Zuzugsstaat ein EWR-Vertragsstaat, hat er die im EWR-Übereinkommen niedergelegte Niederlassungsfreiheit zu wahren. Ist die Kapitalgesellschaft daher nach unserem Recht wirksam gegründet und wäre sie danach auch fortbestehend, hätte der Aufnahmestaat ihre Rechts- und Parteifähigkeit, aber auch ihr Haftungsregime anzuerkennen. Der ausländische Verwaltungssitz steht zwar weder der wirksamen Gründung noch dem Fortbestand nach deutschem Sachrecht entgegen (siehe oben § 8 Rz. 10). Allerdings legt das deutsche Recht durch die Anknüpfung nach der Sitztheorie seinen Gesellschaften nach wie vor eine kollisionsrechtliche Wegzugsbeschränkung auf, die ihrem Fortbestand als deutsche Gesellschaft entgegensteht. Dies ist aufgrund der Entscheidung des EuGH in der Rechtssache *Cartesio* europarechtlich zulässig (siehe oben § 8 Rz. 33 ff. und Rz. 50 ff.). Die Niederlassungsfreiheit wirkt hier nicht. Das deutsche Kollisionsrecht legt damit insoweit zulässigerweise das Schicksal der Gesellschaft in die Hand des Zuzugsstaats. Dieser stellt sich aufgrund der Wegzugsbeschränkung des deutschen Rechts möglicherweise ebenfalls auf den Standpunkt, die deutsche Gesellschaft unterfalle schon nicht der Niederlassungsfreiheit und sei daher als solche nicht anzuerkennen (siehe zum entsprechenden Fall des deut-

---

21) *Lutter/Bayer/J. Schmidt*, EuropUntR, § 6 Rz. 54, S. 96 f.

schen Rechts unten Rz. 45 f.). Dies ist im Einzelfall nach ausländischem Recht zu prüfen. Nimmt der Zuzugsstaat im Ergebnis die Verweisung auf sein Sitzrecht an, gelten die obigen Ausführungen über den Wegzug von Gesellschaften in einen Staat, mit dem keine staatsvertraglichen Verbindungen bestehen, entsprechend (siehe oben Rz. 11).

Erkennt der Zuzugsstaat die deutsche Gesellschaft grundsätzlich an, ist ggf. darüber hinaus zu prüfen, ob dies nach dem dortigen Recht auch dann gilt, wenn der effektive Verwaltungssitz **schon bei der Gründung** in seinem Gebiet lag und damit keine echte „Verlegung" dieses Sitzes vorliegt. Im deutschen Recht ist diese Frage für den umgekehrten Fall der Sitzverlegung nach Deutschland umstritten (siehe unten Rz. 44). 16

3. Staatsvertraglich verbundener Staat ist Zuzugsstaat

Verlegt eine in Deutschland gegründete Kapitalgesellschaft ihren tatsächlichen Verwaltungssitz in einen Staat, mit dem die Bundesrepublik Deutschland einen bi- oder multilateralen Staatsvertrag über die Anerkennung von Gesellschaften geschlossen hat (siehe dazu oben § 8 Rz. 59 ff.), ist als Ausgangspunkt wiederum über die **Sitztheorie** das Recht des Zuzugsstaats anzuwenden.[22] Die Ausgangssituation gleicht damit den bisher beschriebenen Auslandsverlagerungen (siehe oben Rz. 7 ff. und Rz. 13 ff.). Auch die Änderungen der § 4a GmbHG und § 5 AktG durch das MoMiG führen zu keiner anderen Beurteilung (siehe oben Rz. 9). 17

Dies gilt unabhängig davon, ob es sich um einen die Sitz- oder Gründungstheorie für anwendbar erklärenden Staatsvertrag handelt. Staatsverträge verpflichten die Vertragsstaaten lediglich dazu, die mit einem anderen Vertragsstaat aufgrund bestimmter Merkmale, wie etwa Verwaltungssitz oder Gründung, verknüpften Gesellschaften anzuerkennen. Umgekehrt besteht jedoch keine Verpflichtung für die vertragsschließenden Staaten, die eigenen Gesellschaften bei einem Wegzug in einen anderen Vertragsstaat dem Gründungsrecht zu unterwerfen.[23] 18

Die Verweisung auf das Sitzrecht ist eine Gesamtverweisung. Folgt der **Zuzugsstaat** der **Gründungstheorie** (aufgrund eines Staatsvertrags oder subsidiär kraft seines autonomen Kollisionsrechts), verweist er zurück auf das **deutsche Gründungsrecht**. Dieses nimmt die Verweisung an (Art. 4 Abs. 1 Satz 2 EGBGB) und unterwirft die Gesellschaft damit ihren deutschen Gründungsvorschriften (zu den Folgen siehe oben Rz. 11). Folgt der **Zuzugsstaat** dagegen der **Sitztheorie**, nimmt er die Verweisung an und beurteilt die Gesellschaft nach seinem nationalen Gesellschaftsrecht. Hierbei hat er allerdings die Auswirkungen des 19

---

22) *Müller* in: Spindler/Stilz, AktG, IntGesR Rz. 20.
23) Für den Freundschafts-, Handels- und Schifffahrtsvertrag zwischen der Bundesrepublik Deutschland und den USA s. *Kindler* in: MünchKomm-BGB, IntGesR Rz. 341; auch *Paal*, RIW 2005, 735; anders *Ebke*, RIW 2004, 740, 743.

geschlossenen Staatsvertrags zu beachten. Liegen danach die Voraussetzungen vor, um die in Deutschland gegründete Gesellschaft **anzuerkennen**, hat er die Gesellschaft so hinzunehmen, wie sie sich aus dem deutschen Recht ergibt. Um einen identitätswahrenden Sitzwechsel auch aus Sicht des Zuzugsstaats bejahen zu können, ist in jedem Fall zu prüfen, ob die Anerkennungsvoraussetzungen des Zuzugsstaats – unabhängig davon, ob er der Gründungs- oder Sitztheorie folgt – erfüllt sind. So mag er bspw. wie die bestrittene Ansicht im deutschen Recht eine tatsächliche Beziehung *(genuine link)* zum Wegzugsstaat verlangen (dazu oben § 8 Rz. 61 f.).

II. Verlegung des Satzungssitzes in das Ausland
1. Keine staatsvertraglichen Verbindungen zum Zuzugsstaat

20 Möchte eine Kapitalgesellschaft mit deutschem Satzungs- und Verwaltungssitz ihren Satzungssitz in ein Staat verlegen, mit dem die Bundesrepublik Deutschland keinen einschlägigen Staatsvertrag geschlossen hat, beurteilt sich die Zulässigkeit eines solchen grenzüberschreitenden Formwechsels zunächst nach dem anwendbaren Sachrecht. Hierzu verweist das deutsche Internationale Gesellschaftsrecht mit der **Sitztheorie** auf das Recht des effektiven Verwaltungssitzes und damit auf das **deutsche Sitzrecht** (siehe oben Rz. 7). Ein Gesellschafterbeschluss über die Verlegung des Satzungssitzes in das Ausland führt also nicht zu einem Statutenwechsel.

21 Nach deutschem Gesellschaftsrecht, namentlich den §§ 4a GmbHG und § 5 AktG, haben Kapitalgesellschaften einen Satzungssitz im Inland zu wählen. Nach den Änderungen des MoMiG darf lediglich der tatsächliche Verwaltungssitz im Ausland belegen sein (siehe oben Rz. 9). Die sachrechtliche Zulässigkeit und die Folgen eines Beschlusses zur Verlegung des Satzungssitzes sind gesetzlich nicht geregelt. Nach der früher h. A. wurde ein solcher Beschluss als **Auflösungsbeschluss** gewertet, der zur Liquidation der Gesellschaft führt (§ 262 Abs. 1 Nr. 2 AktG, § 60 Abs. 1 Nr. 2 GmbHG).[24] Nach der wohl mittlerweile überwiegenden Ansicht hat der Beschluss nicht diese weitreichende Folge, sondern ist bloß als **nichtig** anzusehen gemäß § 241 Nr. 3 AktG (analog für die GmbH).[25] Der gewählte ausländische Satzungssitz ist im deutschen Handelsregister nicht eintragungsfähig;[26] eine dennoch erfolgte Eintragung ist gemäß

---

24) So bereits RGZ 7, 68; RGZ 88, 53; RGZ 107, 94; BayObLGZ 1992, 113; OLG Hamm, NJW-RR 1998, 615; *Arnold* in: KölnKomm-AktG, § 45 Rz. 20 m. w. N.; *Brändel* in: Großkomm-AktG, § 5 Rz. 28.

25) *Kindler* in: MünchKomm-BGB, IntGesR Rz. 532; *Kindler*, AG 2007, 721, 723; *Drescher* in: Spindler/Stilz, AktG, § 5 Rz. 10; *Dauner-Lieb* in: KölnKomm-AktG, § 5 Rz. 23; *Heider* in: MünchKomm-AktG, § 5 Rz. 66; *Hüffer*, AktG, § 5 Rz. 12; *Müller* in: Spindler/Stilz, AktG, IntGesR Rz. 11.

26) So auch OLG München, ZIP 2007, 2124 (Verlegung des Satzungssitzes einer nach deutschem Recht gegründeten GmbH nach Portugal).

§ 399 FamFG (§ 144a FGG a. F.) rückgängig zu machen.[27] Der Gesellschaft bleibt nur der Weg, einen förmlichen Auflösungsbeschluss zu fassen und die Gesellschaft im Ausland neu zu gründen.[28] Dieser Weg wahrt freilich nicht die Identität der Gesellschaft, wie dies bei einem nationalen Formwechsel nach deutschem Umwandlungsrecht möglich ist. Alternativ kann sich die Gesellschaft möglicherweise auf eine ausländische neu gegründete Gesellschaft oder Vorratsgesellschaft in der gewünschten Rechtsform verschmelzen (siehe näher unten § 29 Rz. 23 ff.).[29]

2. EU-/EWR-Staat ist Zuzugsstaat

a) Einleitung

Die Verlegung des Satzungssitzes und damit der grenzüberschreitende Formwechsel einer deutschen Kapitalgesellschaft in einen EU-Mitgliedsstaat oder einen EWR-Vertragsstaat beurteilte sich bislang wie die entsprechende Verlegung in einen Drittstaat (siehe oben Rz. 20 f.). Im Ergebnis waren somit eine identitätswahrende Verlegung des Satzungssitzes und ein entsprechender Statutenwechsel nicht möglich. Diese Rechtslage hat sich durch das Urteil des EuGH in der Rechtssache *VALE* (siehe auch oben § 8 Rz. 38 ff.) grundlegend geändert. 22

Bereits in der Rechtssache *Cartesio* hatte der EuGH in einem *obiter dictum* ausgeführt, es ließe sich im Lichte der **Niederlassungsfreiheit** nicht rechtfertigen, wenn der Gründungsstaat die EU-Gesellschaft dadurch, dass er ihre Auflösung und Liquidation verlangt, daran hindert, sich in eine Gesellschaft nach dem nationalen Recht eines anderen Mitgliedstaats durch Formwechsel umzuwandeln. Hierzu müsse allerdings das Recht des Zuzugsstaats diese Umwandlung gestatten. Beschränken dürfe der Wegzugsstaat die Umwandlung und damit die Niederlassungsfreiheit nur aus zwingenden Gründen des Allgemeininteresses.[30] 23

Die Auswirkungen dieses *obiter dictum* wurden unterschiedlich beurteilt. Teilweise wurde gemeint, wenn der Zuzugsstaat die Verlegung des Satzungssitzes gestatte, dürfe das deutsche Recht hierauf nicht mit der bislang verfolgten Linie der Auflösung und Liquidation antworten.[31] Andere betonten die Unverbind- 24

---

27) Vgl. *Bumiller/Harders*, FamFG, § 399 Rz. 4; *Krafka* in: MünchKomm-ZPO, § 399 FamFG Rz. 7; *Kindler* in: MünchKomm-BGB, IntGesR Rz. 532.
28) *Drescher* in: Spindler/Stilz, AktG, § 5 Rz. 10.
29) *Arnold* in: KölnKomm-AktG, § 45 Rz. 22 f. m. w. N.; *Lutter/Drygala* in: Lutter, UmwG, § 1 Rz. 21; *Drygala*, ZEuP 2004, 337, 346.
30) EuGH, Rs. C-210/06, *Cartesio Oktató és Szolgáltató bt*, Slg. 2008, I-9641, Rz. 111 bis 113 = NZG 2009, 61, 67 = EuZW 2009, 75, 80 f.; dazu ausführlich *Bayer/J. Schmidt*, ZHR 173 (2009), 735, 754 ff.
31) *Teichmann*, ZIP 2009, 393, 402 f.; *Zimmer/Naendrup*, NJW 2009, 545, 548; *Kobelt*, GmbHR 2009, 808, 812 f.; *Bayer/J. Schmidt*, ZHR 173 (2009), 735, 762; *Hennrichs/Pöschke/von der Laage/Klavina*, WM 2009, 2009, 2015; *Frobenius*, DStR 2009, 487, 489; *Herrler*, DNotZ 2009, 484, 490.

lichkeit des *obiter dictum* und wiesen stärker auf die gestatteten Beschränkungsmöglichkeiten durch zwingende Gründe des Allgemeininteresses hin.[32]

b) VALE

25 Die Entscheidung *VALE* hat nun Klarheit in dieser Frage geschaffen und den Weg für grenzüberschreitende Formwechsel innerhalb der Europäischen Union frei gemacht (siehe insbesondere zum Sachverhalt schon oben § 8 Rz. 38 ff.).[33] Dies gilt nicht nur für Formwechsel nach Deutschland hinein (der Sachverhalt in *VALE* betraf einen Zuzugsfall), sondern auch für solche aus Deutschland heraus. Zwar sind noch viele Fragen offen, insbesondere zum Verfahren eines grenzüberschreitenden Formwechsels, so dass es aus Sicht der Rechtspraxis wünschenswert wäre, wenn die Arbeiten an einer Sitzverlegungsrichtlinie wieder aufgenommen und abgeschlossen würden (zum Stand siehe oben Rz. 2). Einige wesentliche grundsätzliche Themen hat der EuGH jedoch geklärt und damit zusammenfassend folgenden Zustand geschaffen:

aa) Ausübung wirtschaftlicher Tätigkeit

26 Der grenzüberschreitende Formwechsel fällt in den Schutzbereich der Niederlassungsfreiheit. Allerdings hat der EuGH in der *VALE*-Entscheidung unter Verweis auf seine *Cadburry-Schweppes*-Entscheidung (siehe dazu § 8 Rz. 53 ff.) ausgeführt, „dass der Niederlassungsbegriff i. S. der Bestimmungen des Vertrags über die Niederlassungsfreiheit die tatsächliche Ausübung einer wirtschaftlichen Tätigkeit mittels einer festen Einrichtung im Aufnahmemitgliedstaat auf unbestimmte Zeit impliziert. Daher setzt er eine **tatsächliche Ansiedlung der betreffenden Gesellschaft** und die **Ausübung einer wirklichen wirtschaftlichen Tätigkeit** in diesem Staat voraus."[34]

---

32) *Kindler*, IPRax 2009, 189, 191 f.; *Kindler*, NZG 2009, 130, 132; *Däubler/Heuschmid*, NZG 2009, 493, 495; *Knof/Mock*, ZIP 2009, 30, 33; schon vorher Beschränkung der Verlegung eines Satzungssitzes als mit Niederlassungsfreiheit vereinbar ansehend OLG München, NZG 2007, 915; OLG Braunschweig, ZIP 2005, 489; BayObLGZ 2004, 25, 26 = ZIP 2004, 806; OLG Düsseldorf, ZIP 2001, 790; dazu EWiR 1997, 1031 *(Großfeld)*; *Großfeld* in: Staudinger, BGB, IntGesR Rz. 510.

33) EuGH, Rs. C-378/10, *VALE Építési kft*, ZIP 2012, 1394 (m. Anm. *Mörsdorf/Jopen*) = NJW 2012, 2715. Damit ist das Urteil des OLG Nürnberg, ZIP 2012, 572, überholt, in dem das Gericht noch befand, dass ein identitätswahrender Formwechsel aus Luxemburg nach Deutschland nach deutschem Sachrecht unzulässig sei, selbst wenn das Sachrecht des Wegzugsstaats einen solchen Formwechsel zuließe; vgl. dazu *Benrath/König*, Der Konzern, 2012, 377, 381. Siehe nunmehr vielmehr OLG Nürnberg, ZIP 2014, 128 = GmbHR 2014, 96, dazu EWiR 2014, 45 *(Neye)*, wonach ein solcher Formwechsel im Lichte von VALE zulässig ist; dazu auch *Bungert/de Raet*, DB 2014, 761.

34) EuGH, Rs. C-378/10, *VALE Építési kft*, ZIP 2012, 1394, 1396, Rz. 34 = NJW 2012, 2715, 2717. Hervorhebungen durch den Verfasser.

Das Gericht musste dieses Erfordernis im Fall *VALE* allerdings nicht prüfen, 27
da die Gesellschaft ihre Tätigkeit im Aufnahmeland Ungarn fortsetzen wollte.
Damit bleibt zunächst ungeklärt, wie der EuGH dieses Erfordernis ausgestaltet
sehen will.[35] Für die **Rechtspraxis** relevant ist, dass damit auch unsicher ist,
wie die zuständigen Behörden der am Formwechsel beteiligten Staaten mit diesem
Erfordernis umgehen werden. So ist es denkbar, dass ein deutsches Registergericht für den Wegzug den Nachweis darüber verlangt, dass die Gesellschaft eine
wirtschaftliche Tätigkeit im Zuzugsstaat ausüben wird. Es empfiehlt sich daher,
frühzeitig mit den Behörden diese Frage zu besprechen, um rechtzeitig ggf. geforderte Nachweise und Erklärungen vorlegen zu können.

bb) Gründungsvoraussetzungen der beteiligten Staaten

Ferner hat der EuGH nochmals erläutert, dass als Vorfrage zu klären ist, ob eine 28
Gesellschaft eine „nach den Rechtsvorschriften eines Mitgliedstaats gegründete"
Gesellschaft ist und sich damit überhaupt auf die Niederlassungsfreiheit berufen kann. Und diese **Vorfrage** könne „nur nach dem anwendbaren nationalen
Recht beantwortet werden".[36] Damit ist zunächst nach dem Recht, dem die
Gesellschaft vor dem Formwechsel unterliegt, zu prüfen, ob die **Gesellschaft
wirksam gegründet** worden ist und wirksam **existiert** (sog. Geschöpftheorie).
Welche Voraussetzungen hierzu die Gesellschaft erfüllen muss, bestimmt allein
dieses anwendbare Recht.[37]

Spiegelbildlich hat der EuGH den grenzüberschreitenden **Formwechsel** einer 29
Gesellschaft aus der Sicht des **Zuzugsstaats** ebenfalls der **Gründung** einer neuen Gesellschaft in diesem Staat gleichgestellt.[38] Damit gilt auch für diesen
Staat, dass allein er befugt ist, die Voraussetzungen für eine wirksame Gründung der aus dem Formwechsel entstehenden Gesellschaft festzulegen. Hierbei
ist jedoch nach Ansicht des Gerichts die Niederlassungsfreiheit zu beachten:
Erlaube der Zuzugsstaat inländischen Gesellschaften den Formwechsel, sei dieser

---

35) S. näher dazu *Teichmann*, DB 2012, 2085, 2088, der den Schutz der Niederlassungsfreiheit grundsätzlich versagen will, wenn nicht beabsichtigt ist, im Aufnahmestaat einer Erwerbstätigkeit nachzugehen; ein „isolierter" Formwechsel sei kein Vorgang der Niederlassungsfreiheit; strenger *Mörsdorf/Jopen*, ZIP 1012, 1398, 1399, die überhaupt keinen isolierten Formwechsel zulassen wollen; ähnlich *Kindler*, EuZW 2012, 888, 891; *König/Bormann*, NZG 2012, 1241, 1243; *Mutter/Kruchen*, EWiR 2012, 541, 541; *G. H. Roth*, ZIP 2012, 1744; *Wicke*, DStR 2012, 1756, 1757 f.; anders etwa *Bayer/J. Schmidt*, ZIP 2012, 1481, 1486 f. und 1490, die grundsätzlich einen isolierten Formwechsel für möglich halten.
36) EuGH, Rs. C-378/10, *VALE Építési kft*, ZIP 2012, 1394, 1395, Rz. 28 = NJW 2012, 2715, 2716.
37) *Kindler*, EuZW 2012, 888, 891; *Teichmann*, DB 2012, 2085, 2086; *Teichmann*, ZGR 2011, 639, 661.
38) EuGH, Rs. C-378/10, *VALE Építési kft*, ZIP 2012, 1394, 1397, Rz. 51 = NJW 2012, 2715, 2718: „Eine grenzüberschreitende Umwandlung führt nämlich im Aufnahmemitgliedstaat unstreitig zur Gründung einer Gesellschaft nach dem Recht dieses Mitgliedstaats."; näher dazu *Teichmann*, DB 2012, 2085, 2090; *Bayer/J. Schmidt*, ZIP 2012, 1481, 1488.

i. R. der Niederlassungsfreiheit auch Gesellschaften aus einem Mitgliedstaat zu erlauben.[39)] Damit kann der Zuzugsstaat für grenzüberschreitende Formwechsel innerhalb der Europäischen Union grundsätzlich keine strengeren Regeln aufstellen als für inländische Formwechsel. Ausnahmen sind nur möglich i. R. der erlaubten Beschränkungsmöglichkeiten der Niederlassungsfreiheit (siehe dazu oben § 8 Rz. 52).[40)]

cc) Anwendbare Rechtsordnungen

30 Sodann erläuterte das Gericht, nach welchen Regeln sich ein grenzüberschreitender Formwechsel im Lichte der Niederlassungsfreiheit zu vollziehen hat. Anzuwenden seien **sukzessive die beiden beteiligten nationalen Rechtsordnungen**, also die Rechtsordnungen des **Wegzugsstaats** und des **Zuzugsstaats**.[41)] Dies entspricht der kollisionsrechtlichen Vereinigungstheorie, wonach sich die Voraussetzungen einer grenzüberschreitenden Umwandlung für jede Gesellschaft nach ihrem Personalstatut richten (siehe dazu unten § 29 Rz. 7 ff.). Hierbei ist jedoch Folgendes zu beachten:

> „Insoweit ist darauf hinzuweisen, dass nach ständiger Rechtsprechung in vielen Bereichen mangels einer einschlägigen Unionsregelung die Modalitäten, die den Schutz der den Rechtsuchenden aus dem Unionsrecht erwachsenden Rechte gewährleisten sollen, Sache der innerstaatlichen Rechtsordnung eines jeden Mitgliedstaats sind; sie dürfen jedoch nicht ungünstiger sein als diejenigen, die gleichartige innerstaatliche Sachverhalte regeln (Äquivalenzgrundsatz), und die Ausübung der durch die Unionsrechtsordnung verliehenen Rechte nicht praktisch unmöglich machen oder übermäßig erschweren (Effektivitätsgrundsatz)."[42)]

31 Damit darf der Zuzugsstaat zwar seine nationalen Bestimmungen über innerstaatliche Formwechsel auch auf einen grenzüberschreitenden Formwechsel anwenden. Er ist nicht verpflichtet, grenzüberschreitende Formwechsel günstiger zu behandeln als innerstaatliche Formwechsel. Allerdings hat er wegen des **Äquivalenzgrundsatzes** den grenzüberschreitenden Vorgang genauso zu behandeln wie einen innerstaatlichen Formwechsel; dessen Modalitäten dürfen also nicht „ungünstiger" sein.[43)]

---

39) EuGH, Rs. C-378/10, *VALE Építési kft*, ZIP 2012, 1394, 1395, Rz. 27 ff. = NJW 2012, 2715, 2716; dazu auch *Bayer/J. Schmidt*, ZIP 2012, 1481, 1485 f.; *Teichmann*, DB 2012, 2085, 2087 f.

40) EuGH, Rs. C-378/10, *VALE Építési kft*, ZIP 2012, 1394, 1396, Rz. 33 = NJW 2012, 2715, 2716; s. a. *Bayer/J. Schmidt*, ZIP 2012, 1481, 1491.

41) EuGH, Rs. C-378/10, *VALE Építési kft*, ZIP 2012, 1394, 1396 f., Rz. 37, 43 f. = NJW 2012, 2715, 2717.

42) EuGH, Rs. C-378/10, *VALE Építési kft*, ZIP 2012, 1394, 1397, Rz. 48 = NJW 2012, 2715, 2718.

43) EuGH, Rs. C-378/10, *VALE Építési kft*, ZIP 2012, 1394, 1397, Rz. 54 = NJW 2012, 2715, 2718.

Insgesamt bedeutet dies für einen grenzüberschreitenden Formwechsel aus 32
Deutschland heraus, dass dieser zugelassen werden muss, wenn die Anforderungen aus der *Cartesio*-Entscheidung (siehe oben § 8 Rz. 33) erfüllt sind. Beschränkungen sind damit nur aus zwingenden Gründen des Allgemeininteresses erlaubt. Auf den deutschen Teil eines solchen Formwechsels dürften aufgrund fehlender unionsrechtlicher Spezialvorschriften sowie als Folge des Äquivalenzgrundsatzes die §§ 190 ff. UmwG anzuwenden sein.[44] Damit wäre bspw. ein **Gesellschafterbeschluss** mit qualifizierter Mehrheit erforderlich sowie grundsätzlich ein **Umwandlungsbericht** und ggf. ein geprüftes Angebot auf Barabfindung für widersprechende Gesellschafter. Auf denjenigen Teil des Formwechsels, der den **Zuzugsstaat** betrifft, wären dessen Regelungen über Formwechsel anzuwenden. Dieses Verfahren gleicht dem Vorgehen bei grenzüberschreitenden Verschmelzungen (siehe dazu § 29 Rz. 36 ff.).

Wie der EuGH allerdings anerkennt, bringt ein grenzüberschreitender Form- 33
wechsel – wie der vergleichbare Fall einer grenzüberschreitenden Verschmelzung – im Vergleich mit einer rein nationalen Maßnahme „spezifische Probleme" mit sich.[45] Dies gilt insbesondere deswegen, weil Registerbehörden aus verschiedenen Mitgliedstaaten an einem solchen Vorgang beteiligt sind. Daher liegt es zu Recht nahe, **ergänzend** diejenigen Vorschriften unionsrechtlicher Natur heranzuziehen, die sich mit vergleichbaren Strukturmaßnahmen befassen, namentlich die Regelungen zur grenzüberschreitenden Verschmelzung (§§ 122a ff. UmwG und die Vorschriften des MgVG) sowie zur grenzüberschreitenden Sitzverlegung einer SE (Art. 8 SE-VO, §§ 12 ff. SEAG).[46]

dd) Umgang mit Dokumenten des Wegzugsstaats

Darüber hinaus stellt sich für den Zuzugsstaat die Frage, wie er prüfen kann, 34
ob nach dem Recht des Wegzugsstaats alle Voraussetzungen für den grenzüberschreitenden Formwechsel erfüllt sind. Hierzu hat der EuGH herausgestellt, dass zwar mangels unionsrechtlicher Vorschriften für das Eintragungsverfahren das Recht des Zuzugsstaates gilt. Dieses regele damit grundsätzlich, welche Belege die Gesellschaft für die Erfüllung der Voraussetzungen des Wegzugstaats beizubringen habe. Allerdings seien die Behörden des Zuzugsstaats aufgrund des **Effektivitätsgrundsatzes** verpflichtet, den von den Behörden des

---

44) OLG Nürnberg, ZIP 2014, 128 = GmbHR 2014, 96; *Bayer/J. Schmidt*, ZIP 2012, 1481, 1488 und 1491; *Hoffmann* in: MünchHdb-GesR, Bd. 6, § 54 Rz. 6; *Kindler*, EuZW 2012, 888, 890; *Teichmann*, DB 2012, 2085, 2091.
45) EuGH, Rs. C-378/10, *VALE Építési kft*, ZIP 2012, 1394, 1396, Rz. 37 = NJW 2012, 2715, 2717.
46) *Bayer/J. Schmidt*, ZIP 2012, 1481, 1488 und 1491 („vorsichtige partielle Analogie"); *Hoffmann* in: MünchHdb-GesR, Bd. 6, § 54 Rz. 6 („vorsichtig zu ergänzen"); *Kindler*, EuZW 2012, 888, 890 („Lückenfüllung"); *Teichmann*, DB 2012, 2085, 2091 (allenfalls als Zusatzanforderungen); *Wicke*, DStR 2012, 1756, 1758 („Orientierung an ...").

Wegzugsstaats ausgestellten Dokumenten „gebührend Rechnung zu tragen".[47] Genaueres hierzu lässt sich dem Urteil nicht entnehmen. Hinsichtlich der Form dürfte der Zuzugsstaat diejenige Form verlangen dürfen, die im internationalen Rechtsverkehr bei Dokumenten zur Vorlage bei Behörden üblich ist, also eine notarielle Beglaubigung sowie darüber hinaus regelmäßig eine Legalisation oder Apostille (siehe näher dazu oben § 3 Rz. 39 ff.).[48] Ob der Zuzugsstaat zudem ein inhaltliches Prüfungsrecht hat, wird unterschiedlich beurteilt.[49]

c) Praxisempfehlung

35 Auch wenn der EuGH mit der *VALE*-Entscheidung den Weg für grenzüberschreitende Formwechsel innerhalb der Europäischen Union frei gemacht hat, liegen damit noch keine genauen Voraussetzungen für einen solchen Formwechsel, insbesondere dessen Verfahren, vor. Auf europäisches Recht gestützte nationale Rechtsnormen fehlen. Wichtigster Orientierungspunkt für die Praxis sind damit zurzeit allein die Ausführungen des Gerichts, die ein Zusammenspiel der beteiligten nationalen Rechte fordern. Es genügt daher nicht, sich am **deutschen Umwandlungsrecht** zu orientieren. Das **ausländische Recht** ist sorgfältig darauf zu **prüfen**, ob und in welcher Form es den grenzüberschreitenden Formwechsel mitmacht. Selbst wenn dies der Fall sein sollte, werden wegen der fehlenden europarechtlichen Regelungen regelmäßig Schwierigkeiten im deutschen wie im ausländischen Recht auftreten. Die beteiligten Rechte werden schon deswegen nicht aufeinander abgestimmt sein, sodass es Reibungen geben wird. Daher ist es dringend zu empfehlen, die zuständigen **Registergerichte** und **Behörden** frühzeitig **einzubinden** und die einzelnen Schritte mit ihnen genau abzusprechen. Nur so kann gewährleistet werden, dass die jeweiligen zuständigen Stellen überhaupt zur Durchführung und Eintragung eines grenzüberschreitenden Formwechsels bereit sind und die von ihnen verlangten Voraussetzungen erfüllt werden. Eine zu späte oder gar fehlende Abstimmung kann unnötige Kosten sowie Zeitverzögerungen oder gar den Abbruch des Umwandlungsvorgangs hervorrufen. Alternativ ist stets zu erwägen, ob sich das angestrebte Ziel ebenso gut durch die EU-weit geregelte grenzüberschreitende Verschmelzung erreichen lässt (siehe dazu § 29 Rz. 36 ff.).[50]

---

47) EuGH, Rs. C-378/10, *VALE Építési kft*, ZIP 2012, 1394, 1398, Rz. 58 ff. = NJW 2012, 2715, 2718.
48) Ebenso *Bayer/J. Schmidt*, ZIP 2012, 1481, 1490.
49) Dafür *Teichmann*, DB 2012, 2085, 2091, solange es noch kein geregeltes Verfahren für grenzüberschreitende Formwechsel gibt; bei begründeten Zweifeln Ausnahmen zulassend *Mörsdorf/Jopen*, ZIP 2012, 1398, 1401; dagegen *Bayer/J. Schmidt*, ZIP 2012, 1481, 1490, die eine Bindungswirkung annehmen in Analogie zu den Verschmelzungs- und Sitzverlegungsbescheinigungen bei grenzüberschreitenden Verschmelzungen sowie Sitzverlegungen einer SE.
50) So auch *Messenzehl/Schwarzfischer*, BB 2012, 2072, 2073; auf die Unterschiede aber zu Recht hinweisend *Weller* in: FS Blaurock, S. 497, 512 f.

3. Staatsvertraglich verbundener Staat ist Zuzugsstaat

Die grenzüberschreitende Verlegung des Satzungssitzes (grenzüberschreitender Formwechsel) einer deutschen Kapitalgesellschaft in einen Staat, mit dem die Bundesrepublik Deutschland einen bi- oder multilateralen Staatsvertrag über die Anerkennung von Gesellschaften geschlossen hat, ist rechtlich nicht anderes zu beurteilen als die entsprechende **Verlegung in einen Drittstaat** (siehe oben Rz. 20 f.). Die einschlägigen Staatsverträge lassen die Anknüpfung des deutschen Internationalen Gesellschaftsrechts an den tatsächlichen Verwaltungssitz unberührt. Sie verpflichten die Vertragsstaaten lediglich zur Anerkennung einer Gesellschaft, die durch Verwaltungssitz, Gründung oder andere Merkmale mit einem anderen Vertragsstaat verknüpft ist. Umgekehrt besteht jedoch keine Verpflichtung für die vertragsschließenden Staaten, die eigenen Gesellschaften bei einem Wegzug des Satzungssitzes in einen anderen Vertragsstaat dem neuen Gründungs- oder Satzungsrecht zu unterwerfen oder eine identitätswahrende Verlegung des Satzungssitzes nach eigenem materiellen Gesellschaftsrecht zu gestatten.

36

III. Verlegung des Verwaltungssitzes nach Deutschland

1. Keine staatsvertraglichen Verbindungen zum Wegzugsstaat

Verlegt eine ausländische Kapitalgesellschaft ihren tatsächlichen Verwaltungssitz aus einem Staat in die Bundesrepublik Deutschland, mit dem kein einschlägiger Staatsvertrag besteht, bestimmt sich das Personalstatut nach der traditionell in Deutschland geltenden **Sitztheorie**. In diesem Fall sind auch keine Auswirkungen aus der Niederlassungsfreiheit zu berücksichtigen. Das deutsche Internationale Gesellschaftsrecht verweist damit wegen des im Inland liegenden Verwaltungssitzes auf das eigene Sachrecht. Für die Gesellschaft liegt damit im Zeitpunkt des „Grenzübertritts" ein Statutenwechsel vor.

37

Nach deutschem Recht ist die Gesellschaft nicht ohne weiteres rechtsfähig. Sie unterliegt deutschem Recht, ist jedoch nicht als deutsche Kapitalgesellschaft im Register eingetragen. Es fehlt ihr damit die Rechtsfähigkeit einer deutschen AG oder GmbH. Die Maßgeblichkeit des deutschen Sachrechts führt zudem dazu, dass die Gesellschaft nicht in ihrer bisherigen Rechtsform in Deutschland als rechtsfähig anerkannt wird. Der BGH hat es zu Recht abgelehnt, § 4a GmbHG (und Gleiches gilt für § 5 AktG) kollisionsrechtlichen Charakter beizumessen (siehe auch oben § 8 Rz. 10), insbesondere in der Vorschrift eine Regelung über die Anerkennung ausländischer Gesellschaften mit Verwaltungssitz im Inland zu sehen.[51] Dies führt jedoch nicht dazu, dass die Gesellschaft nunmehr als rechtlos oder „rechtliches Nichts" zu behandeln ist.[52] Es kann nicht Sinn

38

---

[51] BGH, *Trabrennbahn*, BGHZ 178, 192, 198 f.; so auch *Kindler*, IPRax 2009, 189, 198.
[52] *Goette*, DStR 2009, 63 (Anm. zum *Trabrennbahn*-Urteil); so aber früher BGHZ 97, 269 = NJW 1986, 2194.

der Sitztheorie sein, die Gesellschaft wegen ihres in Deutschland gelegenen Verwaltungssitzes dem deutschen Recht zu unterstellen und sie dann für inexistent zu erklären. Der BGH behandelt die Gesellschaft daher vielmehr als eine **rechtsfähige Personengesellschaft deutschen Rechts**, nämlich als oHG oder GbR, die beide keiner Eintragung in ein deutsches Register bedürfen.[53] Der BGH begründet dies richtigerweise damit, dass es nicht hinnehmbar wäre, wenn eine solche Gesellschaft zwar in Deutschland am Geschäftsverkehr teilnimmt, ihr aber nicht die Möglichkeit gegeben wird, Rechte zu begründen und klageweise geltend zu machen.[54] Ein entgegenstehender Wille der Gesellschafter ist unbeachtlich, da er nicht in einer Neugründung der Gesellschaft als Kapitalgesellschaft erkennbar geworden ist.[55] Hat die ausländische Gesellschaft nur einen Gesellschafter, wird er und damit die Gesellschaft dagegen bei Betreiben eines Handelsgewerbes als Kaufmann oder in sonstigen Fällen als natürliche Person eingeordnet, nicht aber als Personengesellschaft deutschen Rechts.[56]

39 Die Gesellschaft wird somit zwar als rechts- und parteifähig behandelt, allerdings können die Folgen für die **Gesellschafter** einschneidend sein.[57] Sie genießen nicht mehr den Schutz der fehlenden persönlichen Haftung durch eine Kapitalgesellschaft und **haften** entsprechend den Regeln des Personengesellschaftsrechts (analog § 128 HGB) **persönlich und unbeschränkt** für die Gesellschaftsverbindlichkeiten.[58] Möchten die Gesellschafter diese Folgen vermeiden und als Kapitalgesellschaft in Deutschland anerkannt werden, müssen sie eine neue Gesellschaft in Form der deutschen AG oder GmbH gründen und eintragen lassen. Ansonsten ist zu raten, den Verwaltungssitz nicht nach Deutschland zu verlegen.

40 Im Ergebnis ist damit bei dieser Fallkonstellation aus deutscher Sicht **keine identitätswahrende Verlegung** des Verwaltungssitzes nach Deutschland möglich. Dies gilt unabhängig davon, ob der Wegzugsstaat den Wegzug akzeptiert, etwa weil er der Gründungstheorie folgt und damit keinen Statutenwechsel erkennt. Denn zum einen wird das Recht des Wegzugsstaats aus deutscher Sicht schon nicht befragt, und zum anderen erkennt Deutschland die Gesellschaft

---

53) BGH, *Trabrennbahn*, BGHZ 178, 192, 199; BGHZ 151, 201 = DStR 2002 1678; dazu auch *Bayer/J. Schmidt*, ZHR 173 (2009), 735, 740 f.
54) BGH, *Trabrennbahn*, BGHZ 178, 192, 199.
55) Vgl. dazu *Kösters*, NZG 1998, 241; ähnlich *Mülbert/Schmolke*, ZVglRWiss 100 (2001), 233.
56) *Hausmann* in: Reithmann/Martiny, Int. Vertragsrecht, Rz. 5133.
57) Für die oHG folgt die Rechts- und Parteifähigkeit aus § 124 Abs. 1 HGB. Für die GbR folgt dies aus der Rspr. BGHZ 146, 341 = NZG 2001, 311 = JZ 2001, 655; vgl. aus der sehr umfangreichen Literatur zu diesem Urteil etwa *Armbrüster*, Das Grundeigentum 2001, 821; *Gesmann-Nuissl*, WM 2001, 973; *Habersack*, BB 2001, 477; *Peifer*, NZG 2001, 296; *Pohlmann*, WM 2002, 1421; *K. Schmidt*, NJW 2001, 993; *Ulmer*, ZIP 2001, 585; *Westermann*, NZG 2001, 289; *Wiedemann*, JZ 2001, 661 (Urteilsanm.); krit. *Derleder*, BB 2001, 2485.
58) BGH, *Trabrennbahn*, BGHZ 178, 192, 199; *Bayer/J. Schmidt*, ZHR 173 (2009), 735, 741; *Kieninger* in: MünchHdb-GesR, Bd. 6, § 52 Rz. 9.

wie beschrieben nicht weiter in ihrer ursprünglichen Rechtsform als rechtsfähig an.

Anders als in Deutschland ist dagegen bspw. in Belgien trotz Geltung der Sitztheorie die Verlegung des tatsächlichen Verwaltungssitzes in das belgische Inland höchstrichterlich gebilligt worden. Danach ist eine identitätswahrende Sitzverlegung zulässig. Das belgische Recht anerkennt die Rechtsfähigkeit der Gesellschaft unter der Voraussetzung, dass auch das Herkunftsland die Rechtsfähigkeit weiter gewährt.[59] **41**

2. EU-/EWR-Staat ist Wegzugsstaat

Verlegt eine Kapitalgesellschaft aus einem EU-Mitgliedstaat oder aus einem EWR-Vertragsstaat ihren tatsächlichen Verwaltungssitz nach Deutschland, sind die Auswirkungen der jeweils geltenden **Niederlassungsfreiheit** zu berücksichtigen. Sie beeinflussen maßgeblich die kollisionsrechtliche Anknüpfung der Gesellschaft. **42**

Nach der Rechtsprechung des EuGH ist der Zuzugsstaat verpflichtet, bei EU-Auslandsgesellschaften die durch ihr Gründungsrecht verliehene sowie fortbestehende Rechts- und Parteifähigkeit anzuerkennen (siehe oben § 8 Rz. 46). Der Zuzugsstaat hat darüber hinaus die Vorschriften über das Mindestkapital und die Geschäftsleiterhaftung des Gründungsrechts zu achten (siehe oben § 8 Rz. 47 f.). Aufgrund dieser europäischen Entscheidungen hat die deutsche Rechtsprechung in nachfolgenden Urteilen befunden, wirksam gegründete und nach dem Gründungsrecht fortbestehende EU-Auslandsgesellschaften insgesamt ihrem **Gründungsrecht** zu unterwerfen. Deutsches Recht verweist damit auf das Gründungsrecht der Gesellschaft. Nach bestrittener Auffassung ist dies eine Gesamtverweisung (siehe oben § 8 Rz. 63 f.).[60] **43**

Umstritten ist jedoch, ob die ausländische Gesellschaft auch dann dem Schutz der Niederlassungsfreiheit unterfällt, wenn der effektive Verwaltungssitz **schon bei der Gründung** in Deutschland und nicht im Gründungsstaat lag und damit keine echte „Verlegung" dieses Sitzes vorliegt. Es wird unterschiedlich beurteilt, ob die Niederlassungsfreiheit eine „Mobilitätskomponente" verlangt und die Gesellschaft daher bei anfänglichem Auseinanderfallen von Satzungs- und **44**

---

59) Belg. Cass. 12.11.1965 (*Lamot*), Rev. crit. belge 20 (1966), 392 (m. Anm. *van Ryn*, 399); vgl. dazu auch *Großfeld/König*, RabelsZ 53 (1989), 52, 58; Conseil d'État 29.6.1987, Nr. 28.267, TRV 1989, 110; insgesamt hierzu *Wymeersch*, ZGR 1999, 126 (auch zum Wegzug belgischer Gesellschaften); zum niederländischen Recht s. *Timmermann*, ZGR 1999, 147.

60) *Kindler* in: MünchKomm-BGB, IntGesR Rz. 506; vgl. demgegenüber *Thorn* in: Palandt, BGB, Anh. Art. 12 EGBGB Rz. 12 (im Bereich der Niederlassungsfreiheit sei die Frage einer Rück- oder Weiterverweisung aufgrund der Maßgeblichkeit des Gründungsrechts obsolet); für eine Sachnormverweisung *Forsthoff*, DB 2002, 2471, 2473.

Verwaltungssitz keinen Schutz genießt.[61] Was damit gewonnen wird, einer Gesellschaft bei anfänglichem Auseinanderfallen der Sitze die Anerkennung zu versagen, bei einem unmittelbar nach Gründung erfolgendem Wechsel des Verwaltungssitzes jedoch nicht, ist nicht erkennbar. Eine Mobilitätskomponente ist daher abzulehnen.

45 Allerdings ist zu berücksichtigen, dass der Gründungsstaat europarechtlich nicht gehindert ist, **kollisionsrechtliche** und nach umstrittener Ansicht auch **materiellrechtliche Wegzugsbeschränkungen** aufzubauen und damit der wegziehenden Gesellschaft den Genuss der **Niederlassungsfreiheit vorzuenthalten**. Dies hat die Entscheidung in der Rechtssache *Cartesio* deutlich gemacht (siehe oben § 8 Rz. 33 ff. und Rz. 50 f.). Daher wird für die Frage, nach welcher Kollisionsnorm (Gründungs- oder Sitztheorie) sich das anwendbare Recht aus der Sicht des deutschen Zuzugsstaats bestimmt, in der Literatur wie folgt unterschieden:[62] Folgt der **Gründungsstaat** der Gründungstheorie und knüpft er den Fortbestand der Gesellschaft nicht an den tatsächlichen Verwaltungssitz auf seinem Staatsgebiet, liegt **keine Wegzugsbeschränkung** vor. Das deutsche Recht beruft mit der Gründungstheorie das Recht des Wegzugsstaats und akzeptiert eine nach dem Gründungsrecht fortbestehende Rechts- und Parteifähigkeit dieser Gesellschaft. Eine identitätswahrende Sitzverlegung ist damit möglich.

46 Folgt der **Gründungsstaat** dagegen der Sitztheorie, hat er seinen Gesellschaften hierdurch eine kollisionsrechtliche Wegzugsbeschränkung auferlegt. Knüpft das Sachrecht des Gründungsstaats den Fortbestand der Gesellschaft an den tatsächlichen Verwaltungssitz auf seinem Staatsgebiet, liegt eine materiell-rechtliche Wegzugsbeschränkung vor. In beiden Fällen versagt der Gründungsstaat damit seinen Gesellschaften bei einem Wegzug selbst die Anerkennung. Aufgrund solcher nach *Cartesio* zulässigen **Wegzugsbeschränkungen** (siehe oben § 8 Rz. 33 ff. und Rz. 50 f.), welche die Gesellschaft schon nicht in den Genuss der Niederlassungsfreiheit kommen lässt, wird aus deutscher Sicht das an-

---

61) Anfängliches Auseinanderfallen unschädlich: BGH, NJW 2005, 3351, 3352; OLG Frankfurt a. M., IPRax 2004, 56, 58; *Bayer/J. Schmidt*, ZHR 173 (2009), 735, 747 f.; *Eidenmüller*, ZIP 2002, 2233, 2243; *Behme/Nohlen*, NZG 2008, 496, 498; *Halbhuber*, ZEuP 2003, 422, 435; *Leible/Hoffmann*, RIW 2002, 925, 929 ff.; *Spahlinger* in: Spahlinger/Wegen, Int.GesR, Rz. 204; *Weller*, IPRax 2003, 324, 327; für eine Mobilitätskomponente *Kindler* in: MünchKomm-BGB, IntGesR Rz. 428; *Kindler*, NJW 2003, 1073, 1078; *Kindler*, IPRax 2003, 41 f.; *Franz*, BB 2009, 1251, 1252; *Franz/Laeger*, BB 2008, 678, 680; *Binz/Mayer*, GmbHR 2003, 249, 256; *W. H. Roth*, IPRax 2003, 117, 126; *Kieninger*, ZGR 1999, 724, 728 ff.; *Zimmer*, ZHR 164 (2000), 23, 40 f.

62) *Leible* in: Michalski, GmbHG, Syst. Darst. 2 Rz. 45 (wohl nur bei kollisionsrechtlicher Wegzugsbeschränkung); *Mayer* in: MünchKomm-GmbHG, § 4a Rz. 26; *Weller* in: MünchKomm-GmbHG, Einl. Rz. 361 ff. (beide bei materiellrechtlichen wie kollisionsrechtlichen Wegzugsbeschränkungen).

wendbare Recht über die traditionelle Sitztheorie berufen.[63] Die Gesellschaft unterliegt damit dem deutschen Sachrecht und nicht mehr ihrem Gründungsrecht. In Deutschland ist sie allerdings nicht als deutsche Kapitalgesellschaft im Register eingetragen. Es fehlt ihr damit die Rechtsfähigkeit einer deutschen Kapitalgesellschaft. Sie ist somit wie eine Gesellschaft aus einem Drittstaat zu behandeln (dazu oben Rz. 37 ff.). Im Ergebnis liegt keine identitätswahrende Sitzverlegung vor.

3. Staatsvertraglich verbundener Staat ist Wegzugsstaat

Verlegt eine ausländische Kapitalgesellschaft ihren tatsächlichen Verwaltungssitz aus einem Staat nach Deutschland, mit dem Deutschland einen bi- oder multilateralen Staatsvertrag über die Anerkennung von Gesellschaften geschlossen hat, der die Geltung der Gründungstheorie maßgeblich macht, hat Deutschland die Gesellschaft in der bestehenden Rechtsform **anzuerkennen**, sofern sie nach dem Gründungsrecht wirksam fortbesteht.[64] Durch den Staatsvertrag liegt eine Sachnormverweisung auf das Gründungsrecht vor (siehe oben § 8 Rz. 66). Die Sitzverlegung erfolgt aus deutscher Sicht identitätswahrend und ohne Statutenwechsel.[65] Nach umstrittener Ansicht ist darüber hinaus allerdings eine effektive Beziehung *(genuine link)* zum Gründungsrecht erforderlich (dazu oben § 8 Rz. 61 f.). Hingegen sind Verwaltungssitzverlegungen nach Deutschland aus Staaten, mit denen Staatsverträge bestehen, denen zufolge die Sitztheorie anzuwenden ist, im Ergebnis so zu behandeln, wie solche aus Staaten, mit denen keine staatsvertraglichen Verbindungen bestehen (siehe oben Rz. 37 ff.), da die Gesellschaft mit der Verlegung ihres Verwaltungssitzes nach Deutschland den Schutzbereich des Staatsvertrags verlässt.[66]

47

---

63) So *Leible* in: Michalski, GmbHG, Syst. Darst. 2 Rz. 45 (wohl nur bei kollisionsrechtlicher Wegzugsbeschränkung); *Mayer* in: MünchKomm-GmbHG, § 4a Rz. 26; *Weller* in: MünchKomm-GmbHG, Einl. Rz. 365 (beide bei materiellrechtlichen wie kollisionsrechtlichen Wegzugsbeschränkungen); wohl auch *Kindler* in: MünchKomm-BGB, IntGesR Rz. 428 a. E.; diese Unterscheidung nicht vornehmend und damit die Gründungstheorie anwendend *Jasper/Wollbrink* in: MünchHdb-GesR, Bd. 3, § 75 Rz. 88.

64) Vgl. die Übersichten bei MünchKomm-BGB, IntGesR Rz. 328 f. und *Servatius* in: MünchHdb-GesR, Bd. 6, § 15 Rz. 22.

65) Für den Freundschafts-, Handels- und Schifffahrtsvertrag zwischen der Bundesrepublik Deutschland und den USA s. *Kieninger* in: MünchHdb-GesR, Bd. 6, § 52 Rz. 10; *Kindler* in: MünchKomm-BGB, IntGesR Rz. 339 f.; *Bayer/J. Schmidt*, ZHR 173 (2009), 735, 739.

66) Bspw. ermöglicht das Kapitalschutzabkommen zwischen Deutschland und Japan vom 20.7.1927 (RGBl. 1927 II 1087) keine identitätswahrende Sitzverlegung. Das Abkommen bestimmt in Art. XIII Abs. 1 lediglich, dass Gesellschaften „die in dem Gebiete des einen vertragsschließenden Staates ihren Sitz haben und auch nach dessen Gesetzen zu Recht bestehen" auch auf dem Gebiet des anderen Staates als bestehend anerkannt werden. Das Abkommen garantiert also gerade nicht, dass eine in Japan gegründete und dort bisher ansässige Gesellschaft auch nach Verlegung des Verwaltungssitzes nach Deutschland hier als „zu Recht" bestehend anerkannt wird, sondern nur, dass eine in Japan sitzende Gesellschaft in Deutschland anerkannt wird.

IV. Verlegung des Satzungssitzes nach Deutschland
1. Keine staatsvertraglichen Verbindungen zum Wegzugsstaat

48 Verlegt eine ausländische Kapitalgesellschaft ihren Satzungssitz aus einem Staat in die Bundesrepublik Deutschland, mit dem keine einschlägigen Staatsverträge bestehen, bestimmt sich die Zulässigkeit dieses grenzüberschreitenden Formwechsels zunächst nach dem Personalstatut der Gesellschaft. Dieses ist traditionell über die **Sitztheorie** zu ermitteln (siehe oben § 8 Rz. 9 ff.). Das deutsche Internationale Gesellschaftsrecht verweist damit wegen des weiterhin im Wegzugsstaat bestehenden Verwaltungssitzes auf das dortige Recht. Folgt der **Wegzugsstaat** ebenfalls der **Sitztheorie**, beruft er sein eigenes materielles Recht. Dem dortigen Recht sind damit die Rechtsfolgen der Verlegung des Satzungssitzes zu entnehmen.[67] Ein Statutenwechsel liegt nicht vor.

49 Folgt der **Wegzugsstaat** der **Gründungstheorie** und beruft diese das Recht des Satzungssitzes, liegt eine Rückverweisung auf das deutsche Recht vor, das diese annimmt (Art. 4 Abs. 1 Satz 2 EGBGB). Nach deutschem Recht muss die Gesellschaft als Kapitalgesellschaft in Deutschland eingetragen sein, um in dieser Rechtsform als rechtsfähig anerkannt zu werden (siehe oben § 8 Rz. 68). Der ausländische Verwaltungssitz ist unschädlich und kann daher behalten werden (§ 4a GmbHG, § 5 AktG, siehe oben Rz. 9). Diese Art der Verlegung des Satzungssitzes erfolgt jedoch nicht identitätswahrend wie ein inländischer Formwechsel. Die Gesellschaft löst sich vielmehr im Wegzugsstaat auf und gründet sich in Deutschland neu. Der grenzüberschreitende identitätswahrende Formwechsel einer ausländischen Gesellschaft in eine inländische Rechtsform ist dem deutschen Sachrecht unbekannt.[68] Gleiches gilt, wenn die Gesellschaft **gleichzeitig** ihren **Verwaltungssitz** nach Deutschland verlegt und deutsches Sachrecht aufgrund der Sitztheorie direkt berufen wird.

50 Das **schweizerische Recht** regelt die Problematik bspw. gesetzlich. Danach gilt: Eine ausländische Gesellschaft kann sich ohne Liquidation und Neugründung dem schweizerischem Recht unterstellen, wenn das ausländische Recht es gestattet, die Gesellschaft die Voraussetzungen des ausländischen Rechts erfüllt

---

[67] *Kindler* in: MünchKomm-BGB, IntGesR Rz. 535.
[68] Jeweils vor der Entscheidung des EuGH in der Rechtssache *VALE* (dazu oben Rz. 25 ff.): OLG Zweibrücken, NZG 2005, 1019 (Ein nach franz. Recht gegründeter Verein [„association"] kann nicht als solcher in das deutsche Vereinsregister eingetragen werden, wenn der statutarische Sitz nach Deutschland verlegt wird.); OLG Zweibrücken, DNotZ 1991, 624 (Keine identitätswahrende Eintragung der Sitzverlegung einer nach luxemburgischem Recht gegründeten AG im deutschen Handelsregister.); OLG Nürnberg, ZIP 2012, 572 (Kein identitätswahrender Formwechsel von Luxemburg nach Deutschland); *Bayer/J. Schmidt*, ZHR 173 (2009), 735, 761; auch *Leible/Hoffmann*, BB 2009, 58, 62 f.

und die Anpassung an eine schweizerische Rechtsform möglich ist (Art. 161 schweizerisches IPRG).[69]

2. EU-/EWR-Staat ist Wegzugsstaat

Die Verlegung des Satzungssitzes einer Kapitalgesellschaft aus einem EU-Mitgliedstaat oder einem EWR-Vertragsstaat nach Deutschland (grenzüberschreitender Formwechsel) beurteilte sich bislang **wie** die entsprechende Verlegung des Satzungssitzes aus einem **Drittstaat** nach Deutschland (siehe oben Rz. 48 ff.).[70] Ein identitätswahrender grenzüberschreitender Formwechsel war damit nicht möglich. Gleiches galt, wenn die Gesellschaft **gleichzeitig** ihren **Verwaltungssitz** nach Deutschland verlegte (siehe oben Rz. 49).[71] 51

a) Cartesio und Sevic

Dieses Ergebnis wurde jedoch bereits im Lichte der **Niederlassungsfreiheit** und den hierzu ergangenen Urteilen des EuGH kritisch beurteilt. Es wurde zum einen die Entscheidung des EuGH in der Rechtssache *Cartesio* herangezogen. Dort hatte das Gericht in einem *obiter dictum* ausgeführt, es sei nicht zu rechtfertigen, dass der Wegzugsstaat eine Gesellschaft dadurch, dass er ihre Auflösung und Liquidation verlange, daran hindere, sich in eine Gesellschaft nach dem nationalen Recht des Zuzugsstaats umzuwandeln, soweit dies nach dem Recht des Zuzugsstaats möglich sei (siehe oben Rz. 23 f.). 52

Zum anderen wurde die *Sevic*-Entscheidung des EuGH bemüht (siehe dazu unten § 29 Rz. 57 ff.).[72] Dort hatte das Gericht ausgeführt, Verschmelzungen seien ein wirksames Mittel, um Gesellschaften umzuwandeln. Durch einen einzigen Vorgang könne eine Rechtsform gewählt werden, ohne dass etwa eine zeitaufwendigere und teurere Auflösung und Neugründung erforderlich sei. Diese nach deutschem Recht nur für inländische Gesellschaften bestehende Möglichkeit müsse auch offenstehen, wenn eine Gesellschaft aus einem EU-Mitgliedstaat beteiligt werde. Sonst werde die Niederlassungsfreiheit beschränkt. Diesen 53

---

69) Umgekehrt kann sich nach schweizerischem Recht eine **schweizerische Gesellschaft** ohne Liquidation und Neugründung ausländischem Recht unterstellen, wenn sie nachweist, dass die Voraussetzungen nach schweizerischem Recht erfüllt sind und sie nach ausländischem Recht fortbesteht. Die Gläubiger sind unter Hinweis auf die bevorstehende Änderung des Gesellschaftsstatuts öffentlich zur Anmeldung bestehender Ansprüche aufzufordern (Art. 163 schweizerisches IPRG); dazu *Girsberger/Rodriguez* in: Honsell/Vogt/Schnyder, Art. 161 und Art. 163 schweizerisches IPRG; *Bessenich*, passim; *Kronke/Mazza* in: Kronke/Melis/Schnyder, Hdb. Int. Wirtschaftsrecht, Teil K Rz. 216 ff. Zur Bedeutung der Niederlassungsfreiheit in diesem Zusammenhang vgl. BGH, *Trabrennbahn*, BGHZ 178, 192, 199 = NJW 2009, 289 (m. Anm. *Kieninger*); *Jung*, EuZW 2012, 863, 867.
70) *Kindler* in: MünchKomm-BGB, IntGesR Rz. 535.
71) *Kindler* in: MünchKomm-BGB, IntGesR Rz. 536.
72) EuGH, Rs. C-411/03, *SEVIC Systems AG*, Slg. 2005 I-10825 = NJW 2006, 425 = GmbHR 2006, 140 = ZIP 2005, 2311.

Entscheidungsgründen wurde entnommen, dass i. R. der Niederlassungsfreiheit die deutschen Gesellschaften eröffneten Umwandlungsmaßnahmen auch EU-Auslandsgesellschaften offenstehen müssten, sofern sich die ausländische Gesellschaft an die inländischen Sachnormen hält und inländische Schutzinteressen nicht gefährdet sind.[73] Gestattet werden sollte damit ein grenzüberschreitender Formwechsel für EU-Auslandsgesellschaften. Andere betonten die fehlende Geltung der Niederlassungsfreiheit für einen solchen Vorgang.[74]

b) VALE

54 Die Entscheidung *VALE* des EuGH hat diese Frage nun geklärt und den Weg für grenzüberschreitende Formwechsel innerhalb der Europäischen Union frei gemacht (zu *VALE* allgemein siehe oben § 8 Rz. 38 ff.).[75] Dies gilt nicht nur für solche Formwechsel nach Deutschland hinein (der Sachverhalt in *VALE* betraf einen Zuzugsfall), sondern auch für solche aus Deutschland heraus. In seinen Entscheidungsgründen hat das Gericht einige wesentliche Themen und Verfahrensgrundsätze geklärt. Diese wurden bereits oben bei der Darstellung der Verlegung des Satzungssitzes aus Deutschland heraus in einen anderen EU-/EWR-Staat näher erläutert, so dass hierauf sowie auf die dortige Praxisempfehlung verwiesen wird (siehe oben Rz. 25 ff.).

55 Aus Sicht Deutschlands als Zuzugsstaat bedeutet dies, dass Deutschland seine nationalen Bestimmungen über innerstaatliche Formwechsel und Gründungsvorschriften für die neue Gesellschaftsform der formwechselnden Gesellschaft auch auf einen grenzüberschreitenden Formwechsel anwenden kann. Das deutsche Recht ist hierbei allerdings wegen des **Äquivalenzgrundsatzes** verpflichtet, den grenzüberschreitenden Vorgang genauso zu behandeln wie einen innerstaatlichen Formwechsel; dessen Modalitäten dürfen nicht „ungünstiger" sein (dazu näher oben Rz. 30 ff.).[76] Der **Effektivitätsgrundsatz** erfordert, dass dabei von den Behörden des Herkunftslandes ausgestellten Unterlagen gebührend Rechnung getragen wird und sie nicht generell abgelehnt werden (dazu näher oben Rz. 34).[77]

---

73) *Teichmann*, ZIP 2006, 355, 357; *Teichmann*, ZIP 2009, 393, 402; *Otte/Rietschel*, GmbHR 2009, 983, 986 f.

74) *Hausmann* in: Reithmann/Martiny, Int. Vertragsrecht, Rz. 5144.

75) EuGH, Rs. C-378/10, *VALE Építési kft*, ZIP 2012, 1394 (m. Anm. *Mörsdorf/Jopen*) = NJW 2012, 2715. Damit hat sich Urteil des OLG Nürnberg, ZIP 2012, 572, erledigt, in dem das Gericht noch befand, dass ein identitätswahrender Formwechsel aus Luxemburg nach Deutschland nach deutschem Sachrecht unzulässig sei, selbst wenn das Sachrecht des Wegzugsstaats einen solchen Formwechsel zuließe.

76) EuGH, Rs. C-378/10, *VALE Építési kft*, ZIP 2012, 1394, 1397, Rz. 54 = NJW 2012, 2715, 2718.

77) EuGH, Rs. C-378/10, *VALE Építési kft*, ZIP 2012, 1394, 1398, Rz. 60 f. = NJW 2012, 2715, 2718 f.

Dies bedeutet für einen grenzüberschreitenden Formwechsel nach Deutschland hinein, dass dieser zugelassen werden muss, wenn die Anforderungen aus der *VALE*-Entscheidung erfüllt sind. Beschränkungen der Niederlassungsfreiheit sind damit nur aus zwingenden Gründen des Allgemeininteresses erlaubt. Auf den deutschen Teil eines solchen Formwechsels dürften aufgrund fehlender unionsrechtlicher Spezialvorschriften sowie als Folge des Äquivalenzgrundsatzes die §§ 190 ff. UmwG anzuwenden sein.[78] Damit kann das deutsche Recht bspw. verlangen, dass die Vorschriften über das Mindestkapital der neuen Gesellschaftsform eingehalten werden und insgesamt ein für die neue Gesellschaftsform passender Gesellschaftsvertrag vorliegt.

56

Zweifelhaft ist, ob das deutsche Recht die **tatsächliche Ansiedlung der betreffenden formwechselnden Gesellschaft** und die **Ausübung einer wirklichen wirtschaftlichen Tätigkeit** in Deutschland verlangen darf (zu diesem Erfordernis nach *VALE* siehe oben Rz. 26 f.). Das deutsche Recht fordert nach Inkrafttreten des MoMiG für nach deutschem Recht gegründete Kapitalgesellschaften nicht mehr, dass diese ihren tatsächlichen Verwaltungssitz in Deutschland haben, weshalb ein dahingehendes Erfordernis zum Teil auch für formwechselnd zuziehende Auslandsgesellschaften abgelehnt wird (vgl. § 4a GmbHG und § 5 AktG; näher dazu oben Rz. 9 f.).[79] In dieser Frage besteht allerdings keine Rechtssicherheit und damit ist noch unklar, wie die zuständigen Behörden der am Formwechsel beteiligten Staaten mit diesem Erfordernis umgehen werden. Für die Rechtspraxis empfiehlt sich daher, frühzeitig mit den Behörden Kontakt aufzunehmen, um rechtzeitig ggf. geforderte Nachweise und Erklärungen vorlegen zu können.

57

3. Staatsvertraglich verbundener Staat ist Wegzugsstaat

Die bi- oder multilateralen Staatsverträge über die Anerkennung von Gesellschaften, die Deutschland mit anderen Staaten abgeschlossen hat, entfalten keine Bedeutung für eine Satzungssitzverlegung (grenzüberschreitender Formwechsel) nach Deutschland. Es besteht aufgrund von Staatsverträgen **keine Verpflichtung**, einen **identitätswahrenden grenzüberschreitenden Formwechsel** in eine deutsche Gesellschaftsform **zu ermöglichen**. Staatsverträge können lediglich dazu verpflichten, Gesellschaften anzuerkennen, obwohl diese aufgrund ihres Gründungsrechts bzw. Verwaltungssitzes als ausländische Gesellschaft anzusehen sind. Anerkennung bedeutet jedoch nicht, ihr den Formwechsel in eine inländische Gesellschaft zu gestatten. Eine deutsche Gesellschaftsform kann in solchen Fällen nur durch eine Neugründung in Deutschland angenommen werden. Die neue Kapitalgesellschaft kann dabei nach deut-

58

---

78) *Bayer/J. Schmidt*, ZIP 2012, 1481, 1488 und 1491; *Kindler*, EuZW 2012, 888, 890; *Teichmann*, DB 2012, 2085, 2091.
79) *Teichmann*, DB 2012, 2085, 2088.

schem Sachrecht ihren tatsächlichen Verwaltungssitz im Ausland behalten (siehe oben Rz. 9 f.).

V. Sitzverlegung zwischen Drittstaaten

59 Die materiell-rechtliche Zulässigkeit und die Anerkennung einer Sitzverlegung von einem ausländischen Staat in einen anderen ausländischen Staat ist aus deutscher Sicht ausgehend vom deutschen Internationalen Gesellschaftsrecht zu bestimmen. Verweist die Sitztheorie bei einem Wechsel des tatsächlichen Verwaltungssitzes auf das Recht des Zuzugsstaats, entscheidet dessen Kollisionsrecht darüber, ob dieser Staat die Verweisung annimmt (Sitztheorie) oder auf das Recht des Wegzugsstaats weiterverweist (Gründungstheorie). Aus deutscher Sicht ist eine Weiterverweisung beachtlich (Art. 4 Abs. 1 Satz 1 EGBGB). Nimmt der Wegzugsstaat die Verweisung an, wird die Gesellschaft in der Bundesrepublik Deutschland anerkannt, wenn das materielle Recht des Wegzugsstaats selbst die Gesellschaft als fortbestehend anerkennt.[80] Nimmt der Zuzugsstaat die Verweisung des deutschen Rechts an, entscheidet sein Sachrecht über das rechtliche Schicksal der Gesellschaft. Wird sie dort anerkannt, erkennt auch das deutsche Recht die Gesellschaft an. Ist dies nicht der Fall, ist die Gesellschaft dementsprechend nicht anzuerkennen.[81]

D. Personengesellschaften

60 Sitzverlegungen von Personengesellschaften sind **grundsätzlich** rechtlich genauso zu beurteilen **wie** solche von **Kapitalgesellschaften**. Daher kann im Grundsatz auf die obigen Ausführungen zu Kapitalgesellschaften verwiesen werden (siehe oben Rz. 6 ff.). Allerdings sind ergänzend hierzu einige Gemeinsamkeiten, aber auch Abweichungen hervorzuheben.

I. Anknüpfung

61 Das **Personalstatut** ermittelt sich für Personengesellschaften wie für Kapitalgesellschaften über die Anknüpfungsregeln des **Internationalen Gesellschaftsrechts**. Hierzu muss die Personengesellschaft aber eine nach außen hervortretende Organisation haben und am Rechtsverkehr teilnehmen (siehe oben § 8 Rz. 2). Sonst gelten die Regeln des Internationalen Vertragsrechts.

---

80) BGH, NJW 2004, 3706, 3707; OLG Frankfurt a. M., NJW 1990, 2204 = IPRax 1991, 403; vgl. dazu EWiR 1990, 827 *(Ebenroth)* und *Großfeld/König*, IPRax 1991, 379; *Kindler* in: MünchKomm-BGB, IntGesR Rz. 537.

81) *Kindler* in: MünchKomm-BGB, IntGesR Rz. 537; *Hausmann* in: Reithmann/Martiny, Int. Vertragsrecht, Rz. 5141; *Kieninger* in: MünchHdb-GesR, Bd. 6, § 52 Rz. 27; näher dazu auch *Leible* in: Michalski, GmbHG, Syst. Darst. 2 Rz. 190 ff.

II. Niederlassungsfreiheit und EU-Auslandsgesellschaften

Die **Niederlassungsfreiheit** nach Art. 49, 54 AEUV (vormals Art. 43, 48 EGV) sowie nach Art. 31, 34 des EWR-Übereinkommens gilt genauso für Personengesellschaften wie für Kapitalgesellschaften.[82] Hierauf deutet schon die Definition in Art. 54 Abs. 2 AEUV (Art. 48 Abs. 2 EGV a. F.) hin, wonach als Gesellschaften die Gesellschaften des bürgerlichen Rechts und des Handelsrechts einschließlich der Genossenschaften und die sonstigen juristischen Personen des öffentlichen und privaten Rechts gelten mit Ausnahme derjenigen, die keinen Erwerbszweck verfolgen. Damit können sich Personengesellschaften aus einem EU-Mitgliedstaat oder einem EWR-Vertragsstaat bei einer Verlegung ihres effektiven Verwaltungssitzes oder ihres Satzungssitzes nach Deutschland insoweit auf die Niederlassungsfreiheit berufen, sofern der Wegzugsstaat keine zulässigen Wegzugssperren aufgestellt hat; sie sind somit anzuerkennen (siehe zur Kapitalgesellschaft oben Rz. 42 ff. und 51 ff.).

62

III. Deutsche Personengesellschaften

Ein **wesentlicher Unterschied** zwischen deutschen Kapital- und Personengesellschaften besteht in den **sachrechtlichen Anforderungen** an den Ort des **tatsächlichen Verwaltungssitzes**. Für die GmbH und die AG ist es wegen § 4a GmbHG und § 5 AktG möglich, einen ausländischen Verwaltungssitz zu wählen und hierbei den inländischen Satzungssitz beizubehalten. Satzungssitz und Verwaltungssitz dürfen also auseinander fallen. Die wirksame Eintragung als deutsche Gesellschaft bleibt hiervon unberührt (siehe oben Rz. 9 f.). Für deutsche Personengesellschaften kennt das deutsche Recht keine solche Regelung. Personenhandelsgesellschaften haben ihren Sitz im Bezirk ihres Registergerichts (§ 106 Abs. 1, § 161 Abs. 2 HGB). Dieser Sitz ist gleichzusetzen mit dem Ort der tatsächlichen Verwaltung. Lange Zeit hat die h. A. bei Personengesellschaften nicht zwischen Satzungssitz und tatsächlichem Verwaltungssitz unterschieden.[83] Dieses strenge Dogma der Uniformität zwischen Satzungs- und Verwaltungssitz wird zwar mittlerweile in der Literatur aufgeweicht.[84] Allerdings kann eine **deutsche Personengesellschaft** nach der (noch) h. A. und gel-

63

---

[82] *Hausmann* in: Reithmann/Martiny, Int. Vertragsrecht, Rz. 5064; *Wertenbruch*, NZG 2003, 618, 619; *Zimmer/Naendrup*, NJW 2009, 545, 548; *Leible/Hoffmann*, BB 2009, 58, 58 f.; *Troberg/Tiedje* in: von der Groeben/Schwarze, Art. 48 EG Rz. 2; anders aber noch *Leible/Hoffmann*, RIW 2002, 925, 933; s. insbesondere die *Cartesio*-Entscheidung des EuGH, bei der es um eine ungarische Kommanditgesellschaft ging, hierzu oben § 8 Rz. 33 ff.

[83] So z. B. BGH, WM 1957, 999, 1000; BGH, WM 1969, 293, 294; KG, WM 1955, 892, 893; OLG Celle, WM 1962, 1330; KG Berlin, ZIP 2012, 1668; *Märtens* in: Ebenroth/Boujong/Joost/Strohn, HGB, § 106 Rz. 13.

[84] Ausführlich *Koch*, ZHR 173 (2009), 101; *Koch* in: Staub, HGB, § 13 Rz. 44 f.; *Hopt* in: Baumbach/Hopt, HGB, § 106 Rz. 8; *Fingerhuth/Rumpf*, IPRax 2008, 90, 93 f.; *von Gerkan/Haas* in: Röhricht/von Westphalen, HGB, § 106 Rz. 11; *Schäfer* in: Staub, HGB, § 106 Rz. 18 f.; *Pluskat*, WM 2004, 601, 608 f.

tendem materiellem Recht **keinen ausländischen Verwaltungssitz** haben.[85] Verlegt sie ihren tatsächlichen Verwaltungssitz dennoch in das Ausland, antwortet das deutsche Sachrecht hierauf mit der Auflösung und Liquidation der Gesellschaft.[86]

64 Diese Rechtsfolge verstößt wohl nicht gegen die **Niederlassungsfreiheit**. Dies ergibt sich aus der *Cartesio*-Entscheidung des EuGH. Dort hatte es das Gericht als zulässig angesehen, dass das ungarische Sachrecht einer KG nicht gestattet, ihren Verwaltungssitz identitätswahrend in einen anderen Mitgliedstaat zu verlegen, sondern vielmehr die Auflösung der Gesellschaft verlangt (siehe oben § 8 Rz. 33 ff.).[87]

65 Die fehlende Möglichkeit im deutschen Recht, den Verwaltungssitz identitätswahrend in das Ausland verlegen zu können, wird im Kollisionsrecht für alle Gesellschaftsformen unstreitig anerkannt, wenn der **Zuzugsstaat** die Verweisung des deutschen Internationalen Gesellschaftsrechts auf sein **Sitzrecht annimmt**. Denn das maßgebliche Sitzrecht wird in diesem Fall vermutlich eine Neugründung verlangen. Deutschland als Wegzugstaat verlangt die Auflösung und Liquidation der Gesellschaft. In diesem Fall wirken altes und neues Gesellschaftsstatut nicht zusammen, wie es jedoch erforderlich ist, damit die Gesellschaft identitätswahrend fortbestehen kann.[88] Nach umstrittener Ansicht soll eine identitätswahrende Verlegung des Verwaltungssitzes jedoch dann möglich sein, wenn der **Zuzugsstaat** der **Gründungstheorie** folgt und damit auf deutsches Recht zurückverweist.[89] Hierfür wird angeführt, dass sich das Recht zu einer identitätswahrenden Verlegung des Verwaltungssitzes bereits aus den kollisionsrechtlichen Grundsätzen über die Beachtung einer Rück- und Weiterverweisung nach Art. 4 Abs. 1 EGBGB ergebe. Das Ziel des Gesetzgebers, durch Art. 4 Abs. 1 EGBGB dem internationalen Entscheidungseinklang Rechnung

---

85) *König/Bormann*, DNotZ 2008, 652, 659; *Mülsch/Nohlen*, ZIP 2008, 1358, 1361; *Leitzen*, NZG 2009, 728; krit. *Koch*, ZHR 173 (2009), 101, 112 ff.; *Koch* in: Staub, HGB, § 13 Rz. 46 f.; *Fingerhuth/Rumpf*, IPRax 2008, 90, 93 f.

86) *Emmerich* in: Heymann, HGB, § 106 Rz. 8; *Koch* in: Staub, HGB, § 13h Rz. 37; *Krafka* in: MünchKomm-HGB, § 13h Rz. 17; *Langhein* in: MünchKomm-HGB, § 106 Rz. 30; *Großfeld* in: Staudinger, BGB, IntGesR Rz. 605 f.; a. A. *von Gerkan/Haas* in: Röhricht/von Westphalen, HGB, § 106 Rz. 11.

87) Anders jedoch *Leible/Hoffmann*, BB 2009, 58, 61.

88) *Großfeld* in: Staudinger, BGB, IntGesR Rz. 609; *Pentz* in: Ebenroth/Boujong/Joost/Strohn, HGB, § 13h Rz. 43; *Fingerhuth/Rumpf*, IPRax 2008, 90, 92.

89) *Spahlinger* in: Spahlinger/Wegen, IntGesR, Rz. 50; *Ammon/Ries* in: Röhricht/von Westphalen, HGB, § 13h Rz. 17; *Hausmann* in: Reithmann/Martiny, Int. Vertragsrecht, Rz. 5137; *Walden*, S. 174 f., 189 f.; *Mülsch/Nohlen*, ZIP 2008, 1358, 1359; *Koch* in: Staub, HGB, § 13h Rz. 37 m. w. N.; s. a. *Kindler* in: MünchKomm-BGB, IntGesR Rz. 516; vgl. *Teichmann*, ZIP 2009, 393, 402.

zu tragen, würde vereitelt, wenn eine Sitzverlegung ins Ausland generell die Auflösung nach sich zöge.[90]

Richtig hieran ist, dass kollisionsrechtlich die Gesellschaft weiterhin als deutsche Gesellschaft anzusehen ist.[91] Dennoch darf nicht übersehen werden, dass ein **Zusammenspiel** nicht nur zwischen den beteiligten Kollisionsrechten, sondern auch den **materiellen Rechten** erforderlich ist. In der beschriebenen Fallgestaltung wird nun mal das deutsche materielle Recht berufen. Es hat damit die Hoheit, über das Schicksal der Gesellschaft zu befinden. Kollisionsrechtliche Wertungen muss es sich nicht aufdrängen lassen. Soll der identitätswahrende Wegzug des Verwaltungssitzes nach deutschem Sachrecht möglich sein, ist es Aufgabe des Gesetzgebers, das geltende Sachrecht entsprechend zu ändern. Dass der Gesetzgeber das Problem kennt und bei Bedarf löst, zeigen die Änderungen für die GmbH und die AG. Einen verallgemeinerungsfähigen Rechtsgedanken enthalten die Regelungen der § 4a GmbHG und § 5 AktG aufgrund ihres speziellen Zuschnitts auf die genannten Gesellschaftsformen und die nur darauf bezogene Gesetzesbegründung nicht (zur Gesetzesbegründung siehe oben Rz. 9).[92] 66

Im Ergebnis ist der **Praxis** daher nicht zu empfehlen, den tatsächlichen Verwaltungssitz einer Personengesellschaft außerhalb des zuständigen Registerbezirks, insbesondere nicht im Ausland zu wählen. Dies gilt nicht nur dann, wenn der Zuzugsstaat der Sitztheorie folgt, sondern wegen der unsicheren Rechtslage auch dann, wenn er die Gründungstheorie anwendet. Sonst droht die Auflösung und Liquidation der Gesellschaft mit allen damit zusammenhängenden Folgen. So würde sich der Gesellschaftszweck auf die Liquidation beschränken. Die Geschäftsführungs- und Vertretungsbefugnisse der Gesellschafter würden erlöschen und auf die Liquidatoren übergehen.[93] 67

E. Societas Europaea und Societas Privata Europaea

Die Sitzverlegung einer **Europäischen Aktiengesellschaft** (SE) ist in Art. 8 SE-VO niedergelegt (zur SE siehe unten §§ 42 ff.). Ermöglicht und geregelt wird dort die Verlegung des Satzungssitzes. Diese Verlegung muss jedoch zwingend einhergehen mit einer Verlegung des tatsächlichen Verwaltungssitzes. Umgekehrt muss auch eine geplante Verlegung des Verwaltungssitzes die Verlegung 68

---

90) *Kindler* in: MünchKomm-BGB, IntGesR Rz. 521 (allerdings bezogen auf Kapitalgesellschaften verbunden mit der richtigen Einschränkung, dass ein inländischer Betrieb oder eine sonstige Rechtfertigung nach §§ 5 Abs. 2 AktG a. F., 4a Abs. 2 GmbHG a. F. vorliegt); *Hausmann* in: Reithmann/Martiny, Int. Vertragsrecht, Rz. 5137.
91) Ebenso *Koch*, ZHR 173 (2009), 101, 114.
92) Ebenso *König/Bormann*, DNotZ 2008, 652, 658.
93) Zu diesen Folgen bei einer Auflösung und Liquidation nach deutschem Recht s. *Habersack* in: Staub, HGB, § 145 Rz. 16 ff. sowie § 149 Rz. 10 ff. und 43 ff.; auch *von Gerkan/Haas* in: Röhricht/von Westphalen, HGB, § 149 Rz. 1 und 20 f.

des Satzungssitzes mit einzubeziehen. Denn nach Art. 7 SE-VO muss der Satzungssitz der SE in dem Mitgliedstaat liegen, in dem die Hauptverwaltung weilt. Ist dies nicht der Fall, ist der Mitgliedstaat, in dem der Satzungssitz liegt, verpflichtet, eine der in Art. 64 SE-VO genannten Maßnahmen zu ergreifen.

69 Die Sitzverlegung ist zwar identitätswährend möglich, allerdings ändert sich das sekundär anwendbare nationale Gesellschaftsrecht. Dies ist nämlich nach Art. 9 Abs. 1 lit. c SE-VO stets das Recht des (Satzungs-)Sitzstaats.[94]

70 Auch für die geplante **Europäische Privatgesellschaft** (SPE) soll eine grenzüberschreitende und identitätswahrende Verlegung des eingetragenen Sitzes und damit des Satzungssitzes möglich werden (zur SPE siehe unten § 49).[95] Bei der SPE soll sich die Hauptverwaltung allerdings nicht im Mitgliedstaat des Satzungssitzes befinden müssen. Die Verlegung des Verwaltungssitzes soll daher einschränkungslos und ohne Statutenwechsel möglich sein. Mit einem Wechsel des Satzungssitzes würde dagegen wie bei der SE ein Rechtswechsel einhergehen, da die SPE ebenfalls sekundär dem Recht ihres Satzungssitzes unterliegen soll.[96]

---

94) Näher zum Ganzen *Oechsler*, in MünchKomm-AktG, Art. 8 SE-VO; *Schwarz*, SE-VO, Art. 8.
95) S. Art. 35 Abs. 1 des Vorschlags der Europäischen Kommission für eine Verordnung des Rates über das Statut der Europäischen Privatgesellschaft v. 26.6.2008, KOM (2008) 396, S. 31 f.; dazu auch *Hommelhoff/Teichmann*, GmbHR 2008, 897, 910 f.; *Maul/Röhricht*, BB 2008, 1574, 1578; *J. Schmidt*, EWS 2008, 455, 462; *Teichmann/Limmer*, GmbHR 2009, 537, 539.
96) Näher dazu *Hügel*, ZHR 173 (2009), 309, 325 ff.

§ 29 Grenzüberschreitende Umwandlung

Übersicht

A. Einleitung 1
B. Internationales Umwandlungsrecht 5
  I. Umwandlungsgesetz 5
  II. Gesellschaftsrechtliche Qualifikation 6
  III. Einzelheiten 7
    1. Einzeltheorien versus Vereinigungstheorie 7
    2. Voraussetzungen 8
    3. Verfahren 10
    4. Wirkungen 14
C. Deutsches Umwandlungsrecht 20
  I. Satzungssitz im Inland 22
  II. Grenzüberschreitende Umwandlungen und Sitzerfordernis 23
    1. Beschränkung auf rein inländische Umwandlungen 25
    2. Zulässigkeit grenzüberschreitender Umwandlungen 29
    3. Folgen für die Praxis 34
  III. Grenzüberschreitende Umwandlungen mit EU-/EWR-Gesellschaften 35
    1. Verschmelzungen zwischen Kapitalgesellschaften 36
      a) Verschmelzungsfähige Gesellschaften 39
      b) Arbeitnehmerbeteiligung 41
      c) Verschmelzungsplan 42
      d) Einreichung 46
      e) Verschmelzungsbericht 47
      f) Verschmelzungsprüfung 49
      g) Schlussbilanzen und Unternehmensbewertungen 50
      h) Gesellschafterbeschlüsse 51
      i) Registeranmeldung und Rechtmäßigkeitskontrolle 53
      j) Wirksamkeitszeitpunkt 55
    2. Sonstige Umwandlungen 56
      a) Sevic 57
      b) Folgen 60
      c) Praxisempfehlung 67
D. Alternativen 68
  I. Gesamtrechtsnachfolge 69
  II. Anteilstausch 74
  III. Unternehmenseinbringung 76
  IV. Grenzüberschreitende Verschmelzung nach Umstrukturierung 79
E. Eingliederung 81

Literatur: *Bayer/Schmidt, J.,* Der Referentenentwurf zum 3. UmwÄndG – Vereinfachungen bei Verschmelzungen und Spaltungen und ein neuer verschmelzungsspezifischer Squeeze out, ZIP 2010, 953; *Bayer/Schmidt, J.,* Der Schutz der grenzüberschreitenden Verschmelzung durch die Niederlassungsfreiheit, ZIP 2006, 210; *Bayer/Schmidt, J.,* Die neue Richtlinie über die grenzüberschreitende Verschmelzung von Kapitalgesellschaften: Inhalt und Anregungen zur Umsetzung in Deutschland, NJW 2006, 401; *Behrens,* Die Umstrukturierung von Unternehmen durch Sitzverlegung oder Fusion über die Grenze im Licht der Niederlassungsfreiheit im Europäischen Binnenmarkt (Art. 52 und 58 EWGV), ZGR 1994, 1; *Beitzke,* Internationalrechtliches zur Gesellschaftsfusion – Probleme des Europäischen Rechts in: Festschrift Hallstein, 1966, S. 14; *Bessenich,* Die grenzüberschreitende Fusion nach den Bestimmungen des IPRG und des OR, Basel 1991; *Binz/Mayer,* Die ausländische Kapitalgesellschaft & Co. KG im Aufwind? – Konsequenzen aus dem Überseering-Urteil des EuGH v. 5.11.2002 – Rs. C-208/00, GmbHR 2003, 249; *Breiteneicher,* Die Anwachsung als steuerliches Umwandlungsinstrument, DStR 2004, 1405; *Bungert,* Grenzüberschreitende Verschmelzungsmobilität – Anmerkung zur Sevic-Entscheidung des EuGH, BB 2006, 340; *Bungert,* Entwicklungen im internationalen Gesellschaftsrecht Deutschlands, AG 1995, 489; *Bungert/Schneider,* Grenzüberschreitende Verschmelzung unter Beteiligung von Personengesellschaften, in: Gedächtnisschrift Gruson, 2009, S. 37; *Dorr/Stukenborg,* „Going to the Chapel": Grenzüberschreitende Ehen im Gesellschaftsrecht – Die ersten transnationalen Verschmelzungen nach dem UmwG (1994), DB 2003, 647; *Drinhausen/Keinath*, Referentenentwurf eines Zweiten Gesetzes zur Änderung des Umwandlungsgesetzes – Erleichterung grenzüberschreitender Verschmelzungen für deutsche Kapitalgesellschaften?, BB 2006, 725; *Drinhausen/Keinath*, Die grenzüberschreitende Verschmelzung inländischer Gesellschaften nach Erlass der Richtlinie zur grenzüberschreitenden Verschmelzung von Kapitalgesellschaften in Europa, RIW 2006, 81; *Drobnig/Becker/Remien*, Verschmelzung und Koordinierung von Verbänden, 1991; *Ebenroth/Offenloch*, Kollisionsrechtliche Untersuchung grenzüberschreitender Ausgliederungen, RIW 1997, 1; *Ebenroth/Wilken*, Kollisionsrechtliche Einordnung transnationaler Unternehmensübernahmen, ZVglRWiss 90 (1991), 235; *Eilers*, Die Umwandlung als neue Form des Unternehmenskaufes, WiB 1995, 449; *Forsthoff*, Internationale Verschmelzungsrichtlinie: Verhältnis zur Niederlassungsfreiheit und Vorwirkung – Handlungszwang für Mitbestimmungsreform, DStR 2006, 613; *Ganske*, Reform des Umwandlungsrechts – Ein Bericht, WM 1993, 1117; *Gesell/Krömker*, Grenzüberschreitende Verschmelzungen nach SEVIC: Praxisbericht über die Verschmelzung einer niederländischen auf eine deutsche Kapitalgesellschaft, DB 2006, 2558; *Geyrhalter/Weber*, Transnationale Verschmelzungen – im Spannungsfeld zwischen SEVIC Systems und der Verschmelzungsrichtlinie, DStR 2006, 146; *Goutier/Knopf/Tulloch*, Kommentar zum Umwandlungsrecht, 1995; *Grohmann/Gruschinske*, Grenzüberschreitende Mobilität von Kapitalgesellschaften in Europa: Die Richtlinie zur grenzüberschreitenden Verschmelzung von Kapitalgesellschaften, GmbHR 2006, 191; *Großfeld*, Internationales Umwandlungsrecht, AG 1996, 302; *Großfeld/König*, Identitätswahrende Sitzverlegung und Fusion von Kapitalgesellschaften in die Bundesrepublik Deutschland, RabelsZ 53 (1989), 52; *Haritz/Menner*, UmwStG, Kommentar, 3. Aufl., 2010; *Harrer*, Internationale Verschmelzung, GesRZ 1995, 141; *Heckschen*, Die Reform des Umwandlungsrechts, DNotZ 2007, 444; *Herrler*, Ermöglichung grenzüberschreitender Verschmelzungen von Kapitalgesellschaften durch Änderung des Umwandlungsgesetzes: Umsetzung der Verschmelzungsrichtlinie unter Vernachlässigung der primärrechtlichen Rahmenbedingungen, EuZW 2007, 295; *Herrler/Schneider*, Grenzüberschreitende Verschmelzung von Gesellschaften mit beschränkter Haftung zwischen Österreich und Deutschland, GmbHR 2011, 795; *Herzig/Dautzenberg/Heyeres*, System und Schwächen der Fusionsrichtlinie, DB 1991, Beilage 12 zu Heft 41; *Herzig/Förster*, Grenzüberschreitende Verschmelzung von Kapitalgesellschaften, DB 1994, 1; *Herzig/Förster*, Steueränderungsgesetz 1992 – Die Umsetzung der Fusionsrichtlinie in deutsches Steuerrecht (Teil I), DB 1992, 911; *Herzig/Förster*, Steueränderungsgesetz 1992 – Die Umsetzung der Fusionsrichtlinie in deutsches Steuerrecht (Teil II), DB 1992, 959; *Hinrichs/Plitt*, Die Wahl der Mitglieder des besonderen Verhandlungsgremiums in betriebsratslosen Gesellschaften bei SE-Gründung/grenzüberschreitender Verschmelzung, NZA 2010, 204; *Hirte/Bücker*, Grenzüberschreitende Gesellschaften, 2. Aufl., 2006; *Hruschka*, Drittstaatenumwandlung mit Folgen, IStR 2012, 844; *Jaensch*, Der grenzüberschreitende Formwechsel vor dem Hintergrund der Rechtsprechung des EuGH, EWS 2007, 97; *Kallmeyer*, Grenzüberschreitende Verschmelzungen und Spaltungen?, ZIP 1996, 535; *Kalss*, Kommentar zur Verschmelzung – Spaltung – Umwandlung, 2. Aufl., 2010; *Kiem*, Die Regelung der grenzüberschreitenden Verschmelzung im deutschen Umwandlungsgesetz, WM 2006, 1091; *Knobbe-Keuk*, Die beiden Unternehmenssteuerlinien – Insbesondere die Mißbrauchsklauseln und die Mängel der deutschen Umsetzung, EuZW 1992, 336; *Knobbe-Keuk*, Wegzug und Einbringung von Unternehmen zwischen Niederlassungsfreiheit, Fusionsrichtlinie und nationalem Steuerrecht, DB 1991, 298; *Koppensteiner*, Internationale Unternehmen im deutschen Gesellschaftsrecht, 1971; *Kraft/Bron*, Defizite bei der grenzüberschreitenden Verschmelzung – eine sekundärrechtliche Bestandsaufnahme, RIW 2005, 641; *Krause/Kulpa*, Grenzüberschreitende Verschmelzungen – Vor dem Hintergrund der „Sevic"-Entscheidung und der Reform des deutschen Umwandlungsrechts, ZHR 171 (2007), 38; *Krebs*, Unternehmensbesteuerung in der EG – 2. Teil: Die Fusions-Richtlinie als Grundlage eines europäischen Umwandlungssteuerrechts und ihre Umsetzung in der Bundesrepublik Deutschland, ZGR 1992, 346; *Kronke*, Deutsches Gesellschaftsrecht und grenzüberschreitende Strukturänderungen, ZGR 1994,

26; *Lawall*, Umwandlungsrecht: Grenzüberschreitende Verschmelzung innerhalb der Europäischen Wirtschaftsgemeinschaft, IStR 1998, 345; *Leible/Hoffmann*, Grenzüberschreitende Verschmelzungen im Binnenmarkt nach Sevic – Zugleich eine Besprechung von EuGH, RIW 2006, 140 – Sevic, RIW 2006, 161; *Lennerz*, Internationale Verschmelzung, 2001; *Louven*, Umsetzung der Verschmelzungsrichtlinie: Anmerkungen aus der Praxis zum RegE eines Zweiten Gesetzes zur Änderung des UmwG vom 9.8.2006, ZIP 2006, 2021; *Lunk/Hinrichs*, Die Mitbestimmung der Arbeitnehmer bei grenzüberschreitenden Verschmelzungen nach dem MgVG, NZA 2007, 773; *Lutter*, Die Gründung einer Tochtergesellschaft im Ausland, 3. Aufl., 1995 (zit.: Tochtergesellschaft im Ausland); *Lutter*, Umstrukturierung von Unternehmen über die Grenze – Versuch eines Resümees, ZGR 1994, 87; *Manke*, Unternehmungsbesteuerung in der EG – 1. Teil, ZGR 1992, 333; *Maulbetsch/Klumpp/Rose*, UmwG: Kommentar, 2009; *Meilicke/Rabback*, Die EuGH-Entscheidung in der Rechtssache Sevic und die Folgen für das deutsche Umwandlungsrecht nach Handels- und Steuerrecht, GmbHR 2006, 123; *Müller-Bonanni/Müntefering*, Grenzüberschreitende Verschmelzung ohne Arbeitnehmerbeteiligung? – Praxisfragen zum Anwendungsbereich und Beteiligungsverfahren des MgVG, NJW 2009, 2347; *Neye*, Umwandlungsgesetz/Umwandlungssteuergesetz, 2. Aufl., 1995; *Neye*, Das neue Umwandlungsrecht vor der Verabschiedung im Bundestag, ZIP 1994, 917; *Neye/Jäckel*, Umwandlungsrecht zwischen Brüssel und Berlin: Der Referentenentwurf für ein Drittes Gesetz zur Änderung des Umwandlungsgesetzes, AG 2010, 237; *Paefgen*, Umwandlung über die Grenze – ein leichtes Spiel? – zu OGH 20.3.2003 – 6 Ob 283/02i, IPRax 2004, 132; *Pollak*, Grenzüberschreitende Verschmelzungen zwischen österreichischen und schweizerischen Gesellschaften, Wien, 2010; *Rixen/Böttcher*, GmbH International: Erfahrungsbericht über eine transnationale Verschmelzung, GmbHR 1993, 572; *Sagasser/Bula/Brünger*, Umwandlungen, 4. Aufl., 2011; *Samson/Flindt*, Internationale Unternehmenszusammenschlüsse, NZG 2006, 290; *Saß*, Probleme der Umsetzung der steuerlichen EG-Fusionsrichtlinie in Deutschland, Frankreich, Belgien, Niederlande, Großbritannien, DB 1993, 1892; *Schaumburg*, Inländische Umwandlungen mit Auslandsbezug, GmbHR 1996, 414; *Schaumburg*, Grenzüberschreitende Umwandlungen (I), GmbHR 1996, 501; *Schaumburg*, Grenzüberschreitende Umwandlungen (II), GmbHR 1996, 585; *Schaumburg*, Ausländische Umwandlungen mit Inlandsbezug, GmbHR 1996, 668; *Schaumburg/Rödder*, UmwG/UmwStG, 1995; *Schmitt/Hörtnagl/Stratz*, UmwG/UmwStG, Kommentar, 6. Aufl., 2013; *Schnyder*, Europa und das internationale Gesellschaftsrecht der Schweiz, SZW 1993, 9; *Siems*, SEVIC: Der letzte Mosaikstein im Internationalen Gesellschaftsrecht der EU?, EuZW 2006, 135; *Simon/Hinrichs*, Unterrichtung der Arbeitnehmer und ihrer Vertretungen bei grenzüberschreitenden Verschmelzungen, NZA 2008, 391; *Sonnenberger*, Vorschläge und Berichte zur Reform des europäischen und deutschen internationalen Gesellschaftsrechts, 2007; *Sonnenberger/Bauer*, Vorschlag des Deutschen Rats für Internationales Privatrecht für eine Regelung des Internationalen Gesellschaftsrechts auf europäischer/nationaler Ebene, RIW 2006, Beilage 1 zu Heft 4; *Teicke*, Herausforderungen bei Planung und Umsetzung einer grenzüberschreitenden Verschmelzung, DB 2012, 2675; *Vetter*, Die Regelung der grenzüberschreitenden Verschmelzung im UmwG? – Einige Bemerkungen aus Sicht der Praxis, AG 2006, 616; *Veil*, Kollisionsrechtliche und sachrechtliche Lösungen für eine Verschmelzung und eine Spaltung über die Grenze, Der Konzern 2007, 98; *Wagner/Timm*, Der Referentenentwurf eines Gesetzes zum Internationalen Privatrecht der Gesellschaften, Vereine und juristischen Personen, IPRax 2008, 81; *Weller*, Anmerkung zu: EuGH – Grenzüberschreitende Umwandlung einer Gesellschaft – VALE, LMK 2012, 336113; *Wenglorz*, Die grenzüberschreitende Heraus-Verschmelzung einer deutschen Kapitalgesellschaft: Und es geht doch!, BB 2004, 1061; *Widmann/Mayer*, Umwandlungsrecht, Kommentar, Bd. 1 und 2, Loseblatt (Stand: 3/2013).

A. Einleitung

Im Zusammenhang mit einem internationalen Unternehmenskauf, aber auch unabhängig davon, kann es zur Umstrukturierung des Unternehmens kommen. 1

§ 29 Grenzüberschreitende Umwandlung

Besonders relevant ist die **Verschmelzung**.[1]) Bei ihr werden die Vermögen mehrerer Gesellschaften in der Weise vereint, dass mindestens eine von ihnen ihre rechtliche Existenz ohne Abwicklung aufgibt. Ihr Vermögen geht auf eine schon bestehende oder neu zu gründende Gesellschaft über. Die Mitglieder der untergehenden Gesellschaft werden in Anteilen der übernehmenden oder neu zu bildenden Gesellschaft entschädigt.[2]) Ein solcher Vorgang kann national oder grenzüberschreitend (transnational, international) erfolgen. Grenzüberschreitend ist er, wenn wenigstens zwei der beteiligten Gesellschaften unterschiedlichen Rechtsordnungen unterliegen.[3]) Denkbar sind aber auch nationale oder grenzüberschreitende **Spaltungen**, **Vermögensübertragungen** oder **Formwechsel**. Alle diese Umwandlungsarten sowie Alternativen dazu sind Gegenstand des folgenden Abschnitts, allerdings aufgrund der Zielrichtung dieses Werks beschränkt auf solche mit grenzüberschreitendem Charakter.

2 Grenzüberschreitende Umwandlungen sind in Deutschland gesetzlich **kaum geregelt**. Dies gilt v. a. für das deutsche **Internationale Privatrecht**. Hier finden sich keine gesetzlichen Vorschriften. Etwas anderes gilt jedoch insoweit für den Referentenentwurf des Bundesministeriums für ein *„Gesetz zum Internationalen Privatrecht der Gesellschaften, Vereine und juristischen Personen"*.[4]) Danach sollen die Voraussetzungen, das Verfahren und die Wirkungen einer Umwandlung für jede der beteiligten Gesellschaften dem jeweiligen Personalstatut unterliegen. Im Einzelnen wird aufgeführt, dass dieses Sachrecht insbesondere maßgebend sein soll für den Umwandlungsplan, die Prüfungs- und Berichtspflichten, das Umwandlungsverfahren, die Beschlussfassung, den Gläubiger- und Mitgliederschutz sowie die Übertragung von Vermögensgegenständen. Für den Zeitpunkt des Wirksamwerdens der Umwandlung wird an das Recht derjenigen Gesellschaft angeknüpft, die aus der Umwandlung hervorgeht (Art. 10a EGBGB-E).

---

1) Im internationalen Zusammenhang werden vielfach die Begriffe Verschmelzung und Fusion synonym verwendet, *Kindler* in: MünchKomm-BGB, IntGesR Rz. 854; allerdings erscheint der Begriff Verschmelzung zur Abgrenzung gegenüber dem kartellrechtlichen Fusionsbegriff vorzugswürdig.

2) Zur Umwandlung als neuer Form des Unternehmenskaufs nach der Schaffung des deutschen UmwG *Eilers*, WiB 1995, 449.

3) Dazu *Simon/Rubner* in: KölnKomm-UmwG, Vor §§ 122a ff. Rz. 6 ff.; *Drobnig/Becker/Remien*, S. 60 ff.; *Ebenroth/Offenloch*, RIW 1997, 1 ff.; *Ebenroth/Wilken*, ZVglRWiss 90 (1991), 235; *Großfeld*, AG 1996, 302; *Großfeld/Jasper*, RabelsZ 53 (1989), 52; *Herzig/Förster*, DB 1994, 1; *Kallmeyer*, ZIP 1996, 535; *Kronke*, ZGR 1994, 26; *Lennerz*, passim; *Lutter*, ZGR 1994, 87; für Österreich *Harrer*, GesRZ 1995, 141; für die Schweiz *Bessenich*, passim; *Schnyder*, SZW 1993, 9. Zu umwandlungssteuerrechtlichen Fragen *Schaumburg*, GmbHR 1996, 414; *Schaumburg*, GmbHR 1996, 501; *Schaumburg*, GmbHR 1996, 585; *Schaumburg*, GmbHR 1996, 668.

4) RefE v. 7.1.2008, abrufbar unter http://www.gmbhr.de/heft/03_08/IntPrivRG_RefEntw.pdf; hierzu etwa *Wagner/Timm*, IPRax 2008, 81; der Entwurf gründet auf einem Vorschlag des Deutschen Rates für Internationales Privatrecht, s. dazu *Sonnenberger/Bauer*, RIW 2006, Beilage 1 zu Heft 4; *Sonnenberger*, passim.

Die Regelungsarmut setzt sich im **deutschen Sachrecht** fort. Eine bedeutende 3
Ausnahme findet sich für grenzüberschreitende Verschmelzungen zwischen
deutschen und EU-/EWR-Kapitalgesellschaften. Hier gelten die §§ 122a bis
122l UmwG. Diese Vorschriften setzen die Richtlinie über die Verschmelzung
von Kapitalgesellschaften aus verschiedenen Mitgliedstaaten (**Verschmelzungsrichtlinie**) um.[5] Darüber hinaus gibt es jedoch keine materiellen Vorschriften
für grenzüberschreitende Umwandlungen. Ihre Zulässigkeit ist daher heftig umstritten (siehe unten Rz. 23 ff.).

Auf **europäischer Ebene** ist noch die Fusionsbesteuerungsrichtlinie[6] zu nennen. 4
Sie regelt allerdings nur die Frage der Besteuerung und Steuerneutralität
einer grenzüberschreitenden Unternehmensumstrukturierung (Vermeidung der
Aufdeckung und Versteuerung stiller Reserven).[7] Die gesellschaftsrechtlichen
Voraussetzungen einer Umstrukturierung werden nicht angesprochen.

B. Internationales Umwandlungsrecht

I. Umwandlungsgesetz

Bei einer grenzüberschreitenden Umwandlung stellt sich wie immer bei internationalen 5
Sachverhalten die Frage nach dem anwendbaren Recht. Wie erwähnt
kennt das deutsche Internationale Privatrecht hierzu keine gesetzliche Bestimmung.
Auch **§ 1 Abs. 1 UmwG** hilft nicht weiter. Danach können *„Rechtsträger
mit Sitz im Inland"* umgewandelt werden. Die Vorschrift ist aber keine Kollisionsnorm.
Sie ist eine selbstbeschränkte Sachnorm, die lediglich regelt, auf
welche Rechtsträger das UmwG anwendbar ist.[8] Sie bestimmt nicht, wann bei
internationalen Umwandlungen das deutsche UmwG gilt, sondern erfordert,

---

5) Richtlinie 2005/56/EG des Europäischen Parlaments und des Rates v. 26.10.2005 über die Verschmelzung von Kapitalgesellschaften aus verschiedenen Mitgliedstaaten, ABl. EU L 310/1 v. 25.11.2005; dazu *Bayer/J. Schmidt*, NJW 2006, 401; *Drinhausen/Keinath*, RIW 2006, 81; *Forsthoff*, DStR 2006, 613; *Grohmann/Gruschinske*, GmbHR 2006, 191; *Hoffmann* in: MünchHdb-GesR, Bd. 6, § 53 Rz. 18.

6) Richtlinie 90/434/EWG des Rates v. 23.7.1990 über das gemeinsame Steuersystem für Fusionen, Spaltungen, die Einbringung von Unternehmensteilen und den Austausch von Anteilen, die Gesellschaften verschiedener Mitgliedstaaten betreffen, ABl. EU L 225/1 v. 20.8.1990; Text m. Anm. abgedr. in: *Lutter*, Tochtergesellschaft im Ausland, S. 806 ff.; geändert durch die Richtlinie 2005/19/EG des Rates v. 17.2.2005 zur Änderung der Richtlinie 90/434/EWG über das gemeinsame Steuersystem für Fusionen, Spaltungen, die Einbringung von Unternehmensteilen und den Austausch von Anteilen, die Gesellschaften verschiedener Mitgliedstaaten betreffen, ABl. EU L 58/19 v. 4.3.2005, sowie die Änderungsrichtlinie 2006/98/EG des Rates v. 20.11.2006, ABl. EU L 363/129 v. 20.12.2006.

7) Näher *Herzig/Dautzenberg/Heyeres*, DB 1991, Beilage 12, S. 1; *Herzig/Förster*, DB 1992, 911, und DB 1992, 959; *Knobbe-Keuk*, DB 1991, 298; *Knobbe-Keuk*, EuZW 1992, 336; *Krebs*, ZGR 1992, 346; *Manke*, ZGR 1992, 333; *Saß*, DB 1993, 1892.

8) Wohl allgemeine Meinung, s. nur *Heckschen* in: Widmann/Mayer, UmwG/UmwStG, § 1 UmwG Rz. 107; *Kindler* in: MünchKomm-BGB, IntGesR Rz. 866; *Drinhausen* in: Semler/Stengel, UmwG, Einl. C Rz. 5.

dass in einem vorherigen Schritt über eine Kollisionsnorm das deutsche Recht überhaupt allgemein für die fragliche Umwandlung berufen wurde. Gleiches gilt für die §§ 122a, 122b UmwG. Die Vorschriften zäunen lediglich den Anwendungsbereich der erfassten grenzüberschreitenden Verschmelzungen für die §§ 122a ff. UmwG ein (siehe dazu Rz. 36 ff.). Sie erweitern als *leges speciales* § 1 Abs. 1 UmwG und damit den dort enger festgelegten Anwendungsbereich des UmwG.[9] Auch sie setzen aber voraus, dass deutsches Recht über das Internationale Privatrecht überhaupt anwendbar ist. Es gilt also wie regelmäßig, Kollisionsrecht und Sachrecht streng voneinander zu trennen.

II. Gesellschaftsrechtliche Qualifikation

6 Umwandlungen sind gesellschaftsrechtliche Vorgänge. Das auf sie anwendbare Sachrecht bestimmt sich daher nach den Regeln des **Internationalen Gesellschaftsrechts**.[10] Die Anknüpfungsregeln sind an anderer Stelle ausführlich beschrieben (siehe § 8 Rz. 1 ff.). Die im deutschen Recht gespaltene Anknüpfung gilt auch hier, also einerseits grundsätzlich an das Sitzrecht, andererseits bei dem Schutz der Niederlassungsfreiheit unterfallenden EU-/EWR-Auslandsgesellschaften und aufgrund staatsvertraglicher Regelungen an das Gründungsrecht. So unterliegt eine Gesellschaft aus den Niederlanden (Gründungstheorie) mit tatsächlichem Verwaltungssitz in Deutschland ihrem niederländischen Heimatrecht (deutsche Gründungstheorie aufgrund der Niederlassungsfreiheit) genau wie eine US-amerikanische Gesellschaft mit Verwaltungssitz in Deutschland ihrem einzelstaatlichen Heimatrecht unterliegt (deutsche Gründungstheorie aufgrund Staatsvertrags). Dagegen ist für eine deutsche Gesellschaft mit tatsächlichem Verwaltungssitz in der Türkei (Sitztheorie) das dortige Recht maßgeblich (deutsche Sitztheorie aufgrund Staatsvertrags bzw. als Grundanknüpfung).

III. Einzelheiten

1. Einzeltheorien versus Vereinigungstheorie

7 Die Qualifikation eines Umwandlungsvorgangs als gesellschaftsrechtlich beantwortet noch nicht die Frage, welches Gesellschaftsstatut anwendbar ist. Bei einem inländischen Formwechsel ist dies einfach zu beurteilen, da hier nur ein einziger Rechtsträger an der Umwandlung beteiligt ist. Dessen Gesellschaftsstatut ist damit maßgeblich. Schwierig ist es auch nicht, wenn zwar wie bei einer Verschmelzung zwei oder mehr Gesellschaften beteiligt sind, allerdings das anwendbare Recht identisch ist (bspw. aufgrund von Rück- und Weiterweisungen). Es gilt das übereinstimmende Gesellschaftsstatut aller beteiligten Gesellschaften. Interessant wird es erst, wenn unterschiedliche Rechte berufen sind. Soll dann

---

9) *Drygala* in: Lutter, UmwG, § 1 Rz. 4.
10) *Simon/Rubner* in: KölnKomm-UmwG, Vor §§ 122a ff. Rz. 12.

etwa bei einer Verschmelzung ein Statut vorrangig sein? Oder sollen beide Statute gelten? Hier stritten sich Einzeltheorien und Vereinigungstheorie. Die Vertreter der **Einzeltheorien** wollten entweder allein an das Recht der neuen oder aufnehmenden Gesellschaft anknüpfen (Aufnahmetheorie) oder allein an das Recht der übertragenden Gesellschaft (Übertragungstheorie).[11] Beide Ansichten sind wohl überholt.[12] Heute werden die Rechte aller beteiligten Gesellschaften berücksichtigt (**Vereinigungstheorie**), allerdings in unterschiedlicher Weise und aufeinander abgestimmt.[13] Die verschiedenen Stufen einer Umwandlung – **Voraussetzungen, Verfahren und Wirkungen** – werden **unterschiedlich angeknüpft**. Sind die Vorschriften mehrerer Rechte zu beachten, setzt sich das strengste durch.[14] Bei Normwidersprüchen ist ein Ausgleich durch Anpassung zu suchen.[15] Die Vereinigungstheorie liegt auch der Verschmelzungsrichtlinie zugrunde (vgl. Art. 4 Abs. 1 der Richtlinie).[16] Gleiches gilt für den Referentenentwurf zum Internationalen Gesellschaftsrecht (Art. 10a Abs. 1 EGBGB-E, siehe oben Rz. 2).

2. Voraussetzungen

Nach der **Vereinigungstheorie** beurteilen sich die Voraussetzungen einer Umwandlung für **jede Gesellschaft nach ihrem Personalstatut**.[17] Dies beurteilt Art. 4 Abs. 1 der Verschmelzungsrichtlinie ebenso. Es ist daher nach jedem Personalstatut zu prüfen, ob die Umwandlung zulässig ist. Jedes beteiligte Personalstatut muss somit Umwandlungen allgemein und die gewünschte Umwandlungsart im Besonderen kennen.[18] Wird bspw. eine grenzüberschreitende Verschmelzung zur Aufnahme angestrebt, muss diese Art der Umwandlung

8

---

11) Näher hierzu *Kindler* in: MünchKomm-BGB, IntGesR Rz. 869 ff.
12) Der Übertragungstheorie folgte aber der österreichische OGH, ZIP 2003, 1086, bei einer deutsch-österreichischen Verschmelzung und berief das österreichische Recht der übertragenden Gesellschaft; krit. dazu *Paefgen*, IPRax 2004, 132; *Engert* in: Eidenmüller, § 4 Rz. 69 f.
13) Für die Vereinigungstheorie etwa *Assmann* in: Großkomm-AktG, Einl. Rz. 655; *Behrens*, ZGR 1994, 1; *Behrens* in: Ulmer/Habersack/Winter, GmbHG, Einl. B Rz. 124 ff.; *Beitzke* in: FS Hallstein, S. 14 ff.; *Großfeld* in: Staudinger, BGB, IntGesR Rz. 683; *Hoffmann* in: MünchHdb-GesR, Bd. 6, § 53 Rz. 5 ff.; *Kindler* in: MünchKomm-BGB, IntGesR Rz. 874 ff.; *Koppensteiner*, S. 268 ff.; *Drygala* in: Lutter, UmwG, § 1 Rz. 44; *Veil*, Der Konzern 2007, 98, 103.
14) *Drinhausen* in: Semler/Stengel, UmwG, Einl. C Rz. 16; *Großfeld* in: Staudinger, BGB, IntGesR Rz. 683; *Simon/Rubner* in: KölnKomm-UmwG, Vor §§ 122a ff. Rz. 22 und 25.
15) *Kindler* in: MünchKomm-BGB, IntGesR Rz. 874, 892.
16) *Veil*, Der Konzern 2007, 98, 103; vgl. auch *Bayer in:* Lutter, UmwG, § 122a Rz. 16.
17) *Behrens* in: Ulmer/Habersack/Winter, GmbHG, Einl. B Rz. B 125; *Drinhausen* in: Semler/Stengel, UmwG, Einl. C Rz. 16; *Simon/Rubner* in: KölnKomm-UmwG, Vor §§ 122a ff. Rz. 23.
18) *Engert* in: Eidenmüller, § 4 Rz. 102; *Hoffmann* in: MünchHdb-GesR, Bd. 6, § 53 Rz. 5; *Kindler* in: MünchKomm-BGB, IntGesR Rz. 878 f.

sowohl nach dem Recht des übertragenden Rechtsträgers als auch nach dem Recht des übernehmenden Rechtsträgers zulässig sein.

9 Des Weiteren müssen die beteiligten Gesellschaften nach allen betroffenen Personalstatuten aktiv und passiv verschmelzungsfähig sein.[19] So muss im genannten Beispiel die Rechtsform der übertragenden Gesellschaft nach ihrem Recht auf die ausländische Gesellschaft verschmolzen werden dürfen, und umgekehrt muss die Rechtsform der übernehmenden Gesellschaft nach ihrem Recht übernehmende Rechtsträgerin sein dürfen (jeweils **aktive Verschmelzungsfähigkeit**).[20] Darüber hinaus muss aus der Sicht des Personalstatuts jeder Gesellschaft die andere beteiligte Gesellschaft an einer Verschmelzung teilnehmen können (**passive Verschmelzungsfähigkeit**): Das Recht der übertragenden Gesellschaft muss die Rechtsform der übernehmenden Gesellschaft als verschmelzungsfähig anerkennen, umgekehrt muss das Recht der übernehmenden Gesellschaft die Rechtsform der übertragenden Gesellschaft als verschmelzungsfähig bejahen.[21] So kann bspw. nach deutschem Sachrecht eine GbR nicht an einer Verschmelzung teilnehmen (§ 3 UmwG).

3. Verfahren

10 Die Verfahrensschritte einer Umwandlung sind im Grundsatz wie die Voraussetzungen einer Umwandlung für **jede Gesellschaft ihrem Personalstatut zu entnehmen**.[22] Dieser Grundsatz findet sich auch in Art. 4 Abs. 1 lit. b der Verschmelzungsrichtlinie wieder. Zum Verfahren zählen bspw. aus deutscher Sicht bei einer Verschmelzung der Abschluss eines Verschmelzungsvertrags (§§ 4 ff. UmwG) oder das Aufstellen eines Verschmelzungsplans (§ 122c UmwG), die Erstattung eines Verschmelzungsberichts (§ 8 und § 122e UmwG), die Prüfung der Verschmelzung mit anschließendem Bericht (§§ 9 ff. und § 122f UmwG), die Zustimmungen der Anteilsinhaber, einschließlich der erforderlichen Mehrheiten (§ 13 und § 122g UmwG)[23] sowie die Anmeldung und Eintragung der Verschmelzung (§§ 16 ff. und §§ 122k f. UmwG). Soweit es jedoch die jeweiligen Verfahrensschritte erfordern, dass die Gesellschaften zusammen tätig werden und damit eine isolierte Beurteilung nicht möglich ist (wie etwa beim Abschluss des Verschmelzungsvertrags), sind die beteiligten Personalstatute **kumulativ** berufen. Weichen sie voneinander ab, setzt sich das **strengste Recht**

---

[19] *Simon/Rubner* in: KölnKomm-UmwG, Vor §§ 122a ff. Rz. 23; *Kindler* in: MünchKomm-BGB, IntGesR Rz. 880.
[20] *Heckschen* in: Widmann/Mayer, UmwG/UmwStG, § 1 UmwG Rz. 278 f.
[21] *Kindler* in: MünchKomm-BGB, IntGesR Rz. 880.
[22] *Behrens* in: Ulmer/Habersack/Winter, GmbHG, Einl. B Rz. 125; *Drinhausen* in: Semler/Stengel, UmwG, Einl. C Rz. 16; *Simon/Rubner* in: KölnKomm-UmwG, Vor §§ 122a ff. Rz. 24; *Engert* in: Eidenmüller, § 4 Rz. 104.
[23] *Kindler* in: MünchKomm-BGB, IntGesR Rz. 885.

durch.²⁴⁾ Hieraus ergeben sich – teilweise beispielhaft am deutschen Recht – folgende konkretere Maßgaben:

Bei einer Verschmelzung der **Verschmelzungsvertrag** oder -plan sowie bei einer Spaltung der Spaltungs- und Übernahmevertrag sind zwischen den beteiligten Gesellschaften zu verhandeln und abzuschließen. Diese Dokumente betreffen damit die beteiligten Gesellschaften gemeinsam. Anders als etwa bei den Zustimmungen der Anteilsinhaber lassen sich die berufenen Personalstatute nicht getrennt voneinander zur rechtlichen Beurteilung heranziehen. Sie sind vielmehr **kumulativ** berufen. Verlangt eines der berufenen Rechte im Vergleich zu den anderen berufenen Rechten zusätzliche **Angaben im Vertrag**, sind diese Angaben aufzunehmen, weil sich somit das strengere Recht durchsetzt. 11

Bei der erforderlichen **Vertragsform** setzt ebenfalls das strengste Recht den Maßstab. Verlangt daher eines der Rechte eine notarielle Beurkundung des Vertrags, während die anderen Rechte die Schriftform ausreichen lassen, ist die notarielle Beurkundung als strengere Form entscheidend. Die allgemeine Vorschrift in Art. 11 Abs. 1 und 2 EGBGB, wonach sich die leichtere der dort genannten Formstatute durchsetzt, gilt nicht. Denn die Umwandlung ist ein gesellschaftsrechtlicher Organisationsakt, der zwingend dem Gesellschaftsstatut unterliegt.²⁵⁾ Hiervon zu unterscheiden ist die Frage, ob die nach deutschem Recht geforderte Beurkundung durch einen **ausländischen Notar** vorgenommen werden darf und damit gleichwertig ist (zur Gleichwertigkeit siehe oben § 9 Rz. 25 ff.). Dies ist umstritten.²⁶⁾ 12

Das mögliche Erfordernis einer **Eintragung** der Umwandlung im Handelsregister oder einem sonstigen Register unterliegt jedem einzelnen Personalstatut. Schwierig wird es bspw., wenn bei einer Verschmelzung das Recht der aufnehmenden Gesellschaft die vorherige Eintragung der Verschmelzung in das Register der übertragenden Gesellschaft vorsieht (etwa § 19 Abs. 1 UmwG), das Recht der übertragenden Gesellschaft jedoch keine Eintragung fordert oder schlicht kein solches Register kennt. Dann genügt es, wenn die maßgeblichen Publizitätsvorschriften des Rechts der übertragenden Gesellschaft beachtet werden (Fall der sog. **Substitution**).²⁷⁾ In der Praxis ist hier eine enge Abstim- 13

---

24) *Drinhausen* in: Semler/Stengel, UmwG, Einl. C Rz. 16; *Simon/Rubner* in: KölnKomm-UmwG, Vor §§ 122a ff. Rz. 25.

25) *Drobnig/Becker/Remien*, S. 63; *Kindler* in: MünchKomm-BGB, IntGesR Rz. 884; *Heckschen* in: Widmann/Mayer, UmwG/UmwStG, § 1 UmwG Rz. 286.

26) Zum Streitstand *Drygala* in: Lutter, UmwG, § 6 Rz. 10 (bejahend); *Engert* in: Eidenmüller, § 4 Rz. 104 (bejahend); *Hoffmann* in: MünchHdb-GesR, Bd. 6, § 53 Rz. 53 (bejahend); *Großfeld* in: Staudinger, IntGesR Rz. 684, 488 (abl.); *Heckschen* in: Widmann/Mayer, UmwG/UmwStG, § 1 UmwG Rz. 286 (abl.).

27) *Engert* in: Eidenmüller, § 4 Rz. 105; *Großfeld* in: Staudinger, BGB, IntGesR Rz. 684; anders jedoch *Kindler* in: MünchKomm-BGB, IntGesR Rz. 885, der auf die Publizitätserfordernisse des Rechts der aufnehmenden Gesellschaft abstellt.

mung mit dem zuständigen Registergericht der aufnehmenden Gesellschaft ratsam und entscheidend.

4. Wirkungen

14 Die Wirkungen einer Umwandlung hängen von der gewählten Umwandlungsform ab. Bei einer Verschmelzung sind dies bspw. nach deutschem Recht der Übergang des Vermögens der übertragenden Gesellschaft, der Untergang dieser Gesellschaft, der Eintritt der Gesellschafter dieser Gesellschaft in die übernehmende Gesellschaft sowie der Eintritt des Bestandsschutzes (§ 20 UmwG). Im Einzelnen gilt Folgendes:

15 Die Umwandlung kann zunächst die **eigentumsrechtliche Lage** des Vermögens der beteiligten Unternehmen verändern. So führt etwa im deutschen Recht die Verschmelzung zur gesellschaftsrechtlichen **Universalsukzession** (Gesamtrechtsnachfolge) in das gesamte Vermögen des übertragenden Rechtsträgers (§ 20 Abs. 1 Nr. 1 UmwG), während die Spaltung eine partielle Universalsukzession in das Vermögen des gespaltenen Rechtsträgers bewirkt (§ 131 Abs. 1 Nr. 1 UmwG; zum Verhältnis von UmwG und grenzüberschreitenden Sachverhalten unten Rz. 23 ff.).[28]

16 Unproblematisch sind zunächst die Fälle, in denen das gesamte betroffene Vermögen in denjenigen Ländern belegen ist, deren Rechte als Personalstatute der beteiligten Rechtsträger maßgeblich sind, und diese Rechte übereinstimmend eine Universalsukzession anordnen. In diesem Fall tritt sie unstreitig ein.[29] Nach einer vielfach in der Literatur vertretenen Ansicht soll dagegen allein schon die Anordnung der Gesamtrechtsnachfolge im Recht des übertragenden Rechtsträgers genügen.[30]

17 Schwierigkeiten ergeben sich, wenn **Vermögen** – z. B. eine Betriebsstätte – in einem **Drittland belegen** ist. Es kann nämlich nicht ohne weiteres davon ausgegangen werden, dass die von dem Recht des maßgeblichen Personalstatuts angeordnete Universalsukzession auch aus der Sicht des Drittstaats gilt.[31] Über sachenrechtliche Vorgänge entscheidet bekanntlich nach Art. 43 Abs. 1 EGBGB das Recht an dem Ort, an dem sich die Sache befindet (**lex rei sitae**). Das maßgebliche Personalstatut mag also eine Universalsukzession anordnen: Tatsäch-

---

28) *Schaumburg/Rödder*, Einf. Rz. 7 ff.
29) Für die Kumulation aller beteiligten Rechtsordnungen *Merkt*, Internationaler Unternehmenskauf, 2. Aufl., 2003, Rz. 287; *Beitzke* in: FS Hallstein, S. 14, 28; *Ebenroth/Offenloch*, RIW 1997, 1, 3 f.; wohl auch *Simon/Rubner* in: KölnKomm-UmwG, Vor §§ 122a ff. Rz. 26.
30) So etwa *Kindler* in: MünchKomm-BGB, IntGesR Rz. 886; *Drinhausen* in: Semler/Stengel, UmwG, Einl. C Rz. 17; *Engert* in: Eidenmüller, § 4 Rz. 108.
31) *Bermel* in: Goutier/Knopf/Tulloch, UmwG/UmwStG, § 20 UmwG Rz. 10, spricht insoweit von der „Anerkennung" der Gesamtrechtsnachfolge im Ausland. Dies ist terminologisch leicht missverständlich: Es bedarf keiner Anerkennung (etwa i. S. der Urteilsanerkennung), sondern eines im betreffenden Ausland geltenden Belegenheitsgrundsatzes.

lich eintreten kann diese Rechtsfolge nur, wenn das Belegenheitsrecht seinerseits ebenfalls die Universalsukzession für die fragliche Umwandlungsart kennt. Ist dies nicht der Fall, tritt das maßgebliche Personalstatut zugunsten des Belegenheitsrechts zurück.[32] Ein nach dem Belegenheitsrecht geforderter dinglicher Vollzugsakt muss nach Ansicht der Literatur erfüllt werden, um die Übertragung des fraglichen Gegenstands zu bewirken.[33] Für die Praxis empfiehlt es sich, die Unabwägbarkeiten bei der Abwicklung der Umwandlung nicht zu unterschätzen und daher in einem Drittland belegenes Unternehmensvermögen vorsichtshalber grundsätzlich im Wege der Singularsukzession (Einzelübertragung) zu übereignen.[34] Dies gilt nicht nur bei grenzüberschreitenden Umwandlungen, sondern auch, wenn sich nur inländische Gesellschaften umwandeln.

Über den **Untergang** der übertragenden Gesellschaft entscheidet allein ihr Gesellschaftsstatut.[35] Die **Beteiligung** der Anteilsinhaber dieser Gesellschaft an der übernehmenden Gesellschaft unterliegt dagegen allein dem Gesellschaftsstatut der übernehmenden Gesellschaft.[36] Etwaige **Sonderrechte** von Organmitgliedern, Arbeitnehmern und Gläubigern sind kumulativ nach den beteiligten Gesellschaftsstatuten zu beurteilen. Ihre Rechte sind nämlich insbesondere dann zu schützen, wenn das Recht der aufnehmenden Gesellschaft diese Sonderrechte nicht kennt. Es setzt sich das strengste und damit diese Rechte

18

---

32) Anders *Grunewald* in: Lutter, UmwG, § 20 Rz. 11, die von einer uneingeschränkten Geltung des § 20 Abs. 1 Nr. 1 UmwG ausgeht; offen bleibt aber, welches Personalstatut maßgeblich sein soll.

33) *Kindler* in: MünchKomm-BGB, IntGesR Rz. 887; *Bermel* in: Goutier/Knopf/Tulloch, UmwG/UmwStG, § 20 UmwG Rz. 10; *Vossius* in: Widmann/Mayer, UmwG/UmwStG, § 20 UmwG Rz. 33 ff. Im Detail abweichend jedoch der Vorschlag des Deutschen Rats für IPR, s. *Sonnenberger/Bauer*, RIW 2006, Beilage 1 zu Heft 4, S. 21, wonach zwar ebenfalls das Statut des Belegenheitsortes das Umwandlungsstatut verdrängt, jedoch nicht bezogen auf die Übertragung als solche, sondern nur auf etwaige Publizitätserfordernisse für die Wirksamkeit gegenüber Dritten; hiernach erforderliche Handlungen sind zu beachten. Ebenso der RefE für ein Internationales Gesellschaftsrecht, Begr. S. 13 („Publizitätserfordernisse, wie z. B. die Eintragung von Immobilien im Grundbuch oder einem ausländischen Immobiliarregister, können daneben im Wege der Sonderanknüpfung zur Anwendung kommen."). Ähnlich auch Art. 14 Abs. 3 der Verschmelzungsrichtlinie, wonach für den Fall, dass ein Mitgliedstaat besondere „Formalitäten" für die Übertragung von Vermögensgegenständen, Rechten oder Verbindlichkeiten fordert, damit die Übertragung gegenüber Dritten wirksam wird, diese von der übernehmenden Gesellschaft zu erfüllen sind.

34) So auch *Bermel* in: Goutier/Knopf/Tulloch, UmwG/UmwStG, § 20 UmwG Rz. 10; *Bungert/Schneider* in: GS Gruson, S. 37, 40.

35) *Großfeld* in: Staudinger, BGB, IntGesR Rz. 688; *Drinhausen* in: Semler/Stengel, UmwG, Einl. C Rz. 17.

36) *Kindler* in: MünchKomm-BGB, IntGesR Rz. 889.

§ 29 Grenzüberschreitende Umwandlung

schützende Personalstatut durch.[37] Möglicherweise sind Anpassungen durch die Formulierung neuer, besonderer Sachnormen erforderlich.[38]

19 Der **Zeitpunkt der Wirksamkeit** der Umwandlung sowie der etwaige Eintritt eines **Bestandsschutzes**, also der Anordnung, dass Umwandlungsmängel die Wirksamkeit der Umwandlung nicht berühren (vgl. etwa §§ 20 Abs. 2, 131 Abs. 2 UmwG), kann nicht für jede einzelne Wirkung der Umwandlung gesondert beurteilt werden.[39] Dies würde dem Sinn einer Umwandlung als einheitlichem Vorgang widersprechen. Es könnte außerdem hinkende Umwandlungen bewirken, wenn die eine Wirkung Bestandsschutz genießt, die andere jedoch nicht.[40] Der Vorschlag, die beteiligten Gesellschaftsstatute zu kumulieren, ist vorsichtig zu beurteilen.[41] Denn die Rechtssicherheit verlangt, dass ein Recht hierüber endgültig entscheidet. Dies kann sinnvollerweise nur das Statut der übernehmenden Gesellschaft sein. Sind die Voraussetzungen und das Verfahren der Umwandlung nach den berufenen Rechten eingehalten, entscheidet es daher über den Zeitpunkt der Wirksamkeit der Umwandlung und den Eintritt eines Bestandsschutzes.[42]

C. Deutsches Umwandlungsrecht

20 Gelangt man über das Internationale Privatrecht für eine oder mehrere der beteiligten Gesellschaften in das deutsche Sachrecht, ist zu prüfen, ob sich die betreffende Gesellschaft nach diesem Recht an einer grenzüberschreitenden Umwandlung beteiligen darf. Maßgeblich ist das UmwG. Dessen Anwendungsbereich ist in § 1 UmwG abgesteckt. § 1 Abs. 1 UmwG legt die nach deutschem Recht möglichen Umwandlungsarten fest und bestimmt zusätzlich, dass sich an einer Umwandlung (nur) *„Rechtsträger mit Sitz im Inland"* beteiligen können. Flankiert wird die Vorschrift von § 1 Abs. 2 UmwG, der festlegt, dass die in Absatz 1 aufgeführten Formen der Umwandlung im UmwG grundsätzlich abschließend geregelt sind *(numerus clausus)* (zu den anderen Umwandlungsformen siehe unten Rz. 68 ff.).

---

37) Näher hierzu *Engert* in: Eidenmüller, § 4 Rz. 112 ff.; *Kindler* in: MünchKomm-BGB, IntGesR Rz. 889.
38) Vgl. *Kindler* in: MünchKomm-BGB, IntGesR Rz. 892 und allgemein zur Anpassung *Sonnenberger* in: MünchKomm-BGB, Einl. IPR Rz. 593 ff.
39) So aber *Beitzke* in: FS Hallstein, S. 14, 21; abl. *Kindler* in: MünchKomm-BGB, IntGesR Rz. 890.
40) Näher dazu *Engert* in: Eidenmüller, § 4 Rz. 110.
41) Hierfür allerdings *Engert* in: Eidenmüller, § 4 Rz. 110; *Kindler* in: MünchKomm-BGB, IntGesR Rz. 890.
42) Ebenso Art. 10a Abs. 3 EGBGB-E des RefE zum Internationalen Gesellschaftsrecht (s. o. Rz. 2) und der Vorschlag des Deutschen Rats für IPR, s. *Sonnenberger/Bauer*, RIW 2006, Beilage 1 zu Heft 4, S. 21; s. a. Art. 12 i. V. m. Art. 17 der Verschmelzungsrichtlinie; ebenso *Bungert/Schneider* in: GS Gruson, S. 37, 45 f.

Hieraus ergeben sich zunächst zwei Fragen: Zum einen, wann eine Gesellschaft 21
ihren „*Sitz im Inland*" hat, und zum anderen, ob die Vorschrift verlangt, dass
alle an einer Umwandlung beteiligten Gesellschaften ihren Sitz im Inland haben,
sodass schon deswegen Umwandlungen mit Beteiligung sonstiger Gesellschaften
ausgeschlossen sind.

I. Satzungssitz im Inland

Weitgehend unstreitig beantwortet wird die erste Frage, wann der Sitz einer 22
Gesellschaft nach § 1 Abs. 1 UmwG im Inland liegt. Der Wortlaut der Vorschrift ist zwar auslegungsbedürftig, weil er offenlässt, ob der Verwaltungs- oder der Satzungssitz angesprochen ist. Allerdings wird die Vorschrift von der ganz h. M. so aufgefasst, dass hierunter der **Satzungssitz** zu verstehen ist.[43)]
Hierfür wird richtigerweise angeführt, dass das UmwG auch an anderen Stellen, wie etwa § 16 Abs. 1 UmwG oder § 19 Abs. 1 UmwG, schlicht vom Sitz spricht und dort zwingend den Registersitz und damit den Satzungssitz meint.[44)] Insofern ist es systemgerecht, § 1 Abs. 1 UmwG ebenso zu verstehen.

II. Grenzüberschreitende Umwandlungen und Sitzerfordernis

Damit stellt sich die zweite Frage, ob sich eine Gesellschaft mit Satzungssitz in 23
Deutschland (siehe soeben Rz. 22) an einer Umwandlung beteiligen kann, an
der ein **ausländischer Rechtsträger** beteiligt ist, oder ob alle beteiligten Rechtsträger ihren Sitz im Inland haben müssen. Für den beschränkten Bereich der
grenzüberschreitenden Verschmelzung von Kapitalgesellschaften ergibt sich
die Antwort bereits ausdrücklich dem UmwG selbst, namentlich aus den §§ 122a,
122b UmwG. Danach sind Verschmelzungen zwischen Kapitalgesellschaften
zulässig, sofern mindestens eine dem deutschen UmwG unterliegt und die andere dem Recht eines anderen EU-Mitgliedstaats oder eines Vertragsstaats des
EWR-Abkommens. Die Vorschriften sind *leges speciales* zu § 1 Abs. 1 UmwG,
der die Umwandlung auf Rechtsträger mit „*Sitz im Inland*" beschränkt.[45)]

Über die weitere Zulässigkeit **grenzüberschreitender Umwandlungen** besteht 24
Streit. Hierbei ist bei Sachverhalten mit europäischem Bezug die Rechtsprechung des EuGH zur Niederlassungsfreiheit zu beachten, insbesondere die
Entscheidungen in der Rechtssachen *Sevic* und *VALE* (dazu unten Rz. 57 ff.
und Rz. 66). Lässt man jedoch zunächst diese Sonderfälle mit europäischem

---

43) *Drinhausen* in: Semler/Stengel, UmwG, Einl. C Rz. 20; *Kindler* in: MünchKomm-BGB, IntGesR Rz. 912; *Bungert*, AG 1995, 489, 502; *Drygala* in: Lutter, UmwG, § 1 Rz. 10; *Heckschen* in: Widmann/Mayer, UmwG/UmwStG, § 1 UmwG Rz. 105; *Kallmeyer* in: Kallmeyer, UmwG, § 1 Rz. 2; wohl a. A., aber ohne Erklärung *Samson/Flindt*, NZG 2006, 290, 292.
44) Vgl. *Engert* in: Eidenmüller, § 4 Rz. 76.
45) *Drygala* in: Lutter, UmwG, § 1 Rz. 4.

Bezug außen vor, ergibt sich folgendes **Meinungsbild für Umwandlungen mit außereuropäischem Bezug:**[46]

1. Beschränkung auf rein inländische Umwandlungen

25 Nach einer Ansicht ist das UmwG ausschließlich auf Umwandlungen anwendbar, an denen **nur Rechtsträger mit Sitz im Inland** beteiligt sind.[47] Habe auch nur einer der beteiligten Rechtsträger seinen Sitz im Ausland, sei das UmwG unanwendbar. In diesem Fall sei keine der danach vorgesehenen Umwandlungsarten grenzüberschreitend zulässig. Dies gelte für Hinein- oder Hereinumwandlungen (übertragender Rechtsträger hat ausländischen Sitz) wie für Hinaus- oder Herausumwandlungen (übertragender Rechtsträger hat inländischen Sitz).[48]

26 Begründet wird dies zunächst mit dem **Wortlaut** des Gesetzes. Die Formulierung „*Rechtsträger mit Sitz im Inland*" in § 1 Abs. 1 UmwG sei so zu verstehen, dass jede Anwendung auf grenzüberschreitende Umwandlungssachverhalte ausscheide. Außerdem sei der Kreis der umwandlungsfähigen Rechtsträger in den § 3 Abs. 1 und 2, § 124, § 175 und § 191 UmwG abschließend – d. h. unter Ausschluss ausländischer Gesellschaften – aufgeführt.[49] Überdies könne der deutsche Gesetzgeber den ausländischen Tatbestandsteil einer grenzüberschreitenden Verschmelzung ohnehin nicht erreichen.[50]

---

46) Irreführend daher *Mayer* in: MünchHdb-GesR, Bd. 3, § 73 Rz. 780 („Die Diskussion hat sich zwischenzeitlich weitgehend erledigt.").

47) So auch schon die ältere Rspr. vor Inkrafttreten des UmwG, wobei den Entscheidungen nur Herausverschmelzungen zugrunde lagen, s. KG, KGJ 21 A 294 („Die Fusion zweier Aktiengesellschaften mit der Wirkung einer Gesamtrechtsnachfolge der aufnehmenden Gesellschaft [hier: *société anonyme* mit Sitz in Luxemburg] in das Vermögen der aufgelösten Gesellschaft [hier: deutsche AG] setzt voraus, dass die aufnehmende Gesellschaft ihren Sitz im Inland hat. Ist dies nicht der Fall, so kann die Übertragung des Vermögens der aufgelösten Gesellschaft auf die andere nur im Wege der Liquidation erfolgen."); BayObLG, OLG Rspr. 14, 357 (keine Verschmelzung einer deutschen AG auf eine *société anonyme* mit Sitz in Luxemburg); a. A. aber Obergericht Danzig, LZ 1929, 62 (grenzüberschreitende Verschmelzung einer Gesellschaft mit Sitz in der damaligen Freien Stadt Danzig und einer Gesellschaft mit Sitz im Deutschen Reich zulässig, da in beiden Territorien die gleichen Vorschriften galten).

48) *Bermel* in: Goutier/Knopf/Tulloch, UmwG/UmwStG, § 1 UmwG Rz. 6; *Drinhausen* in: Semler/Stengel, UmwG, Einl. C Rz. 21; *Gutkès* in: Sagasser/Bula/Brünger, § 12 Rz. 16, Fn. 51 a. E.; *Kindler* in: MünchKomm-BGB, IntGesR Rz. 909 ff. m. w. N.; *Sagasser* in: Sagasser/Bula/Brünger, § 2 Rz. 32; *Schaumburg*, GmbHR 1996, 501, 502; *Simon/Rubner* in: KölnKomm-UmwG, Vor §§ 122a ff. Rz. 40; früher *Lutter*, ZGR 1994, 87, 91, nunmehr aber *Drygala* in: Lutter, UmwG, § 1 Rz. 10; *Engert* in: Eidenmüller, § 4 Rz. 79; früher auch *Kallmeyer*, ZIP 1994, 1746, 1752, dann aber anders *Kallmeyer*, ZIP 1996, 535; nun wiederum anders *Kallmeyer* in: Kallmeyer, UmwG, § 1 Rz. 4 f., allerdings eingeschränkt für Rechtsträger mit Sitz in der EU und dem EWR; so wohl auch *Heckschen* in: Widmann/Mayer, UmwG/UmwStG, § 1 UmwG Rz. 29 ff.

49) *Sagasser* in: Sagasser/Bula/Brünger, § 2 Rz. 32; *Bermel* in: Goutier/Knopf/Tulloch, UmwG/UmwStG, § 1 UmwG Rz. 6.

50) *Neye*, ZIP 1994, 917, 919.

Diese Ansicht entspricht dem Willen des historischen Gesetzgebers. In der Be- 27
gründung des Regierungsentwurfs heißt es:
 „Die Beschränkung der Umwandlungsmöglichkeiten auf Rechtsträger mit Sitz
 im Inland entspricht in fast allen Fällen dem geltenden Recht. Angesichts der
 Bemühungen der Europäischen Gemeinschaften um eine Regelung grenzüberschreitender Vorgänge, insbesondere der internationalen Fusion, sollte eine Regelung dieses Komplexes zurückgestellt werden. Überdies würde die Ausdehnung
 des Gesetzes auf internationale Fälle politisch wie rechtstechnisch erhebliche
 Probleme aufwerfen."[51]

Allerdings finden sich unter den Vertretern dieser Meinungsgruppe ebenso 28
Stimmen, die daneben Raum für grenzüberschreitende Umwandlungen – sozusagen *„außerhalb"* des UmwG – sehen. Der Gesetzgeber wollte diesen Stimmen
zufolge mit dem Erlass des UmwG keineswegs alle sonstigen Formen der Umwandlung untersagen, sondern den übrigen Bereich der Umwandlungen und
damit auch die grenzüberschreitende Umwandlung für die weitere **Rechtsentwicklung** unangetastet oder offenlassen. Das Analogieverbot stehe dem nicht
entgegen, weil es sich lediglich auf den Bereich der rein innerstaatlichen Umwandlungen beziehe.[52]

2. Zulässigkeit grenzüberschreitender Umwandlungen

Nach a. A. ist das UmwG keineswegs auf rein innerdeutsche Umwandlungen 29
beschränkt. Vielmehr kann es für den deutschen Teil einer Umwandlung entweder durch das deutsche oder durch ausländisches Internationales Privatrecht
berufen werden. Mit der Bestimmung, dass das UmwG auf *„Rechtsträger mit
Sitz im Inland"* anwendbar ist, habe der Gesetzgeber **lediglich** klarstellen wollen,
dass er sich mit seiner Regelung auf den **inländischen Teil** der Umwandlung
beschränken will.[53]

Darüber hinaus werde nur diese Sichtweise der kollisionsrechtlichen Anknüp- 30
fung von grenzüberschreitenden Umwandlungen gerecht, wonach inländisches
Recht für den inländischen Teil einer Umwandlung berufen werde. Die Berufung deutschen Sachrechts dürfe aber dann nicht dazu führen, dass sich das
UmwG für unanwendbar erkläre und damit die grenzüberschreitende Umwandlung verhindere.[54]

---

51) Begr. RegE zum UmwG, § 1 UmwG, BT-Drucks. 12/6699, abgedr. in: *Neye*, S. 111; vgl.
 auch *Ganske*, WM 1993, 1117, 1120, und *Neye*, ZIP 1994, 917, die im Bundesjustizminis-
 terium maßgeblich an den Vorbereitungen zum UmwG mitgewirkt haben; ferner *Dehmer*
 in: Lutter, Kölner Umwandlungsrechtstage, S. 7.
52) *Bermel* in: Goutier/Knopf/Tulloch, UmwG/UmwStG, § 1 UmwG Rz. 16.
53) *Hoffmann* in: MünchHdb-GesR, Bd. 6, § 53 Rz. 10; *Kronke*, ZGR 994, 26, 35 f.; *Kallmeyer*,
 ZIP 1996, 535, 537; *Marsch-Barner* in: Kallmeyer, UmwG, Vor §§ 122a–122l Rz. 8; *Drygala*
 in: Lutter, UmwG, § 1 Rz. 10; *Kraft/Bron*, RIW 2005, 641; *Lawall*, IStR 1998, 345, 347;
 Schäffler in: Maulbetsch/Klumpp/Rose, UmwG, § 1 Rz. 8; *Hörtnagl* in: Schmitt/Hörtnagl/
 Stratz, UmwG/UmwStG, § 1 UmwG Rz. 47 und 24.
54) S. *Kronke*, ZGR 1994, 26, 35 f.

31 Nach dieser Ansicht sind grenzüberschreitende Umwandlungen nicht lediglich *„neben"* dem UmwG zulässig, sondern mit ihrem **innerstaatlichen Teil** dem **UmwG** direkt unterworfen. Das heißt, für die **ausländische Gesellschaft** gilt deren **Personalstatut**, für die deutsche Gesellschaft gilt das UmwG.[55] Das einzige – allerdings lösbare – Problem besteht nach dieser Auffassung darin, die beiden unterschiedlichen Rechte inhaltlich aufeinander abzustimmen.

32 Zulässig sind nach dieser zustimmenden Auffassung Umwandlungen einer ausländischen Gesellschaft nach Deutschland (**Hereinumwandlung**) wie auch Umwandlungen einer deutschen Gesellschaft in das Ausland (**Hinausumwandlung**).[56] Allerdings wird gesehen, bei einer Umwandlung aus Deutschland hinaus das Bedürfnis nach Schutz der Minderheitsgesellschafter, der Gesellschaftsgläubiger und der Arbeitnehmer zu beachten. Die Hinausumwandlung ermögliche das *„Wegtauchen ins Ausland"* mit der Folge, dass die Minderheitsgesellschafter möglicherweise einem neuen Gesellschaftsstatut mit schlechterem Schutz ihrer Rechte unterworfen würden, ferner, dass die Durchsetzung der Ansprüche von Gläubigern erschwert oder vereitelt würde und schließlich, dass den Arbeitnehmern die unternehmerische Mitbestimmung entzogen würde. In der Literatur wurden unterschiedliche Vorschläge unterbreitet, um diese schwierigen Probleme zu bewältigen und die genannten Personenkreise zu schützen.[57]

33 Das Personalstatut regelt nach dieser Ansicht i. S. der Vereinigungstheorie für jede der beteiligten Gesellschaften Voraussetzungen, Verfahren und Wirkungen der Umwandlung. Nur wenn für jede Gesellschaft die Bestimmungen ihres jeweiligen Personalstatuts erfüllt sind, kommt es zur Umwandlung (zu den Einzelheiten siehe oben Rz. 8 ff.).

3. Folgen für die Praxis

34 Zwar dürfte die letztgenannte Auffassung den Bedürfnissen des internationalen Wirtschaftsverkehrs besser entsprechen. Daher räumen selbst ihre Kritiker ein, dass sie rechtspolitisch gesehen zu überlegenen Ergebnissen führt.[58] Doch muss die Rechtslage grenzüberschreitender **Umwandlungen mit Beteiligung von Gesellschaften aus Drittstaaten**, also nicht EU-/EWR-Auslandsgesell-

---

55) Diese Sicht ist mit dem Wortlaut des § 1 UmwG vereinbar, denn das UmwG ist in diesen Fällen eben nur auf den im Inland sitzenden Rechtsträger anwendbar, *Kallmeyer*, ZIP 1996, 535, 537.
56) Zu den Steuerfolgen grenzüberschreitender Verschmelzungen s. *Schumacher* in: Lutter, UmwG, Anh. 2 z. § 122l Rz. 41 ff.
57) Dazu *Großfeld* in: Staudinger, BGB, IntGesR S. 693 ff.; *Drobnig/Becker/Remien*, S. 64 f.; *Kraft* in: KölnKomm-AktG, § 339 Rz. 41.
58) So etwa *Kindler* in: MünchKomm-BGB, IntGesR Rz. 909.

schaften, weiterhin als **unklar** eingestuft werden.[59] Um Risiken zu vermeiden, sollte die Kautelarpraxis deshalb Gestaltungsformen wählen, die nicht auf der umstrittenen These von der Zulässigkeit der grenzüberschreitenden Umwandlung – außerhalb oder nach dem UmwG – aufbauen (zu solchen Gestaltungsformen siehe unten Rz. 68 ff.). Zur Sicherheit ist weiterhin von der **Unzulässigkeit** solcher grenzüberschreitenden Umwandlungen auszugehen. Es gibt zwar Fälle aus der Praxis, die zeigen, dass grenzüberschreitende Umwandlungen (jedenfalls unter Beteiligung von EU-Gesellschaften) bisweilen vollzogen werden.[60] Dies hängt aber letztlich von der Bereitschaft der beteiligten Registerrichter und Behörden ab. Und selbst wenn die Umwandlung eingetragen werden sollte, ist damit keine Rechtssicherheit verbunden, wie sie etwa § 20 UmwG bei nationalen Verschmelzungen herstellt. Denn nicht gesichert ist, dass die Wirkungen dieser Vorschrift – oder bei anderen Umwandlungen der entsprechenden anderen Vorschriften des UmwG – bei grenzüberschreitenden Umwandlungen von allen beteiligten Rechten anerkannt werden.[61]

III. Grenzüberschreitende Umwandlungen mit EU-/EWR-Gesellschaften

Der Meinungsstreit über die Zulässigkeit grenzüberschreitender Umwandlungen ist bei Beteiligung von EU-/EWR-Gesellschaften aufgrund der Niederlassungsfreiheit (Art. 49, 54 AEU-Vertrag (vormals Art. 43, 48 EG-Vertrag) und Art. 31, 34 EWR-Übereinkommen) in einem anderen Licht zu sehen. Gleiches gilt aufgrund der Zulässigkeit grenzüberschreitender Verschmelzungen von Kapitalgesellschaften gemäß den §§ 122a ff. UmwG (dazu sogleich Rz. 36 ff., zu sonstigen Umwandlungen unter Rz. 56 ff.). 35

1. Verschmelzungen zwischen Kapitalgesellschaften

Die grenzüberschreitende Verschmelzung einer deutschen Kapitalgesellschaft mit einer Kapitalgesellschaft aus einem anderen Mitgliedstaat der Europäischen Union oder einem anderen Vertragsstaat des EWR-Abkommens ist nach § 122a Abs. 1 UmwG ausdrücklich zugelassen. Sie ist in den **§§ 122a ff. UmwG** allerdings nur für die **beteiligte deutsche Gesellschaft** geregelt (also nicht auch 36

---

59) Dies gilt auch im Lichte des deutsch-amerikanischen Handels-, Schifffahrts- und Freundschaftsvertrags (dazu oben § 8 Rz. 59 ff.) bei Beteiligung von US-Gesellschaften, näher dazu *Simon/Rubner* in: KölnKomm-UmwG, Vor §§ 122a ff. Rz. 41 ff.
60) *Kronke*, ZGR 1994, 26, 29 (ohne nähere Angaben Bericht über eine vom Registergericht des AG Hannover eingetragene Verschmelzung einer französischen *société anonyme* auf eine deutsche GmbH; wohl ebenfalls zu diesem Fall *Rixen/Böttcher*, GmbHR 1993, 572; *Dorr/Stukenborg*, DB 2003, 647 (Bericht über Verschmelzung einer italienischen S. A. und einer französischen S. A. auf eine deutsche GmbH); *Gesell/Krömker*, DB 2006, 2558 (Bericht über Verschmelzung einer niederländischen BV auf eine deutsche GmbH); *Wenglorz*, BB 2004, 1061 (Bericht über Verschmelzung von Deutschland nach Österreich).
61) *Heckschen* in: Widmann/Mayer, UmwG/UmwStG, § 1 UmwG Rz. 224.

für die beteiligte EU-/EWR-Gesellschaft).[62] Die Vorschriften setzen die Richtlinie über die Verschmelzung von Kapitalgesellschaften aus verschiedenen Mitgliedstaaten (Verschmelzungsrichtlinie) um.[63] Ergänzt werden sie durch das Gesetz zur Umsetzung der Regelungen über die Mitbestimmung der Arbeitnehmer bei einer Verschmelzung von Kapitalgesellschaften aus verschiedenen Mitgliedstaaten (**MgVG**).[64] Soweit sich aus den §§ 122a ff. UmwG nichts anderes gibt, sind die für nationale Verschmelzungen geltenden §§ 2–38 UmwG und die §§ 46–78 UmwG entsprechend auf die grenzüberschreitende Verschmelzung anzuwenden (§ 122a Abs. 2 UmwG). Daher ist wie für nationale Verschmelzungen in § 2 UmwG ausdrücklich vorgesehen, auch bei grenzüberschreitenden Verschmelzungen nach den §§ 122a ff. UmwG möglich, die Verschmelzung **durch Aufnahme** oder **durch Neugründung** durchzuführen.

37 Abzugrenzen ist die grenzüberschreitende Verschmelzung nach den §§ 122a ff. UmwG von der Verschmelzung zur **Gründung einer SE**. Letztere ist abschließend in Art. 2 Abs. 1 und Art. 17–31 SE-VO sowie §§ 5–8 SEAG geregelt.[65] Möglich ist dagegen eine grenzüberschreitende Verschmelzung nach den §§ 122a ff. UmwG, an denen eine SE als Gesellschaft beteiligt ist (ohne dass damit also eine SE gegründet wird).

38 Die Grundzüge einer grenzüberschreitenden Verschmelzung stellen sich aus Sicht einer beteiligten deutschen Gesellschaft wie folgt dar:

a) Verschmelzungsfähige Gesellschaften

39 Die verschmelzungsfähigen Gesellschaften sind in § 122b Abs. 1 UmwG genannt. Erfasst sind **Kapitalgesellschaften** und damit auf deutscher Seite die AG, KGaA, GmbH (einschließlich der Sonderform der Unternehmergesellschaft (haftungsbeschränkt)) und SE.[66] § 122b Abs. 1 UmwG verlangt darüber hinaus, dass die beteiligten Gesellschaften nach dem Recht eines **EU-Mitgliedstaats** oder **EWR-Vertragsstaats** gegründet worden sind und ihren satzungsmäßigen Sitz, ihre Hauptverwaltung oder ihre Hauptniederlassung in einem EU-/EWR-Staat haben.[67] Mindestens eine der an der Verschmelzung beteiligten Ge-

---

62) Zu den Steuerfolgen s. *Schumacher* in: Lutter, UmwG, Anh. 2 z. § 122l Rz. 41 ff.
63) Richtlinie 2005/56/EG des Europäischen Parlaments und des Rates v. 26.10.2005 über die Verschmelzung von Kapitalgesellschaften aus verschiedenen Mitgliedstaaten, ABl. EU L 310/1 v. 25.11.2005, umgesetzt mit dem Zweiten Gesetz zur Änderung des Umwandlungsgesetzes v. 17.2.2006, BGBl. I 2007, 542. Zum Stand der Umsetzung in anderen Mitgliedstaaten s. *Simon/Rubner* in: KölnKomm-UmwG, Vor §§ 122a ff. Rz. 70 ff.; *Heckschen* in: Widmann/Mayer, UmwG/UmwStG, § 1 UmwG Rz. 296 ff.
64) BGBl. I 2006, 3332.
65) *Heckschen* in: Widmann/Mayer, UmwG/UmwStG, § 122b UmwG Rz. 66.
66) Ausführlich hierzu *Heckschen* in: Widmann/Mayer, UmwG/UmwStG, § 122b UmwG Rz. 40 ff. sowie Rz. 54 ff.; mit Einschränkungen zur SE s. *Louven*, ZIP 2006, 2021.
67) Ausführlich hierzu *Hoffmann* in: MünchHdb-GesR, Bd. 6, § 53 Rz. 25 ff.

sellschaften muss dem deutschen Recht unterliegen. Dies ergibt sich zwar nicht direkt aus § 122a Abs. 1 UmwG, wohl aber daraus, dass die Vorschriften des UmwG und damit auch die §§ 122a ff. UmwG als gesellschaftsrechtlich zu qualifizierende Normen durch die Regeln des Internationalen Gesellschaftsrechts nur dann berufen werden, wenn eine der beteiligten Gesellschaften dem deutschen Recht unterliegt.[68] Nicht verschmelzungsfähige Gesellschaften sind in § 122b Abs. 2 UmwG aufgeführt.

Als mögliche ausländische Kapitalgesellschaften kommen nach § 122b Abs. 1 UmwG nur solche in Betracht, die in Art. 1 der Richtlinie 68/151/EWG[69] genannt sind (anwendbar über Art. 2 Nr. 1 der Verschmelzungsrichtlinie). Damit sind bspw. aus Frankreich die *société anonyme*, die *société en commandite par actions* und die *société à responsabilité limitée* erfasst sowie aus den Niederlanden die *naamloze vennootschap* und *de commanditaire vennootschap op aandelen*.   40

b)   **Arbeitnehmerbeteiligung**

Bei einer grenzüberschreitenden Verschmelzung kann es erforderlich sein, ein Verfahren zur Verhandlung über die Beteiligung der Arbeitnehmer durchzuführen (siehe § 5 MgVG) (siehe dazu § 30). Ist dies der Fall, wird es regelmäßig so früh wie möglich eingeleitet, weil es im ungünstigsten Fall bis zu einem Jahr dauern kann (vgl. § 21 Abs. 1 und 2 MgVG).[70]   41

c)   **Verschmelzungsplan**

Die Vertretungsorgane der beteiligten Gesellschaften haben einen gemeinsamen Verschmelzungsplan aufzustellen. Dieser Verschmelzungsplan ist **gleichbedeutend** mit dem aus innerstaatlichen Verschmelzungen bekannten **Verschmelzungsvertrag**.[71] Häufig mögen die Parteien freiwillig einen zusätzlichen Verschmelzungsvertrag (international auch sog. *business combination agreement*) schließen, um sich wechselseitig zu binden.[72] Die im Verschmelzungsplan erforderlichen Mindestangaben sind in § 122c Abs. 2 UmwG genannt und umfassen: 42

(a) Rechtsform, Firma und Sitz der übertragenden und übernehmenden oder neuen Gesellschaft,

---

68) *Bayer* in: Lutter, UmwG, § 122a Rz. 22; *Heckschen* in: Widmann/Mayer, UmwG/UmwStG, § 122a UmwG Rz. 66, 71; *Drinhausen* in: Semler/Stengel, UmwG, § 122a Rz. 5, 7.
69) Erste Richtlinie 68/151/EWG des Rates v. 9.3.1968 zur Koordinierung der Schutzbestimmungen, die in den Mitgliedstaaten den Gesellschaften im Sinne des Artikels 58 Absatz 2 des Vertrages im Interesse der Gesellschafter sowie Dritter vorgeschrieben sind, um diese Bestimmungen gleichwertig zu gestalten. ABl. EU L 065.
70) Näher zum Ablauf des Verfahrens *Simon/Rubner* in: KölnKomm-UmwG, § 122c Rz. 21 ff.; *Heckschen*, DNotZ 2007, 444, 459 ff.; *Müller-Bonanni/Müntefering*, NJW 2009, 2347; *Lunk/Hinrichs*, NZA 2007, 773; *Hinrichs/Plitt*, NZA 2010, 204.
71) *Hoffmann* in: MünchHdb-GesR, Bd. 6, § 53 Rz. 36.
72) *Mayer* in: Widmann/Mayer, UmwG/UmwStG, Einf. UmwG Rz. 243.

(b) das Umtauschverhältnis der Gesellschaftsanteile und ggf. die Höhe der baren Zuzahlungen,

(c) die Einzelheiten hinsichtlich der Übertragung der Gesellschaftsanteile der übernehmenden oder neuen Gesellschaft,

(d) die voraussichtlichen Auswirkungen der Verschmelzung auf die Beschäftigung,

(e) den Zeitpunkt, von dem an die Gesellschaftsanteile deren Inhabern das Recht auf Beteiligung am Gewinn gewähren, sowie alle Besonderheiten, die eine Auswirkung auf dieses Recht haben,

(f) den Zeitpunkt, von dem an die Handlungen der übertragenden Gesellschaften unter dem Gesichtspunkt der Rechnungslegung als für Rechnung der übernehmenden oder neuen Gesellschaft vorgenommen gelten (Verschmelzungsstichtag),

(g) die Rechte, die die übernehmende oder neue Gesellschaft den mit Sonderrechten ausgestatteten Gesellschaftern und den Inhabern von anderen Wertpapieren als Gesellschaftsanteilen gewährt, oder die für diese Personen vorgeschlagenen Maßnahmen,

(h) etwaige besondere Vorteile, die den Sachverständigen, die den Verschmelzungsplan prüfen, oder den Mitgliedern der Verwaltungs-, Leitungs-, Aufsichts- oder Kontrollorgane der an der Verschmelzung beteiligten Gesellschaften gewährt werden,

(i) die Satzung der übernehmenden oder neuen Gesellschaft,

(j) ggf. Angaben zu dem Verfahren, nach dem die Einzelheiten über die Beteiligung der Arbeitnehmer an der Festlegung ihrer Mitbestimmungsrechte in der aus der grenzüberschreitenden Verschmelzung hervorgehenden Gesellschaft geregelt werden,

(k) Angaben zur Bewertung des Aktiv- und Passivvermögens, das auf die übernehmende oder neue Gesellschaft übertragen wird, sowie

(l) den Stichtag der Bilanzen der an der Verschmelzung beteiligten Gesellschaften, die zur Festlegung der Bedingungen der Verschmelzung verwendet werden.

43 Gegebenenfalls ist zusätzlich ein Abfindungsangebot aufzunehmen (§ 122i UmwG). Die Vertretungsorgane können einen gemeinsamen Verschmelzungsplan oder inhaltlich übereinstimmende Verschmelzungspläne aufstellen.[73] Der Verschmelzungsplan muss nach h. A. nicht dem Betriebsrat zugeleitet werden,

---

73) *Mayer* in: MünchHdb-GesR, Bd. 3, § 73 Rz. 792.

weil § 122c UmwG keine Regelung wie § 5 Abs. 3 UmwG enthält.[74] Erleichterungen bei **Konzernverschmelzungen**, bei der sich alle Anteile einer übertragenden Gesellschaft in der Hand der übernehmenden Gesellschaft befinden, sind in § 122c Abs. 3 UmwG genannt und befreien von den in den Buchstaben (b), (c) und (e) genannten Angaben.

Nicht geregelt ist, in welcher **Sprache** der Verschmelzungsplan abzufassen ist. Aus deutscher Sicht muss er jedenfalls in deutscher Sprache vorliegen, damit er beim Handelsregister eingereicht werden kann (vgl. § 122d UmwG, § 488 Abs. 3 FamFG i. V. m. § 184 GVG). Für die Praxis ist in jedem Fall zu empfehlen, eine mehrsprachige Fassung zu erstellen, bei der die Sprachen aller beteiligten Gesellschaften berücksichtigt werden.[75] 44

Die Verschmelzungsrichtlinie verlangt keine bestimmte **Form** für den Verschmelzungsplan. Für die beteiligte deutsche Gesellschaft verlangt jedoch § 122c Abs. 4 UmwG die notarielle Beurkundung. Beurkundungen im Ausland sind nur dann ausreichend, wenn diese den vom BGH aufgestellten Grundsatz der Gleichwertigkeit erfüllen (vgl. dazu oben § 9 Rz. 31 f.).[76] Verlangt das nationale Recht der anderen beteiligten Gesellschaften eine strengere oder abweichende Form, ist auch diese zu erfüllen.[77] 45

d) **Einreichung**

Der Verschmelzungsplan oder sein Entwurf ist spätestens einen Monat vor der Versammlung der Anteilsinhaber, die nach § 13 UmwG über die Zustimmung zum Verschmelzungsplan beschließen soll, zum deutschen Handelsregister einzureichen (§ 122d Satz 1 UmwG). Das Handelsregister gibt die Einreichung des Verschmelzungsplans sowie weitere Informationen unverzüglich in elektronischer Form (§ 10 HGB) bekannt (§ 122d Satz 2 UmwG). Auf diese **Bekanntmachung** kann nicht verzichtet werden.[78] 46

---

74) So auch *Bayer* in: Lutter, UmwG, § 122c Rz. 33; *Dzida*, GmbHR 2009, 459, 465; *Heckschen* in: Widmann/Mayer, UmwG/UmwStG, § 122a UmwG Rz. 132; *Mayer* in: Widmann/Mayer, UmwG/UmwStG, § 122c UmwG Rz. 10; *Simon/Hinrichs*, NZA 2008, 391, 392; *Willemsen* in: Kallmeyer, UmwG, § 122c Rz. 18; a. A. *Drinhausen/Keinath*, BB 2006, 725, 727; *Herrler*, EuZW 2007, 295, 296; *Kiem*, WM 2006, 1091, 1096; *Krause/Kulpa*, ZHR 171 (2007), 38, 60 f.
75) Nähere Einzelheiten bei *Bayer* in: Lutter, UmwG, § 122c Rz. 10, sowie *Mayer* in: Widmann/Mayer, UmwG/UmwStG, § 122c UmwG Rz. 24 f.
76) Begr. RegE, BR-Drucks. 548/06, S. 31.
77) *Bayer/J. Schmidt*, NJW 2006, 401, 403.
78) *Hoffmann* in: MünchHdb-GesR, Bd. 6, § 53 Rz. 58; *Mayer* in: in: MünchHdb-GesR, Bd. 3, § 73 Rz. 801.

e) Verschmelzungsbericht

47 Neben dem Verschmelzungsplan haben die Vertretungsorgane der beteiligten Rechtsträger auch einen Verschmelzungsbericht zu verfassen (§ 122e UmwG). Der Verschmelzungsbericht hat zunächst diejenigen Angaben zu enthalten, die auch gemäß § 8 UmwG bei innerstaatlichen Verschmelzungen erforderlich sind. Damit hat er den Verschmelzungsplan sowie insbesondere das Umtauschverhältnis der Anteile oder die Angaben über die Mitgliedschaft bei dem übernehmenden Rechtsträger und die Höhe der anzubietenden Barabfindung rechtlich und wirtschaftlich zu erläutern und zu begründen. Auf diesen Bericht können die Anteilseigner anders als bei rein inländischen Verschmelzungen **nicht verzichten** (§ 122e Satz 3 UmwG). Denn im Verschmelzungsbericht sind neben den genannten Angaben die Auswirkungen der grenzüberschreitenden Verschmelzung auf die Gläubiger und Arbeitnehmer der beteiligten Gesellschaften zu erläutern.[79]

48 Der Verschmelzungsbericht ist den Anteilsinhabern sowie dem zuständigen Betriebsrat oder, bei Fehlen eines Betriebsrats, den Arbeitnehmern der beteiligten deutschen Gesellschaft spätestens einen Monat vor der Beschlussfassung über die Verschmelzung durch die Anteilsinhaber zugänglich zu machen (§ 122e Satz 2 i. V. m. § 63 Abs. 1 Nr. 4 UmwG).[80]

f) Verschmelzungsprüfung

49 Der Verschmelzungsplan oder sein Entwurf sind gemäß § 122f i. V. m. §§ 9 bis 12 UmwG zu prüfen. Eine Prüfung ist nach diesen Vorschriften **nicht erforderlich**, wenn sämtliche Anteilsinhaber aller beteiligten Rechtsträger hierauf verzichten oder alle Anteile des übertragenden Rechtsträgers in der Hand des übernehmenden Rechtsträgers sind (Aufwärtsverschmelzung, *upstream merger*). Die Verzichtserklärungen sind notariell zu beurkunden (§ 122f Satz 1 i. V. m. §§ 9 Abs. 3, 8 Abs. 3 Satz 2 UmwG). Ist eine Prüfung erforderlich, muss der Bericht hierüber spätestens einen Monat vor der Beschlussfassung der Anteilsinhaber über die Verschmelzung vorliegen (§ 122f Satz 2 UmwG).

g) Schlussbilanzen und Unternehmensbewertungen

50 Daneben sind für die übertragenden Gesellschaften Schlussbilanzen aufzustellen (§ 122a Abs. 2 i. V. m. § 17 Abs. 2 UmwG). Außerdem sind möglicherweise Unternehmensbewertungen der beteiligten Gesellschaften durchzuführen, um

---

79) *Bayer* in: Lutter, UmwG, § 122e Rz. 13, aber einen Verzicht für möglich haltend, wenn die Arbeitnehmerseite (der Betriebsrat oder, bei dessen Fehlen, die Arbeitnehmer) zustimmt oder arbeitnehmerlose Gesellschaften an der Verschmelzung beteiligt sind (teleologische Reduktion); ebenso *Drinhausen* in: Semler/Stengel, UmwG, § 122e Rz. 13.
80) Für eine Zuleitung an den Betriebsrat analog § 5 Abs. 3 UmwG *Hoffmann* in: MünchHdb-GesR, Bd. 6, § 53 Rz. 6.

etwa Umtauschverhältnisse oder die angemessene Höhe von Barabfindungsangeboten ermitteln zu können.[81]

h) Gesellschafterbeschlüsse

Wie bei inländischen Verschmelzungen müssen die Gesellschafterversammlungen der **beteiligten Rechtsträger** der Verschmelzung zustimmen. Über § 122a Abs. 2 UmwG gelten für den deutschen Rechtsträger die §§ 13, 62 ff., 65, 73, 78 UmwG für die AG[82] und KGaA sowie die §§ 13, 49 ff., 56 UmwG für die GmbH.[83] Erforderlich ist bei einer AG eine Mehrheit von 75 % des vertretenen Grundkapitals, bei einer GmbH eine Mehrheit von 75 % der abgegebenen Stimmen. Ein Verschmelzungsbeschluss ist bei einer deutschen Gesellschaft als übertragendem Rechtsträger jedoch dann entbehrlich, wenn diese eine vollständige Tochtergesellschaft der übernehmenden Gesellschaft ist (Aufwärtsverschmelzung, *upstream merger*) (§ 122a Abs. 2 UmwG).

51

Nach § 122g Abs. 1 UmwG können die Anteilsinhaber ihre Zustimmung **davon abhängig** machen, dass die Art und Weise der **Mitbestimmung der Arbeitnehmer** der übernehmenden oder neuen Gesellschaft ausdrücklich von ihnen bestätigt wird.[84] Denn ansonsten müssten die Anteilseigner, wenn das Verfahren über die Beteiligung der Arbeitnehmer nicht schon vor dem Zustimmungsbeschluss der Gesellschafterversammlung abgeschlossen ist, über die Verschmelzung abstimmen, ohne das vereinbarte Mitbestimmungsregime zu kennen.[85] Möglich ist aber, dass die Anteilseigner auf dieses Zustimmungsrecht verzichten und der Verschmelzung vorbehaltlos zustimmen. Ob sich der Genehmigungsvorbehalt auf ein anderes Organ verlagern lässt, wie z. B. einen Aufsichtsrat oder Beirat, ist umstritten.[86]

52

i) Registeranmeldung und Rechtsmäßigkeitskontrolle

Schließlich hat das Vertretungsorgan einer **übertragenden deutschen Gesellschaft** die Verschmelzung beim Handelsregister des Sitzes der Gesellschaft anzumelden (§ 122k Abs. 1 Satz 1 UmwG). Es hat zusätzlich eine Versicherung abzugeben, dass allen **Gläubigern**, die einen Anspruch auf Sicherheitsleistung

53

---

81) Näher hierzu *Reuter*, AG 2007, 881; *Stratz* in: Schmitt/Hörtnagl/Stratz, UmwG/UmwStG, § 5 UmwG Rz. 10 ff.; zur gerichtlichen Überprüfung der Umtauschverhältnisse *Adolff*, ZHR 173 (2009), 67.
82) Ablehnend zur Anwendung von § 62 Abs. 1 UmwG *Bayer* in: Lutter, UmwG, § 122 Rz. 36 m. zahlreichen zur befürwortenden h. A.
83) Näher hierzu *Bayer* in: Lutter, UmwG, § 122g Rz. 4 ff.
84) Näher hierzu *Simon/Rubner* in: KölnKomm-UmwG, § 122g Rz. 13 ff.
85) Näher dazu *Hoffmann* in: MünchHdb-GesR, Bd. 6, § 53 Rz. 75 ff.; *Zimmermann* in: Kallmeyer, UmwG, § 122g Rz. 16 ff.
86) Dagegen etwa *Bayer* in: Lutter, UmwG, § 122g Rz. 34; *Zimmermann* in: Kallmeyer, UmwG, § 122g Rz. 19; dafür bspw. *Simon/Rubner* in: KölnKomm-UmwG, § 122g Rz. 18.

haben (§ 122j UmwG), eine angemessene Sicherheit geleistet wurde (§ 122k Abs. 1 Satz 3 UmwG). Das Registergericht prüft, ob für die Gesellschaft die Voraussetzungen für die grenzüberschreitende Verschmelzung vorliegen.[87] Ist dies der Fall, stellt es hierüber unverzüglich eine **Verschmelzungsbescheinigung** aus (§ 122k Abs. 2 Satz 1 UmwG). Einer Verschmelzungsbescheinigung gleich steht die Nachricht über die Eintragung der Verschmelzung in das Register (§ 122k Abs. 1 Satz 1 UmwG).[88] Die Verschmelzungsbescheinigung ist innerhalb von sechs Monaten nach ihrer Ausstellung durch das Vertretungsorgan der übertragenden Gesellschaft dem zuständigen ausländischen Register des übernehmenden oder neuen Rechtsträgers vorzulegen (§ 122k Abs. 3 UmwG).

54 Ist die beteiligte **deutsche Gesellschaft übernehmender Rechtsträger**, hat das Vertretungsorgan der übernehmenden Gesellschaft die Verschmelzung zur Eintragung beim Handelsregister dieser Gesellschaft anzumelden. Bei einer Verschmelzung durch Neugründung erfolgt die Anmeldung durch die Vertretungsorgane der übertragenden Gesellschaften (§ 122l Abs. 1 Satz 1 UmwG). Der Anmeldung sind die Verschmelzungsbescheinigungen aller übertragenden Gesellschaften (nicht älter als sechs Monate), der gemeinsame Verschmelzungsplan und ggf. die Vereinbarung über die Beteiligung der Arbeitnehmer beizufügen. Die aus einer inländischen Verschmelzung bekannten Voraussetzungen aus § 16 Abs. 2 und 3 sowie § 17 UmwG gelten für die übertragende ausländische Gesellschaft nicht (§ 122l Abs. 1 Satz 3 UmwG), sodass insbesondere keine Negativerklärungen und keine Schlussbilanz des ausländischen Rechtsträgers einzureichen sind. Die Erfordernisse dieser Vorschriften werden ersetzt durch die abzugebenden Verschmelzungsbescheinigungen.[89]

j) Wirksamkeitszeitpunkt

55 Der Wirksamkeitszeitpunkt einer grenzüberschreitenden Verschmelzung ist in den §§ 122a ff. UmwG nicht geregelt. Art. 12 der Verschmelzungsrichtlinie bestimmt, dass sich der Zeitpunkt nach dem Recht des Mitgliedstaats richtet, dem die übernehmende oder neue Gesellschaft unterliegt, jedoch erst nach Abschluss der Rechtmäßigkeitskontrolle liegen kann. Daher gilt über § 122a Abs. 2 UmwG für Verschmelzungen nach Deutschland die auch für inländische Verschmelzungen anwendbare Vorschrift des § 20 UmwG. Die Verschmelzung wird damit mit **Eintragung im Handelsregister** eines deutschen übernehmenden oder neuen Rechtsträgers wirksam.[90] Ab diesem Zeitpunkt genießt die

---

[87] *Teicke*, DB 2012, 2675, 2676.
[88] Krit. und hiervon abratend *Bayer* in: Lutter, UmwG, § 122k Rz. 21; *Mayer* in: MünchHdb-GesR, Bd. 3, § 73 Rz. 807.
[89] *Bayer* in: Lutter, UmwG, § 122l Rz. 10.
[90] Begr. RegE, BT-Drucks. 16/2919, S. 18; auch BR-Drucks. 548/06, S. 38; *Frenzel*, S. 391.

Verschmelzung **Bestandsschutz** (Art. 17 der Verschmelzungsrichtlinie).[91)] Bei Hinausverschmelzungen bestimmt das Recht des übernehmenden Rechtsträgers den Wirksamkeitszeitpunkt.[92)]

2. Sonstige Umwandlungen

Gesetzlich nicht geregelt sind alle sonstigen Formen der grenzüberschreitenden Umwandlung unter Beteiligung von EU-/EWR-Gesellschaften, wie etwa Verschmelzungen unter Beteiligung von Personengesellschaften sowie Spaltungen, Vermögensübertragungen und Formwechsel. Hieraus darf jedoch nicht auf deren Unzulässigkeit geschlossen werden. Zu berücksichtigen sind die **Niederlassungsfreiheit** und insbesondere die hierzu ergangenen Entscheidungen des EuGH in den Rechtssachen *Sevic* und *VALE*. 56

a) Sevic

Der Rechtssache *Sevic* lag ein Sachverhalt zugrunde, in dem das Vermögen einer luxemburgischen AG auf die deutsche *SEVIC Systems AG* durch Verschmelzung übertragen werden sollte.[93)] Die §§ 122a ff. UmwG waren zu diesem Zeitpunkt noch nicht in das deutsche UmwG eingefügt. Das AG Neuwied als zuständiges Registergericht wies daher den Antrag auf Eintragung der Verschmelzung in das Handelsregister mit der Begründung zurück, dass § 1 Abs. 1 Nr. 1 UmwG nur die Verschmelzung von Rechtsträgern mit Sitz in Deutschland vorsehe. Hiergegen erhob die *SEVIC Systems AG* Beschwerde beim OLG Koblenz. Dieses setzte das Verfahren aus und legte dem EuGH die Frage vor, ob die Art. 43 und 48 EGV (heute: Art. 49, 54 AEUV) dahin auszulegen seien, dass es im Widerspruch zur Niederlassungsfreiheit für Gesellschaften stehe, wenn einer ausländischen europäischen Gesellschaft die Eintragung ihrer angestrebten Verschmelzung mit einer deutschen Gesellschaft in das deutsche Handelsregister gemäß den §§ 16 ff. UmwG versagt wird, weil § 1 Abs. 1 Nr. 1 UmwG nur eine Umwandlung von Rechtsträgern mit Sitz im Inland vorsieht.[94)] 57

---

91) *Bayer* in: Lutter, UmwG, § 122l Rz. 26; *Simon/Rubner* in: KölnKomm-UmwG, § 122l Rz. 21.
92) *Hoffmann* in: MünchHdb-GesR, Bd. 6, § 53 Rz. 116.
93) EuGH, Rs. C-411/03, *SEVIC Systems AG*, Slg. 2005, I-10825 = NJW 2006, 425 = ZIP 2005, 2311; s. hierzu *Kindler* in: MünchKomm-BGB, IntGesR Rz. 126 f., 895 ff.; *Teichmann*, ZIP 2006, 355; *Behrens*, EuZW 2006, 65; *Oechsler*, NJW 2006, 812; *Bayer/J. Schmidt*, ZIP 2006, 210; *Leible* in: Michalski, Syst. Darst. 2 Rz. 33 f.; *Doralt*, IPRax 2006, 572; *Spahlinger/Wegen*, NZG 2006, 721; *Krause/Kulpa*, ZHR 171 (2007), 38; *Siems*, EuZW 2006, 135; *Bungert*, BB 2006, 53; *Kraft/Bron*, IStR 2006, 26; *Geyrhalter/Weber*, DStR 2006, 146; *Kuntz*, IStR 2006, 224; *Wöblert/Weiss*, WM 2007, 580; zu den Schlussanträgen des Generalanwalts *Tizzano Drygala*, ZIP 2005, 1995; *Geyrhalter/Weber*, NZG 2005, 837; *Kuntz*, EuZW 2005, 524.
94) OLG Koblenz, NZG 2003, 1124.

§ 29 Grenzüberschreitende Umwandlung

58 Der EuGH bejahte die Frage. Er stellte zunächst fest, dass die Art. 43, 48 EGV (heute: Art. 49, 54 AEUV) auf den vorliegenden Fall anwendbar seien:

> „Grenzüberschreitende Verschmelzungen entsprechen wie andere Gesellschaftsumwandlungen den Zusammenarbeits- und Umgestaltungsbedürfnissen von Gesellschaften mit Sitz in verschiedenen Mitgliedstaaten. Sie stellen besondere, für das reibungslose Funktionieren des Binnenmarktes wichtige Modalitäten der Ausübung der Niederlassungsfreiheit dar und gehören damit zu den wirtschaftlichen Tätigkeiten, hinsichtlich derer die Mitgliedstaaten die Niederlassungsfreiheit nach Art. 43 EG beachten müssen."[95]

59 Das deutsche Recht sehe zwar für inländische Verschmelzungen eine Regelung vor, nicht jedoch für grenzüberschreitende Verschmelzungen. Diese unterschiedliche Behandlung beschränke die Niederlassungsfreiheit. Dem könne nicht mit Verweis darauf entgegengetreten werden, dass grenzüberschreitende Verschmelzungen alsbald durch Erlass einer Richtlinie ermöglicht werden sollen. Denn gemeinschaftliche Harmonisierungsvorschriften wären zwar gewiss hilfreich, um grenzüberschreitende Verschmelzungen zu erleichtern, seien jedoch keine Vorbedingung für die Durchführung der in den Art. 43, 48 EGV (heute: Art. 49, 54 AEUV) verankerten Niederlassungsfreiheit.[96] Das Gericht entschied daher:

> „Die Art. 43 und 48 EG stehen dem entgegen, dass in einem Mitgliedstaat die Eintragung einer Verschmelzung durch Auflösung ohne Abwicklung einer Gesellschaft und durch Übertragung ihres Vermögens als Ganzes auf eine andere Gesellschaft in das nationale Handelsregister generell verweigert wird, wenn eine der beiden Gesellschaften ihren Sitz in einem anderen Mitgliedstaat hat, während eine solche Eintragung, sofern bestimmte Voraussetzungen erfüllt sind, möglich ist, wenn beide an der Verschmelzung beteiligten Gesellschaften ihren Sitz im erstgenannten Mitgliedstaat haben."[97]

b) Folgen

60 Der EuGH hatte in der Rechtssache *Sevic* aus deutscher Sicht über einen Fall der sog. Hineinverschmelzung zwischen AG zu entscheiden. Aufnehmender Rechtsträger war eine deutsche AG. Dieser Fall – wie auch die entsprechende Hinausverschmelzung – ist zwar nunmehr durch die §§ 122a ff. UmwG ausdrücklich zugelassen. Die Entscheidung des EuGH hat jedoch darüber hinaus Bedeutung. Denn nach ganz h. M. ergibt sich aus ihr, dass auch **Hineinverschmelzungen**, an denen **Personengesellschaften** beteiligt sind, aufgrund der

---

95) EuGH, Rs. C-411/03, *SEVIC Systems AG*, Slg. 2005, I-10825, Rz. 19 = NJW 2006, 425 = ZIP 2005, 2311.
96) EuGH, Rs. C-411/03, *SEVIC Systems AG*, Slg. 2005, I-10825, Rz. 26 = NJW 2006, 425, 426 = ZIP 2005, 2311.
97) EuGH, Rs. C-411/03, *SEVIC Systems AG*, Slg. 2005, I-10825 = NJW 2006, 425 (LS) = ZIP 2005, 2311; schon vor der *Sevic*-Entscheidung für die Zulässigkeit grenzüberschreitender Verschmelzungen in der EU etwa *Behrens*, ZGR 1994, 1, 15; *Lutter/Drygala* in: Lutter, UmwG, 3. Aufl., § 1 Rz. 9; *Bungert*, AG 1995, 489, 497; dagegen *Großfeld*, AG 1996, 302, 306.

Niederlassungsfreiheit zugelassen werden müssen.[98] Gleiches gilt wegen Art. 31, 34 EWR-Übereinkommen, wenn Gesellschaften aus EWR-Vertragsstaaten an einer Verschmelzung beteiligt sind. Vorgeschlagen wird, die §§ 122a ff. UmwG analog anzuwenden.[99]

Der EuGH hat sich nicht zu dem umgekehrten Fall einer **Hinausverschmelzung** 61 geäußert. Ob sich daher eine deutsche Gesellschaft auf einen ausländischen Rechtsträger verschmelzen kann, **ohne** dass **ausschließlich Kapitalgesellschaften** i. S. des § 122b Abs. 1 UmwG beteiligt sind, ist nach wie vor **umstritten**.[100] Die überwiegende Literaturansicht bejaht diese Möglichkeit zu Recht.[101] Vorgeschlagen wird auch hier, die §§ 122a ff. UmwG analog anzuwenden.[102]

Für die Hinausverschmelzung wird geltend gemacht, dass in einem Verbot für 62 deutsche Gesellschaften, sich auf ausländische Gesellschaften zu verschmelzen, zugleich das Verbot an die ausländische Gesellschaft läge, das Vermögen der übertragenden deutschen Gesellschaft zu erwerben. Dieses wäre jedoch mit dem Urteil des EuGH in der Rechtssache *Überseering* nicht zu vereinbaren, wonach die Rechtsfähigkeit der ausländischen Gesellschaft zu beachten ist (dazu oben § 8 Rz. 27 f.). Die ausländische Gesellschaft würde diskriminiert, wenn sie kein deutsches Vermögen im Wege der Gesamtrechtsnachfolge hinzuerwerben könne, die deutsche Gesellschaft jedoch umgekehrt ausländisches

---

98) *Lutter/Bayer/J. Schmidt*, EuropUntR, § 6 Rz. 72, S. 107 f.; *Veil*, Der Konzern 2007, 98, 99; *Vetter*, AG 2006, 613, 616; *Lutter/Drygala* in: Lutter, UmwG, § 1 Rz. 9; *Drinhausen* in: Semler/Stengel, UmwG, Einl. C Rz. 27; *Simon/Rubner*, KölnKomm-UmwG, Vor §§ 122a ff. Rz. 47; *Bungert*, BB 2006, 53, 55 f.; *Gesell/Krömker*, DB 2006, 2558; *Kallmeyer/Kappes*, AG 2006, 224, 234; *Krause/Kulpa*, ZHR 171 (2007), 38, 44 f.; *Louven*, ZIP 2006, 2021, 2023; *Siems*, EuZW 2006, 135, 137 f.; *Spahlinger/Wegen*, NZG 2006, 721, 725; *Teichmann*, ZIP 2006, 355, 358. Der Gesetzgeber hat allerdings ausdrücklich darauf verzichtet, andere Umwandlungen als die grenzüberschreitende Verschmelzung von Kapitalgesellschaften nach den §§ 122 ff. UmwG zu regeln, BT-Drucks. 16/2919, S. 11; grundsätzlich zur grenzüberschreitenden Verschmelzung von Personengesellschaften *Bungert/Schneider* in: GS Gruson, S. 37.

99) *Lutter/Drygala* in: Lutter, UmwG, § 1 Rz. 18; *Thümmel/Hack*, Der Konzern 2009, 1, 3 f.

100) Zum Meinungsstand vor der *Sevic*-Entscheidung s. *Heckschen* in: Widmann/Mayer, UmwG/UmwStG, § 1 UmwG Rz. 239 ff.

101) *Lutter/Bayer/J. Schmidt*, EuropUntR, § 6 Rz. 72, S. 107 f., *Bungert*, BB 2006, 53, 56; *Drinhausen* in: Semler/Stengel, UmwG, Einl. C Rz. 30; *Gesell/Krömker*, DB 2006, 2558; *Gottschalk*, EuZW 2006, 83, 84; *Hennrichs/Pöschke/von der Laage/Klavina*, WM 2009, 2009, 2012; *Koppensteiner*, Der Konzern 2006, 40, 41 f.; *Krause/Kulpa*, ZHR 171 (2007), 38, 45 f.; *Lutter/Drygala* in: Lutter, UmwG, § 1 Rz. 10; *Simon/Rubner*, KölnKomm-UmwG, Vor §§ 122a ff. Rz. 48 ff.; *Teichmann*, ZIP 2006, 355, 358; *Thümmel/Hack*, Der Konzern 2009, 1, 2 f.; *Vetter*, AG 2006, 613, 615 f.; abl. *Kindler* in: MünchKomm-BGB, IntGesR Rz. 896 ff., 909 ff.; *Kappes*, NZG 2006, 101; *Leible/Hoffmann*, RIW 2006, 161, 165 f.; *Oechsler*, NJW 2006, 812, 813.

102) *Lutter/Drygala* in: Lutter, UmwG, § 1 Rz. 18; *Thümmel/Hack*, Der Konzern 2009, 1, 3 f.; einschränkend *Hoffmann* in: MünchHdb-GesR, Bd. 6, § 53 Rz. 118; s. a. *Lutter/Bayer/J. Schmidt*, EuropUntR, § 6 Rz. 75, S. 109 f. (ergänzende Anwendung der §§ 122a ff. UmwG bei grundsätzlicher Geltung der §§ 2 ff. und 39 ff. UmwG).

Vermögen erwerben dürfe.[103] Gestützt wird diese Auffassung durch die Entscheidung des EuGH in der Rechtssache *Cartesio* (siehe hierzu oben § 8 Rz. 33 ff.). Dort entschied das Gericht zwar, die Niederlassungsfreiheit gebe einer Gesellschaft gegenüber ihrem Gründungsstaat nicht das Recht, identitätswahrend ihren tatsächlichen Verwaltungssitz in einen anderen Staat zu legen. In einem *obiter dictum* führten die Richter jedoch aus, es ließe sich im Lichte der Niederlassungsfreiheit nicht rechtfertigen, wenn der Gründungsstaat der EU-Gesellschaft dadurch, dass er ihre Auflösung und Liquidation verlangt, daran hindert, sich in eine Gesellschaft nach dem nationalen Recht eines anderen Mitgliedstaats umzuwandeln. Hierzu müsse allerdings das Recht des Zuzugsstaats diese Umwandlung gestatten. Beschränken dürfe der Wegzugsstaat die Umwandlung und damit die Niederlassungsfreiheit nur aus zwingenden Gründen des Allgemeininteresses (siehe bereits oben § 8 Rz. 52).[104]

63 Allerdings ist darauf hinzuweisen, dass in dieser Frage trotz der bejahenden h. Lit. **weniger Sicherheit** besteht als im Fall einer Hineinverschmelzung. Denn bislang fehlt eine Entscheidung des EuGH, der ein solcher Sachverhalt zugrunde liegt, wenngleich die Entscheidungsgründe in der Rechtssache *Sevic* sehr allgemein gehalten waren. Auf die Entscheidung in der Rechtssache *Cartesio* kann man sich nur bedingt stützen, weil die dortigen Ausführungen nur ein *obiter dictum* sind. Zudem wird für den Fall der Hinausverschmelzung vertreten, dass anders als bei der Hineinverschmelzung eher Gründe greifen, die Beschränkungen der Niederlassungsfreiheit aus der Sicht des deutschen Wegzugsstaats rechtfertigen, wie etwa Vorschriften zum Schutz der Gläubiger, Minderheitsgesellschafter und Arbeitnehmer (vgl. schon oben Rz. 32).[105]

64 Für die grenzüberschreitende **Spaltung** gelten die soeben gemachten Ausführungen zur grenzüberschreitenden Verschmelzung für Kapital- und Personengesellschaften entsprechend. Spaltungen hinaus und hinein sind damit nach

---

103) *Lutter/Drygala* in: Lutter, UmwG, § 1 Rz. 10; *Engert* in: Eidenmüller, § 4 Rz. 87 f.; s. a. Schlussantrag von Generalanwalt *Tizzano* in der Rechtssache *Sevic*, ZIP 2005, 1227, 1230, Ziff. 45 bis 51; krit. zu diesem Argument *Drinhausen* in: Semler/Stengel, UmwG, Einl. C Rz. 31 (im Ergebnis aber zust.).
104) So *Simon/Rubner*, KölnKomm-UmwG, Vor §§ 122a ff. Rz. 50.
105) *Lutter/Drygala* in: Lutter, UmwG, § 1 Rz. 10; vgl. auch *Heckschen* in: Widmann/Mayer, UmwG/UmwStG, § 1 UmwG Rz. 240 ff.

h. M. durch die Niederlassungsfreiheit geschützt und zulässig.[106] Es wird vorgeschlagen, die §§ 122a ff. UmwG sinngemäß anzuwenden.[107]
Auch für die **Vermögensübertragung** i. S. der §§ 174 ff. UmwG gelten die eben gemachten Ausführungen zur grenzüberschreitenden Verschmelzung entsprechend.[108]   65

Der grenzüberschreitende **Formwechsel** entspricht in der internationalen Dimension der grenzüberschreitenden Verlegung des Satzungssitzes.[109] Der EuGH hat mit seiner Entscheidung in der Rechtssache *VALE* gezeigt, dass die Niederlassungsfreiheit eine identitätswahrende Verlegung des Satzungssitzes sowohl aus Deutschland heraus als auch nach Deutschland hinein schützt und damit solche grenzüberschreitenden Formwechsel innerhalb der Europäischen Union möglich sind (siehe hierzu ausführlich oben § 8 Rz. 38 ff. und § 28 Rz. 25 ff. und Rz. 54 ff.). Ein solcher Formwechsel hat gegenüber der grenzüberschreitenden Verschmelzung nach den §§ 122a ff. UmwG den Vorteil, dass es zu keinem Rechtsträgerwechsel kommt.[110] Allerdings besteht noch keine Klarheit über die genauen Voraussetzungen für einen solchen Formwechsel, da es hierzu noch keine gesetzliche Grundlage gibt (siehe oben § 28 Rz. 35 und Rz. 54 ff.).   66

c) **Praxisempfehlung**

Voraussetzung ist bei allen beschriebenen außerhalb des Anwendungsbereichs der §§ 122a ff. UmwG liegenden grenzüberschreitenden Umwandlungen innerhalb der Europäischen Union, dass auch das ausländische Recht diese Form der Umwandlung bejaht. Es genügt daher nicht, sich an der h. A. im deutschen Recht zu orientieren. Das **ausländische Recht** ist sorgfältig darauf zu **prüfen**, ob es die grenzüberschreitende Umwandlung mitmacht. Dies fordert die Vereinigungstheorie (siehe oben Rz. 7 ff.). Selbst wenn dies der Fall sein sollte, werden regelmäßig Schwierigkeiten im deutschen wie im ausländischen Recht auftreten. Dies ist dem Umstand geschuldet, dass grenzüberschreitende Um-   67

---

106) *Behrens* in: Ulmer/Habersack/Winter, GmbHG, Einl. B Rz. 124 ff.; *Simon/Rubner*, KölnKomm-UmwG, Vor §§ 122a ff. Rz. 53; *Lutter/Drygala* in: Lutter, UmwG, § 1 Rz. 11; *Marsch-Barner* in: Kallmeyer, UmwG, Vor §§ 122a–122l Rz. 11; *Geyrhalter/Weber*, DStR 2006, 146, 150; *Krause/Kulpa*, ZHR 171 (2007), 38, 46 f.; *Meilicke/Rabback*, GmbHR 2006, 123, 126; *Siems*, EuZW 2006, 135, 139; *Veil*, Der Konzern 2007, 98, 99; einschränkend *Bungert*, BB 2006, 53, 55 f.; *Heckschen* in: Widmann/Mayer, UmwG/UmwStG, § 1 UmwG Rz. 262; *Leible/Hoffmann*, RIW 2006, 161, 165; abl. *Kindler* in: MünchKomm-BGB, IntGesR Rz. 909 ff.
107) *Veil*, Der Konzern 2007, 98, 105; vgl. auch *Vetter*, AG 2006, 616.
108) *Simon/Rubner*, KölnKomm-UmwG, Vor §§ 122a ff. Rz. 55.
109) Zum grenzüberschreitenden Formwechsel *Jaensch*, EWS 2007, 97.
110) *Weller*, LMK 2012, 336113, der z. B. darauf hinweist, dass daher anders als bei der grenzüberschreitenden Verschmelzung kein Eigentümerwechsel bezüglich übertragener Immobilien eintritt und entsprechend keine Grunderwerbsteuer nach § 1 Abs. 1 Nr. 3 GrEStG anfällt.

wandlungen auf Ebene der Europäischen Union außerhalb der Verschmelzungsrichtlinie nicht geregelt sind. In Deutschland gibt es außerhalb der Umsetzungsnormen der §§ 122a ff. UmwG keine Regelungen. Dies mag im ausländischen Recht ebenso sein. Die beteiligten Rechte werden schon deswegen nicht aufeinander abgestimmt sein, sodass es Reibungen geben wird. Daher ist es dringend zu empfehlen, die zuständigen **Registergerichte** und **Behörden** frühzeitig **einzubinden** und die einzelnen Schritte mit ihnen genau abzusprechen. Nur so kann gewährleistet werden, dass die jeweiligen zuständigen Stellen überhaupt zur Durchführung und Eintragung einer solchen Umwandlung bereit sind und die von ihnen verlangten Voraussetzungen erfüllt werden. Eine zu späte oder gar fehlende Abstimmung kann unnötige Kosten sowie Zeitverzögerungen oder gar den Abbruch des Umwandlungsvorgangs hervorrufen.

D. Alternativen

68 Die bisherigen Ausführungen zur grenzüberschreitenden Umwandlung zeigen, wie schwierig und unsicher diese Form der Umwandlung ist. Nur die grenzüberschreitende Verschmelzung von EU-/EWR-Kapitalgesellschaften ist gesetzlich geregelt. Für die Praxis ist es daher erforderlich, stets Alternativen darauf zu prüfen, ob sich damit das angestrebte Ziel ebenso erreichen lässt. Im Vordergrund steht häufig, eine steueroptimale Transaktionsstruktur zu schaffen. Steuererwägungen sind also maßgebend, insbesondere wenn eine Ersatzkonstruktion zur ungewollten Folge führen würde, dass stille Reserven aufzudecken sind. An dieser Stelle kann nicht auf Steuerfragen und -folgen eingegangen werden.[111] Im Folgenden ist daher vielmehr beispielhaft lediglich zu zeigen, welche gesellschaftsrechtlichen Alternativen es (einzeln oder kombiniert) zu den bisher dargestellten Umwandlungsformen gibt. Einen Anspruch darauf, erschöpfend zu sein, erheben die folgenden Abschnitte jedoch nicht.

I. Gesamtrechtsnachfolge

69 Ist die **übertragende Gesellschaft** eine **inländische Personengesellschaft**, lässt es sich ausnutzen, dass eine solche Gesellschaft mindestens zwei Gesellschafter haben muss und beim Ausscheiden des vorletzten Gesellschafters das gesamte Vermögen der Gesellschaft im Wege der Gesamtrechtsnachfolge auf den verbliebenen Gesellschafter übergeht (häufig bezeichnet als Anwachsung).[112] Diese Rechtsfolge wird in der Praxis häufig geprüft und genutzt, um inländisches Vermögen auf eine ausländische Gesellschaft übergehen zu lassen und

---

111) S. hierzu unten § 34 Rz. 20 ff. sowie etwa *Engert* in: Eidenmüller, § 8 Rz. 122 ff.
112) *Hopt* in: Baumbach/Hopt, HGB, § 131 Rz. 39; *Ulmer/Schäfer* in: MünchKomm-BGB, § 718 BGB Rz. 13; *Schäfer* in: Staub, HGB, § 131 Rz. 8 m. w. N.; *Bücker* in: Hirte/Bücker, § 3 Rz. 67 ff.; *Spahlinger/Wegen* in: Spahlinger/Wegen, IntGesR, Rz. 515; dies ist keine Anwachsung nach § 738 Abs. 1 Satz 1 BGB, *Hopt* in: Baumbach/Hopt, HGB, § 131 Rz. 35, so aber *Süß* in: Süß/Wachter, Hdb. Int. GmbHR, Rz. 150.

damit bspw. ein der grenzüberschreitenden Verschmelzung vergleichbares Ergebnis zu erzielen.

Ausgangspunkt ist eine deutsche Personengesellschaft, häufig eine GmbH & Co. KG, an der u. a. bspw. die erworbene **ausländische Zielgesellschaft** als Gesellschafterin **beteiligt** ist.[113] Dieser Personengesellschaft ist das Gesamthandsvermögen zugeordnet, das auf den ausländischen Gesellschafter übergehen soll. Sie kann entweder bereits in dieser Form bestehen oder erst durch inländische Umstrukturierungen geschaffen werden, wie etwa indem der eigentliche Rechtsträger des Vermögens auf sie verschmolzen wird oder sein Vermögen auf sie durch Spaltung überträgt. Anschließend treten alle Gesellschafter bis auf den ausländischen vollständig aus der Personengesellschaft aus. Es verbleibt damit nur noch die ausländische Zielgesellschaft als Gesellschafterin, sodass auf sie das gesamte inländische Gesellschaftsvermögen im Wege der **Gesamtrechtsnachfolge** übergeht.

70

Dieses Modell hat den Vorteil, dass das für den Zielrechtsträger zuständige ausländische Gericht oder Gesellschaftsregister (sofern es ein solches gibt) anders als etwa bei einer Verschmelzung regelmäßig nicht zu beteiligen sein wird, weil sich die Anordnung der Gesamtrechtsnachfolge jedenfalls nach umstrittener Auffassung allein nach dem Recht des übertragenden Rechtsträgers richtet (siehe oben Rz. 15 ff., dort aber auch zu der Frage des Vollzugs der Gesamtrechtsnachfolge). Es ist daher grundsätzlich nicht erforderlich, sich mit dem ausländischen Register abzustimmen. Für die Praxis empfiehlt es sich dennoch, unbedingt die Frage mit einem Rechtsberater aus dem Land des Zielrechtsträgers zu klären. Im deutschen Register der Personengesellschaft wird jedenfalls lediglich eingetragen werden, dass diese erloschen ist und die ausländische Zielgesellschaft als einzige verbliebene Gesellschafterin das Geschäft und das Vermögen der Personengesellschaft ohne Liquidation mit allen Aktiven und Passiven übernommen hat.[114]

71

Ob diese Alternative auch umgekehrt mit einer **übertragenden ausländischen Personengesellschaft** und einer inländischen Zielgesellschaft durchführbar ist, hängt davon ab, ob das ausländische Recht wie das deutsche Recht für Personengesellschaften mindestens zwei Gesellschafter verlangt und bei Ausscheiden des vorletzten Gesellschafters die Gesamtrechtsnachfolge anordnet. Dies ist im Einzelfall zu prüfen.

72

---

113) Zur Zulässigkeit einer ausländischen Gesellschaft als Komplementärin einer GmbH & Co. KG s. OLG Frankfurt a. M., NZG 2006, 830; LG Bielefeld, NZG 2006, 504; *Bungert*, AG 1995, 489, 503; *Binz/Mayer*, GmbHR 2003, 249, 250; *Rehm* in: Eidenmüller, § 4 Rz. 51 ff.; *Roth* in: Roth/Altmeppen, GmbHG, § 4a Rz. 75.

114) Zu den Steuerfolgen *Breiteneicher*, DStR 2004, 1405; *Engert* in: Eidenmüller, § 8 Rz. 190 ff.; *Schneider/Roderburg* in: Lüdicke/Sistermann, Unternehmenssteuerrecht, § 12 Rz. 95 ff.; *Stengel* in: Haritz/Menner, UmwStG, Einf. A Rz. 57 ff.

73 Im jedem Fall ist zu prüfen, ob dieser Weg möglicherweise deswegen nachteilig ist, weil wichtige Verträge der Personengesellschaft einschlägige **Sonderkündigungsrechte** vorsehen. Hier kann es ratsam sein, mit solchen Vertragspartnern im Vorfeld zu klären, ob sie beabsichtigen, ihr Sonderkündigungsrecht auszuüben und wenn ja, wie sich dieses vermeiden lässt.

II. Anteilstausch

74 Bei dieser Variante werden die übertragende (inländische oder ausländische) Gesellschaft und die (inländische oder ausländische) Zielgesellschaft zunächst in der Weise zusammengeführt, dass die Gesellschafter der übertragenden Gesellschaft ihre Geschäftsanteile gegen solche der Zielgesellschaft tauschen. Sie sind damit Gesellschafter der Zielgesellschaft, und diese ist wiederum alleinige Gesellschafterin der übertragenden Gesellschaft, sofern alle Gesellschafter ihre Anteile getauscht haben. Die übertragende Gesellschaft wird nun liquidiert, sodass ihr gesamtes Vermögen an die Zielgesellschaft als Alleingesellschafterin ausgekehrt wird.[115]

75 Dieser Weg könnte möglicherweise dann nicht empfehlenswert sein, wenn wichtige Verträge der übertragenden Gesellschaft **Sonderkündigungsrechte** für die Vertragspartner bei einem Kontrollwechsel auf der Gesellschafterebene (Change of Control) enthalten. In diesem Fall kann es ratsam sein, mit solchen Vertragspartnern im Vorfeld zu klären, ob sie beabsichtigen, ihr Sonderkündigungsrecht auszuüben und wenn ja, wie sich dieses vermeiden lässt.

III. Unternehmenseinbringung

76 Alternativ kann die übertragende (inländische oder ausländische) Gesellschaft (regelmäßig mit der erforderlichen Zustimmung der Gesellschafter) ihr gesamtes Vermögen oder Teile hiervon im Wege der Einbringung auf die (inländische oder ausländische) Zielgesellschaft übertragen. Als Gegenleistung hierfür erhält sie Geschäftsanteile der Zielgesellschaft. Wird sie in einem weiteren Schritt liquidiert, erhalten ihre Gesellschafter die Geschäftsanteile an der Zielgesellschaft im Wege der Auskehrung.[116]

77 Dieser Weg hat allerdings den Nachteil, dass das Vermögen der übertragenden Gesellschaft durch Einzelrechtsnachfolge übertragen wird (Asset Deal). Durch die Einzelrechtsübertragung ist es – jedenfalls sofern deutsches Recht anwendbar ist – bspw. grundsätzlich erforderlich, dass jeder Vertragspartner eines Vertrags mit der übertragenden Gesellschaft zustimmt, dass der Vertrag auf die Zielgesellschaft übertragen wird (siehe oben § 2 Rz. 150 ff.). Vertragspartner

---

115) Zu den Steuerfolgen *Engert* in: Eidenmüller, § 8 Rz. 173 ff.; *Jacobs*, Int. Unternehmensbesteuerung, Teil 6 Kap. 6 C. II. 3, S. 1297 f.

116) Zu den Steuerfolgen *Engert* in: Eidenmüller, § 8 Rz. 183 ff.; *Moszka* in: Semler/Stengel, UmwG, Einl. B Rz. 18 ff.; *Stengel* in: Haritz/Menner, UmwStG, Einf. A Rz. 66 ff.

könnten diese Situation ausnutzen, um die Vertragsbedingungen neu auszuhandeln, sich also die Zustimmung „*abkaufen*" lassen. Teilweise mag es auch deswegen nicht leicht sein, die erforderlichen Zustimmungen zu erhalten, weil sich die Nationalität der Gesellschaft als Vertragspartner ändern würde: Die übertragende Gesellschaft würde gegen die Zielgesellschaft anderer Nationalität ausgetauscht. Nicht selten mag aus diesem Grund die Zustimmung verweigert werden. Diese möglichen Schwierigkeiten lassen sich mit einer Verschmelzung vermeiden, da hierfür die Zustimmungen Dritter nicht erforderlich sind, wenngleich im Einzelfall Sonderkündigungsrechte greifen können.[117]

Auch alle sonst bei einem Asset Deal erforderlichen Zustimmungen Dritter müssen eingeholt werden (siehe oben § 1 Rz. 20 f.). 78

IV. Grenzüberschreitende Verschmelzung nach Umstrukturierung

Schließlich kann es sich empfehlen, durch Umstrukturierungen den Weg für eine grenzüberschreitende Verschmelzung nach den §§ 122a ff. UmwG frei zu machen. So könnte bspw. im Fall der gewünschten Verschmelzung einer Personengesellschaft das zur Übertragung vorgesehene Vermögen dieser Gesellschaft in einem ersten Schritt durch eine rein inländische Verschmelzung oder Spaltung auf eine Kapitalgesellschaft übertragen werden. Die übertragende Personenhandelsgesellschaft könnte möglicherweise auch durch Formwechsel die Gestalt einer Kapitalgesellschaft annehmen. In einem zweiten Schritt würde dann die neue Kapitalgesellschaft auf eine ausländische EU- oder EWR-Kapitalgesellschaft nach den §§ 122a ff. UmwG verschmolzen. Dieser Weg bietet Sicherheit, indem er es ermöglicht, die §§ 122a ff. UmwG direkt anzuwenden und nicht wie bei den oben diskutierten Fällen der grenzüberschreitenden Umwandlungen allenfalls entsprechend (dazu oben Rz. 56 ff.). 79

Im Fall der gewünschten Verschmelzung einer Gesellschaft aus einem Staat, der nicht zu den EU-/EWR-Staaten zählt, auf eine deutsche Gesellschaft, wäre zu prüfen, ob diese Gesellschaft durch eine sog. Kettenverschmelzung nach Deutschland verschmolzen werden kann. So ist bspw. die Verschmelzung einer Nicht-EU-/EWR-Auslandsgesellschaft auf eine österreichische Kapitalgesellschaft nach österreichischem Recht zulässig.[118] Damit könnte die Nicht-EU-/EWR-Auslandsgesellschaft zunächst auf eine österreichische Kapitalgesellschaft verschmolzen werden und anschließend die österreichische übernehmende Ka- 80

---

117) *Kübler* in: Semler/Stengel, UmwG, § 20 Rz. 2; *Vossius* in: Widmann/Mayer, UmwG/UmwStG, § 20 UmwG Rz. 26; zu möglichen Sonderkündigungsrechten *Simon* in: KölnKomm-UmwG, § 2 Rz. 58 ff.; *Marsch-Barner* in: Kallmeyer, UmwG, § 20 Rz. 10.

118) *Eckert* in: Kalss, Einl. zu EU Rz. 38 ff. In Frage kommt bspw. die Verschmelzung einer schweizerischen mit einer österreichischen Kapitalgesellschaft, vgl. hierzu allgemein *Pollak*, passim; zu steuerrechtlichen Folgen *Hruschka*, IStR 2012, 844.

pitalgesellschaft auf eine deutsche Kapitalgesellschaft nach den §§ 122a ff. UmwG i. V. m. den entsprechenden österreichischen Verschmelzungsvorschriften.[119]

E. Eingliederung

81 Abzugrenzen von der Umwandlung ist die Eingliederung. Bei ihr wird weder das Vermögen einer Gesellschaft übertragen noch wechselt eine Gesellschaft ihr Rechtskleid. Vielmehr wird ein **Konzernverhältnis** zwischen zwei Gesellschaften **geschaffen**, welches der Hauptgesellschaft ermöglichen soll, die Tochtergesellschaft umfassend zu leiten.[120] Die Eingliederung wirkt freilich nach Ansicht des Gesetzgebers wirtschaftlich wie eine Verschmelzung, weil die eingegliederte Gesellschaft wirtschaftlich zu einer Betriebsabteilung der Hauptgesellschaft wird oder einer solchen zumindest nahesteht.[121]

82 **Grenzüberschreitend** ist eine Eingliederung **nicht möglich**. Die Eingliederung einer deutschen in eine ausländische Gesellschaft scheitert an § 319 Abs. 1 AktG, wonach nur die Eingliederung *„in eine andere Aktiengesellschaft mit Sitz im Inland"* gestattet ist. Und die Eingliederung einer ausländischen in eine deutsche Gesellschaft wird praktisch immer daran scheitern, dass ausländischen Rechtsordnungen die Rechtsfigur der Eingliederung fremd ist.[122]

---

119) Zur grenzüberschreitenden Verschmelzung zwischen Deutschland und Österreich s. *Herrler/Schneider*, GmbHR 2011, 795.
120) Näher hierzu *Grunewald* in: MünchKomm-AktG, Vor § 319 AktG Rz. 3; *Singhof* in: Spindler/Stilz, AktG, § 319 Rz. 2.
121) *Kropff*, Begründung des Regierungsentwurfs (AktG 1965), S. 429 und 431.
122) *Kindler* in: MünchKomm-BGB, IntGesR Rz. 861; *Großfeld* in: Staudinger, BGB, IntGesR Rz. 705.

Kapitel 2 Arbeitsrecht und Kartellrecht

§ 30 Arbeitsrechtliche Fragen grenzüberschreitender Verschmelzungen

Übersicht

A. Einleitung 1	C.	Ablauf des Verfahrens zum Abschluss einer Beteiligungsvereinbarung 7
B. Voraussetzungen für die Anwendung der Regelungen des MgVG 4	D.	Mitbestimmung kraft Gesetzes 11
	E.	Besondere Konstellationen 16

Literatur: *Dzida/Schramm*, Arbeitsrechtliche Pflichtangaben bei innerstaatlichen und grenzüberschreitenden Verschmelzungen, NZG 2008, 521; *Forst*, Die Beteiligungsvereinbarung nach § 21 SEBG, 2010; *Habersack*, Grundsatzfragen der Mitbestimmung in SE und SCE sowie bei grenzüberschreitender Verschmelzung, ZHR 2007, 613; *Lunk/Hinrichs*, Die Mitbestimmung der Arbeitnehmer bei grenzüberschreitender Verschmelzung nach dem MgVG, NZA 2007, 773; *Müller-Bonanni/Müntefering*, Grenzüberschreitende Verschmelzung ohne Arbeitnehmerbeteiligung? NJW 2009, 2347; *Müller-Bonanni/Müntefering*, Arbeitnehmerbeteiligung bei SE-Gründung und grenzüberschreitender Verschmelzung im Vergleich, BB 2009, 1695; *Nagel/Freis/Kleinsorge*, Beteiligung der Arbeitnehmer im Unternehmen auf der Grundlage des europäischen Rechts, Kommentar, 2. Aufl., 2009 (zit.: Beteiligung der Arbeitnehmer); *Nagel*, Das Gesetz über die Mitbestimmung der Arbeitnehmer bei grenzüberschreitender Verschmelzung (MgVG), NZG 2007, 57.

A. Einleitung

Die auf europäischer Ebene erzielte Einigung über das Mitbestimmungsstatut 1
der Europäischen Gesellschaft in Gestalt der **SE-Richtlinie** diente als **Regelungsvorbild** für die mitbestimmungsrechtlichen Regelungen der Verschmelzungsrichtlinie.[1)] Dies gilt insbesondere hinsichtlich des Verhandlungsmodells.[2)] Im deutschen Recht wurde die Verschmelzungsrichtlinie umgesetzt in den §§ 122a bis 122l UmwG in Bezug auf die gesellschaftsrechtlichen Regelungen sowie im Gesetz zur Umsetzung der Regelungen über die Mitbestimmung der Arbeitnehmer bei einer Verschmelzung von Kapitalgesellschaften aus verschiedenen Mitgliedstaaten (MgVG) hinsichtlich der mitbestimmungsrechtlichen Aspekte. Dementsprechend besteht zwischen SEBG und MgVG eine weitgehende Konformität, insbesondere im Hinblick auf das Verfahren zur Errichtung eines besonderen Verhandlungsgremiums (BVG), mit dem die Unternehmensleitungen über eine

---

1) Richtlinie 2005/56/ EG des Europäischen Parlaments und des Rates v. 26.10.2005 über die Verschmelzung von Kapitalgesellschaften aus verschiedenen Mitgliedstaaten, ABl. (EG) 2003 L 310, S. 1.
2) *Thüsing/Forst* in: Habersack/Drinhausen, SE-Recht, MgVG Einl. Rz. 2 m. weiterführenden Hinweisen zur Entstehungsgeschichte.

Beteiligungsvereinbarung verhandeln sollen.³⁾ Ähnlich wie bei der SE gilt dabei das MgVG nur für Vorgänge, bei denen der aufnehmende Rechtsträger seinen **Sitz im Inland** hat, sprich für Fälle der **Hereinverschmelzung** (§ 3 Abs. 1 Satz 1 MgVG). Bei **Hinausverschmelzungen** richtet sich die Unternehmermitbestimmung nach dem Recht am Sitz der aufnehmenden Gesellschaft; das MgVG gilt in diesem Fall allerdings für die Wahl der deutschen Mitglieder des BVG.⁴⁾

2 Dabei darf jedoch nicht übersehen werden, dass mitunter auch **erhebliche Unterschiede** zwischen beiden Gesetzen zu verzeichnen sind, die sich daraus ergeben, dass das SEBG den Mitbestimmungsstatus eines neugegründeten **Rechtsträgers supranationalen Charakters** regelt, während das **MgVG** als reines **Mitbestimmungssicherungsgesetz** zu verstehen ist, das nur dann zur Anwendung gelangt, wenn die Anwendung des Sitzstaatsprinzips zu einer Einbuße an Mitbestimmungsrechten führen würde.⁵⁾ Dementsprechend basiert das MgVG auf der Grundkonzeption, dass sich das Mitbestimmungsstatut der aufnehmenden Gesellschaft grundsätzlich nach dem Mitbestimmungsrecht des Mitgliedstaats bestimmt, in dem die Gesellschaft ihren **Satzungssitz** hat (vgl. § 4 MgVG). Nur wenn dies zu einer **Minderung der Mitbestimmungsrechte** der Arbeitnehmer der übertragenen Gesellschaft führt, sieht § 5 MgVG vor, dass unter bestimmten Voraussetzungen die Regelungen über die Mitbestimmung der Arbeitnehmer kraft Vereinbarung oder kraft Gesetzes Anwendung finden (siehe hierzu noch ausführlich unter Rz. 5 ff.).

3 Im Hinblick auf das Verschmelzungsverfahren ist im Vergleich zur innerstaatlichen Verschmelzung noch folgende **Besonderheit** zu beachten: Während bei innerstaatlichen Sachverhalten **Angaben über die Folgen der Verschmelzung für die Arbeitnehmer** und ihre Vertretungen sowie über die insoweit vorgesehenen Maßnahmen in den **Verschmelzungsvertrag** aufzunehmen sind, gehören Angaben über die Auswirkungen der grenzüberschreitenden Verschmelzung auf die Arbeitnehmer nicht in den Verschmelzungsplan (dem Pendant zum Verschmelzungsvertrag), sondern in den **Verschmelzungsbericht** (§ 122e Satz 1 UmwG).⁶⁾ Dementsprechend ist auch bei grenzüberschreitenden Verschmelzungen nicht der Verschmelzungsplan, sondern der Verschmelzungsbericht dem zuständigen **Betriebsrat zuzuleiten** (§ 122e Satz 2 UmwG).⁷⁾ Eine weitere wesent-

---

3) *Habersack* in: Ulmer/Habersack/Henssler, Mitbestimmungsrecht, MgVG Rz. 20.
4) *Müller-Bonanni/Müntefering*, NJW 2009, 2347; *Thüsing/Forst* in: Habersack/Drinhausen, SE-Recht, MgVG Einl. Rz. 2 m. weiterführenden Hinweisen zur Entstehungsgeschichte, § 3 MgVG Rz. 9.
5) *Habersack*, ZHR 171 (2007), 613, 618; *Nagel* in: Nagel/Freis/Kleinsorge, Beteiligung der Arbeitnehmer, § 5 MgVG Rz. 3.
6) Vgl. hierzu: *Hohenstatt/Dzida* in: Henssler/Willemsen/Kalb, ArbR, MgVG Rz. 4 m. w. N. und *Dzida/Schramm*, NZG 2008, 521.
7) Vgl. weiterführend zu arbeitsrechtlichen Pflichtangaben im Verschmelzungsvertrag und im Verschmelzungsbericht *Dzida/Schramm*, NZG 2008, 521.

liche Abweichung zu innerstaatlichen Sachverhalten besteht darin, dass der Verschmelzungsbericht in Ermangelung einer Arbeitnehmervertretung den Arbeitnehmern zugänglich zu machen ist (§ 122e Satz 2 UmwG) während eine solche Pflicht bei innerstaatlichen Verschmelzungen nicht besteht.[8]

B. Voraussetzungen für die Anwendung der Regelungen des MgVG

Die §§ 4 und 5 MgVG enthalten die zentralen Regelungen, die darüber bestimmen, wie die Mitbestimmung im aufnehmenden Rechtsträger einer grenzüberschreitenden Verschmelzung ausgestaltet wird. Zunächst enthält § 4 MgVG den **Grundsatz**, wonach auf die aus einer grenzüberschreitenden Verschmelzung hervorgehende Gesellschaft die Regelungen über die Mitbestimmung der Arbeitnehmer des Mitgliedstaats Anwendung finden, in dem diese Gesellschaft ihren Sitz hat.[9]

Von diesem Grundsatz weicht § 5 MgVG ab, der vorsieht, dass die Regelungen über die **Mitbestimmung** der Arbeitnehmer **kraft Vereinbarung** oder **kraft Gesetzes** Anwendung finden, wenn eine der folgenden drei Konstellationen vorliegt:

- In den sechs Monaten vor der Veröffentlichung des Verschmelzungsplans beschäftigt mindestens eine der beteiligten Gesellschaften durchschnittlich mehr als 500 Arbeitnehmer und es besteht in dieser Gesellschaft ein System der Mitbestimmung i. S. des § 2 Abs. 7 MgVG (Nr. 1); oder

- das für die aus einer grenzüberschreitenden Verschmelzung hervorgehende Gesellschaft maßgebende innerstaatliche Recht sieht nicht mindestens den gleichen Umfang an Mitbestimmung der Arbeitnehmer vor, wie er in den jeweiligen an der Verschmelzung beteiligten Gesellschaften bestand, wobei hierzu abzustellen ist auf den Anteil der Arbeitnehmervertreter in Verwaltungs- oder Aufsichtsorganen, in Ausschüssen in denen die Mitbestimmung der Arbeitnehmer erfolgt oder im Leitungsgremium, das für die Ergebniseinheiten der Gesellschaften zuständig ist (Nr. 2); oder

- das für die aus einer grenzüberschreitenden Verschmelzung hervorgehende Gesellschaft maßgebende innerstaatliche Recht sieht für Arbeitnehmer in Betrieben dieser Gesellschaft, die sich in anderen Mitgliedstaaten befinden, nicht den gleichen Anspruch auf Ausübung von Mitbestimmung vor, wie sie den Arbeitnehmern in demjenigen Mitgliedstaat gewährt wird, in dem die aus der grenzüberschreitenden Verschmelzung hervorgehende Gesellschaft ihren Sitz hat (Nr. 3).

Die Regelungen über die Mitbestimmung kraft Vereinbarung oder kraft Gesetzes gemäß dem MgVG greifen nach h. M. dann ein, wenn eine der drei Konstella-

---

8) *Hohenstatt/Schramm* in: KölnKomm-UmwG, § 5 Rz. 254; *Hohenstatt/Dzida* in: Henssler/Willemsen/Kalb, ArbR, MgVG Rz. 4.
9) *Müller-Bonanni/Müntefering*, NJW 2009, 2347.

tionen vorliegt, sprich, die drei Varianten stehen in einem **Alternativitätsverhältnis** zueinander.[10] Nach der Gegenansicht greift § 5 MgVG nur ein, wenn zusätzlich zum Tatbestand der Nr. 1 auch die Voraussetzungen der Nr. 2 oder Nr. 3 erfüllt sind. Für die h. M. spricht jedoch v. a. der Wortlaut von Art. 16 der Verschmelzungsrichtlinie, da dort alle drei Varianten jeweils mit einem „oder" verbunden sind.

C. Ablauf des Verfahrens zum Abschluss einer Beteiligungsvereinbarung

7 Sind die Voraussetzungen des § 5 MgVG gegeben, besteht – wie auch bei Gründung einer SE – die Verpflichtung zur **Aufnahme von Verhandlungen** über eine **Beteiligungsvereinbarung**. Die Regelungen zur Bildung und Zusammensetzung des Besonderen Verhandlungsgremiums (BVG) sowie zur Durchführung des Verhandlungsverfahrens in den §§ 6 bis 21 MgVG sind nahezu identisch mit den entsprechenden Regelungen des **SEBG**. Daher wird diesbezüglich verwiesen auf die entsprechenden Ausführungen unter § 45 Rz. 4 ff. Im Folgenden sei somit nur auf die vom Verfahren nach dem SEBG **abweichenden Regelungen** hingewiesen:

8 Anders als im Verfahren nach dem SEBG, eröffnet das MgVG der Unternehmensleitung der an der Verschmelzung beteiligten Gesellschaften die Möglichkeit, von vornhinein die **gesetzliche Auffangregelung** ohne vorangehende Verhandlung und damit unter Vermeidung der Konstituierung des BVG und des Verhandlungsverfahrens zur Anwendung zu bringen (vgl. § 23 Abs. 1 Satz 1 Nr. 3 MgVG).[11] Nach dem SEBG besteht ein solches einseitiges Recht der Unternehmensleitung nicht. Sinn und Zweck der Regelung ist es, eine **beschleunigte Durchführung** von grenzüberschreitenden Verschmelzungen zu ermöglichen, ohne das aufwendige Verhandlungsverfahren durchführen zu müssen.[12]

9 Ein weiterer wesentlicher Unterschied zum Verfahren nach dem SEBG besteht darin, dass das MgVG weder im Hinblick auf die Beteiligungsvereinbarung, noch im Hinblick auf die gesetzliche Auffangregelung ein **Verfahren zur Unterrichtung und Anhörung von Arbeitnehmern** – sprich eine Form der betrieblichen Mitbestimmung, wie etwa einen SE-Betriebsrat – vorsieht.[13] Vielmehr richtet sich das Verfahren zur Unterrichtung und Anhörung von Arbeitnehmern im Fall einer grenzüberschreitenden Verschmelzung nach dem **Gesetz über Europäische**

---

10) *Hohenstatt/Dzida* in: Henssler/Willemsen/Kalb, ArbR, MgVG Rz. 8; *Müller-Bonanni/Müntefering*, NJW 2009, 2347, 2349; *Habersack* in: Ulmer/Habersack/Henssler, Mitbestimmungsrecht, § 5 MgVG Rz. 8; a. A. *Thüsing/Forst* in: Habersack/Drinhausen, SE-Recht, § 5 MgVG Rz. 2 ff.
11) S. weiterführend zu den Folgen eines Beschlusses nach § 23 Abs. 1 Nr. 3 MgVG und dem Verhältnis zu einem Beschluss des BVG nach § 18: *Müller-Bonanni/Müntefering*, NJW 2009, 2397, 2351 f.
12) *Hohenstatt/Dzida* in: Henssler/Willemsen/Kalb, ArbR, MgVG Rz. 19.
13) *Thüsing/Forst* in: Habersack/Drinhausen, SE-Recht, MgVG Einl. Rz. 29.

Betriebsräte (EBRG).[14] Dieses sieht zwar – sofern dessen Anwendungsvoraussetzungen gegeben sind – ebenfalls ein Verhandlungsverfahren vor. Dessen Abschluss ist jedoch – anders als im Falle einer SE-Gründung – keine Voraussetzung für die Eintragung der Verschmelzung.[15] Im Falle der Gründung einer SE entfällt dagegen ein bestehender Europäischer Betriebsrat mit Eintragung der SE.[16]

Schließlich führt ein Beschluss des BVG zur **Nichtaufnahme bzw. zum Abbruch** von Verhandlungen im SEBG und im MgVG zu unterschiedlichen Ergebnissen. Im Rahmen der Gründung einer SE hat ein solcher Beschluss zur Folge, dass die gesetzliche Auffangregelung über die Mitbestimmung und den SE Betriebsrat kraft Gesetzes keine Anwendung findet. Die SE bleibt damit mitbestimmungsfrei (vgl. § 16 Abs. 2 Satz 2 SEBG).[17] Dagegen sieht das MgVG vor, dass im Falle eines solchen Beschlusses das **Recht des Sitzstaats** der aus der grenzüberschreitenden Verschmelzung hervorgehenden Gesellschaft maßgeblich bleibt (§ 18 MgVG). Befindet sich der aufnehmende Rechtsträger im Inland, finden daher nach wie vor das MitbestG oder das DrittelbG Anwendung, sofern die maßgeblichen Schwellenwerte erreicht werden.[18]

10

D. Mitbestimmung kraft Gesetzes

Die Regelungen zur Mitbestimmung kraft Gesetzes greifen ein, wenn die Voraussetzungen des § 5 MgVG erfüllt sind und die **Verhandlungen mit dem BVG** bis zum Ende der sechsmonatigen Verhandlungsfrist **ergebnislos** verlaufen sind oder die Parteien die **Anwendung der gesetzlichen Auffangregelungen** vereinbart haben oder schließlich die Unternehmensleitungen einseitig entschieden haben, dass die Mitbestimmung kraft Gesetzes ohne vorhergehende Verhandlungen Anwendung finden soll (vgl. § 23 Abs. 1 Satz 1 MgVG). Gemäß § 23 Abs. 1 Satz 2 MgVG gilt dies im Falle eines entsprechenden **Beschlusses der Leitungen** oder bei erfolglosem Ablauf der Verhandlungsfrist mit dem BVG nur dann, wenn vor Eintragung der aus der grenzüberschreitenden Verschmelzung hervorgehenden Gesellschaft in einer oder mehreren beteiligten Gesellschaften eine oder mehrere Formen der **Mitbestimmung** bestanden haben, die

11

- sich auf mindestens ein Drittel der Gesamtzahl der Arbeitnehmer aller beteiligten Gesellschaften und betroffenen Tochtergesellschaften erstreckte, oder
- sich auf weniger als ein Drittel der Gesamtzahl der Arbeitnehmer aller beteiligten Gesellschaften und betroffene Tochtergesellschaften erstreckte und
- das besondere Verhandlungsgremium einen entsprechenden Entschluss fasst.

---

14) *Thüsing/Forst* in: Habersack/Drinhausen, SE-Recht, §§ 6–21 MgVG Rz. 9.
15) *Habersack*, ZHR 171 (2007), 613, 624.
16) Vgl. hierzu auch *Müller-Bonanni/Müntefering*, BB 2009, 1699, 1700 f.
17) *Müller-Bonanni/Müntefering*, BB 2009, 1609, 1701.
18) *Müller-Bonanni/Müntefering*, BB 2009, 1699, 1701.

12 Dabei fällt auf, dass der entsprechende **Schwellenwert** des MgVG im Vergleich zum SEBG, das einen Schwellenwert von einem Viertel vorsieht, heraufgesetzt wurde. Allerdings kann das BVG bei Unterschreiten des Schwellenwerts die Anwendung der Auffangregelung durch Beschluss erzwingen (§ 23 Abs. 1 Satz 2 lit. b MgVG).

13 Liegen die Voraussetzungen des § 23 Abs. 1 MgVG für das Eingreifen der gesetzlichen Auffangregelung vor, bestanden jedoch in den verschiedenen an der Verschmelzung beteiligten Gesellschaften zuvor **mehrere Formen der Mitbestimmung**, entscheidet in erster Linie das BVG, welche Form der Mitbestimmung in der von der grenzüberschreitenden Verschmelzung hervorgehenden Gesellschaft eingeführt wird (§ 23 Abs. 1 Satz 1 MgVG). Fasst das BVG keinen entsprechenden Beschluss und ist an der Verschmelzung eine inländische Gesellschaft beteiligt, deren Arbeitnehmern Mitbestimmungsrechte zustehen, greift die Form der Mitbestimmung nach dem **Repräsentationsmodell** gemäß § 2 Abs. 7 Nr. 1 MgVG ein, d. h. die Mitbestimmung erfolgt durch Arbeitnehmervertreter im Aufsichts- oder Verwaltungsorgan der Gesellschaft (§ 23 Abs. 2 Satz 2 MgVG). Ist dagegen keine inländische Gesellschaft beteiligt, deren Arbeitnehmern Mitbestimmungsrechte zustehen, findet diejenige Form der Mitbestimmung Anwendung, die sich auf die höchste Zahl der in den beteiligten Gesellschaften beschäftigten Arbeitnehmern erstreckt (vgl. § 23 Abs. 2 Satz 3 MgVG).

14 Die Höhe des **Anteils der Arbeitnehmervertreter** im Aufsichts- oder Verwaltungsorgan der aus der grenzüberschreitenden Verschmelzung hervorgehenden Gesellschaft richtet sich nach dem höchsten Anteil an Arbeitnehmervertretern, der in den Organen der beteiligten Gesellschaften vor der Eintragung der Verschmelzung bestanden hat (§ 24 Abs. 1 Satz 2 MgVG). Im Ergebnis bleibt damit das **höchste Mitbestimmungsniveau** erhalten, das in einer der an der grenzüberschreitenden beteiligten Gesellschaften gegolten hat.[19] Dieses Mitbestimmungsniveau besteht **statisch fort** und verändert sich auch nicht bei künftigen Schwankungen der Arbeitnehmerzahlen.[20] Mithin ist auch nach dem MgVG das Einfrieren eines bestimmten Mitbestimmungsniveaus möglich.[21]

15 Die **Verteilung der Sitze** der Arbeitnehmervertreter im Aufsichts- oder Verwaltungsorgan richtet sich nach § 25 MgVG. Danach richtet sich die Verteilung nach dem jeweiligen Anteil der in den einzelnen Mitgliedstaaten beschäftigten Arbeitnehmer der aus der grenzüberschreitenden Verschmelzung hervorgehenden Gesellschaften, ihrer Tochtergesellschaften und Betriebe. Können bei dieser anteiligen Verteilung die Arbeitnehmer aus einem oder mehreren Mitgliedstaaten keinen Sitz erhalten, so hat das BVG den letzten zu verteilenden Sitz einem bisher unberücksichtigten Mitgliedstaat zuzuweisen (§ 25 Abs. 1 Satz 3).

---

19) *Hohenstatt/Dzida* in: Henssler/Willemsen/Kalb, ArbR, MgVG Rz. 22.
20) *Seibt* in: Willemsen/Hohenstatt/Schweibert/Seibt, Umstrukturierung, F 135b.
21) *Hohenstatt/Dzida* in: Henssler/Willemsen/Kalb, ArbR, MgVG Rz. 22.

E. Besondere Konstellationen

Das MgVG enthält in § 13 Schutzregelungen für den Fall **nachfolgender innerstaatlicher Verschmelzungen** einer aus einer grenzüberschreitenden Verschmelzung hervorgehenden Gesellschaft. Dabei sind grundsätzlich zwei verschiedene Szenarien zu unterscheiden: Hat die aus einer grenzüberschreitenden Verschmelzung hervorgehende Gesellschaft ihren Sitz in Deutschland und findet in der Folge eine weitere innerstaatliche Verschmelzung statt, findet grundsätzlich deutsches Mitbestimmungsrecht Anwendung (vgl. § 30 Satz 1 MgVG). Sofern jedoch das Mitbestimmungsniveau in der aus der grenzüberschreitenden Verschmelzung hervorgehenden Gesellschaft höher als nach dem geltenden deutschen Mitbestimmungsrecht ist, gilt dieses höhere Mitbestimmungsniveau für die Dauer von drei Jahren ab Eintragung der innerstaatlichen Verschmelzung fort (§ 30 Satz 2 MgVG). 16

Hat die aus einer grenzüberschreitenden Verschmelzung hervorgehende Gesellschaft dagegen ihren Sitz in einem anderen Mitgliedstaat, kann eine nachfolgende innerstaatliche Verschmelzung zu einem **„Abstreifen" der Mitbestimmung führen**. Denn das bisher in der Gesellschaft geltende Mitbestimmungsniveau würde in einem solchen Fall nur noch für drei Jahre weiter gelten, sofern in dem entsprechenden Mitgliedstaat kein Mitbestimmungsrecht eingreift.[22] 17

---

22) Vgl. *Hohenstatt/Dzida* in: Henssler/Willemsen/Kalb, ArbR, MgVG Rz. 27 f. m. w. N.

§ 31 Kartellrecht

Übersicht

A. Überblick 1
B. Anwendungsbereich des
   Kartellrechts 2
I. Grundlagen 2
II. Konzerninterne Transaktionen 3
III. Verstärkung bestehender
   Unternehmensverbindungen 5

Literatur: *Bechtold*, GWB, Kommentar, 7. Aufl., 2013; *Wiedemann*, Handbuch des Kartellrechts, 2. Aufl., 2008 (zit.: Hdb. Kartellrecht).

A. Überblick

Unternehmensinterne Umstrukturierungen gehen regelmäßig auch mit Veränderungen der gesellschaftsrechtlichen Struktur der Konzernunternehmen einher sowie mit der Übertragung von Unternehmensvermögen und der Zusammenführung von Tochterunternehmen. Darüber hinaus kann es gerade bei grenzüberschreitenden Umstrukturierungen auch zu Veränderungen kommen, die sich auf Märkte auswirken, auf denen die Konzernunternehmen tätig sind. Dies ist bspw. der Fall, wenn ein Unternehmen seine Ressourcen auf ein einzelnes Tochterunternehmen konzentriert und damit dessen Marktstellung verbessert oder wenn aufgrund einer (grenzüberschreitenden) Umstrukturierung einzelne Unternehmen vollständig liquidiert werden und damit als Wettbewerber aus einem Markt ausscheiden. Aus diesem Grund stellt sich regelmäßig die Frage, inwieweit auch **konzerninterne Umstrukturierungsmaßnahmen** in den Anwendungsbereich des Kartellrechts fallen und ob solche Transaktionen möglicherweise fusionskontrollrechtlich bei den nationalen Wettbewerbsbehörden oder der Europäischen Kommission anzumelden sind. 1

B. Anwendungsbereich des Kartellrechts

I. Grundlagen

Die Fusionskontrolle dient sowohl bei rein nationalen als auch bei grenzüberschreitenden Transaktionen der Kontrolle, inwiefern sich durch externe Marktkonzentrationen die Strukturen und damit auch die Wettbewerbsverhältnisse auf den betroffenen Märkten verändern. Der Fusionskontrolle sind dabei in den meisten Ländern solche Transaktionen unterworfen, die einen anmeldepflichtigen Zusammenschlusstatbestand darstellen und deren beteiligte Parteien bestimmte Umsatzschwellen und/oder sonstige quantitative Schwellen (Wert der Assets, Marktanteile etc.) überschreiten. 2

II. Konzerninterne Transaktionen

3 Als Zusammenschlusstatbestände werden dabei in den meisten Ländern lediglich konzentrative Unternehmenszusammenschlüsse erfasst, also solche, bei denen ein kontrollierender Einfluss auf zuvor selbständige wettbewerbliche Einheiten ermöglicht wird. **Grundsätzlich nicht erfasst** werden hingegen Transaktionen innerhalb von Unternehmensgruppen, da in diesen Fällen die (direkte bzw. indirekte) Kontrolle der Zusammenschlussbeteiligten nicht in andere Hände übergeht. Als Beispiele für Transaktionen, die nicht zur Änderung der Kontrollverhältnisse an einem Unternehmen führen, nennt die Europäische Kommission dabei Umstrukturierungsmaßnahmen wie die Fusion einer doppelt börsennotierten Gesellschaft zu einer einzigen juristischen Person und die Fusion von Tochtergesellschaften.[1] Naturgemäß stellt darüber hinaus aber auch die Gründung einer Tochtergesellschaft, die unter der alleinigen Kontrolle des Mutterunternehmens steht, keinen Zusammenschlusstatbestand dar[2] (zur Gründung von Gemeinschaftsunternehmen vgl. § 41 Rz. 8 ff., 40 ff.). Ferner unterliegen der Fusionskontrolle auch keine Fälle, in denen die Verbindung zwischen einem Mutter- und einem 100 %igen Tochterunternehmen bspw. durch Abschluss eines Beherrschungsvertrages verstärkt wird.[3]

4 Dieser Grundsatz gilt dabei unabhängig von der Frage, ob sich durch die Transaktion die Wettbewerbsbedingungen auf den Märkten, auf denen die Zusammenschlussbeteiligten tätig sind, verändern. So sind Transaktionen zwischen zwei voneinander unabhängigen Nicht-Wettbewerbern in den meisten Ländern unabhängig von der (potentiellen) Möglichkeit einer Wettbewerbsbeschränkung grundsätzlich anmeldepflichtig. Andererseits sind Transaktionen zwischen Unternehmen innerhalb einer Unternehmensgruppe auch dann nicht anmeldepflichtig, wenn sich diese negativ auf die Wettbewerbsbedingungen auf einem oder mehreren Märkten auswirken.

III. Verstärkung bestehender Unternehmensverbindungen

5 Während rein unternehmensinterne Transaktionen in der Regel nach den verschiedenen Fusionskontrollordnungen nicht den Zusammenschlussbegriff erfüllen, kann jedoch die Verstärkung einer bereits bestehenden Unternehmensverbindung durchaus fusionskontrollrechtlich **anmeldepflichtig** sein.[4] So stellt bspw. im deutschen Fusionskontrollrecht die Erhöhung eines Gesellschaftsanteils auf über 50 % auch dann einen Zusammenschlusstatbestand gemäß § 37 Abs. 1 Nr. 3 lit. a GWB dar, wenn der Erwerber bereits zu einem früheren Zeitpunkt z. B.

---

1) Konsolidierte Mitteilung der Kommission zu Zuständigkeitsfragen, ABl. EU 2009 C 43/09, Rz. 51.
2) *Bechtold*, GWB, § 37 Rz. 49; *Wiedemann* in: Wiedemann, Hdb. Kartellrecht, § 15 Rz. 69 f.
3) *Bechtold*, GWB, § 37 Rz. 49.
4) Für das deutsche Fusionskontrollrecht ist dies explizit in § 37 Abs. 2 GWB normiert.

30 % der Anteile an diesem Unternehmen erworben hatte und dieser Zusammenschlusstatbestand i. S. des § 37 Abs. 1 Nr. 3 lit. b GWB damals vom Bundeskartellamt (BKartA) freigegeben worden war (und das unabhängig davon, ob vorher z. B. bereits alleinige Kontrolle bestand). In diesen Fällen ist diese Verstärkung einer bestehenden Unternehmensverbindung jedoch auch nur dann anmeldepflichtig, wenn die Erhöhung der Gesellschaftsanteile bzw. die Verstärkung von Kontrollrechten nicht i. R. einer konzerninternen Umstrukturierung erfolgt, sondern durch „externes Wachstum", d. h. durch den Erwerb weiterer Anteile von einem nicht zur Unternehmensgruppe gehörenden Anteilsinhaber bzw. durch Verstärkung von Kontrollrechten an einem Tochterunternehmen, das nicht bereits zuvor von der Unternehmensgruppe insgesamt alleine beherrscht wurde.

Kapitel 3 Steuerrecht

§ 32 Einleitung

Übersicht

A. Neufassung durch das SEStEG 1	II. Grenzen der Neuregelung 41
I. Zwecksetzung des UmwStG 1	1. Grenzüberschreitende und ausländische Umwandlungen 42
II. Verstrickung und Entstrickung 6	
1. Allgemeines 6	
2. Verstrickung 7	2. Abweichung von FRL und Zivilrecht 43
3. Entstrickung 10	
4. Neuere BFH-Rechtsprechung 21	3. EuGH-Rechtsprechung 44
	D. Anwendungsbereich und Grundprinzipien des UmwStG 49
B. Systematische Stellung 27	
I. Lex-specialis-Charakter 27	I. Allgemeines 49
II. Beschränkung auf das Ertragsteuerrecht 34	II. Anwendungsbereich 54
	III. Grundregel: Ansatz des gemeinen Werts 56
III. Keine abschließende Regelung 36	
C. Gemeinschaftsrechtliche Vorgaben 37	IV. Ausnahme: Buch- oder Zwischenwertansatz 58
I. Allgemeines 37	

Literatur: *Bendlinger*, Gewinnabgrenzung und Gewinnermittlung im DBA-Recht, SWI 2007, 496; *Benecke/Schnitger*, Neuregelung des UmwStG und der Entstrickungsnormen durch das SEStEG, IStR 2006, 765; *Benecke/Schnitger*, Änderungsrichtlinie zur Fusionsrichtlinie: Vermeidung der wirtschaftlichen Doppelbesteuerung und Aufnahme transparenter Gesellschaften – zwei unvereinbare Ziele?, Teil I, IStR 2005, 606, Teil II, IStR 2005, 641; *Debatin/Wassermeyer*, DBA, Kommentar, Losenblatt, Stand: 126 EL, 3/2014; *Ditz*, Aufgabe der finalen Entnahmetheorie – Analyse des BFH-Urteils vom 17.7.2008 und seiner Konsequenzen, IStR 2009, 115; *Ditz*, Internationale Gewinnabgrenzung bei Betriebsstätten und nationale Gewinnermittlungsvorschriften im Lichte aktueller Entwicklungen beider OECD, IStR 2005, 37; *Ditz/Schneider*, Änderungen des Betriebsstättenerlasses durch das BMF-Schreiben vom 25.8.2009, DStR 2010, 81; *Dötsch/Patt/Pung/Möhlenbrock*, Umwandlungssteuerrecht, 7. Aufl., 2012; *Dötsch/Pung*, SEStEG: Die Änderungen des UmwStG (Teil 1), DB 2006, 2704; *Dötsch/Pung*, Das EuGH-Urteil in der Rs. SEVIC: Mögliche Auswirkungen auf das Umwandlungssteuerrecht, Der Konzern 2006, 258; *Drinhausen*, Regierungsentwurf eines Zweiten Gesetzes zur Änderung des Umwandlungsgesetzes – ein Gewinn für die Praxis, BB 2006, 2313; *Gesell/Krömker*, Grenzüberschreitende Verschmelzungen nach SEVIC: Praxisbericht über die Verschmelzung einer niederländischen auf eine deutsche Kapitalgesellschaft, DB 2006, 2558; *Gosch*, Praxis-Hinweise zu BFH vom 23.9.2008, I R 92/08, BFH/RP 2008, 499; *Hagemann/Jakob/Ropohl/Viebrock*, SEStEG: Das neue Konzept der Verstrickung und Enstrickung sowie die Neufassung des UmwStG, NWB Sonderheft 1, 2007; *Hoffmann*, Der Ausgleichsposten nach § 4g EStG i. d. F. des SEStEG, DB 2007, 652; *Kahle/Franke*, Überführung von Wirtschaftsgütern in ausländische Betriebsstätten, IStR 2009, 406; *Kessler/Winterhalter/Huck*, Überführung und Rückführung von Wirtschaftsgütern: Die Ausgleichspostenmethode des § 4g EStG, DStR 2007, 133; *Klingebiel*, Verdeckte Gewinnausschüttung, DB 2006, 601; *Louven*, Umsetzung der Verschmelzungsrichtlinie. Anmerkungen aus der Praxis zum RegE eines Zweiten Gesetzes zur Änderung des UmwG vom 9.8.2006, ZIP 2006, 2021; *Mitschke*, Entstrickung und Verstrickung – BFH I R 77/06 und § 4 Abs. 1 Satz 3 EStG – Kurze Erwiderung auf Körner,

IStR 2009, 741, IStR 2010, 95; *Mitschke*, Zur gesetzlichen Entstrickungsregelung des § 4 Abs. 1 Satz 3 EStG, DB 2009, 1376; *Mitschke*, Nochmals: Aufgabe der „finalen Entnahmetheorie" – Nachlese zum BFH-Urteil – I R 77/06, FR 2008, 1149, FR 2009, 326; *Müller-Gatermann*, Das SEStEG im Überblick – Entstrickung und Verstrickung sowie neues Umwandlungssteuerrecht, in: Festschrift Schaumburg, 2009, S. 939; *PricewaterhouseCoopers AG*, Reform des Umwandlungssteuerrechts, 1. Aufl., 2007 (zit.: *Bearbeiter* in: Reform des UmwStR); *Prinz*, Finanzierungsfreiheit im Steuerrecht, IStR 2009, 531; *Rödder/Schumacher*, Das kommende SEStEG – Teil I: Die geplanten Änderungen des EStG, KStG und AStG. Der Regierungsentwurf eines Gesetzes über steuerliche Begleitmaßnahmen zur Einführung der Europäischen Gesellschaft und zur Änderung weiterer steuerrechtlicher Vorschriften, DStR 2006, 1481; *Roser*, Überführung von Wirtschaftsgütern ins Ausland – eine Grundsatzentscheidung mit vielen Fragen, DStR 2008, 2389; *Rödder/Herlinghaus/van Lishaut*, Umwandlungssteuergesetz, 2008; *Schaumburg*, Internationales Steuerrecht, 3. Aufl., 2011; *Schaumburg*, Der Wegzug von Unternehmen, in: Festschrift Wassermeyer, 2005, S. 411; *Schönfeld*, Entstrickung über die Grenze aus Sicht des § 4 Abs. 1 Satz 3 EStG anhand von Fallbeispielen. Zugleich Besprechung der jüngsten BFH-Rechtsprechung zur Aufgabe der „Theorie der finalen Entnahme" sowie zur „finalen Betriebsaufgabe", IStR 2010, 133; *Schmitt/Hörtnagl/Stratz* (Hrsg.), Umwandlungssteuergesetz, 3. Aufl., 2009; *Schön/Schindler*, Seminar D: Zur Besteuerung der grenzüberschreitenden Sitzverlegung einer Europäischen Aktiengesellschaft, IStR 2004, 571; *Wassermeyer*, Entstrickung durch Beschränkung des deutschen Besteuerungsrechts, DB 2006, 2420; *Wassermeyer*, Steuerliche Konsequenzen aus dem EuGH-Urteil „Hughes de Lasteyrie du Saillant", GmbHR 2004, 613; *Werra/Teiche*, Das SEStBeglG aus der Sicht international tätiger Unternehmen, DB 2006, 1455.

A. Neufassung durch das SEStEG

I. Zwecksetzung des UmwStG

1 Das heute in Kraft befindliche UmwStG i. d. F. des SEStEG[1] (mit späteren Änderungen) bildet im Bereich des Ertragsteuerrechts den Rahmen für die steuerliche Behandlung von **enumerativ** aufgezählten Umwandlungsvorgängen. Zwar gibt es auch außerhalb des Anwendungsbereichs des Gesetzes Einzelnormen, die einen vergleichbaren Regelungsgegenstand zum Inhalt haben, wie z. B. § 6 Abs. 3 EStG. Für die Beratungspraxis und die Mehrheit der Umwandlungsfälle jedoch wird man auf das UmwStG zurückgreifen müssen, wenn die **Steuerneutralität einer Umwandlung** sichergestellt werden soll. Seine praktische Bedeutung bei der Umstrukturierung von Unternehmen jeder Größenordnung ist erheblich und unbestritten.

2 Die **Hauptzielsetzung des UmwStG** besteht – entgegen seiner insoweit zumindest missverständlichen Bezeichnung, die bei wörtlicher Lesart das Gegenteil vermuten lässt – in der Gewährleistung einer möglichst weit reichenden Steuerneutralität von Umwandlungsvorgängen. Dem ist aus der Sicht des Praktikers nur beizupflichten. Eine generelle Besteuerung betriebswirtschaftlich sinnvoller oder gar gebotener Umstrukturierungen würde nachhaltig **prohibitiv** auf Investitionsentscheidungen wirken.

---

[1] In Kraft getreten durch das Gesetz über steuerliche Begleitmaßnahmen zur Einführung der Europäischen Gesellschaft und zur Änderung weiterer steuerrechtlicher Vorschriften (SEStEG) v. 7.12.2006, BGBl. I 2006, 2782 ff.

Das UmwStG stellt insoweit die Voraussetzungen auf, unter denen eine Besteue- 3
rung der stillen Reserven des/der an einem Umwandlungsvorgang beteiligten
Rechtsträger (und ihrer Gesellschafter) unterbleibt. Zugleich werden in einer Vielzahl von Fällen Anforderungen benannt, bei deren Nichterfüllung der gewährte
Besteuerungsaufschub endet. Auf diese Weise wird, insbesondere im internationalen bzw. europäischen Kontext, eine **dauerhafte Nichtbesteuerung des Transfers stiller Reserven** verhindert und die Besteuerung im Inland entstandenen Besteuerungssubstrats sichergestellt.

Neben diese Hauptzielsetzung tritt die begrüßenswerte **Erfüllung europarecht-** 4
licher Vorgaben. Viel zu lange hatte der Steuergesetzgeber abgewartet und es
versäumt, insbesondere mit vorgreifenden gesellschaftsrechtlichen Entwicklungen
Schritt zu halten. Spätestens seit dem Inkrafttreten des Statuts einer Europäischen
Aktiengesellschaft[2] im Jahr 2001 bestand die Notwendigkeit, einen gemeinschaftsrechtskonformen Regelungsvorschlag zur Besteuerung grenzüberschreitender Umstrukturierungen vorzulegen.[3]

In der **Gesetzesbegründung zum SEStEG**[4] heißt es entsprechend: „Mit dem 5
Gesetzentwurf über steuerliche Begleitmaßnahmen zur Einführung der Europäischen Gesellschaft und zur Änderung weiterer steuerrechtlicher Vorschriften"
(SEStEG) werden die nationalen steuerlichen Vorschriften zur Umstrukturierung
von Unternehmen an die jüngsten gesellschaftsrechtlichen und steuerlichen Entwicklungen und Vorgaben des europäischen Rechts angepasst. Der Gesetzentwurf beseitigt steuerliche Hemmnisse für die als Folge der zunehmenden internationalen wirtschaftlichen Verflechtung immer wichtiger werdende grenzüberschreitende Umstrukturierung von Unternehmen. Er stellt damit einen wichtigen
Beitrag zur Erhöhung der Attraktivität des Investitionsstandorts Deutschland
dar." Dieser Einschätzung ist für die Praxis uneingeschränkt zuzustimmen.

II. Verstrickung und Entstrickung

1. Allgemeines

Die Bestimmungen des UmwStG sind, insbesondere im **internationalen Kon-** 6
text, in engem Zusammenhang mit den allgemeinen Verstrickungs- und Entstrickungsregeln zu sehen, die ebenfalls durch das SEStEG[5] eingeführt worden
sind. Zuvor gab es für die Verstrickung und die Entstrickung weder eine gesetzliche Normierung, noch war ein einheitliches gesetzgeberisches Konzept

---

2) Vgl. die Verordnung des Rates über das Statut der Europäischen Gesellschaft v. 8.10.2001, ABl. EG 2001, Nr. 294.
3) Gründungen europäischer Aktiengesellschaften sind seit dem 8.10.2004 möglich. Für die Umsetzung (steuerlicher) Regelungen zu Gründung und Sitzverlegung dieser Gesellschaften war eine Frist bis zum 1.1.2006 bzw. 1.1.2007 vorgesehen.
4) SEStEG v. 7.12.2006, BGBl. I 2006, 2782.
5) SEStEG v. 7.12.2006, BGBl. I 2006, 2782.

erkennbar. Nach der Gesetzesbegründung soll durch die Neuregelung die **Aufdeckung stiller Reserven** in allen Fällen sichergestellt sein, in denen (sei es durch Einzel-, sei es durch Gesamtrechtsnachfolge) aufgrund der Bewegung eines Wirtschaftsguts ein Rechtsträgerwechsel stattfindet, Vermögen die betriebliche Sphäre verlässt, die Steuerpflicht endet oder Wirtschaftsgüter anderweitig dem deutschen Besteuerungszugriff entzogen werden. Hierzu nachstehend kurz im Einzelnen.

2. Verstrickung

7 Wenn ein Wirtschaftsgut, das zuvor nicht der deutschen Besteuerung unterlag, in die deutsche Steuerpflicht hineinwächst, nennt man diesen Vorgang Verstrickung. Rechtstechnisch hat der Gesetzgeber die Verstrickung in der Weise normiert, dass die **Begründung des Besteuerungsrechts** der Bundesrepublik Deutschland hinsichtlich des Gewinns aus der Veräußerung eines Wirtschaftsguts in § 4 Abs. 1 Satz 7 Halbs. 2 EStG einer **Einlage**[6] gleichgestellt wird. Die Vorschrift ist im Zusammenhang mit § 6 Abs. 1 Nr. 5a EStG zu sehen, wonach in den Fällen des § 4 Abs. 1 Satz 7 Halbs. 2 EStG das Wirtschaftsgut mit dem **gemeinen Wert** anzusetzen ist.

8 Aus der Formulierung „Begründung des Besteuerungsrechts" ist zu folgern, dass zuvor kein – auch kein beschränktes – deutsches Besteuerungsrecht an dem Wirtschaftsgut bestanden haben darf. Der Wechsel von der beschränkten zur unbeschränkten Steuerpflicht ist daher für § 4 Abs. 1 Satz 7 Halbs. 2 EStG irrelevant, weil das Wirtschaftsgut bereits steuerverstrickt war.[7] Eine bloße **„Verstärkung"** des Besteuerungsrechts ist für § 4 Abs. 1 Satz 7 Halbs. 2 EStG nach allgemeiner Auffassung nicht genügend.[8] Auf welche Weise das Wirtschaftsgut in die Steuerverstrickung gelangt, ist ferner ebenso unerheblich wie die Tatsache, wie der Vorgang in dem ausländischen Staat behandelt wird, der zuvor das Besteuerungsrecht innehatte.[9]

9 Ungeklärt sind bislang die Auswirkungen der neueren BFH-Rechtsprechung zur **Aufgabe der Theorie der finalen Entnahme bzw. Betriebsaufgabe** (dazu sogleich) auf die Verstrickungsregelungen. Hier ist es m. E. sachlich geboten, in entsprechender Weise zu verfahren.[10] Bei der Überführung eines Wirtschaftsguts vom ausländischen Stammhaus in eine inländische Freistellungsbetriebsstätte

---

6) Nutzungseinlagen jedenfalls werden nach allg. Auffassung auch insoweit nicht erfasst, vgl. zutreffend *Benecke/Schnitger*, IStR 2006, 765, 767.

7) *Benecke/Schnitger*, IStR 2006, 765, 767; anders aber bei § 17 Abs. 2 Satz 3 EStG, was Wertungswidersprüche zur Folge hat, vgl. instruktiv *Schaumburg*, Int. SteuerR, Rz. 5.355.

8) BMF v. 25.8.2009, BStBl. I 2009, 888, Tz. 2.6.2. n. F.

9) Vgl. *Rödder/Schumacher*, DStR 2006, 1481, 1486, unter Verweis auf die Gesetzesbegründung des SEStEG (BGBl. I 2006, 2782).

10) So auch *Roser*, DStR 2008, 2389, 2394.

etwa würden entsprechend nur diejenigen stillen Reserven im Inland steuerverstrickt, die nach der Überführung entstanden sind. Die weitere Entwicklung bleibt abzuwarten.

3. Entstrickung

Wenn ein Wirtschaftsgut, das zuvor der deutschen Besteuerung unterlag, aus der deutschen Steuerpflicht herauswächst, nennt man diesen Vorgang Entstrickung. Rechtstechnisch hat der Gesetzgeber die Entstrickung in der Weise normiert, dass der **Ausschluss oder die Beschränkung des Besteuerungsrechts der Bundesrepublik Deutschland** hinsichtlich des Gewinns aus der Veräußerung oder Nutzung eines Wirtschaftsguts in § 4 Abs. 1 Satz 3 EStG einer Entnahme für betriebsfremde Zwecke (sog. **fiktive Entnahme**) gleichgestellt wird.[11] Die Vorschrift ist im Zusammenhang mit § 6 Abs. 1 Nr. 4 Satz 1 Halbs. 2 EStG zu sehen, wonach in den Fällen des § 4 Abs. 1 Satz 3 EStG die Entnahme mit dem **gemeinen Wert** anzusetzen ist. Der Steuerpflichtige hat also die Differenz zwischen dem Buchwert des Wirtschaftsguts und seinem gemeinen Wert zu versteuern, ohne dass ihm ein Gewinn entstanden ist, was im Einzelfall Liquiditätsengpässe zur Folge haben kann. 10

Der Ausschluss oder die Beschränkung des deutschen Besteuerungsrechts wird, jedenfalls nach Ansicht der Finanzverwaltung (zu den Änderungen aufgrund der neueren BFH-Rechtsprechung sogleich),[12] in den meisten Fällen durch die **Regelungen eines DBA** bewirkt werden, wobei die Freistellungsmethode stets zum Ausschluss führt, die Anrechnungsmethode hingegen nur zur Beschränkung des deutschen Besteuerungsrechts führen kann. 11

Die Artikel eines DBA, die den Ausschluss oder eine Beschränkung des deutschen Besteuerungsrechts bewirken können, sind in der Regel hinsichtlich der Veräußerung eines Wirtschaftsguts ein dem Art. 13 OECD-MA vergleichbarer Artikel und hinsichtlich der Nutzung eines Wirtschaftsguts ein dem Art. 12 OECD-MA vergleichbarer Artikel. Besteht kein DBA, greift unilateral die **Anrechnungsmethode** zur Vermeidung der Doppelbesteuerung ein, so dass auch insoweit eine Beschränkung des deutschen Besteuerungsrechts zu konstatieren ist. 12

Aus der Formulierung „Ausschluss oder die Beschränkung des Besteuerungsrechts" ist, jedenfalls nach Ansicht der Finanzverwaltung (zu den Änderungen aufgrund der neueren BFH-Rechtsprechung sogleich), zu folgern, dass zuvor ein – 13

---

11) Nicht zu einer Entstrickung führen nach bisherigem Verständnis Vorgänge, bei denen Wirtschaftsgüter nur der deutschen Gewerbesteuer entzogen werden (vgl. dazu das BFH, BStBl. II 1989, 187 ff.). Dies dürfte auch nach der Einführung des § 4 Abs. 1 Satz 3 EStG gelten, vgl. *Rödder/Schumacher*, DStR 2006, 1481, 1484; ebenso *Benecke/Schnitger*, IStR 2006, 765, 766; ausführlich *Wassermeyer*, DB 2006, 2420 ff.

12) Vgl. *Mitschke*, FR 2009, 326 ff.; *Mitschke*, DB 2009, 1376, 1378; *Müller-Gatermann* in: FS Schaumburg, S. 939, 943, jeweils unter Hinweis auf die Gesetzesbegründung.

auch beschränktes – Besteuerungsrecht an dem Wirtschaftsgut bestanden haben muss. Das weitere Schicksal von Wirtschaftsgütern etwa, die nach den Grundsätzen der Tz. 2.4 des Betriebsstättenerlasses[13] einer ausländischen Betriebsstätte zuzurechnen sind, für die die Freistellungsmethode nach einem DBA gilt, ist daher für § 4 Abs. 1 Satz 3 EStG unerheblich, weil die Wirtschaftsgüter schon a priori nicht steuerverstrickt waren. Im Übrigen jedoch hat § 4 Abs. 1 Satz 3 EStG insbesondere im Bereich der Betriebsstättenbesteuerung zu erheblichen **Verschärfungen in der Besteuerungspraxis** geführt:[14]

14 So kann erstens die bisher von der Finanzverwaltung praktizierte sog. Methode der aufgeschobenen Besteuerung laut Tz. 2.6.1 des Betriebsstättenerlasses a. F.[15] bei der Überführung von Wirtschaftsgütern in eine ausländische Betriebsstätte, für die ein DBA mit **Freistellungsmethode** gilt, nicht mehr angewendet werden, weil der Wertansatz nach § 4 Abs. 1 Satz 3 EStG zwingend ist (Folge: sofortige Realisierung stiller Reserven im Überführungszeitpunkt); beachte aber die neuere BFH-Rechtsprechung, siehe dazu unten Rz. 22 ff. Eine **Stundungsregelung** ist nicht vorgesehen.

15 Zweitens wird nunmehr, jedenfalls nach Ansicht der Finanzverwaltung (zu den Änderungen aufgrund der neueren BFH-Rechtsprechung sogleich), entgegen Tz. 2.6.1 des Betriebsstättenerlasses a. F.[16] auch die **Überführung von Wirtschaftsgütern** aus dem inländischen Stammhaus in eine ausländische Betriebsstätte, für die ein DBA mit Anrechnungsmethode oder kein DBA gilt, als Fall einer Entstrickung angesehen. Zwar achtet die Anrechnungsmethode das **Welteinkommensprinzip** und damit grundsätzlich das Besteuerungsrecht Deutschlands. Dieses Besteuerungsrecht ist aber aufgrund der Anrechnungsmethode nur insoweit fruchtbringend bzw. ertragreich, als ausländische Steuern nicht auf den auf ausländische Einkünfte entfallenden Teil der deutschen Steuer angerechnet werden müssen. Das deutsche Besteuerungsrecht ist daher durch die Anrechnung „beschränkt" i. S. des § 4 Abs. 1 Satz 3 EStG.[17]

---

13) Vgl. das BMF-Schreiben betr. Grundsätze der Verwaltung für die Prüfung der Aufteilung der Einkünfte bei Betriebsstätten international tätiger Unternehmen (Betriebsstätten-Verwaltungsgrundsätze) v. 24.12.1999, sog. „Betriebsstättenerlass", BStBl. I 1999, 1076 ff., zuletzt geändert durch BMF v. 29.9.2004, BStBl. I 2004, 917 ff., sowie angepasst an die neuen gesetzlichen Entstrickungsregelungen durch BMF v. 25.8.2009, BStBl. I 2009, 888, Tz. 2.6.1 ff. n. F.; dazu *Ditz/Schneider*, DStR 2010, 81 ff.

14) Krit. zur Neuregelung insb. *Wassermeyer*, DB 2006, 2420 ff.

15) BMF v. 24.12.1999 (Betriebsstättenerlass), BStBl. I 1999, 1076 ff., zuletzt geändert durch BMF v. 29.9.2004, BStBl. I 2004, 917 ff., sowie angepasst an die neuen gesetzlichen Entstrickungsregelungen durch BMF v. 25.8.2009, BStBl. I 2009, 888.

16) BMF v. 24.12.1999 (Betriebsstättenerlass), BStBl. I 1999, 1076 ff., zuletzt geändert durch BMF v. 29.9.2004, BStBl. I 2004, 917 ff., sowie angepasst an die neuen gesetzlichen Entstrickungsregelungen durch BMF v. 25.8.2009, BStBl. I 2009, 888.

17) Vgl. statt vieler *Rödder/Schumacher*, DStR 2006, 1481, 1484; *Benecke/Schnitger*, IStR 2006, 765, 766.

Drittens führt jedenfalls nach Ansicht der Finanzverwaltung (zu den Änderungen 16
aufgrund der neueren BFH-Rechtsprechung sogleich) auch der Abschluss eines
DBA mit Freistellungsmethode zum Ansatz des gemeinen Wertes, wenn ein Wirtschaftsgut aufgrund des DBA nicht mehr unter dem deutschen Besteuerungszugriff steht. Und viertens zieht, jedenfalls nach Ansicht der Finanzverwaltung
(zu möglichen Änderungen wiederum sogleich), ausweislich des eindeutigen
Gesetzeswortlauts auch die Beschränkung des deutschen Besteuerungsrechts
bezüglich der Nutzung von Wirtschaftsgütern eine **fiktive Entnahme** nach sich.
Werden bspw. Wirtschaftsgüter, die nach Tz. 2.4 des Betriebsstättenerlasses[18]
dem inländischen Stammhaus zuzuordnen sind, einer ausländischen Betriebsstätte zur Nutzung überlassen, greift § 4 Abs. 1 Satz 3 EStG ein.[19]

Unverständlich ist auch im Allgemeinen, warum der Gesetzgeber den **gemeinen** 17
Wert zum Bewertungsmaßstab erklärt hat, obwohl gewöhnliche Entnahmen
gemäß § 6 Abs. 1 Nr. 4 Satz 1 Halbs. 1 EStG mit dem sog. **Teilwert** anzusetzen
sind. Hier sind für die Besteuerungspraxis Wertungswidersprüche und Handhabungsschwierigkeiten entstanden,[20] die unnötig sind.

Um die Rechtsfolge des Ansatzes des Wirtschaftsgutes mit dem gemeinen 18
Wert in ihren Wirkungen ein wenig abzufedern, hat der Gesetzgeber in § 4g EStG
für einen praktisch besonders bedeutsamen Fall die **Bildung eines Ausgleichspostens**[21] vorgesehen. Danach kann ein unbeschränkt Steuerpflichtiger i. H. des
Unterschiedsbetrags zwischen dem Buchwert und dem gemeinen Wert auf (unwiderruflichen) Antrag einen Ausgleichsposten bilden, soweit ein Wirtschaftsgut
des Anlagevermögens infolge seiner Zuordnung zu einer Betriebsstätte desselben
Steuerpflichtigen in einem anderen EU-Mitgliedsstaat gemäß § 4 Abs. 1 Satz 3
EStG als entnommen gilt, § 4g Abs. 1 Satz 1 EStG. Der Ausgleichsposten ist
für jedes Wirtschaftsgut getrennt auszuweisen. Das Antragsrecht kann insoweit
ferner nur einheitlich für sämtliche Wirtschaftsgüter des Steuerpflichtigen ausgeübt werden.

Der Ausgleichsposten ist nach § 4g Abs. 2 EStG im Wirtschaftsjahr der Bildung 19
und in den vier folgenden Wirtschaftsjahren zu jeweils einem Fünftel **gewinnerhöhend** aufzulösen. Er ist in vollem Umfang gewinnerhöhend aufzulösen, wenn

- das als entnommen geltende Wirtschaftsgut aus dem Betriebsvermögen des
Steuerpflichtigen ausscheidet, wenn

---

18) BMF v. 24.12.1999 (Betriebsstättenerlass), BStBl. I 1999, 1076 ff., zuletzt geändert durch BMF v. 29.9.2004, BStBl. I 2004, 917 ff., sowie angepasst an die neuen gesetzlichen Entstrickungsregelungen durch BMF v. 25.8.2009, BStBl. I 2009, 888.
19) *Rödder/Schumacher*, DStR 2006, 1481, 1484. Umstritten ist noch, ob der Wert der Nutzung (so etwa *Benecke/Schmitger*, IStR 2006, 765, 766) oder das Wirtschaftsgut als solches als entnommen gilt (so etwa *Werra/Teiche*, DB 2006, 1455, 1456).
20) So die zutreffende Prognose von *Rödder/Schumacher*, DStR 2006, 1481, 1484 f.
21) Zur Ausgleichspostenmethode ausführlich *Kessler/Winterhalter/Huck*, DStR 2007, 133 ff. und *Hoffmann*, DB 2007, 652 ff.

- das als entnommen geltende Wirtschaftsgut aus der Besteuerungshoheit der EU-Mitgliedsstaaten ausscheidet oder wenn
- die stillen Reserven des als entnommen geltenden Wirtschaftsguts im Ausland aufgedeckt werden oder in entsprechender Anwendung der Vorschriften des deutschen Steuerrechts hätten aufgedeckt werden müssen.

20 Der Steuerpflichtige ist nach § 4g Abs. 5 EStG verpflichtet, der zuständigen Finanzbehörde die Entnahme oder ein Ereignis i. S. des § 4g Abs. 2 EStG unverzüglich anzuzeigen. Kommt der Steuerpflichtige dieser Anzeigepflicht, seinen Aufzeichnungspflichten nach § 4g Abs. 4 Satz 2 und 3 EStG (**laufend geführtes Verzeichnis sowie Aufzeichnungen**) über die Bildung und die Auflösung des Ausgleichspostens) oder seinen sonstigen Mitwirkungspflichten i. S. des § 90 AO nicht nach, ist der Ausgleichsposten dieses Wirtschaftsguts gewinnerhöhend aufzulösen. Regelungen zur Rückführung von Wirtschaftsgütern sind in § 4g Abs. 3 EStG vorgesehen.[22]

4. Neuere BFH-Rechtsprechung

21 Im Zusammenhang mit § 4 Abs. 1 Satz 3 EStG ist das Grundsatzurteil des BFH vom 17.7.2008[23] zu beachten. Der BFH gibt darin seine **finale Entnahmetheorie** auf. Das Urteil ist jedoch ausdrücklich zur Rechtslage vor Inkrafttreten des § 6 Abs. 5 EStG 1997 durch das StEntlG 1999/2000/2002 ergangen, so dass seine Auswirkungen auf die mit dem SEStEG eingeführten Entstrickungsnormen fraglich bleibt. Nach Ansicht des BFH fehlt es in Fällen der Überführung von Wirtschaftsgütern in eine ausländische Betriebsstätte zum einen an einer hinreichenden Rechtsgrundlage für eine Qualifizierung des Überführungsvorgangs als **Gewinnrealisierungstatbestand**. Eine Entnahme i. S. von § 4 Abs. 1 Satz 1 EStG setze eine Verwendung des Entnahmeobjekts für betriebsfremde Zwecke voraus. Die Überführung des Wirtschaftsguts in eine ausländische Betriebsstätte desselben Unternehmens führe jedoch nicht zur Lösung des bisherigen betrieblichen Funktionszusammenhangs.

22 Zudem mangele es an einem **Außenumsatz**, so dass ein entnahmegleicher Realisationstatbestand nicht angenommen werden könne. Zum anderen bestehe, so der BFH, nach heutigem Verständnis der abkommensrechtlichen Freistellung auch kein Bedürfnis für eine Gewinnrealisierung zum Zeitpunkt der Überführung des Wirtschaftsguts. Der inländische Besteuerungszugriff auf Gewinne aus der Veräußerung beweglichen Vermögens, das Betriebsvermögen einer Betriebsstätte ist (Art. 13 Abs. 2 OECD-MA), gehe bei Vereinbarung der Freistellungsmethode (Art. 23 A OECD-MA) nur in dem Umfang verloren, in dem das Vermögen

---

[22] Zu möglichen Doppelbesteuerungen in diesem Kontext *Kessler/Winterhalter/Huck*, DStR 2007, 133, 137.
[23] BFH, BStBl. II 2009, 464.

der Betriebsstätte tatsächlich zuzuordnen sei und die realisierten Gewinne durch jene Betriebsstätte erwirtschaftet worden seien. Infolgedessen werde eine (spätere) inländische Besteuerung der im Inland entstandenen stillen Reserven durch die abkommensrechtliche Freistellung ausländischer Betriebsstättengewinne nicht beeinträchtigt. Die frühere Rechtsprechung basiere auf einem anderen Abkommensverständnis und sei überholt.[24]

Im Anschluss an die o. g. BFH-Entscheidung bleiben in der Praxis viele ungelöste Fragen, auch wenn der konkrete Urteilsfall nunmehr durch § 6 Abs. 6 Satz 3 Nr. 1 EStG gelöst scheint. Der Umfang des Anwendungsbereichs von § 4 Abs. 1 Satz 3 EStG und von § 12 Abs. 1 KStG i. d. F. des SEStEG ist dennoch als offen zu bezeichnen. 23

Zusammenfassend lässt sich jedenfalls sagen: Problematisch an der BFH-Entscheidung ist insbesondere, dass die Theorie der finalen Entnahme bzw. die Theorie der finalen Betriebsaufgabe, wie sie den nachfolgenden BFH-Urteilen vom 28.10.2009[25] zugrunde lagen, im Grunde als Vorlage für die Verstrickungs- bzw. Entstrickungsregelungen dienten.[26] Insofern ist es nur konsequent, wenn allgemein in der Literatur davon ausgegangen wird, dass durch die genannten Urteile den **allgemeinen Verstrickungs- bzw. Entstrickungsregelungen** des Ertragsteuerrechts der Boden entzogen worden ist.[27] Hieran ändert auch § 4 Abs. 1 Satz 4 EStG n. F. nichts. Danach liegt ein Ausschluss oder eine Beschränkung des Besteuerungsrechts hinsichtlich des Gewinns aus der Veräußerung eines Wirtschaftsguts insbesondere dann vor, wenn ein bisher einer inländischen Betriebsstätte des Steuerpflichtigen zuzuordnendes Wirtschaftsgut einer ausländischen Betriebsstätte zuzuordnen ist. Zudem handelt es sich auch nach Ansicht des Gesetzgebers nur um eine „Klarstellung", die das grundsätzliche Problem nicht beseitigt. 24

Die jüngere BFH-Rechtsprechung jedenfalls hat einstweilen zur Konsequenz, dass § 4 Abs. 1 Satz 3 EStG nur einen sehr **eingeschränkten Anwendungsbereich** hat.[28] Nach m. E. zutreffender Ansicht weiter Teile des Schrifttums ist die Norm (in ihrer mutmaßlichen Auslegung durch den BFH) auf die Überführung von Wirtschaftsgütern in eine ausländische DBA-Freistellungsbetriebs- 25

---

24) S. dazu auch *Debatin/Wassermeyer*, DBA, Art. 7 MA Rz. 242 ff.; *Rödder/Schumacher*, DStR 2006, 1481, 1483.
25) BFH/NV 2009, 346 ff.; BFH/NV 2010, 432.
26) Ausführlich *Schaumburg*, Int. SteuerR, Rz. 5.346.
27) Statt vieler *Ditz*, IStR 2009, 115 ff.; *Prinz*, IStR 2009, 531 ff.; *Schönfeld*, IStR 2010, 133 ff.; *Mitschke*, IStR 2010, 95 ff.
28) Dafür kann die Norm ungewollte „Kollateralschäden" verursachen, d. h. Fälle treffen, die auch von der ursprünglichen gesetzgeberischen Konzeption her nicht erfasst werden sollten, vgl. dazu *Ditz*, IStR 2005, 37, 38; *Bendlinger*, SWI 2007, 496, 498.

stätte (und vice versa) nicht anwendbar.[29] Hinzu kommt, dass im Fall einer DBA-Anrechnungsbetriebsstätte bzw. im Nicht-DBA-Fall § 4 Abs. 1 Satz 3 EStG in konsequenter Anwendung bzw. Fortentwicklung der jüngeren BFH-Rechtsprechung eine zukünftige Anrechnungsverpflichtung die spätere uneingeschränkte inländische Besteuerung der bereits vor der Überführung entstandenen stillen Reserven nicht gefährden kann.

26 Und schließlich ist zu konstatieren, dass vor dem Hintergrund der BFH-Rechtsprechung zur Aufgabe der Theorie der finalen Betriebsaufgabe die Anwendung der Vorschrift auch auf die Verlegung von Betrieben oder Teilbetrieben als zweifelhaft angesehen werden kann. Im Ergebnis verbleibt derzeit die Aufgabe einer inländischen Betriebsstätte durch einen beschränkt Steuerpflichtigen als wohl einziger Anwendungsbereich.[30] Die weitere Entwicklung bleibt abzuwarten, denn auch die Tz. 03.18 ff. UmwStE beantworten die offenen Fragen nur unzureichend.

B. Systematische Stellung
I. Lex-specialis-Charakter

27 Es muss bei der praktischen Gesetzesanwendung und insbesondere bei der Auslegung der einschlägigen Vorschriften des UmwStG unbedingt im Blick behalten werden, dass die **Steuerneutralität eines Umwandlungsvorgangs** nach der Gesetzessystematik nicht die Regel, sondern die **Ausnahme** ist. Zutreffend hält daher die Tz. 00.02 UmwStE unter Hinweis auf die BFH-Rechtsprechung fest: „Umwandlungen und Einbringungen stellen auf der Ebene des übertragenden Rechtsträgers sowie des übernehmenden Rechtsträgers **Veräußerungs- und Anschaffungsvorgänge** hinsichtlich des übertragenen Vermögens dar."

28 Das Gesetz geht jedenfalls für **übertragende Umwandlungen** gewissermaßen ungeschrieben von dem Grundsatz aus, dass sowohl die ausdrücklich benannten als auch die gerade nicht benannten Umwandlungsvorgänge zu einer Besteuerung der beim übertragenden Rechtsträger gebildeten stillen Reserven führen.[31] **Regelbewertungsmaßstab** ist dabei der gemeine Wert. Ob diese Grundannahmen des Gesetzgebers zutreffend sind, darf indes bezweifelt werden. Steuerrecht ist Eingriffsverwaltung par excellence, d. h. der grundgesetzlich verbürgte Vorbehalt des Gesetzes (Art. 20 Abs. 3 GG) sorgt dafür, dass sich für den Steuerpflichtigen nachteilige Steuerfolgen nur an einen Steuertatbestand (vgl. § 38 AO) knüpfen können.

---

29) Statt vieler *Gosch*, BFH/PR 2008, 499, 500; *Ditz*, IStR 2009, 115, 120; *Kahle/Franke*, IStR 2009, 406, 411; a. A. *Mitschke*, FR 2009, 326 ff.; *Müller-Gatermann* in: FS Schaumburg, S. 939, 943.
30) Vgl. i. E. bereits *Wassermeyer*, DB 2006, 2420.
31) *Möhlenbrock* in: Dötsch/Patt/Pung/Möhlenbrock, UmwStG, Einf. Rz. 152.

Ist ein solcher nicht vorhanden, bleibt es bei dem vom BFH[32)] zu Recht festge- 29
stellten Grundsatz: „Das Einkommensteuerrecht kennt keinen allgemeinen
Grundsatz des Inhalts, dass stille Reserven stets aufzudecken sind, wenn ein
Wirtschaftsgut nicht mehr in die Gewinnermittlung einzubeziehen ist." Dies gilt
ohne Zweifel auch für Unternehmensumstrukturierungen, so dass das UmwStG
nur in den Fällen zur Gewährung einer Buchwertfortführung herangezogen
werden muss, in denen eine Besteuerung stiller Reserven aufgrund allgemeiner
Vorschriften droht. Freilich wird eine solche Besteuerung in den meisten Fällen
in der Tat gegeben sein, denn einer Umwandlung liegt im Grundsatz strukturell
ein **Vermögensübergang gegen Gewährung von Gesellschaftsrechten** zugrunde, der steuerlich als Tausch und damit als Veräußerungsgeschäft bzw. als
Anschaffungsvorgang oder als Betriebsaufgabe zu werten wäre.[33)]

Dies sind jedoch nur Beispiele für Szenarien, in denen auch ohne eine Transak- 30
tion eine steuerliche Abrechnung der stillen Reserven zu dem Zeitpunkt erfolgt,
zu dem Wirtschaftsgüter, Betriebe oder Teilbetriebe aus der steuerlich relevanten
Erwerbssphäre ausscheiden.[34)] Vollständig müsste diese Liste dahingehend ergänzt werden, dass auch die §§ 4 Abs. 1 Satz 2, 6 Abs. 1 Nr. 4 Satz 1 EStG (Entnahme), 4 Abs. 1 Satz 3, 6 Abs. 1 Nr. 4 Halbs. 2 EStG, 12 Abs. 1 KStG (fiktive
Entnahme), 14, 14a Abs. 3, 16 Abs. 3, 18 Abs. 3 (Betriebsaufgabe), 12 Abs. 1
KStG (fiktive Veräußerung), 12 Abs. 3 (Sitzverlegung oder Verlegung der Geschäftsleitung in das Ausland), 13 Abs. 6 KStG (Wechsel in die Steuerbefreiung)
und die §§ 21 Abs. 2 UmwG a. F.[35)], 6 AStG, 17 Abs. 5 EStG (Wegzug) auf eine
vollständige steuerliche Erfassung der stillen Reserven gerichtet sind. All diese
Fälle stellen sich steuersystematisch als Ausnahmen von dem in § 5 Abs. 1
Satz 1 EStG verankerten **Realisationsprinzip** dar,[36)] und werden ihrerseits von
Ausnahmetatbeständen durchbrochen, die in bestimmten Fällen auf eine Buchwertverknüpfung abzielen (wie etwa § 6 Abs. 3 und Abs. 5 EStG). Zu diesen
Ausnahmetatbeständen rechnen auch die Normen des UmwStG.

Ferner ist systematisch Folgendes zu bemerken: Das Ertragsteuerrecht besteuert 31
nur Steuerpflichtige, denen das Gesetz eine Steuerrechtssubjektfähigkeit zuerkennt. Einschränkungen ergeben sich dabei in zeitlicher und persönlicher Hinsicht. In zeitlicher Hinsicht gilt das **Prinzip der Abschnittsbesteuerung** (vgl. nur
§ 2 Abs. 7 Satz 1 EStG), d. h. die wirtschaftlichen Verhältnisse des Steuerpflichtigen werden im Grundsatz, d. h. abgesehen von Vertrauenstatbeständen,
jedes Jahr aufs Neue steuerlich gewürdigt. Dies gilt für Finanzverwaltung und
Steuerpflichtige gleichermaßen.

---

32) BFH, BStBl. II 1989, 187, 188.
33) Zu diesen alternativen Interpretationsmöglichkeiten s. a. unten Rz. 56.
34) So treffend *Schaumburg*, Int. SteuerR, Rz. 17.9.
35) Zur Weiteranwendung nach dem SEStEG vgl. § 27 Abs. 3 Nr. 3 Satz 1 UmwStG.
36) *Schaumburg*, Int. SteuerR, Rz. 17.9.

32 In persönlicher Hinsicht gilt das **Prinzip der Individualbesteuerung**, d. h. steuerpflichtiges Einkommen und stille Reserven sind bei dem Steuersubjekt zu besteuern, das das Einkommen erzielt und bei dem sich die Reserven gebildet haben. Eine echte **Gruppen- bzw. Konzernbesteuerung,** die den Transfer stiller Reserven zwischen Konzerngesellschaften oder gar den grenzüberschreitenden Verlustausgleich ermöglicht und wie sie zum Teil in ausländischen Steuerrechten anzutreffen ist (Beispiel: Schweden), sucht man entsprechend im deutschen nationalen Steuerrecht vergeblich.[37]

33 Das UmwStG bricht mit dem Prinzip der Individualbesteuerung, indem es unter bestimmten Umständen eine Übertragung von Vermögen zwischen verschiedenen Rechtsträgern bzw. Steuerpflichtigen zu **Buch- oder Zwischenwerten** gestattet. Die Bindung der stillen Reserven an das Steuersubjekt, bei dem sie entstanden sind, wird also im Einzelfall aufgehoben. Eine Besteuerung tritt in der Regel nur ein, wenn die stillen Reserven endgültig der deutschen Besteuerung entzogen zu werden drohen. Meist sind dies **Fälle internationaler Umwandlungen,** in denen das deutsche Besteuerungsrecht aufgrund der Regeln eines DBA eingeschränkt oder ausgeschlossen wird. Das UmwStG ist also lex specialis zu denjenigen Normen, die den Ansatz des gemeinen Wertes vorsehen und damit eine Besteuerung auslösen, wenn ein Wirtschaftsgut die steuerliche Sphäre eines Steuersubjekts verlässt (z. B. die Entnahmeregeln). Hierbei handelt es sich um Ansatz- und Bewertungsvorschriften, die eine Realisation aufgrund eines Veräußerungstatbestands unterstellen oder von einer liquidationsähnlichen Besteuerung ausgehen (z. B. §§ 4, 15, 17, 23 EStG; §§ 11, 12 KStG).[38]

II. Beschränkung auf das Ertragsteuerrecht

34 Das UmwStG regelt Voraussetzungen und Folgen steuerneutraler Umwandlungen nur für den **Bereich des deutschen Ertragsteuerrechts** (Einkommen-, Körperschaft- und Gewerbesteuer).[39] In den anderen Steuergesetzen mögen für andere Steuerarten (z. B. Umsatzsteuer, Erbschaft- und Schenkungsteuer, Grunderwerbsteuer, etc.) eigenständige Regelungen für Umwandlungsfälle getroffen sein (z. B. § 1 Abs. 1a UStG oder § 1 Abs. 1 Nr. 3 GrEStG), das UmwStG jedoch zeitigt für diese Steuerarten keine unmittelbaren Folgen.

35 Mittelbare Folgen ergeben sich aber in praktischer Hinsicht, z. B. bei der **Umsatzsteuer.** Der übertragende Rechtsträger bleibt bis zur Eintragung der Um-

---

37) Auch die Regeln der ertragsteuerlichen Organschaft (§§ 14 ff. KStG) lassen die Rechts- und Steuersubjekteigenschaft der an der Organschaft beteiligten Gesellschaften unangetastet. Es erfolgt lediglich eine teilweise Aufweichung des sog. Trennungsprinzips, d. h. der systematisch separaten Betrachtung der Gesellschafts- und der Gesellschafterebene für steuerliche Zwecke.

38) Vgl. *Rödder* in: Rödder/Herlinghaus/van Lishaut, UmwStG, Einf. Rz. 2 und Rz. 125 (m. Zweifelsfällen).

39) Bis zum Veranlagungszeitraum 1997 auch: Vermögensteuer.

wandlung in das Handelsregister Steuersubjekt und Unternehmer i. S. des § 2 UStG, so dass die auszustellenden Rechnungen i. S. des § 14 UStG erst ab diesem Zeitpunkt auf den übernehmenden Rechtsträger auszustellen sind.[40] Umgekehrt kann in Sonderfällen auch ein zivilrechtlich bereits aufgelöster Rechtsträger als übertragender Rechtsträger an einer Umwandlung teilnehmen. Dies ist jedoch nur unter den Voraussetzungen der §§ 3 Abs. 3, 124 Abs. 2 oder § 191 Abs. 3 UmwG sowie der weiteren Voraussetzung möglich, dass ein Fortbestand des Rechtsträgers noch beschlossen werden könnte.[41]

III. Keine abschließende Regelung

Das UmwStG gilt nur, soweit sein **Anwendungsbereich** eröffnet ist, d. h. in den in § 1 UmwStG genannten Fällen. Der aus § 1 Abs. 2 i. V. m. Abs. 1 UmwG bekannte **Numerus clausus der Umwandlungsarten** wird mithin in das UmwStG hineingetragen. Das Gesetz hat jedoch keinen Exklusivitätscharakter, was die steuerneutrale Transferierung stiller Reserven in Wirtschaftsgütern zwischen Rechtsträgern bzw. auf andere Wirtschaftsgüter anbelangt. Insoweit vergleichbare Regelungen finden sich z. B. für das Einkommensteuerrecht in den §§ 6 Abs. 3 und Abs. 5, 6b, 16 Abs. 3 EStG und für das Körperschaftsteuerrecht in den §§ 8b Abs. 2,[42] 12 Abs. 2 KStG.

36

C. Gemeinschaftsrechtliche Vorgaben

I. Allgemeines

Die europäische **Fusionsrichtlinie** (nachfolgend **FRL**)[43] war ebenso wie die sog. **Mutter/Tochter-Richtlinie**[44] und die EU-Schiedskonvention[45] Teil der ersten großen und bis heute bedeutsamsten Harmonisierungsinitiative auf dem Gebiet der direkten Steuern innerhalb der Europäischen Union. Die Richtlinientrias in ihrem ursprünglichen Gewand datiert vom 23.7.1990 und konzentriert sich auf die Unternehmensbesteuerung. Die FRL stellt in diesem gemeinschaftsrecht-

37

---

40) *Möhlenbrock* in: Dötsch/Patt/Pung/Möhlenbrock, UmwStG, Einf. Rz. 151.
41) *Möhlenbrock* in: Dötsch/Patt/Pung/Möhlenbrock, UmwStG, Einf. Rz. 20.
42) Hierunter wird auch der Tausch von Beteiligungen an (ausländischen) Kapitalgesellschaften gefasst, weshalb der Norm, ebenso wie § 12 Abs. 2 KStG, insbesondere im Hinblick auf Drittstaatenumwandlungen eine besondere Bedeutung zukommt, vgl. zutreffend *Schaumburg*, Int. SteuerR, Rz. 17.7; ebenso *Hörtnagl* in: Schmitt/Hörtnagl/Stratz, UmwStG, § 1 Rz. 4.
43) Richtlinie 90/434/EWG des Rates v. 23.7.1990 über das gemeinsame Steuersystem für Fusionen, Spaltungen, die Einbringung von Unternehmensteilen und den Austausch von Anteilen, ABl. EG 1990 Nr. L 225, 1 ff.; geändert durch Richtlinie 2005/19/EG zur Änderung der Richtlinie 90/434/EWG v. 17.12.2005, ABl. EG Nr. L 58, 19 ff. v. 4.3.2005.
44) Richtlinie 90/435/EWG des Rates v. 23.7.1990 über das gemeinsame Steuersystem der Mutter- und Tochtergesellschaften verschiedener Mitgliedstaaten, Abl. EG 1990 Nr. L 225, 6 ff.
45) Übereinkommen Nr. 90/436/EWG v. 23.7.1990, umgesetzt durch das Gesetz zur Umsetzung der EG-Schiedskonvention v. 26.8.1993, BGBl. II 1993, 818 ff.

lich verbürgten Rahmen durch eine unter bestimmten Voraussetzungen gewährte **Buchwert- bzw. Zwischenwertverknüpfung** sicher, dass in den Fällen grenzüberschreitender Fusionen, Spaltungen, Einbringungen und des Anteilstausches keine oder nur teilweise stille Reserven aufgedeckt und besteuert werden. Dies gilt sowohl auf der Ebene der beteiligten Gesellschaften als auch auf der Ebene der beteiligten Anteilseigner dieser Gesellschaften.[46]

38 Der Ausschluss der Besteuerung der stillen Reserven greift jedoch nur ein, wenn die den stillen Reserven zugrunde liegenden Wirtschaftsgüter nach der Umwandlung einer Betriebsstätte im Ansässigkeitsstaat der einbringenden Gesellschaft zuzurechnen sind (Betriebsstättenvorbehalt) und die übernehmende Gesellschaft die Buchwerte fortführt.[47]

39 Seit 1990 war die FRL mangels gesellschaftsrechtlicher Grundlagen für echte grenzüberschreitende Transaktionen jedoch nur unzureichend im deutschen nationalen Recht umgesetzt. Lediglich für Einbringungen und für den Tausch von Anteilen war eine entsprechende steuerliche Regelung vorgesehen (vgl. etwa § 23 UmwStG 1995). Durch das Statut einer Europäischen Aktiengesellschaft[48] einerseits, andererseits aufgrund der gesellschaftsrechtlichen **Verschmelzungsrichtlinie**[49] und nicht zuletzt aufgrund der EuGH-Entscheidung in der Rechtssache *Sevic Systems*[50] (betraf den Fall einer Hereinverschmelzung; näher dazu Rz. 44) war jedoch erstmals – nach der entsprechenden Änderung der FRL durch die Änderungsrichtlinie vom 17.2.2005[51] – der Boden bereitet für ein **weitgehend „europäisiertes" Umwandlungssteuerrecht**.

40 Der deutsche Gesetzgeber hat dies im Wege des **SEStEG**[52] umzusetzen versucht. Er war v. a. durch das eben genannte Statut einer Europäischen Aktiengesellschaft unter Handlungsdruck geraten, sah dieses doch bereits seit dem 1.1.2006 gesellschaftsrechtlich die Gründung einer Europäischen Aktiengesellschaft durch Verschmelzung vor. Hinzu kam, dass die o. g. Änderungsrichtlinie der FRL

---

46) Unbenommen bleibt hingegen das Recht zur Besteuerung einer späteren Veräußerung der gewährten Anteile, vgl. Art. 8 Abs. 6 FRL. Dies ist konsequent, wenn die vor dem Umwandlungsvorgang vorhandenen Anteile in gleicher Weise hätten besteuert werden können.
47) Art. 4 Abs. 1 lit. b und Abs. 3 und 4 FRL.
48) Verordnung des Rates über das Statut der Europäischen Gesellschaft v. 8.10.2001, Abl. EG 2001 Nr. 294; dazu *Schön/Schindler*, IStR 2004, 571 ff. und *Rödder*, Der Konzern 2004, 522 ff.
49) Richtlinie 2005/56/EG v. 26.10.2005, Abl. EG Nr. L 310, 1 ff. und dazu *Louven*, ZIP 2006, 2021 ff.
50) EuGH, Rs. C-411/03, *Sevic Systems*, Slg. 2005, I-10805 ff. = DB 2005, 2804 = ZIP 2005, 2311; dazu aus steuerrechtlicher Sicht *Dötsch/Pung*, Der Konzern 2006, 258 ff.; aus gesellschaftsrechtlicher Sicht *Gesell/Krömker*, DB 2006, 2558 ff. und *Drinhausen*, BB 2006, 2313 ff.
51) Richtlinie 2005/19/EG v. 17.2.2005, Abl. EG Nr. L 058, 90 ff.
52) SEStEG v. 7.12.2006, BGBl. I 2006, 2782 ff.

diese bereits im Jahr 2005 auf transparente[53] Gebilde, auf supranationale Rechtsformen wie die Europäische Aktiengesellschaft und auf sonstige Körperschaftsteuersubjekte i. S. des § 1 Abs. 1 Nr. 6 KStG (Betriebe gewerblicher Art i. S. des § 4 KStG) erstreckt hatte.[54]

II. Grenzen der Neuregelung

Im Anwendungsbereich des heute geltenden UmwStG sieht sich der Steuerpflichtige einer vielschichtigen Gemengelage ausgesetzt. Jedenfalls im Grundsatz lässt sich Folgendes festhalten: 41

1. Grenzüberschreitende und ausländische Umwandlungen

Erstens gilt das UmwStG zwar einerseits, und damit über die Vorgaben der FRL hinaus, nicht nur in der Europäischen Union, sondern auch im EWR-Raum.[55] Sein Anwendungsbereich ist damit eröffnet nicht nur für **grenzüberschreitende Umwandlungen**, sondern auch für **ausländische Umwandlungen innerhalb des EU-/EWR-Raums**. Andererseits verbleiben, von § 24 UmwStG abgesehen, in Bezug auf Umwandlungen unter Beteiligung von **Drittstaaten** erhebliche Lücken, so dass die Steuerneutralität insoweit nicht sichergestellt ist. Ausnahmen hiervon, d. h. von der grundsätzlichen Nichterfassung von Umwandlungen in Bezug auf Drittstaaten, finden sich nur in § 13 UmwStG sowie partiell in § 12 Abs. 2 KStG. Trotz des SEStEG[56] ist es damit nur zu einer Europäisierung, nicht aber einer Globalisierung des UmwStG gekommen.[57] 42

2. Abweichung von FRL und Zivilrecht

Zweitens hat der Gesetzgeber trotz der weitgehenden Beachtung der Vorgaben der FRL nicht in allen Bereichen eine enge Anknüpfung an das **sekundäre Gemeinschaftsrecht** gesucht. So wird etwa in § 1 UmwStG erstaunlicherweise nicht auf die Terminologie des Art. 2 FRL rekurriert, sondern „bewusst"[58] auf 43

---

53) Vgl. dazu Art. 10a FRL. Gemeint sind Fälle von Qualifikationskonflikten, bei denen die jeweilige Gesellschaft in ihrem Ansässigkeitsstaat als steuerlich transparent und in einem anderen EU-Mitgliedsstaat wie eine Personengesellschaft besteuert wird, vgl. dazu *Benecke/ Schnitger*, IStR 2005, 606 ff. und 641 ff.

54) Weitere Änderungen betrafen die Erweiterung der Richtlinie um einige Umwandlungsvorgänge (z. B. Sitzverlegung einer europäischen Aktiengesellschaft). Daneben wurde z. B. § 21 UmwStG um den Tatbestand des Hinzuerwerbs von Gesellschaftsanteilen bei vorhandener Mehrheitsbeteiligung ergänzt. Andere Änderungen hatten nur einen klarstellenden Charakter (z. B. Erstreckung der Richtlinie auf in Drittstaaten ansässige Gesellschafter beim Anteilstausch).

55) Liechtenstein; Norwegen; Island.

56) SEStEG v. 7.12.2006, BGBl. I 2006, 2782 ff.

57) So treffend bereits *Rödder* in: Rödder/Herlinghaus/van Lishaut, UmwStG, Einf. Rz. 14; ebenso *Schaumburg*, Int. SteuerR, Rz. 17.4.

58) So *Möhlenbrock* in: Dötsch/Patt/Pung/Möhlenbrock, UmwStG, Einf. Rz. 99.

die Begriffsbestimmungen des UmwG zurückgegriffen. Umso bemerkenswerter ist es, dass das neue Umwandlungssteuerrecht teilweise auf Fallgestaltungen anwendbar ist, für die es zivilrechtlich noch keine Rechtsgrundlage gibt.[59] Darüber hinaus verwendet das UmwStG zuweilen Begriffe, die dem Zivilrecht unbekannt sind (z. B. den Begriff der Einbringung). All dies erschwert die praktische Handhabung erheblich.

3. EuGH-Rechtsprechung

44 Drittens ist zu konstatieren, dass das UmwStG inzwischen auch in den Fokus des EuGH gerückt ist. Über das o. g. Urteil in der Rechtsache *Sevic Systems* hinaus waren es nicht zuletzt Judikate des EuGH, die zumindest mittelbar die inhaltliche Ausgestaltung auch des SEStEG[60] in Teilbereichen beeinflusst hatten.[61]

45 Während diese Judikate jedoch zunächst **Wegzugsfälle** natürlicher Personen und Kapitalgesellschaften[62] und Fragen des damit verbundenen Steueraufschubs zum Gegenstand hatten, wurden dem EuGH auch zentrale Fragestellungen des Umwandlungssteuerrechts vorgelegt. Nach dem EuGH-Urteil in der Rechtssache *A.T.* ist das Erfordernis der **doppelten Buchwertverknüpfung** im deutschen UmwStG nicht mit Art. 8 FRL vereinbar.[63] Die Entscheidung ist zwar zum UmwStG 1995 ergangen, jedoch verbleibt es jedenfalls in den Fällen der Sacheinbringung auch nach geltendem Recht bei diesem Erfordernis, so dass Änderungsbedarf besteht.[64] Hier werden in Zukunft insgesamt sicherlich weitere Vorabentscheidungsverfahren folgen.

46 Als europarechtlich gesicherte Kenntnis darf demzufolge heute gelten, dass eine **umwandlungsbedingte Sofortbesteuerung** stiller Reserven auf Gesellschaftsebene i. R. einer fiktiven Liquidation oder Veräußerung unzulässig ist.[65] Statthaft ist allerdings die Sicherstellung der Besteuerung in Gestalt einer Stundungslösung[66], wie es etwa aus § 6 AStG bekannt ist. Der Gesetzgeber hat im Zuge

---

59) Vgl. dazu die Nachweise bei *Hagemann/Jakob/Ropohl/Viebrock*, NWB Sonderheft 1, 2007, 13.
60) SEStEG v. 7.12.2006, BGBl. I 2006, 2782 ff.
61) EuGH, Rs. C-436/00, *X und Y*, Slg. 2002, I-10829 ff. = IStR 2003, 23; EuGH, Rs. C-9/02, *Hughes de Lasteyrie du Saillant*, Slg. 2004, I-2409 ff. = ZIP 2004, 662 = DB 2004, 686 und EuGH, Rs. C-470/04, *N.*, Slg. 2006, I-7409 ff. = DStR 2006, 1691 = GmbHR 2006, 1111.
62) Ein Gleiches muss freilich für Kapitalgesellschaften gelten, vgl. *Wassermeyer*, GmbHR 2004, 613, 615; *Schaumburg* in: FS Wassermeyer, S. 411, 423 f.; s. dazu auch EuGH, Rs. C-371/10, *National Grid Indus BV*, Slg. 2011, I-12273 = ZIP 2012, 169.
63) EuGH, Rs. C-285/07, *A. T.*, Slg. 2008, I-9329 ff. = DStR 2009, 101 = IStR 2009, 97; Vorlage durch BFH, BStBl. II 2007, 679 ff.; vorgehend FG Baden-Württemberg, EFG 2005, 994 ff.
64) Die Europäische Kommission hatte vorgeschlagen, im Zuge der Änderung der FRL im Jahr 2005 (s. dazu bereits oben Rz. 40) die doppelte Buchwertverknüpfung generell aufzugeben, vgl. KOM (2003) 613 bzw. 2003/0239 (CNS) v. 17.10.2003. Letztlich wurde der Vorschlag aber nur (teilweise) beim Anteilstausch nach § 21 UmwStG umgesetzt.
65) So bereits *Schaumburg*, Int. SteuerR, Rz. 17.20.
66) Dazu ausführlich *Schön* in: Lutter/Hommelhoff, UmwG, Rz. 239 ff., 150 ff.

des SEStEG[67] die Chance vertan, das UmwStG im Hinblick auf seine Gesamtkonzeption insoweit gemeinschaftsrechtlich unangreifbar auszugestalten, weil nach wie vor die Lösung einer Sofortbesteuerung verfolgt wurde, soweit der deutsche Besteuerungsanspruch beschränkt oder ausgeschlossen wird. Das UmwStG ist daher latent in Gefahr, in Konflikt mit dem Europarecht zu geraten.[68]

Bereits in früherer Zeit hatte sich der EuGH ferner der **Auslegung der FRL** angenommen. In seinem Urteil in der Rechtssache *Leur-Bloem*[69] (betraf Fragen der Steuerumgehung) hatte sich der Gerichtshof mit dem Wortlaut des Art. 2 lit. d und des Art. 11 der Fusionsrichtline a. F. zu beschäftigen und befand, dass er für die Auslegung des europäischen Gemeinschaftsrechts auch dann zuständig sei, wenn der Gesetzgeber eines EU-Mitgliedstaats bei der Umsetzung der Vorschriften der FRL innerstaatliche Sachverhalte und unter die Richtlinie fallende, grenzüberschreitende Sachverhalte gleichbehandle und seine nationalen Rechtsvorschriften daher an das europäische Sekundärrecht angepasst habe. In diesem Zusammenhang ist zu beachten, dass dem EuGH hinsichtlich der Vereinbarkeit des UmwStG mit Europäischem Primär- und Sekundärrecht in jeder Hinsicht eine Auslegungskompetenz zusteht. Hier gilt nichts anderes als bei jedem anderen Steuergesetz und jeder anderen nationalen Norm auch. Der teilweise mangelnde Rückgriff auf die Terminologie der FRL ändert daran nichts. 47

Die Möglichkeit der Anrufung des EuGH durch nationale Gerichte kann nicht allein dadurch behindert verwehrt werden, dass das nationale Recht mit anderen Begrifflichkeiten arbeitet als die zugrunde liegende europäische Vorgabennorm. Selbstverständlich kann der EuGH darüber befinden, ob die Vorgaben der FRL durch das SEStEG[70] in gemeinschaftsrechtskonformer Weise umgesetzt worden sind.[71] Eine **Auslegungskompetenz des EuGH** hinsichtlich des UmwStG ist darüber hinaus nach Ansicht des EuGH[72] und nach wohl h. M.[73] sogar in den Fällen zu bejahen, in denen ein grenzüberschreitender Vorgang an sich nicht vorliegt und daher die FRL nicht anwendbar ist (z. B. bei reinen **Inlandsumwandlungen**). Der EuGH geht davon aus, dass auch in diesen Fällen ein 48

---

67) SEStEG v. 7.12.2006, BGBl. I 2006, 2782 ff.
68) So bereits *Schaumburg*, Int. SteuerR, Rz. 17.23 (überdies zur verfassungsrechtlichen Kritik Rz. 17.24).
69) EuGH, Rs. C-28/95, *Leur-Bloem*, Slg. 1997, I-4161 ff. = DB 1997, 1851; EuGH, Rs. C-43/00, *Andersen og Andersen*, Slg. 2002, I-379 ff. = DStRE 2002, 456 = IStR 2002, 94.
70) SEStEG v. 7.12.2006, BGBl. I 2006, 2782 ff.
71) A. A. *Möhlenbrock* in: Dötsch/Patt/Pung/Möhlenbrock, UmwStG, Einf. Rz. 99, der über das UmwG allenfalls zu einer mittelbaren Auslegungskompetenz kommen möchte. Im praktischen Ergebnis sollte dadurch hinsichtlich der Reichweite des Rechtsschutzes indes kein Unterschied entstehen.
72) St. Rspr. seit EuGH, Rs. C-297/88 und C-197/89, *Dzodzi*, Slg. 1990, I-3763 ff. = EuZW 1991, 319.
73) Vgl. nur die Nachweise bei *Hahn* in: Reform des UmwStR, Rz. 759 ff.

gemeinschaftsrechtliches Interesse an einer einheitlichen Auslegung der fraglichen nationalen Norm besteht.

D. Anwendungsbereich und Grundprinzipien des UmwStG
I. Allgemeines

49 Nachstehend wird einführend die grundlegende Systematik des UmwStG anhand von **Umwandlungsvorgängen mit Auslandsbezug** skizziert. Eine ausführliche Erläuterung bietet die allerorten zugängliche Kommentierung der jeweils einschlägigen Vorschriften sowie die Kurzdarstellung unten in § 38.[74)]

50 Für die im UmwG genannten Umwandlungsvorgänge (das sind Verschmelzung, Spaltung, Vermögensübertragung und Formwechsel) enthält das UmwStG korrespondierende Regelungen für die steuerliche Behandlung. Darüber hinaus kennt das UmwStG den **Tatbestand der sog. Einbringung**, der im UmwG keine Entsprechung findet. Die Grundprinzipien bei Umwandlungsvorgängen (mit Auslandsbezug) sind insoweit die Folgenden:

51 Die Umwandlung muss in der Regel das **gesamte Unternehmen** des übertragenden Rechtsträgers umfassen, jedenfalls aber einen Betrieb, Teilbetrieb, einen Mitunternehmeranteil, einen Teil eines Mitunternehmeranteils, eine 100 %ige oder eine mehrheitsvermittelnde Beteiligung an einer Kapitalgesellschaft. Der übernehmende Rechtsträger tritt sodann, bei Erfüllung bestimmter Voraussetzungen, in die steuerliche Rechtsstellung des übertragenden Rechtsträger ein (z. B. in Bezug auf Abschreibungen). Die Umwandlungen gemäß dem Zweiten bis Fünften Teil des UmwStG müssen, Umwandlungen gemäß dem Sechsten bis Achten Teil des UmwStG können (in der Regel, eine Ausnahme beim Anteilstausch) auf Antrag auf den **steuerlichen Übertragungsstichtag** rückbezogen werden.

52 Aus der Sicht der Bundesrepublik Deutschland lassen sich hinsichtlich des **Auslandsbezugs** vier Fallgruppen von Umwandlungsvorgängen unterscheiden:

- Bei reinen **Inlandsumwandlungen** mit Auslandsbezug sind die an dem Umwandlungsvorgang beteiligten Rechtsträger im Inland ansässig, während die Gesellschafter eines oder beider Rechtsträger und/oder das im Zuge der Umwandlung übergehende Vermögen im Ausland ansässig bzw. belegen sind.

- Bei reinen **Auslandsumwandlungen** mit Inlandsbezug sind entsprechend die an dem Umwandlungsvorgang beteiligten Rechtsträger im Ausland ansässig, während die Gesellschafter eines oder beider Rechtsträger und/oder das im Zuge der Umwandlung übergehende Vermögen im Inland ansässig bzw. belegen sind.

---

74) Vgl. auch hierzu instruktiv *Rödder* in: Rödder/Herlinghaus/van Lishaut, UmwStG, Einf. Rz. 93 ff.

- Bei **Hinausumwandlungen** sind der übertragende Rechtsträger im Inland und der übernehmende Rechtsträger im Ausland ansässig, während sich die Gesellschafter und das übergehende Vermögen im In- oder Ausland befinden können.

- Bei **Hineinumwandlungen** sind der übertragende Rechtsträger im Ausland und der übernehmende Rechtsträger im Inland ansässig. Die Gesellschafter und das übergehende Vermögen können sich wiederum im In- oder Ausland befinden.

Das UmwStG enthält eine Vielzahl von **Einzelfallregelungen**, die die spezifisch internationale Dimension des Gesetzes verdeutlichen. Hierbei wurde versucht, den Gefahren der parallelen Anwendung des nationalen Gesetzesrechts mehrerer Staaten (namentlich die Entstehung unbesteuerter, sog. **weißer Einkünfte**) entgegen zu wirken. Als Beispiel sei § 2 Abs. 3 UmwStG genannt, wonach die Regeln über die steuerliche Rückwirkung nicht anzuwenden sind, soweit Einkünfte aufgrund abweichender Regelungen zur Rückbeziehung eines in § 1 Abs. 1 UmwStG genannten Vorgangs in einem anderen Staat nicht der Besteuerung unterliegen.[75] 53

II. Anwendungsbereich

Das UmwStG ist, neben rein nationalen Sachverhalten, nach § 1 UmwStG in all 54 diesen Fällen anwendbar, vorausgesetzt, die an der Umwandlung beteiligten Rechtsträger sind natürliche Personen oder Gesellschaften, die aufgrund des Sitzes und Ortes der Geschäftsleitung (vgl. § 1 Abs. 2 Satz 1 Nr. 1 UmwStG) **in einem EU-/EWR-Staat ansässig** sind. Bei (aus deutscher Sicht) steuerlich transparenten Personengesellschaften wird grundsätzlich auf die Ansässigkeit ihrer Gesellschafter abgestellt, vgl. § 1 Abs. 4 Satz 1 Nr. 2 lit. a, aa UmwStG. Für die **Europäische Aktiengesellschaft** (SE) und die **Europäische Genossenschaft** (SCE) enthält § 1 Abs. 2 Satz 2 UmwStG eine Ansässigkeitsfiktion. Auch Umwandlungsvorgänge nach ausländischem Recht können steuerlich nach dem UmwStG beurteilt werden, sofern ein grenzüberschreitender oder ausländischer Vorgang seinem Wesen und seiner Struktur nach einer im UmwStG genannten Umwandlungsart entspricht.[76]

Strikt zu beachten ist, dass der Anwendungsbereich des UmwStG nicht eröffnet 55 ist, wenn an dem Umwandlungsvorgang Gesellschaften mit **Sitz in Drittstaaten**

---

[75] Dazu *Benecke/Schnitger*, IStR 2006, 765, 771 ff.; *Dötsch/Pung*, DB 2006, 2704, 2706 ff.; *Klingebiel*, DB 2006, 601 ff.

[76] Neben einem allgemeinen Rechtstypenvergleich hinsichtlich der beteiligten Rechtsträger kommt es v. a. darauf an, ob die nach dem ausländischen Recht eintretenden Rechtsfolgen denen eines deutschen Umwandlungsvorgangs vergleichbar sind, vgl. *Dötsch/Pung*, DB 2006, 2704, 2705.

beteiligt sind.[77] Eine Übertragung der Grundsätze des UmwStG auf Drittstaatenfälle kann sich daher nur aufgrund allgemeiner Erwägungen ergeben, wie bspw. der Anwendung von DBA-**Diskriminierungsverboten** (entsprechend Art. 24 OECD-Musterabkommen oder aus anderweitigen bilateralen Abkommen wie Freundschafts-, Handels- und Schifffahrtsverträgen (z. B. mit den USA) oder die sog. Bilateralen Verträge mit der Schweiz).[78]

III. Grundregel: Ansatz des gemeinen Werts

56 Der Gesetzgeber verfolgt mit dem UmwStG das Ziel, dem Steuerpflichtigen Möglichkeiten zur Erlangung der Steuerneutralität von Umwandlungsvorgängen an die Hand zu geben. Zugleich hat der Gesetzgeber im Zuge des SEStEG[79] auf eine konsequente **Sicherstellung deutscher Besteuerungsrechte** geachtet. Die Steuerneutralität einer Umwandlung wird entsprechend nur erreicht, wenn im Zuge der Umwandlung sowohl auf der Ebene der beteiligten Rechtsträger als auch bei den Gesellschaftern der beteiligten Rechtsträger kein Steuertatbestand ausgelöst wird. Der Gesetzgeber hat sich für das folgende System entschieden:

57 Grundsätzlich sind bei Umwandlungen die übergehenden Wirtschaftsgüter mit dem **gemeinen Wert** anzusetzen, was in den meisten Fällen eine Abkehr vom **Grundsatz der Maßgeblichkeit** bedeutet. So ist es in § 3 Abs. 1 Satz 1, § 11 Abs. 1 Satz 1 und § 13 Abs. 1 UmwStG (gilt für die Gesellschafter der übertragenden Körperschaft) für die Verschmelzung, in § 15 Abs. 1 Satz 1 UmwStG für die Spaltung, in § 20 Abs. 2 Satz 1 und § 24 Abs. 2 Satz 1 UmwStG für die Einbringung, in § 21 Abs. 1 Satz 1 UmwStG (gilt für den Einbringenden) für den Anteilstausch und in § 9 Satz 1 und § 25 Satz 1 UmwStG für den Formwechsel angeordnet. Im Gegensatz zum **Buchwert** (vgl. dazu § 1 Abs. 5 Nr. 4 UmwStG) ist der gemeine Wert nicht gesetzlich definiert. Gemeint ist letztlich der **Verkehrswert**, d. h. derjenige Wert, der im gewöhnlichen Geschäftsverkehr nach der Beschaffenheit des Wirtschaftsguts bei einer Veräußerung zu erzielen wäre.

IV. Ausnahme: Buch- oder Zwischenwertansatz

58 In all den vorgenannten Fällen erhält der Steuerpflichtige aber die Möglichkeit, für die übergehenden Wirtschaftsgüter **auf Antrag** innerhalb einer bestimmten Frist einen Buch- oder Zwischenwert anzusetzen und so eine Besteuerung stiller Reserven **ganz oder teilweise** zu vermeiden. So ist es in § 3 Abs. 2, § 11 Abs. 2 und § 13 Abs. 2 UmwStG (gilt für die Gesellschafter der übertragenden Körperschaft) für die Verschmelzung, in § 15 Abs. 1 Satz 1 UmwStG für die Spaltung, in § 20 Abs. 2 Satz 2 und § 24 Abs. 2 Satz 2 UmwStG für die Einbringung, in

---

77) Die Ansässigkeit der Gesellschafter ist insoweit meist irrelevant.
78) Zutreffend *Hahn* in: Reform des UmwStR, Rz. 757.
79) SEStEG v. 7.12.2006, BGBl. I 2006, 2782 ff.

§ 21 Abs. 1 Satz 2 UmwStG (gilt für den Einbringenden) für den sog. qualifizierten Anteilstausch und in § 9 Satz 1 und § 25 Satz 1 UmwStG für den Formwechsel möglich. Die Möglichkeit der Buchwertfortführung setzt jeweils voraus, dass das **Besteuerungsrecht der Bundesrepublik Deutschland** an dem übergehenden Vermögen/den übergehenden Wirtschaftsgütern oder bestimmten Gesellschaftsanteilen **nicht ausgeschlossen oder beschränkt** wird. Diesbezüglich sind v. a. die Regelungen etwaiger Doppelbesteuerungsabkommen zu beachten. Daneben bestehen im Einzelfall weitere Voraussetzungen für eine steuerlich beachtliche **Buchwertfortführung**.

Zu beachten ist ferner, dass die vorgenannten speziellen Entstrickungsregelungen durch die allgemeine Vorschrift des § 2 Abs. 3 UmwStG flankiert werden. Die Vorschrift stellt sicher, dass keine weißen Einkünfte (im Fall **doppelter Nichtbesteuerung**) entstehen, wenn die nationalen Vorschriften über die **steuerliche Rückwirkung** (etwa § 9 Satz 3 UmwStG) von Umwandlungsvorgängen mit abweichenden ausländischen Normen zusammentreffen. Dies ist in der Praxis nicht selten der Fall. Die Steuerneutralität eines Umwandlungsvorgangs folgt aber nicht allein aus dem Buchwertansatz (in der Schlussbilanz) des übertragenden Rechtsträgers, sondern es ist zusätzlich eine Übernahme dieses Ansatzes beim übernehmenden Rechtsträger erforderlich. So ist es etwa in § 4 Abs. 1 und § 12 Abs. 1 UmwStG für die Verschmelzung, in § 15 Abs. 1 Satz 1 UmwStG für die Spaltung und in § 9 Satz 1 und § 25 Satz 1 UmwStG für den Formwechsel vorgesehen. Bei Einbringungen ist das Konzept naturgemäß ein anderes; hier entsteht nach den §§ 20 Abs. 3 Satz 1, 21 Abs. 2 Satz 1 UmwStG nur dann kein Veräußerungspreis für den Einbringenden, wenn die Buchwerte fortgeführt werden. Damit wird den Anforderungen der FRL an die Buchwertfortführung genügt (siehe dazu oben Rz. 44 ff.).

59

§ 33 Historie

Übersicht

A. Allgemeines 1
B. Frühere Fassungen 7
I. Vorläufer (1934–1976) 7
II. UmwStG 1977 10
III. UmwStG 1995 12
C. SEStEG 15

Literatur: *Dötsch/Patt/Pung/Möhlenbrock*, Umwandlungssteuerrecht, 7. Aufl., 2012; *Förster*, Anwendungsregelungen beim Systemwechsel zum neuen Körperschaftsteuerrecht, DStR 2001, 1273; *Grotherr*, Das neue Körperschaftsteuersystem mit Anteilseignerentlastung bei der Besteuerung von Einkünften aus Beteiligungen, BB 2000, 849; *Heinrich*, Österreich: System der Besteuerung von Dividenden auf dem Prüfstand des EuGH, IStR 2010, 238; *Herzig/Förster*, Problembereiche bei der Auf- und Abspaltung von Kapitalgesellschaften nach neuem Umwandlungssteuerrecht, DB 1995, 338; *Märkle*, Das Anrechnungsverfahren nach dem Körperschaftsteuerreformgesetz 1977, 1978; *Rödder/Herlinghaus/van Lishaut*, Umwandlungssteuergesetz, 2008; *Semmler/Maiterth*, Kritische Anmerkungen zur geplanten Substitution des körperschaftsteuerlichen Anrechnungssystems durch das so genannte „Halbeinkünfteverfahren" im Zuge des Steuersenkungsgesetzes, BB 2000, 1377; *Stangl*, Die systemtragenden Änderungen der Unternehmensbesteuerung durch das Steuersenkungsgesetz, Diss. 2001; *Thiel*, Das Umwandlungssteuerrecht im Wandel der Zeiten, in: Festschrift Flume, Bd. II, S. 281.

A. Allgemeines

Das erste eigenständig kodifizierte Regelungswerk betreffend die Besteuerung 1
von Umwandlungen datiert aus dem Jahr 1934. Bis zum UmwStG i. d. F. des
SEStEG,[1)] für dessen Verständnis die Kenntnis von der Historie der Gesetzesentstehung hilfreich ist, ist konzeptionell hinsichtlich des Verlaufs zweierlei zu
konstatieren: Erstens wurde die **Möglichkeit der Steuerneutralität** im Laufe
der Zeit auf immer neue Formen von Umwandlungen erstreckt, und zweitens
muss das jeweils geltende UmwStG auch stets im Lichte des jeweils geltenden
Körperschaftsteuersystems betrachtet werden. Naturgemäß hängen diese Materien, d. h. die laufende Ertragsbesteuerung von Körperschaften und die anlassbezogene Besteuerung von Umwandlungen, eng zusammen, soweit eine unterschiedliche Besteuerung von Gesellschaft und Gesellschafter in Betracht
kommt. Wird grundsätzlich auf Gesellschafterebene, in welcher Form auch
immer (dazu sogleich), eine Entlastung gewährt, muss sich diese Vermeidung
oder Verminderung einer Doppelbesteuerung konzeptionell auch im Umwandlungsfall fortsetzen.

Ein **klassisches Körperschaftsteuersystem** bspw., wie es zum Teil in den USA, 2
der Schweiz und den Niederlanden verwirklicht ist, kennt neben der Besteuerung des Einkommens der Körperschaft nämlich auch eine Besteuerung des

---

1) Gesetz über steuerliche Begleitmaßnahmen zur Einführung der Europäischen Gesellschaft und zur Änderung weiterer steuerrechtlicher Vorschriften (SEStEG) v. 7.12.2006, BGBl. I 2006, 2782 ff.

Einkommens auf der Ebene der Gesellschafter. Das klassische Körperschaftssteuersystem führt daher – jedenfalls in seiner Reinform – nicht zu einer Vermeidung oder Verminderung der Doppelbelastung. Eine Verminderung der Doppelbelastung tritt hingegen bei dem österreichischen Halbsatzverfahren[2] oder bei dem gegenwärtig in der Bundesrepublik Deutschland geltenden Halbeinkünfteverfahren (ebenfalls grundsätzlich ein klassisches, indes modifiziertes Körperschaftsteuersystem) ein.[3]

3 Ebenfalls zu einer **Minderung der Doppelbelastung** führt – systematisch überzeugend und daher gegenüber den anderen Systemen vorzugswürdig – das sog. Körperschaftsteuer-Vollanrechnungsverfahren.[4] Es galt in der Bundesrepublik Deutschland zwischen 1977 und 2000. Das Anrechnungsverfahren ist ein Körperschaftsteuersystem, bei dem die Belastung auf Ebene der Kapitalgesellschaft durch eine Vollanrechnung der von der Kapitalgesellschaft gezahlten Körperschaftsteuer auf die individuelle Steuerschuld des Gesellschafters berücksichtigt wird.[5]

4 Die Besteuerung auf Ebene der Kapitalgesellschaft wurde bei diesem System nur als eine vorläufige Steuererhebung betrachtet. Die endgültige Feststellung der Besteuerungsgrundlagen sollte beim Gesellschafter nach dessen persönlichen Verhältnissen stattfinden. Dies fand historisch nicht zuletzt seinen Ursprung in der Tatsache, dass nur natürliche Personen als Träger steuerlicher Leistungsfähigkeit angesehen wurden. Gleichwohl konnte auch unter dem Anrechnungsverfahren mit einer Besteuerung nicht bis zum Zeitpunkt der Ausschüttung zugewartet werden, weil dies den bekannten **Ballooning-Gestaltungen**[6] und anderen Modellen noch weiter Tür und Tor geöffnet hätte. Im Ergebnis wurden daher durch das Anrechnungsverfahren die nicht ausgeschütteten, d. h. thesaurierten Gewinne auf Ebene der Kapitalgesellschaft besteuert, während die ausgeschütteten Gewinne nur noch auf Ebene des jeweiligen Gesellschafters besteuert wurden.

---

2) Vgl. dazu *Heinrich*, IStR 2000, 238 ff. sowie das EuGH, Rs. C-315/02, *Lenz*, Slg. 2004, I-7081 ff. = EuZW 2004, 594.

3) Zum Übergang vom Anrechnungs- auf das Halbeinkünfteverfahren instruktiv *Stangl*, Die systemtragenden Änderungen der Unternehmensbesteuerung; *Grotherr*, BB 2000, 849 ff.; *Förster*, DStR 2001, 1273 ff.; *Semmler/Maiterth*, BB 2000, 1377 ff.

4) Dazu aus Konzernsicht instruktiv *Kröner* in: Kessler/Kröner/Köhler, Konzernsteuerrecht, § 3 Rz. 60 ff.

5) Umfassend dazu *Märkle*, Das Anrechnungsverfahren nach dem Körperschaftsteuerreformgesetz.

6) Darunter verstand man die Steuerung der Ausschüttungspolitik einer Körperschaft mit dem Ziel, die (teilweise) Nichtabzugsfähigkeit von mit Dividenden im Zusammenhang stehenden Werbungskosten zu umgehen. Mit dem Übergang zum Halbeinkünfteverfahren und der einhergehenden Änderung von § 8b Abs. 5 KStG sowie von § 3c Abs. 2 EStG (keine zwingende Phasengleichheit von Einnahmen und Ausgaben mehr) wurden jedoch Ballooning-Gestaltungen weitgehend wirkungslos.

Dies wurde technisch erstens durch die sog. **Herstellung der Ausschüttungs-** 5
belastung und zweitens durch die Anrechnung der Körperschaftsteuer gewährleistet. Gewinnausschüttungen der Kapitalgesellschaft mussten grundsätzlich mit 30 % Körperschaftsteuer vor Abzug der Körperschaftsteuer belastet werden. Um die vorgenannte Ausschüttungsbelastung herstellen zu können, musste das zur Ausschüttung zur Verfügung stehende sog. **verwendbare Eigenkapital zuvor nach seiner Tarifbelastung in entsprechende Teilbeträge gegliedert und diese zum Schluss** eines jeden Wirtschaftsjahres gesondert festgestellt werden. In Abhängigkeit davon, welcher Teilbetrag des verwendbaren Eigenkapitals als für die Ausschüttung verwendet galt, ergab sich sodann eine Änderung der Körperschaftsteuer durch Minderung oder Erhöhung gegenüber der Tarifbelastung von 40 %.[7]

Das alte deutsche **Körperschaftsteuer-Anrechnungsverfahren** zeitigt bezüg- 6
lich des UmwStG i. d. F. des SEStEG[8] nur noch in Ausnahme- bzw. Altfällen Wirkung, die mittlerweile auch in steuerlichen Außenprüfungen (§§ 193 ff. AO) nur noch selten anzutreffen sein dürften. Regelungen mit spezifischem Bezug zum Anrechnungsverfahren wie z. B. § 10 UmwStG a. F.[9] sind inzwischen nicht mehr in Kraft.

B. Frühere Fassungen

I. Vorläufer (1934–1976)

Die ersten deutschen Kodifizierungen betreffend die steuerliche Behandlung 7
von Umwandlungsvorgängen unterlagen **erheblichen Einschränkungen** in Bezug auf ihren **sachlichen Anwendungsbereich**.[10] Sowohl das UmwStG 1934[11] als auch die Regelungen des DM-BilG 1950[12] als auch das UmwStG 1957[13] betrafen allein die Umwandlung von Kapitalgesellschaften. In der Hauptsache betrafen die genannten Gesetze zudem nur Umwandlungen von Kapital- in Personengesellschaften. Verschmelzungen von Kapitalgesellschaften waren von der allgemeinen, im KStG enthaltenen Norm des § 15 KStG 1934 erfasst, die bis 1969 als alleinige Rechtsgrundlage für diese Umwandlungsform diente und ein Absehen von der Besteuerung stiller Reserven vorsah, wenn das Vermögen

---

7) S. zur Ausschüttungspolitik im Konzern unter dem Anrechnungs- und Halbeinkünfteverfahren instruktiv *Prinz* in: Kessler/Kröner/Köhler, Konzernsteuerrecht, § 10 Rz. 300 ff.
8) SEStEG v. 7.12.2006, BGBl. I 2006, 2782 ff.
9) Die Norm sah eine Anrechnung der auf den Teilbeträgen des verwendbaren Eigenkapitals der übertragenden Körperschaft lastenden Körperschaftsteuer-Tarifbelastung auf die Einkommen- bzw. Körperschaftsteuer der Gesellschafter der übernehmenden Personengesellschaft bzw. eine Anrechnung auf die Einkommensteuer der übernehmenden natürlichen Person zu.
10) Zur Historie anschaulich *Thiel* in: FS Flume, S. 281 ff.
11) RGBl. I 1934, 572 ff.
12) BGBl. I 1950, 811 ff.
13) BGBl. I 1957, 1713 ff.

einer Kapitalgesellschaft im Ganzen gegen Gewährung von Gesellschaftsrechten auf eine andere Kapitalgesellschaft überging und die Besteuerung stiller Reserven bei der übernehmenden Gesellschaft sichergestellt war.

8 Konzeptionell waren im Übrigen bereits zu jener Zeit die Mechanismen angelegt, nach denen auch heute noch die Besteuerung stiller Reserven auf der Ebene der in eine Personengesellschaft umgewandelten Kapitalgesellschaft vermieden bzw. auf **Anteilseignerebene** ein Übernahmegewinn verhindert wird, d. h. Ansatz des übernommenen Vermögens zu Buchwerten und Ansatz der Anteile an der übertragenden Gesellschaft mit den letzten Buchwerten des Vermögens der übertragenden Gesellschaft.[14] Sehr anschaulich wurde dies im UmwStG 1957, das zudem erstmals einem möglichen Übernahmeverlust dadurch Rechnung trug, dass die übernommenen Buchwerte der umgewandelten Kapitalgesellschaft auf den Buchwert der untergehenden Beteiligung aufgestockt werden konnten.

9 Dieser Ansatz wurde sodann zunächst wieder aufgegeben, als mit dem UmwStG 1969[15] erstmals auch Umwandlungen von Kapital- auf Kapitalgesellschaften[16] und die Einbringung von Betrieben, Teilbetrieben und Mitunternehmeranteilen in Kapital- und Personengesellschaften einer geschriebenen[17] Regelung unterstellt wurden. **Übernahmegewinne und -verluste** wirkten sich im Grundsatz steuerlich nicht aus, ausnahmsweise steuerlich doch zu berücksichtigende Übernahmegewinne wurden jedenfalls ermäßigt besteuert. Rechtstechnisch wurde eine Besteuerung stiller Reserven wiederum durch eine **Buchwertfortführung** vermieden, darüber hinaus enthielt das UmwStG 1969 weitere antragsgebundene steuerliche Vergünstigungen.

II. UmwStG 1977

10 Das UmwStG 1977[18] stand ganz im Zeichen der **Körperschaftsteuerreform** aus dem nämlichen Jahr. Der Systemwechsel im Körperschaftsteuersystem (Abkehr von der klassischen Doppelbesteuerung auf Gesellschafts- und Gesellschafterebene und Einführung des Anrechnungsverfahrens) musste auch für Umwandlungsfälle nachvollzogen werden. Es musste sichergestellt werden, dass nicht nur bei **Gewinnausschüttungen**, sondern auch in Umwandlungsfällen die auf Gesellschaftsebene entstehenden Gewinne nicht noch einmal beim Gesellschafter besteuert werden.[19]

---

14) Dazu ausführlicher *Rödder* in: Rödder/Herlinghaus/van Lishaut, UmwStG, Einf. Rz. 6 f.
15) BGBl. I 1969, 1163 ff.
16) § 15 KStG 1934 blieb gleichwohl bis zur Körperschaftsteuerreform 1977 in Kraft.
17) Das UmwStG 1969 markiert hier insoweit einen Wendepunkt, als zuvor die Steuerneutralität von bestimmten Umwandlungsvorgängen in diesen Bereichen nur durch die Rechtsprechung sichergestellt worden war, vgl. etwa BFH, BStBl. III 1952, 256 ff.; BFH, BStBl. III 1959, 289 ff.; BFH, BStBl. II 1976, 744 ff. und BFH, BStBl. II 1977, 283 ff.
18) BGBl. I 1976, 2461 ff.
19) Zu den gesetzgeberischen Motiven vgl. BT-Drucks. 7/4803, S. 21 ff.

Daneben waren die Eckpunkte des UmwStG 1977 die folgenden: Die Regelungen   11
zu Einbringungen wurden aus dem UmwStG 1969 im Wesentlichen übernommen. Für Umwandlungen von Kapital- auf Kapitalgesellschaften wurde ein steuerliches **Wahlrecht zum Buch- oder Teilwertansatz** vorgesehen, während für Umwandlungen von Kapital- auf Personengesellschaften im Grundsatz der Teilwertansatz obligatorisch war.[20] Durch die Aufhebung des § 15 KStG 1975 wurden die Rechtsfolgen beim **Vermögensübergang durch Gesamtrechtsnachfolge** (Umwandlung und Verschmelzung) einheitlich im UmwStG zusammengefasst, so dass für das KStG nur noch Einzelfälle der Schlussbesteuerung bei Liquidation, Verlegung des Ortes der Geschäftsleitung und für Beginn und Erlöschen einer (sachlichen) Steuerbefreiung (§§ 11–13 KStG) verblieben.

III. UmwStG 1995

Die Neuordnung des Umwandlungssteuerrechts im UmwStG 1995 ist im Zu-   12
sammenhang mit dem zivilrechtlichen **Umwandlungsrecht** zu sehen, das zum 1.1.1995 in einem neuen UmwG[21] kodifiziert worden war. Dieses ließ zivilrechtlich erstmals in sehr weit reichendem Maße Umwandlungen zu und hielt auch „neue" Umwandlungsvorgänge wie z. B. Spaltungen und den Formwechsel bereit. Dem musste steuerlich Rechnung getragen werden. Infolgedessen wurde das UmwStG grundlegend neu konzipiert. Die zuvor in bestimmten Fällen nur im Erlasswege[22] mögliche **Spaltung von Körperschaften** wurde in einem eigenen Abschnitt in das Gesetz aufgenommen.[23] Für die Fälle der übertragenden Umwandlung von Kapital- auf Kapitalgesellschaften wurde die Möglichkeit des Übergangs eines nicht ausgenutzten verbleibenden Verlustabzugs vorgesehen.[24] Zudem wurde der steuerlich zulässige Rückwirkungszeitraum von sechs auf acht Monate ausgedehnt.

Besonders wichtig war darüber hinaus die Beseitigung der vielzitierten „Um-   13
wandlungsbremse"[25] bzw. der „steuerlichen Einbahnstraße"[26] bei der Umwandlung von Kapital- auf Personengesellschaften. Erstmals bestand nun auch bei einem Vermögensübergang im Wege der **Gesamtrechtsnachfolge von Kapital-**

---

20) Der Übertragungsgewinn wurde in der Mehrzahl der Fälle steuerfrei gestellt; steuerpflichtig war jedoch der Übernahmegewinn. Übernahmeverluste blieben steuerlich wie zuvor unberücksichtigt.
21) Gesetz v. 28.10.1994, BGBl. I 1994, 3210 ff., ber. BGBl. I 1995, 428 ff.
22) BMF v. 9.1.1992, BStBl. I 1992, 47 ff. Bemerkenswert ist insoweit, dass dieser Erlass erst durch das BMF v. 29.3.2007, BStBl. I 2007, 369 ff. aufgehoben wurde.
23) Dazu *Herzig/Förster*, DB 1995, 338 ff.
24) Vgl. dazu auch BMF v. 16.4.1999, BStBl. I 1999, 455 ff.
25) Vgl. dazu statt vieler nur *Rödder* in: Rödder/Herlinghaus/van Lishaut, UmwStG, Einf. Rz. 10, sowie *Möhlenbrock* in: Dötsch/Patt/Pung/Möhlenbrock, UmwStG, Einf. Rz. 87.
26) Vgl. dazu statt vieler nur *Rödder* in: Rödder/Herlinghaus/van Lishaut, UmwStG, Einf. Rz. 9, sowie *Möhlenbrock* in: Dötsch/Patt/Pung/Möhlenbrock, UmwStG, Einf. Rz. 87.

auf Personengesellschaften die Möglichkeit eines Buchwertansatzes. Damit waren Umwandlungen in nahezu allen praktisch relevanten Fällen jedenfalls im Grundsatz steuerneutral möglich. Gleichwohl hat der Gesetzgeber in den Folgejahren durch das UntStFG[27] und das StEntlG 1999/2000/2002[28] bestimmte steuerliche Vergünstigungen bei Umwandlungsvorgängen teilweise wieder gestrichen bzw. ihre Inanspruchnahme an verschärfte Voraussetzungen geknüpft. Beispielhaft sei die Übernahme von nicht genutzten Verlustvorträgen genannt. Ganz generell können die Jahre zwischen 1995 und 2000 in Bezug auf Umwandlungen unter den Schlagworten „handelsrechtliche Erleichterungen und steuerliche Verschärfungen" zusammengefasst werden.

14 Mit dem UmwStG i. d. F. des StSenkG[29] schließlich wurde ein Kontrapunkt zum UmwStG 1977 gesetzt.[30] Der Übergang vom Anrechnungs- zum Halbeinkünfteverfahren und damit einhergehend ein **gravierender Systemwechsel** im deutschen Körperschaftsteuerrecht waren auch für das Umwandlungssteuerrecht umzusetzen. Entsprechend wurde die **Nutzbarkeit von Übernahmeverlusten** bei der Umwandlung von Kapital- auf Personengesellschaften gestrichen,[31] während im Gegenzug **Übernahmegewinne** in der Folgezeit wie Gewinnausschüttungen behandelt und daher ganz bzw. zur Hälfte steuerfrei gestellt wurden.[32]

C. SEStEG

15 Neben der schon angesprochenen Europäisierung des UmwStG und der damit einhergehenden Erweiterung des persönlichen Anwendungsbereichs des UmwStG durch das SEStEG[33] hat das SEStEG im Wesentlichen zu den folgenden Änderungen geführt:[34]

- Die **Maßgeblichkeit der Handelsbilanz** für die Steuerbilanz wurde abgeschafft. Ungeachtet der Handelsbilanz können bei der Umwandlung von Körperschaften neben Buchwerten nunmehr Zwischenwerte oder der gemeine Wert angesetzt werden.

---

27) Gesetz zur Fortentwicklung des Unternehmenssteuerrechts v. 20.12.2001 (sog. Unternehmenssteuerfortentwicklungsgesetz – UntStFG), BGBl. I 2001, 3858 ff.
28) Gesetz v. 24.3.1999, BGBl. I 1999, 402 ff.
29) Gesetz v. 23.10.2000, BGBl. I 2000, 433 ff.
30) Vgl. zu ausgewählten steuerlichen Zweifelsfragen im Zusammenhang damit sowie im Zusammenhang mit dem UntStFG (vgl. den Nachweis in Fn. 27) das BMF v. 16.12.2003, BStBl. I 2003, 786 ff.
31) Vgl. § 4 Abs. 6 UmwStG i. d. F. des StSenkG (Gesetz v. 23.10.2000, BGBl. I 2000, 433 ff.).
32) Vgl. die Regelung in § 4 Abs. 7 UmwStG i. d. F. des StSenkG (Gesetz v. 23.10.2000, BGBl. I 2000, 433 ff.) analog zu § 8b Abs. 1 KStG a. F., § 3 Nr. 40 Satz 1 lit. d EStG a. F.
33) SEStEG v. 7.12.2006, BGBl. I 2006, 2782 ff.
34) Erstmals anzuwenden auf Umwandlungen, die nach dem 12.12.2006 beim Handelsregister zur Eintragung angemeldet sind bzw. wenn bei Einbringungen das wirtschaftliche Eigentum nach dem 12.12.2006 auf einen anderen Rechtsträger übergeht.

- Die steuerlichen **Ansatzwahlrechte** wurden strukturell neu gestaltet. Der Ansatz des gemeinen Wertes ist nunmehr die Regel, der Ansatz von Buch- oder Zwischenwerten erfolgt auf Antrag und nur unter bestimmten Voraussetzungen.
- Der Übergang von nicht genutzten **Verlustvorträgen** ist nunmehr auch i. R. von Verschmelzungen oder Spaltungen von Kapitalgesellschaften nicht mehr möglich.
- Die **Systematik der „einbringungsgeborenen"** Anteile, die auch anderenorts im Steuerrecht relevant werden konnten,[35] wurde aufgehoben und durch ein neues Konzept in § 22 UmwStG ersetzt. Nunmehr spricht man von **„sperrfristbehafteten"** Anteilen, deren schädliche Veräußerung durch eine Vielzahl von Ersatzrealisationstatbeständen ergänzt wird.
- Die Ermittlung des Übernahmegewinns bei der Umwandlung von Kapital- auf Personengesellschaften wurde neu geregelt. Nunmehr ist der **Übernahmegewinn** aufzuteilen. Nur soweit er wirtschaftlich betrachtet einer Ausschüttung der Gewinnrücklagen entspricht, liegen Einkünfte aus Kapitalvermögen vor, die entsprechend nach den allgemeinen Regeln auf Gesellschafterebene besteuert werden.

---

[35] Vgl. bspw. § 8b Abs. 4 KStG a. F.

§ 34 Bezüge zum UmwG

Übersicht

A.	Allgemeines 1	III.	Formwechsel 17
I.	Numerus clausus der Um-	IV.	Exkurs: Anwachsung 20
	wandlungen 1	1.	Grundlagen 21
II.	Gesamtrechtsnachfolge als	2.	Grenzüberschreitende
	Hauptzweck 8		Vorgänge 25
III.	Notwendige HR-Eintragung ... 11	3.	Steuerrechtliche
B.	Die einzelnen Umwand-		Qualifikation 28
	lungsarten 12	C.	Zivilrechtsakzessorietät des
I.	Verschmelzung 13		UmwStG 31
II.	Spaltung 15		

Literatur: *Ahrens,* Wer haftet statt der zusammengebrochenen Abschreibungsgesellschaft? – Zur Sachwalterhaftung im Kollisionsrecht, IPRax 1986, 355; *Binz/Hennerkes,* Das sog. Anwachsungsmodell zur „Umwandlung" einer GmbH & Co. auf ihre Komplementär- GmbH durch Ausscheiden aller Kommanditisten, in: Festschrift Meilicke, 1985, S. 31; *Breiteneicher,* Die Anwachsung als steuerliches Umwandlungsinstrument, DStR 2004, 1405; *Dötsch/Patt/Pung/Möhlenbrock,* Umwandlungssteuerrecht, 7. Aufl., 2012; *Ebenroth,* Das Verhältnis zwischen joint venture-Vertrag, Gesellschaftssatzung und Investitionsvertrag, JZ 1987, 265; *Ebenroth/Auer,* Körperschaftsteuersubjektfähigkeit ausländischer Gesellschaften mit inländischem Ort der Geschäftsleitung?, RIW 1992, 998; *Ernst/Förster,* Höhe der Anschaffungskosten bei Anwachsung, DB 1997, 241; *Gosch,* Körperschaftsteuergesetz, 2. Aufl., 2009; *Haase,* Probleme der Organschaft nach grenzüberschreitender Anwachsung im Konzern – Europarechtswidrigkeit des § 18 KStG, IStR 2006, 855; *Haase,* Grenzüberschreitende Sitzverlegungen von Kapitalgesellschaften vor und nach dem Urteil des EuGH vom 5.11.2002 (Rs. „Überseering"), IWB 2003, Fach 11, Gruppe 2, S. 529; *Haase/Torwegge,* Zwangsliquidation einer GmbH bei im Ausland ansässigem Geschäftsführer? Gesellschafts- und steuerrechtliche Konsequenzen des § 4a Abs. 2 GmbHG im Lichte des Europarechts, DZWIR 2006, 57; *Haritz/Menner* (Hrsg.), Umwandlungssteuergesetz, 2009; *Herz,* Die Einordnung grenzüberschreitender Kapitalgesellschaften in das geltende System der Einkommensbesteuerung von Gesellschaften, Diss., 1996, S. 57; *Kaminski,* Steuerliche Gestaltungsmöglichkeiten und deren Beurteilung bei der Verlagerung eines inländischen unternehmerischen Engagements in das Ausland, Diss., 1996; *Kramer,* Ertragsteuerliche Beurteilung des sogenannten Anwachsungsmodells bei „Umwandlung". „Umwandlung" einer GmbH & Co KG in eine GmbH, BB 1982, 1724; *Krüger,* Die Anwachsung von Gesellschaftsanteilen in Zivil- und Steuerrecht, DStZ 1986, 382; *Lauermann/Protzen,* „Anwachsung": Ertragsteuerliche Neutralität bei entschädigungslosem Ausscheiden des nicht am Vermögen der Personengesellschaft beteiligten Komplementärs, DStR 2001, 647; *Orth,* Organschaft und Anwachsung, DStR 2005, 1629; *Orth,* Umwandlung durch Anwachsung, Teil I, DStR 1999, 1011, Teil II, DStR 1999, 1053; *Rödder/Herlinghaus/van Lishaut,* Umwandlungssteuergesetz, 2008; *Schaumburg,* Internationales Steuerrecht, 3. Aufl., 2011; *Schiefer,* Die Anwachsung bei der Gesellschaft bürgerlichen Rechts, DStR 1996, 788; *Schlenker,* Gestaltungsmodelle einer identitätswahrenden Sitzverlegung über die Grenze, Diss., 1998, S. 14; *Schmidt,* „Anwachsung": Was ist das, und ... gibt es noch? – Gedanken zu § 738 Abs. 1 Satz 1 BGB vor dem Hintergrund der „Gesamthandsdiskussion", in: Festschrift Huber, 2006, S. 969; *Schmitt/Hörtnagl/Stratz* (Hrsg.), Umwandlungssteuergesetz, 3. Aufl., 2009; *Seithel,* Ertragsteuerliche Probleme der „Umwandlung" einer GmbH & Co. KG auf die Komplementär-GmbH im Wege der Anwachsung, GmbHR 1978, 65; *Schücking,* Das Internationale Privatrecht der Banken-Konsortien, WM 1996, 281; *Watermeyer,* Umwandlung einer GmbH & Co. KG in eine

GmbH durch Anwachsung, GmbH-StB 2003, 96; *Zisowski*, Grenzüberschreitender Umzug von Kapitalgesellschaften, 2. Aufl., 1998.

A. Allgemeines
I. Numerus clausus der Umwandlungen

1 Die zivilrechtlichen Grundlagen von Umwandlungen sind aus deutscher nationaler Sicht abschließend[1] (zum Numerus clausus der Umwandlungen siehe bereits oben § 29 Rz. 20) im Umwandlungsgesetz[2] geregelt. Dieser **Numerus clausus** betrifft indes nur die im UmwG selbst genannten Arten von Umwandlungen. Eine Verschmelzung bspw. kann rechtstechnisch nur nach dem UmwG und nicht auf sonstige Weise herbeigeführt werden.

2 Natürlich aber bleibt es möglich, Unternehmen auf Grundlage anderer Vorschriften umzustrukturieren und damit ggf. **im wirtschaftlichen Ergebnis ähnliche Wirkungen** zu erzeugen wie bei einer der im UmwG genannten Umwandlungsarten. Der in § 1 Abs. 2 UmwG angeordnete sog. **Typenzwang** darf nicht dahingehend missverstanden werden, dass Umwandlungsmöglichkeiten außerhalb des UmwG per se ausgeschlossen wären.[3] Beispielsweise bleiben insbesondere die Realteilung und die **Anwachsung** (§ 105 Abs. 2 HGB, § 738 BGB) möglich, und auch die allgemeinen handelsrechtlichen Grundsätze über zwingende Rechtsformänderungen behalten ihre Gültigkeit.[4] Unberührt von § 1 Abs. 2 UmwG bleiben, abgesehen von seltenen landesrechtlichen Spezialnormen, auch die im Erlasswege durch die **Verwaltungspraxis** in Einzelfällen anerkannten Umstrukturierungsmöglichkeiten, wie z. B. die Umwandlung eines kommunalen Krankenhauses in einen Rechtsträger des Privatrechts.[5]

3 § 1 Abs. 1 UmwG benennt vor diesem Hintergrund vier allein mögliche Arten von Umwandlungen nach dem UmwG:

- Verschmelzung;
- Spaltung;
- Vermögensübertragung;
- Formwechsel.

4 Abgestellt wird jeweils auf einen Rechtsträger mit **statutarischem Sitz** (d. h. Satzungssitz) im Inland, vgl. den Halbsatz 1 von § 1 Abs. 1 UmwG. Ein inlän-

---

1) Beachte das Analogieverbot in § 1 Abs. 2 UmwG; dazu *Möhlenbrock* in: Dötsch/Patt/Pung/Möhlenbrock, UmwStG, Einf. Rz. 6; vgl. ferner die zivilrechtliche Rspr., z. B. OLG Stuttgart, ZIP 1997, 75 ff. und LG Hamburg, DB 1997, 516 ff.
2) Gesetz v. 28.10.1994, BGBl. I 1994, 3210 ff. m. späteren Änderungen.
3) Vgl. auch BT-Drucks. 12/6699, S. 80.
4) Vgl. dazu auch *Rödder* in: Rödder/Herlinghaus/van Lishaut, UmwStG, Einf. Rz. 24 bis 27, sowie *Möhlenbrock* in: Dötsch/Patt/Pung/Möhlenbrock, UmwStG, Einf. Rz. 6 und Rz. 22 ff.
5) Z. B. OFD Nürnberg v. 9.12.1993, DStR 1994, 619.

discher Verwaltungssitz (entspricht etwa[6]) dem steuerlichen Ort der Geschäftsleitung nach § 10 AO) ist hingegen nicht ausreichend.[7] Liegt aber ein inländischer Satzungssitz vor, sind seit dem Jahr 2007 z. B. auch grenzüberschreitende Verschmelzungen im Grundsatz möglich.[8]

Zu beachten ist, dass das UmwG im Grundsatz nur von „**Rechtsträgern**" spricht, die dann in Bezug auf die einzelnen Umwandlungsarten näher konkretisiert werden (z. B. in § 3 Abs. 1 UmwG für die Verschmelzung). Unter einem „Rechtsträger" kann daher grob gesprochen jede im Rechtsverkehr auftretende rechtliche Einheit verstanden werden, die Träger von Rechten und Pflichten sein kann. Erfasst werden daher z. B. insbesondere Körperschaften und Personen(handels)gesellschaften, aber auch natürliche Personen und Vereine. Ob der jeweilige Rechtsträger im rechtlichen oder steuerlichen Sinne ein **Unternehmen** betreibt, ist hingegen nicht maßgeblich.

Wenn bestimmte Vorgänge im UmwG nicht genannt sind, so bedeutet dies nicht, dass es rechtlich nicht möglich ist, mit einem solchen Vorgang ähnliche Wirkungen zu erzeugen. Es bedeutet lediglich, dass das UmwG für diesen Fall keine **Gesamtrechtsnachfolge** vorsieht. Vermögensübertragungen im Wege der **Einzelrechtsnachfolge** bleiben hingegen möglich.

Vom UmwG **nicht erfasst** sind insbesondere die folgenden Vorgänge:

- Spaltung einer GmbH auf einen Einzelkaufmann;
- Verschmelzung einer GbR auf eine Kapitalgesellschaft;
- Umwandlung einer stillen Gesellschaft auf eine Handelsgesellschaft;
- Umwandlung einer Erbengemeinschaft auf eine Handelsgesellschaft.

II. Gesamtrechtsnachfolge als Hauptzweck

Der Zweck des UmwG besteht in der Hauptsache darin, betriebswirtschaftlich sinnvolle oder gar notwendige Umstrukturierungen nicht durch eine **unnatür-**

---

6) Zu Unterschieden im Detail s. *Haase/Torwegge*, DZWIR 2006, 57, 58, sowie ausführlicher *Haase*, IWB 2003, Fach 11, Gruppe 2, S. 529 ff. Unterschiede lassen sich allenfalls in Konzernstrukturen ausmachen, wenn es um die Abgrenzung des Tagesgeschäfts von der Unternehmensstrategie geht, vgl. *Staudinger/Großfeld*, BGB, IntGesR Rz. 229; *Schlenker*, Gestaltungsmodelle einer identitätswahrenden Sitzverlegung über die Grenze, S. 14 f.; *Herz*, Die Einordnung grenzüberschreitender Kapitalgesellschaften in das geltende System der Einkommensbesteuerung von Gesellschaften, S. 57; *Ebenroth/Auer*, RIW 1992, 998; ohne Differenzierung *Kaminski*, Steuerliche Gestaltungsmöglichkeiten und deren Beurteilung bei der Verlagerung eines inländischen unternehmerischen Engagements in das Ausland, S. 60.

7) H. M., vgl. statt vieler *Rödder* in: Rödder/Herlinghaus/van Lishaut, UmwStG, Einf. Rz. 31; Darstellung des (älteren) Streitstands bei *Möhlenbrock* in: Dötsch/Patt/Pung/Möhlenbrock, UmwStG, Einf. Rz. 36 ff.

8) Vgl. die seit dem 25.4.2007 geltenden Änderungen durch das Zweite Gesetz zur Änderung des Umwandlungsgesetzes, BGBl. I 2006, 542 ff.

liche Aufspaltung in viele einzelne rechtliche Vorgänge zu behindern. Angestrebt wird mithin der Vermögensübergang auf einen anderen Rechtsträger uno actu, d. h. eine (ggf. auch nur partielle) **Gesamtrechtsnachfolge**, wie sie aus dem Erbrecht im Erbfall (§ 1922 BGB) bekannt ist.

9 Die Gesamtrechtsnachfolge ist nicht so zeit- und kostenintensiv wie eine Einzelrechtsnachfolge. Häufig wird eine Umstrukturierung durch die Gesamtrechtsnachfolge im praktischen Ergebnis überhaupt erst ermöglicht. Wollte man z. B. eine Verschmelzung zweier großer Handelsunternehmen im Wege der Einzelrechtsnachfolge durchführen, müsste jedes einzelne Wirtschaftsgut durch separaten Vertrag und separate Übereignung auf das aufnehmende Unternehmen übertragen und das übertragende Unternehmen anschließend liquidiert werden. Die damit verbundenen Probleme liegen auf der Hand. Verträge mit Dritten (z. B. Lieferanten, Arbeitnehmer etc.) müssten neu geschlossen werden, was ggf. der Zustimmung dieser Dritten bedarf. Die Liquidation kann ggf. steuerliche Probleme aufwerfen, und nicht zuletzt ist der genannte Zeit- und Kostenfaktor zu bedenken. Ein Vorgang nach dem UmwG ist daher in der Regel der effizientere Weg, ein gewolltes wirtschaftliches Ergebnis zu erreichen. Gleichwohl bleibt die Einzelrechtsnachfolge möglich, sie ist auch in Einzelfällen durchaus eine ratsame Alternative.

10 Diese Zwecksetzung des UmwG wird flankiert durch eine Reihe von **Schutzbestimmungen** für die beteiligten Rechtsträger (bzw. ggf. deren Gesellschafter) sowie für Dritte. Die beteiligten Rechtsträger (bzw. ggf. deren Gesellschafter) werden im Wesentlichen durch Form- und Verfahrensvorschriften (Erfordernis der notariellen Beurkundung, Beiziehung von Sachverständigen etc.) geschützt, die einer Übereilung vorbeugen sollen. Den **Interessen Dritter** (z. B. Gläubiger, Gesellschafter, Arbeitnehmer etc.) wird im Wesentlichen durch einen Fortbestand der vor der Umwandlung vorhandenen Haftungsmasse bzw. in Einzelfällen (z. B. bei der Spaltung) durch eine gesamtschuldnerische Haftung Rechnung getragen.

III. Notwendige HR-Eintragung

11 Die Wirkungen der Gesamtrechtsnachfolge treten nach dem UmwG im Grundsatz erst mit **Eintragung der Umwandlung in das Handelsregister** ein (vgl. § 20 UmwG für die Verschmelzung, § 131 UmwG für die Spaltung, § 202 UmwG für den Formwechsel, Vermögensübertragung: entsprechende Anwendung der Verschmelzungs- oder Spaltungsvorschriften). Der Eintragung kommt damit eine konstitutive (nicht: deklaratorische) Wirkung zu. Etwaige Formmängel werden durch die Eintragung geheilt.[9] Daneben sei angemerkt, dass – gewissermaßen in Vorbereitung der HR-Eintragung – sämtliche Arten der Um-

---

9) Vgl. zum Ganzen *Möhlenbrock* in: Dötsch/Patt/Pung/Möhlenbrock, UmwStG, Einf. Rz. 29 ff. (insb. Rz. 32).

wandlung ohne Ausnahme eine Beschlussfassung der Gesellschafter des bzw. der beteiligten Rechtsträger über die Umwandlung voraussetzen.

B. Die einzelnen Umwandlungsarten

Die einzelnen Umwandlungsarten des UmwG sind in den §§ 3 ff. UmwG **enumerativ** geregelt. Als **Oberbegriff** für die Verschmelzung, die Spaltung, die Vermögensübertragung und den Formwechsel wird zivilrechtlich (und steuerrechtlich) der Begriff der „Umwandlung" verwendet. Ob eine Kombination mehrerer Umwandlungsarten in einem Übertragungsvorgang möglich ist, bleibt nach wie vor fraglich. Nach der Gesetzesbegründung soll dies zulässig sein, das Schrifttum steht einer Umwandlungsartenmischung eher ablehnend gegenüber.[10] Unstreitig möglich sind hingegen sog. **Mischumwandlungen**[11], also Umwandlungen, an denen Unternehmen verschiedener Rechtsformen als übertragende oder übernehmende Rechtsträger beteiligt sind. Jedoch bestehen Schranken der Kombinationsmöglichkeiten, so dass jeweils der Einzelfall genau zu prüfen ist.[12] Zu den Umwandlungsarten nachstehend im Einzelnen: 12

I. Verschmelzung

Die in den §§ 2 bis 122 UmwG geregelte Verschmelzung ist gewissermaßen die Grundform der Umwandlungen. Auf die genannten Vorschriften wird bei den anderen Umwandlungsarten vielfältig Bezug genommen. Unter einer Verschmelzung versteht man die ohne eine Abwicklung des übertragenden Rechtsträgers und gegen Gewährung von Gesellschaftsrechten erfolgende Übertragung des gesamten Vermögens eines oder mehrerer Rechtsträger auf einen neuen Rechtsträger (sog. **Verschmelzung durch Neugründung**) oder auf einen bestehenden Rechtsträger (sog. **Verschmelzung zur Aufnahme**) im Wege der **Gesamtrechtsnachfolge**. 13

Die an einer Verschmelzung teilnehmenden übertragenden, übernehmenden oder neuen Rechtsträger (vgl. die verwendete Terminologie im Halbsatz 1 von § 3 Abs. 1 UmwG) müssen nicht dieselbe Rechtsform aufweisen. **Mischvorgänge** z. B. zwischen Personen- und Kapitalgesellschaften sind möglich. Soweit Vorgänge jedoch nicht explizit im Gesetz genannt sind, sind sie auch nicht zulässig. Mitunter ist auch zu unterscheiden, ob ein Rechtsträger als übertragender, übernehmender oder neuer Rechtsträger fungiert. So können z. B. natürliche Personen übernehmende, nicht aber übertragende Rechtsträger einer Verschmelzung sein (vgl. § 3 Abs. 2 Nr. 2 UmwG). 14

---

10) *Möhlenbrock* in: Dötsch/Patt/Pung/Möhlenbrock, UmwStG, Einf. Rz. 21.
11) *Möhlenbrock* in: Dötsch/Patt/Pung/Möhlenbrock, UmwStG, Einf. Rz. 18 ff.
12) Bspw. können Umwandlungen rechtsformspezifisch ausgeschlossen (z. B. Verschmelzung einer Personenhandelsgesellschaft auf einen VVaG) oder nur eingeschränkt möglich sein (z. B. nur Ausgliederung, nicht aber Abspaltung eines VVaG auf eine GmbH).

II. Spaltung

15 Unter einer in den §§ 123 bis 173 UmwG geregelten Spaltung versteht man einen Vermögensübergang im Wege einer **partiellen Gesamtrechtsnachfolge** (Sonderrechtsnachfolge) gegen Gewährung neuer Gesellschaftsanteile („Anteilstausch") an die bisherigen Gesellschafter. Die Spaltung ist handelsrechtlich auch für einzelne Vermögensgegenstände zugelassen.

16 Man unterscheidet drei Arten der Spaltung. Bei der sog. **Aufspaltung** wird das gesamte Vermögen eines Rechtsträgers zwar unter Auflösung desselben, jedoch ohne eine Abwicklung durch mehrere bestehende oder dadurch neu gegründete Rechtsträger übernommen. Bei der sog. **Abspaltung** hingegen wird ohne Auflösung des übertragenden Rechtsträgers nur ein Teil des Vermögens dieses Rechtsträgers durch einen oder mehrere bestehende oder dadurch neu gegründete Rechtsträger übernommen. Die sog. **Ausgliederung** schließlich ist im Wesentlichen eine Abspaltung, jedoch unterscheidet sie sich insoweit strukturell von dieser, als der übertragende Rechtsträger selbst und nicht die Gesellschafter des übertragenden Rechtsträgers die neu gewährten Anteile erhält.

III. Formwechsel

17 Kennzeichen des in den §§ 190 bis 304 UmwG geregelten Formwechsels ist die rechtliche und **wirtschaftliche Identität** des Vermögens und des an dem formwechselnden Rechtsträger beteiligten Personenkreises. Sehr anschaulich wird dies insbesondere bei der Grunderwerbsteuer, die bekanntlich stark an zivilrechtliche Vorfragen anknüpft: Mangels eines Vermögensübergangs kommt es bei einem Formwechsel nicht zu einem Eingreifen von einem der Tatbestände des § 1 GrEStG.[13]

18 Der formwechselnde Rechtsträger besteht nach dem Formwechsel gewissermaßen im neuen „**Rechtskleid**"[14] fort, eine Rechtsnachfolge ist damit nicht verbunden. Es finden keine Auflösung und keine Abwicklung des formwechselnden Rechtsträgers statt, es erfolgt lediglich ein Wechsel der Rechtsform und eine Änderung in der Firma des Rechtsträgers.[15]

19 Der Formwechsel von einer Körperschaft in eine Personengesellschaft (und vice versa) ist auch der einzige Anwendungsfall einer sog. nicht übertragenden Umwandlung. Alle anderen im UmwG genannten Umwandlungsarten (**Gesamtrechtsnachfolge**) bzw. alle nicht im UmwG genannten Möglichkeiten der Einzelrechtsnachfolge sind, weil terminologisch auf das Vorhandensein einer (ggf.

---

[13] Sehr ausführlich und dogmatisch tiefgehend *Fischer* in: Boruttau, GrEStG, § 1 Rz. 545 ff.
[14] So anschaulich z. B. BFH, BStBl. II 1995, 326 ff.; ebenfalls BFH/NV 1995, 173 ff.
[15] Vgl. dazu die Verwaltungsauffassung im koordinierten Ländererlass, FinMin. Baden-Württemberg v. 19.12.1997 – S 4520/2A. Umwandlungen, DStR 1998, 82.

teilweisen) Vermögensübertragung abgestellt wird, sog. **übertragende Umwandlungen.**

IV. Exkurs: Anwachsung

Aufgrund ihrer Bedeutung in der Gestaltungsberatung sind, obwohl nicht im UmwG geregelt, einführende Anmerkungen zur Anwachsung angezeigt (siehe dazu Rz. 21 ff.). Die Anwachsung erfreut sich aufgrund ihrer Flexibilität, ihrer **Kosten- und Zeiteffizienz** und mangels ihrer Formstrenge großer Beliebtheit. 20

1. Grundlagen

Tritt aus einer mehrgliedrigen Personengesellschaft ein Gesellschafter aus, so wächst sein Anteil am Gesellschaftsvermögen den verbleibenden Gesellschaftern an, § 738 Abs. 1 Satz 1 BGB. Im Gegenzug dafür gewährt das Gesetz dem ausscheidenden Gesellschafter einen **Abfindungsanspruch,** wenn und soweit er am Gesellschaftsvermögen beteiligt war, § 738 Abs. 1 Satz 2 BGB. Nichts anderes gilt, wenn mit Ausnahme eines Gesellschafters alle übrigen Gesellschafter aus der Gesellschaft austreten. In diesem Fall **erlischt die Personengesellschaft ipso iure,** und das vormalige Gesamthandsvermögen vereinigt sich als Vermögen ohne gesamthänderische Bindung in der Person des verbleibenden Gesellschafters. 21

Ohne dass es zu einer Liquidation kommt, tritt der verbleibende Gesellschafter in die Rechtsstellung der Personengesellschaft ein und übernimmt das Gesellschaftsvermögen mit allen Aktiven und Passiven. Diese zivilrechtliche Rechtsfolge ist unstreitig. Streit besteht nur (immer noch) über ihre dogmatische Begründung:[16] Der Übergang des Vermögens bei der Anwachsung vollzieht sich nach ständiger Rechtsprechung des BFH im Wege der **Gesamtrechtsnachfolge.**[17] Die Rechtsprechung des BGH ist terminologisch uneinheitlich, die deutliche Mehrheit der Entscheidungen geht aber ebenfalls von einer Gesamtrechtsnachfolge aus.[18] Das Bemühen um eine begriffliche Differenzierung mag zwar ein wissenschaftlich hehres Ziel sein, ist aber letztlich müßig, solange darin Einigkeit besteht, dass jedenfalls keine Einzelrechtsnachfolge vorliegt, weil nur dann ein wirklicher Unterschied in der Rechtsfolge zu konstatieren wäre. Wichtig ist allein die Erkenntnis, dass sich der Vermögensübergang infolge der Anwachsung „ohne weitere Übertragungsakte" vollzieht. 22

---

16) Instruktiv *Schmidt* in: FS Huber, S. 969 ff.
17) BFH, BStBl. II 1999, 269, 270, 2.2.1 der Entscheidungsgründe.
18) Vgl. dazu die Nachweise bei *Orth,* DStR 1999, 1011, 1012 und 1013; *Orth,* DStR 2005, 1629, 1630.

23 Die Anwachsung wird häufig zur Verschmelzung einer Personen- auf eine Kapitalgesellschaft genutzt und begegnet in der Praxis im Wesentlichen in zwei Ausprägungen:
- Bei dem sog. **Austrittsmodell** vollzieht sich die Verschmelzung der beteiligten Gesellschaften dadurch, dass der übernehmende Rechtsträger Gesellschafter der übertragenden Personengesellschaft wird und alle übrigen Altgesellschafter aus der Personengesellschaft ausscheiden.
- Bei dem sog. **Übertragungsmodell** übernimmt die übernehmende Kapitalgesellschaft alle Anteile an der übertragenden Personengesellschaft gegen eine Entgeltzahlung oder gegen Gewährung von Gesellschaftsrechten, und die Personengesellschaft erlischt mangels eines zweiten Gesellschafters.[19]

24 Daneben wird die Anwachsung häufig verwendet, um die **Umwandlung einer GbR** in eine Kapitalgesellschaft vorzunehmen.[20] Dieser Vorgang ist im UmwG gerade nicht vorgesehen (siehe bereits oben Rz. 20 ff.).

2. Grenzüberschreitende Vorgänge

25 Vor dem Hintergrund der vollzogenen Europäisierung des deutschen Umwandlungssteuerrechts stellt sich die Frage, ob auch die Anwachsung grenzüberschreitend eingesetzt werden kann. § 738 Abs. 1 Satz 1 BGB unterscheidet nicht danach, wo die Gesellschafter der Personengesellschaft ansässig sind. Die Rechtsfolge des Vermögensübergangs ist ausdrücklich nicht auf inländische Gesellschafter (d. h. im Inland ansässige Gesellschafter) beschränkt. Eine solche Beschränkung schon im Wortlaut wäre auch mit der Niederlassungsfreiheit des Art. 49 AEUV bzw. der Kapitalverkehrsfreiheit des Art. 63 AEUV nicht zu vereinbaren. Entscheidend für die Anwendung des § 738 Abs. 1 Satz 1 BGB ist allein, dass es sich bei der erlöschenden Personengesellschaft um eine inländische Gesellschaft i. S. der §§ 705 ff. BGB handelt, d. h. der **Verwaltungssitz** der Gesellschaft muss im Inland belegen sein. Da nach den international-privatrechtlichen Grundsätzen Personen- wie Kapitalgesellschaften anzuknüpfen sind,[21] ist deutsches Recht zum Gesellschaftsstatut[22] berufen, wenn der Verwaltungssitz einer Personengesellschaft im Inland liegt.

---

19) *Möhlenbrock* in: Dötsch/Patt/Pung/Möhlenbrock, UmwStG, Einf. Rz. 23.
20) *Möhlenbrock* in: Dötsch/Patt/Pung/Möhlenbrock, UmwStG, Einf. Rz. 24.
21) Statt aller *Kindler* in: MünchKomm-BGB, Bd. 11, S. 61 f.; *Kegel/Schurig*, IPR, § 17 III. 1.; *Ebenroth*, JZ 1987, 265, 266; *Schücking*, WM 1996, 281, 286; *Ahrens*, IPRax 1986, 355, 357.
22) Das „Gesellschaftsstatut" ist auch ein Begriff aus der Terminologie des Internationalen Privatrechts. Das Gesellschaftsstatut ist herkömmlich dasjenige Recht, nach dem die Gesellschaft „entsteht, fortbesteht und untergeht", vgl. instruktiv *Kropholler*, Internationales Privatrecht, S. 533; *Staudinger/Großfeld*, IntGesR, Rz. 1 und Rz. 249; *Zisowski*, Grenzüberschreitender Umzug von Kapitalgesellschaften, S. 5.

§ 738 BGB findet also demnach auch dann Anwendung, wenn z. B. der letzte 26
verbleibende Gesellschafter einer Personengesellschaft im Ausland ansässig ist,
wie in jüngerer Zeit *Breiteneicher*[23] und schon früher *Orth*[24] als – soweit ersichtlich – einzige Autoren ausdrücklich festgestellt haben. Aussagen in dieser
Deutlichkeit lassen das Fachschrifttum und die Judikatur sonst zwar vermissen.
Es ist aber weder im Wortlaut des § 738 BGB, noch nach seinem Sinn und
Zweck ein Anhaltspunkt dafür erkennbar, dass inländische und grenzüberschreitende Anwachsungen zivilrechtlich bereits im Ansatz unterschiedlich zu
behandeln sind.

Zu widersprechen ist *Breiteneicher* indes in seiner als Feststellung formulierten 27
Aussage, für den dinglichen Übergang der einzelnen Wirtschaftsgüter im Zuge der
Anwachsung sei deutsches Recht als lex rei sitae (Art. 43 ff. EGBGB) berufen.[25]
Wenn man mit der ganz h. M. der Ansicht ist, dass sich der Vermögensübergang bei der Anwachsung im Wege der Gesamtrechtsnachfolge vollzieht, kommt
es gerade nicht zu einer separaten Übertragung der einzelnen Wirtschaftsgüter.[26] Doch auch wenn sich dies im Einzelfall anders darstellen sollte, liegt es
m. E. näher, die Rechtsfolgen der Anwachsung einem einheitlichen Personalstatut zu unterstellen und auch auf den Vermögensübergang das **Gesellschaftsstatut** anzuwenden. Praktische Unterschiede ergeben sich dadurch indes nicht.

3. Steuerrechtliche Qualifikation

Die ertragsteuerlichen Konsequenzen der Anwachsung sind im Schrifttum hinreichend erörtert worden.[27] Hierauf wird verwiesen.[28] Für grenzüberschreitende 28
Vorgänge kann – der zivilrechtlichen Beurteilung folgend – nichts anderes gelten.[29] Die relevanten Normen (hier v. a. § 6 Abs. 3 EStG bzw. § 24 UmwStG

---

23) *Breiteneicher*, DStR 2004, 1405, 1406.
24) *Orth*, DStR 1999, 1053, 1060, jedoch ohne weitere Begründung.
25) *Breiteneicher*, DStR 2004, 1405, 1406 und dort in Fn. 17.
26) Sollte *Breiteneicher* hingegen etwa registerrechtliche Umschreibungen und ähnliche Vorgänge meinen, ist in der Tat nicht das Gesellschaftsstatut anwendbar. Anwendbar ist aber auch nicht die lex rei sitae, sondern nach allgemeinen Grundsätzen das Recht des Forumstaates (lex fori).
27) Vgl. nur *Breiteneicher*, DStR 2004, 1405 ff.; *Watermeyer*, GmbH-StB 2003, 96 ff.; *Lauermann/Protzen*, DStR 2001, 647 ff.; *Orth*, DStR 1999, 1011 ff. und 1053 ff.; *Ernst/Förster*, DB 1997, 241 ff.; *Schiefer*, DStR 1996, 788 ff.; *Krüger*, DStZ 1986, 382 ff.; *Binz/Hennerkes* in: FS Meilicke, S. 31 ff.; *Kramer*, BB 1982, 1724 ff.; *Seithel*, GmbHR 1978, 65 ff.
28) Wenig erörtert ist indes, dass der mit der Anwachsung verbundene Rechtsträgerwechsel in Bezug auf das Betriebsvermögen eine nachträgliche Besteuerung des Einbringungsgewinns II nach § 24 Abs. 5 UmwStG auslösen kann, vgl. dazu *Schaumburg*, Int. SteuerR, Rz. 17.145.
29) Zum Sonderproblem der grenzüberschreitenden Anwachsung im Konzern bei bestehender Organschaft *Haase*, IStR 2006, 855 ff.

für die sog. **erweiterte Anwachsung**[30)] unterscheiden nicht danach, wo der verbleibende Gesellschafter ansässig ist bzw. ob es sich um in- oder ausländisches Betriebsvermögen handelt, solange die Besteuerung stiller Reserven sichergestellt ist.[31)] Letzteres muss vor dem Hintergrund der durch das SEStEG[32)] eingeführten allgemeinen Entstrickungsregeln umso mehr gelten.

29 Systematisch will die **Finanzverwaltung** die Anwachsung im Hinblick auf Ertragsteuern als **Unterfall der Einzelrechtsnachfolge** behandeln,[33)] ohne dass dies gesetzlich begründet oder systematisch notwendig wäre. Die Haltung der Finanzverwaltung ist auch in sich widersprüchlich, denn im AEAO[34)] zu § 45 AO wird die Anwachsung im Hinblick auf das Steuerschuldverhältnis als Gesamtrechtsnachfolge bezeichnet. Zudem ist nicht ersichtlich, inwieweit bezüglich der (vermögensrechtlichen) Rechtsstellung bzw. des Vermögensübergangs überhaupt ein Abweichen des Steuerrechts vom Zivilrecht denkbar sein kann. Außerhalb des § 39 AO muss das Steuerrecht mangels gesetzlicher Grundlage im Hinblick auf Art. 20 Abs. 3 GG (Rechtsstaatsprinzip) für die Zuordnung von Rechten zu Rechtssubjekten ohnehin zwingend der zivilrechtlichen Betrachtungsweise folgen.

30 Möglicherweise ist Tz. 01.44 UmwStE auch nur insoweit missverständlich formuliert, als damit gar nicht die **Rechtsnatur des Vermögensübergangs** gemeint ist. Es kann doch allenfalls die Frage sein, welche ertragsteuerlichen Folgen sich aus einer zivilrechtlichen Anwachsung ergeben, so dass die Sichtweise der Verwaltung nur für das Verhältnis bspw. des § 6 Abs. 3 EStG zu den Vorgängen des UmwStG relevant würde. Insofern ist es dogmatisch korrekter, wenn *Neumann*[35)] die Ansicht der Verwaltung im UmwStE zwar wiedergibt, dann jedoch ausführt, es sei allein entscheidend, dass „aus handelsrechtlicher Sicht der verbleibende Gesellschafter in die vormalige Position der Personenhandelsgesellschaft und damit in deren Rechte und Pflichten einrückt, ohne dass es dazu besonderer zivilrechtlicher Übertragungsakte bedarf". Mit dieser Aussage kann im Ergebnis nur die **Gesamtrechtsnachfolge** gemeint sein, und eine solche ist natürlich auch für ertragsteuerliche Zwecke anzuerkennen.[36)]

---

30) So zutreffend *Schmitt* in: Schmitt/Hörtnagl/Stratz, UmwStG, § 24 Rz. 56; *Schlößer* in: Haritz/Menner, UmwStG, § 24 Rz. 90; a. A. *Patt* in: Dötsch/Jost/Pung/Witt, UmwStG, § 24 Rz. 15.
31) So meines Erachtens richtigerweise *Breiteneicher*, DStR 2004, 1405, 1306 und *Orth*, DStR 1999, 1053, 1060 m. w. N.
32) Gesetz über steuerliche Begleitmaßnahmen zur Einführung der Europäischen Gesellschaft und zur Änderung weiterer steuerrechtlicher Vorschriften (SEStEG) v. 7.12.2006, BGBl. I 2006, 2782 ff.
33) Vgl. Tz. 01.44 und 24.06 UmwStE.
34) BMF v. 3.1.2005, BStBl. I 2005, 3 ff.
35) *Neumann* in: Gosch, KStG, § 14 Rz. 291.
36) Ebenso *Orth*, DStR 2005, 1629, 1630.

C. Zivilrechtsakzessorietät des UmwStG

Das UmwStG ist nur **partiell zivilrechtsakzessorisch** angelegt, nämlich nur insoweit, als in § 1 UmwStG explizit auf Vorgänge nach dem UmwG Bezug genommen wird (z. B. in § 1 Abs. 1 UmwStG). Insoweit ist das UmwStG auch als „**Annexgesetz**" bezeichnet worden.[37] Mit anderen Worten: Wenn das UmwStG ausdrücklich auf Vorgänge nach dem UmwG Bezug nimmt, dann muss auch zivilrechtlich eine echte Gesamtrechtsnachfolge und damit eine zivilrechtlich wirksame Umwandlung vorliegen.[38] Bei den entsprechenden Verweisungen in § 1 UmwStG sowie in den einzelnen Abschnitten des UmwStG handelt es sich daher um Rechtsgrundverweisungen.

31

Das UmwStG ermöglicht aber auch **steuerneutrale Umstrukturierungen, die zivilrechtlich nicht dem UmwG unterfallen** (etwa bei bestimmten grenzüberschreitenden Umwandlungen). Dann besteht die Möglichkeit, die Wirkungen einer Umwandlungsart über „Umwege" herbeizuführen. Denkt man z. B. an eine grenzüberschreitende Abspaltung, kann auch ein Unternehmensteil in die übernehmende Gesellschaft eingebracht und die nachfolgende Auskehrung des Anteils an der übernehmenden Gesellschaft an die Gesellschafter der übertragenden Gesellschaft durch eine Sachdividende ersetzt werden.[39] Umgekehrt sind im UmwG Vorgänge geregelt, die keine steuerrechtliche Entsprechung im UmwStG finden, wie z. B. die in der Praxis nur selten anzutreffende **Vermögensübertragung**.[40] Schließlich bieten ggf. andere Vorschriften außerhalb des UmwStG die Möglichkeit des **steuerneutralen Transfers stiller Reserven** zwischen verschiedenen Rechtsträgern, wobei es sich namentlich insbesondere um Buchwertübertragungen unter Beteiligungen von Personengesellschaften handelt. Hierzu mag man auch den Mechanismus einer steuerfreien oder weitgehend steuerfreien Ausschüttung oder die Bildung von Rücklagen rechnen.[41]

32

Besonders deutlich wird die fehlende Abstimmung zwischen UmwG und UmwStG am steuerlichen Tatbestand der sog. **Einbringung** (§§ 20 ff. UmwStG). Bei dieser handelt es sich um einen **rein steuerrechtlichen Terminus**, dem sowohl Umwandlungsvorgänge nach dem UmwG (Gesamtrechtsnachfolge) als auch Übertragungen im Wege der Einzelrechtsnachfolge zugrunde liegen können. Das UmwStG begünstigt insoweit allgemein die Einbringung von Betrieben, Teilbetrieben oder Mitunternehmeranteilen in eine Kapital- oder Personenge-

33

---

37) *Rödder* in: Rödder/Herlinghaus/van Lishaut, UmwStG, Einf. Rz. 46.
38) Ob dies der Fall ist, richtet sich nach der registerrechtlichen Entscheidung, vgl. zutreffend *Rödder* in: Rödder/Herlinghaus/van Lishaut, UmwStG, Einf. Rz. 46; vgl. zur Gesamtrechtsnachfolge Tz. 01.44 UmwStE.
39) *Rödder* in: Rödder/Herlinghaus/van Lishaut, UmwStG, Einf. Rz. 39.
40) *Rödder* in: Rödder/Herlinghaus/van Lishaut, UmwStG, Einf. Rz. 45.
41) So etwa *Rödder* in: Rödder/Herlinghaus/van Lishaut, UmwStG, Einf. Rz. 88 ff. für die Regelungen der §§ 8b Abs. 2 KStG, 6b Abs. 10 EStG.

sellschaft gegen Gewährung von Gesellschaftsrechten. Mit Ausnahme der sog. *Ausgliederung* als spezielle Ausprägung der Spaltung, die nach § 1 Abs. 1 Satz 2 UmwStG stets als Einbringung zu behandeln ist, ist es für die Einbringung daher einerlei, ob ein handelsrechtlicher Übertragungsvorgang nach dem UmwG oder eine Einzelrechtsnachfolge vorliegt. Die Ausgliederung jedoch ist abweichend vom Zivilrecht nach den §§ 20 ff. UmwStG zu behandeln.

34 Eine auch für die Beratungspraxis besonders wichtige Abweichung vom Zivilrecht ist ferner in § 2 UmwStG angelegt (gilt jedenfalls ausdrücklich für Umwandlungen i. S. des Zweiten bis Fünften Teils des Gesetzes). Dort ist die sog. **steuerliche Rückwirkung** geregelt, die systematisch darauf aufbaut, dass der steuerliche Übertragungsstichtag nicht mit dem handelsrechtlichen Umwandlungsstichtag identisch ist, sondern stets einen Tag vor diesem liegt. Für die **Beratungspraxis** kann nur empfohlen werden, die Anwendbarkeit von UmwG und UmwStG separat voneinander zu prüfen. Einerseits erfordert eine mögliche Steuerneutralität nach dem UmwStG nicht per se einen dem UmwG unterfallenden Vorgang, andererseits sind handelsrechtliche Übertragungsvorgänge nach dem UmwG nicht automatisch steuerlich begünstigt. So ist z. B. eine nach den §§ 123 ff. UmwG erfolgende Spaltung handelsrechtlich auch für einzelne Vermögensgegenstände zugelassen, während § 15 UmwStG ein Teilbetriebserfordernis z. B. sowohl für das abgespaltene Vermögen als auch für das beim übertragenden Rechtsträger verbleibende Vermögen aufstellt.

§ 35 Reichweite des UmwStG

Übersicht

A.	Die einzelnen Tatbestände 1	V.	Formwechsel 14
I.	Verschmelzung 2	B.	Lücken 18
II.	Spaltung 5	I.	Allgemeines 18
III.	Einbringung 8	II.	Sitzverlegungen 19
IV.	Anteilstausch 11		

Literatur: *Behme/Nohlen*, Zur Wegzugsfreiheit von Gesellschaften – Der Schlussantrag von Generalanwalt Maduro in der Rechtssache Cartesio (C-210/06), NZG 2008, 496; *Dötsch/Jost/Pung/Witt*, KStG/UmwStG, Kommentar, Loseblatt Stand: 8/2014; *Goette*, Wo steht der BGH nach „Centros" und „Inspire Art"?, DStR 2005, 197; *Grohmann/Gruschinske*, Beschränkungen des Wegzugs von Gesellschaften innerhalb der EU – die Rechtssache Cartesio, EuZW 2008, 463; *Haase*, Ausgewählte Gestaltungsansätze zur Vermeidung von Besteuerungsnachteilen bei grenzüberschreitenden Sitzverlegungen, INF 2003, 107; *Haase*, Grenzüberschreitende Sitzverlegungen von Kapitalgesellschaften vor und nach dem Urteil des EuGH vom 5.11.2002 (Rs „Überseering"), IWB 2003, Fach 11, Gruppe 2, S. 529; *Haase*, Über Sinn und Unsinn von § 12 Abs. 3 KStG, BB 2009, 1448; *Hahn*, Formwechsel und Sitzverlegung nach dem künftigen Gesetz über steuerliche Begleitmaßnahmen zur Einführung der Europäischen Gesellschaft und zur Änderung weiterer steuerrechtlicher Vorschriften, IStR 2005, 677; *Hoffmann/Leible*, Cartesio – fortgeltende Sitztheorie, grenzüberschreitender Formwechsel und Verbot materiell-rechtlicher Wegzugsbeschränkungen, BB 2009, 58; *Richter*, Der identitätswahrende Wegzug deutscher Gesellschaften ins EU-/EWR-Ausland auf dem Vormarsch. Zugleich Anmerkungen zu den Schlussanträgen in der Rechtssache Cartesio vom 22.5.2008, IStR 2008, 719; *Richter/Heyd*, Die Bedeutung der EuGH-Urteils in der Rs. Cartesio für die deutsche Wegzugsbesteuerung unter besonderer Beachtung des grenzüberschreitenden Rechtsformwechsels, StuW 2010, 367; *Rödder/Herlinghaus/van Lishaut*, Umwandlungssteuergesetz, 2008; *Schaumburg*, Internationales Steuerrecht, 3. Aufl., 2011; *Rödder/Schumacher*, Das kommende SEStEG – Teil I: Die geplanten Änderungen des EStG, KStG und AStG. Der Regierungsentwurf eines Gesetzes über steuerliche Begleitmaßnahmen zur Einführung der Europäischen Gesellschaft und zur Änderung weiterer steuerrechtlicher Vorschriften, DStR 2006, 1481; *Schulze-Lauda*, Schlussanträge des Generalanwalts Poiares Maduro vom 22.5.2008 in der Rechtssache Cartesio, EuZW 2008, 388; *Weller*, Zum identitätswahrenden Wegzug deutscher Gesellschaften, DStR 2004, 1218.

A. Die einzelnen Tatbestände

Zur steuerlichen Behandlung der praktisch wichtigsten Einzelfälle der einzelnen Umwandlungsarten in ihren Grundzügen nachstehend im Einzelnen: 1

I. Verschmelzung

Bei der Verschmelzung einer Körperschaft auf eine Personenhandelsgesellschaft (oder eine natürliche Person) nach den §§ 3 ff., 10, 18 UmwStG hat grundsätzlich ein **Ansatz des übergehenden Betriebsvermögens mit dem gemeinen Wert** zu erfolgen. Auf Antrag ist beim übertragenden Rechtsträger auch der Ansatz zu Buch- oder Zwischenwerten möglich. Offene Reserven des übertragenden Rechtsträgers gelten als ausgeschüttet, auf den sog. **Übertragungsgewinn** sind Körperschaft- und Gewerbesteuer zu entrichten. Der **übernehmende Rechts-** 2 träger übernimmt die erfolgten Wertansätze unter Wertaufholung steuerlich wirksamer Abschreibungen und Abzüge auf Anteile am übertragenden Rechtsträger. Verlustvorträge des übertragenden Rechtsträgers gehen nicht auf den übernehmenden Rechtsträger über. Die Gesellschafter des übertragenden Rechtsträgers haben dessen offene Rücklagen als Einkünfte aus Kapitalvermögen zu versteuern. Sofern die Anteile an dem übertragenden Rechtsträger steuerverstrickt sind, sind ein Übernahmegewinn und ein Übernahmeverlust entsprechend bei den Einkünften aus Kapitalvermögen in Ansatz zu bringen.

3 Bei der Verschmelzung einer Körperschaft auf eine andere Körperschaft nach den §§ 1 ff., 19 UmwStG hat grundsätzlich (und unter **Wertaufholung** steuerlich wirksamer Abschreibungen und Abzüge auf Anteile am übernehmenden Rechtsträger) ein Ansatz des übergehenden Betriebsvermögens mit dem gemeinen Wert zu erfolgen. **Auf Antrag** ist beim übertragenden Rechtsträger aber auch der Ansatz des Betriebsvermögens zu **Buch- oder Zwischenwerten** möglich. Entsprechend sind auf den Übertragungsgewinn Körperschaft- und Gewerbesteuer zu zahlen.

4 Der übernehmende Rechtsträger **übernimmt die erfolgten Wertansätze** unter Wertaufholung steuerlich wirksamer Abschreibungen und Abzüge auf Anteile am übertragenden Rechtsträger. Verlustvorträge des übertragenden Rechtsträgers gehen nicht auf den übernehmenden Rechtsträger über. Ein etwaiger Übernahmegewinn aus der Verschmelzung ist nach § 8b Abs. 2 KStG zu beurteilen (soweit der Gewinn dem Anteil des übernehmenden Rechtsträgers an dem übertragenden Rechtsträger entspricht). Für die **Gesellschafter** des übertragenden Rechtsträgers wird eine **Veräußerung fingiert**. Die Anteile an dem übertragenden Rechtsträger werden im Grundsatz mit dem gemeinen Wert angesetzt, jedoch ist auf Antrag auch der Ansatz zu Buch- oder Zwischenwerten möglich. Die erhaltenen Anteile an dem übernehmenden Rechtsträger ersetzen für den Wertansatz (Anschaffungskosten; Buchwert) die Altanteile an dem übertragenden Rechtsträger.

II. Spaltung

5 Bei einer nach § 15 UmwStG durchzuführenden Spaltung von Körperschaften auf Körperschaften hat grundsätzlich (unter Wertaufholung steuerlich wirksamer Abschreibungen und Abzüge auf Anteile am übernehmenden Rechtsträger) ein Ansatz des übergehenden Betriebsvermögens mit dem gemeinen Wert zu erfolgen. Auf Antrag ist beim übertragenden Rechtsträger aber auch der Ansatz zu Buch- oder Zwischenwerten möglich. Dies gilt jedoch nur, wenn ein steuerlicher sog. **Teilbetrieb** übertragen wird und (in der Variante der Abspaltung) auch ein steuerlicher **Teilbetrieb** zurückbleibt. Ferner wird der Buchwertansatz durch Missbrauchsvermeidungsvorschriften eingeschränkt (z. B. wenn durch die Spaltung die Voraussetzungen für eine Veräußerung geschaffen werden,

§ 15 Abs. 2 Satz 3 UmwStG). Auf den Übertragungsgewinn sind Körperschaft- und Gewerbesteuer zu zahlen.

Der übernehmende Rechtsträger übernimmt die erfolgten Wertansätze unter Wertaufholung steuerlich wirksamer Abschreibungen und Abzüge auf Anteile am übertragenden Rechtsträger. Verlustvorträge des übertragenden Rechtsträgers gehen **quotal** unter (für die Abspaltung beachte § 15 Abs. 3 UmwStG). Ein etwaiger **Übernahmegewinn** aus der Spaltung ist nach § 8b Abs. 2 KStG zu beurteilen (soweit der Gewinn dem Anteil des übernehmenden Rechtsträgers an dem übertragenden Rechtsträger entspricht). Für die **Gesellschafter** des übertragenden Rechtsträgers wird eine Veräußerung fingiert. Die Anteile an dem übertragenden Rechtsträger werden im Grundsatz mit dem gemeinen Wert angesetzt, jedoch ist auf Antrag auch der Ansatz zu Buch- oder Zwischenwerten möglich. Diese Möglichkeit besteht jedoch nicht, wenn kein Teilbetrieb übertragen wird. 6

Für eine nach den §§ 3 ff., 10, 15 UmwStG durchzuführende Spaltung von Körperschaften auf Personenhandelsgesellschaften gelten die vorstehenden Ausführungen zur Verschmelzung bzw. zur Spaltung entsprechend. 7

III. Einbringung

Bei der nach § 20 UmwStG durchzuführenden Einbringung eines **Betriebs, Teilbetriebs oder eines Mitunternehmeranteils** in eine Körperschaft richtet sich (für den übertragenden Rechtsträger) die Bewertung des Betriebsvermögens und (für die Gesellschafter) die Bewertung der erhaltenen Anteile im Grundsatz nach dem Wertansatz des Betriebsvermögens beim übernehmenden Rechtsträger. Vorhandene Verlustvorträge gehen nicht über. Eine **Wertaufholung** findet nur bei vorzeitiger Veräußerung der erhaltenen Anteile und dann erst im Wirtschaftsjahr der Veräußerung statt. Ferner wird der Einbringungsvorgang im Jahr der Einbringung rückwirkend zur Gänze steuerpflichtig, es sei denn, es liegt eine **Ketteneinbringung** vor. 8

Beim übernehmenden Rechtsträger wird das Betriebsvermögen im Grundsatz mit dem **gemeinen Wert** angesetzt, jedoch ist auf Antrag auch der Ansatz zu Buch- oder Zwischenwerten möglich. Neben der Gewährung von Gesellschaftsrechten ist hinsichtlich der Gesellschafter auch eine sonstige Gegenleistung bis zur Höhe des Buchwerts des übergehenden Betriebsvermögens möglich. Sofern die erhaltenen Anteile vorzeitig veräußert werden, hat beim übernehmenden Rechtsträger eine Höherbewertung des eingebrachten Betriebsvermögens im Wirtschaftsjahr der Veräußerung der Anteile zu erfolgen. Der Erhöhungsbetrag hat **keine Gewinnauswirkung**. 9

Bei der nach § 24 UmwStG durchzuführenden Einbringung eines Betriebs, Teilbetriebs oder eines Mitunternehmeranteils in eine Personenhandelsgesellschaft richtet sich (für den übertragenden Rechtsträger) die Bewertung des Be- 10 triebsvermögens und (für die Gesellschafter) die Bewertung der erhaltenen Anteile im Grundsatz nach dem Wertansatz beim übernehmenden Rechtsträger. Vorhandene **Verlustvorträge** gehen nicht über. Beim übernehmenden Rechtsträger wird das Betriebsvermögen (**einschließlich der Ergänzungsbilanzen** der Gesellschafter) im Grundsatz mit dem gemeinen Wert angesetzt, jedoch ist auf Antrag auch der Ansatz zu Buch- oder Zwischenwerten möglich.

IV. Anteilstausch

11 Bei dem nach § 21 UmwStG durchzuführenden Anteilstausch (**Sonderfall der Einbringung** von Anteilen an einer Kapitalgesellschaft in eine Kapitalgesellschaft oder Genossenschaft) richtet sich (für den übernehmenden Rechtsträger) die Bewertung des Betriebsvermögens und (für die Gesellschafter) die Bewertung der erhaltenen Anteile im Grundsatz nach dem Wertansatz des Betriebsvermögens beim übernehmenden Rechtsträger. Eine Wertaufholung findet nur bei vorzeitiger Veräußerung (Sieben-Jahres-Zeitraum; sog. **sperrfirstbehaftete Anteile**) der erhaltenen Anteile und dann erst im Wirtschaftsjahr der Veräußerung statt. Ferner wird der Anteilstausch im Jahr des Anteilstausches rückwirkend zur Gänze steuerpflichtig, es sei denn, es liegt eine **Ketteneinbringung** vor oder die erhaltenen Anteile sind bereits durch den übertragenden Rechtsträger veräußert worden.

12 Hinsichtlich des Wertansatzes der eingebrachten Anteile beim übernehmenden Rechtsträger gilt der Ansatz des gemeinen Wertes. Es besteht auch die Möglichkeit des Ansatzes des Buchs- oder Zwischenwertes, wenn nach der Einbringung unmittelbar die Mehrheit der Stimmrechte an der erworbenen Gesellschaft besteht (sog. **qualifizierter Anteilstausch**; § 21 Abs. 1 Satz 2 Halbs. 1 UmwStG). Neben der Gewährung von Gesellschaftsrechten ist hinsichtlich der Gesellschafter auch eine sonstige Gegenleistung bis zur Höhe des Buchwerts der übergehenden Anteile möglich.

13 Diese Grundsätze gelten jedoch nur, wenn und soweit für die erhaltenen Anteile oder die eingebrachten Anteile nach der Einbringung das Recht der Bundesrepublik Deutschland hinsichtlich der Besteuerung des Gewinns aus der Veräußerung nicht ausgeschlossen oder beschränkt ist. Ist dies hingegen der Fall, besteht zunächst keine Bindung an den Wertansatz beim übertragenden Rechtsträger, und der gemeine Wert der eingebrachten Anteile gilt als Veräußerungspreis und als Anschaffungskosten der erhaltenen Anteile. Auf Antrag ist jedoch beim übertragenden Rechtsträger auch der Ansatz zu Buch- oder Zwischenwerten möglich. Auch in diesem Fall findet eine **Wertaufholung** nur bei vorzeitiger Veräußerung der erhaltenen Anteile und dann erst im Wirtschaftsjahr der Veräußerung statt.

V. Formwechsel

14 Bei einem nach § 9 UmwStG durchzuführenden Formwechsel einer Körperschaft in eine Personenhandelsgesellschaft hat grundsätzlich ein Ansatz des übergehenden Betriebsvermögens mit dem gemeinen Wert zu erfolgen. Auf Antrag

ist beim übertragenden Rechtsträger auch der Ansatz zu Buch- oder Zwischenwerten möglich. Offene Reserven des übertragenden Rechtsträgers gelten als ausgeschüttet, auf den sog. **Übertragungsgewinn** sind Körperschaft- und Gewerbesteuer zu entrichten.

Der übernehmende Rechtsträger übernimmt die erfolgten Wertansätze unter Wertaufholung steuerlich wirksamer Abschreibungen und Abzüge auf Anteile am übertragenden Rechtsträger. Verlustvorträge des übertragenden Rechtsträgers gehen nicht auf den übernehmenden Rechtsträger über. Die Gesellschafter des übertragenden Rechtsträgers haben dessen offene Rücklagen als Einkünfte aus Kapitalvermögen zu versteuern. Sofern die Anteile an dem übertragenden Rechtsträger **steuerverstrickt** sind, sind ein Übernahmegewinn und ein Übernahmeverlust entsprechend bei den Einkünften aus Kapitalvermögen in Ansatz zu bringen. 15

Bei einem nach § 25 UmwStG durchzuführenden Formwechsel einer Personenhandelsgesellschaft in eine Körperschaft richtet sich (für den übertragenden Rechtsträger) die Bewertung des Betriebsvermögens und (für die Gesellschafter) die Bewertung der erhaltenen Anteile im Grundsatz nach dem Wertansatz des Betriebsvermögens beim übernehmenden Rechtsträger. Vorhandene **Verlustvorträge** gehen nicht über. 16

Eine Wertaufholung findet nur bei vorzeitiger Veräußerung der erhaltenen Anteile und dann erst im Wirtschaftsjahr der Veräußerung statt. Ferner wird der Formwechsel im Jahr des Formwechsels rückwirkend zur Gänze steuerpflichtig. Beim übernehmenden Rechtsträger wird das Betriebsvermögen im Grundsatz mit dem gemeinen Wert angesetzt, jedoch ist auf Antrag auch der Ansatz zu Buch- oder Zwischenwerten möglich. Neben der Gewährung von Gesellschaftsrechten ist hinsichtlich der Gesellschafter auch eine sonstige Gegenleistung bis zur Höhe des Buchwerts des übergehenden Betriebsvermögens möglich. Sofern die erhaltenen Anteile vorzeitig veräußert werden, hat beim übernehmenden Rechtsträger eine Höherbewertung des eingebrachten Betriebsvermögens im Wirtschaftsjahr der Veräußerung der Anteile zu erfolgen. Der **Erhöhungsbetrag** hat keine Gewinnauswirkung. 17

B. Lücken

I. Allgemeines

Das UmwStG ist trotz der „Europäisierung", der es im Zuge des SEStEG[1] unterworfen wurde, nicht lückenlos. Insbesondere bei Umwandlungen mit Auslandsbezug ist im Einzelfall zu prüfen, ob ein Vorgang vom Anwendungsbereich des Gesetzes umfasst ist. So sind **grenzüberschreitende und ausländische** 18

---

1) Gesetz über steuerliche Begleitmaßnahmen zur Einführung der Europäischen Gesellschaft und zur Änderung weiterer steuerrechtlicher Vorschriften (SEStEG) v. 7.12.2006, BGBl. I 2006, 2782 ff.

Umwandlungen mit Bezug zu **Drittstaaten** (also Nicht-EU- und Nicht-EWR-Staaten) nur ausnahmsweise in den sachlichen Anwendungsbereich des UmwStG einbezogen. Friktionen sind ferner dann zu erwarten, wenn es sich um ausländische Umwandlungen handelt, die keine Entsprechung im deutschen Recht finden.[2)] Mangels Anwendbarkeit des UmwStG im Einzelfall greifen die allgemeinen ertragsteuerlichen Regelungen Platz, was meist der Steuerneutralität des jeweiligen Vorgangs entgegenstehen dürfte.

II. Sitzverlegungen

19 Sitzverlegungen sind nicht im UmwStG geregelt. Zur zivilrechtlichen Behandlung von Sitzverlegungen siehe ausführlich § 43 Rz. 25.

20 Spezialregelungen zur Sitzverlegung haben keinen Eingang in das UmwStG gefunden, weil spezialgesetzliche Regelungen bereits im allgemeinen Ertragsteuerrecht vorhanden sind. Sie sind allerdings allesamt dem Vorwurf ausgesetzt, nicht im Einklang mit verfassungs- bzw. gemeinschaftsrechtlichen Vorgaben zu stehen.[3)] Dies gilt umso mehr nach der EuGH-Entscheidung in der Rechtssache *Cartesio*[4)]. Am 29.11.2011 hat der EuGH zudem sein Urteil in der niederländischen Rechtssache *National Grid Indus*[5)] veröffentlicht. Demnach ist die Wegzugsbesteuerung im Fall der Sitzverlegung von Gesellschaften mit der Niederlassungsfreiheit vereinbar, wobei jedoch ein Steueraufschub bis zur tatsächlichen Realisierung zu gewähren ist. Der EuGH hat konkret entschieden, dass die Wegzugsbesteuerung zwar grundsätzlich eine **Beschränkung der Niederlassungsfreiheit** darstellt, da in casu in den Niederlanden eine rein innerstaatliche Sitzverlegung im Vergleich dazu keine Besteuerung von noch nicht realisierten stillen Reserven nach sich zieht. Da jedoch die **Aufteilung der Besteuerungsbefugnis** zwischen den Mitgliedstaaten basierend auf dem Territorialitätsprinzip ein legitimes Ziel darstelle, stehe die Wegzugsbesteuerung per se nicht in Widerspruch zum Unionsrecht. Allerdings sei – unter dem Gesichtspunkt der **Verhältnismäßigkeit** – zwischen der Festsetzung des Steuerbetrags und dessen Einziehung zu unterscheiden. Demnach hätten die Mitgliedstaaten das Recht im Zeitpunkt des Wegzugs eine Steuer auf stille Reserven festzusetzen. Diese dürfe jedoch erst im Zeitpunkt der tatsächlichen Realisierung eingehoben werden. Aufgrund des u. U. hohen Verwaltungsaufwandes bei der wegziehenden Gesellschaft im Zusammenhang mit der Nachverfolgung des betroffenen Vermögens sollte die wegziehende Gesellschaft insoweit ein Wahlrecht zwischen Soforteinziehung und Steueraufschub haben.

---

2) *Rödder* in: Rödder/Herlinghaus/van Lishaut, UmwStG, Einf. Rz. 124; ausführlich dazu *Schaumburg*, Int. SteuerR, Rz. 17.188.
3) Nachweise bei *Richter/Heyd*, StuW 2010, 371 ff.
4) EuGH, Rs. C-210/06, *Cartesio*, Slg. 2008, I-9641 ff. = ZIP 2009, 24.
5) EuGH, Rs. C-371/10, *National Grid Indus BV*, Slg. 2011, I-12273 = ZIP 2012, 169.

Mit diesem Urteil wendet der EuGH das Konzept der Wegzugsbesteuerung   21
mit Steueraufschub, welches er in den Rechtssachen *Lasteyrie du Saillant*[6] und *N*[7]
für **Privatvermögen** entwickelt hatte, erstmals auch auf **betriebliche Sachverhalte** an. Im Unterschied zur Situation bei Privatpersonen soll jedoch die Festsetzung im Zeitpunkt des Wegzugs endgültig sein, d. h. spätere Wertminderungen des betroffenen Vermögens wären durch den Wegzugsstaat nicht zu berücksichtigen. Zudem könne der Wegzugsstaat eine Bankgarantie zur Besicherung der Steuerforderung verlangen (nicht zulässig im Falle eines Wegzugs mit Privatvermögen).

Dessen ungeachtet gilt im nationalen deutschen Recht: § 4 Abs. 1 Satz 4   22
i. V. m. Satz 3 EStG etwa regelt die Sonderfälle des aus einer Sitzverlegung resultierenden Ausschlusses und der Beschränkung des deutschen Besteuerungsrechts für Anteile an einer Europäischen Gesellschaft oder Europäischen Genossenschaft. In diesem Fall gelten die Regeln der **fiktiven Entnahme** nicht, sondern ein etwaiger späterer Veräußerungsgewinn wird auf Anteilseignerebene so besteuert, als ob keine Sitzverlegung stattgefunden hätte.[8]

§ 17 Abs. 5 EStG enthält eine spezielle Entstrickungsregel für die Fälle der   23
Verlegung des Satzungssitzes oder des Ortes der Geschäftsleitung, wenn das Besteuerungsrecht der Bundesrepublik Deutschland hinsichtlich des Gewinns aus der Veräußerung der Anteile an der von der Sitzverlegung betroffenen Kapitalgesellschaft **beschränkt oder ausgeschlossen** wird. Ausnahmen gelten für Sitzverlegungen von Europäischen Gesellschaften oder Europäischen Genossenschaften oder EU-Kapitalgesellschaften.

§ 12 Abs. 3 KStG schließlich regelt als körperschaftsteuerrechtliche Parallel-   24
norm zur Wegzugsbesteuerung des § 6 AStG die sog. **Schlussbesteuerung von Körperschaften**. Wenn eine Körperschaft, Vermögensmasse oder Personenvereinigung ihre Geschäftsleitung oder ihren Sitz verlegt und sie dadurch aus der unbeschränkten Steuerpflicht eines EU- oder EWR-Mitgliedstaats ausscheidet, gilt sie nach Satz 1 der Norm als aufgelöst mit der Folge, dass § 11 KStG entsprechend Platz greift. Eine **identitätswahrende Sitzverlegung** durch Verlegung des Satzungssitzes ist bislang nur bei der Europäischen Gesellschaft oder Europäischen Genossenschaft möglich.[9]

In allen übrigen Fällen kommen die aus dem nationalen Recht bekannten Re-   25
geln über die steuerliche Behandlung der Liquidation von Körperschaften zur Geltung. An die Stelle des zur Verteilung kommenden Vermögens tritt der Wert des vorhandenen Vermögens, § 12 Abs. 3 Satz 3 KStG. § 11 KStG wird über

---

6) EuGH, Rs. C-9/02, *Hughes de Lasteyrie du Saillant*, Slg. 2004, I-2409 ff. = ZIP 2004, 662 = DB 2004, 686.
7) EuGH, Rs. C-470/04, *N.*, Slg. 2006, I-7409 ff. = DStR 2006, 1691 = GmbHR 2006, 1111.
8) *Rödder/Schumacher*, DStR 2006, 1481, 1486.
9) Dazu *Hahn*, IStR 2005, 677, 680 ff.

§ 12 Abs. 3 Satz 2 KStG auch dann zur entsprechenden Anwendung verholfen, wenn das Steuersubjekt aufgrund eines DBA infolge der Verlegung seines Sitzes oder seiner Geschäftsleitung als außerhalb des Hoheitsgebietes der EU- oder EWR-Mitgliedstaaten ansässig anzusehen ist.

26 Der Gesetzgeber hat für § 12 Abs. 3 KStG keine glückliche Formulierung gewählt. Die Norm liest sich in Satz 1 unbefangen so, als ob die Verlegung von Sitz und Geschäftsleitung z. B. einer französischen Societé anonyme (entspricht einer deutschen AG) in die USA ein Vorgang wäre, der der deutschen Besteuerung unterliegt. Dies ist mitnichten der Fall, und zwar insbesondere dann nicht, wenn keine **beschränkte deutsche Steuerpflicht** besteht. Jedoch ergibt sich erst aus § 1 KStG, dass die Sitzverlegung (zunächst) von Deutschland aus erfolgen muss, weil sonst schon a priori keine Steuerpflicht besteht, aus der die Gesellschaft zu irgendeinem Zeitpunkt ausscheiden könnte.

27 Das in der Literatur vertretene gegenteilige Verständnis ist m. E. abzulehnen. Nach *Benecke*[10] z. B. kommt es nicht darauf an, ob die jeweilige Gesellschaft überhaupt jemals im Inland steuerpflichtig war. Die Vorschrift ist aber, wenn denn der Gesetzgeber sie in diesem Sinne verstanden wissen wollte, m. E. teleologisch zu reduzieren, weil anderenfalls ein Sachverhalt besteuert wird, der keinerlei Anknüpfungspunkte zum Inland aufweist. Dies verstößt gegen **Völkerrecht**. Der deutsche Gesetzgeber darf z. B. nicht die Sitzverlegung der oben genannten französischen Gesellschaft besteuern, wenn diese im Inland zu keinem Zeitpunkt unbeschränkt oder beschränkt steuerpflichtig war und auch keiner der Gesellschafter im Inland ansässig ist.[11]

28 Von der Neuregelung des § 12 Abs. 3 KStG erfasst werden sollten eigentlich nur die folgenden beiden Sachverhalte:
- Eine aufgrund ihres inländischen Sitzes oder ihrer inländischen Geschäftsleitung unbeschränkt steuerpflichtige Körperschaft verlegt das einzige im Inland verbliebene Anknüpfungsmerkmal in das Ausland und scheidet dadurch aus der unbeschränkten Steuerpflicht aus.
- Eine aufgrund ihres inländischen Sitzes und ihrer inländischen Geschäftsleitung unbeschränkt steuerpflichtige Körperschaft verlegt ihre Geschäftsleitung in das Ausland und gilt fortan aufgrund einer Art. 4 Abs. 3 OECD-MA entsprechenden DBA-Regelung als in dem ausländischen Staat ansässig.

29 Der Gesetzgeber ist hier in sprachliche Kalamitäten geraten, weil er aufgrund des Gemeinschaftsrechts unter „Ausland" nicht „EU-Ausland" verstehen durfte. § 12 Abs. 3 KStG betrifft daher nur den Fall, dass eine unbeschränkt steuerpflichtige Körperschaft unmittelbar von Deutschland aus ihren Sitz oder ihre Geschäftsleitung in einen Nicht-EU- bzw. Nicht-EWR-Staat verlegt und da-

---

10) *Benecke* in: Dötsch/Jost/Pung/Witt, KStG/UmwStG, § 12 KStG Rz. 185.
11) I. E. *Haase*, BB 2009, 1448 ff.

durch aus der unbeschränkten Steuerpflicht ausscheidet oder dass sie nur eines dieser Merkmale verlegt und aufgrund des jeweiligen DBA als im Ausland ansässig gilt (dies wird regelmäßig bei der Verlegung der Geschäftsleitung der Fall sein).

Nach **Sinn und Zweck** der Norm ebenfalls nicht erfasst ist hingegen eine Verlegung der Anknüpfungsmerkmale für die Besteuerung (Sitz oder Geschäftsleitung) von einem EU- bzw. EWR-Staat in einen Nicht-EU- bzw. Nicht-EWR-Staat, und zwar selbst dann nicht, wenn der Verlegung ein Wegzug aus Deutschland vorausgegangen ist (nach der o. g. Auffassung von *Benecke* kommt es darauf aber gerade nicht an). Reine Sitzverlegungen in Drittstaaten können hingegen nicht unter die Vorschrift subsumiert werden. Anders als § 6 AStG enthält § 12 KStG ferner keine Regel, nach der die Steuer solange gestundet würde, bis eine Gesellschaft endgültig den EU-/EWR-Raum verlassen hat. Anwendbar ist aber § 4g EStG (**Ausgleichspostenmethode**), vgl. § 12 Abs. 1 Halbs. 2 KStG. 30

§ 36 International-steuerliche Bezüge

Übersicht

A. Verhältnis zu Doppelbesteuerungsabkommen 1
I. Geltungsrang von DBA 1

II. Prüfungsreihenfolge 6
B. Umwandlungen in der Hinzurechnungsbesteuerung 9

Literatur: *Brombach-Krüger*, Treaty Override aus europarechtlicher und verfassungsrechtlicher Sicht, Ubg 2008, 324; *Forsthoff,* Treaty Override und Europarecht, IStR 2006, 509; *Gosch*, Über das Treaty Overriding. Bestandsaufnahme – Verfassungsrecht – Europarecht, IStR 2008, 413; *Haase*, Die Hinzurechnungsbesteuerung: Grundlagen – Problemfelder – Gestaltungsmöglichkeiten, 2008; *Kippenberg*, Diskussion zu den Vorträgen von Professor Stein und Dr. Forsthoff, IStR 2006, 512; *Lüdicke*, Überlegungen zur deutschen DBA-Politik, 2007; *Lüdicke*, Nochmals: Zur rückwirkenden Anwendung des DBA-Italien 1989, DB 1995, 748; *Reimer*, Teeraty Override im deutschen internationalen Steuerrecht, IStR 2005, 843; *Rödder/Herlinghaus/van Lishaut*, Umwandlungssteuergesetz, 2008; *Schmidtmann*, Hinzurechnungsbesteuerung bei internationalen Umwandlungen – Neuregelungen durch das SEStEG-, IStR 2007, 229; *Stein*, Völkerrecht und nationales Steuerrecht im Widerstreit, IStR 2006, 505; *Sterner/Sedemund*, Auswirkungen von Sitzverlegungen, Satzungsänderungen und Umwandlungen von ausländischen Zwischengesellschaften auf die deutsche Hinzurechnungsbesteuerung, BB 2005, 2777; *Vogel/Lehner*, DBA, 5. Aufl., 2008.

A. Verhältnis zu Doppelbesteuerungsabkommen

I. Geltungsrang von DBA

Das deutsche UmwStG ist ein nationales Gesetz wie jedes andere deutsche Steuergesetz auch. Insofern gilt für das Verhältnis des UmwStG zu den Doppelbesteuerungsabkommen nichts anderes als bspw. für das Verhältnis des EStG zu den DBA. Im Einzelnen: **1**

Die einzelnen Staaten stehen sich in der Völkergemeinschaft gleichberechtigt als Rechtssubjekte gegenüber. Wie natürliche und juristische Personen im Privatrecht können sie (als nach deutscher Terminologie öffentlich-rechtliche Gebietskörperschaften) bilaterale und multilaterale Verträge miteinander schließen, deren Voraussetzungen, Zustandekommen, Wirkungsweise und Beendigung vom Völkerrecht geregelt werden. DBA sind solche **völkerrechtlichen Verträge**, die zur Kategorie der bilateralen Verträge rechnen. Anders als es der Begriff „Doppelbesteuerungsabkommen" nahelegen mag, handelt es sich nicht um Verträge zur Begründung, sondern um Verträge zur Vermeidung von Doppelbesteuerungen. Völkerrecht und Abkommensrecht sind nach h. M. **zwei getrennte Rechtskreise.**[1] **2**

Das solchermaßen zu verstehende DBA bindet die beteiligten Staaten als Vertragsparteien und verpflichtet sie, die in dem Abkommen getroffenen Regelungen in nationales Recht umzusetzen. Dies geschieht in Deutschland über ein sog. **3**

---

1) Vgl. auch das BFH, BStBl. II 1971, 379 ff. (sog. dualistische Theorie).

Transformationsgesetz, das in der Regel am Tag nach seiner Verkündung in Kraft tritt.[2] Erst nach Umsetzung in nationales Recht kann auch der Steuerpflichtige aus dem DBA Ansprüche herleiten und diese ggf. mit gerichtlicher Hilfe durchsetzen, wenn die Finanzverwaltung einen Sachverhalt abkommenswidrig besteuern möchte.[3] Nach der Umsetzung in nationales Recht hat das DBA entsprechend den Rang des Transformationsgesetzes. Es steht daher zwar gleichberechtigt als einfaches Bundesrecht neben den Einzelsteuergesetzen, ist aber gemäß seiner Zwecksetzung und aufgrund des völkerrechtlichen Charakters **vorrangig** zu beachten.

4 Rechtstechnisch geschieht dies wie folgt: Mit der Besteuerung seiner Bürger zur Erzielung von Einnahmen nimmt jeder Staat originär hoheitliche Aufgaben wahr. Da es aufgrund des völkerrechtlichen Souveränitätsprinzips einem ausländischen Staat nicht gestattet ist, im Inland hoheitlich tätig zu werden und der Steuerpflichtige nicht als Vertragspartei an dem Zustandekommen von DBA mitwirkt, ist es unmittelbar einsichtig, dass sich nach deutscher Lesart aus einem DBA im Verhältnis zum Steuerpflichtigen keine materiellen Besteuerungsfolgen ableiten lassen.

5 Ein Besteuerungsanspruch wird durch ein DBA nicht begründet, vielmehr werden nur bestehende Besteuerungsansprüche zwischen den Vertragsstaaten verteilt (Abkommensvorschriften als Verteilungsnormen.[4] Das DBA wirkt lediglich als **Schranke innerstaatlichen Rechts,** weil jeweils einer der Vertragsstaaten für bestimmte Einkünfte sein nach dem nationalen Recht gegebenes Besteuerungsrecht gegenüber dem anderen Staat zurücknimmt (Abkommensvorschriften als Schranken- oder Begrenzungsnormen.[5]

---

[2] Das DBA hingegen tritt in der Regel erst im Zeitpunkt des Austausches der Ratifikationsurkunden in Kraft. Die Transformation des DBA kann dann von seinem völkerrechtlichen Zustandekommen abhängig sein, vgl. das BFH, BStBl. II 1994, 155 ff. Ein rückwirkendes in Kraft setzen ist nach h. M. nicht zulässig, vgl. *Lüdicke,* DB 1995, 748 ff.

[3] A. A. *Vogel* in: Vogel/Lehner, DBA, Einl. Rz. 61; er setzt sich dafür ein, dass die Abkehr der deutschen Völkerrechtslehre von der Transformationstheorie und die Hinwendung zum Verständnis des deutschen Umsetzungsgesetzes als Anwendungsbefehl auch für das Steuerrecht anerkannt werden.

[4] Dies ist nicht i. S. einer Verteilung materieller Besteuerungsrechte zu verstehen, wie *Vogel* in: Vogel/Lehner, DBA, Einl. Rz. 69, 70 zutreffend anmerken, sondern i. S. einer Aufteilung von Steuerquellen.

[5] Die Terminologie ist uneinheitlich und unübersehbar. Wichtiger als die Begriffe ist die Erkenntnis, dass DBA-Normen keine Rechtsgrundlagen für die nationale Steuerfestsetzung bilden. Sie enthalten lediglich die Ermächtigung, dass sich ein Vertragsstaat bei einem grenzüberschreitenden Sachverhalt im Verhältnis zum anderen Vertragsstaat auf die nationale Rechtsgrundlage stützen kann.

II. Prüfungsreihenfolge

Dies vorausgeschickt, gilt für das UmwStG: Bei einer Umwandlung, die bei Anwendung des UmwStG Steuerfolgen im Inland auslösen würde, ist in einem zweiten Schritt stets zu prüfen, ob der **deutsche Besteuerungsanspruch durch ein DBA eingeschränkt oder ausgeschlossen** ist. In einem dritten Schritt ist sodann zu prüfen, ob die jeweilige, den Steuerpflichtigen begünstigende DBA-Bestimmung nicht einseitig durch nationales deutsches Gesetzesrecht wieder außer Kraft gesetzt ist. Im Einzelnen: **6**

Welcher Einkunftsartikel eines DBA Anwendung findet, hängt von der Art der Umwandlung sowie damit zusammen, ob man in der jeweiligen Umwandlung, die als ein Vermögensübergang gegen Gewährung von Gesellschaftsrechten zu werten ist, strukturell einen **Tausch** und damit ein Veräußerungsgeschäft oder einen **Anschaffungsvorgang** oder eine **Betriebsaufgabe** sieht. In der Regel wird eine dem Art. 13 OECD-MA entsprechende Vorschrift einschlägig sein. In Tz. 5 OECD-MK zu Art. 13 OECD-MA geht die OECD davon aus, dass die in den meisten Abkommen verwendeten Worte „Veräußerung von Vermögen" insbesondere Gewinne aus dem (auch teilweisen) Verkauf oder dem Tausch von Vermögenswerten, der unentgeltlichen Übertragung oder der Einbringung in eine Gesellschaft erfasst. Sofern das jeweilige Abkommen eine dem Art. 13 Abs. 5 OECD-MA entsprechende Norm enthält, werden die im Einzelfall aufgedeckten stillen Reserven entsprechend nur im Ansässigkeitsstaat des Gesellschafters des oder der betroffenen Gesellschaften besteuert.[6] **7**

Unberührt von diesen Grundsätzen bleibt die Möglichkeit der Bundesrepublik Deutschland zu einem sog. **treaty override**,[7] also zu einem Überschreiben eines DBA, was als Völkerrechtsverstoß zu werten ist. Die Verletzung des Abkommens zeitigt jedoch gegenüber dem Steuerpflichtigen (also im Innenverhältnis) keine Wirkungen, d. h. das nationale abkommensverletzende Gesetzesrecht ist ihm gegenüber wirksam. Der treaty override ist daher bislang nicht justiziabel und der Gesetzgeber kann weiter von diesem Instrumentarium Gebrauch machen, solange das BVerfG ein solches Vorgehen nicht ausdrücklich für verfassungs- **8**

---

[6] Vgl. auch BFH, BStBl. II 1989, 794 ff.
[7] Umfassend und kritisch zum treaty override *Gosch*, IStR 2008, 413 ff.; zu völker- und gemeinschaftsrechtlichen Bedenken bzgl. des treaty override *Stein*, IStR 2006, 505 ff.; *Kippenberg*, IStR 2006, 512 ff.; a. A. *Forsthoff*, IStR 2006, 509 ff. und *Brombach-Krüger*, Ubg 2008, 324 ff.

widrig erklärt.[8] Beispiele für einen treaty override im UmwStG sind § 13 Abs. 2 Satz 1 Nr. 2 und § 21 Abs. 2 Satz 3 Nr. 2 UmwStG.

B. Umwandlungen in der Hinzurechnungsbesteuerung

9 Die sog. Hinzurechnungsbesteuerung, deren Tatbestand in den §§ 7, 8 AStG geregelt ist, hat drei positive Tatbestandsvoraussetzungen.[9]

10 Es muss erstens eine Beteiligung von unbeschränkt Steuerpflichtigen an einer ausländischen Basisgesellschaft zu mehr als der Hälfte gegeben sein (sog. **Inländerbeherrschung**, § 7 Abs. 1 AStG), es muss zweitens die ausländische Gesellschaft eine sog. **Zwischengesellschaft** für bestimmte sog. passive Einkünfte sein (§ 8 Abs. 1 AStG), und drittens muss eine **Niedrigbesteuerung** dieser passiven Einkünfte vorliegen (§ 8 Abs. 3 AStG).

11 Die Hinzurechnungsbesteuerung soll der durch die Beteiligung an ausländischen, meist in der Rechtsform einer Kapitalgesellschaft organisierten Basisgesellschaften bewirkten Verlagerung von Besteuerungssubstrat in das Ausland vorbeugen (für ausländische Betriebsstätten und Personengesellschaften vgl. § 20 Abs. 2 AStG). Regelungstechnisch erfolgt dies über eine **Durchbrechung der Abschirmwirkung** der Kapitalgesellschaft (**Trennungsprinzip**) in der Weise, dass bestimmte von der ausländischen Gesellschaft erzielte Einkünfte den inländischen Gesellschaftern als fiktive Gewinnausschüttungen und damit eigene Einkünfte zugerechnet werden. Der Sachverhalt wird also so besteuert, als ob die Basisgesellschaft nicht existent wäre, vgl. die Rechtsfolge des § 10 Abs. 1 Satz 1 AStG.

12 Vor diesem Hintergrund ist zu konstatieren, dass Einkünfte aus Umwandlungen (gemeint ist die Hebung stiller Reserven infolge von nicht steuerneutralen Umwandlungen) im Grundsatz zu aktiven und damit nicht passiven bzw. **schädlichen Einkünften einer ausländischen Zwischengesellschaft** führen, wenn bestimmte Voraussetzungen erfüllt sind.[10]

---

[8] Im Anschluss an eine Entscheidung des BVerfG zum Grundsatz der Völkerrechtsfreundlichkeit des GG und zur Bedeutung der EMRK (vgl. BVerfGE 111, 307 ff.) ist in jüngerer Zeit vermehrt wieder die Rechtswidrigkeit des treaty override proklamiert worden. Der Streit entzündet sich in der Hauptsache an der Frage, ob z. B. eine Norm wie § 21 Abs. 2 Satz 3 Nr. 2 UmwStG sich auch über zeitlich später abgeschlossene DBA hinwegsetzt. Die Frage ist bislang weder eingehend erörtert noch höchstrichterlich geklärt. Die wohl (noch) h. M. bemüht den lex-posterior-Grundsatz sowie das Gebot der völkerrechtsfreundlichen Auslegung und sieht das zeitlich spätere DBA als vorrangig an (s. dazu eingehend *Lüdicke*, Überlegungen zur deutschen DBA-Politik, S. 36 ff. m. w. N.; differenzierend *Reimer*, IStR 2005, 843 ff.).

[9] Dazu umfassend *Haase*, Die Hinzurechnungsbesteuerung: Grundlagen – Problemfelder – Gestaltungsmöglichkeiten.

[10] Vgl. zu ausländischen Umwandlungen in der Hinzurechnungsbesteuerung *Schmidtmann*, IStR 2007, 229 ff.; ferner *Sterner/Sedemund*, BB 2005, 2777 ff. und *Rödder* in: *Kessler/Kröner/Köhler*, Konzernsteuerrecht, § 8 Rz. 635 ff.; ebenso *Rödder* in: Rödder/Herlinghaus/van Lishaut, UmwStG, Einf. Rz. 133 ff.

Diese Voraussetzungen ergeben sich im Einzelnen aus § 8 Abs. 1 Nr. 10 AStG. **13** Hiernach liegen nur aktive Einkünfte aus Umwandlungen von **ausländischen Zwischengesellschaften** vor, wenn die Umwandlungen ungeachtet des § 1 Abs. 2 und Abs. 4 UmwStG zu Buchwerten erfolgen könnten; dies gilt jedoch nicht, soweit eine Umwandlung den Anteil an einer Kapitalgesellschaft erfasst, dessen Veräußerung nicht die Voraussetzungen des § 8 Abs. 1 Nr. 9 AStG erfüllen würde.

§ 8 Abs. 1 Nr. 9 Halbs. 1 AStG wiederum bestimmt Einkünfte aus der Veräu- **14** ßerung eines Anteils an einer anderen Gesellschaft sowie aus deren Auflösung oder der Herabsetzung ihres Kapitals zu aktiven Einkünften, soweit der Steuerpflichtige **nachweist**, dass der Veräußerungsgewinn auf Wirtschaftsgüter der anderen Gesellschaft entfällt, die anderen als den in § 8 Abs. 1 Nr. 6 lit. b AStG (soweit es sich um Einkünfte einer Gesellschaft i. S. des § 16 REITG handelt) oder § 7 Abs. 6a AStG (sog. Zwischeneinkünfte mit Kapitalanlagecharakter) bezeichneten Tätigkeiten dienen.

Ebenfalls ist in Bezug auf **ausländische Umwandlungen** § 10 Abs. 3 Satz 4 AStG **15** zu beachten. Die Ermittlung des Hinzurechnungsbetrags soll ungeachtet der Normen des UmwStG erfolgen, wenn und soweit Einkünfte aus einer Umwandlung i. S. des § 8 Abs. 1 Nr. 10 AStG hinzuzurechnen sind.

§ 37 Jüngste Entwicklungen

Übersicht

A. Gesetzgebung .... 1 | B. Verwaltungsanweisungen 2

A. Gesetzgebung

Die letzte große Reform des UmwStG vollzog sich Ende des Jahres 2006 in **1**
Gestalt des SEStEG[1] (siehe bereits oben § 32 Rz. 1 und § 33 Rz. 15). Seitdem
gab es von Seiten des Gesetzgebers nur **punktuelle Änderungen** insbesondere
durch Art. 5 des Unternehmensteuerreformgesetzes 2008[2], durch Art. 4 des
Jahressteuergesetzes 2008[3] und durch Art. 6 des Jahressteuergesetzes 2009[4].
Weitere grundlegende Revisionen sind dem Vernehmen nach zunächst nicht
geplant.

B. Verwaltungsanweisungen

Die komplexe Materie des Umwandlungssteuerrechts wurde herkömmlich **2**
selbstverständlich durch umfangreiche Verwaltungsschreiben begleitet. Sedes
materiae war hier lange Zeit der zum UmwStG 1995 ergangene, sehr ausführliche und mit einer Vielzahl von Beispielen bestückte sog. **Umwandlungssteuererlass** (UmwStE).[5] Er stellte das in der täglichen Beratungspraxis mit Abstand wichtigste Hilfsmittel dar. Seine Missachtung führte, jedenfalls wenn
Umstrukturierungen ohne Hinweis auf die dort dargelegte Verwaltungsauffassung durchgeführt wurden, regelmäßig zu einem Anwendungsfall der Beraterhaftung.

Am 11.11.2011 hat das BMF den lange erwarteten neuen UmwStE[6] vorgelegt, **3**
der sich auf die Rechtslage nach Inkrafttreten des SEStEG[7] bezieht. Wie schon
sein Vorgänger zeigt der neue Erlass wichtige Leitlinien für die **Umstrukturierung von Unternehmen** auf, die vom Berater unbedingt zur Kenntnis genommen werden müssen. Eine Abweichung von den dort getroffenen Leitlinien ist zwar
möglich, erfordert aber jedenfalls einen Risikohinweis.

---

1) Gesetz über steuerliche Begleitmaßnahmen zur Einführung der Europäischen Gesellschaft und zur Änderung weiterer steuerrechtlicher Vorschriften (SEStEG) v. 7.12.2006, BGBl. I 2006, 2782 ff.
2) Gesetz v. 14.8.2007, BGBl. I 2007, 1912 ff.
3) Gesetz v. 20.12.2007, BGBl. I 2007, 3150 ff.
4) Gesetz v. 19.12.2008, BGBl. I 2008, 2794 ff.
5) Vgl. das Schreiben betr. Umwandlungssteuergesetz 1995 (UmwStG 1995); Zweifels- und Auslegungsfragen, v. 25.3.1998 – IV B 7 – S 1978 – 21/98; IV B 2 – S 1909 – 33/98, BStBl. I 1998, 268 ff.; zuletzt geändert durch BMF v. 21.8.2001, BStBl. I 2001, 543 ff.
6) BMF v. 11.11.2011 – IV C 2 – S 1978-b/08/10001.
7) SEStEG v. 7.12.2006, BGBl. I 2006, 2782 ff.

§ 37 Jüngste Entwicklungen

4 Die lange Wartezeit bis zum Ergehen des neuen Umwandlungssteuererlasses war für die Beratungspraxis zwar hinderlich, sie ist aber verständlich. Das BMF hatte in dem neuen Erlass eine Vielzahl von Problemen zu lösen, die durch Gesetzesneuregelungen an anderer Stelle entstanden waren. So musste insbesondere das Verhältnis zu den ebenfalls durch das SEStEG[8]) eingeführten allgemeinen Verstrickungs- und Entstrickungsregeln behandelt werden. Auch standen Fragen **des Teilbetriebs (im Aufbau)** im Zentrum der Diskussionen.

---

8) SEStEG v. 7.12.2006, BGBl. I 2006, 2782 ff.

§ 38 Prüfungsschema zum UmwStG

Das folgende Prüfungsschema, das sowohl das nationale deutsche Steuerrecht als auch internationale Bezüge (z. B. DBA) umfasst, soll insbesondere dem Praktiker, der mit Umwandlungen nur gelegentlich befasst ist, bei der Handhabung des Gesetzes helfen. Das Schema ist jedoch nur als grobes Raster zu verstehen. Es ist immer auf den Einzelfall zu beziehen, ggf. zu modifizieren und erhebt keinen Anspruch auf Vollständigkeit.

1. Nationales Recht

Schritt 1: Liegt ein Vorgang nach dem UmwG (Gesamtrechtsnachfolge) oder eine Einzelrechtsnachfolge vor?

- Liegt eine Einzelrechtsnachfolge vor, kann sich eine Steuerneutralität des jeweiligen Vorgangs aus allgemeinen Normen des Ertragsteuerrechts (z. B. § 6 Abs. 5 EStG) oder aus dem UmwStG ergeben (beachte v. a. die Einbringungstatbestände).

- Liegt eine Gesamtrechtsnachfolge nach dem UmwG vor, wird sich eine etwaige Steuerneutralität des jeweiligen Vorgangs in erster Linie aus dem UmwStG ergeben; Ausnahmen sind aber denkbar.

- Liegt weder eine Einzel- noch eine Gesamtrechtsnachfolge vor, sind ggf. Sondervorschriften zu prüfen (z. B. § 12 Abs. 3 KStG zur Sitzverlegung).

Schritt 2: Zunächst Prüfung des zeitlichen Anwendungsbereichs des UmwStG (§ 27 UmwStG); in der Regel unproblematisch.

Schritt 3: Prüfung des räumlich-sachlichen Anwendungsbereichs des UmwStG (§ 1); dabei (ggf.) Inzidentprüfung der Gesamtrechtsnachfolge nach dem UmwG.

- Danach mögliche Umwandlungsarten:
  - Verschmelzung,
  - Spaltung (Aufspaltung; Abspaltung; Ausgliederung),
  - Vermögensübertragung,
  - Formwechsel.
- Beachte strikt die Differenzierung in § 1 Abs. 1 und 3 UmwStG sowie den allgemeinen Vorbehalt in Absatz 2.
- Insbesondere Vorsicht bei ausländischen und grenzüberschreitenden Umwandlungen mit Bezug zu Drittstaaten. Hier weist das UmwStG Lücken auf.

Schritt 4: Festlegung auf den umwandlungsteuerlichen Tatbestand.

- Danach mögliche Tatbestände:
  - Verschmelzung,

- Spaltung,
- Einbringung (Anteilstausch),
- Formwechsel.
- Prüfung des jeweiligen umwandlungsteuerlichen Tatbestands und Herausarbeitung der Rechtsfolge (steuerneutral bzw. nicht steuerneutral) im Einzelfall.
- Differenzierung bei den Besteuerungsfolgen nach den beteiligten Rechtsträgern und deren Gesellschaftern.
- Beachtung der Unterschiede zum UmwG und der entsprechenden steuerlichen Besonderheiten (wie z. B. das Teilbetriebserfordernis bei § 15 UmwStG).

2. Abkommensrecht

6 **Schritt 5:** Für den Fall der fehlenden Steuerneutralität: Prüfung nach dem einschlägigen DBA, ob die Bundesrepublik Deutschland ein Besteuerungsrecht beanspruchen kann.

- Differenzierung bei den Besteuerungsfolgen nach den beteiligten Rechtsträgern und deren Gesellschaftern.

7 **Schritt 6:** Für den Fall des fehlenden Besteuerungsrechts der Bundesrepublik Deutschland: Durchsicht des UmwStG nach etwaigen treaty-override-Normen. Gegebenenfalls Überprüfung der Rechtmäßigkeit dieser Normen durch Gerichte.

3. Europarecht

8 **Schritt 7:** Für den Fall der fehlenden Steuerneutralität: Durchsicht und Überprüfung der EuGH-Rechtsprechung (und der noch anhängigen Verfahren) zum deutschen UmwStG und zu vergleichbaren Normen der anderen EU-Mitgliedstaaten; sodann Versuch der Rüge der Gemeinschaftsrechtswidrigkeit im Rechtsweg.

Teil 3
Grenzüberschreitendes Joint Venture

§ 39 Grundlagen und Vertragsgestaltung

Übersicht

A. Einleitung 1
B. Vertragswerk 5
I. Equity Joint Venture 7
   1. Joint Venture Vertrag 10
      a) Gründungsfunktion 12
      b) Grundlagenfunktion 13
      c) Steuerungsfunktion 15
      d) Rechtsnatur 17
   2. Gesellschaftsvertrag 18
      a) Inhalt 18
      b) Rechtsform 21
   3. Zusatzverträge 23
II. Contractual Joint Venture .. 25
C. Typische Regelungen im Joint Venture Vertrag 26
  I. Corporate Governance 27
   1. Organbesetzung 28
   2. Leitung der Geschäfte 31
  II. Einlagen und Finanzierung . 33
 III. Beendigung und Anteilsübertragungen 37

Literatur: *Becker,* Die Zulässigkeit von Hinauskündigungsklauseln nach freiem Ermessen im Gesellschaftsvertrag: zugleich eine Besprechung von Russian-Roulette-, Texan-Shoot-Out- und Drag-Along-Klauseln, 2010; *Braun,* Joint Ventures im amerikanischen und deutschen internationalen Privatrecht: Inhalt und Grenzen des Vertragsstatuts, 2000; *Dieners/Reese,* Handbuch des Pharmarechts, 2010; *Ebenroth,* Neuere Entwicklungen im deutschen internationalen Gesellschaftsrecht, JZ 1988, 18; *Ebenroth,* Das Verhältnis zwischen joint venture-Vertrag, Gesellschaftsvertrag und Investitionsvertrag, JZ 1987, 265; *Ebke,* Das Internationale Gesellschaftsrecht und der Bundesgerichtshof, in: Festgabe 50 Jahre BGH, Bd. 2, 2000, S. 799; *Ebke,* Die „Close Corporation": Notwendige Beschlüsse des Board of Directors und das Problem des „Deadlock", IPRax 1983, 18; *Elfring,* „Deadlock" beim Equity Joint Venture, NZG 2012, 895; *Ferid,* Zur Behandlung von Anteilen an Personalgesellschaften im internationalen Erbgang, in: Festschrift Hueck, 1959, S. 343; *Fett/Spiering,* Handbuch Joint Venture, 2009 (zit.: Hdb. Joint Venture); *Fleischer,* Ungeschriebene Hauptversammlungszuständigkeiten im Aktienrecht: Von „Holzmüller" zu „Gelatine" (zugl. Anmerkung zu BGH, Urt. v. 26.4.2004 – II ZR 155/02), NJW 2004, 2335; *Fleischer/Schneider,* Zulässigkeit und Grenzen von Shoot-Out-Klauseln im Personengesellschafts- und GmbH-Recht, DB 2010, 2713; *Giuliano/Lagarde,* Bericht über das Übereinkommen über das auf vertragliche Schuldverhältnisse anzuwendende Recht, BT-Drucks. 10/503, S. 33; *Goette,* Anmerkung zu: BGH, Urt. v. 26.4.2004 – II ZR 155/02 (AG: Ungeschriebene Mitwirkungsbefugnisse der Hauptversammlung), DStR 2004, 927; *Goldenberg,* Managment von Joint-ventures, 1980; *Göthel,* Vertragsgestaltung bei internationalen Joint Ventures, BB 2014, 1475; *Göthel,* Internationales Privatrecht des Joint Ventures, RIW 1999, 566; *Göthel,* Joint Ventures im Internationalen Privatrecht – Ein Vergleich des Rechte Deutschlands und der USA, 1999 (zit.: Joint Ventures); *Großfeld/Berndt,* Die Übertragung von deutschen GmbH-Anteilen im Ausland, RIW 1996, 625; *Hill/King,* How Do German Contracts Do As Much with Fewer Words?, 79 Chicago-Kent Law Review (2004), 889; *Hoffmann-Becking,* Der Einfluß schuldrechtlicher Gesellschaftsvereinbarungen auf die Rechtsbeziehungen in der Kapitalgesellschaft, ZGR 1994, 442; *Huber,* Das Joint-venture im internationalen Privatrecht, 1992; *Jayme,* Komplexe Langzeitverträge und Internationales Privatrecht – Ein Tagungsbericht, IPRax 1987, 63; *Joussen,* Gesellschafterabsprachen neben Satzung und Gesellschaftsvertrag, 1994; *Juenger,* Parteiautonomie und objektive Anknüpfung im EG-Übereinkommen zum Internationalen Vertragsrecht: Eine Kritik aus amerikanischer Sicht, RabelsZ 46 (1982), 57; *Khalilzadeh,* Zum Verhältnis von Joint Venture-Vertrag und Gesellschaftsvertrag im Equity Joint Venture, GmbHR 2013, 232; *Kiethe/Hektor,* Grundlagen und Techniken der Projektfinanzierung, DStR 1996, 977; *Koppensteiner,* Internationale Unternehmen im deutschen

Gesellschaftsrecht, 1971; *Kreuzer*, Know-how-Verträge im deutschen internationalen Privatrecht, in: Festschrift von Caemmerer, 1978, S. 705; *Langefeld-Wirth*, Joint-ventures im internationalen Wirtschaftsverkehr: Praktiken und Vertragstechniken internationaler Gemeinschaftsunternehmen, 1990; *Leitzen*, Neues zur Satzungsänderung und schuldrechtlichen Nebenabreden – zugleich Anmerkung zu BGH RNotZ 2010, 589, RNotZ 2010, 566; *Lundmark*, Common law-Vereinbarungen – Wortreiche Verträge, RIW 2001, 187; *Lüderitz*, Anknüpfung im Parteiinteresse, in: Festschrift Kegel, 1977, S. 31; *Martinek*, Moderne Vertragstypen, Bd. 3: Computerverträge, Kreditkartenverträge sowie sonstige moderne Vertragstypen, 1993 (zit.: Moderne Vertragstypen); *Mäsch*, Eine Lehrstunde aus Karlsruhe zum Internationalen Privatrecht (Besprechung von BGH, Urt. v. 21.9.1995 – VII ZR 248/94), NJW 1996, 1453; *Merkt*, Investitionsschutz durch Stabilisierungsklauseln, 1990 (zit.: Investitionsschutz); *Oertle*, Das Gemeinschaftsunternehmen (Joint Venture) im schweizerischen Recht, 1990; *Overrath*, Stimmverträge im internationalen Privatrecht, ZGR 1974, 86; *Schmolke*, „Shoot out"-Klauseln und Verpflichtung des Vorstands zur Amtsniederlegung, ZIP 2014, 897; *Schulte/Pohl*, Joint Venture Gesellschaften, 3. Aufl., 2012; *Schulte/Schwindt/Kuhn*, Joint Ventures – Nationale und internationale Gemeinschaftsunternehmen, 2009 (zit.: Joint Ventures); *Schulte/Sieger*, "Russian Roulette" and „Texan Shoot Out" Zur Gestaltung von radikalen Ausstiegsklauseln in Gesellschaftsverträgen von Joint Venture-Gesellschaften (GmbH und GmbH & Co. KG), NZG 2005, 24; *von der Seipen*, Akzessorische Anknüpfung und engste Verbindung im Kollisionsrecht der komplexen Vertragsverhältnisse, 1989; *Sieger/Hasselbach*, Notarielle Beurkundung von Joint Venture Verträgen, NZG 1999, 485; *Terlau*, Das internationale Vertragsrecht der Gesellschaft bürgerlichen Rechts, 1999; *Ulmer*, Verletzung schuldrechtlicher Nebenabredung als Anfechtungsgrund im GmbH-Recht?, NJW 1987, 1849; *Vetter*, Kollisionsrechtliche Fragen bei grenzüberschreitenden Subunternehmerverträgen im Industrieanlagenbau, ZVglRWiss 87 (1988), 248; *Wagner*, Der Grundsatz der Rechtswahl und das mangels Rechtswahl anwendbare Recht (Rom I-Verordnung), IPRax 2008, 377; *Weitnauer*, Der Vertragsschwerpunkt: eine rechtsvergleichende Darstellung des amerikanischen und deutschen internationalen Vertragsrechts sowie des EG-Übereinkommens über das auf vertragliche Schuldverhältnisse anwendbare Recht v. 19.6.1980, 1981; *Werner*, kautelarjuristische Strategie zur Trennung zerstrittener Gesellschafter, GmbHR 2005, 1554; *Winnefeld*, Bilanz-Handbuch, 4. Aufl., 2006; *Zweigert/von Hoffmann*, Zur internationalen Joint Venture, in: Festschrift Luther, 1976, S. 203.

A. Einleitung

1 Eine wichtige Form grenzüberschreitender Unternehmenstransaktionen ist das Joint Venture (wörtlich: gemeinsames Wagnis oder Risiko).[1] Es bezeichnet im weitesten Sinn jede Zusammenarbeit von Personen, um einen wirtschaftlichen Zweck zu verfolgen. Daneben gibt es zahlreiche weitere Begriffe für diese Form der Zusammenarbeit. Im deutschen Sprachraum findet sich bspw. auch Gemeinschaftsunternehmen, gemischte Gesellschaft, gemeinschaftliche oder gemeinsame Tochtergesellschaft, Partnerschaftsunternehmung und Beteiligungsgesellschaft. In der englischen Sprache begegnen einem die Begriffe *joint business venture, business cooperative, corporate partnership, joint undertaking, joint adventure, jointly-owned subsidiary* und *fifty-fifty corporation*. Im französischen Sprachraum ist die Bezeichnung *association d'entreprise* üblich.

---

[1] Zum Begriff und zur geschichtlichen Entwicklung vgl. *Fett/Spiering* in: Fett/Spiering, Hdb. Joint Venture, Kap. 1 Rz. 1 ff.

Teil 3 – Grenzüberschreitendes Joint Venture

Im internationalen Kontext und Sprachgebrauch ist der Begriff Joint Venture gebräuchlich. Allerdings ist er häufig ein Oberbegriff, der verschieden intensive Formen der Zusammenarbeit zusammenfasst. Unterschieden wird häufig zwischen Contractual Joint Venture und Equity Joint Venture. Bei einem **Contractual Joint Venture** oder Non-Equity Joint Venture arbeiten die Parteien im Wege einer schlichten Personenvereinigung zusammen. Die Rechtsbeziehungen erschöpfen sich regelmäßig in einem einzigen Joint Venture Vertrag (auch **Kooperationsvertrag** genannt).[2] Der Begriff Contractual Joint Venture verdeutlicht die rein vertragliche Form der Zusammenarbeit. Sie findet sich meist bei einzelnen, zeitlich begrenzten Vorhaben. In der Praxis gehören dazu v. a. Projekte im Anlagenbau, im Bereich der Baubetreuung, bei sonstigen Beratungsdiensten und auf dem Gebiet der Rohstoff gewinnenden Industrie.

2

Bei einem **Equity Joint Venture** oder **Gemeinschaftsunternehmen** arbeiten die Partner wesentlich stärker zusammen, und zwar durch wenigstens eine weitere Gesellschaft, die sie mit eigenem Kapital ausstatten. Diese Gesellschaft soll das gemeinsame Vorhaben tragen; man nennt sie daher Projektträgergesellschaft oder Projektgesellschaft.[3] Diese Form des Joint Venture kennzeichnet eine eher langfristige Zusammenarbeit. Entstehen kann ein solches Joint Venture nicht nur durch **Neugründung** einer gemeinsamen Gesellschaft, sondern auch als **Ergebnis eines Unternehmenskaufs**.

3

Letzteres geschieht bspw. dann, wenn der Käufer nicht sämtliche Anteile an der Zielgesellschaft erwirbt, sondern z. B. nur eine Mehrheit und damit zukünftig Verkäufer und Käufer beide Gesellschafter der Zielgesellschaft sind.[4] Diese Erwerbsstruktur kann aus Sicht des Käufers gegenüber einem vollständigen Unternehmenskauf vorteilhaft sein, wenn er bspw. Risiken auf mehrere Schultern verteilen und/oder die lokalen Branchenkenntnisse des Verkäufers einsetzen möchte. Teilweise verbieten ausländische Investitionsgesetze auch vollständige Unternehmensübernahmen oder die Gründung hundertprozentiger Tochtergesellschaften durch ausländische Investoren, so dass in diesen Fällen ein Joint Venture mit einem lokalen Partner zwingend werden kann.[5] Ein Joint Venture

4

---

2) *Schütze/Vormann* in: Dieners/Reese, § 19 Rz. 8.
3) *Langefeld-Wirth* in: Langefeld-Wirth, S. 126.
4) Vgl. *Fett/Spiering* in: Fett/Spiering, Hdb. Joint Venture, Kap. 2 Rz. 67 f.; *Englisch/ von Schnurbein* in: Beck'sches Formularbuch GmbH-Recht, C. III. 2. Auch ein Asset Deal setzt nicht voraus, dass der Käufer sämtliche Vermögensgegenstände der Zielgesellschaft (und damit des Verkäufers) erwirbt. In diesem Fall wird allerdings das Vermögen der Zielgesellschaft rechtlich zwischen Käufer und Verkäufer aufgeteilt, sodass die Parteien nicht Gesellschafter einer gemeinsamen Gesellschaft werden.
5) Z. B. unterliegen in China Gesellschaften, die zu 100 % in ausländischer Hand sind (Wholly Foreign Owned Enterprises WFOE) diversen Spezialgesetzen; in bestimmten Branchen ist eine ausländische Beteiligung nur eingeschränkt möglich oder sogar verboten, vgl. *Catalogue for the Guidance of Industries for Foreign Investment* abrufbar unter http://www.fdi-law.com/en/view.php?id=2551.

§ 39 Grundlagen und Vertragsgestaltung

kann als Ergebnis eines Unternehmenskaufs aber auch dann entstehen, wenn der Verkäufer zwar seine Anteile an der Zielgesellschaft vollständig veräußert, aber mehrere Personen als Käufer auftreten. Bei all diesen Transaktionsstrukturen schließen die (alten und/oder neuen) Gesellschafter der **Zielgesellschaft (Projektgesellschaft)**[6] regelmäßig ergänzend zum Gesellschaftsvertrag dieser Gesellschaft eine schuldrechtliche Vereinbarung (**Joint Venture Vertrag, Gesellschaftervereinbarung**), welche ihre Zusammenarbeit für den Zeitraum nach dem Closing regelt.

B. Vertragswerk

5 Von Führungskräften erfolgreicher Joint Ventures ist zu vernehmen, dass sich ein Joint Venture Projekt in ernsthaften Schwierigkeiten befinde, wenn ein Partner auf den Vertrag verweisen müsse. Dies verdeutlicht zwei wichtige Punkte: Zum einen ist Vertrauen ein wesentliches Element, um gut zusammenzuarbeiten. Das gilt insbesondere für Geschäfte mit asiatischen Partnern. Daher findet sich dort häufig als einleitender Satz in dieser oder ähnlicher Form: *„Aus Freundschaft, die sich auf die Grundsätze der Gleichheit und des beiderseitigen Nutzens gründet."*[7] Zum anderen müssen die Partner ihre Verträge so gestalten, dass Einigkeit über das wirtschaftliche Konzept besteht. Die Interessengegensätze müssen ausdiskutiert und einvernehmlich geregelt sein. Das ist insbesondere geboten bei internationalen Joint Ventures. Denn die Partner stammen regelmäßig aus andersartigen Rechts- und Wirtschaftsordnungen und haben damit häufig ein unterschiedliches Verständnis für dieselben Begriffe.

6 Im Folgenden wird ein Überblick gegeben über die vertraglichen Grundlagen, wie sie sich üblicherweise bei Joint Ventures finden. Auf typische Regelungen des Joint Venture Vertrags geht der nachfolgende Abschnitt ein.

I. Equity Joint Venture

7 Das Equity Joint Venture berührt ganz unterschiedliche Fragestellungen. Die Partner müssen u. a. klären, in welcher Höhe sich jeder von ihnen finanziell am gemeinsamen Unternehmen beteiligt, welchen Einfluss jeder auf das Unternehmen hat und inwieweit das Verhalten untereinander abgestimmt wird. Auch ist ggf. zu regeln, wer welche Technologie überträgt und wie die Liefer- und Leistungsbeziehungen ausgestaltet werden.[8]

8 Diese Fragen sind auf das engste miteinander verzahnt: Wer sich finanziell an einem Joint Venture beteiligt, will mitentscheiden dürfen. Wer Technologie überträgt, will regelmäßig einen beherrschenden Einfluss auf das Unternehmen

---

6) Im Folgenden wird einheitlich der Begriff „Projektgesellschaft" verwendet.
7) Zitiert nach *Goldenberg*, S. 87.
8) *Fett/Spiering* in: Fett/Spiering, Hdb. Joint Venture, Kap. 2 Rz. 49 f.

haben, jedenfalls über die Technologie; je weniger er beeinflussen kann, desto weniger Technologie wird er übertragen wollen. Es stellt sich auch die Frage, auf welchen Märkten das Joint Venture auftritt: Ob es mit dem Partner, der Technologie vergibt, konkurrieren oder in seinem Marketingkonzept mitarbeiten wird. Zudem müssen die Partner Fragen der Gewinnverlagerung und der Abhängigkeiten klären, die i. R. der Liefer- und Leistungsbeziehungen zwischen ihnen und der Projektgesellschaft entstehen.[9)]

Jede dieser Fragen können die Partner nur beantworten, wenn sie auch für die anderen Fragen Antworten finden. Dies erfordert ein Vertragswerk, das sämtliche Ebenen beachtet. Es sollte alle Einzelfragen lückenlos klären, gleichzeitig aber flexibel sein, um auch zukünftige, noch nicht bedachte Entwicklungen berücksichtigen zu können. In der Praxis hat sich gezeigt, dass nur ein Gesellschaftsvertrag oder eine Satzung für die Projektgesellschaft unzureichend sind. Zusätzlich ist ein allumfassender Vertrag erforderlich, der alle Fragen regelt, die im Gesellschaftsvertrag keinen Platz haben. Dies ist der sog. Joint Venture Vertrag.[10)] Daneben treten häufig weitere Verträge über Liefer- und Leistungsbeziehungen. Damit ist das Vertragswerk eines Equity Joint Venture typischerweise dreistufig aufgebaut:

- Joint Venture Vertrag;
- Projektgesellschaft;
- Zusatzverträge.

1. Joint Venture Vertrag

Der Joint Venture Vertrag (auch Beteiligungsvereinbarung, Gesellschaftervereinbarung, Grundlagenvertrag oder Kooperationsvertrag) steht grundsätzlich am Anfang des gemeinsamen Projekts.[11)] Allenfalls gehen ihm vorbereitende Absprachen voraus, wie etwa ein Letter of Intent und Vertraulichkeitsvereinbarungen (siehe dazu oben § 2 Rz. 17 ff.).[12)] Damit ist er ein alles übergreifender Vertrag, der für die gesamte Lebenszeit der Projektgesellschaft maßgeblich ist und deren gesamtes Geschehen steuern soll. Der Joint Venture Vertrag ist

---

9) S. zum Ganzen *Langefeld-Wirth* in: Langefeld-Wirth, S. 13, 110 f.
10) Hierzu ausführlich *Fett/Spiering* in: Fett/Spiering, Hdb. Joint Venture, Kap. 7; *Drinhausen* in: MünchHdb-GesR, Bd. 6, § 43 Rz. 10 ff.; *Giesen* in: Seibt, M&A, G. II, S. 1123 ff.; *Göthel*, BB 2014, 1475.
11) Im anglo-amerikanischen Rechtskreis bezeichnet man den Joint Venture Vertrag üblicherweise als *joint venture agreement, basic shareholder agreement, shareholder agreement* oder *basic agreement*. Die französische Rechtspraxis spricht von *accord de base, convention entre actionnaires* oder *protocole d'accord*.
12) Werden Anteile an einer bereits bestehenden Projektgesellschaft erworben, geht dem Joint Venture Vertrag selbstverständlich der Unternehmenskaufvertrag voraus (dazu oben ausführlich bei § 2). In der Praxis werden beide Verträge üblicherweise parallel verhandelt und abgeschlossen.

nicht bloß ergänzender Natur gegenüber den anderen Verträgen, sondern enthält die alles entscheidenden Hauptabreden. Dagegen hat die Projektgesellschaft selbst nur eine dienende Funktion. Der Joint Venture Vertrag beherrscht sie aus dem Hintergrund und lenkt die Figuren, die auf ihrer Bühne agieren.[13] Seine Dominanz zeigt sich u. a. darin, dass die Partner darin regelmäßig vereinbaren, wie sie ihre Stimmen in den Organen der Projektgesellschaft abgeben werden. Zudem finden sich häufig Klauseln, die dem Joint Venture Vertrag gegenüber allen anderen Verträgen Vorrang einräumen.[14] Eine solche Regelung kann etwa wie folgt lauten:

> „As between the parties the provisions of the Joint Venture Agreement shall have priority in the event of a conflict between the Joint Venture Agreement and any other agreement concluded in the context of the joint venture, in particular the articles of association of the joint venture company. In the event of such conflict, the parties shall construe the other agreement in accordance with the Joint Venture Agreement and shall – as far as necessary to achieve this goal – amend the other agreement in order to ensure the performance of the Joint Venture Agreement."

11 Den typischen Joint Venture Vertrag gibt es nicht; vielmehr sind die Verträge höchst unterschiedlich ausgestaltet. Denn zum einen gründen sich Joint Ventures in verschiedensten Wirtschaftsbereichen, zum anderen verfolgen die Partner vielfältige Ziele. Allerdings gibt es typische Inhalte, die allgemein erfassbar sind. Hierzu lässt sich unterscheiden zwischen Gründungsfunktion, Grundlagenfunktion und Steuerungsfunktion.[15]

a) Gründungsfunktion

12 Der Joint Venture Vertrag leitet das gemeinsame Projekt ein. Insofern beschreibt die Gründungsfunktion alle Vertragsregelungen, die sich darauf beziehen, die gemeinsame Gesellschaft zu errichten.[16] Hierzu legen die Partner zunächst Gegenstand, Ziel und Zweck ihrer Kooperation fest. Zudem einigen sie sich über das wirtschaftliche Unternehmenskonzept und die rechtlichen Grundstrukturen der Projektgesellschaft. Sie bestimmen deren Rechtsform, Namen und Sitz. Sie vereinbaren die Höhe ihrer Beteiligung. Auch legen sie die sonstige Kapitalstruktur fest: das Investitionsvolumen, die Höhe des Gesellschaftskapitals

---

13) *Hoffmann-Becking*, ZGR 1994, 442, 445.
14) Näher dazu etwa *Wirbel* in: MünchHdb-GesR, Bd. 1, § 28 Rz. 34 ff.; *Drinhausen* in: MünchHdb-GesR, Bd. 6, § 43 Rz. 31; *Fett/Spiering* in: Fett/Spiering, Hdb. Joint Venture, Kap. 7 Rz. 227, 249; zur Auslegung des Gesellschafts- und Joint Venture Vertrags bei Abwesenheit einer Kollisionsregelung: *Khalilzadeh*, GmbHR 2013, 232, 235 ff.; zur Anfechtbarkeit nach GmbH-Recht aufgrund eines Verstoßes gegen den Joint Venture Vertrag vgl. *Ulmer*, NJW 1987, 1849.
15) So z. B. *Martinek*, Moderne Vertragstypen, § 25 II, S. 221.
16) Diese Funktion entfällt, wenn das Joint Venture dadurch entsteht, dass sich ein Partner an einer bereits bestehenden Projektgesellschaft beteiligt.

und die sonstigen Beiträge. Des Weiteren regeln die Partner sämtliche Punkte, die speziell für die Aufbauphase des Joint Venture entscheidend sind: die Anfangsinvestitionen, die Finanzierung und die Organisationsstruktur während dieser Zeit.[17]

b) Grundlagenfunktion

Zur Grundlagenfunktion zählen alle Abreden, die sich auf das Grundverhältnis der Partner beziehen und die Regeln beinhalten, nach denen sie das gemeinsame Unternehmen betreiben. Zu denken ist an Absprachen über die Organisation des Joint Venture, wie etwa die Arbeitsweise der Geschäftsführungs- und Kontrollorgane, die Geschäfts- und Gewinnpolitik, die Personalpolitik, das Rechnungs- und Berichtswesen, die Konfliktbewältigung, die Vertragsbeendigung und sonstige Abreden, wie etwa eine Rechtswahl.[18] 13

Häufig legen die Partner bereits im Joint Venture Vertrag den Inhalt der Zusatzverträge fest, den die Projektgesellschaft mit einem oder mehreren von ihnen abschließen soll. Damit soll späterer Streit über den Abschluss oder den Inhalt dieser Verträge vermieden werden. Empfehlenswert ist, diese Regelungen durch eine weitere Abrede zu stützen, wonach sich die Partner verpflichten, die Projektgesellschaft dahingehend zu beeinflussen, die Zusatzverträge mit dem festgelegten Inhalt abzuschließen.[19] 14

c) Steuerungsfunktion

Die Partner bestimmen schließlich im Joint Venture Vertrag, wie sie die Projektgesellschaft steuern oder lenken werden. Hierzu vereinbaren sie Mehrheitserfordernisse und Lösungen, um Pattsituationen und sonstige Konfliktsituationen (Deadlocks)[20] zu überwinden. Das Kernstück der Steuerungsfunktion sind die Stimmrechtsbindungen. Sie unterscheiden ein Joint-Venture wesentlich von sonstigen Kooperations- und gesellschaftsrechtlichen Zusammenschlüssen: sein gesamter Ablauf ist „Ausdruck abgestimmter Geschäftspolitik".[21] In diesen Absprachen verpflichten sich die Partner, ihren Willen einheitlich gegenüber dem Unternehmen auszuüben. Denn sie können nicht zulassen, dass jeder von ihnen in den Organen der Projektgesellschaft seine Stimme unkoordiniert abgeben kann. Dies könnte das gemeinsame Ziel des Joint Venture gefährden. Im 15

---

17) Vgl. die Checkliste bei *Langefeld-Wirth* in: Langefeld-Wirth, S. 13, 178 f.
18) Vgl. für eine umfangreiche Checkliste z. B. *Langefeld-Wirth* in: Langefeld-Wirth, S. 13, 177 ff.; *Winnefeld* in: Bilanz-Hdb, Kap. L Rz. 296.
19) *Wirbel* in: MünchHdb-GesR, Bd. 1, § 28 Rz. 40.
20) Näher zum Begriff *Elfring*, NZG 2012, 895.
21) *Huber*, S. 9.

Übrigen müssen die Parteien ggf. den Einfluss derjenigen Partner sichern, die nicht gleichzeitig Gesellschafter der Projektgesellschaft sind.[22]

16 Stimmrechtsbindungen tauchen in vielfältiger Art auf, wie etwa im Hinblick auf die Besetzung von Organen und Entscheidungen in den Organen, die Ausschüttungs- und Bilanzpolitik, das Verhalten bei Kapitalerhöhungen sowie die Übertragung von Anteilen an der Projektgesellschaft. Allerdings wirken sie im deutschen Recht nur auf schuldrechtlicher Ebene. Sie allein können daher ein abweichendes Verhalten in dinglicher Hinsicht nicht verhindern. Auch wenn sich durch die Vereinbarung von Vertragsstrafen ein gewisses Druckmittel schaffen lässt, empfiehlt es sich, soweit möglich und sinnvoll die gewünschten Ziele durch Regelungen in der Satzung der Projektgesellschaft abzusichern.[23]

d) Rechtsnatur

17 Nach deutschem Sachrecht ist der Joint Venture Vertrag regelmäßig als Gesellschaftsvertrag einer GbR in Form einer Innengesellschaft einzuordnen.[24] Selten sind die Voraussetzungen einer oHG oder anderen Rechtsform erfüllt.[25] Für die Einordnung als Gesellschaftsvertrag spricht, dass die Partner den gemeinsamen Zweck verfolgen, die Projektgesellschaft zu gründen, zu organisieren und zu steuern.[26] Der Gründungszweck ist gemäß § 726 BGB erreicht, sobald die Projektgesellschaft errichtet ist. Allerdings besteht der andere Gesellschaftszweck fort: das gemeinsame Unternehmen zu organisieren und zu steuern.[27]

2. Gesellschaftsvertrag

a) Inhalt

18 Der Inhalt des Gesellschaftsvertrags oder der Satzung der Projektgesellschaft hängt ab von der Rechtsform der gemeinsamen Gesellschaft und dem anwendbaren Recht. Wichtig ist in jedem Fall, den Joint Venture Vertrag und den Gesellschaftsvertrag aufeinander abzustimmen. Dies gilt insbesondere dann, wenn

---

22) Zu solchen Fällen in der Praxis s. *Langefeld-Wirth* in: Langefeld-Wirth, S. 13, 127 f.
23) So auch *Wirbel* in: MünchHdb-GesR, Bd. 1, § 28 Rz. 46 ff.; *Schulte/Pohl*, Joint-Venture-Gesellschaften, Rz. 540 ff.
24) *Ulmer/Schäfer* in: MünchKomm-BGB, § 705 Rz. 283; *Ulmer*, NJW 1978, 1849, 1850; *Ebenroth*, JZ 1987, 265, 266; *Martinek*, Moderne Vertragstypen, § 25 II, S. 226; *Großfeld* in: Staudinger, BGB, IntGesR Rz. 774 mit Verweis auf Rz. 772; *Winnefeld* in Bilanz-Hdb, Kap. L Rz. 296.
25) Vgl. *Assmann* in: Großkomm-AktG, Einl. Rz. 646.
26) *Göthel*, Joint Ventures, S. 49 ff.
27) Der Joint Venture Vertrag ist nach schweizerischem und französischem Recht ebenfalls ein einfacher gesellschaftsrechtlicher Zusammenschluss. Nach schweizerischem Recht liegt eine „societé simple" vor, nach französischem Recht eine „societé de participation"; *Oertle*, S. 108 f.; *Huber*, S. 12; *Langefeld-Wirth* in: Langefeld-Wirth, S. 13, 125.

sie unterschiedlichen Rechten unterliegen oder die Projektgesellschaft der Joint Venture Partner in einem Drittland liegen soll. Hier sollte vermieden werden, dass im Joint Venture Vertrag gesellschaftsrechtliche Regelungen über die Projektgesellschaft aufgenommen werden, die nach dem auf die Projektgesellschaft anwendbaren Recht nicht sinnvoll, unpassend oder nicht umsetzbar sind.

Trotz aller Unterschiedlichkeit gibt es einige Bereiche, zu denen jeder Gesellschaftsvertrag üblicherweise Regelungen enthält: 19

- Rechtsform, Name und Sitz;
- Gesellschaftszweck;
- Gesellschaftskapital;
- Gesellschaftsorgane (Leitungsorgane, Überwachungs- und Beratungsorgane, Gesellschafterversammlung);
- Rechnungslegung und Gewinnverwendung;
- Übertragbarkeit von Gesellschaftsanteilen;
- Dauer der Gesellschaft und ggf. deren Beendigung (z. B. durch Kündigung eines Gesellschafters).

Meist regeln die Partner im Gesellschaftsvertrag selbst nur gesellschaftsrechtliche Fragen. Der Grund ist, dass der Gesellschaftsvertrag – je nach anwendbarem Recht unterschiedlich stark ausgeprägt – häufig publiziert werden muss. Da die Partner aber nicht alle ihre Absprachen veröffentlichen wollen, regeln sie die nichtgesellschaftsrechtlichen Punkte vorzugsweise im Joint Venture Vertrag.[28] 20

b) Rechtsform

Die Partner können die Rechtsform der Projektgesellschaft frei wählen, allerdings beschränkt durch die gesetzlichen Möglichkeiten des anwendbaren Rechts. Im deutschen Recht wird häufig die Rechtsform der GmbH oder GmbH & Co. KG gewählt wegen der dispositiven Regelungen ihrer Gesellschaftsrechte. Insgesamt steht national und international die Rechtsform der Kapitalgesellschaft im Vordergrund, weil die Partner hiermit ihre Haftung auf das gezeichnete Kapital der Gesellschaft begrenzen, also eine weitergehende persönliche Haftung anders als grundsätzlich bei einer Personengesellschaft vermeiden können. Aber auch organisatorische, finanzielle und steuerrechtliche Gesichtspunkte sind vielfach ausschlaggebend.[29] 21

---

28) *Fett/Spiering* in: Fett/Spiering, Hdb. Joint Venture, Kap. 7 Rz. 228 ff.; *Khalilzadeh*, GmbHR 2013, 232, 234. Bei einer deutschen Projektgesellschaft in Form einer GmbH oder AG geht es den Partnern darum, die Publizität des Handelsregisters und der dort für jedermann einsehbaren Handelsregisterakten zu vermeiden (vgl. § 37 Abs. 4 Nr. 1 AktG, § 8 Abs. 1 Nr. 1 GmbHG).

29) Näher dazu aus deutscher Sicht *Fett/Spiering* in: Fett/Spiering, Hdb. Joint Venture, Kap. 7 Rz. 158 ff.; *Schulte* in: Schulte/Schwindt/Kuhn, Joint Ventures, § 2 Rz. 4 ff., 16 ff.; *Schulte/Pohl*, Joint-Venture-Gesellschaften, Rz. 63 ff.; *Giesen* in: Seibt, M&A, G. I, S. 1121.

22 Damit wird schon deutlich, dass weder im deutschen noch in ausländischen Rechtsordnungen das Joint Venture und insbesondere die Projektgesellschaft eine nationale Gesellschaftsform eigenen Typs ist.[30] Vielmehr ist für die Projektgesellschaft auf eine der im gewünschten nationalen Recht bereitgestellten Gesellschaftsformen zurückzugreifen. Allerdings kann einheitliches Gesellschaftsrecht den Rückgriff auf nationales Gesellschaftsrecht für die Projektgesellschaft ersetzen oder zumindest ergänzen, wenn bspw. die supranationale Rechtsform einer Europäischen Gesellschaft (Societas Europaea, SE, siehe dazu §§ 42 ff.) oder einer Europäischen Wirtschaftlichen Interessenvereinigung (EWIV) gewählt wird (siehe § 48); künftig könnte ggf. auch die Societas Privata Europaea (SPE) als Projektgesellschaft dienen, s. hierzu unten § 49.

3. Zusatzverträge

23 Die Zusatzverträge bilden die dritte Säule des Joint Venture Vertragswerks. Häufig sind es Vereinbarungen zwischen der Projektgesellschaft und den Partnern; denkbar ist auch, dass die Partner untereinander Vertragsparteien sind.[31] Ihr Inhalt ist verschieden. Zusatzverträge können bspw. Abnahme- und Lieferpflichten, Know-how, Lizenzen, Managementleistungen, Personalfragen oder Finanzierungsfragen betreffen. Sie können damit den klassischen Vertragstypen angehören, also etwa Kauf-, Dienst-, Werk-, Miet-, Darlehens- oder Arbeitsvertrag sein. Sie können auch zu den modernen Vertragstypen gehören und Franchising-, Lizenz-, Know-how-, Technologietransfer- oder Managementvertrag sein.

24 Die Grundsätze und Bedingungen für die Zusatzverträge sind regelmäßig im Joint Venture Vertrag niedergelegt. Sie selbst werden dann nach Errichtung der Projektgesellschaft abgeschlossen.

II. Contractual Joint Venture

25 Das Contractual Joint Venture ist anders als das Equity Joint Venture nicht dreistufig aufgebaut, sondern erschöpft sich regelmäßig in einem einzigen Vertrag. Dieser regelt umfassend alle Einzelheiten von der Gründung bis zur Endabwicklung. Er erfüllt die Merkmale eines einfachen Gesellschaftsvertrags.[32] Ein zusätzlicher Gesellschaftsvertrag fehlt, da es keine Projektgesellschaft gibt. Die Liefer- und Leistungsbeziehungen vereinbaren die Parteien üblicherweise im Joint Venture Vertrag, so dass auch Zusatzverträge fehlen.

---

30) Eine Ausnahme gilt im US-amerikanischen Recht; näher dazu *Merkt*, US-amerikanisches Gesellschaftsrecht, Rz. 180 ff.
31) *Herzfeld*, J. Bus. L. 1983, 121, 126; *Elsing* in: Langefeld-Wirth, S. 576, 587.
32) *Göthel*, Joint Ventures, S. 45 f.; Fett/Spiering in: Fett/Spiering, Hdb. Joint Venture, Kap. 8 Rz. 2.

C. Typische Regelungen im Joint Venture Vertrag

Wie der internationale Unternehmenskauf werden auch das internationale Joint Venture sowie dessen Vertragsgestaltung stark von der anglo-amerikanischen Rechtskultur geprägt. Auf die Besonderheiten der Präambel, der Definitionen, der Überschriften sowie der Länge und Ausführlichkeit von Unternehmenskaufverträgen wurde bereits an anderer Stelle eingegangen (siehe oben § 4 Rz. 28 ff.); diese Ausführungen gelten entsprechend für Joint Venture Verträge.[33] Gleiches gilt für die obigen Ausführungen zu Vollzugsbedingungen, Garantien, Closing, Rechtswahlklauseln, Streitentscheidungsklauseln und Formfragen (siehe oben § 2 Rz. 120 ff.); solche Bestimmungen finden sich nicht nur bei internationalen Unternehmenskäufen, sondern – abhängig vom Einzelfall – auch bei internationalen Joint Ventures. Die folgenden Ausführungen beschränken sich daher darauf, einen Überblick über verschiedene weitere typische Regelungen in Joint Venture Verträgen zu geben, wie sie bei internationalen, aber auch nationalen **Equity Joint Ventures** immer wieder zu finden sind und ihren Ursprung ebenfalls vielfach im angelsächsischen Raum haben.

I. Corporate Governance

Ein zentraler Gegenstand jedes Joint Venture Vertrags ist die Regelung der **Unternehmensführung** (Corporate Governance) der Projektgesellschaft. Hierbei geht es unter anderem darum zu klären, wie rechtlich verpflichtend vorgesehene Organe besetzt werden, ob freiwillig weitere Organe geschaffen werden, welche Aufgaben die Organe wahrnehmen sollen und wie innerhalb der Organe die Entscheidungsfindung erfolgt.

1. Organbesetzung

Haben sich die Partner auf ein paritätisches Joint Venture geeinigt, bei dem jeder Partner also in gleicher Höhe an der Projektgesellschaft beteiligt ist, spiegeln sie diese Beteiligungsstruktur häufig in den Organen der Projektgesellschaft wider. Damit würde bspw. bei einem Joint Venture mit zwei Partnern eine vierköpfige **Geschäftsleitung** (z. B. Geschäftsführung, Vorstand oder Verwaltungsrat) durch jeden Partner mit zwei Geschäftsleitern besetzt werden. Hierbei folgt der Bestellungsakt selbst den jeweils anwendbaren gesellschaftsrechtlichen Regelungen. So würde bei einer deutschen GmbH beim gesetzlichen Normalfall die Gesellschafterversammlung die Geschäftsführer bestellen (§ 46 Nr. 5 GmbHG). Damit benötigt jedoch jeder Gesellschafter für die Bestellung „seiner" Geschäftsführer die Zustimmung des jeweils anderen Gesellschafters, um die erforderliche Mehrheit für den Bestellungsbeschluss zu erreichen (vgl. § 47 Abs. 1 GmbHG).

---

33) Für einen allgemeinen Vergleich zwischen deutschen und US-amerikanischen Verträgen s. *Hill/King*, Chi.-Kent L. Rev. 79 (2004), 889; s. a. zu den Besonderheiten von Verträgen aus dem Common Law *Lundmark*, RIW 2001, 187.

Daher vereinbaren die Partner häufig im Joint Venture Vertrag, dass jeder Partner berechtigt ist, eine bestimmte Anzahl von Personen für die Geschäftsleitung vorzuschlagen und der jeweils andere Partner verpflichtet ist, diesen Vorschlägen beim Bestellungsakt zuzustimmen (Stimmbindung). Damit wird der eigentliche Bestellungsakt schuldrechtlich abgesichert. Ebenso kann sich ein Minderheitsgesellschafter eine Stellung in der Geschäftsleitung sichern, wenn die Parteien eine entsprechende Regelung im Joint Venture Vertrag aufnehmen.

29 Entsprechendes gilt für die Besetzung etwaiger Überwachungs- und Beratungsorgane, wie etwa **Aufsichtsräte, Beiräte** und **Gesellschafterausschüsse**. Dies gilt unabhängig davon, ob sie gesetzlich verpflichtend oder fakultativ sind. Wie auch ggf. beim Geschäftsleitungsorgan sind etwaige Regelungen über die **Mitbestimmung** der Arbeitnehmer zu beachten.[34]

30 Soweit zulässig und möglich, kann es sich empfehlen, Regelungen über die Besetzung der Organe auch im **Gesellschaftsvertrag** der Projektgesellschaft zu verankern.

2. Leitung der Geschäfte

31 Die Ausübung der Geschäftsleitung werden die Joint Venture Partner selten allein dem die Geschäfte leitenden Organ überlassen wollen. Häufig finden sich daher im Joint Venture Vertrag Kataloge über solche Geschäfte, die der **Zustimmung** eines weiteren Organs bedürfen, wie etwa eines Aufsichtsrats oder der Gesellschafterversammlung.

32 Für Fälle, in denen sich die Geschäftsleiter bei einer Angelegenheit, bei der sie die Geschäfte gemeinsam führen, nicht einigen können (**Pattsituation, Deadlock**), empfiehlt es sich, Regelungen für die Lösung eines solchen Konflikts in den Joint Venture Vertrag aufzunehmen. Häufig ist es sinnvoll, hierzu verschiedene **Eskalationsstufen** zu vereinbaren. So kann vorgesehen werden, die strittige Frage zunächst einem anderen Organ vorzulegen, wie etwa einem Aufsichtsrat oder Beirat. Gelingt dort ebenfalls keine Einigung, kann die nächste Stufe sein, den Sachverhalt hochrangigen Vertretern der Joint Venture Partner zur Entscheidung zu geben, wie etwa deren jeweiligen Geschäftsführern oder Vorstandsvorsitzenden. Können sich auch diese Personen nicht einigen, bleibt häufig nur als letzte Eskalationsstufe, das Joint Venture zu beenden (siehe dazu nachfolgend Rz. 37 ff.). Möglich ist auch vorzusehen, für die Lösung des Konflikts einen **Dritten** hinzuziehen. Hierbei kann entweder die Entscheidung selbst in die Hände des Dritten gelegt werden (wie z. B. bei einem Schiedsrichter oder

---

[34] Im deutschen Recht sind dies insbesondere das MitbestG und das DrittelbG sowie bei einer SE das SEBG.

II. Einlagen und Finanzierung

Gleich zu Beginn des Joint Venture stellt sich die Frage, welche Einlagen die Partner bei **Gründung** der Projektgesellschaft leisten. Dies können Bar- oder Sacheinlagen sein. Die **Einlagen** können nur in das Stamm- oder Grundkapital der Gesellschaft geleistet werden oder (zusätzlich) in das sonstige Eigenkapital (z. B. in eine Kapitalrücklage). Leisten die Partner nicht nur Bareinlagen, sondern bringen sie auch Vermögensgegenstände ein, wie z. B. Technologie, Lizenzen oder Betriebsteile (Sacheinlage), werden diese Gegenstände zu bewerten sein, um die Höhe der Einlage des jeweiligen Partners ermitteln und dem Eigenkapital zuweisen zu können.[36] Hierzu empfiehlt es sich, im Joint Venture Vertrag die Bewertungskriterien niederzulegen. Auch wird der einbringende Joint Venture Partner häufig selbstständige Garantien über den einzubringenden Gegenstand abgeben müssen.

33

Im **laufenden Geschäftsbetrieb** der Projektgesellschaft kann es erforderlich werden, der Gesellschaft weitere Liquidität zuzuführen. Daher findet sich in Joint Venture Verträgen häufig eine Regelung über die Möglichkeiten, das Eigenkapital der Gesellschaft zu stärken. Sieht der Joint Venture Vertrag nicht schon unbedingt verpflichtende Einzahlungen vor, empfiehlt es sich, jedenfalls schon vorab zu regeln, in welchen Fällen von einem weiteren Kapitalbedarf auszugehen ist und eine Lösung festzulegen, wie zu verfahren ist, wenn nur eine Partei eine Kapitalerhöhung wünscht und damit zu Nachschüssen bereit ist. Das Ziel einer solchen Regelung ist, einen für beide Seiten akzeptablen Mechanismus zu verankern. Hierbei sind vielfache Gestaltungen möglich, die bestimmte Schritte auf dem Weg zu einer Kapitalerhöhung festlegen. Im Ergebnis wird häufig dem Joint Venture Partner, der eine Stärkung des Eigenkapitals für erforderlich hält und dies die Geschäftsführung sowie ggf. ein neutraler Dritter (z. B. ein Schiedsgutachter) bestätigt haben, ermöglicht, eine Kapitalerhöhung durchführen zu lassen.

34

Wenn alle Partner an der Kapitalerhöhung teilnehmen, ändern sich die Beteiligungsquoten an der Projektgesellschaft nicht. Im anderen Fall wird der nicht teilnehmende Partner verwässert. Hierbei sollte sichergestellt werden, dass der nicht teilnehmende Partner verpflichtet ist, die Kapitalerhöhung in der Gesellschafterversammlung der Projektgesellschaft mit zu beschließen, falls dies für das Erreichen der notwendigen Mehrheit erforderlich ist (Stimmbindung).[37]

35

---

35) Vertiefend dazu *Elfring*, NZG 2012, 895, 896 ff.
36) *Fastrich* in: Baumbach/Hueck, GmbHG, § 5 Rz. 33 ff.
37) Ausführlich zur Finanzierung eines Joint Venture *Schütze/Vormann* in: Dieners/Reese, § 19 Rz. 22 f. und speziell zur Projektfinanzierung *Kiethe/Hektor*, DStR 1996, 977.

36 Auch Fragen der Finanzierung durch **Fremdkapital** finden sich häufig im Joint Venture Vertrag.[38]

III. Beendigung und Anteilsübertragungen

37 Regelmäßiger und wichtiger Inhalt von Joint Venture Verträgen sind Regelungen über die Beendigung des Joint Venture (Exit-Regelungen), insbesondere für den Fall, dass zwischen den Parteien ein unlösbarer **Konflikt** entstanden ist.[39] Ein solcher Konflikt kann nicht nur dadurch aufkommen, dass sich die Partner wie soeben beschrieben nicht über eine Frage der Geschäftsführung einigen können. Möglich ist auch, dass ein Konflikt bspw. entsteht über grundsätzliche strategische Fragen der Ausrichtung des Joint Venture oder über behauptete Vertragsverletzungen eines Partners. Führt das soeben erläuterte Eskalationsverfahren in den unteren Stufen zu keiner Lösung (siehe oben Rz. 32), bleibt nur, das Joint Venture zu beenden. Hier sind verschiedene Wege denkbar, die häufig miteinander kombiniert werden.

38 Dem Partner, der das Joint Venture beenden will, kann bspw. das Recht eingeräumt werden, seine Anteile an der Projektgesellschaft an den anderen Partner zu veräußern (**Put-Option**, Andienungsrecht) und/oder die Anteile des anderen Partners an der Projektgesellschaft zu erwerben (**Call-Option**, Ankaufsrecht). Der Kaufpreis oder seine Berechnungsgrundlage können schon vorab im Joint Venture Vertrag festgelegt oder noch durch einen Wirtschaftsprüfer zu ermitteln sein.[40] Auch wenn der Preis oder seine Berechnungsgrundlage bereits im Joint Venture Vertrag verankert werden, empfiehlt es sich, für den Streitfall eine Entscheidung durch einen Schiedsgutachter vorzusehen. Put- und Call-Optionen können nicht nur für den Konfliktfall vorgesehen werden, sondern ganz allgemein einem oder allen Partnern für den Fall eingeräumt werden, dass sie das Joint Venture beenden möchten, bspw. nach Ablauf einer bestimmten Laufzeit des Joint Venture.

39 Darüber hinaus gibt es zahlreiche weitere Möglichkeiten, eine Veräußerung von Anteilen an der Projektgesellschaft zwischen den Partnern zu ermöglichen und letztlich zu erzwingen, um das Joint Venture zu beenden. Bekannt sind sie als „**Russian Roulette**"- und „**Texan Shoot Out**"-Lösungen. Sie kommen in

---

[38] Näher dazu *Fett/Spiering* in: Fett/Spiering, Hdb. Joint Venture, Kap. 7 Rz. 407 ff.
[39] Formulierungsbeispiele bei *Langefeld-Wirth* in: Langefeld/Wirth, S. 158 ff.
[40] Ausführlich dazu *Schulte/Pohl*, Joint Venture Gesellschaften, Rz. 755 ff.; *Fett/Spiering* in: Fett/Spiering, Hdb. Joint Venture, Kap. 7 Rz. 580 ff., 586 f.

zahlreichen Spielarten vor und bieten Vor- und Nachteile.[41] Die Grundidee hierbei ist, dass der ausstiegswillige Partner seine Anteile an der Projektgesellschaft dem anderen Partner zu einem bestimmten Preis zum Erwerb anbietet. Für diesen Fall ist dem Angebotsempfänger im Joint Venture Vertrag ein – verpflichtend auszuübendes – Wahlrecht eingeräumt: Er kann entweder das Angebot annehmen oder seinerseits seine Anteile zu denselben Konditionen des Angebots des ausstiegswilligen Partners zur Veräußerung stellen. Im letzten Fall verpflichtet dies den ausstiegswilligen und zuerst anbietenden Partner, die Anteile des anderen Partners zu erwerben.

Möglich ist auch, das Joint Venture dadurch zu beenden, dass die Anteile an der Projektgesellschaft **an einen Dritten** veräußert werden. Häufig wird dann jedoch vereinbart, dass der veräußerungswillige Partner verpflichtet ist, seine Anteile vorher dem anderen Partner zum Erwerb **anzudienen** und/oder der andere Partner ein echtes **Vorkaufsrecht** hat.[42] Kommt es trotz dieser Rechte zu einer Veräußerung an einen Dritten, können vertraglich vereinbarte Mitveräußerungspflichten oder -rechte greifen. Bei einer Mitveräußerungspflicht (**Drag Along Recht**) wird der andere Partner verpflichtet, auf Verlangen des veräußerungswilligen Partners seine Anteile an der Projektgesellschaft zu denselben Konditionen ebenfalls an den Dritten zu veräußern.[43] Dies ist für den veräußerungswilligen Partner vorteilhaft, weil er damit dem Dritten die gesamte Projektgesellschaft zum Erwerb anbieten kann und nicht lediglich die Möglichkeit, in ein Joint Venture mit dem anderen Partner einzusteigen. Bei einem Mitveräußerungsrecht (**Tag Along Recht**) wird dem anderen Partner das Recht eingeräumt, seine Anteile an der Projektgesellschaft ebenfalls zu denselben Konditionen an den Dritten zu veräußern. Der veräußerungswillige Partner wird also zur Mitveräußerung gezwungen.[44] Dies hat für den anderen Partner den Vorteil, dass er nicht in ein Joint Venture mit einem ihm ggf. unbekannten und unerwünschten Dritten gezwungen wird. Wie die Put- und Call-Optionen sind auch die in diesem Absatz genannten Rechte nicht nur für den Konfliktfall

---

41) Ausführlich dazu *Becker*, S. 135 ff.; *Schulte/Sieger*, NZG 2005, 24, 25 ff.; *Werner*, GmbHR 2005, 1554, 1555 ff.; *Schulte/Pohl*, Joint Venture Gesellschaften, Rz. 779 ff.; *Fett/Spiering* in: Fett/Spiering, Hdb. Joint Venture, Kap. 7 Rz. 591 ff.; *Englisch/von Schnurbein* in: Beck'sches Formularbuch GmbH-Recht, C. III. 2., Rz. 39; *Giesen* in: Seibt, M&A, G. II., S. 1185 f.; insbesondere zu den Risiken bei wirtschaftlichen Disparitäten zwischen den Joint Venture-Partnern *Fleischer/Schneider*, DB 2010, 2713, 2714 ff.; zur Zulässigkeit nach deutschem Recht OLG Nürnberg, ZIP 2014, 171, dazu EWiR 2014, 139 *(Wachter)* und dazu *Schmolke*, ZIP 2014, 897.

42) Ausführlich dazu *Schulte/Pohl*, Joint Venture Gesellschaften, Rz. 770 ff.; *Fett/Spiering* in: Fett/Spiering, Hdb. Joint Venture, Kap. 7 Rz. 628 ff.; *Wirbel* in: MünchHdb-GesR, Bd. 1, § 28 Rz. 54 f.; mit Formulierungsbeispiel unter § 19 bei *Englisch/von Schnurbein* in: Beck'sches Formularbuch GmbH-Recht, C. III. 2., Rz. 38.

43) Ausführlich dazu *Wirbel* in: MünchHdb-GesR, Bd. 1, § 28 Rz. 56 f.

44) Ausführlich dazu *Wirbel* in: MünchHdb-GesR, Bd. 1, § 28 Rz. 56 f.

geeignet, sondern ebenso allgemein dann, wenn ein Partner das Joint Venture beenden möchte.

41 Unabhängig von einem etwaigen Konflikt wird die Möglichkeit, Anteile an der Projektgesellschaft zu übertragen, regelmäßig an die Zustimmung des anderen Joint Venture Partners gebunden (**Vinkulierung**). Dies soll verhindern, dass ein Partner die Gesellschafterstruktur der Projektgesellschaft unabgestimmt verändert. Es empfiehlt sich, eine solche Bestimmung durch eine Regelung über einen Kontrollwechsel (**Change of Control**) abzusichern. Ein solcher Sachverhalt liegt vor, wenn es auf der Gesellschafterebene eines Joint Venture Partners zu einer Verschiebung der Mehrheitsverhältnisse kommt, bspw. weil der Mehrheitsgesellschafter des Joint Venture Partners seine Anteile an diesem an einen Dritten veräußert. Damit ändert sich mittelbar auch die Gesellschafterstruktur der Projektgesellschaft, weil nunmehr ein neuer Dritter beherrschenden Einfluss auf einen Joint Venture Partner hat. Rechtsfolge eines solchen Kontrollwechsels kann zum Beispiel sein, dass ein wichtiger Kündigungsgrund ausgelöst wird oder demjenigen Joint Venture Partner, bei dem kein Kontrollwechsel stattgefunden hat, eine Call-Option an den Anteilen des anderen Partners an der Projektgesellschaft und/oder eine Put-Option an den eigenen Anteilen eingeräumt wird.

42 Ist eine deutsche GmbH Projektgesellschaft, ist bei all diesen Abreden zu prüfen, ob sie bereits gemäß § 15 Abs. 3 und/oder Abs. 4 GmbHG eine Pflicht auslösen, den Joint Venture Vertrag notariell zu beurkunden.[45] Entsprechend ist die **Formbedürftigkeit** bei ausländischen Gesellschaften als Projektgesellschaft zu prüfen, sei es nach deutschem Recht (dazu unten § 40 Rz. 38 f.) oder anwendbarem ausländischen Recht.

---

45) Näher *Sieger/Hasselbach*, NZG 1999, 485; *Harbarth* in: MünchKomm-GmbHG, § 53 Rz. 29 f.; *Leitzen*, RNotZ 2010, 566.

§ 40 Internationales Privatrecht

Übersicht

- A. Einleitung 1
- B. Equity Joint Venture 2
- C. Projektgesellschaft 3
- D. Joint Venture Vertrag 4
- I. Qualifikation 4
  - 1. Inhalt und maßgebliches Statut 4
    - a) Gesellschaftsstatut 7
    - b) Eigenes Statut 10
  - 2. Vertragsstatut oder Gesellschaftsstatut 11
    - a) Gesellschaftsvertrag 12
    - b) Organisation 14
- II. Rechtswahl 16
- III. Fehlende Rechtswahl 17
  - 1. Besondere Vertragsarten und charakteristische Leistung 18
  - 2. Engste Verbindung 20
    - a) Projektgesellschaft 22
    - b) Aktivitätszentrum 30
    - c) Sonstige Hinweise 32
    - d) Kumulation von Sachnormen 35
- IV. Reichweite 37
- V. Form 38
- VI. Eingriffsrecht 40
- E. Zusatzverträge 41
- I. Wählbare Rechte 42
- II. Stillschweigende Rechtswahl .. 43
- III. Fehlende Rechtswahl 46
  - 1. Akzessorische Anknüpfung .. 48
  - 2. Abwägung 51
- F. Contractual Joint Venture 56

Literatur: Siehe die Literaturangaben bei § 39.

A. Einleitung

Es wurde bereits in § 39 erläutert, dass bei Joint Ventures üblicherweise unterschieden wird zwischen Equity Joint Venture und Contractual Joint Venture und hierbei das Vertragswerk des Equity Joint Venture regelmäßig dreistufig aufgebaut ist. Das Contractual Joint Venture erschöpft sich dagegen regelmäßig in einem einzigen Vertrag. Die Anknüpfung dieser verschiedenen Rechtsbeziehungen ist Gegenstand des vorliegenden Kapitels.[1]   1

B. Equity Joint Venture

Das Equity Joint Venture ist nicht Gegenstand von sachrechtlichem oder kollisionsrechtlichem Einheitsrecht. Das anwendbare Recht bestimmt sich daher über die **allgemeinen Regeln des Internationalen Privatrechts**. Allerdings gibt es weder im deutschen noch im europäischen Recht eine Kollisionsnorm speziell für Equity Joint Ventures. Daher ist für die Anknüpfung zwischen Projektgesellschaft, Joint Venture Vertrag und Zusatzverträgen zu unterscheiden. Hierbei ist zu beachten, dass diese Rechtsverhältnisse nicht beziehungslos nebeneinander stehen. Denn bestimmte vertragliche Absprachen sind gesell-   2

---

[1] S. zum Ganzen auch *Göthel* in: Reithmann/Martiny, Int. Vertragsrecht, Rz. 4561 ff.

schaftsrechtlich einzuordnen und unterstehen damit dem Statut der Projektgesellschaft. Und selbst bei getrennter Anknüpfung ist zu berücksichtigen, dass die Rechtsverhältnisse einem rechtlich und wirtschaftlich *„größeren Ganzen"* angehören und sich gegenseitig bei der Bestimmung des anwendbaren Rechts beeinflussen.

C. Projektgesellschaft

3 Die Projektgesellschaft unterliegt regelmäßig den Regeln des **Internationalen Gesellschaftsrechts**. Dies gilt ohne weiteres, wenn sie als **Kapitalgesellschaft** zu qualifizieren ist (vgl. dazu oben § 8 Rz. 2). Für **Personengesellschaften** gelten diese Regeln ebenfalls, wenn sie eine **nach außen hervortretende Organisation** haben und am Rechtsverkehr teilnehmen.[2] In diesem Fall wird die Gesellschaft kollisionsrechtlich wie eine juristische Person behandelt. Nur wenn ausnahmsweise keine solche Organisation vorhanden ist, bestimmt sich das Statut nach den Regeln des Internationalen Schuldvertragsrechts[3] und damit nach der Rom I-Verordnung.[4]

D. Joint Venture Vertrag

I. Qualifikation

1. Inhalt und maßgebliches Statut

4 Ein typischer Joint Venture Vertrag enthält eine Vielzahl von Regelungen, die sich nicht direkt auf die Projektgesellschaft beziehen, sondern nur das Verhältnis der Partner untereinander betreffen. Hierzu gehören bspw. Regelungen über die Konfliktbewältigung im Fall eines Deadlock, Kündigungsmöglichkeiten sowie Verkaufs- und Ankaufspflichten (Call- und Put-Optionen) der Gesellschafter bei Eintritt bestimmter Situationen, etwa eines Kontrollwechsels auf der Gesellschafterebene eines Partners oder einer Konfliktsituation (siehe näher dazu oben § 39 Rz. 37 ff.). Gleichzeitig finden sich in einem Joint Venture Vertrag jedoch zahlreiche Absprachen mit direktem Bezug zur gemeinsamen Gesellschaft. Zu denken ist an Abreden über die Besetzung und Abberufung ihrer Organe, ihre

---

2) BGH, IPRspr. 1952/53 Nr. 20, 56; BGH, LM § 105 HGB, Nr. 7, 536; OLG Karlsruhe, NZG 2001, 748, 749; OLG Düsseldorf, IPRspr. 1987 Nr. 9; *Terlau*, S. 118 ff.; vgl. auch *Ebke* in: FS BGH, S. 799, 813 ff.; *Drinhausen* in: MünchHdb-GesR, Bd. 6, § 43 Rz. 13; näher zum Merkmal der Organisation *Göthel*, Joint Ventures, S. 68 ff.

3) BGH, IPRspr. 1952/53 Nr. 20, 56; BGH, LM § 105 HGB, Nr. 7, 536; BGH, NJW 2004, 3706, 3708; OLG Düsseldorf, IPRspr. 1987 Nr. 9; *Großfeld* in: Staudinger, BGB, IntGesR Rz. 746 und 772; *Magnus* in: Staudinger, BGB, Art. 28 EGBGB Rz. 626; *Kindler* in: MünchKomm-BGB, IntGesR Rz. 286 f.; *Thorn* in: Palandt, BGB, Art. 1 Rom I-VO Rz. 12; *Kieninger* in: Ferrari/u. a., Int. Vertragsrecht, Art. 1 Rz. 21; ebenso das schweizerische Recht in Art. 150 IPRG; s. dazu *Vischer/Huber/Oser*, Rz. 628 ff.

4) *Göthel* in: Reithmann/Martiny, Int. Vertragsrecht, Rz. 4581; *Martiny* in: MünchKomm-BGB, Art. 1 Rom I-VO Rz. 66.

Kapitalstruktur, die Arbeitsweise der Geschäftsführungs- und Kontrollorgane, die Personalpolitik, das Rechnungs- und Berichtswesen oder Stimmrechtsbindungen (siehe näher dazu oben § 39 Rz. 13 ff.). Für solche Vertragspunkte fragt sich, ob sie zwingend dem Statut der Projektgesellschaft unterliegen, weil diesem Statut aufgrund der Einheitslehre regelmäßig alle gesellschaftsrechtlichen Fragen unterfallen (siehe oben § 8 Rz. 72).

Für die Anknüpfung von Joint Venture Verträgen (Gesellschaftervereinbarungen) ist daher nach deren **Inhalt** zu unterscheiden. Maßgeblich ist, ob sich die Vereinbarung auf die **Stellung als Gesellschafter** oder allgemein auf die **Struktur der Gesellschaft** auswirkt. Kann man dies verneinen, ist das anwendbare Recht selbständig zu bestimmen. Die Abrede unterliegt damit insoweit einem eigenen Statut. Greift sie hingegen in die Struktur der Gesellschaft ein, unterliegt sie insoweit zwingend deren Statut. Denn an solchen Abreden hat das Gesellschaftsstatut ein anerkanntes Interesse.[5] Der BGH hat hierzu vor Inkrafttreten der Rom I-Verordnung ausgeführt: 5

> „Sollte die Vereinbarung der Parteien als internationaler Schuldvertrag zu qualifizieren sein, ist nach den bisherigen Feststellungen des Berufungsgerichts das türkische materielle Schuldrecht berufen. [...] Falls die erneute Verhandlung ergeben sollte, dass die Vereinbarung der Parteien gesellschaftsrechtlich zu qualifizieren ist, bestimmt sich das anwendbare Recht gem. Art. 37 Nr. 2 EGBGB grundsätzlich nicht nach dem internationalen Schuldvertragsrecht der Art. 27 ff. EGBGB, sondern nach dem internationalen Gesellschaftsrecht. [...] Soweit Gesellschafter schuldrechtliche Vereinbarungen treffen, die nicht in die Struktur der Gesellschaft eingreifen, ist bei fehlender Rechtswahl für diese Vereinbarung das maßgebliche Recht nach Art. 28 EGBGB zu bestimmen."[6]

Diese Abgrenzung gilt auch unter der Rom I-Verordnung. 6

a) **Gesellschaftsstatut**

Die **Gesellschafterstellung** wird etwa verändert, wenn ein Gesellschafter Sonderrechte (z. B. Informations- oder Einflussrechte) erhält, die ihm nach dem anwendbaren Recht der Projektgesellschaft nicht zustehen oder nicht zugelassen sind. Zu denken ist an Absprachen, in denen ein Mehrheitsgesellschafter sich verpflichtet, nach den Weisungen eines Minderheitsgesellschafters zu handeln. Gleiches gilt, wenn dem Minderheitsgesellschafter Sperrminoritäten oder Vetorechte eingeräumt sind.[7] 7

---

5) Einhellige Auffassung: *Großfeld/Berndt*, RIW 1996, 625, 628; *Ebke*, IPRax 1983, 18, 21 f.; *Ebenroth*, JZ 1988, 18, 26; *Mäsch*, NJW 1996, 1453, 1455; *Großfeld*, Internationales und Europäisches Unternehmensrecht, S. 42; *Magnus* in: Staudinger, BGB, Art. 37 EGBGB Rz. 55; *Drinhausen* in: MünchHdb-GesR, Bd. 6, § 43 Rz. 16; vgl. auch *Göthel*, RIW 1999, 566, 569.
6) BGH, RIW 1995, 1027, 1028 = NJW 1996, 54, 55.
7) Vgl. *Joussen*, S. 12.

8 Die Gesellschafterstellung und die **Struktur der Gesellschaft** sind ebenfalls betroffen, wenn Zuständigkeiten der Gesellschafter oder Organe verschoben werden. Für das deutsche Recht ist das etwa der Fall, wenn bei einer AG nicht der Vorstand gewisse Entscheidungen über die Geschäftsführung trifft, sondern die Gesellschafter direkt entscheiden. Denn dies ist gemäß den §§ 76 Abs. 1, 119 Abs. 2 AktG grundsätzlich nicht vorgesehen.[8] Zu demselben Ergebnis wird man kommen, wenn gesetzlich nicht vorgesehene Gremien geschaffen werden (bspw. *„Gesellschafterausschüsse", „Lenkungsausschüsse"* oder *„Aktionärsausschüsse"*) oder Außenstehenden (Nichtgesellschaftern) gewisse Kompetenzen eingeräumt werden. Letzteres ist etwa der Fall, wenn die Joint Venture Partner als Gesellschafter vorsehen, ein Schiedsrichter solle anstelle eines Gesellschafterbeschlusses entscheiden, falls sie sich nicht einigen können.[9]

9 Nach h. A. unterfällt die Beurteilung der Zulässigkeit von **Stimmbindungsverträgen** dem Gesellschaftsstatut.[10] Denn die Willensbildung der Gesellschaft gehört zum *„Kernbereich ihrer inneren Organisation"*.[11] Ein Stimmbindungsvertrag beeinflusst gerade die Willensbildung und greift somit in die Struktur der Gesellschaft ein.[12] Teilweise misst man ihm sogar quasi-statutarische Wirkung bei.[13] Zudem belegt aus deutscher Sicht etwa die Schutzvorschrift des § 136 Abs. 2 AktG das berechtigte Interesse des Gesellschaftsstatuts an Stimmverträgen.[14] **Haftungsvereinbarungen** unterliegen gleichfalls dem Gesellschaftsstatut.[15]

b) Eigenes Statut

10 Alle Abreden im Joint Venture Vertrag, die nicht die Gesellschafterstellung oder Gesellschaftsstruktur betreffen, unterliegen einem eigenständigen Statut.

---

8) Zu den Ausnahmen BGHZ 83, 122, 130 ff.; *Holzmüller*; BGHZ 159, 30 und BGH, ZIP 2004, 993, *Gelatine*-Entscheidungen; hierzu *Fleischer*, NJW 2004, 2335; *Goette*, DStR 2004, 927; zur fehlenden Zustimmungskompetenz der Anteilseigner bei einer Beteiligungsveräußerung s. BGH, ZIP 2007, 24 (m. Anm. *von Falkenhausen*).

9) Vgl. *Joussen*, S. 13 f.

10) Die Frage der Wirksamkeit richtet sich nach dem Schuldstatut, vgl. *Overrath*, ZGR 1974, 86, 91 ff.; *Braun*, S. 120 f.; *Großfeld* in: Staudinger, BGB, IntGesR Rz. 346; *Kindler* in: MünchKomm-BGB, IntGesR Rz. 615; *Lüderitz* in: Soergel, BGB, Art. 10 EGBGB Anh. Rz. 42; *Jasper/Wollbrink* in: MünchHdb-GesR, Bd. 3, § 75 Rz. 51; anders RGZ 161, 296, 298.

11) *Koppensteiner*, S. 152.

12) *Wiedemann*, GesR, Bd. 1, § 14 Abs. 4, S. 816; *Zöllner* in: KölnKomm-AktG, § 136 Rz. 118.

13) *Kindler* in: MünchKomm-BGB, IntGesR Rz. 615.

14) *Großfeld* in: Staudinger, BGB, IntGesR Rz. 346. Streitig ist, ob dem Gesellschaftsstatut auch die Folgen eines Bruchs der Abreden unterliegen, dafür *Wiedemann*, GesR, Bd. 1, § 14 Abs. 4, S. 816; *Großfeld* in: BGB, Staudinger, IntGesR Rz. 346; *Kindler* in: MünchKomm-BGB, IntGesR Rz. 615; dagegen *Zöllner* in: KölnKomm-AktG, § 136 Rz. 118.

15) *Kindler* in: MünchKomm-BGB, IntGesR Rz. 615.

Dies gilt bspw. für **Wettbewerbsabreden**,[16] **Schiedsverträge**,[17] **Ausgleichsvereinbarungen**,[18] **Veräußerungsbeschränkungen**,[19] **Dividendenzusagen**[20] und Vereinbarungen über **Vorkaufsrechte**.[21]

2. Vertragsstatut oder Gesellschaftsstatut

Soweit der Joint Venture Vertrag oder Teile davon nicht automatisch dem Gesellschaftsstatut der Projektgesellschaft, sondern einem eigenen Statut unterliegen, stellt sich die weitere Frage, ob die Anknüpfung den Kollisionsregeln des Schuldrechts oder des Gesellschaftsrechts folgt. 11

a) Gesellschaftsvertrag

Ein Joint Venture Vertrag ist regelmäßig als Gesellschaftsvertrag einer **Personenvereinigung** zu qualifizieren. Das wird einhellig vertreten[22] und entspricht der Rechtspraxis. Auch ist man sich darüber einig, dass aus deutscher Sicht regelmäßig eine GbR in Form einer Innengesellschaft vorliegt.[23] Es können aber auch die Voraussetzungen einer oHG oder anderen Rechtsform erfüllt sein.[24] 12

Für diese Einordnung spricht, dass die Partner den gemeinsamen Zweck verfolgen, die Projektgesellschaft zu organisieren und zu steuern.[25] Dies erfüllt die Merkmale eines Gesellschaftsvertrags i. S. des § 705 BGB. Soweit die Partner nicht bereits mit dem Joint Venture Vertrag eine eigene Rechtspersönlichkeit schaffen, entsteht eine Personenvereinigung. Zwar verpflichtet der Joint Venture Vertrag die Partner regelmäßig dazu, bestimmte Leistungen zu erbringen, wie die Einlage von Geld, Sachen, gewerblichen Schutzrechten oder Know-how. Dennoch ist er **kein Austauschvertrag**. Denn die Leistungen sind dem gemeinschaftlichen Zweck untergeordnet. Nicht sie charakterisieren den Vertrag, sondern allein der gemeinsame Zweck tut dies. Daher liegt auch dann kein Austauschverhältnis vor, wenn ein Partner nur einen finanziellen Beitrag leistet, die anderen Partner hingegen Sacheinlagen bewirken. Denn der finanzielle Beitrag erfolgt nicht der anderen Leistungen wegen. Vielmehr leisten alle Beteiligten, um den gemeinsamen Zweck zu fördern. 13

---

16) *Kindler* in: MünchKomm-BGB, IntGesR Rz. 615; *Jasper/Wollbrink* in: MünchHdb-GesR, Bd. 3, § 75 Rz. 55.
17) Vgl. LG Hamburg, IPRspr. 1977 Nr. 6, 20 f. = RIW/AWD 1978, 124 f.
18) BGH, IPRspr. 1986 Nr. 130, 311.
19) IPG 1976, Nr. 6, 29, 39.
20) BGH, WM 1996, 1467.
21) IPG 1976, Nr. 6, 29, 39.
22) *Zweigert/v. Hoffmann* in: FS Luther, S. 203, 206; *Braun*, S. 29 ff.; *Assmann* in: Großkomm-AktG, Einl. Rz. 646; *Schücking* in: MünchHdb-GesR, Bd. 1, § 4 Rz. 39.
23) *Ebenroth*, JZ 1987, 265, 266; *Ulmer*, NJW 1978, 1849, 1850; *Martinek*, § 25 II, S. 226; *Großfeld* in: Staudinger, BGB, IntGesR Rz. 774 m. Verweis auf Rz. 772.
24) Vgl. *Assmann* in: Großkomm-AktG, Einl. Rz. 646.
25) *Göthel*, Joint Ventures, S. 49 ff.

b) Organisation

14 Für die Anknüpfung des Joint Venture Vertrags ist wie vor Geltung der Rom I-Verordnung ausschlaggebend, ob die Partner eine nach außen erkennbare Organisation geschaffen haben und die Gesellschaft am Rechtsverkehr teilnimmt (siehe oben Rz. 3).[26] Der Einzelfall muss entscheiden, ob dies zu bejahen ist. Regelmäßig dürfte aber keine solche Organisation vorliegen. Auf die Projektgesellschaft kann man nicht abstellen. Sie ist nur Instrument des Joint Venture Vertrags. Denn sie steuert diesen Vertrag nicht, sondern umgekehrt: der Joint Venture Vertrag steuert die Projektgesellschaft.[27]

15 Sollte ausnahmsweise eine **Organisation** vorliegen, unterliegt der Joint Venture Vertrag den Regeln des **Internationalen Gesellschaftsrechts** (siehe hierzu oben § 8 Rz. 1 ff.). **Fehlt** eine **Organisation**, bestimmt sich das Statut nach den folgenden Regeln der **Rom I-Verordnung**.[28]

II. Rechtswahl

16 Wie beim Unternehmenskaufvertrag dürfen die Joint Venture Partner das anwendbare Recht gemäß Art. 3 Abs. 1 Rom I-VO frei wählen. Es gelten die bereits dargestellten Anknüpfungsregeln (siehe oben § 6 Rz. 45 ff.).[29]

III. Fehlende Rechtswahl

17 Fehlt eine wirksame Rechtswahl, bestimmt sich das anwendbare Recht nach Art. 4 Rom I-VO (siehe zu den Anknüpfungsgrundsätzen oben § 6 Rz. 111 ff.).

1. Besondere Vertragsarten und charakteristische Leistung

18 Ein Joint Venture Vertrag lässt sich **keinem** der in Art. 4 Abs. 1 Rom I-VO **genannten Vertragsarten** zuweisen. Es ist zwar denkbar, dass ein oder mehrere Bestandteile des Joint Venture Vertrags durch einen der genannten Vertragstypen abgedeckt sind, also bspw. ein Joint Venture Vertrag Elemente eines Kauf- und Dienstvertrags enthält. Dies lässt jedoch seine Einordnung als Gesellschaftsvertrag (siehe oben Rz. 12 f.) unberührt, bei dem im Vordergrund der den Vertrag kennzeichnende Zweck steht, gemeinsam die Projektgesellschaft zu organisieren und zu lenken.

---

26) Im schweizerischen Recht ist die Rechtslage ebenso, s. Art. 150 IPRG und dazu *Vischer/Huber/Oser*, Rz. 710 f.

27) Vgl. *Huber*, S. 62. In diesem Fall kann aber bereits eine oHG vorliegen. S. für ein Beispiel des Vorliegens einer Organisation *Göthel* in: Reithmann/Martiny, Int. Vertragsrecht, Rz. 4603.

28) Die Unterscheidung findet sich auch im RefE des BMJ für ein „Gesetz zum Internationalen Privatrecht der Gesellschaften, Vereine und juristischen Personen", S. 9 (vgl. zum Entwurf oben § 8 Rz. 7).

29) S. speziell zum Joint Venture Vertrag *Göthel* in: Reithmann/Martiny, Int. Vertragsrecht, Rz. 4611 ff.; *Drinhausen*, in: MünchHdb-GesR, Bd. 6, § 43 Rz. 14 f.

Ein Joint Venture Vertrag enthält auch **keine charakteristische Leistung** i. S. des   19
Art. 4 Abs. 2 Rom I-VO.[30] Charakteristische Leistung ist regelmäßig „*die Leistung, für die die Zahlung geschuldet wird*".[31] Eine solche Leistung lässt sich beim Joint Venture Vertrag nicht ausmachen, weil nicht die einzelnen Leistungen der Partner im Vordergrund stehen, sondern die Zweckgemeinschaft, die darauf gerichtet ist, die Projektgesellschaft gemeinsam zu organisieren und zu steuern. Die einzelnen Leistungen der Partner sind dem Element der Zusammenarbeit untergeordnet.[32]

2. Engste Verbindung

Das anwendbare Recht des Joint Venture Vertrags ist damit über Art. 4 Abs. 4   20
Rom I-VO zu suchen.[33] Die Vorschrift gibt dem Rechtsanwender keine Kriterien für die engste Verbindung an die Hand. Nach allgemeiner Ansicht sind alle Umstände des Einzelfalls heranzuziehen, die auf eine bestimmte Rechtsordnung hinweisen. Es ist der **Schwerpunkt des Vertrags** zu ermitteln.[34] Deuten alle Hinweise auf ein Recht, ist der Vertrag hiermit offensichtlich am engsten verbunden. Wenn sich die Bezüge aber widersprechen, sind sie zu bewerten und gegeneinander abzuwägen. Hierbei ist zu beachten, dass die Anhaltspunkte unterschiedlich wiegen können: einige stark, andere schwach.[35] Ferner sind die Parteiinteressen zu erforschen und abzuwägen.[36] Gemeint sind allein kollisionsrechtliche, nicht materiell-rechtliche Interessen. Das sind die Interessen der Beteiligten an einer bestimmten Rechtsordnung ohne Rücksicht auf deren Inhalt.[37]

---

30) *Martiny* in: MünchKomm-BGB, Art. 4 Rom I-VO Rz. 307; *Spickhoff* in: Bamberger/Roth, BGB, Art. 4 Rom I-VO Rz. 85; vgl. zum früheren Recht OLG Frankfurt a. M., RIW 1998, 807, 808; OLG Hamburg, NJW-RR 2001, 1012, 1013 f. (für die GbR); *Göthel*, Joint Ventures, S. 91 ff.; *Juenger*, RabelsZ 46 (1982), 57, 78; *Zweigert/von Hoffmann* in: FS Luther, S. 203, 208; *Braun*, S. 47 f.; *Großfeld* in: Staudinger, BGB, IntGesR Rz. 775; *Magnus* in: Staudinger, BGB, Art. 28 EGBGB Rz. 634.

31) So schon zum früheren Recht *Giuliano/Lagarde*, BT-Drucks. 10/503, S. 33, 52; s. a. *Wagner*, IPRax 2008, 377, 381.

32) Näher dazu *Göthel* in: Reithmann/Martiny, Int. Vertragsrecht, Rz. 4623 f.; *Göthel*, Joint Ventures, S. 92 f.; *von Hoffmann* in: Soergel, Art. 28 EGBGB Rz. 283. Dies gilt unabhängig davon, ob die Partner nur Sacheinlagen oder Sach- und Geldeinlagen leisten.

33) Ebenso *Martiny* in: MünchKomm-BGB, Art. 4 Rom I-VO Rz. 307; s. insgesamt dazu auch *Göthel* in: Reithmann/Martiny, Int. Vertragsrecht, Rz. 4625 ff.

34) *Martiny* in: MünchKomm-BGB, Art. 4 Rom I-VO Rz. 268; *Thorn* in: Palandt, BGB, Art. 4 Rom I-VO Rz. 30; vgl. zum früheren Recht BGHZ 19, 110, 112 f. = NJW 1956, 377.

35) *Martiny* in: MünchKomm-BGB, Art. 4 Rom I-VO Rz. 269; *Ferrari* in: Ferrari/u. a., Int. Vertragsrecht, Art. 4 Rom I-VO Rz. 98.

36) *Martiny* in: MünchKomm-BGB, Art. 4 Rom I-VO Rz. 274 f.; vgl. zum früheren Recht BGH, VersR 1976, 832, 833 ff.

37) *Martiny* in: MünchKomm-BGB, Art. 4 Rom I-VO Rz. 274 f.; näher dazu zum früheren Recht *Weitnauer*, S. 160 f.

21 Im Vordergrund stehen immer die Eigenart des jeweiligen Sachverhalts und der zugrunde liegende Vertragstyp. Sie entscheiden, wie schwer die einzelnen Hinweise und Parteiinteressen wiegen.[38] Daher lassen sich zwar allgemein Anhaltspunkte nennen, die für den Vertragstyp Joint Venture zu beachten sind.[39] Es gibt jedoch **keine Rangliste**, die für jeden Fall gilt und mit dem stärksten Hinweis auf der obersten und dem schwächsten Hinweis auf der untersten Stufe aufwartet. Jeder Richter ist sein eigener *„Waagemeister"*.

a) Projektgesellschaft

22 Der Joint Venture Vertrag regelt nicht allein die Rechtsbeziehungen der Partner. Denn Gleiches gilt für das Statut der Projektgesellschaft. Daher wird den Parteien oft daran gelegen sein, das anwendbare Recht nicht zu zerreißen, sondern nur ein einziges Recht auf alle Beziehungen anzuwenden. Das führt vorrangig zum Recht der Projektgesellschaft. Deren Recht ist regelmäßig der **stärkste Hinweis**. Er ist der *„übereinstimmende Bezugspunkt des erstrebten Rechtsverhältnisses"*.[40] Es ist nämlich davon auszugehen, dass die Partner nur selten eine Statutenspaltung wollen, die zu einer unterschiedlichen Anknüpfung der inneren und äußeren Rechtsverhältnisse führt.

23 Sicher ist diese Anknüpfung aber nicht. Denn es kann die Interessen der Partner maßgeblich beeinflussen, ob das Recht der Projektgesellschaft einem kulturell fernen oder verwandten Land zuzuordnen ist. Entscheidend ist auch, ob es ein Drittland ist oder das Heimatland zumindest eines Partners. Daher ist nach dem Statut der Projektgesellschaft zu unterscheiden.

24 Unterliegt die **Projektgesellschaft** dem Recht eines **kulturell fernen Drittlandes** (aus deutscher Sicht möglicherweise im Fall des Rechts eines Entwicklungs- oder Schwellenlandes gegeben), ist den Partnern das dortige Recht oft fremd. Sie werden daher lieber ihr Heimatrecht wollen. Denn dieses *„Recht wird gelebt, ihm vertraut man, ihm will man im Guten und Bösen folgen"*.[41] Dieser Wille wiegt stark, wenn die Parteien aus demselben Land stammen. In diesem Fall kennen sie alle dasselbe Recht, es ist ihnen zumindest leicht zugänglich.[42] Dies kann dagegen sprechen, an das Recht der Projektgesellschaft anzuknüpfen.[43]

---

38) *Martiny* in: MünchKomm-BGB, Art. 4 Rom I-VO Rz. 275; vgl. zum früheren Recht BGHZ 19, 110, 112 f. = NJW 1956, 377.

39) Vgl. *Ferrari* in: Ferrari/u. a., Int. Vertragsrecht, Art. 4 Rz. 88 ff.

40) So etwa *Kindler* in: MünchKomm-BGB, IntGesR Rz. 801; ebenso BGH, ZIP 1986, 838.

41) *Kegel*, IPR, 7. Aufl., § 2 Abs. 2, S. 108.

42) Vgl. allgemein zur Berücksichtigung dieses Interesses im IPR *Lüderitz* in: FS Kegel, S. 31, 36; *Kegel/Schurig*, IPR, § 2 II., S. 144.

43) *Göthel*, Joint Ventures, S. 97; vgl. auch *Braun*, S. 50; *Großfeld* in: Staudinger, BGB, IntGesR, Rz. 775.

Die Lage ist ähnlich, wenn die Partner aus unterschiedlichen Ländern stammen. 25
Zweigert/von Hoffmann meinen:
> „Wenn jedoch zwei Partner aus verschiedenen Staaten ein Gemeinschaftsunternehmen in einem dritten Staat gründen, so wird nur eine Art ‚Mut der Verzweiflung' dazu führen können, der an sich schwachen, aber immerhin gemeinsamen Verknüpfung zum Sitz des Gemeinschaftsunternehmens den Ausschlag geben zu lassen".[44]

Dem kann man zwar entgegenhalten, das Recht der Projektgesellschaft ver- 26
binde die Beteiligten miteinander. Somit wiege dieser Hinweis stark.[45] Jedoch ist zu bedenken, dass die Partner dieses Recht oft nicht kennen und es daher selten wünschen werden. Insofern sind andere Bezüge aufzuspüren. Vorrangig ist ein Aktivitätszentrum des Joint Venture Vertrags zu suchen (siehe unten Rz. 30 f.). Lässt sich ein solches nicht finden, ist auf andere Hinweise zurückzugreifen (siehe unten Rz. 32 ff.). *„Verzweifelt man"*, weil auch diese Kriterien nicht weiterhelfen, mag man *„mutig"* sein und das Recht der Projektgesellschaft anwenden. Dies kann aber nicht gelten, wenn die Partner dieses Recht erkennbar nicht wollen. Dann müssen andere Hinweise den Weg zum Vertragsstatut bahnen.

Unterfällt die **Projektgesellschaft** dem Recht eines **kulturell verwandten Dritt-** 27
landes, möglicherweise sogar dem eines Nachbarlandes (Beispiel: zwei deutsche Unternehmen sind an einer Gesellschaft in Frankreich beteiligt), ist den Partnern dieses Recht oft vertraut. Auch mögen sie eher mit diesem Recht rechnen und sich darauf einrichten.[46] Der Parteiwille spricht daher nicht von vornherein gegen dieses Recht. Stammen die Partner jedoch aus demselben Land, besteht auch ein starker Hinweis zum gemeinsamen Heimatrecht.[47] Denn die Partner wollen oft das Recht, das sie umgibt und ihnen bekannt ist. Daher streiten bei dieser Fallgestaltung zwei Bezugspunkte miteinander. Keiner überwiegt von vornherein. Das Recht der Projektgesellschaft kann siegen, wenn die Partner am Ort dieses Rechts überwiegend tätig sind.[48] Liegt aber das Aktivitätszentrum im Heimatland der Joint Venture Partner, spricht dieser Hinweis für das dortige Recht. Jedoch kann es sein, dass die Parteien nur ein Recht für ihre gesamten Rechtsbeziehungen wollen. Das spricht wiederum für das Recht der Projektgesellschaft.

Unterliegt die Projektgesellschaft dem Recht eines kulturell verwandten Dritt- 28
landes und stammen die Beteiligten aus unterschiedlichen Ländern, spricht einiges für das Recht der Projektgesellschaft. Denn dieses Recht verbindet die Beteiligten.[49] Das Recht ist ihnen kulturell vertraut.[50] Auch liegt es nahe, dass die

---

44) *Zweigert/von Hoffmann* in: FS Luther, S. 203, 208 f.
45) Daher wohl für das Recht des Gastlandes *Kindler* in: MünchKomm-BGB, IntGesR Rz. 801.
46) Vgl. BGH, WM 1960, 1360, 1361 = AWD 1960, 329 = NJW 1961, 25.
47) Vorrangig für dieses Recht *von Hoffmann* in: Soergel, BGB, Art. 28 EGBGB Rz. 283.
48) Vgl. *von Hoffmann* in: Soergel, BGB, Art. 28 EGBGB Rz. 283.
49) Daher für dieses Recht *Kindler* in: MünchKomm-BGB, IntGesR Rz. 801; ebenso *Braun*, S. 47 f.
50) Daher tendiert zu diesem Recht *Großfeld* in: Staudinger, BGB, IntGesR Rz. 775.

Partner dieses Recht erwarten.[51] Zudem wollen sie oft ein Recht für ihre Beziehungen zueinander.[52] Allerdings muss man auf andere Hinweise zurückgreifen, wenn die Partner dieses Recht erkennbar nicht wollen.

29 Unterfällt die Projektgesellschaft nicht dem Recht eines Drittlandes, stammt also **ein Partner aus dem Land dieses Rechts**, besteht ein starker Hinweis zu diesem Recht.[53] Dies gilt zumindest dann, wenn nur zwei Partner an dem Joint Venture beteiligt sind.[54] Allerdings können im Einzelfall stärkere Hinweise zu einem anderen Recht führen. Angenommen, der einheimische Partner ist nur beteiligt, weil es die Investitionsgesetze des Gastlandes, dessen Recht die Projektgesellschaft unterliegt, vorschreiben, und die Parteien haben vereinbart, der ausländische, also der andere Partner, solle die maßgeblichen Entscheidungen treffen. In diesem Fall hat die ausländische Partei eine überragende Stellung innerhalb des Joint Venture. Daher spricht einiges dafür, dass der Joint Venture Vertrag am engsten mit ihrem Heimatrecht verbunden ist (siehe unten Rz. 33). Zudem wird diese Partei meistens in ihrem Heimatland entscheiden, sodass dort zusätzlich das Aktivitätszentrum des Joint Venture Vertrags liegen wird.

b) Aktivitätszentrum

30 Ein weiterer wichtiger Hinweis ist der Ort, an dem die Partner den Gesellschaftszweck des Joint Venture Vertrags hauptsächlich verfolgen. Denn dieses Aktivitätszentrum ist das wichtigste Kriterium bei *„einfachen"* Gesellschaftsverträgen nichtrechtsfähiger Personenvereinigungen.[55] Daher spielt es auch beim Joint Venture Vertrag eine oder sogar die entscheidende Rolle, wenn die Projektgesellschaft ein schwacher Hinweis ist.

31 Das Aktivitätszentrum wird regelmäßig an dem **Ort** liegen, **von dem aus die Partner die Projektgesellschaft steuern**. Das kann der Ort der regelmäßigen Zusammenkünfte sein. Sind die Gesellschafter jedoch hauptsächlich in einem fernen Drittland tätig, liegt also dort das Aktivitätszentrum der Gesellschaft, dann wünschen sie selten dessen Recht als Vertragsstatut. Denn die Normen sind ihnen regelmäßig fremd.[56] Hier müssen zusätzliche Hinweise weiterhelfen. Ähnliches gilt, wenn sich kein Aktivitätszentrum ausmachen lässt, etwa

---

51) Vgl. BGH, WM 1960, 1360, 1361 = AWD 1960, 329 = NJW 1961, 25.
52) Vgl. *Kindler* in: MünchKomm-BGB, IntGesR Rz. 614; *Großfeld* in: Staudinger, BGB, IntGesR Rz. 345.
53) *Göthel*, RIW 1999, 566, 573; ebenso *Braun*, S. 52.
54) Vgl. *von Hoffmann* in: Soergel, BGB, Art. 28 EGBGB Rz. 283.
55) *Großfeld* in: Staudinger, BGB, IntGesR Rz. 773; ähnlich *Magnus* in: Staudinger, BGB, Art. 28 EGBGB Rz. 629; vorrangig für dieses Anknüpfungsmerkmal im schweizerischen Recht *Vischer/Huber/Oser*, Rz. 712.
56) So *von Hoffmann* in: Soergel, BGB, Art. 37 EGBGB Rz. 49, wenn die Gesellschafter ihren gewöhnlichen Aufenthaltsort nicht in dem Staat haben, in dem sie den Gesellschaftszweck verfolgen.

weil die Gesellschafter gleichmäßig verteilt über mehrere Länder aktiv sind. In diesen Fällen können ein gemeinsamer gewöhnlicher Aufenthaltsort oder Hauptniederlassungen in demselben Staat weiterhelfen. Entscheiden kann auch der gewöhnliche Aufenthaltsort der Partei, welche die überwiegende Leistung erbringt oder die Geschäftsführung übernommen hat.[57] Ausschlaggebend kann ebenso der Ort sein, an dem das Gesellschaftsvermögen belegen ist. Schließlich können sich Hinweise ergeben aus den persönlichen Verhältnissen der Beteiligten oder den Umständen des Vertragsschlusses.[58]

c) **Sonstige Hinweise**

Haben die Partner ihren **Sitz in demselben Land,** ist dies ein starker Hinweis auf das dortige Recht. Oft wünschen sie dieses Recht, da es ihnen vertraut ist und auch sonst regelmäßig ihre Rechtsbeziehungen regelt. Zudem können sie sich darüber am ehesten und kostengünstigsten informieren. Ausschlaggebend kann ebenso sein, dass sie dieses Recht erwartet haben.[59]

Eine unterschiedliche Stellung der Beteiligten im Joint Venture kann ebenfalls ein Hinweis auf das anwendbare Recht sein. Er führt zum Recht des Partners, der die **überragende Stellung** hat. Denkbar ist, dass ein Partner die herausragende Leistung erbringt. Dies mag bspw. Technologie sein, ohne die das Joint Venture nicht bestehen könnte. Diese Leistung kann man heranziehen, wenn sich sonst kein Schwerpunkt des Vertrags finden lässt.[60] Die überragende Stellung eines Partners kann sich auch aus einer Mehrheitsbeteiligung ergeben. Diese Position kann sich verstärken, wenn der Partner zudem die wesentlichen Entscheidungen überwiegend allein treffen kann, weil der Joint Venture Vertrag bspw. Alleinentscheidungsrechte oder kaum qualifizierte Mehrheitsentscheidungen vorsieht. Gleiches gilt, wenn der Partner die Geschäftsleiter der Projektgesellschaft stellt und im Joint Venture Vertrag kaum qualifizierte Zustimmungsvorbehalte für diese vorgesehen sind.

Als weitere allgemeine Hinweise sind zu nennen der **Erfüllungs-** und **Abschlussort** des Vertrags, die Mitwirkung einer **amtlichen Stelle,** die **Vertrags-**

32

33

34

---

57) *von Hoffmann* in: Soergel, Art. 37 EGBGB Rz. 49.
58) *Ferid* in: FS Hueck, S. 343, 349; *Grasmann*, Rz. 1144.
59) Vgl. BGH, WM 1960, 1360, 1361 = AWD 1960, 329 = NJW 1961, 25.
60) Vgl. *von Hoffmann* in: Soergel, BGB, Art. 37 EGBGB Rz. 49. Das ist nicht zu verwechseln mit einer Einordnung als charakteristische Leistung. Sähe man den Technologietransfer als charakteristische Leistung an, würde Art. 4 Abs. 2 Rom I-VO direkt zum Recht des leistenden Partners führen. Auf eine Abwägung verschiedener Hinweise kommt es nicht mehr an (Ausnahme Art. 4 Abs. 3 Rom I-VO). Im Rahmen des Art. 4 Abs. 4 Rom I-VO ist der Technologietransfer nur ein – zudem subsidiärer – Hinweis auf das anwendbare Recht. Er kann daher nie allein zum Vertragsstatut führen; hierzu sind alle Hinweise zu bewerten und abzuwägen.

sprache und die vereinbarte **Währung**.[61] Zudem kann die **Beteiligung eines Staats** am Joint Venture auf dessen Recht hinweisen.[62]

d) Kumulation von Sachnormen

35 In der Literatur hat man vor Inkrafttreten der Rom I-Verordnung teilweise vorgeschlagen, die Sachnormen kumulativ den Rechtsordnungen der Partner zu entnehmen. Dieser Weg sollte ein *„Notanker"* sein, wenn sich nicht über Art. 28 Abs. 1 EGBGB a. F. feststellen ließ, mit welchem Recht der Joint Venture Vertrag am engsten verbunden ist. Etwaige Wertungswidersprüche sollten angepasst werden.[63]

36 Dieser Weg war und ist jedoch für einen staatlichen Richter **nicht gangbar**. Die Rom I-Verordnung kennt keinen Vertrag ohne Statut und keinen Vertrag, der nicht mit einer Rechtsordnung am engsten verbunden ist. Art. 4 Abs. 4 Rom I-VO zwingt den Richter festzustellen, wo die Vereinbarung ihren Schwerpunkt hat. Dies gilt auch dann, wenn sie mit mehreren Rechtsordnungen annähernd gleich eng verbunden ist.[64] Einen weiteren subsidiären Anknüpfungspunkt gibt es nicht. Nur für einen Schiedsrichter bietet sich dieser Weg als *„Notanker"* an.[65]

IV. Reichweite

37 Die gewählte oder objektiv bestimmte *lex causae* erfasst grundsätzlich den gesamten Joint Venture Vertrag.[66] Sie beherrscht ihn *„von der Wiege bis zum Grabe"*.[67] Nur seine Form (dazu sogleich Rz. 38 f.) und die Geschäftsfähigkeit

---

61) Ausführlich zu den einzelnen Kriterien *Martiny* in: Reithmann/Martiny, Int. Vertragsrecht, Rz. 196 ff.; vgl. auch *Martiny* in: MünchKomm-BGB, Art. 4 Rom I-VO Rz. 284 ff.
62) Näher dazu *Göthel*, Joint Ventures, S. 101 ff.; vgl. auch *Martiny* in: MünchKomm-BGB, Art. 4 Rom I-VO Rz. 296.
63) *Großfeld* in: Staudinger, BGB, IntGesR Rz. 776; *Zweigert/von Hoffmann* in: FS Luther, S. 203, 209; gegen die Kumulation von Rechtsordnungen *Magnus* in: Staudinger, BGB, Art. 28 EGBGB Rz. 635; *Kindler* in: MünchKomm-BGB, IntGesR Rz. 801.
64) Ebenso *Martiny* in: Reithmann/Martiny, Int. Vertragsrecht, Rz. 186; *Martiny* in MünchKomm-BGB, Art. 4 Rom I-VO Rz. 272 ff.
65) Nach *Zweigert/von Hoffmann* in: FS Luther, S. 203, 209, ist dieser Weg in der Praxis der Schiedsgerichte durchaus üblich.
66) S. im Einzelnen Art. 10 und insbes. Art. 12 Rom I-VO. Die Joint Venture Partner dürfen in einigen Fällen das anwendbare Recht auf einen bestimmten Zeitpunkt fixieren (Stabilisierungs- und Versteinerungsklauseln). Damit erreichen sie, dass das anwendbare Recht gegen spätere Veränderungen immun ist; s. *Martiny* in: Reithmann/Martiny, Int. Vertragsrecht, Rz. 106 ff.; *Göthel*, Joint Ventures, S. 85 ff.; grundlegend zum früheren Recht *Merkt*, Investitionsschutz, passim.
67) Vgl. *Kegel/Schurig*, IPR, § 17 Abs. 5 Satz 1, S. 611.

Teil 3 – Grenzüberschreitendes Joint Venture

der Joint Venture Partner knüpft man gesondert an.[68] Im Übrigen sind vorrangige Regelungen des Gesellschaftsstatuts zu beachten (siehe oben Rz. 7 ff.).

V. Form

Formfragen unterliegen – wie auch bei anderen Rechtsgeschäften – dem sog. **Formstatut**. Das Formstatut ermittelt sich für Verpflichtungsgeschäfte nach Art. 11 Rom I-VO. Maßgeblich ist das auf den Vertrag anwendbare Recht (Vertragsform, **Vertragsstatut**, Wirkungsstatut) oder alternativ das Ortsrecht, d. h. das Recht am Ort des Vertragsschlusses (Ortsform, **Ortsstatut**) (Art. 11 Abs. 1 Rom I-VO). Bei einem **Distanzvertrag** (Parteien sind bei Abschluss in verschiedenen Staaten) gelten neben dem Vertragsstatut alternativ die Rechte eines jeden Staats, in dem sich eine der Vertragsparteien oder ihr Vertreter zum Zeitpunkt des Vertragsschlusses aufhält (Ortsstatut) oder eine der Vertragsparteien ihren gewöhnlichen Aufenthalt hat (Art. 11 Abs. 2 Rom I-VO) (für die Anknüpfung des Formstatuts gelten die oben in § 9 Rz. 2 ff. gemachten Ausführungen zum Unternehmenskaufvertrag entsprechend). 38

Ist deutsches Recht Formstatut, ist zu prüfen, ob eine notarielle Beurkundung über **§ 15 Abs. 3 und/oder Abs. 4 GmbHG** erforderlich ist. Diese Frage stellt sich bei einer deutschen GmbH als Projektgesellschaft insbesondere dann, wenn der Joint Venture Vertrag bereits Regelungen über etwaige spätere Übertragungen von Geschäftsanteilen an der Projektgesellschaft enthält (bspw. Call- und Put-Optionen).[69] Gleiches gilt bei einer ausländischen Projektgesellschaft, sofern deren Gesellschaftsform mit der GmbH vergleichbar ist (siehe oben § 9 Rz. 40 ff.). Für die Praxis empfiehlt sich, in diesen Fällen den Joint Venture Vertrag entweder vorsichtshalber beurkunden zu lassen (zur Beurkundungsmöglichkeit im Ausland siehe oben § 9 Rz. 25 ff.) oder, wenngleich umstritten, ein abweichendes Formstatut zu wählen (dazu oben § 9 Rz. 48, 7), um nicht die Unwirksamkeit des Vertrags zu riskieren.[70] 39

---

68) Bei der Geschäftsfähigkeit, die gemäß Art. 1 Abs. 2 lit. a (für natürliche Personen) und f (für Gesellschaften) Rom I-VO vom Anwendungsbereich der Verordnung ausgenommen ist, ist zu unterscheiden: Ist ein Joint Venture Partner eine natürliche Person, gilt Art. 7 EGBGB. Ist der Partner eine Gesellschaft, gelten die Regeln des Internationalen Gesellschaftsrechts; näher dazu *Großfeld* in: Staudinger, BGB, IntGesR Rz. 278. Zudem gilt das Vertragsstatut nicht für Absprachen, die sich auswirken auf die Gesellschafterstellung und die Struktur der Projektgesellschaft. Hier gilt das Statut der gemeinsamen Gesellschaft (s. o. Rz. 4 ff.). Zur Anknüpfung der rechtsgeschäftlichen Vertretung s. *Hausmann* in: Reithmann/Martiny, Int. Vertragsrecht, Rz. 5421 ff.; *Kegel/Schurig*, IPR, § 17 Abs. 5 Satz 2, S. 619 ff.
69) Näher *Sieger/Hasselbach*, NZG 1999, 485; *Schulte/Sieger*, NZG 2005, 24, 27 f.
70) *Göthel* in: Reithmann/Martiny, Int. Vertragsrecht, Rz. 4662.

VI. Eingriffsrecht

40 Im Rahmen des Vertragsstatuts kann es wie beim Unternehmenskaufvertrag notwendig sein, Eingriffsrecht zu beachten (siehe dazu oben § 7 Rz. 60 ff.).

E. Zusatzverträge

41 Es gibt nicht den typischen Zusatzvertrag. Vielmehr kann die Rechtnatur dieser Verträge **sehr verschieden** sein. Er kann den klassischen Typen angehören, also etwa Kauf-, Dienst-, Werk-, Miet-, Darlehens- oder Arbeitsvertrag sein. Er kann auch zu den modernen Typen gehören und ein Franchising-, Lizenz-, Knowhow-, Technologietransfer- oder Managementvertrag sein. Daher kann für die allgemeine Anknüpfung solcher Verträge auf die für diese Vertragstypen üblichen Anknüpfungsregeln verwiesen werden.[71] Im Folgenden geht es um eine Besonderheit dieser Verträge, die sich auch kollisionsrechtlich auswirkt: Sie bilden zusammen mit dem Joint Venture Vertrag und der Projektgesellschaft ein **komplexes Vertragswerk**. Dessen einzelne Rechtsverhältnisse sind zwar rechtlich selbständig, aber wirtschaftlich eng miteinander verzahnt. Dies ist bei der Anknüpfung zu beachten.

I. Wählbare Rechte

42 Die Parteien dürfen für ihre Zusatzverträge das gewünschte Recht grundsätzlich in dem Rahmen wählen, der für den Unternehmenskaufvertrag erörtert wurde (siehe oben § 6 Rz. 45 ff.). Das Kollisionsrecht beachtet eine etwaige Wahl (Parteiautonomie). Eine abweichende objektive Anknüpfung ist nicht möglich, selbst wenn sie die wirtschaftliche Verflechtung im Joint Venture Vertragswerk besser berücksichtigen mag.

II. Stillschweigende Rechtswahl

43 Eine eindeutige stillschweigende Wahl kann sich aufgrund der oben genannten Hinweise ergeben (siehe oben § 6 Rz. 104 ff.). Zudem sind die nachfolgenden Umstände zu beachten. Sie deuten auf das Statut des Joint Venture Vertrags.

44 Verweisen die Partner in einem Zusatzvertrag ausdrücklich auf den **Joint Venture Vertrag** und enthält dieser eine Rechtswahlklausel, so ist das ein Indiz für die Wahl des dort bestimmten Rechts. Denn der Verweis macht die Rechtswahlklausel zu einem Bestandteil des Zusatzvertrags.[72] Es kann auch genügen, wenn die Parteien nur Teile des Joint Venture Vertrags übernehmen – z. B.

---

71) S. ausführlich dazu etwa die Darstellung der einzelnen Vertragsarten bei *Reithmann/Martiny*, Int. Vertragsrecht, sowie bei *Martiny* in: MünchKomm-BGB, Art. 3 und 4 Rom I-VO.

72) Vgl. zum früheren Recht BGH, AWD 1967, 108, 109; *von Hoffmann/Thorn*, § 10 Rz. 35; *von Hoffmann* in: Soergel, BGB, Art. 27 EGBGB Rz. 46. Hierin kann man auch eine ausdrückliche Rechtswahl sehen, so *Vetter*, ZVglRWiss 87 (1988), 248, 252.

Klauseln über Kündigung, Vertragsstrafe, Haftung oder Garantien – oder auf solche Teile verweisen und die Rechtswahlklausel nicht ausdrücklich mit ansprechen. In diesem Fall kann man annehmen, das Vertragsstatut des Joint Venture Vertrags, das ja für die inkorporierten Klauseln maßgeblich ist, soll insgesamt für den Zusatzvertrag gelten.[73] Dieser Hinweis verstärkt sich, wenn die Klauseln eindeutig nach dem gewählten Recht ausgestaltet sind, namentlich einzelne Vorschriften hieraus benennen.

Sogar allein der Umstand, dass der Joint Venture Vertrag eine Rechtswahlklausel hat, mag ausreichen, um eine stillschweigende Wahl des dort genannten Rechts zu begründen. So heißt es im Bericht von *Giuliano/Lagarde*, zum EVÜ, dem Vorläufer der Rom I-Verordnung: **45**

> „In anderen Fällen kann die Tatsache, dass bei einem früheren Vertrag zwischen den Vertragsparteien eine ausdrückliche Rechtswahl getroffen worden ist, es dem Richter ermöglichen, sofern die vorliegenden Umstände keine Änderung der Haltung der Parteien erkennen lassen, auch bei Fehlen einer Rechtswahlklausel zweifelsfrei festzustellen, dass der Vertrag dem gleichen wie dem vormals gewählten Recht unterworfen werden soll."[74]

III. Fehlende Rechtswahl

Bei fehlender Wahl ist Art. 4 Rom I-VO anzuwenden. Danach gilt zunächst Art. 4 Abs. 1 Rom I-VO, sofern sich der Zusatzvertrag einem der **aufgezählten Vertragsarten** zuordnen lässt. Ist eine solche Zuordnung nicht möglich oder sind die Bestandteile eines Zusatzvertrags durch mehr als einen der genannten Vertragstypen abgedeckt, unterliegt die Vereinbarung regelmäßig dem Recht des Staats, in dem die Partei, welche die **charakteristische Leistung** zu erbringen hat, ihren gewöhnlichen Aufenthaltsort hat (Art. 4 Abs. 2 i. V. m. Art. 19 Rom I-VO). Lässt sich auch hiernach das anwendbare Recht nicht bestimmen, unterliegt der Vertrag gemäß Art. 4 Abs. 4 Rom I-VO dem Recht des Staats, mit dem er am **engsten verbunden** ist. Das Recht der engsten Verbindung kann allerdings auch über die Ausweichklausel des Art. 4 Abs. 3 Rom I-VO anzuwenden sein. **46**

Bei der Suche nach der engsten Verbindung sind über die üblichen Kriterien hinaus zwei Gesichtspunkte zu beachten: Zum einen können die Zusatzverträge schuldrechtliche Nebenabreden im Verhältnis zum Gesellschaftsvertrag der Projektgesellschaft sein. Dies kann dazu führen, dass sie am engsten verbunden sind mit dem auf die Gesellschaft anwendbaren Recht.[75] Zum anderen sind sie **47**

---

73) Vgl. *Vetter*, ZVglRWiss 87 (1988), 248, 257 f.
74) *Giuliano/Lagarde*, BT-Drucks. 10/503, S. 33, 49; vgl. auch LG Hamburg, IPRspr. 1973 Nr. 9, 26.
75) Es gelten die dargestellten Grundsätze zur Schwerpunktermittlung beim Joint Venture Vertrag (s. o. Rz. 20 ff.). Daher ist zu fragen, ob die Parteien für den Zusatzvertrag das Recht wollen, das auch für die Projektgesellschaft gilt. Dies gilt sowohl bei Art. 4 Abs. 3 Rom I-VO wie bei Art. 4 Abs. 4 Rom I-VO.

eng mit dem Joint Venture Vertrag verzahnt, wenn die Partner in ihm vereinbaren, unter welchen Bedingungen sie zeitlich nachfolgende Zusatzverträge abschließen werden. Somit kann es schnell zu Spannungen und Anpassungsproblemen kommen, wenn die Verträge unterschiedlichen Rechtsordnungen unterliegen. Es kann also sinnvoll sein, bereits mit Hilfe des Kollisionsrechts die Zahl der anwendbaren Rechte zu verkleinern. Dieses Ziel lässt sich erreichen, indem man die Zusatzverträge **akzessorisch anknüpft** an den Joint Venture Vertrag.[76]

1. Akzessorische Anknüpfung

48 Die Frage einer akzessorischen Anknüpfung stellt sich immer dann, wenn mehrere Verträge inhaltlich oder wirtschaftlich miteinander zusammenhängen und hierdurch eine größere Einheit bilden.[77] Sie kann helfen, Reibungsflächen und Brüche zu verhindern, die fast zwangsläufig entstehen, wenn mehrere Rechte einen wirtschaftlichen Vorgang regeln.[78] Hierzu erstreckt man das **Statut des dominanten Rechtsverhältnisses** auf die übrigen Rechtsverhältnisse.[79] Im Ergebnis regelt nur ein Recht das einheitliche Lebensverhältnis. Das fördert den inneren Entscheidungseinklang und die Rechtssicherheit.[80]

49 Die akzessorische Anknüpfung erfolgt über die Ausweichklausel des Art. 4 Abs. 3 Rom I-VO oder über Art. 4 Abs. 4 Rom I-VO:

- Lässt sich ein Zusatzvertrag einem der in Art. 4 Abs. 1 Rom I-VO aufgezählten Vertragsarten zuordnen oder lässt sich eine charakteristische Leistung bestimmen, kann sich über Art. 4 Abs. 3 Rom I-VO ergeben, dass er von dem so gefundenen Anknüpfungsergebnis abweichend akzessorisch an das Statut des Joint Venture Vertrags anzuknüpfen ist.

- Lässt sich der Zusatzvertrag nicht über Art. 4 Abs. 1 oder 2 Rom I-VO anknüpfen, gilt Art. 4 Abs. 4 Rom I-VO. Bei der dortigen Schwerpunktermittlung ist zu prüfen, ob sich der Zusatzvertrag an den Joint Venture Vertrag anknüpfen lässt.

---

76) Vgl. zu diesen Gesichtspunkten Erwägungsgrund 21 Rom I-VO, wonach bei der Bestimmung des anwendbaren Rechts über die engste Verbindung u. a. berücksichtigt werden soll, ob der Vertrag in einer sehr engen Verbindung zu einem oder mehreren anderen Verträgen steht.

77) Vgl. *Martiny* in: MünchKomm-BGB, Art. 4 Rom I-VO Rz. 253; *Spickhoff* in Bamberger/ Roth, BGB, Art. 4 Rom I-VO Rz. 6; *Ferrari* in: Ferrari/u. a., Int. Vertragsrecht, Art. 4 Rom I-VO Rz. 75 f.; beachte noch zur alten Rechtslage BGH, NJW-RR 2011, 130, der eine akzessorische Anknüpfung bei Sicherungsrechten ablehnt.

78) So *Jayme*, IPRax 1987, 63, 64; ähnlich *Martiny* in: MünchKomm-BGB, Art. 4 Rom I-VO Rz. 253.

79) *Ferrari* in: Ferrari/u. a., Int. Vertragsrecht, Art. 4 Rom I-VO Rz. 76.

80) Vgl. *Kreuzer* in: FS von Caemmerer, S. 705, 719; *von der Seipen*, S. 55 ff. und S. 162.

Diese Grundsätze gelten jedoch nur für Verträge, bei denen die Parteien identisch sind. Verträge mit Dritten sind regelmäßig selbständig anzuknüpfen, wenn sich der Dritte nicht dem Hauptvertrag unterworfen hat.[81]   50

2. Abwägung

Stets muss der Einzelfall entscheiden, ob sich ein Zusatzvertrag akzessorisch   51
anknüpfen lässt. Ein Richter muss sämtliche Hinweise und Parteiinteressen abwägen. Im Folgenden werden die verschiedenen Interessenlagen und mögliche Richtungen aufgezeigt.

Die Parteien möchten regelmäßig, dass die beteiligten Rechte miteinander harmonieren (**Konsistenzinteresse** oder **Interesse am inneren Entscheidungseinklang**).[82] Dieses Interesse stützt eine akzessorische Anknüpfung. Sie will gerade Brüche vermeiden, die entstehen können, wenn mehrere Rechtsordnungen gelten. Aber das Konsistenzinteresse wiegt nicht immer gleich stark. Es wiegt schwächer, wenn ein Zusatzvertrag in sich abgeschlossen ist und nicht oder kaum auf den Joint Venture Vertrag zurückgreift. So bspw., wenn ein Partner klar abgegrenzte Teilleistungen zu erbringen hat. Denn in diesem Fall ist die Gefahr von Widersprüchen zwischen den verschiedenen Rechtsordnungen klein.[83] Hingegen wiegt das Interesse am inneren Entscheidungseinklang schwerer, wenn die Verträge eng miteinander verzahnt sind. Die Gefahr von Brüchen und Reibungen wächst und mit ihr das Interesse der Parteien an einem einzigen Recht für ihre Rechtsverhältnisse.[84]   52

Das **Kontinuitätsinteresse** kann ebenfalls dafür sprechen, einen Zusatzvertrag   53
an den Joint Venture Vertrag anzuknüpfen. Dahinter steckt das Anliegen von Parteien einer länger andauernden Geschäftsbeziehung, das anwendbare Recht nicht ständig zu wechseln. Es enthält den Wunsch nach einer verlässlichen Arbeitsbasis für die gesamte Zeit der Zusammenarbeit.[85] Zudem erreicht man, dass nur ein einziges Recht die oft sachlich zusammenhängenden Fragen beurteilt. Auch ein solches Interesse der Parteien ist zu beachten (**Sachzusammenhangsinteresse**). Dies gilt selbst dann, wenn sich die Gefahr von Brüchen und Reibungen zwischen verschiedenen Rechten nicht aufdrängt.[86]

Ist ein Zusatzvertrag erkennbar nach einer bestimmten Rechtsordnung ausgerichtet, spricht dies dagegen, ihn an den Joint Venture Vertrag anzuknüpfen. Sollte in diesem Fall nicht schon eine stillschweigende Rechtswahl vorliegen, wird   54

---

81) *Martiny* in: MünchKomm-BGB, Art. 4 Rom I-VO Rz. 255; *Ferrari* in: Ferrari/u. a., Int. Vertragsrecht, Art. 4 Rom I-VO Rz. 75.
82) *Jayme*, IPRax 1987, 63, 64; *von der Seipen*, S. 163; *Kegel/Schurig*, IPR, § 2 Abs. 2, S. 141 ff.
83) Vgl. *von der Seipen*, S. 277.
84) Vgl. *von der Seipen*, S. 170.
85) Allgemein zum kollisionsrechtlichen Kontinuitätsinteresse *Lüderitz* in: FS Kegel, S. 31, 38 ff.
86) Vgl. *Kreuzer* in: FS von Caemmerer, S. 705, 719; *von der Seipen* S. 195.

doch deutlich, dass die Interessen schwach wiegen, den Zusatzvertrag akzessorisch anzuknüpfen. Denn den Partnern kommt es ersichtlich nicht darauf an, ein einziges Recht auf die verschiedenen Verträge anzuwenden.

55 Insgesamt lässt sich aber festhalten, dass Zusatzverträge häufig an den Joint Venture Vertrag anzuknüpfen sind. Das Ziel des Joint Venture Vertrags ist, erfolgreich zusammenzuarbeiten. Die Zusatzverträge dienen dazu, dieses Ziel zu erreichen. Daher ist der Joint Venture Vertrag das dominante Rechtsverhältnis und sein Statut auf die Zusatzverträge zu erstrecken.[87] Dies entspricht regelmäßig den vernünftigen Parteiinteressen. Zudem fördert es das Ziel des Internationalen Privatrechts, Zusammenhängendes nicht zu zerreißen, sondern auf *„ein Lebensverhältnis ein Recht"* anzuwenden.[88]

F. Contractual Joint Venture

56 Das Contractual Joint Venture begründet regelmäßig eine Personengesellschaft (siehe oben Rz. 12). Für die Anknüpfung ist damit entscheidend, ob es eine nach außen hervortretende Organisation hat. Ist dies gegeben, gelten die Regeln des Internationalen Gesellschaftsrechts. Bei fehlender Organisation greifen die Regeln des Internationalen Schuldvertragsrechts und damit der Rom I-Verordnung (siehe oben Rz. 14 f.). Die Joint Venture Partner dürfen das gewünschte Recht wählen (siehe oben Rz. 16 ff.). Bei fehlender Wahl gilt Art. 4 Rom I-VO. Art. 4 Abs. 1 und Abs. 2 Rom I-VO helfen nicht weiter, weil sich der Gesellschaftsvertrag eines Contractual Joint Venture keinem der genannten Vertragsarten zuweisen lässt und keiner der Partner eine charakteristische Leistung erbringt (siehe oben Rz. 18 f.). Nach Art. 4 Abs. 4 Rom I-VO ist der Vertrag häufig mit dem Ort am engsten verbunden, an dem die Partner den Gesellschaftszweck hauptsächlich verfolgen (Aktivitätszentrum) (siehe oben Rz. 30 f.).

---

[87] Vgl. zum früheren Recht *von Hoffmann* in: Soergel, BGB, Art. 28 EGBGB Rz. 120, 506 und 519.
[88] Vgl. *Kreuzer* in: FS von Caemmerer, S. 705, 733 und 719; *Spellenberg* in: MünchKomm-BGB, Vor Art. 11 EGBGB Rz. 22.

§ 41 Kartellrecht

Übersicht

A. Einführung 1
B. Europäisches Kartellrecht 5
 I. Die Gründung eines Gemeinschaftsunternehmens als Zusammenschluss i. S. der FKVO 8
  1. Vollfunktions-GU 9
  2. Teilfunktions-GU 13
 II. Die Anwendung der FKVO auf Gemeinschaftsunternehmen 14
  1. Überblick 14
  2. Materiell-rechtliche Doppelkontrolle 16
   a) SIEC-Test 16
   b) Die Prüfung nach Art. 2 Abs. 4 und 5 FKVO 17
  3. Nebenabreden 22
 III. Die Anwendung von Art. 101 AEUV bzw. nationaler Kartellverbote auf Gemeinschaftsunternehmen 24
  1. Grundlagen 24
  2. Teilfunktions-GU 29
   a) Der Tatbestand des Kartellverbots 29
   b) Die Möglichkeit der Freistellung 34
    aa) Gruppenfreistellungsverordnungen 35
    bb) Einzelfreistellung 36
C. Deutsches Kartellrecht 40
 I. Die Gründung eines Gemeinschaftsunternehmens als Zusammenschluss i. S. des GWB 40
  1. Bildung eines Gemeinschaftsunternehmens durch Anteilserwerb 41
  2. Bildung eines Gemeinschaftsunternehmens durch Kontrollerwerb 42
 II. Berechnung der Umsatzschwellenwerte 45
 III. Exkurs: Die Anwendbarkeit des GWB auf ausländische Gemeinschaftsunternehmen 46
 IV. Materiell-rechtliche Prüfung 49
  1. Fusionskontrollrechtliche Prüfung 50
  2. Kartellrechtliche Prüfung 51

Literatur: *Bechtold*, GWB, Kommentar, 7. Aufl., 2013; *Bechtold/Bosch/Brinker*, EU-Kartellrecht, 3. Aufl., 2014; *v. Brevern*, Die „Gründung eines Gemeinschaftsunternehmens" nach Art. 3 Abs. 4 der Fusionskontrollverordnung, WuW 2012, 225; *Emmerich*, Kartellrecht, 13. Aufl., 2014; *Gutermuth*, Der neue Kartellrechtsrahmen für Forschungs- und Entwicklungsvereinbarungen, WuW 2012, 237; *Immenga/Mestmäcker*, Wettbewerbsrecht, Bd. 1: Kommentar zum Europäischen Kartellrecht, 5. Aufl., 2012; *Langen/Bunte*, Kommentar zum deutschen und europäischen Kartellrecht, Bd. 2: Europäisches Kartellrecht, 12. Aufl., 2014; *Mestmäcker/Schweitzer*, Europäisches Wettbewerbsrecht, 2. Aufl., 2004; Münchener Kommentar zum Europäischen und Deutschen Wettbewerbsrecht (Kartellrecht), hrsg. v. Hirsch/Montag/Säcker, Bd. 1: Europäisches Wettbewerbsrecht, 2. Aufl., 2014, im Erscheinen (zit.: MünchKomm-EuWettbR); *Pohlmann*, Doppelkontrolle von Gemeinschaftsunternehmen im europäischen Kartellrecht, WuW 2003, 473; *Schroeder*, Schnittstellen der Kooperations- und Oligopolanalyse im Fusionskontrollrecht, WuW 2004, 893; *Schulte*, Handbuch der Fusionskontrolle, 2. Aufl., 2010 (zit.: Hdb. Fusionskontrolle); *Rosenthal/Thomas*, European Merger Control, 2010; *Wiedemann*, Handbuch des Kartellrechts, 2. Aufl., 2008 (zit.: Hdb. Kartellrecht).

§ 41 Kartellrecht

A. Einführung

1 In der Praxis erfüllen Gemeinschaftsunternehmen (*Joint Ventures*) oftmals wichtige wirtschaftliche Aufgaben. Sie werden insbesondere dazu eingesetzt, um vorhandene Ressourcen verschiedener Unternehmen zur Erfüllung eines gemeinsamen Zwecks in optimaler Hinsicht zusammenzuführen. Aus der Perspektive des Kartellrechts können zwei Effekte der Gründung bzw. der Übernahme eines Gemeinschaftsunternehmens problematisch sein.

2 Zunächst führt eine auf Dauer angelegte Zusammenlegung von Geschäftsaktivitäten zu einer Veränderung der Spieler auf dem Markt und damit zu einer Schwächung des Wettbewerbsdrucks. Man spricht in diesem Zusammenhang von **konzentrativen Effekten**, die mit der Gründung des Gemeinschaftsunternehmens einhergehen.[1] Eine solche Schwächung des Wettbewerbs will die Zusammenschlusskontrolle verhindern.

3 Darüber hinaus kann die Gründung bzw. die Übernahme eines Gemeinschaftsunternehmens auch zu einer Einschränkung des Konkurrenzkampfes zwischen den Eigentümern führen. Die Muttergesellschaften können im Zuge ihrer Zusammenarbeit zentrale Wettbewerbsparameter zu Lasten des Wettbewerbs koordinieren. Diese Koordinierung kann sogar über die Aktivitäten des Gemeinschaftsunternehmens hinausgehen und sich auf nicht zusammengelegte Geschäftsbereiche erstrecken. Diese Art der Wettbewerbsbeschränkung, die traditionell am Maßstab des Kartellverbots (§ 1 GWB, Art. 101 AEUV) beurteilt wird, wird als **kooperativer Effekt** von Gemeinschaftsunternehmen bezeichnet.[2] Gemeinschaftsunternehmen stehen daher als Organisation „zwischen Kartell und Zusammenschluss".[3]

4 Im Laufe der Zeit haben sich in den verschiedenen Jurisdiktionen der Welt unterschiedliche Konzepte herausgebildet, anhand welcher Kriterien Gemeinschaftsunternehmen kartellrechtlich zu überprüfen sind. Nachfolgend soll zunächst das europäische Recht beleuchtet werden (B.), bevor anschließend das deutsche Recht dargestellt wird (C.), das mittlerweile an das europäische Recht angepasst wurde.

---

1) *Henschen* in: Schulte, Hdb. Fusionskontrolle, Rz. 1625; *Schroeder* in: Wiedemann, Hdb. Kartellrecht, § 8 Rz. 23; *Zimmer* in: Immenga/Mestmäcker, Art. 101 Abs. 1 AEUV Rz. 306.
2) *Henschen* in: Schulte, Hdb. Fusionskontrolle, Rz. 1625; *Schroeder* in: Wiedemann, Hdb. Kartellrecht, § 8 Rz. 23; *Zimmer* in: Immenga/Mestmäcker, Art. 101 Abs. 1 AEUV Rz. 306.
3) *Mestmäcker/Schweitzer*, § 24 Rz. 36.

B. Europäisches Kartellrecht

Die Grundlagen der europäischen fusionskontrollrechtlichen Prüfung nach Maß- 5
gabe der Verordnung 139/2004 (**FKVO**)[4)] sind bereits in § 18 dargelegt worden.
Der fusionskontrollrechtlichen Prüfung unterliegen nur solche Transaktionen,
die

- die Aufgreifschwellen des Art. 1 FKVO erfüllen (siehe § 18 Rz. 11, Rz. 48 ff.),
- den Zusammenschlusstatbestand des Art. 3 FKVO erfüllen (siehe § 18 Rz. 31 ff.) und
- sich auf den Gemeinsamen Markt auswirken (siehe § 18 Rz. 78 ff.).

Der nachfolgende Überblick fokussiert auf Besonderheiten, die bei der kartell- 6
rechtlichen Beurteilung von Gemeinschaftsunternehmen zu berücksichtigen sind.

Die Beurteilungsmaßstäbe für die Einstufung eines Gemeinschaftsunternehmens 7
als Kartell i. S. von Art. 101 AEUV oder als Zusammenschluss i. S. des Fusionskontrollrechts haben sich in der Vergangenheit mehrfach gewandelt. Dabei wurde
der Anwendungsbereich des strengen Kartellverbots in Bezug auf Gemeinschaftsunternehmen mehr und mehr zurückgedrängt.[5)] Heute folgt die rechtliche Beurteilung von Gemeinschaftsunternehmen im Gemeinschaftsrecht einem **abgeschwächten Trennungsprinzip**: Bestimmte Gemeinschaftsunternehmen werden
nach der FKVO beurteilt (und zwar sowohl hinsichtlich ihrer konzentrativen als
auch der kooperativen Wirkungen), andere Gemeinschaftsunternehmen werden
allein am Maßstab des Art. 101 AEUV geprüft.

I. Die Gründung eines Gemeinschaftsunternehmens als Zusammenschluss i. S. der FKVO

Die Besonderheiten, die bei Gemeinschaftsunternehmen in Bezug auf die Be- 8
stimmung der am Zusammenschluss beteiligten Unternehmen zu beachten sind,
wurden bereits oben erläutert (siehe § 18 Rz. 57). Im Folgenden soll sich daher
auf das Tatbestandsmerkmal des Zusammenschlusstatbestands in Zusammenhang mit der Gründung von Gemeinschaftsunternehmen konzentriert werden
(Art. 3 FKVO). Der Begriff der „Gründung" ist weit zu verstehen, da neben
der Neugründung eines Unternehmens auch ein Wechsel der Kontrolle an einem
bestehenden Gemeinschaftsunternehmen den Zusammenschlusstatbestand erfüllen kann.[6)] Allerdings unterfallen nicht alle Gemeinschaftsunternehmen der

---

4) Verordnung Nr. 139/2004 des Rates v. 20.1.2004 über die Kontrolle von Unternehmenszusammenschlüssen, ABl. EU 2004 L 24/1.
5) Eingehend zu den Entwicklungsphasen in der wettbewerbsrechtlichen Beurteilung von Gemeinschaftsunternehmen *Emmerich*, § 17 Rz. 7 ff.; *Mestmäcker/Schweitzer*, § 24 Rz. 48 ff.
6) Eingehend zu den verschiedenen Fallgruppen zur Beurteilung von Gemeinschaftsunternehmen *v. Brevern*, WuW 2012, 225, 226 ff., der 10 Fallgruppen unterscheidet.

FKVO. Vielmehr kommt es auf die Tätigkeiten des Gemeinschaftsunternehmens an: Nur Gemeinschaftsunternehmen, die voll funktionsfähig sind, stellen Zusammenschlüsse i. S. der FKVO dar (Rz. 9). Die Gründung bzw. ein Erwerb eines Teilfunktions-Gemeinschaftsunternehmens ist dagegen nicht am Maßstab der FKVO zu prüfen, sondern am Maßstab des Kartellverbots (Rz. 13).

1. Vollfunktions-GU

9 Die FKVO behandelt die **Gründung von Gemeinschaftsunternehmen** als einen Unterfall des gemeinsamen Kontrollerwerbs durch mindestens zwei Unternehmen (Art. 3 Abs. 1 lit. b, Abs. 3 und 4 FKVO). Dabei erfasst die FKVO zum einen die klassische Gründung eines Gemeinschaftsunternehmens durch zwei oder mehr Muttergesellschaften, unabhängig davon, ob ein ganz neues Unternehmen gegründet wird (sog. *greenfield operation*)[7] oder ob die Parteien Vermögenswerte, die sie bislang alleine kontrollierten, in ein Gemeinschaftsunternehmen verlagern.[8] Zum anderen greift die FKVO auch für die Umwandlung einer bislang ausschließlich kontrollierten Einheit in ein gemeinsam kontrolliertes Unternehmen.[9]

10 In beiden Konstellationen kann ein Zusammenschluss i. S. der FKVO allerdings nur dann angenommen werden, wenn das **Gemeinschaftsunternehmen „auf Dauer alle Funktionen einer selbständigen wirtschaftlichen Einheit erfüllt"** (Art. 3 Abs. 4 FKVO). Mit anderen Worten muss das Gemeinschaftsunternehmen **voll funktionsfähig** sein.[10] Voraussetzung für die Anwendung von Art. 3 Abs. 4 FKVO ist ferner, dass die kontrollierenden Muttergesellschaften ausschließlich eigene Vermögenswerte in das Gemeinschaftsunternehmen einbringen. Gründen zwei oder mehr Unternehmen ein Gemeinschaftsunternehmen und erwerben dabei zugleich die Kontrolle über ein Unternehmen oder einen Teil eines Unternehmens „von Dritten", so liegt nach Auffassung der Kommission ein nach den allgemeinen Regeln zu beurteilender Zusammenschluss vor, so dass es auf das Kriterium der Vollfunktionsfähigkeit nicht ankommt.[11]

11 *Beispiel*

G wird allein von A kontrolliert. Anschließend wollen B und C ebenfalls Kontrolle über G (Mitkontrolle) erwerben, so dass G gemeinsam von A, B und C kontrolliert würde. Nach Ansicht der Kommission handelt es sich bei dieser Transaktion nicht um die Gründung eines Gemeinschaftsunternehmens i. S. des Art. 3 Abs. 4 FKVO,

---

7) *Rosenthal/Thomas*, European Merger Control, B. Rz. 66.
8) Konsolidierte Mitteilung zu Zuständigkeitsfragen, ABl. EU 2009 C 43/10, abrufbar unter: http://eur-lex.europa.eu/LexUriServ/LexUriServ.do?uri=OJ:C:2009:043:0010:0057:DE:PDF (Abrufdatum: 10.7.2014), Rz. 92.
9) *v. Brevern*, WuW 2012, 225, 227 f.; *Rosenthal/Thomas*, European Merger Control, Rz. 71 ff.
10) Konsolidierte Mitteilung zu Zuständigkeitsfragen, ABl. EU 2009 C 43/10, Rz. 92.
11) Konsolidierte Mitteilung zu Zuständigkeitsfragen, ABl. EU 2009 C 43/10, Rz. 91; krit. dazu *v. Brevern*, WuW 2012, 225, 232 ff.

da Vermögenswerte von Dritten einbezogen werden. Sofern die am Zusammenschluss beteiligten Unternehmen A, B und C die Werte der in Art. 1 Abs. 2 FKVO genannten Umsatzschwellen erfüllen, liegt daher ein Zusammenschluss mit gemeinschaftsweiter Bedeutung vor, unabhängig davon, ob G ein Vollfunktionsunternehmen ist oder nicht.[12]

Ob ein Unternehmen als Vollfunktions-Gemeinschaftsunternehmen (**Vollfunktions-GU**) am Markt auftritt, muss im Wege einer umfassenden **Gesamtschau** beurteilt werden. Einzelheiten können der Konsolidierten Mitteilung über Zuständigkeitsfragen entnommen werden.[13] Grundsätzlich sind nur solche Unternehmen voll funktionsfähig, die sämtliche Funktionen ausüben, welche auch von der Konkurrenz auf dem betreffenden Markt wahrgenommen werden.[14] Von einem vollfunktionsfähigen Gemeinschaftsunternehmen kann also ausgegangen werden, wenn das Unternehmen ein Management hat, das sich dem Tagesgeschäft widmet, und es auch mit den notwendigen Ressourcen (Finanzmittel, Personal etc.) ausgestattet ist, um auf Dauer auf dem Markt agieren zu können.[15] Eine Eigenständigkeit in Bezug auf strategische Unternehmensentscheidungen ist dagegen nicht erforderlich, da andernfalls ein gemeinsam kontrolliertes Unternehmen niemals als Vollfunktions-GU eingestuft werden könnte.[16] Ausreichend ist, dass das Unternehmen in operativer Hinsicht selbständig am Markt agieren kann.[17] Wird ein Gemeinschaftsunternehmen neu gegründet, so kann von einem Vollfunktionsunternehmen ausgegangen werden, wenn es Grund zur Annahme gibt, dass es nach einer Übergangsphase von zwei bis drei Jahren seine Geschäftsfähigkeit am Markt voll entfalten kann.[18]

12

2. Teilfunktions-GU

Das Gegenstück zu einem Vollfunktions-GU ist ein Teilfunktions-Gemeinschaftsunternehmen (**Teilfunktions-GU**). Ein solches Unternehmen führt nur bestimmte Hilfsaufgaben innerhalb des Geschäftsfelds der Muttergesellschaften aus und besitzt keinen eigenständigen Zugang zum Markt bzw. dient lediglich als Vertriebsvehikel der Muttergesellschaften.[19] Die Gründung eines Gemeinschaftsunternehmens, welches nicht voll funktionsfähig i. S. der FKVO ist, er-

13

---

12) Beispiel und Erläuterung nach v. Brevern, WuW 2012, 225, 229.
13) Konsolidierte Mitteilung zu Zuständigkeitsfragen, ABl. EU 2009 C 43/10.
14) Eingehend zum Ganzen Bechtold/Bosch/Brinker, Art. 3 FKVO Rz. 29; Emmerich, § 17 Rz. 13 ff., Körber in: Immenga/Mestmäcker, Art. 3 FKVO Rz. 128.
15) Konsolidierte Mitteilung zu Zuständigkeitsfragen, ABl. EU 2009 C 43/10, Rz. 94.
16) EuG, Rs. T-282/02, Cementbouw/Kommission, Slg. 2006, II-319 Rz. 62; Konsolidierte Mitteilung zu Zuständigkeitsfragen, ABl. EU 2009 C 43/10, Rz. 93; Rosenthal/Thomas, European Merger Control, B. Rz. 76.
17) Konsolidierte Mitteilung zu Zuständigkeitsfragen, ABl. EU 2009 C 43/10, Rz. 93.
18) Emmerich, § 17 Rz. 14.
19) Körber in: Immenga/Mestmäcker, Art. 3 FKVO Rz. 130.

füllt nicht den Zusammenschlussbegriff des Art. 3 FKVO.[20] Dies bedeutet aber nicht, dass die Kooperation der Muttergesellschaften durch ein solches Teilfunktions-GU kartellrechtlich stets unbedenklich wäre. Da sich die Mütter bei der Führung des Gemeinschaftsunternehmens über Verhaltensweisen im Wettbewerb abstimmen können, ist dieser Effekt am Maßstab von Art. 101 AEUV zu prüfen (siehe Rz. 29 ff.).

II. Die Anwendung der FKVO auf Gemeinschaftsunternehmen
1. Überblick

14 Die Gründung (siehe Rz. 8) eines **Vollfunktions-GU** (siehe Rz. 9 ff.), welches die **Umsatzschwellen** der FKVO (siehe § 18 Rz. 48 ff.) erfüllt, beurteilt sich **verfahrensrechtlich** allein nach den Regeln der FKVO. Die Kommission, die nach dem Prinzip des *one-stop shop* ausschließlich zuständig ist, muss also etwa innerhalb der Fristen des Art. 10 FKVO (siehe § 18 Rz. 128, 131) entscheiden. Ferner erstreckt sich die Freigabeentscheidung auch auf die mit dem Zusammenschluss notwendigerweise verbundenen Nebenabreden (siehe § 18 Rz. 116 ff.). Die VO 1/2003 findet gemäß Art. 21 Abs. 1 FKVO insofern keine Anwendung. Diese Konzentration des Verfahrens hat den Vorteil, dass der Zusammenschluss in allen seinen wirtschaftlichen Facetten allein durch eine Behörde geprüft wird.[21]

15 **Materiell-rechtlich** erfolgt bei **Vollfunktions-GU mit gemeinschaftsweiter Bedeutung** eine „**Doppelkontrolle**".[22] Solche Zusammenschlüsse werden zum einen am Maßstab des SIEC-Tests (Art. 2 Abs. 2 und 3 FKVO) beurteilt und zum anderen – soweit eine über notwendige Absprachen hinausgehende Verhaltenskoordinierung zwischen den Muttergesellschaften festgestellt wird – anhand der in Art. 2 Abs. 4 und 5 FKVO genannten Kriterien, die in der Sache auf das Kartellverbot (Art. 101 AEUV) verweisen.

2. Materiell-rechtliche Doppelkontrolle
a) SIEC-Test

16 Die Gründung des **Vollfunktions-GU**, verstanden i. S. einer Neugründung oder eines Kontrollwechsels (Art. 3 Abs. 1 lit. b FKVO), sowie die zwangsläufig damit verbundenen vertraglichen Wettbewerbsbeschränkungen werden (wie jeder andere Zusammenschluss auch) zunächst anhand des SIEC-Tests bewertet.[23] Diesbezüglich ermittelt die Kommission nach den bereits dargestellten Grundsätzen (siehe § 18 Rz. 78 ff.), ob die von den Muttergesellschaften angestrebte

---

20) Konsolidierte Mitteilung zu Zuständigkeitsfragen, ABl. EU 2009 C 43/10, Rz. 92; *Mestmäcker/Schweitzer*, § 24 Rz. 61.
21) *Henschen* in: Schulte, Hdb. Fusionskontrolle, Rz. 1697.
22) *Körber* in: Immenga/Mestmäcker, Art. 2 FKVO Rz. 617.
23) *Henschen* in: Schulte, Hdb. Fusionskontrolle, Rz. 1694.

Verbindung der Ressourcen in dem Gemeinschaftsunternehmen zu einer erheblichen Behinderung wirksamen Wettbewerbs führen kann (Art. 2 Abs. 2 und 3 FKVO).

b) **Die Prüfung nach Art. 2 Abs. 4 und 5 FKVO**

Sind die Effekte des Zusammenschlussvorhabens allein **konzentrativer Art**, so ist die Prüfung anhand des SIEC-Tests abschließend.[24] Dies ist der Fall, wenn lediglich eine einzige Mutter auf dem Markt des Gemeinschaftsunternehmens bzw. einem benachbarten oder verknüpften Markt tätig bleibt.[25] Andernfalls ist in einem zweiten Schritt nach Art. 2 Abs. 4 und 5 FKVO zu prüfen, ob durch das Gemeinschaftsunternehmen in wettbewerbsschädlicher Weise die Aktivitäten der Muttergesellschaften koordiniert werden und aus diesem Grund das Zusammenschlussvorhaben zu untersagen ist (**Analyse der kooperativen Aspekte**).[26] Diese Analyse bezieht sich nicht auf die Konzentrationswirkung durch die Gründung eines Gemeinschaftsunternehmens als solche, sondern lediglich auf die Gefahr, dass es zu einer bezweckten oder bewirkten Koordination des Verhaltens von an sich unabhängigen Unternehmen kommt, die sich in wettbewerbsschädlicher Weise auswirkt. Solche Effekte können sich nach Art. 2 Abs. 5 Spiegelstrich 1 FKVO insbesondere dann ergeben, wenn mindestens zwei Muttergesellschaften, die das Gemeinschaftsunternehmen mitkontrollieren, auf den Märkten des Gemeinschaftsunternehmens, in einem vor- bzw. nachgelagerten Markt oder zumindest in einem benachbarten bzw. verbundenen[27] Markt tätig bleiben (sog. „Kandidatenmärkte").[28] Denn bei einer solchen Wettbewerbskonstellation liegt es nahe, dass es schon aufgrund der Zusammenarbeit der Mütter im Gemeinschaftsunternehmen zu einer erheblichen Abschwächung des Wettbewerbsdrucks auf anderen Märkten kommen kann als denen, auf denen das Gemeinschaftsunternehmen tätig ist. Diese Koordinierungswirkung wird als „**Gruppeneffekt**"[29] bzw. „**Spill-over-Effekt**"[30] bezeichnet, da sie über die

17

---

24) *Schroeder* in: Wiedemann, Hdb. Kartellrecht, § 8 Rz. 25 f.
25) *Henschen* in: Schulte, Hdb. Fusionskontrolle, Rz. 1695.
26) *Henschen* in: Schulte, Hdb. Fusionskontrolle, Rz. 1696; *Körber* in: Immenga/Mestmäcker, Art. 2 FKVO Rz. 617; *Schroeder* in: Wiedemann, Hdb. Kartellrecht, § 8 Rz. 26.
27) Eine solche Verknüpfung zweier Märkte kann etwa wegen einer engen räumlichen Verbindung der betrachteten Märkte (KomE, IV/JV.4, *VIAG/Orange UK*, Rz. 30) oder aufgrund der Ähnlichkeiten der vertriebenen Produkte (KomE, COMP/M.2079, *Raytheon/Thales/JV*, Rz. 64) angenommen werden.
28) Zum Ganzen *Emmerich*, § 17 Rz. 16; *Henschen* in: Schulte, Hdb. Fusionskontrolle, Rz. 1696; *Körber* in: Immenga/Mestmäcker, Art. 2 FKVO Rz. 614, 619 ff.
29) *Mestmäcker/Schweitzer*, § 24 Rz. 39 f.
30) *Henschen* in: Schulte, Hdb. Fusionskontrolle, Rz. 1696; *Körber* in: Immenga/Mestmäcker, Art. 2 FKVO Rz. 617.

Wettbewerbsbeschränkung hinausgeht, die allein durch die Gründung des Gemeinschaftsunternehmens bewirkt wird.[31]

18 Die Analyse der Koordinierungswirkung erfolgt gemäß Art. 2 Abs. 4 FKVO anhand der Maßstäbe des Art. 101 AEUV (inklusive der Freistellungsmöglichkeit gemäß Art. 101 Abs. 3 AEUV) sowie der in Art. 2 Abs. 5 FKVO genannten Kriterien.[32] Eine gesonderte Prüfung einer wettbewerbsbeschränkenden Absprache ist dabei entbehrlich, da diese bereits in der Errichtung des Gemeinschaftsunternehmens besteht.[33] Zu untersagen sind Zusammenschlüsse, die wahrscheinlich zu einer **bezweckten oder** zu einer **bewirkten Verhaltensabstimmung** zwischen **mindestens zwei Muttergesellschaften** führen werden, die sich spürbar auf den Handel im Binnenmarkt auswirkt (Art. 101 Abs. 1 AEUV). Die Gefahr einer solchen Verhaltensabstimmung besteht häufig dann, wenn die beteiligten Mütter bereits über ein relativ starkes Maß an **Marktmacht** verfügen.[34]

19 Eine **Koordinierung des Marktverhaltens ist bezweckt,** wenn dies von den Parteien intendiert wurde und der Gründung des Gemeinschaftsunternehmens die objektive Tendenz innewohnt, den Wettbewerbskampf zwischen den Muttergesellschaften zu beschränken.[35] Bei der Klärung der Frage, ob eine Beschränkung des Wettbewerbs von den Parteien bezweckt wurde, ist nicht nur auf den Inhalt der Vereinbarung, sondern auch auf ihren wirtschaftlichen und rechtlichen Zusammenhang abzustellen.[36] Von einer bezweckten Beschränkung des Wettbewerbs kann ausgegangen werden, wenn das Gemeinschaftsunternehmen mit dem Ziel gegründet wurde, den Eintritt einer Muttergesellschaft in einen bestimmten Markt zu unterbinden (sog. „abgekaufter Wettbewerb"). Gleiches gilt, wenn das Gemeinschaftsunternehmen als verdecktes Kartell operiert.[37] Solche Fälle der bezweckten Beschränkung des Konkurrenzkampfes durch Gemeinschaftsunternehmen sind in der Praxis aber schwer nachzuweisen.[38]

20 Größere Relevanz hat daher das Tatbestandsmerkmal der **bewirkten Koordinierung.** Es ist erfüllt, wenn die Gründung des Gemeinschaftsunternehmens in kausaler Weise mit **hoher Wahrscheinlichkeit** zu einer **spürbaren** Abstimmung

---

31) In der Kommissionspraxis wird diesbezüglich auch von einem „Ausstrahlungseffekt" gesprochen, vgl. den Nachweis bei *Zimmer* in: Immenga/Mestmäcker, Art. 101 Abs. 1 AEUV Rz. 306 m. Fn. 246.
32) Eingehend dazu *Mestmäcker/Schweitzer*, § 24 Rz. 67 ff.; *Pohlmann* in: MünchKomm-EuWettbR, Art. 101 AEUV Rz. 352; *Henschen* in: Schulte, Hdb. Fusionskontrolle, Rz. 1696 ff.
33) So die h. A., vgl. nur *Schroeder*, WuW 2004, 893, 895 ff.; *Körber* in: Immenga/Mestmäcker, Art. 2 FKVO Rz. 621 m. w. N., auch zur Gegenauffassung.
34) Vgl. etwa KomE, IV/M.3230, *Statoil/BP/Sonatrach/In Salah*, Rz. 17.
35) *Körber* in: Immenga/Mestmäcker, Art. 2 FKVO Rz. 630.
36) Vgl. nur allg. EuGH, Rs. C-32/11, *Allianz Hungária Biztosító Zrt./Gazdasági Versenyhivatal*, EuZW 2013, 716 Rz. 36.
37) Zum Ganzen *Körber* in: Immenga/Mestmäcker, Art. 2 FKVO Rz. 630.
38) *Körber* in: Immenga/Mestmäcker, Art. 2 FKVO Rz. 630.

des Verhaltens der Muttergesellschaften führen wird.[39)] Es ist also eine Prognoseentscheidung erforderlich, die das Marktverhalten in der Zukunft betrachtet. Diese Prüfung der Koordinierungswahrscheinlichkeit ist im Kern identisch mit der Prüfung der Gefahr einer wettbewerbsschädlichen Verhaltenskoordinierung im Oligopol (siehe § 18 Rz. 98 f.).[40)] Es muss also bezogen auf einzelne Kandidatenmärkte nachgewiesen werden, dass die Koordinierung des Verhaltens der Mütter möglich ist, hinreichende Anreize hierfür bestehen und die Abstimmung auch durchsetzbar ist.[41)]

Wird der Wettbewerb über das Gemeinschaftsunternehmen gemäß Art. 101 Abs. 1 AEUV beschränkt, so ist damit nicht gesagt, dass eine Freigabe ausgeschlossen ist. Vielmehr ist zu untersuchen, ob eine **Freistellung** gemäß Art. 101 Abs. 3 AEUV erfolgen kann (siehe dazu Rz. 34 ff.). 21

3. Nebenabreden

Die Freigabe eines Vollfunktions-GU durch die Kommission erstreckt sich 22 auch auf Absprachen, soweit diese der Realisierung der Kooperation dienen und für deren Erfolg unbedingt notwendig sind (Art. 6 Abs. 1 lit. b Unterabs. 2, Art. 8 Abs. 1 Unterabs. 2 und Abs. 2 Unterabs. 3 FKVO). Solche akzessorischen Nebenabreden (sog. *ancillary restraints*) beurteilen sich somit allein nach der FKVO. Da solche Abreden (anders als sonstige Verhaltenskoordinierungen zwischen den Muttergesellschaften) für die Realisierung des Gemeinschaftsunternehmens notwendig sind, werden sie nicht gesondert am Maßstab des Kartellverbots (Art. 101 AEUV) überprüft.[42)]

Einzelne Aspekte der Beurteilung von Absprachen zur Durchführung des Zu- 23 sammenschlusses hat die Kommission in der Bekanntmachung über Nebenabreden zusammengefasst.[43)] Nach dieser Bekanntmachung sind **Wettbewerbsverbote**, aufgrund derer die Mütter dem zu gründenden bzw. zu erwerbenden Gemeinschaftsunternehmen keine Konkurrenz machen dürften, mit dem Unionsrecht vereinbar.[44)] Zulässige Nebenabreden sind auch **Abwerbeverbote**, in denen sich die Muttergesellschaften dazu verpflichten, von einer Abwerbung der An-

---

39) KomE, COMP/JV.1, *Telia/Telenor/Schibsted*, Rz. 28; KomE, COMP/M.2079, *Raytheon/Thales/JV*, Rz. 63. Eingehend zu den Prüfungskriterien, die sich nicht immer klar voneinander trennen lassen, *Henschen* in: Schulte, Hdb. Fusionskontrolle, Rz. 1721 ff.; *Körber* in: Immenga/Mestmäcker, Art. 2 FKVO Rz. 631 ff.
40) *Pohlmann*, WuW 2003, 473, 484; *Schroeder*, WuW 2004, 893, 900 ff.
41) *Körber* in: Immenga/Mestmäcker, Art. 2 FKVO Rz. 632, 636; krit. *Henschen* in: Schulte, Hdb. Fusionskontrolle, Rz. 1736 f.
42) Allg. dazu *Körber* in: Immenga/Mestmäcker, Art. 8 FKVO Rz. 18 ff.
43) Bekanntmachung über Nebenabreden, ABl. EU 2005 C 56/24, abrufbar unter: http://eur-lex.europa.eu/LexUriServ/LexUriServ.do?uri=OJ:C:2005:056:0024:0031:DE:PDF (Abrufdatum: 10.7.2014).
44) Bekanntmachung über Nebenabreden, ABl. EU 2005 C 56/24, Rz. 36.

gestellten des Gemeinschaftsunternehmens abzusehen.[45)] Dagegen stellen Wettbewerbsverbote, die zwischen den Gründerunternehmen ohne Beherrschungsmacht und einem Gemeinschaftsunternehmen gelten, keine zulässigen *ancillary restraints* dar, so dass solche Verbote uneingeschränkt an Art. 101 AEUV zu messen sind.[46)]

III. Die Anwendung von Art. 101 AEUV bzw. nationaler Kartellverbote auf Gemeinschaftsunternehmen

1. Grundlagen

24 Gemeinschaftsunternehmen, die von mindestens zwei Unternehmen gemeinsam kontrolliert werden, müssen als Organisationsstruktur „zwischen Kartell und Zusammenschluss"[47)] nicht nur einer Prüfung am marktstrukturbezogenen Maßstab der Zusammenschlusskontrolle standhalten. Bisweilen sind solche Unternehmen auch am verhaltensbezogenen Maßstab des Kartellverbots des Art. 101 AEUV (siehe allgemein § 18 Rz. 154 ff.) bzw. am Maßstab nationaler Kartellverbote zu messen, nämlich dann, wenn die ausschließliche Anwendung der FKVO nicht ausreichen würde, um mögliche Wettbewerbsbeschränkungen zu erfassen, die durch das Gemeinschaftsunternehmen bezweckt oder bewirkt werden. Welcher Prüfungsmaßstab einschlägig ist, ergibt sich vornehmlich aus Art. 21 FKVO.

25 Vorhaben mit **gemeinschaftsweiter Bedeutung** (d. h. Vorhaben, welche die Umsatzschwellen des Art. 1 FKVO übertreffen), die zugleich den **Zusammenschlusstatbestand des Art. 3 FKVO erfüllen,** beurteilen sich ausschließlich nach den Prüfungsmaßstäben der FKVO (Art. 21 Abs. 1 und 3 FKVO),[48)] sofern es sich dabei um ein **Vollfunktions-GU** (siehe Rz. 9 ff.) handelt. Solche Gemeinschaftsunternehmen werden auf Grundlage der FKVO geprüft (ggf. als materiell-rechtliche Doppelprüfung, siehe Rz. 16 ff.). Eine Kontrolle am Maßstab des nationalen Kartellverbots (oder einer anderen nationalen Kartellverbotsnorm) ist unzulässig (Art. 21 Abs. 3 FKVO).[49)]

26 **Vollfunktions-GU, die die Aufgreifschwellen des Art. 1 FKVO nicht erfüllen,** werden mangels gemeinschaftsweiter Bedeutung nicht von der FKVO erfasst (Ausnahme: der Zusammenschluss wird an die Kommission verwiesen, siehe § 18 Rz. 139 ff.). Sofern bei derartigen Gemeinschaftsunternehmen auch keine Wahrscheinlichkeit besteht, dass diese eine Abstimmung des Wettbewerbsverhaltens der Muttergesellschaften bezwecken oder bewirken, stehen sie auch im

---

45) Bekanntmachung über Nebenabreden, ABl. EU 2005 C 56/24, Rz. 41.
46) Bekanntmachung über Nebenabreden, ABl. EU 2005 C 56/24, Rz. 40.
47) *Mestmäcker/Schweitzer,* § 24 Rz. 36.
48) Werden die Schwellenwerte des Art. 1 FKVO nicht erfüllt, kann das Vorhaben nach nationalem Recht der Mitgliedstaaten zu prüfen sein.
49) Zum Ganzen *Körber* in: Immenga/Mestmäcker, Art. 2 FKVO Rz. 617.

Einklang mit Art. 101 AEUV.[50] Lediglich bei Vollfunktions-GU, die solche koordinierten Effekte bewirken oder bezwecken können, ist eine Prüfung nach Art. 101 AEUV angezeigt (Art. 21 Abs. 1 FKVO a. E.). In der Praxis überlässt die Kommission die Beurteilung von solchen Gemeinschaftsunternehmen jedoch den nationalen Behörden.[51] In einer Protokollerklärung zur Anwendung der FKVO i. d. F. von 1997 hat die Kommission erklärt, dass sie ihre Prüfungskompetenz nach Art. 101 AEUV in solchen Fällen nur dann ausüben werde, wenn die Gründung eines Gemeinschaftsunternehmens den zwischenstaatlichen Handel signifikant beschränkte und Gruppen- bzw. Spill-over-Effekte zu befürchten seien.[52] Diese Protokollnotiz ist nach wie vor gültig.[53] Neben dem EU-Kartellverbot kann auf solche Zusammenschlüsse nationales Recht Anwendung finden.[54]

Teilfunktions-GU fallen nicht in den Anwendungsbereich der FKVO, da sie 27 nicht den Zusammenschlussbegriff des Art. 3 Abs. 4 FKVO erfüllen.[55] Daher sind entsprechende Absprachen am Maßstab des Art. 101 AEUV sowie ggf. nach nationalem Recht zu prüfen.[56]

Die Grundzüge der materiell-rechtlichen Beurteilung kooperativer Wirkungen 28 von **Vollfunktions-GU** nach Art. 2 Abs. 4 und Abs. 5 FKVO i. V. m. Art. 101 AEUV wurden bereits dargestellt (siehe Rz. 17 ff.). Der nachfolgende Überblick konzentriert sich daher auf die Anwendung des Kartellverbots auf Teilfunktions-GU.

2. Teilfunktions-GU

a) Der Tatbestand des Kartellverbots

Teilfunktions-GU sind am Maßstab des Kartellverbots zu messen. Nach 29 Art. 101 Abs. 1 AEUV sind mit *„dem Binnenmarkt unvereinbar und verboten [...] alle Vereinbarungen zwischen Unternehmen, Beschlüsse von Unternehmensvereinigungen und aufeinander abgestimmte Verhaltensweisen, welche den Handel zwischen Mitgliedstaaten zu beeinträchtigen geeignet sind und eine Verhinderung, Einschränkung oder Verfälschung des Wettbewerbs innerhalb des Binnenmarkts*

---

50) Zu einer in diesem Zusammenhang theoretisch denkbaren Anwendung von Art. 101 AEUV auf Grundlage von Art. 104 und 105 AEUV s. *Henschen* in: Schulte, Hdb. Fusionskontrolle, Rz. 1787; *Körber* in: Immenga/Mestmäcker, Einleitung FKVO Rz. 50 ff.
51) Näher dazu und zum Folgenden *Käseberg* in: Langen/Bunte, Art. 21 FKVO Rz. 5 f.; *Henschen* in: Schulte, Hdb. Fusionskontrolle, Rz. 1790.
52) Nr. 4 des Protokolls v. 20.6.1997, abgedruckt in: Europäische Kommission, Die Fusionskontrolle in der Europäischen Union (Stand: 3/1998), S. 65, 67.
53) *Körber* in: Immenga/Mestmäcker, Art. 21 FKVO Rz. 14.
54) *Käseberg* in: Langen/Bunte, Art. 21 FKVO Rz. 5 f.
55) *Körber* in: Immenga/Mestmäcker, Art. 3 FKVO Rz. 170; *Zimmer* in: Immenga/Mestmäcker, Art. 101 Abs. 1 AEUV Rz. 332.
56) *Körber* in: Immenga/Mestmäcker, Art. 2 FKVO Rz. 613.

bezwecken oder bewirken". Ob eine Abrede eine Wettbewerbsbeschränkung **bezweckt**, muss mit Blick auf ihren Inhalt und ihren Sinn eruiert werden, wobei sich letzterer maßgeblich aus dem wirtschaftlichen und rechtlichen Zusammenhang ergibt.[57] Ausreichend ist, dass die Abrede konkret geeignet ist, den Wettbewerb zu beschränken.[58] Steht der wettbewerbsschädliche Zweck der Vereinbarung fest, muss ihre Auswirkung auf den Markt also nicht gesondert geprüft werden.[59] Von einer **bewirkten Wettbewerbsbeschränkung** geht die Rechtspraxis aus, wenn der wahrscheinliche Effekt einer Maßnahme zu einer Koordination des Verhaltens der Muttergesellschaften führt. Bei dieser Analyse sind etwa der *„wirtschaftliche [...] und rechtliche [...] Kontext, in dem die betroffenen Unternehmen tätig sind [...] sowie die tatsächlichen Bedingungen der Funktion und der Struktur des relevanten Marktes"* einzubeziehen.[60]

30 In einer Vielzahl von Fällen kann bereits durch eine **Analyse der Marktanteile** die Anwendbarkeit des Kartellverbots auf Teilfunktions-GU ausgeschlossen werden. Überschreitet etwa der gemeinsam gehaltene Marktanteil der Gründer des Gemeinschaftsunternehmens auf keinem der von der Vereinbarung betroffenen Märkte 10 %, so liegt im Regelfall schon keine spürbare Wettbewerbsbeschränkung vor.[61] Ferner sehen Gruppenfreistellungsverordnungen oftmals sog. „sichere Häfen" für Absprachen von Unternehmen vor, deren gemeinsam gehaltene Marktanteile bestimmte Marktanteilsschwellen nicht überschreiten (siehe dazu Rz. 35).

31 In sämtlichen anderen Konstellationen bedarf es einer genaueren Untersuchung, ob ein Gemeinschaftsunternehmen den Wettbewerb auf dem Binnenmarkt beschränkt. Zu klären ist, ob eine bezweckte oder bewirkte Koordinierung des Marktverhaltens (siehe Rz. 17 ff.) wahrscheinlich ist.[62] Hierbei gilt der Grundsatz, dass der Wettbewerb zwischen den Unternehmen, die das Gemeinschaftsunternehmen gründen, durch eine Zusammenarbeit im gemeinschaftlich betriebenen Unternehmensteil im Regelfall nur dann verfälscht werden kann, wenn

---

57) EuGH, Rs. C-32/11, *Allianz Hungária Biztosító Zrt./Gazdasági Versenyhivatal*, EuZW 2013, 716 Rz. 33, 36.
58) EuGH, Rs. C-32/11, *Allianz Hungária Biztosító Zrt./Gazdasági Versenyhivatal*, EuZW 2013, 716 Rz. 38.
59) EuGH, Rs. C-32/11, *Allianz Hungária Biztosító Zrt./Gazdasági Versenyhivatal*, EuZW 2013, 716 Rz. 34.
60) EuG, verb. Rs. T-374/94, T-375/94, T-384/94 und T-388/94, *European Night Services/Kommission*, Slg. 1998, II-3141 Rz. 136; ganz ähnlich EuGH, Rs. C-399/93, *Oude Luttikhuis/Vereinigde Coöperatieve Melkindustrie Coberco*, Slg. 1995, I-4515 Rz. 10; EuGH, Rs. C-226/11, *Expedia/Autorité de la concurrence*, EuZW 2013, 113 Rz. 21.
61) Bekanntmachung der Kommission über Vereinbarungen von geringer Bedeutung, die den Wettbewerb gemäß Artikel 81 Absatz 1 des Vertrags zur Gründung der Europäischen Gemeinschaft nicht spürbar beschränken (de minimis), ABl. EG 2001 C 368/13, Rz. 7 (sog. Bagatellbekanntmachung); *Zimmer* in: Immenga/Mestmäcker, Art. 101 Abs. 1 AEUV Rz. 332.
62) Eingehend dazu *Zimmer* in: Immenga/Mestmäcker, Art. 101 Abs. 1 AEUV Rz. 332 ff.

diese **aktuelle** oder **potenzielle Wettbewerber** auf dem Markt des Gemeinschaftsunternehmens sind.⁶³⁾ Aktueller Wettbewerb besteht dann, wenn die Gründer in einem direkten Konkurrenzverhältnis zueinander stehen. Von einem potenziellen Wettbewerbsverhältnis kann ausgegangen werden, wenn die einzelnen Gründer in der Lage wären, die dem Gemeinschaftsunternehmen zugewiesene Aufgabe selbst auszuführen.⁶⁴⁾

Neben einer hinreichenden Wettbewerbsbeziehung zwischen den Müttern des Gemeinschaftsunternehmens setzt ein Verstoß gegen Art. 101 AEUV weiter voraus, dass das Gemeinschaftsunternehmen die **Position dritter Unternehmen** signifikant beeinträchtigen kann. Eine solche Beeinträchtigung kann angenommen werden, wenn durch die Zusammenarbeit Marktzutrittsschranken errichtet, der Wettbewerbsdruck beeinträchtigt oder die Preise für die betreffenden Produkte oder Dienstleistungen erhöht werden.⁶⁵⁾ In diesem Zusammenhang ist zudem zu prüfen, ob nachteilige Effekte daraus resultieren, dass das konkrete Gemeinschaftsunternehmen Teil eines ganzen Bündels solcher Unternehmen ist, es also zu einer engen Verbindung der Gründerunternehmen kommt (sog. „Netzeffekte").⁶⁶⁾ Auch **Gruppen- oder Spill-over-Effekte**, d. h. kooperative Wirkungen, die sich auf verbundene oder benachbarte Märkte auswirken, können zu einer Verletzung des Kartellverbots führen.⁶⁷⁾ 32

Schließlich ist bei der Prüfung der wettbewerblichen Wirkungen auch die **Aufgabe des Teilfunktions-GU** zu berücksichtigen. Gemeinschaftsunternehmen, deren Tätigkeiten in einem marktfernen bzw. wettbewerbsneutralen Bereich liegen (Forschung und Entwicklung, Marktforschung, gemeinsame Beratungsstellen), sind eher mit Art. 101 Abs. 1 AEUV zu vereinbaren als Teilfunktions-GU, die in marktnahen Tätigkeitsfeldern (Produktion, Einkauf, Vermarktung, Vertrieb, Service) tätig sind.⁶⁸⁾ Vor diesem Hintergrund werden etwa Verkaufs-Gemeinschaftsunternehmen, Einkaufs-Gemeinschaftsunternehmen mit Bezugszwang und Produktions-Gemeinschaftsunternehmen konkurrierender Unter- 33

---

63) Leitlinien zur Anwendbarkeit von Artikel 81 EG auf Vereinbarungen über horizontale Zusammenarbeit, ABl. EG 2001 C 3/2 Rz. 24; *Zimmer* in: Immenga/Mestmäcker, Art. 101 Abs. 1 AEUV Rz. 334 f.
64) Zum Ganzen *Zimmer* in: Immenga/Mestmäcker, Art. 101 Abs. 1 AEUV Rz. 335.
65) Vgl. nur *Zimmer* in: Immenga/Mestmäcker, Art. 101 Abs. 1 AEUV Rz. 335, m. umfass. N. der Kommissionspraxis.
66) EuG, verb. Rs. T-374/94, T-375/94, T-384/94 und T-388/94, *European Night Services/ Kommission*, Slg. 1998, II-3141 Rz. 155 ff.; *Zimmer* in: Immenga/Mestmäcker, Art. 101 Abs. 1 AEUV Rz. 340 f.
67) Vgl. nur *Zimmer* in: Immenga/Mestmäcker, Art. 101 Abs. 1 AEUV Rz. 342 f., m. umfass. N. der Kommissionspraxis.
68) *Zimmer* in: Immenga/Mestmäcker, Art. 101 Abs. 1 AEUV Rz. 337 f., m. umfass. N. der Kommissionspraxis.

nehmen, die die Produkte auch jeweils selbst herstellen könnten, regelmäßig von Art. 101 Abs. 1 AEUV erfasst.[69]

b) Die Möglichkeit der Freistellung

34 Ergibt die oben skizzierte Prüfung, dass von einer spürbaren Wettbewerbsbeschränkung gemäß Art. 101 Abs. 1 AEUV auszugehen ist, so bedeutet dies nicht, dass eine Vereinbarung auf jeden Fall verboten ist. Dies ist nur dann der Fall, wenn keine Freistellung des Gemeinschaftsunternehmens oder einzelner Absprachen i. R. der Zusammenarbeit gemäß Art. 101 Abs. 3 AEUV möglich ist.

aa) Gruppenfreistellungsverordnungen

35 Die Möglichkeit der Freistellung kann sich zunächst aus einer **Gruppenfreistellungsverordnung** ergeben. Für den Bereich der **Forschung und Entwicklung** sind etwa Vereinbarungen von Wettbewerbern über die Zusammenarbeit in einem Teilfunktions-GU nach der sog. „FuE-GVO" für den Zeitraum der Forschungszusammenarbeit freigestellt, sofern die gemeinsam gehaltenen Marktanteile der am Unternehmen beteiligten Konkurrenten nicht 25 % an den relevanten Produkt- bzw. Technologiemärkten überschreiten.[70] Die Freistellung nach der FuE-GVO erstreckt sich zum einen auf gemeinsame Forschungs- und Entwicklungstätigkeiten.[71] Ferner sind bestimmte Absprachen über die Verwertung der Forschungsresultate (z. B. über die Herstellung und den Vertrieb der entwickelten Erzeugnisse oder die Übertragung von Rechten an geistigem Eigentum) zulässig,[72] sofern diese keine Kernbeschränkungen darstellen (z. B. Preisabsprachen, Marktaufteilungen).[73] Zudem sieht die GVO für **Spezialisierungsvereinbarungen** eine Freistellung für die gemeinsame Produktion von Waren oder Dienstleistungen vor, die für konkurrierende Unternehmen mit einem gemeinsam gehaltenen Marktanteil bis zu 20 % gilt.[74] Bei solch einer Zusammenarbeit ist sogar die Festlegung von Absatzzielen i. R. des gemeinsamen

---

69) *Sedemund* in: Hölters, Hdb. Unternehmenskauf, Teil VI Rz. 312, m. umfass. N. der Kommissionspraxis.
70) Art. 1 Abs. 1 lit. a i. V. m. Art. 4 Abs. 2 Verordnung Nr. 1217/2010 der Kommission v. 14.12.2010 über die Anwendung von Art. 101 Abs. 3 des Vertrags über die Arbeitsweise der Europäischen Union auf bestimmte Gruppen von Vereinbarungen über Forschung und Entwicklung, ABl. EU 2010 L 335/36 (folgend FuE-GVO). Vgl. auch allg. zur Freistellung von Forschungs- und Entwicklungsvereinbarungen *Gutermuth*, WuW 2012, 237 ff.
71) Art. 1 Abs. 1 lit. a i. V. m. Art. 4 Abs. 2 FuE-GVO.
72) Art. 1 Abs. 1 lit. a i. V. m. Art. 4 Abs. 2 FuE-GVO.
73) Art. 5 lit. b, ii FuE-GVO.
74) Vgl. Art. 3 Verordnung Nr. 1218/2010 der Kommission v. 14.12.2010 über die Anwendung von Art. 101 Abs. 3 des Vertrags über die Arbeitsweise der Europäischen Union auf bestimmte Gruppen von Spezialisierungsvereinbarungen, ABl. EU 2010 L 335/43 (folgend Spezialisierungs-GVO).

Vertriebs der betreffenden Produkte oder Dienstleistungen zulässig.[75] Schließlich können einzelne Absprachen innerhalb der Zusammenarbeit i. R. der Teilfunktions-GU nach der **Vertikal-GVO**[76] oder der **Technologietransfer-GVO**[77] freigestellt sein.

bb) Einzelfreistellung

Ist das Teilfunktions-GU nicht durch eine Gruppenfreistellungsverordnung erfasst, so ist zu prüfen, ob eine **Einzelfreistellung** möglich ist. Voraussetzung hierfür ist, dass die in Art. 101 Abs. 3 AEUV genannten Voraussetzungen, die sich in zwei positive und zwei negative Voraussetzungen unterteilen, erfüllt sind. 36

Die ersten beiden (positiven) Voraussetzungen des Art. 101 Abs. 3 AEUV bestimmen, dass das Gemeinschaftsunternehmen zur **Verbesserung der Warenerzeugung** oder -verteilung oder zur Förderung des technischen oder wirtschaftlichen Fortschritts beitragen muss und dass die **Verbraucher** von diesen Vorteilen in angemessener Form profitieren. Solche Vorteile können insbesondere aus der Entwicklung bzw. dem Vertrieb neuer oder qualitativ besserer Güter resultieren.[78] Absprachen, die im Kern darauf abzielen, den Wettbewerbsdruck zwischen den Unternehmen zu minimieren (Absprachen über Preise, Produktionsmengen oder die Aufteilung von Absatzmärkten bzw. Vertriebskanälen), sind dagegen der Freistellung grundsätzlich nicht zugänglich.[79] 37

Als dritte (negative) Voraussetzung dürfen den beteiligten Unternehmen gemäß Art. 101 Abs. 3 AEUV lediglich solche **Beschränkungen** gestattet werden, die für die Verwirklichung dieser Ziele (Verbesserung der Warenerzeugung und -verteilung, Förderung des technischen Fortschritts) **unerlässlich** sind. Diesbezüglich gilt es zu prüfen, ob die Zusammenarbeit nicht mit weniger wettbewerbsbeschränkenden Mitteln durchgeführt werden kann, z. B. durch eine zeitlich kürzere Zusammenarbeit, eine Zusammenarbeit in weniger Teilgebieten oder eine weniger strenge Kontrolle der Aktivitäten des Gemeinschaftsunternehmens.[80] 38

Schließlich kann eine Freistellung nach der vierten (ebenfalls negativen) Voraussetzung des Art. 101 Abs. 3 AEUV nicht erfolgen, wenn die geplante Ver- 39

---

75) Vgl. Art. 4 Spezialisierungs-GVO.
76) Verordnung Nr. 330/2010 der Kommission v. 20.4.2010 über die Anwendung von Art. 101 Abs. 3 des Vertrags über die Arbeitsweise der Europäischen Union auf Gruppen von vertikalen Vereinbarungen und abgestimmten Verhaltensweisen, ABl. EU 2010 L 102/1.
77) Verordnung Nr. 316/2014 der Kommission v. 21.3.2014 über die Anwendung von Art. 101 Abs. 3 des Vertrags über die Arbeitsweise der Europäischen Union auf Gruppen von Technologietransfer-Vereinbarungen, ABl. EU 2014 L 93/17.
78) *Sedemund* in: Hölters, Hdb. Unternehmenskauf, Teil VI Rz. 320; *Zimmer* in: Immenga/Mestmäcker, Art. 101 Abs. 1 AEUV Rz. 347, jeweils m. w. N.
79) *Sedemund* in: Hölters, Hdb. Unternehmenskauf, Teil VI Rz. 322.
80) *Sedemund* in: Hölters, Hdb. Unternehmenskauf, Teil VI Rz. 321; *Zimmer* in: Immenga/Mestmäcker, Art. 101 Abs. 1 AEUV Rz. 347, m. umfass. N. der Kommissionspraxis.

haltensabstimmung den Boden dafür bereitet, dass die beteiligten Unternehmen den **Wettbewerb für einen wesentlichen Teil** der Waren auszuschalten vermögen. Diese Voraussetzung beurteilt sich in erster Linie nach der Höhe des Marktanteils der Gründerunternehmen im Verhältnis zu den Marktanteilen ihrer Konkurrenten sowie der Verteilung der Anteile auf dem Markt.[81]

C. Deutsches Kartellrecht
I. Die Gründung eines Gemeinschaftsunternehmens als Zusammenschluss i. S. des GWB

40 Als Gemeinschaftsunternehmen oder Joint Venture werden rechtlich selbstständige Unternehmen bezeichnet, an denen zwei oder mehr Unternehmen beteiligt sind. Die Bildung eines Gemeinschaftsunternehmens kann dabei sowohl durch Anteils- als auch durch Kontrollerwerb erfolgen und damit einen Zusammenschlusstatbestand nach § 37 Abs. 1 Nr. 3 GWB als auch nach § 37 Abs. 1 Nr. 2 GWB erfüllen. Anders als nach europäischem Recht bedarf es keines Vollfunktionsgemeinschaftsunternehmens für die Anwendbarkeit der deutschen Fusionskontrolle (siehe Rz. 10).

1. Bildung eines Gemeinschaftsunternehmens durch Anteilserwerb

41 Regelmäßig erfolgt die Bildung eines Gemeinschaftsunternehmens in der Form des Anteilserwerbs gemäß § 37 Abs. 1 Nr. 3 GWB. Dies kann dabei unmittelbar bei der Gründung des Gemeinschaftsunternehmens in Form des Anteilserwerbs durch zwei (oder mehr) Muttergesellschaften erfolgen als auch in der Form, dass sich ein Mutterunternehmen erst nach dessen Gründung mit mindestens 25 % an dem (Gemeinschafts-)Unternehmen beteiligt. Die Voraussetzungen für eine Anmeldepflicht dieser „vertikalen" Transaktionen sind dabei in jedem Einzelfall zu prüfen und folgen den normalen Regelungen zum Anteilserwerb (siehe § 19 Rz. 32 ff.). Die Besonderheit bei Gemeinschaftsunternehmen ist dabei, dass gemäß § 37 Abs. 1 Nr. 3 Satz 3 GWB neben den vertikalen Zusammenschlüssen auch ein „horizontaler" Zusammenschluss der einzelnen, sich beteiligenden Muttergesellschaften gesetzlich fingiert wird, sofern mehrere Muttergesellschaften gleichzeitig oder nacheinander Anteile i. H. von jeweils mindestens 25 % an dem Gemeinschaftsunternehmen erwerben. Materiell bezieht sich dieser horizontale Zusammenschluss dabei nur auf die Märkte, auf denen (auch) das Gemeinschaftsunternehmen tätig ist. Diese Zusammenschlussfiktion gilt unabhängig davon, ob die Muttergesellschaften mit ihren Beteiligungen einen gemeinsamen Zweck verfolgen. Bei der Gründung eines Gemeinschaftsunternehmens durch Anteilserwerb muss demnach zwischen dem vertikalen Zusammenschluss zwischen einer Muttergesellschaft und dem Gemeinschaftsunternehmen und dem

---

81) *Sedemund* in: Hölters, Hdb. Unternehmenskauf, Teil VI Rz. 321.

(fingierten) horizontalen Zusammenschluss zwischen den Mutterunternehmen unterschieden werden. Hintergrund der Fiktion der Teilfusion der Muttergesellschaften ist, dass die Gesellschafter jedenfalls auf den Märkten des Gemeinschaftsunternehmens in der Regel auf die Kooperation im Gemeinschaftsunternehmen Rücksicht nehmen, wodurch etwaiger Wettbewerb auch unter den Gesellschaftern nachlässt (sog. Gruppeneffekt). Die Fiktion der Teilfusion hat sowohl Auswirkungen auf die formelle als auch auf die materielle Fusionskontrolle, da die Ressourcen und Marktanteile der Muttergesellschaften auf dem Markt des Gemeinschaftsunternehmens bei der Berechnung der Schwellenwerte und Marktanteile des Gemeinschaftsunternehmens regelmäßig zu berücksichtigen sind.[82]

2. Bildung eines Gemeinschaftsunternehmens durch Kontrollerwerb

Neben der Form des Anteilserwerbs kann ein Gemeinschaftsunternehmen auch 42 dadurch entstehen, dass zwei (oder mehr) Unternehmen gleichzeitig oder nacheinander (Mit-) Kontrolle an einem Zielunternehmen erwerben. Ein solcher Kontrollerwerb kann dabei einerseits mit einem Anteilserwerb einhergehen, ist aber auch (bspw. durch entsprechende, einen bestimmenden Einfluss auf das Zielunternehmen gewährende Verträge, Rechte oder andere Mittel) möglich, ohne dass sich die Beteiligungsverhältnisse ändern (siehe § 19 Rz. 24 ff.).

Voraussetzung des Kontrollerwerbstatbestandes des § 37 Abs. 1 Nr. 2 GWB ist 43 dabei, dass die gemeinsam kontrollierenden Unternehmen i. S. einer gemeinsamen Unternehmenspolitik die eigenen Wettbewerbsinteressen im Verhältnis zueinander und gegenüber dem abhängigen Unternehmen abstimmen und durchsetzen können.[83] Die kontrollierenden Unternehmen müssen dabei gemeinsam dieselben Einflussmöglichkeiten im Zielunternehmen haben, die auch für den Erwerb alleiniger Kontrolle nötig sind.[84]

Umstritten ist, wie bei einem gemeinsamen Kontrollerwerb das Verhältnis zwi- 44 schen den kontrollierenden Müttern zu bewerten ist. Teilweise wird § 37 Abs. 1 Nr. 3 Satz 3 GWB analog herangezogen, so dass eine Teilfusion zwischen den Müttern auf dem Markt, auf dem das Gemeinschaftsunternehmen tätig ist, fingiert werden soll. Hiergegen ist jedoch einzuwenden, dass der Gesetzgeber von einer die Mütter betreffenden Regelung in § 37 Abs. 1 Nr. 2 GWB gerade abgesehen hat.[85]

---

82) Dagegen bewirkt die gesetzliche Fiktion der Teilfusion nicht, dass die am Gemeinschaftsunternehmen beteiligten Muttergesellschaften untereinander und/oder in Bezug auf das Gemeinschaftsunternehmen aus kartellrechtlicher Sicht eine wirtschaftliche Einheit bilden. Eine solche liegt auch bei Gemeinschaftsunternehmen nur unter den normalen Voraussetzungen der §§ 17, 18 AktG vor; BGH, *Erdgas Schwaben*, WuW/E BGH 1533, 1538.
83) BGH, *Hussel/Mara*, WUW/E BGH 2337, 2339; BGH, *Springer/Kieler Zeitung*, WUW/E BGH 2620, 2623.
84) BKartA v. 11.6.2001, B 10-23/01, 6.
85) *Bechtold*, GWB, § 37 Rz. 16.

II. Berechnung der Umsatzschwellenwerte

45 Die in § 35 Abs. 1 GWB vorgegebenen Umsatzschwellen sowie die Ausnahmeregelungen des § 35 Abs. 2 GWB gelten uneingeschränkt auch für den Anteilserwerb an Gemeinschaftsunternehmen. Auch sind bei der Prüfung, ob die Umsatzschwellen überschritten sind, die gemeinsamen Umsätze aller beteiligten Unternehmen zu berücksichtigen. Beteiligte Unternehmen sind dabei neben dem Gemeinschaftsunternehmen im Fall eines **Anteilserwerb** (§ 37 Abs. 1 Nr. 3 GWB) alle Unternehmen, die an dem Gemeinschaftsunternehmen (Kapital- oder Stimmrechts-) Anteile von mindestens 25 % halten oder erwerben und im Falle eines **Kontrollerwerbs** (§ 37 Abs. 1 Nr. 2 GWB) alle nach dem Zusammenschluss mitkontrollierenden Mutterunternehmen.

III. Exkurs: Die Anwendbarkeit des GWB auf ausländische Gemeinschaftsunternehmen

46 Nach der Einführung der zweiten Inlandsumsatzschwelle stellt sich nur noch bei Auslandszusammenschlüssen mit mehr als zwei Beteiligten die Frage, ob sich eine mögliche Wettbewerbsbeschränkung in Deutschland auswirkt. Bei lediglich zwei Beteiligten geht das Bundeskartellamt (BKartA) aufgrund der beiden Inlandsumsatzschwellen davon aus, dass eine spürbare Inlandsauswirkung gegeben ist, selbst wenn einer oder beide Beteiligten ihren jeweiligen Sitz im Ausland haben (vgl. hierzu § 19 Rz. 9 ff.).

47 Bei der Gründung von ausländischen Gemeinschaftsunternehmen muss jedoch im Einzelfall geprüft werden, ob der Zusammenschluss spürbare Inlandsauswirkungen i. S. des § 130 Abs. 2 GWB hat. Das BKartA hat hierzu eine Reihe von Kriterien festgelegt, anhand derer es die Inlandsauswirkungen solcher Zusammenschlussvorhaben prüft.[86] Dabei hat das BKartA auch eine Fallkonstellation festgestellt, bei der nach seiner Auffassung eine Inlandsauswirkung der Transaktion ausgeschlossen werden kann. Dies soll der Fall sein, wenn die folgenden Voraussetzungen erfüllt sind:

- Das Gemeinschaftsunternehmen ist in Deutschland weder aktuell noch (bei Neugründungen) potentiell tätig.
- Es sind nicht mehrere Muttergesellschaften (inklusive der mit Ihnen gemäß § 36 Abs. 2 GWB verbundenen Unternehmen) in Deutschland aktuell oder potentiell auf demselben bzw. auf einem vor- oder nachgelagerten Markt tätig wie das GU im Ausland.
- Es sind nicht mehrere Muttergesellschaften (inklusive der mit Ihnen gemäß § 36 Abs. 2 GWB verbundenen Unternehmen) in Deutschland auf demselben sachlichen Markt aktuelle oder potentielle Wettbewerber.

---

[86] Vgl. BKartA, Merkblatt Inlandsauswirkungen in der Fusionskontrolle (Entwurf v. 5.12.2013), abrufbar unter http://www.bundeskartellamt.de.

Sind diese Voraussetzungen nicht erfüllt, ist in jedem Einzelfall zu prüfen, ob 48
sich der Zusammenschluss spürbar in Deutschland auswirkt. Dabei berücksichtigt das BKartA, in welchem Umfang das Gemeinschaftsunternehmen auf
Märkten – in Deutschland oder die Deutschland ganz oder teilweise umfassen –
tätig ist, ob der Zusammenschluss zu möglichen spürbaren Spill-over-Effekten
zwischen den Muttergesellschaften führt und ob das Gemeinschaftsunternehmen
möglicherweise als Scharnier zwischen den Muttergesellschaften dient, um zwischen diesen eine Koordination des Wettbewerbsverhaltens zu ermöglichen bzw.
zu erleichtern.

IV. Materiell-rechtliche Prüfung

Liegt ein Zusammenschlusstatbestand gemäß § 37 Abs. 1 Nr. 2 Satz 1 GWB 49
und/oder nach § 37 Abs. 1 Nr. 3 Satz 3 GWB vor und sind die Umsatzschwellen
gemäß § 35 GWB überschritten, muss die Beteiligung an dem Gemeinschaftsunternehmen gemäß § 39 GWB bei dem BKartA angemeldet werden und darf
bis zu einer Freigabeentscheidung des Amtes gemäß § 41 Abs. 1 GWB nicht vollzogen werden.

1. Fusionskontrollrechtliche Prüfung

Die Entscheidung über die Freigabe des Vorhabens erfolgt auf Grundlage der 50
allgemeinen Regelung des § 36 GWB (siehe § 19 Rz. 45). Dabei erfolgt diese Prüfung, ob durch das Vorhaben eine erhebliche Behinderung wirksamen Wettbewerbs zu erwarten ist, sowohl im Hinblick auf die vertikalen Zusammenschlüsse als auch im Fall des § 37 Abs. 1 Nr. 3 Satz 3 GWB im Hinblick auf den
fingierten horizontalen Zusammenschluss zwischen den Muttergesellschaften
auf dem Markt des Gemeinschaftsunternehmens.

2. Kartellrechtliche Prüfung

Umstritten war lange Zeit, wie sich die auf Gemeinschaftsunternehmen an- 51
wendbaren Fusionskontrollvorschriften zum Kartellverbot verhalten. Für das
europäische Recht besteht diesbezüglich eine gesetzliche Regelung in Art. 3 Abs. 4
FKVO i. V. m. Art. 2 Abs. 4 und 5 FKVO (siehe § 18 Rz. 120). Im deutschen
Recht fehlt eine vergleichbare Vorschrift und die Lösung des Problems war lange
Zeit umstritten. Durchgesetzt hat sich mittlerweile die auch vom BGH vertretene
Zweischrankentheorie, nach der Kartell- und Fusionskontrollvorschriften, wenn
ihre Anwendungsvoraussetzungen vorliegen, parallel anzuwenden sind.[87] Dies
bedeutet, dass etwaige kartellrechtliche Gesichtspunkte nicht i. R. des Fusionskontrollverfahrens geprüft werden und eine etwaige Freigabeentscheidung dem-

---

87) BGH, *Mischwerke*, WuW/E BGH 2169, 2172; BGHZ 96, 69, 77 ff., OAM-Beschluss;
BGH, *Ostfleisch*, WuW/E DE-R, 711, 715.

entsprechend auch keine Entscheidung über die kartellrechtliche Zulässigkeit eines GU darstellt. Vielmehr weist das BKartA in seinen Freigabeentscheidungen in der folgenden oder ähnlichen Weise explizit darauf hin:

„Die Prüfung der angemeldeten Vereinbarungen anhand der §§ 1, 2 GWB, Art. 101 AEUV bleibt vorbehalten. Wir weisen darauf hin, dass vor diesem Hintergrund jegliche Vollzugsmaßnahmen auf eigene Gefahr erfolgen. Es besteht kein Vertrauensschutz."

52 Ob und inwieweit eine Kartellrechtsprüfung nach den §§ 1, 2 GWB bzw. nach Art. 101 AEUV erfolgt, hängt zum einen davon ab, ob es sich um ein **konzentratives** oder ein **kooperatives** Gemeinschaftsunternehmen handelt, und zum anderen, ob die Mutterunternehmen über die Gründung des Gemeinschaftsunternehmens hinaus wettbewerbsbeschränkende Nebenabreden treffen.

53 Die Gründung eines konzentrativen Gemeinschaftsunternehmens an sich unterfällt dabei dem sog. Konzentrationsprivileg und ist allein unter fusionskontrollrechtlichen Gesichtspunkten zu prüfen. „Konzentrativ" ist ein GU nach dem BGH dann, wenn es sämtliche Funktionen eines selbstständigen Unternehmens wahrnimmt, marktbezogene Leistungen erbringt und nicht ausschließlich oder überwiegend auf einer vor- oder nachgelagerten Stufe für die Muttergesellschaft sowie nicht auf demselben Markt wie die Mütter tätig ist.[88] Treffen die Muttergesellschaften eines konzentrativen Gemeinschaftsunternehmens jedoch auch wettbewerbsbeschränkende Nebenabreden (z. B. Wettbewerbsverbote), so sind diese nur vom Kartellverbot freigestellt, wenn sie notwendig sind, um das Gemeinschaftsunternehmen in seinem Bestand und seiner Bestandsfähigkeit zu erhalten und sie davor schützen sollen, dass ein Gesellschafter den Wettbewerb zugunsten seiner eigenen Konkurrenztätigkeit ausschaltet.[89] Insofern unterscheidet sich das deutsche Recht i. E. nicht vom europäischen Recht (siehe oben Rz. 22 f.).

54 Sind die Muttergesellschaften hingegen weiterhin auf demselben Markt wie das Gemeinschaftsunternehmen tätig, so übernimmt dieses oft nur eine Teilfunktion der Muttergesellschaften. Ein Zusammenschluss, der zu einem solchen kooperativen Gemeinschaftsunternehmen führt, wird sowohl nach fusionskontrollrechtlichen als auch nach kartellrechtlichen Gesichtspunkten geprüft und zwar sowohl im Hinblick auf die Gründung des Gemeinschaftsunternehmens als auch im Hinblick auf etwaige Nebenabreden. Die Einstufung eines Gemeinschaftsunternehmens als kooperativ führt dabei zwar an sich noch nicht zu einer kartellrechtlichen Unzulässigkeit des Zusammenschlusses, jedoch soll eine Beschränkung des Wettbewerbs in diesen Fällen regelmäßig zu erwarten sein.[90] Es bedarf aber gleichwohl einer gesonderten Prüfung unter dem Gesichtspunkt möglicher

---

88) BGH, *Ostfleisch*, WuW/E DE-R, 711, 715.
89) BGH, *Gratiszeitung Hallo*, GRUR 2010, 84, 85.
90) BGH, *Ostfleisch*, WuW/E DE-R, 711, 715; BGH, *Nord-KS/Xella*, WuW/E DE-R, 2361, 2362.

Ausnahmen und der Spürbarkeit. Hilfreich sind insoweit nach wie vor immer noch die Ausführungen des BKartA in seinem Tätigkeitsbericht 1978 über die Grundsätze zur Anwendung von § 1 GWB auf Gemeinschaftsunternehmen.[91]

Unstreitig verstößt die Gründung des Gemeinschaftsunternehmens wiederum gegen § 1 GWB, wenn hiermit hauptsächlich wettbewerbsbeschränkende Zwecke verfolgt werden und damit eine Kartellvereinbarung zwischen den Mutterunternehmen ersetzt wird.

55

---

[91] BKartA, BT-Drucks. 8/2980, S. 23 ff., abrufbar unter http://www.bundeskartellamt.de.

Teil 4
Europäische Gesellschaftsformen

Kapitel 1 Europäische Gesellschaft (SE)

§ 42 Entwicklung und Rechtsquellen

Übersicht

A. Einleitung............................1		I. Stufenverhältnis....................5	
B. Rechtsquellen.........................5		II. Verweisungsinhalte................10	

Literatur: *Bayer/Hoffmann/Schmidt*, Ein Blick in die deutsche SE-Landschaft fünf Jahre nach Inkrafttreten der SE-VO, AG Report 2009, R 480; *Brandt/Scheifele*, Die Europäische Aktiengesellschaft und das anwendbare Recht, DStR 2002, 547; *Bungert/Gotsche*, Die deutsche Rechtsprechung zur SE, ZIP 2013, 649; *Casper*, Erfahrungen und Reformbedarf bei der SE – Gesellschaftsrechtliche Reformvorschläge, ZHR 173 (2009), 181; *Casper*, Der Lückenschluss im Statut der Europäischen Aktiengesellschaft, in: Festschrift Ulmer, 2003, S. 51; *Eidenmüller/Engert/Hornuf*, Vom Wert der Wahlfreiheit: Eine empirische Analyse der Societas Europaea als Rechtsformalternative, AG 2009, 845; *Eidenmüller/ Engert/Hornuf*, Die Societas Europaea: Empirische Bestandsaufnahme und Entwicklungslinien einer neuen Rechtsform, AG 2008, 721; *Ernst & Young*, Study on the operation and the impacts of the Statute for a European Company (SE), Final report, 9 December 2009, abrufbar unter: http://ec.europa.eu/internal_market/consultations/docs/2010/se/ study_SE_9122009_en.pdf; *Fromholzer*, Die SE als Rechtsformalternative für den Mittelstand, in: Gesellschaftsrechtliche Vereinigung (VGR), Gesellschaftsrecht in der Diskussion 2012, 2013, S. 59; *Heckschen*, Die SE als Option für den Mittelstand, in: Festschrift Westermann, 2008, S. 999; *Henssler*, Unternehmerische Mitbestimmung in der Societas Europaea – Neue Denkanstöße für die „Corporate Governance"-Diskussion, in: Festschrift Ulmer, 2003, S. 193; *Hommelhoff/Helms*, Neue Wege in die Europäische Privatgesellschaft, 2001 (zit.: *Bearbeiter* in: Hommelhoff/Helms); *Horn*, Die Europa-AG im Kontext des deutschen und europäischen Gesellschaftsrechts, DB 2005, 147; *Jaecks/ Schönborn*, Die Europäische Aktiengesellschaft, das internationale und das deutsche Konzernrecht, RIW 2003, 254; *Köstler/Werner*, Die SE unter der Lupe, AG Report 2008, R 105; *Krause*, Die Mitbestimmung der Arbeitnehmer in der Europäischen Gesellschaft (SE), BB 2005, 1221; *Lächler/Oplustil*, Funktion und Umfang des Regelungsbereichs der SE-Verordnung, NZG 2005, 381; *Lutter*, Europäische Aktiengesellschaft – Rechtsfigur mit Zukunft?, BB 2002, 1; *Lutter/Hommelhoff*, Die Europäische Aktiengesellschaft, 2005 (zit.: *Bearbeiter* in: Lutter/Hommelhoff, Europäische Aktiengesellschaft); *Lutter/Kollmorgen/Feldhaus*, Die Europäische Aktiengesellschaft – Satzungsgestaltung bei der mittelständischen SE, BB 2005, 2473; *Merkt*, Europäische Aktiengesellschaft: Gesetzgebung als Selbstzweck? Kritische Bemerkungen zum Entwurf von 1991, BB 1992, 652; *Reichert*, Erfahrungen mit der Societas Europaea (SE) in Deutschland, in: Gedächtnisschrift Gruson, 2009, S. 321; *Scheifele*, Die Gründung der Europäischen Aktiengesellschaft (SE), 2004; *Teichmann*, Binnenmarktkonformes Gesellschaftsrecht, 2006; *Theisen/Wenz*, Die Europäische Aktiengesellschaft, 2. Aufl., 2005; *Wagner*, Die Bestimmung des auf die SE anwendbaren Rechts, NZG 2002, 985; *Weber-Rey*, Praxisfragen der Europäischen Privatgesellschaft, in: Gesellschaftsrechtliche Vereinigung (VGR), Gesellschaftsrecht in der Diskussion 2008, 2009, S. 77.

A. Einleitung

Mit dem Inkrafttreten der Verordnung über das Statut der Europäischen Gesellschaft[1]) am 8.10.2004 erblickte die Rechtsform der Europäischen Gesell- 1

---

1) Verordnung (EG) Nr. 2157/2001 des Rates über das Statut der Europäischen Gesellschaft (SE), ABl. EU L 294/1 v. 10.11.2001.

schaft (Societas Europaea, SE) nach langer Vorbereitung das Licht der Welt.[2]) Schon einige Zeit vorher, nämlich im Jahre 1959, begann die Diskussion über die Schaffung einer europäischen AG. Die anfängliche Idee war, eine rein supranationale Rechtsform zu etablieren, die allein den Regelungen der Europäischen Union unterliegt. Dieser Gedanke musste jedoch im Laufe der Zeit stark Federn lassen. So gibt es zwar mit der SE in ihrer heutigen Ausprägung eine europäische Gesellschaftsform, deren primäre Rechtsquelle mit der SE-VO auch selbstredend europäisch ist. Allerdings sind die Regelungen der Verordnung nicht abschließend und werden ergänzt von zahlreichen nationalen Regelungen der Mitgliedstaaten. Die SE hat daher zwar ein **europäisches Rechtskleid**, darunter verbirgt sich allerdings jeweils das **nationale Recht** desjenigen Mitgliedstaats, in dem die SE ihren Sitz hat. Im Ergebnis gibt es daher genauso viele verschiedene Spielarten der SE, wie es Mitgliedstaaten gibt.

2 Der Haupttreiber für eine einheitliche europäische Form der Kapitalgesellschaft war und ist, unionsweit tätigen Unternehmen eine Möglichkeit zu geben, grenzüberschreitende Zusammenschlüsse und Sitzverlegungen leichter vollziehen sowie Transaktions- und Organisationskosten einsparen zu können.[3])

3 Auch wenn die SE in der deutschen offiziellen Terminologie als **Europäische Gesellschaft** firmiert, ist sie eine **AG** und nicht etwa eine mit der GmbH vergleichbare Gesellschaftsform. Deutlich wird dies etwa in Art. 10 SE-VO, wonach die SE vorbehaltlich der Bestimmungen der Verordnung in jedem Mitgliedstaat wie eine AG behandelt wird, die nach dem Recht des Sitzstaats der SE gegründet wurde. Eine in Deutschland sitzende SE unterliegt daher subsidiär den Regelungen des deutschen Aktienrechts und dem Grundsatz der Satzungsstrenge (Art. 9 Abs. 1 lit. c, iii SE-VO, § 23 Abs. 5 AktG). Die Rechtsform der SE bietet sich somit nicht für Unternehmer an, die dispositive und flexible gesellschaftsrechtliche Regelungen wünschen. Dieses Bedürfnis besteht häufig bei kleinen und mittleren Unternehmen (KMU).[4]) Auch ist die Gründung einer SE aufwendig und kann ebenso aus diesem Grund KMU abschrecken. Daher soll mit der seit längerem geplanten Europäischen Privatgesellschaft (Societas Privata Europaea, SPE) eine Alternative geschaffen werden (zur SPE siehe unten § 49).

---

2) Zur Geschichte der SE s. *Taschner* in: Jannott/Frodermann, Hdb. Europ. AG, Kap. 1 Rz. 1 ff.; *Casper* in: Spindler/Stilz, AktG, Vor Art. 1 SE-VO Rz. 5 ff.; *Lutter* in: Lutter/Hommelhoff, SE-Kommentar, Einl. SE-VO Rz. 7 ff.; *Oechsler* in: MünchKomm-AktG, Vor Art. 1 SE-VO Rz. 1 ff.; *Merkt*, BB 1992, 652; *Lutter*, BB 2002, 1; für eine Überblick über die deutsche Rechtsprechung zur SE s. *Bungert/Gotsche*, ZIP 2013, 649.
3) *Lutter* in: Lutter/Hommelhoff, SE-Kommentar, Einl. SE-VO Rz. 32; s. a. SE-VO, Erwägungsgründe Nr. 1, 3, 4 und 10.
4) *Casper* in: Spindler/Stilz, AktG, 1. Aufl., Vor Art. 1 SE-VO Rz. 22, einschränkend nunmehr *Casper* in Spindler/Stilz, AktG, Vor Art. 1 SE-VO Rz. 22 f.; zur SE als Option für den Mittelstand vgl. aber *Reichert* in: GS Gruson, S. 321, 322; *Heckschen* in: FS Westermann, S. 999; zu einer entsprechenden Satzungsgestaltung bei einer „mittelständischen" SE s. *Lutter/Kollmorgen/Feldhaus*, BB 2005, 2473; allgemein *Fromholzer* in: VGR, S. 59.

Bislang erfreut sich die SE allerdings durchaus auch bei KMU gewisser Beliebtheit. Obgleich Wissenschaft und Praxis die SE aufgrund ihrer langen Entstehungsgeschichte sehnsüchtig erwartet hatten, blieb der von vielen vorausgesagte Ansturm zunächst aus. Mit der „*Go East Invest SE – Europäische Gesellschaft zur Industrieansiedlung und Markterschließung*" wurde zwar schon am 17.3.2005 und damit nur gut fünf Monate nach Inkrafttreten der SE-VO die erste „*deutsche*" SE eingetragen. Allerdings blieb die Zahl der Gründungen mit zunächst 23 europaweit für das Jahr 2005 hinter den Erwartungen zurück. Untersuchungen zeigen jedoch seitdem einen steten Anstieg. So folgten im Jahr 2006 schon 40 Gründungen. Diese Zahl stieg um mehr als das doppelte im Jahr 2007 (87 Gründungen) und ebenso im Jahr 2008 (176 Gründungen).[5] Seitdem ist die Anzahl der eingetragenen SE stetig gestiegen mit 465 in 2009, 669 in 2010, 1 030 in 2011 und 1 597 in 2012.[6] Mittlerweile sind europaweit etwa 2 200 SE eingetragen.[7] Unter den deutschen SE finden sich so bekannte Namen wie *Allianz SE, BASF SE, Bilfinger SE, BP Europa SE, E.on SE, Nordex SE, Porsche Automobil Holding SE* und *Puma SE*. Deutschland liegt mit 292 SE hinter der Tschechischen Republik mit 1 495 SE auf dem zweiten Platz des europaweiten Vergleichs.[8] Konkurrenz könnte der SE mit der bereits angesprochenen Europäischen Privatgesellschaft (SPE) erwachsen, die sich vornehmlich an kleine und mittelständische Unternehmen richten soll und für solche Unternehmen eine Alternative zur SE werden dürfte. Die SPE könnte jedoch auch für größere Unternehmen interessant werden.[9]

4

B. Rechtsquellen

I. Stufenverhältnis

Die SE unterliegt einem Nebeneinander von EU-Recht und nationalem Recht. Die zentrale auf **erster Stufe** der Normenhierarchie stehende Rechtsquelle der SE ist die **SE-VO**.[10] Sie gilt in den Mitgliedstaaten unmittelbar und geht den

5

---

5) *Eidenmüller/Engert/Hornuf*, AG 2008, 721; *Eidenmüller/Engert/Hornuf*, AG 2009, 845; s. aber auch *Bayer/Hoffmann/Schmidt*, AG Report 2009, R 480; *Köstler/Werner*, AG Report 2008, R 105 f.; s. zu den Wirkungen der SE-VO die ausführliche Studie im Auftrag der Europäischen Kommission von *Ernst & Young*, Study on the operation and the impacts of the Statute for a European Company (SE), Final report, 9 December 2009; Zahlen und weitere Fakten auf: http://de.worker-participation.eu/Europa-AG-SE/Facts-Figures.
6) http://de.worker-participation.eu/Europa-AG-SE/Facts-Figures.
7) Zahl per Stand 25.7.2014 aus der Datenbank der European Trade Union Institute, abrufbar unter http://ecdb.worker-participation.eu.
8) http://de.worker-participation.eu/Europa-AG-SE/Facts-Figures (Stand: 21.3.2014).
9) Vgl. etwa *Ehricke* in: Hommelhoff/Helms, S. 17, 30 ff.; *Weber-Rey* in: VGR, S. 77, 80 f.
10) Verordnung (EG) Nr. 2157/2001 des Rates v. 8.10.2001 über das Statut der Europäischen Gesellschaft (SE), ABl. EU L 294/1 v. 10.11.2001. Vgl. zum Folgenden auch *Hommelhoff* in: Lutter/Hommelhoff, Europäische Gesellschaft, S. 5 ff.; *Wagner*, NZG 2002, 985; für eine graphische Darstellung s. *Theisen/Wenz* in: Theisen/Wenz, S. 1, 51.

anderen Rechtsquellen im Rang vor (Art. 9 Abs. 1 lit. a SE-VO; ebenso deklaratorisch § 1 SEAG).

6 Die SE-VO ist jedoch nicht abschließend. Soweit sie Bereiche nicht oder erfasste Bereiche nur lückenhaft regelt, ist nach Art. 9 Abs. 1 lit. c, i SE-VO auf **zweiter Stufe** auf die nationalen Vorschriften zurückzugreifen, welche in den Mitgliedstaaten speziell für die SE erlassen wurden. Im deutschen Recht ist dies das Gesetz zur Einführung der Europäischen Gesellschaft (SEEG) vom 22.12.2004.[11] Es besteht im Wesentlichen aus dem SE-Ausführungsgesetz (SEAG)[12] und dem SE-Beteiligungsgesetz (SEBG)[13]. Letzteres setzt die Richtlinie zur Ergänzung des Statuts der SE hinsichtlich der Beteiligung der Arbeitnehmer um.[14]

7 Auf der **dritten Stufe** folgen die allgemein **auf eine nationale AG anwendbaren Rechtsvorschriften** des Sitzstaats der SE (Art. 9 Abs. 1 lit. c, ii SE-VO). Diese Generalverweisung auf aktienrechtliche Vorschriften wird allerdings verdrängt durch die Spezialverweisungen auf Rechtsvorschriften für die AG, die sich in der SE-VO verteilt finden (etwa Art. 15 Abs. 1, Art. 18 und Art. 53 SE-VO).

8 Auf der **vierten** und **letzten Stufe** stehen die **Satzungsregelungen** der SE nach Art. 9 Abs. 1 lit. c, iii SE-VO. Ob hierunter auch die in Art. 9 Abs. 1 lit. b SE-VO genannten Satzungsregelungen fallen oder diese eine eigenständige Rechtsquelle auf einer eigenen zweiten Stufe bilden, wird unterschiedlich beurteilt.[15]

9 Die **Generalverweisung** in **Art. 9 Abs. 1 lit. c, ii SE-VO** auf nationales Aktienrecht greift nur, wenn die SE-VO lückenhaft ist. Eine **Lücke** allein reicht jedoch nicht. Hinzukommen muss, dass der Verordnungsgeber diese Lücke **planmäßig** gesetzt hat. Dies ist zu bejahen, wenn er es bewusst den Mitgliedstaaten überlassen will, den Bereich zu regeln. Findet sich in der SE-VO dagegen eine planwidrige Lücke, indem zwar ein Bereich nicht oder unvollständig geregelt

---

11) BGBl. I 2004, 3675 ff.
12) Gesetz zur Ausführung der Verordnung (EG) Nr. 2157/2001 des Rates v. 8.10.2001 über das Statut der Europäischen Gesellschaft (SE) (SE-Ausführungsgesetz – SEAG).
13) Gesetz über die Beteiligung der Arbeitnehmer in einer Europäischen Gesellschaft (SE-Beteiligungsgesetz – SEBG).
14) Richtlinie 2001/86/EG des Rates v. 8.10.2001 zur Ergänzung des Statuts der Europäischen Gesellschaft hinsichtlich der Beteiligung der Arbeitnehmer, ABl. EU L 294/22 v. 10.11.2001.
15) Gegen eine eigenständige Rechtsquelle innerhalb der Normenhierarchie *Schäfer* in: MünchKomm-AktG, Art. 9 SE-VO Rz. 22; *Casper* in: Spindler/Stilz, AktG, Art. 9 SE-VO Rz. 5; dafür *Austmann* in: MünchHdb-GesR, Bd. 4, § 82 Rz. 11; *Wagner*, NZG 2002, 985; zumindest eine eigene Prüfungsstufe in der Hierarchie bejahen *Hommelhoff/Teichmann* in: Lutter/Hommelhoff, SE-Kommentar, Art. 9 SE-VO (§ 1 SEAG) Rz. 39, 56; *Schwarz*, SE-VO, Einl. Rz. 61, 66; *Schröder* in: Manz/Mayer/Schröder, Europ. AG, Art. 9 SE-VO Rz. 16; *Kuhn* in: Jannott/Frodermann, Hdb. Europ. AG, Kap. 2 Rz. 12.

ist, dieser Bereich aber nicht den nationalen Rechtsordnungen überlassen werden sollte, ist diese Lücke im Wege der Analogie zu schließen.[16]

II. Verweisungsinhalte

Die Verweisungen in Art. 9 Abs. 1 lit. c, i und ii SE-VO sind nach einer starken h. A. keine Gesamtverweisungen, sondern **Sachnormverweisungen**. Sie verweisen damit direkt auf das nationale Sachrecht des Sitzstaats unter Ausschluss der Vorschriften des Internationalen Privatrechts.[17] Dies gilt ebenso grundsätzlich für die Spezialverweisungen.[18] Für eine Sachnormverweisung wird angeführt, die SE-VO bestimme selbst unmittelbar das anwendbare Sachrecht; sie lege dies nicht in die Hände des Internationalen Privatrechts der Mitgliedstaaten.[19] Außerdem werde die Suche nach dem anwendbaren Recht unnötig erschwert, wenn das Internationale Privatrecht dazwischengeschaltet werde.[20] In der Praxis dürfte dieser Streit irrelevant bleiben, weil Art. 7 Satz 1 SE-VO einen Gleichlauf von Satzungssitz („*Sitz der SE*") und Sitz der Hauptverwaltung vorschreibt. Beide Sitze müssen in demselben Mitgliedstaat liegen. Das Kollisionsrecht des Mitgliedstaats wird die Verweisung des Art. 9 SE-VO auf sein Recht also stets annehmen, unabhängig davon, welcher der beiden Anknüpfungstheorien des Internationalen Gesellschaftsrechts – Sitz- oder Gründungstheorie – es folgt. Es wird damit dasselbe Ergebnis erzielt wie bei einem direkten Verweis auf das Sachrecht dieses Mitgliedstaats. Der Umweg über das Internationale Privatrecht ist daher unnötig.[21]

10

---

16) Eingehend dazu *Schwarz*, SE-VO, Einl. Rz. 85 ff. mit zahlreichen Nachweisen; *Hommelhoff/ Teichmann* in: Lutter/Hommelhoff, SE-Kommentar, Art. 9 SE-VO (§ 1 SEAG) Rz. 50 f.; s. aber auch *Casper* in: FS Ulmer, S. 51 ff., insbes. S. 57 f. und *Schäfer* in: MünchKomm-AktG, Art. 9 SE-VO Rz. 15, die bei bestimmten Fallgestaltungen ein Analogieverbot annehmen.

17) *Casper* in: Spindler/Stilz, AktG, Art. 9 SE-VO Rz. 6; *Casper* in: FS Ulmer, S. 51, 65 f.; *Schwarz*, SE-VO, Einl. Rz. 128; *Schäfer* in: MünchKomm-AktG, Art. 9 SE-VO Rz. 3; *Austmann* in: MünchHdb-GesR, Bd. 4, § 82 Rz. 15; *Schwarz*, SE-VO, Einl. Rz. 128; *Wagner*, NZG 2002, 985, 989; *Brandt/Scheifele*, DStR 2002, 547, 553; *Lächler/Oplustil*, NZG 2005, 381, 383 f.; *Jaecks/Schönborn*, RIW 2003, 254, 256 f.; *Horn*, DB 2005, 147; *Scheifele*, S. 31; a. A. *Teichmann*, Binnenmarktkonformes Gesellschaftsrecht, S. 293 ff.; *Drinhausen/Teichmann* in: van Hulle/Maul/Drinhausen, Hdb. Europ. Gesellschaft, Abschn. 3 Rz. 12; *Hommelhoff/ Teichmann* in: Lutter/Hommelhoff, SE-Kommentar, Art. 9 SE-VO (§ 1 SEAG) Rz. 28 ff. (für Art. 9 Abs. 1 lit. c, ii); *Schröder* in: Manz/Mayer/Schröder, Europ. AG, Art. 9 SE-VO Rz. 23.

18) *Schäfer* in: MünchKomm-AktG, Art. 9 SE-VO Rz. 9 m. w. N., s. dort auch für einen Überblick über die Spezialverweisungen in der SE-VO.

19) *Schwarz*, SE-VO, Einl. Rz. 128.

20) Vgl. *Hommelhoff/Teichmann* in: Lutter/Hommelhoff, SE-Kommentar, Art. 9 SE-VO (§ 1 SEAG) Rz. 27; *Schwarz*, SE-VO, Einl. Rz. 128.

21) Vgl. auch *Schäfer* in: MünchKomm-AktG, Art. 9 SE-VO Rz. 3; krit. *Lächler/Oplustil*, NZG 2005, 381, 384; rechtspolitisch zu einer möglichen Aufhebung des Art. 7 SE-VO *Casper*, ZHR 173 (2009), 181, 208 ff.

11 Unabhängig von dem Streit um Gesamt- oder Sachnormverweisung wird i. R. von General- und Spezialverweisungen nicht nur auf das geschriebene Recht verwiesen, sondern auch auf sämtliche **ungeschriebenen Rechtsgrundsätze und das Richterrecht**,[22] und zwar in seiner jeweils geltenden Fassung (dynamische Verweisung).[23] Auch wird durch die Generalverweisung in Art. 9 Abs. 1 lit. c, ii SE-VO erreicht, dass der Deutsche Corporate Governance Kodex auf die börsennotierte SE anwendbar ist, und zwar über den zur Anwendung berufenen § 161 AktG.[24]

12 Die Verweisung in **Art. 9 Abs. 1 lit. c, ii SE-VO** ist auf das für die SE geltende Aktien- und Gesellschaftsrecht beschränkt. Der regelungsbedürftige Sachverhalt muss einen besonderen Bezug zur SE haben und darf **nicht** Gegenstand des **allgemeinen Verkehrsrechts** sein.[25] Denn insoweit beansprucht die SE-VO weder direkt noch indirekt durch Verweisung Geltung. Ausdrücklich ergibt sich dies aus dem Erwägungsgrund Nr. 20 für die Bereiche Steuerrecht, Wettbewerbsrecht, gewerblicher Rechtsschutz und Insolvenzrecht. Diese nur beispielhafte Aufzählung lässt sich etwa um die Bereiche Vertrags- und Deliktsrecht sowie allgemeines Handelsrecht ergänzen.[26] Welches allgemeine Verkehrsrecht eines Staats im Einzelfall anwendbar ist, ergibt sich aus den allgemeinen Regeln des **Internationalen Privatrechts**.

---

22) *Casper* in: Spindler/Stilz, AktG, Art. 9 SE-VO Rz. 15; *Hommelhoff/Teichmann* in: Lutter/Hommelhoff, SE-Kommentar, Art. 9 (§ 1 SEAG) Rz. 55; *Schäfer* in: MünchKomm-AktG, Art. 9 SE-VO Rz. 18 m. w. N.

23) *Casper* in: Spindler/Stilz, AktG, Art. 9 SE-VO Rz. 15; *Casper* in: FS Ulmer, S. 51, 65; *Hommelhoff/Teichmann* in: Lutter/Hommelhoff, SE-Kommentar, Art. 9 SE-VO (§ 1 SEAG) Rz. 55; *Schwarz*, SE-VO, Einl. Rz. 133; *Lächler/Oplustil*, NZG 2005, 381, 385; *Brandt/Scheifele*, DStR 2002, 547, 553.

24) *Teichmann* in: MünchHdb-GesR, Bd. 6, § 49 Rz. 3.

25) *Casper* in: Spindler/Stilz, AktG, Art. 9 SE-VO Rz. 11; *Schäfer* in: MünchKomm-AktG, Art. 9 SE-VO Rz. 3; s. a. *Kuhn* in: Jannott/Frodermann, Hdb. Europ. AG, Kap. 2 Rz. 23.

26) Vgl. etwa *Brandt/Scheifele*, DStR 2002, 547, 549 (allgemeines Schuldrecht); *Casper* in: FS Ulmer, S. 51, 66 (Handelsrecht); i. E. ähnlich *Schröder* in: Manz/Mayer/Schröder, Europ. AG, Art. 9 SE-VO Rz. 26 f.; zu den Grenzbereichen Konzernrecht, Mitbestimmungsrecht und Kapitalmarktrecht s. etwa *Casper* in: Spindler/Stilz, AktG, Art. 9 SE-VO Rz. 12 ff.

§ 43 Motive

Übersicht

A. Einleitung 1
B. Europäisches Rechtskleid 2
C. Gestaltung der Mitbestimmung 10
D. Wahl des Leitungssystems 19
E. Grenzüberschreitende Sitzverlegung 25
F. Vereinfachung der Konzernstruktur 26

Literatur: *Arlt*, Französische Aktiengesellschaft: monistisches und dualistisches System im Spannungsfeld der Corporate Governance, Wien 2006; *Bachmann*, Der Verwaltungsrat der monistischen SE, ZGR 2008, 779; *Baums/Cahn*, Die Europäische Aktiengesellschaft: Umsetzungsfragen und Perspektiven, 2004; *Blanquet*, Das Statut der Europäischen Aktiengesellschaft: Ein Gemeinschaftsinstrument für die grenzübergreifende Zusammenarbeit im Dienste der Unternehmen, ZGR 2002, 20; *Brandes*, Mitbestimmungsvermeidung mittels grenzüberschreitender Verschmelzungen, ZIP 2008, 2193; *Brandt*, Ein Überblick über die Europäische Aktiengesellschaft (SE) in Deutschland, BB-Special 3/2005, 1; *Bungert/Gotsche*, Die deutsche Rechtsprechung zur SE, ZIP 2013, 649; *Calle Lambach*, Das Gesetz über die Beteiligung der Arbeitnehmer in einer Europäischen Gesellschaft (SE-Beteiligungsgesetz – SEBG), RIW 2005, 161; *Casper/Weller*, Mobilität und grenzüberschreitende Umstrukturierung der SE, NZG 2009, 681; *Drinhausen/Keinath*, Mitbestimmung bei grenzüberschreitender Verschmelzung mitbestimmungsfreier Gesellschaften, AG 2010, 398; *Eder*, Die monistisch verfasste Societas Europaea – Überlegungen zur Umsetzung eines CEO-Modells, NZG 2004, 544; *Eidenmüller/Engert/Hornuf*, Vom Wert der Wahlfreiheit: Eine empirische Analyse der Societas Europaea als Rechtsformalternative, AG 2009, 845; *Ernst & Young*, Study on the operation and the impacts of the Statute for a European Company (SE), Final report, 9 December 2009, abrufbar unter: http://ec.europa.eu/internal_market/consultations/docs/2010/se/study_SE_9122009_en.pdf; *Fleischer*, Der Einfluss der Societas Europaea auf die Dogmatik des deutschen Gesellschaftsrechts, AcP 204 (2004), 502; *Forst*, Zur Größe des mitbestimmten Organs einer kraft Beteiligungsvereinbarung mitbestimmten SE, AG 2010, 350; *Fromholzer*, Die SE als Rechtsformalternative für den Mittelstand, in: Gesellschaftsrechtliche Vereinigung (VGR), Gesellschaftsrecht in der Diskussion 2012, 2013, S. 59; *Grambow*, Arbeits- und gesellschaftsrechtliche Fragen bei grenzüberschreitenden Verschmelzungen unter Beteiligung einer Europäischen Gesellschaft, Der Konzern 2009, 97; *Grobys*, SE-Betriebsrat und Mitbestimmung in der Europäischen Gesellschaft, NZA 2005, 84; *Gruber/Weller*, Societas Europaea: Mitbestimmung ohne Aufsichtsrat? – Ideen für die Leitungsverfassung der monistischen Europäischen Aktiengesellschaft in Deutschland, NZG 2003, 297; *Güntzel*, Die Richtlinie über die Arbeitnehmerbeteiligung in der Europäischen Aktiengesellschaft (SE) und ihre Umsetzung in das deutsche Recht, 2006; *Habersack*, Grundsatzfragen der Mitbestimmung in SE und SCE sowie bei grenzüberschreitender Verschmelzung, ZHR 171 (2007), 613; *Habersack*, Schranken der Mitbestimmungsautonomie in der SE – Dargestellt am Beispiel der Größe und inneren Ordnung des Aufsichtsorgans, AG 2006, 345; *Habersack*, Konzernrechtliche Aspekte der Mitbestimmung in der Societas Europaea, Der Konzern 2006, 105; *Henssler*, Unternehmerische Mitbestimmung in der Societas Europaea – Neue Denkanstöße für die „Corporate Governance"-Diskussion, in: Festschrift Ulmer, 2003, S. 193; *von der Heyde*, Die Beteiligung der Arbeitnehmer in der Societas Europaea (SE), 2007; *Hopt*, Europäisches Gesellschaftsrecht im Lichte des Aktionsplans der Europäischen Kommission vom Dezember 2012, ZGR 2013, 165; *Ihrig*, Die geschäftsführenden Direktoren in der monistischen SE: Stellung, Aufgaben und Haftung, ZGR 2008, 809; *Ihrig/Wagner*, Das Gesetz zur Einführung der Europäischen Gesellschaft (SEEG) auf der Zielgeraden: Die gesellschafts- und mitbestimmungsrechtlichen Regelungen des Regierungsentwurfs, BB 2004, 1749; *Jacobs*, Privatautonome Unternehmensmitbestimmung in der SE, in: Festschrift

§ 43 Motive

K. Schmidt, 2009, S. 795; *Kallmeyer*, Europa-AG – Strategische Optionen für deutsche Unternehmen, AG 2003, 197; *Kiem*, SE-Aufsichtsrat und Dreiteilbarkeitsgrundsatz, Der Konzern 2010, 275; *Krause*, Die Mitbestimmung der Arbeitnehmer in der Europäischen Gesellschaft (SE), BB 2005, 1221; *Krause/Janko*, Grenzüberschreitende Verschmelzungen und Arbeitnehmermitbestimmung, BB 2007, 2194; *Lunk/Hinrichs*, Die Mitbestimmung der Arbeitnehmer bei grenzüberschreitenden Verschmelzungen nach dem MgVG, NZA 2007, 773; *Lutter/Kollmorgen/Feldhaus*, Die Europäische Aktiengesellschaft – Satzungsgestaltung bei der mittelständischen SE, BB 2005, 2473; *Müller-Bonanni/Melot de Beauregard*, Mitbestimmung in der Societas Europaea, GmbHR 2005, 195; *Müller-Bonanni/Müntefering*, Arbeitnehmerbeteiligung bei SE-Gründung und grenzüberschreitender Verschmelzung im Vergleich, BB 2009, 1699; *Nagel*, Die Europäische Aktiengesellschaft (SE) in Deutschland – der Regierungsentwurf zum SE-Einführungsgesetz, NZG 2004, 833; *Oetker*, Unternehmerische Mitbestimmung kraft Vereinbarung in der Europäischen Gesellschaft (SE), in: Festschrift Konzen, 2006, S. 635; *Oetker*, Unternehmensmitbestimmung in der SE kraft Vereinbarung: Grenzen der Vereinbarungsautonomie im Hinblick auf die Größe des Aufsichtsrats, ZIP 2006, 1113; *Reichert*, Die neue Vielfalt – Grenzüberschreitende Unternehmenszusammenführungen in der Praxis: Motive und Modelle 1998–2008, in: Festschrift Hüffer, 2010, S. 805; *Reichert*, Erfahrungen mit der Europäischen Gesellschaft (SE) in Deutschland, in: Gedächtnisschrift Gruson, 2009, S. 321; *Reichert*, Die SE als Gestaltungsinstrument für grenzüberschreitende Umstrukturierungen, Der Konzern 2006, 821; *Reichert/Brandes*, Mitbestimmung der Arbeitnehmer in der SE – Gestaltungsfreiheit und Bestandsschutz, ZGR 2003, 767; *Seibt*, Privatautonome Mitbestimmungsvereinbarungen – Rechtliche Grundlagen und Praxishinweise, AG 2005, 413; *Seibt/Saame*, Die Societas Europaea (SE) deutschen Rechts: Anwendungsfelder und Beratungshinweise, AnwBl. 2005, 225; *Seibt/Wollenschläger*, Trennungs-Matrixstrukturen im Konzern, AG 2013, 229; *Teichmann*, Mitbestimmung und grenzüberschreitende Verschmelzung, Der Konzern 2007, 89; *Teichmann*, Gestaltungsfreiheit im monistischen Leitungssystem der Europäischen Aktiengesellschaft, BB 2004, 53; *Theisen/Wenz*, Die Europäische Aktiengesellschaft, 2. Aufl., 2005; *Thoma/Leuering*, Die Europäische Aktiengesellschaft – Societas Europaea, NJW 2002, 1449; *Thümmel*, Die Europäische Aktiengesellschaft (SE), 2005; *Wenz*, Einsatzmöglichkeiten einer Europäischen Aktiengesellschaft in der Unternehmenspraxis aus betriebswirtschaftlicher Sicht, AG 2003, 185; *Wieneke*, Leistungsstrukturen bei Integration deutscher Gesellschaften in internationale Konzerne, in: Gesellschaftsrechtliche Vereinigung (VGR), Gesellschaftsrecht in der Diskussion 2010, 2011, S. 91; *Windbichler*, Methodenfragen in einer gestuften Rechtsordnung – Mitbestimmung und körperschaftliche Organisationsautonomie in der Europäischen Gesellschaft, in: Festschrift Canaris, Bd. 2, 2007, S. 1423; *Wisskirchen/Prinz*, Das Gesetz über die Beteiligung der Arbeitnehmer in einer Europäischen Gesellschaft (SE), DB 2004, 2638; *Wollburg/Banerjea*, Die Reichweite der Mitbestimmung in der Europäischen Gesellschaft, ZIP 2005, 277; *Ziegler/Gey*, Arbeitnehmermitbestimmung im Aufsichtsrat der Europäischen Gesellschaft (SE) im Vergleich zum Mitbestimmungsgesetz, BB 2009, 1750.

A. Einleitung

1 Die Motive für die Gründung einer SE beim Zusammenschluss von Unternehmen sind vielschichtig und je nach Einzelfall verschieden.[1] Häufig dürften **mehrere**

---

1) S. zu Gründungsmotiven insbesondere EU-Kommission, Bericht der Kommission an das Europäische Parlament und den Rat über die Anwendung der Verordnung (EG) Nr. 2157/2001 des Rates v. 8.10.2001 über das Statut der Europäischen Gesellschaft (SE), 17.11.2010, KOM (2010) 676 endg., S. 3 ff. (im Folgenden: SE-Bericht); Europäische Kommission, Feedback Statement – Summary of Responses to the Public Consultation on the Future of European Company Law, July 2012, S. 6 f.

Gründe zusammenfallen. Entscheidend ist eine Gesamtbetrachtung der konkreten Vor- und Nachteile einer SE gegenüber alternativen nationalen Strukturierungs- und Gesellschaftsformen. In diese Abwägung mit einzubeziehen ist auch die Frage, wo die Vor- und Nachteile einer *„deutschen"* gegenüber einer *„ausländischen"* SE liegen. Ohne den Anspruch auf Vollständigkeit zu erheben, zeigt sich aus der Erfahrung in der Praxis, dass vielfach einer oder mehrere der nachfolgend genannten Aspekte maßgeblich sind (siehe zu weiteren Aspekten § 44 Rz. 2 f., 30 f.).

B. Europäisches Rechtskleid

Ein starkes Motiv für die Gründung einer SE ist ihr europäisches Image und damit ihre nach außen hervorgehobene europäische Identität.[2] Dies hebt die SE von ihren Alternativen in Form von Gesellschaften rein nationaler Herkunft ab. Die Supranationalität der SE kann bei einem Zusammengehen von nationalen Unternehmen helfen, den Gedanken eines **Zusammenschlusses unter Gleichen** (*merger of equals*) zu fördern.[3] In diesem Fall dokumentiert die Wahl einer europäischen Rechtsform gegenüber Mitarbeitern und der Außenwelt, dass sich keiner der Beteiligten gegenüber dem anderen mit seinem nationalen Recht und seinem System der Corporate Governance durchgesetzt hat. Keiner muss sich damit gegenüber dem anderen als Verlierer fühlen.[4]

2

Das europäische Rechtskleid der SE ermöglicht auch ein **Signal nach innen und außen**, dass sich das Unternehmen als europäisches und nicht lediglich nationales Unternehmen versteht. Nach innen kann dieses europäische Selbstverständnis gegenüber Mitarbeitern wirken und so das Zusammenwachsen eines europäischen Konzerns mit Tochtergesellschaften oder Zweigniederlassungen in verschiedenen Mitgliedstaaten fördern. Mitarbeitern kann eine integrierende Unternehmenskultur vermittelt werden.[5] Dies kann sie dabei unterstützen, ihr nationales Denken abzustreifen und gegen ein europäisches Denken einzutauschen. Das Gefühl, ein einheitliches Unternehmen zu sein, kann so gefördert werden. Nach außen und damit gegenüber dem Kapitalmarkt, den Kunden und

3

---

2) S. EU-Kommission, SE-Bericht, S. 3; *Eidenmüller/Engert/Hornuf*, AG 2009, 845, 847 und *Hopt*, ZGR 2013, 165, 196, wonach bei einer telefonischen Befragung das Image der Rechtsform einer SE am häufigsten als Grund genannt wurde.
3) EU-Kommission, SE-Bericht, S. 3; *Oechsler* in: MünchKomm-AktG, Vor Art. 1 SE-VO Rz. 7 am Beispiel des Zusammenschlusses der *Hoechst AG* und der *Rhône Poulenc S.A.* zur *Aventis S.A.*; *Paefgen* in: KölnKomm-AktG, Art. 32 SE-VO Rz. 16.
4) Vgl. auch *Reichert* in: FS Hüffer, S. 805, 820.
5) *Lutter* in: Lutter/Hommelhoff, SE-Kommentar, Einl. SE-VO Rz. 33; *Brandt*, BB-Special 3/2005, 1, 7.

öffentlichen Stellen kann der europäische Anstrich i. S. einer European Corporate Identity modern und fortschrittlich strahlen.[6)]

4   Schließlich kann das europäische Image im Wettbewerb mit asiatischen und US-amerikanischen Konzernen helfen, weil es eine gewisse Größe und **Internationalität** dokumentiert.[7)]

5   Das Image der SE als ein Motiv für deren Gründung kommt in den zugrunde liegenden Dokumentationen in verschiedenen Formen zum Ausdruck. So heißt es in der Präambel des Umwandlungsplans der *Fresenius AG*:

„Die Rechtsform der Gesellschaft soll ihre internationale Ausrichtung abbilden."[8)]

6   In den Vorbemerkungen des Umwandlungsplans der *Klöckner & Co AG* wird ausgeführt:

„Die Rechtsform der SE ist nach Überzeugung des Vorstands als einzige Kapitalgesellschaft europäischen Rechts in besonderer Weise geeignet, die internationale Unternehmenskultur der Gesellschaft zu fördern.

Der Formwechsel in eine SE stellt nach Überzeugung des Vorstands einen weiteren konsequenten Schritt in der Entwicklung und globalen Ausrichtung der Geschäftstätigkeit des Klöckner & Co Konzerns dar."

7   In der Präambel des Umwandlungsplans der *BASF AG* lesen wir:

„Der Rechtsformwechsel von einer Aktiengesellschaft in eine Europäische Gesellschaft bringt das Selbstverständnis der BASF als einem europäisch und weltweit ausgerichteten Unternehmen auch äußerlich zum Ausdruck."

8   Und schließlich heißt es in der Präambel des Umwandlungsplans der *Dr. Ing. h. c. F. Porsche AG*:

„Die SE ist eine auf europäischem Recht gründende supranationale Rechtsform. Sie fördert die Bildung einer offenen und internationalen Unternehmenskultur und ermöglicht – unter Beibehaltung des Grundsatzes einer paritätischen Mitbestimmung – die Fortführung der bisherigen bewährten Aufsichtsratsgröße von zwölf Mitgliedern."

9   Trotz des europäischen Rechtskleids unterliegt eine SE wie schon ausgeführt subsidiär zu den Regelungen der SE-VO den nationalen Regelungen des Aktienrechts ihres Sitzlandes. Entsteht daher eine SE mit deutschem Sitz bspw. durch Formwechsel aus einer deutschen AG, bleibt diese Gesellschaft trotz Formwechsels in starkem Maße in dem ihr bekannten nationalen gesellschaftsrechtlichen Umfeld. So sehr man es bedauern mag, dass die EU-Mitgliedstaaten sich nicht auf ein abgeschlossenes europäisches Rechtssystem für die SE geeinigt

---

6) *Reichert* in: FS Hüffer, S. 805, 820; *Reichert*, Der Konzern 2006, 821, 822; *Wollburg/ Banerjea*, ZIP 2005, 277; *Lutter* in: Lutter/Hommelhoff, SE-Kommentar, Einl. SE-VO Rz. 33; krit. *Götz* in: Baums/Cahn, S. 152, 155 f.

7) *Lutter* in: Lutter/Hommelhoff, SE-Kommentar, Einl. SE-VO Rz. 33; *Thümmel*, Rz. 30; *Theisen/Wenz* in: Theisen/Wenz, S. 1, 53; *Thoma/Leuering*, NJW 2002, 1449, 1454.

8) Die Fresenius SE hat sich mittlerweile allerdings in die Rechtsform der KGaA unter Beitritt der Fresenius Management SE umgewandelt.

haben, so sehr mag gerade das damit entstandene Ergebnis zu einem Treiber für die SE in Deutschland geworden sein: Es gibt die Möglichkeit, nach außen wie innen signalisieren zu können, sich als europäischer und nicht lediglich nationaler Marktteilnehmer zu verstehen, und dabei aber gleichzeitig (wenngleich beschränkt) das **geschätzte deutsche Aktienrecht beizubehalten**.

C. Gestaltung der Mitbestimmung

Für deutsche Unternehmen kann ein wesentliches Motiv in der betrieblichen und unternehmerischen **Mitbestimmung** liegen.[9] Der Einsatz einer SE erlaubt nämlich, von den geltenden Regeln für deutsche Gesellschaften abzuweichen. So gestattet das SEBG den an der Gründung einer SE beteiligten Leitungen, mit den Arbeitnehmern eine **Vereinbarung** über die unternehmerische Mitbestimmung zu schließen. Für die hierzu erforderlichen Verhandlungen bilden die Arbeitnehmer oder ersatzweise die Arbeitnehmervertreter nach Aufforderung durch die geschäftsführenden Organe der unmittelbar an der Gründung der SE beteiligten Gesellschaften ein besonderes Verhandlungsgremium (§§ 4 ff. SEBG).

10

Dieses besondere Verhandlungsgremium wird i. R. eines festgelegten Verfahrens mit Arbeitnehmervertretern besetzt.[10] Für dieses Verfahren haben die Arbeitnehmervertreter oder ersatzweise die Arbeitnehmer ab vollständiger Information durch die Organe über das Gründungsvorhaben zehn Wochen Zeit (§ 11 Abs. 1 SEBG). Die nachfolgenden Verhandlungen können bis zu sechs Monate dauern (§ 20 Abs. 1 SEBG). Die Parteien können jedoch einvernehmlich beschließen, den Zeitraum der Verhandlungen auf bis zu ein Jahr auszudehnen (§ 20 Abs. 2 SEBG). Ziel der Verhandlungen ist es, dass das besondere Verhandlungsgremium mit den Leitungen der an der Gründung beteiligten Gesellschaften eine schriftliche Vereinbarung über die Beteiligung der Arbeitnehmer an der SE abschließt (§ 4 Abs. 1 SEBG) und damit Regeln für die unternehmerische und betriebliche Mitbestimmung trifft (siehe § 21 SEBG).[11] Enden die Verhandlungen ergebnislos und fasst das besondere Verhandlungsgremium keinen Beschluss darüber, keine Verhandlungen aufzunehmen oder aufgenommene Verhandlungen abzu-

11

---

9) S. EU-Kommission, SE-Bericht, S. 4 f.; *Bungert/Gotsche*, ZIP 2013, 649; *Hopt*, ZGR 2013, 165, 196; *Eidenmüller/Engert/Hornuf*, AG 2009, 845, 848, wonach bei einer telefonischen Befragung die Mitbestimmung am dritthäufigsten als Grund genannt wurde; zu den besonderen Gestaltungsmöglichkeiten durch eine SE & Co. KGaA s. *Fromholzer* in: VGR, S. 59, 66 ff.; Beispiele aus der Praxis sind die *Bertelsmann SE & Co. KGaA* und die *Fresenius SE & Co. KGaA*.

10) Ausführlich zu diesem Verfahren insbesondere *von der Heyde*, S. 165 ff. sowie etwa *Kienast* in: Jannott/Frodermann, Hdb. Europ. AG, Kap. 13 Rz. 122 ff.; *Oetker* in: Lutter/Hommelhoff, SE-Kommentar, § 5 SEBG Rz. 1 ff. jeweils m. w. N.; s. a. *Ziegler/Gey*, BB 2009, 1750, 1751 ff. m. zahlr. Beispielen.

11) Einzelheiten bei *Oetker* in: Lutter/Hommelhoff, SE-Kommentar, § 21 SEBG Rz. 1 ff., 19 ff.; *Oetker* in: FS Konzen, S. 635, 645 ff.; *Jacobs* in: MünchKomm-AktG, § 21 SEBG Rz. 9 ff.

brechen, regelt sich die Beteiligung der Arbeitnehmer nach der gesetzlichen Auffanglösung (§ 22 Abs. 1 SEBG). Danach ist zum einen ein SE-Betriebsrat zu errichten (§§ 22 ff. SEBG). Zum anderen unterliegt die unternehmerische Mitbestimmung dem strengsten Mitbestimmungsregime der an der Gründung der SE beteiligten Gesellschaften (§§ 34 ff. SEBG) (ausführlich dazu unten § 45 Rz. 43 ff.).[12]

12 Der **Vorteil**, die Beteiligung der Arbeitnehmer i. R. der unternehmerischen Mitbestimmung individuell vereinbaren zu können, liegt für Verhandlungspartner darin, für ihr Verhandlungsergebnis nicht an die Mitbestimmungsregeln für deutsche Gesellschaften gebunden zu sein.[13] Sie können frei verhandeln und müssen kein bestimmtes Mindestniveau berücksichtigen. Das Verhandlungsergebnis darf daher die Mindestanforderungen für eine vergleichbare deutsche Gesellschaft unterschreiten. So kann bspw. für eine SE mit in der Regel mehr als 500 Arbeitnehmern (§ 1 DrittelbG) oder 2 000 Arbeitnehmern (§ 1 MitbestG) im Extremfall die unternehmerische Mitbestimmung vollständig ausgeschlossen werden. Auf der anderen Seite der Skala ist es umgekehrt denkbar, für eine SE, die keine dieser Schwellen überschreitet, eine unternehmerische Mitbestimmung zu installieren.[14]

13 Die Gründung einer SE kann aber auch dann von dem Motiv der Mitbestimmung getragen werden, wenn die Leitungen der beteiligten Gesellschaften von Anfang an befürchten, dass die Verhandlungen mit dem besonderen Verhandlungsgremium nicht erfolgreich verlaufen werden und keine Beteiligungsvereinbarung abgeschlossen werden wird. Denn bei der dann greifenden **gesetzlichen Auffanglösung** bleiben wie beim Abschluss einer Beteiligungsvereinbarung zwei Aspekte bestehen, welche die Gründung einer SE motivieren können.

14 Zum einen bleibt es nach Gründung der SE grundsätzlich bei der einmal vereinbarten oder gesetzlich angeordneten Mitbestimmung. Überschreitet also bspw. eine mitbestimmungsfreie SE den Schwellenwert von 500 Arbeitnehmern, greift keine Drittelmitbestimmung. Ebenso wird die Gesellschaft auch keiner paritätischen Mitbestimmung unterworfen, wenn sie die Schwelle von 2 000 Arbeitnehmern überschreitet. Die Beteiligung der Arbeitnehmer und damit auch die unternehmerische **Mitbestimmung** werden „eingefroren".[15] Die Wiederaufnahme von Verhandlungen ist jedoch möglich (§ 18 Abs. 1 und 2

---

12) Krit. zu dieser Auffanglösung insbesondere *Fleischer*, AcP 204 (2004), 502, 535; s. zum Ganzen etwa *Kienast* in: Jannott/Frodermann, Hdb. Europ. AG, Kap. 13 Rz. 229 ff. und 262 ff.

13) Dies gilt gemäß § 21 Abs. 6 SEBG allerdings nicht im Fall der bloßen Umwandlung einer mitbestimmten AG in eine SE. Einzelheiten bei *Jacobs* in: MünchKomm-AktG, § 21 SEBG Rz. 20 ff.

14) Vgl. etwa *Seibt/Saame*, AnwBl. 2005, 225, 226 m. w. N.

15) S. etwa *Brandes*, ZIP 2008, 2193 f.; *Reichert* in: FS Hüffer, S. 805, 820; *Reichert*, Der Konzern 2006, 821, 824; *Thoma/Leuering*, NJW 2002, 1449, 1454.

SEBG). Zwingend ist sie nur, wenn eine strukturelle Änderung geplant ist, die geeignet ist, Beteiligungsrechte der Arbeitnehmer zu mindern (§ 18 Abs. 3 SEBG). Nach ganz überwiegender Auffassung fällt hierunter jedoch nicht der bloße Anstieg von Arbeitnehmerzahlen.[16)]

Zum anderen gilt die für deutsche Gesellschaften vorgeschriebene Mindestgröße eines mitbestimmten Aufsichtsrats (§ 7 MitbestG) nicht für eine in Deutschland sitzende SE.[17)] Nach Art. 40 Abs. 3 Satz 1 SE-VO wird die **Zahl der Aufsichtsratsmitglieder** durch die Satzung bestimmt. Nach h. A. ist sie nicht Gegenstand der Verhandlungen über die Beteiligung der Arbeitnehmer, sondern allein Sache des Satzungsgebers.[18)] Ergänzend verlangt § 17 Abs. 1 SEAG zwar eine Mindestzahl von drei Mitgliedern, legt jedoch ebenso wenig wie das SEBG eine Mindestzahl für die mitbestimmte SE fest. Einzuhalten sind danach lediglich wie bei jeder SE bestimmte Höchstgrenzen, die abhängig sind vom Grundkapital der SE, sowie nach umstrittener Ansicht die Teilbarkeit durch drei.[19)] Die an der Gründung der SE beteiligten Gesellschaften können daher bspw. bei einem Formwechsel von der AG in die SE einen bislang bestehenden Aufsichtsrat verkleinern und damit die Zahl der bisherigen Vertreter der Arbeitnehmer in diesem Organ verringern. Dies gilt auch dann, wenn bspw. die Verhandlungen über eine Beteiligung der Arbeitnehmer scheitern und als gesetzliche Auffanglösung die schon vorher bestehende paritätische

15

---

16) *Oetker* in: Lutter/Hommelhoff, SE-Kommentar, § 18 SEBG Rz. 17; *Feuerborn* in: Köln-Komm-AktG, § 18 SEBG Rz. 23; *Jacobs* in: MünchKomm-AktG, § 18 SEBG Rz. 18; *Eberspächer* in: Spindler/Stilz, AktG, Art. 43 SE-VO Rz. 28; *Schwarz*, SE-VO, Einl. Rz. 253; *Kienast* in: Jannott/Frodermann, Hdb. Europ. AG, Kap. 13 Rz. 191; *Güntzel*, S. 432; *Grobys*, NZA 2005, 84, 91; *Krause*, BB 2005, 1221, 1228; *Müller-Bonanni/Melot de Beauregard*, GmbHR 2005, 195, 197 f.; *Wollburg/Banerjea*, ZIP 2005, 277, 282 f.; *Reichert* in: FS Hüffer, S. 805, 820; *Reichert* in: GS Gruson, S. 321, 334; *Seibt*, AG 2005, 413, 427; *Wisskirchen/ Prinz*, DB 2004, 2638, 2642; einschränkend *Köstler* in: Theisen/Wenz, S. 331, 370 f.; *Nagel*, NZG 2004, 833, 839.
17) *Reichert/Brandes* in: MünchKomm-AktG, Art. 40 SE-VO Rz. 68; *Brandes*, ZIP 2008, 2193.
18) *Habersack*, AG 2006, 345, 350 ff.; *Habersack*, Der Konzern 2006, 105, 107; *Habersack*, ZHR 171 (2007), 613, 632 ff.; *Reichert*, Der Konzern 2006, 821, 824; *Paefgen* in: KölnKomm-AktG, Art. 40 SE-VO Rz. 100, 103; *Reichert/Brandes* in: MünchKomm-AktG, Art. 40 SE-VO Rz. 68; *Feuerborn* in: KölnKomm-AktG, § 21 SEBG Rz. 52; *Jacobs* in: FS K. Schmidt, S. 795, 803 f.; *Austmann* in: MünchHdb-GesR, Bd. 4, § 85 Rz. 37; *Kallmeyer*, AG 2003, 197, 199; *Müller-Bonanni/Melot de Beauregard*, GmbHR 2005, 195, 197; *Rieble*, BB 2006, 2018, 2021; *Windbichler* in: FS Canaris, Bd. 2, S. 1423, 1428 f.; a. A. *Oetker* in: Lutter/ Hommelhoff, SE-Kommentar, § 12 SEBG Rz. 8 ff.; *Oetker*, ZIP 2006, 1113 ff.; *Drygala* in: Lutter/Hommelhoff, SE-Kommentar, Art. 40 SE-VO Rz. 20; *Teichmann*, Der Konzern 2007, 89, 94 f.; *Schwarz*, SE-VO, Einl. Rz. 288; *Kienast* in: Jannott/Frodermann, Hdb. Europ. AG, Kap. 13 Rz. 386; *Manz* in: Manz/Mayer/Schröder, Europ. AG, Art. 40 SE-VO Rz. 16; *Seibt*, AG 2005, 413, 422 f., nunmehr jedoch einschränkend in: Willemsen/Hohenstatt/ Schweibert/Seibt, Umstrukturierung, F. Rz. 176.
19) Gegen das Erfordernis eine Teilbarkeit durch drei allerdings LG Nürnberg-Fürth, AG 2010, 384; s. abl. *Forst*, AG 2010, 350; zust. *Seibt*, ZIP 2010, 1057; *Kiem*, Der Konzern 2010, 275 *(de lege ferenda)*. S. aus der Praxis bspw. den Aufsichtsrat der *MAN SE* mit 16 Mitgliedern.

§ 43 Motive

Mitbestimmung erhalten bleibt. Denn § 35 SEBG schützt nicht die absolute Zahl der Arbeitnehmervertreter, sondern nur das proportionale Verhältnis zwischen ihnen und den Anteilseignervertretern.[20)]

16 Die Verkleinerung des Aufsichtsrats war bspw. bei der *BASF AG* ein Motiv, wie sich aus der Präambel des Umwandlungsplans ergibt:

> „Die Rechtsform der Europäischen Gesellschaft bietet zudem die Chance, die Corporate-Governance-Struktur der BASF AG fortzuentwickeln und die Arbeit der Gesellschaftsorgane weiter zu optimieren. Die Möglichkeit einer Verkleinerung des Aufsichtsrats leistet dazu einen wichtigen Beitrag. Der Aufsichtsrat ist dabei weiterhin paritätisch zu besetzen, sodass die Hälfte der Mitglieder Arbeitnehmervertreter sein werden".

17 Die einmal festgelegte Größe des Aufsichtsrats bleibt auch bei steigenden Arbeitnehmerzahlen unverändert. Ein Überschreiten der in § 7 Abs. 1 MitbestG genannten Schwellen berührt den Aufsichtsrat einer SE nicht.[21)]

18 **Konkurrenz** ist der Mitbestimmung als Motiv für die Wahl einer SE nunmehr durch die zwischenzeitlich geregelte **grenzüberschreitende Verschmelzung** von europäischen Kapitalgesellschaften (§§ 122a ff. UmwG) erwachsen. Denn auch dort kann die Mitbestimmung Gegenstand von Verhandlungen werden. Der Gesetzgeber hat damit einen zweiten Weg für individuelle Lösungen eröffnet.[22)]

D. **Wahl des Leitungssystems**

19 Ein weiteres wesentliches Motiv für die Gründung einer SE kann auch die Möglichkeit sein, das Leitungssystem wählen zu können. Anders als bei der deutschen AG, die zwingend ein **dualistisches System** mit Aufsichtsrat und Vorstand verlangt, kann bei einer SE stattdessen ausschließlich ein Verwaltungsrat

---

20) So die ganz h. M.: *Jacobs* in: MünchKomm-AktG, § 35 SEBG Rz. 9; *Jacobs* in: FS K. Schmidt, S. 795, 800; *Paefgen* in: KölnKomm-AktG, Art. 40 SE-VO Rz. 112; *Oetker* in: Lutter/Hommelhoff, SE-Kommentar, § 35 SEBG Rz. 8 f.; *Oetker* in: Lutter/Hommelhoff, Europäische Gesellschaft, S. 277, 306 ff.; *Kienast* in: Jannott/Frodermann, Hdb. Europ. AG, Kap. 13 Rz. 279; *Habersack* in: Ulmer/Habersack/Henssler, Mitbestimmungsrecht, § 35 SEBG Rz. 6; *Habersack*, Der Konzern 2006, 105, 106 f.; *Habersack*, AG 2006, 345, 347; *Grobys*, NZA 2005, 84, 90; *Kleinmann/Kujath* in: Manz/Mayer/Schröder, Europ. AG, Teil C § 35 SEBG Rz. 2; *Ihrig/Wagner*, BB 2004, 1749, 1755; *Müller-Bonanni/Melot de Beauregard*, GmbHR 2005, 195, 197; *Calle Lambach*, RIW 2005, 161, 167; *Teichmann*, BB 2004, 53, 56 (zur SE-RL); unentschieden *Krause*, BB 2005, 1221, 1226; a. A. *Güntzel*, S. 460; implizit auch *Wisskirchen/Prinz*, DB 2004, 2638, 2641 f.
21) *Reichert/Brandes* in: MünchKomm-AktG, Art. 40 SE-VO Rz. 68; implizit *Müller-Bonanni/ Melot de Beauregard*, GmbHR 2005, 195, 197; *Kienast* in: Jannott/Frodermann, Hdb. Europ. AG, Kap. 13 Rz. 410.
22) Zu den Einzelheiten und Unterschieden etwa *Teichmann* in: MünchHdb-GesR, Bd. 6, § 53 Rz. 18 ff.; *Brandes*, ZIP 2008, 2193; *Krause/Janko*, BB 2007, 2194; *Müller-Bonanni/ Müntefering*, BB 2009, 1699; ferner *Drinhausen/Keinath*, AG 2010, 398; *Teichmann*, Der Konzern 2007, 89; *Lunk/Hinrichs*, NZA 2007, 773; *Nagel*, NZG 2007, 57; zur grenzüberschreitenden Verschmelzung unter Beteiligung einer SE s. *Grambow*, Der Konzern 2009, 97.

eingesetzt werden (Art. 38 lit. b SE-VO).[23)] Dieses **monistische System** kann für damit vertraute ausländische Beteiligte, wie etwa aus den USA oder Frankreich, gegenüber unserem zweistufigen Leitungsmodell vorzugswürdig sein.[24)] Auch für inländische Beteiligte, die bislang als GmbH organisiert sind, kann das einstufige Modell attraktiv sein, weil sich mit der SE derselbe Zugang zum Kapitalmarkt öffnet wie mit der AG, aber das möglicherweise nicht gewünschte dualistische System vermieden werden kann.[25)] Durch Satzungsänderung lässt sich auch nach Gründung der SE und damit der Entscheidung für ein System in das andere System wechseln.[26)]

Der wesentliche **Vorteil** der **monistischen Struktur** wird in ihrer effizienteren Leitungsstruktur gesehen. Geschäftsführung und Kontrollgremium werden in einem Organ zusammengefasst (§ 22 Abs. 1 SEAG). Dem Verwaltungsrat selbst müssen zwar keine geschäftsführenden Direktoren angehören (vgl. § 40 Abs. 1 Satz 2 SEAG). Allerdings ist deren Beteiligung geeignet, den Informationsfluss zwischen Geschäftsführung und Kontrollgremium zu verbessern.[27)] 20

Die monistische Struktur erlaubt zudem, die aus dem US-amerikanischen Raum bekannte mögliche starke Stellung eines „**chief executive officer**" (CEO) einzuführen. Angesprochen ist damit die in den USA vorzufindende Gestaltung, den CEO zugleich zum Vorsitzenden (*chairman*) des board of directors zu bestimmen.[28)] Auf die SE bezogen ist damit die Möglichkeit gemeint, einen geschäftsführenden Direktor, der gleichzeitig Mitglied des Verwaltungsrats ist, zu dessen Vorsitzenden zu bestellen.[29)] Dadurch werden Organvorsitz und Management vereint.[30)] Diese Position kann noch dadurch gestärkt werden, dass dieser Person unter den geschäftsführenden Direktoren eine übergeordnete 21

---

23) S. *Eidenmüller/Engert/Hornuf*, AG 2009, 845, 847, wonach bei einer telefonischen Befragung diese Wahlmöglichkeit als zweithäufigster Grund genannt wurde.

24) Zum Leitungsmodell in den USA *Merkt*, US-amerikanisches Gesellschaftsrecht, Rz. 609 ff.; zum Leitungsmodell in Frankreich überblicksartig *Siems* in: KölnKomm-AktG, Vorb. Art. 43 SE-VO Rz. 10 ff. und *Teichmann* in: Lutter/Hommelhoff, SE-Kommentar, Art. 38 SE-VO Rz. 18 jeweils m. w. N.; eingehend *Arlt*, S. 75 ff.

25) *Lutter* in: Lutter/Hommelhoff, SE-Kommentar, Einl. SE-VO Rz. 34; *Paefgen* in: KölnKomm-AktG, Art. 38 SE-VO Rz. 35; *Lutter/Kollmorgen/Feldhaus*, BB 2005, 2473, 2474.

26) S. etwa *Paefgen* in: KölnKomm-AktG, Art. 38 SE-VO Rz. 15; *Schwarz*, SE-VO, Art. 38 Rz. 10; *Reichert*, Der Konzern 2006, 821, 823 jeweils m. w. N.

27) *Lutter* in: Lutter/Hommelhoff, SE-Kommentar, Einl. SE-VO Rz. 34; *Siems* in: Köln-Komm-AktG, Vorb. Art. 43 SE-VO Rz. 24 m. zahlr. N.

28) Zum US-amerikanischen Recht *Merkt*, US-amerikanisches Gesellschaftsrecht, Rz. 626.

29) *Teichmann* in: Lutter/Hommelhoff, SE-Kommentar, Art. 45 SE-VO Rz. 7; *Paefgen* in: KölnKomm-AktG, Art. 38 SE-VO Rz. 35; eingehend hierzu *Eder*, NZG 2004, 544.

30) *Teichmann* in: Lutter/Hommelhoff, SE-Kommentar, Anh. Art. 43 SE-VO (Art. 40 SEAG) Rz. 19.

Stellung durch das Recht der alleinigen Entscheidung eingeräumt wird.[31] Diese Gestaltungsmöglichkeit kann damit die Leitung einer Gesellschaft vereinfachen.

22 Gegen dieses Modell werden allerdings aus Sicht der **Unternehmenskontrolle** Bedenken geäußert, weil es zu Interessenkonflikten führen kann.[32] Ist im Verwaltungsrat über ein möglicherweise pflichtwidriges Handeln eines geschäftsführenden Direktors zu entscheiden, wird der Verwaltungsrat unbefangener beraten können, wenn ihm keine geschäftsführenden Direktoren angehören und der Vorsitzende des Verwaltungsrats damit nicht auch noch etwa zugleich ein herausgehobener geschäftsführender Direktor (dazu soeben Rz. 21) ist. Diese Situation stellt sich auch umgekehrt: Geschäftsführende Direktoren, die selbst Verwaltungsratsmitglieder sind, werden Weisungen des Verwaltungsrats weniger streng prüfen. Ebenso dürfte es für die hierfür zuständigen geschäftsführenden Direktoren schwieriger sein, etwaige Rechtsverstöße gegen Mitglieder des Verwaltungsrats zu verfolgen, wenn dort zugleich geschäftsführende Direktoren sitzen.[33] Daher wird das Modell mit der herausgehobenen Spitzenposition einer Person von seinen Kritikern allenfalls als vertretbar angesehen bei rein inhabergeführten Gesellschaften oder im Fall einer reinen Konzerngesellschaft, an der kein außenstehender Gesellschafter beteiligt ist.[34]

23 Als Preis für die möglicherweise höhere Effizienz des monistischen Systems gegenüber dem dualistischen Modell ist für die **geschäftsführenden Direktoren** der Verlust ihrer eigenverantwortlichen Leitungsbefugnisse zu nennen. Das rechtliche Verhältnis zwischen Verwaltungsrat und geschäftsführenden Direktoren ist nämlich von einem Über- und Unterordnungsverhältnis geprägt. Der Verwaltungsrat überwacht nicht nur, sondern ist letztverantwortlich für die Unternehmensleitung zuständig. Die geschäftsführenden Direktoren unterstehen dem Verwaltungsrat als oberste Unternehmensleitung. Sie sind hinsichtlich der Geschäftsführung dessen *„ausführende Gewalt"*.[35] Im Innenverhältnis sind sie grundsätzlich verpflichtet, die Anweisungen und Beschränkungen zu beachten, welche die Satzung, der Verwaltungsrat, die Hauptversammlung und die Geschäftsordnungen des Verwaltungsrats und der geschäftsführenden Direktoren für die Geschäftsführungsbefugnis getroffen haben (§ 44 Abs. 2 SEAG). Diese

---

31) *Teichmann* in: Lutter/Hommelhoff, SE-Kommentar, Anh. Art. 43 SE-VO (Art. 40 SEAG) Rz. 38; vgl. auch *Siems* in: KölnKomm-AktG, Anh. Art. 51 SE-VO (§ 40 SEAG) Rz. 63; *Bachmann*, ZGR 2008, 779, 789 m. zahlr. N.

32) S. z. B. *Frodermann* in: Jannott/Frodermann, Hdb. Europ. AG, Kap. 5 Rz. 159; *Gruber/Weller*, NZG 2003, 297, 300 f.

33) *Ihrig*, ZGR 2008, 809, 813.

34) *Ihrig*, ZGR 2008, 809, 813; in diese Richtung auch *Bachmann*, ZGR 2008, 779, 789 f.; s. a. *Frodermann* in: Jannott/Frodermann, Hdb. Europ. AG, Kap. 5 Rz. 159 f.; *Teichmann* in: Lutter/Hommelhoff, SE-Kommentar, Anh. Art. 43 SE-VO (§ 34 SEAG) Rz. 8 („nur für mittelständische Unternehmen geeignet").

35) Vgl. *Drinhausen* in: van Hulle/Maul/Drinhausen, Hdb. Europ. Gesellschaft, Abschn. 5 § 3 Rz. 22 ff.

Regelung orientiert sich bewusst eng an § 37 Abs. 1 GmbHG.³⁶⁾ Der Gesetzgeber wollte die Position des geschäftsführenden Direktors an diejenige des Geschäftsführers einer GmbH anlehnen.³⁷⁾ Daher ist der Verwaltungsrat berechtigt, die geschäftsführenden Direktoren durch Beschluss hinsichtlich einzelner Geschäftsführungsentscheidungen anzuweisen.³⁸⁾ Die geschäftsführenden Direktoren haben eine rechtmäßige Weisung selbst dann auszuführen, wenn der Beschluss hierzu nicht einvernehmlich oder – sofern sie Mitglieder des Verwaltungsrats sind – sogar gegen ihre Stimmen gefasst wurde. Verstärkt wird die Stellung des Verwaltungsrats noch dadurch, dass er, soweit die Satzung nichts anderes vorsieht, geschäftsführende Direktoren jederzeit und ohne besonderen Grund abberufen kann (§ 40 Abs. 5 SEAG). Damit ist die Stellung eines geschäftsführenden Direktors erheblich schwächer als die eines Vorstandsmitglieds, vgl. § 76 Abs. 1 AktG.

Sollte vor Gründung der SE bereits absehbar sein, dass diese der **unternehmerischen Mitbestimmung** unterliegen wird, dürfte dies häufig gegen die Wahl der monistischen Struktur sprechen. Denn in diesem Fall würden die Vertreter der Arbeitnehmer statt in den nicht vorhandenen Aufsichtsrat in den Verwaltungsrat einziehen.³⁹⁾ Sie würden damit anders als bisher nicht Mitglieder eines lediglich kontrollierenden, sondern eines gleichzeitig leitenden Organs.⁴⁰⁾ Damit verbunden sind in sehr weitem Umfang nicht nur Leitungs-, sondern auch Informationsrechte (siehe Art. 44 Abs. 2 SE-VO), die man den Vertretern der Arbeitnehmer möglicherweise nicht zugestehen möchte. 24

E. Grenzüberschreitende Sitzverlegung

Als weiterer Vorteil der SE gegenüber nationalen Gesellschaftsformen wird die Möglichkeit angesehen, den Satzungs- und Verwaltungssitz **identitätswahrend** über die Grenze verlegen zu können (siehe oben § 28 Rz. 68 f.).⁴¹⁾ Mit einer grenzüberschreitenden Sitzverlegung ändert sich allerdings das sekundär anwendbare nationale Gesellschaftsrecht, weil dieses nach Art. 9 Abs. 1 lit. c SE-VO 25

---

36) Vgl. auch *Paefgen* in: KölnKomm-AktG, Art. 38 SE-VO Rz. 35.
37) Vgl. BT-Drucks. 15/3405, S. 39.
38) S. etwa *Siems* in: KölnKomm-AktG, Anh. Art. 51 SE-VO (§ 44 SEAG) Rz. 11; *Drinhausen* in: van Hulle/Maul/Drinhausen, Hdb. Europ. Gesellschaft, Abschn. 5 § 3 Rz. 23; *Teichmann* in: Lutter/Hommelhoff, SE-Kommentar, Anh. Art. 43 SE-VO (§ 44 SEAG) Rz. 8; *Schwarz*, SE-VO, Art. 43 Rz. 58.
39) S. *Paefgen* in: KölnKomm-AktG, Art. 38 SE-VO Rz. 34, 20; *Reichert/Brandes* in: MünchKomm-AktG, Art. 38 SE-VO Rz. 25; zu den Schwierigkeiten s. etwa *Gruber/Weller*, NZG 2003, 297, 299 ff.; *Reichert/Brandes*, ZGR 2003, 767, 790 ff.; vgl. auch *Henssler* in: FS Ulmer, S. 193, 208 ff.
40) S. für einen Überblick über Vorschläge, um den Einfluss der Arbeitnehmervertreter zu beschränken *Bachmann*, ZGR 2008, 779, 797 ff.
41) EU-Kommission, SE-Bericht, S. 4 (zur Verlegung des Satzungssitzes).

stets das Recht des (Satzungs-)Sitzstaats ist.[42] Seit Einführung der Verschmelzungsrichtlinie, die transnationale Verschmelzungen erleichtert hat und flexiblere Mitbestimmungslösungen anbietet, hat das Motiv der Sitzverlegung für die Wahl einer SE an Bedeutung verloren.[43] Dies könnte auch die Rechtsprechung des EuGH in der Sache VALE (dazu oben § 8 Rz. 38 ff. und § 28 Rz. 25 ff. und 54 ff.) verstärkt haben.

F. Vereinfachung der Konzernstruktur

26 Schließlich wird als Motiv für eine SE-Gründung genannt, die Konzernstruktur vereinfachen und kostengünstiger gestalten zu können.[44] Der Vorteil einer SE wird für europaweit tätige Unternehmen darin gesehen, in den gewünschten Mitgliedstaaten nicht mehr mit rechtlich selbständigen Tochtergesellschaften tätig werden zu müssen. Nunmehr genüge an der Konzernspitze eine SE, die über rechtlich **unselbständige Zweigniederlassungen** in den gewünschten Mitgliedstaaten handeln könne.[45] Dies vereinfache die Unternehmensstruktur erheblich, weil der Fortfall von Tochtergesellschaften auch zum **Fortfall mehrfacher Leitungs- und Verwaltungsstrukturen** sowie Bilanzaufstellungspflichten führe.[46] Damit einhergehend würden die Entscheidungsprozesse vereinfacht. All dies wiederum führe insgesamt zu **Kosteneinsparungen**. Auch führt der Wegfall von Tochtergesellschaften zu **direkten Weisungsbefugnissen** der an der Konzernspitze stehenden Gesellschaft gegenüber den Mitarbeitern der unselbständigen Zweigniederlassungen; bei der Zwischenschaltung von Tochtergesellschaften werden zwar in der Praxis auch Weisungen durch die Konzernspitze direkt gegenüber Mitarbeitern der Tochtergesellschaften ausgesprochen, allerdings kann dies zu einem Haftungstatbestand bei der Geschäftsleitung der Tochtergesellschaft führen.[47] Schließlich wird als Vorteil von Unternehmen in der Finanz- und Versicherungsbranche genannt, dass die Umwandlung von

---

42) Näher zum Ganzen *Hunger* in: Jannott/Frodermann, Hdb. Europ. AG, Kap. 9 Rz. 1 ff.; vgl. auch *Casper/Weller*, NZG 2009, 681 zu Reformvorschlägen bezüglich Art. 7 und 8 SE-VO vor dem Hintergrund der *Cartesio*-Entscheidung des EuGH (zu dieser Entscheidung s. o. § 8 Rz. 33 ff.).

43) *Hopt*, ZGR 2013, 165, 196; näher zur Verschmelzungsrichtlinie *Teichmann* in: MünchHdbGesR, Bd. 6, § 53 Rz. 18 ff.

44) EU-Kommission, SE-Bericht, S. 4; *Blanquet*, ZGR 2002, 20, 34 f.; *Eidenmüller/Engert/Hornuf*, AG 2009, 845, 850 f.; *Reichert* in: GS Gruson, S. 321, 327 f.; *Lutter* in: Lutter/Hommelhoff, SE-Kommentar, Einl. SE-VO Rz. 39; *Schwarz*, SE-VO, Einl. Rz. 12 m. w. N.

45) *Lutter* in: Lutter/Hommelhoff, SE-Kommentar, Einl. SE-VO Rz. 39; *Schröder* in: Manz/Mayer/Schröder, Europ. AG, Teil A Rz. 78; *Wenz*, AG 2003, 185, 187; *Kallmeyer*, AG 2003, 197, 202; krit. *Götz* in: Baums/Cahn, S. 152, 156 f.

46) *Reichert*, Der Konzern 2006, 821, 825; *Lutter* in: Lutter/Hommelhoff, SE-Kommentar, Einl. SE-VO Rz. 40; vgl. auch *Schwarz*, SE-VO, Einl. Rz. 12.

47) Näher zu dieser Thematik insgesamt *Seibt/Wollenschläger*, AG 2013, 229; *Wieneke* in: VGR, S. 91.

Tochtergesellschaften in Zweigniederlassungen im Zuge der Umwandlung der Konzernspitze in eine SE zur Beaufsichtigung durch nur eine Aufsichtsbehörde (anstatt all der Aufsichtsbehörden in den Mitgliedstaaten, in denen ein Unternehmen Tochtergesellschaften hat) führe und eine einfachere Einhaltung der Eigenkapitalanforderungen ermögliche.[48] Bei alledem ist freilich zu bedenken, dass nationale Gesellschaften schon jetzt Zweigniederlassungen in anderen Mitgliedstaaten gründen können.[49] Und unabhängig davon ist gerade dieses Motiv naturgemäß in besonderem Maße von der einzelnen Konzernstruktur abhängig und lässt sich kaum generell für die SE ins Feld führen.[50]

---

48) EU-Kommission, SE-Bericht, S. 4.
49) *Eidenmüller/Engert/Hornuf*, AG 2009, 845, 851 mit Verweis auf die Zweigniederlassungsrichtlinie.
50) *Götz* in: Baums/Cahn, S. 152, 157 verweist etwa zu Recht auf die fehlende Möglichkeit, bestimmte Risiken durch rechtlich selbständige Tochtergesellschaften abzuschirmen.

§ 44 Gründung und Erwerb einer SE

Übersicht

A. Einsatzmöglichkeiten bei Unternehmenszusammenschlüssen 1
I. Einleitung 1
II. Verschmelzung 5
 1. Einleitung 5
 2. Verschmelzungsfähige Gesellschaften 8
 3. Verschmelzungsplan 9
 4. Schlussbilanzen und Unternehmensbewertungen 14
 5. Verschmelzungsbericht 15
 6. Verschmelzungsprüfung 17
 7. Einreichung und Bekanntmachung 18
 8. Arbeitnehmerbeteiligung 19
 9. Hauptversammlungsbeschlüsse 20
 10. Registeranmeldung und Rechtmäßigkeitskontrolle 22
 11. Eintragung und Rechtsfolgen 26
III. Holding-SE 28
 1. Einleitung 28
 2. Beteiligungsfähige Gesellschaften 33
 3. Gründungsplan 34
 4. Prüfung 39
 5. Einreichung und Bekanntmachung 40
 6. Arbeitnehmerbeteiligung 41
 7. Gesellschafterbeschlüsse 42
 8. Einbringung der Geschäftsanteile 44
 9. Registeranmeldung 48
 10. Eintragung und Rechtsfolgen 49
B. Unternehmenskauf bei der SE 51
I. Share Deal 51
II. Asset Deal 55

Literatur: *Binder/Jünemann/Merz/Sinewe*, Die Europäische Aktiengesellschaft, 2007; *Brandes*, Cross Border Merger mittels der SE, AG 2005, 177; *Decher*, Das Business Combination Agreement – ein verdeckter Beherrschungsvertrag oder sonstiger strukturändernder Vertrag?, in: Festschrift Hüffer, 2010, S. 145; *Decher*, Rechtsfragen des grenzüberschreitenden Merger of Equals in: Festschrift Lutter, 2000, S. 1209; *Fuchs*, Die Gründung einer Europäische Aktiengesellschaft durch Verschmelzung und das nationale Recht, 2004 (zit.: Gründung); *Göthel*, Der verschmelzungsrechtliche Squeeze out, ZIP 2011, 1541; *Großfeld*, Europäische Unternehmensbewertung, NZG 2002, 353; *Heckschen*, Die Europäische AG aus notarieller Sicht, DNotZ 2003, 251; *Schmidt, J.*, „Deutsche" vs. „britische" Societas Europaea (SE): Gründung, Verfassung, Kapitalstruktur, 2006; *Kallmeyer*, Europa-AG – Strategische Optionen für deutsche Unternehmen, AG 2003, 197; *Kalss*, Der Minderheitenschutz bei Gründung und Sitzverlegung der SE nach dem Diskussionsentwurf, ZGR 2003, 593; *Kalss/Hügel*, Europäische Aktiengesellschaft, SE-Kommentar, Wien, 2004; *Kowalski*, Praxisfragen bei der Umwandlung einer Aktiengesellschaft in eine Europäische Gesellschaft (SE), DB 2007, 2243; *Lutter*, Die europäische Aktiengesellschaft, 1976; *Lutter/Hommelhoff*, Die Europäische Gesellschaft, 2005 (zit.: Bearbeiter in: Lutter/Hommelhoff, Europäische Gesellschaft); *Marsch-Barner*, Die Rechtsstellung der SE im Umwandlungsrecht, in: Festschrift Happ, 2006, S. 165; *Menjucq*, La société européenne, Revue des sociétés 2002, 225; *Oetker*, Unternehmerische Mitbestimmung kraft Vereinbarung in der Europäischen Gesellschaft (SE), in: Festschrift Konzen, 2006, S. 635; *Reichert*, Die neue Vielfalt – Grenzüberschreitende Unternehmenszusammenführungen in der Praxis: Motive und Modelle 1998–2008, in: Festschrift Hüffer, 2010, S. 805; *Reichert*, Die SE als Gestaltungsinstrument für grenzüberschreitende Umstrukturierungen, Der Konzern 2006, 821; *Rodewig*, Grenzüberschreitende Fusionen am Beispiel des Daimler-Chrysler-Zusammenschlusses, in: K. Schmidt/Riegger, Gesellschaftsrecht 1999: Tagungsband zum RWS-Forum, 2000, S. 167; *Scheifele*, Die Gründung der Europäischen Aktiengesellschaft (SE), 2004; *Schulz/Geismer*, Die Europäische Aktienge-

§ 44 Gründung und Erwerb einer SE

sellschaft: Eine kritische Bestandsaufnahme, DStR 2001, 1078; *Seibt/Reinhard*, Umwandlung der Aktiengesellschaft in die Europäische Gesellschaft (Societas Europaea), Der Konzern 2005, 407; *Semler/Volhard*, Arbeitshandbuch für Unternehmensübernahmen, Bd. 1, 2001; *Stöber*, Die Gründung einer Holding-SE, AG 2013, 110; *Teichmann*, Gestaltungsfreiheit im monistischen Leitungssystem der Europäischen Aktiengesellschaft, BB 2004, 53; *Teichmann*, Die Einführung der Europäischen Aktiengesellschaft: Grundlagen der Ergänzung des europäischen Statuts durch den deutschen Gesetzgeber, ZGR 2002, 383; *Theisen/Wenz*, Die Europäische Aktiengesellschaft, 2. Aufl., 2005; *Thümmel*, Die Europäische Aktiengesellschaft (SE), 2005; *Vossius*, Gründung und Umwandlung der deutschen Europäischen Gesellschaft (SE), ZIP 2005, 741; *Waclawik*, Die Europäische Aktiengesellschaft (SE) als Konzerntochter- und Joint Venture-Gesellschaft, DB 2006, 1827; *Walden/Meyer-Landrut*, Die grenzüberschreitende Verschmelzung zu einer Europäischen Gesellschaft: Planung und Vorbereitung, DB 2005, 2119; *Zöllter-Petzoldt*, Die Verknüpfung von europäischem und nationalem Recht bei der Gründung einer Societas Europaea (SE), 2005.

A. Einsatzmöglichkeiten bei Unternehmenszusammenschlüssen

I. Einleitung

1 Die Möglichkeiten zur Gründung einer Europäischen Gesellschaft (SE) sind in Art. 2 SE-VO erschöpfend aufgeführt.[1]) Danach kann eine SE wie folgt entstehen:

- **Verschmelzung:** Gründung einer SE durch Verschmelzung von mindestens zwei Aktiengesellschaften, sofern mindestens zwei von ihnen aus verschiedenen Mitgliedstaaten stammen (Art. 2 Abs. 1 SE-VO).

- **Holding-SE:** Gründung einer Holding-SE durch mindestens zwei Kapitalgesellschaften, sofern mindestens zwei von ihnen aus verschiedenen Mitgliedstaaten stammen oder seit mindestens zwei Jahren eine europäische Tochtergesellschaft oder Zweigniederlassung außerhalb ihres Mitgliedstaats haben (Art. 2 Abs. 2 SE-VO).

- **Tochter-SE:** Gründung einer Tochter-SE durch mindestens zwei juristische Personen, von denen mindestens zwei aus verschiedenen Mitgliedstaaten stammen oder seit mindestens zwei Jahren eine europäische Tochtergesellschaft oder Zweigniederlassung außerhalb ihres Mitgliedstaats haben (Art. 2 Abs. 3 SE-VO).

- **Formwechsel:** Gründung einer SE, indem eine Aktiengesellschaft formwechselnd in eine SE umgewandelt wird, sofern sie seit mindestens zwei Jahren eine europäische Tochtergesellschaft außerhalb ihres Mitgliedstaats hat (Art. 2 Abs. 4 SE-VO).

2 Alle Gründungsformen der SE können bei grenzüberschreitenden Zusammenschlüssen eine wichtige Rolle einnehmen. So kann die Gründung einer Tochter-SE bspw. für Unternehmen interessant sein, die sich nicht vollständig, sondern nur in bestimmten operativen Bereichen zu einem Joint Venture zusammenschließen

---

1) S. nur *Bayer* in: Lutter/Hommelhoff, SE-Kommentar, Art. 2 SE-VO Rz. 1 f.

wollen.²⁾ Und die Gründung einer SE durch Formwechsel kann sich etwa einem grenzüberschreitenden Unternehmenskauf im Wege eines Asset Deal anschließen, um der Erwerbergesellschaft ein europäisches Gepräge zu geben. Im Mittelpunkt grenzüberschreitender Zusammenschlüsse steht jedoch die Gründung der SE durch Verschmelzung oder die Gründung einer Holding-SE.

Hierbei kann die **Verschmelzung** zu einer SE gegenüber der Wahl einer **Hol-** 3 **ding-SE** vorteilhaft sein. Bei einer Verschmelzung werden sämtliche Gesellschafter der beteiligten Gründungsgesellschaften Aktionäre der SE (Art. 29 Abs. 1 lit. c und Abs. 2 lit. b SE-VO). Damit bleiben keine Minderheitsgesellschafter auf unteren Konzernebenen zurück. Bei der Gründung einer Holding-SE kann dieses möglicherweise unerwünschte Ergebnis jedoch eintreten. Denn Gesellschafter, die sich nicht dazu entschließen, ihre Geschäftsanteile an den Gründungsgesellschaften in die SE einzubringen, bleiben Gesellschafter dieser jeweiligen Gesellschaften. Ihre Anteile werden nicht mit der Eintragung der SE in Aktien der SE umgetauscht (vgl. Art. 33 Abs. 4 SE-VO). Die Gründungsgesellschaften bestehen auf den unteren Konzernebenen fort (Art. 32 Abs. 1 Satz 2 SE-VO) und mit ihnen die Minderheitsgesellschafter. Freilich kann durch anschließende Umstrukturierungsmaßnahmen, wie etwa eine Aufwärtsverschmelzung oder ein Squeeze-out, das Ergebnis einer Verschmelzung erreicht werden, sofern solche Maßnahmen rechtlich möglich sind.³⁾

Im Folgenden sollen in gedrängter Form die wesentlichen Grundsätze und 4 Schritte zur Bildung einer SE durch Verschmelzung und zur Gründung einer Holding-SE dargestellt werden.⁴⁾

II. Verschmelzung

1. Einleitung

Die Gründung einer SE durch Verschmelzung ist in der SE-VO wesentlich aus- 5 führlicher geregelt als die anderen Gründungsarten. Dennoch gibt es in den maßgeblichen **Art. 17 bis 31 SE-VO** Lücken, die durch Rückgriff auf nationales Recht geschlossen werden müssen. So verweist **Art. 15 Abs. 1 SE-VO** für sämtliche Spielarten einer Gründung auf das für die Aktiengesellschaft geltende Recht des Staats, in dem die SE ihren Sitz begründet. Hierbei handelt es sich

---

2) *Wenz* in: van Hulle/Maul/Drinhausen, Hdb. Europ. Gesellschaft, Abschn. 1 Rz. 49; *Paefgen* in: KölnKomm-AktG, Art. 35 SE-VO Rz. 11.
3) *Brandes*, AG 2005, 177, 178; *Drinhausen* in: van Hulle/Maul/Drinhausen, Hdb. Europ. Gesellschaft, Abschn. 4 § 3 Rz. 40.
4) Zur Gründung einer Tochter-SE s. etwa *Bayer* in: Lutter/Hommelhoff, SE-Kommentar, Art. 36 SE-VO Rz. 1 ff.; *Waclawik*, DB 2006, 1827; eingehend *Zöllter-Petzoldt*, passim; zum Formwechsel s. *Seibt* in: Lutter/Hommelhoff, SE-Kommentar, Art. 37 SE-VO Rz. 1 ff.; *Kowalski*, DB 2007, 2243; *Seibt/Reinhard*, Der Konzern 2005, 407.

um eine Sachnormverweisung.⁵⁾ Speziell für die Gründung durch Verschmelzung verweist **Art. 18 SE-VO** für jede Gründungsgesellschaft auf diejenigen Vorschriften zur Verschmelzung von Aktiengesellschaften, die in dem auf sie anwendbaren nationalen Recht für solche Verschmelzungen gelten. Aus dem deutschen Sachrecht sind damit insbesondere alle Vorschriften erfasst, die für die Verschmelzung deutscher AG gelten, unabhängig davon, ob sie im UmwG oder im AktG verankert sind.⁶⁾ Art. 18 SE-VO ist nach h. A. allerdings keine Sachnorm-, sondern eine Gesamtverweisung. Verwiesen wird damit auf das gesamte Recht des jeweiligen Mitgliedstaats, einschließlich der Regeln des Internationalen Privatrechts.⁷⁾ Schließlich finden sich spezielle nationale Regelungen zur Gründung einer SE durch Verschmelzung in den §§ 5–8 SEAG.

6   Das Gründungsverfahren entspricht weitgehend dem Verfahren für die grenzüberschreitende Verschmelzung von Kapitalgesellschaften nach den §§ 122a ff. UmwG (dazu oben § 29 Rz. 36 ff.).⁸⁾ Nicht nur durch den Verweis auf die Rechte der beteiligten Mitgliedstaaten nach Art. 18 SE-VO gibt es außerdem starke Ähnlichkeiten zur rein nationalen Verschmelzung. Wie bei nationalen Verschmelzungen in § 2 UmwG ausdrücklich vorgesehen und für grenzüberschreitende Verschmelzungen nach den §§ 122a ff. UmwG anerkannt, lässt sich eine SE im Wege einer Verschmelzung **durch Aufnahme** oder eine Verschmelzung **durch Neugründung** bilden. Bei einer Verschmelzung durch Aufnahme nimmt die aufnehmende Gesellschaft die Rechtsform der SE an. Bei einer Verschmelzung durch Neugründung ist dies die neu gegründete Gesellschaft (Art. 17 Abs. 2 SE-VO); diese Art der Verschmelzung kann sich insbesondere dann anbieten, wenn die Beteiligten den Gedanken eines Zusammenschlusses unter Gleichen (*merger of equals*) verwirklichen wollen, da mit dem Vollzug der Verschmelzung durch Neugründung beide bisherigen Rechtsträger erlöschen.

7   Die Gründung einer SE durch Verschmelzung stellt sich in ihren Grundzügen wie folgt dar:

---

5)   *Bayer* in: Lutter/Hommelhoff, SE-Kommentar, Art. 15 SE-VO Rz. 5; *Schäfer* in: MünchKomm-AktG, Art. 15 SE-VO Rz. 4; *Schwarz*, SE-VO, Art. 15 Rz. 7; *Casper* in: Spindler/Stilz, AktG, Art. 15 SE-VO Rz. 5; anders wohl *Teichmann*, ZGR 2002, 383, 396 f.

6)   *Bayer* in: Lutter/Hommelhoff, SE-Kommentar, Art. 18 SE-VO Rz. 6; *Casper* in: Spindler/Stilz, AktG, Art. 18 SE-VO Rz. 2; *Schäfer* in: MünchKomm-AktG, Art. 18 SE-VO Rz. 2.

7)   *Bayer* in: Lutter/Hommelhoff, SE-Kommentar, Art. 18 SE-VO Rz. 4; *Casper* in: Spindler/Stilz, AktG, Art. 18 SE-VO Rz. 1; *Schäfer* in: MünchKomm-AktG, Art. 18 SE-VO Rz. 3; *Teichmann* in: van Hulle/Maul/Drinhausen, Hdb. Europ. Gesellschaft, Abschn. 4 § 2 Rz. 14; *Schröder* in: Manz/Mayer/Schröder, Europ. AG, Art. 18 Rz. 7; *Schwarz*, SE-VO, Art. 18 Rz. 7, 21; *Scheifele*, S. 43; a. A. *Fuchs*, Gründung, S. 61; *Menjucq*, Revue des sociétés 2002, 225, 234.

8)   Vgl. dazu ausführlich *Teichmann* in: MünchHdb-GesR, Bd. 6, § 53 Rz. 20 ff.

2. Verschmelzungsfähige Gesellschaften

Als verschmelzungsfähige Gesellschaften kommen nach den Art. 17 Abs. 1, 8
Art. 2 Abs.1 SE-VO nur **Aktiengesellschaften** i. S. des Anhangs I der SE-VO in
Betracht. Für Deutschland ist dort nur die AG genannt. Nicht verschmelzungsfähig sind daher die KGaA oder die GmbH. Die SE ist als eine der Aktiengesellschaft gleichgestellte Gesellschaftsform (Art. 3 Abs. 1 SE-VO) verschmelzungsfähig, allerdings nach umstrittener Ansicht nur, sofern sie übertragender Rechtsträger ist.[9] Im Übrigen nennt der Anhang I bspw. für Frankreich und Luxemburg die jeweilige *société anonyme* und für das Vereinigte Königreich die *public company limited by shares* sowie die *public company limited by guarantee having a share capital*. Die an der Verschmelzung beteiligten Aktiengesellschaften müssen nach dem Recht eines Mitgliedstaats gegründet worden sein, ihren Sitz sowie ihre Hauptverwaltung in der Union haben, und mindestens zwei von ihnen müssen dem Recht verschiedener Mitgliedstaaten unterliegen (Art. 2 Abs. 1 SE-VO).

3. Verschmelzungsplan

Nach Art. 20 Abs. 1 SE-VO stellen die Leitungs- oder Verwaltungsorgane der be- 9
teiligten Gesellschaften einen Verschmelzungsplan auf. Dieser **Verschmelzungsplan** ist gleichbedeutend mit dem aus innerstaatlichen Verschmelzungen bekannten Verschmelzungsvertrag. Häufig mögen die Parteien freiwillig im Vorfeld einen **zusätzlichen Verschmelzungsvertrag** oder ein sog. *business combination agreement* schließen, um sich wechselseitig zu binden.[10] Umstritten ist, ob die Gesellschaften einen einzigen gemeinsamen Plan aufstellen müssen oder jeweils gleichlautende Pläne aufstellen dürfen.[11] Der Wortlaut des Art. 20 Abs. 1 Satz 1 SE-VO spricht für einen einzigen Verschmelzungsplan.[12] Die im Verschmel-

---

9) *Jannott* in: Jannott/Frodermann, Hdb. Europ. AG, Kap. 3 Rz. 6 Fn. 16 (Art. 2 Abs. 1 SE-VO verlange, dass die SE durch die Verschmelzung gegründet werde und damit eine neue SE entstehe); *Austmann* in: MünchHdb-GesR, Bd. 4, § 83 Rz. 1; differenzierend *Kallmeyer*, AG 2003, 197, 199; a. A. *Bayer* in: Lutter/Hommelhoff, SE-Kommentar, Art. 3 SE-VO Rz. 3; *Schwarz*, SE-VO, Art. 3 Rz. 15; *Kalss* in: Kalss/Hügel, Vor § 17 SEG – Gründung der SE Rz. 13; *Marsch-Barner* in: FS Happ, S. 165, 173; implizit auch *Casper* in: Spindler/Stilz, AktG, Art. 17 SE-VO Rz. 7.

10) *Bayer* in: Lutter/Hommelhoff, SE-Kommentar, Art. 20 SE-VO Rz. 4; *Marsch-Barner* in: Kallmeyer, UmwG, Anh. Rz. 17; *Brandes*, AG 2005, 177, 181 jeweils m. w. N.; grundsätzlich zum *business combination agreement Decher* in: FS Hüffer, S. 145.

11) Für einen gemeinsamen Plan: *Schwarz*, SE-VO, Art. 20 Rz. 10; *Scheifele*, S. 141 f.; *Schröder* in: Manz/Mayer/Schröder, Europ. AG, Art. 20 SE-VO Rz. 1; *Jannott* in: Jannott/Frodermann, Hdb. Europ. AG, Kap. 3 Rz. 37; wohl auch *Teichmann* in: van Hulle/Maul/Drinhausen, Hdb. Europ. Gesellschaft, Abschn. 4 § 2 Rz. 30; dagegen *Bayer* in: Lutter/Hommelhoff, SE-Kommentar, Art. 20 SE-VO Rz. 2; *Marsch-Barner* in: Kallmeyer, UmwG, Anh. Rz. 16; *Casper* in: Spindler/Stilz, AktG, Art. 20 SE-VO Rz. 2; *Heckschen*, DNotZ 2003, 251, 257; wohl auch *Schäfer* in: MünchKomm-AktG, Art. 20 SE-VO Rz. 1.

12) *Scheifele*, S. 141; *Schwarz*, SE-VO, Art. 20 Rz. 10.

zungsplan erforderlichen Angaben sind in Art. 20 Abs. 1 Satz 2 SE-VO genannt und umfassen:

(a) die Firma und den Sitz der sich verschmelzenden Gesellschaften sowie die für die SE vorgesehene Firma und ihren geplanten Sitz,

(b) das Umtauschverhältnis der Aktien und ggf. die Höhe der Ausgleichsleistung,

(c) die Einzelheiten hinsichtlich der Übertragung der Aktien der SE,

(d) den Zeitpunkt, von dem an diese Aktien das Recht auf Beteiligung am Gewinn gewähren, sowie alle Besonderheiten in Bezug auf dieses Recht,

(e) den Zeitpunkt, von dem an die Handlungen der sich verschmelzenden Gesellschaften unter dem Gesichtspunkt der Rechnungslegung als für Rechnung der SE vorgenommen gelten,

(f) die Rechte, welche die SE den mit Sonderrechten ausgestatteten Aktionären der Gründungsgesellschaften und den Inhabern anderer Wertpapiere als Aktien gewährt, oder die für diese Personen vorgeschlagenen Maßnahmen,

(g) jeder besondere Vorteil, der den Sachverständigen, die den Verschmelzungsplan prüfen, oder den Mitgliedern der Verwaltungs-, Leitungs-, Aufsichts- oder Kontrollorgane der sich verschmelzenden Gesellschaften gewährt wird,

(h) die Satzung der SE, sowie

(i) Angaben zu dem Verfahren, nach dem die Vereinbarung über die Beteiligung der Arbeitnehmer gemäß der Richtlinie 2001/86/EG geschlossen wird.

10 Die **Satzung** der SE bildet wie gesehen einen Bestandteil des Verschmelzungsplans (Art. 20 Abs. 1 lit. h SE-VO). Gegebenenfalls ist ein Barabfindungsangebot aufzunehmen (Art. 24 Abs. 2 SE-VO i. V. m. § 7 SEAG), und zwar dann, wenn die künftige SE ihren Sitz im Ausland haben soll. Die Gesellschaften können freiwillig weitere Angaben machen (Art. 20 Abs. 2 SE-VO). Erleichterungen für konzerninterne Aufwärtsverschmelzungen, bei denen die aufnehmende Gesellschaft sämtliche Stimmrechte an der übertragenden Gesellschaft hält, finden sich in Art. 31 Abs. 1 SE-VO und befreien von den in den Buchstaben (b), (c) und (d) genannten Angaben.

11 Der Verschmelzungsplan ist dem zuständigen Betriebsrat (oder bei dessen Fehlen den Arbeitnehmern) der beteiligten deutschen AG spätestens einen Monat vor deren Hauptversammlung **zuzuleiten** (Art. 18 SE-VO i. V. m. § 5 Abs. 3 UmwG).[13]

12 Nicht geregelt ist, in welcher **Sprache** der Verschmelzungsplan abzufassen ist. Aus deutscher Sicht muss er jedenfalls in deutscher Sprache vorliegen, damit er beim

---

[13] *Teichmann*, ZGR 2002, 383, 421; *Teichmann* in: van Hulle/Maul/Drinhausen, Hdb. Europ. Gesellschaft, Abschn. 4 § 2 Rz. 48; *Schäfer* in: MünchKomm-AktG, Art. 20 SE-VO Rz. 10; *Jannott* in: Jannott/Frodermann, Hdb. Europ. AG, Kap. 3 Rz. 52 ff.

Handelsregister eingereicht werden kann (vgl. Art. 25 Abs. 1 SE-VO, § 16 UmwG, § 488 Abs. 3 FamFG i. V. m. § 184 GVG). Für die Praxis ist zu empfehlen, eine mehrsprachige Fassung zu erstellen, bei der die Sprachen aller beteiligten Gesellschaften berücksichtigt werden.[14]

Ist an der Verschmelzung eine deutsche AG beteiligt, ist der Verschmelzungsplan nach h. A. **notariell zu beurkunden**. Dies ergibt sich nicht aus einer Formvorschrift in der SE-VO, sondern aus Art. 18 SE-VO i. V. m. § 6 UmwG.[15] Beurkundungen im Ausland sind nur dann ausreichend, wenn diese den vom BGH aufgestellten Grundsatz der Gleichwertigkeit erfüllen (vgl. dazu oben § 9 Rz. 30 ff.).[16] Eine geplante Auslandsbeurkundung sollte in der Praxis vorher mit dem zuständigen Registergericht abgestimmt werden, um keine unliebsame Überraschung zu erleben. Verlangen die nationalen Rechte der anderen beteiligten Gesellschaften eine strengere oder abweichende Form, ist auch diese zu erfüllen.[17] 13

4. Schlussbilanzen und Unternehmensbewertungen

Daneben sind für übertragende deutsche Gesellschaften Schlussbilanzen aufzustellen (Art. 18 SE-VO i. V. m. § 17 Abs. 2 UmwG).[18] Außerdem sind möglicherweise Unternehmensbewertungen der beteiligten Gesellschaften durchzuführen, um etwa Umtauschverhältnisse oder die angemessene Höhe von Barabfindungsangeboten ermitteln zu können.[19] 14

---

14) *Bayer* in: Lutter/Hommelhoff, SE-Kommentar, Art. 20 SE-VO Rz. 10; *Schäfer* in: MünchKomm-AktG, Art. 20 SE-VO Rz. 5; *Schröder* in: Manz/Mayer/Schröder, Europ. AG, Art. 20 SE-VO Rz. 11.

15) *Bayer* in: Lutter/Hommelhoff, SE-Kommentar, Art. 20 SE-VO Rz. 7; *Casper* in: Spindler/Stilz, AktG, Art. 20 SE-VO Rz. 6; *Schäfer* in: MünchKomm-AktG, Art. 20 SE-VO Rz. 6; *Schwarz*, SE-VO, Art. 20 Rz. 51; *Marsch-Barner* in: Kallmeyer, UmwG, Anh. Rz. 19; *Jannott* in: Jannott/Frodermann, Hdb. Europ. AG, Kap. 3 Rz. 38; *Teichmann* in: van Hulle/Maul/Drinhausen, Hdb. Europ. Gesellschaft, Abschn. 4 § 2 Rz. 47 jeweils m. w. N; krit. *Brandes*, AG 2005, 177, 182; a. A. *Schulz/Geismer*, DStR 2001, 1078, 1080.

16) BGH, ZIP 1981, 402 = NJW 1981, 1160; OLG Düsseldorf, NJW 1989, 2200; *Schäfer* in: MünchKomm-AktG, Art. 20 SE-VO Rz. 6; weniger streng wegen der Supranationalität der Rechtsform der SE *Bayer* in: Lutter/Hommelhoff, SE-Kommentar, Art. 20 SE-VO Rz. 8; *Jannott* in: Jannott/Frodermann, Hdb. Europ. AG, Kap. 3 Rz. 38; *Schäfer*, SE-VO, Art. 20 Rz. 53.

17) *Scheifele*, S. 174 f.; in diese Richtung auch *Marsch-Barner* in: Kallmeyer, UmwG, Anh. Rz. 19; *Casper* in: Spindler/Stilz, AktG, Art. 20 SE-VO Rz. 6; vgl. auch *Teichmann* in: van Hulle/Maul/Drinhausen, Hdb. Europ. Gesellschaft, Abschn. 4 § 2 Rz. 47.

18) *Jannott* in: Jannott/Frodermann, Hdb. Europ. AG, Kap. 3 Rz. 34; *Neun* in: Theisen/Wenz, S. 57, 80.

19) S. z. B. *Teichmann* in: van Hulle/Maul/Drinhausen, Hdb. Europ. Gesellschaft, Abschn. 4 § 2 Rz. 4; näher *Neun* in: Theisen/Wenz, S. 57, 81 ff. und *Großfeld*, NZG 2002, 353.

5. Verschmelzungsbericht

15 Die SE-VO selbst verpflichtet die beteiligten Gesellschaften nicht dazu, einen Verschmelzungsbericht zu erstellen. Allerdings gilt für beteiligte deutsche Gesellschaften über Art. 18 SE-VO die Berichtspflicht des § 8 Abs. 1 UmwG. Damit hat der Vorstand beteiligten deutschen Aktiengesellschaften einen ausführlichen schriftlichen Bericht zu erstatten, in dem die Verschmelzung, der Verschmelzungsplan im Einzelnen und insbesondere das Umtauschverhältnis der Anteile oder die Angaben über die Mitgliedschaft bei der SE sowie die Höhe einer anzubietenden Barabfindung rechtlich und wirtschaftlich erläutert und begründet werden. Auch das Verfahren der Arbeitnehmerbeteiligung ist zu darzustellen.[20]

16 Durch den Verweis auf das nationale Verschmelzungsrecht ist aber auch § 8 Abs. 3 Satz 1 UmwG anwendbar, sodass der Bericht entbehrlich ist, wenn alle Aktionäre aller Gründungsgesellschaften hierauf **verzichten**. Nach umstrittener Ansicht ist ein Verzicht unzureichend, wenn ihn nur die Aktionäre der beteiligten deutschen Gesellschaften aussprechen.[21] Die Verzichtserklärungen sind gemäß § 8 Abs. 3 Satz 2 UmwG notariell zu beurkunden. Zudem ist der Verschmelzungsbericht dann entbehrlich, wenn eine Tochtergesellschaft auf ihre alleinige Muttergesellschaft verschmolzen wird (Art. 31 Abs. 1 Satz 2 SE-VO i. V. m. § 8 Abs. 3 Satz 1 UmwG).[22]

6. Verschmelzungsprüfung

17 Der Verschmelzungsplan ist nach Art. 18 SE-VO i. V. m. §§ 9–12 UmwG zu prüfen.[23] Die Prüfung durch einen gemeinsamen Prüfer ist zulässig (Art. 22 Satz 1 SE-VO ergänzend zu § 10 Abs. 1 Satz 2 UmwG). Eine Prüfung ist **entbehrlich**, wenn alle Anteilsinhaber aller beteiligten Rechtsträger hierauf ver-

---

20) *Schäfer* in: MünchKomm-AktG, Art. 22 SE-VO Rz. 13.
21) *Jannott* in: Jannott/Frodermann, Hdb. Europ. AG, Kap. 3 Rz. 58; *Austmann* in: MünchHdb-GesR, Bd. 4, § 83 Rz. 16 (nach beiden Ansichten bleibt in diesem Fall die Berichtspflicht auch für Vorstände der deutschen beteiligten AG bestehen); ebenso *Schröder* in: Manz/Mayer/Schröder, Europ. AG, Art. 20 SE-VO Rz. 45; *Walden/Meyer-Landrut*, DB 2005, 2119, 2126 f.; a. A. *Bayer* in: Lutter/Hommelhoff, SE-Kommentar, Art. 20 SE-VO Rz. 34 m. w. N.; *Bayer* in: Lutter/Hommelhoff, Europäische Gesellschaft, S. 25, 40; *Teichmann* in: van Hulle/Maul/Drinhausen, Hdb. Europ. Gesellschaft, Abschn. 4 § 2 Rz. 51 (Verzicht nur der deutschen Aktionäre befreit zwar nicht andere beteiligte Gesellschaften von der Berichtspflicht, wohl aber die beteiligte deutsche Gesellschaft); ebenso *Schäfer* in: MünchKomm-AktG, Art. 22 SE-VO Rz. 15; *Schwarz*, SE-VO, Art. 20 Rz. 61; *Marsch-Barner* in: Kallmeyer, UmwG, Anh. Rz. 48; *Scheifele*, S. 180 f.; *J. Schmidt*, S. 189; *Vossius*, ZIP 2005, 741, 743 Fn. 25; i. E. auch *Neun* in: Theisen/Wenz, S. 57, 99.
22) Vgl. nur *Bayer* in: Lutter/Hommelhoff, SE-Kommentar, Art. 20 SE-VO Rz. 32; *Schwarz*, SE-VO, Art. 31 Rz. 16 jeweils m. w. N.
23) *Austmann* in: MünchHdb-GesR, Bd. 4, § 83 Rz. 17; *Bayer* in: Lutter/Hommelhoff, SE-Kommentar, Art. 22 SE-VO Rz. 3 m. w. N.; näher *Jannott* in: Jannott/Frodermann, Hdb. Europ. AG, Kap. 3 Rz. 59 ff.; ausführlich *Scheifele*, S. 191 ff.

zichten oder alle Anteile des übertragenden Rechtsträgers in der Hand des übernehmenden Rechtsträgers sind (Art. 31 Abs. 1 Satz 1 i. V. m. Art. 22 SE-VO);[24] die Verzichtserklärungen der Aktionäre der deutschen Gesellschaften sind notariell zu beurkunden (Art. 18 SE-VO i. V. m. §§ 9 Abs. 3, 8 Abs. 3 UmwG). Ist eine Prüfung erforderlich, muss der Bericht hierüber den Aktionären von der Einberufung der Hauptversammlung an, die nach Art. 23 Abs. 1 SE-VO über den Verschmelzungsplan beschließen soll, zur Einsicht ausliegen (Art. 18 SE-VO i. V. m. § 63 Abs. 1 Nr. 5 UmwG).[25]

7. Einreichung und Bekanntmachung

Die an der Verschmelzung beteiligten deutschen Gesellschaften haben den Verschmelzungsplan oder seinen Entwurf vor Einberufung der Hauptversammlung, die nach Art. 23 Abs. 1 SE-VO über den Verschmelzungsplan beschließen soll, zum deutschen **Handelsregister** einzureichen (Art. 18 SE-VO i. V. m. § 61 Satz 1 UmwG). Gleichzeitig sind dem Register die nach Art. 21 SE-VO bekannt zu machenden Angaben mitzuteilen (§ 5 SEAG). Das Handelsregister macht dann diese Angaben zusammen mit dem Hinweis, dass der Verschmelzungsplan oder sein Entwurf eingereicht worden ist, in elektronischer Form (§ 10 HGB) bekannt (§ 5 Satz 2 SEAG). Auf diese Bekanntmachung kann nicht verzichtet werden.[26]

18

8. Arbeitnehmerbeteiligung

Die Leitungen der an der Verschmelzung zur SE beteiligten deutschen Gesellschaften haben die Arbeitnehmervertretungen oder ersatzweise die Arbeitnehmer in den beteiligten Gesellschaften, betroffenen Tochtergesellschaften und betroffenen Betrieben unverzüglich nach der Offenlegung (Bekanntmachung) des Verschmelzungsplans über das Gründungsvorhaben zu informieren (§ 4 Abs. 2 SEBG).[27] Der Mindestinhalt der **Information** ist in § 4 Abs. 3 SEBG festgelegt. Gleichzeitig ergeht die **Aufforderung,** ein besonderes Verhandlungsgremium zu bilden. Es hat die Aufgabe, in den nachfolgenden Verhandlungen mit den Leitungen eine schriftliche Vereinbarung über die Beteiligung der Arbeitnehmer in der SE abzuschließen (§ 4 Abs. 1 SEBG) (siehe § 45).[28]

19

---

24) Vgl. nur *Bayer* in: Lutter/Hommelhoff, SE-Kommentar, Art. 22 SE-VO Rz. 18 f. m. w. N.
25) Zur Frage der Entbehrlichkeit oder Erforderlichkeit von Gründungsprüfungen und Gründungsberichten nach den §§ 32 bis 35 AktG s. *Jannott* in: Jannott/Frodermann, Hdb. Europ. AG, Kap. 3 Rz. 89–91; *Schäfer* in: MünchKomm-AktG, Art. 20 SE-VO Rz. 39 f.; *Scheifele*, S. 256.
26) *Bayer* in: Lutter/Hommelhoff, SE-Kommentar, Art. 21 SE-VO (§ 5 SEAG) Rz. 2; *Schwarz*, SE-VO, Art. 21 Rz. 20.
27) Zum Geltungsbereich des SEBG s. § 3 SEBG.
28) Näher zum Ganzen auch *Oetker* in: Lutter/Hommelhoff, SE-Kommentar, § 21 SEBG Rz. 1 ff., 19 ff.; *Oetker* in: FS Konzen, S. 635, 645 ff.; *Jacobs* in: MünchKomm-AktG, § 21 SEBG Rz. 4 ff.; *Kienast* in: Jannott/Frodermann, Hdb. Europ. AG, Kap. 13 Rz. 26 ff. und Rz. 93 ff.

9. Hauptversammlungsbeschlüsse

20 Wie bei inländischen Verschmelzungen müssen die Hauptversammlungen der sich verschmelzenden Gesellschaften der Verschmelzung zustimmen. Die Zustimmung erfolgt zum Verschmelzungsplan (Art. 23 Abs. 1 SE-VO).[29] Über Art. 18 SE-VO gelten für die beteiligten deutschen Gesellschaften die §§ 63 ff. und 73 ff. UmwG sowie §§ 121 ff. AktG.[30] Erforderlich ist eine Mehrheit von mindestens 75 % des bei der Beschlussfassung vertretenen Grundkapitals (Art. 18 SE-VO i. V. m. § 65 UmwG). Anders als bei einer gewöhnlichen nationalen Aufwärtsverschmelzung ist ein Beschluss der Hauptversammlung der übernehmenden Gesellschaft **nicht** nach § 62 Abs. 1 UmwG **entbehrlich,** wenn die übernehmende Gesellschaft bereits mindestens 90 % des Grundkapitals der übertragenden Gesellschaft hält. Auch greift nicht § 62 Abs. 4 UmwG, wonach ein Hauptversammlungsbeschluss der übertragenden Gesellschaft entbehrlich ist, wenn deren sämtlichen Aktien von der übernehmenden Gesellschaft gehalten werden oder zwar nur 90% gehalten werden, aber die Verschmelzung mit einem Squeeze-out auf der Ebene der übertragenden Gesellschaft verbunden wird.[31] Denn nach h. A. geht Art. 23 Abs. 1 SE-VO dem § 62 UmwG vor.[32] Schließlich greifen für deutsche Gesellschaften auch nicht die Erleichterungen nach Art. 31 Abs. 2 SE-VO, da Deutschland die dort genannten nationalen Vorschriften nicht vorsieht.

21 Nach Art. 23 Abs. 2 Satz 2 SE-VO können sich die Hauptversammlungen der beteiligten Gesellschaften das **Recht vorbehalten,** die Eintragung der SE davon abhängig zu machen, dass sie die geschlossene **Vereinbarung über die Beteiligung der Arbeitnehmer** ausdrücklich **genehmigen.** Denn das Verfahren über die Beteiligung der Arbeitnehmer muss nicht zwingend vor den Hauptversammlungsbeschlüssen abgeschlossen sein, allerdings kann sich der Inhalt der Beteiligungsvereinbarung auf die Größe und Zusammensetzung des Aufsichts- oder Verwaltungsrats auswirken. Die Aktionäre sollen daher gegen unvorhergesehene Änderungen geschützt werden.[33] Der Genehmigungsvorbehalt lässt

---

29) Zu möglichen Rechtsmitteln siehe überblicksartig *Teichmann* in: MünchHdb-GesR, Bd. 6, § 49 Rz. 33.

30) S. nur *Bayer* in: Lutter/Hommelhoff, SE-Kommentar, Art. 23 SE-VO Rz. 2, 5 ff.

31) Zum verschmelzungsrechtlichen Squeeze-out *Göthel,* ZIP 2011, 1541. Damit besteht bei der Gründung einer SE durch Verschmelzung auch ein Unterschied zur grenzüberschreitenden Verschmelzung nach den §§ 122a ff. UmwG, da hier bei einer Aufwärtsverschmelzung ein Verschmelzungsbeschluss der übertragenden Gesellschaft entbehrlich ist, wenn diese eine vollständige Tochtergesellschaft der übernehmenden Gesellschaft ist (§ 122g Abs. 2 UmwG).

32) *Jannott* in: Jannott/Frodermann, Hdb. Europ. AG, Kap. 3 Rz. 76 und 82; *Austmann* in: MünchHdb-GesR, Bd. 4, § 83 Rz. 26; *Bayer* in: Lutter/Hommelhoff, SE-Kommentar, Art. 23 SE-VO Rz. 1; *Schäfer* in: MünchKomm-AktG, Art. 23 SE-VO Rz. 4; *Schwarz,* SE-VO, Art. 31 Rz. 17 ff.; *Scheifele,* S. 285 f.; *Teichmann* in: MünchHdb-GesR, Bd. 6, § 49 Rz. 29; *Walden/ Meyer-Landrut,* DB 2005, 2619, 2623; *Kallmeyer,* AG 2003, 197, 203 Fn. 23; a. A. noch *Teichmann,* ZGR 2002, 383, 431; weiterhin *Thümmel,* Rz. 76 f.

33) *Austmann* in: MünchHdb-GesR, Bd. 4, § 83 Rz. 23; *Bayer* in: Lutter/Hommelhoff, SE-Kommentar, Art. 23 SE-VO Rz. 3.

sich nicht auf den Aufsichtsrat verlagern.[34] Für die Genehmigung ist daher eine erneute Hauptversammlung erforderlich, die das Eintragungsverfahren zeitlich erheblich verlängern kann.

10. Registeranmeldung und Rechtmäßigkeitskontrolle

Soweit eine deutsche AG an der Verschmelzung beteiligt ist, hat deren Vorstand die Verschmelzung bei dem für sie zuständigen Registergericht zur Eintragung anzumelden (Art. 18 SE-VO i. V. m. §§ 16, 17 UmwG). Zusätzlich hat eine besondere Anmeldung bei der Behörde (in Deutschland bei dem Registergericht) am Sitz der neuen SE zu erfolgen. Diese Anmeldung ist durch alle Gründungsgesellschaften sowie durch alle Mitglieder des ersten Vorstands und des ersten Aufsichtsrats der SE (bei Wahl der dualistischen Struktur, Art. 15 Abs. 1 SE-VO i. V. m. § 3 SEAG und § 36 Abs. 1 AktG) oder durch alle Mitglieder des Verwaltungsrats und durch alle geschäftsführenden Direktoren (bei Wahl der monistischen Struktur, § 21 SEAG) vorzunehmen.[35]

22

Die Eintragung der SE erfolgt erst nach Abschluss einer **zweistufigen Rechtmäßigkeitskontrolle**. Auf der **ersten Stufe** prüfen die für die beteiligten Gründungsgesellschaften zuständigen Behörden die Rechtmäßigkeit derjenigen Verfahrensabschnitte, welche für die jeweiligen Gesellschaften gelten (Art. 25 Abs. 1 SE-VO). Bei deutschen Gesellschaften obliegt die Prüfung den zuständigen Registergerichten (Art. 68 Abs. 2 SE-VO, § 4 SEAG, §§ 376, 377 FamFG).[36] Das Registergericht prüft, ob die Voraussetzungen für die Gründung der SE bei der deutschen Gründungsgesellschaft erfüllt sind, also insbesondere die Wirksamkeit des Verschmelzungsplans, des Verschmelzungsbeschlusses und des Verschmelzungsberichts oder dessen Entbehrlichkeit, das Vorliegen einer Verschmelzungsprüfung sowie die Rechtsform der Gründungsgesellschaft als AG.[37] Ist die beteiligte deutsche Gesellschaft die übertragende Gesellschaft und liegt der Sitz der künftigen SE im Ausland, prüft das Registergericht auch, ob die Vor-

23

---

34) Ebenso *Bayer* in: Lutter/Hommelhoff, SE-Kommentar, Art. 23 SE-VO Rz. 3, 21; *Casper* in: Spindler/Stilz, AktG, Art. 23 SE-VO Rz. 8; *Austmann* in: MünchHdb-GesR, Bd. 4, § 83 Rz. 23; *Jannott* in: Jannott/Frodermann, Hdb. Europ. AG, Kap. 3 Rz. 85; *Heckschen* in: Widmann/Mayer, UmwG/UmwStG, Anh. 14 Rz. 242; *Neun* in: Theisen/Wenz, S. 57, 132 f.; a. A. *Teichmann*, ZGR 2002, 383, 430; *Schäfer* in: MünchKomm-AktG, Art. 23 SE-VO Rz. 2; *Marsch-Barner* in: Kallmeyer, UmwG, Anh. Rz. 54 ff.; *Scheifele*, S. 218.

35) Nach *Schäfer* ergibt sich eine Anmeldepflicht für sämtliche Gründungsgesellschaften direkt aus Art. 26 Abs. 2 SE-VO, und zuständig sollen die Vorstände der Gründungsgesellschaften sein (über Art. 15 Abs. 1 SE-VO i. V. m. § 38 Abs. 2 UmwG), s. *Schäfer* in: MünchKomm-AktG, Art. 26 SE-VO Rz. 6 f.; ebenso *Bayer* in: Lutter/Hommelhoff, SE-Kommentar, Art. 26 SE-VO (§ 4 SEAG) Rz. 8; *Casper* in: Spindler/Stilz, AktG, Art. 26 SE-VO Rz. 3; wie hier: *Schwarz*, SE-VO, Art. 26 Rz. 5; *Jannott* in: Jannott/Frodermann, Hdb. Europ. AG, Kap. 3 Rz. 94; *Kleindiek* in: Lutter/Hommelhoff, Europäische Gesellschaft, S. 95, 99; *Scheifele*, S. 272.

36) S. nur *Marsch-Barner* in: Kallmeyer, UmwG, Anh. Rz. 82.

37) Näher *Heckschen* in: Widmann/Mayer, UmwG/UmwStG, Anh. 14 Rz. 248 ff.; *Austmann* in: MünchHdb-GesR, Bd. 4, § 83 Rz. 28 ff.; *Scheifele*, S. 263 f.

standsmitglieder die Versicherung abgegeben haben, dass allen **Gläubigern**, die einen Anspruch auf Sicherheitsleistung haben, eine solche gewährt wurde (§§ 8, 13 Abs. 1 und 2 SEAG). Liegt der Sitz der künftigen SE in Deutschland, gilt über Art. 18 SE-VO die aus dem nationalen Verschmelzungsrecht stammende Vorschrift des § 22 UmwG.

24 Liegen alle Voraussetzungen vor, trägt das Registergericht nach umstrittener Auffassung für die ihm unterfallende Gründungsgesellschaft die Verschmelzung ein (Art. 18 SE-VO, § 19 Abs. 1 UmwG).[38] Erfolgt eine Eintragung, dürfte die Eintragungsnachricht als **Rechtmäßigkeitsbescheinigung** i. S. des Art. 25 Abs. 2 SE-VO gelten (siehe zum vergleichbaren Fall bei der grenzüberschreitenden Verschmelzung § 122k Abs. 1 Satz 1 UmwG und oben § 29 Rz. 53).[39]

25 Auf der **zweiten Stufe** kontrolliert die Behörde, welche für die zukünftige SE zuständig ist, die Durchführung und Gründung der SE (Art. 26 Abs. 1 SE-VO). Hierzu sind die sich verschmelzenden Gesellschaften verpflichtet, die Rechtmäßigkeitsbescheinigungen gemäß Art. 25 Abs. 2 SE-VO innerhalb von sechs Monaten nach Ausstellung zusammen mit einer Ausfertigung des Verschmelzungsplans vorzulegen (Art. 26 Abs. 2 SE-VO). Bei einer zukünftigen deutschen SE obliegt die Kontrollbefugnis dem zuständigen Registergericht (Art. 68 Abs. 2 SE-VO, § 4 SEAG, §§ 376, 377 FamFG). Die zuständige Behörde (in Deutschland also das Registergericht) prüft insbesondere, ob die sich verschmelzenden Gesellschaften einem gleichlautenden Verschmelzungsplan zugestimmt haben und ob eine Vereinbarung über die Beteiligung der Arbeitnehmer vorliegt (Art. 26 Abs. 3 SE-VO)[40] oder die sonstigen Voraussetzungen des Art. 12 Abs. 2 SE-VO erfüllt sind. Sie prüft ferner, ob die Gründungsvoraussetzungen der SE nach dem Recht des Sitzstaats beachtet wurden, also namentlich die Satzung der SE rechtmäßig und vollständig, insbesondere mit der SE-VO und ergänzend anwendbaren Bestimmungen des Sitzrechts vereinbar ist (vgl. Art. 26 Abs. 4, Art. 15 SE-VO). Die Behörde prüft dagegen nicht, ob die jeweiligen Voraussetzungen für Verschmelzungen erfüllt sind, denen die Gründungsgesellschaften unterliegen. Insoweit darf sie sich auf die Rechtmäßigkeits-

---

38) Gegen eine solche Eintragung etwa *Schäfer* in: MünchKomm-AktG, Art. 25 SE-VO Rz. 10 (es erfolgt allein die Erteilung der Rechtmäßigkeitsbescheinigung); ebenso *Casper* in: Spindler/Stilz, AktG, Art. 25 SE-VO Rz. 7; *Scheifele*, S. 267 ff.; *Neun* in: Theisen/Wenz, S. 57, 123 f.; dafür *Austmann* in: MünchHdb-GesR, Bd. 4, § 83 Rz. 30; *Marsch-Barner* in: Kallmeyer, UmwG, Anh. Rz. 84; *Schröder* in: Manz/Mayer/Schröder, Europ. AG, Art. 28 SE-VO Rz. 7 ff.

39) *Austmann* in: MünchHdb-GesR, Bd. 4, § 83 Rz. 30; i. E. wohl auch *Heckschen*, DNotZ 2003, 251, 258 f.; a. A. *Bayer* in: Lutter/Hommelhoff, SE-Kommentar, Art. 25 SE-VO (§§ 4, 8 SEAG) Rz. 11 m. w. N.

40) Bei der Gründung einer Vorrats-SE kann nach h. A. auf die Durchführung eines Arbeitnehmerbeteiligungsverfahren verzichtet werden, vgl. OLG Düsseldorf, ZIP 2009, 918; AG Düsseldorf, ZIP 2006, 287; AG München, ZIP 2006, 1300. Das Verfahren ist bei der wirtschaftlichen Aktivierung der SE nachzuholen, s. *Bungert/Gotsche*, ZIP 2013, 649, 651 m. w. N.

bescheinigungen aus der ersten Prüfungsstufe verlassen, sofern kein offenkundiger Verfahrensmangel ersichtlich ist.[41]

11. Eintragung und Rechtsfolgen

Sind die Voraussetzungen der Art. 25 und 26 SE-VO erfüllt, trägt die **zuständige** 26 Behörde (in Deutschland das Registergericht, siehe oben Rz. 22 f.) die SE gemäß Art. 12 SE-VO in das Register ein. Damit werden die Verschmelzung und die gleichzeitige Gründung der SE wirksam (Art. 27 Abs. 1 SE-VO). Anschließend wird die Durchführung der Verschmelzung für jede Gründungsgesellschaft offengelegt (Art. 28 SE-VO); bei einer deutschen Gesellschaft erfolgt hierzu die Eintragung in ihrem Handelsregister.[42] Diese Eintragung ist bekannt zu machen (Art. 28 SE-VO i. V. m. § 19 Abs. 3 UmwG, § 10 HGB). Das für die SE zuständige Registergericht legt die Urkunden und Angaben, welche die SE betreffen, offen (Art. 15 Abs. 2, Art. 13 SE-VO i. V. m. § 10 HGB), und die Eintragung wird veröffentlicht (Art. 14 SE-VO).

Mit der Eintragung der SE greifen die **Rechtsfolgen** des Art. 29 SE-VO: Bei einer 27 Verschmelzung durch Aufnahme geht das gesamte Aktiv- und Passivvermögen aller beteiligten Gesellschaften auf die übernehmende Gesellschaft über, die Aktionäre der übertragenden Gesellschaften werden Aktionäre der übernehmenden Gesellschaft, die übertragenden Gesellschaften erlöschen, und die übernehmende Gesellschaft wird zur SE (Art. 29 Abs. 1 SE-VO). Bei einer Verschmelzung zur Neugründung geht das gesamte Aktiv- und Passivvermögen aller beteiligten Gesellschaften auf die SE über, die Aktionäre der übertragenden Gesellschaften werden Aktionäre der SE und die übertragenden Gesellschaften erlöschen (Art. 29 Abs. 2 SE-VO). Ab dem Eintragungszeitpunkt genießt die SE grundsätzlich **Bestandsschutz**; die Verschmelzung kann nicht mehr für nichtig erklärt werden (Art. 30 Satz 1 SE-VO, siehe aber auch Satz 2).[43]

III. Holding-SE

1. Einleitung

Eine Holding-SE lässt sich durch mindestens zwei Kapitalgesellschaften gründen, 28 sofern wenigstens zwei von ihnen aus verschiedenen Mitgliedstaaten stammen oder seit mindestens zwei Jahren eine europäische Tochtergesellschaft oder Zweigniederlassung außerhalb ihres Mitgliedstaats haben, Art. 2 Abs. 2 SE-VO. Im Ergebnis wird die Holding-SE zur Muttergesellschaft der Gründungsgesellschaften. Anders als bei der Verschmelzung bestehen damit die Gründungsge-

---

41) *Teichmann* in: van Hulle/Maul/Drinhausen, Hdb. Europ. Gesellschaft, Abschn. 4 § 2 Rz. 66; *Bayer* in: Lutter/Hommelhoff, SE-Kommentar, Art. 26 SE-VO (§ 4 SEAG) Rz. 16; *Schwarz*, SE-VO, Art. 26 Rz. 17; *Marsch-Barner* in: Kallmeyer, UmwG, Anh. Rz. 85.
42) S. nur *Bayer* in: Lutter/Hommelhoff, SE-Kommentar, Art. 28 SE-VO Rz. 3 m. w. N.
43) Näher dazu *Bayer* in: Lutter/Hommelhoff, SE-Kommentar, Art. 30 SE-VO Rz. 1 ff.

sellschaften zwar mit geänderter Gesellschafterstruktur, aber in ihrer bisherigen Rechtsform fort. Die Gründung einer Holding-SE lässt also die rechtliche Selbständigkeit der Gründungsgesellschaften unberührt und führt v. a. zu einem wirtschaftlichen Zusammenschluss (*financial merger*).[44]

29 Die Gründung einer Holding-SE ist in der SE-VO wesentlich knapper geregelt als die Gründung einer SE durch Verschmelzung. Maßgeblich sind die **Art. 32–34 SE-VO**. Spezielle Vorschriften im nationalen Recht sind die **§§ 9–11 SEAG**. Bei Lücken in der SE-VO ist auf nationales Recht zurückzugreifen. So verweist der für alle Gründungen geltende **Art. 15 Abs. 1 SE-VO** für die zu gründende SE auf das für AG geltende Sachrecht des zukünftigen Sitzstaats der SE (siehe oben Rz. 5). Auf die Gründungsgesellschaften ist nach h. M. **Art. 18 SE-VO entsprechend** anzuwenden und auf diesem Weg nationales Verschmelzungsrecht entsprechend berufen (zum Charakter der Norm als Gesamtverweisung siehe oben Rz. 5).[45]

30 Anders als bei der Gründung einer SE durch Verschmelzung kennt die Gründung einer Holding-SE **kein nationales Gegenstück** im deutschen Recht.[46] Dennoch lässt sich auch nach nationalem Recht eine Zielstruktur erreichen, bei der sich zusammenschlusswillige Unternehmen einer Holding unterstellen. Dies ist sogar grenzüberschreitend möglich, wie das Beispiel des Zusammenschlusses der *Daimler Benz AG* und der *Chrysler Corporation* zeigt.[47] Die Struktur eines solchen Zusammenschlusses kann sich jedoch **komplizierter** gestalten als der Weg über eine Holding-SE. So ist es erforderlich, einen neutralen Dritten bei der Transaktion mitwirken zu lassen, weil der Rückerwerb eigener Geschäftsanteile jedenfalls nach deutschem Recht nur unter engen Voraussetzungen möglich ist (§§ 71 ff. AktG, § 33 GmbHG). Dieser Dritte gründet die als zukünftige Holding agierende Gesellschaft. Die zukünftige Holding bietet den Gesellschaftern der sich zusammenschließenden Unternehmen parallel an, deren Geschäftsanteile gegen Geschäftsanteile der neuen Holding zu tauschen; sie erfüllt damit die Aufgabe, welche den zusammenschlusswilligen Gesellschaften aufgrund des Rückerwerbsverbots nicht möglich ist. Die Gesellschafter, die den Tausch annehmen,

---

44) Vgl. *Paefgen* in: KölnKomm-AktG, Art. 32 SE-VO Rz. 16; vgl. auch *Schwarz*, SE-VO, Vor Art. 32–34 Rz. 2.

45) S. nur *Bayer* in: Lutter/Hommelhoff, SE-Kommentar, Art. 32 SE-VO (§ 10 SEAG) Rz. 7 m. w. N.

46) Dies gilt auch für die meisten Rechtsordnungen der Mitgliedstaaten, wie etwa Dänemark, Großbritannien, Luxemburg, die Niederlande, Österreich und Spanien, aber bspw. auch für die Schweiz; s. *Bayer* in: Lutter/Hommelhoff, SE-Kommentar, Art. 32 SE-VO Rz. 4; *Paefgen* in: KölnKomm-AktG, Art. 32 SE-VO Rz. 2; *Rosenbach* in: Lutter, Holding-Handbuch, § 16 Rz. 106, 126, 135, 144, 158, 167.

47) Dazu *Brandes*, AG 2005, 177, 178 f.; *Decher* in: FS Lutter, S. 1209; *Reichert*, Der Konzern 2006, 821, 830; *Reichert* in: Semler/Volhard, Unternehmensübernahmen, Bd. 1, § 17 Rz. 9 ff.; *Reichert* in: FS Hüffer, S. 805, 811 ff.; *Rodewig* in: K. Schmidt/Riegger, Gesellschaftsrecht 1999, S. 167–175.

werden Gesellschafter der neuen Holding, und die sich zusammenschließenden Unternehmen werden Tochtergesellschaften der neuen Holding. In einem abschließenden Schritt ist es denkbar, etwaige in den Tochtergesellschaften verbleibende Minderheitsgesellschafter bspw. durch einen Squeeze-out (§ 327a AktG) oder eine Eingliederung (§§ 320 ff. AktG) auszuschließen.

Auch wenn sich eine Transaktionsstruktur ohne Holding-SE schwieriger gestalten kann, weil ein Dritter beteiligt werden muss und es keinen gesetzlich verankerten Transaktionsrahmen gibt, kann er ggf. vorteilhafter sein. So ist bspw. der Minderheitenschutz weniger ausgeprägt, weil es nicht erforderlich ist, sich widersetzenden Gesellschaftern ein Abfindungsangebot vergleichbar mit § 9 SEAG zu unterbreiten.[48] Entscheidend ist auch hier der konkrete Einzelfall, an dem alle Vor- und Nachteile der einen wie der anderen Transaktionsstruktur abzuwägen sind.[49] 31

In ihren Grundzügen gestaltet sich die Gründung einer Holding-SE wie folgt: 32

2. Beteiligungsfähige Gesellschaften

An der Gründung einer Holding-SE können sich **Aktiengesellschaften** und **Gesellschaften mit beschränkter Haftung** i. S. des Anhangs II der SE-VO beteiligen (Art. 33 Abs. 1, 2 Abs. 2 SE-VO). Der Kreis der beteiligungsfähigen Gesellschaften ist also weiter als bei der Verschmelzung. Für Deutschland nennt Anhang II die AG und die GmbH. Nicht beteiligungsfähig ist daher die KGaA, wohl aber eine bereits bestehende SE, weil sie nach Art. 3 Abs. 1 SE-VO der Aktiengesellschaft gleichgestellt ist. Für Frankreich und Luxemburg nennt Anhang II die jeweilige *société anonyme* und *société à responsabilité limitée*, für das Vereinigte Königreich etwa die *public company limited by shares* sowie die *private company limited by shares*. Die beteiligten Gesellschaften müssen nach dem Recht eines Mitgliedstaats gegründet worden sein und ihren Sitz sowie ihre Hauptverwaltung in der Union haben. Mindestens zwei der Gründungsgesellschaften müssen dem Recht verschiedener Mitgliedstaaten unterliegen oder seit mindestens zwei Jahren eine dem Recht eines anderen Mitgliedstaats unterliegende Tochtergesellschaft oder eine Zweigniederlassung in einem anderen Mitgliedstaat haben (Art. 2 Abs. 2 SE-VO). 33

3. Gründungsplan

Nach Art. 32 Abs. 2 SE-VO stellen die Leitungs- oder Verwaltungsorgane der beteiligten Gesellschaften für die SE einen gleichlautenden Gründungsplan auf. Für eine deutsche AG ist damit deren Vorstand, für eine deutsche GmbH deren Geschäftsführung zuständig. Die wohl h. M. geht davon aus, dass die Gründungs- 34

---

48) *Brandes*, AG 2005, 177, 179.
49) S. zu ausgewählten Vor- und Nachteilen *Reichert* in: MünchHdb-GesR, Bd. 6, § 62.

gesellschaften gemeinsam einen einzigen Gründungsplan erstellen.[50] Zulässig dürfte es aber ebenso sein, wenn jede Gesellschaft einen eigenen Gründungsplan aufstellt, solange die Pläne gleich lauten.[51]

35 Für die im Gründungsplan erforderlichen **Angaben** verweist Art. 32 Abs. 2 Satz 3 SE-VO im Wesentlichen auf Art. 20 Abs. 1 SE-VO und somit auf die für den Verschmelzungsplan vorgesehenen Angaben (dazu oben Rz. 9). Damit bildet wiederum die Satzung der SE einen Bestandteil des Gründungsplans (Art. 32 Abs. 2 Satz 3 i. V. m. Art. 20 Abs. 1 Satz 2 lit. h SE-VO). Außerdem sind bspw. das Umtauschverhältnis der Aktien und ggf. die Höhe der Ausgleichsleistung anzugeben. Hieran wird deutlich, dass Unternehmensbewertungen der Gründungsgesellschaften erforderlich sind.[52] Des Weiteren hat der Gründungsplan ein Barabfindungsangebot für solche Anteilsinhaber zu enthalten, die einen Widerspruch gegen den Zustimmungsbeschluss der beteiligten deutschen Gesellschaft zur Niederschrift erklären (§ 9 Abs. 1 SEAG). Darüber hinaus gehört zum Gründungsplan ein **Bericht**.[53] Dieser hat die Gründung aus rechtlicher und wirtschaftlicher Sicht zu erläutern und zu begründen sowie darzulegen, wie sich der Übergang zur Rechtsform einer SE für die Aktionäre und Arbeitnehmer auswirkt (Art. 32 Abs. 2 Satz 2 SE-VO). Schließlich ist im Gründungsplan für jede Gründungsgesellschaft der **Mindestprozentsatz** der Anteile festzulegen, den die Gesellschafter der Gründungsgesellschaften einbringen müssen, damit die SE gegründet werden kann (Art. 32 Abs. 2 Satz 3 SE-VO). Der Mindestprozentsatz muss über 50 % der Stimmrechte betragen (Art. 32 Abs. 2 Satz 4 SE-VO). Hierdurch soll das Entstehen einer SE mit Minderheitsbeteiligungen verhindert werden, weil der Zweck der Holding-SE sei, Gesellschafterin von abhängigen Gesellschaften zu sein.[54]

---

50) *Austmann* in: MünchHdb-GesR, Bd. 4, § 83 Rz. 45; *Scheifele*, S. 312; *Drinhausen* in: van Hulle/Maul/Drinhausen, Hdb. Europ. Gesellschaft, Abschn. 4 § 3 Rz. 6; *Schwarz*, SE-VO, Art. 32 Rz. 9; *Jannott* in: Jannott/Frodermann, Hdb. Europ. AG, Kap. 3 Rz. 130; *Schröder* in: Manz/Mayer/Schröder, Europ. AG, Art. 32 SE-VO Rz. 9; *Binder/Jünemann/Merz/Sinewe*, § 2 Rz. 310; in diese Richtung auch *Teichmann*, AG 2004, 67, 69 Fn. 27; a. A. *Bayer* in: Lutter/Hommelhoff, SE-Kommentar, Art. 32 SE-VO (§ 10 SEAG) Rz. 21; *Paefgen* in: KölnKomm-AktG, Art. 32 SE-VO Rz. 31; *Schäfer* in: MünchKomm-AktG, Art. 32 SE-VO Rz. 9, 17; *Casper* in: Spindler/Stilz, AktG, Art. 32 SE-VO Rz. 14.

51) *Thümmel*, Rz. 99, sowie die in Fn. 50 zur a. A. genannten Autoren.

52) *Paefgen* in: KölnKomm-AktG, Art. 32 SE-VO Rz. 44; *Jannott* in: Jannott/Frodermann, Hdb. Europ. AG, Kap. 3 Rz. 129; *Neun* in: Theisen/Wenz, S. 57, 143.

53) Zur Frage der Entbehrlichkeit bzw. Erforderlichkeit der hiervon unabhängigen Gründungsprüfungen und Gründungsberichte nach den §§ 32–35 AktG s. *Jannott* in: Jannott/Frodermann, Hdb. Europ. AG, Kap. 3 Rz. 178–182; *Drinhausen* in: van Hulle/Maul/Drinhausen, Hdb. Europ. Gesellschaft, Abschn. 4 § 3 Rz. 31 f.; *Schäfer* in: MünchKomm-AktG, Art. 32 SE-VO Rz. 37; *Scheifele*, S. 368 ff.

54) *Jannott* in: Jannott/Frodermann, Hdb. Europ. AG, Kap. 3 Rz. 142; *Paefgen* in: KölnKomm-AktG, Art. 32 SE-VO Rz. 63; näher *Bayer* in: Lutter/Hommelhoff, SE-Kommentar, Art. 32 SE-VO (§ 10 SEAG) Rz. 37 ff.

Die **Sprache** des Gründungsplans ist nicht geregelt. Aus deutscher Sicht ist er 36
jedenfalls dann auf Deutsch abzufassen, wenn die Holding-SE in Deutschland
sitzen und damit im deutschen Handelsregister eingetragen werden soll (§ 488
Abs. 3 FamFG i. V. m. § 184 GVG).[55]

Weder die SE-VO noch das SEAG unterwerfen den Gründungsplan einer be- 37
stimmten **Form**. Soll die SE in Deutschland sitzen, verweist Art. 15 Abs. 1 SE-VO
jedenfalls für deren Satzung auf § 23 Abs. 1 und 2 AktG. Da die Satzung zum
Gründungsplan gehört, erstreckt sich das dort für sie verankerte notarielle Beurkundungserfordernis nach h. A. auf den gesamten Gründungsplan.[56] Beurkundungen im Ausland sind nur dann ausreichend, wenn diese den vom BGH
aufgestellten Grundsatz der Gleichwertigkeit erfüllen (vgl. dazu oben § 9
Rz. 30 ff.).[57] Eine geplante Auslandsbeurkundung sollte in der Praxis vorher mit
dem zuständigen Registergericht abgestimmt werden, um keine unliebsame
Überraschung zu erleben.

Bei deutschen Gründungsgesellschaften ist es **nicht** erforderlich, den Gründungs- 38
plan dem **Betriebsrat zuzuleiten**.[58]

4. Prüfung

Nach Art. 32 Abs. 4 SE-VO ist der Gründungsplan (einschließlich des im Plan 39
enthaltenen Berichts) durch einen oder mehrere unabhängige Sachverständige
für die Gesellschafter der einzelnen Gesellschaften zu prüfen. Die Gesellschaften
können sich alternativ auf gemeinsame Sachverständige einigen (Art. 32 Abs. 4
Satz 2 SE-VO). In Deutschland kommen nur Wirtschaftsprüfer und Wirtschaftsprüfungsgesellschaften als Sachverständige in Betracht (Art. 32 Abs. 4 SE-VO
i. V. m. § 11 Abs. 1 UmwG, § 319 HGB). Die Sachverständigen haben schriftliche
Berichte für die Gesellschafter der einzelnen Gesellschaften zu erstellen, bei Wahl
eines oder mehrerer gemeinsamer Sachverständiger genügt ein einziger schriftlicher Bericht für alle Gesellschafter. Der Bericht muss auf besondere Bewertungs-
schwierigkeiten hinweisen und Angaben zum Umtauschverhältnis der Aktien

---

55) Vgl. *Schröder* in: Manz/Mayer/Schröder, Europ. AG, Art. 32 SE-VO Rz. 97 und Art. 20 SE-VO Rz. 58; vgl. auch *Kleindiek* in: Lutter/Hommelhoff, SE-Kommentar, Art. 12 SE-VO (§§ 3, 4, 20, 21 SEAG) Rz. 19. Allgemein zur Eintragung der deutschen SE *Kiem* in: KölnKomm-AktG, Art. 12 SE-VO Rz. 7 ff.
56) *Drinhausen* in: van Hulle/Maul/Drinhausen, Hdb. Europ. Gesellschaft, Abschn. 4 § 3 Rz. 11; *Vossius*, ZIP 2005, 741, 745; *Heckschen*, DNotZ 2003, 251, 261; *Heckschen* in: Widmann/Mayer, UmwG/UmwStG, Anh. 14 Rz. 296; *Jannott* in: Jannott/Frodermann, Hdb. Europ. AG, Kap. 3 Rz. 131; *Schröder* in: Manz/Mayer/Schröder, Europ. AG, Art. 32 SE-VO Rz. 96; nach a. A. ergibt sich die Beurkundungsbedürftigkeit aus einer analogen Anwendung von Art. 18 SE-VO i. V. m. § 6 UmwG, so *Schäfer* in: MünchKomm-AktG, Art. 32 SE-VO Rz. 23; zust. *Bayer* in: Lutter/Hommelhoff, SE-Kommentar, Art. 32 SE-VO (§ 10 SEAG) Rz. 22; *Schwarz*, SE-VO, Art. 32 Rz. 37.
57) *Stöber*, AG 2013, 110, 114.
58) *Jannott* in: Jannott/Frodermann, Hdb. Europ. AG, Kap. 3 Rz. 152; *Austmann* in: MünchHdb-GesR, Bd. 4, § 83 Rz. 46; *Schwarz*, SE-VO, Art. 32 Rz. 42.

oder Anteile machen, insbesondere zu dessen Angemessenheit (Art. 32 Abs. 5 SE-VO).[59]

5. Einreichung und Bekanntmachung

40 Der Gründungsplan ist mindestens einen Monat vor den jeweiligen Gesellschafterversammlungen, die über die Gründung zu beschließen haben, gemäß Art. 3 der Publizitätsrichtlinie[60] offenzulegen (Art. 32 Abs. 3 SE-VO). Bei deutschen Gesellschaften ist der Gründungsplan damit zum deutschen **Handelsregister** einzureichen.[61] Das Handelsregister macht dann in elektronischer Form (§ 10 HGB) einen Hinweis bekannt, dass der Gründungsplan eingereicht worden ist. Auf diese Bekanntmachung kann nicht verzichtet werden.[62]

6. Arbeitnehmerbeteiligung

41 Die Leitungen der an der Gründung der SE beteiligten Gesellschaften haben die Arbeitnehmervertretungen oder ersatzweise die Arbeitnehmer in den beteiligten Gesellschaften, betroffenen Tochtergesellschaften und betroffenen Betrieben unverzüglich nach der Offenlegung (Bekanntmachung) des Gründungsplans über das Gründungsvorhaben zu **informieren** (§ 4 Abs. 2 SEBG).[63] Der Mindestinhalt der Information ist in § 4 Abs. 3 SEBG festgelegt. Gleichzeitig ergeht die **Aufforderung**, ein besonderes Verhandlungsgremium zu bilden. Es hat die Aufgabe, in den nachfolgenden Verhandlungen mit den Leitungen eine schriftliche Vereinbarung über die Beteiligung der Arbeitnehmer in der SE abzuschließen (§ 4 Abs. 1 SEBG) (siehe § 45).[64]

7. Gesellschafterbeschlüsse

42 Die Gesellschafterversammlungen der Gründungsgesellschaften müssen dem Gründungsplan zustimmen (Art. 32 Abs. 6 SE-VO). Über Art. 18 SE-VO analog

---

59) Zu den Einzelheiten s. *Paefgen* in: KölnKomm-AktG, Art. 32 SE-VO Rz. 94 ff.; *Schäfer* in: MünchKomm-AktG, Art. 32 SE-VO Rz. 27 ff.; *Scheifele*, S. 332 ff.
60) Erste gesellschaftsrechtliche Richtlinie 68/151/EWG v. 9.3.1968 zur Koordinierung der Schutzbestimmungen, die in den Mitgliedstaaten den Gesellschaften im Sinne des Art. 58 Abs. 2 des Vertrages im Interesse der Gesellschafter sowie Dritter vorgeschrieben sind, um diese Bestimmungen gleichwertig zu gestalten, ABl. EU L 65/8 v. 14.3.1968; zuletzt geändert durch Richtlinie 2003/58/EG, ABl. EU L 221/13 v. 15.7.2003.
61) Streitig ist, ob dies den Gründungsbericht einschließt. Dafür etwa: *Brandes*, AG 2005, 177, 183; *Neun* in: Theisen/Wenz, S. 57, 155; *Jannott* in: Jannott/Frodermann, Hdb. Europ. AG, Kap. 3 Rz. 150; dagegen: *Kalss*, ZGR 2003, 593, 630; *Paefgen* in: KölnKomm-AktG, Art. 32 SE-VO Rz. 82; *Schäfer* in: MünchKomm-AktG, Art. 32 SE-VO Rz. 24; *Schwarz*, SE-VO, Art. 32 Rz. 41; *Scheifele*, S. 327 f.
62) Vgl. etwa *Schwarz*, SE-VO, Art. 32 Rz. 38.
63) Zum Geltungsbereich des SEBG s. § 3 SEBG.
64) Näher zum Ganzen auch *Oetker* in: Lutter/Hommelhoff, SE-Kommentar, § 21 SEBG Rz. 1 ff., 19 ff.; *Oetker* in: FS Konzen, S. 635, 645 ff.; *Jacobs* in: MünchKomm-AktG, § 21 SEBG Rz. 4 ff.; *Kienast* in: Jannott/Frodermann, Hdb. Europ. AG, Kap. 13 Rz. 26 ff. und 93 ff.

gelten hinsichtlich der Einberufung für die beteiligten deutschen Gesellschaften die §§ 121 ff. AktG für eine AG und die §§ 47 ff. GmbHG für eine GmbH.[65] Zusätzlich gelten die §§ 63, 64 UmwG für die AG und nach umstrittener Auffassung die §§ 47, 49 UmwG für die GmbH entsprechend.[66] Bei Aktiengesellschaften ist eine Mehrheit von mindestens 75 % des bei der Beschlussfassung vertretenen Grundkapitals erforderlich, bei Gesellschaften mit beschränkter Haftung eine Mehrheit von 75 % der abgegebenen Stimmen (§ 10 Abs. 1 SEAG).

Nach Art. 32 Abs. 6 Satz 3 SE-VO können sich die Gesellschafterversammlungen der beteiligten Gesellschaften das **Recht vorbehalten**, die Eintragung der SE davon abhängig zu machen, dass sie die geschlossene **Vereinbarung über die Beteiligung der Arbeitnehmer** ausdrücklich **genehmigen**. Denn das Verfahren über die Beteiligung der Arbeitnehmer muss nicht zwingend vor den Beschlüssen der Gesellschafterversammlungen abgeschlossen sein, allerdings kann sich der Inhalt der Beteiligungsvereinbarung auf die Größe und Zusammensetzung des Aufsichts- oder Verwaltungsrats auswirken. Die Gesellschafter sollen daher gegen unvorhergesehene Änderungen geschützt werden.[67] Der Genehmigungsvorbehalt lässt sich jedenfalls bei einer AG nicht auf den Aufsichtsrat verlagern (zum vergleichbaren Fall der Verschmelzung siehe oben Rz. 21).[68] Für die Genehmigung ist daher eine erneute Hauptversammlung erforderlich, die das Eintragungsverfahren zeitlich erheblich verlängern kann. 43

8. Einbringung der Geschäftsanteile

Das Verfahren, wonach die Gesellschafter ihre Geschäftsanteile an den Gründungsgesellschaften in die zukünftige Holding-SE einbringen, ist in Art. 33 SE-VO geregelt. Die Gesellschafter haben zunächst eine **Frist von drei Monaten**, um ihren Gesellschaften mitzuteilen, ob sie beabsichtigen, ihre Geschäftsanteile einzubringen. Die Frist beginnt zu dem Zeitpunkt, zu dem der Gründungsplan gemäß Art. 32 SE-VO endgültig festgelegt worden ist (Art. 33 Abs. 1 SE-VO). Dies verlangt nicht nur, dass die Gesellschafterversammlungen dem Gründungsplan zugestimmt haben, sondern auch, dass sie einen etwaigen Vorbehalt i. S. 44

---

65) *Jannott* in: Jannott/Frodermann, Hdb. Europ. AG, Kap. 3 Rz. 162; *Bayer* in: Lutter/Hommelhoff, SE-Kommentar, Art. 32 SE-VO (§ 10 SEAG) Rz. 60 m. w. N.
66) So *Jannott* in: Jannott/Frodermann, Hdb. Europ. AG, Kap. 3 Rz. 153 ff.; zust. *Paefgen* in: KölnKomm-AktG, Art. 32 SE-VO Rz. 112; nach der Gegenauffassung sind auch für die GmbH die §§ 63 f. UmwG entsprechend heranzuziehen, so etwa *Bayer* in: Lutter/Hommelhoff, SE-Kommentar, Art. 32 SE-VO (§ 10 SEAG) Rz. 61; *Drinhausen* in: van Hulle/Maul/Drinhausen, Hdb. Europ. Gesellschaft, Abschn. 4 § 3 Rz. 15; *Teichmann*, ZGR 2002, 383, 434 Fn. 194.
67) *Austmann* in: MünchHdb-GesR, Bd. 4, § 83 Rz. 23.
68) *Jannott* in: Jannott/Frodermann, Hdb. Europ. AG, Kap. 3 Rz. 162, s. dort auch für den anders gelagerten Fall der GmbH; a. A. *Paefgen* in: KölnKomm-AktG, Art. 32 SE-VO Rz. 120 m. w. N.

des Art. 32 Abs. 6 Satz 3 SE-VO, der Vereinbarung über die Beteiligung der Arbeitnehmer zustimmen zu wollen, ausgeräumt haben.[69] Innerhalb der Frist von drei Monaten müssen die einbringungswilligen Gesellschafter i. H. der festgelegten **Mindestprozentsätze** zusätzlich ihre Gesellschaftsanteile in die SE eingebracht haben (Art. 33 Abs. 2 SE-VO).[70] Dies verlangt nach umstrittener Ansicht keinen dinglichen Vollzug der Einbringung; der Vollzug muss allerdings bis zur Eintragung der SE erfolgen. Unstreitig zulässig ist es, die Einbringung unter die aufschiebende Bedingung zu stellen, dass die Mindesteinbringungsquoten erreicht werden.[71]

45 Das Verfahren zur Einbringung der Gesellschaftsanteile ist weder in der SE-VO noch im SEAG geregelt. Die Einbringung unterliegt daher den jeweils anwendbaren nationalen Rechten der Gründungsgesellschaften.[72] Damit sind bspw. die Formvorschriften der jeweiligen Gründungsgesellschaften für die Einbringungsverträge zu beachten; die Einbringung von Geschäftsanteilen an einer deutschen GmbH ist damit beurkundungspflichtig (§ 15 Abs. 3 und 4 GmbHG). Ergänzend verweist Art. 15 Abs. 1 SE-VO für die Holding-SE auf die aktienrechtlichen Vorschriften für die **Sachgründung**.[73]

46 Sind alle Bedingungen für die Gründung der SE erfüllt, ist jede Gründungsgesellschaft nach Art. 33 Abs. 3 Satz 1 SE-VO verpflichtet, dies gemäß Art. 3 der Publizitätsrichtlinie[74] **offenzulegen**. Alle Bedingungen sind erfüllt, wenn die Mindesteinbringungsquoten erreicht wurden und alle übrigen Bedingungen erfüllt sind, wie bspw. ein gleichlautender Gründungsplan und die zustimmenden Beschlüsse der Gesellschafterversammlungen vorliegen (vgl. Art. 33 Abs. 3 Satz 1,

---

69) *Drinhausen* in: van Hulle/Maul/Drinhausen, Hdb. Europ. Gesellschaft, Abschn. 4 § 3 Rz. 20; *Heckschen* in: Widmann/Mayer, UmwG/UmwStG, Anh. 14 Rz. 325 f.; *Neun* in: Theisen/Wenz, S. 57, 146; *Teichmann*, ZGR 2002, 383, 436.
70) *Jannott* in: Jannott/Frodermann, Hdb. Europ. AG, Kap. 3 Rz. 166.
71) Gegen das Erfordernis eines dinglichen Vollzugs der Einbringung innerhalb der Frist *Schäfer* in: MünchKomm-AktG, Art. 33 SE-VO Rz. 9; *Casper* in: Spindler/Stilz, AktG, Art. 33 SE-VO Rz. 7 f.; *Schwarz*, SE-VO, Art. 33 Rz. 16 f.; *Bayer* in: Lutter/Hommelhoff, SE Kommentar, Art. 33 SE-VO Rz. 18 (innerhalb der Frist ist allerdings der Abschluss der schuldrechtlichen Vereinbarung erforderlich); *Paefgen* in: KölnKomm-AktG, Art. 33 SE-VO Rz. 27 und 63 f.; dagegen für einen dinglichen Vollzug der Einbringung innerhalb der Frist *Jannott* in: Jannott/Frodermann, Hdb. Europ. AG, Kap. 3 Rz. 168; *Drinhausen* in: van Hulle/Maul/Drinhausen, Hdb. Europ. Gesellschaft, Abschn. 4 § 3 Rz. 21; *Austmann* in: MünchHdb-GesR, Bd. 4, § 83 Rz. 47; *Schröder* in: Manz/Mayer/Schröder, Europ. AG, Art. 33 SE-VO Rz. 3.
72) *Schröder*, in Manz/Mayer/Schröder, Europ. AG, Art. 33 SE-VO Rz. 10; *Drinhausen* in: van Hulle/Maul/Drinhausen, Hdb. Europ. Gesellschaft, Abschn. 4 § 3 Rz. 22.
73) *Jannott* in: Jannott/Frodermann, Hdb. Europ. AG, Kap. 3 Rz. 167; *Schröder* in: Manz/Mayer/Schröder, Europ. AG, Art. 33 SE-VO Rz. 39.
74) Erste gesellschaftsrechtliche Richtlinie 68/151/EWG v. 9.3.1968 zur Koordinierung der Schutzbestimmungen, die in den Mitgliedstaaten den Gesellschaften im Sinne des Art. 58 Abs. 2 des Vertrages im Interesse der Gesellschafter sowie Dritter vorgeschrieben sind, um diese Bestimmungen gleichwertig zu gestalten, ABl. EU L 65/8 v. 14.3.1968; zuletzt geändert durch Richtlinie 2003/58/EG, ABl. EU L 221/13 v. 15.7.2003.

Abs. 2 SE-VO).[75] Deutsche Gesellschaften haben die Tatsache, dass alle Bedingungen vorliegen, zum deutschen Handelsregister einzureichen.[76] Das Registergericht macht dann in elektronischer Form (§ 10 HGB) einen Hinweis bekannt, dass die Bedingungen für die Gründung erfüllt sind.

Mit der Bekanntmachung beginnt eine **weitere Frist von einem Monat** zu laufen (Art. 33 Abs. 3 Satz 2 SE-VO). Innerhalb dieses Zeitraums können diejenigen Gesellschafter, die innerhalb der ersten Frist von drei Monaten ihre Gesellschaftsanteile noch nicht eingebracht haben,[77] dies nachholen (*„Zaunkönigregel"*). Innerhalb dieser Frist muss die Einbringung nach umstrittener Auffassung allerdings wiederum nicht tatsächlich dinglich vollzogen werden.[78]   47

9. Registeranmeldung

Wenn die Holding-SE ihren Sitz in Deutschland haben soll, wird sie nach Art. 15 Abs. 1 SE-VO i. V. m. §§ 3, 21 SEAG beim Handelsregister zur Eintragung angemeldet. Zuständig ist das Registergericht am Sitz der SE (§ 4 SEAG). Die Anmeldung ist durch alle Gründungsgesellschaften sowie durch alle Mitglieder des ersten Vorstands und des ersten Aufsichtsrats der SE (bei Wahl der dualistischen Struktur, Art. 15 Abs. 1 SE-VO i. V. m. § 3 SEAG und § 36 Abs. 1 AktG) oder durch alle Mitglieder des Verwaltungsrats und durch alle geschäftsführenden Direktoren (bei Wahl der monistischen Struktur, § 21 SEAG) vorzunehmen.[79] Für den Inhalt der Anmeldung gilt § 37 AktG.[80] Ergänzend ergibt sich aus Art. 33 Abs. 5 SE-VO die Pflicht nachzuweisen, dass sämtliche Voraussetzungen nach Art. 32 (Gründungsvoraussetzungen ohne Einbringung der Geschäftsanteile) und 33 Abs. 2 SE-VO (Erreichen der Mindesteinbringungsquote) erfüllt sind. Außerdem haben die Vertretungsorgane der Holding-SE zu erklären, dass keine Klagen gegen die Wirksamkeit der Zustimmungsbeschlüsse der Gründungsgesellschaften vorliegen (§ 10 Abs. 2 SEAG, Negativerklärung).[81]   48

---

75) *Jannott* in: Jannott/Frodermann, Hdb. Europ. AG, Kap. 3 Rz. 174; *Bayer* in: Lutter/Hommelhoff, SE-Kommentar, Art. 33 SE-VO (§ 10 SEAG) Rz. 24 ff.
76) *Bayer* in: Lutter/Hommelhoff, SE-Kommentar, Art. 33 SE-VO (§ 10 SEAG) Rz. 29 m. w. N.
77) S. zu dieser Auslegung der Vorschrift *Schäfer* in: MünchKomm-AktG, Art. 33 SE-VO Rz. 19.
78) *Schäfer* in: MünchKomm-AktG, Art. 33 SE-VO Rz. 21, wonach Einbringung dinglich auch noch nach Ablauf der Monatsfrist erfolgen kann; ebenso *Bayer* in: Lutter/Hommelhoff, SE-Kommentar, Art. 33 SE-VO Rz. 32 und *Paefgen* in: KölnKomm-AktG, Art. 33 SE-VO Rz. 58 (Angebot des Gesellschafters auf Abschluss eines Zeichnungsvertrags ausreichend); a. A. *Jannott* in: Jannott/Frodermann, Hdb. Europ. AG, Kap. 3 Rz. 176.
79) *Austmann* in: MünchHdb-GesR, Bd. 4, § 83 Rz. 48; *Jannott* in: Jannott/Frodermann, Hdb. Europ. AG, Kap. 3 Rz. 183; *Paefgen* in: KölnKomm-AktG, Art. 33 SE-VO Rz. 94 m. w. N.
80) *Bayer* in: Lutter/Hommelhoff, SE-Kommentar, Art. 33 SE-VO (§ 10 SEAG) Rz. 52 m. w. N.
81) Näher *Paefgen* in: KölnKomm-AktG, Art. 33 SE-VO Rz. 95 ff.

10. Eintragung und Rechtsfolgen

49 Das Registergericht prüft, ob alle Voraussetzungen für die Eintragung erfüllt sind. Neben den soeben i. R. der Registeranmeldung beschriebenen Voraussetzungen prüft das Gericht insbesondere, ob eine Vereinbarung über die Beteiligung der Arbeitnehmer vorliegt (Art. 26 Abs. 3 SE-VO) oder die sonstigen Voraussetzungen des Art. 12 Abs. 2 SE-VO erfüllt sind. Die Eintragung ist gemäß Art. 15 Abs. 2, 13 SE-VO i. V. m. § 40 AktG, § 10 HGB offenzulegen und gemäß Art. 14 SE-VO zu veröffentlichen.

50 Mit der Eintragung **erwirbt** die SE **Rechtspersönlichkeit** (Art. 16 Abs. 1 SE-VO). Die Gesellschafter, die ihre Gesellschaftsanteile in die SE eingebracht haben, werden ohne weiteres Aktionäre der SE (vgl. Art. 33 Abs. 4 SE-VO). Anders als bei der Verschmelzung bestehen die Gründungsgesellschaften fort (Art. 32 Abs. 1 Satz 2 SE-VO).[82]

B. Unternehmenskauf bei der SE
I. Share Deal

51 Der **schuldrechtliche Kauf** von Aktien an einer SE ist weder in der SE-VO noch im SEAG gesondert geregelt. Der schuldrechtliche Kaufvertrag unterliegt daher den allgemeinen Kollisionsnormen. Alle Fragen, die dem **Vertragsstatut** unterfallen, sind somit nach den **Art. 3 ff. Rom I-VO** anzuknüpfen (siehe oben § 6 Rz. 33 ff. und § 12 Rz. 5 ff. und Rz. 21 ff.).

52 Hiervon zu unterscheiden ist die Erfüllung des Kaufvertrags durch **Übertragung der Aktien** an der SE. Nach **Art. 5 SE-VO** gelten u. a. für die Aktien der SE diejenigen Vorschriften, die für Aktiengesellschaften mit Sitz in dem Mitgliedstaat gelten, in dem die SE eingetragen ist. Nach h. M. wird hiermit für eine in Deutschland eingetragene SE direkt auf die Sachnormen des deutschen Rechts verwiesen. Die Verweisung ist damit keine Gesamt-, sondern eine **Sachnormverweisung**. Das deutsche Internationale Gesellschaftsrecht wird also nicht berufen. Es gelten direkt die deutschen Regeln für Aktienübertragungen.[83]

53 Der Verweis in Art. 5 SE-VO umfasst nicht nur die Voraussetzungen für eine wirksame Verfügung über die Aktien an der SE, sondern auch das Erfordernis, etwaige **gesellschaftsrechtliche Mitteilungs- und Bekanntmachungspflichten**

---

[82] Zur Frage, ob das WpÜG bei Gründung einer Holding-SE anwendbar ist und ob ein Pflichtangebot der Holding-SE nach § 35 WpÜG erforderlich ist s. *Oechsler* in: MünchKomm-AktG, Art. 2 SE-VO Rz. 20 ff.; *Schwarz*, SE-VO, Vorb. Art. 32–34 Rz. 14 ff.; *Teichmann* in: van Hulle/Maul/Drinhausen, Hdb. Europ. Gesellschaft, Abschn. 4 § 3 Rz. 63 ff.

[83] *Fleischer* in: Lutter/Hommelhoff, SE-Kommentar, Art. 5 SE-VO Rz. 2; *Casper* in: Spindler/Stilz, AktG, Art. 5 SE-VO Rz. 2; *Mayer* in: Manz/Mayer/Schröder, Europ. AG, Art. 5 SE-VO Rz. 6; *Ziemons* in: Lutter/Hommelhoff, SE-Kommentar, Anh. I Art. 5 SE-VO Rz. 14 und 18; *Oechsler* in: MünchKomm-AktG, Art. 5 SE-VO Rz. 5; vgl. auch *Lutter*, Europäische Aktiengesellschaft, S. 145, 152.

zu erfüllen (sowie die Folgen ihrer Verletzung), wie etwa die Pflicht, den Erwerb eines bestimmten Prozentsatzes der Anteile oder der Stimmrechte sowie eine Mehrheitsbeteiligung der Gesellschaft mitzuteilen und bekannt zu machen.[84]

Allerdings sind vom Verweis des Art. 5 SE-VO sonstige Fragen auszuklammern, die kollisionsrechtlich nicht als gesellschaftsrechtlich zu qualifizieren sind, wie insbesondere die Frage, wie bei verbrieften Aktien wirksam über das Wertpapier verfügt wird. In diesen Fällen gelten die einschlägigen Regeln des Internationalen Privatrechts, also für die Wirksamkeit der **Übereignung des Wertpapiers** das Recht an jenem Ort, an dem sich das Papier befindet (**lex cartae sitae**) (es gelten die Ausführungen oben unter § 8 Rz. 74 ff.).[85] 54

II. Asset Deal

Der Unternehmenserwerb einer SE im Wege des Asset Deal ist weder in der SE-Verordnung noch im SEAG geregelt. Er unterliegt daher kollisionsrechtlich denjenigen Vorschriften, die für den Erwerb von **Gesellschaften nationalen Rechts** im Wege des Asset Deal gelten (siehe oben unter §§ 6, 7 und 8 zum Asset Deal). Dies gilt sowohl für den schuldrechtlichen wie für den dinglichen Teil des Erwerbs. 55

Hiervon ausgenommen sind **gesellschaftsrechtliche Fragen** im Zusammenhang mit einem Asset Deal, die in der SE-VO oder über einen Verweis in das nationale Recht beantwortet werden. So gilt bei einer SE mit Sitz in Deutschland über Art. 52 Satz 2 SE-VO die Vorschrift des § 179a Abs. 1 Satz 1 AktG, wonach bei einer deutschen AG für eine wirksame Verpflichtung zur Übertragung des ganzen oder wesentlichen Gesellschaftsvermögens die Zustimmung der Hauptversammlung erforderlich ist.[86] 56

---

84) Das deutsche Aktienrecht sieht eine solche Mitteilungspflicht in §§ 20, 21 AktG vor; erheblich weitergehende Mitteilungspflichten statuieren die kapitalmarktrechtlichen Vorschriften §§ 21, 22 WpHG, die allerdings als Teil des Kapitalmarktrechts den allgemeinen kollisionsrechtlichen Anknüpfungsregeln unterliegen und nicht vom Verweis des Art. 5 SE-VO erfasst werden, vgl. *Casper* in: Spindler/Stilz, AktG, Art. 5 SE-VO Rz. 6 (zur Anknüpfung dieser Vorschriften s. o. § 13 Rz. 16 ff.).

85) *Ziemons* in: Lutter/Hommelhoff, SE-Kommentar, Anh. I Art. 5 SE-VO Rz. 14; *Oechsler* in: MünchKomm-AktG, Art. 5 SE-VO Rz. 36; vgl. auch *Lutter*, Europäische Aktiengesellschaft, S. 145, 152.

86) S. nur *Mayer* in: Manz/Mayer/Schröder, Europ. AG, Art. 52 SE-VO Rz. 16. Nach wohl h. M. sind auch die sog. „Holzmüller-" und „Gelatine"-Grundsätze des BGH auf die deutsche SE anzuwenden, vgl. nur *Kiem* in: KölnKomm-AktG, Art. 52 SE-VO Rz. 36 m. zahlr. N.; a. A. etwa *Spindler* in: Lutter/Hommelhoff, SE-Kommentar, Art. 52 SE-VO Rz. 47 m. w. N.

§ 45 Beteiligung der Arbeitnehmer in der SE

Übersicht

A. Allgemeines 1
B. Besonderes Verhandlungsgremium (BVG) 4
  I. Unterrichtung der Arbeitnehmer und Aufforderung zur Errichtung eines BVG 4
  II. Zusammensetzung des BVG 6
  III. Wahl oder Bestellung der Mitglieder des BVG 7
C. Die Beteiligungsvereinbarung 11
  I. Grundlagen 13
     1. Formale Aspekte 13
     2. Grundsatz der Parteiautonomie und Verhältnis zur Satzung 14
  II. Allgemeine Regelungen der Beteiligungsvereinbarung 20
  III. Verfahren zur Unterrichtung und Anhörung der Arbeitnehmer 23
     1. Verfassung des Betriebsrats (§ 21 Abs. 1 Nr. 2 SEBG) 23
     2. Befugnisse des Betriebsrats und Verfahren zur Unterrichtung und Anhörung (§ 21 Abs. 1 Nr. 3 SEBG) 30
     3. Regelungen betreffend die Häufigkeit der Sitzungen des SE-Betriebsrats (§ 21 Abs. 1 Nr. 4 SEBG) 31
     4. Regelungen betreffend die für den SE-Betriebsrat bereitzustellenden finanziellen und materiellen Mittel (§ 21 Abs. 1 Nr. 5 SEBG) 32
     5. Alternative Verfahren 33
  IV. Unternehmerische Mitbestimmung 35
D. Beteiligung der Arbeitnehmer kraft Gesetzes 38
  I. SE-Betriebsrat kraft Gesetzes 39
  II. Mitbestimmung kraft Gesetzes 43
E. Besondere Konstellationen 49
  I. Vorrats-SE 49
  II. SE mit Arbeitnehmern in nur einem Mitgliedstaat 50
  III. Strukturelle Änderungen einer bestehenden SE 52

Literatur: *Forst*, Folgen der Beendigung einer SE-Beteiligungsvereinbarung, EuZW 2011, 333; *Forst*, Die Beteiligungsvereinbarung nach § 21 SEBG, 2010; *Forst*, Beteiligung der Arbeitnehmer in der Vorrats-SE, RdA 2010, 55; *Habersack*, Grundsatzfragen der Mitbestimmung in SE und SCE sowie bei grenzüberschreitender Verschmelzung, ZHR 171 (2007), 613; *Habersack*, Schranken der Mitbestimmungsautonomie in der SE, AG 2006, 345; *Heinze/Seifert/Teichmann*, Verhandlungssache – Arbeitnehmerbeteiligung in der SE, BB 2005, 2524; *Hoops*, Die Mitbestimmungsvereinbarung in der Europäischen Aktiengesellschaft (SE), 2009 (zit.: Mitbestimmungsvereinbarung); *Jacobs*, Privatautonome Unternehmensmitbestimmung in der SE, in: Festschrift für Karsten Schmidt, 2009, S. 795; *Lutter/Hommelhoff*, Die Europäische Gesellschaft, 2005; *Manz/Mayer/Schröder*, Die Europäische Aktiengesellschaft SE, 2010; *Müller-Bonanni/Müntefering*, Arbeitnehmerbeteiligung bei der SE-Gründung und grenzüberschreitender Verschmelzung im Vergleich, BB 2009, 1695; *Nagel/Freis/Kleinsorge*, Beteiligung der Arbeitnehmer im Unternehmen auf der Grundlage des Europäischen Rechts, Kommentar, 2. Aufl., 2009; *Oetker*, Unternehmensmitbestimmung in der SE kraft Vereinbarung, ZIP 2006, 1113; *Rieble/Junker*, Vereinbarte Mitbestimmung in der SE, ZAAR-Schriftenreihe, Bd. XII, 2008; *Seibt*, Größe und Zusammensetzung des Aufsichtsrats in der SE, ZIP 2010, 1057; *Seibt*, Arbeitnehmerlose Societas Europaea, ZIP 2005, 2248; *Thüsing*, SE-Betriebsrat kraft Vereinbarung, ZIP 2006, 1969.

A. Allgemeines

1 Nach dem Willen des Europäischen Gesetzgebers soll die Beteiligung der Arbeitnehmer in der SE primär durch eine zwischen der Unternehmensleitung und Arbeitnehmervertretern abzuschließende **Beteiligungsvereinbarung** geregelt werden.[1] Dieser Grundsatz liegt auch dem SE-Beteiligungsgesetz (SEBG) zugrunde. So soll die Beteiligungsvereinbarung einen sinnvollen Ausgleich der in den einzelnen Mitgliedstaaten bestehenden unterschiedlichen Rechtslagen und zudem eine sachgerechte individuelle Anpassung an die Bedürfnisse und Strukturen der zukünftigen SE erreichen.[2] Nur wenn die Verhandlungen über die Beteiligungsvereinbarungen erfolglos bleiben, soll das ebenfalls im SEBG enthaltene **gesetzliche Mitbestimmungsregime** eingreifen. Abgesichert wird die Beteiligung der Arbeitnehmer in der SE durch die Regelung in Art. 12 Abs. 2 SE-VO, wonach eine **Eintragung** der SE in das Handelsregister erst erfolgen kann, wenn eine Vereinbarung über die Beteiligung der Arbeitnehmer abgeschlossen ist oder ein Beschluss über die Nichtaufnahme bzw. den Abbruch der Verhandlungen vorliegt oder die Verhandlungsfrist abgelaufen ist.[3] Dementsprechend hat auch die Unternehmensleitung ein großes Interesse an der ordnungsgemäßen Durchführung des Verfahrens, um die Eintragung der künftigen SE nicht zu gefährden.

2 Die **Verhandlungen** über den Abschluss einer Beteiligungsvereinbarung werden geführt zwischen der Unternehmensleitung bzw. durch die Unternehmensleitungen im Falle einer Verschmelzung einerseits, und einem eigens hierzu errichteten Gremium, das sich aus Arbeitnehmervertretern aller Mitgliedstaaten zusammensetzt, dem **besonderen Verhandlungsgremium (BVG)**, anderseits. Die für das Verfahren maßgeblichen Regelungen sind im SEBG enthalten. Dabei gilt das SEBG räumlich für jede **SE mit Sitz im Inland**. Ferner findet das SEBG unabhängig vom Sitz der SE für die in Deutschland beschäftigten Arbeitnehmer der SE bzw. deren Tochtergesellschaften und Betriebe mit Sitz in Deutschland Anwendung.

3 Hinsichtlich seiner **Struktur** lässt sich das SEBG in folgende vier wesentliche Bereiche einteilen:

- Definition der wesentlichen Begriffe;
- Regelungen zur Errichtung des BVG, zum Ablauf der Verhandlungen sowie Mindestvorgaben einer Beteiligungsvereinbarung;
- Regelungen zur Beteiligung der Arbeitnehmer kraft Gesetzes; und

---

1) Vgl. Erwägungsgründe Nr. 7 und 8 SE-RL.
2) BT-Drucks. 15/3405, S. 51.
3) Zu den Sonderkonstellationen der Errichtung einer Vorrats-SE oder einer SE mit Arbeitnehmern in lediglich einem Mitgliedstaat s. noch unter Rz. 49 ff.

- allgemeine Grundsätze und Schutzbestimmungen, die sowohl bei Abschluss einer Beteiligungsvereinbarung als auch bei Eingreifen einer Mitbestimmung kraft Gesetzes gelten.

B. Besonderes Verhandlungsgremium (BVG)

I. Unterrichtung der Arbeitnehmer und Aufforderung zur Errichtung eines BVG

Das **Verfahren** zur Bildung des BVG wird eingeleitet durch eine **Information** der **Leitung(en)** über das Gründungsvorhaben (§ 4 Abs. 2 Satz 1 SEBG). Der Inhalt der Information ergibt sich aus dem Katalog in § 4 Abs. 3 SEBG. Zugleich sind die Arbeitnehmer bzw. ihre Vertretungen **aufzufordern**, ein BVG zu bilden (§ 4 Abs. 1 Satz 1 und Satz 2 SEBG). Während hinsichtlich der Aufforderung **Schriftform** gefordert wird, fehlen hinsichtlich der Information entsprechende Formvorschriften. Sowohl zu Beweiszwecken als auch vor dem Hintergrund, dass Aufforderung und Information regelmäßig miteinander verbunden werden, empfiehlt sich die Schriftform.[4]

Die Aufforderung und Information ist im Inland zu richten an die Gremien, die auch das Wahlgremium zur Wahl der deutschen Mitglieder bilden würden (vgl. § 8 SEBG). In erster Linie ist die Information und Aufforderung daher zu richten an den **Konzernbetriebsrat**.[5] Besteht ein solcher nicht, ist sie zu richten an die **Gesamtbetriebsräte** und in Ermangelung von Gesamtbetriebsräten an die bestehenden **lokalen Betriebsräte**. Dabei ersetzt eine Aufforderung und Information bestehender Betriebsratsgremien grundsätzlich eine Aufforderung an Arbeitnehmer in betriebsratslosen Betrieben (vgl. § 8 Abs. 3 Satz 2 SEBG), d. h. eine direkte Information und Aufforderung der Arbeitnehmer kann unterbleiben, sofern im Inland mindestens eine Arbeitnehmervertretung gebildet ist. Sofern ein **Sprecherausschuss** besteht, ist auch dieser aufzufordern und zu informieren. Bestehen dagegen keinerlei Arbeitnehmervertretungen, erfolgt die Aufforderung und die Information direkt gegenüber den Arbeitnehmern. Hierzu reicht grundsätzlich ein Aushang am „Schwarzen Brett" oder eine Mitteilung per Intranet aus.[6] Wer richtiger Adressat von Unterrichtung und Aufforderung in den anderen Mitgliedstaaten ist, richtet sich jeweils nach lokalem Recht.

---

4) *Oetker* in: Lutter/Hommelhoff, SE-Kommentar, § 4 SEBG Rz. 24.
5) *Hohenstatt/Müller-Bonanni* in: Habersack/Drinhausen, SE-Recht, § 4 Rz. 6; *Krause*, BB 2005, 1221, 1223; *Jacobs* in: MünchKomm-AktG, § 4 Rz. 6; *Hohenstatt/Dzida* in: Henssler/Willemsen/Kalb, ArbR, SEGB Rz. 12; a. A. *Kleinsorge* in: Nagel/Freis/Kleinsorge, § 4 SEGB Rz. 10.
6) *Hohenstatt/Dzida* in: Henssler/Willemsen/Kalb, ArbR, SEGB Rz. 12.

II. Zusammensetzung des BVG

6   Die Zusammensetzung des BVG ist in § 5 SEBG geregelt. Grundsätzlich entsendet **jeder Mitgliedstaat**, in dem sich Arbeitnehmer der beteiligten Gesellschaften, betroffener Tochtergesellschaften oder betroffener Betriebe befinden, ein Mitglied in das BVG. Für jede volle 10 % bezogen auf die Zahl der Arbeitnehmer im betreffenden Mitgliedstaat, im Verhältnis zur Gesamtzahl der in allen Mitgliedstaaten beschäftigten Arbeitnehmer, wird ein **zusätzliches Mitglied** gewählt oder bestellt. § 5 Abs. 2 SEBG enthält dabei noch Sonderregelungen für den Fall der Gründung einer SE durch **Verschmelzung**, um sicherzustellen, dass jede beteiligte Gesellschaft, die als Folge der Verschmelzung erlischt, durch mindestens ein Mitglied vertreten ist. Gemäß § 5 Abs. 4 Satz 1 SEBG muss die Zusammensetzung des BVG **angepasst** werden, wenn nach Konstituierung des BVG sich die maßgeblichen Arbeitnehmerzahlen oder die Struktur der beteiligten Gesellschaften in einem Umfang ändert, dass sich dies auf die Zusammensetzung des BVG auswirkt.

III. Wahl oder Bestellung der Mitglieder des BVG

7   Der Modus zur Wahl oder Bestellung der Mitglieder des BVG sowie die persönlichen Voraussetzungen der Mitglieder richten sich nach den in den einzelnen Mitgliedstaaten geltenden Regelungen, da jeder einzelne Mitgliedstaat jeweils eigenständig die maßgeblichen Regelungen für seine Mitglieder im BVG aufstellt.

8   Für die **deutschen Mitglieder** im BVG sind dabei die Regelungen der §§ 6 ff. SEBG maßgeblich. Gemäß § 6 Abs. 2 SEBG können Arbeitnehmer der in Deutschland gelegenen Gesellschaften und Betriebe sowie Gewerkschaftsvertreter Mitglied des BVG sein, wobei Frauen und Männer in ihrem zahlenmäßigen Verhältnis gewählt werden sollen. Letzteres stellt allerdings keine zwingende Vorgabe dar.[7] Sofern dem BVG mehr als zwei inländische Mitglieder angehören, muss eines davon Mitglied in einer **Gewerkschaft** sein, die in einem an der Gründung der SE beteiligten Unternehmen vertreten ist (vgl. § 6 Abs. 3 SEBG). Gehören dem BVG mehr als sechs Mitglieder aus dem Inland an, muss jedes siebte Mitglied **leitender Angestellter** sein (vgl. § 6 Abs. 4 SEBG).

9   Die inländischen Mitglieder des BVG werden wiederum durch ein eigens hierfür errichtetes **Wahlgremium** gewählt, wobei die zwingenden Gewerkschaftsvertreter sowie leitenden Angestellten jeweils auf Vorschlag der Gewerkschaften bzw. des Sprecherausschusses zu wählen sind. Das entsprechende Wahlgremium setzt sich aus den Mitgliedern des **Konzernbetriebsrats** bzw. hilfsweise aus den Mitgliedern der **Gesamtbetriebsräte** bzw. der **lokalen Betriebsräte** zusammen, sofern an der SE-Gründung im Inland nur eine Unternehmensgruppe beteiligt

---

[7] *Hohenstatt/Müller-Bonanni* in: Habersack/Drinhausen, SE-Recht, § 6 SEGB Rz. 3.

ist. Dabei gilt grundsätzlich, dass betriebsratslose Betriebe durch in anderen Betrieben und Unternehmen bestehende Arbeitnehmervertretungen mit vertreten werden (vgl. § 8 Abs. 2 Satz 2 SEBG). Sind im Inland dagegen an der Gründung der SE mehrere Unternehmensgruppen oder nicht verbundene Unternehmen oder selbstständige Betriebe beteiligt, gilt die Sonderregelung des § 8 Abs. 5 SEBG. Fehlt es dagegen im Inland an einem zuständigen Betriebsrat, ist gemäß § 8 Abs. 7 SEBG eine **Urwahl** durch die Arbeitnehmer durchzuführen.

Gemäß § 11 Abs. 1 Satz 1 SEBG soll die **Bildung des BVG** innerhalb von zehn Wochen seit der Information und Aufforderung gemäß § 4 SEBG stattfinden. Wird diese Frist aus Gründen, die die Arbeitnehmer zu vertreten haben, überschritten, können die Leitungen in diesem Fall dennoch zur **konstituierenden Sitzung** des BVG einladen und das Verhandlungsverfahren aufnehmen. Vor Ablauf der Frist des § 11 Abs. 1 Satz 1 SEBG können die Leitungen nur dann zur konstituierenden Sitzung des BVG einladen, wenn bereits alle Mitglieder des BVG ernannt oder gewählt wurden.

C. Die Beteiligungsvereinbarung

Das SEBG sieht vor, dass die Unternehmensleitung(en) und das BVG über den Abschluss einer Beteiligungsvereinbarung verhandeln. Gemäß § 20 Abs. 1 SEBG können diese Verhandlungen bis zu **sechs Monate** dauern, wobei die Parteien einvernehmlich beschließen können, die Verhandlungen um bis zu weitere sechs Monate zu verlängern. Verstreicht diese Frist ergebnislos, greift die ebenfalls im SEBG geregelte **gesetzliche Auffanglösung** ein (vgl. § 22 Abs. 1 Nr. 2 SEBG), es sei denn, das BVG hat beschlossen, keine Verhandlungen aufzunehmen oder bereits aufgenommene Verhandlungen **abzubrechen** (vgl. § 16 SEBG).

Gegenstand der Beteiligungsvereinbarung ist sowohl ein **Verfahren zur Unterrichtung und Anhörung** der Arbeitnehmer sowie ein Verfahren zur **Mitbestimmung in den Organen** der SE.

I. Grundlagen

1. Formale Aspekte

Die **Rechtsnatur** der Beteiligungsvereinbarung wird weder durch die SE-Richtlinie, noch durch das SEBG ausdrücklich festgelegt. Nach mittlerweile herrschender Meinung ist diese als **Kollektivvertrag** *sui generis* mit normativer Wirkung zu qualifizieren.[8] **Parteien** der Vereinbarung sind einerseits das besondere Verhandlungsgremium und andererseits die Unternehmensleitung(en),

---

[8] *Jacobs* in: MünchKomm-AktG, § 21 SEBG Rz. 7; *Hohenstatt/Müller-Bonanni* in: Habersack/Drinhausen, SE-Recht, § 1 SEBG Rz. 4; *Oetker* in: Luther/Hommelhoff, SE-Kommentar, § 21 SEBG Rz. 17; *Forst*, Die Beteiligungsvereinbarung nach § 21 SEBG, S. 86 ff.

wobei hierunter selbstverständlich der Rechtsträger der an der Errichtung der SE beteiligten Unternehmen zu verstehen ist. Im Falle einer Aufnahme von Verhandlungen wegen **struktureller Änderungen** innerhalb einer bereits bestehenden SE gemäß § 18 Abs. 3 SEBG wird die Beteiligungsvereinbarung abgeschlossen zwischen dem SE-Betriebsrat einerseits und der SE andererseits. Die Beteiligungsvereinbarung bedarf der **Schriftform**[9] und sollte sinnvollerweise auch in der **Sprache** des Sitzstaats abgefasst werden, da zum einen die Vereinbarung vor Eintragung der SE durch das Registergericht geprüft werden muss und zum anderen auch das auf die Vereinbarung **anzuwendende Recht** sich nach dem Sitz der zukünftigen SE richtet (vgl. § 3 SEBG).

2. Grundsatz der Parteiautonomie und Verhältnis zur Satzung

14 Den Verhandlungsparteien eröffnet sich ein sehr **weitgehender Gestaltungsspielraum** hinsichtlich des Verfahrens zur Unterrichtung und Anhörung der Arbeitnehmer wie auch hinsichtlich der Mitbestimmung in den Organen der SE. Allerdings enthält § 21 SEBG in den Absätzen 1 bis 4 bestimmte **Mindestvorgaben** hinsichtlich des Inhalts der Beteiligungsvereinbarung.

15 Viel diskutiert wird in diesem Zusammenhang auch das Verhältnis von **Beteiligungsvereinbarung** und **Satzung** soweit es um die Regelungen zur Mitbestimmung geht, da hier **Kollisionen** denkbar sind. Bei Regelung über die betriebliche Mitbestimmung scheidet eine Kollision dagegen aus, da diesbezüglich von vornherein keine **Satzungsautonomie** besteht.[10] Dagegen können Regelungsgegenstände wie etwa zum Unternehmensgegenstand oder zum Grundkapital nicht in der Beteiligungsvereinbarung geregelt werden, da diese Fragen keine **Mitbestimmungsrelevanz** aufweisen.[11] In der Praxis wird die Frage besonders häufig hinsichtlich der Festlegung der Gesamtzahl der Mitglieder des Aufsichtsorgans diskutiert.

16 Widersprechen sich daher Satzung und Beteiligungsvereinbarung in einer Frage, die sowohl von der Satzungsautonomie als auch der Autonomie der Parteien der Beteiligungsvereinbarung erfasst ist, ist zunächst die Regelung in Art. 12 Abs. 4 SE-VO maßgeblich, wonach die Satzung zu keinem Zeitpunkt in Widerspruch zur Beteiligungsvereinbarung stehen darf und die daher anordnet, dass eine **widersprüchliche Satzung** an die **Beteiligungsvereinbarung anzupassen** ist. Dabei gilt jedoch, dass die vorgenannte Regelung nicht so zu verstehen ist, dass die Beteiligungsvereinbarung stets vorrangig wäre. Vielmehr handelt es sich um eine **Kollisionsnorm**, die den Widerstreit zwischen Parteiautonomie und Satzungsautonomie zugunsten der Parteiautonomie für die Bereiche auf-

---

9) *Hohenstatt/Müller-Bonanni* in: Habersack/Drinhausen, SE-Recht, § 21 SEGB Rz. 2; *Oetker* in: Lutter/Hommelhoff, SE-Kommentar, § 21 SEBG Rz. 11.
10) *Seibt*, ZIP 2010, 1057, 1060.
11) *Habersack*, ZHR 171 (2007), 613, 630.

löst, für die der Gesetzgeber auch tatsächlich den Vorrang der Beteiligungsvereinbarung vorsieht.[12]

Von einem **Vorrang der Beteiligungsvereinbarung** ist bei den in § 21 SEBG ausdrücklich aufgeführten Fällen auszugehen, sprich dann, wenn das Gesetz die Parteien der Beteiligungsvereinbarung ausdrücklich zu einer Regelung in einem bestimmten Bereich ermächtigt.[13] Hinsichtlich anderer Regelungsbereiche, die zwar grundsätzlich einer Regelung in der Beteiligungsvereinbarung zugänglich sind, ohne dass diesbezüglich jedoch eine ausdrückliche gesetzliche Regelung bestünde, ist im Einzelfall eine **Abwägung** zwischen der **Satzungsautonomie** und der **Parteiautonomie** nach den Grundsätzen der praktischen Konkordanz durchzuführen. Dabei ist darauf abzustellen, ob der betreffende Regelungsgegenstand inhaltlich in einem engen Zusammenhang zu einer ausdrücklichen gesetzlichen Ermächtigung steht und daher den **Kernbereich** der Regelungsautonomie betrifft oder ob es sich um eine Regelung handelt, die zwar noch in Verbindung zu den gesetzlich geregelten Ermächtigungen steht, aber nur eine geringe Mitbestimmungsrelevanz aufweist (sog. **Randbereich**).[14] Betrifft daher eine Frage lediglich den Randbereich der Parteiautonomie, wäre die Satzungsautonomie vorrangig. Ergibt sich dagegen ein Vorrang der Parteiautonomie der beteiligten Verhandlungsparteien, greift Art. 12 Abs. 4 SE-VO und die Satzung ist anzupassen. Allerdings ist in diesem Zusammenhang festzuhalten, dass die **Hauptversammlung** trotz des Wortlauts der Regelung nicht dazu verpflichtet ist, die Satzung an die Beteiligungsvereinbarung anzupassen, d. h. die Hauptversammlung kann selbstverständlich von der Gründung der SE wieder absehen.[15]

Wie zuvor ausgeführt, wird die Frage der Kollision zwischen Beteiligungsvereinbarung und Satzung insbesondere im Zusammenhang mit der **Festlegung der Gesamtzahl der Mitglieder des Aufsichtsrats** oder Verwaltungsorgans behandelt, d. h. es stellt sich die Frage, ob tatsächlich die Satzung gemäß Art. 12 Abs. 4 SE-VO anzupassen ist, wenn die Beteiligungsvereinbarung die Größe des Aufsichts- oder Verwaltungsorgans abweichend von der Satzung regelt.[16] Vorzugswürdig ist dabei die Ansicht, die darauf abstellt, dass Art. 40 Abs. 3 sowie Art. 43 Abs. 2 SE-VO ausdrücklich den **Satzungsgeber** und damit der Hauptversammlung die Befugnis zuweisen, die Größe des Organs zu regeln.[17] Die Frage befindet sich daher im „**Kernbereich**" der Autonomie des Satzungs-

---

12) *Forst*, Die Beteiligungsvereinbarung nach § 21 SEBG, S. 94 f.
13) *Forst*, Die Beteiligungsvereinbarung nach § 21 SEBG, S. 95; *Seibt*, ZIP 2010, 1057, 1060.
14) *Forst*, Die Beteiligungsvereinbarung nach § 21 SEBG, S. 79 f., 93 ff.; *Seibt* in: Willemsen/Hohenstatt/Schweibert/Seibt, Umstrukturierung, Rz. F 176.
15) *Schürnbrand* in: Habersack/Drinhausen, SE-Recht, Art. 12 SE-VO Rz. 30.
16) *Oetker* in: Lutter/Hommelhoff, SE-Kommentar, § 21 SEBG Rz. 36; *Jacobs* in: FS K. Schmidt, 795, 803 f. m. w. N.
17) *Hohenstatt/Dzida* in: Habersack/Drinhausen, SE-Recht § 21 Rz. 21; *Jacobs* in: FS K. Schmidt, 795, 804.

§ 45 Beteiligung der Arbeitnehmer in der SE

gebers und eher im Randbereich der Autonomie der Parteien der Beteiligungsvereinbarung, da dieser Aspekt zwar eine gewisse Mitbestimmungsrelevanz aufweist, aber nicht ausdrücklich in § 21 SEBG genannt ist. Folglich wäre die Satzung nicht gemäß Art. 12 Abs. 4 SE-VO an die Beteiligungsvereinbarung anzupassen.[18] In der **Praxis** dürfte die Frage jedoch von geringerer Bedeutung sein, da die Größe des Aufsichts- oder Verwaltungsorgans einen zentralen Aspekt darstellt bei der Abwägung zwischen dem Für und Wider hinsichtlich der Errichtung einer SE. Diesbezüglich dürfte auf Seiten der Unternehmensleitung kaum Verhandlungsbereitschaft bestehen, da im Falle einer unterbliebenen Einigung zwischen der Unternehmensleitung und dem BVG ohnehin die **gesetzliche Auffanglösung** eingreift, wonach die in der Satzung festgelegte Gesamtzahl der Mitglieder maßgeblich ist.[19]

19 Eine weitere **Einschränkung der Autonomie** der Verhandlungsparteien ergibt sich im Falle der Errichtung einer SE durch **Umwandlung** aus der Regelung in § 21 Abs. 6 SEBG. Nach dieser Vorschrift muss die Beteiligungsvereinbarung im Falle der Gründung einer SE durch Umwandlung in Bezug auf alle Komponenten der Arbeitnehmerbeteiligung das gleiche Ausmaß gewährleisten, das in der umzuwandelnden Gesellschaft besteht. Eine Minderung von Beteiligungs- und Mitbestimmungsrechten ist ausgeschlossen. Hinsichtlich der wiederum viel diskutierten Frage der Zusammensetzung des Aufsichts- oder Verwaltungsorgans bedeutet dies allerdings nicht, dass die absolute Zahl der Mitglieder geschützt ist, sondern lediglich, dass der Anteil der Arbeitnehmervertreter im Vergleich zur Gesamtzahl der Mitglieder beibehalten werden muss.[20]

II. Allgemeine Regelungen der Beteiligungsvereinbarung

20 Gemäß § 21 Abs. 1 Nr. 1 SEBG ist in der Beteiligungsvereinbarung zwingend der **territoriale Geltungsbereich** festzulegen. Dabei haben die Parteien auch die Möglichkeit, Unternehmen und Betriebe mit Sitz außerhalb des Territoriums der Mitgliedstaaten der Europäischen Union mit einzubeziehen,[21] was z. B. im Falle der Schweiz häufig getan wird.

21 Ferner müssen die Verhandlungsparteien auch den **zeitlichen Geltungsbereich** regeln, sprich den Zeitpunkt des Inkrafttretens der Vereinbarung (häufig der Zeitpunkt der Eintragung der SE in das Handelsregister) sowie die **Laufzeit** der Vereinbarung. Eher unüblich ist dagegen der Abschluss einer unbefristeten Vereinbarung verbunden mit der Möglichkeit einer ordentlichen Kündigung, da die Parteien in aller Regel insbesondere auch angesichts des hohen Aufwands

---

18) *Forst*, Die Beteiligungsvereinbarung nach § 21 SEBG, S. 263 f.
19) *Hohenstatt/Müller-Bonanni* in: Habersack/Drinhausen, SE-Recht, § 21 SEBG Rz. 23.
20) *Jacobs* in: MünchKomm-AktG, § 21 SEBG Rz. 21; *Hoops*, Mitbestimmungsvereinbarung, S. 177; *Hohenstatt/Müller-Bonanni* in: Habersack/Drinhausen, SE-Recht, § 21 SEBG Rz. 31.
21) *Hohenstatt/Müller-Bonanni* in: Habersack/Drinhausen, SE-Recht, § 21 Rz. 9.

der Errichtung des BVG und der Verhandlungen über eine Beteiligungsvereinbarung für einen längeren Zeitraum eine diesbezügliche **Kontinuität** anstreben. Dabei bietet es sich selbstverständlich an, auch Regelungen aufzunehmen, die den Fall einer **Beendigung der Vereinbarung** regeln. Hier stellt sich die Frage, ob dann die gesetzliche Auffanglösung greifen soll oder es zu Neuverhandlungen kommt und wer diese jeweils führt.[22]

Gemäß § 21 Abs. 1 Nr. 6 Halbs. 2 SEBG sind in der Vereinbarung ferner zwingend Regelungen aufzunehmen zu „Fällen", in denen es zu einem **erneuten Aushandeln** der Vereinbarung kommen soll. In Betracht kommen hier grenzüberschreitende Sitzverlegungen, Veränderungen von Arbeitnehmerzahlen oder der Erwerb von wesentlichen Unternehmensanteilen. Gleiches gilt hinsichtlich der Aufnahme von Regelungen im Falle von **strukturellen Änderungen** (vgl. § 21 Abs. 4 SEBG).

III. Verfahren zur Unterrichtung und Anhörung der Arbeitnehmer

1. Verfassung des Betriebsrats (§ 21 Abs. 1 Nr. 2 SEBG)

Das SEBG räumt den Verhandlungsparteien die Wahl ein, ob sie einen **SE-Betriebsrat** oder ein **alternatives Verfahren** zur Unterrichtung und Anhörung der Arbeitnehmer einführen (§ 21 Abs. 2 SEBG). Die maßgebliche Regelung in § 21 Abs. 1 SEBG enthält zwar nur geringe Vorgaben an die Verhandlungsparteien mit der Folge, dass diese einen relativ **weiten Gestaltungsspielraum** haben. Dennoch **orientieren** sich die Verhandlungsparteien bei der Ausgestaltung der Beteiligungsvereinbarung regelmäßig an der **gesetzlichen Auffanglösung**, die dann eingreifen würde, wenn die Verhandlungen zwischen der Unternehmensleitung und dem BVG scheitern.

Gerade bei der Frage der **Zusammensetzung des SE-Betriebsrats** und der Sitzverteilung zeigt sich jedoch, dass ein Abweichen von der gesetzlichen Auffangregelung durchaus sinnvoll sein kann. Denn nach den Regelungen der gesetzlichen Auffanglösung würde der SE-Betriebsrat letztlich identisch gebildet wie das BVG, sprich jeder Mitgliedstaat entsendet ein Mitglied sowie für jede volle 10 % der Arbeitnehmerzahlen ein weiteres Mitglied. Gerade in Unternehmensgruppen, die in vielen Mitgliedstaaten tätig sind, kann dies jedoch eine **Verschiebung der Mehrheitsverhältnisse** und eine Überrepräsentation kleiner Teile der Arbeitnehmerschaft zur Folge haben. Die Verhandlungsparteien werden daher, ausgehend von einer **angemessenen Größe** des Gremiums, überlegen müssen, wie eine **sinnvolle Repräsentation** erreicht werden kann. Dabei bietet es sich an, **Schwellenwerte** vorzusehen, wonach eine direkte Repräsentation der Belegschaft eines Mitgliedstaats erst ab einer bestimmten Belegschaftsgröße

---

22) S. hierzu *Forst*, EuZW 2011, 333.

erfolgt.[23] Länder, welche diesen Schwellenwert nicht erreichen, könnten sodann in **regionale Entsendungskreise** zusammengefasst werden.[24] In jedem Fall empfiehlt es sich zur Vermeidung von Missverständnissen über die in der Beteiligungsvereinbarung abstrakt beschriebene Zusammensetzung, in einer Anlage der Beteiligungsvereinbarung die Verteilung der Sitze des ersten SE-Betriebsrats auf die einzelnen Mitgliedstaaten festzuhalten.

25 Hinsichtlich der **Wahl oder Bestellung** der Mitglieder und Ersatzmitglieder bieten sich den Verhandlungsparteien grundsätzlich zwei Optionen. Zum einen könnte verwiesen werden auf die Regelungen zur **gesetzlichen Auffanglösung**, welche wiederum auf das Verfahren zur Bestellung der Mitglieder des BVG verweisen. In diesem Fall müsste allerdings in Kauf genommen werden, dass in den einzelnen Mitgliedstaaten die unterschiedlichsten Verfahren zur Wahl oder Bestellung von SE-Betriebsratsmitgliedern zur Anwendung gebracht werden müssten, was mitunter sehr aufwendig sein kann. Daher bestünde die vorzugswürdige zweite Option darin, ein **vereinfachtes und einheitliches Verfahren** für alle Mitgliedsländer vorzugeben. Aus Praktikabilitätsgründen kann es sich dabei in einer „deutschen" SE anbieten, auf das Verfahren zurückzugreifen, das der deutsche Gesetzgeber auch für die Wahl der Mitglieder des BVG eingeführt hatte, sprich die Bestellung erfolgt durch die höchste Arbeitnehmervertretung in einem Mitgliedstaat.

26 Unabhängig von der konkreten Ausgestaltung ist es sicherlich sinnvoll, auch **Ersatzmitglieder** zu wählen, um bei einem Ausscheiden ein ansonsten aufwändiges Wahlverfahren zur Bestimmung eines Nachfolgers zu vermeiden.

27 Gemäß § 21 Abs. 1 Nr. 2 SEBG soll die Beteiligungsvereinbarung einen **Anpassungsmodus** vorsehen für den Fall, dass sich die Zahl der in der SE beschäftigten Arbeitnehmer wesentlich ändert. In der Regel sollte eine solche Überprüfung zur Hälfte der Amtszeit des SE-Betriebsrats erfolgen.

28 Schließlich bietet es sich an, in der Beteiligungsvereinbarung Regelungen zur **konstituierenden Sitzung** des SE-Betriebsrats nach Durchführung von Neuwahlen sowie zur **Amtsdauer** aufzunehmen. Hinsichtlich des **ersten SE-Betriebsrats** nach Gründung können die Parteien der Beteiligungsvereinbarung zur Vereinfachung des Verfahrens auch die ersten SE-Betriebsratsmitglieder direkt bestimmen.[25]

29 Auch wenn hierzu § 21 SEBG schweigt, sollte die Beteiligungsvereinbarung auch Regelungen zur **Arbeitsweise** und **Arbeitssprache** sowie zur **Beschlussfassung** und Beschlussfähigkeit enthalten. Um den Aufwand der Arbeit des

---

23) *Hohenstatt/Dzida* in: Hensseler/Willemsen/Kalb, ArbR, SEGB Rz. 35.
24) *Hohenstatt/Müller-Bonanni* in: Habersack/Drinhausen, SE-Recht, § 21 SEBG Rz. 10; *Forst*, die Beteiligungsvereinbarung nach § 21 SEBG, S. 226.
25) *Forst*, Die Beteiligungsvereinbarung nach § 21 SEBG, S. 220.

SE-Betriebsrats zu verringern, wie auch eine höhere Effektivität des Gremiums zu erreichen, bietet es sich an, auch einen **geschäftsführenden Ausschuss** einzurichten, der bspw. anstelle des gesamten SE-Betriebsrats im Falle von außergewöhnlichen Ereignissen anzuhören ist.

2. Befugnisse des Betriebsrats und Verfahren zur Unterrichtung und Anhörung (§ 21 Abs. 1 Nr. 3 SEBG)

Gemäß § 21 Abs. 1 Nr. 3 SEBG muss die Beteiligungsvereinbarung ein Verfahren zur Unterrichtung und Anhörung des SE-Betriebsrats vorsehen, wobei klarzustellen ist, dass sich dieses ausschließlich auf **grenzüberschreitende Sachverhalte** bezieht.[26] In der Praxis folgen dabei die überwiegende Zahl der Beteiligungsvereinbarungen der Struktur der gesetzlichen Auffanglösung, wonach unterschieden wird zwischen **regelmäßigen Informationen**, die dem SE-Betriebsrat regelmäßig, meist einmal im Kalenderjahr, übermittelt werden (vgl. hierzu den Katalog in § 28 Abs. 2 SEBG), sowie Informationspflichten bei **außergewöhnlichen Ereignissen**, wie etwa Restrukturierungsprojekten mit einer grenzüberschreitenden Konzeption (vgl. hierzu § 29 Abs. 1 SEBG).

30

3. Regelungen betreffend die Häufigkeit der Sitzungen des SE-Betriebsrats (§ 21 Abs. 1 Nr. 4 SEBG)

Hinsichtlich der regelmäßig stattfindenden Sitzungen gilt, dass eine solche mindestens einmal im Geschäftsjahr stattzufinden hat.[27] Ob dagegen zusätzlich zu einer solchen **jährlichen Sitzung** noch weitere Sitzungen erforderlich sind, dürfte sich meist nach der Größe des Unternehmens und der Bedeutung der Auslandsaktivitäten richten. Vor dem Hintergrund des immensen organisatorischen Aufwands spricht jedoch viel dafür, eine **konkrete Begrenzung** der Zahl der regelmäßigen Sitzungen vorzunehmen; in der Praxis haben sich hier ein bis drei Sitzungen im Jahr etabliert.

31

4. Regelungen betreffend die für den SE-Betriebsrat bereitzustellenden finanziellen und materiellen Mittel (§ 21 Abs. 1 Nr. 5 SEBG)

Auch wenn das SEBG hinsichtlich der **Kostentragungspflicht** bei Abschluss einer Beteiligungsvereinbarung keine Vorgaben enthält, dürfte sich weniger die Frage des „ob" einer Kostentragungspflicht des Arbeitgebers, sondern eher die Frage nach einer praktikablen Lösung stellen. Grundsätzlich denkbar sind hier das „**Budgetmodell**", wonach dem SE-Betriebsrat auf jährlicher Basis ein zuvor festgelegtes Budget zur Verfügung gestellt wird, das dieser eigenverantwortlich

32

---

26) *Hohenstatt/Müller-Bonanni* in: Habersack/Drinhausen, SE-Recht, § 21 SEBG Rz. 11; *Jacobs* in: MünchKomm-AktG, § 21 SEBG Rz. 17.
27) *Nagel* in: Nagel/Freis/Kleinsorge, § 28 SEBG Rz. 1.

verwaltet,[28)] oder die aus dem deutschen Betriebsverfassungsgesetz bekannte Lösung, wonach auf Einzelfallbasis der Arbeitgeber die **„erforderlichen"** Kosten trägt.[29)]

5. Alternative Verfahren

33 Anstelle eines SE-Betriebsrats können sich die Unternehmensleitung und das BVG auch auf ein alternatives Verfahren zur Anhörung und Unterrichtung verständigen. Dieses Verfahren muss allerdings wiederum die in § 21 Abs. 1 SEBG definierten **Mindestinhalte** aufweisen (vgl. § 21 Abs. 2 Satz 2 SEBG). Hierdurch soll gewährleistet werden, dass das alternative Verfahren einem Verfahren mit SE-Betriebsrat **gleichwertig** ist.[30)]

34 Denkbar ist dabei, insbesondere in kleineren SE die nur in wenigen Ländern aktiv sind, ein Verfahren zu etablieren, das vorsieht, dass grundsätzlich die nationalen Arbeitnehmervertretungen informiert werden, die wiederum ein **internationales Ad-hoc-Gremium** errichten können, sofern eine Angelegenheit mit grenzüberschreitendem Bezug ansteht.[31)] Dennoch werden die Parteien nicht umhin kommen, ein Mindestmaß an formalen Vorgaben hinsichtlich der beteiligungspflichtigen Sachverhalte sowie zur Beschlussfassung vorzusehen, um den Vorgaben des § 21 Abs. 1 SEBG gerecht zu werden.

IV. Unternehmerische Mitbestimmung

35 Gemäß § 21 Abs. 3 SEBG können die Verhandlungsparteien Regelungen hinsichtlich der Mitbestimmung der Arbeitnehmer im Aufsichts- oder Verwaltungsorgan der SE aufnehmen. Dabei wird das Hauptaugenmerk dieser Regelungen zu richten sein auf die Frage, wie die von der Arbeitnehmerseite zu bestellenden Mitglieder des Aufsichts- oder Verwaltungsorgans auf die einzelnen Mitgliedstaaten **verteilt** werden und nach welchem Verfahren diese **gewählt oder bestellt** werden.

36 Grundsätzlich bietet sich dabei selbstverständlich eine Verteilung an, die sich nach den in den jeweiligen Mitgliedstaaten vertretenen Belegschaftsgrößen richtet, wobei hierzu das **Verteilungsverfahren** nach *D'Hondt* oder das *Niemeyer*-Verfahren als maßgeblich vereinbart werden können. Zur absoluten Größe des Organs sei auf die Ausführungen unter Rz. 14 ff. verwiesen.

37 Hinsichtlich des **Bestellungsmodus** hat sich in der Praxis ein Verfahren etabliert, wonach die Arbeitnehmervertreter im Aufsichts- oder Verwaltungsorgan

---

28) *Hohenstatt/Müller-Bonanni* in: Habersack/Drinhausen, SE-Recht, § 21 Rz. 15; *Heinze/Seifert/Teichmann*, BB 2005, 2524, 2525.
29) S. weiterführend hierzu *Forst*, die Beteiligungsvereinbarung nach § 21 SEBG S. 243.
30) *Forst*, Die Beteiligungsvereinbarung nach § 21 SEBG, S. 245.
31) *Forst*, Die Beteiligungsvereinbarung nach § 21 SEBG, S. 246.

durch den **SE-Betriebsrat** gewählt werden. Hierdurch entfällt die nach dem Mitbestimmungsgesetz sehr aufwändige Prozedur einer Direktwahl durch die Arbeitnehmer.[32] Schließlich enthält die Beteiligungsvereinbarung meist auch Regelungen zur Frage, ob ein bestimmter Teil der Arbeitnehmervertreter auf **Vorschlag von Gewerkschaften** gewählt werden sowie Regelungen zum **Status** und **Schutz** der Arbeitnehmervertreter im Aufsichts- oder Verwaltungsorgan.

D. Beteiligung der Arbeitnehmer kraft Gesetzes

Sofern sich die Unternehmensleitung und das BVG nicht innerhalb der sechsmonatigen Verhandlungsfrist auf eine Beteiligungsvereinbarung verständigen konnten und das BVG keinen Beschluss über die Nichtaufnahme oder den Abbruch von Verhandlungen gemäß § 16 SEBG gefasst hat, greift das im SEBG vorgesehene Mitbestimmungsregime. Gleiches gilt im Übrigen, wenn die Verhandlungsparteien von vornherein die Anwendung der gesetzlichen Auffangregelung vereinbaren.[33] 38

I. SE-Betriebsrat kraft Gesetzes

Die Errichtung und die Befugnisse des SE-Betriebsrats kraft Gesetzes sind in den §§ 23–33 SEBG geregelt. Die **Zusammensetzung** sowie die Wahl oder Bestellung der Mitglieder des SE-Betriebsrats vollzieht sich in entsprechender Anwendung der Regelungen zur Errichtung eines **BVG**, was im Falle einer in vielen Mitgliedstaaten operierenden Unternehmensgruppe zu dem bereits zuvor diskutierten Problem eines sehr großen Gremiums mit einer **Unterrepräsentation** von Ländern mit höheren Belegschaftsgrößen einhergeht (vgl. die Regelungen zur Einrichtung eines besonderen Verhandlungsgremiums unter Rz. 4 ff.). Die **Amtszeit** des SE-Betriebsrats beträgt vier Jahre, wobei nach zwei Jahren eine Überprüfung der Zusammensetzung des Gremiums in Anbetracht der aktuellen Arbeitnehmerzahlen in den Mitgliedstaaten stattzufinden hat. Zur Führung der laufenden Geschäfte hat der SE-Betriebsrat einen **geschäftsführenden Ausschuss** zu bilden (vgl. § 23 Abs. 4 SEBG). 39

Nach Ablauf der ersten Amtszeit des SE-Betriebsrats kann dieser per Beschluss entscheiden, ob Verhandlungen über den Abschluss einer Beteiligungsvereinbarung aufgenommen werden sollen (vgl. § 26 SEBG). 40

Im Hinblick auf die Beteiligung des **SE-Betriebsrats** unterscheidet das Gesetz zwischen den **regelmäßigen Informationen** sowie Informationspflichten über **außergewöhnliche Ereignisse**. Der SE-Betriebsrat soll mindestens einmal im Jahr über Angelegenheiten gemäß dem Katalog des § 28 Abs. 2 SEBG unter- 41

---

32) *Hohenstatt/Müller-Bonnani* in: Habersack/Drinhausen, SE Recht, § 21 Rz. 24.
33) *Hohenstatt/Müller-Bonanni* in: Habersack/Drinhausen, SE-Recht, § 22 Rz. 2; *Nagel* in: Nagel/Freis/Kleinsorge, § 22 SEBG Rz. 1.

§ 45 Beteiligung der Arbeitnehmer in der SE

richtet und angehört werden. Als außergewöhnliche Ereignisse definiert das Gesetz dagegen Angelegenheiten, die erhebliche Auswirkungen auf die Interessen der Arbeitnehmer haben, wie die Verlegung, Verlagerung oder Stilllegung von Unternehmen, Betrieben oder wesentlichen Betriebsteilen sowie Massenentlassungen (vgl. § 29 Abs. 1 SEBG). In jedem Fall gilt einschränkend, dass sich die Unterrichtungs- und Anhörungspflichten beschränken auf **grenzüberschreitende Angelegenheiten**.

42 Die SE-Betriebsratsmitglieder haben einen Anspruch auf die **Erstattung von Fortbildungskosten** (§ 31 SEBG) sowie auf Erstattung der Kosten von erforderlichen **Sachverständigen** (§ 32 SEBG). Deutsche Mitglieder des SE-Betriebsrats haben für Zeiten ihrer SE-Betriebsratstätigkeit Anspruch auf **Entgeltfortzahlung** nach den für Mitglieder eines deutschen Betriebsrats geltenden Regelungen des Betriebsverfassungsgesetzes (§ 42 SEBG). Daneben trägt der Arbeitgeber auch die **Kosten der Betriebsratstätigkeit** an sich (z. B. Reisekosten, Dolmetschungs- und Übersetzungskosten), sofern diese erforderlich sind (§ 33 SEBG). Ferner genießen SE-Betriebsratsmitglieder denselben **Kündigungsschutz** wie Mitglieder eines deutschen Betriebsrats (§ 42 SEBG) und sind vor Benachteiligung geschützt, dürfen zugleich aber auch nicht begünstigt werden (§ 44 SEBG).

II. Mitbestimmung kraft Gesetzes

43 Die mangels Abschluss einer Beteiligungsvereinbarung eingreifenden Regelungen zur unternehmerischen Mitbestimmung sind in den §§ 34 ff. SEBG enthalten. Ob und in welchem Umfang eine Mitbestimmung kraft Gesetzes eingreift, hängt jedoch maßgeblich von der **Gründungsart** der SE ab. Im Falle einer Gründung durch **formwechselnde Umwandlung** in eine SE greift eine Mitbestimmung kraft Gesetzes dann ein, wenn vor der Umwandlung eine Mitbestimmung der Arbeitnehmer im Aufsichts- oder Verwaltungsorgan der betreffenden Gesellschaft Anwendung gefunden hat (vgl. § 34 Abs. 1 Nr. 1 SEBG). Wird die SE dagegen durch **Verschmelzung** errichtet, stellt § 34 Abs. 1 Nr. 2 SEBG darauf ab, ob in einer der an der Verschmelzung beteiligten Gesellschaften[34)] eine Mitbestimmung der Arbeitnehmer stattgefunden hat und hierdurch mindestens 25 % der Gesamtzahl aller an der Errichtung der SE beteiligten Gesellschaften und deren Tochtergesellschaften erfasst sind. Wird dieser **Schwellenwert** nicht erreicht, kann allerdings das BVG durch **Beschluss** die Anwendung der Mitbestimmung kraft Gesetzes erzwingen. Ähnlich gestaltet sich die Rechtslage im Falle der Gründung einer **Holding SE** oder einer **Tochter-SE**, wobei hier § 34 Abs. 1 Nr. 3 SEBG einen Schwellenwert von 50 % vorsieht.

---

34) Das Bestehen von Mitbestimmung in einer Tochtergesellschaft einer beteiligten Gesellschaft genügt dagegen nicht; vgl. *Hohenstatt/Müller-Bonanni* in: Habersack/Drinhausen, SE-Recht, § 34 SEBG Rz. 4 m. w. N.

Nun ist – mit Ausnahme der Konstellation einer Gründung durch Formwechsel 44
oder Umwandlung – denkbar, dass in den an der Gründung der SE beteiligten
Gesellschaften **unterschiedliche Formen der Mitbestimmung** Anwendung
finden. In diesem Fall sieht das SEBG vor, dass das **BVG** darüber entscheiden
soll, welche Form der Mitbestimmung Anwendung findet. Mangels eines solchen
Beschlusses gilt Folgendes: Ist an der Gründung eine **mitbestimmte deutsche
Gesellschaft** beteiligt, gilt das sog. **Repräsentationsmodell** gemäß § 2 Abs. 12
Nr. 1 SEBG mit der Folge, dass Arbeitnehmer einen Teil der Mitglieder des
Aufsichts- oder Verwaltungsorgans der Gesellschaft wählen oder bestellen
können; sofern dagegen keine inländische mitbestimmte Gesellschaft beteiligt
ist, greift das Modell ein (Repräsentationsmodell oder Kooptationsmodell), das
für die höchste Zahl der beschäftigten Arbeitnehmer gilt.

Im Hinblick auf den **Umfang der Mitbestimmung** sieht § 35 Abs. 1 SEBG 45
vor, dass im Falle der Gründung einer SE durch **Umwandlung** die bisherige
Regelung zur Mitbestimmung erhalten bleibt, d. h. die Arbeitnehmer wählen
oder bestellen **denselben Anteil** von Arbeitnehmervertretern im Aufsichtsorgan
wie vor der Umwandlung. Die **absolute Zahl** der von den Arbeitnehmern zu
wählenden Mitglieder muss dagegen nicht erhalten bleiben, sprich die Zahl der
Mitglieder des Aufsichts- oder Verwaltungsorgans kann im Zuge einer SE-
Gründung auch **reduziert** werden.[35]

Darüber hinaus hat die Regelung in § 35 Abs. 1 SEBG zur Folge, dass das Mit- 46
bestimmungsstatut der SE veränderungsfest ist, sprich es wird „**eingefroren**".[36]
Wird daher bspw. eine dem Drittelbeteiligungsgesetz unterliegende Gesellschaft in eine SE umgewandelt, verbleibt es auch dann bei einer drittelparitätischen
Besetzung des Aufsichtsorgans, wenn künftig die Schwelle von 2 000 Arbeitnehmern, sprich die Schwelle für das Eingreifen einer paritätischen Mitbestimmung nach dem Mitbestimmungsgesetz, überschritten wird. Dementsprechend
kann auch die SE eine völlige **Mitbestimmungsfreiheit** erreichen, wenn die
Umwandlung erfolgt, bevor der Schwellenwert von 500 regelmäßig beschäftigten
Arbeitnehmern überschritten wird. Gehen die Änderungen der Mitarbeiterzahlen
jedoch auf eine **strukturelle Änderung** zurück, greift gemäß § 18 Abs. 3 SEBG
eine Neuverhandlungspflicht (vgl. hierzu noch unter Rz. 52 ff.).

Sind bei der Errichtung einer SE, z. B. im Wege der **Verschmelzung**, in den 47
verschiedenen Gesellschaften auch **unterschiedliche Mitbestimmungsregime**
maßgeblich, setzt sich das Mitbestimmungsregime durch, das den **höchsten
Anteil** an Arbeitnehmervertretern im Aufsichts- oder Verwaltungsorgan zur
Folge hat (vgl. § 36 Abs. 2 SEAG).

---

35) *Hohenstatt/Müller-Bonanni* in: Habersack/Drinhausen, SE-Recht, § 35 SEBG Rz. 3; *Oetker*
in: Lutter/Hommelhoff, SE-Kommentar, § 35 SEBG Rz. 8.
36) *Hohenstatt/Müller-Bonanni* in: Habersack/Drinhausen, SE-Recht, § 35 SEBG Rz. 3; *Seibt*
in: Willemsen/Hohenstatt/Schweibert/Seibt, Umstrukturierung, Rz. F 178.

48 Der **Anteil der Sitze** der Arbeitnehmervertreter richtet sich nach der Zahl der Arbeitnehmer in den einzelnen Mitgliedstaaten (vgl. § 36 Abs. 1 SEBG). Dabei werden die auf Deutschland entfallenden Arbeitnehmervertreter im Aufsichts- oder Verwaltungsorgan durch ein **Wahlgremium** gewählt, das sich nach denselben Regelungen zusammensetzt wie das Wahlgremium zur Bestimmung der deutschen Mitglieder im BVG (vgl. § 36 Abs. 2 Satz 3 SEBG). Sofern auf das Inland mehr als zwei Vertreter im Aufsichts- oder Verwaltungsorgan entfallen, ist jeder dritte Vertreter ein **Gewerkschaftsvertreter**. Entfallen auf das Inland mehr als sechs Arbeitnehmervertreter, ist jeder siebte ein **leitender Angestellter**. Im Hinblick auf die Wahl oder Bestellung der auf andere Mitgliedstaaten entfallende Vertreter des Aufsichts- oder Verwaltungsorgans werden diese nach den Regelungen dieses Mitgliedstaats gewählt.

E. Besondere Konstellationen

I. Vorrats-SE

49 Nach ganz h. M. ist es rechtlich zulässig, eine SE als **arbeitnehmerlose** Vorrats-SE zu errichten.[37] Mangels Arbeitnehmer kann auch das **Arbeitnehmerbeteiligungsverfahren** nicht durchgeführt werden, so dass auch Art. 12 Abs. 2 SE-VO einer Eintragung nicht entgegensteht. Nimmt die Vorrats-SE jedoch zu einem späteren Zeitpunkt eine **Geschäftstätigkeit** auf, hat dies nach zutreffender h. M. einen **gründungsähnlichen Charakter** mit der Folge, dass das **Arbeitnehmerbeteiligungsverfahren** dann durchzuführen ist.[38]

II. SE mit Arbeitnehmern in nur einem Mitgliedstaat

50 Erachtet man die Gründung einer arbeitnehmerlosen Vorrats-SE für zulässig, liegt nahe, das **Arbeitnehmerbeteiligungsverfahren** auch dann für **verzichtbar** anzusehen, wenn die SE nur in einem Mitgliedstaat Arbeitnehmer beschäftigt.[39] In einer solchen Konstellation kommen grenzüberschreitende Angelegenheiten, mit denen ein SE-Betriebsrat befasst werden könnte, nicht in Betracht mit der Folge, dass die gesetzliche Auffangregelung hinsichtlich des Verfahrens zur Unterrichtung und Anhörung der Arbeitnehmer leer läuft.[40] Dies gilt jedoch

---

37) OLG Düsseldorf, ZIP 2009, 918; *Forst*, RdA 2010, 55; *Hohenstatt/Müller-Bonanni* in: Habersack/Drinhausen, SE-Recht, § 3 SEBG Rz. 10; *Seibt*, ZIP 2005, 2248; *Oechsler* in: MünchKomm-AktG, Art. 2 SE-VO Rz. 49; *Kienast* in: Jannott/Frodermann, Hdb. Europ. AG, Kap. 13 Rz. 210.

38) OLG Düsseldorf, ZIP 2009, 918; *Forst*, RdA 2010, 55; *Jacobs* in: MünchKomm-AktG, § 3 SEBG Rz. 2b; nach a. A. ist das Verfahren nur dann nachzuholen, wenn die – sehr hohen – Anforderungen an eine strukturelle Änderung gemäß § 18 Abs. 3 SEBG vorliegen; vgl. dazu *Hohenstatt/Müller-Bonanni* in: Habersack/Drinhausen, SE-Recht, § 3 SEBG Rz. 11 m. w. N.

39) So etwa *Jacobs* in: MünchKomm-AktG, § 3 SEBG Rz. 2b; *Seibt* in: Willemsen/Hohenstatt/Schweibert/Seibt, Umstrukturierung, Rz. F 181.

40) *Hohenstatt/Müller-Bonanni* in: Habersack/Drinhausen, SE-Recht, § 3 SEBG Rz. 14.

nicht hinsichtlich der **unternehmerischen Mitbestimmung**, da diese selbstverständlich auch dann eingreifen kann, wenn kein grenzüberschreitender Bezug vorliegt. Damit entfällt die Pflicht zur **Durchführung eines Arbeitnehmerbeteiligungsverfahrens** richtigerweise zumindest dann nicht, wenn eine der Gründungsgesellschaften einem System der Mitbestimmung unterliegt.[41] Andernfalls stünde der **Eintragung** Art. 12 Abs. 2 SE-VO entgegen.

Insoweit ist der Sachverhalt der SE mit Arbeitnehmern in nur einem Mitgliedstaat auch nicht vergleichbar mit der arbeitnehmerlosen SE. Im Falle einer **Vorrats-SE** ist die Durchführung des Arbeitnehmerbeteiligungsverfahrens als **Eintragungsvoraussetzung** gemäß Art. 12 Abs. 2 SE-VO mangels Arbeitnehmer schlicht unmöglich, weshalb eine **teleologische Reduktion** von Art. 12 Abs. 2 SE-VO gerechtfertigt ist. In der Konstellation der Beschäftigung von Arbeitnehmern in nur einem Mitgliedstaat ist die Durchführung des Verfahrens hingegen möglich. Entscheiden sich die Gründer daher trotz fehlender internationaler Aktivitäten für eine **supranationale Gesellschaftsform** wie die SE (was grundsätzlich auch statthaft ist, da das **Mehrstaatlichkeitserfordernis** als Voraussetzung für eine SE-Gründung sich nur auf das Bestehen von Rechtsträgern in mehreren Mitgliedstaaten bezieht und nicht auf die Beschäftigung von Arbeitnehmern) müssen diese das damit verbundene Verfahren der §§ 4 ff. SEBG **in Kauf nehmen**.

51

III. Strukturelle Änderungen einer bestehenden SE

Gemäß § 18 Abs. 3 SEBG finden auf Veranlassung der Unternehmensleitung oder des SE-Betriebsrats **Neuverhandlungen** über den Abschluss einer **Beteiligungsvereinbarung** statt, wenn strukturelle Änderungen geplant sind, welche geeignet sind, Beteiligungsrechte der Arbeitnehmer zu **mindern**.

52

Vor dem Hintergrund, dass § 18 Abs. 3 SEBG eine **Durchbrechung des „Vorher-Nachher-Prinzip"** darstellt, auf das manche SE-Gründungen zur Optimierung des mitbestimmungsrechtlichen Statuts beruhen, ist die Frage, wie weitreichend der **Begriff** der „strukturellen Änderung" zu verstehen ist, von außerordentlich hoher Bedeutung. In dieser Hinsicht ist jedenfalls anerkannt, dass das **bloße Ansteigen** oder Absinken der **Arbeitnehmerzahlen** schon begrifflich keine „strukturelle Änderung" darstellen kann. Nach ganz h. M. setzt eine strukturelle Änderung daher einen **korporativen Akt** voraus, der einen **gründungsähnlichen Vorgang** mit außerordentlichem Gewicht darstellt.[42] Als Beispiele sind

53

---

41) *Hohenstatt/Müller-Bonanni* in: Habersack/Drinhausen, SE-Recht, § 3 SEBG Rz. 14; nach a. A. ist ein solches Verfahren stets durchzuführen, solange zehn Arbeitnehmer (dies entspricht der Mindestgröße des BVG) beschäftigt werden; vgl. dazu *Schürnbrand* in: Habersack/Drinhausen, SE-Recht, Art. 12 SE-VO.

42) *Seibt* in: Willemsen/Hohenstatt/Schweibert/Seibt, Umstrukturierung, Rz. F 178; *Jacobs* in: MünchKomm-AktG, § 18 SEBG Rz. 12; *Hohenstatt/Müller-Bonanni* in: Habersack/Drinhausen, SE-Recht, § 18 SEBG Rz. 9 m. w. N.

hier etwa umwandlungsrechtliche Vorgänge zu nennen, wie etwa die **Verschmelzung** einer mitbestimmten Gesellschaft auf eine bislang mitbestimmungsfreie SE. Nicht als strukturelle Änderung anzusehen sind dagegen der Erwerb von Unternehmensanteilen im Wege eines Share Deals oder der Erwerb von Unternehmen im Wege eines Asset Deals.

54 Als weitere Voraussetzung für die Aufnahme von Neuverhandlungen verlangt § 18 Abs. 3 SEBG, dass die strukturelle Änderung geeignet sein muss, **Beteiligungsrechte zu mindern.** Dabei ist maßgeblich abzustellen auf die Beteiligungsrechte der neu zur SE hinzu kommenden Arbeitnehmer, da sich hinsichtlich der bereits in der SE beschäftigten Arbeitnehmer wegen der Verbindlichkeit der Beteiligungsvereinbarung oder der geltenden Auffanglösung keine Änderungen ergeben können.[43] Im Falle der **Verschmelzung** einer mitbestimmten Gesellschaft auf eine SE kommen daher Neuverhandlungen nur dann in Betracht, wenn das **Mitbestimmungsniveau** in der SE bislang **geringer** ist.

55 Können sich die Unternehmensleitung und das BVG in den Verhandlungen nicht auf eine neue Beteiligungsvereinbarung verständigen, greift die *gesetzliche Auffanglösung* ein, welche die bisherige Beteiligungsvereinbarung oder die bisherige Auffanglösung ersetzt. Zur Bestimmung des **Mitbestimmungsstatuts** ist dabei die Sachlage nach Durchführung der strukturellen Änderung maßgeblich.[44]

---

43) *Hoops*, Mitbestimmungsvereinbarung, S. 64; *Hohenstatt/Müller-Bonanni* in: Habersack/Drinhausen, SE-Recht, § 18 SEBG Rz. 15.
44) *Hohenstatt/Dzida* in: Henssler/Willemsen/Kalb, ArbR, SEBG Rz. 33; *Hohenstatt/Müller-Bonanni* in: Habersack/Drinhausen, SE-Recht, § 18 SEBG Rz. 18; *Jacobs* in: MünchKommAktG, § 18 SEBG Rz. 22.

§ 46 Kartellrecht

Mit Gründung einer Societas Europaea (SE) stellen sich auch die üblichen Fragen 1
im Hinblick auf etwaige fusionskontrollrechtliche Anmeldepflichten. Dabei bestehen aus kartellrechtlicher Sicht keinerlei rechtliche Privilegien zugunsten der SE, sondern sie ist vielmehr wie jede andere Unternehmensform zu behandeln.[1] Ob die Gründung einer SE daher einer fusionskontrollrechtlichen Anmeldepflicht unterliegt und wenn ja, bei welchen Wettbewerbsbehörden, entscheidet sich danach, ob die Voraussetzungen der in Betracht kommenden Fusionskontrollregime erfüllt sind (zu den Grundlagen siehe §§ 17 bis 19 und den Besonderheiten bei Gemeinschaftsunternehmen siehe § 41).

Die Gründung einer SE durch Formwechsel einer nationalen AG eines Mitglied- 2
staats (bspw. einer deutschen AG oder einer französischen Societé Anonyme) in die Rechtsform einer SE ebenso wie die Verlegung des Sitzes einer SE in einen anderen Mitgliedstaat gemäß Art. 8 SE-VO unterliegen als rein konzerninterne Maßnahmen nicht der Fusionskontrolle und können ohne Genehmigung der Wettbewerbsbehörden wirksam vollzogen werden.

---

1) *Bauer/Akbarian* in: Janott/Frodermann, Hdb. Europ. AG, Kap. 15 Rz. 1; aus der Verordnung (EG) Nr. 2157/2001 des Rates über das Statut der Europäischen Gesellschaft (SE), ABl. EU L 294/1 v. 10.11.2001, Rz. 20 ergibt sich bereits, dass diese Verordnung keine Auswirkungen auf das bestehende Wettbewerbsrecht hat.

§ 47 Steuerrecht

Übersicht

- A. Einleitung 1
- B. Gründung einer SE 6
- I. Gesellschaftsrechtliche Grundlagen 6
- II. Besteuerung im Gründungsstadium einer SE 7
  - 1. Gründung einer SE durch Verschmelzung 8
    - a) Steuerliche Folgen einer grenzüberschreitenden Verschmelzung 9
      - aa) Hinausverschmelzung 20
        - (1) Folgen für die übertragende Gesellschaft 22
        - (2) Folgen für die übernehmende Gesellschaft 26
        - (3) Folgen für die Anteilseigner 28
      - bb) Hineinverschmelzung 30
        - (1) Steuerliche Folgen bei der übertragenden Gesellschaft 31
        - (2) Steuerliche Folgen bei der übernehmenden Gesellschaft 34
        - (3) Steuerliche Folgen bei den Anteilseignern 36
    - b) Auslandsverschmelzung mit Inlandsbezug 37
  - 2. Gründung einer Holding-SE 42
    - a) Steuerliche Folgen für die beteiligten Gründungsgesellschaften 44
    - b) Steuerliche Folgen auf Ebene der Holding-SE 45
    - c) Steuerliche Folgen auf Ebene der Anteilseigner 46
  - 3. Gründung einer gemeinsamen Tochtergesellschaft 52
    - a) Einbringung von Unternehmensteilen in die Tochter-SE 54
    - b) Steuerliche Folgen für die Gründungsgesellschaften 56
    - c) Steuerliche Folgen für die Tochter-SE 66
  - 4. Gründung einer SE durch Formwechsel 67
- C. Laufende Besteuerung einer SE 68
- I. Inländische Einkünfte einer SE 68
- II. Ausländische Einkünfte einer SE 72
- III. Verluste aus ausländischen Betriebsstätten 74
- IV. Organschaft 76
- D. Die gesellschaftsrechtlichen und steuerlichen Folgen der Sitzverlegung einer SE 77
- I. Wegzug einer SE 78
  - 1. Gesellschaftsrechtliche Folgen des Wegzugs einer Gesellschaft 78
  - 2. Steuerrechtliche Folgen des Wegzugs einer Gesellschaft (Grundsätze) 84
- II. Steuerrechtliche Folgen des Wegzugs einer SE 89
  - 1. Verlegung des Satzungssitzes und Ortes der Geschäftsleitung ins EU-/EWR-Ausland 96
    - a) Auswirkung auf der Ebene der SE 97
      - aa) Entstrickung der ins Ausland übergehenden Vermögensgegenstände 98
      - bb) Vereinbarkeit der Entstrickungsbesteuerung mit der Niederlassungsfreiheit 102
      - cc) Bildung eines Ausgleichspostens nach § 4g EStG 105
      - dd) Abkommensberechtigung nach DBA 106
    - b) Steuerliche Folgen bei den Gesellschaftern 107

aa) Verlegung des Satzungssitzes
ins EU-/EWR-Ausland 110
bb) Verlegung des Ortes der
Geschäftsleitung ins EU-/
EWR-Ausland 112
cc) Verlegung des Verwaltungssitzes ins EU-/EWR-
Ausland.................................. 113
dd) Sitzverlegung in
Drittstaaten............................... 114
III. Zuzug einer SE.................................. 123
1. Auswirkung auf die SE 123
2. Steuerliche Folgen bei den
Gesellschaftern......................... 127

Literatur: *Allmendinger*, Die Sofortbesteuerung stiller Reserven bei der Sitzverlegung einer Societas Europaea als Verstoß gegen die Niederlassungsfreiheit, GPR 2012, 147; *Beutel/ Rehberg*, National Grid Indus- Schlusspunkt der Diskussion oder Quelle neuer Kontroverse zur Entstrickungsbesteuerung, IStR 2012, 94; *Blumenberg*, Seminar L: Wegzug und Zuzug von Kapitalgesellschaften, IStR 2009, 549; *Blumenberg*, Steuerfragen im Zusammenhang mit der Sitzverlegung der Europäischen Gesellschaft, in: Festschrift Schaumburg, 2009, S. 559; *Dötsch/Patt/Pung/Möhlenbrock*, Umwandlungssteuerrecht, 7. Aufl., 2012; *Dötsch/Pung/Möhlenbrock*, KStG, Kommentar, Loseblatt, Stand: 80. EL, 4/2014; *Fellinger/ Schmidt-Fehrenbacher*, Finale EU-Auslandsverluste: Drohpotenzial für das Steueraufkommen, Ubg 2012, 217; *Förster/Lange*, Grenzüberschreitende Sitzverlegung der Europäischen Aktiengesellschaft aus ertragsteuerlicher Sicht, RIW 2002, 585; *Funke*, Besteuerung der Societas Europaea, NWB Fach 4, 2008, S. 5407; *Funke*, Besteuerung der Societas Europaea. Die Besteuerung bei Gründung und Sitzwechsel, NWB Fach 18, 2008, S. 4787; *Haase/Hruschka*, UmwStG, Kommentar, 1. Aufl., 2012; *Herrmann/Heuer/Raupach*, EStG/KStG Kommentar, Loseblatt, Stand: 261. EL, 2/2014; *Herzig/Griemla*, Steuerliche Aspekte der Europäischen Aktiengesellschaft/Societas Europaea (SE), StuW 2002, 55; *von der Laage*, Besteuerungsbedürfnis versus Europarechtskonformität beim Wegzug einer Europäischen Aktiengesellschaft, StuW 2012, 182; *Schmidt*, Den steuerlichen Wegzug optimal gestalten – Teil 2, PIStB 2013, 76; *Strauch*, Umwandlungssteuerrecht, 1. Aufl., 2009.

A. Einleitung

1 Seit dem 8.10.2004, d. h. mit dem Inkrafttreten der Verordnung über das Statut der Europäischen Gesellschaft (**SE-VO**), können grenzüberschreitend tätige Unternehmen eine supranationale europäische Gesellschaft – die Societas Europaea (**SE**), auch Europäische Gesellschaft genannt – gründen.[1] Die genannte Verordnung regelt die gesellschaftsrechtlichen Aspekte einer SE mit Wirkung für den EU/EWR-Raum.[2] Ergänzend neben der SE-Verordnung gelten für die SE gemäß Art. 9 und 5 SE-VO auch die nationalen Vorschriften des jeweiligen Sitzstaates der SE.[3] Im Gegenzug zu den anderen, nationalen Gesellschaftsformen kann eine SE nicht durch eine beliebige Bar- oder Sacheinlage, sondern allein durch eine Umstrukturierung oder Umwandlung bereits bestehender Kapitalgesellschaften oder bei Gründung einer Tochter-SE auch durch andere Unternehmensformen gegründet werden. Dabei muss stets der Bezug zu min-

---

1) Vgl. *Jacobs/Endres/Spengel* in: Jacobs, Int. Unternehmensbesteuerung, S. 188, 189.
2) Vgl. *Schön* in: Lutter/Hommelhoff, SE-Kommentar, Abschn. C. Die SE im Steuerrecht, Rz. 186.
3) Vgl. *Rengers* in: Blümich, EStG/KStG/GewStG, § 1 KStG Rz. 65.

destens zwei verschiedenen EU/EWR-Staaten gegeben sein (sog. Mehrstaatlichkeitsprinzip)[4]. Der Sitz einer SE muss laut Art. 7 Satz 1 SE-VO in dem Mitgliedstaat liegen, in dem sich die Hauptverwaltung der SE befindet. Das gezeichnete Kapital einer SE soll gemäß Art. 4 Abs. 2 SE-VO mindestens 120 000 € betragen. Eine weitere Besonderheit der SE stellt die Möglichkeit einer sog. identitätswahrenden Sitzverlegung (d. h. ohne ihre Auflösung und Abwicklung) dar. Jedoch kann die SE anders als andere Gesellschaften ihr Gründungsstatut nicht in den neuen Sitzstaat „mitnehmen". Demnach gelten für die SE nach ihrem Wegzug die Regelungen des neuen Sitzstaates.[5]

Die SE-Verordnung enthält dagegen keine Regelungen zur SE-Besteuerung.[6] **2** Die SE als eine europäische Gesellschaftsform kann sich sowohl auf das Primär- als auch auf das Sekundärrecht der EU berufen. Für die Besteuerung der SE sind aus dem Primärrecht v. a. die Grundfreiheiten von Bedeutung.[7] Beispielsweise kann sich die SE als eine europäische Gesellschaftsform gemäß Art. 54 AEUV auf die Niederlassungsfreiheit des Art. 49 AEUV berufen.[8] Aus dem Sekundärrecht haben für die SE eine besondere Relevanz v. a. die Richtlinie 90/434/EWG[9] des Rates über das gemeinsame Steuersystem für Fusionen, Spaltungen, die Einbringung von Unternehmensteilen und den Austausch von Anteilen, die Gesellschaften verschiedener Mitgliedstaaten betreffen, sowie für die Verlegung des Sitzes einer Europäischen Gesellschaft oder einer Europäischen Genossenschaft von einem Mitgliedstaat in einen anderen Mitgliedstaat, aufgehoben durch die kodifizierte Fassung der Richtlinie 2009/133/EG vom 19.10.2009[10] (sog. Fusionsrichtlinie [nachfolgend **FRL**]) und die Richtlinie 90/435/EWG des Rates vom 23.7.1990 über das gemeinsame Steuersystem der Mutter- und Tochtergesellschaften verschiedener Mitgliedstaaten,[11] aufgehoben und neugefasst durch Richtlinie 2011/96/EU des Rates vom 30.11.2011[12] (sog. Mutter-Tochter-Richtlinie, im Folgenden **MTR**)[13].

In den Kreis der von der FRL erfassten Rechtsformen wurde die SE am 17.2.2005 **3** aufgenommen (Art. 3 lit. a FRL i. V. m. dem Anhang lit. a), gleichzeitig wurden für Regelungen zur steuerlichen Beurteilung der SE-Sitzverlegung eingeführt

---

4) Vgl. *Herzig/Griemla*, StuW 2002, 55, 57.
5) Vgl. *Rengers* in: Blümich, EStG/KStG/GewStG, § 1 KStG Rz. 65.
6) Vgl. *Schön* in: Lutter/Hommelhoff, SE-Kommentar, Abschn. C. Die SE im Steuerrecht, Rz. 4.
7) Vgl. *Jochum* in: Habersack/Drinhausen, SE-Recht, Kap. E. Steuerrecht der SE, Rz. 5.
8) Vgl. *Jochum* in: Habersack/Drinhausen, SE-Recht, Kap. E. Steuerrecht der SE, Rz. 6.
9) ABl. EG Nr. L 285, S. 1.
10) ABl. EG Nr. L 310, S. 34.
11) ABl. EG Nr. L 225, S. 6.
12) ABl. EG Nr. L 345, S. 8.
13) Vgl. *Jochum* in: Habersack/Drinhausen, SE-Recht, Kap. E. Steuerrecht der SE, Rz. 5.

(Art. 10b-10d FRL).[14] Als Reaktion auf die Änderungen der FRL kam es in Deutschland am 7.12.2006 zum „Gesetz über steuerliche Begleitmaßnahmen zur Einführung der Europäischen Gesellschaft und zur Änderung weiterer steuerlicher Vorschriften (SEStEG)".[15]

4 Seit dem 22.11.2003 fällt die SE auch unter den Anwendungsbereich der Mutter-Tochter-Richtlinie.[16] Die Richtlinie des Rates über eine gemeinsame Steuerregelung für Zahlungen von Zinsen und Lizenzgebühren zwischen verbundenen Unternehmen verschiedener Mitgliedstaaten (nachfolgend **ZLR**) sowie die nachfolgenden Änderungen dieser Richtlinie[17] kommen hingegen bei der SE nicht zur Anwendung, da die SE nicht in den persönlichen Anwendungsbereich dieser Richtlinien aufgenommen wurde.[18]

5 In den folgenden Ausführungen werden die steuerlichen Folgen der SE-Gründung, ihrer Sitzverlegung, sowie die laufende Besteuerung dieser Rechtsform dargestellt. Ergänzend wird auf das für die SE maßgebende Gesellschaftsrecht eingegangen, soweit es eine unmittelbare bzw. mittelbare Bedeutung für die SE-Besteuerung hat.

B. Gründung einer SE
I. Gesellschaftsrechtliche Grundlagen

6 Die Gründungsmöglichkeiten einer SE sind in Art. 2 SE-VO geregelt, wonach die Gründung einer SE im Gegensatz zu anderen Gesellschaftsformen durch natürliche Personen ausgeschlossen ist.[19] Ebenfalls ist die Gründung einer SE durch eine Bar- oder Sachgründung nicht möglich.[20] Nur die folgenden Gründungsmöglichkeiten stehen gemäß Art. 2 SE-VO zur Verfügung:[21]

- Gründung durch Verschmelzung von Aktiengesellschaften, die nach dem Recht eines Mitgliedstaates gegründet worden sind und ihren Sitz sowie ihre Hauptverwaltung in der Gemeinschaft haben, sofern mindestens zwei von ihnen dem Recht verschiedener Mitgliedstaaten unterliegen.

---

14) Vgl. *Schön* in: Lutter/Hommelhoff, SE-Kommentar, Abschn. C. Die SE im Steuerrecht, Rz. 8.
15) Vgl. *Schön* in: Lutter/Hommelhoff, SE-Kommentar, Abschn. C. Die SE im Steuerrecht, Rz. 14.
16) Vgl. *Schön* in: Lutter/Hommelhoff, SE-Kommentar, Abschn. C. Die SE im Steuerrecht, Rz. 9.
17) Richtlinie 2003/49/EG v. 3.6.2003 (ABl. EG L 157 v. 26.6.2003, S. 49) sowie Richtlinie 2004/66/EG des Rates v. 16.4.2004 (ABl. EG L 168 v. 1.5.2004, S. 35); Richtlinie 2004/76/EG v. 29.4.2004 (ABl. EG L 157 v. 30.4.2004, S. 106) und Richtlinie 2006/98/EG des Rates v. 20.11.2006 (ABl. EG L 363 v. 20.12.2006, S. 129).
18) Vgl. *Diemer* in: Drinhausen/Hulle/Maul, Hdb. Europ. Gesellschaft, Abschn. 9 Besteuerung, § 1 Rz. 55.
19) Vgl. *Jochum* in: Habersack/Drinhausen, SE-Recht, Kap. E. Steuerrecht der SE, Rz. 90.
20) *Jacobs/Endres/Spengel* in: Jacobs, Int. Unternehmensbesteuerung, S. 190.
21) Vgl. *Jochum* in: Habersack/Drinhausen, SE-Recht, Kap. E. Steuerrecht der SE, Rz. 90.

- Gründung einer Holding-SE durch Aktiengesellschaften und Gesellschaften mit beschränkter Haftung, die nach dem Recht eines Mitgliedstaats gegründet worden sind und ihren Sitz sowie ihre Hauptverwaltung in der Gemeinschaft haben, sofern entweder mindestens zwei von ihnen dem Recht verschiedener Mitgliedstaaten unterliegen oder seit mindestens zwei Jahren eine dem Recht eines anderen Mitgliedstaats unterliegende Tochtergesellschaft oder eine Zweigniederlassung in einem anderen Mitgliedstaat haben.

- Gründung einer Tochter-SE durch Gesellschaften sowie juristische Personen des öffentlichen oder privaten Rechts, die nach dem Recht eines Mitgliedstaats gegründet worden sind und ihren Sitz sowie ihre Hauptverwaltung in der Gemeinschaft haben, sofern mindestens zwei von ihnen entweder dem Recht verschiedener Mitgliedstaaten unterliegen oder seit mindestens zwei Jahren eine dem Recht eines anderen Mitgliedstaats unterliegende Tochtergesellschaft oder eine Zweigniederlassung in einem anderen Mitgliedstaat haben.

- Gründung durch Formwechsel einer Aktiengesellschaft, die nach dem Recht eines Mitgliedstaats gegründet worden ist und ihren Sitz sowie ihre Hauptverwaltung in der Gemeinschaft hat, wenn sie seit mindestens zwei Jahren eine dem Recht eines anderen Mitgliedstaats unterliegende Tochtergesellschaft hat.

II. Besteuerung im Gründungsstadium einer SE

Die steuerlichen Folgen der SE-Gründung richten sich nach den Vorschriften der Fusionsrichtlinie, weil die SE gemäß Art. 3 lit. a i. V. m. dem Anhang lit. a der Fusionsrichtlinie in den Kreis der von der Fusionsrichtlinie erfassten Rechtsformen aufgenommen wurde.[22] In Deutschland wurde diese Richtlinie i. R. des SEStEG umgesetzt.

1. Gründung einer SE durch Verschmelzung

Wie bereits oben angemerkt, kann eine SE i. R. einer grenzüberschreitenden Verschmelzung entstehen. Dabei wird das Gesellschaftsvermögen der übertragenden Gesellschaft als Ganzes unter Auflösung ohne Abwicklung auf eine andere Gesellschaft gegen Gewährung von Anteilen an der übernehmenden Gesellschaft an die Gesellschafter der übertragenden Gesellschaft übertragen. Nach Art. 2 Abs. 1 und Art. 17 SE-VO können Gründungsgesellschaften insbesondere Aktiengesellschaften, stammend aus mindestens zwei verschiedenen Mitgliedstaaten, mit Sitz und Hauptverwaltung im EU/EWR-Raum sein.[23] Im

---

22) Vgl. *Schön* in: Lutter/Hommelhoff, SE-Kommentar, Abschn. C. Die SE im Steuerrecht, Rz. 8.
23) Vgl. *Ropohl/Sonntag* in: Haase/Hruschka, UmwStG, § 11 Rz. 4.

Einzelnen folgt aus Art. 17 SE-VO, dass eine Verschmelzung entweder zur Aufnahme oder zur Neugründung vollzogen werden kann. Ferner ergibt sich aus Art. 2 Abs. 1 SE-VO, dass es sich bei der jeweiligen Verschmelzung entweder um eine Hinaus-, Hinein- oder Auslandsverschmelzung handeln kann.[24] Die aus den verschiedenen Verschmelzungsarten resultierenden steuerlichen Folgen werden unter erörtert.

a) Steuerliche Folgen einer grenzüberschreitenden Verschmelzung

9 Die steuerlichen Folgen einer grenzüberschreitenden Verschmelzung in Deutschland können sich nach §§ 11–13 UmwStG richten. Hierfür muss das UmwStG sachlich und persönlich anwendbar sein. Da § 1 Abs. 1 Satz 1 Nr. 1 UmwStG Verschmelzungen i. S. des Art. 17 SE-VO ermöglicht, ist dadurch der sachliche Anwendungsbereich für § 11 UmwStG eröffnet.[25] Für die Eröffnung des persönlichen Anwendungsbereichs des § 11 UmwStG muss es sich gemäß § 1 Abs. 2 Satz 1 Nr. 1 UmwStG bei den übertragenden und übernehmenden Rechtsträgern um Gesellschaften i. S. des Art. 54 AEUV oder des Art. 34 des Abkommens über den Europäischen Wirtschaftsraum handeln, die nach den Rechtsvorschriften eines EU/EWR-Staates gegründet worden sind und ihren Sitz und ihre Hauptverwaltung in einem dieser Staaten haben.[26] Des Weiteren gilt eine SE gemäß § 1 Abs. 2 Satz 2 UmwStG dann nach den Rechtsvorschriften desjenigen Staats gegründet, in dessen Hoheitsgebiet sich der Sitz der SE befindet. Wird eine SE ordnungsgemäß gegründet, ist der persönliche Anwendungsbereich des § 11 UmwStG ebenfalls eröffnet.

10 In der Praxis können jedoch grenzüberschreitende Verschmelzungsfälle auftreten, die nicht von § 11 UmwStG umfasst sind. Beispielsweise kann die übertragende Gesellschaft nach Art. 2 Abs. 5 SE-VO ihre Hauptverwaltung in einem Drittstaat haben; oder sich die Hauptverwaltung der übernehmenden SE entgegen Art. 7 SE-VO in einem Drittstaat befinden; oder es können der Ort der Geschäftsleitung im Drittstaat und die Hauptverwaltung im Inland liegen. In diesen Fällen kann § 12 Abs. 2 KStG ebenfalls nicht eingreifen, denn diese Vorschrift regelt die Verschmelzung von Gesellschaften nur eines Drittstaats.[27] Inwiefern für diese Fälle andere steuerliche Vorschriften eingreifen, bleibt daher fraglich.[28]

---

24) Vgl. *Jochum* in: Habersack/Drinhausen, SE-Recht, Kap. E. Steuerrecht der SE, Rz. 96.
25) Vgl. *Klingberg* in: Blümich, EStG/KStG/GewStG, § 11 UmwStG Rz. 6.
26) Vgl. *Klingberg* in: Blümich, EStG/KStG/GewStG, § 11 UmwStG Rz. 7.
27) Vgl. *Schön* in: Lutter/Hommelhoff, SE-Kommentar, Abschn. C. Die SE im Steuerrecht, Rz. 283.
28) Vgl. *Schön* in: Lutter/Hommelhoff, SE-Kommentar, Abschn. C. Die SE im Steuerrecht, Rz. 283.

Im Einzelnen regelt § 11 UmwStG die steuerlichen Folgen der Verschmelzung 11
für die übertragende Körperschaft. In der steuerlichen Schlussbilanz der übertragenden Körperschaft sind die übergehenden Wirtschaftsgüter, einschließlich nicht entgeltlich erworbener oder selbst geschaffener immaterieller Wirtschaftsgüter gemäß § 11 Abs. 1 Satz 1 UmwStG mit dem gemeinen Wert anzusetzen. Es werden somit auch stille Lasten offengelegt (z. B. steuerlich nicht angesetzte Rückstellungen für drohende Verluste).[29] Ausnahmsweise sind jedoch gemäß § 11 Abs. 1 Satz 2 UmwStG die Pensionsrückstellungen mit einem Teilwert nach § 6a EStG zu bewerten. Der Ansatz der Wirtschaftsgüter mit dem gemeinen Wert führt grundsätzlich zu einem Übertragungsgewinn, der in der Regel als laufender Gewinn mit der Körperschaftsteuer und Gewerbesteuer zu besteuern ist. Es wird jedoch bei der Besteuerung auf die einzelnen übergehenden Wirtschaftsgüter abgestellt. Sieht bspw. das deutsche Steuerrecht auf die Veräußerung von Kapitalgesellschaftsbeteiligungen eine Vergünstigung (§ 8b Abs. 2 KStG) vor, gilt diese auch für § 11 Abs. 1 UmwStG.[30] Von der Besteuerung nach § 11 Abs. 1 UmwStG ist auch das nach einem DBA freizustellende Vermögen ausgenommen.[31] Auf Antrag können jedoch gemäß § 11 Abs. 2 Satz 1 UmwStG die übergehenden Wirtschaftsgüter einheitlich entweder mit dem Buchwert oder einem Zwischenwert, höchstens jedoch mit dem gemeinen Wert angesetzt werden, soweit

- sichergestellt ist, dass die stillen Reserven später bei der übernehmenden Körperschaft der Besteuerung mit Körperschaftsteuer unterliegen und
- das deutsche Besteuerungsrecht hinsichtlich des Gewinns aus der Veräußerung der übertragenen Wirtschaftsgüter bei der übernehmenden Körperschaft weder ausgeschlossen noch beschränkt wird und
- eine Gegenleistung nicht gewährt wird oder in Gesellschaftsrechten besteht.

Im Fall der der Hinausverschmelzung einer unbeschränkt steuerpflichtigen 12
Körperschaft mit einer Betriebstätte in einem EU-Staat ermöglicht § 11 Abs. 3 i. V. m. § 3 Abs. 3 UmwStG die Anrechnung der fiktiven ausländischen Steuer, wenn die Betriebsstätteneinkünfte in Deutschland nicht freigestellt sind.[32]

§ 12 UmwStG regelt die steuerlichen Folgen einer Verschmelzung auf Ebene 13
der übernehmenden Körperschaft. Laut § 12 Abs. 1 Satz 1 UmwStG hat die übernehmende Körperschaft die auf sie übergegangenen Wirtschaftsgüter mit dem in der steuerlichen Schlussbilanz der übertragenden Körperschaft enthaltenen

---

29) Vgl. *Schön* in: Lutter/Hommelhoff, SE-Kommentar, Abschn. C. Die SE im Steuerrecht, Rz. 224.
30) Vgl. *Schön* in: Lutter/Hommelhoff, SE-Kommentar, Abschn. C. Die SE im Steuerrecht, Rz. 233.
31) Vgl. *Jochum* in: Habersack/Drinhausen, SE-Recht, Kap. E. Steuerrecht der SE, Rz. 101.
32) Vgl. *Klingberg* in: Blümich, EStG/KStG/GewStG, § 3 UmwStG Rz. 44.

Wert i. S. des § 11 UmwStG anzusetzen (Wertverknüpfung).[33] Eine Buchwertverknüpfung über die Grenze ist dagegen nicht möglich.[34] § 12 Abs. 1 Satz 2 i. V. m. § 4 Abs. 1 Sätze 2 und 3 UmwStG regelt für den Fall, dass der übernehmende Rechtsträger vor der Verschmelzung an dem übertragenden Rechtsträger beteiligt war, die Berechnung des Beteiligungskorrekturgewinns, wenn die Muttergesellschaft Abschreibungen oder Abzüge nach § 6b EStG oder ähnliche Abzüge auf die Beteiligung an der übertragenden Tochtergesellschaft geltend gemacht hat.[35]

14 Des Weiteren kann in dem gleichen Fall der Beteiligung des übernehmenden Rechtsträgers vor der Verschmelzung an dem übertragenden Rechtsträger bei der übernehmenden Körperschaft ein Übernahmeergebnis entstehen, wenn aufgrund der Übernahme der Wirtschaftsgüter unter Wegfall der Beteiligung an der übertragenden Körperschaft ein Saldo entsteht.[36] Nach § 12 Abs. 2 Satz 1 UmwStG bleibt das Übernahmeergebnis grundsätzlich außer Ansatz. Dies gilt gemäß § 19 Abs. 1 UmwStG auch für gewerbesteuerliche Zwecke.[37] Entspricht der Übernahmegewinn der Höhe des Anteils an der übernehmenden Körperschaft, ist nach § 12 Abs. 2 Satz 2 UmwStG § 8b KStG anzuwenden. Laut § 12 Abs. 3 i. V. m. § 4 Abs. 2 und 3 UmwStG tritt die übernehmende Kapitalgesellschaft aufgrund der Verschmelzung in die steuerliche Rechtsstellung der übertragenden Kapitalgesellschaft ein (steuerliche Rechtsnachfolge; sog. Fußstapfentheorie)[38].

15 Weiterhin kann bei der übernehmenden Körperschaft gemäß § 12 Abs. 4 i. V. m. § 6 Abs. 1 Satz 1 Halbs. 1 UmwStG ein Übernahmefolgegewinn aus der Vereinigung von Forderungen und Verbindlichkeiten entstehen, wenn

- der übertragende und der übernehmende Rechtsträger wechselseitige Forderungen und Verbindlichkeiten haben, die unterschiedlich bewertet wurden und durch die Verschmelzung erlöschen; und
- der Grund für eine Rückstellung aufgrund der Verschmelzung nicht mehr besteht.[39]

16 Auf den Übernahmefolgegewinn werden sowohl Körperschaftsteuer als auch Gewerbesteuer erhoben[40]. Laut § 6 Abs. 1 Satz 1 Halbs. 2 und Satz 2 UmwStG

---

33) Vgl. *Herfort/Viebrock* in: Haase/Hruschka, UmwStG, § 12 Rz. 8.
34) Vgl. *Schön* in: Lutter/Hommelhoff, SE-Kommentar, Abschn. C. Die SE im Steuerrecht, Rz. 221.
35) Vgl. *Klingberg* in: Blümich, EStG/KStG/GewStG, § 10 UmwStG Rz. 25.
36) Vgl. *Herfort/Viebrock* in: Haase/Hruschka, UmwStG, § 12 Rz. 8.
37) Vgl. *Herfort/Viebrock* in: Haase/Hruschka, UmwStG, § 12 Rz. 10.
38) Vgl. *Herfort/Viebrock* in: Haase/Hruschka, UmwStG, § 12 Rz. 10.
39) Vgl. *Strauch*, Umwandlungssteuerrecht, Rz. 212.
40) Vgl. *Herfort/Viebrock* in: Haase/Hruschka, UmwStG, § 12 Rz. 12.

kann der übernehmende Rechtsträger i. H. des Übernahmefolgegewinns eine steuerfreie Rücklage bilden, die in den auf ihre Bildung folgenden drei Wirtschaftsjahren mit mindestens je einem Drittel gewinnerhöhend aufzulösen ist.

Die steuerlichen Folgen auf **Ebene der Anteilseigner der übertragenden Körperschaft** sind in § 13 UmwStG festgehalten. Nach § 13 Abs. 1 UmwStG gelten die Anteile an der übertragenden Körperschaft als zum gemeinen Wert veräußert und die an ihre Stelle tretenden Anteile an der übernehmenden Körperschaft als mit diesem Wert angeschafft. Daraus kann auf Ebene der Anteilseigner ein Veräußerungsgewinn entstehen, dessen Besteuerung von der Person des Anteilseigners abhängt (§ 8b KStG, § 3 Nr. 40 EStG oder volle Besteuerung).[41] Auf Antrag ist gemäß § 13 Abs. 2 Satz 1 UmwStG jedoch der Ansatz mit dem Buchwert möglich, wenn entweder 17

- das deutsche Besteuerungsrecht hinsichtlich des Gewinns aus der Anteilsveräußerung an der übernehmenden Körperschaft weder beschränkt noch ausgeschlossen wird **oder**
- die EU-Staaten bei einer Verschmelzung Art. 8 FRL anzuwenden haben.

Im Fall der Erfüllung der zweiten Voraussetzung zum Buchwertansatz wird gemäß § 13 Abs. 2 Satz 1 Nr. 2 Satz 1 Halbs. 2 UmwStG der Gewinn aus einer späteren Veräußerung der erworbenen Anteile ungeachtet DBA-Bestimmungen in der gleichen Art und Weise besteuert, wie die Veräußerung der Anteile an der übertragenden Körperschaft zu besteuern wäre. Diese Regelung wird in der Literatur als treaty-override angesehen.[42] Ferner ist laut § 13 Abs. 2 Satz 1 Nr. 2 Satz 2 UmwStG i. V. m. § 15a Abs. 1a Satz 2 EStG eine Nachversteuerung auch in den Fällen der verdeckten Einlage der Anteile in eine Kapitalgesellschaft, Auflösung der übernehmenden Körperschaft, Herabsetzung und Rückzahlung des Kapitals der übernehmenden Körperschaft, Rückzahlung bzw. Ausschüttung von Beträgen aus dem steuerlichen Einlagekonto i. S. des § 27 KStG vorgesehen.[43] Des Weiteren führt die zweite Alternativvoraussetzung zum Buchwertansatz dazu, dass auch die im Zeitraum zwischen der Verschmelzung und der späteren Veräußerung entstandenen stillen Reserven in Deutschland zu besteuern sind. Daraus kann eine Doppelbesteuerung resultieren, wenn der jeweilige Ansässigkeitsstaat des Anteilseigners bzw. der Ansässigkeitsstaat der übernehmenden Körperschaft ein Besteuerungsrecht an den stillen Reserven hat, die nach der Verschmelzung entstanden sind und in Deutschland keine Anrechnung bzw. kein Abzug von im Ausland erhobenen Steuern mög- 18

---

41) Vgl. *Klingberg* in: Blümich, EStG/KStG/GewStG, § 13 UmwStG Rz. 29.
42) Vgl. *Hecht/Hagemann* in: Haase/Hruschka, UmwStG, § 13 Rz. 37.
43) Vgl. *Hecht/Hagemann* in: Haase/Hruschka, UmwStG, § 13 Rz. 38.

lich ist. In dieser Hinsicht sollte daher die Entscheidung zur Antragstellung sorgfältig getroffen werden.[44]

19 Des Weiteren sei anzumerken, dass nach Art. 8 Abs. 1 FRL die Zuteilung von Anteilen an der übernehmenden Gesellschaft gegen Anteile an der übertragenden Gesellschaft aufgrund der Verschmelzung für sich genommen keine Besteuerung des Veräußerungsgewinns auslösen darf. Dies gilt auch dann, wenn das deutsche Besteuerungsrecht an den Anteilen der übernehmenden Gesellschaft im Vergleich zu den Anteilen an der übertragenden Gesellschaft ausgeschlossen oder beschränkt wird.[45] Da die FRL nur für den EU-Raum gilt und § 13 UmwStG auch für den EWR-Raum Anwendung findet, hat die Regelung des § 13 Abs. 2 Satz 1 Nr. 2 UmwStG eine Auswirkung nur für den EU/EWR-Raum. Im Einzelnen kommt Art. 8 FRL daher nur in den folgenden Fällen zur Anwendung:[46]

- bei einer grenzüberschreitenden Verschmelzung innerhalb der EU,
- die verschmelzenden Körperschaften sind Kapitalgesellschaften i. S. des Anhangs lit. a der FRL,
- es erfolgt keine höhere Wertbeimessung für die Anteilseigner der erworbenen Anteile verglichen mit den Werten vor der Durchführung der Fusion.

aa) Hinausverschmelzung

20 Bei einer Hinausverschmelzung wird entweder eine Aktiengesellschaft mit Sitz im Inland auf eine bestehende Aktiengesellschaft mit Sitz im Ausland verschmolzen (Verschmelzung zur Aufnahme) oder eine inländische Aktiengesellschaft mit einer ausländischen Aktiengesellschaft auf einen neuen Rechtsträger mit Sitz im Ausland verschmolzen (Verschmelzung zur Neugründung). Die unterschiedlichen Verschmelzungsarten führen nicht zu unterschiedlichen steuerlichen Folgen für die untergehende deutsche Aktiengesellschaft sowie für die künftige SE.[47] In Deutschland kann der Vorgang der Hinausverschmelzung steuerlich durch §§ 11–13 UmwStG erfasst werden, wenn sowohl der sachliche als auch der persönliche Anwendungsbereich des UmwStG eröffnet ist.

21 Der sachliche Anwendungsbereich des UmwStG ist im Fall der Hinausverschmelzung (§ 1 Abs. 1 Satz 1 Nr. 1 UmwStG) dadurch eröffnet, dass es sich um eine Verschmelzung i. S. des Art. 17 SE-VO handelt. Hatte die deutsche Aktiengesellschaft vor der Verschmelzung ihren Satzungssitz im Inland und ihren Ort der Geschäftsleitung/ihre Hauptverwaltung entweder in Deutschland oder

---

44) Vgl. *Hecht/Hagemann* in: Haase/Hruschka, UmwStG, § 13 Rz. 37.
45) Vgl. *Hecht/Hagemann* in: Haase/Hruschka, UmwStG, § 13 Rz. 36.
46) Vgl. *Hecht/Hagemann* in: Haase/Hruschka, UmwStG, § 13 Rz. 36.
47) Vgl. *Schön* in: Lutter/Hommelhoff, SE-Kommentar, Abschn. C. Die SE im Steuerrecht, Rz. 194.

im EU/EWR-Raum und befinden sich der Sitz und die Hauptverwaltung der übernehmenden SE entsprechend Art. 7 SE-VO in einem EU/EWR-Staat, ist der persönliche Anwendungsbereich des UmwStG (§ 1 Abs. 2 Satz 1 Nr. 1 i. V. m. Satz 2 UmwStG) ebenfalls eröffnet.[48]

(1) Folgen für die übertragende Gesellschaft
Die steuerlichen Folgen für die übertragende deutsche Aktiengesellschaft richten sich nach § 11 UmwStG. Grundsätzlich sind nach § 11 Abs. 1 Satz 1 UmwStG die übergehenden Wirtschaftsgüter der übertragenden Körperschaft mit dem gemeinen Wert zu bewerten, was zu einem Übertragungsgewinn für die übertragendende deutsche Aktiengesellschaft führen kann. Da es keine Buchwertverknüpfung über die Grenze gibt, kann es im Falle der Hinausverschmelzung zu einer Doppelbesteuerung kommen, wenn Deutschland die stillen Reserven aufdeckt und der Ansässigkeitsstaat der aufnehmenden SE die übernommenen Wirtschaftsgüter mit den Buchwerten oder historischen Anschaffungskosten ansetzt.[49] Es kann jedoch ein Antrag auf den Ansatz des Buchwerts oder Zwischenwerts gestellt werden, wenn die in Rz. 11 genannten Voraussetzungen erfüllt sind. 22

Die erste Voraussetzung hierfür liegt vor, weil die übernehmende SE im EU/EWR-Ausland immer der Besteuerung mit Körperschaftsteuer unterliegt.[50] Verbleibt nach der Herausverschmelzung einer deutschen Aktiengesellschaft ihr **bisheriges Betriebsvermögen im Inland** und kann es der deutschen Betriebsstätte zugerechnet werden, wird das deutsche Besteuerungsrecht hinsichtlich des Gewinns aus der Veräußerung der übertragenen Wirtschaftsgüter bei der deutschen Aktiengesellschaft weder beschränkt noch ausgeschlossen. In diesem Fall wird **die zweite Voraussetzung** für den Buchwert-/Zwischenwertansatz erfüllt. Dies gilt auch im Fall von inländischen Immobilien.[51] Bei der Überführung von immateriellen Wirtschaftsgütern oder bei keiner Möglichkeit der Zuordnung von Beteiligungen zur inländischen Betriebsstätte liegt dagegen eine Beschränkung des deutschen Besteuerungsrechts vor.[52] Gemeint ist insbesondere der Fall der Übertragung einer inländischen Holding auf eine ausländi- 23

---

48) Vgl. *Schön* in: Lutter/Hommelhoff, SE-Kommentar, Abschn. C. Die SE im Steuerrecht, Rz. 212.
49) Vgl. *Schön* in: Lutter/Hommelhoff, SE-Kommentar, Abschn. C. Die SE im Steuerrecht, Rz. 221.
50) Vgl. *Schön* in: Lutter/Hommelhoff, SE-Kommentar, Abschn. C. Die SE im Steuerrecht, Rz. 226, 260–264.
51) Vgl. *Schön* in: Lutter/Hommelhoff, SE-Kommentar, Abschn. C. Die SE im Steuerrecht, Rz. 232.
52) Vgl. *Schön* in: Lutter/Hommelhoff, SE-Kommentar, Abschn. C. Die SE im Steuerrecht, Rz. 233.

sche SE, weil in der Regel keine Betriebsstätte im Inland verbleibt.[53] Die Besteuerung des verbleibenden Gewinns kann man weder durch die Fusionsrichtlinie mangels Betriebsstättenfortführung noch durch die Grundfreiheiten mangels einer Diskriminierung umgehen.[54]

24 Abgesehen davon halten sich die Besteuerungsfolgen aus dieser Sachkonstellation in Grenzen, weil der dadurch entstandene Übertragungsgewinn in der Regel aus der Bewertung der Kapitalbeteiligung stammt und gemäß § 8b Abs. 2 und 3 KStG zu 95 % steuerfrei ist.[55] Des Weiteren bleibt das ausländische Vermögen der übertragenen Holding, welches nach dem DBA freizustellen ist, ebenfalls von der deutschen Besteuerung unberührt.[56] Ergänzend sei an dieser Stelle anzumerken, dass sich die steuerlichen Folgen bei der Verlagerung von physischen Wirtschaftsgütern ins Ausland aufgrund der Verschmelzung nach § 12 Abs. 1 KStG richten.[57] Bestand vor der Verschmelzung kein deutsches Besteuerungsrecht hinsichtlich **des ausländischen Betriebsstättenvermögens** aufgrund der DBA-Freistellung, wird das deutsche Besteuerungsrecht hinsichtlich dieses Vermögens weder beschränkt noch ausgeschlossen. Eine Ausnahme davon besteht jedoch für die aus Deutschland zu Buchwerten überführten Wirtschaftsgüter.[58] Im Fall der ausländischen Betriebsstätte im Nicht-DBA-Staat oder im DBA-Staat mit der Anrechnungsmethode wird die zweite Voraussetzung dagegen nicht erfüllt. Da der ausländische Betriebsstättenstaat die Besteuerung erst im Zeitpunkt der tatsächlichen Veräußerung vornehmen wird, resultiert daraus eine Doppelbesteuerung, die nach § 11 Abs. 3 i. V. m. § 3 Abs. 3 UmwStG durch eine fiktive Steueranrechnung des ausländischen Betriebsstättenstaates auf den hypothetischen Gewinn aus der Betriebsstättenveräußerung vermieden werden sollte.[59]

25 Wird im Fall der Hinausverschmelzung einer deutschen Aktiengesellschaft auf eine im EU/EWR-Raum ansässige SE keine Gegenleistung gewährt oder besteht diese lediglich in Gesellschaftsrechten, ist *die dritte Voraussetzung* für den Buchwert-/Zwischenwertansatz gegeben.

---

53) Vgl. *Jochum* in: Habersack/Drinhausen, SE-Recht, Kap. E. Steuerrecht der SE, Rz. 102, sowie *Schön* in: Lutter/Hommelhoff, SE-Kommentar, Abschn. C. Die SE im Steuerrecht, Rz. 233.
54) Vgl. *Jochum* in: Habersack/Drinhausen, SE-Recht, Kap. E. Steuerrecht der SE, Rz. 103.
55) Vgl. *Jochum* in: Habersack/Drinhausen, SE-Recht, Kap. E. Steuerrecht der SE, Rz. 102.
56) Vgl. *Jochum* in: Habersack/Drinhausen, SE-Recht, Kap. E. Steuerrecht der SE, Rz. 101.
57) Vgl. *Schön* in: Lutter/Hommelhoff, SE-Kommentar, Abschn. C. Die SE im Steuerrecht, Rz. 233.
58) Vgl. *Schön* in: Lutter/Hommelhoff, SE-Kommentar, Abschn. C. Die SE im Steuerrecht, Rz. 236.
59) Vgl. *Schön* in: Lutter/Hommelhoff, SE-Kommentar, Abschn. C. Die SE im Steuerrecht, Rz. 237.

(2) Folgen für die übernehmende Gesellschaft

Wie bereits oben in Rz. 13 erläutert, richten sich die steuerlichen Folgen für die übernehmende SE nach § 12 UmwStG. Verbleibt nach der Hinausverschmelzung eine Betriebsstätte im Inland, wird die ausländische SE mit den Einkünften aus dieser Betriebsstätte beschränkt steuerpflichtig. Die verbleibenden Verlustvorträge der deutschen Aktiengesellschaft können dagegen gemäß § 12 Abs. 3 i. V. m. § 4 Abs. 2 Satz 2 UmwStG nicht der deutschen Betriebsstätte zugeordnet werden. Jedoch ist es je nach dem auf die ausländische SE anwendbaren Steuerrecht nicht ausgeschlossen, dass diese Verlustvorträge der SE zugerechnet werden können.[60] 26

Handelt es sich bei der jeweiligen Verschmelzung um einen **up-stream-merger**, kann es gemäß § 12 Abs. 1 Satz 2 i. V. m. § 4 Abs. 1 Satz 2 und 3 UmwStG zu einem Übernahmegewinn kommen, der gemäß § 12 Abs. 2 Satz 1 i. V. m. § 8b Abs. 2 und 3 KStG zu 95 % steuerfrei ist. Allerdings ist die Besteuerung des Übernahmegewinns nur in Ausnahmefällen möglich. Denn laut Art. 13 Abs. 5 OECD-MA hat das Besteuerungsrecht an der Beteiligung einer Kapitalgesellschaft der Ansässigkeitsstaat und somit im Fall des up-stream-merger der Ansässigkeitsstaat der SE. Nur in den Fällen, in denen kein DBA abgeschlossen wurde oder das jeweilige DBA das Besteuerungsrecht dem Ansässigkeitsstaat der Gesellschaft zuordnet oder die Anteile der übernehmenden SE an der übertragenden deutschen Aktiengesellschaft durch eine inländische Betriebsstätte gehalten werden, kommt zu 5 % zu einer Besteuerung des Übernahmegewinns.[61] Da Art. 7 FRL bei einer Beteiligung an der aufnehmenden Gesellschaft von mindestens 10 % die Besteuerung des Übernahmegewinns verbietet, kann sich die ausländische SE auf diese Richtlinie berufen. Für die Sofortbesteuerung des Übernahmegewinns in Deutschland gibt es keinen Anlass.[62] Darüber hinaus kann bei der übernehmenden SE auch ein Beteiligungskorrekturgewinn entstehen, der gemäß § 12 Abs. 2 Satz 2 UmwStG i. V. m. § 8b Abs. 2 Sätze 4 und 5 UmwStG als laufender Gewinn zu besteuern ist.[63] Schließlich ist ebenfalls ein Übernahmefolgegewinn i. S. des § 12 Abs. 4 UmwStG möglich, der wie laufender Gewinn, auch im Fall der Bildung von steuerfreien Rücklagen, zu besteuern ist.[64] 27

---

60) Vgl. *Jochum* in: Habersack/Drinhausen, SE-Recht, Kap. E. Steuerrecht der SE, Rz. 103.
61) Vgl. *Jochum* in: Habersack/Drinhausen, SE-Recht, Kap. E. Steuerrecht der SE, Rz. 105, 106, sowie *Schön* in: Lutter/Hommelhoff, SE-Kommentar, Abschn. C. Die SE im Steuerrecht, Rz. 249.
62) Vgl. *Jochum* in: Habersack/Drinhausen, SE-Recht, Kap. E. Steuerrecht der SE, Rz. 105–106.
63) Vgl. *Klingberg* in: Blümich, EStG/KStG/GewStG, § 12 UmwStG Rz. 28.
64) Vgl. *Klingberg* in: Blümich, EStG/KStG/GewStG, § 12 UmwStG Rz. 63.

(3) Folgen für die Anteilseigner

28 Die steuerlichen Folgen für die Anteilseigner der untergehenden deutschen Aktiengesellschaft sind in § 13 UmwStG festgehalten. Laut § 13 Abs. 1 UmwStG gelten die Anteile an der deutschen Aktiengesellschaft als zum gemeinen Wert veräußert und die an ihre Stelle tretenden Anteile an der übernehmenden ausländischen SE als mit diesem Wert angeschafft. Dies würde im Fall der vorhandenen stillen Reserven zu einer Besteuerung führen.[65]

29 Bei der Erfüllung einer dieser beiden in § 13 Abs. 2 UmwStG (siehe oben Rz. 17) genannten Voraussetzungen ist es auf Antrag möglich, die Anteile an der übernehmenden ausländischen SE mit dem Buchwert der Anteile an der übertragenden deutschen Aktiengesellschaft anzusetzen. Bei den entsprechend dem Art. 13 Abs. 5 OECD-MA abgeschlossenen DBA bleibt im Falle der unbeschränkt steuerpflichtigen Anteilseigner das deutsche Besteuerungsrecht erhalten. Bei den beschränkt Steuerpflichtigen hatte Deutschland zudem schon vor der Hinausverschmelzung kein Besteuerungsrecht.[66] In diesen Fällen entsteht kein Veräußerungsgewinn, da die **erste Voraussetzung** für den Buchwertansatz erfüllt ist. Die erste Voraussetzung wird dagegen nicht erfüllt, wenn entweder kein DBA mit dem Ansässigkeitsstaat des Anteilseigners abgeschlossen wurde und daher für die Anteile an der inländischen Kapitalgesellschaft eine beschränkte Steuerpflicht nach § 49 Abs. 1 Nr. 2 lit. e EStG besteht und diese nach der Hinausverschmelzung wegfällt. Entspricht das jeweilige DBA nicht dem Art. 13 Abs. 5 OECD-MA und ordnet es das Besteuerungsrecht dem Ansässigkeitsstaat der Gesellschaft zu (z. B. Art. 13 Abs. 3 DBA-Tschechien), ist die erste Voraussetzung ebenfalls nicht erfüllt.[67] Wird in diesen Fällen lediglich die zweite Voraussetzung erfüllt, ist der Buchwertansatz ebenfalls möglich. Dies ist aber nur innerhalb der EU eine Option.

bb) Hineinverschmelzung

30 Eine SE kann in Deutschland auch i. R. der Verschmelzung einer Aktiengesellschaft mit Sitz im Ausland mit einer in Deutschland ansässigen Aktiengesellschaft (**Hineinverschmelzung**) entstehen. Dabei ist sowohl die Hineinverschmelzung zur Aufnahme als auch zur Neugründung möglich.[68] In den folgenden Ausführungen werden die steuerlichen Folgen der Verschmelzung einer ausländischen Aktiengesellschaft auf eine inländische Aktiengesellschaft dargestellt.

---

65) Vgl. *Jochum* in: Habersack/Drinhausen, SE-Recht, Kap. E. Steuerrecht der SE, Rz. 51.
66) Vgl. *Jochum* in: Habersack/Drinhausen, SE-Recht, Kap. E. Steuerrecht der SE, Rz. 54.
67) Vgl. *Schön* in: Lutter/Hommelhoff, SE-Kommentar, Abschn. C. Die SE im Steuerrecht, Rz. 257.
68) Vgl. *Schön* in: Lutter/Hommelhoff, SE-Kommentar, Abschn. C. Die SE im Steuerrecht, Rz. 269.

(1) Steuerliche Folgen bei der übertragenden Gesellschaft

Bei der Verschmelzung einer ausländischen Aktiengesellschaft auf eine inländische 31
Aktiengesellschaft können sich steuerliche Folgen hinsichtlich der Aufdeckung
der stillen Reserven in den Wirtschaftsgütern der ausländischen Aktiengesellschaft, die schon vor der Verschmelzung der deutschen Steuerpflicht unterlagen,
sowie hinsichtlich der Verstrickung der übertragenden Wirtschaftsgütern der
ausländischen Aktiengesellschaft bei der Begründung des erstmaligen deutschen
Besteuerungsrechts ergeben[69]. Wie bereits unter Rz. 11 dargestellt, kommt
§ 11 UmwStG bei der Verschmelzung einer im EU/EWR-Raum ansässigen Gesellschaft auf eine deutsche Aktiengesellschaft zur Anwendung.[70] Verfügte die
ausländische Aktiengesellschaft vor der Verschmelzung in Deutschland über Betriebsvermögen oder anderes steuerverhaftetes Vermögen (wie z. B. Immobilien),
ist dieses Vermögen in der steuerlichen Schlussbilanz der übertragenden ausländischen Aktiengesellschaft mit dem gemeinen Wert gemäß § 11 Abs. 1
UmwStG anzusetzen.

Bei der Erfüllung der Voraussetzungen des § 11 Abs. 2 Satz 1 UmwStG (siehe 32
Rz. 11) ist der Ansatz mit dem Buchwert- oder Zwischenwert möglich. Die
erste Voraussetzung wird aufgrund der unbeschränkten Steuerpflicht der inländischen Aktiengesellschaft in der Regel problemlos erfüllt. Aufgrund der
Übertragung des Vermögens auf eine inländische Aktiengesellschaft wird auch
die **zweite Voraussetzung** begründet. Zu einer Gewinnrealisierung kann es jedoch auch bei der Transferierung von Wirtschaftsgütern der übertragenden
ausländischen Aktiengesellschaft vom Inland in eine ausländische Betriebsstätte,
welche in dem Betriebsstättenstaat entweder steuerbefreit ist oder der unbeschränkten Steuerpflicht der deutschen Aktiengesellschaft unterliegt. Die im
Betriebsstättenstaat erhobene Steuer ist dann in Deutschland anzurechnen. In
diesem Fall richten sich die steuerlichen Folgen nach § 12 Abs. 1 KStG.[71] Die
dritte Voraussetzung kann bei einer entsprechenden Ausgestaltung des Verschmelzungsvorgangs ebenfalls erfüllt sein.[72]

Hält die übertragende ausländische Gesellschaft vor der Verschmelzung 33
Anteile an der übernehmenden Gesellschaft (downstream-merger), erfolgt zusätzlich eine Wertaufholung der früheren gewinnwirksamen Teilwertabschrei-

---

69) Vgl. *Schön* in: Lutter/Hommelhoff, SE-Kommentar, Abschn. C. Die SE im Steuerrecht, Rz. 272.
70) Vgl. *Schön* in: Lutter/Hommelhoff, SE-Kommentar, Abschn. C. Die SE im Steuerrecht, Rz. 273.
71) Vgl. *Schön* in: Lutter/Hommelhoff, SE-Kommentar, Abschn. C. Die SE im Steuerrecht, Rz. 274.
72) Vgl. *Schön* in: Lutter/Hommelhoff, SE-Kommentar, Abschn. C. Die SE im Steuerrecht, Rz. 273.

bungen, der § 6b-Abzüge und ähnlichen Abzugsposten. Dabei stellt der gemeine Wert eine Obergrenze dar.[73]

(2) Steuerliche Folgen bei der übernehmenden Gesellschaft

34 War der übernehmende Rechtsträger vor der Verschmelzung nicht an dem übertragenden Rechtsträger beteiligt, kann weder ein Beteiligungskorrekturgewinn noch ein Übernahmegewinn entstehen.[74] Ein Übernahmefolgegewinn kann gemäß § 12 Abs. 4 UmwStG i. V. m. § 6 Abs. 1 Satz 1 Halbs. 1 UmwStG nur bei der Vereinigung unterschiedlich bewerteter Forderungen und Verbindlichkeiten oder Wegfalls des Grundes für eine Rückstellung entstehen. Demzufolge kann es sich beim Vorliegen von keinem Übernahme-/Beteiligungskorrektur-/Übernahmefolgegewinn bei der übernehmenden in Deutschland ansässigen SE hauptsächlich um den Ansatz der i. R. der Verschmelzung übernommenen inländischen Vermögenswerte handeln, sowie um den Ansatz derjenigen Wirtschaftsgüter, für die das deutsche Besteuerungsrecht erstmalig begründet wird.[75]

35 Die bereits im Inland steuerverhafteten Wirtschaftsgüter sind gemäß § 12 Abs. 1 UmwStG mit den in der Schlussbilanz der übertragenden Gesellschaft nach § 11 UmwStG angesetzten Werten zu übernehmen (Buchwert, Zwischenwert oder gemeiner Wert).[76] Hinsichtlich der Frage des Wertansatzes der Wirtschaftsgüter, für die das deutsche Besteuerungsrecht erstmalig begründet wird, besteht ein Konkurrenzverhältnis zwischen der Wertverknüpfung des § 12 Abs. 1 Satz 1 UmwStG (gewählter Wertansatz auf der Ebene der übernehmenden Gesellschaft) und der Steuerverstrickung nach § 8 Abs. 1 KStG i. V. m. § 4 Abs. 1 Satz 8 Halbs. 2 i. V. m. § 6 Abs. 1 Nr. 5a EStG (gemeiner Wert).[77]

(3) Steuerliche Folgen bei den Anteilseignern

36 Die steuerlichen Folgen bei den Anteilseignern im Fall einer Hineinverschmelzung sind den Folgen bei einer Hinausverschmelzung (siehe oben Rz. 12) vergleichbar. Jedoch ist die Gefahr des Ausschlusses oder der Beschränkung des deutschen Besteuerungsrechts hinsichtlich der an der SE gewährten Anteile aufgrund des Art. 13 Abs. 5 OECD-MA bei einer Hineinverschmelzung viel geringer, als bei einer Herausverschmelzung.[78]

---

73) Vgl. *Schön* in: Lutter/Hommelhoff, SE-Kommentar, Abschn. C. Die SE im Steuerrecht, Rz. 275.
74) Vgl. *Strauch*, Umwandlungssteuerrecht, Rz. 207.
75) Vgl. *Schön* in: Lutter/Hommelhoff, SE-Kommentar, Abschn. C. Die SE im Steuerrecht, Rz. 276.
76) Vgl. *Schön* in: Lutter/Hommelhoff, SE-Kommentar, Abschn. C. Die SE im Steuerrecht, Rz. 278.
77) Vgl. *Herfort/Vielbrock* in: Haase/Hruschka, UmwStG, § 12 Rz. 64–68.
78) Vgl. *Schön* in: Lutter/Hommelhoff, SE-Kommentar, Abschn. C. Die SE im Steuerrecht, Rz. 281.

b) Auslandsverschmelzung mit Inlandsbezug

Bei einer Verschmelzung von ausländischen Kapitalgesellschaften anlässlich der SE-Gründung, die in Deutschland kein steuerverstricktes Vermögen haben, kann es zu keiner Aufdeckung von stillen Reserven nach § 11 Abs. 1 UmwStG kommen.[79] Bei der Verschmelzung einer in Deutschland beschränkt steuerpflichtigen (durch ein in Deutschland belegenes Betriebsvermögen) Kapitalgesellschaft auf eine andere Kapitalgesellschaft anlässlich der Gründung einer SE im EU/EWR-Ausland, kann die deutsche Steuerhoheit betroffen werden.[80] Die steuerlichen Folgen daraus können sich entweder nach § 12 KStG oder §§ 11–13 UmwStG richten.

37

§ 12 Abs. 2 KStG regelt den Fall einer Verschmelzung von Gesellschaften in demselben Drittstaat mit einem Inlandsbezug[81] und §§ 11–13 UmwStG nach § 1 Abs. 2 UmwStG die Verschmelzung von Kapitalgesellschaften, wenn sowohl der übertragende als auch der übernehmende Rechtsträger nach dem Recht der EU bzw. eines EU/EWR-Staates gegründet worden sind und wenn sich der Sitz und die Geschäftsleitung der jeweiligen Rechtsträger im EU/EWR-Raum befinden.[82] Da laut Art. 7 SE-VO sowohl der Sitz als auch die Hauptverwaltung in einem EU/EWR-Staat liegen muss, ist die Gründung einer SE durch eine grenzüberschreitende Verschmelzung grundsätzlich nach §§ 11–13 UmwStG zu beurteilen. Jedoch sind davon einige Ausnahmen möglich, wenn die übertragende Gesellschaft nach Art. 2 Abs. 5 SE-VO entgegen Art. 7 SE-VO ihre Hauptverwaltung in einem Drittstaat hat oder wenn die übernehmende SE ihre Hauptverwaltung und ihre Geschäftsleitung im Inland hat. In diesen Fällen kann weder § 11 UmwStG mangels Eröffnung des persönlichen Anwendungsbereichs noch § 12 Abs. 2 KStG aufgrund der Verschmelzung von Gesellschaften aus verschiedenen Mitgliedstaaten eingreifen.[83] Des Weiteren ist es streitig, ob die grenzüberschreitende Drittstaatenverschmelzung steuerliche Auswirkung in Deutschland haben kann.[84]

38

Bei einer Verschmelzung von zwei ausländischen Gesellschaften anlässlich der SE-Gründung, die in verschiedenen EU/EWR-Staaten ansässig sind, wird das deutsche Besteuerungsrecht beim Verbleiben einer inländischen Betriebsstätte weder beschränkt noch ausgeschlossen, wenn das anwendbare DBA weiterhin

39

---

79) Vgl. *Ropohl/Sonntag* in: Haase/Hruschka, UmwStG, § 11 Rz. 311.
80) Vgl. *Schön* in: Lutter/Hommelhoff, SE-Kommentar, Abschn. C. Die SE im Steuerrecht, Rz. 282.
81) Vgl. *Ropohl/Sonntag* in: Haase/Hruschka, UmwStG, § 11 Rz. 315.
82) Vgl. *Ropohl/Sonntag* in: Haase/Hruschka, UmwStG, § 11 Rz. 315.
83) Vgl. *Schön* in: Lutter/Hommelhoff, SE-Kommentar, Abschn. C. Die SE im Steuerrecht, Rz. 283.
84) Vgl. *Schön* in: Lutter/Hommelhoff, SE-Kommentar, Abschn. C. Die SE im Steuerrecht, Rz. 283.

die Freistellung der Betriebsstätteneinkünfte vorsieht.[85] Wird i. R. einer Auslandsverschmelzung hingegen inländisches Betriebsvermögen ins Ausland verlagert, kann es zu einer Entstrickungtsbesteuerung nach § 12 Abs. 1 KStG kommen.[86]

40 Sind die verschmelzenden ausländischen Gesellschaften im selben ausländischen Staat ansässig, liegen mangels Änderung der einschlägigen DBA-Regelungen weder ein Ausschuss noch eine Beschränkung des deutschen Besteuerungsrecht vors.[87]

41 Die Anteilseigner müssen den fiktiven Veräußerungsgewinn nur dann versteuern, wenn das deutsche Besteuerungsrecht hinsichtlich der von ihnen gehaltenen Anteile ausgeschlossen wird.[88]

2. Gründung einer Holding-SE

42 Die Gründung einer SE als Holding-SE richtet sich nach den Vorgaben der Art. 2 Abs. 2 und 32 SE-VO. Laut Art. 2 Abs. 2 SE-VO kann eine SE durch Aktiengesellschaften und Gesellschaften mit beschränkter Haftung (im Folgenden **Gründungsgesellschaften**), die nach dem Recht eines Mitgliedstaats gegründet worden sind und ihren Sitz sowie ihre Hauptverwaltung in der EU/EWR haben, gegründet werden, sofern entweder mindestens zwei von ihnen dem Recht verschiedener Mitgliedstaaten unterliegen oder seit mindestens zwei Jahren eine dem Recht eines anderen Mitgliedstaats unterliegende Tochtergesellschaft oder eine Zweigniederlassung in einem anderen Mitgliedstaat haben.[89]

43 Hierfür müssen die Aktionäre der Gründungsgesellschaften ihre Anteile mit mehr als 50 % der Stimmrechte (Art. 32 Abs. 2 Satz 3 und 4 SE-VO) in die neu gegründete Holding-SE gegen Gewährung von Aktien dieser SE einbringen.[90] Es handelt sich hierbei um einen gesellschaftsrechtlichen Anteilstausch im Wege der Einzelrechtsnachfolge.[91] Steuerrechtlich handelt es sich bei der Gründung einer Holding-SE um eine Einbringung von Kapitalgesellschaftsanteilen an den Gründungsgesellschaften in eine Holding-SE gegen Gewährung von Gesellschaftsrechten.[92] Daraus können sich steuerliche Folgen bei den Gründungs-

---

85) Vgl. *Ropohl/Sonntag* in: Haase/Hruschka, UmwStG, § 11 Rz. 314.
86) Vgl. *Schön* in: Lutter/Hommelhoff, SE-Kommentar, Abschn. C. Die SE im Steuerrecht, Rz. 285.
87) Vgl. *Ropohl/Sonntag* in: Haase/Hruschka, UmwStG, § 11 Rz. 313.
88) Vgl. *Jochum* in: Habersack/Drinhausen, SE-Recht, Kap. E. Steuerrecht der SE, Rz. 104.
89) Vgl. *Fischer* in: MünchKomm-AktG, Bd. 7, Kap. III Rz. 44.
90) Vgl. *Fischer* in: MünchKomm-AktG, Bd. 7, Kap. III Rz. 44.
91) Vgl. *Jacobs/Endres/Spengel* in: Jacobs, Int. Unternehmensbesteuerung, S. 192.
92) Vgl. *Fischer* in: MünchKomm-AktG, Bd. 7, Kap. III Rz. 45.

gesellschaften selbst, den einbringenden Gesellschaftern und der übernehmenden Holding-SE ergeben.[93]

a) Steuerliche Folgen für die beteiligten Gründungsgesellschaften

Grundsätzlich erfolgt die Gründung der Holding-SE für die beteiligten Gründungsgesellschaften ertragsteuerneutral.[94] Denn die Gründungsgesellschaften sind weder an der Gründung der Holding-SE noch an der Anteilsübertragung beteiligt.[95] Verfügt eine Gründungsgesellschaft jedoch über nicht genutzte Verluste i. S. des § 8c Abs. 1 KStG, gehen diese Verluste aufgrund der Übertragung von mehr als 50 % der Anteile verloren. Dies gilt gemäß § 4h Abs. 5 Satz 3 EStG auch für den Zinsvortrag i. S. des § 4h Abs. 1 Satz 5 EStG und gemäß § 10a Satz 10 GewStG für gewerbesteuerliche Fehlbeträge.[96]

44

b) Steuerliche Folgen auf Ebene der Holding-SE

Der Gründungsvorgang kann auf der Ebene der Holding-SE grunderwerbsteuerliche Folgen verursachen, wenn einem der Gründungsgesellschaften inländische Grundstücke i. S. des § 1 Abs. 1 GrEStG gehören und die in- oder ausländische Holding-SE durch die Einbringung der Anteile mindestens 95 % der Anteile an einer grundstücksbesitzenden Gesellschaft erwirbt (§ 1 Abs. 3 Nr. 3 GrEStG).[97] In diesem Fall würde die Holding-SE als Schuldnerin der Grunderwerbsteuer gelten. Die Steuerbefreiung nach § 6a GrEStG kann nicht eingreifen, weil der Anteilstausch keinen Vorgang nach dem UmwG darstellt, sondern im Wege der Einzelrechtsnachfolge erfolgt.[98]

45

c) Steuerliche Folgen auf Ebene der Anteilseigner

Die Besteuerungsfolgen auf der Ebene der Anteilseigner aufgrund der Gründung einer SE-Holding können sich nach § 21 UmwStG richten, wenn sowohl der sachliche als auch der persönliche Anwendungsbereich für diese Vorschrift gemäß § 1 Abs. 3 Nr. 5 und Abs. 4 Satz 1 Nr. 1 UmwStG eröffnet ist.[99] Da es sich um eine Einbringung der Anteile an in der EU/dem EWR ansässigen Kapitalgesellschaften handelt, ist § 21 UmwStG **sachlich** bei der Gründung einer Holding-SE **anwendbar**. Für die Eröffnung **des persönlichen Anwendungsbe-**

46

---

93) Vgl. *Fischer* in: MünchKomm-AktG, Bd. 7, Kap. III Rz. 45.
94) Vgl. *Fischer* in: MünchKomm-AktG, Bd. 7, Kap. III Rz. 46.
95) Vgl. *Schindler* in: Lutter/Hommelhoff, SE-Kommentar, Abschn. C. Die SE im Steuerrecht, Rz. 345.
96) Vgl. *Fischer* in: MünchKomm-AktG, Bd. 7, Kap. III Rz. 46.
97) Vgl. *Fischer* in: MünchKomm-AktG, Bd. 7, Kap. III Rz. 47, sowie *Schindler* in: Lutter/Hommelhoff, SE-Kommentar, Abschn. C. Die SE im Steuerrecht, Rz. 342.
98) Vgl. *Fischer* in: MünchKomm-AktG, Bd. 7, Kap. III Rz. 47.
99) Vgl. *Lübbehüsen/Schütte* in: Haase/Hruschka, UmwStG, § 21 Rz. 2.

reichs muss die SE sowohl ihren Sitz und Ort der Geschäftsleitung im EU-/ EWR-Raum haben und nach dem EU/EWR-Recht gegründet sein.[100] Laut § 1 Abs. 2 Satz 2 UmwStG gilt eine SE als eine nach den Rechtsvorschriften des Staates gegründete Gesellschaft, in dessen Hoheitsgebiet sich ihr Sitz befindet. Da laut Art. 7 SE-VO die SE ihren Sitz und Hauptverwaltung in einem EU-Staat haben muss und die SE-Verordnung mittlerweile auch für den EWR-Raum gilt, stünde der Eröffnung des persönlichen Anwendungsbereichs des § 21 UmwStG ebenfalls nichts im Wege. Schwierig könnte dies jedoch in den Fällen sein, in denen sich der Ort der Geschäftsleitung (außerhalb des EU/EWR-Raums) und Ort der Hauptverwaltung unterscheiden und die Hauptverwaltung und der Ort der Geschäftsleitung außerhalb des EU/EWR-Raums liegen.[101] Einbringender kann dennoch jede natürliche oder juristische Person sein, die im Inland, in einem EU/EWR-Staat oder in einem Drittstaat ansässig ist.[102]

47 Laut § 21 Abs. 2 Satz 1 UmwStG gilt der Wert, mit dem die übernehmende Gesellschaft (hier die Holding-SE) die eingebrachten Anteile ansetzt, für den Einbringenden als Veräußerungspreis der eingebrachten Anteile (hier an den Gründungsgesellschaften) und als Anschaffungskosten der erhaltenen Anteile (hier an der Holding-SE). Grundsätzlich hat die übernehmende Gesellschaft die eingebrachten Anteile nach § 21 Abs. 1 Satz 1 UmwStG mit dem gemeinen Wert anzusetzen.

48 Auf Antrag der übernehmenden Gesellschaft können jedoch die eingebrachten Anteile gemäß § 21 Abs. 1 Satz 2 UmwStG mit dem Buchwert oder einem Zwischenwert angesetzt werden, wenn die übernehmende Gesellschaft nach der Einbringung nachweisbar unmittelbar die Mehrheit der Stimmrechte an der erworbenen Gesellschaft hat (qualifizierter Anteilstausch).[103] Hierbei darf nach § 21 Abs. 1 Satz 3 UmwStG der Einbringende neben den Gesellschaftsanteilen keine anderen Wirtschaftsgüter erhalten, deren gemeiner Wert den Buchwert der eingebrachten Anteile übersteigt. Folglich entsteht für den Fall, dass die Holding-SE die eingebrachten Anteile an den Gründungsgesellschaften mit dem Buchwert ansetzt, kein Veräußerungsgewinn für die Anteilseigner nach § 21 Abs. 2 Satz 1 UmwStG. Davon gibt es aber eine Ausnahme nach § 21 Abs. 2 Satz 2 UmwStG, wenn das deutsche Besteuerungsrecht hinsichtlich des Gewinns aus der Veräußerung entweder der einbringenden oder der erhaltenen Anteile ausgeschlossen oder beschränkt wird. In diesem Fall gilt der gemeine Wert an Veräußerungspreis der eingebrachten Anteile und als Anschaffungskosten der erhaltenen Anteile.

---

100) Vgl. *Lübbehüsen/Schütte* in: Haase/Hruschka, UmwStG, § 21 Rz. 20.
101) Vgl. *Fischer* in: MünchKomm-AktG, Bd. 7, Kap. III Rz. 50.
102) Vgl. *Lübbehüsen/Schütte* in: Haase/Hruschka, UmwStG, § 20 Rz. 20.
103) Vgl. *Lübbehüsen/Schütte* in: Haase/Hruschka, UmwStG, § 21 Rz. 3.

Von dieser Ausnahmeregelung gibt es im § 21 Abs. 2 Satz 3 UmwStG eine **49** Rückausnahmeregelung bei Vorliegen eines qualifizierten Anteilstauschs. Laut dieser Rückausnahmeregelung gilt für den Einbringenden auf den von ihm zu stellenden Antrag unabhängig von dem Wertansatz bei der übernehmenden Gesellschaft den Buchwert oder einen Zwischenwert als Veräußerungspreis der eingebrachten Anteile und als Anschaffungskosten der erhaltenen Anteile, wenn

- das deutsche Besteuerungsrecht hinsichtlich des Gewinns aus der Veräußerung der erhaltenen Anteile nicht ausgeschlossen oder beschränkt wird **oder**
- der Gewinn aus dem Anteilstausch nach Art. 8 FRL nicht besteuert werden darf.[104]

Da für die Gründung einer SE Art. 32 Abs. 2 Satz 2 und 33 Abs. 2 SE-VO die **50** Einbringung von mehr als 50 % der Stimmrechte an den Gründungsgesellschaften voraussetzen, kann bei der Gründung einer SE-Holding von einem qualifizierten Anteilstausch ausgegangen werden.[105] Die zweite Alternativvoraussetzung i. S. des § 21 Abs. 2 Satz 3 Nr. 2 Halbs. 1 UmwStG ist ebenfalls erfüllt, da die Gründung einer Holding-SE aufgrund ihrer gesellschaftsrechtlichen Vorgaben dem Anteilstausch i. S. des Art. 8 FRL entspricht[106]. Damit hat die Gründung einer SE-Holding auch keine Auswirkung für die Anteilseigner. Hierbei spielt die Ansässigkeit sowohl der einbringenden Gesellschafter als auch der SE keine Rolle. Unerheblich ist grundsätzlich auch das deutsche Besteuerungsrecht an den eingebrachten Anteilen, es sei denn, die Einbringung stellt keinen Anteilstausch i. S. der FRL dar.[107] Dies kann dann der Fall sein, wenn neben der Gewährung neuer Anteile bare oder sonstige Gegenleistungen gewährt werden, die 10 % des Nennwertes oder des rechnerischen Wertes der ausgegebenen Anteile übersteigen.[108] Da die inländischen Einbringungsvorgänge von einer solchen Benachteiligung nicht berührt werden, kann hierdurch ein Verstoß gegen die Grundfreiheiten des AEUV vorliegen.[109]

Jedoch ist in diesem Fall gemäß § 21 Abs. 2 Satz 3 Nr. 2 Halbs. 2 UmwStG der **51** Gewinn aus einer späteren Veräußerung der Anteile an der Holding-SE ungeachtet der DBA-Bestimmungen in der gleichen Art und Weise zu besteuern, wie die Veräußerung der Anteile an den Gründungsgesellschaften zu besteuern

---

104) Vgl. *Lübbehüsen/Schütte* in: Haase/Hruschka, UmwStG, § 4 Rz. 3.
105) Vgl. *Fischer* in: MünchKomm-AktG, Bd. 7 Kap. III Rz. 51.
106) Vgl. *Schindler* in: Lutter/Hommelhoff, SE-Kommentar, Abschn. C. Die SE im Steuerrecht, Rz. 332.
107) Vgl. *Schindler* in: Lutter/Hommelhoff, SE-Kommentar, Abschn. C. Die SE im Steuerrecht, Rz. 332, sowie *Nitzschke* in: Blümich, EStG/KStG/GewStG, § 21 UmwStG Rz. 52–54.
108) Vgl. *Nitzschke* in: Blümich, EStG/KStG/GewStG, § 21 UmwStG Rz. 52.
109) Vgl. *Nitzschke* in: Blümich, EStG/KStG/GewStG, § 21 UmwStG Rz. 52.

gewesen wäre. In der Literatur wird diese Regelung als treaty-override angesehen (siehe auch oben Rz. 18).[110] Des Weiteren ist die siebenjährige Sperrfrist i. S. des § 22 Abs. 2 UmwStG zu beachten.[111]

3. Gründung einer gemeinsamen Tochtergesellschaft

52 Laut Art. 2 Abs. 3, 35, 36 SE-VO und Art. 54 AEUV kann eine Tochter-SE sowohl von juristischen Personen des öffentlichen oder privaten Rechts, als auch von Personengesellschaften gegründet werden, sofern mindestens zwei der Gesellschafter dem Recht verschiedener Mitgliedstaaten unterliegen oder seit mindestens zwei Jahren eine dem Recht eines anderen Mitgliedstaats unterliegende Tochtergesellschaft oder eine Zweigniederlassung in einem anderen Mitgliedstaat haben. Zudem kann eine Tochter-SE gemäß Art. 3 Abs. 2 SE-VO auch durch eine bereits existierende SE gegründet werden.[112]

53 Gesellschaftsrechtlich erfolgt die Gründung einer Tochter-SE genauso wie die Gründung einer Holding-SE im Wege der Einzelrechtsnachfolge. Jedoch sind Einbringende nicht die Gesellschafter der Gründungsgesellschaften, sondern die Gründungsgesellschaften.[113] Die Kapitalaufbringung i. R. der Gründung einer Tochter-SE durch die Aktionäre der Tochter-SE kann entweder durch eine Bar- oder eine Sacheinlage erfolgen. Die Bargründung einer Tochter-SE hat keine ertragsteuerlichen Folgen unabhängig vom Ansässigkeitsstaat der SE.[114] Jedoch kann in den einzelnen Mitgliedstaaten auf die Kapitalaufbringung eine Gesellschaftssteuer erhoben werden.[115] Die Sachgründung kann entweder durch die Einbringung von Kapitalgesellschaftsanteilen oder von Unternehmensteilen vollzogen werden. Auf die erste Alternative wird auf diese Stelle nicht eingegangen, da diese genauso wie die Gründung einer Holding-SE erfolgt[116] (siehe dazu oben Rz. 42). Die zweite Alternative wird in den darauffolgenden Ausführungen näher beleuchtet.

---

110) Vgl. *Schindler* in: Lutter/Hommelhoff, SE-Kommentar, Abschn. C. Die SE im Steuerrecht, Rz. 332, sowie *Fischer* in: MünchKomm-AktG, Bd. 7, Kap. III Rz. 60.
111) Vgl. *Schindler* in: Lutter/Hommelhoff, SE-Kommentar, Abschn. C. Die SE im Steuerrecht, Rz. 337.
112) Vgl. *Fischer* in: MünchKomm-AktG, Bd. 7, Kap. III Rz. 63.
113) Vgl. *Schindler* in: Lutter/Hommelhoff, SE-Kommentar, Abschn. C. Die SE im Steuerrecht, Rz. 352.
114) Vgl. *Schindler* in: MünchKomm-AktG, Bd. 7, Kap. III Rz. 354.
115) Vgl. *Schindler* in: Lutter/Hommelhoff, SE-Kommentar, Abschn. C. Die SE im Steuerrecht, Rz. 355.
116) Vgl. *Schindler* in: Lutter/Hommelhoff, SE-Kommentar, Abschn. C. Die SE im Steuerrecht, Rz. 357.

a) Einbringung von Unternehmensteilen in die Tochter-SE

Die Einbringung von Unternehmensteilen in die Tochter-SE kann in Deutschland steuerrechtlich durch § 20 UmwStG geregelt werden. Hierfür muss sowohl der sachliche als auch der persönliche Anwendungsbereich dieser Vorschrift eröffnet werden. Unter **den sachlichen Anwendungsbereich** des § 20 UmwStG fallen Sacheinlagen in der Form eines Betriebs, eines Teilbetriebs oder eines Mitunternehmeranteils.[117] Damit geht § 20 UmwStG über den Anwendungsbereich der FRL hinaus, weil FRL nur die Einbringungen von Betrieben und Teilbetrieben begünstigt.[118] Gemäß Tz. 20.06 i. V. m. Tz. 15.02 UmwStE gilt als Einbringung eines Betriebs die Einbringung von Beteiligungen an den Kapitalgesellschaften, sofern diese eine wesentliche Betriebsgrundlage darstellen.[119]

54

Für die Eröffnung **des persönlichen Anwendungsbereichs** müssen bestimmte Voraussetzungen sowohl bei dem Einbringenden als auch bei dem übernehmenden Rechtsträger erfüllt sein. Laut § 1 Abs. 4 Satz 1 Nr. 1 i. V. m. § 1 Abs. 2 Nr. 1 UmwStG muss **der übernehmende Rechtsträger** nach dem Recht eines EU/EWR-Staates gegründet worden sein und seinen Sitz und Ort der Geschäftsleitung im EU/EWR-Raum haben.[120] Dies ist bei der Gründung einer gemeinsamen SE-Tochtergesellschaft der Fall, denn die SE-Verordnung ist ein Bestandteil der inländischen Rechtsordnung und die Gründung einer SE richtet sich nach den einzelstaatlichen Ausführungsgesetzen.[121] **Einbringender** eines Betriebs, Teilbetriebs oder Mitunternehmeranteils kann gemäß § 1 Abs. 4 Satz 1 Nr. 2 lit. a, aa UmwStG eine nach den Rechtsvorschriften eines EU/EWR-Staates gegründete Gesellschaft i. S. des Art. 48 EGV oder Art. 34 EWR-Abkommen (d. h. Kapital- und Personengesellschaften) mit Sitz und Geschäftsleitung innerhalb des EU/EWR-Raums sein.[122] Des Weiteren können als Einbringende gemäß § 1 Abs. 4 Satz 1 Nr. 2 lit. a, bb UmwStG natürliche Personen mit Wohnsitz oder gewöhnlichen Aufenthalt innerhalb des EU/EWR-Raums auftreten. Dies ist insbesondere dann von Bedeutung, wenn eine Tochter-SE durch Personengesellschaften gegründet wird, deren Gesellschafter natürliche Personen sind.[123] Sind an der einbringenden Personengesellschaft Kapitalgesellschaften beteiligt, muss deren Sitz und Ort der Geschäftsleitung im EU/EWR-

55

---

117) Vgl. *Nitzschke* in: Blümich, EStG/KStG/GewStG, § 20 UmwStG Rz. 14.
118) Vgl. *Schindler* in: Lutter/Hommelhoff, SE-Kommentar, Abschn. C. Die SE im Steuerrecht, Rz. 359, 360.
119) Vgl. *Schindler* in: Lutter/Hommelhoff, SE-Kommentar, Abschn. C. Die SE im Steuerrecht, Rz. 375.
120) Vgl. *Hruschka/Hellmann* in: Haase/Hruschka, UmwStG, § 23 Rz. 25.
121) Vgl. *Schindler* in: Lutter/Hommelhoff, SE-Kommentar, Abschn. C. Die SE im Steuerrecht, Rz. 373.
122) Vgl. *Hruschka/Hellmann* in: Haase/Hruschka, UmwStG, § 24 Rz. 25.
123) Vgl. *Schindler* in: Lutter/Hommelhoff, SE-Kommentar, Abschn. C. Die SE im Steuerrecht, Rz. 366.

Raum liegen.[124] Darüber hinaus muss für die Eröffnung des persönlichen Anwendungsbereichs des § 20 UmwStG gemäß § 1 Abs. 4 Nr. 2 lit. b Satz 1 UmwStG das deutsche Besteuerungsrecht hinsichtlich der Veräußerung der erhaltenen Anteile an der SE nicht ausgeschlossen oder beschränkt sein.[125]

b) Steuerliche Folgen für die Gründungsgesellschaften

56 Aufgrund der Wertverknüpfung sind die steuerlichen Folgen auf Ebene der Gründungsgesellschaften von dem Wertansatz des eingebrachten Betriebsvermögens bei der Tochter-SE abhängig. Denn nach § 20 Abs. 3 Satz 1 UmwStG gilt der Wert, mit dem die übernehmende Gesellschaft das eingebrachte Betriebsvermögen ansetzt, als Veräußerungspreis des durch die einzelnen Gründungsgesellschaften eingebrachten Betriebsvermögens und entsprechend als Anschaffungskosten der Gesellschaftsanteile an der Tochter-SE. Wird das deutsche Besteuerungsrecht hinsichtlich des Gewinns aus der Veräußerung des eingebrachten Betriebsvermögens im Zeitpunkt der Einbringung ausgeschlossen und wird dieses auch nicht durch die Einbringung begründet, gilt gemäß § 20 Abs. 3 Satz 2 UmwStG für die Gründungsgesellschaften insoweit der gemeine Wert des Betriebsvermögens im Zeitpunkt der Einbringung als Anschaffungskosten der Anteile. Mit dieser Regelung wird bei erstmaliger Steuerverstrickung von den gewährten Anteilen der Ansatz mit dem gemeinen Wert sichergestellt[126] und betrifft bspw. das zu einer ausländischen Betriebsstätte gehörende Betriebsvermögen in einem DBA-Staat mit einer Freistellungsmethode.[127]

57 Ferner ist bei der Gewährung von anderen Wirtschaftsgütern an die Gründungsgesellschaften gemäß § 20 Abs. 3 Satz 3 UmwStG deren gemeiner Wert bei der Bemessung der Anschaffungskosten der Gesellschaftsanteile von dem sich nach den Sätzen 1 und 2 ergebenden Wert abzuziehen. Ein steuerpflichtiger Tatbestand in diesem Zusammenhang wird erst dann gemäß § 20 Abs. 2 Satz 4 UmwStG begründet, wenn der gemeine Wert anderer Wirtschaftsgüter als Gesellschaftsanteile an der Tochter-SE den Buchwert des eingebrachten Vermögens übersteigt.[128]

58 Nach § 20 Abs. 2 Satz 1 Halbs. 1 UmwStG hat die übernehmende Gesellschaft das eingebrachte Betriebsvermögen mit dem gemeinen Wert anzusetzen. Es ist

---

124) Vgl. *Schindler* in: Lutter/Hommelhoff, SE-Kommentar, Abschn. C. Die SE im Steuerrecht, Rz. 367.
125) Vgl. *Hruschka/Hellmann* in: Haase/Hruschka, UmwStG, § 20 Rz. 25.
126) Vgl. *Nitzschke* in: Blümich, EStG/KStG/GewStG, § 20 UmwStG Rz. 3.
127) Vgl. *Schindler* in: Lutter/Hommelhoff, SE-Kommentar, Abschn. C. Die SE im Steuerrecht, Rz. 386.
128) Vgl. *Schindler* in: Lutter/Hommelhoff, SE-Kommentar, Abschn. C. Die SE im Steuerrecht, Rz. 385.

gemäß § 20 Abs. 2 Satz 2 UmwStG jedoch der Ansatz den übernommenen Betriebsvermögens mit einem Buchwert oder einem Zwischenwert möglich, wenn

- es später bei der übernehmenden Körperschaft der Besteuerung mit der Körperschaftsteuer unterliegt;
- die Passivposten des eingebrachten Betriebsvermögens ohne Berücksichtigung des Eigenkapitals die Aktivposten nicht übersteigen; und
- das deutsche Besteuerungsrecht hinsichtlich der Besteuerung des Gewinns aus der Veräußerung des eingebrachten Betriebsvermögens bei der übernehmenden Gesellschaft nicht ausgeschlossen oder beschränkt wird.

Zu beachten ist, dass diese Voraussetzungen kumulativ erfüllt sein müssen.[129] Da die SE wie eine Körperschaft behandelt wird, unterliegt sie somit der Körperschaftsteuerpflicht, was für die Erfüllung der ersten Voraussetzung spricht. Bei keiner Einbringung von negativem Betriebsvermögen wird die zweite Voraussetzung erfüllt. Die Erfüllung der dritten Voraussetzung hingegen hängt vom einzubringenden Vermögen (inländische oder ausländische Betriebe, Teilbetriebe oder Mitunternehmeranteile), Sitz der übernehmenden SE (inländische oder ausländische SE), sowie von der Person des Einbringenden (unbeschränkt, beschränkt oder ausländischer Einbringender) ab.

Bei der Einbringung von **inländischen Betrieben und Teilbetrieben** einer inländischen Kapitalgesellschaft in eine Tochter-SE mit Sitz im Inland gegen Gewährung von SE-Aktien wird das deutsche Besteuerungsrecht hinsichtlich der Besteuerung des Gewinns aus der Veräußerung des eingebrachten Betriebsvermögens bei der übernehmenden Gesellschaft weder beschränkt noch ausgeschlossen, weil es sich um einen inländischen Sachverhalt handelt. Die gleichen steuerlichen Folgen ergeben sich bei der Einbringung von inländischen Betrieben oder Teilbetrieben von einer ausländischen Kapitalgesellschaft in eine Tochter-SE mit Sitz im Inland, denn es wird nicht auf die Steuerverhaftung von gewährten Anteilen, sondern auf das eingebrachte Betriebsvermögen abgestellt.[130]

Im Fall der Einbringung von **ausländischen Betrieben oder Teilbetrieben** (belegen in DBA und nicht-DBA-Staaten) in eine Tochter-SE mit Sitz im Inland gegen Gewährung von SE-Aktien durch unbeschränkt steuerpflichtige Kapitalgesellschaften oder inländische Personengesellschaften mit unbeschränkt steuerpflichtigen Anteilseignern liegt ebenfalls weder ein Ausschluss noch eine Beschränkung des deutschen Besteuerungsrechts hinsichtlich der Besteuerung des Gewinns aus der Veräußerung des eingebrachten Betriebsvermögens bei der SE

---

129) Vgl. *Schindler* in: Lutter/Hommelhoff, SE-Kommentar, Abschn. C. Die SE im Steuerrecht, Rz. 382.
130) Vgl. *Schindler* in: Lutter/Hommelhoff, SE-Kommentar, Abschn. C. Die SE im Steuerrecht, Rz. 412.

vor. Dies erklärt sich damit, dass abkommensrechtlich nach Art. 7 Abs. 1 und 2, sowie nach Art. 13 Abs. 2 OECD-MA das Besteuerungsrecht der Betriebsstättenstaat (hier Deutschland) hat.[131] In der gleichen Sachkonstellation, aber mit ausländischen Einbringenden und Belegenheit des eingebrachten Betriebsvermögens im Nicht-DBA-Staat, wird das deutsche Besteuerungsrecht zum ersten Mal begründet und das ausländische Vermögen wird in Deutschland nach den allgemeinen Verstrickungsregeln steuerlich verhaftet.

62 Werden ausländische Teilbetriebe, Betriebe oder Mitunternehmeranteile (belegen im Nicht-DBA-Staat) in eine ausländische SE mit Sitz in demselben oder einem anderen Staat eingebracht, wird das deutsche Besteuerungsrecht ausgeschlossen. Eine Beschränkung des deutschen Besteuerungsrechts liegt vor im Fall der Einbringung einer ausländischen Gesellschaft i. S. der FRL mit Sitz in einem DBA-Staat mit der Anrechnungsmethode für die Betriebsstätteneinkünfte (z. B. im Fall deren Passivität), die nach dem deutschen Steuerrecht als eine transparente Mitunternehmerschaft behandelt wird, in eine SE mit Sitz und Geschäftsleitung im EU/EWR-Raum. Da dies zum Ansatz des eingebrachten Betriebsvermögens mit dem gemeinen Wert bei der SE und zu einem Einbringungsgewinn bei den Einbringenden führen wird, erfolgt eine Anrechnung der fiktiven ausländischen Steuer auf die deutsche Steuer, die im Quellenstaat bei Aufdeckung auf die betroffenen stillen Reserven erhoben worden wäre.[132]

63 Bei der Einbringung **inländischer Teilbetriebe, Betriebe oder Mitunternehmeranteile** in eine im EU-Ausland ansässige SE wird das deutsche Besteuerungsrecht hinsichtlich der Besteuerung des Gewinns aus der Veräußerung des eingebrachten Betriebsvermögens bei der SE weder ausgeschlossen noch beschränkt, weil Deutschland das Besteuerungsrecht als Betriebsstättenstaat gemäß § 49 Abs. 1 Nr. 2a EStG unabhängig davon hat, ob es sich beim Ansässigkeitsstaat um einen DBA- oder Nicht-DBA-Staat handelt.[133] Wird das ausländische Betriebsstättenvermögen, das in Deutschland unter Anrechnungsverpflichtung gemäß DBA bzw. § 34c EStG/§ 26 KStG besteuert werden darf, in eine in Deutschland beschränkt bzw. nicht steuerpflichtige SE eingebracht, liegt ein Ausschluss des deutschen Besteuerungsrechts vor. Zur Ermöglichung eines steuerneutralen Einbringungsvorgangs kann gemäß § 20 Abs. 7 UmwStG die fiktive ausländische Steuer aus der angedachten Betriebsstättenveräußerung auf die deutsche Steuer auf den Einbringungsgewinn angerechnet werden. Dies ist

---

131) Vgl. *Schindler* in: Lutter/Hommelhoff, SE-Kommentar, Abschn. C. Die SE im Steuerrecht, Rz. 413.
132) Vgl. *Hruschka/Hellmann* in: Haase/Hruschka, UmwStG, § 20 Rz. 192, 193.
133) Vgl. *Schindler* in: Lutter/Hommelhoff, SE-Kommentar, Abschn. C. Die SE im Steuerrecht, Rz. 414.

indes nur möglich, wenn der jeweilige Einbringungsvorgang durch die FRL geschützt wird.[134)]

Art. 3 FRL setzt für die Eröffnung ihres persönlichen Anwendungsbereichs 64 voraus, dass es sich bei den an dem Umwandlungsvorgang beteiligten Personen um Gesellschaften i. S. des Anhangs zur FRL mit Hauptansässigkeit innerhalb der EU, die dort ohne Wahlmöglichkeit der Körperschaftsteuer oder einer entsprechender Steuer unterliegen, handelt. Demzufolge kann § 20 Abs. 7 UmwStG bei natürlichen Personen oder Personengesellschaften als Einbringenden nicht angewandt werden. Als Einbringungsobjekte können nach Art. 2 lit. c FRL nur Betriebe und Teilbetriebe und keine Mitunternehmeranteile in Frage kommen[135)].

Ergänzend ist auf die siebenjährige Sperrfrist i. S. des § 22 Abs. 1 UmwStG bei 65 den Einbringenden hinzuweisen.

c) Steuerliche Folgen für die Tochter-SE

Der Gründungsvorgang entfaltet für die Tochter-SE selbst keine ertragsteuerlichen 66 Folgen, da dieser nur eine Auswirkung auf die Vermögensebene hat. Die Ausübung des Wahlrechts bei dem Ansatz des eingebrachten Betriebsvermögens ist von Bedeutung für die spätere Aufdeckung der stillen Reserven, sowie für das Abschreibungspotenzial. Sind in den eingebrachten Betrieben, Teilbetrieben oder Mitunternehmeranteilen inländische Grundstücke enthalten, kann eine Grunderwerbsteuer auf der Ebene der Tochter-SE entstehen. Weiter hinaus kann in den einzelnen Mitgliedstaaten Gesellschaftssteuer erhoben werden.[136)]

4. Gründung einer SE durch Formwechsel

Laut Art. 2 Abs. 4 SE-VO i. V. m. Art. 37 SE-VO kann eine SE entweder durch 67 Formwechsel einer inländischen Aktiengesellschaft mit einer EU-Tochtergesellschaft oder einer ausländischen Aktiengesellschaft mit inländischer Tochtergesellschaft entstehen. Da in beiden Konstellationen kein Rechtsträgerwechsel stattfindet, erfolgt eine Besteuerung weder auf der Ebene der SE noch bei ihren Anteilseignern.[137)]

---

134) Vgl. *Hruschka/Hellmann* in: Haase/Hruschka, UmwStG, § 20 Rz. 188, 190, 191.
135) Vgl. *Hruschka/Hellmann* in: Haase/Hruschka, UmwStG, § 20 Rz. 189.
136) Vgl. *Schindler* in: Lutter/Hommelhoff, SE-Kommentar, Abschn. C. Die SE im Steuerrecht, Rz. 405–408.
137) Vgl. *Jochum* in: Habersack/Drinhausen, SE-Recht, Kap. E. Steuerrecht der SE, Rz. 126, sowie *Funke*, NWB Fach 18, 2008, S. 4787, 4795, sowie *Schindler* in: Lutter/Hommelhoff, SE-Kommentar, Abschn. C. Die SE im Steuerrecht, Rz. 415–416.

§ 47 Steuerrecht

C. Laufende Besteuerung einer SE
I. Inländische Einkünfte einer SE

68 Da die SE-Verordnung keine Sonderregeln zur Besteuerung einer SE enthält, richtet sich die laufende Besteuerung nach nationalem Recht des Sitzstaats der SE.[138] Bei einem Sitz in Deutschland ist die SE wie alle anderen Aktiengesellschaft gemäß § 1 Abs. 1 Nr. 1 KStG unbeschränkt körperschafts- und entsprechend § 2 Abs. 2 Satz 1 GewStG gewerbesteuerpflichtig.[139] Eine ausländische SE unterliegt der beschränkten Steuerpflicht, soweit inländische Einkünfte (§ 8 Abs. 1 KStG i. V. m. § 49 EStG) erwirtschaftet werden.[140] Da für die Gewinnermittlung einer SE allgemeine Regeln der deutschen Ertragsbesteuerung gelten, wird auf diese Regeln an dieser Stelle nicht näher eingegangen.

69 Erwähnenswert ist lediglich die Besonderheit der Abzugsfähigkeit von Vergütungen für die Überwachung der Geschäftsführung bei einer SE in Abhängigkeit von ihrer Organisationsstruktur.[141] Nach § 10 Abs. 4 KStG stellt die Hälfte der Vergütungen jeder Art, die an Mitglieder des Aufsichtsrats, Verwaltungsrats, Vorstands oder andere mit der Überwachung der Geschäftsführung beauftragte Personen gewährt werden, nichtabziehbare Aufwendungen dar. Bei einer dualistisch konstruierten SE, d. h. einer SE mit einem Vorstand und Aufsichtsrat, sind die Vergütungen des Vorstands vollständig und die des Aufsichtsrats zu 50 % als Betriebsausgaben abzugsfähig.

70 Schwierig ist dagegen die Abzugsfähigkeit von Betriebsausgaben im Zusammenhang mit der Tätigkeit des Verwaltungsrats aufgrund der Regelung des § 10 Nr. 4 KStG bei einer monistisch konstruierten SE, d. h. bei einer SE mit einem Verwaltungsrat, der sowohl die Aufgaben von Aufsichtsrat als auch von Vorstand ausübt.

71 In der Praxis wird dieses Problem durch den Aufgabenbereich der SE gelöst. Laut § 22 Abs. 1 SEAG[142] leitet der Verwaltungsrat die Gesellschaft, bestimmt die Grundlinien ihrer Tätigkeit und überwacht deren Umsetzung. Somit übt der Verwaltungsrat die Aufgaben des Vorstands aus. Da die Vergütungen für die Tätigkeit des Vorstands nicht in § 10 KStG aufgelistet sind, sind die Vergütungen für die Tätigkeit der Mitglieder des Verwaltungsrats als Betriebsausgaben voll abzugsfähig. Werden dagegen durch den Verwaltungsrat geschäftsführende Direktoren, die die SE gemäß § 41 Abs. 1 SEAG nach außen vertreten und somit die Aufgaben des Vorstands übernehmen, bestellt, ist eine Auftei-

---

138) *Fischer* in: MünchKomm-AktG, Bd. 7, Kap. III Rz. 101.
139) Vgl. *Blumenberg* in: FS Schaumburg, S. 559, 561.
140) Vgl. *Schaumburg* in: Lutter/Hommelhoff, Die Europäische Gesellschaft, S. 355.
141) Vgl. *Schaumburg* in: Lutter/Hommelhoff, Die Europäische Gesellschaft, S. 355.
142) Gesetz zur Ausführung der Verordnung [EG] Nr. 2157/2001 des Rats v. 8.10.2001 über das Status der Europäischen Gesellschaft [SE].

lung zwischen den Vergütungen für die geschäftsführenden Direktoren und den übrigen Mitgliedern des Verwaltungsrats erforderlich. Die Vergütungen für die geschäftsführenden Direktoren sind vollständig und die der übrigen Mitglieder des Verwaltungsrats nur zu 50 % als Betriebsausgaben abzugsfähig. Demzufolge ist zur Vermeidung der Anwendung des § 10 Nr. 4 KStG der Einsatz eines monistisches Modells ohne geschäftsführende Direktoren zu empfehlen.[143]

II. Ausländische Einkünfte einer SE

Die ausländischen Einkünfte einer SE werden grundsätzlich genauso besteuert 72 wie die Einkünfte von anderen Kapitalgesellschaften. Insbesondere zu beachten sind die Vorschriften hinsichtlich der Hinzurechnungsbesteuerung i. S. der §§ 7–14 AStG, der Verrechnungspreise (§ 1 AStG), der internationalen Einkünfteabgrenzung bei Betriebsstätten, der verdeckten Gewinnausschüttungen (§ 8 Abs. 3 Satz 2 KStG) und der verdeckten Einlagen (§ 4 Abs. 1 Satz 8 EStG i. V. m. § 8 Abs. 1 KStG i. V. m. § 8 Abs. 3 Satz 3 KStG.[144] Am 22.12.2003 wurde die SE in den persönlichen Anwendungsbereich der Mutter-Tochter-Richtlinie aufgenommen[145]. Dies hat zur Folge, dass bei Gewinnausschüttungen der Tochtergesellschaft (einschließlich SE) an die Muttergesellschaft (einschließlich SE) im EU-/EWR-Raum keine Quellensteuer einbehalten wird. Laut Art. 3 Abs. 1 lit. a Mutter-Tochter-Richtlinie gilt eine Gesellschaft eines Mitgliedstaates, die unter den persönlichen Anwendungsbereich dieser Richtlinie fällt, dann als Muttergesellschaft, wenn diese mindestens zu 10 % der Anteile an einer Gesellschaft eines anderen Mitgliedstaats hält, die die gleichen Bedingungen erfüllt. Wurde eine Tochter-SE durch eine Personengesellschaft gegründet, kommt es hingegen zu keiner Anwendung der Mutter-Tochter-Richtlinie.[146]

Die Zins- und Lizenzrichtlinie kommt bei der SE nicht zur Anwendung, da die 73 SE nicht in den persönlichen Anwendungsbereich dieser Richtlinie aufgenommen wurde.[147] Folgerichtig darf auf die Zins- und Lizenzzahlungen zwischen verbundenen Unternehmen Quellensteuer einbehalten werden. Die Besteuerung der Einkünfte aus den Staaten, mit denen Deutschland ein Doppelbesteuerungsabkommen abgeschlossen hat, ist zuerst von der Frage der Abkommensberechtigung der SE abhängig. Laut Art. 1 i. V. m. Art. 3 Abs. 1 lit. a und b OECD-MA sind alle juristischen Personen oder Rechtsträger, die für die Besteuerung wie juristische Personen behandelt werden, abkommensberechtigt. Da die SE

---

143) Vgl. *Funke*, NWB Fach 4, 2008, S. 5407, 5410.
144) Vgl. *Schaumburg* in: Lutter/Hommelhoff, Die Europäische Gesellschaft, S. 355.
145) Vgl. *Diemer* in: Drinhausen/Hulle/Maul, Hdb. Europ. Gesellschaft, Abschn. 9 Besteuerung, § 1 Rz. 53.
146) Vgl. *Diemer* in: Drinhausen/Hulle/Maul, Hdb. Europ. Gesellschaft, Abschn. 9 Besteuerung, § 1 Rz. 54.
147) Vgl. *Diemer* in: Drinhausen/Hulle/Maul, Hdb. Europ. Gesellschaft, Abschn. 9 Besteuerung, § 1 Rz. 55.

nach Art. 1 Abs. 3 SE-VO persönlich rechtsfähig ist und gemäß § 1 Abs. 1 Nr. 1 und § 2 Nr. 1 KStG wie eine Kapitalgesellschaft (und somit wie eine juristische Person) behandelt wird, kann die Abkommensberechtigung der SE nicht beanstandet werden.[148]

III. Verluste aus ausländischen Betriebsstätten

74 Da das aktuelle SE-Statut keine besondere Regelung zum Verlustausgleich bei ausländischen Betriebsstätten mehr enthält, gelten hierfür weiterhin die jeweiligen nationalen Vorschriften.[149]

75 Insbesondere in den Fällen, in denen eine SE durch eine Hereinverschmelzung entsteht oder eine bereits bestehende SE nach Deutschland ihren Sitz verlegt, verbleibt in der Regel im Ausland Betriebsstättenvermögen. Wurden diesen Betriebsstätten Verluste zugeordnet, sind diese aufgrund sowohl der EuGH- als auch der BFH-Rechtsprechung in den Fällen der Freistellung ausländischer Betriebsstättengewinne in Deutschland nicht ausgleichsfähig.[150] Eine Verlustverrechnung sowohl für die körperschaft- als auch für gewerbesteuerliche Zwecke ist nur bei deren Finalität möglich.[151]

IV. Organschaft

76 Nach § 14 Abs. 1 Satz 1 KStG kann eine SE mit Geschäftsleitung im Inland und Sitz in einem EU/EWR-Staat als Organgesellschaft auftreten, wenn sie sich verpflichtet, ihren Gewinn durch einen Gewinnabführungsvertrag i. S. des § 291 Abs. 1 AktG an ein anderes gewerbliches Unternehmen (Organträger) abzuführen. Da für die SE bereits gesellschaftsrechtlich ein doppeltes Sitzerfordernis nach Art. 7 SE-VO besteht und sie somit ihren Ort der Geschäftsleitung im Ausland haben muss,[152] kann sie nur im Fall des Sitzes und des Orts der Geschäftsleitung im Inland eine Organgesellschaft sein. Die Organträgerfähigkeit einer SE richtet sich nach § 14 Abs. 1 Satz 1 Nr. 1 und 2 KStG, wenn die Organgesellschaft in die SE finanziell eingegliedert ist, keine von der Körperschaftsteuer befreite Körperschaft darstellt und ununterbrochen während der gesamten Dauer der Organschaft über eine inländische Betriebsstätte i. S. des § 12 AO verfügt, der die Beteiligung an der Organgesellschaft zugeordnet werden kann. Des Weiteren sollen gemäß § 14 Abs. 1 Satz 1 Nr. 2 Satz 7 KStG die Betriebsstätte der SE zuzurechnenden Einkünfte sowohl nach innerstaatlichem

---

148) Vgl. *Blumenberg* in: FS Schaumburg, S. 559, 567.; sowie *Schön* in: Lutter/Hommelhoff, SE-Kommentar, Abschn. C. Die SE im Steuerrecht, Rz. 149.
149) Vgl. *Jacobs/Endres/Spengel* in: Jacobs, Int. Unternehmensbesteuerung, S. 193.
150) Vgl. EuGH, Rs. C-414/06, *Lidl Belgium GmbH & Co. KG/FA Heilbronn*, Slg. 2008, I-3617 = IStR 2008, 183; BFH, BStBl. II 2010, 1065; BFH/NV 2010, 1744.
151) Vgl. *Fellinger/Schmidt-Ferenbacher*, Ubg 2012, 217.
152) Vgl. *Danelsing* in: Blümich, EStG/KStG/GewStG, § 14 KStG Rz. 55.

Steuerrecht als auch nach dem DBA der deutschen Besteuerung unterliegen. Hinsichtlich der Frage der Zuordnung der Anteile an der Organgesellschaft zu der inländischen Betriebsstätte gelten die Ausführungen unter Rz. 23 entsprechend.

D. Die gesellschaftsrechtlichen und steuerlichen Folgen der Sitzverlegung einer SE

Bei der Beurteilung der Rechtsfolgen des Wegzugs einer SE muss zwischen der gesellschaftsrechtlichen und steuerrechtlichen Terminologie unterschieden werden. Gesellschaftsrechtlich werden die Begriffe Sitz und Verwaltungssitz verwendet, steuerrechtlich Sitz und Ort der Geschäftsleitung i. S. der §§ 10, 11 AO.[153] Hierbei stimmen der gesellschaftsrechtliche Verwaltungssitz und der steuerliche Ort der Geschäftsleitung einer Kapitalgesellschaft nicht immer überein und es kann somit zum Auseinanderfallen der jeweiligen Sitze kommen. Unter dem gesellschaftsrechtlichen Verwaltungssitz wird der Ort der Umsetzung der Willensbildung in laufende Geschäftsführungsakte, und unter dem steuerlichen Ort der Geschäftsleitung der Ort der Willensbildung der Geschäftsführung verstanden.[154] Die gesellschaftsrechtlichen Folgen der Verlegung des Sitzes einer SE richten sich nach Art. 7, 8 und 64 SE-VO, die steuerrechtlichen dagegen nach dem nationalen Steuerrecht, dem sekundären Gemeinschaftsrecht (FRL) und dem primären Gemeinschaftsrecht (Grundfreiheiten).[155] Diese Konsequenzen werden im Einzelnen in den folgen Abschnitten näher erläutert. Ergänzend wird auf die Folgen des Wegzugs anderer deutscher Kapitalgesellschaften eingegangen, um Unterschiede zu der Sitzverlegung einer SE festzuhalten.

77

I. Wegzug einer SE
1. Gesellschaftsrechtliche Folgen des Wegzugs einer Gesellschaft

Aufgrund der nach wie vor im Grundsatz geltenden Sitztheorie in Deutschland können Kapitalgesellschaften in der Rechtsform einer GmbH oder Aktiengesellschaft gesellschaftsrechtlich keinen vollständigen, identitätswahrenden Wegzug (Verlegung sowohl des Verwaltungs- als auch des Satzungssitzes) aus Deutschland vollziehen.[156]

78

Gesellschaftsrechtlich ist in Deutschland für die GmbHs und Aktiengesellschaften seit Inkrafttreten des „Gesetzes zur Modernisierung des GmbH-Rechts

79

---

153) Vgl. *Schön* in: Lutter/Hommelhoff, SE-Kommentar, Abschn. C. Die SE im Steuerrecht, Rz. 117.
154) Vgl. *Schön* in: Lutter/Hommelhoff, SE-Kommentar, Abschn. C. Die SE im Steuerrecht, Rz. 51.
155) Vgl. *Schön* in: Lutter/Hommelhoff, SE-Kommentar, Abschn. C. Die SE im Steuerrecht, Rz. 100.
156) Vgl. *Blumenberg*, IStR 2009, 549.

und zur Bekämpfung von Missbräuchen" (MoMiG)[157)] am 23.10.2008 nur die **Verlegung des Verwaltungssitzes** zulässig.[158)] Gleichwohl sind hierbei kollisionsrechtliche Probleme nicht ausgeschlossen, wenn der Verwaltungssitz in einen ebenfalls der Sitztheorie folgenden Staat verlegt wird. Denn in diesem Fall ist sowohl nach deutschem als auch nach ausländischem Kollisionsrecht das ausländische Sachrecht für die wegziehende Gesellschaft maßgeblich, so dass die Gesellschaft aufgelöst wird.[159)] Dies gilt jedoch aufgrund der EuGH-Rechtsprechung nicht für die **EU-/EWR-Staaten**. In diesem Fall erfolgt eine Rückverweisung auf das deutsche Recht, welche das deutsche Kollisionsrecht gemäß Art. 4 Abs. 1 Satz 2 EGBGB akzeptiert.[160)]

80 **Die Verlegung des statutarischen Sitzes (Satzungssitz)** der Gesellschaft ist dagegen als Auflösungsbeschluss zu betrachten und führt zu ihrer Liquidation, denn eine Gesellschaft deutschen Rechts muss am Satzungssitz in einem Handelsregister (für Deutschland ist es ein deutsches Handelsregister) eingetragen werden.[161)] Dies gilt entsprechend bei der Sitzverlegung in einen EU-Staat, da jeder Mitgliedstaat die Anknüpfungsmerkmale für die Gründung und den Fortbestand einer Gesellschaft nach seinem Recht entscheiden kann und aufgrund dieser Tatsache kein Verstoß gegen die Niederlassungsfreiheit der Art. 49 und 54 AEUV vorliegt.[162)] Jedoch können deutsche Gesellschaften ihren Satzungssitz i. R. einer grenzüberschreitenden Verschmelzung nach §§ 122a ff. UmwG oder einer Umwandlung in eine SE verlegen.[163)] Ergänzend sind auch eine Hereinverschmelzung und -spaltung möglich.[164)]

81 Der Sitz einer SE kann laut Art. 8 Abs. 1 Satz 1 SE-VO in einen anderen Mitgliedstaat verlegt werden. Hierbei schreibt Art. 7 Satz 1 SE-VO vor, dass der Sitz und die Hauptverwaltung einer SE in demselben Mitgliedstaat liegen müssen. Hervorzuheben ist in diesem Zusammenhang Art. 8 Abs. 1 Satz 2 SE-VO, wonach die Sitzverlegung einer SE weder zur Auflösung noch zur Gründung einer neuen juristischen Person führt. Die Sitzverlegung einer SE findet somit identitätswahrend statt und beeinträchtigt nicht die Rechtsfähigkeit der SE.[165)]

---

157) BGBl. I 2008, 2026.
158) Vgl. *Blumenberg*, IStR 2009,549, sowie *Benecke/Staats* in: Dötsch/Pung/Möhlenbrock, KStG, § 12 Rz. 115.
159) Vgl. *Jaeger* in: Ziemons/Jaeger, GmbHG, § 4a Rz. 10.
160) Vgl. *Benecke/Staats* in: Dötsch/Pung/Möhlenbrock, KStG, § 12 Rz. 116.
161) Vgl. *Jaeger* in: Ziemons/Jaeger, GmbHG, § 4a Rz. 8.
162) Vgl. *Jaeger* in: Ziemons/Jaeger, GmbHG, § 4a Rz. 9.
163) Vgl. *Benecke/Staats* in: Dötsch/Pung/Möhlenbrock, KStG, § 12 Rz. 110.
164) Vgl. *Benecke/Staats* in: Dötsch/Pung/Möhlenbrock, KStG, § 12 Rz. 110, sowie EuGH, Rs. C-411/03, *SEVIC Systems AG*, NJW 2006, 425; EuGH, Rs. C-210/06, *CARTESIO Oktató és Szolgáltató bt*, NJW 2009, 569, sowie EuGH, Rs. C-378/10, *VALE Építési kft*, NJW 2012, 2715.
165) Vgl. *Lammel/Maier* in: Manz/Mayer/Schröder, Europ. AG, Teil D. Kap. 6 Rz. 1.

Gesellschaftsrechtlich wird bei einer Sitzverlegung aus Deutschland aus einer 82
deutschen SE eine SE eines anderen Mitgliedstaates.[166] Aus Art. 7 SE-VO folgt
somit, dass die Verlegung des Satzungssitzes zwangsläufig zur Verlegung des
Verwaltungssitzes führt. Dies ist aber in der Praxis nicht immer der Fall. Denn
die Verlegung des Satzungssitzes ist ein rechtlicher Vorgang, der zum Stichtag
der Eintragung in das Register des Zuzugsstaats vollzogen wird. Die Verlegung
des Verwaltungssitzes ist dagegen ein tatsächlicher Vorgang und hat keinen bestimmten Stichtag. Der Zeitraum zwischen der Verlegung des Satzungssitzes
und der Verlegung des Verwaltungssitzes kann durchaus mehrere Monate betragen.[167]

Wird nur der Satzungssitz oder nur der Verwaltungssitz verlegt, liegt ein Ver- 83
stoß gegen Art. 7 Satz 1 SE vor und die SE kann gemäß Art. 64 Abs. 2 SE-VO
liquidiert werden.[168] Jedoch wird beim Auseinanderfallen des Sitzes und des
Ortes der Geschäftsleitung die SE gesellschaftsrechtlich nicht automatisch liquidiert, sondern es wird der Sitzstaat nach Art. 64 Abs. 1 SE-VO aufgefordert,
die erforderlichen Maßnahmen zu treffen, damit eine Liquidation durchgeführt
werden kann.[169] Ergänzend muss angemerkt werden, dass durch das EWR-Abkommen sowohl der Art. 8 SE-VO als auch die Grundfreiheiten des EG-Vertrags bei der Sitzverlegung einer SE ins EWR-Ausland gelten.[170]

2. Steuerrechtliche Folgen des Wegzugs einer Gesellschaft (Grundsätze)

Auch steuerrechtlich ist zwischen der Verlegung des Satzungssitzes, der Ver- 84
legung des Verwaltungssitzes, der Verlegung des Ortes der Geschäftsleitung und
der Verlegung sowohl des Satzungs- als auch des Verwaltungssitzes (zusammen
mit der Verlegung des Ortes der Geschäftsleitung) zu unterscheiden.

Die Verlegung des Satzungssitzes einer deutschen Gesellschaft ins Ausland 85
führt zur ihrer Auflösung. In diesem Fall kann § 12 Abs. 1 KStG nicht eingreifen,
da die Gesellschaft aufgrund der verbleibenden inländischen Geschäftsleitung
in Deutschland unbeschränkt steuerpflichtig bleibt. Die Liquidationsbesteuerung
i. S. des § 11 KStG kommt nicht zustande, wenn keine Abwicklung erfolgt.[171]
Da im Fall der Sitzverlegung einer Körperschaft, Personenvereinigung oder

---

166) Vgl. *Blumenberg*, IStR 2009, 549.
167) Vgl. *Lammel/Maier* in: Manz/Mayer/Schröder, Europ. AG, Teil D. Kap. 6 Rz. 25.
168) Vgl. *Jochum* in: Habersack/Drinhausen, SE-Recht, Kap. E. Steuerrecht der SE, Rz. 127,
    sowie *Fischer* in: MünchKomm-AktG, Bd. 7, Kap. III Rz. 87.
169) Vgl. *Schön* in: Lutter/Hommelhoff, SE-Kommentar, Abschn. C. Die SE im Steuerrecht,
    Rz. 54, 189.
170) Vgl. *Schön* in: Lutter/Hommelhoff, SE-Kommentar, Abschn. C. Die SE im Steuerrecht,
    Rz. 186.
171) Vgl. *Benecke/Staats* in: Dötsch/Pung/Möhlenbrock, KStG, § 12 Rz. 118.

Vermögensmasse kein Vermögen an ihre Anteilseigner ausgekehrt wird, kann von keiner Abwicklung ausgegangen werden.[172]

86 Anders sind die Folgen bei der Verlegung des Verwaltungssitzes. Denn in diesem Fall kommt § 12 Abs. 1 KStG zur Anwendung, weil das deutsche Besteuerungsrecht in der Regel aufgrund der abkommensrechtlichen Ansässigkeit im anderen Vertragsstaat nach Art. 4 Abs. 3 OECD-MA (sog. tie-breaker-rule) entweder ausgeschlossen oder beschränkt wird.[173]

87 Wird i. R. des Wegzugs einer deutschen Kapitalgesellschaft sowohl ihr Sitz als auch der Ort ihrer Geschäftsleitung ins EU-/EWR-Ausland verlegt, liegt ein Verstoß gegen das Gesellschaftsrecht vor.[174] Denn wie bereits unter Rz. 77 dargelegt, ist gesellschaftsrechtlich nur eine Verlegung des Verwaltungssitzes möglich. Steuerrechtlich kann es hingegen zu einer Verlegung sowohl des Satzungssitzes als auch des Ortes der Geschäftsleitung ins Ausland und damit zu einer Liquidationsbesteuerung nach § 11 KStG kommen, wenn die Sitzverlegung zu einen gesellschaftsrechtlichen Liquidation führt. Hervorzuheben ist in diesem Zusammenhang, dass eine Liquidationsbesteuerung nicht sofort im Zeitpunkt einer gesellschaftsrechtlich unzulässigen Sitzverlegung erfolgt, sondern erst bei tatsächlicher Auflösung und Abwicklung der Gesellschaft.[175]

88 Zu einer Abschlussbesteuerung nach § 12 Abs. 1 KStG kommt es nur insoweit, wie die Wirtschaftsgüter der wegziehenden Kapitalgesellschaft weiterhin keiner deutschen Betriebsstätte zugerechnet werden können.[176] Besondere Schwierigkeiten entstehen hierbei u. a. hinsichtlich der Zurechnung von Patenten, Geschäfts- und Firmenwert, Beteiligungen und Lizenzen.[177] Misslingt die Zurechnung von den jeweiligen Wirtschaftsgütern zu der inländischen Betriebsstätte, kann es zu einem Entstrickungsgewinn kommen. Der Entstrickungsgewinn unterliegt lediglich der Körperschaftssteuer zzgl. Solidaritätszuschlag, jedoch keiner Gewerbesteuer.[178] Bei der Verlegung des Sitzes in einen Drittstaat, wenn der Ort der Geschäftsleitung sich bereits im Drittstaat befindet; bei der Verlegung des Orts der Geschäftsleitung in einen Drittstaat; sowie bei der Verlegung sowohl des Sitzes als auch des Orts der Geschäftsleitung in einen Drittstaat kommt es hingegen gemäß § 12 Abs. 3 Satz 1 KStG zu einer Liquidationsbesteuerung nach § 11 KStG.[179] Die gleichen steuerlichen Folgen ergeben sich gemäß § 12 Abs. 3 Satz 2 KStG infolge der Verlegung sowohl des Sitzes als

---

172) Vgl. *Benecke/Staats* in: Dötsch/Pung/Möhlenbrock, KStG, § 12 Rz. 510.
173) Vgl. *Benecke/Staats* in: Dötsch/Pung/Möhlenbrock, KStG, § 12 Rz. 118.
174) Vgl. *Blumenberg*, IStR 2009, 549, 551.
175) Vgl. *Blumenberg*, IStR 2009, 549, 551.
176) Vgl. *Schmidt*, PIStB 2013, 76, 77.
177) Vgl. *Schmidt*, PIStB 2013, 76, 77.
178) Vgl. *Schmidt*, PIStB 2013, 76, 77.
179) Vgl. *Benecke/Staats* in: Dötsch/Pung/Möhlenbrock, KStG, § 12 Rz. Rz. 527.

auch des Orts der Geschäftsleitung, wenn die Körperschaft, Vermögensmasse oder Personenvereinigung aufgrund des DBA nicht mehr im EU-/EWR-Raum ansässig wird.

II. Steuerrechtliche Folgen des Wegzugs einer SE

Die steuerlichen Folgen der Sitzverlegung einer SE in das EU-Ausland richten sich nach den Vorschriften der FRL (Art. 1 lit. b FRL).[180] Für die Sitzverlegung einer SE ins EWR-Ausland entfaltet die FRL keine Wirkung.[181] Die Sitzverlegung darf laut Art. 2 lit. j FRL weder zur Auflösung noch zur Gründung einer juristischen Person führen[182] und muss somit auch steuerlich identitätswahrend erfolgen. 89

Nach der in Art. 10b Abs. 1 FRL festgeschriebenen Regelung ist eine steuerneutrale identitätswahrende Sitzverlegung einer SE möglich. Denn laut Art. 10b Abs. 1 FRL i. V. m. Art. 10b Abs. 3 FRL dürfen stille Reserven in Wirtschaftsgütern der wegziehenden SE i. R. der Sitzverlegung einer SE von einem Mitgliedstaat in einen anderen Mitgliedstaat nicht besteuert werden, wenn diese nach dem Wegzug einer inländischen Betriebsstätte zugerechnet werden können und die Übernahme der Wirtschaftsgüter zum Buchwert erfolgt.[183] Laut Art. 10b Abs. 3 FRL können die Mitgliedstaaten der sitzverlegenden SE ein Ansatzwahlrecht (Zwischenwert oder Teilwert/gemeiner Wert) gewähren, welches bei seiner Ausübung eine (Teil-)Besteuerung verursachen kann.[184] Die Verlustvorträge der SE sind gemäß Art. 10c Abs. 2 FRL auf die im Wegzugsstaat verbleibende Betriebsstätte zu übertragen, wenn dies auch bei der Sitzverlegung innerhalb des Hoheitsgebiets des betroffenen Mitgliedstaats möglich ist.[185] 90

Des Weiteren können laut Art. 10c Abs. 1 FRL Rückstellungen und Rücklagen, die von der SE vor der Sitzverlegung ordnungsgemäß gebildet wurden und ganz oder teilweise steuerbefreit sind sowie nicht aus ausländischen Betriebsstätten stammen, von einer Betriebsstätte der SE in dem Wegzugsstaat mit der gleichen Steuerbefreiung übernommen werden. 91

Auf der Gesellschafterebene darf gemäß Art. 10d Abs. 1 FRL die Sitzverlegung einer SE keine Besteuerung des Veräußerungsgewinns auslösen. Es bleibt jedoch nach Art. 10d Abs. 2 FRL den Mitgliedstaaten vorbehalten, den Gewinn 92

---

180) Vgl. *Benecke/Staats* in: Dötsch/Pung/Möhlenbrock, KStG, § 12 Rz. Rz. 118.
181) Vgl. *Schön* in: Lutter/Hommelhoff, SE-Kommentar, Abschn. C. Die SE im Steuerrecht, Rz. 186.
182) Vgl. *Lammel/Maier* in: Manz/Mayer/Schröder, Europ. AG, Teil D. Kap. 6 Rz. 9.
183) Vgl. *Funke*, NWB Fach 18, 2008, S. 4787, 4795, sowie *Schön* in: Lutter/Hommelhoff, SE-Kommentar, Abschn. C. Die SE im Steuerrecht, Rz. 114.
184) Vgl. *Lammel/Maier* in: Manz/Mayer/Schröder, Europ. AG, Teil D. Kap. 6 Rz. 13.
185) Vgl. *Lammel/Maier* in: Manz/Mayer/Schröder, Europ. AG, Teil D. Kap. 6 Rz. 15.

aus einer späteren tatsächlichen Veräußerung der Anteile am Gesellschaftskapital der ihren Sitz verlegenden SE zu besteuern.

93 Da es sich bei einer Sitzverlegung der SE um einen gesetzlich angeordneten Formwechsel handelt, behält die SE i. R. des Wegzugs weiterhin ihre vorherige Rechtsträgereigenschaft.[186] Die steuerlichen Verlustvorträge i. S. des § 10d EStG und § 10a GewStG sowie die Zinsvorträge i. S. der Zinsschranke (§ 4h Abs. 1 Satz 5 EStG) bleiben weiterhin bestehen und können mit den künftigen inländischen Betriebsstätteneinkünften der SE verrechnet werden, wenn nach der Sitzverlegung eine Betriebsstätte der SE im Inland verbleibt.[187] Die Möglichkeit zur Verlustberücksichtigung durch die inländische Betriebsstätte der SE steht somit mit den Vorgaben des Art. 10c Abs. 2 FRL im Einklang.

94 Fraglich ist jedoch, ob die Verluste der SE in den Zuzugsstaat mitgenommen werden können, wenn diese im Wegzugsstaat steuerlich nicht mehr geltend gemacht werden können. Dies kann bspw. dann der Fall sein, wenn nach dem Wegzug keine Betriebsstätte im Wegzugsstaat verbleibt, der die Verluste zugeordnet werden können. Nach der EuGH-Rechtsprechung in der Rechtssachen *Lidl Belgium*[188] und *Marks & Spencer*[189] ist eine Verlustmitnahme nur im Fall deren Finalität möglich.[190] Verfügt der Zuzugsstaat über keine der Zinsschranke vergleichbare Regelung, können die Zinsvorträge dagegen nicht mitgenommen werden. Der Zinsvortrag sollte in diesen Fällen aber i. R. des allgemeinen Verlustvortrags nutzbar sein.[191] Die Grunderwerbsteuer wird bei einer grundbesitzenden SE als auch bei einer grundbesitzenden Tochtergesellschaft der SE mangels Rechtsträgerwechsel nicht erhoben.[192] Allerdings hat die Tatsache, dass die SE ihre bisherige Rechtsträgereigenschaft beibehält, keinen Einfluss auf die Besteuerung der im Vermögen der SE ruhenden stillen Reserven.

95 Ferner muss für die Beurteilung der steuerlichen Folgen der Sitzverlegung einer SE zwischen einer Sitzverlegung innerhalb des EU-/EWR-Raums und einer Sitzverlegung in Drittstaaten unterschieden werden. Zunächst wird aus der steuerlichen Sicht die einheitliche Verlegung sowohl des Sitzes als auch des Ortes der Geschäftsleitung dargestellt. Darauffolgend werden die Fallkonstellationen aus Mischfällen steuerlich behandelt, in denen einzeln oder in Kombination ent-

---

186) Vgl. *Blumenberg*, IStR 2009, 549.
187) Vgl. *Blumenberg* in: FS Schaumburg, S. 559, 564, 565, sowie Blumenberg, IStR 2009, 549.
188) Vgl. EuGH, Rs. C-446/03, *Marks & Spencer plc/David Halsey*, Slg. 2005, I-10866 = NZG 2006, 109.
189) Vgl. EuGH, Rs. C-414/06, *Lidl Belgium GmbH & Co. KG/FA Heilbronn*, Slg. 2008, I-3617 = IStR 2008, 183.
190) Vgl. *Blumenberg* in: FS Schaumburg, S. 559, 565.
191) Vgl. *Blumenberg* in: FS Schaumburg, S. 559, 565, 566.
192) Vgl. *Blumenberg*, IStR 2009, 549.

weder Satzungssitz, der Ort der Geschäftsleitung oder Verwaltungssitz verlegt werden.

1. Verlegung des Satzungssitzes und Ortes der Geschäftsleitung ins EU-/EWR-Ausland

Aufgrund der Verlegung sowohl des Verwaltungs- als auch des Satzungssitzes 96 aus Deutschland scheidet eine SE aus der unbeschränkten deutschen Steuerpflicht. Daraus können sowohl für die SE selbst als auch für ihre Aktionäre steuerliche Folgen resultieren, auf welche nachstehend ausführlicher eingegangen wird.[193]

a) Auswirkung auf der Ebene der SE

Die identitätswahrende Sitzverlegung einer SE ins EU-/EWR-Ausland führt 97 weder zu ihrer Auflösung noch zu ihrer Abwicklung.[194] Somit entsteht auch kein Liquidationsgewinn i. S. des § 11 Abs. 1 KStG.[195] Die Tatsache, dass im Falle der Sitzverlegung kein Verlust der Rechtspersönlichkeit der SE erfolgt, schließt ebenfalls die Anwendung des UmwStG aus.[196] Die steuerlichen Folgen der Sitzverlegung einer SE ins EU-/EWR-Ausland auf der Ebene der SE richten sich nach der Entstrickungsregelung i. S. des § 12 Abs. 1 KStG,[197] welche nachfolgend näher dargelegt wird.

aa) Entstrickung der ins Ausland übergehenden Vermögensgegenstände

Laut § 12 Abs. 1 Satz 1 Halbs. 1 KStG ist der Entstrickungstatbestand dann 98 begründet, wenn das deutsche Besteuerungsrecht hinsichtlich des Gewinns aus der Veräußerung oder der Nutzung eines Wirtschaftsguts ausgeschlossen oder beschränkt wird. Dies ist gemäß § 12 Abs. 1 Satz 2 KStG dann der Fall, wenn ein bisher einer inländischen Betriebsstätte einer Körperschaft, Personenvereinigung oder Vermögensmasse zuzuordnendes Wirtschaftsgut einer ausländischen Betriebsstätte dieser Körperschaft, Personenvereinigung oder Vermögensmasse zuzuordnen ist. Die Begründung des Entstrickungstatbestands führt nach § 12 Abs. 1 Satz 1 Halbs. 1 KStG zur Veräußerung oder Überlassung des jeweiligen Wirtschaftsguts zum gemeinen Wert. Hinsichtlich des im Inland steuer-

---

193) Vgl. *Jochum* in: Habersack/Drinhausen, SE-Recht, Kap. E. Steuerrecht der SE, Rz. 128.
194) Vgl. *Förster/Lange*, RIW 2002, 585, 586.
195) Vgl. *Jochum* in: Habersack/Drinhausen, SE-Recht, Kap. E. Steuerrecht der SE, Rz. 129, sowie *Fischer* in: MünchKomm-AktG, Bd. 7, Kap. III Rz. 89.
196) Vgl. *Funke*, NWB Fach 18, 2008, S. 4787, 4795; sowie *Blumenberg* in: FS Schaumburg, S. 559, 565.
197) Unterschiede zu den anderen Kapitalgesellschaften sind jedoch in Bezug auf die unbeschränkte Steuerpflicht möglich, weil die Verwaltungssitzverlegung der GmbH/AG nicht zur Beendigung der unbeschränkten Steuerpflicht führt (der Satzungssitz bleibt weiterhin im Inland). Vgl. *Blumenberg*, IStR 2009, 549, 550, 551.

verstrickten **ausländischen Betriebsvermögens** in Nicht-DBA-Staaten oder DBA-Staaten mit einer Anrechnungsmethode kommt es bei der Sitzverlegung einer SE ins EU-/EWR-Ausland mangels Inlandsbezug zu einer Entstrickungsbesteuerung.[198] Unterbleibt im Ausland eine entsprechende Aufdeckung der stillen Reserven, kann die unilateral in § 34c EStG bzw. im DBA vorgesehene Möglichkeit zur Anrechnung ausländischer Steuern nicht in Anspruch genommen werden. Da im Ausland zu einem späteren Zeitpunkt eine Besteuerung erfolgt, wird in der Literatur die Meinung vertreten, dass auf die aufgedeckten stillen Reserven entfallende Steuer die fiktive ausländische Steuer anzurechnen ist.[199] Da laut Art. 1 lit. b FRL die Sitzverlegung einer SE steuerlich wie eine grenzüberschreitende Fusion behandelt werden soll, steht der Anwendung der Anrechnungsmethode nichts im Wege.[200] Denn eine fiktive Steueranrechnung ist nach der Vorgabe des Art. 10 Abs. 2 FRL und der dieser Richtlinie folgenden Vorschriften der §§ 3 Abs. 3, 11 Abs. 3 und 20 Abs. 7 UmwStG in den Umwandlungsfällen vorgesehen.[201]

99 Zu einer systematischen Doppelbesteuerung kann es auch im Fall des ausländischen Betriebsstättenvermögens in einem DBA-Staat mit einer **subject-to-tax-Klausel** kommen, wenn im Ausland eine Besteuerung der stillen Reserven im Zeitpunkt des Wegzugs einer SE aus Deutschland ausbleibt. Denn Deutschland hat in diesem Fall nach den Grundsätzen der subject-to-tax Klausel mangels Anwendung der Freistellungsmethode ein vollumfängliches Besteuerungsrecht auf die in der ausländischen Betriebsstätte ruhenden stillen Reserven. Im Zeitpunkt der tatsächlichen Realisation der stillen Reserven wird der Betriebsstättenstaat diese auch besteuern. Die spätere Besteuerung kann jedoch in Deutschland als rückwirkendes Ereignis i. S. von § 175 Abs. 1 Satz 1 Nr. 2 AO angesehen werden, so dass die deutsche Abschlussbesteuerung rückwirkend entfallen kann.[202]

100 Um eine Sofortbesteuerung der in dem *inländischen Vermögen* der SE enthaltenen stillen Reserven zu vermeiden, muss dieses Vermögen weiterhin in Deutschland steuerverstrickt bleiben und das inländische Besteuerungsrecht nicht beschränkt werden.[203] Dies kann nur dann der Fall sein, wenn die Wirtschaftsgüter der SE einer inländischen Betriebsstätte zugeordnet werden können (§ 49 Abs. 1 Nr. 2 lit. a EStG i. V. m. § 8 Abs. 1 KStG i. V. m. Art. 7 und 5 OECD-MA). Nach Ansicht der Finanzverwaltung können die Wirtschafts-

---

198) Vgl. *Fischer* in: MünchKomm-AktG, Bd. 7, Kap. III Rz. 91.
199) Vgl. *Fischer* in: MünchKomm-AktG, Bd. 7, Kap. III Rz. 91.
200) Vgl. *Jochum* in: Habersack/Drinhausen, SE-Recht, Kap. E. Steuerrecht der SE, Rz. 130.
201) Vgl. *Fischer* in: MünchKomm-AktG, Bd. 7, Kap. III Rz. 91.
202) Vgl. *Förster/Lange*, RIW 2002, 585, 588.
203) Vgl. *Blumenberg*, IStR 2009, 549.

güter entweder dem Stammhaus oder der Betriebsstätte zugeordnet werden.[204] Einer Betriebsstätte sind diejenigen positiven und negativen Wirtschaftsgüter zuzuordnen, die der Erfüllung der Betriebsstättenfunktion dienen.[205] Hinsichtlich der Zurechnung der Beteiligungen und immateriellen Wirtschaftsgüter ist die Zentralfunktion des Stammhauses zu beachten, wonach grundsätzlich eine Betriebsstätte keine Finanzierungs-, Holding- oder Lizenzgeberfunktion ausüben kann,[206] auch wenn dieses Rechtsinstitut vor dem Hintergrund des neuen § 1 AStG i. d. F. des Amtshilferichtlinien-Umsetzungsgesetzes überholt sein dürfte. Dienen die Beteiligungen an anderen Gesellschaften nicht einer in der Betriebsstätte ausgeübten Tätigkeit, werden diese dementsprechend dem ausländischen Stammhaus (hier der SE im EU/EWR-Ausland) zugerechnet. Die daraus resultierenden Folgen einer Entstrickungsbesteuerung sind aber für die Praxis nicht dramatisch. Denn in diesem Fall werden nur 5 % des Entstrickungsgewinns besteuert (§ 8b Abs. 2 Satz 1 KStG i. V. m. § 8b Abs. 3 Satz 1 KStG).[207] Die immateriellen Wirtschaftsgüter, wie bspw. der Firmenwert, werden quasi mit dem Sitz verlegt. Der Entrickungsgewinn aus dem Firmenwert unterliegt dagegen der vollen Besteuerung in Deutschland.[208]

Zur Vermeidung der Sofortbesteuerung wird in der Literatur dazu geraten, das Entstrickungstatbestände erfüllende Betriebsvermögen vor dem Wegzug steuerneutral (z. B. nach § 20 UmwStG) in eine inländische Tochtergesellschaft der SE einzubringen. Sollte es nach dem Wegzug zum Entstrickungsgewinn aus den Anteilen an der Tochtergesellschaft kommen, ist dieser gemäß § 12 Abs. 1 KStG i. V. m. § 8b Abs. 2 und 3 KStG wie ein Übertragungsgewinn zu 95 % steuerfrei.[209] Allerdings ist diese Gestaltung nur dann zu empfehlen, wenn die Entstrickung der Anteile an der Tochtergesellschaft aufgrund des Wegzugs nicht zur Nachversteuerung des Einbringungsgewinns nach § 22 Abs. 1 UmwStG führt, was mangels einer Übertragung i. S. des § 22 Abs. 1 Satz 6 UmwStG nicht der Fall sein wird.[210]

101

---

204) Vgl. BMF v. 24.12.1999 mit den darauffolgenden Änderungen, BStBl. I 1999, 1076, Rz. 2.4.
205) Vgl. BFH, BStBl. II 1993, 63.
206) Vgl. *Blumenberg*, IStR 2009, 549, 550, sowie *Fischer* in: MünchKomm-AktG, Bd. 7, Kap. III Rz. 91.
207) Vgl. *Funke*, NWB Fach 18, 2008, S. 4787, 4796.
208) Vgl. *Funke*, NWB Fach 18, 2008, S. 4787, 4796.
209) Vgl. *Blumenberg*, IStR 2009, 549, 550, sowie *Jochum* in Habersack/Drinhausen, SE-Recht mit grenzüberschreitender Verschmelzung, Rz. 131.
210) Vgl. *Funke*, NWB Fach 18, 2008, S. 4787, 4796.

§ 47 Steuerrecht

bb) Vereinbarkeit der Entstrickungsbesteuerung mit der Niederlassungsfreiheit

102 Ohne Zweifel steht die oben beschriebene Entstrickungsbesteuerung im Einklang mit der Fusionsrichtlinie.[211] Zu überprüfen ist allerdings, inwiefern diese Regelung mit der Niederlassungsfreiheit der Art. 49 und 54 AEUV vereinbar ist. In den EuGH-Urteilen in den Rechtssachen *Daily Mail*[212] und *Cartesio*[213] kam der EuGH zu dem Schluss, dass der Wegzug einer Gesellschaft nicht von der Niederlassungsfreiheit geschützt ist, wenn der Gesellschaft beim Wegzug ihre Existenz entzogen wird und somit kein Rechtssubjekt i. S. des Art. 54 AEUV mehr besteht, welches sich auf die Niederlassungsfreiheit berufen kann.[214] Durch das *Cartesio*-Urteil ist auch die sog. „**Schöpfer-Theorie**" entstanden, wonach der Gründungsstaat nicht nur über „Leben", sondern auch über den „Tod" einer Gesellschaft entscheiden kann.[215]

103 Zeitnah zu diesen Urteilen sind auch die steuerlichen EuGH-Urteile in den Rechtssachen *X und Y*,[216] *Hughes de Lasteyrie du Saillant*[217] und *N*[218] ergangen, die sich mit der Frage der Vereinbarkeit der Wegzugsbesteuerung bei den natürlichen Personen mit dem Europarecht beschäftigt und die Niederlassungsfreiheit in diesen Fällen für eröffnet erachtet haben.[219] Am 7.1.2011 erging ferner das Urteil des FG Rheinland-Pfalz, wonach die Sofortbesteuerung bei der Sitzverlegung einer SE nicht mit der Niederlassungsfreiheit vereinbar ist.[220] Dabei sind die EuGH-Urteile zur Wegzugsbesteuerung von natürlichen Personen freilich nicht ohne weiteres auf den Wegzug der SE übertragbar.[221] Nach der EuGH-Entscheidung in der Rechtssache *National Grid Indus*[222] jedoch ist der Wegzug einer Gesellschaft unter Beibehaltung ihrer Rechtspersönlichkeit mit der Niederlassungsfreiheit vereinbar[223] und eine Sofortbesteuerung der stillen Reserven im Fall der Verwaltungssitzverlegung unzulässig.[224]

---

211) Vgl. *Jochum* in: Habersack/Drinhausen, SE-Recht, Kap. E. Steuerrecht der SE, Rz. 132; sowie *Fischer* in: MünchKomm-AktG, Bd. 7, Kap. III Rz. 92.
212) Vgl. EuGH, Rs. C-81/87, *Daily Mail*, NJW 1989, 2186.
213) Vgl. EuGH, Rs. C-210/06, *Cartesio*, Slg. 2008, I-9664 = DStR 2009, 121.
214) Vgl. *von der Laage*, StuW 2012, 182, 183.
215) Vgl. *von der Laage*, StuW 2012, 182, 183.
216) Vgl. EuGH, Rs. C-436/000, *X und Y/Riksskatteverk*, Slg. 2002, I-10847 = IStR 2003, 23.
217) Vgl. EuGH, Rs. C-9/02, *Hughes de Lasteyrie du Saillant*, Slg. 2004, I-2431 = IStR 2004, 236.
218) Vgl. EuGH, Rs. C-470/04, *N*, Slg. 2006, I-7445 = IStR 2006, 702.
219) Vgl. *von der Laage*, StuW 2012, 182, 183.
220) FG Rheinland-Pfalz v. 7.1.2011 – 1 V 1217/10, EFG 2011, 1096; vgl. *Allmendinger*, GPR 2012, 147.
221) Vgl. *von der Laage*, StuW 2012, 182, 191.
222) Vgl. EuGH, Rs. C-371/10, *National Grid Indus BV*, IStR 2012, 27.
223) Vgl. *von der Laage*, StuW 2012, 182, 191.
224) Vgl. *Beutel/Rehberg*, IStR 2012, 94, 97.

Zusammenfassend muss festgehalten werden, dass eine steuerneutrale Sitzverlegung der SE in einen anderen Mitgliedstaat nur dann möglich ist, solange es nicht zur Auflösung der SE kommt oder jedenfalls eine Betriebsstätte, der die Wirtschaftsgüter der SE zugeordnet werden, in Deutschland verbleibt.[225] 104

cc) **Bildung eines Ausgleichspostens nach § 4g EStG**
Der fiktive Veräußerungsgewinn aus der Aufdeckung der stillen Reserven in Wirtschaftsgütern nach dem Wegzug einer SE aus Deutschland kann nicht nach § 4g EStG gestundet werden. Diese Regelung ist nur für die unbeschränkt Steuerpflichtigen anwendbar, was bei einer aus Deutschland weggezogenen Gesellschaft nicht der Fall ist.[226] 105

dd) **Abkommensberechtigung nach DBA**
Nach dem Wegzug verliert die SE die Abkommensberechtigung für deutsche DBA. Dies kann beispielweise steuerliche Folgen nach sich ziehen, wenn nach dem Wegzug in Deutschland eine Betriebsstätte verbleibt, die ihrerseits über Vermögen in einem anderen Staat verfügt (sog. Dreiecksfälle).[227] 106

b) **Steuerliche Folgen bei den Gesellschaftern**
Nach Art. 10d Abs. 1 FRL ist die Besteuerung der Gesellschafter aufgrund der Sitzverlegung der SE untersagt. Die Mitgliedstaaten behalten jedoch das Recht, den Gewinn aus einer späteren Veräußerung der Anteile am Gesellschaftskapital der ihren Sitz verlegenden SE gemäß Art. 10d Abs. 2 FRL zu besteuern. Um mit den Vorgaben der Fusionsrichtlinie im Einklang zu stehen, wurde in § 4 Abs. 1 Satz 5 Nr. 1 i. V. m. § 15 Abs. 1a EStG für Anteile im Betriebsvermögen und § 17 Abs. 5 Satz 2 EStG für Anteile im Privatvermögen, sowie entsprechend in § 12 Abs. 1 Halbs. 2 KStG für Körperschaften als Anteilseigner festgehalten, dass eine Besteuerung ungeachtet der Bestimmungen eines DBA im Zeitpunkt der tatsächlichen Anteilsveräußerung bezogen auf den tatsächlichen Veräußerungsgewinn und nicht auf den gemeinen Wert im Zeitpunkt der Sitzverlegung zu erfolgen hat, sofern das deutsche Besteuerungsrecht im Zeitpunkt des SE-Wegzugs ausgeschlossen oder beschränkt wird.[228] 107

In der Literatur wird die oben erwähnte nachträgliche Besteuerung des Veräußerungsgewinns ungeachtet der DBA-Bestimmungen häufig als treaty override 108

---

225) Vgl. *Funke*, NWB Fach 18, 2008, S. 4787, 4796.
226) Vgl. *Blumenberg* in: FS Schaumburg, S. 559, 566, sowie *Schön* in: Lutter/Hommelhoff, SE-Kommentar, Abschn. C. Die SE im Steuerrecht, Rz. 149; vgl. *Fischer* in: MünchKomm-AktG, Bd. 7, Kap. III Rz. 91.
227) Vgl. *Blumenberg* in: FS Schaumburg, S. 559, 567.
228) Vgl. *Blumenberg*, IStR 2009, 549, 550.

verstanden.[229)] Denn es kommt im Zeitpunkt der tatsächlichen Veräußerung zu einer DBA-rechtlich unzulässigen Doppelbesteuerung, da Deutschland nicht auf die stillen Reserven im Zeitpunkt des Wegzugs abstellt, sondern auch die im Ausland entstandenen stillen Reserven besteuert.[230)] Es werden somit auch Werterhöhungen und -minderungen der Anteile, die erst nach der Sitzverlegung eintreten, erfasst[231)]. Als Veräußerung der Anteile an der SE gelten gemäß § 15 Abs. 1a Satz 2 EStG i. V. m. § 12 Abs. 1 Halbs. 2 KStG auch die verdeckte Einlage der Anteile in eine Kapitalgesellschaft, die Auflösung der SE, die Herabsetzung und Rückzahlung des Kapitals der SE sowie die Ausschüttung oder Zurückzahlung von Beträgen aus dem steuerlichen Einlagekonto i. S. des § 27 KStG.[232)]

109 Im Fall der beschränkt steuerpflichtigen Anteilseigner aus einem Nicht-DBA-Staat oder aus einem DBA-Staat mit der Zuweisung des Besteuerungsrechts zum Ansässigkeitsstaat der Gesellschaft nach dem DBA (z. B. Art. 13 Abs. 3 DBA-Tschechien mit Geltung für die Slowakei und Tschechien) wird das deutsche Besteuerungsrecht nach § 49 Abs. 1 Nr. 2 lit. e EStG i. V. m. § 17 EStG beim identitätswahrenden Wegzug der SE ausgeschlossen.[233)] Im Fall der unbeschränkt steuerpflichtigen Gesellschafter der SE wird ein deutsches Besteuerungsrecht dann ausgeschlossen, wenn die SE in einen EU-Staat wegzieht und das DBA mit diesem Staat das Besteuerungsrecht aus der Veräußerung von Anteilen an der wegziehenden SE dem neuen Ansässigkeitsstaat (z. B. DBA-Tschechien) der SE zuweist.[234)]

aa) Verlegung des Satzungssitzes ins EU-/EWR-Ausland

110 Verlegt eine SE ihren Satzungssitz und ihre Hauptverwaltung ins EU-/EWR-Ausland, behält aber den Ort der Geschäftsleitung im Inland, kann § 12 Abs. 1 KStG in der Regel nicht eingreifen, denn die SE bleibt weiterhin unbeschränkt körperschaftsteuerpflichtig.[235)] Das deutsche Besteuerungsrecht wird auch abkommensrechtlich nicht ausgeschlossen oder beschränkt, weil in Deutschland

---

229) Vgl. *Hofmeister* in: Blümich, EStG/KStG/GewStG, § 12 KStG Rz. 70; sowie *Blumenberg*, IStR 2009, 549, 550. Eine Gegenmeinung vertritt *Jochum* in: Habersack/Drinhausen, SE-Recht, Kap. E. Steuerrecht der SE, Rz. 134. Nach seiner Auffassung kann aufgrund der Vereinbarung der nachtäglichen Besteuerung mit der FRL kein treaty override begründet werden.
230) Vgl. *Fischer* in: MünchKomm-AktG, Bd. 7, Kap. III Rz. 95.
231) Vgl. *Hofmeister* in: Blümich, EStG/KStG/GewStG, § 12 KStG Rz. 70; *Blumenberg*, in FS Schaumburg, S. 559, 568.
232) Vgl. *Hofmeister* in: Blümich, EStG/KStG/GewStG, § 12 KStG Rz. 71.
233) Vgl. *Fischer* in: MünchKomm-AktG, Bd. 7, Kap. III Rz. 93.
234) Vgl. *Eilers/R. Schmidt* in: Herrmann/Heuer/Raupach, EStG/KStG, § 17 EStG Rz. 350, sowie *Benecke/Staats* in: Dötsch/Pung/Möhlenbrock, KStG, § 12 Rz. 358, sowie *Fischer* in: MünchKomm-AktG, Bd. 7, Kap. III Rz. 93.
235) Vgl. *Schön* in: Lutter/Hommelhoff, SE-Kommentar, Abschn. C. Die SE im Steuerrecht, Rz. 120.

eine Geschäftsleitungsbetriebsstätte i. S. des Art. 5 Abs. 2 lit. a OECD-MA begründet wird und Deutschland als Ansässigkeitsstaat aufgrund der tie-breaker-Regelung i. S. des Art. 4 Abs. 3 OECD-MA das Besteuerungsrecht gemäß Art. 7 Abs. 1 Satz 2 OECD-MA Deutschland hat. Fehlt in dem jeweiligen DBA eine dem Art. 4 Abs. 3 OECD-MA entsprechende Regelung, kann § 12 Abs. 1 KStG trotz eines Ortes der Geschäftsleitung im Inland zur Anwendung kommen. Dies kann dann der Fall sein, wenn dem anderen DBA-Staat das vorrangige Besteuerungsrecht im Wege eines Verständigungsverfahrens zugeteilt wird.[236]

Verlegt eine SE nur ihren Satzungssitz, behält sie aber ihre Hauptverwaltung 111 und den Ort ihrer Geschäftsleitung im Inland, geltend die vorstehenden Ausführungen entsprechend. Wird später keine Übereinstimmung von Sitz und Hauptverwaltung hergestellt, kann der Sitzstaat eine Liquidation der SE gemäß Art. 64 Abs. 2 SE-VO verlangen. Dies kann zu einer Liquidationsbesteuerung nach § 11 KStG führen.[237]

bb) Verlegung des Ortes der Geschäftsleitung ins EU-/EWR-Ausland

Wird nur der Ort der Geschäftsleitung ins EU-/EWR-Ausland verlegt, nicht 112 aber der Satzungssitz und die Hauptverwaltung, kann es aufgrund der tie-breaker-Regelung i. S. des Art. 4 Abs. 3 OECD-MA zu einer Entstrickungsbesteuerung kommen. Eine gesellschaftsrechtliche Liquidation nach Art. 64 Abs. 2 SE-VO und die damit verbundene Liquidationsbesteuerung nach § 11 KStG finden nicht statt.[238]

cc) Verlegung des Verwaltungssitzes ins EU-/EWR-Ausland

Wird mit dem Verwaltungssitz gleichzeitig der Ort der Geschäftsleitung, nicht 113 aber der Satzungssitz verlegt, kann es aufgrund der tie-breaker-Regelung i. S. des Art. 4 Abs. 3 OECD-MA zu einer Entstrickungsbesteuerung nach § 12 Abs. 1 KStG kommen. Ferner kann es aufgrund der Regelung im Art. 64 Abs. 2 SE-VO zu einer späteren Liquidationsbesteuerung kommen. Jedoch führt die insolierte Verlagerung des Verwaltungssitzes aufgrund der EuGH-Rechtsprechung (*Centros, Überseering, Inspire Art*) zur Begründung einer Zweigniederlassung im Ausland.[239]

---

[236] Vgl. *Schön* in: Lutter/Hommelhoff, SE-Kommentar, Abschn. C. Die SE im Steuerrecht, Rz. 120.

[237] Vgl. *Schön* in: Lutter/Hommelhoff, SE-Kommentar, Abschn. C. Die SE im Steuerrecht, Rz. 121.

[238] Vgl. *Schön* in: Lutter/Hommelhoff, SE-Kommentar, Abschn. C. Die SE im Steuerrecht, Rz. 125.

[239] Vgl. *Schön* in: Lutter/Hommelhoff, SE-Kommentar, Abschn. C. Die SE im Steuerrecht, Rz. 125.

dd) Sitzverlegung in Drittstaaten

114 Die SE-Verordnung gestattet keine Verlegung des Satzungssitzes in einen Staat außerhalb des EU/EWR-Raums. In der Praxis können jedoch auch Fälle vorkommen, in denen die tatsächliche Hauptverwaltung und/oder der Ort der Geschäftsleitung in einen Drittstaat verlegt werden.[240] Gesellschaftsrechtlich wird die SE nicht automatisch liquidiert, sondern es wird lediglich der Sitzstaat nach Art. 64 Abs. 2 SE-VO aufgefordert, die entsprechenden Maßnahmen ergreifen zu können, um eine Liquidation durchzuführen.[241]

115 § 12 Abs. 3 KStG regelt steuerliche Folgen der Verlegung des Sitzes oder Ortes der Geschäftsleitung einer Körperschaft (einschließlich einer SE), Personenvereinigung oder Vermögensmasse in Drittstaaten.[242] Laut § 12 Abs. 3 Satz 1 KStG gilt eine Körperschaft (einschließlich einer SE), Personenvereinigung oder Vermögensmasse bei Verlegung des Sitzes oder Ortes der Geschäftsleitung als aufgelöst, wenn sie dadurch in keinem EU-/EWR-Staat mehr unbeschränkt steuerpflichtig wird. Gleiches gilt, wenn die Körperschaft (einschließlich SE), Personenvereinigung oder Vermögensmasse aufgrund des DBA infolge der Verlegung ihres Sitzes oder ihrer Geschäftsleitung in einen Staat außerhalb der EU oder des EWR als nicht mehr in der EU/dem EWR ansässig gilt. Dabei muss entweder die Geschäftsleitung oder der Sitz in der EU oder dem EWR verbleiben, anderenfalls ist § 12 Abs. 3 Satz 1 KStG anzuwenden.[243] Laut dieser Vorschrift führt die Sitzverlegung einer SE in die Drittstaaten zur Auflösung der SE, welche gemäß § 11 KStG durchzuführen ist, und zwar ungeachtet der Tatsache, dass keine tatsächliche Liquidation mit der Auskehrung des Vermögens an die Gesellschafter erfolgt.[244]

116 Für die Ermittlung des Verlegungsgewinns ist das Verlegungsendvermögen dem Verlegungsanfangsvermögen gegenüberzustellen. Die Realisation von stillen Reserven erfolgt zum Zeitpunkt der Verlegung, d. h. zum Zeitpunkt des Wegfalls der unbeschränkten Steuerpflicht.[245] Bei der Besteuerung des Verlegungsgewinns sind sowohl die inländische Steuerpflicht als auch das DBA zu beachten.[246] Ferner unterliegt der Veräußerungsgewinn bei Erfüllung der Voraussetzungen der §§ 7 ff. AStG der Hinzurechnungsbesteuerung.[247] Des Weiteren

---

240) Vgl. *Schön* in: Lutter/Hommelhoff, SE-Kommentar, Abschn. C. Die SE im Steuerrecht, Rz. 188.
241) Vgl. *Schön* in: Lutter/Hommelhoff, SE-Kommentar, Abschn. C. Die SE im Steuerrecht, Rz. 189.
242) Vgl. *Benecke/Staats* in: Dötsch/Pung/Möhlenbrock, KStG, § 12 Rz. 505.
243) Vgl. *Kolbe* in: Herrmann/Heuer/Raupach, EStG/KStG, § 12 KStG Rz. 67.
244) Vgl. *Benecke/Staats* in: Dötsch/Pung/Möhlenbrock, KStG, § 12 Rz. 510.
245) Vgl. *Benecke/Staats* in: Dötsch/Pung/Möhlenbrock, KStG, § 12 Rz. 514.
246) Vgl. *Benecke/Staats* in: Dötsch/Pung/Möhlenbrock, KStG, § 12 Rz. 518.
247) Vgl. *Benecke/Staats* in: Dötsch/Pung/Möhlenbrock, KStG, § 12 Rz. 526.

gelten die allgemeinen Grundsätze über die Einkommensermittlung. Demzufolge sind dem Verlegungsgewinn bspw. die nicht abzugsfähigen Betriebsausgaben wieder hinzuzurechnen.[248]

Das **Verlegungsendvermögen** umfasst das gesamte Vermögen (einschließlich selbstgeschaffener immaterieller Wirtschaftsgüter oder eines Geschäfts- und Firmenwert; auch grundsätzlich ausländisches Vermögen) und ist gemäß § 12 Abs. 3 KStG mit dem gemeinen Wert zu bewerten.[249] Dabei ist das Verlegungsendvermögen um steuerfreie Vermögensmehrungen wie bspw. nach dem DBA steuerfreie Einkünfte zu mindern.[250] 117

Das **Verlegungsanfangsvermögen** stellt das Vermögen dar, das am Schluss des der Verlegung vorangegangenen Wirtschaftsjahres als Grundlage für die Körperschaftsteuerveranlagung diente.[251] Die vor der Sitzverlegung beschlossenen, aber erst danach ausgezahlten Gewinnausschüttungen sind vom Verlegungsanfangsvermögen abzuziehen.[252] 118

Der Verlegungsgewinn unterliegt sowohl der Körperschaftssteuer zzgl. Solidaritätszuschlag als auch der Gewerbesteuer.[253] 119

Im Gegensatz zu § 12 Abs. 1 KStG erfolgt keine wirtschaftsgutbezogene Besteuerung, sondern wie bereits oben ausgeführt, eine Besteuerung der stillen Reserven des gesamten Vermögens.[254] Da hinsichtlich der in einer inländischen Betriebsstätte verbleibenden Wirtschaftsgüter keine steuerliche Entstrickung droht, ist die Besteuerung im Zeitpunkt des Wegzugs als verfassungswidrige Übermaßbesteuerung zu werten.[255] Diese soll aufgrund der teleologischen Reduktion des § 12 Abs. 3 Sätze 1 und 2 KStG reduziert werden, soweit das deutsche Besteuerungsrecht erhalten bleibt.[256] 120

Da § 12 Abs. 3 KStG nur den Wegzug von unbeschränkt Steuerpflichtigen regelt, kommt diese Vorschrift aufgrund der teleologischen Reduktion beim Wegzug einer beschränkt steuerpflichtigen Körperschaft mit inländischem Betriebsvermögen in einen anderen Drittstaat nicht zur Anwendung.[257] In solchen Fällen ist § 12 Abs. 1 KStG zu beachten.[258] 121

---

248) Vgl. *Benecke/Staats* in: Dötsch/Pung/Möhlenbrock, KStG, § 12 Rz. 522.
249) Vgl. *Benecke/Staats* in: Dötsch/Pung/Möhlenbrock, KStG, § 12 Rz. 518, 519.
250) Vgl. *Benecke/Staats* in: Dötsch/Pung/Möhlenbrock, KStG, § 12 Rz. 520.
251) Vgl. *Benecke/Staats* in: Dötsch/Pung/Möhlenbrock, KStG, § 12 Rz. 521.
252) Vgl. *Benecke/Staats* in: Dötsch/Pung/Möhlenbrock, KStG, § 12 Rz. 522.
253) Vgl. *Benecke/Staats* in: Dötsch/Pung/Möhlenbrock, KStG, § 12 Rz. 525.
254) Vgl. *Blumenberg*, IStR 2009, 549, 551.
255) Vgl. *Kolbe* in: Herrmann/Heuer/Raupach, EStG/KStG, § 12 KStG Rz. 53.
256) Vgl. *Blumenberg*, IStR 2009, 549, 551, sowie *Hofmeister* in: Blümich, EStG/KStG/GewStG, § 12 KStG Rz. 100.
257) Vgl. *Blumenberg*, IStR 2009, 549, 551, sowie *Hofmeister* in: Blümich, EStG/KStG/GewStG, § 12 KStG Rz. 101.
258) Vgl. *Hofmeister* in: Blümich, EStG/KStG/GewStG, § 12 KStG Rz. 101.

122 Die Besteuerungsfolgen aus der Fiktion der Liquidationsbesteuerung erstrecken sich ebenfalls auch auf die Gesellschafterebene.[259] Da die Wirtschaftsgüter weiterhin der Gesellschaft zuzurechnen sind und die Gesellschafter aufgrund der steuerlichen Fiktion keine Mittel erhalten, wird anschließend an die fiktive Besteuerung eine Einlage der Wirtschaftsgüter in die Gesellschaft fingiert.[260]

III. Zuzug einer SE
1. Auswirkung auf die SE

123 Die Verlegung des Verwaltungssitzes einer Kapitalgesellschaft mit Satzungssitz im Ausland (außerhalb des EU/EWR-Raums) nach Deutschland führt gesellschaftsrechtlich grundsätzlich aufgrund der Sitztheorie zur Behandlung dieser Gesellschaft als Personengesellschaft oder bei ausländischen Einmann-Gesellschaften zur Betrachtung der dahinter stehenden natürlichen oder juristischen Personen als einzig existente Rechtsträger, weil die ausländische Kapitalgesellschaft nicht nach den Vorschriften des Sitzstaates (hier Deutschland) ordnungsgemäß gegründet wurde[261].

124 Aufgrund der EuGH-Rechtsprechung kann dagegen eine innerhalb des EU-/EWR-Raums ordnungsgemäß gegründete Kapitalgesellschaft ihren Verwaltungssitz verlegen, sofern das Gesellschaftsrecht des Gründungsstaats eine solche Sitzverlegung erlaubt.[262] Diesem Grundsatz folgt auch Deutschland[263].

125 Mit dem Zuzug einer SE nach Deutschland wird diese in Deutschland gemäß § 1 Abs. 1 KStG unbeschränkt körperschaftsteuerpflichtig.[264] Der Zuzug einer ausländischen SE nach Deutschland führt zur Begründung des erstmaligen Besteuerungsrechts in Deutschland hinsichtlich ihres Vermögens. Die damit verbundene Verstrickungsbesteuerung ist in § 4 Abs. 1 Satz 8 Halbs. 2 EStG i. V. m. § 8 Abs. 1 KStG geregelt. Der erstmalige Ansatz erfolgt gemäß § 6 Abs. 1 Nr. 5a EStG mit dem gemeinen Wert.[265] Das erstmalige Besteuerungsrecht wird bspw. bei den Beteiligungen im Falle der funktionalen Zuordnung zum Stammhaus, sowie beim ausländischen Betriebsstättenvermögen, für welches Deutschland das Besteuerungsrecht unter Anwendung der Anrechnungsmethode

---

259) Vgl. *Benecke/Staats* in: Dötsch/Pung/Möhlenbrock, KStG, § 12 Rz. 513.
260) Vgl. *Benecke/Staats* in: Dötsch/Pung/Möhlenbrock, KStG, § 12 Rz. 513.
261) Vgl. *Benecke/Staats* in: Dötsch/Pung/Möhlenbrock, KStG, § 12 Rz. 111.
262) Vgl. *Benecke/Staats* in: Dötsch/Pung/Möhlenbrock, KStG, § 12 Rz. 112, sowie EuGH, Rs. C-212/97, *Centros Ltd.*, DStRE 1999, 414; EuGH, Rs. C-208/00, *Überseering*, NJW 2002, 3614; EuGH, Rs. C-167/01, *Inspire Art*, NZG 2003, 1064.
263) Vgl. *Benecke/Staats* in: Dötsch/Pung/Möhlenbrock, KStG, § 12 Rz. 112, 114; BGH, NJW 2011, 844; BGH, ZIP 2005, 805.
264) Vgl. *Fischer* in: MünchKomm-AktG, Bd. 7, Kap. III Rz. 97.
265) Vgl. *Fischer* in: MünchKomm-AktG, Bd. 7, Kap. III Rz. 99.

bekommt, begründet.[266] Der ausländische Verlustvortrag wird bei der Begründung der unbeschränkten Steuerpflicht in Deutschland nicht übernommen.[267] Der sein Besteuerungsrecht verlierende ausländische Staat behält das Recht, die vor dem Wegzug entstandenen stillen Reserven zu besteuern. Aufgrund der EuGH-Rechtsprechung liegt hierbei ein Verstoß gegen Europarecht nicht vor.[268]

In dem Fall, in dem vor dem Wegzug eine ausländische SE über eine inländische 126
Betriebsstätte verfügte, werden die Wirtschaftsgüter dieser Betriebsstätte ohne Aufdeckung von stillen Reserven in die unbeschränkte Körperschaftsteuerpflicht der SE überführt. Die Verlustvorträge der Betriebsstätte bestehen weiterhin und können mit den zukünftigen Gewinnen der SE verrechnet werden.[269]

2. Steuerliche Folgen bei den Gesellschaftern

Steuerliche Folgen für die ausländischen Gesellschafter einer nach Deutschland 127
zugezogenen SE können sich nur in den Fällen ergeben, in denen mit dem ausländischen Staat kein DBA besteht oder das jeweilige DBA das Besteuerungsrecht dem Staat, in dem die SE als ansässig gilt (z. B. Slowakei, Tschechien, Zypern), zuordnet.[270] In diesem Fall sind die Anteile an der SE erstmalig i. R. der beschränkten Steuerpflicht sowohl im Betriebsvermögen als auch im Privatvermögen gemäß § 17 EStG mit dem gemeinen Wert anzusetzen.[271]

---

266) Vgl. *Blumenberg*, IStR 2009, 549, 551.
267) Vgl. *Fischer* in: MünchKomm-AktG, Bd. 7, Kap. III Rz. 99.
268) Vgl. *Jochum* in: Habersack/Drinhausen, SE-Recht, Kap. E. Steuerrecht der SE, Rz. 135.
269) Vgl. *Jochum* in: Habersack/Drinhausen, SE-Recht, Kap. E. Steuerrecht der SE, Rz. 135, sowie *Fischer* in: MünchKomm-AktG, Bd. 7, Kap. III Rz. 98.
270) Vgl. *Fischer* in: MünchKomm-AktG, Bd. 7, Kap. III Rz. 100.
271) Vgl. *Jochum* in: Habersack/Drinhausen, SE-Recht, Kap. E. Steuerrecht der SE, Rz. 136, sowie *Fischer* in: MünchKomm-AktG, Bd. 7, Kap. III Rz. 100.

Kapitel 2 Sonstige Gesellschaftsformen

§ 48 Europäische wirtschaftliche Interessenvereinigung (EWIV)

Übersicht

A. Einleitung 1
B. Share Deal 4
C. Asset Deal 7

Literatur: *Anderson*, European Economic Interest Groupings, London 1990; *Ganske*, Das Recht der Europäischen wirtschaftlichen Interessenvereinigung (EWIV), 1988; *Hartard*, Die Europäische Wirtschaftliche Interessenvereinigung im deutschen, englischen und französischen Recht, 1991; *Horsmans*, Les groupements d'intérêt économique, 1991; *Meyer-Landrut*, Die Europäische Wirtschaftliche Interessenvereinigung, 1988.

A. Einleitung

Die Europäische wirtschaftliche Interessenvereinigung (EWIV) ist die älteste 1 supranationale Rechtsform der Europäischen Union; sie wurde im Jahre 1985 eingeführt. Der Zweck der EWIV soll sein, die wirtschaftliche Tätigkeit ihrer Mitglieder zu erleichtern oder zu entwickeln, indem Mittel, Tätigkeiten oder Erfahrungen zusammengeschlossen werden.[1] Sie hat bislang kaum Bedeutung erlangt. In Deutschland findet sie sich vorwiegend bei freien Berufen, wie etwa Anwaltssozietäten.

Die Rechtsgrundlagen der EWIV bestehen aus der EWIV-Verordnung (EWIV- 2 VO) und einzelstaatlichem Recht. Die Verordnung befasst sich aus pragmatischen Erwägungen nur mit der **Gründung**, der rechtlichen Existenz und der inneren Verfassung der EWIV.[2] Soweit die Verordnung keine Regelung trifft, gilt das materielle (innerstaatliche) Recht des Staats, in dem die betreffende EWIV nach dem Gründungsvertrag ihren Sitz hat (Art. 2 Abs. 1 EWIV-VO).[3] Diese Verweisung führt direkt zum Sachrecht (materiellen Recht) des Sitzstaats, d. h. unter Ausschluss seines Kollisionsrechts.[4] Für Fragen der **Rechts-, Geschäfts- und Handlungsfähigkeit** wird gemäß Art. 2 Abs. 1 EWIV-VO allerdings nicht auf das materielle Recht des Sitzstaats verwiesen. Insoweit bestimmt sich das anwendbare Recht nach den allgemeinen Regeln des Internationalen Privatrechts.[5]

---

1) S. den Erwägungsgrund 1 der Verordnung 2137/85/EWG des Rates v. 25.7.1985 über die Schaffung einer Europäischen Wirtschaftlichen Interessenvereinigung (EWIV-VO), ABl. EU L 199/1 v. 31.7.1985 (EWIV-VO).
2) Näher *Ganske*, S. 17; vgl. auch *Salger/Neye* in: MünchHdb-GesR, Bd. 1, § 94 Rz. 14.
3) *Ganske*, S. 18; *Salger/Neye* in: MünchHdb-GesR, Bd. 1, § 94 Rz. 16.
4) Vgl. den Erwägungsgrund 11 der EWIV-VO sowie *Ganske*, S. 18; *Salger/Neye* in: MünchHdb-GesR, Bd. 1, § 94 Rz. 16.
5) *Salger/Neye* in: MünchHdb-GesR, Bd. 1, § 94 Rz. 19; *Habersack/Verse*, Europ. Gesellschaftsrecht, § 12 Rz. 1.

§ 48 Europäische wirtschaftliche Interessenvereinigung (EWIV)

3   Regelt die EWIV-Verordnung daneben einen Sachverhalt nicht, ist unmittelbar, und damit auch ohne ausdrückliche Verweisung in der Verordnung **nationales mitgliedstaatliches Recht** anwendbar.[6] Es gilt das im Einzelfall nach den Grundsätzen des Internationalen Privatrechts oder des Internationalen öffentlichen Rechts zu ermittelnde Sachrecht eines Mitgliedstaats.[7] Hierdurch weicht die Ausgestaltung der EWIV von Mitgliedstaat zu Mitgliedstaat erheblich voneinander ab, denn jeder Mitgliedstaat füllt die Lücken der EWIV-VO anhand seines eigenen nationalen Leitbildes.[8] So hat der deutsche Gesetzgeber in § 1 EWIV-Ausführungsgesetz zum Ausdruck gebracht, dass die EWIV mit der **offenen Handelsgesellschaft** des deutschen Rechts gleichgestellt werden soll, da sie dieser am stärksten ähnelt.[9] Der französische Gesetzgeber hat die EWIV dem *groupement d´intérêt économique* des französischen Rechts gleichgestellt,[10] der belgische dem *groupement d´intérêt économique* des belgischen Rechts.[11]

B. Share Deal

4   Nach Art. 22 Abs. 1 EWIV-VO kann ein Mitglied seine Beteiligung an einer EWIV ganz oder teilweise an einen Dritten abtreten. Mit der Vollabtretung ist eine echte **Beteiligungsübertragung** gemeint.[12] Allerdings ist die Übertragung erst wirksam, wenn alle übrigen Mitglieder zugestimmt haben. Diese Vinkulierung hat zwingenden Charakter und lässt sich nicht im Gründungsvertrag abbedingen, da dies in der Verordnung nicht vorgesehen ist.[13] Ebenso wenig ist eine Form für die Abtretung der Beteiligung vorgeschrieben. Sie ist mithin **formfrei** möglich. Die Abtretung ist gemäß Art. 7 lit. e EWIV-VO i. V. m. dem betreffenden mitgliedstaatlichen Ausführungsgesetz zum Register anzumelden.[14]

5   Weitere Bestimmungen über die Beteiligungsübertragung enthält die **EWIV-Verordnung** nicht; es gibt auch **keine Regelungen** über ein etwaiges zugrunde liegendes **Kaufgeschäft**.[15] Dies bedeutet, dass praktisch sämtliche kollisions-

---

6) Erwägungsgrund 15 der EWIV-VO sowie *Hartard*, S. 3; *Salger/Neye* in: MünchHdb-GesR, Bd. 1, § 94 Rz. 20.
7) *Ganske*, S. 18; *Salger* in: MünchHdb-GesR, Bd. 1, § 94 Rz. 20.
8) *Habersack/Verse*, Europ. Gesellschaftsrecht, § 12 Rz. 4; *Teichmann* in: MünchHdb-GesR, Bd. 6, § 48 Rz. 4.
9) S. die Begr. zu § 1 des RegE über die Europäische wirtschaftliche Interessenvereinigung (EWIVG) v. 25.5.1987, BT-Drucks. 11/352, S. 7.
10) S. das französische EWIV-Ausführungsgesetz, abgedr. in: *Hartard*, S. 195 ff.
11) *Horsmans/Nicaise* in: Horsmans, S. 7 ff.
12) *K. Schmidt*, GesR, S. 1907 Fn. 26; *Ganske*, S. 55; vgl. auch *Salger/Neye* in: MünchHdb-GesR, Bd. 1, § 96 Rz. 28.
13) *Ganske*, S. 55; *Meyer-Landrut*, S. 91; zweifelnd *K. Schmidt*, GesR, S. 1907 Fn. 26; a. A. *Habersack/Verse*, Europäisches Gesellschaftsrecht, § 12 Rz. 23.
14) *Meyer-Landrut*, S. 89; *Habersack/Verse*, Europäisches Gesellschaftsrecht, § 12 Rz. 24; für Deutschland s. § 2 Abs. 3 Nr. 1 i. V. m. Abs. 2 Nr. 4 EWIV-Ausführungsgesetz.
15) *Anderson*, S. 120.

rechtliche Fragen im Zusammenhang mit dem Erwerb von Beteiligungen an einer EWIV, soweit sie nicht zum engen Bereich der durch die Verordnung geregelten Probleme zählen, so zu behandeln sind, als wäre die EWIV eine **Gesellschaft des nationalen Rechts**. Daher wird z. B. das **Vertragsstatut** aus der Sicht eines deutschen Forums beim Kauf der Beteiligung an einer EWIV mit Sitz etwa in Dänemark genauso wie beim Kauf von Anteilen an einer sonstigen Gesellschaft mit Sitz in Dänemark nach Art. 3 ff. Rom I-VO bestimmt.

Soweit beim Kauf einer EWIV-Beteiligung das **Gesellschaftsstatut** maßgeblich ist, stellt sich schließlich die Frage, welche Vorschriften des nationalen Rechts einschlägig sind. Denn sämtliche Mitgliedstaaten kennen natürlich unterschiedliche Gesellschaftsformen. Die sich in den Verhandlungen über die Verordnung ergebene einfache Verweisung auf das geltende Recht einer anderen nationalen Gesellschaftsform führt dementsprechend zu einer Vielzahl von anwendbaren Rechtsordnungen.[16] Soweit es beim Kauf von Beteiligungen an einer EWIV auf das Gesellschaftsstatut ankommt, ist demnach eine EWIV mit deutschem Gesellschaftsstatut wie eine deutsche offene Handelsgesellschaft, eine EWIV nach französischem oder belgischem Recht wie ein *groupement d´intérêt économique* dieser Rechtsordnungen zu behandeln.

6

C. Asset Deal

Der Unternehmenserwerb im Wege des Asset Deal unterliegt kollisionsrechtlich sowohl bei einer EWIV als veräußernder Gesellschaft als auch bei einer EWIV als erwerbender Gesellschaft den jeweiligen Vorschriften, die auf den Asset Deal unter **Gesellschaften des nationalen Rechts** gelten.

7

---

16) *Ganske*, S. 19.

§ 49 Europäische Privatgesellschaft (SPE)

Übersicht

A. Einleitung 1
B. Share Deal 6
C. Asset Deal 8

Literatur: *Bormann/König*, Der Weg zur Europäischen Privatgesellschaft: Bestandsaufnahme und Ausblick, RIW 2010, 111; *Bücker*, Die Organisationsverfassung der SPE, ZHR 173 (2009), 281; *Drygala*, What's SUP? Der Vorschlag der EU-Kommission zur Einführung einer europäischen Einpersonengesellschaft (Societas Unius Personae, SUP), EuZW 2014, 491; *Ehricke*, Konzeptionelle Probleme der Europäischen Privatgesellschaft, KSzW 2010, 6; *Greulich*, Neues zum Gläubigerschutz bei der Societas Privata Europaea, Der Konzern 2009, 229; *Hadding/Kießling*, Die Europäische Privatgesellschaft (Societas Privata Europaea – SPE), WM 2009, 145; *Hommelhoff*, Unternehmensfinanzierung in der Europäischen Privatgesellschaft (SPE), ZHR 173 (2009), 255; *Hommelhoff/Krause/Teichmann*, Arbeitnehmer-Beteiligung in der Europäischen Privatgesellschaft (SPE) nach dem Verordnungsvorschlag, GmbHR 2008, 1193; *Hommelhoff/Teichmann*, Die SPE vor dem Gipfelsturm: Zum Kompromissvorschlag der schwedischen EU-Ratspräsidentschaft, GmbHR 2010, 337; *Hommelhoff/Teichmann*, Eine GmbH für Europa: Der Vorschlag der EU-Kommission zur Societas Privata Europaea (SPE), GmbHR 2008, 897; *Hommelhoff/Teichmann*, Auf dem Weg zur Europäischen Privatgesellschaft (SPE), DStR 2008, 925; *Hügel*, Zur Europäischen Privatgesellschaft: Internationale Aspekte, Sitzverlegung, Satzungsgestaltung und Satzungslücken, ZHR 173 (2009), 309; *Jung*, Societas Unius Personae (SUP) – Der neue Konzernbaustein, GmbHR 2014, 579; *Kreyci*, SPE in spe sine spe creditoribus?, in: Festschrift Hüffer, 2010, S. 501; *Maul/Röhricht*, Die Europäische Privatgesellschaft – Überblick über eine neue supranationale Rechtsform, BB 2008, 1574; *Neye*, Die Europäische Privatgesellschaft: Uniformes Recht ohne Harmonisierungsgrundlage?, in: Festschrift Hüffer, 2010, S. 717; *Siems/Rosenhäger/Herzog*, Aller guten Dinge sind zwei: Lehren aus der Entwicklung der SE für die EPG, Der Konzern 2008, 393; *Teichmann*, Die Societas Privata (SPE) als ausländische Tochtergesellschaft, RIW 2010, 120; *Teichmann*, Die Europäische Privatgesellschaft (SPE) – Wissenschaftliche Grundlegung, in: Gesellschaftsrechtliche Vereinigung (VGR), Gesellschaftsrecht in der Diskussion 2008, 2009, S. 55; *Teichmann/Limmer*, Die Societas Privata Europaea (SPE) aus notarieller Sicht – eine Zwischenbilanz nach dem Votum des Europäischen Parlaments, GmbHR 2009, 537; *Weber-Rey*, Praxisfragen der Europäischen Privatgesellschaft, in: Gesellschaftsrechtliche Vereinigung (VGR), Gesellschaftsrecht in der Diskussion 2008, 2009, S. 77.

A. Einleitung

Die Europäische Union plant möglicherweise weiterhin, mit der Europäischen Privatgesellschaft (Societas Privata Europaea, SPE) eine neue supranationale Gesellschaftsform einzuführen.[1] Diese soll speziell auf kleine und mittelständische Unternehmen (KMU) zugeschnitten werden, um ihren Zugang zum Binnenmarkt zu verbessern, ihr Wachstum zu erleichtern und ihr Geschäftspotential zu entfalten.[2] Die SPE soll die mehr auf große Unternehmen ausgerichtete Europäische Gesellschaft (SE) ergänzen. Sie bietet aufgrund ihrer niedrigeren   1

---

1) Für eine Überblick über die Einsatzmöglichkeiten der SPE s. *Hommelhoff/Teichmann*, DStR 2008, 925; *Teichmann* in: VGR, Gesellschaftsrecht in der Diskussion 2008, S. 55, 56 f.
2) KOM (2008) 396 endgültig, S. 2.

§ 49 Europäische Privatgesellschaft (SPE)

Gründungsvoraussetzungen insbesondere für die Beitrittsstaaten aus Mittel- und Osteuropa einen besonderen Reiz, da deren eigene Rechtsformen im Ausland kaum bekannt sein dürften.[3]

2 Nach einem ersten **Vorschlag** der Kommission vom 25.6.2008 für eine Verordnung über das Statut der Europäischen Privatgesellschaft (SPE-VO-E I),[4] der durch das Europäische Parlament am 10.3.2009 in stark veränderter Form verabschiedet wurde,[5] brachte die schwedische Ratspräsidentschaft einen neuen abgeänderten Vorschlag am 9.11.2009 ein.[6] Aufgrund von Uneinigkeiten, insbesondere auf dem Gebiet der Arbeitnehmermitbestimmung, ist in absehbarer Zeit jedoch nicht mit einer zeitnahen Einführung dieser Rechtsform zu rechnen.[7]

3 Nach dem Vorschlag der Kommission (auf den sich die folgenden Ausführungen beschränken) soll die SPE eine **Gesellschaft mit beschränkter Haftung** sein (vgl. Art. 1 SPE-VO-E I). Damit einher geht die Beschränkung der Haftung für Verbindlichkeiten der SPE auf das Gesellschaftsvermögen. Anteilseigner sollen also nur für den von ihnen gezeichneten Betrag haftbar gemacht werden können (Art. 3 Abs. 1 lit. b SPE-VO-E I). Als eine mit der deutschen GmbH vergleichbare Gesellschaftsform sollen die Anteile an einer SPE weder öffentlich angeboten noch öffentlich gehandelt werden können (Art. 3 Abs. 1 lit. d SPE-VO-E I).

4 Im Unterschied zur Europäischen Gesellschaft soll die **Gründung** einer SPE nach dem Kommissionsvorschlag als Neugründung „*ex nihilo*" möglich sein.[8]

---

3) *Teichmann* in: MünchHdb-GesR, Bd. 6, § 50 Rz. 1.
4) Dazu KOM (2008) 396 endgültig; dazu *Bormann/König*, RIW 2010, 111; *Ehricke*, KSzW 2010, 6; *Hadding/Kießling*, WM 2009, 145; *Hommelhoff/Teichmann*, GmbHR 2008, 897; *Teichmann/Limmer*, GmbHR 2009, 537; *Hommelhoff/Teichmann*, GmbHR 2010, 337; *Maul/Röhricht*, BB 2008, 1574; *Neye* in: FS Hüffer, S. 717; *Teichmann*, RIW 2010, 120; *Weber-Rey* in: VGR, Gesellschaftsrecht in der Diskussion 2008, S. 77; speziell zur Organisationsverfassung *Bücker*, ZHR 173 (2009), 281; zu den Vorarbeiten s. etwa *Habighorst* in: MünchHdb-GesR, Bd. 3, § 76 Rz. 2 ff.; *Siems/Rosenhäger/Herzog*, Der Konzern 2008, 393, 394 m. w. N.
5) Legislative Entschließung des Europäischen Parlaments v. 10.3.2009, P6_TA(2009)0094; dazu *Ehricke*, KSzW 2010, 6; *Teichmann/Limmer*, GmbHR 2009, 537; zum schwedischen Vorschlag s. *Hommelhoff/Teichmann*, GmbHR 2010, 337.
6) *Teichmann* in: MünchHdb-GesR, Bd. 6, § 50 Rz. 3; abrufbar unter: http://www.europeanprivatecompany.com/legal_texts/download/Rat-November09-de.pdf.
7) Dies zeigt auch der Aktionsplan der Europäischen Kommission vom 12.12.2012 zum Europäischen Gesellschaftsrecht und Corporate Governance, der sich mit der SPE nur am Rande auseinandersetzt, abrufbar unter: http://ec.europa.eu/internal_market/company/modern/index.de.htm. Die Kommission hat ihren Plan aufgrund der schwierigen Verwirklichung zunächst zurückgezogen und erwägt, einen neuen Vorschlag zu machen; s. *Europäische Kommission*, Effizienz und Leistungsfähigkeit der Rechtsetzung (REFIT): Ergebnisse und Ausblick – Anhang, KOM (2013) 685 endgültig, S. 9. Nunmehr hat sie als Alternative die „Societas Unius Personae" (SUP) vorgestellt; *Europäische Kommission*, Vorschlag für eine Richtlinie des Europäischen Parlaments und des Rates über Gesellschaften mit beschränkter Haftung mit einem einzigen Gesellschafter, KOM (2014) 212 endgültig. Ob das Vorhaben SPE damit endgültig gescheitert ist, bleibt abzuwarten. Daher werden die Grundsätze der SPE hier weiterhin vorgestellt. Zur SUP s. *Drygala*, EuZW 2014, 491; *Jung*, GmbHR 2014, 579.
8) *Teichmann* in: MünchHdb-GesR, Bd. 6, § 50 Rz. 25 f.

Die Gründung selbst soll im Unterschied zur GmbH durch bloße Einhaltung der schriftlichen Form erfolgen können; eine notarielle Beurkundung wird nicht verlangt (siehe Art. 8 Abs. 2 SPE-VO-E I). Außerdem soll es anders als bei der SE kein Erfordernis der Mehrstaatlichkeit geben. Es sollen also nicht mindestens zwei Anknüpfungspunkte zu verschiedenen Mitgliedstaaten vorliegen müssen.[9] Mit der Eintragung erlangt die SPE Rechtsfähigkeit (Art. 9 Abs. 2 SPE-VO-E I). Eingetragen wird die SPE in das Register des Mitgliedstaats, in dem sie ihren satzungsmäßigen Sitz hat (Art. 9 Abs. 1 SPE-VO-E I). Registersitz und Sitz der Hauptverwaltung dürfen anders als bei der SE aber in verschiedenen Mitgliedstaaten liegen.[10] Das Mindestkapital soll lediglich 1 € betragen (Art. 19 Abs. 4 SPE-VO-E I).[11]

Nach dem Vorschlag der Kommission ist die SPE-Verordnung im Unterschied 5 zu der SE-Verordnung als **Vollstatut** gedacht und soll damit grundsätzlich zusammen mit der Satzung der SPE alle gesellschaftsrechtlichen Fragen im Bezug auf die SPE selbst regeln (vgl. Art. 4 Abs. 1 SPE-VO-E I).[12] Das nationale Gesellschaftsrecht soll lediglich in den durch die Verordnung genannten Fällen anwendbar sein. Weiterhin soll es allerdings auch in Rechtsbereichen berufen sein, die zwar für die SPE maßgeblich, nicht jedoch dem Gesellschaftsrecht zuzuordnen sind, wie etwa das Arbeits-, Insolvenz- und Steuerrecht.[13] Die stockenden Verhandlungen über den SPE-Entwurf haben jedoch zu einem Anwachsen der Verweise auf nationales Recht geführt, welche die Attraktivität bzw. die Notwendigkeit dieser weiteren europäischen Rechtsform erheblich schmälern.[14] Bei der **Arbeitnehmermitbestimmung** soll die SPE dem Recht des Mitgliedstaats unterliegen, in dem sie ihren eingetragenen Sitz hat (Art. 34 Abs. 1 SPE-VO-E I).[15] Der schwedische Entwurf sieht hierzu gewisse Einschränkungen vor (Art. 35a bis 35d SPE-VO-E II), sofern die Gesellschaft die Voraussetzungen des Art. 35 Abs. 1a SPE-VO-E II erfüllt, um eine Umgehung der Arbeitnehmermitbestimmung durch die Rechtsformwahl der SPE zu unterbinden.[16]

---

9) Zustimmend *Ehricke*, KSzW 2010, 6, 12; *Hügel*, ZHR 173 (2009), 309, 310 ff. m. w. N. auch zur Gegenauffassung.
10) Zustimmend *Hommelhoff/Teichmann*, GmbHR 2008, 897, 901; zur Möglichkeit der grenzüberschreitenden Sitzverlegung *Hügel*, ZHR 173 (2009), 309, 325 ff.
11) Zu den Fragen der Kapitalaufbringung und -erhaltung bei der SPE s. *Kreyci* in: FS Hüffer, S. 501; zum Gläubigerschutz *Greulich*, Der Konzern 2009, 229; zu Finanzierungsfragen *Hommelhoff*, ZHR 173 (2009), 255.
12) *Teichmann* in: MünchHdb-GesR, Bd. 6, § 50 Rz. 5 ff.; *Hommelhoff/Teichmann*, GmbHR 2008, 897, 898.
13) KOM (2008) 396 endgültig, S. 7.
14) *Teichmann* in: MünchHdb-GesR, Bd. 6, § 50 Rz. 8.
15) Näher hierzu *Hommelhoff/Krause/Teichmann*, GmbHR 2008, 1193.
16) Ausführlich dazu *Hommelhoff/Teichmann*, GmbHR 2010, 337, 340 ff.

B. Share Deal

6 Die **Übertragung von Anteilen** an einer SPE ist im Entwurf der Verordnung geregelt (Art. 16 SPE-VO-E I). Anteile sind grundsätzlich frei übertragbar. Die Übertragung ist aber nur gültig, wenn sie mit der Verordnung und der Satzung der SPE im Einklang steht. Soll die Übertragung beschränkt werden, bspw. durch Vinkulierung der Anteile, ist dies in der Satzung aufzuführen. Jede Vereinbarung über die Übertragung von Anteilen unterliegt der **Schriftform**. Anders als bei der Übertragung von Anteilen an einer GmbH ist damit keine notarielle Beurkundung erforderlich. Im Verhältnis zur Gesellschaft soll die Übertragung an dem Tag wirksam werden, an dem der neue Anteilseigner der SPE die Übertragung mitteilt. Im Verhältnis zu Dritten soll die Wirksamkeit mit dem Tag eintreten, an dem der neue Anteilseigner in das Verzeichnis der Anteilseigner aufgenommen wird. Ob Anteile an einer SPE gutgläubig erworben werden können, richtet sich nach den Bestimmungen der anwendbaren nationalen Rechtsvorschriften, so dass die Vorschriften über die GmbH anwendbar sein dürften.[17]

7 Die einer solchen Anteilsübertragung zugrunde liegende **schuldrechtliche Vereinbarung**, bspw. in Form eines Kaufvertrags, ist im Entwurf der Verordnung nicht angesprochen. Sie unterliegt damit den **allgemeinen Vorschriften** des Internationalen Privatrechts und ist daher gemäß den Art. 3 ff. Rom I-VO anzuknüpfen (dazu oben § 6).

C. Asset Deal

8 Der Unternehmenserwerb im Wege des Asset Deal wird kollisionsrechtlich sowohl bei einer SPE als veräußernder Gesellschaft als auch bei einer SPE als erwerbender Gesellschaft den jeweiligen Vorschriften unterliegen, die auf den Asset Deal unter **Gesellschaften des nationalen Rechts** gelten.

---

17) Dazu näher *Hommelhoff/Teichmann*, GmbHR 2008, 897, 903; *Habighorst* in: MünchHdb-GesR, Bd. 3, § 76 Rz. 43.

Stichwortverzeichnis

Abschreibungen § 26, 24 ff.
Absichtserklärung
– Verhandlung § 2, 22 ff.;
s. a. Letter of intent
Abstraktionsprinzip
– Unternehmensübergang
§ 2, 213 ff.
Ad-hoc-Publizität § 13, 52 ff.
– Anwendungsbereich § 13, 55 ff.
– Verstöße, Rechtsfolgen
§ 13, 61 ff.
Ad-hoc-Schiedsgericht § 2, 230;
§ 11, 52 ff.
Akquisitionsfinanzierung
– Ablauf § 21, 1 ff.
– anwendbares Recht § 24, 13 ff.
– Auflagen § 22, 46 ff.
– Auslandsbezug § 20, 10;
§ 24, 1 ff.
– Auszahlung § 21, 26
– bankinterne Prüfung § 21, 2 f.
– commitment papers § 21, 15 ff.
– debt-push-down § 23, 21
– dingliche Sicherheiten § 23, 5 ff.
– double-dip-Strategien
§ 26, 107 ff.
– erstrangige Kredite
(Senior Kredite) § 21, 8 ff.
– Eurokredite § 20, 11 ff.;
§ 22, 33
– Finanzierungsstrukturierung
§ 21, 4 ff.
– Finanzierungsverträge
§ 22, 1 ff.; s. a. dort
– Finanzierungsverträge, Entwürfe
§ 21, 19 ff.
– Finanzierungsverträge,
Regelungen § 22, 3 ff.
– Fremdfinanzierung § 20, 1 ff.
– Fremdkapitalquote § 20, 3

– Gebühren/Kosten § 22, 34 ff.
– Gerichtsstandsvereinbarung
§ 24, 3 ff.
– Gesellschaftsanteile, Verpfändung § 24, 38 f.
– Grundstruktur § 20, 9
– Inbound-Finanzierung, Steueroptimierung § 26, 68 ff., 86 ff.
– Interim Facility Agreement
§ 21, 18
– Kapitalbedarf, Ermittlung
§ 21, 5 f.
– Kapitalerhaltungsvorschriften
§ 23, 14 f.
– Konsortialkredite § 20, 15 ff.;
s. a. dort
– Kreditrisikoprüfung § 22, 42
– Kündigungsrechte § 22, 55 ff.
– leveraged buy-out § 20, 4 ff.
– limitation language § 23, 16 ff.
– limitation language, Alternativen
§ 23, 20 f.
– Mezzanine-Kredite § 21, 13
– nachrangige Kredite
(PIK-Kredite) § 21, 12 ff.
– Nettokreditprinzip § 22, 39
– Outbond-Finanzierung
§ 26, 76 ff.
– Personalsicherheiten § 23, 4
– Private-Equity-Fonds § 20, 8
– Schuldübernahme § 23, 21;
§ 24, 32
– second-lien-Kredite § 21, 12
– Sicherheiten § 23, 1 ff.
– Sicherheiten d. Erwerbsgesellschaft § 23, 5 ff.
– Sicherheiten d. Zielgesellschaft
§ 23, 8
– Sicherheiten-Treuhänder
§ 23, 9 ff.

- Sicherheitenübertragung
  § 23, 21
- Sicherheitsabrede, anwendbares
  Recht § 24, 26 ff.
- Sicherungsabtretung § 24, 33 ff.
- steuerliche Berücksichtigung
  § 25, 22 f.; § 26, 28 ff.
- steuerliche Berücksichtigung,
  DBA § 26, 61 ff.
- syndication letter § 21, 17
- Syndizierung der Kredite
  § 21, 23 ff.
- term sheet § 21, 15 f.
- Tilgung § 22, 20 ff.
- up-stream/down-stream-merger
  § 23, 20
- Verwaltung § 21, 26
- Verwertungsbeschränkungen
  § 23, 13 ff.
- Zinsen § 22, 25 ff.
- Zinsschranke § 25, 22 f.

Akquisitionsvehikel § 2, 164

Aktienerwerb s. a. Börsenhandel;
Investoren; Kapitalerhöhung;
Unternehmensübernahme; WpÜG
- Abstimmung Aktienerwerb/
  Übernahmeangebot
  § 12, 123 ff.
- anwendbares Recht § 12, 12 ff.,
  37, 77, 128 ff.
- Aufsichtsratssitz § 12, 34 ff.,
  147
- Ausgabebetrag § 12, 97 f.
- außerbörslicher Erwerb
  § 12, 21 ff.
- Backstop Investment
  § 12, 59 ff.
- Backstop Investment, Zulässigkeit § 12, 65 ff.
- Backstop-Vereinbarung
  § 12, 69 ff.
- Bezugsrechtsausschluss, vereinfachter § 12, 40 ff.

- börslicher Erwerb § 12, 5 ff.
- börslicher Erwerb, anwendbares
  Recht § 12, 12 ff.
- call-option § 12, 117 ff.
- Derivate, Einsatz § 12, 117 ff.
- fairness opinion § 12, 149 ff.
- freiwilliges Angebot § 12, 110 f.
- Girosammelverwahrung
  § 12, 28
- Globalurkunden § 12, 27
- Investorenvereinbarungen
  § 12, 141 ff.; s. a. dort
- Kapitalmaßnahmen § 12, 38 ff.;
  s. a. Kapitalerhöhung
- Kaufpreisregelungen § 12, 23 ff.
- Kommissions-/Festpreisgeschäft
  § 12, 9
- Kontrollerwerb § 12, 107 ff.
- Offenlegungspflichten
  § 12, 127
- Pflichtangebot § 12, 107 ff.
- Sachkapitalerhöhung § 12, 78 ff.
- Spezifizierung d. Aktien
  § 12, 22
- Übernahmeangebot, Preis
  § 12, 121 f.
- Übernahmerecht/WpÜG
  § 12, 106 ff.; § 13, 76 ff.
- Übernahmevertragsstatut
  § 12, 128 ff.
- Übertragung § 12, 18 ff.,
  26 ff.
- Verkäufergarantien § 12, 31 ff.
- Verwahrungsform § 12, 26 ff.
- Vorvertrag, irrevocable
  undertakings § 12, 113 ff.
- Wertpapierrechtsstatut
  § 12, 18 ff.
- Wertverhältnis, bei Sacheinlage
  § 12, 90 f.
- WpÜG, Anwendungsbereich
  § 13, 79 ff.
- WpÜG, Verstöße § 13, 97 ff.

Aktiengesellschaft
- börsennotierte § 12, 1 ff., 106 ff.
- Business Judgment Rule § 2, 114
- Geschäftsleiter, Pflichten § 2, 114 f.
- Insiderregeln § 2, 115
Akzessorische Anknüpfung § 6, 130
Allgemeine Rechtsfähigkeit § 9, 64 ff.
Altersversorgung
- betriebliche § 10, 41
Anderkonten
- Legitimationsnachweise § 3, 20
Anglo-amerikanische Rechtspraxis
- case law § 4, 25
- closing § 4, 50
- Dominanz § 4, 1 ff.
- Einfluss § 4, 11 ff.
- Einfluss d. Finanzmärkte § 4, 3
- ejusdem generis-Regel § 4, 44
- four corners rule § 4, 43
- Kostengesichtspunkte § 4, 9
- Kritik § 4, 14 f.
- Nebenpflichten § 4, 51
- parol evidence rule § 4, 43
- plane meaning rule § 4, 43
- Prozessvermeidung § 4, 53
- representations and warranties § 4, 49
- Unternehmenskauf § 4, 5 ff.
- Vertragsgestaltung § 4, 26 ff.
Anknüpfung
- objektive § 6, 111
Anteilstausch § 29, 74 f.
- Anknüpfung § 6, 117 ff.
- Umwandlungssteuerrecht § 32, 1 ff., 57 ff.; § 35, 11 ff.; s. a. dort
Anwachsung
- Grundzüge § 34, 20 ff.
- steuerrechtliche Wirkung § 34, 28 ff.

Arbeitnehmerbeteiligung
- besonderes Verhandlungsgremium § 45, 4 ff.
- Beteiligungsvereinbarung § 45, 11 ff.
- Betriebsrat, Alternativen § 45, 33 f.
- Betriebsrat, gesetzliche Regelungen § 45, 38 ff.
- Betriebsratsverfassung § 45, 23 ff.
- Holding-SE § 44, 41
- SE, Umstrukturierung § 45, 52 ff.
- SE, Verschmelzung § 44, 19
- SE-Arbeitnehmer, in einem Mitgliedstaat § 45, 50 f.
- SEBG § 45, 1 ff.
- SPE § 49, 5
- unternehmerische Mitbestimmung § 45, 35 ff.
- unternehmerische Mitbestimmung, kraft Gesetzes § 45, 43 ff.
- Unterrichtungspflicht § 45, 30
- Verschmelzung § 29, 41
- Vorrats-SE § 45, 49
Arbeitnehmervertretung
- Beherrschungsvertrag § 15, 3
- Betriebsrat, europäischer § 15, 8
- Betriebsrat, örtlicher § 15, 6
- BetrVG, Geltungsbereich § 15, 4
- Gesamtbetriebsrat § 15, 4 f.
- Konzernbetriebsrat § 15, 2 f.
- Mitbestimmungsbeibehaltungsgesetz § 16, 16 ff.
- Mitbestimmungsrecht § 16, 1 ff.; s. a. Betriebsrat
- Wirtschaftsausschuss § 15, 4, 7; § 16, 6 ff.
Arbeitsverhältnisse
- Änderungskündigung § 14, 17

- Arbeitsvertragsstatut § 14, 13
- Betriebsübergang § 14, 1 ff.; s. a. dort
- Betriebsübergang, Unterrichtung § 14, 18 f.
- Betriebsübergang, Widerspruchsrecht § 14, 19 ff.
- Betriebsvereinbarungen § 14, 16
- Kündigungsschutz § 14, 17
- Mitbestimmung § 10, 42
- Mitbestimmungsstatut § 30, 1 ff.
- Share/Asset Deal § 1, 21
- Sozialversicherungspflichten § 10, 39 ff.
- Tarifverträge § 14, 15
- Territorialitätsprinzip § 14, 14

Arbeitsvertragsstatut § 8, 109 ff.; § 14, 13

Asset Deal
- Abschreibungen § 26, 26
- Anknüpfung § 6, 114 ff.
- Arbeitsverhältnisse § 8, 109 ff.
- Aufklärungspflichten § 9, 89 f.
- Auswahlkriterien § 1, 13 ff.
- catch-all-Klausel § 2, 250 f.
- Eigenwechsel § 8, 94 f.
- EWIV § 48, 7
- Finanzierungsaufwand § 26, 31
- Firma § 8, 110
- Forderungen § 8, 104 f.
- Formfragen § 2, 246 ff.
- Formstatut § 9, 50 ff.
- Fuhrpark § 8, 94, 99
- gewerbliche Schutzrechte § 9, 60
- Gewinnzurechnung § 26, 35 f.
- Grunderwerbsteuer § 26, 50
- Grundstücke § 8, 99, 100 ff.
- immaterielle Güter/Werte § 8, 111 ff.
- maßgebliches Recht § 8, 85 ff.
- Mobilien § 8, 88 ff.

- Rechtswahl § 2, 222
- Rom I § 6, 41
- Schecks § 8, 94 f.
- Schuldübernahme § 8, 106 f.
- SE § 44, 55 f.
- Sicherungsrechte § 8, 89
- SPE § 49, 8
- Steuerfolgen § 26, 4, 20 f.
- Steuerklauseln § 27, 26 ff.
- steuerliche Erwägungen § 1, 13 ff.
- Transaktionskosten § 1, 19, 24
- Umsatzsteuer § 26, 45 f.
- UN-Kaufrecht § 6, 16 ff., 28
- Unternehmenseinbringung § 29, 76 ff.
- Veräußerungsgewinne, DBA § 26, 59 f.
- Verfügungsgeschäft § 9, 56 ff.
- Verlustvorträge § 26, 43 f.
- Verpflichtungsgeschäft § 9, 52 ff.
- Vertragsübernahme § 8, 108
- Wechsel § 8, 92 f.
- Wertpapiere § 8, 92 ff.
- Zustimmung v. Vertragspartnern § 2, 150 ff.

Aufbewahrungspflichten § 10, 1
Aufklärungspflichten § 9, 88 ff.
- Verkäufer § 2, 81 ff.

Aufschiebende Bedingung § 2, 155 f.
- Vertragsstatut § 7, 29
- Vollzugsbedingungen § 2, 140 f.
- Zustimmung v. Vertragspartnern § 2, 150 ff.

Aufsichtsrat
- Gremienvorbehalte § 2, 143
- Repräsentation des Aktienerwerbers § 12, 34 ff., 147

Auktionsverfahren § 2, 9

Ausgleichsvereinbarungen
- Anknüpfung § 40, 10

Auskünfte
- unrichtige § 2, 80
Auskunftspflichten
- Steuerklauseln § 2, 205
Auskunftsrecht
- GmbH-Gesellschafter
  § 2, 111 f.
Ausländische Erwerber § 10, 48 ff.
- ausländerrechtliche Schranken
  § 10, 51, 54 ff.
- ausländische Geschäftsführer
  § 10, 52 ff.
- ausländische Vorstandsmitglieder § 10, 59 f.
- Haftung § 10, 44
Ausländische Geschäftsanteile
- Formerfordernisse § 9, 40 ff.
Ausländische Gesetze
- exterritoriale Wirkung
  § 2, 194 ff.
Auslandsberührung
- minimale § 6, 82 ff.
Auslandsbeurkundung § 2, 243 ff.
- Gleichwertigkeit § 9, 25 ff.
Auslandsgesellschaft
- Existenznachweis § 3, 1 ff.;
  s. a. Beurkundung; Handelsregister; Legitimationsnachweise
- Urkunden, (quasi-)öffentliche
  § 3, 30 ff.
- Vertretungsmacht, Nachweis
  § 3, 8
- Verwaltungssitz, Vermutung
  § 3, 12
Auslegung
- Rom I § 6, 8
- Vertrag § 4, 37 f., 43 ff.
- Vertragsstatut § 7, 7 f.
Auslegungsklauseln § 6, 71, 75 ff.
Außenwirtschaftsgesetz § 10, 48
Außenwirtschaftsrecht
- Prüfverfahren § 2, 131 ff.
- Regelungen § 2, 124 ff.

- Untersagungsfolgen § 2, 136 ff.
- Vollzugsbedingungen § 2, 140 f.
Außerstaatliches Recht
- Rechtswahl § 6, 92 ff.
Außervertragliches Schuldverhältnis
- Haftung § 5, 24 ff.
Auswahlkriterien
- Share/Asset Deal § 1, 18 ff.
Ausweichklausel § 6, 129 ff.
Autolimitierende Sachnormen
  § 9, 43
Autolimitierte Sachnormen § 9, 43

Bankgarantien § 10, 9
Barkapitalerhöhung
- Ablauf § 12, 42 ff., 62 ff.
- gemischte § 12, 101 ff.
Barmittel § 2, 159
Basket § 2, 182
Bedingungen
- Vertragsstatut § 7, 29
Beherrschungsvertrag § 8, 125 ff.
- Arbeitnehmervertretungen
  § 15, 3
Bekanntmachungspflichten § 8, 82
Belegenheitsgrundsatz § 8, 76, 87 f.
Belegenheitsrecht
- Mobiliarsicherheiten § 10, 12
Berater
- Deliktshaftung § 5, 24 ff.
- due diligence § 2, 69 ff.
- Funktion § 2, 8, 256; § 4, 55 ff.
- Honorar § 5, 11 f.
- Kenntnis, Zurechnung
  § 2, 96 ff.
- Kostengesichtspunkte
  § 4, 68 ff.
- Kostenreduktion § 4, 9
- legal opinions, Anknüpfung
  § 5, 14 f.
- Mandatsvereinbarung,
  Anknüpfung § 5, 1 ff.
- Rechtsanwaltsvertrag § 5, 1 ff.

- Sachwalterhaftung § 5, 29 ff.
- Steuerberatungsvertrag § 5, 18
- Vollmacht § 5, 13
- vorvertragliche Haftung
  § 5, 29 ff.
- Wirtschaftsprüfervertrag
  § 5, 19 ff.
- Zusammenarbeit
  m. ausländischen § 4, 62 ff.

Beratungsfehler
- Haftung § 5, 8, 11 f., 16 f., 21 ff.
- Haftungsfragen § 2, 69 ff.

Besserungsabrede § 2, 161
Beteiligungsfähigkeit § 9, 68 ff.
Betriebsänderungen
- Mitbestimmungsrecht
  § 16, 1 ff.

Betriebsgeheimnis § 8, 115 f.;
s. a. Geheimhaltungspflicht
- Unterrichtung d. Arbeitnehmervertretung § 16, 14

Betriebsrat
- Beherrschungsvertrag § 15, 3
- Betriebsübergang, Unterrichtung
  § 16, 13
- europäischer § 15, 8
- Mitbestimmungsbeibehaltungsgesetz § 16, 16 ff.
- Mitbestimmungsrecht
  § 16, 1 ff.
- örtlicher § 15, 6

Betriebsstilllegung
- Betriebsübergang, Abgrenzung
  § 14, 7 f.

Betriebsübergang § 14, 2 ff.
- Anwendbarkeit d. § 613a BGB
  § 14, 2 ff.
- Arbeitsvertragsstatut § 14, 13
- Betriebsstilllegung, Abgrenzung
  § 14, 7 f.
- Betriebsveräußerung § 14, 7
- Eingliederung, identitätszerstörende § 14, 9 ff.

- Kündigungsschutz § 14, 17
- Mitbestimmungsbeibehaltungsgesetz § 16, 16 ff.
- Mitbestimmungsrecht
  § 16, 1 ff.
- Rechtsfolgen § 14, 12 ff.
- Unterrichtungspflicht
  § 14, 18 f.; § 16, 6 ff.
- Vertragsstatut § 14, 2
- Voraussetzungen § 14, 6 ff.
- Widerspruchsrecht § 14, 19 ff.
- Wirtschaftsausschuss,
  Beteiligung § 16, 6 ff.

Betriebsvereinbarung § 14, 16
Betriebsverfassungsgesetz
- Geltungsbereich § 15, 4

Betriebsverlagerung
- ins Inland § 14, 3 f.

Beurkundung § 2, 241 ff.; § 4, 39 ff.;
s. a. Notar
- Asset Deal § 2, 246 ff.
- Ausland § 2, 243 ff.
- Bezugsurkunde § 2, 254
- catch-all-Klausel § 2, 250 f.
- Erleichterung § 2, 252 ff.;
  § 4, 39
- Gesellschafterliste § 3, 17
- Grundstücksübertragung
  § 2, 246
- Legitimationsnachweise
  § 3, 14 ff.
- Vertragsstatut § 7, 46

Beweisfragen
- Vertragsstatut § 7, 56 ff.

Bewertungsgrundsätze
- Vertragsstatut § 7, 33 f.

Bezugsurkunde § 2, 254
Bieterverfahren § 2, 11 ff.
- due diligence § 2, 37

Bilanzgarantie § 2, 189
Bilanzstichtag § 2, 198 ff.
Binding offer
- endgültiges Angebot § 2, 14

1134

Börsenhandel
- anwendbares Recht § 12, 12 ff.
- Bedeutung für Beteiligungserwerbe § 12, 5 ff.
- Kommissions-/Festpreisgeschäft § 12, 9
- Wertpapierrechtsstatut § 12, 18 ff.

Break-up fee § 2, 220
- Investorenvereinbarungen § 12, 152

Briefkastengesellschaft § 8, 53
Brussels Convention § 11, 11
Bundeskammer der gewerblichen Wirtschaft § 2, 230
Bürgschaft § 10, 5 f.
- anwendbares Recht § 24, 30 f.
Bürgschaftsstatut § 10, 6
Business Judgment Rule § 2, 114

Cadbury-Schweppes § 8, 53, 56
- Sitzverlegung § 28, 26
Call-Option
- Unternehmensübernahme § 12, 117 ff.
Calvo-Doktrin § 6, 51
Cap § 2, 182
Cartesio § 8, 33 ff.; § 28, 23 f.
- Sitzverlegung § 28, 52 f.
Case law § 4, 25
Cash free/debt free-Bewertung § 2, 159
Caveat emptor § 2, 33; § 4, 49
Centros § 8, 23 ff.
Change of Control-Klausel
- Klausel § 2, 152
Checklisten § 2, 50 ff.
CISG § 6, 10 ff.
Closing
- anglo-amerikanische Rechtspraxis § 4, 50
- Begriff/Funktion § 2, 207 ff.
- deutsches Recht § 2, 213 ff.
- internationale Praxis § 2, 216 ff.
- Protokoll, Unterzeichnung § 2, 219
- Scheitern § 2, 220
- steuerliche Zusicherungen § 2, 204
- und Stichtag § 2, 213 ff.
- Ursprung § 2, 207 ff.
- wesentlich nachteilige Änderungen § 2, 144 ff.; s. a. MAC-Klausel

Closing condition § 2, 120
Comfort letter § 10, 10
Commercial due diligence § 2, 41
Common law § 4, 4
- consideration § 7, 3
- Legitimationsnachweise § 3, 66
Condition precedent § 2, 120 ff., 155 f.
Confidenciality Agreement
- Vertraulichkeitsvereinbarung § 2, 17, 20
Confidenciality Undertaking
- Muster § 2, 17
- Vertraulichkeitsvereinbarung § 2, 17, 20
Confirmatory due diligence § 2, 48
Consideration
- Vertragsbindung § 2, 18
Construction clauses § 6, 71, 75 ff.
Contractual Joint Venture § 40, 1, 56
- Vertragswerk § 39, 25
Controlled auction
- Bieterverfahren § 2, 11
Corporate Governance
- Equity Joint Venture § 39, 27 ff.
Covenants § 2, 200
Cultural due diligence § 2, 41

Daily Mail § 8, 20 ff.
Darlehensvertrag § 10, 20 ff.

Data room s. Datenraum
Datenraum § 2, 55 ff.
- grüner § 2, 61, 68
- physische § 2, 56
- Regeln § 2, 56 ff.
- roter § 2, 61, 68
- virtueller § 2, 56 ff.
DCF-Verfahren § 2, 159
De minimis-Klausel § 19, 44
De minimis-Regelung § 2, 182
Debt-push-down § 23, 21
Deed § 2, 208
Definitionen
- Vertragsgestaltung § 4, 30 ff., 37
Delikt s. a. Unerlaubte Handlung
- Beraterhaftung § 5, 24 ff.
- Rechtswahl § 5, 24 f.
Deliktsstatut
- Aufbewahrungspflichten § 10, 1
- Aufklärungspflichtverletzung § 9, 93
- Geheimhaltungspflicht § 10, 2
Depeçage § 6, 98
Derivate
- Unternehmensübernahme § 12, 117 ff.
Deutsche Institution für Schiedsgerichtsbarkeit s. DIS
Devisenkontrolle § 2, 123
Digital data room
- digitaler § 2, 56
DIS § 2, 230
- Mediationsklausel § 2, 237
- Schiedsklausel § 2, 232
- Schiedsordnung § 11, 50
Disclosure letter § 2, 173 ff.
Discounted Cash Flow-Verfahren § 2, 159
Distanzvertrag
- Share Deal § 9, 4
Dividendenzusagen
- Anknüpfung § 40, 10

Domizilgesellschaften § 8, 102
Doppelbesteuerungsabkommen § 25, 30
- Veräußerungsgewinne § 26, 55 ff.
- Verhältnis z. UmwStG § 36, 1 ff.
Down-stream-merger § 23, 20
Due diligence § 2, 30 ff.
- Anforderungsliste § 2, 50 ff.
- anglo-amerikanisches Kaufrecht § 2, 31 ff.
- Arten § 2, 35 ff.
- Aufklärungspflichten § 9, 88 ff.
- Bericht/report § 2, 37 f. ff., 68 ff.
- binding offer § 2, 14
- Buyer due diligence § 2, 36
- Checklisten § 2, 50 ff.
- Common Law § 2, 31
- Datenraum § 2, 55 ff.
- Dokumente, Registrierung § 2, 65
- Erfassungsbögen § 2, 66 ff.; s. a. dort
- finanzielle § 2, 41
- Funktionen § 2, 43 ff.
- Garantiehaftung § 2, 105 ff.
- Haftung, vorvertragliche § 2, 78 ff.
- Haftungsfragen § 2, 69 ff.
- Insiderregeln § 2, 115
- kaufmännische/geschäftliche § 2, 41
- Kopien § 2, 64
- non-reliance letter § 2, 37 ff.
- Personalbedarf § 2, 62 f.
- Pflichten der Geschäftsleiter der Zielgesellschaft § 2, 109 ff.
- Pflichten der Geschäftsleiter des Erwerbers § 2, 117 ff.
- rechtliche § 2, 41
- reliance letter § 2, 37

Stichwortverzeichnis

- request list § 2, 50 ff.
- steuerliche § 2, 41
- tax due diligence § 25, 1 ff.;
  s. a. dort
- umweltbezogene § 2, 41
- und Gewährleistung
  (-ausschluss) § 2, 73 ff., 90 ff.
- US-amerikanisches Wertpapierrecht § 2, 31
- vendore due diligence § 2, 36 ff.
- Zeitpunkt § 2, 48 ff.

Earn-out § 2, 161
EG-Übereinkommen über das auf vertragliche Schuldverhältnisse anzuwendende Recht § 6, 4
Eigenkapitalwert § 2, 159
Eigenwechsel
- Asset Deal § 8, 94
Einbringung § 29, 76 ff.
- Umwandlungssteuerrecht
  § 32, 1 ff., 57 ff.; § 35, 14 ff.;
  s. a. dort
Eingliederung § 14, 9 ff.; § 29, 81 f.
Eingriffsnormen § 7, 59 ff.
Einheitstheorie § 8, 111
Einsichtsrecht
- GmbH-Gesellschafter § 2, 111
Einzelrechtsnachfolge § 8, 117
Ejusdem generis-Regel § 4, 44
Empfangsbevollmächtigter
  § 11, 65 ff.
Enterprise Value § 2, 159
Entgangener Gewinn § 2, 180
Entire agreement clause § 4, 43
Environmental due diligence § 2, 41
Equity Joint Venture
- Anteilsübertragungen
  § 39, 38 ff.
- anwendbares Recht § 40, 2 f.
- Beendigung § 39, 37 ff.
- Corporate Governance
  § 39, 27 ff.

- Einlagen § 39, 33
- Finanzierung § 39, 33 ff.
- Geschäftsleitung § 39, 31 f.
- Gesellschaftsvertrag § 39, 18 ff.
- Organbesetzung § 39, 28 ff.
- Vertrag, Rechtsnatur § 39, 17
- Vertragswerk § 39, 5 ff.
- Zusatzverträge § 39, 23 f.
Erfassungsbögen
- Anstellungsvertrag § 2, 66 ff.
- Darlehensvertrag § 2, 66 ff.
- GmbH § 2, 67 ff.
- Miet- und Leasingvertrag
  § 2, 66 ff.
- Muster § 2, 67
- Versicherungsvertrag § 2, 67 ff.
Ertragsteuer
- Steuerklauseln § 27, 20 ff.
- Umwandlungssteuerrecht
  § 32, 1 ff.; s. a. dort
Escrow account § 2, 169
EuGVÜ § 11, 11
EuGVVO § 11, 11 ff.
Eurokredite § 20, 11 ff.; § 22, 33
Europäische Aktiengesellschaft
  s. SE
Europäische Fusionskontrollverordnung s. FKVO
Europäische Gerichtsstands- und Vollstreckungsverordnung
  (EuGVVO) § 11, 11 ff.
Europäische Gesellschaft s. SE
Europäische Privatgesellschaft s. SPE
Europäische wirtschaftliche Interessenvereinigung s. EWIV
Europäischer Wirtschaftsraum
  s. EWR
Europäisches Gerichtsstands- und Vollstreckungsübereinkommen
  (EuGVÜ) § 11, 11
Europäisches Recht § 4, 10
- Niederlassungsfreiheit
  § 28, 22 ff.

1137

EWIV § 48, 1 ff.
- Asset Deal § 48, 7
- EWIV-VO § 48, 2 ff.
- Share Deal § 48, 4 ff.
EWR
- Gründungsrecht § 8, 58
- Kartellrecht § 18, 1 ff., 19 ff., 142 ff.; s. a. Kartellrecht – EU; FKVO; Fusionskontrolle – EU-Recht
Exklusivitätsvereinbarungen § 9, 84 ff.
Exklusivverhandlungen § 2, 10, 15 f.
- letter of intent § 2, 25, 27

Fairness opinion
- fairness opinion § 12, 149 ff.
Favor validitatis
- Share Deal § 9, 6
Federal securities law § 6, 35; § 7, 39
Financial assistance § 10, 22
Financial covenants § 10, 21
Financial due diligence § 2, 41
Finanzierung § 2, 154
- Akquisitionsfinanzierung s. dort
- debt-push-down § 23, 21
- Fremdfinanzierung § 20, 1 ff.
- steuerliche Berücksichtigung § 25, 22 f.; § 26, 28 ff.
- steuerliche Berücksichtigung, DBA § 26, 61 ff.
- up-stream/down-stream-merger § 23, 20
- Zinsschranke § 25, 22 f.
Finanzierungsvertrag
- Abnahme/Nichtabnahme des Kredits § 22, 15
- anwendbares Recht § 24, 13 ff.
- Auflagen § 22, 46 ff.
- Auszahlungsvoraussetzungen § 22, 13 ff.
- dingliche Sicherheiten § 23, 5 ff.

- Eigenkapitalklausel § 22, 51
- Financial Covenants § 22, 48 ff.
- Gearing § 22, 54
- Gebühren/Kosten § 22, 34 ff.
- Gerichtsstandsvereinbarung § 24, 3 ff.
- Grundstruktur § 22, 3 ff.
- Inanspruchnahme des Kredits § 22, 16
- Kapitalerhaltungsvorschriften § 23, 14 f.
- Konsortialanteile § 22, 11
- Kostenausgleichsklausel § 22, 40
- Krediteröffnungsvertrag § 22, 7 ff.
- Kündigungsrechte § 22, 55 ff.
- Laufzeit § 22, 18
- limitation language § 23, 16 ff.
- Liquiditätsklausel § 22, 53
- Marktstörung § 22, 32 f.
- Personalsicherheiten § 23, 4
- Sicherheitsabrede, anwendbares Recht § 24, 26 ff.
- Steuerausgleichsklausel § 22, 39
- Tilgung § 22, 20 ff., 41
- Verfügbarkeitsdauer § 22, 19
- Verschuldungsgrad § 22, 52
- Vertragsmuster (Loan Market Association) § 22, 1 f.
- Verwendungszweck des Kredits § 22, 12
- Verwertungsbeschränkungen § 23, 13 ff.
- Zinsen § 22, 25 ff.
- Zusicherungen § 22, 42 ff.
Firma § 8, 110
Firmenfortführung § 10, 32 ff.
FKVO
- Anmeldepflicht § 18, 13 f., 30 ff.
- Anmeldepflichtige § 18, 125

Stichwortverzeichnis

- Anmeldezeitpunkt § 18, 124
- Anmeldungsverfahren
  § 18, 121 ff.
- Anwendungsvoraussetzungen
  § 18, 11 ff.
- Auflagen/Verpflichtungszusagen
  § 18, 16 f., 61, 146 ff.
- Auslegung/Leitlinien § 18, 6 ff.
- Bankgeschäftsklausel § 18, 45
- Durchführungsverordnungen
  § 18, 4 f.
- Entflechtung § 18, 126
- Entflechtungsanordnung
  § 18, 61
- Entstehung § 18, 2
- Fusion, Begriff § 18, 35 f.
- Geltungsbereich § 18, 1, 9 f., 19 ff.
- Gemeinschaftsunternehmen
  § 41, 1 ff.
- Hauptprüfungsverfahren
  § 18, 131
- Hauptprüfungsverfahren, Abschluss § 18, 145 ff.
- Insolvenztatbestandsklausel
  § 18, 46
- Joint Venture, Nebenabreden
  § 41, 22 f.
- Kontrollerwerb § 18, 37 ff.
- Luxemburger-Klausel § 18, 57
- Markt, sachlich relevanter
  § 18, 66 ff.
- Marktabgrenzung § 18, 63 ff.
- more economic approach
  § 18, 62
- rechtliches Gehör § 18, 132
- Reform § 18, 3
- Schwellenwerte § 18, 11 f.
- SIEC-Test § 41, 15 ff.
- Teilfunktions-Gemeinschaftsunternehmen § 41, 13
- Umsatzanforderungen
  § 18, 48 ff.
- Umsatzberechnung § 18, 58 ff.
- Unternehmensbegriff
  § 18, 32 f.
- Untersagung, teilweise § 18, 17
- Untersagungsbefugnis, Reichweite § 18, 15 f.
- Untersagungsvoraussetzungen
  § 18, 61 ff.
- vereinfachtes Verfahren
  § 18, 133 f.
- Verhältnis z. dt. Fusionskontrolle § 18, 20 ff.
- Verweisung an die Kommission
  § 18, 139 ff.
- Verweisung an nationale Behörden § 18, 136 ff.
- Vollfunktions-Gemeinschaftsunternehmen § 41, 9 ff.
- Vollzugsverbot, vorläufiges
  § 18, 126
- Vorgespräche, informelle
  § 18, 127
- Vorprüfungsverfahren
  § 18, 128 ff.
- Wettbewerbsbehinderung
  (SIEC-Test) § 18, 62 f., 78 ff.
- Zusammenschluss von gemeinschaftsweiter Bedeutung
  § 18, 11 ff.
- Zusammenschlusstatbestand
  § 18, 31 ff.

Fördermittel
- staatliche § 2, 153

Forderungen § 6, 124
- Werthaltigkeit § 2, 189 ff.

Forderungsstatut § 8, 105

Foreign Corrupt Practices Act
§ 2, 194 ff.

Form s. a. Beurkundung
- ausländische Geschäftsanteile
  § 9, 40 ff.
- Joint Venture Vertrag
  § 40, 38 f.

1139

Formnichtigkeit § 9, 61 ff.
Formstatut
- Asset Deal § 9, 51 ff.
- Formnichtigkeit § 9, 61 ff.
- GmbH § 9, 9 ff.
- Share Deal § 9, 1 ff.
Formwechsel § 28, 25 ff.; § 29, 1 ff.,
66; s. a. Umwandlung
- Alternativen § 29, 68 ff.
- Grundzüge § 34, 17 ff.
- Niederlassungsfreiheit § 29, 56
- SE § 44, 1
- SE, Besteuerung § 47, 67
- Umwandlungssteuerrecht
§ 32, 1 ff., 57 ff.; § 35, 14 ff.;
s. a. dort
- UmwG, Typenzwang § 34, 1 ff.
Four corners rule § 4, 43
Framework agreements § 9, 84 ff.
Fremdfinanzierung § 20, 1 ff.
Freundschafts-, Handels- und
Schifffahrtsvertrag § 8, 59
Fuhrpark
- Asset Deal § 8, 99
Fusionskontrolle § 2, 142
- Abwägungsklausel § 19, 61 f.
- Anmeldefähigkeit § 17, 22
- Anmeldefristen § 17, 23
- Anmeldepflicht § 17, 25
- Anmeldepflichtige § 19, 68 ff.
- Anmeldeverfahren § 17, 18 ff.
- Anmeldung, Form § 19, 76
- Anmeldungsinhalt § 19, 71 ff.
- Anmeldungspflicht § 19, 12 ff.,
45
- Anmeldungszeitpunkt § 17, 20
- Anteilserwerb § 19, 29 ff.
- Anwendungsbereich § 19, 8 ff.,
95
- Auflagen/Verpflichtungszusagen
§ 19, 80
- Auswirkungsprinzip § 19, 9
- Bagatellmarktklausel § 19, 63 ff.

- Bankenklausel § 19, 37
- Bestimmung der beteiligten
Unternehmen § 19, 39 f.
- Bezugs-/Lieferpflicht
§ 19, 105 f.
- Bußgeld § 17, 23; § 19, 73
- de minimis-Klausel § 19, 44
- deutsche § 19, 1 ff.;
s. a. Kartellrecht; Kartellverbot
- Entflechtung § 19, 75
- europäische § 18, 1 ff.;
s. a. Kartellrecht - EU; FKVO;
Fusionskontrolle - EU-Recht
- Gemeinschaftsunternehmen
§ 19, 36; § 41, 40 ff.
- Gemeinschaftsunternehmen,
ausländische § 41, 46 ff.
- Grundlagen § 19, 2 ff.
- Gruppenumsatz § 17, 13
- Hauptprüfungsverfahren
§ 19, 79
- Joint Venture § 41, 40 ff.
- Kontrollerwerb § 19, 24 ff.
- Lizenzvereinbarung § 19, 104
- Markt, räumlich relevanter
§ 19, 49
- Marktabgrenzung § 19, 47 ff.
- marktbeherrschende Stellung
§ 19, 51 ff.
- Mehrfachanmeldung § 19, 14
- Mehrfachzusammenschlüsse
§ 19, 34 f.
- Minderheitsbeteiligung § 17, 8
- Ministererlaubnis § 19, 81 ff.
- Pressesanierungsklausel
§ 19, 66
- Prüfungsverfahren § 19, 46,
67 ff.; § 41, 49 f.
- Rechtsschutz § 19, 84 ff.
- Schwellenwerte § 17, 10 ff., 24;
§ 19, 41 f.
- Sektoren § 17, 16

Stichwortverzeichnis

- Spürbarkeitsvorbehalt
  § 19, 10 ff.
- Systematik § 19, 4 ff.
- Umsatzberechnung § 17, 13 ff.;
  § 19, 43
- Umstrukturierungen § 31, 1 ff.
- Umstrukturierungen,
  konzerninterne § 31, 3 f.
- Umstrukturierungen, Verstärken
  einer Verbindung § 31, 5
- Untersagung, vorläufige
  § 17, 26
- Verhältnis z. EU-Fusions-
  kontrolle § 18, 20 ff.
- Vermögenserwerb § 19, 21 ff.
- Vollzug, Ausland § 19, 13
- Vollzug, Inland § 19, 12
- Vollzugsverbot § 19, 12
- Vollzugsverbot, vorläufiges
  § 19, 45
- Vorprüfungsverfahren
  § 19, 77 f.
- Wertpapierhandel § 17, 9
- Wettbewerbsbehinderung
  (SIEC-Test) § 19, 50 ff.
- wettbewerbserheblicher Einfluss
  § 19, 32 f.
- Zusammenschluss, Begriff
  § 17, 6 ff.; § 19, 17 ff.

Fusionskontrolle – EU-Recht
- Abwägungsklausel § 18, 115
- Anmeldungsverfahren
  § 18, 121 ff.
- Anwendungsvorrang § 19, 8
- Auflagen/Verpflichtungszusagen
  § 18, 16 f., 146 ff.
- Ausnahmebereiche § 18, 45 ff.
- Bedarfsmarktkonzept § 18, 66
- Bezugs-/Lieferpflichten
  § 18, 118
- Einfluss, bestimmender
  § 18, 37 ff.

- Entflechtungsanordnung
  § 18, 61
- Fusion, Begriff § 18, 35 f.
- Geltungsbereich § 17, 3
- Gemeinschaftsunternehmen
  § 18, 44, 57; § 41, 1 ff.
- Gesamtumsatz, weltweiter
  § 18, 50
- Hauptprüfungsverfahren
  § 18, 131
- Hauptprüfungsverfahren,
  Abschluss § 18, 145 ff.
- Insolvenztatbestandsklausel
  § 18, 115
- interne Restrukturierung
  § 18, 43
- Joint Venture, Nebenabreden
  § 41, 22 f.
- konglomerater Zusammen-
  schluss § 18, 100, 109 ff.
- Kontrolle durch vertragliche
  Vereinbarungen § 18, 40
- Kontrolle, gemeinsame § 18, 42,
  54
- Kontrollerwerb § 18, 31, 37 ff.,
  53 ff.
- Kontrollerwerb, faktische
  Hauptversammlungsmehrheit
  § 18, 41
- Kontrollerwerb/Verschmelzung
  § 17, 6 ff.
- Lizenzvereinbarung § 18, 118
- Markt, räumlich relevanter
  § 18, 70 ff.
- Markt, sachlich relevanter
  § 18, 66 ff.
- Marktabgrenzung § 17, 17;
  § 18, 63 ff.
- Marktbeherrschung, Einzelmarkt
  § 18, 85 ff.
- Marktbeherrschung, kollektive
  § 18, 94

- Marktbeherrschungstest
  § 18, 78 f.
- Mehrheitsbeteiligung § 18, 39 f.
- Minderheitsbeteiligung § 18, 41
- Nebenabreden § 18, 116 ff.
- rechtliches Gehör § 18, 132
- Rechtsschutz § 18, 150 ff.
- Schwellenwerte § 17, 10 ff.;
  § 18, 48 ff.
- SE § 46, 1 f.
- Sektoren § 17, 16
- SIEC-Test § 41, 15 ff.
- SNIP-Test § 18, 69, 72
- Teilfunktions-
  Gemeinschaftsunternehmen
  § 41, 13
- Umsatzberechnung § 18, 58 ff.
- Unternehmensbegriff § 18, 32 f.
- Untersagung, teilweise § 18, 17
- Untersagungsbefugnis,
  Reichweite § 18, 15 f.
- vereinfachtes Verfahren
  § 18, 133 f.
- Verhältnis z. dt. Fusions-
  kontrolle § 18, 20 ff.
- vertikaler § 18, 100 ff.
- Verweisung an die Kommission
  § 18, 139 f.
- Verweisung an nationale
  Behörden § 18, 136 ff.
- Vollfunktions-
  Gemeinschaftsunternehmen
  § 18, 120 ff.; § 41, 9 ff.
- Vorgespräche, informelle
  § 18, 127
- Vorprüfungsverfahren
  § 18, 128 ff.
- Wettbewerbsbehinderung
  (SIEC-Test) § 18, 62 f., 78 ff.
- Wettbewerbsverbot § 18, 118 f.
- Zusammenschluss von gemein-
  schaftsweiter Bedeutung
  § 18, 48 ff., 113

- Zusammenschluss, Formen
  § 18, 82 ff.
- Zusammenschluss, horizontaler
  § 18, 83 ff.
- Zusammenschluss, Kausalität
  § 18, 114
- Zusammenschluss, unilaterale
  Wirkungen § 18, 98 f.

Garantiehaftung § 2, 105 ff.
Garantien s. a. Verkäufergarantien
- anwendbares Recht § 24, 30 f.
- Bilanzgarantie § 2, 189
- caveat emptor-Regel § 4, 49
- Garantieversprechen § 2, 107 f.
- gebräuchliche § 2, 187 ff.
- Kapitalerhaltungsgrundsatz
  § 2, 197
- Kaufpreisminderung § 2, 179
- Kenntnis, Zurechnung
  § 2, 201 f.
- Offenlegungspflichten
  § 2, 201 f.
- Schadensersatz § 2, 180 ff.
- selbständiges Garantie-
  versprechen § 2, 165 ff.
- Steuerklauseln § 2, 203 ff.;
  § 27, 1 ff.; s. a. dort
- Verkäufer § 2, 165 ff.
- Verstöße § 2, 177 ff.
- Vertragstechnik § 2, 166 ff.
- Werthaltigkeit v. Forderungen
  § 2, 189 ff.
Geheimhaltungspflicht § 2, 87;
  § 10, 2; s. a. Betriebsgeheimnis
Geldwäschegesetz
- Legitimationsnachweise
  § 3, 19
Gemeinschaftsunternehmen
- Fusionskontrolle § 41, 1 ff.;
  s. a. dort
- Kartellverbot § 41, 24 ff.;
  s. a. dort

Stichwortverzeichnis

- Markt, sachlich relevanter § 19, 48
Genehmigung
- Außenwirtschaftsrecht § 2, 124 ff.
- Devisenkontrolle § 2, 123
- Fusionskontrolle § 2, 142
- Genehmigungspflichten § 10, 45 f.
- Share/Asset Deal § 1, 22
- staatliche § 2, 122 ff.
General principles of law § 6, 92
Genuine link § 8, 61 f.; § 9, 65
Gerichtsstand § 11, 12 ff., 20 ff., 24 ff.
Gerichtsstandsklausel § 11, 13, 24 ff., 32 f.
- letter of intent/heads of terms § 11, 16
- Spruchkörper § 11, 24 ff.
Gerichtsstandsvereinbarung
- Bestimmtheit § 11, 14
- Finanzierungsvertrag § 24, 3 ff.
- Form § 11, 18
- Kriterien § 11, 11 f.
- Schriftlichkeit § 11, 18
Gerichtsverfassungsgesetz § 11, 27
Gesamtbetriebsrat § 15, 4 f.
Gesamtrechtsnachfolge § 8, 117
- Personengesellschaft § 29, 69 ff.
Gesamtverweisungen § 8, 63
Geschäftsbeziehungen § 8, 115 f.
Geschäftsbücher
- Aufbewahrungspflichten § 10, 1
Geschäftschancen § 8, 115 f.
Geschäftsfähigkeit § 9, 74
Geschäftsleiter
- ausländische § 10, 52 ff.
- Vertraulichkeitspflichten § 2, 109 ff.
Geschäftsstatut
- Share Deal § 9, 3
Gesellschaft
- Vertretung § 9, 78 ff.

Gesellschafterliste § 9, 36
- Formstatut § 9, 21
- Legitimationsnachweise § 3, 17
Gesellschaftsstatut § 8, 1 ff., 72 ff.
- Abspaltung Gesellschaftsstatut/Vertragsstatut § 8, 83 f.
- Anteilsübertragung § 8, 74 ff.
- Aufbewahrungspflichten § 10, 1
- Geheimhaltungspflicht § 10, 2
- Gesellschaftsverträge § 8, 125 ff.
- gutgläubiger Erwerb § 8, 77
- Haftung § 10, 25
- Haftungsvereinbarungen § 40, 9
- Joint Venture § 40, 7 ff.
- Kapitalerhöhung § 12, 56 ff.
- Mitteilungs-/Bekanntmachungspflichten § 8, 82
- Reichweite § 8, 72 ff.
- Sachkapitalerhöhung § 12, 99
- Share Deal, Form § 9, 8
- Stimmbindungsvertrag § 40, 9
- Übertragungsbeschränkung § 8, 78 f.
- Umwandlung § 29, 7
- Zustimmungserfordernisse § 8, 119 ff.
Gestaltungsformen
- Unternehmenskauf § 1, 1 f., 13 ff.
Gewährleistung § 2, 89 ff.; s. a. Leistungsstörungen
- Ansprüche, Kompensation § 2, 183
- caveat emptor-Regel § 4, 49
- Garantiehaftung § 2, 105 ff.
- Kaufpreisminderung § 2, 179
- Kenntnis d. Käufers § 2, 90 ff.
- Kenntniszurechnung § 2, 96 ff.
- Offenlegungsschreiben § 2, 173 ff.
- Schadensersatz § 2, 180 ff.

1143

- und due diligence § 2, 73 ff., 90 ff.
- Unkenntnis, grob fahrlässige § 2, 103 f.
- Verjährung § 2, 185 f.
- Verkehrssitte § 2, 98 ff.
- Verrechnung § 2, 183
- Vertragsgestaltung § 2, 177 ff.
- Werthaltigkeit v. Forderungen § 2, 189 ff.

Gewährleistungsversprechen § 2, 155

Gewerberecht
- Territorialitätsprinzip § 10, 45 ff.

Gewerbesteuer
- SE § 47, 68 ff.
- Steuerklausel § 27, 28 ff.
- Steuern, Veräußerer § 26, 10 f.

Gewerbliche Schutzrechte
- Asset Deal § 9, 60

Gewinnabführungsverträge § 8, 125 ff.

Gewöhnlicher Aufenthaltsort § 6, 113; § 7, 6

Girosammelverwahrung § 12, 28

Gleichordnungsverträge § 8, 128

Gleichwertigkeit
- Auslandsbeurkundung § 9, 25 ff.

Globalurkunden § 12, 27

GmbH
- Formstatut § 9, 9 ff.
- Geschäftsleiter, Pflichten § 2, 111 ff.
- Gesellschafterliste § 3, 17
- Verfügungsgeschäft § 9, 13 ff.
- Verpflichtungsgeschäft § 9, 10 ff.

Going concern-Klausel § 2, 200

Goodwill § 8, 115 f.

Gremienvorbehalte § 2, 143

Grenzüberschreitender Betriebsübergang § 14, 2 ff.

Grundbuchfähigkeit § 9, 71

Grunderwerbsteuer § 26, 50 ff.

Grundpfandrechte § 10, 17 ff.

Grundschuld § 10, 17 ff.
- anwendbares Recht § 24, 40

Grundstücke
- Asset Deal § 8, 100 ff.
- Grundbuchfähigkeit § 9, 71
- Stellvertretung § 9, 81

Gründungstheorie § 8, 3 ff., 8 ff., 18 ff., 46 ff., 64, 68
- Briefkastengesellschaft § 8, 53
- Cadbury-Schweppes § 8, 53, 56
- Cartesio § 8, 33 ff.
- Centros § 8, 23 ff.
- Daily Mail § 8, 20 ff.
- Inspire Art § 8, 29 ff.
- Niederlassungsfreiheit § 8, 8 ff., 18 ff.
- Niederlassungsfreiheit, Beschränkung § 8, 52 ff.
- Sitzverlegung § 28, 8 ff.
- Überseering § 8, 27 f.
- Vale § 8, 38 ff.

Günstigkeitsprinzip
- Share Deal § 9, 6

Gutgläubiger Erwerb
- Gesellschaftsstatut § 8, 77

Haftung s. a. Gewährleistung; Käuferhaftung; Verkäuferhaftung; Schadensersatz
- Abbruch von Vertragsverhandlungen § 2, 88
- Anteilsübernahme § 10, 25
- ausländische Erwerber § 10, 44
- außervertragliches Schuldverhältnis § 5, 24 ff.
- Delikt § 5, 24 ff.; s. a. Unerlaubte Handlung

- Firmenfortführung § 10, 32 ff.
- Garantiehaftung § 2, 105 ff.
- Geheimhaltungspflichten
  § 2, 87
- gesellschaftsrechtliche
  § 2, 109 ff.
- Gewährleistung s. dort
- Höchstgrenze § 2, 182
- Kenntnis, Zurechnung
  § 2, 201 f.
- legal opinion § 2, 257
- mehrere Erwerber § 10, 43 ff.
- Rechtsanwälte § 5, 16 f.
- Sachwalter § 5, 29 ff.
- Sozialversicherungspflichten
  § 10, 39 ff.
- Steuerhaftung § 10, 36 ff.
- und due diligence § 2, 73 ff.
- Unternehmenserwerber
  § 10, 25 ff.
- Vermögensübernahme
  § 10, 27 ff.
- vorvertragliche § 2, 78 ff., 84, 87 ff.; § 5, 29 ff.

Haftungsvereinbarungen
- Anknüpfung § 40, 9

Handelskammer Stockholm § 2, 230

Handelsregister
- ausländische Registerbehörden
  § 3, 21 ff.
- Freibeweisverfahren § 3, 9 f.
- Legitimationsnachweise
  § 3, 1 ff.
- Prüfungspflichten § 3, 5 ff.

Hauptverwaltung § 6, 122; § 8, 14

Heads of Terms § 11, 16

Holding-SE
- Anteilseinbringung § 44, 44 ff.
- Arbeitnehmerbeteiligung
  § 44, 41
- Beteiligungsfähigkeit § 44, 33
- Gesellschafterzustimmung
  § 44, 42 f.

- Gründung § 44, 28 ff.
- Gründungsplan § 44, 34 ff.
- Registeranmeldung § 44, 40
- Registereintragung § 44, 48 ff.

Human resources due diligence
  § 2, 41

Hypothek § 10, 17 ff.
- anwendbares Recht § 24, 40

Hypothetischer Monopolistentest
  s. SSNIP-Test

ICC § 2, 230
- Einheitliche Richtlinien für Vertragsgarantien § 10, 8
- Mediationsklausel § 2, 239
- Schiedsklausel § 2, 233

Immaterialgüterstatut § 8, 111

Immaterielle Güter/Werte
  § 8, 111 ff.
- Vertragsstatut § 7, 23

Immobiliarsachenrechte § 6, 127 f.

Immobiliarsicherheiten § 10, 17 ff.

Indexierungsverbot § 2, 163

Indicative offer
- unverbindliches Kaufangebot
  § 2, 13

Information memorandum § 2, 12

Information technology due diligence
  § 2, 41

Informationsmemorandum
- Investmentbank § 2, 12 f.

Insiderrecht § 2, 115
- Anwendungsbereich
  § 13, 45 ff.
- Verstöße, Rechtsfolgen
  § 13, 50 f.

Inspire Art § 8, 29 ff.

Institutionelles Schiedsgericht
  § 2, 230; § 11, 49 ff.

Insurance due diligence § 2, 41

Intellectual property due diligence
  § 2, 41

1145

International Chamber of Commerce
§ 2, 230
– Mediationsklausel § 2, 239
– Schiedsklausel § 2, 233
Internationale Handelskammer
§ 10, 8
Internationale Handelskammer Paris
§ 11, 50
Internationales Gesellschaftsrecht
– Cartesio § 8, 33 ff.
– Centros § 8, 23 ff.
– Daily Mail § 8, 20 ff.
– Einzeltheorie § 29, 7
– EWR-Vertragsstaaten § 8, 58
– Gesamtverweisung § 8, 63
– GmbH, Formerfordernisse
 § 9, 16
– Gründungstheorie § 8, 3 ff.,
 8 ff., 18 ff., 46 ff., 64, 68
– gutgläubiger Erwerb § 8, 77
– Inspire Art § 8, 29 ff.
– Kapitalaufbringung/-erhaltung
 § 8, 67 ff.
– Niederlassungsfreiheit § 8, 8 ff.,
 18 ff.
– outreach statutes § 8, 6
– Sachnormverweisung § 8, 66
– Sitztheorie § 8, 3 ff., 8 ff., 18 ff.,
 69
– Staatsverträge § 8, 59, 66, 69
– Überseering § 8, 27 f.
– Umwandlungen § 29, 6
– Vale § 8, 38 ff.
– Vereinigungstheorie § 29, 7
– Verwaltungssitz, tatsächlicher
 § 8, 8, 12 ff.
– Wertpapierrechtsstatut § 8, 75,
 93
– Wertpapiersachstatut § 8, 76, 92
Internationales Privatrecht
– Ausschluss § 6, 61 ff.
– Forderungen § 8, 104 f.
– Fuhrpark § 8, 99

– Grundstücke § 8, 100 ff.
– lex fori § 6, 6 f.; s. a. dort
– Mobilien § 8, 88 ff.
– objektive Anknüpfung
 § 6, 111 ff.
– Rechtswahl, teilweise § 6, 97 ff.
– Regelungen § 6, 9
– Vertragsstatut § 6, 3 ff.
– Wertpapiere § 8, 92 ff.
Internationales Schiedsgericht bei der
Wirtschaftskammer Österreich
§ 11, 50
Internationales Schuldvertragsrecht
§ 6, 33 ff.
Investmentbank § 2, 12 f.
Investoren
– Backstop Investment
 § 12, 59 ff.
– Gewinnpatriierung § 26, 68 ff.
– Kapitaleinla-
 gen/Aktienübernahme
 § 12, 38 ff.
– Mezzanine-Kredite § 21, 12
– Private-Equity-Fonds § 20, 8
– second-lien-Kredite § 21, 13
– Unternehmensübernahme
 § 12, 106 ff.
Investorenvereinbarungen
§ 12, 141 ff.
– anwendbares Recht § 12, 153 f.
– Beteiligungsgrenze § 12, 146
– break fees § 12, 152
– call-option § 12, 117 ff.
– fairness opinion § 12, 149 ff.
– Maßnahmen, operative
 § 12, 145
– Organbesetzung § 12, 147 f.
– Rechtscharakter § 12, 141 f.
– Vorvertrag, irrevocable
 undertakings § 12, 113 ff.
– Zielvereinbarung § 12, 144
Invitatio ad offerendum § 7, 4

Irrevocable undertakings
§ 12, 113 ff.

Joint Venture
- Contractual Joint Venture
  § 40, 1, 56
- Fusionskontrolle § 41, 40 ff.
- Fusionskontrolle, EU-Recht
  § 41, 1 ff.; s. a. dort
- Kartellverbot § 41, 24 ff., 51 ff.
- Nebenabreden, Fusionskontrolle
  § 41, 22 f.

Joint Venture Vertrag
- Aktivitätszentrum § 40, 30 ff.
- Anteilsübertragungen
  § 39, 38 ff.
- anwendbares Recht § 40, 17 ff.
- Beendigung § 39, 37 ff.
- Contractual Joint Venture
  § 39, 25
- Corporate Governance
  § 39, 27 ff.
- eigenes Statut § 40, 10
- Eingriffsrecht § 40, 40
- Einlagen § 39, 33
- Equity Joint Venture § 39, 7 ff.;
  s. a. dort
- Finanzierung § 39, 33 ff.
- Form § 40, 38 f.
- Geschäftsleitung § 39, 31 f.
- Gesellschaftsstatut § 40, 7 ff.
- Gesellschaftsvertrag § 40, 12 f.
- Organbesetzung § 39, 28 ff.
- Organisationsform § 40, 14 f.
- Projektgesellschaft § 40, 22 ff.
- Qualifikation § 40, 4 ff.
- Rechtsnatur § 39, 17
- Rechtswahl § 40, 16
- Rechtswahl, fehlende
  § 40, 17 ff.
- Statut, Reichweite § 40, 37
- Zusatzverträge § 39, 23 f.

- Zusatzverträge, akzessorische
  Anknüpfung § 40, 48 ff.
- Zusatzverträge, anwendbares
  Recht § 40, 46 ff.
- Zusatzverträge, Rechtswahl
  § 40, 41 ff.

Juristenausbildung
- anglo-amerikanische § 4, 8

Juristensprache
- anglo-amerikanische § 4, 46

Kapitalaufbringung
- Umgehung § 8, 67 ff.

Kapitalerhaltungsgrundsatz § 2, 197
- Umgehung § 8, 67 ff.

Kapitalerhöhung
- Ablauf § 12, 42 ff., 62 ff., 80
- anwendbares Recht § 12, 77
- aus genehmigtem Kapital
  § 12, 83 ff.
- Backstop Investment
  § 12, 59 ff.
- Backstop Investment, Zulässigkeit § 12, 65 ff.
- Backstop-Vereinbarung
  § 12, 69 ff.
- Barkapitalerhöhung § 12, 40 ff.,
  59 ff.
- Bezugsrechtsausschluss,
  Sacheinlage § 12, 88 f.
- Bezugsrechtsausschluss,
  vereinfachter § 12, 40 ff., 54 f.
- Erwerbshöchstgrenze
  § 12, 47 ff.
- gemischte § 12, 101 ff.
- Gesellschaftsstatut § 12, 56 ff., 99
- ordentliche § 12, 86
- Platzierungspreis § 12, 52 f.
- Prospektpflicht § 12, 82
- Sacheinlage, Bewertung
  § 12, 81, 90 ff.
- Sachkapitalerhöhung § 12, 78 ff.

1147

Kapitalgesellschaft
- Abschreibungen § 26, 25
- Beteiligungsfähigkeit § 9, 68
- Finanzierungsaufwand
  § 26, 28 f.
- Gewinnzurechnung § 26, 32 f.
- Grunderwerbsteuer § 26, 53 f.
- Rechtstypenvergleich § 26, 5 ff.
- Steuern, Erwerber § 26, 26
- Steuern, Veräußerer § 26, 9 ff.,
  20 f.
- tax due diligence § 25, 17 ff.
- Veräußerungsgewinne, DBA
  § 26, 55 f., 59
- Verlustvorträge § 26, 37 ff., 43

Kapitalmarktrecht
- Anknüpfung § 13, 2
- europäisches § 13, 3 f.
- Kapitalmarktordnungsrecht
  § 13, 1 ff.
- Prospektpflicht § 13, 9 ff.

Kapitalmarkttransaktionen
§ 12, 1 ff.; s. a. Aktienerwerb;
Börsenhandel; Investoren;
Kapitalerhöhung; Unternehmensübernahme; WpÜG
- ad-hoc-Publizität § 13, 52 ff.
- ad-hoc-Publizität, Verstöße
  § 13, 61 ff.
- anwendbares Recht § 12, 12 ff.,
  37, 77
- außerbörslicher Aktienerwerb
  § 12, 21 ff.
- börslicher Aktienerwerb
  § 12, 5 ff.
- Insiderrecht § 13, 44 ff.;
  s. a. dort
- Insiderrecht, Verstöße
  § 13, 50 f.
- Kapitalmarktordnungsrecht
  § 13, 1 ff.
- Kapitalmaßnahmen § 12, 38 ff.

- Kapitalmaßnahmen, mit
  Backstop-Vereinbarung
  § 12, 59 ff.
- Kapitalmaßnahmen, mit Bezugs-
  rechtsausschluss § 12, 40 ff., 88 f.
- Kapitalmaßnahmen, Sacheinlage
  § 12, 78 ff.
- Mitteilungspflichten § 13, 66 ff.
- prospektfreie § 13, 11, 13, 16,
  21 ff.
- Prospektpflicht § 13, 9 ff.
- Prospektpflicht, Verstöße
  § 13, 34 ff.
- Übernahmerecht/WpÜG
  § 12, 106 ff.; § 13, 76 ff.
- Umsetzungsphase § 13, 7
- Verkäufergarantien § 12, 31 ff.
- Vollzugsphase § 13, 8
- Vorbereitungsphase § 13, 6 ff.
- WpÜG, Anwendungsbereich
  § 13, 79 ff.
- WpÜG, Verstöße § 13, 97 ff.

Kapitalmaßnahmen
- Übersicht § 12, 39

Kartellrecht
- Anmeldefrist § 17, 23
- Anmeldeverfahren § 17, 18 ff.
- Anwendungsbereich, Umstruk-
  turierung § 31, 1 ff.
- deutsches § 19, 1 ff.;
  s. a. Kartellverbot;
  Fusionskontrolle
- foreign-to-foreign merger
  § 17, 16
- Fusionskontrolle § 18, 1 ff.;
  s. a. dort
- Gemeinschaftsunternehmen
  § 41, 1 ff.
- Joint Venture § 41, 1 ff.
- Kontrollerwerb § 17, 6 ff.
- Mehrfachanmeldung § 17, 4 ff.,
  20

Stichwortverzeichnis

- nationale Regelungen § 17, 1, 3
- Problemfelder § 17, 2
- SE § 46, 1 f.
- Territorialitätsprinzip
  § 10, 45 ff.
- Verschmelzung § 17, 6 ff.
- Zusammenschluss, Begriff
  § 17, 6 ff.
- Zuständigkeit § 18, 20 ff.

Kartellrecht - EU-Recht § 18, 1 ff.;
s. a. FKVO; Fusionskontrolle –
EU-Recht; Kartellverbot –
EU-Recht
- Abkommen § 18, 25 ff.
- Drittstaaten, Parallelverfahren
  § 18, 25 ff.
- EFTA-Überwachungsbehörde
  § 18, 22
- Kooperationsabkommen
  EU-USA § 18, 27
- Schweiz, Abkommen § 18, 29
- Wettbewerbsverbote
  § 18, 118 f.
- WTO § 18, 26

Kartellverbot
- Anwendungsbereich § 19, 91 ff.
- Auswirkungsprinzip § 19, 93
- Einzelfreistellung § 41, 36 ff.
- Grundlagen § 19, 89 ff.
- Gruppenfreistellungsverordnung
  § 41, 35
- Joint Venture § 41, 24 ff., 51 ff.
- Joint Venture, Freistellung
  § 41, 34 ff.
- nationale Regelungen § 18, 161
- Nebenabreden § 19, 104 f.
- Prüfungsverfahren § 41, 51 ff.
- Spürbarkeitsvorbehalt § 19, 94
- Teilfunktions-Gemeinschafts-
  unternehmen § 41, 29 ff.
- Vollfunktions-Gemeinschafts-
  unternehmen § 41, 26, 28
- Wettbewerbsverbote § 19, 96 ff.

Kartellverbot - EU-Recht
- Anwendungsbereich
  § 18, 154 ff.
- internationaler Anwendungsbereich § 18, 156 ff.
- nationale Regelungen § 18, 161
- Nebenabreden § 18, 155, 162 f.
- Teilfunktions-Gemeinschaftsunternehmen § 18, 155
- Vollzugsverbot § 18, 17 f.

Käuferhaftung s. a. Haftung
- Kenntnis, Zurechnung
  § 2, 201 f.
- Offenlegungspflichten
  § 2, 201 f.
- Prüfungspflichten § 2, 84
- Unkenntnis, grob fahrlässige
  § 2, 103 f.

Kaufpreis § 2, 156 ff.
- anglo-amerikanische
  Rechtspraxis § 4, 48
- Anpassung § 2, 158 f.
- Berechnung § 2, 157 ff.
- Besserungsabrede § 2, 161
- fester § 2, 157
- Minderung § 2, 179
- Preisklauselgesetz § 2, 163
- Treuhandkonto § 2, 169
- Valutawertklausel § 2, 163
- Vertragsstatut § 7, 23
- vorläufiger § 2, 158
- Währung § 2, 162
- Wechselkursrisiko § 2, 163
- Wechselkurssicherung
  § 2, 163 f.
- Wertsicherungsklausel § 2, 163

Kenntnis
- Käufer, Gewährleistung
  § 2, 90 ff.
- Unkenntnis, grob fahrlässige
  § 2, 103 f.
- Zurechnung § 2, 96 ff., 201 f.

Key-issues-list § 2, 68

1149

Klagezustellung § 11, 22 f.
Kollisionsrechtlicher Verweisungsvertrag § 6, 52
Kompetenz-Kompetenz-Klausel
§ 11, 57
Konsortialkredite
– anwendbares Recht § 24, 41
– Auslandsbezug § 24, 1 ff.
– Auszahlung § 21, 26
– bankinterne Prüfung § 21, 2 ff.
– beteiligte Banken § 20, 18 ff.
– commitment papers § 21, 15 ff.
– documentation agent § 20, 22
– erstrangige Kredite
 (Senior Kredite) § 21, 8 ff.
– facility agent § 20, 23
– Finanzierungsstrukturierung
 § 21, 4 ff.
– Finanzierungsverträge
 § 22, 1 ff.; s. a. dort
– Finanzierungsverträge, Entwürfe
 § 21, 19 ff.
– Finanzierungsverträge,
 Regelungen § 22, 3 ff.
– Gerichtsstandsvereinbarung
 § 24, 3 ff.
– Interim Facility Agreement
 § 21, 18
– Kapitalbedarf, Ermittlung
 § 21, 5 f.
– Konsortialbestimmungen
 § 20, 28
– Kreditgeber (Lenders) § 20, 25
– Mandated Lead Arranger
 § 20, 19 f.
– Mezzanine-Kredite § 21, 13
– nachrangige Kredite
 (PIK-Kredite) § 21, 12 ff.
– Rechtsform § 20, 26 ff.
– second-lien-Kredite § 21, 12
– security agent § 20, 24
– syndication letter § 21, 17

– Syndizierung der Kredite
 § 21, 23 ff.; § 24, 42 f.
– term sheet § 21, 15 f.
– Underwriter § 20, 21
– Verwaltung § 21, 26
– Zweck § 20, 15 ff.
Konsularbeamte § 9, 57
Konzern
– Sitztheorie § 8, 17
Konzernbetriebsrat § 15, 2 f.
– Betriebsübergang, Unterrichtung
 § 16, 13
– Teilkonzernspitze § 15, 2 f.
Körperschaftsteuer
– SE § 47, 68 ff.
– Sitzverlegung § 35, 19 ff.
– Steuern, Veräußerer § 26, 9 ff.
Kreditvertrag § 10, 20 ff.
Kumulative Schuldübernahme
 § 8, 107
Kundenstamm § 8, 115 f.
Kündigungsschutz § 14, 17

LBO
– Finanzierung § 10, 22
Legal due diligence § 2, 41
Legal opinion § 2, 256 ff.
– Adressat § 2, 261
– Assumptions § 2, 257
– Legitimationsnachweise § 3, 37
– ordre public § 2, 259 f.
– Qualifications § 2, 257
– third-party opinion § 2, 256
Legitimationsnachweise § 3, 1 ff.;
 s. a. Handelsregister
– Affidavit/Acknowledgement
 § 3, 35
– Anderkonten § 3, 20
– anglo-amerikanischer Rechts-
 kreis § 3, 21 ff.
– Apostille § 3, 49, 62

Stichwortverzeichnis

- ausländische Registerbehörden
  § 3, 21 ff.
- ausländische Urkunden
  § 3, 30 ff.
- Beurkundung/Beglaubigung
  § 3, 14 ff.
- certificate of good standing
  § 3, 31 f., 66
- certificate of incorporation
  § 3, 31, 66
- common law-Staaten § 3, 66
- Echtheitsnachweis § 3, 41 ff.
- Echtheitsnachweis, Befreiungen
  § 3, 50 f.
- einstufige § 3, 64 f.
- enterprise corporation business licence § 3, 33
- Existenznachweis § 3, 1 ff., 64 ff.
- Existenznachweis, Ausstellung durch Notar § 3, 24 ff.
- Formfragen § 3, 39 ff.
- fremdsprachige § 3, 52 ff.
- Geldwäschegesetz § 3, 19
- Gültigkeitsdauer § 3, 57
- Kaskadennachweis § 3, 4
- Länderübersicht § 3, 64 ff.
- legal opinion § 3, 37
- Legalisationsverfahren
  § 3, 45 ff., 62
- mehrstufige § 3, 66
- Satzungs-/Beschlusskopien
  § 3, 38
- secretary's certificate § 3, 34, 66
- Selbstkontrahierungsverbot
  § 3, 13
- Urkunde, Beglaubigung § 3, 60
- Urkunden, öffentliche § 3, 39
- Vertretungsmacht § 3, 64 ff.
- Vertretungsmacht, Auslandsgesellschaft § 3, 8
- Vertretungsmacht, Inlandsgesellschaft § 3, 58 ff.

- Verwendung im Ausland
  § 3, 58 ff.
Leistung
  - charakteristische § 6, 113
Leistungsstörungen
  s. a. Gewährleistung
  - Vertragsstatut § 7, 35 ff.
Letter of intent
  - Absichtsvereinbarung § 2, 22 ff.
  - bindende Verpflichtung
    § 2, 27 ff.
  - Funktion § 2, 24
  - Gerichtsstandsklausel § 11, 16
  - praktische Bedeutung § 2, 26
  - Rechtswahlklauseln § 5, 32
  - Regelungsinhalte § 2, 25
Leveraged buy-out § 20, 4 ff.
  - Finanzierung § 10, 22
Lex cartae sitae § 8, 76
Lex causae
  - Gerichtsstandsklausel § 11, 9
Lex fori § 6, 6 f.
  - Eingriffsnormen § 7, 63 ff.
  - Gerichtsstandsklausel § 11, 7, 25
Lex loci protectionis § 8, 111, 114
Lex mercatoria § 4, 18; § 6, 92
Lex monetae § 7, 50
Lex pecuniae § 7, 50
Lex rei sitae § 8, 88
  - Immobiliarsicherheiten § 10, 17
  - Mobiliarsicherheiten § 10, 12 ff.
Lex societatis § 8, 1, 73
Limited auction
  - Bieterverfahren § 2, 11
Locked box § 2, 157
Luganer Übereinkommen § 11, 10

MAC-Klausel § 2, 144 ff.
Mandatsvereinbarung
  - Anknüpfung § 5, 1 ff., 20
  - Haftung § 5, 5, 16 f.
  - Honorar § 5, 11 f.

1151

- Rechtsnatur § 5, 3
- Statut, Reichweite § 5, 10 ff.
- Steuerberater § 5, 18
- Vollmacht § 5, 13
- Wirtschaftsprüfer § 5, 19 ff.

Material adverse change § 2, 144 ff.
Mediation § 2, 235 ff.; § 11, 48
Meldepflichten
- ausländische Erwerber § 10, 50

Memorandum of understanding
s. letter of intent
- Gerichtsstandsklausel § 11, 16
- Rechtswahlklauseln § 5, 32

Minderung § 2, 179
Mindestbetrag § 2, 182
Mitbestimmung § 10, 42;
  s. a. Arbeitnehmerbeteiligung
- besonderes Verhandlungsgremium § 45, 4 ff.
- Beteiligungsvereinbarung § 45, 11 ff.
- Betriebsrat, Alternativen § 45, 33 f.
- Betriebsrat, gesetzliche Regelungen § 45, 38 ff.
- Betriebsratsverfassung § 45, 23 ff.
- Herein-/Hinausverschmelzung § 30, 1
- Holding-SE § 44, 41
- MgVG, Beteiligungsvereinbarung § 30, 7 ff.
- MgVG, gesetzliche Mitbestimmung § 30, 11 ff.
- MgVG, Voraussetzungen § 30, 4 ff.
- Mitbestimmungsstatut § 30, 1 ff.
- SE § 43, 10 ff.
- SE, Umstrukturierung § 45, 52 ff.
- SE, Verschmelzung § 44, 19

- SE-Arbeitnehmer, in einem Mitgliedstaat § 45, 50 f.
- SEBG § 45, 1 ff.
- unternehmerische § 45, 35 ff.
- unternehmerische, kraft Gesetzes § 45, 43 ff.
- Unterrichtungspflicht § 45, 30
- Verschmelzung, mehrere § 30, 16 f.
- Vorrats-SE § 45, 49

Mitteilungspflichten § 8, 82; § 13, 66 ff.
- Anwendungsbereich § 13, 69 ff.
- Verstöße, Rechtsfolgen § 13, 73 ff.

Mobiliarsicherheiten § 10, 12 ff.
More economic approach § 18, 62
Mother agreements § 9, 84 ff.

Naturalrestitution § 2, 180
NDA
- Vertraulichkeitsvereinbarung s. dort

Nebenabrede
- Formnichtigkeit § 9, 62 f.
- Gerichtsstandsklausel § 11, 16
- Kartellrecht s. a. dort; s. a. Fusionskontrolle, Fusionskontrolle – EU-Recht

Nebenpflichten
- anglo-amerikanische Rechtspraxis § 4, 51

Netto-Finanzverbindlichkeiten § 2, 159

Neutrales Recht
- Wahl § 6, 86 ff.

Nichtigkeit
- Vertragsstatut § 7, 45 ff.

Niederlassungsfreiheit
- anwendbare Rechtsordnungen § 28, 30 ff.

- Ausübung wirtschaftlicher
  Tätigkeit § 28, 26
- Beschränkung § 8, 52 ff.
- Cartesio § 28, 23 f., 52 f.
- Gründungstheorie § 8, 8 ff.,
  18 ff.
- Gründungsvoraussetzungen
  § 28, 28 f.
- sekundäre § 8, 24
- Sevic § 28, 52 f.; § 29, 57 ff.
- Sitzverlegung § 28, 22 ff.
- Sitzverlegung v. Personengesellschaften § 28, 62
- Umwandlungen § 29, 56 ff.
- Vale § 28, 25, 54 ff.

Non disclosure agreement
- Rechtswahlklauseln § 5, 32
- Vertraulichkeitsvereinbarung
  s. dort

Non-reliance letter § 2, 38 ff.
- Muster § 2, 39

Notar s. a. Beurkundung
- anglo-amerikanischer Rechtskreis § 3, 29
- ausländische § 3, 27 ff.
- Existenz-/Vertretungsnachweis
  § 3, 65 f.
- Existenznachweis, Ausstellung
  § 3, 24 ff.
- lateinisches Notariat § 3, 65 f.
- Übersetzungen § 3, 56

Offenlegungspflichten § 2, 201 f.
- Verkäufer § 2, 81 ff.

Offenlegungsschreiben § 2, 173 ff.

Öffentlich-rechtliche Vorschriften
- Territorialitätsprinzip
  § 10, 45 ff.

Offering memorandum
- Informationsmemorandum
  § 2, 12

Optionen § 9, 84 ff.

Ordre public § 2, 259 f.
- Vertragsstatut, Grenzen § 7, 59,
  66 ff.

Organe
- Vertretungsmacht § 9, 78 ff.

Ortsform
- Share Deal § 9, 3 ff.

Ortsrecht
- Share Deal § 9, 3 ff.

Ortsstatut
- Share Deal § 9, 3 ff., 9

Outreach statutes § 8, 6

Parol evidence rule § 4, 43
Parteiautonomie § 6, 51
Parteifähigkeit § 9, 75 ff.
Patronatserklärung § 10, 10
Personalsicherheit § 10, 3 ff.
Personalstatut § 8, 2 62, 72;
  § 9, 64 ff.

Personengesellschaft
- Abschreibungen § 26, 24
- Anwachsung § 29, 69 ff.;
  § 34, 20 ff.
- Beteiligungsfähigkeit § 9, 68 f.
- Gewinnzurechnung § 26, 34, 36
- Grunderwerbsteuer § 26, 51 f.
- Rechtstypenvergleich § 26, 5 ff.
- Sitzverlegung § 28, 60 ff.
- Sonderkündigungsrechte
  § 29, 73
- Steuern, Erwerber § 26, 27, 30
- Steuern, Veräußerer § 26, 15,
  17 ff., 22
- tax due diligence § 25, 25 ff., 40
- Veräußerungsgewinne, DBA
  § 26, 57 f., 60
- Verlustvorträge § 26, 40 ff., 44

Plane meaning rule § 4, 43

Präambel
- Vertragsgestaltung § 4, 27 ff.,
  36

1153

Preliminary due diligence § 2, 48
Principles of equity § 6, 92
Private ordering § 4, 19
Private-Equity-Fonds § 20, 8
Privative Schuldübernahme § 8, 107
Procedure letter § 2, 13
Projektgesellschaft
– Anknüpfung § 40, 22 ff.
– anwendbares Recht § 40, 3
Prorogation § 11, 11 ff., 18 f., 22
Prospektpflicht
– Auslandsprospekte § 13, 29 ff.
– Beschränkung auf das Inland § 13, 25 ff.
– Inlandshandel, öffentliches Angebot § 13, 15
– Inlandshandel, organisierter Markt § 13, 12 ff.
– Kapitalerhöhung § 12, 82
– prospektfreie Transaktionen § 13, 11, 13, 16, 21 ff.
– Verstöße, Rechtsfolgen § 13, 34 ff.
– WpPG, Anwendungsbereich § 13, 10 ff.
Prozessfähigkeit § 9, 75 ff.
Prozessrecht
– ausländisches § 11, 21
Prozessrecht, ausländisches § 11, 21
Prozesszinsen
– Vertragsstatut § 7, 54
Prüfungspflichten
– Käufer § 2, 84
– Verkehrssitte § 2, 98 ff.
Punitive damages § 2, 184
Purchase price adjustment § 2, 158

Rahmenverträge § 9, 83 ff.
Realsicherheiten § 10, 11 ff.
Rechtsanwalt s. Berater
– Deliktshaftung § 5, 24 ff.
– Haftung § 5, 5, 16 f.
– Honorar § 5, 11 f.

– legal opinions, Anknüpfung § 5, 14 f.
– Mandatsvereinbarung § 5, 1 ff.; s. a. dort
– Vollmacht § 5, 13
Rechtsberater s. a. Berater
Rechtsfähigkeit
– allgemeine § 9, 64 ff.
– besondere § 9, 67 ff.
Rechtsgutachten
– legal opinion § 2, 256 ff.
Rechtskauf § 6, 34 f.
Rechtskultur
– anglo-amerikanische § 2, 6 ff., 31 ff., 169, 210
– anglo-amerikanische Rechtspraxis § 4, 1 ff.; s. a. dort
– europäisches Recht § 4, 10
– Internationalisierung § 4, 16 ff.
Rechtsmängel § 2, 89; s. a. Gewährleistung
Rechtswahl § 6, 45 ff.
– ausdrückliche § 6, 50 ff.
– Ausschluss, Internationales Privatrecht § 6, 61 ff.
– außerstaatliches Recht § 6, 92 ff.
– Bedeutung § 6, 46 ff.
– fehlende § 6, 111 ff.
– im Prozess § 6, 103
– Joint Venture, Zusatzverträge § 40, 41 ff.
– Joint Ventures Vertrag § 40, 16 ff.
– Klauseln § 6, 76 ff.
– Kriterien § 6, 54 ff.
– minimale Auslandsberührung § 6, 82 ff.
– nachträgliche § 6, 101 ff.
– stillschweigende § 6, 104 f.
– unerlaubte Handlung § 5, 24 f.
– UN-Kaufrecht § 6, 24 ff., 27 ff.
– Verwaltungsrecht § 10, 47

- Völkerrecht § 6, 92 ff.
- vorvertragliche Haftung § 5, 32
Rechtswahlklausel § 2, 221 ff.;
§ 6, 57 ff.
- Asset Deal § 2, 222
- schuldrechtlicher Vertrag
§ 2, 223 ff.
- UN-Kaufrecht § 2, 226
Red-flag-report § 2, 68
Reliance letter § 2, 38 f.
Representations and warranties
§ 2, 155, 165 ff.; § 4, 49
Rom II-Verordnung § 6, 5
Rom I-Verordnung § 6, 5
- akzessorische Anknüpfung
§ 6, 130
- Asset Deal § 6, 122 ff.
- Auslegung § 6, 8
- Ausweichklausel § 6, 129 ff.
- Förderungen, staatliche
§ 6, 124 ff.
- Immobiliarsachenrechte
§ 6, 127 f.
- Internationales Gesellschaftsrecht § 8, 7
- Joint Venture Vertrag
§ 40, 16 ff.
- objektive Anknüpfung
§ 6, 111 ff.
- Sachnormverweisung § 6, 133
- Share Deal § 6, 37 ff., 114 ff.
- Vertragsstatut § 6, 33
- Wertpapiere § 8, 92 ff.
Rücktritt § 2, 220

Sachkapitalerhöhung § 12, 78 ff.
- Ablauf § 12, 80
- Aktienausgabebetrag § 12, 97 f.
- aus genehmigtem Kapital
§ 12, 83 ff.
- Bewertung § 12, 81, 92 ff.
- Bezugsrechtsausschluss
§ 12, 88 f.

- gemischte § 12, 101 ff.
- Gesellschaftsstatut § 12, 99
- ordentliche § 12, 86
- Prospektpflicht § 12, 82
Sachkauf § 6, 34 f.
Sachmängel § 2, 89;
s. a. Gewährleistung
Sachnormverweisung § 6, 133;
§ 8, 66
Sachwalterhaftung § 5, 29 ff.
Satzungssitz § 8, 12
Schadensersatz § 2, 180 ff.
- anglo-amerikanische Rechtspraxis § 4, 52
- Freibetrag § 2, 182
- Freigrenze § 2, 182
- gesetzliche Ansprüche
§ 2, 181
- Mangelfolgeschaden § 2, 181
- Mindesthöhe § 2, 182
- Verjährung § 2, 185 f.
- Vollzug, Scheitern § 2, 220
Scheck
- Asset Deal § 8, 94 f.
Scheckfähigkeit § 9, 73
Schiedsgericht § 2, 229 ff.; § 11, 47,
49 ff., 52 ff.
- Institutionelles Schiedsgericht
§ 11, 49 ff.
- Internationale Handelskammer
Paris § 11, 50
- Internationale Zuständigkeit
§ 11, 7, 26
- Internationales Schiedsgericht
bei der Wirtschaftskammer
Österreich, Wien § 11, 50
- Ort § 2, 231
- Schiedsgericht der Deutschen
Institution für Schiedsgerichtsbarkeit e. V. (DIS) § 11, 50
- Schiedsgericht der Schweizerischen Handelskammern
§ 11, 50

1155

– Schiedsgericht des London
  Court of International
  Arbitration § 11, 50
– Schiedsgerichtsinstitut der
  Stockholmer Handelskammer
  § 11, 50
Schiedsgericht der Deutschen Institution für Schiedsgerichtsbarkeit
  e. V. (DIS) § 11, 50
Schiedsgericht der Schweizerischen
  Handelskammern § 11, 50
Schiedsgericht des London Court of
  International Arbitration § 11, 50
Schiedsgerichtsinstitut der Stockholmer Handelskammer § 11, 50
Schiedsklausel § 2, 232; § 11, 34 ff.
  – ad-hoc-Klausel § 11, 50
  – ad-hoc-Schiedsgericht § 11, 52 ff.
  – Auslegung § 11, 46
  – Form § 11, 64
  – Rechtswahl § 11, 63
Schiedsrichter § 11, 36, 52, 54
Schiedsvereinbarung
  – Form § 11, 43 f.
Schiedsverfahren
  – Kompetenz-Kompetenz-Klausel
    § 11, 57
  – Kosten § 11, 58
  – Vollstreckung § 11, 59
Schiedsverfahrensordnung § 11, 49
  – Vereinbarung § 11, 61
Schiedsvertrag § 11, 44
  – Anknüpfung § 40, 10
Schiedsvertragsstatut § 11, 41
Schuldrechtliche Sicherungsverträge
  – Mobiliarsicherheiten § 10, 14, 18
Schuldübernahme § 8, 106 f.
Schutzlandprinzip § 8, 111 ff.
Schweizerisches Obligationenrecht
  § 9, 23, 35, 38
SE
  – Arbeitnehmer, in einem
    Mitgliedstaat § 45, 50 f.

– Arbeitnehmerbeteiligung,
  Vereinbarung § 43, 10 ff.
– Asset Deal § 44, 55 f.
– Auslandsverschmelzung mit
  Inlandsbezug § 47, 37 ff.
– besonderes Verhandlungsgremium § 45, 4 ff.
– Besteuerung, laufende
  § 47, 68 ff.
– Besteuerungsregelungen
  § 47, 1 ff.
– Beteiligungsvereinbarung
  § 45, 11 ff.
– Betriebsrat, gesetzliche
  Regelungen § 45, 38 ff.
– Betriebsratsverfassung
  § 45, 23 ff.
– dualistisches System § 43, 19
– Formwechsel § 44, 1
– Formwechsel, Besteuerung
  § 47, 67
– gesetzliche Regelungen § 42, 1,
  5 ff.
– Gründung § 47, 6
– Gründung, Besteuerung
  § 47, 7 ff.
– Gründungsformen § 44, 1 ff.
– Gründungsmotive § 43, 1 ff.
– Hinaus-/Hineinverschmelzung
  § 47, 20 ff.
– Holding-Gründung,
  Besteuerung § 47, 42 ff.
– Holding-SE § 44, 28 ff.;
  s. a. dort
– Kartellrecht § 46, 1 f.
– Konzernstruktur, Vereinfachung
  § 43, 26
– Leitungssystem § 43, 19 ff.
– Mitbestimmung § 43, 10 ff.;
  § 45, 1 ff.
– monistisches System § 43, 19 ff.
– Organschaft § 47, 76
– Rechtsform § 42, 3

Stichwortverzeichnis

- SEBG § 45, 1 ff.
- Share Deal § 44, 51 ff.
- Sitzverlegung § 28, 68 ff.;
  § 43, 25; § 47, 77 ff.
- Tochter-Gründung, Besteuerung
  § 47, 52 ff.
- Umstrukturierung § 45, 52 ff.
- Unternehmenskauf § 44, 51 ff.
- unternehmerische Mitbestimmung § 45, 35 ff., 43 ff.
- Verschmelzung § 29, 37;
  § 44, 5 ff.
- Verschmelzung, Arbeitnehmerbeteiligung § 44, 19
- Verschmelzung, Besteuerung
  § 47, 8 ff.
- Verschmelzung, Gesellschafterzustimmung 44, 20 f.
- Verschmelzung, Rechtmäßigkeitskontrolle § 44, 22 ff.
- Verschmelzung, Registeranmeldung § 44, 18, 22 ff.
- Verschmelzungsbericht
  § 44, 15 f.
- Verschmelzungsfähigkeit § 44, 8
- Verschmelzungsplan § 44, 9 ff.
- Verschmelzungsprüfung
  § 44, 17
- Verweisungen in das nationale
  Recht § 42, 10 ff.
- Vorrats-SE § 45, 49
- Wegzug § 47, 78 ff.
- Wegzugsbesteuerung
  § 47, 84 ff.
- Zuzug § 47, 123 ff.
- Zuzugsbesteuerung § 47, 123 ff.
SEBG
- besonderes Verhandlungsgremium § 45, 1 ff.
Selbständige Garantieversprechen
  § 10, 7
Selbstkontrahierungsverbot § 3, 13

Sevic
- Sitzverlegung § 28, 52 f.
- Verschmelzung § 29, 57 ff.
Share Deal
- Abschreibungen § 26, 24 ff.
- Abspaltung v. Vertragsstatut
  § 8, 83 f.
- Anknüpfung § 6, 122 ff.
- Anteilsübertragung § 8, 74 ff.
- Aufklärungspflichten § 9, 91 ff.
- ausländische Geschäftsanteile
  § 9, 40 ff.
- Auswahlkriterien § 1, 18 ff.
- Betriebsübergang § 14, 2
- change of control-Klausel
  § 2, 152
- Distanzvertrag § 9, 4
- EWIV § 48, 4 ff.
- Finanzierungsaufwand
  § 26, 28 ff.
- Formstatut § 9, 1 ff.
- Geschäftsveräußerung im
  Ganzen § 27, 37
- Gesellschaftsstatut § 8, 1 ff.,
  72 ff.
- Gesellschaftsstatut, Reichweite
  § 8, 72 ff.
- Gewinnzurechnung § 26, 32 ff.
- Grunderwerbsteuer § 26, 51 ff.
- Gründungstheorie § 8, 3 ff.,
  8 ff., 18 ff., 46 ff., 64, 68
- gutgläubiger Erwerb § 8, 77
- Haftung § 10, 25
- Internationales Schuldvertragsrecht § 6, 33 ff.
- lex societatis § 8, 1, 73
- Mitteilungs-/Bekanntmachungspflichten § 8, 82
- Ortsstatut § 9, 3 ff.
- Rom I § 6, 37 ff.
- SE § 44, 51 ff.

1157

- Sitztheorie § 8, 3 ff., 8 ff., 18 ff., 69
- SPE § 49, 6 f.
- Steuerfolgen § 26, 4, 9 ff.
- Steuerklauseln § 27, 38 ff.
- Steuerklauseln, Ertragsteuer § 27, 20 ff.
- steuerliche Erwägungen § 1, 18 ff.
- Transaktionskosten § 1, 19, 24
- Übertragungsbeschränkung § 8, 78 f.
- Umsatzsteuer § 26, 47 ff.
- UN-Kaufrecht § 6, 11 ff., 27
- Veräußerungsgewinne, DBA § 26, 55 ff.
- Verfügungsgeschäft § 9, 8, 13 ff.
- Verlustvorträge § 26, 37 ff.
- Verpflichtungsgeschäft § 9, 3 ff., 10 ff.
- Wirkungsstatut § 9, 3, 9, 15

Sicherheiten
- Anknüpfung § 10, 3 ff.

Sicherungsabtretung
- anwendbares Recht § 24, 33 ff.

Sicherungsrechte § 8, 89

Side letter
- Formnichtigkeit § 9, 62 f.

Signing
- Bedeutung § 2, 218
- wesentlich nachteilige Änderungen § 2, 144 ff.; s. a. MAC-Klausel

Singularsukzession § 8, 117, 122

Sitztheorie § 8, 3 ff., 8 ff., 18 ff., 69
- Konzern § 8, 17
- modifizierte § 8, 16
- Sitzverlegung § 28, 11 ff.

Sitzverlegung § 28, 1 ff.
- anwendbare Rechtsordnungen § 28, 30 ff.

- Ausübung wirtschaftlicher Tätigkeit § 28, 26
- Cartesio § 28, 23 f., 52 f.
- Fallgruppen § 28, 4 f.
- Formwechsel § 28, 25 ff.
- Gründungsvoraussetzungen § 28, 28 f.
- identitätswahrende § 28, 1
- Kapitalgesellschaften § 28, 6 ff.
- Niederlassungsfreiheit § 28, 22 ff.
- Personengesellschaften § 28, 60 ff.
- Personengesellschaften, Verwaltungs-/Satzungssitz § 28, 63 ff.
- Satzungssitz, aus EU-/EWR-Staat § 28, 51 ff.
- Satzungssitz, aus Staatsvertrags-Länder § 28, 58
- Satzungssitz, in EU-/EWR-Staat § 28, 22 ff.
- Satzungssitz, in Staatsvertrags-Länder § 28, 36
- Satzungssitz, ins Ausland § 28, 20 ff.
- Satzungssitz, ins Inland § 28, 48 ff.
- SE § 28, 68 ff.; § 43, 25
- SE, Besteuerung § 47, 77 ff.
- Sevic § 28, 52 f.
- SPE § 28, 70 f.
- Statutenwechsel § 28, 8, 11
- Steuerrecht § 35, 19 ff.
- Vale § 28, 25 ff., 54 ff.
- Verwaltungssitz, aus EU-/EWR-Staat § 28, 42 ff.
- Verwaltungssitz, aus Staatsvertrags-Länder § 28, 47
- Verwaltungssitz, in EU-/EWR-Staat § 28, 13 ff.

– Verwaltungssitz, in Staatsvertrags-Länder § 28, 17 ff.
– Verwaltungssitz, ins Ausland § 28, 7 ff.
– Verwaltungssitz, ins Inland § 28, 37 ff.
– Wegzugsbesteuerung § 47, 84 ff.
– Zuzugsbesteuerung § 47, 123 ff.
– zwischen Drittstaaten § 28, 59
Societas Europaea s. SE
Societas Privata Europaea s. SPE
Sozialversicherungsbeiträge § 10, 39 ff.
Sozialversicherungspflichten § 10, 39 ff.
Spaltung § 29, 1 ff., 64;
s. a. Umwandlung
– Alternativen § 29, 68 ff.
– Grundzüge § 34, 15 f.
– Niederlassungsfreiheit § 29, 56
– Umwandlungssteuerrecht § 32, 1 ff., 57 ff.; § 35, 5 ff.;
s. a. dort
– UmwG, Typenzwang § 34, 1 ff.
Spaltungstheorie § 8, 111
SPE § 49, 1 ff.
– Arbeitnehmerbeteiligung § 49, 5
– Asset Deal § 49, 8
– Gründung § 49, 4 f.
– Share Deal § 49, 6 f.
– Sitzverlegung § 28, 70
– Statut § 49, 5
Specific performance § 4, 52
Sprache § 7, 9 ff.
– anglo-amerikanische Vertragspraxis § 4, 7
Sprachkundigkeit § 7, 15
Sprachrisiko § 7, 13 f.
Spruchkörper § 11, 24 ff.
Staaten mit gespaltenem Privatrecht § 6, 80 f.

Staatsverträge § 8, 59, 66, 69
Stabilisierungsklauseln § 6, 98
Statutenwechsel § 8, 90; § 10, 15 f.
Stellvertretung § 9, 78 ff.;
s. a. Vertretung
Steuerberater
– Deliktshaftung § 5, 24 ff.
Steuerberatungsvertrag § 5, 18
Steuerhaftung § 10, 36 ff.
Steuerklauseln § 2, 203 ff.
– Arten § 27, 1 f.
– Asset Deal § 27, 26 ff.
– englischsprachige § 27, 25, 38 ff.
– ertragsteuerliche Klauseln § 27, 18 ff.
– Gewerbesteuerklausel § 27, 28 ff.
– Haftungsklausel § 27, 31 f.
– internationale Praxis § 27, 38 ff.
– Klauselbeispiele § 27, 18 ff.
– Kooperationspflichten § 27, 23
– Share Deal § 27, 20 f.
– Steuerausgleichsmechanismus § 27, 24
– Steuerfreistellungsklausel § 27, 22
– Steuergarantieklausel § 27, 21
– steuerrechtliche Wirkung/Zulässigkeit § 27, 5 ff.
– Steuertragungsklausel, Kalenderjahr § 27, 33 f.
– Steuertragungsklauseln § 27, 17
– Steuervermeidungsklauseln § 27, 8 ff.
– Umsatzsteuerklauseln § 27, 35 f.
– zivilrechtliche Gestaltung § 27, 3
Steuern
– Asset Deal § 26, 4
– Auslandsverschmelzung mit Inlandsbezug, SE § 47, 37 ff.

1159

- Doppelbesteuerungsabkommen
§ 26, 55 ff.
- double-dip-Strategien
§ 26, 107 ff.
- Entstrickungsregeln § 47, 97 ff.
- ertragsteuerliche Klauseln
§ 27, 20 ff.
- Erwägungen, Share/Asset Deal
§ 1, 18 ff.
- Formwechsel, SE § 47, 67
- Gewerbesteuer, SE § 47, 68 ff.
- Grunderwerbsteuer § 26, 50 ff.
- Gründungsphase, Holding-SE
§ 47, 42 ff.
- Gründungsphase, SE § 47, 7 ff.
- Gründungsphase, Tochter-SE
§ 47, 52 ff.
- Hinaus-/Hineinverschmelzung,
SE § 47, 20 ff.
- Hinzurechnungsbesteuerung,
AStG § 36, 9 ff.
- Inbound-Finanzierung,
Steueroptimierung § 26, 86 ff.
- Körperschaftsteuer, SE
§ 47, 68 ff.
- Organschaft, SE § 47, 76
- Outbond-Finanzierung
§ 26, 76 ff.
- Rechtstypenvergleich § 26, 5 ff.
- SE § 47, 1 ff.
- Share Deal § 26, 4
- Sitzverlegung § 35, 19 ff.
- Sitzverlegung, SE § 47, 77 ff.
- Steueroptimierung,
Akquisitionsstrukturen
§ 26, 75 ff.
- tax due diligence § 25, 1 ff.;
s. a. dort
- Umsatzsteuer § 26, 45 ff.;
§ 32, 35
- Umwandlungssteuerrecht
§ 32, 1 ff.; s. a. dort
- Unternehmenskauf § 26, 1 ff.

- Verschmelzung, SE § 47, 8 ff.
Steuern - Erwerber
- Abschreibungen § 26, 24 ff.
- Asset Deal § 26, 31, 35 f., 43 f.
- Finanzierungsaufwand
§ 26, 28 ff., 30
- Finanzierungsaufwand, DBA
§ 26, 61 ff.
- Gewinnpatriierung § 26, 68 ff.
- Gewinnzurechnung § 26, 32 ff.
- Kapitalgesellschaft § 26, 25, 26,
28 f., 32 f., 37 ff., 43
- Personengesellschaft § 26, 24,
27, 34, 36, 40 ff., 44
- Quellensteuern, Anrechnung/
Erstattung § 26, 70 ff.
- Share Deal § 26, 24 ff., 28 ff.,
32 ff., 37 ff.
- Verlustvorträge § 26, 37 ff. ff.
Steuern - Veräußerer
- Abgeltungsteuer § 26, 13
- Asset Deal § 26, 20 f.
- Gewerbesteuer § 26, 10 f.
- Kapitalgesellschaft § 26, 9 ff.,
20 f.
- Körperschaftsteuer § 26, 9 ff.
- natürliche Personen § 26, 12 ff.
- Personengesellschaft § 26, 15 f.,
17 ff., 22
- Share Deal § 26, 9 ff.
- Teileinkünfteverfahren § 26, 12
- Veräußerungsgewinne, DBA
§ 26, 55 ff.
Steuerrecht
- Territorialitätsprinzip
§ 10, 45 ff.
Stichtag
- Unternehmensübergang
§ 2, 213 ff.
Stimmbindungsvertrag
- Anknüpfung § 40, 9
Strafschadensersatz § 2, 184

Stichwortverzeichnis

Streitbeilegung § 11, 34 ff.; s. a.
Schiedsklauseln
– Mediationsverfahren § 11, 48
Streitbeilegungsmechanismus
– alternativer § 11, 48
Streitentscheidung § 2, 228 ff.
– Mediation § 2, 235 ff.
Substitution § 9, 31, 46

Tarifgebundenheit
– Entfallen § 14, 15
Tatsächliche Beziehung
– Gründungsrecht § 8, 61 f.
Tax due diligence § 2, 41
– Ablauf § 25, 12 ff.
– Anlässe § 25, 6
– Auslandsbezug § 25, 29 ff.
– Begriff § 25, 1
– Bericht § 25, 4, 15 f.
– Doppelbesteuerungsabkommen § 25, 30
– Finanzierungsaufwand/ Zinsschranke § 25, 22 f.
– Hinzurechnungsbesteuerung § 25, 44
– Informationsquellen § 25, 10
– Kapitalgesellschaften § 25, 17 ff.
– Organhaftung § 25, 7
– Organschaft § 25, 24
– Personengesellschaften § 25, 25 ff., 40
– Quellensteuern, Anrechnung § 25, 41 ff.
– vendor due diligence § 25, 5
– verbundene Unternehmen § 25, 29
– verdeckte Gewinnausschüttungen/Einlagen § 25, 19 f.
– Verlustnutzung § 25, 21
– Verrechnungspreise, Dokumentation § 25, 31 ff.
– Ziel § 25, 2 f., 8

Teaser
– Informationsbrief § 2, 13
Technical due diligence § 2, 41
Teilfunktions-Gemeinschaftsunternehmen § 18, 155
– FKVO § 41, 13
– Kartellverbot § 41, 29 ff.
Teilrechtswahl
– Share Deal § 9, 7
Territorialitätsprinzip
– Betriebsübergang § 14, 14
– Sozialversicherungspflichten § 10, 39, 45
Tochter-SE § 43, 26; § 44, 1
Transaktionskosten
– Share/Asset Deal § 1, 19, 24
Treu und Glauben
– Vertragsstatut § 7, 28
Treuhandkonto § 2, 169
Trigger § 2, 182

Übernahmevertragsstatut § 12, 128 ff.
Überseering § 8, 27 f.
UCC § 6, 23
Ultra vires-Lehre § 9, 66
Umsatzsteuer
– Geschäftsveräußerung § 26, 45 f.
– Steuerklauseln § 27, 35 f.
– Umstrukturierungen § 32, 35
Umstrukturierung
– Anteilstausch § 29, 74 f.
– Anwachsung § 34, 20 ff.
– Einbringung § 29, 76 ff.
– Eingliederung § 29, 81 f.
– Gesamtrechtsnachfolge § 29, 69 ff.
– Kartellrecht, Anwendungsbereich § 31, 1 ff.
– konzerninterne § 31, 3 ff.
– Sitzverlegung, Steuerrecht § 35, 19 ff.

- Umsatzsteuer § 32, 35
- Umwandlung § 29, 1 ff.
- Umwandlungssteuerrecht § 32, 1 ff.; s. a. dort
- Vorbereitung einer Verschmelzung § 29, 79 f.

Umwandlung § 29, 1 ff.; s. a. Formwechsel; Spaltung; Verschmelzung
- Alternativen § 29, 68 ff.
- Anwachsung § 34, 20 ff.
- Drittstaaten § 29, 34
- EU-/EWR-Gesellschaften § 29, 35 ff.
- Gesamtrechtsnachfolge § 34, 8 ff.
- gesellschaftsrechtliche Qualifikation § 29, 6
- Handelsregistereintragung § 34, 11
- Hereinumwandlung § 29, 32
- Hinausumwandlung § 29, 32
- Internationales Umwandlungsrecht § 29, 5 ff.
- Mischumwandlung § 34, 12
- Mitbestimmung § 30, 1 ff.
- Satzungssitz, inländischer § 29, 22 ff.
- Umwandlungssteuerrecht § 32, 1 ff.; s. a. dort
- UmwG § 29, 5, 20 ff.
- UmwG, Anwendungsbereich § 29, 22 ff.
- UmwG, Typenzwang § 34, 1 ff.
- Verfahren § 29, 10 ff.
- Verhältnis zum UmwStG § 34, 1 ff., 31 ff.
- Voraussetzungen § 29, 8
- Wirkung § 29, 14 ff.
- Wirkungen § 29, 14 ff.

Umwandlungssteuerrecht
- Anteilstausch § 35, 11 ff.
- Anwachsung § 34, 28 ff.
- Anwendungsbereich § 32, 31 ff., 34 ff., 41 ff., 49 ff.
- Anwendungsbereich, räumlicher § 32, 42
- Auslandsumwandlung § 32, 52
- Buchwert § 32, 58 f.
- Doppelbesteuerungsabkommen § 36, 1 ff.
- Drittstaatenbezug § 35, 18
- Einbringung § 32, 50; § 35, 8 ff.
- Entstrickungsregeln § 32, 10 ff.
- europarechtliche Regelungen § 32, 37 ff.
- finale Entnahmetheorie § 32, 9, 21 ff.
- Formwechsel § 35, 14 ff.
- Fusionsrichtlinie § 32, 37 ff.
- Gemeiner Wert § 32, 57
- Gesellschaft, Ansässigkeit § 32, 54 f.
- Hinaus-/Hineinumwandlung § 32, 52
- Hinzurechnungsbesteuerung, AStG § 36, 9 ff.
- Inlandsumwandlung § 32, 52
- Prüfungsschema, Anwendungsbereich § 38, 1 ff.
- Rechtsentwicklung § 37, 1 ff.
- Rechtshistorie § 33, 1 ff.
- SEStEG § 32, 1 ff.
- SEStEG § 32, 40; § 33, 15; § 37, 1 ff.
- Spaltung § 35, 5 ff.
- Systematik § 32, 27 ff.
- Tatbestände § 35, 1 ff.
- Verhältnis zum UmwG § 34, 1 ff., 31 ff.
- Verschmelzung § 35, 2 ff.
- Verschmelzungsrichtlinie § 32, 39
- Verstrickungsregeln § 32, 6 ff.
- Wertansatz § 32, 56 ff.
- Zweck § 32, 1 ff., 56

Stichwortverzeichnis

– Zwischenwert § 32, 58 f.
Umweltrecht
 – Territorialitätsprinzip
 § 10, 45 ff.
Unbedenklichkeitsbescheinigung
 § 8, 100 ff.
UNCITRAL
 – Schiedsklausel § 2, 234
UNCITRAL-Schiedsgerichtsordnung § 11, 53
Unerlaubte Handlung
 – Rechtswahl § 5, 24 f.
Uniform Commercial Code § 6, 23
United Nations Commission on International Trade Law
 – Schiedsklausel § 2, 234
Universalsukzession § 8, 117
UN-Kaufrecht § 2, 226; § 6, 10 ff.
 – Abwahl § 6, 24, 27 ff.
 – Asset Deal § 6, 16 ff., 28
 – Rechtswahl § 6, 24 ff.
 – Share Deal § 6, 11 ff., 27
 – Wahl § 6, 25 f., 32
Unternehmenseinbringung
s. Einbringung
Unternehmenskauf
 – Akquisitionsfinanzierung
 § 20, 1 ff.
 – anglo-amerikanische Vertragspraxis § 4, 1 ff., 5 f.
 – anwendbares Recht § 1, 3 ff.
 – Besteuerung s. Steuern; tax due diligence
 – europäisches Recht § 4, 10
 – Fusionskontrolle, Anmeldepflicht § 17, 19
 – Gestaltungsformen § 1, 1 f., 13 ff.
 – Groß/-Mittelstandsunternehmen § 4, 11
 – SE § 44, 51 ff.
 – Steuerklauseln § 27, 1 ff.; s. a. dort

 – Steueroptimierung § 26, 86 ff.
 – tax due diligence § 25, 1 ff.;
 s. a. dort
 – Vertragskulturen § 1, 8 f.
Unternehmensübernahme
 § 10, 27 ff.; § 12, 106 ff.
 – Abstimmung Aktienerwerb/Übernahmeangebot
 § 12, 123 ff.
 – Angebotspreis § 12, 121 f.
 – anwendbares Recht § 12, 128 ff.
 – call-option § 12, 117 ff.
 – Derivate, Einsatz § 12, 117 ff.
 – fairness opinion § 12, 149 ff.
 – freiwilliges Angebot § 12, 110 f.
 – Investorenvereinbarungen
 § 12, 141 ff.; s. a. dort
 – Offenlegungspflichten
 § 12, 127
 – Pflichtangebot § 12, 107 ff.
 – Übernahmerecht/WpÜG
 § 13, 76 ff.
 – Übernahmevertragsstatut
 § 12, 128 ff.
 – Vorvertrag, irrevocable undertakings § 12, 113 ff.
 – WpÜG, Anwendungsbereich
 § 13, 79 ff.
 – WpÜG, Verstöße § 13, 97 ff.
UN-Übereinkommen über die Anerkennung und Vollstreckung ausländischer Schiedssprüche
 § 11, 44
Up-stream-merger § 23, 20

Vale § 8, 38 ff.
 – Sitzverlegung § 28, 25 ff., 54 ff.
Veräußerungsbeschränkung
 – Anknüpfung § 40, 10
Verbandsschiedsgericht § 11, 47
Verbindlichkeit
 – Share/Asset Deal § 1, 23

1163

Verfügungsgeschäft
- Vertragsstatut § 6, 40, 42, 44
Verjährung § 2, 185 f.
- Vertragsstatut § 7, 42
Verkäufergarantie § 2, 155, 165 ff.
Verkäuferhaftung s. a. Haftung
- Aufklärungs-/Offenlegungspflichten § 2, 81 ff.
- Auskünfte, unrichtige § 2, 80
- Kenntnis, Zurechnung
 § 2, 201 f.
- Offenlegungspflichten
 § 2, 201 f.
- und due diligence § 2, 76 ff.
- vorvertragliche § 2, 78 ff.
Verkaufsangebot
- Vertragsstatut § 7, 3 f.
Verkaufsprospekt
- Informationsmemorandum
 § 2, 12
Verkehrssitte § 2, 98 ff.
Verlustvorträge § 26, 37 ff.
Vermögensübernahme § 10, 27 ff.
Vermögensübertragung § 29, 65
- UmwG, Typenzwang § 34, 1 ff.
Vermögensübertragungen § 29, 1 ff.
Verpflichtungsgeschäft
- Vertragsstatut § 6, 40, 42, 44
Verrechnung
- Ansprüche, Kompensation
 § 2, 183
Verschmelzung § 29, 1 ff.;
 s. a. Umwandlung
- Arbeitnehmerbeteiligung
 § 29, 41
- Fusionskontrolle § 19, 21 ff.
- Fusionskontrolle, EU-Recht
 § 18, 35 f.
- Gesellschafter, Zustimmung
 § 29, 51 f.
- Grundzüge § 34, 13 f.
- Hereinverschmelzung
 § 29, 57 ff.

- Hinausverschmelzung
 § 29, 61 f.
- Kapitalgesellschaften
 § 29, 36 ff.
- MgVG, Anwendungsbereich
 § 30, 1 ff.
- Mitbestimmung § 30, 1 ff.;
 s. a. dort
- Personengesellschaft § 29, 56
- Prüfung § 29, 49
- Registeranmeldung § 29, 53 f.
- Schlussbilanzen § 29, 50
- SE § 29, 37; § 44, 5 ff.
- SE, Besteuerung § 47, 8 ff.
- SEBG § 30, 1 ff.
- Sevic § 29, 57 ff.
- Umwandlungssteuerrecht
 § 32, 57 ff.; § 35, 8 ff.
- UmwG, Typenzwang § 34, 1 ff.
- Unternehmensbewertung
 § 29, 50
- up-stream/down-stream-merger
 § 23, 20
- Verschmelzungsbericht
 § 29, 47 f.
- Verschmelzungsfähigkeit
 § 29, 9, 39 f.
- Verschmelzungsplan § 29, 42 ff.
- Verschmelzungsrichtlinie
 § 29, 3
- Vorbereitung/nach Umstrukturierung § 29, 79 f.
- Wirksamkeitszeitpunkt
 § 29, 55
- Zusammenschluss, Begriff
 § 17, 6 ff.
Verschwiegenheitspflicht § 10, 2
Versicherungsverträge § 10, 23 f.
Versteinerungsklauseln § 6, 92, 94 f.
Vertrag
- Änderung § 7, 48
- Aufklärungspflichten § 9, 88 ff.
- Auslegung § 4, 37 f., 43 ff.

- Beurkundung s. dort
- Einfluss d. Finanzmärkte § 4, 3
- Einheitliche Richtlinien für Vertragsgarantien § 10, 8
- Ersetzung § 7, 49
- Form § 9, 1 ff.
- Formfragen § 2, 241 ff.
- Geschäftsfähigkeit § 9, 74
- Kostengesichtspunkte § 4, 68 ff.
- Nebenabreden § 9, 62 f.
- Rechtsfähigkeit § 9, 63 ff.
- Rückabwicklung § 7, 47
- Rückgängigmachung § 2, 178
- Rücktrittsrecht § 2, 220
- Sicherheiten § 10, 3 ff.
- Vertretung § 9, 75 ff.
- Vorvereinbarungen § 9, 83 ff.
- Zustandekommen § 9, 63 ff.

Vertragsgegenstand
- anglo-amerikanische Rechtspraxis § 4, 47

Vertragsgestaltung § 2, 119 ff.
- Akquisitionsvehikel § 2, 164
- anglo-amerikanische Vertragspraxis § 4, 1 ff.
- Aufbau § 4, 26 ff.
- Ausführlichkeit § 4, 42
- Beurkundung § 2, 241 ff.; s. a. dort
- Bilanzstichtag § 2, 198 ff.
- Definitionen § 4, 30 ff., 37
- disclosure letter § 2, 173 ff.
- Empfangsbevollmächtigte § 11, 65 ff.
- Garantien § 2, 166 ff.
- Garantien, gebräuchliche § 2, 187 ff.
- Gerichtsstandsvereinbarung § 11, 11 ff.
- Gewährleistung § 2, 177 ff.
- going concern-Klausel § 2, 200
- Internationalisierung § 4, 16 ff.

- Juristenausbildung § 4, 8
- Juristensprache § 4, 46
- Kaufpreis § 4, 48
- Länge § 4, 35
- lex mercatoria § 4, 18
- Präambel § 4, 27 ff., 36
- private ordering § 4, 19
- representations and warranties § 4, 49
- Schiedsklausel § 11, 34 ff.
- Share/Asset Deal § 1, 25
- Steuerklauseln § 27, 1 ff.; s. a. dort
- Überschriften § 4, 34
- Vertragsgegenstand § 4, 47
- Vollzugsbedingungen § 2, 120 ff., 140 f.
- Zuständigkeitsvereinbarung § 11, 1 ff.

Vertragsschluss
- Gremienvorbehalte § 2, 143
- MAC-Klausel § 2, 144 ff.
- Zustimmung v. Vertragspartnern § 2, 150 ff.

Vertragssprache § 2, 227, 255
- anglo-amerikanische Vertragspraxis § 4, 7
- Vertragsstatut § 7, 9 ff.

Vertragsstatut § 7, 2 ff.
- Abspaltung v. Gesellschaftsstatut § 8, 83 f.
- Arbeitsverhältnisse § 8, 109 ff.
- Aufbewahrungspflichten § 10, 1
- Bedeutung § 6, 1 ff.
- Bedingungen § 7, 29
- Betriebsübergang § 14, 2
- Bewertungsgrundsätze § 7, 33 f.
- Erlöschen d. Pflichten § 7, 43 f.
- Firma § 8, 110
- Forderungen § 8, 104 f.
- Formulierungsvorschlag § 6, 61, 69 ff.
- Geheimhaltungspflicht § 10, 2

1165

- Geschäftsbeziehungen/-chancen § 8, 115 f.
- Geschäftsgeheimnisse § 8, 115 f.
- Goodwill § 8, 115 f.
- Grenzen § 7, 59 ff.
- immaterielle Güter/Werte § 8, 111 ff.
- Joint Venture § 40, 11 ff.
- Kundenstamm § 8, 115 f.
- Leistungsstörungen § 7, 35 ff.
- lex fori § 6, 6 f.
- Nichtigkeit d. Vertrags § 7, 45 ff.
- Rom I § 6, 33
- Rückabwicklung d. Vertrags § 7, 47
- Schuldübernahme § 8, 106 f.
- Share Deal § 9, 3
- Treu und Glauben § 7, 28
- Universal-/Singularsukzession § 8, 117 f., 122
- Urkundenübergabe § 7, 26
- Verjährung § 7, 43
- Verpflichtungs-/Verfügungsgeschäft § 6, 40, 42, 44
- Vertragsänderung § 7, 48 f.
- Vertragsauslegung § 7, 7 f.
- Vertragsinhalt § 7, 21 ff.
- Vertragspflichten § 7, 21
- Vertragssprache § 7, 9 ff.
- Vertragsstrafe § 7, 42
- Vertragstyp § 7, 22
- Vertragsübernahme § 8, 108
- Verwirkung § 7, 44
- vorvertragliches Vertragsverletzung § 7, 41
- Währungsstatut § 7, 50 f.
- Wirksamkeit d. Vertrags § 7, 5 ff.
- Zinsen § 7, 52 f.
- Zustimmungserfordernisse § 8, 119 ff.

Vertragsstrafenvereinbarung § 7, 42

Vertragsübernahme § 8, 108
Vertragsverhältnisse
- Share/Asset Deal § 1, 20
Vertragsverhandlungen
- Abbruch § 2, 88
- anglo-amerikanische Rechtskultur § 2, 6 ff.
- Auktionsverfahren § 2, 9
- Berater, Aufgaben § 2, 8
- Berater, Funktion § 4, 55 ff.
- Bieterverfahren § 2, 11 ff.
- binding offer § 2, 14
- due diligence s. dort
- Exklusivverhandlungen § 2, 10, 15 f.
- Haftung s. dort
- Informationsmemorandum § 2, 12
- Investmentbank § 2, 12 f.
- unverbindliches Kaufangebot § 2, 13
- Vertragsbindung § 2, 18
- Vertraulichkeitsvereinbarung § 2, 10, 17 ff.

Vertragsvollzug § 2, 207 ff.;
s. a. Closing
- Scheitern § 2, 220

Vertraulichkeitsvereinbarung § 2, 10, 17 ff.; § 9, 84 ff.; § 11, 16
- Muster § 2, 20

Vertretung
- gesetzliche § 9, 78 ff.
- Immobilienerwerb § 9, 81
- organschaftliche § 9, 78 ff.
- rechtsgeschäftliche § 9, 80 ff.

Vertretungsmacht
- Nachweis § 3, 1 ff., 58 ff.; s. a. Beurkundung; Handelsregister; Legitimationsnachweise
- Nachweis im Ausland § 3, 58 ff.
- Selbstkontrahierungsverbot § 3, 13

Verwaltungsrecht
– Territorialitätsprinzip
§ 10, 45 ff.
Verwaltungssitz
– Sitzverlegung § 28, 7 ff.
– tatsächlicher § 8, 8, 12 ff.
– Vermutung, Auslands-
gesellschaft § 3, 12
Verwirkung
– Vertragsstatut § 7, 44
Völkerrecht
– Grundsätze § 6, 92
– Rechtswahl § 6, 92 ff.
Vollfunktions-
Gemeinschaftsunternehmen
– FKVO § 41, 9 ff.
– Fusionskontrolle – EU-Recht
§ 18, 120 ff.
– Kartellverbot § 41, 26, 28
Vollstreckung
– Schiedsverfahren § 11, 22 ff.
Vollzugsbedingungen § 2, 120 ff.
– Außenwirtschaftsrecht
§ 2, 140 f.
– Zustimmung v. Vertragspartnern
§ 2, 150 ff.
Vollzugsverbot
– kartellrechtliches, Covenants
§ 2, 200
Vorkaufsrecht § 9, 84 ff.
– Anknüpfung § 40, 10
Vorstandsmitglieder
– ausländische § 10, 59 f.
Vorvereinbarung § 9, 84 ff.
Vorvertrag § 9, 84 ff.
Vorvertragliche Haftung § 5, 29 ff.
– Rechtswahl § 5, 32
Vorvertragliches Vertragsverletzung
– Vertragsstatut § 7, 41

Währung § 2, 162
Währungsstatut
– Vertragsstatut § 7, 50 f.

Wechsel
– Asset Deal § 8, 94 f.
Wechselfähigkeit § 9, 73
Weisungsrecht
– Gesellschafter § 2, 113
Wertpapiere § 8, 94 ff.;
s. a. Aktienerwerb; Börsenhandel;
Unternehmensübernahme; WpÜG
– anwendbares Recht § 12, 18 ff.,
37, 77
– handelbare § 8, 92 ff.
Wertpapierrechtsstatut § 8, 75;
§ 12, 18 ff.
Wertpapiersachstatut § 8, 76, 92, 93
Wettbewerbsabrede
– Anknüpfung § 40, 10
Wettbewerbsverbot
– Kartellrecht s. a. dort;
s. a. Kartellverbot – EU-Recht;
Kartellverbot
Wiener UN-Übereinkommen über
Verträge über den internationalen
Warenkauf § 6, 10 ff.
Wirkungsstatut
– Share Deal § 9, 3, 9, 15
Wirtschaftsausschuss § 15, 4, 7
– Beteiligungsrecht § 16, 6 ff.
Wirtschaftsprüfer
– Auftragsbedingungen § 5, 19
– Deliktshaftung § 5, 24 ff.
– Haftung § 5, 21 ff.
Working Capital Equity Value
§ 2, 159
WpHG
– ad-hoc-Publizität § 13, 52 ff.
– Insiderrecht § 13, 44 ff.
– Mitteilungspflichten § 13, 66 ff.
WpPG
– Anwendungsbereich § 13, 10 ff.
– Verstöße, Rechtsfolgen
§ 13, 34 ff.
WpÜG
– Angebotspreis § 12, 121 f.

1167

- Anwendungsbereich § 13, 79 ff.
- Drittstaatenbezug § 13, 93 ff.
- freiwilliges Angebot § 12, 110 f.
- Kapitalmarktordnungsrecht
  § 13, 1 ff.
- Offenlegungspflichten § 12, 127
- Pflichtangebot § 12, 107 ff.
- Verstöße, Rechtsfolgen
  § 13, 97 ff.

WTO § 18, 25

Zinsen
- Vertragsstatut § 7, 52 ff.

Zinseszinsen
- Vertragsstatut § 7, 55

Zivilprozessrecht
- autonomes § 11, 10, 18 f.

ZPO
- Schiedsklausel § 11, 9, 18, 30, 44 f., 57

Zuständigkeit, ausschließliche
  § 11, 13, 17
Zuständigkeit, internationale § 11, 7, 26
Zuständigkeitsvereinbarung
  § 11, 1 ff., 14
Zustellungen
- Bevollmächtigte § 11, 65 ff.
- Klage § 11, 22 f.
Zustellungsbevollmächtigter
  § 11, 65 ff.
Zustimmungserfordernisse
  § 8, 119 ff.
Zweigniederlassung
- Niederlassungsfreiheit, sekundäre § 8, 24
Zwingende Rechtsvorschriften
  § 7, 59 ff.